D1687217

РОССИЙСКАЯ АКАДЕМИЯ НАУК
ОТДЕЛЕНИЕ ЛИТЕРАТУРЫ И ЯЗЫКА
ИНСТИТУТ РУССКОГО ЯЗЫКА им. В. В. ВИНОГРАДОВА

РУССКИЙ ОРФОГРАФИЧЕСКИЙ СЛОВАРЬ

Около 160 000 слов

Ответственный редактор
В. В. Лопатин

МОСКВА
«АЗБУКОВНИК»
2000

ББК 81.2Р—4.

Редакционная коллегия:
докт. филол. наук, проф. В. В. ЛОПАТИН (ответственный редактор),
канд. филол. наук Б. З. БУКЧИНА, канд. филол. наук Н. А. ЕСЬКОВА,
докт. филол. наук С. М. КУЗЬМИНА

Рецензенты:
докт. филол. наук Л. П. Крысин, канд. филол. наук И. К. Сазонова

Словарь подготовлен авторским коллективом в составе:
канд. филол. наук Б. З. Букчина, канд. филол. наук О. Е. Иванова,
докт. филол. наук С. М. Кузьмина, докт. филол. наук В. В. Лопатин,
канд. филол. наук Л. К. Чельцова

Русский орфографический словарь: около 160 000 слов/ Российская академия наук. Ин-т рус. яз. им. В. В. Виноградова: Редкол.: В. В. Лопатин (отв. ред.), Б. З. Букчина, Н. А. Еськова и др. — Москва: «Азбуковник», 1999. — 1280 с.
ISBN 5—89285—014—5.

Новый академический «Русский орфографический словарь» отражает лексику русского литературного языка в том ее состоянии, которое сложилось к концу XX в. По сравнению с предыдущим академическим «Орфографическим словарем русского языка», выходившим в 1956—1998 гг. (издания 1—33), объем словаря увеличен более чем в полтора раза. Словарь содержит около 160 тыс. единиц (слов и словосочетаний) в их нормативном написании, с ударением и необходимой грамматической информацией. Новшеством, отличающим данный словарь от предыдущего, является включение слов, пишущихся с прописной буквы, и сочетаний с такими словами, в том числе слов, пишущихся в разных своих значениях и употреблениях как с прописной, так и со строчной буквы.

Будучи нормативным общеобязательным справочным пособием, словарь предназначен самому широкому кругу пользователей, включая преподавателей русского языка, издательских и редакционных работников, лиц, изучающих русский язык.

ISBN 5—89285—014—5
© Институт русского языка им. В. В. Виноградова РАН, 1999
© «Азбуковник», 1999
© В. В. Лопатин, Б. З. Букчина, О. Е. Иванова,
  С. М. Кузьмина, Л. К. Чельцова, 1999

ПРЕДИСЛОВИЕ

ОБЪЕМ СЛОВАРЯ И ОБЩАЯ ХАРАКТЕРИСТИКА СЛОВНИКА

Новый «Русский орфографический словарь»[1], являясь нормативным справочником для самого широкого круга пользователей, отражает лексику русского литературного языка середины 90-х годов XX века. Наряду с активной общеупотребительной лексикой в словарь включаются просторечные, диалектные (областные), жаргонные, устарелые слова, историзмы — в той мере, в какой эти категории слов отражаются в художественной литературе, в газетно-публицистической и разговорной речи. Значительное место в словаре занимает специальная терминология различных областей научного знания и практической деятельности.

Словарь дает правильные написания слов и их форм, а также некоторых типов словесных соединений, так или иначе соотносительных со словами. К таким соединениям относятся, напр., раздельно и дефисно пишущиеся сочетания слов, сходные по структуре и значению со слитно пишущимися словами (*хлеб-соль*, *ракета-носитель*, *читаный-перечитаный*, *жизненно важный*), предложно-падежные сочетания, сходные с наречиями (*в принципе*, *в розницу*, *на ходу*, *по привычке*), составные наименования, в которых одно слово (или более) пишется с прописной буквы (*Государственная дума*, *Чёрное море*).

По сравнению с «Орфографическим словарем русского языка», выходившим в 1956 – 1998 гг. (издания 1 – 33), словник данного словаря значительно расширен (со 100 до 160 тыс. единиц). Особое внимание обращено на лексику тех понятийных сфер, которые актуализировались в последние годы: прежде всего, на церковно-религиозную лексику, терминологию рынка, бизнеса, банковского дела, программирования, вычислительной техники и др. Круг нарицательной лексики пополнен разнообразными новыми словами и выражениями, характерными для современной газетно-публицистической, разговорной речи и просторечия. Существенно увеличена представленность производных слов. Расширен круг помещаемых в словарь раздельно пишущихся (неоднословных) единиц, и в первую очередь — функциональных эквивалентов слова.

Принципиальным отличием нового словаря от «Орфографического словаря русского языка» является привлечение слов, пишущихся с прописной буквы (авторы предыдущего словаря не ставили целью отражение таких написаний).

В качестве самостоятельных словарных единиц в «Русском орфографическом словаре» представлены следующие категории пишущихся с прописной буквы слов и их сочетаний:

1) собственные имена (личные, литературные, мифологические, географические), употребляемые также в нарицательном смысле, напр.: *Гамлет*, *Гаргантюа*, *Плюшкин*, *Митрофанушка*, *Мюнхаузен*,

---

[1] Словарь подготовлен в секторе орфографии и орфоэпии Института русского языка им. В. В. Виноградова РАН. В работе над словарем на разных этапах принимали участие Е. В. Бешенкова, С. Н. Борунова, Л. П. Калакуцкая, Н. В. Мамина, И. В. Нечаева.

ПРЕДИСЛОВИЕ

Аполлон, Немезида, Кассандра, Фемида, Ротшильд, Ювенал, Мекка, Вандея, Хиросима, Чернобыль, Черемушки;

2) названия священных понятий религии, напр.: *Господь, Богородица, Библия, Евангелие, Коран, Священное Писание, Рождество, Сретение, Воздвижение, Бог Отец, Святые Дары, Матерь Божия, Воскресение Христово, Гроб Господень;*

3) названия исторических эпох, напр.: *Реформация, Рисорджименто, Кватроченто, Проторенессанс;*

4) географические и другие наименования, образованные по словообразовательным моделям нарицательных слов, напр.: *Подмосковье, Поволжье, Закавказье, Оренбуржье, Орловщина, Вологодчина, Подкаменная Тунгуска, Водовзводная башня, (Андрей) Первозванный, (Симеон) Богоприимец;*

5) собственные имена (личные, мифологические, географические), выступающие в составе устойчивых сочетаний — таких, как напр.: *закон Архимеда, закон Бойля-Мариотта, бином Ньютона, азбука Морзе, счетчик Гейгера, автомат Калашникова, суд Линча, клятва Гиппократа, болезнь Боткина, двуликий Янус, Фома неверный; между Сциллой и Харибдой, перейти Рубикон, кануть в Лету; куда Макар телят не гонял; Иваны, не помнящие родства; по Гринвичу, по Цельсию, по шкале Рихтера* (соответствующие сочетания можно найти в корпусе словаря на слова, пишущиеся в этих сочетаниях с прописной буквы);

6) составные наименования (географические, астрономические, названия исторических лиц, мифологических и литературных персонажей, исторических эпох и событий, календарных периодов и праздников, организаций и учреждений, государств и государственных объединений), включающие в свой состав нарицательные имена (в том числе слова, употребляемые не в собственном прямом значении), напр.: *Москва-река, Средиземное море, Сергиев Посад, Царское Село, Дальний Восток, Великая Китайская стена, Страна восходящего солнца, Вечный город, Золотая Орда, Поклонная гора, Млечный Путь, Петр Великий, Иван Царевич, Змей Горыныч, Средние века, Первая мировая война, Варфоломеевская ночь, Куликовская битва, Тайная вечеря, Страстная неделя, Великий пост, Ильин день, Троицын день, Новый год, Первое мая, Парижская коммуна, Организация Объединенных Наций, Российская Федерация, Содружество Независимых Государств, Федеральное собрание, Государственная дума.*

Приводимые в словаре составные наименования с повторяющимися первыми компонентами типа *Государственный, Международный, Всемирный, Всероссийский, Московский, Центральный, Дом, День, Музей,* а также *Северо-, Южно-* и т. п. следует рассматривать как примеры, указывающие на характер написания больших групп однотипных наименований. Составные наименования и другие устойчивые сочетания, не содержащие слов, пишущихся с прописной буквы (напр., *железная дорога, черная магия, злоба дня*), в словаре не приводятся, если входящие в них слова присутствуют на своих алфавитных местах как отдельные словарные единицы, а раздельное и со строчной буквы написание таких сочетаний не представляет проблемы.

Имена различных тематических групп (в том числе перечисленных выше), пишущиеся как с прописной, так и со строчной буквы, подаются в словаре в обоих орфографических вариантах с соответствующими необходимыми пояснениями. Таковы, напр., статьи: **водоле́й**, -я *(водолив)* и **Водоле́й**, -я *(созвездие и знак зодиака; о том, кто родился под этим знаком);* **просвеще́ние**, -я *(распространение знаний, образования)* и **Просвеще́ние**, -я *(ист. эпоха, идейное течение);* **Дульцине́я**, -и *(лит. персонаж)* и **дульцине́я**, -и *(обожаемая женщина, ирон.);* см. также *Север, Восток, Солнце, Луна, Земля, Дева, Стрелец, Бог, Творец, Божество, Божественный, Боже, Господи, Крещение, Троица, Голгофа, Содом и Гоморра, Олимп, Амур, Эрос, Геркулес, Геркулесовы столбы, Кремль, Черноземье, Октябрь, Февраль, Средневековье, Ренессанс, Камчатка, Хохлома, Палех, Дед Мороз, Дон Кихот, Робинзон, Арлекин, Жучка* и т. п.

СТРУКТУРА СЛОВАРЯ И ОФОРМЛЕНИЕ СЛОВАРНЫХ ЕДИНИЦ

Из аббревиатур, пишущихся прописными буквами, в качестве самостоятельных словарных единиц приводятся лишь те, которые имеют нарицательный смысл, напр.: *ГЭС, ЭВМ, СПИД, ДСП, УЗИ, ВТЭК*; то же относится к сложным словам и составным наименованиям с такими аббревиатурными компонентами: *микроГЭС, мини-ЭВМ, МГД-генератор, УВЧ-терапия, УКВ-передатчик, ДНК-содержащий* и т.п.

Широко представлены в словаре слова, производные от собственных имен — напр., прилагательные от географических и астрономических названий (*балхашский, венесуэльский, волоколамский, карагандинский, пензенский, окский, угандийский, юпитерианский*), от личных имен и фамилий (*петровский, шекспировский, вальтерскоттовский, кирилло-мефодиевский, вердиевский, моцартовский, моцартианский, викторианский*; слова типа *Гомеров, Марксов*), от названий организаций, учреждений, обществ и т. п., в том числе аббревиатурных (*ооновский, гулаговский, тассовский, энкавэдэшный, уралмашевский, опоязовский, известинский, динамовский*), названия жителей населенных пунктов и стран (*ростовчане, екатеринбуржцы, туляки, лосанджелесцы, боливийцы*), членов организаций, группировок, обществ, последователей общественно-политических, философских и др. течений (*кагэбэшник, гэбист, цековец, мхатовец, спартаковец, голлист, штейнерианец*) и др. разряды образований от собственных имен (напр., *епиходовщина, смердяковщина, лермонтовед, цветаевед*).

При всех прилагательных, производных от собственных имен, так же как и при некоторых существительных, указывается в скобках производящее слово — собственное имя, напр.: **ри́жский** (*от* Ри́га), **цеэско́вский** (*от* ЦСКА), **мирискусник** (*от* "Ми́р иску́сства"). Таким образом, многие разряды собственных имен (географических, личных и др.), хотя и не представлены в основном корпусе словаря в качестве самостоятельных единиц, присутствуют в нем при производных словах.

Фирменные наименования средств передвижения типа *боинг, жигули, мерседес, линкольн* приводятся в словаре в бытовом варианте их употребления — без кавычек и, как правило, со строчной буквы.

В качестве приложений к словарю выделены: 1) список личных имен, 2) список употребительных в современной письменной практике графических сокращений.

СТРУКТУРА СЛОВАРЯ И ОФОРМЛЕНИЕ СЛОВАРНЫХ ЕДИНИЦ

Весь материал словаря расположен в алфавитном порядке. Единицами словаря являются 1) собственно слова, 2) разного рода устойчивые сочетания слов (*без году неделя, в угоду, в частности, на поверку, не сегодня завтра, ни сват ни брат, по наущению, ахиллесова пята*), 3) некоторые приставки и первые части сложных слов (*вице-..., гипер..., ультра..., кардио..., нарко..., Мин..., поп-..., пресс-...*), 4) некоторые вторые части слов (*-либо, -нибудь*).

Как отдельные словарные единицы в словаре представлены: уменьшительные и увеличительные существительные, уменьшительные прилагательные, сравнительная и превосходная степень прилагательных и наречий, страдательные причастия прошедшего времени и, в необходимых случаях, другие причастия.

Фонетические и грамматические варианты слов, имеющие различия в написании, помещаются в составе одной словарной статьи и соединяются союзом «и», напр.: **бива́чный** и **бивуа́чный**; **козырно́й** и **козы́рный**; **кайла́** и **кайло́**; **макроцефа́лия** и **макрокефа́лия**, **циду́ла** и **циду́ля**. Варианты, занимающие различные места в общем алфавите, приводятся повторно.

Все иные варианты слов (различающиеся семантически, стилистически, а также устаревшие) приводятся на своих алфавитных местах, как правило, без взаимных ссылок. Лишь в некоторых случаях

ПРЕДИСЛОВИЕ

авторы сочли полезным давать ссылку, сопровождаемую ограничительной пометой, напр.: **калифа́т** (*устар. к* халифа́т), **пуща́ть** (*прост. к* пуска́ть).

Звездочка при словах с приставкой *не-* означает, что при определенных условиях в соответствии с действующим правилом (см. с. XV настоящего издания) вместо данного слова в целом или (если это оговорено) только в каком-либо его значении возможно раздельное написание частицы *не* с последующим компонентом. Таковы, напр., слова *неграмотный**, *нетрудный**, *неметалл**, *неодобрение**, *недалекий** (в значении «близкий»; но *недалекий* в значении «глуповатый» пишется всегда слитно). Звездочка при сложных прилагательных-терминах типа *быстродействующий**, *свободнопадающий** обозначает возможность раздельного написания соответствующих нетерминологических (свободных) сочетаний с первым компонентом — наречием. Если слитное или раздельное написание сопровождается другими орфографическими различиями, приводятся две словарных статьи, напр.: **легко́ ра́ненный; легкора́неный**, *прил.*

Глаголы с постфиксом *-ся (-сь)* и без него объединяются в одной словарной единице. При этом постфикс дается в скобках при инфинитиве и в тех личных формах, где он употребляется, напр.: **вызыва́ть(ся)**, -а́ю(сь), -а́ет(ся); **запуска́ть(ся)**, -а́ю, -а́ет(ся); то же в причастиях, напр.: **се́ющий(ся)**.

Грамматическая информация о слове. Формы слов

При именах существительных, прилагательных, числительных, при местоимениях и глаголах в соответствии со сложившейся лексикографической традицией приводятся в усеченном виде контрольные формы, которые указывают на тип склонения или спряжения и представляют парадигму слова в целом (о подаче слов разных частей речи см. ниже). Формы, не входящие в состав обязательной морфологической характеристики слова, приводятся лишь в случае отклонения от типовых парадигм, например, если они образуются от другого корня (**я**, меня́, мне, мной, обо мне́), если их образование связано с усечением или наращением основы, меной суффиксов (**граждани́н**, -а, *мн.* гра́ждане, -ан; **ягнёнок**, -нка, *мн.* ягня́та, -я́т), с особыми чередованиями (**друг**, -а, *мн.* друзья́, -зе́й), с отличиями в ударении (**ва́жный**; *кр. ф.* ва́жен, важна́, ва́жно, ва́жны́), необычными или вариантными окончаниями (**доми́шко**, -а и -и, *дат.* -у и -е, *тв.* -ом и -ой, *мн.* -шки, -шек, *м.*).

Помета, указывающая на часть речи, обычно дается в тех случаях, когда необходимо таким образом разграничить написание словарных единиц, напр.: **но́шеный**, *прил.*, **но́шенный**, *прич.*; **вмиг**, *нареч.* ..., но *сущ.* в миг; **поджо́г**, -а, но *глаг.* поджёг.

Помета части речи, как правило, дается при простых предлогах (**с** и **со**, *предлог*), союзах (**или** и **иль**, *союз*) и частицах (**-то**, *частица*; **таки**, *частица*).

Пометой *неизм.* снабжаются многие междометия (в том числе так называемые глагольные междометия) и звукоподражательные слова (*кыш, фуй, бац, мяу-мяу*), неизменяемые прилагательные (*беж, гофре, хаки*) и некоторые другие слова, не имеющие форм словоизменения (*воленс-ноленс, ин-фолио*).

Помета *нареч.* используется тогда, когда слитно пишущемуся наречию может быть противопоставлено пишущееся раздельно сочетание слов, напр.: **напока́з**, *нареч.* (ср. успеть на показ фильма); **вглуху́ю**, *нареч.* (ср. в глухую полночь). Кроме того, помета *нареч.* дается, если наречие совпадает с падежной формой существительного (**ве́чером**, *нареч.*; **зимо́й**, *нареч.*), если оно совпадает с краткой формой сред. рода причастия (**ка́чественно**, *нареч.*; **осо́знанно**, *нареч.*), а также в некоторых других случаях.

СТРУКТУРА СЛОВАРЯ И ОФОРМЛЕНИЕ СЛОВАРНЫХ ЕДИНИЦ

Ударение. Произношение

Все заглавные слова (за исключением односложных) и их формы имеют в словаре нормативное ударение. Отмечается также вариантное ударение в слове или форме, напр.: **творо́г**, -а и -у и **тво́рог**, -а́ и -у́; **индустри́я**, -и; **и́на́че**; **ве́рный**, *кр. ф.* ве́рен,... верны́.

На односложных заглавных словах ударение по словарной традиции не ставится, напр.: *вгладь, крой, мим, петь, прыть, в тон, с глаз (доло́й)*. Односложное слово снабжается ударением (если имеет его) в составе устойчивых неоднословных сочетаний (*де́нь в де́нь, зу́б на́ зуб, из го́да в го́д, ни на ша́г, во всю́ прыть, та́к и бы́ть, что́ попало, кому́ ка́к, Вальпу́ргиева но́чь, ве́с не́тто*), а также в составных образованиях из двух слов (*зва́ть-велича́ть, пу́ть-доро́га, ли́ст-о́ттиск*). Ударение ставится также на последнем (обычно на втором) односложном компоненте дефисно пишущихся сложных слов (*би́знес-це́нтр, я́хт-клу́б, зю́йд-зю́йд-ве́ст*).

Ударением снабжаются все слова, имеющие его, в том числе и односложные, в иллюстративных примерах, напр.: **что́ бы ни** (что́ бы ни случи́лось, да́й зна́ть), а также в той части устойчивого сочетания, которая помещена в скобках, напр.: **на испу́г** (бра́ть), **в до́ску** (пья́н; сво́й).

Буква ё в словаре одновременно обозначает и ударение, и произношение: **крёстная**, -ой.

Для буквенных аббревиатур в квадратных скобках указывается правильное произношение, и ударение ставится в этой транскрипционной части, напр. **СКВ** [эскавэ́], **НЛО** [энэло́], **ЭКГ** [экагэ́].

Пояснение значений слов

Значения слов в словаре не даются; омонимы, если их различие не отражается на образовании тех или иных форм и на их написании, не разграничиваются. Пояснения и пометы разного рода, указывающие на значение слова или сферу его применения, приводятся лишь в тех случаях, когда их отсутствие может привести к ошибочному употреблению слова:

1) при словах, которые произносятся одинаково, а пишутся по-разному, напр.: **антоло́гия**, -и (*подборка лит. произведений*) — **онтоло́гия**, -и (*филос.*), **кампа́ния**, -и (*поход; деятельность*) — **компа́ния**, -и (*группа людей, объединение*);

2) при словах, близких по звучанию, в том числе и отличающихся грамматическим оформлением, напр.: **отени́ть**, -ню́, -ни́т (*покрыть тенью, создать тень вокруг чего-н.*) и **оттени́ть(ся)**, -ню́, ни́т(ся) (*выделить(ся), сделать (стать) заметнее*); **стек**, -а (*хлыст; инф.*) — **сте́ка**, -и (*инструмент скульптора*); если одно из этих слов широко употребительно, пояснение (или помета) при нем обычно не дается, напр.: **эконо́мия**, -и — **иконо́мия**, -и (*церк.*);

3) при разных значениях слова, различающихся морфологически, напр.: **пси́на**, -ы, *м. и ж.* (*пёс*), *ж.* (*собачье мясо; запах собаки*); **семиле́тка**, -и, ... *ж.* (*период в 7 лет; семилетняя школа*), *м. и ж.* (*ребенок семи лет*);

4) при словах, которые различаются употреблением строчной и прописной буквы, напр.: **Голго́фа**, -ы (*место распятия Христа*) и **голго́фа**, -ы (*место мучений, страданий*); **ду́шечка**, -и, *род. мн.* -чек, *м. и ж.* (*о милом, приятном человеке; ласковое обращение*) и **Ду́шечка**, -и, *ж.* (*лит. персонаж, женский тип*).

Отсылка к производящему слову (словам) при прилагательных, образованных от собственных имен, также является способом указания на значение: **ки́евский** (*от* Ки́ев), **башки́рский** (*к* башки́ры и Башки́рия), **берму́дский** (*к* Берму́дские острова́, Берму́ды), **викторий́ский** (*к* Викто́рия, *геогр.*), **виктори́анский** (*к* Викто́рия, *королева Великобритании*), **майнри́довский** (*от* Ма́йн Ри́д), **изве́стинский** (*от* "Изве́стия"), **гула́говский** (*от* ГУЛА́Г).

При прилагательных на -ов, -ин от собственных имен указание на производящее имя дается лишь в том случае, если их связь с собственным именем сохраняет признаки мотивации, напр.: **во́льтов**,

ПРЕДИСЛОВИЕ

-а, -о (*от* Вольт): во́льтова дуга́, во́льтов сто́лб; **геркуле́сов**, -а, -о (*от* Геркуле́с): геркуле́сов по́двиг, геркуле́сова си́ла; но: **ахи́ллов**, -а, -о: ахи́ллово сухожи́лие, ахи́ллов рефле́кс; **вене́рин**, -а, -о: вене́рин башмачо́к, вене́рина мухоло́вка, вене́рины во́лосы (*растения*), вене́рин по́яс (*животное*).

Отсылки к производящему слову, а также пояснения могут выборочно даваться в качестве дополнительной информации при названиях жителей и географических областей в случае неочевидной производности: **витебля́не**, -я́н, *ед.* -я́нин, -а (*от* Ви́тебск), **изборя́не**, -я́н, *ед.* -я́нин, -а (*от* Избо́рск), **По́очье**, -я (*к* Оке́); при собственных именах, которые могут быть употреблены и в нарицательном смысле: **Бе́лая кни́га** (*сборник документов*), **Большо́й теа́тр** (*в Москве*), **Со́лнечный Бе́рег** (*курорт в Болгарии*), а также в некоторых других случаях.

Подача буквенных и звуковых аббревиатур сопровождается полной расшифровкой, которая является одновременно указанием на значение: **АЭС**, *нескл., ж.* (*сокр.*: атомная электростанция); **ДСП** [дээспэ́], *нескл., ж.* (*сокр.*: древесно-стружечная плита).

Стилистическая характеристика

Стилистические пометы даются в словаре ограниченно. Они помещаются, как правило, при вариантах слов и форм для их различения и уточнения области применения, напр.: **жисть**, -и (*прост. к* жизнь); **шприц**, -а, *тв.* -ем, *мн.* -ы, -ев и (*в проф. речи*) -ы́, -о́в; **жураве́ль**, -вля́ (*обл. к* жура́вль); **помо́чь**, -и (*устар. и обл. к* по́мощь; Бог по́мочь); **ко́фей**, -я и -ю (*устар. и прост. к* ко́фе); **и́род**, -а (*бран.*); **судия́**, -и́, *мн.* суди́и, суди́й, судия́м, *м.* (*устар. и высок. к* судья́); **хошь** (*прост. к* хо́чешь); **де́ло**, -а, *мн.* дела́, дел и (*нарочито-сниженное и прост.*) дело́в. Сфера употребления орфографического варианта определяется ограничительными пометами и в таких случаях, как: **материа́л**, -а и (*при передаче произношения, в поэзии*) **матерья́л**, -а.

Примеры употребления

Примеры, иллюстрирующие употребление слов, приводятся (в скобках) лишь в тех случаях, когда необходимо показать зависимость написания слова от контекста, напр.: **на полдоро́ге** (останови́ться на полдоро́ге), но: **на полдоро́ги** (прови́зии хвати́ло то́лько на полдоро́ги); **ка́к не** (ка́к не хоте́ть!); **ка́к ни** (ка́к ни тру́дно, а жи́ть на́до; ка́к ни верти́, ка́к ни крути́, а...).

Кроме этого, примеры даются при некоторых словарных единицах, чтобы показать их в реальном употреблении — в типичной конструкции или в характерном для слова устойчивом сочетании, напр.: **кря́ду**, *нареч.* (два́ дня́ кря́ду), **ми́ро**, -а (*масло, церк.*; ма́заны одни́м ми́ром).

Подача слов различных частей речи

Имена существительные обычно приводятся в исходной форме — именительном падеже единственного числа с указанием формы родительного падежа ед. ч., напр.: **дра́ма**, -ы; **кора́бль**, -я́; **птене́ц**, -нца́; **чай**, ча́я и ча́ю. При несклоняемых существительных даётся помета *нескл.* и указывается род: **ай**, *нескл., с.*; **маэ́стро**, *нескл., м.*

Регулярно приводятся формы так называемого второго предложного падежа с предлогами *в* и *на* (в местном значении), напр.: **лес**, -а, *предл.* в лесу́; **шкаф**, -а, *предл.* в (на) шкафу́.

СТРУКТУРА СЛОВАРЯ И ОФОРМЛЕНИЕ СЛОВАРНЫХ ЕДИНИЦ

Регулярно приводится также при существительных муж. и жен. рода I и II склонения с основой на шипящий и *ц* — форма творительного падежа ед. ч., напр.: **нож**, -а́, *тв.* -о́м; **сто́рож**, -а, *тв.* -ем; **ту́ча**, -и, *тв.* -ей; **парча́**, -и́, *тв.* -о́й; **овца́**, -ы́, *тв.* -о́й; **у́мница**, -ы, *тв.* -ей; при существительных муж. рода с основой на *ц* — также форма родительного падежа мн. ч., напр.: **лжец**, -а́, *тв.* -о́м, *р. мн.* -о́в; **па́лец**, па́льца, *тв.* па́льцем, *р. мн.* па́льцев; при существительных на *-а (-я)* и *-о (-е)* — форма родительного падежа мн. ч. с беглым гласным, напр.: **тру́бка**, -и, *р. мн.* -бок; **кро́шка**, -и, *р. мн.* -шек; **жаро́вня**, -и, *р. мн.* -вен; **коле́чко**, -а, *мн.* -чки, -чек; **полоте́нце**, -а, *р. мн.* -нец; **уще́лье**, -я, *р. мн.* -лий; **го́стья**, -и, *р. мн.* -тий.

В исходной форме множественного числа даются 1) существительные, употребляющиеся только во множественном числе, при них указывается окончание родительного падежа мн. ч., напр.: **бели́ла**, -и́л; **са́ни**, -е́й; **обо́и**, обо́ев; 2) существительные, которые употребляются преимущественно во множественном числе; в этом случае формы ед. числа даются после мн. числа, напр.: **бо́тики**, -ов, *ед.* бо́тик, -а; **ра́спри**, -ей, *ед.* ра́спря, -и; **э́ллины**, -ов, *ед.* э́ллин, -а.

Если другие формы существительного, кроме формы, приведенной в качестве исходной, отсутствуют или неупотребительны, то это отмечается, напр.: **дрове́ц**, *р. мн., других форм нет*; **часо́к**, *другие формы не употр.*

Род имен существительных указывается только в тех случаях, когда окончания именительного и родительного падежей недостаточны для определения принадлежности слова к тому или иному роду, а также при словах общего рода и при несклоняемых словах, напр.: **муравьи́шка**, -и, ... *м.*; **ка́рла**, -ы, *м.* и **ка́рло**, -а, *м.*; **ветри́ще**, -а, *м.*; **боя́ка**, -и, *м. и ж.*; **зазна́йка**, -и, ... *м. и ж.*; **канапе́**, *нескл., с.*; **СКВ...**, *нескл., ж.*

Имена прилагательные на *-ый, -ий* и *-ой* даются в форме именительного падежа ед. ч. мужского рода без указания форм женского и среднего рода, напр.: **серебря́ный**, **техни́ческий**, **золото́й**, **бледноли́цый**.

При притяжательных именах прилагательных указываются формы женского и среднего рода, напр.: **ли́сий**, -ья, -ье; **ма́терин**, -а, -о; **отцо́в**, -а, -о.

Краткие формы прилагательных даются, если они характеризуются беглостью гласного, подвижностью ударения или другими трудностями в образовании и написании, напр.: **доста́точный**; *кр. ф.* -чен, -чна; **больно́й**; *кр. ф.* бо́лен, больна́; **совреме́нный**; *кр. ф.* -е́нен, -е́нна; **бессмы́сленный**; *кр. ф.* -ен, -енна. Формы среднего рода и мн. числа приводятся лишь в том случае, если они имеют отличие от формы женского рода по ударению: **коро́ткий**; *кр. ф.* ко́роток, коротка́, ко́ротко́; **ва́жный**; *кр. ф.* ва́жен, важна́, ва́жно, ва́жны́.

Формы сравнительной степени даются главным образом в тех случаях, когда они образуются с суффиксами *-е* и *-ше* (а не с регулярным суффиксом *-ее*), а формы превосходной степени — когда они образуются с суффиксами *-айш-* и *-ш-* (а не *-ейш-*).

Из субстантивированных прилагательных приводятся в качестве отдельных словарных единиц только наиболее употребительные (одновременно с прилагательным), напр.: **бу́лочная**, -ой и **бу́лочный**; **часово́й**, -о́го и **часово́й**, *прил.*

Имена числительные и местоимения даются в именительном падеже с указанием формы родительного падежа, а также других косвенных падежей, если они могут вызвать затруднение в написании либо содержат какие-нибудь отличия в образовании или по месту ударения, напр.: **три**, трёх, трём, тремя́, о трёх; **пять**, пяти́, *тв.* пятью́; **пятьсо́т**, пятисо́т, пятиста́м, пятьюста́ми, о пятиста́х; **он 1**, оно́, его́, ему́, им, о нём, она́, её, ей и е́ю, о ней, *мн.* они́, их, им, и́ми, о них.

Глаголы даются в неопределенной форме (форме инфинитива), за которой указываются окончания 1 и 3 лица ед. числа, напр.: **де́лать(ся)**, -аю(сь), -ает(ся); **напу́тствовать(ся)**, -твую(сь), -твует(ся); **терпе́ть(ся)**, терплю́, те́рпит(ся).

ПРЕДИСЛОВИЕ

У безличных глаголов, а также у глаголов, форма 1 лица которых неупотребительна, указывается только форма 3 лица ед. числа, напр.: **света́ть**, -а́ет; **победи́ть**, -и́т.

Если формы настоящего времени неупотребительны, то это отмечается, напр.: **ха́живать**, *наст. вр. не употр.*

Формы прошедшего времени даются в тех случаях, когда они образуются нерегулярно или вариативно, а также при подвижном ударении, напр.: **прибе́гнуть**..., *прош.* -е́г и -е́гнул, -е́гла; **снизойти́**..., *прош.* -ошёл, -ошла́; **созда́ть(ся)**..., *прош.* со́здал, созда́лся, создала́(сь), со́здало, создало́сь. Кроме того, формы прошедшего времени приводятся при всех глаголах с основой на согласную и с инфинитивом на *-сти, -чь* (типа *нести, грести, лезть, брести, стричь*).

В отдельных случаях приводятся личные формы глагола, которые хотя и правильны по образованию, но могут вызывать орфографические затруднения, напр.: **боро́ть(ся)**, борю́(сь), бо́рет(ся), бо́рют(ся).

Причастия даются в именительном падеже мужского рода и оформляются как имена прилагательные. При страдательных причастиях на *-нный* даются краткие формы.

Из наречий на *-о* и *-ски* в словаре приводятся лишь самые употребительные. Регулярно приводятся наречия на *-нно* и *-но*, образованные от страдательных причастий и прилагательных на *-нный, -ный*, напр.: *качественно, взволнованно, расстроенно, восхищенно, делано, учено.*

Неизменяемые слова типа *жаль, неохота, нужно*, выступающие в роли сказуемого, даются с пометой *в знач. сказ.*

Фразеологические единицы и устойчивые сочетания слов

Фразеологические единицы и составные наименования приводятся по алфавиту первого слова, а также на все те слова, которые не употребляются вне данного сочетания, напр.: **несо́лоно хлеба́вши**; **осо́бь статья́**; **е́ле можа́ху — можа́ху**: е́ле можа́ху; **во всеуслы́шание — всеуслы́шание**: во всеуслы́шание; **впроса́к**: попа́сть впроса́к; **до упа́ду — упа́д**: до упа́ду; **де́нно и но́щно — но́щно**: де́нно и но́щно; **се́мо и ова́мо — ова́мо**: се́мо и ова́мо; **ка́зус бе́лли**, *нескл., м.* — **бе́лли**, *неизм.*: ка́зус бе́лли, *нескл., м.*

Принцип повтора на соответствующих алфавитных местах соблюдается и для частей более сложных словарных единиц, напр.: **сон в ру́ку — в ру́ку**: сон в ру́ку; **не в слу́жбу, а в дру́жбу — в слу́жбу**: не в слу́жбу, а в дру́жбу — **в дру́жбу**: не в слу́жбу, а в дру́жбу; **Сци́лла**...: между Сци́ллой и Хари́бдой — **Хари́бда**...: между Сци́ллой и Хари́бдой.

При компоненте, общем для нескольких фразеологических единиц, даются все эти единицы, каждую из которых можно найти на своем алфавитном месте, напр.: **спуд**...: из-под спу́да, под спуд, под спу́дом.

Пишущиеся с прописной буквы слова, находящиеся в составных наименованиях не на первом месте и при этом выступающие в составе нескольких сочетаний (наименований) и/или совпадающие с нарицательными словами, приводятся в одной словарной статье. Такая статья включает все сочетания с данным словом (или примеры их, если они составляют открытый ряд), а при наличии соответствующего нарицательного слова начинается с него, напр.: **Мо́рзе**...: а́збука Мо́рзе, аппара́т Мо́рзе, код Мо́рзе; **Монома́х**, -а: Влади́мир Монома́х, ша́пка Монома́ха; **заве́т**, -а ... и **Заве́т**, -а (*библ.*: скрижа́ли Заве́та, Ве́тхий Заве́т, Но́вый Заве́т); **ассамбле́я**, -и, но: Генера́льная Ассамбле́я ООН; **свет 2**, -а ..., но: Но́вый Свет (*об Америке*), Ста́рый Свет (*о Европе*); **поса́д**, -а, но: Гаври́лов Поса́д, Мари́инский Поса́д, Па́вловский Поса́д, Се́ргиев Поса́д (*города*); **вели́кий** ..., но (*как приложение при именах исторических лиц, названиях городов и др.*) **Вели́кий**, напр.: Васи́лий Вели́кий, Карл Вели́кий, Константи́н Вели́кий, Пётр Вели́кий, Екатери́на Вели́кая, Но́вгород Вели́кий ... Однако составные наименования, начинающиеся одним и тем же

СТРУКТУРА СЛОВАРЯ И ОФОРМЛЕНИЕ СЛОВАРНЫХ ЕДИНИЦ

пишущимся с прописной буквы словом, оформляются, как правило, в виде разных словарных статей, напр.: *Великая Китайская стена, Великая Отечественная война, Великая французская революция, Великие озера, Великий немой, Великий океан, Великое переселение народов; Страна Басков, Страна восходящего солнца, Страна утренней свежести, Страны согласия.*

Устойчивые сочетания предлога и имени существительного, не являющегося фразеологически связанным словом, даются только по алфавиту предлога, напр.: *без разбора и без разбору, без утайки, в горошек, в диковинку, в лоск, в меру, в розницу, на виду, на днях, на подбор, с виду, с голодухи, с ходу.*

При некоторых существительных, употребляющихся свободно, приводятся устойчивые сочетания с данным существительным, которые не образуют отдельной словарной статьи, напр.: **баклу́ши**, -у́ш, *ед.* -у́ша, -и, *тв.* -ей (*чурки;* би́ть баклу́ши); **баля́сы**, -я́с (*также:* баля́сы точи́ть, разводи́ть); **не́мочь**, -и (*прост.* к не́мощь; бле́дная не́мочь).

СПИСОК СЛОВ С ИЗМЕНЕННЫМ НАПИСАНИЕМ

Приводимый здесь список содержит слова, написание которых в данном словаре изменено по сравнению с выходившим прежде нормативным академическим «Орфографическим словарем русского языка» (последнее издание его — 33-е стереотипное: М., Русский язык, 1998). Знаком ° отмечаются слова, написание которых было изменено уже в 29-м издании (М., 1991) указанного словаря.

алема́нны
бессро́чно-отпускно́й
било́н
било́нный
будённовка
вальтерско́ттовский
вечо́рошний
вино́вка
вино́вый
внакло́н
во́дно-лы́жный
во́дно-спорти́вный
во́дно-тра́нспортный
во́дно-энергети́ческий
впо́ру, *нареч.* (пла́тье впо́ру, впо́ру карау́л крича́ть)
вязи́га
гее́ннский
гео́лого-разве́дочный°
гиперъядро́
гоп-ля́
го́рно-артиллери́йский
го́рно-добыва́ющий
го́рно-заво́дский и го́рно-заводско́й
го́рно-климати́ческий
го́рно-лы́жный
го́рно-пересечённый
го́рно-промы́шленный
го́рно-проходче́ский
го́рно-ру́дный
го́рно-спаса́тельный
го́рно-стрелко́вый
го́рно-техни́ческий

го́рно-тра́нспортный
гра́мм-ме́тр
графитово́дный
грудинорёберный
грузопассажи́рский
гуляйго́род
де́ланый, *прил.*
де́ланость
динамомаши́на
древе́сно-стру́жечный°
дрочо́на
дура́к-дурако́м
есте́ственно-нау́чный°
желе́зисто-синеро́дистый
жёлчно-ка́менный
жестя́но-ба́ночный
за́говины
звукобу́квенный
зигмаши́на
зэк
зэ́ковский
ка́к то, *союз*
карате́°
кеманча́°
кидне́пинг
килогра́мм-ме́тр
кише́чно-сосу́дистый
койкоде́нь
койкоме́сто
кома́ндос
ко́нно-артиллери́йский
ко́нно-гварде́йский

СПИСОК СЛОВ С ИЗМЕНЕННЫМ НАПИСАНИЕМ

ко́нно-заво́дский и ко́нно-заводско́й
ко́нно-спорти́вный
контрасигно́ванный
контрасигна́ция
контрасигни́ровать
ко́стно-мозгово́й
ко́стно-туберкулёзный
крахмалопа́точный
кремлино́лог
кремнефтористоводоро́дный
ликероводо́чный°
лироэпи́ческий°
ма́ло-ма́льский
машиноде́нь
машиносме́на
машиноча́с
ме́дно-ру́дный
меннони́ты
меннони́тка
меннони́тский
мелочо́вка
ми́нно-загради́тельный°
монголотата́рский
му́ка-му́ченическая
му́ка-му́ченская
мясомоло́чный
мясорасти́тельный
мясоры́бный
мясоса́льный
мясошёрстный
мясояи́чный
наро́дно-поэти́ческий°
наро́дно-хозя́йственный°
не жиле́ц, *в знач. сказ.*
не ны́нче за́втра
неразлейвода́, *в знач. сказ.*
не ро́бкого деся́тка
не сего́дня за́втра
носослёзный
оп-ля́
органоминера́льный
о́стро-ки́слый
о́стро-пря́ный
пассажирокиломе́тр
пато́лого-анатоми́ческий°
пенькоджу́товый

первобы́тно-общи́нный°
перекатипо́ле
пе́ристо-сло́жный
плащо́вка
пле́ер
плосково́гнутый
плосковы́пуклый
погрузоразгру́зочный
поллитро́вый
полосану́ть
попуга́ичий
посудохозя́йственный
по́чечно-ка́менный
приёморазда́точный
приёмосда́точный
приливоотли́вный
приходорасхо́дный
пухоперово́й
пушо́нка
разлюли́-мали́на
разыскно́й°
самолётовы́лет
свинья́-свиньёй
силлаботони́ческий
скотоме́сто
соедини́тельно-тка́нный
сорокава́тка
спи́нно-мозгово́й
спускоподъёмный
ссудосберега́тельный
станкоча́с
счи́таный, *прил.*
те́та
те́та-фу́нкция
товаропассажи́рский°
то́нна-киломе́тр
то́нна-ми́ля
травмопу́нкт
трасоло́гия (*юр.*)
трасс (*горная порода*)
тра́ссовый
тунгусоманьчжу́рский
ту́ндренный
ту́ндряная куропа́тка
тюркотата́рский
угрофи́нны

СПИСОК СЛОВ С ИЗМЕНЕННЫМ НАПИСАНИЕМ

угрофи́нский
уике́нд
у-лю-лю́
усло́вно-рефлекто́рный°
фарфорофая́нсовый
финноуго́рский
финноугрове́дение
финноу́гры
форсмажо́р
фосфоритоапати́товый
ха́хоньки
хи́хоньки
церко́вно-прихо́дский°
церко́вно-славя́нский°

цифробу́квенный
ча́ечий
человекоде́нь
человекоча́с
чепэ́
чёрно-бу́рый; но: чернобу́рая лиси́ца
че́сть-че́стью
чи́н-чи́ном
чисторжано́й
ша́хер-ма́херство
ши́п-де́рево
шприцмаши́на
электронво́льт
яйцемясно́й

ПРАВОПИСАНИЕ *НЕ*
(извлечение из «Правил русской орфографии и пунктуации», §§ 88-89)

Не пишется слитно:

— с существительными, если отрицание придает слову новое, противоположное значение, например: *неприятель*, *несчастье*; если отрицание придает слову, не имеющему этой частицы, значение противопоставления, отрицания, например:*неспециалист*, *немарксист*, *нерусский*, например: разногласия между марксистами и *немарксистами*; всем *неспециалистам* доклад понравился; *нерусский* взглянет без любви на эту бледную, в крови, кнутом иссеченную музу (Некрасов);

— с полными и краткими прилагательными и с наречиями на *-о (-е)*, если сочетание их с *не* служит не для отрицания какого-либо понятия, а для выражения нового, противоположного понятия, например: *нездоровый* вид (т. е. болезненный), *невозможный* характер (т. е. тяжелый), море *неспокойно* (т. е. волнуется), дело *нечисто* (т. е. подозрительно), приехать *немедленно* (т. е. сразу, безотлагательно), поступил *нехорошо* (т. е. плохо);

— с полными причастиями, при которых нет пояснительных слов, например: *неоконченный* (труд), *нераспустившийся* (цветок), *нержавеющая* (сталь), *нелюбимый* (ребенок), *нескрываемая* (злоба), *несжатая* (полоса) (в таких случаях причастие близко к прилагательному); но: *не оконченный вовремя* труд, *не распустившийся из-за холода* цветок, *не любимый матерью* ребенок, *еще не экзаменовавшиеся* студенты (в таких случаях причастие близко по значению к глаголу).

Примечание. При пояснительных словах, обозначающих степень качества, *не* с причастием пишется слитно (в этих случаях причастия с *не* близки к прилагательным), например: *крайне необдуманное* решение, *совершенно неподходящий* пример, но: *совершенно не подходящий к правилу* пример (*не* пишется раздельно ввиду наличия пояснительного слова *к правилу*).

Не пишется раздельно:

— при причастиях: а) в краткой форме, например: долг *не* уплачен, дом *не* достроен, пальто *не* сшито; б) в полной форме, когда при причастии есть пояснительные слова, а также тогда, когда при причастии есть или подразумевается противопоставление, например: он принес *не* законченную работу, а только отдельные наброски;

— при существительных, прилагательных и наречиях, если есть или подразумевается противопоставление, например: *не* удача привела нас к успеху, а выдержка и хладнокровие; *не* казнь страшна — страшна твоя немилость (Пушкин); утро настало *не* ясное, а туманное; поезд идет *не быстро и не медленно* (подразумевается: «с какой-то средней скоростью»); *не* завтра (здесь не может не быть противопоставления).

Примечание. Следует обратить внимание на некоторые случаи раздельного написания частицы *не*. Частица *не* пишется раздельно: а) если при прилагательном, причастии или наречии в качестве пояснительного слова стоит местоимение, начинающееся с *ни*, например: (*ни для кого и т. п.*) не нужная вещь, никогда не встречающаяся ошибка, никому не выгодно за это браться; б) если *не* входит в состав усилительных отрицаний *далеко не, отнюдь не, вовсе не, ничуть не, нисколько не* и т. п., предшествующих существительному, прилагательному или наречию, например: он вовсе не приятель нам, далеко не единственное желание, отнюдь не справедливое решение, нисколько не лучший выход, далеко не достаточно.

СПИСОК СОКРАЩЕНИЙ, ИСПОЛЬЗУЕМЫХ В СЛОВАРЕ

адм.-терр. — административно-территориальный
анат. — термин анатомии
археол. — термин археологии
архит. — термин архитектуры; архитектурный
астр. — термин астрономии; астрономический
библ. — библейское
биол. — термин биологии
богосл. — термин богословия
бот. — термин ботаники
бран. — бранное
буд. — будущее время (глагола)
вводн. сл. — вводное слово
в знач. сказ. — в значении сказуемого
вин. — винительный (падеж)
воен. — военный термин
вр. — время
высок. — высокое
геогр. — термин географии; географический
геол. — термин геологии
геом. — термин геометрии
глаг. — глагол
дат. — дательный (падеж)
деепр. — деепричастие
ден. ед. — денежная единица
дополн. — дополнение
ед. — единственное число
ед. измер. — единица измерения
ж. — женский род
жарг. — жаргонное
жен. — женский (род)
зв. — звательная форма
знач. — значение
зоол. — термин зоологии
им. — именительный (падеж)
инф. — термин информатики
ирон. — ироническое
ист. — термин истории; историзм; исторический
книжн. — книжное
косв. п. — косвенный падеж
кр. ф. — краткая форма
кто-н. — кто-нибудь
кулин. — термин кулинарии
л. — лицо (глагола)
ласкат. — ласкательное
лингв. — термин лингвистики
лит. — термин литературоведения; литературный
лог. — термин логики
м. — мужской род
матем. — термин математики
мед. — термин медицины
межд. — междометие
местоим. — местоимение
мифол. — мифологическое
мн. — множественное число
мор. — морской термин
муж. — мужской (род)
муз. — музыкальный термин; музыкальный
назв. — название
накл. — наклонение (глагола)
напр. — например
нареч. — наречие
нар.-поэт. — народно-поэтическое
наст. — настоящее время (глагола)
неизм. — неизменяемое слово
неопр. — неопределенная форма (глагола)
нескл. — несклоняемое (существительное)
несов. — несовершенный вид (глагола)
обл. — областное

СПИСОК СОКРАЩЕНИЙ, ИСПОЛЬЗУЕМЫХ В СЛОВАРЕ

отриц. — отрицание
охот. — охотничий термин
п. — падеж
перен. — переносное (значение)
пов. — повелительное наклонение (глагола)
полигр. — термин полиграфии
полит. — политический термин
поэт. — поэтическое
предл. — предложный (падеж)
прил. — прилагательное
притяж. — притяжательное (местоимение)
прич. — причастие
программ. — термин программирования
прост. — просторечное
противоп. — противоположное (по значению)
проф. — профессиональное
прош. — прошедшее время (глагола)
разг. — разговорное
религ.-филос. — религиозно-философский термин
р. мн. — родительный падеж множественного числа
род. — родительный (падеж)
с. — средний род
сказ. — сказуемое
собир. — собирательное

сов. — совершенный вид (глагола)
сокр. — сокращение
спорт. — спортивный термин
ср. — сравни
сравн. ст. — сравнительная степень
сред. — средний (род)
сущ. — существительное
счетн. ф. — счетная форма род. п. мн. ч.
тв. — творительный (падеж)
тех. — технический термин
увелич. — увеличительное
уменьш. — уменьшительное
употр. — употребляется
устар. — устарелое
физ. — термин физики
физиол. — термин физиологии
филос. — термин философии
фин. — финансовый термин
фото — термин фотографии
хим. — термин химии
церк. — церковное
ч. — число
числит. — числительное
что-н. — что-нибудь
шутл. — шутливое
электротех. — термин электротехники
юр. — юридический термин

АЛФАВИТ

А а	И и	Р р	Ш ш
Б б	Й й	С с	Щ щ
В в	К к	Т т	Ъ ъ
Г г	Л л	У у	Ы ы
Д д	М м	Ф ф	Ь ь
Е е Ё ё	Н н	Х х	Э э
Ж ж	О о	Ц ц	Ю ю
З з	П п	Ч ч	Я я

СЛОВАРЬ

А

а¹, *нескл., с.* (название буквы)
а², *союз, частица, межд.*
а-а-а, *межд.*
ааро́новский
ааро́новцы, -ев, *ед.* -вец, -вца, *тв.* -вцем
ааро́новщина, -ы
абажу́р, -а
абажу́рный
абажуродержа́тель, -я
абажу́рчик, -а
аба́з, -а
абази́нка, -и, *р. мн.* -нок
абази́нский
абази́нцы, -ев, *ед.* -нец, -нца, *тв.* -нцем
абази́ны, -зи́н, *ед.* -зи́н, -а
абази́я, -и
аба́к, -а и аба́ка, -и (*архит.*)
абака́, -й (*пенька*)
абака́нский (*от* Абака́н)
абака́нцы, -ев, *ед.* -нец, -нца, *тв.* -нцем
абандо́н, -а
Аббаси́ды, -ов (*династия*)
абба́т, -а
аббати́са, -ы
абба́тский
абба́тство, -а
аббревиату́ра, -ы
аббревиату́рный
аббревиа́ция, -и
абве́р, -а
абве́ровец, -вца, *тв.* -вцем, *р. мн.* -вцев

абве́ровский
абдика́ция, -и
абдо́мен, -а
абдомина́льный
абду́ктор, -а (*отводящая мышца*)
абду́кторный
абду́кция, -и
аберрацио́нный
аберра́ция, -и
абза́ц, -а, *тв.* -ем, *р. мн.* -ев
абза́цный
а́бзе́тцер, -а
абиети́н, -а
абиети́новый
абиогене́з, -а
абиоге́нный
абиоти́ческий
абисса́ль, -и
абисса́льный
абисси́нка, -и, *р. мн.* -нок
абисси́нский (*к* Абисси́ния *и* абисси́нцы)
абисси́нцы, -ев, *ед.* -нец, -нца, *тв.* -нцем
абиту́ра, -ы (*собир.*)
абитурие́нт, -а
абитурие́нтка, -и, *р. мн.* -ток
абитурие́нтский
абласти́рование, -я
абласти́рованный; *кр. ф.* -ан, -ана
абласти́ровать(ся), -рую, -рует(ся)
абластиро́вка, -и, *р. мн.* -вок
абла́ти́в, -а и абля́ти́в, -а

абла́ут, -а и абля́ут, -а
абляцио́нный
абля́ция, -и
аболициони́зм, -а
аболициони́ст, -а
аболициони́стский
аболи́ция, -и
абонеме́нт, -а
абонеме́нтный
абонементодержа́тель, -я
абоне́нт, -а
абоне́нтка, -и, *р. мн.* -ток
абоне́нтный
абоне́нтский
абони́рование, -я
абони́рованный; *кр. ф.* -ан, -ана
абони́ровать(ся), -рую(сь), -рует(ся)
абора́льный
аборда́ж, -а, *тв.* -ем
аборда́жный
абордированный; *кр. ф.* -ан, -ана
аборди́ровать(ся), -рую, -рует(ся)
абориге́н, -а
абориге́нный
абориге́нский
або́рт, -а
аборта́рий, -я
аборти́вность, -и
аборти́вный
аборти́рованный; *кр. ф.* -ан, -ана
аборти́ровать(ся), -рую, -рует(ся)
абрази́в, -а
абрази́вный
абразио́нный

3

абра́зия, -и
абракада́бра, -ы
абра́мцевский (от Абра́мцево)
абреже́, нескл., с.
абре́к, -а
абрико́с, -а, р. мн. -ов
абрико́сик, -а
абрико́сный
абрико́совый
абрикоти́н, -а
а́брис, -а
аброга́ция, -и
абру́ццкий (от Абру́цци)
абсе́нт, -а
абсентеи́зм, -а
абсентеи́ст, -а
абсентеи́стский
абсолю́т, -а
абсолюти́вный; кр. ф. -вен, -вна
абсолютиза́ция, -и
абсолютизи́рование, -я
абсолютизи́рованный; кр. ф. -ан, -ана
абсолютизи́ровать(ся), -рую, -рует(ся)
абсолюти́зм, -а
абсолюти́ст, -а
абсолюти́стский
абсолю́тно прозра́чный
абсолю́тность, -и
абсолю́тно чи́стый
абсолю́тный; кр. ф. -тен, -тна
абсолю́ция, -и
абсорбе́нт, -а
абсо́рбер, -а
абсорби́рованный; кр. ф. -ан, -ана
абсорби́ровать(ся), -рую, -рует(ся)
абсорбциоме́тр, -а
абсорбцио́нный
абсо́рбция, -и
абстенциони́ст, -а
абстине́нт, -а
абстине́нтный
абстине́нция, -и

абстраги́рование, -я
абстраги́рованный; кр. ф. -ан, -ана
абстраги́ровать(ся), -рую(сь), -рует(ся)
абстра́ктность, -и
абстра́ктно-филосо́фский
абстра́ктный; кр. ф. -тен, -тна
абстракциони́зм, -а
абстракциони́ст, -а
абстракциони́стка, -и, р. мн. -ток
абстракциони́стский
абстра́кция, -и
абсу́рд, -а
абсурди́зм, -а
абсурди́ст, -а
абсурди́стский
абсу́рдность, -и
абсу́рдный; кр. ф. -ден, -дна
абсце́сс, -а
абсци́сса, -ы
абу́-даби́йский (от Абу́-Да́би)
абули́я, -и
абха́зка, -и, р. мн. -зок
абха́зо-ады́гский
абха́зский (к Абха́зия и абха́зы, абха́зцы)
абха́зско-ады́гский
абха́зцы, -ев, ед. -зец, -зца, тв. -зцем
абха́зы, -ов, ед. абха́з, -а
а́бцуг, -а
а́бшид, -а
а́бштрих, -а
абъюра́ция, -и
а́бы, союз
а́бы ка́к (како́й, кто́ и т. п.)
авали́ст, -а
ава́ль, -я
аванга́рд, -а
авангарди́зм, -а
авангарди́ст, -а
авангарди́стка, -и, р. мн. -ток
авангарди́стский
аванга́рдный
авапза́л, -а

аванка́мера, -ы
авапло́жа, -и, тв. -ей
аванпо́рт, -а
аванпо́ст, -а и -а́
аванпо́стный
аванре́йд, -а
ава́нс, -а
ава́нсик, -а
аванси́рование, -я
аванси́рованный; кр. ф. -ан, -ана
аванси́ровать(ся), -рую(сь), -рует(ся)
ава́нсовый
авансода́тель, -я
авансодержа́тель, -я
ава́нсом, нареч.
авансце́на, -ы
аванта́ж, -а, тв. -ем
аванта́жность, -и
аванта́жный; кр. ф. -жен, -жна
аванти́тул, -а
авантю́ра, -ы
авантюри́зм, -а
авантюри́н, -а
авантюри́новый
авантюри́ст, -а
авантюристи́ческий
авантюри́стка, -и, р. мн. -ток
авантюри́стский
авантю́рность, -и
авантю́рный; кр. ф. -рен, -рна
а́ва-пе́рец, -рца, тв. -рцем, р. мн. -рцев
авари́йка, -и, р. мн. -ек (авари́йная слу́жба, маши́на)
авари́йно-диспе́тчерский
авари́йно-сигна́льный
авари́йно-спаса́тельный
авари́йность, -и
авари́йный
авари́йщик, -а
ава́рия, -и
ава́рка, -и, р. мн. -рок
ава́рский
ава́рцы, -ев, ед. -рец, -рца, тв. -рцем

ава́ры, ава́р и -ов, *ед.* ава́р, -а
авата́ра, -ы
Ава́чинская со́пка
а́вва, -ы, *м.*
аввакумовский (*от* Авваку́м)
а́вгиевы коню́шни, а́вгиевых коню́шен
авги́т, -а
авгу́ры, -ов, *ед.* авгу́р, -а
а́вгуст, -а (*месяц*)
августе́йший
августи́нский
августи́нцы, -ев, *ед.* -нец, -нца, *тв.* -нцем
а́вгустовский (*от* А́вгуст, *римский император*)
а́густо́вский (*от* а́вгуст, *месяц*)
авдо́тка, -и, *р. мн.* -ток (*птица*)
А́вель, -я: Ка́ин и А́вель
А́ве Мари́я, *нескл., с.* (*католическое песнопение*)
авеню́, *нескл., ж.*
аве́рс, -а
Аве́ста, -ы
аве́стий́ский
аве́стский
авиа... — *первая часть сложных слов, пишется слитно*
а́виа, *нескл., с. и неизм.* (*о почтовом отправлении*)
авиаба́за, -ы
авиабензи́н, -а
авиабиле́т, -а
авиабо́мба, -ы
авиагоризо́нт, -а
авиадвигателестрое́ние, -я
авиадвигателестрои́тельный
авиадви́гатель, -я
авиадеса́нт, -а
авиадеса́нтник, -а
авиадеса́нтный
авиадиспе́тчер, -а
авиадиспе́тчерский
авиазаво́д, -а
авиа- и ракетострое́ние, -я
авиакатастро́фа, -ы

авиакомпа́ния, -и
авиаконве́рт, -а
авиаконстру́ктор, -а
авиакосми́ческий
авиала́йнер, -а
авиалесоохра́на, -ы
авиали́ния, -и
авиа́ль, -я
авиамая́к, -а́
авиаметеослу́жба, -ы
авиаметеоста́нция, -и
авиамодели́зм, -а
авиамодели́ст, -а
авиамоде́ль, -и
авиамоде́льный
авиамото́р, -а
авиамоторострое́ние, -я
авиамоторострои́тельный
авианавигацио́нный
авианавига́ция, -и
авианесу́щий
авиано́сец, -сца, *тв.* -сцем, *р. мн.* -сцев
авиано́сный
авиаопры́скивание, -я
авиаотря́д, -а
авиапа́рк, -а
авиапассажи́р, -а
авиапатру́ль, -я́
авиаперево́зки, -зок
авиаподко́рмка, -и
авиапо́чта, -ы
авиапочто́вый
авиапредприя́тие, -я
авиаприбо́р, -а
авиапроисше́ствие, -я
авиапромы́шленность, -и
авиаразве́дка, -и
авиараке́тный
авиаракетострое́ние, -я
авиаракетострои́тельный
авиаре́йд, -а
авиаре́йс, -а
авиаремо́нтный
авиасало́н, -а
авиасвя́зь, -и

авиасекста́нт, -а
авиаспо́рт, -а
авиаспорти́вный
авиастрое́ние, -я
авиастрои́тель, -я
авиастрои́тельный
авиастрои́тельство, -а
авиатари́ф, -а
авиате́хник, -а
авиате́хника, -и
авиа́тика, -и
авиа́тор, -а
авиа́торский
авиатра́нспорт, -а
авиатра́нспортный
авиатра́сса, -ы
авиауго́н, -а
авиауго́нщик, -а
авиауда́р, -а
авиахими́ческий
авиахимрабо́ты, -о́т
авиацио́нно-косми́ческий
авиацио́нно-раке́тный
авиацио́нно-спорти́вный
авиацио́нно-техни́ческий
авиацио́нно-хими́ческий
авиацио́нный
авиа́ция, -и
авиача́сть, -и, *мн.* -и, -е́й
авиашко́ла, -ы
авиашо́у, *нескл., с.*
авива́ж, -а, *тв.* -ем
авие́тка, -и, *р. мн.* -ток
авизе́нт, -а
ави́зи́ровать(ся), -рую, -рует(ся)
ави́зный
ави́зо, *нескл., с.*
ави́зо́вка, -и, *р. мн.* -вок
авиньо́нский (*от* Авиньо́н)
авио́ника, -и
ави́ста, -ы
авитамино́з, -а
авитамино́зный
авителлино́з, -а
авителли́ны, -ов, *ед.* -лли́н, -а
авифа́уна, -ы

авлос, -а
Авога́дро, нескл., м.: зако́н Авога́дро, постоя́нная (число́) Авога́дро
авока́до, нескл., с.
авоме́тр, -а
аво́ст, -а
аво́сь
аво́сь да небо́сь
аво́ська, -и, р. мн. -сек
аво́сь-ли́бо
авраа́мово де́рево, авраа́мова де́рева
авра́л, -а
авра́лить, -лю, -лит
авра́льный
авра́льщина, -ы
авра́н, -а
ави́кула, -ы
Авро́ра, -ы (мифол.; имя) и авро́ра, -ы (заря)
австе́рия, -и и аусте́рия, -и
австрали́йка, -и, р. мн. -и́ек
австрали́йский (от Австра́лия)
австрали́йцы, -ев, ед. -и́ец, -и́йца, тв. -и́йцем
Австра́ло-Азиа́тское средизе́мное мо́ре
Австра́ло-Антаркти́ческая котлови́на (в Южном океане)
австрало́идный
австрало́иды, -ов, ед. -о́ид, -а
австралопите́к, -а
австрало́рп, -а
австри́йка, -и, р. мн. -и́ек
австри́йский (от А́встрия)
австри́йцы, -ев, ед. -и́ец, -и́йца, тв. -и́йцем
австри́ческий и аустри́ческий (лингв.)
австрия́ки, -ов, ед. -и́я́к, -а
австрия́чка, -и, р. мн. -чек
австроазиа́тский и аустроазиа́тский (лингв.)
а́встро-венге́рский
А́встро-Ве́нгрия, -и
а́встро-герма́нский
а́встро-ита́ло-францу́зский
а́встро-италья́нский
австромаркси́зм, -а
австромаркси́ст, -а
австронези́йский
а́встро-неме́цкий
автарки́ческий
авта́ркия, -и
авто... — первая часть сложных слов, пишется слитно
авто́, нескл., с.
автоанноти́рование, -я
автоба́за, -ы
автоба́н, -а
автоба́т, -а
автобиографи́зм, -а
автобиографи́ческий
автобиографи́чность, -и
автобиографи́чный; кр. ф. -чен, -чна
автобиогра́фия, -и
автоблокиро́вка, -и
автоблокиро́вочный
автобронета́нковый
авто́бус, -а
авто́бусик, -а
авто́бусник, -а
авто́бусно-таксомото́рный
авто́бусный
автоваго́н, -а
автовеломотого́нки, -нок
автовесы́, -о́в
автовладе́лец, -льца, тв. -льцем, р. мн. -льцев
автоводи́тель, -я
автовокза́л, -а
автовы́шка, -и, р. мн. -шек
автога́мия, -и и аутога́мия, -и
автоге́н, -а
автогене́з, -а
автогенера́тор, -а
автоге́нно-сва́рочный
автоге́нный (тех.)
автоге́нщик, -а
автогига́нт, -а
автогидроподъёмник, -а
автого́л, -а, мн. -ы́, -о́в
автого́нки, -нок
автого́нщик, -а
автогравю́ра, -ы
автогра́д, -а
авто́граф, -а
автографи́ческий
автогра́фия, -и
автогре́йдер, -а
автогрейдери́ст, -а
автогрузово́й
автогудрона́тор, -а
автогужево́й
автодекреме́нтный
автоде́ло, -а
автодида́кт, -а
автоди́н, -а
автодиспе́тчер, -а
автодое́ние, -я
автодозво́н, -а
автодо́йлка, -и, р. мн. -лок
автодоро́га, -и
автодоро́жник, -а
автодоро́жный
автодрези́на, -ы
автодро́м, -а
автодро́мный
автожи́р, -а
автозаво́д, -а
автозаво́дец, -дца, тв. -дцем, р. мн. -дцев
автозаво́дский и автозаводско́й
автозагру́зка, -и
автозапра́вка, -и
автозапра́вочный
автозапра́вщик, -а
автоза́пуск, -а
автозапча́сти, -е́й
автоинкреме́нтный
автоинспе́ктор, -а
автоинспе́кция, -и
а́втоинформа́тор, -а
автоио́нный
автока́р, -а

автока́рго, нескл., с.
автоката́лиз, -а и аутоката́лиз, -а
автокатастро́фа, -ы
автокефа́лия, -и
автокефа́льный
автокинопередви́жка, -и, р. мн. -жек
автокла́в, -а
автокла́вный
автоклу́б, -а
автоко́д, -а
автоколеба́ния, -ий
автоколеба́тельный
автоколлима́тор, -а
автоколо́нна, -ы
автокомбина́т, -а
автокоммента́рий, -я
автокорму́шка, -и, р. мн. -шек
автокорре́кция, -и
автокосме́тика, -и
автокосмети́ческий
автокра́н, -а
автокранови́к, -а́
автокранови́ца, -ы, тв. -ей
автокра́т, -а
автократи́ческий
автокра́тия, -и
автокружо́к, -жка́
авто́л, -а
автола́вка, -и, р. мн. -вок
автола́йн, -а
автолесово́з, -а
авто́лиз, -а и ауто́лиз, -а
автолитогра́фия, -и
автолюби́тель, -я
автомагистра́ль, -и
автомагнито́ла, -ы
автомассажёр, -а
автома́т, -а
автоматиза́ция, -и
автоматизи́рование, -я
автоматизи́рованный; кр. ф. -ан, -ана
автоматизи́ровать(ся), -рую, -рует(ся)

автомати́зм, -а
автома́тика, -и
автомати́чески
автомати́ческий
автомати́чность, -и
автомати́чный; кр. ф. -чен, -чна
автома́тно-пулемётный
автома́тный
автома́том, нареч. (автомати́чески)
автома́т-пакетиро́вщик, автома́та-пакетиро́вщика
автома́т-упако́вщик, автома́та-упако́вщика
автома́тчик, -а
автома́тчица, -ы, тв. -ей
автомаши́на, -ы
автомашини́ст, -а
Автомедо́н, -а (лит. персонаж) и автомедо́н, -а (возница)
автометаморфи́зм, -а
автометри́я, -и
автомеха́ник, -а
автомехани́ческий
автоми́ксис, -а
автомобилево́з, -а
автомобилеопроки́дыватель, -я
автомобилеразгру́зчик, -а
автомобилестрое́ние, -я
автомобилестрои́тельный
автомобилетракторострое́ние, -я
автомобилиза́ция, -и
автомобили́зм, -а
автомобили́ст, -а
автомобили́стка, -и, р. мн. -ток
автомоби́ль, -я
автомоби́ль-вы́шка, автомоби́ля-вы́шки
автомоби́льно-доро́жный
автомоби́льно-железнодоро́жный
автомоби́льно-тра́кторный
автомоби́льный
автомоби́льчик, -а

автомодели́зм, -а
автомоде́льный
автомо́йка, -и, р. мн. -мо́ек
автоморфи́зм, -а
автомотого́нки, -нок
автомотодро́м, -а
автомотоклу́б, -а
автомотокро́сс, -а
автомотолотере́я, -и
автомотолюби́тели, -ей, ед. -тель, -я
автомото́рный
автомотосе́кция, -и
автомотоспо́рт, -а
автомотоспорти́вный
автомототра́нспорт, -а
автомототури́зм, -а
автомотошко́ла, -ы
автомотри́са, -ы
автони́м, -а
автономиза́ция, -и
автономи́зм, -а
автономи́ст, -а
автономи́стский
автономи́ческий
автоно́мия, -и
автоно́мность, -и
автоно́мный; кр. ф. -мен, -мна
автоксида́ция, -и
автоопера́тор, -а
автоопредели́тель, -я
автоотве́тчик, -а
автопавильо́н, -а
автопансиона́т, -а
автопа́рк, -а
автопаро́дия, -и
автопассажи́р, -а
автопассажи́рский
автопатру́ль, -я́
автоперево́д, -а
автоперево́зка, -и, р. мн. -зок
автопередви́жка, -и, р. мн. -жек
автопередвижно́й
автопило́т, -а
автоплатфо́рма, -ы
автоплу́г, -а

АВТОПОГРУЗКА

автопогру́зка, -и
автопогру́зчик, -а
автопода́тчик, -а
автопода́ча, -и, тв. -ей
автоподзаво́д, -а
автоподстро́йка, -и
автоподъёмник, -а
автопо́езд, -а, мн. -а́, -о́в
автопои́лка, -и, р. мн. -лок
автопокры́шка, -и, р. мн. -шек
автопортре́т, -а
автопреобразова́тель, -я
автоприце́п, -а
автопробе́г, -а
автопрока́т, -а
автопрокла́дчик, -а
автопромы́шленность, -и
а́втор, -а
авторадиогра́мма, -ы
авторадиогра́фия, -и
авторазгру́зка, -и
авторазгру́зчик, -а
авторазли́вочный
авторазморо́зка, -и
автора́лли, нескл., с.
авторегули́рование, -я
авторегулиро́вщик, -а
авторегуля́тор, -а
авторези́на, -ы
авторе́йс, -а
авторемо́нтный
авторе́сса, -ы
авторессо́ра, -ы
авторефера́т, -а
авторефрижера́тор, -а
авториза́ция, -и
авторизо́ванный; кр. ф. -ан, -ана
авторизова́ть(ся), -зу́ю, -зу́ет(ся)
автори́кша, -и, тв. -ей, р. мн. -ри́кш, м.
авторитари́зм, -а
авторита́рность, -и
авторита́рный; кр. ф. -рен, -рна
авторите́т, -а
авторите́тность, -и
авторите́тный; кр. ф. -тен, -тна

авторо́ллер, -а
авторо́та, -ы
авторота́ция, -и
а́вторский
а́вторско-правово́й
а́вторство, -а
авторулево́й, -о́го
автору́чка, -и, р. мн. -чек
а́вторша, -и, тв. -ей
автосало́н, -а
автосамосва́л, -а
автосбо́рка, -и
автосбо́рочный
автосбо́рщик, -а
автосва́рка, -и
автосва́рочный
автосва́рщик, -а
автосе́рвис, -а
автосигнализа́ция, -и
автоска́нер, -а
автосле́сарь, -я, мн. -и, -ей и -я́, -е́й
автосопровожде́ние, -я
автоспо́рт, -а
автоспу́ск, -а
автоста́нция, -и
автоста́рт, -а
автоста́ртер, -а и автостартёр, -а
автосто́п, -а
автостоя́нка, -и, р. мн. -нок
автостра́да, -ы
автостро́ение, -я
автостро́итель, -я
автостро́ительный
автостро́п, -а
автосце́п, -а
автосце́пка, -и, р. мн. -пок
автотеле́жка, -и, р. мн. -жек
автотермоцисте́рна, -ы
автотехника, -и
автотехни́ческий
автотехобслу́живание, -я
автотипи́ческий
автоти́пия, -и
автоти́пный

автотоми́я, -и и аутотоми́я, -и
автото́рмоз, -а, мн. -а́, -о́в
автотормозно́й
автотра́кторный
автотракторостро́ение, -я
автотра́нспорт, -а
автотра́нспортный
автотрансформа́тор, -а
автотра́сса, -ы
автотренажёр, -а
автотропи́зм, -а
автотро́фный и аутотро́фный
автотро́фы, -ов, ед. -тро́ф, -а и аутотро́фы, -ов, ед. -тро́ф, -а
автотури́зм, -а
автотури́ст, -а
автотури́стский
автотяга́ч, -а́, тв. -о́м
автоукла́дчик, -а
автофазиро́вка, -и
автофили́я, -и
автофурго́н, -а
автохарактери́стика, -и
автохозя́йство, -а
автохо́рия, -и
автохро́мный
автохронометра́ж, -а, тв. -ем
автохто́н, -а
автохто́нный
автоцементово́з, -а
автоцисте́рна, -ы
авточа́с, -а, мн. -ы́, -о́в
авточа́сть, -и, мн. -и, -е́й
автоша́рж, -а, тв. -ем
автоши́на, -ы
автошко́ла, -ы
автошту́рман, -а
автощеповоз, -а
автощётка, -и, р. мн. -ток
автоэлектро́ника, -и
автоэлектро́нный
ауа́ры, -ов
авункула́т, -а
а́га, а́ги (жаба)
ага́¹, аги́, м. (восточный титул); к предшествующему собственно-

му имени присоединяется через дефис, напр.: Керим-ага́
ага́², неизм.
ага́ва, -ы
ага́вный
агали́т, -а
агальматоли́т, -а
ага́ма, -ы (*ящерица*)
ага́ми, *нескл., ж.* (*птица*)
агами́я, -и
ага́мный
агамого́ния, -и
ага́р, -а
ага́р-ага́р, -а
ага́рный
ага́ровый
агаря́не, -я́н, *ед.* -я́нин, -а
агаря́нка, -и, *р. мн.* -нок
Агасфе́р, -а
ага́т, -а
ага́тис, -а
ага́товый
Ага́-ха́н, -а (*титул главы исмаилитов*)
а́ггел, -а (*устар. церк. к* а́нгел; *о злом духе*)
агглютинати́вность, -и
агглютинати́вный
агглютина́ция, -и
агглютини́н, -а
агглютини́рование, -я
агглютини́рованный; *кр. ф.* -ан, -ана
агглютини́ровать(ся), -рует(ся)
агглютини́рующий(ся)
агграва́ция, -и
агевзи́я, -и *и* агевсти́я, -и
агенези́я, -и
а́генс, -а (*лингв.*)
аге́нт, -а
аге́нт-ба́нк, -а
агенти́вный
агенти́рование, -я
агенти́рованный; *кр. ф.* -ан, -ана
агенти́ровать(ся), -рую, -рует(ся)
аге́нтка, -и, *р. мн.* -ток
аге́нтский
аге́нтство, -а
агенту́ра, -ы
агенту́рно-операти́вный
агенту́рный
агера́тум, -а
Аги́нский Буря́тский автоно́мный о́круг
агиографи́ческий
агиогра́фия, -и
агиоло́гия, -и
аги́т... — *первая часть сложных слов, пишется слитно*
агитавтомоби́ль, -я
агита́тор, -а
агита́торский
агита́торша, -и, *тв.* -ей
агитацио́нно-ма́ссовый
агитацио́нно-пропаганди́стский
агитацио́нность, -и
агитацио́нный
агита́ция, -и
агитбрига́да, -ы
агити́ровать, -рую, -рует
агитиску́сство, -а
аги́тка, -и, *р. мн.* -ток
агиткампа́ния, -и
агитколлекти́в, -а
агитлубо́к, -бка́
агитма́ссовый
агитплака́т, -а
агитпо́езд, -а, *мн.* -а́, -о́в
агитпохо́д, -а
агитпробе́г, -а
агитпро́п, -а
агитпро́повский
агитпропотде́л, -а
агитпу́нкт, -а
агитфи́льм, -а
а́глицкий (*устар. к* англи́йский)
агломера́т, -а
агломера́тчик, -а
агломерацио́нный
агломера́ция, -и
агломери́ровать(ся), -рую, -рует(ся)
аглопори́т, -а
аглофа́брика, -и
агнати́ческий
агна́тный
агна́тство, -а
агна́ты¹, -ов, *ед.* агна́т, -а (*кровные родственники по мужской линии*)
агна́ты², -а́т (*зоол.*)
а́гнец, а́гнца, *тв.* а́гнцем, *р. мн.* а́гнцев
А́гнец Бо́жий (*об Иисусе Христе*)
а́гни-йо́га, -и
а́гница, -ы, *тв.* -ей
агнози́я, -и
агно́стик, -а
агностици́зм, -а
агности́ческий
аго́гика, -и
агонизи́ровать, -рую, -рует
агони́ческий
аго́ния, -и
аго́р, -а (*монета*)
агора́, -ы *и* -ы́ (*площадь*)
агорафо́бия, -и
грама́нт, -а
аграма́нтный
аграма́нтовый
агранулоци́т, -а
агранулоцита́рный
агранулоцито́з, -а
агра́рий, -я
агра́рник, -а
агра́рно-индустриа́льный
агра́рно-промы́шленный
агра́рный
агра́ф, -а
аграфи́я, -и
агрега́т, -а
агрегати́рование, -я
агрегати́рованный; *кр. ф.* -ан, -ана
агрегати́ровать(ся), -рую, -рует(ся)

АГРЕГАТНО-СБОРОЧНЫЙ

агрега́тно-сбо́рочный
агрега́тный
агрега́ция, -и
агреги́рование, -я
агреги́рованный; *кр. ф.* -ан, -ана
агреги́ровать(ся), -рую, -рует(ся)
агреже́, *нескл., ж. и с.*
агрема́н, -а
агресси́вно-коррозио́нный
агресси́вность, -и
агресси́вный; *кр. ф.* -вен, -вна
агресси́ны, -ов, *ед.* -сси́н, -а
агре́ссия, -и
агре́ссор, -а
агрикульту́ра, -ы (земледелие, устар.)
агро... — *первая часть сложных слов, пишется слитно*
агроба́за, -ы
агробио́лог, -а
агробиологи́ческий
агробиоло́гия, -и
агробиоцено́з, -а
агробота́ника, -и
агроботани́ческий
агрогородо́к, -дка́
агрозооте́хника, -и
агрозоотехни́ческий
агроклимати́ческий
агроклиматоло́гия, -и
агроконса́лтинг, -а
агрокульту́ра, -ы
агролесомелиорати́вный
агролесомелиора́тор, -а
агролесомелиора́ция, -и
агрома́ксимум, -а
агромелиорати́вный
агромелиора́тор, -а
агромелиора́ция, -и
агрометеоро́лог, -а
агрометеорологи́ческий
агрометеороло́гия, -и
агро́метр, -а
агроми́нимум, -а
агроно́м, -а
агрономи́ческий

агроно́мия, -и
агрополи́тика, -и
агропо́чвенный
агропочвове́дение, -я
агропредприя́тие, -я
агропроизво́дство, -а
агропро́м, -а
агропромы́шленный
агропу́нкт, -а
агрорайо́н, -а
агросе́ктор, -а
агросе́ть, -и, *мн.* -и, -е́й
агроте́хник, -а
агроте́хника, -и
агротехни́ческий
агроуча́сток, -тка
агрофи́зик, -а
агрофи́зика, -и
агрофизи́ческий
агрофитоцено́з, -а
агроформирова́ние, -я
агрохи́мик, -а
агрохими́ческий
агрохи́мия, -и
агрохимлаборато́рия, -и
агроце́х, -а, *мн.* -и, -ов и -а́, -о́в
агрошко́ла, -ы
агроэкологи́ческий
агроэкономи́ческий
агроэкосисте́ма, -ы
агу́, *неизм.*
агу́кать, -аю, -ает
агу́кнуть, -ну, -нет
агу́леньки, *неизм.*
агу́лечки, *неизм.*
агу́лка, -и, *р. мн.* -лок
агу́лы, -ов, *ед.* агу́л, -а
агу́льский
агу́льцы, -ев, *ед.* -лец, -льца, *тв.* -льцем
агу́нюшки, *неизм.*
агу́ти, *нескл., м.*
агу́шеньки, *неизм.*
ад, а́да, *предл.* в аду́
а́да, а́ды (*инф.*)
адажие́тто, *неизм. и нескл., с.*

ада́жио, *неизм. и нескл., с.*
адали́н, -а
Ада́м, -а (также: ве́тхий Ада́м, о человеке)
адама́нт, -а
адами́ты, -ов, *ед.* -ми́т, -а
Ада́мов, -а, -о (*от* Ада́м)
ада́мово я́блоко, ада́мова я́блока
адамси́т, -а
ада́мсия, -и
адапта́нт, -а
адаптацио́нный
адапта́ция, -и (*приспосабливание*)
ада́птер, -а
адапти́вность, -и
адапти́вный; *кр. ф.* -вен, -вна (*к* адапта́ция)
адапти́рованный; *кр. ф.* -ан, -ана (*от* адапти́ровать)
адапти́ровать(ся), -рую(сь), -рует(ся) (*к* адапта́ция)
адаптоге́н, -а
адаптоге́нный
адапто́метр, -а
ада́т, -а
ад вало́рем, *неизм.*
адве́кция, -и
адвенти́вный
адвенти́стский
адвенти́сты, -ов, *ед.* -и́ст, -а
адвербиализа́ция, -и
адвербиализи́рованный; *кр. ф.* -ан, -ана
адвербиализи́роваться, -руется
адвербиализо́ванный; *кр. ф.* -ан, -ана
адвербиализова́ться, -зу́ется
адвербиа́льный
адвока́т, -а
адвокате́сса, -ы
адвока́тский
адвока́тство, -а
адвока́тствовать, -твую, -твует
адвокату́ра, -ы
адвока́тша, -и, *тв.* -ей
адгезио́нный

адге́зия, -и
адде́нда, -ы (*приложение, дополнение (в книге)*)
адде́ндум, -а (*дополнение к договору; то же, что адденда*)
адде́нды, -ов, *ед.* -е́нд, -а (*хим.*)
адди́с-абе́бский (*от Аддис-Абеба*)
аддисабе́бцы, -ев, *ед.* -бец, -бца, *тв.* -бцем
аддисо́нова боле́знь, аддисо́новой боле́зни
аддити́вность, -и
аддити́вный; *кр. ф.* -вен, -вна
адду́ктор, -а (*приводящая мышца*)
адду́кторный
адду́кция, -и
адеква́тность, -и
адеква́тный; *кр. ф.* -тен, -тна
адельфа́н, -а
адени́ловая кислота́
адени́н, -а
адени́т, -а
アденови́русный
аденови́русы, -ов, *ед.* -ви́рус, -а
аденози́н, -а
аденозинтрифосфата́зы, -а́з, *ед.* -а́за, -ы
аденозинтрифо́сфорный
аденозинфо́сфорный
адено́иды, -ов, *ед.* -о́ид, -а
аденокарцино́ма, -ы
адено́ма, -ы
а́денский (*от А́ден*)
а́денцы, -ев, *ед.* -нец, -нца, *тв.* -нцем
аде́пт, -а
адерми́н, -а
адеструкти́вный
аджа́рка, -и, *р. мн.* -рок
аджа́рский (*к Аджа́рия и аджа́рцы*)
аджа́рцы, -ев, *ед.* -рец, -рца, *тв.* -рцем
аджи́ка, -и
аджорнаме́нто, *нескл., с.*

а джо́рно, *неизм.*
адиаба́та, -ы
адиабати́ческий
адиаба́тный
адида́с, *неизм.*
адида́совский (*от Адида́с, фирма*)
адида́сы, -ов (*обувь*)
адинами́я, -и
адипи́новый
адипозогенита́льный
а́длерский (*от А́длер*)
а́длерцы, -ев, *ед.* -рец, -рца, *тв.* -рцем
администрати́вно-волево́й
администрати́вно-дисциплина́рный
администрати́вно-кома́ндный
администрати́вно-приказно́й
администрати́вно-ссы́льный
администрати́вно-территориа́льный
администрати́вно-управле́нческий
администрати́вно-хозя́йственный
администрати́вный
администра́тор, -а
администра́торский
администра́торство, -а
администра́торша, -и, *тв.* -ей
администра́ция, -и
администри́рование, -я
администри́ровать, -рую, -рует
адмира́л, -а
адмира́л-инжене́р, адмира́ла-инжене́ра
адмиралте́йский
Адмиралте́йств-колле́гия, -и (*ист.*)
адмиралте́йство, -а (*учреждение*) и Адмиралте́йство, -а (*архит. памятник в Петербурге*)
Адмиралте́йств-сове́т, -а (*ист.*)
адмира́льский
адмира́льство, -а

адмотде́л, -а
адмтехперсона́л, -а
адмча́сть, -и, *мн.* -и, -е́й
аднекси́т, -а
а́дов, -а, -о
адогмати́ческий
адонизи́д, -а
адониле́н, -а
Адо́нис, -а (*мифол.*)
адо́нис, -а (*бот.*)
адопта́тор, -а
адопта́ция, -и (*усыновление*)
адопти́вный (*к адопта́ция*)
адопти́рованный; *кр. ф.* -ан, -ана (*от адопти́ровать*)
адопти́ровать(ся), -рую, -рует(ся) (*к адопта́ция*)
адора́ция, -и
адренали́н, -а
адренали́новый
адрена́ловый
адренерги́ческий
адренокортикотро́пный
адренолити́ческий
а́дрес, -а, *мн.* -а́, -о́в
адреса́нт, -а (*тот, кто адресует что-н.*)
адреса́т, -а (*тот, кому адресовано что-н.*)
адреса́ция, -и
а́дрес-календа́рь, -я́
а́дресно-спра́вочный
а́дресность, -и
а́дресный
адресова́ние, -я
адресо́ванный; *кр. ф.* -ан, -ана
адресова́ть(ся), -су́ю(сь), -су́ет(ся)
адресо́граф, -а
адресо́к, -ска́
адресо́чек, -чка
адресу́емость, -и
Адриа́тика, -и
адриати́ческий (*к Адриати́ческое мо́ре, Адриа́тика*)
Адриати́ческое мо́ре

адро́нный
адро́ны, -ов, *ед.* адро́н, -а
адря́с, -а
а́дски
а́дский
адсорбе́нт, -а
адсо́рбер, -а
адсорби́рованный; *кр. ф.* -ан, -ана
адсорби́ровать(ся), -рую, -рует(ся)
адсорбцио́нно-ко́мплексный
адсорбцио́нный
адсо́рбция, -и
адуля́р, -а
адъектива́ция, -и
адъективи́рование, -я
адъективи́рованный; *кр. ф.* -ан, -ана
адъективи́роваться, -руется
адъекти́вный
адъю́нкт, -а (*лицо*)
адъю́нкта, -ы (*матем.*)
адъю́нкт-профе́ссор, -а, *мн.* -а́, -о́в
адъю́нктский
адъю́нктство, -а
адъюнкту́ра, -ы
адъюста́ж, -а, *тв.* -ем
адъюта́нт, -а
адъюта́нтский
адъюта́нтство, -а
адыге́, *нескл., мн., ед. м. и ж.*
адыге́йка, -и, *р. мн.* -е́ек
адыге́йский (*к* Адыге́я, Адыге́йск, адыге́йцы)
адыге́йцы, -ев, *ед.* -е́ец, -е́йца, *тв.* -е́йцем
ады́ги, -ов, *ед.* ады́г, -а
ады́гский
адюльте́р, -а
адюльте́рный
аеви́т, -а
аж, *частица*
ажа́н, -а
ажго́н, -а

а́жио, *нескл., с.*
ажиота́ж, -а, *тв.* -ем
ажиота́жный; *кр. ф.* -жен, -жна
ажита́то, *неизм. и нескл., с.*
ажита́ция, -и
а́жно, *частица и союз*
ажу́р, -а
ажу́рность, -и
ажу́рный
ажусти́ровать, -рую, -рует
аз, аза́ (*название буквы*)
аза́лия, -и
аза́н, -а
азари́н, -а
аза́рт, -а
аза́ртничать, -аю, -ает
аза́ртность, -и
аза́ртный; *кр. ф.* -тен, -тна
аза́т, -а
а́збука, -и
азбуко́вник, -а
а́збучка, -и, *р. мн.* -чек
а́збучность, -и
а́збучный
азеотро́пный
азербайджа́нка, -и, *р. мн.* -нок
азербайджа́нский (*к* Азербайджа́н *и* азербайджа́нцы)
азербайджа́нско-росси́йский
азербайджа́нцы, -ев, *ед.* -нец, -нца, *тв.* -нцем
Азе́ф, -а
азе́фовский (*от* Азе́ф)
азе́фовщина, -ы
азиани́зм, -а
азиани́ческий
азиа́тка, -и, *р. мн.* -ток
азиа́тский (*от* А́зия *и* азиа́ты)
азиа́тско-тихоокеа́нский
Азиа́тско-Тихоокеа́нский регио́н
азиа́тчина, -ы
азиа́ты, -ов, *ед.* азиа́т, -а
ази́ды, -ов, *ед.* ази́д, -а
а́зимут, -а
азимута́льный

а́зимутный
ази́ны, -ов, *ед.* ази́н, -а
азобензо́л, -а
азо́во-черномо́рский
Азо́вские похо́ды (*1695–1696*)
азо́вский (*от* Азо́в)
Азо́вское мо́ре
азогру́ппа, -ы
азо́йский
азокраси́тель, -я
азоксисоедине́ния, -ий, *ед.* -е́ние, -я
азомета́н, -а
азона́льность, -и
азона́льный
азооспермия́, -и
азосоедине́ния, -ий, *ед.* -е́ние, -я
азосочета́ние, -я
азо́т, -а
азотеми́я, -и
азотиза́ция, -и
азоти́рование, -я
азоти́ровать(ся), -рую, -рует(ся)
азо́тисто-водоро́дный
азотистоки́слый
азо́тистый
азотнова́тистый
азотнова́тый
азо́тно-кали́йно-фо́сфорный
азо́тно-кали́йный
азотноки́слый
азо́тно-ту́ковый
азо́тно-фо́сфорный
азо́тный
азотоба́ктер, -а
азотобакте́рии, -ий, *ед.* -е́рия, -и
азотобактери́н, -а
азотоге́н, -а
азотоме́тр, -а
азотоотдаю́щий *и* азототдаю́щий
азотосодержа́щий *и* азотсодержа́щий
азотоусва́ивающий *и* азотусва́ивающий

азотофикси́рующий и азот-
   фикси́рующий
азотсодержа́щий и азотосо-
   держа́щий
азотури́я, -и
азотусва́ивающий и азотоус-
   ва́ивающий
азотфикса́торы, -ов, *ед.* -тор, -а
азотфикса́ция, -и
азотфикси́рующий и азото-
   фикси́рующий
азофо́ска, -и
АЗС [азэ́с], *нескл., ж.* (*сокр.*: авто-
   заправочная станция)
азу́, *нескл., с.*
азу́р, -а
азури́т, -а
азы́, азо́в (*основы, начала*)
азя́м, -а
азя́мчик, -а
ай, *нескл., с.*
Аи́д, -а
айл, -а
аир, -а
аи́рный ко́рень и и́рный ко́-
   рень
аи́ст, -а
аистёнок, -нка, *мн.* -тя́та, -тя́т
аисти́ный
аисти́ха, -и
а́истник, -а
а́истовый
аистообра́зные, -ых
айфо́вец, -вца, *тв.* -вцем, *р. мн.*
   -вцев
айфо́вский (*от* АиФ –
   "Аргументы и факты")
ай, *неизм.*
ай-а́й, *неизм.*
ай-ай-а́й, *неизм.*
Айболи́т, -а
айва́, -ы́
айва́н, -а
айво́вый
ай да (*выражение похвалы, одоб-
   рения: а́й да молоде́ц!*)

айда́, *межд. и в знач. сказ.* (*пошли,
   поехали, побежали*)
а́йе-а́йе, *нескл., м.* (*животное*)
а́йканье, -я
а́йкать, -аю, -ает
айкидо́, *нескл., с.*
айкидои́ст, -а
а́йкнуть, -ну, -нет
айла́нт, -а
айла́нтовый
ай-люли́, *неизм.*
айма́к, -а́
аймако́вый
айма́чный
айова́нка, -и, *р. мн.* -нок
айова́нский (*от* А́йова)
айова́нцы, -ев, *ед.* -нец, -нца, *тв.*
   -нцем
а́йовский (*от* А́йова)
а́йовцы, -ев, *ед.* -вец, -вца, *тв.*
   -вцем
ай-пе́тринский (*от* Ай-Пе́три)
айра́н, -а
айро́л, -а
айрши́ры, -ов, *ед.* -ши́р, -а
а́йсберг, -а
а́йсинг, -а
айсо́рка, -и, *р. мн.* -рок
айсо́рский
айсо́ры, -ов, *ед.* айсо́р, -а
айс-ревю́, *нескл., с.*
академгородо́к, -дка́
академи́зм, -а
акаде́мик, -а
академи́ст, -а
академи́стка, -и, *р. мн.* -ток
академи́ческий
академи́чность, -и
академи́чный; *кр. ф.* -чен, -чна
акаде́мия, -и; но: Акаде́мия, -и
   (*философская школа Платона в
   Афинах; также как первое слово
   в названиях учреждений, напр.*:
   Акаде́мия Росси́йская, Акаде́мия
   наро́дного хозя́йства, Акаде́мия
   гражда́нской авиа́ции)

акажу́, *нескл., с.* (*дерево*)
ака́нт, -а
ака́нтовый
аканто́ды, -о́д, *ед.* -о́да, -ы
акантоцефа́лы, -ов, *ед.* -фа́л, -а
а́канье, -я
а капе́лла, *неизм.*
акапе́льный (*муз.*)
акариа́зис, -а
акари́ды, -и́д, *ед.* -и́да, -ы
акари́ны, -и́н, *ед.* -и́на, -ы
акарици́ды, -ов, *ед.* -ци́д, -а
акаро́з, -а
акароло́гия, -и
Акату́йская ка́торжная тюрь-
   ма́ (*ист.*)
а́кать, -аю, -ает
акаустобиоли́ты, -ов, *ед.* -ли́т, -а
ака́фист, -а
ака́фистник, -а
ака́фистный
ака́циевый
ака́цийка, -и, *р. мн.* -иек
ака́ция, -и
а́кающий
аква... — первая часть сложных
   слов, пишется слитно
аквада́г, -а
аквакульту́ра, -ы
акквала́нг, -а
акваланги́ст, -а
акваланги́стка, -и, *р. мн.* -ток
аквала́нговый
аквамари́н, -а
аквамари́нный
аквамари́новый
акваме́три́я, -и
аквамоби́ль, -я
акцана́вт, -а
акцана́втка, -и, *р. мн.* -ток
акваппла́н, -а
акваполисоедине́ния, -ий, *ед.*
   -е́ние, -я
акварели́ст, -а
акварели́стка, -и, *р. мн.* -ток
акваре́ль, -и

акваре́лька, -и, р. мн. -лек
акваре́льный
аква́риум, -а
аквариуми́ст, -а
аква́риумный
аквасоедине́ния, -ий, ед. -е́ние, -я
аквати́нта, -ы
акваи́пия, -и
акватори́я, -и
авафо́рте, нескл., с.
аквафорти́ст, -а
акведу́к, -а
аквизи́тор, -а
аквизи́торский
аквиле́гия, -и
аквило́н, -а
Аквина́т, -а: Фома́ Аквина́т
Акви́нский: Фома́ Акви́нский
а́ки, союз
акинезия́, -и
акка́дский (от Акка́д; акка́дский язы́к)
акклама́ция, -и
акклиматиза́тор, -а
акклиматизацио́нный
акклиматиза́ция, -и
акклиматизи́рование, -я
акклиматизи́рованный; кр. ф. -ан, -ана
акклиматизи́ровать(ся), -рую(сь), -рует(ся)
аккола́да, -ы
аккомода́нтный
аккомодацио́нный
аккомода́ция, -и
аккомоди́ровать(ся), -рую, -рует(ся)
аккомпанеме́нт, -а
аккомпаниа́тор, -а
аккомпаниа́торша, -и, тв. -ей
аккомпани́рование, -я
аккомпани́ровать, -рую, -рует
акко́рд, -а
аккордео́н, -а
аккордеони́ст, -а
аккордеони́стка, -и, р. мн. -ток
аккордео́нный
акко́рдика, -и
акко́рдный
акко́рдово-гармони́ческий
акко́рдовый
аккредитацио́нный
аккредита́ция, -и
аккредити́в, -а
аккредити́вный
аккредитова́ние, -я
аккредито́ванный; кр. ф. -ан, -ана
аккредитова́ть(ся), -ту́ю(сь), -ту́ет(ся)
аккре́ция, -и
а́ккрский (от А́ккра)
а́ккрцы, -ев, ед. -рец, -рца, тв. -рцем
аккузати́в, -а
аккультура́ция, -и
аккумули́рование, -я
аккумули́рованный; кр. ф. -ан, -ана
аккумули́ровать(ся), -рую, -рует(ся)
аккумуляти́вный
аккумуля́тор, -а
аккумуля́торно-заря́дный
аккумуля́торный
аккумуляцио́нный
аккумуля́ция, -и
аккура́т, нареч.
аккурати́ст, -а
аккурати́стка, -и, р. мн. -ток
аккура́тненький
аккура́тность, -и
аккура́тный; кр. ф. -тен, -тна
акли́на, -ы
акмеи́зм, -а
акмеи́ст, -а
акмеисти́ческий
акмеи́стка, -и, р. мн. -ток
акмеи́стский
акмо́линский (от Акмо́ла, Акмо́линск)
акмо́линцы, -ев, ед. -нец, -нца, тв. -нцем
акони́т, -а
акониги́н, -а
акони́товый
а-ко́нто, неизм.
акосми́зм, -а
акр, -а, р. мн. -ов
акратофо́р, -а
акри́вия, -и
акриди́н, -а
акриди́новый
акри́ды, -и́д
акри́л, -а
акрилами́д, -а
акрила́ты, -ов, ед. -ла́т, -а
акрилзамещённый и акрилозамещённый
акри́ловый
акрилонитри́л, -а
акрихи́н, -а
акроба́т, -а
акробати́зм, -а
акроба́тика, -и
акробати́ческий
акробати́чный; кр. ф. -чен, -чна
акроба́тка, -и, р. мн. -ток
акроба́тничанье, -я
акроба́тничать, -аю, -ает
акроба́тский
акрокефа́лия, -и и акроцефа́лия, -и
акролеи́н, -а
акромега́лия, -и
акромелани́зм, -а
акро́ним, -а
акропета́льный
акро́поль, -я (крепость в древнегреческих городах) и Акро́поль, -я (в Афинах)
акросо́ма, -ы
акрости́х, -а
акроте́рий, -я
акроцефа́лия, -и и акрокефа́лия, -и
аксака́л, -а

АКЦЕНТИРОВАНИЕ

аксами́т, -а
акселера́т, -а
акселера́тка, -и, *р. мн.* -ток
акселера́тор, -а
акселера́тский
акселера́ция, -и
акселеро́граф, -а
акселеро́метр, -а
а́ксель, -я
аксельба́нты, -ов, *ед.* -ба́нт, -а
аксерофто́л, -а
аксессуа́ры, -ов, *ед.* -уа́р, -а
аксиа́льно-поршнево́й
аксиа́льный
аксиологи́ческий
аксиоло́гия, -и
аксио́ма, -ы
аксиома́тика, -и
аксиомати́ческий
аксиомати́чный; *кр. ф.* -чен, -чна
аксио́метр, -а
а́ксис, -а
аксоло́тль, -я
аксо́н, -а
аксонометри́ческий
аксономе́трия, -и
аксо́н-рефле́кс, -а
акт, -а
акта́нт, -а (*лог., лингв.*)
акта́нтный (*от* акта́нт)
АКТГ [акатэгэ́], *нескл., м.* (*сокр.:* адренокортикотропный гормон)
актёр, -а
актёришка, -и, *р. мн.* -шек, *м.*
актёрка, -и, *р. мн.* -рок
актёрски
актёрский
актёрство, -а
актёрствовать, -твую, -твует
акти́в, -а
актива́тор, -а
актива́торный
активацио́нный
актива́ция, -и
活ивиза́ция, -и
активизи́рование, -я

активизи́рованный; *кр. ф.* -ан, -ана
активизи́ровать(ся), -ру́ю(сь), -ру́ет(ся)
активи́рование, -я
активи́рованный; *кр. ф.* -ан, -ана
активи́ровать(ся), -рую, -рует(ся)
активи́ст, -а
активи́стка, -и, *р. мн.* -ток
активи́стский
акти́вничать, -аю, -ает
акти́вно де́йствующий
акти́вно-индукти́вный
акти́вно-реакти́вный
акти́вность, -и
акти́вный; *кр. ф.* -вен, -вна
акти́н, -а
актини́диевые, -ых
актини́дия, -и
акти́ниевый
акти́ний, -я (*хим.*)
акти́ния, -и (*животное*)
актинобацилёз, -а
актино́граф, -а
актино́иды, -ов, *ед.* -о́ид, -а
актиноли́т, -а
актино́метр, -а
актинометри́ческий
актиноме́трия, -и
актиномико́з, -а
актиномице́ты, -ов, *ед.* -це́т, -а
актиномици́ны, -ов, *ед.* -ци́н, -а
актиномо́рфный
актинотерапи́я, -и
актинофа́ги, -ов, *ед.* -фа́г, -а
акти́рование, -я
акти́рованный; *кр. ф.* -ан, -ана
акти́ровать(ся), -рую, -рует(ся)
а́ктовый
акто́граф, -а
актомиози́н, -а
актри́са, -ы
актри́ска, -и, *р. мн.* -сок
актри́сочка, -и, *р. мн.* -чек
актуализа́тор, -а

актуализа́ция, -и
актуализи́рование, -я
актуализи́рованный; *кр. ф.* -ан, -ана
актуализи́ровать(ся), -рую, -рует(ся)
актуали́зм, -а
актуализо́ванный; *кр. ф.* -ан, -ана
актуализова́ть(ся), -зу́ю, -зу́ет(ся)
актуалисти́ческий
актуа́льность, -и
актуа́льный; *кр. ф.* -лен, -льна
актуа́рий, -я
актуа́рный
актю́бинский (*от* Актю́бинск)
актю́бинцы, -ев, *ед.* -нец, -нца, *тв.* -нцем
аку́ла, -ы
акулёнок, -нка, *мн.* -ля́та, -ля́т
аку́лий, -ья, -ье
аку́ловые, -ых
акуме́трия, -и
акупрессу́ра, -ы
акупункту́ра, -ы
акупункту́рный
аку́стика, -и
аку́стико-пневмати́ческий
акусти́ческий
акустоо́птика, -и
акустоопти́ческий
акустоэлектро́ника, -и
акустоэлектро́нный
аку́т, -а
акути́рованный; *кр. ф.* -ан, -ана
аку́товый
акуше́р, -а *и* акушёр, -а
акуше́рка, -и, *р. мн.* -рок
акуше́рский
акуше́рство, -а
акуше́рствовать, -твую, -твует
акце́нт, -а
акцента́тор, -а
акценти́рование, -я

акценти́рованный; *кр. ф.* -ан, -ана
акценти́ровать(ся), -рую, -рует(ся)
акцентиро́вка, -и
акце́нтный
акцентова́ть(ся), -ту́ю, -ту́ет(ся)
акценто́лог, -а
акцентологи́ческий
акцентоло́гия, -и
акцентуацио́нный
акцентуа́ция, -и (*лингв.*)
акценту́ированный; *кр. ф.* -ан, -ана
акценту́ировать(ся), -рую, -рует(ся)
акце́пт, -а
акцепта́нт, -а
акцепта́тор, -а
акцепта́ция, -и
акце́птно-рамбу́рсный
акце́птный
акцептова́ние, -я
акцепто́ванный; *кр. ф.* -ан, -ана
акцептова́ть(ся), -ту́ю, -ту́ет(ся)
акце́птор, -а
акце́пция, -и
акцессио́нный
акце́ссия, -и
акце́ссорный
акциде́нтный
акциде́нция, -и
акци́з, -а
акци́зный
акционе́р, -а
акционе́рка, -и, *р. мн.* -рок
акционе́рный
акционе́рский
акциони́рование, -я
акциони́рованный; *кр. ф.* -ан, -ана
акциони́ровать(ся), -рую(сь), -рует(ся)
акцио́нный
а́кция, -и
акы́н, -а

алаба́мский (*от* Алаба́ма)
алаба́мцы, -ев, *ед.* -мец, -мца, *тв.* -мцем
алава́стр, -а (*сосуд*)
алаверды́, *нескл., с. и неизм.*
Аладди́н, -а
алаза́нский (*от* Алаза́нь, Алаза́ни)
алали́я, -и
алани́н, -а
ала́нский
ала́ны, -ов (*племена*)
алапа́евский (*от* Алапа́евск)
алапа́евцы, -ев, *ед.* -вец, -вца, *тв.* -вцем
алармист, -а
алармистка, -и, *р. мн.* -ток
алармистский
алата́у, *нескл., м.* (*горная цепь, отрог*) *и* Алата́у, *нескл., м.* (*в названиях нек-рых горных цепей в Казахстане, Сибири, напр.:* Заили́йский Алата́у, Кузне́цкий Алата́у)
алата́уский
ала́тырский (*от* Ала́тырь, *город*)
ала́тырцы, -ев, *ед.* -рец, -рца, *тв.* -рцем
ала́тырь, -я (*чудодейственный камень*)
алба́нка, -и, *р. мн.* -нок
алба́нский (*к* Алба́ния *и* алба́нцы)
алба́но-югосла́вский
алба́нцы, -ев, *ед.* -нец, -нца, *тв.* -нцем
а́лгебра, -ы
алгебраи́ст, -а
алгебраи́ческий
алго́л, -а (*инф.*)
Алго́ль, -я (*астр.*)
алгонки́нский
алгонки́ны, -ов (*группа народов*)
алгори́тм, -а
алгоритмиза́ция, -и
алгоритмизи́рованный; *кр. ф.* -ан, -ана

алгоритмизи́ровать(ся), -рую, -рует(ся)
алгоритмизо́ванный; *кр. ф.* -ан, -ана
алгоритмизова́ть(ся), -зу́ю, -зу́ет(ся)
алгори́тмика, -и
алгоритми́ческий
алда́нский (*от* Алда́н)
алда́нцы, -ев, *ед.* -нец, -нца, *тв.* -нцем
алеа́тико, *нескл., с.*
алеато́рика, -и
алеба́рда, -ы
алеба́рдный
алеба́рдовый
алеба́стр, -а
алеба́стровый
алеври́т, -а
алеври́товый
алевроли́т, -а
алейкеми́ческий
алейкеми́я, -и
алейро́метр, -а
алейро́н, -а
алейро́новый
александреу́ли, *нескл., с.*
александри́йка, -и, *р. мн.* -и́ек
александри́йский (*от* Александри́я; александри́йский сти́х, александри́йский ли́ст)
Александри́йский мая́к
Александри́йский мусе́йон
александри́йцы, -ев, *ед.* -и́ец, -и́йца, *тв.* -и́йцем
Александри́нский теа́тр
александри́т, -а
Алекса́ндр Македо́нский
Алекса́ндр Не́вский
Алекса́ндров, -а, -о (*от* Алекса́ндр)
Алекса́ндровская коло́нна (*в Петербурге*)
Алекса́ндровская слобода́ (*ист.*)

АЛЛОДИАЛЬНЫЙ

алекса́ндровский (*от* Алекса́ндр, Алекса́ндров, Алекса́ндровск)
Алекса́ндровский са́д (*в Москве*)
алекса́ндровцы, -ев, *ед.* -вец, -вца, *тв.* -вцем
Алекса́ндро-Не́вская ла́вра
алексе́евский (*от* Алексе́й и Алексе́ев)
Алексе́евский равели́н
Алексе́й – Бо́жий челове́к
алекси́н, -а
але́ксинский (*от* Але́ксин, *город*)
але́ксинцы, -ев, *ед.* -нец, -нца, *тв.* -нцем
алекси́я, -и
алема́ннский
алема́нны, -ов, *ед.* -ма́нн, -а
а́ленький
але́ть(ся), але́ю, але́ет(ся)
алеу́тка, -и, *р. мн.* -ток
Алеу́тские острова́
алеу́тский
алеу́ты, -ов, *ед.* алеу́т, -а
Алёша Попо́вич
алжи́рка, -и, *р. мн.* -рок
алжи́рский (*от* Алжи́р)
алжи́рцы, -ев, *ед.* -рец, -рца, *тв.* -рцем
а́ли и аль, *союз*
а́либи, *нескл., с.*
алиготе́, *нескл., с.*
алида́да, -ы
ализари́н, -а
ализари́новый
алимента́рный
алимента́ция, -и
алименти́рование, -я
алиме́нтный
алиме́нтщик, -а
алиме́нтщица, -ы, *тв.* -ей
алиме́нты, -ов
алинеа́тор, -а
али́ссум, -а
алити́рование, -я
алити́рованный; *кр. ф.* -ан, -ана
алити́ровать(ся), -рую, -рует(ся)

алифати́ческий
алицикли́ческий
алкализа́ция, -и
алкалиме́три́я, -и
алкало́з, -а
алкало́иды, -ов, *ед.* -о́ид, -а
алка́на, -ы
алка́ние, -я
алка́ть, а́лчу, а́лчет и алка́ю, алка́ет
алка́ш, -а́, *тв.* -о́м
алка́я и а́лча, *деепр.*
алки́дный
алки́л, -а
алкили́рование, -я
алкили́рованный; *кр. ф.* -ан, -ана
алкили́ровать(ся), -рую, -рует(ся)
алки́льный
алкоголиза́ция, -и
алкоголизи́рованный; *кр. ф.* -ан, -ана
алкоголизи́ровать(ся), -рую, -рует(ся)
алкоголи́зм, -а
алкоголизо́ванный; *кр. ф.* -ан, -ана
алкоголизова́ть(ся), -зу́ю, -зу́ет(ся)
алкого́лик, -а
алкоголи́ческий
алкоголи́чка, -и, *р. мн.* -чек
алкого́ль, -я
алкого́льно-зави́симый
алкого́льный
алкоголя́ты, -ов, *ед.* -ля́т, -а
алко́метр, -а
алконо́ст, -а
Алкора́н, -а (*устар. к* Кора́н)
аллантоис, -а
Алла́х, -а; но: алла́х с ни́м, ну́ его́ к алла́ху, алла́х его́ зна́ет (ве́дает)
Алла́х акба́р (*возглас*)
алле́, *межд.*
аллегори́зм, -а
аллего́рика, -и

аллегори́ческий
аллегори́чность, -и
аллегори́чный; *кр. ф.* -чен, -чна
аллего́рия, -и
аллегре́тто, *неизм. и нескл., с.*
алле́гри, *нескл., с.* (*лотерея*)
алле́гро, *неизм. и нескл., с.* (*муз.*)
алле́йка, -и, *р. мн.* -е́ек
аллели́зм, -а
аллеломо́рф, -а
аллеломорфи́зм, -а
аллелопа́тия, -и
алле́ль, -и
аллема́нда, -ы
аллемани́ст, -а
аллерге́н, -а
аллерге́нный
алле́ргик, -а
аллерги́ческий
аллерги́чка, -и, *р. мн.* -чек
аллерги́я, -и
аллергодермато́з, -а
аллергодиагно́стика, -и
аллергодиагности́ческий
аллергоинфекцио́нный
аллерго́лог, -а
аллергологи́ческий
аллерголо́гия, -и
алле́я, -и
аллига́тор, -а
алли́ловый
аллилу́йный
аллилу́йщик, -а
аллилу́йщина, -ы
аллилу́йя, -и и *неизм.*
аллитерацио́нный
аллитера́ция, -и
аллитери́рование, -я
аллитери́рованный; *кр. ф.* -ан, -ана
аллитери́ровать(ся), -и́рую, -и́рует(ся)
алло́, *неизм.*
аллога́мия, -и
алло́д, -а
аллодиа́льный

АЛЛОКУЦИЯ

аллоку́ция, -и
аллометри́я, -и
алломо́рф, -а и алломо́рфа, -ы
алломорфи́я, -и
алломо́рфный
алломорфо́з, -а
алло́нж, -а, *тв.* -ем
аллони́м, -а
аллопа́т, -а
аллопати́ческий
аллопа́тия, -и
аллопла́стика, -и
аллопласти́ческий
аллоско́п, -а
аллосо́ма, -ы
аллотетрапло́ид, -а
аллотропи́ческий
аллотро́пия, -и
аллофо́н, -а
аллофони́я, -и
аллохо́л, -а
аллохори́я, -и
аллохто́н, -а
аллохто́нный
аллювиа́льный
аллю́вий, -я
аллюзи́вный; *кр. ф.* -вен, -вна
аллюзио́нный
аллю́зия, -и
аллю́р, -а
алмаати́нка, -и, *р. мн.* -нок
алма-ати́нский (*от* Алма-Ата́)
алмаати́нцы, -ев, *ед.* -нец, -нца, *тв.* -нцем
алма́з, -а
алма́зик, -а
алма́зник, -а
алма́зно-расто́чный
алма́зно-твёрдый
алма́зный
Алма́зный фо́нд (*в Московском Кремле*)
алмазограни́льный
алмазограни́льщик, -а
алмазодобыва́ющий
алмазодобы́тчик, -а

алмазодобы́ча, -и, *тв.* -ей
алмазозамени́тель, -я
алмазоно́сный; *кр. ф.* -сен, -сна
алмазосодержа́щий
а́лни, *неизм.:* а́лни спла́вы
алоги́зм, -а
алоги́ческий
алоги́чность, -и
алоги́чный; *кр. ф.* -чен, -чна
ало́йный
а́ло-кирпи́чный
а́ло-кра́сный
алопе́ция, -и
а́лость, -и
ало́э, *нескл., с.*
алоэви́дный
алтаба́с, -а
алта́йка, -и, *р. мн.* -а́ек
алта́йский (*от* Алта́й)
Алта́йский кра́й
алта́йцы, -ев, *ед.* алта́ец, -а́йца, *тв.* -а́йцем
алта́рник, -а
алта́рный
алта́рь, -я́
алте́й, -я
алте́йный
алты́н, -а, *р. мн.* -ов, *счетн. ф.* алты́н
алты́нник, -а
алты́нница, -ы, *тв.* -ей
алты́нничать, -аю, -ает
алты́нный
алуни́т, -а
алу́пкинский (*от* Алу́пка)
алу́штинский (*от* Алу́шта)
алу́штинцы, -ев, *ед.* -нец, -нца, *тв.* -нцем
алфави́т, -а
алфави́тно-цифрово́й
алфави́тный
алхи́мик, -а
алхими́ческий
алхи́мия, -и
а́лча и алка́я, *деепр.* (*от* алка́ть)
алчба́, -ы́

а́лчность, -и
а́лчный; *кр. ф.* а́лчен, а́лчна
а́лчущий
а́лый; *кр. ф.* ал, ала́, а́ло
алыча́, -и́, *тв.* -о́й
алычо́вка, -и
алычо́вый
аль и а́ли, *союз*
а́льба, -ы (*род поэзии трубадуров*)
альбатро́с, -а
альбе́до, *нескл., с.*
альбедо́метр, -а
альбиго́йский
альбиго́йцы, -ев, *ед.* -о́ец, -о́йца, *тв.* -о́йцем
альби́дум, -а
альбини́зм, -а
альбино́с, -а
альбино́ска, -и, *р. мн.* -сок
Альбио́н, -а (*Британские острова*)
альби́т, -а
альби́ция, -и
альбо́м, -а
альбо́м-букле́т, альбо́ма-букле́та
альбо́мец, -мца, *тв.* -мцем, *р. мн.* -мцев
альбо́мный
альбо́мчик, -а
альбора́да, -ы
альбуми́нный
альбуми́новый
альбумино́ид, -а
альбуминури́я, -и
альбуми́ны, -ов, *ед.* -ми́н, -а
альбуци́д, -а
альвео́лы, -о́л, *ед.* -о́ла, -ы
альвеоля́рный
альга́мбрский (*от* Альга́мбра)
альгвази́л, -а и альгваси́л, -а
альги́н, -а
альгици́ды, -ов, *ед.* -ци́д, -а
альго́лог, -а
альгологи́ческий
альголо́гия, -и
альгра́фия, -и

альдегидокислоты, -о́т, *ед.* -ота́, -ы́
альдеги́ды, -ов, *ед.* -ги́д, -а
альдими́ны, -ов, *ед.* -ми́н, -а
альдо́зы, -о́з, *ед.* -о́за, -ы
альдокорти́н, -а
альдола́за, -ы
альдо́ли, -ей, *ед.* -о́ль, -я
альдо́льный
альдо́новый
альдостеро́н, -а
альдрова́нда, -ы
алька́льд, -а
алькаса́р, -а
алько́в, -а
алько́вный
алькупри́нт, -а
альмави́ва, -ы (*плащ*)
а́льма-ма́тер, *нескл., ж.*
альмана́х, -а
альмана́шник, -а
альмана́шный
альманди́н, -а
альме́нда, -ы
альме́тьевский (*от* Альме́тьевск)
альме́тьевцы, -ев, *ед.* -вец, -вца, *тв.* -вцем
альмукантара́т, -а
альпака́, *нескл., м. и ж.* (*животное*) *и с.* (*шерсть, ткань*)
альпа́ри, *неизм. и нескл., с.*
альпеншто́к, -а
альпи́йский (*от* А́льпы; *высокогорный*)
альпи́йцы, -ев, *ед.* -и́ец, -и́йца, *тв.* -и́йцем
альпина́рий, -я
альпиниа́да, -ы
альпини́зм, -а
альпини́ст, -а
альпини́стка, -и, *р. мн.* -ток
альпини́стский
альпла́герь, -я, *мн.* -я́, -е́й
альсе́кко, *неизм. и нескл., с.*
альт, -а́ *и* -а, *мн.* -ы́, -о́в
альта́зимут, -а

альтерати́вный (*к* альтера́ция)
альтера́ция, -и (*муз., биол.*)
альтери́рованный; *кр. ф.* -ан, -ана
альтерна́нс, -а (*лит.*)
альтерна́нт, -а (*лингв.*)
альтернанте́ра, -ы
альтерна́т, -а (*юр.*)
альтернати́ва, -ы
альтернати́вность, -и
альтернати́вный; *кр. ф.* -вен, -вна (*к* альтернати́ва)
альтерна́тор, -а
альтернацио́нный
альтерна́ция, -и (*чередование, лингв.*)
альтерни́рующий
а́льтер э́го, *нескл., с.*
альтигра́ф, -а
альтиме́тр, -а
а́льтинг, -а
альти́ст, -а
альти́стка, -и, *р. мн.* -ток
альтиту́да, -ы
альто́вый
альтруи́зм, -а
альтруи́ст, -а
альтруисти́ческий
альтруисти́чность, -и
альтруисти́чный; *кр. ф.* -чен, -чна
альтруи́стка, -и, *р. мн.* -ток
а́льфа, -ы (*название буквы; растение*)
а́льфа-... — *первая часть сложных слов, пишется через дефис, но:* альфаме́тр, альфати́п, альфатро́н
а́льфа-, бе́та- и га́мма-излуче́ние, -я
а́льфа-верши́на, -ы
а́льфа-желе́зо, -а
а́льфа и оме́га
а́льфа-лучи́, -е́й
альфаме́тр, -а
а́льфа-радиоакти́вность, -и
а́льфа-радиоакти́вный

а́льфа-радио́метр, -а
а́льфа-распа́д, -а
а́льфа-спе́ктр, -а
а́льфа-спектро́метр, -а
а́льфа-спектрометри́ческий
а́льфа-спектрометри́я, -и
а́льфа-спектроскопи́ческий
а́льфа-спектроскопи́я, -и
а́льфа-стабилиза́тор, -а
а́льфа-терапи́я, -и
альфати́п, -а
альфатро́н, -а
а́льфа Цента́вра (*звезда*)
а́льфа-части́цы, -и́ц, *ед.* -и́ца, -ы, *тв.* -ей
альфо́ль, -и
альфо́нс, -а (*любовник, находящийся на содержании женщины*)
альфре́ско, *неизм. и нескл., с.*
Альцге́ймер, -а: боле́знь Айцге́ймера
Альцио́на, -ы (*мифол.; звезда*)
алья́нс, -а
алюме́ль, -я
алюмина́ты, -ов, *ед.* -на́т, -а
алюми́ниево-ка́лиевый
алюми́ниево-ма́гниевый
алюми́ниевый
алюми́ний, -я
алюминийоргани́ческий
алюмино́н, -а
алюминотерми́я, -и
алюми́нщик, -а
алюмо... — *первая часть сложных слов, пишется слитно*
алюмоаммони́йный
алюмоге́ль, -я
алюмогидри́ды, -ов, *ед.* -ри́д, -а
алюмока́лиевый
алюмоме́дь, -и
алюмосилика́тный
алюмосилика́ты, -ов, *ед.* -ка́т, -а
алюмотерми́я, -и
алюмото́л, -а
а-ля́ (*кто-что*) (*вроде кого-чего-н., подобно кому-чему-н.*)

аляпова́тость, -и
аляпова́тый
аля́ска, -и (куртка)
аля́ски, -сок (обувь)
аля́скинский (от Аля́ска)
аля́скинцы, -ев, ед. -нец, -нца, тв. -нцем
аляски́т, -а
а-ля фурше́т, неизм. (за́втракать а-ля фурше́т, у́жин а-ля фурше́т)
аляфурше́т, -а (то же, что фурше́т)
амазони́т, -а
Амазо́ния, -и
амазо́нка, -и, р. мн. -нок (мифол.; всадница, одежда; птица)
Амазо́нская ни́зменность
амазо́нский (к амазо́нка, Амазо́нка, река, и Амазо́ния; амазо́нский ка́мень)
амазо́нцы, -ев, ед. -нец, -нца, тв. -нцем (к Амазо́ния и Амазо́нка)
амальга́ма, -ы
амальгама́тор, -а
амальгамацио́нный
амальгама́ция, -и
амальгамирова́льный
амальгами́рование, -я
амальгами́рованный; кр. ф. -ан, -ана
амальгами́ровать(ся), -рую, -рует(ся)
амальгами́ческий
амальга́мный
амана́т, -а
амана́тский
амара́нт, -а
амара́нтовый
амари́ллис, -а
амарилли́совые, -ых
амате́р, -а
амате́рка, -и, р. мн. -рок
Ама́ти, нескл., м. (скрипичный мастер) и ама́ти, нескл., м. (скрипка)
а́мба, неизм.

амба́л, -а
амбала́ж, -а, тв. -ем
амба́р, -а
амба́рик, -а
амба́ришко, -а и -и, мн. -шки, -шек, м.
амба́рище, -а, мн. -а и -и, -ищ, м.
амба́рный
амбару́шка, -и, р. мн. -шек
амба́рчик, -а
амбивале́нтность, -и
амбивале́нтный; кр. ф. -тен, -тна
амбиофони́ческий
амбиполя́рный
амбисто́мы, -ом, ед. -о́ма, -ы
амбицио́зность, -и
амбицио́зный; кр. ф. -зен, -зна
амбицио́нный
амби́ция, -и
амбоце́птор, -а
а́мбра, -ы
амбразу́ра, -ы
амбре́, нескл., с.
а́мбровый
амбро́зия, -и
амбулато́рия, -и
амбулато́рно-поликлини́ческий
амбулато́рный
амбушю́р, -а
амво́н, -а
амво́нный
амёба, -ы
амёбиа́з, -а
амёбный
амёбови́дный
амёбо́идный
амёбоноси́тель, -я
амёбообра́зный; кр. ф. -зен, -зна
амёбоци́ты, -ов, ед. -ци́т, -а
аме́лия, -и
аменоре́я, -и
аме́нция, -и
Аме́рика, -и (также: откры́ть Аме́рику, перен.)
американиза́ция, -и

американизи́рованный; кр. ф. -ан, -ана
американизи́ровать(ся), -рую(сь), -рует(ся)
американи́зм, -а
американи́ст, -а
американи́стика, -и
американи́стка, -и, р. мн. -ток
америка́нка, -и, р. мн. -нок
америка́но-англи́йский
америка́нои́дный
америка́нои́ды, -ов, ед. -о́ид, -а
америка́но-кана́дский
америка́но-кита́йский
америка́но-пана́мский
америка́но-росси́йский
америка́но-сове́тский
америка́нский (от Аме́рика)
америка́нцы, -ев, ед. -нец, -нца, тв. -нцем
амери́ций, -я
амети́ст, -а
амети́стовый
аметропи́я, -и
амиа́нт, -а
амиа́нтовый
амигдали́н, -а
амида́зы, -а́з, ед. -а́за, -ы
амиди́рование, -я
амиди́рованный; кр. ф. -ан, -ана
ами́дный
амидо́л, -а
амидопири́н, -а
ами́ды, -ов, ед. ами́д, -а
амикошо́нский
амикошо́нство, -а
амикошо́нствовать, -твую, -твует
амила́зы, -а́з, ед. -а́за, -ы
амила́н, -а
амилацета́т, -а
амиле́ны, -ов, ед. -ле́н, -а
амилнитри́ты, -ов, ед. -ри́т, -а
ами́ловый
амилодекстри́н, -а
амило́за, -ы

амило́ид, -а
амилоидо́з, -а
амилопекти́н, -а
амилопла́сты, -ов, ед -а́ст, -а
амилофи́льный
ами́мия, -и
аминази́н, -а
амини́рование, -я (хим.)
амини́рованный; кр. ф. -ан, -ана
аминогру́ппа, -ы
аминодо́нт, -а
аминокисло́тный
аминокисло́ты, -о́т, ед. -ота́, -ы́
аминома́сляная кислота́
аминопла́сты, -ов, ед. -а́ст, -а
аминосоедине́ния, -ий, ед. -е́ние, -я
аминоспирты́, -о́в, ед. -спи́рт, -а
ами́ны, -ов, ед. ами́н, -а
ами́нь, неизм.
амиотрофи́ческий
амипало́н, -а
амита́л-на́трий, -я
амито́з, -а
а́мия, -и
амма́нский (от Амма́н)
амма́нцы, -ев, ед. -нец, -нца, тв. -нцем
аммато́лы, -ов, ед. -то́л, -а
а́мми, нескл., ж.
аммиа́к, -а
аммиака́ты, -ов, ед. -ка́т, -а
аммиакопрово́д, -а
аммиачноки́слый
аммиа́чный
аммона́л, -а
аммониа́к, -а
аммо́ниевый
аммониза́ция, -и
аммонизи́рованный; кр. ф. -ан, -ана
аммонизи́ровать(ся), -рую, -рует(ся)
аммо́ний, -я
аммони́йный
аммонийфосфа́т, -а

аммони́ты, -ов, ед -ни́т, -а
аммонифика́ция, -и
аммоноли́з, -а
аммото́л, -а
аммофи́ла, -ы
аммофо́с, -а
амнези́я, -и
амнио́н, -а
амнио́ты, -о́т, ед. -о́та, -ы
амнисти́рование, -я
амнисти́рованный; кр. ф. -ан, -ана
амнисти́ровать(ся), -рую(сь), -рует(ся)
амни́стия, -и
а́мок, -а
Амо́н, -а (мифол.)
аморали́зм, -а
аморали́ст, -а
амора́лка, -и, р. мн. -лок
амора́льность, -и
амора́льный; кр. ф. -лен, -льна
амортиза́тор, -а
амортизацио́нный
амортиза́ция, -и
амортизи́рованный; кр. ф. -ан, -ана
амортизи́ровать(ся), -рую, -рует(ся)
амортифика́ция, -и
аморфи́зм, -а
амо́рфность, -и
амо́рфный; кр. ф. -фен, -фна
ампелогра́фия, -и
ампеноло́гия, -и
ампело́псис, -а
ампелотерапи́я, -и
а́мпельный
Ампе́р, -а: закон Ампе́ра, теоре́ма Ампе́ра
ампе́р, -а, р. мн. -ов, счетн. ф. ампе́р (ед. измер.)
ампе́р-весы́, -о́в
ампе́р-вито́к, -тка́
ампервольтваттме́тр, -а
ампервольтме́тр, -а

ампервольтомме́тр, -а
амперме́тр, -а
ампе́рный
амперометри́ческий
амперометри́я, -и
ампе́р-секу́нда, -ы
ампе́р-ча́с, -а, мн. -часы́, -о́в
ампи́р, -а
ампи́рный
ампицилли́н, -а
амплиди́н, -а
амплитро́н, -а
амплиту́да, -ы
амплиту́дно-и́мпульсный
амплиту́дно-часто́тный
амплиту́дный
амплифика́ция, -и
амплуа́, нескл., с.
а́мпула, -ы
а́мпулка, -и, р. мн. -лок
а́мпульный
ампута́нт, -а
ампутацио́нный
ампута́ция, -и
ампути́рованный; кр. ф. -ан, -ана
ампути́ровать(ся), -рую, -рует(ся)
а́мрита, -ы
АМС [аэмэ́с], нескл., ж. (сокр.: автоматическая межпланетная станция)
амстерда́мский (от Амстерда́м)
амстерда́мцы, -ев, ед. -мец, -мца, тв. -мцем
амт, -а
амударьи́нский (от Амударья́)
амуле́т, -а
амуле́тный
амуницио́нный
амуни́ция, -и
амуни́чный
Аму́р, -а (мифол.) и аму́р, -а (изображение бога любви; красивый мальчик, юноша; рыба)
аму́риться, -рюсь, -рится
аму́рничать, -аю, -ает

аму́рный
аму́рский (*от* Аму́р, *река*, и Аму́рск)
аму́рцы, -ев, *ед.* -рец, -рца, *тв.* -рцем
аму́рчик, -а
аму́ры, -ов (*о любовных похождениях*)
аму́рящийся
амфиби́йный
амфибио́нты, -ов, *ед.* -о́нт, -а
амфи́бия, -и
амфибо́лы, -ов, *ед.* амфибо́л, -а
амфиболи́ты, -ов, *ед.* -ли́т, -а
амфиболи́я, -и
амфибра́хий, -я
амфибрахи́ческий
амфидипло́ид, -а
амфима́кр, -а
амфими́ксис, -а
амфипо́ды, -ов, *ед.* -по́д, -а
амфисбе́на, -ы
амфитеа́тр, -а
амфитеа́тровый
Амфитрио́н, -а (*мифол., лит. персонаж*) и амфитрио́н, -а (*гостеприимный хозяин, устар.*)
Амфитри́та, -ы
амфодонто́з, -а
а́мфора, -ы
а́мфорный
амфоте́рность, -и
амфоте́рный
амха́ра, *нескл., мн., ед. м. и ж.*
амха́рский
ан, *частица, союз*
Ан, -а и *нескл., м. (самолет)*
анабази́н, -а
анаба́зис, -а (*растение*)
анабапти́зм, -а
анабапти́стка, -и, *р. мн.* -ток
анабапти́стский
анабапти́сты, -ов, *ед.* -и́ст, -а
анаба́с, -а (*рыба*)
анабио́з, -а
анабиоти́ческий

анаболи́зм, -а
анабо́лик, -а
анаболи́ческий
анаболи́я, -и
анаво́лий, -я
анагалакти́ческий
анагене́з, -а
анаглифи́ческий
анагли́фия, -и
ана́глифы, -ов, *ед.* -гли́ф, -а
анагра́мма, -ы
анаграммати́ческий
анагра́ммный
анади́плосис, -а
анадро́мный
ана́дырский (*от* Ана́дырь)
ана́дырцы, -ев, *ед.* -рец, -рца, *тв.* -рцем
анака́рдиевые, -ых
анака́рдиум, -а
анаколу́ф, -а
анако́нда, -ы
анакрео́нтика, -и
анакреонти́ческий (*от* Анакрео́нт)
анакру́за, -ы и анакру́са, -ы
анала́в, -а
аналгези́я, -и
анале́кты, -е́кт
анале́птик, -а
аналепти́ческий
ана́лиз, -а
анализа́тор, -а
анализа́торный
анализа́торский
анализи́рование, -я
анализи́рованный; *кр. ф.* -ан, -ана
анализи́ровать(ся), -рую, -рует(ся)
анали́тик, -а
анали́тика, -и
анали́тико-синтети́ческий
аналити́ческий
ана́лог, -а
анало́гий, -я (*аналой*)

аналоги́ческий
аналоги́чность, -и
аналоги́чный; *кр. ф.* -чен, -чна
анало́гия, -и
ана́логовый
ана́лого-цифрово́й
аналой, -я
аналойный
анальгези́я, -и
анальге́тик, -а
анальгети́ческий
анальги́н, -а
анальги́я, -и
ана́льный
анальци́м, -а
ана́мнез, -а
анамнести́ческий
ана́мнии, -ий, *ед.* -ния, -и
анаморфи́зм, -а
анаморфи́рование, -я
анаморфи́рованный; *кр. ф.* -ан, -ана
анаморфи́ровать(ся), -и́рую, -и́рует(ся)
анаморфи́ческий
анаморфо́з, -а
анаморфо́тный
анана́с, -а, *р. мн.* -ов
анана́сик, -а
анана́сный
анана́совый
ана́пест, -а
анапести́ческий
анапла́зия, -и
анаплазмо́з, -а
анапла́змы, -а́зм, *ед.* -а́зма, -ы
анаприли́н, -а
ана́пский (*от* Ана́па)
анапча́не, -а́н, *ед.* -а́нин, -а
анархиза́ция, -и
анархи́зм, -а
анархи́ст, -а
анархи́ствующий
анархи́стка, -и, *р. мн.* -ток
анархи́стский
анархи́ческий

АНГЛОМАНСКИЙ

анархи́чность, -и
анархи́чный; кр. ф. -чен, -чна
ана́рхия, -и
ана́рхо-синдикали́зм, -а
ана́рхо-синдикали́ст, -а
ана́рхо-синдикали́стский
ана́рхо-террори́зм, -а
ана́рхо-террористи́ческий
ана́спиды, -ов, ед. -пид, -а
анастати́ческий
анастигма́т, -а
анастигмати́зм, -а
анастигмати́ческий
анастомо́з, -а
аната́з, -а
анате́ксис, -а
анатокси́н, -а
анатоли́йский (от Анато́лия)
анатоли́йцы, -ев, ед. -и́ец, -и́йца, тв. -и́йцем
анато́льевы стихи́ры, анато́льевых стихи́р
ана́том, -а
анатоми́рование, -я
анатоми́рованный; кр. ф. -ан, -ана
анатоми́ровать(ся), -рую, -рует(ся)
анатоми́ческий
анатоми́чка, -и, р. мн. -чек
анато́мия, -и
ана́томо-клини́ческий
ана́томо-физиологи́ческий
анатоци́зм, -а
анафа́за, -ы
ана́фема, -ы
анафема́тствованный; кр. ф. -ан, -ана
анафема́тствовать, -твую, -твует
ана́фемский
анафилакси́я, -и
анафилакти́ческий
ана́фора, -ы
анафоре́з, -а
анафори́ческий
анафро́нт, -а

анахоре́т, -а
анахорети́зм, -а
анахоре́тский
анахоре́тство, -а
анахрони́зм, -а
анахрони́ческий
анахрони́чность, -и
анахрони́чный; кр. ф. -чен, -чна
анаша́, -и́, тв. -о́й
анаэробио́з, -а
анаэробио́нты, -ов, ед. -о́нт, -а
анаэро́бный
анаэро́бы, -ов, ед. -ро́б, -а
анаэроста́т, -а
ангажеме́нт, -а
ангажи́рование, -я
ангажи́рованность, -и
ангажи́рованный; кр. ф. -ан, -ана
ангажи́ровать(ся), -рую(сь), -рует(ся)
ангажиро́вка, -и, р. мн. -вок
анга́р, -а
анга́рия, -и
ангармони́зм, -а
ангармони́ческий
анга́рный
анга́рский (от Ангара́ и Анга́рск)
анга́рцы, -ев, ед. -рец, -рца, тв. -рцем
а́нгел, -а
ангели́ческий
ангело́к, -лка́
ангелоподо́бный; кр. ф. -бен, -бна
ангело́чек, -чка
а́нгел-храни́тель, а́нгела-храни́теля
а́нгельский
а́нгельчик, -а
ангидра́за, -ы
ангидри́д, -а (хим.)
ангидри́дный
ангидри́довый
ангидри́т, -а (минерал)
ангидри́товый

анги́на, -ы
анги́нный
ангино́зный
ангиогра́мма, -ы
ангиографи́ческий
ангиогра́фия, -и
ангиоло́гия, -и
ангио́ма, -ы
ангионевро́з, -а
ангиопла́стика, -и
ангиоспа́зм, -а
ангиостоми́я, -и
ангиотензи́н, -а
англе́з, -а
англези́т, -а
англизи́рованный; кр. ф. -ан, -ана
англизи́ровать(ся), -рую(сь), -рует(ся)
англи́йский (от А́нглия)
Англи́йский клу́б (в Москве)
англика́нка, -и, р. мн. -нок
англика́нский
англика́нство, -а
англика́нцы, -ев, ед. -нец, -нца, тв. -нцем
англици́зм, -а
англича́не, -а́н, ед. -а́нин, -а
англича́нка, -и, р. мн. -нок
англоавстрали́йцы, -ев, ед. -и́ец, -и́йца, тв. -и́йцем
а́нгло-америка́нский
А́нгло-бу́рская война́ (1899-1902)
англоговоря́щий
а́нгло-еги́петский
англокана́дский (к англокана́дцы); но: а́нгло-кана́дский (относящийся к связям между Англией и Канадой)
англокана́дцы, -ев, ед. -дец, -дца, тв. -дцем
англома́н, -а
англома́ния, -и
англома́нка, -и, р. мн. -нок
англома́нский

АНГЛО-НЕМЕЦКО-РУССКИЙ

а́нгло-неме́цко-ру́сский
а́нгло-росси́йский
а́нгло-ру́сский
англоса́кский
англосаксо́нский
англосаксо́нцы, -ев, *ед.* -нец, -нца, *тв.* -нцем
англоса́ксы, -ов, *ед.* -са́кс, -а
а́нгло-сове́тский
англофи́л, -а
англофи́льский
англофи́льство, -а
англофо́б, -а
англофо́бский
англофо́бство, -а
англоязы́чный
а́нглы, -ов (*племя*)
анго́б, -а
анго́ла́р, -а (*ден. ед.*)
анголе́зский (*от* Анго́ла)
анголе́зцы, -ев, *ед.* -зец, -зца, *тв.* -зцем
анго́лка, -и, *р. мн.* -лок
анго́льский (*от* Анго́ла)
анго́льцы, -ев, *ед.* -лец, -льца, *тв.* -льцем
анго́ра, -ы (*шерсть*)
анго́рский
а́нгстрем, -а, *р. мн.* -ов, *счетн. ф.* а́нгстрем (*ед. измер.*)
андакси́н, -а
андалузи́т, -а
андалузи́товый
андалу́зка, -и, *р. мн.* -зок
андалу́зский и андалу́сский (*от* Андалу́зия, Андалу́сия)
андалу́зцы, -ев, *ед.* -зец, -зца, *тв.* -зцем и андалу́сцы, -ев, *ед.* -сец, -сца, *тв.* -сцем
анда́нте, *неизм. и нескл., с.*
анданти́но, *неизм. и нескл., с.*
андези́н, -а
андези́т, -а
андегра́унд, -а и андегра́унд, -а
а́ндерсе́новский (*от* А́ндерсен)
андижа́нка, -и, *р. мн.* -нок

андижа́нский (*от* Андижа́н)
андижа́нцы, -ев, *ед.* -нец, -нца, *тв.* -нцем
анди́йка, -и, *р. мн.* -йек
анди́йский (*к* анди́йцы *и* А́нды)
Анди́йский хребе́т (*на Кавказе*)
анди́йцы, -ев, *ед.* -йец, -и́йца, *тв.* -и́йцем (*народность в Дагестане; жители Анд*)
а́ндо-дидо́йский
андорра́нский (*от* Андо́рра)
андорра́нцы, -ев, *ед.* -нец, -нца, *тв.* -нцем
андо́ррский (*от* Андо́рра)
андо́ррцы, -ев, *ед.* -ррец, -ррца, *тв.* -ррцем
а́ндо-це́зский
андради́т, -а
андре́евский (*от* Андре́й *и* Андре́ев)
Андре́евский крест
Андре́евский спуск (*улица в Киеве*)
Андре́евский флаг
Андре́й Боголю́бский
Андре́й Первозва́нный
андрогене́з, -а
андроге́ны, -ов, *ед.* -ге́н, -а
андроги́н, -а
андроги́ния, -и
андроги́нный
андро́ид, -а
андроло́гия, -и
Андрома́ха, -и
Андроме́да, -ы (*мифол.; созвездие*)
андроме́да, -ы (*растение*)
Андро́ников монасты́рь, Андро́никова монастыря́
андрофо́бия, -и
андроце́й, -я
а́ндский (*от* А́нды)
а́ндшпуг, -а и а́ншпуг, -а
аневри́зм, -а и аневри́зма, -ы
аневри́н, -а
анекдо́т, -а

анекдо́тец, -тца, *тв.* -тцем, *р. мн.* -тцев
анекдо́тик, -а
анекдоти́ст, -а
анекдоти́ческий
анекдоти́чность, -и
анекдоти́чный; *кр. ф.* -чен, -чна
анекдо́тчик, -а
анеми́ческий
анеми́чность, -и
анеми́чный; *кр. ф.* -чен, -чна
анеми́я, -и
анемо́граф, -а
анемоклино́граф, -а
анемо́метр, -а
анемоме́трия, -и
анемо́н, -а и анемо́на, -ы
анемоско́п, -а
анемофили́я, -и
анемофи́лы, -ов, *ед.* -фи́л, -а
анемохори́я, -и
анерги́я, -и
анеро́ид, -а
анестези́н, -а
анестезио́лог, -а
анестезиологи́ческий
анестезиоло́гия, -и
анестези́рованный; *кр. ф.* -ан, -ана
анестези́ровать(ся), -рую, -рует(ся)
анестези́рующий
анестези́я, -и
анесте́тик, -а
анестети́ческий
а не то́, *союз*
анеуплоиди́я, -и
анжамбема́н, -а
анже́ро-су́дженский и анже́рский (*к* Анже́ро-Су́дженск)
анжеросу́дженцы, -ев, *ед.* -нец, -нца, *тв.* -нцем и анже́рцы, -ев, *ед.* -рец, -рца, *тв.* -рцем
анжу́йский (*от* Анжу́)
анзери́н, -а
ани́д, -а

ани́дный
анизога́мия, -и
анизокори́я, -и
анизо́л, -а
анизомери́я, -и
анизоме́тр, -а
анизотропи́я, -и
анизотро́пный
Ани́ка-во́ин, Ани́ки-во́ина
анили́ды, -ов, ед. -ли́д, -а
анили́н, -а
анили́новый
анилинокра́сочный
анилокраси́тель, -я
анимализа́ция, -и
анимали́зм, -а
анимали́ст, -а
анималисти́ческий
анималькули́ст, -а
анима́льный
аннимати́зм, -а
анима́то, неизм. и нескл., с.
анима́тор, -а
анимацио́нный
анима́ция, -и
аними́зм, -а
аними́ст, -а
анимисти́ческий
анио́н, -а
аниони́ты, -ов, ед. -ни́т, -а
анио́нный
анионоакти́вный; кр. ф. -вен, -вна
анионообме́нный
ани́с, -а
ани́совка, -и, р. мн. -вок
ани́совый
анка́рский (от Анкара́)
анка́рцы, -ев, ед. -рец, -рца
а́нкер, -а
анкери́т, -а
а́нкерный
анкеро́к, -рка́
анке́та, -ы
анкетёр, -а
анкети́рование, -я

анкети́рованный; кр. ф. -ан, -ана
анкети́ровать(ся), -ру́ю(сь), -рует(ся)
анке́тка, -и, р. мн. -ток
анке́тный
анкило́з, -а
анкилоза́вр, -а
анкилосто́ма, -ы
анкилостомидо́з, -а
анкилостоми́ды, -и́д, ед. -ми́да, -ы
анкилостомо́з, -а
анкла́в, -а
анкла́вный
А́нна, -ы (имя; орден)
аннали́ст, -а
анна́лы, -ов
аннами́тский
аннами́ты, -ов, ед. -ми́т, -а
анна́мский (от Анна́м)
анна́мцы, -ев, ед. -мец, -мца, тв. -мцем
анна́ты, -а́т
аннексиони́зм, -а
аннексиони́ст, -а
аннексиони́стский
аннексио́нный
аннекси́рование, -я
аннекси́рованный; кр. ф. -ан, -ана
аннекси́ровать(ся), -ру́ю, -рует(ся)
анне́ксия, -и
аннели́ды, -и́д, ед. -ли́да, -ы
а́н не́т, частица
анниба́лова кля́тва, анниба́ловой кля́твы
аннигили́ровать, -рует
аннигиля́ция, -и
а́ннинский (от А́нна)
анно́на, -ы
анно́новые, -ых
аннота́ция, -и
анноти́рование, -я
анноти́рованный; кр. ф. -ан, -ана

анноти́ровать(ся), -ру́ю, -рует(ся)
аннуите́т, -а
аннули́рование, -я
аннули́рованный; кр. ф. -ан, -ана
аннули́ровать(ся), -ру́ю, -рует(ся)
аннуля́рии, -ий, ед. -рия, -и
аннуля́ция, -и
А́ннушка, -и (имя; самолет Ан)
ано́а, нескл., м.
ано́д, -а
аноди́рование, -я
аноди́рованный; кр. ф. -ан, -ана
аноди́ровать(ся), -ру́ю, -рует(ся)
ано́дно-и́мпульсный
ано́дно-механи́ческий
ано́дно-хими́ческий
ано́дный
аноксеми́я, -и
аноксибио́з, -а
аноксибио́нты, -ов, ед. -о́нт, -а
анокси́я, -и
ано́лис, -а
аномалисти́ческий
анома́лия, -и
анома́льный
аноми́я, -и
ано́на, -ы
аноним, -а
анони́мка, -и, р. мн. -мок
анони́мность, -и
анони́мный
анони́мщик, -а
анони́мщица, -ы, тв. -ей
ано́новые, -ых
ано́нс, -а
анонси́рование, -я
анонси́рованный; кр. ф. -ан, -ана
анонси́ровать(ся), -ру́ю, -рует(ся)
аноплоцефалидо́з, -а
анора́к, -а
анорексиге́нный
анорекси́ческий
анорекси́я, -и

анорма́льность, -и
анорма́льный; кр. ф. -лен, -льна
анорти́т, -а
анортози́т, -а
анортокла́з, -а
анорхи́зм, -а (анат.)
аносми́я, -и
ано́фелес, -а
анофта́льм, -а
анса́мблевость, -и
анса́мблевый
ансамбли́ст, -а
анса́мбль, -я
анса́мбльный
ант, -а (архит.)
анта́бка, -и, р. мн. -бок
антаблеме́нт, -а
анта́бус, -а
антагони́зм, -а
антагони́ст, -а
антагонисти́ческий
антагонисти́чность, -и
антагонисти́чный; кр. ф. -чен, -чна
антагони́стка, -и, р. мн. -ток
Анта́нта, -ы
анта́нтовский
Антаркти́да, -ы
Анта́рктика, -и
антаркти́ческий (от Анта́рктика)
антарктоза́вр, -а
антаци́дный
антве́рпенский (от Антве́рпен)
антве́рпенцы, -ев, ед. -нец, -нца, тв. -нцем
антегми́т, -а
Анте́й, -я (мифол.)
анте́й, -я (самолет)
антекли́за, -ы
антената́льный
анте́нка, -и, р. мн. -нок
анте́нна, -ы
анте́нно-фи́дерный
анте́нночка, -и, р. мн. -чек
анте́ннулы, -ул, ед. -ула, -ы
анте́ннщик, -а

анте́нный
антери́дий, -я
антерозо́ид, -а
антефи́кс, -а
антецеде́нт, -а
антецеде́нтный
анти... — приставка, пишется слитно
антиалкого́льный
антиамерикани́зм, -а
антиамерика́нский
антиАО́Н, -а
антиа́пекс, -а
антибактериа́льный
антиба́кхий, -я
антибарио́ны, -ов, ед. -ио́н, -а
антибио́тик, -а
антибиотикотерапи́я, -и
антибиотикоусто́йчивость, -и
антибиотикоусто́йчивый
антибиоти́ческий
антибольшеви́зм, -а
антибольшеви́стский
антибюрократи́ческий
антиванда́льный
антивещество́, -а́
антивибра́тор, -а
антивибрацио́нный
антиви́рус, -а
антиви́русный
антивитами́ны, -ов, ед. -ми́н, -а
антивое́нный
антивоспламени́тель, -я
антиге́нный
антиге́ны, -ов, ед. -ге́н, -а
антигеро́й, -я
антигигиени́ческий
антигиперо́н, -а
антигистами́нный
антиги́тлеровский
Антиго́на, -ы
антигормо́ны, -ов, ед. -мо́н, -а
антигосуда́рственный
антигризу́тный
антигриппи́н, -а
антигуманисти́ческий

антигума́нный; кр. ф. -а́нен, -а́нна
антидарвини́зм, -а
антидати́рованный; кр. ф. -ан, -ана (помеченный задним числом)
антидати́ровать(ся), -рую, -рует(ся)
антидемократи́зм, -а
антидемократи́ческий
антиде́мпинг, -а
антиде́мпинговый
антидепресса́нт, -а
антидепресси́вный
антидетона́тор, -а
антидетонацио́нный
антидиалекти́ческий
антидикта́торский
антидиурети́ческий
антидо́пинговый
антидо́р, -а
антидо́т, -а
антидоти́рованный; кр. ф. -ан, -ана (от антидо́т)
антиза́падный
антизапотева́тель, -я
антизатра́тный
антиимпериалисти́ческий
антиинтеллектуали́зм, -а
антиинфляцио́нный
антиистори́зм, -а
антиистори́ческий
антиистори́чность, -и
антиистори́чный; кр. ф. -чен, -чна
анти́к, -а
антикатализа́тор, -а
антикато́д, -а
анти́ква, -ы
антиква́р, -а
антиквариа́т, -а
антиква́рий, -я
антиква́рки, -ов, ед. -ква́рк, -а
антиква́рно-аукцио́нный
антиква́рно-букинисти́ческий
антиква́рный
антиклерикали́зм, -а

антиклерика́льный
антиклина́ль, -и
антиклина́льный
антиклино́рий, -я
антиклопи́н, -а
антикоагуля́нты, -ов, ед. -я́нт, -а
антикове́д, -а
антикове́дение, -я
антикодо́н, -а
антиколониали́зм, -а
антиколониа́льный
антикомари́н, -а
антикоммуни́зм, -а
антикоммуни́ст, -а
антикоммунисти́ческий
антиконституцио́нный; кр. ф. -о́нен, -о́нна
антико́р, -а
антикоррози́йный
антикоррозио́нный
антикоррупцио́нный
антикрепостни́ческий
антикри́зисный
антикри́тика, -и
антику́льтовый
антикульту́рный; кр. ф. -рен, -рна
антилогари́фм, -а
антило́па, -ы
антило́пий, -ья, -ье
Анти́льские острова́
анти́льский (к Анти́льские острова́, Анти́лы)
анти́льцы, -ев, ед. -лец, -льца, тв. -льцем
антимагни́тный
антимаркси́стский
антиматериалисти́ческий
антимели́тель, -я
антиметаболи́ты, -ов, ед. -ли́т, -а
антимикро́бный
антимилитари́зм, -а
антимилитари́ст, -а
антимилитаристи́ческий
антимилитари́стский
антими́нс, -а

антими́р, -а, мн. -ы́, -о́в
антимо́ль, -я
антимонархи́ческий
антимони́ды, -ов, ед. -ни́д, -а (соединения сурьмы с металлами)
антимо́ний, -я (сурьма)
антимони́т, -а (минерал; соль сурьмянистой кислоты)
антимо́ния: разводи́ть антимо́нии
антимонополи́зм, -а
антимонополисти́ческий
антимонопо́льный
антимора́льный; кр. ф. -лен, -льна
антимутаге́н, -а
антимутаге́нный
антинакипи́н, -а
антинаркоти́ческий
антинаро́дность, -и
антинаро́дный; кр. ф. -ден, -дна
антинау́чность, -и
антинау́чный; кр. ф. -чен, -чна
антинациона́льный; кр. ф. -лен, -льна
антинаци́стский
антинейтри́но, нескл., с.
антинейтро́н, -а
антинейтро́нный
антинигилисти́ческий
антиникоти́нный
антиникоти́новый
Антино́й, -я
антиноми́зм, -а
антиноми́ческий
антиноми́чность, -и
антиноми́чный; кр. ф. -чен, -чна
антино́мия, -и
антиобледени́тель, -я
антиобледени́тельный
антиобще́ственный; кр. ф. -вен и -венен, -венна
антиокисли́тель, -я
антиокисли́тельный
антиоксида́нт, -а
антиохи́йский (от Антиохи́я)

антипа́па, -ы, м.
антипараллельный
антипарти́йный; кр. ф. -и́ен, -и́йна
антипасса́т, -а
Антипа́сха, -и
антипати́ческий
антипати́чность, -и
антипати́чный; кр. ф. -чен, -чна
антипа́тия, -и
антипатриоти́зм, -а
антипатриоти́ческий
антипатриоти́чность, -и
антипатриоти́чный; кр. ф. -чен, -чна
антипедагоги́ческий
антипедагоги́чный; кр. ф. -чен, -чна
антиперестро́ечник, -а
антиперестро́ечный
антиперистальтика, -и
антипире́ны, -ов, ед. -ре́н, -а
антипире́тики, -ов, ед. -е́тик, -а
антипири́н, -а
антипироге́ны, -ов, ед. -ге́н, -а
антипо́д, -а
антиподе́ра, -ы
антипо́дный
антиправи́тельственный
антиправово́й
антипрога́рный
антипротозо́йный
антипрото́н, -а
антираби́ческий
антирабо́чий
антирада́р, -а
антирада́рный
антира́ды, -ов, ед. -ра́д, -а
антираке́та, -ы
антираствори́тель, -я
антирекла́ма, -ы
антирелигио́зный; кр. ф. -зен, -зна
антиреформа́торский
антирома́н, -а
антироссийский

антирри́нум, -а
антиру́сский
антиры́ночник, -а
антиры́ночный
антисанитари́я, -и
антисанита́рный; кр. ф. -рен, -рна
антисвёртывающий
антисейсми́ческий
антиселево́й и антисе́левый
антисеми́т, -а
антисемити́зм, -а
антисемити́ческий
антисеми́тка, -и, р. мн. -ток
антисеми́тский
антисе́птик, -а
антисе́птика, -и
антисепти́рование, -я
антисепти́рованный; кр. ф. -ан, -ана
антисепти́ческий
антисиони́стский
антисклерози́н, -а
антисклероти́ческий
антисовети́зм, -а
антисове́тский
антисове́тчик, -а
антисове́тчина, -ы
антисове́тчица, -ы, тв. -ей
антисовпаде́ние, -я
антиспазми́н, -а
антиспа́ст, -а
антиспасти́ческий
антиспи́довый
антисталини́зм, -а
антисталини́ст, -а
антисталини́стский
антиста́линский
антистари́тель, -я
антистати́к, -а
антистати́ческий
антистре́ссовый
антистрофа́, -ы́, мн. -стро́фы, -стро́ф
антите́за, -ы
антите́зис, -а

антитела́, -е́л, ед. -те́ло, -а
антитерро́р, -а
антитеррористи́ческий
антитети́ческий
антитети́чный; кр. ф. -чен, -чна
антитокси́ны, -ов, ед. -си́н, -а
антитокси́ческий
антитокси́чность, -и
антитокси́чный; кр. ф. -чен, -чна
антитоталитари́зм, -а
антитоталита́рный
антитранспира́нты, -ов, ед. -а́нт, -а
антитре́стовский
антитринитариа́нский
антитринита́рии, -ев, ед. -а́рий, -я
антитромби́н, -а
антиутопи́я, -и
антифаши́ст, -а
антифаши́стка, -и, р. мн. -ток
антифаши́стский
антифебри́н, -а
антифеода́льный
антиферме́нты, -ов, ед. -е́нт, -а
антиферромагнети́зм, -а
антиферромагне́тик, -а
антиферромагни́тный
антифи́динги, -ов, ед. -инг, -а
антифоби́ческий
антифо́н, -а (*песнопение*)
антифо́нный
антифо́ны, -ов (*наушники*)
антифри́з, -а
антифрикцио́нный
антифунги́н, -а
Анти́христ, -а (*в христианском вероучении: главный противник Христа*) и анти́христ, -а (*бран.*)
анти́христов, -а, -о
антихудо́жественность, -и
антихудо́жественный; кр. ф. -вен и -венен, -венна
антицентри́ст, -а
антицентри́стский

антицерко́вный
антицикло́н, -а
антициклона́льный
антициклони́ческий
антицикло́нный
антиципацио́нный
антиципа́ция, -и
антиципи́ровать(ся), -рую, -рует(ся)
античасти́ца, -ы, тв. -ей
анти́чник, -а
анти́чница, -ы, тв. -ей
анти́чность, -и
анти́чный
антишо́ковый
антиэлектро́н, -а
антиэмиссио́нный
антиэстети́зм, -а
антиэстети́чность, -и
антиэстети́чный; кр. ф. -чен, -чна
антиядро́, -а́, мн. -я́дра, -я́дер
антологи́ческий (*к антоло́гия; относящийся к античной традиции*)
антологи́чный; кр. ф. -чен, -чна (*антологический*)
антоло́гия, -и (*подборка лит. произведений*)
анто́ним, -а
антоними́ческий
антоними́чность, -и
антоними́чный; кр. ф. -чен, -чна
антоними́я, -и
анто́новка, -и, р. мн. -вок
анто́нов ого́нь, анто́нова огня́
анто́новский (*от Анто́н и Анто́нов; анто́новские я́блоки*)
анто́новцы, -ев, ед. -вец, -вца, тв. -вцем
анто́новщина, -ы
антонома́зия, -и
антофеи́н, -а
антофилли́т, -а
антохло́р, -а
антоциа́ны, -ов, ед. -иа́н, -а

антракно́з, -а
антрако́з, -а
антра́кт, -а
антра́ктный
антра́ктовый
антрахино́н, -а
антраце́н, -а
антраце́новый
антраци́т, -а
антраци́тный
антраци́товый
антраша́, нескл., с.
антре́, нескл., с.
антреко́т, -а
антреко́тный
антрепренёр, -а
антрепренёрский
антрепренёрство, -а
антрепренёрствовать, -твую, -твует
антрепренёрша, -и, тв. -ей
антрепри́за, -ы
антресо́ли, -ей и антресо́ль, -и
антресо́льный
антропоге́н, -а
антропогене́з, -а
антропогене́тика, -и
антропоге́нный
антропоге́новый
антроподице́я, -и
антропо́иды, -ов, ед. -о́ид, -а
антропо́лог, -а
антропологи́зм, -а
антропологи́ческий
антрополо́гия, -и
антропоме́тр, -а
антропометри́ческий
антропоме́три́я, -и
антропоморфи́зм, -а
антропоморфи́ческий
антропомо́рфность, -и
антропомо́рфный
антропоморфоло́гия, -и
антропо́ним, -а
антропоними́ка, -и
антропоними́ческий

антропоними́мия, -и
антропоноз́ный
антропоно́зы, -ов, ед. -но́з, -а
антропосо́ф, -а
антропософи́ческий
антропосо́фия, -и
антропосо́фка, -и, р. мн. -фок
антропосо́фский
антропосфе́ра, -ы
антропофа́г, -а
антропофа́гия, -и
антропохори́я, -и
антропоцентри́зм, -а
антропоцентри́ческий
антропоцентри́чность, -и
антропоцентри́чный; кр. ф. -чен, -чна
антура́ж, -а, тв. -ем
анту́риум, -а
а́нты, -ов (племена)
анури́я, -и
анфа́с, -а и нареч.
анфе́льция, -и
анфила́да, -ы
анфила́дный
анфоло́гий, -я (церк.)
анхите́рий, -я
анцестра́льный
анча́р, -а
анчо́ус, -а
анчо́усный
аншеф, -а
аншла́г, -а
аншла́говый
а́ншлиф, -а
а́ншлюс, -а
а́ншпуг, -а и а́ндшпуг, -а
анэлектрото́н, -а
анэнцефали́я, -и
аню́тины гла́зки, аню́тиных гла́зок
АО́, нескл., с. (сокр.: акционерное общество)
АОЗТ [аозэтэ́], нескл., с. (сокр.: акционерное общество закрытого типа)

АО́Н, -а (сокр.: автоматический определитель номера)
аони́ды, -и́д
ао́рист, -а
аористи́ческий
ао́рта, -ы
аорта́льный
аорти́т, -а
ао́ртный
ао́ртовый
аортокорона́рный
апагоги́ческий
апана́ж, -а, тв. -ем
апарта́ме́нты, -ов, ед. -а́ме́нт, -а
апартеи́д, -а
апати́т, -а
апати́товый
апатитонефели́новый
апатитоно́сный; кр. ф. -сен, -сна
апати́ческий
апати́чность, -и
апати́чный; кр. ф. -чен, -чна
апа́тия, -и
апатоза́вр, -а
апатриди́зм, -а
апатри́ды, -ов, ед. -ри́д, -а
апа́ч, -а, тв. -ем (прием у клоунов)
апа́чи, -ей (племя)
апа́ш, неизм. и -а, тв. -ем
а́пекс, -а
апе́лла, -ы
апелле́нт, -а
апелле́сова черта́, апелле́совой черты́
апелли́рование, -я
апелли́ровать, -рую, -рует
апелля́нт, -а
апелляти́в, -а
апелляцио́нный
апелля́ция, -и
апельси́н, -а, р. мн. -ов
апельси́нный
апельси́новый
апельси́нчик, -а
апенни́нский (от Апенни́ны)
Апенни́нский полуо́стров

АПЕРИОДИЧЕСКИЙ

апериоди́ческий
перити́в, -а
аперто́метр, -а
апертýра, -ы
апика́льный
апила́к, -а
апилакто́за, -ы
апио́ид, -а
А́пис, -а (мифол.)
а́пис, -а (лекарство)
апитерапи́я, -и
апитокси́н, -а
АПК [апэка́], нескл., м. (сокр.: аграрно-промышленный комплекс)
апла́зи́я, -и
аплана́т, -а
апланати́зм, -а
апланоспо́ры, -спор, ед. -спо́ра, -ы
аплацента́рные, -ых
апли́т, -а
аплоди́рование, -я
аплоди́ровать, -рую, -рует
аплодисме́нты, -ов
апло́мб, -а
апно́э, нескл., с.
апоа́стр, -а
апога́мия, -и
апоге́й, -я
аподикти́ческий
Апока́липсис, -а (часть Нового Завета) и апока́липсис, -а (конец света)
апокалипси́ческий и апокалипти́ческий
апокали́птика, -и
апокарпи́я, -и
апока́рпный
апо́копа, -ы
апокри́нный
апокри́новый
апо́криф, -а
апокрифи́ческий
апокрифи́чный; кр. ф. -чен, -чна
аполиди́зм, -а
аполи́ды, -ов, ед. -ли́д, -а

аполити́зм, -а
аполити́чность, -и
аполити́чный; кр. ф. -чен, -чна
аполлине́ровский (от Аполлине́р)
Аполло́н, -а (мифол.; о красивом мужчине)
аполло́н, -а (бабочка)
Аполло́н Бельведе́рский
Аполло́н Мусаге́т
аполо́г, -а
апологе́т, -а
апологе́тика, -и
апологети́ческий
апологи́ст, -а
апологи́ческий
аполо́гия, -и
апоми́ксис, -а
апоморфи́н, -а
апоневро́з, -а
апоневроти́ческий
апоплекси́ческий
апоплекси́я, -и
апопле́ктик, -а
апоре́тика, -и
апори́я, -и
апо́рт[1], -а (сорт яблок)
апо́рт[2], неизм. (команда)
апо́ртовый
апоселе́ний, -я
апоспори́я, -и
апостерио́ри, неизм.
апостерио́рность, -и
апостерио́рный
апости́льб, -а, р. мн. -ов, счетн. ф. -и́льб
апо́стол, -а (ученик Христа; последователь какой-н. идеи)
Апо́стол, -а (книга)
апостола́т, -а
апосто́лики, -ов, ед. -лик, -а
апостоли́ческий
апо́стольник, -а
апо́стольский
апо́стольство, -а
апо́стольствовать, -твую, -твует

апостро́ф, -а (надстрочный знак)
апостро́фа, -ы (риторическая фигура)
апоте́ций, -я
апофа́тика, -и
апофати́ческий
апофе́гма, -ы (изречение)
апофегмати́ческий
апофегма́ты, -а́т (лит.)
апофе́ма, -ы (матем.)
апофео́з, -а
апофео́зный
апофермент, -а
апо́физ, -а (анат., зоол.)
апофи́за, -ы (бот.; геол.)
апофони́я, -и
апохрома́т, -а
апоце́нтр, -а
аппала́чский (от Аппала́чи)
аппара́т, -а
аппара́тик, -а
аппара́тная, -ой
аппара́тно-бюрократи́ческий
аппара́тно-совмести́мый
аппара́тный
аппаратострое́ние, -я
аппарату́ра, -ы
аппарату́рный
аппара́тчик, -а
аппара́тчица, -ы, тв. -ей
аппаре́ль, -и
Аппассиона́та, -ы (соната Бетховена)
аппассиона́то, неизм. и нескл., с. (муз.)
аппе́ндикс, -а
аппендикуля́рии, -ий, ед. -рия, -и
аппендикуля́рный
аппендици́т, -а
аппендици́тный
апперко́т, -а
апперцепти́вный
апперцепцио́нный
апперце́пция, -и
апперципа́ция, -и

апперципи́рованный; *кр. ф.* -ан, -ана
апперципи́ровать(ся), -рую, -рует(ся)
аппети́т, -а
аппети́тец, -тца, *тв.* -тцем
аппети́тик, -а
аппети́тненький
аппети́тность, -и
аппети́тный; *кр. ф.* -тен, -тна
А́ппиева доро́га, А́ппиевой доро́ги (*под Римом*)
апплика́та, -ы
аппликати́вный
апплика́тор, -а
аппликату́ра, -ы
аппликацио́нный
апплика́ция, -и
апплике́, *неизм. и нескл., с.*
аппозити́вный; *кр. ф.* -вен, -вна
аппозицио́нный; *кр. ф.* -о́нен, -о́нна (*к* аппози́ция)
аппози́ция, -и (*биол., лингв.*)
аппре́т, -а
аппрети́рование, -я
аппрети́рованный; *кр. ф.* -ан, -ана
аппрети́ровать(ся), -рую, -рует(ся)
аппрету́ра, -ы
аппрету́рный
аппрету́рщик, -а
аппроксимати́вный
аппроксима́ция, -и
аппроксими́рование, -я
аппроксими́рованный; *кр. ф.* -ан, -ана
а́пракос, -а *и неизм.*
а́пракосный
апра́ксия, -и
апре́левский (*от* Апре́левка)
апре́ль, -я
апре́льский (*от* апре́ль)
апресси́н, -а
априо́ри, *неизм.*
априори́зм, -а

априористи́ческий
априо́рность, -и
априо́рный; *кр. ф.* -рен, -рна
апроба́ция, -и
апроби́рование, -я
апроби́рованный; *кр. ф.* -ан, -ана
апроби́ровать(ся), -рую, -рует(ся)
апроприа́ция, -и
апро́ш, -а, *тв.* -ем
апса́ль, -я
апси́да, -ы
апте́ка, -и
апте́карский
апте́карша, -и, *тв.* -ей
апте́карь, -я
аптекоуправле́ние, -я
аптериго́ты, -го́т, *ед.* -го́та, -ы
апте́рии, -ий, *ед.* -рия, -и
апте́чка, -и, *р. мн.* -чек
апте́чный
а́птский (*геол.*)
апули́йский (*от* Апу́лия)
апули́йцы, -ев, *ед.* -и́ец, -и́йца, *тв.* -и́йцем
апчхи́, *неизм.*
апшеро́нский (*от* Апшеро́н *и* Апшеро́нск)
Апшеро́нский полуо́стров
апшеро́нцы, -ев, *ед.* -нец, -нца, *тв.* -нцем
ар, а́ра, *р. мн.* а́ров (*ед. измер.*)
а́ра, *нескл., м.* (*попугай*)
Араба́тская стре́лка
арабе́ски, -сок *и* -сков, *ед.* -бе́ска, -и *и* -бе́ск, -а
арабе́сковый
арабе́сочный
араби́зм, -а
ара́бика, -и
араби́ст, -а
араби́стика, -и
араби́стка, -и, *р. мн.* -ток
ара́бка, -и, *р. мн.* -бок (*к* ара́бы)
ара́бо-изра́ильский
арабоязы́чный

ара́бский; но (*в официальных названиях государств*) Ара́бский, *напр.*: Сири́йская Ара́бская Респу́блика, Ливи́йская Ара́бская Джамахири́я, Ара́бская Респу́блика Еги́пет, Объединённые Ара́бские Эмира́ты
Ара́бский Восто́к
ара́бы, -ов, *ед.* ара́б, -а
арави́йский (*от* Ара́вия)
аравитя́не, -я́н, *ед.* -я́нин, -а
аравитя́нка, -и, *р. мн.* -нок
ара́гвинский (*от* Ара́гва, Ара́гви)
арагони́т, -а
араго́нский (*от* Араго́н, *геогр.*)
араго́нцы, -ев, *ед.* -нец, -нца, *тв.* -нцем
ара́к, -а
ара́ксский (*от* Ара́кс)
аракче́евец, -вца, *тв.* -вцем, *р. мн.* -вцев
аракче́евский (*от* Аракче́ев)
аракче́евщина, -ы
ара́лиевые, -ых
ара́лия, -и
ара́льский (*к* Ара́льское мо́ре, Ара́л, Ара́льск)
Ара́льское мо́ре
ара́льцы, -ев, *ед.* -лец, -льца, *тв.* -льцем
араме́йка, -и, *р. мн.* -е́ек
араме́йский
араме́йцы, -ев, *ед.* -е́ец, -е́йца, *тв.* -е́йцем
аранжи́рованный; *кр. ф.* -ан, -ана
аранжи́ровать(ся), -рую, -рует(ся)
аранжиро́вка, -и, *р. мн.* -вок
аранжиро́вщик, -а
ара́п, -а (*темнокожий человек*)
арапа́йма, -ы
ара́пка, -и, *р. мн.* -пок (*к* ара́п)
ара́пник, -а
арапчо́нок, -нка, *мн.* -ча́та, -ча́т
ара́ра, *нескл., м.* (*попугай*)

Ара́тская доли́на
ара́ратский (от Арара́т)
ара́т, -а
ара́тский
ара́тство, -а
араука́нский
араука́ны, -ов, ед. -ка́н, -а
араука́риевые, -ых
араукари́ты, -ов, ед. -ри́т, -а
араука́рия, -и
арахи́дный
ара́хис, -а
ара́хисовый
арахни́ды, -и́д, ед. -и́да, -ы
арахно́з, -а
арахноиди́т, -а
арахноло́гия, -и
арба́, -ы́, мн. а́рбы, арб, арба́м
арбале́т, -а
арбале́тный
арбале́тчик, -а
арба́тский (от Арба́т)
арби́тр, -а
арбитра́ж, -а, тв. -ем
арбитра́жер, -а
арбитра́жно-процессуа́льный
арбитра́жный
арбитра́льный
арбови́русный
арбови́русы, -ов, ед. -ви́рус, -а
арболи́т, -а
арборе́тум, -а
арборици́ды, -ов, ед. -ци́д, -а
арбу́з, -а
арбу́зик, -а
арбу́зище, -а, мн. -а и -и, -ищ, м.
арбути́н, -а
арга́л, -а (сухой помет)
аргали́, нескл., м. (дикий баран)
аргама́к, -а
аргенти́на, -ы (рыба)
аргенти́нка, -и, р. мн. -нок
аргенти́нский (от Аргенти́на)
аргенти́нцы, -ев, ед. -не́ц, -нца, тв. -нцем
аргенти́т, -а

аргентоме́трия, -и
аргилли́т, -а
аргиллофи́лы, -ов, ед. -фи́л, -а
аргина́за, -ы
аргини́н, -а
аргиро́ид, -а
аргирофа́н, -а
арго́, нескл., с.
арго́н, -а
аргона́вты, -ов, ед. -на́вт, -а
аргонный
арго́новый
арготи́зм, -а
арготи́ческий
арготи́чность, -и
арготи́чный; кр. ф. -чен, -чна
аргуме́нт, -а
аргумента́ция, -и
аргументи́рование, -я
аргументи́рованный; кр. ф. прич. -ан, -ана; кр. ф. прил. (доказательный, убедительный) -ан, -анна
аргументи́ровать(ся), -рую, -рует(ся)
аргуме́нтный
А́ргус, -а (мифол.) и а́ргус, -а (бдительный страж; птица)
арде́ннский (от Арде́нны); но: арде́нская порода лошадей
арде́ны, -ов, ед. арде́н, -а (порода лошадей)
ардо́метр, -а
ареа́л, -а
ареало́гия, -и
ареа́льный
а́редовы ве́ки, а́редовых веко́в
а́река, -и
а́рековый
аре́на, -ы
аре́нда, -ы
аренда́тор, -а
аренда́торский
аренда́торша, -и, тв. -ей
арендиза́ция, -и
аре́ндный

арендова́ние, -я
арендо́ванный; кр. ф. -ан, -ана
арендова́ть(ся), -ду́ю, -ду́ет(ся)
арендода́тель, -я
ареогра́фия, -и
арео́ла, -ы
арееоло́гия, -и
арео́метр, -а
арееоме́трия, -и
ареопа́г, -а
Ареопаги́т, -а: Диони́сий Ареопаги́т
Ареопаги́тики, -ик
ареоцентри́ческий
аре́ст, -а
аресте́нт, -а
ареста́нт, -а
ареста́нтка, -и, р. мн. -ток
ареста́нтский
аре́стный
аресто́ванный; кр. ф. -ан, -ана
арестова́ть, -ту́ю, -ту́ет
аресто́вывать(ся), -аю(сь), -ает(ся)
аретоло́гия, -и
арефлекси́я, -и
аржа́нец, -нца, тв. -нцем, р. мн. -нцев
арзама́сский (от Арзама́с)
арзама́сцы, -ев, ед. -сец, -сца, тв. -сцем
Ариа́дна, -ы
ариа́днина ни́ть, ариа́дниной ни́ти
ариа́не, -а́н, ед. -а́нин, -а
ариа́нский
ариа́нство, -а
ари́дный
ари́ды, -ов, ед. ари́д, -а
арие́тта, -ы
аризо́нский (от Аризо́на)
аризо́нцы, -ев, ед. -нец, -нца, тв. -нцем
а́рии, -ев (арийцы)
а́рийка, -и, р. мн. а́риек (к а́рия)
ари́йка, -и, р. мн. ари́ек (к ари́йцы)
ари́йский

арийцы, -ев, *ед.* ариец, арийца, *тв.* арийцем
арил, -а
арилзамещённый
арилирование, -я
арилированный; *кр. ф.* -ан, -ана
ариллоид, -а
ариллус, -а
арилметановый
арильный
Ариман, -а
ариозо, *нескл., с.*
Арион, -а (*древнегреческий поэт и певец*)
Аристарх, -а (*имя; древнегреческий ученый*) и аристарх, -а (*строгий критик, педант, устар.*)
аристида, -ы
аристовщина, -ы
аристогенез, -а
аристократ, -а
аристократизм, -а
аристократический
аристократичность, -и
аристократичный; *кр. ф.* -чен, -чна
аристократишка, -и, *р. мн.* -шек, *м.*
аристократия, -и
аристократка, -и, *р. мн.* -ток
аристократничать, -аю, -ает
аристократство, -а
аристон, -а
Аристотелев, -а, -о и аристотелевский (*от* Аристотель)
аристотелизм, -а
аристофановский (*от* Аристофан)
аритмический
аритмичность, -и
аритмичный; *кр. ф.* -чен, -чна
аритмия, -и
арифметик, -а
арифметика, -и
арифметико-логический

арифметический
арифмограф, -а
арифмометр, -а
арифмоморфоз, -а
аризлева невесомость, аризлевой невесомости
Аризль, -я (*лит. персонаж; астр.*)
ария, -и
арк, -а (*крепость в древних городах Средней Азии*)
арка, -и, *р. мн.* арок
аркада, -ы
Аркадия, -и (*область в Древней Греции; идиллическая страна пастухов и пастушек*) и аркадия, -и (*о беззаботной, благодатной жизни*)
аркадский (*от* Аркадия)
аркалыкский (*от* Аркалык)
аркалыкцы, -ев, *ед.* -кец, -кца, *тв.* -кцем
аркан, -а
арканзас, -а (*минерал*)
арканзасский (*от* Арканзас, *штат*)
арканзасцы, -ев, *ед.* -сец, -сца, *тв.* -сцем
арканить, -ню, -нит
арканный
аркатура, -ы
аркбутан, -а
аркебуз, -а и аркебуза, -ы
арккосеканс, -а
арккосинус, -а
арккотангенс, -а
аркотрон, -а
арксеканс, -а
арксинус, -а
арктангенс, -а
Арктика, -и
арктический (*от* Арктика)
Арктогея, -и
арлезианка, -и, *р. мн.* -нок
арлезианский (*от* Арль)
арлезианцы, -ев, *ед.* -нец, -нца, *тв.* -нцем

Арлекин, -а (*персонаж комедии масок; человек в такой маске*) и арлекин, -а (*шут, паяц; собака; род занавеса*)
арлекинада, -ы
арлекинский
армавирский (*от* Армавир)
армавирцы, -ев, *ед.* -рец, -рца, *тв.* -рцем
Армагеддон, -а (*библ.*)
армада, -ы
армадилл, -а
армата, -ы
арматор, -а
арматура, -ы
арматурно-сварочный
арматурный
арматурщик, -а
арматурщица, -ы, *тв.* -ей
армеец, -ейца, *тв.* -ейцем, *р. мн.* -ейцев
армейский
арменист, -а
арменистика, -и
арменоидный
Армида, -ы
армилла, -ы
армиллярный
армирование, -я
армированный; *кр. ф.* -ан, -ана
армировать(ся), -рую, -рует(ся)
армировка, -и, *р. мн.* -вок
армия, -и
Армия спасения (*религиозная организация*)
армобит, -а
армоблок, -а
армокаменный
армоконструкция, -и
армоцементный
армрестлинг, -а
армюр, -а
армяк, -а
армяне, -ян, *ед.* армянин, -а
армянка, -и, *р. мн.* -нок
армяно-азербайджанский

армя́но-григориа́нский
армя́но-росси́йский
армя́но-туре́цкий
армя́ночка, -и, р. мн. -чек
армя́нский (к армя́не и Арме́ния)
армя́нско-ру́сский
армячи́шко, -а и -и, мн. -шки, -шек, м.
армя́чный
армячо́к, -чка́
арнау́тка, -и, р. мн. -ток
арнау́ты, -ов, ед. арнау́т, -а
а́рника, -и
а́рниковый
аромамедальо́н, -а
арома́т, -а
ароматерапи́я, -и
ароматиза́тор, -а
ароматиза́ция, -и
ароматизи́рованный; кр. ф. -ан, -ана
ароматизи́ровать(ся), -рую, -рует(ся)
аромати́ческий
аромати́чный; кр. ф. -чен, -чна
арома́тность, -и
арома́тный; кр. ф. -тен, -тна
ароматобразу́ющий и ароматообразу́ющий
ароморфо́з, -а
аро́нник, -а
аро́нниковые, -ых
а́рочка, -и, р. мн. -чек
а́рочный
арпе́джио и арпе́джо, неизм. и нескл., с.
арпеджио́не и арпеджо́не, нескл., с.
арпеджи́рование, -я
арпеджи́рованный; кр. ф. -ан, -ана
арпеджи́ровать(ся), -рую, -рует(ся)
арренотоки́я, -и
аррети́р, -а
аррети́рование, -я

аррети́рованный; кр. ф. -ан, -ана
арро́ба, -ы
арроу́т, -а
арсена́л, -а
арсена́льный
арсена́ты, -ов, ед. -на́т, -а
арсени́ды, -ов, ед. -ни́д, -а (соединения мышьяка с металлом)
арсени́ты, -ов, ед. -ни́т, -а (соли мышьяковой кислоты)
арсенопири́т, -а
арсе́ньевский (от Арсе́ньев)
арсе́ньевцы, -ев, ед. -вец, -вца, тв. -вцем (от Арсе́ньев, город)
арсинойте́рий, -я
арси́ны, -ов, ед. арси́н, -а
арт... — первая часть сложных слов, пишется слитно
арта́чащийся
арта́читься, -чусь, -чится
артби́знес, -а
артгру́ппа, -ы
артдивизио́н, -а
артдире́ктор, -а
артезиа́нский
арте́кский (от Арте́к)
арте́ль, -и
арте́льный
арте́льщик, -а
арте́льщица, -ы, тв. -ей
Артеми́да, -ы
артёмовский (от Артём и Артёмовск)
артёмовцы, -ев, ед. -вец, -вца, тв. -вцем
артериа́льный
артерии́т, -а
артериовено́зный
артерио́лы, -ол, ед. -о́ла, -ы
артериосклеро́з, -а
арте́рия, -и
артефа́кт, -а
а́рт- и авиауда́ры, -ов
арти́клевый
арти́кль, -я
арти́кул, -а (тип товара)

артику́л, -а (ружейный прием)
артикули́рованный; кр. ф. -ан, -ана
артикули́ровать(ся), -рую, -рует(ся)
артикуляцио́нный
артикуля́ция, -и
артиллери́йский
артиллери́йско-техни́ческий
артиллери́ст, -а
артилле́рия, -и
арти́ст, -а
артисти́зм, -а
артисти́ческий
артисти́чность, -и
артисти́чный; кр. ф. -чен, -чна
арти́стка, -и, р. мн. -ток
артишо́к, -а
артишо́ковый
артканона́да, -ы
артналёт, -а
артобстре́л, -а
артого́нь, -огня́
а́ртос, -а
артподгото́вка, -и
артпо́лк, -а́
артралги́я, -и
артри́т, -а
артрити́зм, -а
артри́тик, -а
артрити́ческий
артрити́чка, -и, р. мн. -чек
артри́тный
артроде́з, -а
артроди́р, -а
артро́з, -а
артрозоартри́т, -а
артро́лог, -а
артроло́гия, -и
артропла́стика, -и
артропо́ды, -ов, ед. -по́д, -а
артроскопи́ческий
артроскопи́я, -и
артротоми́я, -и
артры́нок, -нка
артсало́н, -а

артсопровожде́ние, -я
артуда́р, -а
арту́ровский (*от* Арту́р; арту́ровские леге́нды, *лит.*)
артучи́лище, -а
артъя́рмарка, -и
а́рфа, -ы
арфи́ст, -а
арфи́стка, -и, *р. мн.* -ток
а́рфовый
архаиза́ция, -и
архаизи́рованный; *кр. ф.* -ан, -ана
архаизи́ровать(ся), -рую, -рует(ся)
архаи́зм, -а
арха́ика, -и
архаи́ст, -а
архаи́стика, -и
архаисти́ческий
архаи́ческий
архаи́чность, -и
архаи́чный; *кр. ф.* -чен, -чна
архалла́ксис, -а
архалу́к, -а
арха́нгел, -а
архангелогоро́дка, -и, *р. мн.* -док
архангелогоро́дский (*к* Арха́нгельск)
архангелогоро́дцы, -ев, *ед.* -дец, -дца, *тв.* -дцем
Арха́нгелогоро́дчина, -ы (*к* Арха́нгельск)
арха́нгельский (*от* арха́нгел *и* Арха́нгельск)
Арха́нгельский Се́вер
Арха́нгельский собо́р
арха́нгельцы, -ев, *ед.* -лец, -льца, *тв.* -льцем (*к* Арха́нгельск)
Арха́нгельщина, -ы (*к* Арха́нгельск)
арха́нтроп, -а
арха́р, -а
арха́ровец, -вца, *тв.* -вцем, *р. мн.* -вцев
архаромерино́с, -а

арха́т, -а
архегониа́льный
архегониа́ты, -ов, *ед.* -иа́т, -а
архего́ний, -я
архе́й, -я
архе́йский
археоастроно́мия, -и
архео́граф, -а
археографи́ческий
археогра́фия, -и
археозо́й, -я
археозо́йский
архео́лог, -а
археологи́ческий
археологи́чка, -и, *р. мн.* -чек
археоло́гия, -и
археоме́рикс, -а
археопте́рикс, -а (*древнейшая птица*)
археопте́рис, -а (*растение*)
архео́рнис, -а
археоциа́ты, -ов, *ед.* -иа́т, -а
археспо́ра, -ы
археспо́рий, -я
архети́п, -а
архетипи́ческий (*от* архети́п)
архи... — приставка, пишется слитно
архибе́стия, -и
архи́в, -а
архива́жный; *кр. ф.* -жен, -жна́ -о, -ва́жны́
архива́риус, -а
архива́тор, -а
архива́ция, -и
архиви́рование, -я
архиви́рованный; *кр. ф.* -ан, -ана
архиви́ровать(ся), -рую, -рует(ся)
архиви́ст, -а
архиви́стка, -и, *р. мн.* -ток
архи́в-музе́й, архи́ва-музе́я
архи́вно-сле́дственный
архи́вный
архивове́д, -а
архивове́дение, -я

архивове́дческий
архиво́льт, -а
архивохрани́лище, -а
архигениа́льный; *кр. ф.* -лен, -льна
архиглу́пый; *кр. ф.* -у́п, -упа́, -у́по, -у́пы́
архидья́кон, -а *и* архидиа́кон, -а
архидья́конский *и* архидиа́конский
архидья́конство, -а *и* архидиа́конство, -а
архиепи́скоп, -а
архиепископи́я, -и
архиепи́скопский
архиепи́скопство, -а
архиере́й, -я
архиере́йский
Архиере́йский собо́р РПЦ
архиере́йство, -а
архика́рп, -а
архимандри́т, -а
архимандри́тский
Архиме́д, -а: аксио́ма Архиме́да, зако́н Архиме́да, тела́ Архиме́да
архиме́дов, -а, -о (*от* Архиме́д): архиме́дов винт, архиме́дов рыча́г, архиме́дова спира́ль
архиме́довский (*от* Архиме́д)
архимиллионе́р, -а
архимице́ты, -ов, *ед.* -це́т, -а
архинеле́пый
архиопа́сный; *кр. ф.* -сен, -сна
архипа́стырский
архипа́стырство, -а
архипа́стырь, -я
архипела́г, -а
архипела́гский
архиплу́т, -а
архиреакцио́нный; *кр. ф.* -о́нен, -о́нна
архисерьёзный; *кр. ф.* -зен, -зна
архисло́жный; *кр. ф.* -жен, -жна́, -жно, -сло́жны́

архисовреме́нный; *кр. ф.* -е́нен, -е́нна
архистрати́г, -а
архистро́гий; *кр. ф.* -о́г, -ога́, -о́го, -о́ги
архитекто́ника, -и
архитектони́ческий
архите́ктор, -а
архите́кторский
архитекту́ра, -ы
архитекту́рно-мемориа́льный
архитекту́рно-плани́ровочный
архитекту́рно-строи́тельный
архитекту́рно-худо́жественный
архитекту́рный
архитра́в, -а
архифоне́ма, -ы
архоза́вр, -а
архо́нт, -а
арча́, -и́, *тв.* -о́й
арчи́нка, -и, *р. мн.* -нок
арчи́нский
арчи́нцы, -ев, *ед.* -нец, -нца, *тв.* -нцем
арчо́вник, -а
арчо́вый
арши́н, -а, *р. мн.* -ов, *счетн. ф.* арши́н (*ед. измер.*), -ов (*мерная линейка*)
арши́нник, -а
арши́нный
ары́к, -а
ары́чный
арьерга́рд, -а
арьерга́рдный
арьерсце́на, -ы
ас, а́са (*летчик*)
асафе́тида, -ы
асбе́ст, -а
асбести́т, -а
асбестобето́н, -а
асбестобето́нный
асбестобиту́м, -а
асбестобиту́мный
асбе́стовский (*от* Асбе́ст, *город*)

асбе́стовый
асбестографи́товый
асбестообогати́тельный
асбестосодержа́щий и асбест-содержа́щий
асбестотеплоизоляцио́нный
асбестотерми́т, -а
асбестотехни́ческий
асбестофане́ра, -ы
асбестоцеме́нт, -а
асбестоцеме́нтный
асбо... — *первая часть сложных слов, пишется слитно*
асбоволокни́т, -а
асбогетина́кс, -а
асбола́н, -а
асболи́т, -а
асбопеколи́т, -а
асбопла́стики, -ов, *ед.* -тик, -а
асборези́новый
асбостально́й
асботекстоли́т, -а
асбофане́ра, -ы
асбоцеме́нт, -а
асбоцеме́нтный
асбоши́фер, -а
асбошла́к, -а
асеа́новский (*от* АСЕА́Н)
асе́бия, -и
асейсми́ческий
асейсми́чность, -и
асейсми́чный; *кр. ф.* -чен, -чна
асексуа́льность, -и
асексуа́льный; *кр. ф.* -лен, -льна
а́сеньки, *неизм.*
асе́птика, -и
асепти́ческий
асе́ссор, -а
асе́ссорша, -и, *тв.* -ей
асидо́л, -а
асимметри́ческий
асимметри́чность, -и
асимметри́чный; *кр. ф.* -чен, -чна
асимметри́я, -и
аси́мптота, -ы

асимпто́тика, -и
асимптоти́ческий
аси́ндетон, -а
асинерги́я, -и
асинхро́нность, -и
асинхро́нный; *кр. ф.* -о́нен, -о́нна
асистоли́я, -и
аск, -а (*биол.*)
аска́нийский (*к* Аска́ния-Но́ва, Аска́ния)
аскани́т, -а
Аска́ния-Но́ва, *другие формы не употр.*
аскаридио́з, -а (*болезнь птиц*)
аскаридо́з, -а (*болезнь человека, свиней*)
аскари́ды, -и́д, *ед.* -и́да, -ы
аске́за, -ы
аске́р, -а
аске́т, -а
аскети́зм, -а
аске́тика, -и
аскети́ческий
аскети́чность, -и
аскети́чный; *кр. ф.* -чен, -чна
Аско́льдова моги́ла, Аско́льдовой моги́лы (*в Киеве*)
аскомице́ты, -ов, *ед.* -це́т, -а
аскорбина́за, -ы
аскорби́нка, -и
аскорби́новая кислота́
аскорути́н, -а
Асмоде́й, -я
асоциа́льный; *кр. ф.* -лен, -льна
аспарги́новый
аспара́гус, -а
аспарка́м, -а
аспе́кт, -а
аспе́ктный
аспекто́лог, -а
аспектологи́ческий
аспектоло́гия, -и
аспектуа́льный
аспергилл, -а
аспергиллёз, -а
аспергилли́н, -а

аспергиллотоксико́з, -а
асперматизм, -а
аспермия, -и
а́спид, -а
аспи́диум, -а
а́спидно-се́рый
а́спидно-чёрный
а́спидный
а́спидский
аспира́нт, -а
аспира́нтка, -и, *р. мн.* -ток
аспира́нтский
аспиранту́ра, -ы
аспира́т, -а (*согласный звук*)
аспира́тор, -а
аспира́торный
аспирацио́нный
аспира́ция, -и
аспири́н, -а и -у
аспири́нчик, -а и -у
асс, -а (*монета*)
ассамбле́я, -и; но: Генера́льная Ассамбле́я ООН
ассамбля́ж, -а, *тв.* -ем
асса́мка, -и, *р. мн.* -мок
асса́мский (*от* Асса́м)
асса́мцы, -ев, *ед.* -мец, -мца, *тв.* -мцем
ассе́льский
ассе́мблер, -а
ассениза́тор, -а
ассенизацио́нный
ассениза́ция, -и
ассенизи́рованный; *кр. ф.* -ан, -ана
ассенизи́ровать(ся), -рую, -рует(ся)
ассерти́вность, -и
ассерти́вный
ассертори́ческий
ассигна́ты, -ов
ассигнацио́нный
ассигна́ция, -и
ассигнова́ние, -я
ассигно́ванный; *кр. ф.* -ан, -ана
ассигнова́ть(ся), -ну́ю, -ну́ет(ся)

ассигно́вка, -и, *р. мн.* -вок
ассигно́вывать(ся), -аю, -ает(ся)
Асси́зский: Франци́ск Асси́зский
асси́зы, -ов (*юр.*)
ассимили́рование, -я
ассимили́рованный; *кр. ф.* -ан, -ана
ассимили́ровать(ся), -рую(сь), -рует(ся)
ассимилятивный
ассимиля́тор, -а
ассимиля́торный
ассимиля́торский
ассимиля́торство, -а
ассимиляцио́нный
ассимиля́ция, -и
ассири́йка, -и, *р. мн.* -и́ек
ассири́йский (*от* Асси́рия)
ассири́йцы, -ев, *ед.* -и́ец, -и́йца, *тв.* -и́йцем
ассирио́лог, -а
ассириоло́гия, -и
ассири́яне, -ян, *ед.* -янин, -а
ассири́янка, -и, *р. мн.* -нок
асси́ро-вавило́нский
а́ссист, -а
ассисте́нт, -а
ассисте́нтка, -и, *р. мн.* -ток
ассисте́нтский
ассистенту́ра, -ы
ассисти́рование, -я
ассисти́ровать, -рую, -рует
асснере́, нескл., ж.
ассона́нс, -а
ассона́нсный
ассорти́, *неизм. и нескл., с.*
ассортиме́нт, -а
ассортиме́нтный
ассоциани́зм, -а
ассоциати́вность, -и
ассоциати́вный; *кр. ф.* -вен, -вна
ассоциацио́нный
ассоциа́ция, -и
Ассоциа́ция росси́йских ба́нков

Ассоциа́ция теннисистов-профессиона́лов (АТП)
ассоции́рованный; *кр. ф.* -ан, -ана
ассоции́ровать(ся), -рую(сь), -рует(ся)
ассюре́, нескл., с.
астази́я, -и
аста́нский (*от* Астана́)
Аста́рта, -ы
аста́т, -а
астати́зм, -а
астати́ческий
асте́ник, -а
астени́ческий
астени́чный; *кр. ф.* -чен, -чна
астени́я, -и
астенопи́я, -и
астеносфе́ра, -ы
астеносфе́рный
астери́зм, -а
астери́ск, -а
асте́рия, -и
астеро́ид, -а
астероксило́н, -а
астеро́метр, -а
астигма́т, -а
астигмати́зм, -а
астигмати́ческий
асти́льбе, нескл., с.
а́стма, -ы
астма́тик, -а
астмати́ческий
астмати́чка, -и, *р. мн.* -чек
астмати́чный
астмато́л, -а
а́стра, -ы
астрага́л, -а
астра́л, -а
астрали́н, -а
астрали́т, -а
астра́льность, -и
астра́льный
астраха́нка, -и, *р. мн.* -нок
астраха́нский (*от* А́страхань)

АСТРАХАНЦЫ

астрахáнцы, -ев, *ед.* -нец, -нца, *тв.* -нцем

áстро... — *первая часть сложных слов, пишется слитно*

астробиологи́ческий

астробиоло́гия, -и

астробле́ма, -ы

астробота́ника, -и

астроботани́ческий

а́стровый

астрогеогра́фия, -и

астрогеоло́гия, -и

астрогно́зия, -и

астро́граф, -а

астродáтчик, -а

астродинáмика, -и

астро́ида, -ы

астроколориме́трия, -и

астроко́мпас, -а

астрокорре́кция, -и

астрола́трия, -и

астроло́г, -а

астрологи́ческий

астроло́гия, -и

астроляби́ческий

астроля́бия, -и

астрометри́ческий

астроме́трия, -и

астронавига́ция, -и

астрона́вт, -а

астрона́втика, -и

астронавти́ческий

астрона́втка, -и, *р. мн.* -ток

астро́ним, -а

астроно́м, -а

астрономи́ческий

астрономи́чка, -и, *р. мн.* -чек

астроно́мия, -и

астро́номо-геодези́ческий

астро́номо-гравиметри́ческий

астроориента́ция, -и

астрополяриме́трия, -и

астропрогно́з, -а

астропу́нкт, -а

астроспектро́граф, -а

астроспектрографи́ческий

астроспектроскопи́ческий

астроспектроскопи́я, -и

астроспектрофотоме́трия, -и

астросфе́ра, -ы

астротелефото́метр, -а

астрофи́зик, -а

астрофи́зика, -и

астрофизи́ческий

астрофи́ческий (*к* строфа́)

астрофотографи́ческий

астрофотогра́фия, -и

астрофото́метр, -а

астрофотометри́ческий

астрофотоме́трия, -и

астроци́т, -а

астроцито́ма, -ы

астури́йский (*от* Асту́рия)

астури́йцы, -ев, *ед.* -и́ец, -и́йца, *тв.* -и́йцем

АСУ́, *нескл., ж.* (*сокр.*: автоматизированная система управления)

а́суры, а́сур, *ед.* а́сура, -ы, *м.* (*мифол.*)

асфа́лия, -и

асфа́льт, -а

асфальти́рование, -я

асфальти́рованный; *кр. ф.* -ан, -ана

асфальти́ровать(ся), -рую, -рует(ся)

асфальтиро́вка, -и

асфальтиро́вщик, -а

асфальти́ты, -ов, *ед.* -ти́т, -а

асфа́льтный

асфальтобето́н, -а

асфальтобето́нный

асфальтобетоноукла́дчик, -а

асфальтобиту́мный

асфальтово́з, -а

асфа́льтовый

асфальтоглинобето́н, -а

асфальтозаво́д, -а

асфальтоподо́бный; *кр. ф.* -бен, -бна

асфальтосмеси́тель, -я

асфальтоукла́дчик, -а

асфикси́я, -и

асфикти́ческий

асфоде́ль, -и

асци́дия, -и

асци́т, -а

ась, *неизм.*

асье́нда, -ы

асье́нто, *нескл., с.*

ат, а́та (*монета*)

атави́зм, -а

атависти́ческий

ата́ка, -и

а та́кже, *союз*

атако́ванный; *кр. ф.* -ан, -ана

атакова́ть(ся), -ку́ю(сь), -ку́ет(ся)

атако́вывать(ся), -аю(сь), -ает(ся)

атакси́т, -а

атакси́я, -и

атакти́ческий

атама́н, -а

атама́нец, -нца, *тв.* -нцем, *р. мн.* -нцев

атама́нить, -ню, -нит

атама́новец, -вца, *тв.* -вцем, *р. мн.* -вцев

атама́нский

атама́нство, -а

атама́нствовать, -твую, -твует

атама́нша, -и, *тв.* -ей

атама́нщина, -ы

атанаси́зм, -а

ата́нде, *неизм.*

атара́ксия, -и

атара́ктик, -а

атеи́зм, -а

атеи́ст, -а

атеисти́ческий

атеи́стка, -и, *р. мн.* -ток

ателекта́з, -а

ателла́на, -ы

ателье́, *нескл., с.*

а те́мпо, *неизм.*

Атене́й, -я (*храм Афины*)

атерма́льный

атеро́ма, -ы

АУДИО- И ВИДЕОАППАРАТУРА

атероматоз, -а
атеросклероз, -а
атеросклеротический
атеротромбоз, -а
атетоз, -а
атипический
атипичность, -и
атипичный; *кр. ф.* -чен, -чна
Атлант, -а (*мифол.*) и атлант, -а
  (*статуя; шейный позвонок*)
Атлантида, -ы
атлантизм, -а
Атлантика, -и
атлантический (*к* Атлантический
  океан, Атлантика)
Атлантический океан
атлантозавр, -а
атлантозатылочный
атлантроп, -а
атлантский (*от* Атланта, *город*)
атлантцы, -ев, *ед.* -тец, -тца, *тв.*
  -тцем
атлас, -а (*альбом*)
атлас, -а и -у (*ткань*)
атласец, -асца и -асцу
атласистый (*от* атлас)
атласный (*от* атлас)
атласный (*от* атлас)
атласский (*от* Атлас, *горы*)
атлет, -а
атлетизм, -а
атлетика, -и
атлетический
атлетически сложённый
атлетичность, -и
атлетичный; *кр. ф.* -чен, -чна
атлетка, -и, *р. мн.* -ток
атмометр, -а
атмосфера, -ы
атмосферический
атмосферный
атмосферостойкий
атмосфероустойчивый
а то, *союз и частица*
атолл, -а
атолловый

атом, -а
атомарный
атомизатор, -а
атомизация, -и
атомизм, -а
атомистика, -и
атомистический
атомификация, -и
атомический
атомник, -а
атомно-абсорбционный
атомно-молекулярный
атомный
атомоход, -а
атомщик, -а
атональность, -и
атональный
атонический
атония, -и
атофан, -а
атравматический
атрезия, -и
атренированность, -и
атренированный; *кр. ф.* -ан, -ана
атрепсия, -и
атрибут, -а
атрибутивный
атрибутика, -и
атрибутирование, -я
атрибутированный; *кр. ф.* -ан,
  -ана
атрибутировать(ся), -рую,
  -рует(ся)
атрибутный
атрибуция, -и
атрий, -я и атриум, -а
атропин, -а
атрофированный; *кр. ф.* -ан, -ана
атрофироваться, -руется
атрофический
атрофия, -и
АТС [атээс], *нескл., ж.* (*сокр.:* автоматическая телефонная станция)
атталея, -и
атташат, -а

атташе, *нескл., м.*
атташе-кейс, -а
аттентат, -а
аттенуация, -и (*биол.*)
аттенюатор, -а (*тех.*)
аттестат, -а
аттестационный
аттестация, -и
аттестованный; *кр. ф.* -ан, -ана
аттестовать(ся), -тую(сь),
  -тует(ся)
аттик, -а
аттиковый
Аттила, -ы
аттитюд, -а
аттицизм, -а
аттический
атторней, -я
атторней-генерал, -а
аттрактанты, -ов, *ед.* -ант, -а
аттракцион, -а
аттракционный
аттракция, -и
ату, *неизм.*
атуканье, -я
атукать, -аю, -ает
атукнуть, -ну, -нет
АТФ [атээф], *нескл., ж.* (*сокр.:* аде-
  нозинтрифосфорная кислота)
ать-два, *неизм.*
ау, *неизм.*
аугментативный
аугментация, -и
аугсбургский (*от* Аугсбург)
ауди, *нескл., м.* (*автомобиль*)
аудиенц-зал, -а
аудиенция, -и
аудио... — *первая часть сложных
  слов, пишется слитно*
аудиоаппаратура, -ы
аудио-, видео- и бытовая тех-
  ника
аудиовизуальный
аудиограмма, -ы
аудиозапись, -и
аудио- и видеоаппаратура, -ы

аудиокассе́та, -ы
аудиоко́мплекс, -а
аудиоло́гия, -и
аудио́метр, -а
аудиоме́трия, -и
аудиопла́та, -ы
аудиоплее́р, -а
аудиосисте́ма, -ы
аудиоте́хника, -и
ауди́рование, -я
ауди́т, -а
ауди́тор, -а
аудиториа́т, -а
auditóрия, -и
auditо́рный
auditо́рский
auditо́рство, -а
ау́канье, -я
ау́кать(ся), -аю(сь), -ает(ся)
ау́кнуть(ся), -ну(сь), -нет(ся)
ауксано́граф, -а
ауксано́метр, -а
аукси́ны, -ов, ед. аукси́н, -а
ауксоспо́ра, -ы
ауксотро́фный
ауксотро́фы, -ов, ед. -тро́ф, -а
ауку́ба, -ы
аукцио́н, -а
аукциона́тор, -а
аукциона́торский
аукциона́торство, -а
аукционе́р, -а
аукциони́ст, -а
аукцио́нный
ау́л, -а
а́ульный
а́ульский
а́ура, -ы
ауре́лия, -и
ауреомици́н, -а
аурипигме́нт, -а
аускульта́ция, -и
ауспи́ции, -ий
аустени́т, -а
аусте́рия, -и и австе́рия, -и
а́устерли́цкий (*от* А́устерли́ц)

аустра́ль, -я
аустри́ческий и австри́ческий (*лингв.*)
аустроазиа́тский и австроазиа́тский (*лингв.*)
а́ут, -а и *межд.*
аутбри́динг, -а
аутентифика́ция, -и
аутенти́ческий
аутенти́чность, -и
аутенти́чный; *кр. ф.* -чен, -чна
аутиге́нный (*геол.*)
аути́зм, -а
а́уто, *нескл., с.*
аутовакци́на, -ы
аутога́мия, -и и автога́мия, -и
аутогемотерапи́я, -и
аутоге́нный (*мед.*)
аутодафе́, *нескл., с.*
аутодермопла́стика, -и
аутоиммунный
аутоинтоксика́ция, -и
аутоинфе́кция, -и
аутоката́лиз, -а и автоката́лиз, -а
ауто́лиз, -а и авто́лиз, -а
аутопла́стика, -и
аутопси́я, -и
ауторелакса́ция, -и
ауторепроду́кция, -и
аутосеротерапи́я, -и
аутоскопи́я, -и
аутотоми́я, -и и автотоми́я, -и
аутотрансплантаци́я, -и
аутотрансфу́зия, -и
аутотре́нинг, -а
аутотро́фный и автотро́фный
аутотро́фы, -ов, ед. -тро́ф, -а и автотро́фы, -ов, ед. -тро́ф, -а
аутоэколо́гия, -и и аутэколо́гия, -и
а́утра́йт, -а
аутри́гер, -а
аутса́йдер, -а
аутса́йдерский

аутэколо́гия, -и и **аутоэколо́гия**, -и
афа́зия, -и
афа́кия, -и
афали́на, -ы
афана́сьевский (*от* Афана́сий и Афана́сьев; афана́сьевская культу́ра, *археол.*)
афа́тик, -а
афати́ческий
афга́н, -а (*порода собак*)
Афга́н, -а (*прост. к Афганиста́н; о войне 1979–1989 в Афганистане*)
афга́нец, -нца (*ветер*)
афгани́, *нескл., ж. и с. (ден. ед.)*
афга́нка, -и, *р. мн.* -нок
афга́но-пакиста́нский
афга́нский (*к* афга́нцы *и* Афганиста́н)
афга́нско-росси́йский
афга́нско-сове́тский
афга́нцы, -ев, *ед.* -нец, -нца, *тв.* -нцем
афе́лий, -я
афели́нус, -а
афе́ра, -ы
афери́ст, -а
афери́стка, -и, *р. мн.* -ток
Афи́на, -ы (*мифол.*)
Афи́на Палла́да, Афи́ны Палла́ды
афи́нский (*от* Афи́ны)
афи́няне, -ян, *ед.* -янин, -а
афи́нянка, -и, *р. мн.* -нок
афици́ды, -ов, *ед.* -ци́д, -а
афи́ша, -и, *тв.* -ей
афиши́рованный; *кр. ф.* -ан, -ана
афиши́ровать(ся), -рую, -рует(ся)
афи́шка, -и, *р. мн.* -шек
афи́шный
афлатокси́н, -а
афони́ческий
афони́я, -и
афо́нский (*от* Афо́н)

афо́нцы, -ев, ед. -нец, -нца, тв. -нцем
афори́зм, -а
афори́стика, -и
афористи́ческий
афористи́чность, -и
афористи́чный; кр. ф. -чен, -чна
афрази́йский
африка́анс, -а
африка́нерский
африка́неры, -ов, ед. -нер, -а
африкани́ст, -а
африкани́стика, -и
африкани́стка, -и, р. мн. -ток
африка́нка, -и, р. мн. -нок
африка́нский (от А́фрика); но: Сципио́н Африка́нский
Африка́нский Ро́г (геогр.)
африка́нтроп, -а
африка́нцы, -ев, ед. -нец, -нца, тв. -нцем
а́фро-азиа́тский
а́фро-америка́нский (относящийся к связям между Африкой и Америкой); но: афроамерика́нский (к афроамерика́нцы)
афроамерика́нцы, -ев, ед. -нец, -нца, тв. -нцем
Афроди́та, -ы
Афроди́та Кни́дская
афро́нт, -а
афто́зный
а́фты, афт, ед. а́фта, -ы
аффе́кт, -а
аффекта́ция, -и
аффекти́вный
аффекти́рованный; кр. ф. -ан, -анна
аффекти́ровать, -рую, -рует
афферéнтный
аффиде́вит, -а
а́ффикс, -а
аффикса́льный
аффикса́ция, -и
аффилиацио́нный
аффилиа́ция, -и

аффина́ж, -а, тв. -ем
аффина́жный
аффина́ция, -и
аффине́рный
аффини́рование, -я
аффини́рованный; кр. ф. -ан, -ана
аффини́ровать(ся), -рую, -рует(ся)
аффи́нный
аффино́граф, -а
аффирмати́вный
аффирма́ция, -и
аффрика́та, -ы
аффрика́тный
ах, неизм.
ахалтеки́нец, -нца, тв. -нцем, р. мн. -нцев (лошадь)
ахалтеки́нский
а́ханье, -я
а́хать, а́хаю, а́хает
ах-ах-а́х, неизм.
ахаше́ни, нескл., с.
ахва́хский
ахва́хцы, -ев, ед. -хец, -хца, тв. -хцем
ахе́йский
ахе́йцы, -ев, ед. ахе́ец, ахе́йца, тв. ахе́йцем
Ахемени́ды, -ов (династия)
а́хенский (от А́хен)
а́хенцы, -ев, ед. -нец, -нца, тв. -нцем
Ахеро́нт, -а (мифол.)
а́хи, а́хов
ахили́я, -и
Ахи́лл, -а и Ахилле́с, -а (мифол.)
ахи́лл, -а (ахиллово сухожилие, в проф. речи)
ахилле́сова пята́, ахилле́совой пяты́
ахи́ллов, -а, -о: ахи́ллово сухожи́лие, ахи́ллов рефле́кс
ахи́мса, -ы
ахине́я, -и
ахматове́д, -а (от Ахма́това)

ахма́товский (от Ахма́това)
а́хнуть, -ну, -нет
а́ховый
ахоли́я, -и
ахондри́д, -а
ахондропла́зия, -и
а́хоньки, -нек (а́хоньки да о́хоньки)
ахрома́т, -а
ахромати́зм, -а
ахромати́н, -а
ахромати́ческий
ахроматопси́я, -и
ахроми́я, -и
ахтерлю́к, -а
ахтерпи́к, -а
ахтерште́вень, -вня
ахти́, неизм. (межд., устар.; не ахти́ (како́й, ка́к)
а́хту́бинский (от А́хтуба)
а́х ты, межд. (ах ты, какая доса́да!)
ахты́рский (от Ахты́рка)
ацета́ли, -ей, ед. -та́ль, -я
ацетальдеги́д, -а
ацетами́д, -а
ацета́т, -а
ацета́тный
ацети́л, -а
ацетиле́н, -а
ацетиле́новый
ацетиленокислоро́дный
ацетили́рование, -я
ацетили́рованный; кр. ф. -ан, -ана
ацетилсалици́ловый
ацетилхлори́д, -а
ацетилхоли́н, -а
ацетилцеллюло́за, -ы
аце́ти́льный
ацето́метр, -а
ацето́н, -а
ацето́новый
ацидиме́три́я, -и
ацидо́з, -а
ацидофили́н, -а
ацидофили́я, -и

АЦИДОФИЛЬНЫЙ

ацидофи́льный
ацидофо́бный
ацикли́ческий
ацили́рование, -я
ацили́рованный; *кр. ф.* -ан, -ана
аци́льный
ацте́ки, -ов, *ед.* ацте́к, -а
ацте́кский
а́чинский (*от* А́чинск)
а́чинцы, -ев, *ед.* -нец, -нца, *тв.* -цем
аш, *нескл., с.* (*название буквы*)
аша́р, -а и ушр, -а
аше́льский
ашкена́зи, *нескл., мн., ед. м. и ж.,* и ашкена́зы, -ов, *ед.* -на́з, -а
ашкена́зский
ашра́м, -а
ашу́г, -а
ашхаба́дский (*от* Ашхаба́д)
ашхаба́дцы, -ев, *ед.* -дец, -дца, *тв.* -дцем
азд, -а
аэмоциона́льность, -и
аэмоциона́льный; *кр. ф.* -лен, -льна
аэра́рий, -я
аэра́тор, -а
аэра́ция, -и
аэренхи́ма, -ы
аэри́рованный; *кр. ф.* -ан, -ана
аэри́ровать(ся), -рую, -рует(ся)
аэро... — *первая часть сложных слов, пишется слитно*
аэробаллисти́ческий
аэро́бика, -и
аэробио́з, -а (*форма жизни*)
аэробио́нты, -ов, *ед.* -о́нт, -а
аэробио́с, -а (*собир.*)
аэро́бный
аэро́бус, -а
аэро́бы, -ов, *ед.* аэро́б, -а
аэровизуа́льный
аэровокза́л, -а
аэрогаммаме́тод, -а
аэрогаммаспектрометри́ческий

аэрогаммасъёмка, -и, *р. мн.* -мок
аэроге́нный
аэрогеологи́ческий
аэрогеоло́гия, -и
аэрогеосъёмка, -и, *род. мн.* -мок
аэрогеофизи́ческий
аэрогидродина́мика, -и
аэрогидродинами́ческий
аэрогравиметри́ческий
аэро́граф, -а
аэрографи́ческий
аэрогра́фия, -и
аэрогри́ль, -я
аэродина́мика, -и
аэродинами́ческий
аэродро́м, -а
аэродро́мно-строи́тельный
аэродро́мно-техни́ческий
аэродро́мный
аэрозо́ль, -я
аэрозо́льный
аэрозольтерапи́я, -и
аэроиониза́тор, -а
аэроионифика́ция, -и
аэроионотерапи́я, -и
аэроклиматологи́ческий
аэроклиматоло́гия, -и
аэроклу́б, -а
аэроклу́бовский
аэрокосми́ческий
аэроли́т, -а
аэроли́фт, -а
аэро́лог, -а
аэрологи́ческий
аэроло́гия, -и
аэроло́ция, -и
аэромагни́тный
аэромагнитоме́тр, -а
аэромая́к, -а́
аэро́метр, -а
аэрометри́ческий
аэроме́трия, -и
аэромеха́ника, -и
аэромехани́ческий
аэромоби́ль, -я

аэромоби́льный
аэромо́ст, -а и -а́, *мн.* -ы́, -о́в
аэро́н, -а
аэронавигацио́нный
аэронавига́ция, -и
аэронавт, -а
аэрона́втика, -и
аэроно́мия, -и
аэропла́н, -а
аэропла́нный
аэропо́езд, -а, *мн.* -а́, -о́в
аэропо́ника, -и
аэропо́нный
аэропо́рт, -а, *предл.* в аэропорту́, *мн.* -ы, -ов
аэропрофила́ктика, -и
аэрорадионивели́рование, -я
аэроса́ни, -е́й
аэроса́нный
аэросе́в, -а
аэросино́птик, -а
аэросинопти́ческий
аэросни́мок, -мка
аэросоля́рий, -я
аэроста́нция, -и
аэроста́т, -а
аэроста́тика, -и
аэростати́ческий
аэросъёмка, -и, *р. мн.* -мок
аэросъёмочный
аэрота́ксис, -а
аэрота́нк, -а и аэроте́нк, -а
аэротерапи́я, -и
аэротермо́метр, -а
аэрото́рия, -и
аэротропи́зм, -а
аэроу́зел, -узла́
аэрофи́льтр, -а
аэрофи́тный
аэрофи́ты, -ов, *ед.* -фи́т, -а
аэрофло́т, -а
аэрофло́товский (*от* Аэрофло́т, компания)
аэрофо́бия, -и
аэрофо́ны, -ов, *ед.* -фо́н, -а
аэрофо́р, -а

аэрофотоаппара́т, -а
аэрофотограмметри́ческий
аэрофотогramméтрия, -и
аэрофотогра́фия, -и
аэрофотометри́ческий
аэрофотоме́трия, -и

аэрофоторазве́дка, -и, *р. мн.* -док
аэрофотосъёмка, -и, *р. мн.* -мок
аэрофототопогра́фия, -и
аэроцисти́т, -а
аэроэлектроразве́дка, -и, *р. мн.* -док

АЭ́С, *нескл., ж.* (*сокр.:* атомная электростанция)
Ая́кс, -а: два́ Ая́кса
ая́нская е́ль
ая́т, -а
аятолла́, -ы́, *м.*

Б

б и бы, *частица* (*см.* бы)
ба, *межд.*
ба́ба, -ы
баба́ (*обращение у тюркских народов*)
ба-ба-ба́, *межд.*
Бабари́ха, -и и сва́тья ба́ба Бабари́ха (*сказочный персонаж*)
баба́х, *неизм.*
баба́ханье, -я
баба́хать(ся), -аю(сь), -ает(ся)
баба́хнуть(ся), -ну(сь), -нет(ся)
баба́шка, -и, *р. мн.* -шек
Ба́ба-яга́, Ба́бы-яги́ (*сказочный персонаж*) и ба́ба-яга́, ба́бы-яги́ (*безобразная злая старуха*)
бабби́т, -а
бабби́тный
бабби́товый
бабе́зия, -и
ба́белевский (*от* Ба́бель)
бабёнка, -и, *р. мн.* -нок
бабёночка, -и, *р. мн.* -чек
бабе́нция, -и
ба́бенька, -и, *р. мн.* -нек
ба́бенькин, -а, -о
бабёха, -и
бабе́ц, *др. формы не употр., м.*
бабёшка, -и, *р. мн.* -шек
баби́ды, -ов, *ед.* -и́д, -а (*секта*)
баби́зм, -а
ба́бий, -ья, -ье
Ба́бий Яр
бабиру́сса, -ы
баби́дский

ба́биться, ба́блюсь, ба́бится
ба́бища, -и, *тв.* -ей
ба́бка, -и, *р. мн.* ба́бок
ба́бки, ба́бок (*игра; деньги*)
ба́бкин, -а, -о
ба́бник, -а
ба́бничать, -аю, -ает
ба́бонька, -и, *р. мн.* -нек
ба́бочка, -и, *р. мн.* -чек
ба́бочница, -ы, *тв.* -ей
бабр, -а
ба́бский
бабуви́зм, -а (*к* Бабёф)
бабуви́ст, -а
бабуви́стский
бабуи́н, -а
бабу́ленька, -и, *р. мн.* -нек
бабу́лин, -а, -о
бабу́лька, -и, *р. мн.* -лек
бабу́ля, -и
бабу́сенька, -и, *р. мн.* -нек
бабу́син, -а, -о
бабу́ся, -и
бабу́ши, -у́ш, *ед.* -у́ша, -и, *тв.* -ей (*туфли*)
ба́бушка, -и, *р. мн.* -шек
ба́бушкин, -а, -о
ба́бы-На́стин, -а, -о (*от* ба́ба На́стя)
бабьё, -я́
Баб-эль-Манде́бский проли́в
ба́варка, -и, *р. мн.* -рок
бава́рский (*от* Бава́рия)
бава́рцы, -ев, *ед.* -рец, -рца, *тв.* -рцем

бага́ж, -а́, *тв.* -о́м
бага́жник, -а
бага́жный
бага́мка, -и, *р. мн.* -мок
бага́мский (*к* Бага́мские острова́, Бага́мы)
бага́мцы, -ев, *ед.* -мец, -мца, *тв.* -мцем
багате́ль, -и
багау́д, -а
ба́гги, *нескл., м.*
ба́ггинг, -а
багги́ст, -а
багда́дский (*от* Багда́д)
багда́дцы, -ев, *ед.* -дец, -дца, *тв.* -дцем
ба́гер, -а
багерме́йстер, -а
ба́герный насо́с
баге́т, -а
баге́тный
баге́товый
баге́тчик, -а
баго́вник, -а
баго́р, багра́
баго́рик, -а
баго́рный
багоро́к, -рка́
баго́рчик, -а
баго́рщик, -а
багратио́новский (*от* Багратио́н и Багратио́новск)
багре́ние, -я (*от* багри́ть(ся) и багре́ть)

ба́гренный; *кр. ф.* -ен, -ена, *прич.* (*от* ба́грить)
багрённый; *кр. ф.* -ён, -ена́, *прич.* (*от* багри́ть)
ба́греный, *прил.* (*от* ба́грить)
ба́гренье, -я (*от* ба́грить)
багре́ть, -е́ет (*становиться багровым*)
багре́ц, -а́, *тв.* -о́м
багрецо́вый
ба́грить, -рю, -рит (*вытаскивать багром*)
багри́ть(ся), -рю́, -ри́т(ся) (*окрашивать(ся) в багровый цвет*)
багри́ще, -а, *мн.* -а и -и, -и́щ, *м.* (*увелич. к* баго́р)
багрове́ть, -е́ю, -е́ет
багрови́ще, -а (*древко багра*)
багро́во-кра́сный
багроволи́цый
багро́во-си́ний
багро́вость, -и
багро́вый
багряне́ть, -е́ет
багря́нец, -нца, *тв.* -нцем
багряни́стый
багряни́ть(ся), -ню́, -ни́т(ся) и багря́нить(ся), -ню, -нит(ся)
багряни́ца, -ы, *тв.* -ей
багря́нка, -и, *р. мн.* -нок
Багряноро́дный: Константи́н Багряноро́дный
багря́ный
багря́нящий(ся)
ба́грящий (*от* ба́грить)
багря́щий(ся) (*от* багри́ть(ся))
багу́льник, -а
багу́льниковый
бада́н, -а
бадделе́ит, -а
бадделе́итовый
баде́ечка, -и, *р. мн.* -чек
баде́ечный
баде́йка, -и, *р. мн.* -е́ек
баде́йный

ба́ден-ба́денский (*от* Ба́ден-Ба́ден)
ба́ден-вюртембе́ргский (*от* Ба́ден-Вю́ртемберг)
ба́денский (*от* Ба́ден)
ба́денцы, -ев, *ед.* -нец, -нца, *тв.* -нцем
ба́дик, -а (*бадминтон, прост.*)
бадминто́н, -а
бадминтони́ст, -а
бадминтони́стка, -и, *р. мн.* -ток
бадминто́нный
бадьево́й
бадья́, -и́, *р. мн.* баде́й
бадья́н, -а
баз, -а, *предл.* на базу́, *мн.* -ы́, -о́в (*двор*)
ба́за, -ы
база́льный
база́льт, -а
базальти́ческий
базальтобето́н, -а
база́льтовый
базальтофибробето́н, -а
базаме́нт, -а
базани́т, -а
база́р, -а
база́рить, -рю, -рит
база́рный
база́ровский (*от* База́ров)
база́ровщина, -ы
база́рчик, -а
база́рящий
ба́за-смеще́ние, ба́зы-смеще́ния
базе́дова боле́знь, базе́довой боле́зни
базедови́зм, -а
ба́зельский (*от* Ба́зель)
ба́зельцы, -ев, *ед.* -лец, -льца, *тв.* -льцем
базидиа́льный
базидиомице́ты, -ов, *ед.* -це́т, -а
бази́дия, -и
базилиа́не, -а́н, *ед.* -а́нин, -а
базили́к, -а (*растение*)
бази́лика, -и (*архит.*)

бази́ликовый (*от* бази́лика)
базили́ковый (*от* базили́к)
базипета́льный
бази́рование, -я
бази́рованный; *кр. ф.* -ан, -ана
бази́ровать(ся), -рую(сь), -рует(ся)
ба́зис, -а
ба́зисный
базифика́ция, -и
ба́зовый
базофили́я, -и
базофи́лы, -ов, *ед.* -фи́л, -а
базу́ка, -и
ба́иньки, *неизм.*
ба́иньки-баю́, *неизм.*
бай, ба́я
бай-ба́й, *неизм.*
байба́к, -а́
байба́чество, -а
байба́чий, -ья, -ье
байбачи́на, -ы
байга́, -и́
байда́к, -а́
байда́ра, -ы
байда́рка, -и, *р. мн.* -рок
байда́рка-дво́йка, байда́рки-дво́йки
байда́рка-одино́чка, байда́рки-одино́чки
байда́рка-четвёрка, байда́рки-четвёрки
байда́рный (*от* байда́ра)
байда́рочник, -а
байда́рочница, -ы, *тв.* -ей
байда́рочный (*от* байда́рка)
Байда́рские Воро́та (*перевал*)
ба́йеровский (*от* Ба́йер; ба́йеровский аспири́н)
ба́йка, -и, *р. мн.* ба́ек
байкали́т, -а
Байка́ло-Аму́рская магистра́ль (БАМ)
байка́льский (*от* Байка́л)
ба́йкер, -а
ба́йковый

БАЙКОНУРСКИЙ

байкону́рский (*от* Байкону́р)
байкону́рцы, -ев, *ед.* -рец, -рца, *тв.* -рцем
байоне́т, -а
байо́сский
байпа́с, -а
байра́к, -а (*балка, буерак*)
Байра́м, -а
байра́чный (байра́чные леса́)
байре́йтский (*от* Ба́йре́йт)
байрони́зм, -а
байрони́ст, -а
байрони́ческий
ба́йроновский (*от* Ба́йрон)
ба́йский
ба́йство, -а
байстрю́к, -а́
байт, -а, *р. мн.* -ов, *счетн. ф.* байт
байт-мультипле́ксный
ба́йтовый
ба́йховый
бак, -а
бакала́вр, -а
бакалавриа́т, -а
бакала́врский
бакала́врство, -а
бакале́йный
бакале́йщик, -а
бакале́йщица, -ы, *тв.* -ей
бакале́я, -и
ба́кан, -а (*устар. к* ба́кен)
бака́н, -а (*краска*)
бака́нный
бака́новый
бакау́т, -а
бакау́тный
бакау́товый
бакбо́рт, -а
бакелиза́ция, -и
бакели́т, -а
бакели́товый
ба́кен, -а (*буй*)
бакенбарди́ст, -а
бакенба́рды, -а́рд и -ов, *ед.* -ба́рда, -ы и -ба́рд, -а
ба́кенный

ба́кенщик, -а
ба́кены, -ов, *ед.* ба́кен, -а (*бакенбарды*)
ба́ки, бак (*бакенбарды*)
баки́нка, -и, *р. мн.* -нок
баки́нский (*от* Баку́)
баки́нцы, -ев, *ед.* -нец, -нца, *тв.* -нцем
баккара́, *нескл., с.*
бакла́га, -и
баклажа́н, -а, *р. мн.* -ов и -жа́н
баклажа́нный
баклажа́новый
бакла́жка, -и, *р. мн.* -жек
бакла́н, -а
бакла́ний, -ья, -ье
бакла́новый
баклу́ша, -и, *тв.* -ей (*мелкое озеро*)
баклу́ши, -у́ш, *ед.* -у́ша, -и, *тв.* -ей (*чурки*; би́ть баклу́ши)
баклу́шничать, -аю, -ает
ба́ковый
бакса́нский (*от* Бакса́н)
Бакса́нское уще́лье
ба́ксы, -ов, *ед.* бакс, -а
бактериа́льный
бактериеми́я, -и
бактериза́ция, -и
бактеризо́ванный; *кр. ф.* -ан, -ана
бактеризова́ть(ся), -зу́ю, -зу́ет(ся)
бакте́рии, -ий, *ед.* -е́рия, -и
бактери́йный
бактерио́з, -а
бактерио́лиз, -а
бактериолизи́ны, -ов, *ед.* -зи́н, -а
бактерио́лог, -а
бактериологи́ческий
бактериоло́гия, -и
бактерионоси́тель, -я
бактерионоси́тельство, -а
бактериоскопи́я, -и
бактериоста́з, -а
бактериостати́ческий

бактериотропи́ны, -ов, *ед.* -пи́н, -а
бактериоулови́тель, -я
бактериофа́ги, -ов, *ед.* -фа́г, -а
бактериофа́гия, -и
бактериохлорофи́ллы, -ов, *ед.* -фи́лл, -а
бактериоци́ны, -ов, *ед.* -ци́н, -а
бактериури́я, -и
бактерици́дность, -и
бактерици́дный
бактерици́ды, -ов, *ед.* -ци́д, -а
бактеро́иды, -ов, *ед.* -о́ид, -а
бактриа́н, -а
бактри́йский (*от* Ба́ктрия)
бактри́йцы, -ев, *ед.* -и́ец, -и́йца, *тв.* -и́йцем
баку́н, -а и -у
бакуни́зм, -а
баку́нинский (*от* Баку́нин)
бакуни́ст, -а
ба́кхий, -я
бакши́ш, -а, *тв.* -ем
бакште́йн, -а
бакшто́в, -а
бакшто́вный
бал, -а, *предл.* на балу́, *мн.* -ы́, -о́в (*танцевальный вечер*)
балаба́н, -а (*муз.*)
балабо́л, -а
балабо́лить, -лю, -лит
балабо́лка, -и, *р. мн.* -лок, *м. и ж.*
балабо́лящий
балабо́н, -а (*болтун*)
балабо́нить, -ню, -нит
балабо́нящий
балабо́шка, -и, *р. мн.* -шек, *м. и ж.*
балага́н, -а
балага́нить, -ню, -нит
балага́нничать, -аю, -ает
балага́нный
балага́нчик, -а
балага́нщик, -а
балага́нщина, -ы
балага́нящий
балагу́р, -а

БАЛЛОТИРОВОЧНЫЙ

балагу́рить, -рю, -рит
балагу́рка, -и, *р. мн.* -рок
балагу́рный
балагу́рство, -а
балагу́рящий
бала́канье, -я
бала́кать, -аю, -ает
бала́киревский (*от* Бала́кирев)
Бала́киревский кружо́к
балала́ечка, -и, *р. мн.* -чек
балала́ечник, -а
балала́ечный
балала́йка, -и, *р. мн.* -а́ек
Балала́йкин, -а, *тв.* -ым
баламу́т, -а
баламу́тить(ся), -у́чу(сь), -у́тит(ся)
баламу́тка, -и, *р. мн.* -ток
баламу́тный
баламу́тящий(ся)
баламу́ченный; *кр. ф.* -ен, -ена, *прич.*
бала́нда, -ы
бала́нс, -а
балансёр, -а (*акробат*)
балансёрка, -и, *р. мн.* -рок
банси́р, -а (*рычаг*)
баланси́рование, -я
баланси́ровать(ся), -рую, -рует(ся)
балансиро́вка, -и
балансиро́вочный
бала́нс не́тто, бала́нса не́тто
бала́нсный
бала́нсовый
балансоме́р, -а
балантидиа́з, -а
баланти́дий, -я
бала́та, -ы
балато́нский (*от* Балато́н)
балахни́нский (*от* Балахна́)
балахни́нцы, -ев, *ед.* -нец, -нца, *тв.* -нцем
балахо́н, -а
балахо́нистый
балахо́нник, -а

балахо́нчик, -а
балаши́хинский (*от* Балаши́ха)
балаши́хинцы, -ев, *ед.* -нец, -нца, *тв.* -нцем
балбе́ра, -ы
балбе́с, -а
балбе́сничать, -аю, -ает
балда́, -ы́, *м. и ж.*
балда́ балдо́й
балдахи́н, -а
балдахи́нный
балдёж, -ежа́, *тв.* -о́м
балдёжник, -а
балде́ть, -е́ю, -е́ет
балеа́рка, -и, *р. мн.* -рок
балеа́рский (*к* Балеа́рские острова́, Балеа́ры)
балеа́рцы, -ев, *ед.* -рец, -рца, *тв.* -рцем
балери́на, -ы
балери́нка, -и, *р. мн.* -нок
балери́нский
балеру́н, -а́
бале́т, -а
бале́тки, -ток, *ед.* -е́тка, -и
балетме́йстер, -а
балетме́йстерский
бале́тный
балетове́д, -а
балетома́н, -а
балетома́ния, -и
балетома́нка, -и, *р. мн.* -нок
балетома́нский
ба́ливать, *наст. вр. не употр.*
ба́лка, -и, *р. мн.* ба́лок; но (*в названиях населенных пунктов*) Ба́лка, -и, *напр.*: Холо́дная Ба́лка (*курорт*), Суха́я Ба́лка, Широ́кая Ба́лка (*поселки*)
балкани́ст, -а
балкани́стика, -и
балкани́стка, -и, *р. мн.* -ток
балка́но-кавка́зский (балка́но-кавка́зская ра́са)
Балка́нские во́йны (*ист.*)
Балка́нские стра́ны

балка́нский (*от* Балка́ны)
Балка́нский полуо́стров
балка́нцы, -ев, *ед.* -нец, -нца, *тв.* -нцем
балка́рка, -и, *р. мн.* -рок
балка́рский
балка́рцы, -ев, *ед.* -рец, -рца, *тв.* -рцем
балка́ры, -а́р, *ед.* -ка́р, -а
ба́лка-сте́нка, ба́лки-сте́нки
ба́лкер, -а
балко́н, -а
балко́нный
балко́нчик, -а
балл, -а (*оценка; ед. измер.*)
балла́да, -ы
балла́дник, -а
балла́дный
балла́ст, -а
балла́стер, -а
балласти́рованный; *кр. ф.* -ан, -ана
балласти́ровать(ся), -рую, -рует(ся)
балластиро́вка, -и
балла́стный
балла́стовый
балли́ста, -ы
балли́стик, -а
балли́стика, -и
баллисти́т, -а
баллисти́ческий
баллистокардиогра́мма, -ы
баллистокардиогра́фия, -и
ба́лловый
балло́н, -а
баллоне́т, -а
балло́нный
балло́нчик, -а
баллоти́рование, -я
баллоти́рованный; *кр. ф.* -ан, -ана
баллоти́ровать(ся), -рую(сь), -рует(ся)
баллотиро́вка, -и
баллотиро́вочный

ба́лльник, -а
ба́лльный (*от* балл)
бал-маскара́д, ба́ла-маскара́да
балоба́н, -а (*сокол*)
бало́ванный; *кр. ф.* -ан, -ана
балова́ть(ся), балу́ю(сь), балу́ет(ся)
ба́ловень, -вня
балови́вый
баловни́к, -а́
баловни́ца, -ы, *тв.* -ей
баловно́й
баловство́, -а́
бало́к, балка́
ба́лочный
Балти́йская гряда́ (*возвышенность*)
балти́йский (*к* Балти́йское мо́ре, Ба́лтия, Ба́лтика, Балти́йск)
Балти́йский регио́н
Балти́йский фло́т
Балти́йское мо́ре
балти́йцы, -ев, *ед.* -и́ец, -и́йца, *тв.* -и́йцем
Ба́лтика, -и
балтимо́рский (*от* Балтимо́р)
балтимо́рцы, -ев, *ед.* -рец, -рца, *тв.* -рцем
балти́стика, -и
балти́ческий (*устар. к* балти́йский)
Ба́лтия, -и (*страны* Ба́лтии)
балтославя́не, -я́н
балтославя́нский
ба́лты, -ов
балу́ба, *нескл., мн., ед. м. и ж.* (*народ*)
балхаши́т, -а
балха́шский (*от* Балха́ш)
Ба́лчуг, -а (*местность в Москве*)
балы́к, -а́
балыко́вый
балы́чный
балычо́к, -чка́
бальбо́а, *нескл., с.* (*ден. ед.*)
ба́льза, -ы

бальза́ковский (*от* Бальза́к; бальза́ковский во́зраст)
бальза́м, -а
бальзами́н, -а
бальзами́нный
бальзами́новый
бальзами́рование, -я
бальзами́рованный; *кр. ф.* -ан, -ана
бальзами́ровать(ся), -рую, -рует(ся)
бальзамиро́вка, -и, *р. мн.* -вок
бальзамиро́вочный
бальзамиро́вщик, -а
бальзами́ческий
бальза́мный
бальза́мовый
бальза́м-опола́скиватель, бальза́ма-опола́скивателя
ба́льзовый
ба́лый, *нескл., м.*
бальнеогрязево́й
бальнеогрязелече́бница, -ы, *тв.* -ей
бальнеоклимати́ческий
бальнео́лог, -а
бальнеологи́ческий
бальнеоло́гия, -и
бальнеопроцеду́ра, -ы
бальнеотерапевти́ческий
бальнеотерапи́я, -и
бальнеофизиотерапевти́ческий
бальнеофизиотерапи́я, -и
ба́льный (*от* бал)
балюстра́да, -ы
балюстра́дный
баля́сина, -ы
баля́синка, -и, *р. мн.* -нок
баля́сник, -а
баля́сниковый
баля́сница, -ы, *тв.* -ей
баля́сничать, -аю, -ает
баля́сы, -я́с (*также:* баля́сы точи́ть, разводи́ть)

бамана́, *неизм. и нескл., м.* (*язык*), *нескл., мн., ед. м. и ж.* (*народ*)
бамбара́, *нескл., мн., ед. м. и ж.* (*народ*)
бамби́но, *нескл., м.*
бамбу́к, -а
бамбу́ковый
бамбу́чина, -ы
ба́мия, -и
ба́мовец, -вца, *тв.* -вцем, *р. мн.* -вцев
ба́мовский (*от* БАМ)
ба́мпер, -а
ба́мперный
баналите́т, -а
бана́льность, -и
бана́льный; *кр. ф.* -лен, -льна
бана́льщина, -ы
бана́н, -а, *р. мн.* -ов
бана́нник, -а
бана́новый
бананое́д, -а
бана́ны, -ов (*брюки*)
ба́нги, *нескл., мн., ед. м. и ж.* (*группа народов*)
бангко́кский (*от* Бангко́к)
бангко́кцы, -ев, *ед.* -кец, -кца, *тв.* -кцем
бангладе́шский (*от* Бангладе́ш)
бангладе́шцы, -ев, *ед.* -шец, -шца, *тв.* -шцем
ба́нда, -ы
бандаж, -а́, *тв.* -о́м
бандажи́ст, -а
бандажи́стка, -и, *р. мн.* -ток
банда́жник, -а
банда́жный
бандгру́ппа, -ы
бандериле́ро, *нескл., м.*
бандери́лья, -и, *р. мн.* -лий
банде́ровец, -вца, *тв.* -вцем, *р. мн.* -вцев
банде́ровский (*от* Банде́ра)
бандеро́ль, -и
бандеро́лька, -и, *р. мн.* -лек
бандеро́льный

БАРАХТАТЬСЯ

ба́нджо, *нескл., с.*
банджои́ст, -а
банди́т, -а
бандити́зм, -а
банди́тка, -и, *р. мн.* -ток
банди́тский
банду́нгский (*от* Банду́нг)
банду́нгцы, -ев, *ед.* -гец, -гца, *тв.* -гцем
банду́ра, -ы
бандури́ст, -а
бандури́стка, -и, *р. мн.* -ток
банду́ррия, -и (*испанский муз. инструмент*)
бандформирова́ние, -я
бандю́га, -и, *м. и ж.*
банза́й, *межд.*
ба́нить(ся), ба́ню(сь), ба́нит(ся)
банк, -а
ба́нка, -и, *р. мн.* ба́нок
банкабро́ш, -а, *тв.* -ем
банкабро́шница, -ы, *тв.* -ей
банкабро́шный
ба́нк-аге́нт, ба́нка-аге́нта
банке́т, -а
банке́тка, -и, *р. мн.* -ток
банке́тный
банки́вский пету́х
банки́р, -а
банки́рский
банки́рша, -и, *тв.* -ей
ба́нки-скля́нки, ба́нок-скля́нок
банк-консо́рциум, ба́нка-консо́рциума
банк-корреспонде́нт, ба́нка-корреспонде́нта
банкно́ты, -от и -о́тов, *ед.* -но́та, -ы и -но́т, -а
ба́нковский
ба́нковско-промы́шленный
ба́нковско-фина́нсовый
ба́нковый
банкома́т, -а
банкома́тный
банкомёт, -а
банкро́т, -а
банкро́тить(ся), -о́чу(сь), -о́тит(ся)
банкро́тский
банкро́тство, -а
банкро́тящий(ся)
банкро́ченный; *кр. ф.* -ен, -ена, *прич.*
банк-учреди́тель, ба́нка-учреди́теля
ба́нк-эмите́нт, ба́нка-эмите́нта
банло́н, -а
банло́новый
ба́нник, -а
ба́нно-пра́чечный
ба́нный
ба́ночка, -и, *р. мн.* -чек
ба́ночный
бант, -а
банте́нг, -а
ба́нтик, -а
бантово́й
бантои́дный (*от* ба́нту)
ба́нту, *неизм. и нескл., м.* (*группа языков*) *и нескл., мн., ед. м. и ж.* (*группа народов*)
бантуста́н, -а
бантуязы́чный
ба́нчик, -а
банчи́шко, -а и -и, *мн.* -шки, -шек, *м.*
банчо́к, *др. формы не употр., м.*
ба́нщик, -а
ба́нщица, -ы, *тв.* -ей
ба́нька, -и, *р. мн.* ба́нек
банья́н, -а
ба́ня, -и, *р. мн.* бань
ба́ня-пра́чечная, ба́ни-пра́чечной
баоба́б, -а
баоба́бовый
бапти́зм, -а
бапти́ст, -а
баптисте́рий, -я
бапти́стка, -и, *р. мн.* -ток
бапти́стский
бар[1], -а (*ресторан, закусочная; отмель*)
бар[2], -а, *р. мн.* -ов, *счетн. ф.* бар (*ед. измер.*)
бараба́н, -а
бараба́нить, -ню, -нит
бараба́нно-шарово́й
бараба́нный
бараба́нчик, -а
бараба́нщик, -а
бараба́нщица, -ы, *тв.* -ей
бараба́нящий
бараба́шка, -и, *р. мн.* -шек, *м.* (*домовой*)
Бара́бинская сте́пь
бара́бинский (*от* Бара́ба *и* Бара́бинск)
бара́бинцы, -ев, *ед.* -нец, -нца, *тв.* -нцем
барабо́шка, -и, *р. мн.* -шек, *м. и ж.* (*бестолковый человек*)
барабу́лька, -и, *р. мн.* -лек
бара́к, -а
барако́ни, *нескл., с.*
баралги́н, -а
бара́н, -а
бара́нец, -нца, *тв.* -нцем, *р. мн.* -нцев
бара́ний, -ья, -ье
бара́нина, -ы
бара́нинка, -и
бара́нка, -и, *р. мн.* -нок
бара́ночка, -и, *р. мн.* -чек
бара́ночник, -а
бара́ночница, -ы, *тв.* -ей
бара́ночный
баранта́, -ы́
бара́нчик, -а
бара́трия, -и
барахли́ть, -лю́, -ли́т
барахли́шко, -а
барахло́, -а́
барахо́лка, -и, *р. мн.* -лок
барахо́льный
барахо́льщик, -а
барахо́льщица, -ы, *тв.* -ей
бара́хтанье, -я
бара́хтаться, -аюсь, -ается

бара́чный
бара́шек, -шка
бара́шки, -ов (облака; пена на гребнях волн)
бара́шковый
барбадо́ска, -и, р. мн. -сок
барбадо́сский (от Барбадо́с)
барбадо́сцы, -ев, ед. -сец, -сца, тв. -сцем
барбами́л, -а
барбари́с, -а
барбари́сник, -а
барбари́сный
барбари́совый
Барбаро́сса, -ы, м.: Фри́дрих Барбаро́сса, план "Барбаро́сса"
барбекю́, нескл., с.
Ба́рби, нескл., ж. (кукла)
барбизо́нский (от Барбизо́н; барбизо́нская школа)
барбизо́нцы, -ев, ед. -нец, -нца, тв. -нцем
барбита́л, -а
барбитура́ты, -ов, ед. -ра́т, -а
барбиту́ровый
Барбо́с, -а (кличка собаки) и барбо́с, -а (о собаке; о свирепом человеке)
барбота́жный
барботе́р, -а
барботи́н, -а
барботи́рование, -я
барботи́рованный; кр. ф. -ан, -ана
барботи́ровать(ся), -рую, -рует(ся)
барви́нковый
барви́нок, -нка
барви́ночек, -чка
барви́хинский (от Барви́ха)
баргузи́н, -а (ветер)
баргузи́нский (от Баргузи́н, поселок)
Баргузи́нский заповéдник
бард, -а
барда́, -ы́

барда́к, -а́
бардачо́к, -чка́
ба́рдовский (от бард)
ба́рдовый (от барда́)
бардяно́й
баре́ж, -а, тв. -ем
баре́жевый
барелье́ф, -а
барелье́фный
барелье́фчик, -а
Ба́ренцево мо́ре, Ба́ренцева мо́ря
баренцевомо́рский (от Ба́ренцево мо́ре)
ба́ренцевский (от Ба́ренц)
баре́тки, -ток, ед. -е́тка, -и
баре́ттер, -а
ба́ржа, -и, тв. -ей, р. мн. барж и баржа́, -и́, тв. -о́й, р. мн. -е́й
баржево́й и ба́ржевый
баржестрое́ние, -я
баржо́нка, -и, р. мн. -нок
бариба́л, -а
ба́риевый
ба́рий, -я
бари́йский (от Ба́ри)
ба́рин, -а, мн. ба́ре и ба́ры, бар
барино́к, -нка́
барио́нный
барио́ны, -ов, ед. -ио́н, -а
барисфе́ра, -ы
бари́т, -а
бари́товый
барито́н, -а
баритона́льный
барито́нный
барито́новый
барито́нчик, -а
бариценра́, -а
бариеитри́ческий
ба́рич, -а, тв. -ем
бари́ческий
барк, -а (парусный корабль)
ба́рка, -и, р. мн. ба́рок (речное судно)
барка́н, -а
барка́новый

баркаро́ла, -ы
барка́с, -а
барка́сик, -а
баркенти́на, -ы
барко́вщина, -ы (от Барко́в)
Бармале́й, -я
ба́рмен, -а
ба́рменский
ба́рменша, -и, тв. -ей
ба́рмы, барм
барн, -а, р. мн. -ов, счетн. ф. барн
барнау́лка, -и, р. мн. -лок
барнау́льский (от Барнау́л)
барнау́льцы, -ев, ед. -лец, -льца, тв. -льцем
ба́рный
баро... — первая часть сложных слов, пишется слитно
бароаппара́т, -а
барогра́мма, -ы
баро́граф, -а
барока́мера, -ы
баро́кко, неизм. и нескл., с.
барокли́нность, -и
барокли́нный
баро́метр, -а
барометри́ческий
баро́н, -а
бароне́сса, -ы
бароне́ссин, -а, -о
бароне́т, -а
бароне́тский
бароне́тство, -а
Баро́н Мюнха́узен
баро́нов, -а, -о
баро́нский
баро́нство, -а
баро́нша, -и, тв. -ей
бароско́п, -а
бароста́т, -а
баротерапи́я, -и
баротермо́метр, -а
баротра́вма, -ы
баротро́пность, -и
баротро́пный
барохирурги́я, -и

барочка, -и, *р. мн.* -чек
барочник, -а
барочный (*от* барка)
барочный (*от* барокко)
барраж, -а, *тв.* -ем
барражирование, -я
барражировать, -рую, -рует
барракуда, -ы
барранкосы, -ов, *ед.* -кос, -а
баррель, -я (*единица вместимости и объема в США, Англии и др. странах*)
барремский
баррикадированный; *кр. ф.* -ан, -ана
баррикадировать(ся), -рую(сь), -рует(ся)
баррикадный
баррикады, -ад, *ед.* -када, -ы
барриль, -я (*единица объема жидкостей в ряде стран Латинской Америки; единица массы в Испании*)
баррристер, -а
барс, -а
барселонка, -и, *р. мн.* -нок
барселонский (*от* Барселона)
барселонцы, -ев, *ед.* -нец, -нца, *тв.* -нцем
барсёнок, -нка, *мн.* -сята, -сят
Барсик, -а (*кличка*)
барский
барски пренебрежительный
барсовый
барственность, -и
барственный; *кр. ф.* -вен и -венен, -венна
барство, -а
барствовать, -твую, -твует
барсук, -а
барсуковый
барсучий, -ья, -ье
барсучиха, -и
барсучок, -чка
барсучонок, -нка, *мн.* -чата, -чат
бартер, -а

бартерный
бархан, -а
барханный
бархат, -а
бархатец, -тца и -тцу, *тв.* -тцем (*уменьш.-ласкат. к* бархат)
бархатистость, -и
бархатистый
бархатиться, -ится
бархатка, -и, *р. мн.* -ток и бархотка, -и, *р. мн.* -ток
бархатность, -и
бархатный
бархатцы, -ев, *ед.* -тец, -тца, *тв.* -тцем (*растение*)
бархотка, -и, *р. мн.* -ток и бархатка, -и, *р. мн.* -ток
бархоут, -а
барчонок, -нка, *мн.* -чата, -чат
барчук, -а
барщина, -ы
барщинник, -а
барщинный
барщинский
барыга, -и, *м. и ж.*
барынька, -и, *р. мн.* -нек
барыня, -и, *р. мн.* -ынь
барыш, -а, *тв.* -ом
барышник, -а
барышничать, -аю, -ает
барышнический
барышничество, -а
барышный
барышня, -и, *р. мн.* -шень
барьер, -а
барьерист, -а
барьеристка, -и, *р. мн.* -ток
барьерный
барьерчик, -а
бас, -а, *мн.* -ы, -ов
бас-баритон, баса-баритона
бас-буфф, баса-буфф и бассо буффо, *нескл., м.*
бас-гитара, -ы
бас-гитарист, -а
басенка, -и, *р. мн.* -нок

басенник, -а
басенный
басилевс, -а и басилей, -я
басист, -а
басистый
басить, башу, басит
басище, -а, *мн.* -а и -и, -ищ, *м.*
баска, -и, *р. мн.* басок (*оборка*)
баскак, -а
баскет, -а
баскетбол, -а
баскетболист, -а
баскетболистка, -и, *р. мн.* -ток
баскетбольный
баски, -ов, *ед.* баск, -а; *но:* Страна Басков
бас-кларнет, -а
басконка, -и, *р. мн.* -нок (*к* баски)
басконский (*от* Баскония)
баскский
баскунчакский (*от* Баскунчак)
басма, -ы (*краска*)
басма, -ы, *мн.* басмы, басм, басмам (*пластинка с изображением*)
Басманная: Новая Басманная, Старая Басманная (*улицы*)
басмач, -а, *тв.* -ом
басмаческий
басмачество, -а
басменный
баснописец, -сца, *тв.* -сцем, *р. мн.* -сцев
баснословие, -я
баснословность, -и
баснословный; *кр. ф.* -вен, -вна
басня, -и, *р. мн.* басен
басовитость, -и
басовитый
басовый
басок, баска
бас-октавист, баса-октависта
басон, -а
басонный
басочка, -и, *р. мн.* -чек
бассейн, -а
Бассейная, -ой (*улица*)

бассе́йновый
ба́ссет, -а
бассетго́рн, -а
ба́ссет-ха́унд, -а
ба́ссо буффо, нескл., м. и
  ба́с-бу́фф, ба́са-бу́фф
ба́ссо конти́нуо, нескл., м.
ба́ссо остина́то, нескл., м.
ба́ссо профу́ндо, нескл., м.
ба́ста, неизм.
баста́рд, -а (биол.; о человеке)
баста́рда, -ы (муз. инструмент)
Басти́лия, -и
бастио́н, -а
бастио́нный
бастова́ть, -ту́ю, -ту́ет
бастона́да, -ы
бастр, -а
бастурма́, -ы́
басурма́н, -а
басурма́нка, -и, р. мн. -нок
басурма́нский
бат, -а
батале́р, -а
батали́ст, -а
бата́лия, -и
бата́льный
батальо́н, -а
батальо́нный
бата́н, -а
батаре́ец, -е́йца, тв. -е́йцем, р. мн. -е́йцев
батаре́йка, -и, р. мн. -е́ек
батаре́йный
батаре́я, -и
бата́т, -а
ба́тенсы, -ов, ед. -енс, -а
ба́тенька, -и, р. мн. -нек, м.
батиа́ль, -и
батиа́льный
батибио́нты, -ов, ед. -о́нт, -а
батигра́мма, -ы
ба́тик, -а
ба́тиковый
батиметри́ческий
батиме́трия, -и

батипла́н, -а
батиска́ф, -а
бати́ст, -а
бати́стовый
батисфе́ра, -ы
батитермо́граф, -а
батлачо́к, -чка́
батле́йка, -и, р. мн. -е́ек
батма́н, -а
ба́тник, -а
бато́г, -а́
батожо́к, -жка́
батожьё, -я́
батоли́т, -а
бато́метр, -а
бато́н, -а
бато́нница, -ы, тв. -ей
бато́но, нескл., м.
бато́нчик, -а
батопо́рт, -а
батохро́мный
батра́к, -а́
батрахоза́вры, -ов, ед. -за́вр, -а
батрахоло́гия, -и
батра́цкий
батра́чащий
батра́ческий
батра́чество, -а
батра́чий, -ья, -ье
батра́чить, -чу, -чит
батра́чка, -и, р. мн. -чек
батра́чный
батрачо́нок, -нка, мн. -ча́та, -ча́т
баттерфляи́ст, -а
баттерфляи́стка, -и, р. мн. -ток
баттерфля́й, -я (способ плавания)
бату́мский (от Бату́ми, Бату́м)
бату́мцы, -ев, ед. -мец, -мца, тв. -мцем
бату́н, -а
бату́н-лу́к, -а
бату́т, -а
батути́ст, -а
Баты́ево наше́ствие, Баты́ева наше́ствия (ист.)
баты́р, -а и баты́рь, -я

ба́тька, -и, р. мн. ба́тек, м.
ба́тькин, -а, -о
ба́тюшка, -и, р. мн. -шек, м.
ба́тюшки, межд.
ба́тюшкин, -а, -о
ба́тюшки-све́тоньки, межд.
ба́тюшки-све́ты, межд.
ба́тя, -и, р. мн. -ей, м.
батя́ня, -и, р. мн. -ей, м.
бау́л, -а
бау́льчик, -а
ба́усский (от Ба́уска)
ба́фия, -и
Ба́ффинова Земля́, Ба́ффиновой Земли́ (остров)
бах, неизм.
ба́ханье, -я
ба́харь, -я
ба́хать(ся), -аю(сь), -ает(ся)
бахва́л, -а
бахва́литься, -люсь, -лится
бахва́лка, -и, р. мн. -лок
бахва́льство, -а
бахва́лящийся
бахиа́на, -ы (от Бах)
бахи́лы, -и́л, ед. -и́ла, -ы
ба́хнуть(ся), -ну(сь), -нет(ся)
ба́ховский (от Бах)
бахре́йнский (от Бахре́йн)
бахре́йнцы, -ев, ед. -нец, -нца, тв. -нцем
бахрома́, -ы́
бахро́мка, -и, р. мн. -мок
бахро́мный
бахромокрути́льный
бахро́мчатый
Бахру́шинский музе́й
бахтарма́, -ы́
бахтрио́ни, нескл., с.
Ба́хус, -а
бахча́, -и́, тв. -о́й, р. мн. -е́й
бахче́вник, -а
бахчево́д, -а
бахчево́дство, -а
бахчево́дческий
бахчево́й

бахчисара́йский (от Бахчисара́й)
бахчисара́йцы, -ев, ед. -а́ец, -а́йца, тв. -а́йцем
бахши́, нескл., м.
бац, неизм.
ба́цать(ся), -аю(сь), -ает(ся)
бацби́йка, -и, р. мн. -и́ек
бацби́йский
бацби́йцы, -ев, ед. -и́ец, -и́йца, тв. -и́йцем
бацилли́н, -а
баци́лловый
бациллоноси́тель, -я
бациллоноси́тельство, -а
баци́ллы, -и́лл, ед. -и́лла, -ы
бацилля́рный
ба́цнуть(ся), -ну(сь), -нет(ся)
ба́чки, ба́чек (от ба́ки)
бачо́к, бачка́ (от бак)
ба́шенка, -и, р. мн. -нок
ба́шенный
башибузу́к, -а
башибузу́кский
башка́, -и́
башки́рка, -и, р. мн. -рок
башки́рский (к башки́ры и Башки́рия)
башки́ры, -и́р, ед. башки́р, -а
башкови́тость, -и
башкови́тый
башлы́к, -а́
башлычо́к, -чка́
башмаки́, -о́в, ед. башма́к, -а́
башмачки́, -о́в, ед. -чо́к, -чка́
башма́чник, -а
башма́чный
ба́ш на ба́ш
башнеобра́зный
ба́шня, -и, р. мн. ба́шен
башта́н, -а
башта́нный
ба́ю-ба́й, неизм.
ба́ю-ба́юшки-баю́, неизм.
баю́канье, -я
баю́кать, -аю, -ает
ба́юшки-баю́, неизм.

ба́ющий
баяде́ра, -ы
баяде́рка, -и, р. мн. -рок
бая́н, -а
Бая́н, -а (легендарный песнопевец)
баяни́ст, -а
баяни́стка, -и, р. мн. -ток
бая́нный
ба́ять, ба́ю, ба́ет
бде́ние, -я
бдеть, бдит
бди́тельность, -и
бди́тельный; кр. ф. -лен, -льна
бе, межд.; ни бé ни мé
беатифика́ция, -и
Беатри́че, нескл., ж.
бебе́, нескл., с.
бе́белевский (от Бе́бель)
бебе́шка, -и, р. мн. -шек
бе́би, нескл., м.
бе́бут, -а
бег, -а, предл. на бегу́
бега́, -о́в (состязание)
бе́ганье, -я
бе́гательный (зоол.)
бе́гать, -аю, -ает
бегаши́, -е́й, ед. бега́ш, -а́, тв. -о́м
бегемо́т, -а
бегемо́тик, -а
бегемо́тник, -а
бегле́ц, -а́, тв. -о́м, р. мн. -о́в
беглопопо́вский
беглопопо́вцы, -ев, ед. -вец, -вца, тв. -вцем
беглопопо́вщина, -ы
бе́глость, -и
бе́глый
бегля́нка, -и, р. мн. -нок
Бегова́я, -о́й (улица)
беговой
бего́м, нареч.
бего́ниевый
бего́ния, -и
беготня́, -и́
бе́гство, -а
бегу́н, -а́

бегунки́, -о́в (сани)
бегуно́к, -нка́
бегу́нья, -и, р. мн. -ний
бегу́чий, прил.
бегу́щий, прич.
беда́, -ы́, мн. бе́ды, бед
бе́декер, -а (путеводитель)
бе́декеровский
бедла́м, -а
бе́дленд, -а
бедлингто́н-терье́р, -а
Бе́дная Ли́за (лит. персонаж)
бедне́йший
бе́дненький
бедне́ть, -е́ю, -е́ет
бе́дность, -и
беднота́, -ы́
бе́дный; кр. ф. бе́ден, бедна́, бе́дно
бедня́га, -и, м. и ж.
бедня́жечка, -и, р. мн. -чек, м. и ж.
бедня́жка, -и, р. мн. -жек, м. и ж.
бедня́к, -а́
бедня́цкий
бедня́чка, -и, р. мн. -чек
бедова́ть, бедую, беду́ет
бедо́вый
бедоку́р, -а
бедоку́рить, -рю, -рит
бедоку́рка, -и, р. мн. -рок
бедоку́рящий
бедола́га, -и, м. и ж.
бедренец, -нца́, тв. -нцо́м, р. мн. -нцо́в
бе́дренный
бедро́, -а́, мн. бёдра, бёдер, бёдрам
бе́дственность, -и
бе́дственный; кр. ф. -вен и -венен, -венна
бе́дствие, -я
бе́дствование, -я
бе́дствовать, -твую, -твует
бедуи́н, -а
бедуи́нка, -и, р. мн. -нок
бедуи́нский
бе́ечка, -и, р. мн. -чек

беж, *неизм.*
бежа́вший
бежа́ть(ся), бегу́, бежи́т(ся), бегу́т
бежева́тый
бе́жевый
бе́женец, -нца, *тв.* -нцем, *р. мн.* -нцев
бе́женка, -и, *р. мн.* -нок
бе́женский
бе́женство, -а
бе́жецкий (*от* Бе́жецк)
бежеча́не, -ан, *ед.* -а́нин, -а
бежеча́нка, -и, *р. мн.* -нок
без и безо, *предлог*
безава́рийность, -и
безава́рийный
безадресность, -и
безадресный
безазо́тистый
безакце́птный
безакци́зный
безала́берность, -и
безала́берный; *кр. ф.* -рен, -рна
безала́берщина, -ы
безалкало́идный
безалкого́льный
безалма́зный
безальтернати́вность, -и
безальтернати́вный; *кр. ф.* -вен, -вна
безапелляцио́нность, -и
безапелляцио́нный; *кр. ф.* -о́нен, -о́нна
безатомный
безаффиксный
безбанда́жный
безбандеро́льный
безбе́дный; *кр. ф.* -ден, -дна
безбиле́тник, -а
безбиле́тница, -ы, *тв.* -ей
безбиле́тный
безбо́жие, -я
безбо́жник, -а
безбо́жница, -ы, *тв.* -ей
безбо́жный; *кр. ф.* -жен, -жна
безболе́зненно, *нареч.*

безболе́зненность, -и
безболе́зненный; *кр. ф.* -нен, -ненна
безборо́дый
безбоя́зненно, *нареч.*
безбоя́зненность, -и
безбоя́зненный; *кр. ф.* -нен, -ненна
безбра́чие, -я
безбра́чный
безбре́жие, -я
безбре́жность, -и
безбре́жный; *кр. ф.* -жен, -жна
безбро́вость, -и
безбро́вый
безбума́жный
безбу́рный; *кр. ф.* -рен, -рна
безвалю́тный
безва́хтенный
без ве́дома
безве́дренный; *кр. ф.* -рен, -ренна
безве́дрие, -я
безверетённый
безве́рие, -я
безве́рный; *кр. ф.* -рен, -рна
безве́рхий
безверши́нник, -а
безверши́нный
бе́з вести (пропа́сть)
безве́стность, -и
безве́стный; *кр. ф.* -тен, -тна
безве́тренно, *в знач. сказ.*
безве́тренность, -и
безве́тренный; *кр. ф.* -рен, -ренна
безве́трие, -я
безви́зовый
безви́нно, *нареч.*
безви́нно пострада́вший
безви́нность, -и
безви́нный; *кр. ф.* -и́нен, -и́нна
безвку́сие, -я
безвку́сица, -ы, *тв.* -ей
безвку́сный; *кр. ф.* -сен, -сна
безвла́стие, -я
безвла́стный; *кр. ф.* -тен, -тна
безво́дица, -ы, *тв.* -ей

безво́дность, -и
безво́дный; *кр. ф.* -ден, -дна
безво́дье, -я
безвозбра́нно, *нареч.*
безвозбра́нный; *кр. ф.* -а́нен, -а́нна
безвозвра́тность, -и
безвозвра́тный; *кр. ф.* -тен, -тна
безвозду́шный
безвозме́здность, -и
безвозме́здный; *кр. ф.* -ден, -дна
безво́лие, -я
безволо́сый
безво́льный; *кр. ф.* -лен, -льна
безво́рсовый
безвре́дность, -и
безвре́дный; *кр. ф.* -ден, -дна
безвре́менник, -а
безвре́менно, *нареч.*
безвре́менность, -и
безвре́менный; *кр. ф.* -менен, -менна
безвреме́нщина, -ы
безвреме́нье, -я
безвы́годный; *кр. ф.* -ден, -дна
безвы́ездный
безвы́игрышный
безвы́лазный
безвы́ходность, -и
безвы́ходный; *кр. ф.* -ден, -дна
безгара́жный
безгеро́йный
безгла́вый
безглаго́льность, -и
безглаго́льный; *кр. ф.* -лен, -льна
безгла́зый
безгла́сие, -я
безгла́сность, -и
безгла́сный; *кр. ф.* -сен, -сна
безгне́вие, -я
безгне́вный; *кр. ф.* -вен, -вна
безгнёздный и безгнёздый
бе́з году неде́ля
безголёвый
безголо́вость, -и
безголо́вый

безголо́сица, -ы, *тв.* -ей
безголо́сный
безголо́сость, -и
безголо́сый
безгражда́нство, -а
безгра́мотность, -и
безгра́мотный; *кр. ф.* -тен, -тна
безграни́чность, -и
безграни́чный; *кр. ф.* -чен, -чна
безгра́нный; *кр. ф.* -а́нен, -а́нна
безгра́ночный
безгрехо́вный; *кр. ф.* -вен, -вна
безгре́шность, -и
безгре́шный; *кр. ф.* -шен, -шна
безгро́зный; *кр. ф.* -зен, -зна
безда́нно-беспо́шлинно
безда́рность, -и
безда́рный; *кр. ф.* -рен, -рна
бе́здарь, -и
безде́йственность, -и
безде́йственный; *кр. ф.* -вен и -венен, -венна
безде́йствие, -я
безде́йствовать, -твую, -твует
безде́лица, -ы, *тв.* -ей
безде́лка, -и, *р. мн.* -лок
безделу́шечка, -и, *р. мн.* -чек
безделу́шка, -и, *р. мн.* -шек
безде́лье, -я
безде́льник, -а
безде́льница, -ы, *тв.* -ей
безде́льничанье, -я
безде́льничать, -аю, -ает
безде́льничество, -а
безде́льный; *кр. ф.* -лен, -льна
безде́нежность, -и
безде́нежный; *кр. ф.* -жен, -жна
безде́нежье, -я
безде́тность, -и
безде́тный; *кр. ф.* -тен, -тна
безде́фектный; *кр. ф.* -тен, -тна
бездефици́тность, -и
бездефици́тный; *кр. ф.* -тен, -тна
безде́ятельность, -и
безде́ятельный; *кр. ф.* -лен, -льна
бе́здна, -ы

бездо́ждный
бездо́ждье, -я
бездоказа́тельность, -и
бездоказа́тельный; *кр. ф.* -лен, -льна
бездокумента́рный
бездо́лье, -я
бездо́льный; *кр. ф.* -лен, -льна
бездо́мник, -а
бездо́мница, -ы, *тв.* -ей
бездо́мничать, -аю, -ает
бездо́мничество, -а
бездо́мность, -и
бездо́мный; *кр. ф.* -мен, -мна
бездомо́вник, -а
бездомо́вница, -ы, *тв.* -ей
бездомо́вный
бездо́нность, -и.
бездо́нный; *кр. ф.* -о́нен, -о́нна
бездоро́жный
бездоро́жье, -я
бездотацио́нный; *кр. ф.* -о́нен, -о́нна
бездохо́дный; *кр. ф.* -ден, -дна
бездрена́жный
безду́мность, -и
безду́мный; *кр. ф.* -мен, -мна
безду́мье, -я
без дурако́в
бездухо́вность, -и
бездухо́вный; *кр. ф.* -вен, -вна
без души́
безду́шие, -я
безду́шность, -и
безду́шный; *кр. ф.* -шен, -шна
безды́мный
бездыха́нный; *кр. ф.* -а́нен, -а́нна
безе́, *нескл., с.*
безжа́лостность, -и
безжа́лостный; *кр. ф.* -тен, -тна
безжгу́тиковый
безжеле́зный
безжелту́шный
безжи́зненно, *нареч.*
безжи́зненность, -и

безжи́зненный; *кр. ф.* -знен, -зненна
беззабо́тливый
беззабо́тность, -и
беззабо́тный; *кр. ф.* -тен, -тна
беззаве́тно пре́данный
беззаве́тность, -и
беззаве́тный; *кр. ф.* -тен, -тна
беззазо́рный
без зре́ния со́вести
беззако́ние, -я
беззако́нник, -а
беззако́нница, -ы, *тв.* -ей
беззако́нничать, -аю, -ает
беззако́нность, -и
беззако́нный; *кр. ф.* -о́нен, -о́нна
беззапре́тный
беззасте́нчивость, -и
беззасте́нчивый
беззащи́тность, -и
беззащи́тный; *кр. ф.* -тен, -тна
беззвёздный; *кр. ф.* -ден, -дна
беззву́чие, -я
беззву́чность, -и
беззву́чный; *кр. ф.* -чен, -чна
безземе́лье, -я
безземе́льный
беззло́бие, -я
беззло́бность, -и
беззло́бный; *кр. ф.* -бен, -бна
беззо́льный
беззу́бка, -и, *р. мн.* -бок
беззу́бость, -и
беззу́бый
бе́зик, -а
безйо́довый
безйо́товый
без конца́
безлафе́тный
безлёгочный
безлепестно́й
безле́сный; *кр. ф.* -сен, -сна
безле́сье, -я
безли́кий
безли́кость, -и
безли́нзовый

БЕЗЛИСТВЕННЫЙ

безли́ственный; *кр. ф.* -вен и -венен, -венна
безли́стный и безли́стый
безлицензио́нный
безли́чие, -я
безли́чность, -и
безли́чный; *кр. ф.* -чен, -чна
безло́пастный
безлоша́дник, -а
безлоша́дный
безлу́ние, -я
безлу́нный; *кр. ф.* -у́нен, -у́нна
безлю́бие, -я
безлю́девший
безлю́деть, -еет
безлю́дность, -и
безлю́дный; *кр. ф.* -ден, -дна
безлю́дье, -я
без ма́ла
без ма́лого
безма́терний
безма́ток, -тка
безма́точный
безмедикаменто́зный
безме́здный; *кр. ф.* -ден, -дна
безме́н, -а
безме́нный
безме́рность, -и
безме́рный; *кр. ф.* -рен, -рна
безмикро́бный
безмо́зглость, -и
безмо́зглый
безмо́лвие, -я
безмо́лвный; *кр. ф.* -вен, -вна
безмо́лвствование, -я
безмо́лвствовать, -твую, -твует
безмоло́чный
безморо́зный
безмоти́вность, -и
безмоти́вный; *кр. ф.* -вен, -вна
безмото́рный
безму́жний
безмы́слие, -я
безмяте́жность, -и
безмяте́жный; *кр. ф.* -жен, -жна
безнабо́рный

безнадёга, -и
безнадёжность, -и
безнадёжный; *кр. ф.* -жен, -жна
безнадзо́рность, -и
безнадзо́рный; *кр. ф.* -рен, -рна
безнака́занно, *нареч.*
безнака́занность, -и
безнака́занный; *кр. ф.* -ан, -анна
безна́л, -а (*безналичный расчет*)
безнали́чный
безнало́говый
безнапо́рный
без напря́га
безнача́лие, -я
безнача́льный; *кр. ф.* -лен, -льна
безникоти́новый
безни́точный
безно́гий
безно́сый
безнра́вственно, *нареч.*
безнра́вственность, -и
безнра́вственный; *кр. ф.* -вен и -венен, -венна
безо и без, *предлог*
безоа́р, -а
безоа́рный
безоа́ровый
безо́бжигный
безо́бжиговый
безоби́дность, -и
безоби́дный; *кр. ф.* -ден, -дна
без обиняко́в
безо́блачность, -и
безо́блачный; *кр. ф.* -чен, -чна
безобма́нный
безобмоло́тный
безоболо́чный
безоборо́тный
безобра́зие, -я
безобра́зить, -а́жу, -а́зит
безобра́зник, -а
безобра́зница, -ы, *тв.* -ей
безобра́зничать, -аю, -ает
безо́бразность, -и
безо́бразный (*не содержащий образа*)

безобра́зный; *кр. ф.* -зен, -зна (*к* безобра́зие)
безобра́зящий
безобро́чный
без огля́дки
безогля́дность, -и
безогля́дный; *кр. ф.* -ден, -дна
безоговоро́чность, -и
безоговоро́чный; *кр. ф.* -чен, -чна
безокисли́тельный
безоко́нный
безопа́ска, -и, *р. мн.* -сок
безопа́сность, -и; но: Сове́т Безопа́сности ООН
безопа́сный; *кр. ф.* -сен, -сна
безопи́лочный
безопо́рный
безо́пытный
безору́жность, -и
безору́жный; *кр. ф.* -жен, -жна
безоско́лочный
безоснова́тельность, -и
безоснова́тельный; *кр. ф.* -лен, -льна
безо́сный (*от* ось)
безостано́вочность, -и
безостано́вочный; *кр. ф.* -чен, -чна
безо́стый (*от* ость)
безотва́льный
безотве́тность, -и
безотве́тный; *кр. ф.* -тен, -тна
безотве́тственно, *нареч.*
безотве́тственность, -и
безотве́тственный; *кр. ф.* -вен и -венен, -венна
безотвя́зность, -и
безотвя́зный; *кр. ф.* -зен, -зна
безотгово́рочный
безотзы́вный
без отка́за
безотка́зность, -и
безотка́зный; *кр. ф.* -зен, -зна
безотка́тный
безотлага́тельность, -и

безотлага́тельный; *кр. ф.* -лен, -льна
безотло́жный
безотлу́чный; *кр. ф.* -чен, -чна
безотноси́тельность, -и
безотноси́тельный; *кр. ф.* -лен, -льна
безотра́дность, -и
безотра́дный; *кр. ф.* -ден, -дна
безотры́вный; *кр. ф.* -вен, -вна
безотхо́дный
безотцо́вщина, -ы
безотчётность, -и
безотчётный; *кр. ф.* -тен, -тна
безоши́бочность, -и
безоши́бочный; *кр. ф.* -чен, -чна
без переды́ху
без призо́ра и без призо́ру
без прикра́с
без про́дыху
без про́маха и без про́маху
без просве́та
без про́сыпа и без про́сыпу
безрабо́тица, -ы, *тв.* -ей
безрабо́тный
безра́достность, -и
безра́достный; *кр. ф.* -тен, -тна
без разбо́ра и без разбо́ру
безразбо́рный (*тех.*)
безразде́льность, -и
безразде́льный; *кр. ф.* -лен, -льна
безразду́мный
безразли́чие, -я
без разли́чия
безразли́чный; *кр. ф.* -чен, -чна
безразме́рный; *кр. ф.* -рен, -рна
безра́мный
безраспо́рный
безрассве́тный
безрассу́дность, -и
безрассу́дный; *кр. ф.* -ден, -дна
безрассу́дство, -а
безрасчётливый
безрасчётный; *кр. ф.* -тен, -тна
безрезульта́тность, -и

безрезульта́тный; *кр. ф.* -тен, -тна
безрелигио́зный; *кр. ф.* -зен, -зна
безре́льсовый
безремо́нтный
безрессо́рный
безри́сковый
безро́гий
безро́дный; *кр. ф.* -ден, -дна
без ро́ду без пле́мени
без ро́ду-пле́мени
безро́потность, -и
безро́потный; *кр. ф.* -тен, -тна
безрука́вка, -и, *р. мн.* -вок
безрука́вный
безру́кий
безру́льный
безры́бица, -ы, *тв.* -ей
безры́бный
безры́бье, -я
безры́ночный
без спро́са и без спро́су
без стра́ха и упрёка
без сучка́ без задо́ринки
бе́з толку и без то́лку
безубы́точность, -и
безубы́точный; *кр. ф.* -чен, -чна
безуга́рный
безуглеро́дистый
безугомо́нный
безуда́рность, -и
безуда́рный; *кр. ф.* -рен, -рна
безу́держ, -а, *тв.* -ем (безу́держность)
безу́держность, -и
безу́держный; *кр. ф.* -жен, -жна
без у́держу
безуе́здный
безуёмный; *кр. ф.* -мен, -мна
безузлово́й
безукори́зненно, *нареч.*
безукори́зненность, -и
безукори́зненный; *кр. ф.* -нен, -ненна
без ума́
безуме́вший

безуме́ть, -ею, -еет
безу́мец, -мца, *тв.* -мцем, *р. мн.* -мцев
безу́мие, -я
безу́мный; *кр. ф.* -мен, -мна
без у́молку
безумо́лчный; *кр. ф.* -чен, -чна
безу́мство, -а
безу́мствовать, -твую, -твует
безупре́чность, -и
безупре́чный; *кр. ф.* -чен, -чна
безуро́чный
безуря́дица, -ы, *тв.* -ей
безуса́дочность, -и
безуса́дочный
безусло́вно-рефлекто́рный
безусло́вность, -и
безусло́вный; *кр. ф.* -вен, -вна
безуспе́шность, -и
безуспе́шный; *кр. ф.* -шен, -шна
без у́стали
безуста́нный; *кр. ф.* -а́нен, -а́нна
безу́сый
без ута́йки
безуте́шность, -и
безуте́шный; *кр. ф.* -шен, -шна
безу́хий
безуча́стие, -я
безуча́стность, -и
безуча́стный; *кр. ф.* -тен, -тна
безъёмкостный
безъе́ровый (*от* ер)
безъя́дерный
безъязы́кий
безъязы́чие, -я
безъязы́чный; *кр. ф.* -чен, -чна
безъя́корный
безъя́тевый (*от* ять)
безы́глый
безыго́льный
безыгрово́й
безыдеа́льный
безыде́йность, -и
безыде́йный; *кр. ф.* -е́ен, -е́йна
безызве́стный
безызлуча́тельный

БЕЗЫЗНОСНОСТЬ

безызно́сность, -и
безызно́сный
безызъя́нный
безыллюзо́рность, -и
безыллюзо́рный; кр. ф. -рен, -рна
безымённость, -и
безымённый
безыммуните́тный
безымя́нка, -и, р. мн. -нок
безымя́нность, -и
безымя́нный; кр. ф. -я́нен, -я́нна
безынвента́рный
безындика́торный
безындукцио́нный
безынерцио́нный
безынициати́вность, -и
безынициати́вный; кр. ф. -вен, -вна
безынструмента́льный
безынтегра́льный
безынтере́сность, -и
безынтере́сный; кр. ф. -сен, -сна
безынфляцио́нный
безыскажённый
безы́скровый
безыску́сность, -и
безыску́сный; кр. ф. -сен, -сна
безыску́сственно, нареч.
безыску́сственность, -и
безыску́сственный; кр. ф. -вен и -венен, -венна
безысхо́дность, -и
безысхо́дный; кр. ф. -ден, -дна
безыто́говый
безэлектро́дный
безэмоциона́льный; кр. ф. -лен, -льна
бей, бе́я; к предшествующему собственному имени присоединяется через дефис, напр.: Гаса́н-бе́й
бе́йдеви́нд, -а
бейделли́т, -а
бе́йка, -и, р. мн. бе́ек
бе́йлиф, -а
бейру́тский (от Бейру́т)

бейру́тцы, -ев, ед. -тец, -тца, тв. -тцем
бейсбо́л, -а
бейсболи́ст, -а
бейсболи́стка, -и, р. мн. -ток
бейсбо́лка, -и, р. мн. -лок
бейсбо́льный
бе́йсик, -а
бейт, -а
бек, -а; к предшествующему собственному имени присоединяется через дефис, напр.: Ибраги́м-бе́к
бе́канье, -я
бека́р, -а
бека́с, -а
бекаси́нник, -а
бекаси́ный
бека́сница, -ы, тв. -ей
бе́кать, -аю, -ает (блеять)
беке́ша, -и, тв. -ей
беке́шка, -и, р. мн. -шек
беке́шный
беккере́ль, -я
беккро́сс, -а
бекма́ния, -и
бекме́с, -а
беко́н, -а
бекониза́ция, -и
беко́нный
бел, -а, р. мн. -ов, счетн. ф. бел (ед. измер.)
БелА́З, -а (завод и автомобиль)
Бе́лая, -ой (река)
Бе́лая гва́рдия
Бе́лая Гли́на (поселок)
Бе́лая кни́га (собрание документов)
Бе́лая олимпиа́да
Бе́лая Ре́чка (поселок)
Бе́лая Це́рковь (город)
бе́лги, -ов (племя)
белгоро́дский (от Белгоро́д)
белгоро́дцы, -ев, ед. -дец, -дца, тв. -дцем
Белгоро́дчина, -ы (к Белгоро́д)

бе́л-горю́ч ка́мень, др. формы не употр.
белгра́дский (от Белгра́д)
белгра́дцы, -ев, ед. -дец, -дца, тв. -дцем
белебе́евский (от Белебе́й)
белебе́евцы, -ев, ед. -вец, -вца, тв. -вцем
белево́й (от бе́ли и бель)
беле́вский (от Белёв)
беле́вцы, -ев, ед. -вец, -вца, тв. -вцем
беле́йший
белёк, белька́ (детеныш тюленя)
белемни́т, -а
белена́, -ы́
белендря́сы, -ов
беле́ние, -я
беленно́й (от белена́)
белённый; кр. ф. -ён, -ена́, прич.
белёный, прил.
бе́ленький
белесова́тость, -и
белесова́тый
белёсо-голубо́й
белёсость, -и
белёсый
беле́ть(ся), -е́ю, -е́ет(ся)
белёхонький; кр. ф. -нек, -нька
беле́ц, бельца́, тв. бельцо́м, р. мн. бельцо́в
беле́цкий
белёшенький; кр. ф. -нек, -нька
бе́ли, бе́лей (выделения)
белиберда́, -ы́
белизна́, -ы́
бели́ла, -и́л
бели́льный
бели́льня, -и, р. мн. -лен
бели́тель, -я
бели́ть(ся), белю́(сь), бе́ли́т(ся)
белица, -ы, тв. -ей
бели́чий, -ья, -ье
бе́лка, -и, р. мн. бе́лок
белки́, -о́в, ед. бело́к, белка́ (горные вершины)

БЕЛОПОДКЛАДОЧНИК

белкова́ть, -ку́ю, -ку́ет
белкови́на, -ы
белкововидный
белко́во-витами́нный
белко́во-кле́точный
белковомоло́чность, -и
белко́во-моло́чный
белковоподо́бный
белко́вый
белладо́нна, -ы
белласпо́н, -а
беллетриза́ция, -и
беллетризи́рованный; кр. ф. -ан, -ана
беллетризи́ровать(ся), -рую, -рует(ся)
беллетри́зм, -а
беллетризо́ванный; кр. ф. -ан, -ана
беллетризова́ть(ся), -зу́ю, -зу́ет(ся)
беллетри́ст, -а
беллетри́стика, -и
беллетристи́ческий
беллетристи́чность, -и
беллетристи́чный; кр. ф. -чен, -чна
беллетри́стка, -и, р. мн. -ток
бе́лли, неизм.: ка́зус бе́лли
белло́ид, -а
белоатла́сный
белобанди́т, -а
белобиле́тник, -а
белобо́кий
белоборо́дый
белобо́чка, -и, р. мн. -чек
белобро́вый
белобры́сый
белобрю́хий
белова́то-голубо́й
белова́то-ро́зовый
белова́тый
Belове́жская Пу́ща
белове́жский (к Белове́жская Пу́ща)
Белове́жье, -я

белови́к, -а́
белово́й
беловойлочный
беловоло́сый
беловоротничко́вый
бе́ловский (к Андре́й Бе́лый)
бело́вский (от Бело́в и Бело́во, город)
бело́вцы, -ев, ед. -вец, -вца, тв. -вцем (от Бело́во)
белова́не, -а́н, ед. -а́нин, -а (от Бело́во)
белогварде́ец, -е́йца, тв. -е́йцем, р. мн. -е́йцев
белогварде́йка, -и, р. мн. -е́ек
белогварде́йский
белогварде́йщина, -ы
белогла́зка, -и, р. мн. -зок
белоголо́вый
бе́ло-голубо́й
белого́рский (к Белого́рск и Белого́рье)
Белого́рье, -я (горные хребты в системе Саян)
белогоря́чечный
белогру́дый
белогу́зка, -и, р. мн. -зок
белодере́вец, -вца, тв. -вцем, р. мн. -вцев
белодере́вщик, -а
белоду́шка, -и, р. мн. -шек
Бе́лое движе́ние
Бе́лое де́ло
Бе́лое мо́ре
Бе́лое о́зеро
бе́ло-зелёный
белозёрный (с белым зерном)
белозёрский (от Бе́лое о́зеро и Белозёрск)
белозёрцы, -ев, ед. -рец, -рца, тв. -рцем
белозо́р, -а
белозу́бка, -и, р. мн. -бок
белозу́бый
бело́к, белка́
белоказа́ки, -ов, ед. -за́к, -а

белокали́льный
Белока́менная, -ой (о Москве)
белока́менный
белоки́пенный
белоколо́нный
белоколо́сица, -ы, тв. -ей
белокопы́тник, -а
белоко́рый
белокоча́нный
бе́ло-кра́сный
Белокрини́цкая иера́рхия (церковь у поповцев)
белокро́вие, -я
белокры́лка, -и, р. мн. -лок
белокры́лый
белокры́льник, -а
белоксинтези́рующий
белоксодержа́щий
белоку́рый
белоли́кий
белоли́ственник, -а
белоли́ственный
белоли́цый
белоли́чка, -и, р. мн. -чек, м. и ж.
белоло́бый
беломе́стцы, -ев, ед. -тец, -тца, тв. -тцем
беломо́р, -а (папиросы)
беломо́рдый
Беломорканаĺл, -а
беломо́рский (от Бе́лое мо́ре и Беломо́рск)
беломо́рско-балти́йский
Беломо́рско-Балти́йский кана́л
беломо́рцы, -ев, ед. -рец, -рца, тв. -рцем
Беломо́рье, -я (от Бе́лое мо́ре)
беломо́шник, -а
беломра́морный
белопе́нный
белопёрый
белопесча́ный
белоплечи́й
белопого́нник, -а
белоподкла́дочник, -а

белоподкладочный
белопо́льный
белополя́ки, -ов
белоре́цкий (к Бе́лая, река, и Белоре́цк)
белореча́не, -а́н, ед. -а́нин, -а (от Белоре́цк)
белоре́ченский (от Белоре́ченск)
белоре́ченцы, -ев, ед. -нец, -нца, тв. -нцем (от Белоре́ченск)
бе́ло-ро́зовый
белору́нный
белору́ска, -и, р. мн. -сок
белору́сский (к белору́сы и Белору́ссия)
Белору́сское Поле́сье
белору́сско-лито́вский
белору́сско-по́льский
белору́сско-росси́йский
белору́сско-ру́сский
белору́сско-украи́нский
белору́сы, -ов, ед. -ру́с, -а
белору́чка, -и, р. мн. -чек, м. и ж.
белоры́бий, -ья, -ье
белоры́бица, -ы, тв. -ей
бе́ло-си́не-кра́сный
Белосне́жка, -и (сказочный персонаж)
белосне́жный; кр. ф. -жен, -жна
белоспи́нный
белостволь́ный
белосте́нный
белосто́кский (от Белосто́к)
белосто́кцы, -ев, ед. -кец, -кца, тв. -кцем
белота́л, -а
белоте́лый
белоу́с, -а
белоу́совые, -ых
белофи́нны, -ов
белофи́нский
белохво́стый
белоцве́тник, -а
белоцерко́вский (от Бе́лая Це́рковь)
белочехи́, -ов, ед. -че́х, -а

бе́лочка, -и, р. мн. -чек
бе́лочный (от бело́к)
белошве́йка, -и, р. мн. -е́ек
белошве́йный
белошёрстный и белошёрстый
белощёкий
белоэмигра́нт, -а
белоэмигра́нтка, -и, р. мн. -ток
белоэмигра́нтский
белоя́ровый
Белоя́рская АЭС
белоя́рый
белу́га, -и
белу́джи, -ей, ед. белу́дж, -а, тв. -ем
белу́джский
белу́жий, -ья, -ье (от белу́га)
белу́жина, -ы
белу́жинка, -и
белу́жка, -и, р. мн. -жек
белу́ха, -и
белу́ший, -ья, -ье (от белу́ха)
бе́лфа́стский (от Бе́лфа́ст)
бе́лфа́стцы, -ев, ед. -тец, -тца, тв. -тцем
Бе́лые Берега́ (поселок)
Бе́лые Столбы́ (поселок)
бе́лый; кр. ф. бел, бела́, бе́ло́
Бе́лый го́род (в старину – часть Москвы)
Бе́лый до́м (в Вашингто́не, Москве́)
Бе́лый Ни́л (река)
Бе́лый Я́р (поселок)
бель, -и (собир.; болезнь злаков)
бельведе́р, -а (архит.) и Бельведе́р, -а (название некоторых дворцовых сооружений)
бельведе́рский (от Бельведе́р); но: Аполло́н Бельведе́рский
бельги́йка, -и, р. мн. -и́ек
бельги́йский (от Бе́льгия)
бельги́йцы, -ев, ед. -и́ец, -и́йца, тв. -и́йцем
бельдю́га, -и
бельё, -я́

бельева́я, -о́й
бельево́й (от бельё)
бельевщи́ца, -ы, тв. -ей
бельецо́, -а́
бельи́шко, -а
бельи́ще, -а
белька́нто, нескл., с.
бельхо́вый (от белёк)
бельма́стый
бельме́с: ни бельме́са
бельмо́, -а́, мн. бе́льма, бельм
бельмово́й
бельморе́з, -а
бе́льский (от Бе́лая, река)
бельт, -а (геол.)
бе́льтинг, -а
бе́льтский
бельфлёр, -а
бельфлёр-кита́йка, -и
бе́льцкий (от Бе́льцы)
бельча́не, -а́н, ед. -а́нин, -а (от Бе́льцы)
бельча́нка, -и, р. мн. -нок
бельча́тник, -а
бельчо́нок, -нка, мн. -ча́та, -ча́т
бельэта́ж, -а, тв. -ем
бельэта́жный
беля́венький
беля́вый
беля́к, -а́
беля́на, -ы
беля́нка, -и, р. мн. -нок
беля́ночка, -и, р. мн. -чек
беляши́, -е́й, ед. беля́ш, -а́
беля́щий
беля́щийся
бемо́ль, -я
бемо́льный
бе́мский (устар. к боге́мский: бе́мское стекло́)
бенга́ли, неизм. и нескл., м.
бенга́лка, -и, р. мн. -лок
бенга́льский (к Бенга́лия и бенга́льцы; бенга́льский ого́нь)
бенга́льцы, -ев, ед. -лец, -льца, тв. -льцем

БЕРЁЗА

бе́ндеровский (*к* Оста́п Бе́ндер)
бенде́рский (*от* Бенде́ры)
бенде́рцы, -ев, *ед.* -рец, -рца, *тв.* -рцем
бендерча́не, -а́н, *ед.* -а́нин, -а
бендерча́нка, -и, *р. мн.* -нок
бе́нди, *нескл., м.*
бенедикти́н, -а
бенедикти́новый (*от* бенедикти́н)
бенедикти́нский (*к* бенедикти́нцы)
бенедикти́нцы, -ев, *ед.* -нец, -нца, *тв.* -нцем
бенефи́с, -а
бенефи́сный
бенефициа́нт, -а
бенефициа́нтка, -и, *р. мн.* -ток
бенефи́ций, -я
бе́нзель, -я
бензиди́н, -а
бензиди́новый
бензи́ловый
бензилхлори́д, -а
бензилцеллюло́за, -ы
бензи́н, -а и -у
бензи́нка, -и, *р. мн.* -нок
бензи́нный
бензи́новый
бензиноулови́тель, -я
бензинохрани́лище, -а
бензи́нчик, -а и -у
бензо... – *первая часть сложных слов, пишется слитно*
бензоба́к, -а
бензова́куумный
бензово́з, -а
бензозапра́вка, -и, *р. мн.* -вок
бензозапра́вочный
бензозапра́вщик, -а
бензо- и маслосто́йкость, -и
бензои́л, -а
бензоилхлори́д, -а
бензои́н, -а
бензои́новый
бензо́йный
бензоколо́нка, -и, *р. мн.* -нок

бензо́л, -а
бензо́ловый
бензол(о)содержа́щий
бензо́льный
бензоме́р, -а
бензомото́рный
бензонасо́с, -а
бензонафто́л, -а
бензоперека́чивающий
бензопила́, -ы́, *мн.* -и́лы, -и́л
бензопире́н, -а и бензпире́н, -а
бензопрово́д, -а
бензоразда́точный
бензоре́з, -а
бензоснабже́ние, -я
бензосучкоре́зка, -и, *р. мн.* -зок
бензоуказа́тель, -я
бензофи́льтр, -а
бензохрани́лище, -а
бензоцисте́рна, -ы
бензоэлектри́ческий
бензпире́н, -а и бензопире́н, -а
Бенилю́кс, -а (*страны Бенилю́кса*)
бени́нский (*от* Бени́н)
бени́нцы, -ев, *ед.* -и́нец, -и́нца, *тв.* -и́нцем
беннетти́товые, -ых
беннетти́ты, -ов, *ед.* -и́т, -а
бента́ль, -и
бентозу́х, -а
бентони́т, -а
бентони́товый
бе́нтос, -а
бенуа́р, -а
бенц: сде́лать (устро́ить) бенц
бенч, -а, *тв.* -чем
беоти́йка, -и, *р. мн.* -и́ек
беоти́йский (*от* Бео́тия)
беоти́йцы, -ев, *ед.* -и́ец, -и́йца, *тв.* -и́йцем
берберы́н, -а
бербе́рка, -и, *р. мн.* -рок
бербе́ро-ара́бский
бербе́ро-ливи́йский
бербе́рский
бербе́ры, -ов, *ед.* бербе́р, -а

бергамо́т, -а
бергамо́тный
бергамо́товый
берга́мский (*от* Берга́мо)
Берг-колле́гия, -и (*ист.*)
Берг-привиле́гия, -и (*ист.*)
Берг-регла́мент, -а (*ист.*)
берда́н, -а и берда́на, -ы
берда́нка, -и, *р. мн.* -нок
берда́ночный
бёрдо, -а
бёрдовый
бе́рдский (*от* Бердь, *река, и* Бердск)
берды́ш, -а́, *тв.* -о́м
бердя́евский (*от* Бердя́ев)
бе́ре, *неизм.*
бе́рег, -а, *предл.* на берегу́, *мн.* -а́, -о́в; но (*в наименованиях природных и курортных зон, административных территорий*) Бе́рег, -а, *предл.* на ... Берегу́, *напр.:* Лазу́рный Бе́рег (*во Франции*), Со́лнечный Бе́рег (*в Болгарии*), Золото́й Бе́рег (*в Африке*), Бе́рег Слоно́вой Ко́сти (*государство*)
Берега́, -о́в: Бе́лые Берега́ (*поселок*)
береги́ня, -и, *р. мн.* -и́нь
береговы́к, -а́
берегово́й
берегову́шка, -и, *р. мн.* -шек
берегозащи́тный
берегоукрепи́тельный
берёгший
береди́ть, бережу́, береди́т
бережённый; *кр. ф.* -ён, -ена́, *прич.*
бережёный, *прил.*
бережли́вость, -и
бережли́вый
бе́режность, -и
бе́режный; *кр. ф.* -жен, -жна
бережо́к, -жка́, *предл.* на бережку́
бе́режь, -и
берёза, -ы

берёзина, -ы
берези́т, -а
берёзка, -и, *р. мн.* -зок
бере́зник, -а
березнико́вский (*от* Березники́)
березнико́вцы, -ев, *ед.* -вец, -вца, *тв.* -вцем
берёзничек, -чка
березня́к, -а́
березнячо́к, -чка́
берёзовик, -а
берёзовица, -ы, *тв.* -ей
берёзовка, -и
берёзовый
берёзонька, -и, *р. мн.* -нек
бере́йтор, -а
бере́йторский
беро́ка, -и
бере́меневшая
бере́менеть, -ею, -еет
бере́менность, -и
бере́менный; *кр. ф.* -енен, -енна
бере́мечко, -а, *мн.* -чки, -чек
бере́мя, -мени, *тв.* -менем
берендѐев, -а, -о (берендѐево ца́рство)
берендѐи, -ев, *ед.* -дѐй, -я
бересклѐт, -а
бересклѐтовый
бе́рест, -а (*дерево*)
берёста, -ы и береста́, -ы́
берести́на, -ы
берести́нка, -и, *р. мн.* -нок
берёстка, -и
бе́рестовый (*к* бе́рест)
берёстовый и бересто́вый (*к* берёста и береста́)
берестя́ник, -а
берестя́нка, -и, *р. мн.* -нок
берестяно́й
бере́т, -а
бере́тик, -а
бере́тка, -и, *р. мн.* -ток
бере́чь(ся), берегу́(сь), бережёт(ся), берегу́т(ся); *прош.* берёг(ся), берегла́(сь)

бержере́тта, -ы
бе́ри-бе́ри, *нескл., ж.*
бе́риевский (*от* Бе́рия)
бе́риевщина, -ы
бери́лл, -а (*минерал*)
бери́ллиевый (*от* бери́ллий)
бериллиза́ция, -и
бери́ллий, -я (*хим. элемент*)
бери́лловый (*от* бери́лл)
Бе́рингово мо́ре, Бе́рингова мо́ря
беринговомо́рский (*от* Бе́рингово мо́ре)
бе́ринговский (*от* Бе́ринг)
берклиа́нский
берклиа́нство, -а
бе́рклиевский (*от* Бе́ркли)
бе́рклий, -я
бе́рковец, -вца, *тв.* -вцем, *р. мн.* -вцев
бе́ркут, -а
беркути́ный
беркутчи́, *нескл., м.*
беркши́рский
беркши́ры, -ов, *ед.* -ши́р, -а
берли́н, -а (*экипаж*)
берли́на, -ы (*барка*)
берли́нка, -и, *р. мн.* -нок
Берли́нская стена́
берли́нский (*от* Берли́н)
берли́нцы, -ев, *ед.* -нец, -нца, *тв.* -нцем
берло́га, -и
берло́жный
бе́рма, -ы
берму́дский (*к* Берму́дские острова́, Берму́ды)
Берму́дский треуго́льник
берму́дцы, -ев, *ед.* -дец, -дца, *тв.* -дцем
берму́ды, -ов (*штаны*)
Берна́р, -а: то́ки Берна́ра
бернарди́нский
бернарди́нцы, -ев, *ед.* -нец, -нца, *тв.* -нцем
бе́рнский (*от* Берн)

Берну́лли, *нескл., м.*: схе́ма Берну́лли, теоре́ма Берну́лли, уравне́ние Берну́лли, чи́сла Берну́лли
бе́рнцы, -ев, *ед.* -нец, -нца, *тв.* -нцем
бернштейниа́нец, -нца, *тв.* -нцем, *р. мн.* -нцев
бернштейниа́нский (*от* Бернште́йн)
бернштейниа́нство, -а
берсалье́р, -а
берсе́з, -а
бертоле́това соль, бертоле́товой со́ли
бертолли́ды, -ов, *ед.* -лли́д, -а
беру́ши, -ей
берцо́, -а́ и бёрце, -а, *мн.* бёрца, бёрец
берцо́вый
берчи́зм, -а
берчи́ст, -а
берчи́стский
бес, -а
бесало́л, -а
бесе́да, -ы
бесе́дка, -и, *р. мн.* -док
бесе́дковые, -ых
бесе́дливый
бесе́довать, -дую, -дует
бесе́дочка, -и, *р. мн.* -чек
бесе́дочный
бесе́дчик, -а
бесёнок, -нка, *мн.* бесеня́та, -я́т
беси́ть(ся), бешу́(сь), бе́сит(ся)
бескалори́йный
бека́мерный
бесканальный
бескапите́льный
бескапсю́льный
бескарка́сный
беска́ссовый
бескварти́рный
бескилево́й
бескингсто́нный
бескислоро́дный

БЕСПОЧВЕННО

бескисло́тный
бескла́панный
бескла́ссовый
бескозы́рка, -и, р. мн. -рок
бескозы́рный
бесколёсный
бескомпре́ссорный
бескомпроми́ссность, -и
бескомпроми́ссный; кр. ф. -ссен, -ссна
бескондукторный
бесконе́чно большо́й
бесконе́чно ма́лый
бесконе́чность, -и
бесконе́чно удалённый
бесконе́чный; кр. ф. -чен, -чна
бесконта́ктный
бесконте́кстный
бесконтро́льность, -и
бесконтро́льный; кр. ф. -лен, -льна
бесконфли́ктность, -и
бесконфли́ктный; кр. ф. -тен, -тна
беско́рмица, -ы, тв. -ей
беско́ровный
беско́рпусный
бескоры́стие, -я
бескоры́стность, -и
бескоры́стный; кр. ф. -тен, -тна
беско́стный
беско́сточковые, -ых
бескотлова́нный
бескра́йний; кр. ф. -а́ен, -а́йня
бескра́йность, -и
бескра́новый
бескра́сочный; кр. ф. -чен, -чна
бескрейцко́пфный
бескри́зисный
бескро́вный; кр. ф. -вен, -вна
бескры́лость, -и
бескры́лый
бескульту́рный; кр. ф. -рен, -рна
бескульту́рье, -я
бескупо́нный
бескурко́вый

беснова́ние, -я
беснова́тый
беснова́ться, -ну́юсь, -ну́ется
бе́сов, -а, -о
бесови́дение, -я
бесо́вка, -и, р. мн. -вок
бесо́вский
бесо́вство, -а
бесо́вщина, -ы
бесоодержи́мость, -и
беспа́лубный
беспа́лый
беспа́мятность, -и
беспа́мятный; кр. ф. -тен, -тна
беспа́мятство, -а
беспа́нцирный
беспардо́нность, -и
беспардо́нный; кр. ф. -о́нен, -о́нна
беспарти́йность, -и
беспарти́йный; кр. ф. -и́ен, -и́йна
беспа́русный
беспа́спортность, -и
беспа́спортный
беспа́стбищный
беспате́нтный
беспатро́нный
бесперебо́йность, -и
бесперебо́йный; кр. ф. -о́ен, -о́йна
бесперемённый
бесперес́адочный
бе́сперечь, нареч.
бесперспекти́вность, -и
бесперспекти́вный; кр. ф. -вен, -вна
беспёрый
беспеча́льный; кр. ф. -лен, -льна
беспе́чность, -и
беспе́чный; кр. ф. -чен, -чна
беспило́тный
беспи́сьменность, -и
беспи́сьменный
беспла́менный
беспла́новый
беспла́тность, -и
беспла́тный

бесплацка́ртный
беспло́дие, -я
беспло́дность, -и
беспло́дный; кр. ф. -ден, -дна (от плод)
беспло́тность, -и
беспло́тный; кр. ф. -тен, -тна (от плоть)
бесповоро́тность, -и
бесповоро́тный; кр. ф. -тен, -тна
бесподва́льный
бесподлежа́щный
бесподо́бный; кр. ф. -бен, -бна
беспозвоно́чные, -ых, ед. -ное, -ого
беспо́исковый
беспоко́ить(ся), -ко́ю(сь), -ко́ит(ся)
беспоко́йный; кр. ф. -ко́ен, -ко́йна
беспоко́йство, -а
беспоко́ящий(ся)
беспокро́вный
бесполе́зность, -и
бесполе́зный; кр. ф. -зен, -зна
бесполётный (бесполётная зо́на)
бесполо́сный
беспо́лый
беспоме́стный
беспо́мощность, -и
беспо́мощный; кр. ф. -щен, -щна
беспопо́вский
беспопо́вцы, -ев, ед. -вец, -вца, тв. -вцем
беспопо́вщина, -ы
беспоро́дность, -и
беспоро́дный; кр. ф. -ден, -дна
беспоро́чность, -и
беспоро́чный; кр. ф. -чен, -чна
беспорто́чный
беспоря́дки, -ов (народные волнения)
беспоря́док, -дка
беспоря́дочность, -и
беспоря́дочный; кр. ф. -чен, -чна
беспоса́дочный
беспо́чвенно, нареч.

БЕСПОЧВЕННОСТЬ

беспочвенность, -и
беспочвенный; кр. ф. -вен и -венен, -венна
беспошлинный
беспощадность, -и
беспощадный; кр. ф. -ден, -дна
бесправие, -я
бесправность, -и
бесправный; кр. ф. -вен, -вна
беспредел, -а
беспредельность, -и
беспредельный; кр. ф. -лен, -льна
беспредельщик, -а
беспредложный
беспредметность, -и
беспредметный; кр. ф. -тен, -тна
беспрекословие, -я
беспрекословность, -и
беспрекословный; кр. ф. -вен, -вна
беспременно, нареч. (устар. к непременно)
беспременный (устар. к непременный)
беспрепятственно, нареч.
беспрепятственность, -и
беспрепятственный; кр. ф. -вен и -венен, -венна
беспрерывность, -и
беспрерывный; кр. ф. -вен, -вна
беспрестанно, нареч.
беспрестанность, -и
беспрестанный; кр. ф. -анен, -анна
беспрефиксальный
беспрецедентность, -и
беспрецедентный; кр. ф. -тен, -тна
бесприбыльный
бесприветный; кр. ф. -тен, -тна
беспривязной
бесприданная
бесприданница, -ы, тв. -ей
беспризорник, -а
беспризорница, -ы, тв. -ей
беспризорничать, -аю, -ает
беспризорничество, -а
беспризорность, -и
беспризорный; кр. ф. -рен, -рна
беспрекрасный (от без прикрас)
бесприлавочный
беспримерность, -и
беспримерный; кр. ф. -рен, -рна
беспримесный
беспринципность, -и
беспринципный; кр. ф. -пен, -пна
беспристрастие, -я
беспристрастность, -и
беспристрастный; кр. ф. -тен, -тна
беспритязательность, -и
беспритязательный; кр. ф. -лен, -льна
беспричинно, нареч.
беспричинность, -и
беспричинный; кр. ф. -инен, -инна
бесприютность, -и
бесприютный; кр. ф. -тен, -тна
беспроблемный
беспробудный; кр. ф. -ден, -дна
беспроводной
беспроволочный
беспроглядный; кр. ф. -ден, -дна
беспрогонный
беспрограммный
беспрогульный
беспроигрышный; кр. ф. -шен, -шна
беспромедлительный; кр. ф. -лен, -льна
беспросветность, -и
беспросветный; кр. ф. -тен, -тна
беспросыпный
беспроцентно-выигрышный
беспроцентный
беспутица, -ы, тв. -ей
беспутник, -а
беспутница, -ы, тв. -ей
беспутничать, -аю, -ает
беспутный; кр. ф. -тен, -тна
беспутство, -а
беспутствовать, -твую, -твует
беспутье, -я
бессальниковый
бессарабский (от Бессарабия)
бессвязица, -ы, тв. -ей
бессвязность, -и
бессвязный; кр. ф. -зен, -зна
бессезонье, -я, р. мн. -ний
бесселев год, бесселева года (астр.)
Бессель, -я: неравенство Бесселя, уравнение Бесселя, функции Бесселя
бессемейный
бессеменной и бессемянный
бессемерование, -я
бессемеровский (от Бессемер; бессемеровский процесс, конвертер, чугун, бессемеровская сталь)
бессемянка, -и, р. мн. -нок
бессемянный и бессеменной
бессердечие, -я
бессердечность, -и
бессердечный; кр. ф. -чен, -чна
бессетевой
бессилевший (от бессилеть)
бессилеть, -ею, -еет (лишаться силы)
бессиливший (от бессилить)
бессилие, -я
бессилить, -лю, -лит (кого, что)
бессильный; кр. ф. -лен, -льна
бессимптомный
бессистемность, -и
бессистемный; кр. ф. -мен, -мна
бесскобочный
бесславие, -я
бесславить(ся), -влю(сь), -вит(ся)
бесславность, -и
бесславный; кр. ф. -вен, -вна
бесследный
бесслёзный
бесслитковый
бессловесность, -и
бессловесный; кр. ф. -сен, -сна
бессменность, -и

бессме́нный; *кр. ф.* -е́нен, -е́нна
бессме́ртие, -я
бессме́ртник, -а
бессме́ртность, -и
бессме́ртный; *кр. ф.* -тен, -тна; но: Коще́й Бессме́ртный
бессме́тный
бессмы́сленно, *нареч. и в знач. сказ.*
бессмы́сленность, -и
бессмы́сленный; *кр. ф.* -ен, -енна
бессмы́слие, -я
бессмы́слица, -ы, *тв.* -ей
бессне́жность, -и
бессне́жный; *кр. ф.* -жен, -жна
бессне́жье, -я
бессобыти́йный; *кр. ф.* -и́ен, -и́йна
бессо́вестность, -и
бессо́вестный; *кр. ф.* -тен, -тна
бессодержа́тельность, -и
бессодержа́тельный; *кр. ф.* -лен, -льна
бессозна́тельность, -и
бессозна́тельный; *кр. ф.* -лен, -льна
бессолево́й
бессо́лнечный
бессо́нница, -ы, *тв.* -ей
бессо́нный
бессо́нье, -я
бессосло́вный
бессою́зие, -я (*лингв.*)
бессою́зный
бесспо́рность, -и
бесспо́рный; *кр. ф.* -рен, -рна
бессре́бреник, -а
бессре́бреница, -ы, *тв.* -ей
бессре́брениче́ский
бессре́бреничество, -а
бессро́чно-отпускно́й
бессро́чность, -и
бессро́чный; *кр. ф.* -чен, -чна
бессте́ндовый
бессти́лье, -я
бессто́чный

бесстра́стие, -я
бесстра́стный; *кр. ф.* -тен, -тна
бесстра́шие, -я
бесстра́шный; *кр. ф.* -шен, -шна
бесстру́жковый
бесструкту́рный
бесстру́нный
бесступе́нчатый
бессты́дник, -а
бессты́дница, -ы, *тв.* -ей
бессты́дничать, -аю, -ает
бессты́дность, -и
бессты́дный; *кр. ф.* -ден, -дна
бессты́дство, -а
бессты́жий
бесстыково́й
бессубъе́ктность, -и
бессубъе́ктный
бессу́дный
бессуффикса́льный
бессучко́вый
бессце́почный
бессча́стный; *кр. ф.* -тен, -тна
бессчётный; *кр. ф.* -тен, -тна
бессюже́тность, -и
бессюже́тный; *кр. ф.* -тен, -тна
бессяжко́вые, -ых
бест, -а
беста́ктность, -и
беста́ктный; *кр. ф.* -тен, -тна
бестала́нность, -и
бестала́нный; *кр. ф.* -а́нен, -а́нна
бестамо́женный
бестари́фный
беста́рка, -и, *р. мн.* -рок
беста́рный
бесте́кстовый
бестеле́сность, -и
бестеле́сный; *кр. ф.* -сен, -сна
бестенево́й
бе́стер, -а
бе́стеровый
бестиали́зм, -а
бестиа́льный
бестиа́рий, -я
бе́стия, -и

бестка́невый
бестова́рный
бестова́рье, -я
бестолко́вость, -и
бестолко́вщина, -ы
бестолко́вый
бе́столочь, -и
бестра́нспортный
бестранше́йный
бестрево́жный; *кр. ф.* -жен, -жна
бестре́петность, -и
бестре́петный; *кр. ф.* -тен, -тна
бестсе́ллер, -а
бесту́жевка, -и, *р. мн.* -вок
Бесту́жевские ку́рсы
бестя́глый
бестя́гольный
бесфа́бульный
бесфами́льный
бесфо́ндовый
бесформа́тный
бесфо́рменность, -и
бесфо́рменный; *кр. ф.* -ен, -енна
бесхара́ктерность, -и
бесхара́ктерный; *кр. ф.* -рен, -рна
бесхво́стый
бесхи́тростность, -и
бесхи́тростный; *кр. ф.* -тен, -тна
бесхле́бица, -ы, *тв.* -ей
бесхле́бный
бесхле́бье, -я
бесхло́потный
бесхо́зность, -и
бесхо́зный; *кр. ф.* -зен, -зна
бесхозя́йный
бесхозя́йственно, *нареч.*
бесхозя́йственность, -и
бесхозя́йственный; *кр. ф.* -вен и -венен, -венна
бесхребе́тность, -и
бесхребе́тный; *кр. ф.* -тен, -тна
бесцветко́вый
бесцве́тность, -и
бесцве́тный; *кр. ф.* -тен, -тна
бесце́льность, -и

БЕСЦЕЛЬНЫЙ

бесце́льный; *кр. ф.* -лен, -льна
бесцеме́нтный
бесцензу́рность, -и
бесцензу́рный
бесце́нность, -и
бесце́нный; *кр. ф.* -éнен, -éнна
бесце́нок: за бесце́нок
бесце́нтрово-тока́рный
бесце́нтрово-шлифова́льный
бесце́нтровый
бесцеремо́нность, -и
бесцеремо́нный; *кр. ф.* -о́нен, -о́нна
бесцехово́й
бесчелно́чный
бесчелове́чие, -я
бесчелове́чность, -и
бесчелове́чный; *кр. ф.* -чен, -чна
бесчелюстны́е, -ых
бесчерепны́е, -ых
бесчерешко́вые, -ых
бесче́стить(ся), -е́щу(сь), -е́стит(ся)
бесче́стность, -и
бесче́стный; *кр. ф.* -тен, -тна
бесче́стье, -я
бесче́стящий(ся)
бесче́щенный; *кр. ф.* -ен, -ена
бесчи́ние, -я
бесчи́нник, -а
бесчи́нница, -ы, *тв.* -ей
бесчи́нничать, -аю, -ает
бесчи́нный; *кр. ф.* -и́нен, -и́нна
бесчи́нство, -а
бесчи́нствовать, -твую, -твует
бесчи́сленность, -и
бесчи́сленный; *кр. ф.* -ен, -енна
бесчле́нный
бесчо́керный
бесчу́вственно, *нареч.*
бесчу́вственность, -и
бесчу́вственный; *кр. ф.* -вен и -венен, -венна
бесчу́вствие, -я
бесшаба́шность, -и
бесшаба́шный; *кр. ф.* -шен, -шна

бесша́жный
бесшарни́рный
бесшве́йный
бесшёрстный и бесшёрстый
бесшнурово́й
бесшо́вный
бесшпо́ночный
бесшта́нговый
бесшу́мность, -и
бесшу́мный; *кр. ф.* -мен, -мна
бесщелево́й
бесщитко́вый
бесщу́пальцевый
бе́сящий
беся́щийся
бе́та, -ы (*название буквы*)
бе́та-... — *первая часть сложных слов, пишется через дефис, но:* бетатро́н
бе́та-акти́вность, -и
бе́та-верши́на, -ы
бе́та-глобули́н, -а
бе́та-дефектоскопи́я, -и
бе́та-желе́зо, -а
бе́та-излуче́ние, -я
бета́ин, -а
бе́та-лучи́, -е́й
бе́та-радиоакти́вность, -и
бе́та-распа́д, -а
бе́та-спектро́метр, -а
бе́та-спектроскопи́я, -и
бе́та-терапи́я, -и
бетатро́н, -а
бетатро́нный
бетатро́нщик, -а
бе́та-фи́льтр, -а
бе́та-фу́нкция, -и
бе́та Цента́вра (*звезда*)
бе́та-части́цы, -и́ц, *ед.* -и́ца, -ы, *тв.* -ей
бе́тель, -я
бето́н, -а
бетони́рование, -я
бетони́рованный; *кр. ф.* -ан, -ана
бетони́ровать(ся), -рую, -рует(ся)
бетониро́вка, -и

бетони́т, -а
бето́нка, -и, *р. мн.* -нок
бето́нно-раство́рный
бето́нный
бетоново́з, -а
бетоноло́м, -а
бетономеша́лка, -и, *р. мн.* -лок
бетононасо́с, -а
бетоносмеси́тель, -я
бетоноукла́дка, -и
бетоноукла́дочный
бетоноукла́дчик, -а
бето́нщик, -а
бето́нщица, -ы, *тв.* -ей
бетули́н, -а
бетховениа́на, -ы
бетхо́венский (*от* Бетхо́вен)
беф-брезе́, *нескл., с.*
бефстро́ганов, -а, *тв.* -ом
Бе́хтерев, -а: боле́знь Бе́хтерева, миксту́ра Бе́хтерева
бе́хтеревский (*от* Бе́хтерев)
бечева́, -ы́
бечёвка, -и, *р. мн.* -вок
бечевни́к, -а́ и бече́вник, -а
бечево́й
бечёвочка, -и, *р. мн.* -чек
бечёвочный
бешаме́ль, -и
бешбарма́к, -а
бе́шенство, -а
бе́шенствовать, -твую, -твует
бе́шеный
бешме́т, -а
бештауни́т, -а
бзик, -а
биа́кс, -а
биа́ндрия, -и
биарри́цкий (*от* Биарри́ц)
биатло́н, -а
биатлони́ст, -а
биатлони́стка, -и, *р. мн.* -ток
биатло́нный
бибабо́, *нескл., м. и ж.*
би-би́, *неизм.*
биби́канье, -я

бибикать, -аю, -ает
бибикнуть, -ну, -нет
Би-би-си́, нескл., ж.
бибколле́ктор, -а
библеи́ст, -а
библеи́стика, -и
библе́йский
библио... — *первая часть сложных слов, пишется слитно*
библиогно́зия, -и
библио́граф, -а
библиографи́рование, -я
библиографи́рованный; *кр. ф.* -ан, -ана
библиографи́ровать(ся), -рую, -рует(ся)
библиографи́ческий
библиогра́фия, -и
библиоколле́ктор, -а
библио́лог, -а
библиологи́ческий
библиоло́гия, -и
библиома́н, -а
библиома́ния, -и
библиота́ф, -а
библиоте́ка, -и
библиоте́ка-передви́жка, библиоте́ки-передви́жки
библиоте́карский
библиоте́карша, -и, *тв.* -ей
библиоте́карь, -я
библиотекове́д, -а
библиотекове́дение, -я
библиотекове́дческий
библиоте́чка, -и, *р. мн.* -чек
библиоте́чный
библиофи́л, -а
библиофилосо́фия, -и
библиофи́льский
библиофи́льство, -а
Би́блия, -и (*собрание священных книг иудейской и христианской религий*) и би́блия, -и (*перен.: главная книга для кого-н.*)
би́бльдру́к, -а
бива́к, -а и бивуа́к, -а

бивале́нты, -ов, *ед.* -ле́нт, -а
бива́ть, *наст. вр. не употр.*
бива́чный и бивуа́чный
би́вни, -ей, *ед.* би́вень, -вня
бивуа́к, -а и бива́к, -а
бивуа́чный и бива́чный
бига́мия, -и
бигара́дия, -и
Биг-Бе́н, -а (*в Лондоне*)
биг-бе́нд, -а
биг-би́т, -а
биг-би́товый
бигль, -я
би́гос, -а
бигуди́, *нескл., мн. и* -е́й
биде́, *нескл., с.*
бидо́н, -а
бидонви́ль, -я
бидо́нный
бидо́нчик, -а
бие́ние, -я
бienна́ле и бьенна́ле, *нескл., м. и ж.*
бижуте́рия, -и
биза́нь, -и
биза́нь-ва́нты, -ва́нт
биза́нь-ма́чта, -ы
би́знес, -а
би́знес-... — *первая часть сложных слов, пишется через дефис*
би́знес-авиали́ния, -и
би́знес-брок-семина́р, -а
би́знес-ви́за, -ы
би́знес-информа́ция, -и
би́знес-кла́сс, -а
би́знес-клу́б, -а
би́знес-конто́ра, -ы
би́знес-круи́з, -а
би́знес-ку́рс, -а
бизнесме́н, -а
би́знес-образова́ние, -я
би́знес-па́пка, -и, *р. мн.* -па́пок
би́знес-пла́н, -а
би́знес-прогно́з, -а
би́знес-програ́мма, -ы
би́знес-семина́р, -а

би́знес-ту́р, -а
би́знес-фо́рум, -а
би́знес-це́нтр, -а
би́знес-шко́ла, -ы
би́знес-эли́та, -ы
бизо́н, -а
бизо́ний, -ья, -ье
бизо́новый
би́йский (*от* Би́я *и* Бийск)
бийча́не, -а́н, *ед.* -а́нин, -а (*от* Бийск)
бийча́нка, -и, *р. мн.* -нок
бикамерали́зм, -а
бикарби́д, -а
бикарбона́ты, -ов, *ед.* -на́т, -а
бикарми́нт, -а
биквадра́т, -а
биквадра́тный
бики́ни, *нескл., с.*
биколлатера́льный
бикс, -а
бикфо́рдов шну́р, бикфо́рдова шнура́
билабиа́льный
билатера́льность, -и
билатера́льный
биле́т, -а
билетёр, -а
билетёрша, -и, *тв.* -ей
биле́тно-ка́ссовый
биле́тный
билетопеча́тающий
биливерди́н, -а
били́нгв, -а (*о человеке*)
били́нгва, -ы (*способ печатания переводной литературы*)
билингви́зм, -а
билингвисти́ческий
билине́йный
билируби́н, -а
билирубинеми́я, -и
билирубинури́я, -и
биллио́н, -а
биллио́нный
би́лль, -я
билль-бро́кер, -а

Билль о права́х (*в Англии, США*)
би́ло, -а
било́н, -а
било́нный
бильбоке́, *нескл., с.*
бильгарцио́з, -а
бильдаппара́т, -а
билья́рд, -а
билья́рдист, -а
билья́рдная, -ой
билья́рдный
бимета́лл, -а
биметалли́зм, -а
биметалли́ческий
бимолекуля́рный
бимс, -а
бина́рность, -и
бина́рный
бинаура́льный
би́нго, *нескл., с.*
би́нго-за́л, -а
би́нго-клу́б, -а
биндю́жник, -а
бино́клевый
бино́кль, -я
бинокуля́рный
бино́м, -а
биномиа́льный
бинорма́ль, -и
бинт, -а́
би́нтик, -а
бинтова́ние, -я
бинто́ванный; *кр. ф.* -ан, -ана
бинтова́ть(ся), -ту́ю(сь), -ту́ет(ся)
бинто́вка, -и, *р. мн.* -вок
бинтово́й
био... — *первая часть сложных слов, пишется слитно*
биоакти́вный
биоаку́стика, -и
биоархитекту́ра, -ы
биобиблиографи́ческий
биобиблиогра́фия, -и
биогельми́нты, -ов, *ед.* -ми́нт, -а
биогене́з, -а
биогенети́ческий

биоге́нный
биогеографи́ческий
биогеогра́фия, -и
биогеосфе́ра, -ы
биогеохими́ческий
биогеохи́мия, -и
биогеоцено́з, -а
биогеоценоло́гия, -и
биоге́рм, -а
биогидроаку́стика, -и
био́граф, -а
биографи́ческий
биогра́фия, -и
биода́тчик, -а
биодина́мика, -и
биодинами́ческий
биодо́за, -ы
биозащи́та, -ы
биозо́на, -ы
биоиндика́торы, -ов, *ед.* -тор, -а
биоинжене́рия, -и
биоинжене́рный
биоинформа́ция, -и
биокатали́з, -а
биокатализа́тор, -а
биокефи́р, -а
биокиберне́тик, -а
биокиберне́тика, -и
биокибернети́ческий
биокли́мат, -а
биоклимати́ческий
биоклиматоло́гия, -и
биокоммуника́ция, -и
биоко́мплекс, -а
биоконтро́ль, -я
биокосми́ческий
биокре́м, -а
биокриминоло́гия, -и
биолаборато́рия, -и
биоли́ты, -ов, *ед.* -ли́т, -а
био́лог, -а
биологи́зм, -а
биологи́ня, -и, *р. мн.* -и́нь
биологи́ческий
биологи́чка, -и, *р. мн.* -чек
био́лого-по́чвенный

биолока́ция, -и
биолюминесце́нтный
биолюминесце́нция, -и
био́м, -а
биомагнитогидродина́мика, -и
биома́сса, -ы
биомедици́нский
биометри́ческий
биоме́трия, -и
биомеха́ника, -и
биомехани́ческий
биомици́н, -а
биомура́ция, -и
бионавига́ция, -и
био́ник, -а
био́ника, -и
биони́ческий
биономия, -и
био́нт, -а
биоо́птика, -и
биоорга́ник, -а
биооргани́ческий
биоориента́ция, -и
биопо́ле, -я, *мн.* -я́, -е́й
биополиме́ры, -ов, *ед.* -ме́р, -а
биопоте́нцер, -а
биопотенциа́л, -а
биопрепара́т, -а
биопси́я, -и
биорадиотелеметри́я, -и
биореа́ктор, -а
биоресу́рсы, -ов
биори́тм, -а
биоси́нтез, -а
биосистема́тика, -и
биосоциа́льный
биоста́нция, -и
биостимули́рующий
биостимуля́тор, -а
биостимуля́ция, -и
биостратиграфи́ческий
биостратигра́фия, -и
биостро́м, -а
биосфе́ра, -ы
биосфе́рный
био́та, -ы

биотелеметри́ческий
биотелеметри́я, -и
биотерми́ческий
биотерми́я, -и
биотехни́ческий
биоте́хния, -и
биотехно́лог, -а
биотехнологи́ческий
биотехноло́гия, -и
биоти́н, -а
биоти́п, -а
биоти́т, -а
биоти́ческий
биото́ки, -ов, *ед.* -то́к, -а
биото́п, -а
биото́пливо, -а
биотро́н, -а
биоуправле́ние, -я
биоуправля́емый
биофа́брика, -и
биофа́к, -а
биофармацевти́ческий
биофарма́ция, -и
биофи́зик, -а
биофи́зика, -и
биофизи́ческий
биофи́льтр, -а
биохи́мик, -а
биохими́ческий
биохи́мия, -и
биохо́р, -а
биохро́н, -а
биохро́ника, -и
биоцено́з, -а
биоценологи́ческий
биоценоло́гия, -и
биоцено́метр, -а
биоци́кл, -а
биоэлектри́ческий
биоэнерге́тика, -и
биоэнергети́ческий
биоэнергоинформа́тика, -и
биоэ́тика, -и
бипатри́ды, -ов, *ед.* -ри́д, -а
бип-би́п, *неизм.*
бипедали́зм, -а

бипла́н, -а
бипла́нный
бипла́новый
биполи́ды, -ов, *ед.* -ли́д, -а
биполя́рный
би́ржа, -и, *тв.* -ей
биржеви́к, -а́
биржево́й
би́рка, -и, *р. мн.* би́рок
биркова́ние, -я
бирма́нка, -и, *р. мн.* -нок
бирма́нский (*от* Би́рма)
бирма́нцы, -ев, *ед.* -нец, -нца, *тв.* -нцем
бирминге́мский (*от* Бирминге́м)
бирминге́мцы, -ев, *ед.* -мец, -мца, *тв.* -мцем
биробиджа́нка, -и, *р. мн.* -нок
биробиджа́нский (*от* Биробиджа́н)
биробиджа́нцы, -ев, *ед.* -нец, -нца, *тв.* -нцем
биро́новский (*от* Биро́н)
биро́новщина, -ы
би́рочка, -и, *р. мн.* -чек
би́рочный
бирюза́, -ы́
бирюзо́вый
бирю́к, -а́
бирюкова́тый
бирю́лечный
бирю́льки, -лек, *ед.* -лька, -и
бирюси́нский (*от* Бирюса́)
бирю́ч, -а́, *тв.* -о́м
бирю́чий, -ья, -ье
бирючи́на, -ы
бирючо́к, -чка́
бис, *межд.*
-бис — *после цифровых обозначений пишется через дефис, напр.:* ша́хта №2-би́с
бисексуа́л, -а
бисексуа́лка, -и, *р. мн.* -лок
бисексуа́льность, -и
бисексуа́льный
бисепто́л, -а

би́сер, -а и -у
би́серина, -ы
би́серинка, -и, *р. мн.* -нок
би́серник, -а
би́серный
биси́рованный; *кр. ф.* -ан, -ана
биси́ровать(ся), -рую, -рует(ся)
биска́йский (*от* Биска́йя)
Биска́йский зали́в
бискви́т, -а
бискви́тный
би́смарковский (*от* Би́смарк)
бисмути́т, -а и висмути́т, -а
биссектри́са, -ы
биссино́з, -а
бистр, -а
бистро́, *нескл., с.*
бисульфа́ты, -ов, *ед.* -фа́т, -а (*соли серной кислоты*)
бисульфи́ты, -ов, *ед.* -фи́т, -а (*соли сернистой кислоты*)
бисы́, -о́в (*повторяемые или исполняемые дополнительно по просьбе публики номера*)
бит, -а, *р. мн.* -ов, *счетн. ф.* бит (*ед. измер.*)
бита́, -ы́, *мн.* биты́, бит и би́та, -ы, *мн.* би́ты, бит
бит-анса́мбль, -я
би́тва, -ы
Би́тва наро́дов (*под Лейпцигом, 1814*)
бит-гру́ппа, -ы
би́тенг, -а
бити́ния, -и
би́тка, -и, *р. мн.* би́ток и битка́, -и́, *р. мн.* битоќ (*от* бита́)
битки́, -о́в, *ед.* битоќ, битка́ (*кушанье*)
битко́вый
битко́м, *нареч.*
Би́тлз, *нескл., мн.* и (*разг.*) Битлы́, -о́в, *ед.* Битл, -а и -а́
битло́вский (*от* Битлы́)
битлома́н, -а
битлома́ния, -и

бит-му́зыка, -и
би́тник, -а
би́тнический
би́тничество, -а
би́товый
бито́к, битка́ (*от* би́та)
бито́чки, -ов, *ед.* -чек, -чка
би́ту́м, -а
битумиза́ция, -и
битуминиза́ция, -и
битумини́рованный
битумини́ровать(ся), -рую, -рует(ся)
битумино́зный
би́ту́мный
битумова́рочный
битумово́з, -а
битум(о)содержа́щий
би́тый
бить, бью, бьёт
битьё, -я́
би́ться, бьюсь, бьётся
битю́г, -а́
битюго́вый
бифидобакте́рии, -ий
бифи́дум-бактери́н, -а
бифиля́рный
бифурка́ция, -и
бифште́кс, -а
бифште́ксный
бихевиори́зм, -а
бихевиори́ст, -а
бихевиори́стский
бицентри́ческий
би́цепсы, -ов, *ед.* би́цепс, -а
бицилли́н, -а
бич, -а́, *тв.* -о́м
бич-во́лей, -я
бичева́ние, -я
бичёванный; *кр. ф.* -ан, -ана
бичева́ть(ся), бичу́ю, бичу́ет(ся)
бичено́сец, -сца, *тв.* -сцем, *р. мн.* -сцев
бишке́кский (*от* Бишке́к)
бишке́кцы, -ев, *ед.* -е́кец, -е́кца, *тв.* -е́кцем

бишь, *частица* (ка́к бишь, то́ бишь)
бия́, *деепр.*
бла́го¹, -а
бла́го², *союз*
благове́рный
бла́говест, -а
благовествова́ние, -я
благовествова́ть(ся), -тву́ю, -тву́ет(ся)
благове́стие, -я
бла́говести́ть, -ещу́, -ести́т (звони́ть благовест; разноси́ть слухи́)
благовести́ть, -ещу́, -ести́т (приноси́ть благу́ю весть)
благове́стник, -а
благове́стнический
бла́говестный (*от* бла́говест)
Благове́щение, -я
благове́щенка, -и, *р. мн.* -нок (*к* благове́щенцы)
благове́щенский (*от* Благове́щение и Благове́щенск)
Благове́щенский (собо́р, монасты́рь)
благове́щенцы, -ев, *ед.* -нец, -нца, *тв.* -нцем (*от* Благове́щенск)
благови́дность, -и
благови́дный; *кр. ф.* -ден, -дна
благоволе́ние, -я
благоволи́ть, -лю́, -ли́т
благово́ние, -я
благово́нный; *кр. ф.* -о́нен, -о́нна
благовоспи́танность, -и
благовоспи́танный; *кр. ф.* -ан, -анна
благовре́мение: во благовре́мение
благовре́менный
благоглу́пость, -и
благогове́йный; *кр. ф.* -е́ен, -е́йна
благогове́ние, -я
благогове́ть, -е́ю, -е́ет
благодаре́ние, -я
благодари́ть, -рю́, -ри́т

благода́рненский (*от* Благода́рный)
благода́рненцы, -ев, *ед.* -ненец, -ненца, *тв.* -ненцем
благода́рность, -и
благода́рный; *кр. ф.* -рен, -рна
благода́рственный
благода́рствовать, -твую, -твует
благода́рствуй(те) (благодарю́, спаси́бо)
благодаря́, *деепр.* и (кому́, чему́) *предлог*
благода́тный; *кр. ф.* -тен, -тна
благода́тский (*от* Благода́ть, гора́)
благода́ть, -и
благоде́нствие, -я
благоде́нствовать, -твую, -твует
благоде́тель, -я
благоде́тельница, -ы, *тв.* -ей
благоде́тельность, -и
благоде́тельный; *кр. ф.* -лен, -льна
благоде́тельствовать, -твую, -твует
благодея́ние, -я
благоду́шествовать, -твую, -твует
благоду́шие, -я
благоду́шный; *кр. ф.* -шен, -шна
благожела́тель, -я
благожела́тельница, -ы, *тв.* -ей
благожела́тельность, -и
благожела́тельный; *кр. ф.* -лен, -льна
благожела́тельствовать, -твую, -твует
благозву́чие, -я
благозву́чность, -и
благозву́чный; *кр. ф.* -чен, -чна
благо́й
благоле́пие, -я
благоле́пный; *кр. ф.* -пен, -пна
благомы́слящий
благонадёжность, -и

благонадёжный; *кр. ф.* -жен, -жна
благонаме́ренность, -и
благонаме́ренный; *кр. ф.* -рен, -ренна
благонра́вие, -я
благонра́вность, -и
благонра́вный; *кр. ф.* -вен, -вна
благообра́зие, -я
благообра́зность, -и
благообра́зный; *кр. ф.* -зен, -зна
благопожела́ние, -я
благополу́чие, -я
благополу́чный; *кр. ф.* -чен, -чна
благоприли́чный; *кр. ф.* -чен, -чна
благоприобре́тение, -я
благоприобре́тенный; *кр. ф.* -ен, -ена и благоприобретённый; *кр. ф.* -ён, -ена́
благопристо́йность, -и
благопристо́йный; *кр. ф.* -о́ен, -о́йна
благоприя́тность, -и
благоприя́тный; *кр. ф.* -тен, -тна
благоприя́тствование, -я
благоприя́тствовать, -твую, -твует
благоразу́мие, -я
благоразу́мничать, -аю, -ает
благоразу́мность, -и
благоразу́мный; *кр. ф.* -мен, -мна
благорасположе́ние, -я
благорасполо́женность, -и
благорасполо́женный; *кр. ф.* -ен, -ена
благорастворе́ние, -я
благорастворённый
благоро́дие, -я
благоро́дить, -о́жу, -о́дит
благоро́дный; *кр. ф.* -ден, -дна
благоро́дство, -а
благоскло́нность, -и
благоскло́нный; *кр. ф.* -о́нен, -о́нна
благослове́ние, -я

благослове́нный; *кр. ф.* -ве́н и -ве́нен, -ве́нна, *прил.*
благослови́ть(ся), -влю́(сь), -ви́т(ся)
благословлённый; *кр. ф.* -ён, -ена́, *прич.*
благословля́ть(ся), -я́ю(сь), -я́ет(ся)
благосостоя́ние, -я
бла́гостность, -и
бла́гостный; *кр. ф.* -тен, -тна
благосты́ня, -и, *р. мн.* -ы́нь
бла́гость, -и
благотворе́ние, -я
благотвори́тель, -я
благотвори́тельница, -ы, *тв.* -ей
благотвори́тельность, -и
благотвори́тельный
благотвори́тельство, -а
благотвори́тельствовать, -твую, -твует
благотвори́ть, -рю́, -ри́т
благотво́рность, -и
благотво́рный; *кр. ф.* -рен, -рна
благоусмотре́ние, -я
благоустра́ивать(ся), -аю(сь), -ает(ся)
благоустро́енность, -и
благоустро́енный; *кр. ф. прич.* -о́ен, -о́ена; *кр. ф. прил.* (имеющий все необходимое для удобной жизни) -о́ен, -о́енна
благоустро́ить(ся), -о́ю(сь), -о́ит(ся)
благоустро́йство, -а
благоуха́ние, -я
благоуха́нный; *кр. ф.* -а́нен, -а́нна
благоуха́ть, -а́ю, -а́ет
благочести́вый
благоче́стие, -я
благочи́ние, -я
благочи́ннический (*от* благочи́нный[2])
благочи́нный[1]; *кр. ф.* -и́нен, -и́нна (*приличный, благопристойный*)

благочи́нный[2], -ого (*церк.*)
бладха́унд, -а
блаже́ннейший
блаже́нненький
блаже́нны, -ых, *ед.* -же́н, -е́нна, *м.* (*церк. песнопения*)
блаже́нный; *кр. ф.* -е́н и -е́нен, -е́нна, но: Блаже́нный Августи́н, Васи́лий Блаже́нный
блаже́нство, -а
блаже́нствовать, -твую, -твует
блажи́ть, -жу́, -жи́т
блажно́й
блажь, -и
бланк, -а
бланке́тный
бланки́зм, -а (*от* Бланки́)
бланки́рующий сигна́л
бланки́ст, -а
бланки́стский
бланко́вка, -и, *р. мн.* -вок
бла́нковый
бланманже́, *нескл., с.*
бла́ночный
бланфи́кс, -а
бланширова́ние, -я
бланширо́ванный; *кр. ф.* -ан, -ана
бланширова́ть(ся), -ру́ю, -ру́ет(ся)
бласте́ма, -ы
бласте́я, -и
бластоде́рма, -ы
бластодерми́ческий
бластоди́ск, -а
бластоиде́я, -и
бластокине́з, -а
бласто́ма, -ы
бластоме́ры, -ов, *ед.* -ме́р, -а
бластомико́з, -а
бластомице́ты, -ов, *ед.* -це́т, -а
бластомоге́нный
бластопо́р, -а
бластоце́ль, -я
бластоци́ста, -ы
бла́стула, -ы

бластуля́ция, -и
блат, -а
блатме́йстер, -а
блатно́й
блатня́к, -а́
бла́то, -а
блева́ть, блюю́, блюёт
блево́та, -ы
блево́тина, -ы
блево́тный
бле́дненький
бледне́ть, -е́ю, -е́ет
бледнёхонький; кр. ф. -нек, -нька
бледнёшенький; кр. ф. -нек, -нька
бледни́ть, -ню́, -ни́т
бледнова́то-ро́зовый
бледнова́тый
бле́дно-голубо́й
бле́дно-жёлтый
бле́дно-зелёный
бле́дно-лило́вый
бледноли́цый
бле́дно-ро́зовый
бле́дно-сире́невый
бле́дность, -и
бледнота́, -ы́
бледноте́лый
бледнотёлый
бледнотённый
бле́дный; кр. ф. -ден, -дна́, -дно, бле́дны́
блези́р: для блези́ра и для блези́ру
блейве́йс, -а
бле́йзер, -а
блёкло-голубо́й и блёкло-голубо́й
блёкло-зелёный и блёкло-зелёный
блёкло-лило́вый и блёкло-лило́вый
блёкло-си́ний и блёкло-си́ний
блёклость, -и и блёклость, -и
блёклый и блёклый
блёкнувший и блёкнувший

блёкнуть, -ну, -нет; прош. блёкнул, блёкла и блёкнуть, -ну, -нет; прош. блёкнул, блёкла
блекота́ние, -я
блекота́ть, -очу́, -о́чет
блек-ро́т, -а
бле́нда, -ы
бле́нкер, -а
бленноре́йный
бленнорея́, -и
блеск, -а
блеску́чий
блесна́, -ы́
блесни́ть, -ню́, -ни́т (от блесна́)
блесну́ть, -ну́, -нёт
блесте́ть, блещу́, блести́т
блёстки, -ток, ед. -тка, -и
блёсткий
блёсточки, -чек, ед. -чка, -и
блестя́нка, -и, р. мн. -нок
блестя́ще, нареч.
блестя́щий
блеф, -а
блефари́т, -а
блефаропла́ст, -а
блефароспа́зм, -а
блефова́ть, -фу́ю, -фу́ет
бле́щущий
бле́ющий
блея́ние, -я
блея́ть, бле́ю, бле́ет
ближа́йший
бли́же, сравн. ст.
ближневосто́чный (от Бли́жний Восто́к)
бли́жнее зарубе́жье
ближнемагистра́льный
бли́жний
Бли́жний Восто́к
близ, предлог
близёнько
близёхонько
близёшенько
бли́зиться, -ится
бли́зкий; кр. ф. -зок, -зка́, -зко, бли́зки́

бли́зко, нареч.
близкоро́дственный
близкостоя́щий*
близлежа́щий
близнецо́вый
близнецы́, -о́в, ед. -не́ц, -а́, тв. -о́м
Близнецы́, -о́в (созвездие и знак зодиака); Близне́ц, -а́, тв. -о́м (о том, кто родился под этим знаком)
близнецы́-бра́тья, близнецо́в-бра́тьев
близне́чный
близня́та, -я́т
близня́чка, -и, р. мн. -чек
близня́шки, -шек, ед. -шка, -и, м. и ж.
близору́кий
близору́кость, -и
бли́зость, -и
близпове́рхностный
близрасту́щий
близсидя́щий
близстоя́щий
близь, -и
близя́щийся
бли́ки, -ов, ед. блик, -а
бликова́ть, -ку́ет
бли́ковый
блин, -а́
блинда́ж, -а́, тв. -о́м
блинда́жик, -а
блинда́жный
блинди́рование, -я
блинди́рованный
блиндирова́ть(ся), -ру́ю, -ру́ет(ся) и блинди́ровать(ся), -рую, -рует(ся)
блинк-компара́тор, -а
блинк-микроско́п, -а
блинкова́ние, -я
блинкова́ть, -ку́ю, -ку́ет
бли́нная, -ой
бли́нник, -а
бли́нница, -ы, тв. -ей
бли́нный

блино́к, -нка́
блинообра́зный; кр. ф. -зен, -зна
блино́чек, -чка
блинт, -а́
блинтова́ние, -я
блинто́ванный; кр. ф. -ан, -ана
блинтова́ть(ся), -ту́ю, -ту́ет(ся)
блинцы́, -о́в, ед. -не́ц, -нца́, тв. -нцо́м
бли́нчатый
бли́нчики, -ов, ед. -чик, -а
блиста́ние, -я
блиста́тельный; кр. ф. -лен, -льна
блиста́ть, -а́ю, -а́ет и блещу́, бле́щет
бли́стер, -а (тех.)
блистр, -а (вещество)
блиц, -а, тв. -ем
блиц... — первая часть сложных слов, пишется слитно
блицана́лиз, -а
блицвспы́шка, -и, р. мн. -шек
блицинтервью́, нескл., с.
бли́цкри́г, -а
блицопера́ция, -и
блицопро́с, -а
блицпа́ртия, -и
блицтурни́р, -а
блицэми́ссия, -и
блок, -а
блок-... — первая часть сложных слов, пишется через дефис, но: блокпо́ст
блока́да, -ы
блока́дник, -а
блока́дница, -ы, тв. -ей
блока́дный
блокадотерапи́я, -и
блок-аппара́т, -а
блока́тор, -а (мед.)
блокга́уз, -а
блок-диагра́мма, -ы
бло́кинг-генера́тор, -а
блокира́тор, -а (тех.)
блокира́торщик, -а
блоки́рование, -я

блоки́рованный; кр. ф. -ан, -ана
блоки́ровать(ся), -ру́ю(сь), -рует(ся)
блокиро́вка, -и, р. мн. -вок
блокиро́вочный
блок-ко́мната, -ы
блок-конта́кт, -а
блок-конта́ктор, -а
блок-ко́рпус, -а; мн. -а́, -о́в
блок-ма́ркер, -а
блок-механи́зм, -а
блок-мультипле́ксный
блокно́т, -а
блокно́тик, -а
блокно́тный
бло́ковский (от Блок)
бло́ковый
блокообжи́мный
блокообраба́тывающий
блок-по́лис, -а
блокпо́ст, -а и -а́, предл. на блокпо́сте и на блокпосту́, мн. -ы, -ов и -ы́, -о́в
блокпо́стный
блок-пу́нкт, -а
блок-се́кция, -и
блок-сигна́л, -а
блок-сополиме́ры, -ов, ед. -ме́р, -а
блок-схе́ма, -ы
блок-уча́сток, -тка
бло́кшив, -а и бло́кшип, -а
блок-шо́т, -а
блонди́н, -а
блонди́нистый
блонди́нка, -и, р. мн. -нок
блонди́ночка, -и, р. мн. -чек
блонди́нчик, -а
бло́ндовый
бло́нды, блонд
блоха́, -и́, мн. бло́хи, блох, блоха́м
блоха́стый
бло́чно-мо́дульный
бло́чно-секцио́нный
бло́чный
блочо́к, -чка́ (от блок)

блоши́ный
блоши́стый
бло́шка, -и, р. мн. -шек
бло́шки, бло́шек (игра)
блошли́вый
блошни́ца, -ы, тв. -ей
бло́шный (бот.)
блуд, -а
блуди́ть¹, блужу́, блу́дит (бродить, блуждать)
блуди́ть², блужу́, блуди́т (распутничать)
блудли́вость, -и
блудли́вый
блу́дни, -ей (распутные похождения)
блудни́к, -а́
блудни́ца, -ы, тв. -ей
блу́дный
блу́дня, -и, р. мн. -ей, м. и ж. (тот, кто блуди́т)
блужда́ние, -я
блужда́ть, -а́ю, -а́ет
блужда́ющий
блу́за, -ы
блу́зка, -и, р. мн. -зок
блу́зник, -а
блузо́н, -а
блу́зочка, -и, р. мн. -чек
блюва́л, -а
блю́дечко, -а, мн. -чки, -чек
блю́до, -а
блюдоли́з, -а
блюдо́мый
блюду́щий
блю́дце, -а, р. мн. -дец
блюдцеобра́зный; кр. ф. -зен, -зна
блю́дший
блюз, -а
блю́зовый
блюм, -а (тех.)
блю́минг, -а
блю́минговый
блюмингостроéние, -я
блю́минг-сля́бинг, -а

блюсти́(сь), блюду́, блюдёт(ся); прош. блюл(ся), блюла́(сь)
блюсти́тель, -я
блюсти́тельница, -ы, тв. -ей
бля́мба, -ы
бля́ха, -и
бля́шка, -и, р. мн. -шек
БМВ [бээмвэ́], нескл., м. (автомобиль)
БМП [бээмпэ́], нескл., ж. (сокр.: боевая машина пехоты)
боа́, нескл., с. (меховой шарф) и м. (удав)
боб¹, -а́ (растение и его плод)
боб², -а́ (сани)
бо́бби, нескл., м. (в Англии: полисмен)
бобёр, бобра́ (животное; мех)
Бо́бик, -а (кличка собаки) и бо́бик, -а (о дворняжке)
боби́на, -ы
боби́нный
бобко́вый
бо-бо́, неизм.
бобови́дный; кр. ф. -ден, -дна
бобо́вник, -а
бобо́во-зла́ковый
бобо́вый
бобо́к, бобка́
бо́бочка, -и, р. мн. -чек
бобр, -а́ (животное)
бобрёнок, -нка, мн. -ря́та, -ря́т
бо́брик, -а
бо́бриковый
бо́бриком, нареч.
бобри́ный
бобри́ха, -и
бобро́вина, -ы
бобро́вник, -а
бобро́вый
бобру́йский (от Бобру́йск)
бобруйча́не, -а́н, ед. -а́нин, -а
бобруйча́нка, -и, р. мн. -нок
бобслеи́ст, -а
бо́бслей, -я
бобсле́йный

бобте́йл, -а
бобы́лий, -ья, -ье
бобылиха, -и
бобы́лка, -и, р. мн. -лок
бобы́ль, -я́
бобы́ль-бобылём
бобы́льский
бог, -а, мн. -и, -о́в и (в христианстве и нек-рых др. религиях: единое верховное существо) Бог, -а
богаде́ленка, -и, р. мн. -нок
богаде́ленный
богаде́лка, -и, р. мн. -лок
богаде́льный
богаде́льня, -и, р. мн. -лен
Бо́га жива́го (храм Бо́га жива́го, в церк. проповеди)
богара́, -ы́
бо́га ра́ди (пожалуйста, очень прошу)
бога́рный
богате́й, -я
богате́йка, -и, р. мн. -е́ек
богате́йший
богате́нек, -нька
бога́тенький
богате́ть, -е́ю, -е́ет
бога́то насы́щенный
бога́тство, -а
бога́тый
богаты́рка, -и, р. мн. -рок
богаты́рский
богаты́рство, -а
богаты́рь, -я́
бога́ч, -а́, тв. -о́м
бога́че, сравн. ст.
бога́чество, -а
бога́чка, -и, р. мн. -чек
бог ве́сть
Бог да́ст, вводн. сл. (выражение надежды, желательности)
Бог Ду́х Свято́й, Бо́га Ду́ха Свято́го
богдыха́н, -а
богдыха́нский

бог его́ (её, и́х) зна́ет (неизвестно, не знаю)
боге́ма, -ы
богеми́ст, -а
богеми́стика, -и
богеми́стка, -и, р. мн. -ток
боге́мистый
боге́мничать, -аю, -ает
боге́мный
боге́мский (боге́мский хруста́ль, боге́мское стекло́)
Боге́мский Ле́с (горы)
боге́мствующий
бо́г зна́ет (что, где, когда́, куда́, как и т. п.) (неизвестно, что, где, куда и т. п.; о чем-н. плохом)
бо́г зна́ет что́ (выражение возмущения)
боги́ня, -и, р. мн. -и́нь
бо́ги-олимпи́йцы, бого́в-олимпи́йцев
богобо́рец, -рца, тв. -рцем, р. мн. -рцев
богобо́рческий
богобо́рчество, -а
богобоя́зненность, -и
богобоя́зненный; кр. ф. -ен, -енна
бого́в, -а, -о и (к Бог) Бо́гов, -а, -о
боговдохнове́нный; кр. ф. -ве́н, -ве́нна
Бо́гово: ке́сарю ке́сарево, а Бо́гу Бо́гово
Боговоплоще́ние, -я
богогла́сник, -а
богогла́сный
богода́нность, -и
богода́нный
богодухнове́нность, -и
богодухнове́нный; кр. ф. -ве́н, -ве́нна
богоизбра́нник, -а
богоизбра́нничество, -а
богоизбра́нность, -и
богоизбра́нный
богоиска́тель, -я
богоиска́тельский

богоиска́тельство, -а
боголю́бец, -бца, *тв.* -бцем, *р. мн.* -бцев
боголюби́вый
боголю́бие, -я
Боголю́бская Бо́жия Ма́терь (*икона*)
Боголю́бский: Андре́й Боголю́бский
богома́з, -а
Богома́терь, -и
богоме́рзкий
богоми́лы, -ов, *ед.* -ми́л, -а
богоми́льский
богоми́льство, -а
Богомладе́нец, -нца (*о родившемся Христе*)
богомо́л, -а (*насекомое*)
богомо́лец, -льца, *тв.* -льцем, *р. мн.* -льцев
богомо́лка, -и, *р. мн.* -лок
богомо́ловые, -ых
богомо́лье, -я
богомо́льный; *кр. ф.* -лен, -льна
богоненави́стник, -а
богоненави́стница, -ы, *тв.* -ей
богоненави́стнический
богоно́сец, -сца, *тв.* -сцем, *р. мн.* -сцев
богоно́сность, -и
богоно́сный; *кр. ф.* -сен, -сна
богообще́ние, -я
богооста́вленность, -и
богооста́вленный
Богооткрове́ние, -я
богоотрица́ние, -я
богоотсту́пник, -а
богоотсту́пница, -ы, *тв.* -ей
богоотсту́пнический
богоотсту́пничество, -а
богоподо́бие, -я
богоподо́бный; *кр. ф.* -бен, -бна
богопозна́ние, -я
богопочита́ние, -я
Богоприи́мец, -мца: Симео́н Богоприи́мец

богопроти́вный; *кр. ф.* -вен, -вна
богора́вный; *кр. ф.* -вен, -вна
Богоро́дица, -ы, *тв.* -ей
богоро́дица, -ы, *тв.* -ей (*у хлыстов*)
Богоро́дице-Рожде́ственский (*храм, монастырь*)
Богоро́дицкий (*храм, монастырь*)
богоро́дичны, -ых, *ед.* -чен, -чна, *м.* (*церк. песнопения*)
Богоро́дичные пра́здники
богоро́дичный
богоро́дский (*к Богоро́дск и Богоро́дское, село; богородская резьба́*)
богородча́не, -а́н, *ед.* -а́нин, -а
богородча́нка, -и, *р. мн.* -нок
богосло́в, -а; *но:* Иоа́нн Богосло́в, Григо́рий Богосло́в
богосло́вие, -я
богосло́вский
богослуже́бно-пе́вческий
богослуже́бный
богослуже́ние, -я
богоспаса́емый
богострои́тель, -я
богострои́тельский
богострои́тельство, -а
богосыно́вство, -а
боготворённый; *кр. ф.* -ён, -ена́
боготвори́ть, -рю́, -ри́т
Бог Оте́ц, Бо́га Отца́
боготи́нский (*от* Богота́)
боготи́нцы, -ев, *ед.* -нец, -нца, *тв.* -нцем
богоуго́дный; *кр. ф.* -ден, -дна
богохрани́мый
богоху́льник, -а
богоху́льница, -ы, *тв.* -ей
богоху́льничать, -аю, -ает
богоху́льный
богоху́льство, -а
богоху́льствовать, -твую, -твует
Богочелове́к, -а
Богочелове́ческий
Богочелове́чество, -а

Богоявле́ние, -я
богоявле́нный
богоявле́нский (*от* Богоявле́ние)
Богоявле́нский (*собор, монастырь*)
Бог помо́чь (по́мощь)
бог с ни́м (не́й, тобо́й, ва́ми) (*пусть будет так, ладно, согласен (хотя мне это и не нравится*)
бо́г с тобо́й (ва́ми) (*выражение несогласия*)
Бог Сы́н, Бо́га Сы́на
бог (ты) мо́й, *в знач. межд.*
бо́гхед, -а
бод, -а, *р. мн.* -ов, *счетн. ф.* бод
бодайби́нский (*от* Бодайбо́)
бодайби́нцы, -ев, *ед.* -нец, -нца, *тв.* -нцем
бода́ние, -я
бодану́ть, -ну́, -нёт
бода́стый
бода́ть(ся), -а́ю(сь), -а́ет(ся)
бо́ди, *нескл., с. и неизм.*
бо́ди-а́рт, -а
бодиби́лдинг, -а
бодле́ровский (*от* Бодле́р)
бодли́вый
бодмере́йный
бодмере́я, -и
боднýть, -нý, -нёт
Бодо́, *нескл., м.:* аппара́т Бодо́
бодо́ни, *нескл., м.*
бо́дренький
бодрёхонький; *кр. ф.* -нек, -нька
бодрёшенький; *кр. ф.* -нек, -нька
бодри́ть(ся), -рю́(сь), -ри́т(ся)
бо́дрость, -и
бо́дрствование, -я
бо́дрствовать, -твую, -твует
бо́дрый; *кр. ф.* бодр, бодра́, бо́дро, бо́дры́
бодря́к, -а́
бодря́ческий
бодря́чество, -а
бодрячо́к, -чка́

БОДРЯЩИЙ(СЯ)

бодря́щий(ся)
боду́н, -а́
боду́нья, -и, р. мн. -ний
боду́чий
бодхиса́тва, -ы, м.
бодя́га, -и
бодя́к, -а́
бое... – первая часть сложных слов, пишется слитно
боеви́к, -а́
боеви́тость, -и
боеви́тый
боеви́чка, -и, р. мн. -чек
боево́й
боеголо́вка, -и, р. мн. -вок
боегото́вность, -и
боегото́вый
боезапа́с, -а
боезаря́д, -а
боёк, бойка́
боекомпле́кт, -а
бо́енский (от бойня)
боепита́ние, -я
боеподгото́вка, -и
боеприпа́сы, -ов
боеспосо́бность, -и
боеспосо́бный; кр. ф. -бен, -бна
бое́ц, бойца́, тв. бойцо́м, р. мн. бойцо́в
божба́, -ы́
Бо́же (обращение к Богу) и бо́же, межд.
бо́же изба́ви, в знач. межд.
Бо́же мо́й (обращение к Богу) и бо́же мо́й, межд.
Бо́женька, -и, м. (Бог, преимущ. в разговоре с детьми) и бо́женька, -и, м. (ирон.)
бо́жески
Бо́жеский (к Бог) и бо́жеский (божеская цена; привести в бо́жеский вид; сделай божескую милость)
бо́же сохрани́, в знач. межд.
боже́ственно, нареч.
боже́ственный; кр. ф. -вен, и -венен, -венна (к божество; изумительный) и Боже́ственный; кр. ф. -вен и -венен, -венна (к Бог, Божество; Божественная литурги́я)
божество́, -а́ (бог; предмет поклонения) и Божество́, -а́ (Бог)
бо́же упаси́, в знач. межд.
бо́жий, -ья, -ье и (к Бог) Бо́жий, род. Бо́жьего и Бо́жия, дат. Бо́жьему и Бо́жию, ж. Бо́жья и Бо́жия, с. Бо́жье и Бо́жие, мн. Бо́жьи и Бо́жии
бо́жий де́нь (ка́ждый бо́жий де́нь, я́сно как бо́жий де́нь)
бо́жий одува́нчик
божи́ться, божу́сь, божи́тся
Бо́жия (Бо́жья) Ма́терь
божни́ца, -ы, тв. -ей
божо́к, божка́
Бо́жьей ми́лостью (от Бога)
бо́жья коро́вка
Бо́зе, нескл., м.: га́з Бо́зе, статистика Бо́зе – Эйнште́йна, конденса́ция Бо́зе – Эйнште́йна
бо́зе-жи́дкость, -и
бо́зе-части́ца, -ы, тв. -ей
бозо́н, -а
бо́инг, -а (самолет)
бой¹, бо́я, предл. в бою́, мн. бои́, боёв (сражение)
бой², бо́я, мн. бо́и, бо́ев (мальчик-слуга)
бой-ба́ба, -ы
бой-де́вка, -и, р. мн. -вок
бо́йкий; кр. ф. бо́ек, бойка́, бо́йко
бо́йкость, -и
бойко́т, -а
бойкоти́рованный; кр. ф. -ан, -ана
бойкоти́ровать(ся), -рую(сь), -рует(ся)
бойкоти́ст, -а
бо́йлер, -а
бо́йлерная, -ой
бо́йлерный
Бойль, -я: зако́н Бо́йля – Марио́тта
бойни́ца, -ы, тв. -ей
бойни́чный
бо́йня, -и, р. мн. бо́ен
бойска́ут, -а
бойскаути́зм, -а
бойска́утский
бойфре́нд, -а
бойцо́вский
бойцо́вый
бо́йче и бойче́е, сравн. ст.
бок, -а, предл. в (на) боку́, мн. -а́, -о́в
бока́ж, -а, тв. -ем
бока́л, -а
бокалови́дный; кр. ф. -ден, -дна
бока́льчик, -а
бока́стый
бо́кка, -и
бо́к о́ бок
бокови́на, -ы
бокови́нка, -и, р. мн. -нок
боково́й
бокову́ша, -и, тв. -ей
бокову́шка, -и, р. мн. -шек
бокогре́й, -я
бо́ком, нареч.
боконе́рвный
бокопла́в, -а
бокохо́д, -а
бокоше́йный
бокс, -а
боксёр, -а
боксёрки, -рок, ед. -рка, -и
боксёрский
бокси́рование, -я
бокси́ровать, -рую, -рует
бокси́т, -а
бокси́товый
бокситоно́сный
бо́ксовый
болбота́ть, -бочу́, -бо́чет
болва́н, -а
болва́нистый

болва́нка, -и, р. мн. -нок
болва́ночный
болва́нчик, -а
болва́шка, -и, р. мн. -шек
болга́рка, -и, р. мн. -рок
болга́ро-росси́йский
болга́ро-туре́цкий
болга́рский (к болга́ры и Болга́рия)
болга́рско-ру́сский
болга́ры, -а́р, ед. -а́рин, -а
Бо́лдинская о́сень (также: период особого творческого подъёма)
бо́лдинский (от Бо́лдино)
болево́й
бо́лее, сравн. ст.
бо́лее или ме́нее
бо́лее-ме́нее
бо́лее того́
боле́зненно, нареч. и в знач. сказ.
боле́зненность, -и
боле́зненный; кр. ф. -нен, -нена
болезнетво́рный
болезнеусто́йчивый
боле́зный
боле́знь, -и
боле́льщик, -а
боле́льщица, -ы, тв. -ей
боле́льщицкий
боле́ние, -я
болеро́, нескл., с.
Болесла́в Хра́брый
бо́лесть, -и (обл. к боле́знь)
боле́ть[1], -е́ю, -е́ет (быть больным)
боле́ть[2], боли́т (о боли)
болеутоля́ющий
боле́ющий
боли́вар, -а (ден. ед.)
боли́вар, -а (шляпа)
боливиа́но, нескл., с.
боливи́йка, -и, р. мн. -и́ек
боливи́йский (от Боли́вия)
боливи́йцы, -ев, ед. -и́ец, -и́йца, тв. -и́йцем
болиголо́в, -а

боли́д, -а
бологовский (от Бологое)
бологовцы, -ев, ед. -вец, -вца, тв. -вцем
боло́метр, -а
болометри́ческий
болона́, -ы́, вин. бо́лону, мн. бо́лоны, боло́н, болона́м
боло́нка, -и, р. мн. -нок
боло́нский (от Боло́нья, город)
боло́нцы, -ев, ед. -нец, -нца, тв. -нцем
боло́ньевый
боло́нья, -и, р. мн. -ний (ткань, одежда из нее)
боло́тина, -ы
боло́тинка, -и, р. мн. -нок
боло́тистость, -и
боло́тистый
боло́тище, -а
боло́тник, -а
боло́тница, -ы, тв. -ей
боло́тно-лесно́й
боло́тный
боло́то, -а
болотове́д, -а
болотове́дение, -я
болотове́дческий
болотохо́д, -а
боло́тце, -а, р. мн. -ев
болт, -а́
болта́ние, -я
болта́нка, -и, р. мн. -нок
бо́лтанный; кр. ф. -ан, -ана, прич.
бо́лтаный, прил.
болта́ть(ся), -а́ю(сь), -а́ет(ся)
бо́лтик, -а
болтли́вость, -и
болтли́вый
болтну́ть(ся), -ну́(сь), -нёт(ся)
болтовня́, -и́
болтово́й
болтоло́гия, -и
болторе́зный
болторе́зчик, -а
болту́н, -а́

болтуни́шка, -и, р. мн. -шек, м. и ж.
болту́нья, -и, р. мн. -ний
болту́шка, -и, р. мн. -шек
бо́лховский (от Бо́лхов)
болховча́не, -а́н, ед. -а́нин, -а
болховча́нка, -и, р. мн. -нок
бо́лшевский (от Бо́лшево)
боль, -и
бо́льверк, -а
больна́я, -о́й
больнёхонький; кр. ф. -нек, -нька
больнёшенький; кр. ф. -нек, -нька
больни́ца, -ы, тв. -ей
больни́чка, -и, р. мн. -чек
больни́чно-поликлини́ческий
больни́чный
бо́льно, в знач. сказ. (к боль) и нареч. (очень)
больно́й[1]; кр. ф. бо́лен, больна́
больно́й[2], -о́го
Бо́льцман, -а: постоя́нная Бо́льцмана, при́нцип Бо́льцмана, стати́стика Бо́льцмана
больша́к, -а́
Больша́я земля́ (о материке)
Больша́я Медве́дица (созвездие)
бо́льше, сравн. ст.
большеберцо́вый
большеборо́дый
большевиза́ция, -и
большевизи́рованный; кр. ф. -ан, -ана
большевизи́ровать(ся), -рую, -рует(ся)
большеви́зм, -а
большеви́к, -а́
большеви́стский (от большеви́зм)
большеви́цкий (от большеви́к)
большеви́чка, -и, р. мн. -чек
большегла́зый
большеголо́вый
большегру́з, -а
большегру́зный

большекры́лый
большело́бый
большеме́рный
большено́гий
большено́сый
большепролётный
большеро́гий
большеро́т, -а
большеро́тый
большеру́кий
бо́льше того́
большеформа́тный
Больши́е Анти́льские острова́
Больши́е бульва́ры (*в Париже*)
Больши́е Дворы́ (*поселок*)
Больши́е Зо́ндские острова́
бо́льший
большинство́, -а́
Большо́е Магелла́ново О́блако (*галактика*)
большо́й
Большо́й бассе́йн (*плоскогорье в США*)
Большо́й Бе́льт (*пролив*)
Большо́й зал Моско́вской консервато́рии
Большо́й Ка́мень (*город*)
Большо́й Кремлёвский дворе́ц
Большо́й Пёс (*созвездие*)
Большо́й проспе́кт (*в Петербурге*)
Большо́й теа́тр (*в Москве*)
Большо́й терро́р (*в СССР в 30-х годах*)
Большо́й Усту́п (*в Южной Африке, геогр.*)
Большо́й Фонта́н (*район в Одессе*)
Большо́й Хинга́н (*горы*)
Большо́й шлем: турни́р(ы) Большо́го шле́ма
большу́ха, -и
большу́щий
боля́рин, -а, *мн.* боля́ре, -я́р, -я́рам (*устар.* к боя́рин)

боля́рыня, -и, *р: мн.* -ынь (*устар.* к боя́рыня)
боля́чка, -и, *р. мн.* -чек
боля́щий
бом, *неизм.*
бо́мба, -ы
бомба́ж, -а, *тв.* -ем
бомба́рда, -ы
бомбарди́р, -а
бомбардирова́ние, -я
бомбардиро́ванный; *кр. ф.* -ан, -ана
бомбардирова́ть(ся), -ру́ю, -ру́ет(ся)
бомбардиро́вка, -и, *р. мн.* -вок
бомбардиро́вочный
бомбардиро́вщик, -а
бомбарди́рский
бомбардо́н, -а
бомбёжка, -и, *р. мн.* -жек
бомбе́йский (*от* Бомбе́й)
бомбе́йцы, -ев, *ед.* -е́ец, -е́йца, *тв.* -е́йцем
бомби́ст, -а
бомби́стка, -и, *р. мн.* -ток
бомби́ть, -блю́, -би́т
бомбово́з, -а
бо́мбовый
бомбодержа́тель, -я
бомболю́к, -а
бом-бо́м, *неизм.*
бомбомёт, -а
бомбомета́ние, -я
бомбомета́тель, -я
бомбомётчик, -а
бомбосбра́сыватель, -я
бомбоубе́жище, -а
бо́мбочка, -и, *р. мн.* -чек
бом-бра́мсель, -я
бом-брам-сте́ньга, -и
бомж, -а и -а́, *тв.* -ем и -о́м
бомжа́тник, -а
бо́мжеский
бомжо́вый
бомоло́х, -а
бомо́нд, -а

бон, -а (*плавучее заграждение*)
бонапарти́зм, -а
бонапарти́ст, -а
бонапарти́стский
Бонапа́ртов, -а, -о и бонапа́ртовский (*от* Бонапа́рт)
бонбонье́рка, -и, *р. мн.* -рок
бонбонье́рочный
бонвива́н, -а
бонд, -а
бонда́рить, -рю, -рит
бонда́рный
бонда́рня, -и, *р. мн.* -рен
бо́нда́рский
бо́нда́рство, -а
бо́ндарь, -я и бонда́рь, -я́
бонда́рящий
бо́нза, -ы, *м.*
бони́ст, -а
бони́стика, -и
бините́т, -а
бонитиро́вка, -и
бонитиро́вочный
бонификацио́нный
бонифика́ция, -и
бонмо́, *нескл., с.*
бо́нна, -ы (*гувернантка*)
бо́ннский (*от* Бонн)
бо́ннцы, -ев, *ед.* бо́ннец, бо́ннца, *тв.* бо́ннцем
бонса́й, -я и *неизм.* (*карликовые деревья*)
бонто́н, -а
бонто́нный
бо́нус, -а
бо́нусный
бо́ны, бон, *ед.* бо́на, -ы (*денежные документы*)
бор[1], -а, *предл.* в бору́, *мн.* -ы́, -о́в (*лес*); но (*в названиях населенных пунктов*) Бор, -а, *предл.* в ... Бору́, *напр.:* Бор (*город*), Сосно́вый Бор (*город*), Сере́бряный Бор (*район в Москве*), Кра́сный Бор (*поселок*)

борона́, -ы́, *вин.* бо́рону, *мн.* бо́роны, боро́н, борона́м
бороне́нный; *кр. ф.* -ён, -ена́
борони́ть, -ню́, -ни́т
боро́нка, -и, *р. мн.* -нок
боро́нный
боронова́льный
боронова́льщик, -а
боронова́льщица, -ы, *тв.* -ей
боронова́ние, -я
бороно́ванный; *кр. ф.* -ан, -ана
боронова́ть(ся), -ну́ю, -ну́ет(ся)
бороньба́, -ы́
борорганический
боросилика́ты, -ов, *ед.* -ка́т, -а
боросодержа́щий и борсодержа́щий
боро́ть(ся), борю́(сь), бо́рет(ся), бо́рют(ся)
борт, -а, *предл.* на борту́, *мн.* -а́, -о́в
борт... — *первая часть сложных слов, пишется слитно*
бортану́ть, -ну́, -нёт
бортвра́ч, -а́, *тв.* -о́м
бортево́й (*от* борть)
бортжурна́л, -а
бо́ртик, -а
бортинжене́р, -а
бортмеха́ник, -а
бо́ртник, -а
бо́ртничанье, -я
бо́ртничать, -аю, -ает
бо́ртничество, -а
бо́ртный
борто́вка, -и
бортово́й (*от* борт)
бортовщи́к, -а́
бортпаёк, -пайка́
бортпроводни́к, -а́
бортпроводни́ца, -ы, *тв.* -ей
бортради́ст, -а
борть, -и, *мн.* -и, -е́й
борцо́вки, -вок, *ед.* -вка, -и
борцо́вский
борцо́вый
боршта́нга, -и

борщ, -а́, *тв.* -о́м
борщеви́к, -а́
борщо́вник, -а
борщо́вый
борщо́к, *др. формы не употр., м.*
боры́, -о́в (*складки*)
борьба́, -ы́
бо́рющий(ся)
босано́ва, -ы
босико́м, *нареч.*
босичко́м, *нареч.*
боске́т, -а
боске́тный
босни́йка, -и, *р. мн.* -и́ек
босни́йский (*от* Бо́сния)
босни́йцы, -ев, *ед.* -и́ец, -и́йца, *тв.* -и́йцем
босняки́, -о́в, *ед.* -ня́к, -а́
босня́чка, -и, *р. мн.* -чек
босовики́, -о́в, *ед.* -ви́к, -а́
босо́й; *кр. ф.* бос, боса́, бо́со
босоно́гий
босоно́жки, -жек, *ед.* -но́жка, -и
босота́, -ы́
босохожде́ние, -я
Боспо́рское ца́рство (*ист.*)
босс, -а
босто́н, -а
босто́нный
босто́новый
босто́нский (*от* Бо́стон, *город*)
босто́нцы, -ев, *ед.* -нец, -нца, *тв.* -нцем
босфо́рский (*от* Босфо́р)
бося́к, -а́
бося́цкий
бося́чество, -а
бося́чка, -и, *р. мн.* -чек
бот, -а
бо́тало, -а
ботанизи́рка, -и, *р. мн.* -рок
ботанизи́ровать, -рую, -рует
бота́ник, -а
бота́ника, -и
бота́нико-географи́ческий
ботани́ческий

ботани́чка, -и, *р. мн.* -чек
бо́тать, -аю, -ает
ботва́, -ы́
ботви́нник, -а
ботви́нья, -и
ботворе́з, -а
ботвоубо́рочный
ботвоудаля́ющий
бо́тдек, -а
бо́тик, -а (*судно*)
бо́тики, -ов, *ед.* бо́тик, -а
боти́нки, -нок, *ед.* боти́нок, -нка
боти́ночки, -чек, *ед.* -чек, -чка
боти́ночный
Бо́ткин, -а: боле́знь Бо́ткина
Бо́ткинская больни́ца
бо́тник, -а и ботни́к, -а́
бо́товый
ботриомико́з, -а
ботсва́нский (*от* Ботсва́на)
ботсва́нцы, -ев, *ед.* -нец, -нца, *тв.* -нцем
боттиче́ллиевский (*от* Боттиче́лли)
ботули́зм, -а
ботфо́рты, -ов, *ед.* -фо́рт, -а
бо́ты, -ов и бот, *ед.* бот, -а
бо́улинг, -а
бо́улинговый
бо́улинг-це́нтр, -а
бо́цман, -а
боцманма́т, -а
бо́цманский
боча́г, -а́
боча́жина, -ы
боча́жный
бочажо́к, -жка́
боча́р, -а́
боча́рить, -рю, -рит
боча́рничать, -аю, -ает
боча́рный
боча́рня, -и, *р. мн.* -рен
бо́чечка, -и, *р. мн.* бо́чечек
бо́чечный
бочи́ть(ся), бочу́(сь), бочи́т(ся)
бо́чка, -и, *р. мн.* бо́чек

бор², -а (хим. элемент; сверло; растение)
Бор, -а: постула́ты Бо́ра, магнето́н Бо́ра, ра́диус Бо́ра
бо́ра, -ы и бора́, -ы́ (ветер)
боразо́н, -а
бора́ты, -ов, ед. бора́т, -а
бораци́т, -а
бо́ргес, -а
бо́ргесный
борде́ль, -я
борде́льный
бордеро́, нескл., с.
бордо́¹, нескл., с. (вино)
бордо́², неизм. (цвет)
бордо́вый
бордо́ский (от Бордо́, город)
бордо́сцы, -ев, ед. -сец, -сца, тв. -сцем
бордю́р, -а
бордю́рный
бордю́рчик, -а
Бореа́льная о́бласть (зоогеографическая)
бореа́льный
Боре́й, -я
боре́ние, -я
Бореоатланти́ческая подо́бласть (зоогеографическая)
Бореопацифи́ческая подо́бласть (зоогеографическая)
боре́ц, борца́, тв. борцо́м, р. мн. борцо́в
боржо́м, -а и -у и боржо́ми, нескл., ж. и с. (вода)
боржо́мный (от боржо́м, боржо́ми)
боржо́мский (от Боржо́ми, город)
боржо́мцы, -ев, ед. -мец, -мца, тв. -мцем
борза́я, -о́й
борзовщи́к, -а́
борзо́й (о собаке)
борзообра́зный
борзописа́ние, -я

борзопи́сец, -сца, тв. -сцем, р. мн. -сцев
бо́рзый (быстрый)
борзя́тник, -а
бори́ды, -ов, ед. бори́д, -а
бори́рование, -я
бори́рованный; кр. ф. -ан, -ана
бори́ровать(ся), -и́рую, -и́рует(ся)
борисогле́бский (от Борисогле́бск)
Борисогле́бский (монасты́рь, собо́р) (к Бори́с и Гле́б)
борисогле́бцы, -ев, ед. -бец, -бца, тв. -бцем (от Борисогле́бск)
борма́гниевый
бормаши́на, -ы
бормота́ние, -я
бормота́ть, -очу́, -о́чет
бормоту́н, -а́
бормоту́нья, -и, р. мн. -ний
бормоту́ха, -и
бормо́чущий
борнео́л, -а
борни́т, -а
бо́рный
бо́ров¹, -а, мн. -ы, -ов (кабан)
бо́ров², -а, мн. -а́, -о́в (часть дымохода)
борови́к, -а́
борови́нка, -и, р. мн. -нок
Борови́цкая ба́шня (в Московском Кремле)
Борови́цкие воро́та (в Московском Кремле)
Борови́цкий хо́лм (в Москве)
боровича́не, -а́н, ед. -а́нин, -а (от Борови́чи)
боровича́нка, -и, р. мн. -нок
боровичо́к, -чка́
борови́чский (от Борови́чи)
бороводоро́ды, -ов, ед. -ро́д, -а
борово́й
борово́к, -вка́
бо́ровский¹ (от Бо́ровск)
бо́ровский² (от Бор): бо́ровский ра́диус

боровча́не, -а́н, ед. -а́нин, -а (от Бо́ровск)
боровча́нка, -и, р. мн. -нок
борода́, -ы́, вин. бо́роду, мн. бо́роды, боро́д, борода́м
борода́вка, -и, р. мн. -вок
борода́вник, -а
борода́вочка, -и, р. мн. -чек
борода́вочник, -а
борода́вочный
борода́вчатка, -и, р. мн. -ток
борода́вчатый
борода́стый
борода́тевший
борода́тенький
борода́теть, -ею, -еет (становиться бородатым)
борода́тый
борода́ч, -а́, тв. -о́м
бороде́нка, -и, р. мн. -нок
Бороди́нская би́тва
бороди́нский (от Бородино́ и Бороди́н)
бороди́шка, -и, р. мн. -шек
бороди́ща, -и, тв. -ей
боро́дка, -и, р. мн. -док
боро́душка, -и, р. мн. -шек
борозда́, -ы́, мн. бо́розды, боро́зд, борозда́м
борозди́ть(ся), -зжу́, -зди́т(ся)
боро́здка, -и, р. мн. -док
бороздко́вый
бороздни́к, -а́
бороздно́й
бороздова́ние, -я
бороздово́й
бороздоде́л, -а
бороздоде́латель, -я
бороздоме́р, -а
боро́здочка, -и, р. мн. -чек
боро́здчатый
боро́к, борка́
борокальци́т, -а
борома́рганец, -нца
бороменто́л, -а

бочкова́тость, -и
бочкова́тый
бочкови́дный; кр. ф. -ден, -дна
бо́чковый
бочко́м, нареч.
бочкообра́зный; кр. ф. -зен, -зна
бочкопогру́зчик, -а
бочкота́ра, -ы
бочо́к, бочка́, предл. на бочку́
бочо́нок, -нка
бочо́ночек, -чка
бочо́ночный
бош, -а, тв. -ем
боязли́вость, -и
боязли́вый
боя́зно
боя́знь, -и
боя́ка, -и, м. и ж.
боя́рин, -а, мн. боя́ре, боя́р, боя́рам
боя́рка, -и, р. мн. -рок
Боя́рская ду́ма (ист.)
боя́рский
боя́рство, -а
боя́рщина, -ы
боя́рыня, -и, р. мн. -ынь
боя́рышник, -а
боя́рышница, -ы, тв. -ей
боя́рышня, -и, р. мн. -шень
боя́ться, бою́сь, бои́тся
бра, нескл., с.
брабансо́н, -а
брава́да, -ы
брави́рование, -я
брави́ровать, -рую, -рует
брави́ссимо, неизм.
бра́во[1], неизм. (возглас)
бра́во[2], нескл., м. (наемный убийца в Италии)
браву́рность, -и
браву́рный; кр. ф. -рен, -рна
бра́вый
бра́га, -и
брада́, -ы́
брада́тый
брадзо́т, -а
брадикарди́я, -и

брадители́я, -и
брадобре́й, -я
бра́жка, -и
бра́жник, -а
бра́жничанье, -я
бра́жничать, -аю, -ает
бра́жнический
бра́жничество, -а
бра́жный
бразда́, -ы́ (устар. к борозда́)
бразды́, -а́м (удила)
браззави́льский (от Браззави́ль)
браззави́льцы, -ев, ед. -лец, -льца, тв. -льцем
брази́льский (к Брази́лия и брази́льцы)
брази́льско-росси́йский
брази́льцы, -ев, ед. -лец, -льца, тв. -льцем
бразилья́нка, -и, р. мн. -нок
Брайль, -я: систе́ма Бра́йля (система чтения и письма для слепых)
брак, -а
бракёр, -а
бракера́ж, -а, тв. -ем
бракера́жный
брако́ванный; кр. ф. прич. -ан, -ана
бракова́ть(ся), -ку́ю, -ку́ет(ся)
брако́вка, -и
брако́вочный
брако́вщик, -а
брако́вщица, -ы, тв. -ей
бракоде́л, -а
бракоде́льский
бракоде́льство, -а
браконье́р, -а
браконье́рский
браконье́рство, -а
браконье́рствовать, -твую, -твует
бракоразво́дный
бракосочета́ние, -я
бракосочета́ться, -а́юсь, -а́ется
Бра́ма, -ы (устар. к Бра́хма)

брама́н, -а (устар. к брахма́н)
брамани́зм, -а (устар. к брахмани́зм)
брами́н, -а (устар. к брахма́н)
брами́нский (устар. к брахма́нский)
брам-ре́й, -я
бра́мсель, -я
бра́мсельный
брам-сте́ньга, -и
брандахлы́ст, -а
брандва́хта, -ы
брандва́хтенный
бранденбу́ргский (от Бра́нденбу́рг)
бранденбу́ржцы, -ев, ед. -жец, -жца, тв. -жцем
бра́ндер, -а
брандеу́м, -а
брандмайо́р, -а
брандма́уэр, -а
брандма́уэрный
брандме́йстер, -а
брандспо́йт, -а
бра́нивать(ся), наст. вр. не употр.
брани́ть(ся), -ню́(сь), -ни́т(ся)
бранли́вый
бранль, -я
браннери́т, -а
бра́нный (к брань)
бранчли́вый
бра́ный (о ткани)
брань, -и
брас, -а (корабельная снасть)
бра́са, -ы (ед. измер.)
браслéт, -а
браслéтик, -а
браслéтка, -и, р. мн. -ток
браслéтный
брасс, -а (способ плавания)
брасси́ст, -а
брасси́стка, -и, р. мн. -ток
брат, -а, мн. бра́тья, -ьев
брата́н, -а
брата́ние, -я

брата́ться, -а́юсь, -а́ется
братва́, -ы́
брате́льник, -а
бра́тец, -тца, *тв.* -тцем, *р. мн.* -тцев
бра́тик, -а
бра́тина, -ы (*сосуд*)
братисла́вка, -и, *р. мн.* -вок
братисла́вский (*от* Братисла́ва)
братисла́вцы, -ев, *ед.* -вец, -вца, *тв.* -вцем
брати́шка, -и, *р. мн.* -шек, *м.*
бра́тия, -и
бра́тний
бра́тнин, -а, -о
бра́тов, -а, -о
брато́к, -тка́
братолюби́вый
братолю́бие, -я
братоненави́стник, -а
братоненави́стнический
братоуби́йственный
братоуби́йство, -а
братоуби́йца, -ы, *тв.* -ей, *м. и ж.*
бра́тски
бра́тский (*от* брат и Братск)
бра́тство, -а
брату́шка, -и, *р. мн.* -шек, *м.*
братча́не, -а́н, *ед.* -а́нин, -а (*от* Братск)
братча́нка, -и, *р. мн.* -нок
бра́тчик, -а
бра́тчина, -ы
бра́ть(ся), беру́(сь), берёт(ся); *прош.* бра́л(ся), брала́(сь), бра́ло, брало́сь
бра́тья-славя́не, бра́тьев-славя́н
бра́унинг, -а
брауншве́йгский (*от* Бра́уншве́йг)
брахикефа́л, -а и брахицефа́л, -а
брахикефа́лия, -и и брахицефа́лия, -и
брахиморфность, -и
брахиморфный
брахиоза́вр, -а

брахиоля́рия, -и
брахистохро́на, -ы
брахицефа́л, -а и брахикефа́л, -а
брахицефа́лия, -и и брахикефа́лия, -и
Бра́хма, -ы, *м.*
брахма́н, -а
брахмани́зм, -а
брахмани́стский
брахмани́ческий
брахма́нский
бра́чащиеся, -ихся
бра́чный
брачо́к, -чка́
бра́шно, -а
бра́шпилевый
бра́шпиль, -я
бре́ве, нескл., *с.*
бреве́нчатый
бреве́шко, -а и бревёшко, -а, *мн.* -шки, -шек
бревно́, -а́, *мн.* брёвна, брёвен
бревноме́р, -а
бревноспу́ск, -а
бревнота́ска, -и, *р. мн.* -сок
бревноукла́дчик, -а
брёвнышко, -а, *мн.* -шки, -шек
брег, -а, *мн.* -а́, -о́в
бреге́т, -а
бред, -а, *предл.* в бреду́
бре́день, -дня
бреди́на, -ы
бре́дить(ся), бре́жу, бре́дит(ся)
бре́дни, -ей
бредово́й и бредо́вый
бреду́щий
бре́дший
бредя́тина, -ы
бре́жневский (*от* Бре́жнев)
бре́жневщина, -ы
брезг: на брезгу́
бре́згать, -аю, -ает и бре́зговать, -гую, -гует
бре́згающий и бре́згующий

брезгли́вец, -вца, *тв.* -вцем, *р. мн.* -вцев
брезгли́вица, -ы, *тв.* -ей
брезгли́вость, -и
брезгли́вый
бре́зговать, -гую, -гует и бре́згать, -аю, -ает
брезгу́н, -а́
брезгу́нья, -и, *р. мн.* -ний
брезгу́ша, -и, *тв.* -ей, *м. и ж.*
бре́згующий и бре́згающий
брезе́нт, -а
брезе́нтовка, -и, *р. мн.* -вок
брезе́нтовый
бре́зжить(ся), -ит(ся)
бре́зжущий
брейд-ва́ямпел, -а
брейк, -а
брейк-да́нс, -а
бре́йковый
брейн-ри́нг, -а
брекваа́тер, -а
бре́кчия, -и
брело́к, -ло́ка и -лка́
брело́чек, -чка
брело́чный
бремени́ть, -ню́, -ни́т
бре́менский (*от* Бре́мен)
бре́менцы, -ев, *ед.* -нец, -нца, *тв.* -нцем
бре́мсберг, -а
бре́мсберговый
бре́мя, -мени, *тв.* -менем
бре́нди, нескл., *м. и с.*
бре́нность, -и
бре́нный; *кр. ф.* бре́нен, бре́нна
бренча́ние, -я
бренча́ть, -чу́, -чи́т
бре́ньканье, -я
бре́нькать, -аю, -ает
бре́нькнуть, -ну, -нет
брести́, бреду́, бредёт; *прош.* брёл, брела́
Бре́стская кре́пость
бре́стский (*от* Брест)
Бре́стский ми́р

брестча́не, -а́н, ед. -а́нин, -а
брестча́нка, -и, р. мн. -нок
Бре́стчина, -ы (к Брест)
бретга́ртовский (от Брет Гарт)
брете́ли, -ей, ед. -те́ль, -и
брете́льки, -лек, ед. -лька, -и
брете́р, -а
бретёрский
бретёрство, -а
брето́нка, -и, р. мн. -нок
брето́нский
брето́нцы, -ев, ед. -нец, -нца, тв. -нцем
брёх, -а
бреха́ть, брешу́, бре́шет
брехли́вый
брехну́ть, -ну́, -нёт
брехня́, -и́
бре́хтовский (от Брехт)
бреху́н, -а́
бреху́нья, -и, р. мн. -ний
бре́шущий
брешь, -и
бре́ющий полёт
бре́ющий(ся)
бриг, -а
брига́да, -ы
бригадефю́рер, -а
бригади́р, -а
бригади́рский
бригади́рство, -а
бригади́рствовать, -твую, -твует
бригади́рша, -и, тв. -ей
бригадми́лец, -льца, тв. -льцем, р. мн. -льцев
бригадми́льский
брига́дник, -а
брига́дно-звеньево́й
брига́дный
бригантина, -ы
бри́дель, -я
бридж, -а, тв. -ем (игра)
бри́джде́к, -а
бри́джи, -ей (брюки)
бриз, -а
бриза́нтность, -и

бриза́нтный
бризо́л, -а
брике́т, -а
брикети́рование, -я
брикети́рованный; кр. ф. -ан, -ана
брикети́ровать(ся), -рую, -рует(ся)
брике́тный
бриллиа́нт, -а и брилья́нт, -а
бриллиа́нтик, -а и брилья́нтик, -а
бриллианти́н, -а и брильянти́н, -а
бриллиа́нтовый и брилья́нтовый
бриллиа́нтщик, -а и брилья́нтщик, -а
бриоли́н, -а
бриоло́гия, -и
брио́ния, -и
брио́шь, -и
бри́сбенский (от Бри́сбен)
бри́сбенцы, -ев, ед. -нец, -нца, тв. -нцем
бристо́ль, -я (картон)
бристо́льский (от Бристо́ль, город)
брита́нка, -и, р. мн. -нок
Брита́нская импе́рия
брита́нский (к Брита́ния, Великобрита́ния)
Брита́нский музе́й
Брита́нское Содру́жество
брита́нско-росси́йский
брита́нцы, -ев, ед. -нец, -нца, тв. -нцем
бри́тва, -ы
бри́твенница, -ы, тв. -ей
бри́твенный
бри́твочка, -и, р. мн. -чек
бритоголо́вый
бри́тты, -ов, ед. бритт, -а
бри́тый
брить, бре́ю, бре́ет
бритьё, -я́

бри́ться, бре́юсь, бре́ется
бри́финг, -а
бри́чечный
бри́чка, -и, р. мн. -чек
брне́нский (от Брно)
брне́нцы, -ев, ед. брне́нец, -нца, тв. -нцем
брова́стый
бро́вка, -и, р. мн. -вок
бро́вный
бровь, -и, предл. на брови́, мн. -и, -е́й
брод, -а и -у
Бродве́й, -я (улица в Нью-Йорке) и бродве́й, -я (центральная улица города)
бродве́йский
броди́ло, -а
броди́льный
броди́льня, -и, р. мн. -лен
броди́ть, брожу́, бро́дит
бро́дни, -ей, ед. -день, -дня (обувь)
Бро́ды, -ов (город)
бродя́га, -и, м. и ж.
бродя́жащий
бродя́жество, -а
бродя́жий, -ья, -ье
бродя́жить, -жу, -жит
бродя́жка, -и, р. мн. -жек, м. и ж.
бродя́жничать, -аю, -ает
бродя́жнический
бродя́жничество, -а
бродя́жный
бродя́чий, прил.
бродя́щий, прич.
броже́ние, -я
бро́йлер, -а
бро́йлерный
брока́т, -а
бро́кер, -а
бро́керский
бро́кколи, нескл., ж.
бром, -а и -у
бромацето́н, -а
бромгекси́н, -а
бромзамещённый

броми́ды, -ов, ед. -ми́д, -а
бромизова́л, -а
бро́мисто-водоро́дный
бро́мистый
бромкамфара́, -ы́
бро́мный
бро́мовый
броможелати́на, -ы
бромосере́бряный
бромофо́с, -а
бромура́л, -а
бромэта́н, -а
броне... – первая часть сложных слов, пишется слитно
бронеавтомоби́ль, -я
бронеба́шня, -и, р. мн. -шен
бронебо́йка, -и, р. мн. -о́ек
бронебо́йно-зажига́тельно-трасси́рующий
бронебо́йно-трасси́рующий
бронебо́йный
бронебо́йщик, -а
броневи́к, -а́
бронево́й
бронегру́ппа, -ы
бронедивизио́н, -а
бронедрези́на, -ы
бронежиле́т, -а
бронека́тер, -а, мн. -а́, -о́в
бронеколпа́к, -а́
бронелокомоти́в, -а
бронемаши́на, -ы
броненосец, -сца, тв. -сцем, р. мн. -сцев
броненосный
бронепо́езд, -а, мн. -а́, -о́в
бронеси́лы, -си́л
бронета́нковый
бронете́хника, -и
бронетранспортёр, -а
бронеча́сть, -и, мн. -и, -е́й
бро́нза, -ы
бронзирова́ние, -я
бронзиро́ванный; кр. ф. -ан, -ана

бронзирова́ть(ся), -и́рую, -и́рует(ся)
бронзиро́вка, -и
бронзи́т, -а
бронзове́ть, -е́ет
бро́нзовка, -и, р. мн. -вок (жук)
бронзо́вка, -и (бронзирование)
бронзоволи́цый
бронзовщи́к, -а́
бро́нзовый
бро́нзовый ве́к
бронзографи́т, -а
бронзолату́нный
бронзолите́йный
бронзолите́йщик, -а
брони́рование, -я (от брони́ровать)
бронирова́ние, -я (от бронирова́ть)
брони́рованный; кр. ф. -ан, -ана (от брони́ровать)
брониро́ванный; кр. ф. -ан, -ана (от бронирова́ть)
брони́ровать(ся), -рую(сь), -рует(ся) (закреплять(ся))
бронирова́ть(ся), -ру́ю, -ру́ет(ся) (покрывать(ся) бронёй)
брониро́вка, -и
бро́нник, -а
бро́нницкий (от Бро́нницы)
бронничане, -а́н, ед. -а́нин, -а
броннича́нка, -и, р. мн. -нок
бронти́ды, -ов
бронтоза́вр, -а
бронтоте́рий, -я
бро́нхи, -ов, ед. бронх, -а
бронхиа́льный
бро́нхикум, -а
бронхио́лы, -о́л, ед. -о́ла, -ы
бронхи́т, -а
бронхоадени́т, -а
бронхографи́ческий
бронхогра́фия, -и
бронхолёгочный
бронхолити́н, -а
бронхопневмони́я, -и

бронхоскопи́ческий
бронхоскопи́я, -и
бронхофиброскопи́я, -и
бронхоэкта́з, -а
бронхоэктази́я, -и
бронхоэктати́ческий
бро́ня, -и (закрепление)
броня́, -и́ (защитная обшивка)
броса́ние, -я
броса́тельный
броса́ть(ся), -а́ю(сь), -а́ет(ся)
бро́сить(ся), бро́шу(сь), бро́сит(ся)
бро́ский; кр. ф. бро́сок, броска́, бро́ско
броско́вый
броско́м, нареч
бро́скость, -и
бро́совый
бросо́к, -ска́
бро́сче, сравн. ст. (от бро́ский, бро́ско)
бротка́мера, -ы
бро́уновское движе́ние
бро́шенный; кр. ф. -ен, -ена
бро́шечка, -и, р. мн. -чек
бро́шка, -и, р. мн. -шек
брошь, -и
брошю́ра, -ы
брошю́рка, -и, р. мн. -рок
брошю́рный
брошюрова́льный
брошюрова́ние, -я
брошюро́ванный; кр. ф. -ан, -ана
брошюрова́ть(ся), -ру́ю, -ру́ет(ся)
брошюро́вка, -и
брошюро́вочный
брошюро́вщик, -а
брошюро́вщица, -ы, тв. -ей
брошю́рочный
брр, неизм.
бруда́стый
бру́дер, -а
брудера́ция, -и
брудерга́уз, -а

брудерша́фт, -а (пи́ть на брудерша́фт)
бру́клинский (*от* Бру́клин)
бру́клинцы, -ев, *ед.* -нец, -нца, *тв.* -нцем
брульо́н, -а
бруне́йский (*от* Бруне́й)
бруне́йцы, -ев, *ед.* -е́ец, -е́йца, *тв.* -е́йцем
брункре́сс, -а
брус, -а, *мн.* бру́сья, -сьев
Бруси́ловский проры́в (*ист.*)
брускова́тый
бруско́вый
брусни́ка, -и
брусни́ца, -ы, *тв.* -ей
брусни́чка, -и, *р. мн.* -чек
брусни́чник, -а
брусни́чно-кра́сный
брусни́чно-черни́чный
брусни́чный
брусова́л, -а
брусо́вка, -и, *р. мн.* -вок
брусо́к, -ска́
брусо́чек, -чка
брусо́чник, -а
брусо́чный
бру́ствер, -а
бру́стверный
брусча́тка, -и
брусча́тник, -а
брусча́тый
брусяно́й
Брут, -а
бруталы́зм, -а
брутали́ст, -а
брута́льность, -и
брута́льный; *кр. ф.* -лен, -льна
бру́тто, *неизм.*
бру́тто-ве́с, -а
бру́тто-до́лг, -а
бру́тто-задо́лженность, -и
бру́тто-ма́сса, -ы
бру́тто-объём, -а
бру́тто-то́нна, -ы
бруцеллёз, -а
бруцеллёзный
брыже́ечный
брыже́йка, -и, *р. мн.* -е́ек
брыже́йный
брыжи́, -е́й
бры́згалка, -и, *р. мн.* -лок
бры́згало, -а
бры́згальный
бры́згальце, -а, *р. мн.* -лец
бры́зганье, -я
бры́згать(ся), -аю(сь), -ает(ся) и -зжу(сь), -зжет(ся)
бры́згающий(ся) и бры́зжущий(ся)
бры́зги, брызг
брызгови́к, -а́
брызгу́н, -а́
бры́зжущий(ся) и бры́згающий(ся)
бры́знуть, -ну, -нет
брык, *неизм.*
брыка́ние, -я
брыка́ть(ся), -а́ю(сь), -а́ет(ся)
брыкли́вый
брыкну́ть(ся), -ну́(сь), -нёт(ся)
брыку́н, -а́
брыку́нья, -и, *р. мн.* -ний
брыла́стый
брылы́, брыл, *ед.* брыла́, -ы́
бры́нза, -ы
бры́нзовый
брысь, *неизм.*
брюзга́, -и́, *м. и ж.*
брюзгли́вец, -вца, *тв.* -вцем, *р. мн.* -вцев
брюзгли́вость, -и
брюзгли́вый
брюзгло́сть, -и
брю́зглый
брю́згнуть, -ну, -нет; *прош.* брю́згнул, брю́згла
брюзжа́ние, -я
брюзжа́ть, -жу́, -жи́т
брю́ква, -ы
брю́квенница, -ы, *тв.* -ей
брю́квенный
брю́квина, -ы
брю́ки, брюк
брю́ки го́льф, брюк го́льф
брю́ки клёш, брюк клёш
брю́ки-сла́ксы, брюк-сла́ксов
брюко́вка, -и, *р. мн.* -вок
брюкодержа́тель, -я
брюлло́вский (*от* Брюлло́в)
брюме́р, -а
брюне́т, -а
брюне́тик, -а
брюне́тистый
брюне́тка, -и, *р. мн.* -ток
брюне́точка, -и, *р. мн.* -чек
брю́совский (*от* Брю́сов)
брюссе́льский (*от* Брюссе́ль; брюссе́льская капу́ста, брюссе́льские кружева́)
брюссе́льцы, -ев, *ед.* -лец, -льца, *тв.* -льцем
брют, -а
брюха́н, -а
брюха́стый
брюха́тевшая (*от* брюха́теть)
брюха́теть, -ею, -еет (*становиться брюхатым*)
брюха́тивший (*от* брюха́тить)
брюха́тить, -а́чу, -а́тит (*кого*)
брюха́тый
брюха́ч, -а́, *тв.* -о́м
брю́хо, -а, *мн.* брю́хи, брюх
брюхови́на, -ы
брюхого́рлые, -ых
брюхоно́гие, -их
брюхоресни́чные, -ых
брю́чина, -ы
брю́чишки, -шек
брю́чки, -чек
брю́чник, -а
брю́чница, -ы, *тв.* -ей
брю́чный
брючо́нки, -нок
брюши́на, -ы
брюши́нный
брюшко́, -а́, *мн.* -и́, -о́в
брюшно́й

БРЮШНОТИФОЗНЫЙ

брюшнотифо́зный
брюшня́к, -а́
бряк¹, -а (бряканье)
бряк², неизм.
бря́канье, -я
бря́кать(ся), -аю(сь), -ает(ся)
бря́кнуть(ся), -ну(сь), -нет(ся)
бря́нский (от Брянск)
Бря́нско-Жи́здринское Поле́сье
бря́нцы, -ев, ед. -нец, -нца, тв. -нцем
Бря́нщина, -ы (к Брянск)
бряца́ние, -я
бряца́тельный
бряца́ть, -а́ю, -а́ет
БТИ [бэтэи́], нескл., с. (сокр.: бюро технической инвентаризации)
БТР, нескл., м. и бэтээ́р, -а (сокр.: бронетранспортёр)
буба́л, -а
бу́бен, бу́бна
бубенцы́, -о́в, ед. -не́ц, -нца́, тв. -нцо́м
бубе́нчики, -ов, ед. -чик, -а
бу́би, -е́й (прост. к бу́бны)
бу́блик, -а
бу́бликовый
бу́бличек, -чка
бу́бличник, -а
бу́бличница, -ы, тв. -ей
бу́бличный
бу́бна, -ы (прост. к бу́бны)
бубни́ст, -а
бубни́ть, -ню́, -ни́т
бубно́вка, -и, р. мн. -вок
бубно́вый
бу́бны, бу́бен и бубён, бубна́м (карточная масть)
бубо́н, -а
бубо́нный
бува́рдия, -и
буга́й, -я́ и -я
бу́гель, -я, мн. -и, -ей и -я́, -е́й
бугенвилле́я, -и
бу́ги-ву́ги, нескл., м. и мн.

буго́р, бугра́
бугорко́вый
бугоро́к, -рка́
бугоро́чек, -чка
бугорча́тка, -и
буго́рчатый
бугри́стость, -и
бугри́стый
бугри́ть(ся), -рю́, -ри́т(ся)
бу́гский (от Буг)
бугульми́нка, -и, р. мн. -нок
бугульми́нский (от Бугульма́)
бугульми́нцы, -ев, ед. -нец, -нца, тв. -нцем
бугурусла́нский (от Бугурусла́н)
бугурусла́нцы, -ев, ед. -нец, -нца, тв. -нцем
бу́гшпри́т, -а и бу́шпри́т, -а
будапе́штский (от Будапе́шт)
будапе́штцы, -ев, ед. -тец, -тца, тв. -тцем
буда́ра, -ы
буда́рка, -и, р. мн. -рок
Бу́дда, -ы, м. (имя основателя буддизма Сиддхартхи Гаутамы) и бу́дда, -ы, м. (в буддизме: вероучитель; лицо, достигшее духовного просветления)
будди́зм, -а
будди́йский
будди́ст, -а
будди́стка, -и, р. мн. -ток
будди́стский
буддо́лог, -а
буддологи́ческий
буддоло́гия, -и
бу́де, союз
будённовец, -вца, тв. -вцем, р. мн. -вцев
будённовский (от Будённый и Будённовск)
будённовка, -и, р. мн. -вок
бу́дет тебе́ (ва́м)
буди́льник, -а
буди́рование, -я
буди́ровать, -рую, -рует

буди́ть, бужу́, бу́дит
бу́дка, -и, р. мн. бу́док
буддле́евые, -ых
буддле́я, -и
бу́дни, -ей и бу́ден
бу́дний
бу́дничность, -и
бу́дничный и бу́днишний
будора́жащий(ся)
будора́женный; кр. ф. -ен, -ена, прич.
будора́жить(ся), -жу(сь), -жит(ся)
будора́жный; кр. ф. -жен, -жна, прил.
бу́дочка, -и, р. мн. -чек
бу́дочник, -а
бу́дочный
бу́дра, -ы
бу́дто, союз и частица
бу́дто бы
будуа́р, -а
будуа́рный
бу́дучи
бу́дущее, -его
бу́дущий
бу́дущность, -и
буды́ль, -я́, мн. -и́, -е́й и -ы́лья, -ы́льев
бу́дь то́... или... (будет ли это тем или другим)
бу́дь что бу́дет
будя́к, -а́
будя́щий
буевля́не, -я́н, ед. -я́нин, -а (от Буй)
буёк, буйка́
бу́ер, -а, мн. -а́, -о́в
буера́к, -а
буера́чина, -ы
буера́чный
буери́ст, -а
бу́ерный
буж, -а́, тв. -о́м
бужа́не, -а́н, ед. -а́нин, -а (от Буг)
бужени́на, -ы
бужени́нный

бужи́рованный; *кр. ф.* -ан, -ана
бужи́ровать(ся), -рую, -рует(ся)
буза́, -ы́
бузи́ла, -ы, *м. и ж.*
бузина́, -ы́
бузи́нник, -а
бузи́нный
бузи́новый
бузи́ть, -и́т
бузова́ть, бузу́ю, бузу́ет
бузотёр, -а
бузотёрка, -и, *р. мн.* -рок
бузотёрский
бузотёрство, -а
бузулу́кский (*от* Бузулу́к)
бузулукча́не, -а́н, *ед.* -а́нин, -а
бузулукча́нка, -и, *р. мн.* -нок
бузу́н, -а́
буй, бу́я, *мн.* буи́, буёв
бу́йвол, -а
буйволёнок, -нка, *мн.* -ля́та, -ля́т
буйволи́ный
буйволи́ца, -ы, *тв.* -ей
бу́йволовый
буйко́вый
буйнопомеша́нный, -ого
бу́йный; *кр. ф.* бу́ен, буйна́, бу́йно
бу́йреп, -а
бу́йский (*от* Буй, *город*)
бу́йственный
бу́йство, -а
бу́йствовать, -твую, -твует
бук, -а
бу́ка, -и, *м. и ж.*
бука́н, -а
бука́шечка, -и, *р. мн.* -чек
бука́шка, -и, *р. мн.* -шек
бу́ква, -ы
бу́ква в бу́кву
буквали́зм, -а
буквали́ст, -а
буквали́стика, -и
буквали́стский
буква́льность, -и
буква́льный; *кр. ф.* -лен, -льна
буква́рик, -а

буква́рный
буква́рь, -я́
бу́квенно-цифрово́й
бу́квенный
бу́квица, -ы, *тв.* -ей
буквое́д, -а
буквое́дка, -и, *р. мн.* -док
буквое́дский
буквое́дство, -а
буквопеча́тающий
буквосочета́ние, -я
бу́кер, -а (*лицо*)
Бу́керовская пре́мия
буке́т, -а
буке́тец, -тца, *тв.* -тцем, *р. мн.* -тцев
буке́тик, -а
букетиро́вка, -и
буке́тище, -а, *мн.* -а и -и, -ищ, *м.*
буке́тный
бу́ки, *нескл., с.* (*название буквы*)
Букинге́мский дворе́ц (*в Лондоне*)
букини́ст, -а
букини́стика, -и
букинисти́ческий
бу́ккер, -а (*орудие*)
букле́, *неизм. и нескл., с.*
букле́т, -а
букле́тный
бу́кли, -ей, *ед.* бу́кля, -и
букме́кер, -а
букме́керский
букме́керство, -а
укови́нский (*от* Букови́на)
букови́нцы, -ев, *ед.* -нец, -нца, *тв.* -нцем
бу́ковка, -и, *р. мн.* -вок
бу́ковый
буко́лика, -и
буколи́ческий
бу́кольки, -лек, *ед.* -лька, -и
букс, -а (*дерево*)
бу́кса, -ы (*тех.*)
букси́р, -а
букси́рный

букси́рование, -я
букси́рованный; *кр. ф.* -ан, -ана
букси́ровать(ся), -рую, -рует(ся)
буксиро́вка, -и
буксиро́вочный
буксиро́вщик, -а
букси́рчик, -а
буксова́ние, -я
буксова́ть, -су́ю, -су́ет
буксо́вка, -и
бу́ксовый
булава́, -ы́
була́вка, -и, *р. мн.* -вок
була́вница, -ы, *тв.* -ей
була́вный
булавови́дный; *кр. ф.* -ден, -дна
була́вочка, -и, *р. мн.* -чек
була́вочник, -а
була́вочница, -ы, *тв.* -ей
була́вочный
була́вчатый
була́нка, -и, *р. мн.* -нок
була́ный
була́т, -а (*сталь*)
була́тный
булгакове́д, -а (*от* Булга́ков)
булгакове́дческий
булга́ковский (*от* Булга́ков)
булга́рский (к булга́ры и Булга́рия, *ист.*)
булга́ры, -а́р
булга́чить, -чу, -чит
буле́, *нескл., м.*
бу́лев, -а, -о (*от* Буль): бу́лева а́лгебра, бу́лева опера́ция, бу́лево выраже́ние, бу́лево значе́ние
булими́я, -и
бу́лка, -и, *р. мн.* бу́лок
бу́лла, -ы
булли́т, -а
Було́нский лес (*в Пари́же*)
бу́лочка, -и, *р. мн.* -чек
бу́лочная, -ой
бу́лочник, -а
бу́лочница, -ы, *тв.* -ей
бу́лочный

бултьíх, неизм.
бултыхáние, -я
бултыхáть(ся), -áю(сь), -áет(ся)
бултыхнýть(ся), -ыхнý(сь), -ыхнёт(ся) и -ыхнёт(ся)
булы́га, -и
булы́жина, -ы
булы́жник, -а
булы́жный
буль, -я (стиль мебели)
бýльба, -ы
буль-бýль, неизм.
бульвáр, -а
бульвáришко, -а и -и, мн. -шки, -шек, м.
Бульвáрное кольцó (в Москве)
бульвáрный
бульвáрчик, -а
бульвáрщина, -ы
бульденéж, -а, тв. -ем
бульдóг, -а
бульдóжий, -ья, -ье
бульдóжка, -и, р. мн. -жек, м. и ж.
бульдóзер, -а
бульдозерúст, -а
бульдóзерный
бульк, неизм.
бýльканье, -я
бýлькать, -аю, -ает
бýлькнуть, -ну, -нет
бульмастúф, -а
бульóн, -а
бульóнный
бульóнчик, -а
бультерьéр, -а
бум, -а
бумáга, -и
бумагоделáтельный
бумагодержáтель, -я
бумагомарáка, -и, м. и ж.
бумагомарáние, -я
бумагомарáтель, -я
бумагооборóт, -а
бумагопрядéние, -я
бумагопрядúльный
бумагопрядúльня, -и, р. мн. -лен

бумагопрядúльщик, -а
бумагопрядúльщица, -ы, тв. -ей
бумагорéзальный
бумагорéзательный
бумагорéзка, -и, р. мн. -зок
бумаготвóрчество, -а
бумаготкáцкий
бумажéнция, -и
бумáжечка, -и, р. мн. -чек
бумáжка, -и, р. мн. -жек
бумáжник, -а
бумáжно-дéнежный
бумáжно-картóнный
бумáжно-слоúстый
бумáжный
бумажóнка, -и, р. мн. -нок
бумазéйка, -и
бумазéйный
бумазéя, -и
бум-бýм, неизм.
бумвинúл, -а
бумвинúловый
бумерáнг, -а
бýна, -ы
бунгáло, нескл., с.
Бунд, -а
бундесбáнк, -а
бундесвéр, -а
бундесвéровский
бундесгерúхт, -а
бундескáнцлер, -а
бундесрáт, -а
бундестáг, -а
бýндовец, -вца, тв. -вцем, р. мн. -вцев
бýндовский (от Бунд)
бýнинский (от Бýнин)
бýнкер, -а, мн. -á, -óв и -ы, -ов
бýнкерный
бункерóванный; кр. ф. -ан, -ана
бункеровáть(ся), -рýю, -рýет(ся)
бункерóвка, -и
бункерóвочный
бункерóвщик, -а
бунт¹, -а (восстание)
бунт², -á (связка; штабель)

бунтáрка, -и, р. мн. -рок
бунтáрский
бунтáрство, -а
бунтáрь, -я
бунтáшный
бунтовáть(ся), -тýю(сь), -тýет(ся)
бунтовóй (к бунт²)
бунтовскóй (к бунт¹)
бунтовщúк, -á
бунтовщúца, -ы, тв. -ей
бунтовщúческий
бунчýжный
бунчýк, -á
бунчукóвый
бур, -а (тех.)
бурá, -ы́ (хим.)
бурáв, -á
бурáвить(ся), -влю, -вит(ся)
бурáвленный; кр. ф. -ен, -ена
бурáвчатый
бурáвчик, -а
бурáвящий(ся)
бурáк, -á
бурáн, -а
бурáнить, -ит
бурáнный
бурáт, -а (тех.)
Буратúно, нескл., м. (сказочный персонаж) и буратúно, нескл., м. (игрушка)
бурáчник, -а
бурáчный
бурачóк, -чкá
бурбóн, -а (о грубом, невежественном человеке)
Бурбóны, -ов (династия)
бург, -а
бургáсский (от Бургáс)
бургáсцы, -ев, ед. -сец, -сца, тв. -сцем
бурггрáф, -а
бургомúстерский
бургомúстр, -а
бургóнское, -ого
бýргосский (от Бýргос)
бургýндка, -и, р. мн. -док

бургу́ндский (к бургу́нды и Бургу́ндия)
бургу́ндцы, -ев, ед. -дец, -дца, тв. -дцем (от Бургу́ндия)
бургу́нды, -ов (племя)
бурда́, -ы́
бурдо́н, -а
бурдю́к, -а́
бурдю́чный
бурдючо́к, -чка́
бурева́л, -а
буреве́стник, -а
бурево́й
буре́лом, -а
буре́ние, -я
буре́нка, -и, р. мн. -нок (о корове) и Бурёнка, -и (кличка коровы)
бурённый; кр. ф. -ён, -ена́
бурёнушка, -и, р. мн. -шек (ласкат. к бурёнка) и Бурёнушка, -и (ласкат. к Бурёнка)
буре́ть, -е́ю, -е́ет
буржуа́, нескл., м.
буржуази́я, -и
буржуа́зка, -и, р. мн. -зок
буржуа́зно-демократи́ческий
буржуа́зно-поме́щичий, -ья, -ье
буржуа́зно-реформи́стский
буржуа́зность, -и
буржуа́зный
буржуи́н, -а
буржу́й, -я
буржу́йка, -и, р. мн. -у́ек
буржу́йский
бурида́нов осёл, бурида́нова осла́
бури́льный
бури́льщик, -а
буриме́, нескл., с.
бури́ть(ся), бурю́, бури́т(ся)
бу́рка, -и, р. мн. бу́рок (накидка)
бу́ркалы, -ал
бу́рканье, -я
бу́ркать, -аю, -ает
бу́рки, -рок, ед. бу́рка, -и (обувь)
буркини́йский (к Буркина́-Фасо́)

буркини́йцы, -ев, ед. -и́ец, -и́йца, тв. -и́йцем
бу́ркнуть, -ну, -нет
бурла́к, -а́
бурла́цкий
бурла́чащий
бурла́чество, -а
бурла́чить, -чу, -чит
бурле́ние, -я
бурле́ск, -а и бурле́ска, -и
бурле́скный
бурли́вый
бурли́ть, -лю́, -ли́т
бурма́стер, -а (буровой мастер)
Бурми́стерская пала́та (ист.)
бурми́стр, -а
бурми́стрский
бурми́тский (же́мчуг)
бу́рность, -и
бурну́с, -а
бурну́сик, -а
бу́рный; кр. ф. бу́рен, бурна́, бу́рно
бурова́то-кори́чневый
бурова́тый
бурова́я, -о́й
буровзрывни́к, -а́
буровзрывно́й
burовик, -а́
бурови́к, -а́
бурови́ть, -влю, -вит
бурово́й
буровя́щий
бу́ро-жёлтый
бу́ро-зелёный
бурозём, -а
бурозу́бка, -и, р. мн. -бок
бу́ро-кра́сный
буронабивно́й
буросбо́ечный
бурошне́ковый
бурре́, нескл., с.
бу́рса, -ы
бурса́к, -а́
бурса́цкий
бурси́т, -а
бу́рский
бурт, -а и -а́, мн. -ы́, -о́в

бу́ртик, -а
буртова́ние, -я
бурто́ванный; кр. ф. -ан, -ана
буртоукла́дчик, -а
буру́н, -а и -а́
бурунди́йский (от Буру́нди)
бурунди́йцы, -ев, ед. -и́ец, -и́йца, тв. -и́йцем
бурунду́к, -а́
бурундуко́вый
бурунду́чий, -ья, -ье
бурундучо́к, -чка́
буру́нный
бурха́н, -а
бурча́ние, -я
бурча́ть, -чу́, -чи́т
бурш, -а, тв. -ем
бу́рщик, -а
бу́ры, -ов, ед. бур, -а (народ)
бу́рый; кр. ф. бур, бура́, бу́ро
бурья́н, -а
бурья́нистый
бурья́нный
бу́ря, -и
буря́тка, -и, р. мн. -ток
буря́т-монго́лы, -ов
буря́т-монго́льский
буря́тский (к буря́ты и Буря́тия); но: Аги́нский Буря́тский автоно́мный о́круг, Усть-Орды́нский Буря́тский автоно́мный о́круг
буря́ты, буря́т и -ов, ед. буря́т, -а
бус, -а (мелкий дождь или снег; мучная пыль)
бу́сики, -ов
бу́сина, -ы
бу́синка, -и, р. мн. -нок
буссо́ль, -и
буссо́льный
бу́стер, -а
бу́стер-насо́с, -а
бу́стерный
бустрофедо́н, -а
бу́сы, бус
бут, -а

бута́да, -ы
бутадие́н, -а (газ)
бутадие́новый
бутадио́н, -а (лекарство)
бута́н, -а
бутано́л, -а
бута́нский (от Бута́н)
бута́нцы, -ев, ед. -нец, -нца, тв. -нцем
бута́ра, -ы
бутафо́р, -а
бутафо́рия, -и
бутафо́рный
бутафо́рский
буте́ны, -ов, ед. буте́н, -а
бу́тень, бу́тня
бутербро́д, -а
бутербро́дец, -дца, тв. -дцем, р. мн. -дцев
бутербро́дик, -а
бутербро́дница, -ы, тв. -ей
бутербро́дный
бути́к, -а
бути́л, -а
бутилацета́т, -а
бутиле́ны, -ов, ед. -ле́н, -а
бутили́рованный; кр. ф. -ан, -ана
бутилкаучу́к, -а
бути́ловый
бутира́ты, -ов, ед. -ра́т, -а
бутиро́метр, -а
бути́ть(ся), бучу́, бути́т(ся)
бутифо́с, -а
бутле́гер, -а
бутбето́н, -а
бутобето́нный
бутовщи́к, -а́
бу́товый
буто́н, -а
бутониза́ция, -и
буто́нчик, -а
бутонье́рка, -и, р. мн. -рок
бу́тсы, бутс, ед. бу́тса, -ы
буту́з, -а
буту́зик, -а
буту́зить, -у́жу, -у́зит

буты́лка, -и, р. мн. -лок
бутылконо́с, -а
бутыломо́ечный
буты́лочка, -и, р. мн. -чек
буты́лочно-ба́ночный
буты́лочно-зелёный
буты́лочный
буты́ль, -и
буты́льный
буты́рский (к Буты́рки)
бу́фер, -а, мн. -а́, -о́в
буфериза́ция, -и
бу́ферность, -и
бу́ферный
буфе́т, -а
буфе́тец, -тца, тв. -тцем, р. мн. -тцев
буфе́тик, -а
буфе́тная, -ой
буфе́тный
буфе́тчик, -а
буфе́тчица, -ы, тв. -ей
буфф, -а (актер-комик) и неизм. (комический)
буффо́н, -а
буффона́да, -ы
буффо́нить, -ню, -нит
буффо́нный
буффо́нский
буффо́нство, -а
бу́фы, буф (сборки)
бух, неизм.
буха́нка, -и, р. мн. -нок
буха́ночка, -и, р. мн. -чек
бу́ханье, -я
бухаре́стский (от Бухаре́ст)
бухаре́стцы, -ев, ед. -тец, -тца, тв. -тцем
буха́ринский (от Буха́рин)
буха́рка, -и, р. мн. -рок
буха́рник, -а
буха́рский (от Бухара́)
Буха́рское ха́нство (ист.)
буха́рцы, -ев, ед. -рец, -рца, тв. -рцем
бу́хать(ся), -аю(сь), -ает(ся)

бухво́стить, -о́щу, -о́стит
бухга́лтер, -а
бухгалте́рия, -и
бухга́лтерский
бухга́лтерша, -и, тв. -ей
бу́хнувший(ся)
бу́хнуть, -нет; прош. бу́хнул, бу́хла, несов. (набуха́ть, разбуха́ть)
бу́хнуть(ся), -ну(сь), -нет(ся), сов. (к бу́хать(ся))
бу́хта, -ы
бу́хтовый
бу́хточка, -и, р. мн. -чек
бу́хты-бара́хты: с бу́хты-бара́хты
бухучёт, -а
Буцефа́л, -а (конь Александра Македонского) и буцефа́л, -а (о коне, шутл. и ирон.)
бу́ча, -и, тв. -ей
бу́чение, -я (от бу́чить)
буче́ние, -я (от бути́ть)
бу́ченный; кр. ф. -ен, -ена
бучи́ло, -а
бучи́льник, -а
бучи́льный
бу́чить(ся), бу́чу, бу́чит(ся)
бушева́ние, -я
бушева́ть, бушу́ю, бушу́ет
бу́шель, -я
бушла́т, -а
бушла́тный
бушме́нка, -и, р. мн. -нок
бушме́нский
бушме́ны, -ов, ед. -ме́н, -а
бу́шприт, -а и бу́гшприт, -а
буэ́нос-а́йресский (от Буэ́нос-А́йрес)
буэносайресцы, -ев, ед. -сец, -сца, тв. -сцем
буя́н, -а
буя́нить, -ню, -нит
буя́нство, -а
буя́нящий
бха́кти, нескл., с.

БХСС [бэхаэ́с и бэхаэсэ́с], нескл., ж. (сокр.: борьба с хищениями социалистической собственности)
бы и б, частица – пишется раздельно с предшествующим словом, но в словах чтобы (чтоб), дабы, кабы – слитно
быва́лец, -льца
быва́ло, вводн. сл.
быва́лость, -и
быва́лоча (прост. к быва́ло)
быва́лый
быва́льщина, -ы
быва́ть, -а́ю, -а́ет
бы́вший
бы́дло, -а
бык, -а́; но: год Быка́ (по восточному календарю), Бык, -а́ (о том, кто родился в этот год)
быки́, -о́в, ед. бык, быка́ (устои моста)
бы́коватый
была́ не была́
былево́й
были́на, -ы
были́нка, -и, р. мн. -нок
были́нно-эпи́ческий
были́нный
были́ночка, -и, р. мн. -чек
были́нушка, -и, р. мн. -шек
были́нщик, -а
были́чка, -и, р. мн. -чек
бы́лка, -и, р. мн. бы́лок
было́й
быль, -и
былье́, -я (быльём поросло́)
бы́льник, -а
быстре́йший
бы́стренький
быстрёхонький; кр. ф. -нек, -нька
быстрёшенький; кр. ф. -нек, -нька
быстрина́, -ы́
быстровозводи́мый*
быстрогла́зый
быстрогоря́щий*
быстрогусте́ющий*
быстроде́йствие, -я
быстроде́йствующий*
быстрозаморо́женный*
быстроизна́шивающийся*
быстроиспаря́ющийся*
быстрокры́лый
быстролётный
быстролетя́щий*
быстроно́гий
быстропа́дающий*
быстропо́ртящийся*
быстроразвива́ющийся*
быстроразъёмный
быстрорастворимый
быстрорасту́щий*
быстрореализу́емый*
быстроре́жущий*
быстросме́нный
быстросо́хнущий*
быстросъёмный
быстрота́, -ы́
быстротверде́ющий*
быстротеку́щий*
быстроте́чность, -и
быстроте́чный; кр. ф. -чен, -чна
быстрото́к, -а
быстрохо́дность, -и
быстрохо́дный; кр. ф. -ден, -дна
бы́стрый; кр. ф. быстр, быстра́, бы́стро, бы́стры
Бы́стрый Исто́к (поселок)
быстря́к, -а́
быстря́нка, -и, р. мн. -нок
быт, -а, предл. в быту́
бытие́, -я́, тв. бытие́м, предл. о бытии́
быти́йность, -и
быти́йный
быти́йственность, -и
быти́йственный; кр. ф. -вен и -венен, -венна
быткомбина́т, -а
бы́тность, -и
бытова́ние, -я
бытова́ть, быту́ет
бытови́зм, -а
бытови́к, -а́
бытови́ст, -а
бытови́стский
бытовка, -и, р. мн. -вок
бытово́й
бытову́ха, -и
бытовщи́на, -ы
бытописа́ние, -я
бытописа́тель, -я
быть, есть, суть; прош. был, была́, бы́ло; буд. бу́ду, бу́дет
бытьё, -я́ (житьё-бытьё)
быть мо́жет, вводн. сл.
быча́тина, -ы
быча́чий, -ья, -ье
бы́чий, -ья, -ье
бычи́на, -ы, м. (увелич.) и ж. (шкура)
бы́чный
бычи́ться, бычу́сь, бычи́тся
бычи́ще, -а и -и, мн. -и, -и́щ, м.
бычко́вый
бычо́к, бычка́
бьенна́ле и бienна́ле, нескл., м. и ж.
бьеф, -а
бью́ик, -а
бью́щий(ся)
бэ, нескл., с. (название буквы)
бэкгра́унд, -а
бэр, -а, р. мн. -ов, счетн. ф. бэр
бэтэ́р, -а и БТР, нескл., м. (сокр.: бронетранспортёр)
бэмпэ́шка, -и, р. мн. -шек (БМП, прост.)
бюва́р, -а
бюва́рный
бюве́т, -а
бюдже́т, -а
бюдже́тник, -а
бюдже́тно-фина́нсовый
бюдже́тный
бюджетообразу́ющий
бюджетополуча́тель, -я

БЮКСА

бю́кса, -ы (*стака́нчик*)
бюллете́нить, -ню, -нит
бюллете́нщик, -а
бюллете́нщица, -ы, *тв.* -ей
бюллете́нь, -я
бюльбю́ль, -я (*птица*)
бю́ргер, -а
бю́ргерский
бю́ргерство, -а
бю́ргерша, -и, *тв.* -ей
бюре́тка, -и, *р. мн.* -ток
бюро́, *нескл., с.*

бюрокра́т, -а
бюрократиза́ция, -и
бюрократизи́рованный; *кр. ф.* -ан, -ана
бюрократизи́ровать(ся), -рую, -рует(ся)
бюрократи́зм, -а
бюрократи́ческий
бюрократи́чный; *кр. ф.* -чен, -чна
бюрокра́тия, -и
бюрокра́тка, -и, *р. мн.* -ток

бюст, -а
бюстга́льтер, -а
бю́стик, -а
бю́стовый
бюстье́, *нескл., с.*
бя́зевый
бязь, -и
бя́ка, -и, *м. и ж.*
бя́кать, -аю, -ает
бя́кнуть, -ну, -нет
бя́ша, *межд.*
бя́шка, -и, *р. мн.* бя́шек

В

в и во, *предлог*
Ваа́л, -а
ва-ба́нк, *нареч.*
ва́бик, -а
ва́бильщик, -а
ва́бить, ва́блю, ва́бит
вави́ловский (*от* Вави́лов)
Вавило́н, -а (*ист.; о большом городе*) и вавило́н, -а (*о суматохе, беспорядке, шуме*)
Вавило́нская ба́шня (*библ.*)
вавило́нский (*от* Вавило́н и Вавило́ния)
Вавило́нское столпотворе́ние (*библ.*) и вавило́нское столпотворе́ние (*о суматохе, беспорядке*)
вавило́ны, -ов (*вычурный узор; выводи́ть, разводи́ть, писа́ть вавило́ны*)
вавило́няне, -ян, *ед.* -янин, -а
вавило́нянка, -и, *р. мн.* -нок
ва́га, -и
вага́нт, -а
Вага́ньковское кла́дбище
вагина́льный
вагини́т, -а
вагнериа́нец, -нца, *тв.* -нцем, *р. мн.* -нцев
вагнериа́нский
ва́гнеровский (*от* Ва́гнер)
ваго́н, -а
вагоне́тка, -и, *р. мн.* -ток
вагоне́тчик, -а
ваго́н-за́к, -а

ваго́нка, -и
ваго́н-конте́йнер, ваго́на-конте́йнера
ваго́н люкс, ваго́на люкс
ваго́нник, -а
ваго́нный
вагоновожа́тая, -ой
вагоновожа́тый, -ого
вагономо́ечный
вагонооборо́т, -а
вагоноопроки́дыватель, -я
вагонопото́к, -а
вагоноремо́нтный
вагоносбо́рочный
вагонострое́ние, -я
вагоностройтельный
вагоноча́с, -а, *мн.* -ы́, -о́в
ваго́н-рестора́н, -а и ваго́на-рестора́на
ваго́н-сало́н, -а и ваго́на-сало́на
ваго́н-самосва́л, ваго́на-самосва́ла
ваго́нчик, -а
ваготони́н, -а
вагра́нка, -и, *р. мн.* -нок
вагра́нковый
вагра́ночный
вагра́нщик, -а
вад, -а
вадеме́кум, -а
ваджрая́на, -ы
ва́ди, *нескл., мн.*
в а́дрес (*кого, чего*)
ва́ер, -а
ва́женка, -и, *р. мн.* -нок

ва́жи, -ей, *ед.* важ, -а, *тв.* -ем
ва́живать, *наст. вр. не употр.*
важне́йший
важне́цкий
важне́ющий
ва́жничанье, -я
ва́жничать, -аю, -ает
ва́жность, -и
ва́жный; *кр. ф.* ва́жен, важна́, ва́жно, ва́жны́
в ажу́ре
ВАЗ, -а (*завод и автомобиль*)
ва́за, -ы
вазели́н, -а
вазели́новый
вазисуба́ни, *нескл., с.*
ва́зовец, -вца, *тв.* -вцем, *р. мн.* -вцев
ва́зовский (*от* ВАЗ)
вазодилата́торы, -ов, *ед.* -тор, -а
вазоконстри́кторы, -ов, *ед.* -тор, -а
вазомото́рный
вазомото́ры, -ов, *ед.* -то́р, -а
вазо́н, -а
ва́зопись, -и
вазопресси́н, -а
ва́зочка, -и, *р. мн.* -чек
ва́ия, -и и ва́йя, -и, *р. мн.* ва́ий
вайна́хи, -ов, *ед.* -на́х, -а
вайна́хский
ва́йшии, -ий, *ед.* -шия, -и, *м.*
ва́йя, -и и ва́ия, -и, *р. мн.* ва́ий
вака́нсия, -и
вака́нтный; *кр. ф.* -тен, -тна

вака́т, -а
вака́ции, -ий
вакацио́нный
в аккура́т
в аккура́те
ва́ковский (от ВАК)
ва́кса, -ы
ва́ксить(ся), ва́кшу, ва́ксит(ся)
ва́ксящий(ся)
вакуо́ли, -ей, ед. -о́ль, -и
вакуолиза́ция, -и
вакуо́льный
ва́куум, -а
вакуум-... – первая часть сложных слов, пишется через дефис; но: вакуумме́тр
ва́куум-аппара́т, -а
вакууми́рование, -я
вакууми́рованный; кр. ф. -ан, -ана
вакууми́ровать(ся), -рую, -рует(ся)
ва́куум-ка́мера, -ы
ва́куум-ко́вш, -а́, тв. -о́м
вакуумме́тр, -а
вакуумметри́ческий
вакууметри́я, -и
ва́куум-насо́с, -а
ва́куумно-терми́ческий
ва́куумный
ва́куум-пре́сс, -а
ва́куум-прессова́ние, -я
ва́куум-проце́сс, -а
ва́куум-суши́лка, -и, р. мн. -лок
ва́куум-устано́вка, -и, р. мн. -вок
ва́куум-фа́ктор, -а
ва́куум-фи́льтр, -а
ва́куум-фильтра́ция, -и
ва́куум-формова́ние, -я
ва́куум-формо́вочный
ва́куум-щи́т, -а́
ва́куум-экстра́ктор, -а
ва́куум-экстра́кция, -и
ва́куф, -а и вакф, -а
Вакх, -а
вакха́льный

вакхана́лия, -и
вакхана́льный
вакха́нка, -и, р. мн. -нок
вакхи́ческий
вакци́на, -ы
вакцина́ция, -и
вакцини́рованный; кр. ф. -ан, -ана
вакцини́ровать(ся), -рую(сь), -рует(ся)
вакци́нный
вакцинопрофила́ктика, -и
вакцинотерапи́я, -и
вал, -а, предл. на валу́, мн. -ы́, -о́в; но (в названиях улиц) Вал, -а, предл. на... Валу́, напр.: Земляно́й Ва́л, Коро́вий Ва́л, Су́щёвский Ва́л (в Москве)
валаа́мка, -и, р. мн. -мок (рыба)
валаа́мова осли́ца, валаа́мовой осли́цы
валаа́мский (от Валаа́м)
вала́ндаться, -аюсь, -ается
валансье́н, неизм. (кружево)
валансье́нский
вала́хи, -ов, ед. вала́х, -а
Вала́хская ни́зменность
вала́шка, -и, р. мн. -шек
вала́шский
Валга́лла, -ы
валда́йский (от Валда́й)
валда́йцы, -ев, ед. -а́ец, -а́йца, тв. -а́йцем
вале́ж, -а, тв. -ем
вале́жина, -ы
вале́жник, -а
валёк, валька́
ва́ленки, -нок, ед. -нок, -нка
ва́леночки, -чек, ед. -чек, -чка
валенсиа́нка, -и, р. мн. -нок
валенсиа́нский (от Вале́нсия)
валенсиа́нцы, -ев, ед. -а́нец, -а́нца, тв. -а́нцем
валенси́йский (от Вале́нсия)
валенси́йцы, -ев, ед. -и́ец, -и́йца, тв. -и́йцем

валентиниа́не, -а́н, ед. -а́нин, -а
Валенти́нов де́нь, Валенти́нова дня́
вале́нтно-свя́занный
вале́нтность, -и
вале́нтный
валеологи́ческий
валеоло́гия, -и
валёр, -а
валериа́на, -ы и валерья́на, -ы
валериа́новый и валерья́новый
валерья́нка, -и
вале́т, -а и (прост.) вальта́
вале́том (спа́ть, лежа́ть), нареч.
вали́, нескл., м. (правитель вилайета)
ва́ливать, наст. вр. не употр.
вали́дность, -и
валидо́л, -а
вали́за, -ы
ва́лик, -а
вали́н, -а (хим.)
вали́ть¹, ва́лит (о снеге, толпе)
вали́ть², валю́, ва́лит (заставлять падать)
вали́ться, валю́сь, ва́лится
вали́ще, -а, мн. -а и -и, -и́щ, м.
ва́лка, -и
ва́лкий; кр. ф. ва́лок, валка́, ва́лко
валкова́ние, -я
валкова́тель, -я
валко́вый (от валко́в)
ва́лкость, -и
валкоукла́дчик, -а
валли́йка, -и, р. мн. -и́ек
валли́йский
валли́йцы, -ев, ед. -и́ец, -и́йца, тв. -и́йцем
валлисне́рия, -и
валло́нка, -и, р. мн. -нок
валло́нский
валло́ны, -ов, ед. валло́н, -а
валово́й и ва́ловый
вало́к, валка́
валокорди́н, -а

валóм валѝть
валопровóд, -а
валоризáция, -и
вáлочно-погрýзочный
вáлочно-трелёвочный
валтасáров пир, валтасáрова пѝра
валтóрна, -ы
валторнѝст, -а
валýй, -я́
валýн, -á
валýнный
вáлух, -а и валýх, -á
вальвáция, -и
вальдéнсы, -ов, ед. -дéнс, -а
вальдóрфский (вальдóрфские шкóлы, вальдóрфская педагóгика)
вáльдшнеп, -а
валькѝрии, -ий, ед. -рия, -и
вальковáтый
вальковóй (от валёк)
вáльма, -ы
вáльмовый
Вальпýргиева нóчь, Вальпýргиевой нóчи
вальс, -а
вáльс-бостóн, вáльса-бостóна
вáльсик, -а
вальсѝровать, -рую, -рует
вальсóк, др. формы не употр., м.
вáльс-фантáзия, -и
вáльтер, -а (пистолет)
вальтерскóттовский (от Вáльтер Скóтт)
вальтрáп, -а
вальцевáние, -я
вальцевáть(ся), -цýю, -цýет(ся)
вальцевóй¹ и вальцóвый
вальцевóй², -óго (рабочий на вальцах)
вальцедéковый
вальцетокáрный
вальцóванный; кр. ф. -ан, -ана
вальцóвка, -и, р. мн. -вок
вальцóвочный

вальцóвщик, -а
вальцóвщица, -ы, тв. -ей
вальцóвый и вальцевóй
вальцы́, -óв, ед. валéц, вальцá, тв. вальцóм
вáльщик, -а
валья́жность, -и
валья́жный; кр. ф. -жен, -жна
валья́н, -а
валюатѝвный
валю́та, -ы (фин.)
валютѝрование, -я
валютѝрованный; кр. ф. -ан, -ана
валютѝровать(ся), -рую, -рует(ся)
валю́тно-кредѝтный
валю́тно-лицензиóнный
валю́тно-обмéнный
валю́тно-финáнсовый
валю́тно-экспóртный
валю́тный
валю́тчик, -а
валю́тчица, -ы, тв. -ей
валя́льно-войлочный
валя́льный
валя́льня, -и, р. мн. -лен
валя́льщик, -а
валя́льщица, -ы, тв. -ей
валя́ние, -я
вáлянный; кр. ф. -ян, -яна, прич. (от валя́ть)
вáляный, прил.
валя́ть(ся), -я́ю(сь), -я́ет(ся)
валя́щий (от валѝть²)
вáлящий (от валѝть¹)
валя́щийся
вам и Вам, местоим. (см. вы)
вáми и Вáми, местоим. (см. вы)
вамп, -а и неизм.
вампѝр, -а
вампирѝзм, -а
вампирѝческий
вампýка, -и
вáмпум, -а
ванадатомéтрия, -и

ванадáты, -ов, ед. -дáт, -а
ванáдиевый
ванáдий, -я
ванадинѝт, -а
ванáдистый
вангóговский (от Ван Гóг)
Ван-Гóфф, -а: закóн (прáвило) Ван-Гóффа
вáнда, -ы (растение)
вандáл, -а
вандалѝзм, -а
вандáльский
вандéйковский (от Ван Дéйк)
вандéйский (от Вандéя)
вандéйцы, -ев, ед. -éец, -éйца, тв. -éйцем
вандемьéр, -а
Ван-дер-Вáальс, -а: уравнéние Ван-дер-Вáальса
вандервáальсов, -а, -о: вандервáальсовы сѝлы, вандервáальсовы рáдиусы
Вандéя, -и
ванёк, ванькá (простак, недалекий человек, жарг.)
ванéсса, -ы (бабочка)
ванѝлевый
ванилѝн, -а
ванилѝновый
ванѝль, -и
ванѝльный
ванкýверский (от Ванкýвер)
ванкýверцы, -ев, ед. -рец, -рца, тв. -рцем
вáнна, -ы
вáнная, -ой (комната)
вáнночка, -и, р. мн. -чек
вáннщица, -ы, тв. -ей
вáнны, ванн (лечение; лечебное заведение)
вáнный
вáнтовый
вантóз, -а (месяц французского республиканского календаря)
вант-трóс, -а
вантýз, -а (тех.)

ва́нты, вант, *ед.* ва́нта, -ы
Ва́нька, -и, *м.* (*имя*) и ва́нька, -и, *р. мн.* ва́нек, *м.* (*извозчик; лома́ть, валя́ть ва́ньку*)
ва́нька-вста́нька, ва́ньки-вста́ньки, *р. мн.* ва́нек-вста́нек, *м.*
ва́пи́ти, *нескл., м.*
ва́пор, -а
вапориза́ция, -и
вапори́метр, -а
вар, -а
ва́ра, -ы (*ед измер.*)
Вара́вва, -ы, *м.* (*библ.*)
вара́ктор, -а
вара́кушка, -и, *р мн.* -шек
вара́н, -а
ва́рвар, -а
варвари́зм, -а
ва́рварка, -и, *р. мн.* -рок
Варва́рка, -и (*улица*)
ва́рварски
ва́рварский
ва́рварство, -а
варга́н, -а
варга́нить, -ню, -нит
ва́рево, -а
ва́режки, -жек, *ед* -жка, -и
варене́ц, -нца́, *тв.* -нцо́м
варе́ние, -я (*действие*)
варе́ники, -ов, *ед* -ник, -а
варе́ничная, -ой
варёнка, -и, *р. мн.* -нок (*ткань и изделие из нее*)
варёнки, -нок (*штаны, брюки*)
ва́ренный; *кр ф* -ен, -ена, *прич.*
варёно-копчёный
варёный, *прил.*
варе́нье, -я, *р. мн.* -ний (*кушанье*)
варе́ньице, -а
вариа́бельность, -и
вариа́бельный; *кр ф* -лен, -льна
вариа́нт, -а
вариа́нта, -ы (*в статистике*)
вариа́нтность, -и
вариа́нтный; *кр. ф.* -тен, -тна

вариати́вно-полифони́ческий
вариати́вность, -и
вариати́вный; *кр ф* -вен, -вна
вариа́тор, -а
вариацио́нный
вариа́ция, -и
ва́ривать, *наст вр не употр*
вариете́т, -а
варика́п, -а
варико́зный
варико́нд, -а
вариокино́, *нескл., с.*
вариоли́т, -а
вариоло́ид, -а
вариоля́ция, -и
варио́метр, -а
вариоскопи́ческий
вариоскопи́я, -и
вариофи́льм, -а
вариоэкра́н, -а
вари́стор, -а
вари́ть(ся), варю́(сь), ва́рит(ся)
ва́рка, -и
ва́ркий; *кр ф* ва́рок, ва́рка, ва́рко
ва́рна, -ы (*сословная группа в Древней Индии*)
варна́к, -а́
варна́цкий
варна́чка, -и, *р мн.* -чек
ва́рненский (*от* Ва́рна, *город*)
ва́рненцы, -ев, *ед* ва́рненец, -ненца, *тв* -ненцем
ва́рница, -ы, *тв* -ей
ва́рничный
ва́рочный
варра́нт, -а
Варфоломе́евская но́чь
варша́вский (*от* Варша́ва)
варшавя́не, -я́н, *ед* -я́нин, -а
варшавя́нка, -и, *р. мн.* -нок (*жительница Варшавы*)
Варшавя́нка, -и (*песня*)
варьете́, *нескл., с.*
варьи́рование, -я
варьи́рованный; *кр ф* -ан, -ана
варьи́ровать(ся), -рую, -рует(ся)

варя́ги, -ов, *ед* варя́г, -а
варя́жский
варя́щий
варя́щийся
вас, о ва́с и Вас, о Ва́с, *местоим* (*см.* вы)
василёк, -лька́ (*растение*)
василеостро́вский (*от* Васи́льевский о́стров)
василеостро́вцы, -ев, *ед* -вец, -вца, *тв.* -вцем
василёчек, -чка (*от* василёк)
Васи́лий Блаже́нный
Васи́лий Вели́кий
Васи́лий Кесари́йский
Васи́лий Тёмный
Васили́са Прему́драя (*сказочный персонаж*)
васили́ск, -а
васили́стник, -а
васи́льевский (*от* Васи́льев, Васи́льево, Васи́льевка)
Васи́льевский о́стров (*в Петербурге*)
Васи́льевский спу́ск (*в Москве, Пскове*)
василько́вский (*от* Василько́в)
василько́вый
васисда́с, -а (*форточка*)
васкули́т, -а
васнецо́вский (*от* Васнецо́в)
васса́л, -а
вассалите́т, -а
васса́льный
васса́льский
васса́льство, -а
Вассерма́н, -а. реа́кция Вассерма́на
Ва́ська, -и (*имя; кличка; а* Ва́ська слу́шает да е́ст)
ва́та, -ы
вата́га, -и
вата́жка, -и, *р мн.* -жек
ва́тный
ватажо́к, -жка́
ва́тер, -а

ватерве́йс, -а
ватержаке́т, -а
ватержаке́тный
ватерклозе́т, -а
ватерклозе́тный
ватерли́ния, -и
ватерло́оский (от Ватерло́о)
ватермаши́на, -ы
ва́терный
ватерпа́с, -а
ватерпа́сный
ватерполи́ст, -а
ватерпо́ло, нескл., с.
ватерпо́льный
ва́терщик, -а
ва́терщица, -ы, тв. -ей
Ватика́н, -а
ватика́нский (от Ватика́н)
вати́н, -а
вати́новый
ва́тка, -и, р. мн. ва́ток
ва́тман, -а
ва́тманский
ва́тник, -а
ва́тный (от ва́та)
ва́точный
ватру́шечка, -и, р. мн. -чек
ватру́шечный
ватру́шка, -и, р. мн. -шек
ватт, -а, р. мн. -ов, счетн. ф. ватт (ед. измер.)
ваттме́тр, -а
ва́ттный (от ватт)
ватт-секу́нда, -ы
ватт-ча́с, -а, мн. -ы́, -о́в
ва́тты, -ов (приморье)
ва́учер, -а
ваучериза́ция, -и
ва́учерный
ва́фельки, -лек, ед. -лька, -и
ва́фельница, -ы, тв. -ей
ва́фельный
ва́фли, ва́фель, ед. ва́фля, -и
вахла́к, -а́
вахла́тчина, -ы
вахла́цкий

вахла́чка, -и, р. мн. -чек
ва́хмистерский и вахмистр́ский
ва́хмистр, -а
вахня́, -и́
ва́хта, -ы
вахта́нговец, -вца, тв. -вцем, р. мн. -вцев
вахта́нговский (от Вахта́нгов)
ва́хтенный
вахтёр, -а
вахтёрский
вахтёрша, -и, тв. -ей
вахтови́к, -а́
ва́хтовый
вахтпара́д, -а
ваххаби́зм, -а
ваххаби́тский
ваххаби́ты, -ов, ед. -би́т, -а
вачка́сы, -ов, ед. -ка́с, -а
ва́чский (от Ва́ча)
ваш, ва́ше, ва́шего, ва́ша, ва́шей, мн. ва́ши, ва́ших и (как выражение уважения к адресату речи – одному лицу) Ваш, Ва́ше, Ва́шего, Ва́ша, Ва́шей, мн. Ва́ши, Ва́ших
ва́шгерд, -а
ва́шество, -а (разг. к ва́ше превосходи́тельство)
вашингто́новский (от Вашингто́н, фамилия)
вашингто́нский (от Вашингто́н, город)
вашингто́нцы, -ев, ед. -нец, -нца, тв. -нцем
вая́льный
вая́ние, -я
ва́янный; кр. ф. -ян, -яна, прич.
вая́тель, -я
вая́тельный
вая́ть, вая́ю, вая́ет
вбега́ть, -а́ю, -а́ет
в бега́х
вбежа́ть, вбегу́, вбежи́т, вбегу́т
вбива́ние, -я

вбива́ть(ся), -а́ю, -а́ет(ся)
вби́вка, -и
вбира́ние, -я
вбира́ть(ся), -а́ю, -а́ет(ся)
вби́тый
вби́ть(ся), вобью́, вобьёт(ся)
вблизи́
в Бо́зе почи́ть (офиц. формула кончины царствующей особы) и в бо́зе почи́ть (ирон., о чем-н. прекратившем свое существование)
вбок, нареч. (смотре́л вбо́к), но сущ. в бок (толкну́ть в бо́к)
вбра́сывание, -я
вбра́сывать(ся), -аю, -ает(ся)
вброд, нареч.
вбро́санный; кр. ф. -ан, -ана
вброса́ть, -а́ю, -а́ет
вбро́сить, -о́шу, -о́сит
вбро́шенный; кр. ф. -ен, -ена
вбу́ханный; кр. ф. -ан, -ана
вбу́хать(ся), -аю(сь), -ает(ся)
вбу́хивать(ся), -аю(сь), -ает(ся)
вбу́хнуть(ся), -ну(сь), -нет(ся)
в бы́тность (кем, где)
вва́ленный; кр. ф. -ен, -ена (от ввали́ть)
вва́ливать(ся), -аю(сь), -ает(ся)
ввали́ть(ся), ввалю́(сь), вва́лит(ся) (внутрь, во что-н.), сов.
введе́ние, -я (от ввести́(сь); вступительная, вводная часть)
Введе́ние во хра́м (праздник)
введённый; кр. ф. -ён, -ена́ (от ввести́)
введе́нский (к Введе́ние во хра́м)
Введе́нский (хра́м, монасты́рь)
вве́дший(ся) (от ввести́(сь)
ввезённый; кр. ф. -ён, -ена́
ввезти́, -зу́, -зёт; прош. ввёз, ввезла́ (внутрь, во что-н.), сов.
ввёзший (от ввезти́)
ввек, нареч. (вовек)
вверга́ть(ся), -а́ю(сь), -а́ет(ся)
вве́ргнувший(ся)

ввергнутый
ввергнуть(ся), -ну(сь), -нет(ся); прош. вверг(ся) и ввергнул(ся), ввергла(сь)
ввергший(ся)
вверенный; кр. ф. -ен, -ена
ввержение, -я
вверженный; кр. ф. -ен, -ена
вверзить(ся), -ржу(сь), -рзит(ся)
вверить(ся), -рю(сь), -рит(ся), сов., (доверить(ся))
ввернутый
ввернуть(ся), -ну, -нёт(ся) (ввинтить(ся)); вставить слово, замечание)
вверстанный; кр. ф. -ан, -ана (от вверстать)
вверстать(ся), -аю, -ает(ся) (внутрь, во что-н.), сов.
вверстка, -и (от вверстать)
вверстывать(ся), -аю, -ает(ся)
ввертеть, ввречу, ввертит (внутрь, во что-н.), сов.
ввёртка, -и
ввёртывание, -я
ввёртывать(ся), -аю, -ает(ся)
вверх, нареч. (подниматься вверх; вверх дном, вверх ногами, вверх тормашками), но сущ. в верх (снаряд попал в верх старой башни)
в верхах (решение, принятое в верхах)
вверх-вниз
вверх дном
вверх тормашками
вверху, нареч. и предлог (вверху блестели звёзды; помета вверху страницы), но сущ. в верху (верх – "подъемный навес, крыша": проделать отверстие в верху кибитки)
ввёрченный; кр. ф. -ен, -ена (от ввертеть)
ввёрчивать(ся), -аю, -ает(ся)
вверять(ся), -яю(сь), -яет(ся)

в весе (потерять)
ввести(сь), введу, введёт(ся); прош. ввёл(ся), ввела(сь) (внутрь, во что-н.), сов.
ввечеру
ввивать(ся), -аю, -ает(ся)
в виде (чего)
ввиду, предлог (ввиду того что..., ввиду предстоящих расходов), но сущ. в виду (иметь в виду; бросить якорь в виду берега)
ввинтить(ся), -нчу, ввинтит(ся) (внутрь, во что-н.), сов.
ввинченный; кр. ф. -ен, -ена (от ввинтить)
ввинчивание, -я
ввинчивать(ся), -аю, -ает(ся)
ввитый; кр. ф. ввит, ввита, ввито (от ввить)
ввить(ся), вовью, вовьёт(ся); прош. ввил(ся), ввила(сь), сов. (вплести(сь))
ввод, -а
ввод-вывод, ввода-вывода
вводить(ся), ввожу, вводит(ся) (к ввести(сь))
вводный (к вводить(ся))
ввоз, -а (к ввезти)
ввоз-вывоз, ввоза-вывоза
ввозить(ся), ввожу, ввозит(ся) (к ввезти)
ввозка, -и (к ввезти)
ввозной и ввозный
вволакивание, -я
вволакивать(ся), -аю, -ает(ся)
вволокший (от вволочь)
вволочённый; кр. ф. -ён, -ена (от вволочь)
вволочь, -локу, -лочёт, -локут; прош. -лок, -локла (внутрь, во что-н.), сов.
вволю, нареч.
вволюшку, нареч.
вворачивание, -я
вворачивать(ся), -аю, -ает(ся)

вворотить, -рочу, -ротит (вдвинуть, втащить что-н. тяжелое, громоздкое)
вворочённый; кр. ф. -ен, -ена (от вворотить)
ввосьмеро
ввосьмером
в-восьмых
ВВП [вэвэпэ], нескл., м. (сокр.: валовой внутренний продукт)
ВВС [вэвээс], нескл., мн. (сокр.: военно-воздушные силы)
ввысь, нареч. (взлететь ввысь), но сущ. в высь (жаворонок поднялся в высь неба)
ввязанный; кр. ф. -ан, -ана (от ввязать)
ввязать(ся), ввяжу(сь), ввяжет(ся), сов. (вплести(сь); вовлечь(ся), впутать(ся))
ввязка, -и, р. мн. -зок (от ввязать)
ввязнувший (от ввязнуть)
ввязнуть, -ну, -нет; прош. ввяз и ввязнул, ввязла (во что-н.), сов.
ввязший
ввязывание, -я
ввязывать(ся), -аю(сь), -ает(ся) (к ввязать(ся))
в гармошку (складками)
вгиб, -а
вгибание, -я
вгибать(ся), -аю, -ает(ся)
вгиковец, -вца, тв. -вцем, р. мн. -вцев
вгиковский (от ВГИК)
вгладь, нареч.
в глаза
вглубь, нареч. и предлог (распространиться вглубь и вширь; зверь забился вглубь норы), но сущ. в глубь (в глубь океана; в глубь веков; в глубь души; вникать в глубь, в суть проблемы)
в глубь веков
вглухую, нареч.
вглядеться, -яжусь, -ядится

вгля́дывание, -я
вгля́дываться, -аюсь, -ается
вгнезди́ться, -и́тся
в голова́х
в го́лос (пла́кать, рыда́ть)
вго́нка, -и
вгоня́ть(ся), -я́ю, -я́ет(ся)
в горо́шек
в го́ру
вгоряча́х
вгоря́чую, нареч.
в го́сти
в гостя́х
вгрыза́ться, -а́юсь, -а́ется
вгры́зться, -зу́сь, -зётся
вгры́зшийся
вгустую́, нареч.
вдава́ться, вдаю́сь, вдаётся
вдави́ть(ся), вдавлю́, вда́вит(ся)
вда́вленность, -и
вда́вленный; кр. ф. -ен, -ена
вда́вливание, -я
вда́вливать(ся), -аю, -ает(ся)
вда́влина, -ы
вда́лбливание, -я
вда́лбливать(ся), -аю, -ает(ся)
вдалеке́, нареч. (вдалеке́ слы́шен гро́м), но сущ. в далеке́ (в далеке́, прекра́сном и недостижи́мом)
вдали́, нареч. (вдали́ ви́ден ле́с; жи́ть вдали́ от мо́ря), но сущ. в дали́ (в да́ли степе́й дрожи́т ма́рево; в дали́, скры́той тума́ном, ни зву́ка)
вда́ль, нареч. (гляде́ть вда́ль), но сущ. в да́ль (в да́ль мо́ря; в да́ль веко́в; в да́ль про́житых ле́т; вгля́дываться, всма́триваться в да́ль)
в да́ль времён
в дальне́йшем
вда́рить, -рю, -рит
вда́ться, вда́мся, вда́шься, вда́стся, вдади́мся, вдади́тесь, вдаду́тся; прош. вда́лся, вдала́сь, вдало́сь

ВДВ [вэдэвэ́], нескл., мн. (сокр.: возду́шно-деса́нтные войска́)
вдвига́ть(ся), -а́ю(сь), -а́ет(ся)
вдвижно́й
вдви́нутый
вдви́нуть(ся), -ну(сь), -нет(ся)
вдво́е
вдвоём
вдвойне́
вдева́льный
вдева́ние, -я
вдева́ть(ся), -а́ю, -а́ет(ся)
вде́вятеро
вдевятеро́м
в-девя́тых
вдёжка, -и, р. мн. -жек
вде́ланный; кр. ф. -ан, -ана
вде́лать(ся), -аю, -ает(ся)
вде́лка, -и, р. мн. -лок
вде́лывание, -я
вде́лывать(ся), -аю, -ает(ся)
вдёргивание, -я
вдёргивать(ся), -аю, -ает(ся)
вдёржка, -и, р. мн. -жек
вдёрнутый
вдёрнуть(ся), -ну, -нет(ся)
вде́сятеро
вдесятеро́м
в-деся́тых
вде́тый
вде́ть(ся), вде́ну, вде́нет(ся)
в дико́винку
в добавле́ние (к чему) (в качестве добавления)
вдоба́вок, нареч.
вдова́, -ы́, мн. вдо́вы, вдов
в доверше́ние (чего) (довершая)
вдове́ть, -е́ю, -е́ет
вдове́ц, -вца́, тв. -вцо́м, р. мн. -вцо́в
вдо́вий, -ья, -ье
вдови́ца, -ы, тв. -ей
вдо́воль
вдовство́, -а́
вдо́вствовать, -твую, -твует
вдо́вушка, -и, р. мн. -шек

вдо́вый
вдога́д
вдого́н
вдого́нку
вдолбёжку, нареч.
вдолби́ть(ся), -блю́, -би́т(ся)
вдолблённый; кр. ф. -ён, -ена́
в до́лг (да́ть, взя́ть)
в долгу́ (перед кем, чем-н.)
вдо́ль
вдольберегово́й
вдо́ль и поперёк
вдольря́дный
в дополне́ние (к чему) (в качестве дополнения)
в до́ску (пья́н; свой)
вдо́сталь
вдо́сыть
вдох, -а
вдо́х-вы́дох, вдо́ха-вы́доха
вдохнове́ние, -я
вдохнове́нно, нареч.
вдохнове́нность, -и
вдохнове́нный; кр. ф. -вéн и -ве́нен, -ве́нна, прил.
вдохнови́тель, -я
вдохнови́тельница, -ы, тв. -ей
вдохнови́тельный; кр. ф. -лен, -льна
вдохнови́ть(ся), -влю́(сь), -ви́т(ся)
вдохновлённый; кр. ф. -ён, -ена́, прич.
вдохновля́ть(ся), -я́ю(сь), -я́ет(ся)
вдохновля́ющий(ся)
вдохну́ть(ся), -ну́, -нёт(ся)
вдрабада́н (пья́н)
вдре́безги
в дрейф (ле́чь)
вдруг
вдруго́рядь
в дру́жбу: не в слу́жбу, а в дру́жбу
вдры́зг
вдува́ние, -я
вдува́тель, -я

вдува́ть(ся), -а́ю, -а́ет(ся)
вдувно́й
вдугаря́
в дугу́ (пья́н; согну́ть)
вду́маться, -аюсь, -ается
вду́мчивость, -и
вду́мчивый
вду́мываться, -аюсь, -ается
вду́нуть, -ну, -нет
вду́пель (пья́н)
вду́ть, вду́ю, вду́ет
в ду́хе (чего)
в дым (пья́н)
в дыми́ну (пья́н)
вдыха́ние, -я
вдыха́тельный
вдыха́ть(ся), -а́ю, -а́ет(ся)
ве́бер, -а, р. мн. -ов, счетн. ф. ве́бер (ед. измер.)
веберме́тр, -а
ве́беровский (от Ве́бер)
ве́верица, -ы, тв. -ей
Ве́га, -и (астр.)
вегетариа́нец, -нца, тв. -нцем, р. мн. -нцев
вегетариа́нка, -и, р. мн. -нок
вегетариа́нский
вегетариа́нство, -а
вегетариа́нствовать, -твую, -твует
вегетати́вно-трофи́ческий
вегетати́вный
вегетацио́нный
вегета́ция, -и
вегетодистони́я, -и
вегетоневро́з, -а
вегетооце́нка, -и, р. мн. -нок
вегетососу́дистый
ве́дание, -я
веда́нта, -ы
ве́дать, -аю, -ает
ве́дающий
ве́дение, -я (быть в чьём-н. ве́дении; входи́ть, поступа́ть в чье́-н. ве́дение)
веде́ние, -я (от вести́)

ведённый; кр. ф. -ён, -ена́, прич. (от вести́)
ведёрко, -а, мн. -рки, -рок
ведёрница, -ы, тв. -ей
ведёрный
ведёрочко, -а, мн. -чки, -чек
ведёрочный
ведёрце, -а, р. мн. -рец и -рцев
ведёрышко, -а, мн. -шки, -шек
ве́джвуд, -а
ве́ди, нескл., с. (название буквы)
веди́зм, -а
веди́йский (от Ве́ды)
веди́ческий (от Ве́ды)
ведовско́й
ведовство́, -а́
ве́домо, в знач. сказ.
ведомости́чка, -и, р. мн. -чек
ве́домость, -и, мн. -и, -ей и -е́й
ве́домственно-отраслево́й
ве́домственность, -и
ве́домственный
ве́домство, -а
ве́домый (известный)
ведо́мый (от вести́)
ведрене́ть, -е́ет
ве́дренно, в знач. сказ.
ве́дренный
ведро́, -а́, мн. вёдра, вёдер
вёдро, -а (ясная погода)
вёдрышко, -а, мн. -шки, -шек
веду́н, -а́
веду́нья, -и, р. мн. -ний
веду́та, -ы
веду́щий(ся)
ве́дший(ся) (от вести́сь)
Ве́ды, Вед
ве́дывать, наст. вр. не употр.
ведь
ве́дьма, -ы
ведьма́к, -а́
ве́дьмин, -а, -о
ведьмовский и ведьмовско́й
ве́ер, -а, мн. -а́, -о́в
ве́ерница, -ы, тв. -ей
ве́ерный

вееровидный; кр. ф. -ден, -дна
веерок, -рка
веерокры́л, -а
веерокры́лые, -ых
вееролистный
ве́ером, нареч.
веерообра́зный; кр. ф. -зен, -зна
веероу́сый (веероу́сые жуки́)
вееро́чек, -чка
ве́жа, -и, тв. -ей
ве́жды, вежд, ед. ве́жда, -ы
вежета́ль, -я
ве́жливость, -и
ве́жливый
везде́
вездесу́щие, -я, сущ. (церк.)
вездесу́щий
вездесу́щность, -и
вездехо́д, -а
вездехо́дный
вездехо́дчик, -а
везе́ние, -я
везённый; кр. ф. -ён, -ена́
везикули́т, -а
вези́кулы, -ул, ед. -ула, -ы
везикуля́рный
визи́р, -а (визирь, сановник)
везти́(сь), везу́, везёт(ся); прош. вёз(ся), везла́(сь)
везувиа́н, -а
Везу́вий, -я
везу́н, -а́
везу́нчик, -а
везу́ха, -и
везу́честь, -и
везу́чий
вёзший(ся) (от везти́(сь))
ве́йка, -и, р. мн. ве́ек
Ве́ймарская респу́блика (в Германии 1919–1932)
ве́ймарский (от Ве́ймар)
ве́ймарцы, -ев, ед. -рец, -рца, тв. -рцем
ве́йник, -а
вейсмани́зм, -а
вейсмани́ст, -а

вейсмани́стский
ве́йсмановский (от Ве́йсман)
век, -а, *предл.* на веку́, *мн.* -а́, -о́в
ве́к векова́ть
ве́ки, век, *ед.* ве́ко, -а
векова́ть, веку́ю, веку́ет
вековéчный; *кр. ф.* -чен, -чна
вековóй
векову́ха, -и
векову́ша, -и, *тв.* -ей
векселеда́тель, -я
векселедержа́тель, -я
векселёк, -лька́
ве́ксель, -я, *мн.* -я́, -е́й и -и, -ей
ве́ксельный
ве́ктор, -а
векториа́льный
векторме́тр, -а
ве́кторный
ве́ктор-потенциа́л, -а
ве́ктор-фу́нкция, -и
ве́кша, -и, *тв.* -ей, *р. мн.* векш
веля́т, -а (*в Туркменистане*)
велегла́сный; *кр. ф.* -сен, -сна
велеле́пный; *кр. ф.* -пен, -пна
велему́дрый
веле́невый
веле́ние, -я
ве́лено (*кому*), *в знач. сказ.*
веле́нь, -и
велеречи́вость, -и
велеречи́вый
велере́чие, -я
Веле́с, -а
веле́ть, велю́, вели́т
ве́лий, -ия, -ие (*книжн. устар. к* вели́кий)
ве́лик, -а (*велосипед, прост.*)
вели́к, -а́, -о́ (*кр. ф. к* большо́й)
велика́н, -а
велика́нский
велика́нша, -и, *тв.* -ей
Вели́кая, -ой (*река*)
Вели́кая депре́ссия (1929–1933)
Вели́кая Кита́йская равни́на
Вели́кая Кита́йская стена́

Вели́кая Оте́чественная война́ (1941–1945)
Вели́кая пя́тница
Вели́кая суббо́та
Вели́кая францу́зская револю́ция
Вели́кая ха́ртия во́льностей (*в Англии, ист.*)
Вели́кие географи́ческие откры́тия
Вели́кие Лу́ки (*город*)
Вели́кие Мого́лы (*династия*)
Вели́кие озёра (*в Северной Америке*)
Вели́кие Равни́ны (*плато в США и Канаде*)
Вели́кие рефо́рмы (*в России в 60-х гг. XIX в.*)
вели́кий; *кр. ф.* -и́к, -и́ка; но (*как приложение при именах исторических лиц, названиях городов и др.*) Вели́кий, *напр.*: Васи́лий Вели́кий, Ка́рл Вели́кий, Константи́н Вели́кий, Пётр Вели́кий, Екатери́на Вели́кая, Но́вгород Вели́кий (*ист.*), Росто́в Вели́кий (*ист.*), Ива́н Вели́кий (*колокольня*)
Вели́кий инквизи́тор (*ист.; лит. персонаж*)
Вели́кий комбина́тор (*об Остапе Бендере*)
Вели́кий немо́й (*о дозвуковом кино*)
Вели́кий Но́вгород
Вели́кий океа́н (*Тихий океан*)
Вели́кий по́ст
Вели́кий пято́к
Вели́кий У́стюг (*город*)
Вели́кий четве́рг (четверто́к)
Вели́кий шёлковый пу́ть
великобрита́нский (*от* Великобрита́ния)
великобрита́нцы, -ев, *ед.* -нец, -нца, *тв.* -нцем
великова́тый

великовозра́стный
великодержа́вник, -а
великодержа́вный
великоду́шествовать, -твую, -твует
великоду́шие, -я
великоду́шничать, -аю, -ает
великоду́шный; *кр. ф.* -шен, -шна
Вели́кое кня́жество Лито́вское (*ист.*)
Вели́кое переселе́ние наро́дов
Вели́кое посо́льство (*при Петре I в Голландию*)
великокня́жеский
великоле́пие, -я
великоле́пный; *кр. ф.* -пен, -пна; но: Лоре́нцо Великоле́пный
великолу́кский (*от* Вели́кие Лу́ки)
великолуча́не, -а́н, *ед.* -а́нин, -а
великолуча́нка, -и, *р. мн.* -нок
Великомора́вская держа́ва (*ист.*)
великому́ченик, -а
великому́ченица, -ы, *тв.* -ей
великому́ченический
велико́нек, -о́нька
великопо́льский
великопо́стный
великоре́цкий (*к* Вели́кая, *река*)
великоро́дный; *кр. ф.* -ден, -дна
великоросси́йский (*от* Великоро́ссия)
Великоро́ссия, -и
великоро́ссы, -ов, *ед.* -ро́сс, -а
великору́ска, -и, *р. мн.* -сок
великору́сский
великору́сы, -ов, *ед.* -ру́с, -а
великосве́тский
великосве́тскость, -и
вели́кость, -и
великосхи́мник, -а
великоты́рновский (*от* Вели́ко-Ты́рново)

великоустю́гский и великоу́стю́жский (*от* Вели́кий У́стю́г)
великоха́ньский
вели́т, -а (*древнеримский пехотинец*)
велича́вость, -и
велича́вый
велича́йший
велича́льный
велича́ние, -я
велича́ть(ся), -а́ю(сь), -а́ет(ся)
вели́чественно, *нареч.*
вели́чественность, -и
вели́чественный; *кр. ф.* -вен и -венен, -венна
вели́чество, -а; *при официальном титуловании*: Ва́ше (Его́, Её) Вели́чество
вели́чие, -я
величина́, -ы́, *мн.* -и́ны, -и́н
веллингто́ния, -и (*дерево*)
веллингто́нский (*от* Ве́ллингто́н)
веллингто́нцы, -ев, *ед.* -нец, -нца, *тв.* -нцем
ве́ло... — *первая часть сложных слов, пишется слитно*
велобо́л, -а
велого́нка, -и, *р. мн.* -нок и велого́нки, -нок
велого́нщик, -а
велого́нщица, -ы, *тв.* -ей
велодоро́жка, -и, *р. мн.* -жек
велодро́м, -а
велозаво́д, -а
велока́мера, -ы
велоколя́ска, -и, *р. мн.* -сок
велокро́сс, -а
велокроссме́н, -а
велолы́жи, -лы́ж
велолюби́тель, -я
веломарафо́н, -а
веломоби́ль, -я
веломотого́нки, -нок
велопробе́г, -а

велори́кша, -и, *тв.* -ей, *р. мн.* -ри́кш, *м.*
велосиме́тр, -а
велосипе́д, -а
велосипеди́ст, -а
велосипеди́стка, -и, *р. мн.* -ток
велосипе́дный
велоси́т, -а
велоспо́рт, -а
велостоя́нка, -и, *р. мн.* -нок
велотра́сса, -ы
велотре́к, -а
велотренажёр, -а
велоту́р, -а
велотури́ст, -а
велофигури́ст, -а
велофигури́стка, -и, *р. мн.* -ток
велоэрго́метр, -а
вельбо́т, -а
вельве́т, -а
вельвети́н, -а
вельве́товый
вельвето́н, -а
вельве́ты, -ов (*брюки, обувь*)
вельви́чия, -и
Вельзеву́л, -а
вельми́
вельмо́жа, -и, *тв.* -ей, *м.*
вельмо́жеский
вельмо́жество, -а
вельмо́жный; *кр. ф.* -жен, -жна
ве́льсы, -ов
вельцева́ние, -я
вельцо́ванный; *кр. ф.* -ан, -ана
вельц-пе́чь, -и, *мн.* -и, -е́й
вельштерье́р, -а
велю́р, -а
велю́ровый
веляриза́ция, -и
веляризо́ванный; *кр. ф.* -ан, -ана
веля́рный
ве́на, -ы (*кровеносный сосуд*)
венге́рка, -и, *р. мн.* -рок
венге́ро-болга́рский
венге́ро-росси́йский
венге́ро-румы́нский

венге́рский (*к* ве́нгры *и* Ве́нгрия)
венге́рско-ру́сский
венге́рцы, -ев, *ед.* -рец, -рца, *тв.* -рцем (*устар. к* ве́нгры)
ве́нгры, -ов, *ед.* венгр, -а
венд, -а (*геол.*)
венде́тта, -ы (*месть*)
ве́ндита, -ы (*организация карбонариев*)
ве́ндский (*от* ве́нды; *геол.*)
ве́нды, -ов и вене́ды, -ов (*племенная группа древних славян*)
венепу́нкция, -и
Вене́ра, -ы
Вене́ра Мило́сская
венериа́нский (*от* Вене́ра, *планета*)
вене́рик, -а
вене́рин, -а, -о: вене́рин башмачо́к, вене́рина мухоло́вка, вене́рины во́лосы (*растения*), вене́рин по́яс (*животное*)
венери́ческий
венеро́лог, -а
венерологи́ческий
венероло́гия, -и
венесе́кция, -и
венесуэ́лка, -и, *р. мн.* -лок
венесуэ́льский (*от* Венесуэ́ла)
венесуэ́льцы, -ев, *ед.* -лец, -льца, *тв.* -льцем
вене́тский (*от* вене́ты; вене́тский язы́к)
вене́ты, -ов (*группа древних племен Западной Европы; то же, что* венды *и* венеды)
вене́ц, венца́, *тв.* венцо́м, *р. мн.* венцо́в
венециа́нка, -и, *р. мн.* -нок
венециа́новский (*от* Венециа́нов)
венециа́но-туре́цкий
венециа́нский (*от* Вене́ция; венециа́нское окно́, стекло́, зе́ркало)
Венециа́нский карнава́л

Венециа́нский кинофестива́ль
венециа́нцы, -ев, ед. -нец, -нца, тв. -нцем
вене́чный
ве́нзелевый
вензелёк, -лька́
ве́нзель, -я, мн. -я́, -е́й
ве́ник, -а
ве́ничек, -чка
ве́нка, -и, р. мн. ве́нок
ве́но, -а (выкуп)
вено́зный
вено́к, венка́
вено́чек, -чка
вено́чный
ве́нский (от Ве́на)
Ве́нский конгре́сс (1814–1815)
ве́нта, -ы
ве́нтерный
ве́нтерь, -я, мн. -и, -ей и -я́, -е́й
вентили́рование, -я
вентили́рованный; кр. ф. -ан, -ана
вентили́ровать(ся), -рую, -рует(ся)
ве́нтиль, -я
ве́нтильный
вентиля́тор, -а
вентиляцио́нный
вентиля́ция, -и
вентра́льный
вентспи́лсский (от Ве́нтспилс)
вентспи́лсцы, -ев, ед. -сец, -сца, тв. -сцем
ве́нулы, -ул, ед. -ула, -ы
венцено́сец, -сца, тв. -сцем, р. мн. -сцев
венцено́сный
ве́нцы, -ев, ед. ве́нец, венца́, тв. венцо́м (от Ве́на)
венча́льный
венча́ние, -я
ве́нчанный; кр. ф. -ан, -ана
венча́ть(ся), -а́ю(сь), -а́ет(ся)
ве́нчик, -а
венчикови́дный; кр. ф. -ден, -дна

ве́нчиковый
венчикообра́зный; кр. ф. -зен, -зна
ве́нчурный
вепрь, -я
ве́псский
ве́псы, -ов, ед. вепс, -а
ве́ра, -ы
вера́нда, -ы
вера́ндный
вера́ндочка, -и, р. мн. -чек
ве́рба, -ы
вербализа́ция, -и
вербали́зм, -а
вербализо́ванный; кр. ф. -ан, -ана
вербализова́ть(ся), -зу́ю, -зу́ет(ся)
верба́льный
вербе́йник, -а
вербе́на, -ы
вербе́новый
верблю́д, -а
верблю́дица, -ы, тв. -ей
верблю́дка, -и, р. мн. -док
верблюдово́дство, -а
верблюдово́дческий
верблю́довые, -ых
верблюжа́тина, -ы
верблюжа́тник, -а
верблю́жий, -ья, -ье
верблю́жина, -ы
верблюжо́нок, -нка, мн. -жа́та, -жа́т
Ве́рбное воскресе́нье
ве́рбный
вербня́к, -а́
вербова́ние, -я
вербо́ванный; кр. ф. -ан, -ана
вербова́ть(ся), -бу́ю(сь), -бу́ет(ся)
вербо́вка, -и, р. мн. -вок
вербо́вочный
вербо́вщик, -а
вербо́вщица, -ы, тв. -ей
ве́рбовый
ве́рбочка, -и, р. мн. -чек

ве́рбункош, -а, тв. -ем
ве́рвие, -я
ве́рвица, -ы, тв. -ей
вервь, -и
ве́ргельд, -а
Верги́лиев, -а, -о и верги́лиевский (от Верги́лий)
Верги́лий, -я
Верде́н, -а
вёрджинел, -а
ве́рдиевский (от Ве́рди)
верди́кт, -а
верёвка, -и, р. мн. -вок
верёвочка, -и, р. мн. -чек
верёвочный
ве́ред, -а
вереди́ть, -ежу́, -еди́т
ве́резг, -а
верезжа́ние, -я
верезжа́ть, -жу́, -жи́т
вере́йка, -и, р. мн. -е́ек
вере́йный
вере́йский (от Вере́я, город)
вере́йцы, -ев, ед. -е́ец, -е́йца, тв. -е́йцем
верени́ца, -ы, тв. -ей
ве́реск, -а
ве́ресковый
верете́ница, -ы, тв. -ей
верете́нник, -а
верете́нный
веретено́, -а́, мн. -тёна, -тён
веретенообра́зный; кр. ф. -зен, -зна
веретёнце, -а, р. мн. -нец и -нцев
веретёнщик, -а
вере́тье, -я
вереща́гинский (от Вереща́гин)
вереща́ние, -я
вереща́тник, -а
вереща́ть, -щу́, -щи́т
вере́я, -и́ (столб для ворот; лодка)
верже́, нескл., с. и неизм.
верзи́ла, -ы, м. и ж.
вери́ги, -и́г
вери́зм, -а

ВЕРИСТ

вери́ст, -а
вери́стский
вери́тель, -я
вери́тельный
ве́рить(ся), ве́рю, ве́рит(ся)
верифика́тор, -а
верификацио́нный
верифика́ция, -и
верифици́рованный; *кр. ф.* -ан, -ана
верифици́ровать(ся), -рую, -рует(ся)
ве́ришь-не-ве́ришь (*игра*), но: ве́ришь не ве́ришь, а...
ве́ркблей, -я
ве́рки, -ов, *ед.* верк, -а
верле́новский (*от* Верле́н)
верли́бр, -а
ве́рмахт, -а
вермикули́т, -а
вермикулитобето́н, -а
вермикульту́ра, -ы
вермильо́н, -а
вермише́левый
вермише́ль, -и
вермише́льный
вермо́нтский
вермо́нтцы, -ев, *ед.* -тец, -тца, *тв.* -тцем
ве́рмут, -а
верне́е, *сравн. ст. и вводн. сл.*
верне́йший
вернёхонько
верниса́ж, -а, *тв.* -ем
верниса́жный
ве́рно, *нареч. и вводн. сл.*
верпо́дданнический
верпо́дданничество, -а
верпо́дданность, -и
верпо́дданный
верпо́дданство, -а
ве́рность, -и
верну́ть(ся), -ну́(сь), -нёт(ся)
ве́рный; *кр. ф.* ве́рен, верна́, ве́рно, ве́рны́
вернье́р, -а

вернье́рный
верня́к, -а́
верняко́м, *нареч.*
ве́рования, -ий, *ед.* -ние, -я
ве́ровать, ве́рую, ве́рует
вероиспове́дание, -я
вероиспове́дный
вероло́мность, -и
вероло́мный; *кр. ф.* -мен, -мна
вероло́мство, -а
верона́л, -а
веро́ника, -и (*растение*)
веро́нка, -и, *р. мн.* -нок
веро́нский (*от* Веро́на)
веро́нцы, -ев, *ед.* -нец, -нца, *тв.* -нцем
вероотсту́пник, -а
вероотсту́пница, -ы, *тв.* -ей
вероотсту́пнический
вероотсту́пничество, -а
вероподо́бный; *кр. ф.* -бен, -бна
веротерпи́мость, -и
веротерпи́мый
вероуче́ние, -я
вероучи́тель, -я
вероучи́тельный
верошпиро́н, -а
вероя́тие, -я
вероя́тно, *вводн. сл.*
вероя́тностно-статисти́ческий
вероя́тностный; *кр. ф.* -тен, -тна
вероя́тность, -и
вероя́тный; *кр. ф.* -тен, -тна
верп, -а
Верса́ль, -я
верса́льский (*от* Верса́ль)
Верса́льский ми́р (*1919*)
верса́льцы, -ев, *ед.* -лец, -льца, *тв.* -льцем
версифика́тор, -а
версифика́торский
версифика́торство, -а
версификацио́нный
версифика́ция, -и
ве́рсия, -и
верста́, -ы́, *мн.* вёрсты, вёрст

верста́к, -а́
верста́льный
верста́льщик, -а
верста́льщица, -ы, *тв.* -ей
верста́ние, -я
вёрстанный; *кр. ф.* -ан, -ана, *прич.* (*от* верста́ть)
верста́тка, -и, *р. мн.* -ток
верста́ть(ся), -а́ю, -а́ет(ся)
верста́чный
верстачо́к, -чка́
вёрстка, -и, *р. мн.* -ток
вёрстный
верстово́й
вертану́ть(ся), -ну́(сь), -нёт(ся)
верта́ть(ся), -а́ю(сь), -а́ет(ся) (*прост. к* возвраща́ться)
ве́ртекс, -а
ве́ртел, -а, *мн.* -а́, -о́в
ве́ртельный (*от* ве́ртел)
верте́льный (*от* верте́ть)
верте́п, -а
верте́пный
Ве́ртер, -а
ве́ртеровский (*от* Ве́ртер)
верте́ть(ся), верчу́(сь), ве́ртит(ся)
вертиголо́вка, -и, *р. мн.* -вок
вертика́л, -а (*астр.*)
вертика́ль, -и (*линия*)
вертика́льно взлета́ющий
вертика́льно-водотру́бный
вертика́льно опу́щенный
вертика́льно-подъёмный
вертика́льно-сверли́льный
вертика́льность, -и
вертика́льно-фре́зерный
вертика́льный; *кр. ф.* -лен, -льна
вертихво́стка, -и, *р. мн.* -ток
вертише́йка, -и, *р. мн.* -е́ек
вёрткий; *кр. ф.* вёрток, вертка́ и вёртка, вёртко
вёрткость, -и
вертлю́г, -а́
вертлю́жный
вертлюжо́к, -жка́
вертля́вость, -и

вертля́вый
вертогра́д, -а
вертодро́м, -а
вертолёт, -а
вертолёт-кра́н, вертолёта-кра́на
вертолётный
вертолётовы́лет, -а
вертолётоно́сец, -сца, *тв.* -сцем, *р. мн.* -сцев
вертолётоно́сный
вертолётостро́ение, -я
вертолётострои́тель, -я
вертолётострои́тельный
вертолётчик, -а
вертолётчица, -ы, *тв.* -ей
вертопра́х, -а
вертопра́шество, -а
вертопра́шка, -и, *р. мн.* -шек
вертопра́шничать, -аю, -ает
вертопра́шный; *кр. ф.* -шен, -шна
верту́н, -а́
верту́нья, -и, *р. мн.* -ний
вертуха́й, -я
вертуха́йский
верту́шка, -и, *р. мн.* -шек
верть, *неизм.*
вертя́чка, -и, *р. мн.* -чек
вертя́щий(ся)
Ве́рую, *нескл., с.* (священный текст – Символ веры)
ве́рующий
ве́рфный
верфь, -и
верфяно́й
верх, -а, *предл.* на верху́, *мн.* -и́, -о́в и (подъемная складная крыша экипажа) -а́, -о́в
верха́ми, *нареч.* (е́хали верха́ми)
верхи́, -о́в (реше́ние, при́нятое в верха́х; скользи́ть по верха́м)
Верх-Исе́тский заво́д
верхнево́лжский
Верхнево́лжье, -я
верхнегорта́нный
верхнеднепро́вский
верхнедонско́й

Ве́рхнее, -его (*одно из Великих озер*)
Ве́рхнее Пово́лжье
Ве́рхнее Поднепро́вье
верхнека́мский
верхнекла́панный
верхнелу́жицкий
верхнемелово́й
верхненеме́цкий
верхнео́бский
верхнепалеолити́ческий
верхнере́йнский
верхнетури́нский (*от* Ве́рхняя Тура́)
верхнеура́льский (*от* Ве́рхний Ура́л *и* Верхнеура́льск)
верхнеура́льцы, -ев, *ед.* -лец, -льца, *тв.* -льцем
верхнечелюстно́й
верхнечетверти́чный
верхнею́рский
Ве́рхние А́льпы (*департамент*)
Ве́рхние Пирене́и (*департамент*)
ве́рхний
Ве́рхний Таги́л (*город*)
Ве́рхний Уфале́й (*город*)
Ве́рхняя Во́лга
Ве́рхняя Во́льта (*государство*)
Ве́рхняя Тура́ (*город*)
верхове́нство, -а
верхове́нствовать, -твую, -твует
верхови́к, -а́
верхови́нский (*от* Верхови́на, *геогр.*)
Верхо́вная ра́да (*на Украине*)
верхо́вники, -ов, *ед.* -ник, -а (*ист.*)
Верхо́вное главнокома́ндование
верхо́вный
Верхо́вный главнокома́ндующий
Верхо́вный и́нка (*ист.*)
Верхо́вный Сове́т (*в СССР*)
Верхо́вный суд РФ

Верхо́вный та́йный сове́т (*в России 1726–1730*)
верхо́во-вью́чный (*о лошади*)
верхово́д, -а
верхово́дить, -во́жу, -во́дит
верхово́дка, -и, *р. мн.* -док
верхово́дство, -а
верхово́дящий
верхово́й[1] (*к* верх *и* верхо́вье)
верхово́й[2], -о́го (*всадник*)
Верхо́вские кня́жества (*ист.*)
верхо́вый (*устар. к* верхо́вье)
верхо́вье, -я, *р. мн.* -вьев и -вий
верхогля́д, -а
верхогля́дка, -и, *р. мн.* -док
верхогля́дничать, -аю, -ает
верхогля́дство, -а
верхола́з, -а
верхола́зный
верхоле́нский (*к* Ле́на, *река*)
ве́рхом, *нареч.* (поверху)
верхо́м, *нареч.* (е́хать верхо́м)
верхо́нки, -нок, *ед.* -нка, -и
верхоту́ра, -ы
верхоту́рский (*от* Верхоту́рье, *город*)
верхоцве́тник, -а
верхоя́нский (*от* Верхоя́нск)
верхоя́нцы, -ев, *ед.* -нец, -нца, *тв.* -нцем
верху́шечка, -и, *р. мн.* -чек
верху́шечный
верху́шка, -и, *р. мн.* -шек
верче́ние, -я
ве́рченный; *кр. ф.* -ен, -ена, *прич.* (*от* верте́ть)
ве́рченый, *прил.*
ве́рша, -и, *тв.* -ей
верше́ние, -я
верши́на, -ы
верши́нник, -а
верши́нный
верши́тель, -я
верши́тельница, -ы, *тв.* -ей
верши́ть(ся), -шу́, -ши́т(ся)
вершки́, -о́в

ВЕРШКОВАНИЕ

вершкова́ние, -я
вершко́вый
ве́ршник, -а
вершо́к, -шка́
ве́рящий
вес, -а и -у, мн. -а́, -о́в
ве́с бру́тто, ве́са бру́тто
ве́с бру́тто за не́тто, ве́са бру́тто за не́тто
веселе́нек, -нька
весе́ленький
веселе́ть, -е́ю, -е́ет
веселёхонький; кр. ф. -нек, -нька
веселёшенький; кр. ф. -нек, -нька
весели́ть(ся), -лю́(сь), -ли́т(ся)
весёлка, -и, р. мн. -лок
ве́село, нареч. и в знач. сказ.
весёлость, -и
весёлый; кр. ф. ве́сел, весела́, ве́село, ве́селы
весе́лье, я
весе́льный и вёсельный
весе́льце, -а, р. мн. -лец и -льцев
весельча́к, -а́
веселя́щий(ся)
весе́нне-ле́тний
весе́нне-полево́й
весе́нне-посевно́й
весе́нний
весе́нник, -а
ве́сить, ве́шу, ве́сит
ве́ски, -ов (небольшие весы)
ве́ский; кр. ф. ве́сок, веска́, ве́ско
ве́скость, -и
весли́ще, -а
весло́, -а́, мн. вёсла, вёсел
веслоно́гий
веслоно́с, -а
весна́, -ы́, мн. вёсны, вёсен
весна́-красна́, весны́-красны́
ве́с не́тто, ве́са не́тто
весна́тый
весновспа́шка, -и
весно́й и весно́ю, нареч.
весну́шечки, -чек, ед. -чка, -и
весну́шки, -шек, ед. -шка, -и
весну́шчатый
весня́нка, -и, р. мн. -нок
весово́й
весовщи́к, -а́
весовщи́ца, -ы, тв. -ей
весоизмери́тельный
весо́к, веска́ (отвес)
весо́мость, -и
весо́мый
весо́чки, -ов (к весы́)
вест, -а
Ве́ста, -ы (мифол.)
веста́лка, -и, р. мн. -лок
вестго́тский
вестго́ты, -ов, ед. -го́т, -а
ве́стерн, -а
ве́стерновский
вестибулометри́я, -и
вестибулореце́пторы, -ов, ед. -тор, -а
вестибуля́рный
вестибю́ль, -я
вестибю́льный
вести́мо
вест-и́ндский (от Вест-И́ндия)
вести́(сь), веду́, ведёт(ся); прош. вёл(ся), вела́(сь)
вестми́нстерский (от Вестми́нстер)
Вестми́нстерское абба́тство
ве́стник, -а
ве́стница, -ы, тв. -ей
вестово́й, -о́го
вестовщи́к, -а́
вестовщи́ца, -ы, тв. -ей
ве́стовый (от вест)
ве́сточка, -и, р. мн. -чек
вестфа́льский (от Вестфа́лия)
вестфа́льцы, -ев, ед. -лец, -льца, тв. -льцем
весть¹, -и, мн. -и, -ей
весть²: (не) бо́г ве́сть
весы́, -о́в (прибор) и Весы́, -о́в (созвездие и знак зодиака; о том, кто родился под этим знаком)
весь¹, всё, всего́, всему́, всем, обо всём, вся, всей, всю, мн. все, всех, всем, все́ми
весь², -и (село; племя)
весьёгонский (от Весьёгонск)
весьма́
ве́сящий
ветви́стость, -и
ветвистоу́сый
ветви́стый
ветви́ться, -и́тся
ветвле́ние, -я
ветвра́ч, -а́, тв. -о́м
ветвь, -и, мн. -и, -е́й
ветвяно́й
ве́тер, ве́тра, предл. на ветру́, мн. -ы, -ов и -а́, -о́в
ветера́н, -а
ветера́нка, -и, р. мн. -нок
ветера́нский
ветера́нство, -а
ветерина́р, -а
ветерина́рия, -и
ветерина́рно-зоотехни́ческий
ветерина́рно-профилакти́ческий
ветерина́рно-санита́рный
ветерина́рный
ветеро́к, -рка́
ветеро́чек, -чка
ветиве́рия, -и
ве́тка, -и, р. мн. -ток
ветла́, -ы́, мн. вётлы, вётел
ветлече́бница, -ы, тв. -ей
ветло́вый
ветлужа́не, -а́н, ед. -а́нин, -а
ветлужа́нка, -и, р. мн. -нок
ветлу́жский (от Ветлу́га)
ветнадзо́р, -а
ве́то, нескл., с.
ве́точка, -и, р. мн. -чек
ве́точный
вето́шка, -и, р. мн. -шек
вето́шник, -а
вето́шница, -ы, тв. -ей
вето́шничество, -а

ветошный
ве́тошь, -и
ветперсона́л, -а
ветпу́нкт, -а
ветрене́ть, -е́ет
ве́треник, -а
ве́треница, -ы, тв. -ей
ве́треничать, -аю, -ает
ве́трено, нареч. и в знач. сказ.
ве́треность, -и
ве́треный (день, человек); кр. ф -ен, -ена
ветре́ть, -е́ет
ветри́ло, -а
ветри́ще, -а, мн. -а и -и, -йщ, м.
ветроагрега́т, -а
ветробо́й, -я
ветрова́л, -а
ветрова́льный
ветро́вка, -и, р. мн. -вок
ветрово́й
ветрого́н, -а
ветрого́нка, -и, р. мн. -нок
ветрого́нный
ветродви́гатель, -я
ветроду́й, -я
ветрозащи́тный
ветроиспо́льзование, -я
ветроколесо́, -а́, мн. -лёса, -лёс
ветроло́м, -а
ветроме́р, -а
ветронепроница́емый
ветроопыле́ние, -я
ветросилово́й
ветроста́нция, -и
ветроте́хника, -и
ветроуказа́тель, -я
ветроупо́рный; кр. ф. -рен, -рна
ветроустано́вка, -и, р. мн. -вок
ветроусто́йчивость, -и
ветроусто́йчивый
ветроэлектри́ческий
ветроэлектроста́нция, -и
ветроэнерге́тика, -и
ветроэнергети́ческий
ветрю́га, -и, м.

ветря́га, -и, м.
ветря́к, -а́
ветря́нка, -и, р. мн. -нок
ветряно́й (дви́гатель, ме́льница)
ве́тряный: ве́тряная о́спа
ветсаннадзо́р, -а
ветсануча́сток, -тка
ветсанэксперти́за, -ы
ветслу́жба, -ы
ветста́нция, -и
ветфе́льдшер, -а
ве́тхий; кр. ф. ветх, ветха́, ве́тхо
Ве́тхий Заве́т
Ветхозаве́тная Тро́ица (иконографический тип Троицы)
ветхозаве́тность, -и
ветхозаве́тный; кр ф. -тен, -тна
ве́тхонький
ве́тхость, -и
ветчина́, -ы́
ветчи́нка, -и
ветчи́нно-ру́бленый
ветчи́нный
ветша́ть, -а́ю, -а́ет
вех, -а (растение)
ве́ха, -и
вехи́ст, -а
ве́ховец, -вца, тв. -вцем, р. мн -вцев
ве́ховский (от "Ве́хи")
ве́ховство, -а
ве́че, -а
вечево́й
ве́чер, -а, мн. -а́, -о́в
вечера́ми, нареч.
ве́чер-встре́ча, ве́чера-встре́чи
вечере́ть, -е́ет
вечери́нка, -и, р. мн. -нок
вече́рка, -и, р. мн. -рок
вечерко́м, нареч.
вече́рний
вече́рник, -а
вече́рница, -ы, тв. -ей
вече́рня, -и, р. мн. -рен
вечеро́к, -рка́
ве́чером, нареч.

вечеро́чек, -чка
ве́черя, -и
вече́рять, -яю, -яет и вечеря́ть, -я́ю, -я́ет (ужинать)
ве́чно, нареч.
вечнозелёный
вечномёрзлый
ве́чно сомнева́ющийся
ве́чность, -и
вечноцвету́щий*
ве́чный; кр. ф. -чен, -чна
Ве́чный го́род (о Риме)
Ве́чный жид (лит. персонаж)
Ве́чный ого́нь (у памятника, могилы)
вечо́р, нареч.
вечо́рошний
ве́шала, ве́шал (устройство для развешивания)
ве́шалка, -и, р. мн. -лок
ве́шалочный
ве́шание, -я (от ве́шать)
ве́шанный; кр. ф. -ан, -ана, прич. (от ве́шать)
ве́шатель, -я
ве́шать(ся), -аю(сь), -ает(ся)
веше́ние, -я (от веши́ть)
вешённый; кр. ф. -ён, -ена́, прич. (от веши́ть)
веши́ть, вешу́, веши́т (ставить вехи)
ве́шка, -и, р. мн. ве́шек
ве́шний
вешня́к, -а́ (от ве́шний)
веща́ние, -я
веща́тель, -я
веща́тельница, -ы, тв. -ей
веща́тельный
веща́ть(ся), -а́ю, -а́ет(ся)
вещдо́к, -а (вещественное доказательство)
вещево́й
веще́ственность, -и
веще́ственный; кр. ф. -вен и -венен, -венна
вещество́, -а́

вещи́зм, -а
ве́щий
вещи́ца, -ы, *тв.* -ей
вещи́чка, -и, *р. мн.* -чек
вещмешо́к, -шка́
ве́щность, -и
ве́щный
вещу́н, -а́
вещу́нья, -и, *р. мн.* -ний
вещь, -и, *мн.* -и, -е́й
ве́ющий
ве́ялка, -и, *р. мн.* -лок
ве́яльщик, -а
ве́яльщица, -ы, *тв.* -ей
ве́яние, -я
ве́янный; *кр. ф.* ве́ян, ве́яна, *прич.*
ве́яный, *прил.*
ве́ятель, -я
ве́ять(ся), ве́ю, ве́ет(ся)
вжа́тие, -я
вжа́тый
вжа́ть(ся), вожму́(сь), вожмёт(ся)
вжива́ние, -я
вжива́ться, -а́юсь, -а́ется
вжи́ве
вживи́ть, -влю́, -ви́т
вживле́ние, -я
вживлённый; *кр. ф.* -ён, -ена́
вживля́ть(ся), -я́ю, -я́ет(ся)
вживу́ю, *нареч.*
в живы́х (нет кого́-н.; оста́ться)
вжик, *неизм.*
вжи́канье, -я
вжи́кать, -ает
вжи́кнуть, -нет
вжима́ние, -я
вжима́ть(ся), -а́ю(сь), -а́ет(ся)
вжи́ться, вживу́сь, вживётся; *прош.* вжи́лся, вжила́сь
в забро́се
в забытьи́
в заверше́ние (чего) (в качестве завершения)
в зави́симости (от чего)
в загу́л (уда́риться, пусти́ться)

взад, *нареч.* (вза́д и вперёд), но *сущ.* в зад (получи́л пино́к в за́д)
вза́д-вперёд
взаём, *нареч.* (устар. к взаймы́)
взаи́мно-возвра́тный
взаи́мно-однозна́чный
взаи́мно отта́лкивающийся
взаи́мно перпендикуля́рный
взаи́мно-сберега́тельный
взаи́мно свя́занный
взаи́мность, -и
взаи́мный; *кр. ф.* -мен, -мна
взаимо... — *первая часть сложных слов, пишется слитно*
взаимовлия́ние, -я
взаимовы́годность, -и
взаимовы́годный; *кр. ф.* -ден, -дна
взаимовы́ручка, -и
взаимоде́йствие, -я
взаимоде́йствовать, -твую, -твует
взаимоде́йствующий
взаимодове́рие, -я
взаимодополня́емость, -и
взаимодополня́ющий
взаимозави́симость, -и
взаимозави́симый
взаимозаме́на, -ы
взаимозамени́мость, -и
взаимозамени́мый
взаимозаменя́емость, -и
взаимозаменя́емый
взаимозамести́мость, -и
взаимозамести́мый
взаимозамеща́ющий
взаимоза́мкнутый
взаимозачёт, -а
взаимоинду́кция, -и
взаимоисключа́емость, -и
взаимоисключа́ющий
взаимоистребле́ние, -я
взаимоконтро́ль, -я
взаимонепонима́ние, -я
взаимообогаща́ющий
взаимообогаще́ние, -я

взаимообусло́вленность, -и
взаимообусло́вленный; *кр. ф.* -ен, -ена
взаимоотноше́ние, -я
взаимоподде́ржка, -и
взаимополе́зный; *кр. ф.* -зен, -зна
взаимопо́мощь, -и
взаимопонима́ние, -я
взаимопревраще́ние, -я
взаимоприе́млемый
взаимопритяже́ние, -я
взаимопрове́рка, -и, *р. мн.* -рок
взаимопроника́ющий
взаимопроникнове́ние, -я
взаиморасчёты, -ов
взаимосвя́занный; *кр. ф.* -ан, -ана
взаимосвя́зь, -и
взаимоуваже́ние, -я
взаймы́
в заключе́ние (чего) (под конец, заканчивая); но: в заключе́нии (в заключительной части; в тюрьме)
взакру́т
взалка́ть, -а́ю, -а́ет
в зало́г (да́ть, взя́ть)
взаме́н
в замо́к (сварка)
взаперти́
взапра́вдашний и взапра́вдашный
взапра́вду
вза́пуски, *нареч.*
взасо́с, *нареч.*
взатя́жку, *нареч.*
взаха́ться, -аюсь, -ается
взахлёб
взахлёст
в зачёт
вза́шей и (*устар.*) вза́шеи
взба́дривание, -я
взба́дривать(ся), -аю(сь), -ает(ся)
взбаламу́тить(ся), -у́чу(сь), -у́тит(ся)
взбаламу́ченный; *кр. ф.* -ен, -ена

взбаламу́чивать(ся), -аю(сь), -ает(ся)
взба́лмошность, -и
взба́лмошный; кр. ф. -шен, -шна
взба́лтывание, -я
взба́лтывать(ся), -аю, -ает(ся)
взбега́ть, -а́ю, -а́ет
взбежа́ть, -егу́, -ежи́т, -егу́т
взбелённый; кр. ф. -ён, -ена́
взбели́ть(ся), -ню́(сь), -ни́т(ся)
взбеси́ть(ся), -ешу́(сь), -е́сит(ся)
взбешённость, -и
взбешённый; кр. ф. -ён, -ена́
взбива́ние, -я
взбива́ть(ся), -а́ю, -а́ет(ся)
взби́вка, -и
взбира́ться, -а́юсь, -а́ется
взби́тый
взби́ть(ся), взобью́, взобьёт(ся)
взблеск, -а
взблёскивание, -я
взблёскивать, -аю, -ает
взблесну́ть, -ну́, -нёт
взбодрённость, -и
взбодрённый; кр. ф. -ён, -ена́
взбодри́ть(ся), -рю́(сь), -ри́т(ся)
взбо́лтанный; кр. ф. -ан, -ана
взболта́ть(ся), -а́ю, -а́ет(ся)
взболтну́ть, -ну́, -нёт
взборождённый; кр. ф. -ён, -ена́
взборозди́ть, -зжу́, -зди́т
взборонённый; кр. ф. -ён, -ена́
взборони́ть, -ню́, -ни́т
взборо́нованный; кр. ф. -ан, -ана
взборонова́ть, -ну́ю, -ну́ет
взбра́сывание, -я
взбра́сывать(ся), -аю, -ает(ся)
взбреда́ть, -а́ю, -а́ет
взбре́дший
взбрести́, -еду́, -едёт; прош. -ёл, -ела́
взброс, -а
взбро́сить, -о́шу, -о́сит
взбро́шенный; кр. ф. -ен, -ена
взбры́згивание, -я

взбры́згивать(ся), -аю(сь), -ает(ся)
взбры́знутый
взбры́знуть(ся), -ну(сь), -нет(ся)
взбрык, -а
взбры́кивание, -я
взбры́кивать(ся), -аю(сь), -ает(ся)
взбрыкну́ть(ся), -ну́(сь), -нёт(ся)
взбугрённый; кр. ф. -ён, -ена́
взбугри́ть(ся), -рю́, -ри́т(ся)
взбудора́женный; кр. ф. -ен, -ена
взбудора́живать(ся), -аю(сь), -ает(ся)
взбудора́жить(ся), -жу(сь), -жит(ся)
взбулга́ченный; кр. ф. -ен, -ена
взбулга́чить(ся), -чу(сь), -чит(ся)
взбунто́ванный; кр. ф. -ан, -ана
взбунтова́ть(ся), -ту́ю(сь), -ту́ет(ся)
взбура́вить, -влю, -вит
взбура́вленный; кр. ф. -ен, -ена
взбурлённый; кр. ф. -ён, -ена́
взбурли́ть(ся), -лю́, -ли́т(ся)
взбутете́нивать, -аю, -ает
взбутете́нить, -ню, -нит
взбуха́ние, -я
взбуха́ть, -а́ет
взбу́хнуть, -нет; прош. -ух, -у́хла
взбу́хший
взбу́ченный; кр. ф. -ен, -ена
взбу́чить, -чу, -чит
взбу́чка, -и, р. мн. -чек
взбушева́ть(ся), -шу́ю(сь), -шу́ет(ся)
взва́ленный; кр. ф. -ен, -ена
взва́ливание, -я
взва́ливать(ся), -аю(сь), -ает(ся)
взвали́ть(ся), -алю́(сь), -а́лит(ся)
взвар, -а и -у
взва́рец, -рца и -рцу, тв. -рцем, р. мн. -рцев
взвева́ние, -я (к взвея́ть)
взвева́ть(ся), -а́ю, -а́ет(ся) (к взвея́ть)

взведе́ние, -я
взведённый; кр. ф. -ён, -ена́
взве́дший(ся)
взвезённый; кр. ф. -ён, -ена́
взвезти́, -зу́, -зёт; прош. -ёз, -езла́
взвёзший
взвеселённый; кр. ф. -ён, -ена́
взвесели́ть(ся), -лю́(сь), -ли́т(ся)
взвеселя́ть(ся), -я́ю(сь), -я́ет(ся)
взве́сить(ся), -е́шу(сь), -е́сит(ся)
взвести́(сь), -еду́, -едёт(ся); прош. -ёл(ся), -ела́(сь)
взвесь, -и
взве́шенно, нареч.
взве́шенность, -и
взве́шенный; кр. ф. прич. -ен, -ена; кр. ф. прил. (хорошо продуманный) -ен, -енна (реше́ния взве́шенны)
взве́шивание, -я
взве́шивать(ся), -аю(сь), -ает(ся)
взве́янный; кр. ф. -ян, -яна
взве́ять(ся), -е́ю, -е́ет(ся)
взвива́ние, -я (к взви́ть(ся))
взвива́ть(ся), -а́ю(сь), -а́ет(ся) (к взви́ть(ся))
взвизг, -а
взви́згивание, -я
взви́згивать, -аю, -ает
взви́згнуть, -ну, -нет
взвинти́ть(ся), -нчу́(сь), взви́нтит(ся)
взви́нченность, -и
взви́нченный; кр. ф. -ен, -ена
взви́нчивание, -я
взви́нчивать(ся), -аю(сь), -ает(ся)
взви́тый; кр. ф. взвит, взвита́, взви́то
взви́ть(ся), взовью́(сь), взовьёт(ся); прош. -и́л(ся), -ила́(сь), -и́ло, -и́ло(сь)
взви́хренный; кр. ф. -ен, -ена и взвихрённый; кр. ф. -ён, -ена́
взви́хривать(ся), -аю, -ает(ся)
взви́хрить(ся), взви́хрю, взви́хрит(ся)

взвод, -а
взводи́ть(ся), -ожу́, -о́дит(ся)
взводно́й (взводя́щий(ся)
взво́дный (от взвод, воен.)
взвоз, -а
взвози́ть(ся), -ожу́, -о́зит(ся)
взвола́кивать(ся), -аю(сь), -ает(ся)
взволно́ванно, нареч.
взволно́ванность, -и
взволно́ванный; кр. ф. -ан, -ана (чем вы́ та́к взволно́ваны?) и (выражающий волнение) -ан, -анна её ре́чь взволно́ванна)
взволнова́ть(ся), -ну́ю(сь), -ну́ет(ся)
взволо́к, -а
взволо́кший(ся)
взволочённый; кр. ф. -ён, -ена́
взволо́чь(ся), -локу́(сь), -лочёт(ся), -локу́т(ся); прош. -ло́к(ся), -локла́(сь)
взворошённый; кр. ф. -ён, -ена́
взвороши́ть(ся), -шу́, -ши́т(ся)
взвыва́ть, -а́ю, -а́ет
взвыть, взво́ю, взво́ет
взгада́ть: ни взду́мать ни взгада́ть
взгляд, -а
взгля́дывать, -аю, -ает
взгляну́ть(ся), -яну́, -я́нет(ся)
взгомози́ть(ся), -можу́(сь), -мози́т(ся)
взгомони́ть(ся), -ню́(сь), -ни́т(ся)
взго́рбить(ся), -блю(сь), -бит(ся)
взго́рбленный; кр. ф. -ен, -ена
взго́рбок, -бка
взго́рок, -рка
взго́рочек, -чка
взго́рье, -я, р. мн. -рий
взгорячённый; кр. ф. -ён, -ена́
взгорячи́ть(ся), -чу́(сь), -чи́т(ся)
взгрева́ть, -а́ю, -а́ет
взгреме́ть, -млю́, -ми́т
взгре́тый
взгреть, -е́ю, -е́ет

взгромозжда́ть(ся), -а́ю(сь), -а́ет(ся)
взгромождённый; кр. ф. -ён, -ена́
взгромозди́ть(ся), -зжу́(сь), -зди́т(ся)
взгрустну́ть(ся), -ну́, -нёт(ся)
вздва́ивание, -я
вздва́ивать(ся), -аю, -ает(ся)
вздво́енный; кр. ф. -ен, -ена (от вздво́ить)
вздвоённый; кр. ф. -ён, -ена́ (от вздвои́ть)
вздво́ить, -о́ю, -о́ит (удвоить)
вздвои́ть, -ою́, -ои́т (вторично вспахать)
вздева́ние, -я
вздева́ть(ся), -а́ю, -а́ет(ся)
вздёвка, -и
вздёргивание, -я
вздёргивать(ся), -аю, -ает(ся)
вздёржка, -и, р. мн. -жек
вздёрнутый
вздёрнуть(ся), -ну, -нет(ся)
вздетый
вздеть(ся), -е́ну, -е́нет(ся)
вздира́ть(ся), -а́ю, -а́ет(ся)
вздор, -а
вздо́рить, -рю, -рит
вздо́рность, -и
вздо́рный; кр. ф. -рен, -рна
вздорожа́ние, -я
вздорожа́ть, -а́ет
вздо́рщик, -а
вздо́рщица, -ы, тв. -ей
вздо́рящий
вздох, -а
вздохну́ть(ся), -ну́, -нёт(ся)
вздра́гивание, -я
вздра́гивать, -аю, -ает
вздрема́ть, -емлю́, -е́млет
вздремну́ть, -ну́, -нёт(ся)
вздрог, -а
вздро́гнуть, -ну, -нет
вздрю́ченный; кр. ф. -ен, -ена
вздрю́чивание, -я
вздрю́чивать(ся), -аю, -ает(ся)

вздрю́чить, -чу, -чит
вздрю́чка, -и, р. мн. -чек
вздува́ние, -я
вздува́ть(ся), -а́ю, -а́ет(ся)
вздумать(ся), -аю, -ает(ся)
вздури́ть(ся), -рю́(сь), -ри́т(ся)
вздутие, -я
вздутость, -и
вздутый
вздуть(ся), вздую, вздуется)
вздыбить(ся), -блю, -бит(ся)
вздыбленный; кр. ф. -ен, -ена
вздыбливать(ся), -аю, -ает(ся)
вздыма́ть(ся), -а́ю, -а́ет(ся)
вздыха́ние, -я
вздыха́тель, -я
вздыха́тельница, -ы, тв. -ей
вздыха́ть(ся), -а́ю, -а́ет(ся)
взима́ние, -я
взима́ть(ся), -а́ю, -а́ет(ся)
взира́ние, -я
взира́ть, -а́ю, -а́ет
взла́ивать, -ает
взла́мывание, -я
взла́мывать(ся), -аю, -ает(ся)
взла́ять, -а́ет
взлеза́ть, -а́ю, -а́ет
взлезть, -зу, -зет; прош. взлез, взле́зла
взле́зший
взлеле́янный; кр. ф. -ян, -яна
взлеле́ять, -е́ю, -е́ет
взлёт, -а
взлета́ние, -я
взлета́ть, -а́ю, -а́ет
взлете́ть, взлечу́, взлети́т
взлётно-поса́дочный
взлётный
взли́за, -ы
взли́зина, -ы
взло́бок, -бка
взлом, -а
взло́манный; кр. ф. -ан, -ана
взлома́ть(ся), -а́ю, -а́ет(ся)
взло́мщик, -а

взлохма́тить(ся), -а́чу(сь), -а́тит(ся)
взлохма́ченный; *кр. ф.* -ен, -ена
взлохма́чивание, -я
взлохма́чивать(ся), -аю(сь), -ает(ся)
взлупи́ть, -уплю́, -у́пит
взлу́пленный; *кр. ф.* -ен, -ена
взлупцева́ть, -цу́ю, -цу́ет
взлупцо́ванный; *кр. ф.* -ан, -ана
взлущённый; *кр. ф.* -ён, -ена́
взлущи́ть, -щу́, -щи́т
взма́ливаться, -аюсь, -ается
взма́нивать(ся), -аю(сь), -ает(ся)
взмани́ть, -аню́, -а́нит
взмах, -а
взма́хивание, -я
взма́хивать(ся), -аю, -ает(ся)
взмахну́ть, -ну́, -нёт
взма́чивать(ся), -аю, -ает(ся)
взма́щивать(ся), -аю(сь), -ает(ся)
взмести́, взмету́, взметёт; *прош.* взмёл, взмела́
взмёт, -а
взмётанный; *кр. ф.* -ан, -ана (*от* взмета́ть²)
взмета́ть¹, -а́ю, -а́ет, *несов.* (*к* взмести́)
взмета́ть², -ечу́, -е́чет, *сов.* (*к* взмётывать)
взметённый; *кр. ф.* -ён, -ена́ (*от* взмести́)
взметну́ть(ся), -ну́(сь), -нёт(ся)
взмётший
взмётывание, -я
взмётывать(ся), -аю, -ает(ся)
взмока́ть, -а́ю, -а́ет
взмо́кнуть, -ну, -нет; *прош.* -о́к, -о́кла
взмо́кший
взмоли́ться, -олю́сь, -о́лится
взмо́рник, -а
взмо́рниковые, -ых
взмо́рье, -я, *р. мн.* -рий
взмости́ть(ся), -ощу́(сь), -ости́т(ся)

взмотну́ть, -ну́, -нёт
взмочи́ть(ся), -очу́, -о́чит(ся)
взмути́ть(ся), -учу́, -ути́т(ся)
взму́ченный; *кр. ф.* -ен, -ена
взму́чивание, -я
взму́чивать(ся), -аю, -ает(ся)
взмыв, -а
взмыва́ть, -а́ю, -а́ет
взмы́ленный; *кр. ф.* -ен, -ена
взмы́ливать(ся), -аю(сь), -ает(ся)
взмы́лить(ся), -лю(сь), -лит(ся)
взмыть, взмо́ю, взмо́ет
взнесённый; *кр. ф.* -ён, -ена́
взнести́(сь), -су́(сь), -сёт(ся); *прош.* взнёс(ся), взнесла́(сь)
взнёсший(ся)
взнос, -а
взноси́ть(ся), взношу́(сь), взно́сит(ся)
взну́зданный; *кр. ф.* -ан, -ана
взнузда́ть, -а́ю, -а́ет
взну́здывание, -я
взну́здывать(ся), -аю, -ает(ся)
взныть, взно́ю, взно́ет
взобра́ться, взберу́сь, взберётся; *прош.* -а́лся, -ала́сь, -а́лось
вздра́ть, вздеру́, вздерёт; *прош.* -а́л, -ала́, -а́ло
взойти́, взойду́, взойдёт; *прош.* взошёл, взошла́
взопре́ть, -е́ю, -е́ет
взор, -а
взо́рванный; *кр. ф.* -ан, -ана
взорва́ть(ся), -ву́(сь), -вёт(ся); *прош.* -а́л(ся), -ала́(сь), -а́ло, -а́лось
взоше́дший
взраста́ть, -а́ю, -а́ет
взрасти́, -ту́, -тёт; *прош.* взрос, взросла́
взрасти́ть, взращу́, взрасти́т
взра́чный; *кр. ф.* -чен, -чна (не очень взра́чный)
взращённый; *кр. ф.* -ён, -ена́
взра́щивание, -я
взра́щивать(ся), -аю, -ает(ся)

взреве́ть, -ву́, -вёт
взревнова́ть, -ну́ю, -ну́ет
взрёвывать, -аю, -ает
взрез, -а
взре́занный; *кр. ф.* -ан, -ана
взре́зать, -е́жу, -е́жет, *сов.*
взреза́ть(ся), -а́ю, -а́ет(ся), *несов.*
взре́зывание, -я
взре́зывать(ся), -аю, -ает(ся)
взро́иться, -и́тся
взросле́ние, -я
взросле́ть, -е́ю, -е́ет
взросли́ть, -и́т
взро́слость, -и
взро́слый
взро́сший
взрыв, -а
взрыва́ние, -я
взрыва́тель, -я
взрыва́ть(ся), -а́ю(сь), -а́ет(ся)
взрывни́к, -а́
взрывно́й
взрывобезопа́сность, -и
взрывобезопа́сный; *кр. ф.* -сен, -сна
взрывобу́р, -а
взрывогидравли́ческий
взрывозащи́та, -ы
взрывозащи́тный
взрывозащищённый
взрывообра́зный
взрывоопа́сность, -и
взрывоопа́сный; *кр. ф.* -сен, -сна
взрывоте́хник, -а
взрывоте́хника, -и
взрывоуда́рный
взрывпаке́т, -а
взрывча́тка, -и, *р. мн.* -ток
взры́вчатость, -и
взры́вчатый
взрыда́ть, -а́ю, -а́ет
взры́тие, -я
взры́тый
взрыть, взро́ю, взро́ет
взрыхле́ние, -я
взрыхлённый; *кр. ф.* -ён, -ена́

взрыхли́ть, -лю́, -ли́т
взрыхля́ть(ся), -я́ю, -я́ет(ся)
взряби́ть(ся), -и́т(ся)
взряблённый; кр. ф. -ён, -ена́
взъеда́ться, -а́юсь, -а́ется
взъезд, -а
взъезжа́ть, -а́ю, -а́ет
взъерепе́ненный; кр. ф. -енен, -енена
взъерепе́нить(ся), -ню(сь), -нит(ся)
взъеро́шенный; кр. ф. -ен, -ена
взъеро́шивать(ся), -аю(сь), -ает(ся)
взъеро́шить(ся), -шу(сь), -шит(ся)
взъерши́ть(ся), -шу́(сь), -ши́т(ся)
взъе́сться, -е́мся, -е́шься, -е́стся, -еди́мся, -еди́тесь, -едя́тся; прош. -е́лся, -е́лась
взъе́хать, -е́ду, -е́дет
взъярённый; кр. ф. -ён, -ена́
взъяри́ть(ся), -рю́(сь), -ри́т(ся)
взыва́ние, -я
взыва́ть, -а́ю, -а́ет
взыгра́ть(ся), -а́ю(сь), -а́ет(ся)
взыск, -а
взыска́ние, -я
Взыска́ние поги́бших (иконографический тип Божией Матери)
взы́сканный; кр. ф. -ан, -ана
взыска́тельность, -и
взыска́тельный; кр. ф. -лен, -льна
взыска́ть(ся), взыщу́, взы́щет(ся)
взы́скивание, -я
взы́скивать(ся), -аю, -ает(ся)
взыскно́й
взыску́ю, -у́ет, неопр. ф. и прош. вр. не употр.
взыску́ющий
взя́тие, -я
взя́тка, -и, р. мн. -ток
взяткода́тель, -я
взяткополуча́тель, -я

взя́ток, -тка, р. мн. -тков (в пчеловодстве)
взя́точник, -а
взя́точница, -ы, тв. -ей
взя́точничать, -аю, -ает
взя́точнический
взя́точничество, -а
взя́тый; кр. ф. -ят, -ята́, -я́то
взя́ть(ся), возьму́(сь), возьмёт(ся); прош. взя́л(ся), взяла́(сь), взя́ло, взяло́сь
ВИА́, нескл., м. (сокр.: вокально-инструментальный ансамбль)
виаду́к, -а
виандо́т, -а
вибра́нт, -а
вибра́то, неизм. и нескл., с.
вибра́тор, -а
вибрафо́н, -а
вибрацио́нно-суши́льный
вибрацио́нный
вибра́ция, -и
вибрио́з, -а
вибрио́н, -а
вибрио́нный
вибриононоси́тель, -я
вибри́рование, -я
вибри́ровать, -и́рую, -и́рует
вибри́ссы, -и́сс, ед. -и́сса, -ы
вибро... — первая часть сложных слов, пишется слитно
виброабрази́вный
вибробезопа́сность, -и
вибробезопа́сный; кр. ф. -сен, -сна
виброболе́знь, -и
виброгалто́вка, -и, р. мн. -вок
виброгаси́тель, -я
виброгася́щий
виброгидропрессова́ние, -я
виброгра́мма, -ы
вибро́граф, -а
виброгро́хот, -а
вибродатчик, -а
виброзащи́та, -ы
виброзащи́тный

виброзащищённый
виброзо́нд, -а
виброизмери́тельный
виброизоля́ция, -и
виброинструме́нт, -а
виброкато́к, -тка́
вибромасса́ж, -а, тв. -ем
вибромассажёр, -а
вибромасса́жный
вибро́метр, -а
виброме́трия, -и
вибромо́лот, -а
вибромолото́к, -тка́
виброно́жницы, -иц
виброопа́сность, -и
виброопа́сный; кр. ф. -сен, -сна
виброплатфо́рма, -ы
виброплита́, -ы́, мн. -пли́ты, -пли́т
виброплоща́дка, -и, р. мн. -док
вибропоглоща́ющий
вибропогружа́тель, -я
вибропреобразова́тель, -я
вибропре́сс, -а
вибропрессова́льный
вибропрессова́ние, -я
вибропрока́т, -а
вибропрока́тный
вибропро́чность, -и
вибропро́чный; кр. ф. -чен, -чна
вибросито, -а
вибраско́п, -а
виброскопи́я, -и
вибросте́нд, -а
вибросто́йкий; кр. ф. -о́ек, -о́йка
вибросто́йкость, -и
вибротерапи́я, -и
вибротехника, -и
вибротехни́ческий
вибротра́вма, -ы
вибротро́н, -а
виброуда́рный
виброустано́вка, -и, р. мн. -вок
виброусто́йчивость, -и
виброусто́йчивый
виброшта́мп, -а
виброштампова́ние, -я

вива́льдиевский (*от* Вива́льди)
вива́рий, -я
вива́т, *неизм.*
вива́тный (вива́тный ка́нт, *муз.*)
вива́че, *неизм. и нескл., с.*
виве́нди, *неизм.*: мо́дус виве́нди
виве́р, -а
виве́рра, -ы
виве́рровые, -ых
виве́рство, -а
вивиани́т, -а
вивипа́рия, -и
виви́сектор, -а
вивисекцио́нный
виви́секция, -и
вигва́м, -а
ви́ги, -ов, *ед.* виг, -а
вигильность, -и
виго́невый
виго́нь, -и
вид, -а и -у, *предл.* на виду́
вида́к, -а́ (*прост. к* видеомагнитофо́н)
ви́данный; *кр. ф.* -ан, -ана (*от* вида́ть; ви́данное ли де́ло?; где́ э́то ви́дано?; ви́дано ли э́то?)
ви́данный-переви́данный
ви́дано-переви́дано
вида́ть, *вводн. сл.*
вида́ть(ся), -а́ю(сь), -а́ет(ся)
видачо́к, -чка́
ви́дение, -я (*действие*)
виде́ние, -я (*призрак*)
ви́денный; *кр. ф.* -ен, -ена (*от* ви́деть)
ви́денный-переви́денный
ви́дено-переви́дено
ви́део, *неизм. и нескл., с.*
видео... — *первая часть сложных слов, пишется слитно*
видеоада́птер, -а
видеоаппарату́ра, -ы
видеоархи́в, -а
видеоба́р, -а
видеобу́м, -а
видеоголо́вка, -и, *р. мн.* -вок

видеодво́йка, -и, *р. мн.* -о́ек
видеоди́ск, -а
видеодомофо́н, -а
видеодосье́, *нескл., с.*
видеозапи́сывающий
видеоза́пись, -и
ви́део- и аудиоза́пись, -и
видеоигра́, -ы́, *мн.* -и́гры, -и́гр
видеои́мпульс, -а
видеоинформа́ция, -и
видеоиску́сство, -а
видеока́мера, -ы
видеокана́л, -а
видеокассе́та, -ы
видеокассе́тный
видеокафе́, *нескл., с.*
видеокино́, *нескл., с.*
видеокли́п, -а
видеоконтро́ллер, -а
видеоконтро́ль, -я
видеоконтро́льный
видеоле́нта, -ы
видеомагнитофо́н, -а
видеомагнитофо́нный
видеоматериа́л, -а
видеоно́вости, -е́й
видеоноси́тель, -я
видеообзо́р, -а
видеопа́мять, -и
видеопира́т, -а
видеопира́тство, -а
видеопле́ер, -а
видеоплёнка, -и, *р. мн.* -нок
видеоприста́вка, -и, *р. мн.* -вок
видеопроду́кция, -и
видеорекла́ма, -ы
видеоро́лик, -а
видеоря́д, -а, *мн.* -ы́, -о́в
видеосало́н, -а
видеосигна́л, -а
видеосигна́льный
видеосисте́ма, -ы
видеосре́дство, -а
видеоте́ка, -и
видеоте́кс, -а
видеотелефо́н, -а

видеотелефо́нный
видеотермина́л, -а
видеотермина́льный
видеоте́хника, -и
видеотехноло́гия, -и
видеотро́йка, -и, *р. мн.* -о́ек
видеоусили́тель, -я
видеофи́льм, -а
видеофо́н, -а
видеоэквала́йзер, -а
ви́деть(ся), ви́жу(сь), ви́дит(ся)
ви́дик, -а
видико́н, -а
ви́димо, *вводн. сл.*
ви́димо-неви́димо
ви́димость, -и
ви́димый
видне́йший
видне́ться, -е́ется
ви́дно, *в знач. сказ. и вводн. сл.*
ви́дновский (*от* Ви́дное, *город*)
ви́дновцы, -ев, *ед.* -вец, -вца
ви́дность, -и
ви́дный; *кр. ф.* ви́ден, видна́, ви́дно, видны́
видны́м-виднёшенько
видово́й
видовременно́й
видоизмене́ние, -я
видоизменённый; *кр. ф.* -ён, -ена́
видоизмени́ть(ся), -ню́(сь), -ни́т(ся)
видоизменя́емость, -и
видоизменя́ть(ся), -я́ю(сь), -я́ет(ся)
видоиска́тель, -я
видо́к, -а (*свидетель, ист.*)
ви́дом не вида́ть
видообразова́ние, -я
ви́дывать, *наст. вр. не употр.*
ви́дящий(ся)
ви́за, -ы
визави́, *неизм. и нескл., м. и ж.*
визажи́ст, -а
визажи́стка, -и, *р. мн.* -ток
византи́йский (*от* Виза́нтия)

ВИЗАНТИЙЦЫ

византи́йцы, -ев, *ед.* -и́ец, -и́йца, *тв.* -и́йцем
византи́н, -а (*монета*)
византини́зм, -а
византини́ст, -а
византинове́дение, -я
византо́лог, -а
визг, -а
визгли́вость, -и
визгли́вый
ви́згнуть, -ну, -нет
визготня́, -и́
визгу́н, -а́
визгу́нья, -и, *р. мн.* -ний
визгу́ха, -и
визжа́ние, -я
визжа́ть, -жу́, -жи́т
визионе́р, -а
визионе́рский
визионе́рство, -а
визи́р, -а (*прибор*)
визи́рный
визи́рование, -я
визи́рованный; *кр. ф.* -ан, -ана
визи́ровать(ся), -рую, -рует(ся)
визиро́вка, -и, *р. мн.* -вок
визиро́вочный
визиро́вщик, -а
визиро́вщица, -ы, *тв.* -ей
визи́рь, -я (*сановник*)
визи́т, -а
визита́ция, -и
визитёр, -а
визитёрша, -и, *тв.* -ей
визити́ровать, -рую, -рует
визи́тка, -и, *р. мн.* -ток
визи́тный
ви́зовый
визуализа́ция, -и
визуали́стика, -и
визуа́льно-антропологи́ческий
визуа́льно-двойно́й
визуа́льно наблюда́емый
визуа́льный; *кр. ф.* -лен, -льна
Вий, Ви́я, *предл.* о Ви́е (*мифол.*)
ви́ка, -и

викалло́й, -я
викариа́т, -а
вика́рий, -я
викари́рующий
вика́рный
ви́кинг, -а
ви́кингский
ви́ковый
викогоро́хово-овся́ный
викогоро́ховый
вико́нт, -а
виконте́сса, -ы
викоовся́ный
викториа́нец, -нца, *тв.* -нцем, *р. мн.* -нцев
Викториа́нская эпо́ха (*в истории Англии*)
викториа́нский (*к* Викто́рия, *королева Великобритании*)
викторийский (*к* Викто́рия, *геогр.*)
виктори́на, -ы (*игра*)
викто́рия, -и (*победа*)
викто́рия-ре́гия, викто́рии-ре́гии
вику́нья, -и, *р. мн.* -ний
ви́ла, -ы (*мифол.*)
вилайе́т, -а (*в средневековой Средней Азии, Турции, Тунисе*)
вила́йя, -и и *нескл., ж.* (*в Алжире*)
ви́ленский (*от* Ви́льно, Ви́льна)
ви́ленцы, -ев, *ед.* -нец, -нца, *тв.* -нцем
виленча́нка, -и, *р. мн.* -нок
ви́лка, -и, *р. мн.* ви́лок
ви́лки-ло́жки, ви́лок-ло́жек
вилко́вый (*от* вило́к)
ви́лла, -ы
вилла́н, -а
виллане́лла, -ы
виллеми́т, -а
ви́ллис, -а (*автомобиль*)
вилли́сы, -ис, *ед.* -и́са, -ы (*мифол.*)
вило́к, вилка́
вилообра́зный; *кр. ф.* -зен, -зна
виоро́г, -а
вилохво́стка, -и, *р. мн.* -ток

ви́лочек, -чка
ви́лочка, -и, *р. мн.* -чек
ви́лочковая железа́
ви́лочный
вилт, -а
вилтоусто́йчивый
ви́лы, вил
Вильге́льм Завоева́тель
вильну́ть, -ну́, -нёт
ви́льнюсский (*от* Ви́льнюс)
ви́льнюсцы, -ев, *ед.* -сец, -сца, *тв.* -сцем
вилю́йский (*от* Вилю́й и Вилю́йск)
вилюйча́не, -а́н, *ед.* -а́нин, -а
вилюйча́нка, -и, *р. мн.* -нок
вилю́чий
виля́ние, -я
виля́ть, -я́ю, -я́ет
ви́мперг, -а
ви́на, -ы (*муз. инструмент*)
вина́, -ы́, *мн.* ви́ны, вин
винало́н, -а
виндгла́йдер, -а
ви́ндзе́йль, -я
ви́ндзо́рский (*от* Ви́ндзо́р и Ви́ндзо́ры)
Ви́ндзо́рский дворе́ц
Ви́ндзо́ры, -ов (*династия*)
виндика́ция, -и
виндро́за, -ы
виндро́тор, -а
виндро́уэр, -а
виндсёрфер, -а
виндсёрфинг, -а
винегре́т, -а и -у
винегре́тик, -а и -у
винегре́тный
ви́ни, -е́й
вини́л, -а
винилацета́т, -а
винилацетиле́н, -а
винилбензо́л, -а
винилиденхлори́д, -а
винили́рование, -я
винили́т, -а

вини́ловый
винилхлори́д, -а
винипла́ст, -а
винипла́стовый
вини́тельный паде́ж
вини́ть(ся), виню́(сь), вини́т(ся)
вини́шко, -а, мн. -шки, -шек
вини́ще, -а
ви́нкель, -я
виннипе́гский (от Виннипе́г)
виннипе́гцы, -ев, ед. -гец, -гца, тв. -гцем
Ви́нни Пу́х, -а (сказочный персонаж)
Ви́ннитчина, -ы (к Ви́нница, город)
ви́нница, -ы, тв. -ей (винокурня)
ви́нницкий (от Ви́нница, город)
виннича́не, -а́н, ед. -а́нин, -а
виннича́нка, -и, р. мн. -нок
ви́нно-во́дочный
ви́нно-ка́менный
виннокислый
ви́нно-конья́чный
ви́нно-ликёрный
ви́нно-сла́дкий
ви́нный
вино́, -а́, мн. ви́на, вин
винова́тить(ся), -а́чу(сь), -а́тит(ся)
винова́тость, -и
винова́тый
винова́тящий(ся)
вино́вка, -и, р. мн. -вок
вино́вник, -а
вино́вница, -ы, тв. -ей
вино́вность, -и
вино́вный; кр. ф. -вен, -вна
вино́вый (от ви́ни)
виногра́д, -а
виногра́дарский
виногра́дарство, -а
виногра́дарь, -я
виногра́дина, -ы
виногра́динка, -и, р. мн. -нок
виногра́дник, -а

виногра́дниковый
виногра́дный
виноградови́т, -а
виногра́довые, -ых
виноде́л, -а
виноде́лие, -я
виноде́льный
виноде́льня, -и, р. мн. -лен
виноде́льческий
виноку́р, -а
винокуре́ние, -я
виноку́ренный
виноку́рный
виноку́рня, -и, р. мн. -рен
вино́л, -а
винопи́тие, -я
винопрово́д, -а
виноразли́вочный
виноте́ка, -и
виноторго́вец, -вца, тв. -вцем, р. мн. -вцев
виноторго́вля, -и
виноторго́вый
виноче́рпий, -я
винпоцети́н, -а
винт, -а́
винтёр, -а
ви́нтик, -а
ви́нтик-шпу́нтик, ви́нтика-шпу́нтика
винти́ть[1], винчу́, ви́нтит
винти́ть[2], винчу́, ви́нтит (от винт – карточная игра)
винтова́льный
винтова́льня, -и, р. мн. -лен
винто́ванный; кр. ф. -ан, -ана
винтова́ть, -ту́ю, -ту́ет
винто́вка, -и, р. мн. -вок
винтово́й
винто́вочка, -и, р. мн. -чек
винто́вочный
винтокры́л, -а
винтокры́лый
винтомото́рный
винтонака́тный
винтонарезно́й

винтообра́зный; кр. ф. -зен, -зна
винтореакти́вный
винторе́з, -а
винторе́зный
винторо́гий
винтотурби́нный
винтя́щий
винцо́, -а́
ви́нченный; кр. ф. -ен, -ена, прич. (от винти́ть)
винче́стер, -а (винтовка; компьютерный диск)
винче́стерский
виньети́рование, -я
винье́тка, -и, р. мн. -ток
винье́точка, -и, р. мн. -чек
вио́ла, -ы
вио́ла-баста́рда, вио́лы-баста́рды
вио́ла да га́мба, вио́лы да га́мба
виоле́тта, -ы (муз. инструмент)
виолончели́ст, -а
виолончели́стка, -и, р. мн. -ток
виолонче́ль, -и
виолонче́ль конти́нуо, виолонче́ли конти́нуо
виолонче́льный
вио́ль д'аму́р, вио́ли д'аму́р
випрато́кс, -а
ви́ра[1], -ы (штраф)
ви́ра[2], неизм. (команда)
вира́ж[1], -а́, тв. -о́м (поворот)
вира́ж[2], -а, тв. -ем (хим.)
виражи́ровать, -рую, -рует
вира́жный
вира́ж-фикса́ж, -а, тв. -ем
вирга́ция, -и
виргин́ский (от Вирги́ния)
вирги́нцы, -ев, ед. -нец, -нца, тв. -нцем
вириа́льный
вирили́зм, -а
вирио́н, -а
вири́рование, -я
вири́ровать(ся), -рую, -рует(ся)
виртуа́льность, -и
виртуа́льный; кр. ф. -лен, -льна

виртуо́з, -а
виртуо́зка, -и, *р. мн.* -зок
виртуо́зность, -и
виртуо́зный; *кр. ф.* -зен, -зна
вируле́нтность, -и
вируле́нтный; *кр. ф.* -тен, -тна
ви́рус, -а
ви́русный
вирусо́ванный; *кр. ф.* -ан, -ана
вирусогенети́ческий
вирусо́лог, -а
вирусологи́ческий
вирусоло́гия, -и
вирусоноси́тель, -я
вирусоподо́бный; *кр. ф.* -бен, -бна
вирусоскопи́я, -и
вирусосодержа́щий и вируссодержа́щий
вирховиа́нский (*от* Ви́рхов)
вирховиа́нство, -а
ви́ршевый
виршепи́сец, -сца, *тв.* -сцем, *р. мн.* -сцев
виршеплёт, -а
виршеплётство, -а
ви́рши, -ей
вис, -а
виса́йя, *неизм. и нескл., м.* (язык) *и нескл., мн., ед. м. и ж.* (народ)
ви́селица, -ы, *тв.* -ей
ви́селичный
ви́сельник, -а
висе́ние, -я
висе́ть, вишу́, виси́т
ви́ска, -и, *р. мн.* ви́сок (пытка)
ви́ски, *нескл., с.*
виско́за, -ы
вискозиме́тр, -а
вискозиме́трия, -и
вискози́н, -и
виско́зный
виско́нсинский (*от* Виско́нсин)
виско́нсинцы, -ев, *ед.* -нец, -нца, *тв.* -нцем
ви́слинский (*от* Ви́сла)

вислобрю́хий
вислоза́дый
вислокры́лка, -и, *р. мн.* -лок
ви́сло-о́дерский
вислопло́дник, -а
вислоу́хий
ви́слый
висля́не, -я́н (племя)
ви́смут, -а
висмути́д, -а (*хим.*)
висмути́н, -а
висмути́т, -а и бисмути́т, -а (*минерал*)
ви́смутный
ви́смутовый
висмутосодержа́щий и висмутсодержа́щий
висмя́ висе́ть
ви́снувший
ви́снуть, -ну, -нет; *прош.* ви́снул и вис, ви́сла
висо́к, виска́
високо́сный год
висо́чек, -чка
висо́чно-ло́бный
висо́чно-теменно́й
висо́чный
виссо́н, -а
виссо́нный
вист, -а
вистова́ть, -ту́ю, -ту́ет
ви́стовый
висцера́льный
висцеромото́рный
висцеропто́з, -а
висци́н, -а
висци́новый
висю́лечка, -и, *р. мн.* -чек
висю́лька, -и, *р. мн.* -лек
вися́чий
вися́чка, -и, *р. мн.* -чек
витали́зм, -а
витали́ст, -а
виталисти́ческий
вита́ллий, -я и вита́ллиум, -а (сплав)

вита́льный
витами́н, -а
витаминиза́ция, -и
витаминизи́рованный; *кр. ф.* -ан, -ана
витаминизи́ровать(ся), -рую, -рует(ся)
витами́нность, -и
витами́нно-травяно́й
витами́нный
витаминоакти́вный
витами́новый
витамино́зность, -и
витамино́зный
витамино́лог, -а
витаминоло́гия, -и
витаминоноси́тель, -я
витаминоно́сный
витаминоподо́бный; *кр. ф.* -бен, -бна
витаминопрофила́ктика, -и
витаминосодержа́щий и витаминсодержа́щий
витаминотерапи́я, -и
витаминсодержа́щий и витаминосодержа́щий
витами́нчик, -а
вита́ние, -я
вита́он, -а
вита́ть, -а́ю, -а́ет
витебля́не, -я́н, *ед.* -я́нин, -а (*от* Ви́тебск)
ви́тебский (*от* Ви́тебск)
Ви́тебщина, -ы (к Ви́тебск)
вите́кс, -а
вителли́н, -а
вителлогене́з, -а
вителлофа́ги, -ов, *ед.* -фа́г, -а
витери́т, -а
витиева́тость, -и
витиева́тый
вити́йственный
вити́йство, -а
вити́йствовать, -твую, -твует
вити́я, -и, *р. мн.* -и́й, *м.*
вито́й, *прил.*

виток, витка
виточек, -чка
витраж, -а и -а, тв. -ом и -ем
витражист, -а
витражный
витрен, -а
витрина, -ы
витринный
витрификация, -и
витрофир, -а
Витстон, -а: аппарат Витстона, мост Витстона
Витт, -а: пляска святого Витта
виттова пляска, виттовой пляски
витушка, -и, р. мн. -шек
витый; кр. ф. вит, вита, вито, прич. (от вить)
вить, вью, вьёт; прош. вил, вила, вило
витьё, -я
виться, вьюсь, вьётся; прош. вился, вилась, вилось
витютень, -тня
витязь, -я
виузла, -ы
вифлеемка, -и, р. мн. -мок
вифлеемский (от Вифлеем)
вифлеемцы, -ев, ед. -мец, -мца, тв. -мцем
вихара, -ы
вихлявость, -и
вихлявый
вихляй, -я
вихляние, -я
вихлястый
вихлять(ся), -яю(сь), -яет(ся)
вихор, вихра
вихорок, -рка
вихорчик, -а
вихрастый
вихревой
вихрекамерный
вихрекопировальный
вихрем, нареч.
вихреобразный; кр. ф. -зен, -зна
вихреобразование, -я

вихреподобный; кр. ф. -бен, -бна
вихрить(ся), -рю, -рит(ся) и вихрить(ся), -рю, -рит(ся)
вихрун, -а
вихрь, вихря
вице-... — приставка, пишется через дефис
вице-адмирал, -а
вице-адмирал-инженер, вице-адмирала-инженера
вице-адмиральский
вице-адмиральство, -а
вице-губернатор, -а
вице-губернаторский
вице-губернаторство, -а
вице-губернаторша, -и, тв. -ей
вице-канцлер, -а
вице-канцлерский
вице-консул, -а
вице-консульский
вице-король, -я
вице-мисс, нескл., ж.
вице-мэр, -а
вице-председатель, -я
вице-президент, -а
вице-президентский
вице-президентство, -а
вице-премьер, -а
вице-премьерский
вице-премьерство, -а
вице-спикер, -а
вице-спикерский
вице-чемпион, -а
вице-чемпионка, -и, р. мн. -нок
вице-чемпионский
вицмундир, -а
вицмундирный
ВИЧ-анализ, -а
ВИЧ-диагностика, -и
ВИЧ-инфекция, -и
ВИЧ-инфицированный; кр. ф. -ан, -ана
вичугский и вичужский (от Вичуга)
вичужане, -ан, ед. -анин, -а
вичужанка, -и, р. мн. -нок

вичужский и вичугский (от Вичуга)
вишенка, -и, р. мн. -нок
вишенник, -а
вишенный
вишенье, -я
вишерский (от Вишера)
виши, нескл., с. (минеральная вода)
вишнёвка, -и, р. мн. -вок
вишнёвочка, -и, р. мн. -чек
Вишневский, -ого: мазь Вишневского
вишнёвый
вишнеслива, -ы
Вишну, нескл., м.
вишнуизм, -а
вишнуитский
вишнуиты, -ов, ед. -ит, -а
вишня, -и, р. мн. вишен
вишняк, -а (от вишня)
вишь, частица
вишь ты
в кайф
вкалывать(ся), -аю, -ает(ся)
вкапанный; кр. ф. -ан, -ана
вкапать, -аю, -ает
вкапнуть, -ну, -нет
вкапывание, -я
вкапывать(ся), -аю(сь), -ает(ся)
вкарабкаться, -аюсь, -ается
вкарабкиваться, -аюсь, -ается
в карьер (скакать)
вкатанность, -и
вкатанный; кр. ф. -ан, -ана
вкатать(ся), -аю(сь), -ает(ся)
вкатить(ся), вкачу(сь), вкатит(ся)
вкатка, -и
вкатнуть, -ну, -нёт
вкатывание, -я
вкатывать(ся), -аю(сь), -ает(ся)
вкачанный; кр. ф. -ан, -ана (от вкачать)
вкачать(ся), -аю, -ает(ся)
вкаченный; кр. ф. -ен, -ена (от вкатить)
вкачивание, -я

вка́чивать(ся), -аю, -ает(ся)
вка́шивание, -я
вка́шиваться, -аюсь, -ается
вкида́ть, -а́ю, -а́ет
вки́дывать(ся), -аю, -ает(ся)
вки́нуть(ся), -ну, -нет(ся)
ВКК [вэкака́], *нескл., ж.* (*сокр.:* врачебно-консультационная комиссия)
вклад, -а
вкла́дка, -и, *р. мн.* -док
вкладно́й
вкла́дочный
вкла́дчик, -а
вкла́дчица, -ы, *тв.* -ей
вкла́дывание, -я
вкла́дывать(ся), -аю(сь), -ает(ся)
вкла́дыш, -а, *тв.* -ем
вкле́енный; *кр. ф.* -ен, -ена
вкле́ивание, -я
вкле́ивать(ся), -аю, -ает(ся)
вкле́ить(ся), -е́ю, -е́ит(ся)
вкле́йка, -и, *р. мн.* -е́ек
вклёпанный; *кр. ф.* -ан, -ана
вклепа́ть(ся), -а́ю(сь), -а́ет(ся)
вклёпка, -и, *р. мн.* -пок
вклёпывание, -я
вклёпывать(ся), -аю(сь), -ает(ся)
в кле́тку
в кле́точку
вклине́ние, -я
вкли́ненный; *кр. ф.* -ен, -ена и вклинённый; *кр. ф.* -ён, -ена́
вкли́нивание, -я
вкли́нивать(ся), -аю(сь), -ает(ся)
вкли́нить(ся), -ню(сь), -нит(ся) и вклини́ть(ся), -ню́(сь), -ни́т(ся)
включа́тель, -я
включа́ть(ся), -а́ю(сь), -а́ет(ся)
включе́ние, -я
включённый; *кр. ф.* -ён, -ена́
включи́тельно
включи́ть(ся), -чу́(сь), -чи́т(ся)
вко́ванный; *кр. ф.* -ан, -ана
вкова́ть(ся), вкую́, вкуёт(ся)

вко́вка, -и
вко́вывание, -я
вко́вывать(ся), -аю, -ает(ся)
вкогти́ться, -и́тся
в ко́и ве́ки
в ко́и-то ве́ки
вкола́чивание, -я
вкола́чивать(ся), -аю, -ает(ся)
вколоти́ть(ся), -лочу́, -ло́тит(ся)
вколотно́й
вко́лотый
вколо́ть(ся), вколю́, вко́лет(ся)
вколо́ченный; *кр. ф.* -ен, -ена
в ко́м в ко́м (уж в ко́м в ко́м, а в нём я уве́рен; *также при переспросе*)
в ко́мплексе (*комплексно*)
вкомпоно́ванный; *кр. ф.* -ан, -ана
вкомпонова́ть(ся), -ну́ю, -ну́ет(ся)
вкомпоно́вывать(ся), -аю, -ает(ся)
вконе́ц, *нареч.* (*совершенно, совсем*)
в конте́ксте (*чего*)
в конце́ концо́в
вко́панный; *кр. ф.* -ан, -ана
вкопа́ть(ся), -а́ю(сь), -а́ет(ся)
в копе́ечку (ста́ть, влете́ть)
вкорене́ние, -я
вкоренённый; *кр. ф.* -ён, -ена́
вкорени́ть(ся), -ню́(сь), -ни́т(ся)
в ко́рень (запря́чь; смотре́ть)
вкореня́ть(ся), -я́ю(сь), -я́ет(ся)
в ко́рне (*совсем, совершенно; пресе́чь*)
вкоротке́
вкоси́ться, вкошу́сь, вко́сится
вкосу́ю, *нареч.*
вкось
вкра́вшийся
вкра́дчивость, -и
вкра́дчивый
вкра́дываться, -аюсь, -ается
вкра́ивание, -я

вкра́ивать(ся), -аю, -ает(ся)
в край (*шитье*)
вкра́пина, -ы
в кра́пинку
вкра́пить(ся), -плю, -пит(ся)
вкрапле́ние, -я
вкра́пленник, -а
вкра́пленно-прожи́лковый
вкра́пленный; *кр. ф.* -ен, -ена
вкра́пливание, -я
вкра́пливать(ся), -аю, -ает(ся)
вкрапля́ть(ся), -я́ю, -я́ет(ся)
вкра́сться, -аду́сь, -адётся; *прош.* -а́лся, -а́лась
вкра́тце
в креди́т
вкрепи́ть(ся), -плю́, -пи́т(ся)
в кре́пки (игра́ть)
вкрепле́ние, -я
вкреплённый; *кр. ф.* -ён, -ена́
вкрепля́ть(ся), -я́ю, -я́ет(ся)
вкривь
вкривь и вкось
вкро́енный; *кр. ф.* -ен, -ена
вкрои́ть(ся), вкрою́, вкрои́т(ся)
вкро́йка, -и, *р. мн.* -о́ек
вкруг, *нареч.* (*устар. к* вокру́г)
вкругову́ю, *нареч.*
вкрути́ть(ся), вкручу́, вкру́тит(ся)
вкруту́ю, *нареч.*
вкру́ченный; *кр. ф.* -ен, -ена
вкру́чивание, -я
вкру́чивать(ся), -аю, -ает(ся)
вку́пе, *нареч.*
вку́риваться, -аюсь, -ается
вкури́ться, вкурю́сь, вку́рится
вкус, -а
вкуси́ть, вкушу́, вку́сит
вкусне́йший
вку́сненький
вку́сно, *нареч.*
вку́сности, -ей
вкуснота́, -ы́
вкусноти́ща, -и, *тв.* -ей
вку́сный; *кр. ф.* -сен, -сна́, -сно, вкусны́

вкусня́тина, -ы
вкусово́й
вкусовщи́на, -ы
вкуша́ть(ся), -а́ю, -а́ет(ся)
вкуше́ние, -я
вкушённый; кр. ф. -ён, -ена́
вла́га, -и
влага́лище, -а
влага́лищный
влага́ть(ся), -а́ю, -а́ет(ся)
влаговоздухонепроница́емый
влаговпи́тывающий
влагоёмкий
влагоёмкость, -и
влагозадержа́ние, -я
влагозаря́дка, -и
влагозаря́дковый
влагозащи́та, -ы
влагозащи́тный
влагозащищённый
влагоизоляцио́нный
влагоизоля́ция, -и
влаголюби́вый
влагоме́р, -а
влагонакопи́тель, -я
влагонакопи́тельный
влагонакопле́ние, -я
влагонепроница́емость, -и
влагонепроница́емый
влагообеспе́ченность, -и
влагообеспе́ченный
влагооборо́т, -а
влагоотда́ча, -и, тв. -ей
влагоотта́лкивание, -я
влагоотта́лкивающий
влагопоглоти́тель, -я
влагопоглоща́емость, -и
влагопоглоще́ние, -я
влагосодержа́щий
влагосто́йкий; кр. ф. -о́ек, -о́йка
влагосто́йкость, -и
в лад
влада́ть, -а́ю, -а́ет (устар. к владе́ть)
в лада́х

владе́лец, -льца, тв. -льцем, р. мн. -льцев
владе́лица, -ы, тв. -ей
владе́льческий
владе́ние, -я
владе́нная гра́мота
владе́тель, -я
владе́тельница, -ы, тв. -ей
владе́тельный
владе́ть, -е́ю, -е́ет
владе́ющий
владивосто́кский (от Владивосто́к)
владивосто́кцы, -ев, ед. -кец, -кца, тв. -кцем
владикавка́зский (от Владикавка́з)
владикавка́зцы, -ев, ед. -зец, -зца, тв. -зцем
Влади́мир, -а (имя; город; орден)
Влади́мир-Волы́нский, Влади́мира-Волы́нского (город)
влади́мирка, -и, р. мн. -рок (жи́тельница Влади́мира; сорт ви́шни)
Влади́мирка, -и (тракт)
Влади́мир Кра́сное Со́лнышко
Влади́мир Монома́х
влади́миро-су́здальский
Влади́миро-Су́здальское кня́жество
Влади́мир Свято́й
Влади́мирская Бо́жия Ма́терь (икона)
влади́мирский (от Влади́мир, город)
Влади́мирский собо́р (в Киеве)
Влади́мирское опо́лье (геогр.)
влади́мирцы, -ев, ед. -рец, -рца, тв. -рцем
Влади́мирщина, -ы (к Влади́мир, город)
в ладу́
влады́ка, -и, зв. форма (при обраще́нии к духовному лицу) влады́ко, м.

влады́чество, -а
влады́чествовать, -твую, -твует
влады́чица, -ы, тв. -ей (ж. к влады́ка) и Влады́чица, -ы, тв. -ей (о Богородице)
влады́чный
влажне́ть, -е́ю, -е́ет
влажнова́тый
вла́жность, -и
вла́жно-теплово́й
вла́жно-тропи́ческий
вла́жно-экваториа́льный
вла́жный; кр. ф. -жен, -жна́, -жно, вла́жны
вла́мываться, -аюсь, -ается
в ла́пу (рубить избу)
вла́совец, -вца, тв. -вцем, р. мн. -вцев
вла́совский (от Вла́сов)
власогла́в, -а
власое́ды, -ов, ед. -е́д, -а
власокры́лые, -ых
вла́ствование, -я
вла́ствовать, -твую, -твует
властели́н, -а
вла́сти предержа́щие, власте́й предержа́щих
власти́тель, -я
власти́тельница, -ы, тв. -ей
власти́тельный; кр. ф. -лен, -льна
власти́тельский
вла́стность, -и
вла́стный; кр. ф. -тен, властна́, -тно
властолю́бец, -бца, тв. -бцем, р. мн. -бцев
властолюби́вый
властолю́бие, -я
власть, -и, мн. -и, -е́й
власть иму́щие, власть иму́щих
власть предержа́щая, вла́сти предержа́щей
власы́, -о́в (устар. к во́лосы)
власяни́ца, -ы, тв. -ей
власяно́й

ВЛАЧИ́ТЬ(СЯ)

влачи́ть(ся), -чу́(сь), -чи́т(ся)
вле́во
влега́ть, -а́ю, -а́ет
в лёжку
влеза́ние, -я
влеза́ть, -а́ю, -а́ет
влезть, -зу, -зет; *прош.* влез, вле́зла
вле́зший
влей, -я (*геол.*)
влеко́мый
влеку́щий(ся)
влёкший(ся)
влепи́ть(ся), влеплю́, вле́пит(ся)
вле́пленный; *кр. ф.* -ен, -ена
вепля́ть(ся), -я́ю, -я́ет(ся)
влёт¹, -а
влёт², *нареч.* (стреля́ть, би́ть влёт)
влета́ние, -я
влета́ть, -а́ю, -а́ет
в лета́х
влете́ть, влечу́, влети́т
влече́ние, -я
влечь, вля́гу, вля́жет, вля́гут; *прош.* влёг, влегла́, *сов.* (*к* влега́ть)
влечь(ся), влеку́(сь), влечёт(ся), влеку́т(ся); *прош.* влёк(ся), влекла́(сь), *несов.*
влива́ние, -я
влива́ть(ся), -а́ю(сь), -а́ет(ся)
в лине́ечку
в лине́йку
влипа́ть, -а́ю, -а́ет
вли́пнуть, -ну, -нет; *прош.* влип, вли́пла
вли́пший
вли́тие, -я
влито́й, *прил.*
вли́тый; *кр. ф.* влит, влита́, вли́то, *прич.*
вли́ть(ся), волью́(сь), вольёт(ся); *прош.* вли́л(ся), влила́(сь), вли́ло, влило́сь
в ли́цах (расска́зывать, изобража́ть)
в лице́ (*кого, чего*)

в лицо́ (говори́ть *кому*; знать, узна́ть *кого*; смотре́ть *чему*)
влия́ние, -я
влия́тельность, -и
влия́тельный; *кр. ф.* -лен, -льна
влия́ть, -я́ю, -я́ет
в лоб (сказа́ть)
вложе́ние, -я
вло́женность, -и
вло́женный; *кр. ф.* -ен, -ена
вложи́ть(ся), вложу́(сь), вло́жит(ся)
вломи́ться, вломлю́сь, вло́мится
вло́паться, -аюсь, -ается
вло́пываться, -аюсь, -ается
в лоск
в ло́скут и в лоскуты́ (пьян)
влта́вский (*от* Влта́ва)
влю́бе: вку́пе и влю́бе
влюби́ть(ся), влюблю́(сь), влю́бит(ся)
влюбле́ние, -я
влюблённо, *нареч.*
влюблённость, -и
влюблённый; *кр. ф.* -ён, -ена́ и (выража́ющий влюблённость) -ён, -ённа (её взгля́ды влюблённы)
влюбля́ть(ся), -я́ю(сь), -я́ет(ся)
влю́бчивость, -и
влю́бчивый
вля́панный; *кр. ф.* -ан, -ана
вля́пать(ся), -аю(сь), -ает(ся)
вля́пывать(ся), -аю(сь), -ает(ся)
вма́занный; *кр. ф.* -ан, -ана
вма́зать(ся), вма́жу(сь), вма́жет(ся)
вма́зка, -и, *р. мн.* -зок
вма́зывание, -я
вма́зывать(ся), -аю(сь), -ает(ся)
вма́ле
в ма́ссе
вмасти́ть, вмащу́, вмасти́т
в масть
вма́тывание, -я
вма́тывать(ся), -аю, -ает(ся)

вмене́ние, -я
вменённый; *кр. ф.* -ён, -ена́
вмени́ть(ся), -ню́, -ни́т(ся)
вменя́емость, -и
вменя́емый
вменя́ть(ся), -я́ю, -я́ет(ся)
вмерза́ть, -а́ю, -а́ет
вмёрзнуть, -ну, -нет; *прош.* вмёрз, вмёрзла
вмёрзший
вмёртвую, *нареч.*
в ме́ру
вмеси́ть(ся), вмешу́, вме́сит(ся)
вме́сте, *нареч.* (с кем-чем-н., не в одино́чку)
вме́сте с те́м
вмести́, вмету́, вметёт; *прош.* вмёл, вмела́
вмести́лище, -а
вмести́мость, -и
вмести́мый
вмести́тельность, -и
вмести́тельный; *кр. ф.* -лен, -льна
вмести́ть(ся), вмещу́(сь), вмести́т(ся)
вме́сто, *предлог* (заменя́я, замеща́я *кого-что-н.*)
вместопресто́льник, -а
вмётанный; *кр. ф.* -ан, -ана (*от* вмета́ть)
вмета́ть(ся), -а́ю, -а́ет(ся)
вметённый; *кр. ф.* -ён, -ена́ (*от* вмести́)
вмётка, -и, *р. мн.* -ток
вметну́ть(ся), -ну́, -нёт(ся)
вмётший
вмётывание, -я
вмётывать(ся), -аю, -ает(ся)
вме́шанный; *кр. ф.* -ан, -ана (*от* вмеша́ть)
вмеша́тельство, -а
вмеша́ть(ся), -а́ю(сь), -а́ет(ся)
вме́шенный; *кр. ф.* -ен, -ена (*от* вмеси́ть)
вме́шивание, -я

вме́шивать(ся), -аю(сь), -ает(ся)
в мешо́чек (о сваренном яйце)
вмеща́ть(ся), -а́ю(сь), -а́ет(ся)
вмещённый; кр. ф. -ён, -ена́
вмиг, нареч. (вми́г исче́з), но сущ. в миг (в ми́г побе́ды все́ бы́ли сча́стливы)
вмина́ние, -я
вмина́ть(ся), -а́ю, -а́ет(ся)
в миру́
в мо́де
в молча́нку (игра́ть)
вмонти́рованный; кр. ф. -ан, -ана
вмонти́ровать(ся), -рую, -рует(ся)
вмора́живать(ся), -аю, -ает(ся)
вморо́женный; кр. ф. -ен, -ена
вморо́зить, -о́жу, -о́зит
вмо́танный; кр. ф. -ан, -ана
вмота́ть(ся), -а́ю, -а́ет(ся)
ВМС [вэмэ́с], нескл., мн. (сокр.: военно-морские силы)
в мунди́ре (о сваренном картофеле)
вмуро́ванный; кр. ф. -ан, -ана
вмурова́ть(ся), -ру́ю, -ру́ет(ся)
вмуро́вывать(ся), -аю, -ает(ся)
ВМФ [вэмэ́ф], нескл., м. (сокр.: военно-морской флот)
вмыва́ние, -я
вмыва́ться, -а́ется
вмя́тина, -ы
вмя́тинка, -и, р. мн. -нок
вмя́тость, -и
вмя́тый
вмя́ть(ся), вомну́, вомнёт(ся)
внабро́с
внабро́ску, нареч.
внава́л, нареч.
внаём, нареч.
в назида́ние (для назида́ния)
внаймы́
внаки́дку, нареч.
внакла́де, нареч.
внакла́дку, нареч.

внаклон, нареч.
внаклонку
внакрой
внапашку
в нарушение (чего) (нарушая)
в насмешку
внатруску, нареч.
внатяжку, нареч.
внахлёст
внахлёстку, нареч.
вначале, нареч. (вначале работа шла трудно), но сущ. в начале (в начале года, рассказа; в начале было Слово)
вне, предлог
вне... — приставка, пишется слитно
внеатмосферный
внебалансовый
внебиржевой
внеблоковый
внебрачный
внебюджетный
вневедомственный
вневойсковик, -а
вневойсковой
вневременность, -и
вневременный и вневременной
внегалактический
внегородской
внедоменный
внедорожник, -а
внедорожный
внедрение, -я
внедрённый; кр. ф. -ён, -ена́
внедренческий
внедри́ть(ся), -рю́(сь), -ри́т(ся)
внедря́ть(ся), -я́ю(сь), -я́ет(ся)
внеевропейский
вне зависимости от...
вне закона
внезапность, -и
внезапный; кр. ф. -пен, -пна
внезатменный
внеземной

внеисторический
внеисторичность, -и
внеисторичный; кр. ф. -чен, -чна
внеклассный
внеклассовый
внеклеточный
внеконкурсный
внеконтекстный
внеконфессиональный
внекорневой
внелимитный
внелитературный
внеличностный
внелогический
внематочный
в не́ньшей ме́ре (сте́пени)
вне́млю, вне́млет, пов. вне́мли (формы глаг. внима́ть)
вне́млющий
вне́мля, деепр.
вненра́вственный; кр. ф. -вен и -венен, -венна
внеочере́дни́к, -а́
внеочередно́й
внеочерёдность, -и
внепарла́ментский
внепарти́йный
внепла́новость, -и
внепла́новый
внепло́дник, -а
внеполо́жность, -и
внеполо́жный; кр. ф. -жен, -жна
внепроизво́дственный
внерабо́чий
внеры́ночный
вне́ себя́
внесезо́нный
внесели́тебный
внесеме́йный
внесе́ние, -я
внесённый; кр. ф. -ён, -ена́
внесери́йный
внесисте́мный; кр. ф. -мен, -мна
внеслуже́бный
внесме́тный

ВНЕСОЦИАЛЬНЫЙ

внесоциа́льный; *кр. ф.* -лен, -льна
внести́(сь), -су́(сь), -сёт(ся); *прош.* внёс(ся), внесла́(сь)
внестуди́йный
внесуде́бный
внесуставно́й и внесуста́вный
внесцени́ческий
внёсший(ся)
внесюже́тный; *кр. ф.* -тен, -тна
внетропи́ческий
в не́тях
внеу́личный
внеуро́чный
внеуставно́й и внеуста́вный
внеце́нтренный
внецерко́вный
внешко́льный
вне́шне, *нареч.*
внешнеполити́ческий
внешнеторго́вый
внешнеэкономи́ческий
вне́шне эффе́ктный
вне́шний
вне́шность, -и
внешта́тник, -а
внешта́тница, -ы, *тв.* -ей
внешта́тный
Внешто́рг, -а
Внешэкономба́нк, -а
внеэкономи́ческий
внея́русный
вниз, *нареч.* (спуска́ться вниз), но *сущ.* в низ (ране́ние в ни́з живота́; снаря́д попа́л в низ зда́ния; начи́нка кладётся в низ пирога́)
вни́з-вве́рх
внизу́, *нареч. и предлог* (жда́ть внизу́; сно́ска внизу́ страни́цы)
вника́ние, -я
вника́ть, -а́ю, -а́ет
вни́кнуть, -ну, -нет; *прош.* вник, вни́кла
в никуда́ (идти́, уйти́, привести́; доро́га)
вни́кший

внима́ние, -я
внима́тельность, -и
внима́тельный; *кр. ф.* -лен, -льна
внима́ть, -а́ю, -а́ет и вне́млю, вне́млет, *пов.* внима́й и внемли́
внима́ющий
вничью́, *нареч.*
вно́ве
в нови́нку
в но́вость (в нови́нку)
вновь, *нареч.*
вновь и́збранный
вновь прибы́вший
вновь со́зданный
в нога́х
в но́гу
внос, -а
в нос (говори́ть)
вноси́ть(ся), вношу́сь, вно́сит(ся)
вно́ска, -и, *р. мн.* -сок
ВНП [вээнпэ́], *нескл., м.* (*сокр.:* валово́й национа́льный проду́кт)
внук, -а
вну́ка, -и (*устар.* к вну́чка)
вну́ки-пра́внуки, вну́ков-пра́внуков
вну́ков, -а, -о
вну́ковский (*от* Вну́ково)
вну́тренне и вну́тренно, *нареч.*
вну́тренне закономе́рный
внутреннеполити́ческий
вну́тренний
вну́тренности, -ей
вну́тренностный
вну́тренность, -и
Вну́тренняя Монго́лия (*район Кита́я*)
внутри́, *нареч. и предлог*
внутри́... — *приставка, пишется слитно*
внутриа́томный
внутрибрига́дный
внутриве́домственный
внутриве́нный
внутривидово́й
внутриво́дный

внутриглаго́льный
внутригородско́й
внутригосуда́рственный
внутригруппово́й
внутридомо́вый
внутризаводско́й
внутризёренный
внутризона́льный
внутриинститу́тский
внутрикварта́льный
внутрикварти́рный
внутрикла́ссовый
внутрикле́точный
внутрико́мнатный
внутрико́мплексный
внутриконтинента́льный
внутрико́нтурный
внутрикристалли́ческий
внутриматерико́вый
внутрима́точный
внутриминисте́рский
внутримолекуля́рный
внутримы́шечный
внутриобластно́й
внутриотраслево́й
внутрипарти́йный
внутрипластово́й
внутриплеменно́й
внутрипло́дник, -а
внутриполити́ческий
внутрипорто́вый
внутрипроизво́дственный
внутрирайо́нный
внутриредакцио́нный
внутрироссийский
внутрисисте́мный
внутрискважи́нный
внутрисою́зный
внутристуди́йный
внутрисуставно́й и внутрисуста́вный
внутрисфе́рный
внутрисхе́мный
внутритекстовы́й
внутритропи́ческий
внутриутро́бный

ВОДНО-ТРАНСПОРТНЫЙ

внутрифабри́чный
внутрихозя́йственный
внутрицехово́й
внутрицили́ндровый
внутричерепно́й
внутриша́хтный
внутриэкономи́ческий
внутрия́дерный
внутриязыково́й
внутрь, *нареч. и предлог*
внуча́та, -а́т
внуча́тный
внуча́тый
вну́чек, -чка и внучо́к, -чка́, *мн.* -чки́, -чко́в
вну́ченька, -и, *р. мн.* -нек
вну́чка, -и, *р. мн.* -чек
вну́чкин, -а, -о
внучо́нок, -нка
внуша́емость, -и
внуша́емый
внуша́ть(ся), -а́ю, -а́ет(ся)
внуше́ние, -я
внушённый; *кр. ф.* -ён, -ена́
внуши́тельность, -и
внуши́тельный; *кр. ф.* -лен, -льна
внуши́ть, -шу́, -ши́т
вню́хаться, -аюсь, -ается
вню́хиваться, -аюсь, -ается
вня́тность, -и
вня́тный; *кр. ф.* -тен, -тна
внять, *прош.* внял, вняла́, вня́ло
во¹ и в, *предлог*
во², *частица и межд.* (во́ како́й большо́й!)
во́бла, -ы
во благовре́мение
в о́бло (руби́ть избу́)
в обме́н
в обни́мку
в обни́мочку
в оборо́т
во́бранный; *кр. ф.* -ан, -ана
вобра́ть(ся), вберу́, вберёт(ся); *прош.* вобра́л(ся), -ала́(сь), -а́ло, -а́лось

в обре́з
в обтя́жечку
в обтя́жку
в обхва́т
в обхо́д
в о́бщем
в о́бщем и це́лом
в объе́зд
вове́к, *нареч.*
вове́ки, *нареч.* (вовек, всегда)
во ве́ки веко́в
во ве́ки ве́чные
во весь дух
во весь опо́р
во весь рост
вовлека́ние, -я
вовлека́ть(ся), -а́ю(сь), -а́ет(ся)
вовлёкший(ся)
вовлече́ние, -я
вовлечённый; *кр. ф.* -ён, -ена́
вовле́чь(ся), -еку́(сь), -ечёт(ся), -еку́т(ся); *прош.* -ёк(ся), -екла́(сь)
вовне́
вовну́трь
во-во́, *межд.* (выражение согласия, подтверждения)
во времена́ о́ны
во́время
во вре́мя (*чего*)
во вре́мя о́но
во́все
во все глаза́
во всё го́рло
во всеору́жии
во все тя́жкие и (*устар.*) во вся́ тя́жкая (пусти́ться)
во всеуслы́шание
вовсю́, *нареч.* (очень сильно, изо всех сил)
во всю ива́новскую
во всю мочь
во всю мощь
во всю прыть
во вся́ тя́жкая (*устар. к* во все́ тя́жкие)
во-вторы́х

воге́зский (*от* Воге́зы)
во главе́
во́гнанный; *кр. ф.* -ан, -ана
вогна́ть(ся), вгоню́, вго́нит(ся); *прош.* -а́л(ся), -ала́(сь), -а́ло(сь)
во́гнутость, -и
во́гнутый
вогну́ть(ся), -ну́, -нёт(ся)
вогу́лка, -и, *р. мн.* -лок
вогу́лы, -ов, *ед.* вогу́л, -а
вогу́льский
вода́, -ы́, *мн.* во́ды, вод, во́дам
водворе́ние, -я
водворённый; *кр. ф.* -ён, -ена́
водвори́ть(ся), -рю́(сь), -ри́т(ся)
водворя́ть(ся), -я́ю(сь), -я́ет(ся)
водевили́ст, -а
водеви́ль, -я
водеви́льный
водеви́льчик, -а
в одино́чку
води́тель, -я
води́тель-испыта́тель, води́теля-испыта́теля
води́тельский
води́тельство, -а
води́тель-телохрани́тель, води́теля-телохрани́теля
води́ть(ся), вожу́(сь), во́дит(ся)
води́ца, -ы, *тв.* -ей
води́чка, -и
во́дка, -и, *р. мн.* во́док
во́дник, -а
во́дно-возду́шный
во́дно-дисперсио́нный
воднолы́жник, -а
воднолы́жница, -ы, *тв.* -ей
во́дно-лы́жный
во́дно-мелиорати́вный
водномото́рник, -а
во́дно-мото́рный
во́дно-солево́й
во́дно-спиртово́й
во́дно-спорти́вный
во́дность, -и
во́дно-тра́нспортный

в одноча́сье
во́дно-энергети́ческий
во́дный
водо... – *первая часть сложных слов, пишется слитно, но: во́до-водяно́й*
водобо́й, -я
водобо́йный
водобоя́знь, -и
Водовзво́дная ба́шня (*в Московском Кремле*)
водовмести́лище, -а
водово́д, -а
во́до-водяно́й
водово́з, -а
водовозду́шный
водово́зка, -и, *р. мн.* -зок
водово́зничать, -аю, -ает
водово́зный
водоворо́т, -а
водовы́пуск, -а
водовыпускно́й
водогазоёмкий
водогазонепроница́емый
водогазопарово́й
водогазопрово́дный
водого́н, -а
водого́нный
водогре́йка, -и, *р. мн.* -е́ек
водогре́йный
водогре́йня, -и, *р. мн.* -е́ен
водогре́льня, -и, *р. мн.* -лен
водогрязелече́бница, -ы, *тв.* -ей
водогрязелече́ние, -я
водогрязеторфопарафинолече́ние, -я
водоём, -а
водоёмкий
водоёмкость, -и
водоёмный
водозабо́р, -а
водозабо́рник, -а
водозабо́рный
водозадержа́ние, -я
водозаде́рживающий
водозащи́тный

водозащищённость, -и
водозащищённый
во́до- и грязелече́ние, -я
водоизмери́тель, -я
водоизмери́тельный
водоизмеще́ние, -я
водокана́л, -а
водокапта́жный
водока́чка, -и, *р. мн.* -чек
водокольцево́й
водокра́с, -а
водокра́совые, -ых
водокре́стие, -я
водокре́щи, -ей
водола́з, -а
водола́зка, -и, *р. мн.* -зок
водола́зный
водоле́й, -я (*водолив*) и Водоле́й, -я (*созвездие и знак зодиака; о том, кто родился под этим знаком*)
водолече́бница, -ы, *тв.* -ей
водолече́бный
водолече́ние, -я
водоли́в, -а
водоли́вный
водолю́б, -а
водолюби́вый
водомаслогре́йка, -и, *р. мн.* -е́ек
водомаслозапра́вщик, -а
водома́сляный
водомелиорати́вный
водоме́р, -а
водоме́рка, -и, *р. мн.* -рок
водоме́рный
водомёт, -а
водомётный
водомо́ина, -ы
водомо́йный
водонагрева́тель, -я
водонагрева́тельный
водоналивно́й
водонапо́лненный
водонапо́рный
водонепроница́емость, -и
водонепроница́емый

водоно́с, -а
водоно́ска, -и, *р. мн.* -сок
водоно́сность, -и
водоно́сный; *кр. ф.* -сен, -сна
водообеспе́чение, -я
водообеспе́ченность, -и
водообеспе́ченный
водообме́н, -а
водообме́нный
водооборо́т, -а
водооборо́тный
водоопресне́ние, -я
водоопресни́тель, -я
водоопресни́тельный
водоосвяще́ние, -я
водоотведе́ние, -я
водоотво́д, -а
водоотво́дный
Водоотво́дный кана́л (*в Москве*)
водоотда́ча, -и, *тв.* -ей
водоотделе́ние, -я
водоотдели́тель, -я
водоотдели́тельный
водоотли́в, -а
водоотливно́й и водоотли́вный
водоотсто́йник, -а
водоотта́лкивающий
водоохлади́тель, -я
водоохлажда́емый
водоохлажде́ние, -я
водоохра́на, -ы
водоохра́нный
водоочисти́тель, -я
водоочисти́тельный
водоочи́стка, -и, *р. мн.* -ток
водоочистно́й и водоочи́стный
водопа́д, -а
водопа́дный
водопла́вающий
водопла́вка, -и, *р. мн.* -вок
водопла́вный
водопоглоща́ющий
водоподводя́щий
водоподгото́вка, -и
водоподогрева́тель, -я
водоподъём, -а

водоподъёмник, -а
водоподъёмный
водопо́й, -я
водопо́йка, -и, *р. мн.* -о́ек
водопо́йный
водополивно́й
водопо́лье, -я
водопо́льзование, -я
водопо́льзователь, -я
водопо́льный
водопониже́ние, -я
водопотреби́тель, -я
водопотребле́ние, -я
водоприёмник, -а
водоприёмный
водопрово́д, -а
водопрово́д-
  но-канализацио́нный
водопрово́дный
водопрово́дчик, -а
водопроводя́щий
водопроница́емость, -и
водопроница́емый
водопропускно́й
водопрото́к, -а
водопрото́чный
водопро́чный
водоразбо́р, -а
водоразбо́рный
водоразде́л, -а
водоразде́льный
водораспределе́ние, -я
водораспредели́тель, -я
водораспредели́тельный
водораспыле́ние, -я
водораспыли́тель, -я
водораспыли́тельный
водораствори́мость, -и
водораствори́мый
водорегули́рование, -я
водорегули́рующий
водоре́з, -а
водоро́д, -а
водороддобыва́ющий
водоро́дистый
водоро́дный

водородоподо́бный
водородосодержа́щий и водо-
  родсодержа́щий
водоро́ина, -ы
во́дорослевый
во́доросль, -и
водосбо́р, -а
водосбо́рник, -а
водосбо́рный
водосбро́с, -а
водосбро́сный
водосви́нка, -и, *р. мн.* -нок
водосвя́тие, -я
водосвя́тный
водоска́т, -а
водоска́тный
водосли́в, -а
водосли́вный
водослой, -я
водоснабже́ние, -я
водосодержа́щий
водоспу́ск, -а
водоспу́скный
водосто́йкий; *кр. ф.* -о́ек, -о́йка
водосто́йкость, -и
водосто́к, -а
водостолбово́й
водосто́чный
водостру́йный
водотерапи́я, -и
водото́к, -а
водотолче́ние, -я
водотру́бный
водоуде́рживающий
водоуказа́тель, -я
водоуказа́тельный
водоупо́рность, -и
водоупо́рный; *кр. ф.* -рен, -рна
водоусто́йчивость, -и
водоусто́йчивый
водоустро́йство, -а
водохлёб, -а
водохозя́йственный
водохрани́лище, -а
водохрани́лищный
водочерпа́лка, -и, *р. мн.* -лок

водочерпа́льный
водочерпа́тельный
во́дочка, -и, *р. мн.* -чек
во́дочный
водоэмульсио́нный
водружа́льный кре́ст
водружа́ть(ся), -а́ю(сь), -а́ет(ся)
водруже́ние, -я
водружённый; *кр. ф.* -ён, -ена́
водрузи́ть(ся), -ужу́(сь), -узи́т(ся)
во́дский (*от* водь, *племя*)
водчо́нка, -и, *р. мн.* -нок
Во́ды, Вод, *употр. в геогр. названиях, напр.*: Кавка́зские Мине-
ра́льные Во́ды (*курортный район*), Минера́льные Во́ды (*город*),
Жёлтые Во́ды (*город*)
водь, -и
водяне́ть, -е́ю, -е́ет
водяни́ка, -и
водяни́стость, -и
водяни́стый
водя́нка, -и
водяно́й
водя́ночный
водя́щий(ся)
воева́ть, вою́ю, вою́ет
воево́да, -ы, *м.*
воево́динский (*от* Воево́дина)
воево́динцы, -ев, *ед.* -нец, -нца,
  тв. -нцем
воево́дский
воево́дство, -а
воево́дствовать, -твую, -твует
воеди́но
военача́льник, -а
военвра́ч, -а́, *тв.* -о́м
воениза́ция, -и
военизи́рованный; *кр. ф.* -ан,
  -ана
военизи́ровать(ся), -рую(сь),
  -рует(ся)
воениженер, -а
военка, -и
военко́м, -а
военкома́т, -а

военкома́тский
военко́мовский
военко́р, -а
военко́ровский
военмо́р, -а
Вое́нная акаде́мия им. М. В. Фру́нзе
Вое́нная галере́я Зи́мнего дворца́
Вое́нная колле́гия Верхо́вного суда́
военно... — *первая часть сложных слов, пишется через дефис, но:* военнообязанный, военнопленный, военнослужащий
военно-авиацио́нный
военно-администрати́вный
Вое́нно-возду́шная акаде́мия им. Ю. А. Гага́рина
Вое́нно-возду́шные си́лы РФ
военно-возду́шный
военно-враче́бный
военно-геодези́ческий
военно-гражда́нский
Вое́нно-Грузи́нская доро́га
военно-дипломати́ческий
Вое́нно-инжене́рная акаде́мия
военно-инжене́рный
военно-истори́ческий
военно-коммунисти́ческий
военно-косми́ческий
военно-медици́нский
военно-морско́й
Вое́нно-морско́й флот РФ
военно-нау́чный
военнообя́занный
военно-окружно́й
военно-охо́тничий, -ья, -ье
военно-патриоти́ческий
военнопле́нный, -ого
военно-полево́й
военно-полити́ческий
военно-полице́йский
военно-почто́вый
военно-прикладно́й
военно-промы́шленный

военно-революцио́нный
военно-санита́рный
военнослу́жащий, -его
военно-спорти́вный
военно-стратеги́ческий
военно-строи́тельный
военно-суде́бный
военно-сухопу́тный
военно-техни́ческий
военно-топографи́ческий
военно-тра́нспортный
военно-уче́бный
военно-хирурги́ческий
военно-хозя́йственный
военно-ше́фский
военно-экономи́ческий
военно-юриди́ческий
вое́нный
военпре́д, -а
военру́к, -а и -а́
военспе́ц, -а и -а́, *тв.* -ем и -о́м, *р. мн.* -ев и -о́в
военте́хник, -а
военто́рг, -а
военто́рговский
военфе́льдшер, -а
вое́нщина, -ы
вожа́к, -а́
вожа́тая, -ой
вожа́тский
вожа́тый, -ого
вожделе́ние, -я
вожделе́нный; *кр. ф.* -ён и -е́нен, -е́нна
вожделе́ть, -е́ю, -е́ет
вожде́ние, -я
вожди́зм, -а
вожди́стский
вождь, -я́
вожжа́ться, -а́юсь, -а́ется
вожжево́й
во́жжи, -е́й, *ед.* вожжа́, -и́
вожжи́щи, -и́щ, *ед.* -и́ща, -и
воз, -а, *предл.* на возу́, *мн.* -ы́, -о́в
возблагодарённый; *кр. ф.* -ён, -ена́

возблагодари́ть, -рю́, -ри́т
возблесте́ть, -ещу́, -ести́т
возблиста́ть, -а́ю, -а́ет и -лещу́, -ле́щет
возбранённый; *кр. ф.* -ён, -ена́
возбрани́ть, -ню́, -ни́т
возбраня́ть(ся), -я́ю, -я́ет(ся)
возбуди́мость, -и
возбуди́мый
возбуди́тель, -я
возбуди́ть(ся), -ужу́(сь), -уди́т(ся)
возбужда́емость, -и
возбужда́ть(ся), -а́ю(сь), -а́ет(ся)
возбужда́ющий(ся)
возбужде́ние, -я
возбуждённо, *нареч.*
возбуждённость, -и
возбуждённый; *кр. ф.* -ён, -ена́ и (*выражающий возбуждение*) -ён, -ённа (её речь возбуждённа)
возведе́ние, -я
возведённый; *кр. ф.* -ён, -ена́
возве́дший(ся)
возвели́чение, -я
возвели́ченный; *кр. ф.* -ен, -ена
возвели́чивание, -я
возвели́чивать(ся), -аю(сь), -ает(ся)
возвели́чить(ся), -чу(сь), -чит(ся)
возверну́ть, -ну́, -нёт
возвеселённый; *кр. ф.* -ён, -ена́
возвесели́ть(ся), -лю́(сь), -ли́т(ся)
возвеселя́ть(ся), -я́ю(сь), -я́ет(ся)
возвести́(сь), -еду́, -едёт(ся); *прош.* -ёл(ся), -ела́(сь)
возвести́ть, -ещу́, -ести́т
возвеща́ть(ся), -а́ю, -а́ет(ся)
возвеще́ние, -я
возвещённый; *кр. ф.* -ён, -ена́
возводи́ть(ся), -ожу́, -о́дит(ся)
возвра́т, -а
возврати́ть(ся), -ащу́(сь), -ати́т(ся)
возвра́тно-враща́тельный
возвра́тно-поступа́тельный
возвра́тно-сре́дний

возвра́тность, -и
возвра́тный
возвраща́ть(ся), -а́ю(сь), -а́ет(ся)
возвраще́нец, -нца, *тв.* -нцем, *р. мн.* -нцев
возвраще́ние, -я
возвращённый; *кр. ф.* -ён, -ена́
возвы́сить(ся), -ы́шу(сь), -ы́сит(ся)
возвыша́ть(ся), -а́ю(сь), -а́ет(ся)
возвыше́ние, -я
возвы́шенно, *нареч.*
возвы́шенность, -и
возвы́шенный; *кр. ф. прич.* -ен, -ена; *кр. ф. прил.* (*полный высокого содержания*) -ен, -енна
возгла́вие, -я
возгла́вить, -влю, -вит
возгла́вленный; *кр. ф.* -ен, -ена
возглавля́ть(ся), -я́ю, -я́ет(ся)
во́зглас, -а
возгласи́ть, -ашу́, -аси́т
возглаша́ть(ся), -а́ю, -а́ет(ся)
возглаше́ние, -я
возглашённый; *кр. ф.* -ён, -ена́
во́згнанный; *кр. ф.* -ан, -ана
возгна́ть, -гоню́, -го́нит
возговори́ть, -рю́, -ри́т
возго́н, -а
возго́нка, -и, *р. мн.* -нок
возго́нный
возгоня́ть(ся), -я́ю, -я́ет(ся)
возгора́емость, -и
возгора́емый
возгора́ние, -я
возгора́ть(ся), -а́ю(сь), -а́ет(ся)
возгорди́ться, -ржу́сь, -рди́тся
возгоре́ть(ся), -рю́(сь), -ри́т(ся)
возгреме́ть, -млю́, -ми́т
воздава́ть(ся), -даю́, -даёт(ся)
во́зданный; *кр. ф.* -ан, -ана́, -ано
возда́ть(ся), -а́м, -а́шь, -а́ст(ся), -ади́м, -ади́те, -аду́т(ся); *прош.* -а́л(ся), -ала́(сь), -а́ло, -а́лось
воздая́ние, -я
воздвига́ть(ся), -а́ю, -а́ет(ся)

воздви́гнувший(ся)
воздви́гнутый
воздви́гнуть(ся), -ну, -нет(ся); *прош.* -и́г(ся) и -и́гнул(ся), -и́гла(сь)
воздви́гший(ся)
воздвиже́ние, -я (*действие*)
Воздви́жение Креста́ Госпо́дня и Воздви́жение, -я
воздви́женский (*от* Воздви́жение)
воздева́ние, -я
воздева́ть(ся), -а́ю, -а́ет(ся)
возде́йствие, -я
возде́йствовать, -твую, -твует
возде́ланный; *кр. ф.* -ан, -ана
возде́лать(ся), -аю, -ает(ся)
возде́лывание, -я
возде́лыватель, -я
возде́лывать(ся), -аю, -ает(ся)
воздержа́вший(ся)
воздержа́ние, -я
возде́ржанность, -и
возде́ржанный; *кр. ф. прич.* (*от* воздержа́ть, *устар.*) -ан, -ана; *кр. ф. прил.* (*то же, что возде́ржный*) -ан, -анна
воздержа́ть(ся), -ержу́(сь), -е́ржит(ся)
возде́рживать(ся), -аю(сь), -ает(ся)
возде́ржность, -и
возде́ржный; *кр. ф.* -жен, -жна
возде́тый
возде́ть, -е́ну, -е́нет
во здра́вие
возду́си: на возду́сях
во́здух, -а
возду́х, -а (*церк.*; благорастворе́ние возду́хов)
во́здух — во́здух, *неизм.* (*класс ракет*)
во́здух — земля́, *неизм.* (*класс ракет*)
возду́хо... — первая часть сложных слов, пишется слитно, но: возду́хо-возду́шный

воздухобо́йный
воздухово́д, -а
воздухово́з, -а
во́здухо-возду́шный
воздуховса́сыватель, -я
воздуховса́сывающий
воздуходу́в, -а
воздуходу́вка, -и, *р. мн.* -вок
воздуходу́вный
воздухозабо́рник, -а
воздухозабо́рный
во́здухо- и водонепроница́емый
воздухолече́ние, -я
воздухоме́р, -а
воздухоме́рный
воздухонагнета́тельный
воздухонагрева́тель, -я
воздухонагрева́тельный
воздухонепроница́емость, -и
воздухонепроница́емый
воздухоно́сный
воздухообме́н, -а
воздухообме́нный
воздухоопо́рный
воздухоотво́дный
воздухоотво́дчик, -а
воздухоотводя́щий
воздухоохлади́тель, -я
воздухоохлади́тельный
воздухоохлажда́емый
воздухоохра́нный
воздухоочисти́тель, -я
воздухоочисти́тельный
воздухопла́вание, -я
воздухопла́ватель, -я
воздухопла́вательный
воздухоподгото́вка, -и
воздухоподогре́в, -а
воздухоподогрева́тель, -я
воздухопрово́д, -а
воздухопрово́дный
воздухопроница́емость, -и
воздухопроница́емый
воздухоразда́точный
воздухораспределе́ние, -я

ВОЗДУХОРАСПРЕДЕЛИТЕЛЬ

воздухораспредели́тель, -я
воздухораспредели́тельный
воздухоснабже́ние, -я
возду́шка, -и, *р. мн.* -шек
возду́шник, -а
возду́шно-деса́нтный
возду́шно-ка́пельный
возду́шно-конденсацио́нный
возду́шно-коми́ческий
возду́шно-ма́сляный
возду́шно-морско́й
возду́шно-назе́мный
возду́шно-пла́зменный
возду́шно-пузырько́вый
возду́шно-раке́тный
возду́шно-реакти́вный
возду́шность, -и
возду́шно-теплово́й
возду́шно-тра́нспортный
возду́шный; *кр. ф.* -шен, -шна
Возду́шный ко́декс РФ
воздыма́ть(ся), -а́ю, -а́ет(ся)
воздыха́ние, -я
воздыха́тель, -я
воздыха́тельница, -ы, *тв.* -ей
воздыха́ть, -а́ю, -а́ет
возжа́ждать, -ду, -дет
возжёгший(ся)
возжела́ть, -а́ю, -а́ет
возже́чь(ся), -жгу́, -жжёт(ся), -жгу́т(ся); *прош.* -жёг(ся), -жгла́(сь)
возжже́ние, -я
возжжённый; *кр. ф.* -ён, -ена́
возжига́ние, -я
возжига́ть(ся), -а́ю, -а́ет(ся)
воззва́ние, -я
во́ззванный; *кр. ф.* -ан, -ана
воззва́ть, -зову́, -зовёт; *прош.* -а́л, -а́ла
воззре́ние, -я
воззре́ть, -рю́, -ри́т
воззри́ться, -рю́сь, -ри́тся
вози́ть(ся), вожу́(сь), во́зит(ся)
вози́шко, -а и -и, *мн.* -шки, -шек, *м.*

вози́ще, -а, *мн.* -а и -и, -и́щ, *м.*
во́зка, -и, *р. мн.* во́зок (*от* вози́ть)
возлага́ть(ся), -а́ю, -а́ет(ся)
во́зле, *нареч. и предлог*
возлега́ть, -а́ю, -а́ет
возлёгший
возлежа́ние, -я
возлежа́ть, -жу́, -жи́т
возле́чь, -ля́гу, -ля́жет, -ля́гут; *прош.* -лёг, -легла́
возлива́ть(ся), -а́ю, -а́ет(ся)
возликова́ть, -ку́ю, -ку́ет
возли́тый; *кр. ф.* -и́т, -ита́, -и́то
возли́ть, возолью́, возольёт; *прош.* -и́л, -ила́, -и́ло
возлия́ние, -я
возложе́ние, -я
возло́женный; *кр. ф.* -ен, -ена
возложи́ть, -ожу́, -о́жит
возлюби́ть, -люблю́, -лю́бит
возлю́бленный; *кр. ф.* -ен, -ена
возме́здие, -я
возме́здность, -и
возме́здный
возмести́тель, -я
возмести́тельница, -ы, *тв.* -ей
возмести́тельный
возмести́ть(ся), -ещу́, -ести́т(ся)
возмечта́ть, -а́ю, -а́ет
возмеща́ть(ся), -а́ю, -а́ет(ся)
возмеще́ние, -я
возмещённый; *кр. ф.* -ён, -ена́
возмо́гший
возмо́жно, *вводн. сл.*
возмо́жность, -и
возмо́жный; *кр. ф.* -жен, -жна
возмо́чь, -могу́, -мо́жет, -мо́гут; *прош.* -мо́г, -могла́
возмужа́лость, -и
возмужа́лый
возмужа́ние, -я
возмужа́ть, -а́ю, -а́ет
возмути́тель, -я
возмути́тельница, -ы, *тв.* -ей
возмути́тельность, -и

возмути́тельный; *кр. ф.* -лен, -льна
возмути́ть(ся), -ущу́(сь), -ути́т(ся)
возмуща́ть(ся), -а́ю(сь), -а́ет(ся)
возмуще́ние, -я
возмущённо, *нареч.*
возмущённый; *кр. ф.* -ён, -ена́ и (*выражающий возмущение*) -ён, -ённа (*их во́згласы возмущённы*)
вознагради́ть(ся), -ажу́(сь), -ади́т(ся)
вознагражда́ть(ся), -а́ю(сь), -а́ет(ся)
вознагражде́ние, -я
вознаграждённый; *кр. ф.* -ён, -ена́
в ознаменова́ние (*чего*) (*для ознаменования*)
вознаме́риваться, -аюсь, -ается
вознаме́риться, -рюсь, -рится
вознегодова́ть, -ду́ю, -ду́ет
возненави́денный; *кр. ф.* -ен, -ена
возненави́деть, -и́жу, -и́дит
вознесе́ние, -я (*действие к* вознести́(сь)) и Вознесе́ние, -я (*праздник; евангельский и иконографический сюжет*)
вознесённый; *кр. ф.* -ён, -ена́
вознесе́нский (*от* Вознесе́ние)
Вознесе́нский (*храм, монастырь*)
вознести́(сь), -су́(сь), -сёт(ся); *прош.* -ёс(ся), -есла́(сь)
вознёсший(ся)
возника́ть, -а́ю, -а́ет
возникнове́ние, -я
возни́кнуть, -ну, -нет; *прош.* -ни́к, -ни́кла
возни́кший
возни́ца, -ы, *тв.* -ей, *м.*
возни́чий, -его (*возница*) и Возни́чий, -его (*созвездие*)
возноси́ть(ся), -ошу́(сь), -о́сит(ся)
возноше́ние, -я
возня́, -и́
возоблада́ние, -я

возобладать, -аю, -ает
возобновимость, -и
возобновимый
возобновить(ся), -влю́, -ви́т(ся)
возобновле́ние, -я
возобновлённый; кр. ф. -ён, -ена́
возобновля́емость, -и
возобновля́емый
возобновля́ть(ся), -я́ю, -я́ет(ся)
возово́й
возо́к, возка́
возомни́ть, -ню́, -ни́т
возопи́ть, -плю́, -пи́т
возопия́ть, -ию́, -иёт (устар. к возопи́ть)
возра́доваться, -дуюсь, -дуется
возража́тель, -я
возража́ть, -а́ю, -а́ет
возраже́ние, -я
возрази́ть, -ажу́, -ази́т
во́зраст, -а
возраста́ние, -я
возраста́ть, -а́ю, -а́ет
возраста́ющий
возрасти́, -расту́, -растёт; прош. -ро́с, -росла́
возрасти́ть, -ащу́, -асти́т
возрастно́й
во́зрастно-полово́й
возревнова́ть, -ну́ю, -ну́ет
возроди́ть(ся), -ожу́(сь), -оди́т(ся)
возрожда́ть(ся), -а́ю(сь), -а́ет(ся)
возрожде́нец, -нца, тв. -нцем, р. мн. -нцев (от Возрожде́ние)
возрожде́ние, -я (восстановление) и Возрожде́ние, -я (ист. эпоха расцвета культуры в Западной Европе)
возрождённый; кр. ф. -ён, -ена́
возрожде́нческий (от Возрожде́ние)
возропта́ть, -опщу́, -о́пщет
возро́сший
возрыда́ть, -а́ю, -а́ет
во́зчик, -а
возыме́ть, -е́ю, -е́ет

возя́щий(ся)
во избежа́ние (чего)
во измене́ние (чего)
во и́мя (кого, чего)
во́ин, -а; но: Иоа́нн (Ива́н) Во́ин
во́ин-афга́нец, во́ина-афга́нца
во́ин-интернационали́ст, во́ина-интернационали́ста
во́инский
вои́нственно, нареч.
вои́нственность, -и
вои́нственный; кр. ф. -вен и -венен, -венна
во́инство, -а
во́инствовать, -твую, -твует
вои́нствующий
во исполне́ние (чего)
вои́стину, нареч.
вои́тель, -я
вои́тельница, -ы, тв. -ей
вой, во́я
во́йлок, -а
во́йлочек, -чка
во́йлочный
война́, -ы́, мн. во́йны, войн
Война́ А́лой и Бе́лой ро́зы
Война́ за испа́нское насле́дство (1701–1714)
Война́ за незави́симость (в США, 1775–1783)
Война́ Се́вера и Ю́га (в США, 1861–1865)
во́йско, -а, мн. войска́, войск, -а́м
войсково́й
Во́йско Донско́е: о́бласть Во́йска Донско́го (ист.)
Во́йско по́льское (ист.)
войт, -а
войти́, войду́, войдёт; прош. вошёл, вошла́
вока́була, -ы
вокабуля́рий, -я
вока́л, -а
вокалигра́мма, -ы
вокали́з, -а
вокализа́ция, -и

вокализи́ровать, -рую, -рует
вокали́зм, -а
вокалископия, -и
вокали́ст, -а
вокали́стка, -и, р. мн. -ток
вока́льно-инструмента́льный
вока́льно-симфони́ческий
вока́льно-сцени́ческий
вока́льный
вокати́в, -а
вокза́л, -а
вокза́льный
вокза́льчик, -а
воклю́зы, -ов
вокня́жение, -я
воко́дер, -а
вокру́г
вокру́г да о́коло
вол, -а́
вола́н, -а
Во́ланд, -а
во́ландовский
вола́нчик, -а
волапю́к, -а и воляпю́к, -а
Во́лга, -и (река; автомобиль)
Во́лга-ма́тушка, Во́лги-ма́тушки
волга́рь, -я́
во́лглость, -и
во́лглый
во́лгнувший
во́лгнуть, -нет; прош. во́лгнул, во́лгла
Волгоба́лт, -а
Во́лго-Балти́йский во́дный пу́ть
Во́лго-Вя́тский регио́н
волгогра́дка, -и, р. мн. -док
волгогра́дский (от Волгогра́д)
волгогра́дцы, -ев, ед. -дец, -дца, тв. -дцем
волгодо́нский (от Волгодо́нск)
во́лго-донско́й
Во́лго-Донско́й кана́л
волгодо́нцы, -ев, ед. -нец, -нца, тв. -нцем
во́лго-ка́мский

Во́лго-Ка́мье, -я
во́лго-о́кский
Во́лго-Ура́льская нефтегазоно́сная о́бласть
во́лго-ура́льский
волды́рик, -а
волды́рище, -а, *мн.* -а и -и, -ищ, *м.*
волды́рник, -а
волды́рь, -я́
волево́й
волеизъявле́ние, -я
волейбо́л, -а
волейболи́ст, -а
волейболи́стка, -и, *р. мн.* -ток
волейбо́льный
во́лей-нево́лей
во́ленс-но́ленс, *неизм.*
волжа́не, -а́н, *ед.* -а́нин, -а
волжа́нка, -и, *р. мн.* -нок
во́лжский (*от* Во́лга *и* Волжск)
Во́лжский, -ого (*город, посёлок*)
Во́лжское каза́чье во́йско
волиспо́лком, -а
волк, -а, *мн.* -и, -о́в
во́лк-волчи́ще, *др. формы не употр., м.*
волк-маши́на, -ы
Во́лково кла́дбище, Во́лкова кла́дбища
волкода́в, -а
волкозу́б, -а
волколи́с, -а
волластони́т, -а
волна́, -ы́, *мн.* во́лны, волн, волна́м
волне́ние, -я
волни́стость, -и
волни́стый
волни́тельность, -и
волни́тельный; *кр. ф.* -лен, -льна
волнова́ть(ся), -ну́ю(сь), -ну́ет(ся)
волново́д, -а
волново́й
волногаси́тель, -я
волногра́мма, -ы
волно́граф, -а
волнозащи́тный

волноло́м, -а
волноме́р, -а
волнообра́зность, -и
волнообра́зный; *кр. ф.* -зен, -зна
волноприбо́йный
волнопроду́ктор, -а
волноре́з, -а
волну́ха, -и
волну́шка, -и, *р. мн.* -шек
волну́ющий(ся)
волня́нка, -и, *р. мн.* -нок
воло́вий, -ья, -ье
волови́к, -а́
воло́вина, -ы
воло́вня, -и, *р. мн.* -вен
вологжа́не, -а́н, *ед.* -а́нин, -а (*от* Во́логда)
вологжа́нка, -и, *р. мн.* -нок
волого́дский (*от* Во́логда)
волого́дцы, -ев, *ед.* -дец, -дца, *тв.* -дцем
Волого́дчина, -ы (*к* Во́логда)
володу́шка, -и, *р. мн.* -шек
во́ложка, -и, *р. мн.* -жек
во́лок, -а
воло́ка, -и (*матрица*)
волоки́та, -ы, *ж.* (*затяжка, проволо́чка*) *и м.* (*тот, кто воло́чится за женщинами*)
волоки́тить(ся), -и́чу(сь), -и́тит(ся)
волоки́тный
волоки́тство, -а
волоки́тчик, -а
волоклю́й, -я
волокни́стый
волокни́т, -а
волокно́, -а́, *мн.* воло́кна, -кон, -кнам
волокноотдели́тель, -я
волокно́-сыре́ц, волокна́-сырца́
волоково́й
волокола́мский (*от* Волокола́мск)
волокола́мцы, -ев, *ед.* -мец, -мца, *тв.* -мцем

во́локом, *нареч.*
волоко́нно-опти́ческий
волоко́нный
волоко́нце, -а, *р. мн.* -нцев и -нец
волоку́ша, -и, *тв.* -ей
волоку́щий(ся)
воло́кший(ся)
волонтёр, -а
волонтёрка, -и, *р. мн.* -рок
волонтёрный
волонтёрский
воло́кий
волопа́с, -а (*пастух*) и Волопа́с, -а (*созвездие*)
во́лос, -а, *мн.* во́лосы, воло́с, волоса́м
волоса́стый
волоса́тевший
волоса́теть, -ею, -еет
волоса́тик, -а
волоса́тость, -и
волоса́тый
волоса́ч, -а́, *тв.* -о́м
волосёнки, -нок
воло́сики, -ов, *ед.* -сик, -а
волоси́нка, -и, *р. мн.* -нок
волоси́стый
волоси́шки, -шек, *ед.* волоси́шко, -а и -и, *м.*
волоси́ща, -и́щ и волоси́щи, -и́щ, *ед.* волоси́ще, -а, *м.*
волосне́ц, -а́, *тв.* -о́м
волосно́й (*от* во́лос)
воло́сность, -и
волосня́, -и́
волосови́дный; *кр. ф.* -ден, -дна
волосови́на, -ы
волосо́к, -ска́
воло́соньки, -нек
волосообра́зный; *кр. ф.* -зен, -зна
волосохво́ст, -а
волосо́чек, -чка
волосте́ль, -я
волостно́й (*от* во́лость)
во́лость, -и, *мн.* -и, -е́й
волосяни́к, -а́

волося́нка, -и, р. мн. -нок
волосяно́й
Во́лоцкий: Ио́сиф Во́лоцкий
волоча́евский (от Волоча́евка)
волоча́щий(ся)
волоче́ние, -я
воло́ченный; кр. ф. -ен, -ена и волочённый; кр. ф. -ён, -ена́, прич. (от волочи́ть и воло́чь)
волочёный, прил.
волочи́льный
волочи́льня, -и, р. мн. -лен
волочи́льщик, -а
волочи́ть(ся), -очу́(сь), -о́чи́т(ся)
волочо́к, -чка́
Волочо́к, -чка́: Вы́шний Волочо́к (город)
воло́чь(ся), волоку́(сь), волочёт(ся), волоку́т(ся); прош. воло́к(ся), волокла́(сь)
воло́шинский (от Воло́шин)
воло́шский (воло́шские о́вцы, воло́шский оре́х)
волту́зить, -у́жу, -у́зит
волхв, -а́
волхвова́ние, -я
волхвова́ть, -хву́ю, -хву́ет
во́лховский (от Во́лхов)
Волхо́нка, -и (улица)
волча́нка, -и
волча́тник, -а
волче́ц, -чца́, тв. -чцо́м, р. мн. -чцо́в
волчея́годник, -а
во́лчий, -ья, -ье
волчи́ха, -и
волчи́ца, -ы, тв. -ей
волчи́шка, -и, р. мн. -шек, м.
волчи́ще, -а и -и, мн. -и, -и́щ, м.
волчко́м, нареч.
волчо́к, -чка́
волчо́нок, -нка, мн. -ча́та, -ча́т
волшба́, -ы́
волше́бник, -а
волше́бница, -ы, тв. -ей
волше́бный; кр. ф. -бен, -бна

волшебство́, -а́
волы́нить(ся), -ню(сь), -нит(ся)
волы́нка, -и, р. мн. -нок
волы́нский (от Волы́нь)
волы́нщик, -а
волы́няне, -ян, ед. -янин, -а
волы́нянка, -и, р. мн. -нок
волы́нящий(ся)
во́льво, нескл., м. (автомобиль)
вольво́кс, -а
вольво́ксовые, -ых
вольго́тность, -и
вольго́тный; кр. ф. -тен, -тна
волье́р, -а и волье́ра, -ы
волье́рный
волькаме́рия, -и
во́льная и нево́льная, нескл., мн. (о грехах, в формуле покая́ния)
во́льник, -а
во́льница, -ы, тв. -ей
во́льничанье, -я
во́льничать, -аю, -ает
во́льно, нареч.
вольно́ (кому), в знач. сказ.
вольноду́мец, -мца, тв. -мцем, р. мн. -мцев
вольноду́мие, -я
вольноду́мничать, -аю, -ает
вольноду́мный; кр. ф. -мен, -мна
вольноду́мство, -а
вольноду́мствовать, -твую, -твует
вольноду́мщица, -ы, тв. -ей
вольнолюби́вый
вольнолю́бие, -я
вольномы́слие, -я
вольномы́слящий
вольнонаёмный
вольноопределя́ющийся, -егося
вольноотпу́щенник, -а
вольноотпу́щенница, -ы, тв. -ей
вольноотпу́щенный
вольнопрактику́ющий
вольнослу́шатель, -я

вольнослу́шательница, -ы, тв. -ей
во́льность, -и
во́льный; кр. ф. во́лен, вольна́, во́льно, во́льны́
во́льски, -ов (племя)
вольт¹, -а, р. мн. -ов, счетн. ф. вольт (ед. измер.)
вольт², -а (спорт.; ловкий прием)
во́льта, -ы (ткань; танец; муз.)
вольта́ж, -а́, тв. -о́м
вольта́метр, -а
вольт-ампе́р, -а, р. мн. -ов, счетн. ф. -ампе́р
вольтамперме́тр, -а
вольт-ампе́рный
вольтамперомме́тр, -а
вольте́ровский (от Вольте́р; вольте́ровское кре́сло)
вольтерья́нец, -нца, тв. -нцем, р. мн. -нцев
вольтерья́нский
вольтерья́нство, -а
вольти́ж, -а, тв. -ем
вольтижёр, -а
вольтижи́ровать, -рую, -рует
вольтижиро́вка, -и, р. мн. -вок
вольтижиро́вочный
вольтме́тр, -а
во́льтов, -а, -о (от Вольт): во́льтова дуга́, во́льтов столб
во́льтовый
вольтодоба́вочный
вольтомме́тр, -а
вольт-секу́нда, -ы
вольфартио́з, -а
вольфа́ртова му́ха, вольфа́ртовой му́хи
во́льфия, -и
во́льфов кана́л, во́льфова кана́ла (зоол.)
вольфра́м, -а
вольфрама́ты, -ов, ед. -а́т, -а
вольфрами́т, -а
вольфра́мовый
волю́м, -а

ВОЛЮМОРЕЦЕПТОРЫ

волюморецепторы, -ов, ед. -тор, -а
волюнтаризм, -а
волюнтарист, -а
волюнтаристический
волюнтаристский
волюта, -ы (архит.)
волютин, -а
волюшка, -и
воля, -и
воля вольная
воляпюк, -а и волапюк, -а
во много крат
во многом
вомчать(ся), -чу(сь), -чит(ся)
вон
вона¹, -ы (ден. ед.)
вона², частица (прост. и обл. к вон)
вонзать(ся), -аю(сь), -ает(ся)
вонзённый; кр. ф. -ён, -ена
вонзить(ся), вонжу(сь), вонзит(ся)
вонища, -и, тв. -ей
вонмем (возглас, церк.)
вонь, -и
вонючий
вонючка, -и, р. мн. -чек
вонять, -яю, -яет
во облацех: темна вода во облацех
воображаемый
воображала, -ы, м. и ж.
воображать(ся), -аю, -ает(ся)
воображение, -я
воображённый; кр. ф. -ён, -ена
вообразимый
вообразить(ся), -ажу, -азит(ся)
вообще
воодушевить(ся), -влю(сь), -вит(ся)
воодушевление, -я
воодушевлённо, нареч.
воодушевлённость, -и
воодушевлённый; кр. ф. -ён, -ена и (выражающий воодушевление)

-ён, -енна (его речь воодушевлённа)
воодушевлять(ся), -яю(сь), -яет(ся)
вооружать(ся), -аю(сь), -ает(ся)
вооружение, -я
вооружённость, -и
Вооружённые силы РФ
вооружённый; кр. ф. -ён, -ена
вооружить(ся), -жу(сь), -жит(ся)
воочию
во-первых
вопить, воплю, вопит
вопиющий
вопиять, -ию, -иет (устар. к вопить; взывать)
вопленица, -ы, тв. -ей
во плоти (ангел во плоти)
воплотить(ся), -ощу(сь), -отит(ся)
воплощать(ся), -аю(сь), -ает(ся)
воплощение, -я
воплощённость, -и
воплощённый; кр. ф. -ён, -ена
вопль, -я
вопнуть, -ну, -нёт
вопреки (чему)
вопрос, -а
вопросец, -сца, тв. -сцем, р. мн. -сцев
вопросик, -а
вопросительность, -и
вопросительный; кр. ф. -лен, -льна
вопросить, -ошу, -осит
вопросник, -а
вопросный
вопросоответный
вопрошание, -я
вопрошатель, -я
вопрошательница, -ы, тв. -ей
вопрошать, -аю, -ает
вопрошающий
вопрошённый; кр. ф. -ён, -ена
вор, -а, мн. -ы, -ов
ворванный (от ворвань)
ворвань, -и

ворваться, ворвусь, ворвётся; прош. -ался, -алась, -алось
ворд-процессор, -а
воришка, -и, р. мн. -шек, м.
ворище, -а и -и, мн. -и, -ищ, м.
воркование, -я
ворковать, -кую, -кует
воркотание, -я
воркотать, -кочу, -кочет
воркотня, -и
воркотун, -а
воркотунья, -и, р. мн. -ний
воркочущий
воркун, -а
воркунья, -и, р. мн. -ний
воркутинский (от Воркута)
воркутинцы, -ев, ед. -нец, -нца, тв. -нцем
воркутяне, -ян, ед. -янин, -а
воркутянка, -и, р. мн. -нок
воробей, -бья
воробейник, -а
воробейчик, -а
воробка, -и, р. мн. -бок
воробушек, -шка и воробышек, -шка
воробьевит, -а
Воробьёвы горы, Воробьёвых гор (в Москве)
воробьёнок, -нка, мн. -бьята, -бьят
воробьиный
воробьиха, -и
воробьишка, -и, р. мн. -шек, м.
воробьятник, -а
ворованный; кр. ф. -ан, -ана
вороватый
воровать(ся), ворую, ворует(ся)
воровка, -и, р. мн. -вок
воровски
воровской
воровство, -а
ворог, -а
ворожба, -ы
ворожей, -я
ворожейка, -и, р. мн. -еек
ворожение, -я

ворожея́, -и́, *р. мн.* -же́й
ворожи́ть, -жу́, -жи́т
во́рон, -а
воро́на, -ы
воро́нежский (*от* Воро́неж)
воро́нежцы, -ев, *ед.* -жец, -жца́, *тв.* -жцем
Воро́нежчина, -ы (*к* Воро́неж)
вороне́ние, -я
воронённый; *кр. ф.* -ён, -ена́, *прич.*
воронёнок, -нка, *мн.* -ня́та, -ня́т
воронёночек, -чка, *мн.* воронятки, -ток
воронёный, *прил.*
воро́ненький
вороне́ц, -нца́, *тв.* -нцо́м, *р. мн.* -нцо́в
воро́ний, -ья, -ье
ворони́ка, -и
ворони́ть, -ню́, -ни́т (*ротозейничать*)
ворони́ть(ся), -ню́, -ни́т(ся) (*чернить металл, подвергаться воронению*)
ворони́ха, -и
воро́нка, -и, *р. мн.* -нок
воронко́, -а́, *мн.* -и́, -о́в, *м.* (*о лошади*) и Воронко́, -а́, *м.* (*кличка*)
воронкови́дный; *кр. ф.* -ден, -дна
воронкообра́зный; *кр. ф.* -зен, -зна
во́ронов, -а, -о (*как* во́роново крыло́)
во́роновые, -ых
вороно́й
вороно́к, -нка́
во́роно-пе́гий
во́роно-ча́лый
воро́ночка, -и, *р. мн.* -чек
Воронцо́во По́ле, Воронцо́ва По́ля (*улица в Москве*)
Воронцо́вские Пруды́ (*улица в Москве*)
воронцо́вский (*от* Воронцо́в)
во́ронь, -и

воронье́, -я́
воро́нящий (*от* воро́нить)
вороня́щий(ся) (*от* herceni ворони́ть(ся))
во́рот, -а, *мн.* -ы, -ов
воро́та, -о́т; но (*в названиях площадей, перевалов, проливов*) Воро́та, -о́т, *напр.*: Кра́сные Воро́та, Ники́тские Воро́та, Покро́вские Воро́та (*в Москве*), Байда́рские Воро́та (*перевал*), Золоты́е Воро́та, Ка́рские Воро́та (*проливы*)
вороти́ла, -ы, *м.* (*делец*)
вороти́ло, -а (*рычаг*)
вороти́на, -ы
вороти́ть(ся), -очу́(сь), -о́тит(ся)
вороти́ща, -ищ (*увелич. к* воро́та)
воро́тище, -а (*створ ворот*)
воротни́к, -а́
воротнико́вый
воротничко́вый
воротничо́к, -чка́
во́ротный (*от* во́рот)
воро́тный (*от* воро́та)
ворото́к, -тка́
воро́тца, -тец, -тцам
во́рох, -а, *мн.* -а́, -о́в и -и, -ов
ворохну́ть(ся), -ну́(сь), -нёт(ся)
ворохоочисти́тель, -я
воро́чание, -я
воро́чанный; *кр. ф.* -ан, -ана (*от* воро́чать)
воро́чать(ся), -аю(сь), -ает(ся)
воро́ченный; *кр. ф.* -ен, -ена (*от* вороти́ть)
вороше́ние, -я
ворошённый; *кр. ф.* -ён, -ена́, *прич.*
ворошёный, *прил.*
вороши́лка, -и, *р. мн.* -лок
вороши́ловский (*от* Вороши́лов)
вороши́ть(ся), -шу́(сь), -ши́т(ся)
ворошо́к, -шка́
ворс, -а
ворси́льный
ворси́льня, -и, *р. мн.* -лен

ворси́льщик, -а
ворси́на, -ы
ворси́нка, -и, *р. мн.* -нок
ворси́нчатый
ворси́стость, -и
ворси́стый
ворси́т, -а
ворси́ть(ся), воршу́, ворси́т(ся)
ворсова́льный
ворсова́льня, -и, *р. мн.* -лен
ворсова́ние, -я
ворсо́ванный; *кр. ф.* -ан, -ана
ворсова́ть(ся), -су́ю, -су́ет(ся)
ворсо́вка, -и
ворсово́й и во́рсовый
ворся́нка, -и, *р. мн.* -нок
ворся́нковый
ворсяно́й
воруйгородо́к, -дка́
ворча́нье, -я
ворча́ть, -чу́, -чи́т
ворчли́вость, -и
ворчли́вый
ворчу́н, -а́
ворчу́нья, -и, *р. мн.* -ний
ворьё, -я́
ворю́га, -и, *м. и ж.*
восвоя́си
восемнадцатигра́дусный (18-гра́дусный)
восемнадцатиле́тний (18-ле́тний)
восемнадцатиметро́вый (18-метро́вый)
восемна́дцатый
восемна́дцать, -и
во́семь, восьми́, *тв.* восьмью́ и восемью́
во́семьдесят, восьми́десяти, *тв.* восьмью́десятью и восемью́десятью
во́семь-де́сять, восьми́-десяти́ (*приблизительно*)
восемьсо́т, восьмисо́т, восьмиста́м, восьмьюста́ми и восемьюста́ми, о восьмиста́х

ВОСЕМЬЮ

восемью (при умножении)
восемью восемь
воск, -а и -у
воскли́кнуть, -ну, -нет
восклица́ние, -я
восклица́тельный
восклица́ть, -а́ю, -а́ет
воскобо́й, -я
воскобо́йный
воскобо́йня, -и, р. мн. -о́ен
восковица, -ы, тв. -ей
восковка, -и, р. мн. -вок
восковниковые, -ых
восковница, -ы, тв. -ей
восковой
воскообра́зный; кр. ф. -зен, -зна
воскреса́ть, -а́ю, -а́ет
воскре́се: Христо́с воскре́се
воскресе́ние, -я (от воскре́снуть)
Воскресе́ние Христо́во
Воскресе́нские воро́та (в Москве)
воскресе́нский (к Воскресе́ние Христо́во и Воскресе́нск)
Воскресе́нский (собор, монастырь)
воскресе́нцы, -ев, ед. -нец, -нца, тв. -нцем (от Воскресе́нск)
воскресе́нье, -я, р. мн. -ний (день недели)
воскреси́ть, -ешу́, -еси́т
воскре́сник, -а
воскре́снувший
воскре́снуть, -ну, -нет; прош. -е́с, -е́сла
воскре́сны, -ых, ед. -сен, -сна (церк. песнопения)
воскре́сный (к воскресе́нье)
воскре́сший
воскреша́ть(ся), -а́ю(сь), -а́ет(ся)
воскреше́ние, -я (от воскреси́ть)
воскрешённый; кр. ф. -ён, -ена́
воскрылённый; кр. ф. -ён, -ена́
воскры́лие, -я
воскрыли́ть(ся), -лю́(сь), -ли́т(ся)
воскрыля́ть(ся), -я́ю(сь), -я́ет(ся)

воскуре́ние, -я
воску́ренный; кр. ф. -ен, -ена
воску́ривать(ся), -аю, -ает(ся)
воскури́ть(ся), -урю́, -у́рит(ся)
воскуря́ть(ся), -я́ю, -я́ет(ся)
во сла́ву
восле́д, нареч. и предлог
в основно́м
в осо́бинку
в осо́бину
в осо́бицу
воспале́ние, -я
воспалённый; кр. ф. -ён, -ена́
воспали́тельный
воспали́ть(ся), -лю́(сь), -ли́т(ся)
воспаля́ть(ся), -я́ю(сь), -я́ет(ся)
воспаре́ние, -я
воспари́ть, -рю́, -ри́т
воспаря́ть, -я́ю, -я́ет
воспева́ние, -я
воспева́тель, -я
воспева́ть(ся), -а́ю, -а́ет(ся)
воспе́тый
воспе́ть(ся), -пою́, -поёт(ся)
воспита́ние, -я
воспита́нник, -а
воспита́нница, -ы, тв. -ей
воспи́танно, нареч.
воспи́танность, -и
воспи́танный; кр. ф. прич. -ан, -ана; кр. ф. прил. (обнаруживающий результаты хорошего воспитания) -ан, -анна
воспита́тель, -я
воспита́тельница, -ы, тв. -ей
воспита́тельно-профилакти́ческий
воспита́тельно-трудово́й
воспита́тельный
воспита́тельский
воспита́ть(ся), -а́ю(сь), -а́ет(ся)
воспи́тывать(ся), -аю(сь), -ает(ся)
воспламене́ние, -я
воспламенённый; кр. ф. -ён, -ена́
воспламени́тель, -я

воспламени́тельный
воспламени́ть(ся), -ню́(сь), -ни́т(ся)
воспламеня́емость, -и
воспламеня́ть(ся), -я́ю(сь), -я́ет(ся)
воспоённый; кр. ф. -ён, -ена́
воспои́ть, -пою́, -пои́т
восполне́ние, -я
воспо́лненный; кр. ф. -ен, -ена
восполни́мость, -и
восполни́мый
воспо́лнить(ся), -ню, -нит(ся)
восполня́ть(ся), -я́ю, -я́ет(ся)
воспо́льзоваться, -зуюсь, -зуется
воспомина́ние, -я
воспомина́ть(ся), -а́ю, -а́ет(ся)
воспосле́довать, -дую, -дует
воспрепя́тствование, -я
воспрепя́тствовать, -твую, -твует
воспрети́тельный
воспрети́ть, -рещу́, -рети́т
воспреща́ть(ся), -а́ю, -а́ет(ся)
воспреще́ние, -я
воспрещённый; кр. ф. -ён, -ена́
восприе́мник, -а
восприе́мница, -ы, тв. -ей
восприе́мничество, -а
восприи́мчивость, -и
восприи́мчивый
воспринима́емость, -и
воспринима́ть(ся), -а́ю(сь), -а́ет(ся)
воспринима́ющий(ся)
воспри́нятый; кр. ф. -и́нят, -и́нята́, -и́нято
восприня́ть(ся), -иму́, -и́мет(ся); прош. -и́нял, -иня́лся́, -иняла́(сь), -и́няло, -иняло́сь
восприя́тие, -я
восприя́ть, буд. вр. не употр.; прош. -я́л, -я́ла
воспроизведе́ние, -я
воспроизведённый; кр. ф. -ён, -ена́

воспроизве́дший(ся)
воспроизвести́(сь), -веду́, -ведёт(ся); *прош.* -вёл(ся), -вела́(сь)
воспроизводи́тель, -я
воспроизводи́тельница, -ы, *тв.* -ей
воспроизводи́тельный
воспроизводи́ть(ся), -ожу́, -о́дит(ся)
воспроизво́дственный
воспроизво́дство, -а
воспроизводя́щий(ся)
воспроти́виться, -влюсь, -вится
воспря́нувший
воспря́нуть, -ну, -нет; *прош.* -я́нул, -я́нула
воспыла́ть, -а́ю, -а́ет
воссеа́ть, -а́ю, -а́ет
воссе́сть, -ся́ду, -ся́дет; *прош.* -се́л, -се́ла
воссия́ть, -я́ю, -я́ет
воссла́вить(ся), -влю(сь) -вит(ся)
восславле́ние, -я
восславленный; *кр. ф.* -ен, -ена
восславля́ть(ся), -я́ю(сь), -я́ет(ся)
воссле́дование, -я
воссоедине́ние, -я
воссоединённый; *кр. ф.* -ён, -ена́
воссоедини́тельный
воссоедини́ть(ся), -ню́(сь), -ни́т(ся)
воссоединя́ть(ся), -я́ю(сь), -я́ет(ся)
воссоздава́ть(ся), -даю́, -даёт(ся)
воссозда́ние, -я
воссо́зданный; *кр. ф.* -со́здан, -со́здана́, -со́здано
воссозда́ть(ся), -а́м, -а́шь, -а́ст(ся), -ади́м, -ади́те, -аду́т(ся); *прош.* -а́л(ся), -ала́(сь), -а́ло, -а́лось
восстава́ть, -таю́, -таёт
восста́вить, -влю, -вит
восста́вленный; *кр. ф.* -ен, -ена
восставля́ть(ся), -я́ю, -я́ет(ся)
восстана́вливаемость, -и
восстана́вливать(ся), -аю(сь), -ает(ся)
восста́ние, -я, но: пло́щадь Восста́ния (в нек-рых городах)
восстанови́мость, -и
восстанови́мый
восстанови́тель, -я
восстанови́тельный
восстанови́ть(ся), -овлю́(сь), -о́вит(ся)
восстановле́ние, -я
восстано́вленный; *кр. ф.* -ен, -ена
восстановля́ть(ся), -я́ю(сь), -я́ет(ся)
восста́ть, -а́ну, -а́нет
восстаю́щий
воссыла́ть(ся), -а́ю, -а́ет(ся)
восто́к, -а и (*страны Азии*) Восто́к, -а; Да́льний Восто́к, Бли́жний Восто́к, Сре́дний Восто́к (территории в Азии)
востокове́д, -а
востокове́дение, -я
востокове́дный
востокове́дческий
во́ сто кра́т и в сто́ кра́т
восто́рг, -а
восторга́ть(ся), -а́ю(сь), -а́ет(ся)
восто́рженно, *нареч.*
восто́рженность, -и
восто́рженный; *кр. ф.* -ен, -енна
восторжествова́ть, -тву́ю, -тву́ет
Восто́чная Герма́ния
Восто́чная Евро́па
Восто́чная Пру́ссия
Восто́чная Ри́мская импе́рия
Восто́чная Сиби́рь
Восто́чная Славо́ния
восто́чнее, *нареч.*
восто́чник, -а
Восто́чно-Австрали́йские го́ры
восточноавстрали́йский
Восто́чно-Австрали́йское тече́ние
восточноазиа́тский
восточноафрика́нский
Восто́чно-Африка́нское наго́рье
восточногерма́нский
Восто́чно-Гренла́ндское тече́ние
Восто́чно-Европе́йская равни́на
восточноевропе́йский
восточноевропе́йцы, -ев, *ед.* -е́ец, -е́йца, *тв.* -е́йцем
Восто́чное Забайка́лье
Восто́чное полуша́рие
восточнозабайка́льский
Восто́чно-Ира́нские го́ры
восточноказахста́нский
восточноказахста́нцы, -ев, *ед.* -нец, -нца, *тв.* -нцем
восточнокафоли́ческий
восточнокита́йский
Восто́чно-Кита́йское мо́ре
восточномонго́льский
восточноприокеани́ческий
восточнопру́сский
Восто́чно-Сахали́нские го́ры
восточносиби́рский
Восто́чно-Сиби́рское мо́ре
восточнославя́нский
восточнославя́нско-по́льский
восточносредиземномо́рский
восточнотихоокеа́нский
восто́чно-христиа́нский
восто́чный
Восто́чный Пами́р
Восто́чный хребе́т (на Камча́тке)
Восто́чный экспре́сс
востре́бование, -я
востре́бованность, -и
востре́бованный; *кр. ф.* -ан, -ана
востре́бовать(ся), -бую(сь), -бует(ся)
востре́нек, -нька
во́стренький
вострепета́ть, -пещу́, -пе́щет

востре́ц, -а́, *тв.* -о́м и остре́ц, -а́, *тв.* -о́м
востри́ть, -рю́, -ри́т
востро́: держа́ть у́хо востро́
востробрю́шка, -и, *р. мн.* -шек
востроглазенький
востроглазый
востроно́гий
востроно́сенький
востроно́сый
востроу́хий
воструби́ть, -ублю́, -у́би́т
востру́ха, -и
востру́шка, -и, *р. мн.* -шек
во́стрый; *кр. ф.* востёр, востра́, востро́
восхвале́ние, -я
восхвалённый; *кр. ф.* -ён, -ена́
восхвали́ть, -алю́, -а́лит
восхваля́ть(ся), -я́ю(сь), -я́ет(ся)
восхити́тельность, -и
восхити́тельный; *кр. ф.* -лен, -льна
восхити́ть(ся), -ищу́(сь), -ити́т(ся)
восхища́ть(ся), -а́ю(сь), -а́ет(ся)
восхище́ние, -я
восхищённо, *нареч.*
восхищённый; *кр. ф.* -ён, -ена́ и (выражающий восхищение) -ён, -ённа (*их взгля́ды восхищённы*)
восхо́д, -а
восходи́тель, -я
восходи́ть, -ожу́, -о́дит
восходя́щий
восхожде́ние, -я
восхоте́ть, -хочу́, -хо́чешь, -хо́чет, -хоти́м, -хоти́те, -хотя́т
восчу́вствовать, -твую, -твует
восше́ствие, -я
восьмери́к, -а́
восьмерико́вый
восьмери́чный
восьмёрка, -и, *р. мн.* -рок
восьмерно́й
во́сьмеро, -ы́х

восьмиба́лльный (8-ба́лльный)
восьмиведёрный и восьмиве́дерный
восьмивесе́льный и восьмивё́сельный
восьмигра́нник, -а
восьмигра́нный
восьмидесятикопе́ечный (80-копе́ечный)
восьмидесятиле́тие (80-ле́тие), -я
восьмидесятиле́тний (80-ле́тний)
восьмидесятипятиле́тие (85-ле́тие), -я
восьмидесятипятиле́тний (85-ле́тний)
восьмидесятирублёвый (80-рублёвый)
восьмидеся́тник, -а
восьмидеся́тый
восьмидне́вный (8-дне́вный)
восьмидо́льный
восьмизна́чный
восьмикла́ссник, -а
восьмикла́ссница, -ы, *тв.* -ей
восьмикла́ссный (8-кла́ссный)
восьмиконе́чный
восьмикра́тный
восьмиле́тка, -и, *р. мн.* -ток
восьмиле́тний (8-ле́тний)
восьмилучево́й
восьмиме́сячный (8-ме́сячный)
восьмиметро́вый (8-метро́вый)
восьмино́г, -а
восьмио́сный
восьмисло́жный
восьмисотле́тие (800-ле́тие), -я
восьмисотле́тний (800-ле́тний)
восьмисотпятидесятиле́тие (850-ле́тие), -я
восьмисотпятидесятиле́тний (850-ле́тний)

восьмисо́тый
восьмисти́шие, -я
восьмисто́пный
восьмистру́нный
восьмито́мник (8-то́мник), -а
восьмито́мный (8-то́мный)
восьмито́нный (8-то́нный)
восьмиты́сячник, -а
восьмиты́сячный
восьмиуго́льник, -а
восьмиуго́льный
восьмичасово́й (8-часово́й)
восьмиэта́жный (8-эта́жный)
Восьмо́е ма́рта (8-е Ма́рта) (*праздник*)
восьмо́й
восьму́ха, -и
восьму́шечка, -и, *р. мн.* -чек
восьму́шка, -и, *р. мн.* -шек
вот
вот-во́т
в отдале́нии
воти́вный
воти́рование, -я
воти́рованный; *кр. ф.* -ан, -ана
воти́ровать(ся), -рую, -рует(ся)
вотиро́вка, -и, *р. мн.* -вок
во́тканный; *кр. ф.* -ан, -ана
вотка́ть(ся), -ку́, -кёт(ся); *прош.* -а́л(ся), -ала́(сь), -а́ло(сь)
во́ткинский (*от* Во́ткинск)
во́ткинцы, -ев, *ед.* -нец, -нца, *тв.* -нцем
в отклю́чке (быть, *жарг.*)
во́ткнутый
воткну́ть(ся), -ну́, -нёт(ся)
в откры́тую
в отли́чие (*от кого, чего*) (в противоположность кому, чему)
в отме́стку
в отноше́нии (*кого, чего*) (относительно)
в отпа́де (быть, *жарг.*)
в отры́в (уйти́)
в отры́ве (*от кого, чего*)
во́тский (*к* вотяки́)

в отступле́ние (от чего) (отступая)
в отсу́тствие (кого) (при отсутствии)
во́т те (и) на́ и во́т тебе́ (и) на́
во́т те ра́з и во́т тебе́ ра́з
во́т те Христо́с (клятвенное уверение)
в оття́жку
во́тум, -а
Во́тчал, -а: ка́пли Во́тчала
во́тчина, -ы
во́тчинник, -а
во́тчинный
вотще́
вотяки́, -о́в, ед. вотя́к, -а́
вотя́цкий
вотя́чка, -и, р. мн. -чек
во́утинг-тре́ст, -а
во фро́нт и во фру́нт (вста́ть, постро́ить)
в оха́пку
во хмелю́
в охо́тку
ВОХР, -а (сокр.: военизированная охрана)
во́хровский (от ВОХР)
воцаре́ние, -я
воцари́ться, -рю́сь, -ри́тся
воцаря́ться, -я́юсь, -я́ется
воцерковле́ние, -я
воцерко́вленный; кр. ф. -ен, -ена
воцерковля́ться, -я́юсь, -я́ется
во челове́цех (на земле́ ми́р, во челове́цех благоволе́ние)
вочелове́чение, -я
вочелове́ченный; кр. ф. -ен, -ена
вочелове́читься, -чусь, -чится
во что́ бы то ни ста́ло
воше́дший
во́шка, -и, р. мн. во́шек
вошь, вши, тв. во́шью, мн. вши, вшей
воща́нка, -и, р. мн. -нок
вощано́й
воще́ние, -я

вощённый; кр. ф. -ён, -ена́, прич.
вощёный, прил.
вощи́на, -ы
вощи́нный
воща́ть(ся), вощу́, вощи́т(ся)
вою́щий
воюю́щий
воя́ж, -а, тв. -ем
вояжёр, -а
вояжи́рование, -я
вояжи́ровать, -рую, -рует
вояжиро́вка, -и, р. мн. -вок
во язы́цех: при́тча во язы́цех
воя́ка, -и, м.
впа́вший
впада́ть, -а́ю, -а́ет
впаде́ние, -я
впа́дина, -ы
впа́динка, -и, р. мн. -нок
впа́ивание, -я
впа́ивать(ся), -аю, -ает(ся)
впа́йка, -и, р. мн. впа́ек
впа́лость, -и
впа́лый
в панда́н
впа́рхивать, -аю, -ает
впасть, впаду́, впадёт; прош. впал, впа́ла
впа́янный; кр. ф. -ян, -яна
впая́ть, -я́ю, -я́ет
впека́ть(ся), -а́ю, -а́ет(ся)
вперви́нку
вперво́й
впервы́е
вперебе́жку, нареч.
вцереби́в, нареч.
впереби́вку, нареч.
вперебо́й, нареч.
вперева́л, нареч.
вперева́лку, нареч.
вперева́лочку, нареч.
вперевёрт, нареч.
вперевёртку, нареч.
впереворо́т, нареч.
вцереги́б, нареч.
вперегонки́, нареч.

вперего́нку, нареч.
вперёд
впереди́
впередииду́щий*
впередисидя́щий*
впередистоя́щий*
вперёд-наза́д
вперёдсмотря́щий, -его
вперекн́дку, нареч.
вперекр́р, нареч.
вперекр́с, нареч.
вперекре́ст, нареч.
вперемё́жку (перемежаясь)
вперемё́шку (перемешиваясь)
вперённый; кр. ф. -ён, -ена́
вперепля́с, нареч.
вперере́з, нареч.
вперерьі́в, нареч. (наперебой)
впере́ть(ся), вопру́(сь), вопрёт(ся); прош. впёр(ся), впёрла(сь)
перехва́т, нареч.
впери́ть(ся), -рю́(сь), -ри́т(ся)
впёртый
впёрший(ся)
вперя́ть(ся), -я́ю(сь), -я́ет(ся)
впе́тость, -и
впеча́танный; кр. ф. -ан, -ана
впеча́тать(ся), -таю, -тает(ся)
впечатлева́ть(ся), -а́ю, -а́ет(ся)
впечатле́ние, -я
впечатлённый; кр. ф. -ён, -ена́
впечатле́ньице, -а
впечатле́ть(ся), -е́ю, -е́ет(ся)
впечатли́тельность, -и
впечатли́тельный; кр. ф. -лен, -льна
впечатли́ть, -и́т
впечатля́емость, -и
впечатля́ть, -я́ю, -я́ет
впечатля́ющий
впеча́тывание, -я
впеча́тывать(ся), -аю, -ает(ся)
впечь, впеку́, впечёт, впеку́т; прош. впёк, впекла́
впива́ть(ся), -а́ю(сь), -а́ет(ся)
в пи́ку (кому, чему)

ВПИРАТЬ(СЯ)

впира́ть(ся), -а́ю(сь), -а́ет(ся)
впи́санный; *кр. ф.* -ан, -ана
вписа́ть(ся), впишу́(сь), впи́шет(ся)
впи́ска, -и, *р. мн.* -сок
впи́сывание, -я
впи́сывать(ся), -аю(сь), -ает(ся)
впи́танный; *кр. ф.* -ан, -ана
впита́ть(ся), -а́ю, -а́ет(ся)
впи́тывание, -я
впи́тывать(ся), -аю, -ает(ся)
впи́ть(ся), вопью́(сь), вопьёт(ся); *прош.* впи́л(ся), впила́(сь), впи́ло, впи́ло́сь
впи́ханный; *кр. ф.* -ан, -ана
впиха́ть(ся), -а́ю, -а́ет(ся)
впи́хивание, -я
впи́хивать(ся), -аю(сь), -ает(ся)
впи́хнутый
впихну́ть(ся), -ну́(сь), -нёт(ся)
ВПК [вэпэка́], *нескл., м.* (*сокр.:* военно-промышленный комплекс)
впла́вить(ся), -влю, -вит(ся)
впла́вленный; *кр. ф.* -ен, -ена
вплавля́ть(ся), -я́ю, -я́ет(ся)
вплавь
в пла́не (*чего*)
вплёскивать(ся), -аю, -ает(ся)
вплёснутый
вплесну́ть(ся), -ну́, -нёт(ся)
вплести́(сь), вплету́, вплетёт(ся); *прош.* вплёл(ся), вплела́(сь)
вплета́ние, -я
вплета́ть(ся), -а́ю, -а́ет(ся)
вплете́ние, -я
вплетённый; *кр. ф.* -ён, -ена́
вплётший(ся)
вплотну́ю
вплоть (*устар. к* вплотну́ю)
в плоть (войти́, обле́чь(ся) в пло́ть (и кро́вь)
вплоть до
в пло́ть и кро́вь
вплыва́ние, -я
вплыва́ть(ся), -а́ю, -а́ет
вплы́тие, -я

вплы́ть, -ыву́, -ывёт; *прош.* -ы́л, -ыла́, -ы́ло
в пляс (пойти́)
впова́лку
в подбо́р
в подда́вки (игра́ть)
в подмётки (не годи́тся)
в подпи́тии
в подтвержде́ние (*чего*) (*для подтверждения*)
в подъём
впока́т, *нареч.*
впол... — первая часть сложных слов (наречий), пишется слитно
вполбревна́
вполводы́
вполгла́за (смотре́ть)
вполго́лоса
вполза́ние, -я
вполза́ть, -а́ю, -а́ет
вползти́, -зу́, -зёт; *прош.* вползла́, вползла́
впо́лзший
вполлица́
вполнака́ла
вполне́
вполнеба́
вполноги́ (игра́ть, ката́ться, танцева́ть)
вполоборо́та
вполови́ну, *нареч.* (о́н и вполови́ну та́к не за́нят, ка́к я)
в поло́ску
в поло́сочку
вполоткры́та
вполпряма́
вполпья́на́
вполруки́ (игра́ть)
вполси́лы
вполслу́ха
вполсы́та́
в полубреду́
в полуверсте́
в полузабытьи́
в полукило́метре
в полуме́тре

в полуми́ле
вполуоборо́т
в полупро́филь
вполу́ха (слу́шать)
в полуша́ге
вполцены́
вполшага́
в поми́не (нет)
впопа́д
впопыха́х
в поре́
впо́ру, *нареч.* (пла́тье впо́ру; впо́ру карау́л крича́ть); но *сущ.* в по́ру (в по́ру безвре́менья)
впорхну́ть, -ну́, -нёт
в поря́дке
в поря́док
в-после́дних, *вводн. сл.*
впосле́дствии, *нареч.*
в по́те лица́
в потёмках
впотьма́х
в почёте
впра́вду, *нареч.* (действительно)
впра́ве, *в знач. сказ.* (имею, имеет право)
впра́вить(ся), -влю, -вит(ся)
впра́вка, -и
вправле́ние, -я
впра́вленный; *кр. ф.* -ен, -ена
вправля́ть(ся), -я́ю, -я́ет(ся)
впра́во
в прах (рассы́паться)
в предви́дении (*чего*) (предви́дя)
в предвкуше́нии (*чего*) (предвкуша́я)
в предше́ствии (*кого, чего*)
впредь
впрессо́ванный; *кр. ф.* -ан, -ана
впрессова́ть, -ссу́ю, -ссу́ет
впрессо́вывать(ся), -аю, -ает(ся)
в приба́вку
в привы́чку
впригля́дку, *нареч.*
в прида́чу
вприку́ску, *нареч.*

в при́нципе
вприпры́жку, *нареч.*
вприско́к, *нареч.*
вприско́чку, *нареч.*
в прису́тствии (кого) (при ком-н.)
вприся́дку, *нареч.*
вприти́рку, *нареч.*
впритру́ску
впри́ты́к
впри́ты́чку, *нареч.*
вприхва́тку, *нареч.*
вприщу́р, *нареч.*
вприщу́рку, *нареч.*
впрово́дку, *нареч.*
впро́голодь
в продолже́ние (чего) (*во время чего-н., пока что-н. продолжается*)
впро́желть, *нареч.*
впро́зелень, *нареч.*
впрок, *нареч.*
в прока́т (сдава́ть)
впро́резь, *нареч.*
впроса́к: попа́сть впроса́к
впро́синь, *нареч.*
впросо́нках
впросо́нье
впро́сте (*церк.*)
в противове́с (кому, чему)
в про́филь
впрохо́лодь
впро́чем, *союз*
впро́чернь, *нареч.*
впры́гивание, -я
впры́гивать, -аю, -ает
впры́гнуть, -ну, -нет
впры́ск, -а
впры́скивание, -я
впры́скивать(ся), -аю, -ает(ся)
впры́снутый
впры́снуть, -ну, -нет
впряга́ние, -я
впряга́ть(ся), -а́ю(сь), -а́ет(ся)
впря́гший(ся)
впряда́ть(ся), -а́ю, -а́ет(ся)
впря́дывание, -я

впря́дывать(ся), -аю, -ает(ся)
впряжённый; *кр. ф.* -ён, -ена́
впря́жка, -и
впряму́ю, *нареч.*
впрямь
впря́сть(ся), -яду́, -ядёт(ся); *прош.* -я́л(ся), -я́ла́(сь)
в пря́тки (игра́ть)
впря́чь(ся), -ягу́(сь), -яжёт(ся), -ягу́т(ся); *прош.* -я́г(ся), -ягла́(сь)
впуск, -а
впуска́ние, -я
впуска́ть(ся), -а́ю, -а́ет(ся)
впускно́й
впу́сте
впусти́ть, впущу́, впу́стит
впусту́ю, *нареч.*
впу́танный; *кр. ф.* -ан, -ана
впу́тать(ся), -аю(сь), -ает(ся)
впу́тывание, -я
впу́тывать(ся), -аю(сь), -ает(ся)
в пух (*совершенно, окончательно*)
в пух и прах
впу́щенный; *кр. ф.* -ен, -ена
впя́ленный; *кр. ф.* -ен, -ена
впя́ливать(ся), -аю(сь), -ает(ся)
впя́лить(ся), -лю(сь), -лит(ся)
впя́теро
впятеро́м
впя́тить(ся), впя́чу, впя́тит(ся)
в-пя́тых
впя́ченный; *кр. ф.* -ен, -ена
впя́чивание, -я
впя́чивать(ся), -аю, -ает(ся)
враба́тываемость, -и
враба́тывание, -я
враба́тываться, -аюсь, -ается
врабо́танность, -и
врабо́таться, -аюсь, -ается
враг, -а́
враги́ня, -и, *р. мн.* -и́нь
в ра́дость
в раж (войти́)
вражда́, -ы́
вражде́бность, -и
вражде́бный; *кр. ф.* -бен, -бна

враждова́ть, -ду́ю, -ду́ет
Вра́жек, -жка: Си́вцев Вра́жек (*переулок в Москве*)
вра́жеский
вра́жий, -ья, -ье
вражи́на, -ы, *м. и ж.*
вражо́нок, -нка, *мн.* враженя́та, -я́т
враз, *нареч.*
вразбе́жку, *нареч.*
вразби́вку, *нареч.*
вразбро́д, *нареч.*
вразбро́с, *нареч.*
вразбро́ску, *нареч.*
вразва́л, *нареч.*
вразва́лку, *нареч.*
вразва́лочку, *нареч.*
вразве́с, *нареч.*
в разга́р (чего)
враздро́бь
вразла́д, *нареч.* (*нестройно, не в лад*)
вразлёт, *нареч.*
в разли́в и в ро́злив
вразма́х, *нареч.* (*с размаху*)
вразма́шку, *нареч.*
вразмёт, *нареч.*
вразнобо́й, *нареч.*
вразноголо́сицу, *нареч.*
вразно́с, *нареч.*
вразноты́к
вразре́з (с чем)
вразря́дку, *нареч.*
вразуми́тельность, -и
вразуми́тельный; *кр. ф.* -лен, -льна
вразуми́ть(ся), -млю́(сь), -ми́т(ся)
вразумле́ние, -я
вразумлённый; *кр. ф.* -ён, -ена́
вразумля́ть(ся), -я́ю(сь), -я́ет(ся)
вра́ки, врак
враль, -я́
вра́льман, -а (*враль*)
в ра́мках (чего)
вра́нгелевец, -вца, *тв.* -вцем, *р. мн.* -вцев
вра́нгелевский (*от* Вра́нгель)

вра́нгелевщина, -ы
враньё, -я́
вроска́чку, нареч.
вроски́дку, нареч.
вроскоря́чку
вроско́с
вроспа́шку, нареч. (нараспашку)
вроспе́в, нареч.
вросплóх
вроспо́р, нареч.
вроспоя́ску
в распы́л (пойти́, пусти́ть)
в рассро́чку
в рассужде́нии (кого-чего) (относи́тельно)
врассы́пку, нареч.
врассыпну́ю, нареч.
враста́ние, -я
враста́ть, -а́ю, -а́ет
врасти́, -ту́, -тёт; прош. врос, вросла́
врастопы́рку
врастру́ску, нареч.
врастя́жку, нареч.
в расхо́д (пойти́, пусти́ть)
в расчёте (на что, на кого)
врата́, врат, врата́м
Врата́рница, -ы, тв. -ей (икона Божией Матери)
врата́рский
врата́рь, -я (церк.)
врата́рь, -я́
врать(ся), вру, врёт(ся); прош. врал, врала́, вра́ло, вра́ло́сь
врач, -а́, тв. -о́м
враче́бно-консультацио́нный
враче́бно-контро́льный
враче́бно-санита́рный
враче́бно-трудово́й
враче́бно-физкульту́рный
враче́бный
врачева́ние, -я
врачева́тель, -я
врачева́тельница, -ы, тв. -ей
врачева́ть(ся), -чу́ю(сь), -чу́ет(ся)
врачи́ха, -и

врач-педиа́тр, врача́-педиа́тра
врач-терапе́вт, врача́-терапе́вта
врачу́ющий
враща́тельно-колеба́тельный
враща́тельный
враща́ть(ся), -а́ю(сь), -а́ет(ся)
враща́ющий(ся)
враще́ние, -я
вред, -а́
вре́дина, -ы, м. и ж.
вреди́тель, -я
вреди́тельский
вреди́тельство, -а
вреди́тельствовать, -твую, -твует
вреди́ть, врежу́, вреди́т
вредне́йший
вре́дничать, -аю, -ает
вре́дно, в знач. сказ.
вре́дность, -и
вре́дный; кр. ф. -ден, -дна́, -дно, вре́дны́
вредню́щий
вредоно́сность, -и
вредоно́сный; кр. ф. -сен, -сна
вреза́ние, -я
вре́занный; кр. ф. -ан, -ана
вре́зать(ся), вре́жу(сь), вре́жет(ся), сов.
вреза́ть(ся), -а́ю(сь), -а́ет(ся), несов.
в рези́нку
в рези́ночку
вре́зка, -и, р. мн. -зок
врезно́й
в результа́те
вре́зчик, -а
вре́зывание, -я
вре́зывать(ся), -аю(сь), -ает(ся)
времена́ми, нареч.
времени́ть, -ню́, -ни́т
временни́к, -а́
вре́менно, нареч.
Вре́менное прави́тельство (в России, 1917)
вре́менно замеща́ющий

вре́менно исполня́ющий
временно́й (относящийся ко времени)
временнообя́занный
вре́менно оккупи́рованный
вре́менно-простра́нственный
вре́менность, -и
вре́менный; кр. ф. -менен, -менна (непостоянный)
Вре́менный пове́ренный в дела́х
временщи́к, -а́
вре́мечко, -а
вре́мя, -мени, тв. -менем, мн. времена́, -мён, -мена́м
времязада́ющий
времяизмери́тельный
времяи́мпульсный
времяисчисле́ние, -я
время́нка, -и, р. мн. -нок
вре́мя от вре́мени
времяощуще́ние, -я
времяпрепровожде́ние, -я
времяпровожде́ние, -я
времясчисле́ние, -я (устар. к времяисчисле́ние)
вре́тище, -а
врио́, нескл., м. (сокр.: временно исполняющий обязанности)
вро́вень
вро́де, предлог (в виде, как) и частица (как будто, кажется)
врождённость, -и
врождённый; кр. ф. -ён, -ена́ и -ённа
в ро́злив и в разли́в
в ро́зницу
врозь, нареч.
врозь
вро́ссыпь, нареч.
вро́сший
вро́цлавский (от Вро́цлав)
вро́цлавцы, -ев, ед. -вец, -вца, тв. -вцем
вроцлавя́не, -я́н, ед. -я́нин, -а
вроцлавя́нка, -и, р. мн. -нок

вруб, -а
врубание, -я
врубать(ся), -аю(сь), -ает(ся)
врубелевский (от Врубель)
врубить(ся), врублю(сь), врубит(ся)
врубка, -и, р. мн. -бок
врубленный; кр. ф. -ен, -ена
врубмашина, -ы
врубмашинист, -а
врубовка, -и, р. мн. -вок
врубово-отбойный
врубовый
врубок, -бка
в ружьё (стать, поставить)
врукопашную, нареч.
в руку: сон в руку
врун, -а
врунишка, -и, р. мн. -шек, м. и ж.
врунья, -и, р. мн. -ний
в руце Божией
вручать(ся), -аю, -ает(ся)
вручение, -я
вручённый; кр. ф. -ён, -ена
вручитель, -я
вручительница, -ы, тв. -ей
вручить, -чу, -чит
вручную, нареч.
вруша, -и, тв. -ей, м. и ж.
врушка, -и, р. мн. -шек, м. и ж.
врывать(ся), -аю(сь), -ает(ся)
врытие, -я
врыть(ся), врою(сь), вроет(ся)
в ряд (выстроиться)
вряд, частица (устар. к вряд ли)
вряд ли
всадить(ся), всажу, всадит(ся)
всадник, -а
всадница, -ы, тв. -ей
саднический
всаженный; кр. ф. -ен, -ена
всаживание, -я
всаживать(ся), -аю, -ает(ся)
всамделишный
в самом деле
всасываемость, -и

всасывание, -я
всасывательный
всасывать(ся), -аю, -ает(ся)
всачивание, -я
всачиваться, -ается
в сборе (собрались)
всвал, нареч.
в связи (с чем)
всё, нареч. и частица
все... — первая часть сложных слов, пишется всегда слитно
всеамериканский
Всеанглийский теннисный клуб
всеармейский
всеафриканский
в себе (также: не в себе, вещь в себе)
всеблагой и всеблагий, -ого
всевание, -я
всевать(ся), -аю, -ает(ся)
всеведение, -я
всеведущий
Всевеликое войско донское
всевидец, -дца, тв. -дцем, р. мн. -дцев
всевидящий
всевластие, -я
всевластность, -и
всевластный; кр. ф. -тен, -тна
всевобуч, -а, тв. -ем (всеобщее военное обучение)
всевозможный, мн. всевозможные (всякие, самые разнообразные: всевозможные товары), но: все возможные (испробовать все возможные варианты)
всевозрастающий и всё возрастающий
всевозрастной
всеволновый
Всеволод Большое Гнездо
всевышний
Всевышний, -его (Бог)
всегда
всегдашний

всего, частица
всего лишь
всего-навсе (устар. к всего-навсего)
всего-навсего
всего ничего
всего-то
Вседержитель, -я
вседневный
вседозволенность, -и
в-седьмых
всеевропейский
всё едино
всеединство, -а
всеедный (церк.)
всё ж(е)
всё ж таки
всезнайка, -и, р. мн. -аек, м. и ж.
всезнайство, -а
всезнание, -я
всезнающий
всё и вся, всех и вся
всё и вся, всего и вся
всеизвестный
всеисцеляющий
всеисчерпывающий
всекитайский
Всекитайское собрание народных представителей
всеконечно
Всекубанское казачье войско
всекузбасский
вселение, -я
вселенная, -ой (земля) и Вселенная, -ой (космос)
вселённый; кр. ф. -ён, -ена
Вселенская родительская суббота
вселенский
Вселенский собор (церк.)
вселить(ся), -лю(сь), вселит(ся)
вселюбезный
вселять(ся), -яю(сь), -яет(ся)
всемерно, нареч.
всемерный
всемеро

всемеро́м
всеме́стный
всеми́лостивейший
всеми́лостивый
всемину́тный
Всеми́рная организа́ция здравоохране́ния
Всеми́рная торго́вая организа́ция
Всеми́рная ша́хматная олимпиа́да
всеми́рно изве́стный
всеми́рно-истори́ческий
всеми́рность, -и
Всеми́рные ю́ношеские и́гры
всеми́рный
Всеми́рный ба́нк
Всеми́рный де́нь защи́ты дете́й
Всеми́рный де́нь здоро́вья
Всеми́рный де́нь окружа́ющей среды́
Всеми́рный пото́п (библ.)
Всеми́рный почто́вый сою́з
Всеми́рный сове́т церкве́й
Всеми́рный фестива́ль молодёжи и студе́нтов
всемогу́щество, -а
всемогу́щий
всенаро́дность, -и
всенаро́дный; кр. ф. -ден, -дна
всенепреме́нно
всенижа́йше, нареч.
всенижа́йший
всено́щная, -ой
всено́щное бде́ние (церк. служба)
всено́щный
всеобнима́ющий
всеобу́ч, -а, тв. -ем (всеобщее обучение)
Всео́бщая деклара́ция пра́в челове́ка
Всео́бщая конфедера́ция труда́
всео́бщий
всео́бщность, -и
всеобъе́млемость, -и

всеобъе́млющий
всеору́жие: во всеору́жии
всеохва́тность, -и
всеохва́тный; кр. ф. -тен, -тна
всеохва́тывающий
всепланета́рный
всеплане́тный
всепобежда́ющий
всепоглоща́ющий
всепого́дный
всеподавля́ющий
всепо́дданнейше, нареч.
всепо́дданнейший
всепожира́ющий
всепоко́рнейший
всепоко́рный
всепокоря́ющий
всепонима́ние, -я
всепонима́ющий
всеправосла́вный
всепроника́ющий
всепроща́ющий
всепроще́нец, -нца, тв. -нцем, р. мн. -нцев
всепроще́ние, -я
всепроще́нческий
всепроще́нчество, -а
всё равно́
в сердца́х
в середи́не
в середи́нке
в середи́нку
в середи́ну
Всеросси́йская госуда́рственная телерадиовеща́тельная компа́ния (ВГТРК)
Всеросси́йская федера́ция волейбо́ла
Всеросси́йская чрезвыча́йная коми́ссия (ВЧК)
всеросси́йский
Всеросси́йский вы́ставочный це́нтр (ВВЦ)
всерьёз
всесве́тный
всесезо́нный

всеси́лие, -я
всеси́льность, -и
всеси́льный; кр. ф. -лен, -льна
всеславя́нский
всесоверше́нный
всесожже́ние, -я
всесокруша́ющий
всесосло́вный
всесою́зный
всесторо́нне, нареч.
всесторо́нний; кр. ф. -о́нен, -о́ння
всесторо́нность, -и
всё-таки
всё-то, нареч.
всеукраи́нский
всеусе́рдие, -я
всеусе́рдный
всеуслы́шание: во всеуслы́шание
всехва́льный
Всехсвя́тский (хра́м, монасты́рь; мо́ст, прое́зд)
Все́х Святы́х (хра́м, монасты́рь; неде́ля)
Все́х Скорбя́щих Ра́дость (иконографический тип Бо́жией Ма́тери)
Всецари́ца, -ы, тв. -ей (икона Бо́жией Ма́тери)
всецело́
всецерко́вный
всеча́сный
всечелове́к, -а
всечелове́ческий
всечестне́йший
всешуте́йший
всея́дность, -и
всея́дный; кр. ф. -ден, -дна
всея́нный; кр. ф. -ян, -яна
всея́ Руси́ (госуда́рь, патриа́рх)
всея́ть, всею́, всее́т
в си́лах
в си́ле
в си́лу (чего)
вскака́ть, вскачу́, вска́чет
вска́кивание, -я

ВСПАШКА

вска́кивать, -аю, -ает
вска́пывание, -я
вска́пывать(ся), -аю, -ает(ся)
вскара́бкаться, -аюсь, -ается
вскара́бкиваться, -аюсь, -ается
вска́рмливание, -я
вска́рмливать(ся), -аю, -ает(ся)
вскати́ть(ся), -ачу́(сь), -а́тит(ся)
вска́тывать(ся), -аю(сь), -ает(ся)
вскачь
вски́дка, -и
вски́дывание, -я
вски́дывать(ся), -аю(сь), -ает(ся)
вски́нутый
вски́нуть(ся), -ну(сь), -нет(ся)
вскипа́ние, -я
вскипа́ть, -а́ю, -а́ет
вскипе́ть, -плю́, -пи́т
вскипяти́ть(ся), -ячу́(сь), -яти́т(ся)
вскипячённый; кр. ф. -ён, -ена́
в скла́дку
в скла́дочку
в скла́дчину
вскле́нь и всклянь, нареч.
всклепа́ть, -еплю́, -е́плет
всклёпывать, -аю, -ает
всклокота́ть(ся), -очу́, -о́чет(ся)
всклоко́ченный; кр. ф. -ен, -ена
всклоко́чивать(ся), -аю, -ает(ся)
всклоко́чить(ся), -чу, -чит(ся)
всклочённый; кр. ф. -ён, -ена
всклочивать(ся), -аю, -ает(ся)
всклочить(ся), -чу, -чит(ся)
всклочка, -и, р. мн. -чек
всклуби́ться, -и́тся
всклянь и всклень, нареч.
в ско́бки (взя́ть)
в ско́бку (подстри́чь)
вскок, нареч.
всколеба́ть(ся), -ле́блю(сь), -ле́блет(ся)
всколошма́тить, -а́чу, -а́тит
всколупну́ть, -ну́, -нёт
всколу́пывать, -аю, -ает

всколыхну́ть(ся), -ы́шу(сь), -ы́шет(ся) и -а́ю(сь), -а́ет(ся)
всколы́хивать(ся), -аю(сь), -ает(ся)
всколыхну́ть(ся), -ну́(сь), -нёт(ся)
вскользну́ть, -ну́, -нёт
вскользь, нареч.
вско́панный; кр. ф. -ан, -ана
вскопа́ть(ся), -а́ю, -а́ет(ся)
вско́ре
вскорми́ть(ся), -ормлю́, -о́рмит(ся)
вско́рмленник, -а
вско́рмленница, -ы, тв. -ей
вско́рмленный; кр. ф. -ен, -ена
вскоро́бить(ся), -блю, -бит(ся)
вскоро́сти, нареч. (прост. к вско́ре)
вскосма́тить(ся), -а́чу, -а́тит(ся)
вскосма́ченный; кр. ф. -ен, -ена
вскосма́чивать(ся), -аю, -ает(ся)
вскочи́ть, -очу́, -о́чит
вскрик, -а
вскри́кивание, -я
вскри́кивать, -аю, -ает
вскри́кнуть, -ну, -нет
вскрича́ть, -чу́, -чи́т
вскружи́ть(ся), -ужу́, -у́жи́т(ся)
вскрыва́ние, -я
вскрыва́ть(ся), -а́ю, -а́ет(ся)
вскры́тие, -я
вскры́тый
вскры́ть(ся), вскро́ю, вскро́ет(ся)
вскры́ша, -и, тв. -ей
вскрышно́й
всласть, нареч.
вслед, нареч. и предлог
всле́д за те́м
всле́дствие (чего) (из-за, по причине)
вслепу́ю, нареч.
в слу́жбу: не в слу́жбу, а в дру́жбу
вслух, нареч. (так, что слышно другим)

в слу́чае
вслу́шаться, -аюсь, -ается
вслу́шивание, -я
вслу́шиваться, -аюсь, -ается
всма́тривание, -я
всма́триваться, -аюсь, -ается
всмотре́ться, -отрю́сь, -о́трится
в смы́сле (чего)
всмя́тку
всо́ванный; кр. ф. -ан, -ана
всова́ть, всую́, всуёт
всо́вывание, -я
всо́вывать(ся), -аю(сь), -ает(ся)
в соку́
в согла́сии (с кем: дружно, в единомыслии; с чем: в соответствии)
в соотве́тствии (с чем) (соответственно, согласно чему-н.), но: привести́ в соотве́тствие
в сопоставле́нии (с кем, чем) (по сравнению)
в сопровожде́нии (кого, чего) (вместе с кем, чем-н.)
всо́санный; кр. ф. -ан, -ана
всоса́ть(ся), всосу́, всосёт(ся)
в состоя́нии, в знач. сказ.
всочи́ться, -и́тся
вспада́ть, -да́ет
вспа́ивание, -я
вспа́ивать(ся), -аю, -ает(ся)
вспа́лзывать, -аю, -ает
вспа́ренный; кр. ф. -ен, -ена
вспа́ривание, -я
вспа́ривать(ся), -аю(сь), -ает(ся)
вспа́рить(ся), -рю(сь), -рит(ся)
вспа́рхивание, -я
вспа́рхивать, -аю, -ает
вспа́рывание, -я
вспа́рывать(ся), -аю, -ает(ся)
вспасть, -адёт
вспа́ханный; кр. ф. -ан, -ана
вспаха́ть, вспашу́, вспа́шет
вспа́хивание, -я
вспа́хивать(ся), -аю, -ает(ся)
вспа́шка, -и, р. мн. -шек

вспе́ненный; *кр. ф.* -ен, -ена
вспе́нивание, -я
вспе́нивать(ся), -аю, -ает(ся)
вспе́нить(ся), -ню, -нит(ся)
вспетуши́ться, -шу́сь, -ши́тся
в спе́шке
всплакну́ть(ся), -ну́, -нёт(ся)
всплеск, -а
всплёскивание, -я
всплёскивать(ся), -аю, -ает(ся)
всплесну́ть(ся), -ну́, -нёт(ся)
всплошну́ю, *нареч.*
всплошь
всплыва́ние, -я
всплыва́ть, -а́ю, -а́ет
всплы́тие, -я
всплыть, -ыву́, -ывёт; *прош.* -ы́л, -ыла́, -ы́ло
вспоённый; *кр. ф.* -ён, -ена́ и вспо́енный; *кр. ф.* -ен, -ена
вспои́ть, -ою́, -о́ит
вспола́скивать(ся), -аю, -ает(ся)
вспо́лзание, -я
вспо́лзать, -а́ю, -а́ет
всползти́, -зу́, -зёт; *прош.* -о́лз, -олзла́
всползший
вспо́лоснутый
всполосну́ть, -ну́, -нёт
вспо́лох, -а
всполохну́ть(ся), -ну́(сь), -нёт(ся) (всполоши́ть(ся))
всполошённый; *кр. ф.* -ён, -ена́
всполоши́ть(ся), -шу́(сь), -ши́т(ся)
всполо́шный
всполыхну́ть, -нёт (к полыха́ть)
вспо́лье, -я, *р. мн.* -ьев и -лий (окраина поля)
вспо́льный (к вспо́лье)
вспомина́ние, -я
вспомина́ть(ся), -а́ю(сь), -а́ет(ся)
вспо́мнить(ся), -ню(сь), -нит(ся)
вспомога́тельный; *кр. ф.* -лен, -льна
вспоможе́ние, -я

вспомоществова́ние, -я
вспомоществова́ть, -тву́ю, -тву́ет
вспомя́нутый
вспомяну́ть(ся), -яну́(сь), -я́нет(ся)
вспо́ротый
вспоро́ть(ся), -орю́, -о́рет(ся)
вспорхну́ть, -ну́, -нёт
вспоте́лый
вспоте́ть, -е́ю, -е́ет
вспры́гивание, -я
вспры́гивать, -аю, -ает
вспры́гнуть, -ну, -нет
вспрыск, -а
вспры́ски, -ов (*пирушка*)
вспры́скивание, -я
вспры́скивать(ся), -аю(сь), -ает(ся)
вспры́снутый
вспры́снуть(ся), -ну(сь), -нет(ся)
вспря́нуть, -ну, -нет
вспу́гивание, -я
вспу́гивать(ся), -аю, -ает(ся)
вспу́гнутый
вспугну́ть, -ну́, -нёт
вспузы́ривать(ся), -аю, -ает(ся)
вспузы́рить(ся), -рю, -рит(ся)
вспуха́ние, -я
вспуха́ть, -а́ю, -а́ет
вспу́хлина, -ы
вспу́хлость, -и
вспу́хлый
вспу́хнуть, -ну, -нет; *прош.* -ух, -у́хла
вспу́хший
вспу́ченный; *кр. ф.* -ен, -ена
вспу́чиваемость, -и
вспу́чивание, -я
вспу́чивать(ся), -аю, -ает(ся)
вспу́чить(ся), -чу, -чит(ся)
вспуше́ние, -я
вспушённый; *кр. ф.* -ён, -ена́
вспуши́ть(ся), -шу́, -ши́т(ся)
вспы́ливать(ся), -аю, -ает(ся)
вспыли́ть, -лю́, -ли́т
вспы́льчивость, -и

вспы́льчивый
вспых, -а
вспы́хивание, -я
вспы́хивать, -аю, -ает
вспы́хнуть, -ну, -нет
вспы́шечный
вспы́шка, -и, *р. мн.* -шек
вспять
в сравне́нии (*с кем, чем*) (*по сравне́нию*), но: не идёт в сравне́ние
в срок
встава́ние, -я
встава́ть, встаю́, встаёт
вста́вить(ся), -влю, -вит(ся)
вста́вка, -и, *р. мн.* -вок
вста́вленный; *кр. ф.* -ен, -ена
вставля́ть(ся), -я́ю, -я́ет(ся)
вставно́й
вста́вочка, -и, *р. мн.* -чек
вста́вочный
в старину́
встарь
вста́скивание, -я
вста́скивать(ся), -аю(сь), -ает(ся)
встать, -а́ну, -а́нет
вста́щенный; *кр. ф.* -ен, -ена
встащи́ть(ся), -ащу́(сь), -а́щит(ся)
встаю́щий
в сте́льку (пья́н)
в сто́ крат и во́ сто крат
встопо́рщенный; *кр. ф.* -ен, -ена
встопо́рщивать(ся), -аю, -ает(ся)
встопо́рщить(ся), -щу, -щит(ся)
встормоши́ть(ся), -шу́(сь), -ши́т(ся)
в стороне́
в сто́рону
встоскова́ться, -ку́юсь, -ку́ется
встоя́чку, *нареч.*
встра́ивание, -я
встра́ивать(ся), -аю, -ает(ся)
встрева́ние, -я
встрева́ть, -а́ю, -а́ет
встрево́женно, *нареч.*
встрево́женность, -и

встрево́женный; *кр. ф.* -ен, -ена и (*выражающий тревогу*) -ен, -енна (*их ли́ца встрево́женны*)
встрево́живать(ся), -аю(сь), -ает(ся)
встрево́жить(ся), -жу(сь), -жит(ся)
встрёпанный; *кр. ф.* -ан, -ана
встрепа́ть(ся), -еплю́, -е́плет(ся), -е́плют(ся) и -е́пет(ся), -е́пят(ся)
встрепену́ться, -ну́сь, -нётся
встрёпка, -и, *р. мн.* -пок
встрёпывание, -я
встрёпывать(ся), -аю, -ает(ся)
встрепыхну́ться, -ну́сь, -нётся
встре́тить(ся), -е́чу(сь), -е́тит(ся)
встре́ча, -и, *тв.* -ей
встреча́ть(ся), -а́ю(сь), -а́ет(ся)
встре́ченный; *кр. ф.* -ен, -ена
встре́чно, *нареч.*
встре́чно-паралле́льный
встре́чно-после́довательный
встре́чно-штырево́й
встре́чный
встре́чный-попере́чный, встре́чного-попере́чного
встре́чу, *нареч. и предлог* (*устар. и прост. к* навстре́чу)
встре́чь, *нареч. и предлог* (*обл. к* навстре́чу)
встро́енный; *кр. ф.* -ен, -ена
встро́ить(ся), -о́ю, -о́ит(ся)
встро́йка, -и, *р. мн.* -о́ек
в стро́ку: (не) вся́кое лы́ко в стро́ку
в стру́нку (вы́тянуться)
вструхну́ть, -ну́, -нёт
встря́вший
встря́ска, -и, *р. мн.* -сок
встря́ть, -я́ну, -я́нет
встря́хивание, -я
встря́хивать(ся), -аю(сь), -ает(ся)
встря́хнутый
встряхну́ть(ся), -ну́(сь), -нёт(ся)
вступа́ть(ся), -а́ю(сь), -а́ет(ся)

вступи́тельный
вступи́ть(ся), -уплю́(сь), -у́пит(ся)
вступле́ние, -я
встык, *нареч.*
всу́е
всу́нутый
всу́нуть(ся), -ну(сь), -нет(ся)
всухомя́тку, *нареч.*
всуху́ю, *нареч.*
всуча́ть(ся), -а́ю, -а́ет(ся)
всу́ченный; *кр. ф.* -ен, -ена
всу́чивание, -я
всу́чивать(ся), -аю, -ает(ся)
всучи́ть, всучу́, всу́чи́т
всхлип, -а
всхли́пнуть, -ну, -нет
всхли́пывание, -я
всхли́пывать, -аю, -ает
всход, -а
всходи́ть, всхожу́, всхо́дит
всхо́ды, -ов (*ростки семян*)
всходя́щий
всхо́жесть, -и
всхо́жий
всхолмле́ние, -я
всхолмлённый; *кр. ф.* -ён, -ена́
всхо́лмье, -я, *р. мн.* -мий
всхрап, -а
всхрапе́ть, -плю́, -пи́т
всхрапну́ть, -ну́, -нёт
всхра́пывание, -я
всхра́пывать, -аю, -ает
в счёт (*чего*)
всыпа́ние, -я
всы́панный; *кр. ф.* -ан, -ана
всы́пать(ся), -плю, -плет(ся), -плют(ся) и -пет(ся), -пят(ся), *сов.*
всыпа́ть(ся), -а́ю, -а́ет(ся), *несов.*
всы́пка, -и, *р. мн.* -пок
всю́ду
всяк, *другие формы не употр.* (*всякий*)
вся́кая вся́чина
вся́кие-ра́зные, вся́ких-ра́зных
вся́кий

вся́ко, *нареч.*
вся́кое-ра́зное, вся́кого-ра́зного
вся́чески
вся́ческий
вся́чина, -ы (вся́кая вся́чина; со вся́чиной)
вся́чинка, -и (со вся́чинкой)
вта́йне, *нареч.* (вта́йне жела́ть чего́-н., де́йствовать вта́йне от всех), но *сущ.* в та́йне (сохрани́ть в та́йне)
в такт
вта́лкивание, -я
вта́лкивать(ся), -аю(сь), -ает(ся)
вта́птывание, -я
вта́птывать(ся), -аю(сь), -ает(ся)
в тартарары́ (провали́ться)
вта́сканный; *кр. ф.* -ан, -ана
втаска́ть, -а́ю, -а́ет
вта́скивание, -я
вта́скивать(ся), -аю(сь), -ает(ся)
втасо́ванный; *кр. ф.* -ан, -ана
втасова́ть, -су́ю, -су́ет
втасо́вывать(ся), -аю, -ает(ся)
вта́чанный; *кр. ф.* -ан, -ана
втача́ть(ся), -а́ю, -а́ет(ся)
вта́чивание, -я
вта́чивать(ся), -аю, -ает(ся)
вта́чка, -и, *р. мн.* -чек
втачно́й
вта́щенный; *кр. ф.* -ен, -ена
втащи́ть(ся), втащу́(сь), вта́щит(ся)
втека́ние, -я
втека́ть, -а́ю, -а́ет
втёкший
в те́ле (*упитанный*)
втёмную, *нареч.*
втемя́шенный; *кр. ф.* -ен, -ена
втемя́шивать(ся), -аю, -ает(ся)
втемя́шить(ся), -шу, -шит(ся)
в те́ поры́
втере́ть(ся), вотру́(сь), вотрёт(ся); *прош.* втёр(ся), втёрла(сь)
втёртый
втёрший(ся)

втеса́ться, вте́шусь, вте́шется
втеснённый; *кр. ф.* -ён, -ена́
втесни́ть(ся), -ню́(сь), -ни́т(ся)
втесня́ть(ся), -я́ю(сь), -я́ет(ся)
втёсываться, -аюсь, -ается
в тече́ние (*чего*) (*во время чего-н., в продолжение*)
втечь, втечёт, втеку́т; *прош.* втёк, втекла́
втира́ние, -я
втира́ть(ся), -а́ю(сь), -а́ет(ся)
втиру́ша, -и, *тв.* -ей, *м. и ж.*
вти́сканный; *кр. ф.* -ан, -ана
вти́скать(ся), -аю(сь), -ает(ся)
вти́скивание, -я
вти́скивать(ся), -аю(сь), -ает(ся)
вти́снутый
вти́снуть(ся), -ну(сь), -нет(ся)
втихаря́
втихомо́лку
втихомо́лочку
втиху́ю
в тиши́
ВТК [вэтэка́], *нескл., м.* (*сокр.:* временный трудовой коллектив)
в то же вре́мя
в толк (взя́ть)
вто́лканный; *кр. ф.* -ан, -ана
втолка́ть(ся), -а́ю(сь), -а́ет(ся)
втолкну́тый
втолкну́ть(ся), -ну́(сь), -нёт(ся)
втолко́ванный; *кр. ф.* -ан, -ана
втолкова́ть, -ку́ю, -ку́ет
втолко́вывание, -я
втолко́вывать(ся), -аю, -ает(ся)
втоло́кший
втоло́чь, -лку́, -лчёт, -лку́т; *прош.* -ло́к, -лкла́
в тон
вто́птанный; *кр. ф.* -ан, -ана
втопта́ть(ся), втопчу́, вто́пчет(ся)
вто́ра, -ы
втора́чивание, -я
втора́чивать(ся), -аю, -ает(ся)
Втора́я импе́рия (*во Франции, ист.*)

Втора́я мирова́я война́
вторга́ться, -а́юсь, -а́ется
вто́ргнувшийся
вто́ргнуться, -нусь, -нется; *прош.* вто́ргся и вто́ргнулся, вто́рглась
вто́ргшийся
вторже́ние, -я
вто́рить, -рю, -рит
втори́чно, *нареч.*
втори́чнороты́е, -ых
втори́чность, -и
втори́чно-электро́нный
втори́чно-эмиссио́нный
втори́чный; *кр. ф.* -чен, -чна
вто́рник, -а
вто́рничный
второбра́чие, -я
второбра́чный
второго́дник, -а
второго́дница, -ы, *тв.* -ей
второго́дничество, -а
второ́е, -о́го
Второзако́ние, -я
второ́й
Второ́й интернациона́л
второ́й-тре́тий, второ́го-тре́тьего
второкла́ссник, -а
второкла́ссница, -ы, *тв.* -ей
второкла́ссный
второкла́шка, -и, *р. мн.* -шек, *м. и ж.*
второку́рсник, -а
второку́рсница, -ы, *тв.* -ей
второку́рсный
второочередни́к, -а́
второочередно́й
второпя́х
второразря́дный; *кр. ф.* -ден, -дна
второсо́ртный; *кр. ф.* -тен, -тна
второстепе́нность, -и
второстепе́нный; *кр. ф.* -е́нен, -е́нна
второ́ченный; *кр. ф.* -ен, -ена
второчи́ть(ся), -чу́, -чи́т(ся)
вторсырьё, -я́

вто́рящий
в то́чку
в то́чности
втрави́ть(ся), -авлю́(сь), -а́вит(ся)
втра́вленный; *кр. ф.* -ен, -ена
втра́вливание, -я
втра́вливать(ся), -аю(сь), -ает(ся)
втравля́ть(ся), -я́ю(сь), -я́ет(ся)
втрамбо́ванный; *кр. ф.* -ан, -ана
втрамбова́ть(ся), -бу́ю, -бу́ет(ся)
втрамбо́вывание, -я
втрамбо́вывать(ся), -аю, -ает(ся)
в транс
в тра́нсе
втре́скаться, -аюсь, -ается
в-тре́тьих
втри́дешева
втри́дорога
в три поги́бели (согну́ться)
в три че́тверти (сни́мок, портре́т *и т. п.*)
в три ше́и (гна́ть)
втро́е
втроём
втроём-вчетверо́м
втройне́
втугу́ю, *нареч.*
втуз, -а (*сокр.:* высшее техническое учебное заведение)
вту́зовец, -вца, *тв.* -вцем, *р. мн.* -вцев
вту́зовка, -и, *р. мн.* -вок
вту́зовский
вту́лка, -и, *р. мн.* -лок
вту́лочка, -и, *р. мн.* -чек
вту́лочный
вту́не
в тупи́к
в тупике́
втык, -а
втыка́ние, -я
втыка́ть(ся), -а́ю, -а́ет(ся)
вты́чка, -и, *р. мн.* -чек
ВТЭК, -а и *нескл., ж.* (*сокр.:* врачебно-трудовая экспертная комиссия)

втэковский (*от* ВТЭК)
втюриться, -рюсь, -рится
втягивание, -я
втягивать(ся), -аю(сь), -ает(ся)
в тягость
втяжка, -и, *р. мн.* -жек
втяжной
втянутость, -и
втянутый
втянуть(ся), втяну(сь), втянет(ся)
втяпать(ся), -аю(сь), -ает(ся)
втяпывать(ся), -аю(сь), -ает(ся)
вуалево-серебристый
вуалевый
вуалетка, -и, *р. мн.* -ток
вуалехвост, -а
вуалирование, -я
вуалировать(ся), -рую(сь), -рует(ся)
вуаль, -и
вуалька, -и, *р. мн.* -лек
в убыток
в угоду
в угол
в ударе
в удел (достаться, получить)
вуз, -а (*сокр.:* высшее учебное заведение)
вузком, -а
вузовец, -вца, *тв.* -вцем, *р. мн.* -вцев
вузовка, -и, *р. мн.* -вок
вузовский
в укор
вулкан, -а
вулканизат, -а
вулканизатор, -а
вулканизаторщик, -а
вулканизационный
вулканизация, -и
вулканизирование, -я
вулканизированный; *кр. ф.* -ан, -ана
вулканизировать(ся), -рую, -рует(ся)
вулканизм, -а

вулканизованный; *кр. ф.* -ан, -ана
вулканизовать(ся), -зую, -зует(ся)
вулканит, -а
вулканически активный
вулканический
вулканогенно-осадочный
вулканогенный
вулканокласты, -ов, *ед.* -класт, -а
вулканолог, -а
вулканологический
вулканология, -и
вульвит, -а
вульвовагинит, -а
вульгаризатор, -а
вульгаризаторский
вульгаризаторство, -а
вульгаризация, -и
вульгаризированный; *кр. ф.* -ан, -ана
вульгаризировать(ся), -рую, -рует(ся)
вульгаризм, -а
вульгаризованный; *кр. ф.* -ан, -ана
вульгарноватый
вульгарно-материалистический
вульгарно-социологический
вульгарность, -и
вульгарный; *кр. ф.* -рен, -рна
Вульгата, -ы
вульфенит, -а
вундеркинд, -а
в унисон
в упадок (прийти)
в уплату
в упор
в упрёк (ставить, говорить)
вурдалак, -а
в уровень (с кем, чем)
вусмерть, *нареч.* (очень сильно, *прост.*)
в фас (*противоп.* в профиль)
вхаживать, *наст. вр. не употр.*

вход, -а
вход-выход, входа-выхода
Вход Господень в Иерусалим
в ходе (чего)
входить, вхожу, входит
входная, -ой (церк.)
входной
входный стих (церк.)
в ходу
входящий
вхождение, -я
вхожий
вхолодную, *нареч.*
вхолостую, *нареч.*
вхутемасовский (*от* Вхутемас)
ВЦ [вэцэ], *нескл., м.* (*сокр.:* вычислительный центр)
в цветочек
в целом
в целости
в целости и сохранности
в целости-сохранности
в целях (чего)
в цене
вцепить(ся), вцеплю(сь), вцепит(ся)
вцепление, -я
вцепленный; *кр. ф.* -ен, -ена
вцеплять(ся), -яю(сь), -яет(ся)
вциковский (*от* ВЦИК)
ВЧ [вэче], *нескл., ж. и неизм.* (*сокр.:* высокая частота, высокочастотный)
в частности
в чём в чём (уж в чём в чём, а в этом деле я разберусь; *также при переспросе*)
вчера, *нареч. и нескл., с.*
вчерась (*прост. к* вчера)
вчерашний
вчерне
вчертить(ся), вчерчу, вчертит(ся)
вчерченный; *кр. ф.* -ен, -ена
вчерчивание, -я
вчерчивать(ся), -аю, -ает(ся)
в чести

вче́тверо
вчетверо́м
в-четвёртых
вчинённый; *кр. ф.* -ён, -ена́
вчини́ть(ся), -ню́(сь), -ни́т(ся)
вчиня́ть(ся), -я́ю(сь), -я́ет(ся)
вчисту́ю
вчита́ться, -а́юсь, -а́ется
вчи́тывание, -я
вчи́тываться, -аюсь, -ается
ВЧ-свя́зь, -и
вчу́вствование, -я
вчу́вствоваться, -твуюсь, -твуется
вчу́же
в шагу́
вше́стеро
вшестеро́м
в-шесты́х
в ше́ю (гна́ть)
вшива́ние, -я
вшива́ть(ся), -а́ю, -а́ет(ся)
вши́вевший
вши́веть, -ею, -еет
вши́вка, -и, *р. мн.* -вок
вшивно́й
вши́вок, -вка
вши́вость, -и
вши́вочный
вши́вый
вширь, *нареч.* (разда́ться вширь), но *сущ.* в ширь (в ши́рь поле́й)
вши́тый
вши́ть(ся), вошью́, вошьёт(ся)
в штыки́ (приня́ть, встре́тить)
в штыкову́ю (*в атаку*)
в шу́тку
въеда́ние, -я
въеда́ться, -а́юсь, -а́ется
въе́дливость, -и
въе́дливый
въе́дчивость, -и
въе́дчивый
въезд, -а
въезд-вы́езд, въе́зда-вы́езда
въездно́й

въездно́й-выездно́й
въезжа́ние, -я
въезжа́ть, -а́ю, -а́ет
въе́зжий
въе́сться, въе́мся, въе́шься, въе́стся, въеди́мся, въеди́тесь, въедя́тся; *прош.* въе́лся, въе́лась
въе́хать, въе́ду, въе́дет
въя́ве
въявь
вы, вас, вам, ва́ми, о ва́с и (*как выражение уважения к адресату речи – одному лицу*) Вы, Вас, Вам, Ва́ми, о Ва́с
выба́лтывание, -я
выба́лтывать(ся), -аю(сь), -ает(ся)
вы́бег, -а
выбега́ние, -я
выбега́ть, -а́ю, -а́ет, *несов.* (к вы́бежать)
вы́бегать(ся), -аю(сь), -ает(ся), *сов.*
вы́бежать, -егу, -ежит, -егут
вы́беленный; *кр. ф.* -ен, -ена
выбе́ливание, -я
выбе́ливать(ся), -аю(сь), -ает(ся)
вы́белить(ся), -лю(сь), -лит(ся)
вы́белка, -и
выбива́ла, -ы, *м. и ж.*
выбива́лка, -и, *р. мн.* -лок
выбива́льный
выбива́ние, -я
выбива́ть(ся), -а́ю(сь), -а́ет(ся)
вы́бивка, -и
выбивно́й
выбира́ние, -я
выбира́ть(ся), -а́ю(сь), -а́ет(ся)
вы́битый
вы́бить(ся), вы́бью(сь), вы́бьет(ся)
выблева́ть, -люю, -люет
выблёвывать, -аю, -ает
вы́бленки, -нок, *ед.* -енка, -и
вы́бленочный
вы́боина, -ы
вы́боинка, -и, *р. мн.* -нок

вы́бой, -я
вы́бойка, -и, *р. мн.* -оек
вы́бойчатый
вы́болеть, -ею, -еет
вы́болтанный; *кр. ф.* -ан, -ана
вы́болтать(ся), -аю(сь), -ает(ся)
вы́болтнуть, -ну, -нет
вы́бор, -а
Вы́боргская сторона́ (*в Петербурге*)
вы́боргский (к Вы́борг и Вы́боргская сторона́)
вы́боржцы, -ев, *ед.* -жец, -жца, *тв.* -жцем
вы́борзок, -зка
вы́борка, -и, *р. мн.* -рок
выбормы́тывать, -аю, -ает
вы́борность, -и
вы́борный
вы́бороненный; *кр. ф.* -ен, -ена
вы́боронить, -ню, -нит
вы́борочный
вы́борщик, -а
вы́борщица, -ы, *тв.* -ей
вы́боры, -ов
выбра́живать(ся), -аю, -ает(ся)
вы́бракованный; *кр. ф.* -ан, -ана
вы́браковать(ся), -кую, -кует(ся)
выбрако́вка, -и, *р. мн.* -вок
выбрако́вывание, -я
выбрако́вывать(ся), -аю, -ает(ся)
вы́браненный; *кр. ф.* -ен, -ена
вы́бранить(ся), -ню(сь), -нит(ся)
вы́бранный; *кр. ф.* -ан, -ана
выбра́сывание, -я
выбра́сыватель, -я
выбра́сывать(ся), -аю(сь), -ает(ся)
вы́брать(ся), вы́беру(сь), вы́берет(ся)
выбреда́ть, -а́ю, -а́ет
вы́бредший
вы́брести, -еду, -едет; *прош.* -ел, -ела
выбрива́ние, -я

выбрива́ть(ся), -а́ю(сь), -а́ет(ся)
вы́бритый
вы́брить(ся), -рею(сь), -реет(ся)
вы́бродить(ся), -ожу(сь), -одит(ся)
вы́бродки, -ов
вы́бронзировать, -рую, -рует
вы́брос, -а
вы́бросить(ся), -ошу(сь), -осит(ся)
вы́броска, -и
выбросно́й
вы́брошенный; кр. ф. -ен, -ена
выбры́згивать(ся), -аю, -ает(ся)
вы́брызнутый
вы́брызнуть(ся), -ну, -нет(ся)
вы́буравить, -влю, -вит
вы́буравленный; кр. ф. -ен, -ена
выбура́вливание, -я
выбура́вливать(ся), -аю, -ает(ся)
вы́буренный; кр. ф. -ен, -ена
вы́буривание, -я
вы́буривать(ся), -аю, -ает(ся)
вы́бурить, -рю, -рит
вы́бутить, -учу, -утит
вы́бученный; кр. ф. -ен, -ена
выбу́чивать(ся), -аю, -ает(ся)
вы́бучить, -учу, -учит
выбыва́ние, -я
выбыва́ть, -а́ю, -а́ет
вы́бытие, -я
вы́быть, вы́буду, вы́будет
выва́живание, -я
выва́живать(ся), -аю, -ает(ся) (к выводить)
вы́валенный; кр. ф. -ен, -ена (от вы́валить)
выва́ливание, -я
выва́ливать(ся), -аю(сь), -ает(ся)
вы́валить(ся), -лю(сь), -лит(ся)
вы́валка, -и
вы́валянный; кр. ф. -ян, -яна (от вы́валять)
вы́валять(ся), -яю(сь), -яет(ся)
вы́варенный; кр. ф. -ен, -ена
выва́ривание, -я

выва́ривать(ся), -аю, -ает(ся)
вы́варить(ся), -рю, -рит(ся)
вы́варка, -и, р. мн. -рок
вы́варки, -рок и -рков
выварно́й
вы́варочный
выва́щивание, -я
выва́щивать(ся), -аю, -ает(ся)
вывева́ние, -я
вывева́ть(ся), -а́ю, -а́ет(ся) (к ве́ять)
вы́вевки, -вок
вы́веданный; кр. ф. -ан, -ана
вы́ведать, -аю, -ает
вы́веденец, -нца, тв. -нцем, р. мн. -нцев
выведе́ние, -я
вы́веденка, -и, р. мн. -нок
вы́веденный; кр. ф. -ен, -ена
вы́веденыш, -а, тв. -ем
выве́дривать(ся), -ает(ся)
вы́ведрить(ся), -ит(ся)
вы́ведший(ся)
выве́дывание, -я
выве́дывать(ся), -аю, -ает(ся)
вы́везенный; кр. ф. -ен, -ена
вы́везти, -зу, -зет
вы́везший
выве́ивание, -я
выве́ивать(ся), -аю, -ает(ся)
вы́веренный; кр. ф. -ен, -ена
вы́верить, -рю, -рит
вы́верка, -и, р. мн. -рок
вы́вернутый
вы́вернуть(ся), -ну(сь), -нет(ся)
вы́верт, -а
вы́вертеть, -рчу, -ртит
вывёртывание, -я
вывёртывать(ся), -аю(сь), -ает(ся) (к вы́вернуть(ся))
вы́верченный; кр. ф. -ен, -ена
выве́рчивание, -я
выве́рчивать(ся), -аю, -ает(ся) (к вы́вертеть)
выверя́ть(ся), -я́ю, -я́ет(ся)
вы́вес, -а

вы́весить, -ешу, -есит
вы́веска, -и, р. мн. -сок
вывесно́й
вы́весочный
вы́вести(сь), -еду, -едет(ся)
вы́ветревший (от вы́ветреть)
вы́ветренность, -и
вы́ветренный; кр. ф. -ен, -ена
вы́ветреть, -еет (измениться под действием ветра)
выве́тривание, -я
выве́тривать(ся), -аю, -ает(ся)
вы́ветривший(ся) (от вы́ветрить(ся))
вы́ветрить, -рю, -рит (что)
вы́ветриться, -ится
вы́вешенный; кр. ф. -ен, -ена
выве́шивание, -я
выве́шивать(ся), -аю, -ает(ся)
вы́вешить, -шу, -шит (от ве́ха)
вы́веянный; кр. ф. -ян, -яна
вы́веять(ся), -ею, -еет(ся)
вывива́ть(ся), -а́ю, -а́ет(ся) (к вить)
вы́винтить(ся), -нчу, -нтит(ся)
вы́винченный; кр. ф. -ен, -ена
выви́нчивание, -я
выви́нчивать(ся), -аю, -ает(ся)
вы́витый
вы́вить, вы́вью, вы́вьет
вы́вих, -а
выви́хивать(ся), -аю, -ает(ся)
вы́вихнутый
вы́вихнуть(ся), -ну, -нет(ся)
вы́вод, -а
выводи́ловка, -и
вы́водить, -ожу, -одит, сов.
выводи́ть(ся), -ожу́, -о́дит(ся), несов. (к вы́вести)
вы́водка, -и, р. мн. -док
вы́водковый
выводно́й
вы́водок, -дка
выводя́щий(ся)
вы́воженный; кр. ф. -ен, -ена
вы́воз, -а

ВЫВОЗИТЬ(СЯ)

вы́возить(ся), -ожу(сь), -озит(ся), сов. (вымазать(ся))
вывози́ть(ся), -ожу́, -о́зит(ся), несов. (к вы́везти)
вы́возка, -и, р. мн. -зок
вывозно́й
вывола́кивание, -я
вывола́кивать(ся), -аю, -ает(ся)
вы́волокший
вы́волоченный; кр. ф. -ен, -ена
вы́волочить, -чу, -чит
вы́волочка, -и, р. мн. -чек
вы́волочный
вы́волочь, -локу, -лочет, -локут; прош. -лок, -локла
вывора́чивание, -я
вывора́чивать(ся), -аю(сь), -ает(ся)
вы́ворот, -а
вы́воротень, -тня
вы́воротить(ся), -рочу(сь), -ротит(ся)
вы́воротка, -и
вы́воротность, -и
вы́воротный
вы́вороченный; кр. ф. -ен, -ена
вы́вощенный; кр. ф. -ен, -ена
вы́вощить(ся), -щу, -щит(ся)
вы́вязанный; кр. ф. -ан, -ана
вы́вязать, -яжу, -яжет
вы́вязка, -и
вывя́зывание, -я
вывя́зывать(ся), -аю, -ает(ся)
вы́вяленный; кр. ф. -ен, -ена
вывя́ливание, -я
вывя́ливать(ся), -аю, -ает(ся)
вы́вялить(ся), -лю, -лит(ся)
вы́гаданный; кр. ф. -ан, -ана
вы́гадать, -аю, -ает
выга́дывание, -я
выга́дывать(ся), -аю, -ает(ся)
вы́гар, -а
вы́гарки, -рок и -рков
вы́гарь, -и
вы́гатить, -ачу, -атит
вы́гаченный; кр. ф. -ен, -ена

выга́чивать(ся), -аю, -ает(ся)
вы́гиб, -а
выгиба́ние, -я
выгиба́ть(ся), -а́ю(сь), -а́ет(ся)
вы́гибка, -и
вы́гладить(ся), -ажу, -адит(ся)
выгла́дывать(ся), -аю, -ает(ся)
вы́глаженный; кр. ф. -ен, -ена
выгла́живание, -я
выгла́живать(ся), -аю, -ает(ся)
вы́глоданный; кр. ф. -ан, -ана
вы́глодать, -ожу, -ожет и -аю, -ает
вы́глядеть, -яжу, -ядит
выгля́дывание, -я
выгля́дывать, -аю, -ает
вы́глянуть, -ну, -нет
вы́гнанный; кр. ф. -ан, -ана
вы́гнать, вы́гоню, вы́гонит
выгнива́ть, -а́ет
вы́гнить, -иет
вы́гнутый
вы́гнуть(ся), -ну(сь), -нет(ся)
выгова́ривание, -я
выгова́ривать(ся), -аю(сь), -ает(ся)
вы́говор, -а
вы́говоренный; кр. ф. -ен, -ена
выговоре́шник, -а
вы́говорить(ся), -рю(сь), -рит(ся)
вы́года, -ы
вы́годно, нареч.
вы́годность, -и
вы́годный; кр. ф. -ден, -дна
вы́гон, -а
вы́гонка, -и
вы́гонный
вы́гоночный
вы́гонщик, -а
выгоня́ть(ся), -я́ю, -я́ет(ся)
выгора́живание, -я
выгора́живать(ся), -аю(сь), -ает(ся)
выгора́ние, -я
выгора́ть, -а́ет
вы́горевший
вы́горелый

вы́гореть, -рю, -рит
вы́городить(ся), -ожу(сь), -одит(ся)
вы́городка, -и, р. мн. -док
вы́гороженный; кр. ф. -ен, -ена
вы́гравирование, -я
вы́гравированный; кр. ф. -ан, -ана
вы́гравировать, -рую, -рует
вы́граненный; кр. ф. -ен, -ена
выгра́нивание, -я
выгра́нивать(ся), -аю, -ает(ся)
вы́гранить, -ню, -нит
выгра́ться, -а́юсь, -а́ется
вы́греб, -а
выгреба́ние, -я
выгреба́ть(ся), -а́ю(сь), -а́ет(ся)
вы́гребенный; кр. ф. -ен, -ена
вы́гребка, -и
вы́гребки, -ов
выгребно́й
вы́гребший(ся)
вы́грести(сь), вы́гребу(сь), вы́гребет(ся); прош. вы́греб(ся), вы́гребла(сь)
выгружа́ть(ся), -а́ю(сь), -а́ет(ся)
вы́груженный; кр. ф. -ен, -ена
вы́грузить(ся), -ужу(сь), -узит(ся)
вы́грузка, -и, р. мн. -зок
выгрузно́й
вы́грузочный
выгрыза́ние, -я
выгрыза́ть(ся), -а́ю, -а́ет(ся)
вы́грызенный; кр. ф. -ен, -ена
вы́грызть, -зу, -зет; прош. -ыз, -ызла
вы́грызший
вы́гул, -а
выгу́ливание, -я
выгу́ливать(ся), -аю, -ает(ся)
вы́гульный
вы́гулянный; кр. ф. -ян, -яна
вы́гулять(ся), -яю, -яет(ся)
выдава́ть(ся), выдаю́(сь), выда-ёт(ся)
вы́давить(ся), -влю, -вит(ся)

ВЫЖАРИВАТЬ(СЯ)

вы́давленный; *кр. ф.* -ен, -ена
выда́вливание, -я
выда́вливать(ся), -аю, -ает(ся)
выда́ивание, -я
выда́ивать(ся), -аю, -ает(ся)
выда́лбливание, -я
выда́лбливать(ся), -аю, -ает(ся)
вы́данный; *кр. ф.* -ан, -ана
вы́данье: на вы́данье
вы́дать(ся), -ам(ся), -ашь(ся), -аст(ся), -адим(ся), -адите(сь), -адут(ся)
вы́дача, -и, *тв.* -ей
выдаю́щий(ся)
выдвига́ние, -я
выдвига́ть(ся), -а́ю(сь), -а́ет(ся)
выдвиже́нец, -нца, *тв.* -нцем, *р. мн.* -нцев
выдвиже́ние, -я
выдвиже́нка, -и, *р. мн.* -нок
выдвиже́нческий
выдвиже́нчество, -а
выдвижно́й
вы́двинутый
вы́двинуть(ся), -ну(сь), -нет(ся)
выдворе́ние, -я
вы́дворенный; *кр. ф.* -ен, -ена
вы́дворить(ся), -рю(сь), -рит(ся)
выдворя́ть(ся), -я́ю(сь), -я́ет(ся)
вы́дел, -а
вы́деланный; *кр. ф.* -ан, -ана
вы́делать(ся), -аю, -ает(ся)
выделе́ние, -я
вы́деленный; *кр. ф.* -ен, -ена
выдели́тельный
вы́делить(ся), -лю(сь), -лит(ся)
вы́делка, -и
выде́лывание, -я
выде́лывать(ся), -аю, -ает(ся)
выделя́ть(ся), -я́ю(сь), -я́ет(ся)
вы́дерганный; *кр. ф.* -ан, -ана
вы́дергать(ся), -аю, -ает(ся)
выде́ргивание, -я
выде́ргивать(ся), -аю, -ает(ся)
вы́держанность, -и

вы́держанный; *кр. ф. прич.* -ан, -ана; *кр. ф. прил.* (умеющий владеть собой; последовательный) -ан, -анна
вы́держать(ся), -жу(сь), -жит(ся)
выде́рживание, -я
выде́рживать(ся), -аю(сь), -ает(ся)
вы́держка, -и, *р. мн.* -жек
вы́дернутый
вы́дернуть(ся), -ну, -нет(ся)
выдира́ние, -я
выдира́ть(ся), -а́ю(сь), -а́ет(ся)
вы́дирка, -и, *р. мн.* -рок
вы́доенный; *кр. ф.* -ен, -ена
вы́доить(ся), -ою, -оит(ся)
вы́дойка, -и
вы́долбить(ся), -блю, -бит(ся)
вы́долбленный; *кр. ф.* -ен, -ена
вы́дох, -а
вы́дохнувший(ся) (*от* вы́дохнуть(ся))
вы́дохнутый
вы́дохнуть(ся), -ну, -нет(ся); *прош.* вы́дохнул(ся), вы́дохнула(сь) (*к* вы́дох)
вы́дохнуться, -нусь, -нется; *прош.* вы́дохся, -хлась (*потерять силу, крепость, энергию*)
вы́дохшийся (*от* вы́дохнуться)
вы́дра, -ы
вы́драенный; *кр. ф.* -ен, -ена
выдра́ивание, -я
выдра́ивать(ся), -аю, -ает(ся)
вы́драить(ся), -аю, -аит(ся)
вы́дранный; *кр. ф.* -ан, -ана
вы́драть(ся), вы́деру(сь), вы́дерет(ся)
вы́дрёнок, -нка, *мн.* -ря́та, -ря́т
вы́дрессированный; *кр. ф.* -ан, -ана
вы́дрессировать(ся), -рую(сь), -рует(ся)
вы́дрий, -ья, -ье
вы́дровый
выдрю́чиваться, -аюсь, -ается

вы́дубить(ся), -блю, -бит(ся)
вы́дубленный; *кр. ф.* -ен, -ена
выдува́льщик, -а
выдува́льщица, -ы, *тв.* -ей
выдува́ние, -я
выдува́ть(ся), -а́ю, -а́ет(ся)
вы́дувка, -и
выдувно́й
вы́думанность, -и
вы́думанный; *кр. ф.* -ан, -ана
вы́думать(ся), -аю, -ает(ся)
вы́думка, -и, *р. мн.* -мок
вы́думщик, -а
вы́думщица, -ы, *тв.* -ей
выду́мывание, -я
выду́мывать(ся), -аю, -ает(ся)
вы́дутый
вы́дуть(ся), вы́дую, вы́дует(ся)
выдыха́ние, -я
выдыха́тельный
выдыха́ть(ся), -а́ю(сь), -а́ет(ся)
вы́дюжить, -жу, -жит
выеда́ть(ся), -а́ю, -а́ет(ся)
вы́еденный; *кр. ф.* -ен, -ена
вы́езд, -а
вы́ездить(ся), -зжу, -здит(ся)
вы́ездка, -и
выездно́й
выезжа́ть(ся), -а́ю, -а́ет(ся)
вы́езженный; *кр. ф.* -ен, -ена
вые́зживание, -я
вые́зживать(ся), -аю, -ает(ся)
вы́ем, -а
вы́емка, -и, *р. мн.* -мок
выемно́й *и* вы́емный
вы́емочный
вы́емчато-зу́бчатый
выемчатокры́лый
вы́емчатый
вы́есть(ся), вы́ем, вы́ешь, вы́ест(ся), вы́едим, вы́едите, вы́едят(ся)
вы́ехать, вы́еду, вы́едет
вы́жаренный; *кр. ф.* -ен, -ена
выжа́ривание, -я
выжа́ривать(ся), -аю, -ает(ся)

вы́жарить(ся), -рю, -рит(ся)
вы́жарки, -рок и -рков
вы́жатый
вы́жать[1], вы́жму, вы́жмет
вы́жать[2], вы́жну, вы́жнет
вы́жаться, вы́жмусь, вы́жмется
вы́ждать, вы́жду, вы́ждет
вы́жегший
вы́желтить(ся), -лчу, -лтит(ся)
вы́желченный; *кр. ф.* -ен, -ена
вы́жереб, -а
вы́жеребка, -и, *р. мн.* -бок
вы́жечь, вы́жгу, вы́жжет, вы́жгут; *прош.* вы́жег, вы́жгла
вы́жженный; *кр. ф.* -ен, -ена
выжива́емость, -и
выжива́ние, -я
выжива́ть, -а́ю, -а́ет
вы́жиг, -а (*к* выжига́ть)
вы́жига, -и, *м. и ж.* (*пройдоха*)
выжига́льщик, -а
выжига́льщица, -ы, *тв.* -ей
выжига́ние, -я
выжига́тельный
выжига́ть(ся), -а́ю, -а́ет(ся)
выжида́ние, -я
выжида́тельность, -и
выжида́тельный; *кр. ф.* -лен, -льна
выжида́ть, -а́ю, -а́ет
вы́жим, -а
выжима́ние, -я
выжима́ть(ся), -а́ю(сь), -а́ет(ся)
вы́жимка, -и, *р. мн.* -мок
вы́жимки, -мок и -мков (*остатки после выжимания сока, масла*)
выжимно́й
вы́жимочный
выжина́ть(ся), -а́ю, -а́ет(ся)
выжира́ть, -а́ю, -а́ет
вы́жить, -иву, -ивет
выжлёнок, -нка, *мн.* -ля́та, -ля́т
вы́жлец, -а, *тв.* -ем, *р. мн.* -ев
вы́жлица, -ы, *тв.* -ей
вы́жловка, -и, *р. мн.* -вок
выжля́тник, -а

вы́жранный; *кр. ф.* -ан, -ана
вы́жрать, -ру, -рет
вызва́нивание, -я
вызва́нивать(ся), -аю, -ает(ся)
вы́званный; *кр. ф.* -ан, -ана
вы́звать(ся), вы́зову(сь), вы́зовет(ся)
вы́въездить(ся), -ит(ся)
вы́звериться, -рюсь, -рится
вызволе́ние, -я
вы́зволенный; *кр. ф.* -ен, -ена
вызволи́тель, -я
вы́зволить(ся), -лю(сь), -лит(ся)
вызволя́ть(ся), -я́ю(сь), -я́ет(ся)
вы́звонить(ся), -ню, -нит(ся)
вызвя́кивать, -ает
выздора́вливание, -я
выздора́вливать, -аю, -ает
вы́здоровевший
вы́здороветь, -ею, -еет
выздоровле́ние, -я
вы́зелененный; *кр. ф.* -ен, -ена
вы́зеленить(ся), -ню(сь), -нит(ся)
вы́зимовать, -мую, -мует
вызнава́ть, -наю́, -наёт
вы́знать, -аю, -ает
вы́зов, -а
вы́зол, -а
вызола́чивание, -я
вызола́чивать(ся), -аю, -ает(ся)
вы́золенный; *кр. ф.* -ен, -ена
вы́золить(ся), -лю, -лит(ся)
вы́золотить(ся), -очу, -отит(ся)
вы́золоченный; *кр. ф.* -ен, -ена
вызрева́ние, -я
вызрева́ть, -а́ю, -а́ет
вы́зреть, -ею, -еет
вы́зубренный; *кр. ф.* -ен, -ена
вызу́бривать(ся), -аю, -ает(ся)
вы́зубрина, -ы
вы́зубрить(ся), -рю, -рит(ся)
вызыва́ние, -я
вызыва́ть(ся), -а́ю(сь), -а́ет(ся)
вызыва́юще, *нареч.*
вызыва́ющий(ся)
вызывно́й

вызяба́ть, -а́ет
вы́зябнуть, -нет; *прош.* вы́зяб, вы́зябла
вы́зябший
вы́игранный; *кр. ф.* -ан, -ана
вы́играть, -аю, -ает
выи́грывание, -я
выи́грывать(ся), -аю, -ает(ся)
вы́игрыш, -а, *тв.* -ем
вы́игрышный
вы́исканный; *кр. ф.* -ан, -ана
вы́искать(ся), вы́ищу, вы́ищет(ся)
выи́скивание, -я
выи́скивать(ся), -аю, -ает(ся)
вы́йти, вы́йду, вы́йдет; *прош.* вы́шел, вы́шла
выкаблу́чивание, -я
выкаблу́чиваться, -аюсь, -ается
вы́казанный; *кр. ф.* -ан, -ана
вы́казать(ся), -ажу(сь), -ажет(ся)
выка́зывание, -я
выка́зывать(ся), -аю(сь), -ает(ся)
вы́каленный; *кр. ф.* -ен, -ена
выка́ливание, -я
выка́ливать(ся), -аю, -ает(ся)
вы́калить(ся), -лю, -лит(ся)
вы́калка, -и (*от* вы́калить)
выка́лывание, -я
выка́лывать(ся), -аю, -ает(ся)
выкама́ривать(ся), -аю(сь), -ает(ся)
вы́канье, -я
вы́канюченный; *кр. ф.* -ен, -ена
выканю́чивание, -я
выканю́чивать(ся), -аю, -ает(ся)
вы́канючить, -чу, -чит
выка́пчивание, -я
выка́пчивать(ся), -аю(сь), -ает(ся)
выка́пывание, -я
выка́пывать(ся), -аю, -ает(ся)
вы́карабкаться, -аюсь, -ается
выкара́бкиваться, -аюсь, -ается
выка́рмливание, -я
выка́рмливать(ся), -аю(сь), -ает(ся)

вы́кат, -а
вы́катанный; *кр. ф.* -ан, -ана
вы́катать(ся), -аю, -ает(ся)
вы́катить(ся), -ачу(сь), -атит(ся)
вы́катка, -и
выкатно́й
вы́катчик, -а
выка́тывание, -я
выка́тывать(ся), -аю(сь), -ает(ся)
вы́кать, -аю, -ает
вы́качанный; *кр. ф.* -ан, -ана (*от* вы́качать)
вы́качать(ся), -аю, -ает(ся)
вы́каченный; *кр. ф.* -ен, -ена (*от* вы́катить)
выка́чивание, -я
выка́чивать(ся), -аю, -ает(ся)
вы́качка, -и
выка́шивание, -я
выка́шивать(ся), -аю(сь), -ает(ся)
выка́шливание, -я
выка́шливать(ся), -аю(сь), -ает(ся)
вы́кашлянный; *кр. ф.* -ян, -яна
вы́кашлянуть, -ну, -нет
вы́кашлять(ся), -яю(сь), -яет(ся)
вы́квасить(ся), -ашу, -асит(ся)
вы́кваска, -и
вы́квашенный; *кр. ф.* -ен, -ена
выква́шивать(ся), -аю, -ает(ся)
вы́кидaнный; *кр. ф.* -ан, -ана
вы́кидать, -аю, -ает
вы́кидка, -и, *р. мн.* -док
выкидно́й
вы́кидывание, -я
вы́кидывать(ся), -аю(сь), -ает(ся)
вы́кидыш, -а, *тв.* -ем
вы́кинутый
вы́кинуть(ся), -ну(сь), -нет(ся)
выкипа́ние, -я
выкипа́ть, -а́ет
вы́кипеть, -пит
вы́кипятить(ся), -ячу, -ятит(ся)
вы́кипяченный; *кр. ф.* -ен, -ена
выкиса́ние, -я

выкиса́ть, -а́ет
вы́киснуть, -нет; *прош.* -ис, -исла
вы́кисший
вы́кладка, -и, *р. мн.* -док
выкладно́й
выкла́дывание, -я
выкла́дывать(ся), -аю(сь), -ает(ся)
вы́клев, -а
вы́клеванный; *кр. ф.* -ан, -ана
выклева́ть(ся), -люю, -люет(ся)
выклёвывание, -я
выклёвывать(ся), -аю, -ает(ся)
вы́клеенный; *кр. ф.* -ен, -ена
выкле́ивание, -я
выкле́ивать(ся), -аю, -ает(ся)
вы́клеить(ся), -ею, -еит(ся)
вы́клейка, -и, *р. мн.* -леек
вы́клеймить, -млю, -мит
вы́клепанный; *кр. ф.* -ан, -ана
вы́клепать(ся), -аю, -ает(ся)
вы́клепка, -и
выклёпывание, -я
выклёпывать(ся), -аю, -ает(ся)
вы́клик, -а
выклика́ние, -я
вы́кликанный; *кр. ф.* -ан, -ана
вы́кликать, -аю, -ает, *сов.*
выклика́ть(ся), -а́ю(сь), -а́ет(ся), *несов.*
выкли́кивание, -я
выкли́кивать(ся), -аю(сь), -ает(ся)
вы́кликнутый
вы́кликнуть, -ну, -нет
вы́клиненный; *кр. ф.* -ен, -ена
выкли́нивать(ся), -аю, -ает(ся)
вы́клинить(ся), -ню, -нит(ся)
вы́кличка, -и, *р. мн.* -чек (*церк.*)
вы́клюнутый
вы́клюнуть(ся), -ну, -нет(ся)
выключа́тель, -я
выключа́ть(ся), -а́ю(сь), -а́ет(ся)
выключе́ние, -я
вы́ключенный; *кр. ф.* -ен, -ена
вы́ключить(ся), -чу(сь), -чит(ся)

вы́ключка, -и, *р. мн.* чек
вы́клянченный; *кр. ф.* -ен, -ена
выкля́нчивание, -я
выкля́нчивать(ся), -аю, -ает(ся)
вы́клянчить, -чу, -чит
выкобе́ниваться, -аюсь, -ается
вы́кованный; *кр. ф.* -ан, -ана
вы́ковать(ся), вы́кую, вы́кует(ся)
вы́ковка, -и
выко́вывание, -я
выко́вывать(ся), -аю, -ает(ся)
выковы́ривание, -я
выковы́ривать(ся), -аю, -ает(ся)
вы́ковырнутый
вы́ковырнуть(ся), -ну, -нет(ся)
вы́ковырянный; *кр. ф.* -ян, -яна
вы́ковырять(ся), -яю, -яет(ся) и -рю, -рит(ся)
выкола́чивание, -я
выкола́чивать(ся), -аю, -ает(ся)
выкола́шивание, -я
выкола́шиваться, -ается
вы́колка, -и (*от* вы́колоть)
вы́колоситься, -ится
вы́колотить(ся), -очу, -отит(ся)
вы́колотка, -и, *р. мн.* -ток
вы́колотый
вы́колоть(ся), -лю, -лет(ся)
вы́колоченный; *кр. ф.* -ен, -ена
вы́колупанный; *кр. ф.* -ан, -ана
вы́колупать(ся), -аю, -ает(ся)
вы́колупнуть(ся), -ну, -нет(ся)
выколу́пывание, -я
выколу́пывать(ся), -аю, -ает(ся)
выкому́ривать, -аю, -ает
выкому́ры, -му́р
вы́конопатить, -ачу, -атит
выконопа́чивание, -я
выконопа́чивать(ся), -аю, -ает(ся)
вы́копанный; *кр. ф.* -ан, -ана
вы́копать(ся), -аю, -ает(ся)
вы́копка, -и
вы́копочный
вы́коптить(ся), -пчу(сь), -птит(ся)

вы́копченный; *кр. ф.* -ен, -ена
вы́корм, -а
вы́кормить(ся), -млю(сь), -мит(ся)
вы́кормка, -и
вы́кормленный; *кр. ф.* -ен, -ена
вы́кормок, -мка
вы́кормыш, -а, *тв.* -ем
вы́корпеть, -плю, -пит
вы́корчеванный; *кр. ф.* -ан, -ана
вы́корчевать(ся), -чую, -чует(ся)
вы́корчёвка, -и
вы́корчёвывание, -я
вы́корчёвывать(ся), -аю, -ает(ся)
вы́кос, -а
вы́косить(ся), -ошу(сь), -осит(ся)
вы́кошенный; *кр. ф.* -ен, -ена
вы́краденный; *кр. ф.* -ен, -ена
выкра́дывание, -я
выкра́дывать(ся), -аю(сь), -ает(ся)
выкра́ивание, -я
выкра́ивать(ся), -аю, -ает(ся)
вы́красить(ся), -ашу(сь), -асит(ся)
вы́краска, -и
вы́красть(ся), -аду(сь), -адет(ся); *прош.* -ал(ся), -ала(сь)
выкрахма́ливание, -я
выкрахма́ливать(ся), -аю, -ает(ся)
вы́крахмалить, -лю, -лит
вы́крашенный; *кр. ф.* -ен, -ена
выкра́шивание, -я
выкра́шивать(ся), -аю(сь), -ает(ся)
вы́крест, -а
вы́крестить(ся), -ещу(сь), -естит(ся)
вы́крестка, -и, *р. мн.* -ток
вы́крещенный; *кр. ф.* -ен, -ена
выкре́щивать(ся), -аю(сь), -ает(ся)
вы́кривить(ся), -влю, -вит(ся)
выкривле́ние, -я

вы́кривленный; *кр. ф.* -ен, -ена
выкривля́ть(ся), -яю, -яет(ся)
вы́крик, -а
выкри́кивание, -я
выкри́кивать(ся), -аю, -ает(ся)
вы́крикнутый
вы́крикнуть, -ну, -нет
вы́кристаллизованный; *кр. ф.* -ан, -ана
вы́кристаллизовать(ся), -зую, -зует(ся)
выкристаллизо́вывать(ся), -аю, -ает(ся)
вы́кричать(ся), -чу(сь), -чит(ся)
вы́кроенный; *кр. ф.* -ен, -ена
вы́кроечка, -и, *р. мн.* -чек
вы́кроить(ся), -ою, -оит(ся)
вы́кройка, -и, *р. мн.* -оек
вы́крошенный; *кр. ф.* -ен, -ена
вы́крошить(ся), -шу, -шит(ся)
вы́кругленный; *кр. ф.* -ен, -ена
вы́круглить(ся), -лю, -лит(ся)
выкругля́ть(ся), -яю, -яет(ся)
выкружа́льник, -а
вы́круженный; *кр. ф.* -ен, -ена
выкру́живание, -я
выкру́живать(ся), -аю, -ает(ся)
вы́кружить, -жу, -жит
вы́кружка, -и, *р. мн.* -жек
вы́крут, -а (*в гимнастике*)
выкрута́сы, -ов
вы́крутить(ся), -учу(сь), -утит(ся)
вы́крутка, -и
вы́крученный; *кр. ф.* -ен, -ена
выкру́чивание, -я
выкру́чивать(ся), -аю(сь), -ает(ся)
выкрыва́ние, -я
выкрыва́ть(ся), -а́ю, -а́ет(ся)
вы́крыть, -рою, -роет
вы́крюк, -а (*в гимнастике*)
вы́ксунский (*от* Вы́кса)
вы́ксунцы, -ев, *ед.* -нец, -нца, *тв.* -нцем
выкувы́ркивать(ся), -аю(сь), -ает(ся)

вы́кувырнуть(ся), -ну(сь), -нет(ся)
вы́кунеть, -еет
вы́куп, -а
выкупа́ние, -я
вы́купанный; *кр. ф.* -ан, -ана
вы́купать(ся), -аю(сь), -ает(ся), *сов.* (*искупа́ть(ся)*)
выкупа́ть(ся), -а́ю(сь), -а́ет(ся), *несов.* (к вы́купить(ся))
вы́купить(ся), -плю(сь), -пит(ся)
вы́купленный; *кр. ф.* -ен, -ена
выкупно́й
вы́купщик, -а
вы́купщица, -ы, *тв.* -ей
вы́куренный; *кр. ф.* -ен, -ена
выку́ривание, -я
выку́ривать(ся), -аю, -ает(ся)
вы́курить(ся), -рю, -рит(ся)
вы́курка, -и
вы́кус, -а
вы́кусанный; *кр. ф.* -ан, -ана
вы́кусать, -ает
вы́кусить, -ушу, -усит
выку́сывание, -я
выку́сывать(ся), -аю, -ает(ся)
вы́кушанный; *кр. ф.* -ан, -ана (*от* вы́кушать)
вы́кушать, -аю, -ает
вы́кушенный; *кр. ф.* -ен, -ена (*от* вы́кусить)
выла́вливание, -я
выла́вливать(ся), -аю, -ает(ся)
вы́лаз, -а
вы́лазить, -ажу, -азит, *сов.*
выла́зить, -а́жу, -а́зит, *несов.* (*прост.* к вылеза́ть)
вы́лазка, -и, *р. мн.* -зок
вы́лаканный; *кр. ф.* -ан, -ана
вы́лакать, -аю, -ает
выла́мывание, -я
выла́мывать(ся), -аю(сь), -ает(ся)
выла́щивание, -я
выла́щивать(ся), -аю, -ает(ся)
вы́лежать(ся), -жу(сь), -жит(ся)

вылёживание, -я
вылёживать(ся), -аю(сь), -ает(ся)
вылеза́ние, -я
вылеза́ть, -а́ю, -а́ет
вы́лезти и вы́лезть, -зу, -зет; *прош.* вы́лез, вы́лезла
вы́лезший
вы́лепить(ся), -плю, -пит(ся)
вы́лепка, -и
вы́лепленный; *кр. ф.* -ен, -ена
вылепли́вание, -я
вылепли́вать(ся), -аю, -ает(ся)
вылепля́ть(ся), -я́ю, -я́ет(ся)
вы́лет, -а
вылета́ние, -я
вылета́ть, -а́ю, -а́ет
вы́лететь, вы́лечу, вы́летит
вы́леченный; *кр. ф.* -ен, -ена
выле́чивание, -я
выле́чивать(ся), -аю(сь), -ает(ся)
вы́лечить(ся), -чу(сь), -чит(ся)
вылива́ние, -я
вылива́ть(ся), -а́ю, -а́ет(ся)
вы́ливка, -и
выливно́й
вы́лизанный; *кр. ф.* -ан, -ана
вы́лизать(ся), -ижу, -ижет(ся)
выли́зывание, -я
выли́зывать(ся), -аю, -ает(ся)
вы́линявший
вы́линялый
вы́линять, -яю, -яет
вы́литый
вы́лить(ся), вы́лью, вы́льет(ся)
вы́лов, -а
вы́ловить(ся), -влю, -вит(ся)
вы́ловленный; *кр. ф.* -ен, -ена
вы́ложенный; *кр. ф.* -ен, -ена
вы́ложить(ся), -жу(сь), -жит(ся)
вы́лом, -а
вы́ломанный; *кр. ф.* -ан, -ана (*от* вы́ломать)
вы́ломать(ся), -аю(сь), -ает(ся)
вы́ломить(ся), -млю, -мит(ся)
вы́ломка, -и

вы́ломленный; *кр. ф.* -ен, -ена (*от* вы́ломить)
вы́лощенный; *кр. ф.* -ен, -ена
вы́лощить(ся), -ощу, -ощит(ся)
вы́лудить(ся), -ужу, -удит(ся)
вы́луженный; *кр. ф.* -ен, -ена
вылу́живание, -я
вылу́живать(ся), -аю, -ает(ся)
вы́лупить(ся), -плю(сь), -пит(ся)
вылупле́ние, -я
вы́лупленный; *кр. ф.* -ен, -ена
вылу́пливание, -я
вылу́пливать(ся), -аю(сь), -ает(ся)
вылупля́ть(ся), -я́ю(сь), -я́ет(ся)
вы́лущенный; *кр. ф.* -ен, -ена
вылу́щивание, -я
вылу́щивать(ся), -аю, -ает(ся)
вы́лущить(ся), -щу, -щит(ся)
вы́мазанный; *кр. ф.* -ан, -ана
вы́мазаться, -ажу(сь), -ажет(ся)
вы́мазка, -и
выма́зывание, -я
выма́зывать(ся), -аю(сь), -ает(ся)
вы́маканный; *кр. ф.* -ан, -ана
вы́макать, -аю, -ает
вы́малеванный; *кр. ф.* -ан, -ана
вы́малевать(ся), -люю, -люет(ся)
вымалёвывать(ся), -аю, -ает(ся)
выма́ливание, -я
выма́ливать(ся), -аю, -ает(ся)
выма́лывание, -я
выма́лывать(ся), -аю, -ает(ся)
вы́маненный; *кр. ф.* -ен, -ена
выма́нивание, -я
выма́нивать(ся), -аю(сь), -ает(ся)
вы́манить, -ню, -нит
вы́маранный; *кр. ф.* -ан, -ана
вы́марать(ся), -аю(сь), -ает(ся)
выма́ривать(ся), -аю, -ает(ся)
вы́марка, -и, *р. мн.* -рок
выма́рывание, -я
выма́рывать(ся), -аю(сь), -ает(ся)
вы́матеренный; *кр. ф.* -рен, -рена
вы́материть(ся), -рю(сь), -рит(ся)

выма́тывание, -я
выма́тывать(ся), -аю(сь), -ает(ся)
вы́махать, -аю, -ает
выма́хивать(ся), -аю, -ает(ся)
вы́махнуть, -ну, -нет
выма́чивание, -я
выма́чивать(ся), -аю(сь), -ает(ся)
выма́щивание, -я
выма́щивать(ся), -аю, -ает(ся)
вы́мбовка, -и, *р. мн.* -вок
вы́межеванный; *кр. ф.* -ан, -ана
вы́межевать(ся), -жую(сь), -жует(ся)
вымежёвывание, -я
вымежёвывать(ся), -аю(сь), -ает(ся)
вы́меленный; *кр. ф.* -ен, -ена
вы́мелить(ся), -лю(сь), -лит(ся)
выме́нивание, -я
выме́нивать(ся), -аю, -ает(ся)
вы́менянный; *кр. ф.* -ян, -яна
вы́менять, -яю, -яет
вы́меренный; *кр. ф.* -ен, -ена
вы́мереть, вы́мрет; *прош.* вы́мер, вы́мерла
вымерза́ние, -я
вымерза́ть, -а́ю, -а́ет
вы́мерзнувший
вы́мерзнуть, -ну, -нет; *прош.* -ерз, -ерзла
вы́мерзший
выме́ривание, -я
выме́ривать(ся), -аю, -ает(ся)
вы́меривший
вы́мерить, -рю, -рит и -ряю, -ряет
вы́мерок, -рка
вы́мерший
вымеря́ть(ся), -я́ю, -я́ет(ся)
вы́месить(ся), -ешу, -есит(ся)
вы́мести(сь), вы́мету(сь), вы́метет(ся); *прош.* вы́мел(ся), вы́мела(сь)
вы́местить(ся), -ещу, -естит(ся)
вымета́ние, -я
вы́метанный; *кр. ф.* -ан, -ана (*от* вы́метать)

ВЫМЕТАТЬ

вы́метать¹, -аю, -ает, *сов.* (*от* мета́ть¹)
вы́метать², вы́мечу, вы́мечет, *сов.* (*от* мета́ть²)
вымета́ть(ся), -а́ю(сь), -а́ет(ся), *несов.* (*к* вы́мести(сь))
вы́метенный; *кр. ф.* -ен, -ена (*от* вы́мести)
вы́метить, вы́мечу, вы́метит
выметно́й
вы́метнуть(ся), -ну(сь), -нет(ся)
вы́метший(ся)
вымётывание, -я
вымётывать(ся), -аю, -ает(ся)
вымеча́ть(ся), -а́ю, -а́ет(ся)
вы́меченный; *кр. ф.* -ен, -ена (*от* вы́метить)
вы́мечко, -а, *мн.* -чки, -чек
вы́мешанный; *кр. ф.* -ан, -ана (*от* вы́мешать)
вы́мешать(ся), -аю, -ает(ся)
вы́мешенный; *кр. ф.* -ен, -ена (*от* вы́месить)
выме́шивание, -я
выме́шивать(ся), -аю, -ает(ся)
вымеща́ть(ся), -а́ю, -а́ет(ся)
вымеще́ние, -я
вы́мещенный; *кр. ф.* -ен, -ена (*от* вы́местить)
вымина́ть(ся), -а́ю, -а́ет(ся)
вымира́ние, -я
вымира́ть, -а́ет
вы́мистый
вымога́ние, -я
вымога́тель, -я
вымога́тельница, -ы, *тв.* -ей
вымога́тельский
вымога́тельство, -а
вымога́ть(ся), -а́ю, -а́ет(ся)
вы́моина, -ы
вымока́ние, -я
вымока́ть, -а́ю, -а́ет
вы́мокнуть, -ну, -нет, *прош.* вы́мок, вы́мокла
вы́мокший
вы́мол, -а (*к* моло́ть)

вымола́чивание, -я
вымола́чивать(ся), -аю, -ает(ся)
вы́молвить, -влю, -вит
вы́молвленный; *кр. ф.* -ен, -ена
вы́моленный; *кр. ф.* -ен, -ена
вы́молить, -лю, -лит
вы́молот, -а (*к* молоти́ть)
вы́молотить(ся), -лочу, -лотит(ся)
вы́молотки, -ток и -тков
вы́молотый (*от* вы́молоть)
вы́молоть(ся), вы́мелю, вы́мелет(ся)
вы́молоченный; *кр. ф.* -ен, -ена (*от* вы́молотить)
вымора́живание, -я
вымора́живать(ся), -аю, -ает(ся)
вы́моренный; *кр. ф.* -ен, -ена
вы́морить(ся), -рю, -рит(ся)
вы́мороженный; *кр. ф.* -ен, -ена
вы́морозить(ся), -ожу, -озит(ся)
вы́морозка, -и
вы́морозки, -ов
вы́морочность, -и
вы́морочный
вы́мостить(ся), -ощу, -остит(ся)
вы́мотанный; *кр. ф.* -ан, -ана
вы́мотать(ся), -аю(сь), -ает(ся)
вы́моченный; *кр. ф.* -ен, -ена
вы́мочить(ся), -чу(сь), -чит(ся)
вы́мочка, -и, *р. мн.* -чек
вы́мощенный; *кр. ф.* -ен, -ена
вы́мпел, -а, *мн.* -ы, -ов и -а́, -о́в
вымпелфа́л, -а
вы́мпельный
вы́мский (*от* Вымь, *река*)
вы́муравить, -влю, -вит
вы́муравленный; *кр. ф.* -ен, -ена
вымура́вливать(ся), -аю, -ает(ся)
вы́мученно, *нареч.*
вы́мученность, -и
вы́мученный; *кр. ф. прич.* -ен, -ена; *кр. ф. прил.* -ен, -енна (*его* остро́ты неесте́ственны, вы́мученны)

выму́чивание, -я
выму́чивать(ся), -аю, -ает(ся)
вы́мучивший(ся)
вы́мучить(ся), -чу, -чит(ся) и -чаю, -чает(ся)
вы́муштрованность, -и
вы́муштрованный; *кр. ф.* -ан, -ана
вы́муштровать(ся), -рую(сь), -рует(ся)
вы́мчать(ся), -чу(сь), -чит(ся)
вымыва́ние, -я
вымыва́ть(ся), -а́ю, -а́ет(ся)
вымывно́й
вы́мыленный; *кр. ф.* -ен, -ена
вымы́ливать(ся), -аю(сь), -ает(ся)
вы́мылить(ся), -лю(сь), -лит(ся)
вы́мылки, -лок и -лков
вы́мысел, -сла
вы́мыслить, -лю, -лит
вы́мытый
вы́мыть(ся), вы́мою(сь), вы́моет(ся)
вы́мышленный; *кр. ф.* -ен, -ена
вымышля́ть(ся), -я́ю, -я́ет(ся)
вы́мя, вы́мени, *тв.* вы́менем, *мн.* вымена́, вымён, вымена́м
вы́мятый
вы́мять, вы́мну, вы́мнет
вына́шивание, -я
вына́шивать(ся), -аю, -ает(ся)
вынесе́ние, -я
вы́несенный; *кр. ф.* -ен, -ена
вы́нести(сь), -су(сь), -сет(ся); *прош.* -ес(ся), -есла(сь)
вы́несший(ся)
вы́низанный; *кр. ф.* -ан, -ана
вы́низать, -ижу, -ижет
вынизывание, -я
вынизывать(ся), -аю, -ает(ся)
вынима́ние, -я
вынима́ть(ся), -а́ю, -а́ет(ся)
вы́нос, -а
вы́носить(ся), -ошу, -осит(ся), *сов.*

выноси́ть(ся), -ошу́(сь), -о́сит(ся), несов. (к вы́нести(сь))
вы́носка, -и, р. мн. -сок
выно́сливость, -и
выно́сливый
выносно́й
вы́ношенный; кр. ф. -ен, -ена
вы́нудить(ся), -ужу, -удит(ся)
вынужда́ть(ся), -а́ю(сь), -а́ет(ся)
вынужде́ние, -я
вы́нужденно, нареч.
вы́нужденность, -и
вы́нужденный; кр. ф. прич. -ен, -ена; кр. ф. прил. -ен, -ена (с неопр.: она́ вы́нуждена лга́ть) и -ен, -енна (без неопр.: её молча́ние вы́нужденно)
вы́нутый
вы́нуть(ся), вы́ну, вы́нет(ся)
выны́ривание, -я
выны́ривать, -аю, -ает
вы́нырнуть, -ну, -нет
вынь да поло́жь
вы́нюханный; кр. ф. -ан, -ана
вы́нюхать(ся), -аю, -ает(ся)
выню́хивание, -я
выню́хивать(ся), -аю, -ает(ся)
вы́нянченный; кр. ф. -ен, -ена
выня́нчивание, -я
выня́нчивать(ся), -аю, -ает(ся)
вы́нянчить, -чу, -чит
вы́остренный; кр. ф. -ен, -ена
вы́острить(ся), -рю, -рит(ся)
вы́павший
вы́пад, -а
выпада́ние, -я
выпада́ть, -а́ю, -а́ет
выпаде́ние, -я
выпа́ивание, -я
выпа́ивать(ся), -аю, -ает(ся)
вы́пайка, -и (к пая́ть)
вы́пал, -а (выстрел, взрыв)
вы́паленный; кр. ф. -ен, -ена
выпа́ливание, -я
выпа́ливать(ся), -аю(сь), -ает(ся)
вы́палить, -лю, -лит

вы́палка, -и
выпа́лывание, -я
выпа́лывать(ся), -аю, -ает(ся)
вы́паренный; кр. ф. -ен, -ена
выпа́ривание, -я
выпа́ривать(ся), -аю(сь), -ает(ся)
выпари́тельный
вы́парить(ся), -рю(сь), -рит(ся)
вы́парка, -и, р. мн. -рок (от выпа́рить)
вы́парки, -рок и -рков (остатки после выпа́ривания)
выпарно́й
выпа́рхивание, -я
выпа́рхивать, -аю, -ает
вы́парщик, -а
вы́парщица, -ы, тв. -ей
выпа́рывание, -я
выпа́рывать(ся), -аю, -ает(ся)
вы́пас, -а
выпаса́ть(ся), -а́ю, -а́ет(ся)
вы́пасенный; кр. ф. -ен, -ена
вы́паска, -и
выпасно́й
вы́пасти, -су, -сет; прош. -ас, -асла
вы́пасть, -аду, -адет; прош. -ал, -ала
вы́пасший
вы́паханный; кр. ф. -ан, -ана
вы́пахать(ся), вы́пашу, вы́пашет(ся)
выпа́хивание, -я
выпа́хивать(ся), -аю, -ает(ся)
вы́пачканный; кр. ф. -ан, -ана
вы́пачкать(ся), -аю(сь), -ает(ся)
вы́пашка, -и
вы́паянный; кр. ф. -ян, -яна
вы́паять, -яю, -яет
выпева́ние, -я (к петь)
выпева́ть(ся), -а́ю, -а́ет(ся) (к петь)
вы́пек, -а
выпека́ние, -я
выпека́ть(ся), -а́ю, -а́ет(ся)
вы́пекший(ся)
выпендрёж, -а, тв. -ем

ВЫПИРА́НИЕ

выпе́ндривание, -я
выпе́ндриваться, -аюсь, -ается
вы́пендриться, -рюсь, -рится
вы́передить, -режу, -редит
выпережива́ть(ся), -аю, -ает(ся)
вы́переть(ся), вы́пру(сь), вы́прет(ся); прош. вы́пер(ся), вы́перла(сь)
вы́пертый
вы́перхнуть, -ну, -нет
вы́перший(ся)
вы́пестованный; кр. ф. -ан, -ана
вы́пестовать(ся), -тую(сь), -тует(ся)
вы́пестренный; кр. ф. -ен, -ена
вы́пестрить(ся), -рю, -рит(ся)
выпестря́ть(ся), -я́ю, -я́ет(ся)
вы́петый
вы́петь, вы́пою, вы́поет (от петь)
вы́печатанный; кр. ф. -ан, -ана
вы́печатать(ся), -таю, -тает(ся)
выпеча́тывание, -я
выпеча́тывать(ся), -аю, -ает(ся)
вы́печенный; кр. ф. -ен, -ена
вы́печка, -и, р. мн. -чек
выпечно́й
вы́печь(ся), -еку, -ечет(ся), -екут(ся); прош. -ек(ся), -екла(сь)
выпива́ла, -ы, м. и ж.
выпива́ние, -я (к пить)
выпива́ть(ся), -а́ю, -а́ет(ся) (к пить)
вы́пивка, -и, р. мн. -вок
выпиво́н, -а
выпиво́нчик, -а
выпиво́ха, -и, м. и ж.
вы́пивши
вы́пил, -а (от вы́пилить)
вы́пиленный; кр. ф. -ен, -ена
выпи́ливание, -я
выпи́ливать(ся), -аю, -ает(ся)
вы́пилить(ся), -лю, -лит(ся)
вы́пилка, -и, р. мн. -лок
вы́пило́вка, -и
вы́пило́вочный
выпира́ние, -я

ВЫПИРАТЬ(СЯ)

выпира́ть(ся), -а́ю(сь), -а́ет(ся)
вы́писанность, -и
вы́писанный; кр. ф. -ан, -ана
вы́писать(ся), -ишу(сь), -ишет(ся)
вы́писка, -и, р. мн. -сок
выписно́й
выпи́сывание, -я
выпи́сывать(ся), -аю(сь), -ает(ся)
вы́пись, -и
вы́питый
вы́пить, вы́пью, вы́пьет (от пить)
вы́пиханный; кр. ф. -ан, -ана
вы́пихать, -аю, -ает
выпи́хивание, -я
выпи́хивать(ся), -аю(сь), -ает(ся)
вы́пихнутый
вы́пихнуть(ся), -ну, -нет(ся)
вы́плав, -а (выплавка)
вы́плавить(ся), -влю, -вит(ся)
вы́плавка, -и, р. мн. -вок
вы́плавленный; кр. ф. -ен, -ена
выпла́вливание, -я
выпла́вливать(ся), -аю, -ает(ся)
выплавля́ть(ся), -я́ю, -я́ет(ся)
выплавно́й
вы́плавок, -вка, р. мн. -вков
вы́плаканный; кр. ф. -ан, -ана
вы́плакать(ся), -лачу(сь), -лачет(ся)
выпла́кивание, -я
выпла́кивать(ся), -аю(сь), -ает(ся)
вы́пластанный; кр. ф. -ан, -ана
вы́пластать, -таю, -тает
выпла́стывание, -я
выпла́стывать(ся), -аю, -ает(ся)
вы́плата, -ы
вы́платить, -ачу, -атит
выплатно́й
вы́плаченный; кр. ф. -ен, -ена
выпла́чивание, -я
выпла́чивать(ся), -аю, -ает(ся)
выплева́ть, -люю, -люет
выплёвывание, -я
выплёвывать(ся), -аю, -ает(ся)
вы́плеск, -а

вы́плесканный; кр. ф. -ан, -ана
вы́плескать(ся), -ещу, -ещет(ся) и -аю, -ает(ся)
выплёскивание, -я
выплёскивать(ся), -аю, -ает(ся)
вы́плеснутый
вы́плеснуть(ся), -ну, -нет(ся)
вы́плести(сь), -лету, -летет(ся)
выплета́ние, -я
выплета́ть(ся), -а́ю, -а́ет(ся)
вы́плетенный; кр. ф. -ен, -ена
вы́плетший(ся)
вы́плод, -а
вы́плодить(ся), -ожу, -одит(ся)
вы́пложенный; кр. ф. -ен, -ена
вы́плыв, -а (нарост на стволе дерева)
выплыва́ние, -я
выплыва́ть, -а́ю, -а́ет
вы́плывок, -вка
вы́плыть, -ыву, -ывет
вы́плюнутый
вы́плюнуть(ся), -ну, -нет(ся)
вы́плясать(ся), -яшу(сь), -яшет(ся)
выпля́сывать(ся), -аю(сь), -ает(ся)
вы́поенный; кр. ф. -ен, -ена
вы́поить(ся), -ою, -оит(ся)
вы́пойка, -и (к пои́ть)
выпола́скивание, -я
выпола́скивать(ся), -аю, -ает(ся)
выполза́ние, -я
вы́ползать, -аю, -ает, сов. (выпросить унижаясь)
выполза́ть, -а́ю, -а́ет, несов.
вы́ползень, -зня
вы́ползина, -ы
вы́ползок, -зка
вы́ползти, -зу, -зет; прош. -олз, -олзла
вы́ползший
вы́полированный; кр. ф. -ан, -ана
вы́полировать(ся), -рую, -рует(ся)

выполне́ние, -я
вы́полненный; кр. ф. -ен, -ена
выполни́мость, -и
выполни́мый
вы́полнить(ся), -ню, -нит(ся)
выполня́ть(ся), -я́ю, -я́ет(ся)
вы́полосканный; кр. ф. -ан, -ана
вы́полоскать(ся), -лощу, -лощет(ся) и -аю, -ает(ся)
вы́полоснутый
вы́полоснуть, -ну, -нет
вы́полотый
вы́полоть, -лю, -лет
вы́пользовать(ся), -зую(сь), -зует(ся)
выпонти́ровать, -рую, -рует
вы́пор, -а (тех.)
выпора́жнивание, -я
выпора́жнивать(ся), -аю, -ает(ся)
вы́порка, -и (от вы́пороть)
вы́порожненный; кр. ф. -ен, -ена
вы́порожнить(ся), -ню, -нит(ся)
вы́порок, -рка
вы́поротковый
вы́пороток, -тка
вы́поротый
вы́пороть(ся), -рю, -рет(ся)
вы́порхнуть, -ну, -нет
вы́пот, -а
выпотева́ние, -я
выпотева́ть, -а́ю, -а́ет
вы́потеть, -ею, -еет
выпотра́шивание, -я
выпотра́шивать(ся), -аю, -ает(ся)
вы́потрошенный; кр. ф. -ен, -ена
вы́потрошить(ся), -шу, -шит(ся)
вы́правительный
вы́править(ся), -влю(сь), -вит(ся)
вы́правка, -и, р. мн. -вок
выправле́ние, -я
вы́правленный; кр. ф. -ен, -ена
выправля́ть(ся), -я́ю(сь), -я́ет(ся)
выпра́стывание, -я

выпра́стывать(ся), -аю(сь), -ает(ся)
выпра́шивание, -я
выпра́шивать(ся), -аю(сь), -ает(ся)
выпрева́ние, -я
выпрева́ть, -а́ет
выпрессо́вка, -и
вы́преть, -еет
выпрова́живание, -я
выпрова́живать(ся), -аю(сь), -ает(ся)
вы́проводить, -вожу, -водит
вы́провоженный; кр. ф. -ен, -ена
выпроки́дывание, -я
выпроки́дывать(ся), -аю(сь), -ает(ся)
вы́прокинутый
вы́прокинуть(ся), -ну(сь), -нет(ся)
вы́просить(ся), -ошу(сь), -осит(ся)
вы́простанный; кр. ф. -ан, -ана
вы́простать(ся), -аю(сь), -ает(ся)
вы́прошенный; кр. ф. -ен, -ена
вы́прудить, -ужу, -удит
выпры́гивание, -я
выпры́гивать, -аю, -ает
вы́прыгнуть, -ну, -нет
вы́прыскать, -аю, -ает
выпры́скивание, -я
выпры́скивать(ся), -аю, -ает(ся)
вы́прыснуть(ся), -ну, -нет(ся)
выпряга́ние, -я
выпряга́ть(ся), -а́ю, -а́ет(ся)
выпря́гший(ся)
выпряда́ние, -я
выпряда́ть(ся), -а́ю, -а́ет(ся)
вы́пряденный; кр. ф. -ен, -ена
вы́прядка, -и, р. мн. -док
выпри́дывание, -я
выпри́дывать(ся), -аю, -ает(ся)
вы́пряженный; кр. ф. -ен, -ена
вы́пряжка, -и
выпрями́тель, -я
выпрями́тельный

вы́прямить(ся), -млю(сь), -мит(ся)
выпрямле́ние, -я
вы́прямленный; кр. ф. -ен, -ена
выпрямля́ть(ся), -я́ю(сь), -я́ет(ся)
вы́прясть(ся), -яду, -ядет(ся)
вы́прячь(ся), -ягу, -яжет(ся), -ягут(ся); прош. -яг(ся), -ягла(сь)
выпу́гивание, -я
выпу́гивать(ся), -аю, -ает(ся)
вы́пугнуть, -ну, -нет
вы́пуклина, -ы
вы́пукло-во́гнутый
вы́пуклость, -и
вы́пуклый
вы́пуск, -а
выпуска́ние, -я
выпуска́ть(ся), -а́ю(сь), -а́ет(ся)
выпуска́ющий(ся)
выпускни́к, -а́
выпускни́ца, -ы, тв. -ей
выпускно́й
вы́пустить(ся), -ущу(сь), -устит(ся)
вы́путанный; кр. ф. -ан, -ана
вы́путать(ся), -аю(сь), -ает(ся)
выпу́тывание, -я
выпу́тывать(ся), -аю(сь), -ает(ся)
вы́пученный; кр. ф. -ен, -ена
выпу́чивание, -я
выпу́чивать(ся), -аю, -ает(ся)
выпу́чина, -ы
вы́пучить(ся), -чу, -чит(ся)
вы́пушенный; кр. ф. -ен, -ена
вы́пушить, -шу, -шит
вы́пушка, -и, р. мн. -шек
выпушно́й
выпуща́ть, -а́ю, -а́ет (прост. к выпуска́ть)
вы́пущенный; кр. ф. -ен, -ена
вы́пытанный; кр. ф. -ан, -ана
вы́пытать, -аю, -ает
выпы́тывание, -я
выпы́тывать(ся), -аю, -ает(ся)
выпы́хивать, -ает
вы́пыхнуть, -нет

вы́пь, -и
вы́пяленный; кр. ф. -ен, -ена
выпя́ливание, -я
выпя́ливать(ся), -аю(сь), -ает(ся)
вы́пялить(ся), -лю(сь), -лит(ся)
вы́пятить(ся), -ячу(сь), -ятит(ся)
вы́пяченный; кр. ф. -ен, -ена
выпя́чивание, -я
выпя́чивать(ся), -аю(сь), -ает(ся)
выраба́тывание, -я
выраба́тывать(ся), -аю(сь), -ает(ся)
вы́работанность, -и
вы́работанный; кр. ф. -ан, -ана
вы́работать(ся), -аю(сь), -ает(ся)
вы́работка, -и, р. мн. -ток
вы́равненность, -и
вы́равненный; кр. ф. -ен, -ена (от вы́равнять)
выра́внивание, -я
выра́вниватель, -я
выра́внивать(ся), -аю(сь), -ает(ся)
вы́равнять(ся), -яю(сь), -яет(ся) (к ра́вный)
выража́ть(ся), -а́ю(сь), -а́ет(ся)
выраже́ние, -я
вы́раженно-попули́стский
вы́раженность, -и
вы́раженный; кр. ф. -ен, -ена
выраже́ньице, -а
вырази́тель, -я
вырази́тельница, -ы, тв. -ей
вырази́тельность, -и
вырази́тельный; кр. ф. -лен, -льна
вы́разить(ся), -ажу(сь), -азит(ся)
выраста́ние, -я
выраста́ть, -а́ю, -а́ет
вы́расти, -ту, -тет; прош. вы́рос, вы́росла
вы́растить, -ащу, -астит
вы́ращенный; кр. ф. -ен, -ена
выра́щивание, -я
выра́щивать(ся), -аю, -ает(ся)
вы́рванный; кр. ф. -ан, -ана

ВЫРВАТЬ(СЯ)

вы́рвать(ся), вы́рву(сь), вы́рвет(ся)
вырвигла́з, другие формы не употр.
вы́рез, -а
выреза́ние, -я
вы́резанный; кр. ф. -ан, -ана
вы́резать(ся), -ежу, -ежет(ся), сов.
выреза́ть(ся), -а́ю, -а́ет(ся), несов.
вы́резка, -и, р. мн. -зок
вырезно́й
вы́резуб, -а
выре́зывание, -я
выре́зывать(ся), -аю, -ает(ся)
выреша́ть(ся), -а́ю, -а́ет(ся)
вы́решенный; кр. ф. -ен, -ена
вы́решить(ся), -шу, -шит(ся)
вы́рисованный; кр. ф. -ан, -ана
вы́рисовать(ся), -сую, -сует(ся)
вырисо́вка, -и
вырисо́вывание, -я
вырисо́вывать(ся), -аю, -ает(ся)
вы́ровненный; кр. ф. -ен, -ена (от вы́ровнять)
вы́ровнять(ся), -яю(сь), -яет(ся) (к ро́вный)
вы́родить(ся), -ожу, -одит(ся)
вы́родок, -дка
вырожда́емость, -и
вырожда́ться, -а́юсь, -а́ется
вырожде́нец, -нца, тв. -нцем, р. мн. -нцев
вырожде́ние, -я
вырожде́нка, -и, р. мн. -нок
вырожде́нный; кр. ф. -ен, -ена
вырожде́нческий
вы́роиться, -ится
вы́роненный; кр. ф. -ен, -ена
вы́ронить, -ню, -нит
вы́рост, -а
вы́ростковый
выростно́й
вы́росток, -тка
вы́росточек, -чка
вы́росший
вы́руб, -а

выруба́ние, -я
выруба́ть(ся), -а́ю(сь), -а́ет(ся)
вы́рубить(ся), -блю(сь), -бит(ся)
вы́рубка, -и, р. мн. -бок
вы́рубленный; кр. ф. -ен, -ена
вырубно́й
вы́рубок, -бка
вы́рубщик, -а
вы́руганный; кр. ф. -ан, -ана
вы́ругать(ся), -аю(сь), -ает(ся)
вы́руленный; кр. ф. -ен, -ена
выру́ливание, -я
выру́ливать(ся), -аю, -ает(ся)
вы́рулить, -лю, -лит
выруча́лочка, -и, р. мн. -чек
выруча́тель, -я
выруча́ть(ся), -а́ю(сь), -а́ет(ся)
выруче́ние, -я
вы́рученный; кр. ф. -ен, -ена
вы́ручить(ся), -чу(сь), -чит(ся)
вы́ручка, -и, р. мн. -чек
вырыва́ние, -я
вырыва́ть(ся), -а́ю(сь), -а́ет(ся)
вы́рытый
вы́рыть(ся), вы́рою(сь), вы́роет(ся)
вы́рядить(ся), -яжу(сь), -ядит(ся)
выряжа́ние, -я
выряжа́ть(ся), -а́ю(сь), -а́ет(ся)
вы́ряженный; кр. ф. -ен, -ена
выря́живать(ся), -аю, -ает(ся)
вы́садить(ся), -ажу(сь), -адит(ся)
вы́садка, -и, р. мн. -док
высадкопоса́дочный
вы́садок, -дка, р. мн. -дков
вы́садочный
вы́саженный; кр. ф. -ен, -ена
выса́живание, -я
выса́живать(ся), -аю(сь), -ает(ся)
вы́саленный; кр. ф. -ен, -ена (от вы́салить)
выса́ливание, -я
выса́ливать(ся), -аю, -ает(ся)
вы́салить(ся), -лю, -лит(ся) (к са́ло)
выса́сывание, -я

выса́сыватель, -я
выса́сывать(ся), -аю, -ает(ся)
вы́саченный; кр. ф. -ен, -ена (от вы́сачить)
выса́чивание, -я
выса́чивать(ся), -аю, -ает(ся)
вы́сачить(ся), -чу, -чит(ся) (к сак, сачо́к)
вы́сватанный; кр. ф. -ан, -ана
вы́сватать, -аю, -ает
высва́тывание, -я
высва́тывать(ся), -аю(сь), -ает(ся)
вы́сверк, -а
высве́ркивать, -ает
вы́сверкнуть, -нет
вы́сверленный; кр. ф. -ен, -ена
высве́рливание, -я
высве́рливать(ся), -аю, -ает(ся)
вы́светить(ся), -ечу(сь), -етит(ся)
высветле́ние, -я
вы́светленный; кр. ф. -ен, -ена
вы́светлить(ся), -лю(сь), -лит(ся)
высветля́ть(ся), -я́ю(сь), -я́ет(ся)
вы́свеченный; кр. ф. -ен, -ена
высве́чивание, -я
высве́чивать(ся), -аю(сь), -ает(ся)
вы́свист, -а
вы́свистать(ся), -ищу(сь), -ищет(ся)
вы́свистеть(ся), -ищу(сь), -истит(ся)
高свистывание, -я
высви́стывать(ся), -аю(сь), -ает(ся)
вы́свободить(ся), -ожу(сь), -одит(ся)
высвобожда́ть(ся), -а́ю(сь), -а́ет(ся)
высвобожде́ние, -я
вы́свобожденный; кр. ф. -ен, -ена
вы́сев, -а
высева́ние, -я
высева́ть(ся), -а́ю, -а́ет(ся)

ВЫСОКОДОХОДНЫЙ

вы́севка, -и, *р. мн.* -вок
вы́севки, -вок и -вков
высевно́й
высе́ивание, -я
высе́ивать(ся), -аю, -ает(ся)
высека́ние, -я
высека́ть(ся), -а́ю, -а́ет(ся)
вы́секший(ся)
выселе́нец, -нца, *тв.* -нцем, *р. мн.* -нцев
выселе́нка, -и, *р. мн.* -нок
вы́селенный; *кр. ф.* -ен, -ена
вы́селить(ся), -лю(сь), -лит(ся)
вы́селки, -ов и вы́селок, -лка
выселя́ть(ся), -я́ю(сь), -я́ет(ся)
вы́семениться, -ится
вы́серебренный; *кр. ф.* -ен, -ена
вы́серебрить(ся), -рю, -рит(ся)
высече́ние, -я
вы́сеченный; *кр. ф.* -ен, -ена
вы́сечка, -и, *р. мн.* -чек
вы́сечь(ся), -еку, -ечет(ся), -екут(ся); *прош.* -ек(ся), -екла(сь)
вы́сеянный; *кр. ф.* -ян, -яна
вы́сеять(ся), -ею, -еет(ся)
вы́сидеть(ся), -ижу(сь), -идит(ся)
вы́сидка, -и
вы́сиженный; *кр. ф.* -ен, -ена
выси́живание, -я
выси́живать(ся), -аю(сь), -ает(ся)
вы́синенный; *кр. ф.* -ен, -ена
выси́нивать(ся), -аю(сь), -ает(ся)
вы́синить(ся), -ню(сь), -нит(ся)
вы́ситься, -ится
выска́бливание, -я
выска́бливать(ся), -аю, -ает(ся)
вы́сказанный; *кр. ф.* -ан, -ана
вы́сказать(ся), -ажу(сь), -ажет(ся)
выска́зывание, -я
выска́зывать(ся), -аю(сь), -ает(ся)
вы́скакать, вы́скачу, вы́скачет
выска́кивание, -я
выска́кивать, -аю, -ает
выска́льзывание, -я
выска́льзывать, -аю, -ает

вы́скобленный; *кр. ф.* -ен, -ена
вы́скоблить(ся), -лю, -лит(ся)
выскольза́ние, -я
выскольза́ть, -а́ю, -а́ет
вы́скользнуть, -ну, -нет
вы́скочить, -чу, -чит
вы́скочка, -и, *р. мн.* -чек, *м. и ж.*
выскреба́ние, -я
выскреба́ть(ся), -а́ю, -а́ет(ся)
вы́скребенный; *кр. ф.* -ен, -ена
вы́скребки, -ов
вы́скребший
выскрёбывать(ся), -аю, -ает(ся)
вы́скрести(сь), -ребу, -ребет(ся); *прош.* -реб(ся), -ребла(сь)
вы́сланный; *кр. ф.* -ан, -ана (*от* выслать)
вы́слать, вы́шлю, вы́шлет (*от* слать)
вы́следить, -ежу, -едит
вы́слеженный; *кр. ф.* -ен, -ена
высле́живание, -я
высле́живать(ся), -аю(сь), -ает(ся)
вы́слуга, -и
вы́служенный; *кр. ф.* -ен, -ена
выслу́живание, -я
выслу́живать(ся), -аю(сь), -ает(ся)
вы́служить(ся), -жу(сь), -жит(ся)
вы́слушанный; *кр. ф.* -ан, -ана
вы́слушать, -аю, -ает
выслу́шивание, -я
выслу́шивать(ся), -аю(сь), -ает(ся)
высма́ливание, -я
высма́ливать(ся), -аю, -ает(ся)
высма́ркивание, -я
высма́ркивать(ся), -аю(сь), -ает(ся)
высма́тривание, -я
высма́тривать(ся), -аю, -ает(ся)
высме́ивание, -я
высме́ивать(ся), -аю(сь), -ает(ся)
вы́смеянный; *кр. ф.* -ян, -яна
вы́смеять(ся), -ею(сь), -еет(ся)

вы́смоленный; *кр. ф.* -ен, -ена
вы́смолить(ся), -лю, -лит(ся)
вы́сморканный; *кр. ф.* -ан, -ана
вы́сморкать(ся), -аю(сь), -ает(ся)
вы́сморкнуть(ся), -ну(сь), -нет(ся)
вы́смотренный; *кр. ф.* -ен, -ена
вы́смотреть, -рю, -рит
высо́вывание, -я
высо́вывать(ся), -аю(сь), -ает(ся)
Высо́кие Догова́ривающиеся Сто́роны (*в текстах нек-рых дипломатических документов*)
высо́кий; *кр. ф.* -о́к, -ока́, -о́ко́
высоко́, *нареч. и в знач. сказ.*
высоко... — *первая часть сложных слов, пишется слитно*
высокоавтоматизи́рованный
высокоавторите́тный; *кр. ф.* -тен, -тна
высокоакти́вный; *кр. ф.* -вен, -вна
высокоампе́рный
высокобелко́вый
высокоблагоро́дие, -я
высокобо́ртный
высокова́куумный
высокова́тый
высоковзры́вчатый
высоковируле́нтный
высоковитами́нный
высоковла́жный
высоковолокни́стый
высоково́льтка, -и, *р. мн.* -ток
высоково́льтник, -а
высоково́льтный
высоковя́зкий
высокогабари́тный; *кр. ф.* -тен, -тна
высокоглинозёмистый
высокого́рный
высокого́рье, -я
высокогума́нный; *кр. ф.* -а́нен, -а́нна
высокодохо́дный; *кр. ф.* -ден, -дна

Высо́кое Возрожде́ние
высокоиде́йный; *кр. ф.* -е́ен, -е́йна
высокоинтеллектуа́льный; *кр. ф.* -лен, -льна
высокоинтеллиге́нтный; *кр. ф.* -тен, -тна
высокоинтенси́вный; *кр. ф.* -вен, -вна
высококалори́йный; *кр. ф.* -и́ен, -и́йна
высокока́чественный; *кр. ф.* -вен и -венен, -венна
высококвалифици́рованный; *кр. ф.* -ан, -анна
высококла́ссный
высококомфорта́бельный; *кр. ф.* -лен, -льна
высококонцентри́рованный
высококрахма́листый
высококульту́рный; *кр. ф.* -рен, -рна
высоколеги́рованный
высоколетя́щий*
высоколикви́дный; *кр. ф.* -ден, -дна
высоколо́бый
высокоманёвренный; *кр. ф.* -рен, -ренна
высокома́сличный
высокоме́рие, -я
высокоме́рничать, -аю, -ает
высокоме́рность, -и
высокоме́рный; *кр. ф.* -рен, -рна
высокомеханизи́рованный
высокоминерализо́ванный
высокомолекуля́рный
высокомора́льный; *кр. ф.* -лен, -льна
высоконадёжный; *кр. ф.* -жен, -жна
высоконапо́рный
высокона́учный; *кр. ф.* -чен, -чна
высоко́нек, -нька
высоконра́вственный; *кр. ф.* -вен и -венен, -венна

высо́конький
высокообеспе́ченный
высокообогащённый
высокообразо́ванный; *кр. ф.* -ан, -анна
высокообъёмный; *кр. ф.* -мен, -мна
высокоогнеупо́рный; *кр. ф.* -рен, -рна
высокоодарённый; *кр. ф.* -ён, -ённа
высокоокта́новый
высокоопла́чиваемый
высокоорбита́льный
высокоорганизо́ванный; *кр. ф.* -ан, -ана
высокооснащённый
высокопа́рность, -и
высокопа́рный; *кр. ф.* -рен, -рна
высокопатриоти́ческий
высокопатриоти́чный; *кр. ф.* -чен, -чна
высокоперспекти́вный; *кр. ф.* -вен, -вна
высокоподви́жный; *кр. ф.* -жен, -жна
высокополиме́рный
высокополиме́ры, -ов, *ед.* -ме́р, -а
высокопоро́дный; *кр. ф.* -ден, -дна
высокопоста́вленный
высокопревосходи́тельство, -а
высокопреосвяще́ннейший
высокопреосвяще́нный
высокопреосвяще́нство, -а
высокопреподо́бие, -я
высокопрести́жный; *кр. ф.* -жен, -жна
высокопринципиа́льный; *кр. ф.* -лен, -льна
высокопро́бный
высокопродукти́вный; *кр. ф.* -вен, -вна
высокопроизводи́тельный; *кр. ф.* -лен, -льна

высокопрофессиона́льный; *кр. ф.* -лен, -льна
высокопроходи́мый
высокопроце́нтный
высокопро́чный; *кр. ф.* -чен, -чна
высокорадиоакти́вный; *кр. ф.* -вен, -вна
высокора́звитый
высокоразре́женный
высокоранги́рованный
высокорасту́щий*
высокоре́йтинговый
высокоро́дие, -я
высокоро́дный; *кр. ф.* -ден, -дна
высокоро́слый
высокосейсми́чный; *кр. ф.* -чен, -чна
высокосерни́стый
высокоскоростно́й
высокосо́ртность, -и
высокосо́ртный; *кр. ф.* -тен, -тна
высокостаби́льный; *кр. ф.* -лен, -льна
высокоство́льный
высо́кость, -и
высокотала́нтливый
высокотемперату́рный
высокотехни́чный; *кр. ф.* -чен, -чна
высокотехнологи́чный; *кр. ф.* -чен, -чна
высокотова́рный
высокотокси́чный; *кр. ф.* -чен, -чна
высокоторже́ственный; *кр. ф.* -вен и -венен, -венна
высокото́чный
высокотра́вный
высокотра́вье, -я
высокоуважа́емый
высокоу́мие, -я
высокоу́мный; *кр. ф.* -мен, -мна
высокоурожа́йный; *кр. ф.* -а́ен, -а́йна
высокоусто́йчивый

высокохудо́жественный; *кр. ф.* -вен и -венен, -венна
высоце́нный; *кр. ф.* -е́нен, -е́нна
высокочасто́тный; *кр. ф.* -тен, -тна
высокочи́стый
высокочти́мый*
высокочувстви́тельный; *кр. ф.* -лен, -льна
высокоширо́тный
высокоэкономи́чный; *кр. ф.* -чен, -чна
высокоэласти́ческий
высокоэласти́чный; *кр. ф.* -чен, -чна
высокоэллипти́ческий
высокоэнергети́ческий
высокоэффекти́вный; *кр. ф.* -вен, -вна
вы́соленный; *кр. ф.* -ен, -ена (*от* вы́солить)
вы́солить(ся), -лю, -лит(ся) (*к* соль)
вы́солодить, -ожу, -одит
вы́соложенный; *кр. ф.* -ен, -ена
вы́сосанный; *кр. ф.* -ан, -ана
вы́сосать, -осу, -осет
высота́, -ы́, *мн.* -о́ты, -о́т
высо́тка, -и, *р. мн.* -ток
высо́тник, -а
высо́тно-компенси́рующий
высо́тный
высотоме́р, -а
высотопи́сец, -сца, *тв.* -сцем, *р. мн.* -сцев
вы́сохнуть, -ну, -нет; *прош.* -ох, -охла
вы́сохший
высоча́йший
высо́ченный; *кр. ф.* -ен, -ена (*от* вы́сочить)
высоче́нный (*от* высо́кий)
высо́чество, -а; *при официальном титуловании*: Ва́ше (Его́, Её) Высо́чество

вы́сочить(ся), -чу, -чит(ся) (*к* сок)
выспа́ривать, -аю, -ает
вы́спаться, -плюсь, -пится
выспева́ние, -я
выспева́ть, -а́ет
вы́спеть, -еет
вы́споренный; *кр. ф.* -ен, -ена
вы́спорить, -рю, -рит
выспра́шивание, -я
выспра́шивать(ся), -аю, -ает(ся)
вы́спренний; *кр. ф.* -ен, -енна
вы́спренность, -и
вы́спросить, -ошу, -осит
вы́спрошенный; *кр. ф.* -ен, -ена
вы́ставить(ся), -влю(сь), -вит(ся)
вы́ставка, -и, *р. мн.* -вок
вы́ставка-прода́жа, вы́ставки-прода́жи
вы́ставка-я́рмарка, вы́ставки-я́рмарки
выставко́м, -а
выставле́ние, -я
вы́ставленный; *кр. ф.* -ен, -ена
выставля́ть(ся), -я́ю(сь), -я́ет(ся)
выставно́й
вы́ставочно-демонстрацио́нный
вы́ставочный
выста́ивание, -я
выста́ивать(ся), -аю, -ает(ся)
вы́стеганный; *кр. ф.* -ан, -ана
вы́стегать, -аю, -ает
выстёгивание, -я
выстёгивать(ся), -аю, -ает(ся)
вы́стегнуть(ся), -ну, -нет(ся)
вы́стеленный; *кр. ф.* -ен, -ена
вы́стелить, -лю, -лет; *прош.* -ил, -ила
выстила́ние, -я
выстила́ть(ся), -а́ю, -а́ет(ся)
вы́стилка, -и, *р. мн.* -лок
вы́стилочный
вы́стиранный; *кр. ф.* -ан, -ана
вы́стирать, -аю, -ает(ся)
выстира́рывать(ся), -аю, -ает(ся)

вы́стланный; *кр. ф.* -ан, -ана (*от* вы́стлать)
вы́стлать(ся), вы́стелю, вы́стелет(ся); *прош.* -ал(ся), -ала(сь) (*к* стлать)
вы́стоянный; *кр. ф.* -ян, -яна
вы́стоять(ся), -ою, -оит(ся)
выстра́гивание, -я и выстру́гивание, -я
выстра́гивать(ся), -аю, -ает(ся) и выстру́гивать(ся), -аю, -ает(ся)
вы́страданность, -и
вы́страданный; *кр. ф.* -ан, -ана
вы́страдать(ся), -аю(сь), -ает(ся)
выстра́ивание, -я
выстра́ивать(ся), -аю(сь), -ает(ся)
выстра́чивание, -я
выстра́чивать(ся), -аю, -ает(ся)
вы́стрел, -а
вы́стреленный; *кр. ф.* -ен, -ена (*от* вы́стрелить)
выстре́ливание, -я
выстре́ливать(ся), -аю, -ает(ся)
вы́стрелить, -лю, -лит (*произвести выстрел*)
вы́стрелянный; *кр. ф.* -ян, -яна (*от* вы́стрелять)
вы́стрелять, -яю, -яет (*израсходовать стреляя*)
выстрига́ние, -я
выстрига́ть(ся), -а́ю, -а́ет(ся)
вы́стригший(ся)
вы́стриженный; *кр. ф.* -ен, -ена
вы́стрижка, -и
вы́стричь(ся), -игу, -ижет(ся), -игут(ся); *прош.* -иг(ся), -игла(сь)
вы́строганный; *кр. ф.* -ан, -ана и вы́струганный; *кр. ф.* -ан, -ана
вы́строгать(ся), -аю, -ает(ся) и вы́стругать(ся), -аю, -ает(ся)
вы́строенный; *кр. ф.* -ен, -ена
вы́строить(ся), -ою(сь), -оит(ся)
вы́строченный; *кр. ф.* -ен, -ена

ВЫСТРОЧИТЬ(СЯ)

вы́строчить(ся), -чу, -чит(ся)
вы́строчка, -и, *р. мн.* -чек
вы́струганный; *кр. ф.* -ан, -ана и вы́строганный; *кр. ф.* -ан, -ана
вы́стругать(ся), -аю, -ает(ся) и вы́строгать(ся), -аю, -ает(ся)
выстру́гивание, -я и выстра́гивание, -я
выстру́гивать(ся), -аю, -ает(ся) и выстра́гивать(ся), -аю, -ает(ся)
вы́студить(ся), -ужу, -удит(ся)
выстужа́ть(ся), -а́ю, -а́ет(ся)
вы́стуженный; *кр. ф.* -ен, -ена
выстужи́вание, -я
выстужи́вать(ся), -аю, -ает(ся)
вы́стуканный; *кр. ф.* -ан, -ана
вы́стукать, -аю, -ает
высту́кивание, -я
высту́кивать(ся), -аю(сь), -ает(ся)
вы́ступ, -а
выступа́ть, -а́ю, -а́ет
вы́ступить, -плю, -пит
вы́ступка, -и, *р. мн.* -пок
выступле́ние, -я
высты́вание, -я
высты́ва́ть, -а́ет
вы́стывший
вы́стыть, -ынет
вы́судить, -ужу, -удит
вы́суженный; *кр. ф.* -ен, -ена
высу́живать(ся), -аю, -ает(ся)
вы́сунутый
вы́сунуть(ся), -ну(сь), -нет(ся)
вы́сученный; *кр. ф.* -ен, -ена
высу́чивание, -я
высу́чивать(ся), -аю, -ает(ся)
вы́сучить(ся), -чу, -чит(ся)
вы́сушенный; *кр. ф.* -ен, -ена
высу́шивание, -я
высу́шивать(ся), -аю(сь), -ает(ся)
вы́сушить(ся), -шу(сь), -шит(ся)
вы́сушка, -и
вы́считанный; *кр. ф.* -ан, -ана

вы́считать, -аю, -ает
высчи́тывание, -я
высчи́тывать(ся), -аю, -ает(ся)
Вы́сшая шко́ла эконо́мики
Вы́сшие же́нские ку́рсы (*ист.*)
вы́сший
Вы́сший арбитра́жный суд РФ
Вы́сший аттестацио́нный комите́т РФ (ВАК)
высыла́ть(ся), -а́ю(сь), -а́ет(ся)
вы́сылка, -и, *р. мн.* -лок
высыпа́ние, -я
вы́сыпанный; *кр. ф.* -ан, -ана
вы́сыпать(ся), -плю, -плет(ся), -плют(ся) и -пет(ся), -пят(ся), *сов.*
высыпа́ть(ся), -а́ю, -а́ет(ся), *несов.* (*к* вы́сыпать(ся))
высыпа́ться, -а́юсь, -а́ется (*к* вы́спаться)
вы́сыпка, -и, *р. мн.* -пок
высыпно́й
высыха́ние, -я
высыха́ть, -а́ю, -а́ет
высь, -и
вы́сящийся
выта́ивание, -я
выта́ивать, -ает
выта́лкивание, -я
выта́лкиватель, -я
выта́лкивать(ся), -аю(сь), -ает(ся)
вы́танцеванный; *кр. ф.* -ан, -ана
вы́танцевать(ся), -цую, -цует(ся)
вытанцо́вывание, -я
вытанцо́вывать(ся), -аю, -ает(ся)
выта́пливание, -я
выта́пливать(ся), -аю, -ает(ся)
выта́птывание, -я
выта́птывать(ся), -аю, -ает(ся)
вы́таращенный; *кр. ф.* -ен, -ена
выта́ращивание, -я
выта́ращивать(ся), -аю(сь), -ает(ся)

вы́таращить(ся), -щу(сь), -щит(ся)
вы́тасканный; *кр. ф.* -ан, -ана
вы́таскать, -аю, -ает
выта́скивание, -я
выта́скивать(ся), -аю, -ает(ся)
вытатуи́рованный; *кр. ф.* -ан, -ана
вытатуи́ровать, -рую, -рует
выта́чанный; *кр. ф.* -ан, -ана (*от* вы́тачать)
вы́тачать, -аю, -ает
выта́чивание, -я
выта́чивать(ся), -аю, -ает(ся)
вы́тачка, -и, *р. мн.* -чек (*от* вы́тачать)
вы́тащенный; *кр. ф.* -ен, -ена
вы́тащить(ся), -щу, -щит(ся)
вы́таять, -ает
вы́твердить(ся), -ржу, -рдит(ся)
вы́твержденный; *кр. ф.* -ен, -ена
вытве́рживание, -я
вытве́рживать(ся), -аю, -ает(ся)
вы́творенный; *кр. ф.* -ен, -ена
вы́творить, -рю, -рит
выворя́ть(ся), -я́ю, -я́ет(ся)
вытего́рский (*от* Вы́тегра)
вытего́рцы, -ев, *ед.* -рец, -рца, *тв.* -рцем
вытека́ние, -я
вытека́ть, -а́ет
вы́текший
вы́теребить(ся), -блю, -бит(ся)
вы́теребленный; *кр. ф.* -ен, -ена
вы́тереть(ся), вы́тру(сь), вы́трет(ся); *прош.* вы́тер(ся), вы́терла(сь)
вы́терпеть, -плю, -пит
вытерпли́вать, -аю, -ает
вы́тертость, -и
вы́тертый
вы́терший(ся)
вы́тесанный; *кр. ф.* -ан, -ана
вы́тесать(ся), -ешу, -ешет(ся)
вы́теска, -и
вытесне́ние, -я (*от* вы́теснить)

вы́тесненный; *кр. ф.* -ен, -ена (*от* вы́теснить)
вытесни́тель, -я
вы́теснить(ся), -ню(сь), -нит(ся) (*к* те́сный)
вытесня́ть(ся), -я́ю(сь), -я́ет(ся) (*к* вы́теснить(ся))
вытёсывание, -я
вытёсывать(ся), -аю, -ает(ся)
вы́течка, -и
вы́течь, -ечет, -екут; *прош.* -ек, -екла
вытира́ние, -я
вытира́ть(ся), -а́ю(сь), -а́ет(ся)
вы́тиск, -а
вы́тискать(ся), -аю, -ает(ся)
выти́скивание, -я
выти́скивать(ся), -аю, -ает(ся)
вытисне́ние, -я (*от* вы́тиснить)
вы́тисненный; *кр. ф.* -ен, -ена (*от* вы́тиснить)
вы́тиснить(ся), -ню, -нит(ся) (*получить(ся) тиснением*)
вы́тиснутый
вы́тиснуть(ся), -ну, -нет(ся)
вытисня́ть(ся), -я́ю, -я́ет(ся) (*к* вы́тиснить(ся))
вы́тканный; *кр. ф.* -ан, -ана
вы́ткать(ся), вы́тку, вы́ткет(ся)
вы́ткнутый
вы́ткнуть, -ну, -нет
вы́толканный; *кр. ф.* -ан, -ана
вы́толкать, -аю, -ает
вы́толкнутый
вы́толкнуть(ся), -ну, -нет(ся)
вы́топить(ся), -плю, -пит(ся)
вы́топка, -и, *р. мн.* -пок
вы́топки, -пок и -пков
вы́топленный; *кр. ф.* -ен, -ена
вы́топтанный; *кр. ф.* -ан, -ана
вы́топтать(ся), -пчу, -пчет(ся)
вытора́чивание, -я
вытора́чивать(ся), -аю, -ает(ся)
вы́торгованный; *кр. ф.* -ан, -ана
вы́торговать, -гую, -гует
выторго́вывание, -я

выторго́вывать(ся), -аю, -ает(ся)
вы́тороченный; *кр. ф.* -ен, -ена
вы́торочить(ся), -чу, -чит(ся)
выторфо́вка, -и
вы́точенный; *кр. ф.* -ен, -ена (*от* вы́точить)
вы́точить(ся), -чу, -чит(ся)
вы́точка, -и, *р. мн.* -чек (*от* вы́точить)
вы́тошнить, -ит
вы́травить(ся), -влю, -вит(ся)
вы́травка, -и, *р. мн.* -вок
вытравле́ние, -я
вы́травленный; *кр. ф.* -ен, -ена
вытра́вливание, -я
вытра́вливать(ся), -аю, -ает(ся)
вытравля́ть(ся), -я́ю, -я́ет(ся)
вытравно́й
вы́травщик, -а
вы́траленный; *кр. ф.* -ен, -ена
вытра́ливание, -я
вытра́ливать(ся), -аю, -ает(ся)
вы́тралить(ся), -лю, -лит(ся)
вы́трамбованный; *кр. ф.* -ан, -ана
вы́трамбовать, -бую, -бует
вытрамбо́вывание, -я
вытрамбо́вывать(ся), -аю, -ает(ся)
вы́требование, -я
вы́требованный; *кр. ф.* -ан, -ана
вы́требовать, -бую, -бует
вытрезви́ловка, -и, *р. мн.* -вок
вытрезви́тель, -я
вытрезви́тельный
вы́трезвить(ся), -влю(сь), -вит(ся)
вытрезвле́ние, -я
вы́трезвленный; *кр. ф.* -ен, -ена
вытрезвля́ть(ся), -я́ю(сь), -я́ет(ся)
вы́трепанный; *кр. ф.* -ан, -ана
вы́трепать(ся), -плю, -плет(ся), -плют(ся) и -пет(ся), -пят(ся)
вы́трепка, -и
вытрёпывание, -я

вытрёпывать(ся), -аю, -ает(ся)
вы́трусить(ся), -ушу, -усит(ся)
вы́труска, -и
вы́трушенный; *кр. ф.* -ен, -ена
вытру́шивание, -я
вытру́шивать(ся), -аю, -ает(ся)
вытряса́ть(ся), -а́ю, -а́ет(ся)
вы́трясенный; *кр. ф.* -ен, -ена
вы́тряска, -и
вы́трясти(сь), -су, -сет(ся); *прош.* -яс(ся), -ясла(сь)
вы́трясший(ся)
вытряха́ть(ся), -а́ю, -а́ет(ся)
вытря́хивание, -я
вытря́хивать(ся), -аю, -ает(ся)
вы́тряхнутый
вы́тряхнуть(ся), -ну, -нет(ся)
вы́туренный; *кр. ф.* -ен, -ена
выту́ривание, -я
выту́ривать(ся), -аю(сь), -ает(ся)
вы́турить, -рю, -рит
вы́тушеванный; *кр. ф.* -ан, -ана
вы́тушевать, -шую, -шует
вытушёвывание, -я
вытушёвывать(ся), -аю, -ает(ся)
вы́тчик, -а
вытыка́ние, -я
вытыка́ть(ся), -а́ю, -а́ет(ся)
выть[1], во́ю, во́ет
выть[2], -и (*ист.*)
вытьё, -я́
вытя́гать, -аю, -ает
вытя́гивание, -я
вытя́гивать(ся), -аю(сь), -ает(ся)
вытяже́ние, -я
вы́тяжка, -и, *р. мн.* -жек
вытяжно́й
вы́тянутый
вы́тянуть(ся), -ну(сь), -нет(ся)
вы́удить, вы́ужу, вы́удит
вы́уженный; *кр. ф.* -ен, -ена
выу́живание, -я
выу́живать(ся), -аю, -ает(ся)
вы́утюженный; *кр. ф.* -ен, -ена
вы́утюжить(ся), -жу, -жит(ся)
вы́ученик, -а

ВЫУЧЕНИЦА

вы́ученица, -ы, *тв.* -ей
вы́ученный; *кр. ф.* -ен, -ена
вы́учивание, -я
вы́учивать(ся), -аю(сь), -ает(ся)
вы́учить(ся), -чу(сь), -чит(ся)
вы́учка, -и
вы́франтиться, -нчусь, -нтится
выха́живание, -я
выха́живать(ся), -аю(сь), -ает(ся)
вы́харканный; *кр. ф.* -ан, -ана
вы́харкать(ся), -аю(сь), -ает(ся)
выха́ркивание, -я
выха́ркивать(ся), -аю(сь), -ает(ся)
вы́харкнуть(ся), -ну(сь), -нет(ся)
вы́хваленный; *кр. ф.* -ен, -ена
выхва́ливание, -я
выхва́ливать(ся), -аю(сь), -ает(ся)
вы́хвалить(ся), -лю(сь), -лит(ся)
вы́хвалять(ся), -яю(сь), -яет(ся)
вы́хватить, -ачу, -атит
выхва́тывание, -я
выхва́тывать(ся), -аю, -ает(ся)
вы́хваченный; *кр. ф.* -ен, -ена
вы́хлебанный; *кр. ф.* -ан, -ана
вы́хлебать, -аю, -ает
вы́хлебнуть, -ну, -нет
выхлёбывание, -я
выхлёбывать(ся), -аю, -ает(ся)
вы́хлестанный; *кр. ф.* -ан, -ана
вы́хлестать(ся), -ещу(сь), -ещет(ся)
вы́хлестнутый
вы́хлестнуть(ся), -ну, -нет(ся)
выхлёстывать(ся), -аю(сь), -ает(ся)
вы́хлоп, -а
выхлопа́тывание, -я
выхлопа́тывать(ся), -аю, -ает(ся)
вы́хлопать, -аю, -ает
выхлопно́й
вы́хлопнуть, -ну, -нет
вы́хлопотанный; *кр. ф.* -ан, -ана
вы́хлопотать, -очу, -очет
выхло́пывать(ся), -аю, -ает(ся)
вы́ход, -а
вы́ходец, -дца, *тв.* -дцем, *р. мн.* -дцев
выходи́ть, -ожу́, -о́дит, *несов.* (к вы́йти)
вы́ходить(ся), -ожу(сь), -одит(ся), *сов.* (к выха́живать(ся))
вы́ходка, -и, *р. мн.* -док
выходно́й
выходя́щий
выхожде́ние, -я
вы́хоженный; *кр. ф.* -ен, -ена
выхола́живание, -я
выхола́живать(ся), -аю, -ает(ся)
выхола́щивание, -я
выхола́щивать(ся), -аю, -ает(ся)
вы́холенный; *кр. ф.* -ен, -ена
выхо́ливание, -я
выхо́ливать(ся), -аю, -ает(ся)
вы́холить(ся), -лю, -лит(ся)
вы́холодить(ся), -ожу, -одит(ся)
вы́холоженный; *кр. ф.* -ен, -ена
вы́холостить(ся), -ощу, -остит(ся)
вы́холощенный; *кр. ф.* -ен, -ена
выхухо́левый
выхухо́лий, -ья, -ье
вы́хухоль, -я и -и
выхухо́льный
выцара́панный; *кр. ф.* -ан, -ана
вы́царапать(ся), -аю(сь), -ает(ся)
выцара́пывание, -я
выцара́пывать(ся), -аю(сь), -ает(ся)
вы́цвести, -ветет; *прош.* -вел, -вела
вы́цвет, -а
выцвета́ние, -я
выцвета́ть, -а́ет
вы́цветший
вы́цедить(ся), -ежу, -едит(ся)
вы́цеженный; *кр. ф.* -ен, -ена
выце́живание, -я
выце́живать(ся), -аю, -ает(ся)
вы́целенный; *кр. ф.* -ен, -ена
выце́ливание, -я
выце́ливать, -аю, -ает
вы́целить, -лю, -лит
вы́цыганенный; *кр. ф.* -ен, -ена
выцыга́нивание, -я
выцыга́нивать, -аю, -ает
вы́цыганить, -ню, -нит
вы́чаленный; *кр. ф.* -ен, -ена
выча́ливание, -я
выча́ливать(ся), -аю, -ает(ся)
вы́чалить(ся), -лю, -лит(ся)
вычегжа́не, -ан, *ед.* -а́нин, -а
вычего́дский (*от* Вы́чегда)
вы́чеканенный; *кр. ф.* -ен, -ена
вычека́нивание, -я
вычека́нивать(ся), -аю(сь), -ает(ся)
вы́чеканить(ся), -ню, -нит(ся)
вы́черкать, -аю, -ает
вы́черки, -ов, *ед.* вы́черк, -а
вычёркивание, -я
вычёркивать(ся), -аю(сь), -ает(ся)
вы́черкнутый
вы́черкнуть(ся), -ну(сь), -нет(ся)
вы́черненный; *кр. ф.* -ен, -ена
вычерни́вание, -я
вычерни́вать(ся), -аю(сь), -ает(ся)
вы́чернить(ся), -ню(сь), -нит(ся)
вы́черпанный; *кр. ф.* -ан, -ана
вы́черпать(ся), -аю, -ает(ся)
вы́черпка, -и
вы́черпнуть(ся), -ну, -нет(ся)
выче́рпывание, -я
выче́рпывать(ся), -аю, -ает(ся)
вы́чертить(ся), -рчу, -ртит(ся)
вы́черченный; *кр. ф.* -ен, -ена
вычерчивание, -я
вычерчивать(ся), -аю, -ает(ся)
вы́чесанный; *кр. ф.* -ан, -ана
вы́чесать(ся), -ешу(сь), -ешет(ся)
вы́ческа, -и, *р. мн.* -сок
вы́чески, -сок и -сков
вы́честь(ся), вы́чту, вы́чтет(ся); *прош.* вы́чел(ся), вы́чла(сь)
вычёсывание, -я

вычёсывать(ся), -аю(сь), -ает(ся)
вы́чет, -а
вы́чиненный; кр. ф. -ен, -ена
вычи́нивать(ся), -аю, -ает(ся)
вы́чинить, -ню, -нит
вы́чинка, -и
вычисле́ние, -я
вы́численный; кр. ф. -ен, -ена
вычисли́мый
вычисли́тель, -я
вычисли́тельный
вы́числить(ся), -лю, -лит(ся)
вычисля́ть(ся), -я́ю, -я́ет(ся)
вы́чистить(ся), -ищу(сь), -истит(ся)
вы́чистка, -и
вы́чистки, -ток и -тков (остатки после очистки)
вычита́емое, -ого
вычита́ние, -я
вы́читанный; кр. ф. -ан, -ана
вы́читать, -аю, -ает, сов. (от чита́ть)
вычита́ть(ся), -а́ю, -а́ет(ся), несов. (к вы́честь(ся))
вы́читка, -и, р. мн. -ток
вычи́тывание, -я
вычи́тывать(ся), -аю, -ает(ся)
вычиха́ть(ся), -аю(сь), -ает(ся)
вычи́хивать(ся), -аю(сь), -ает(ся)
вы́чихнуть(ся), -ну, -нет(ся)
вычища́лка, -и, р. мн. -лок
вычища́ть(ся), -а́ю(сь), -а́ет(ся)
вычище́ние, -я
вы́чищенный; кр. ф. -ен, -ена
вычлене́ние, -я
вы́члененный; кр. ф. -ен, -ена
вы́членить(ся), -ню, -нит(ся)
вычленя́ть(ся), -я́ю, -я́ет(ся)
вы́чтенный; кр. ф. -ен, -ена
вы́чурность, -и
вы́чурный; кр. ф. -рен, -рна
вы́чуры, -ур, ед. -ура, -ы
вы́шагать, -аю, -ает
выша́гивание, -я
выша́гивать, -аю, -ает

вы́шагнуть, -ну, -нет
выша́ривание, -я
выша́ривать(ся), -аю, -ает(ся)
вы́шарить, -рю, -рит
вы́шарканный; кр. ф. -ан, -ана
вы́шаркать, -аю, -ает
выша́ркивание, -я
выша́ркивать(ся), -аю, -ает(ся)
вы́шатанный; кр. ф. -ан, -ана
вы́шатать(ся), -таю, -тает(ся)
выша́тывание, -я
выша́тывать(ся), -аю, -ает(ся)
вышвы́ривание, -я
вышвы́ривать(ся), -аю(сь), -ает(ся)
вы́швырнутый
вы́швырнуть, -ну, -нет
вышвыря́ть, -я́ю, -я́ет
Вы́шгород, -а (город; древняя возвышенная часть в нек-рых городах)
вы́ше, сравн. ст.
Вы́шеград, -а (древняя возвышенная часть в нек-рых славянских городах)
вы́шедший
вышеизло́женный
вышележа́щий
вы́шелушенный; кр. ф. -ен, -ена
вышелу́шивание, -я
вышелу́шивать(ся), -аю, -ает(ся)
вы́шелушить(ся), -шу, -шит(ся)
вышена́званный
вышеобъя́вленный
вышеозна́ченный
вышеопи́санный
вышеотме́ченный
вышеперечи́сленный
вышепоимено́ванный
вышепока́занный
вышеприведённый
вы́шептать, -пчу, -пчет
вышёптывание, -я
вышёптывать(ся), -аю, -ает(ся)
вышерече́нный

вышеска́занный
вышестоя́щий
вышеука́занный
вышеупомя́нутый
вышиба́ла, -ы, м.
вышиба́ние, -я
вышиба́ть(ся), -а́ю, -а́ет(ся)
вы́шибивший
вы́шибить, -бу, -бет; прош. вы́шиб, вы́шибла
вы́шибленный; кр. ф. -ен, -ена
вышива́льный
вышива́льщица, -ы, тв. -ей
вышива́ние, -я
вышива́ть(ся), -а́ю, -а́ет(ся)
вы́шивка, -и, р. мн. -вок
вышивно́й
вы́шивочный
вышина́, -ы́
вы́шитый
вы́шить, вы́шью, вы́шьет
вы́шка, -и, р. мн. вы́шек
вы́школенный; кр. ф. -ен, -ена
вы́школить(ся), -лю(сь), -лит(ся)
вышкомонта́жник, -а
вышкомонта́жный
вышкостросе́ние, -я
вышкостроитель, -я
вы́шлифованный; кр. ф. -ан, -ана
вы́шлифовать(ся), -фую, -фует(ся)
вышлифо́вывание, -я
вышлифо́вывать(ся), -аю, -ает(ся)
вы́шмыгнуть, -ну, -нет
вышневоло́цкий и вышневолоцко́й (от Вы́шний Волочо́к)
вышневолоча́не, -а́н, ед. -а́нин, -а
вышневолоча́нка, -и, р. мн. -нок
вы́шний (небесный) и Вы́шний (Господний, Божественный)
Вы́шний Волочо́к (город)
вышны́ривать, -аю, -ает
вы́шнырнуть, -ну, -нет

ВЫШНЫРЯТЬ

вы́шнырять, -яю, -яет
вы́шпаренный; *кр. ф.* -ен, -ена
вышпа́ривание, -я
вышпа́ривать(ся), -аю, -ает(ся)
вы́шпарить(ся), -рю, -рит(ся)
вы́штампованный; *кр. ф.* -ан, -ана
вы́штамповать, -пую, -пует
выштампо́вывание, -я
выштампо́вывать(ся), -аю, -ает(ся)
вы́штукатуренный; *кр. ф.* -ен, -ена
выштукату́ривание, -я
выштукату́ривать(ся), -аю, -ает(ся)
вы́штукатурить(ся), -рю, -рит(ся)
вы́шутить, -учу, -утит
вы́шученный; *кр. ф.* -ен, -ена
вышу́чивание, -я
вышу́чивать(ся), -аю(сь), -ает(ся)
выщела́чивание, -я
выщела́чивать(ся), -аю, -ает(ся)
вы́щелк, -а
вы́щелканный; *кр. ф.* -ан, -ана
вы́щелкать, -аю, -ает
выщёлкивание, -я
выщёлкивать(ся), -аю, -ает(ся)
вы́щелкнуть(ся), -ну, -нет(ся)
вы́щелоченный; *кр. ф.* -ен, -ена
вы́щелочить(ся), -чу, -чит(ся)
вы́щербина, -ы
вы́щербинка, -и, *р. мн.* -нок
вы́щербить(ся), -блю, -бит(ся)
выщербле́ние, -я
вы́щербленный; *кр. ф.* -ен, -ена
выщербля́ть(ся), -я́ю, -я́ет(ся)
вы́щипанный; *кр. ф.* -ан, -ана
вы́щипать(ся), -плю, -плет(ся), -плют(ся) и -пет(ся), -пят(ся); *также* -аю, -ает(ся)
вы́щипнутый
вы́щипнуть, -ну, -нет
выщи́пывание, -я

выщи́пывать(ся), -аю, -ает(ся)
вы́щупанный; *кр. ф.* -ан, -ана
вы́щупать, -аю, -ает
выщу́пывание, -я
выщу́пывать(ся), -аю(сь), -ает(ся)
вы́я, вы́и
вы́явить(ся), -влю, -вит(ся)
выявле́ние, -я
вы́явленный; *кр. ф.* -ен, -ена
выявля́ть(ся), -я́ю, -я́ет(ся)
выясне́ние, -я
вы́ясненный; *кр. ф.* -ен, -ена
выя́сниваться, -ается (*о погоде*)
вы́яснить(ся), -ню, -нит(ся)
выясня́ть(ся), -я́ю, -я́ет(ся)
вьентья́нский (*от* Вьентья́н)
вьентья́нцы, -ев, *ед.* -нец, -нца, *тв.* -нцем
вьетко́нговский (*от* Вьетко́нг)
вьетко́нговцы, -ев, *ед.* -вец, -вца, *тв.* -вцем
вьетна́мка, -и, *р. мн.* -мок
вьетна́мки, -мок, *ед.* -мка, -и (*обувь*)
вьетна́мо-америка́нский
вьетна́мо-кита́йский
вьетна́мо-росси́йский
вьетна́мский (*от* Вьетна́м)
вьетна́мско-ру́сский
вьетна́мцы, -ев, *ед.* -мец, -мца, *тв.* -мцем
вью́га, -и
вьюгове́й, -я
вью́жистый
вью́жить, -ит
вью́жливый
вью́жный; *кр. ф.* -жен, -жна
вьюк, -а и -а́
вьюковожа́тый, -ого
вьюн, -а́
вьюнко́вый
вьюно́вый
вьюно́к, -нка́
вьюно́чек, -чка

вью́ноша, -и, *тв.* -ей, *м.* (*шутл. и ирон. к* ю́ноша)
вьюрко́вые, -ых
вьюро́к, -рка́
вью́чащий(ся)
вью́чение, -я
вью́чить(ся), -чу, -чит(ся)
вью́чка, -и (*действие*)
вью́чно-тра́нспортный
вью́чный
вьючо́к, -чка́
вью́шечка, -и, *р. мн.* -чек
вью́шечный
вью́шка, -и, *р. мн.* -шек
вью́щий(ся)
вэ, *нескл., с.* (*название буквы*)
в эмпире́ях (вита́ть, пребыва́ть)
вю́рмский (*геол.*)
вюртембе́ргский (*от* Вюртембе́рг)
вюртембе́ржцы, -ев, *ед.* -жец, -жца, *тв.* -жцем
вя́жущий(ся)
вяз, -а
вяза́льно-трикота́жный
вяза́льный
вяза́льщик, -а
вяза́льщица, -ы, *тв.* -ей
вяза́ние, -я (*действие*)
вя́занка, -и, *р. мн.* -нок (*вязаная вещь*)
вяза́нка, -и, *р. мн.* -нок (*связка дров, хвороста*)
вя́занный; *кр. ф.* -ан, -ана, *прич.* (*от* вяза́ть)
вяза́ночка, -и, *р. мн.* -чек
вя́заный, *прил.*
вяза́нье, -я (*то, что вяжут*)
вяза́ть(ся), вяжу́, вя́жет(ся)
вя́зель, -я
вя́земский (*от* Вя́зьма)
вязи́га, -и
вязи́говый
вя́зка, -и, *р. мн.* вя́зок (*от* вяза́ть)
вя́зкий; *кр. ф.* вя́зок, вязка́, вя́зко
вязкова́тый

вя́зкостный
вя́зкость, -и
вязкотеку́чий
вя́зник, -а (*лес*)
вя́зниковский (*от* Вя́зники, *город*)
вя́зниковцы, -ев, *ед.* -вец, -вца, *тв.* -вцем
вя́знувший (*от* вя́знуть)
вя́знуть, -ну, -нет; *прош.* вя́знул и вяз, вя́зла, *несов.*
вя́зовый
вязо́к, вязка́
вя́зче, *сравн. ст.*
вя́зывать, *наст. вр. не употр.* (*от* вяза́ть)
вязь, -и
вя́зьмичи, -ей, *ед.* -мич, -а
вя́зьмичка, -и, *р. мн.* -чек
вя́канье, я
вя́кать, -аю, -ает
вя́кнуть, -ну, -нет
вя́ление, я
вя́ленный; *кр. ф.* -ен, -ена, *прич.*
вя́леный, *прил.*
вя́лить(ся), вя́лю, вя́лит(ся)
вялова́тый
вя́лость, -и
вялотеку́щий*
вя́лый
вя́лящий(ся)
вя́нувший
вя́нуть, -ну, -нет; *прош.* вя́нул и вял, вя́ла
вя́тичи, -ей, *ед.* вя́тич, -а
вя́тичский (*от* вя́тичи, *племя*)
вя́тка, -и, *р. мн.* вя́ток (*лошадь; рожь*)
Вя́тские Поля́ны (*город*)
вя́тский (*от* Вя́тка, *город*)
вятча́не, -а́н, *ед.* -а́нин, -а
вятча́нка, -и, *р. мн.* -нок
вя́хирь, -я
вя́ще, *нареч.*
вя́щий

Г

га, *нескл., м. и с.*
гаа́гский (*от* Гаа́га)
гаа́гцы, -ев, *ед.* -гец, -гца, *тв.* -гцем
габарди́н, -а
габарди́новый
габари́т, -а
габари́тный
га́ббро, *нескл., с.*
га́бборовый
габио́н, -а
габио́нный
га́битус, -а и ха́битус, -а
габо́нский (*от* Габо́н)
габо́нцы, -ев, *ед.* -нец, -нца, *тв.* -нцем
га́бровский (*от* Га́брово)
га́бровцы, -ев, *ед.* -вец, -вца, *тв.* -вцем
Га́бсбурги, -ов (*династия*)
га́бсбургский
гав, *неизм.*
гава́йка, -и, *р. мн.* -а́ек
гава́йский (к Гава́йские острова́, Гава́йи; гава́йская гита́ра)
гава́йцы, -ев, *ед.* гава́ец, -а́йца, *тв.* -а́йцем
гава́на, -ы (*сорт сигар*)
гава́нский (*от* га́вань)
гава́нский (*от* Гава́на)
гава́нцы, -ев, *ед.* -нец, -нца, *тв.* -нцем
га́вань, -и; но: Сове́тская Га́вань (*город и залив*), Ру́сская Га́вань (*фактория*)

гав-га́в, *неизм.*
гавиа́л, -а
га́вканье, -я
га́вкать, -аю, -ает
га́вкнуть, -ну, -нет
гаво́т, -а
Га́врик, -а (*имя*) и га́врик, -а (*бездельник, несерьёзный человек*)
гавриловопоса́дский (*от* Гаври́лов Поса́д)
Гаври́лов Поса́д, Гаври́лова Поса́да (*город*)
Гаври́лов-Я́м, -а (*город*)
гаври́лов-я́мский (*от* Гаври́лов-Я́м)
Гавро́ш, -а, *тв.* -ем (*лит. персонаж*) и гавро́ш, -а, *тв.* -ем (*уличный мальчишка; женская прическа*)
га́врский (*от* Гавр)
га́врцы, -ев, *ед.* -рец, -рца, *тв.* -рцем
га́га, -и
га-га-га́, *неизм.*
гага́ра, -ы
гага́рий, -ья, -ье
гагари́нит, -а
гага́ринский (*от* Гага́рин)
гага́ринцы, -ев, *ед.* -нец, -нца, *тв.* -нцем (*от* Гага́рин, *город*)
гага́рка, -и, *р. мн.* -рок
гага́т, -а
гага́товый
гагау́зка, -и, *р. мн.* -зок

гагау́зский
гагау́зы, -ов, *ед.* гагау́з, -а
гага́чий, -ья, -ье
га́грский (*от* Га́гра)
гад, -а
гада́лка, -и, *р. мн.* -лок
гада́льный
гада́льщик, -а
гада́льщица, -ы, *тв.* -ей
гада́ние, -я
га́данный; *кр. ф.* -ан, -ана, *прич.*
га́даный, *прил.*
гада́тель, -я
гада́тельница, -ы, *тв.* -ей
гада́тельность, -и
гада́тельный; *кр. ф.* -лен, -льна
гада́ть, -а́ю, -а́ет
гадёныш, -а, *тв.* -ем
га́денький
га́дина, -ы
га́дить(ся), га́жу, га́дит(ся)
га́дкий; *кр. ф.* га́док, гадка́, га́дко
гадли́вость, -и
гадли́вый
гадоли́ний, -я
га́достный; *кр. ф.* -тен, -тна
га́дость, -и
гадроза́вр, -а
гадю́ка, -и
гадю́чий, -ья, -ье
гадю́чник, -а
га́дящий
га́ер, -а
га́ерничать, -аю, -ает
га́ерский

гаерство, -а
гаерствовать, -твую, -твует
гаечка, -и, р. мн. -чек (от гайка)
гаечный
гаже, сравн. ст.
газ, -а и -у, предл. на газе и на газу
ГАЗ, -а (завод и автомобиль)
газават, -а
газануть, -ну, -нёт
газация, -и
газгольдер, -а
газгольдерный
газелий, -ья, -ье
газелла, -ы
газель, -и
газета, -ы
газетёнка, -и, р. мн. -нок
газетка, -и, р. мн. -ток
газетно-журнальный
газетно-публицистический
газетно-ротационный
газетный
газетчик, -а
газетчица, -ы, тв. -ей
гази, нескл., м.
газик, -а
газирование, -я
газированный; кр. ф. -ан, -ана, прич.
газированный, прил.
газировать(ся), -рую, -рует(ся) и газировать(ся), -рую, -рует(ся)
газировка, -и
газификатор, -а
газификация, -и
газифицированный; кр. ф. -ан, -ана
газифицировать(ся), -рую, -рует(ся)
газлийский и газлинский (от Газли)
газлифт, -а
газлифтный
газо... первая часть сложных слов, пишется слитно

газоанализ, -а
газоанализатор, -а
газоаппаратура, -ы
газобалластный
газобаллон, -а
газобаллонный
газобензиновый
газобетон, -а
газобетонный
газовать, газую, газует
газовик, -а
газоводонефтенасыщение, -я
газовоз, -а
газовоздуходувка, -и, р. мн. -вок
газовоздушный
газово-печной
газово-пылевой
газовский (от ГАЗ)
газовщик, -а
газовыделение, -я
газовый
газовыхлопной
газо-газовый
газогенератор, -а
газогенераторный
газогенерирующий
газогидрохимический
газодизель, -я
газодизельный
газодинамика, -и
газодинамический
газодобытчик, -а
газодобыча, -и, тв. -ей
газодымозащитный
газожидкий
газожидкостный
газозаправочный
газозаправщик, -а
газо- и энергообмен, -а
газойль, -я
газокалильный
газокамера, -ы
газокаротажный
газокислородный
газоколонка, -и, р. мн. -нок
газокомпрессорный

газоконденсат, -а
газоконденсатный
газолин, -а
газолиновый
газомер, -а
газомерный
газомёт, -а
газометр, -а
газон, -а
газонаполненный
газонаполнительный
газонапорный
газонасыщенность, -и
газонасыщенный
газонепроницаемость, -и
газонепроницаемый
газонефтепроводный
газонефтяной
газонокосилка, -и, р. мн. -лок
газонокосильщик, -а
газоносность, -и
газоносный; кр. ф. -сен, -сна
газончик, -а
газообильность, -и
газообильный; кр. ф. -лен, -льна
газообмен, -а
газообменный
газооборудование, -я
газообразность, -и
газообразный; кр. ф. -зен, -зна
газообразование, -я
газообразующий
газоокуривание, -я
газоотводный
газоочиститель, -я
газоочистительный
газоочистка, -и, р. мн. -ток
газоочистной и газоочистный
газопаровоздушный
газопаровой
газопароуловитель, -я
газоперекачивающий
газоперерабатывающий
газопереработка, -и
газопереработчик, -а
газоплазменный

ГАЗОПЛАМЕННЫЙ

газопла́менный
газопоглоти́тель, -я
газопоглоти́тельный
газопо́лный
газопре́ссовый
газопрово́д, -а
газопрово́дный
газопрово́дчик, -а
газопро́мысел, -сла
газопромослови́к, -а́
газопромысло́вый
газопроница́емость, -и
газопроница́емый
газопроявле́ние, -я
газопылево́й
газопылеула́вливающий
газопылеулови́тель, -я
газораздато́чный
газоразря́дник, -а
газоразря́дный
газораспределе́ние, -я
газораспредели́тельный
газорегуля́тор, -а
газорегуля́торный
газоре́з, -а
газоре́зательный
газоре́зка, -и, *р. мн.* -зок
газоре́зный
газоре́зчик, -а
газосбо́рный
газосва́рка, -и
газосва́рочный
газосва́рщик, -а
газосве́тный
газосилика́т, -а
газосилика́тный
газоснабже́ние, -я
газоспаса́тель, -я
газоспаса́тельный
газостру́йный
газотермозащи́та, -ы
газотермозащи́тный
газотра́нспортный
газотро́н, -а
газотру́бный
газотурби́на, -ы

газотурби́нный
газотурбово́з, -а
газотурбово́зный
газотурбостое́ние, -я
газотурбостои́тельный
газотурбохо́д, -а
газотурбохо́дный
газоубе́жище, -а
газоула́вливающий
газоулови́тель, -я
газоулови́тельный
газоусто́йчивый
газофракциони́рующий
газохими́ческий
газохо́д, -а
газохо́дный
газохрани́лище, -а
газоэлектри́ческий
газоэлектросва́рка, -и
газоэлектросва́рочный
газоэлектросва́рщик, -а
Газпро́м, -а (*компания*)
газпро́мовский
газыри́, -е́й, *ед.* газы́рь, -я́
гаити́йский (*от* Гаи́ти)
гаитя́не, -я́н, *ед.* -я́нин, -а
гаитя́нка, -и, *р. мн.* -нок
гаитя́нский (*к* гаитя́не *и* Гаи́ти)
га́ичка, -и, *р. мн.* -чек (*птица*)
га́йшник, -а
га́йшный (*от* ГАЙ)
гай, га́я, *предл.* в гаю́, *мн.* гаи́, гаёв
гайа́нский (*от* Гайа́на)
гайа́нцы, -ев, *ед.* -нец, -нца, *тв.* -нцем
га́йда, *неизм.*
гайдама́к, -а́
гайдама́тчина, -ы
гайдама́цкий
гайда́ровский (*от* Гайда́р)
га́йдновский (*от* Гайдн)
Гайд-па́рк, -а
гайдро́п, -а
гайду́к, -а́
гайду́цкий
гайду́чий, -ья, -ье

га́йка, -и, *р. мн.* га́ек
гайкове́рт, -а
гайконарезно́й
гайморі́т, -а
га́йморова по́лость, га́йморовой по́лости
гайта́н, -а
гайта́нный
гак, -а
гакабо́рт, -а
гакабо́ртный
га́канье, -я
га́кать, -аю, -ает
гакбло́к, -а
га́кнуть, -ну, -нет
гал, -а, *р. мн.* -ов, *счетн. ф.* гал (*ед. измер.*)
га́ла, *неизм.*
галага́н, -а
галазоли́н, -а
га́ла-конце́рт, -а
Гала́ктика, -и (*звездная система, к которой принадлежит Солнце*) *и* гала́ктика, -и (*о других звездных системах*)
галакти́ческий
галакто́за, -ы
галактозами́н, -а
галактоза́ны, -ов, *ед.* -за́н, -а
галакто́метр, -а
галактуро́новый
галали́т, -а
галали́товый
галантере́йность, -и
галантере́йный
галантере́йщик, -а
галантере́йщица, -ы, *тв.* -ей
галантере́я, -и
галанти́р, -а
гала́нтность, -и
гала́нтный; *кр. ф.* -тен, -тна
галапаго́сский (*от* Галапаго́с)
галапаго́сцы, -ев, *ед.* -сец, -сца, *тв.* -сцем
га́ла-спекта́кль, -я
Галате́я, -и

гала́ты, -ов (племена)
га́ла-шо́у, нескл., с.
галдёж, -ежа́, тв. -о́м
галде́ть, -ди́т
галега́, -и
галени́т, -а
галёново-фармацевти́ческий
галёновы препара́ты, галёновых препара́тов
галенофармацевти́ческий
галео́н, -а
гале́ра, -ы
галере́йка, -и, р. мн. -ре́ек
галере́йный
галере́йщик, -а
галере́я, -и
галери́ст, -а
галёрка, -и, р. мн. -рок
гале́рный
гале́тный
гале́ты, -е́т, ед. -е́та, -ы
га́лечник, -а
га́лечниковый
га́лечно-песча́ный
га́лечный
галиле́евский (от Галиле́й)
галиле́йский (от Галиле́я)
галиле́яне, -ян, ед. -янин, -а
галиле́янка, -и, р. мн. -нок
галиматья́, -и́
галио́т, -а
галиси́йка, -и, р. мн. -и́ек
галиси́йский (от Гали́сия)
галиси́йцы, -ев, ед. -и́ец, -и́йца, тв. -и́йцем
гали́т, -а
гали́товый
га́литься, га́люсь, га́лится
галифе́, неизм. и нескл., мн.
галици́йский (от Гали́ция)
Га́лицко-Волы́нское кня́жество
Га́лицкое кня́жество
галича́не, -а́н, ед. -а́нин, -а (от Га́лич, город)
галича́нка, -и, р. мн. -нок

га́личский (от Га́лич)
га́лка, -и, р. мн. га́лок
га́лла, неизм. и нескл., м. (язык), нескл., мн., ед. м. и ж. (народ)
Галле́й, -я: коме́та Галле́я
га́ллий, -я
галлика́нский
галлика́нство, -а
галлици́зм, -а
га́ллицы, -иц, ед. -ица, -ы тв. -ей (насекомые)
га́лловая кислота́
га́лловый (к га́ллы²)
галлогене́з, -а (биол.)
галлоге́нный (биол.)
галлоге́ны, -ов, ед. -ге́н, -а (биол.)
галлома́н, -а
галлома́ния, -и
галло́н, -а
галлообразова́ние, -я
галлофо́б, -а (к галлофо́бия)
галлофо́бия, -и
галлуази́т, -а
га́ллы¹, -ов, ед. галл, -а (племенная группа)
га́ллы², -ов (биол.)
га́лльский (к га́ллы¹)
галлюцина́торно-бредо́вый
галлюцина́торный
галлюцина́ция, -и
галлюцини́ровать, -рую, -рует
галлюциноге́нный; кр. ф. -е́нен, -е́нна
галлюциноге́ны, -ов, ед. -ге́н, -а
галлюцино́з, -а
галме́й, -я
галме́йный
гало́, нескл., с.
галобио́нты, -ов, ед. -о́нт, -а
галогенангидри́ды, -ов, ед. -и́д, -а
галогене́з, -а (геол.)
галогензамещённый
галогени́ды, -ов, ед. -ни́д, -а
галогени́рование, -я
галоге́нный (хим., геол.)

ГАЛЬВАНИЗИРОВАНИЕ

галогеноводоро́д, -а
галогеноводоро́дный
галоге́новый (хим.)
галогенопроизво́дный
галогеносодержа́щий и галогенсодержа́щий
галоге́ны, -ов, ед. -ге́н, -а (хим.)
галоиди́рование, -я
гало́идный
гало́иды, -ов, ед. -о́ид, -а
гало́п, -а
галопа́д, -а
галопи́рование, -я
галопи́ровать, -рую, -рует
галопи́рующий
гало́пом, нареч.
галофи́льный
галофи́ты, -ов, ед. -фи́т, -а
галофо́бный (биол.)
галофо́бы, -ов, ед. -фо́б, -а (биол.)
га́лочий, -ья, -ье
га́лочка, -и, р. мн. -чек
гало́ши, -о́ш и кало́ши, -о́ш, ед. -о́ша, -и, тв. -ей
гало́шки, -шек и кало́шки, -шек, ед. -шка, -и
гало́шница, -ы и кало́шница, -ы, тв. -ей
гало́шный и кало́шный
галс, -а
га́лстук, -а
га́лстучек, -чка
га́лстучный
га́лтель, -я и галте́ль, -и
галто́вка, -и
Галуа́, нескл., м.: тео́рия Галуа́
галу́н, -а́
галу́нный
галу́ргия, -и
галу́шки, -шек, ед. -шка, -и
га́лфвинд, -а
галчо́нок, -нка, мн. -ча́та, -ча́т
гальване́р, -а
гальваниза́ция, -и
гальванизи́рование, -я

гальванизи́рованный; *кр. ф.* -ан, -ана
гальванизи́ровать(ся), -рую, -рует(ся)
гальвани́зм, -а
гальванизо́ванный; *кр. ф.* -ан, -ана
гальванизова́ть(ся), -зу́ю, -зу́ет(ся)
гальва́ник, -а
гальвани́ческий
гальвано... — *первая часть сложных слов, пишется слитно*
гальваноионотерапи́я, -и
гальванока́устика, -и
гальваномагни́тный
гальвано́метр, -а
гальванометри́ческий
гальваноме́трия, -и
гальванопла́стика, -и
гальваноско́п, -а
гальваноскопи́ческий
гальваноскопи́я, -и
гальваностеги́я, -и
гальваностереоти́п, -а
гальваностереоти́пия, -и
гальванота́ксис, -а
гальванотерапевти́ческий
гальванотерапи́я, -и
гальванотерми́ческий
гальванотерми́я, -и
гальваноте́хника, -и
гальванотехни́ческий
гальванотропи́зм, -а
га́лька, -и
га́льский (*от* Га́ли, *город*)
галью́н, -а
галья́рда, -ы
гам, -а и -у
гама́да, -ы и хама́да, -ы
гамадри́л, -а
гама́зовый клещ
гама́к, -а́
гама́чный
гамачо́к, -чка́
гама́ши, -а́ш, *ед.* -а́ша, -и

гамаю́н, -а (*мифол.*)
га́мба, -ы
гамби́йский (*от* Га́мбия)
гамби́йцы, -ев, *ед.* -и́ец, -и́йца, *тв.* -и́йцем
гамби́т, -а
гамби́тный
гамбу́зия, -и
га́мбургер, -а (*бутерброд*)
га́мбургский (*от* Га́мбург; га́мбургский счёт)
гамбуржа́нка, -и, *р. мн.* -нок
га́мбуржцы, -ев, *ед.* -жец, -жца, *тв.* -жцем
гамела́н, -а
гамета́нгий, -я
гаметогене́з, -а
гаметофи́т, -а
гаме́ты, -е́т, *ед.* -е́та, -ы
Га́млет, -а
гамлети́зм, -а
га́млетовский
га́мма, -ы
га́мма-... — *первая часть сложных слов, пишется через дефис, но:* гаммагра́фия, гаммаскопи́я, гамматро́н
га́мма-астроно́мия, -и
га́мма-всплеск, -а
га́мма-глобули́н, -а
гаммагра́мма, -ы
гаммагра́фия, -и
га́мма-дефектоско́п, -а
га́мма-дефектоскопи́ческий
га́мма-дефектоскопи́я, -и
га́мма-желе́зо, -а
га́мма-излуча́тель, -я
га́мма-излуче́ние, -я
га́мма-карота́ж, -а, *тв.* -ем
га́мма-квант, -а
га́мма-лучи́, -е́й
га́мма-ме́тод, -а
га́мма-радиоакти́вность, -и
га́мма-радиоакти́вный
га́мма-систе́ма, -ы
гаммаскопи́я, -и

га́мма-сни́мок, -мка
га́мма-спектро́метр, -а
га́мма-спектрометри́ческий
га́мма-спектроскопи́ческий
га́мма-спектроскопи́я, -и
га́мма-съёмка, -и
га́мма-телеско́п, -а
га́мма-терапевти́ческий
га́мма-терапи́я, -и
га́мма-топо́граф, -а
гамматро́н, -а
гамматро́нный
га́мма-устано́вка, -и, *р. мн.* -вок
га́мма-фо́н, -а
га́мма-фу́нкция, -и
га́мма-эквивале́нт, -а
га́мма-эффере́нтный
га́ммельнский (*от* Га́ммельн)
гамо́ны, -ов, *ед.* гамо́н, -а
гана́ши, -е́й, *ед.* гана́ш, -а́
га́нглиевый
га́нглии, -ев, *ед.* га́нглий, -я
ганглиобласто́ма, -ы
ганглиоблоки́рующий
ганглио́зный
гангре́на, -ы
гангрено́зный
га́нгский (*от* Ганг)
га́нгстер, -а
гангстери́зм, -а
га́нгстерский
га́нгстерство, -а
Гангу́тское сраже́ние (1714)
гандбо́л, -а
гандболи́ст, -а
гандболи́стка, -и, *р. мн.* -ток
гандбо́льный
ганди́зм, -а (*от* Га́нди)
гандика́п, -а
ганди́стский
га́ндшпуг, -а
ганзе́йский (*от* Га́нза)
ганзе́йцы, -ев, *ед.* -е́ец, -е́йца, *тв.* -е́йцем
Ганиме́д, -а
га́нка, -и, *р. мн.* га́нок

Ганниба́л, -а
ганниба́ловский (*от* Ганниба́л)
ганно́верский (*от* Ганно́вер)
ганно́верцы, -ев, *ед.* -рец, -рца, *тв.* -рцем
гано́идный
гано́иды, -ов, *ед.* -о́ид, -а
га́нсвурст, -а
га́нский (*от* Га́на)
ганте́ли, -ей, *ед.* -те́ль, -и
га́нцы, -ев, *ед.* га́нец, га́нца, *тв.* га́нцем (*от* Га́на)
ганч, -а, *тв.* -ем
гаоля́н, -а
гаоля́новый
гапло́ид, -а
гаплоиди́я, -и
гапло́идность, -и
гапло́идный
гаплоло́гия, -и
гаплоспори́дии, -ев, *ед.* -дий, -я
гаплофа́за, -ы
гапо́новский (*от* Гапо́н)
гапо́новщина, -ы
гаптотропи́зм, -а
гара́ж, -а́, *тв.* -о́м
гара́жно-коопера́тивный
гара́жно-стоя́ночный
гара́жно-строи́тельный
гара́жный
гара́ж-стоя́нка, гаража́-стоя́нки
гара́нт, -а
гаранти́йный
гаранти́рование, -я
гаранти́рованно, *нареч.*
гаранти́рованный; *кр. ф.* -ан, -ана
гаранти́ровать(ся), -рую, -рует(ся)
гара́нтия, -и
га́рвардский (*от* Га́рвард)
га́рвардцы, -ев, *ед.* -дец, -дца, *тв.* -дцем
гарви́зм, -а
Гарганитюа́, *нескл., м.*
га́рда, -ы

гардемари́н, -а, *р. мн.* -ри́н и -ов
гардемари́нский
гардени́т, -а
гарде́ния, -и
гардеро́б, -а
гардеро́бная, -ой
гардеро́бный
гардеро́бщик, -а
гардеро́бщица, -ы, *тв.* -ей
гарди́на, -ы
гарди́нно-кружевно́й
гарди́нно-тю́левый
гарди́нный
гарево́й и га́ревый
гаре́джи, *нескл., с.*
гаре́м, -а
гаре́мный
гарибальди́ец, -и́йца, *тв.* -и́йцем, *р. мн.* -и́йцев
гарибальди́йский (*от* Гариба́льди)
гари́га, -и
га́рканье, -я
га́ркать, -аю, -ает
га́ркнуть, -ну, -нет
га́рлемский (*от* Га́рлем)
га́рлемцы, -ев, *ед.* -мец, -мца, *тв.* -мцем
га́рмала, -ы
гармата́н, -а
гармониза́ция, -и
гармонизи́рованный; *кр. ф.* -ан, -ана
гармонизи́ровать(ся), -рую, -рует(ся)
гармонизо́ванный; *кр. ф.* -ан, -ана
гармонизова́ть(ся), -зу́ю, -зу́ет(ся)
гармо́ника, -и (*гармонь*)
гармо́ники, -ов, *ед.* -ник, -а (*физ.*)
гармони́ровать, -рую, -рует
гармони́ст, -а
гармо́ниум, -а
гармони́чески
гармони́ческий

гармони́чески разви́тый
гармони́чность, -и
гармони́чный; *кр. ф.* -чен, -чна
Гармо́ния, -и (*мифол.*)
гармо́ния, -и (*благозвучие; согласие*)
гармо́нный (*от* гармо́нь)
гармо́нь, -и
гармо́шка, -и, *р. мн.* -шек
гармси́ль, -я
га́рнец, -нца, *тв.* -нцем, *р. мн.* -нцев
гарниери́т, -а
гарниза́, -ы́
гарнизо́н, -а
гарнизо́нный
гарни́р, -а
гарни́ровать(ся), -рую, -рует(ся)
гарниса́ж, -а, *тв.* -ем
гарниту́р, -а (*комплект*)
гарниту́ра, -ы (*шрифт*)
гарниту́рный
га́рнцевый
га́рный
гаро́ннский (*от* Гаро́нна)
Гарпаго́н, -а
га́рпии, -ий, *ед.* -пия, -и
га́рпиус, -а
гарпу́н, -а́
гарпунёр, -а
гарпу́нить, -ню, -нит
гарпу́нный
гарпу́нщик, -а
гарро́та, -ы
гарсо́н, -а
гарт, -а
га́ртовый
Гару́н-аль-Раши́д, -а
га́рус, -а
га́русный
гару́спики, -ов, *ед.* -пик, -а
гарцева́ть, -цу́ю, -цу́ет
гарци́ния, -и
га́рцский (*от* Гарц)
га́ршнеп, -а
гарь, -и

гаси́льник, -а
гаси́тель, -я
гаси́ть(ся), гашу́, гаси́т(ся)
гаскона́да, -ы
гаско́нский (от Гаско́ния)
гаско́нцы, -ев, ед. -нец, -нца, тв. -нцем
га́снувший
га́снуть, -нет; прош. гас и га́снул, га́сла
гастарба́йтер, -а
гастарба́йтерский
гастеромице́ты, -ов, ед. -це́т, -а
гастралги́я, -и
гастри́н, -а
гастри́т, -а
гастри́тный
гастри́ческий
гастролёр, -а
гастролёрша, -и, тв. -ей
гастро́ли, -ей и гастро́ль, -и
гастроли́ровать, -рую, -рует
гастро́льный
гастроно́м, -а
гастрономи́ческий
гастроно́мия, -и
гастропо́ды, -ов, ед. -по́д, -а
гастропо́р, -а
гастропто́з, -а
гастроско́п, -а
гастроскопи́ческий
гастроскопи́я, -и
гастростоми́я, -и
гастротри́хи, -ов, ед. -три́х, -а
гастроце́ль, -я
гастроэнтери́т, -а
гастроэнтероколи́т, -а
гастроэнтеро́лог, -а
гастроэнтерологи́ческий
гастроэнтероло́гия, -и
га́струла, -ы
гаструля́ция, -и
га́сший
гася́щий
гася́щийся
гати́ть(ся), гачу́, гати́т(ся)

гатте́рия, -и
га́тчинский (от Га́тчина)
га́тчинцы, -ев, ед. -нец, -нца, тв. -нцем
Га́ты, Гат
гать, -и
га́убица, -ы, тв. -ей
га́убица-пу́шка, га́убицы-пу́шки
га́убичный
Гаудеа́мус, -а и нескл., м.
гауле́йтер, -а и гауля́йтер, -а
гауптва́хта, -ы
гау́р, -а (животное)
Га́усс, -а: постоя́нная Га́усса, при́нцип Га́усса, распределе́ние Га́усса, теоре́ма Га́усса
га́усс, -а, р. мн. -ов, счетн. ф. га́усс (ед. измер.)
га́уссов, -а, -о (от Га́усс): га́уссова кривизна́, га́уссова систе́ма едини́ц
Га́усс-эрсте́д, -а, р. мн. -ов, счетн. ф. -те́д
гаусто́рии, -ев, ед. -рий, -я
га́учо, нескл., м. и ж.
га́уч-пре́сс, -а
га́фель, -я
га́фний, -я
га́фы, -ов, ед. гаф, -а
га́ченный; кр. ф. -ен, -ена (от га́тить)
га́чи, -ей, ед. га́ча, -и
гаше́ние, -я
га́шенный; кр. ф. -ен, -ена прич.
гашёный, прил.
гаше́тка, -и, р. мн. -ток
гаши́ш, -а, тв. -ем
гашиши́зм, -а
гаши́шный
га́шник, -а
га́щивать, наст. вр. не употр.
гая́л, -а
гвадалаха́рский (от Гвадалаха́ра)
гвадалаха́рцы, -ев, ед. -рец, -рца, тв. -рцем

гваделу́пский (от Гваделу́па)
гваделу́пцы, -ев, ед. -пец, -пца, тв. -пцем
гва́здать(ся), -аю(сь), -ает(ся)
гвалт, -а
гварани́ и гуарани́, нескл., м. и с. (ден. ед.)
гварде́ец, -е́йца, тв. -е́йцем, р. мн. -е́йцев
гварде́йский
гва́рдии полко́вник
гва́рдии пору́чик
гва́рдия, -и
Гварне́ри, нескл., м. (скрипи́чный ма́стер) и гварне́ри, нескл., м. и ж. (скри́пка)
гватема́лка, -и, р. мн. -лок
гватема́льский (от Гватема́ла)
гватема́льцы, -ев, ед. -лец, -льца, тв. -льцем
гваю́ла, -ы
гвая́ковый
гваяко́л, -а
гве́льфы, -ов, ед. гвельф, -а
гвере́ца, -ы, тв. -ей
гвери́лья, -и и гери́лья, -и
гверилья́сы, -ов, ед. -я́с, -а и герилья́сы, -ов, ед. -я́с, -а
гвиа́нка, -и, р. мн. -нок
гвиа́нский (от Гвиа́на)
гвиа́нцы, -ев, ед. -нец, -нца, тв. -нцем
гвизо́ция, -и
гвине́йка, -и, р. мн. -е́ек
гвине́йский (от Гвине́я)
гвине́йцы, -ев, ед. -е́ец, -е́йца, тв. -е́йцем
гвозда́рный
гвозда́рня, -и, р. мн. -рен
гвозда́рь, -я́
гвоздёвка, -и, р. мн. -вок
гвоздево́й
гвоздезабивно́й
гвоздеобра́зный; кр. ф. -зен, -зна
гво́здик, -а
гвозди́ка, -и

гвозди́льный
гвозди́льня, -и, р. мн. -лен
гвозди́льщик, -а
гвозди́ть, гвозжу́, гвозди́т
гво́здичек, -чка
гвозди́чка, -и, р. мн. -чек
гвозди́чный
гвозди́ще, -а, мн. -а и -и, -и́щ, м.
гвоздодёр, -а
гвоздо́к, другие формы не употр., м.
гвоздо́чек, -чка
гвоздь, -я́, мн. -и, -е́й
гвоздяно́й
гда́ньский (от Гданьск)
гданьча́не, -а́н, ед. -а́нин, -а
гданьча́нка, -и, р. мн. -нок
где бишь
где́ бы ни (где́ бы ни жи́ть...)
где́ бы (то) ни́ было
где́-где́
где́ ж(е)
где́-либо
где́-нибудь
где́-нигде́
где́ попа́ло
где́-то
где́ уго́дно
гдовичи́, -е́й, ед. -ви́ч, -а́
гдови́чка, -и, р. мн. -чек
гдо́вский (от Гдов)
гдо́вцы, -ев, ед. -вец, -вца, тв. -вцем
Ге́ба, -ы
ге́ббельсовский (от Ге́ббельс)
гебефрени́я, -и
гебраи́зм, -а
гебраи́ст, -а
гебраи́стика, -и
гебри́дский (к Гебри́дские острова́, Гебри́ды)
гебри́дцы, -ев, ед. -дец, -дца, тв. -дцем
геве́я, -и
Ге́гелев, -а, -о и ге́гелевский (от Ге́гель)

гегелья́нец, -нца, тв. -нцем, р. мн. -нцев
гегелья́нский
гегелья́нство, -а
гегемо́н, -а
гегемони́зм, -а
гегемони́ст, -а
гегемони́стский
гегемо́ния, -и
Гедими́новичи, -ей (от Гедими́н; династия, род)
гедони́зм, -а
гедони́ст, -а
гедонисти́ческий
гедони́ческий
гее́нна, -ы (ад)
гее́ннский
гезе́нк, -а
гёзы, -ов, ед. гёз, -а
гей¹, ге́я (гомосексуалист)
гей², межд.
Ге́йгер, -а: счётчик Ге́йгера (или Ге́йгера – Мю́ллера)
гейдельбе́ргский (от Гейдельбе́рг)
гейдельбе́ржцы, -ев, ед. -жец, -жца, тв. -жцем
ге́йзер, -а
гейзери́т, -а
ге́йзерный
гей-клу́б, -а
Гей-Люсса́к, -а: зако́ны Гей-Люсса́ка
гейм, -а
геймбо́л, -а
ге́йневский (от Ге́йне)
гейтонога́мия, -и
ге́йша, -и, тв. -ей
Гека́та, -ы
гекато́мба, -ы
гекза́метр, -а
гекко́н, -а
гексагона́льный
гекса́н, -а
гексаферри́т, -а
гексахлора́н, -а

гексахлорбензо́л, -а
гексахлорэта́н, -а
гексахо́рд, -а
гекса́эдр, -а
гексаэдри́т, -а
гекси́ты, -ов, ед. -и́т, -а
гексоге́н, -а
гексо́д, -а
гексо́зы, -оз, ед. -о́за, -ы
гекта́р, -а, р. мн. -ов
гекто... – первая часть сложных слов, пишется слитно
гектова́тт, -а, р. мн. -ов, счетн. ф. -ва́тт
гектова́тт-ча́с, -а, мн. -ы́, -о́в
гектогра́мм, -а, р. мн. -ов, счетн. ф. -гра́мм и -ов
гекто́граф, -а
гектографи́рованный; кр. ф. -ан, -ана
гектографи́ровать(ся), -рую, -рует(ся)
гектографи́ческий
гектогра́фия, -и
гектоли́тр, -а
гектоме́тр, -а
гектопье́за, -ы
Ге́ктор, -а
Геку́ба, -ы
гела́ти, нескл., с.
геленджи́кский (от Геленджи́к)
геленджи́кцы, -ев, ед. -кец, -кца, тв. -кцем
гелеобразова́ние, -я
геле́ртер, -а
геле́ртерский
геле́ртерство, -а
гелиаки́ческий
гелианти́н, -а
ге́лиево-нео́новый
ге́лиевый
ге́лий, -я
гелийсодержа́щий
гелико́ид, -а
Гелико́н, -а (гора; символ поэзии) и гелико́н, -а (муз. инструмент)

ГЕЛИКОПРИОН

гелико́прио́н, -а
геликопте́р, -а
гелио... — *первая часть сложных слов, пишется слитно*
гелиоаппара́т, -а
гелиобио́лог, -а
гелиобиологи́ческий
гелиобиоло́гия, -и
гелиоводонагрева́тель, -я
гелиоводоопресни́тель, -я
гелиогеофи́зик, -а
гелиогеофи́зика, -и
гелиогеофизи́ческий
гелиогравю́ра, -ы
гелио́граф, -а
гелиографи́ческий
гелиогра́фия, -и
гелиоконцентра́тор, -а
гелио́метр, -а
гелиомоби́ль, -я
Ге́лиос, -а
гелиосва́рка, -и
гелиосейсмологи́ческий
гелиосейсмоло́гия, -и
гелиоско́п, -а
гелиоскопи́ческий
гелиоскопи́я, -и
гелиоста́т, -а
гелиосфе́ра, -ы
гелиота́ксис, -а
гелиотерапевти́ческий
гелиотерапи́я, -и
гелиоте́хник, -а
гелиоте́хника, -и
гелиотехни́ческий
гелиотро́п, -а
гелиотропи́зм, -а
гелиотропи́н, -а
гелиотро́пный
гелиоустано́вка, -и, *р. мн.* -вок
гелиофи́зик, -а
гелиофи́зика, -и
гелиофизи́ческий
гелиофи́льный
гелиофи́ты, -ов, *ед.* -фи́т, -а (*светолюбивые растения*)

гелиофо́бный
гелиохи́мик, -а
гелиохими́ческий
гелиохи́мия, -и
гелиоцентри́зм, -а
гелиоцентри́ческий
гелиоэлектри́ческий
гелиоэлектроста́нция, -и
гелиоэнерге́тика, -и
гелиоэнергети́ческий
ге́ллер, -а
гелофи́ты, -ов, *ед.* -фи́т, -а (*болотные растения*)
гель, -я
гельве́тика, -и
гельвети́ческий
гельве́тский
гельве́ты, -ов (*племя*)
Гельмго́льц, -а: ма́ятник Гельмго́льца, резона́тор Гельмго́льца
гельмго́льцев, -а, -о (*от* Гельмго́льц): гельмго́льцева эне́ргия
гельминто́з, -а
гельминто́лог, -а
гельминтологи́ческий
гельминтоло́гия, -и
гельминтоспорио́з, -а
гельми́нты, -ов, *ед.* -и́нт, -а
гельмпо́рт, -а
гем, -а
гемагглютина́ция, -и
гемагглютини́ны, -ов, *ед.* -ни́н, -а
гемангио́ма, -ы
гемартро́з, -а
гемати́н, -а
гемати́т, -а
гематоге́н, -а
гематоге́нный
гематокри́т, -а
гематоксили́н, -а
темато́лог, -а
гематологи́ческий
гематоло́гия, -и
гемато́ма, -ы
гематомиели́я, -и

гемато́мный
гематури́я, -и
гемеллологи́ческий
гемеллоло́гия, -и
гемерало́пия, -и
гемианестези́я, -и
гемианопси́я, -и
гемизиго́тность, -и
гемикрани́я, -и
гемикриптофи́ты, -ов, *ед.* -фи́т, -а
геми́н, -а
гемина́ты, -а́т, *ед.* -а́та, -ы
ге́мини, *нескл., мн.*
гемиопи́я, -и
гемипаре́з, -а
гемиплеги́я, -и
гемисфе́ра, -ы
гемисфероло́гия, -и
гемицеллюло́зы, -ло́з, *ед.* -ло́за, -ы
гемицикли́ческий
ге́мма, -ы
ге́ммулы, -ул, *ед.* -ула, -ы
гемоглоби́н, -а
гемоглобинеми́я, -и
гемоглоби́нный
гемоглобино́метр, -а
гемоглобинопати́я, -и
гемоглобинури́я, -и
гемогра́мма, -ы
гемодиа́лиз, -а
гемодина́мика, -и
гемодинами́ческий
гемо́лиз, -а
гемолизи́ны, -ов, *ед.* -зи́н, -а
гемоли́мфа, -ы
гемолити́ческий
гемо́метр, -а
гемопарази́ты, -ов, *ед.* -зи́т, -а
гемопирро́л, -а
гемопоэ́з, -а
гемопоэти́ческий (*биол.*)
гемопротеи́ды, -ов, *ед.* -и́д, -а
гемопро́теус, -а
геморраги́ческий

геморраги́я, -и
геморроида́льный
геморро́й, -я
геморро́йный
гемоспори́дии, -ев, *ед.* -дий, -я
гемоста́з, -а
гемотерапи́я, -и
гемотокси́ны, -ов, *ед.* -си́н, -а
гемото́ракс, -а
гемотрансфузиоло́гия, -и
гемотрансфу́зия, -и
гемофи́лик, -а
гемофили́ческий
гемофили́я, -и
гемоциани́н, -а
гемоцитобла́сты, -ов, *ед.* -а́ст, -а
гемпши́рский
гемпши́ры, -ов, *ед.* -ши́р, -а (*овцы*)
генацва́ле (*обращение*)
ге́нделевский (*от* Ге́ндель)
генеало́г, -а
генеалоги́ческий
генеало́гия, -и
гене́з, -а (*мед.*)
ге́незис, -а
генера́л, -а
генера́л-адмира́л, -а
генера́л-адъюта́нт, -а
генера́л-аншеф́, -а
генера́л а́рмии, генера́ла а́рмии
генера́л-ауди́тор, -а
генера́л-аудиториа́т, -а
генера́л-ба́с, -а
генера́л-губерна́тор, -а
генера́л-губерна́торский
генера́л-губерна́торство, -а
генера́л-дире́ктор, -а
генерализа́ция, -и
генерализи́ровать(ся), -рую, -рует(ся)
генера́л-инспе́ктор, -а
генерали́ссимус, -а
генералите́т, -а
генера́лка, -и, *р. мн.* -лок
генера́л-квартирме́йстер, -а

генера́л-лейтена́нт, -а
генера́л-лейтена́нт-инжене́р, генера́л-лейтена́нта-инжене́ра
генера́л-майо́р, -а
генера́л-майо́р-инжене́р, генера́л-майо́ра-инжене́ра
генера́л-ма́рш, -а
генера́л от артилле́рии, генера́ла от артилле́рии
генера́л от инфанте́рии, генера́ла от инфанте́рии
генера́л от кавале́рии, генера́ла от кавале́рии
генера́л-полко́вник, -а
генера́л-полко́вник-инжене́р, генера́л-полко́вника-инжене́ра
генера́л-прокуро́р, -а
генера́л-фельдма́ршал, -а
Генера́льная Ассамбле́я ООН
Генера́льная прокурату́ра РФ
Генера́льные шта́ты (*во Франции, ист.; в Нидерландах*)
генера́льный
Генера́льный ко́нсул
Генера́льный прокуро́р РФ
генера́льный секрета́рь (*партии, движения*); но: Генера́льный секрета́рь ООН
Генера́льный штаб
генера́льский
генера́льство, -а
генера́льствовать, -твую, -твует
генера́льша, -и, *тв.* -ей
генеративи́ст, -а
генерати́вный
генера́тор, -а
генера́тор-дви́гатель, генера́тора-дви́гателя
генера́торный
генератри́са, -ы
генера́ция, -и
генери́рование, -я
генери́рованный; *кр. ф.* -ан, -ана
генери́ровать(ся), -и́рую, -и́рует(ся)
гене́тик, -а

гене́тика, -и
гене́тико-автомати́ческий
генети́чески
генети́ческий
генима́льность, -и
генима́льный; *кр. ф.* -лен, -льна
ге́ний, -я
генита́лии, -ий
генита́льный
генити́в, -а
генко́нсул, -а
генко́нсульский
генко́нсульство, -а
ге́нно-инжене́рный
ге́нный
геногеогра́фия, -и
геноко́пия, -и
гено́м, -а
гено́мный
геноте́изм, -а
геноти́п, -а
генотипи́ческий
генофо́нд, -а
геноци́д, -а
генпла́н, -а
генподря́д, -а
генподря́дный
генподря́дчик, -а
генпрокуро́р, -а
ге́нри, *нескл., м.* (*ед. измер.*)
ге́нри-ге́рц, -а, *р. мн.* -ев, *счетн. ф.* -ге́рц
ге́нри-паска́ль, -я
Ге́нрих Нава́ррский
Ге́нрих Птицело́в
гéнсе́к, -а
генсе́ковский
генсове́т, -а
Ге́нтекс, -а
генуи́нный
генуэ́зка, -и, *р. мн.* -зок
генуэ́зский (*от* Ге́нуя)
генуэ́зцы, -ев, *ед.* -зец, -зца, *тв.* -зцем
генциа́на, -ы
Геншта́б, -а

генштабист, -а
генштабовский
гены, -ов, *ед.* ген, -а
гео... — *первая часть сложных слов, пишется слитно*
геоакустика, -и
геоантиклиналь, -и
геоантиклинальный
геобиолог, -а
геобиологический
геобиология, -и
геоботаник, -а
геоботаника, -и
геоботанический
геогельминты, -ов, *ед.* -минт, -а
географ, -а
географический
географичка, -и, *р. мн.* -чек
география, -и
геодезист, -а
геодезистка, -и, *р. мн.* -ток
геодезический
геодезия, -и
геодиметр, -а
геоид, -а
геокорона, -ы
геокриолог, -а
геокриологический
геокриология, -и
геолог, -а
геологиня, -и, *р. мн.* -инь
геологический
геологичка, -и, *р. мн.* -чек
геология, -и
геолого-географический
геолого-морфологический
геологоразведка, -и
геолого-разведочный
геологоразведчик, -а
геолого-съёмочный
геолог-поисковик, геолога-поисковика
геомагнетизм, -а
геомагнитный
геомагнитофон, -а
геомерида, -ы

геометр, -а
геометризация, -и
геометрический
геометрия, -и
геомеханика, -и
геомеханический
геомикробиолог, -а
геомикробиологический
геомикробиология, -и
геоморфолог, -а
геоморфологический
геоморфология, -и
геоморы, -ов, *ед.* -мор, -а
геополитика, -и
геополитический
геопотенциал, -а
георгианский (*к* Георг, *король Великобритании*)
георгиевский (*от* Георгий, Георгиев, Георгиевск)
Георгиевский зал (*в Московском Кремле*)
георгиевский кавалер
Георгиевский крест
Георгий, -я (*имя; орден*)
Георгий Победоносец
георгин, -а *и* георгина, -ы
геосинклиналь, -и
геосинклинальный
геостационарный
геостратегический
геостратиграфический
геостратиграфия, -и
геострофический
геосферы, -ер, *ед.* -сфера, -ы
геотектоника, -и
геотектонический
геотермальный
геотермика, -и
геотермический
геотермия, -и
геотехнологический
геотехнология, -и
геотропизм, -а
геотропный
геофак, -а

геофизик, -а
геофизика, -и
геофизический
геофиты, -ов, *ед.* -фит, -а
геофон, -а
геохимик, -а
геохимический
геохимия, -и
геохронолог, -а
геохронологический
геохронология, -и
геоцентризм, -а
геоцентрический
гепард, -а
гепардовый
гепарин, -а
гепатит, -а
гепатитный
гепатогенный
гепатолог, -а
гепатоптоз, -а
гепатохолецистит, -а
гепатоцеребральный
гептаметр, -а
гептан, -а
гептафторид, -а
гептахлор, -а
гептахорд, -а
гептаэдр, -а
гептод, -а
Гера, -ы
Геракл, -а
Гераклитов, -а, -о *и* гераклитовский (*от* Гераклит)
геральдика, -и
геральдист, -а
геральдический
гераневый *и* граниевый
герань, -и
герб, -а
гербалайф, -а
гербаризация, -и
гербаризированный; *кр. ф.* -ан, -ана
гербаризировать(ся), -рую, -рует(ся)

герба́рий, -я
герба́рный
ербе́ра, -ы
гербици́дно-аммиа́чный
гербици́дный
гербици́ды, -ов, ед. -ци́д, -а
гербове́д, -а
гербове́дение, -я
гербо́вник, -а
ге́рбовый
герефо́рдский
герефо́рды, -ов, ед. -фо́рд, -а
гериа́тр, -а
гериатри́ческий
гериатри́я, -и
гери́лья, -и и гвери́лья, -и
герилья́сы, -ов, ед. -я́с, -а и гверилья́сы, -ов, ед. -я́с, -а
герко́н, -а
Геркуле́с, -а (мифол.; созвездие) и геркуле́с, -а (силач; жук; крупа)
геркуле́сов, -а, -о (от Геркуле́с): геркуле́сов по́двиг, геркуле́сова си́ла
геркуле́совский (от Геркуле́с)
геркуле́совый (от геркуле́с – крупа)
Геркуле́совы столбы́ (столпы́), Геркуле́совых столбо́в (столпо́в) (скалы в Гибралтарском проливе) и геркуле́совы столбы́ (столпы́), геркуле́совых столбо́в (столпо́в) (граница, предел, крайняя степень проявления чего-н.)
гёрлс, нескл., мн.
гёрлска́ут, нескл., ж.
гёрлфре́нд, нескл., ж.
ге́рма, -ы
герма́ниевый
германиза́ция, -и
германизи́рованный; кр. ф. -ан, -ана
германизи́ровать(ся), -рую(сь), -рует(ся)
германи́зм, -а

герма́ний, -я
германийоргани́ческий
ermаnи́ст, -а
германи́стика, -и
германи́стка, -и, р. мн. -ток
германи́т, -а
герма́нка, -и, р. мн. -нок
герма́но-росси́йский
герма́но-сове́тский
германофи́л, -а
германофи́льский
германофи́льство, -а
германофо́б, -а
германофо́бский
германофо́бство, -а
герма́но-францу́зский
германоязы́чный
герма́нский (к Герма́ния и герма́нцы)
герма́нцы, -ев, ед. -нец, -нца, тв. -нцем
гермафроди́т, -а
гермафродити́зм, -а
гермафроди́тный
гермене́втика, -и
герменевти́ческий
Герме́с, -а
герметиза́ция, -и
герметизи́рованный; кр. ф. -ан, -ана
герметизи́ровать(ся), -рую, -рует(ся)
герметизм, -а
герме́тики, -ов, ед. -тик, -а
герметически
герметически закры́тый
герметический
герметичность, -и
герметичный; кр. ф. -чен, -чна
герминати́вный
гермока́мера, -ы
гермоперча́тки, -ток, ед. -тка, -и
гермопла́та, -ы
гермошле́м, -а
гернгу́терский
гернгу́теры, -ов, ед. -тер, -а

Ге́рника, -и
героиза́ция, -и
героизи́рованный; кр. ф. -ан, -ана
героизи́ровать(ся), -рую(сь), -рует(ся)
герои́зм, -а
геро́ика, -и
геро́ико-патриоти́ческий
геро́ико-романти́ческий
герои́н, -а
герои́новый
герои́ня, -и, р. мн. -инь
герои́чески
герои́ческий
герои́чный; кр. ф. -чен, -чна
геро́й, -я
Геро́й Росси́йской Федера́ции
геро́йски
геро́йский
Геро́й Сове́тского Сою́за
Геро́й Социалисти́ческого Труда́
геро́йство, -а
геро́йствовать, -твую, -твует
геро́льд, -а
геро́льдия, -и
герольдме́йстер, -а
геро́нт, -а
геронтократи́ческий
геронтокра́тия, -и
геронто́лог, -а
геронтологи́ческий
геронтоло́гия, -и
геронтоморфо́з, -а
геронтопсихо́лог, -а
геронтопсихологи́ческий
геронтопсихоло́гия, -и
геронтофили́я, -и
Геростра́т, -а (ист. лицо; слава Геростра́та) и геростра́т, -а (честолюбец, добивающийся славы любой ценой)
геростра́това сла́ва, геростра́товой сла́вы
геростра́товский

ге́рпес, -а
герпети́ческий
герпето́лог, -а
герпетологи́ческий
герпетоло́гия, -и
герр, -а
герунди́в, -а
геру́ндий, -я
геру́сия, -и
Герц, -а, *тв.* -ем: при́нцип Ге́рца, дипо́ль Ге́рца
герц, -а, *р. мн.* -ев, *счетн. ф.* герц (*ед. измер.*)
герцегови́нский (*от* Герцегови́на)
ге́рценовский (*от* Ге́рцен)
ге́рцог, -а
герцоги́ня, -и, *р. мн.* -и́нь
ге́рцогский
ге́рцогство, -а
ге́ршвиновский (*от* Ге́ршвин)
гесне́риевые, -ых
гесперри́ды, -и́д
гесперо́рнис, -а
Гесс, -а: зако́н Ге́сса
ге́ссенская му́ха
ге́ссенский (*от* Ге́ссен)
ге́ссенцы, -ев, *ед.* -нец, -нца, *тв.* -нцем
гест, -а
гестаге́ны, -ов, *ед.* -ге́н, -а
геста́по, *нескл., с.*
геста́повец, -вца, *тв.* -вцем, *р. мн.* -вцев
геста́повский
гётеа́нец, -нца, *тв.* -нцем, *р. мн.* -нцев
гётеа́нский
гётебо́ргский (*от* Гётебо́рг)
гётебо́ргцы, -ев, *ед.* -гец, -гца, *тв.* -гцем
гётевский (*от* Гёте)
гете́ра, -ы
гетери́зм, -а
гетери́ст, -а
гете́рия, -и

гетеро... – *первая часть сложных слов, пишется слитно*
гетероаллели́зм, -а
гетероаукси́н, -а
гетерогали́нный
гетерогаме́тность, -и
гетерогаме́тный
гетерога́мия, -и
гетерогене́з, -а и гетерогене́зис, -а
гетерогениза́ция, -и
гетероге́нность, -и
гетероге́нный; *кр. ф.* -е́нен, -е́нна
гетерого́ния, -и
гетероди́н, -а
гетероди́нный
гетерозиго́та, -ы
гетерозиго́тность, -и
гетерозиго́тный
гетеро́зис, -а
гетеро́зисный
гетерока́рпия, -и
гетероморфи́зм, -а
гетероморфо́з, -а
гетерони́мный
гетерономи́я, -и
гетероно́мный
гетеропере́ход, -а
гетеропере́ходный
гетеропла́стика, -и
гетерополисоедине́ния, -ий, *ед.* -е́ние, -я
гетерополя́рный
гетеросексуали́зм, -а
гетеросексуа́льный; *кр. ф.* -лен, -льна
гетероспори́я, -и
гетеростили́я, -и
гетерострукту́ра, -ы
гетеросфе́ра, -ы
гетероталли́зм, -а
гетерото́пия, -и
гетеротрансплата́ция, -и
гетеротро́фный
гетеротро́фы, -ов, *ед.* -тро́ф, -а
гетерофилли́я, -и

гетерофони́я, -и
гетерохро́мный
гетерохромосо́ма, -ы
гетерохрони́я, -и
гетероцепно́й
гетероцикли́ческий
гетина́кс, -а
гёти́т, -а
ге́тман, -а
ге́тманский
ге́тманство, -а
ге́тманщина, -ы (*период правления гетманов на Украине: XVI–XVIII вв., 1918*) и Ге́тманщина, -ы (*одно из названий Левобережной Украины в 1654–1764*)
ге́тры, гетр, *ед.* ге́тра, -ы
ге́ттер, -а
ге́ттерный
гёттинге́нский (*от* Гёттинген)
гёттинге́нцы, -ев, *ед.* -нец, -нца, *тв.* -нцем
ге́тто, *нескл., с.*
ге́ты, -ов (*племена*)
Гефе́ст, -а
Гефсима́нский са́д
гешефт, -а
гешефтма́хер, -а
гешефтма́херство, -а
гештальтпсихоло́гия, -и
гештальттео́рия, -и
гештальттерапи́я, -и
Ге́я, Ге́и
гжа́тский (*от* Гжатск)
гжа́тцы, -ев, *ед.* -тец, -тца, *тв.* -тцем
Гжель, -и (*населенный пункт*) и гжель, -и (*изделие; также собир.*)
гже́льский (*от* Гжель; гже́льская кера́мика)
гже́льцы, -ев, *ед.* -лец, -льца, *тв.* -льцем
Гиа́ды, Гиа́д (*мифол. и астр.*)
гиалино́з, -а
гиали́т, -а

гиалоплазма, -ы
гиалуроновый
Гиацинт, -а (мифол.)
гиацинт, -а (растение)
гиацинтовый
гиббереллин, -а
гиббон, -а
Гиббс, -а: распределение Гиббса
гиббсит, -а
гибеллины, -ов, ед. -ллин, -а
гибель, -и
гибельность, -и
гибельный; кр. ф. -лен, -льна
гибернация, -и
гибка, -и
гибкий; кр. ф. гибок, гибка, гибко
гибкость, -и
гиблый
гибнувший
гибнуть, -ну, -нет; прош. гибнул и гиб, гибла
гибочно-профилировочный
гибочно-штамповочный
гибочный
гибралтарский (от Гибралтар)
гибрид, -а
гибридизатор, -а
гибридизационный
гибридизация, -и
гибридный
гибридологический
гибче, сравн. ст.
гиг, -а
гига... — первая часть сложных слов, пишется слитно
гигабайт, -а, р. мн. -ов, счетн. ф. -байт
гигаджоуль, -я
гигакалория, -и
гигант, -а
гигантизм, -а
гигантозавр, -а
гигантомания, -и
гигантомахия, -и (мифол.)
гигантопитек, -а
гигантский

гигаэлектронвольт, -а, р. мн. -ов, счетн. ф. -вольт
гигиена, -ы
гигиенист, -а
гигиенический
гигиеничность, -и
гигиеничный; кр. ф. -чен, -чна
гигро... — первая часть сложных слов, пишется слитно
гигровата, -ы
гигрограф, -а
гигрографический
гигрография, -и
гигрометр, -а
гигрометрический
гигрометрия, -и
гигроморфизм, -а
гигроморфный
гигроскопический
гигроскопичность, -и
гигроскопичный; кр. ф. -чен, -чна
гигростат, -а
гигрофилы, -ов, ед. -фил, -а
гигрофильный
гигрофиты, -ов, ед. -фит, -а
гигрофобы, -ов, ед. -фоб, -а
гид, -а
гидальго, нескл., м. (устар. к идальго)
гидатоды, -ов, ед. -тод, -а
гидатофиты, -ов, ед. -фит, -а
гидесса, -ы
гиджак, -а
гиджра, -ы (устар. к хиджра)
гидирование, -я
гидофиты, -ов, ед. -фит, -а
гид-переводчик, гида-переводчика
гидра, -ы
гидравлик, -а
гидравлика, -и
гидравлический
гидравлос, -а
гидраденит, -а
гидразин, -а

гидразосоединения, -ий, ед. -ение, -я
гидрангиевые, -ых
гидрангия, -и
гидрант, -а (водоразборная колонка)
гидранты, -ов, ед. -ант, -а (зоол.)
гидраргиллит, -а
гидрартроз, -а
гидрастис, -а
гидратация, -и
гидратообразование, -я
гидратцеллюлоза, -ы
гидратцеллюлозный
гидраты, -ов, ед. -ат, -а
гидремия, -и
гидриды, -ов, ед. -ид, -а
гидрирование, -я
гидрированный; кр. ф. -ан, -ана
гидрировать(ся), -ирую, -ирует(ся)
гидрия, -и
гидро... — первая часть сложных слов, пишется слитно
гидроавиационный
гидроавиация, -и
гидроавтоматика, -и
гидроагрегат, -а
гидроаккумулирующий
гидроакустик, -а
гидроакустика, -и
гидроакустический
гидроаэродинамика, -и
гидроаэродинамический
гидроаэродром, -а
гидроаэроионизация, -и
гидроаэрометеорологический
гидроаэромеханика, -и
гидробарометрический
гидробиолог, -а
гидробиологический
гидробиология, -и
гидробионика, -и
гидробионты, -ов, ед. -онт, -а
гидробиос, -а
гидроблок, -а

гидробу́р, -а
гидровзры́в, -а
гидровзрывно́й
гидровибра́тор, -а
гидровскры́ша, -и, *тв.* -ей
гидровскрышно́й
гидрогалто́вка, -и
гидрогенера́тор, -а
гидрогениза́ция, -и
гидрогенизи́рованный; *кр. ф.* -ан, -ана
гидрогенизи́ровать(ся), -и́рую, -и́рует(ся)
гидрогео́лог, -а
гидрогеологи́ческий
гидрогеоло́гия, -и
гидрогеотерми́ческий
гидрогеохими́ческий
гидрогеохи́мия, -и
гидро́граф, -а
гидрографи́ческий
гидрогра́фия, -и
гидродина́мика, -и
гидродинами́ческий
гидродобы́тчик, -а
гидродобы́ча, -и, *тв.* -ей
гидрозатво́р, -а
гидрозахва́т, -а
гидрозолоудале́ние, -я
гидрозо́ль, -я
гидро́идные, -ых
гидро́иды, -ов, *ед.* -о́ид, -а
гидроизо́л, -а
гидроизоляцио́нный
гидроизоля́ция, -и
гидроинтегра́тор, -а
гидрокарбона́ты, -ов, *ед.* -на́т, -а
гидрокефа́лия, -и и гидроцефа́лия, -и
гидрокли́н, -а
гидрокомбинезо́н, -а
гидрокомпре́ссор, -а
гидрокопирова́льный
гидрокортизо́н, -а
гидрокосме́тика, -и
гидрокосмети́ческий

гидрокостю́м, -а
гидрокре́кинг, -а
гидро́кс, -а
гидрокси́ды, -ов, *ед.* -си́д, -а
гидрокси́л, -а
гидрокси́льный
гидро́л, -а
гидрола́зы, -а́з, *ед.* -ла́за, -ы
гидролакколи́т, -а
гидролебёдка, -и, *р. мн.* -док
гидро́лиз, -а
гидро́лизный
гидролизо́ванный; *кр. ф.* -ан, -ана
гидролизова́ть(ся), -зу́ю, -зу́ет(ся)
гидроли́мфа, -ы
гидролити́ческий
гидро́лог, -а
гидрологи́ческий
гидроло́гия, -и
гидролока́тор, -а
гидролокацио́нный
гидролока́ция, -и
гидромагни́тный
гидроманипуля́тор, -а
гидромасса́ж, -а, *тв.* -ем
гидромеду́за, -ы
гидромелиорати́вный
гидромелиора́тор, -а
гидромелиора́ция, -и
гидрометаллурги́ческий
гидрометаллу́ргия, -и
гидрометеоро́лог, -а
гидрометеорологи́ческий
гидрометеороло́гия, -и
гидрометео́ры, -ов
гидрометеослу́жба, -ы
гидрометеоста́нция, -и
Гидрометеоце́нтр, -а
гидрометеоявле́ния, -ий
гидро́метр, -а
гидрометри́ческий
гидроме́три́я, -и
гидрометслу́жба, -ы
Гидрометце́нтр, -а

гидромеханиза́тор, -а
гидромеханиза́ция, -и
гидромеха́ника, -и
гидромехани́ческий
гидромо́дуль, -я
гидромонито́р, -а
гидромонито́рный
гидромонито́рщик, -а
гидромонта́жник, -а
гидромото́р, -а
гидрому́фта, -ы
гидрона́вт, -а
гидрона́втика, -и
гидронамы́в, -а
гидронасо́с, -а
гидроневесо́мость, -и
гидронефро́з, -а
гидро́ний, -я
гидро́ним, -а
гидрони́мика, -и
гидроними́ческий
гидрони́мия, -и
гидроо́киси, -ей, *ед.* -о́кись, -и
гидроо́кислы, -ов, *ед.* -о́кисел, -сла
гидроо́кисный
гидроочи́стка, -и
гидропа́рк, -а
гидропа́тия, -и
гидропереда́ча, -и, *тв.* -ей
гидропескостру́йный
гидропескостру́йщик, -а
гидропла́н, -а
гидроплани́рование, -я
гидроплоти́на, -ы
гидропо́ника, -и
гидропони́ческий
гидропо́нный
гидропо́ст, -а́
гидропрессова́ние, -я
гидропри́во́д, -а, *мн.* -ы, -ов и -а́, -о́в
гидропу́льт, -а
гидропу́шка, -и, *р. мн.* -шек
гидроразры́в, -а
гидрораспредели́тель, -я

гидрорежи́м, -а
гидрорежи́мный
гидроресу́рсы, -ов
гидросамолёт, -а
гидросепара́тор, -а
гидросилово́й
гидросисте́ма, -ы
гидросме́сь, -и
гидросмы́в, -а
гидросооруже́ние, -я
гидроста́нция, -и
гидроста́т, -а
гидроста́тика, -и
гидростати́ческий
гидростеклоизо́л, -а
гидрострое́ние, -я
гидрострои́тельство, -а
гидросульфа́ты, -ов, *ед.* -фа́т, -а
гидросульфи́ды, -ов, *ед.* -фи́д, -а (*соли сероводородной кислоты*)
гидросульфи́ты, -ов, *ед.* -фи́т, -а (*соли сернистой кислоты*)
гидросфе́ра, -ы
гидрота́ксис, -а
гидротеле́жка, -и, *р. мн.* -жек
гидротерапевти́ческий
гидротерапи́я, -и
гидротерма́льный
гидротерми́ческий
гидротермодина́мика, -и
гидротермообрабо́тка, -и
гидроте́хник, -а
гидроте́хника, -и
гидротехни́ческий
гидроти́пия, -и
гидрото́ракс, -а
гидрото́рмоз, -а
гидротормозно́й
гидрото́рф, -а
гидротра́нспорт, -а
гидротранспортиро́вка, -и
гидротрансформа́тор, -а
гидротропи́зм, -а
гидротро́пия, -и
гидротурби́на, -ы
гидротурби́нный

гидротурбостроéние, -я
гидроуда́р, -а
гидроуда́рный
гидроу́зел, -зла́
гидроусили́тель, -я
гидрофи́зик, -а
гидрофи́зика, -и
гидрофизи́ческий
гидрофили́я, -и
гидрофи́льность, -и
гидрофи́льный
гидрофи́ты, -ов, *ед.* -фи́т, -а
гидрофици́рованный; *кр. ф.* -ан, -ана
гидрофобиза́ция, -и
гидрофо́бия, -и
гидрофо́бность, -и
гидрофо́бный
гидрофо́н, -а
гидрофо́рминг, -а
гидрофта́льм, -а
гидрохи́мик, -а
гидрохими́ческий
гидрохи́мия, -и
гидрохино́н, -а
гидрохлори́д, -а
гидрохо́рия, -и
гидроце́ле, *нескл., м. и с.*
гидроцентра́ль, -и
гидроцефа́лия, -и и гидрокефа́лия, -и
гидроцикло́н, -а
гидроцили́ндр, -а
гидроша́хта, -ы
гидроэкскава́тор, -а
гидроэкструзио́нный
гидроэкстру́зия, -и
гидроэлева́тор, -а
гидроэлектри́ческий
гидроэлектроста́нция, -и
гидроэлектротурби́на, -ы
гидроэнерге́тик, -а
гидроэнерге́тика, -и
гидроэнергети́ческий
гие́на, -ы (*животное*)
гие́новый

гик, -а
ги́канье, -я
ги́кать, -аю, -ает
ги́кнуть, -ну, -нет
гико́ри, *нескл., с.*
гиле́я, -и
гилозои́зм, -а
гиль, -и
ги́льберт, -а, *р. мн.* -ов, *счетн. ф.* -ерт
ги́льбертово простра́нство, ги́льбертова простра́нства
гильде́йский
ги́льдия, -и
Ги́льдия росси́йских адвока́тов
ги́льза, -ы
ги́льзовый
гильзода́тчик, -а
гильзоте́ка, -и
гильоти́на, -ы
гильотини́рование, -я
гильотини́рованный; *кр. ф.* -ан, -ана
гильотини́ровать(ся), -рую, -рует(ся)
гильоти́нный
гильошировáльный
гильоши́рование, -я
гиляки́, -о́в, *ед.* гиля́к, -а́
гиля́цкий
гиля́чка, -и, *р. мн.* -чек
Гимала́и, -ев (*геогр.*) и гимала́и, -ев (*о нагромождении чего-н.*)
гимала́йка, -и, *р. мн.* -а́ек (*альпинистская палатка*)
гимала́йский (*от* Гимала́и)
гима́тий, -я
Гимене́й, -я
гиме́ний, -я (*биол.*)
гименомице́ты, -ов, *ед.* -це́т, -а
гименопте́ры, -ов, *ед.* -те́р, -а
гимн, -а
гимнази́ст, -а
гимнази́стик, -а
гимнази́стка, -и, *р. мн.* -ток

гимнази́сточка, -и, р. мн. -чек
гимнази́ческий
гимна́зия, -и
гимна́зия-лаборато́рия, гимна́зии-лаборато́рии
гимна́сий, -я (учебное заведение в Древней Греции)
гимна́ст, -а
гимнастёрка, -и, р. мн. -рок
гимна́стика, -и
гимнасти́ческий
гимна́стка, -и, р. мн. -ток
гимне́т, -а
гимни́ческий
гимногра́фия, -и
гимну́ра, -ы
гингиви́т, -а
гиндуку́шский (от Гиндуку́ш)
гинеке́й, -я (женская половина дома в Древней Греции)
гинеко́лог, -а
гинекологи́ческий
гинеколо́гия, -и
гинекома́стия, -и
гинеце́й, -я (бот.)
гине́я, -и
ги́нкго, нескл., м.
ги́нкговые, -ых
Ги́ннесс, -а: Кни́га (рекордов) Ги́ннесса
гиногене́з, -а
ги́нуть, ги́ну, ги́нет
гину́хский
гину́хцы, -ев, ед. -хец, -хца, тв. -хцем
гиньо́ль, -я
гип-ги́п, неизм.
гип-ги́п-ура́, неизм.
гипер... – приставка, пишется слитно
гипербази́т, -а
гипербари́ческий
гипербаротерапи́я, -и
гипе́рбатон, -а
гипе́рбола, -ы
гиперболиза́ция, -и

гиперболизи́рованный; кр. ф. -ан, -ана
гиперболизи́ровать(ся), -рую, -рует(ся)
гиперболи́ческий
гиперболи́чность, -и
гиперболи́чный; кр. ф. -чен, -чна
гиперболо́ид, -а
гиперболо́идный
гиперборе́и, -ев, ед. -ре́й, -я
гиперборе́йка, -и, р. мн. -е́ек
гиперборе́йский
гиперборе́йцы, -ев, ед. -е́ец, -е́йца, тв. -е́йцем
гипервентиля́ция, -и
гипервитамино́з, -а
гипергене́з, -а
гиперге́нный
гипергеометри́ческий
гипергидро́з, -а
гипергликеми́я, -и
гипердактили́ческий
гипердактили́я, -и
гипереми́рованный; кр. ф. -ан, -ана
гипереми́я, -и
гиперерги́я, -и
гиперестези́я, -и
гиперзаря́д, -а
гиперзву́к, -а
гиперзвуково́й
гиперинфляцио́нный
гиперинфля́ция, -и
гиперкапни́я, -и
гиперкерато́з, -а
гиперкине́з, -а
гиперкинети́ческий
гиперко́мплексный
гиперкорре́ктный
гиперкорре́кция, -и
гипермеди́йный
гиперметаморфо́з, -а
гиперметропи́я, -и
гиперморфо́з, -а
гипернефро́ма, -ы
гиперокси́я, -и

гиперо́нный
гиперо́ны, -ов, ед. -ро́н, -а
гиперосми́я, -и
гиперплази́я, -и
гиперпло́скость, -и
гиперпове́рхность, -и
гиперполяриза́ция, -и
гиперреали́зм, -а
гиперсекре́ция, -и
гиперсексуа́льность, -и
гиперсексуа́льный; кр. ф. -лен, -льна
гиперсенсибилиза́ция, -и
гиперсо́рбер, -а
гиперсо́рбция, -и
гиперсте́н, -а
гиперте́кст, -а
гиперте́кстовый
гипертензи́вный
гипертензи́н, -а
гипертензи́я, -и
гипертерми́я, -и
гипертирео́з, -а
гиперто́ник, -а
гипертони́ческий
гипертони́чка, -и, р. мн. -чек
гипертони́я, -и
гиперто́нус, -а
гипертрихо́з, -а
гипертрофи́рованно, нареч.
гипертрофи́рованный; кр. ф. -ан, -анна
гипертрофи́роваться, -руется
гипертрофи́ческий
гипертрофи́я, -и
гиперфаланги́я, -и
гиперфока́льный
гиперфу́нкция, -и
гиперхолестеринеми́ческий
гиперхолестеринеми́я, -и
гиперъядро́, -а́, мн. -я́дра, -я́дер
гиперэллипти́ческий
гипестези́я, -и
гипно́з, -а (воздействие внушением)
гипно́лог, -а

гипнологи́ческий
гипноло́гия, -и
гипнопеди́ческий
гипнопе́дия, -и
Ги́пно́с, -а (мифол.)
гипнота́бельный; кр. ф. -лен, -льна
гипнота́рий, -я
гипнотерапи́я, -и
гипнотиза́ция, -и
гипнотизёр, -а
гипнотизи́рование, -я
гипнотизи́рованный; кр. ф. -ан, -ана
гипнотизи́ровать(ся), -рую(сь), -рует(ся)
гипноти́зм, -а
гипноти́ческий
ги́пнум, -а
гипо... — первая часть сложных слов, пишется слитно
гипоаллерге́нный
гипобио́з, -а
гипобла́ст, -а
гиповитамино́з, -а
гипогалакти́я, -и
гипоге́й, -я
гипоге́нный
гипогликеми́я, -и
гиподактили́я, -и
гиподе́рма, -ы
гиподермато́з, -а
гиподинами́ческий
гиподинами́я, -и
гипо́идный
гипокапни́я, -и
гипока́уст, -а
гипокине́з, -а
гипокинези́я, -и
гипокинети́ческий
гипоко́тиль, -я
гипоксеми́я, -и
гипокси́ческий
гипокси́я, -и
гипола́ды, -о́в (муз.)
гипоморфо́з, -а

гипонасти́я, -и
гипопаратирео́з, -а
гипоплази́я, -и
гипосекре́ция, -и
гипосми́я, -и
гипоспади́я, -и
гипоста́з, -а (мед.)
гипоста́за, -ы (филос.)
гипостази́рование, -я
гипостази́ровать(ся), -рую, -рует(ся)
гипости́ль, -и
гипости́льный
гипосульфи́т, -а
гипота́ксис, -а
гипотакти́ческий
гипоталами́ческий
гипотала́мус, -а
гипо́теза, -ы
гипотензи́вный
гипотензи́я, -и
гипотену́за, -ы
гипотерма́льный
гипотерми́я, -и
гипотети́ческий
гипотети́чность, -и
гипотети́чный; кр. ф. -чен, -чна
гипотиази́д, -а
гипотирео́з, -а
гипото́ник, -а
гипотони́ческий
гипотони́я, -и
гипотрофи́я, -и
гипофаланги́я, -и
гипо́физ, -а
гипофиза́рный
гипофосфа́ты, -ов, ед. -фа́т, -а (соли фосфорноватой кислоты)
гипофосфи́ты, -ов, ед. -фи́т, -а (соли фосфорноватистой кислоты)
гипофу́нкция, -и
гипохлори́ты, -ов, ед. -ри́т, -а
гипохолестеринеми́ческий
гипохолестеринеми́я, -и
гипохо́рда, -ы

гипоце́нтр, -а
гипоцикло́ида, -ы
гиппа́рио́н, -а
гиппа́рх, -а
Гиппокра́т, -а (кля́тва Гиппокра́та)
гиппологи́ческий
гиппполо́гия, -и
гиппопота́м, -а
гиппури́ты, -ов, ед. -ри́т, а
гиппу́ровый
Гипро... — первая часть сложных слов (сокр.: Государственный институт проектирования...), пишется слитно, напр.: Гипрохи́м, Гипроводхо́з, Гипросельма́ш
гипс, -а
гипсобето́н, -а
гипсобето́нный
гипсова́ние, -я
гипсо́ванный; кр. ф. -ан, -ана
гипсова́ть(ся), -су́ю, -су́ет(ся)
гипсоволокни́стый
ги́псовый
гипсографи́ческий
гипсокарто́н, -а
гипсоли́т, -а
гипсоли́товый
гипсолю́бка, -и, р. мн. -бок
гипсо́метр, -а
гипсометри́ческий
гипсоме́трия, -и
гипсопрока́тный
гипсотермо́метр, -а
гипсохро́мный
гипсошлакобето́н, -а
гипсошлакобето́нный
гипю́р, -а
гипю́ровый
гира́тор, -а
гиреви́к, -а́
гиревой
ги́рло, -а
гирля́нда, -ы
гироа́зимут, -а
гиро́бус, -а

гировертика́ль, -и
гирово́з, -а
гирогоризо́нт, -а
гироди́ны, -ов, ед. -ди́н, -а (тех.)
гироинерциа́льный
гироко́мпас, -а
гирокотили́ды, -и́д, ед. -и́да, -ы
гиромагни́тный
гирома́ятник, -а
гироорбита́нт, -а
гироориента́тор, -а
гирополуко́мпас, -а
гироруле́во́й, -о́го
гироско́п, -а
гироскопи́ческий
гиростабилиза́тор, -а
гиростабилизи́рованный
гиротахо́метр, -а
гиротеодоли́т, -а
гиротро́н, -а
гиротро́пный
гирсути́зм, -а
гируди́н, -а (вещество)
гирудотерапи́я, -и
ги́рька, -и, р. мн. ги́рек
ги́ря, -и, р. мн. гирь
Гисса́рская доли́на
гисса́рский (гисса́рская поро́да ове́ц; гисса́рская культу́ра, археол.)
Гисса́рский хребе́т
гистами́н, -а
гистамина́за, -ы
гистами́нный
гистере́зис, -а
гистере́зисный
ги́стерон-про́терон, -а
гистероско́п, -а
гистероскопи́ческий
гистероскопи́я, -и
гистиди́н, -а
гистиоци́ты, -ов, ед. -ци́т, -а
ги́сто... – первая часть сложных слов, пишется слитно
гистогемати́ческий
гистогене́з, -а

гистоге́нный
гистогра́мма, -ы
гистоли́з, -а
гисто́лог, -а
гистологи́ческий
гистоло́гия, -и
гистонесовмести́мость, -и
гисто́ны, -ов, ед. -то́н, -а
гистопатологи́ческий
гистопатоло́гия, -и
гистоплазмо́з, -а
гистофизио́лог, -а
гистофизиологи́ческий
гистофизиоло́гия, -и
гистохи́мик, -а
гистохими́ческий
гистохи́мия, -и
гистрио́н, -а
гит, -а
гита́на, -ы (ж. к гита́ны)
гита́ны, -ов и -а́н, ед. гита́н, -а (испанские цыгане)
гита́ра, -ы
гита́ра-бас, гита́ры-бас
гитари́ст, -а
гитари́стка, -и, р. мн. -ток
гита́рный
гитлери́зм, -а
ги́тлеровец, -вца, тв. -вцем, р. мн. -вцев
ги́тлеровский (от Ги́тлер)
гитлерю́генд, -а
ги́тов, -а
гифомице́ты, -ов, ед. -це́т, -а
ги́фы, гиф
ги́чка, -и, р. мн. ги́чек
гишпа́нский (устар. и шутл. к испа́нский)
ГКО [гэкао́], нескл., ж. (сокр.: государственная краткосрочная облигация) и с. (сокр.: государственное казначейское обязательство)
глава́, -ы́, мн. гла́вы, глав
глава́рь, -я́
главбу́х, -а

главвра́ч, -а́, тв. -о́м
главе́нство, -а
главе́нствовать, -твую, -твует
главк, -а
гла́вка, -и, р. мн. -вок
главкове́рх, -а
гла́вковский
главко́м, -а
главкома́т, -а
главкома́тский
главко́мовский
Главли́т, -а
главме́х, -а
Гла́вное архитекту́рно-плани́ровочное управле́ние (ГлавАПУ́)
Гла́вное разве́дывательное управле́ние Министе́рства оборо́ны (ГРУ)
Гла́вное управле́ние по борьбе́ с организо́ванной престу́пностью
главне́йший
главнокома́ндование, -я
главнокома́ндующий, -его
главноуправля́ющий, -его
гла́вный
Гла́вный Кавка́зский хребе́т
Гла́вный штаб
главре́ж, -а, тв. -ем
глаго́л, -а
глаго́лание, -я
глаго́лать, -лю, -лет
глаго́лица, -ы, тв. -ей
глаголи́ческий
глаго́ль, -я (название буквы)
глаго́льный
глад, -а
гла́денький
гладиа́тор, -а
гладиа́торский
гла́дилка, -и, р. мн. -лок
гла́дильно-прессу́ющий
гла́дильный
гла́дильня, -и, р. мн. -лен
гла́дильщик, -а

ГЛИСТОГОННЫЙ

гладильщица, -ы, *тв.* -ей
гладиолус, -а
гладить(ся), глажу, гладит(ся)
гладкий; *кр. ф.* -док, -дка, -дко
гладкокожий
гладкокрашеный
гладколицый
гладконосый
гладкопись, -и
гладкоствольный
гладкостеклянный
гладкость, -и
гладкошёрстный и гладкошёрстый
гладыш, -а, *тв.* -ем
гладь, -и
гладящий(ся)
глаже, *сравн. ст.*
глаженный; *кр. ф.* -ен, -ена, *прич.*
глажено-переглажено
глаженый, *прил.*
глаженый-переглаженый
глаженье, -я
глажка, -и
глаз, -а, *предл.* в (на) глазу́, *мн.* глаза́, глаз, -а́м
глаза́ в глаза́
глаза́стый
глазговский (*от* Гла́зго)
глазёнки, -нок
глазе́т, -а
глазе́товый
глазе́ть, -е́ю, -е́ет
гла́зик, -а
глазирова́ние, -я
глазиро́ванный; *кр. ф.* -ан, -ана (глазиро́ванные фрукты, сырки; глазиро́ванная бумага)
глазирова́ть(ся), -ру́ю, -ру́ет(ся) (*в кондитерском и бумажном производстве*)
глазиро́вка, -и
глази́ща, -и́щ и глази́щи, -и́щ, *ед.* глази́ще, -а, *м.*
гла́зки, -зок, *ед.* глазо́к, -зка́ (*уменьш.-ласкат. к* глаза́, глаз)

глазни́к, -а́
глазни́ца, -ы, *тв.* -ей
глазни́чный
глазно́й
глазодви́гательный
глазо́к, -зка́, *мн.* -зки́, -о́в (*отверстие; почка; пятно*)
глазоме́р, -а
глазоме́рный
гла́зоньки, -нек
глазосерде́чный рефле́кс
глазо́чек, -чка
глазу́нья, -и, *р. мн.* -ний
глазу́рный
глазурова́ние, -я
глазуро́ванный; *кр. ф.* -ан, -ана (глазуро́ванная кера́мика)
глазурова́ть(ся), -ру́ю, -ру́ет(ся) (*в керамическом производстве*)
глазуро́вка, -и
глазу́рь, -и
глазча́тый
гла́йд, -а
гла́нды, гланд, *ед.* гла́нда, -ы
глас, -а (*устар. к* го́лос; *церк. муз.*)
гла́сис, -а
гласи́ть, глашу́, гласи́т
гла́сная, -ой (*буква*)
гла́сность, -и
гла́сный
гла́уберова соль, гла́уберовой со́ли
глауко́ма, -ы
глаукони́т, -а
глаша́тай, -я
гледи́чия, -и
гле́зер, -а
глей, -я
глейко́метр, -а
глёт, -а
гле́тчер, -а
гле́тчерный
гликеми́я, -и
гликоге́н, -а
гликози́ды, -ов, *ед.* -зи́д, -а
гликозури́я, -и

гликоко́л, -а
глико́левый
глико́ли, -ей, *ед.* -о́ль, -я
глико́лиз, -а
гликолипи́ды, -ов, *ед.* -пи́д, -а
гликопротеи́ды, -ов, *ед.* -и́д, -а
гликофи́ты, -ов, *ед.* -фи́т, -а
гликохо́левый
гли́на, -ы; но: Бе́лая Гли́на (*посёлок*)
гли́нистость, -и
гли́нистый
гли́нище, -а
гли́нкинский и гли́нковский (*от* Гли́нка)
глиноби́тный
глинозём, -а
глинозёмистый
глинозёмный
глинолече́ние, -я
глиномеша́лка, -и, *р. мн.* -лок
глиномя́лка, -и, *р. мн.* -лок
глиномя́тный
глинопорошо́к, -шка́
глиносоло́ма, -ы
глиносоло́менный
глинощебёночный
глинощёбень, -бня
гли́нт, -а
глинтве́йн, -а
гли́няный
глиокса́ль, -я
глиоксила́тный
глио́ма, -ы
гли́птика, -и
глиптодо́нт, -а
глиптоте́ка, -и
глисса́д, -а (*в танцах*)
глисса́да, -ы (*в авиации*)
глисса́ндо, *неизм. и нескл., с.*
глиссе́р, -а, *мн.* -ы, -ов и -а́, -о́в
глисси́рование, -я
глисси́ровать, -рует
глисси́рующий
гли́стный
глистого́нный

глистообра́зный; кр. ф. -зен, -зна
глисты́, -о́в, ед. глист, -а́ и глиста́, -ы́
глифта́левый
глифта́ли, -ей
глицери́ды, -ов, ед. -ри́д, -а
глицери́н, -а
глицери́новый
глицеринофо́сфорный
глицерофосфа́т, -а
глици́н, -а
глици́ния, -и
гли́я, -и
глобализа́ция, -и
глоба́льность, -и
глоба́льный; кр. ф. -лен, -льна
глобигери́новый
глобигери́ны, -ов, ед. -ри́н, -а
глоби́н, -а
глобоида́льный
глобо́идный
глобо́иды, -ов, ед. -о́ид, -а
глобули́ны, -ов, ед. -ли́н, -а
глобу́лы, -ул, ед. -ула, -ы
глобуля́рный
гло́бус, -а
гло́бусный
глог, -а
глогови́на, -ы
гло́данный; кр. ф. -ан, -ана, прич.
гло́даный, прил.
глода́ть, гложу́, гло́жет
глода́ющий и гло́жущий
гло́кеншпиль, -я
глокси́ния, -и
гло́рия, -и (оптическое явление)
гло́сса, -ы
глоссалги́я, -и
глосса́рий, -я
глосса́тор, -а
глоссема́тика, -и
глосси́т, -а
глоссола́лия, -и
глоссо́птерис, -а
глот, -а
глота́ние, -я

глота́тельный
глота́ть(ся), -а́ю, -а́ет(ся)
гло́тка, -и, р. мн. -ток
глотну́ть, -ну́, -нёт
глото́к, -тка́
глото́чек, -чка
гло́точный
глоттализа́ция, -и
глоттализо́ванный; кр. ф. -ан, -ана
глоттогене́з, -а
глоттогони́ческий
глоттого́ния, -и
глоттологи́ческий
глоттоло́гия, -и
глоттохронологи́ческий
глоттохроноло́гия, -и
гло́хнувший
гло́хнуть, -ну, -нет; прош. глох и гло́хнул, гло́хла
глу́бже, сравн. ст.
глубина́, -ы́, мн. -и́ны, -и́н
глуби́нка, -и, р. мн. -нок
глуби́нно-насо́сный
глуби́нно-психологи́ческий
глуби́нность, -и
глуби́нный
глубиноме́р, -а
глубо́кий; кр. ф. -о́к, -ока́, -о́ко́
глубоко́, нареч. и в знач. сказ.
глубоко́ аргументи́рованный
глубоко́ безразли́чный
глубоково́дник, -а
глубоково́дный
глубоковы́емчатый
глубокозалега́ющий*
глубоколежа́щий*
глубокомы́сленно, нареч.
глубокомы́сленность, -и
глубокомы́сленный; кр. ф. -ен, -енна
глубокомы́слие, -я
глубоко́нек, -нька
глубо́конький
глубокорыхли́тель, -я

глубокорыхли́тель-плоскоре́з, глубокорыхли́теля-плоскоре́за
глубокосидя́щий*
глубокоуважа́емый
глубокофо́кусный
глубоко́ челове́чный
глубокочти́мый
глубокоэшелони́рованный*
глубоме́р, -а
глубоча́йший
глубоче́нный
глубь, -и, предл. в глуби́
глубьево́й
глум, -а
глуми́ться, -млю́сь, -ми́тся
глумле́ние, -я
глумли́вый
глупе́йший
глупе́нек, -нька
глу́пенький
глупе́ть, -е́ю, -е́ет
глупе́ц, -пца́, тв. -пцо́м, р. мн. -пцо́в
глупи́нка, -и
глупи́ть, -плю́, -пи́т
глупова́тость, -и
глупова́тый
глу́пость, -и
глу́пый; кр. ф. глуп, глупа́, глу́по, глу́пы́
глупы́ш, -а́, тв. -о́м
глупы́шка, -и, р. мн. -шек, м. и ж.
глутами́н, -а и глютами́н, -а
глутами́новый и глютами́новый
глухарёнок, -нка, мн. -ря́та, -ря́т
глухари́ный
глуха́рка, -и, р. мн. -рок
глуха́рь, -я́
глухова́тый
глухозаземлённый
глухози́мье, -я
глухо́й; кр. ф. глух, глуха́, глу́хо, глу́хи́
глухоле́сье, -я
глухома́нный

глухома́нь, -и
глухонемо́й
глухонемота́, -ы́
глу́хость, -и
глу́хость-зво́нкость, глу́хости-зво́нкости
глухота́, -ы́
глу́ше, *сравн. ст.*
глуше́ние, -я
глуши́лка, -и, *р. мн.* -лок
глушина́, -ы́
глуши́нка, -и
глуши́тель, -я
глуши́ть(ся), глушу́, глуши́т(ся)
глушни́к, -а́
глушня́, -и́, *р. мн.* -е́й, *м. и ж.*
глушня́к, -а́
глушь, -и́
глы́ба, -ы
глы́бистость, -и
глы́бистый
глыбови́дный; *кр. ф.* -ден, -дна
глы́бовый
глыбообра́зный; *кр. ф.* -зен, -зна
глюкаго́н, -а
глю́ки, -ов
глю́ковский (*от* Глюк)
глюко́за, -ы
глюкозами́н, -а
глюкози́ды, -ов, *ед.* -зи́д, -а (гликозиды, содержащие глюкозу)
глюкозофосфа́ты, -ов, *ед.* -фа́т, -а
глюкокина́за, -ы
глюкокортико́иды, -ов, *ед.* -о́ид, -а
глюкона́т, -а
глютами́н, -а и глутами́н, -а
глютами́новый и глутами́новый
глюти́н, -а
гляде́лки, -лок
гляде́ть(ся), гляжу́(сь), гляди́т(ся)
гляди́т не нагляди́тся
глядь, *неизм.*
глядю́чи
гля́дя

гля́нец, -нца, *тв.* -нцем
гля́нуть, -ну, -нет
глянцева́ние, -я
глянцева́ть(ся), -цу́ю, -цу́ет(ся)
глянцеви́тость, -и
глянцеви́тый
гля́нцевый
глянцо́ванный; *кр. ф.* -ан, -ана
глянцо́вка, -и
глясе́, *нескл., с. и неизм.* (кофе глясе́)
гляциа́л, -а
гляциа́льный
гляциодислока́ция, -и
гляциоизостази́я, -и
гляцио́лог, -а
гляциологи́ческий
гляциоло́гия, -и
гляциотекто́ника, -и
ГМ, *неизм.*
гми́на, -ы
гми́нный
гмы́кать, -аю, -ает
гмы́кнуть, -ну, -нет
гна́ть(ся), гоню́(сь), го́нит(ся); *прош.* гна́л(ся), гнала́(сь), гна́ло, гна́лось
гнафа́лиум, -а
гнев, -а
гне́ваться, -аюсь, -ается
гневи́ть(ся), -влю́(сь), -ви́т(ся)
гневли́вость, -и
гневли́вый
гне́вный; *кр. ф.* -вен, гневна́, -вно
гнедко́, -а́, *мн.* -и́, -о́в, *м.* (о лошади) и Гнедко́, -а́, *м.* (кличка)
гнедо́й
гнезда́рь, -я́
гнезди́лище, -а
гнезди́ться, -и́тся
гнездо́, -а́, *мн.* гнёзда, гнёзд
гнездова́ние, -я
гнездова́ть(ся), -ду́ю, -ду́ет(ся)
гнездо́вище, -а
гнездо́вка, -и
гнездово́й

гнездо́вье, -я, *р. мн.* -вий
гнёздышко, -а, *мн.* -шки, -шек
гнейс, -а
гне́йсовый
гнейсограни́т, -а
гне́синский (*от* Гне́сины)
гнести́, гнету́, гнетёт
гнёт, -а
гнётовые, -ых
гне́тум, -а
гнету́щий
гни́да, -ы
гние́ние, -я (*от* гнить)
гниле́ц, -льца́, *тв.* -льцо́м
гнилова́тый
гнило́й; *кр. ф.* гнил, гнила́, гни́ло
гни́лостность, -и
гни́лостный
гни́лость, -и
гнилу́шка, -и, *р. мн.* -шек
гниль, -и
гнильё, -я́
гнильца́, -ы́, *тв.* -о́й
гнильцо́, -а́
гнить, гнию́, гниёт; *прош.* гнил, гнила́, гни́ло
гнию́щий
гноекро́вие, -я
гное́ние, -я (*от* гнои́ть(ся))
гноеотделе́ние, -я
гноеотдели́тельный
гноеро́дный; *кр. ф.* -ден, -дна
гноетече́ние, -я
гноеточи́вый
гно́зис, -а
гнои́ть(ся), гною́, гнои́т(ся)
гно́ище, -а
гной, -я и -ю, *предл.* в гно́е и в гною́
гнойни́к, -а́
гнойничко́вый
гнойничо́к, -чка́
гно́йно-воспали́тельный
гно́йный
гном, -а (*карлик*)
гно́ма, -ы (*изречение*)
гно́мик, -а

ГНОМИЧЕСКИЙ

гноми́ческий
гно́мон, -а
гномони́ческий
гносеологи́ческий
гносеоло́гия, -и
гно́стик, -а
гностици́зм, -а
гности́ческий
гнотобиологи́ческий
гнотобиоло́гия, -и
гнотобио́тика, -и
гнотобиоти́ческий
гнотобио́тный
гнотобио́ты, -ов, *ед.* -био́т, -а
гну, *нескл., м. и ж. (животное)*
гнус, -а
гнуса́вить, -влю, -вит
гнуса́вость, -и
гнуса́вый
гнуса́вящий
гнуси́ть, гнушу́, гнуси́т
гнусли́вость, -и
гнусли́вый
гнусне́йший
гну́сность, -и
гну́сный; *кр. ф.* -сен, -сна́, -сно, гну́сны́
гнусь, -и
гнута́рный
гнута́рь, -я́
гну́ткий; *кр. ф.* -ток, -тка́, -тко
гнутоклеёный
гну́тый
гнуть, гну, гнёт
гнутьё, -я́
гну́ться, гнусь, гнётся
гнуша́ться, -а́юсь, -а́ется
ГО [гэо́], *нескл., ж. (сокр.: гражданская оборона)*
го, *нескл., с. (игра)*
гоаци́н, -а
гобеле́н, -а
гобеле́новый
го́бель, -я
гоби́йский (*от* Го́би)
гобои́ст, -а

гобои́стка, -и, *р. мн.* -ток
гобо́й, -я
гобо́й д'аму́р, гобо́я д'аму́р
г-обра́зный [гэ-]
Гобсе́к, -а
го́вард-пла́н, -а
гова́ривать(ся), *наст. вр. не употр.*
гове́льный
гове́льщик, -а
гове́льщица, -ы, *тв.* -ей
гове́ние, -я (*к* гове́ть)
гове́ния, -и (*дерево*)
говённый
гове́ть, -е́ю, -е́ет
говно́, -а́
го́вор, -а
говоре́ние, -я
говорённый; *кр. ф.* -ён, -ена́
гово́рено-перегово́рено
говори́льный
говори́льня, -и, *р. мн.* -лен
говори́ть(ся), -рю́, -ри́т(ся)
говорли́вость, -и
говорли́вый
говорно́й
говоро́к, -рка́
говору́н, -а́
говору́нья, -и, *р. мн.* -ний
говору́ха, -и
говору́ша, -и, *тв.* -ей
говору́шка, -и, *р. мн.* -шек
говоря́щий
говя́дина, -ы
говя́жий, -ья, -ье
гог: го́г и маго́г и гог-маго́г, другие формы не употр.
го́га: го́га и маго́га и го́га-маго́га, другие формы не употр.
гоге́новский (*от* Гоге́н)
Гогенцо́ллерны, -ов (*династия*)
го-го-го́, *неизм.*
гоголеве́д, -а
гоголеве́дение, -я
гоголеве́дческий
го́голевский (*от* Го́голь)

гоголёк, -лька́
гоголёнок, -нка, *мн.* -ля́та, -ля́т
го́голий, -ья, -ье
гоголи́ный
гоголи́ха, -и
го́голь, -я (*птица*)
го́голь-мо́голь, -я
го́гот, -а
гогота́нье, -я
гогота́ть, гогочу́, гого́чет
гоготу́н, -а́
гоготу́нья, -и, *р. мн.* -ний
гого́чущий
год, -а и -у, *предл.* в году́, *мн.* го́ды и года́, -о́в
года́ми, *нареч.*
го́д-два́
го́д-друго́й
годе́, *неизм. и нескл., с. (юбка годе́)*
годе́ция, -и
год за го́дом
го́дик, -а
го́дик-друго́й
годи́на, -ы
годи́ть, гожу́, годи́т
годи́ться, гожу́сь, годи́тся
годи́чный
год на́ год (не прихо́дится)
го́дность, -и
го́дный; *кр. ф.* го́ден, годна́, го́дно, го́дны́
годова́лый
годова́ть, году́ю, году́ет (*год годова́ть*)
годови́к, -а́
годовичо́к, -чка́
годово́й
годовщи́на, -ы
годо́граф, -а
годо́к, годка́
год от го́да и год от го́ду
годо́чек, -чка
го́д-полтора́
го́жий
Гозна́к, -а (*типография*)
гой, *неизм.*

го́йевский (от Го́йя)
гой-еси́, неизм. (нар.-поэт.)
го́кко, нескл., м.
гол, -а (с колич. числит. 2, 3, 4 – также -а́), мн. -ы́, -о́в
гола́влевый и голавлёвый
гола́вль, -я́
Гола́нские высо́ты (на Ближнем Востоке)
Гола́рктика, -и
Голаркти́ческая о́бласть (флористическая и зоогеографическая)
голаркти́ческий
го́лбец, -бца, тв. -бцем, р. мн. -бцев и голбе́ц, -бца́, тв. -бцо́м, р. мн. -бцо́в
го́лбчик, -а
Голго́фа, -ы (место распятия Христа) и голго́фа, -ы (место мучений, страданий)
голго́фский (от Голго́фа)
голево́й (от гол)
го́лем, -а
голена́стый
голени́ще, -а
голенно́й
голеносто́п, -а
голеносто́пный
го́лень, -и
го́ленький
голе́ц, гольца́, тв. гольцо́м, р. мн. гольцо́в (рыба)
голёшенький; кр. ф. -нек, -нька
голиа́рд, -а
Голиа́ф, -а (библ.) и голиа́ф, -а (гигант, великан; жук; земноводное)
голизна́, -ы́
голи́к, -а́
голи́цы, -иц, ед. голи́ца, -ы, тв. -ей
голи́цынский (от Голи́цын и Голи́цыно)
голичо́к, -чка́ (от голи́к)
голки́пер, -а
голко́ндский (от Голко́нда)

голла́ндка, -и, р. мн. -док
голла́ндский (к Голла́ндия и голла́ндцы)
голла́ндцы, -ев, ед. -дец, -дца, тв. -дцем
Голливу́д, -а
голливу́дский
голли́зм, -а
голли́ст, -а
голли́стский (к Де Го́лль)
голобласти́ческий
голобрю́хий
голова́, -ы́, вин. го́лову, мн. го́ловы, голо́в, голова́м
голова́н, -а
голова́стик, -а
голова́стый
голова́ч, -а́, тв. -о́м
головёнка, -и, р. мн. -нок
головёшка, -и, р. мн. -шек
голови́зна, -ы
голови́ща, -и, тв. -ей
голо́вка, -и, р. мн. -вок
головнёвый
головно́й
головня́, -и́, р. мн. -не́й
головогру́дь, -и
головокруже́ние, -я
головокружи́тельный; кр. ф. -лен, -льна
головоло́мка, -и, р. мн. -мок
головоло́мный; кр. ф. -мен, -мна
головомо́йка, -и, р. мн. -мо́ек
головоно́гие, -их
голо́вонька, -и, р. мн. -нек
головоре́з, -а
головотя́п, -а
головотя́пский
головотя́пство, -а
головохо́рдовые, -ых
голо́вушка, -и, р. мн. -шек
голо́вчатый
головщи́к, -а́
гологами́я, -и
гологене́з, -а
гологла́з, -а

голограмма, -ы
голограммный
голо́граф, -а
голографи́рование, -я
голографи́рованный; кр. ф. -ан, -ана
голографи́ровать(ся), -рует, -рует(ся)
голографи́ческий
голографи́я, -и
го́лод, -а
голода́ние, -я
голода́ть, -а́ю, -а́ет
голода́ющий
Голо́дная сте́пь (геогр.)
го́лодно, в знач. сказ.
голоднова́то, в знач. сказ.
голодносте́пский (от Голо́дная сте́пь)
голо́дный; кр. ф. го́лоден, голодна́, го́лодно, го́лодны́
голодова́ть, -ду́ю, -ду́ет (прост. к голода́ть)
голодо́вка, -и, р. мн. -вок
голодра́нец, -нца, тв. -нцем, р. мн. -нцев
голодра́нка, -и, р. мн. -нок
голоду́ха, -и
голожа́берный
голоза́дый
голокри́новый
гололёд, -а
гололе́дица, -ы, тв. -ей
гололёдный
гололёдь, -и
гололо́бый
голомо́рфный
голомя́нка, -и, р. мн. -нок
голоно́гий
голоно́мный
голопу́зый
го́лос, -а, мн. -а́, -о́в
голосеменны́е, -ы́х и голосемя́нные, -ых
голоси́на, -ы, м.
голоси́стость, -и

ГОЛОСИСТЫЙ

голоси́стый
голоси́ть, -ошу́, -оси́т
голоси́шко, -а и -и, мн. -шки, -шек, м.
голоси́ще, -а, мн. -а и -и, -йщ, м.
голосло́вность, -и
голосло́вный; кр. ф. -вен, -вна
голосники́, -о́в, ед. -ни́к, -а́
голосну́ть, -ну́, -нёт
голосова́ние, -я
голосова́ть(ся), -су́ю, -су́ет(ся)
голосове́дение, -я
голосово́й
голосо́к, -ска́
голосо́чек, -чка
голосу́мчатые, -ых
голоту́рии, -ий, ед. -рия, -и
голофа́н, -а
голоце́н, -а
голоце́новый
голоше́ий, -ше́яя, -ше́ее
голоше́ние, -я
голошта́нник, -а
голошта́нный
голу́ба, -ы, м. и ж.
голубево́д, -а
голубево́дство, -а
голубево́дческий
голубёнок, -нка, мн. -бя́та, -бя́т
голу́бенький
голубеобра́зные, -ых
голубе́ть, -е́ет
голубе́ц, -бца́, тв. -бцо́м, р. мн. -бцо́в (краска; архит.)
голубизна́, -ы́
голуби́ка, -и
голуби́ный
голу́бить, -блю, -бит
голуби́ца, -ы, тв. -ей
голуби́чник, -а
голуби́чный
голу́бка, -и, р. мн. -бок
голубова́тенький
голубова́то-бе́лый
голубова́то-се́рый
голубова́тость, -и

голубова́тый
голубогла́зый
голубо́й
Голубо́й Нил (река)
голубо́к, -бка́
голу́бонька, -и, р. мн. -нек
голубоо́кий
голубо́чек, -чка
голубо́чка, -и, р. мн. -чек
голу́бушка, -и, р. мн. -шек
голубцы́, -о́в, ед. -бе́ц, -бца́, тв. -бцо́м
голубчик, -а
го́лубь, -я, мн. -и, -е́й
голубя́тина, -ы
голубя́тник, -а
голубя́тня, -и, р. мн. -тен
го́лый; кр. ф. гол, гола́, го́ло
голытьба́, -ы́
го́лыш, -а́, тв. -о́м
го́лышка, -и, р. мн. -шек
голышо́м, нареч.
голь, -и
го́льдка, -и, р. мн. -док
гольдо́ниевский (от Гольдо́ни)
го́льдский
го́льды, -ов, ед. гольд, -а
голье́, -я́
гольево́й
гольём, нареч.
го́льмий, -я
гольтепа́, -ы́
гольф, -а (игра)
гольфи́ст, -а
гольф-клу́б, -а
го́льфовый
гольф-по́ле, -я
Гольфстри́м, -а
го́льфы[1], -ов, ед. гольф, -а (короткие чулки)
го́льфы[2], -ов (брюки)
гольцо́вый
гольцы́, -о́в, ед. голе́ц, гольца́, тв. гольцо́м (горные вершины)
голья́н, -а
го́лядь, -и

голя́к, -а́
голяко́м, нареч.
голячо́к, -чка́ (от голя́к)
голя́шка, -и, р. мн. -шек
го́мбо, нескл., с.
го́мельский (от Го́мель)
го́мельцы, -ев, ед. -лец, -льца, тв. -льцем
гомельча́не, -а́н, ед. -а́нин, -а
гомельча́нка, -и, р. мн. -нок
Го́мельщина, -ы (к Го́мель)
гомебзис, -а
гомеоме́рия, -и
гомеоморфи́зм, -а
гомеомо́рфия, -и
гомеопа́т, -а
гомеопати́ческий
гомеопа́тия, -и
гомеополя́рный
гомеоста́з, -а и гомеоста́зис, -а
гомеоста́т, -а
гомери́ческий (смех, хо́хот)
Гоме́ров, -а, -о и гоме́ровский (от Гоме́р)
гомероло́гия, -и
го́мик, -а
гомиле́тика, -и
гомилети́ческий
гоми́лия, -и
гомини́ды, -ов, ед. -ни́д, -а
Гоминьда́н, -а
гоминьда́новец, -вца, тв. -вцем, р. мн. -вцев
гоминьда́новский (от Гоминьда́н)
гоммо́з, -а и гуммо́з, -а
гоммо́зный и гуммо́зный (к гоммо́з и гуммо́з)
гомо... — первая часть сложных слов, пишется слитно
гомоаллели́зм, -а
гомогали́нный
гомогаме́тность, -и
гомогаме́тный
гомога́мия, -и
гомогена́т, -а

гомогениза́тор, -а
гомогениза́ция, -и
гомогенизи́рованный; кр. ф. -ан, -ана
гомогенизи́ровать(ся), -ру́ю, -ру́ет(ся)
гомоге́нность, -и
гомоге́нный; кр. ф. -е́нен, -е́нна
гомодинами́я, -и
гомозиго́та, -ы
гомозиго́тность, -и
гомозиго́тный
гомози́ть(ся), -ожу́(сь), -ози́т(ся)
гомойоло́гия, -и
гомойосмоти́ческий
гомойоте́рмный
гомо́лог, -а
гомологи́ческий
гомологи́чный; кр. ф. -чен, -чна
гомоло́гия, -и
гомологрфи́ческий
гомоморфи́зм, -а
го́мон, -а
гомони́ть, -ню́, -ни́т
гомоно́мия, -и
гомопа́уза, -ы
гомоперехо́д, -а
гомопла́стика, -и
гомопласти́ческий
гомополиме́ры, -ов, ед. -ме́р, -а
Гомо́рра, -ы и гомо́рра, -ы: Содо́м и Гомо́рра (библ.) и содо́м и гомо́рра (то же, что содом)
го́мо са́пиенс, нескл., м.
гомосексуали́зм, -а
гомосексуали́ст, -а
гомосексуали́стка, -и, р. мн. -ток
гомосексуа́льный; кр. ф. -лен, -льна
гомостили́я, -и
гомосфе́ра, -ы
гомоталли́зм, -а
гомоте́тия, -и
гомоти́пия, -и
гомотрансплантáт, -а
гомотрансплантáция, -и

гомофо́ния, -и
гомофо́нный
гомоцентри́ческий
гомоцепно́й
гомоце́ркный и гомоцерка́льный
го́мруль, -я
го́мстед, -а
гому́нкул, -а и гому́нкулус, -а
гон, -а
гонадотропи́ны, -ов, ед. -пи́н, -а
гонадотро́пный
гона́ды, -а́д, ед. -а́да, -ы
гонве́д, -а
гонг, -а
гонга́л, -а
гондо́ла, -ы
гондолье́р, -а (гребец)
гондолье́ра, -ы (песня)
гондура́сский (от Гондура́с)
гондура́сцы, -ев, ед. -сец, -сца, тв. -сцем
го́нды, -ов
гоне́ние, -я
гоне́ц, гонца́, тв. гонцо́м, р. мн. гонцо́в
гониати́ты, -ов, ед. -ти́т, -а
гонидиа́льный
гони́дии, -ий, ед. -дия, -и
гони́мый
гонио́метр, -а
гониометри́ческий
гониоме́трия, -и
гонионе́ма, -ы
гони́т, -а
гони́тель, -я
гони́тельница, -ы, тв. -ей
го́нка, -и
го́нки, го́нок (соревнования)
го́нкий; кр. ф. го́нок, гонка́, го́нко
гонко́нгский (от Гонко́нг)
гонко́нгцы, -ев, ед. -гец, -гца, тв. -гцем
Гонку́ровская пре́мия
гонку́ровский (от Гонку́ры)
го́нный

гоноббéль, -я и гоноббль, -и
гоно́к, гонка́ (тех.)
гоноко́кки, -ов, ед. -ко́кк, -а
гоноко́кковый
го́нор, -а
гонора́р, -а
гонора́рный
гоноре́йный
гоноре́я, -и
гоно́рис ка́уза, неизм.
го́ночный
гоноши́ть(ся), -шу́(сь), -ши́т(ся)
гонт, -а
гонтово́й
гонча́к, -а́
гонча́р, -а́
гонча́рничать, -аю, -ает
гонча́рный
гонча́рня, -и, р. мн. -рен
гончаро́вский (от Гончаро́в, Гончаро́ва)
гонча́рский
гонча́рство, -а
го́нчая, -ей
Го́нчие Псы́ (созвездие)
го́нчий
го́нщик, -а
го́нщица, -ы, тв. -ей
гоньба́, -ы́
гоня́ть(ся), -я́ю(сь), -я́ет(ся)
гоня́щий
гоня́щий(ся)
гоп, неизм.
гопа́к, -а́
гопкали́т, -а
гоп-компа́ния, -и
гопли́т, -а
гоп-ля́, неизм.
го́пник, -а
гора́, -ы́, вин. го́ру, мн. го́ры, гор, гора́м; но (в названиях населенных пунктов) Гора́, -ы́, вин. Го́ру, напр.: Соколи́ная Гора́ (район в Москве), Аку́лова Гора́, Нико́лина Гора́, Коса́я Гора́ (поселки)
гора́зд, -а, -о

ГОРАЗДО

гора́здо, *нареч.*
гора́л, -а
Гора́циев, -а, -о и гора́циевский (*от* Гора́ций)
горб, -а́, *предл.* на горбу́
горба́тенький
горба́теть, -ею, -еет (*становиться горбатым*)
горба́тить, -а́чу, -а́тит (*что*)
горба́титься, -а́чусь, -а́тится
горба́тка, -и, *р. мн.* -ток
горба́тость, -и
горба́тый
горба́тящий(ся)
горба́ч, -а́, *тв.* -о́м
горбачёвский (*от* Горбачёв)
го́рбик, -а
горби́на, -ы
горби́нка, -и, *р. мн.* -нок
горби́нник, -а
горби́стый
го́рбить(ся), -блю(сь), -бит(ся)
горбови́дный; *кр. ф.* -ден, -дна
горбо́к, -бка́
горбоно́сый
горбообра́зный; *кр. ф.* -зен, -зна
горбу́н, -а́
Горбуно́к, -нка́: Конёк-Горбуно́к, Конька́-Горбунка́
горбу́нья, -и, *р. мн.* -ний
горбу́ша, -и, *тв.* -ей
горбу́шечка, -и, *р. мн.* -чек
горбу́шка, -и, *р. мн.* -шек
горбы́ль, -я́
горбыткомбина́т, -а
го́рбящий(ся)
горго́на Меду́за
горго́ны, -о́н, *ед.* -го́на, -ы
гордеифо́рме, *нескл., ж.*
гордели́вость, -и
гордели́вый
го́рдень, -я
гордец, -а́, *тв.* -о́м, *р. мн.* -о́в
го́рдиев у́зел, го́рдиева узла́
горди́ться, горжу́сь, горди́тся
гордо́вина, -ы

гордо́н, -а
го́рдость, -и
го́рдый; *кр. ф.* горд, -а́, го́рдо, го́рды; но: Семён Го́рдый
горды́ня, -и
гордя́чка, -и, *р. мн.* -чек
го́ре, -я
горе́, *нареч.* (кверху)
го́ре-... — первая часть сложных слов, пишется через дефис, напр. го́ре-охо́тник, го́ре-учёный; но: го́ре го́рькое
горева́ние, -я
горева́ть, горю́ю, горю́ет
горево́й
го́ре-горева́ньице, го́ря-горева́ньица
го́ре го́рькое
го́ре-злосча́стие, го́ря-злосча́стия
горе́лка, -и, *р. мн.* -лок (*прибор*)
горе́лки, -лок (*игра*)
горе́лый
горелье́ф, -а
горелье́фный
горе́льник, -а
горемы́ка, -и, *м. и ж.*
горемы́чный
горе́ние, -я
го́ренка, -и, *р. мн.* -нок
го́ре-охо́тник, -а
го́ре-руководи́тель, -я
го́ре-рыболо́в, -а
го́рестный; *кр. ф.* -тен, -тна
го́ресть, -и
горе́ть, горю́, гори́т
го́ре-учени́к, -а́
го́рец, го́рца, *тв.* го́рцем, *р. мн.* го́рцев
горе́ц, горца́, *тв.* горцо́м, *р. мн.* горцо́в (*растение*)
горечавка, -и, *р. мн.* -вок
горечавковые, -ых
го́речь, -и
го́ржа, -и, *тв.* -ей
горже́т, -а

горже́тка, -и, *р. мн.* -ток
горжилуправле́ние, -я
горздра́в, -а
горизо́нт, -а
горизонта́ль, -и
горизонта́льно-вертика́льный
горизонта́льно-водотру́бный
горизонта́льно-ко́вочный
горизонта́льно летя́щий
горизонта́льно-продо́льный
горизонта́льно-расто́чный
горизонта́льно-сверли́льный
горизонта́льность, -и
горизонта́льно-фре́зерный
горизонта́льный; *кр. ф.* -лен, -льна
гори́йка, -и, *р. мн.* -и́ек
гори́йский (*от* Го́ри)
гори́йцы, -ев, *ед.* -и́ец, -и́йца, *тв.* -и́йцем
гори́лка, -и, *р. мн.* -лок (*водка*)
гори́лла, -ы
горисполко́м, -а
горисполко́мовский
гори́стость, -и
гори́стый
горихво́стка, -и, *р. мн.* -ток
горицве́т, -а
го́рка, -и, *р. мн.* го́рок
Го́рки, Го́рок, *употр. в названиях населенных пунктов, напр.:* Го́рки (*город*), Го́рки Ле́нинские, Но́вые Го́рки (*поселок*)
го́ркнувший
го́ркнуть, -нет; *прош.* го́ркнул, го́ркла
горко́м, -а
горко́мовский
горла́н, -а
горла́нить, -ню, -нит
горла́нящий
горла́стый
горла́тка, -и, *р. мн.* -ток
горла́тный
горла́ч, -а́, *тв.* -о́м
го́рлинка, -и, *р. мн.* -нок

го́рлица, -ы, *тв.* -ей
го́рло, -а
горлови́к, -а́
горлови́на, -ы
горлово́й
го́рловский (*от* Го́рловка)
горловча́не, -а́н, *ед.* -а́нин, -а (*от* Го́рловка)
горловча́нка, -и, *р. мн.* -нок
горлодёр, -а
горлопа́н, -а
горлопа́нить, -ню, -нит
горлопа́нство, -а
горлопа́нящий
горлохва́т, -а
го́рлышко, -а, *мн.* -шки, -шек
горля́нка, -и, *р. мн.* -нок
гормо́н, -а
гормона́льный
гормо́нный (*от* гормо́н)
гормоно́иды, -ов, *ед.* -о́ид, -а
гормонотерапи́я, -и
гормя́ горе́ть
горн, -а
Го́рная Шо́рия
горнбленди́т, -а
го́рний
горни́ло, -а
горни́ст, -а
го́рница, -ы, *тв.* -ей
го́рничная, -ой
го́рничный
го́рно-алта́йский (*от* Го́рный Алта́й и Го́рно-Алта́йск)
горноалта́йцы, -ев, *ед.* -а́ец, -а́йца, *тв.* -а́йцем
го́рно-артиллери́йский
го́рно-бадахша́нский (*от* Го́рный Бадахша́н)
го́рно-бурово́й
го́рно-взрывно́й
горново́й
горновщи́к, -а́
го́рно-геологи́ческий
го́рно-добыва́ющий
го́рно-доли́нный

го́рно-заво́дский и го́рно-заводско́й
горнозаво́дчик, -а
го́рно-климати́ческий
го́рно-лави́нный
го́рно-леси́стый
го́рно-лесно́й
горнолы́жник, -а
горнолы́жница, -ы, *тв.* -ей
го́рно-лы́жный
го́рно-мари́йский (язы́к)
го́рно-металлурги́ческий
го́рно-морско́й
го́рно-обогати́тельный
го́рно-пересечённый
горнопромы́шленник, -а
горнопромы́шленность, -и
го́рно-промы́шленный
го́рно-прохо́дческий
горнопрохо́дчик, -а
го́рно-пусты́нный
горнорабо́чий, -его
го́рно-ру́дный
горноспаса́тель, -я
го́рно-спаса́тельный
го́рно-спорти́вный
горноста́евый
горноста́й, -я
го́рно-стрелко́вый
го́рно-техни́ческий
го́рно-тра́нспортный
го́рно-хими́ческий
го́рно-ша́хтный
Го́рные Ключи́ (поселок)
го́рный
Го́рный Алта́й
Го́рный Бадахша́н
горня́к, -а́
горня́цкий
горовосходи́тель, -я
го́род, -а, *мн.* -а́, -о́в
го́род-геро́й, го́рода-геро́я
городе́цкий (*от* Городе́ц, *город; городе́цкая ро́спись; городе́цкая культу́ра, археол.*)
городи́ть, -ожу́, -о́дит

городи́шко, -а и -и, *дат.* -у и -е, *тв.* -ом и -ой, *мн.* -шки, -шек, *м.*
городи́ще[1], -а, *мн.* -а и -и, -йщ, *м.* (*увелич. к* го́род)
городи́ще[2], -а, *с.* (*место, где стоял город*)
городи́щенский
городки́, -о́в (*игра*)
го́род-комму́на, го́рода-комму́ны
го́род-кре́пость, го́рода-кре́пости
городни́чество, -а
городни́чий, -его и (*лит. персонаж*) Городни́чий, -его
городни́чиха, -и
городово́й[1] (*городской*)
городово́й[2], -о́го
городо́к, -дка́
городо́шник, -а
городо́шный
го́род-побрати́м, го́рода-побрати́ма
го́род-по́рт, го́рода-по́рта
городско́й
го́род-спу́тник, го́рода-спу́тника
городьба́, -ы́
городя́щий
горожа́нин, -а, *мн.* -а́не, -а́н
горожа́нка, -и, *р. мн.* -нок
гороже́ние, -я
горо́женный; *кр. ф.* -ен, -ена, *прич.*
горо́но, *нескл., с.*
горообра́зный
горообразова́ние, -я
гороско́п, -а
горотели́ческий
горотели́я, -и
горо́х, -а и -у
Горо́х: при царе́ Горо́хе
горохове́цкий (*от* Горохове́ц)
горохови́дный
горо́ховик, -а
горо́ховина, -ы
горо́ховица, -ы, *тв.* -ей
горо́ховище, -а

ГОРОХОВЧАНЕ

гороховча́не, -а́н, ед. -а́нин, -а (от Горохове́ц)
горо́ховый
го́рочка, -и, р. мн. -чек
го́рочный
горо́шек, -шка и -шку
горо́шина, -ы
горо́шинка, -и, р. мн. -нок
горса́д, -а, предл. в горсаду́, мн. -ы́, -о́в
го́рский
горсове́т, -а
горспра́вка, -и, р. мн. -вок
горст, -а (геол.)
горстево́й
го́рстка, -и, р. мн. -ток
го́рсточка, -и, р. мн. -чек
горсть, -и, предл. в го́рсти, мн. -и, -е́й
горсу́д, -а́
горта́нный
горта́нь, -и
горте́нзия, -и
гору́шка, -и, р. мн. -шек
горча́йший
горча́к, -а́
го́рче, сравн. ст. (от го́рький, го́рько – о вкусе)
горчи́нка, -и
горчи́ть, -и́т
горчи́ца, -ы, тв. -ей
горчи́чка, -и
горчи́чник, -а
горчи́чница, -ы, тв. -ей
горчи́чный
го́рше, сравн. ст. (от го́рький, го́рько – горестный)
горше́ня, -и, р. мн. -е́й, м.
горше́чник, -а
горше́чный
го́рший
горшо́к, -шка́
горшо́чек, -чка
горшочкоде́латель, -я
го́рько, нареч. и в знач. сказ.

Го́ры, Гор, -а́м, употр. в названиях населенных пунктов, напр.: Святы́е Го́ры, Пу́шкинские Го́ры (поселок), Лы́сые Го́ры (поселок)
го́рькая, -ой
го́рький; кр. ф. го́рек, горька́, го́рько, го́рьки́
горькова́то-сла́дкий
горькова́тость, -и
горькова́тый
горькове́д, -а (от Го́рький)
горькове́дение, -я
го́рьковский (от Го́рький)
горьковча́не, -а́н, ед. -а́нин, -а
горьковча́нка, -и, р. мн. -нок
горькоминда́льный
горько́нек, -нька
го́рько-сла́дкий
го́рько-солёный
горьку́ха, -и
горьку́ша, -и, тв. -ей
горьку́шка, -и, р. мн. -шек
горю́н, -а́
горю́ниться, -нюсь, -нится
горю́нья, -и, р. мн. -ний
горю́ха, -и, ж.
горючево́з, -а
горю́чее, -его
горю́че-сма́зочный
горю́честь, -и
горю́чий
горю́чка, -и
горю́ша, -и, тв. -ей, м. и ж.
го́рюшко, -а
горя́нка, -и, р. мн. -нок
горя́чее, сравн. ст.
горяче́йший
горячека́таный
горячело́мкость, -и
горя́ченький
горячеоцинко́ванный
горячепрессо́ванный
горя́чечный
горячештампо́вочный
горя́чий; кр. ф. горя́ч, горяча́
Горя́чий Ключ (город)

горячи́тельный; кр. ф. -лен, -льна
горячи́ть(ся), -чу́(сь), -чи́т(ся)
горя́чка, -и
горя́чность, -и
горячо́, нареч. и в знач. сказ.
горя́щий
гос... и (в названиях учреждений) Гос... – первая часть сложных слов, пишется слитно
госавтоинспе́ктор, -а
Госавтоинспе́кция, -и
госаппара́т, -а
госарби́тр, -а
госарбитра́ж, -а, тв. -ем
госба́нк, -а
госбезопа́сность, -и
госбюдже́т, -а
госбюдже́тный
госграни́ца, -ы, тв. -ей
госда́ча, -и, тв. -ей
Госде́п, -а
Госдепарта́мент, -а
госдота́ция, -и
Госду́ма, -ы
госзаём, -за́йма
госзака́з, -а
госзака́зник, -а
госзаку́пки, -пок
госиму́щество, -а
госинспе́ктор, -а
госинспе́кция, -и
госкапитали́зм, -а
Госкино́, нескл., с.
госколле́кция, -и
Госком... – первая часть сложных слов (сокр.: Государственный комитет), пишется слитно, напр.: Госкомста́т, Госкомпеча́ть, Госкомэколо́гия
госкоми́ссия, -и
госконтро́ль, -я
Госконце́рт, -а
госкреди́т, -а
гослице́нзия, -и
госнадзо́р, -а

ГОСУДАРСТВЕННО-БЮРОКРАТИЧЕСКИЙ

Госналогслу́жба, -ы
го́спел, -а и го́спелс, нескл., мн.
госпитализа́ция, -и
госпитализи́рованный; кр. ф. -ан, -ана
госпитализи́ровать(ся), -рую(сь), -рует(ся)
го́спиталь, -я, мн. -и, -ей и -е́й
госпитальёры, -ов, ед. -ёр, -а
госпита́льный
госпла́н, -а (сокр.: государственный план) и Госпла́н, -а (правительственное учреждение в СССР)
госпла́новский
госплемзаво́д, -а
госплемрасса́дник, -а
госплемхо́з, -а
господа́рство, -а
господа́рь, -я
господа́-това́рищи, госпо́д-това́рищей
господде́ржка, -и
Госпо́день, -дня, -дне (к Госпо́дь)
Го́споди (обращение к Богу) и го́споди, межд.
Го́споди Бо́же (мо́й) (обращение к Богу) и го́споди бо́же (мой), межд.
Го́споди Иису́се и Го́споди Ису́се (обращение к Богу, напр. в молитве) и го́споди Ису́се, межд.
господи́н, -а, мн. господа́, -о́д, -ода́м; как обращение или офиц. упоминание пишется с последующим словом раздельно, напр.: господи́н профе́ссор, господи́н мини́стр
Господи́н Вели́кий Но́вгород (ист.)
господи́нчик, -а
Го́споди поми́луй и (в знач. межд.) го́споди поми́луй
Госпо́дний (к Госпо́дь)
госпо́дский (к господи́н)
госпо́дство, -а
госпо́дствовать, -твую, -твует
госпо́дствующий
госпо́дчик, -а
Госпо́дь, Го́спода
Госпо́дь Бо́г, Го́спода Бо́га
госпо́дь его́ (её, и́х) зна́ет (неизвестно, не знаю)
госпожа́, -и́, тв. -о́й
госпредприя́тие, -я
Госпре́мия, -и
госприёмка, -и
госпромхо́з, -а
госрезе́рв, -а
госсе́к, -а
госсекрета́рь, -я́
госсе́ктор, -а
госслу́жащий, -его
госслу́жба, -ы
госсо́бственность, -и
Госсове́т, -а
госсове́тник, -а
госсортуча́сток, -тка
госстанда́рт, -а (сокр.: государственный стандарт) и Госстанда́рт, -а (учреждение)
госстра́х, -а (сокр.: государственное страхование) и Госстра́х, -а (учреждение)
ГОСТ, -а (сокр.: государственный общероссийский стандарт)
гостева́ть, -тю́ю, -тю́ет
гостево́й
гостёк, другие формы не употр. (от гость)
Гостелерадиофо́нд, -а
гостенёк, -нька́
гостеприи́мный; кр. ф. -мен, -мна
гостеприи́мство, -а
гостехнадзо́р, -а
гостёчек, -чка
гости́ная, -ой
гости́нец, -нца, тв. -нцем, р. мн. -нцев
гости́ник, -а
гости́ница, -ы, тв. -ей
гости́ничный
гости́нный (от гости́ная: гости́нная ме́бель, гости́нный завсегда́тай)
гостинодво́рец, -рца, тв. -рцем, р. мн. -рцев
гостинодво́рский
гости́нчик, -а
гости́ный (от гость: гости́ный ря́д, дво́р; гости́ный ко́рпус, фли́гель)
Гости́ный Дво́р (архит. (памятник, универмаг в нек-рых городах)
гости́рованный; кр. ф. -ан, -ана
гости́ровать(ся), -рую, -рует(ся) (от ГОСТ)
гости́ть, гощу́, гости́т
го́стовский (от ГОСТ)
госторго́вля, -и
гость, -я, мн. -и, -е́й
го́стьюшка, -и, р. мн. -шек, ж. (от го́стья)
го́стья, -и, р. мн. -тий
го́стюшка, -и, р. мн. -шек, м. (от гость)
госуда́рев, -а, -о
госуда́рский (от госуда́рь)
госуда́рства – уча́стники СНГ
госуда́рства – не чле́ны НА́ТО
госуда́рства – чле́ны НА́ТО
Госуда́рственная автомоби́льная инспе́кция (ГАИ)
Госуда́рственная ду́ма
Госуда́рственная нало́говая слу́жба РФ
Госуда́рственная пре́мия
госуда́рственник, -а
госуда́рственнический
госуда́рственничество, -а
госуда́рственно-администрати́вный
госуда́рственно-бюрократи́ческий

ГОСУДАРСТВЕННОЕ СОБРАНИЕ

Госуда́рственное собра́ние (парламент в нек-рых странах)
госуда́рственно-зави́симый
госуда́рственно-колхо́зный
госуда́рственно-комме́рческий
госуда́рственно-кооперати́вный
госуда́рственно-монополисти́ческий
госуда́рственно-правово́й
госуда́рственно-регули́руемый
госуда́рственность, -и
госуда́рственный
Госуда́рственный антимонопо́льный комите́т РФ
Госуда́рственный департа́мент (в США)
Госуда́рственный истори́ческий музе́й
Госуда́рственный Кремлёвский дворе́ц
Госуда́рственный сове́т
Госуда́рственный тамо́женный комите́т РФ
госуда́рство, -а
госуда́рствове́д, -а
госуда́рствове́дение, -я
госуда́рство-рантье́, госуда́рства-рантье́
госуда́рыня, -и, р. мн. -ынь
госуда́рь, -я
госуда́рь импера́тор, госуда́ря импера́тора
госучрежде́ние, -я
Госфильмофо́нд, -а
госхо́з, -а
госцена́, -ы́, мн. -це́ны, -це́н
госэкза́мен, -а
го́тика, -и
готи́ческий
го́тландский (от Го́тланд)
готова́льня, -и, р. мн. -лен
гото́венький
гото́вить(ся), -влю(сь), -вит(ся)
гото́вка, -и

гото́вленный; кр. ф. -ен, -ена, прич.
гото́вно, нареч.
гото́вность, -и
гото́во, в знач. сказ.
гото́вый
гото́вящий(ся)
го́тский (от го́ты)
готтенто́тка, -и, р. мн. -ток
готтенто́тский
готтенто́ты, -ов, ед. -то́т, -а
го́ты, -ов, ед. гот, -а
го́фер, -а (животное)
гофма́клер, -а
гофмани́ада, -ы
го́фмановский (от Го́фман)
гофма́ршал, -а
гофма́ршальский
гофме́йстер, -а
гофме́йстерина, -ы
гофме́йстерский
гофр, -а (стройматериал)
гофре́, неизм. и нескл., с.
го́френный; кр. ф. -ен, -ена, прич.
го́френый, прил.
гофрирова́льный
гофрирова́ние, -я
гофриро́ванный; кр. ф. -ан, -ана
гофрирова́ть(ся), -ру́ю, -ру́ет(ся)
гофриро́вка, -и
го́фрить(ся), -рю, -рит(ся)
гофробума́га, -и
гофрокоро́б, -а, мн. -а́, -о́в
гофрота́ра, -ы
го́фры, гофр
гоф-фурье́р, -а
Гохра́н, -а
гохуа́, нескл., ж. и с.
го́цциевский (от Го́цци)
ГОЭЛРО́, нескл., м. и с. (пла́н ГОЭЛРО́)
Граа́ль, -я (ча́ша Граа́ля)
граб, -а
граба́рка, -и, р. мн. -рок
граба́рный
граба́рский

граба́рь, -я́ и гра́барь, -я
граба́стать, -аю, -ает
грабёж, -ежа́, тв. -о́м
гра́бельки, -лек
гра́бен, -а
граби́ловка, -и, р. мн. -вок
граби́нник, -а
граби́нный
граби́тель, -я
граби́тельница, -ы, тв. -ей
граби́тельски
граби́тельский
граби́тельство, -а
гра́бить, -блю -бит
граблеви́дный; кр. ф. -ден, -дна
грабле́ние, -я (уборка граблями)
грабле́ние, -я (грабеж)
гра́бленный; кр. ф. -ен, -ена, прич.
гра́бленый, прил.
граблеобра́зный; кр. ф. -зен, -зна
гра́бли, -бель и -блей
грабли́ны, -ли́н, ед. -ли́на, -ы
гра́бовый
грабшти́хель, -я
грабья́рмия, -и
гра́бящий
гра́ве, неизм. и нескл., с.
гравели́т, -а
гра́вер, -а (жук)
гравёр, -а
гравёрный
гравиемо́йка, -и, р. мн. -о́ек
гра́вий, -я
гра́ви́йка, -и, р. мн. -и́ек
грави́йно-песча́ный
грави́йный
гравила́т, -а
гравиме́тр, -а
гравиметри́ческий гравиме́трия, -и
гравирова́льный
гравирова́льщик, -а
гравирова́льщица, -ы, тв. -ей
гравирова́ние, -я
гравиро́ванный; кр. ф. -ан, -ана

гравирова́ть(ся), -ру́ю, -ру́ет(ся)
гравиро́вка, -и, р. мн. -вок
гравиро́вщик, -а
гравиро́вщица, -ы, тв. -ей
гравитацио́нный
гравита́ция, -и
гравито́н, -а
гравю́ра, -ы
гравю́рка, -и, р. мн. -рок
гравю́рный
град, -а
Град, -а (в Праге)
градацио́нность, -и
градацио́нный
града́ция, -и
градие́нт, -а
градие́нтный
градиентоме́тр, -а
гра́дина, -ы
гра́динка, -и, р. мн. -нок
гради́рный
гради́рня, -и, р. мн. -рен
гради́рование, -я
гради́рованный; кр. ф. -ан, -ана
гради́ровать(ся), -рую, -рует(ся)
гради́ровка, -и
градиро́вочный
градоби́тие, -я
градобо́йный
градово́й
гра́дом, нареч.
градонача́льник, -а
градонача́льство, -а
градоно́сный; кр. ф. -сен, -сна
градообразу́ющий
градоправи́тель, -я
градоправи́тельский
градостро́ение, -я
градострои́тель, -я
градострои́тельный
градострои́тельство, -а
гра́дская больни́ца: Пе́рвая (Втора́я) гра́дская больни́ца, но: 1-я (2-я) Гра́дская больни́ца (в Москве)

гра́дский и градско́й (устар. к городско́й)
градуа́л, -а
градуа́льный
градуи́рование, -я
градуи́рованный; кр. ф. -ан, -ана
градуи́ровать(ся), -рую, -рует(ся)
градуиро́вка, -и
гра́дус, -а
гра́дусник, -а
гра́дусный
граждани́н, -а, мн. гра́ждане, -ан
гражда́нка, -и, р. мн. -нок
граждановеде́ние, -я
гражда́ночка, -и, р. мн. -чек
гражда́нская война́ и (в России 1918–1920; в США 1861–1865) Гражда́нская война́
гражда́нский
Гражда́нский ко́декс РФ (ГК РФ)
гражда́нско-правово́й
гражда́нско-процессуа́льный
Гражда́нско-процессуа́льный ко́декс РФ
гражда́нственность, -и
гражда́нственный; кр. ф. -вен и -венен, -венна
гражда́нство, -а
грай, -я
грамза́пись, -и
грамициди́н, -а
грамм, -а, р. мн. -ов, счетн. ф. грамм и -ов
грамма́тик, -а
грамма́тика, -и
грамматикализа́ция, -и
грамматикализо́ванный; кр. ф. -ван, -вана
грамматикализова́ться, -зу́ется
граммати́ст, -а
граммати́ческий
грамматоло́гия, -и
грамм-а́том, -а
грамме́ма, -ы
грамм-ио́н, -а

грамм-ке́львин, -а, р. мн. -ов, счетн. ф. -вин
грамм-ма́сса, -ы
грамм-моле́кула, -ы
грамм-молекуля́рный
грамм-мо́ль, -я
гра́ммовый
граммоме́тр, -а
граммофо́н, -а
граммофо́нный
грамм-рентге́н, -а, р. мн. -ов, счетн. ф. -ге́н
грамм-сантиме́тр, -а
грамм-си́ла, -ы
грамм-си́ла-сантиме́тр, -а
грамм-эквивале́нт, -а
гра́мота, -ы
грамоте́й, -я
грамоте́йка, -и, р. мн. -е́ек
грамотёшка, -и, р. мн. -шек
гра́мотка, -и, р. мн. -ток
гра́мотность, -и
гра́мотный; кр. ф. -тен, -тна
грамотрица́тельный
грампласти́нка, -и, р. мн. -нок
грамположи́тельный
гран, -а, р. мн. -ов, счетн. ф. гран
грана́т, -а, р. мн. -ов (растение; драгоценный камень, минерал)
грана́та, -ы, р. мн. -а́т (снаряд)
грана́тина, -ы
грана́тка, -и, р. мн. -ток
грана́тник, -а
грана́тный
грана́товый
гранатомёт, -а
гранатомета́ние, -я
гранатомётчик, -а
гранд, -а (титул аристократа)
гранд-да́ма, -ы
грандио́зность, -и
грандио́зный; кр. ф. -зен, -зна
гранд-коке́т, неизм. и нескл., ж. (амплуа)
Гранд-опера́, нескл., ж. (в Париже)

Гранд-оте́ль, -я
гране́ние, -я
гранённый; кр. ф. -ён, -ена́, прич.
гранёный, прил.
гранж, неизм.
гра́нжевый
грани́льник, -а
грани́льный
грани́льня, -и, р. мн. -лен
грани́льщик, -а
грани́льщица, -ы, тв. -ей
грани́т, -а
гранитиза́ция, -и
грани́тный
гранитогне́йс, -а
гранито́ид, -а
гранито́левый
гранито́ль, -я
грани́тчик, -а
грани́ть(ся), -ню́, -ни́т(ся)
грани́ца, -ы, тв. -ей
грани́чащий
грани́чить, -чит
грани́чный
гра́нка, -и, р. мн. -нок
Грановитая пала́та (в Московском Кремле)
гран-па́, нескл., с.
гранпасья́нс, -а
Гран-при́, нескл., м.
грант, -а (субсидия, стипендия)
гра́нтовый
грантода́тель, -я
грантодержа́тель, -я
грантоиска́тель, -я
грантополуча́тель, -я
гра́нула, -ы
гранулёзный
гранулёма, -ы
грануля́рование, -я
грануляро́ванный; кр. ф. -ан, -ана
грануля́ровать(ся), -ру́ю, -ру́ет(ся)
грануля́т, -а
грануля́товый

гранулометри́ческий
гранулометри́я, -и
гранулоци́ты, -ов, ед. -ци́т, -а
грануля́рный
грануля́т, -а
грануля́тор, -а
грануля́торщик, -а
грануляцио́нный
грануля́ция, -и
грань, -и
граптоли́ты, -ов, ед. -ли́т, -а
грасси́рование, -я
грасси́ровать, -рую, -рует
гра́сский (от Грасс)
грасьо́со, нескл., м.
грат, -а (в металлообработке)
гра́та, неизм.: персо́на гра́та, персо́на нон гра́та
гратта́ж, -а, тв. -ем
гратуа́р, -а
граф¹, -а, мн. -ы, -ов и (разг.) -фья́, -фьёв (титул)
граф², -а (матем.)
графа́, -ы́, мн. гра́фы, граф, гра́фа́м
графеко́н, -а
графе́ма, -ы
графе́мный
гра́фик, -а
гра́фика, -и
графи́н, -а
графи́нин, -а, -о
графи́нный
графи́нчик, -а
графи́нюшка, -и, р. мн. -шек
графи́ня, -и, р. мн. -и́нь
графи́т, -а
графитиза́ция, -и
графитизи́рованный; кр. ф. -ан, -ана
графитизи́ровать(ся), -рую, -рует(ся)
графи́тный
графитово́дный
графи́товый
графитога́зовый
графитопла́сты, -ов, ед. -а́ст, -а

графи́ть, -флю́, -фи́т
графи́чески
графи́ческий
графи́чность, -и
графи́чный; кр. ф. -чен, -чна
графле́ние, -я
графлённый; кр. ф. -ён, -ена́, прич.
графлёный, прил.
графо́лог, -а
графологи́ческий
графоло́гия, -и
графома́н, -а
графома́ния, -и
графома́нка, -и, р. мн. -нок
графома́нский
графома́нство, -а
графоме́трия, -и
графопострои́тель, -я
графопострои́тельный
графоспа́зм, -а
графоста́тика, -и
гра́фский
гра́фство, -а
графтсополиме́ры, -ов, ед. -ме́р, -а
граффи́ти, нескл., мн. (надписи)
граффи́то, нескл., с. (живопись; надпись)
грацио́зность, -и
грацио́зный; кр. ф. -зен, -зна
грацио́нный (фин.)
гра́ция, -и
гра́цский (от Грац)
грач, -а́, тв. -о́м
грачи́ный
грачо́вник, -а
грачо́вый
грачо́нок, -нка, мн. -ча́та, -ча́т
гра́ять, гра́ет
гребёнка, -и, р. мн. -нок
гребённик, -а
гребенно́й
гребённый; кр. ф. -ён, -ена́, прич. (от грести́)
гребёночка, -и, р. мн. -чек

гребенско́й (гребенски́е каза́ки)
гребе́нчато-я́мочный
гребе́нчатый
гребенщи́к, -а́
гребенщико́вые, -ых
гре́бень, -бня
гребе́ц, -бца́, *тв.* -бцо́м, *р. мн.* -бцо́в
гребешко́вый
гребешо́к, -шка́
гребешо́чек, -чка
гребло́, -а́
гре́бля, -и
гребля́к, -а́
гребневи́дный; *кр. ф.* -ден, -дна
гребневи́к, -а́
гребнево́й
гребнезу́бый
гребнеобра́зный; *кр. ф.* -зен, -зна
гребнечеса́льный
гребнечеса́льщица, -ы, *тв.* -ей
гребнечеса́ние, -я
гребни́стый
гребно́й
гребну́ть, -ну́, -нёт
гребо́к, -бка́ (*от* грести́)
гребу́щий
гребчи́ха, -и
грёбший
грёбь, -и
грегари́ны, -и́н, *ед.* -и́на, -ы
грёжа, -и, *тв.* -ей
гре́зить(ся), гре́жу, гре́зит(ся)
грёзы, грёз, *ед.* грёза, -ы
гре́зящий(ся)
рейд, -а (*спорт.*)
ре́йдер, -а
рейдери́ст, -а
ре́йдерный
ре́йдер-элева́тор, ре́йдера-элева́тора
рейди́рованный; *кр. ф.* -ан, -ана
рейди́ровать(ся), -рую, -рует(ся)
ре́йзен, -а
рейзениза́ция, -и
рейпфру́т, -а

грейпфру́товый
гре́йфер, -а
гре́йферный
гре́йхаунд, -а
гре́ки, -ов, *ед.* грек, -а; но: Макси́м Гре́к, Феофа́н Гре́к
гре́ко-византи́йский
грекокатоли́ческий (грекокатоли́ческая це́рковь: *униа́тская*)
грекокафоли́ческий (грекокафоли́ческая це́рковь: *правосла́вная*)
гре́ко-ки́прский
гре́ко-лати́нский
Гре́ко-перси́дские во́йны
гре́ко-ри́мский
гре́ко-росси́йский (*относящийся к связям между Грецией и Россией*); но: грекоросси́йская це́рковь (*православная*)
гре́ко-туре́цкий
гре́лка, -и, *р. мн.* -лок
гре́лочка, -и, *р. мн.* -чек
греме́ть, -млю́, -ми́т
гремучерту́тный
грему́чий
грему́чник, -а
грему́шка, -и, *р. мн.* -шек
грёна, -ы
гренаде́р, -а, *р. мн.* -де́р и -ов
гренаде́рский
гренади́лла, -ы
гренади́лловый
гренади́н, -а
грена́дский (*от* Грена́да)
грена́дцы, -ев, *ед.* -дец, -дца, *тв.* -дцем
гренаж, -а, *тв.* -ем
гренажный
гренки́, -о́в, *ед.* грено́к, -нка́ и гре́нки, -нок, *ед.* гре́нка, -и
гренла́ндка, -и, *р. мн.* -док
гренла́ндский (*от* Гренла́ндия)
гренла́ндцы, -ев, *ед.* -дец, -дца, *тв.* -дцем
гренобльский (*от* Гренобль)

гренобльцы, -ев, *ед.* -лец, -льца, *тв.* -льцем
грено́чки, -ов, *ед.* грено́чек, -чка и гре́ночки, -чек, *ед.* гре́ночка, -и
грести́, гребу́, гребёт; *прош.* грёб, гребла́
гре́тый
гре́ть(ся), гре́ю(сь), гре́ет(ся)
грефье́, *нескл., м.*
грех, -а́
грехо́вность, -и
грехо́вный; *кр. ф.* -вен, -вна
грехово́дник, -а
грехово́дница, -ы, *тв.* -ей
грехово́дничать, -аю, -ает
грехопаде́ние, -я
греци́зм, -а
гре́цкий оре́х
гре́ча, -и, *тв.* -ей
греча́нка, -и, *р. мн.* -нок
гречеруша́льный
гре́ческий (*к* гре́ки *и* Гре́ция)
гречи́ха, -и
гречи́шник, -а
гречи́шный
гре́чка, -и
гре́чневик, -а
гре́чневый
гре́чник, -а
греши́ть, -шу́, -ши́т
гре́шник, -а
гре́шница, -ы, *тв.* -ей
грешно́, *в знач. сказ.*
гре́шность, -и
гре́шный; *кр. ф.* гре́шен, грешна́, грешно́, грешны́
грешо́к, -шка́
гре́ющий(ся)
гриб, -а́
гриб-зо́нтик, гриба́-зо́нтика
грибко́вый
грибни́к, -а́
грибни́ца, -ы, *тв.* -ей
грибно́й
грибова́р, -а
грибова́рка, -и, *р. мн.* -рок

грибова́рный
грибова́рня, -и, р. мн. -рен
грибова́рочный
грибове́дение, -я
грибови́дный; кр. ф. -ден, -дна
грибо́вник, -а
грибо́вница, -ы, тв. -ей
грибово́д, -а
грибово́дство, -а
грибое́д, -а
грибое́довский (от Грибое́дов)
грибо́к, -бка́ (от гриб)
грибообра́зный; кр. ф. -зен, -зна
грибосуши́лка, -и, р. мн. -лок
грибо́чек, -чка
гри́ва, -ы
грива́стый
гри́венка, -и, р. мн. -нок
гри́венник, -а
гри́венничек, -чка
гри́венный
гри́вистый
гри́вна, -ы, р. мн. гри́вен
гривуа́зность, -и
гривуа́зный; кр. ф. -зен, -зна
гри́говский (от Григ)
григориа́нский (григориа́нский календа́рь)
Григо́рий Богосло́в
Григо́рий Назианзи́н
Григо́рий Ни́сский
гри́дин, -а
гри́длик, -а
гри́дница, -ы, тв. -ей
гри́дня, -и, р. мн. -ден
гридь, -и
гриза́йль, -и
гризе́тка, -и, р. мн. -ток
гри́зли, нескл., м.
гризо́н, -а
гризути́н, -а
гриль, -я
гриль-ба́р, -а
гриль-кафе́, нескл., с.
грилья́ж, -а, тв. -ем
грим, -а

грима́са, -ы
грима́ска, -и, р. мн. -сок
грима́сник, -а
грима́сница, -ы, тв. -ей
грима́сничанье, -я
грима́сничать, -аю, -ает
гримёр, -а
гримёрка, -и, р. мн. -рок
гримёрная, -ой
гримёрный
гримёрский
гримёрша, -и, тв. -ей
гримирова́льный
гримирова́ние, -я
гримиро́ванный; кр. ф. -ан, -ана
гримирова́ть(ся), -ру́ю(сь), -ру́ет(ся)
гримиро́вка, -и
грим-убо́рная, -ой
Гри́нвич, -а: по Гри́нвичу (о времени)
гри́нвичский (от Гри́нвич)
Гри́нвичский меридиа́н
гри́нго, нескл., м.
гри́нда, -ы
гри́новский (от Грин)
Гри́нпис, -а
гри́нписовский (от Гри́нпис)
грипп, -а
гриппова́ть, -ппу́ю, -ппу́ет
гриппо́зный
гриппоподо́бный; кр. ф. -бен, -бна
гриф, -а
грифелёк, -лька́
гри́фель, -я
гри́фельный
гри́фовый
грифо́н, -а
грифона́ж, -а, тв. -ем
гроб, -а, предл. в гробу́, мн. -ы́, -о́в
гробану́ть(ся), -ну́(сь), -нёт(ся)
Гроб Госпо́день, Гро́ба Госпо́дня
гро́бик, -а
гро́бить(ся), -блю(сь), -бит(ся)

гро́бленный; кр. ф. -ен, -ена, прич.
гробни́ца, -ы, тв. -ей
гробови́ще, -а
гробово́й
гробовщи́к, -а́
гробо́к, -бка́
гробокопа́тель, -я
гробокопа́тельный
гробокопа́тельский
гробокопа́тельство, -а
гробообра́зный; кр. ф. -зен, -зна
гро́бящий(ся)
грог, -а
гро́гги, неизм. (состоя́ние гро́гги)
гродена́плевый
гродена́пль, -я
гродету́р, -а
гродету́ровый
гро́дненский (от Гро́дно)
гро́дненцы, -ев, ед. -ненец, -ненца, тв. -ненцем
Гро́дненщина, -ы (к Гро́дно)
гроза́, -ы́, мн. гро́зы, гроз
гроздеви́дный; кр. ф. -ден, -дна
гроздево́й
гроздо́вник, -а
гро́здочка, -и, р. мн. -чек
гроздь, -и, мн. гро́зди, гроздей и гро́здья, -ьев
грози́ть(ся), грожу́(сь), грози́т(ся)
гро́зненский (от Гро́зный, город)
гро́зненцы, -ев, ед. -ненец, -ненца, тв. -ненцем
гро́зность, -и
гро́зный; кр. ф. -зен, -зна́, -зно, гро́зны; но: Ива́н Гро́зный
грозово́й
грозозащи́та, -ы
грозозащи́тный
грозоотме́тчик, -а
грозоупо́рный
гром, -а, мн. -ы, -о́в
грома́да, -ы
грома́дина, -ы
грома́дность, -и

громадный; кр. ф. -ден, -дна
громи́ла, -ы, м.
громи́ть, -млю́, -ми́т
гро́мкий; кр. ф. -мок, -мка́, -мко
громкова́тый
громкоговори́тель, -я
громкоговоря́щий*
громкоголо́сый
гро́мкость, -и
громове́ржец, -жца, тв. -жцем, р. мн. -жцев
громово́й и громо́вый
громогла́сность, -и
громогла́сный; кр. ф. -сен, -сна
громозву́чный; кр. ф. -чен, -чна
громозди́ть(ся), -зжу́(сь), -зди́т(ся)
громо́здкий; кр. ф. -док, -дка
громо́здкость, -и
громокипя́щий
громоно́сный; кр. ф. -сен, -сна
громоотво́д, -а
громоотво́дный
громоподо́бный; кр. ф. -бен, -бна
гро́мче, сравн. ст.
громыха́ние, -я
громыха́ть, -а́ю, -а́ет
громыхну́ть(ся), -ну́(сь), -нёт(ся)
гросс, -а
гроссбу́х, -а
гроссме́йстер, -а
гроссме́йстерский
гроссуля́р, -а
гросфа́тер, -а
грот, -а
гро́та-га́лс, -а
грот-ва́нты, -ва́нт, ед. -ва́нта, -ы
гроте́ск, -а
гроте́скность, -и
гроте́скный
гроте́сковый и (в проф. речи) гротеско́вый
грот-ма́рсель, -я
грот-ма́чта, -ы
гро́товский (от Грот, фамилия)
гро́товый (от грот)

гро́хать(ся), -аю(сь), -ает(ся)
гро́хнуть(ся), -ну(сь), -нет(ся)
гро́хот, -а
грохота́нье, -я
грохота́ть, -хочу́, -хо́чет
грохоти́ть, -очу́, -оти́т
грохотну́ть, -нёт
грохото́к, -тка́
грохоче́ние, -я
грохо́чущий
грош, -а́, тв. -о́м
гро́шик, -а
грошо́вый
гру́ббер, -а
грубе́йший
грубе́ть, -е́ю, -е́ет
груби́ть, -блю́, -би́т
грубия́н, -а
грубия́нить, -ню, -нит
грубия́нка, -и, р. мн. -нок
грубия́нский
грубия́нство, -а
грубова́тый
грубодиспе́рсный
грубодроблёный
грубозерни́стый
грубоизмельчённый*
грубообло́мочный
грубоочи́щенный*
грубопровокацио́нный
грубостебе́льчатый
гру́бость, -и
грубосуко́нный
грубошёрстный и грубошёрстый
гру́бый; кр. ф. груб, груба́, гру́бо, гру́бы́
гру́да, -ы
груда́стость, -и
груда́стый
груди́на, -ы
груди́нка, -и
грудиноре́берный
груди́ночка, -и
груди́ться, -и́тся и груди́ться, -и́тся

гру́дка, -и, р. мн. -док
грудки́: за грудки́ (взя́ть, схвати́ть)
грудни́к, -а́
грудни́ца, -ы, тв. -ей
грудничко́вый
грудничо́к, -чка́
грудно́й
грудня́шка, -и, р. мн. -шек, м. и ж.
грудобрю́шный
гру́дочка, -и, р. мн. -чек
грудь, -и́ и -и, предл. в (на) груди́, мн. -и, -е́й
груже́ние, -я
гру́женный; кр. ф. -ен, -ена и гружённый; кр. ф. -ён, -ена́, прич.
гружёный, прил.
груз, -а
груздёвый
груздо́к, другие формы не употр.
груздо́чек, -чка
груздь, -я́ и -я, мн. -и, -е́й
грузи́ло, -а
грузи́нка, -и, р. мн. -нок
грузи́но-абха́зский
грузи́нский (к грузи́ны и Гру́зия)
грузи́нско-росси́йский
грузи́ны, -и́н, ед. грузи́н, -а
грузи́ть(ся), гружу́(сь), гру́зи́т(ся)
гру́зка, -и, р. мн. -зок
грузне́ть, -е́ю, -е́ет
грузнова́тый
гру́зность, -и
гру́знувший
гру́знуть, -ну, -нет; прош. гру́знул, гру́зла
гру́зный; кр. ф. -зен, -зна́, -зно, гру́зны́
грузови́к, -а́
грузовичо́к, -чка́
грузовладе́лец, -льца, тв. -льцем, р. мн. -льцев
грузовмести́мость, -и
грузово́й

ГРУЗОЗАХВАТНЫЙ

грузозахва́тный
грузонапряжённость, -и
грузооборо́т, -а
грузообрабо́тка, -и
грузоотправи́тель, -я
грузопассажи́рский
грузоперево́зка, -и, р. мн. -зок
грузоподъёмник, -а
грузоподъёмность, -и
грузоподъёмный
грузополуча́тель, -я
грузопото́к, -а
грузосбо́рочный
грузосортиро́вка, -и
грузосортиро́вочный
грузотакси́, нескл., с.
гру́зчик, -а
гру́зчица, -ы, тв. -ей
грузя́щий(ся)
грум, -а
грундвигиа́нский
грундвигиа́нство, -а
грундвигиа́нцы, -ев, ед. -нец, -нца, тв. -нцем
грунт, -а, предл. в (на) гру́нте и в (на) грунту́, мн. -ы, -ов и -ы́, -о́в
грунтла́к, -а
грунтобето́н, -а
грунтобето́нный
грунто́в, -а
грунтова́льный
грунтова́ние, -я
грунто́ванный; кр. ф. -ан, -ана
грунтова́ть(ся), -ту́ю, -ту́ет(ся)
грунтове́д, -а
грунтове́дение, -я
грунто́вка, -и, р. мн. -вок
грунто́во-боло́тный
грунтово́й
грунто́вочный
грунтовщи́к, -а́
грунтозабо́рный
грунтоматериа́лы, -ов
грунтоме́р, -а
грунтомёт, -а
грунтоно́с, -а

грунтопрово́д, -а
грунтосмеси́тельный
грунтоцеме́нтный
грунту́бель, -я
групко́м, -а
групко́мовский
групкомсо́рг, -а
групо́рг, -а
гру́ппа, -ы
группенфю́рер, -а
группе́тто, нескл., с.
группирова́ние, -я
группиро́ванный; кр. ф. -ан, -ана
группирова́ть(ся), -ру́ю, -ру́ет(ся)
группиро́вка, -и, р. мн. -вок
гру́ппка, -и, р. мн. -ппок
группово́д, -а
группово́й
группову́ха, -и
групповщи́на, -ы
грусти́нка, -и
грусти́ть, грущу́, грусти́т
грустне́нько, в знач. сказ.
гру́стно, нареч. и в знач. сказ.
грустнова́тый
гру́стный; кр. ф. -тен, -тна́, -тно, гру́стны
грустца́, -ы́, тв. -о́й
грусть, -и
грусть-тоска́, -и́ и гру́сти-тоски́
гру́ша, -и, тв. -ей
груша́нка, -и, р. мн. -нок
груша́нковые, -ых
грушеви́дный; кр. ф. -ден, -дна
гру́шевый
грушеобра́зный; кр. ф. -зен, -зна
гру́шка, -и, р. мн. -шек
гру́шник, -а
грушо́вка, -и, р. мн. -вок
грушо́вник, -а
гры́жа, -и, тв. -ей
грыжево́й и гры́жевый
грыжесече́ние, -я
гры́жник, -а
гры́жный

грызе́ние, -я
гры́зенный; кр. ф. -ен, -ена, прич.
гры́зло, -а
грызну́ть, -ну́, -нёт
грызня́, -и́
грызово́й
гры́зть(ся), -зу́(сь), -зёт(ся); прош. грыз(ся), гры́зла(сь)
грызу́н, -а́
грызу́нья, -и, р. мн. -ний
гры́зший(ся)
гры́мза, -ы
грэй, -я (ед. измер.)
ГРЭС, нескл., ж. (сокр.: государственная районная электростанция)
грэ́совский (от ГРЭС)
грюк: ни сту́ку ни грю́ку
Грюнва́льдская би́тва
грюнва́льдский (от Грюнва́льд)
грю́ндер, -а
грю́ндерский
грю́ндерство, -а
гряда́, -ы́, мн. гря́ды, гряд, гря́дам (в огороде) и гряды́, гряд, гряда́м (гор, облаков и т.п.)
грядёт (3 л. ед. от грясти́)
гря́диль, -я
гря́дка, -и, р. мн. -док
гря́дковый
грядно́й
грядово́й
гря́дово-холми́стый
гря́довый (гря́довые пески́)
грядоде́латель, -я
гря́дочка, -и, р. мн. -чек
гряду́щее, -его
гряду́щий
грязеви́к, -а́ (тех.)
грязеводолече́бница, -ы, тв. -ей
грязеводолече́бный
грязево́й
грязевулкани́ческий
грязеглиноторфолече́ние, -я
грязека́менный
грязелече́бница, -ы, тв. -ей
грязелече́бный

грязелечение, -я
грязеотталкивающий
грязеочиститель, -я
грязеочистительный
грязеспуск, -а
грязеуловитель, -я
грязи, -ей (*лечебное средство*)
Грязи, -ей (*город*)
грязинский (*от* Грязи)
грязинцы, -ев, *ед.* -нец, -нца, *тв.* -нцем
грязища, -и, *тв.* -ей
грязненький
грязнёнько, *в знач. сказ.*
грязнеть, -ею, -еет
грязнёхонький; *кр. ф.* -нек, -нька
грязнёшенький; *кр. ф.* -нек, -нька
грязнить(ся), -ню(сь), -нит(ся)
грязно, *нареч. и в знач. сказ.*
грязно-белый
грязновато-серый
грязноватый
грязно-жёлтый
грязно-зелёный
грязно-серый
грязнотца, -ы, *тв.* -ой
грязнувший
грязнуля, -и, *р. мн.* -уль *и* -улей, *м. и ж.*
грязнуть, -ну, -нет; *прош.* грязнул, грязла
грязнуха, -и, *м. и ж.*
грязнушка, -и, *р. мн.* -шек, *м. и ж.*
грязнущий *и* грязнющий
грязный; *кр. ф.* -зен, -зна, -зно, грязны
грязовик, -а (*птица*)
грязца, -ы, *тв.* -ой
грязь, -и, *предл.* в грязи; *но:* Чёрная Грязь (*населенный пункт*)
грязюка, -и
грянуть(ся), -ну(сь), -нет(ся)
грясти, гряду, грядёт
ГСП [гээспэ], *нескл., ж.* (*сокр.:* городская служебная почта)

ГТО [гэтэо], *нескл., с. и неизм.* (значок ГТО, нормы ГТО) (*сокр.:* готов к труду и обороне)
гуайява, -ы
гуанако, *нескл., м. и ж.*
гуанин, -а
гуано, *нескл., с.*
гуанчжоуский (*от* Гуанчжоу)
гуанчи, -ей *и нескл., м. и ж.* (народ)
гуанчский
гуарана, -ы (*кустарник*)
гуарани, *нескл., м.* (*язык*), *мн., ед. м. и ж.* (*народ*), *м. и с.* (*ден. ед.*)
гуахаро, *нескл., м.*
гуашь, -и
губа, -ы, *мн.* губы, губ, губам
губан, -а
губастик, -а
губастый
губач, -а, *тв.* -ом
губёнка, -и, *р. мн.* -нок
губернатор, -а
губернаторский
губернаторство, -а
губернаторствовать, -твую, -твует
губернаторша, -и, *тв.* -ей
губерния, -и
губернский
губитель, -я
губительница, -ы, *тв.* -ей
губительность, -и
губительный; *кр. ф.* -лен, -льна
губительство, -а
губить(ся), гублю, губит(ся)
губища, -и, *тв.* -ей
губка, -и, *р. мн.* губок
губленный; *кр. ф.* -ен, -ена, *прич.*
губно-губной
губно-зубной
губной
губоногие, -их
губоцветные, -ых
губочка, -и, *р. мн.* -чек
губошлёп, -а

губчатый
Губкека, *нескл., ж.*
губящий(ся)
гувернантка, -и, *р. мн.* -ток
гувернантский
гувернёр, -а
гувернёрский
гугенотка, -и, *р. мн.* -ток
гугенотский
гугеноты, -ов, *ед.* -нот, -а
гугнивый
гугня, -и
гугнявый
гугу: ни гугу
гугукать, -аю, -ает
гуд, -а
гудение, -я
гудёт (*3 л. ед., нар.-поэт. и прост. к* гудит)
гудеть, гужу, гудит
гуджаратский (*к* Гуджарат *и* гуджаратцы)
гуджаратцы, -ев, *ед.* -тец, -тца, *тв.* -тцем
гуджары, -ов, *ед.* -жар, -а
Гудзонов залив, Гудзонова залива
гудзонский (*от* Гудзон)
гудок, гудка
гудочек, -чка
гудочник, -а
гудочный
гудрон, -а
гудронатор, -а
гудронирование, -я
гудронированный; *кр. ф.* -ан, -ана
гудронировать(ся), -рую, -рует(ся)
гудронный
гудут (*3 л. мн., прост. к* гудят)
гуж, -а, *тв.* -ом
гужевой
гужеед, -а
гужовка, -и
гужом, *нареч.*

гу́зка, -и, *р. мн.* гу́зок
гу́зно, -а
гук, -а
Гук, -а: зако́н Гу́ка
гу́канье, -я
гу́кать, -аю, -ает
гу́кнуть, -ну, -нет
гул, -а
ГУЛА́Г, -а
гула́говский (*от* ГУЛА́Г)
гулево́й
гулёна, -ы, *м. и ж.*
гу́ленька, -и, *р. мн.* -нек, *м. и ж.*
гу́леньки, *межд.*
гу́лечка, -и, *р. мн.* -чек, *м. и ж.*
гу́ливать, *наст. вр. не употр.*
гу́ли-гу́ли, *межд.*
гу́лить, -ит
гу́лкий; *кр. ф.* -лок, -лка́, -лко
гулкозвуча́щий*
гу́лкость, -и
Гулливе́р, -а (*лит. персонаж*) и гулливе́р, -а (*об очень высоком человеке*)
гулливе́ровский
гулли́вость, -и
гулли́вый
гульба́, -ы́
гу́льбище, -а
гуль-гуль-гуль, *межд.*
гу́льден, -а
гу́лька, -и, *р. мн.* гу́лек, *м. и ж.*
гу́лькин: с гу́лькин но́с
гульну́ть, -ну́, -нёт
гульня́, -и́
гульта́й, -я
гу́льфик, -а
гу́люшка, -и, *р. мн.* -шек, *м. и ж.*
гу́ля, -и, *р. мн.* гуль и гу́лей, *м. и ж.* (голубь), *ж.* (опухоль)
гуля́вник, -а
гуляйго́род, -а, *мн.* -а́, -о́в
Гуляйпо́ле, -я (*город*) и гуляй-по́ле, -я (*о смуте, мятеже*)
гуля́ка, -и, *м. и ж.*
гуля́льщик, -а

гуля́льщица, -ы, *тв.* -ей
гуля́нка, -и, *р. мн.* -нок
гуля́нье, -я
гуля́ть(ся), -я́ю, -я́ет(ся)
гуля́ш, -а́, *тв.* -о́м
гуля́щий
гума́й, -я
гуманиза́ция, -и
гумани́зм, -а
гумани́ст, -а
гуманисти́ческий
гуманисти́чность, -и
гуманисти́чный; *кр. ф.* -чен, -чна
гумани́стка, -и, *р. мн.* -ток
гуманитариза́ция, -и
гуманита́рий, -я
гуманита́рник, -а
гуманита́рный
гуманита́рщик, -а
гума́нно, *нареч.*
гума́нность, -и
гума́нный; *кр. ф.* -а́нен, -а́нна
гумано́ид, -а
гумбольдтиа́нский
гумбольдтиа́нство, -а
гу́мбольдтовский (*от* Гу́мбольдт)
гуме́нник, -а
гуме́нный
гуме́нце, -а, *тв.* -ем, *р. мн.* -нцев и -нец
гуми́дный
гумилёвский (*от* Гумилёв)
гуми́новый
гуми́рованный; *кр. ф.* -ан, -ана (*к* гу́мус)
гуми́т, -а
гумифика́ция, -и (*к* гу́мус)
гу́мма, -ы (*мед.*)
гу́мми, *нескл., с.* (*сок растений*)
гуммиара́бик, -а
гуммигу́т, -а
гуммигу́товые, -ых
гуммикопа́л, -а
гуммила́к, -а
гуммила́стик, -а

гуммирова́льный
гумми́рование, -я (*к* гу́мми)
гумми́рованный; *кр. ф.* -ан, -ана (*к* гу́мми)
гумми́ровать(ся), -рую, -рует(ся)
гуммиро́вка, -и
гу́мми-смо́лы, -смо́л, *ед.* гу́мми-смола́, -ы́
гумми́т, -а
гуммо́з, -а и гоммо́з, -а (*болезнь растений*)
гуммо́за, -ы (*пластырь*)
гуммо́зный (*к* гу́мма, гу́мми, гумми́з, гуммо́за)
гумно́, -а́, *мн.* гу́мна, гу́мен и гумён, гу́мнам
гу́мовский (*от* ГУМ)
гумоли́т, -а
гумора́льный
гу́мус, -а
гу́мусовый
Гу́ндерсо́н, -а: систе́ма Гу́ндерсо́на (*спорт.*)
гундо́сить, -о́шу, -о́сит
гундо́сый
гундо́сящий
гу́ннский
гу́нны, -ов, *ед.* гунн, -а (*кочевой народ*)
гу́нтер, -а
гу́ны, гун (*филос.*)
гу́нька, -и, *р. мн.* гу́нек
гу́ня, -и, *р. мн.* гунь и гу́ней
гуня́вый
гу́ппи, *нескл., ж.*
гура́ми, *нескл., ж.*
гура́н, -а (*косуля*)
гурд, -а (*ден. ед.*)
гурджаа́ни, *нескл., с.*
гурзу́фский (*от* Гурзу́ф)
гури́йка, -и, *р. мн.* -и́ек
гури́йский
гури́йцы, -ев, *ед.* гури́ец, -и́йца, *тв.* -и́йцем
гу́рия, -и
гу́ркхи, -ов, *ед.* гуркх, -а

гурма́н, -а
гурма́нка, -и, *р. мн.* -нок
гурма́нский
гурма́нство, -а
гуро́ны, -ов, *ед.* гуро́н, -а *(племенна́я гру́ппа)*
гурт, -а́ *(ста́до; архит.; ребро́ моне́ты)*
гуртово́й
гуртовщи́к, -а́
гурто́м, *нареч.*
гуртопра́в, -а
гуру́, *нескл., м.*
гуру́-йо́га, -и
гурьба́, -ы́
гурьбо́й, *нареч.*
гу́рьевский *(от Гу́рьев; гу́рьевская ка́ша)*
гуса́к, -а́
гуса́р, -а, *р. мн.* гуса́р и -ов
гуса́рить, -рю, -рит
гуса́рский
гуса́рство, -а
гуса́рствовать, -твую, -твует
гусачо́к, -чка́
гусево́д, -а
гусево́дство, -а
гусево́дческий
гу́севский *(к Гусь-Хруста́льный)*
гусевча́не, -а́н, *ед.* -а́нин, -а *(к Гусь-Хруста́льный)*
гусевча́нка, -и, *р. мн.* -нок
гусёк, гуська́
гу́сельки, -лек
гу́сельник, -а
гу́сельный
гу́сельцы, -лец
гу́сем, *нареч.*
гу́сеница, -ы, *тв.* -ей
гу́сеничка, -и, *р. мн.* -чек
гу́сеничный
гусёнок, -нка, *мн.* -ся́та, -ся́т
гусёночек, -чка, *мн.* гуся́тки, -ток
гусёныш, -а, *тв.* -ем
гусеобра́зные, -ых
гу́си-ле́беди, гусе́й-лебеде́й

гусиноозёрский *(от Гусино-озёрск)*
гусиноозёрцы, -ев, *ед.* -рец, -рца, *тв.* -рцем
гуси́ный
Гуси́тские во́йны *(XV в.)*
гуси́тский
гуси́ты, -ов, *ед.* гуси́т, -а
гу́ска, -и, *р. мн.* гу́сок
гу́сла, -сел *(болга́рский муз. инструме́нт)*
гу́сле, *нескл., мн. (сербско-хорва́тский муз. инструме́нт)*
гу́сли, -ей *(ру́сский муз. инструме́нт)*
гусля́р, -а и -а́, *мн.* -ы́, -о́в
густе́ль, -и
густе́нек, -нька
гу́стенький
густера́, -ы́
густе́ть, -е́ет
густи́ть(ся), гущу́, густи́т(ся)
густня́к, -а́
густобро́вый
густова́тый
густоволо́сый
гу́сто-зелёный
густоиспи́санный*
густо́й; *кр. ф.* густ, -а́, гу́сто, гу́сты
гу́сто-кра́сный
густоле́сье, -я
густоли́ственный
густоли́стный и густоли́стый
густонаселённость, -и
густонаселённый
густонасы́щенный*
густоокра́шенный*
гу́сто поса́женный
густопсо́вый
густорасту́щий*
гу́сто-си́ний
густота́, -ы́
густотеку́чий
густотёртый
густотра́вный

густотра́вье, -я
густоцве́тный
гу́сто-чёрный
густошёрстный и густошёрстый
гусы́ня, -и, *р. мн.* -ы́нь
гусь, -я и -я́, *мн.* -и, -е́й
гусько́м, *нареч.*
гусь-хруста́льненский *(от Гусь-Хруста́льный)*
Гусь-Хруста́льный, -ого *(город)*
гуся́тина, -ы
гуся́тник, -а
гуся́тница, -ы, *тв.* -ей
гу́та, -ы
гутали́н, -а
гутали́новый
гута́рить, -рю, -рит и гуто́рить, -рю, -рит
гутенбе́ргский *(от Гу́тенбе́рг)*
гу́тный *(гу́тное стекло́)*
гуто́рить, -рю, -рит и гута́рить, -рю, -рит
гуттапе́рча, -и, *тв.* -ей
гуттапе́рчевый
гуттаперченосный
гутта́ция, -и
гуттура́льный
гу́тты, гутт, *ед.* гу́тта, -ы
гу́фа, -ы
гуцу́лка, -и, *р. мн.* -лок
гуцу́лочка, -и, *р. мн.* -чек
гуцу́лы, -ов, *ед.* гуцу́л, -а
гуцу́льский
Гуцу́льщина, -ы
гу́ща, -и, *тв.* -ей
гу́ще, *сравн. ст.*
гущина́, -ы́
гы, *межд.*
гыгы́канье, -я
гыгы́кать, -аю, -ает
гы́канье, -я
гы́кать, -аю, -ает
гы́мкать, -аю, -ает *(прост. к гмы́кать)*
гэ, *нескл., с. (название бу́квы)*

ГЭБИСТ

гэби́ст, -а (*от* ГБ, КГБ)
гэби́стский
гэбу́ха, -и
гэбэ́шник, -а
гэбэ́шный (*от* ГБ)
гэг, -а (*комический трюк*)
гэдэ́ровский (*от* ГДР)
ГЭК, -а и *нескл., ж.* (*сокр.*: государственная экзаменационная комиссия)
гэкачепи́ст, -а (*от* ГКЧП)

гэ́лы, -ов, *ед.* гэл, -а
гэ́льский
гэпэу́шник, -а
гэпэу́шный (*от* ГПУ)
ГЭС, *нескл., ж.* (*сокр.*: гидроэлектростанция)
гэ́та, *нескл., мн.* (*обувь*)
гюбнери́т, -а
гюве́ч, -а, *тв.* -ем
Гю́йгенс, -а: при́нцип Гю́йгенса (или Гю́йгенса – Френе́ля)

гюйс, -а
гюмри́нский (*от* Гюмри́)
гюмри́нцы, -ев, *ед.* -нец, -нца, *тв.* -нцем
гюрза́, -ы́
гянджи́нский (*от* Гянджа́)
гянджи́нцы, -ев, *ед.* -нец, -нца, *тв.* -нцем
гяу́р, -а (*у мусульман: иноверец*)

Д

да, *союз и частица*
даба́, -ы́
дабл-ю́, *нескл., с.* (*название буквы*)
да́бы, *союз*
дава́й(те), *частица*
дава́лец, -льца, *тв.* -льцем, *р. мн.* -льцев
дава́льческий
давану́ть, -ну́, -нёт
дава́ть(ся), даю́(сь), даёт(ся)
да́веча
да́вешний
Дави́д, -а (*царь, библ.*; Дави́д и Голиа́ф, Дави́д и Ионафа́н)
Дави́д Строи́тель
дави́ло, -а
дави́ловка, -и
дави́льник, -а
дави́льный
дави́льня, -и, *р. мн.* -лен
дави́льщик, -а
да́вка, -и
давле́ние, -я
да́вленный, *прич.*
да́вленый, *прил.*
давне́нько
да́вний
давни́шний
давно́
давнопроше́дший (давнопроше́дшее вре́мя)
да́вность, -и
давну́ть, -ну́, -нёт
давны́м-давно́

даво́к, давка́
даво́сский (*от* Даво́с)
Даво́сский фо́рум
да́вший
да́вящий, *прич.*
давя́щий, *прил.* (тягостный, гнетущий)
да́вящийся
дагероти́п, -а
дагеротипи́ст, -а
дагеротипи́ческий
дагероти́пия, -и
дагероти́пный
дагеста́нка, -и, *р. мн.* -нок
дагеста́нский (*от* Дагеста́н)
дагеста́нцы, -ев, *ед.* -нец, -нца, *тв.* -нцем
дагоме́йский (*от* Дагоме́я)
дагоме́йцы, -ев, *ед.* -е́ец, -е́йца, *тв.* -е́йцем
дагу́сса, -ы
да-да́
да-да-да́
дадаи́зм, -а
дадаи́ст, -а
дадаи́стский
да́ден, -а, -о (*нарочито-сниженное и прост. к* дан; -а́, -о́, *от* дать)
даёшь, *в знач. межд.*
Даждьбо́г, -а
да́же
да здра́вствует
да́ивать, *наст. вр. не употр.*
да́йджест, -а
дайджести́рование, -я

дайджести́рованный; *кр. ф.* -ан, -ана
дайджести́ровать(ся), -рую, -рует(ся)
да́йджестовый
да́йка, -и, *р. мн.* да́ек
дайм, -а
да́йна, -ы
дайха́рдовцы, -ев, *ед.* -вец, -вца, *тв.* -вцем
да́канье, -я
да-ка́по, *нескл., с. и неизм.*
дака́рский (*от* Дака́р)
дака́рцы, -ев, *ед.* -рец, -рца, *тв.* -рцем
да́кать, -аю, -ает
да́ки, -ов
да́ккский (*от* Да́кка)
да́ккцы, -ев, *ед.* да́ккец, да́ккца, *тв.* да́ккцем
да́кнуть, -ну, -нет
дакри́л, -а
дакриоадени́т, -а
дакриоцисти́т, -а
дакро́н, -а
дакро́новый
дактили́т, -а
дактили́ческий
дактилографи́ческий
дактилогра́фия, -и
дактилозо́ид, -а
дактилологи́ческий
дактилоло́гия, -и
дактилоскопи́ческий
дактилоскопи́я, -и

ДАКТИЛО-ХОРЕИЧЕСКИЙ

да́ктило-хореи́ческий
да́ктиль, -я
дала́й-ла́ма, -ы
Д'Аламбе́р, -а: при́нцип Д'Аламбе́ра
даламбе́ров, -а, -о: даламбе́ровы си́лы ине́рции
да́ле (устар. к да́лее)
Да́лев, -а, -о и да́левский (от Даль: Да́лев (да́левский) слова́рь
да́лее, сравн. ст. и нареч.
далёкий; кр. ф. далёк, далека́, далёко и далеко́
далеко́[1] и далёко[1], нареч.
далеко́[2], -а́ и далёко[2], -а (отдалённое место, страна: прекра́сное далёко (далеко́), из неве́домого далёка (далека́)
далекова́то
далеко́-далеко́ и далёко-далёко
далекоиду́щий*
далеко́ не...; с последующим словом пишется раздельно, напр.: далеко́ не по́лный, далеко́ не безоби́дный
далеко́нек, -нька
далеко́нько
дале́че
да́лия, -и (растение)
да́лласский (от Да́ллас)
да́лласцы, -ев, ед. -сец, -сца, тв. -сцем
да́ллия, -и (рыба)
далма́тика, -и
далмати́н, -а (порода собак)
далмати́нка, -и, р. мн. -нок
далмати́нский (от Далма́ция)
далмати́нцы, -ев, ед. -нец, -нца, тв. -нцем
далма́тский (далма́тская собака)
даль, -и, предл. в дали́, мн. -и, -е́й
дальнебомбардиро́вочный
дальневосто́чники, -ов, ед. -ник, -а
дальневосто́чный (от Да́льний Восто́к)

Дальневосто́чный вое́нный о́круг
Дальневосто́чный регио́н
дальнего́рский (от Дальнего́рск)
дальнего́рцы, -ев, ед. -рец, -рца, тв. -рцем
да́льнее зарубе́жье
дальне́йший
дальнере́ченский (от Дальнере́ченск)
дальнере́ченцы, -ев, ед. -нец, -нца, тв. -нцем
дальнеро́дственный
дальнестру́йный
да́льний
Да́льний Восто́к
Да́льний За́пад (в США)
дальнобо́йность, -и
дальнобо́йный
дальнобо́йщик, -а
дальнови́дность, -и
дальнови́дный; кр. ф. -ден, -дна
дальноде́йствие, -я
дальноземе́лье, -я
дальнозо́ркий; кр. ф. -рок, -рка
дальнозо́ркость, -и
дальноме́р, -а
дальноме́рный
дальноме́рщик, -а
дальноро́дственный
да́льность, -и
дальтони́ды, -ов, ед. -ни́д, -а
дальтони́зм, -а
дальто́ник, -а
дальтони́чка, -и, р. мн. -чек
да́льтон-пла́н, -а
да́льше, сравн. ст. и нареч.
да́ма, -ы
дама́, нескл., ж. (ткань)
Дамаски́н, -а, тв. -ом: Иоа́нн Дамаски́н
дамаски́ны, -ов, ед. -ки́н, -а, тв. -ом (памятники болгарской письменности)
дамассе́, нескл., ж.

дама́сский (от Дама́ск; дама́сская сталь)
дама́сцы, -ев, ед. -сец, -сца, тв. -сцем (от Дама́ск)
да́мба, -ы
да́мбовый
да́мка, -и, р. мн. да́мок
дамма́ра, -ы
дамнифика́ция, -и
дамо́клов ме́ч, дамо́клова меча́
да́мочка, -и, р. мн. -чек
да́мский
дан, -а (спорт.)
Данаи́ды, -и́д (мифол.; бо́чка Данаи́д)
дана́йский (к дана́йцы; дана́йский да́р)
дана́йцы, -ев, ед. дана́ец, -а́йца, тв. -а́йцем
Дана́я, -и (мифол.)
да не́т (же) (отрицание)
дани́ловский
дани́ловцы, -ев, ед. -вец, -вца, тв. -вцем (секта)
да́нник, -а
да́ннический
да́нничество, -а
да́нность, -и
да́нные, -ых
да́нный; кр. ф. дан, дана́
да́нсинг, -а
да́нсинг-хо́лл, -а
данти́ст, -а
данти́стка, -и, р. мн. -ток
данти́стский
Да́нтов, -а, -о и да́нтовский (от Да́нте, Дант)
да ну? (неужели?)
дань, -и
да́о, нескл., с.
даоси́зм, -а
даоси́стский
дао́сский
да́р, -а, мн. -ы́, -о́в
дарба́р, -а и дурба́р, -а
дарвини́зм, -а

дарвини́ст, -а
дарвини́стка, -и, *р. мн.* -ток
дарвини́стский
Да́рвинов, -а, -о (*от* Да́рвин, *фамилия*)
да́рвинов на́нду, да́рвинова на́нду
да́рвиновский (*от* Да́рвин, *фамилия*)
да́рвинский (*от* Да́рвин, *город*)
дарги́нка, -и, *р. мн.* -нок
дарги́нский
дарги́нцы, -ев, *ед.* -нец, -нца, *тв.* -нцем
дарданелльский (*от* Дарданеллы)
да́рдский (да́рдские языки)
да́рды, -ов, *ед.* дард, -а
даре́ние, -я
да́ренный; *кр. ф.* -ен, -ена, *прич.*
дарёный, *прил.*
дари́, *неизм. и нескл., м.*
да́ривать, *наст. вр. не употр.*
дари́тель, -я
дари́тельница, -ы, *тв.* -ей
дари́тельный
дари́ть(ся), дарю́, да́рит(ся)
дарлингто́ния, -и
дарма́, *нареч.*
дармово́й
дармовщи́на, -ы
дармовщи́нка, -и
дармое́д, -а
дармое́дка, -и, *р. мн.* -док
дармое́дничать, -аю, -ает
дармое́дский
дармое́дство, -а
дарова́ние, -я
даро́ванный; *кр. ф.* -ан, -ана
дарова́ть(ся), -ру́ю, -ру́ет(ся)
дарови́тость, -и
дарови́тый
darово́й
даровщи́на, -ы
даровщи́нка, -и
да́ром, *нареч.*

да́ром что, *союз*
дароно́сица, -ы, *тв.* -ей
дарохрани́тельница, -ы, *тв.* -ей
дарсонвализа́ция, -и
да́рственник, -а
да́рственный
дартанья́новский (*от* Д'Артанья́н)
дартс, -а
Дары́, -о́в: Святы́е Дары́
Дарья́льское уще́лье
дар-эс-сала́мский (*от* Дар-эс-Сала́м)
дарэссала́мцы, -ев, *ед.* -мец, -мца, *тв.* -мцем
даря́щий(ся)
да-с
даста́н, -а
дастарха́н, -а
да́та, -ы
да́тельный паде́ж
дати́в, -а
дати́рование, -я
дати́рованный; *кр. ф.* -ан, -ана (*к* да́та)
дати́ровать(ся), -рую, -рует(ся) (*к* да́та)
датиро́вка, -и, *р. мн.* -вок
да́то, *неизм.* (ве́ксель да́то)
да́точный (да́точные лю́ди, *ист.*)
да́тский (*к* Да́ния и датча́не)
да́тско-росси́йский
да́тско-ру́сский
да́тско-шве́дский
датча́не, -а́н, *ед.* -а́нин, -а
датча́нка, -и, *р. мн.* -нок
да́тчик, -а
да́ть(ся), да́м(ся), да́шь(ся), да́ст(ся), дади́м(ся), дади́те(сь), даду́т(ся); *прош.* да́л(ся), дала́(сь), да́ло́(сь)
даугавпи́лсский (*от* Да́угавпи́лс)
даугавпи́лсцы, -ев, *ед.* -сец, -сца, *тв.* -сцем
Да́ун, -а: боле́знь Да́уна, синдро́м Да́уна

Да́унинг-стри́т, *нескл., ж.*
да́унтон, -а (*геол.*)
Да́урская земля́
да́урский (*к* да́уры и Да́урия; да́урская ли́ственница)
Да́урский хребе́т
да́уры, -ов, *ед.* да́ур, -а (*народ*)
дауэсиза́ция, -и
Да́фнис и Хло́я, Да́фниса и Хло́и
да́фния, -и
даца́н, -а
дацзыба́о, *нескл., с.*
даци́т, -а
да́ча, -и, *тв.* -ей
дачевладе́лец, -льца, *тв.* -льцем, *р. мн.* -льцев
дачевладе́лица, -ы, *тв.* -ей
да́чища, -и, *тв.* -ей
да́чка, -и, *р. мн.* да́чек
да́чник, -а
да́чница, -ы, *тв.* -ей
да́чно-строи́тельный
да́чный
дашна́ки, -ов, *ед.* -на́к, -а
дашнакцутю́н, -а
даю́щий(ся)
дая́ние, -я
ДВ [дэвэ́], *нескл., мн. и неизм.* (*сокр.:* длинные волны, длинноволновый)
два, две, двух, двум, двумя́, о двух
два́ – два́ с полови́ной
двадцатигра́дусный (20-гра́дусный)
двадцатигра́нник, -а
двадцатигра́нный
двадцатидвухле́тний (22-ле́тний)
двадцатидне́вный (20-дне́вный)
двадцатикилометро́вый (20-километро́вый)
двадцатикопе́ечный (20-копе́ечный)
двадцатикра́тный
двадцатиле́тие (20-ле́тие), -я

ДВАДЦАТИЛЕТНИЙ

двадцатиле́тний (20-ле́тний)
двадцатимину́тка, -и, р. мн. -ток
двадцатимину́тный (20-мину́тный)
двадцатипроце́нтный (20-проце́нтный)
двадцатипятиба́лльный (25-ба́лльный)
двадцатипятиле́тие (25-ле́тие), -я
двадцатипятиле́тний (25-ле́тний)
двадцатипятимину́тный (25-мину́тный)
двадцатипятипроце́нтный (25-проце́нтный)
двадцатипятирублёвый (25-рублёвый)
двадцатипятиты́сячник, -а
двадцатипятиты́сячный (25-ты́сячный)
двадцатирублёвый (20-рублёвый)
двадцатито́нный (20-то́нный)
двадцати́-тридцатиле́тний (20-30-ле́тний)
двадцатиуго́льник, -а
двадцатиуго́льный
двадцатичетырёхгра́нник, -а
двадцатичетырёхчасово́й (24-часово́й)
двадцатиэта́жный (20-эта́жный)
двадца́тка, -и, р. мн. -ток
двадца́тый
два́дцать, -и́, тв. -ью́
два́дцать пя́ть – два́дцать ше́сть
два́дцать пя́ть – три́дцать
два́дцать-три́дцать, двадцати́-тридцати́
два́дцатью (при умножении)
два́жды
два́жды два́
вана́десять язы́ков, двана́десяти язы́ков

два́ндва, нескл., с.
два́ сапога́ па́ра
два́-три́, двух-трёх
двенадцатери́чный
двенадцатигра́нник, -а
двенадцатигра́нный
двенадцатидне́вный (12-дне́вный)
двенадцатидюймо́вый (12-дюймо́вый)
двенадцатизву́чный (12-зву́чный)
двенадцатиле́тний (12-ле́тний)
двенадцатими́льный (12-ми́льный)
двенадцатипе́рстная кишка́
двенадцатирублёвый (12-рублёвый)
двенадцатиря́дный
двенадцатисло́жный
двенадцатисти́шие (12-сти́шие), -я
двенадцатиуго́льник, -а
двенадцатиуго́льный
двенадцатицили́ндровый (12-цили́ндровый)
двенадцатичасово́й (12-часово́й)
двенадцатиэта́жный (12-эта́жный)
двена́дцатый
двена́дцать, -и
две́рка, -и, р. мн. -рок
дверно́й
две́рца, -ы, тв. -ей, р. мн. -рец
две́рь, -и, предл. в (на) две́ри́, мн. -и, -е́й, -я́м, -я́ми и -рьми́
две́рь в две́рь (жи́ть)
две́сти, двухсо́т, двумста́м, двумя́ста́ми, о двухста́х
двигателестрое́ние, -я
двигателестрои́тель, -я
двигателестрои́тельный
двигатели́ст, -а
дви́гатель, -я

дви́гатель-генера́тор, дви́гателя-генера́тора
дви́гатель-генера́торный
дви́гательный
дви́гать(ся), -аю(сь), -ает(ся) и дви́жу(сь), дви́жет(ся)
дви́гающий(ся)
движе́нец, -нца, тв. -нцем, р. мн. -нцев
движе́ние, -я
дви́жимость, -и
дви́жимый
дви́житель, -я
дви́жка, -и, р. мн. -жек
движко́вый
движо́к, -жка́
дви́жущий(ся)
диноза́вр, -а
дви́нский и двинско́й (от Двина́)
дви́нуть(ся), -ну(сь), -нет(ся)
дво́е[1], двои́х, двои́м, двои́ми, о двои́х, употр. с одушевленными сущ. муж. и сред. рода
дво́е[2], двух, двум, двумя́, о двух, употр. с сущ., не имеющими ед. ч., напр.: дво́е сане́й, дво́е су́ток
двоебо́рец, -рца, тв. -рцем, р. мн. -рцев
двоебо́рье, -я
двоебра́чие, -я
двоеве́рец, -рца, тв. -рцем, р. мн. -рцев
двоеве́рие, -я
двоевла́стие, -я
двоеду́шие, -я
двоеду́шничать, -аю, -ает
двоеду́шный; кр. ф. -шен, -шна
двоеже́нец, -нца, тв. -нцем, р. мн. -нцев
двоежёнство, -а
двоезна́менник, -а
двоему́жие, -я
двоему́жница, -ы, тв. -ей
двоемы́слие, -я

ДВУЛЁТНЫЙ

дво́е на́ двое
двое́ние, -я
двоетёс, -а
двоето́чие, -я
дво́ечка, -и, р. мн. -чек
дво́ечник, -а
дво́ечница, -ы, тв. -ей
дво́ечный
двое́шка, -и, р. мн. -шек, ж. (двойчатка)
двое́шки, -шек, ед. -шка, -и, м. и ж. (близнецы)
двои́льный
двои́ть(ся), двою́(сь), двои́т(ся)
дво́ица, -ы, тв. -ей
двои́чно-десяти́чный
двои́чный
дво́йка, -и, р. мн. дво́ек
двойни́к, -а́
двойникова́ние, -я
двойнико́вый
двойни́чество, -а
двойни́чный
двойничо́к, -чка́
двойно́й
двойня́, -и, р. мн. дво́ен и дво́йней
двойня́шка, -и, р. мн. -шек, ж. (двойчатка)
двойня́шки, -шек, ед. -яшка, -и, м. и ж. (близнецы)
дво́йственность, -и
дво́йственный; кр. ф. -вен и -венен, -венна
двойча́тка, -и, р. мн. -ток
двойча́тый
двор, -а́; но (в названиях некоторых организаций, предприятий)
Двор, -а́: Гости́ный Дво́р, "Печа́тный Дво́р" (в Петербурге)
дворе́ц, -рца́, тв. -рцо́м, р. мн. -рцо́в
Дворе́ц бракосочета́ния
Дворе́ц до́жей (в Венеции)
дворе́цкий, -ого
Дворе́ц культу́ры
Дворе́ц молодёжи

дворе́ц-музе́й, дворца́-музе́я
Дворе́ц на́ций (в Женеве)
Дворе́ц пионе́ров
Дворе́ц правосу́дия (в Париже и др. городах)
Дворе́ц спо́рта
Дворе́ц фестива́лей (в Канне)
дво́рик, -а
двори́шко, -а и -и, мн. -шки, -шек, м.
двори́ще[1], -а, мн. -а и -и, -ищ, м. (увелич. к двор)
двори́ще[2], -а, с. (место, где была усадьба, жилище)
дво́рник, -а
дво́рницкая, -ой
дво́рницкий
дворничи́ха, -и
дворно́й и дво́рный
дво́рня, -и
дворня́га, -и
дворня́жка, -и, р. мн. -жек
дворо́вый
дво́рский
дворцо́во-па́рковый
дворцо́вый
Дворы́, -о́в: Больши́е Дворы́ (поселок)
дворяни́н, -а, мн. -я́не, -я́н
дворя́нка, -и, р. мн. -нок
дворя́ночка, -и, р. мн. -чек
дворя́нский
Дворя́нское собра́ние
дворя́нско-поме́щичий
дворя́нство, -а
дворя́нчик, -а
двою́родный
двоя́кий
двояково́гнутый
двояковы́пуклый
двоякоды́шащие, -их
двоякопериоди́ческий
двоякопреломля́ющий
двоя́кость, -и
двоя́шка, -и, р. мн. -шек, ж. (двойчатка)

двоя́шки, -шек, ед. -я́шка, -и, м. и ж. (близнецы)
ДВ-ста́нция, -и
двубо́ртный
двувидово́й
двувидо́вость, -и
двугла́вый
двугла́зый
двугла́сный
двуголо́сный и двухголо́сный
двуголо́сый и двухголо́сый
двуго́рбый
двугра́нный
двугри́венник, -а
двугри́венный, -ого
двудо́льный
двудо́мность, -и
двудо́мный
двудо́нный и двухдо́нный
двуеди́нство, -а
двуеди́ный
двужа́берные, -ых
двужи́льный (сильный)
двузерня́нка, -и, р. мн. -нок
двузна́чность, -и
двузна́чный; кр. ф. -чен, -чна
двузу́бец, -бца, тв. -бцем, р. мн. -бцев
двузу́бчатый
двузу́бый
двуипоста́сный
двукла́ссный и двухкла́ссный
двуко́лка, -и, р. мн. -лок
двуко́лочка, -и, р. мн. -чек
двукомпоне́нтный и двухкомпоне́нтный
двуко́нный
двукопы́тные, -ых
двукра́тность, -и
двукра́тный
двукры́лый
двулёгочный
двулепе́стный
двуле́тний (двуле́тнее растение)
двуле́тник, -а
двулётный

двули́кий
двули́стный
двули́чие, -я
двули́чничать, -аю, -ает
двули́чность, -и
двули́чный; кр. ф. -чен, -чна
двуме́рный и двухме́рный
двунадеся́тые пра́здники (церк.)
двунапра́вленность, -и
двунапра́вленный; кр. ф. -ен, -ена
двуни́ток, -тка
двуно́гий
двуо́кись, -и
двуо́сный
двупа́лый
двупарноно́гие, -их
двупарнорезцо́вые, -ых
двуперстие, -я
двупе́рстный (от двупе́рстие)
двупе́рстый (двупалый)
двупла́нность, -и
двупла́нный
двупласти́нчатый
двуплечий
двуполостно́й и двуполо́стный (от по́лость)
двупо́лый
двупо́лье, -я
двупо́льный и двухпо́льный
двуро́гий
двуру́кий
двуру́чка, -и, р. мн. -чек
двуру́чный
двуру́шник, -а
двуру́шница, -ы, тв. -ей
двуру́шничать, -аю, -ает
двуру́шнический
двуру́шничество, -а
двусве́тный и двухсве́тный
двусемядо́льный
двусемя́нка, -и, р. мн. -нок
двусемя́нный
двуска́тный и двухска́тный
двуслогово́й

двусло́жный и двухсло́жный
двусмы́сленно, нареч.
двусмы́сленность, -и
двусмы́сленный; кр. ф. -ен, -енна
двусмы́слица, -ы, тв. -ей
двусоста́вность, -и
двусоста́вный
двуспа́льный и двухспа́льный
двуство́лка, -и, р. мн. -лок и двухство́лка, -и, р. мн. -лок
двуство́льный и двухство́льный
двуство́рчатый
двусти́шие, -я
двусто́пный и двухсто́пный
двусторо́нний и двухсторо́нний
двусторо́нность, -и и двусторо́нность, -и
двута́вр, -а
двутавро́вый
двууглеки́слый
двуу́стка, -и, р. мн. -ток
двууторо́бка, -и, р. мн. -бок
двуха́дресный
двуха́ктный
двухарши́нный
двуха́томный
двухба́зовый
двухба́йтовый
двухба́лльный
двухбатальо́нный
двухба́шенный
двухвале́нтный; кр. ф. -тен, -тна
двухвалко́вый
двухва́нный
двухведёрный и двухвёдерный
двухвеково́й
двухвёрстка, -и, р. мн. -ток
двухвёрстный
двухверши́нный
двухвершко́вый
двухвесе́льный и двухвёсельный
двухвинтово́й
двухво́стка, -и, р. мн. -ток

двухво́стый
двухгнёздный
двухгоди́чный
двухгодова́лый
двухгодово́й
двухголо́вочный
двухголо́вый
двухголо́сный и двуголо́сный
двухголо́сый и двуголо́сый
двухде́тный
двухдиапазо́нный
двухди́сковый
двухдне́вный
двухдо́лларовый
двухдо́нный и двудо́нный
двухдоро́жечный
двухдугово́й
двухдюймо́вка, -и, р. мн. -вок
двухдюймо́вый
двухжи́льный (с двумя жилами)
двухза́льный
двухзатво́рный
двухзве́нность, -и
двухзве́нный
двухзвеньево́й
двухзона́льный
двухиго́льный
двухизна́ночный
двухимённый
двух- и трёхдне́вный
двухка́мерный
двухкана́льный
двухкаска́дный
двухкассе́тник, -а
двухкассе́тный
двухкварти́рный
двухкилогра́ммо́вый (2-килогра́ммо́вый)
двухкилометро́вка, -и, р. мн. -вок
двухкилометро́вый (2-километро́вый)
двухкла́ссный и двукла́ссный
двухколе́йный
двухколе́нный
двухколе́нчатый

двухколёсный
двухколо́нный
двухколо́ночный
двухко́мнатный
двухкомпле́ктный
двухкомпоне́нтный и двукомпоне́нтный
двухко́нтурный
двухкопе́ечный (2-копе́ечный)
двухко́рпусный
двухкра́сочный
двухкругово́й
двухкулачко́вый
двухла́мповый
двухла́стичный
двухлеме́шный
двухле́тие (2-ле́тие), -я
двухле́тка, -и, р. мн. -ток
двухле́тний (2-ле́тний) (двухле́тний ребёнок, двухле́тний пери́од)
двухлеток, -тка
двухлитро́вый (2-литро́вый)
двухлицево́й
двухло́пастный
двухло́ристый
двухлоша́дный
двухма́чтовик, -а
двухма́чтовый
двухмаши́нный
двухме́рность, -и
двухме́рный и двуме́рный
двухме́стный
двухме́сячник, -а
двухме́сячный (2-ме́сячный)
двухметро́вый (2-метро́вый)
двухмиллиа́рдный (2-миллиа́рдный) и (при передаче разг. произношения) двухмилья́рдный
двухмиллио́нный (2-миллио́нный) и (при передаче разг. произношения) двухмильо́нный
двухмину́тный (2-мину́тный)
двухмото́рный

двухнеде́льник, -а
двухнеде́льный (2-неде́льный)
двухо́дка, -и, р. мн. -док
двухоко́нный
двухо́лмие, -я
двухоруди́йный
двухосно́вный
двухо́сный
двухотва́льный
двухочко́вый
двухпала́тный
двухпа́лубный
двухпарти́йный
двухпозицио́нный
двухполо́сный (от полоса́)
двухполоте́нный
двухполупери́одный
двухпо́льный и двупо́льный
двухпо́люсник, -а
двухпо́люсный
двухполя́рный
двухпроводно́й
двухпрогра́ммный
двухпроце́нтный (2-проце́нтный)
двухпроце́ссорный
двухпудови́к, -а́
двухпудо́вка, -и, р. мн. -вок
двухпудо́вый
двухпу́тный
двухра́зовый
двухра́ундовый
двухромовоки́слый
двухро́торный
двухрублёвый (2-рублёвый)
двухру́льный
двухря́дка, -и, р. мн. -док
двухря́дный
двухсажённый (2-сажённый)
двухсве́тный и двусве́тный
двухсекцио́нный
двухсери́йный
двухска́тный и двуска́тный
двухскоростно́й
двухсло́жный и двусло́жный
двухсло́йный

двухсме́нка, -и
двухсме́нный
двухсотграммо́вый (200-граммо́вый)
двухсо́тенный
двухсо́тка, -и, р. мн. -ток
двухсоткилогра́ммовый (200-килогра́ммовый)
двухсотле́тие (200-ле́тие), -я
двухсотле́тний (200-ле́тний)
двухсотметро́вка, -и, р. мн. -вок
двухсотми́льный (200-ми́льный)
двухсотпятидесятиле́тие (250-ле́тие), -я
двухсотпятидесятимиллио́нный (250-миллио́нный)
двухсотрублёвый (200-рублёвый)
двухсотсвечо́вый
двухсотто́нный (200-то́нный)
двухсотты́сячный (200-ты́сячный)
двухсо́тый
двухспа́льный и двуспа́льный
двухсполови́нный
двух с полови́ной метро́вый
двух с полови́ной миллио́нный
двух с полови́ной проце́нтный
двухстволка, -и, р. мн. -лок и двустволка, -и, р. мн. -лок
двухство́льный и двуство́льный
двухстепе́нный
двухсто́пный и двусто́пный
двухсторо́нний и двусторо́нний
двухсторо́нность, -и и двусторо́нность, -и
двухстро́чный
двухстру́нный
двухступе́нчатый
двухсу́точный (2-су́точный)
двухта́ктный
двухто́мник, -а

двухто́мный
двухто́нный
двухто́чечный
двух-трёхдне́вный (2-3-дне́вный)
двух-трёхме́сячный (2-3-ме́сячный)
двух-трёхнеде́льный (2-3-неде́льный)
двухтру́бный
двухту́мбовый
двухтысячеле́тие, -я (2000-ле́тие)
двухтысячеле́тний (2000-ле́тний)
двухты́сячный
двухуро́вневый
двухфа́зный
двухфото́нный
двухфунто́вый
двуххо́довка, -и, р. мн. -вок
двухходово́й и двуххо́довый
двухцветко́вый
двухцве́тность, -и и двуцве́тность, -и
двухцве́тный и двуцве́тный
двухцелево́й
двухцили́ндровый
двухчасово́й
двухчастёвый
двухча́стный
двухчле́нный и двучле́нный
двухшатро́вый
двухшёрстный и двушёрстный
двухши́пный
двухъёмкостный
двухъя́дерный
двухъя́корный
двухъя́русный
двухэлектро́дный
двухэлеме́нтный
двухэта́жка, -и, р. мн. -жек
двухэта́жный (2-эта́жный)
двуцве́тность, -и и двухцве́тность, -и
двуцве́тный и двухцве́тный

двучле́н, -а
двучле́нный и двухчле́нный
двушёрстный и двухшёрстный
дву́шка, -и, р. мн. -шек
двуязы́чие, -я
двуязы́чный
двуяйцево́й (двуяйцевы́е близнецы́)
ДДТ [дэдэтэ́], нескл., м. (порошко́вый препара́т)
-де, частица – с предшествующим словом пишется через дефис: он-де, говорил-де
деавтоматиза́ция, -и
деаэра́тор, -а
деаэра́ция, -и
деба́й, -я (ед. измер.)
дебала́нс, -а
дебарка́дер, -а
дебати́рованный; кр. ф. -ан, -ана
дебати́ровать(ся), -рую, -рует(ся)
деба́ты, -ов
дебе́лость, -и
дебе́лый
дебенту́ра, -ы
де́бет, -а (счет)
де́бет-но́та, -ы
дебето́ванный; кр. ф. -ан, -ана
дебетова́ть(ся), -ту́ю, -ту́ет(ся)
дебето́вый (от де́бет)
деби́л, -а
дебилиза́ция, -и
деби́лка, -и, р. мн. -лок
деби́льность, -и
деби́льный
деби́т, -а (объем)
дебито́р, -а
дебито́рский
деблока́да, -ы
деблоки́рование, -я
деблоки́рованный; кр. ф. -ан, -ана
деблоки́ровать(ся), -рую, -рует(ся)
дебольшевиза́ция, -и

деборди́рованный; кр. ф. -ан, -ана
деборди́ровать(ся), -рую, -рует(ся)
дебо́ш, -а, тв. -ем
дебоши́р, -а
дебоши́рить, -рю, -рит
дебоши́рничать, -аю, -ает
дебоши́рство, -а
дебоши́рящий
де́бри, -ей
де́бристый
дебри́финг, -а
дебурба́ж, -а, тв. -ем
дебурбе́р, -а
дебуши́рование, -я
дебуши́рованный; кр. ф. -ан, -ана
дебуши́ровать(ся), -рую, -рует(ся)
дебю́т, -а
дебюта́нт, -а
дебюта́нтка, -и, р. мн. -нток
дебюти́ровать, -рую, -рует
дебю́тный
де́ва, -ы (девушка) и Де́ва, -ы (созвездие и знак зодиака; о том, кто родился под этим знаком)
Де́ва, -ы (о Богородице): Де́ва Мари́я, Пресвята́я Де́ва, Пречи́стая Де́ва
девальвацио́нный
девальва́ция, -и
девальви́рованный; кр. ф. -ан, -ана
девальви́ровать(ся), -рую, -рует(ся)
девана́гари, нескл., с.
деваста́ция, -и
дева́ть(ся), -а́ю(сь), -а́ет(ся)
дева́ха, -и
деверёк, -рька́
де́вернин, -а, -о
де́верь, -я, мн. -рья́, -ре́й, -рья́м
девиа́нтность, -и
девиа́нтный

девиацио́нный
девиа́ция, -и
деви́з, -а (краткое изречение)
деви́за, -ы (фин.)
деви́зный
девило́н, -а
девио́метр, -а
деви́ца, -ы, тв. -ей и (нар.-поэт.) де́вица, -ы, тв. -ей
деви́ческий
деви́чество, -а
де́вичий, -ья, -ье
деви́чник, -а
Де́вичье по́ле (в Москве)
де́вичья, -ьей
де́вка, -и, р. мн. де́вок
деволюцио́нный
де-воля́й, неизм. (котлеты)
дево́н, -а
дево́нский
де́вонька, -и, р. мн. -нек
де́вочка, -и, р. мн. -чек
де́вственник, -а
де́вственница, -ы, тв. -ей
де́вственность, -и
де́вственно-чи́стый
де́вственный; кр. ф. -вен и -венен, -венна
де́вство, -а
девтерагони́ст, -а
де́вушка, -и, р. мн. -шек
де́вушка-лётчик, де́вушки-лётчика
де́вушка-убо́рщица, де́вушки-убо́рщицы
девча́та, -а́т
девча́чий, -ья, -ье
девчо́нка, -и, р. мн. -нок
девчо́ночий, -ья, -ье
девчо́ночка, -и, р. мн. -чек
девчу́рка, -и, р. мн. -рок
девчу́шечка, -и, р. мн. -чек
девчу́шка, -и, р. мн. -шек
девяно́сто, -а
девяностоле́тие (90-ле́тие), -я
девяностоле́тний (90-ле́тний)
девяностопятиле́тний (95-ле́тний)
девяно́стый
девяси́л, -а
девятери́к, -а́
девятерико́вый
девятери́чный
девятерно́й
де́вятеро, -ы́х
девятиба́лльный (9-ба́лльный)
девяти-десятиле́тний (9-10-ле́тний)
девятидеся́тый (устар. к девяно́стый)
девятидне́вный (9-дне́вный)
девятизаря́дный (9-заря́дный)
девятикла́ссник, -а
девятикла́ссница, -ы, тв. -ей
девятикла́ссный (9-кла́ссный)
девятикра́тный
девятиле́тие (9-ле́тие), -я
девятиле́тка, -и, р. мн. -ток
девятиле́тний (9-ле́тний)
девятиме́сячный (9-ме́сячный)
девяти́ны, -и́н
девятисотле́тие (900-ле́тие), -я
девятисотле́тний (900-ле́тний)
девятисо́тый
девятито́мник (9-то́мник), -а
девятито́мный (9-то́мный)
девятиты́сячный (9-ты́сячный)
девятичасово́й (9-часово́й)
девятичи́нная просфора́
девятиэта́жка, -и, р. мн. -жек
девятиэта́жный (9-эта́жный)
девя́тка, -и, р. мн. -ток
девятнадцатиле́тний (19-ле́тний)
девятна́дцатый
девятна́дцать, -и
девя́тый
де́вять, -и́, тв. -ью́
девятьсо́т, девятисо́т, девятиста́м, девятьюста́ми, о девятиста́х
де́вятью (при умножении)
де́вятью де́вять
дегаза́тор, -а
дегазацио́нный
дегаза́ция, -и
дегази́рованный; кр. ф. -ан, -ана
дегази́ровать(ся), -рую, -рует(ся)
дегази́рующий(ся)
дегельминтиза́ция, -и
дегенера́т, -а
дегенерати́вность, -и
дегенерати́вный; кр. ф. -вен, -вна
дегенерати́зм, -а
дегенера́тка, -и, р. мн. -ток
дегенера́ция, -и
дегенери́ровать, -рую, -рует
дегере́сский (дегере́сские о́вцы)
дегероиза́ция, -и
дегероизи́рованный; кр. ф. -ан, -ана
дегидра́зы, -а́з, ед. -а́за, -ы
дегидрата́ция, -и
дегидри́рование, -я
дегидри́рованный; кр. ф. -ан, -ана
дегидри́ровать(ся), -и́рую, -и́рует(ся)
дегидробензо́л, -а
дегидрогена́зы, -а́з, ед. -а́за, -ы
дегидрогениза́ция, -и
дего́ллевский (от Де Го́лль)
дегоржа́ж, -а, тв. -ем
дегоржи́рование, -я
дегото́к, -тка́ и -тку́
дёготь, дёгтя и дёгтю
деграда́ция, -и
дегради́ровать, -рую, -рует
дегресси́вный
дегре́ссия, -и
дёгтебето́н, -а
дегтево́й и дёгтевый
дегтема́з, -а
дегти́шко, -а и -и, м.
Дегтярёв, -а: пулемёт Дегтярёва
дегтя́рка, -и, р. мн. -рок
дегтя́рник, -а
дегтя́рница, -ы, тв. -ей

дегтя́рный
дегтя́рня, -и, *р. мн.* -рен
дегтя́рь, -я́
де́гу, *нескл., м.*
дегуманиза́ция, -и
дегуманизи́рованный; *кр. ф.* -ан, -ана
дегуманизи́ровать(ся), -рую, -рует(ся)
дегуста́тор, -а
дегустацио́нный
дегуста́ция, -и
дегусти́рованный; *кр. ф.* -ан, -ана
дегусти́ровать(ся), -рую, -рует(ся)
дед, -а, *мн.* -ы, -ов и (*старослужащие в армии*) -ы́, -о́в
де́да, -ы, *м.* (*в детской речи*)
Деда́л, -а: Деда́л и Ика́р
де́двейт, -а
дедеро́н, -а
дедеро́новый
дедика́ция, -и
де́дина, -ы
де́дка, -и, *р. мн.* де́док, *м.* (*от* дед)
дед Мазай, деда Мазая (*лит. персонаж*)
Дед Моро́з, Де́да Моро́за (*сказочный персонаж; человек, одетый как этот персонаж*) и дед-моро́з, де́да-моро́за (*игрушка*)
дедморо́зовский (*от* Дед Моро́з)
де́дов, -а, -о
де́довский
дедовщи́на, -ы
дедо́к, дедка́
дедолларизация, -и
дедраматизация, -и
дедраматизи́рованный; *кр. ф.* -ан, -ана
дедукти́вный
деду́кция, -и
деду́лечка, -и, *р. мн.* -чек, *м.*
деду́ля, -и, *м.*

деду́ся, -и, *м.*
дедуци́рованный; *кр. ф.* -ан, -ана
дедуци́ровать(ся), -рую, -рует(ся)
де́душка, -и, *р. мн.* -шек, *м.*
де́душка Мазай, де́душки Мазая (*лит. персонаж*)
Де́душка Моро́з, Де́душки Моро́за
де́душкин, -а, -о
деепричастие, -я
деепричастный
дееспособность, -и
дееспособный; *кр. ф.* -бен, -бна
дежа́, -и́, *тв.* -о́й, *мн.* дежи́ и дёжи, дежей
дёжка, -и, *р. мн.* дёжек
дежура́нт, -а
дежу́рить, -рю, -рит
дежу́рка, -и, *р. мн.* -рок
дежу́рный
дежу́рство, -а
дежу́рящий
де́за, -ы и деза́, -ы́ (*дезинформация*)
дезабилье́, *нескл., с.*
дезавуаризация, -и (*от* ава́ры)
дезавуаризо́ванный; *кр. ф.* -ан, -ана
дезавуи́рование, -я
дезавуи́рованный; *кр. ф.* -ан, -ана
дезавуи́ровать(ся), -рую, -рует(ся)
дезадаптация, -и
дезадапти́рованный; *кр. ф.* -ан, -ана
дезадапти́ровать(ся), -рую(сь), -рует(ся)
дезактивация, -и
дезактиви́рованный; *кр. ф.* -ан, -ана
дезактиви́ровать(ся), -рую, -рует(ся)
дезактиви́рующий(ся)
дезаминирование, -я

дезаминированный; *кр. ф.* -ан, -ана
дезаминировать(ся), -рую, -рует(ся)
дезерти́р, -а
дезерти́ровать, -рую, -рует
дезерти́рский
дезерти́рство, -а
дезидера́ты, -а́т
дезинва́зия, -и
дезинсектоло́гия, -и
дезинсе́ктор, -а
дезинсекцио́нный
дезинсе́кция, -и
дезинтегра́тор, -а
дезинтегра́торный
дезинтеграцио́нный
дезинтегра́ция, -и
дезинтегри́рованный; *кр. ф.* -ан, -ана
дезинтегри́ровать(ся), -рую, -рует(ся)
дезинтоксикацио́нный
дезинтоксика́ция, -и
дезинфе́ктор, -а
дезинфекцио́нный
дезинфе́кция, -и
дезинфици́рование, -я
дезинфици́рованный; *кр. ф.* -ан, -ана
дезинфици́ровать(ся), -рую(сь), -рует(ся)
дезинфици́рующий(ся)
дезинфляцио́нный
дезинфля́ция, -и
дезинформа́тор, -а
дезинформацио́нный
дезинформа́ция, -и
дезинформи́рованный; *кр. ф.* -ан, -ана
дезинформи́ровать(ся), -рую(сь), -рует(ся)
дезка́мера, -ы
дезодора́нт, -а
дезодора́тор, -а
дезодора́ция, -и

дезодори́рованный; *кр. ф.* -ан, -ана
дезодори́ровать(ся), -рую, -рует(ся)
дезоксида́ция, -и
дезоксирибо́за, -ы
дезоксирибонуклеа́за, -ы
дезоксирибонуклеи́новый
дезорганиза́тор, -а
дезорганиза́торский
дезорганиза́ция, -и
дезорганизо́ванный; *кр. ф.* -ан, -ана
дезорганизова́ть(ся), -зу́ю, -зу́ет(ся)
дезорганизо́вывать(ся), -аю, -ает(ся)
дезориента́ция, -и
дезориенти́рованный; *кр. ф.* -ан, -ана
дезориенти́ровать(ся), -рую(сь), -рует(ся)
дезурбаниза́ция, -и
дезурбани́зм, -а
дезурбанисти́ческий
деидеологиза́ция, -и
деидеологизи́рованный; *кр. ф.* -ан, -ана
деидеологизи́ровать(ся), -рую(сь), -рует(ся)
дейзм, -а
деиониза́ция, -и
деионизи́рованный; *кр. ф.* -ан, -ана
деионизи́роваться, -руется
дейст, -а
деисти́ческий
де́исус, -а
деису́сный
дей, де́я
де́йдвуд, -а
де́йксис, -а
дейкти́ческий
дейноцефа́л, -а и диноцефа́л, -а
де́йственность, -и

де́йственный; *кр. ф.* -вен и -венен, -венна
де́йствие, -я
действи́тельно, *нареч.*
действи́тельность, -и
действи́тельный; *кр. ф.* -лен, -льна
де́йство, -а
де́йствователь, -я
де́йствовать, -твую, -твует
де́йствующий
дейтагра́мма, -ы
дейталла́ксы, -ов, *ед.* -лла́кс, -а
дейте́риевый
дейте́рий, -я
дейтопла́зма, -ы
дейтро́н, -а
дейтро́нный
де́йция, -и
дек, -а (*палуба*)
де́ка, -и (*муз.*)
дека... — первая часть сложных слов, пишется слитно
декабри́зм, -а
декабри́ст, -а
декабри́стка, -и, *р. мн.* -ток
декабристове́д, -а
декабристове́дение, -я
декабри́стский
дека́брь, -я́
дека́брьский
Дека́брьское вооружённое восста́ние (1905)
декагра́мм, -а
дека́да, -ы
декада́нс, -а
декаде́нт, -а
декаде́нтка, -и, *р. мн.* -ток
декаде́нтский
декаде́нтство, -а
дека́дник, -а
дека́дный
декали́н, -а
декали́тр, -а
декало́г, -а
декальки́рование, -я

декальки́рованный; *кр. ф.* -ан, -ана
декальки́ровать(ся), -рую, -рует(ся)
декалькома́ния, -и
декальцина́ция, -и
декальцини́рованный; *кр. ф.* -ан, -ана
декальцини́ровать(ся), -рую, -рует(ся)
декамеви́т, -а
декаме́тр, -а
дека́н, -а
декана́т, -а
декана́тский
деканониза́ция, -и
дека́нский
дека́нство, -а
деканта́ция, -и
деканцерогениза́ция, -и
декапи́рование, -я
декапита́ция, -и
декапо́ды, -по́д, *ед.* -по́да, -ы
декарбоксили́рование, -я
декарбониза́ция, -и
декартелиза́ция, -и
Дека́ртов, -а, -о (Дека́ртова филосо́фия); но: дека́ртова систе́ма координа́т, дека́ртов ли́ст, дека́ртов ова́л
дека́ртовский (от Дека́рт)
декати́рова́ние, -я
декати́ро́ванный; *кр. ф.* -ан, -ана
декати́рова́ть(ся), -и́рую, -и́рует(ся)
декатиро́вка, -и
декатиро́вочный
декатиро́вщик, -а
декатиро́вщица, -ы, *тв.* -ей
декатло́н, -а
декато́нна, -ы
декатро́н, -а
дека́эдр, -а
деквалифика́ция, -и
деквалифици́рованный; *кр. ф.* -ан, -ана

ДЕКВАЛИФИЦИРОВАТЬ(СЯ)

деквалифици́ровать(ся), -рую(сь), -рует(ся)
де́кель, -я
декламати́вный
деклама́тор, -а
деклама́торский
деклама́торша, -и, тв. -ей
декламацио́нный
деклама́ция, -и
деклами́рование, -я
деклами́рованный; кр. ф. -ан, -ана
деклами́ровать(ся), -рую, -рует(ся)
деклара́нт, -а
декларати́вность, -и
деклара́тивный; кр. ф. -вен, -вна
декларацио́нный
деклара́ция, -и
Деклара́ция незави́симости (в США, 1776)
Деклара́ция прав челове́ка (1948)
деклари́рование, -я
деклари́рованный; кр. ф. -ан, -ана
деклари́ровать(ся), -рую, -рует(ся)
декласси́рованность, -и
декласси́рованный; кр. ф. -ан, -ана
деклас́сироваться, -руюсь, -руется
деклина́тор, -а
деклина́ция, -и
декови́лька, -и, р. мн. -лек
де́ковый (от де́ка)
деко́дер, -а
декоди́рование, -я
декоди́рованный; кр. ф. -ан, -ана
декоди́ровать(ся), -рую, -рует(ся)
декодиро́вка, -и, р. мн. -вок
декоди́рующий(ся)
деко́кт, -а
деколониза́ция, -и
деколонизи́рованный; кр. ф. -ан, -ана
деколонизи́ровать(ся), -рую, -рует(ся)
деколонизо́ванный; кр. ф. -ан, -ана
деколонизова́ть(ся), -зу́ю, -зу́ет(ся)
деколора́ция, -и
деко́ль, -и
декольте́, неизм. и нескл., с.
декольти́рованный; кр. ф. -ан, -ана
декольтирова́ться, -ру́юсь, -ру́ется и декольти́роваться, -руюсь, -руется
декоммуниза́ция, -и
декомпенса́ция, -и
декомпозёр, -а
декомпози́ция, -и
декомпрессио́нный
декомпре́ссия, -и
декомпре́ссор, -а
деко́нт, -а
деко́р, -а
декорати́вно-орнамента́льный
декорати́вно-прикладно́й
декорати́вность, -и
декорати́вный; кр. ф. -вен, -вна
декора́тор, -а
декора́торский
декорацио́нный
декора́ция, -и
декори́рование, -я
декори́рованный; кр. ф. -ан, -ана
декори́ровать(ся), -рую, -рует(ся)
деко́рт, -а
декортика́тор, -а
декортика́ция, -и
деко́рум, -а
декреме́нт, -а
декре́т, -а
декрета́лии, -ий
декрети́рование, -я
декрети́рованный; кр. ф. -ан, -ана
декрети́ровать(ся), -рую, -рует(ся)
декре́тный
декреше́ндо и декреше́ндо, неизм. и нескл., с.
декриминализа́ция, -и
декриминализо́ванный; кр. ф. -ан, -ана
декриминализова́ть(ся), -зу́ю, -зу́ет(ся)
декстри́н, -а
декстриниза́ция, -и
декстри́нный
декстри́новый
декстрокарди́я, -и
декуве́р, -а
декурио́н, -а
делабиализа́ция, -и
делабиализо́ванный; кр. ф. -ан, -ана
делава́ры, -ов, ед. -ва́р, -а
делами́на́ция, -и
де́лание, -я
де́ланный; кр. ф. -ан, -ана, прич.
де́лано, нареч. (неестественно)
де́лано-переде́лано
де́ланость, -и
де́ланый, прил. (неестественный)
де́латель, -я
де́лать(ся), -аю(сь), -ает(ся)
делега́т, -а
делега́тка, -и, р. мн. -ток
делега́тский
делега́ция, -и
делеги́рование, -я
делеги́рованный; кр. ф. -ан, -ана
делеги́ровать(ся), -рую, -рует(ся)
делёж, -ежа́, тв. -о́м
делёжка, -и
деле́ние, -я
делённый; кр. ф. -ён, -ена́
деле́ц, дельца́, тв. дельцо́м, р. мн. дельцо́в
деле́ция, -и

ДЕМОДЕКОЗ

делиба́ш, -а, *тв.* -ем
деливе́ри-о́рдер, -а
дели́йка, -и, *р. мн.* дели́ек
дели́йский (*от* Де́ли)
дели́йцы, -ев, *ед.* дели́ец, -и́йца, *тв.* -и́йцем
деликате́с, -а
деликате́сный
делика́тничанье, -я
делика́тничать, -аю, -ает
делика́тность, -и
делика́тный; *кр. ф.* -тен, -тна
дели́кт, -а
дели́ктный
делимитацио́нный
делимита́ция, -и
дели́мое, -ого
дели́мость, -и
дели́мый
делинкве́нт, -а
дели́рий, -я
дели́тель, -я
дели́тельный
дели́ть(ся), делю́(сь), де́лит(ся)
дели́шки, -шек, *ед.* -шко, -а
де́ло, -а, *мн.* дела́, дел и (*нарочито-сниженное и прост.*) дело́в (всего́-то и дело́в, то́лько и дело́в), -а́м
делови́к, -а́
делови́тость, -и
делови́тый
делово́й
делокализа́ция, -и
делокализо́ванный; *кр. ф.* -ан, -ана
делокализова́ть(ся), -зу́ю, -зу́ет(ся)
делопроизводи́тель, -я
делопроизводи́тельница, -ы, *тв.* -ей
делопроизво́дственный
делопроизво́дство, -а
де́ло таба́к
де́лывать, *наст. вр. не употр.*
делькре́дере, *нескл., с.*

де́льность, -и
де́льный; *кр. ф.* де́лен, де́льна
де́льта, -ы
де́льта-древеси́на, -ы
дельтадро́м, -а
де́льта-желе́зо, -а
де́льта-и́мпульс, -а
дельтаклу́б, -а
де́льта-лучи́, -е́й
де́льта-опера́тор, -а
дельтапла́н, -а
дельтапланери́зм, -а
дельтапланери́ст, -а
дельтапла́нерный
де́льта-фу́нкция, -и
де́льта-части́ца, -ы, *тв.* -ей
де́льта-электро́н, -а
де́льта-электро́нный
де́льта-эффе́кт, -а
дельтови́дный
де́льтовый
дельтообра́зный; *кр. ф.* -зен, -зна
дельфи́йский (*от* Де́льфы)
Дельфи́йский ора́кул
дельфи́н, -а
дельфина́рий, -я
дельфи́ний, -ья, -ье
дельфи́ниум, -а
дельфи́ниха, -и
дельфи́новый
де́льце, -а, *р. мн.* -ев и де́лец
делювиа́льный (*от* делю́вий)
делю́вий, -я (*геол.; отложения, наносы*)
деля́га, -и, *м. и ж.*
деля́на, -ы
деля́нка, -и, *р. мн.* -нок
деля́ческий
деля́чество, -а
деля́щий
деля́щийся
демаго́г, -а
демагоги́ческий
демагоги́чность, -и
демагоги́чный; *кр. ф.* -чен, -чна
демаго́гия, -и

демаркацио́нный
демарка́ция, -и
дема́ркетинг, -а
дема́рш, -а, *тв.* -ем
демаски́рование, я
демаски́рованный; *кр. ф.* -ан, -ана
демаски́ровать(ся), -рую(сь), -рует(ся)
демакиро́вка, -и, *р. мн.* -вок
де́мбель, -я, *мн.* -я́, -е́й
де́мбельский
деме́нция, -и
де́мередж, -а, *тв.* -ем
деме́ственный (деме́ственное пе́ние)
Деме́тра, -ы
демикото́н, -а
демикото́нный
демикото́новый
демилитариза́ция, -и
демилитаризо́ванный; *кр. ф.* -ан, -ана
демилитаризова́ть(ся), -зу́ю, -зу́ет(ся)
демимо́нд, -а
демимонде́нка, -и, *р. мн.* -нок
демисезо́н, -а
демисезо́нный
демиу́рг, -а
демиурги́ческий
демифологиза́ция, -и
демифологизи́рованный; *кр. ф.* -ан, -ана
демифологизи́ровать(ся), -рую, -рует(ся)
демобилизацио́нный
демобилиза́ция, -и
демобилизо́ванный; *кр. ф.* -ан, -ана
демобилизова́ть(ся), -зу́ю(сь), -зу́ет(ся)
демо́граф, -а
демографи́ческий
демогра́фия, -и
демодеко́з, -а

ДЕМОДУЛЯТОР

демодуля́тор, -а
демодуля́ция, -и
демокра́т, -а
демократиза́ция, -и
демократизи́рованный; *кр. ф.* -ан, -ана
демократизи́ровать(ся), -рую(сь), -рует(ся)
демократи́зм, -а
демократи́чески
демократи́чески и́збранный
демократи́ческий
Демократи́ческий вы́бор Росси́и (*партия*)
демократи́чески ориенти́рованный
демократи́ческо-республика́нский
демократи́чность, -и
демократи́чный; *кр. ф.* -чен, -чна
демокра́тия, -и
демокра́тка, -и, *р. мн.* -ток
де́мон, -а
демонетиза́ция, -и
демониза́ция, -и (*от* де́мон)
демонизи́рованный; *кр. ф.* -ан, -ана
демонизи́ровать(ся), -рую, -рует(ся)
демони́зм, -а
демони́ческий
демони́чный; *кр. ф.* -чен, -чна
демонологи́ческий
демоноло́гия, -и
демонополиза́ция, -и
демонополизи́рованный; *кр. ф.* -ан, -ана
демонополизи́ровать(ся), -рую, -рует(ся)
де́монский
демонстра́нт, -а
демонстра́нтка, -и, *р. мн.* -ток
демонстрати́вность, -и
демонстрати́вный; *кр. ф.* -вен, -вна
демонстра́тор, -а

демонстрацио́нный
демонстра́ция, -и
демонстри́рование, -я
демонстри́рованный; *кр. ф.* -ан, -ана
демонстри́ровать(ся), -рую, -рует(ся)
демонта́ж, -а и -а́, *тв.* -ем и -о́м
демонти́рованный; *кр. ф.* -ан, -ана
демонти́ровать(ся), -рую, -рует(ся)
деморализа́ция, -и
деморализо́ванный; *кр. ф.* -ан, -ана
деморализова́ть(ся), -зу́ю(сь), -зу́ет(ся)
де́мос, -а
демоти́ческий
демохристиа́не, -а́н, *ед.* -ани́н, -а
демохристиа́нский
демохристиа́нство, -а
демпа́ртия, -и
де́мпинг, -а
де́мпинговый
де́мпинг-синдро́м, -а
де́мпфер, -а
де́мпферный
демпфи́рование, -я
демпфи́рованный; *кр. ф.* -ан, -ана
демпфи́ровать(ся), -рую, -рует(ся)
демультиплика́тор, -а
демуниципализа́ция, -и
демуниципализи́рованный; *кр. ф.* -ан, -ана
демуниципализи́ровать(ся), -рую, -рует(ся)
демья́нова уха́, демья́новой ухи́
дена́рий, -я (*то же, что* динарий; дена́рий свято́го Петра́, *налог с католиков*)
денатурализа́ция, -и
денатурализо́ванный; *кр. ф.* -ан, -ана

денатурализова́ть(ся), -зу́ю(сь), -зу́ет(ся)
денатура́т, -а
денатура́ция, -и
денатури́рование, -я
денатури́рованный; *кр. ф.* -ан, -ана
денатури́ровать(ся), -рую, -рует(ся)
денационализа́ция, -и
денационализи́рованный; *кр. ф.* -ан, -ана
денационализи́ровать(ся), -рую, -рует(ся)
денацификацио́нный
денацифика́ция, -и
денацифици́рованный; *кр. ф.* -ан, -ана
денацифици́ровать(ся), -рую, -рует(ся)
де́нверский (*от* Де́нвер)
де́нверцы, -ев, *ед.* -рец, -рца, *тв.* -рцем
де́нди, *нескл., м.*
дендизм, -а
дендра́рий, -я
дендри́т, -а
дендрити́ческий
дендри́тный
дендро... — *первая часть сложных слов, пишется слитно*
дендро́идный
дендроклиматоло́гия, -и
дендро́лог, -а
дендрологи́ческий
дендроло́гия, -и
дендро́метр, -а
дендрометри́ческий
дендроме́трия, -и
дендропа́рк, -а
дендрохронологи́ческий
дендрохроноло́гия, -и
де́нежка, -и, *р. мн.* -жек
де́нежки, -жек
де́нежно-вещево́й
де́нежно-креди́тный

де́нежно-расчётный
де́нежный
денёк, денька́
денёчек, -чка
дензна́к, -а
денивеля́ция, -и
дени́кинец, -нца, *тв.* -нцем, *р. мн.* -цев
дени́кинский (*от* Дени́кин)
дени́кинщина, -ы
Дени́с, -а (*также*: умри́, Дени́с, лу́чше не напи́шешь)
денитрифика́ция, -и
денитрифици́рованный; *кр. ф.* -ан, -ана
денитрифици́ровать(ся), -рует(ся)
денитрифици́рующий(ся)
денни́к, -а́
денни́ца, -ы, *тв.* -ей
де́нно и но́щно
денно́й
деномина́тивный
деноминацио́нный
деномина́ция, -и
деномини́рованный; *кр. ф.* -ан, -ана
деномини́ровать(ся), -рую, -рует(ся)
денонса́ция, -и
денонси́рование, -я
денонси́рованный; *кр. ф.* -ан, -ана
денонси́ровать(ся), -рую, -рует(ся)
денота́т, -а
денотати́вный
денси́метр, -а
денсиме́трия, -и
денсито́метр, -а
денситоме́три́я, -и
дента́льный
дентиатри́я, -и
денти́кулы, -ов, *ед.* -кул, -а
денти́н, -а
денудацио́нный

денуда́ция, -и
денщи́к, -а́
денщи́цкий
день, дня
День авиа́ции
День благодаре́ния
день в день
деньга́, -и́
де́ньги, де́нег, де́ньга́м
День го́рода
де́нь-два́
де́нь-деньско́й
де́нь-друго́й
денье́, *нескл., с.*
деньжа́та, -а́т
деньжи́шки, -шек
деньжи́щи, -и́щ
деньжо́нки, -нок
де́нь за день (*однообразно*)
День защи́тника оте́чества
День защи́ты дете́й
День зна́ний
День Конститу́ции
День космона́втики
День мили́ции
де́нь на́ день (не прихо́дится)
День незави́симости
день откры́тых двере́й
день ото дня́
День па́мяти жертв полити́ческих репре́ссий
День печа́ти
День Побе́ды (*праздник 9 мая*)
День поминове́ния
День примире́ния и согла́сия
День учи́теля
День физкульту́рника
деонтоло́гия, -и
депалатализа́ция, -и
депалатализо́ванный; *кр. ф.* -ан, -ана
депарафиниза́ция, -и
департа́мент, -а
департа́ментский
департиза́ция, -и

департизи́рованный; *кр. ф.* -ан, -ана
деперсонализа́ция, -и
депе́ша, -и, *тв.* -ей
депигмента́ция, -и
депигменти́рованный; *кр. ф.* -ан, -ана
депигменти́роваться, -руется
депиля́тор, -а
депиля́ция, -и
депко́рпус, -а (*депута́тский ко́рпус*)
деплазмо́лиз, -а
деплана́ция, -и
деплани́ровать, -рую, -рует
депо́, *нескл., с.*
депо́вец, -вца, *тв.* -вцем, *р. мн.* -вцев
депо́вский
депози́т, -а
депозита́рий, -я
депозита́рный
депози́тно-че́ковый
депози́тный
депози́тор, -а
деполимериза́ция, -и
деполитиза́ция, -и
деполитизи́рованный; *кр. ф.* -ан, -ана
деполитизи́ровать(ся), -рую, -рует(ся)
деполяриза́тор, -а
деполяриза́ция, -и
депоне́нт, -а
депоне́нтский
депони́рование, -я
депони́рованный; *кр. ф.* -ан, -ана
депони́ровать(ся), -рую, -рует(ся)
депо́рт, -а
депорта́нт, -а
депорта́ция, -и
депорти́рованный; *кр. ф.* -ан, -ана
депорти́ровать(ся), -рую(сь), -рует(ся)

ДЕПРЕССАНТ

депресса́нт, -а
депресси́вный
депресси́рование, -я
депресси́рованный; *кр. ф.* -ан, -ана
депресси́ровать(ся), -ру́ю, -ру́ет(ся)
депре́ссия, -и
депре́ссорный
деприватиза́ция, -и
деприватизи́рованный; *кр. ф.* -ан, -ана
деприватизи́ровать(ся), -ру́ю, -ру́ет(ся)
депривацио́нный
деприва́ция, -и
депута́т, -а
депута́т-агра́рник, депута́та-агра́рника
депута́тка, -и, *р. мн.* -ток
депута́т-коммуни́ст, депута́та-коммуни́ста
депута́тский
депута́тство, -а
депута́ция, -и
дёр: да́ть (зада́ть) дёру
дератиза́ция, -и
дербалы́знуть, -ну, -нет
дербе́нник, -а
дербе́нниковые, -ых
дербе́нтский (*от* Дербе́нт)
дербе́нтцы, -ев, *ед.* -тец, -тца, *тв.* -тцем
де́рби, *нескл., с.*
дерби́ст, -а
де́рбник, -а
де́рвиш, -а, *тв.* -ем
де́рвишский
дёрг, *неизм.*
дёргалка, -и, *р. мн.* -лок
дёрганный, *прич.*
дергану́ть, -ну́, -нёт
дёрганый, *прил.*
дёрганье, -я
дёргать(ся), -аю(сь), -ает(ся)
дерга́ч, -а́, *тв.* -о́м

дерготня́, -и́
дергу́н, -а́
дергу́нчик, -а
дереализа́ция, -и
дереве́й, -я
деревене́ние, -я
деревене́ть, -е́ю, -е́ет
деревени́ть, -и́т
дереве́нский
дереве́нщик, -а
дереве́нщина, -ы
дереве́нька, -и, *р. мн.* -нек
дереви́на, -ы
дере́внишка, -и, *р. мн.* -шек
дере́вня, -и, *мн.* -и, -ве́нь, -вня́м; но: Но́вая Дере́вня (посёлок)
де́рево, -а, *мн.* дере́вья, -ьев и (*устар.*) дерева́, -де́рев и дере́в, дерева́м
деревобето́н, -а
деревобето́нный
деревова́л, -а
деревоземляно́й
деревоклеёный
деревообде́лочник, -а
деревообде́лочный
деревообраба́тывающий
деревообрабо́тка, -и
деревообрабо́тчик, -а
деревоперераба́тывающий
деревопererабо́тка, -и
дереворе́жущий
деревосверли́льный
деревострога́льный
дереву́шка, -и, *р. мн.* -шек
де́ревце, -а и деревцо́, -а́, *мн.* -вца́, -вцо́в и -ве́ц, -вца́м
деревяни́стость, -и
деревяни́стый
деревя́нность, -и
деревя́нный
деревя́шечка, -и, *р. мн.* -чек
деревя́шка, -и, *р. мн.* -шек
дерегуля́ция, -и
дереза́, -ы́ (*растение*)
дерезня́к, -а́

дёрен, -а (*растение*)
дёренный
дёреновый
держа́ва, -ы
держа́винский (*от* Держа́вин)
держа́вка, -и, *р. мн.* -вок
держа́вник, -а
держа́вность, -и
держа́вный
держа́вство, -а
держа́к, -а́
держа́лка, -и, *р. мн.* -лок
держа́ние, -я
де́ржанный, *прич.*
де́ржаный, *прил.*
держа́тель, -я
держа́тельница, -ы, *тв.* -ей
держа́тельский
держа́ть(ся), держу́(сь), де́ржит(ся)
держа́щий(ся)
держиде́рево, -а
держимо́рда, -ы, *м.* (*грубый, деспотичный человек*) и Держимо́рда, -ы, *м.* (*лит. персонаж*)
держимо́рдовский
дерза́ние, -я
дерза́ть, -а́ю, -а́ет
дерзи́ть, -и́т
де́рзкий; *кр. ф.* -зок, -зка́, -зко
дерзнове́ние, -я
дерзнове́нность, -и
дерзнове́нный; *кр. ф.* -вен и -ве́нен, -ве́нна
дерзну́ть, -ну́, -нёт
де́рзостность, -и
де́рзостный; *кр. ф.* -тен, -тна
де́рзость, -и
де́рзче, *сравн. ст.*
дерива́т, -а
дериват́ив, -а
дериват́о́лог, -а
дериватоло́гия, -и
дерива́тор, -а
деривацио́нный
дерива́ция, -и

226

де́рма, -ы
дермати́н, -а
дермати́новый
дермати́т, -а
дерматоге́н, -а
дерматогли́фика, -и
дермато́з, -а
дермато́л, -а
дермато́лог, -а
дерматологи́ческий
дерматоло́гия, -и
дерматомико́з, -а
дерматомико́лог, -а
дерматомиози́т, -а
дерматомице́ты, -ов, ед. -це́т, -а
дерматофибро́ма, -ы
дермографи́зм, -а
дермо́ид, -а
дермо́идный
дёрн, -а
дерне́ние, -я
дерне́ть, -е́ет
дерни́на, -ы
дерни́нка, -и, р. мн. -нок
дерни́стый
дерни́ть, -ню́, -ни́т
дернова́ние, -я
дерно́ванный; кр. ф. -ан, -ана
дернова́ть(ся), -ну́ю, -ну́ет(ся)
дернови́на, -ы
дернови́нный
дернови́ще, -а
дерно́вка, -и
дерно́во-боло́тный
дерно́во-карбона́тный
дерно́во-подзо́листый
дерно́во-торфяни́стый
дерновщи́к, -а́
дерно́вый
дерноре́з, -а
дерносни́м, -а
дёрнуть(ся), -ну(сь), -нет(ся)
дерога́ция, -и
де́рптский (от Дерпт)
де́рптцы, -ев, ед. -тец, -тца, тв. -тцем

де́ррик, -а
де́ррик-кра́н, -а
де́рриковый
дерть, -и
дерьмецо́, -а́
дерьмо́, -а́
дерьмо́вый
дерю́га, -и
дерю́жина, -ы
дерю́жка, -и, р. мн. -жек
дерю́жный
деря́ба, -ы
деря́бнуть, -ну, -нет
деса́нт, -а
десанти́рование, -я
десанти́рованный; кр. ф. -ан, -ана
десанти́ровать(ся), -рую, -рует(ся)
деса́нтник, -а
деса́нтно-штурмово́й
деса́нтный
десатура́ция, -и
десегрега́ция, -и
деселеро́метр, -а
дёсенный
десенсибилиза́тор, -а
десенсибилиза́ция, -и
десенсибилизи́рованный; кр. ф. -ан, -ана
десенсибилизи́ровать(ся), -рую, -рует(ся)
десенсибилизи́рующий(ся)
десе́рт, -а
десе́ртный
десигна́т, -а
десика́нты, -ов, ед. -а́нт, -а
десика́ция, -и
десилика́ция, -и
десинхрониза́ция, -и
де́скать, частица
десквама́ция, -и
дескриптиви́ст, -а
дескрипти́вный
дескри́птор, -а
дескри́пция, -и

десмола́зы, -ла́з, ед. -ла́за, -ы
десмо́лиз, -а
десмосо́ма, -ы
десмотропи́я, -и
десмурги́я, -и
десна́, -ы́, мн. дёсны, дёсен, дёснам
десневой и деснёвый
десни́нский (от Десна́)
десни́ца, -ы, тв. -ей
десного́рский (от Десного́рск)
десня́нский (от Десна́)
десоветиза́ция, -и
десо́рбция, -и
деспециализа́ция, -и
деспирализа́ция, -и
деспирализо́ванный; кр. ф. -ан, -ана
де́спот, -а
деспоти́зм, -а
деспоти́чески
деспоти́ческий
деспоти́чность, -и
деспоти́чный; кр. ф. -чен, -чна
деспоти́я, -и
дессина́тор, -а
дессина́торский
дестабилиза́ция, -и
дестабилизи́рованный; кр. ф. -ан, -ана
дестабилизи́ровать(ся), -рую, -рует(ся)
десталиниза́ция, -и
дестево́й
дестро́ер, -а
деструкти́вность, -и
деструкти́вный; кр. ф. -вен, -вна
деструкцио́нный
естру́кция, -и
десть, -и, мн. -и, -е́й
десублима́ция, -и
десульфита́ция, -и
десульфура́тор, -а
десульфура́ция, -и
десульфури́рующий
десценде́нт, -а
десюдепо́рт, -а

десятери́к, -а́
десятерико́вый
десятери́чный
десятерно́й
де́сятеро, -ы́х
десятиба́лльный (10-ба́лльный)
десятибо́рец, -рца, тв. -рцем, р. мн. -рцев
десятибо́рье, -я
десятивёрстка, -и, р. мн. -ток
десятигра́дусный (10-гра́дусный)
десятигра́нник, -а
десятигра́нный
десятидне́вка, -и, р. мн. -вок
десятидне́вный (10-дне́вный)
десятидо́лларовый (10-до́лларовый)
десятикилометро́вка, -и, р. мн. -вок
десятикилометро́вый (10-километро́вый)
десятикла́ссник, -а
десятикла́ссница, -ы, тв. -ей
десятикла́ссный (10-кла́ссный)
десятикопе́ечный (10-копе́ечный)
десятикра́тный
десятиле́тие (10-ле́тие), -я
десятиле́тка, -и, р. мн. -ток
десятиле́тний (10-ле́тний)
десятилитро́вый (10-литро́вый)
десяти́льник, -а (*сборщик церковных пошлин*)
десятиме́сячный (10-ме́сячный)
десятиметро́вый (10-метро́вый)
десятимину́тка, -и, р. мн. -ток
десятимину́тный (10-мину́тный)
десяти́на, -ы
десяти́нник, -а (*к десяти́на*)

десяти́нный
десятипроце́нтный (10-проце́нтный)
десяти-пятнадцатиметро́вый (10-15-метро́вый)
десятира́ундовый (10-ра́ундовый)
десятирублёвка, -и, р. мн. -вок
десятирублёвый (10-рублёвый)
десятиря́дный
десятито́мник, -а (10-то́мник)
десятито́мный (10-то́мный)
десятито́нный (10-то́нный)
десятиты́сячный (10-ты́сячный)
десятиуго́льник, -а
десятиуго́льный
десятицили́ндровый (10-цили́ндровый)
десятичасово́й (10-часово́й)
десяти́чный
десятиэта́жный (10-эта́жный)
деся́тка, -и, р. мн. -ток
деся́тни, -тен, ед. -тня, -и (*ист.*)
деся́тник, -а
деся́ток, -тка
деся́точек, -чка
деся́тский, -ого
деся́тый
де́сять, -и́, тв. -ью́
де́сять-двена́дцать, десяти́-двена́дцати (*приблизительно*)
де́сятью (*при умножении*)
де́сятью де́сять
деталесме́на, -ы
детализа́ция, -и
детализи́рование, -я
детализи́рованный; *кр. ф.* -ан, -ана
детализи́ровать(ся), -рую, -рует(ся)
детализо́ванный; *кр. ф.* -ан, -ана
детализова́ть(ся), -зу́ю, -зу́ет(ся)
детали́ровка, -и
детали́ровщик, -а

дета́ль, -и
дета́лька, -и, р. мн. -лек
дета́льность, -и
дета́льный; *кр. ф.* -лен, -льна
детали́ошка, -и, р. мн. -шек
дета́ндер, -а
дета́нт, -а
деташе́, *нескл., с.*
детва́, -ы́
детвора́, -ы́
детдо́м, -а, мн. -а́, -о́в
детдо́мовец, -вца, тв. -вцем, р. мн. -вцев
детдо́мовка, -и, р. мн. -вок
детдо́мовский
детекти́в, -а
детективи́ст, -а
детективи́стка, -и, р. мн. -ток
детекти́вно-приключе́нческий
детекти́вность, -и
детекти́вный
детекти́вчик, -а
детекти́вщик, -а
детекти́вщица, -ы, тв. -ей
детекти́рование, -я
детекти́рованный; *кр. ф.* -ан, -ана
детекти́ровать(ся), -рую, -рует(ся)
дете́ктор, -а
дете́ктор-модуля́тор, дете́ктора-модуля́тора
дете́кторный
дете́ктор-усили́тель, дете́ктора-усили́теля
детектофо́н, -а
детёнок, -нка
детёночек, -чка
детёныш, -а, тв. -ем
детерге́нты, -ов, ед. -е́нт, -а
детериора́ция, -и
детермина́нт, -а
детерминати́в, -а
детерминати́вный
детермина́ция, -и
детермини́зм, -а

детерминированность, -и
детерминированный; кр. ф. -ан, -ана
детерминировать(ся), -рую, -рует(ся)
детерминист, -а
детерминистический
детерминистский
детерминологизация, -и
детерминологизированный; кр. ф. -ан, -ана
детерминологизировать(ся), -рует(ся)
дети, детей, детям, детьми, о детях
дети-дауны, детей-даунов
детина, -ы, м.
детинец, -нца, тв. -нцем, р. мн. -нцев
детинища, -и и детинище, -а и -и, мн. -и, -ищ, м.
детинушка, -и, р. мн. -шек, м.
детишки, -шек
детище, -а
детка, -и, р. мн. -ток
детки, деток (к дети)
детный
детолюбивый
детолюбие, -я
детонатор, -а
детонационный
детонация, -и
детонирование, -я
детонировать, -рую, -рует
детонирующий
детонит, -а
детонометр, -а
детородный
деторождение, -я
детоубийство, -а
детоубийца, -ы, тв. -ей, м. и ж.
деточка, -и, р. мн. -чек
деточки, -чек (к дети)
детплощадка, -и, р. мн. -док
детприёмник, -а
детранслятор, -а
детренированность, -и

детренированный; кр. ф. -ан, -ана
детренировать(ся), -рую(сь), -рует(ся)
детрит, -а
детритофаги, -ов, ед. -фаг, -а
детритоядный
детройтский (от Детройт)
детройтцы, -ев, ед. -тец, -тца, тв. -тцем
детсад, -а, мн. -ы́, -ов
детсадик, -а
детсадовец, -вца, тв. -вцем, р. мн. -вцев
детсадовский
детсад-ясли, детсада-яслей
детская, -ой
Детская футбольная лига России
детски
детский
Детский мир (магазин)
детский сад – начальная школа
детски наивный
детскость, -и
детско-юношеский
детство, -а
детуля, -и, м. и ж.
детушки, -шек
деть(ся), дену(сь), денет(ся)
де-факто, неизм.
дефекат, -а
дефекатор, -а
дефекационный
дефекация, -и
дефект, -а
дефективность, -и
дефективный; кр. ф. -вен, -вна
дефектность, -и
дефектный; кр. ф. -тен, -тна
дефектовка, -и
дефектовщик, -а
дефектолог, -а
дефектологический
дефектология, -и

дефектоскоп, -а
дефектоскопист, -а
дефектоскопический
дефектоскопия, -и
дефензива, -ы
деферент, -а (астр.)
дефферизация, -и
дефферизованный; кр. ф. -ан, -ана
дефибратор, -а
дефибрер, -а
дефибриллятор, -а
дефибрилляция, -и
дефибрированный; кр. ф. -ан, -ана
дефибрировать(ся), -рую, -рует(ся)
дефиле, нескл., с.
дефилирование, -я
дефилировать, -рую, -рует
дефинитив, -а
дефинитивный
дефиниция, -и
дефис, -а
дефисно пишущийся
дефисный
дефицит, -а
дефицитность, -и
дефицитный; кр. ф. -тен, -тна
дефлаграция, -и
дефлегматор, -а
дефлегмация, -и
дефлектор, -а
дефлорационный
дефлорация, -и
дефлятор, -а
дефляционистский
дефляционный
дефляция, -и
дефолианты, -ов, ед. -ант, -а
дефолиация, -и
дефолт, -а (фин.)
дефометр, -а
деформационный
деформация, -и
деформирование, -я

ДЕФОРМИРОВАННЫЙ

деформи́рованный; *кр. ф.* -ан, -ана
деформи́ровать(ся), -рую, -рует(ся)
деформи́руемость, -и
дефосфора́ция, -и
дефроста́ция, -и
дефро́стер, -а
дехка́нин, -а, *мн.* -а́не, -а́н
дехка́нка, -и, *р. мн.* -нок
дехка́нский
дехлора́ция, -и
дехлори́рование, -я
дехлори́рованный; *кр. ф.* -ан, -ана
дехлори́ровать(ся), -и́рую, -и́рует(ся)
дехристианиза́ция, -и
децемвира́т, -а
децемви́ры, -ов, *ед.* -ви́р, -а
децентрализа́ция, -и
децентрализи́рованный; *кр. ф.* -ан, -ана
децентрализи́ровать(ся), -рую, -рует(ся)
децентрализо́ванный; *кр. ф.* -ан, -ана
децентрализова́ть(ся), -зу́ю, -зу́ет(ся)
децеребрацио́нный
децебра́ция, -и
деци... — *первая часть сложных слов, пишется слитно*
децибе́л, -а, *р. мн.* -ов, *счетн. ф.* -бе́л
децигра́мм, -а
децили́тр, -а
де́цима, -ы
децима́льный
децима́ция, -и
дециме́тр, -а
дециметро́вый
де́чный (*от* дек)
дешёвенький
дешеве́ть, -е́ет
дешеви́зна, -ы

дешеви́ть, -влю́, -ви́т
дешёвка, -и, *р. мн.* -вок
деше́вле, *сравн. ст.*
дёшево, *нареч.*
дешёвый; *кр. ф.* дёшев, дешева́, дёшево
дешифра́тор, -а
дешифри́рование, -я
дешифри́рованный; *кр. ф.* -ан, -ана
дешифри́ровать(ся), -и́рую, -и́рует(ся)
дешифрова́льный
дешифро́ванный; *кр. ф.* -ан, -ана
дешифрова́ть(ся), -ру́ю, -ру́ет(ся)
дешифро́вка, -и, *р. мн.* -вок
дешифро́вочный
дешт, -а (*геогр.*)
деэмульга́тор, -а
деэмульги́рование, -я
деэмульги́рованный; *кр. ф.* -ан, -ана
деэскала́ция, -и
деэтимологиза́ция, -и
деэтимологизи́рованный; *кр. ф.* -ан, -ана
деэтимологизи́роваться, -руется
де-ю́ре, *неизм.*
дея́ние, -я
Дея́ния апо́столов (*часть Нового Завета*)
де́ятель, -я
де́ятельница, -ы, *тв.* -ей
де́ятельностный
де́ятельность, -и
де́ятельный; *кр. ф.* -лен, -льна
де́яться, де́ется, *прош.* де́ялось
джаз, -а
джаз-... — *первая часть сложных слов, пишется через дефис*
джаз-анса́мбль, -я
джаз-ба́нд, -а
джази́ст, -а
джаз-клу́б, -а
джазме́н, -а

джа́зовый
джаз-орке́стр, -а
джаз-ри́тм, -а
джаз-ро́к, -а
джаз-рок-анса́мбль, -я
джаз-фестива́ль, -я
джаз-фолк-ро́к, -а
джайла́у и джейла́у, *нескл., с.*
джайни́зм, -а
джа́йнский
джайпу́рский (*от* Джайпу́р)
джайпу́рцы, -ев, *ед.* -рец, -рца, *тв.* -рцем
джака́ртский (*от* Джака́рта)
джака́ртцы, -ев, *ед.* -тец, -тца, *тв.* -тцем
джаку́зи, *нескл., с.*
джала́л-аба́дский (*от* Джала́л-Аба́д)
джалалаба́дцы, -ев, *ед.* -дец, -дца, *тв.* -дцем
Джамахири́я, -и: Ливи́йская Ара́бская Джамахири́я
джамбу́лский и джамбу́льский (*от* Джамбу́л, *город*)
джамбу́льцы, -ев, *ед.* -лец, -льца, *тв.* -льцем
джа́са, -ы
джа́така, -и (*лит.*)
джа́тра, -ы
джёзва, -ы
джейла́у и джайла́у, *нескл., с.*
джейра́н, -а
джек, -а (*птица*)
джеклондо́новский (*от* Джек Ло́ндон)
джекпо́т, -а
Джек-потроши́тель, Джека-потроши́теля
джем, -а
джёмовый
джёмпер, -а
джёмперный
джемперо́к, -рка́
джемсони́т, -а
джентльме́н, -а

джентльме́нский
джентльме́нство, -а
дже́нтри, нескл., с.
джерриме́ндеринг, -а
джерсе́йский (от Дже́рси, остров; джерсе́йская поро́да скота́)
дже́рси, неизм. и нескл., с. (род трикота́жа и оде́жда из него́)
джерсо́вый
джеспили́т, -а
джи-а́й, нескл., м. (об америка́нском солда́те)
джибути́йский (от Джибути)
джибути́йцы, -ев, ед. -и́ец, -и́йца, тв. -и́йцем
джи́га, -и и жи́га, -и
джи́ггер, -а
джиги́т, -а
джигитова́ть, -ту́ю, -ту́ет
джиги́то́вка, -и
джиги́тский
джимкроуи́зм, -а
джин, -а (напи́ток)
джи́нго, нескл., м.
джингои́зм, -а
джингои́стский
джинн, -а (дух)
Джинс, -а: гипо́теза Джи́нса, зако́н излуче́ния Рэле́я – Джи́нса
джинса́, -ы́ (ткань и изде́лия из нее́, жарг.)
джи́нсики, -ов
джинсо́вка, -и
джи́нсовский (от Джинс)
джи́нсо́вый
джи́нсы, -ов
джип, -а
джирга́, -и́
джи́ринг, -а
джиу́-джи́тсу, нескл., с.
джиха́д, -а
джо́ббер, -а
джо́бберский
джо́ггинг, -а
джо́йсовский (от Джойс)
джо́йстик, -а

джо́кер, -а
Джоко́нда, -ы
джоната́н, -а (сорт я́блок)
Джон Булль, Джо́на Бу́ля (об англича́нине)
джо́нка, -и, р. мн. -нок
джо́нсонова трава́, джо́нсоновой травы́ (расте́ние)
джорджи́йский (от Джо́рджия)
джорджи́йцы, -ев, ед. -и́ец, -и́йца, тв. -и́йцем
Джо́уль, -я: зако́н Джо́уля – Ле́нца, эффе́кт Джо́уля – То́мсона
джо́уль, -я (ед. измер.)
джо́уль-секу́нда, -ы
джуга́ра, -ы́
джузгу́н, -а и жузгу́н, -а (куста́рник)
Джулье́тта, -ы: Роме́о и Джулье́тта
Джунга́рские Воро́та (перева́л)
джунга́рский (от Джунга́рия)
джунга́рцы, -ев, ед. -рец, -рца, тв. -рцем
джу́нгли, -ей
джу́нта, -ы (о́рган вла́сти в Ита́лии)
джура́бы, -ов
джут, -а
джу́товый
дзайба́цу, нескл., мн.
дза́нни, нескл., м.
дзе́канье, -я
дзе́кать, -аю, -ает
дзен, -а
дзен-будди́зм, -а
дзере́н, -а
дзержи́нский (от Дзержи́нск)
дзержи́нцы, -ев, ед. -нец, -нца, тв. -нцем
дзе́та, -ы (назва́ние бу́квы)
дзе́та-потенциа́л, -а
дзе́та-фу́нкция, -и
дзинь, неизм.
дзи́ньканье, -я
дзи́нькать, -аю, -ает

дзи́нькнуть, -ну, -нет
дзот, -а (сокр.: деревоземляна́я огнева́я то́чка)
дзюдо́, нескл., с.
дзюдои́ст, -а
дзюдои́стка, -и, р. мн. -ток
диаба́з, -а
диаба́зовый
диабе́т, -а
диабе́тик, -а
диабети́ческий
диабетоло́гия, -и
диагене́з, -а
диа́гноз, -а
диагно́ст, -а
диагно́стика, -и
диагности́рование, -я
диагности́рованный; кр. ф. -ан, -ана
диагности́ровать(ся), -рую, -рует(ся)
диагности́ческий
диагона́левый
диагона́ль, -и
диагона́льно-перекрёстный
диагона́льно-ре́зательный
диагона́льный
диагра́мма, -ы
диагра́ммный
диаде́ма, -ы
диадо́хи, -ов, ед. -до́х, -а
диазоамино́л, -а
диазоаминосоедине́ния, -ний, ед. -ние, -я
диазокопи́рование, -я
диазокраси́тель, -я
диазоли́н, -а
диазо́ль, -я
диазомета́н, -а
диазо́ний: со́ли диазо́ния
диазосоедине́ния, -ний, ед. -ние, -я
диазоти́пия, -и
диазоти́рование, -я
диазоу́ксусный
диака́рб, -а

диа́кон, -а и дья́кон, -а
диакона́т, -а
диакони́са, -ы
диа́конский и дья́конский
диа́конство, -а и дья́конство, -а
диа́конствовать, -твую, -твует и
   дья́конствовать, -твую, -твует
диакри́тика, -и
диакрити́ческий
диале́кт, -а
диалекта́льный
диалекти́зм, -а
диале́ктик, -а
диале́ктика, -и
диале́кти-
   ко-материалисти́ческий
диалекти́ческий
диалекти́чность, -и
диалекти́чный; кр. ф. -чен, -чна
диале́ктно-просторе́чный
диале́ктно-разгово́рный
диале́ктный
диалектографи́ческий
диалектогра́фия, -и
диалекто́лог, -а
диалектологи́ческий
диалектоло́гия, -и
диа́лиз, -а
диализа́тор, -а
диалла́т, -а
диало́г, -а
диалоги́зм, -а
диалоги́ческий
диалоги́чность, -и
диалоги́чный; кр. ф. -чен, -чна
диало́говый
диамагнети́зм, -а
диамагне́тик, -а
диамагни́тный
диама́нт, -а
диама́т, -а
диа́метр, -а
диаметра́льно противополо́ж-
   ный
диаметра́льный
диами́н, -а

диаминокапро́новый
диаммофо́с, -а
диа́н, -а (хим.)
Диа́на, -ы (мифол.; имя)
диа́на, -ы (обезьяна)
дианети́к, -а
дианети́ка, -и
дианети́ческий
диа́нтус, -а
диапазо́н, -а
диапазо́нный
диапа́уза, -ы
диапеде́з, -а
диапозити́в, -а
диапозити́вный
диапрое́ктор, -а
диаре́я, -и
диартро́з, -а
диаско́п, -а
диаскопи́ческий
диаскопи́я, -и
диаспо́р, -а (минерал)
диа́спора, -ы (о народах)
диаспо́ра, -ы (бот.)
диаста́за, -ы
диа́стола, -ы
диастрофи́зм, -а
диате́з, -а (мед.)
диате́за, -ы (лингв.)
диате́зный
диатерми́ческий
диатерми́я, -и
диатермокоагуля́ция, -и
диатоме́и, -е́й, ед. -ме́я, -и
диатоми́т, -а
диато́мовый
диато́ника, -и
диатони́ческий
диатре́мы, -е́м, ед. -е́ма, -ы
диатри́ба, -ы
диатри́ма, -ы
диатропи́зм, -а
диафа́н, -а
диафано́метр, -а
диафаноско́п, -а
диафаноскопи́я, -и

диафи́з, -а
диафи́льм, -а
диафо́н, -а
диафони́я, -и
диафра́гма, -ы
диафрагма́льно-желу́дочный
диафрагма́льно-рёберный
диафрагма́льный
диафрагми́ровать, -рую, -рует
диафра́гмовый
диафторе́з, -а
диахрони́ст, -а
диахрони́ческий
диахрони́я, -и
диахро́нный
дибазо́л, -а
дибазолопрофила́ктика, -и
дибутилдисульфи́д, -а
дибутилфтала́т, -а
Див, -а (мифол.)
ди́ва, -ы (артистка)
дивакци́на, -ы
дива́ла, -ы (растение)
дива́н, -а
дива́н-крова́ть, -и и дива́-
   на-крова́ти
дива́нный
дива́нчик, -а
диверге́нт, -а
диверге́нтность, -и
диверге́нтный
диверге́нция, -и
диверса́нт, -а
диверса́нтка, -и, р. мн. -ток
диверса́нтский
диверсио́н-
   но-террористи́ческий
диверсио́нный
диверсифика́ция, -и
диверсифици́рованный; кр. ф.
   -ан, -ана
диверсифици́ровать(ся), -рую,
   -рует(ся)
диве́рсия, -и
диверти́кул, -а
дивертисме́нт, -а

ДИКОЕ ПОЛЕ

дивертисме́нтный
диви́ бы, *союз*
дивиде́нд, -а
дивиде́ндный
ди́ви-ди́ви, *нескл., с.*
дивизио́н, -а
дивизиони́зм, -а
дивизио́нный
диви́зия, -и
дивини́л, -а
дивини́ловый
диви́ть(ся), дивлю́(сь), диви́т(ся)
дивного́рский (*от* Дивного́рск)
дивного́рцы, -ев, *ед.* -рец, -рца, *тв.* -рцем
ди́вный; *кр. ф.* -вен, -вна
ди́во, -а
дивова́ться, диву́юсь, диву́ется
ди́во ди́вное
дивчи́на, -ы
дигале́н, -а
дига́мма, -ы
ди́ггерский
ди́ггеры, -ов, *ед.* ди́ггер, -а
диге́стия, -и
Диге́сты, -е́ст (*памятник византийского права*)
дигисе́т, -а
дигита́лис, -а
дигита́лисный
диглосси́я, -и
디гра́ф, -а
дигресси́вный
дигре́ссия, -и
дидакти́зм, -а
дида́ктик, -а
дида́ктика, -и
дида́ктико-морализа́торский
дида́ктико-религио́зный
дидакти́ческий
дидакти́чность, -и
дидакти́чный; *кр. ф.* -чен, -чна
дида́скал, -а
диджее́вский
диджее́й, -я
дидо́йский

дидо́йцы, -ев, *ед.* -о́ец, -о́йца, *тв.* -о́йцем
дидра́хма, -ы
дие́з, -а
дие́зный
дие́новый
дие́ны, -ов, *ед.* дие́н, -а
диерви́лла, -ы
диере́за, -ы
диере́ма, -ы
дие́та, -ы
диетвра́ч, -а́, *тв.* -о́м
диете́тика, -и
диетети́ческий (*от* диете́тика)
дие́тик, -а
диети́ческий (*от* дие́та)
дие́тный
дието́лог, -а
диетологи́ческий
диетоло́гия, -и
диетотерапи́я, -и
диетпита́ние, -я
диетпроду́кты, -ов, *ед.* -у́кт, -а
диетсестра́, -ы́, *мн.* -сёстры, -сестёр, -сёстрам
диетстоло́вая, -ой
диза́жио, *нескл., с.*
диза́йн, -а
диза́йнер, -а
диза́йнерский
диза́йнерство, -а
диза́йн-изда́ние, -я
диза́йн-прое́кт, -а
диза́йн-це́нтр, -а
дизартри́я, -и
дизассоциа́ция, -и
дизелево́з, -а
дизелестрое́ние, -я
дизелестрои́тель, -я
дизелестрои́тельный
дизели́ст, -а
ди́зель, -я, *мн.* -и, -ей *и* -я́, -е́й
дизель-... — первая часть сложных слов, пишется через дефис
ди́зель-генера́тор, -а
ди́зель-генера́торный

ди́зель-компре́ссор, -а
ди́зель-компре́ссорный
ди́зель-локомоти́в, -а
ди́зель-мо́лот, -а
ди́зель-мото́р, -а
ди́зель-мото́рный
ди́зель-насо́с, -а
ди́зель-насо́сный
ди́зельный
ди́зель-по́езд, -а, *мн.* -а́, -о́в
ди́зель-троллейво́з, -а
ди́зель-электри́ческий
ди́зель-электрово́з, -а
ди́зель-электрово́зный
ди́зель-электроста́нция, -и
ди́зель-электрохо́д, -а
ди́зель-электрохо́дный
дизентери́йный
дизентери́я, -и
дизосми́я, -и
дизрупти́вный
дизто́пливо, -а
дизури́я, -и
дизъю́нкт, -а
дизъюнкти́вный
дизъю́нкция, -и
дика́ньский (*от* Дика́нька)
дика́рион, -а
дика́рка, -и, *р. мн.* -рок
дика́рский
дика́рство, -а
дика́рь, -я́
Ди́кая диви́зия (в Первой мировой войне)
ди́кий; *кр. ф.* дик, дика́, ди́ко
Ди́кий За́пад (*в США*)
дики́рий, -я
ди́ккенсовский (*от* Ди́ккенс)
дикки́т, -а
дикобра́з, -а
дикова́тость, -и
дикова́тый
дико́вина, -ы
дико́винка, -и, *р. мн.* -нок
дико́винный; *кр. ф.* -инен, -инна
Ди́кое по́ле (*ист.*)

ДИКОПЛОДОВЫЙ

дикоплодо́вый
дикорасту́щий
дикоро́сы, -ов, ед. -ро́с, -а
ди́кость, -и
диксира́т, -а
ди́ксиле́нд, -а
ди́ксонский (от Ди́ксон)
ди́ксонцы, -ев, ед. -нец, -нца, тв. -нцем
дикта́нт, -а
дикта́т, -а
дикта́тор, -а
дикта́торский
дикта́торство, -а
дикта́торствовать, -твую, -твует
диктату́ра, -ы
дикто́ванный; кр. ф. -ан, -ана
диктова́ть(ся), -ту́ю, -ту́ет(ся)
дикто́вка, -и, р. мн. -вок
ди́ктор, -а
ди́кторский
ди́кторша, -и, тв. -ей
диктофо́н, -а
диктофо́нный
дикумари́н, -а
дику́ша, -и, тв. -ей
дикцио́нный
ди́кция, -и
дилата́тор, -а
дилата́ция, -и
дилато́граф, -а
дилато́метр, -а
дилатометри́ческий
дилатоме́трия, -и
диле́мма, -ы
диле́ммный
ди́лены, -ов
ди́лер, -а
ди́лерский
ди́лерство, -а
дилета́нт, -а
дилетанти́зм, -а
дилета́нтка, -и, р. мн. -ток
дилета́нтский
дилета́нтство, -а
дилижа́нс, -а

дилижа́нский (от Дилижа́н)
дилижа́нсный
дилижа́нсовый
ди́линг, -а
ди́линговый
дилоги́ческий
дило́гия, -и
ди́льсы, -ов
дилювиа́льный (от дилю́вий)
дилю́вий, -я (геол.: плейстоцен)
дима́йз-ча́ртер, -а
димедро́л, -а
диметилами́н, -а
диметиланили́н, -а
диметилгидрази́н, -а
диметилформами́д, -а
диметилфтала́т, -а
диме́тр, -а
диме́трия, -и
диметродо́н, -а
диминути́в, -а
диминути́вный
дименуэ́ндо, неизм. и нескл., с.
Дими́триевская роди́тельская суббо́та
Дими́трий Солу́нский
димитровгра́дский (от Димитровгра́д)
димитровгра́дцы, -ев, ед. -дец, -дца, тв. -дцем
диморфи́зм, -а
димо́рфный
ди́на, -ы
динамиза́ция, -и
динамизи́рованный; кр. ф. -ан, -ана
динамизи́ровать(ся), -рую, -рует(ся)
динами́зм, -а
дина́мик, -а
дина́мика, -и
динами́т, -а
динами́тный
динами́тчик, -а
динами́ческий
динами́чески распределя́емый

динами́чность, -и
динами́чный; кр. ф. -чен, -чна
дина́мка, -и, р. мн. -мок
дина́мный
дина́мо, нескл., с.
дина́мовец, -вца, тв. -вцем, р. мн. -вцев
дина́мовский (от "Дина́мо")
динамогра́мма, -ы
динамо́граф, -а
динамокардиогра́фия, -и
динамомаши́на, -ы
динамометаморфи́зм, -а
динамо́метр, -а
динамометри́ческий
динамоме́трия, -и
динамо́н, -а
дина́р, -а (старинная восточная монета; ден. ед. в ряде стран)
дина́рий, -я (древнеримская монета)
дина́рский (к Дина́рское наго́рье, Дина́ры; дина́рская ра́са)
ди́нас, -а
ди́на-сантиме́тр, -а
династи́йный
династи́ческий
дина́стия, -и
дина́триевый
динатро́н, -а
динатро́нный
дина́ты, -ов (ист.)
динафтали́т, -а
ди́нги, нескл., м. и с. (парусник)
ди́нго, нескл., м. и ж. (животное)
дини́стор, -а
динитробензо́л, -а
дино́д, -а
диноза́вр, -а
диноза́вровый
дино́рнис, -а
диноте́рий, -я
диноцера́т, -а
диноцефа́л, -а и дейноцефа́л, -а
динь-бо́м, неизм.
динь-ди́нь, неизм.

ДИСГОРМОНАЛЬНЫЙ

динь-динь-динь, *неизм.*
динь-дон, *неизм.*
Диоге́н, -а: бо́чка Диоге́на, фона́рь Диоге́на
дио́д, -а
дио́дно-транзи́сторный
дио́дный
диокса́н, -а
диокси́ды, -ов, *ед.* -си́д, -а
диокси́ны, -ов, *ед.* -си́н, -а
диоктилфтала́т, -а
дио́л, -а
дионе́я, -и
диони́н, -а
Дио́ни́с, -а
дионисизм, -а
диони́сии, -ий
Диони́сий Ареопаги́т
Диони́сий Ма́лый
дионисийский (*от* Дио́нис)
дионисийство, -а
дионисический
диопси́д, -а
диопта́з, -а
дио́птр, -а
дио́птренный
диоптри́йный
дио́птрика, -и
диоптри́метр, -а
диоптри́ческий
диоптри́я, -и
диора́ма, -ы
диора́мный
диори́т, -а
диоскоре́йные, -ых
диоскоре́я, -и
диоце́з, -а
дипепти́ды, -ов, *ед.* -ти́д, -а
дипко́рпус, -а (*дипломатический корпус*)
дипкурье́р, -а
диплодио́з, -а
диплодо́к, -а
дипло́ид, -а
дипло́идный
диплоко́кки, -ов, *ед.* -ко́кк, -а
диплоко́кковый
дипло́м, -а
диплома́нт, -а
диплома́нтка, -и, *р. мн.* -ток
диплома́т, -а
дипломата́рий, -я
диплома́тика, -и
Дипломати́ческая акаде́мия МИ́Д
дипломати́ческий
дипломати́чность, -и
дипломати́чный; *кр. ф.* -чен, -чна
диплома́тия, -и
диплома́тка, -и, *р. мн.* -ток
дипломи́рованный
дипло́мник, -а
дипло́мница, -ы, *тв.* -ей
дипло́мный
дипло́м-сертифика́т, дипло́ма-сертифика́та
диплопи́я, -и
дипло́т, -а
диплофа́за, -ы
дипо́дия, -и
дипо́ль, -я
дипо́льный
диппа́спорт, -а, *мн.* -а́, -о́в
дипрази́н, -а
дипслу́жба, -ы
дипсома́ния, -и
дипта́нк, -а
ди́птер, -а (*тип греческого храма*)
диптерока́рповые, -ых
диптероло́гия, -и
дипте́ры, -ер, *ед.* -е́ра, -ы (*отряд насекомых*)
ди́птих, -а
дипучрежде́ние, -я
Дира́к, -а: тео́рия Дира́ка, уравне́ние Дира́ка
директи́ва, -ы
директи́вно-волево́й
директи́вно-распредели́тельный
директи́вность, -и
директи́вный; *кр. ф.* -вен, -вна
дире́ктор, -а, *мн.* -а́, -о́в
директора́т, -а
директо́рия, -и (*директорат, устар.; инф.*)
Директо́рия, -и (*центральный орган власти, напр. во Франции 1795–1799*)
дире́ктор-распоряди́тель, дире́ктора-распоряди́теля
дире́кторский
дире́кторство, -а
дире́кторствовать, -твую, -твует
дире́ктор – худо́жественный руководи́тель, дире́ктора – худо́жественного руководи́теля
дире́кторша, -и, *тв.* -ей
директри́са, -ы
дирекцио́н, -а
дирекцио́нный
дире́кция, -и
дирижа́бельный
дирижаблестрое́ние, -я
дирижаблестрои́тельный
дирижа́бль, -я
дирижёр, -а
дирижёрский
дирижёрско-хорово́й
дирижёрство, -а
дирижи́рование, -я
дирижи́ровать, -рую, -рует
дирхе́м, -а
дисассе́мблер, -а
дисахари́ды, -ов, *ед.* -ри́д, -а
дисбактерио́з, -а
дисбала́нс, -а
дисба́т, -а
дисгармони́ровать, -рует
дисгармони́рующий
дисгармони́ческий
дисгармони́чность, -и
дисгармони́чный; *кр. ф.* -чен, -чна
дисгармо́ния, -и
дисгидро́з, -а
дисгормона́льный

ДИСК

диск, -а
диска́нт, -а (*голос*)
диска́нт-а́льт, -а́
дисканти́ст, -а
диска́нтный
диска́нто́вый
дисквалифика́ция, -и
дисквалифици́рованный; *кр. ф.* -ан, -ана
дисквалифици́ровать(ся), -рую(сь), -рует(ся)
ди́ск-гига́нт, ди́ска-гига́нта
диске́та, -ы
диске́тка, -и, *р. мн.* -ток
диске́тный
диск-жоке́й, -я
ди́ско, *неизм. и нескл., с.*
ди́ско-ба́р, -а
дискобла́стула, -ы
дискобо́л, -а
дискобо́лка, -и, *р. мн.* -лок
дискова́ние, -я
диско́ванный; *кр. ф.* -ан, -ана
дискова́ть(ся), -ку́ю, -ку́ет(ся)
дискови́дный; *кр. ф.* -ден, -дна
дисково́д, -а
ди́сковый
дискогна́т, -а
дискогра́фия, -и
ди́ско-гру́ппа, -ы
дискоида́льный
ди́ско-клу́б, -а
дискомеду́за, -ы
дискомице́ты, -ов, *ед.* -це́т, -а
ди́ско-му́зыка, -и
дискомфо́рт, -а
дискомфо́ртность, -и
дискомфо́ртный; *кр. ф.* -тен, -тна
диско́нт, -а (*фин.*)
дисконтёр, -а
дисконти́рование, -я
дисконти́рованный; *кр. ф.* -ан, -ана
дисконти́ровать(ся), -рую, -рует(ся)
диско́нтный

дискообра́зный; *кр. ф.* -зен, -зна
дискоордина́ция, -и
дискоордини́рованный; *кр. ф.* -ан, -ана
дискорда́нтность, -и
дискорда́нтный
ди́скос, -а
дискоте́ка, -и
дискоте́чный
дискофи́л, -а
дискофре́зерный
дискредита́ция, -и
дискредити́рование, -я
дискредити́рованный; *кр. ф.* -ан, -ана
дискредити́ровать(ся), -рую(сь), -рует(ся)
дискретиза́ция, -и
дискре́тно-ана́логовый
дискре́тно распределённый
дискре́тность, -и
дискре́тный; *кр. ф.* -тен, -тна
дискрецио́нный
дискре́ция, -и
дискримина́нт, -а
дискримина́тор, -а
дискриминацио́нный
дискримина́ция, -и
дискримини́рованный; *кр. ф.* -ан, -ана
дискримини́ровать(ся), -рую(сь), -рует(ся)
ди́скурс, -а
дискурси́вный
дискуссио́нность, -и
дискуссио́нный; *кр. ф.* -о́нен, -о́нна
дискусси́рованный; *кр. ф.* -ан, -ана
дискусси́ровать(ся), -рую, -рует(ся)
диску́ссия, -и
дискута́бельный; *кр. ф.* -лен, -льна
дискути́рованный; *кр. ф.* -ан, -ана

дискути́ровать(ся), -рую, -рует(ся)
дислока́льный
дислокацио́нный
дислока́ция, -и
дислоци́рованный; *кр. ф.* -ан, -ана
дислоци́ровать(ся), -рую, -рует(ся)
дисмембра́тор, -а
дисменоре́я, -и
дисне́евский (*от* Ди́сней)
Диснейле́нд, -а
диспансе́р, -а
диспансериза́ция, -и
диспансеризо́ванный; *кр. ф.* -ан, -ана
диспансеризова́ть(ся), -зу́ю(сь), -зу́ет(ся)
диспансе́рный
диспара́тный
диспарите́т, -а
диспарите́тный
ди́спач, -а, *тв.* -ем
диспа́ша, -и, *тв.* -ей
диспаше́р, -а
диспепси́ческий
диспепси́я, -и
дисперга́тор, -а
дисперги́рование, -я
дисперги́рованный; *кр. ф.* -ан, -ана
дисперсио́нно-тверде́ющий
дисперсио́нный
диспе́рсия, -и
диспе́рсность, -и
диспе́рсно-упрочнённый
диспе́рсный
диспе́тчер, -а
диспетчериза́ция, -и
диспе́тчер-програ́мма, -ы
диспе́тчерская, -ой
диспе́тчерский
диспе́тчерша, -и, *тв.* -ей
дисплази́я, -и
диспле́й, -я

дисплéйный
диспнóэ, нескл., с.
диспозити́вность, -и
диспозити́вный
диспозицио́нный
диспози́ция, -и
диспонéнт, -а
диспони́ровать, -рую, -рует
диспрóзий, -я
диспропорционáльность, -и
диспропорционáльный; кр. ф. -лен, -льна
диспропорциони́рование, -я
диспропóрция, -и
ди́спут, -а
диспутáнт, -а
диспути́ровать, -рую, -рует
диссéктор, -а
диссеминáция, -и
диссéнтер, -а
диссертáбельность, -и
диссертáбельный; кр. ф. -лен, -льна
диссертáнт, -а
диссертáнтка, -и, р. мн. -ток
диссертáнтский
диссертациóнный
диссертáция, -и
диссидéнт, -а
диссидéнтка, -и, р. мн. -ток
диссидéнтский
диссидéнтство, -а
диссимиляти́вный
диссимиля́ция, -и
диссимули́ровать, -рую, -рует
диссимуля́ция, -и
диссипати́вный
диссипáция, -и
диссогóния, -и
диссонáнс, -а
диссони́ровать, -рует
диссони́рующий
диссоциáция, -и
диссоции́ровать, -рует
дистáльный

дистанцио́н-
  но-автомати́ческий
дистанцио́нно управля́емый
дистанцио́нный
дистанци́рование, -я
дистанци́рованный; кр. ф. -ан, -ана
дистанци́роваться, -руюсь, -руется
дистáнция, -и
дистилли́рованный; кр. ф. -ан, -ана
дистиллировáть(ся), -ру́ю, -ру́ет(ся) и дистилли́ровать(ся), -рую, -рует(ся)
дистилля́т, -а
дистилля́тный
дистилляцио́нный
дистилля́ция, -и
дистими́я, -и
дистинкти́вный
дисти́нкция, -и
ди́стих, -а
дистони́ческий
дистони́я, -и
дистóрзия, -и (растяжение связок сустава)
дистóрсия, -и (в оптике; то же, что дисторзия)
дистрибути́в, -а
дистрибути́вность, -и
дистрибути́вный
дистрибу́ция, -и
дистрибью́тор, -а
дистрибью́торский
ди́стрикт, -а
дистрóфик, -а
дистрофи́ческий
дистрофи́чка, -и, р. мн. -чек
дистрофи́чный; кр. ф. -чен, -чна
дистрофи́я, -и
дисульфи́д, -а
дисульфи́дный
дисульформи́н, -а
дисфаги́я, -и
дисфони́я, -и

дисфори́я, -и
дисфу́нкция, -и
дисципли́на, -ы
дисциплинáрный
дисциплини́рованность, -и
дисциплини́рованный; кр. ф. прич. -ан, -ана; кр. ф. прил. (привыкший к дисциплине) -ан, -анна
дисциплини́ровать(ся), -рую(сь), -рует(ся)
дисципли́нка, -и
дитё, -я́ (прост. к дитя́)
дитя́, род. и дат. дитя́ти, тв. дитя́тей, предл. о дитя́ти
ди́тятко, -а, мн. -тки, -ток
дитя́чий, -ья, -ье (прост. к де́тский)
диурéз, -а
диурéтики, -ов, ед. -тик, -а
диурети́н, -а
диурети́ческий
диурóн, -а
дифени́л, -а
дифениламин, -а
дифени́ловый
дифенилпропáн, -а
дифени́н, -а
дифиллоботриóз, -а
дифирáмб, -а
дифирамби́ческий
дифлéктор, -а
дифманóметр, -а
дифосгéн, -а
дифрактóметр, -а
дифракциóнный
дифрáкция, -и
дифтери́йный
дифтери́т, -а
дифтери́тный
дифтери́я, -и
дифтóнг, -а
дифтонгизáция, -и
дифтонгизи́роваться, -руется
дифтонги́ческий
дифтонгóид, -а
диффамациóнный

ДИФФАМАЦИЯ

диффама́ция, -и
диффере́нт, -а (*тех.; фин.*)
дифференто́метр, -а
дифференциа́л, -а
дифференциа́льно-диагности́ческий
дифференциа́льно-ра́зностный
дифференциа́льный
дифференциа́тор, -а
дифференциа́ция, -и
дифференци́рование, -я
дифференци́рованный; *кр. ф.* -ан, -ана
дифференци́ровать(ся), -рую, -рует(ся)
дифференциро́вка, -и
дифференциро́вочный
дифференци́рующий(ся)
диффере́нция, -и
диффлю́гия, -и
диффузиони́зм, -а
диффузио́нный
диффу́зия, -и
диффу́зно рассе́янный
диффу́зно-склероти́ческий
диффу́зный; *кр. ф.* -зен, -зна
диффу́зор, -а и (*в проф. речи*) диффузо́р, -а
диффунди́ровать, -рую, -рует
диха́зий, -я
дихлоральмочеви́на, -ы
дихлорэта́н, -а
дихлофо́с, -а
дихога́мия, -и
дихотоми́ческий
дихотоми́я, -и
дихрои́зм, -а
дихромати́ческий
дихрома́ты, -ов, *ед.* -ма́т, -а
дице́нтра, -ы
дицинодо́нт, -а
дича́ть, -а́ю, -а́ет
ди́че и диче́е, *сравн. ст.*
дичи́на, -ы
дичи́ться, дичу́сь, дичи́тся
дичко́вый

дичо́к, дичка́
дичь, -и
диэле́ктрик, -а
диэлектри́ческий
диэнцефа́льный
диэтаноламинн, -а
диэтиленгликоль, -я
диэтилендиокси́д, -а
диэти́ловый
длань, -и
длина́, -ы́, *мн.* дли́ны, длин, дли́нам
длинне́йший
длинне́нек, -нька
дли́нненький
длинне́ть, -е́ет
длиннобахро́мчатый
длиннобородый
длиннова́тый
длинноволно́вый
длинноволокни́стый
длинноволо́сый
длинноголо́вый
длинногри́вый
длинноднев́ный
длиннозерни́стый
длиннозёрный
длинноклю́вый
длинноколо́сый
длиннокосый
длиннокры́л, -а
длиннокры́лый
длиннолицый
длинноме́р, -а (*длинномерные бревна, доски, собир.*)
длинноме́рный
длинномо́рдый
длинноно́гий
длинноно́сый
длиннопло́дный
длиннопо́лый
длиннорогий
длинноруки́й
длиннорылый
длинносоло́мистый
длинностволь́ный
длинностебе́льный

длиннота́, -ы́, *мн.* -о́ты, -о́т
длинноу́сый
длинноу́хий
длиннофо́кусный
длиннохво́ст, -а
длиннохво́стый
длиннохо́дный
длинночерешко́вый
длинноше́ий, -ше́яя, -ше́ее
длинношёрстный и длинношёрстый
длиннощети́нистый
длинню́щий и длинню́ющий
дли́нный; *кр. ф.* дли́нен, длинна́, дли́нно
дли́нный-дли́нный
дли́нный-предли́нный
длиноме́р, -а (*прибор для измерения расстояний*)
дли́тельность, -и
дли́тельный; *кр. ф.* -лен, -льна
дли́ть(ся), длю, дли́т(ся)
для, *предлог*
для блези́ра и для блези́ру
для ве́рности
для ви́да и для ви́ду
для ви́димости
для затра́вки
для поря́дка
для профо́рмы
для-ра́ди, *предлог*
для сме́ха и для сме́ху
для сугре́ва и для сугре́ву
для фо́рса и для фо́рсу
для ши́ка и для ши́ку
дми́триевский (*от* Дми́трий *и* Дми́триев)
Дми́трий Донско́й
дми́тровский (*от* Дми́тров, *город*)
дми́тровцы, -ев, *ед.* -вец, -вца, *тв.* -вцем
дмитровча́не, -а́н, *ед.* -а́нин, -а
дмитровча́нка, -и, *р. мн.* -нок
ДНД [дээндэ́], *нескл., ж.* (*сокр.:* добровольная народная дружина)

дневáлить, -лю, -лит
дневáльный, -ого
дневáльство, -а
дневáлящий
дневáть, днюю, днюет
днёвка, -и, р. мн. -вок
дневни́к, -á
дневнико́вый
дневничо́к, -чкá
дневно́й
днём, нареч.
днепро́вский (от Днепр)
Днепро́вский лимáн
днепро́вско-бу́гский
Днепро́вско-При́пятский бассéйн
дне́про-дви́нский (дне́продви́нская культýра, археол.)
днепродзержи́нский (от Днепродзержи́нск)
днепродзержи́нцы, -ев, ед. -нец, -нца, тв. -нцем
дне́про-доне́цкий
днепропетро́вский (от Днепропетро́вск)
днепропетро́вцы, -ев, ед. -вец, -вца, тв. -вцем
Днепропетро́вщина, -ы (к Днепропетро́вск)
днестро́вский (от Днестр)
Днестро́вско-Бýгский лимáн
днесь, нареч.
Дни славя́нской пи́сьменности и культýры
дни́ще, -а
дни́щевый
ДНК [дээнкá], нескл., ж. (сокр.: дезоксирибонуклеи́новая кислотá)
ДНК-диагно́стика, -и
ДНК-зави́симый
ДНК-полимерáза, -ы
ДНК-протеи́д, -а
ДНК-содержáщий
дно, дна, мн. до́нья, -ьев
дно́вский (от Дно, город)

дно́вцы, -ев, ед. -вец, -вца, тв. -вцем
дноочисти́тельный
дноуглуби́тельный
дноуглубле́ние, -я
дня́ми, нареч.
до¹, предлог
до², нескл., с. (нота)
доáтомный
доба́вить(ся), -влю, -вит(ся)
доба́вка, -и, р. мн. -вок
добавле́ние, -я
доба́вленный; кр. ф. -ен, -ена
добавля́ть(ся), -я́ю, -я́ет(ся)
доба́вок, -вка
доба́вочный
добаловáться, -лýюсь, -лýется
доба́лтываться, -аюсь, -ается
добегáть, -áю, -áет
добегáться, -áюсь, -áется
добежáть, добегу́, добежи́т, добегу́т
добелá
добелённый; кр. ф. -ён, -енá
добе́ливание, -я
добе́ливать(ся), -аю(сь), -ает(ся)
добели́ть(ся), -елю́(сь), -е́ли́т(ся)
добе́лка, -и
добермáн, -а
добермáн-пи́нчер, добермáна-пи́нчера
добивáние, -я
добивáть(ся), -áю(сь), -áет(ся)
добирáние, -я
добирáть(ся), -áю(сь), -áет(ся)
доби́тый
доби́ть(ся), добью́(сь), добьёт(ся)
до́блестный; кр. ф. -тен, -тна
до́блесть, -и
доблокáдный
до бо́ли
доболтáть(ся), -áю(сь), -áет(ся)
добо́р, -а (от добрáть)
добрáживать, -ает
до́бранный; кр. ф. -ан, -ана
добрáсывать(ся), -аю, -ает(ся)

добрáть(ся), деберу́(сь), деберёт(ся); прош. -áл(ся), -алá(сь), -áло, -áлось
добрáчный
До́брая Наде́жда: мыс До́брой Наде́жды
до́бре, частица
добредáть, -áю, -áет
добре́дший
добре́йший
добре́нек, -нька
до́бренький
добрести́, -еду́, -едёт; прош. -ёл, -елá
добре́ть, -е́ю, -е́ет
добривáть(ся), -áю(сь), -áет(ся)
добри́ть(ся), -ре́ю(сь), -ре́ет(ся)
добро́¹, -á
добро́², нескл., с. (название буквы)
добро́³, частица (ладно, хорошо)
добро́ бы, союз и частица
доброво́лец, -льца, тв. -льцем, р. мн. -льцев
доброво́льно-принуди́тельный
доброво́льность, -и
доброво́льный; кр. ф. -лен, -льна
Доброво́льческая а́рмия (в России в Гражданскую войну)
доброво́льческий
доброво́льчество, -а
доброде́тель, -и
доброде́тельность, -и
доброде́тельный; кр. ф. -лен, -льна
добродить, -о́дит
добродýшие, -я
добродýшный; кр. ф. -шен, -шна
доброе́зжий
доброжелáтель, -я
доброжелáтельница, -ы, тв. -ей
доброжелáтельность, -и
доброжелáтельный; кр. ф. -лен, -льна
доброжелáтельство, -а
доброжелáтельствовать, -твую, -твует

ДОБРОКАЧЕСТВЕННОСТЬ

доброка́чественность, -и
доброка́чественный; *кр. ф.* -вен и -венен, -венна
добро́м, *нареч.*
добронра́вие, -я
добронра́вность, -и
добронра́вный; *кр. ф.* -вен, -вна
добропоря́дочность, -и
добропоря́дочный; *кр. ф.* -чен, -чна
доброса́ть(ся), -а́ю(сь), -а́ет(ся)
добросерде́чие, -я
добросерде́чность, -и
добросерде́чный; *кр. ф.* -чен, -чна
добро́сить, -о́шу, -о́сит
доброcо́вестность, -и
доброcо́вестный; *кр. ф.* -тен, -тна
доброcосе́дский
доброcосе́дство, -а
доброта́, -ы́ (*добротность*)
доброта́, -ы́
добро́тность, -и
добро́тный; *кр. ф.* -тен, -тна
добротолю́бие, -я
доброхо́т, -а
доброхо́тный
доброхо́тство, -а
доброхо́тствовать, -твую, -твует
добро́шенный; *кр. ф.* -ен, -ена
до́брый; *кр. ф.* добр, добра́, до́бро, до́бры́
Добры́ня Ники́тич
добря́к, -а́
добря́чка, -и, *р. мн.* -чек
добрячо́к, -чка́
добуди́ться, -ужу́сь, -у́дится
добуква́рный
добыва́ние, -я
добыва́ть(ся), -а́ю, -а́ет(ся)
добыва́ющий(ся)
добы́ток, -тка
добы́тчик, -а
добы́тчица, -ы, *тв.* -ей
добы́тый; *кр. ф.* до́быт, добыта́, до́быто

добы́ть, добу́ду, добу́дет; *прош.* до́был, добыла́, до́было
добы́ча, -и, *тв.* -ей
добы́чливый
добы́чный
дова́ренный; *кр. ф.* -ен, -ена
дова́ривать(ся), -аю, -ает(ся)
довари́ть(ся), -арю́, -а́рит(ся)
довева́ть(ся), -а́ю, -а́ет(ся) (*к ве́ять*)
дове́дать(ся), -аю(сь), -ает(ся)
доведе́ние, -я
доведённый; *кр. ф.* -ён, -ена́
дове́дший(ся)
дове́дывать(ся), -аю(сь), -ает(ся)
довезённый; *кр. ф.* -ён, -ена́
довезти́, -зу́, -зёт; *прош.* -ёз, -езла́
дове́зший
дове́ивать(ся), -аю, -ает(ся)
до́веку, *нареч.*
до велика: от мала до велика
дове́ренность, -и
дове́ренный; *кр. ф.* -ен, -ена
дове́рие, -я
довери́тель, -я
довери́тельница, -ы, *тв.* -ей
довери́тельно-сберега́тельный
довери́тельность, -и
довери́тельный; *кр. ф.* -лен, -льна
дове́рить(ся), -рю(сь), -рит(ся)
довёрнутый
довернýть(ся), -нý, -нёт(ся)
доверте́ть(ся), -ерчу́(сь), -е́ртит(ся)
довёртывать(ся), -аю, -ает(ся)
до́верху, *нареч.* (снизу до́верху; нали́ть стака́н до́верху)
дове́рченный; *кр. ф.* -ен, -ена
дове́рчивость, -и
дове́рчивый
доверша́ть(ся), -а́ю, -а́ет(ся)
доверше́ние, -я
довершённый; *кр. ф.* -ён, -ена́
доверши́ть(ся), -шу́, -ши́т(ся)
доверя́ть(ся), -я́ю(сь), -я́ет(ся)

дове́сить, -е́шу, -е́сит
дове́сок, -ска
дове́сочный
довести́(сь), доведу́, доведёт(ся); *прош.* довёл, довела́, довело́(сь)
дове́шанный; *кр. ф.* -ан, -ана (*от* дове́шать)
дове́шать, -аю, -ает
дове́шенный; *кр. ф.* -ен, -ена (*от* дове́сить)
дове́шивать(ся), -аю, -ает(ся)
дове́янный; *кр. ф.* -ян, -яна
дове́ять, -е́ю, -е́ет
довже́нковский (*от* Довже́нко)
довзы́сканный; *кр. ф.* -ан, -ана
довзыска́ть, -ыщу́, -ы́щет
довзы́скивать(ся), -аю, -ает(ся)
довива́ть(ся), -а́ю, -а́ет(ся) (*к* вить)
довинти́ть, -инчу́, -и́нти́т
дови́нченный; *кр. ф.* -ен, -ена
дови́нчивать(ся), -аю, -ает(ся)
довира́ться, -а́юсь, -а́ется
дови́тый; *кр. ф.* -и́т, -ита́, -и́то
дови́ть(ся), довью́, довьёт(ся); *прош.* -и́л(ся), -ила́(сь), -и́ло, -и́ло́сь (*к* вить)
довле́ть, -е́ет
довле́ющий
до́вод, -а
доводи́ть(ся), -ожу́(сь), -о́дит(ся)
дово́дка, -и
дово́дочный
дово́дчик, -а
дово́дчица, -ы, *тв.* -ей
довоева́ть(ся), довою́ю(сь), -ою́ет(ся)
дово́енный
довози́ть(ся), -ожу́(сь), -о́зит(ся)
довола́кивать(ся), -аю(сь), -ает(ся)
доволо́кший(ся)
доволо́ченный; *кр. ф.* -ен, -ена (*от* доволочи́ть)
доволочённый; *кр. ф.* -ён, -ена́ (*от* доволо́чь *и* доволочи́ть)

доволочи́ть(ся), -очу́(сь), -о́чит(ся)
доволо́чь(ся), -локу́(сь), -лочёт(ся), -локу́т(ся); прош. -ло́к(ся), -локла́(сь)
дово́льно, нареч. и в знач. сказ.
дово́льно-таки
дово́льный; кр. ф. -лен, -льна
дово́льствие, -я
дово́льство, -а
дово́льствовать(ся), -твую(сь), -твует(ся)
довообрази́ть, -ажу́, -ази́т
довооружа́ть(ся), -а́ю(сь), -а́ет(ся)
довооруже́ние, -я
довооружённый; кр. ф. -ён, -ена́
довооружи́ть(ся), -жу́(сь), -жи́т(ся)
довора́чивать(ся), -аю, -ает(ся)
доворова́ться, -ру́юсь, -ру́ется
доворо́т, -а (к доверну́ть)
до востре́бования
довра́ться, -ру́сь, -рётся; прош. -а́лся, -ала́сь, -а́ло́сь
доврачебный
довре́менный (преждевре́менный)
доврéмéнный (изнача́льный)
довсхо́довый
дову́зовский
довы́боры, -ов
довы́полненный; кр. ф. -ен, -ена
довы́полнить, -ню, -нит
довыполня́ть(ся), -я́ю, -я́ет(ся)
довя́занный; кр. ф. -ан, -ана
довяза́ть, -яжу́, -я́жет
довя́зывание, -я
довя́зывать(ся), -аю, -ает(ся)
дог, -а
догада́ть(ся), -а́ю(сь), -а́ет(ся)
дога́дка, -и, р. мн. -док
дога́дливость, -и
дога́дливый
дога́дываться, -аюсь, -ается
догаре́сса, -ы
догла́дить, -а́жу, -а́дит

догла́дывать(ся), -аю, -ает(ся)
догла́женный; кр. ф. -ен, -ена
догла́живание, -я
догла́живать(ся), -аю, -ает(ся)
догло́данный; кр. ф. -ан, -ана
доглода́ть, -ожу́, -о́жет и -а́ю, -а́ет
догля́д, -а
догляде́ть, -яжу́, -яди́т
догля́дчик, -а
догля́дчица, -ы, тв. -ей
догля́дывать, -аю, -ает
до́гма, -ы
до́гмат, -а
догматиза́ция, -и
догматизи́рованный; кр. ф. -ан, -ана
догматизи́ровать(ся), -рую, -рует(ся)
догмати́зм, -а
догма́тик, -а
догма́тика, -и
догма́тико-церко́вный
догмати́чески
догмати́ческий
догмати́чность, -и
догмати́чный; кр. ф. -чен, -чна
до́гнанный; кр. ф. -ан, -ана
догна́ть, догоню́, дого́нит
догнива́ние, -я
догнива́ть, -а́ю, -а́ет
догни́ть, -ию́, -иёт
догова́ривать(ся), -аю(сь), -ает(ся)
догова́ривающий(ся)
догово́р, -а, мн. -ы, -ов и (разг.) -а́, -о́в
договорённость, -и
договорённый; кр. ф. -ён, -ена́
договори́ть(ся), -рю́(сь), -ри́т(ся)
догово́рник, -а и договорни́к, -а́
догово́рно-правово́й
догово́рный и договорно́й
догово́р-обяза́тельство, догово́ра-обяза́тельства
до́гола
догоня́лки, -лок

догоня́ть, -я́ю, -я́ет
догоня́шки, -шек
догообра́зные, -ых
догора́ние, -я
догора́ть, -а́ет
догоре́ть, -ри́т
догреба́ть, -а́ю, -а́ет
догребённый; кр. ф. -ён, -ена́
догрёбший
догрести́, -ребу́, -ребёт; прош. -рёб, -ребла́
догружа́ть(ся), -а́ю(сь), -а́ет(ся)
догру́женный; кр. ф. -ен, -ена и догружённый; кр. ф. -ён, -ена́
догру́з, -а
догрузи́ть(ся), -ужу́(сь), -у́зи́т(ся)
догру́зка, -и
догрыза́ть(ся), -а́ю, -а́ет(ся)
догры́зенный; кр. ф. -ен, -ена
догры́зть(ся), -зу́(сь), -зёт(ся); прош. -ы́з(ся), -ы́зла(сь)
догры́зший
догу́ливать(ся), -аю(сь), -ает(ся)
догуля́ть(ся), -я́ю(сь), -я́ет(ся)
додава́ть(ся), додаю́, додаёт(ся)
додави́ть, -влю́, -а́вит
дода́вленный; кр. ф. -ен, -ена
дода́вливание, -я
дода́вливать(ся), -аю, -ает(ся)
дода́ивание, -я
дода́ивать(ся), -аю, -ает(ся)
до́данный; кр. ф. до́дан, до́дана́, до́дано
дода́ть, -а́м, -а́шь, -а́ст, -ади́м, -ади́те, -аду́т, прош. до́дал, додала́, до́дало
дода́ча, -и, тв. -ей
додекафони́ческий
додекафо́ния, -и
додека́эдр, -а
доде́ланный; кр. ф. -ан, -ана
доде́лать, -аю, -ает
доделённый; кр. ф. -ён, -ена́
додели́ть, -елю́, -е́лит
доде́лка, -и, р. мн. -лок
доде́лочный

доде́лывание, -я
доде́лывать(ся), -аю, -ает(ся)
доде́ржанный; кр. ф. -ан, -ана
додержа́ть(ся), -ержу́(сь), -е́ржит(ся)
доде́рживать(ся), -аю(сь), -ает(ся)
доде́ржка, -и
до-дие́з, -а
до-дие́з-мажо́р, -а
до-дие́з-мажо́рный
до-дие́з-мино́р, -а
до-дие́з-мино́рный
до-дие́зный
додира́ть(ся), -а́ю, -а́ет(ся)
доднесь, нареч.
додо́, нескл., м. (птица)
додо́енный; кр. ф. -ен, -ена
додои́ть(ся), додою́, додо́ит(ся)
до́дранный; кр. ф. -ан, -ана
додра́ть(ся), додеру́(сь), додерёт(ся); прош. -а́л(ся), -ала́(сь), -а́ло, -а́ло́сь
доду́манный; кр. ф. -ан, -ана
доду́мать(ся), -аю(сь), -ает(ся)
доду́мывать(ся), -аю(сь), -ает(ся)
доеда́ть(ся), -а́ю, -а́ет(ся)
дое́денный; кр. ф. -ден, -дена
дое́здить(ся), дое́зжу(сь), дое́здит(ся)
дое́здка, -и
доезжа́ть, -а́ю, -а́ет
доезжа́чий, -его
дое́зженный; кр. ф. -ен, -ена
дое́ние, -я
дое́нный; кр. ф. до́ен, до́ена, прич.
доёный, прил.
дое́сть, дое́м, дое́шь, дое́ст, доеди́м, доеди́те, доедя́т; прош. дое́л, дое́ла
дое́хать, дое́ду, дое́дет
дож, -а, тв. -ем
дожа́ренный; кр. ф. -ен, -ена
дожа́ривание, -я
дожа́ривать(ся), -аю, -ает(ся)
дожа́рить(ся), -рю, -рит(ся)

дожа́тый
дожа́ть(ся)¹, дожму́(сь), дожмёт(ся)
дожа́ть(ся)², дожну́, дожнёт(ся)
дожда́ться, -ду́сь, -дётся; прош. -а́лся, -ала́сь, -а́ло́сь
дождева́лка, -и, р. мн. -лок
дождева́льный
дождева́ние, -я
дождеви́к, -а́
дождёвка, -и, р. мн. -вок
дождево́й
дождеме́р, -а
дождеприёмник, -а
до́ждик, -а
дожди́на, -ы, м.
дожди́нка, -и, р. мн. -нок
дожди́ть, -и́т
до́ждичек, -чка
дожди́шко, -а и -и, мн. -шки, -шек, м.
дожди́ще, -а, мн. -а и -и, -и́щ, м.
дождли́вость, -и
дождли́вый
дождь, -я́
дожёванный; кр. ф. -ан, -ана
дожева́ть, дожую́, дожуёт
дожёвывание, -я
дожёвывать(ся), -аю, -ает(ся)
дожёгший
доже́чь, дожгу́, дожжёт, дожгу́т; прош. дожёг, дожгла́
дожжённый; кр. ф. -ён, -ена́
дожива́ть, -а́ю, -а́ет
дожига́ние, -я
дожига́тель, -я
дожига́ть(ся), -а́ю, -а́ет(ся)
дожида́ть(ся), -а́ю(сь), -а́ет(ся)
дожима́ть(ся), -а́ю(сь), -а́ет(ся)
дожимно́й
дожина́ть(ся), -а́ю, -а́ет(ся)
дожи́нки, -нок
дожи́ночный
дожи́тие, -я
дожи́тый; кр. ф. дожи́т, дожита́, до́жито

дожи́ть, -иву́, -ивёт; прош. до́жил, дожила́, до́жило
до́за, -ы
до за́втра
доза́втракать, -аю, -ает
дозаму́жний
дозапра́вить(ся), -влю(сь), -вит(ся)
дозапра́вка, -и
дозапра́вленный; кр. ф. -ен, -ена
дозаправля́ть(ся), -я́ю(сь), -я́ет(ся)
дозапра́вщик, -а
до заре́зу
доза́ривание, -я
доза́ривать(ся), -аю, -ает(ся)
дозаряди́ть(ся), -яжу́, -я́дит(ся)
дозаряжа́ть(ся), -а́ю, -а́ет(ся)
доза́тор, -а
дозаяви́ть(ся), -влю́(сь), -я́вит(ся)
дозая́вка, -и, р. мн. -вок
дозая́вленный; кр. ф. -ен, -ена
дозаявля́ть(ся), -я́ю(сь), -я́ет(ся)
дозва́ниваться, -аюсь, -ается
дозва́ться, дозову́сь, дозовётся; прош. -а́лся, -ала́сь, -а́ло́сь
дозвёздный (дозвёздное вещество)
дозволе́ние, -я
дозво́ленность, -и
дозво́ленный; кр. ф. -ен, -ена
дозволи́тельный; кр. ф. -лен, -льна
дозво́лить, -лю, -лит
дозволя́ть(ся), -я́ю, -я́ет(ся)
дозвони́ться, -ню́сь, -ни́тся
дозвуково́й
дози́метр, -а
дозиметри́ст, -а
дозиметри́ческий
дозиме́трия, -и
дозимова́ть, -му́ю, -му́ет
дози́рование, -я
дози́рованный; кр. ф. -ан, -ана
дози́ровать(ся), -рую, -рует(ся)
дозиро́вка, -и, р. мн. -вок
дозиро́вочный

дозиро́вщик, -а
дознава́тель, -я
дознава́ть(ся), -наю́(сь), -нае́т(ся)
дозна́ние, -я
до́знанный; кр. ф. -ан, -ана
дозна́ть(ся), -а́ю(сь), -а́ет(ся)
дозо́р, -а
дозо́рный
дозрева́ние, -я
дозрева́ть, -а́ет
дозре́лый
дозре́ть, -е́ет
дои́гранный; кр. ф. -ан, -ана
доигра́ть(ся), -а́ю(сь), -а́ет(ся)
дои́грывание, -я
дои́грывать(ся), -аю(сь), -ает(ся)
доизбира́ть(ся), -а́ю(сь), -а́ет(ся)
доизбра́ть, -беру́, -берёт; прош. -а́л, -ала́, -а́ло
до изно́са и до изно́су
дои́льник, -а
дои́льно-моло́чный
дои́льный
дои́льщица, -ы, тв. -ей
доимпериалисти́ческий
доиска́ться, доищу́сь, дои́щется
дои́скиваться, -аюсь, -ается
доистори́ческий
доисто́рия, -и
дои́ть(ся), дою́, до́ит(ся)
до́йка, -и, р. мн. до́ек
дойна́, -ы́
дойни́к, -а́
дойни́ца, -ы, тв. -ей
до́йность, -и
до́йный
дойра́, -ы́ и до́йра, -ы
дойти́, дойду́, дойдёт; прош. дошёл, дошла́
док, -а
до́ка, -и, м. и ж.
дока́занный; кр. ф. -ан, -ана
доказа́тельность, -и
доказа́тельный; кр. ф. -лен, -льна
доказа́тельственный
доказа́тельство, -а

доказа́ть, докажу́, дока́жет
доказу́емость, -и
доказу́емый
дока́зчик, -а
дока́зчица, -ы, тв. -ей
дока́зывание, -я
дока́зывать(ся), -аю, -ает(ся)
докалённый; кр. ф. -ён, -ена́
дока́ливание, -я
дока́ливать(ся), -аю, -ает(ся)
докали́ть(ся), -лю́, -ли́т(ся)
дока́лывать(ся), -аю, -ает(ся)
дока́нчивать(ся), -аю, -ает(ся)
дока́нывать(ся), -аю(сь), -ает(ся)
дока́панный; кр. ф. -ан, -ана
дока́пать, -аю, -ает
до ка́пельки
докапиталисти́ческий
до ка́пли
дока́пчивать(ся), -аю, -ает(ся)
дока́пывать(ся), -аю(сь), -ает(ся)
докара́бкаться, -аюсь, -ается
дока́рмливание, -я
дока́рмливать(ся), -аю, -ает(ся)
дока́танный; кр. ф. -ан, -ана
доката́ть(ся), -а́ю(сь), -а́ет(ся)
докати́ть(ся), -ачу́(сь), -а́тит(ся)
дока́тывание, -я
дока́тывать(ся), -аю(сь), -ает(ся)
дока́чанный; кр. ф. -ан, -ана (от докача́ть)
докача́ть(ся), -а́ю(сь), -а́ет(ся)
дока́ченный; кр. ф. -ен, -ена (от докати́ть)
дока́чивание, -я
дока́чивать(ся), -аю(сь), -ает(ся)
дока́шивание, -я
дока́шивать(ся), -аю, -ает(ся)
докваси́ть(ся), -а́шу, -а́сит(ся)
доква́шенный; кр. ф. -ен, -ена
доква́шивание, -я
доква́шивать(ся), -аю, -ает(ся)
докембрий, -я
докембри́йский
до́кер, -а
до́керский

доки́данный; кр. ф. -ан, -ана
докида́ть(ся), -а́ю(сь), -а́ет(ся)
доки́дывать(ся), -аю, -ает(ся)
доки́нутый
доки́нуть, -ну, -нет
докипа́ть, -а́ет
докипе́ть, -пи́т
докиса́ние, -я
докиса́ть, -а́ет
доки́снуть, -нет; прош. -и́с, -и́сла
доки́сший
докла́д, -а
докладна́я, -о́й
докладно́й
докла́д-прогно́з, докла́да-прогно́за
докла́дчик, -а
докла́дчица, -ы, тв. -ей
докла́дывание, -я
докла́дывать(ся), -аю(сь), -ает(ся)
докла́ссовый
доклёванный; кр. ф. -ан, -ана
доклева́ть, -люю́, -люёт
доклёвывать(ся), -аю, -ает(ся)
докле́енный; кр. ф. -ен, -ена
докле́ивание, -я
докле́ивать(ся), -аю, -ает(ся)
докле́ить, -е́ю, -е́ит
докле́йка, -и
докле́точный
докли́каться, -и́чусь, -и́чется
доклини́ческий
докова́ние, -я (от док)
ডико́ванный; кр. ф. -ан, -ана
докова́ть, докую́, докуёт
доко́вывать(ся), -аю, -ает(ся)
до́ковый
доковыля́ть, -я́ю, -я́ет
докола́чивать(ся), -аю, -ает(ся)
доко́ле и доко́ль
доколоти́ть, -лочу́, -ло́тит
доко́лотый
доколо́ть, -олю́, -о́лет
доколо́ченный; кр. ф. -ен, -ена

доколу́мбов, -а, -о и доколу́м-
    бовский (от Колу́мб)
доко́ль и доко́ле
докона́ть, -а́ю, -а́ет
доконопа́тить, -а́чу, -а́тит
доконопа́ченный; кр. ф. -ен, -ена
доконопа́чивать(ся), -аю,
    -ает(ся)
до конца́
доконча́ние, -я
доко́нченный; кр. ф. -ен, -ена
доко́нчить(ся), -чу, -чит(ся)
доко́панный; кр. ф. -ан, -ана
докопа́ть(ся), -а́ю(сь), -а́ет(ся)
докопти́ть(ся), -пчу́, -пти́т(ся)
докопчённый; кр. ф. -ён, -ена́
докорми́ть, -ормлю́, -о́рмит
доко́рмленный; кр. ф. -ен, -ена
докоси́ть, -ошу́, -о́сит
докосми́ческий
доко́шенный; кр. ф. -ен, -ена
докра́ивать(ся), -аю, -ает(ся)
до кра́йности
докра́сить(ся), -а́шу(сь), -а́сит(ся)
докра́ска, -и
до́красна
докра́шенный; кр. ф. -ен, -ена
докра́шивание, -я
докра́шивать(ся), -аю(сь),
    -ает(ся)
докри́зисный
докрича́ться, -чу́сь, -чи́тся
докро́енный; кр. ф. -ен, -ена
докрои́ть, -ою́, -ои́т
докро́шенный; кр. ф. -ен, -ена
докроши́ть, -ошу́, -о́шит
докружи́ться, -ужу́сь, -у́жится
докрути́ть(ся), -учу́(сь), -у́тит(ся)
докру́тка, -и
докру́ченный; кр. ф. -ен, -ена
докру́чивание, -я
докру́чивать(ся), -аю(сь), -ает(ся)
доксо́граф, -а
до́ктор, -а, мн. -а́, -о́в
до́ктор Айболи́т
доктора́льность, -и

доктора́льный; кр. ф. -лен, -льна
доктора́нт, -а
доктора́нтка, -и, р. мн. -ток
доктора́нтский
докторанту́ра, -ы
доктора́т, -а
доктори́ца, -ы, тв. -ей
до́кторский
до́кторство, -а
до́кторша, -и, тв. -ей
доктри́на, -ы
доктрина́льный
доктринёр, -а
доктринёрский
доктринёрство, -а
доку́да
доку́да-нибу́дь
доку́ка, -и
докуме́нт, -а
документали́ст, -а
документали́стика, -и
документали́стка, -и, р. мн. -ток
документа́льно подтверждён-
    ный
документа́льность, -и
документа́ль-
    но-хроника́льный
документа́ль-
    но-худо́жественный
документа́льный; кр. ф. -лен,
    -льна
документа́рный (фин.)
документацио́нный
документа́ция, -и
докуме́нтец, -тца, тв. -тцем, р. мн.
    -тцев
докуме́нтик, -а
документи́рование, -я
документи́рованность, -и
документи́рованный; кр. ф. -ан,
    -ана
документи́ровать(ся), -рую,
    -рует(ся)
документове́д, -а
документове́дение, -я
документооборо́т, -а

доку́панный; кр. ф. -ан, -ана
докупа́ть(ся), -а́ю(сь), -а́ет(ся)
докупи́ть, -уплю́, -у́пит
доку́пка, -и
доку́пленный; кр. ф. -ен, -ена
доку́ренный; кр. ф. -ен, -ена
доку́ривание, -я
доку́ривать(ся), -аю(сь), -ает(ся)
докури́ть(ся), -урю́(сь), -у́рит(ся)
докуча́ть, -а́ю, -а́ет
доку́чливость, -и
доку́чливый
доку́чность, -и
доку́чный; кр. ф. -чен, -чна
доку́шанный; кр. ф. -ан, -ана
доку́шать, -аю, -ает
дол, -а
дола́вливать, -аю, -ает
до ла́мпочки
дола́мывание, -я
дола́мывать(ся), -аю(сь), -ает(ся)
долбану́ть, -ну́, -нёт
долба́ть, -а́ю, -а́ет
долбёж, -ежа́, тв. -о́м
долбёжка, -и
долбёжный
долби́ть(ся), -блю́, -би́т(ся)
долбле́ние, -я
долблёнка, -и, р. мн. -нок
долблённый; кр. ф. -ён, -ена́,
    прич.
долблёный, прил.
долбня́, -и́
долби́к, -а́
долбя́щий(ся)
долг, -а, предл. в долгу́, мн. -и́, -о́в
долга́нка, -и, р. мн. -нок
Долга́но-Не́нецкий: Таймы́р-
    ский (Долга́но-Не́нецкий) ав-
    тоно́мный о́круг
долга́нский
долга́ны, -а́н, ед. -а́нин, -а
до́лгий; кр. ф. до́лог, долга́, до́лго
До́лгий парла́мент (в Англии
    XVII в.)
до́лго, нареч.

долгове́чность, -и
долгове́чный; кр. ф. -чен, -чна
долгово́й
долговоло́сый
долговре́менность, -и
долговре́менный; кр. ф. -менен и -мен, -менна
долговя́зый
долгогри́вый
долгоде́йствие, -я
долгоде́йствующий*
долгоде́нствие, -я
долгоде́нствовать, -твую, -твует
долгожда́нный
долгоживу́щий*
долгожи́тель, -я
долгожи́тельница, -ы, тв. -ей
долгожи́тельство, -а
долгоигра́ющий*
долголе́тие, -я
долголе́тний
долго́нек, -нька
долгоно́г, -а
долгоно́гий
долгоно́жка, -и, р. мн. -жек
долгоно́сик, -а
долгоно́сый
долго́нько, нареч.
долгопёр, -а
долгопериоди́ческий
долгопо́лый
долгопру́дненский (от Долгопру́дный)
долгопру́дненцы, -ев, ед. -ненец, -ненца, тв. -ненцем
Долгопру́дный, -ого (город)
долгопя́т, -а
Долгору́кий: Ю́рий Долгору́кий
долгосро́чность, -и
долгосро́чный; кр. ф. -чен, -чна
долгостро́й, -я
долгота́, -ы́, мн. -о́ты, -о́т
долготерпели́вый
долготерпе́ние, -я
долго́тный
долгоу́хий

долгохво́ст, -а
долгохво́стка, -и, р. мн. -ток
долгохво́стый
долгоше́ий, -ше́яя, -ше́ее
долгошёрстный и долгошёрстый
долгоязы́чие, -я
долгуне́ц, -нца́, тв. -нцо́м, р. мн. -нцо́в
долгу́ша, -и, тв. -ей
долгу́шинский (от Долгу́шин)
долгу́шинцы, -ев, ед. -нец, -нца, тв. -нцем
долдо́н, -а
долдо́нить, -ню, -нит
до́ле (устар. к до́лее)
долево́й
доледнико́вый
до́лее, сравн. ст. (от до́лгий, до́лго)
долежа́ть(ся), -жу́(сь), -жи́т(ся)
долёживать(ся), -аю(сь), -ает(ся)
долеза́ть, -а́ю, -а́ет (к лезть)
доле́зть, -зу, -зет; прош. доле́з, доле́зла
долепи́ть, долеплю́, доле́пит
доле́пленный; кр. ф. -ен, -ена
доле́пливание, -я
доле́пливать(ся), -аю, -ает(ся)
долепля́ть(ся), -я́ю, -я́ет(ся)
долери́т, -а
долета́ть, -а́ю, -а́ет
долете́ть, долечу́, долети́т
доле́ченный; кр. ф. -ен, -ена
доле́чивание, -я
доле́чивать(ся), -аю(сь), -ает(ся)
долечи́ть(ся), -ечу́(сь), -е́чит(ся)
должа́ть, -а́ю, -а́ет
до́лжен, -жна́, -жно́
долженствова́ние, -я
долженствова́ть, -тву́ю, -тву́ет
долженству́ющий
должи́шко, -а и -и, мн. -шки, -шек, м.
должни́к, -а́
должни́ца, -ы, тв. -ей

до́лжно, в знач. сказ. (следует)
должно́, вводн. сл. (обл. и прост.)
должно́ быть, вводн. сл.
должностно́й
до́лжность, -и, мн. -и, -е́й
до́лжный
должо́к, другие формы не употр., м.
должо́н (прост. к до́лжен)
до́ли, нескл., м. (муз. инструмент)
долива́ние, -я
долива́ть(ся), -а́ю, -а́ет(ся)
доли́вка, -и
доли́занный; кр. ф. -ан, -ана
долиза́ть, -ижу́, -и́жет (к лиза́ть)
доли́зывание, -я
доли́зывать(ся), -аю, -ает(ся)
до́лина, -ы (карстовая впадина)
доли́на, -ы
Доли́на ге́йзеров (на Камчатке)
Доли́на Сме́рти (в Калифорнии)
Доли́на Царе́й (в Египте)
доли́нка, -и, р. мн. -нок
доли́нно-ба́лочный
доли́нно-предго́рный
доли́нный
до́ли́тый; кр. ф. до́ли́т, долита́, до́ли́то
доли́ть(ся), долью́, дольёт(ся); прош. до́ли́л, доли́лся, долила́(сь), до́ли́ло, долило́сь
долихокефа́л, -а и долихоцефа́л, -а
долихокефа́лия, -и и долихоцефа́лия, -и
долихомо́рфность, -и
долихомо́рфный
долихоцефа́л, -а и долихокефа́л, -а
долихоцефа́лия, -и и долихокефа́лия, -и
до́ллар, -а
доллариза́ция, -и
до́лларовый
долма́, -ы́
долови́ть, -овлю́, -о́вит

доло́вленный; *кр. ф.* -ен, -ена
доло́женный; *кр. ф.* -ен, -ена
доложи́ть(ся), -ожу́(сь), -о́жит(ся)
доло́й
долома́н, -а
доло́манный; *кр. ф.* -ан, -ана
долома́ть(ся), -а́ю(сь), -а́ет(ся)
доломи́т, -а
доломитиза́ция, -и
доломи́тный
доломи́товый
доломи́ть, -омлю́, -о́мит
доло́мленный; *кр. ф.* -ен, -ена
долото́, -а́, *мн.* -о́та, -о́т
долотцо́, -а́ и доло́тце, -а, *мн.* доло́тца, -о́тцев и -о́тец, -о́тцам
доло́тчатый
до́лу, *нареч.* (вниз, книзу)
до́лька, -и, *р. мн.* до́лек
дольме́н, -а
до́льний и до́льный
до́льник, -а
до́льчатый
до́льче, *неизм. и нескл., с. (муз.)*
до́льше, *сравн. ст. (от* до́лгий, до́лго*)*
до́льщик, -а
до́люшка, -и
до́ля, -и, *мн.* -и, -е́й
дом, -а, *предл.* в до́ме и (*разг.*) в дому́, на до́ме и (*до́ма*) на дому́, *мн.* -а́, -о́в; но: Пу́шкинский До́м (*учреждение в Петербурге*)
до́ма, *нареч.*
до-мажо́р, -а
до-мажо́рный
дома́занный; *кр. ф.* -ан, -ана
дома́зать(ся), дома́жу(сь), дома́жет(ся)
дома́зывание, -я
дома́зывать(ся), -аю(сь), -ает(ся)
До́м актёра
дома́лывание, -я
дома́лывать(ся), -аю, -ает(ся)
домаркси́стский
дома́рксов, -а, -о

До́м архите́ктора
дома́тывание, -я
дома́тывать(ся), -аю, -ает(ся)
домаха́ть, -а́ю, -а́ет
дома́хивать, -аю, -ает
дома́чивать(ся), -аю, -ает(ся)
дома́шний
дома́шность, -и
дома́щивание, -я
дома́щивать(ся), -аю, -ает(ся)
домба́йский (*от* Домба́й)
до́м-ба́шня, до́ма-ба́шни
домбра́, -ы́ и до́мбра, -ы
домбро́вый
До́м ветера́нов сце́ны
домека́ть, -а́ю, -а́ет
домекну́ть, -ну́, -нёт
доме́н, -а (*земельное владение*)
до́менный (*к* до́мна)
доме́нный (*к* доме́н и доме́ны)
доме́нщик, -а
доме́ны, -ов, *ед.* доме́н, -а (*физ.*)
доме́р, -а
доме́ренный; *кр. ф.* -ен, -ена
доме́ривание, -я
доме́ривать(ся), -аю, -ает(ся)
доме́ривший
доме́рить, -рю, -рит и -ряю, -ряет
до́мертва
домери́ть(ся), -я́ю, -я́ет(ся)
домеси́ть(ся), -ешу́, -е́сит(ся)
домести́, домету́, доме́тёт; *прош.* домёл, домела́
доме́стик, -а
доместика́ция, -и
домётанный; *кр. ф.* -ан, -ана
домета́ть¹, -а́ю, -а́ет, *сов.* (*о шитье*)
домета́ть², домечу́, доме́чет, *сов.* (*кончить бросать*)
домета́ть(ся), -а́ю, -а́ет(ся), *несов.* (*к* домести́)
домётенный; *кр. ф.* -ён, -ена́
доме́тить, доме́чу, доме́тит
доме́тнуть, -ну́, -нёт
домётший

домётывание, -я
домётывать(ся), -аю, -ает(ся)
домеча́ть(ся), -а́ю, -а́ет(ся)
доме́ченный; *кр. ф.* -ен, -ена
доме́шанный; *кр. ф.* -ан, -ана (*от* домеша́ть)
домеша́ть, -а́ю, -а́ет
доме́шенный; *кр. ф.* -ен, -ена (*от* домеси́ть)
доме́шивание, -я
доме́шивать(ся), -аю, -ает(ся)
До́м журнали́ста
до́мик, -а
до́миком, *нареч.* (*углом:* бро́ви до́миком)
доми́на, -ы, *м.*
домина́нта, -ы
домина́нтность, -и
домина́нтный
домина́нтовый
доминантсептакко́рд, -а
домина́т, -а
домина́ть(ся), -а́ю, -а́ет(ся)
До́м инвали́дов (*мемориал в Париже*)
доминика́нка, -и, *р. мн.* -нок
Доминика́нская Респу́блика
доминика́нский
доминика́нцы, -ев, *ед.* -нец, -нца, *тв.* -нцем
домини́кский (*от* Домини́ка)
доминио́н, -а
домини́рование, -я
домини́ровать, -рую, -рует
домини́рующий
домино́, *нескл., с.*
до-мино́р, -а
до-мино́рный
домино́шник, -а
домино́шный
до́м-интерна́т, до́ма-интерна́та
домици́лий, -я и домици́ль, -я
домицили́рованный; *кр. ф.* -ан, -ана
доми́шко, -а и -и, *дат.* -у и -е, *тв.* -ом и -ой, *мн.* -шки, -шек, *м.*

доми́ще, -а, *мн.* -а и -и, -и́щ, *м.*
До́м кино́
До́м кни́ги
домко́м, -а
домкра́т, -а
домкра́тный
До́м культу́ры
До́м литера́торов
до́м-музе́й, до́ма-музе́я
До́м-музе́й П. И. Чайко́вского в Клину́
до́мна, -ы, *р. мн.* до́мен
До́м на на́бережной (*в Москве*)
до́м-новостро́йка, до́ма-новостро́йки
домострое́ние, -я
домостроительный
До́м о́буви
домови́к, -а́
домови́на, -ы
домови́тость, -и
домови́тый
домови́ще, -а
домовладе́лец, -льца, *тв.* -льцем, *р. мн.* -льцев
домовладе́лица, -ы, *тв.* -ей
домовладе́льческий
домовладе́ние, -я
домовни́ца, -ы, *тв.* -ей
домовни́чанье, -я
домовни́чать, -аю, -ает
домово́д, -а
домово́дка, -и, *р. мн.* -док
домово́дство, -а
домово́дческий
домово́й, -о́го
до́мовый
домога́ние, -я
домога́тельство, -а
домога́ться, -а́юсь, -а́ется
домоде́довский (*от* Домоде́дово)
домоде́льный
домоде́льщина, -ы
до мо́зга косте́й
домо́й
домо́к, домка́

домо́кнуть, -ну, -нет; *прош.* -о́к, -о́кла
домо́кший
домола́чивание, -я
домола́чивать(ся), -аю, -ает(ся)
домолоти́ть, -очу́, -о́тит(ся)
домо́лотый
домоло́ть(ся), домелю́, доме́лет(ся)
домоло́ченный; *кр. ф.* -ен, -ена
домонго́льский
домонополисти́ческий
домоправи́тель, -я
домоправи́тельница, -ы, *тв.* -ей
домоправле́ние, -я (*занятие домоправителя*)
доморо́щенность, -и
доморо́щенный
домосе́д, -а
домосе́дка, -и, *р. мн.* -док
домосе́дничать, -аю, -ает
домосе́дский
домосе́дство, -а
домости́ть, -ощу́, -ости́т
домостро́евский
домостро́евщина, -ы
домостроение, -я
домостро́итель, -я
домостро́ительный
домостро́ительство, -а
Домостро́й, -я (*книга*) и домостро́й, -я (*патриархальный семейный уклад*)
домо́танный; *кр ф.* -ан, -ана
домота́ть(ся), -а́ю(сь), -а́ет(ся)
до́м о́тдыха
домотка́нина, -ы
домотка́ный
домоупра́в, -а
домоуправле́ние, -я (*учреждение*)
До́м офице́ров
домофо́н, -а
домофо́нный
домохозя́ин, -а, *мн.* -я́ева, -я́ев
домохозя́йка, -и, *р. мн.* -я́ек

домохозя́йство, -а
домоча́дцы, -ев, *ед.* -дец, -дца, *тв.* -дцем
домо́ченный; *кр. ф.* -ен, -ена
домочи́ть(ся), -очу́, -о́чит(ся)
домощённый; *кр. ф.* -ён, -ена́
До́м Па́влова (*памятник Сталинградской битвы*)
До́м Пашко́ва (*архит. памятник в Москве*)
До́м Прави́тельства
до́мра, -ы
домрабо́тница, -ы, *тв.* -ей
домраче́й, -я
до́м ребёнка
домри́ст, -а
домри́стка, -и, *р. мн.* -ток
до́мровый
до́м Рома́новых
До́мский: До́мский собо́р, До́мская це́рковь
До́м сою́зов
До́м тво́рчества
домусульма́нский
дому́ченный; *кр. ф.* -ен, -ена
До́м учёных
дому́чивать(ся), -аю(сь), -ает(ся)
дому́чивший(ся)
До́м учи́теля
дому́чить(ся), -чу(сь), -чит(ся) и -чаю(сь), -чает(ся)
дому́шник, -а
домча́ть(ся), -чу́(сь), -чи́т(ся)
домыва́ть(ся), -а́ю(сь), -а́ет(ся)
до́мысел, -сла
домы́сливание, -я
домы́сливать(ся), -аю, -ает(ся)
домы́слить(ся), -лю, -лит(ся)
домы́тый
домы́ть(ся), домо́ю(сь), домо́ет(ся)
домышля́ть(ся), -я́ю, -я́ет(ся)
домя́тый
домя́ть, домну́, домнёт
дон, -а (*в Испании и др. испаноязычных странах: господин*)

до́на, -ы (*в Португалии и др. португалоязычных странах: госпожа*)
донага́
до наоборо́т (*с то́чностью до наоборо́т*)
донати́сты, -ов, *ед.* -и́ст, -а
дона́тор, -а
доуча́тный
доначисле́ние, -я
доначи́сленный; *кр. ф.* -ен, -ена
доначи́слить, -лю, -лит
доначисля́ть(ся), -я́ю, -я́ет(ся)
дона́шивание, -я
дона́шивать(ся), -аю, -ает(ся)
донба́сский и донба́ссовский (*от* Донба́сс)
донба́ссовцы, -ев, *ед.* -вец, -вца, *тв.* -вцем
донг, -а (*ден. ед.*)
дон-дон-до́н, *неизм.*
до невероя́тности
доне́льзя
донесе́ние, -я
донесённый; *кр. ф.* -ён, -ена́
донести́(сь), -су́(сь), -сёт(ся); *прош.* донёс(ся), донесла́(сь)
донёсший(ся)
Доне́тчина, -ы (*к* Доне́цк)
до неузнава́емости
доне́цкий (*от* Доне́ц, *река, и* Доне́цк)
Доне́цкий (у́гольный) бассе́йн
доне́цко-приднепро́вский
донжо́н, -а
Дон Жуа́н, -а (*лит. персонаж*) и донжуа́н, -а (*искатель любовных приключений*)
донжуани́зм, -а
донжуа́нский
донжуа́нство, -а
донжуа́нствовать, -твую, -твует
дони́занный; *кр. ф.* -ан, -ана
дониза́ть, -ижу́, -и́жет
до́низу, *нареч.* (*све́рху до́низу; гора́ от верши́ны и до́низу заросла́ ежеви́кой*)

дони́зывать(ся), -аю, -ает(ся)
донима́ние, -я
донима́ть(ся), -а́ю, -а́ет(ся)
донице́ттиевский (*от* Донице́тти)
до́нка, -и, *р. мн.* до́нок
донкерма́н, -а
Дон Кихо́т, -а (*лит. персонаж*) и донкихо́т, -а (*благородный наивный мечтатель*)
донкихо́тский
донкихо́тство, -а
донкихо́тствовать, -твую, -твует
до́нна, -ы (*в Италии: госпожа*)
до́нник, -а
до́нниковый
до́нный
доновозаве́тный
до́но-во́лжский (*до́но-во́лжская культу́ра, археол.*)
до́нор, -а
до́норно-акце́пторный
до́норный
до́норский
до́норство, -а
доно́с, -а
доноси́тель, -я
доноси́тельница, -ы, *тв.* -ей
доноси́тельство, -а
доноси́ть(ся), -ошу́, -о́сит(ся)
доно́счик, -а
доно́счица, -ы, *тв.* -ей
доноси́щий(ся)
до́ночный
доно́шенный; *кр. ф.* -ен, -ена
донско́й (*от* Дон); *но:* Донско́й монасты́рь, Дми́трий Донско́й, о́бласть Во́йска Донско́го (*ист.*)
до́нум, -а (*мера площади*)
до́нце, -а, *р. мн.* -ев и донец
донцы́, -о́в, *ед.* доне́ц, донца́, *тв.* донцо́м
донча́к, -а́
донча́не, -а́н, *ед.* -а́нин, -а (*от* Доне́цк)
Донщи́на, -ы

доны́не
донырну́ть, -ну́, -нёт
доныря́ть(ся), -я́ю(сь), -я́ет(ся)
до́нышко, -а, *мн.* -шки, -шек
до́нья, -и (*в Испании и др. испаноязычных странах: госпожа*)
доня́нченный; *кр. ф.* -ен, -ена
доня́нчивать(ся), -аю(сь), -ает(ся)
доня́нчить(ся), -чу(сь), -чит(ся)
до́нятый; *кр. ф.* -ят, -ята́, -ято
доня́ть, дойму́, доймёт; *прош.* до́нял, доняла́, до́няло
дообе́дать, -аю, -ает
дообе́денный
дооборудова́ние, -я
дооборудованный; *кр. ф.* -ан, -ана
дооборудовать(ся), -дую, -дует(ся)
до о́дури
доокття́брьский
дооснасти́ть, -ащу́, -асти́т
дооснаща́ть(ся), -а́ю, -а́ет(ся)
дооснаще́ние, -я
дооснащённый; *кр. ф.* -ён, -ена́
до отва́ла
до отка́за
доочисти́тель, -я
доочи́стить, -и́щу, -и́стит
доочи́стка, -и
доочища́ть(ся), -а́ю, -а́ет(ся)
доочи́щенный; *кр. ф.* -ен, -ена
допа́ивать(ся), -аю, ает(ся)
допа́лзывать, -аю, -ает
допа́лывание, -я
допа́лывать(ся), -аю, -ает(ся)
допа́ренный; *кр. ф.* -ен, -ена
допа́ривание, -я
допа́ривать(ся), -аю(сь), -ает(ся)
допа́рить(ся), -рю(сь), -рит(ся)
допа́рывание, -я
допа́рывать(ся), -аю, -ает(ся)
допасённый; *кр. ф.* -ён, -ена́
допасти́, -су́, -сёт; *прош.* -а́с, -асла́
допа́ханный; *кр. ф.* -ан, -ана

допаха́ть, допашу́, допа́шет
допа́хивание, -я
допа́хивать(ся), -аю, -ает(ся)
допа́шка, -и
допа́янный; кр. ф. -ян, -яна
допая́ть, -я́ю, -я́ет
допева́ть(ся), -а́ю(сь), -а́ет(ся) (к петь)
допека́ние, -я
допека́ть(ся), -а́ю, -а́ет(ся)
допёкший(ся)
доперестро́ечный
допере́ть(ся), допру́(сь), допрёт(ся); прош. допёр(ся), допёрла(сь)
допёртый
допёрший(ся)
допе́трить, -рю, -рит
допетро́вский
допе́тый
допе́ть(ся), допою́(сь), допоёт(ся)
допеча́танный; кр. ф. -ан, -ана
допеча́тать(ся), -аю, -ает(ся)
допеча́тка, -и, р. мн. -ток
допеча́тывание, -я
допеча́тывать(ся), -аю, -ает(ся)
допечённый; кр. ф. -ён, -ена́
допе́чь(ся), -еку́, -ечёт(ся), -еку́т(ся); прош. -ёк(ся), -екла́(сь)
допива́ть(ся), -а́ю(сь), -а́ет(ся) (к пить)
допи́ленный; кр. ф. -ен, -ена
допи́ливание, -я
допи́ливать(ся), -аю, -ает(ся)
допили́ть(ся), -илю́, -и́лит(ся)
до́пинг, -а
до́пинг-контро́ль, -я
до́пинг-лаборато́рия, -и
до́пинговый
до́пинг-про́ба, -ы
до́пинг-те́ст, -а
допи́санный; кр. ф. -ан, -ана
дописа́ть(ся), -ишу́(сь), -и́шет(ся)
допи́ска, -и
допи́сывание, -я
допи́сывать(ся), -аю(сь), -ает(ся)
до́пи́тый; кр. ф. до́пи́т, допи́та́, до́пи́то
допи́ть(ся), допью́(сь), допьёт(ся); прош. до́пи́л, -и́лся, -ила́сь, до́пи́ло, -и́ло́сь
допла́вить(ся), -влю, -вит(ся)
допла́вленный; кр. ф. -ен, -ена
допла́вливание, -я
допла́вливать(ся), -аю, -ает(ся)
доплавля́ть(ся), -я́ю, -я́ет(ся)
доплане́тный
допла́та, -ы
доплати́ть, -ачу́, -а́тит
доплатно́й
допла́ченный; кр. ф. -ен, -ена
допла́чивание, -я
допла́чивать(ся), -аю, -ает(ся)
доплева́ть(ся), -люю́(сь), -люёт(ся)
доплёвывать, -аю, -ает
До́плер, -а: эффе́кт До́плера
доплеска́ть(ся), -а́ю(сь), -а́ет(ся)
доплёскивание, -я
доплёскивать(ся), -аю, -ает(ся)
доплёснутый
доплесну́ть(ся), -ну́, -нёт(ся)
доплести́(сь), -лету́(сь), -летёт(ся); прош. -лёл(ся), -лела́(сь)
доплета́ние, -я
доплета́ть(ся), -а́ю(сь), -а́ет(ся)
доплетённый; кр. ф. -ён, -ена́
доплётший(ся)
доплыва́ть, -а́ю, -а́ет
доплы́ть, -ыву́, -ывёт; прош. -ы́л, -ыла́, -ы́ло
доплю́нуть, -ну, -нет
допля́санный; кр. ф. -ан, -ана
допляса́ть(ся), -яшу́(сь), -я́шет(ся)
допля́сывать(ся), -аю(сь), -ает(ся)
допо́длинно, нареч.
допо́длинный
допо́енный; кр. ф. -ен, -ена
допожа́рный
допоздна́
допои́ть, допою́, допо́ит
допола́скивание, -я
допола́скивать(ся), -аю, -ает(ся)
допролётный
доползти́, -а́ю, -а́ет
доползти́, -зу́, -зёт; прош. -о́лз, -олзла́
допо́лзший
дополна́
дополне́ние, -я
допо́лненный; кр. ф. -ен, -ена
дополни́тельно распределённый
дополни́тельность, -и
дополни́тельный
допо́лнить(ся), -ню, -нит(ся)
дополня́ть(ся), -я́ю, -я́ет(ся)
до положе́ния ри́з (напи́ться)
дополо́сканный; кр. ф. -ан, -ана
дополоска́ть(ся), -лощу́(сь), -ло́щет(ся) и -а́ю(сь), -а́ет(ся)
допо́лотый
дополо́ть, -олю́, -о́лет
до полу́дня
до полу́ночи
до полусме́рти
дополуча́ть(ся), -а́ю, -а́ет(ся)
дополуче́ние, -я
дополу́ченный; кр. ф. -ен, -ена
дополучи́ть, -учу́, -у́чит
дополу́чка, -и
допоро́тый
допоро́ть(ся), -орю́, -о́рет(ся)
до поры́
до поры́ до вре́мени
допосевно́й
допото́пный
доппа́ёк, -пайка́
до́ппель-кю́ммель, -я
доправово́й
допра́здновать(ся), -ную(сь), -нует(ся)
допра́шивание, -я
допра́шивать(ся), -аю(сь), -ает(ся)
допрева́ние, -я
допрева́ть, -а́ет

до преде́ла
допре́жь, *нареч.*
допре́ть, -е́ет
допризы́вник, -а
допризы́вный
доприве́ренный; *кр. ф.* -ен, -ена
доприве́рить, -рю, -рит
доприве́рка, -и, *р. мн.* -рок
доприверя́ть(ся), -я́ю, -я́ет(ся)
допродава́ть(ся), -даю́, -даёт(ся)
допро́данный; *кр. ф.* -ан, -ана
допрода́ть, -а́м, -а́шь, -а́ст, -ади́м, -ади́те, -аду́т, *прош.* -о́дал, -одала́, -о́дало
допро́с, -а
допроси́ть(ся), -ошу́(сь), -о́сит(ся)
допро́сный
допро́счик, -а
допро́счица, -ы, *тв.* -ей
допро́шенный; *кр. ф.* -ен, -ена
допры́гать(ся), -аю(сь), -ает(ся)
допры́гивать(ся), -аю(сь), -ает(ся)
допры́гнуть, -ну, -нет
допряда́ть(ся), -а́ю, -а́ет(ся)
допря́денный; *кр. ф.* -ен, -ена и допрядённый; *кр. ф.* -ён, -ена́
до́пряма
допря́сть(ся), -яду́, -ядёт(ся); *прош.* -я́л(ся), -я́ла́(сь), -я́ло(сь)
до́пуск, -а
допуска́ть(ся), -а́ю(сь), -а́ет(ся)
допусти́мость, -и
допусти́мый
допусти́ть, -ущу́, -у́стит
допу́тчевый
допу́шкинский
допуще́ние, -я
допу́щенный; *кр. ф.* -ен, -ена
допыта́ть(ся), -а́ю(сь), -а́ет(ся)
допы́тывание, -я
допы́тывать(ся), -аю(сь), -ает(ся)
до́пьяна
до́ра, -ы (*лодка*)
дораба́тывание, -я

дораба́тывать(ся), -аю(сь), -ает(ся)
дорабо́танный; *кр. ф.* -ан, -ана
дорабо́тать(ся), -аю(сь), -ает(ся)
дорабо́тка, -и, *р. мн.* -ток
доразве́дка, -и
доразмести́ть, -ещу́, -ести́т
доразмеща́ть(ся), -а́ю, -а́ет(ся)
доразмеще́ние, -я
доразмещённый; *кр. ф.* -ён, -ена́
дорассве́тный
дорассле́дование, -я
дорассле́дованный; *кр. ф.* -ан, -ана
дорассле́довать, -дую, -дует
дораста́ть, -а́ю, -а́ет
дорасти́, -ту́, -тёт; *прош.* доро́с, доросла́
дорасти́ть, -ащу́, -асти́т
доращённый; *кр. ф.* -ён, -ена́
дора́щивание, -я
дора́щивать(ся), -аю, -ает(ся)
дорва́ть(ся), дорву́(сь), дорвёт(ся); *прош.* -а́л(ся), -ала́(сь), -а́ло, -а́лось
дореволюцио́нный
доре́занный; *кр. ф.* -ан, -ана
доре́зать, -е́жу, -е́жет, *сов.*
дореза́ть(ся), -а́ю, -а́ет(ся), *несов.*
дорезви́ться, -влю́сь, -ви́тся
доре́зывать(ся), -аю, -ает(ся)
доремо́нтный
дорефо́рменный
дореформи́рованный; *кр. ф.* -ан, -ана
дореформи́ровать, -и́рую, -и́рует
дори́йский (к дори́йцы; дори́йский лад, *муз.*)
дори́йцы, -ев, *ед.* -и́ец, -и́йца, *тв.* -и́йцем
дорисо́ванный; *кр. ф.* -ан, -ана
дорисова́ть, -су́ю, -су́ет
дорисо́вка, -и, *р. мн.* -вок
дорисо́вывание, -я
дорисо́вывать(ся), -аю, -ает(ся)

дори́ческий (к дори́йцы; дори́ческий о́рдер, *архит.*)
до́рка, -и, *р. мн.* до́рок (*лодка*)
до́рмант, -а
дорме́з, -а
дорн, -а
дорни́рование, -я
дорни́т, -а
дорнова́ние, -я
доро́га, -и
Доро́га жи́зни (*под Ленинградом*)
Доро́ги, -о́г: Ста́рые Доро́ги (*город*)
до́рого, *нареч.*
дорогобужа́не, -а́н, *ед.* -а́нин, -а
дорогобужа́нка, -и, *р. мн.* -нок и дорогобу́женка, -и, *р. мн.* -нок
дорогобу́жский (от Дорогобу́ж)
дорогобу́жцы, -ев, *ед.* -жец, -жца, *тв.* -жцем
дорогова́тый
дороговизна́, -ы
дорого́й, *нареч.*
дорого́й; *кр. ф.* до́рог, дорога́, до́рого
дорого́нек, -нька
дорого́нько, *нареч.*
дорогостоя́щий
дорогу́ша, -и, *тв.* -ей, *м. и ж.*
доро́дность, -и
доро́дный; *кр. ф.* -ден, -дна
дородово́й
доро́дство, -а
дорожа́ть, -а́ет
доро́же, *сравн. ст.*
доро́женька, -и, *р. мн.* -нек
дорожи́ть(ся), -жу́(сь), -жи́т(ся)
доро́жка, -и, *р. мн.* -жек
доро́жник, -а
доро́жница, -ы, *тв.* -ей
доро́жно-коменда́нтский
доро́жно-мостово́й
доро́жно-патру́льный
доро́жно-строи́тельный
доро́жно-техни́ческий
доро́жно-тра́нспортный

доро́жно-эксплуатацио́нный
доро́жный
доро́сший
дорса́льный
до́рсет, -а
до́ртмундский (от До́ртмунд)
до́ртмундцы, -ев, ед. -дец, -дца, тв. -дцем
дортуа́р, -а
дортуа́рный
доруба́ние, -я
доруба́ть(ся), -а́ю, -а́ет(ся)
доруби́ть, -ублю́, -у́бит
дору́бка, -и
дору́бленный; кр. ф. -ен, -ена
доруга́ть(ся), -а́ю(сь), -а́ет(ся)
дору́гивать(ся), -аю(сь), -ает(ся)
до ру́чки (дойти́, довести́)
дорыва́ть(ся), -а́ю(сь), -а́ет(ся)
доры́ть(ся), доро́ю(сь), доро́ет(ся)
дosaа́фовец, -вца, тв. -вцем, р. мн. -вцев
дosaа́фовский (от ДОСАА́Ф)
доса́да, -ы
досади́ть¹, -ажу́, -ади́т (причини́ть доса́ду)
досади́ть², -ажу́, -а́дит (ко́нчить поса́дку)
доса́дка, -и
доса́дливый
доса́дно, в знач. сказ.
доса́дный; кр. ф. -ден, -дна
доса́довать, -дую, -дует
досажа́ть, -а́ю, -а́ет
досажда́ть, -а́ю, -а́ет
досажде́ние, -я
доса́женный; кр. ф. -ен, -ена
доса́живание, -я
доса́живать(ся), -аю, -ает(ся)
доса́ливание, -я
доса́ливать(ся), -аю, -ает(ся)
доса́сывать(ся), -аю, -ает(ся)
досверлённый; кр. ф. -ён, -ена́
досве́рливать(ся), -аю, -ает(ся)
досверли́ть(ся), -лю́, -ли́т(ся)
досветла́
досветово́й
до свида́ния и до свида́нья
досе́в, -а
досева́ние, -я
досева́ть(ся), -а́ю, -а́ет(ся)
досе́ивать(ся), -аю, -ает(ся)
досе́ле и досе́ль
досе́янный; кр. ф. -ян, -яна
досе́ять, -е́ю, -е́ет
досиде́ть(ся), -ижу́(сь), -иди́т(ся)
доси́живание, -я
доси́живать(ся), -аю(сь), -ает(ся)
до́синя
до сих по́р и до́ сих по́р
доска́, -и́, вин. до́ску, мн. до́ски, до-со́к, до́скам
доска́бливать(ся), -аю, -ает(ся)
доска́з, -а
доска́занный; кр. ф. -ан, -ана
досказа́ть, -кажу́, -ка́жет
доска́зывание, -я
доска́зывать(ся), -аю, -ает(ся)
доскака́ть(ся), -ачу́(сь), -а́чет(ся)
доска́кивать, -аю, -ает
доскакну́ть, -ну́, -нёт
Доска́ почёта
доско́бленный; кр. ф. -ен, -ена
доскобли́ть(ся), -облю́, -о́бли́т(ся)
доско́к, -а
доскона́льность, -и
доскона́льный; кр. ф. -лен, -льна
до сконча́ния ве́ка
доскопогру́зочный
доскоукла́дочный
доскочи́ть, -очу́, -о́чит
доскреба́ть(ся), -а́ю(сь), -а́ет(ся)
доскрёбки, -ов
доскрёбший(ся)
доскрёбывание, -я
доскрёбывать(ся), -аю(сь), -ает(ся)
доскрести́(сь), -ребу́(сь), -ребёт(ся); прош. -рёб(ся), -ребла́(сь)
до́сланный; кр. ф. -ан, -ана (от досла́ть)
досла́ть, дошлю́, дошлёт; прош. -а́л, -а́ла (от слать)
досле́дование, -я
досле́дованный; кр. ф. -ан, -ана
досле́довать(ся), -дую, -дует(ся)
досло́вность, -и
досло́вный; кр. ф. -вен, -вна
дослу́живание, -я
дослу́живать(ся), -аю(сь), -ает(ся)
дослужи́ть(ся), -ужу́(сь), -у́жит(ся)
дослу́шанный; кр. ф. -ан, -ана
дослу́шать(ся); -аю(сь) -ает(ся)
дослу́шивание, -я
дослу́шивать(ся), -аю(сь), -ает(ся)
досма́ливать(ся), -аю, -ает(ся)
досма́тривание, -я
досма́тривать(ся), -аю(сь), -ает(ся)
до́ смерти
досмея́ться, -ею́сь, -еётся
досмолённый; кр. ф. -ён, -ена́
досмоли́ть, -лю́, -ли́т
досмо́тр, -а
досмо́тренный; кр. ф. -ен, -ена
досмотре́ть(ся), -отрю́(сь), -о́трит(ся)
досмо́тровый
досмо́трщик, -а
досмо́трщица, -ы, тв. -ей
доснима́ть(ся), -а́ю(сь), -а́ет(ся)
досня́тый
досня́ть(ся), -ниму́(сь), -ни́мет(ся)
досове́тский
досоздава́ть(ся), -даю́, -даёт(ся)
доcозда́ть, -а́м, -а́шь, -а́ст, -ади́м, -ади́те, -аду́т; прош. -о́здал, -оздала́, -о́здало
досо́л, -а
досо́ленный; кр. ф. -ен, ена
досоли́ть(ся), -олю́, -о́ли́т(ся)
досо́лка, -и
досо́санный; кр. ф. -ан, -ана
дососа́ть, -осу́, -осёт

досо́хнуть, -ну, -нет; *прош.* -о́х, -о́хла
досо́хший
досоциалисти́ческий
досочинённый; *кр. ф.* -ён, -ена́
досочини́ть, -ню́, -ни́т
досочиня́ть(ся), -я́ю(сь), -я́ет(ся)
до́сочка, -и, *р. мн.* -чек
доспа́ть(ся), -плю́(сь), -пи́т(ся); *прош.* -а́л(ся), -ала́(сь), -а́ло(сь)
доспева́ние, -я
доспева́ть, -а́ет
доспе́ть, -е́ет
доспе́хи, -ов и доспе́х, -а
доспле́тничать(ся), -аю(сь), -ает(ся)
доспо́рить(ся), -рю(сь), -рит(ся)
доспра́шивать(ся), -аю(сь), -ает(ся)
доспроси́ть(ся), -ошу́(сь), -о́сит(ся)
доспро́шенный; *кр. ф.* -ен, -ена
досро́чный; *кр. ф.* -чен, -чна
доссо́риться, -рюсь, -рится
достава́ла, -ы, *м. и ж.*
достава́ние, -я
достава́ть(ся), -таю́(сь), -таёт(ся)
доста́вить, -влю, -вит
доста́вка, -и, *р. мн.* -вок
доставле́ние, -я
доста́вленный; *кр. ф.* -ен, -ена
доставля́ть(ся), -я́ю, -я́ет(ся)
доста́вочный
доста́вший(ся)
доста́вщик, -а
доста́вщица, -ы, *тв.* -ей
доста́ивать(ся), -аю(сь), -ает(ся)
доста́ток, -тка
доста́точно, *нареч. и в знач. сказ.*
доста́точность, -и
доста́точный; *кр. ф.* -чен, -чна
доста́ть(ся), -а́ну(сь), -а́нет(ся)
доста́ча, -и, *тв.* -ей
достаю́щий(ся)
достёганный; *кр. ф.* -ан, -ана
достега́ть, -а́ю, -а́ет (*к* стега́ть)

достёгивать(ся), -аю, -ает(ся)
достёжка, -и
досте́ленный; *кр. ф.* -ен, -ена
достели́ть, достелю́, досте́лет; *прош.* -и́л, -и́ла
достига́ть(ся), -а́ю, -а́ет(ся) (*к* дости́чь)
дости́гнувший
дости́гнутый
дости́гнуть и дости́чь, -и́гну, -и́гнет; *прош.* -и́г и -и́гнул, -и́гла
дости́гший
достиже́ние, -я
достижи́мость, -и
достижи́мый
достила́ть(ся), -а́ю, -а́ет(ся)
дости́лка, -и
дости́ранный; *кр. ф.* -ан, -ана
достира́ть(ся), -а́ю, -а́ет(ся)
дости́рывание, -я
дости́рывать(ся), -аю, -ает(ся)
дости́чь и дости́гнуть, -и́гну, -и́гнет; *прош.* -и́г и -и́гнул, -и́гла
до́стланный; *кр. ф.* -ан, -ана (*от* достла́ть)
достла́ть, достелю́, досте́лет; *прош.* достла́л, -а́ла (*от* стла́ть)
достове́рность, -и
достове́рный; *кр. ф.* -рен, -рна
достодо́лжный
достоеви́ст, -а (*от* Достое́вский)
достоеви́стика, -и
достое́вщина, -ы
досто́инство, -а
досто́йный; *кр. ф.* -о́ин, -о́йна
достопа́мятный; *кр. ф.* -тен, -тна
достоподли́нный
достопочте́нный; *кр. ф.* -е́нен, -е́нна
достопримеча́тельность, -и
достопримеча́тельный; *кр. ф.* -лен, -льна
достосла́вный; *кр. ф.* -вен, -вна
достоуважа́емый
достохва́льный; *кр. ф.* -лен, -льна
до́сточка, -и, *р. мн.* -чек

досточти́мый
достоя́ние, -я
достоя́ть(ся), -ою́(сь), -ои́т(ся)
достра́гивать, -аю, -ает и достру́гивать, -аю, -ает
достра́ивание, -я
достра́ивать(ся), -аю(сь), -ает(ся)
достра́чивать(ся), -аю, -ает(ся)
достре́ленный; *кр. ф.* -ен, -ена (*от* достре́лить)
достре́ливать(ся), -аю, -ает(ся)
достре́лить, -елю́, -е́лит
достре́лянный; *кр. ф.* -ян, -яна (*от* достреля́ть)
достреля́ть, -я́ю, -я́ет
достри́га́ть(ся), -а́ю(сь), -а́ет(ся)
достри́гший(ся)
достри́женный; *кр. ф.* -ен, -ена
достри́чь(ся), -игу́(сь), -ижёт(ся), -игу́т(ся); *прош.* -и́г(ся), -и́гла(сь)
достро́ганный; *кр. ф.* -ан, -ана и достру́ганный; *кр. ф.* -ан, -ана
достро́га́ть, -а́ю, -а́ет и достру-га́ть, -а́ю, -а́ет
достро́енный; *кр. ф.* -ен, -ена
достро́ечный
достро́ить(ся), -о́ю(сь), -о́ит(ся)
достро́йка, -и
достро́ченный; *кр. ф.* -ен, -ена
дострочи́ть, -очу́, -о́чит
достру́ганный; *кр. ф.* -ан, -ана и достро́ганный; *кр. ф.* -ан, -ана
достру́га́ть, -а́ю, -а́ет и достро-га́ть, -а́ю, -а́ет
достру́гивать, -аю, -ает и достра́гивать, -аю, -ает
досту́каться, -аюсь, -ается
досту́киваться, -аюсь, -ается
до́ступ, -а
досту́пность, -и
до́ступный (програ́мм.)
досту́пный; *кр. ф.* -пен, -пна
достуча́ться, -чу́сь, -чи́тся
досу́г, -а
досуде́бный
досу́жий

досу́жный
до́суха
досу́шенный; *кр. ф.* -ен, -ена
досу́шивание, -я
досу́шивать(ся), -аю(сь), -ает(ся)
досуши́ть(ся), -ушу́(сь), -у́шит(ся)
досу́шка, -и
досчи́танный; *кр. ф.* -ан, -ана
досчита́ть(ся), -а́ю(сь), -а́ет(ся)
досчи́тывать(ся), -аю(сь), -ает(ся)
досыла́ние, -я
досыла́ть(ся), -а́ю, -а́ет(ся)
досы́лка, -и
досыпа́ние, -я
досы́панный; *кр. ф.* -ан, -ана
досы́пать(ся), -плю, -плет(ся), -плют(ся) и -пет(ся), -пят(ся), *сов.*
досыпа́ть(ся), -а́ю, -а́ет(ся), *несов.*
досы́пка, -и
до́сыта
досыха́ть, -а́ю, -а́ет
досье́, *нескл., с.*
досю́да
досяга́емость, -и
досяга́емый
досяга́ть, -а́ю, -а́ет
досягну́ть, -ну́, -нёт
дот, -а (*сокр.*: долговременная огневая точка)
дота́ивать, -ает
дотанцева́ть(ся), -цу́ю(сь), -цу́ет(ся)
дотанцо́ванный; *кр. ф.* -ан, -ана
дотанцо́вывать(ся), -аю(сь), -ает(ся)
дота́пливание, -я
дота́пливать(ся), -аю, -ает(ся)
дота́сканный; *кр. ф.* -ан, -ана
дотаска́ть(ся), -а́ю(сь), -а́ет(ся)
дота́скивать(ся), -аю(сь), -ает(ся)
дотацио́нный
дота́ция, -и
дота́чанный; *кр. ф.* -ан, -ана (к тача́ть)

дотача́ть, -а́ю, -а́ет
дота́чивать(ся), -аю, -ает(ся)
дота́щенный; *кр. ф.* -ен, -ена
дотащи́ть(ся), -ащу́(сь), -а́щит(ся)
дота́ять, -а́ет
дотека́ть, -а́ет
дотёкший
дотемна́, *нареч.*, но: от темна́ до темна́
дотере́ть(ся), дотру́, дотрёт(ся); *прош.* дотёр(ся), дотёрла(сь)
дотерпе́ть, -ерплю́, -е́рпит
дотёртый
дотёрший(ся)
до тех пор
доте́чь, дотечёт, дотеку́т; *прош.* дотёк, дотекла́
дотира́ть(ся), -а́ю, -а́ет(ся)
доти́рование, -я (к дота́ция)
доти́рованный; *кр. ф.* -ан, -ана (к дота́ция)
доти́ровать(ся), -рую, -рует(ся) (к дота́ция)
до́тканный; *кр. ф.* -ан, -ана
дотка́ть(ся), дотку́, доткёт(ся); *прош.* -а́л(ся), -ала́(сь), -а́ло(сь)
дотла́
дотлева́ть, -а́ет
дотле́ть, -е́ет
до того́ (до того́ изму́чился, что..., до того́ ли мне?)
дото́ле и дото́ль
дотолкова́ться, -ку́юсь, -ку́ется
дотоло́чь(ся), -лку́, -лчёт(ся)
дото́нка
дотопи́ть(ся), -оплю́, -о́пит(ся)
дото́пленный; *кр. ф.* -ен, -ена
доторгова́ть(ся), -гу́ю(сь), -гу́ет(ся)
дото́ченный; *кр. ф.* -ен, -ена (к точи́ть)
доточи́ть, -очу́, -о́чит
дото́шливый
дото́шность, -и
дото́шный; *кр. ф.* -шен, -шна
дотра́гиваться, -аюсь, -ается

дотрепа́ть(ся), -еплю́(сь), -е́плет(ся), -е́плют(ся) и -е́пет(ся), -е́пят(ся)
дотро́нуться, -нусь, -нется
доту́да
дотушёванный; *кр. ф.* -ан, -ана
дотушева́ть, -шу́ю, -шу́ет
дотушёвывать(ся), -аю, -ает(ся)
доту́шенный; *кр. ф.* -ен, -ена
дотуши́ть(ся), -ушу́, -у́шит(ся)
дотя́гивать(ся), -аю(сь), -ает(ся)
дотя́нутый
дотяну́ть(ся), -яну́(сь), -я́нет(ся)
До́у – Джо́нс: и́ндекс До́у-Джо́нса
доу́жинать, -аю, -ает
доукомплектова́ние, -я
доукомплекто́ванный; *кр. ф.* -ан, -ана
доукомплектова́ть(ся), -ту́ю, -ту́ет(ся)
доукомплекто́вывать(ся), -аю, -ает(ся)
до упа́ду
доу́ченный; *кр. ф.* -ен, -ена
доу́чивание, -я
доу́чивать(ся), -аю(сь), -ает(ся)
доучи́ть(ся), доучу́(сь), доу́чит(ся)
дофами́н, -а
до фе́ни
дофеода́льный
до фига́
дофилосо́фствоваться, -твуюсь, -твуется
дофи́н, -а
дофи́на, -ы
до фонаря́
доха́, -и́, *мн.* до́хи, дох
доха́живать(ся), -аю(сь), -ает(ся)
дохлёбанный; *кр. ф.* -ан, -ана
дохлеба́ть, -а́ю, -а́ет
дохлёбывать, -аю, -ает
до́хленький
дохлестну́ть, -ну́, -нёт
дохле́ц, -а́, *тв.* -о́м
до́хлый
дохля́к, -а́

ДОХЛЯТИНА

дохля́тина, -ы
до́хнувший
до́хнуть, -нет; *прош.* до́хнул и дох, до́хла, *несов.*
дохну́ть, -ну́, -нёт, *сов.*
дохо́д, -а
дохо́д бру́тто, дохо́да бру́тто
дохо́дец, -дца, *тв.* -дцем, *р. мн.* -дцев
доходи́ть(ся), -ожу́(сь), -о́дит(ся)
дохо́дишко, -а и -и, *мн.* -шки, -шек, *м.*
дохо́дность, -и
дохо́дный; *кр. ф.* -ден, -дна
дохо́дчивость, -и
дохо́дчивый
доходя́га, -и, *м. и ж.*
доходя́щий
дохозя́йничать(ся), -аю(сь), -ает(ся)
дохохота́ться, дохохочу́сь, дохохо́чется
дохристиа́нский
дохрома́ть, -а́ю, -а́ет
доцвести́, -ветёт; *прош.* -вёл, -вела́
доцвета́ние, -я
доцвета́ть, -а́ет
доцве́тший
доцеди́ть(ся), -ежу́, -е́дит(ся)
доце́женный; *кр. ф.* -ен, -ена
доце́живание, -я
доце́живать(ся), -аю, -ает(ся)
доце́нт, -а
доце́нтский
доце́нтство, -а
доцентура́, -ы
до́ченька, -и, *р. мн.* -нек
до́черин, -а, -о
дочерна́
доче́рний
доче́рнин, -а, -о
доче́рпанный; *кр. ф.* -ан, -ана
доче́рпать(ся), -аю(сь), -ает(ся)
доче́рпывать(ся), -аю(сь), -ает(ся)
до чёрта

до чёртиков
дочерти́ть, -ерчу́, -е́ртит
доче́рченный; *кр. ф.* -ен, -ена
доче́рчивание, -я
доче́рчивать(ся), -аю, -ает(ся)
дочёсанный; *кр. ф.* -ан, -ана
дочеса́ть(ся), -ешу́(сь), -е́шет(ся)
дочесть, дочту́, дочтёт; *прош.* дочёл, дочла́
дочёсывать(ся), -аю(сь), -ает(ся)
до́чечка, -и, *р. мн.* -ечек
дочи́ненный; *кр. ф.* -ен, -ена
дочи́нивать(ся), -аю, -ает(ся)
дочини́ть, -иню́, -и́нит
до́чиста
дочи́стить(ся), -и́щу(сь), -и́стит(ся)
дочи́танный; *кр. ф.* -ан, -ана
дочита́ть(ся), -а́ю(сь), -а́ет(ся)
дочи́тывание, -я
дочи́тывать(ся), -аю(сь), -ает(ся)
дочища́ть(ся), -а́ю(сь), -а́ет(ся)
дочи́щенный; *кр. ф.* -ен, -ена
до́чка, -и, *р. мн.* до́чек
до́чки-ма́тери: игра́ть в до́чки-ма́тери
до́чкин, -а, -о
дочтённый; *кр. ф.* -ён, -ена́
дочу́рка, -и, *р. мн.* -рок
дочу́рочка, -и, *р. мн.* -чек
до́чушка, -и, *р. мн.* -шек
дочь, до́чери, *тв.* до́черью, *мн.* до́чери, дочере́й, *тв.* дочерьми́ и дочеря́ми
дошага́ть, -а́ю, -а́ет
доша́гивать, -аю, -ает
дошагну́ть, -ну́, -нёт
дошали́ться, -лю́сь, -ли́тся
дошвы́ривать(ся), -аю(сь), -ает(ся)
дошвы́рнутый
дошвырну́ть, -ну́, -нёт
дошвы́рянный; *кр. ф.* -ян, -яна
дошвыря́ть(ся), -я́ю(сь), -я́ет(ся)
доше́дший
дошива́ние, -я

дошива́ть(ся), -а́ю, -а́ет(ся)
доши́тый
доши́ть, дошью́, дошьёт
до́шка, -и, *р. мн.* до́шек
дошколёнок, -нка, *мн.* -ля́та, -ля́т
дошко́льник, -а
дошко́льница, -ы, *тв.* -ей
дошко́льный
дошлифо́ванный; *кр. ф.* -ан, -ана
дошлифова́ть, -фу́ю, -фу́ет
дошлифо́вка, -и
дошлифо́вывать(ся), -аю, -ает(ся)
до́шлый
дошля́ться, -я́юсь, -я́ется
дошни́к, -а́
дошути́ться, -учу́сь, -у́тится
дошу́чиваться, -аюсь, -ается
доща́ник, -а
дощано́й
доща́тый
дощ́ечка, -и, *р. мн.* -чек
дощи́панный; *кр. ф.* -ан, -ана
дощипа́ть(ся), -иплю́(сь), -и́плет(ся), -и́плют(ся) и -и́пет(ся), -и́пят(ся), *также* -а́ю(сь), -а́ет(ся)
дощи́пывать(ся), -аю(сь), -ает(ся)
доя́р, -а
доя́рка, -и, *р. мн.* -рок
доя́щий(ся)
драба́нт, -а
драба́нтский
дравиди́йский
дравидский
дравиды, -ов, *ед.* -ви́д, -а
дра́га, -и
дра́гер, -а
драги́рование, -я
драги́рованный; *кр. ф.* -ан, -ана
драги́ровать(ся), -рую, -рует(ся)
драгиро́вка, -и
дра́глайн, -а
драгмета́ллы, -ов, *ед.* -та́лл, -а
драгома́н, -а
драгома́нский

ДРЕВНЕСЛАВЯНСКИЙ

драгоце́нность, -и
драгоце́нный; кр. ф. -е́нен, -е́нна
драгу́н, -а, р. мн. драгу́н и -ов
драгу́нский
драдеда́м, -а
драдеда́мовый
дра́ение, -я
дра́енный; кр. ф. -ен, -ена, прич.
дра́еный, прил.
дража́йший
драже́, нескл., с.
дражира́тор, -а
дражи́рование, -я
дражи́рованный; кр. ф. -ан, -ана
дражиро́вка, -и
дражиро́вочный
дра́жный
дразни́лка, -и, р. мн. -лок
дразни́ть(ся), -ню́(сь), дра́знит(ся)
дразня́ще, нареч.
дразня́щий
дразня́щийся
дра́ить(ся), дра́ю, дра́ит(ся)
драйв, -а
дра́йвер, -а
дра́ка, -и
драко́н, -а; но: год Драко́на (по восточному календарю), Драко́н, -а (о том, кто родился в этот год; созвездие)
драко́ний, -ья, -ье
дракони́ческий
драко́нов, -а, -о (драко́ново де́рево; драко́новы зако́ны)
драко́новский
драко́нчик, -а
дра́ла, в знач. сказ. (убежал, удрал; да́ть, зада́ть дра́ла)
драм, -а (ден. ед.)
дра́ма, -ы
драматиза́ция, -и
драматизи́рованный; кр. ф. -ан, -ана
драматизи́ровать(ся), -рую, -рует(ся)
драмати́зм, -а

драмати́чески
драмати́ческий
драмати́чность, -и
драмати́чный; кр. ф. -чен, -чна
драмату́рг, -а
драматурги́ческий
драматурги́я, -и
драмкружо́к, -жка́
драмтеа́тр, -а
драндуле́т, -а
дра́ники, -ов (пельмени)
драни́ца, -ы, тв. -ей
драни́чный
дра́нка, -и, р. мн. -нок
дра́ночный
дра́ный
дрань, -и
дранье́, -я́
драп, -а
драпану́ть, -ну́, -нёт
дра́пать, -аю, -ает
драп-велю́р, -а
драпиро́ванный; кр. ф. -ан, -ана
драпирова́ть(ся), -ру́ю(сь), -ру́ет(ся)
драпиро́вка, -и, р. мн. -вок
драпиро́вочный
драпиро́вщик, -а
драпиро́вщица, -ы, тв. -ей
дра́повый
драпри́, нескл., с. и мн.
дра́тва, -ы
дра́твенный
дратха́ар, -а
дра́ть(ся), деру́(сь), дерёт(ся); прош. дра́л(ся), драла́(сь), дра́ло, драло́сь
драфт, -а
дра́фтовый
дра́хма, -ы
драце́на, -ы
драч, -а́, тв. -о́м
дра́чка, -и, р. мн. -чек
драчли́вость, -и
драчли́вый
драчо́вка, -и, р. мн. -вок

драчо́вый
драчу́н, -а́
драчу́нья, -и, р. мн. -ний
дра́ящий
дребеде́нь, -и
дре́безг, -а
дре́безги: в ме́лкие дре́безги
дребезжа́ние, -я
дребезжа́ть, -зжи́т
древеси́на, -ы
древеси́нник, -а
древеси́нный
древесинове́дение, -я
древе́сница, -ы, тв. -ей
древе́сно-волокни́стый
древе́сно-куста́рниковый
древе́сно-ма́ссный
древе́сно-сло́истый
древе́сно-стру́жечный
древе́сный
дре́вко, -а, мн. -и, -ов
дре́вле, нареч.
древлеправосла́вный
древлехрани́лище, -а
дре́влий
древля́не, -я́н, ед. -я́нин, -а
древнеангли́йский
древнеболга́рский
древневерхненеме́цкий
древнегре́ческий
древнегре́ческо-ру́сский
древнееевре́йский
древнеинди́йский
древнеира́нский
древнеисла́ндский
древне́йший
древнекита́йский
древнеко́ми, неизм. (древнеко́ми пи́сьменность)
древнепе́рмский
древнеперси́дский
древнепру́сский
древнери́мский
древнеру́сский
древнесканди на́вский
древнеславя́нский

ДРЕВНЕТЮРКСКИЙ

древнетю́ркский
древнеуйгу́рский
древнехе́ттский
древнехе́ттско-акка́дский
древнехристиа́нский
древнецерковнославя́нский
древнеюжноарави́йский
древнеяпо́нский
дре́вние, -их
дре́вний; *кр. ф.* -вен, -вня
Дре́вний Еги́пет
Дре́вний ми́р (*ист. эпоха*)
Дре́вний Ри́м (*государство*)
дре́вность, -и
Дре́вняя Гре́ция
Дре́вняя Ру́сь
дре́во¹, -а, *мн.* древеса́, -е́с, -еса́м (*устар. к* де́рево)
дре́во², -а, *мн.* древа́, древ, древа́м (генеалоги́ческое, родосло́вное)
древова́л, -а
древови́дный; *кр. ф.* -ден, -дна
древогры́з, -а
древола́з, -а
древола́зный
древонасажде́ние, -я
древообра́зный; *кр. ф.* -зен, -зна
древосто́й, -я
древото́чец, -чца, *тв.* -чцем, *р. мн.* -чцев
древошёрстный
дреговичи́, -е́й, *ед.* -ви́ч, -а́
дре́гстер, -а
дредно́ут, -а
Дре́зденская галере́я
дре́зденский (*от* Дре́зден)
дре́зденцы, -ев, *ед.* -нец, -нца, *тв.* -нцем
дрези́на, -ы
дрейка́нтер, -а
дрейсе́ны, -е́н, *ед.* -е́на, -ы
дрейф, -а
дре́йфить, -флю, -фит
дрейфова́ть, -фу́ю, -фу́ет
дре́йфовый

дрейфуса́ры, -ов, *ед.* -са́р, -а (*от* Дре́йфус)
дрейфу́ющий
дрек, -а
дреко́лье, -я и дреко́лья, -ьев
дре́лить, -лю, -лит
дрель, -и
дрёма, -ы
дрема́ть(ся), дремлю́, дре́млет(ся)
дремли́вый
дре́млющий
дрёмный
дремо́та, -ы
дремо́тный; *кр. ф.* -тен, -тна
дрему́честь, -и
дрему́чий
дре́на, -ы
дрена́ж, -а и -а́, *тв.* -ем и -о́м
дренажи́рование, -я
дренажи́рованный; *кр. ф.* -ан, -ана
дренажи́ровать(ся), -рую, -рует(ся)
дрена́жно-очистно́й
дрена́жный
дрени́рование, -я
дрени́рованный; *кр. ф.* -ан, -ана
дрени́ровать(ся), -рую, -рует(ся)
дрени́рующий(ся)
дреноукла́дчик, -а
дре́нчер, -а
дресва́, -ы́
дресвя́ник, -а
дресвя́ный
дресси́рованный; *кр. ф.* -ан, -ана
дрессирова́ть(ся), -ру́ю, -ру́ет(ся)
дрессиро́вка, -и
дрессиро́вочный
дрессиро́вщик, -а
дрессиро́вщица, -ы, *тв.* -ей
дрессу́ра, -ы
приа́да, -ы
дри́блер, -а
дри́блинг, -а
дриблингова́ть, -гу́ю, -гу́ет
дрил, -а

дрилло́метр, -а
дриопите́к, -а
дри́фтер, -а
дри́фтерный
дробемётный
дробеочи́стка, -и
дробестру́йный
дроби́лка, -и, *р. мн.* -лок
дроби́льно-сортиро́вочный
дроби́льный
дроби́льщик, -а
дроби́на, -ы
дроби́нка, -и, *р. мн.* -нок
дроби́тельный
дроби́ть(ся), -блю́, -би́т(ся)
дробле́ние, -я
дроблёнка, -и
дроблённый; *кр. ф.* -ён, -ена́, *прич.*
дроблёный, *прил.*
дробни́ца, -ы, *тв.* -ей
дро́бно-лине́йный
дро́бность, -и
дро́бный; *кр. ф.* -бен, -бна
дробови́к, -а́
дробовичо́к, -чка́
дробо́вница, -ы, *тв.* -ей
дробово́й
дроболите́йный
дроболи́тчик, -а
дро́бот, -а
дробь, -и, *мн.* -и, -е́й
дробя́нка, -и, *р. мн.* -нок
дрова́, дров, -а́м
дро́венки, -нок (*к* дро́вни)
дрове́ц, *р. мн.*, других форм нет
дрове́шки, -шек (*к* дрова́ и дро́вни)
дрови́шки, -шек (*к* дрова́)
дро́вни, -ей
дровни́шки, -шек (*к* дро́вни)
дровозагото́вки, -вок
дровоко́л, -а
дровоко́льный
дровопи́льный
дроворе́зный

дровору́б, -а
дровосе́к, -а
дровосе́ка, -и (*лесосека*)
дровосу́шка, -и, *р. мн.* -шек
дровосу́шный
дровосу́шня, -и, *р. мн.* -шен
дровяни́к, -а́
дровяно́й
дрога́, -и́, *вин.* дро́гу, *мн.* дро́ги, дрог (*брус в повозке*)
дро́галь, -я и дрога́ль, -я́
дро́ги, дрог (*повозка*)
дроги́ст, -а
дро́гнувший
дро́гнуть[1], -ну, -нет; *прош.* дро́гнул и дрог, дро́гла, *несов.* (*зябнуть*)
дро́гнуть[2], -ну, -нет; *прош.* -нул, -нула, *сов.* (*шевельнуться, заколебаться, прийти в смятение*)
дрого́бычский (*от* Дрого́быч)
дрого́бычцы, -ев, *ед.* -чец, -чца, *тв.* -чцем
дрожа́лка, -и, *р. мн.* -лок (*гриб*)
дрожа́ние, -я
дрожа́тельный
дрожа́ть, -жу́, -жи́т
дрожечки́, -чек
дрожечный
дрожжева́ние, -я
дрожжёванный; *кр. ф.* -ан, -ана
дрожжева́ть(ся), -жжу́ю, -жжу́ет(ся)
дрожжево́й
дрожжеформо́вочный
дрожже́ц, *р. мн.*, других форм нет
дро́жжи, -е́й
дро́жжки, -жек, -жкам
дрожмя́ дрожа́ть
дрожь, -и
дрозд, -а́
дроздо́вцы, -ев, *ед.* -вец, -вца, *тв.* -вцем (*от* Дроздо́вский, *к* Дроздо́вская диви́зия)
дроздо́вый
дрозофи́ла, -ы

дрок, -а
дро́ковый
дром, -а (*лес*)
дромаде́р, -а
дромеогнати́зм, -а
дромома́ния, -и
дро́мос, -а (*археол.*)
дро́нго, *нескл., м.* (*птица*)
дронт, -а
дросс, -а
дроссели́рование, -я
дроссели́рованный; *кр. ф.* -ан, -ана
дроссели́ровать(ся), -рую, -рует(ся)
дро́ссель, -я
дро́ссельный
дрот, -а
дро́тик, -а
дрофа́, -ы́, *мн.* дро́фы, дроф
дрофёнок, -нка, *мн.* -фя́та, -фя́т
дрофи́ный
дрочёный
дрочи́ть, -чу́, -чи́т
дрочо́на, -ы
друг, -а, *мн.* друзья́, -зе́й
друга́ч, -а́, *тв.* -о́м
друг без дру́га
друг без дру́жки
друг дру́га (*род. и вин.*), друг дру́гу, друг дру́гом, *им. п.* нет
друг дру́жки (*род.*), друг дру́жке, друг дру́жку, друг дру́жкой, *им. п.* нет
друг за дру́гом
друг за дру́жкой
друг к дру́гу
друг к дру́жке
друг на дру́га
друг на дру́жку
друг о дру́ге
друго́й
друг пе́ред дру́гом
друг-прия́тель, дру́га-прия́теля
друг про́тив дру́га
друг с дру́гом

друг с дру́жкой
друг у дру́га
дру́жащий
дру́жба, -ы; но: о́рден Дру́жбы
дру́жба дру́жбой (а слу́жба слу́жбой)
дружелю́бие, -я
дружелю́бный; *кр. ф.* -бен, -бна
дру́жески
дру́жеский
дру́жественно, *нареч.*
дру́жественность, -и
дру́жественный; *кр. ф.* -вен и -венен, -венна
дру́жество, -а
дружи́на, -ы
дружи́нник, -а
дружи́нница, -ы, *тв.* -ей
дружи́нный
дружи́ть(ся), -ужу́(сь), -у́жи́т(ся)
дружи́ще, -а и -и, *мн.* -и, -и́щ, *м.*
дру́жка, -и, *р. мн.* -жек, *м.*
дру́жка дру́жку (*прост. к* друг дру́га)
дру́жка на дру́жку (*прост. к* друг на дру́га)
дру́жний
дру́жность, -и
дру́жный; *кр. ф.* -жен, -жна́, -жно, дружны́
дружо́к, -жка́ (*уменьш.-ласкат. к* друг) и Дружо́к, -жка́ (*кличка собаки*)
дружо́чек, -чка
дру́за, -ы (*группа сросшихся кристаллов*)
дру́зовый (*от* дру́за)
дру́зы, -ов, *ед.* друз, -а (*мусульманская секта*)
друиди́зм, -а
друиди́ческий
дру́иды, -ов, *ед.* друи́д, -а
дру́млин, -а
дрыг, *неизм.*
дры́гать(ся), -аю(сь), -ает(ся)
дры́гнуть(ся), -ну(сь), -нет(ся)

ДРЫЗГАТЬ(СЯ)

дры́згать(ся), -аю(сь), -ает(ся)
дрызготня́, -и́
дры́хать, -аю, -ает
дры́хнувший
дры́хнуть, -ну, -нет; *прош.* дры́хнул и дрых, дры́хла
дрюк, -а́, *мн.* дрю́чья, -ьев
дрю́чащий
дрю́чить, -чу, -чит
дрю́чки, -чек: шту́чки-дрю́чки
дрючо́к, -чка́
дря́блость, -и
дря́блый; *кр. ф.* дрябл, дрябла́, дря́бло
дря́бнувший
дря́бнуть, -ну, -нет; *прош.* дря́бнул и дряб, дря́бла
дряга́ть(ся), -а́ю(сь), -а́ет(ся)
дря́гиль, -я, *мн.* -и, -ей и -я́, -е́й
дрягну́ть(ся), -ну́(сь), -нёт(ся)
дрязг, -а (*мусор, хлам, устар. и обл.*)
дря́зги, дрязг
дря́нненький
дрянно́й; *кр. ф.* дря́нен, дрянна́, дря́нно, дря́нны
дря́нность, -и
дрянцо́, -а́
дрянь, -и
дря́хленький
дряхле́ть, -е́ю, -е́ет
дря́хлость, -и
дря́хлый; *кр. ф.* дряхл, дряхла́, дря́хло
дря́хнувший
дря́хнуть, -ну, -нет; *прош.* дря́хнул, дря́хла
ДСК [дээска́], *нескл., м.* (*сокр.:* домостроительный комбинат)
ДСО [дээсо́], *нескл., с.* (*сокр.:* добровольное спортивное общество)
ДСП [дээспэ́], *нескл., ж.* (*сокр.:* древесно-стружечная плита)
ДТП [дэтэпэ́], *нескл., с.* (*сокр.:* дорожно-транспортное происшествие)

ДУ [дэу́], *нескл., с.* (*сокр.:* дистанционное управление)
дуайе́н, -а
дуа́ла, *нескл., мн., ед. м. и ж.* (*народ*)
дуали́зм, -а
дуали́ст, -а
дуалисти́ческий
дуа́льный
дуатло́н, -а
дуб, -а, *предл.* на ду́бе и на дубу́, *мн.* -ы́, -о́в
дуба́сить, -а́шу, -а́сит
дуба́сящий
дубиа́льный
дуби́льный
дуби́льня, -и, *р. мн.* -лен
дуби́льщик, -а
дуби́на, -ы, *ж.* (*палка*), *м. и ж.* (*о человеке*)
дуби́нка, -и, *р. мн.* -нок
дубинноголо́вый
дуби́нный
дуби́нушка, -и, *р. мн.* -шек
дуби́тель, -я
дуби́ть(ся), дублю́, дуби́т(ся)
ду́бка, -и
дубле́ние, -я
дублёнка, -и, *р. мн.* -нок
дублённый; *кр. ф.* -ён, -ена́, *прич.*
дублёный, *прил.*
дублёр, -а
дублёрский
дублёрша, -и, *тв.* -ей
дубле́т, -а
дубле́тность, -и
дубле́тный
дублика́т, -а
дублика́тный
ду́блинский (*от* Ду́блин)
ду́блинцы, -ев, *ед.* -нец, -нца, *тв.* -нцем
дубли́рование, -я
дубли́рованный; *кр. ф.* -ан, -ана
дубли́ровать(ся), -рую, -рует(ся)
дубло́н, -а

дубль, -я
дубль-бека́р, -а
дубль-бемо́ль, -я
дубль-бло́к, -а
дубль-бло́чный
дубль-вэ́, *нескл., с.* (*название буквы*)
дубль-дие́з, -а
дублю́р, -а (*подкладка*)
дубля́ж, -а и -а́, *тв.* -ем и -о́м
дубля́жный
дуби́нский (*от* Дубна́)
дуби́нцы, -ев, *ед.* -нец, -нца, *тв.* -нцем
дубня́к, -а́
дубнячо́к, -чка́
дубова́тость, -и
дубова́тый
дубови́к, -а́
дубо́вость, -и
дубо́вый
дубо́к, дубка́
дубоно́с, -а
дубосса́рский (*от* Дубосса́ры)
дубосса́рцы, -ев, *ед.* -рец, -рца, *тв.* -рцем
дубото́лк, -а и дубото́л, -а
дубо́чек, -чка
дубра́ва, -ы
дубра́вный
дубра́вушка, -и, *р. мн.* -шек
дубро́ва, -ы
дубро́вка, -и, *р. мн.* -вок
дубро́вник, -а (*растение; птица*)
дубро́вницкий (*от* Дубро́вник, *город*)
дубро́вный
дубро́вушка, -и, *р. мн.* -шек
дубровча́не, -ан, *ед.* -а́нин, -а (*к* Дубро́вник, *город*)
дубьё, -я́
дубя́щий(ся)
дува́н, -а
дува́нить, -ню, -нит
ду́врский (*от* Дувр)

ду́врцы, -ев, *ед.* ду́врец, -рца, *тв.* -рцем
дуга́, -и́, *мн.* ду́ги, дуг
дугови́дный; *кр. ф.* -ден, -дна
дугово́й
дугогаси́тельный
дугообра́зный; *кр. ф.* -зен, -зна
дуда́, -ы́
дуда́к, -а́
дуда́рь, -я́
дуде́нье, -я
дуде́ть, дуди́т
дуди́нский (*от* Дуди́нка, *город*)
дуди́нцы, -ев, *ед.* -нец, -нца, *тв.* -нцем
ду́дка, -и, *р. мн.* ду́док
ду́дки, *неизм.*
ду́дник, -а
ду́дочка, -и, *р. мн.* -чек
ду́дочник, -а
ду́дочный
дуду́к, -а́ (*муз. инструмент*)
ду́дчатый
ду́жка, -и, *р. мн.* ду́жек (*от* дуга́)
ду́жный
ду́йсбу́ргский (*от* Дуйсбу́рг)
дуйсбу́ргцы, -ев, *ед.* -гец, -гца, *тв.* -гцем
дука́т, -а
ду́кер, -а
дуле́бы, -ов, *ед.* дуле́б, -а
дулёвский (*от* Дулёво)
ду́ло, -а
ду́льный
ду́льце, -а, *р. мн.* -ев и ду́лец
Дульцине́я, -и (*лит. персонаж*) и дульцине́я, -и (*обожаемая женщина, ирон.*)
ду́ля, -и
ду́ма, -ы
Ду́ма, -ы (*вместо* Госуда́рственная ду́ма)
ду́мать-гада́ть
ду́мать(ся), -аю, -ает(ся)
дум-ду́м, *неизм.*

ду́мец, ду́мца, *тв.* ду́мцем, *р. мн.* ду́мцев
ду́мка, -и, *р. мн.* ду́мок
ду́мный
ду́мочка, -и, *р. мн.* -чек
ду́мпер, -а
ду́мпкар, -а
ду́мский
ду́мушка, -и, *р. мн.* -шек
дуна́йский (*от* Дуна́й)
дунга́не, -а́н, *ед.* -а́нин, -а
дунга́нка, -и, *р. мн.* -нок
дунга́нский
дундук, -а́
дуни́т, -а
дунове́ние, -я
дунст, -а
ду́нуть, ду́ну, ду́нет
ду́о, *нескл., с.* (*муз.*)
дуодена́льный
дуодени́т, -а
дуодеци́ма, -ы
дуодецима́льный
дубль, -и
дуопо́лия, -и
дуопсо́ния, -и
дупели́ный
ду́пель, -я, *мн.* -я́, -е́й
ду́плекс, -а
ду́плекс-автоти́пия, -и
ду́плекс-маши́на, -ы
ду́плексный
ду́плекс-проце́сс, -а
дупле́т, -а
дуплецо́, -а́
дуплика́ция, -и
дупли́стость, -и
дупли́стый
дупло́, -а́, *мн.* ду́пла, ду́пел, ду́плам
дупля́нка, -и, *р. мн.* -нок
дупляно́й
дур, -а (*муз.*)
ду́ра, -ы
ду́ра ду́рой
дура́к, -а́
дуракаваля́ние, -я

дура́к-дурако́м
дуракова́тый
дурале́й, -я
дуралюми́н, -а
дура́нда, -ы
дура́цкий
дура́чащий(ся)
дура́чество, -а
дурачи́на, -ы, *м.*
дура́чить(ся), -чу(сь), -чит(ся)
дурачи́ще, -а и -и, *мн.* -и, -и́щ, *м.*
дурачо́к, -чка́; *но:* Ива́нушка Дурачо́к
дурачьё, -я́
дура́шка, -и, *р. мн.* -шек, *м. и ж.*
дура́шливость, -и
дура́шливый
дура́шный
дурба́р, -а и дарба́р, -а
дурдо́м, -а
дуре́е, *сравн. ст.*
ду́рень, ду́рня
дуре́ть, -е́ю, -е́ет
дурёха, -и
дуриа́н, -а
ду́риком, *нареч.*
дури́ть, -рю́, -ри́т
дури́ща, -и, *тв.* -ей
ду́рка, -и, *р. мн.* ду́рок
дуркова́тый
дурма́н, -а
дурма́нить(ся), -ню(сь), -нит(ся)
дурма́нный
дурма́нящий(ся)
дурне́ть, -е́ю, -е́ет
дурни́шник, -а
ду́рно, *нареч. и в знач. сказ.*
дурновку́сие, -я
дурновку́сица, -ы, *тв.* -ей
дурно́й; *кр. ф.* ду́рен и дурён, дурна́, ду́рно, дурны́
дурнота́, -ы́
дурно́тный
дурну́шка, -и, *р. мн.* -шек
ду́ро, *нескл., с.* (*монета*)
дуроло́м, -а

ду́рость, -и
ду́рочка, -и, *р. мн.* -чек
ду́рра, -ы и ду́рро, *нескл., с.* (*растение*)
дуршла́г, -а
дуры́нда, -ы, *м. и ж.*
дурь, -и
дурьё, -я́
ду́рья голова́, ду́рьей головы́
дусе́н, -а
дуст, -а
ду́ся, -и, *м. и ж.* (*о милом, приятном человеке; ласковое обращение*)
дута́р, -а
дутари́ст, -а
ду́тик, -а
ду́тый
ду́тыш, -а, *тв.* -ем
дуть, ду́ю, ду́ет
дутьё, -я́
дутьево́й
ду́ться, ду́юсь, ду́ется
дуумви́р, -а
дуумвира́т, -а
дух, -а и -у, *мн.* (*в знач.* "*сверхъестественное существо*") ду́хи, -ов
Дух, -а (*о Боге*): Бог Дух Свято́й, Свято́й Дух
духа́н, -а
духа́нщик, -а
духа́нщица, -ы, *тв.* -ей
духари́ть, -рю́, -ри́т
духарно́й
духи́, -о́в
духмя́ный
духобо́рка, -и, *р. мн.* -рок
духобо́рский
духобо́рство, -а
духобо́рцы, -ев, *ед.* -рец, -рца, *тв.* -рцем
духобо́рческий
духобо́рчество, -а
духобо́ры, -ов, *ед.* -бо́р, -а
Ду́хов день, Ду́хова дня

духове́нство, -а
духови́дение, -я
духови́дец, -дца, *тв.* -дцем, *р. мн.* -дцев
духови́дица, -ы, *тв.* -ей
духови́тость, -и
духови́тый
духо́вка, -и, *р. мн.* -вок
Духо́вная акаде́мия
духовни́к, -а́
духо́вно бога́тый
духо́вно-истори́ческий
духо́вно-нра́вственный
духо́вно-ры́царский
духо́вность, -и
духо́вно-теле́сный
духо́вно-эстети́ческий
духо́вный; *кр. ф.* -вен, -вна
духово́й
духоно́сный; *кр. ф.* -сен, -сна
духоподъёмный; *кр. ф.* -мен, -мна
духота́, -ы́
духоти́ща, -и, *тв.* -ей
ду́че, *нескл., м.*
Дуче́нто, *нескл., с.*
ду́чка, -и, *р. мн.* ду́чек
душ, -а, *тв.* -ем
душа́, -и́, *вин.* ду́шу, *тв.* душо́й, *мн.* ду́ши, душ
душа́ в ду́шу (жи́ть)
душанби́нка, -и, *р. мн.* -нок
душанби́нский (*от* Душанбе́)
душанби́нцы, -ев, *ед.* -нец, -нца, *тв.* -нцем
душа́-челове́к, *другие формы не употр.*
ду́шащий(ся)
душева́я, -о́й
душевнобольно́й
душе́вность, -и
душе́вный; *кр. ф.* -вен, -вна
душево́й
душегре́йка, -и, *р. мн.* -е́ек
душегре́я, -и
душегу́б, -а

душегу́бец, -бца, *тв.* -бцем, *р. мн.* -бцев
душегу́бка, -и, *р. мн.* -бок
душегу́бство, -а
ду́шенный; *кр. ф.* -ен, -ена, *прич.*
ду́шенька, -и, *р. мн.* -нек, *ж.* (*ласкат. к* душа́), *м. и ж.* (*ласковое обращение*) и Ду́шенька, -и, *ж.* (*лит. персонаж*)
душеполе́зный; *кр. ф.* -зен, -зна
душепопечи́тельство, -а
душеприка́зчик, -а
душеприка́зчица, -ы, *тв.* -ей
душераздира́ющий
душеспаси́тельный; *кр. ф.* -лен, -льна
ду́шечка, -и, *р. мн.* -чек, *м. и ж.* (*о милом, приятном человеке; ласковое обращение*) и Ду́шечка, -и, *ж.* (*лит. персонаж, женский тип*)
душещипа́тельность, -и
душещипа́тельный; *кр. ф.* -лен, -льна
души́стость, -и
души́стый
души́тель, -я
души́ть(ся), душу́(сь), ду́шит(ся)
души́ца, -ы, *тв.* -ей
ду́шка, -и, *р. мн.* ду́шек, *ж.* и (*о человеке*) *м. и ж.*
душма́нский
душма́ны, -ов, *ед.* -ма́н, -а
душ-масса́ж, ду́ша-масса́жа
душне́нько, *в знач. сказ.*
душни́к, -а́
ду́шно, *в знач. сказ.*
душнова́тый
ду́шный; *кр. ф.* ду́шен, душна́, ду́шно, ду́шны́
душо́к, душка́
душо́нка, -и, *р. мн.* -нок
дуэли́ст, -а
дуэ́ль, -и
дуэ́льный
дуэля́нт, -а

дуэ́нья, -и, р. мн. -ний
дуэ́т, -а
дуэ́тный
ду́ющий(ся)
дха́рма, -ы
дхо́ти, нескл., с.
дхья́на, -ы
дщерь, -и
ды́ба, -ы
ды́бить(ся), ды́блю, ды́бит(ся)
дыбки́: на дыбки́
ды́бом, нареч.
дыбы́: на дыбы́
ды́бящий(ся)
ды́лда, -ы, м. и ж.
ды́лдистый
дым, -а и -у, предл. в дыму́, мн. -ы́, -о́в
дымаппарату́ра, -ы
дыма́рь, -я́
дымзаве́са, -ы
дыми́на, -ы, м. (густой дым)
дыми́нка, -и, р. мн. -нок
дыми́ть(ся), дымлю́, дыми́т(ся)
дыми́ще, -а, м.
ды́мка, -и, р. мн. ды́мок
ды́мковский (от Ды́мково; ды́мковская игру́шка)
ды́мник, -а
ды́мница, -ы, тв. -ей
ды́мность, -и
ды́мный; кр. ф. ды́мен, ды́мна
дымово́й
дымовытяжно́й
дымога́рный
дымогенера́тор, -а
дымозащи́тный
дымо́к, дымка́ и дымку́
дымоку́р, -а
дымоме́р, -а
дымообразу́ющий
дымоотво́д, -а
дымоотво́дный
дымопрово́д, -а
дымосо́с, -а
дымоулови́тель, -я

дымохо́д, -а
дымохо́дный
ды́мчатость, -и
ды́мчатый
дымя́нка, -и, р. мн. -нок
дымя́нковые, -ых
ды́нный
ды́нька, -и, р. мн. ды́нек
ды́ня, -и, р. мн. дынь
дыра́, -ы́, мн. ды́ры, дыр
дыри́ща, -и, тв. -ей
ды́рка, -и, р. мн. ды́рок
дырова́тый
дыроко́л, -а
дыропробивно́й
ды́рочка, -и, р. мн. -чек
ды́рочный
ды́рчатый
дыря́вить(ся), -влю, -вит(ся)
дыря́вый
дыря́вящий(ся)
дых, -а
ды́хало, -а
ды́хальце, -а, р. мн. -лец и -льцев
дыха́ние, -я
дыха́тельный
дыхну́ть, -ну́, -нёт
дыша́ть(ся), дышу́, ды́шит(ся)
ды́шащий
ды́шло, -а
дышлово́й и ды́шловый
дья́вол, -а
дьяволёнок, -нка, мн. -ля́та, -ля́т
дьяволиа́да, -ы
дья́волица, -ы, тв. -ей
дья́волов, -а, -о
дья́вольски
дья́вольский
дья́вольщина, -ы
дьяк, -а́ и -а
дьяко́вский (от Дья́ково; дья́ковская культу́ра, археол.)
дья́кон, -а и диа́кон, -а
дья́коница, -ы, тв. -ей
дья́конник, -а
дья́конский и диа́конский

дья́конство, -а и диа́конство, -а
дья́конствовать, -твую, -твует и
 диа́конствовать, -твую, -твует
дья́ческий
дьячи́ха, -и
дьячко́вский
дьячо́к, -чка́
дэ, нескл., с. (название буквы)
Дэ́вис, -а: Ку́бок Дэ́виса
дэ́вы, дэв, ед. дэ́ва, -ы, м. (мифол.)
ДЭЗ, -а (сокр.: дирекция по эксплуатации зданий)
дэ́зовский (от ДЭЗ)
дэ́та, -ы (хим.)
дюбе́к, -а
дю́бель, -я, мн. -и, -ей и -я́, -е́й
дю́бельный
дюго́нь, -я
дю́же, нареч.
дю́жесть, -и
дю́жий; кр. ф. дюж, дюжа́, дю́же
дю́жина, -ы
дю́жинка, -и, р. мн. -нок
дю́жинность, -и
дю́жинный
дю́жить, дю́жу, дю́жит
дю́за, -ы
дюйм, -а
дюймо́вка, -и, р. мн. -вок
Дюймо́вочка, -и (сказочный персонаж)
дюймо́вый
дюк, -а
дю́кер, -а
дюмаве́д, -а (от Дюма́)
дюмаве́дческий
Дюма́-оте́ц, Дюма́-отца́
Дюма́-сы́н, Дюма́-сы́на
дю́нный
дю́ны, дюн, ед. дю́на, -ы
дюра́левый
дюра́ль, -я
дюралюми́ниевый
дюралюми́ний, -я
дю́рен, -а
дюро́метр, -а

дюссельдо́рфский (*от* Дюссельдо́рф)
дюссельдо́рфцы, -ев, *ед.* -фец, -фца, *тв.* -фцем
ДЮСШ, *нескл., ж.* (*сокр.:* детско-юношеская спортивная школа)
дюше́с, -а (*сорт груш*)
дюше́сса (*герцогиня*)
дя́гиль, -я
дя́ги́льник, -а
дя́гильный
дя́денька, -и, *р. мн.* -нек, *м.*
дя́денькин, -а, -о
дя́дечка, -и, *р. мн.* -чек, *м.*
дя́ди-Ва́син, -а, -о (*от* дя́дя Ва́ся)
дя́дин, -а, -о
дя́ди-Стёпин, -а, -о (*от* дя́дя Стёпа)
дя́дища, -и и дя́дище, -а и -и, *мн* -и, -ищ, *м.*
дя́дька, -и, *р. мн.* дя́дек, *м.*
дя́дькин, -а, -о
дя́дюшка, -и, *р мн* -шек, *м*
дя́дюшкин, -а, -о
дя́дя, -и, *мн.* -и, -ей и дядья́, -ьёв, *м.*
дя́дя Стёпа, дя́ди Стёпы (*о человеке очень высокого роста*)
дя́дя Сэм, дя́ди Сэма (*об американце*)
дя́тел, дя́тла
дя́тловый
дятлообра́зные, -ых
дя́тьковский (*от* Дя́тьково)

Е

е, *нескл., с.* (название буквы)
ё, *нескл., с.* (название буквы)
Éва, -ы
Ева́нгелие, -я (*часть Нового Завета*; *одно из раннехристианских сочинений о жизни Христа*) и ева́нгелие, -я (*правила, положения, служащие руководством для чьих-н. действий, поведения*; *книга, содержащая такие положения*)
Ева́нгелие-а́пракос, Ева́нгелия-а́пракос
Ева́нгелие-те́тр, Ева́нгелия-те́тр
евангелиза́ция, -и
евангели́зм, -а
евангели́ст, -а
евангели́стка, -и, *р. мн.* -ток
евангели́ческий
евангели́ческо-лютера́нский
евангели́ческо-реформа́тский
ева́нгельский
евге́ника, -и
евгени́ст, -а
евгени́ческий
Éвин, -а, -о (*относящийся к прародительнице Еве, к женщине вообще*)
евкли́дов, -а, -о (*от* Евкли́д): евкли́дова геоме́трия, евкли́дово простра́нство
éвнух, -а
евнухоиди́зм, -а
Евпа́тий Коловра́т, Евпа́тия Коловра́та

евпатори́йский (*от* Евпато́рия)
евпатори́йцы, -ев, *ед.* -и́ец, -и́йца, *тв.* -и́йцем
евпатри́ды, -ов
евразий́ский (*от* Евра́зия)
евразий́ство, -а
евразий́цы, -ев, *ед.* -и́ец, -и́йца, *тв.* -и́йцем
евре́и, -ев, *ед.* евре́й, -я
евре́йка, -и, *р. мн.* -е́ек
Евре́йская автоно́мная о́бласть
евре́йский
евре́йство, -а
Еврипи́дов, -а, -о и еврипи́довский (*от* Еврипи́д)
éвро, *нескл., м.* (*ден. ед.*)
éвро-азиа́тский
éвро-америка́нский
евроатланти́ческий
еврообо́нды, -ов, *ед.* -бо́нд, -а
еврогоа́онка, -и
евровалю́та, -ы
Еврови́дение, -я
евродепози́т, -а
евродиза́йн, -а
евродо́ллары, -ов, *ед.* -до́ллар, -а
еврокреди́т, -а
еврокубок, -бка
Евроли́га, -и (*баскетбольная и др.*)
еврооблига́ция, -и
Евро́па, -ы (*мифол.*; *материк*; *галопом по Евро́пам*)
Европарла́мент, -а
европеиза́ция, -и

европеизи́рованный; *кр. ф.* -ан, -ана
европеизи́ровать(ся), -рую(сь), -рует(ся)
европеи́зм, -а
европеи́ст, -а
европе́йка, -и, *р. мн.* -е́ек
Европе́йская А́рктика
Европе́йская Росси́я
Европе́йская со́товая свя́зь
европе́йский (*от* Евро́па)
Европе́йский ба́нк реконстру́кции и разви́тия
Европе́йский делово́й конгре́сс (*организация*)
Европе́йский Се́вер
Европе́йский сою́з
европе́йски образо́ванный
Европе́йский су́д по права́м челове́ка
Европе́йско-Азиа́тские но́вости (*агентство*)
европе́йско-азиа́тский
европе́йско-америка́нский
Европе́йское косми́ческое аге́нтство
Европе́йское экономи́ческое соо́бщество (ЕЭС)
европе́йцы, -ев, *ед.* -е́ец, -е́йца, *тв.* -е́йцем
европео́идный
европео́иды, -ов, *ед.* -о́ид, -а
европея́нка, -и, *р. мн.* -нок
евро́пий, -я
Европо́л, -а

263

ЕВРОПОЦЕНТРИЗМ

европоцентри́зм, -а
европоцентри́ст, -а
европоцентри́стский
евроцентри́зм, -а
евроцентри́стский
евроремо́нт, -а
еврорынок, -нка
Евросою́з, -а
евростанда́рт, -а
евротелефо́н, -а
евроту́р, -а
еврочёк, -а
евста́хиева труба́, евста́хиевой трубы́
евстахии́т, -а
Евте́рпа, -ы
евфра́тский (от Евфра́т)
евхаристи́йный
евхаристи́ческий
евхари́стия, -и
егерме́йстер, -а
егерме́йстерский
е́герский
е́герство, -а
е́герь, -я, мн. -я́, -е́й и -и, -ей
еги́петский (от Еги́пет); но: Мари́я Еги́петская
египто́лог, -а
египтологи́ческий
египтоло́гия, -и
египтя́не, -я́н, ед. -я́нин, -а и (о жителях Древнего Египта)
еги́птяне, -ян, ед. -янин, -а
египтя́нка, -и, р. мн. -нок и (о жительнице Древнего Египта)
еги́птянка, -и, р. мн. -нок
его́[1] (форма местоим. он, оно́)
его́[2], притяж. местоим.
егоза́, -ы́, м. и ж.
егози́ть, егожу́, егози́т
егозли́вость, -и
егозли́вый
еда́, еды́
еда́ть, наст. вр. не употр.
едва́
едва́-едва́

едва́ ли (ль)
Еди́ная автоматизи́рованная се́ть свя́зи
Еди́ная энергети́ческая систе́ма (ЕЭ́С)
едине́ние, -я
едини́ть, -ню́, -ни́т
едини́ца, -ы, тв. -ей
едини́чка, -и, р. мн. -чек
едини́чность, -и
едини́чный; кр. ф. -чен, -чна
единобо́жие, -я
единобо́рец, -рца, тв. -рцем, р. мн. -рцев
единобо́рство, -а
единобо́рствовать, -твую, -твует
единобра́чие, -я
единобра́чный
единове́рец, -рца, тв. -рцем, р. мн. -рцев
единове́рие, -я
единове́рка, -и, р. мн. -рок
единове́рный
единове́рческий
единовла́ствовать, -твую, -твует
единовла́стие, -я
единовла́стный; кр. ф. -тен, -тна
единовре́менно, нареч.
единовре́менный; кр. ф. -енен, -енна
единогла́сие, -я
единогла́сный
единодержа́вие, -я
единодержа́вный
единоду́шие, -я
единоду́шный; кр. ф. -шен, -шна
еди́ножды
единокро́вный
единоли́чник, -а
единоли́чница, -ы, тв. -ей
единоли́чность, -и
единоли́чный
единомы́сленный; кр. ф. -лен, -ленна
единомы́слие, -я
единомы́слящий

единомы́шленник, -а
единомы́шленница, -ы, тв. -ей
единомы́шленный; кр. ф. -лен, -льна
единонасле́дие, -я
единонача́лие, -я
единонача́льник, -а
единонача́тие, -я
единообра́зие, -я
единообра́зность, -и
единообра́зный; кр. ф. -зен, -зна
единопле́менник, -а
единопле́менница, -ы, тв. -ей
единопле́менный
единоро́г, -а
единоро́дный
единосу́щие, -я (богосл.)
единосу́щность, -и
единосу́щный; кр. ф. -щен, -щна
единоутро́бный
еди́нственно, нареч.
еди́нственно ве́рный
еди́нственно возмо́жный
еди́нственность, -и
еди́нственный; кр. ф. -вен и -венен, -венна
еди́нство, -а
еди́ный
е́дкий; кр. ф. е́док, едка́, е́дко
е́дкость, -и
едо́к, -а́
едо́цкий
еду́н, -а́
еду́нья, -и, р. мн. -ний
е́дучи, деепр.
еду́чий (е́дкий)
е́дущий (от е́хать)
е́дче, сравн. ст. (от е́дкий, е́дко)
едя́щий(ся) (от е́сть(ся))
её[1] (форма местоим. она́)
её[2], притяж. местоим.
ёж, ежа́, тв. ежо́м
ёжа, ёжи, тв. ёжей (растение)
ёжащий(ся)
ежевече́рне, нареч.
ежевече́рний

ежеви́ка, -и
ежеви́чник, -а
ежеви́чный
ежего́дник, -а
ежего́дный
ежеголо́вник, -а
ежедека́дный
ежедённый
ежеде́нь, *нареч.*
ежедне́вник, -а
ежедне́вный
ежекварта́льный
е́жели
ежеме́сячник, -а
ежеме́сячный
ежемину́тный
ежему́ха, -и
еженеде́льник, -а
еженеде́льный
ежено́щный
ежесеку́ндный
ежесме́нный
ежесу́точный
ежеу́тренне, *нареч.*
ежеу́тренний
ежеча́сный
ёжик, -а
ёжиком, *нареч.*
ежи́ный
ёжистый
ёжить(ся), ёжу(сь), ёжит(ся)
ежи́ха, -и
ежо́вик, -а (*гриб*)
ежо́вник, -а (*растение*)
ежо́вский (*от* Ежо́в)
ежо́вщина, -ы
ежо́вый
ежо́м, *нареч.*
ежо́нок, -нка, *мн.* ежа́та, ежа́т
ёж-ры́ба, ежа́-ры́бы
езда́, -ы́
е́здить(ся), е́зжу, е́здит(ся)
е́здка, -и, *р. мн.* е́здок
ездово́й
ездо́к, -а́
е́здящий

езжа́й(те) (*прост. к* поезжа́й(те))
езжа́лый
езжа́ть, *наст. вр. не употр.* (*многокр. к* е́здить)
е́зжено
е́зжено-перее́зжено
е́зженый
е́зженый-перее́зженый
е́зживать, *наст. вр. не употр.*
ези́дский
ези́дство, -а
ези́ды, -ов (*секта*)
ей и е́ю, о ней (*формы местоим.* она́)
ей-бо́гу
ей-е́й
ей-же-е́й
е́йский (*от* Ейск)
ейча́не, -а́н, *ед.* -а́нин, -а (*от* Ейск)
е́канье, -я (*лингв.*)
ёканье, -я
Екатери́на Вели́кая
екатеринбу́ргский и екатеринбу́ржский (*от* Екатеринбу́рг)
екатеринбу́ржка, -и, *р. мн.* -жек
екатеринбу́ржцы, -ев, *ед.* -жец, -жца, *тв.* -жцем
екатери́нинец, -нца, *тв.* -нцем, *р. мн.* -нцев
екатери́нинский (*от* Екатери́на)
Екатери́нинский ве́к
екатери́нка, -и, *р. мн.* -нок и екатери́новка, -и, *р. мн.* -вок (*денежный знак*)
екатериносла́вский (*от* Екатериносла́в)
екатериносла́вцы, -ев, *ед.* -вец, -вца, *тв.* -вцем
е́кать, -аю, -ает (*лингв.*)
ёкать, -аю, -ает
Екклесиа́ст, -а
ёкнуть, -ну, -нет
ектения́, -и́ и ектенья́, -и́, *р. мн.* -ни́й
елабужа́не, -а́н, *ед.* -а́нин, -а
елабужа́нка, -и, *р. мн.* -нок

ела́бужский (*от* Ела́буга)
ела́бужцы, -ев, *ед.* -жец, -жца, *тв.* -жцем
Ела́гин дворе́ц, Ела́гина дворца́ (*в Петербурге*)
ела́нь, -и
е́ле
е́левый
е́ле-е́ле
еле́й, -я
еле́йность, -и
еле́йный
е́ле можа́ху
Еле́на Прекра́сная
Елео́нская гора́ (*под Иерусалимом, библ.*)
елеопома́зание, -я
елеосвяще́ние, -я
еле́ц, ельца́, *тв.* ельцо́м (*рыба*)
еле́цкий (*от* Еле́ц, *город*)
елизаве́тинец, -нца, *тв.* -нцем, *р. мн.* -нцев
елизаве́тинский (*от* Елизаве́та)
ели́ко возмо́жно
Елисе́евский магази́н (*гастроно́м*) (*в Москве, Петербурге*)
елисе́йские поля́ (*мифол.*) и Елисе́йские Поля́ (*улица в Париже*)
Елисе́йский дворе́ц (*в Париже*)
ёлка, -и, *р. мн.* ёлок
ёлки-па́лки, *неизм.*
ело́во-пи́хтовый
ело́вый
елози́ть, ело́жу, ело́зит
ело́зящий
ёлочка, -и, *р. мн.* -чек
ёлочный
елу́шка, -и, *р. мн.* -шек
ель, е́ли
е́льник, -а
е́льнинский (*от* Е́льня)
е́льнинцы, -ев, *ед.* -инец, -инца, *тв.* -инцем
е́льничек, -чка
е́льцинский (*от* Е́льцин)

ельча́не, -а́н, ед. -а́нин, -а (от Еле́ц, город)
ельча́нка, -и, р. мн. -нок
Еме́ля, -и (также: мели́, Еме́ля, твоя́ неде́ля)
ёмкий; кр. ф. ёмок, ёмка
ёмкостный
ёмкость, -и
ё-моё, межд.
ему́ (форма местоим. он, оно́)
емура́нчик, -а
ёмче, сравн. ст. (от ёмкий, ёмко)
емша́н, -а
ендова́, -ы́
енисе́йский (от Енисе́й и Енисе́йск)
енисе́йцы, -ев, ед. -е́ец, -е́йца, тв. -е́йцем
енко́лпий, -я
ено́л, -а (хим.)
ено́т, -а
ено́тка, -и, р. мн. -ток
енотови́дная соба́ка
ено́товый
ено́т-полоску́н, ено́та-полоскуна́
епане́чка, -и, р. мн. -чек
епанча́, -и́, тв. -о́й, р. мн. -е́й
епанчо́вый
епархиа́лка, -и, р. мн. -лок
епархиа́льный
епа́рхия, -и
епигона́тий, -я
епи́скоп, -а
епископали́зм, -а
епископа́льный
епископа́т, -а
епископи́я, -и
епи́скопский
епи́скопство, -а
епитими́йный
епитимия́, -и́ и епитимья́, -и́, р. мн. -ми́й
епитрахи́ль, -и
епитрахи́льный
Епифа́ний Прему́дрый
епифа́нский (от Епифа́нь)

епифа́нцы, -ев, ед. -нец, -нца, тв. -нцем
епихо́довщина, -ы (от Епихо́дов)
ер, -а, мн. еры́, еро́в (название буквы ъ)
ёра, -ы, м.
ерала́ш, -а, тв. -ем
ерала́шный
ерева́нка, -и, р. мн. -нок
ерева́нский (от Ерева́н)
ерева́нцы, -ев, ед. -нец, -нца, тв. -нцем
ерепе́ниться, -нюсь, -нится
ерепе́нящийся
ересиа́рх, -а
е́ресь, -и
ерети́к, -а́
ерети́ческий
ерети́чество, -а
ерети́чка, -и, р. мн. -чек
ёрзанье, -я
ёрзать, -аю, -ает
ёрзнуть, -ну, -нет
е́рик, -а
ермо́лка, -и, р. мн. -лок
ермо́ловец, -вца, тв. -вцем, р. мн. -вцев
ермо́ловский (от Ермо́лов, Ермо́лова)
ермо́лочка, -и, р. мн. -чек
е́рник, -а (кустарник)
ёрник, -а (ёра, повеса)
ёрничанье, -я
ёрничать, -аю, -ает
ёрнический
ёрничество, -а
ерофе́ич, -а и -у, тв. -ем (водка)
еро́шащий(ся)
еро́шить(ся), -шу(сь), -шит(ся)
ерунда́, -ы́
ерунди́стика, -и
ерунди́ть, -и́т
ерундо́вина, -ы
ерундо́вский
ерундо́вый
ёрш, ерша́, тв. -о́м

ершева́тка, -и, р. мн. -ток (рыба)
ёршик, -а
ерши́ный
ерши́стость, -и
ерши́стый
ерши́ть(ся), ершу́(сь), ерши́т(ся)
ерши́шка, -и, р. мн. -шек, м.
ершо́вый
ершо́м, нареч.
еры́, нескл., с. (название буквы ы)
ерь, -я (название буквы ь)
есау́л, -а
есау́льский
есау́льство, -а
есе́нинский (от Есе́нин)
есе́нинщина, -ы
еси́, устар. форма 2 л. ед. ч. глаг. быть
е́сли
е́сли бы (б)
есмь, устар. форма 1 л. ед. ч. глаг. быть
ессе́и, -е́ев, ед. ессе́й, -я
ессентуки́, -о́в (вода)
ессентуки́нский (от Ессентуки́, город)
ессентуча́не, -а́н, ед. -а́нин, -а
есте́ственник, -а
есте́ственница, -ы, тв. -ей
есте́ственно, нареч. и вводн. сл.
есте́ственно-истори́ческий
есте́ственно-нау́чный
есте́ственно-правово́й
есте́ственно-радиоакти́вный
есте́ственность, -и
есте́ственно-языково́й
есте́ственный; кр. ф. -вен и -венен, -венна
естество́, -а́
естествове́д, -а
естествове́дение, -я
естествове́дческий
естествозна́ние, -я
естествоиспыта́тель, -я
естествоиспыта́тельница, -ы, тв. -ей

естествоиспыта́тельский
есть¹, ем, ешь, ест, еди́м, еди́те, едя́т; *прош.* ел, е́ла; *пов.* е́шь(те)
есть², *форма глаг.* быть
есть³, -я, *м* и *нескл., с* (*название буквы*)
есть⁴, *неизм.* (*ответ на команду*)
есть-пи́ть
е́сться, е́стся, едя́тся; *прош.* е́лся, е́лась

ЕТС [етээ́с], *нескл., ж.* (*сокр.* единая тарифная сетка)
ефи́мок, -мка
ефре́йтор, -а
ефре́йторский
Ефре́м Си́рин
е́хавший
е́хать, е́ду, е́дет; *пов.* поезжа́й(те)
ехи́да, -ы, *м. и ж.*
ехи́дина, -ы, *м. и ж.*
Ехи́дна, -ы (*мифол.*)

ехи́дна, -ы (*животное*; *о человеке*)
ехи́дненький
ехи́дничанье, -я
ехи́дничать, -аю, -ает
ехи́дность, -и
ехи́дный; *кр. ф.* -ден, -дна
ехи́дство, -а
ехи́дствовать, -твую, -твует
ехи́дца, -ы, *тв.* -ей
ещё
ещё бы

Ж

ж и же, *частица – пишется раздельно с предшествующим словом*
жа́ба, -ы
жа́берный
жа́бий, -ья, -ье
жа́бка, -и, *р. мн.* -бок
жа́бник, -а
жабо́, *нескл., с.*
жабови́дный
жабообра́зный
жабре́й, -я
жаброви́дный
жабродыша́щие, -их
жаброно́г, -а
жаброно́гие, -их
жаброхво́стые, -ых
жа́бры, жабр, *ед.* жа́бра, -ы
жаве́левый (жаве́левая вода́)
жаве́ль, -я
жа́воронковый
жа́воронок, -нка
жа́вороночий, -ья, -ье
жа́вороночный
жад, -а
жаде́ит, -а
жа́дина, -ы, *м. и ж.*
жадне́нек, -е́нька
жа́дненький
жадне́ть, -е́ю, -е́ет
жа́дничанье, -я
жа́дничать, -аю, -ает
жа́дность, -и
жа́дну́щий и жадню́щий
жа́дный; *кр. ф.* -ден, -дна́, -дно, жа́дны

жадо́ба, -ы, *м. и ж.*
жадю́га, -и, *м. и ж.*
жадю́ля, -и, *м. и ж.*
жа́жда, -ы
жа́ждать, -ду, -дет
жа́ждущий
жака́н, -а
Жакери́я, -и
жаке́т, -а
жаке́тик, -а
жаке́тка, -и, *р. мн.* -ток
жаке́точка, -и, *р. мн.* -чек
Жакка́рд, -а: маши́на Жакка́рда
жакка́рд, -а (*жаккардовая ткань, жаккардовые переплетения, разг.*)
жакка́рдовый
жако́, *нескл., м.*
жако́б, *неизм.*
жале́йка, -и, *р. мн.* -е́ек
жале́йковый
жале́йщик, -а
жале́льщик, -а
жале́льщица, -ы, *тв.* -ей
жа́ление (*от* жа́лить(ся))
жале́ние (*от* жале́ть)
жале́ть, -е́ю, -е́ет
жале́ючи
жале́ющий
жа́лить(ся), жа́лю(сь), жа́лит(ся)
жа́лкий; *кр. ф.* -лок, -лка́, -лко
жа́лко, *в знач. сказ.*
жалкова́ть, -ку́ю, -ку́ет
жа́лконький
жа́лкость, -и

жалли́вый
жа́ло, -а
жа́лоба, -ы
жа́лобить(ся), -блю(сь), -бит(ся)
жа́лобность, -и
жа́лобный; *кр. ф.* -бен, -бна
жа́лобщик, -а
жа́лобщица, -ы, *тв.* -ей
жа́лобящий(ся)
жа́лование, -я (*действие*)
жа́лованный; *кр. ф.* -ан, -ана
жа́лованье, -я (*заработная плата*)
жа́лованьице, -а
жа́лованьишко, -а
жа́ловать(ся), жа́лую(сь), жа́лует(ся)
жалови́дный
жалонёр, -а (*линейный солдат на учении, параде*)
жалонёрский (*от* жалонёр)
жалоно́сный
жа́лостливость, -и
жа́лостливый
жа́лостность, -и
жа́лостный; *кр. ф.* -тен, -тна
жа́лость, -и
жалча́йший
жаль, *в знач. сказ.*
жа́льник, -а
жа́льный
жа́льце, -а, *р. мн.* -ев и жа́лец
жа́льче, *сравн. ст.*
жалюзи́, *нескл., с. и мн.*
жалюзи́йный
жа́лящий(ся)

жа́мка, -и, р. мн. жа́мок
жа́мкать, -аю, -ает
жа́мкнуть, -ну, -нет
жанда́рм, -а
жандарме́рия, -и
жанда́рмский
Жа́нна д'Арк, Жа́нны д'Арк
жанр, -а
жа́нрик, -а
жанри́ст, -а
жа́нровый
жанти́льничанье, -я
жанти́льничать, -аю, -ает
жанти́льность, -и
жанти́льный; кр. ф. -лен, -льна
жар, -а и -у, предл. в (на) жару́
жара́, -ы́
жарго́н, -а
жаргони́зм, -а
жарго́нный
жардинье́рка, -и, р. мн. -рок
жардинье́рочный
жа́рево, -а
жа́рёнка, -и, р. мн. -нок
жа́ренный; кр. ф. -ен, -ена, прич.
жа́реный, прил.
жа́ренье, -я
жа́рить(ся), жа́рю(сь), жа́рит(ся)
жари́ща, -и, тв. -ей
жа́рка, -и (действие)
жарки́, -о́в, ед. жаро́к, жарка́ (растение)
жа́ркий; кр. ф. жа́рок, жарка́, жа́рко
жа́рко, нареч. и в знач. сказ.
жаркова́тый
жарко́е, -о́го
жаро́венка, -и, р. мн. -нок
жаро́венный
жаро́вня, -и, р. мн. -вен
жарово́й (от жар)
жаро́вый (строевой, о лесе)
жаровыно́сливость, -и
жаровыно́сливый
жаро́к, жарка́ (небольшой жар)
жаропонижа́ющий

жаропро́чность, -и
жаропро́чный
жаросто́йкий
жаросто́йкость, -и
жаротру́бный
жароупо́рность, -и
жароупо́рный
жароусто́йчивость, -и
жароусто́йчивый
жа́рочный
жар-пти́ца, -ы, тв. -ей
жар-пти́цын, -а, -о
жарча́йший
жа́рче, сравн. ст.
жары́нь, -и
жа́рящий(ся)
жасми́н, -а
жасми́нный
жасми́новый
жасмо́н, -а (вещество)
жа́тва, -ы
жа́твенный
жа́тка, -и, р. мн. жа́ток
жа́тый
жа́ть(ся)¹, жму(сь), жмёт(ся)
жа́ть(ся)², жну, жнёт(ся)
жа́хать, -аю, -ает
жа́хнуть, -ну, -нет
жбан, -а
жба́нчик, -а
жва́ка-га́лс, -а
жва́ла и жва́лы, жвал, ед. жва́ло, -а
жва́чка, -и, р. мн. -чек
жва́чные, -ых, ед. жва́чное, -ого
жва́чный
жгут, -а́
жгу́тик, -а
жгу́тиковые, -ых
жгутиконо́сцы, -ев, ед. -сец, -сца, тв. -сцем
жгуто́вый
жгутоно́гие, -их
жгу́честь, -и
жгу́чий
жгу́щий(ся)

жда́нный
жда́ть(ся), жду, ждёт(ся); прош. жда́л(ся), ждала́(сь), жда́ло, жда́лось
ждёт не дождётся
ждёт-поджде́т
жду́ не дожду́сь
же¹, нескл., с. (название буквы)
же и ж, частица – пишется раздельно с предшествующим словом, но в наречиях та́кже, то́же – слитно
жева́ние, -я
жевани́на, -ы
жёванный; кр. ф. -ан, -ана, прич.
жёваный, прил.
жёваный-пережёваный
жева́тельный
жева́ть(ся), жую́, жуёт(ся)
жевело́, -а́
жёвка, -и, р. мн. жёвок
жевóк, жевка́
жёгший(ся)
жеди́н, -а (геол.)
жеди́нский
жезл, -а́ и -а
жезлово́й и же́зловый
жезлоно́сец, -сца, тв. -сцем, р. мн. -сцев
жела́ние, -я; но: мыс Жела́ния (геогр.)
жела́нный; кр. ф. -а́нен, -а́нна
жела́ньице, -а
жела́тельность, -и
жела́тельный; кр. ф. -лен, -льна
желати́н, -а и -у и (в проф. речи) желати́на, -ы
желатини́рование, -я
желатини́рованный; кр. ф. -ан, -ана
желатини́ровать(ся), -рую, -рует(ся)
желати́нный
желати́новый
жела́ть(ся), -а́ю, -а́ет(ся)
жела́ющий

ЖЕЛВАК

желва́к, -а́
желва́тый
желва́чный
желвачо́к, -чка́
желе́, нескл., с.
железа́, -ы́, мн. же́лезы, желёз, же-леза́м
желе́зина, -ы
желе́зисто-синеро́дистый
желе́зистый
желе́зка, -и, р. мн. -зок (от желе́зо)
желе́зка, -и, р. мн. -зок (от железа́)
желе́зко, -а, мн. -и, -зок (в рубанке)
Желе́зная Ма́ска (легендарный персонаж)
железне́ние, -я
желе́зница, -ы, тв. -ей
желе́зно, нареч. и частица
железново́дский (от Железново́дск)
железново́дцы, -ев, ед. -дец, -дца, тв. -дцем
железнодоро́жник, -а
железнодоро́жнинский (от Железнодоро́жный)
железнодоро́жница, -ы, тв. -ей
железнодоро́жный
Железнодоро́жный, -ого (город, поселок)
желе́зный
желе́зный век
железня́к, -а́
желе́зо, -а
железобакте́рии, -ий, ед. -рия, -и
железобето́н, -а
железобето́нность, -и
железобето́нный
железографи́т, -а
железоде́лательный
железокера́мика, -и
железокерами́ческий
железони́келевый
железообрабо́тка, -и
железоорудене́ние, -я
железоплави́льный
железопрока́тный

железопрока́тчик, -а
железору́дный
железосинеро́дистый
железосодержа́щий
железоуглеро́дистый
железочугу́н, -а́
желе́зы, -ёз (оковы)
железя́ка, -и
желе́йный
желеобра́зный
желна́, -ы́
жёлоб, -а, мн. желоба́, -о́в
желобобрю́хий
желобово́й
желобо́к, -бка́
жело́бчатый
жело́нка, -и, р. мн. -нок
жело́ночный
жело́нщик, -а
желте́ние, -я
жёлтенький
желте́ть(ся), -е́ю, -е́ет(ся)
желтизна́, -ы́
желтина́, -ы́
желти́нка, -и
желти́нник, -а
желти́ть(ся), желчу́, желти́т(ся)
желтко́вый
желтобо́кий
желтобрю́х, -а
желтобрю́хий
желтова́тенький
желтова́то-кра́сный
желтова́тость, -и
желтова́тый
желтоволо́сый
желтогла́зка, -и, р. мн. -зок
желтогла́зый
желтоголо́вый
желтогру́дый
Жёлтое мо́ре
жёлто-зелёный
желтозём, -а
желто́к, -тка́
желтоко́жий
желтоко́рень, -рня

жёлто-кра́сный
желтокры́лка, -и, р. мн. -лок
желтокры́лый
желтоли́цый
желтоло́зник, -а
желтоно́сый
желтопёрый
желтопу́зик, -а
желторо́тик, -а
желторо́тый
жёлто-се́рый
желтофио́левый
желтофио́ль, -и
желтоцве́т, -а
желто́чек, -чка
желто́чный
желтощёк, -а
желту́ха, -и
желту́шка, -и, р. мн. -шек
желту́шник, -а
желту́шный
Жёлтые Во́ды (город)
жёлтый; кр. ф. жёлт, желта́, жёлто, желты́ и жёлты
желть, -и
желтя́к, -а́
желтя́нка, -и, р. мн. -нок
желудёвый
желу́док, -дка
желудо́к, -дка́ (от жёлудь)
желу́дочек, -чка
желу́дочковый
желу́дочник, -а
желу́дочно-кише́чный
желу́дочный
жёлудь, -я, мн. -и, -ей
желчеви́к, -а́
желчево́й
желчевыводя́щий
желчего́нный
желче́ние, -я
желчеотделе́ние, -я
жёлчно-ка́менный и же́лч-но-ка́менный
жёлчность, -и и же́лчность, -и
жёлчный и же́лчный

жёлчь, -и и желчь, -и
жемайтский
жемайты, -ов (*племя*)
жеманиться, -нюсь, -нится
жеманница, -ы, *тв.* -ей
жеманничанье, -я
жеманничать, -аю, -ает
жеманно, *нареч.*
жеманность, -и
жеманный; *кр. ф.* -анен, -анна
жеманство, -а
жеманящийся
жемчуг, -а, *мн.* -а, -ов
жемчугоносный
жемчужина, -ы
жемчужинка, -и, *р. мн.* -нок
жемчужница, -ы, *тв.* -ей
жемчужно-белый
жемчужный
жемчужок, -жка
жена, -ы, *мн.* жёны, жён
ženатик, -а
женатый
Женевские конвенции
женевский (*от* Женева)
Женевское озеро
женевцы, -ев, *ед.* -вец, -вца, *тв.* -вцем
женин, -а, -о (*от* жена)
женить, женю, женит
женитьба, -ы, *р. мн.* -итьб
жениться, женюсь, женится
жених, -а
женихаться, -аюсь, -ается
женихов, -а, -о
жениховский
жениховство, -а
женишок, -шка
жёнка, -и, *р. мн.* жёнок (*от* жена)
женолюб, -а
женолюбец, -бца, *тв.* -бцем, *р. мн.* -бцев
женолюбивый
женолюбие, -я
женоненавистник, -а
женоненавистнический

женоненавистничество, -а
женоподобный; *кр. ф.* -бен, -бна
женотдел, -а
женотдельский
женоубийство, -а
женоубийца, -ы, *тв.* -ей, *м.*
жён-премьер, -а
женский
женскость, -и
женсовет, -а
женственно, *нареч.*
женственность, -и
женственный; *кр. ф.* -вен и -венен, -венна
жёнушка, -и, *р. мн.* -шек
женщина, -ы
женщина-вамп, женщины-вампа и женщины-вамп
женщина-врач, женщины-врача
женщина-депутат, женщины-депутата
женщина-шофёр, женщины-шофёра
жёны-мироносицы, жён-мироносиц
женьшеневый
женьшень, -я
женящий(ся)
жеода, -ы
жердевой
жердина, -ы
жердинка, -и, *р. мн.* -нок
жердинник, -а
жердняк, -а
жёрдочка, -и, *р. мн.* -чек
жердь, -и, *мн.* -и, -ей
жердьё, -я
жердяной
жердястый
жерёбая
жеребейка, -и, *р. мн.* -еек
жеребёнок, -нка, *мн.* -бята, -бят
жеребёночек, -чка, *мн.* жеребятки, -ток
жеребец, -бца, *тв.* -бцом, *р. мн.* -бцов

жеребий, -бья, *мн.* -бьи, -бьев (*устар. к* жребий)
жеребиться, -ится
жеребковый
жеребок, -бка
жерёбость, -и
жеребцовый
жерёбчик, -а
жеребьёвка, -и, *р. мн.* -вок
жеребьёвщик, -а
жеребьёвый
жеребятина, -ы
жеребяточки, -чек
жеребячий, -ья, -ье
жерех, -а
жерлица, -ы, *тв.* -ей
жерличный
жерло, -а, *мн.* жёрла, жерл
жерловина, -ы
жерлянка, -и, *р. мн.* -нок
жерминаль, -я
жёрнов, -а, *мн.* жернова, -ов
жерновой
жерновок, -вка
жертва, -ы
жертвенник, -а
жертвенность, -и
жертвенный; *кр. ф.* -венен, -венна
жертвование, -я
жертвователь, -я
жертвовательница, -ы, *тв.* -ей
жертвовать(ся), -твую, -твует(ся)
жертвоприношение, -я
жеруха, -и
жерушник, -а
жест, -а
жестикулирование, -я
жестикулировать, -рую, -рует
жестикуляционный
жестикуляция, -и
жёсткий; *кр. ф.* -ток, жестка, -тко
жестковатость, -и
жестковатый
жестковолосый
жёсткозакреплённый*
жесткокожий

жесткокры́лые, -ых
жестколи́ственный
жестколи́стный и жестколи́стый
жёсткость, -и
жёстко фикси́рованный
жесткошёрстный и жесткошёрстый
жёстовый
жесто́кий; *кр. ф.* -о́к, -о́ка, -о́ко
жестокову́йный
жестокосе́рдие, -я
жестокосе́рдный; *кр. ф.* -ден, -дна и жестокосе́рдый; *кр. ф.* -е́рд, -а
жесто́кость, -и
жесточа́йший
жесто́че, *сравн. ст. (от* жесто́кий, жесто́ко*)*
жёстче, *сравн. ст. (от* жёсткий, жёстко*)*
жесть, -и
жестя́ник, -а
жестя́ницкий
жестя́ничный
жестя́нка, -и, *р. мн.* -нок
жестя́но-ба́ночный
жестяно́й
жестя́ночка, -и, *р. мн.* -чек
жестя́ночный
жестя́нщик, -а
жете́, *нескл., с.*
жето́н, -а
жето́нный
жето́нчик, -а
жечь(ся), жгу(сь), жжёт(ся), жгут(ся); *прош.* жёг(ся), жгла(сь)
жже́ние, -я
жжёнка, -и *(напиток)*
жжёный; *кр. ф.* жжён, жжена́, *прич.*
жжёночка, -и
жжёный, *прил.*
ж-ж-ж *(звукоподражание)*
жжик *(звукоподражание)*
жива́ть, *наст. вр. не употр.*

живе́е, *сравн. ст.*
живе́йный изво́зчик
живе́йший
жи́венький
жи́венько, *нареч.*
живе́те, *нескл., с. (название буквы)*
живе́те-мо́жете (ка́к живе́те-мо́жете?)
живёхонький; *кр. ф.* -нек, -нька
живе́ц, живца́, *тв.* -о́м, *р. мн.* -о́в
живёшенький; *кр. ф.* -нек, -нька
жи́в-здоро́в, жива́-здоро́ва, жи́вы-здоро́вы
живи́ — не тужи́
живи́нка, -и
живи́тельность, -и
живи́тельный; *кр. ф.* -лен, -льна
живи́ть(ся), живлю́(сь), живи́т(ся)
живи́ца, -ы, *тв.* -ей
живи́чный
жи́вность, -и
жи́во, *нареч.*
живогло́т, -а
живогло́тство, -а
живодёр, -а
живодёрка, -и, *р. мн.* -рок
живодёрничать, -аю, -ает
живодёрня, -и, *р. мн.* -рен
живодёрство, -а
живодёрствовать, -твую, -твует
живо́й; *кр. ф.* жив, жива́, жи́во; (не до жи́ру,) быть бы жи́ву
живо́кость, -и
Живонача́льная Тро́ица
живоно́сный; *кр. ф.* -сен, -сна
живописа́ние, -я
живописа́ть, -су́ю, -су́ет
живопи́сец, -сца, *тв.* -сцем, *р. мн.* -сцев
живопи́сность, -и
живопи́сный; *кр. ф.* -сен, -сна
живопису́ющий
жи́вопись, -и
живоре́з, -а
живоро́дка, -и, *р. мн.* -док
живородя́щий

живорожде́ние, -я
живорождённый
живоры́бный
живосече́ние, -я
жи́вость, -и
живо́т, -а́
животворённый; *кр. ф.* -ён, -ена́
животвори́ть(ся), -рю́, -ри́т(ся)
животво́рность, -и
животво́рный; *кр. ф.* -рен, -рна
животворя́щий
живо́тик, -а
животи́на, -ы
животи́нка, -и, *р. мн.* -нок
животи́шко, -а и -и, *мн.* -шки, -шек, *м.*
животново́д, -а
животново́дство, -а
животново́дческий
живо́тное, -ого
живо́тность, -и
живо́тные-вреди́тели, живо́тных-вреди́телей
живо́тный
животрепе́щущий
живу́лька: на живу́льку *(наспех, кое-как)*
живу́честь, -и
живу́чий, *прил.*
живу́чка, -и, *р. мн.* -чек
живу́щий, *прич.*
жи́вчик, -а
живьё, -я́
живьём, *нареч.*
жи́га, -и и джи́га, -и
жига́лка, -и, *р. мн.* -лок
жига́н, -а
жигану́ть, -ну́, -нёт
жи́голо, *нескл., м.*
жигулёвский *(от* Жигули́ *и* Жигулёвск*)*
жигулёнок, -нка
Жигули́, -е́й *(геогр.)* и жигули́, -е́й *(автомобиль)*
жигуне́ц, -нца́, *тв.* -нцо́м, *р. мн.* -нцо́в

жид, -а́
жиде́ль, -и
жиде́нек, -нька
жи́денький
жиде́ть, -е́ет
жиди́ть, -ди́т
жиди́ться, -и́тся
жи́дкий; кр. ф. -док, -дка́, -дко
жидкова́тость, -и
жидкова́тый
жидководоро́дный
жидковоло́сый
жидкоко́стный
жидкокристалли́ческий
жидкометалли́ческий
жидкомоло́чный
жидконо́гий
жи́дкостно-абрази́вный
жи́дкостно-раке́тный
жи́дкостно-реакти́вный
жи́дкостный
жидкостру́йный
жи́дкость, -и
жидкотеку́честь, -и
жидкофа́зный
жидо́вка, -и, р. мн. -вок
жидо́вский
жидо́вствующие, -их
жидо́к, жидка́ (от жид)
жидомасо́н, -а
жидомасо́нский
жидомо́р, -а
жи́жа, -и, тв. -ей
жи́же, сравн. ст.
жижеразбра́сыватель, -я
жижесбо́рник, -а
жи́жица, -ы, тв. -ей
жи́здринский (от Жи́здра)
жи́здринцы, -ев, ед. -нец, -нца, тв. -нцем
Жизнеда́вец, -вца, тв. -вцем (о Боге)
жизнеде́ятельность, -и
жизнеде́ятельный
жизнелю́б, -а

жизнелю́бец, -бца, тв. -бцем, р. мн. -бцев
жизнелюби́вый
жизнелю́бие, -я
жизнелю́бка, -и, р. мн. -бок
жи́зненно, нареч.
жи́зненно ва́жный
жи́зненно необходи́мый
жи́зненно правди́вый
жи́зненность, -и
жи́зненный; кр. ф. -ен, -енна
жизнеобеспе́чение, -я
жизнеописа́ние, -я
жизнеощуще́ние, -я
жизнеподо́бие, -я
жизнеподо́бный; кр. ф. -бен, -бна
жизнепонима́ние, -я
жизнера́достность, -и
жизнера́достный; кр. ф. -тен, -тна
жизнесозида́тельный
жизнеспосо́бность, -и
жизнеспосо́бный; кр. ф. -бен, -бна
жизносто́йкий; кр. ф. -о́ек, -о́йка
жизносто́йкость, -и
жизностpое́ние, -я
жизностpои́тельный
жизностpои́тельство, -а
жизнетво́рный; кр. ф. -рен, -рна
жизнетво́рческий
жизнетво́рчество, -а
жизнеусто́йчивый
жизнеустро́йство, -а
жизнеутвержда́ющий
жизнеутвержде́ние, -я
жизнеучи́тельский
жизнеучи́тельство, -а
жизнь, -и
жиклёр, -а
жи́ла¹, -ы, ж. (кровеносный сосуд, сухожилие; геол.; тех.)
жи́ла², -ы, м. и ж. (скупой человек)
жилатье́, нескл., м.
жи́л-бы́л, жила́-была́, жи́ли-бы́ли
жилбытсе́ктор, -а

жиле́т, -а
жиле́тик, -а
жиле́тка, -и, р. мн. -ток
жиле́тный
жиле́точка, -и, р. мн. -чек
жиле́точный
жиле́ц, жильца́, тв. -о́м, р. мн. -о́в
жи́листость, -и
жи́листый
жи́лить(ся), жи́лю(сь), жи́лит(ся)
жили́ца, -ы, тв. -ей
жили́цын, -а, -о
жили́чка, -и, р. мн. -чек
жи́лища, -и (от жи́ла¹)
жили́ще, -а
жили́щно-бытово́й
жили́щно-гражда́нский
жили́щно-коммуна́льный
жили́щно-кооперати́вный
жили́щно-строи́тельный
жили́щно-эксплуатацио́нный
жили́щный
Жили́щный ко́декс РФ
жи́лка, -и, р. мн. жи́лок
жилкова́ние, -я
жилкова́тый
жилкомхо́з, -а
жилкооперати́в, -а
жилмасси́в, -а
жи́ло, -а (жилье)
жилова́тость, -и
жилова́тый
жило́й
жилообра́зный; кр. ф. -зен, -зна
жилотде́л, -а
жи́лочка, -и, р. мн. -чек
жилпло́щадь, -и
жилстрои́тельство, -а
жилуправле́ние, -я
жилфо́нд, -а
жильберти́т, -а
жильё, -я
жи́льный
жи́лящий(ся)
жим, -а
жиману́ть, -ну́, -нёт

ЖИМОЛОСТНЫЙ

жи́молостный
жи́молость, -и
жи́нка, -и, *р. мн.* жи́нок
жир, -а и -у, *предл.* в жи́ре и в жиру́, *мн.* -ы́, -о́в
жирандо́ль, -и
жира́нт, -а (*тот, кто передает вексель*)
жира́т, -а (*тот, кто получает вексель*)
жира́ф, -а и жира́фа, -ы
Жира́ф, -а (*созвездие*)
жирафёнок, -нка, *мн.* -фя́та, -я́т
жира́фий, -ья, -ье
жира́фовый
жире́ть, -е́ю, -е́ет
жири́нка, -и, *р. мн.* -нок
жи́рненький
жи́рник, -а
жирнова́тый
жирнозём, -а
жирномоло́чность, -и
жирномоло́чный
жи́рность, -и
жи́рно-углево́дистый
жирнохво́стый
жи́рный; *кр. ф.* жи́рен, жирна́, жи́рно, жирны́
жи́ро, *нескл., с.*
жироба́нк, -а
жиро́бус, -а
жирова́ние, -я
жирова́ть(ся), жиру́ю, жиру́ет(ся)
жирови́к, -а́
жиро́вка, -и, *р. мн.* -вок
жирово́й
жирозамени́тель, -я
жиро́к, жирка́ и жирку́
жироло́вка, -и, *р. мн.* -вок
жирома́сса, -ы
жиромучно́й
жиро́нда, -ы (*политическая группировка во Франции, ист.*)
жиронди́ст, -а
жиронди́стский
жиро́ндский (*от* Жиро́нда, *геогр.*)

жирооборо́т, -а
жирообразова́ние, -я
жироотложе́ние, -я
жиропереба́тывающий
жиропо́т, -а
жиропри́каз, -а
жирорасчёт, -а
жирорасщепля́ющий
жиротопле́ние, -я
жирото́пный
жирши́, *нескл., м.*
жиря́к, -а́
жиря́нка, -и, *р. мн.* -нок
жисть, -и (*прост. к* жизнь)
жите́йский
жи́тель, -я
жи́тельница, -ы, *тв.* -ей
жи́тельство, -а
жи́тельствовать, -твую, -твует
житие́, -я́, *тв.* житиём, *предл.* о житии́, *мн.* -я́, -и́й, -я́м
жити́йный
жи́тник, -а
жи́тница, -ы, *тв.* -ей
жи́тный
житня́к, -а́
жи́то, -а
жито́мирский (*от* Жито́мир)
жито́мирцы, -ев, *ед.* -рец, -рца, *тв.* -рцем
житу́ха, -и
жить, живу́, живёт; *прош.* жил, жила́, жи́ло
житьё, -я́
житьё-бытьё, житья́-бытья́
житьецо́, -а́
жи́тьи лю́ди, жи́тьих люде́й (*ист.*)
житьи́шко, -а
жить — не тужи́ть
жить-пожива́ть
жи́ться, живётся
жлоб, -а́
жло́бский
жло́бство, -а
жме́ня, -и, *р. мн.* -ей
жмот, -а

жмо́титься, -ится и жмоти́ться, -и́тся
жмо́тничать, -аю, -ает
жмо́тство, -а
жму́дский
жмудь, -и
жму́рик, -а
жму́рить(ся), -рю(сь), -рит(ся)
жму́рки, -рок, -ркам
жму́рящий(ся)
жму́щий(ся)
жмыхи́, -о́в, жмы́хи, -ов и жмых, -а́, -а и -у́, -у
жмы́хо́вый
жмыходроби́лка, -и, *р. мн.* -лок
жмя́кать(ся), -аю(сь), -ает(ся)
жмя́кнуть(ся), -ну(сь), -нет(ся)
жне́йка, -и, *р. мн.* жне́ек
жнец, -а́, *тв.* -о́м, *р. мн.* -о́в
жнея́, -и́, *р. мн.* жней
жни́ва, -ы (*устар. и обл. к* жнивьё и жни́во)
жни́во, -а
жнивьё, -я́
жнитво́, -а́
жни́ца, -ы, *тв.* -ей
жни́цын, -а, -о
жок, -а (*танец*)
жоке́й, -я
жоке́йка, -и, *р. мн.* -е́ек
жоке́й-клу́б, -а
жоке́йский
жо́лкнувший
жо́лкнуть, -нет, *прош.* жо́лкнул и жолк, жо́лкла
жолне́р, -а (*солдат-пехотинец в польской армии*)
жолне́рский (*от* жолне́р)
жом, -а
жо́мовый
жонглёр, -а
жонглёрский
жонглёрство, -а
жонглёрша, -и, *тв.* -ей
жонгли́рование, -я
жонгли́ровать, -рую, -рует

жонгля́ж, -а, *тв.* -ем
жонки́ль, -и
жо́па, -ы
жо́пка, -и, *р. мн.* жо́пок
жор, -а
Жорда́н, -а: крива́я Жорда́на, теоре́ма Жорда́на
жорда́нова крива́я, жорда́новой криво́й
жорданон, -а (*бот.*)
жоржса́ндовский (*от* Жорж Санд)
жо́стер, -а
жо́стовский (*от* Жо́стово; жо́стовская ро́спись)
жох, -а (*пройдоха*)
жранье́, -я́
жратва́, -ы́
жрать, жру, жрёт; *прош.* жрал, жрала́, жра́ло
жре́бий, -я
жрец, -а́, *тв.* -о́м, *р. мн.* -о́в
жре́ческий
жре́чество, -а
жри́ца, -ы, *тв.* -ей
ЖСК [жээска́], *нескл., м.* (*сокр.*: жилищно-строительный кооператив)
жу́желица, -ы, *тв.* -ей
жужжа́ло, -а, *м. и с.*
жужжа́льца, -лец, -льцам, *ед.* -льце, -а
жужжа́ние, -я
жужжа́ть, жужжу́, жужжи́т
жуз, -а
жузгу́н, -а и джузгу́н, -а (*кустарник*)
жу́зовый
жуи́р, -а
жуи́ровать, -рую, -рует
жуи́рский
жуи́рство, -а
жук, -а́
жу́к-носоро́г, жука́-носоро́га
жу́ковский (*от* Жу́ков)
жу́ков таба́к, жу́кова табака́

жуко́вцы, -ев, *ед.* -вец, -вца, *тв.* -вцем (*от* Жуко́вский, *город*)
жу́ковый (иссиня-чёрный)
жу́к-оле́нь, жука́-оле́ня
жу́к-плавуне́ц, жука́-плавунца́
жула́н, -а
жу́лик, -а
жуликова́тость, -и
жуликова́тый
жу́лить, жу́лю, жу́лишь
жулье́, -я́
жу́льничать, -аю, -ает
жу́льнически
жу́льнический
жу́льничество, -а
жуля́бия, -и, *м. и ж.*
жу́лящий
жунде́ть, -ди́т
жу́па, -ы (*ист.*)
жупа́н, -а
жупа́нный
жу́пел, -а
жу́пельный
жураве́ль, -вля́ (*обл. к* жура́вль)
жураве́льник, -а
журавлёнок, -нка, *мн.* -ля́та, -ля́т
журавлеобра́зные, -ых
жура́влик, -а
журавли́ный
журавли́ха, -и
жура́вль, -я́
жура́вушка, -и, *р. мн.* -шек, *м. и ж.*
жури́ть(ся), журю́(сь), жури́т(ся)
жу́рка, -и, *р. мн.* жу́рок, *м. и ж.*
журна́л, -а
журна́лец, -льца, *тв.* -льцем, *р. мн.* -льцев
журнализа́ция, -и
журнали́зм, -а
журнали́ст, -а
журнали́стика, -и
журнали́стка, -и, *р. мн.* -ток
журнали́ст-международник, журнали́ста-международника
журнали́стский

журна́лишко, -а и -и, *мн.* -шки, -шек, *м.*
журна́льно-газе́тный
журна́льно-о́рдерный
журна́льный
журна́льчик, -а
журфа́к, -а
журфи́кс, -а
журча́лка, -и, *р. мн.* -лок
журча́ние, -я
журча́ть, -чи́т
журчли́вый
журьба́, -ы́
жу́ткий; *кр. ф.* жу́ток, жутка́, жу́тко
жу́тко, *нареч. и в знач. сказ.*
жуткова́тый
жу́ткость, -и
жу́тче, *сравн. ст.*
жуть, -и
жу́хать, -аю, -ает
жу́хлость, -и
жу́хлый
жу́хнувший
жу́хнуть, -нет; *прош.* жу́хнул и жух, жу́хла
жу́чащий
жу́ченье, -я
жу́чий, -ья, -ье
жу́чить, жу́чу, жу́чит
Жу́чка, -и (*кличка собаки*) и жу́чка, -и, *р. мн.* -чек (*о дворовой собаке*)
жучо́к, жучка́
ЖЭК, -а (*сокр.*: жилищно-эксплуатационная контора)
жэ́ковский (*от* ЖЭК)
жэнь, *нескл., с.* (*основное понятие конфуцианства*)
ЖЭУ́, *нескл., с.* (*сокр.*: жилищно-эксплуатационное управление)
жюльве́рновский (*от* Жюль Верн)
жюлье́н, -а (*соус*)
жюри́, *нескл., с.*

З

за¹, *предлог*
за², *в знач. сущ.* (взве́сить всё за́ и про́тив), *нареч.* (голосова́ть за́), *сказ.* (я́ – за́, а о́н про́тив)
зааванси́рованный; *кр. ф.* -ан, -ана
зааванси́ровать, -рую, -рует
заадресо́ванный; *кр. ф.* -ан, -ана
заадресова́ть, -су́ю, -су́ет
заадресо́вывать(ся), -аю, -ает(ся)
заакти́рованный; *кр. ф.* -ан, -ана
заакти́ровать, -рую, -рует
Заала́йский хребе́т (*на Памире*)
заале́ть(ся), -е́ю(сь), -е́ет(ся)
заалта́рный
заалта́рье, -я, *р. мн.* -рий
заамво́нный
заамударьи́нский
заангажи́рованный; *кр. ф.* -ан, -ана
заангажи́ровать(ся), -рую(сь), -рует(ся)
зааплоди́ровать, -рую, -рует
Заара́лье, -я (*к* Ара́льское мо́ре, Ара́л)
заара́льский
заарендо́ванный; *кр. ф.* -ан, -ана
заарендова́ть, -ду́ю, -ду́ет
заарендо́вывать, -аю, -ает
зааресто́ванный; *кр. ф.* -ан, -ана
заарестова́ть, -ту́ю, -ту́ет
зааресто́вывать, -аю, -ает
заарка́ненный; *кр. ф.* -ен, -ена
заарка́нивать(ся), -аю, -ает(ся)
заарка́нить(ся), -ню, -нит(ся)

заарта́читься, -чусь, -чится
заархиви́рованный; *кр. ф.* -ан, -ана
заархиви́ровать(ся), -рую, -рует(ся)
заасфальти́рованный; *кр. ф.* -ан, -ана
заасфальти́ровать, -рую, -рует
заатланти́ческий
заатмосфе́рный
заа́хать, -аю, -ает
заба́ва, -ы
заба́вить, -влю, -вит
забавля́ть(ся), -я́ю(сь), -я́ет(ся)
заба́вник, -а
заба́вница, -ы, *тв.* -ей
заба́вно, *нареч. и в знач. сказ.*
заба́вность, -и
заба́вный; *кр. ф.* -вен, -вна
заба́гренный; *кр. ф.* -ен, -ена
заба́гривать(ся), -аю, -ает(ся)
заба́грить, -рю, -рит
Забайка́лье, -я (*к* Байка́л)
забайка́льский
Забайка́льский регио́н
забайка́льцы, -ев, *ед.* -лец, -льца, *тв.* -льцем
забаланси́ровать, -рую, -рует
забала́нсовый
забалде́ть, -е́ю, -е́ет
забалка́нский
забалласти́рованный; *кр. ф.* -ан, -ана
забалласти́ровать, -рую, -рует

забаллоти́рованный; *кр. ф.* -ан, -ана
забаллоти́ровать, -рую, -рует
забаллотиро́вывать(ся), -аю(сь), -ает(ся)
забало́ванный; *кр. ф.* -ан, -ана
забалова́ть(ся), -лу́ю(сь), -лу́ет(ся)
забало́вывать(ся), -аю, -ает(ся)
заба́лтывание, -я
заба́лтывать(ся), -аю(сь), -ает(ся)
забальзами́рованный; *кр. ф.* -ан, -ана
забальзами́ровать(ся), -рую, -рует(ся)
забараба́нить, -ню, -нит
забарахли́ть, -лю́, -ли́т
забара́хтаться, -аюсь, -ается
забаррикади́рованный; *кр. ф.* -ан, -ана
забаррикади́ровать(ся), -рую(сь), -рует(ся)
забаси́ть, -ашу́, -аси́т
забастко́м, -а
забастова́ть, -ту́ю, -ту́ет
забасто́вка, -и, *р. мн.* -вок
забасто́вочный
забасто́вщик, -а
забасто́вщица, -ы, *тв.* -ей
забаю́канный; *кр. ф.* -ан, -ана
забаю́кать, -аю, -ает
забаю́кивать(ся), -аю, -ает(ся)
забве́ние, -я
забве́нный
забе́г, -а

забега́ловка, -и, *р. мн.* -вок
забега́ние, -я
забе́ганный; *кр. ф.* -ан, -ана
забега́ть, -а́ю, -а́ет, *несов.* (*к* забежа́ть)
забе́гать(ся), -аю(сь), -ает(ся), *сов.* (*от* бе́гать)
забежа́ть, -егу́, -ежи́т, -егу́т
забелённый; *кр. ф.* -ён, -ена́
забеле́ть(ся), -е́ю, -е́ет(ся)
забе́ливание, -я
забе́ливатель, -я
забе́ливать(ся), -аю, -ает(ся)
забели́ть(ся), -елю́(сь), -е́ли́т(ся)
забе́лка, -и
забеля́ть(ся), -я́ю(сь), -я́ет(ся)
за́берег, -а и за́берега, -и
забере́меневшая
забере́менеть, -нею, -неет
забесе́доваться, -дуюсь, -дуется
забеспла́тно, *нареч.*
забеспоко́ить(ся), -о́ю(сь), -о́ит(ся)
за бесце́нок
забетони́рованный; *кр. ф.* -ан, -ана
забетони́ровать(ся), -рую, -рует(ся)
забива́ла, -ы, *м. и ж.*
забива́ние, -я
забива́ть(ся), -а́ю(сь), -а́ет(ся)
заби́вка, -и
забивно́й
забинто́ванный; *кр. ф.* -ан, -ана
забинтова́ть(ся), -ту́ю(сь), -ту́ет(ся)
забинто́вывать(ся), -аю(сь), -ает(ся)
забира́ние, -я
забира́ть(ся), -а́ю(сь), -а́ет(ся)
заби́тость, -и
заби́тый
заби́ть(ся), забью́(сь), забьёт(ся)
забия́ка, -и, *м. и ж.*
забия́чливость, -и
забия́чливый

забла́говестить, -ещу, -естит
заблаговре́менно, *нареч.*
заблаговре́менность, -и
заблаговре́менный; *кр. ф.* -менен и -мен, -менна
заблагорассу́дить(ся), -у́жу, -у́дит(ся)
заблагоуха́ть, -а́ю, -а́ет
заблажи́ть, -жу́, -жи́т
заблёванный; *кр. ф.* -ан, -ана
заблева́ть, -люю́, -люёт
заблёвывать(ся), -аю, -ает(ся)
заблесте́ть, -ещу́, -ести́т
забле́ять, -е́ю, -е́ет
заблиста́ть, -а́ю, -а́ет и -лещу́, -ле́щет
заблоки́рованный; *кр. ф.* -ан, -ана
заблоки́ровать(ся), -рую, -рует(ся)
заблуди́вший(ся)
заблуди́ть(ся), -ужу́(сь), -у́дит(ся)
заблу́дший
заблудя́щий
заблужда́ться, -а́юсь, -а́ется
заблужде́ние, -я
забода́ть, -а́ю, -а́ет
забо́й, -я
забо́йка, -и
забо́йный
забо́йщик, -а
забо́йщица, -ы, *тв.* -ей
забо́йщицкий
забола́чиваемость, -и
забола́чивание, -я
забола́чивать(ся), -аю, -ает(ся)
заболева́емость, -и
заболева́ние, -я
заболева́ть, -а́ю, -а́ет
заболе́ть[1], -е́ю, -е́ет (*к* боле́ть[1])
заболе́ть[2], -ли́т (*к* боле́ть[2])
заболо́нник, -а
за́боло́нный
за́болонь, -и
заболоти́ть(ся), -о́чу, -о́тит(ся)
заболо́тье, -я

заболо́ченность, -и
заболо́ченный; *кр. ф.* -ен, -ена
забо́лтанный; *кр. ф.* -ан, -ана
заболта́ть(ся), -а́ю(сь), -а́ет(ся)
забо́р, -а
забора́нивать(ся), -аю, -ает(ся)
забо́ристость, -и
забо́ристый
забо́ришко, -а и -и, *мн.* -шки, -шек, *м.*
забо́рище, -а, *мн.* -а и -и, -ищ, *м.*
забо́рка, -и, *р. мн.* -рок
забормота́ть, -очу́, -о́чет
забо́рный
заборонённый; *кр. ф.* -ён, -ена́
забороні́ть, -ню́, -ни́т
заборо́нованный; *кр. ф.* -ан, -ана
заборонова́ть, -ну́ю, -ну́ет
забо́ртный
забо́рчик, -а
забо́та, -ы
забо́тить(ся), -о́чу(сь), -о́тит(ся)
забо́тливость, -и
забо́тливый
забо́тный; *кр. ф.* -тен, -тна
забо́тящий(ся)
забоя́ться, -ою́сь, -ои́тся
забрако́ванный; *кр. ф.* -ан, -ана
забракова́ть, -ку́ю, -ку́ет
забрако́вывать(ся), -аю, -ает(ся)
забра́ло, -а
забра́льный (*от* забра́ло)
забрани́ть(ся), -ню́(сь), -ни́т(ся)
за́бранный, *кр. ф.* -ан, -ана
забра́сывание, -я
забра́сыватель, -я
забра́сывать(ся), -аю(сь), -ает(ся)
забра́ть(ся), заберу́(сь), заберёт(ся); *прош.* -а́л(ся), -ала́(сь), -а́ло, -а́ло́сь
забреда́ть, -а́ю, -а́ет
забре́дить, -е́жу, -е́дит
забре́дший
забре́зжить(ся), -ит(ся)
забренча́ть, -чу́, -чи́т

ЗАБРЕСТИ

забрести́, -еду́, -едёт, *прош.* -ёл, -ела́
забрива́ть(ся), -а́ю(сь), -а́ет(ся)
забри́тый
забри́ть, -ре́ю, -ре́ет
заброди́ть, -ожу́, -о́дит
заброни́рованный; *кр. ф.* -ан, -ана (*от* заброни́ровать)
забронио́ванный; *кр. ф.* -ан, -ана (*от* забронирова́ть)
заброни́ровать(ся), -рую(сь), -рует(ся) (*закрепи́ть(ся)*)
забронирова́ть(ся), -ру́ю(сь), -ру́ет(ся) (*покры́ть(ся) бронёй*)
забро́с, -а
забро́санный; *кр. ф.* -ан, -ана (*от* заброса́ть)
заброса́ть, -а́ю, -а́ет
забро́сить, -о́шу, -о́сит
забро́ска, -и
забро́шенность, -и
забро́шенный; *кр. ф.* -ен, -ена (*от* забро́сить)
забры́зганный; *кр. ф.* -ан, -ана
забры́згать(ся), -аю(сь), -ает(ся) и -зжу(сь), -зжет(ся)
забры́згивать(ся), -аю(сь), -ает(ся)
забрыка́ть(ся), -а́ю(сь), -а́ет(ся)
забрюзжа́ть, -жу́, -жи́т
забрюха́теть, -ею, -еет
забряца́ть, -а́ю, -а́ет
забубённый
забубни́ть, -ню́, -ни́т
забуго́рный
забуго́рье, -я
забукси́ровать, -рую, -рует
забуксова́ть, -су́ю, -су́ет
забулды́га, -и, *м. и ж.*
забулды́жка, -и, *р. мн.* -жек, *м. и ж.*
забулды́жный
забултыха́ть(ся), -а́ю(сь), -а́ет(ся)
забу́лькать, -аю, -ает
забунтова́ть, -ту́ю, -ту́ет
забурённый; *кр. ф.* -ён, -ена́
забуре́ть, -е́ю, -е́ет
забу́ривание, -я
забу́ривать(ся), -аю(сь), -ает(ся)
забури́ть(ся), -рю́(сь), -ри́т(ся)
забурли́ть, -и́т
забу́рник, -а
забурто́ванный; *кр. ф.* -ан, -ана
забуртова́ть, -ту́ю, -ту́ет
забурча́ть, -чу́, -чи́т
забу́тить, -у́чу, -у́тит
забу́тка, -и
забу́то́вка, -и
забу́хать, -аю, -ает, *сов.* (*к* бу́хать)
забуха́ть, -а́ет, *несов.* (*к* забу́хнуть)
забу́хнуть, -нет; *прош.* -у́х, -у́хла
забу́хший
забу́ченный; *кр. ф.* -ен, -ена
забу́чивать(ся), -аю, -ает(ся)
забу́чить, -чу, -чит
забушева́ть, -шу́ю, -шу́ет
забуя́нить, -ню, -нит
забыва́ние, -я
забыва́ть(ся), -а́ю(сь), -а́ет(ся)
забы́вчивость, -и
забы́вчивый
забытови́ть, -влю́, -ви́т
забытовлённый; *кр. ф.* -ён, -ена́
забытовля́ть(ся), -я́ю, -я́ет(ся)
забы́тый
забытьё, -я́, *предл.* в забытьи́
забы́ть(ся), забу́ду(сь), забу́дет(ся)
забюллете́нить, -ню, -нит
забюрократизи́рованный; *кр. ф.* -ан, -ана
забюрокра́тить(ся), -а́чу(сь), -а́тит(ся)
забюрокра́ченный; *кр. ф.* -ен, -ена
забюрокра́чивать(ся), -аю(сь), -ает(ся)
зав... — *первая часть сложных слов, пишется слитно*
зав, -а
зава́жживание, -я
зава́жживать(ся), -аю, -ает(ся)
зава́жничать(ся), -аю(сь), -ает(ся)
зава́л, -а
зава́ленный; *кр. ф.* -ен, -ена (*от* завали́ть)
зава́ливание, -я
зава́ливать(ся), -аю(сь), -ает(ся)
зава́лина, -ы
зава́линка, -и, *р. мн.* -нок
завали́ть(ся), -алю́(сь), -а́лит(ся)
зава́лка, -и
зава́лочный
завалу́ненный; *кр. ф.* -ен, -ена
за́валь, -и
зава́льный
зава́льщик, -а
завалю́ха, -и
завалю́шка, -и, *р. мн.* -шек
заваля́нный; *кр. ф.* -ян, -яна (*от* заваля́ть)
заваля́ть(ся), -я́ю, -я́ет(ся)
заваля́щенький
заваля́щий
зава́ренный; *кр. ф.* -ен, -ена
зава́ривание, -я
зава́ривать(ся), -аю, -ает(ся)
завари́ть(ся), -арю́, -а́рит(ся)
зава́рка, -и
зава́рник, -а
заварно́й
зава́рочный
завару́ха, -и
завару́шка, -и, *р. мн.* -шек
зава́рщик, -а
зава́рщица, -ы, *тв.* -ей
завба́зой, *нескл., м. и ж.*
завга́р, -а
завева́ть(ся), -а́ю, -а́ет(ся) (*к* ве́ять)
заведе́ние, -я
заведённый; *кр. ф.* -ён, -ена́
заведе́ньице, -а
заве́дование, -я
заве́довать, -дую, -дует
заве́домый
заве́дующая, -ей

заве́дующий, -его
заве́дший(ся)
завезённый; кр. ф. -ён, -ена́
завезти́, -зу́, -зёт; прош. -ёз, -езла́
завёзший
завербо́ванный; кр. ф. -ан, -ана
завербова́ть(ся), -бу́ю(сь), -бу́ет(ся)
завербо́вывание, -я
завербо́вывать(ся), -аю(сь), -ает(ся)
заверезжа́ть, -жу́, -жи́т
заве́рение, -я
заве́ренный; кр. ф. -ен, -ена
завереща́ть, -щу́, -щи́т
завери́тель, -я
завери́тельница, -ы, тв. -ей
заве́рить, -рю, -рит
заве́рка, -и, р. мн. -рок
завёрнутый
заверну́ть(ся), -ну́(сь), -нёт(ся)
завёрстанный; кр. ф. -ан, -ана
заверста́ть(ся), -а́ю, -а́ет(ся)
завёрстывать(ся), -аю, -ает(ся)
заверте́ть(ся), ерчу́(сь), -е́ртит(ся)
завёртка, -и, р. мн. -ток
завёрточница, -ы, тв. -ей
завёрточный
завёртчица, -ы, тв. -ей
завёртывание, -я
завёртывать(ся), -аю(сь), -ает(ся)
за́верть, -и
заве́рченный; кр. ф. -ен, -ена
заверша́ть(ся), -а́ю, -а́ет(ся)
заверша́ющий(ся)
заверше́ние, -я
заверше́нность, -и
завершённый; кр. ф. -ён, -ена́
заверши́тель, -я
заверши́ть(ся), -шу́, -ши́т(ся)
заверя́ть(ся), -я́ю, -я́ет(ся)
за́вес, -а (устар. к заве́са)
заве́са, -ы
заве́сить(ся), -е́шу(сь), -е́сит(ся)

завести́(сь), -еду́(сь), -едёт(ся); прош. -ёл(ся), -ела́(сь)
заве́т, -а (наставление, совет последователям, потомкам) и Заве́т, -а (библ.: скрижа́ли Заве́та, ковче́г Заве́та, Ве́тхий Заве́т, Но́вый Заве́т)
Заветлу́жье, -я (к Ветлу́га)
заве́тный
завето́ванный; кр. ф. -ан, -ана (от ве́то)
заветова́ть, -ту́ю, -ту́ет (от ве́то)
заве́тревший(ся)
заве́тренный
заве́треть(ся), -реет(ся)
заве́трие, -я
завечере́ть, -е́ет
завечеря́ть, -я́ю, -я́ет
заве́шанный; кр. ф. -ан, -ана (от заве́шать)
заве́шать(ся), -аю(сь), -ает(ся)
заве́шенный; кр. ф. -ен, -ена (от заве́сить)
заве́шивание, -я
заве́шивать(ся), -аю(сь), -ает(ся)
завеща́ние, -я
завеща́нный; кр. ф. -ан, -ана
завеща́тель, -я
завеща́тельница, -ы, тв. -ей
завеща́тельный
завеща́ть(ся), -а́ю, -а́ет(ся)
заве́янный; кр. ф. -ян, -яна
заве́ять, -е́ю, -е́ет
завзя́тый
завибри́ровать, -рую, -рует
завива́ние, -я
завива́ть(ся), -а́ю(сь), -а́ет(ся) (к вить)
зави́вка, -и, р. мн. -вок
зави́вочный
зави́деть, -и́жу, -и́дит
зави́дки: зави́дки беру́т
завидне́ться, -е́ется
зави́дно, в знач. сказ.
зави́дный; кр. ф. -ден, -дна
зави́довать, -дую, -дует

завиду́щий
завизжа́ть, -жу́, -жи́т
завизи́рованный; кр. ф. -ан, -ана
завизи́ровать, -рую, -рует
завиля́ть, -я́ю, -я́ет
завинти́ть(ся), -инчу́, -инти́т(ся)
зави́нченный; кр. ф. -ен, -ена
зави́нчивание, -я
зави́нчивать(ся), -аю, -ает(ся)
завира́льный
завира́ться, -а́юсь, -а́ется
завиру́ха, -и
завиру́шка, -и, р. мн. -шек
завиру́щий
извиса́ние, -я
извиса́ть, -а́ю, -а́ет
зави́сеть, -и́шу, -и́сит
зави́симость, -и
зави́симый
зави́снуть, -ну, -нет; прош. зави́с, зави́сла
зави́стливость, -и
зави́стливый
зави́стник, -а
зави́стница, -ы, тв. -ей
зави́стный; кр. ф. -тен, -тна
за́висть, -и
зави́сший
зави́сящий
завито́й, прил.
завито́к, -тка́
завито́чек, -чка
завиту́шечка, -и, р. мн. -чек
завиту́шка, -и, р. мн. -шек
зави́тый; кр. ф. за́вит, завита́, за́вито, прич.
зави́ть(ся), завью́(сь), завьёт(ся); прош. -и́л(ся), -ила́(сь), -и́ло, -и́ло́сь
завихля́ть(ся), -я́ю(сь), -я́ет(ся)
завихре́ние, -я
завихри́ть(ся), -и́хрю́(сь), -и́хри́т(ся)
завка́драми, нескл., м. и ж.
завка́федрой, нескл., м. и ж.
завклу́бом, нескл., м. и ж.

завко́м, -а
завко́мовский
завла́б, -а
завлаборато́рией, нескл., м. и ж.
завладева́ть, -а́ю, -а́ет
завладе́ние, -я
завладе́ть, -е́ю, -е́ет
завлажне́ть, -е́ет
завлека́лка, -и, р. мн. -лок
завлека́ловка, -и, р. мн. -вок
завлека́лочка, -и, р. мн. -чек
завлека́тельность, -и
завлека́тельный; кр. ф. -лен, -льна
завлека́ть(ся), -а́ю(сь), -а́ет(ся)
завлёкший(ся)
завлече́ние, -я
завлечённый; кр. ф. -ён, -ена́
завле́чь(ся), -еку́(сь), -ечёт(ся), -еку́т(ся); прош. -ёк(ся), -екла́(сь)
завли́т, -а
завма́г, -а
завма́говский
заво́д, -а; но (в названиях населенных пунктов) Заво́д, -а, напр.: Петро́вский Заво́д, Полотня́ный Заво́д
заво́д-автома́т, заво́да-автома́та
заво́д-изготови́тель, заво́да-изготови́теля
заво́дик, -а
заводи́ла, -ы, м. и ж.
заводи́ловка, -и, р. мн. -вок
заводи́ть(ся), -ожу́(сь), -о́дит(ся)
заводи́шко, -а и -и, мн. -шки, -шек, м.
заво́дище, -а, мн. -а и -и, -ищ, м.
заво́дка, -и
заводне́ние, -я
заводнённый; кр. ф. -ён, -ена́
заводни́ть(ся), -ню́, -ни́т(ся)
заводно́й
заводня́ть(ся), -я́ю, -я́ет(ся)
заводоуправле́ние, -я
заво́д-поставщи́к, заво́да-поставщика́

заво́дский и заводско́й
заводча́нин, -а, мн. -а́не, -а́н
заво́дчик, -а
заво́дчица, -ы, тв. -ей
за́водь, -и
завоева́ние, -я
завоёванный; кр. ф. -ан, -ана
завоева́тель, -я, но: Вильге́льм Завоева́тель
завоева́тельница, -ы, тв. -ей
завоева́тельный
завоева́ть(ся), завою́ю(сь), завою́ет(ся)
завоёвывание, -я
завоёвывать(ся), -аю(сь), -ает(ся)
заво́женный; кр. ф. -ен, -ена (от заводи́ть и завози́ть)
заво́жжанный; кр. ф. -ан, -ана (от завожжа́ть)
завожжа́ть, -а́ю, -а́ет
заво́з, -а
завози́ть(ся), -ожу́(сь), -о́зит(ся)
заво́зка, -и
заво́зный
заво́зня, -и, р. мн. -зен
заво́зчик, -а
завола́кивать(ся), -аю, -ает(ся)
заво́лжский
Заво́лжье, -я (к Во́лга)
заволнова́ть(ся), -ну́ю(сь), -ну́ет(ся)
за́волока, -и
заволоки́тить(ся), -и́чу, -и́тит(ся)
заволоки́ченный; кр. ф. -ен, -ена
заволоки́чивать(ся), -аю, -ает(ся)
заволо́кший(ся)
заволочённый; кр. ф. -ён, -ена́
за́волочье, -я, р. мн. -чий (местность за волоком, волоками) и Заволо́чье, -я (ист. территория на севере Европейской России)
заволо́чь(ся), -локу́, -лочёт(ся), -локу́т(ся); прош. -ло́к(ся), -локла́(сь)

завоня́ть, -я́ю, -я́ет
завоображáть, -а́ю, -а́ет
завопи́ть, -плю́, -пи́т
завора́живание, -я
завора́живать(ся), -аю(сь), -ает(ся)
завора́живающе, нареч.
завора́живающий(ся)
завора́чивание, -я
завора́чивать(ся), -аю(сь), -ает(ся)
заворкова́ть, -ку́ю, -ку́ет
заворожённо, нареч.
заворожённость, -и
заворожённый; кр. ф. -ён, -ена́
заворожи́ть(ся), -жу́(сь), -жи́т(ся)
заво́рот, -а (загиб: заворот кишо́к)
За́ворот, -а: Ру́сский За́ворот (мыс у Баренцева моря)
заворо́т, -а (поворот)
завороти́ть(ся), -очу́(сь), -о́тит(ся)
заворо́чать(ся), -аю(сь), -ает(ся)
заворо́ченный; кр. ф. -ен, -ена (от заворотить)
завороши́ть(ся), -шу́(сь), -ши́т(ся)
заворо́шка, -и, р. мн. -шек
заворча́ть, -чу́, -чи́т
завотде́лом, нескл., м. и ж.
завпроизво́дством, нескл., м. и ж.
завра́ться, -русь, -рётся; прош. -а́лся, -ала́сь, -а́ло́сь
завреда́кцией, нескл., м. и ж.
за́все, нареч.
завсегда́
завсегда́тай, -я
завсегда́шний
завсе́ктором, нескл., м. и ж.
за всё про всё
завскла́дом, нескл., м. и ж.
за́втра, нареч. и нескл., с.; к за́втраму (прост.)
за́втрак, -а
за́втракать, -аю, -ает

завтра-послезавтра
завтрашний
завуалированный; *кр. ф.* -ан, -ана
завуалировать, -рую, -рует
завуч, -а, *тв.* -ем
завфермой, *нескл., м. и ж.*
завхоз, -а
завхозовский
завшивевший
завшиветь, -ею, -еет
завшивленный; *кр. ф.* -ен, -ена
завывание, -я
завывать, -аю, -ает
завысить, -ышу, -ысит
завыть, завою, завоет
завышать(ся), -аю, -ает(ся)
завышение, -я
завышенный; *кр. ф.* -ен, -ена
завьюжить, -ит
завьюченный; *кр. ф.* -ен, -ена
завьючивать(ся), -аю, -ает(ся)
завьючить, -чу, -чит
завядание, -я
завядать, -ает
завядший
завязанный; *кр. ф.* -ан, -ана
завязать, -аю, -ает, *несов.* (*к* завязнуть)
завязать(ся), -яжу, -яжет(ся), *сов.* (*от* вязать)
завязить, -ит
завязка, -и, *р. мн.* -зок
завязнувший
завязнуть, -ну, -нет; *прош.* -яз, -язла
завязочка, -и, *р. мн.* -чек
завязший
завязывание, -я
завязывать(ся), -аю, -ает(ся)
завязь, -и
завяленный; *кр. ф.* -ен, -ена
завяливание, -я
завяливать(ся), -аю, -ает(ся)
завялить(ся), -лю, -лит(ся)
завялочный

завялый
завянувший
завянуть, -ну, -нет; *прош.* -ял, -яла
загаданный; *кр. ф.* -ан, -ана
загадать, -аю, -ает
загадить(ся), -ажу(сь), -адит(ся)
загадка, -и, *р. мн.* -док
загадочка, -и, *р. мн.* -чек
загадочность, -и
загадочный; *кр. ф.* -чен, -чна
загадчик, -а
загадывание, -я
загадывать(ся), -аю, -ает(ся)
загаженный; *кр. ф.* -ен, -ена
загаживать(ся), -аю(сь), -ает(ся)
загазованность, -и
загазованный; *кр. ф.* -ан, -ана
загалдеть, -дит
загар, -а
загарпуненный; *кр. ф.* -ен, -ена
загарпунивание, -я
загарпунивать(ся), -аю, -ает(ся)
загарпунить, -ню, -нит
загасать, -ает (*к* гаснуть)
загасить(ся), -ашу, -асит(ся)
загаснуть, -нет; *прош.* загас, загасла
загасший
загатить, -ачу, -атит
загаченный; *кр. ф.* -ен, -ена
загачивание, -я
загачивать(ся), -аю, -ает(ся)
загашать(ся), -аю, -ает(ся) (*к* гасить)
загашенный; *кр. ф.* -ен, -ена
загашник, -а
загащиваться, -аюсь, -ается
загвазданный; *кр. ф.* -ан, -ана
загваздать(ся), -аю(сь), -ает(ся)
загваздывать(ся), -аю(сь), -ает(ся)
загвоздить, -зжу, -здит
загвоздка, -и, *р. мн.* -док
загвоздочка, -и, *р. мн.* -чек
загерметизированный; *кр. ф.* -ан, -ана

загерметизировать(ся), -рую, -рует(ся)
загиб, -а
загибание, -я
загибать(ся), -аю(сь), -ает(ся)
загибка, -и
загибон, -а
загибочный
загибщик, -а
загипнотизированный; *кр. ф.* -ан, -ана
загипнотизировать(ся), -рую(сь), -рует(ся)
загипсованный; *кр. ф.* -ан, -ана
загипсовать(ся), -сую, -сует(ся)
заглавие, -я
заглавный
загладить(ся), -ажу, -адит(ся)
заглаженный; *кр. ф.* -ен, -ена
заглаживание, -я
заглаживать(ся), -аю, -ает(ся)
за глаза
заглазеться, -еюсь, -еется
заглазный
заглатывание, -я
заглатывать(ся), -аю, -ает(ся)
заглот, -а
заглотанный; *кр. ф.* -ан, -ана
заглотать, -аю, -ает
заглотнуть, -ну, -нёт
заглохлый
заглохнуть, -ну, -нет; *прош.* -ох, -охла
заглохший
заглубить, -блю, -бит
заглубление, -я
заглублённость, -и
заглублённый; *кр. ф.* -ён, -ена
заглублять(ся), -яю, -яет(ся)
заглушать(ся), -аю, -ает(ся)
заглушение, -я
заглушённый; *кр. ф.* -ён, -ена
заглушить(ся), -шу, -шит(ся)
заглушка, -и, *р. мн.* -шек
заглушье, -я, *р. мн.* -ший
загляд, -а

ЗАГЛЯДЕНЬЕ

загляде́нье, -я
загляде́ться, -яжу́сь, -яди́тся
загля́дывание, -я
загля́дывать(ся), -аю(сь), -ает(ся)
загляну́ть, -яну́, -я́нет
заглянцеве́ть, -е́ет
загна́ивание, -я
загна́ивать(ся), -аю, -ает(ся)
за́гнанность, -и
за́гнанный; кр. ф. -ан, -ана
загна́ть(ся), загоню́(сь), заго́нит(ся); прош. -а́л(ся), -ала́(сь), -а́ло(сь)
загнётка, -и, р. мн. -ток
загнива́ние, -я
загнива́ть, -а́ю, -а́ет
загни́ть, загнию́, загниёт; прош. -и́л, -ила́, -и́ло
загноённый; кр. ф. -ён, -ена́
загнои́ть(ся), -ою́, -ои́т(ся)
за́гнутый
загну́ть(ся), -ну́(сь), -нёт(ся)
загобо́н, -а
загова́ривание, -я
загова́ривать(ся), -аю(сь), -ает(ся)
за́говенье, -я
загове́ться, -е́юсь, -е́ется
за́говины, -ин
заговля́ться, -я́юсь, -я́ется
за́говор, -а
заговорённый; кр. ф. -ён, -ена́
заговори́ть(ся), -рю́(сь), -ри́т(ся)
загово́рный
загово́рщик, -а
загово́рщица, -ы, тв. -ей
загово́рщицкий
загово́рщический
заготота́ть, заготочу́, заготочет
загулина, -ы
загу́линка, -и, р. мн. -нок
загу́ля, -и, р. мн. -уль и -у́лей
за́годя
заголённый; кр. ф. -ён, -ена́
заголи́ть(ся), -лю́(сь), -ли́т(ся)
заголо́вник, -а

заголо́вок, -вка
заголо́вочек, -чка
заголо́вочный
заголода́ть(ся), -а́ю(сь), -а́ет(ся)
заголоси́ть, -ошу́, -оси́т
заголубе́ть, -е́ет
заголя́ть(ся), -я́ю(сь), -я́ет(ся)
загомони́ть, -ню́, -ни́т
заго́н, -а
заго́нка, -и, р. мн. -нок
заго́нный
заго́нчик, -а
заго́нщик, -а
загоня́ть(ся), -я́ю(сь), -я́ет(ся)
загора́живание, -я
загора́живать(ся), -аю(сь), -ает(ся)
загора́ние, -я
загора́ть(ся), -а́ю(сь), -а́ет(ся)
заго́рбок, -бка
загорди́ться, -ржу́сь, -рди́тся
загорева́ть, -рю́ю, -рю́ет
загоре́лый
загоре́ть(ся), -рю́(сь), -ри́т(ся)
загоризо́нтный
загорла́нить, -ню, -нит
за́ город (вы́ехать за́ город)
за́город, -а (ле́том предпочита́ю за́город)
загоро́да, -ы (изгородь)
загороди́ть(ся); -ожу́(сь), -о́дит(ся)
загоро́дка, -и, р. мн. -док
за́городный
за́ городом (жи́ть за́ городом)
загоро́женный; кр. ф. -ен, -ена
заго́рье, -я, р. мн. -рий (местность за горой, горами) и Заго́рье, -я (местность в Москве; поселок, село)
загорячи́ться, -чу́сь, -чи́тся
загости́ться, -ощу́сь, -ости́тся
загота́вливание, -я
загота́вливать(ся), -аю, -ает(ся)
заготконто́ра, -ы
загото́витель, -я

загото́вительница, -ы, тв. -ей
загото́вительно-заку́почный
загото́вительный
загото́вить, -влю, -вит
загото́вка, -и, р. мн. -вок
заготовле́ние, -я
загото́вленный; кр. ф. -ен, -ена
заготовля́ть(ся), -я́ю, -я́ет(ся)
загото́вочный
загото́вщик, -а
загото́вщица, -ы, тв. -ей
заготпу́нкт, -а
заготцена́, -ы́, мн. -це́ны, -це́н
заграба́станный; кр. ф. -ан, -ана
заграба́стать, -аю, -ает
заграба́стывать(ся), -аю, -ает(ся)
загради́тель, -я
загради́тельный
загради́ть, -ажу́, -ади́т
заградотря́д, -а
загражда́ть(ся), -а́ю, -а́ет(ся)
загражде́ние, -я
заграждённый; кр. ф. -ён, -ена́
заграни́ца, -ы, тв. -ей (торго́вля с заграни́цей, люби́ть заграни́цу)
за грани́цей (жи́ть за грани́цей)
за грани́цу (е́хать за грани́цу)
заграни́чный
загра́нка, -и, р. мн. -нок
загранкомандиро́вка, -и, р. мн. -вок
загранпа́спорт, -а
загранпла́вание, -я
загранпое́здка, -и, р. мн. -док
загранпредстави́тельство, -а
загранрабо́та, -ы
загранре́йс, -а
загрантури́зм, -а
загранучрежде́ния, -ий, ед. -ние, -я
загреба́ние, -я
загреба́ть(ся), -а́ю(сь), -а́ет(ся)
загребённый; кр. ф. -ён, -ена́
загрёбистый
загребно́й
за́гребский (от За́греб)

загребу́щий: ру́ки загребу́щие
загребцы́, -о́в, *ед.* -бе́ц, -бца́, *тв.* -бцо́м
загрёбший
загреме́ть, -млю́, -ми́т
загрести́(сь), -ребу́(сь), -ребёт(ся); *прош.* -рёб(ся), -ребла́(сь)
загри́вок, -вка
загри́вочек, -чка
загримиро́ванный; *кр. ф.* -ан, -ана
загримирова́ть(ся), -ру́ю(сь), -ру́ет(ся)
загримиро́вывать(ся), -аю(сь), -ает(ся)
загриппова́ть, -пу́ю, -пу́ет
загро́бить(ся), -блю, -бит(ся)
загро́бленный; *кр. ф.* -ен, -ена
загро́бный
загроможда́ть(ся), -а́ю, -а́ет(ся)
загроможде́ние, -я
загромождённый; *кр. ф.* -ён, -ена́
загромозди́ть, -зжу́, -зди́т
загромыха́ть, -а́ю, -а́ет
загро́хать, -аю, -ает
загрохота́ть, -хочу́, -хо́чет
загрубе́лость, -и
загрубе́лый
загрубе́ть, -е́ю, -е́ет
загруди́нный
за грудки́ (взя́ть, схвати́ть)
загружа́ть(ся), -а́ю(сь), -а́ет(ся)
загру́женность, -и и загружённость, -и
загру́женный; *кр. ф.* -ен, -ена и загружённый; *кр. ф.* -ён, -ена́
загрузи́ть(ся), -ужу́(сь), -у́зи́т(ся)
загру́зка, -и, *р. мн.* -зок
загру́знувший
загру́знуть, -ну, -нет; *прош.* -у́знул и -у́з, -у́зла
загру́зочный
загру́зчик, -а
загру́зший
загрунто́ванный; *кр. ф.* -ан, -ана
загрунтова́ть(ся), -ту́ю, -ту́ет(ся)

загрунто́вывание, -я
загрунто́вывать(ся), -аю, -ает(ся)
загрусти́ть(ся), -ущу́, -усти́т(ся)
загрыза́ть(ся), -а́ю, -а́ет(ся)
загры́зенный; *кр. ф.* -ен, -ена
загры́зть(ся), -зу́, -зёт(ся); *прош.* -ы́з(ся), -ы́зла(сь)
загры́зший(ся)
загрязне́ние, -я
загрязнённость, -и
загрязнённый; *кр. ф.* -ён, -ена́
загрязни́тель, -я
загрязни́ть(ся), -ню́(сь), -ни́т(ся)
загря́знуть, -ну, -нет; *прош.* -я́з, -я́зла
загрязня́ть(ся), -я́ю(сь), -я́ет(ся)
загря́зший
загс, -а и ЗАГС, -а и *неизм.* (отдел ЗА́ГС) (*сокр.*: запись актов гражданского состояния)
за́гсовский (*от* загс, ЗАГС)
загуби́ть(ся), -ублю́, -у́бит(ся)
загу́бленный; *кр. ф.* -ен, -ена
загу́бник, -а
загуде́ть, -ужу́, -уди́т
загудрони́рованный; *кр. ф.* -ан, -ана
загудрони́ровать, -рую, -рует
загу́л, -а
загу́ливать(ся), -аю(сь), -ает(ся)
загу́льный
загуля́ть(ся), -я́ю(сь), -я́ет(ся)
загуме́нники, -ов
загуме́нный
загу́менье, -я, *р. мн.* -ний
загустева́ть, -а́ет
загусте́лый
загусте́ние, -я
загусте́ть, -е́ет
загусти́тель, -я
загусти́ть(ся), -ущу́, -усти́т(ся)
загута́рить(ся), -рю(сь), -рит(ся) и загуто́рить(ся), -рю(сь), -рит(ся)
загуща́ть(ся), -а́ю, -а́ет(ся)

загущённый; *кр. ф.* -ён, -ена́
зад, -а, *предл.* в (на) заду́, *мн.* -ы́, -о́в
зада́бривание, -я
зада́бривать(ся), -аю(сь), -ает(ся)
задава́ка, -и, *м. и ж.*
задава́ла, -ы, *м. и ж.*
задава́ть(ся), задаю́(сь), задаёт(ся)
задави́ть(ся), -авлю́(сь), -а́вит(ся)
зада́вленность, -и
зада́вленный; *кр. ф.* -ен, -ена
зада́вливать(ся), -аю(сь), -ает(ся)
за да́вностью
зада́вший(ся)
зада́лбливание, -я
зада́лбливать(ся), -аю, -ает(ся)
зада́ние, -я
зада́ние-те́ст, зада́ния-те́ста
за́данность, -и
за́данный; *кр. ф.* -ан, задана́, -ано
зада́ренный; *кр. ф.* -ен, -ена
зада́ривание, -я
зада́ривать(ся), -аю(сь), -ает(ся)
задари́ть, -арю́, -а́рит
задарма́, *нареч.*
зада́ром, *нареч.*
зада́стый
зада́тки, -ов (*зачатки способностей*)
зада́ток, -тка (*деньги*)
зада́ть(ся), -а́м(ся), -а́шь(ся), -а́ст(ся), -ади́м(ся), -ади́те(сь), -аду́т(ся); *прош.* за́дал, задался́, задала́(сь), за́дало, задало́сь
зада́ча, -и, *тв.* -ей
зада́ча-ма́ксимум, зада́чи-ма́ксимум
зада́ча-ми́нимум, зада́чи-ми́нимум
зада́чка, -и, *р. мн.* -чек
зада́чник, -а
задаю́щий(ся)
задвига́ние, -я
задви́гать(ся), -аю(сь), -ает(ся) и -и́жется, *сов.* (*начать дви́гать(ся)*)

задвига́ть(ся), -а́ю, -а́ет(ся), несов. (к задви́нуть)
задви́жка, -и, р. мн. -жек
задвижно́й
задви́нутый
задви́нуть(ся), -ну, -нет(ся)
задвои́ться, -и́тся
за двои́х
задво́рки, -рок (место за дворами; на задворках)
задво́рок, -рка (задняя часть двора, задний двор)
задво́рье, -я, р. мн. -рий
задева́ть(ся), -а́ю(сь), -а́ет(ся)
заде́йствование, -я
заде́йствованный; кр. ф. -ан, -ана
заде́йствовать(ся), -твую(сь), -твует(ся)
задеклами́ровать, -рую, -рует
задеклари́рованный; кр. ф. -ан, -ана
задеклари́ровать, -и́рую, -и́рует
задекори́рованный; кр. ф. -ан, -ана
задекори́ровать(ся), -и́рую, -и́рует(ся)
заде́л, -а
заде́ланный; кр. ф. -ан, -ана
заде́лать(ся), -аю(сь), -ает(ся)
заде́лка, -и, р. мн. -лок
заде́лывание, -я
заде́лывать(ся), -аю(сь), -ает(ся)
заде́лье, -я, р. мн. -лий
заде́льный
за́ день
задёрганность, -и
задёрганный; кр. ф. -ан, -ана
задёргать(ся), -аю(сь), -ает(ся)
задёргивание, -я
задёргивать(ся), -аю(сь), -ает(ся)
задеревене́лый
задеревене́ть, -е́ю, -е́ет
задержа́ние, -я
заде́ржанный; кр. ф. -ан, -ана

задержа́ть(ся), -ержу́(сь), -е́ржит(ся)
заде́рживание, -я
заде́рживать(ся), -аю(сь), -ает(ся)
заде́ржка, -и, р. мн. -жек
задерне́лость, -и
задерне́лый
задерне́ние, -я
задерне́ть(ся), -е́ет(ся)
задернова́нный; кр. ф. -ан, -ана
задернова́ть(ся), -ну́ю, -ну́ет(ся)
задерно́вывание, -я
задерно́вывать(ся), -аю, -ает(ся)
задёрнутый
задёрнуть(ся), -ну(сь), -нет(ся)
за десятеры́х
заде́тый
заде́ть, -е́ну, -е́нет
за́дешево и задёшево, нареч.
зади́ра, -ы, м. и ж.
задира́ла, -ы, м. и ж. (задира)
задира́ние, -я
задира́ть(ся), -а́ю(сь), -а́ет(ся)
зади́ристость, -и
зади́ристый
задича́ть, -а́ю, -а́ет
заднегру́дь, -и́ и -и, предл. в (на) заднегруди́
заднежа́берные, -ых
задненёбный
заднеприводно́й
заднепро́вский
Заднепро́вье, -я (к Днепр)
заднепрохо́дный
заднескаме́ечник, -а
заднеязы́чный
за́дний
за́дник, -а
за́дница, -ы, тв. -ей
задо́бренный; кр. ф. -ен, -ена
задо́брить, -рю, -рит
задожди́ть, -и́т
задо́к, задка́
задокументи́рованный; кр. ф. -ан, -ана
задокументи́ровать, -рую, -рует

задолби́ть, -блю́, -би́т
задо́лбленный; кр. ф. -ен, -ена
задо́лго, нареч.
задолжа́ть(ся), -а́ю(сь), -а́ет(ся)
задо́лженность, -и
задо́лжник, -а
задо́лжница, -ы, тв. -ей
за́дом, нареч.
за́дом наперёд
задо́нский (от Дон и Задо́нск); но: Ти́хон Задо́нский
задо́нцы, -ев, ед. -нец, -нца, тв. -нцем
Задо́нщина, -ы (к Дон)
Задо́нье, -я (к Дон)
задо́р, -а и -у
задо́рец, -рца и -рцу, тв. -рцем
задо́рина, -ы
задо́ринка, -и, р. мн. -нок
задо́ристый
задо́рить(ся), -рю(сь), -рит(ся)
задо́рность, -и
задо́рный; кр. ф. -рен, -рна
за́дорого, нареч.
задо́рящий(ся)
задосто́йник, -а
задохну́вшийся
задо́хнуться, -нется; прош. -о́хся, -о́хлась (стать затхлым)
задохну́ться, -ну́сь, -нётся; прош. -ну́лся, -ну́лась (к задыха́ться)
задо́хшийся
задра́енный; кр. ф. -ен, -ена
задразнённый; кр. ф. -ён, -ена́
задра́знивать, -аю, -ает
задразни́ть, -азню́, -а́знит
задра́ивание, -я
задра́ивать(ся), -аю(сь), -ает(ся)
задра́ить(ся), -а́ю(сь), -а́ит(ся)
задра́йка, -и, р. мн. -а́ек
за́дранный; кр. ф. -ан, -ана
задрапиро́ванный; кр. ф. -ан, -ана
задрапирова́ть(ся), -ру́ю(сь), -ру́ет(ся)
задрапиро́вывание, -я

задрапиро́вывать(ся), -аю(сь), -ает(ся)
задра́ть(ся), задеру́(сь), задерёт(ся); прош. -а́л(ся), -ала́(сь), -а́ло, -а́лось
задрафто́ванный; кр. ф. -ан, -ана
задрафтова́ть(ся), -ту́ю(сь), -ту́ет(ся)
задребезжа́ть, -жи́т
задрема́ть(ся), -емлю́, -е́млет(ся)
задрёмывание, -я
задрёмывать, -аю, -ает
задри́панный; кр. ф. -ан, -ана
задро́гнуть, -ну, -нет, прош. -о́г, -о́гла
задро́гший
задрожа́ть, -жу́, -жи́т
за́друга, -и
задры́гать, -аю, -ает
задры́згать(ся), -аю(сь), -ает(ся)
задры́згивать(ся), -аю(сь), -ает(ся)
задры́хнуть, -ну, -нет; прош. -ых, -ыхла
задры́хший
задубе́лый
задубене́ть, -е́ю, -е́ет
задубе́ние, -я
задубе́ть, -е́ю, -е́ет
задубли́рованный; кр. ф. -ан, -ана
задубли́ровать(ся), -рую, -рует(ся)
задува́ние, -я
задува́ть(ся), -а́ю, -а́ет(ся)
заду́вка, -и
задуде́ть, -ди́т
заду́манный; кр. ф. -ан, -ана
заду́мать(ся), -аю(сь), -ает(ся)
заду́мка, -и, р. мн. -мок
заду́мчивость, -и
заду́мчивый
заду́мывание, -я
заду́мывать(ся), -аю(сь), -ает(ся)
задуна́йский
задура́читься, -чусь, -чится

задурённый; кр. ф. -ён, -ена́
заду́ривание, -я
заду́ривать(ся), -аю(сь), -ает(ся)
задури́ть, -рю́, -ри́т
задурма́ненный; кр. ф. -нен, -нена
задурма́нивание, -я
задурма́нивать(ся), -аю(сь), -ает(ся)
задурма́нить(ся), -ню(сь), -нит(ся)
задуря́ть(ся), -я́ю(сь), -я́ет(ся)
заду́тый
заду́ть(ся), заду́ю, заду́ет(ся)
заду́шевность, -и
заду́шевный; кр. ф. -вен, -вна
заду́шенный; кр. ф. -ен, -ена
задуши́ть(ся), -ушу́(сь), -у́шит(ся)
за душо́й (ничего́ не́т)
зады́, -о́в
задыми́ть(ся), -млю́, -и́т(ся)
задымле́ние, -я
задымлённость, -и
задымлённый; кр. ф. -ён, -ена́
задыха́ние, -я
задыха́ться, -а́юсь, -а́ется
задыша́ть(ся), -ышу́, -ы́шит(ся)
заегози́ть, -ожу́, -ози́т
зае́да, -ы
заеда́ние, -я
заеда́ть(ся), -а́ю(сь), -а́ет(ся)
зае́денный, кр. ф. -ен, -ена
заедино́, нареч.
заеди́нщик, -а
зае́дки, -док
заёжиться, -жусь, -жится
зае́зд, -а
зае́здить(ся), -жу(сь), -дит(ся)
зае́здка, -и
зае́здом, нареч.
заезжа́ть, -а́ю, -а́ет
зае́зженный; кр. ф. -ен, -ена
зае́зживать(ся), -аю(сь), -ает(ся)
зае́зжий
заёкать, -аю, -ает
заело́зить, -о́жу, -о́зит

заём, за́йма
заёмный
заёмщик, -а
заёмщица, -ы, тв. -ей
заерепе́ниться, -нюсь, -нится
заёрзать, -аю, -ает
заершённый; кр. ф. -ён, -ена́
заерши́ть(ся), -шу́(сь), -ши́т(ся)
зае́сть(ся), зае́м(ся), зае́шь(ся), зае́ст(ся), заеди́м(ся), заеди́те(сь), заедя́т(ся); прош. зае́л(ся), зае́ла(сь)
зае́хать, зае́ду, зае́дет
заехи́дничать, -аю, -ает
зажа́дничать, -аю, -ает
зажа́ренный; кр. ф. -ен, -ена
зажа́ривание, -я
зажа́ривать(ся), -аю(сь), -ает(ся)
зажа́рить(ся), -рю(сь), -рит(ся)
зажа́тие, -я
зажа́тость, -и
зажа́тый
зажа́ть(ся), зажму́, зажмёт(ся)
зажда́ться, -ду́сь, -дётся; прош. -а́лся, -ала́сь, -а́лось
зажева́ть, зажую́, зажуёт
зажёгший(ся)
зажелте́ть(ся), -е́ет(ся)
зажелти́ть(ся), -лчу́, -лти́т(ся)
зажелчённый; кр. ф. -ён, -ена́
зажестикули́ровать, -рую, -рует
заже́чь(ся), зажгу́(сь), зажжёт(ся), зажгу́т(ся); прош. зажёг(ся), зажгла́(сь)
зажже́ние, -я
зажжённый; кр. ф. -ён, -ена́
зажива́ние, -я
зажива́ть, -а́ет
зажива́ться, -а́юсь, -а́ется
заживи́ть(ся), -влю́, -ви́т(ся)
заживле́ние, -я
заживлённый; кр. ф. -ён, -ена́
заживля́ть(ся), -я́ю, -я́ет(ся)
за́живо
зажи́вший(ся)
зажига́лка, -и, р. мн. -лок

зажига́лочка, -и, р. мн. -чек
зажига́ние, -я
зажига́тельность, -и
зажига́тельный; кр. ф. -лен, -льна
зажига́ть(ся), -а́ю(сь), -а́ет(ся)
зажи́ленный; кр. ф. -ен, -ена
зажи́ливание, -я
зажи́ливать(ся), -аю, -ает(ся)
зажи́лить, -лю, -лит
зажи́м, -а
зажима́ние, -я
зажима́ть(ся), -а́ю, -а́ет(ся)
зажи́мистый
зажи́мка, -и, р. мн. -мок
зажимно́й и зажи́мный
зажи́мщик, -а
зажи́мщица, -ы, тв. -ей
зажи́н, -а
зажина́ть(ся), -а́ю, -а́ет(ся)
зажи́нки, -нок
зажире́лый
зажире́ть, -е́ю, -е́ет
зажито́й
зажи́ток, -тка
зажи́точность, -и
зажи́точный; кр. ф. -чен, -чна
зажи́ть(ся), -иву́(сь), -иве́т(ся); прош. зажи́л, зажи́лся, зажила́(сь), зажи́ло, зажило́сь
зажму́ренный; кр. ф. -ен, -ена
зажму́ривание, -я
зажму́ривать(ся), -аю(сь), -ает(ся)
зажму́рить(ся), -рю(сь), -рит(ся)
зажо́лкнувший
зажо́лкнуть, -нет, прош. -о́лкнул и -о́лк, -о́лкла
зажо́лкший
зажо́р, -а и зажо́ра, -ы
зажо́рина, -ы
зажра́ться, -ру́сь, -рётся; прош. -а́лся, -ала́сь, -а́ло́сь
зажужжа́ть, -жу́, -жжи́т
зажу́ленный; кр. ф. -ен, -ена
зажу́ливать(ся), -аю, -ает(ся)

зажу́лить, -лю, -лит
зажури́ть(ся), -рю́(сь), -ри́т(ся)
зажурча́ть, -чи́т
зажу́ханный; кр. ф. -ан, -ана
зажу́хать, -аю, -ает
зажу́хлый
зажу́хнувший
зажу́хнуть, -нет; прош. -у́хнул и -у́х, -у́хла
зажу́хший
за́званный, кр. ф. -ан, -ана
зазва́ть, зазову́, зазове́т; прош. -а́л, -ала́, -а́ло
зазвене́ть, -ню́, -ни́т
зазво́нистый
зазвони́ть, -ню́, -ни́т
зазво́нный
зазвуча́ть, -чи́т
зазвя́кать, -аю, -ает
за здоро́во живёшь
за здра́вие
заздра́вный
зазева́ть(ся), -а́ю(сь), -а́ет(ся)
зазёвываться, -аюсь, -ается
зазеленённый; кр. ф. -ён, -ена́
зазелене́ть(ся), -е́ет(ся)
зазелени́ть(ся), -ню́, -ни́т(ся)
заземле́ние, -я
заземлённость, -и
заземлённый; кр. ф. -ён, -ена́
заземли́ть(ся), -лю́, -ли́т(ся)
заземля́ть(ся), -я́ю, -я́ет(ся)
Зазерка́лье, -я (сказочная страна) и зазерка́лье, -я (о месте, где положение вещей доведено до бессмыслицы, абсурда)
зазимова́ть, -му́ю, -му́ет
зази́мок, -мка
зази́мье, -я
зазнава́ться, -наю́сь, -наётся
зазна́йка, -и, р. мн. -а́ек, м. и ж.
зазна́йство, -а
зазна́ться, -а́юсь, -а́ется
зазнаю́щийся
зазно́ба, -ы
зазноби́ть, -блю́, -би́т

зазно́бушка, -и, р. мн. -шек
зазолоти́ть(ся), -очу́, -оти́т(ся)
зазо́р, -а
зазо́рный; кр. ф. -рен, -рна
зазре́ние: без зазре́ния со́вести
за́зрить, -ит: со́весть за́зрит (за́зрила)
зазря́, нареч.
зазу́бный
зазу́бренность, -и
зазу́бренный; кр. ф. -ен, -ена
зазу́бривание, -я
зазу́бривать(ся), -аю(сь), -ает(ся)
зазу́брина, -ы
зазу́бринка, -и, р. мн. -нок
зазубри́ть(ся), -убрю́(сь), -у́бри́т(ся)
зазу́ммерить, -ит
зазы́в, -а
зазыва́ла, -ы, м. и ж.
зазыва́ние, -я
зазыва́ть(ся), -а́ю(сь), -а́ет(ся)
зазы́вно, нареч.
зазывно́й и зазы́вный; кр. ф. -вен, -вна
зазы́вность, -и
зазя́бнуть, -ну, -нет; прош. -я́б, -я́бла
зазя́бший
заи́гранный, кр. ф. -ан, -ана
заигра́ть(ся), -а́ю(сь), -а́ет(ся)
заи́грывание, -я
заи́грывать(ся), -аю(сь), -ает(ся)
заидеологизи́рованный; кр. ф. -ан, -ана
заидеологизи́ровать(ся), -рую, -рует(ся)
заизвестко́ванный; кр. ф. -ан, -ана
заизвесткова́ть(ся), -ку́ю, -ку́ет(ся)
заизоли́рованный; кр. ф. -ан, -ана
заизоли́ровать(ся), -рую, -рует(ся)
за́йка, -и, м. и ж.

ЗАКАМУФЛИ́РОВАТЬ(СЯ)

заика́ние, -я
заика́ть, -а́ю, -а́ет, *сов.* (*от* ика́ть)
заика́ться, -а́юсь, -а́ется, *несов.*
заикну́ться, -ну́сь, -нётся
Заиконоспа́сский монасты́рь
заиле́ние, -я
заи́ленный, *кр. ф.* -ен, -ена
заи́ливание, -я
заи́ливаться, -ается
Заили́йский Алата́у
заили́ться, -ли́тся
заиме́ть, -е́ю, -е́ет
займа́, -и, *р. мн.* -мок
заимода́вец, -вца, *тв.* -вцем
заимода́тель, -я
заимообра́зно, *нареч.*
заимообра́зный
заи́мствование, -я
заи́мствованный; *кр. ф.* -ан, -ана
заи́мствовать(ся), -твую(сь), -твует(ся)
заинвентаризо́ванный; *кр. ф.* -ан, -ана
заинвентаризова́ть, -зу́ю, -зу́ет
заи́ндеве́вший
заи́ндеве́лый
заи́ндеве́ть, -ве́ю, -ве́ет и заиндеве́ть, -ве́ю, -ве́ет
заинтересо́ванно, *нареч.*
заинтересо́ванность, -и
заинтересо́ванный; *кр. ф.* -ан, -ана и (*выражающий интерес, свидетельствующий об интересе*) -ан, -анна
заинтересова́ть(ся), -су́ю(сь), -су́ет(ся)
заинтересо́вывать(ся), -аю(сь), -ает(ся)
заинтриго́ванность, -и
заинтриго́ванный; *кр. ф.* -ан, -ана
заинтригова́ть, -гу́ю, -гу́ет
заинтриго́вывать(ся), -аю, -ает(ся)
за́инька, -и, *р. мн.* -нек, *м.*
заи́р, -а (*ден. ед.*)

заи́рский (*от* Заи́р, *государство*)
заи́рцы, -ев, *ед.* -рец, -рца, *тв.* -рцем
заи́скивание, -я
заи́скивать, -аю, -ает
заи́скивающе, *нареч.*
заи́скивающий
заискри́ть, -ри́т
заискри́ться, -и́тся и заискри́ться, -и́тся
заиссыккульский (*к* Иссы́к-Ку́ль)
за́йка, -и, *р. мн.* за́ек, *м.*
За́йка-зазна́йка, За́йки-зазна́йки (*сказочный персонаж*)
за́йкин, -а, -о
за́ймище, -а (*прибрежная заливная полоса*); но (*в названиях населенных пунктов*) За́ймище, -а, *напр.*: Царёво За́ймище, Солёное За́ймище (*сёла*)
за́ймовый
займодержа́тель, -я
займодержа́тельница, -ы, *тв.* -ей
зайти́(сь), зайду́(сь), зайдёт(ся); *прош.* зашёл(ся), зашла́(сь)
зайцеобра́зные, -ых
зайцехво́ст, -а
зайча́тина, -ы
за́йчик, -а
за́йчик-побега́йчик, за́йчика-побега́йчика
зайчи́ха, -и
зайчи́шка, -и, *р. мн.* -шек, *м.*
зайчи́ще, -а и -и, *мн.* -и, -ищ, *м.*
зайчо́нок, -нка, *мн.* -ча́та, -ча́т
зайчо́ночек, -чка, *мн.* зайча́тки, -ток
закабале́ние, -я
закабалённость, -и
закабалённый; *кр. ф.* -ён, -ена́
закабали́ть(ся), -лю́(сь), -ли́т(ся)
закабаля́ть(ся), -я́ю(сь), -я́ет(ся)
закавка́зский

закавка́зцы, -ев, *ед.* -зец, -зца, *тв.* -зцем
Закавка́зье, -я (*к* Кавка́з)
закавы́ка, -и
закавы́ченный; *кр. ф.* -ен, -ена
закавы́чивание, -я
закавы́чивать(ся), -аю, -ает(ся)
закавы́чить, -чу, -чит
закавы́чка, -и, *р. мн.* -чек
закадри́ть, -рю́, -ри́т
зака́дровый
закады́чный
зака́з, -а
зака́занный; *кр. ф.* -ан, -ана
заказа́ть, закажу́, зака́жет
зака́з-наря́д, -а и зака́за-наря́да
зака́зник, -а
заказно́й
зака́зчик, -а
зака́зчица, -ы, *тв.* -ей
зака́зывание, -я
зака́зывать(ся), -аю, -ает(ся)
зака́иваться, -аюсь, -ается
зака́л, -а
закалённость, -и
закалённый; *кр. ф. прич.* -ён, -ена́; *кр. ф. прил.* (*выносливый, умеющий преодолевать трудности*) -ён, -ённа
зака́ливаемость, -и
зака́ливание, -я
зака́ливать(ся), -аю(сь), -ает(ся)
закали́ть(ся), -лю́(сь), -ли́т(ся)
зака́лка, -и
зака́лочный
зака́лывание, -я
зака́лывать(ся), -аю(сь), -ает(ся)
закаля́каться, -аюсь, -ается
закаля́ть(ся), -я́ю(сь), -я́ет(ся)
закамене́лость, -и
закамене́лый
закамене́ть, -е́ю, -е́ет
закамуфли́рованный; *кр. ф.* -ан, -ана
закамуфли́ровать(ся), -рую(сь), -рует(ся)

ЗАКАМЫШОВАННЫЙ

закамышо́ванный; *кр. ф.* -ан, -ана
зака́нчивать(ся), -аю, -ает(ся)
зака́панный; *кр. ф.* -ан, -ана
зака́пать(ся), -аю(сь), -ает(ся)
закапри́зничать, -аю, -ает
зака́пчивание, -я
зака́пчивать(ся), -аю(сь), -ает(ся)
зака́пывание, -я
зака́пывать(ся), -аю(сь), -ает(ся)
закара́бкаться, -аюсь, -ается
зака́ркать, -аю, -ает
зака́рмливание, -я
зака́рмливать(ся), -аю, -ает(ся)
закарпа́тский
закарпа́тцы, -ев, *ед.* -тец, -тца, *тв.* -тцем
Закарпа́тье, -я (*к* Карпа́ты)
закарсто́ванный; *кр. ф.* -ан, -ана
закарта́вить, -влю, -вит
закартографи́рованный; *кр. ф.* -ан, -ана
закартографи́ровать, -рую, -рует
Закаспи́й, -я
закаспи́йский
зака́т, -а
зака́танный; *кр. ф.* -ан, -ана
заката́ть(ся), -а́ю(сь), -ает(ся)
зака́тистый
закати́ть(ся), -ачу́(сь), -а́тит(ся)
зака́тка, -и, *р. мн.* -ток
зака́тный
зака́точный
зака́тывание, -я
зака́тывать(ся), -аю(сь), -ает(ся)
зака́чанный; *кр. ф.* -ан, -ана (*от* закача́ть)
закача́ть(ся), -а́ю(сь), -а́ет(ся)
зака́ченный; *кр. ф.* -ен, -ена (*от* закати́ть)
зака́чивание, -я
зака́чивать(ся), -аю(сь), -ает(ся)
зака́чка, -и, *р. мн.* -чек
зака́шивание, -я
зака́шивать(ся), -аю, -ает(ся)

зака́шливаться, -аюсь, -ается
зака́шлять(ся), -яю(сь), -яет(ся)
закая́вшийся
закая́ться, -а́юсь, -а́ется
заква́кать, -аю, -ает
заква́с, -а
заква́сить(ся), -а́шу, -а́сит(ся)
заква́ска, -и, *р. мн.* -сок
заква́сочный
заква́шенный; *кр. ф.* -ен, -ена
заква́шивание, -я
заква́шивать(ся), -аю, -ает(ся)
закива́ть, -а́ю, -а́ет
заки́данный; *кр. ф.* -ан, -ана
закида́ть(ся), -а́ю(сь), -а́ет(ся)
заки́дка, -и, *р. мн.* -док
закидно́й
закидо́н, -а
закиду́шка, -и, *р. мн.* -шек
заки́дывание, -я
заки́дывать(ся), -аю(сь), -ает(ся)
заки́нутый
заки́нуть(ся), -ну(сь), -нет(ся)
закипа́ние, -я
закипа́ть, -а́ю, -а́ет
закипе́ть, -пи́т
закипяти́ться, -ячу́сь, -яти́тся
закиса́ние, -я
закиса́ть, -а́ю, -а́ет
закислённость, -и
закислённый; *кр. ф.* -ён, -ена́
закисли́ть, -лю́, -ли́т
заки́снуть, -ну, -нет; *прош.* -и́с, -и́сла
за́кисный
заки́сший
за́кись, -и
закичи́ться, -чу́сь, -чи́тся
закише́ть, -ши́т
закла́д, -а
закла́денный; *кр. ф.* -ен, -ена (*от* закла́сть)
закла́дка, -и, *р. мн.* -док
закладна́я, -о́й
закла́дничество, -а
закладно́й

закла́дочка, -и, *р. мн.* -чек
закла́дочный
закла́дчик, -а
закла́дчица, -ы, *тв.* -ей
закла́дывание, -я
закла́дывать(ся), -аю, -ает(ся)
закла́ние, -я
закла́нный; *кр. ф.* -а́н, -а́на (*от* закла́ть)
закла́сть, -ладу́, -ладёт; *прош.* -ла́л, -а (*прост. к* заложи́ть)
закла́ть, *буд. вр. не употр.; прош.* закла́л, -а
заклёванный; *кр. ф.* -ан, -ана
заклева́ть(ся), -люю́, -люёт
заклёвывать(ся), -аю, -ает(ся)
закле́енный; *кр. ф.* -е́ен, -е́ена
закле́ивание, -я
закле́ивать(ся), -аю, -ает(ся)
закле́ить(ся), -е́ю, -е́ит(ся)
закле́йка, -и, *р. мн.* -е́ек
заклеймённый; *кр. ф.* -ён, -ена́
заклейми́ть, -млю́, -ми́т
заклёклый
заклёкнувший
заклёкнуть, -нет; *прош.* -ёкнул, -ёкла
заклёкший
заклёпанный; *кр. ф.* -ан, -ана
заклепа́ть, -а́ю, -а́ет
заклёпка, -и, *р. мн.* -пок
заклёпочно-сварно́й
заклёпочный
заклёпывание, -я
заклёпывать(ся), -аю, -ает(ся)
закли́кать[1], -и́чу, -и́чет, *сов.* (*к* закли́кать)
закли́кать[2], -и́чет и -и́кает (*к* кли́кать[2])
заклика́ть, -а́ю, -а́ет, *несов.* (*зазыва́ть*)
заклина́ние, -я
заклина́тель, -я
заклина́тельница, -ы, *тв.* -ей
заклина́тельный
заклина́ть(ся), -а́ю(сь), -а́ет(ся)

заклинённый; *кр. ф.* -ён, -ена́ и
  закли́ненный; *кр. ф.* -ен, -ена
закли́нивание, -я
закли́нивать(ся), -аю, -ает(ся)
закли́нить(ся), -ли́ню, -ли́нит(ся)
закли́нок, -нка
закли́чка, -и, *р. мн.* -чек
заклокота́ть, -ко́чет
закло́н, -а
заклохта́ть, -о́хчет
заклуби́ться, -и́т(ся)
заключа́ть(ся), -а́ю(сь), -а́ет(ся)
заключе́ние, -я
заключённый; *кр. ф.* -ён, -ена́
заключи́тельный
Заключи́тельный а́кт Совеща́ния по безопа́сности и сотру́дничеству в Евро́пе
заключи́ть(ся), -чу́(сь), -чи́т(ся)
закля́вший(ся)
закля́сть(ся), -яну́(сь), -янёт(ся); *прош.* -я́л(ся), -яла́(сь), -я́ло, -я́ло́сь
закля́тие, -я
закля́тый
зако́ванный; *кр. ф.* -ан, -ана
закова́ть, закую́, закуёт
зако́вка, -и, *р. мн.* -вок
зако́вывание, -я
зако́вывать(ся), -аю(сь), -ает(ся)
заковыля́ть, -я́ю, -я́ет
заковы́ристость, -и
заковы́ристый
заковы́рка, -и, *р. мн.* -рок
заковыря́ть(ся), -я́ю(сь), -я́ет(ся)
закогти́ть, -гчу́, -гти́т
закогчённый; *кр. ф.* -ён, -ена́
закоди́рованный; *кр. ф.* -ан, -ана
закоди́ровать, -рую, -рует
ако́зленный; *кр. ф.* -ен, -ена
зако́злить, -лю, -лит
закоке́тничать(ся), -аю(сь), -ает(ся)
зако́л, -а
закола́чивание, -я

закола́чивать(ся), -аю(сь), -ает(ся)
заколдо́ванность, -и
заколдо́ванный; *кр. ф.* -ан, -ана
заколдова́ть(ся), -ду́ю(сь), -ду́ет(ся)
заколдо́вывание, -я
заколдо́вывать(ся), -аю(сь), -ает(ся)
заколеба́ть(ся), -ле́блю(сь), -ле́блет(ся)
заколене́ть, -е́ет
заколеро́ванный; *кр. ф.* -ан, -ана
заколерова́ть(ся), -ру́ю, -ру́ет(ся)
заколеси́ть, -ешу́, -еси́т
зако́лка, -и, *р. мн.* -лок
заколобро́дить, -ро́жу, -ро́дит
заколоди́ть, -ит
заколоси́ться, -и́тся
заколоти́ть(ся), -очу́(сь), -о́тит(ся)
зако́лотый
заколо́ть(ся), -олю́(сь), -о́лет(ся)
заколо́ченный; *кр. ф.* -ен, -ена
заколо́чка, -и, *р. мн.* -чек
заколыха́ть(ся), -ы́шу(сь), -ы́шет(ся) и -а́ю(сь), -а́ет(ся)
закольцева́ть, -цу́ю, -цу́ет
закольцо́ванный; *кр. ф.* -ан, -ана
закольцо́вывать(ся), -аю, -ает(ся)
закома́ры, -а́р, *ед.* -ма́ра, -ы
зако́мелистость, -и
зако́мелистый
закоммерциализо́ванный; *кр. ф.* -ан, -ана
закомплексо́ванность, -и
закомплексо́ванный; *кр. ф.* -ан, -ана
закомплексова́ть, -су́ю, -су́ет
закомпости́рованный; *кр. ф.* -ан, -ана
закомпости́ровать, -рую, -рует
закому́ристый
зако́н, -а
Зако́н Бо́жий, Зако́на Бо́жьего

зако́нник, -а
зако́нница, -ы, *тв.* -ей
законнорождённый
зако́нность, -и
зако́нный; *кр. ф.* -о́нен, -о́нна
законове́д, -а
законове́дение, -я
законода́тель, -я
законода́тельница, -ы, *тв.* -ей
Законода́тельное собра́ние (*парламент в нек-рых странах*)
законода́тельный
законода́тельский
законода́тельство, -а
законода́тельствовать, -твую, -твует
закономе́рность, -и
закономе́рный; *кр. ф.* -рен, -рна
законопа́тить(ся), -а́чу(сь), -а́тит(ся)
законопа́ченный; *кр. ф.* -ен, -ена
законопа́чивание, -я
законопа́чивать(ся), -аю(сь), -ает(ся)
законоположе́ние, -я
законопослуша́ние, -я
законопослу́шность, -и
законопослу́шный; *кр. ф.* -шен, -шна
законопрое́кт, -а
законосовеща́тельный
законосообра́зный; *кр. ф.* -зен, -зна
законотво́рческий
законотво́рчество, -а
законоуче́ние, -я
законоучи́тель, -я, *мн.* -и, -ей
законсерви́рованный; *кр. ф.* -ан, -ана
законсерви́ровать(ся), -рую, -рует(ся)
законспекти́рованный; *кр. ф.* -ан, -ана
законспекти́ровать, -рую, -рует
законспири́рованность, -и

ЗАКОНСПИРИ́РОВАННЫЙ

законспири́рованный; *кр. ф.* -ан, -ана
законспири́ровать(ся), -рую(сь), -рует(ся)
законтракто́ванный; *кр. ф.* -ан, -ана
законтрактова́ть(ся), -ту́ю(сь), -ту́ет(ся)
законтракто́вывать(ся), -аю(сь), -ает(ся)
зако́нтренный; *кр. ф.* -ен, -ена
зако́нтривать(ся), -аю, -ает(ся)
зако́нтрить(ся), -рю, -рит(ся)
зако́нтурный
законфу́зиться, -у́жусь, -у́зится
зако́нченность, -и
зако́нченный; *кр. ф. прич.* -ен, -ена; *кр. ф. прил. (обладающий полнотой, целостностью)* -ен, -енна
зако́нчить(ся), -чу, -чит(ся)
закопа́нный; *кр. ф.* -ан, -ана
закопа́ть(ся), -а́ю(сь), -а́ет(ся)
закопёрщик, -а
закопёрщица, -ы, *тв.* -ей
закопоши́ться, -шу́сь, -ши́тся
закопте́лость, -и
закопте́лый
закопте́ть, -е́ет
закопти́ть(ся), -пчу́(сь), -пти́т(ся)
закопчённый; *кр. ф.* -ён, -ена́
закора́чивать(ся), -аю, -ает(ся)
за кордо́н
закордо́нный
за кордо́ном
закорене́лость, -и
закорене́лый
закорене́ть, -е́ю, -е́ет
закори́ть, -рю́, -ри́т
зако́рки: на зако́рках, на зако́рки
закорми́ть, -ормлю́, -о́рмит
зако́рмленный; *кр. ф.* -ен, -ена
закоро́бить(ся), -бит(ся)
закороти́ть(ся), -очу́, -оти́т(ся)
закоро́ченный; *кр. ф.* -ен, -ена
закорю́ка, -и

закорю́чина, -ы
закорю́чка, -и, *р. мн.* -чек
закоря́женный; *кр. ф.* -ен, -ена
закоси́ть(ся)¹, -ошу́, -о́сит(ся) (*к* коси́ть¹)
закоси́ть(ся)², -ошу́, -о́сит(ся) (*к* коси́ть²)
закосне́лость, -и
закосне́лый
закосне́ть, -е́ю, -е́ет
закостене́лость, -и
закостене́лый
закостене́ние, -я
закостене́ть, -е́ю, -е́ет
закоу́лок, -лка
закоу́лочек, -чка
закоу́лочный
закоци́тный (*от* Коци́т)
закочевря́житься, -жусь, -жится
закочене́лый
закочене́ть, -е́ю, -е́ет
закочка́ренный; *кр. ф.* -ен, -ена
зако́шенный; *кр. ф.* -ен, -ена
закра́дываться, -ается
закра́ек, -а́йка
закра́ивание, -я
закра́ивать(ся), -аю, -ает(ся)
закра́ина, -ы
закра́й, -я (*закраек*)
закра́пать, -плю, -плет и -аю, -ает
закра́пывать(ся), -аю, -ает(ся)
закра́сить(ся), -а́шу, -а́сит(ся)
закра́ска, -и
закрасне́ть(ся), -е́ю(сь), -е́ет(ся)
закра́сться, -аде́тся; *прош.* -а́лся, -а́лась
закра́шенный; *кр. ф.* -ен, -ена
закра́шивание, -я
закра́шивать(ся), -аю, -ает(ся)
закре́па, -ы
закрепи́тель, -я
закрепи́тельный
закрепи́ть(ся), -плю́(сь), -пи́т(ся)
закре́пка, -и, *р. мн.* -пок
закрепле́ние, -я
закреплённость, -и

закреплённый; *кр. ф.* -ён, -ена́
закрепля́ть(ся), -я́ю(сь), -я́ет(ся)
закрепости́ть(ся), -ощу́(сь), -ости́т(ся)
закре́почный
закрепоща́ть(ся), -а́ю(сь), -а́ет(ся)
закрепоще́ние, -я
закрепощённость, -и
закрепощённый; *кр. ф.* -ён, -ена́
закрести́ть(ся), -ещу́(сь), -е́стит(ся)
закриви́ть(ся), -влю́, -ви́т(ся)
закривле́ние, -я
закривлённый; *кр. ф.* -ён, -ена́
закривля́ть(ся), -я́ю(сь), -я́ет(ся)
закристаллизо́ванный; *кр. ф.* -ан, -ана
закристаллизова́ть(ся), -зу́ю, -зу́ет(ся)
закрити́ческий
закрича́ть, -чу́, -чи́т
закровени́ть(ся), -ни́ю(сь), -ни́т(ся)
закро́енный; *кр. ф.* -о́ен, -о́ена
закро́ечный
закро́ить, -ою́, -ои́т
закро́й, -я
закро́йка, -и
закро́йный
закро́йщик, -а
закро́йщица, -ы, *тв.* -ей
за́кром, -а, *мн.* -а́, -о́в
закругле́ние, -я
закруглённость, -и
закруглённый; *кр. ф. прич.* -ён, -ена́; *кр. ф. прил. (стройный, гладкий, законченный – о речи, фразе)* -ён, -ённа (*его фразы слишком закруглённы*)
закругли́ть(ся), -лю́(сь), -ли́т(ся)
закругля́ть(ся), -я́ю(сь), -я́ет(ся)
закружённый; *кр. ф.* -ён, -ена́ и закру́женный; *кр. ф.* -ен, -ена
закружи́ть(ся), -ужу́(сь), -у́жи́т(ся)

ЗАЛЕЖНЫЙ

закрута́сы, -ов
закрути́ть(ся), -учу́(сь), -у́тит(ся)
закру́тка, -и, *р. мн.* -ток
закру́ченный; *кр. ф.* -ен, -ена
закру́чивание, -я
закру́чивать(ся), -аю(сь), -ает(ся)
закручи́нить(ся), -ню(сь), -нит(ся)
закрыва́ние, -я
закрыва́ть(ся), -а́ю(сь), -а́ет(ся)
закры́лок, -лка
закры́тие, -я
закрытогнездя́щийся
закры́тость, -и
закры́тый
закры́ть(ся), -ро́ю(сь), -ро́ет(ся)
закря́кать, -аю, -ает
закряхте́ть, -хчу́, -хти́т
закувырка́ться, -а́юсь, -а́ется
закуда́хтать, -хчу, -хчет
закудря́виться, -ится
закукаре́кать, -аю, -ает
заку́кливание, -я
закукова́ть, закуку́ю, закуку́ет
заку́кситься, -кшусь, -ксится
закули́сный
закули́сье, -я, *р. мн.* -сий
за́куп, -а
закупа́ние, -я
закупа́ть(ся), -а́ю(сь), -а́ет(ся)
закупи́ть, -уплю́, -у́пит
заку́пка, -и, *р. мн.* -пок
заку́пленный; *кр. ф.* -ен, -ена
закупно́й
заку́поренный; *кр. ф.* -ен, -ена
заку́поривание, -я
заку́поривать(ся), -аю(сь), -ает(ся)
заку́порить(ся), -рю(сь), -рит(ся)
заку́порка, -и, *р. мн.* -рок
заку́порщик, -а
заку́порщица, -ы, *тв.* -ей
заку́почный
заку́пщик, -а
заку́пщица, -ы, *тв.* -ей
заку́ренный; *кр. ф.* -ен, -ена

закуржа́вевший
закуржа́веть, -ею, -еет
заку́ривание, -я
заку́ривать(ся), -аю, -ает(ся)
закури́ть(ся), -урю́, -у́рит(ся)
заку́рка, -и, *р. мн.* -рок
закурлы́кать, -ы́чу, -ы́чет и -аю, -ает
закуроле́сить, -е́шу, -е́сит
закурси́вить(ся), -влю, -вит(ся)
закурси́вленный; *кр. ф.* -ен, -ена
закурча́вевший (*от* закурча́веть)
закурча́веть, -ею, -еет (*стать курчавым*)
закурча́вивший(ся) (*от* закурча́вить(ся))
закурча́вить, -влю, -вит (*кого, что*)
закурча́виться, -влюсь, -вится
заку́санный; *кр. ф.* -ан, -ана
закуса́ть(ся), -а́ю(сь), -а́ет(ся)
закуси́ть, -ушу́, -у́сит
заку́ска, -и, *р. мн.* -сок
закусо́н, -а
заку́сочка, -и, *р. мн.* -чек
заку́сочная, -ой
заку́сочный
закуста́ренный; *кр. ф.* -ен, -ена
закуста́ривание, -я
закусти́ться, -и́тся
заку́сывание, -я
заку́сывать(ся), -аю, -ает(ся)
за́кусь, -и
заку́т, -а и закута́, -ы
заку́танный; *кр. ф.* -ан, -ана
заку́тать(ся), -аю(сь), -ает(ся)
закути́ть, -учу́, -у́тит
заку́тка, -и, *р. мн.* -ток (*обл. к* закуто́к)
закуто́к, -утка́
заку́тывание, -я
заку́тывать(ся), -аю(сь), -ает(ся)
заку́шенный; *кр. ф.* -ен, -ена
закя́т, -а и зака́т, -а (*религиозный налог*)
зал, -а

за́ла, -ы (*устар. к* зал – *парадная комната в частном доме*)
залави́ровать, -рую, -рует
зала́вливание, -я
зала́вливать(ся), -аю(сь), -ает(ся)
зала́вок, -вка
зала́дить(ся), -а́жу, -а́дит(ся)
зала́женный; *кр. ф.* -ен, -ена
зала́живаться, -ается
зала́зать, -аю, -ает
зала́зить, -а́жу, -а́зит
залака́ть, -ка́ю, -ка́ет
залакиро́ванный; *кр. ф.* -ан, -ана
залакирова́ть(ся), -ру́ю, -ру́ет(ся)
залакиро́вывать(ся), -аю, -ает(ся)
зала́мывание, -я
зала́мывать(ся), -аю, -ает(ся)
зала́панный; *кр. ф.* -ан, -ана
зала́пать, -аю, -ает
зала́сканный; *кр. ф.* -ан, -ана
заласка́ть(ся), -а́ю(сь), -а́ет(ся)
зала́стить(ся), зала́щу(сь), зала́стит(ся)
зала́танный; *кр. ф.* -ан, -ана
залата́ть, -а́ю, -а́ет
зала́щенный; *кр. ф.* -ен, -ена
зала́щивать(ся), -аю(сь), -ает(ся)
зала́ять, -а́ю, -а́ет
залга́ться, залгу́сь, залжётся, залгу́тся; *прош.* -а́лся, -ала́сь, -а́ло́сь
залебези́ть, -бежу́, -бези́т
залега́ние, -я
залега́ть, -а́ю, -а́ет (*к* лежа́ть)
залёгший
заледенева́ть, -а́ет
заледене́лый
заледене́ние, -я
заледене́ть, -е́ю, -е́ет
заледени́ть, -ню́, -ни́т
залежа́лый
залежа́ться, -жу́сь, -жи́тся
за́лежи, -ей
залёживаться, -аюсь, -ается
залёжка, -и, *р. мн.* -жек
за́лежный

за́лежь, -и
залеза́ние, -я
залеза́ть, -а́ю, -а́ет
зале́зть, -зу, -зет; *прош.* -е́з, -е́зла
зале́зший
залени́ться, -еню́сь, -е́нится
залепета́ть, -печу́, -пе́чет
залепи́ть(ся), -еплю́, -е́пит(ся)
зале́пленный; *кр. ф.* -ен, -ена
залепля́ть(ся), -я́ю, -я́ет(ся)
залесённость, -и
залесённый; *кр. ф.* -ён, -ена́
зале́сный
Зале́сский, -ого: Пере-сла́вль-Зале́сский
зале́сье, -я, *р. мн.* -сий
залёт, -а
залета́ть(ся), -а́ю(сь), -а́ет(ся)
залете́йский (*от* Ле́та)
залете́ть, залечу́, залети́т
залётка, -и, *р. мн.* -ток, *м.*
залётный
зале́ченный; *кр. ф.* -ен, -ена
зале́чивание, -я
зале́чивать(ся), -аю(сь), -ает(ся)
залечи́ть(ся), -ечу́(сь), -е́чит(ся)
зале́чь, заля́гу, заля́жет, заля́гут; *прош.* залёг, залегла́
зали́в, -а
Зали́в, -а, *употр. в названиях частей лунного ландшафта, напр.:* Зали́в Ра́дуги, Зали́в Росы́
залива́ние, -я
залива́ть(ся), -а́ю(сь), -а́ет(ся)
зали́вистый
зали́вка, -и
заливно́е, -о́го
заливно́й (*к* залива́ться)
зали́вный (*от* зали́в)
зали́вочный
зали́вчатый
зали́вчик, -а
зали́вщик, -а
зали́вщица, -ы, *тв.* -ей
зали́з, -а (*заглаженные волосы*)
зали́занность, -и

зали́занный; *кр. ф.* -ан, -ана
زализа́ть(ся), -ижу́, -и́жет(ся)
зали́зы, зали́з, *ед.* зали́за, -ы (*залысины*)
зали́зывание, -я
зали́зывать(ся), -аю, -ает(ся)
залипа́ние, -я
залипа́ть, -а́ет
зали́пнуть, -нет; *прош.* зали́п, -и́пла
зали́пший
за́литый; *кр. ф.* за́лит, залита́, за́лито
зали́ть(ся), залью́(сь), зальёт(ся); *прош.* зали́л, зали́лся, залила́(сь), зали́ло, зали́ло́сь
залихва́тски
залихва́тский
залихора́дить, -а́жу, -а́дит
за́ло, -а (*устар. к* зал)
залови́ть(ся), -овлю́(сь), -о́вит(ся)
зало́вленный; *кр. ф.* -ен, -ена
зало́г, -а
зало́говый
залогода́тель, -я
залогода́тельница, -ы, *тв.* -ей
залогодержа́тель, -я
залогодержа́тельница, -ы, *тв.* -ей
заложе́ние, -я
заложенность, -и
зало́женный; *кр. ф.* -ен, -ена
зало́женный-перезало́женный
зало́жено-перезало́жено
заложи́ть(ся), -ожу́(сь), -о́жит(ся)
зало́жник, -а
зало́жница, -ы, *тв.* -ей
зало́жничество, -а
зало́жный
зало́м, -а
залома́ть(ся), -а́ю(сь), -а́ет(ся)
заломи́ть(ся), -омлю́, -о́мит(ся)
заломлённый; *кр. ф.* -ен, -ена
залопота́ть, -почу́, -по́чет
залоснённый; *кр. ф.* -ён, -ена́
залосни́ть(ся), -ню́, -ни́т(ся)

залотоши́ть(ся), -шу́(сь), -ши́т(ся)
залощённый; *кр. ф.* -ён, -ена́
залощи́ть(ся), -щу́, -щи́т(ся)
залп, -а
за́лповый
за́лпом, *нареч.*
залубене́ть, -е́ет
залужа́ть, -а́ю, -а́ет
залуже́ние, -я
залужённый; *кр. ф.* -ён, -ена́
залужи́ть, -жу́, -жи́т
залупа́ть(ся), -а́ю, -а́ет(ся)
залупи́ть(ся), -уплю́, -у́пит(ся)
залу́пленный; *кр. ф.* -ен, -ена
залупля́ть(ся), -я́ю, -я́ет(ся)
залуча́ть(ся), -а́ю, -а́ет(ся)
залучённый; *кр. ф.* -ён, -ена́
залучи́ть, -чу́, -чи́т
залы́сина, -ы
залы́синка, -и, *р. мн.* -нок
залы́сый
за́льба́нд, -а
зальде́лый
за́льный
за́льцбургский (*от* За́льцбург)
за́льцбуржцы, -ев, *ед.* -жец, -жца, *тв.* -жцем
за́льце, -а, *р. мн.* за́льцев и за́лец
за́льчик, -а
залюбе́зничать, -аю, -ает
залюбова́ться, -бу́юсь, -бу́ется
заляга́ть(ся), -а́ю(сь), -а́ет(ся) (*к* ляга́ть)
заля́згать, -аю, -ает
заля́панный; *кр. ф.* -ан, -ана
заля́пать(ся), -аю(сь), -ает(ся)
заля́пывание, -я
заля́пывать(ся), -аю(сь), -ает(ся)
зам... – первая часть сложных слов, пишется слитно
зам, -а
зама́занный; *кр. ф.* -ан, -ана
зама́зать(ся), -а́жу(сь), -а́жет(ся)
зама́зка, -и
зама́зочный

замазу́ля, -и, *р. мн.* -у́ль *и* -у́лей, *м. и ж.*
замазу́ченный; *кр. ф.* -ен, -ена
зама́зывание, -я
зама́зывать(ся), -аю(сь), -ает(ся)
замазю́канный; *кр. ф.* -ан, -ана
замазю́кать(ся), -аю(сь), -ает(ся)
зама́й(те): не зама́й(те)
замалёванный; *кр. ф.* -ан, -ана
замалева́ть, -лю́ю, -лю́ет
замалёвывание, -я
замалёвывать(ся), -аю, -ает(ся)
зама́ливание, -я
зама́ливать(ся), -аю, -ает(ся)
зама́лчивание, -я
зама́лчивать(ся), -аю, -ает(ся)
зама́ненный; *кр. ф.* -ен, -ена *и* заманённый; *кр. ф.* -ён, -ена́
зама́нивание, -я
зама́нивать(ся), -аю(сь), -ает(ся)
замани́ть, -аню́, -а́нит
замани́ха, -и
зама́нчивость, -и
зама́нчивый
зама́ранный; *кр. ф.* -ан, -ана
замара́ть(ся), -а́ю(сь), -а́ет(ся)
замара́шка, -и, *р. мн.* -шек, *м. и ж.*
зама́ривать(ся), -аю(сь), -ает(ся)
замарино́ванный; *кр. ф.* -ан, -ана
замаринова́ть(ся), -ну́ю, -ну́ет(ся)
замарино́вывать(ся), -аю, -ает(ся)
замаркиро́ванный; *кр. ф.* -ан, -ана
замаркирова́ть, -ру́ю, -ру́ет
замарширова́ть, -ру́ю, -ру́ет
зама́рывать(ся), -аю(сь), -ает(ся)
замаскиро́ванный; *кр. ф.* -ан, -ана
замаскирова́ть(ся), -ру́ю(сь), -ру́ет(ся)
замаскиро́вывание, -я
замаскиро́вывать(ся), -аю(сь), -ает(ся)

зама́сленный; *кр. ф.* -ен, -ена
зама́сливание, -я
зама́сливать(ся), -аю(сь), -ает(ся)
зама́слить(ся), -лю(сь), -лит(ся)
заматере́лость, -и
заматере́лый
заматере́ть, -е́ю, -е́ет
замато́ванный; *кр. ф.* -ан, -ана
заматова́ть, -ту́ю, -ту́ет
заматрици́рованный; *кр. ф.* -ан, -ана
заматрици́ровать, -рую, -рует
зама́тывание, -я
зама́тывать(ся), -аю(сь), -ает(ся)
зама́х, -а
замаха́ть, замашу́, зама́шет *и* -а́ю, -а́ет
зама́хивание, -я
зама́хиваться, -аюсь, -ается
замахну́ть(ся), -ну́(сь), -нёт(ся)
зама́чивание, -я
зама́чивать(ся), -аю(сь), -ает(ся)
зама́шка, -и, *р. мн.* -шек (*посконь*)
зама́шки, -шек, *ед.* -шка, -и (*повадки*)
зама́шный
зама́щивание, -я
зама́щивать(ся), -аю, -ает(ся)
зама́ять(ся), -а́ю(сь), -а́ет(ся)
замая́чить, -чу, -чит
за́мба́р, -а
замбези́йский (*от* Замбе́зи)
замби́йка, -и, *р. мн.* -и́ек
замби́йский (*от* За́мбия)
замби́йцы, -ев, *ед.* -и́ец, -и́йца, *тв.* -и́йцем
замдека́на, *нескл., м. и ж.*
замдире́ктора, *нескл., м. и ж.*
замедле́ние, -я
заме́дленно, *нареч.*
заме́дленность, -и
заме́дленный; *кр. ф. прич.* -ен, -ена; *кр. ф. прил.* (*недостаточно быстрый*) -ен, -енна (*её движе́ния заме́дленны*)
замедли́тель, -я

заме́длить(ся), -лю(сь), -лит(ся)
замедля́ть(ся), -я́ю(сь), -я́ет(ся)
замежёванный; *кр. ф.* -ан, -ана
замежева́ть, -жу́ю, -жу́ет
замежёвывание, -я
замежёвывать(ся), -аю, -ает(ся)
замелённый; *кр. ф.* -ён, -ена́
заме́ливание, -я
заме́ливать(ся), -аю, -ает(ся)
замели́ть(ся), -лю́, -ли́т(ся)
замелька́ть, -а́ю, -а́ет
замельтеши́ть, -ши́т
заме́на, -ы
заменённый; *кр. ф.* -ён, -ена́
замени́мость, -и
замени́мый
замени́тель, -я
замени́ть(ся), -еню́(сь), -е́нит(ся)
заменя́емость, -и
заменя́емый
заменя́ть(ся), -я́ю(сь), -я́ет(ся)
заме́р, -а
заме́ренный; *кр. ф.* -ен, -ена
замере́ть, замру́, замрёт; *прош.* за́мер, замерла́, за́мерло
замере́щиться, -ится
замерза́ние, -я
замерза́ть, -а́ю, -а́ет
замёрзлый
замёрзнуть, -ну, -нет; *прош.* -ёрз, -ёрзла
замёрзший
заме́ривать(ся), -аю, -ает(ся)
заме́ривший
заме́рить, -рю, -рит *и* -ряю, -ряет
заме́рный
замертве́ть, -е́ю, -е́ет
за́мертво
замерца́ть, -а́ет
заме́рший
заме́рщик, -а
заме́рщица, -ы, *тв.* -ей
замеря́ть(ся), -я́ю, -я́ет(ся)
заме́с, -а
замеси́ть(ся), -ешу́, -е́сит(ся)

ЗАМЕСТИ

замести́, замету́, заметёт; *прош.* замёл, замела́
замести́тель, -я
замести́тельница, -ы, *тв.* -ей
замести́тельный
замести́тельство, -а
замести́ть(ся), -ещу́, -ести́т(ся)
заме́сто, *предлог (прост. к* вме́сто*)*
замёт, -а
заме́та, -ы
замета́ние, -я
замётанный; *кр. ф.* -ан, -ана
замётано, *частица*
замета́ть, -а́ю, -а́ет, *сов. (о шитье)*
замета́ть(ся)¹, -а́ю, -а́ет(ся), *несов.* (*к* мести́)
замета́ть(ся)², замечу́(сь), заме́чет(ся), *сов. (к* мета́ть(ся)²*)*
заметённый; *кр. ф.* -ён, -ена́
заме́тина, -ы
заме́тить, -е́чу, -е́тит
заме́тка, -и, *р. мн.* -ток
замётка, -и *(к* замётывать*)*
заме́тливый
заме́тность, -и
заме́тный; *кр. ф.* -тен, -тна
заме́точка, -и, *р. мн.* -чек
заме́тший
замётывание, -я
замётывать(ся), -аю, -ает(ся)
за́меть, -и *(метель)*
замеча́ние, -я
замеча́ньице, -а
замеча́тельно, *нареч.*
замеча́тельный; *кр. ф.* -лен, -льна
замеча́ть(ся), -а́ю, -а́ет(ся)
заме́ченный; *кр. ф.* -ен, -ена
замечта́ться, -а́юсь, -а́ется
заме́шанный; *кр. ф.* -ан, -ана *(от* замеша́ть*)*
замеша́тельство, -а
замеша́ть(ся), -а́ю(сь), -а́ет(ся)
заме́шенный; *кр. ф.* -ен, -ена *(от* замеси́ть*)*
заме́шивание, -я

заме́шивать(ся), -аю(сь), -ает(ся)
заме́шкать(ся), -аю(сь), -ает(ся)
замеща́емость, -и
замеща́ть(ся), -а́ю, -а́ет(ся)
замеще́ние, -я
замещённый; *кр. ф.* -ён, -ена́
замига́ть, -а́ю, -а́ет
зами́н, -а
замина́ть(ся), -а́ю(сь), -а́ет(ся)
заминда́р, -а *(землевладелец)*
заминда́ри, *нескл., ж. и с. (земельно-налоговая система)*
замини́рование, -я
замини́рованный; *кр. ф.* -ан, -ана
замини́ровать, -рую, -рует
зами́нка, -и, *р. мн.* -нок
за минова́нием *(чего)*
зами́ночка, -и, *р. мн.* -чек
замира́ние, -я
замира́ть, -а́ю, -а́ет
замире́ние, -я
замирённый; *кр. ф.* -ён, -ена́
замири́ть(ся), -рю́(сь), -ри́т(ся)
замиря́ть(ся), -я́ю(сь), -я́ет(ся)
за́мкнутость, -и
за́мкнутый
замкну́ть(ся), -ну́(сь), -нёт(ся)
за́мковый *(от* за́мок*)*
замко́вый *(от* замо́к*)*
замле́ть, -е́ю, -е́ет
замминистра́, *нескл., м. и ж.*
за́мовский
замоги́льный
замозжи́ть, -и́т
за́мок, за́мка
замо́к, замка́
замока́ние, -я
замока́ть, -а́ет
замо́кнуть, -нет; *прош.* -о́к, -о́кла
замо́кший
замола́чивание, -я
замола́чивать, -аю, -ает
замо́лвить, -влю, -вит
замо́лвленный; *кр. ф.* -ен, -ена
замолённый; *кр. ф.* -ён, -ена́
замоли́ть(ся), -олю́(сь), -о́лит(ся)

замолка́ть, -а́ю, -а́ет
замо́лкнувший
замо́лкнуть, -ну, -нет; *прош.* -о́лк, -о́лкла
замо́лкший
замолоти́ть, -лочу́, -ло́тит
замоло́ть, замелю́, заме́лет
замоло́ченный; *кр. ф.* -ен, -ена
замо́лчанный; *кр. ф.* -ан, -ана
замолча́ть, -чу́, -чи́т
замонолити́ть, -и́чу, -и́тит
замонолти́ченный; *кр. ф.* -ен, -ена
замонолти́чивание, -я
замонолти́чивать(ся), -аю, -ает(ся)
замо́р, -а
замора́живание, -я
замора́живать(ся), -аю, -ает(ся)
заморга́ть, -а́ю, -а́ет
замордо́ванный; *кр. ф.* -ан, -ана
замордова́ть, -ду́ю, -ду́ет
заморённый; *кр. ф.* -ён, -ена́
замори́ть(ся), -рю́(сь), -ри́т(ся)
заморо́женный; *кр. ф.* -ен, -ена
заморо́зить(ся), -о́жу, -о́зит(ся)
заморо́зка, -и
заморо́зки, -ов
за́морозь, -и
заморо́сить, -си́т
заморо́ченный; *кр. ф.* -ен, -ена
заморо́чить, -чу, -чит
заморо́чка, -и, *р. мн.* -чек
замо́рский
заморщить(ся), -щу(сь), -щит(ся)
замо́рыш, -а, *тв.* -ем
замо́рышек, -шка
замо́рье, -я
замоскворе́цкий *(к* Москва́-река́ *и* Замоскворе́чье*)*
Замоскворе́чье, -я *(к* Москва́-река́*)*
замости́ть(ся), -ощу́, -ости́т(ся)
замо́танность, -и
замо́танный; *кр. ф.* -ан, -ана
замота́ть(ся), -а́ю(сь), -а́ет(ся)
замо́чек, -чка

замо́ченный; *кр. ф.* -ен, -ена
замочи́ть(ся), -очу́(сь), -о́чит(ся)
замо́чка, -и
замо́чный
замощённый; *кр. ф.* -ён, -ена́
замполи́т, -а
зампоте́х, -а
зампре́д, -а
замсти́ть, -и́т
замудри́ть(ся), -рю́(сь), -ри́т(ся)
за́муж
за́мужем
заму́жество, -а
заму́жний
замульчи́рованный; *кр. ф.* -ан, -ана
замульчи́ровать(ся), -рую, -рует(ся)
замура́вить, -влю, -вит
замура́вленный; *кр. ф.* -ен, -ена
заму́рзанный; *кр. ф.* -ан, -ана
заму́рзать, -аю -ает
замурлы́кать, -ы́чу, -ы́чет и -аю, -ает
замуро́ванный; *кр. ф.* -ан, -ана
замурова́ть(ся), -ру́ю(сь), -ру́ет(ся)
замуро́вывание, -я
замуро́вывать(ся), -аю(сь), -ает(ся)
заму́сленный; *кр. ф.* -ен, -ена
заму́сливать(ся), -аю(сь), -ает(ся)
заму́слить(ся), -лю(сь), -лит(ся)
замусо́ленный; *кр. ф.* -ен, -ена
замусо́ливать(ся), -аю(сь), -ает(ся)
замусо́лить(ся), -лю(сь), -лит(ся)
заму́соренный; *кр. ф.* -ен, -ена
заму́соривание, -я
заму́соривать(ся), -аю, -ает(ся)
заму́сорить(ся), -рю, -рит(ся)
замути́ть(ся), -учу́, -у́тит(ся)
замутне́ние, -я
замутнённость, -и
замутнённый; *кр. ф.* -ён, -ена́
замутне́ть, -е́ет

замутни́тель, -я
замухры́шистый
замухры́шка, -и, *р. мн.* -шек, *м. и ж.*
заму́ченный; *кр. ф.* -ен, -ена
заму́чивать(ся), -аю(сь), -ает(ся)
заму́чивший(ся)
заму́чить(ся), -чу(сь), -чит(ся) и -чаю(сь), -чает(ся)
замуштро́ванный; *кр. ф.* -ан, -ана
замуштрова́ть, -ру́ю, -ру́ет
за́мша, -и, *тв.* -ей
за́мшевый
замше́лость, -и
замше́лый
замше́ть, -е́ет
замыва́ние, -я
замыва́ть(ся), -а́ю(сь), -а́ет(ся)
замы́вка, -и
замы́зганный; *кр. ф.* -ан, -ана
замы́згать(ся), -аю(сь), -ает(ся)
замы́згивать(ся), -аю(сь), -ает(ся)
замыка́ние, -я
замыка́ть(ся), -а́ю(сь), -а́ет(ся)
замыка́ющий
за́мысел, -сла
замы́слить, -лю, -лит
замыслова́тость, -и
замыслова́тый
замыта́ренный; *кр. ф.* -ен, -ена
замыта́рить(ся), -рю(сь), -рит(ся)
замы́ть(ся), замо́ю(сь), замо́ет(ся)
замыча́ть, -чу́, -чи́т
замышле́ние, -я
замы́шленный; *кр. ф.* -ен, -ена
замышля́ть(ся), -я́ю, -я́ет(ся)
замя́млить, -лю, -лит
замя́тие, -я
замя́тый
замя́ть(ся), замну́(сь), замнёт(ся)
замя́укать, -аю, -ает
замяу́чить, -чу, -чит
занава́живать(ся), -аю, -ает(ся)
за́навес, -а

занаве́сить(ся), -е́шу(сь), -е́сит(ся)
занаве́ска, -и, *р. мн.* -сок
занаве́сочка, -и, *р. мн.* -чек
занаве́сочный
за́навесь, -и (*занавеска; устар. к занавес*)
занаве́шенный; *кр. ф.* -ен, -ена
занаве́шивание, -я
занаве́шивать(ся), -аю(сь), -ает(ся)
занаво́женный; *кр. ф.* -ен, -ена
занаво́зить, -о́жу, -о́зит
зана́добиться, -блюсь, -бится
занапра́сно
занаркотизи́рованный; *кр. ф.* -ан, -ана
занаркотизи́ровать(ся), -рую(сь), -рует(ся)
занаряди́ть, -яжу́, -я́ди́т
занаря́дка, -и
занаряжа́ть(ся), -а́ю, -а́ет(ся)
занаря́женный; *кр. ф.* -ен, -ена и занаряжённый; *кр. ф.* -ён, -ена́
занаря́живание, -я
занаря́живать(ся), -аю, -ает(ся)
зана́ченный; *кр. ф.* -ен, -ена
зана́чивать(ся), -аю, -ает(ся)
зана́чить, -чу, -чит
зана́чка, -и, *р. мн.* -чек
зана́шивание, -я
зана́шивать(ся), -аю, -ает(ся)
за́ндры, -ов, *ед.* зандр, -а
зане́, *союз*
заневе́ститься, -е́щусь, -е́стится
занево́лю, *нареч.* (*поневоле*)
зане́вский (*от Нева́*)
Занегли́менье, -я (*к Негли́нная, река*)
занегодова́ть, -ду́ю, -ду́ет
занеду́жить(ся), -жу(сь), -жит(ся)
занежи́ть(ся), -жу(сь), -жит(ся)
занездоро́виться, -ится
за неиме́нием (*чего*)
занеме́вший

занеме́лый
занеме́ть, -е́ю, -е́ет
занемога́ть, -а́ю, -а́ет
занемо́гший
занемо́чь(ся), -огу́, -о́жет(ся), -о́гут; прош. -о́г, -огла́
за нена́добностью
занена́стить(ся), -ит(ся)
занепого́дить, -ит
anéрвничать(ся), -аю(сь), -ает(ся)
занесе́ние, -я
занесённый; кр. ф. -ён, -ена́
занести́(сь), -су́(сь), -сёт(ся); прош. -ёс(ся), -есла́(сь)
занёсший(ся)
занзиба́рский (от Занзиба́р)
занзиба́рцы, -ев, ед. -рец, -рца, тв. -рцем
занижа́ть(ся), -а́ю, -а́ет(ся)
зниже́ние, -я
зани́женный; кр. ф. -ен, -ена
зани́зить, -и́жу, -и́зит
занима́ние, -я
занима́тельность, -и
занима́тельный; кр. ф. -лен, -льна
занима́ть(ся), -а́ю(сь), -а́ет(ся)
занкл, -а
за́ново
зано́за, -ы
зано́зистость, -и
зано́зистый
занози́ть, -ожу́, -ози́т
зано́зища, -и, тв. -ей
зано́рыш, -а, тв. -ем
зано́с, -а
заноси́ть(ся), -ошу́(сь), -о́сит(ся)
зано́сный
зано́счивость, -и
зано́счивый
зано́сы, -ов
нося́щий(ся)
заночева́ть, -чу́ю, -чу́ет
заночёвывать, -аю, -ает
за́ ночь

зано́шенность, -и
зано́шенный; кр. ф. -ен, -ена
зану́да, -ы, м. и ж.
зану́дливость, -и
зану́дливый
зану́дный; кр. ф. -ден, -дна
зану́дство, -а
зану́жду, нареч.
зану́зданный; кр. ф. -ан, -ана
занузда́ть, -а́ю, -а́ет
зану́здывание, -я
зану́здывать(ся), -аю, -ает(ся)
занумеро́ванный; кр. ф. -ан, -ана
занумерова́ть, -ру́ю, -ру́ет
занумеро́вывать(ся), -аю, -ает(ся)
заны́ть, заною́, заноёт
заню́ханный; кр. ф. -ан, -ана
заню́хать, -аю, -ает
заню́хивать(ся), -аю, -ает(ся)
заня́тие, -я
заня́тность, -и
заня́тный; кр. ф. -тен, -тна
занято́й, прил.
за́нятость, -и
за́нятый; кр. ф. за́нят, занята́, за́нято, прич.
заня́тьице, -а
заня́ть(ся), займу́(сь), займёт(ся); прош. за́нял, заня́лся, -яла́(сь), за́няло, -яло́сь
ЗАО́, нескл., с. (сокр.: закрытое акционерное общество)
заобла́чность, -и
заобла́чный
заовра́жье, -я
заодно́, нареч. (быть заодно́ с кем-нибудь), но прил. за одно́ (приня́ть за одно́ це́лое)
заозёрный
Заозёрный, -ого (город)
заозе́рье, -я, р. мн. -рий (местность за озером, озёрами) и За-озе́рье, -я (поселок)
заокеа́нский
заоко́нный

зао́кский (от Ока́)
Зао́кский, -ого (город)
заонежа́не, -а́н, ед. -а́нин, -а
заоне́жский
Заоне́жье, -я (к Оне́жское о́зеро, Оне́га)
заора́ть, -ру́, -рёт
заорганизо́ванность, -и
заорганизо́ванный; кр. ф. -ан, -ана
заорганизова́ть, -зу́ю, -зу́ет
заорганизо́вывание, -я
заорганизо́вывать(ся), -аю, -ает(ся)
заостре́ние, -я
заострённость, -и
заострённый; кр. ф. -ён, -ена́
заостри́ть(ся), -рю́, -ри́т(ся)
заостря́ть(ся), -я́ю, -я́ет(ся)
за отсу́тствием
зао́хать, -аю, -ает
зао́чник, -а
зао́чница, -ы, тв. -ей
зао́чный
Зао́чье, -я (к Ока́)
запа́вший
за́пад, -а (страна света, направление) и За́пад, -а (страны Западной Европы и Америки); Да́льний За́пад, Ди́кий За́пад, Сре́дний За́пад (территории в США)
запа́дать, -ает (начать падать)
запада́ть, -а́ет (к запа́сть)
запа́дина, -ы
западло́, в знач. сказ. (жарг.)
За́падная Белору́ссия
За́падная Герма́ния
За́падная Двина́
За́падная Евро́па
За́падная Ри́мская импе́рия
За́падная Саха́ра
За́падная Сиби́рь
За́падная Украи́на
за́паднее, нареч.
за́падник, -а
за́паднический

за́падничество, -а
За́падно-Австрали́йская котлови́на
западноавстрали́йский
За́падно-Австрали́йское тече́ние
западноамерика́нский
западноатланти́ческий
западноафрика́нский
западнобелору́сский
западноберли́нский
За́падно-Болга́рское ца́рство
западногерма́нский
За́падно-Гренла́ндское тече́ние
западноевропе́йский
западноевропе́йцы, -ев, ед. -е́ец, -е́йца, тв. -е́йцем
За́падное полуша́рие
западноказахста́нский
За́падно-Камча́тская ни́зменность
За́падно-Кана́дский бассе́йн
За́падно-Каре́льская возвы́шенность
западномонго́льский
западноприокеани́ческий
западнору́сский
западнору́сско-лито́вский
западносаха́рский
западносаха́рцы, -ев, ед. -рец, -рца, тв. -рцем
За́падно-Сиби́рская равни́на
западносиби́рский
За́падно-Сиби́рский нефтега́зовый ко́мплекс
западнославя́нский
западнотихоокеа́нский
западноукраи́нский
западнохристиа́нский
за́падный
За́падный администрати́вный о́круг (в Москве и др.)
За́падный Берли́н
За́падный Буг
За́падный Пами́р

западня́, -и́, р. мн. -не́й
запа́здывание, -я
запа́здывать, -аю, -ает
за па́зухой
за па́зуху
запа́ивание, -я
запа́ивать(ся), -аю(сь), -ает(ся)
запа́йка, -и
запа́йный
запа́йщик, -а
запакети́рованный; кр. ф. -ан, -ана
запакети́ровать, -рую, -рует
запако́ванный; кр. ф. -ан, -ана
запакова́ть(ся), -ку́ю(сь), -ку́ет(ся)
запако́вка, -и
запако́вочный
запако́вывание, -я
запако́вывать(ся), -аю(сь), -ает(ся)
запако́стить(ся), -ощу(сь), -остит(ся)
запако́щенный; кр. ф. -ен, -ена
запа́л, -а
запалённый; кр. ф. -ён, -ена́
запа́лзывать, -аю, -ает
запа́ливать(ся), -аю(сь), -ает(ся)
запали́ть(ся), -лю́(сь), -ли́т(ся)
запа́льник, -а
запа́льный
запа́льчивость, -и
запа́льчивый
запа́льщик, -а
запамято́вать(ся), -тую, -тует(ся)
запанибра́та
запанибра́тский
запанибра́тство, -а
запаникова́ть, -ку́ю, -ку́ет
за́пань, -и
запаралле́ленный; кр. ф. -ен, -ена
запаралле́лить, -е́лю, -е́лит
запа́ренный; кр. ф. -ен, -ена
запа́ривание, -я
запа́ривать(ся), -аю(сь), -ает(ся)

запа́рить(ся), -рю(сь), -рит(ся)
запа́рка, -и, р. мн. -рок
запарко́ванный; кр. ф. -ан, -ана
запаркова́ть(ся), -ку́ю(сь), -ку́ет(ся)
запа́рник, -а
запарно́й и запа́рный
запа́рочный
запа́рхивать, -аю, -ает
запарши́вевший
запарши́веть, -ею, -еет
запа́рывание, -я
запа́рывать(ся), -аю, -ает(ся)
запа́с, -а
запаса́ние, -я
запаса́ть(ся), -а́ю(сь), -а́ет(ся)
запасённый; кр. ф. -ён, -ена́
запа́сец, -сца, тв. -сцем, р. мн. -сцев
запа́ска, -и, р. мн. -сок
запа́сливость, -и
запа́сливый
запа́смурнеть, -еет
запа́сник, -а (хранилище)
запасни́к, -а́ (военнообязанный)
запасно́й и запа́сный
запасти́(сь), -су́(сь), -сёт(ся); прош. -а́с(ся), -асла́(сь)
запа́сть, -адёт; прош. -а́л, -а́ла
запа́сший(ся)
запатенто́ванный; кр. ф. -ан, -ана
запатентова́ть(ся), -ту́ю(сь), -ту́ет(ся)
запатенто́вывать(ся), -аю(сь), -ает(ся)
запато́ванный; кр. ф. -ан, -ана
запатова́ть, -ту́ю, -ту́ет
запаути́ненный; кр. ф. -ен, -ена
запаути́ниться, -ится
за́пах, -а
запа́х, -а (к запахну́ть)
запа́ханный; кр. ф. -ан, -ана
запаха́ть, -ашу́, -а́шет
запа́хивание, -я
запа́хивать(ся), -аю(сь), -ает(ся)

запахну́вший(ся)
запа́хнутый
запа́хнуть, -ну, -нет; *прош.* -а́х, -а́хла
запахну́ть(ся), -ну́(сь), -нёт(ся)
запахопоглоти́тель, -я
запа́хший
запа́чканный; *кр. ф.* -ан, -ана
запа́чкать(ся), -аю(сь), -ает(ся)
запаши́стый
запа́шка, -и, *р. мн.* -шек
запа́шник, -а
запашо́к, -шка́
запа́янный; *кр. ф.* -ян, -яна
запая́ть(ся), -я́ю, -я́ет(ся)
запе́в, -а
запева́ла, -ы, *м. и ж.*
запева́ние, -я (*от* запева́ть)
запева́ть, -а́ю, -а́ет (*к* петь)
запе́вка, -и, *р. мн.* -вок
запека́ние, -я
запека́нка, -и, *р. мн.* -нок
запека́ночка, -и, *р. мн.* -чек
запека́ть(ся), -а́ю, -а́ет(ся)
запёкший(ся)
запелёнатый и запелёнутый
запелена́ть(ся), -а́ю, -а́ет(ся)
запеленго́ванный; *кр. ф.* -ан, -ана
запеленгова́ть, -гу́ю, -гу́ет
запелёнутый и запелёнатый
запелёнывать(ся), -аю, -ает(ся)
запе́ненный; *кр. ф.* -ен, -ена
запе́нивать(ся), -аю, -ает(ся)
запе́нить(ся), -ню, -нит(ся)
запере́ть(ся), запру́(сь), запрёт(ся); *прош.* за́пер, заперся́, заперла́(сь), за́перло́(сь)
за́пертый; *кр. ф.* -ерт, -ерта́, -ерто
запе́рший(ся)
заперши́ть, -и́т
запестре́ть¹, -е́ет (*к* пестре́ть¹)
запестре́ть², -ри́т (*к* пестре́ть²)
запестре́ться, -е́ется
запестри́ть, -рю́, -ри́т (*к* пестри́ть)
запетля́ть, -я́ю, -я́ет

запетуши́ться, -шу́сь, -ши́тся
запе́тый
запе́ть, запою́, запоёт
запеча́литься, -люсь, -лится
запеча́танный; *кр. ф.* -ан, -ана
запеча́тать(ся), -аю, -ает(ся)
запечатлева́ть(ся), -а́ю(сь), -а́ет(ся)
запечатле́ние, -я
запечатлённый; *кр. ф.* -ён, -ена́
запечатле́ть(ся), -е́ю(сь), -е́ет(ся)
запеча́тывание, -я
запеча́тывать(ся), -аю, -ает(ся)
запе́чек, -чка
запечённый; *кр. ф.* -ён, -ена́
запе́чный
запе́чье, -я, *р. мн.* -чий
запе́чь(ся), -еку́, -ечёт(ся), -еку́т(ся); *прош.* -ёк(ся), -екла́(сь)
запива́ние, -я (*от* запива́ть)
запива́ть(ся), -а́ю, -а́ет(ся) (*к* пить)
запиво́ха, -и, *м. и ж.*
запи́ленный; *кр. ф.* -ен, -ена
запи́ливание, -я
запи́ливать(ся), -аю, -ает(ся)
запили́кать, -аю, -ает
запили́ть, -илю́, -и́лит
запило́вка, -и, *р. мн.* -вок
запина́ть(ся), -а́ю(сь), -а́ет(ся)
запи́нка, -и, *р. мн.* -нок
запи́ночка, -и, *р. мн.* -чек
запира́ние, -я
запира́тельство, -а
запира́ть(ся), -а́ю(сь), -а́ет(ся)
запирова́ть(ся), -ру́ю(сь), -ру́ет(ся)
запи́санный; *кр. ф.* -ан, -ана
записа́ть(ся), -ишу́(сь), -и́шет(ся)
запи́ска, -и, *р. мн.* -сок
записно́й
запи́сочка, -и, *р. мн.* -чек
запи́сывание, -я
запи́сывать(ся), -аю(сь), -ает(ся)
за́пись, -и
запи́тый; *кр. ф.* -и́т, -ита́, -и́то

запи́ть, запью́, запьёт; *прош.* запи́л, запила́, запи́ло и (*о пьянстве*) за́пил, запила́, за́пило
запи́ханный; *кр. ф.* -ан, -ана
запиха́ть(ся), -а́ю, -а́ет(ся)
запи́хивание, -я
запи́хивать(ся), -аю, -ает(ся)
запи́хнутый
запихну́ть, -ну́, -нёт
запи́чканный; *кр. ф.* -ан, -ана
запи́чкать, -аю, -ает
запища́ть, -щу́, -щи́т
запла́канный; *кр. ф.* -ан, -ана
запла́кать, -а́чу, -а́чет
запламене́ть, -е́ю, -е́ет
заплани́рованный; *кр. ф.* -ан, -ана
заплани́ровать, -рую, -рует
запла́та, -ы
запла́танный; *кр. ф.* -ан, -ана
заплата́ть, -а́ю, -а́ет
заплати́ть(ся), -ачу́, -а́тит(ся)
запла́тка, -и, *р. мн.* -ток
запла́точка, -и, *р. мн.* -чек
запла́ченный; *кр. ф.* -ен, -ена
запла́чка, -и, *р. мн.* -чек
заплёванный; *кр. ф.* -ан, -ана
заплева́ть(ся), -лю́ю(сь), -лю́ёт(ся)
заплёвывание, -я
заплёвывать(ся), -аю, -ает(ся)
заплёсканный; *кр. ф.* -ан, -ана
заплеска́ть(ся), -ещу́(сь), -е́щет(ся) и -а́ю(сь), -а́ет(ся)
заплёскивание, -я
заплёскивать(ся), -аю, -ает(ся)
заплесневе́вший
заплесневе́вший и заплесне́вший
заплесневе́лость, -и
заплесневе́лый
заплесневе́ть, -ею, -еет и -ею, -еет и заплесне́ть, -ею, -еет
заплесне́вший и заплесневе́вший
заплёснутый

заплеснуть(ся), -ну́, -нёт(ся)
заплести́(сь), -ету́(сь), -етёт(ся); прош. -ёл(ся), -ела́(сь)
заплета́ние, -я
заплета́ть(ся), -а́ю(сь), -а́ет(ся)
заплетённый; кр. ф. -ён, -ена́
заплётший(ся)
заплечики, -ов (тех.)
заплечный
заплечье, -я, р. мн. -чий
заплеши́веть, -ею, -еет
заплешина, -ы
запломбиро́ванный; кр. ф. -ан, -ана
запломбирова́ть, -ру́ю, -ру́ет
запломбиро́вывать(ся), -аю, -ает(ся)
запло́т, -а
запло́тный
заплоша́ть, -а́ю, -а́ет
заплута́ть(ся), -а́ю(сь), -а́ет(ся)
заплы́в, -а
заплыва́ние, -я
заплыва́ть, -а́ю, -а́ет
заплы́ть, -ыву́, -ывёт; прош. -ы́л, -ыла́, -ы́ло
заплюсна́, -ы́
запляса́ть(ся), -яшу́(сь), -я́шет(ся)
запля́сывать(ся), -аю(сь), -ает(ся)
запну́ться, -ну́сь, -нётся
заповеда́ние, -я
запове́данный; кр. ф. -ан, -ана
запове́дать, -аю, -ает
запове́дник, -а
запове́дность, -и
запове́дный
запове́дование, -я
запове́довать(ся), -дую, -дует(ся)
запове́дующий(ся)
за́поведь, -и
запога́ненный; кр. ф. -ен, -ена
запога́нивать(ся), -аю, -ает(ся)
запога́нить(ся), -ню, -нит(ся)
заподазривать(ся), -аю, -ает(ся) и (устар.) заподо́зривать(ся), -аю, -ает(ся)

заподлицо́, нареч.
заподозрева́ть, -а́ю, -а́ет, сов. (начать подозревать)
заподо́зренный; кр. ф. -ен, -ена
заподо́зрить, -рю, -рит
заподря́д, -а (договор)
заподряди́ть(ся), -яжу́(сь), -яди́т(ся)
заподряжа́ть(ся), -а́ю(сь), -а́ет(ся)
заподря́женный; кр. ф. -ен, -ена
запое́м, нареч.
запоённый; кр. ф. -ён, -ена́ и запо́енный; кр. ф. -ен, -ена
запозда́лость, -и
запозда́лый
запозда́ние, -я
запозда́ть, -а́ю, -а́ет
запоздни́ться, -ню́сь, -ни́тся
за́поздно
запои́ть, -ою́, -о́ит
запо́й, -я
запо́йный
запола́скивание, -я
запола́скивать(ся), -аю(сь), -ает(ся)
за́ полдень, нареч.
заполёванный; кр. ф. -ан, -ана
заполева́ть, -лю́ю, -лю́ет
заползание, -я
запо́лзать, -аю, -ает, сов.
заполза́ть, -а́ю, -а́ет, несов.
заползти́, -зу́, -зёт; прош. -о́лз, -олзла́
запо́лзший
заполиро́ванный; кр. ф. -ан, -ана
заполирова́ть(ся), -ру́ю, -ру́ет(ся)
заполиро́вывать(ся), -аю, -ает(ся)
заполитизи́рованный; кр. ф. -ан, -ана
заполитизи́ровать(ся), -рую, -рует(ся)
заполне́ние, -я
запо́лненность, -и
запо́лненный; кр. ф. -ен, -ена
заполни́тель, -я

запо́лнить(ся), -ню, -нит(ся)
за́ полночь, нареч.
заполня́емость, -и
заполня́ть(ся), -я́ю, -я́ет(ся)
заполонённый; кр. ф. -ён, -ена́
заполони́ть, -ню́, -ни́т
заполоня́ть(ся), -я́ю, -я́ет(ся)
заполо́сканный; кр. ф. -ан, -ана
заполоска́ть(ся), -ощу́(сь), -о́щет(ся) и -а́ю(сь), -а́ет(ся)
заполо́снутый
заполосну́ть, -ну́, -нёт
заполо́шный; кр. ф. -шен, -шна
заполуча́ть, -а́ю, -а́ет
заполу́ченный; кр. ф. -ен, -ена
заполучи́ть, -учу́, -у́чит
за полцены́
заполыха́ть, -а́ет
запо́лье, -я
запо́льный
заполю́сный
заполя́рный
Заполя́рье, -я
запомина́емость, -и
запомина́ние, -я
запомина́ть(ся), -а́ю(сь), -а́ет(ся)
запомина́ющий(ся)
запо́мненный; кр. ф. -ен, -ена
запо́мнить(ся), -ню(сь), -нит(ся)
запо́н, -а (занавеска; передник)
запо́на, -ы (застежка, украшение)
запо́на, -ы (занавеска)
запо́нка, -и, р. мн. -нок
запо́ночка, -и, р. мн. -чек
запо́р, -а
запора́шивание, -я
запора́шивать(ся), -ает(ся)
запо́рка, -и, р. мн. -рок
запо́рный
запоро́жец, -жца, тв. -жцем (автомобиль, мотоцикл)
Запоро́жская Сечь (ист.)
запоро́жский (к Запоро́жье и Запоро́жская Сечь)
запоро́жцы, -ев, ед. -жец, -жца, тв. -жцем

ЗАПОРОЖЬЕ

запоро́жье, -я, р. мн. -жий (местность за порогом, порогами)
Запоро́жье, -я (город)
запо́ротый
запоро́ть(ся), -орю́, -о́рет(ся)
запоро́шенный; кр. ф. -ен, -ена и запорошённый; кр. ф. -ён, -ена́
запороши́ть(ся), -и́т(ся)
запо́рскать, -аю, -ает
запорха́ть, -а́ю, -а́ет
запорхну́ть, -ну́, -нёт
запости́ться, -ощу́сь, -ости́тся
запотева́ние, -я
запотева́ть, -а́ю, -а́ет
запоте́лый
запоте́ть, -е́ю, -е́ет
запо́тчевать, -чую, -чует
започива́ть, -а́ю, -а́ет
запоши́вочный
запоя́санный; кр. ф. -ан, -ана
запоя́сать(ся), -я́шу(сь), -я́шет(ся)
запоя́сывать(ся), -аю(сь), -ает(ся)
запра́вдашний и запра́вдашный
запра́вду, нареч.
заправи́ла, -ы, м.
запра́вить(ся), -влю(сь), -вит(ся)
запра́вка, -и, р. мн. -вок
запра́вленный; кр. ф. -ен, -ена
заправля́ть(ся), -я́ю(сь), -я́ет(ся)
запра́вочный
запра́вски
запра́вский
запра́вщик, -а
запра́вщица, -ы, тв. -ей
запра́здновать, -ную, -нует
запра́шивание, -я
запра́шивать(ся), -аю, -ает(ся)
запрева́ние, -я
запрева́ть, -а́ет
запреде́льность, -и
запреде́льный; кр. ф. -лен, -льна
запрезира́ть, -а́ю, -а́ет
запрессо́ванный; кр. ф. -ан, -ана

запрессова́ть(ся), -ссу́ю, -ссу́ет(ся)
запрессо́вка, -и
запрессо́вывать(ся), -аю, -ает(ся)
запресто́льный
запре́т, -а
запрети́тельный
запрети́тельство, -а
запрети́ть, -ещу́, -ети́т
запре́тка, -и, р. мн. -ток
запре́тность, -и
запре́тный; кр. ф. -тен, -тна
запре́ть, -е́ет
запреща́ть(ся), -а́ю, -а́ет(ся)
запреще́ние, -я
запрещённый; кр. ф. -ён, -ена́
заприме́тить, -е́чу, -е́тит
заприме́ченный; кр. ф. -ен, -ена
заприхо́дование, -я
заприхо́дованный; кр. ф. -ан, -ана
заприхо́довать(ся), -дую, -дует(ся)
заприча́стный (заприча́стное богослуже́ние, пе́ние)
запричита́ть, -а́ю, -а́ет
запрограмми́рованность, -и
запрограмми́рованный; кр. ф. -ан, -ана
запрограмми́ровать(ся), -рую, -рует(ся)
запродава́ть(ся), -даю́(сь), -даёт(ся)
запрода́жа, -и, тв. -ей
запрода́жный
запро́данный; кр. ф. -ан, -ана
запрода́ть(ся), -а́м(ся), -а́шь(ся), -а́ст(ся), -ади́м(ся), -ади́те(сь), -аду́т(ся); прош. -о́дал, -а́лся, -одала́(сь), -о́дало, -одало́сь
запроекти́рованный; кр. ф. -ан, -ана
запроекти́ровать, -рую, -рует
запроки́дывание, -я
запроки́дывать(ся), -аю(сь), -ает(ся)

запроки́нутый
запроки́нуть(ся), -ну(сь), -нет(ся)
запропа́вший
запропасти́ть(ся), -ащу́(сь), -асти́т(ся)
запропа́сть, -аду́, -адёт; прош. -а́л, -а́ла
запро́с, -а
запроси́ть(ся), -ошу́(сь), -о́сит(ся)
за́просто
запро́счик, -а
запро́сы, -ов (потребности)
запротестова́ть, -ту́ю, -ту́ет
запроти́виться, -влюсь, -вится
запротиворе́чить, -чу, -чит
запротоколи́рованный; кр. ф. -ан, -ана
запротоколи́ровать, -рую, -рует
запроходно́й
запроценто́ванный; кр. ф. -ан, -ана
запроцентова́ть, -ту́ю, -ту́ет
запро́шенный; кр. ф. -ен, -ена
запро́шлый (прост. к позапро́шлый)
запру́да, -ы
запруди́ть(ся), -ужу́, -у́дит(ся)
запружа́ть(ся), -а́ю, -а́ет(ся)
запру́женный; кр. ф. -ен, -ена и запружённый; кр. ф. -ён, -ена́
запру́живание, -я
запру́живать(ся), -аю, -ает(ся)
запры́гать(ся), -аю(сь), -ает(ся)
запры́гивать, -аю, -ает
запры́гнуть, -ну, -нет
запры́скать, -аю, -ает
запрыща́вевший
запрыща́веть, -ею, -еет
запряга́ние, -я
запряга́ть(ся), -а́ю(сь), -а́ет(ся)
запря́гший(ся)
запряжённый; кр. ф. -ён, -ена́
запря́жка, -и, р. мн. -жек
запряжно́й
запря́сть, -яду́, -ядёт; прош. -я́л, -яла́, -я́ло

запря́танный; *кр. ф.* -ан, -ана
запря́тать(ся), -я́чу(сь), -я́чет(ся)
запря́тывание, -я
запря́тывать(ся), -аю(сь), -ает(ся)
запря́чь(ся), -ягу́(сь), -яжёт(ся), -ягу́т(ся); *прош.* -я́г(ся), -ягла́(сь)
запсихова́ть, -иху́ю, -иху́ет
запу́ганность, -и
запу́ганный; *кр. ф.* -ан, -ана
запуга́ть(ся), -а́ю(сь), -а́ет(ся)
запу́гивание, -я
запу́гивать(ся), -аю(сь), -ает(ся)
запу́дренный; *кр. ф.* -ен, -ена
запу́дривание, -я
запу́дривать(ся), -аю(сь), -ает(ся)
запу́дрить(ся), -рю(сь), -рит(ся)
запузы́ривать(ся), -аю, -ает(ся)
запузы́риться, -ится
запулённый; *кр. ф.* -ён, -ена́
запу́ливать(ся), -аю, -ает(ся)
запули́ть, -лю́, -ли́т
запульси́ровать, -рует
запунцове́ть, -е́ю, -е́ет
запуржи́ть, -и́т
за́пуск, -а
запуска́ние, -я
запуска́ть(ся), -а́ю, -а́ет(ся)
запускно́й
запусте́лый
запусте́ние, -я
запусте́ть, -е́ет
запусти́ть, -ущу́, -у́стит
запу́танность, -и
запу́танный; *кр. ф. прич.* -ан, -ана; *кр. ф. прил.* (сложный, неясный) -ан, -анна
запу́тать(ся), -аю(сь), -ает(ся)
запутеше́ствовать(ся), -твую(сь), -твует(ся)
запу́тывание, -я
запу́тывать(ся), -аю(сь), -ает(ся)
запуха́ть, -а́ю, -а́ет
запу́хнуть, -ну, -нет; *прош.* -у́х, -у́хла
запу́хший

запу́шенный; *кр. ф.* -ён, -ена
запуши́ть(ся), -шу́, -ши́т(ся)
запуще́ние, -я
запу́щенность, -и
запу́щенный; *кр. ф.* -ен, -ена
запча́сти, -е́й
запы́женный; *кр. ф.* -ен, -ена
запы́живать(ся), -аю, -ает(ся)
запы́жить(ся), -жу(сь), -жит(ся)
запыла́ть, -а́ю, -а́ет
запылённость, -и
запылённый; *кр. ф.* -ён, -ена́
запыли́ть(ся), -лю́(сь), -ли́т(ся)
запыря́ть, -я́ю, -я́ет
запыта́ть, -а́ю, -а́ет
запыха́ться, -а́юсь, -а́ется
запыхте́ть, -хчу́, -хти́т
запьяне́ть, -е́ю, -е́ет
запья́нствовать, -твую, -твует
запьянцо́вский
запя́стный
запя́стье, -я, *р. мн.* -тий
запята́я, -о́й
за пятеры́х
запяти́ть(ся), -я́чу(сь), -я́тит(ся)
запя́тки, -ток
запя́тнанность, -и
запя́тнанный; *кр. ф.* -ан, -ана
запятна́ть(ся), -а́ю(сь), -а́ет(ся)
запя́точки, -чек
запяту́шка, -и, *р. мн.* -шек
запя́ченный; *кр. ф.* -ен, -ена
запя́чивать(ся), -аю, -ает(ся)
зараба́тывание, -я
зараба́тывать(ся), -аю(сь), -ает(ся)
зарабо́танный; *кр. ф.* -ан, -ана
зарабо́тать(ся), -аю(сь), -ает(ся)
за́работный: за́работная пла́та
за́работок, -тка
зара́внивание, -я
зара́вниватель, -я
зара́внивать(ся), -аю, -ает(ся)
заража́емость, -и
заража́ть(ся), -а́ю(сь), -а́ет(ся)
зараже́ние, -я

заражённость, -и
заражённый; *кр. ф.* -ён, -ена́
зара́з, *нареч.*
зара́за, -ы
зарази́тельность, -и
зарази́тельный; *кр. ф.* -лен, -льна
зарази́ть(ся), -ажу́(сь), -ази́т(ся)
зарази́ха, -и
заразиховыно́сливый
зара́зливый
зара́зность, -и
зара́зный; *кр. ф.* -зен, -зна
зара́йский (*от* Зара́йск)
зара́йцы, -ев, *ед.* -а́ец, -а́йца, *тв.* -а́йцем
зара́не (*устар. к* зара́нее)
зара́нее, *нареч.*
зарапортова́ться, -ту́юсь, -ту́ется
зараста́ние, -я
зараста́ть, -а́ю, -а́ет
зарасти́, -ту́, -тёт; *прош.* заро́с, заросла́
зарасти́ть, заращу́, зарасти́т
Зарату́стра, -ы, *м. и* Зарату́штра, -ы, *м.*
заращённый; *кр. ф.* -ён, -ена́
зара́щивание, -я
зара́щивать(ся), -аю, -ает(ся)
зарва́ться, -ву́сь, -вётся; *прош.* -а́лся, -ала́сь, -а́ло́сь
зардева́ть(ся), -а́ю(сь), -а́ет(ся)
зарде́ть(ся), -е́ю(сь), -е́ет(ся)
заре́ванный; *кр. ф.* -ан, -ана
зареве́ть, -ву́, -вёт
заревнова́ть, -ну́ю, -ну́ет
за́ревный (*к* за́рево)
за́рево, -а
зарево́й (*к* заря́)
зарегистри́рованный; *кр. ф.* -ан, -ана
зарегистри́ровать(ся), -рую(сь), -рует(ся)
зарегули́рование, -я
зарегули́рованный; *кр. ф.* -ан, -ана

ЗАРЕГУЛИРОВАТЬ(СЯ)

зарегули́ровать(ся), -рую, -рует(ся)
зареде́ть, -е́ет
заре́з, -а
заре́занный; *кр. ф.* -ан, -ана
заре́зать(ся), -е́жу(сь), -е́жет(ся), *несов.*
зареза́ть(ся), -а́ю(сь), -а́ет(ся), *сов.*
зарезви́ться, -влю́сь, -ви́тся
зарезерви́рованный; *кр. ф.* -ан, -ана
зарезерви́ровать, -рую, -рует
зарека́ться, -а́юсь, -а́ется
зарекомендо́ванный; *кр. ф.* -ан, -ана
зарекомендова́ть(ся), -ду́ю(сь), -ду́ет(ся)
зарекомендо́вывать(ся), -аю(сь), -ает(ся)
зарёкшийся
зареми́зиться, -зится
заретуши́рованный; *кр. ф.* -ан, -ана
заретуши́ровать(ся), -рую, -рует(ся)
зареча́не, -а́н, *ед.* -а́нин, -а
зареча́нка, -и, *р. мн.* -нок
заре́ченский
заре́чный
заре́чье, -я, *р. мн.* -чий (*местность за рекой*) и Заре́чье, -я (*посёлок*)
заре́чься, -еку́сь, -ечётся, -еку́тся; *прош.* -ёкся, -екла́сь
зареше́тить, -ше́чу, -ше́тит и зарешети́ть, -шечу́, -шети́т
зареше́ченный; *кр. ф.* -ен, -ена и зарешечённый; *кр. ф.* -ён, -ена́
зареше́чивать(ся), -аю, -ает(ся)
заре́ять, -е́ет
заржа́ве́вший
заржаве́лый
заржа́веть, -еет и заржаве́ть, -е́ет
заржа́вленный; *кр. ф.* -ен, -ена

заржа́вый
заржа́ть, -жу́, -жёт
зари́н, -а
зарисо́ванный; *кр. ф.* -ан, -ана
зарисова́ть(ся), -су́ю(сь), -су́ет(ся)
зарисо́вка, -и, *р. мн.* -вок
зарисо́вывание, -я
зарисо́вывать(ся), -аю, -ает(ся)
за́риться, за́рюсь, за́рится (*смотреть с завистью, сильно желая*)
зари́фить, -флю, -фит
зари́фленный; *кр. ф.* -ен, -ена
зарифля́ть(ся), -я́ю, -я́ет(ся)
зарифмо́ванный; *кр. ф.* -ан, -ана
зарифмова́ть(ся), -му́ю, -му́ет(ся)
зарифмо́вывание, -я
зарифмо́вывать(ся), -аю, -ает(ся)
зарни́ца, -ы, *тв.* -ей
зарни́чный
заробе́ть, -е́ю, -е́ет
заро́вненный; *кр. ф.* -ен, -ена
заровня́ть(ся), -я́ю, -я́ет(ся) (*к ро́вный*)
заро́д, -а
зароди́ть(ся), -ожу́, -оди́т(ся)
заро́дыш, -а, *тв.* -ем
заро́дышевый
зарожда́ть(ся), -а́ю, -а́ет(ся)
зарожде́ние, -я
зарождённый; *кр. ф.* -ён, -ена́
зарозове́ть(ся), -е́ю(сь), -е́ет(ся)
заро́ить(ся), -и́т(ся)
зарок, -а
зарокота́ть, -ко́чет
заро́ненный; *кр. ф.* -ен, -ена
зарони́ть(ся), -оню́, -о́нит(ся)
заропта́ть, -опщу́, -о́пщет
за́росли, -ей и за́рослЬ, -и
за́росток, -тка
заро́сший
зарпла́та, -ы
зарпла́тный
зару́б, -а
заруба́ние, -я

заруба́ть(ся), -а́ю(сь), -а́ет(ся)
за рубе́ж (уе́хать за рубе́ж)
зарубе́ж, -а́ (рабо́тать на зарубе́ж)
зарубе́жный
за рубежо́м (находи́ться за рубежо́м)
зарубе́жье, -я
зару́бина, -ы
зарубине́цкий (зарубине́цкая культу́ра, *археол.*)
зару́бинка, -и, *р. мн.* -нок
заруби́ть(ся), -ублю́(сь), -у́бит(ся)
зару́бка, -и, *р. мн.* -бок
зару́бленный; *кр. ф.* -ен, -ена
зарубцева́ться, -цу́ется
зарубцо́ванный; *кр. ф.* -ан, -ана
зарубцо́вывание, -я
зарубцо́вываться, -ается
зару́бщик, -а
зару́ганный; *кр. ф.* -ан, -ана
заруга́ть(ся), -а́ю(сь), -а́ет(ся)
зару́ка, -и
зарука́вник, -а
зарука́вье, -я, *р. мн.* -вий
зарукоплеска́ть, -ещу́, -е́щет
зару́ливание, -я
зару́ливать(ся), -аю, -ает(ся)
зарули́ть, -лю́, -ли́т
зарумя́ненный; *кр. ф.* -ен, -ена
зарумя́нивать(ся), -аю(сь), -ает(ся)
зарумя́нить(ся), -ню(сь), -нит(ся)
заруча́ться, -а́юсь, -а́ется
заручи́ться, -чу́сь, -чи́тся
зару́чка, -и, *р. мн.* -чек
зары́бить, -блю, -бит
зарыбле́ние, -я
зары́бленный; *кр. ф.* -ен, -ена
зарыбля́ть, -я́ю, -я́ет
зарыва́ние, -я
зарыва́ть(ся), -а́ю(сь), -а́ет(ся)
зарыда́ть, -а́ю, -а́ет
зарыси́ть, -и́т
зары́тый
зары́ть(ся), заро́ю(сь), заро́ет(ся)
зарыча́ть, -чу́, -чи́т

зарья́ть, буд. вр. не употр., прош. -я́л, -я́ла
заря́, -и́, вин. зарю́ и (устар.) зо́рю, мн. зо́ри, зорь, зо́рям
зарябе́ть, -е́ет
заряби́ть(ся), -и́т(ся)
заря́д, -а
заряди́ть(ся), -яжу́(сь), -я́ди́т(ся)
заря́дка, -и, р. мн. -док
заря́дный
заря́довый
заря́дочка, -и, р. мн. -чек
заря́дчик, -а
заря́дчица, -ы, тв. -ей
заря́дье, -я, р. мн. -дий (место за торговым рядом, рядами)
Заря́дье, -я (район в Москве)
заряжа́льщик, -а
заряжа́льщица, -ы, тв. -ей
заряжа́ние, -я
заряжа́ть(ся), -а́ю(сь), -а́ет(ся)
заря́женность, -и
заря́женный; кр. ф. -ен, -ена и заряжённый; кр. ф. -ён, -ена́
заря́-заряни́ца, др. формы не употр.
заряни́ца, -ы, тв. -ей
заря́нка, -и, р. мн. -нок
за́рящийся
заса́да, -ы
засади́ть, -ажу́, -а́дит
заса́дка, -и, р. мн. -док
заса́днить, -ит и засадни́ть, -и́т
заса́дный
засажа́ть, -а́ю, -а́ет
саса́женный; кр. ф. -ен, -ена
заса́живание, -я
заса́живать(ся), -аю(сь), -ает(ся)
заса́ленный; кр. ф. -ен, -ена
заса́ливание, -я
заса́ливать(ся), -аю(сь), -ает(ся)
заса́лить(ся), -лю(сь), -лит(ся)
заса́ривать(ся), -аю, -ает(ся)
заса́сывание, -я
заса́сывать(ся), -аю(сь), -ает(ся)
заса́харенный; кр. ф. -ен, -ена

заса́харивание, -я
заса́харивать(ся), -аю, -ает(ся)
заса́харить(ся), -рю, -рит(ся)
засбо́ить, -о́ю, -о́ит
засва́танный; кр. ф. -ан, -ана
засва́тать, -аю, -ает
засва́тывать, -аю, -ает
засвеже́ть, -е́ет
засвербе́ть, -би́т
засверка́ть, -а́ю, -а́ет
засверли́ть, -лю́, -ли́т
засвети́ть(ся), -ечу́(сь), -е́тит(ся)
засве́тка, -и, р. мн. -ток
засветле́ть(ся), -е́ет(ся)
за́светло
засве́ченный; кр. ф. -ен, -ена
засве́чивать(ся), -аю(сь), -ает(ся)
засвиде́тельствование, -я
засвиде́тельствованный; кр. ф. -ан, -ана
засвиде́тельствовать, -твую, -твует
засвиста́ть, -ищу́, -и́щет
засвисте́ть, -ищу́, -исти́т
засдава́ться, -даю́сь, -даётся
засда́ться, -а́мся, -а́шься, -а́стся, -ади́мся, -ади́тесь, -аду́тся; прош. -а́лся, -ала́сь, -ало́сь
засе́в, -а
засева́ние, -я
засева́ть(ся), -а́ю, -а́ет(ся)
заседа́ние, -я
заседа́тель, -я
заседа́тельница, -ы, тв. -ей
заседа́тельский
заседа́тельство, -а
заседа́тельствовать, -твую, -твует
заседа́тельша, -и, тв. -ей
заседа́ть, -а́ю, -а́ет
заседе́льный
засёдланный; кр. ф. -ан, -ана
заседла́ть, -а́ю, -а́ет
заседлывать(ся), -аю, -ает(ся)
засе́ивание, -я
засе́ивать(ся), -аю, -ает(ся)

засе́ка, -и
засека́ние, -я
засека́ть(ся), -а́ю, -а́ет(ся)
засекре́тить(ся), -ре́чу(сь), -ре́тит(ся)
засекре́ченный; кр. ф. -ен, -ена
засекре́чивание, -я
засекре́чивать(ся), -аю(сь), -ает(ся)
засе́кший(ся) и засёкший(ся)
заселе́ние, -я
заселённость, -и
заселённый; кр. ф. -ён, -ена́
засели́ть(ся), -елю́, -ели́т(ся)
заселя́ть(ся), -я́ю, -я́ет(ся)
засемени́ть, -ню́, -ни́т
за семеры́х
засентябри́ть, -ри́т
засеребрённый; кр. ф. -ён, -ена́
засеребри́ть(ся), -рю́, -ри́т(ся)
засере́ть(ся), -е́ет(ся)
засерьёзненный; кр. ф. -ен, -ена
засерьёзнить, -ню, -нит
засе́сть, -ся́ду, -ся́дет; прош. -се́л, -се́ла
засечённый; кр. ф. -ён, -ена́ и (наказанный поркой – также) засе́ченный; кр. ф. -ен, -ена
засе́чка, -и, р. мн. -чек
засе́чный
засе́чь(ся), -еку́, -ечёт(ся), -еку́т(ся); прош. -ёк(ся) и -ёк(ся), -екла́(сь)
засе́янный; кр. ф. -ян, -яна
засе́ять(ся), -е́ю, -е́ет(ся)
засигна́лить, -лю, -лит
засиде́ть(ся), -ижу́(сь), -иди́т(ся)
заси́дка, -и, р. мн. -док
заси́женный; кр. ф. -ен, -ена
заси́живать(ся), -аю(сь), -ает(ся)
засилосо́ванный; кр. ф. -ан, -ана
засилосова́ть, -су́ю, -су́ет
заси́лье, -я
заси́м, нареч.
засинённый; кр. ф. -ён, -ена́
засине́ть(ся), -е́ет(ся)

ЗАСИНИВАТЬ(СЯ)

заси́нивать(ся), -аю, -ает(ся)
засини́ть(ся), -ню́, -ни́т(ся)
засипе́ть, -плю́, -пи́т
засия́ть, -я́ю, -я́ет
заска́бливание, -я
заска́бливать(ся), -аю, -ает(ся)
заскака́ть, заскачу́, заска́чет
заска́кивание, -я
заска́кивать, -аю, -ает
заскандалить, -лю, -лит
засквози́ть(ся), -и́т(ся)
заскирдо́ванный; кр. ф. -ан, -ана
заскирдова́ть(ся), -ду́ю, -ду́ет(ся)
заскирдо́вывание, -я
заскирдо́вывать(ся), -аю, -ает(ся)
заско́бленный; кр. ф. -ен, -ена
заскобли́ть(ся), -лю́, -ли́т(ся)
заско́к, -а
заскользи́ть, -льжу́, -льзи́т
заскору́злость, -и
заскору́злый
заскору́знувший
заскору́знуть, -ну, -нет; прош. -у́знул и -у́з, -у́зла
заскору́зший
заскочи́ть, -очу́, -о́чит
заскрё́бший(ся)
заскрежета́ть, -жещу́, -же́жет
заскрести́(сь), -ребу́(сь), -ребёт(ся); прош. -рёб(ся), -ребла́(сь)
заскрипе́ть, -плю́, -пи́т
заскро́мничать, -аю, -ает
заскули́ть, -лю́, -ли́т
заскуча́ть, -а́ю, -а́ет
за́сланный, кр. ф. -ан, -ана (от засла́ть)
засласти́ть, -ащу́, -асти́т
засла́ть, зашлю́, зашлёт (от слать)
заслащё́нный; кр. ф. -ё́н, -ена́
засла́щивание, -я
засла́щивать(ся), -аю, -ает(ся)
заследи́ть, -ежу́, -еди́т
засле́женный; кр. ф. -ен, -ена
засле́живание, -я

засле́живать(ся), -аю, -ает(ся)
заслези́ться, -и́тся
заслепи́ть, -плю́, -пи́т
заслеплё́нный; кр. ф. -ё́н, -ена́
заслепля́ть, -я́ю, -я́ет
засло́н, -а
заслонё́нный; кр. ф. -ё́н, -ена́
заслони́ть(ся), -оню́(сь), -о́ни́т(ся)
засло́нка, -и, р. мн. -нок
засло́ночный
заслоня́ть(ся), -я́ю(сь), -я́ет(ся)
заслу́га, -и
заслу́женно, нареч.
заслу́женность, -и
заслу́женный; кр. ф. прич. -ен, -ена; кр. ф. прил. (достигнутый трудом, заслугами; справедливый) -ен, -енна (их победа заслу́женна)
заслу́живать(ся), -аю, -ает(ся)
заслужи́ть(ся), -ужу́(сь), -у́жит(ся)
заслу́шание, -я
заслу́шанный; кр. ф. -ан, -ана
заслу́шать(ся), -аю(сь), -ает(ся)
заслу́шивание, -я
заслу́шивать(ся), -аю(сь), -ает(ся)
заслы́шанный; кр. ф. -ан, -ана
заслы́шать(ся), -шу, -шит(ся)
заслюнё́нный; кр. ф. -ё́н, -ена́
заслю́нивать(ся), -аю(сь), -ает(ся)
заслюни́ть(ся), -ню́(сь), -ни́т(ся)
заслюня́вить(ся), -влю(сь), -вит(ся)
заслюня́вленный; кр. ф. -ен, -ена
засма́ливание, -я
засма́ливать(ся), -аю(сь), -ает(ся)
засма́ркивать(ся), -аю, -ает(ся)
засма́тривание, -я
засма́тривать(ся), -аю(сь), -ает(ся)
засме́ивание, -я
засме́ивать, -аю, -ает
засмея́нный; кр. ф. -я́н, -я́на

засмея́ть(ся), -ею́(сь), -её́т(ся)
засмолё́нный; кр. ф. -ё́н, -ена́
засмоли́ть(ся), -лю́(сь), -ли́т(ся)
засмо́лка, -и (действие)
засмо́лок, -лка (порок древесины)
засмо́рканный; кр. ф. -ан, -ана
засморка́ть(ся), -а́ю(сь), -а́ет(ся)
засмотре́ться, -отрю́сь, -о́трится
засмуща́ться, -а́юсь, -а́ется
заснежё́нность, -и
заснежё́нный; кр. ф. -ё́н, -ена́
заснежи́ть(ся), -и́т(ся)
занима́ть, -а́ю, -а́ет
заснова́ть, -ну́ю, -нуё́т
засну́ть(ся), -ну́, -нё́т(ся)
засня́тый; кр. ф. -я́т, -ята́, -я́то
засня́ть, -ниму́, -ни́мет; прош. -я́л, -яла́, -я́ло
засобира́ться, -а́юсь, -а́ется
засо́в, -а
засо́ванный; кр. ф. -ан, -ана
засова́ть, засу́ю, засуё́т
засовести́ться, -ещусь, -естится
засо́вывание, -я
засо́вывать(ся), -аю, -ает(ся)
засокруша́ться, -а́юсь, -а́ется
засо́л, -а
засоле́ние, -я
засолё́нность, -и
засолё́нный; кр. ф. -ён, -ена и (о почве, воде) засолё́нный; кр. ф. -ё́н, -ена́
засоли́ть(ся), -олю́, -о́ли́т(ся)
засо́лка, -и
засо́лочный
засо́льный
засо́льщик, -а
засо́льщица, -ы, тв. -ей
засоля́ть(ся), -я́ю, -я́ет(ся)
засомнева́ться, -а́юсь, -а́ется
засо́ня, -и, р. мн. -ей и засо́нь, м. и ж.
засопе́ть, -плю́, -пи́т
засо́р, -а
засоре́ние, -я
засорё́нность, -и

ЗАСТРАЧИВАТЬ(СЯ)

засорённый; *кр. ф.* -ён, -ена́
засори́тель, -я
засори́ть(ся), -рю́, -ри́т(ся)
засоря́ть(ся), -я́ю, -я́ет(ся)
засо́с, -а
засо́санный; *кр. ф.* -ан, -ана
засоса́ть, -осу́, -осёт
засо́хлый
засо́хнуть, -ну, -нет; *прош.* -о́х, -о́хла
засо́хший
засочи́ться, -и́тся
за́спанно, *нареч.*
за́спанность, -и
за́спанный; *кр. ф. прич. (от* заспа́ть*)* -ан, -ана; *кр. ф. прил.* -ан, -ана *(со следами сна)*
заспа́ть(ся), -плю́(сь), -пи́т(ся); *прош.* -а́л(ся), -ала́(сь), -а́ло, -а́лось
заспеси́виться, -влюсь, -вится
заспеши́ть, -шу́, -ши́т
заспи́нник, -а
заспи́нный
заспиртованный; *кр. ф.* -ан, -ана
заспиртовать(ся), -ту́ю, -ту́ет(ся)
заспирто́вывание, -я
заспирто́вывать(ся), -аю, -ает(ся)
заспле́тничать, -аю, -ает
заспо́рить(ся), -рю(сь), -рит(ся) *(к* спо́рить*)*
заспо́риться, заспо́рится *(о рабо́те)*
засрами́ть, -млю́, -ми́т
засрамлённый; *кр. ф.* -ён, -ена́
заста́ва, -ы; но *(в названиях площадей и ист. районов)* Заста́ва, -ы, *напр.:* Рого́жская Заста́ва *(площадь в Москве),* На́рвская Заста́ва, Не́вская Заста́ва *(ист. районы в Петербурге)*
застава́ние, -я
застава́ть, -таю́, -таёт
заста́вить(ся), -влю(сь), -вит(ся)
заста́вка, -и, *р. мн.* -вок

заста́вленный; *кр. ф.* -ен, -ена
заставля́ть(ся), -я́ю(сь), -я́ет(ся)
заста́вный
заста́вочный
заста́вский
заста́ивание, -я
заста́иваться, -аюсь, -ается
застарева́ть, -а́ет
застаре́лость, -и
застаре́лый
застаре́ть, -е́ет
заста́ть, -а́ну, -а́нет
застаю́щий
застега́ть, -а́ю, -а́ет
застёгивание, -я
застёгивать(ся), -аю(сь), -ает(ся)
застёгнутый
застегну́ть(ся), -ну́(сь), -нёт(ся)
застёжечка, -и, *р. мн.* -чек
застёжка, -и, *р. мн.* -жек
застекленеть, -е́ет
застекле́ние, -я
застеклённый; *кр. ф.* -ён, -ена́
застекли́ть, -лю́, -ли́т
застекля́ть(ся), -я́ю, -я́ет(ся)
засте́ленный; *кр. ф.* -ен, -ена
застели́ть, застелю́, засте́лет; *прош.* -и́л, -и́ла
застенографи́рованный; *кр. ф.* -ан, -ана
застенографи́ровать(ся), -рую, -рует(ся)
засте́нок, -нка
засте́ночный
засте́нчивость, -и
засте́нчивый
застесня́ться, -я́юсь, -я́ется
застига́ть(ся), -а́ю, -а́ет(ся)
засти́гнувший
засти́гнутый
засти́гнуть и засти́чь, -и́гну, -и́гнет; *прош.* -и́г и -и́гнул, -и́гла
засти́гший
засти́л, -а
застила́ние, -я
застила́ть(ся), -а́ю, -а́ет(ся)

засти́лка, -и, *р. мн.* -лок
засти́лочный
засти́ранный; *кр. ф.* -ан, -ана
застира́ть(ся), -а́ю, -а́ет(ся)
засти́рывание, -я
засти́рывать(ся), -аю, -ает(ся)
за́стить(ся), за́щу, за́стит(ся)
засти́чь и засти́гнуть, -и́гну, -и́гнет; *прош.* -и́г и -и́гнул, -и́гла
за́стланный; *кр. ф.* -ан, -ана *(от* застла́ть*)*
застла́ть(ся), застелю́, засте́лет(ся); *прош.* -а́л(ся), -а́ла(сь) *(к* стлать*)*
застого́ванный; *кр. ф.* -ан, -ана
застогова́ть, -гу́ю, -гу́ет
засто́й, -я
засто́йность, -и
засто́йный
застолби́ть, -блю́, -би́т
застолблённый; *кр. ф.* -ён, -ена́
засто́лица, -ы, *тв.* -ей
засто́лье, -я, *р. мн.* -лий
засто́льная, -ой
засто́льник, -а
засто́льный
застона́ть, -ону́, -о́нет и -а́ю, -а́ет
засто́поренный; *кр. ф.* -ен, -ена
засто́поривание, -я
засто́поривать(ся), -аю, -ает(ся)
засто́порить(ся), -рю, -рит(ся)
застоя́лый
застоя́ться, -ою́сь, -ои́тся
застра́гивать(ся), -аю, -ает(ся) и застру́гивать(ся), -аю, -ает(ся)
застра́ивание, -я
застра́ивать(ся), -аю(сь), -ает(ся)
застрахова́ние, -я
застрахо́ванный; *кр. ф.* -ан, -ана
застрахова́ть(ся), -рахую(сь), -раху́ет(ся)
застрахо́вывание, -я
застрахо́вывать(ся), -аю(сь), -ает(ся)
застра́чивание, -я
застра́чивать(ся), -аю, -ает(ся)

застра́щанный; *кр. ф.* -ан, -ана
застраща́ть, -а́ю, -а́ет
застра́щивание, -я
застра́щивать(ся), -аю(сь), -ает(ся)
застрева́ние, -я
застрева́ть, -а́ю, -а́ет
застрекота́ть, -очу́, -о́чет
застре́ленный; *кр. ф.* -ен, -ена
застре́ливать(ся), -аю(сь), -ает(ся)
застрели́ть(ся), -елю́(сь), -е́лит(ся)
застре́льщик, -а
застре́льщица, -ы, *тв.* -ей
застреля́ть, -я́ю, -я́ет
застре́ха, -и
застрига́ние, -я
застрига́ть(ся), -а́ю, -а́ет(ся)
застри́гший
застри́женный; *кр. ф.* -ен, -ена
застри́чь, -игу́, -ижёт, -игу́т; *прош.* -и́г, -и́гла
застро́ганный; *кр. ф.* -ан, -ана и застру́ганный; *кр. ф.* -ан, -ана
застрога́ть, -а́ю, -а́ет и застру-га́ть, -а́ю, -а́ет
застро́енный; *кр. ф.* -ен, -ена
застро́ить(ся), -о́ю(сь), -о́ит(ся)
застро́йка, -и, *р. мн.* -о́ек
застро́йщик, -а
застро́йщица, -ы, *тв.* -ей
застро́ченный; *кр. ф.* -ен, -ена
застрочи́ть(ся), -очу́, -о́чи́т(ся)
за́струг, -а (*инструмент*)
застру́ганный; *кр. ф.* -ан, -ана и застро́ганный; *кр. ф.* -ан, -ана
застру́га́ть, -а́ю, -а́ет и застро-га́ть, -а́ю, -а́ет
за́струги, -ов и -руг, *ед.* за́струг, -а и застру́га, -и (*снежные гребни; наносы в русле реки*)
застру́гивать(ся), -аю, -ает(ся) и застра́гивать(ся), -аю, -ает(ся)
заструи́ться, -и́тся
застря́вший

застря́пать(ся), -аю(сь), -ает(ся)
застря́ть, -я́ну, -я́нет
застудене́ть, -не́ет
застуди́ть(ся), -ужу́(сь), -у́дит(ся)
застуднева́ние, -я
застуднева́ть, -а́ет
засту́женный; *кр. ф.* -ен, -ена
засту́живание, -я
засту́живать(ся), -аю(сь), -ает(ся)
засту́канный; *кр. ф.* -ан, -ана
засту́кать, -аю, -ает
засту́кивать, -аю, -ает
за́ступ, -а
засту́па, -ы (*защита*)
заступа́ние, -я
заступа́ть(ся), -а́ю(сь), -а́ет(ся)
заступи́ть(ся), -уплю́(сь), -у́пит(ся)
заступле́ние, -я
засту́пник, -а
засту́пница, -ы, *тв.* -ей
засту́пнический
засту́пничество, -а
застуча́ть(ся), -чу́(сь), -чи́т(ся)
застыва́ние, -я
застыва́ть, -а́ю, -а́ет
засты́вший
застыди́ть(ся), -ыжу́(сь), -ыди́т(ся)
застыжённый; *кр. ф.* -ён, -ена́
засты́лость, -и
засты́лый
засты́ть и засты́нуть, -ы́ну, -ы́нет; *прош.* -ы́л, -ы́ла
застя́щий
засуди́ть, -ужу́, -у́дит
засуети́ться, -ечу́сь, -ети́тся
засу́женный; *кр. ф.* -ен, -ена
засу́живать(ся), -аю(сь), -ает(ся)
засу́нутый
засу́нуть, -ну, -нет
засупо́ненный; *кр. ф.* -ен, -ена
засупо́нивание, -я
засупо́нивать(ся), -аю(сь), -ает(ся)
засупо́нить(ся), -ню(сь), -нит(ся)

засурди́ненный; *кр. ф.* -ен, -ена
засу́сленный; *кр. ф.* -ен, -ена
засу́сливание, -я
засу́сливать(ся), -аю(сь), -ает(ся)
засу́слить(ся), -лю(сь), -лит(ся)
засусо́ленный; *кр. ф.* -ен, -ена
засусо́ливание, -я
засусо́ливать(ся), -аю(сь), -ает(ся)
засусо́лить(ся), -лю(сь), -лит(ся)
за́суха, -и
засухоусто́йчивость, -и
засухоусто́йчивый
засу́ченный; *кр. ф.* -ен, -ена
засу́чивание, -я
засу́чивать(ся), -аю(сь), -ает(ся)
засучи́ть(ся), -учу́(сь), -у́чи́т(ся)
засу́шенный; *кр. ф.* -ен, -ена
засу́шивание, -я
засу́шивать(ся), -аю, -ает(ся)
засуши́ть(ся), -ушу́, -у́шит(ся)
засу́шка, -и
засу́шливость, -и
засу́шливый
за счёт (*кого, чего*)
засчи́танный; *кр. ф.* -ан, -ана
засчита́ть, -а́ю, -а́ет
засчи́тывание, -я
засчи́тывать(ся), -аю, -ает(ся)
засыла́ние, -я
засыла́ть(ся), -а́ю(сь), -а́ет(ся)
засы́лка, -и
засыпа́ние, -я
засы́панный; *кр. ф.* -ан, -ана
засы́пать(ся), -плю(сь), -плет(ся), -плют(ся) и -пет(ся), -пят(ся), *сов.*
засыпа́ть(ся), -а́ю(сь), -а́ет(ся), *несов.*
засы́пка, -и *р. мн.* -пок, *ж.* (*действие*) и *м.* (*засыпщик, устар.*)
засыпно́й
засы́пушка, -и, *р. мн.* -шек
засы́пщик, -а
засы́пщица, -ы, *тв.* -ей
засыре́ть, -е́ет

засыхание, -я
засыхать, -аю, -ает
засюсюкать, -аю, -ает
затавренный; *кр. ф.* -ён, -ена́
затаврить, -рю́, -ри́т
затаённо, *нареч.*
затаённость, -и
затаённый; *кр. ф. прич.* -ён, -ена́; *кр. ф. прил.* (*скрываемый от других*) -ён, -ённа (и́х мечты́ затаённы, её гру́сть затаённа)
затаивание, -я
затаивать(ся), -аю(сь), -ает(ся)
затаить(ся), -аю́(сь), -аи́т(ся)
за так
затакт, -а (*муз.*)
затактный
зата́лкивание, -я
зата́лкивать(ся), -аю(сь), -ает(ся)
затамо́женный; *кр. ф.* -ен, -ена
затамо́живание, -я
затамо́живать(ся), -аю, -ает(ся)
затамо́жить, -жу, -жит
затанцева́ть(ся), -цу́ю(сь), -цу́ет(ся)
затанцо́вываться, -аюсь, -ается
зата́пливание, -я
зата́пливать(ся), -аю, -ает(ся)
зата́птывание, -я
зата́птывать(ся), -аю, -ает(ся)
затарато́рить, -рю, -рит
затарахте́ть, -хчу́, -хти́т
затара́щить(ся), -щу(сь), -щит(ся)
зата́ренный; *кр. ф.* -ен, -ена
зата́ривание, -я
зата́ривать(ся), -аю(сь), -ает(ся)
зата́рить(ся), -рю(сь), -рит(ся)
зата́сканность, -и
зата́сканный; *кр. ф. прич.* -ан, -ана; *кр. ф. прил.* (*заношенный, ветхий; избитый, потерявший новизну*) -ан, -анна (э́ти цита́ты сли́шком зата́сканны)
затаска́ть(ся), -а́ю(сь), -а́ет(ся)
зата́скивание, -я
зата́скивать(ся), -аю(сь), -ает(ся)

затасо́ванный; *кр. ф.* -ан, -ана
затасова́ть(ся), -су́ю, -су́ет(ся)
затасо́вывать(ся), -аю; -ает(ся)
зата́чанный; *кр. ф.* -ан, -ана
затача́ть(ся), -а́ю, -а́ет(ся)
зата́чивание, -я
зата́чивать(ся), -аю, -ает(ся)
зата́щенный; *кр. ф.* -ен, -ена
затащи́ть(ся), -ащу́(сь), -а́щит(ся)
затво́рница, -ы, *тв.* -ей
зата́ять, -ает
затвердева́ние, -я
затвердева́ть, -а́ет
затверде́лость, -и
затверде́лый
затверде́ние, -я
затверде́ть, -е́ет
затверди́ть, -ржу́, -рди́т
затверждённый; *кр. ф.* -ён, -ена́ и затве́рженный; *кр. ф.* -ен, -ена
затве́рживание, -я
затве́рживать(ся), -аю, -ает(ся)
затво́р, -а
затво́ренный; *кр. ф.* -ен, -ена и затворённый; *кр. ф.* -ён, -ена́
затвори́ть(ся), -орю́(сь), -о́рит(ся) (*закрыть(ся)*)
затво́рка, -и, *р. мн.* -рок
затво́рник, -а, но: Феофа́н Затво́рник
затво́рнический
затво́рничество, -а
затво́рный
затворя́ть(ся), -я́ю(сь), -я́ет(ся)
затева́ть(ся), -а́ю, -а́ет(ся)
зате́йка, -и, *р. мн.* -е́ек
зате́йливость, -и
зате́йливый
зате́йник, -а
зате́йница, -ы, *тв.* -ей
зате́йничать, -аю, -ает
зате́йничество, -а
зате́йный
зате́йщик, -а
зате́йщица, -ы, *тв.* -ей
затёк, -а

затека́ние, -я
затека́ть, -а́ет
затёкший
зате́м, *нареч.* (*потом*), но *местоим.* за те́м (вслед за те́м; остано́вка — за те́м до́мом)
затемне́ние, -я
затемнённый; *кр. ф.* -ён, -ена́
затемне́ть(ся), -е́ет(ся)
затемни́ть(ся), -ню́, -ни́т(ся)
затемно
затемня́ть(ся), -я́ю, -я́ет(ся)
затемперату́рить, -у́рю, -у́рит
зате́м что (чтобы)
затене́ние, -я
затенённый; *кр. ф.* -ён, -ена́
затени́ть(ся), -ню́, -ни́т(ся)
затеня́ть(ся), -я́ю, -я́ет(ся)
затеоретизи́рованный; *кр. ф.* -ан, -ана
затеоретизи́ровать(ся), -рую, -рует(ся)
зате́пленный; *кр. ф.* -ен, -ена
зате́пливать(ся), -аю, -ает(ся)
зате́плить(ся), -лю, -лит(ся)
за́тепло
затереби́ть, -блю́, -би́т
затереблённый; *кр. ф.* -ён, -ена́
затере́ть(ся), затру́(сь), затрёт(ся); *прош.* затёр(ся), затёрла(сь)
зате́рзанный; *кр. ф.* -ан, -ана
затерза́ть(ся), -а́ю(сь), -а́ет(ся)
зате́ривать(ся), -аю(сь), -ает(ся)
зате́рпнувший
зате́рпнуть, -нет; *прош.* -ёрпнул и -ёрп, -ёрпла
зате́рпший
затеррориз́рованный; *кр. ф.* -ан, -ана
затеррориз́ровать(ся), -рую(сь), -рует(ся)
затёртый
затёрханный; *кр. ф.* -ан, -ана
затёрший(ся)
зате́рянность, -и
зате́рянный; *кр. ф.* -ян, -яна

ЗАТЕРЯТЬ(СЯ)

затеря́ть(ся), -я́ю(сь), -я́ет(ся)
затёс, -а
затёсанный; *кр. ф.* -ан, -ана
затеса́ть(ся), -ешу́(сь), -е́шет(ся)
затёска, -и
затеснённый; *кр. ф.* -ён, -ена́
затесни́ть(ся), -ню́(сь), -ни́т(ся)
затесня́ть(ся), -я́ю(сь), -я́ет(ся)
затёсывание, -я
затёсывать(ся), -аю(сь), -ает(ся)
за́тесь, -и
зате́чь, -ечёт, -еку́т; *прош.* -ёк, -екла́
зате́я, -и
зате́явший
зате́янный; *кр. ф.* -ян, -яна
зате́ять(ся), -е́ю, -е́ет(ся)
зати́нщик, -а (*ист.*)
затира́ненный; *кр. ф.* -ен, -ена
затира́ние, -я
затира́нить, -ню, -нит
затира́ть(ся), -а́ю(сь), -а́ет(ся)
зати́рка, -и
зати́рочный
затиру́ха, -и
зати́сканный; *кр. ф.* -ан, -ана
зати́скать(ся), -аю(сь), -ает(ся)
зати́скивание, -я
зати́скивать(ся), -аю(сь), -ает(ся)
зати́снутый
зати́снуть(ся), -ну(сь), -нет(ся)
затиха́ние, -я
затиха́ть, -а́ю, -а́ет
зати́хнуть, -ну, -нет; *прош.* -и́х, -и́хла
зати́хший
зати́шек, -шка
зати́шный
за́тишь, -и
зати́шье, -я
за́тканный; *кр. ф.* -ан, -ана
затка́ть(ся), затку́, заткёт(ся); *прош.* -а́л(ся), -а́ла́(сь), -а́ло(сь)
за́ткнутый
заткну́ть(ся), -ну́(сь), -нёт(ся)
затле́ть(ся), -е́ет(ся)

затмева́ть(ся), -а́ю, -а́ет(ся)
затме́ние, -я
затме́нно-двойно́й
затме́нно-переме́нный
затме́нный
затми́ть(ся), -и́т(ся)
зато́, *союз* (стро́гий, зато́ справедли́вый), но *местоим.* за то́ (за то́ пальто́ заплати́ли доро́же, зато́ оно́ лу́чше)
затова́ренность, -и
затова́ренный; *кр. ф.* -ен, -ена
затова́ривание, -я
затова́ривать(ся), -аю(сь), -ает(ся)
затова́рить(ся), -рю(сь), -рит(ся)
зато́к, -а (зато́к во́здуха; залив; кромка ткани)
зато́ка, -и (залив)
затокова́ть, -ку́ет
зато́лканный; *кр. ф.* -ан, -ана
затолка́ть(ся), -а́ю(сь), -а́ет(ся)
зато́лкнутый
затолкну́ть, -ну́, -нёт
затолкова́ть(ся), -ку́ю(сь), -ку́ет(ся)
затоло́кший
затоло́чь(ся), -лку́, -лчёт(ся), -лку́т(ся); *прош.* -ло́к(ся), -лкла́(сь)
затолпи́ться, -и́тся
затоми́ть(ся), -млю́(сь), -ми́т(ся)
зато́н, -а
зато́нный
затону́ть, -ону́, -о́нет
зато́нчик, -а
зато́пать, -аю, -ает
затопи́ть(ся), -оплю́, -о́пит(ся)
зато́пка, -и
затопле́ние, -я
зато́пленный; *кр. ф.* -ен, -ена
затопля́емость, -и
затопля́ть(ся), -я́ю, -я́ет(ся)
затопо́рщить(ся), -ит(ся)
затопота́ть, -почу́, -по́чет
зато́птанный; *кр. ф.* -ан, -ана

затопта́ть(ся), -опчу́(сь), -о́пчет(ся)
зато́р, -а
заторгова́ть(ся), -гу́ю(сь), -гу́ет(ся)
заторго́вывать(ся), -аю(сь), -ает(ся)
заторжествова́ть, -тву́ю, -тву́ет
затор́канный; *кр. ф.* -ан, -ана
заторка́ть(ся), -аю(сь), -ает(ся)
заторма́живание, -я
заторма́живать(ся), -аю(сь), -ает(ся)
заторможенность, -и и заторможённость, -и
заторможенный; *кр.ф.* -ен, -ена и заторможённый; *кр. ф.* -ён, -ена́
затормози́ть(ся), -ожу́(сь), -ози́т(ся)
затормошённый; *кр. ф.* -ён, -ена́
затормоши́ть(ся), -шу́(сь), -ши́т(ся)
зато́рный
заторопи́ть(ся), -оплю́(сь), -о́пит(ся)
заторфо́ванный; *кр. ф.* -ан, -ана
заторцева́ть(ся), -цу́ю, -цу́ет(ся)
заторцо́ванный; *кр. ф.* -ан, -ана
заторцо́вывание, -я
заторцо́вывать(ся), -аю, -ает(ся)
затоскова́ть(ся), -ку́ю(сь), -ку́ет(ся)
зато́чать(ся), -а́ю(сь), -а́ет(ся)
заточе́ние, -я
зато́ченный; *кр. ф.* -ен, -ена (*заострённый*)
заточённый; *кр. ф.* -ён, -ена́ (*подвергнутый заключению*)
заточи́ть, -чу́, -чи́т (*подвергнуть заключению*)
заточи́ть(ся), -очу́, -о́чит(ся) (*заострить(ся)*)
зато́чка, -и, *р. мн.* -чек
зато́чник, -а
зато́чница, -ы, *тв.* -ей

заточный
затошнить, -ит
затравенелый
затравенеть, -еет
затравить, -авлю, -авит
затравка, -и
затравленно, нареч.
затравленность, -и
затравленный; кр. ф. -ен, -ена
затравливание, -я
затравливать(ся), -аю(сь), -ает(ся)
затравочка, -и
затравочный
затрагивание, -я
затрагивать(ся), -аю(сь), -ает(ся)
затраленный; кр. ф. -ен, -ена
затраливать(ся), -аю, -ает(ся)
затралить, -лю, -лит
затрамбованный; кр. ф. -ан, -ана
затрамбовать(ся), -бую, -бует(ся)
затрамбовывание, -я
затрамбовывать(ся), -аю, -ает(ся)
затрапез, -а
затрапезка, -и, р. мн. -зок
затрапезный
затрата, -ы
затратить(ся), -ачу, -атит(ся)
затратный; кр. ф. -тен, -тна
затраченный; кр. ф. -ен, -ена
затрачивание, -я
затрачивать(ся), -аю, -ает(ся)
затребование, -я
затребованный; кр. ф. -ан, -ана
затребовать, -бую, -бует
затревожить(ся), -жу(сь), -жит(ся)
затрезвонить, -ню, -нит
затренькать, -аю, -ает
затрёпанный; кр. ф. прич. -ан, -ана; кр. ф. прил. (затасканный, избитый, потерявший новизну) -ан, -анна
затрепать(ся), -еплю(сь), -еплет(ся), -еплют(ся) и -епет(ся), -епят(ся)

затрепетать, -пещу, -пещет
затрёпывать(ся), -аю(сь), -ает(ся)
затрепыхать(ся), -аю(сь), -ает(ся)
затрещать, -щу, -щит
затрещина, -ы
за тридевять земель
за троих
затронутый
затронуть, -ну, -нет
затрубить, -ублю, -убит
затруднение, -я
затруднённо, нареч.
затруднённость, -и
затруднённый; кр. ф. -ён, -ена
затруднительность, -и
затруднительный; кр. ф. -лен, -льна
затруднить(ся), -ню(сь), -нит(ся)
затруднять(ся), -яю(сь), -яет(ся)
затрусить, -ушу, -усит (от трусить)
затрусить, -ушу, -усит (от трусить)
затрухляветь, -веет
затрясти(сь), -су(сь), -сёт(ся); прош. -яс(ся), -ясла(сь)
затрясший(ся)
затужить, -ужу, -ужит
затуманенный; кр. ф. -ен, -ена
затуманивание, -я
затуманивать(ся), -аю(сь), -ает(ся)
затуманить(ся), -ню(сь), -нит(ся)
затундренский (затундренские крестьяне, ист.)
затупелый
затупеть, -ею, -еет
затупить(ся), -уплю, -упит(ся)
затупленный; кр. ф. -ен, -ена
затуплять(ся), -яю, -яет(ся)
затурканный; кр. ф. -ан, -ана
затуркать, -аю, -ает
затухание, -я
затухать, -ает
затухающий
затухнуть, -нет; прош. -ух, -ухла

затухший
затушёванный; кр. ф. -ан, -ана
затушевать(ся), -шую, -шует(ся)
затушёвка, -и
затушёвывание, -я
затушёвывать(ся), -аю, -ает(ся)
затушенный; кр. ф. -ен, -ена
затушить(ся), -ушу, -ушит(ся)
затхлость, -и
затхлый
затыкание, -я
затыкать¹, -аю, -ает, сов. (к тыкать¹)
затыкать², -ычу, -ычет и -аю, -ает, сов. (к тыкать²)
затыкаться, -ычусь, -ычется и -аюсь, -ается, сов. (от тыкаться)
затыкать(ся), -аю, -ает(ся), несов. (к заткнуть)
затылование, -я
затылочный
затылок, -лка
затылочек, -чка
затылочный
затыльник, -а
затыркать(ся), -аю(сь), -ает(ся)
затычина, -ы
затычка, -и, р. мн. -чек
затюканный; кр. ф. -ан, -ана
затюкать, -аю, -ает
затюкованный; кр. ф. -ан, -ана
затюковать(ся), -кую, -кует(ся)
затюковывание, -я
затюковывать(ся), -аю, -ает(ся)
затявкать, -аю, -ает
затягивание, -я
затягивать(ся), -аю(сь), -ает(ся)
затяжелеть, -ею, -еет
затяжка, -и, р. мн. -жек
затяжной
затяжчик, -а
затянутость, -и
затянутый
затянуть(ся), -яну(сь), -янет(ся)
зауважать, -аю, -ает
заударный; кр. ф. -рен, -рна

ЗАУДИВЛЯТЬСЯ

заудивля́ться, -я́юсь, -я́ется
зау́женный; *кр. ф.* -ен, -ена
зау́живание, -я
зау́живать(ся), -аю, -ает(ся)
зау́зданный; *кр. ф.* -ан, -ана
взузда́ть(ся), -а́ю, -а́ет(ся)
зау́здывание, -я
зау́здывать(ся), -аю, -ает(ся)
зау́зить(ся), зау́жу, зау́зит(ся)
зау́лок, -лка
заулыба́ться, -а́юсь, -а́ется
заулюлю́кать, -аю, -ает
зау́мник, -а
зау́мничать(ся), -аю(сь), -ает(ся)
зау́мность, -и
зау́мный; *кр. ф.* -мен, -мна
за́умь, -и
зауны́вность, -и
зауны́вный; *кр. ф.* -вен, -вна
за упоко́й (души́)
заупоко́йный
заупря́миться, -млюсь, -мится
Заура́лье, -я (к Ура́л)
заура́льский
заура́льцы, -ев, *ед.* -лец, -льца, *тв.* -льцем
заура́новый
зауроло́ф, -а
зауропо́ды, -ов, *ед.* -по́д, -а
зауроптери́гии, -гий, *ед.* -гия, -и
заурча́ть, -чу́, -чи́т
заура́д, *нареч.*
заура́д-врач́, -а́, *тв.* -о́м
заура́дность, -и
заура́дный; *кр. ф.* -ден, -дна
заура́д-офице́р, -а
заура́д-пра́порщик, -а
заусе́нец, -нца, *тв.* -нцем, *р. мн.* -нцев и заусе́ница, -ы, *тв.* -ей, *р. мн.* -ниц
зау́ськать, -аю, -ает
зау́тра, *нареч.*
зау́тренний
зау́треня, -и, *р. мн.* -ень
заутю́женный; *кр. ф.* -ен, -ена
заутю́живание, -я

заутю́живать(ся), -аю, -ает(ся)
заутю́жить(ся), -жу, -жит(ся)
зауха́живать, -аю, -ает
зау́хать, -аю, -ает
заухмыля́ться, -я́юсь, -я́ется
зау́ченно, *нареч.*
зау́ченность, -и
зау́ченный; *кр. ф.* -ен, -ена
зау́чивание, -я
зау́чивать(ся), -аю(сь), -ает(ся)
заучи́ть(ся), -учу́(сь), -у́чит(ся)
зауша́тельский
зауша́тельство, -а
зауша́ть(ся), -а́ю(сь), -а́ет(ся)
зауше́ние, -я
зауши́ть, -шу́, -ши́т
зау́шники, -ов, *ед.* -ник, -а
зау́шница, -ы, *тв.* -ей
зау́шный
зафальши́вить, -влю, -вит
зафамилья́рничать, -аю, -ает
зафантази́ровать(ся), -рую(сь), -рует(ся)
зафарширо́ванный; *кр. ф.* -ан, -ана
зафарширова́ть(ся), -ру́ю, -ру́ет(ся)
зафига́ченный; *кр. ф.* -ен, -ена
зафига́чить, -чу, -чит
зафикси́рованный; *кр. ф.* -ан, -ана
зафикси́ровать(ся), -рую, -рует(ся)
зафилосо́фствовать(ся), -твую(сь), -твует(ся)
зафинти́ть, -нчу́, -нти́т
зафла́женный; *кр. ф.* -ен, -ена
зафла́жить, -жу, -жит
зафонтани́ровать, -рует
заформализо́ванный; *кр. ф.* -ан, -ана
заформализова́ть(ся), -зу́ю, -зу́ет(ся)
заформо́ванный; *кр. ф.* -ан, -ана
заформова́ть(ся), -му́ю, -му́ет(ся)
зафорси́ть, -ршу́, -рси́т

зафранти́ть, -нчу́, -нти́т
зафрахто́ванный; *кр. ф.* -ан, -ана
зафрахтова́ть, -ту́ю, -ту́ет
зафрахто́вывание, -я
зафрахто́вывать(ся), -аю, -ает(ся)
зафронтово́й
зафто́ренный; *кр. ф.* -ен, -ена
зафто́ривание, -я
зафто́ривать(ся), -аю, -ает(ся)
зафто́рить, -рю, -рит
зафу́кать, -аю, -ает
зафутбо́ленный; *кр. ф.* -ен, -ена
зафутбо́ливать(ся), -аю, -ает(ся)
зафутбо́лить, -лю, -лит
зафы́ркать, -аю, -ает
зафырча́ть, -чу́, -чи́т
заха́живание, -я
заха́живать, -аю, -ает
заха́ивать(ся), -аю(сь), -ает(ся)
захандри́ть(ся), -рю́(сь), -ри́т(ся)
заха́панный; *кр. ф.* -ан, -ана
заха́пать, -аю, -ает
заха́пывание, -я
заха́пывать(ся), -аю, -ает(ся)
заха́рканный; *кр. ф.* -ан, -ана
заха́ркать, -аю, -ает
заха́ркивание, -я
заха́ркивать(ся), -аю, -ает(ся)
заха́янный; *кр. ф.* -ян, -яна
заха́ять, -а́ю, -а́ет
захва́ленный; *кр. ф.* -ен, -ена
захва́ливание, -я
захва́ливать(ся), -аю(сь), -ает(ся)
захвали́ть(ся), -алю́(сь), -а́лит(ся)
захва́рывать, -аю, -ает
захва́стать(ся), -аю(сь), -ает(ся)
захва́т, -а
захва́танный; *кр. ф.* -ан, -ана (*от* захвата́ть)
захвата́ть(ся), -а́ю, -а́ет(ся)
захвати́ть, -ачу́, -а́тит
захва́тнический
захва́тничество, -а
захва́тный
захва́тчик, -а

захва́тчица, -ы, *тв.* -ей
захва́тывание, -я
захва́тывать(ся), -аю, -ает(ся)
захва́тывающий(ся)
захва́ченный; *кр. ф.* -ен, -ена (*от* захвати́ть)
захвора́ть, -а́ю, -а́ет
захиле́ть, -е́ю, -е́ет
захире́лость, -и
захире́лый
захире́ть, -е́ю, -е́ет
захи́кать, -аю, -ает
захлами́ть(ся), -млю́(сь), -ми́т(ся)
захламле́ние, -я
захламлённость, -и
захламлённый; *кр. ф.* -ён, -ена́
захла́мливание, -я
захла́мливать(ся), -аю(сь), -ает(ся)
захламля́ть(ся), -я́ю(сь), -я́ет(ся)
захла́мостить, -ощу, -остит и захламости́ть, -ощу́, -ости́т
захла́мощенный; *кр. ф.* -ен, -ена и захламощённый; *кр. ф.* -ён, -ена́
захлёб, -а
захлеба́ть, -а́ю, -а́ет
захлебну́ть(ся), -ну́(сь), -нёт(ся)
захлёбывание, -я
захлёбывать(ся), -аю(сь), -ает(ся)
захлёстанный; *кр. ф.* -ан, -ана
захлеста́ть(ся), -ещу́(сь), -е́щет(ся)
захлёстнутый
захлестну́ть(ся), -ну́, -нёт(ся)
захлёстывание, -я
захлёстывать(ся), -аю, -ает(ся)
захли́пать, -аю, -ает
захло́панный; *кр. ф.* -ан, -ана
захло́пать, -аю, -ает
захло́пнутый
захло́пнуть(ся), -ну, -нет(ся)
захлопо́танный; *кр. ф.* -ан, -ана
захлопота́ть(ся), -очу́(сь), -о́чет(ся)
захло́пывание, -я

захло́пывать(ся), -аю(сь), -ает(ся)
захлороформи́рованный; *кр. ф.* -ан, -ана
захлороформи́ровать(ся), -и́рую, -и́рует(ся)
захлю́пать, -аю, -ает
захмеле́ть, -е́ю, -е́ет
захны́кать, -ы́чу, -ы́чет и -аю, -ает
захова́ть(ся), -а́ю(сь), -а́ет(ся)
захо́д, -а
заходи́ть(ся), -ожу́(сь), -о́дит(ся)
захо́дка, -и, *р. мн.* -док
заходя́щий(ся)
захожде́ние, -я
захо́жий
захозя́йничать(ся), -аю(сь), -ает(ся)
захолода́ть, -а́ет
захолоде́лый
захолоде́ть, -е́ет
захолону́ть, -нёт
захолу́стный; *кр. ф.* -тен, -тна
захолу́стье, -я, *р. мн.* -тий
захому́танный; *кр. ф.* -ан, -ана
захомута́ть(ся), -а́ю(сь), -а́ет(ся)
захора́нивать(ся), -аю, -ает(ся)
захорово́дить(ся), -о́жу(сь), -о́дит(ся)
захороне́ние, -я
захоро́ненный; *кр. ф.* -ен, -ена
захорони́ть, -оню́, -о́нит
захорохо́риться, -рюсь, -рится
захоте́ть(ся), -очу́, -о́чешь, -о́чет(ся), -оти́м, -оти́те, -отя́т
захохота́ть, захохочу́, захохо́чет
захрапе́ть, -плю́, -пи́т
захребе́тник, -а
захребе́тница, -ы, *тв.* -ей
захребе́тничать, -аю, -ает
захребе́тничество, -а
захребе́тный; *кр. ф.* -тен, -тна
захрипе́ть, -плю́, -пи́т
захрома́ть, -а́ю, -а́ет
захронометри́рованный; *кр. ф.* -ан, -ана

захронометри́ровать(ся), -рую, -рует(ся)
захрусте́ть, -ущу́, -усти́т
захрю́кать, -аю, -ает
захря́снувший
захря́снуть, -ну, -нет; *прош.* -я́снул и -я́с, -я́сла
захря́сший
захуда́лость, -и
захуда́лый
захуда́ние, -я
захуда́ть, -а́ю, -а́ет
захулига́нить, -ню, -нит
заца́панный; *кр. ф.* -ан, -ана
заца́пать, -аю, -ает
заца́пывать(ся), -аю, -ает(ся)
зацара́пать(ся), -аю(сь), -ает(ся)
заца́рствовать, -твую, -твует
зацвести́, -вету́, -ветёт; *прош.* -вёл, -вела́
зацвета́ние, -я
зацвета́ть, -а́ет
зацве́тший
зацело́ванный; *кр. ф.* -ан, -ана
зацелова́ть(ся), -лу́ю(сь), -лу́ет(ся)
зацело́вывание, -я
зацело́вывать(ся), -аю(сь), -ает(ся)
зацементи́рованный; *кр. ф.* -ан, -ана
зацементи́ровать(ся), -рую, -рует(ся)
зацентро́ванный; *кр. ф.* -ан, -ана
зацентрова́ть(ся), -ру́ю, -ру́ет(ся)
зацентро́вка, -и
заце́п, -а (*действие; приспособление*)
заце́па, -ы (*приспособление*)
зацепи́ть(ся), -еплю́(сь), -е́пит(ся)
заце́пка, -и, *р. мн.* -пок
зацепле́ние, -я
заце́пленный; *кр. ф.* -ен, -ена
зацепля́ть(ся), -я́ю(сь), -я́ет(ся)
зацепно́й
заце́почка, -и, *р. мн.* -чек

ЗАЦИКЛЕННЫЙ

заци́кленный; *кр. ф.* -ен, -ена
заци́кливать(ся), -аю(сь), -ает(ся)
заци́клить(ся), -лю(сь), -лит(ся)
зацити́рованный; *кр. ф.* -ан, -ана
зацити́ровать(ся), -рую, -рует(ся)
зацо́кать, -аю, -ает
зацы́кать, -аю, -ает
зача́вкать, -аю, -ает
зачади́ть, -ажу́, -ади́т
зача́ленный; *кр. ф.* -ен, -ена
зача́ливание, -я
зача́ливать(ся), -аю, -ает(ся)
зача́лить(ся), -лю, -лит(ся)
зача́ло, -а (*церк.*)
зача́льный
зачаро́ванность, -и
зачаро́ванный; *кр. ф.* -ан, -ана
зачарова́ть(ся), -ру́ю(сь), -ру́ет(ся)
зачаро́вывание, -я
зачаро́вывать(ся), -аю(сь), -ает(ся)
зачасти́ть, -ащу́, -асти́т
зачасту́ю
зача́тие, -я
зача́тковый
зача́ток, -тка
зача́точность, -и
зача́точный
зача́тый; *кр. ф.* -а́т, -ата́, -а́то
Зача́тьевский (хра́м, монасты́рь; переу́лок)
зача́ть(ся), -чну́, -чнёт(ся); *прош.* -а́л(ся), -ала́(сь), -а́ло, -а́лось (*зароди́ть(ся)* и за́чал, -алса́, -ала́(сь), за́чало, -а́лось (*нача́ть(ся)*)
зача́хнуть, -ну, -нет; *прош.* -а́х, -а́хла
зача́хший
зачва́ниться, -нюсь, -нится
зачека́нить, -ню, -нит
заче́м, *нареч.* (заче́м спра́шивать?), *но местоим.* за че́м (за че́м о́чередь?)
заче́м-либо

заче́м-нибудь
заче́м-то
зачерви́веть, -еет
зачередова́ть(ся), -ду́ет(ся)
зачёркивание, -я
зачёркивать(ся), -аю, -ает(ся)
зачёркнутый
зачеркну́ть, -ну́, -нёт
зачерне́ние, -я
зачернённый; *кр. ф.* -ён, -ена́
зачерне́ть(ся), -е́ет(ся)
зачерни́ть(ся), -ню́(сь), -ни́т(ся)
зачерня́ть(ся), -я́ю(сь), -я́ет(ся)
зачерпа́ть, -аю, -ает
зачерпнутый
зачерпну́ть(ся), -ну́, -нёт(ся)
зачерпывание, -я
зачерпывать(ся), -аю, -ает(ся)
зачерстве́лость, -и
зачерстве́лый
зачерстве́ние, -я
зачерстве́ть, -е́ю, -е́ет
зачерти́ть(ся), -ерчу́(сь), -е́ртит(ся)
зачертыха́ться, -а́юсь, -а́ется
заче́рченный; *кр. ф.* -ен, -ена
заче́рчивание, -я
заче́рчивать(ся), -аю(сь), -ает(ся)
зачёс, -а
зачёсанный; *кр. ф.* -ан, -ана
зачеса́ть(ся), -ешу́(сь), -е́шет(ся)
зачесть(ся), зачту́, зачтёт(ся); *прош.* зачёл(ся), зачла́(сь)
зачёсывание, -я
зачёсывать(ся), -аю(сь), -ает(ся)
зачёт, -а
за четверы́х
зачётка, -и, *р. мн.* -ток
зачётный
зачехлённый; *кр. ф.* -ён, -ена́
зачехли́ть, -лю́, -ли́т
зачехля́ть(ся), -я́ю, -я́ет(ся)
зачилика́ть, -аю, -ает
зачи́н, -а
зачина́тель, -я
зачина́тельница, -ы, *тв.* -ей

зачина́ть(ся), -а́ю, -а́ет(ся)
зачи́ненный; *кр. ф.* -ен, -ена
зачи́нивание, -я
зачи́нивать(ся), -аю, -ает(ся)
зачини́ть(ся), -иню́, -и́нит(ся)
зачи́нка, -и
зачи́нщик, -а
зачи́нщица, -ы, *тв.* -ей
зачири́кать, -аю, -ает
зачи́ркать, -аю, -ает
зачисле́ние, -я
зачи́сленный; *кр. ф.* -ен, -ена
зачи́слить(ся), -лю(сь), -лит(ся)
зачисля́ть(ся), -я́ю(сь), -я́ет(ся)
зачи́стить(ся), -и́щу, -и́стит(ся)
зачи́стка, -и, *р. мн.* -ток
зачистно́й и зачи́стный
зачи́танный; *кр. ф.* -ан, -ана
зачита́ть(ся), -а́ю(сь), -а́ет(ся)
зачи́тывание, -я
зачи́тывать(ся), -аю(сь), -ает(ся)
зачиха́ть, -а́ю, -а́ет
зачища́ть(ся), -а́ю, -а́ет(ся)
зачи́щенный; *кр. ф.* -ен, -ена
зачмо́кать, -аю, -ает
зачо́каться, -аюсь, -ается
зачте́ние, -я
зачтённый; *кр. ф.* -ён, -ена́
за что́
за что́ про что́
зачугуне́ть, -е́ет
зачуди́ть, -и́т
зачумлённый; *кр. ф.* -ён, -ена́
зачура́ться, -а́юсь, -а́ется
зачу́ханный; *кр. ф.* -ан, -ана
зачу́ять, зачу́ю, зачу́ет
зашаба́шить, -шу, -шит
заша́г, -а (*спорт.*)
зашага́ть, -а́ю, -а́ет
зашали́ть(ся), -лю́(сь), -ли́т(ся)
заша́мкать, -аю, -ает
заша́рить, -рю, -рит
заша́рканный; *кр. ф.* -ан, -ана
заша́ркать, -аю, -ает
заша́ркивать(ся), -аю, -ает(ся)
заша́рпанный; *кр. ф.* -ан, -ана

зашáрпать, -аю, -ает
зашатáть(ся), -áю(сь), -áет(ся)
зашвартóванный; кр. ф. -ан, -ана
зашвартовáть(ся), -тýю(сь), -тýет(ся)
зашвартóвывание, -я
зашвартóвывать(ся), -аю(сь), -ает(ся)
зашвы́ривание, -я
зашвы́ривать(ся), -аю, -ает(ся)
зашвы́рнутый
зашвырнýть, -нý, -нёт
зашвыря́ть(ся), -я́ю(сь), -я́ет(ся)
зашевели́ть(ся), -елю́(сь), -éли́т(ся)
зашéдший(ся)
зашéек, -éйка
зашéина, -ы
зашéйный
зашелестéть, -ещý, -ести́т
зашелуди́веть, -ею, -еет
зашелуши́ться, -ши́тся
зашепеля́вить, -влю, -вит
зашёптанный; кр. ф. -ан, -ана
зашептáть(ся), -епчý(сь), -éпчет(ся)
зашёптывание, -я
зашёптывать(ся), -аю(сь), -ает(ся)
зашершáветь, -веет
за шестеры́х
зашибáть(ся), -áю(сь), -áет(ся)
зашиби́вший(ся)
зашиби́ть(ся), -бý(сь), -бёт(ся); прош. заши́б(ся), заши́бла(сь)
заши́бленный; кр. ф. -ен, -ена
зашивáние, -я
зашивáть(ся), -áю(сь), -áет(ся)
заши́вка, -и
за ши́ворот (взять, схвати́ть)
заши́вочный
заши́кать, -аю, -ает
зашипéть, -плю́, -пи́т
заши́тый
заши́ть(ся), зашью́(сь), зашьёт(ся)
зашифрóванный; кр. ф. -ан, -ана

зашифровáть(ся), -рýю, -рýет(ся)
зашифрóвка, -и, р. мн. -вок
зашифрóвывание, -я
зашифрóвывать(ся), -аю, -ает(ся)
зашкáленный; кр. ф. -ен, -ена
зашкáливание, -я
зашкáливать(ся), -ает(ся)
зашкáлить(ся), -ит(ся)
за шки́рку (взять, схвати́ть)
зашлакóванный; кр. ф. -ан, -ана
зашлаковáть(ся), -кýю, -кýет(ся)
зашлакóвка, -и
зашлакóвывание, -я
зашлакóвывать(ся), -аю, -ает(ся)
зашлёпанный; кр. ф. -ан, -ана
зашлёпать, -аю, -ает
зашлифóванный; кр. ф. -ан, -ана
зашлифовáть(ся), -фýю, -фýет(ся)
зашлифóвка, -и
зашлифóвывание, -я
зашлифóвывать(ся), -аю, -ает(ся)
зашмы́гать, -аю, -ает
зашнурóванный; кр. ф. -ан, -ана
зашнуровáть(ся), -рýю(сь), -рýет(ся)
зашнурóвывание, -я
зашнурóвывать(ся), -аю(сь), -ает(ся)
зашныря́ть, -я́ю, -я́ет
зашóренность, -и
зашóренный; кр. ф. -ен, -ена
зашóрить, -рю, -рит
зашпаклёванный; кр. ф. -ан, -ана и зашпатлёванный; кр. ф. -ан, -ана
зашпаклевáть(ся), -лю́ю, -лю́ет(ся) и зашпатлевáть(ся), -лю́ю, -лю́ет(ся)
зашпаклёвка, -и и зашпатлёвка, -и
зашпаклёвывать(ся), -аю, -ает(ся) и зашпатлёвывать(ся), -аю, -ает(ся)

зашпандóривать, -аю, -ает
зашпигóванный; кр. ф. -ан, -ана
зашпиговáть(ся), -гýю, -гýет(ся)
зашпи́ленный; кр. ф. -ен, -ена
зашпи́ливание, -я
зашпи́ливать(ся), -аю(сь), -ает(ся)
зашпи́лить(ся), -лю(сь), -лит(ся)
зашпиóнить, -ню, -нит
зашпунтóванный; кр. ф. -ан, -ана
зашпунтовáть(ся), -тýю, -тýет(ся)
зашпунтóвывание, -я
зашпунтóвывать(ся), -аю, -ает(ся)
зашпыня́ть, -я́ю, -я́ет
заштабелёванный; кр. ф. -ан, -ана
заштабелевáть, -лю́ю, -лю́ет
заштампóванный; кр. ф. -ан, -ана
заштамповáть(ся), -пýю, -пýет(ся)
заштампóвывание, -я
заштампóвывать(ся), -аю, -ает(ся)
заштáт, -а (уво́лить в заштáт, устар.)
за штáт (вы́вести за штáт)
заштáтный
заштемпелёванный; кр. ф. -ан, -ана
заштемпелевáть, -лю́ю, -лю́ет
заштемпелёвывание, -я
заштемпелёвывать(ся), -аю, -ает(ся)
заштилевáть, -лю́ю, -лю́ет
заштилéть, -éет
заштóпанный; кр. ф. -ан, -ана
заштóпать(ся), -аю, -ает(ся)
заштóпывание, -я
заштóпывать(ся), -аю, -ает(ся)
заштóренный; кр. ф. -ен, -ена
заштóривание, -я
заштóривать(ся), -аю, -ает(ся)

зашто́рить(ся), -рю, -рит(ся)
заштормі́ть, -и́т
заштормова́ть, -му́ю, -му́ет
заштрихо́ванный; *кр. ф.* -ан, -ана
заштрихова́ть(ся), -иху́ю, -иху́ет(ся)
заштрихо́вка, -и
заштрихо́вывание, -я
заштрихо́вывать(ся), -аю, -ает(ся)
заштукату́ренный; *кр. ф.* -ен, -ена
заштукату́ривание, -я
заштукату́ривать(ся), -аю, -ает(ся)
заштукату́рить(ся), -рю, -рит(ся)
заштуко́ванный; *кр. ф.* -ан, -ана
заштукова́ть(ся), -ку́ю, -ку́ет(ся)
заштуко́вывание, -я
заштуко́вывать(ся), -аю, -ает(ся)
зашуме́ть, -млю́, -ми́т
зашу́мленный; *кр. ф.* -ен, -ена
зашурша́ть, -шу́, -ши́т
зашушу́кать(ся), -аю(сь), -ает(ся)
защебенённый; *кр. ф.* -нён, -нена́
защебе́нивание, -я
защебе́нивать(ся), -аю, -ает(ся)
защебени́ть, -ню́, -ни́т
защебета́ть, -бечу́, -бе́чет
защеголя́ть, -я́ю, -я́ет
защекота́ть, -очу́, -о́чет
защёлка, -и, *р. мн.* -лок
защёлкать, -аю, -ает
защёлкивание, -я
защёлкивать(ся), -аю, -ает(ся)
защёлкнутый
защёлкнуть(ся), -ну, -нет(ся)
защеми́ть(ся), -млю́, -ми́т(ся)
защемле́ние, -я
защемлённый; *кр. ф.* -ён, -ена́
защемля́ть(ся), -я́ю, -я́ет(ся)
защёп, -а
защепа́ть(ся), -а́ю, -а́ет(ся) (*к* щепа́ть)
защепи́ть, -плю́, -пи́т
защеплённый; *кр. ф.* -ён, -ена́

защепля́ть, -я́ю, -я́ет
защёчный
защи́п, -а
защи́панный; *кр. ф.* -ан, -ана
защипа́ть(ся), -иплю́(сь), -и́плет(ся), -и́плют(ся) и -и́пет(ся), -и́пят(ся), также -а́ю(сь), -а́ет(ся) (*к* щипа́ть)
защи́пка, -и, *р. мн.* -пок
защи́пнутый
защипну́ть(ся), -ну́, -нёт(ся)
защи́почка, -и, *р. мн.* -чек
защи́пывание, -я
защи́пывать(ся), -аю, -ает(ся)
защи́та, -ы
защити́тельный
защити́ть(ся), -ищу́(сь), -ити́т(ся)
защи́тка, -и, *р. мн.* -ток
защи́тник, -а
защи́тница, -ы, *тв.* -ей
защи́тничек, -чка
защи́тно-гермети́ческий
защи́тно-декорати́вный
защи́тно-профилакти́ческий
защи́тный
защища́ть(ся), -а́ю(сь), -а́ет(ся)
защищённость, -и
защищённый; *кр. ф.* -ён, -ена́
защу́ривание, -я
защу́ривать(ся), -аю(сь), -ает(ся)
защу́рить(ся), -рю(сь), -рит(ся)
заюли́ть, -лю́, -ли́т
за́юшка, -и, *р. мн.* -шек, *м.*
за́юшкин, -а, -о
заяви́тель, -я
заяви́тельница, -ы, *тв.* -ей
заяви́ть(ся), заявлю́(сь), зая́вит(ся)
зая́вка, -и, *р. мн.* -вок
заявле́ние, -я
зая́вленный; *кр. ф.* -ен, -ена
заявле́ньице, -а
заявля́ть(ся), -я́ю(сь), -я́ет(ся)
зая́вочка, -и, *р. мн.* -чек
зая́вочный
зая́вщик, -а

зая́вщица, -ы, *тв.* -ей
зая́длость, -и
зая́длый
заякоренный; *кр. ф.* -ен, -ена
заяко́рить(ся), -рю(сь), -рит(ся)
заякша́ться, -а́юсь, -а́ется
зая́ривать, -аю, -ает
зая́снеть, -неет
зая́сниться, -ится
Заяу́зье, -я (*к* Я́уза)
за́яц, за́йца, *тв.* за́йцем, *р. мн.* за́йцев, но: год За́йца (*по восточному календарю*), За́яц, За́йца (*о том, кто родился в этот год; созвездие*)
зая́чий, -ья, -ье
зая́чина, -ы
зва́нивать, *наст. вр. не употр.*
зва́ние, -я
зва́нный; *кр. ф.* зван, звана́, зва́но, *прич.*
зва́ный, *прил.*
зва́тельный (зва́тельный паде́ж, зва́тельная фо́рма)
зва́ть-велича́ть
зва́ть(ся), зову́(сь), зовёт(ся); *прош.* зва́л(ся), звала́(сь), зва́ло, зва́ло́сь
звезда́, -ы́, *мн.* звёзды, звёзд
звездану́ть, -ну́, -нёт
звезди́стый
звезди́ть(ся), -и́т(ся)
звезди́ца, -ы, *тв.* -ей
Звёздная пала́та (*в Англии, ист.*)
звёздно-полоса́тый
звёздность, -и
звёздный
Звёздный городо́к и Звёздный, -ого
звездови́к, -а́
звездо́вка, -и, *р. мн.* -вок
звездолёт, -а
звездолётчик, -а
звездоно́сец, -сца, *тв.* -сцем, *р. мн.* -сцев
звездоно́сный

звездообра́зный; *кр. ф.* -зен, -зна
звездопа́д, -а
звездопла́вание, -я
звездопла́ватель, -я
звездопокло́нник, -а
звездопокло́нство, -а
звездоразбо́рочный
звездоры́л, -а
звездочёт, -а
звёздочка, -и, *р. мн.* -чек
звездча́тка, -и
звёздча́тый
звене́ть, -ню́, -ни́т
звениго́родский (*от* Звени́город)
звениго́родцы, -ев, *ед.* -дец, -дца, *тв.* -дцем
звено́, -а́, *мн.* зве́нья, -ьев
звеново́й
звеноразбо́рочный
звеносбо́рка, -и
звеносбо́рочный
звеносбо́рщик, -а
звёнышко, -а, *мн.* -шки, -шек
звень, -и
звеньево́й
звеня́щий
зверёк, -рька́ и зверо́к, -рка́
зверёнок, -нка, *мн.* -ря́та, -ря́т
зверёныш, -а, *тв.* -ем
звере́ть, -е́ю, -е́ет
зве́рий, -ья, -ье
зве́рина, -ы, *м.*
звери́нец, -нца, *тв.* -нцем, *р. мн.* -нцев
звери́ный
зверобо́й, -я
зверобо́йка, -и
зверобо́йный
зверова́ние, -я
зверова́тый
зверова́ть, -ру́ю, -ру́ет
зверови́дный; *кр. ф.* -ден, -дна
зверово́д, -а
зверово́дство, -а
зверово́дческий
зверово́й

зверовщи́к, -а́
зверозу́бые, -ых
зверо́к, -рка́ и зверёк, -рька́
зверело́в, -а
зверело́вный
зверело́вство, -а
зверообра́зный; *кр. ф.* -зен, -зна
зверподо́бие, -я
зверподо́бный; *кр. ф.* -бен, -бна
зверопромхо́з, -а
зверопромы́шленник, -а
зверосовхо́з, -а
зверофе́рма, -ы
зверохозя́йство, -а
зве́рски
зве́рский
зве́рство, -а
зве́рствовать, -твую, -твует
зверу́шечий, -ья, -ье и зверю́-
  шечий, -ья, -ье
зверу́шка, -и, *р. мн.* -шек и зве-
  рю́шка, -и, *р. мн.* -шек
зверь, -я, *мн.* -и, -е́й
зверьё, -я́
зверю́га, -и, *м. и ж.*
зверю́шечий, -ья, -ье и зверу́-
  шечий, -ья, -ье
зверю́шка, -и, *р. мн.* -шек и зве-
  ру́шка, -и, *р. мн.* -шек
зверя́тки, -ток
звиади́ст, -а
звиади́стский
звон, -а и -у
звона́рный
звона́рский
звона́рь, -я́
звоне́ц, -нца́, *тв.* -нцо́м, *р. мн.* -нцо́в
звони́ть(ся), -ню́(сь), -ни́т(ся)
зво́нкий; *кр. ф.* -нок, -нка́, -нко
звонко́вый
звонкоголо́сый
зво́нкость, -и
зво́нница, -ы, *тв.* -ей
звоно́к, -нка́
звоно́чек, -чка

зво́нчатость, -и
зво́нчатый
зво́нче, *сравн. ст.*
звоня́щий(ся)
звук, -а
звукобу́квенный
звукови́дение, -я
звукови́к, -а́
звуково́й
звуковоспринима́ющий
звуковоспроизведе́ние, -я
звуковоспроизводя́щий
звукозапи́сывающий
звукоза́пись, -и
звукозащи́тный
звукоизвлече́ние, -я
звукоизоли́рованный
звукоизоли́рующий
звукоизоляцио́нный
звукоизоля́ция, -и
звукомаскиро́вка, -и
звукомаскиро́вочный
звукоме́рный
звукометри́ческий
звукоме́трия, -и
звуконепроница́емость, -и
звуконепроница́емый
звуконоси́тель, -я
звукообра́з, -а
звукообра́зный
звукообразова́ние, -я
звукоопера́тор, -а
звукоопера́торский
звукопеленга́тор, -а
зву́копись, -и
звукопоглоща́ющий
звукопоглоще́ние, -я
звукоподво́дный
звукоподража́ние, -я
звукоподража́тель, -я
звукоподража́тельный
звукоприёмник, -а
звукопроводи́мость, -и
звукопрово́дность, -и
звукопрово́дный
звукопроводя́щий

ЗВУКОПРОНИЦАЕМОСТЬ

звукопроница́емость, -и
звукоприца́емый
звукорежиссёр, -а
звукорежиссу́ра, -ы
звукоря́д, -а, *мн.* -ы́, -о́в и -ы, -ов
звукосветометри́ческий
звукосигна́льный
звукосинтеза́тор, -а
звукосни́матель, -я
звукосочета́ние, -я
звукоте́хника, -и
звукотехни́ческий
звукоула́вливатель, -я
звукоула́вливающий
звукоулови́тель, -я
звукоусиле́ние, -я
звукоуси́ливающий
звукоусили́тель, -я
звукоусили́тельный
звуча́ние, -я
звуча́ть, -чи́т
звуча́щий
зву́чность, -и
зву́чный; *кр. ф.* -ен, -чна́, зву́чны́
звучо́к, -чка́
звяк¹, -а (звя́канье)
звяк², *неизм.*
звя́канье, -я
звя́кать, -аю, -ает
звя́кнуть, -ну, -нет
зги: (ни) зги не ви́дно (не вида́ть)
зда́ние, -я
зда́ньице, -а
здесь
зде́шний
здоро́ваться, -аюсь, -ается
здорове́е, *сравн. ст.*
здорове́нек, -нька
здорове́нный
здоро́венький
здорове́ть, -е́ю, -е́ет
здорове́хонький; *кр. ф.* -нек, -нька
здорове́шенький; *кр. ф.* -нек, -нька
здорови́ла, -ы, *м. и ж.*

здоро́виться, -ится (мне не совсе́м здоро́вится)
здоро́вкаться, -аюсь, -ается (*обл.* к здоро́ваться)
здо́рово (*хорошо*; *очень*)
здоро́во (*здравствуй*)
здоро́во живёшь (живёте)
здорову́щий
здоро́вый; *кр. ф.* здоро́в, -а и (*сильный, крепкий, крупный*) -а́
здоро́вье, -я
здоро́вьечко, -а
здоро́вьице, -а
здоро́вьишко, -а
здорови́га, -и, *м. и ж.*
здоровя́к, -а́
здоровя́чка, -и, *р. мн.* -чек
здоровячо́к, -чка́
здра́вие, -я
здра́вица, -ы, *тв.* -ей
здра́вница, -ы, *тв.* -ей
здравомы́сленный
здравомы́слие, -я
здравомы́слящий
здравоохране́ние, -я
здравоохрани́тельный
здра́вость, -и
здравотде́л, -а
здравпу́нкт, -а
здра́вствование, -я
здра́вствовать(ся), -твую(сь), -твует(ся)
здра́вствуй(те)
здра́вствуйте пожа́луйста, в знач. межд.
здра́вствующий
здра́вый
здра́сте (*вместо* здра́вствуйте – *при передаче разг. произношения, в поэзии*)
зе́бра, -ы
зе́бровый
зебро́ид, -а
зе́бу, *нескл., м.*
зебуви́дный
зев, -а

зева́ка, -и, *м. и ж.*
зевану́ть, -ну́, -нёт
зева́нье, -я
зева́тельный
зева́ть(ся), -а́ю, -а́ет(ся)
Зеве́с, -а (*устар. поэт.* к Зевс)
зевну́ть(ся), -ну́, -нёт(ся)
зево́к, зевка́
зевообразова́ние, -я
зево́та, -ы
зево́тный
Зевс, -а
Зе́вс-громове́ржец, Зе́вса-громове́ржца
Зе́еман, -а: эффе́кт Зе́емана
зейгерова́ние, -я
зейгеро́ванный; *кр. ф.* -ан, -ана
зейгерова́ть(ся), -ру́ю, -ру́ет(ся)
зе́йский (от Зе́я)
зела́ндский (*от* Зела́ндия)
зела́ндцы, -ев, *ед.* -дец, -дца, *тв.* -дцем
зелене́ние, -я
зелёненький
зелене́ть(ся), -е́ю, -е́ет(ся)
зеленёхонький; *кр. ф.* -нек, -нька
зелене́ц, -нца́, *тв.* -нцо́м, *р. мн.* -нцо́в
зеленёшенький; *кр. ф.* -нек, -нька
зелени́ть(ся), -ню́, -ни́т(ся)
зелёнка, -и
зеленно́й (*от* зе́лень)
зелёно-бу́рый
зеленова́тенький
зеленова́то-се́рый
зеленова́тость, -и
зеленова́тый
зеленогла́зка, -и, *р. мн.* -зок
зеленогла́зый
зеленого́рский (*от* Зеленого́рск)
зеленого́рцы, -ев, *ед.* -рец, -рца, *тв.* -рцем
зеленогра́дка, -и, *р. мн.* -док
зеленогра́дский (*от* Зеленогра́д)
зеленогра́дцы, -ев, *ед.* -дец, -дца, *тв.* -дцем

ЗЕМНОВОДНЫЕ

зеленодо́льский (*от* Зелено-до́льск)
зеленодо́льцы, -ев, *ед.* -лец, -льца, *тв.* -льцем
зеленока́менный
зеленоли́ственный
зеленомо́шник, -а
зеленомо́шный
зелёно-се́рый
зеленоуко́сный
зелену́шка, -и, *р. мн.* -шек
зеленца́, -ы́, *тв.* -о́й
зенча́к, -а́ (*гриб*)
зеленчу́к, -а́ (*растение*)
зеленщи́к, -а́
зеленщи́ца, -ы, *тв.* -ей
зелёный; *кр. ф.* зе́лен, зелена́, зе́лено, зе́лены
Зелёный контине́нт (*об Австралии*)
Зелёный Мыс (*полуостров; посёлок*)
зе́лень, -и
зеленя́, -е́й
зело́¹, *нареч.* (очень)
зело́², -а́ (*название буквы*)
зело́ты, -ов, *ед.* зело́т, -а (*в Иудее*)
зе́лье, -я, *р. мн.* зе́лий
зе́льице, -а
зельц, -а, *тв.* -ем
земга́лы, -ов и -га́л (*племя*)
земе́лька, -и, *р. мн.* -лек
земе́льно-во́дный
земе́льно-мелиорати́вный
земе́льный
Земе́льный ко́декс РФ
зе́мец, зе́мца, *тв.* зе́мцем, *р. мн.* зе́мцев
земкарава́н, -а
землеби́тный
землева́ние, -я
землеве́д, -а
землеве́дение, -я
землеве́дческий
землевладе́лец, -льца, *тв.* -льцем
землевладе́лица, -ы, *тв.* -ей

землевладе́льческий
землевладе́ние, -я
землево́льческий (*от* "Земля́ и во́ля")
земледе́лец, -льца, *тв.* -льцем, *р. мн.* -льцев
земледе́лие, -я
земледе́лка, -и, *р. мн.* -лок
земледе́льческий
землеко́п, -а
землеко́пный
землеме́р, -а
землеме́рие, -я
землеме́рка, -и, *р. мн.* -рок
землеме́рный
землеме́рша, -и, *тв.* -ей
землеобеспе́ченный
землеописа́ние, -я
землепа́шеский
землепа́шество, -а
землепа́шец, -шца, *тв.* -шцем, *р. мн.* -шцев
землепо́льзование, -я
землепо́льзователь, -я
землепрохо́дец, -дца, *тв.* -дцем, *р. мн.* -дцев
землепрохо́дческий
землеро́б, -а
землеро́й, -я
землеро́йка, -и, *р. мн.* -о́ек
землеро́йковый крот
землеро́йно-тра́нспортный
землеро́йно-фре́зерный
землеро́йный
землеро́йщик, -а
землесо́с, -а
землесо́сный
землетрясе́ние, -я
землеудобри́тельный
землеустрои́тель, -я
землеустрои́тельный
землеустро́йство, -а
землечерпа́лка, -и, *р. мн.* -лок
землечерпа́льный
землечерпа́ние, -я
землечерпа́тельный

землисто́сть, -и
земли́сто-чёрный
земли́стый
земли́ца, -ы, *тв.* -ей
земли́шка, -и
земля́¹, -и́, *вин.* зе́млю, *мн.* зе́мли, земе́ль, зе́млям и (*название планеты, астр.; наземный центр руководства полетами*) Земля́, -и́, *вин.* Зе́млю, *также в названиях островов, архипелагов, напр.*: Ба́ффинова Земля́, Но́вая Земля́, О́гненная Земля́, Земля́ Фра́нца-Ио́сифа
земля́², -и́ (*название буквы*)
земля́ — во́здух, *неизм.* (*класс ракет*)
земля́ — земля́, *неизм.* (*класс ракет*)
земля́к, -а́
земля́не, -я́н, *ед.* -я́нин, -а
земляни́ка, -и
земляни́чина, -ы
земляни́чка, -и, *р. мн.* -чек
земляни́чник, -а
земляни́чный
земля́нка, -и, *р. мн.* -нок
земляно́й
Земляно́й ва́л (*система оборонительных сооружений в Москве, ист.*) и Земляно́й Ва́л (*улица*)
Земляно́й го́род (*в старину — часть Москвы*)
земля́ночка, -и, *р. мн.* -чек
земля́ночный
Земля́ обетова́нная (*Палестина, библ.*) и земля́ обетова́нная (*место, страна, куда страстно стремятся*)
земля́цкий (*к* земля́к)
земля́ческий (*к* земля́чество)
земля́чество, -а
земля́чка, -и, *р. мн.* -чек
землячо́к, -чка́
зе́мно (кла́няться)
земново́дные, -ых, *ед.* -ное, -ого

земно́й
земноро́дный
земотде́л, -а
земполотно́, -а́
зе́мский
Зе́мский собо́р (ист.)
земсна́ряд, -а
зе́мство, -а
земфо́нд, -а
зе́мщина, -ы
земь, -и: по́ земи
Зенд-Аве́ста, -ы
зе́нды, -ов (племя)
зензу́бель, -я
зени́т, -а
зени́тка, -и, р. мн. -ток
зени́тно-артиллери́йский
зени́тно-пулемётный
зени́тно-раке́тный
зени́тный
зени́товец, -вца, тв. -вцем, р. мн. -вцев
зени́товский (от "Зени́т")
зени́т-телеско́п, -а
зени́тчик, -а
зени́тчица, -ы, тв. -ей
зени́ца, -ы, тв. -ей
зе́нкер, -а
зенкерова́ние, -я
зенкеро́ванный; кр. ф. -ан, -ана
зенкерова́ть(ся), -ру́ю, -ру́ет(ся)
зенкеро́вка, -и
зе́нки, зе́нок
зенкова́ние, -я
зенко́ванный; кр. ф. -ан, -ана
зенкова́ть(ся), -ку́ю, -ку́ет(ся)
зенко́вка, -и, р. мн. -вок
зе́ркало, -а, мн. -ала́, -а́л, -ала́м
зерка́льно-ли́нзовый
зерка́льность, -и
зерка́льный; кр. ф. -лен, -льна
зерка́льце, -а, р. мн. -лец
зерка́льщик, -а
зернённый, прич.
зернёный, прил.
зерни́стость, -и

зерни́стый
зерни́ть, -ню́, -ни́т
зерни́шко, -а, мн. -шки, -шек
зерно́, -а́, мн. зёрна, зёрен
зерноаспира́тор, -а
зернобобо́вый
зернови́дный; кр. ф. -ден, -дна
зернови́к, -а́
зерно́вка, -и, р. мн. -вок
зернопово́з, -а
зерново́зка, -и, р. мн. -зок
зерново́й
зерновщи́к, -а́
зерновы́е, -ы́х
зерногра́дский (от Зерногра́д)
зерногра́дцы, -ев, ед. -дец, -дца, тв. -дцем
зерногранули́т, -а
зернодроби́лка, -и, р. мн. -лок
зернодроби́льный
зернокомба́йн, -а
зернометатель, -я
зерномо́лочный
зернообра́зный; кр. ф. -зен, -зна
зерноотхо́ды, -ов
зерноочисти́тельно-суши́льный
зерноочисти́тельный
зерноочи́стка, -и
зерноперераба́тывающий
зерноплющи́лка, -и, р. мн. -лок
зернопогру́зчик, -а
зернопоста́вки, -вок
зернопрово́д, -а
зернопу́льт, -а
зернопу́льт-зернопогру́зчик, зернопу́льта-зернопогру́зчика
зерносе́ющий
зерноскла́д, -а
зерносме́сь, -и
зерносовхо́з, -а
зерносортирова́льный
зерносуши́лка, -и, р. мн. -лок
зернотёрка, -и, р. мн. -рок
зернотравяно́й
зерноту́ковый

зерноубо́рочный
зерноувлажни́тель, -я
зерноулови́тель, -я
зернофура́ж, -а́, тв. -о́м
зернохрани́лище, -а
зернояд́ный
зёрнщик, -а (от зернь)
зёрнышко, -а, мн. -шки, -шек
зернь, -и
зеро́, нескл., с.
зерца́ло, -а
зет, -а (название буквы)
зе́товый
Зефи́р, -а (мифол.) и зефи́р, -а (легкий ветерок; ткань; кондитерское изделие)
зефи́рный
зефи́ровый
з-з-з (звукоподражание)
зиг, -а
зигза́г, -а
зигза́г-маши́на, -ы
зигзагови́дный; кр. ф. -ден, -дна
зигзагообра́зный; кр. ф. -зен, -зна
зиг-маши́на, -ы
зигога́мия, -и
зигомице́ты, -ов, ед. -це́т, -а
зигоморфи́я, -и
зигомо́рфный
зигоспо́ра, -ы
зиго́та, -ы
зидж, -а, тв. -ем
зижди́вшийся
зижди́тель, -я (творец, основатель) и Зижди́тель, -я (о Боге)
зижди́тельница, -ы, тв. -ей
зижди́тельный; кр. ф. -лен, -льна
зижди́тельство, -а
зи́ждить(ся), -дет(ся), -дут(ся)
зи́ждущий(ся)
зиза́ния, -и
зизифо́ра, -ы
зиккура́т, -а
зикр, -а
ЗИЛ, -а (завод и автомобиль)

ЗЛОКАЧЕСТВЕННОСТЬ

зила́нт, -а
зи́ловец, -вца, *тв.* -вцем, *р. мн.* -вцев
зи́ловский (*от* ЗИЛ)
зило́ты, -ов, *ед.* зило́т, -а (*в Византии*)
зильберглёт, -а
зильбергро́ш, -а, *тв.* -ем
зима́, -ы́, *вин.* зи́му, *мн.* зи́мы, зим
зима́за, -ы
зимбабви́йка, -и, *р. мн.* -и́ек
зимбабви́йский (*от* Зимба́бве)
зимбабви́йцы, -ев, *ед.* -и́ец, -и́йца, *тв.* -и́йцем
зи́мка, -и, *р. мн.* зи́мок
зи́ммии, -ев, *ед.* зи́ммий, -я
зи́мне-весе́нний
зи́мне-зелёный
зи́мний
Зи́мний дворе́ц и Зи́мний, -его (*в Петербурге*)
зи́мник, -а
зи́мница, -ы, *тв.* -ей
Зи́мняя кана́вка (*в Петербурге*)
зимова́лый
зимова́льный
зимова́ние, -я
зимова́ть, зиму́ю, зиму́ет
зимови́к, -а́
зимо́вище, -а
зимо́вка, -и, *р. мн.* -вок
зимо́вник, -а
зимо́вочный
зимо́вщик, -а
зимо́вщица, -ы, *тв.* -ей
зимо́вье, -я, *р. мн.* -вий
зимоге́н, -а
зимоге́новый
зимого́р, -а
зимо́й и зимо́ю, *нареч.*
зимолю́бка, -и, *р. мн.* -бок
зиморо́док, -дка
зимосто́йкий; *кр. ф.* -о́ек, -о́йка
зимосто́йкость, -и
зи́мушка, -и, *р. мн.* -шек
зи́мушка-зима́, зи́мушки-зимы́

зи́нгеровский (*от* Зи́нгер)
зи́нгшпи́ль, -я
зи́нджа́нтроп, -а
зи́нджи, -ей
зипу́н, -а́
зипуни́шко, -а и -и, *мн.* -шки, -шек, *м.*
зипу́нный
зипуно́к, -нка́
зипу́нчик, -а
зия́ние, -я
зия́ть, зия́ет
зия́ющий
злак, -а
зла́ковый
Зла́та Пра́га, другие формы не употр.
злати́стый (*устар. к* золоти́стый)
злати́ть(ся), злачу́, злати́т(ся) (*устар. к* золоти́ть(ся))
зла́тка, -и *р. мн.* -ток
златни́к, -а́ (*древнерусская монета*)
зла́то, -а
златове́рхий
златовла́сый
златогла́вый
златогла́зик, -а
златогла́зка, -и, *р. мн.* -зок
златогри́вый
златогу́зка, -и, *р. мн.* -зок
злато́й
златоко́ваный
златокро́т, -а
златокры́лый
златоку́дрый
златопёрый
златоро́гий
златору́нный
златостру́нный
златотка́ный
Златоу́ст, -а; но: Иоа́нн Златоу́ст
златоу́стовский (*от* Златоу́ст, *город*)
златоу́стовцы, -ев, *ед.* -вец, -вца, *тв.* -вцем

златоцве́т, -а
златошве́йный
злачёный (*устар. к* золочёный)
зла́чный
злейший
злеть, злею, злеет
злец, -а́, *тв.* -о́м, *р. мн.* -о́в
зли́нка, -и
зли́ть(ся), злю(сь), зли́т(ся)
зло [1], зла, *р. мн.* зол, *других форм мн. нет*
зло [2], *нареч.*
зло́ба, -ы
зло́бить(ся), -блю(сь), -бит(ся)
зло́бненький
зло́бность, -и
зло́бный; *кр. ф.* -бен, -бна
злободне́вность, -и
злободне́вный; *кр. ф.* -вен, -вна
зло́бствование, -я
зло́бствовать, -твую, -твует
зло́бящий(ся)
злове́ще, *нареч.*
злове́щий
злово́ние, -я
злово́нность, -и
злово́нный; *кр. ф.* -о́нен, -о́нна
зловре́дность, -и
зловре́дный; *кр. ф.* -ден, -дна
злоде́й, -я
злоде́йка, -и, *р. мн.* -е́ек
злоде́йски
злоде́йский
злоде́йство, -а
злоде́йствовать, -твую, -твует
злодея́ние, -я
злоехи́дничать, -аю, -ает
злоехи́дный; *кр. ф.* -ден, -дна
зложела́тель, -я
зложела́тельный; *кр. ф.* -лен, -льна
зложела́тельство, -а
злой; *кр. ф.* зол, зла
злой-презло́й
злока́чественность, -и

ЗЛОКАЧЕСТВЕННЫЙ

злока́чественный; *кр. ф.* -вен, и -венен, -венна
злоключе́ние, -я
злоко́зненность, -и
злоко́зненный; *кр. ф.* -нен, -ненна
злонаме́ренно, *нареч.*
злонаме́ренность, -и
злонаме́ренный; *кр. ф.* -рен, -ренна
злонра́вие, -я
злонра́вный; *кр. ф.* -вен, -вна
злопа́мятность, -и
злопа́мятный; *кр. ф.* -тен, -тна
злопа́мятство, -а
злополу́чие, -я
злополу́чный; *кр. ф.* -чен, -чна
злопыха́тель, -я
злопыха́тельный; *кр. ф.* -лен, -льна
злопыха́тельский
злопыха́тельство, -а
злопыха́тельствовать, -твую, -твует
злопыха́ть, -а́ю, -а́ет
злора́дный; *кр. ф.* -ден, -дна
злора́дство, -а
злора́дствовать, -твую, -твует
злоречи́вый
злоре́чие, -я
злосло́вие, -я
злосло́вить, -влю, -вит
злосло́вящий
зло́стность, -и
зло́стный; *кр. ф.* -тен, -тна
злость, -и
злосча́стие, -я
злосча́стный; *кр. ф.* -тен, -тна
злотво́рный; *кр. ф.* -рен, -рна
зло́тый, -ого
злоумышле́ние, -я
злоумы́шленник, -а
злоумы́шленница, -ы, *тв.* -ей
злоумы́шленный
злоумышля́ть, -я́ю, -я́ет
злоупотреби́ть, -блю́, -би́т
злоупотребле́ние, -я

злоупотребля́ть, -я́ю, -я́ет
злоче́стие, -я
злоязы́кий
злоязы́чие, -я
злоязы́чник, -а
злоязы́чница, -ы, *тв.* -ей
злоязы́чничать, -аю, -ает
злоязы́чность, -и
злоязы́чный; *кр. ф.* -чен, -чна
злы́день, -дня, *р. мн.* -дней (*злой человек*)
злы́дни, -ей (*нужда, нищета; козни*)
злы́дня, -и, *р. мн.* -ден, *ж.* (*к* злы́день)
злю́ка, -и, *м. и ж.*
злю́чка, -и, *р. мн.* -чек, *м. и ж.*
злю́щий
змеебо́рец, -рца, *тв.* -рцем
змеебо́рство, -а
змеебо́рческий
зме́ев, -а, -о (*от* змей)
змееви́дный; *кр. ф.* -ден, -дна
змееви́к, -а́
змеевико́вый
змеевичо́к, -чка́
змеёвка, -и, *р. мн.* -вок
змеёвый
змееголо́в, -а
змееголо́вка, -и, *р. мн.* -вок
змееголо́вник, -а
змеёк, змейка́
змеело́в, -а
Змеено́сец, -сца, *тв.* -сцем (*созвездие*)
змеёныш, -а, *тв.* -ем
змееобра́зный; *кр. ф.* -зен, -зна
змеепито́мник, -а
змееподо́бный; *кр. ф.* -бен, -бна
змеепокло́нство, -а
змеери́бка, -и, *р. мн.* -бок
змеехво́стка, -и, *р. мн.* -ток
змеешейка, -и, *р. мн.* -е́ек
змееяд, -а
змееящерица, -ы, *тв.* -ей
змеиноше́йный

змеи́ный
змеи́стый
змеи́ться, -и́тся
змей, змея́
Змей Горы́ныч, Зме́я Горы́ныча
зме́йка, -и, *р. мн.* зме́ек
зме́йка-сортиро́вка, зме́йки-сортиро́вки
зме́йковый
змею́ка, -и
змея́, -и́, *мн.* зме́и, змей, но: год Змеи́ (*по восточному календарю*), Змея́, -и́ (*о том, кто родился в этот год; созвездие*)
змея́-яйцее́д, змей-яйцее́да
змиеви́дный; *кр. ф.* -ден, -дна (*устар. к* змееви́дный)
Зми́евы валы́, Зми́евых вало́в (*в Поднепровье*)
змиеподо́бный; *кр. ф.* -бен, -бна (*устар. к* змееподо́бный)
змий, -я, *предл.* о зми́е
зми́й-искуси́тель, зми́я-искуси́теля
знава́ть(ся), *наст. вр. не употр.*
зна́емый
зна́йка, -и, *р. мн.* зна́ек, *м. и ж.*
знак, -а
зна́ковость, -и
зна́ковый
знакогенера́тор, -а
знакоме́сто, -а, *мн.* -места́, -ме́ст
знако́мец, -мца, *тв.* -мцем, *р. мн.* -мцев
знако́мить(ся), -млю(сь), -мит(ся)
знако́мка, -и, *р. мн.* -мок
знако́мость, -и
знако́мство, -а
знако́мый
знако́мый-перезнако́мый
знако́мящий(ся)
знакопереме́нный
знакопеча́тающий
знакосинтези́рующий
знакочереду́ющийся
знамёна, -мён (*муз.*)

знамена́тель, -я
знамена́тельность, -и
знамена́тельный; *кр. ф.* -лен, -льна
зна́мение, -я (*знак; предзнаменование; крестное знамение*) и Зна́мение, -я (*иконографический тип Божией Матери*)
знамени́тость, -и
знамени́тый
Зна́менка, -и (*улица*)
зна́менный (*распев*)
знамённый (*от знамя*)
знаменова́ние, -я
знамено́ванный; *кр. ф.* -ан, -ана
знамена́ть(ся), -ну́ю(сь), -ну́ет(ся)
знамено́сец, -сца, *тв.* -сцем, *р. мн.* -сцев
знаменосный
Зна́менский (*от Знамение*)
Зна́менский (*собор, монастырь*)
знамёнщик, -а
зна́мо, *в знач. сказ. и вводн. сл.*
зна́мо де́ло, *вводн. сл.*
зна́мя, -мени, *тв.* -менем, *мн.* -мёна, -мён
Зна́мя Побе́ды
зна́ние, -я
зна́ньевец, -вца, *тв.* -вцем, *р. мн.* -вцев
зна́ньевский (*от Знание*)
знатне́йший
зна́тно, *нареч.*
зна́тность, -и
зна́тный; *кр. ф.* -тен, -тна́, -тно, зна́тны
знато́к, -а́
знато́чество, -а
знать[1], зна́ю, зна́ет
знать[2], -и
знать[3], *вводн. сл.*
знатьё, -я́
зна́ться, зна́юсь, зна́ется
знаха́рить, -рю, -рит
знаха́рка, -и, *р. мн.* -рок

зна́харский
зна́харство, -а
зна́харь, -я
знача́щий(ся)
значе́ние, -я
зна́чимость, -и
зна́чимый
зна́чит, *вводн. сл.*
значи́тельно, *нареч.*
значи́тельность, -и
значи́тельный; *кр. ф.* -лен, -льна
зна́чить(ся), -чу(сь), -чит(ся)
значки́ст, -а
значки́стка, -и, *р. мн.* -ток
зна́чность, -и
значо́к, -чка́
зна́ющий(ся)
зноби́ть(ся), -блю́(сь), -би́т(ся)
зно́бкий; *кр. ф.* -бок, знобка́, -бко
зной, -я
зно́йкий
зно́йность, -и
зно́йный; *кр. ф.* зно́ен, зно́йна
зоб, -а, *предл.* в зобу́, *мн.* -ы́, -о́в
зоба́стость, -и
зоба́стый
зоба́тый
зо́бик, -а
зо́бный
зобова́тость, -и
зов, -а
зову́щий(ся)
зодиа́к, -а
зодиака́льный
зо́дческий
зо́дчество, -а
зо́дчий, -его
зозу́ля, -и
Зойл, -а (*древнегреческий оратор и критик*) и зойл, -а (*придирчивый критик*)
зола́, -ы́
золе́ние, -я
золённый; *кр. ф.* -ён, -ена́, *прич.*
золёный, *прил.*
золи́льный

золи́стость, -и
золи́стый
золи́ть(ся), золю́, золи́т(ся)
зо́лка, -и
золо́вка, -и, *р. мн.* -вок
золо́вкин, -а, -о
золо́вушка, -и, *р. мн.* -шек
золообразова́ние, -я
золоотва́л, -а
золота́рник, -а
золота́рь, -я́
Золота́я звезда́ (*медаль*)
Золота́я Орда́
золоте́нький
золоте́ть, -е́ет
золоти́льный
золоти́льщик, -а
золоти́льщица, -ы, *тв.* -ей
золоти́на, -ы
золоти́нка, -и, *р. мн.* -нок
золоти́сто-жёлтый
золоти́сто-кра́сный
золоти́стость, -и
золоти́стый
золоти́ть(ся), -очу́, -оти́т(ся)
золоти́шко, -а
зо́лотко, -а
золотни́к, -а́
золотнико́вый
золотни́чник, -а
золотно́й и золо́тный (*золотое шитьё*)
зо́лото, -а
золотовалю́тный
золотове́рхий
золотовла́сый
золотоволо́сый
золотогла́вый
золотогри́вый
золотодеви́зный
золотодобыва́ющий
золотодобы́тчик, -а
золотодобы́ча, -и, *тв.* -ей
Золото́е кольцо́ Росси́и (*туристический маршрут*)
золотоизвлека́тельный

ЗОЛОТОИСКАТЕЛЬ

золотоиска́тель, -я
золотоиска́тельский
золото́й
Золото́й Бе́рег (*территория в Африке*)
золото́й ве́к
Золото́й Ро́г (*бухта*)
золотоку́дрый
золотомоне́тный
золотоно́сность, -и
золотоно́сный; *кр. ф.* -сен, -сна
золотообре́зный
золотоорды́нский (*от* Золота́я Орда́)
золотоорды́нцы, -ев, *ед.* -нец, -нца, *тв.* -нцем
золотоотва́л, -а
золотопла́тиновый
золотопого́нник, -а
золотопромы́шленник, -а
золотопромы́шленность, -и
золотопромы́шленный
золоторо́гий
золоторо́тец, -тца, *тв.* -тцем, *р. мн.* -тцев
золотосли́тковый
золотосодержа́щий
золототка́ный
золототы́сячник, -а
золотоцве́т, -а
золотоцве́тный
золотошве́йка, -и, *р. мн.* -е́ек
золотошве́йный
золотошве́йня, -и, *р. мн.* -е́ен
золоту́ха, -и
золоту́шность, -и
золоту́шный; *кр. ф.* -шен, -шна
зо́лотце, -а
золо́тчик, -а
Золоты́е воро́та (*в Киеве, Владимире*)
Золоты́е Воро́та (*пролив*)
Золоты́е Пески́ (*курорт в Болгарии*)
золоудале́ние, -я
золоула́вливание, -я

золоулови́тель, -я
золоче́ние, -я
золочённый; *кр. ф.* -ён, -ена́, *прич.*
золочёный, *прил.*
золошлакосилика́т, -а
Зо́лушка, -и, *р. мн.* -шек
золь, -я
зо́льник, -а
зо́льниковый
зо́льность, -и
зо́льный
зома́н, -а
зо́мби, *нескл., м.*
зомби́рование, -я
зомби́рованный; *кр. ф.* -ан, -ана
зомби́ровать(ся), -рую(сь), -рует(ся)
зо́на, -ы
зона́льность, -и
зона́льный; *кр. ф.* -лен, -льна
зонг, -а
зонг-о́пера, -ы
зонд, -а
зонда́ж, -а и -а́, *тв.* -ем и -о́м
зондеркома́нда, -ы
зонди́рование, -я
зонди́рованный; *кр. ф.* -ан, -ана
зонди́ровать(ся), -рую, -рует(ся)
зондиро́вка, -и
зондиро́вщик, -а
Зо́ндские острова́
зони́рование, -я
зони́рованный; *кр. ф.* -ан, -ана
зони́ровать(ся), -рую, -рует(ся)
зо́нный
зонообразова́ние, -я
зонообразу́ющий
зонт, -а́
зонт-автома́т, зонта́-автома́та
зо́нтик, -а
зонтикови́дный; *кр. ф.* -ден, -дна
зонтикообра́зный; *кр. ф.* -зен, -зна
зонтикоцве́тный
зо́нтичные, -ых, *ед.* -ное, -ого
зо́нтичный

зонтообра́зный; *кр. ф.* -зен, -зна
зо́нт-тро́сть, зонта́-тро́сти
зоо... – *первая часть сложных слов, пишется слитно*
зооантропоно́з, -а
зооба́за, -ы
зообе́нтос, -а
зооботани́ческий
зооветерина́рный
зооветпу́нкт, -а
зооветслу́жба, -ы
зооветуча́сток, -тка
зооге́нный
зооге́ограф, -а
зоогеографи́ческий
зоогеогра́фия, -и
зоогигие́на, -ы
зоогле́я, -и
зоогони́дии, -дий, *ед.* -дия, -и
зоокомбина́т, -а
зоокумари́н, -а
зоола́трия, -и
зоолесопа́рк, -а
зоо́лог, -а
зоологи́ческий
зооло́гия, -и
зоомагази́н, -а
зооморфи́зм, -а
зооморфи́ческий
зоомо́рфный; *кр. ф.* -фен, -фна
зооно́з, -а
зоообъедине́ние, -я
зоопалеонто́лог, -а
зоопалеонтологи́ческий
зоопалеонтоло́гия, -и
зоопарази́ты, -ов, *ед.* -зи́т, -а
зоопа́рк, -а
зоопато́лог, -а
зоопатологи́ческий
зоопатоло́гия, -и
зоопланкто́н, -а
зоопсихо́лог, -а
зоопсихологи́ческий
зоопсихоло́гия, -и
зооса́д, -а
зооспо́ра, -ы

зооспора́нгий, -я
зооте́хник, -а
зооте́хника, -и
зоотехни́ческий
зооте́хния, -и
зоото́мия, -и
зоофа́г, -а
зооферма́, -ы
зоофи́л, -а
зоофили́я, -и
зоохими́ческий
зоохи́мия, -и
зоохлоре́ллы, -е́лл, ед. -е́лла, -ы
зоохо́рия, -и
зооцено́з, -а
зооце́нтр, -а
зооци́ды, -ов, ед. -ци́д, -а
зооци́рк, -а
зо́пник, -а
зора́птеры, -ов, ед. -тер, -а
зорева́ть, зорю́ю, зорю́ет
зорево́й (к заря́)
зо́ренька, -и, р. мн. -нек
зори́лла, -ы
зори́ть, зорю́, зори́т (я́годы, плоды́)
зори́ть(ся), зорю́(сь), зори́т(ся)
    (разоря́ть(ся)
зо́ркий; кр. ф. зо́рок, зорка́, зо́рко
зо́ркость, -и
зо́рный
Зороа́стр, -а
зороастри́зм, -а
зороастри́йский
зороастри́йцы, -ев, ед. -йец,
    -и́йца, тв. -и́йцем
зо́рче, сравн. ст.
зо́рька, -и, р. мн. зо́рек
зо́рюшка, -и, р. мн. -шек
зо́ря, -и (военный сигнал: би́ть, игра́ть зо́рю)
зосте́ра, -ы
зощенкове́д, -а
зо́щенковский (от Зо́щенко)
зра́зы, зраз, ед. зра́за, -ы
зрак, -а
зрачко́вый

зрачо́к, -чка́
зре́лище, -а
зре́лищно-спорти́вный
зре́лищность, -и
зре́лищный; кр. ф. -щен, -щна
зре́лость, -и
зре́лый; кр. ф. зрел, зрела́, зре́ло
зре́ние, -я
зреть[1], зрю, зрит (смотреть)
зреть[2], зре́ю, зре́ет (созревать)
зре́ться, зри́тся
зре́ющий
зри́мость, -и
зри́мый
зри́тель, -я
зри́тельница, -ы, тв. -ей
зри́тельный
зри́тельский
зря, нареч.
зря́че, нареч.
зрячеслы́шащий
зря́честь, -и
зря́чий, прил.
зря́шность, -и
зря́шный; кр. ф. -шен, -шна
зря́щий, прич.
зуа́в, -а
зуб, -а, мн. зу́бы, -о́в (у человека,
    животных) и зу́бья, -ьев (у орудия)
зуба́стость, -и
зуба́стый
зуба́тка, -и, р. мн. -ток
зуба́товщина, -ы
зуба́тый
зубёнки, -нок
зубе́ц, зубца́, тв. зубцо́м, р. мн.
    зубцо́в
зуб за зуб
зу́бик, -а
зуби́ло, -а
зуби́льный
зуби́ща, -и́щ и зуби́щи, -и́щ, ед.
    зуби́ще, -а, м.
зу́бки, зу́бок, ед. зубо́к, зубка́
    (уменьш.-ласкат. к зу́бы, зуб)

зублефа́р, -а
зуб на́ зуб (не попада́ет)
зубни́к, -а́
зубно́й
зубови́дный; кр. ф. -ден, -дна
зубови́к, -а́
зубо́вный (скре́жет)
зубово́й
зубоврачебный
зубоврачева́ние, -я
зубодёр, -а
зубодроби́тельный; кр. ф. -лен,
    -льна
зубоизмери́тельный
зубо́к, зубка́, мн. зубки́, -о́в (тех.; у
    чеснока́)
зуболече́бница, -ы, тв. -ей
зуболече́бный
зуболече́ние, -я
зубонака́тывание, -я
зубонареза́ние, -я
зубоно́жка, -и, р. мн. -жек
зубообраба́тывающий
зубопротези́рование, -я
зубопротези́ст, -а
зубопроте́зный
зуборе́зный
зуборе́зчик, -а
зубоска́л, -а
зубоска́лить, -лю, -лит
зубоска́лка, -и, р. мн. -лок
зубоска́льничать, -аю, -ает
зубоска́льство, -а
зубоска́лящий
зубострога́льный
зуботы́чина, -ы
зубофрезеро́вщик, -а
зубофрезеро́вщица, -ы, тв. -ей
зубо́чек, -чка
зубочи́стка, -и, р. мн. -ток
зубошлифова́льный
зубошлифова́льщик, -а
зубошлифо́вщик, -а
зубр, -а
зубрёж, -ежа́, тв. -о́м
зубрёжка, -и

зубре́ние, -я
зубрёнок, -нка, *мн.* -ря́та, -ря́т
зубри́ла, -ы, *м. и ж.*
зубри́лка, -и, *р. мн.* -лок, *м. и ж.*
зубри́льный
зубри́ный
зубри́стика, -и
зубри́ть(ся), зубрю́, зу́бри́т(ся)
зубри́ха, -и
зубри́ца, -ы, *тв.* -ей
зубробизо́н, -а
зубро́вка, -и, *р. мн.* -вок
зубро́вочка, -и, *р. мн.* -чек
зу́бровый
зубря́щий(ся)
зубцо́вка, -и, *р. мн.* -вок
зубча́тка, -и, *р. мн.* -ток
зубчатоклю́вый
зу́бчато-ре́ечный
зубча́тость, -и
зубча́тый
зу́бчики, -ов, *ед.* -чик, -а
зубя́нка, -и, *р. мн.* -нок
зуд, -а
зуда́, -ы́, *м. и ж.*
зуде́ние, -я
зу́день, зу́дня
зуде́ть, зужу́, зуди́т
зуди́ла, -ы, *м. и ж.*
зуди́ть, зужу́, зуди́т
зу́дневый
зуёк, зуйка́
зуй, зу́я, *мн.* зуи́, зуёв
зу́лу, *неизм. и нескл., м.* (язык) и *нескл., мн., ед. м. и ж.* (народ)
зулу́ска, -и, *р. мн.* -сок
зулу́сский
зулу́сы, -ов, *ед.* зулу́с, -а
зу́ммер, -а
зу́ммерить, -ит
зумпф, -а
зурна́, -ы́
зурна́ч, -а́, *тв.* -о́м
зурни́ст, -а
зы́бить(ся), зы́блет(ся), зы́блют(ся)
зы́бка, -и, *р. мн.* зы́бок
зы́бкий; *кр. ф.* зы́бок, зыбка́, зы́бко
зы́бкость, -и
зы́блемый
зы́бление, -я
зы́блющий(ся)
зыбу́н, -а́
зыбу́чий
зы́бче, *сравн. ст. (от* зы́бкий, зы́бко)
зыбь, -и, *мн.* -и, -е́й
зык, -а
зы́кать, -аю, -ает
зы́кнуть, -ну, -нет
зырк, *неизм.*
зы́ркать, -аю, -ает
зы́ркнуть, -ну, -нет
зыря́не, -я́н, *ед.* -я́нин, -а
зыря́нка, -и, *р. мн.* -нок
зыря́нский
зы́чность, -и
зы́чный, *кр. ф.* зы́чен, зы́чна
зэ, *нескл., с.* (название буквы)
зэк, -а
зэка́, *нескл., м. и ж.*

зэ́ковский
зэ́чка, -и, *р. мн.* зэ́чек
зю́зя, -и, *р. мн.* -ей, *м. и ж.*
зюйд, -а
зюйд-ве́ст, -а
зюйдве́стка, -и, *р. мн.* -ток
зюйд-ве́стовый
зюйд-зюйд-ве́ст, -а
зюйд-зюйд-ве́стовый
зюйд-зюйд-о́ст, -а
зюйд-зюйд-о́стовый
зю́йдовый
зюйд-о́ст, -а
зюйд-о́стовый
зя́бкий; *кр. ф.* -бок, зябка́, -бко
зя́бко, *нареч. и в знач. сказ.*
зя́бкость, -и
зя́блевый
зя́блик, -а
зя́бликовый
зя́блица, -ы, *тв.* -ей
зя́бличий, -ья, -ье
зя́блый
зя́бнувший
зя́бнуть(ся), -ну, -нет(ся); *прош.* зяб и зя́бнул, зя́бла, зя́бло(сь)
зябра́, -ы́
зя́бче, *сравн. ст. (от* зя́бкий, зя́бко)
зябь, -и
зя́тев, -а, -о
зятёк, зятька́
зя́тнин, -а, -о
зять, -я, *мн.* зятья́, -ьёв
зятю́шка, -и, *р. мн.* -шек, *м.*

И

и¹, нескл., с. (название буквы)
и², союз и частица
иберийский (от иберы и Иберия)
иберийско-кавказский
иберийцы, -ев, ед. -иец, -ийца, тв. -ийцем
иберы, -ов, ед. ибер, -а
ибикон, -а
ибис, -а
ибисовый
ибн и (в начале составного собственного имени) Ибн – пишется отдельно от последующего имени, напр.: Абу́ Али́ ибн Си́на, Ибн Ру́ста, Ибн Фадла́н Ахме́д ибн Абба́с
и́бо¹, союз
и́бо² и и́гбо, неизм. и нескл., м. (язык) и нескл., мн., ед. м. и ж. (народ)
и́бсеновский (от Ибсен)
ибупрофе́н, -а
и́ва, и́вы
Ива́н, -а (имя: о русском человеке; Ива́ны, не по́мнящие родства́)
Ива́н Вели́кий (колокольня)
Ива́н Во́ин и Иоа́нн Во́ин (святой)
ивангоро́дский (от Ивангород)
ивангоро́дцы, -ев, ед. -дец, -дца, тв. -дцем
Ива́н Гро́зный
ива́н-да-ма́рья, -и
Ива́н-дура́к, Ива́на-дурака́
Ива́н Калита́

Ива́н Купа́ла
Ива́нов, -а, -о (от Ива́н)
ива́новка, -и, р. мн. -вок (к ивановцы)
ива́ново-вознесе́нский (от Ива́ново-Вознесе́нск)
ива́новская: во всю ива́новскую
Ива́новская ночь
ива́новский (от Ива́нов, Ива́ново, Ива́новка)
ива́новцы, -ев, ед. -вец, -вца, тв. -вцем
ива́нов червячо́к, ива́нова червячка́ (насекомое)
ива́но-франко́вский (от Ива́но-Франко́вск)
иванофранко́вцы, -ев, ед. -вец, -вца, тв. -вцем
Ива́нушка-дурачо́к, Ива́нушки-дурачка́
Ива́н Царе́вич (сказочный персонаж)
ива́н-ча́й, -я
ивасёвый
иваси́, нескл., ж.
И́верская Бо́жия Ма́терь (икона)
И́верская часо́вня (в Москве)
и́вина, -ы
и́вишень, -шня
ивня́к, -а́
ивняко́вый
ивнячо́к, -чка́
и́вовый
и́волга, -и

и́ восьмери́чное (название буквы и)
иври́т, -а
ивритский
ивуари́йский (к Кот-д'Ивуа́р)
и́вушка, -и, р. мн. -шек
ИВЦ [ивэцэ́], нескл., м. (сокр.: информационно-вычислительный центр)
ига́рский (от Ига́рка)
ига́рцы, -ев, ед. -рец, -рца, тв. -рцем
игарча́не, -а́н, ед. -а́нин, -а
игарча́нка, -и, р. мн. -нок
и́гбо и и́бо, неизм. и нескл., м. (язык) и нескл., мн., ед. м. и ж. (народ)
игдани́т, -а
игемо́н, -а (ист.)
игла́, -ы́, мн. и́глы, игл
игла́-ры́ба, иглы́-ры́бы
игли́стый
и́глица, -ы, тв. -ей
иглицеобра́зные, -ых
иглобрю́х, -а
иглова́тый
игловидный; кр. ф. -ден, -дна
игловой
иглодержа́тель, -я
иглоко́жие, -их
иглоно́гая сова́
иглообра́зный; кр. ф. -зен, -зна
иглопробивно́й
иглорефлексотерапи́я, -и
иглоро́т, -а

иглотерапе́вт, -а
иглотерапи́я, -и
иглоука́лывание, -я
иглофи́льтр, -а
иглофреза́, -ы́, мн. -фре́зы, -фре́з
иглохво́стый стриж
иглоше́рст, -а
и́глу, нескл., с.
игля́нка, -и, р. мн. -нок
игнипункту́ра, -ы
игнитро́н, -а
игнитро́нный
игнора́нция, -и
игнори́рование, -я
игнори́рованный; кр. ф. -ан, -ана
игнори́ровать(ся), -рую(сь), -рует(ся)
и́го, и́га
и-го-го́, неизм.
иго́лка, -и, р. мн. -лок
иго́лочка, -и, р. мн. -чек
иго́лочный
иго́льник, -а
иго́льница, -ы, тв. -ей
иго́льный
иго́льчатый
иго́рный
игра́, -ы́, мн. и́гры, игр
игра́лище, -а
игра́льный
и́гранный; кр. ф. -ан, -ана, прич.
играну́ть, -ну́, -нёт
и́граный, прил.
игра́ть(ся), -а́ю(сь), -а́ет(ся)
игра́ючи
игра́ющий
и́грек, -а (название буквы)
и́грековый
игре́невый
игре́ний, -яя, -ее
игре́ц, -а́, тв. -о́м, р. мн. -о́в
игре́цкий
игри́вость, -и
игри́вый
игри́стость, -и
игри́стый

и́грище, -а
игрови́к, -а́
игрово́й
игро́к, -а́
игроте́ка, -и
игро́цкий
игрочи́шка, -и, р. мн. -шек, м.
игру́н, -а́
игру́нка, -и, р. мн. -нок
игрунко́вый
игруно́к, -нка́
игру́нья, -и, р. мн. -ний
игру́шечка, -и, р. мн. -чек
игру́шечник, -а
игру́шечный
игру́шка, -и, р. мн. -шек
и́грывать, наст. вр. не употр.
И́гры до́брой во́ли
игуа́на, -ы
игуанодо́нт, -а
игу́мен, -а
игу́менский
игу́менство, -а
игу́менья, -и, р. мн. -ний
ида́льго, нескл., м.
идеа́л, -а
идеализа́тор, -а
идеализа́ция, -и
идеализи́рование, -я
идеализи́рованный; кр. ф. -ан, -ана
идеализи́ровать(ся), -рую(сь), -рует(ся)
идеали́зм, -а
идеали́ст, -а
идеалисти́ческий
идеалисти́чность, -и
идеалисти́чный; кр. ф. -чен, -чна
идеали́стка, -и, р. мн. -ток
идеа́льно-духо́вный
идеа́льно-материа́льный
идеа́льно пра́вильный
идеа́льность, -и
идеа́льный; кр. ф. -лен, -льна
иде́йка, -и, р. мн. иде́ек
иде́йно бли́зкий

иде́йно-воспита́тельный
иде́йно вы́держанный
иде́йно-нра́вственный
иде́йно-полити́ческий
иде́йность, -и
иде́йно-теорети́ческий
иде́йно-филосо́фский
иде́йно-худо́жественный
иде́йно-эстети́ческий
иде́йный; кр. ф. иде́ен, иде́йна
идентифика́тор, -а
идентификацио́нный
идентифика́ция, -и
идентифици́рованный; кр. ф. -ан, -ана
идентифици́ровать(ся), -рую(сь), -рует(ся)
иденти́чность, -и
иденти́чный
идеогра́мма, -ы (письменный знак)
идеографи́ческий
идеогра́фия, -и
идео́лог, -а
идеологе́ма, -ы
идеологиза́ция, -и
идеологизи́рование, -я
идеологизи́рованный; кр. ф. -ан, -ана
идеологизи́ровать(ся), -рую, -рует(ся)
идеологи́чески
идеологи́ческий
идеоло́гия, -и
идеомо́торика, -и
идеомо́торный
и десятери́чное (название буквы i)
идефи́кс, -а (устар. к иде́я фи́кс)
иде́я, -и
иде́я фи́кс, иде́и фи́кс
иди́ллик, -а (лит.)
идилли́ческий
идилли́чность, -и
идилли́чный; кр. ф. -чен, -чна
иди́ллия, -и
идиоадапта́ция, -и
идиобла́ст, -а

идиогра́мма, -ы (*изображение набора хромосом*)
идиоле́кт, -а
идио́ма, -ы
идиома́тика, -и
идиомати́ческий
идиомати́чность, -и
идиомати́чный; *кр. ф.* -чен, -чна
идиоморфи́зм, -а
идиомо́рфный
идиопла́зма, -ы
идиосинкрази́ческий
идиосинкрази́я, -и
идиосо́ма, -ы
идиостилево́й
идиости́ль, -я
идио́т, -а
идиоти́зм, -а
идиоти́на, -ы, *м. и ж.*
идиоти́ческий
идиоти́я, -и
идио́тка, -и, *р. мн.* -ток
идио́тски
идио́тский
идио́тство, -а
идиохромати́ческий
и́диш, -а, *нескл., м. и неизм.*
и́до, *нескл., м. и с.*
идокра́з, -а
и́дол, -а
и́долище, -а, *с.* (*чудовище*), -а, *мн.* -а и -и, -ищ, *м.* (*увелич. к* и́дол)
И́долище пога́ное (*персонаж былины*)
идолобо́рческий
идолобо́рчество, -а
идолопокло́нник, -а
идолопокло́нничать, -аю, -ает
идолопокло́ннический
идолопокло́нничество, -а
идолопокло́нство, -а
и́дольский
и други́е (и др.)
идти́, иду́, идёт; *прош.* шёл, шла
иду́меи, -ев, *ед.* -ме́й, -я
иду́чи

иду́щий
и́ды, ид
Иего́ва, -ы, *м.*
иегови́стский
иегови́сты, -ов, *ед.* -и́ст, -а
иезуи́т, -а
иезуити́зм, -а
иезуи́тский
иезуи́тство, -а
иезуи́тствовать, -твую, -твует
ие́на, -ы (*ден. ед.*)
ие́новый
иера́рх, -а
иерархиза́ция, -и
иерархизо́ванный; *кр. ф.* -ан, -ана
иерархизова́ть(ся), -зу́ю, -зу́ет(ся)
иерархи́чески
иерархи́ческий
иерархи́чность, -и
иерархи́чный; *кр. ф.* -чен, -чна
иера́рхия, -и
иерати́зм, -а
иерати́ческий
иере́й, -я
иере́йский
иере́йство, -а
иере́йствовать, -твую, -твует
иеремиа́да, -ы (*от* Иереми́я)
иерихо́нский (*от* Иерихо́н; труба́ иерихо́нская)
иеро́глиф, -а
иерогли́фика, -и
иероглифи́ческий
иеродиа́кон, -а
иеродиа́конский
иеродиа́конство, -а
иеромона́х, -а
иеромона́шеский
иеромона́шество, -а
иеросхимона́х, -а
иеросхимона́шеский
иеросхимона́шество, -а
иерусали́мский (*от* Иерусали́м)

иерусали́мцы, -ев, *ед.* -мец, -мца, *тв.* -мцем
Иж, И́жа, *тв.* И́жем и неизм. (*мотоцикл, автомобиль*)
иждиве́нец, -нца, *тв.* -нцем, *р. мн.* -нцев
иждиве́ние, -я
иждиве́нка, -и, *р. мн.* -нок
иждиве́нский
иждиве́нство, -а
иждиве́нчески
иждиве́нческий
иждиве́нчество, -а
и́же[1], *нескл., с.* (*название буквы*)
и́же[2], *местоим.*: и́же с ни́м (ни́ми)
иже́вка, -и, *р. мн.* -вок
иже́вский (*от* Иже́вск)
иже́вцы, -ев, *ед.* -вец, -вца, *тв.* -вцем
ижевча́не, -а́н, *ед.* -а́нин, -а
ижевча́нка, -и, *р. мн.* -нок
и́жемский (*от* И́жма)
и́жица, -ы, *тв.* -ей (*буква*)
ижицеобра́зный; *кр. ф.* -зен, -зна
ижо́ра, -ы (*народность*) и Ижо́ра, -ы (*Ижорская земля*)
Ижо́рская возвы́шенность
Ижо́рская земля́ (*ист.*)
ижо́рский (*к* Ижо́рская земля́, ижо́ра, Ижо́ра)
Ижо́рский заво́д
ижо́рцы, -ев, *ед.* -рец, -рца, *тв.* -рцем
из и изо, *предлог*
изабе́лла, -ы (*сорт винограда*)
изабе́лловый
изаллоба́ра, -ы
изаллоте́рма, -ы
изамплиту́да, -ы
изанома́ла, -ы
изати́н, -а
изафе́т, -а
изба́, -ы́, *вин.* избу́, *мн.* и́збы, изб
изба́ви бо́г (бо́же), *в знач. межд.*
изба́ви го́споди, *в знач. межд.*
избави́тель, -я

ИЗБАВИ́ТЕЛЬНИЦА

избави́тельница, -ы, *тв.* -ей
избави́тельный
изба́вить(ся), -влю(сь), -вит(ся)
избавле́ние, -я
изба́вленный; *кр. ф.* -ен, -ена
избавля́ть(ся), -я́ю(сь), -я́ет(ся)
избало́ванность, -и
избало́ванный; *кр. ф. прич.* -ан, -ана; *кр. ф. прил.* -ан, -анна (она́ капри́зна и избало́ванна)
избалова́ть(ся), -лу́ю(сь), -лу́ет(ся)
избало́вывать(ся), -аю(сь), -ает(ся)
изба́ч, -а́, *тв.* -о́м
изба́-чита́льня, избы́-чита́льни
избега́ние, -я
избе́гать(ся), -аю(сь), -ает(ся), *сов.* (*от* бе́гать)
избега́ть(ся), -а́ю, -а́ет(ся), *несов.* (*к* избежа́ть)
избе́гнувший
избе́гнутый
избе́гнуть, -ну, -нет; *прош.* -е́г и -е́гнул, -е́гла
избе́гший
избежа́ние, -я
избежа́ть, -егу́, -ежи́т, -егу́т
избёнка, -и, *р. мн.* -нок
избива́ть(ся), -а́ю, -а́ет(ся)
избие́ние, -я
избира́тель, -я
избира́тельница, -ы, *тв.* -ей
избира́тельность, -и
избира́тельный; *кр. ф.* -лен, -льна
избира́тельский
избира́ть(ся), -а́ю(сь), -а́ет(ся)
избирко́м, -а
изби́тость, -и
изби́тый
изби́ть(ся), изобью́, изобьёт(ся)
изби́ща, -и, *тв.* -ей
изблёванный; *кр. ф.* -ан, -ана
изблева́ть, -лю́ю, -люёт
изблёвывать(ся), -аю, -ает(ся)

изблизи́
избода́ть, -а́ет
избо́ина, -ы
изболе́ть(ся)¹, -е́ю(сь), -е́ет(ся)
изболе́ть(ся)², -ли́т(ся) (душа́, се́рдце)
изболта́нный; *кр. ф.* -ан, -ана
изболта́ть(ся), -а́ю(сь), -а́ет(ся)
избо́рник, -а
изборожда́ть(ся), -а́ю, -а́ет(ся)
изборождённый; *кр. ф.* -ён, -ена́
избороздить(ся), -зжу́, -зди́т(ся)
избо́рский (*от* Избо́рск)
избо́рян́е, -я́н, *ед.* -я́нин, -а (*от* Избо́рск)
избочени́ваться, -аюсь, -ается
избочени́ться, -ню́сь, -ни́тся
избочи́ться, -чу́сь, -чи́тся
и́збранный; *кр. ф.* -ён, -ена́
избра́ние, -я
избрани́ть, -ню́, -ни́т
И́збранная ра́да (*ист.*)
избра́нник, -а
избра́нница, -ы, *тв.* -ей
избра́нничество, -а
и́збранность, -и
и́збранный; *кр. ф.* -ан, -ана
избра́ть, изберу́, изберёт; *прош.* -а́л, -ала́, -а́ло
изброди́ть, -ожу́, -о́дит
изброд́яжничаться, -аюсь, -ается
избры́згать, -аю, -ает
избрюзжа́ться, -жу́сь, -жи́тся
и́збура-жёлтый
и́збура-кра́сный
избу́шечка, -и, *р. мн.* -чек
избу́шечный
избу́шка, -и, *р. мн.* -шек
избыва́ние, -я
избыва́ть(ся), -а́ю, -а́ет(ся)
избы́ток, -тка
избы́точность, -и
избы́точный; *кр. ф.* -чен, -чна
избы́ть(ся), избу́ду, избу́дет(ся); *прош.* -ы́л(ся), -ыла́(сь), -ы́ло(сь)
избяно́й

изва́жничаться, -аюсь, -ается
изва́лянный; *кр. ф.* -ян, -яна
изваля́ть(ся), -я́ю(сь), -я́ет(ся)
извая́ние, -я
извая́нный; *кр. ф.* -ян, -яна
извая́ть, -я́ю, -я́ет
изве́данный; *кр. ф.* -ан, -ана
изве́дать, -аю, -ает
изведённый; *кр. ф.* -ён, -ена́
изве́дший(ся)
изве́дывать, -аю, -ает
изве́ка, *нареч.* (*с давних пор, исстари*)
и́зверг, -а
изверга́ть(ся), -а́ю(сь), -а́ет(ся)
изве́ргнувший(ся)
изве́ргнутый
изве́ргнуть(ся), -ну(сь), -нет(ся); *прош.* -е́рг(ся) и -е́ргнул(ся), -е́ргла(сь)
изве́ргший(ся)
изверже́ние, -я
изве́рженный; *кр. ф.* -ен, -ена
изве́риваться, -аюсь, -ается
изве́риться, -рюсь, -рится
изверну́ться, -ну́сь, -нётся
изверте́ть(ся), -ерчу́(сь), -е́ртит(ся)
извёртывать(ся), -аю(сь), -ает(ся)
изве́рченный; *кр. ф.* -ен, -ена
известегаси́льный
изве́стие, -я
изве́стинец, -нца, *тв.* -нцем, *р. мн.* -нцев
изве́стинский (*от* "Изве́стия")
извести́(сь), -еду́(сь), -едёт(ся); *прош.* -ёл(ся), -ела́(сь)
извести́ть(ся), -ещу́(сь), -ести́т(ся)
извёстка, -и
известкова́ние, -я
известко́ванный; *кр. ф.* -ан, -ана
известкова́ть(ся), -ку́ю, -ку́ет(ся)
известко́во-бе́лый
известко́во-песча́ный
известко́во-пуццола́новый
известко́во-се́рный

ИЗГОРБИТЬ(СЯ)

известко́во-шла́ковый
известко́вый
изве́стнейший
изве́стно, *в знач. сказ. и вводн. сл.*
изве́стность, -и
изве́стный; *кр. ф.* -тен, -тна
известня́к, -а́
известняко́вый
и́звесть, -и
изве́т, -а
изве́тчик, -а
изветша́лый
изветша́ть, -а́ет
изве́чность, -и
изве́чный; *кр. ф.* -чен, -чна
извеща́тель, -я
извеща́ть(ся), -а́ю(сь), -а́ет(ся)
извеще́ние, -я
извещённый; *кр. ф.* -ён, -ена́
извея́ть, -е́ю, -е́ет
изви́в, -а
извива́ние, -я
извива́ть(ся), -а́ю(сь), -а́ет(ся)
изви́вистый
изви́вный
изви́лина, -ы
изви́линка, -и, *р. мн.* -нок
изви́листость, -и
изви́листый
извине́ние, -я
извинённый; *кр. ф.* -ён, -ена́
извини́-подви́нься
извини́тельный; *кр. ф.* -лен, -льна
извини́ть(ся), -ню́(сь), -ни́т(ся)
извиня́ть(ся), -я́ю(сь), -я́ет(ся)
извиня́ющий(ся)
изви́тый; *кр. ф.* -и́т, -ита́, -и́то
изви́ть(ся), изовью́(сь), изовьёт(ся); *прош.* -и́л(ся), -ила́(сь), -и́ло, -и́ло́сь
извлека́ть(ся), -а́ю, -а́ет(ся)
извлёкший(ся)
извлече́ние, -я
извлечённый; *кр. ф.* -ён, -ена́

извле́чь(ся), -еку́, -ечёт(ся), -еку́т(ся); *прош.* -ёк(ся), -екла́(сь)
извне́
изво́д, -а
изводи́ть(ся), -ожу́(сь), -о́дит(ся)
изво́женный; *кр. ф.* -ен, -ена
изво́з, -а
извози́ть(ся), -ожу́(сь), -о́зит(ся)
изво́зничать, -аю, -ает
изво́зничество, -а
изво́зный
извозопромы́шленник, -а
изво́зчик, -а
изво́зчицкий
изво́зчичий, -ья, -ье
изволе́ние, -я
изво́лить, -лю, -лит
изволнова́ться, -ну́юсь, -ну́ется
и́зволок, -а
изволо́ченный; *кр. ф.* -ен, -ена и изволочённый; *кр. ф.* -ён, -ена́
изволочи́ть(ся), -чу́(сь), -чи́т(ся)
изво́льничаться, -аюсь, -ается
изво́ль(те)
извора́чиваться, -аюсь, -ается
изворова́ться, -ру́юсь, -ру́ется
изворо́т, -а
изворо́тистость, -и
изворо́тистый
изворо́тливость, -и
изворо́тливый
изворча́ться, -чу́сь, -чи́тся
изврати́ть(ся), -ащу́(сь), -ати́т(ся)
извраща́ть(ся), -а́ю(сь), -а́ет(ся)
извраще́нец, -нца, *тв.* -нцем, *р. мн.* -нцев
извраще́ние, -я
извраще́нка, -и, *р. мн.* -нок
извращённо, *нареч.*
извращённость, -и
извращённый; *кр. ф. прич.* -ён, -ена́; *кр. ф. прил.* (обнаруживающий извращенность) -ён, -ённа
извя́занный; *кр. ф.* -ан, -ана
извяза́ть(ся), -яжу́, -я́жет(ся)

извя́зывать(ся), -аю, -ает(ся)
изга́дить(ся), -а́жу(сь), -а́дит(ся)
изга́женный; *кр. ф.* -ен, -ена
изга́живать(ся), -аю(сь), -ает(ся)
изгаля́ться, -я́юсь, -я́ется
изга́рина, -ы
и́згарь, -и
изгва́зданный; *кр. ф.* -ан, -ана
изгва́здать(ся), -аю(сь), -ает(ся)
изги́б, -а
изгиба́емость, -и
изгиба́ние, -я
изгиба́ть(ся), -а́ю(сь), -а́ет(ся)
изги́бина, -ы
изги́бистый
изги́бный
изгла́дить(ся), -а́жу(сь), -а́дит(ся)
изгла́дывать(ся), -аю, -ает(ся)
изгла́женный; *кр. ф.* -ен, -ена
изгла́живание, -я
изгла́живать(ся), -аю(сь), -ает(ся)
изгло́данный; *кр. ф.* -ан, -ана
изглода́ть, -ожу́, -о́жет и -а́ю, -а́ет
изгна́ние, -я
изгна́нник, -а
изгна́нница, -ы, *тв.* -ей
изгна́ннический
изгна́нничество, -а
и́згнанный; *кр. ф.* -ан, -ана
изгна́ть, изгоню́, изго́нит; *прош.* -а́л, -ала́, -а́ло
изгнива́ть, -а́ет
изгни́ть, -иёт
из го́да в го́д
изго́й, -я
изго́йство, -а
изголо́вный
из головы́ во́н
изголо́вье, -я, *р. мн.* -вий
изголо́вьице, -а
изголода́ться, -а́юсь, -а́ется
и́зголуба-бе́лый
и́зголуба-си́ний
изгоня́ть(ся), -я́ю(сь), -я́ет(ся)
изгора́ть, -а́ет
изго́рбить(ся), -блю(сь), -бит(ся)

изгорева́ться, -рююсь, -рюется
изгоре́ть, -ри́т
изгоро́дка, -и, *р. мн.* -док
и́згородь, -и
изгота́вливание, -я
изгота́вливать(ся), -аю(сь), -ает(ся)
изготови́тель, -я
изгото́вить(ся), -влю(сь), -вит(ся)
изгото́вка, -и, *р. мн.* -вок
изготовле́ние, -я
изгото́вленный; *кр. ф.* -ен, -ена
изготовля́ть(ся), -я́ю(сь), -я́ет(ся)
изграфи́ть, -флю́, -фи́т
изграфлённый; *кр. ф.* -ён, -ена́
изграфля́ть(ся), -я́ю, -я́ет(ся)
изгрыза́ть(ся), -а́ю, -а́ет(ся)
изгры́зенный; *кр. ф.* -ен, -ена
изгры́зть, -зу́, -зёт; *прош.* -ы́з, -ы́зла
изгры́зший
изгрязнённый; *кр. ф.* -ён, -ена́
изгрязни́ть(ся), -ню́(сь), -ни́т(ся)
изгрязня́ть(ся), -я́ю(сь), -я́ет(ся)
изгуби́ть, -ублю́, -у́бит
изгу́бленный; *кр. ф.* -ен, -ена
издава́ние, -я
издава́ть(ся), издаю́(сь), издаёт(ся)
и́здавна
изда́ивать(ся), -аю, -ает(ся)
изда́лбливать(ся), -аю, -ает(ся)
издалека́ и издалёка, *нареч.* (верну́ться издалека́; слы́шен зво́н бубенцо́в издалёка), но *в знач. сущ.* из далека́ (из далека́ про́житых ле́т)
издале́че и издале́ча
и́здали, *нареч.* (наблюда́ть и́здали)
изда́ние, -я
и́зданный; *кр. ф.* -ан, и́здана́, -ано
изда́ньице, -а
изда́тель, -я
изда́тельница, -ы, *тв.* -ей
изда́тельский
изда́тельско-книготорго́вый
изда́тельско-торго́вый
изда́тельство, -а
изда́ть, -а́м, -а́шь, -а́ст, -ади́м, -ади́те, -аду́т; *прош.* -а́л, -ала́, -а́ло
издева́тельски
издева́тельский
издева́тельство, -а
издева́ться, -а́юсь, -а́ется
издёвка, -и, *р. мн.* -вок
изде́лие, -я
издёрганность, -и
издёрганный; *кр. ф.* -ан, -ана
издёргать(ся), -аю(сь), -ает(ся)
издёргивать(ся), -аю(сь), -ает(ся)
изде́ржанный; *кр. ф.* -ан, -ана
издержа́ть(ся), -ержу́(сь), -е́ржит(ся)
изде́рживать(ся), -аю(сь), -ает(ся)
изде́ржки, -жек
изде́тства, *нареч.* (с детских лет, устар.)
издира́ть(ся), -а́ю(сь), -а́ет(ся)
издо́енный; *кр. ф.* -ен, -ена
издои́ть(ся), -ою́, -о́и́т(ся)
издолби́ть(ся), -блю́, -би́т(ся)
издо́лбленный; *кр. ф.* -ен, -ена
издо́льщик, -а
издо́льщина, -ы, *тв.* -ей
издо́хнуть, -ну, -нет; *прош.* -о́х, -о́хла
издо́хший
издразни́ть, -ню́, -а́знит
издре́вле
издроби́ть(ся), -блю́, -би́т(ся)
издроблённый; *кр. ф.* -ён, -ена́
издробля́ть(ся), -я́ю, -я́ет(ся)
издро́гнуть, -ну, -нет; *прош.* -о́г, -о́гла
издро́гший
издрожа́ться, -жу́сь, -жи́тся
издыря́вить(ся), -влю, -вит(ся)
издыря́вленный; *кр. ф.* -ен, -ена
издыря́вливать(ся), -аю, -ает(ся)
издыха́ние, -я
издыха́ть, -а́ю, -а́ет
изжа́ленный; *кр. ф.* -ен, -ена
изжа́ливать(ся), -аю(сь), -ает(ся)
изжа́лить, -лит
изжа́ренный; *кр. ф.* -ен, -ена
изжа́ривать(ся), -аю(сь), -ает(ся)
изжа́рить(ся), -рю(сь), -рит(ся)
изжёванный; *кр. ф.* -ан, -ана
изжева́ть, изжую́, изжуёт
изжёвывать(ся), -аю, -ает(ся)
изжёгший(ся)
и́зжелта-зелёный
и́зжелта-кра́сный
изжелти́ть(ся), -лчу́, -лти́т(ся)
изжелчённый; *кр. ф.* -ён, -ена́
изже́чь(ся), изожгу́(сь), изожжёт(ся), изожгу́т(ся); *прош.* изжёг(ся), изожгла́(сь)
изжива́ние, -я
изжива́ть(ся), -а́ю, -а́ет(ся)
изжига́ть(ся), -а́ю(сь), -а́ет(ся)
изжи́тие, -я
изжи́тый; *кр. ф.* -и́т, -ита́, -и́то
изжи́ть(ся), -иву́, -ивёт(ся); *прош.* -и́л(ся), -ила́(сь), -и́ло, -и́ло́сь
изжо́га, -и
из-за, *предлог*
из-за го́рода, но: из за́города (*от за́город, разг.*)
из-за грани́цы, но: из заграни́цы (*из иностранных государств, государства, разг.*)
из-за рубежа́
и́ззелена-голубо́й
и́ззелена-жёлтый
и́ззелена-си́ний
иззеленённый; *кр. ф.* -ён, -ена́
иззелени́ть(ся), -ню́(сь), -ни́т(ся)
иззу́бренный; *кр. ф.* -ен, -ена
иззу́бривание, -я
иззу́бривать(ся), -аю, -ает(ся)
иззубри́ть(ся), -убрю́, -убри́т(ся)
иззя́бнуть(ся), -ну(сь), -нет(ся); *прош.* иззя́б(ся), иззя́бла(сь)
иззя́бший(ся)
Изи́да, -ы и Иси́да, -ы
изи́дии, -ий, *ед.* -дия, -и

ИЗМЕРИМЫЙ

изла́вливание, -я
изла́вливать(ся), -аю, -ает(ся)
излага́ть(ся), -а́ю, -а́ет(ся)
изла́дить(ся), -а́жу(сь), -а́дит(ся)
изла́живать(ся), -аю(сь), -ает(ся)
изла́занный; *кр. ф.* -ан, -ана
изла́зать, -аю, -ает
изла́зить, -а́жу, -а́зит
изла́мывать(ся), -аю(сь), -ает(ся)
изла́танный; *кр. ф.* -ан, -ана
излата́ть, -а́ю, -а́ет
изла́ять, -а́ю, -а́ет
излежа́ться, -жи́тся
излёживаться, -ается
излени́ваться, -аюсь, -ается
излени́ться, -еню́сь, -е́нится
излёт, -а
излета́ть, -а́ю, -а́ет
излете́ть, излети́т
излече́ние, -я
изле́ченный; *кр. ф.* -ен, -ена
изле́чивание, -я
изле́чивать(ся), -аю(сь), -ает(ся)
излечи́мость, -и
излечи́мый
излечи́ть(ся), -ечу́(сь), -е́чит(ся)
излива́ние, -я
излива́ть(ся), -а́ю(сь), -а́ет(ся)
изли́занный; *кр. ф.* -ан, -ана
излиза́ть, -ижу́(сь), -и́жет(ся)
изли́зывать(ся), -аю(сь), -ает(ся)
излино́ванный; *кр. ф.* -ан, -ана
излинова́ть, -ну́ю, -ну́ет
изли́тый; *кр. ф.* -и́т, -ита́, -и́то
изли́ть(ся), изолью́(сь), изольёт(ся); *прош.* -и́л(ся), -ила́(сь), -и́ло, -и́ло́сь
изли́шек, -шка
изли́шество, -а
изли́шествовать, -твую, -твует
изли́шне
изли́шний; *кр. ф.* -шен, -шня
излия́ния, -ий
излови́ть, -овлю́, -о́вит
изло́вленный; *кр. ф.* -ен, -ена
изловча́ться, -а́юсь, -а́ется
изловчи́ться, -чу́сь, -чи́тся
изложе́ние, -я
изло́женный; *кр. ф.* -ен, -ена
изло́жина, -ы
изложи́ть, -ожу́, -о́жит
изло́жница, -ы, *тв.* -ей
изло́м, -а
изло́манность, -и
изло́манный; *кр. ф.* -ан, -ана (*от* изломать)
излома́ть(ся), -а́ю(сь), -а́ет(ся)
изло́мистый
изломи́ть(ся), -омлю́, -о́мит(ся)
изло́мленный; *кр. ф.* -ен, -ена (*от* изломить)
излохма́тить(ся), -а́чу(сь), -а́тит(ся)
излохма́ченный; *кр. ф.* -ен, -ена
излу́ка, -и
излука́виться, -влюсь, -вится
излупи́ть, -уплю́, -у́пит
излу́пленный; *кр. ф.* -ен, -ена
излуча́тель, -я
излуча́тельный
излуча́ть(ся), -а́ю, -а́ет(ся)
излуче́ние, -я
излучённый; *кр. ф.* -ён, -ена́
излу́чина, -ы
излу́чистый
излучи́ть(ся), -чу́, -чи́т(ся)
излю́бленный; *кр. ф.* -ен, -ена
изма́занный; *кр. ф.* -ан, -ана
изма́зать(ся), -а́жу(сь), -а́жет(ся)
изма́зывание, -я
изма́зывать(ся), -аю(сь), -ает(ся)
измазю́кать(ся), -аю(сь), -ает(ся)
изма́ильский (*от* Измаил)
изма́ильцы, -ев, *ед.* -лец, -льца, *тв.* -льцем
изма́йловский (*от* Изма́йлово)
Изма́йловский па́рк (*в Москве*)
Изма́йловский по́лк (*ист.*)
изма́йловцы, -ев, *ед.* -вец, -вца, *тв.* -вцем (*к* Изма́йловский по́лк)
и́змала
измалёванный; *кр. ф.* -ан, -ана
измалева́ть, -лю́ю, -лю́ет
измалёвывать(ся), -аю, -ает(ся)
изма́лывание, -я
изма́лывать(ся), -аю, -ает(ся)
изма́ранный; *кр. ф.* -ан, -ана
измара́ть(ся), -а́ю(сь), -а́ет(ся)
изма́рывать(ся), -аю(сь), -ает(ся)
изма́сливать(ся), -аю(сь), -ает(ся)
изма́слить(ся), -лю(сь), -лит(ся)
изма́тывание, -я
изма́тывать(ся), -аю(сь), -ает(ся)
изма́чивать(ся), -аю(сь), -ает(ся)
изма́янный; *кр. ф.* -ян, -яна
изма́ять(ся), -а́ю(сь), -а́ет(ся)
измелённый; *кр. ф.* -ён, -ена́
измели́ть(ся), -лю́(сь), -ли́т(ся)
измельча́ние, -я
измельча́ть(ся), -а́ю, -а́ет(ся)
измельче́ние, -я
измельчённый; *кр. ф.* -ён, -ена́
измельчи́тель, -я
измельчи́ть(ся), -чу́, -чи́т(ся)
изме́на, -ы
измене́ние, -я
изменённый; *кр. ф.* -ён, -ена́
измени́ть(ся), -еню́(сь), -е́нит(ся)
изме́нник, -а
изме́нница, -ы, *тв.* -ей
изме́ннически
изме́ннический
изме́нничество, -а
изме́нчивость, -и
изме́нчивый
изме́нщик, -а
изме́нщица, -ы, *тв.* -ей
изменя́емость, -и
изменя́емый
изменя́ть(ся), -я́ю(сь), -я́ет(ся)
измере́ние, -я
изме́ренный; *кр. ф.* -ен, -ена
измёрзнуть, -ну, -нет; *прош.* -ёрз, -ёрзла
измёрзший
изме́ривший
измери́мость, -и
измери́мый

ИЗМЕРИ́ТЕЛЬ

измери́тель, -я
измери́тельно-информа-
  цио́нный
измери́тельно-регистри́-
  рующий
измери́тельный
изме́рить, -рю, -рит и -ряю, -ряет
измеря́емость, -и
измеря́ть(ся), -я́ю, -я́ет(ся)
из ме́сяца в ме́сяц
мещани́ться, -нюсь, -нится
изми́рский (от Изми́р)
изми́рцы, -ев, ед. -рец, -рца, тв.
  -рцем
изможде́ние, -я
измождённость, -и
измождённый; кр. ф. -ён, -ена́ и
  (выражающий измождение) -ён,
  -ённа (её лицо́ изможде́нно)
измока́ть, -а́ю, -а́ет
измо́кнуть, -ну, -нет; прош. -о́к,
  -о́кла
измо́кший
измола́чивание, -я
измола́чивать(ся), -аю, -ает(ся)
из молоды́х да ра́нний
измоло́т, -а
измолоти́ть(ся), -очу́, -о́тит(ся)
измо́лотый
измоло́ть(ся), измелю́, изме́-
  лет(ся)
измоло́ченный; кр. ф. -ен, -ена
измо́р: на измо́р (взя́ть)
измордо́ванный; кр. ф. -ан, -ана
измордова́ть, -ду́ю, -ду́ет
изморённый; кр. ф. -ён, -ена́
измори́ть(ся), -рю́(сь), -ри́т(ся)
и́зморозь, -и (иней)
измо́ром, нареч.
и́зморось, -и (моросящий дождь)
измо́танный; кр. ф. -ан, -ана
измота́ть(ся), -а́ю(сь), -а́ет(ся)
измоча́ленный; кр. ф. -ен, -ена
измоча́ливание, -я
измоча́ливать(ся), -аю(сь),
  -ает(ся)

измоча́лить(ся), -лю(сь), -лит(ся)
измо́ченный; кр. ф. -ен, -ена
измочи́ть(ся), -очу́(сь), -о́чит(ся)
изму́сленный; кр. ф. -ен, -ена
изму́сливание, -я
изму́сливать(ся), -аю(сь), -ает(ся)
изму́слить(ся), -лю(сь), -лит(ся)
измусо́ленный; кр. ф. -ен, -ена
измусо́ливание, -я
измусо́ливать(ся), -аю(сь),
  -ает(ся)
измусо́лить(ся), -лю(сь), -лит(ся)
изму́ченно, нареч.
изму́ченность, -и
изму́ченный; кр. ф. -ен, -ена и
  (выражающий крайнюю уста-
  лость) -ен, -енна
изму́чивать(ся), -аю(сь), -ает(ся)
изму́чивший(ся)
изму́чить(ся), -чу(сь), -чит(ся) и
  -чаю(сь), -чает(ся)
и́змы, -ов, ед. изм, -а (течения, на-
  правления)
измыва́тельский
измыва́тельство, -а
измыва́ться, -а́юсь, -а́ется
измы́зганность, -и
измы́зганный; кр. ф. -ан, -ана
измы́згать(ся), -аю(сь), -ает(ся)
измы́згивать(ся), -аю(сь),
  -ает(ся)
измы́ленный; кр. ф. -ен, -ена
измы́ливать(ся), -аю, -ает(ся)
измы́лить(ся), -лю, -лит(ся)
измы́слить, -лю, -лит
измыта́ренный; кр. ф. -ен, -ена
измыта́ривать(ся), -аю(сь),
  -ает(ся)
измыта́рить(ся), -рю(сь), -рит(ся)
измышле́ние, -я
измы́шленный; кр. ф. -ен, -ена
измышля́ть(ся), -я́ю, -я́ет(ся)
измя́тость, -и
измя́тый
измя́ть(ся), изомну́, изомнёт(ся)
изна́нка, -и

изна́ночный
изнаси́лование, -я
изнаси́лованный; кр. ф. -ан, -ана
изнаси́ловать, -лую, -лует
изнаси́льничать, -аю, -ает
изнача́ла, нареч. (изначально)
изнача́льно, нареч.
изнача́льность, -и
изнача́льный; кр. ф. -лен, -льна
изна́шиваемость, -и
изна́шивание, -я
изна́шивать(ся), -аю(сь), -ает(ся)
изне́женно, нареч.
изне́женность, -и
изне́женный; кр. ф. прич. -ен,
  -ена; кр. ф. прил. (чувствитель-
  ный к лишениям) -ен, -енна (она́
  капри́зна и изне́женна)
изне́живание, -я
изне́живать(ся), -аю(сь), -ает(ся)
изне́жить(ся), -жу(сь), -жит(ся)
изнемога́ть, -а́ю, -а́ет
изнемо́гший
изнеможе́ние, -я
изнеможённо, нареч.
изнеможённость, -и
изнеможённый; кр. ф. -ён, -ена́ и
  (выражающий изнеможение)
  -ён, -ённа
изнемо́чь, -огу́, -о́жет, -о́гут; прош.
  -о́г, -огла́
изне́рвничаться, -аюсь, -ается
изни́занный; кр. ф. -ан, -ана
изниза́ть(ся), -ижу́, -и́жет(ся)
и́знизу, нареч.
изни́зывать(ся), -аю, -ает(ся)
изничтожа́ть(ся), -а́ю, -а́ет(ся)
изничтоже́ние, -я
изничто́женный; кр. ф. -ен, -ена
изничто́жить(ся), -жу, -жит(ся)
изнища́ть, -а́ю, -а́ет
изно́жье, -я, р. мн. -жий
изнора́вливаться, -аюсь, -ается
изнорови́ться, -влю́сь, -ви́тся
изно́с, -а и -у
износи́ть(ся), -ошу́(сь), -о́сит(ся)

износостойкий
износостойкость, -и
износоустойчивость, -и
износоустойчивый
из носу, из носу и из носа
изношенность, -и
изношенный; *кр. ф.* -ен, -ена
изнурение, -я
изнурённо, *нареч.*
изнурённость, -и
изнурённый; *кр. ф.* -ён, -ена́ и (*выражающий изнурение*) -ён, -ённа
изнурительность, -и
изнурительный
изнурить(ся), -рю(сь), -рит(ся)
изнурять(ся), -яю(сь), -яет(ся)
изнуряющий(ся)
изнутри
изнывать, -аю, -ает
изнырять, -яю, -яет
изныть, изною, изноет
изо и из, *предлог*
изо... — *приставка и первая часть сложных слов, пишется слитно*
изоамиловый
изоамплитуда, -ы
изоанемона, -ы
изоанта, -ы
изоатма, -ы
изобаза, -ы
изобара, -ы
изобарический
изобарно-изотермический
изобарный
изобата, -ы
изобидеть(ся), -ижу(сь), -идит(ся)
изобиженный; *кр. ф.* -ен, -ена
изобилие, -я
изобиловать, -лует
изобилующий
изобильненский (*от* Изобильный)
изобильненцы, -ев, *ед.* -ненец, -ненца, *тв.* -ненцем
Изобильный, -ого (*город*)

изобильный; *кр. ф.* -лен, -льна
изобличать(ся), -аю(сь), -ает(ся)
изобличение, -я
изобличённый; *кр. ф.* -ён, -ена́
изобличитель, -я
изобличительница, -ы, *тв.* -ей
изобличительный
изобличить(ся), -чу(сь), -чит(ся)
изображать(ся), -аю(сь), -ает(ся)
изображение, -я
изображённый; *кр. ф.* -ён, -ена́
изобразительность, -и
изобразительны, -ых, *ед.* -лен, -льна, *м.* (*церк. песнопения*)
изобразительный
изобразить(ся), -ажу, -азит(ся)
изобрести, -ету, -етёт; *прош.* -ёл, -ела́
изобретатель, -я
изобретательница, -ы, *тв.* -ей
изобретательность, -и
изобретательный; *кр. ф.* -лен, -льна
изобретательский
изобретательство, -а
изобретать(ся), -аю, -ает(ся)
изобретение, -я
изобретённый; *кр. ф.* -ён, -ена́
изобретший
изобутан, -а
изобутен, -а
изобутилацетат, -а
изобутилен, -а
изобутиловый
изовела, -ы
изовраться, -русь, -рётся; *прош.* -а́лся, -ала́сь, -ало́сь
изо всей мочи
изо всех сил
изогалина, -ы
изогамия, -и
изогеотерма, -ы
изогиета, -ы
изогипса, -ы
изоглосса, -ы
изогнуто-овальный

изогнутость, -и
изогнутый
изогнуть(ся), -ну(сь), -нёт(ся)
изогона, -ы
изогональный
изограф, -а
изографический
изография, -и
изодинама, -ы
изодинамия, -и
изо дня в день
изодоза, -ы
изодозный
изодранный; *кр. ф.* -ан, -ана
изодрать(ся), издеру(сь), издерёт(ся); *прош.* -а́л(ся), -ала́(сь), -а́ло, -а́ло́сь
изодром, -а
изодромный
изожжённый; *кр. ф.* -ён, -ена́
изозимы, -ов, *ед.* -зим, -а
изоиздание, -я
изоиония, -и
изойти, изойду, изойдёт; *прош.* изошёл, изошла́
изокефалия, -и
изоклина, -ы
изоклиналь, -и
изоклинальный
изокола, -ы
изоколон, -а
изокружок, -жка
изоксигена, -ы
изол, -а
изолгаться, -лгусь, -лжётся, -лгутся; *прош.* -а́лся, -ала́сь, -а́ло́сь
изолейцин, -а
изолента, -ы
изолиния, -и
изолирование, -я
изолированность, -и
изолированный; *кр. ф.* -ан, -ана
изолировать(ся), -рую(сь), -рует(ся)
изолировка, -и, *р. мн.* -вок

изолиро́вочный
изоли́ро́вщик, -а
изолиро́вщица, -ы, *тв.* -ей
изоли́рующий(ся)
изологи́ческий
Изо́льда, -ы: Триста́н и Изо́льда
изолю́кса, -ы
изоля́т, -а
изоля́тор, -а
изоля́торный
изоляциони́зм, -а
изоляциони́ст, -а
изоляциони́стский
изоляцио́нно-пропускно́й
изоляцио́нный
изоля́ция, -и
изомера́зы, -а́з, *ед.* -а́за, -ы
изомериза́ция, -и
изомери́я, -и
изоме́ры, -ов, *ед.* -ме́р, -а
изометри́ческий
изоме́три́я, -и
изоморфи́зм, -а
изоморфи́я, -и
изомо́рфный; *кр. ф.* -фен, -фна
изоне́фа, -ы
изонитри́лы, -ов, *ед.* -ри́л, -а
изоокта́н, -а
изоопа́ка, -и
изоосми́я, -и
изопе́ктика, -и
изопериметри́ческий
изопи́кна, -ы
изопле́та, -ы
изопове́рхности, -ей, *ед.* -ость, -и
изополисоедине́ния, -ий, *ед.* -ние, -я
изопо́ра, -ы
изопре́н, -а
изопре́новый
изопрено́иды, -ов, *ед.* -о́ид, -а
изопроду́кция, -и
изопропи́ловый
изо́рванный; *кр. ф.* -ан, -ана
изорва́ть(ся), -рву́(сь), -рвёт(ся); *прош.* -а́л(ся), -ала́(сь), -а́ло, -а́лось

изоржа́вевший
изоржа́веть, -еет
изосе́йста, -ы
изосиллаби́зм, -а
изоспи́н, -а
изоспори́я, -и
изостази́я, -и
изостати́ческий
изо́стланный; *кр. ф.* -ан, -ана
изостла́ть, исстелю́, исстелет; *прош.* -а́л, -а́ла
изострённый; *кр. ф.* -ён, -ена́
изостри́ть(ся), -рю́, -ри́т(ся)
изостря́ть(ся), -я́ю, -я́ет(ся)
изосту́дия, -и
изотакти́ческий
изота́ха, -и
изоте́ка, -и
изоте́ра, -ы
изоте́рма, -ы
изотерми́ческий
изотерми́я, -и
изо́тканный; *кр. ф.* -ан, -ана
изотка́ть, -ку́, -кёт; *прош.* -а́л, -ала́, -а́ло
изотони́ческий
изотони́я, -и
изото́ны, -ов, *ед.* -то́н, -а
изотопи́ческий
изото́пия, -и
изото́пный
изото́пы, -ов, *ед.* -то́п, -а
изотропи́я, -и
изотро́пность, -и
изотро́пный
изофа́за, -ы
изофе́на, -ы
изоферме́нты, -ов, *ед.* -ме́нт, -а
изоха́зма, -ы
изохиноли́н, -а
изохо́ра, -ы
изохори́ческий
изохо́рный
изохромати́ческий
изохро́на, -ы
изохрони́зм, -а

изохро́нность, -и
изохро́нный
изоциана́т, -а
изоциа́новый
изоцикли́ческий
изоше́дший
изошу́тка, -и, *р. мн.* -ток
изощре́ние, -я
изощрённо, *нареч.*
изощрённость, -и
изощрённый; *кр. ф. прич.* -ён, -ена́; *кр. ф. прил.* -ён, -ённа (его́ фанта́зия изощрённа)
изощри́ть(ся), -рю́(сь), -ри́т(ся)
изощря́ть(ся), -я́ю(сь), -я́ет(ся)
изоэлектри́ческий
изоэлектро́нный
изоэнзи́мы, -ов, *ед.* -зи́м, -а
изоэнтальпи́йный
изоэнтропи́йный
изоэнтропи́ческий
изоэ́тес, -а
изоэ́товые, -ых
из-под и из-подо, *предлог*
из-под мы́шек
из-под мы́шки
из-под спу́да
израбо́танный; *кр. ф.* -ан, -ана
израбо́таться, -аюсь, -ается
из ра́за в ра́з
изразцо́вый
изразцы́, -о́в, *ед.* -зе́ц, -зца́, *тв.* -зцо́м
изразча́тый
Изра́илев, -а, -о (*от* Изра́иль, библ.; двена́дцать коле́н Изра́илевых)
изра́ильский (*от* Изра́иль, госуда́рство)
израильтя́не, -я́н, *ед.* -я́нин, -а
израильтя́нка, -и, *р. мн.* -нок
изра́ильцы, -ев, *ед.* -лец, льца́, *тв.* -льцем
изра́ненный; *кр. ф.* -ен, -ена
изра́нить(ся), -ню(сь), -нит(ся)
израста́ние, -я

ИЗЪЯТИЕ

израстáть, -áет
израсхóдование, -я
израсхóдованный; *кр. ф.* -ан, -ана
израсхóдовать(ся), -дую(сь), -дует(ся)
изредúть(ся), -ежý, -едúт(ся)
úзредка
изрежённость, -и и изрéженность, -и
изрежённый; *кр. ф.* -ён, -енá и изрéженный; *кр. ф.* -ен, -ена
изрéживать(ся), -аю, -ает(ся)
изрéзанный; *кр. ф.* -ан, -ана
изрéзать(ся), -éжу(сь), -éжет(ся), *сов.*
изрезáть(ся), -áю(сь), -áет(ся), *несов.*
изрéзывать(ся), -аю(сь), -ает(ся)
изрекáние, -я
изрекáть(ся), -áю, -áет(ся)
изрéкший и изрёкший
изречéние, -я
изречённый; *кр. ф.* -ён, -енá
изрéчь, -екý, -ечёт, -екýт; *прош.* -ёк, -еклá
изрешетúть(ся), -шечý, -шетúт(ся)
изрешечённый; *кр. ф.* -ён, -енá и изрешéченный; *кр. ф.* -ен, -ена
изрешéчивание, -я
изрешéчивать(ся), -аю, -ает(ся)
изрúнутый
изрúнуть, -ну, -нет
изрисóванный; *кр. ф.* -ан, -ана
изрисовáть(ся), -сýю(сь), -сýет(ся)
изрисóвывать(ся), -аю, -ает(ся)
из рóда в рóд
изрубáть(ся), -áю, -áет(ся)
изрубúть(ся), -ублю́, -ýбит(ся)
изрýбленный; *кр. ф.* -ен, -ена
изрубцевáть(ся), -цýю(сь), -цýет(ся)
изрубцóванный; *кр. ф.* -ан, -ана

изрубцóвывать(ся), -аю(сь), -ает(ся)
изрýганный; *кр. ф.* -ан, -ана
изругáть(ся), -áю(сь), -áет(ся)
из рýк в рýки
изрывáть(ся), -áю, -áет(ся)
изрыгáние, -я
изрыгáть(ся), -áю, -áет(ся)
изрыгнýть(ся), -нý, -нёт(ся)
изры́скать, -ы́щу, -ы́щет и -аю, -ает
изры́тый
изры́ть, изрóю, изрóет
из ря́да вóн
изря́дно, *нареч.*
изря́дный; *кр. ф.* -ден, -дна
изубы́точивать(ся), -аю(сь), -ает(ся)
изубы́точить(ся), -чу(сь), -чит(ся)
изувéр, -а
изувéрка, -и, *р. мн.* -рок
изувéрски
изувéрский
изувéрство, -а
изувéрствовать, -твую, -твует
изувéчение, -я
изувéченный; *кр. ф.* -ен, -ена
изувéчивание, -я
изувéчивать(ся), -аю(сь), -ает(ся)
изувéчить(ся), -чу(сь), -чит(ся)
изузóренный; *кр. ф.* -ен, -ена
изузóрить, -рю, -рит
изукрáсить(ся), -áшу(сь), -áсит(ся)
изукрáшенный; *кр. ф.* -ен, -ена
изукрáшивать(ся), -аю(сь), -ает(ся)
изумúтельно, *нареч.*
изумúтельный; *кр. ф.* -лен, -льна
изумúть(ся), -млю́(сь), -мúт(ся)
изумлéние, -я
изумлённо, *нареч.*
изумлённый; *кр. ф.* -ён, -енá и (*выражающий изумление*) -ён, -éнна

изумля́ть(ся), -я́ю(сь), -я́ет(ся)
изумрýд, -а
изумрýдно-зелёный
изумрýдный; *кр. ф.* -ден, -дна
изурóдованный; *кр. ф.* -ан, -ана
изурóдовать(ся), -дую(сь), -дует(ся)
из ýст в устá
изýстный
изучáть(ся), -áю, -áет(ся)
изучáюще, *нареч.*
изучáющий(ся)
изучéние, -я
изýченность, -и
изýченный; *кр. ф.* -ен, -ена
изучúть, изучý, изýчит
изъедáть(ся), -áет(ся)
изъéденный; *кр. ф.* -ен, -ена
изъéдина, -ы
изъéздить(ся), -éзжу, -éздит(ся)
изъéзженный; *кр. ф.* -ен, -ена
изъелóзить, -óжу, -óзит
изъёрзанный; *кр. ф.* -ан, -ана
изъёрзать(ся), -аю(сь), -ает(ся)
изъёрзывать(ся), -аю(сь), -ает(ся)
изъéсть, -éст, -едя́т; *прош.* -éл, -éла
изъя́бедничаться, -аюсь, -ается
изъявúтельное наклонéние
изъявúть, -явлю́, -я́вит
изъявлéние, -я
изъя́вленный; *кр. ф.* -ен, -ена
изъявля́ть(ся), -я́ю, -я́ет(ся)
изъязвúть, -влю́, -вúт
изъязвлéние, -я
изъязвлённый; *кр. ф.* -ён, -енá
изъязвля́ть(ся), -я́ю, -я́ет(ся)
изъя́н, -а
изъя́нец, -нца, *тв.* -нцем, *р. мн.* -нцев
изъя́нный
изъяснéние, -я
изъяснённый; *кр. ф.* -ён, -енá
изъяснúтельный
изъяснúть(ся), -ню́(сь), -нúт(ся)
изъясня́ть(ся), -я́ю(сь), -я́ет(ся)
изъя́тие, -я

ИЗЪЯ́ТЫЙ

изъя́тый
изъя́ть, изыму́, изы́мет
изы́ди, *пов.*
изыздева́ться, -а́юсь, -а́ется
изыма́ть(ся), -а́ю, -а́ет(ся)
изы́ск, -а
изыска́ние, -я
изы́сканно, *нареч.*
изы́сканность, -и
изы́сканный; *кр. ф. прич.* -ан, -ана; *кр. ф. прил. (утонченный, изящный)* -ан, -анна *(его́ мане́ры изы́сканны)*
изыска́тель, -я
изыска́тельный
изыска́тельский
изыска́ть(ся), изыщу́, изы́щет(ся)
изы́скивание, -я
изы́скивать(ся), -аю, -ает(ся)
изю́бр, -а и изю́брь, -я
изю́бровый и изю́бревый
изю́м, -а и -у
изю́мец, -мца и -мцу, *тв.* -мцем
изю́мина, -ы
изю́минка, -и, *р. мн.* -нок
изю́мный
изя́щество, -а
изя́щность, -и
изя́щный; *кр. ф.* -щен, -щна
Иису́с, -а
Иису́с Христо́с, Иису́са Христа́
ийоли́т, -а
ИК [ика́], *неизм. (сокр.: инфракрасный)*
ика́ние, -я *(от ика́ть)*
и́канье, -я *(от и́кать)*
Ика́р, -а *(мифол.; астр.)*
икари́йский *(от Ика́рия; икари́йские и́гры, в цирке)*
икари́йцы, -ев, *ед.* -и́ец, -и́йца, *тв.* -и́йцем
ика́рус, -а *(автобус)*
и́кать, -аю, -ает *(о произношении)*
ика́ть(ся), -а́ю, -а́ет(ся) *(к ико́та)*
икеба́на, -ы
ИК-лучи́, -е́й

икну́ть(ся), -ну́, -нёт(ся)
ико́на, -ы
ико́нка, -и, *р. мн.* -нок
ико́нный
иконобо́рцы, -ев, *ед.* -рец, -рца, *тв.* -рцем
иконобо́рческий
иконобо́рчество, -а
иконографи́ческий
иконогра́фия, -и
иконозна́ние, -я
иконоло́гия, -и
икономе́тр, -а
ико́номия, -и *(церк.)*
иконописа́ние, -я
иконопи́сец, -сца, *тв.* -сцем, *р. мн.* -сцев
иконопи́сный; *кр. ф.* -сен, -сна
и́конопись, -и
иконопочита́ние, -я
иконопочита́тели, -ей, *ед.* -тель, -я
иконоско́п, -а
иконоста́с, -а
иконоста́сный
иконоте́ка, -и
ико́рка, -и
ико́рница, -ы, *тв.* -ей
ико́рный
и́кос, -а
икоса́эдр, -а
ико́та, -ы
ико́тник, -а
икра́, -ы́
и́ кра́ткое *(название буквы й)*
икри́нка, -и, *р. мн.* -нок
икри́стый
икромёт, -а
икромета́ние, -я
икроно́жный
и́кры, икр, *ед.* икра́, -ы́
икря́ник, -а
икря́нка, -и, *р. мн.* -нок
икряно́й
икс, -а *(название буквы)*
икс-едини́ца, -ы, *тв.* -ей

и́ксия, -и
икс-лучи́, -е́й
и́ксовый
иксо́довый клещ
иксо́ра, -ы
икт, -а *(в стихосложении)*
икта́, -ы́ *(земельный надел)*
иктиоза́вр, -а
ил¹, и́ла и и́лу
ил², и́ла *(в Турции: вилайет)*
Ил, И́ла и *неизм., м. (самолет)*
ила́нг-ила́нг, -а
иле́кский *(от Иле́к)*
и́леус, -а
и́ли и иль, *союз*
Илиа́да, -ы
или́йский *(от Или́, река)*
или́мский *(от Или́м)*
илио́нский *(от Илио́н, Троя)*
и́листый
иллино́йсский *(от Иллино́йс)*
иллино́йсцы, -ев, *ед.* -сец, -сца, *тв.* -сцем
иллири́зм, -а
иллири́йский
иллири́йцы, -ев, *ед.* -и́ец, -и́йца, *тв.* -и́йцем
иллоги́чный; *кр. ф.* -чен, -чна
иллокути́вный
иллювиа́льный
иллю́вий, -я
иллюзио́н, -а
иллюзиони́зм, -а
иллюзиони́ст, -а
иллюзионисти́ческий
иллюзиони́стка, -и, *р. мн.* -ток
иллюзиони́стский
иллюзио́нный
иллю́зия, -и
иллюзо́рность, -и
иллюзо́рный; *кр. ф.* -рен, -рна
иллюмина́тор, -а
иллюмина́ты, -ов, *ед.* -на́т, -а
иллюминацио́нный
иллюмина́ция, -и
иллюмини́рование, -я

иллюмини́рованный; кр. ф. -ан, -ана
иллюмини́ровать(ся), -рую, -рует(ся)
иллюмино́ванный; кр. ф. -ан, -ана
иллюминова́ть(ся), -ну́ю, -ну́ет(ся)
иллюстрати́вность, -и
иллюстрати́вный; кр. ф. -вен, -вна
иллюстра́тор, -а
иллюстра́торский
иллюстра́торство, -а
иллюстрацио́нный
иллюстра́ция, -и
иллюстри́рование, -я
иллюстри́рованный; кр. ф. -ан, -ана
иллюстри́ровать(ся), -рую, -рует(ся)
илова́тый
и́ловый
илозаде́рживающий
ило́н, -а
илонакопи́тель, -я
илоочисти́тель, -я
ило́ты, -ов, ед. ило́т, -а
иль и и́ли, союз
Ильи́н де́нь, Ильина́ дня́
Ильи́нка, -и (улица)
ильи́нский (к Илья́-проро́к, Ильи́н де́нь; ильи́нцы)
ильи́нцы, -ев, ед. -нец, -нца, тв. -нцем (секта)
Ильи́ч, -а́, тв. -о́м
ильичёвский (от Ильи́ч и Ильичёвск)
ильичёвцы, -ев, ед. -вец, -вца, тв. -вцем
и́лька, -и, р. мн. и́лек
и́льковый
ильм, -а
ильмени́т, -а
и́льме́нный (от и́льме́нь)
и́льменский (от И́льмень, озеро)

ильме́нский (к Ильме́нские го́ры, Ильме́ны)
и́льмень, -я и ильме́нь, -я́ (мелкое заросшее озеро)
И́льмень-о́зеро, И́льмень-о́зера (нар.-поэт.)
ильмо́вник, -а
и́льмовый
и́льница, -ы, тв. -ей
и́льный
и́льский (к ил²)
И́льфо-петро́вский (от Ильф и Петро́в)
Илья́ Му́ромец
Илья́-проро́к, Ильи́-проро́ка
им (формы местоим. он, они́)
имагина́льный
има́го, нескл., с.
имажи́зм, -а
имажини́зм, -а
имажини́ст, -а
имажини́стский
има́м, -а
имама́т, -а
имами́тский
имами́ты, -ов, ед. имами́т, -а
имбеци́льность, -и
имби́рный
имби́рь, -я́
име́ние, -я
имени́нник, -а
имени́нница, -ы, тв. -ей
имени́нный
имени́ны, -и́н
имени́тельный паде́ж
имени́тость, -и
имени́тый
име́нник, -а
и́менно
именно́й
именова́ние, -я
имено́ванный; кр. ф. -ан, -ана
именова́ть(ся), -ну́ю(сь), -ну́ет(ся)
именосло́в, -а
именосло́вие, -я

имену́емый
имену́ющий(ся)
име́ньице, -а
име́ньишко, -а, мн. -шки, -шек
имерети́нка, -и, р. мн. -нок
имерети́нский
имерети́нцы, -ев, ед. -нец, -нца, тв. -нцем
имерети́ны, -и́н, ед. -ти́н, -а
имеру́ли, нескл., с.
име́ть(ся), -е́ю, -е́ет(ся)
и́мечко, -а, мн. -чки, -чек
име́ющий(ся)
и́ми (форма местоим. они́)
и́мидж, -а, тв. -ем
и́миджевый
имиджело́гия, -и
имиджме́йкер, -а
имиджме́йкерский
имиджме́йкерство, -а
ими́дный
ими́ды, -ов, ед. ими́д, -а
имита́тор, -а
имита́торский
имита́торство, -а
имитацио́нный
имита́ция, -и
имити́рование, -я
имити́рованный; кр. ф. -ан, -ана
имити́ровать(ся), -рую, -рует(ся) (к имита́ция)
иммане́нтность, -и
иммане́нтный; кр. ф. -тен, -тна
имматериа́льный; кр. ф. -лен, -льна
имматрикули́рованный; кр. ф. -ан, -ана
имматрикуля́ция, -и
иммельма́н, -а
иммерсио́нный
имме́рсия, -и
иммигра́нт, -а (к иммигра́ция)
иммигра́нтка, -и, р. мн. -ток
иммигра́нтский
иммиграцио́нный
иммигра́ция, -и (въезд)

иммигри́ровать, -рую, -рует (к иммигра́ция)
иммобилиза́ция, -и
иммобили́зм, -а
иммобилизо́ванный; кр. ф. -ан, -ана
иммобилизова́ть, -зу́ю, -зу́ет
иммоби́льный; кр. ф. -лен, -льна
иммморали́зм, -а
иммморали́ст, -а
иммморали́стский
иммора́льный; кр. ф. -лен, -льна
имморте́левый
имморте́ль, -и
иммортоло́гия, -и
иммуна́л, -а
иммунизацио́нный
иммуниза́ция, -и
иммунизи́рованный; кр. ф. -ан, -ана
иммунизи́ровать(ся), -рую(сь), -рует(ся)
иммуните́т, -а
иммуните́тный
имму́нность, -и
имму́нный
иммунобиологи́ческий
иммунобиоло́гия, -и
иммуноге́н, -а
иммуногене́з, -а
иммуногене́тика, -и
иммуноге́нность, -и
иммуноге́нный; кр. ф. -е́нен, -е́нна
иммуноглобули́ны, -ов, ед. -ли́н, -а
иммунодепресса́нт, -а
иммунодепресси́вный
иммунодепре́ссия, -и
иммунодефици́т, -а
иммунодиагно́стика, -и
иммунодиагности́ческий
иммуно́лог, -а
иммунологи́ческий
иммуноло́гия, -и
иммуноморфологи́ческий
иммуноморфоло́гия, -и
иммунопатологи́ческий
иммунопатоло́гия, -и
иммунопрофила́ктика, -и
иммунопрофилакти́ческий
иммуностимуля́тор, -а
иммунотерапи́я, -и
иммунохими́ческий
иммунохи́мия, -и
иммура́ция, -и
импеда́нс, -а
императи́в, -а
императи́вный; кр. ф. -вен, -вна
импера́тор, -а
импера́торский
импера́торство, -а
императри́ца, -ы, тв. -ей
импери́ал, -а
империали́зм, -а
империали́ст, -а
империалисти́ческий
империали́стский
импе́рия, -и
импе́рский
имперсонали́зм, -а
имперсона́льный; кр. ф. -лен, -льна
имперфе́кт, -а
импети́го, нескл., с.
импи́чмент, -а
импланта́т, -а
имплантацио́нный
импланта́ция, -и
имплантиро́ванный; кр. ф. -ан, -ана
имплантиро́вать(ся), -рую, -рует(ся)
имплантоло́г, -а
имплантологи́ческий
имплантоло́гия, -и
имплемента́ция, -и
имплементи́рованный; кр. ф. -ан, -ана
имплементи́ровать(ся), -рую, -рует(ся)
импликация, -и
имплици́рованность, -и
имплици́рованный; кр. ф. -ан, -ана
имплици́ровать(ся), -рую, -рует(ся)
имплици́тность, -и
имплици́тный; кр. ф. -тен, -тна
имплози́вный
импло́зия, -и
имплю́вий, -я
импоза́нтность, -и
импоза́нтный; кр. ф. -тен, -тна
импони́ровать, -рую, -рует
импони́рующий
и́мпорт, -а
импортёр, -а
импорти́рованный; кр. ф. -ан, -ана
импорти́ровать(ся), -рую, -рует(ся)
и́мпортный
импо́ст, -а
импоте́нт, -а
импоте́нтность, -и
импоте́нтный
импоте́нция, -и
импрегна́ция, -и
импрегни́рование, -я
импрегни́рованный; кр. ф. -ан, -ана
импрегни́ровать(ся), -и́рую, -и́рует(ся)
импреса́рио, нескл., м.
импрессиони́зм, -а
импрессиони́ст, -а
импрессионисти́ческий
импрессионисти́чность, -и
импрессионисти́чный; кр. ф. -чен, -чна
импрессиони́стка, -и, р. мн. -ток
импрессиони́стский
импри́нтинг, -а
импровиза́тор, -а
импровиза́торский
импровиза́торство, -а
импровизацио́нность, -и

ИНДЕКСИРОВАНИЕ

импровизацио́нный
импровиза́ция, -и
импровизи́рованный; *кр. ф.* -ан, -ана
импровизи́ровать(ся), -рую, -рует(ся)
и́мпульс, -а
импульса́тор, -а
импульси́вность, -и
импульси́вный; *кр. ф.* -вен, -вна
и́мпульсно-дальноме́рный
и́мпульсно-ко́довый
и́мпульсный
импульстерапи́я, -и
и́мут, *3 л. мн.*: мёртвые сра́му не и́мут
иму́щественный
иму́щество, -а
иму́щий
и́мя, и́мени, *тв.* и́менем, *мн.* имена́, имён, имена́м
имянарече́ние, -я
и́мя-о́тчество, и́мени-о́тчества
имяре́к, -а
имясла́вие, -я
имясла́вский
имясла́вцы, -ев, *ед.* -вец, -вца, *тв.* -вцем
имятво́рчество, -а
ин, *частица*
инадапта́ция, -и
инакомы́слие, -я
инакомы́слящий
инако́пь, -и
инактива́ция, -и
инактиви́рованный; *кр. ф.* -ан, -ана
инактиви́ровать(ся), -рую, -рует(ся)
инаугурацио́нный
инаугура́ция, -и
и́наче
инбре́дный
инбри́динг, -а
инвагина́ция, -и
инвагини́роваться, -руется

инвази́вность, -и
инвази́вный
инвазио́нный
инва́зия, -и
инвали́д, -а
инвали́дка, -и, *р. мн.* -док
инвали́дность, -и
инвали́дный
инвалю́та, -ы (*денежные единицы*)
инвалютиза́ция, -и
инвалю́тный
инва́р, -а
инвариа́нт, -а
инвариа́нтность, -и
инвариа́нтный; *кр. ф.* -тен, -тна
инвекти́ва, -ы
инвентариза́тор, -а
инвентаризацио́нный
инвентариза́ция, -и
инвентаризи́рованный
инвентаризи́ровать(ся), -рую, -рует(ся)
инвентаризо́ванный; *кр. ф.* -ан, -ана
инвентаризова́ть(ся), -зу́ю, -зу́ет(ся)
инвента́рный
инвента́рь, -я́
инве́нция, -и
инверсио́нный; *кр. ф.* -нен, -нна
инверси́рованный; *кр. ф.* -ан, -ана
инве́рсия, -и
инве́рсный
инве́рсор, -а
инверта́за, -ы
инверти́рование, -я
инверти́рованный; *кр. ф.* -ан, -ана
инверти́ровать(ся), -рую, -рует(ся)
инве́ртор, -а
инвести́рование, -я
инвести́рованный; *кр. ф.* -ан, -ана

инвести́ровать(ся), -рую, -рует(ся)
инвести́тор, -а
инвеститу́ра, -ы
инвестицио́нный
инвести́ция, -и
инве́стор, -а
инволю́та, -ы (*матем.*)
инволюцио́нный
инволю́ция, -и
ингаля́тор, -а
ингалято́рий, -я
ингаляцио́нный
ингаля́ция, -и
ингерманла́ндский (*к* Ингерманла́ндия, *ист.*)
ингиби́рование, -я
ингиби́рованный
ингиби́ровать, -рую, -рует
ингиби́тор, -а
и́нговая фо́рма (*лингв.*)
ингредие́нт, -а
ингредие́нтный
ингрессио́нный
ингре́ссия, -и
и́нгры, -ов, *ед.* ингр, -а
ингуши́, -е́й, *ед.* ингу́ш, -а́
ингу́шка, -и, *р. мн.* -шек
ингу́шский
и́нда, *союз и частица*
инда́у, *нескл., ж.*
и́ндеве́лый
и́ндеве́ть, -ею, -еет и индеве́ть, -е́ю, -е́ет
индее́чий, -ья, -ье (*к* инде́йка)
инде́йка, -и, *р. мн.* -е́ек
индейково́дство, -а
индейково́дческий
инде́йский (*к* инде́йцы)
инде́йцы, -ев, *ед.* инде́ец, -е́йца, *тв.* -е́йцем
и́ндекс, -а
индекса́тор, -а
индексацио́нный
индекса́ция, -и
индекси́рование, -я

индекси́рованный; *кр. ф.* -ан, -ана
индекси́ровать(ся), -рую, -рует(ся)
и́ндексно-после́довательный
и́ндексно-прямо́й
и́ндексный
и́ндекс-ши́фр, -а
индемните́т, -а
инде́н, -а
инде́нтор, -а
индепенде́нты, -ов, *ед.* -е́нт, -а
индетермини́зм, -а
индетермини́ст, -а
индетерминисти́ческий
индетермини́стский
индианаполисский (*от* Индиана́полис)
индиани́зм, -а
индиани́ст, -а
индиани́стика, -и
индиа́нка, -и, *р. мн.* -нок (*к* инде́йцы, инди́йцы *и* индиа́нцы)
индиа́нский (*от* Индиа́на)
индиа́нцы, -ев, *ед.* -нец, -нца, *тв.* -нцем (*от* Индиа́на)
индиви́д, -а
индивидуа́л, -а
индивидуализа́ция, -и
индивидуализи́рованный; *кр. ф.* -ан, -ана
индивидуализи́ровать(ся), -рую, -рует(ся)
индивидуали́зм, -а
индивидуали́ст, -а
индивидуалисти́ческий
индивидуалисти́чный; *кр. ф.* -чен, -чна
индивидуали́стка, -и, *р. мн.* -ток
индивидуали́стский
индивидуа́льно-а́вторский
индивидуа́льно-брига́дный
индивидуа́льно-психологи́ческий
индивидуа́льность, -и
индивидуа́льно-трудово́й

индивидуа́льно-языково́й
индивидуа́льный; *кр. ф.* -лен, -льна
индивидуа́ция, -и
индиви́дуум, -а
индигена́т, -а *и* индижена́т, -а
индиги́рский (*от* Индиги́рка)
инди́го, *нескл., с.* (*вещество*) *и неизм.* (*цвет*)
инди́говый
индиго́идный
индиго́иды, -ов, *ед.* -о́ид, -а
индигокарми́н, -а
индигоно́с, -а
индигоно́сный
индигофе́ра, -ы
и́ндиевый
индижена́т, -а *и* индигена́т, -а
и́ндий, -я
инди́йский (*от* Индия; *к* инди́йцы)
Инди́йский океа́н
Инди́йско-Индокита́йская подо́бласть (*зоогеографическая*)
инди́йско-кита́йский
инди́йско-росси́йский
инди́йцы, -ев, *ед.* инди́ец, -и́йца, *тв.* -и́йцем
индика́н, -а
индикати́в, -а
индика́тор, -а
индика́торный
индикатри́са, -ы
индикацио́нный
индика́ция, -и
инди́кт, -а
индиктио́н, -а
индифференти́зм, -а
индифере́нтность, -и
индифере́нтный; *кр. ф.* -тен, -тна
индоари́йский (индоари́йские языки́, наро́ды)
и́ндо-африка́нский
И́ндо-Га́нгская равни́на
и́ндо-га́нгский

индогерма́нский (индогерма́нские языки́, наро́ды)
индоевропеи́ст, -а
индоевропеи́стика, -и
индоевропе́йский (индоевропе́йские языки́, наро́ды), но: и́ндо-европе́йский (*относящийся к связям между Индией и Европой*)
индоевропе́йцы, -ев, *ед.* -е́ец, -е́йца, *тв.* -е́йцем
И́ндо-Западнотихоокеа́нская о́бласть (*зоогеографическая*)
индоира́нский (индоира́нские языки́), но: и́ндо-ира́нский (*относящийся к связям между Индией и Ираном*)
индокита́йский (*от* Индокита́й)
индокси́л, -а
индо́л, -а
индо́лог, -а
индоло́гия, -и
И́ндо-Мала́йская о́бласть (*зоогеографическая*)
и́ндо-мала́йский
индонези́йка, -и, *р. мн.* -и́ек
индонези́йский (*от* Индоне́зия)
индонези́йцы, -ев, *ед.* -и́ец, -и́йца, *тв.* -и́йцем
и́ндо-пакиста́нский
индопакиста́нцы, -ев, *ед.* -нец, -нца, *тв.* -нцем
и́ндо-средиземномо́рский (и́ндо-средиземномо́рская ра́са)
индоссаме́нт, -а
индоссаме́нтный
индосса́нт, -а (*тот, кто передает вексель*)
индосса́т, -а (*получатель векселя*)
индосси́рование, -я
индосси́рованный; *кр. ф.* -ан, -ана
индосси́ровать(ся), -рую, -рует(ся)
индо́ссо, *нескл., с.*
индоста́нский (*от* Индоста́н)
индпаке́т, -а

индпоши́в, -а
И́ндра, -ы, м.
и́ндри, нескл., м. (животное)
и́ндриевый
и́ндрик, -а (животное, мифол.)
индрикоте́рий, -я
и́ндский (от Инд)
инду́зий, -я
индуи́зм, -а
индуи́ст, -а
индуи́стский
индукти́вность, -и
индукти́вный
индукти́рованный; кр. ф. -ан, -ана
инду́ктор, -а
инду́кторный
индуктотерми́ческий
индуктотерми́я, -и
индукцио́нный
инду́кция, -и
индульге́нция, -и
инду́ска, -и, р. мн. -сок
инду́сский
индустриализа́ция, -и
индустриализи́рованный; кр. ф. -ан, -ана
индустриализи́ровать(ся), -рую, -рует(ся)
индустриализо́ванный; кр. ф. -ан, -ана
индустриализова́ть(ся), -зу́ю, -зу́ет(ся)
индустриа́льно-агра́рный
индустриа́льно-колхо́зный
индустриа́льно-педагоги́ческий
индустриа́льно ра́звитый
индустриа́льный
инду́стрия, -и
инду́сы, -ов, ед. инду́с, -а
индуци́рованный; кр. ф. -ан, -ана
индуци́ровать(ся), -рую(сь), -рует(ся)
индю́к, -а́
индюша́тина, -ы

индюша́тник, -а
индюша́чий, -ья, -ье и индюше́чий, -ья, -ье
индюши́ный
индю́шка, -и, р. мн. -шек
индюшо́нок, -нка, мн. -ша́та, -ша́т
и́ней, -я
ине́рта, -ы
ине́ртность, -и
ине́ртный; кр. ф. -тен, -тна
инерциа́льный
инерцио́нность, -и
инерцио́нный
ине́рция, -и
инже́ктор, -а
инже́кторный
инжекцио́нный
инже́кция, -и
инжене́р, -а
инжене́р-ви́це-адмира́л, -а
инжене́р-генера́л-майо́р, -а
инжене́р-генера́л-полко́вник, -а
инжене́рия, -и
инжене́р-капита́н, -а
инжене́р-майо́р, -а
инжене́р-меха́ник, инжене́ра-меха́ника
инжене́рно-авиацио́нный
инжене́рно-консульта́цио́нный
инжене́рно-строи́тельный
инжене́рно-техни́ческий
инжене́рно-физи́ческий
инжене́рно-экономи́ческий
инжене́рный
Инжене́рный за́мок (в Петербурге)
инжене́р-подполко́вник, -а
инжене́р-полко́вник, -а
инжене́рский
инжене́рство, -а
инжене́рша, -и, тв. -ей
инжене́р-экономи́ст, инжене́ра-экономи́ста

инжене́р-эле́ктрик, инжене́ра-эле́ктрика
инжению́, нескл., ж.
инжини́ринг, -а
инжи́р, -а
инжи́рный
и никаки́х
и́нистый
инициализа́тор, -а
инициализа́ция, -и
инициализи́рованный; кр. ф. -ан, -ана
инициализи́ровать(ся), -рую(сь), -рует(ся)
инициа́лы, -ов, ед. -иа́л, -а
инициа́льно-цифрово́й
инициа́льный
инициати́ва, -ы
инициати́вность, -и
инициати́вный; кр. ф. -вен, -вна
инициати́ческий
инициа́тор, -а
инициа́торша, -и, тв. -ей
инициа́ция, -и
иниции́рование, -я
иниции́рованный; кр. ф. -ан, -ана
иниции́ровать(ся), -рую, -рует(ся)
иниции́рующий
и́ния, -и (животное)
и́нка¹, -и, ж. (животное)
и́нка², -и, м. (Верхо́вный и́нка)
инкапсули́рованный; кр. ф. -ан, -ана
инкапсули́роваться, -руется
инкапсуля́ция, -и
инкарна́т, -а
инкарнацио́нный
инкарна́ция, -и
инкасса́тор, -а
инкасса́торский
инкасса́ция, -и
инкасси́рование, -я
инкасси́рованный; кр. ф. -ан, -ана

341

инкасси́ровать(ся), -рую, -рует(ся)
инка́ссо, нескл., с.
инка́ссовый
инкварта́та, -ы
ин-ква́рто, неизм.
инквизи́тор, -а
инквизи́торский
инквизи́торство, -а
инквизицио́нный
инквизи́ция, -и
и́нки, -ов (народ)
инклина́тор, -а
инклино́метр, -а
инклинометри́ческий
инклиноме́трия, -и
инклюзи́в, -а
инклюзи́вный
инко́гнито, неизм. и нескл., с. и м.
инконе́ль, -я
инко́р, -а
инкорпора́ция, -и
инкорпори́рование, -я
инкорпори́рованный; кр. ф. -ан, -ана
инкорпори́ровать(ся), -рую, -рует(ся)
инкорпори́рующий(ся)
инкреме́нт, -а
инкремента́льный
инкреме́нтный
инкре́т, -а
инкрето́рный
инкре́ция, -и
инкримини́рование, -я
инкримини́рованный; кр. ф. -ан, -ана
инкримини́ровать(ся), -рую, -рует(ся)
инкроссбри́динг, -а
инкро́ссинг, -а
инкрустацио́нный
инкруста́ция, -и
инкрусти́рование, -я
инкрусти́рованный; кр. ф. -ан, -ана

инкрусти́ровать(ся), -рую, -рует(ся)
и́нкский
и́нкуб, -а
инкуба́тор, -а
инкубато́рий, -я
инкуба́торно-птицево́дческий
инкуба́торный
инкубацио́нный
инкуба́ция, -и
инкуби́рование, -я
инкуби́рованный; кр. ф. -ан, -ана
инкуби́ровать(ся), -рую, -рует(ся)
инкуна́була, -ы, мн. -ы, -бул и инкуна́бул, -а, мн. -ы, -ов
инкура́бельный; кр. ф. -лен, -льна
иннервацио́нный
иннерва́ция, -и
иннерви́рованный; кр. ф. -ан, -ана
иннерви́ровать(ся), -рую, -рует(ся)
инновацио́нный
иннова́ция, -и
иннноке́нтьевский
иннноке́нтьевцы, -ев, ед. -вец, -вца, тв. -вцем (секта)
инобытие́, -я́, тв. -ём, предл. об инобытии́
инове́рец, -рца, тв. -рцем, р. мн. -рцев
инове́рие, -я
инове́рка, -и, р. мн. -рок
инове́рный
инове́рческий
иновеща́ние, -я
иногда́
иногоро́дний
иноземе́ц, -мца, тв. -мцем, р. мн. -мцев
иноземка, -и, р. мн. -мок
иноземный
иноземщина, -ы
инози́н, -а

инози́новый
инози́т, -а
ино́й
и́нок, -а
и́нокиня, -и, р. мн. -инь
ин-окта́во, неизм.
инокуля́ция, -и
иноМа́рка, -и, р. мн. -рок
иномы́слие, -я
инонациона́льный; кр. ф. -лен, -льна
инопера́бельный; кр. ф. -лен, -льна
инопланетный
инопланетя́нин, -а, мн. -я́не, -я́н
иноплеменник, -а
иноплеме́нница, -ы, тв. -ей
иноплеме́нный
иноро́дец, -дца, тв. -дцем, р. мн. -дцев
иноро́дный; кр. ф. -ден, -дна
иноро́дческий
иносказа́ние, -я
иносказа́тельность, -и
иносказа́тельный
инославие, -я
инославный (церк.)
иностра́нец, -нца, тв. -нцем, р. мн. -нцев
иностра́нка, -и, р. мн. -нок
иностра́нный
иностранце́вия, -и
иностра́нщина, -ы
инофи́рма, -ы
иноходец, -дца, тв. -дцем, р. мн. -дцев
и́ноходь, -и
иноцера́мы, -ов, ед. -ра́м, -а
и́ноческий
и́ночество, -а
и́ночествовать, -твую, -твует
иноязы́чно-ру́сский
иноязы́чный
ин-пла́но, неизм.
инса́йд, -а (спорт.)
инса́йт, -а (филос.)

и́нсбрукский (от Инсбрук)
и́нсбрукцы, -ев, ед. -кец, -кца, тв. -кцем
инсекве́нтный
инскта́рий, -я
инсектици́ды, -ов, ед. -ци́д, -а
инсектоаллерги́я, -и
инсектофунгици́ды, -ов, ед. -ци́д, -а
инси́гнии, -ий
инсинуа́тор, -а
инсинуа́ция, -и
инсинуи́рованный; кр. ф. -ан, -ана
инсинуи́ровать(ся), -рую, -рует(ся)
инскри́пт, -а
инсоляцио́нный
инсоля́ция, -и
инспекти́рование, -я
инспекти́рованный; кр. ф. -ан, -ана
инспекти́ровать(ся), -рую, -рует(ся)
инспе́ктор, -а, мн. -а́, -о́в и -ы, -ов
инспектора́т, -а
инспе́кторский
инспе́кторство, -а
инспе́кторствовать, -твую, -твует
инспе́кторша, -и, тв. -ей
инспектри́са, -ы
инспекту́ра, -ы
инспекцио́нный
инспе́кция, -и
инспира́тор, -а
инспира́ция, -и
инспири́рование, -я
инспири́рованный; кр. ф. -ан, -ана
инспири́ровать(ся), -рую, -рует(ся)
инсталли́рованный; кр. ф. -ан, -ана
инсталли́ровать(ся), -рую, -рует(ся)

инсталля́ция, -и (инф.; произведение искусства)
инста́нция, -и
инстилля́ция, -и (мед.)
инсти́нкт, -а
инстинкти́вность, -и
инстинкти́вный; кр. ф. -вен, -вна
институ́т, -а
институ́тка, -и, р. мн. -ток
институ́тский
институ́ции, -ий
институционализа́ция, -и
институционализи́рованный; кр. ф. -ан, -ана
институционализи́ровать(ся), -рую, -рует(ся)
институционали́зм, -а
институционализо́ванный; кр. ф. -ан, -ана
институциона́льный
инструкта́ж, -а, тв. -ем
инструкти́вный
инструкти́рование, -я
инструкти́рованный; кр. ф. -ан, -ана
инструкти́ровать(ся), -рую(сь), -рует(ся)
инстру́ктор, -а, мн. -а́, -о́в и -ы, -ов
инстру́кторский
инстру́кторша, -и, тв. -ей
инструкцио́нный
инстру́кция, -и
инструме́нт, -а
инструментали́зм, -а
инструментали́ст, -а
инструментали́стка, -и, р. мн. -ток
инструмента́льно-шта́мповый
инструмента́льный
инструмента́льщик, -а
инструмента́рий, -я
инструменто́ванный; кр. ф. -ан, -ана
инструментова́ть, -ту́ю, -ту́ет
инструментове́д, -а

инструментове́дение, -я
инструменто́вка, -и, р. мн. -вок
инсули́н, -а
инсули́новый
инсулинотерапи́я, -и
инсу́льт, -а
инсу́льтный
инсурге́нт, -а
инсурге́нтский
инсуррекцио́нный
инсурре́кция, -и
инсцени́рование, -я
инсцени́рованность, -и
инсцени́рованный; кр. ф. -ан, -ана
инсцени́ровать(ся), -рую, -рует(ся)
инсцениро́вка, -и, р. мн. -вок
инсцениро́вщик, -а
инта́лия, -и
инта́рсия, -и
интегра́л, -а
интегра́льный
интеграти́вный; кр. ф. -вен, -вна
интегра́тор, -а
интегра́ф, -а
интеграциони́зм, -а
интеграциони́ст, -а
интеграциони́стский
интеграцио́нный
интегра́ция, -и
интегри́метр, -а
интегри́рование, -я
интегри́рованный; кр. ф. -ан, -ана
интегри́ровать(ся), -рую, -рует(ся)
интегри́рующий(ся)
интегродифференциа́льный
интегуме́нт, -а
интелле́кт, -а
интеллектуа́л, -а
интеллектуализа́ция, -и
интеллектуализи́рованный; кр. ф. -ан, -ана

ИНТЕЛЛЕКТУАЛИЗИРОВАТЬ(СЯ)

интеллектуализи́ровать(ся), -рую, -рует(ся)
интеллектуали́зм, -а
интеллектуали́ст, -а
интеллектуа́лка, -и, р. мн. -лок
интеллектуа́льность, -и
интеллектуа́льный; кр. ф. -лен, -льна
интеллиге́нт, -а
интеллиге́нтка, -и, р. мн. -ток
интеллиге́нтность, -и
интеллиге́нтный; кр. ф. -тен, -тна
интеллиге́нтский
интеллиге́нтство, -а
интеллиге́нтщина, -ы
интеллиге́нция, -и
интеллиги́бельный
интенда́нт, -а
интенда́нтский
интенда́нтство, -а
интенси́в, -а
интенси́вность, -и
интенси́вный; кр. ф. -вен, -вна
интенсиме́тр, -а
интенсифика́ция, -и
интенсифици́рованный; кр. ф. -ан, -ана
интенсифици́ровать(ся), -рую, -рует(ся)
интенциона́льный; кр. ф. -лен, -льна
инте́нция, -и
интер... – *приставка, пишется слитно*
интеракти́вный; кр. ф. -вен, -вна
интербрига́да, -ы
интербрига́довец, -вца, тв. -вцем, р. мн. -вцев
интерва́л, -а
интерва́лика, -и
интерва́льный
интервалюта́рный
интерве́нт, -а
интерве́нтский
интервенциони́зм, -а
интервенциони́ст, -а
интервенциони́стский
интервенцио́нный
интерве́нция, -и
Интерви́дение, -я
интервока́льный
интервью́, *нескл., с.*
интервьюе́р, -а
интервьюи́рование, -я
интервьюи́ровать(ся), -рую(сь), -рует(ся)
интергляциа́л, -а
интерде́вочка, -и, р. мн. -чек
интердента́льный
интерди́кт, -а
интере́с, -а
интереса́нт, -а
интереса́нтка, -и, р. мн. -ток
интере́снейший
интере́сничать, -аю, -ает
интере́сно, *нареч. и в знач. сказ.*
интере́сность, -и
интере́сный; кр. ф. -сен, -сна
интересова́ть(ся), -су́ю(сь), -су́ет(ся)
и́нтерим, -а
интерима́рный
интериориза́ция, -и
интериоризо́ванный; кр. ф. -ан, -ана
интеркаля́рный
интеркаля́ция, -и
интеркине́з, -а
интерклу́б, -а
интерколу́мний, -я
интерконтинента́льный
интерли́нгва, -ы
интерлингви́ст, -а
интерлингви́стика, -и
интерлингвисти́ческий
интерлинья́ж, -а, тв. -ем
интерлю́дия, -и
интермеди́йный
интермеди́н, -а
интерме́дия, -и
интерметалли́ды, -ов, ед. -лли́д, -а
интерметалли́ческий
интерме́ццо, *нескл., с.*
интермитте́нция, -и
интермитти́ровать, -рует
интерн́, -а
интерна́т, -а
интерна́тский
интернату́ра, -ы
интернациона́л, -а (*международное объединение*)
Интернациона́л, -а (*гимн*)
интернационализа́ция, -и
интернационализи́рованный; кр. ф. -ан, -ана
интернационализи́ровать(ся), -рую, -рует(ся)
интернационали́зм, -а
интернационали́ст, -а
интернационалисти́ческий
интернационали́стка, -и, р. мн. -ток
интернационали́стский
интернациона́льный; кр. ф. -лен, -льна
Интерне́т, -а
интерне́тчик, -а
интерне́товский
интерни́рование, -я
интерни́рованный; кр. ф. -ан, -ана
интерни́ровать(ся), -рую(сь), -рует(ся)
интерни́ст, -а
интерорецепти́вный и интероцепти́вный
интерореце́пторы, -ов, ед. -тор, -а и интероце́пторы, -ов, ед. -тор, -а (*нервные окончания*)
интерореце́пция, -и и интероце́пция, -и
интерпелли́ровать, -рую, -рует (*к интерпелля́ция*)
интерпелля́нт, -а
интерпелля́ция, -и (*запрос*)

интерпозитивный
интерпози́ция, -и
Интерпо́л, -а
интерполи́рование, -я
интерполи́рованный; *кр. ф.* -ан, -ана
интерполи́ровать(ся), -рую, -рует(ся) (к интерполя́ция)
интерпо́ловский (*от* Интерпо́л)
интерполя́тор, -а
интерполяцио́нный
интерполя́ция, -и (*матем.*; вставка)
интерпрета́тор, -а
интерпрета́ция, -и
интерпрети́рованный; *кр. ф.* -ан, -ана
интерпрети́ровать(ся), -рую, -рует(ся)
интерпретоско́п, -а
интерпу́нкция, -и
интерсе́кс, -а
интерсексуа́льность, -и
интерсексуа́льный; *кр. ф.* -лен, -льна
интерстадиа́л, -а
интерстициа́льный
интерсубъекти́вный
интертекстуа́льный
интерти́п, -а
интерфа́за, -ы
Интерфа́кс, -а
интерфе́йс, -а
интерфе́йсный
интерференцио́нный
интерфере́нция, -и
интерфери́ровать, -рует
интерферо́метр, -а
интерферо́н, -а
интерфи́кс, -а
интерфикса́льный
интерфикса́ция, -и
интерце́птор, -а (*авиа*)
интерце́ссия, -и
интеръе́кция, -и
интерье́р, -а

интерье́рный
интестопа́н, -а
и́нти, *нескл., с. (ден. ед.)*
инти́м, -а (*к* инти́мный)
и́нтима, -ы (*анат.*)
инти́мничать, -аю, -ает
инти́мно-бли́зкий
инти́мно-ли́чный
инти́мность, -и
инти́мный; *кр. ф.* -мен, -мна
инти́м-фи́рма, -ы
инти́на, -ы
инти́нский (*от* Инта́)
инти́нцы, -ев, *ед.* -нец, -нца, *тв.* -нцем
интифа́да, -ы
интоксикацио́нный
интоксика́ция, -и
интонацио́нно-синтакси́ческий
интонацио́нный
интона́ция, -и
интони́рование, -я
интони́рованный; *кр. ф.* -ан, -ана
интони́ровать(ся), -рую, -рует(ся)
интрагеоантиклина́ль, -и
интрагеосинклина́ль, -и
интра́да, -ы
интрадерма́льный
интразона́льность, -и
интразона́льный
интрамолекуля́рный
интраспекти́вный; *кр. ф.* -вен, -вна
интраспе́кция, -и
интратрахеа́льный
интраце́пция, -и
интрафуза́льный
интрацеребра́льный
интри́га, -и
интрига́н, -а
интрига́нка, -и, *р. мн.* -нок
интрига́нский
интрига́нство, -а
интриго́ванный

интригова́ть, -гу́ю, -гу́ет
интри́жка, -и, *р. мн.* -жек
интрове́рсия, -и
интрове́рт, -а
интроверти́вный
интроду́кция, -и
интродуци́рованный; *кр. ф.* -ан, -ана
интродуци́ровать(ся), -рую, -рует(ся)
интрое́кция, -и
интрониза́ция, -и
интроско́п, -а
интроскопи́ческий
интроскопи́я, -и
интроспекти́вный
интроспе́кция, -и
интрузи́в, -а
интрузи́вный
интру́зия, -и
интуба́ция, -и
интуитиви́зм, -а
интуитиви́ст, -а
интуитиви́стский
интуити́вный; *кр. ф.* -вен, -вна
интуициони́зм, -а
интуициони́ст, -а
интуициони́стский
интуи́ция, -и
интури́ст, -а (*лицо*) и Интури́ст, -а (*организация*)
интури́стовский (*от* Интури́ст)
интури́стский (*от* интури́ст)
интуссусце́пция, -и
инули́н, -а
инфа́нт, -а
инфа́нта, -ы
инфанта́до, *нескл., м.*
инфанте́рия, -и
инфантили́зм, -а
инфанти́льность, -и
инфанти́льный; *кр. ф.* -лен, -льна
инфа́ркт, -а
инфа́рктник, -а
инфа́рктный
инфа́уна, -ы

инфекциони́ст, -а
инфекцио́нный
инфе́кция, -и
инферна́льный; *кр. ф.* -лен, -льна
инфизку́льт, -а
и́нфикс, -а
инфикса́льный
инфикса́ция, -и
и́нфиксный
инфильтра́т, -а
инфильтрацио́нный
инфильтра́ция, -и
инфильтри́рованный; *кр. ф.* -ан, -ана
инфильтри́ровать, -рую, -рует
и́нфимум, -а
инфинитезима́льный
инфинити́в, -а
инфинити́вный
инфици́рование, -я
инфици́рованный; *кр. ф.* -ан, -ана
инфици́ровать(ся), -рую(сь), -рует(ся)
инфлюа́ция, -и
инфлюэ́нта, -ы (*в механике*)
инфлюэ́нца, -ы, *тв.* -ей (*мед.*)
инфляцио́нный
инфля́ция, -и
ин-фо́лио, *неизм.*
информа́нт, -а
информати́вность, -и
информати́вный; *кр. ф.* -вен, -вна
информатиза́ция, -и
информа́тик, -а
информа́тика, -и
информа́тор, -а
информацио́нно-аналити́ческий
информацио́нно-вычисли́тельный
информацио́нно-документа́льный
Информацио́нное телегра́фное аге́нтство Росси́и (ИТА́Р-ТА́СС)

информацио́нно-логи́ческий
информацио́нно-музыка́льный
информацио́нно-по́исковый
информацио́нно-публицисти́ческий
информацио́нно-рекла́мный
информацио́нность, -и
информацио́нный
информа́ция, -и
информбюро́, *нескл., с.*
информи́рование, -я
информи́рованность, -и
информи́рованный; *кр. ф.* -ан, -ана
информи́ровать(ся), -рую(сь), -рует(ся)
информодина́мика, -и
информосо́ма, -ы
информце́нтр, -а
инфразву́к, -а
инфразвуково́й
инфрако́н, -а
инфракра́сный
инфрамикробиоло́гия, -и
инфраподвидово́й
инфраструкту́ра, -ы
инфраструкту́рный
инфрахромати́ческий
инфузио́нный
инфузо́рия, -и
инфузо́рный
инце́ст, -а
инцесто́зный
инциде́нт, -а
инциде́нтность, -и
инциде́нтный
инци́зия, -и
инцисти́рование, -я (*от* ци́ста)
инцисти́роваться, -руется
инцу́хт, -а
инцу́хт-депре́ссия, -и
инъекцио́нный
инъе́кция, -и
инъеци́рованный; *кр. ф.* -ан, -ана

инъеци́ровать(ся), -рую, -рует(ся)
инъюнкти́в, -а
Инюрколле́гия, -и
иня́з, -а
иня́зовец, -вца, -вцем, *р. мн.* -вцев
иня́зовский
и. о., *нескл., м. и ж. (сокр.:* исполня́ющий обя́занности)
Иоа́нн Богосло́в
Иоа́нн Во́ин и Ива́н Во́ин (*святой*)
Иоа́нн Дамаски́н
Иоа́нн Златоу́ст
иоанни́ты, -ов, *ед.* -и́т, -а
Иоа́нн Крести́тель
Иоа́нн Ле́ствичник
Иоа́ннов, -а, -о (*от* Иоа́нн)
Иоа́нновские воро́та (*в Петропа́вловской кре́пости*)
Иоа́нн Предте́ча
иоахими́ты, -ов, *ед.* -ми́т, -а
Ио́в, -а (*библ.*): Ио́в Многострада́льный; бе́ден, как Ио́в
ио́л, -а
ио́льдия, -и
Ио́м-кипу́р, -а
иому́дский (*к* иому́ды)
иому́ды, -ов, *ед.* -му́д, -а (*порода лошадей*)
иому́тский (*к* иому́ты)
иому́ты, -ов *и* иому́ды, -ов (*племя*)
ио́н, -а
Ионафа́н, -а (*библ.*; Дави́д и Ионафа́н)
иониза́тор, -а
ионизацио́нный
иониза́ция, -и
ионизи́рованный; *кр. ф.* -ан, -ана
ионизи́ровать(ся), -рую, -рует(ся)
ионизи́рующий(ся)
ионизо́ванный; *кр. ф.* -ан, -ана
ионизова́ть(ся), -зу́ю, -зу́ет(ся)
ионизу́ющий(ся)

ио́ний, -я
иони́йский (*от* Ио́ния, *ист.*; иони́йская шко́ла, *филос.*)
иони́йцы, -ев, *ед.* -и́ец, -и́йца, *тв.* -и́йцем
иони́товый
иони́ты, -ов, *ед.* иони́т, -а (*хим.*)
Иони́ческие острова́
иони́ческий (*от* Ио́ния, *ист.*; к Иони́ческое мо́ре; иони́ческий о́рдер, *архит.*)
Иони́ческое мо́ре
ио́нно-леги́рованный
ио́нно-молекуля́рный
ио́нно-сорбцио́нный
ио́нно-электро́нный
ио́нный
ионогальваниза́ция, -и
ионоге́ны, -ов, *ед.* -ге́н, -а
ионозо́нд, -а
ионо́л, -а
ивономе́ры, -ов, *ед.* -ме́р, -а
ионо́ны, -ов, *ед.* ионо́н, -а
ионообме́н, -а
ионообме́нники, -ов, *ед.* -ник, -а
ионообме́нный
ионообразова́ние, -я
ионосфе́ра, -ы
ионосфери́ст, -а
ионосфе́рный
ионотерапи́я, -и
ионофо́н, -а
ионофоре́з, -а и ионтофоре́з, -а
Ио́ныч, -а, *тв.* -ем (*лит. персонаж*)
иорда́нка, -и, *р. мн.* -нок
иорда́нский (*от* Иорда́ния и Иорда́н)
Иорда́нское Хаши́митское Короле́вство
иорда́нцы, -ев, *ед.* -нец, -нца, *тв.* -нцем (*от* Иорда́ния)
иорда́нь, -и
Ио́сиф Воло́цкий
иосифля́не, -я́н, *ед.* -я́нин, -а
иосифля́нство, -а

Ио́сиф Обру́чник
Ио́сиф Прекра́сный
ио́х, -а (*ед. измер.*)
ипа́тка, -и, *р. мн.* -ток
Ипа́тьевская ле́топись
Ипа́тьевский до́м (*в Екатеринбурге*)
Ипа́тьевский монасты́рь
ипекакуа́на, -ы
иподиа́кон, -а
иподиа́конский
иподиа́конство, -а
ипокри́т, -а
ипокри́тство, -а
ипоме́я, -и
ипоста́сь, -и
ипоте́ка, -и
ипоте́чный
ипохо́ндрик, -а
ипохондри́ческий
ипохондри́чный; *кр. ф.* -чен, -чна
ипохо́ндрия, -и
ипподро́м, -а
ипподро́мный
Иппокре́на, -ы
ипполо́гия, -и
иприт, -а
ипри́товый
ИПС [ипэ́эс], *нескл., ж.* (*сокр.*: информационно-поисковая система)
и́псилон, -а (*название буквы*)
ира́ко-куве́йтский
ира́кский (*от* Ира́к)
ира́кцы, -ев, *ед.* ира́кец, -кца, *тв.* -кцем
ирани́ст, -а
ирани́стика, -и
ирани́стка, -и, *р. мн.* -ток
ира́нка, -и, *р. мн.* -нок
ира́но-азербайджа́нский
ира́но-ира́кский
ира́но-туре́цкий
ира́нский (*от* Ира́н)
ира́нцы, -ев, *ед.* ира́нец, -нца, *тв.* -нцем

и́рбис, -а
ирби́тский (*от* Ирби́т)
ирби́тцы, -ев, *ед.* -тец, -тца, *тв.* -тцем
ирбитча́не, -а́н, *ед.* -а́нин, -а
ирга́, -и́
ири́диевый
ири́дий, -я
ири́дистый
иридодиагно́стика, -и
иридоди́ктиум, -а
иридоцикли́т, -а
иридоци́ты, -ов, *ед.* -ци́т, -а
ириза́ция, -и
и́рис, -а (*растение; нитки*)
ири́с, -а (*конфеты*)
ири́ска, -и, *р. мн.* -сок
и́рисовый (*от* и́рис)
ири́совый (*от* ири́с)
ири́т, -а
ирку́тский (*от* Ирку́тск)
иркутя́не, -я́н, *ед.* -я́нин, -а
иркутя́нка, -и, *р. мн.* -нок
ирла́ндка, -и, *р. мн.* -док
Ирла́ндская республика́нская а́рмия (ИРА́)
ирла́ндский (*к* Ирла́ндия и ирла́ндцы)
ирла́ндцы, -ев, *ед.* -дец, -дца, *тв.* -дцем
ирмоло́гий, -я
ирмо́с, -а
ирмо́сный
и́рный ко́рень и а́ирный ко́рень
И́род, -а (*царь Иудеи, библ.*) и и́род, -а (*злодей, изверг, бран.*)
и́родов, -а, -о
ироикоми́ческий (ироикоми́ческая поэ́ма, *лит.*)
ироке́зка, -и, *р. мн.* -зок
ироке́зский
ироке́зы, -ов, *ед.* ироке́з, -а
иро́н, -а
ирониза́рование, -я
иронизи́ровать, -рую, -рует

иро́ника, -и
ирони́чески
ирони́ческий
ирони́чность, -и
ирони́чный; *кр. ф.* -чен, -чна
иро́ния, -и
иррадиа́ция, -и
ирради́ровать, -рует
иррационали́зм, -а
иррационалисти́ческий
иррациона́льность, -и
иррациона́льный; *кр. ф.* -лен, -льна
иppeа́льность, -и
иppeа́льный; *кр. ф.* -лен, -льна
иppeгуля́рный; *кр. ф.* -рен, -рна
ирреде́нта, -ы
ирреденти́зм, -а
ирредентист, -а
иррига́тор, -а
ирригацио́нно-мелиорати́вный
ирригацио́нный
иррига́ция, -и
иррита́ция, -и
ирты́шский (*от* Ирты́ш)
Исаа́киевский собо́р
Исаа́к Си́рин
исе́тский (*от* Исе́ть)
Иси́да, -ы и Изи́да, -ы
исиха́зм, -а
исиха́стский
исиха́сты, -ов, *ед.* -а́ст, -а
иск, -а
искажа́ть(ся), -а́ю, -а́ет(ся)
искаже́ние, -я
искажённо, *нареч.*
искажённость, -и
искажённый; *кр. ф.* -ён, -ена́
искази́ть(ся), -ажу́, -ази́т(ся)
искале́чение, -я
искале́ченный; *кр. ф.* -ен, -ена
искале́чивание, -я
искале́чивать(ся), -аю(сь), -ает(ся)
искале́чить(ся), -чу(сь), -чит(ся)

иска́лывать(ся), -аю(сь), -ает(ся)
иска́ния, -ий
иска́панный; *кр. ф.* -ан, -ана
иска́пать, -аю, -ает
иска́пывать(ся), -аю, -ает(ся)
Искарио́т, -а (Иу́да Искарио́т) и искарио́т, -а (*предатель, бран. устар.*)
иска́рмливать(ся), -аю, -ает(ся)
иска́тель, -я
иска́тельница, -ы, *тв.* -ей
иска́тельность, -и
иска́тельный; *кр. ф.* -лен, -льна
иска́тельский
иска́тельство, -а
иска́ть(ся), ищу́(сь), и́щет(ся)
иска́шивать(ся), -аю, -ает(ся)
исклёванный; *кр. ф.* -ан, -ана
исклева́ть(ся), -люю́, -люёт(ся)
исклёвывать(ся), -аю, -ает(ся)
исключа́ть(ся), -а́ю(сь), -а́ет(ся)
исключа́я, *деепр. и предлог*
исключе́ние, -я
исключённый; *кр. ф.* -ён, -ена́
исключи́тельно, *нареч.*
исключи́тельность, -и
исключи́тельный
исключи́ть(ся), -чу́(сь), -чи́т(ся)
искове́рканный; *кр. ф.* -ан, -ана
искове́ркать(ся), -аю(сь), -ает(ся)
искове́ркивание, -я
искове́ркивать(ся), -аю(сь), -ает(ся)
исково́й
исковы́ривать(ся), -аю, -ает(ся)
исковы́рянный; *кр. ф.* -ян, -яна
исковыря́ть, -я́ю, -я́ет
искоке́тничаться, -аюсь, -ается
искола́чивание, -я
искола́чивать(ся), -аю, -ает(ся)
исколеси́ть, -ешу́, -еси́т
исколешённый; *кр. ф.* -ён, -ена́
исколоти́ть(ся), -очу́, -о́тит(ся)
иско́лотый
исколо́ть(ся), -олю́(сь), -о́лет(ся)
исколо́ченный; *кр. ф.* -ен, -ена

исколу́панный; *кр. ф.* -ан, -ана
исколупа́ть, -а́ю, -а́ет
исколу́пывать(ся), -аю, -ает(ся)
иско́мканный; *кр. ф.* -ан, -ана
иско́мкать(ся), -аю, -ает(ся)
иско́мый
искони́
иско́нно, *нареч.*
иско́нно родственный
иско́нно ру́сский
иско́нность, -и
иско́нный; *кр. ф.* -о́нен, -о́нна
ископа́емое, -ого
ископа́емый
иско́панный; *кр. ф.* -ан, -ана
ископа́ть, -а́ю, -а́ет
и́скопыть, -и
искорёженный; *кр. ф.* -ен, -ена
искорёживание, -я
искорёживать(ся), -аю, -ает(ся)
искорёжить(ся), -жу, -жит(ся)
искорене́ние, -я
искоренённый; *кр. ф.* -ён, -ена́
искорени́ть(ся), -ню́, -ни́т(ся)
искореня́ть(ся), -я́ю, -я́ет(ся)
и́скорка, -и, *р. мн.* -рок
искорми́ть, -ормлю́, -о́рмит
иско́рмленный; *кр. ф.* -ен, -ена
искоро́бить(ся), -блю, -бит(ся)
искоро́бленный; *кр. ф.* -ен, -ена
и́скоса
искоси́ть(ся)[1], -ошу́, -о́сит(ся) (*срезать(ся) косой*)
искоси́ть(ся)[2], -ошу́, -оси́т(ся) (*сделать(ся) косым*)
искошённый; *кр. ф.* -ен, -ена
и́скра, -ы
искра́ивать(ся), -аю, -ает(ся)
искра́сить(ся), -а́шу, -а́сит(ся)
и́скрасна-бу́рый
и́скрасна-жёлтый
искра́шенный; *кр. ф.* -ен, -ена
искра́шивание, -я
искра́шивать(ся), -аю, -ает(ся)
искре́ние, -я
и́скренне и и́скренно, *нареч.*

и́скренний; *кр. ф.* -енен, -енна,
 -енне и -енно, -енни и -енны
и́скренность, -и
искрести́ть, -ещу́, -е́стит
искрещённый; *кр. ф.* -ён, -ена́ и
 искре́щенный; *кр. ф.* -ен, -ена
искре́щивание, -я
искре́щивать(ся), -аю, -ает(ся)
искриви́ть(ся), -влю́(сь), -ви́т(ся)
искривле́ние, -я
искривлённость, -и
искривлённый; *кр. ф.* -ён, -ена́
искривля́ть(ся), -я́ю(сь), -я́ет(ся)
и́скринка, -и, *р. мн.* -нок
и́скристый
искри́ть, -и́т
искри́ться, -ится и искри́ться,
 -и́тся
искрича́ться, -чу́сь, -чи́тся
искрова́вить(ся), -влю(сь),
 -вит(ся)
искрова́вленный; *кр. ф.* -ен, -ена
искровенённый; *кр. ф.* -ён, -ена́
искровени́ть(ся), -ню́(сь),
 -ни́т(ся)
искровеня́ть(ся), -я́ю(сь), -я́ет(ся)
и́скровец, -вца, *тв.* -вцем, *р. мн.*
 -вцев
искрово́й
и́скровский (*от* "Искра")
искрогаси́тель, -я
искрогаси́тельный
искрогаше́ние, -я
искро́енный; *кр. ф.* -ен, -ена
искрозащищённый
искрои́ть(ся), -ою́, -ои́т(ся)
искромётный; *кр. ф.* -тен, -тна
искро́мсанный; *кр. ф.* -ан, -ана
искромса́ть(ся), -а́ю, -а́ет(ся)
искроудержа́тель, -я
искроулови́тель, -я
искро́шенный; *кр. ф.* -ен, -ена
искроши́ть(ся), -ошу́, -о́шит(ся)
искрути́ть(ся), -учу́(сь), -у́тит(ся)
искру́ченный; *кр. ф.* -ен, -ена
искру́чивание, -я

искру́чивать(ся), -аю(сь), -ает(ся)
искря́к, -а́
искряно́й
искря́щий
и́скря́щийся
иску́панный; *кр. ф.* -ан, -ана
искупа́ть(ся), -а́ю(сь), -а́ет(ся)
искупи́тель, -я
искупи́тельный; *кр. ф.* -лен,
 -льна
искупи́ть(ся), -уплю́, -у́пит(ся)
искупле́ние, -я
иску́пленный; *кр. ф.* -ен, -ена
иску́ренный; *кр. ф.* -ен, -ена
иску́ривать(ся), -аю, -ает(ся)
искури́ть(ся), -урю́, -у́рит(ся)
и́скус, -а
иску́санный; *кр. ф.* -ан, -ана
искуса́ть, -а́ю, -а́ет
искуси́тель, -я
искуси́тельница, -ы, *тв.* -ей
искуси́тельный; *кр. ф.* -лен,
 -льна
искуси́ть(ся), -ушу́(сь), -уси́т(ся)
иску́сник, -а
иску́сница, -ы, *тв.* -ей
иску́сно, *нареч.*
иску́сность, -и
иску́сный; *кр. ф.* -сен, -сна
иску́сственник, -а
иску́сственно, *нареч.*
иску́сственность, -и
иску́сственный; *кр. ф.* -вен и
 -венен, -венна
иску́сство, -а
искусствове́д, -а
искусствове́дение, -я
искусствове́дческий
искусствозна́ние, -я
иску́сывать(ся), -аю, -ает(ся)
искуша́ть(ся), -а́ю(сь), -а́ет(ся)
искуше́ние, -я
искушённость, -и
искушённый; *кр. ф.* -ён, -ена́
исла́м, -а
исламаба́дский (*от* Исламаба́д)

исламаба́дцы, -ев, *ед.* -дец, -дца,
 тв. -дцем
исламе́й, -я (*танец*)
исламиза́ция, -и
ислами́зм, -а
ислами́ст, -а
исламистский
исламове́д, -а
исламове́дение, -я
исламове́дческий
Исла́мская конфере́нция (*международная организация*)
исла́мский
исла́ндка, -и, *р. мн.* -док
исла́ндский (*к* Исла́ндия и исла́ндцы)
исла́ндцы, -ев, *ед.* -дец, -дца, *тв.*
 -дцем
исмаили́зм, -а
исмаили́тский
исмаили́ты, -ов, *ед.* -ли́т, -а
испа́ивать(ся), -аю, -ает(ся)
испа́костить(ся), -ощу(сь),
 -остит(ся)
испа́кощенный; *кр. ф.* -ен, -ена
испа́кощивать(ся), -аю(сь),
 -ает(ся)
испани́ст, -а
испани́стика, -и
испани́стка, -и, *р. мн.* -ток
испа́нка, -и, *р. мн.* -нок
испаноамерика́нский (*относящийся к испаноязычным территориям Америки*), но: испа́но-америка́нский (*относящийся к связям между Испанией и Америкой*)
испа́но-португа́льский
испа́но-росси́йский
испа́но-францу́зский
испаноязы́чный
испа́нский (*к* Испа́ния и испа́нцы)
испа́нско-ру́сский
испа́нцы, -ев, *ед.* -нец, -нца, *тв.*
 -нцем
испаре́ние, -я

ИСПАРЁННЫЙ

испарённый; *кр. ф.* -ён, -ена́
испа́рина, -ы
испари́тель, -я
испари́тельность, -и
испари́тельный
испари́ть(ся), -рю́(сь), -ри́т(ся)
испаро́ме́тр, -а
испаря́емость, -и
испаря́ть(ся), -я́ю(сь), -я́ет(ся)
испа́ханный; *кр. ф.* -ан, -ана
испаха́ть, испашу́, испа́шет
испа́хивать(ся), -аю, -ает(ся)
испа́чканный; *кр. ф.* -ан, -ана
испа́чкать(ся), -аю(сь), -ает(ся)
испёкший(ся)
испепеле́ние, -я
испепелённый; *кр. ф.* -ён, -ена́
испепели́ть(ся), -лю́, -ли́т(ся)
испепеля́ть(ся), -я́ю, -я́ет(ся)
испепеля́ющий(ся)
испестрённый; *кр. ф.* -ён, -ена́
испестри́ть(ся), -рю́, -ри́т(ся)
испестря́ть(ся), -я́ю, -я́ет(ся)
испечённый; *кр. ф.* -ён, -ена́
испе́чь(ся), -еку́(сь), -ечёт(ся), -еку́т(ся); *прош.* -ёк(ся), -екла́(сь)
испещре́ние, -я
испещрённый; *кр. ф.* -ён, -ена́
испещри́ть, -рю́, -ри́т
испещря́ть(ся), -я́ю, -я́ет(ся)
испива́ть(ся), -а́ю, -а́ет(ся)
испи́ленный; *кр. ф.* -ен, -ена
испи́ливать(ся), -аю, -ает(ся)
испили́ть(ся), -илю́, -и́лит(ся)
испи́санный; *кр. ф.* -ан, -ана
исписа́ть(ся), -ишу́(сь), -и́шет(ся)
испи́сывание, -я
испи́сывать(ся), -аю(сь), -ает(ся)
испито́й, *прил.*
испи́тый; *кр. ф.* -и́т, -ита́, -и́то, *прич.*
испи́ть, изопью́, изопьёт; *прош.* -и́л, -ила́, -и́ло
испла́вать, -ваю, -вает
испла́каться, -а́чусь, -а́чется
исплёванный; *кр. ф.* -ан, -ана

исплева́ть(ся), -люю́(сь), -люёт(ся)
исплёвывать(ся), -аю(сь), -ает(ся)
исповеда́льность, -и
исповеда́льный; *кр. ф.* -лен, -льна
исповеда́льня, -и, *р. мн.* -лен
испове́дание, -я
испове́данный; *кр. ф.* -ан, -ана
испове́дать(ся), -аю(сь), -ает(ся)
испове́дник, -а; *но:* Макси́м Испове́дник
испове́дница, -ы, *тв.* -ей
испове́днический
испове́дничество, -а
испове́дный
испове́дование, -я
испове́довать(ся), -дую(сь), -дует(ся)
испове́дующий(ся)
и́споведь, -и
испога́ненный; *кр. ф.* -ен, -ена
испога́нивание, -я
испога́нивать(ся), -аю(сь), -ает(ся)
испога́нить(ся), -ню(сь), -нит(ся)
испо́д, -а
и́сподволь
исподлича́ться, -аюсь, -ается
исподло́бья
исподни́зу
испо́дний
испо́дники, -ов
испо́дница, -ы, *тв.* -ей
исподти́ха
исподтишка́
испо́йть, -ою́, -о́ит
испоко́н ве́ку (веко́в)
испола́ть (тебе́, вам, ему́)
испо́лзать, -аю, -ает
исполи́н, -а
исполи́новы котлы́, исполи́новых котло́в (*геогр.*)
исполи́нский
исполко́м, -а

исполко́мовский
исполне́ние, -я
испо́лненный; *кр. ф.* -ен, -ена
исполни́мость, -и
исполни́мый
исполни́тель, -я
исполни́тельница, -ы, *тв.* -ей
исполни́тельно-распоряди́тельный
исполни́тельность, -и
исполни́тельный; *кр. ф.* -лен, -льна
Исполни́тельный секретариа́т СНГ
исполни́тельский
исполни́тельство, -а
испо́лнить(ся), -ню(сь), -нит(ся)
исполня́ть(ся), -я́ю(сь), -я́ет(ся)
исполосо́ванный; *кр. ф.* -ан, -ана
исполосова́ть(ся), -су́ю(сь), -су́ет(ся)
исполосо́вывать(ся), -аю(сь), -ает(ся)
и́сполу, *нареч.*
испо́льзование, -я
испо́льзованный; *кр. ф.* -ан, -ана
испо́льзовать(ся), -зую(сь), -зует(ся)
испо́льзуемый
испо́льничать, -аю, -ает
испо́льничество, -а
испо́льный
испо́льщик, -а
испо́льщина, -ы
испо́ротый
испоро́ть, -орю́, -о́рет
испо́ртить(ся), -рчу(сь), -ртит(ся)
испо́рченность, -и
испо́рченный; *кр. ф.* -ен, -ена
испости́ться, -ощу́сь, -ости́тся
испоха́бить(ся), -блю(сь), -бит(ся)
испоха́бленный; *кр. ф.* -ен, -ена
испо́шленный; *кр. ф.* -ен, -ена
испо́шлить(ся), -лю(сь), -лит(ся)
исправи́мость, -и
исправи́мый

исправи́тельно-трудово́й
исправи́тельный
испра́вить(ся), -влю(сь), -вит(ся)
исправле́ние, -я
испра́вленный; *кр. ф.* -ен, -ена
исправля́ть(ся), -я́ю(сь), -я́ет(ся)
испра́вник, -а
испра́вница, -ы, *тв.* -ей
испра́внический
испра́вничий, -ья, -ье
испра́вность, -и
испра́вный; *кр. ф.* -вен, -вна
испражне́ние, -я
испражни́ться, -ню́сь, -ни́тся
испражня́ться, -я́юсь, -я́ется
испра́шивание, -я
испра́шивать(ся), -аю, -ает(ся)
испро́бованный; *кр. ф.* -ан, -ана
испро́бовать, -бую, -бует
испроси́ть, -ошу́, -о́сит
испро́шенный; *кр. ф.* -ен, -ена
испры́сканный; *кр. ф.* -ан, -ана
испры́скать, -аю, -ает
испры́скивать(ся), -аю, -ает(ся)
испря́денный; *кр. ф.* -ен, -ена
испря́дший(ся)
испрями́ть(ся), -млю́, -ми́т(ся)
испрямлённый; *кр. ф.* -ён, -ена́
испрямля́ть(ся), -я́ю, -я́ет(ся)
испря́сть(ся), -яду́, -ядёт(ся); *прош.* -я́л(ся), -яла́(сь), -я́ло(сь)
испу́г, -а
испу́ганно, *нареч.*
испу́ганность, -и
испу́ганный; *кр. ф.* -ан, -ана и (*выражающий испуг*) -ан, -анна (глаза́ испу́ганны)
испуга́ть(ся), -а́ю(сь), -а́ет(ся)
испужа́ть(ся), -а́ю(сь), -а́ет(ся) (*обл. и прост. к* испуга́ть(ся))
испуска́ние, -я
испуска́тельный
испуска́ть(ся), -а́ю, -а́ет(ся)
испусти́ть, -ущу́, -у́стит
испу́щенный; *кр. ф.* -ен, -ена
испыта́ние, -я

испы́танность, -и
испы́танный; *кр. ф.* -ан, -ана
испыта́тель, -я
испыта́тельный
испыта́тельский
испыта́ть, -а́ю, -а́ет
испыту́емый
испыту́юще, *нареч.*
испыту́ющий
испы́тывать(ся), -аю(сь), -ает(ся)
испя́тнанный; *кр. ф.* -ан, -ана
испятна́ть(ся), -а́ю, -а́ет(ся)
исса́ленный; *кр. ф.* -ен, -ена
исса́ливать(ся), -аю(сь), -ает(ся)
исса́лить(ся), -лю(сь), -лит(ся)
исса́сывать(ся), -аю, -ает(ся)
иссверлённый; *кр. ф.* -ён, -ена́
иссве́рливать(ся), -аю, -ает(ся)
иссверли́ть(ся), -лю́, -ли́т
иссека́ние, -я (*от* иссека́ть)
иссека́ть(ся), -а́ю, -а́ет(ся) (*к* иссе́чь(ся))
иссе́кший(ся) и иссёкший(ся)
и́ссера-голубо́й
и́ссера-кра́сный
и́ссера-серебри́стый
иссече́ние, -я
иссечённый; *кр. ф.* -ён, -ена́ и (*наказанный поркой*) иссе́ченный; *кр. ф.* -ен, -ена
иссе́чь(ся), -еку́(сь), -ечёт(ся), -еку́т(ся); *прош.* -ёк(ся) и -е́к(ся), -екла́(сь)
и́ссиза-голубо́й
исси́нивать(ся), -аю(сь), -ает(ся)
иссини́ть(ся), -ню́(сь), -ни́т(ся)
и́ссиня-чёрный
исследи́ть, -ежу́, -еди́т
иссле́дование, -я
иссле́дованность, -и
иссле́дованный; *кр. ф.* -ан, -ана
иссле́дователь, -я
иссле́довательница, -ы, *тв.* -ей
иссле́довательский
иссле́довать(ся), -дую(сь), -дует(ся)

иссле́дуемый
иссле́женный; *кр. ф.* -ен, -ена
иссле́живание, -я
иссле́живать(ся), -аю, -ает(ся)
исслю́нивать(ся), -аю(сь), -ает(ся)
исслюни́ть(ся), -ню́(сь), -ни́т(ся)
исслюня́вить(ся), -влю(сь), -вит(ся)
исслюня́вленный; *кр. ф.* -ен, -ена
исслюня́вливать(ся), -аю(сь), -ает(ся)
иссо́ленный; *кр. ф.* -ен, -ена и иссолённый; *кр. ф.* -ён, -ена́
иссоли́ть, -лю́, иссо́лит
иссо́п, -а
иссо́повый
иссо́санный; *кр. ф.* -ан, -ана
иссоса́ть(ся), -осу́, -осёт(ся)
иссо́хнуть, -ну, -нет; *прош.* -ох, -охла
иссо́хший
исsramíть, -млю́, -ми́т
и́сстари
исстёганный; *кр. ф.* -ан, -ана
исстега́ть(ся), -а́ю, -а́ет(ся)
исстёгивать(ся), -аю, -ает(ся)
иссте́ленный; *кр. ф.* -ен, -ена
исстели́ть, исстелю́, исстеле́т; *прош.* -и́л, -и́ла
исстила́ть(ся), -а́ю, -а́ет(ся)
иссти́ранный; *кр. ф.* -ан, -ана
исстира́ть(ся), -а́ю, -а́ет(ся)
иссти́рывать(ся), -аю, -ает(ся)
исстра́гивать(ся), -аю, -ает(ся) и исстру́гивать(ся), -аю, -ает(ся)
исстрада́ться, -а́юсь, -а́ется
исстра́чивать(ся), -аю, -ает(ся) (*к* исстрочи́ть)
исстре́ливать(ся), -аю, -ает(ся)
исстре́лянный; *кр. ф.* -ян, -яна
исстреля́ть, -я́ю, -я́ет
исстро́ганный; *кр. ф.* -ан, -ана и исстру́ганный; *кр. ф.* -ан, -ана

исстрога́ть(ся), -а́ю, -а́ет(ся) и исструга́ть(ся), -а́ю, -а́ет(ся)
исстро́ченный; *кр. ф.* -ен, -ена
исстрочи́ть, -очу́, -о́чит
исстру́ганный; *кр. ф.* -ан, -ана и исстро́ганный; *кр. ф.* -ан, -ана
исструга́ть(ся), -а́ю, -а́ет(ся) и исстрога́ть(ся), -а́ю, -а́ет(ся)
исстру́гивать(ся), -аю, -ает(ся) и исстра́гивать(ся), -аю, -ает(ся)
исступле́ние, -я (*неистовство*)
исступлённо, *нареч.*
исступлённость, -и
исступлённый; *кр. ф.* -ён, -ённа (*к* исступле́ние)
иссуша́ть(ся), -а́ю, -а́ет(ся)
иссуше́ние, -я
иссу́шенный; *кр. ф.* -ен, -ена
иссу́шивать(ся), -аю, -ает(ся)
иссуши́ть(ся), -ушу́, -у́шит(ся)
иссы́к-ку́льский (*от* Ис-сы́к-Ку́ль)
иссыха́ние, -я
иссыха́ть, -а́ю, -а́ет
иссяка́ние, -я (*от* иссяка́ть)
иссяка́ть, -а́ю, -а́ет (*к* иссяќнуть)
иссяќнуть, -ну, -нет; *прош.* -я́к, -я́кла
иссяќший
иста́ивание, -я
иста́ивать, -аю, -ает
иста́пливание, -я
иста́пливать(ся), -аю, -ает(ся)
иста́птывание, -я
иста́птывать(ся), -аю, -ает(ся)
иста́сканно, *нареч.*
иста́сканный; *кр. ф. прич.* -ан, -ана; *кр. ф. прил.* (*изношенный; опошленный частым употреблением; со следами беспорядочной жизни*) -ан, -анна (*все эти фразы иста́сканны; лицо его иста́сканно*)
истаска́ть(ся), -а́ю(сь), -а́ет(ся)
иста́скивание, -я

иста́скивать(ся), -аю(сь), -ает(ся)
иста́чивание, -я
иста́чивать(ся), -аю, -ает(ся)
иста́ять, -а́ю, -а́ет
истеблишмент, -а
истека́ние, -я
истека́ть, -а́ю, -а́ет
исте́кший, *прил.* (*прошедший*)
истёкший, *прич.* (*от* исте́чь)
истереби́ть, -блю́, -би́т
истере́ть(ся), изотру́, изотрёт(ся); *прош.* истёр(ся), истёрла(сь)
исте́рзанный; *кр. ф.* -ан, -ана
истерза́ть(ся), -а́ю(сь), -а́ет(ся)
истери́к, -а
истери́ка, -и
истери́ческий
истери́чка, -и, *р. мн.* -чек
истери́чность, -и
истери́чный; *кр. ф.* -чен, -чна
истери́я, -и
истёртый
истёрханный; *кр. ф.* -ан, -анна
истёрший(ся)
истёсанный; *кр. ф.* -ан, -ана
истеса́ть(ся), -ешу́, -е́шет(ся)
истёсывание, -я
истёсывать(ся), -аю, -ает(ся)
исте́ц, истца́, *тв.* истцо́м, *р. мн.* истцо́в
истече́ние, -я
исте́чь, -еку́, -ечёт, -еку́т; *прош.* -ёк, -екла́
и́стина, -ы
и́стинно, *нареч.*
и́стинно правосла́вный; но: и́стинно-правосла́вный (и́стинно-правосла́вная це́рковь, и́стинно-правосла́вные христиа́не, се́кта)
и́стинно революцио́нный
и́стинно религио́зный
и́стинно ру́сский
и́стинностный
и́стинность, -и
и́стинно христиа́нский

и́стинный; *кр. ф.* -инен, -инна
истира́емость, -и
истира́ненный; *кр. ф.* -ен, -ена
истира́ние, -я
истира́нить, -ню, -нит
истира́ть(ся), -а́ю, -а́ет(ся)
исти́сканный; *кр. ф.* -ан, -ана
исти́скать, -аю, -ает
исти́ца, -ы, *тв.* -ей
истлева́ние, -я
истлева́ть, -а́ю, -а́ет
истле́ть, -е́ю, -е́ет
истма́т, -а
Истми́йские и́гры (*в Древней Греции*)
и́стовость, -и
и́стовый
исто́д, -а
исто́довый
исто́к, -а; но: Большо́й Исто́к, Бы́стрый Исто́к (*поселки*)
исто́лканный; *кр. ф.* -ан, -ана
истолка́ть, -а́ю, -а́ет
истолкова́ние, -я
истолко́ванный; *кр. ф.* -ан, -ана
истолкова́тель, -я
истолкова́тельница, -ы, *тв.* -ей
истолкова́тельный
истолкова́ть, -ку́ю, -ку́ет
истолко́вывание, -я
истолко́вывать(ся), -аю, -ает(ся)
истоло́кший(ся)
истоло́чь(ся), -лку́, -лчёт(ся), -лку́т(ся); *прош.* -ло́к(ся), -лкла́(сь)
истолчённый; *кр. ф.* -ён, -ена́
исто́ма, -ы
истоми́ть(ся), -млю́(сь), -ми́т(ся)
истомлённый; *кр. ф.* -ён, -ена́
истомля́ть(ся), -я́ю(сь), -я́ет(ся)
исто́мный; *кр. ф.* -мен, -мна
истонча́ние, -я
истонча́ть(ся), -а́ю, -а́ет(ся)
истонче́ние, -я
истончённый; *кр. ф.* -ён, -ена́
истончи́ть(ся), -чу́, -чи́т(ся)

ИСТЫЙ

истопи́ть(ся), -оплю́, -о́пит(ся)
исто́пленный; *кр. ф.* -ен, -ена
истопни́к, -а́
истопни́ца, -ы, *тв.* -ей
исто́птанный; *кр. ф.* -ан, -ана
истопта́ть(ся), -опчу́, -о́пчет(ся)
исторга́ть(ся), -а́ю, -а́ет(ся)
исто́ргнувший(ся)
исто́ргнутый
исто́ргнуть(ся), -ну, -нет(ся); *прош.* -о́рг(ся) и -о́ргнул(ся), -о́ргла(сь)
исто́ргший(ся)
исторже́ние, -я
исто́рженный; *кр. ф.* -ен, -ена
истори́зм, -а
исто́рийка, -и, *р. мн.* -риек
исто́рик, -а
исто́рико-археологи́ческий
исто́рико-архи́вный
исто́рико-бытово́й
исто́рико-документа́льный
исто́рико-краеве́дческий
исто́рико-культу́рный
исто́рико-литерату́рный
исто́рико-материалисти́ческий
исто́рико-познава́тельный
исто́рико-революцио́нный
исто́рико-типологи́ческий
исто́рико-филологи́ческий
исто́рико-филосо́фский
историо́граф, -а
историографи́ческий
историогра́фия, -и
историометри́ческий
историоме́трия, -и
историосо́фия, -и
историосо́фский
истори́чески
истори́чески ва́жный
истори́чески закономе́рный
истори́ческий
истори́чески обусло́вленный
истори́чка, -и, *р. мн.* -чек
истори́чность, -и

истори́чный; *кр. ф.* -чен, -чна
исто́рия, -и
истоскова́ться, -ку́юсь, -ку́ется
источа́ть(ся), -а́ю, -а́ет(ся)
исто́ченный; *кр. ф.* -ен, -ена (*от* источи́ть¹)
источённый; *кр. ф.* -ён, -ена́ (*от* источи́ть²)
источи́ть(ся)¹, -очу́, -о́чит(ся) (*к* точи́ть)
источи́ть(ся)², -очу́, -очи́т(ся) (*к* источа́ть(ся))
исто́чник, -а
источникове́д, -а
источникове́дение, -я
источникове́дческий
исто́чниковый
исто́шный; *кр. ф.* -шен, -шна
истоща́ть(ся), -а́ю(сь), -а́ет(ся)
истоще́ние, -я
истощённость, -и
истощённый; *кр. ф.* -ён, -ена́ и (*свидетельствующий об истощении*) -ён, -ённа (*лицо его истощённо*)
истощи́тельный
истощи́ть(ся), -щу́(сь), -щи́т(ся)
истра́тить(ся), -а́чу(сь), -а́тит(ся)
истра́ченный; *кр. ф.* -ен, -ена
истра́чивание, -я
истра́чивать(ся), -аю(сь), -ает(ся) (*к* истра́тить)
истреби́тель, -я
истреби́тель-бомбардиро́вщик, истреби́теля-бомбардиро́вщика
истреби́тельница, -ы, *тв.* -ей
истреби́тельно-авиацио́нный
истреби́тельно-бомбардиро́вочный
истреби́тельно-противота́нковый
истреби́тельный; *кр. ф.* -лен, -льна
истреби́тель-перехва́тчик, истреби́теля-перехва́тчика

истреби́ть(ся), -блю́, -би́т(ся)
истребле́ние, -я
истреблённый; *кр. ф.* -ён, -ена́
истребля́ть(ся), -я́ю, -я́ет(ся)
истре́бование, -я
истре́бованный; *кр. ф.* -ан, -ана
истре́бовать, -бую, -бует
истрёпанность, -и
истрёпанный; *кр. ф. прич.* -ан, -ана; *кр. ф. прил.* (*со следами долгого или небрежного пользования, тяжелой или беспорядочной жизни*) -ан, -анна
истрепа́ть(ся), -еплю́(сь), -е́плет(ся), -е́плют(ся) и -е́пет(ся), -е́пят(ся)
истрёпывание, -я
истрёпывать(ся), -аю(сь), -ает(ся)
истре́сканный; *кр. ф.* -ан, -ана
истре́скаться, -ается
истре́скиваться, -ается
истри́йский (*от* И́стрия)
истри́йцы, -ев, *ед.* -и́ец, -и́йца, *тв.* -и́йцем
и́стринский (*от* И́стра)
и́стринцы, -ев, *ед.* -нец, -нца, *тв.* -нцем
иструхля́вевший (*от* иструхля́веть)
иструхля́веть, -еет (*стать трухлявым*)
иструхля́вивший(ся) (*от* иструхля́вить(ся))
иструхля́вить, -влю, -вит (*что*)
иструхля́виться, -ится
истука́н, -а
истука́нный
иступи́ть(ся), -уплю́, -у́пит(ся)
иступле́ние, -я (*от* иступи́ть(ся))
иступлённый; *кр. ф.* -ён, -ена́ (*к* тупо́й)
иступля́ть(ся), -я́ю, -я́ет(ся)
истфа́к, -а
истцо́вый
и́стый

ИСТЫКАННЫЙ

истыканный; *кр. ф.* -ан, -ана
истыкать(ся), -аю(сь), -ает(ся)
истыкивание, -я
истыкивать(ся), -аю(сь), -ает(ся)
истязание, -я
истязатель, -я
истязательница, -ы, *тв.* -ей
истязательский
истязательство, -а
истязать(ся), -аю(сь), -ает(ся)
истязающий
истязуемый
истязующий
Исусе: господи Исусе, *межд.*
исусик, -а
исфаханский (*от* Исфахан)
исхаживать(ся), -аю, -ает(ся)
исхамиться, -млюсь, -мится
исхарчить(ся), -чу(сь), -чит(ся)
исхитить, -ищу, -итит
исхитриться, -рюсь, -рится
исхитряться, -яюсь, -яется
исхищать(ся), -аю, -ает(ся)
исхищенный; *кр. ф.* -ен, -ена
исхлёстанный; *кр. ф.* -ан, -ана
исхлестать(ся), -ещу(сь),
 -ещет(ся)
исхлёстывать(ся), -аю(сь),
 -ает(ся)
исхлопатывание, -я
исхлопатывать(ся), -аю(сь),
 -ает(ся)
исхлопотанный; *кр. ф.* -ан, -ана
исхлопотать(ся), -почу(сь),
 -почет(ся)
исход, -а
исходатайствование, -я
исходатайствованный; *кр. ф.*
 -ан, -ана
исходатайствовать, -твую,
 -твует
исходить, -ожу, -одит
исходный
исходящий
исхоженный; *кр. ф.* -ен, -ена
исхолодаться, -аюсь, -ается

исхудалость, -и
исхудалый
исхудание, -я
исхудать, -аю, -ает
исхулиганиться, -нюсь, -нится
исцарапанный; *кр. ф.* -ан, -ана
исцарапать(ся), -аю(сь), -ает(ся)
исцарапывать(ся), -аю(сь),
 -ает(ся)
исцеление, -я
исцелённый; *кр. ф.* -ён, -ена
исцелимость, -и
исцелимый
исцелитель, -я
исцелительница, -ы, *тв.* -ей
исцелить(ся), -лю(сь), -лит(ся)
исцелованный; *кр. ф.* -ан, -ана
исцеловать, -лую, -лует
исцелять(ся), -яю(сь), -яет(ся)
исчадие, -я
исчахнуть, -ну, -нет; *прош.* -ах,
 -ахла
исчахший
исчезание, -я
исчезать, -аю, -ает
исчезновение, -я
исчезнувший
исчезнуть, -ну, -нет; *прош.* -ез,
 -езла
исчёрканный; *кр. ф.* -ан, -ана
исчеркать, -аю, -ает *и* исчёр-
 кать, -аю, -ает
исчёркивание, -я
исчёркивать(ся), -аю, -ает(ся)
исчерна-лиловый
исчерна-синий
исчернённый; *кр. ф.* -ён, -ена
исчернить(ся), -ню(сь), -нит(ся)
исчернять(ся), -яю(сь), -яет(ся)
исчерпание, -я
исчерпанность, -и
исчерпанный; *кр. ф.* -ан, -ана
исчерпать(ся), -аю, -ает(ся)
исчерпывание, -я
исчерпывать(ся), -аю, -ает(ся)
исчерпывающе, *нареч.*

исчерпывающий(ся)
исчертить(ся), -ерчу, -ертит(ся)
исчерченный; *кр. ф.* -ен, -ена
исчерчивание, -я
исчерчивать(ся), -аю, -ает(ся)
исчирканный; *кр. ф.* -ан, -ана
исчиркать(ся), -аю, -ает(ся)
исчиркивать(ся), -аю, -ает(ся)
исчисление, -я
исчисленный; *кр. ф.* -ен, -ена
исчислимость, -и
исчислимый
исчислить, -лю, -лит
исчислять(ся), -яю, -яет(ся)
исчужа
ишагать, -аю, -ает
ишалиться, -люсь, -лится
ишаренный; *кр. ф.* -ен, -ена
ишаривать(ся), -аю, -ает(ся)
ишарить, -рю, -рит
ишарканный; *кр. ф.* -ан, -ана
ишаркать(ся), -аю, -ает(ся)
ишарквать(ся), -аю, -ает(ся)
ишедший
ишивать(ся), -аю, -ает(ся)
ишитый
ишить, изошью, изошьёт
ишнырянный; *кр. ф.* -ян, -яна
ишнырять, -яю, -яет
иштопанный; *кр. ф.* -ан, -ана
иштопать, -аю, -ает
иштопывать(ся), -аю, -ает(ся)
ищепанный; *кр. ф.* -ан, -ана
ищепать(ся), -еплю, -еплет(ся) (*к*
 щепать)
ищипанный; *кр. ф.* -ан, -ана
ищипать(ся), -иплю(сь),
 -иплет(ся), -иплют(ся) *и*
 -ипет(ся), -ипят(ся), *также*
 -аю(сь), -ает(ся) (*к* щипать)
ищипывание, -я
ищипывать(ся), -аю(сь),
 -ает(ся)
итабирит, -а
итак, *вводн. сл.*; но (*сочетание
 союза с наречием*) и так

и так да́лее (и т. д.)
и та́к и ся́к
итако́новый
и та́к (уже́) (и без того)
и та́к и э́так
италийский
италийцы, -ев, ед. -иец, -ийца, тв. -ийцем
италики, -ов, ед. -ик, -а
итало-австрийский
итало-американский
итало-германский
итало-греческий
итало-российский
итало-турецкий
италоязы́чный
италья́нка, -и, р. мн. -нок
италья́нский (к Италия и италья́нцы)
италья́нско-ру́сский
италья́нцы, -ев, ед. -нец, -нца, тв. -нцем
италья́нщина, -ы
и та́м и ся́м
ительме́нка, -и, р. мн. -нок
ительме́нский
ительме́ны, -ов, ед. -ме́н, -а
итерати́в, -а
итерати́вность, -и
итерати́вный
итера́тор, -а
итерацио́нный
итера́ция, -и
итинера́рий, -я
ИТК [итэка́], нескл., ж. (сокр.: исправительно-трудовая колония)
и то́, союз
ито́г, -а
итого́, нареч.
ито́говый
ито́жащий(ся)
ито́женный; кр. ф. -ен, -ена
ито́жить(ся), -жу, -жит(ся)
и тому́ подо́бное (и т. п.)
ИТР [итэ́р], нескл., м. (сокр.: инженерно-технический работник)

и то́ сказа́ть, вводн. сл.
итте́рбий, -я
и́ттриевый
и́ттрий, -я
ИТУ́, нескл., с. (сокр.: исправительно-трудовое учреждение)
итэ́ровский (от ИТР)
Иу́да, -ы, м. (имя, библ.; поцелу́й Иу́ды) и иу́да, -ы, м. (предатель, бран.)
иудаизм, -а
иуда́ика, -и
Иу́да Искарио́т
иудаи́ст
иудаисти́ческий
иудаи́стка, -и, р. мн. -ток
иудаи́стский
иуде́и, -ев, ед. иуде́й, -я
иуде́йка, -и, р. мн. -е́ек
Иуде́йская война́ (66—73)
иуде́йский (от иуде́и и Иуде́я); стра́ха ра́ди иуде́йска
иуде́йство, -а
иудеохристиа́не, -а́н, ед. -а́нин, -а
иудеохристиа́нский (к иудеохристиа́нство); но: иуде́о=христиа́нский (иуде́о=христиа́нский диало́г)
иудеохристиа́нство, -а
иу́дин, -а, -о (от Иу́да): иу́дин гре́х, иу́дин поцелу́й, иу́дино де́рево
Иу́душка, -и, м. (лит. персонаж) и иу́душка, -и, м. (ханжа, лицемер)
иу́душкин, -а, -о
Ифиге́ния, -и
ифли́ец, -ийца, тв. -ийцем, р. мн. -ийцев
ифли́йский (от ИФЛИ)
их¹, о них (форма местоим. они)
их², притяж. местоим.
их³, межд.
ихневмо́н, -а
и́хний, -яя, -ее (прост. к их²)
ихноло́гия, -и

Ихтиа́ндр, -а (лит. персонаж) и ихтиа́ндр, -а (человек, хорошо чувствующий себя под водой; акванавт)
ихтиодорули́ты, -ов, ед. -ли́т, -а
ихтио́з, -а
ихтиоза́вр, -а
ихтио́л, -а
ихтио́ловый
ихтио́лог, -а
ихтиологи́ческий
ихтиоло́гия, -и
ихтио́рнис, -а
ихтиосте́га, -и
ихтиотоксико́з, -а
ихтиофа́г, -а
ихтиофа́уна, -ы
ихтиофтирио́з, -а
ихтиофти́риус, -а
ице́рия, -и
и́чиги, -ов, ед. и́чиг, -а
ичкери́йский (от Ичке́рия)
ИЧП [ичепэ́], нескл., с. (сокр.: индивидуальное частное предприятие)
иша́к, -а́
иша́н, -а
иша́чащий
иша́чий, -ья, -ье
иша́чить, -чу, -чит
ишачо́к, -чка́
ишеми́ческий
ишеми́я, -и
и́шиас, -а
ишиати́ческий
иши́мский (от Иши́м)
ишкаши́мский
ишкаши́мцы, -ев, ед. -мец, -мца, тв. -мцем
ишра́к, -а
Ишта́р, нескл., ж.
Ишу́тинский кружо́к (от Ишу́тин)
ишу́тинцы, -ев, ед. -нец, -нца, тв. -нцем
ишха́н, -а

ИШЬ

ишь, *частица*
и́шь ты
ище́йка, -и, *р. мн.* -е́ек
ищи́-свищи́

и́щущий(ся)
июль, -я
Ию́льская мона́рхия (*во Франции, 1830–1848*)

ию́льский
ию́нь, -я
ию́ньский

Й

Йеллоусто́нский национа́льный па́рк
йе́льский (*от* Йель)
йе́менка, -и, *р. мн.* -нок
йе́менский (*от* Йе́мен)
йе́менцы, -ев, *ед.* -нец, -нца, *тв.* -нцем
йе́нский (*от* Йе́на; йе́нские рома́нтики)
йе́нцы, -ев, *ед.* йе́нец, -нца, *тв.* -нцем
йе́ти, *нескл., м.*
йигла́вский (*от* Йи́гла́ва)
йог, -а
йо́га, -и
йо́га-терапи́я, -и
йогача́ры, -ов, *ед.* -ча́р, -а
йоги́ческий
йо́говский
йо́гурт, -а
йогу́ртница, -ы, *тв.* -ей
йод, -а и -у
йодаргири́т, -а
йода́ты, -ов, *ед.* йода́т, -а
йоддефици́тный и йододефици́тный
йоди́дный
йоди́ды, -ов, *ед.* йоди́д, -а
йоди́зм, -а
йоди́рование, -я
йоди́рованный; *кр. ф.* -ан, -ана
йо́дисто-водоро́дный
йо́дистый
йодль, -я и йо́длер, -а (*муз.*)
йоднова́тистый
йоднова́тый
йо́дный
йодобро́мистый
йодобро́мный
йо́довый
йододе́рма, -ы
йододефици́тный и йоддефици́тный
йодоме́трия, -и
йодофо́рм, -а
йодофо́рмный
йокога́мский (*от* Йокога́ма)
йокога́мцы, -ев, *ед.* -мец, -мца, *тв.* -мцем
йо́мен, -а
Йо́рки, -ов (*династия*)
йо́ркский (*от* Йорк, *город*, и Йо́рки)
йо́ркцы, -ев, *ед.* -кец, -кца, *тв.* -кцем (*от* Йорк, *город*)
йоркши́рский (*от* Йоркши́р)
йоркши́рцы, -ев, *ед.* -рец, -рца, *тв.* -рцем (*жители* Йоркши́ра)
йоркши́ры, -ов, *ед.* -ши́р, -а (*порода свиней*)
йо́руба, *неизм. и нескл., м.* (*язык*) и *нескл., мн., ед. м. и ж.* (*народ*)
йот, -а (*название латинской буквы; название звука речи*)
йо́та, -ы (*название греческой буквы; ни на йо́ту*)
йота́ция, -и
йоти́рование, -я
йоти́рованный; *кр. ф.* -ан, -ана
йоти́ровать(ся), -рую, -рует(ся)
йото́ванный; *кр. ф.* -ан, -ана
йоханнесбу́ргский (*от* Йоха́ннесбу́рг)
йоханнесбу́ргцы, -ев, *ед.* -гец, -гца, *тв.* -гцем
йохи́мбе, *нескл., с.* (*дерево*)
йохимби́н, -а
йошка́р-оли́нский (*от* Йошка́р-Ола́)
йошкароли́нцы, -ев, *ед.* -нец, -нца, *тв.* -нцем

К

к и ко, *предлог*
ка, *нескл., с.* (название буквы)
-ка, *частица* – с предшествующим словом пишется через дефис: пойди-ка, ну-ка
Ка́аба, -ы
каати́нга, -и
каба́к, -а́
кабала́, -ы́ (*гнет*)
кабали́ть, -лю́, -ли́т
кабалье́ро, *нескл., м.*
каба́льный; *кр. ф.* -лен, -льна
каба́н, -а́; но: го́д Кабана́ (*по восточному календарю*), Каба́н, -а́ (*о том, кто родился в этот год*)
каба́ний, -ья, -ье
кабани́на, -ы
кабани́ха, -и (*самка кабана*)
Кабани́ха, -и (*лит. персонаж*)
кабани́ще, -а и -и, *мн.* -и, -и́щ, *м.*
каба́нчик, -а
кабарга́, -и́, *р. мн.* -ро́г
кабарго́вый
кабарди́нка, -и, *р. мн.* -нок
Кабарди́но-Балка́рская Респу́блика
кабарди́но-балка́рский
кабарди́но-черке́сский (*язык*)
кабарди́нский (*к* Кабарда́ *и* кабарди́нцы)
кабарди́нцы, -ев, *ед.* -нец, -нца, *тв.* -нцем
кабаре́, *нескл., с.*
кабаре́тный
кабаржи́ный

кабаро́жий, -ья, -ье
кабаро́жка, -и, *р. мн.* -жек
каба́тчик, -а
каба́тчица, -ы, *тв.* -ей
каба́цкий
каба́чество, -а
кабачи́ще, -а, *мн.* -а и -и, -и́щ, *м.*
кабачко́вый
каба́чник, -а
каба́чница, -ы, *тв.* -ей
каба́чный
кабачо́к, -чка́
каббала́, -ы́ (*мистическое учение*)
каббали́ст, -а
каббали́стика, -и
каббалисти́ческий
кабелево́з, -а
кабелеиска́тель, -я
кабелеукла́дчик, -а
ка́бель, -я
ка́бель-кра́н, -а
ка́бель-ма́чта, -ы
ка́бельно-спу́тниковый
ка́бельный
ка́бельтов, -а, *тв.* -ым, *мн.* -ы, -ых
ка́бельщик, -а
каберне́, *нескл., с.*
кабеста́н, -а
кабеста́нный
каби́лы, -ов, *ед.* -и́л, -а
каби́льский (*к* каби́лы *и* Каби́лия)
каби́на, -ы
кабине́т, -а
кабине́тик, -а
кабине́т-мини́стр, -а

Кабине́т мини́стров (*офиц. название правительства в нек-рых странах*)
кабине́тность, -и
кабине́тный
кабине́т-секрета́рь, -я
кабине́тский
кабине́тчик, -а
каби́нка, -и, *р. мн.* -нок
каблогра́мма, -ы
каблу́к, -а́
каблучи́ще, -а, *мн.* -а и -и, -и́щ, *м.*
каблу́чный
каблучо́к, -чка́
ка́бо-ве́рдский (*от* Ка́бо-Ве́рде)
кабове́рдцы, -ев, *ед.* -дец, -дца, *тв.* -дцем
кабота́ж, -а, *тв.* -ем
кабота́жник, -а
кабота́жничать, -аю, -ает
кабота́жный
кабошо́н, -а
кабриоле́т, -а
кабрио́ль, -я
кабри́рование, -я
кабри́рованный; *кр. ф.* -ан, -ана
кабри́ровать(ся), -и́рую, -и́рует(ся)
кабу́ки, *неизм. и нескл., с.*
кабу́л, -а и *неизм.* (*соус*)
кабу́льский (*от* Кабу́л, *город*)
кабу́льцы, -ев, *ед.* -лец, -льца, *тв.* -льцем
ка́бы, *союз*; е́сли бы да кабы́
кабыздо́х, -а

кабэ́ и КБ, *нескл., с. (сокр.:* конструкторское бюро)
кабэ́шник, -а
кабэ́шный
ка́ва-ка́ва, *нескл., м. и с. (кустарник)*
кава́л, -а
кавале́р, -а
кавалерга́рд, -а
кавалерга́рдия, -и
кавалерга́рдский
кавалери́йский
кавалери́ст, -а
кавалери́ст-деви́ца, -ы, *тв.* -ей
кавале́рия, -и
кавале́рский
кавале́рственная да́ма
кавалье́р, -а *(насыпь)*
кавалье́рия, -и *(мера площади)*
кавалька́да, -ы
кавар́да́к, -а́
кавардачо́к, -чка́
кваса́ки, *нескл., м.*
кавати́на, -ы
ка́вголовский *(от Ка́вголово)*
ка́верза, -ы
ка́верзить, -ржу, -зит
ка́верзник, -а
ка́верзница, -ы, *тв.* -ей
ка́верзничать, -аю, -ает
ка́верзность, -и
ка́верзный; *кр. ф.* -зен, -зна
каве́рна, -ы
каверни́т, -а
каверно́зный
каверноме́р, -а
каверноме́трия, -и
кавернотоми́я, -и
ка́ви, *неизм. и нескл., м. (язык)*
кавинто́н, -а
кавитацио́нный
кавита́ция, -и
кавка́зка, -и, *р. мн.* -зок
кавказове́д, -а
кавказове́дение, -я
кавказове́дческий

Кавка́зская война́ *(1817-1864)*
кавка́зский *(от* Кавка́з*); но:* Гла́вный Кавка́зский хребе́т, Кавка́зские Минера́льные Во́ды *(курортный район)*
Кавка́зский регио́н
кавка́зцы, -ев, *ед.* -зец, -зца, *тв.* -зцем
кавторнанг, -а
каву́н, -а́
кавы́ка, -и
кавы́чки, -чек, *ед.* -чка, -и
кавы́чить(ся), -чу, -чит(ся)
кавэзэ́новец, -вца, *тв.* -вцем, *р. мн.* -вцев
кавэзэ́новский *(от* КВН*)*
кавэзэ́нщик, -а
кага́л, -а
кага́льный
кага́н, -а
кагана́т, -а
кагане́ц, -нца́, *тв.* -нцо́м, *р. мн.* -нцо́в
кага́т, -а
кагати́рование, -я
кагати́рованный; *кр. ф.* -ан, -ана
кагати́ровать(ся), -рую, -рует(ся)
кага́тный
кага́тчик, -а
кагорский, -а
ка́гу, *нескл., м.*
кагуа́н, -а *(млекопитающее)*
кагуля́ры, -ов, *ед.* -ля́р, -а
кагэби́ст, -а *(от* КГБ*)*
кагэбэ́шник, -а
кагэбэ́шный
када́нс, -а
кадонси́рованный; *кр. ф.* -ан, -ана
кадонси́ровать(ся), -рую, -рует(ся)
када́стр, -а
када́стровый
ка́девый
каде́нцевый
каде́нция, -и

каде́т, -а
каде́тик, -а
каде́тский
ка́ди, *нескл., м. и (устар.)* ка́дий, -я
кадилла́к, -а
кади́ло, -а
кади́льница, -ы, *тв.* -ей
кади́льный
кади́ть, кажу́, кади́т
кади́ш, -а, *тв.* -ем
ка́дка, -и, *р. мн.* ка́док
ка́дмиево-ни́келевый
ка́дмиевый
ка́дмий, -я
кадмийоргани́ческий
кадми́рование, -я
ка́дочка, -и, *р. мн.* -чек
ка́дочник, -а
ка́дочный
кадр, -а
кадри́ль, -и
кадри́льный
кадри́рование, -я
кадри́рованный; *кр. ф.* -ан, -ана
кадри́ровать(ся), -и́рую, -и́рует(ся)
кадриро́вка, -и
кадри́ть, -рю́, -ри́т *(жарг.)*
кадрови́к, -а́
кадрови́чка, -и, *р. мн.* -чек
кадро́вка, -и
ка́дровый
кадропрое́ктор, -а
кадроско́п, -а
ка́дры, -ов
кадуце́й, -я
каду́шечка, -и, *р. мн.* -чек
каду́шечный
каду́шка, -и, *р. мн.* -шек
кады́к, -а́
кадыка́стый
кады́чный
кадычо́к, -чка́
кадь, -и
каёмка, -и, *р. мн.* -мок

каёмочка, -и, *р. мн.* -чек
каёмочный
каёмчатый
каждение, -я
каждогодний и каждогодный
каждогодно, *нареч.*
каждодневность, -и
каждодневный
каждый
кажется, *вводн. сл.*
кажимость, -и
кажинный (*устар. прост. к каждый*)
кажись, *вводн. сл.*
кажущий(ся)
казак, -а́ и -а, *мн.* -и́, -о́в и -и, -ов
казакин, -а
казакинчик, -а
казаки-разбойники (играть в казаки-разбойники)
казан, -а́
каза́нка, -и, *р. мн.* -нок
Казанова, -ы, *м.*
казано́к, -нка́ (*от* казан)
Каза́нская Божия Матерь (икона)
каза́нский (*от* Казань)
Каза́нский собор (*в Москве, Петербурге*)
каза́нцы, -ев, *ед.* -нец, -нца, *тв.* -нцем
каза́рка, -и, *р. мн.* -рок
каза́рма, -ы
каза́рменный
каза́рочий, -ья, -ье
каза́тчина, -ы
каза́ть(ся), кажу́(сь), ка́жет(ся)
каза́хи, -ов, *ед.* каза́х, -а
каза́хский (*к* казахи *и* Казахстан)
казахста́нка, -и, *р. мн.* -нок
казахста́нский (*от* Казахстан)
казахста́нско-российский
казахста́нцы, -ев, *ед.* -нец, -нца, *тв.* -нцем
каза́цкий (*от* казак)
каза́цко-крестьянский

казаче́ньки, -нек (*от* казаки)
каза́чество, -а
каза́чий, -ья, -ье
казачи́на, -ы, *м.*
каза́чка, -и, *р. мн.* -чек (*к* казак)
казачо́к, -чка́
казачо́нок, -нка, *мн.* -ча́та, -ча́т
каза́шка, -и, *р. мн.* -шек (*к* казахи)
казеи́н, -а
казеи́ново-известко́вый
казеи́ново-ма́сляный
казеи́новый
казема́т, -а
казематированный; *кр. ф.* -ан, -ана
казематировать(ся), -рую, -рует(ся)
казема́тный
казёнка, -и, *р. мн.* -нок
казённик, -а
казённо-бюрократи́ческий
казённоко́штный
казённость, -и
казённый
казёнщина, -ы
ка́зи, *нескл., м.* и (*устар.*) ка́зий, -я
казиа́т, -а
казими́р, -а (*ткань*)
казими́ровый
казине́т, -а
казине́товый
казино́, *нескл., с.*
кази́стый (не очень кази́стый, не больно-то кази́стый)
казна́, -ы́
казначе́й, -я
казначе́йский
казначе́йство, -а
казначе́йша, -и, *тв.* -ей
казнённый; *кр. ф.* -ён, -ена́
казни́ть(ся), -ню́(сь), -ни́т(ся)
казнокра́д, -а
казнокра́дство, -а
казнохрани́лище, -а
казнохрани́тель, -я

казнь, -и
ка́зовость, -и
ка́зовый
казуа́льный; *кр. ф.* -лен, -льна
казуа́р, -а
казуа́рина, -ы
казуа́ровый
казуи́ст, -а
казуи́стика, -и
казуисти́ческий
казуи́стка, -и, *р. мн.* -ток
ка́зус, -а
ка́зус бе́лли, *нескл., м.*
ка́зусный
ка́зус фе́дерис, *нескл., м.*
кайк, -а́
Ка́ин, -а (*библ.*) и ка́ин, -а (*предатель, убийца; бран.*)
каини́т, -а
ка́инов, -а, -о: ка́инова печа́ть, ка́иново отро́дье, ка́иново пле́мя
ка́инский
ка́ирский (*от* Каир)
ка́ирцы, -ев, *ед.* -рец, -рца, *тв.* -рцем
кайе́ннский (*от* Кайе́нна); но: кайе́нский пе́рец
ка́йзер, -а
ка́йзеровский
кайла́, -ы́, *мн.* ка́йлы, кайл, ка́йлам и кайло́, -а́, *мн.* ка́йла, кайл, ка́йлам
кайлённый; *кр. ф.* -ён, -ена́, *прич.*
кайли́ть, -лю́, -ли́т
кайло́вище, -а
кайло́вщик, -а и кайловщи́к, -а́
кайло́вый
кайма́, -ы́, *р. мн.* каём
кайма́к, -а́
кайма́н, -а
кайма́новый
Кайма́новы острова́, Кайма́новых острово́в
кайма́чный
кайми́ть(ся), -млю́, -ми́т(ся)

кайнозо́й, -я
кайнозо́йский
кайноти́пный
ка́йра, -ы
кайра́к, -а
кайса́, -ы́
кайтарма́, -ы́
ка́йтен, -а
кайф, -а и кейф, -а
кайфова́ть, -фу́ю, -фу́ет и кейфова́ть, -фу́ю, -фу́ет
как
ка́ка, нескл., м. (попугай)
какаве́лла, -ы
какаду́, нескл., м.
кака́о, нескл., с.
кака́о-бобы́, -о́в
кака́овый
кака́о-жмы́х, -а и -а́
кака́о-ма́сло, -а
кака́о-порошо́к, -шка́
кака́о-проду́кты, -ов, ед. -ду́кт, -а
кака́о-сырьё, -я́
кака́по, нескл., м. (птица)
ка́к бишь
как бо́г на́ ду́шу поло́жит
как Бо́г свя́т (божба)
как бу́дто (бы)
ка́к бы
ка́к бы не (ка́к бы не упа́сть)
ка́к бы не та́к
ка́к бы ни (ка́к бы ни стара́лись, ничего́ у ни́х не полу́чится)
ка́к бы (то) ни́ было
ка́к же
ка́к же-с
ка́ки, нескл., м. и с. (фрукт)
ка́к-ка́к
ка́к когда́
ка́к кому́
как ку́р во́ щи (попа́сть)
ка́к-либо
как на духу́
как на́зло́
ка́к не (ка́к не хоте́ть!)
ка́к не быва́ло

ка́к ни (ка́к ни тру́дно, а жи́ть на́до; ка́к ни верти́, ка́к ни крути́, а ...)
ка́к-нибудь, нареч., но: ка́к ни бу́дь (ка́к ни бу́дь о́н рассе́ржен, всегда́ сде́ржится)
ка́к ни в чём не быва́ло
как-ника́к
ка́к ни кинь
ка́к ни крути́
ка́ко, нескл., с. (название буквы)
како́в, какова́, каково́
како́в бы ни (како́в бы ни́ был его́ отве́т, я согла́сен)
каково́й
како́вский
како́й
како́й бы ни (како́й бы ни верну́лся – гла́вное, что живо́й)
како́й бы (то) ни́ был(о)
како́й же
како́й-либо
како́й ни (како́й ни глу́пый, а сообрази́л)
како́й-нибудь, местоим., но: како́й ни бу́дь (како́й ни бу́дь до́ждь, мы́ придём)
како́й-никако́й
како́й ни (на) е́сть
како́й попа́ло
како́й тако́й
како́й-то
како́й уго́дно
какофони́ческий
какофони́чный; кр. ф. -чен, -чна
какофо́ния, -и
ка́к попа́ло
ка́к по пи́саному
как ра́з
ка́к ско́ро
ка́к та́к
ка́к то, союз (перед перечислением)
ка́к-то, нареч.
как то́лько
ка́ктус, -а
кактуси́ст, -а

кактусово́д, -а
кактусово́дство, -а
ка́ктусовый
кактуси́тник, -а
ка́к уго́дно
кал, -а
кала́-аза́р, -а
калаба́рские бобы́
калабри́йский (от Кала́брия)
калабри́йцы, -ев, ед. -и́ец, -и́йца, тв. -и́йцем
кала́диум, -а
кала́м, -а
каламба́к, -а
каламбу́р, -а
каламбури́ст, -а
каламбу́рить, -рю, -рит
каламбу́рный
каламбу́рчик, -а
каламбу́рящий
калами́н, -а
калами́товые, -ых
калами́ты, -ов, ед. -ми́т, -а
каламя́нка, -и (ткань)
каламя́нковый
кала́н, -а
кала́ндр, -а
каландри́рование, -я
каландри́рованный; кр. ф. -ан, -ана
каландри́ровать(ся), -и́рую, -и́рует(ся)
каландрова́ние, -я
каландро́ванный; кр. ф. -ан, -ана
каландрова́ть(ся), -ру́ю, -ру́ет(ся)
каландро́вка, -и
каландро́вщик, -а
кала́ндровый
калани́ды, -и́д, ед. -и́да, -ы
кала́ний, -ья, -ье
каланхо́э, нескл., с.
каланча́, -и́, тв. -о́й, р. мн. -е́й
каланчо́вый
кала́о, нескл., м. (птица)
калаха́рский (от Калаха́ри)

кала́ч, -а́, тв. -о́м
кала́чевский (к Кала́ч и Кала́ч-на-Дону́, города)
кала́чевцы, -ев, ед. -вец, -вца, тв. -вцем
кала́чик, -а
кала́чиком, нареч.
Кала́ч-на-Дону́, Калача́-на-Дону́ (город)
кала́чник, -а
кала́чница, -ы, тв. -ей
кала́чный
Кала́чская возвы́шенность
кала́чский (к Кала́ч и Кала́ч-на-Дону́)
Кала́шников, -а: автома́т Кала́шникова
кала́шников, -а, тв. -ым (автома́т Кала́шникова, разг.)
Кала́шный переу́лок (в Москве)
кала́шный ря́д (с суко́нным ры́лом в кала́шный ря́д)
калга́н, -а
калга́нный
Кал-До́, неизм.: Кал-До́ проце́сс, Кал-До́ конве́ртер
калеба́с, -а
калеба́совый
калёванный; кр. ф. -ан, -ана
калева́ть(ся), калю́ю, калю́ет(ся)
калёвка, -и, р. мн. -вок
калёвочный
калёвщик, -а
кале́динский (от Кале́дин)
кале́динщина, -ы
каледони́ды, -и́д, ед. -и́да, -ы
каледо́нский (геол.)
калейдоско́п, -а
калейдоскопи́чески
калейдоскопи́ческий
калейдоскопи́чность, -и
калейдоскопи́чный; кр. ф. -чен, -чна
кале́ка, -и, м. и ж.
календа́рик, -а
календа́рный

календа́рь, -я́
кале́ндула, -ы
кале́нды, -е́нд
кале́ние, -я
калённый; кр. ф. -ён, -ена́, прич.
калёный, прил.
кале́чащий(ся)
кале́чение, -я
кале́ченный; кр. ф. -ен, -ена, прич.
кале́чить(ся), -чу(сь), -чит(ся)
кале́чный, прил.
ка́ли, нескл., с. (е́дкое ка́ли)
кали́бер, -а (дрожки)
кали́берный
кали́бр, -а
калибра́тор, -а
калиброва́льный
калиброва́ние, -я
калибро́ванный; кр. ф. -ан, -ана
калиброва́ть(ся), -ру́ю, -ру́ет(ся)
калибро́вка, -и
калибро́вочный
калибро́вщик, -а
калибро́вщица, -ы, тв. -ей
кали́бровый
калибро́ме́р, -а
калибро́метр, -а
Кали́гула, -ы, м.
ка́лиевый
ка́лий, -я
кали́йно-фо́сфорный
кали́йный
калийсодержа́щий
кали́ка, -и, м. и ж. (странник, нищий)
калика́нт, -а
калика́нтовые, -ых
кали́льный
кали́льня, -и, р. мн. -лен
кали́льщик, -а
кали́льщица, -ы, тв. -ей
калимагне́зия, -и
калиманта́нский (от Калимантан)
кали́на, -ы

калинингра́дка, -и, р. мн. -док
Калинингра́дская осо́бая экономи́ческая зо́на
калинингра́дский (от Калинингра́д)
калинингра́дцы, -ев, ед. -дец, -дца, тв. -дцем
кали́нка, -и, р. мн. -нок
кали́нник, -а
кали́новый
кали́нушка, -и, р. мн. -шек
кали́псо, нескл., с. (танец)
Кали́псо́, нескл., ж. (мифол.)
калисте́гия, -и
калита́, -ы́ (денежная сумка)
Калита́, -ы́, м.: Ива́н Калита́
кали́тка, -и, р. мн. -ток
кали́точка, -и, р. мн. -чек
кали́точный
кали́ть(ся), калю́, кали́т(ся)
кали́ф, -а (устар. к хали́ф; кали́ф на ча́с)
калифа́т, -а (устар. к халифа́т)
калифо́рний, -я (хим.)
калифорни́йка, -и, р. мн. -и́ек
калифорни́йский (от Калифо́рния)
калифорни́йцы, -ев, ед. -и́ец, -и́йца, тв. -и́йцем
калка́н, -а
ка́лла, -ы
калле́за, -ы и калло́за, -ы
калле́зный и калло́зный
каллигра́ф, -а
каллиграфи́чески
каллиграфи́ческий
каллигра́фия, -и
калли́ма, -ы
каллими́ко, нескл., м.
Каллио́па, -ы
каллифори́ды, -и́д, ед. -и́да, -ы
калло́за, -ы и калле́за, -ы
калло́зный и калле́зный
ка́ллус, -а и ка́ллюс, -а
калмы́ки, -ов и калмыки́, -о́в, ед. калмы́к, -а и -а́

калмы́цкий (*к* калмы́ки *и* Калмы́кия)
калмы́чка, -и, *р. мн.* -чек
ка́ловый
калое́д, -а (*жук*)
калокагати́я, -и
ка́ломель, -и
каломе́льный
кало́нг, -а
калоприёмник, -а
калориза́тор, -а
калориза́торный
калориза́ция, -и
калори́йность, -и
калори́йный; *кр. ф.* -и́ен, -и́йна
калори́метр, -а (*к* кало́рия)
калориметри́ческий (*к* кало́рия)
калориме́три́я, -и (*к* кало́рия)
калори́фер, -а
калори́ферный
кало́рия, -и
кало́т, -а (*ящерица*)
кало́ши, -о́ш *и* гало́ши, -о́ш, *ед.* -о́ша, -и, *тв.* -ей
кало́шки, -шек *и* гало́шки, -шек, *ед.* -шка, -и
кало́шница, -ы *и* гало́шница, -ы, *тв.* -ей
кало́шный *и* гало́шный
калу́га, -и (*рыба*)
калужа́не, -а́н, *ед.* -а́нин, -а
калужа́нка, -и, *р. мн.* -нок
калу́жница, -ы, *тв.* -ей (*растение*)
калу́жский (*от* Калу́га, *город*)
калу́фер, -а *и* кану́фер, -а
калы́м, -а
калы́мить, -млю, -мит
калы́мный
калы́мщик, -а
кальва́до́с, -а
кальви́ль, -я
кальвини́зм, -а
кальвини́ст, -а
кальвини́стка, -и, *р. мн.* -ток
кальвини́стский
кальде́ра, -ы

ка́лька, -и, *р. мн.* ка́лек
кальки́рование, -я
кальки́рованный; *кр. ф.* -ан, -ана
кальки́ровать(ся), -рую, -рует(ся)
калькодержа́тель, -я
калькули́рованный; *кр. ф.* -ан, -ана
калькули́ровать(ся), -рую, -рует(ся)
калькуля́тор, -а
калькуля́торный
калькуляцио́нный
калькуля́ция, -и
кальку́ттка, -и, *р. мн.* -тток
кальку́ттский (*от* Кальку́тта)
кальку́ттцы, -ев, *ед.* -ттец, -ттца, *тв.* -ттцем
кальмалло́й, -я
кальма́р, -а
кальсо́нный
кальсо́нчики, -ов
кальсо́ны, -о́н
ка́льцекс, -а
кальцеоля́рия, -и
кальцефи́лы, -ов, *ед.* -фи́л, -а
кальцефи́льный
кальцефо́бный
кальцефо́бы, -ов, *ед.* -фо́б, -а
ка́льциевый
ка́льций, -я
ка́льцийоргани́ческий
ка́льцийсодержа́щий
кальци́на, -ы
кальцина́ция, -и
кальцини́рование, -я
кальцини́рованный; *кр. ф.* -ан, -ана
кальцини́ровать(ся), -рую, -рует(ся)
кальцино́з, -а
кальци́т, -а
кальциферо́л, -а
кальцифи́р, -а
кальян, -а
калья́нный (*от* калья́н)

каля́зинский (*от* Каля́зин)
каля́зинцы, -ев, *ед.* -нец, -нца, *тв.* -нцем
каля́канье, -я
каля́кать, -аю, -ает
каля́ный (*жёсткий, негибкий*)
каля́щий(ся)
КамА́З, -а (*завод и автомобиль*)
кама́зовец, -вца, *тв.* -вцем, *р. мн.* -вцев
кама́зовский (*от* КамА́З)
камальду́лы, -ов, *ед.* -ду́л, -а
камамбе́р, -а
камари́лья, -и, *р. мн.* -лий
кама́ринская, -ой *и* кама́ринский, -ого
ка́мас, -а *и* ка́мус, -а
кама́ссия, -и
ка́мбала, -ы *и* камбала́, -ы́
ка́мба́лий, -ья, -ье
камбалообра́зные, -ых
камбиа́льный (*от* ка́мбий)
камбиа́та, -ы (*муз.*)
ка́мбий, -я
ка́мбио, *нескл., с.*
камби́ст, -а
камбоджи́йка, -и, *р. мн.* -и́ек
камбоджи́йский (*от* Камбо́джа)
камбоджи́йцы, -ев, *ед.* -и́ец, -и́йца, *тв.* -и́йцем
ка́мбуз, -а
ка́мбузник, -а
ка́мбузный
камво́льно-пряди́льный
камво́льно-суко́нный
камво́льный
камво́льщик, -а
камво́льщица, -ы, *тв.* -ей
камедетече́ние, -я
каме́дистый
каме́дный
каме́дь, -и (*вещество*)
каме́йный
камелёк, -лька́ (*камин, очаг*)
каме́лия, -и
камене́ть, -е́ю, -е́ет

КАМЕНЕЦКИЙ

каменецкий (к Каменец-Подольский)
Каменец-Подольский, -ого (город)
каменистость, -и
каменистый
каменка, -и, р. мн. -нок
каменно-земляной
каменноостровский (от Каменный остров)
каменность, -и
каменноугольный
каменно-щебёночный
каменный
каменный век
Каменный Лог (поселок)
Каменный мост (в Москве)
Каменный остров (в Петербурге)
каменобоец, -ойца, тв. -ойцем, р. мн. -ойцев
каменоломный
каменоломня, -и, р. мн. -мен
каменотёс, -а
каменский (к Каменск, Камень-на-Оби, Каменка)
Каменск-Уральский, Каменска-Уральского (город)
Каменск-Шахтинский, Каменска-Шахтинского (город)
каменушка, -и, р. м. -шек
каменщик, -а
каменщичий, -ья, -ье
камены, -ен, ед. камена, -ы
камень, камня, мн. камни, -ей и каменья, -ьев; но (в геогр. названиях) Камень, Камня, напр.: Денежкин Камень (гора и заповедник), Канин Камень (возвышенность), Камень, Большой Камень (города)
Камень-на-Оби, Камня-на-Оби (город)
каменюка, -и
камера, -ы
камералист, -а

камералистика, -и
камералить, -лю, -лит
камералка, -и, р. мн. -лок
камеральничать, -аю, -ает
камеральный
камера-обскура, камеры-обскуры и камер-обскура, -ы
камерата, -ы
камергер, -а
камергерский
камергерша, -и, тв. -ей
камердинер, -а
камердинерский
камеристка, -и, р. мн. -ток
Камер-коллегия, -и (ист.)
камер-коллежский
камер-лакей, -я
камер-музыкант, -а
камерно-инструментальный
камерность, -и
камерный; кр. ф. -рен, -рна
Камерный театр (в Москве)
камер-обскура, -ы и камера-обскура, камеры-обскуры
камер-паж, -пажа и -пажа, тв. -ом и -ем
камертон, -а
камертонный
камерунский (от Камерун)
камерунцы, -ев, ед. -нец, -нца, тв. -нцем
камер-фрау, нескл., ж.
камер-фрейлина, -ы
камер-фурьер, -а
камер-фурьерский
камер-юнкер, -а
камер-юнкерский
камер-юнкерство, -а
каметон, -а
камешек, -шка и камушек, -шка
камешник, -а
камея, -и
камзол, -а
камзольный
камзольчик, -а
камизары, -ов, ед. -зар, -а

камикадзе, нескл., м.
камилавка, -и, р. мн. -вок
камин, -а
каминный
камка, -и
камковый
камлание, -я
камлать, -аю, -ает
камлея, -и
камлот, -а
камлотовый
камнебетон, -а
камнебетонный
камнебитный
камнедобытчик, -а
камнедробилка, -и, р. мн. -лок
камнедробильный
камнедробление, -я
камнелитейный
камнелитой
камнеломка, -и, р. мн. -мок
камнеломковые, -ых
камнемёт, -а
камнемётный
камненабросный
камнеобрабатывающий
камнеобработка, -и
камнеобработчик, -а
камнепад, -а
камнеподборщик, -а
камнерез, -а
камнерезный
камнесечение, -я
камнетёсный
камнетёсец, -тёсца, тв. -тёсцем, р. мн. -тёсцев
камнеуборочный
камнешарка, -и, р. мн. -рок
камнешлифовальный
Камни, -ей: Нефтяные Камни (поселок)
камора, -ы (помещение; часть канала ствола в орудиях)
камора, -ы (помещение; надстрочный знак)
каморка, -и, р. мн. -рок

камо́рочка, -и, *р. мн.* -чек
камо́рра, -ы (*тайная бандитская организация*)
кампа́льский (*от* Кампа́ла)
кампа́льцы, -ев, *ед.* -лец, -льца, *тв.* -льцем
кампане́йский (*от* кампа́ния)
кампане́йщина, -ы (*к* кампа́ния)
кампане́лла, -ы (*муз.*)
кампани́ла, -ы (*архит.*)
кампа́ния, -и (*поход; деятельность*)
кампа́нский (*от* Кампа́ния, *геогр.*)
кампану́ла, -ы (*растение*)
кампа́нцы, -ев, *ед.* -нец, -нца, *тв.* -нцем (*от* Кампа́ния, *геогр.*)
кампе́ш, -а, *тв.* -ем
кампе́шевый
камполо́н, -а
ка́мпос, -а (*саванна в Бразилии*)
камптозо́и, -зо́й (*зоол.*)
камптони́т, -а
ка́мпус, -а (*студенческий городок в США; то же, что* кампос)
камра́д, -а
камса́, -ы́ и хамса́, -ы́ (*рыба*)
Ка́мские Поля́ны (*город*)
ка́мский (*от* Ка́ма)
ка́мус, -а и ка́мас, -а
камуфле́т, -а
камуфле́тный
камуфли́рование, -я
камуфли́рованный; *кр. ф.* -ан, -ана
камуфли́ровать(ся), -рую(сь), -рует(ся)
камуфля́ж, -а, *тв.* -ем
камуфля́жный
ка́мушек, -шка и ка́мешек, -шка
камфара́, -ы́ и ка́мфора, -ы
камфа́рный и ка́мфорный
камфе́н, -а
камфе́новый
ка́мфора, -ы и камфара́, -ы́

ка́мфорный и камфа́рный (ка́мфорное де́рево; но: ка́мфорное и камфа́рное ма́сло, ка́мфорный и камфа́рный спи́рт)
камфороно́сный
камфоросма́, -ы́
ка́мцы, -ев, *ед.* ка́мец, ка́мца, *тв.* ка́мцем
камча́, -и́, *тв.* -о́й
камчада́лка, -и, *р. мн.* -лок
камчада́лы, -ов, *ед.* -да́л, -а
камчада́льский
Камча́тка, -и (*полуостров*) и камча́тка, -и (*задние парты в классе; камчатная ткань*)
камча́тник, -а
камча́тный
камча́тский (*от* Камча́тка)
камча́тцы, -ев, *ед.* -тец, -тца, *тв.* -тцем
камча́тый
ка́мы, -ов, *ед.* кам, -а (*геол.*)
камы́ль, -я
камы́ш, -а́, *тв.* -о́м
камыша́не, -а́н, *ед.* -а́нин, -а (*к* Камы́шин)
камыша́нка, -и, *р. мн.* -нок (*к* Камы́шин)
камы́шевка, -и, *р. мн.* -вок и камышо́вка, -и, *р. мн.* -вок
камышекоси́лка, -и, *р. мн.* -лок
камы́шина, -ы
камыши́нка, -и, *р. мн.* -нок
камы́шинский (*от* Камы́шин)
камыши́стый
камыши́т, -а
камыши́товый
камы́шница, -ы, *тв.* -ей
камышо́вка, -и, *р. мн.* -вок и камы́шевка, -и, *р. мн.* -вок
камышо́вый
кана́, *нескл., ж. и с.*
кана́ва, -ы
канава́лия, -и
кана́вища, -и, *тв.* -ей
кана́вка, -и, *р. мн.* -вок

кана́вный
канавокопа́тель, -я
канавокопа́тельный
кана́дка, -и, *р. мн.* -док
кана́дский (*от* Кана́да)
кана́дско-росси́йский
кана́дцы, -ев, *ед.* -дец, -дца, *тв.* -дцем
кана́л, -а
канализа́тор, -а
канализацио́нный
канализа́ция, -и
канализи́рованный; *кр. ф.* -ан, -ана
канализи́ровать(ся), -рую, -рует(ся)
канализо́ванный; *кр. ф.* -ан, -ана
канализова́ть(ся), -зу́ю, -зу́ет(ся)
канали́рование, -я
кана́ловый
каналокиломе́тр, -а
каналокопа́тель, -я
каналоочисти́тель, -я
каналоочисти́тельный
каналострои́тель, -я
каналоуправле́ние, -я
кана́льный
кана́льский
кана́льство, -а
кана́льцы, -ев, *ед.* -лец, -льца, *тв.* -льцем
кана́льчик, -а
кана́лья, -и, *р. мн.* -лий, *м. и ж.*
канапе́, *нескл., с.*
канаре́ечка, -и, *р. мн.* -чек
канаре́ечник, -а
канаре́ечно-жёлтый
канаре́ечный
канаре́йка, -и, *р. мн.* -е́ек
кана́рский (*к* Кана́рские острова́, Кана́ры)
кана́рцы, -ев, *ед.* -рец, -рца, *тв.* -рцем
кана́т, -а
кана́тка, -и, *р. мн.* -ток
кана́тник, -а

канатно-верёвочный
канатно-кресельный
канатно-подвесной
канатный
канатопрядение, -я
канатопрядильный
канатоходец, -дца, *тв.* -дцем, *р. мн.* -дцев
канатчик, -а
Канатчикова дача (*о психбольнице*)
канаус, -а
канаусовый
канберрский (*от* Канберра)
канберрцы, -ев, *ед.* -ррец, -ррца, *тв.* -ррцем
канва, -ы
канвовый
кандалакшане, -ан, *ед.* -анин, -а
кандалакшанка, -и, *р. мн.* -нок
кандалакшский (*от* Кандалакша)
кандалакшцы, -ев, *ед.* -шец, -шца, *тв.* -шцем
кандалы, -ов
кандальник, -а
кандальный
кандела, -ы
кандела-секунда, -ы
канделябр, -а
канделябровый
кандибобер: с кандибобером
кандидамикоз, -а
кандидат, -а
кандидатка, -и, *р. мн.* -ток
кандидатский
кандидатура, -ы
кандидоз, -а
кандило, -а
кандиловжигатель, -я
кандиль, -я
кандиль-китайка, -и
кандиль-синап, -а
кандия, -и
кандык, -а
канзасский (*от* Канзас)

канзасцы, -ев, *ед.* -сец, -сца, *тв.* -сцем
каникулы, -ул
каникулярный
Канин Нос, Канина Носа (*мыс*)
Канин полуостров, Канина полуострова
канистра, -ы
канистровый
канителить(ся), -лю(сь), -лит(ся)
канитель, -и
канительный; *кр. ф.* -лен, -льна
канительщик, -а
канительщица, -ы, *тв.* -ей
канителящий(ся)
канифас, -а
канифас-блок, -а
канифасный
канифасовый
канифолить(ся), -лю, -лит(ся)
канифоль, -и
канифольный
канифолящий(ся)
канкан, -а
канканёр, -а
канканёрка, -и, *р. мн.* -рок
канканировать, -рую, -рует
канканный
канклес, -а
канкринит, -а
канкроид, -а
канна, -ы
каннада, *неизм. и нескл., м.* (*язык*)
каннара, *нескл., мн., ед. м. и ж.* (*народ*)
каннель, -я
каннелюра, -ы
каннибал, -а
каннибализм, -а
каннибальский
каннибальство, -а
каннский (*от* Канн, Канны)
Каннский кинофестиваль
каннцы, -ев, *ед.* каннец, каннца, *тв.* каннцем
каноист, -а

канон, -а
канонада, -ы
канонарх, -а
канонерка, -и, *р. мн.* -рок
канонерский
канонизационный
канонизация, -и
канонизированный; *кр. ф.* -ан, -ана
канонизировать(ся), -рую, -рует(ся)
канонизованный; *кр. ф.* -ан, -ана
канонизовать(ся), -зую, -зует(ся)
каноник, -а (*католический священник*)
канонир, -а
канонирский
канонический
каноничность, -и
каноничный; *кр. ф.* -чен, -чна
канонник, -а (*церк. книга; чтец канонов*)
канопа, -ы
Каносса, -ы: идти (пойти) в Каноссу
канотье, *нескл., с.*
каноэ, *нескл., с.*
каноэ-двойка, -и, *р. мн.* -двоек
каноэ-одиночка, -и, *р. мн.* -чек
каноэ-регата, -ы
каноэ-шестёрка, -и, *р. мн.* -рок
канский (*от* Кан, *река, и* Канск)
кант, -а
Кант, -а: гипотеза Канта
кантабиле, *неизм. и нескл., с.*
캔талупа, -ы
кантар, -а
кантаридин, -а
кантарофилия, -и
кантата, -ы
кантатный
кантеле, *нескл., с.*
кантелист, -а
Кантемировская дивизия
кантемировцы, -ев, *ед.* -вец, -вца, *тв.* -вцем

кантиа́нец, -нца, *тв.* -нцем, *р. мн.* -нцев
кантиа́нский
кантиа́нство, -а
ка́нтик, -а
кантиле́на, -ы
кантиле́нность, -и
кантиле́нный
кантова́ние, -я
канто́ванный; *кр. ф.* -ан, -ана
кантова́тель, -я
кантова́ть(ся), -ту́ю(сь), -ту́ет(ся)
канто́вка, -и, *р. мн.* -вок
ка́нтовский (*от* Кант)
канто́н, -а
кантона́льный
кантони́ст, -а
кантони́стский
канто́нный
кантопла́стика, -и
ка́нтор, -а
ка́нторский
ка́нтри, *неизм. и нескл., с.*
кану́н, -а
кану́нный
кану́ри, *неизм. и нескл., м. (язык) и нескл., мн., ед. м. и ж. (народ)*
ка́нуть, ка́ну, ка́нет
кану́фер, -а *и* калу́фер, -а
ка́нфар, -а
канфа́рить, -рю, -рит
канфа́рка, -и (*в иконописи*)
канфа́рник, -а
ка́нцелинг, -а
канцеляри́зм, -а
канцеляри́ст, -а
канцеляри́стка, -и, *р. мн.* -ток
канцеляри́стский
канцеляри́т, -а
канцеля́рия, -и
канцеля́рский
канцеля́рско-бюрократи́ческий
канцеля́рско-делово́й
канцеля́рщина, -ы
ка́нцер, -а

канцероге́н, -а
канцерогене́з, -а
канцероге́нность, -и
канцероге́нный; *кр. ф.* -енен, -енна
канцерофо́бия, -и
канциона́л, -а
ка́нцлер, -а
ка́нцлерский
ка́нцлерство, -а
канцо́на, -ы
канцоне́тта, -ы
канцпринадле́жности, -ей
канцтова́ры, -ов
канчи́ли, *нескл., м.*
каньо́н, -а
каню́к, -а́ (*птица*)
каню́ка, -и, *м. и ж.* (*тот, кто канючит*)
каню́ля, -и
каню́чащий
каню́ченье, -я
каню́чить, -чу, -чит
каоли́н, -а
каолиниза́ция, -и
каолини́т, -а
каоли́новый
каолино́з, -а
као́ны, -ов, *ед.* као́н, -а
кап¹, -а (*наплыв на дереве*)
кап², *неизм.*
ка́панный; *кр. ф.* -ан, -ана
ка́панье, -я
ка́пать¹, ка́пает *и* ка́плет (*падать каплями*)
ка́пать², ка́паю, ка́пает (*лить медленно, по капле; доносить, ябедничать*)
ка́пающий
капвложе́ния, -ий, *ед.* -е́ние, -я
капели́рование, -я (*капеляция*)
капели́ровать, -рую, -рует (*к капеля́ция*)
капе́лла, -ы
Капе́лла, -ы (*астр.*)
капелла́н, -а

капе́ль, -и
капельди́нер, -а
капельди́нерский
ка́пелька, -и, *р. мн.* -лек
ка́пельку, *нареч.*
капельме́йстер, -а
капельме́йстерский
ка́пельница, -ы, *тв.* -ей
ка́пельно-жи́дкий
ка́пельный (*к* ка́пля, ка́пли)
капе́льный (*к* капе́ль)
капелю́х, -а
капеля́ция, -и (*определение количества благородных металлов в сплавах*)
ка́пер, -а
капера́нг, -а
ка́перный
ка́перс, -а (*растение*)
ка́перский (*от* ка́пер)
ка́персовый (*от* ка́перс *и* ка́персы)
ка́перство, -а
ка́персы, -ов (*приправа*)
Капети́нги, -ов (*династия*)
капети́нгский
капилли́ций, -я
капилля́р, -а
капиллярио́з, -а
капилля́рность, -и
капилля́рный
капиллярографи́ческий
капилляроргра́фия, -и
капилляроскопи́я, -и
капилля́рчик, -а
капита́л, -а
капита́лец, -льца, *тв.* -льцем
капитализа́ция, -и
капитализи́рованный; *кр. ф.* -ан, -ана
капитализи́ровать(ся), -рую, -рует(ся)
капитали́зм, -а
капитали́ст, -а
капиталисти́ческий
капитали́стка, -и, *р. мн.* -ток

КАПИТАЛИШКО

капита́лишко, -а и -и, м.
капита́лка, -и, р. мн. -лок (капремонт)
капиталовложе́ния, -ий, ед. -е́ние, -я
капиталоёмкий; кр. ф. -ёмок, -ёмка
капиталоёмкость, -и
капиталоотда́ча, -и, тв. -ей
капита́л, -я
капита́льно-восстанови́тельный
капита́льно отремонти́рованный
капита́льность, -и
капита́льный; кр. ф. -лен, -льна
капита́н, -а
капита́н-дире́ктор, -а
капита́н-инжене́р, капита́на-инжене́ра
капита́н-испра́вник, -а
капита́нка, -и, р. мн. -нок
капита́н-командо́р, -а
капита́н-лейтена́нт, -а
капита́н-лейтена́нт-инжене́р, капита́н-лейтена́нта-инжене́ра
капита́н-меха́ник, капита́на-меха́ника
капита́н [1] (пе́рвого) ра́нга – инжене́р, капита́на [1] (пе́рвого) ра́нга – инжене́ра
капита́н-ре́гент, капита́на-ре́гента
капита́нский
капита́нство, -а
капите́ль, -и (архит.)
капите́льный
Капито́лий, -я (в Риме, в Вашингтоне)
капитоли́йский (от Капито́лий)
Капитоли́йский хо́лм (в Риме)
капи́тул, -а
капитули́ровать, -рую, -рует
капитуля́нт, -а
капитуля́нтский
капитуля́нтство, -а

капитуля́рии, -ев, ед. -я́рий, -я
капитуля́ция, -и
Капи́ца, -ы, м.: зако́н Капи́цы, температу́рный скачо́к Капи́цы
ка́пище, -а
капка́н, -а
капка́нный
капка́нчик, -а
капка́нщик, -а
кап-ка́п, неизм.
каплеви́дный; кр. ф. -ден, -дна
каплеобра́зный; кр. ф. -зен, -зна
каплеотдели́тель, -я
каплеуказа́тель, -я
ка́пли, ка́пель (жидкое лекарство)
капли́ца, -ы, тв. -ей
каплу́н, -а́
каплю́шка, -и, р. мн. -шек
ка́плющий и ка́пающий (к ка́пать [1])
ка́пля, -и, р. мн. ка́пель
ка́пнуть, -ну, -нет
ка́повый
капо́к, капка́
капоко́рень, -рня
капокорешко́вый
капокорешо́к, -шка́
капони́р, -а
ка́пор, -а
капо́т, -а
капота́ж, -а, тв. -ем
капота́жный
капо́тик, -а
капоти́рование, -я
капоти́рованный; кр. ф. -ан, -ана
капоти́ровать(ся), -рую, -рует(ся)
капо́тненский (от Капо́тня)
ка́ппа, -ы (название буквы)
каппадоки́йский (от Каппадо́кия)
каппадоки́йцы, -ев, ед. -и́ец, -и́йца, тв. -и́йцем
ка́ппа-фа́ктор, -а
капра́л, -а

капра́льский
капра́льство, -а
капремо́нт, -а
капри́з, -а (прихоть)
капри́за, -ы, м. и ж. (капризный человек)
капри́зник, -а
капри́зница, -ы, тв. -ей
капри́зничанье, -я
капри́зничать, -аю, -ает
капри́зность, -и
капри́зный; кр. ф. -зен, -зна
капризу́ля, -и, р. мн. -зу́ль и -зу́лей, м. и ж.
капризу́нья, -и, р. мн. -ний
капри́йский (от Ка́при)
капри́йцы, -ев, ед. -и́ец, -и́йца, тв. -и́йцем
каприо́ль, -я
капри́с, -а (муз.)
прифо́ль, -и
капри́ччио и капри́ччо, нескл., с.
каприччио́зо, нескл, с.
капровелю́р, -а
капролакта́м, -а
капролакта́мовый
капро́н, -а
капро́новый
ка́псель, -я (огнеупорная форма)
ка́псельный (от ка́псель)
капси́д, -а
Ка́пский: Ка́пская коло́ния, Ка́пская прови́нция, Ка́пские го́ры, Ка́пская скла́дчатая зо́на, Ка́пская подо́бласть (зоогеографическая)
капсоме́ры, -ов, ед. -ме́р, -а
капстрана́, -ы́, мн. -стра́ны, -стра́н
капстрои́тельство, -а
ка́псула, -ы (оболочка)
капсули́рование, -я
капсули́рованный; кр. ф. -ан, -ана
капсули́ровать(ся), -рую, -рует(ся)

ка́псульный (от ка́псула)
ка́псюль, -я (пистон, взрыватель)
ка́псюль-детона́тор, ка́псюля-детона́тора
ка́псюльный (от ка́псюль)
капта́ж, -а, тв. -ем
капта́жный
капта́л, -а
каптена́рмус, -а
каптёр, -а
каптёрка, -и, р. мн. -рок
капти́рование, -я
капти́рованный; кр. ф. -ан, -ана
капти́ровать(ся), -рую, -рует(ся) (заключать(ся) в трубы)
Капуле́тти, нескл., мн.: Монте́кки и Капуле́тти
капу́ста, -ы
Капу́стин Яр, Капу́стина Я́ра (населенный пункт; полигон, испытательный центр)
капу́стка, -и
капу́стник, -а
капу́стница, -ы, тв. -ей
капу́стный
капустоубо́рочный
капу́т, в знач. сказ.
капуци́нки, -нок, ед. -нка, -и
капуци́ны, -ов, ед. -ци́н, -а
капюшо́н, -а
кар[1], -а (углубление, геогр.)
кар[2], неизм.
ка́ра, -ы
Караба́с-Бараба́с, Караба́са-Бараба́са
караба́хский (от Караба́х)
караба́хцы, -ев, ед. -хец, -хца, тв. -хцем
караби́н, -а
карабине́р, -а
карабине́рный
карабине́рский
караби́нный
караби́нчик, -а
кара́бканье, -я

кара́бкаться, -аюсь, -ается
Карабога́зская пересы́пь
кара́-бога́зский (к Кара́-Бога́з-Го́л) и кара́-буга́зский (к Кара́-Буга́з)
карабу́ра, -ы
карава́джиевский (от Карава́джо)
караваджи́зм, -а
карава́й, -я
карава́йка, -и, р. мн. -аек (птица)
карава́н, -а
карава́нный
карава́н-сара́й, -я
карава́нщик, -а
карове́лла, -ы
карага́на, -ы (кустарник)
караганди́нский (от Караганда́)
караганди́нцы, -ев, ед. -нец, -нца, тв. -нцем
карага́нка, -и, р. мн. -нок (лисица)
карага́ч, -а́ и -а, тв. -о́м и -ем
карага́чевый
карадри́на, -ы
караи́мка, -и, р. мн. -мок
караи́мский
караи́мы, -ов, ед. -и́м, -а
карака́л, -а
каракалпа́ки, -ов, ед. -па́к, -а
каракалпа́кский
каракалпа́чка, -и, р. мн. -чек
кара́касский (от Кара́кас)
кара́касцы, -ев, ед. -сец, -сца, тв. -сцем
карака́тица, -ы, тв. -ей
кара́ковый
каракулево́д, -а
каракулево́дство, -а
каракулево́дческий
кара́кулевый
каракулесму́шковый
кара́кули, -ей и -уль, ед. -уля, -и
кара́куль, -я
кара́кульки, -лек, ед. -лька, -и
караку́льский (караку́льская порода овец)

караку́льча́, -и́, тв. -о́й
караку́мский (от Караку́мы)
караку́рт, -а
карама́зовский (от Карама́зовы)
карама́зовщина, -ы
карамбо́ла, -ы (фрукт)
карамболи́на, -ы
карамбо́ль, -я
карамелева́рочный
карамелеформу́ющий
караме́ль, -и
караме́лька, -и, р. мн. -лек
караме́льный
карамзини́ст, -а
карамзи́нский (от Карамзи́н)
кара́мора, -ы
каранда́ш, -а́, тв. -о́м
каранда́шик, -а
каранда́шница, -ы, тв. -ей
каранда́шный
каранти́н, -а
каранти́нно-санита́рный
каранти́нный
карао́ке, нескл., с.
карапо́диум, -а
карапу́з, -а
карапу́зик, -а
карасёвый
кара́сий, -ья, -ье
кара́сик, -а
караси́ный
караси́шка, -и, р. мн. -шек, м.
караси́ще, -а и -и, мн. -и, -и́щ, м.
кара́сь, -я́
кара́т, -а, р. мн. -ов, счетн. ф. кара́т и -ов
карата́н, -а
карата́у, нескл., м. (горная цепь, отрог) и Карата́у, нескл., м. (в названиях конкретных горных цепей, отрогов в Казахстане и на Урале)
карата́уский
карате́, нескл., с.
карате́-до́, нескл., с.
карате́-кеку́синкай, нескл., с.

каратель, -я
карательный
каратист, -а
карать(ся), -аю, -ает(ся)
караул¹, -а
караул², неизм.
караулить(ся), -лю(сь), -лит(ся)
караулка, -и, р. мн. -лок
караульный
караульня, -и, р. мн. -лен
караульщик, -а
караульщица, -ы, тв. -ей
караулящий
карачаевка, -и, р. мн. -вок
карачаево-балкарский (язык)
Карачаево-Черкесская Республика
карачаево-черкесский
карачаевский
карачаевцы, -ев, ед. -вец, -вца, тв. -вцем
карачки: на карачках, на карачки
карачун, -а и -а
карбазол, -а
карбамид, -а
карбамидный
карбанионы, -ов, ед. -ион, -а
карбас, -а
карбасный
карбены, -ов, ед. -бен, -а
карбид, -а
карбидкремниевый
карбидный
карбидообразующий
карбин, -а
карбинол, -а
карбинольный
карбкатионы, -ов, ед. -ион, -а
карбоангидраза, -ы
карбованец, -нца, тв. -нцем, р. мн. -нцев
карбогемоглобин, -а
карбоген, -а
карбоксигемоглобин, -а
карбоксил, -а

карбоксилазы, -аз, ед. -аза, -ы
карбоксилатный
карбоксилирование, -я
карбоксилированный; кр. ф. -ан, -ана
карбоксилировать(ся), -рую, -рует(ся)
карбоксильный
карбоксиметилцеллюлоза, -ы
карбоксипептидазы, -аз, ед. -аза, -ы
карболен, -а
карболит, -а
карболка, -и
карболовый
карбомал, -а
карбон, -а
карбонад, -а (свинина)
карбонадо, нескл., м. (алмаз)
карбонаризм, -а
карбонарий, -я
карбонарский
карбонат, -а (хим.)
карбонатизация, -и
карбонатизоваться, -зуется
карбонатит, -а
карбонатитовый
карбонатно-сланцевый
карбонатный
карбонизационный
карбонизация, -и
карбонизированный; кр. ф. -ан, -ана
карбонизировать(ся), -рую, -рует(ся)
карбонил, -а
карбонильный
карбонит, -а
карбоновый
карбопласты, -ов, ед. -аст, -а
карбораны, -ов, ед. -ран, -а
карборунд, -а
карборундовый
карботермия, -и
карботион, -а
карбофос, -а

карбоцепной
карбоциклический
карбромал, -а
карбункул, -а
карбункулёзный
карбыш, -а, тв. -ем
карбюратор, -а
карбюраторный
карбюрация, -и
карбюризатор, -а
карбюрированный; кр. ф. -ан, -ана
карбюрировать(ся), -рую, -рует(ся)
карга, -и (отмель)
карга, -и (старуха)
карго, нескл., с. (груз)
карго-план, -а
Каргополье, -я (к Каргополь)
каргопольский (от Каргополь)
каргопольцы, -ев, ед. -лец, -льца, тв. -льцем
карда, -ы
кардамон, -а
кардамонный
кардамоновый
кардан, -а
карданный
кардиалгия, -и
кардиган, -а
кардинал, -а
кардинальность, -и
кардинальный; кр. ф. -лен, -льна
кардинальский
кардио... — первая часть сложных слов, пишется слитно
кардиобригада, -ы
кардиогенный
кардиограмма, -ы
кардиограф, -а
кардиографический
кардиография, -и
кардиоида, -ы
кардиокринум, -а
кардиолог, -а
кардиологический

кардиоло́гия, -и
кардиомонито́р, -а
кардиопа́тия, -и
кардиопатоло́гия, -и
кардиоревматологи́ческий
кардиоревматоло́гия, -и
кардиосклеро́з, -а
кардиоско́п, -а
кардиоспа́зм, -а
кардиостимуля́тор, -а
кардиотонзилля́рный
кардиотони́ческий
кардиофо́бия, -и
кардиохиру́рг, -а
кардиохирурги́ческий
кардиохирурги́я, -и
ка́рдный
ка́рдокс, -а
кардоле́нта, -ы
кардо́н, -а (*растение*)
кардочеса́льный
кардочеса́ние, -я
каре́, *нескл., с.*
карегла́зый
каре́лка, -и, *р. мн.* -лок
каре́ло-фи́нский
каре́лы, каре́л и -ов, *ед.* каре́л, -а
каре́льский (*к* каре́лы *и* Каре́лия)
Каре́льский переше́ек
каре́ны, -ов, *ед.* каре́н, -а (*народ*)
каре́та, -ы
каре́тка, -и, *р. мн.* -ток
каре́тник, -а
каре́тный
Каре́тный Ря́д (*улица*)
каре́тта, -ы (*черепаха*)
кариати́да, -ы
кари́бский (*к* кари́бы *и* Кари́бское мо́ре, Кари́бы)
Кари́бский бассе́йн (*страны Кари́бского бассе́йна*)
Кари́бский кри́зис (*1962*)
Кари́бское мо́ре
карибу́, *нескл., м.* (*животное*)
кари́бы, -ов, *ед.* кари́б, -а (*группа племён*)

ка́риес, -а
ка́рий
карийо́н, -а
карикату́ра, -ы
карикатури́ст, -а
карикатури́стка, -и, *р. мн.* -ток
карикату́рить, -рю, -рит
карикату́рка, -и, *р. мн.* -рок
карикату́рность, -и
карикату́рный; *кр. ф.* -рен, -рна
каринти́йский (*от* Кари́нтия)
каринти́йцы, -ев, *ед.* -и́ец, -и́йца, *тв.* -и́йцем
кариога́мия, -и
кариогра́мма, -ы
карио́зный
кариокине́з, -а
кариоли́зис, -а
кариоло́гия, -и
кариопикно́з, -а
кариопла́зма, -ы
кариоре́ксис, -а
кариосистема́тика, -и
карио́та, -ы
кариотаксоно́мия, -и
кариоти́п, -а
кариофа́нон, -а
ка́рия, -и (*дерево*)
ка́рканье, -я
кар-ка́р, *неизм.*
карка́с, -а
карка́сно-пане́льный
карка́сно-щитово́й
карка́сный
ка́ркать, -аю, -ает
ка́ркнуть, -ну, -нет
ка́рла, -ы, *м.* и ка́рло, -а, *м.*
Ка́рл Вели́кий
ка́рлик, -а
ка́рликовость, -и
ка́рликовый
карли́стский
карли́сты, -ов, *ед.* -и́ст, -а
ка́рлица, -ы, *тв.* -ей
ка́рло, -а, *м.* и ка́рла, -ы, *м.*

карлова́рский (*от* Ка́рловы Ва́ры)
карлова́рцы, -ев, *ед.* -рец, -рца, *тв.* -рцем
Ка́рлов университе́т, Ка́рлова университе́та (*в Праге*)
карлсба́дский (*от* Карлсба́д)
Ка́рл Сме́лый
ка́рма, -ы
кармази́н, -а
кармази́нный
ка́рма-йо́га, -и
карма́н, -а
карма́нник, -а
карма́нный
карма́нчик, -а
карма́нщик, -а
Карманьо́ла, -ы (*песня*) и карманьо́ла, -ы (*куртка*)
карма́шек, -шка
кармели́тка, -и, *р. мн.* -ток
кармели́тский
кармели́ты, -ов, *ед.* -ли́т, -а
карми́н, -а
карми́нный
карми́новый
карми́ческий
карнава́л, -а
карнава́льный
карна́й, -я
карналли́т, -а
карна́ция, -и
Ка́рнеги, *нескл., м.*: фо́нд Ка́рнеги, Моско́вский це́нтр Ка́рнеги
карне́гия, -и
карнео́л, -а
карни́з, -а
карни́зик, -а
карни́зный
карни́з-струна́, -ы́, *мн.* -стру́ны, -стру́н
карнити́н, -а
Карно́, *нескл., м.*: теоре́ма Карно́, ци́кл Карно́
карноза́вр, -а
карноти́т, -а

КАРОЛИНГИ

Кароли́нги, -ов (*династия*)
кароли́нгский
карона́да, -ы
карота́ж, -а, *тв.* -ем
карота́жник, -а
карота́жный
кароте́ль, -и (*сорт моркови*)
кароти́дный
кароти́н, -а
каротино́иды, -ов, *ед.* -о́ид, -а
карп, -а
карпа́тский (*от* Карпа́ты)
карпе́лла, -ы
карпинскии́т, -а
карпово́дство, -а
карпово́дческий
ка́рповый
карпое́д, -а
карпозу́бые, -ых
карпоиде́я, -и
карпо́лог, -а
карпологи́ческий
карполо́гия, -и
карпообра́зные, -ых
карраге́н, -а
карра́рский (*от* Карра́ра)
ка́рровый
ка́рры, карр
Ка́рские Воро́та (*пролив*)
Ка́рское мо́ре
ка́рсский (*от* Карс)
карст, -а
карстове́дение, -я
карстови́к, -а́
ка́рстово-спелеологи́ческий
ка́рстово-суффозио́нный
ка́рстовый
карстообразова́ние, -я
карсту́ющийся
карт, -а (*гоночный автомобиль*)
ка́рта, -ы
карта́винка, -и
карта́вить, -влю, -вит
карта́вленье, -я
карта́вость, -и
карта́вый

карта́вящий
ка́рта-планше́т, ка́рты-планше́та
ка́рта-схе́ма, ка́рты-схе́мы
карт-бла́нш, -а, *тв.* -ем
картве́лка, -и, *р. мн.* -лок
картве́лы, -ве́л и -ов, *ед.* -ве́л, -а
картве́льский
карте́ж, -ежа́, *тв.* -о́м
картёжник, -а
картёжница, -ы, *тв.* -ей
картёжничать, -аю, -ает
картёжный
картезиа́нец, -нца, *тв.* -нцем, *р. мн.* -нцев
картезиа́нский (*к* картезиа́нство; *то же, что* картузианский)
картезиа́нство, -а (*философское направление, связанное с именем Декарта*)
картели́рование, -я
картели́рованный; *кр. ф.* -ан, -ана
картели́ровать(ся), -рую, -рует(ся)
карте́ль, -я
карте́льный
ка́ртер, -а (*тех.*)
карте́чина, -ы
карте́чница, -ы, *тв.* -ей
карте́чный
карте́чь, -и
карти́на, -ы
ка́ртинг, -а
картинги́ст, -а
ка́ртинг-клу́б, -а
ка́ртинговый
карти́нка, -и, *р. мн.* -нок
карти́нно-графи́ческий
карти́нность, -и
карти́нный; *кр. ф.* -инен, -инна
карти́ночка, -и, *р. мн.* -чек
карти́шки, -шек
картма́ксимум, -а
картове́дение, -я
картогра́мма, -ы
карто́граф, -а

картографи́рование, -я
картографи́рованный; *кр. ф.* -ан, -ана
картографи́ровать(ся), -рую, -рует(ся)
картографи́ческий
картогра́фия, -и
карто́графо-геодези́ческий
карто́графо-спра́вочный
картодиагра́мма, -ы
картодро́м, -а (*к* карт, ка́ртинг)
картоизда́тельский
картолитогра́фия, -и
картоме́трия, -и
карто́н, -а
картона́ж, -а, *тв.* -ем
картона́жник, -а
картона́жница, -ы, *тв.* -ей
картона́жный
карто́нка, -и, *р. мн.* -нок
карто́нный
картоноде́лательный
картосостави́тельский
картосхе́ма, -ы
картоте́ка, -и
картоте́тчик, -а
картоте́тчица, -ы, *тв.* -ей
картоте́чка, -и, *р. мн.* -чек
картоте́чный
картофелево́д, -а
картофелево́дство, -а
картофелево́дческий
картофелезагото́вки, -вок
картофелекомба́йн, -а
картофелекопа́лка, -и, *р. мн.* -лок
картофелекопа́тель, -я
картофелемо́йка, -и, *р. мн.* -о́ек
картофелеовощно́й
картофелепоса́дочный
картофелепроду́кты, -ов
картофелесажа́лка, -и, *р. мн.* -лок
картофелесортирова́льный
картофелесортиро́вка, -и, *р. мн.* -вок

КАСТА

картофелесортиро́вочный
картофелетёрка, -и, *р. мн.* -рок
картофелеубо́рочный
картофелехрани́лище, -а
картофелечи́стка, -и, *р. мн.* -ток
карто́фелина, -ы
карто́фель, -я
карто́фельник, -а
карто́фельно-овощно́й
карто́фельный
карто́ха, -и
ка́рточка, -и, *р. мн.* -чек
ка́рточка-квита́нция, ка́рточки-квита́нции
ка́рточный
карто́шечка, -и, *р. мн.* -чек
карто́шина, -ы
карто́шка, -и, *р. мн.* -шек
ка́ртридж, -а, *тв.* -ем
карту́з, -а́
картузиа́нский и картезиа́нский (*к* картузиа́нцы и картезиа́нцы)
картузиа́нцы, -ев и картезиа́нцы, -ев, *ед.* -нец, -нца, *тв.* -нцем (*монашеский орден*)
карту́зик, -а
карту́зишко, -а и -и, *мн.* -шки, -шек, *м.*
карту́зник, -а
карту́зный
картуля́рий, -я
карту́ш, -а, *тв.* -ем
карту́шка, -и, *р. мн.* -шек
ка́рты, карт (*игра*)
карусе́ль, -и
карусе́льно-тока́рный
карусе́льно-фре́зерный
карусе́льно-шлифова́льный
карусе́льный
карусе́льщик, -а
Карфаге́н, -а (*также:* Карфаге́н до́лжен бы́ть разру́шен)
карфаге́нский (*от* Карфаге́н)
карфаге́няне, -ян, *ед.* -янин, -а
карфаге́нянка, -и, *р. мн.* -нок

карцгана́г, -а
ка́рцер, -а
ка́рцерный
карциноге́нный
карцинол́огия, -и
карцино́ма, -ы
карча́, -й, *тв.* -о́й
карчеподъёмник, -а
карчеподъёмный
каршу́ни, *нескл., с.*
карье́р, -а
карье́ра, -ы
карьери́зм, -а
карьери́ст, -а
карьери́стка, -и, *р. мн.* -ток
карьери́стский
карье́рный
карьероуправле́ние, -я
касабла́нкский (*от* Касабла́нка)
касабла́нкцы, -ев, *ед.* -кец, -кца, *тв.* -кцем
каса́емо (*кого, чего*)
каса́ние, -я
каса́тельная, -ой
каса́тельно (*кого, чего*)
каса́тельный
каса́тельство, -а
каса́тик, -а (*обращение к мужчине; растение*)
каса́тиковые, -ых (*бот.*)
каса́тка, -и, *р. мн.* -ток (*ласточка; обращение к женщине*)
каса́точка, -и, *р. мн.* -чек (*от* каса́тка)
каса́ться, -а́юсь, -а́ется
каси́к, -а и каци́к, -а
каси́мовский (*от* Каси́мов)
ка́ска, -и, *р. мн.* ка́сок
каска́д, -а
каскадёр, -а
каскадёрский
каска́дный
каске́тка, -и, *р. мн.* -ток
ка́ско, *нескл., с.*
касли́нский (*от* Касли́; касли́нское литьё)

касо́ги, -ов
касо́жский
ка́сочка, -и, *р. мн.* -чек
ка́спии, -иев (*племена*)
Каспи́йская вое́нная флоти́лия
каспи́йский (*к* Каспи́йское мо́ре, Ка́спий и Каспи́йск)
Каспи́йское мо́ре
каспи́йцы, -ев, *ед.* -йец, -и́йца, *тв.* -и́йцем
каспийча́не, -а́н, *ед.* -а́нин, -а (*от* Каспи́йск)
ка́сса, -ы
ка́сса-автома́т, ка́ссы-автома́та
касса́ва, -ы
Касса́ндра, -ы (*мифол.*)
касса́ндра, -ы (*кустарник*)
касса́тор, -а
кассацио́нный
Кассацио́нный су́д (*высшая судебная инстанция в нек-рых странах*)
касса́ция, -и
кассе́та, -ы
кассе́тка, -и, *р. мн.* -ток
кассе́тник, -а
кассе́тный
ка́ссик, -а
Кассиопе́я, -и (*мифол.; созвездие*)
касси́р, -а
касси́р-контролёр, касси́ра-контролёра
касси́рованный; *кр. ф.* -ан, -ана
касси́ровать(ся), -рую, -рует(ся)
касси́рша, -и, *тв.* -ей
касситери́т, -а
касси́тский
касси́ты, -ов
ка́ссия, -и
ка́ссовость, -и
ка́ссовый
кассо́не, *нескл., с.*
каст, -а (*в ювелирном деле: оправа камня*)
ка́ста, -ы

КАСТАЛЬСКИЙ КЛЮЧ (ИСТОЧНИК)

Каста́льский ключ (исто́чник)
кастанье́тный
кастанье́ты, -е́т, ед. -е́та, -ы
кастеля́н, -а
кастеля́нша, -и, тв. -ей
касте́т, -а
касте́тный
касти́льский (к Касти́лия и касти́льцы)
касти́льцы, -ев, ед. -лец, -льца, тв. -льцем
кастилья́нка, -и, р. мн. -нок
кастилья́нцы, -ев, ед. -нец, -нца, тв. -нцем
ка́стинг, -а
ка́стово за́мкнутый
ка́стово-сосло́вный
ка́стовость, -и
ка́стовый
кастодиа́льный
касто́р, -а
касто́рка, -и
касто́рник, -а
касто́ровый
кастра́т, -а
кастра́ция, -и
кастри́рование, -я
кастри́рованный; кр. ф. -ан, -ана
кастри́ровать(ся), -рую, -рует(ся)
кастрю́лечка, -и, р. мн. -чек
кастрю́лька, -и, р. мн. -лек
кастрю́льный
кастрю́ля, -и
касы́да, -ы
кат, -а
катаболи́зм, -а
катаболи́ческий
катава́сия, -и
катагене́з, -а
катадро́мный
катакла́з, -а
катакли́зм, -а
катаклизми́ческий
катако́мбный
катако́мбы, -о́мб, ед. -о́мба, -ы

ката́ла, -ы, м. и ж. (обма́нщик, проходи́мец, жарг.)
катала́жка, -и, р. мн. -жек
катала́за, -ы
катала́нский (язы́к)
катале́ктика, -и
катале́кти́ческий
каталепси́ческий и каталепти́ческий
катале́пси́я, -и
катале́птик, -а
ката́лиз, -а
катализа́тор, -а
катализи́ровать(ся), -рую, -рует(ся)
каталити́ческий
ката́лка, -и, р. мн. -лок
катало́г, -а
каталогиза́тор, -а
каталогиза́ция, -и
каталогизи́рованный; кр. ф. -ан, -ана
каталогизи́ровать(ся), -рую, -рует(ся)
катало́жный
катало́нка, -и, р. мн. -нок
катало́нский (к Катало́ния и катало́нцы)
катало́нцы, -ев, ед. -нец, -нца, тв. -нцем
ка́таль, -я
ка́тальный
ка́тальня, -и, р. мн. -лен
ка́тальпа, -ы
ка́тальщик, -а
катамара́н, -а
катамара́нный
ката́мнез, -а
катамо́рфо́з, -а
ката́ние, -я
ка́танка, -и (про́волока)
ка́танки, -нок, ед. ка́танок, -нка (ва́ленки)
ка́танный; кр. ф. -ан, -ана, прич.
катану́ть, -ну́, -нёт
ка́таный, прил.

ка́танье: не мытьём, так ка́таньем
катаплазмати́ческий
катапу́льта, -ы
катапульти́рование, -я
катапульти́рованный; кр. ф. -ан, -ана
катапульти́ровать(ся), -рую(сь), -рует(ся)
катапульти́руемый
катапу́льтный
ката́р, -а
катара́кт, -а (устро́йство; водопа́д)
катара́кта, -ы (боле́знь глаз)
катара́ктный
катара́льный
катаробио́нты, -ов, ед. -о́нт, -а
ка́тарсис, -а
ката́рский (от ката́ры и Ката́р, госуда́рство)
ката́рство, -а (е́ресь)
ката́рцы, -ев, ед. -рец, -рца, тв. -рцем (от Ката́р)
ката́ры, -ов, ед. ката́р, -а (ерети́ки)
катаса́рка, -и, р. мн. -рок
катастро́фа, -ы
катастрофи́зм, -а
катастрофи́чески
катастрофи́ческий
катастрофи́чность, -и
катастрофи́чный; кр. ф. -чен, -чна
катато́ни́я, -и
ката́ть(ся), -а́ю(сь), -а́ет(ся)
катафа́лк, -а
катафати́ческий
катафилакси́я, -и
катафоре́з, -а
катафорети́ческий
катафо́т, -а
катафро́нт, -а
катахре́за, -ы
категориа́льный
категоризи́рованный; кр. ф. -ан, -ана

категоризи́ровать(ся), -рую, -рует(ся)
категоризо́ванный; *кр. ф.* -ан, -ана
категоризова́ть(ся), -зу́ю, -зу́ет(ся)
категори́йность, -и
категори́йный
категори́чески
категори́ческий
категори́чность, -и
категори́чный; *кр. ф.* -чен, -чна
катего́рия, -и
кате́дер-социали́зм, -а
кате́дер-социали́ст, -а
катена́новый
катена́ны, -ов, *ед.* -на́н, -а
катено́ид, -а
катепси́ны, -ов, *ед.* -си́н, -а
ка́тер, -а, *мн.* -а́, -о́в
ка́тер-букси́р, ка́тера-букси́ра
катери́ст, -а
кате́рна, -ы
ка́терник, -а
ка́терный
катеро́к, -рка́
катерострое́ние, -я
ка́тет, -а
кате́тер, -а
катетериза́ция, -и
катетеризо́ванный; *кр. ф.* -ан, -ана
катето́метр, -а
катехиза́тор, -а
катехиза́торский
катехиза́ция, -и
катехи́зис, -а
катехизи́ческий
катехолами́ны, -ов, *ед.* -ми́н, -а
кате́ху, *нескл., ж. и с.*
катио́н, -а
катиони́товый
катиони́ты, -ов, *ед.* -ни́т, -а
катио́нный
катионоакти́вный
катионообме́нный

кати́ть(ся), качу́(сь), ка́тит(ся) (к ката́ть(ся)
ка́ткий; *кр. ф.* ка́ток, катка́, ка́тко
катну́ть, -ну́, -нёт
катови́цкий (*от* Катови́це)
катовича́не, -а́н, *ед.* -а́нин, -а
катовича́нка, -и, *р. мн.* -нок
като́д, -а
като́дно-лучево́й
като́дный
катодолюминесце́нция, -и
катодохро́мный
като́к, катка́ (*от* ката́ть(ся))
като́к-рольга́нг, катка́-рольга́нга
като́лик, -а
католико́с, -а
католикоса́т, -а
католици́зм, -а
католи́ческий
католи́чество, -а
католи́чка, -и, *р. мн.* -чек
като́птрика, -и
катоптри́ческий
ка́торга, -и
каторжа́нин, -а, *мн.* -а́не, -а́н
каторжа́нка, -и, *р. мн.* -нок
ка́торжник, -а
ка́торжница, -ы, *тв.* -ей
ка́торжный
катра́н, -а
катра́ний, -ья, -ье
катра́нный
катре́н, -а
катре́нный
каттле́я, -и
кату́нский (*от* Кату́нь)
кату́чий
кату́шечка, -и, *р. мн.* -чек
кату́шечно-челно́чный
кату́шечно-шрифтово́й
кату́шечный
кату́шка, -и, *р. мн.* -шек
каты́нский (*от* Каты́нь)
ка́тыш, -а, *тв.* -ем
ка́тышек, -шка
катэлектрото́н, -а

катю́ша, -и, *тв.* -ей (*миномет*)
катя́щий(ся)
кауда́льный
кауди́льо, *нескл., м.*
каузалги́я, -и и каузальги́я, -и
кауза́льность, -и
кауза́льный
каузати́вность, -и
каузати́вный
кауза́ция, -и
каузи́ровать(ся), -рует(ся)
кауле́рпа, -ы
каулифло́рия, -и
ка́унасский (*от* Ка́унас)
ка́унасцы, -ев, *ед.* -сец, -сца, *тв.* -сцем
ка́унтер-че́к, -а
ка́упер, -а
ка́уперный
ка́ури, *нескл., м. и с.* (*моллюск*), *с.* (*растение*)
ка́урка, -и, *м. и ж.*
ка́урый
ка́устик, -а (*хим.*)
ка́устика, -и (*физ.*)
каусти́ческий
каустобиоли́ты, -ов, *ед.* -ли́т, -а
каутскиа́нец, -нца, *тв.* -нцем, *р. мн.* -нцев
каутскиа́нский (*от* Ка́утский)
каутскиа́нство, -а
каучу́к, -а
каучуково́д, -а
каучуково́дство, -а
каучуково́дческий
каучу́ковый
каучуконо́с, -а
каучуконо́сный
каучу́к-сыре́ц, каучу́ка-сырца́
каф, *неизм. и нескл., с.* (*договор*)
ка́фа, -ы (*танец*)
кафе́, *нескл., с.*
кафе́-автома́т, -а
кафе́-ба́р, -а
ка́федра, -ы
кафедра́льный

кафе-закусочная, -ой
кафе-клуб, -а
ка́фель, -я
ка́фельный
ка́фельщик, -а
кафе-моло́чная, -ой
кафе-моро́женое, -ого
кафе-рестора́н, -а
кафе-столо́вая, -ой
кафете́рий, -я
кафешанта́н, -а
кафешанта́нный
кафи́зма, -ы
кафи́ры, -ов, *ед.* -и́р, -а
кафкиа́нский
ка́фковский (*от* Ка́фка)
кафоли́ческий
ка́фрский
ка́фры, -ов, *ед.* кафр, -а
кафта́н, -а
кафта́ни́шко, -а и -и, *мн.* -шки, -шек, *м.*
кафта́нный
кафта́нчик, -а
кафу́шка, -и, *р. мн.* -шек
кахекси́я, -и
кахе́ти, *нескл., с.*
кахети́нка, -и, *р. мн.* -нок
кахети́нский (*к* Кахе́тия *и* кахети́нцы)
кахети́нское, -ого
кахети́нцы, -ев, *ед.* -нец, -нца, *тв.* -нцем
кахо́вский (*от* Кахо́вка)
кахо́вцы, -ев, *ед.* -вец, -вца, *тв.* -вцем
кахо́вча́не, -ан, *ед.* -а́нин, -а
кацаве́йка, -и, *р. мн.* -е́ек
каца́п, -а
каца́пка, -и, *р. мн.* -пок
каца́пский
каце́я, -и (*кадильница*)
каци́к, -а и каси́к, -а
кацо́ (*обращение*)
кача́лка, -и, *р. мн.* -лок
кача́ние, -я

ка́чанный; *кр. ф.* -ан, -ана (*от* кача́ть)
кача́ри, *нескл., мн., ед. м. и ж.* (*народ*)
кача́ть(ся), -а́ю(сь), -а́ет(ся)
каче́ли, -ей
каче́льный
каче́ние, -я
ка́ченный; *кр. ф.* -ен, -ена (*от* кати́ть)
ка́чественно, *нареч.*
ка́чественно но́вый
ка́чественно отли́чный
ка́чественность, -и
ка́чественный; *кр. ф.* -вен и -венен, -венна
ка́чество, -а
качи́м, -а (*растение*)
качи́нский
качи́ны, -ов и качи́н, *ед.* качи́н, -а (*народ*)
ка́чка, -и
ка́чкий; *кр. ф.* ка́чек, ка́чка
качну́ть(ся), -ну́(сь), -нёт(ся)
качо́к, качка́
качу́рка, -и, *р. мн.* -рок (*птица*)
качу́ча, -и, *тв.* -ей
ка́чча, -и, *тв.* -ей (*муз.*)
ка́ша, -и, *тв.* -ей
кашало́т, -а
кашга́рский (*к* Кашга́р *и* кашга́рцы)
Кашга́рский хребе́т
кашга́рцы, -ев, *ед.* -рец, -рца, *тв.* -рцем
кашева́р, -а
кашева́рить, -рю, -рит
кашева́рка, -и, *р. мн.* -рок
кашева́рный
кашева́рня, -и, *р. мн.* -рен
кашева́рство, -а
ка́шель, ка́шля
кашеми́р, -а (*ткань*)
кашеми́ровый
кашеобра́зный; *кр. ф.* -зен, -зна
ка́шинский (*от* Ка́шин)

ка́шинцы, -ев, *ед.* -нец, -нца, *тв.* -нцем
каширо́ванный; *кр. ф.* -ан, -ана
каширо́вка, -и
каши́рский (*от* Каши́ра)
каши́рцы, -ев, *ед.* -рец, -рца, *тв.* -рцем
ка́ши́ца, -ы, *тв.* -ей
кашицеобра́зный; *кр. ф.* -зен, -зна
ка́шка, -и, *р. мн.* ка́шек
кашка́йский
кашка́йцы, -ев, *ед.* -а́ец, -а́йца, *тв.* -а́йцем
ка́шлевый
ка́шлянуть, -ну, -нет
ка́шлять, -яю, -яет
кашмило́н, -а
кашми́ри, *неизм. и нескл., м.* (*язык*)
кашми́рка, -и, *р. мн.* -рок
кашми́рский (*от* Кашми́р, *ист. область в Азии*)
кашми́рцы, -ев, *ед.* -рец, -рца, *тв.* -рцем
кашне́, *нескл., с.*
кашпо́, *нескл., с.*
кашта́н, -а
Кашта́нка, -и (*кличка, лит. персонаж*)
кашта́ново-бу́рый
кашта́новый
каштаноду́б, -а, *мн.* -ы́, -о́в
кашта́нчик, -а
кашу́бка, -и, *р. мн.* -бок
кашу́бский
кашу́бы, -ов, *ед.* кашу́б, -а
каю́к[1], -а (*лодка, грузовое судно*)
каю́к[2], *в знач. сказ.* (*конец, гибель*)
каю́р, -а
каю́та, -ы
каю́та люкс, каю́ты люкс
каю́тка, -и, *р. мн.* -ток
каю́т-компа́ния, -и
каю́тный
каю́чный

ка́ющийся
ка́явшийся
кая́гы́м, -а
кая́к, -а (*лодка у эскимосов, коряков*)
ка́яться, ка́юсь, ка́ется
кая́чный
КБ и кабэ́, *нескл., с.* (*сокр.*: конструкторское бюро)
к бо́гу (ну́ тебя́ (его́, её) к бо́гу; иди́ ты к бо́гу в ра́й – *выражения нежелания иметь дело с кем-н.*)
КВ [кавэ́], *нескл., мн. и неизм.* (*сокр.*: короткие волны, коротковолновый)
ква¹, *межд.*
ква², *неизм. и нескл., мн.* (*группа языков*)
ква́гга, -и
квадр, -а
квадра́нт, -а
квадра́нтный
квадра́т, -а
квадра́тик, -а
квадрати́чный
квадра́тно-гнездово́й
квадра́тный
квадратри́са, -ы
квадрату́ра, -ы
квадрату́рный
квадрафо́н, -а
квадрафони́ческий
квадрафони́я, -и
квадри́виум, -а
квадри́га, -и (*колесница*)
квадри́ка, -и (*матем.*)
квадриллио́н, -а и квадрильо́н, -а
квадрире́ма, -ы
квадроза́пись, -и
квадрозву́к, -а
квадрупо́ль, -я
квадрупо́льный
кваза́р, -а
кваза́рный

квази... – *первая часть сложных слов, пишется слитно*
квазиакти́вный
квазиде́ньги, -нег, -де́ньгам
квазизвезда́, -ы́, *мн.* -звёзды, -звёзд
квазизвёздный
квазиизотропи́я, -и
квазии́мпульс, -а
Квазимо́до, *нескл., м.* (*также: горбун, урод*)
квазинау́ка, -и
квазинау́чный; *кр. ф.* -чен, -чна
квазиобъекти́вный; *кр. ф.* -вен, -вна
квазио́птика, -и
квазипериоди́ческий
квазиспециали́ст, -а
квазистати́ческий
квазистациона́рный
квазиупру́гий
квазиусто́йчивый
квазиучёный, -ого
квазифилосо́фский
квазичасти́цы, -и́ц, *ед.* -и́ца, -ы, *тв.* -ей
квазиэлектро́нный
ква́канье, -я
ква́кать, -аю, -ает
ква-ква́, *неизм.*
ква́ква, -ы (*птица*)
ква́кер, -а
ква́керский
ква́керство, -а
ква́керша, -и, *р. мн.* -ей
ква́кнуть, -ну, -нет
кваку́ша, -и, *тв.* -ей
кваку́шка, -и, *р. мн.* -шек
ква́кша, -и, *тв.* -ей
квалиме́трия, -и
квалитати́вный
квалите́т, -а
квалификацио́нный
квалифика́ция, -и
квалифици́рованно, *нареч.*

квалифици́рованный; *кр. ф. прич.* -ан, -ана; *кр. ф. прил.* (*имеющий высокую квалификацию*) -ан, -анна
квалифици́ровать(ся), -рую(сь), -рует(ся)
ква́нза, -ы (*ден. ед.*)
квант, -а
кванти́ль, -я
квантитати́вный
квантифика́ция, -и
квантова́ние, -я
ква́нтово-механи́ческий
ква́нтово-опти́ческий
ква́нтово-хими́ческий
ква́нтовый
квантоме́тр, -а
ква́нтор, -а
ква́нторный
квантоско́п, -а
кваре́нгиевский (*от* Кваре́нги)
кварк, -а
ква́рковый
ква́рта, -ы
кварта́л, -а
кварта́льный
квартерде́к, -а
квартеро́н, -а
квартеро́нка, -и, *р. мн.* -нок
кварте́т, -а
квартети́ст, -а
кварте́тный
кварти́ль, -я
кварти́ра, -ы
квартира́нт, -а
квартира́нтка, -и, *р. мн.* -ток
квартира́нтский
квартира́нтство, -а
кварти́рка, -и, *р. мн.* -рок
квартирме́йстер, -а
кварти́рный
квартиробива́к, -а
квартирова́ние, -я
квартирова́ть, -ру́ю, -ру́ет
квартиронанима́тель, -я
квартиросда́тчик, -а

квартиросъёмщик, -а
квартиросъёмщица, -ы, тв. -ей
квартирохозя́ин, -а
квартирохозя́йка, -и, р. мн. -я́ек
квартирье́р, -а
квартирье́рский
квартова́ние, -я
ква́ртовый
ква́рто-кви́нтовый
кварто́ль, -я
квартпла́та, -ы
квартсекстакко́рд, -а
кварц, -а, тв. -ем
кварцева́ть(ся), -цу́ю(сь), -цу́ет(ся)
ква́рцевый
кварцеду́в, -а
кварци́т, -а
кварци́тный
кварци́товый
кварцо́ванный; кр. ф. -ан, -ана
квас, -а и -у
ква́сить(ся), ква́шу, ква́сит(ся)
квасни́к, -а́
квасно́й
квасова́р, -а
квасоваре́ние, -я
квасова́рный
квасова́рня, -и, р. мн. -рен
квасо́к, -ска́ и -ску́
квасцева́льный
квасцева́ние, -я
квасцева́ть(ся), -цу́ю, -цу́ет(ся)
квасцо́ванный; кр. ф. -ан, -ана
квасцо́вый
квасцы́, -о́в
ква́сящий(ся)
кватернио́н, -а
Кватроче́нто, нескл., с.
ква́ча, -и, тв. -ей (ден. ед.)
ква́шение, -я
кваше́нина, -ы
кваше́нинный
ква́шенный; кр. ф. -ен, -ена, прич.
ква́шеный, прил.
квашня́, -и́, р. мн. -не́й

кваш́онка, -и, р. мн. -нок
квебе́кский (от Квебе́к)
квебе́кцы, -ев, ед. -кец, -кца, тв. -кцем
квебра́хо, нескл., с.
квебра́ховый
квёлость, -и
квёлый
керуля́нт, -а
керуля́нтство, -а
кве́рху, нареч. (ша́пка кве́рху су́жается; дым идёт пря́мо кве́рху), но сущ. к ве́рху (альпини́ст упря́мо поднима́ется к ве́рху скалы́; ра́ковина прикрепи́лась к ве́рху ка́мня)
кверцитро́н, -а
кве́ршла́г, -а
кве́стор, -а
квесту́ра, -ы
квиети́зм, -а
квиети́ст, -а
квиети́ческий
квиз, -а
квиксте́п, -а
квина́рий, -я
Кви́нке, нескл., м.: отёк Кви́нке
кви́нта, -ы
квинта́л, -а
квинте́т, -а
квинтиллио́н, -а и квинтильо́н, -а
кви́нтовый
квинто́ль, -я
квинтсекстакко́рд, -а
квинтэссе́нция, -и
квипрокво́, нескл., с.
Квирина́л, -а (в Риме)
квири́т, -а
Кви́слинг, -а
кви́слинговец, -вца, тв. -вцем, р. мн. -вцев
кви́слинговский (от Кви́слинг)
квит, неизм. (устар. к кви́ты)
квитанцио́нный
квита́нция, -и

квита́ться, -а́юсь, -а́ется
квити́рование, -я
квито́к, -тка́
квито́чек, -чка
кви́ты, неизм.
КВН [кавэ́н], нескл., м. (сокр.: клуб весёлых и находчивых)
кво́рум, -а
кво́та, -ы
квоти́рование, -я
квоти́рованный; кр. ф. -ан, -ана
квоти́ровать(ся), -рую, -рует(ся)
кво́тный
квохта́нье, -я
квохта́ть, кво́хчет
кво́хчущий
кво́чка, -и, р. мн. -чек
КВ-переда́тчик, -а
КВ-свя́зь, -и
КВЦ [кавэце́], нескл., м. (сокр. координационно-вычислительный центр)
ке́а, нескл., м. (попугай)
кеб, -а
кеба́йя, -и
кеви́р, -а
ке́вовый (ке́вовое де́рево)
кег, -а
ке́гель, ке́гля и кегль, -я (шрифт)
кегельба́н, -а
ке́гельный
ке́гли, -ей, ед. ке́гля, -и (игра)
кегль, -я и ке́гель, ке́гля (шрифт)
кедр, -а
кедра́ч, -а́, тв. -о́м
Ке́дровая Па́дь (заповедник)
кедро́вка, -и, р. мн. -вок
кедро́вник, -а
кедро́вый
Кедро́нская доли́на (под Иерусалимом, библ.)
ке́ды, ке́дов и кед, ед. кед, -а
ке́йвы, кейв (геогр.)
кейнсиа́нец, -нца, тв. -нцем, р. мн. -нцев
кейнсиа́нский (от Кейнс)

кейнсианство, -а
кейпер, -а
кейптаунский (*от* Кейптаун)
кейптаунцы, -ев, *ед.* -нец, -нца, *тв.* -нцем
кейс, -а
кейтониевые, -ых
кейф, -а и кайф, -а
кейфовать, -фую, -фует и кайфовать, -фую, -фует
кек, -а (*физ.*)
кеклик, -а
кекс, -а
кексик, -а
кекуок, -а
кекур, -а
келарня, -и, *р. мн.* -рен
келарский
келарь, -я
келейка, -и, *р. мн.* -еек и келийка, -и, *р. мн.* -иек
келейник, -а
келейница, -ы, *тв.* -ей
келейничать, -аю, -ает
келейно, *нареч.*
келейность, -и
келейный
келерия, -и
келийка, -и, *р. мн.* -иек и келейка, -и, *р. мн.* -еек
келоид, -а
Кельвин, -а: уравнение Кельвина, шкала Кельвина
кельвин, -а, *р. мн.* -ов, *счетн. ф.* кельвин (*ед. измер.*)
кельма, -ы
кельнер, -а
кельнерша, -и, *тв.* -ей
кёльнский (*от* Кёльн)
кёльнцы, -ев, *ед.* -нец, -нца, *тв.* -нцем
кельт, -а (*древнее орудие*)
кельтан, -а
кельтолог, -а
кельтология, -и
кельтский

кельты, -ов, *ед.* кельт, -а (*племена*)
келья, -и, *р. мн.* келий
кемализм, -а
кемалистский
кеманча, -и, *тв.* -ой и кяманча, -и, *тв.* -ой
кемарить, -рю, -рит
кембриджский (*от* Кембридж)
кембриджцы, -ев, *ед.* -жец, -жца, *тв.* -жцем
кембрий, -я
кембрийский
кемеровский (*от* Кемерово)
кемеровцы, -ев, *ед.* -вец, -вца, *тв.* -вцем
кемеровчане, -ан, *ед.* -анин, -а
кемеровчанка, -и, *р. мн.* -нок
кем-кем
кемляне, -ян, *ед.* -янин, -а (*от* Кемь)
Кемпийский: Фома Кемпийский
кемпинг, -а
кемпинговый
кемский (*от* Кемь)
кен, -а
кенар, -а и кенарь, -я
кенарка, -и, *р. мн.* -рок
кенаф, -а
кенафоуборочный
кенгурёнок, -нка, *мн.* -рята, -рят
кенгуриный
кенгуровый
кенгуру, *нескл., м. и ж.*
кенгурушка, -и, *р. мн.* -шек, *м. и ж.*
кендырь, -я
кёнигсбергский (*от* Кёнигсберг)
кёнигсбержцы, -ев, *ед.* -жец, -жца, *тв.* -жцем
кенийка, -и, *р. мн.* -иек
кенийский (*от* Кения)
кенийцы, -ев, *ед.* -иец, -ийца, *тв.* -ийцем
кеннелевый
кеннель, -я
кенотаф, -а

кенотрон, -а
кенотронный
кентавр, -а
кентавромахия, -и
кентерберийский (*от* Кентербери)
кентский (*от* Кент)
кентуккийский (*от* Кентукки)
кентуккийцы, -ев, *ед.* -иец, -ийца, *тв.* -ийцем
кеньги, кеньг, *ед.* кеньга, -и
кепи, *нескл., с.*
кепка, -и, *р. мн.* кепок
кепочка, -и, *р. мн.* -чек
кепочный
керамзит, -а
керамзитобетон, -а
керамзитобетонный
керамзитовый
керамиды, -ов, *ед.* -мид, -а
керамика, -и
керамико-металлический
керамист, -а
керамистка, -и, *р. мн.* -ток
керамический
кераргирит, -а
кератины, -ов, *ед.* -тин, -а
кератит, -а
кератоз, -а
кератоконус, -а
кератопластика, -и
кератофир, -а
кервель, -я
керёнка, -и, *р. мн.* -нок
кержаки, -ов, *ед.* -жак, -а
кержацкий
кержачка, -и, *р. мн.* -чек (*к* кержаки)
Керженец, -нца, *тв.* -нцем (*река*)
керженский (*к* Керженец)
кёрлинг, -а
кёрлингист, -а
керма, -ы
кермек, -а
керметный
керметы, -ов, *ед.* -мет, -а

керн, -а (геол.)
ке́рнер, -а
керога́з, -а
кероси́н, -а и -у
кероси́нка, -и, р. мн. -нок
кероси́нный
кероси́новый
керосинокали́льный
кероси́нчик, -а и -у
кероси́нщик, -а
кероси́нщица, -ы, тв. -ей
ке́рри-блю-терье́р, -а
керсанти́т, -а
керча́не, -а́н, ед. -а́нин, -а
керча́нка, -и, р. мн. -нок
керчени́т, -а
ке́рченский (от Керчь)
Ке́рченский проли́в
ке́рченцы, -ев, ед. -нец, -нца, тв. -нцем
керш, -а, тв. -ем
ке́сарево (от ке́сарь): ке́сарю ке́сарево
ке́сарево сече́ние, ке́сарева сече́ния
кесари́йский (от Кесари́я); но: Васи́лий Кесари́йский, Проко́пий Кесари́йский
ке́сарский
ке́сарь, -я
кессо́н, -а
кессо́нный
кессо́нщик, -а
ке́та, -ы и кета́, -ы́
кетгу́т, -а
кетгу́тный
кетелее́рия, -и
кете́н, -а
кетме́нный
кетме́нь, -я́
ке́товый
кетоге́нный
кето́з, -а
кетокисло́ты, -о́т, ед. -ота́, -ы́
кето́новый
кетонокисло́ты, -о́т, ед. -ота́, -ы́

кето́ны, -ов, ед. кето́н, -а
кетса́ль, -я (ден. ед.)
ке́тский
ке́ттельный
кеттлёвка, -и
кетца́ль, -я (птица)
кетч, -а, тв. -ем (борьба)
ке́тчист, -а
ке́тчуп, -а и -у
ке́ты, -ов (народ)
кефа́левый
кефа́лий, -ья, -ье
кефали́ны, -ов, ед. -ли́н, -а
кефаломе́трия, -и
кефа́ль, -и
кефа́льный
кефи́р, -а и -у
кефи́рный
кефиро́к, -рка́ и -рку́
кефи́рчик, -а и -у
кеч, -а, тв. -ем (судно)
ке́чуа, неизм. и нескл., м. (язык) и нескл., мн., ед. м. и ж. (народ)
кеш, -а, тв. -ем
кёшк, -а
кеш-контро́ллер, -а
ке́шью, нескл., м. и с.
к за́втраму (прост.)
кза́ди
кзыл-орди́нский (от Кзыл-Орда́)
кзылорди́нцы, -ев, ед. -нец, -нца, тв. -нцем
киа́нг, -а
киани́т, -а
Кибе́ла, -ы
ки́бер, -а
кибернетиза́ция, -и
кибернетизи́рованный; кр. ф. -ан, -ана
кибернетизи́ровать(ся), -рую, -рует(ся)
киберне́тик, -а
киберне́тика, -и
кибернети́ческий
киби́тка, -и, р. мн. -ток
киби́точка, -и, р. мн. -чек

киби́точный
кибо́рг, -а
киборгиза́ция, -и
кибу́ц, -а, тв. -ем, р. мн. -ев
кива́ла, -ы, м. и ж. (подхалим)
кива́ние, -я
кива́но, нескл., м. и ж. (дыня)
кива́ть, -а́ю, -а́ет
ки́вер, -а, мн. -а́, -о́в
ки́ви, нескл., м. (птица), м. и с. (плод)
кивну́ть, -ну́, -нёт
киво́к, кивка́
киво́рий, -я
киво́т, -а (устар. к кио́т)
кився́к, -а́
киге́лия, -и
кида́ла, -ы, м. и ж. (мошенник, жарг.)
кида́ни, -ей (племена)
кида́ние, -я
ки́данный; кр. ф. -ан, -ана
кида́ньский (от кида́ни)
кида́с, -а и киду́с, -а
кида́ть(ся), -а́ю(сь), -а́ет(ся)
кидна́п, -а
кидне́пинг, -а
киду́с, -а и кида́с, -а
Ки́ев, -а (также: язык до Ки́ева доведёт; в огоро́де бузина́, а в Ки́еве дя́дька)
киевля́не, -я́н, ед. -я́нин, -а
киевля́нка, -и, р. мн. -нок
Ки́ево-Могиля́нская акаде́мия (ист.)
Ки́ево-Пече́рская ла́вра
Ки́евская Русь
ки́евский (от Ки́ев)
Ки́евщина, -ы (к Ки́ев)
киёк, кийка́
Киже́, нескл., м.: пору́чик Киже́
ки́жский (от Ки́жи)
ки́жуч, -а, тв. -ем
кизело́вский (от Ки́зел, город)
кизело́вцы, -ев, ед. -вец, -вца, тв. -вцем

кизельгу́р, -а
кизери́т, -а
кизи́л, -а
кизи́левый (устар. к кизи́ловый)
кизи́ловый
кизи́ль, -я (устар. к кизи́л)
кизи́льник, -а
кизи́льный
кизля́рка, -и, р. мн. -рок
кизля́рский (от Кизля́р)
кизля́рцы, -ев, ед. -рец, -рца, тв. -рцем
кизя́к, -а́
кизяко́вый
кизя́чный
кий, кия́ и ки́я, предл. о кие́ и о ки́е, мн. кии́, киёв
КИК, нескл., м. (сокр.: командно-измерительный комплекс)
ки́ка, -и
кикапу́, нескл., с.
кикбо́ксер, -а
кикбо́ксинг, -а
кики́мора, -ы
кико́нго, неизм. и нескл., м. (язык) и нескл., мн., ед. м. и ж. (народ)
кикс, -а
киксану́ть, -ну́, -нёт
кикссова́ть, -су́ю, -су́ет
киксста́ртер, -а
кику́йю, неизм. и нескл., м. (язык) и нескл., мн., ед. м. и ж. (народ)
кил, -а (белая глина)
кила́, -ы́, мн. ки́лы, кил, кила́м (грыжа)
кила́тый
килева́ние, -я
килёванный; кр. ф. -ан, -ана
килева́ть(ся), килю́ю, килю́ет(ся) (от киль)
килево́й
килегру́дый
киле́ктор, -а
килено́гий
ки́лечка, -и, р. мн. -чек
ки́лечный
кили́жка, -и, р. мн. -жек

ки́лик, -а (сосуд)
килики́йский (от Килики́я)
килики́йцы, -ев, ед. -йец, -йца, тв. -йцем
кили́м, -а
ки́ллер, -а
ки́ллерский
кило́, нескл., с. (килограмм)
кило... — первая часть сложных слов, пишется слитно
килоба́йт, -а, р. мн. -ов, счетн. ф. -ба́йт
килоба́р, -а, р. мн. -ов, счетн. ф. -ба́р
килоби́т, -а, р. мн. -ов, счетн. ф. -би́т
килова́тт, -а, р. мн. -ов, счетн. ф. -ва́тт
килова́ттный
килова́тт-ча́с, -а, мн. -ы́, -о́в
килово́льт, -а, р. мн. -ов, счетн. ф. -во́льт
килово́льт-ампе́р, -а, р. мн. -ов, счетн. ф. -ампе́р
килоге́рц, -а, тв. -ем, р. мн. -ев, счетн. ф. -ге́рц
килогра́мм, -а, р. мн. -ов, счетн. ф. -гра́мм и -ов
килогра́мм-ке́львин, -а, р. мн. -ов, счетн. ф. -вин
килогра́мм-ме́тр, -а
килогра́мм-моле́кула, -ы
килогра́мм-мо́ль, -я
килограммо́вый
килогра́мм-си́ла, -ы
килогра́мм-си́ла-ме́тр, -а
килогра́мм-си́ла-секу́нда, -ы
килогра́ммчик, -а
килоджо́уль, -я
килокало́рия, -и
килоли́тр, -а
килолю́кс, -а, р. мн. -ов, счетн. ф. -лю́кс
килолю́кс-секу́нда, -ы
килолю́мен, -а, р. мн. -ов, счетн. ф. -мен

килолю́мен-ча́с, -а, мн. -ы́, -о́в
киломе́тр, -а
километра́ж, -а́ и -а, тв. -о́м и -ем
километро́вка, -и, р. мн. -вок
километро́вый
килонью́то́н, -а, р. мн. -ов, счетн. ф. -нью́то́н
килоо́м, -а, р. мн. -ов, счетн. ф. -о́м
килопарсе́к, -а
килопаска́ль, -я
килото́нна, -ы
килоэлектронво́льт, -а, р. мн. -ов, счетн. ф. -во́льт
киль, -я
кильбло́к, -а
кильва́ль, -я
кильва́тер, -а
кильва́терный
ки́лька, -и, р. мн. ки́лек
ки́льский (от Киль, город)
Ки́льский кана́л
ки́льсон, -а
кильчева́ние, -я
кильчёванный; кр. ф. -ан, -ана
кильчева́ть(ся), -чу́ю, -чу́ет(ся)
кимберли́т, -а
кимберли́товый
кимбу́нду, неизм. и нескл., м. (язык)
кимва́л, -а
кимва́льный
ки́мвры, -ов, ед. кимвр, -а
киммери́йский
киммери́йцы, -ев, ед. -йец, -йца, тв. -йцем
кимо́граф, -а
кимоно́, нескл., с. и неизм.
ки́мрский (от Ки́мры)
кимряки́, -о́в, ед. -ря́к, -а́
кимря́чка, -и, р. мн. -чек
кин, -а, р. мн. -ов, счетн. ф. кин
кина́зы, -а́з, ед. -а́за, -ы
кинамо́н, -а
кинг, -а (карточная игра)

ки́нга, *нескл., мн., ед. м. и ж.* (*народ*)
кингсто́н, -а
кинда́рк, -а (*ден. ед.*)
киндербальза́м, -а
киндзмарау́ли, *нескл., с.*
киндя́к, -а́
кинезио́лог, -а
кине́ма, -ы
кинема́тика, -и
кинемати́ческий
кинемато́граф, -а
кинематографи́ст, -а
кинематографи́стка, -и, *р. мн.* -ток
кинематографи́ческий
кинематографи́чность, -и
кинематографи́чный; *кр. ф.* -чен, -чна
кинематогра́фия, -и
кине́сика, -и
киноско́п, -а
киноско́пный
кинети́зм, -а
кине́тика, -и
кинети́ст, -а
кинети́ческий
кинетокардиогра́фия, -и
кинетопла́ст, -а
кинетоско́п, -а
кинетосо́ма, -ы
кинетоста́тика, -и
ки́нешемка, -и, *р. мн.* -мок
ки́нешемский (*от* Ки́нешма)
ки́нешемцы, -ев, *ед.* -мец, -мца, *тв.* -мцем
кинжа́л, -а
кинжалови́дный; *кр. ф.* -ден, -дна
кинжа́льный
кинжа́льчик, -а
ки́нза, -ы *и* кинза́, -ы́
кини́зм, -а
кинии́н, -а
ки́ник, -а
кини́ны, -ов, *ед.* -и́н, -а

кини́ческий
кинкажу́, *м.* (*животное*)
кинка́н, -а (*дерево*)
кино́, *нескл., с.*
кино... — первая часть сложных слов, пишется слитно
киноактёр, -а
киноактри́са, -ы
киноальмана́х, -а
киноаппара́т, -а
киноаппара́тная, -ой
киноаппарату́ра, -ы
киноарти́ст, -а
киноарти́стка, -и, *р. мн.* -ток
киноархи́в, -а
киноателье́, *нескл., с.*
киноаудито́рия, -и
киноафи́ша, -и, *тв.* -ей
кинобизнес, -а
кинобиогра́фия, -и
кинобоеви́к, -а́
кинова́рный
ки́новарь, -и
кинове́д, -а
кинове́дение, -я
кинове́дческий
киноверсия, -и
кинове́чер, -а, *мн.* -а́, -о́в
киновидеоматериа́лы, -ов
киновидеопроду́кция, -и
киновидеоце́нтр, -а
киновы́пуск, -а
киногени́чность, -и
киногени́чный; *кр. ф.* -чен, -чна
киногерои́ня, -и, *р. мн.* -и́нь
киногеро́й, -я
киногла́з, -а
киногра́мма, -ы
киногру́ппа, -ы
кинодебю́т, -а
кинодебюта́нт, -а
кинодея́тель, -я
кинодокуме́нт, -а
кинодокументали́ст, -а
кинодокументали́стика, -и
кинодра́ма, -ы

кинодрамату́рг, -а
кинодраматурги́я, -и
киножа́нр, -а
киножурна́л, -а
кинозал, -а
кинозвезда́, -ы́, *мн.* -звёзды, -звёзд
кинозри́тель, -я
киноиллюстра́ция, -и
киноинду́стрия, -и
киноинститу́т, -а
киноиску́сство, -а
кино- и фотоплёнка, -и, *р. мн.* -нок
кинока́др, -а
кинока́мера, -ы
кинокарти́на, -ы
кинокла́ссика, -и
киноклу́б, -а
кинокоме́дия, -и
кинокомпа́ния, -и
киноко́нкурс, -а
киноконце́рт, -а
киноконце́ртный
кинокопирова́льный
кинокорпора́ция, -и
кинокри́тик, -а
кинокри́тика, -и
кинокружо́к, -жка́
кинолекто́рий, -я
кинолекцио́нный
киноле́нта, -ы
киноле́топись, -и
кино́лог, -а
кинологи́ческий
кноло́гия, -и
кинолюби́тель, -я
кинолюби́тельский
кинолюби́тельство, -а
кинома́н, -а
кинома́стер, -а, *мн.* -а́, -о́в
киноматериа́лы, -ов *и* киноматериа́л, -а
киномеха́ник, -а
киноми́р, -а
киномонопо́лия, -и
киномонта́ж, -а́, *тв.* -о́м

киному́зыка, -и
кинонеде́ля, -и
киноновелла, -ы
кинообозре́ние, -я
кинообору́дование, -я
кинообраз, -а
кинообъекти́в, -а
киноо́пера, -ы
киноопера́тор, -а
киноо́трасль, -и
киноо́черк, -а
кинопавильо́н, -а
кинопанора́ма, -ы
кинопередви́жка, -и, р. мн. -жек
киноперсона́ж, -а, тв. -ем
киноплёнка, -и, р. мн. -нок
киноплёночный
киноплоща́дка, -и, р. мн. -док
киноповествова́ние, -я
киноповесть, -и, мн. -и, -е́й
кинопока́з, -а
кинополотно́, -а́, мн. -о́тна, -о́тен
кинопортре́т, -а
кинопостано́вка, -и, р. мн. -вок
кинопремье́ра, -ы
кинопре́сса, -ы
кинопро́ба, -ы
кинопроду́кция, -и
кинопродю́сер, -а
кинопрое́ктор, -а
кинопроекцио́нный
кинопрое́кция, -и
кинопроизведе́ние, -я
кинопроизво́дство, -а
кинопрока́т, -а
кинопрока́тный
кинопрока́тчик, -а
кинопромы́шленник, -а
кинопромы́шленность, -и
кинопросмо́тр, -а
кинопублици́ст, -а
кинопублици́стика, -и
кинопутеше́ственник, -а
кинопутеше́ствие, -я
кинорабо́та, -ы
кинорасска́з, -а

кинорежиссёр, -а
кинорекла́ма, -ы
кинорепертуа́р, -а
кинорепорта́ж, -а, тв. -ем
кинорепортёр, -а
кинори́нхи, -ов, ед. -ри́нх, -а
кироро́ль, -и, мн. -и, -е́й
киорома́н, -а
кинорынок, -нка
киносеа́нс, -а
киносе́ть, -и, мн. -и, -е́й
киноска́зка, -и, р. мн. -зок
киноспектро́граф, -а
киносту́дия, -и
киносцена́рий, -я
киносценари́ст, -а
киносъёмка, -и, р. мн. -мок
киносъёмочный
киносюже́т, -а
кинотеа́тр, -а
киноте́ка, -и
кинотелевизио́нный
кинотелегени́чный; кр. ф. -чен, -чна
киноте́хника, -и
кинотрило́гия, -и
кинотрю́к, -а
киноустано́вка, -и, р. мн. -вок
кинофа́брика, -и
кинофестива́ль, -я
кинофика́ция, -и
кинофи́льм, -а
кинофи́рма, -ы
кинофици́рованный; кр. ф. -ан, -ана
кинофици́ровать(ся), -рую, -рует(ся)
кинофо́рум, -а
кинофотоаппарату́ра, -ы
кинофотодоку́ме́нты, -ов
кинофотолаборато́рия, -и
кинофотоплёнка, -и, р. мн. -нок
кинофотосту́дия, -и
кинофотосъёмка, -и, р. мн. -мок
кинофототе́хника, -и
кинофотофонодокуме́нты, -ов

кинофрагме́нт, -а
кинохи́т, -а́
кинохро́ника, -и
кинохроника́льный
кинохроникёр, -а
киноце́нтр, -а
кино́шка, -и, р. мн. -шек
кино́шник, -а
кино́шница, -ы, тв. -ей
кино́шный
киноэкра́н, -а
киноэкспеди́ция, -и
киноэпопе́я, -и
киноязы́к, -а́
кинта́рь, -я
ки́нуть(ся), ки́ну(сь), ки́нет(ся)
кинша́сский (от Кинша́са)
кинша́сцы, -ев, ед. -сец -сца, тв. -сцем
кио́ск, -а
киоскёр, -а
киоскёрша, -и, тв. -ей
кио́т, -а
кио́тный
кио́тоский (от Кио́то)
кио́тосцы, -ев, ед. -сец, -сца, тв. -сцем
КИП, -а (сокр.: контрольно-измерительный прибор; комплексная изыскательная партия)
кип, -а (ден. ед.)
ки́па, -ы
кипари́с, -а
кипари́сный
кипари́совый
кипе́ние, -я
ки́пенный
ки́пень, -и
кипе́ть, киплю́, кипи́т
ки́плинговский (от Ки́плинг)
Ки́повая пла́нка (мор.)
ки́повец, -вца, тв. -вцем, р. мн. -вцев
ки́повский (от КИП)
Кипп, -а: аппара́т Ки́ппа
кипп-реле́, нескл., с.

кипре́гель, -я
кипре́гельный
кипре́й, -я
кипре́йный
Кипри́да, -ы
киприо́тка, -и, *р. мн.* -ток
киприо́тский
киприо́ты, -ов, *ед.* -ио́т, -а
ки́прский (*от* Кипр)
кипсе́й, -я
кипсе́йка, -и, *р. мн.* -е́ек
ки́псек, -а
ки́пу, *нескл., с.*
кипу́честь, -и
кипу́чий
кипу́чка, -и
кипча́ки, -ов, *ед.* -ча́к, -а *и* кыпча́ки, -ов, *ед.* -ча́к, -а
кипча́кский *и* кыпча́кский
кипяти́лка, -и, *р. мн.* -лок
кипяти́льник, -а
кипяти́льный
кипяти́льня, -и, *р. мн.* -лен
кипяти́ть(ся), -ячу́(сь), -яти́т(ся)
кипято́к, -тка́ *и* -тку́
кипято́чек, -чка *и* -чку
кипято́чный
кипяче́ние, -я
кипячённый; *кр. ф.* -ён, -ена́, *прич.*
кипячёный, *прил.*
кир, -а (*горная порода*)
кира́са, -ы
кираси́р, -а, *р. мн.* -си́р *и* -ов
кираси́рский
кирги́зка, -и, *р. мн.* -зок
кирги́з-кайса́ки, -ов, *ед.* кирги́з-кайса́к, -а
кирги́з-кайса́цкий
кирги́зский (*к* кирги́зы *и* Кирги́зия)
кирги́зско-росси́йский
кирги́зы, -ов, *ед.* кирги́з, -а
киренаики, -ов, *ед.* -а́ик, -а
кире́нский (*кире́нская шко́ла, филос.*)

киржача́не, -а́н, *ед.* -а́нин, -а
киржа́чка, -и, *р. мн.* -чек (*к* киржа́цы)
киржа́чский (*от* Киржа́ч, *город*)
киржа́чцы, -ев, *ед.* -чец, -чца, *тв.* -чцем
ки́рза, -ы *и* кирза́, -ы́
кирзачи́, -е́й, *ед.* -за́ч, -а́, *тв.* -о́м
ки́рзо́вый
кири́ллица, -ы, *тв.* -ей
кирилли́ческий
Кири́лло-Белозе́рский монасты́рь
кири́лловский (*от* Кири́лл *и* Кири́ллов)
кири́лло-мефо́диевский (*от* Кири́лл *и* Мефо́дий)
Кири́лло-Мефо́диевское о́бщество
ки́рка, -и, *р. мн.* ки́рок *и* ки́рха, -и, *р. мн.* кирх (*церковь*)
кирка́, -и́, *мн.* ки́рки, ки́рок, кирка́м (*орудие*)
кирказо́н, -а
кирказо́новые, -ых
кирко́вый
киркомоты́га, -и
кировогра́дский (*от* Кировогра́д)
кировогра́дцы, -ев, *ед.* -дец, -дца, *тв.* -дцем
ки́рово-чепе́цкий (*от* Ки́рово-Чепе́цк)
ки́ровский (*от* Ки́ров *и* Ки́ровск)
ки́ровцы, -ев, *ед.* -вец, -вца, *тв.* -вцем
кировча́не, -а́н, *ед.* -а́нин, -а (*от* Ки́ров, *город*, *и* Ки́ровск)
кировча́нка, -и, *р. мн.* -нок
кирпи́ч, -а́, *тв.* -о́м
кирпичеде́лательный
кирпичеобжига́тельный
кирпи́чик, -а
кирпи́чина, -ы, *ж.* (*один кирпич*)
кирпичи́на, -ы, *м. и ж.* (*увелич. к* кирпи́ч)
кирпи́чник, -а

кирпи́чно-кра́сный
кирпи́чно-черепи́чный
кирпи́чный
киру́нди, *неизм. и нескл., м.* (*язык*)
ки́рха, -и, *р. мн.* кирх *и* ки́рка, -и, *р. мн.* ки́рок (*церковь*)
киршва́ссер, -а
ки́са, -ы (*ласкат. к* кошка)
киса́, -ы́ (*мешок*)
кисе́йка, -и
кисе́йный
киселёвский (*от* Киселёв *и* Киселёвск)
киселёвцы, -ев, *ед.* -вец, -вца, *тв.* -вцем (*от* Киселёвск)
киселёк, -лька́ *и* -льку́
киселеобра́зный; *кр. ф.* -зен, -зна
кисе́лик, -а *и* -у
кисе́ль, -я *и* -ю
кисе́льный
кисе́т, -а
кисе́тный
кисея́, -и́
ки́ска, -и, *р. мн.* ки́сок
кис-ки́с, *неизм.*
кисле́нек, -нька
ки́сленький
кислеца́, -ы́, *тв.* -о́й
кислина́, -ы́
кисли́нка, -и
кисли́ть, -лю́, -ли́т
кисли́ца, -ы, *тв.* -ей (*растение*)
кисли́чник, -а
кисли́чные, -ых
кислова́тость, -и
кислова́тый
кисло́вка, -и
кислово́дский (*от* Кислово́дск)
кисловодча́не, -а́н, *ед.* -а́нин, -а
кисловодча́нка, -и, *р. мн.* -нок
кисло́вщик, -а
кисломоло́чный
кислоро́д, -а
кислоро́дистый
кислоро́дно-ацетиле́новый
кислоро́дно-водоро́дный

кислоро́дно-дыха́тельный
кислоро́дно-конве́ртерный
кислоро́дно-сва́рочный
кислоро́дный
кислородоотдаю́щий и кислородотдаю́щий
кислородосодержа́щий и кислородсодержа́щий
ки́сло-сла́дкий; *кр. ф.* -док, -дка
кислота́, -ы́, *мн.* -о́ты, -о́т
кисло́тность, -и
кисло́тно-осно́вный
кисло́тно-щелочно́й
кисло́тный
кислотоме́р, -а
кислотообразу́ющий
кислотосто́йкий; *кр. ф.* -о́ек, -о́йка
кислотосто́йкость, -и
кислотоупо́рность, -и
кислотоупо́рный; *кр. ф.* -рен, -рна
кислотоусто́йчивость, -и
кислотоусто́йчивый
кислощейный
ки́слый; *кр. ф.* ки́сел, кисла́, ки́сло, ки́слы́
кисля́й, -я
кисля́тина, -ы
ки́снувший
ки́снуть, -ну, -нет; *прош.* ки́снул и кис, ки́сла
ки́сонька, -и, *р. мн.* -нек
ки́сочка, -и, *р. мн.* -чек
киссы́н-фанды́р, -а
киста́, -ы́
кистеви́дный; *кр. ф.* -ден, -дна
кистево́й
кисте́нь, -я́
кистепёрые, -ых
кисто́зный
ки́сточка, -и, *р. мн.* -чек
кисть, -и, *мн.* -и, -е́й
кису́ля, -и
кит, -а́
ки́та, -ы (*поэтическая форма*)

китаеве́д, -а
китаеве́дение, -я
китаеве́дческий
китаи́ст, -а
китаи́стика, -и
китаи́стка, -и, *р. мн.* -ток
Кита́й-го́род, -а
Китайгоро́дская стена́ (*в Москве*)
китайгоро́дский (*от* Кита́й-го́род)
кита́йка, -и, *р. мн.* -а́ек (*ткань; яблоня*)
Кита́йская стена́ (*о Великой Китайской стене*) и кита́йская стена́ (*о полном отсутствии связей между явлениями, событиями*)
кита́йский (*от* Кита́й)
кита́йско-америка́нский
Кита́йско-Восто́чная желе́зная доро́га (КВЖД)
кита́йско-коре́йский
кита́йско-росси́йский
кита́йско-ру́сский
кита́йско-тибе́тский
кита́йско-япо́нский
кита́йцы, -ев, *ед.* кита́ец, -а́йца, *тв.* -а́йцем
кита́йчатый (*к* кита́йка)
китайчо́нок, -нка, *мн.* -ча́та, -ча́т
китая́нка, -и, *р. мн.* -нок (*к* кита́ец)
китая́ночка, -и, *р. мн.* -чек
ки́тежский (*от* Ки́теж)
кителёк, -лька́
ки́тель, -я, *мн.* -я́, -е́й и -и, -ей
ки́тельный
китёнок, -нка, *мн.* китя́та, -я́т
китёныш, -а, *тв.* -ем
кити́ха, -и
китоба́за, -ы
китобо́ец, -о́йца, *тв.* -о́йцем, *р. мн.* -о́йцев
китобо́й, -я
китобо́йно-промысло́вый
китобо́йный

китови́дный дельфи́н
кито́вина, -ы
кито́вый
китогла́в, -а
китоло́в, -а
китоло́вный
китоло́вство, -а
китообра́зные, -ых
китч, -а, *тв.* -ем
ки́тчевость, -и
ки́тчевый
китя́тина, -ы
кифа́ра, -ы
кифо́з, -а
кифосколио́з, -а
кичи́ться, кичу́сь, кичи́тся
ки́чка, -и, *р. мн.* ки́чек
кичли́вость, -и
кичли́вый
кише́ние, -я
кише́ть, киши́т
кише́чник, -а
кишечноды́шащие, -их
кишечнополостны́е, -ы́х и -ы́х
кише́чно-сосу́дистый
кише́чный
кишинёвский (*от* Кишинёв)
кишинёвцы, -ев, *ед.* -вец, -вца, *тв.* -вцем
кишка́, -и́, *р. мн.* кишо́к
кишкообра́зный; *кр. ф.* -зен, -зна
кишла́к, -а́
кишла́чный
кишлачо́к, -чка́
кишми́ш, -а и -а́, *тв.* -ем и -о́м
кишмя́ кише́ть
кия́нка, -и, *р. мн.* -нок
клав, -а (*продольная полоса на одежде*)
клавеси́н, -а
клавесини́ст, -а
клавесини́стка, -и, *р. мн.* -ток
клавеси́нный
клавиату́ра, -ы
клавиату́рный
клавико́рды, -ов

клави́р, -а
клавира́бенд, -а
клавира́усцуг, -а
клави́рный
клавицимба́л, -а
клавците́риум, -а
клавичемба́ло, *нескл., с.*
кла́виша, -и, *тв.* -ей, *мн.* -и, -виш и кла́виш, -а, *тв.* -ем, *мн.* -и, -ей
кла́вишник, -а
кла́вишный
кла́вус, -а (*парчовый прямоугольник – деталь одежды*)
кла́вший(ся)
клад, -а
кла́дбище, -а
кладби́щенский
кла́дезь, -я
кладене́ц, -нца́, *тв.* -нцо́м, *р. мн.* -нцо́в (*меч-кладене́ц*)
кла́деный, *прил.*
кла́дка, -и, *р. мн.* -док
кладова́я, -о́й
кладо́вка, -и, *р. мн.* -вок
кладо́вочка, -и, *р. мн.* -чек
кладову́шка, -и, *р. мн.* -шек
кладовщи́к, -а́
кладовщи́ца, -ы, *тв.* -ей
кладо́дий, -я
кладоиска́тель, -я
кладо́ния, -и
кладоспорио́з, -а
кладофо́ра, -ы
кла́дочный
кла́дчик, -а
кладь, -и
кла́йпедский (*от* Кла́йпеда)
клайпедча́не, -а́н, *ед.* -а́нин, -а
кла́ка, -и
кла́кер, -а и клакёр, -а
кла́ксон, -а
клан, -а
кла́новый
кла́няться, -яюсь, -яется
кла́пан, -а

кла́панный
клапано́к, -нка́
клап-ка́мера, -ы
клапшто́с, -а
кларе́н, -а
кларе́т, -а
клари́ски, -сок, *ед.* -ска, -и
кла́рки, -ов (*в геохимии*)
кла́ркия, -и (*растение*)
кларне́т, -а
кларнети́ст, -а
кларне́тный
класс, -а
кла́ссик, -а
кла́ссика, -и
кла́ссики, -ов (*игра*)
кла́ссико-романти́ческий
классифика́тор, -а
классификацио́нный
классифика́ция, -и
классифици́рование, -я
классифици́рованный; *кр. ф.* -ан, -ана
классифици́ровать(ся), -рую, -рует(ся)
классици́зм, -а
классици́ст, -а
классицисти́ческий
классици́стский
класси́ческий
класси́чески стро́гий
класси́чность, -и
класси́чный; *кр. ф.* -чен, -чна
кла́ссность, -и
кла́ссно-уро́чный
кла́ссный
кла́ссово враждебный
кла́ссово ограни́ченный
кла́ссово-сосло́вный
кла́ссовость, -и
кла́ссово чу́ждый
кла́ссовый
кла́ссы, -ов (*игра*)
кла́стер, -а
кластериза́ция, -и
кла́стерный

кла́сть(ся), кладу́, кладёт(ся); *прош.* кла́л(ся), кла́ла(сь)
клатра́ты, -ов, *ед.* -а́т, -а
кла́уза, -ы (*инф.*)
клаузи́рованный; *кр. ф.* -ан, -ана
кла́узула, -ы
клаустрофо́бия, -и
кла́фтер, -а
кла́цанье, -я
кла́цать, -аю, -ает
кла́цнуть, -ну, -нет
клебсиеллёз, -а
клебсие́ллы, -е́лл, *ед.* -е́лла, -ы
клёв, -а
клёванный; *кр. ф.* -ан, -ана, *прич.*
клёваный, *прил.*
клева́ть(ся), клюю́(сь), клюёт(ся)
клеве́йт, -а
кле́вер, -а, *мн.* -а́, -о́в
клевери́ще, -а
кле́верный
кле́веровый
клеверо́к, -рка́
клеверосе́яние, -я
клеверотёрка, -и, *р. мн.* -рок
клеверотёрочный
клевета́, -ы́
клевета́ть, -вещу́, -ве́щет
клеветни́к, -а́
клеветни́ца, -ы, *тв.* -ей
клеветни́ческий
клеве́ц, -вца́, *тв.* -вцо́м, *р. мн.* -вцо́в
клеве́щущий
клевёк, -вка́
клевре́т, -а
клёвый
клеева́р, -а
клееваре́ние, -я
клееваре́нный
клееварка́, -и, *р. мн.* -рок
клееварный
клееварня́, -и, *р. мн.* -рен
клеево́й
клеежелати́новый
клеёк, клейка́ и -у́

клее́ние, -я
клеёнка, -и, *р. мн.* -нок
клеённый; *кр. ф.* клеён, клеёна, *прич.*
клеёно-переклеёно
клеёночка, -и, *р. мн.* -чек
клеёночный
клеёнчатый
клеёный, *прил.*
клееобра́зный; *кр. ф.* -зен, -зна
клеесварно́й
клеи́льный
клеи́льщик, -а
клеи́льщица, -ы, *тв.* -ей
кле́ить(ся), кле́ю, кле́ит(ся)
клей, кле́я и клею́, *предл.* в кле́е и в (на) клею́, *мн.* клеи́, -ёв
клейдесда́ли, *нескл., м.*
кле́йка, -и
кле́йкий; *кр. ф.* кле́ек, клейка́, кле́йко
клейкова́тый
клейкови́на, -ы
клейкови́нный
кле́йкость, -и
клейме́ние, -я
клеймённый; *кр. ф.* -ён, -ена́, *прич.*
клеймёный, *прил.*
клейми́ть(ся), -млю́, -ми́т(ся)
клеймо́, -а́, *мн.* кле́йма, клейм
клеймо́вщик, -а
кле́ймс, -а
клейно́ды, -ов
клеофа́н, -а
кле́йстер, -а
кле́йстерный
клейстога́мия, -и
клейстока́рпий, -я
кле́йщик, -а
кле́йщица, -ы, *тв.* -ей
клёклый
клёкнувший
клёкнуть, -нет; *прош.* клёкнул, клёкла
клёкот, -а

клекота́ние, -я
клекота́ть, -кочу́, -ко́чет
клеко́чущий
кле́мма, -ы
кле́ммник, -а
кле́ммный
кле́ммовый
клеммта́ши, -ей, *ед.* -та́ш, -а, *тв.* -ем
клён, -а
клено́вый
клено́к, -нка́ (*к* клён)
кленоли́стный (*к* клён)
клено́чек, -чка (*к* клён)
клеоме́, *нескл., ж.*
Клеопа́тра, -ы (*царица*; *лит. персонаж*)
клепа́ло, -а (*орудие*)
клепа́льный
клепа́льщик, -а
клепа́льщица, -ы, *тв.* -ей
клепа́ние, -я
клёпанный; *кр. ф.* -ан, -ана, *прич.*
клёпаный, *прил.*
клёпань, -и
клепа́ть, -аю́, -а́ет и клеплю́, кле́плет (*клеветать*)
клепа́ть(ся), -а́ю, -а́ет(ся) (*соединять(ся)*)
клепа́ющий(ся) (*от* клепа́ть *и* клепа́ть(ся))
клёпка, -и, *р. мн.* -пок
клёплющий (*от* клепа́ть)
клёпочный
кле́ппер, -а
клепси́дра, -ы
клептома́н, -а
клептома́ния, -и
клептома́нка, -и, *р. мн.* -нок
клере́т, -а
клерика́л, -а
клерикали́зм, -а
клерика́льный
клерк, -а
клероде́ндрум, -а
клёст, клеста́

КЛИЕНТ

клесто́вка, -и, *р. мн.* -вок (*от* клёст)
клесто́вый
клетево́й и клетьево́й
кле́тка, -и, *р. мн.* -ток
кле́точка, -и, *р. мн.* -чек
кле́точный
кле́тра, -ы
кле́тровые, -ых
клету́шечка, -и, *р. мн.* -чек
клету́шка, -и, *р. мн.* -шек
клетча́тка, -и
кле́тчатый
клеть, -и, *предл.* в клети́, *мн.* -и, -е́й
клетьево́й и клетево́й
клеть-ли́фт, кле́ти-ли́фта
клёфты, -ов, *ед.* клефт, -а
клёцки, -цек, *ед.* клёцка, -и
клёш, -а, *тв.* -ем и *неизм.*
клешневи́дный; *кр. ф.* -ден, -дна
клешнеобра́зный; *кр. ф.* -зен, -зна
клешня́, -и́, *р. мн.* -е́й
клещ, -а́, *тв.* -о́м
клещеви́дный; *кр. ф.* -ден, -дна
клещеви́на, -ы
клещеви́нник, -а
клещеви́нный
клещево́й
клещеобра́зный; *кр. ф.* -зен, -зна
клещи́, -е́й (*инструмент*)
кле́щик, -а
клещ-краснотёлка, клеща́-краснотёлки
клещо́вка, -и, *р. мн.* -вок (*птица*)
клещ-сенокосец, клеща́-сенокосца
клея́нка, -и, *р. мн.* -нок
кле́ящий(ся)
клива́ж, -а, *тв.* -ем
кли́вер, -а, *мн.* -ы, -ов и -а́, -о́в
кли́вия, -и
кли́влендский (*от* Кли́вленд)
кли́влендцы, -ев, *ед.* -дец, -дца, *тв.* -дцем
клие́нт, -а

клиенте́ла, -ы
клие́нтка, -и, *р. мн.* -ток
клие́нтский
клиенту́ра, -ы
клиенту́рный
кли́зма, -ы
кли́зменный
кли́змочка, -и, *р. мн.* -чек
клик, -а (*возглас*)
кли́ка, -и (*группа людей*)
кли́канный; *кр. ф.* -ан, -ана
кли́кать[1], кли́чу, кли́чет (*звать, вопить, голосить*)
кли́кать[2], кли́чет и кли́кает (*кричать, о птицах*)
кли́кнуть, -ну, -нет
клико́, *нескл., с.*
клику́ха, -и (*кличка, жарг.*)
клику́ша, -и, *тв.* -ей
клику́шеский
клику́шество, -а
клику́шествовать, -твую, -твует
клику́шничать, -аю, -ает
кли́макс, -а
климакте́рий, -я
климактери́ческий
кли́мат, -а
климатиза́ция, -и
климатизёр, -а
климатизи́рованный; *кр. ф.* -ан, -ана
климати́ческий
климатографи́ческий
климатогра́фия, -и
климатолече́бный
климатолече́ние, -я
климато́лог, -а
климатологи́ческий
климатоло́гия, -и
климатопатоло́гия, -и
климатотерапи́я, -и
климатро́н, -а
клин, -а, *мн.* кли́нья, -ьев
клин-ба́ба, -ы
кли́ника, -и
кли́нико-диагности́ческий

клиници́ст, -а
клини́ческий
кли́нкер, -а
кли́нкерный
клинкерова́ние, -я
клинкеро́ванный; *кр. ф.* -ан, -ана
клинкерова́ть(ся), -ру́ю, -ру́ет(ся)
клинке́т, -а
клинко́вый
клинови́дный; *кр. ф.* -ден, -дна
клиново́й
клино́к, -нка́ (*режущая часть холодного оружия*)
клинокефа́лия, -и и клиноцефа́лия, -и
клиноли́стный (к клин)
клино́метр, -а
клинообра́зный; *кр. ф.* -зен, -зна
клинопи́сный
кли́нопись, -и
клиноста́т, -а
клинохло́р, -а
клиноцефа́лия, -и и клинокефа́лия, -и
клино́чек, -чка (к клино́к)
клино́чный
кли́нский (*от* Клин, *город*)
кли́нтух, -а
клинцо́вский (*от* Клинцы́, *город*)
клинч, -а, *тв.* -ем
клинча́не, -а́н, *ед.* -а́нин, -а (*от* Клин *и* Клинцы́)
клинча́нка, -и, *р. мн.* -нок
кли́нчатый
кли́нышек, -шка
Кли́о, *нескл., ж.*
клио́на, -ы
клип, -а
кли́пер, -а, *мн.* -а́, -о́в и -ы, -ов
кли́перский
клипме́йкер, -а
клипме́йкерский
кли́пперный (*физ.*)
кли́псы, клипс и кли́псов, *ед.* кли́пса, -ы и клипс, -а

клир, -а
кли́ренс, -а
кли́рик, -а
кли́ринг, -а
кли́ринг-ба́нк, -а
кли́ринговый
кли́рный
кли́ровый
кли́рос, -а
кли́росный
клироша́нин, -а, *мн.* -а́не, -а́н
клироша́нка, -и, *р. мн.* -нок
клисти́р, -а
клисти́рный
клистро́н, -а
кли́тор, -а
клиф, -а
к лицу́ (*идет, подобает*)
клич, -а, *тв.* -ем
кли́чка, -и, *р. мн.* -чек
кли́чущий
клише́, *нескл., с.*
клиши́рование, -я
клиши́рованный; *кр. ф.* -ан, -ана
клиши́ровать(ся), -ру́ю, -ру́ет(ся)
клиширо́вка, -и
клоа́ка, -и
клоака́льный
клоа́чный
клобу́к, -а́
клобучо́к, -чка́
клозе́т, -а
кло́дтовский (*от* Клодт)
клозе́тный
клок, -а́, *мн.* кло́чья, -ьев и клоки́, -о́в
клока́стый
кло́кот, -а
клокота́ние, -я
клокота́ть, -кочу́, -ко́чет
клоко́чущий
клокту́н, -а́
клон, -а
Клонда́йк, -а
клони́рование, -я
клони́рованный; *кр. ф.* -ан, -ана

клони́ровать(ся), -рую, -рует(ся)
клони́ть(ся), клоню́(сь), кло́нит(ся)
кло́нус, -а
клоня́щий(ся)
клоп, -а́
клоп – вре́дная черепа́шка
кло́пик, -а
клопи́ный
клопо́вник, -а
клопо́вый
клопого́н, -а
клопомо́р, -а
кло́пфер, -а
клопя́тник, -а
клостри́дии, -ий, ед. -дия, -и
кло́тик, -а
кло́тиковый
кло́ун, -а
клоуна́да, -ы
клоуне́сса, -ы
кло́унский
клофели́н, -а
клохта́нье, -я
клохта́ть, кло́хчет
кло́хчущий
кло́чить, -чу, -чит
кло́чка, -и, р. мн. -чек
клочкова́тость, -и
клочкова́тый
клочо́к, -чка́
клочо́чек, -о́чка
клоша́р, -а
клуа́тр, -а
клуб, -а, мн. -ы, -ов (организация, учреждение)
клубенёк, -нька́
клу́бень, -бня
клубенько́вый
клуби́ть(ся), -и́т(ся)
клубневи́дный; кр. ф. -ден, -дна
клубнево́й
клубнелу́ковица, -ы, тв. -ей
клубнено́сный
клубнеплоды́, -ов, ед. -пло́д, -а
клубни́ка, -и

клубни́стый
клубни́чина, -ы
клубни́чка, -и, р. мн. -чек
клубни́чный
клу́бный
клубо́к, -бка́
клубо́чек, -чка
клубо́чница, -ы, тв. -ей
клубо́чный
клубы́, -о́в и клу́бы, -ов, ед. клуб, -а (летящая масса дыма, пыли и др.)
клу́мба, -ы
клу́мбовый
клу́мбочка, -и, р. мн. -чек
клу́ня, -и, р. мн. -ей
клупп, -а
клу́ша, -и, тв. -ей
клуши́ца, -ы, тв. -ей (птица)
клу́шка, -и, р. мн. -шек
клык, -а́
клыка́стый
клыка́ч, -а́, тв. -о́м
клычо́к, -чка́
клюв, -а
клюва́ч, -а́, тв. -о́м
клю́вик, -а
клюкови́дный; кр. ф. -ден, -дна
клювоголо́вые, -ых
клювоно́с, -а
клюворы́л, -а
клюворы́лый
клюз, -а
клю́зный
клюка́, -и́
клю́кать(ся), -аю(сь), -ает(ся)
клю́ква, -ы
клю́квенный
клю́квина, -ы
клю́кнуть, -ну, -нет
клю́ковка, -и, р. мн. -вок
клю́ковный (прост. к клю́квенный)
клю́нуть, -ну, -нет
ключ, -а́, тв. -о́м; но (в названиях населенных пунктов) Ключ, -а́,

тв. -о́м, напр.: Горя́чий Клю́ч (город), Кра́сный Клю́ч (поселок)
ключа́рь, -я́
ключеви́на, -ы
ключево́й
Ключевска́я со́пка
Ключи́, -е́й, употр. в названиях населенных пунктов, напр.: Ключи́, (город), Го́рные Ключи́ (поселок)
клю́чик, -а
ключи́ца, -ы, тв. -ей
ключи́чный
клю́чник, -а
клю́чница, -ы, тв. -ей
ключ-трава́, -ы́
клю́шка, -и, р. мн. -шек
кля́вший(ся)
кля́зьминский (от Кля́зьма)
кля́кса, -ы
кля́ксочка, -и, р. мн. -чек
кля́нчащий
кля́нченье, -я
кля́нчить, -чу, -чит
кляп, -а
кля́ссер, -а
кля́ссерный
кля́стероспорио́з, -а
кля́сть(ся), кляну́(сь), клянёт(ся); прош. кля́л(ся), кляла́(сь), кля́ло, кляло́сь
кля́сться-божи́ться
кля́тва, -ы
кля́твенно, нареч.
кля́твенный
клятвопреступле́ние, -я
клятвопресту́пник, -а
клятвопресту́пница, -ы, тв. -ей
клятвопресту́пный
кля́тый
кля́уза, -ы
кля́узник, -а
кля́узница, -ы, тв. -ей
кля́узничать, -аю, -ает
кля́узнический
кля́узничество, -а
кля́узный; кр. ф. -зен, -зна

кля́ча, -и, *тв.* -ей
клячо́нка, -и, *р. мн.* -нок
К-мезо́н [ка-], -а
к ме́сту
кме́ты, -ов, *ед.* кмет, -а (*ист.*)
К-мито́з [ка-], -а
кнаружи
кне́длики, -ов, *ед.* -лик, -а
кне́ли, -ей, *ед.* кнель, -и
кнеми́ды, -ов
кне́ссет, -а
к несча́стью
кне́хты, -ов, *ед.* кнехт, -а
кни́га, -и
Кни́га кни́г (*о Библии*)
Кни́га Па́мяти (*со списками жертв войн, репрессий*)
Кни́га (реко́рдов) Ги́ннесса
книгове́д, -а
книгове́дение, -я
книговеде́ние, -я (*в бухгалтерии*)
книгове́дческий
книгоста́вочный
книговы́дача, -и, *тв.* -ей
книгодержа́тель, -я
книгое́д, -а
книгое́дский
книгое́дство, -а
книгоизда́ние, -я
книгоизда́тель, -я
книгоизда́тельский
книгоизда́тельство, -а
книголю́б, -а
книгоно́ша, -и, *тв.* -ей, *м. и ж.*
книгообме́н, -а
книгообме́нный
книгопеча́тание, -я
книгопеча́тник, -а
книгопеча́тный
книгопеча́тня, -и, *р. мн.* -тен
книгописа́ние, -я
книгопи́счий
книгопрода́вец, -вца, *тв.* -вцем, *р. мн.* -вцев
книгораспростране́ние, -я
книгораспространи́тель, -я

книгособира́тельский
книгособира́тельство, -а
книготорг, -а
книготорго́вец, -вца, *тв.* -вцем, *р. мн.* -вцев
книготорго́вля, -и
книготоргово-изда́тельский
книготорго́вый
книготоргу́ющий
книгохрани́лище, -а
книгоче́й, -я
книдоспори́дии, -ий, *ед.* -дия, -и
Кни́дский: Афроди́та Кни́дская
книже́нция, -и
кни́жечка, -и, *р. мн.* -чек
кни́жица, -ы, *тв.* -ей
кни́жища, -и, *тв.* -ей
кни́жка, -и, *р. мн.* -жек
кни́жка-раскра́ска, кни́жки-раскра́ски
Кни́жная пала́та (*учреждение*)
кни́жник, -а
кни́жница, -ы, *тв.* -ей
кни́жно-журна́льный
кни́жно-иллюстрати́вный
кни́жно-пи́сьменный
кни́жно-славя́нский
кни́жность, -и
кни́жный; *кр. ф.* -жен, -жна
книжо́нка, -и, *р. мн.* -нок
кни́зу, *нареч.* (ша́пка кни́зу расширя́ется), *но сущ.* к ни́зу (приши́ть обо́рку к ни́зу ю́бки)
кни́ксен, -а
кни́кус, -а
кни́ппель, -я
книпхо́фия, -и
кни́ца, -ы, *тв.* -ей
кноп, -а
кно́пка, -и, *р. мн.* -пок
кно́почка, -и, *р. мн.* -чек
кно́почный
КНП [каэнпэ́], *нескл., м.* (*сокр.:* командно-наблюдательный пункт)
кнут, -а́
кну́тик, -а

кнути́ще, -а, *мн.* -а и -и, -и́щ, *м.*
кнутобо́й, -я
кнутобо́йничать, -аю, -ает
кнутобо́йный
кнутобо́йство, -а
кнутобо́йствовать, -твую, -твует
кнутови́ще, -а
кнуто́вый
кнутри́
княги́нин, -а, -о
княги́нюшка, -и, *р. мн.* -шек
княги́ня, -и, *р. мн.* -и́нь
княжа́та, -а́т
княже́ние, -я
княжени́ка, -и
княжени́ковка, -и
княжени́чный
кня́жеский
кня́жеско-боя́рский
кня́жество, -а
кня́жий, -ья, -ье
кня́жик, -а (*растение*)
княжи́ть, -жу́, -жи́т
кня́жич, -а, *тв.* -ем
княжна́, -ы́, *р. мн.* -жо́н
княжо́й
кня́зев, -а, -о
князёк, -зька́
кня́зенька, -и, *р. мн.* -нек, *м.*
князи́шка, -и, *р. мн.* -шек, *м.*
князь, -я, *мн.* -зья́, -зе́й, -зья́м
князю́шка, -и, *р. мн.* -шек, *м.*
ко и к, *предлог*
коагули́рование, -я
коагули́рованный; *кр. ф.* -ан, -ана
коагули́ровать(ся), -рую, -рует(ся)
коагулопа́тия, -и
коагуля́нты, -ов, *ед.* -я́нт, -а
коагуля́т, -а
коагуля́тор, -а
коагуля́ция, -и
коадапта́ция, -и
коадъю́тор, -а
коадъю́торский
коадъю́торство, -а

коаксиа́льный
коа́ла, -ы и нескл., м.
коалесце́нция, -и
коалесци́ровать, -рует
коалицио́нный
коали́ция, -и
коа́ны, -ов, ед. коа́н, -а
коа́та, -ы (обезьяна)
коа́ти, нескл., м. (млекопитающее сем. еноторых)
коацерва́т, -а
коацерва́ция, -и
кобалами́н, -а
ко́бальт, -а (металл; краска)
кобальти́н, -а
ко́бальтовый
кобе́днишний
кобелёк, -лька́
кобели́ный
кобе́ль, -я́
кобе́ниться, -нюсь, -нится
кобе́нящийся
ко́бза, -ы и кобза́, -ы́
кобза́рский
кобза́рь, -я́
ко́бленцский (от Ко́бленц)
ко́бол, -а (программ.)
ко́больд, -а (мифол.)
ко́бра, -ы
кобре́зия, -и
кобу́з, -а (узбекский муз. инструмент)
кобура́, -ы́
ко́бчик, -а (птица)
кобы́з, -а (казахский муз. инструмент)
кобы́ла, -ы
кобылёнка, -и, р. мн. -нок
кобы́лий, -ья, -ье
кобы́лица, -ы, тв. -ей
кобы́лка, -и, р. мн. -лок
кобыля́тина, -ы
кова́лентность, -и
кова́лентный; кр. ф. -тен, -тна
кова́ль, -я́
ко́ванный; кр. ф. -ан, -ана, прич.

ко́ваный, прил.
кова́р, -а (сплав)
ковариа́нса, -ы
ковариа́нтность, -и
ковариа́нтный; кр. ф. -тен, -тна
ковариа́ция, -и
кова́рность, -и
кова́рный; кр. ф. -рен, -рна
кова́рство, -а
кова́ть(ся), кую́, куёт(ся)
ковбо́й, -я
ковбо́йка, -и, р. мн. -о́ек
ковбо́йский
ковелли́н, -а
Ко́вент-Га́рден, -а и нескл., м. (театр)
ковентри́йский (от Ко́вентри)
ковёр, ковра́
кове́рканный; кр. ф. -ан, -ана
кове́рканье, -я
кове́ркать(ся), -аю, -ает(ся)
коверко́т, -а
коверко́товый
коверно́т, -а
коверны́й, -ого (в цирке)
коверны́й
ковёр-самолёт, ковра́-самолёта
кове́рчик, -а
ко́вка, -и
ко́вкий; кр. ф. ко́вок, ковка́, ко́вко
ко́вкость, -и
ко́вочно-штампо́вочный
ко́вочный
коври́га, -и
коври́жка, -и, р. мн. -жек
ко́врик, -а
ковро́вщик, -а
ковро́вщица, -ы, тв. -ей
ковро́вый
ковроде́л, -а
ковроде́лие, -я
ковроде́льческий
ковроли́н, -а
ковроли́т, -а
ковротка́цкий
ковротка́чество, -а

коврочи́стка, -и, р. мн. -ток
ковче́г, -а
ковче́жец, -жца, тв. -жцем, р. мн. -жцев
ковче́жный
ковш, -а́, тв. -о́м
ковшево́й, -о́го (рабочий)
ко́вшик, -а
ко́вшичек, -чка
ковшо́вый
ко́вы, ков
ковы́листый
ковы́ль, -я́
ковы́льный
ковыля́ние, -я
ковыля́ть, -я́ю, -я́ет
ковырну́ть(ся), -ну́(сь), -нёт(ся) (к ковыря́ть(ся))
ковыря́лка, -и, р. мн. -лок
ковыря́ние, -я
ковыря́ть(ся), -я́ю(сь), -я́ет(ся)
когда́
когда́ б(ы)
когда́ бы ни (когда́ бы ни прие́хал, всегда́ ему́ ра́ды)
когда́ бы то ни́ было
когда́ ка́к
когда́ како́й
когда́-либо
когда́-нибудь
когда́-никогда́
когда́-то
когда́тошний
когда́ уго́дно
когезио́нный
коге́зия, -и
когере́нтность, -и
когере́нтный
ко́гия, -и
когнати́ческий
когна́тный
когна́тство, -а
когна́ты, -ов, ед. -на́т, -а
когнити́вный
кого́-кого́
когорта, -ы

коготко́вый
когото́к, -тка́
ко́готь, ко́гтя, мн. ко́гти, -е́й
когти́стый
когти́ть, -и́т
когти́ща, -и́щ и когти́щи, -и́щ, ед. когти́ще, -а, м.
код, -а
ко́да, -ы (муз.)
ко́дак, -а
кодеи́н, -а
кодеинсодержа́щий и кодеиносодержа́щий
ко́декс, -а
Ко́декс зако́нов о труде́ РФ (КЗОТ)
кодирова́льный
коди́рование, -я
коди́рованный; кр. ф. -ан, -ана
коди́ровать(ся), -рую, -рует(ся)
кодиро́вка, -и
кодиро́вщик, -а
коди́рующий(ся)
ко́диум, -а
кодифика́тор, -а
кодифика́торский
кодификацио́нный
кодифика́ция, -и
кодифици́рованный; кр. ф. -ан, -ана
кодифици́ровать(ся), -рую, -рует(ся)
ко́дла, -ы и ко́дло, -а
ко́дово-и́мпульсный
ко́довый
кодозави́симый
кодомина́нтность, -и
кодомини́рование, -я
кодо́н, -а
кодонезави́симый
кодоско́п, -а
кодтерпи́н, -а
ко́е- и кой-, приставка – с последующим местоимением или наречием пишется через дефис, с предлогом – раздельно

ко́е-где́ и кой-где́
ко́е-ка́к и кой-ка́к
ко́е-како́й и кой-како́й
ко́е-когда́ и кой-когда́
ко́е-кто́, ко́е-кого́ и кой-кто́, кой-кого́; ко́е от кого́, ко́е у кого́, ко́е к кому́, ко́е с кем, ко́е о ком и кой от кого́ и т.п.
ко́е-куда́ и кой-куда́
ко́ечка, -и, р. мн. -чек
ко́ечник, -а
ко́ечница, -ы, тв. -ей
ко́ечный
ко́е-что́, ко́е-чего́ и кой-что́, кой-чего́; ко́е к чему́, ко́е на что́, ко́е с чем, ко́е в чём, ко́е о чём и кой к чему́ и т.п.
ко́жа, -и, тв. -ей
кожа́н, -а́
ко́жа́нка, -и, р. мн. -нок
кожано́к, -нка́ (летучая мышь)
ко́жаный
кожгалантере́я, -и
коже́венник, -а
коже́венно-обувно́й
коже́венный
коже́вник, -а
коже́вня, -и, р. мн. -вен
кожедёр, -а
кожее́д, -а
кожемя́ка, -и, м.
кожеподо́бный; кр. ф. -бен, -бна
кожзамени́тель, -я
кожизде́лия, -ий
кожими́т, -а
кожими́тный
кожими́товый
кожистокры́лые, -ых
ко́жистый
ко́жица, -ы, тв. -ей
ко́жник, -а
ко́жно-венери́ческий
ко́жно-венерологи́ческий
ко́жно-гальвани́ческий
ко́жно-му́скульный
ко́жно-нарывно́й

ко́жный
кожобувно́й
кожсырьё, -я́
кожура́, -ы́
кожу́х, -а́
кожухо́вый
кожушо́к, -шка́
коза́, -ы́, мн. ко́зы, коз; но: год Козы́ (по восточному календарю); Коза́, -ы́ (о том, кто родился в этот год)
Коза́-дереза́, Козы́-дерезы́ (сказочный персонаж)
ко́за но́стра, нескл., ж.
козёл, козла́
козеле́ц, -льца́, тв. -льцо́м, р. мн. -льцо́в (растение)
козелки́, -о́в (от ко́злы)
козело́к, -лка́ (анат.)
козе́льский (от Козе́льск)
козе́льцы, -ев, ед. -лец, -льца́, тв. -льцем
козельча́не, -а́н, ед. -а́нин, -а
козеро́г, -а (животное) и Козеро́г, -а (созвездие и знак зодиака; о том, кто родился под этим знаком)
козе́тка, -и, р. мн. -ток
ко́зий, -ья, -ье
козина́ки, -ов
козине́ц, -нца́, тв. -нцо́м
козлёнок, -нка, мн. -ля́та, -ля́т
козлёночек, -чка, мн. козля́тки, -ток
козлето́н, -а
ко́злик, -а
козли́на, -ы (шкура)
козли́ный
козли́ть, -лю́, -ли́т
ко́злище: отдели́ть ове́ц от ко́злищ
козли́ще, -а и -и, мн. -и, -и́щ, м. (увелич. к козёл)
козлобо́родник, -а
козлобо́родый
козлово́й (кра́н)

козло́вый (*из шкуры козла*)
козлоно́гий
ко́злы, ко́зел (*сиденье; подставка*)
козля́к, -а́
козля́тина, -ы
козля́тник, -а
козля́точки, -чек
козля́тушки, -шек
ко́зни, -ей
козово́д, -а
козово́дство, -а
козово́дческий
козодо́й, -я
ко́зон, ко́зна
козоно́к, -нка́ (*кость для игры; косточка пальца*)
ко́зонька, -и, *р. мн.* -нек
козопа́с, -а
ко́зочка, -и, *р. мн.* -чек
козу́ля, -и (*олень*)
козырёк, -рька́
козырно́й и козы́рный
козырну́ть, -ну́, -нёт
ко́зырь, -я, *мн.* -и, -е́й
козыря́ние, -я
козыря́ть, -я́ю, -я́ет
ко́зье-ове́чий, -ья, -ье
козьмапрутко́вский (*от Козьма́ Прутко́в*)
козьмодемья́нский (*от Козьма́ и Демья́н и Козьмодемья́нск*)
козю́лька, -и, *р. мн.* -лек
козю́ля, -и
кози́вка, -и, *р. мн.* -вок
кози́вочка, -и, *р. мн.* -чек
койпу, *нескл., м.*
ко́и(-то): в ко́и(-то) ве́ки
ко́итус, -а
кой, ко́его, ко́я, ко́ей, ко́е, ко́его, *мн.* ко́и, ко́их (*устар. к* который)
кой- и кое-, приставка (см. кое-)
кой-где́ и кое-где́
ко́йка, -и, *р. мн.* ко́ек
кой-ка́к и кое-ка́к
кой-како́й и кое-како́й
кой-когда́ и кое-когда́

койкоде́нь, -дня́
койкоме́сто, -а, *мн.* -а́, -ме́ст, -а́м
кой-кто́, кой-кого́ и ко́е-кто́, ко́е-кого́; ко́й у кого́, ко́й о ко́м и ко́е у кого́ и т. п.
кой-куда́ и ко́е-куда́
койне́, *нескл., с.*
койо́т, -а
койр, -а
кой-что́, кой-чего́ и ко́е-что́, ко́е-чего́; ко́й к чему́, ко́й в чём и ко́е к чему́ и т. п.
кок, -а (*повар; вихор*)
ко́ка, -и (*растение*)
кокаи́н, -а
кокаини́зм, -а
кокаини́ст, -а
кокаини́стка, -и, *р. мн.* -ток
кокаи́новый
ко́ка-ко́ла, -ы (*вода*)
кока́ндский (*от* Кока́нд)
кока́ндцы, -ев, *ед.* -дец, -дца, *тв.* -дцем
кокарбоксила́за, -ы
кока́рда, -ы
кока́рдочка, -и, *р. мн.* -чек
ко́кать(ся), -аю(сь), -ает(ся)
ко́кер, -а
ко́кер-спание́ль, -я
коке́т, *неизм. и нескл., ж. (амплуа)*
коке́тка, -и, *р. мн.* -ток
коке́тливость, -и
коке́тливый
коке́тничанье, -я
коке́тничать, -аю, -ает
коке́тство, -а
коки́ль, -я, *мн.* -я́, -е́й
коки́льный
коки́льщик, -а
ко́кки, -ов, *ед.* кокк, -а (*бактерии*)
коккобаци́лла, -ы
кокковидный; *кр. ф.* -ден, -дна
ко́кковый
кокколи́ты, -ов, *ед.* -ли́т, -а
коккомико́з, -а
коклю́ш, -а, *тв.* -ем

коклю́шечный
коклю́шка, -и, *р. мн.* -шек
коклю́шный
ко́кни, *нескл., м.*
ко́кнуть(ся), -ну(сь), -нет(ся)
ко-ко́, *неизм.*
ко-ко-ко́, *неизм.*
ко́кон, -а
ко́конник, -а
ко́конный
кокономота́ние, -я
кокопря́д, -а
коконосуши́лка, -и, *р. мн.* -лок
коко́ра, -ы
коко́рыш, -а, *тв.* -ем
коко́с, -а
коко́совый
коко́тка, -и, *р. мн.* -ток
коко́точный
коко́шник, -а
коко́шничек, -чка
ко́кпит, -а
кокс, -а
кок-сагы́з, -а
кокса́льный
кокси́т, -а
коксобензо́л, -а
коксобензо́льный
коксова́льный
коксова́ние, -я
коксо́ванный; *кр. ф.* -ан, -ана
коксова́ть(ся), -су́ю, -су́ет(ся)
ко́ксовый
коксога́зовый
коксогенера́торный
коксообме́нный
коксохи́мик, -а
коксохими́ческий
коксохи́мия, -и
коксу́емость, -и
коксу́ющий(ся)
коктебе́льский (*от* Коктебе́ль)
коктебе́льцы, -ев, *ед.* -лец, -льца, *тв.* -льцем
кокте́йль, -я
кокте́йль-ба́р, -а

коктейль-хо́лл, -а
коку́р, -а
коку́шник, -а
кокци́дии, -ий, *ед.* -дия, -и
кокцидио́з, -а
кокци́ды, -и́д, *ед.* -и́да, -ы
кок-ча́й, -я
кокчета́вский (*от* Кокчета́в)
кокчета́вцы, -ев, *ед.* -вец, -вца, *тв.* -вцем
кол, -а́, *предл.* на колу́, *мн.* ко́лья, -ев (*заостренный шест*) и -ы́, -о́в (*оценка*)
ко́ла, -ы (*растение; разг. к ко́ка-ко́ла*)
кола́чивать, *наст. вр. не употр.*
ко́лба, -ы
колбаса́, -ы́, *мн.* -а́сы, -а́с
колба́ска, -и, *р. мн.* -сок
колба́сник, -а
колба́сный
колбасоре́зка, -и, *р. мн.* -зок
колбообра́зный; *кр. ф.* -зен, -зна
ко́лбочка, -и, *р. мн.* -чек
ко́лбочковый
колгота́, -ы́
колготи́ться, -очу́сь, -оти́тся
колго́тки, -ток
колготно́, *нареч. и в знач. сказ.*
колготно́й
колготня́, -и́
колго́точки, -чек
колго́ты, -о́т
колдо́бина, -ы
колдо́бинка, -и, *р. мн.* -нок
колдо́бистый
колдова́ть, -ду́ю, -ду́ет
колдовско́й
колдовство́, -а́
колдогово́р, -а
колдогово́рный
колду́н, -а́
колду́нья, -и, *р. мн.* -ний
колеба́ние, -я
колеба́тельный

колеба́ть(ся), коле́блю(сь), коле́блет(ся)
коле́блемый
коле́бленный; *кр. ф.* -ен, -ена
коле́блющий(ся)
колебну́ть(ся), -ну́(сь), -нёт(ся)
коле́йстый
колемани́т, -а
коленва́л, -а, *мн.* -ы́, -о́в
коле́нка, -и, *р. мн.* -нок
коленко́р, -а
коленко́ровый
коле́нный
коле́но, -а, *мн.* коле́ни, -ей (*сустав*), колена́, -е́н (*в пении, танцах; поколение в родословной*) и коле́нья, -ьев (*звено, сочленение*)
коленопреклоне́ние, -я
коленопреклонённо, *нареч.*
коленопреклонённый
коле́ночка, -и, *р. мн.* -чек
коле́нце, -а, *р. мн.* -ев и -нец
коле́нчатый
колео́птиль, -я и колео́птиле, *нескл., м.*
колеори́за, -ы
ко́лер, -а, *мн.* -а́, -о́в и -ы, -ов
ко́лерный
колеро́ванный; *кр. ф.* -ан, -ана (*от* колерова́ть)
колерова́ть(ся), -ру́ю, -ру́ет(ся) (*к* ко́лер)
колеро́вка, -и (*от* колерова́ть)
колеро́вщик, -а
колеро́вщица, -ы, *тв.* -ей
колёсико, -а, *мн.* -и, -ов
колеси́ть, -ешу́, -еси́т
колёсник, -а (*колёсный мастер*)
коле́сник, -а (*трактор*)
колесни́ца, -ы, *тв.* -ей
колесни́чный
колёсно-гу́сеничный
колёсный
колесо́, -а́, *мн.* колёса, колёс
колесова́ние, -я
колесо́ванный; *кр. ф.* -ан, -ана

колесова́ть(ся), -су́ю, -су́ет(ся)
колесопрока́тный
колёсотока́рный
коле́т, -а
коле́ть, -е́ю, -е́ет
ко́леус, -а
коле́чко, -а, *мн.* -чки, -чек
колея́, -и́
ко́ли и коль, *союз*
колибакте́рии, -ий, *ед.* -рия, -и
колибактерио́з, -а
коли́бри, *нескл., ж.*
коливакци́на, -ы
коли́во, -а
Колизе́й, -я
ко́лииндекс, -а
колиинфе́кция, -и
ко́лика, -и (*болезнь*)
ко́лики, -ик (*резкие колющие боли*)
колимици́н, -а
коли́рованный; *кр. ф.* -ан, -ана (*от* колирова́ть)
колирова́ть(ся), -ру́ю, -ру́ет(ся) (*прививать(ся)*)
колиро́вка, -и (*от* колирова́ть)
коли́т, -а
колити́тр, -а
коли́тный
колициноге́нность, -и
колициноге́нный
колици́ны, -ов, *ед.* -и́н, -а
коли́чественно, *нареч.*
коли́чественность, -и
коли́чественный
коли́чество, -а
ко́лка, -и
ко́лкий; *кр. ф.* ко́лок, колка́, ко́лко
ко́лкость, -и
коллабора́нт, -а
коллаборациони́зм, -а
коллаборациони́ст, -а
коллаборациони́стка, -и, *р. мн.* -ток
коллаборациони́стский
коллаге́н, -а
коллаге́новый

коллагеноз, -а
коллаж, -а, *тв.* -ем
коллажный
коллапс, -а
коллапсар, -а
коллапсировать, -рует
коллапсотерапия, -и
колларгол, -а
коллатерали, -ей
коллатеральный
коллега, -и, *м. и ж.*
коллегиальность, -и
коллегиальный; *кр. ф.* -лен, -льна
коллегиум, -а (*ист.*)
коллегия, -и
колледж, -а, *тв.* -ем (*высшее или среднее учебное заведение в Англии, США и др. странах*)
коллеж, -а, *тв.* -ем (*среднее учебное заведение во Франции и нек-рых др. странах*)
коллежский
коллектив, -а
коллективизация, -и
коллективизированный; *кр. ф.* -ан, -ана
коллективизировать(ся), -рую, -рует(ся)
коллективизм, -а
коллективист, -а
коллективистка, -и, *р. мн.* -ток
коллективистский
коллективка, -и, *р. мн.* -вок
коллективно-долевой
коллективность, -и
коллективный; *кр. ф.* -вен, -вна
коллектор, -а
коллекторный
коллекторский
коллекционер, -а
коллекционерский
коллекционерство, -а
коллекционирование, -я
коллекционированный; *кр. ф.* -ан, -ана

коллекционировать(ся), -рую, -рует(ся)
коллекционный
коллекция, -и
колленхима, -ы
колли, *нескл., м. и ж.*
коллизионный
коллизия, -и
коллиматор, -а
коллимационный
коллимация, -и
коллинеарный
коллиият, -а (*лит.*)
коллодий, -я
коллодионный
коллоид, -а
коллоидальный
коллоидно-графитовый
коллоидный
коллоидообразование, -я
коллокация, -и
коллоквиум, -а
коллоксилин, -а
коллювий, -я
коло, *нескл., с.*
колоб, -а, *мн.* -а́, -о́в и -ы, -ов
колобашка, -и, *р. мн.* -шек
колобок, -бка (*круглый хлебец; о низеньком полном человеке, о полном ребенке*) и Колобок, -бка (*сказочный персонаж*)
колобродить, -ожу, -одит
колобродник, -а
колобродница, -ы, *тв.* -ей
колобродство, -а
колобродящий
коловерть, -и
коловорот, -а
Коловрат, -а: Евпатий Коловрат
коловратка, -и, *р. мн.* -ток
коловратность, -и
коловратный; *кр. ф.* -тен, -тна
коловращение, -я
колода, -ы
колодезный

колодезь, -я (*устар. к* колодец); но (*в названиях населенных пунктов*) Колодезь, -я, *напр.*: Белый Колодезь (*поселок*), Серебряный Колодезь (*село*)
колодец, -дца, *тв.* -дцем, *р. мн.* -дцев
колодина, -ы
колодка, -и, *р. мн.* -док
колодки, -док (*оковы*)
колодник, -а
колодница, -ы, *тв.* -ей
колодный
колодочка, -и, *р. мн.* -чек
колодочный
колодцевый
колок, колка
колоказия, -и
колоквинт, -а
колокол, -а, *мн.* -а́, -о́в
колоколенка, -и, *р. мн.* -нок
колоколец, -льца, *тв.* -льцем, *р. мн.* -льцев
колоколовидный; *кр. ф.* -ден, -дна
колокольник, -а
колокольный
колокольня, -и, *р. мн.* -лен
колокольчатый
колокольчик, -а
колокольчиковый
колокольщик, -а
коломазь, -и
коломбийский (*от* Коломбо)
коломбийцы, -ев, *ед.* -иец, -ийца, *тв.* -ийцем (*от* Коломбо)
Коломбина, -ы
коломенка, -и, *р. мн.* -нок
коломенский (*к* Коломна *и* Коломенское; коломенская верста)
коломенцы, -ев, *ед.* -нец, -нца, *тв.* -нцем
коломыйка, -и, *р. мн.* -ыек
колон, -а (*единица речи*)
колон, -а (*земледелец-арендатор; ден. ед.*)

колона́т, -а
колониали́зм, -а
колониали́ст, -а
колониали́стский
колониа́льный
колониза́тор, -а
колониза́торский
колониза́торство, -а
колонизацио́нный
колониза́ция, -и
колонизи́рованный; кр ф. -ан, -ана
колонизи́ровать(ся), -рую, -рует(ся)
колонизо́ванный; кр. ф. -ан, -ана
колонизова́ть(ся), -зу́ю, -зу́ет(ся)
колони́ст, -а
колони́стка, -и, р. мн. -ток
колони́стский
коло́ния, -и
коло́ния-поселе́ние, коло́нии-поселе́ния
коло́нка, -и, р. мн. -нок
коло́нковый (от коло́нка)
колонко́вый (от колоно́к)
колонлине́йка, -и, р. мн. -е́ек
коло́нна, -ы
колонна́да, -ы
колонна́дный
колонновожа́тый, -ого
колоннообра́зный; кр. ф. -зен, -зна
коло́нночка, -и, р. мн. -чек (от коло́нна, архит.)
коло́нный
Коло́нный за́л До́ма сою́зов
колоно́к, -нка́
коло́ночка, -и, р. мн. -чек (от коло́нка – столбец; тех.)
коло́ночный (от коло́нка)
колонти́тул, -а
колону́ть, -ну́, -нёт
колонци́фра, -ы
коло́нчатый
колора́дский (от Колора́до; колора́дский жу́к)

колорату́ра, -ы
колорату́рный
колори́метр, -а (к колориме́три́я)
колориметри́ческий (к колориме́три́я)
колориме́три́я, -и (измерение интенсивности цвета)
ко́лор-и́ндекс, -а
колори́ст, -а
колористи́ческий
колори́т, -а
колори́тность, -и
колори́тный; кр. ф. -тен, -тна
ко́лор-эквивале́нт, -а
ко́лор-эксце́сс, -а
ко́лос, -а, мн. коло́сья, -ьев
колосе́ница, -ы, тв. -ей
коло́сик, -а
колоси́стый
колоси́ться, -и́тся
колоско́вый
колосники́, -о́в, ед. -ни́к, -а́ (тех.)
колоснико́вый
колосня́к, -а́ (растение)
колосови́дный; кр. ф. -ден, -дна
колосови́к, -а́
колосово́й
колосовы́е, -ы́х
колосо́к, -ска́
колосоподъёмник, -а
колосо́чек, -чка
коло́сс, -а (великан)
колосса́льность, -и
колосса́льный; кр. ф. -лен, -льна
Коло́сс Родо́сский
колоти́ть(ся), -очу́(сь), -о́тит(ся)
колото́вка, -и, р. мн. -вок
ко́лото-ре́заный
колоту́н, -а́
колоту́шка, -и, р. мн. -шек
ко́лотый
ко́лотье, -я и колотьё, -я́
коло́ть(ся), колю́(сь), ко́лет(ся), ко́лют(ся)
колотя́щий(ся)
колофо́н, -а

колоци́нт, -а
колоче́ние, -я
коло́ченный; кр. ф. -ен, -ена, прич.
коло́ченый, прил.
коло́ша, -и, тв. -ей (тех.)
колоше́ние, -я
колошма́тить, -а́чу, -а́тит
колошма́тящий
колошни́к, -а́ (к коло́ша)
колошнико́вый
колпа́к, -а́
колпа́ковый
колпа́чить, -чу, -чит
колпачкови́дный; кр. ф. -ден, -дна
колпа́чный
колпачо́к, -чка́
ко́лпица, -ы, тв. -ей
колт, -а (украшение)
колту́н, -а́
колту́нный
колтыха́ть(ся), -а́ю, -а́ет(ся)
колтыхну́ть(ся), -ну́, -нёт(ся)
Колу́мб, -а (также: о первооткрывателе)
колумба́рий, -я
колумби́йка, -и, р. мн. -и́ек
колумби́йский (от Колу́мбия)
колумби́йцы, -ев, ед. -и́ец, -и́йца, тв. -и́йцем (от Колу́мбия)
колумби́т, -а
Колу́мбов, -а, -о и колу́мбовский (от Колу́мб)
колу́н, -а́
колу́нный
Колупа́евы, -ых: Колупа́евы и Разува́евы
колу́панный; кр. ф. -ан, -ана, прич.
колупа́ть(ся), -а́ю(сь), -а́ет(ся)
колупну́ть, -ну́, -нёт
ко́лхи, -ов (племена)
колхи́дский (от Колхи́да)
ко́лхикум, -а
колхици́н, -а

колхо́з, -а
колхо́зник, -а
колхо́зница, -ы, *тв.* -ей
колхо́зно-кооперати́вный
колхо́зно-совхо́зный
колхо́зный
колча́к, -а́ (*гриб*)
колча́ковец, -вца, *тв.* -вцем, *р. мн.* -вцев
колча́ковский (*от* Колча́к)
колча́ковщина, -ы
колча́н, -а
колча́нный
колчеда́н, -а
колчеда́нный
колчеда́новый
колчено́гий
колыбе́ль, -и
колыбе́лька, -и, *р. мн.* -лек
колыбе́льный
колыма́га, -и
колыма́жка, -и, *р. мн.* -жек
колы́мский (*от* Колыма́)
колыха́ние, -я
колыха́ть(ся), -ы́шу, -ы́шет(ся) и -а́ю, -а́ет(ся)
колыхну́ть(ся), -ну́, -нёт(ся)
ко́лышек, -шка
колы́шемый
колы́шущий(ся) и колыха́ющий(ся)
коль и ко́ли, *союз*
кольдкре́м, -а
колье́, *нескл., с.*
ко́льза, -ы
кольмата́ж, -а, *тв.* -ем
кольмати́рование, -я
кольмати́рованный; *кр. ф.* -ан, -ана
кольмати́ровать(ся), -рую, -рует(ся)
кольну́ть, -ну́, -нёт
кольпи́т, -а
кольпоско́п, -а
кольпоскопи́я, -и
кольра́би, *нескл., ж.*

ко́льский
Ко́льский полуо́стров
Ко́льский Се́вер
коль скоро
кольт, -а (*револьвер*)
кольцева́ние, -я
кольцева́ть(ся), -цу́ю, -цу́ет(ся)
Кольцева́я автодоро́га (*в Москве*)
кольцеви́дный; *кр. ф.* -ден, -дна
кольцево́й
кольцеобра́зный; *кр. ф.* -зен, -зна
кольцепрока́тный
кольцехво́стый
кольцо́, -а́, *мн.* ко́льца, коле́ц, ко́льцам
кольцо́ванный; *кр. ф.* -ан, -ана
ко́льчатый
кольчецы́, -о́в, *ед.* -че́ц, -а́, *тв.* -о́м
кольчу́га, -и
кольчугалюми́ниевый
кольчугалюми́ний, -я
кольчу́жник, -а
кольчу́жный
ко́льщик, -а
колю́р, -а
колю́рия, -и
колючеголо́вые, -ых
колючели́стник, -а
колючепёрые, -ых
колю́честь, -и
колючехво́ст, -а
колю́чий
колю́чка, -и, *р. мн.* -чек
ко́люшка, -и, *р. мн.* -шек
ко́люще-ре́жущий
ко́люще-сосу́щий
ко́лющий(ся)
Коляда́, -ы́ и -ы́ (*мифол.*) и коляда́, -ы́ (*обряд*)
коля́дка, -и, *р. мн.* -док
коля́дный
колядова́ние, -я
колядова́ть, -ду́ю, -ду́ет
коля́дский
коля́ска, -и, *р. мн.* -сок

коля́ска-су́мка, коля́ски-су́мки
коля́сочка, -и, *р. мн.* -чек
коля́сочник, -а
коля́сочный
ком, -а, *мн.* ко́мья, -ьев
ко́ма, -ы (*мед.*)
комагмати́ческий
кома́нда, -ы
команда́нте, *нескл., м.*
команда́рм, -а
команди́р, -а
командирова́ние, -я
командиро́ванный; *кр. ф.* -ан, -ана
командирова́ть(ся), -ру́ю(сь), -ру́ет(ся)
командиро́вка, -и, *р. мн.* -вок
командиро́вочные, -ых
командиро́вочный
команди́рский
команди́рша, -и, *тв.* -ей
кома́ндник, -а
кома́ндно-администрати́вный
кома́ндно-бюрократи́ческий
кома́ндно-измери́тельный
кома́ндно-наблюда́тельный
кома́ндно-нажи́мный
кома́ндно-приказно́й
кома́ндно-распоряди́тельный
кома́ндно-распредели́тельный
кома́ндно-штабно́й
кома́ндный
командоаппара́т, -а
кома́ндование, -я
кома́ндовать, -дую, -дует
командоконтро́ллер, -а
командо́р, -а (*звание*)
Командо́р, -а (*лит. персонаж*; шаги́ Командо́ра)
Командо́рские острова́
командо́рский
кома́ндос, -а и *нескл., мн.*
кома́ндочка, -и, *р. мн.* -чек
кома́ндующий
кома́нчи, -ей
кома́р, -а́

комар-дергун, комара-дергуна
комар-звонец, комара-звонца
комарик, -а
комариный
комаришка, -и, р. мн. -шек, м.
комарище, -а и -и, мн. -и, -ищ, м.
комарник, -а
комаровидный
комаровка, -и, р. мн. -вок
комар-толкунец, комара-толкунца
комарьё, -я
коматозный
комбайн, -а
комбайнер, -а и комбайнёр, -а
комбайнерка, -и, р. мн. -рок и комбайнёрка, -и, р. мн. -рок
комбайнерша, -и, тв. -ей и комбайнёрша, -и, тв. -ей
комбайнирование, -я
комбайновый
комбайноремонтный
комбайностроение, -я
комбайностроитель, -я
комбайностроительный
комбат, -а
комбатант, -а
комбед, -а
комби, нескл., м.
комбидрес, -а
комбижир, -а
комбикорм, -а, мн. -а, -ов
комбикормовый
комбинат, -а
комбинатовский
комбинатор, -а
комбинаторика, -и
комбинаторный
комбинаторский
комбинаторша, -и, тв. -ей
комбинатский
комбинационность, -и
комбинационный
комбинация, -и
комбинашка, -и, р. мн. -шек
комбине, нескл., с
комбинезон, -а
комбинезончик, -а
комбинирование, -я
комбинированный; кр. ф. -ан, -ана
комбинировать(ся), -рую, -рует(ся)
комбисилос, -а
комбитрейлерный
комбриг, -а
комвзвода, нескл., м.
комдив, -а
комедиант, -а
комедиантка, -и, р. мн. -ток
комедиантский
комедиантство, -а
комедийка, -и, р. мн. -иек
комедийный
комедиограф, -а
комедиография, -и
комедия, -и
комедия-балет, комедии-балета
комедия-буфф, комедии-буфф
комедия дель арте, комедии дель арте
комедь, -и (прост. шутл. к комедия)
комелёк, -лька (от комель)
комель, комля
комендант, -а
комендантский
комендантство, -а
комендантша, -и, тв. -ей
комендатура, -ы
комендор, -а (матрос)
комендорский
комета, -ы
кометарный
кометно-метеоритный
кометный
кометоискатель, -я
кометообразный; кр. ф. -зен, -зна
коми, неизм. и нескл., м. (язык) и нескл., мн., ед. м. и ж. (народ)
комизм, -а
коми-зыряне, -ян, ед. -янин, -а
коми-зырянка, -и, р. мн. -нок
коми-зырянский
комик, -а
комикование, -я
комиковать, -кую, -кует
Коми край, Коми края
комикс, -а
комильфо, неизм. и нескл., м.
комильфотный
коми-народ, -а
комингс, -а
Коминтерн, -а
коминтерновский
коми-пермяки, -ов, ед. -мяк, -а
коми-пермяцкий
Коми-Пермяцкий автономный округ
коми-пермяцко-русский
коми-пермячка, -и, р. мн. -чек
комиссар, -а
комиссаржевец, -вца, тв. -вцем, р. мн. -вцев (от Комиссаржевская)
комиссариат, -а
комиссариатский
комиссарский
комиссарство, -а
комиссарша, -и, тв. -ей
комиссионер, -а
комиссионерский
комиссионерство, -а
комиссионерствовать, -твую, -твует
комиссионка, -и, р. мн. -нок
комиссионный
комиссия, -и
комиссованный; кр. ф. -ан, -ана
комиссовать(ся), -ссую(сь), -ссует(ся)
комиссовка, -и, р. мн. -вок
комиссура, -ы
комиссуротомия, -и
комитат, -а
комитент, -а
комитентский
комитет, -а

Комите́т госуда́рственной безопа́сности СССР (КГБ)
комите́тский
Комите́т солда́тских матере́й Росси́и
комите́тчик, -а
коми́ции, -ций
комича́не, -а́н, ед. -а́нин, -а (жители Республики Коми)
коми́ческий
коми́чность, -и
коми́чный; кр. ф. -чен, -чна
ко́мканный; кр. ф. -ан, -ана, прич.
ко́мканый, прил.
ко́мкать, -аю, -ает
комкова́тость, -и
комкова́тый
комко́р, -а
комлева́тость, -и
комлева́тый
ко́млевый
комли́стый
ко́мма, -ы (муз.)
команди́ст, -а
команди́тный
коммели́на, -ы
коммели́новые, -ых
коммендация, -и
комменса́л, -а
комменсали́зм, -а
коммента́рий, -я
коммента́тор, -а
коммента́торский
коммента́рша, -и, тв. -ей
комменти́рование, -я
комменти́рованный; кр. ф. -ан, -ана
комменти́ровать(ся), -рую, -рует(ся)
коммерса́нт, -а
коммерса́нтка, -и, р. мн. -ток
коммерса́нтский
коммерциализа́ция, -и
коммерциализи́рованный; кр. ф. -ан, -ана

коммерциализи́ровать(ся), -рую, -рует(ся)
коммерциали́зм, -а
коммерциализо́ванный; кр. ф. -ан, -ана
коммерциализова́ть(ся), -зу́ю, -зу́ет(ся)
комме́рции сове́тник
комме́рция, -и
Комме́рц-колле́гия, -и (ист.)
комме́рческий
ко́мми, нескл., м.
коммивояжёр, -а
коммивояжёрский
коммивояжёрство, -а
коммифо́ра, -ы
коммода́т, -а
коммодо́р, -а (командир соединения кораблей)
коммодо́рский
ко́ммонер, -а
коммо́ция, -и
комму́на, -ы
коммуна́лка, -и, р. мн. -лок
коммуна́льно-бытово́й
коммуна́льно-жили́щный
коммуна́льный
коммуна́льщик, -а
коммуна́р, -а
коммуна́рка, -и, р. мн. -рок
коммуни́зм, -а
коммуника́бельность, -и
коммуника́бельный; кр. ф. -лен, -льна
коммуникати́вно-ориенти́рованный
коммуникати́вность, -и
коммуникати́вный; кр. ф. -вен, -вна
коммуника́тор, -а
коммуникацио́нный
коммуника́ция, -и
коммуни́ст, -а
Коммунисти́ческая па́ртия Росси́йской Федера́ции (КПРФ)

Коммунисти́ческая па́ртия Сове́тского Сою́за (КПСС)
коммунисти́ческий
Коммунисти́ческий интернациона́л
коммуни́стка, -и, р. мн. -ток
коммунонационалисти́ческий
коммунопатрио́т, -а
коммунопатриоти́ческий
коммунофаши́зм, -а
коммунофаши́ст, -а
коммунофаши́стский
коммуня́ка, -и, м. и ж.
коммутати́вность, -и
коммутати́вный; кр. ф. -вен, -вна
коммута́тор, -а
коммута́торный
коммутацио́нный
коммута́ция, -и
коммути́рованный; кр. ф. -ан, -ана
коммути́ровать(ся), -рую, -рует(ся)
коммюнике́, нескл., с.
ко́мната, -ы
ко́мната-музе́й, ко́мнаты-музе́я
комнатёнка, -и, р. мн. -нок
ко́мнатка, -и, р. мн. -ток
ко́мнатный
комнату́ха, -и
комнату́шка, -и, р. мн. -шек
комово́й
комо́д, -а
комо́дик, -а
комо́дный
комо́дский вара́н
комо́к, комка́
комо́лость, -и
комо́лый
комо́рники, -ов, ед. -ник, -а (ист.)
комо́рский (к Кома́рские острова́, Кома́ры)
комо́рцы, -ев, ед. -рец, -рца, тв. -рцем
комо́чек, -чка
компа́кт, -а (матем.)

компа́кт-ди́ск, -а
компа́кт-кассе́та, -ы
компа́ктность, -и
компа́кт-пле́ер, -а
компа́ктный; *кр. ф.* -тен, -тна
компа́ктус, -а
компане́йский (*от* компа́ния)
компане́йщина, -ы (*к* компа́ния)
компа́нийка, -и, *р. мн.* -иек
компа́ния, -и (*группа людей, объединение*)
компаньо́н, -а
компаньона́ж, -а, *тв.* -ем
компаньо́нка, -и, *р. мн.* -нок
компарати́в, -а
компаративи́зм, -а
компаративи́ст, -а
компаративи́стика, -и
компаративи́стский
компарати́вный
компара́тор, -а
компари́рование, -я
компари́рованный; *кр. ф.* -ан, -ана
компа́ртия, -и
ко́мпас, -а
ко́мпасный
компатрио́т, -а
компатрио́тка, -и, *р. мн.* -ток
компа́унд, -а
компаунди́рование, -я
компаунди́рованный; *кр. ф.* -ан, -ана
компаунди́ровать(ся), -рую, -рует(ся)
компа́унд-кана́т, -а
компа́унд-маши́на, -ы
компа́ундный
компа́шечка, -и, *р. мн.* -чек
компа́шка, -и, *р. мн.* -шек
компе́ндий, -я и компе́ндиум, -а
компенса́тор, -а
компенса́торный
компенсацио́нный
компенса́ция, -и

компенси́рованный; *кр. ф.* -ан, -ана
компенси́ровать(ся), -рую, -рует(ся)
компете́нтность, -и
компете́нтный; *кр. ф.* -ентен, -ентна
компете́нция, -и
компили́рование, -я
компили́рованный; *кр. ф.* -ан, -ана
компили́ровать(ся), -рую, -рует(ся)
компиляти́вность, -и
компиляти́вный; *кр. ф.* -вен, -вна
компиля́тор, -а
компиля́ция, -и
компланарный
ко́мплекс, -а
ко́мплекс, -а (*матем.*)
комплекси́рование, -я
комплекси́рованный; *кр. ф.* -ан, -ана
ко́мплексно-механизи́рованный
ко́мплексность, -и
ко́мплексный
компле́ксный (*матем.*)
комплексова́ть, -су́ю, -су́ет
комплексоме́трия, -и
комплексономе́трия, -и
комплексо́ны, -ов, *ед.* -со́н, -а
комплексообразова́ние, -я
комплексообразова́тель, -я
комплексообразу́ющий
компле́кт, -а
комплекта́ция, -и
компле́ктность, -и
компле́ктный
комплектова́ние, -я
комплекто́ванный; *кр. ф.* -ан, -ана
комплектова́ть(ся), -ту́ю, -ту́ет(ся)
комплекто́вка, -и

комплекто́вочный
комплекто́вщик, -а
комплекто́вщица, -ы, *тв.* -ей
комплекту́ющие, -их
компле́кция, -и
комплеме́нт, -а (*биол.*)
комплемента́рность, -и (*от* комплемента́рный)
комплемента́рный; *кр. ф.* -рен, -рна (*основанный на дополняющих друг друга структурах*)
комплемента́ция, -и (*в генетике*)
комплети́вный
компливи́т, -а
компликация, -и
комплиме́нт, -а (*похвала*)
комплимента́рность, -и (*к* комплиме́нт)
комплимента́рный; *кр. ф.* -рен, -рна (*от* комплиме́нт)
комплиме́нтщик, -а
компло́т, -а
комплю́вий, -я
компо́зер, -а
компози́т, -а
компози́тный
компози́тор, -а
компози́торский
компози́торство, -а
композицио́нно, *нареч.*
композицио́нно завершённый
композицио́нно-сюже́тный
композицио́нный
компози́ция, -и
кмполка́, *нескл., м.*
компоне́нт, -а
компоне́нта, -ы (*матем.*)
компоне́нтный
компонова́ние, -я
компоно́ванный; *кр. ф.* -ан, -ана
компонова́ть(ся), -ну́ю, -ну́ет(ся)
компоно́вка, -и
компоно́вочный
компоно́вщик, -а
компо́ст, -а
компо́стер, -а

компо́стерный
компости́рование, -я
компости́рованный; *кр. ф.* -ан, -ана
компости́ровать(ся), -рую, -рует(ся)
компо́стный
компо́т, -а и -у
компо́тик, -а и -у
компо́тница, -ы, *тв.* -ей
компо́тный
компрадо́р, -а
компрадо́рский
компрачико́с, -а
компре́сс, -а
компрессио́нный
компре́ссия, -и
компре́ссный
компрессоме́тр, -а
компре́ссор, -а
компре́ссорный
компрессорострое́ние, -я
компрессорострои́тельный
комприма́рио, *нескл., м.*
комприми́рованный; *кр. ф.* -ан, -ана
комприми́ровать(ся), -рую, -рует(ся)
компрома́т, -а
компромета́ция, -и
компромети́рование, -я
компромети́рованный; *кр. ф.* -ан, -ана
компромети́ровать(ся), -рую(сь), -рует(ся)
компроми́сс, -а
компроми́ссность, -и
компроми́ссный; *кр. ф.* -ссен, -ссна
компто́метр, -а
комптометри́стка, -и, *р. мн.* -ток
Ко́мптон, -а: явле́ние (эффе́кт) Ко́мптона
ко́мптоновский: ко́мптоновская длина́ волны́
компью́тер, -а

компьютериза́ция, -и
компьютеризи́рованный; *кр. ф.* -ан, -ана
компьютеризи́ровать(ся), -рую, -рует(ся)
компьютеризо́ванный; *кр. ф.* -ан, -ана
компьютеризова́ть(ся), -зу́ю, -зу́ет(ся)
компью́терный
компью́терщик, -а
комро́ты, *нескл., м.*
комса́, -ы́ (*комсомо́льцы, собир., устар. прост.*)
комсомо́л, -а
комсомо́лец, -льца, *тв.* -льцем, *р. мн.* -льцев
комсомо́лия, -и
комсомо́лка, -и, *р. мн.* -лок
комсомо́льский (*к* комсомо́л *и* Комсомо́льск-на-Аму́ре)
Комсомо́льск-на-Аму́ре, Комсомо́льска-на-Аму́ре
комсомо́льско-молодёжный
комсомольча́не, -а́н, *ед.* -а́нин, -а (*к* Комсомо́льск-на-Аму́ре)
комсомольча́нка, -и, *р. мн.* -нок
комсо́рг, -а
комсоста́в, -а
кому́з, -а
комузи́ст, -а
кому́ ка́к
кому́ како́й
кому́-кому́
кому́ куда́
кому́ не ле́нь
кому́ попа́ло
кому́ что́
комфо́рт, -а
комфорта́бельность, -и
комфорта́бельный; *кр. ф.* -лен, -льна
комфо́ртность, -и
комфо́ртный; *кр. ф.* -тен, -тна
комфра́кция, -и
комчва́нство, -а

кон, -а, *предл.* на кону́, *мн.* -ы́, -о́в
конакри́йский (*от* Конакри́)
конакри́йцы, -ев, *ед.* -и́ец, -и́йца, *тв.* -и́йцем
конандо́йлевский (*от* Ко́нан До́йль)
конарме́ец, -е́йца, *тв.* -е́йцем, *р. мн.* -е́йцев
конарме́йский
кона́рмия, -и
кона́ться, -а́юсь, -а́ется
конве́йер, -а
конвейериза́ция, -и
конвейеризи́рованный; *кр. ф.* -ан, -ана
конвейеризи́ровать(ся), -рую, -рует(ся)
конвейеризо́ванный; *кр. ф.* -ан, -ана
конвейеризова́ть(ся), -зу́ю, -зу́ет(ся)
конве́йерный
конвейерострое́ние, -я
конвейерострои́тельный
конве́йерщик, -а
конве́йерщица, -ы, *тв.* -ей
конвекти́вный
конве́ктор, -а
конвекцио́нный
конве́кция, -и
Конве́нт, -а
конве́нтский
конвенциона́льный; *кр. ф.* -лен, -льна
конвенцио́нный
конве́нция, -и
конверге́нтность, -и
конверге́нтный
конверге́нты, -ов
конверге́нция, -и
конверсио́нный
конве́рсия, -и
конве́рт, -а
конверта́ция, -и
конве́ртер, -а
конве́ртерный

конве́ртер-реа́ктор, конве́ртера-реа́ктора
конве́ртик, -а
конверти́рование, -я
конверти́рованный; *кр. ф.* -ан, -ана
конверти́ровать(ся), -рую, -рует(ся)
конверти́руемость, -и
конверти́руемый
конве́ртный
конверто́ванный; *кр. ф.* -ан, -ана
конвертовскрыва́тель, -я
конвои́р, -а
конвои́рование, -я
конвои́рованный; *кр. ф.* -ан, -ана
конвои́ровать(ся), -рую(сь), -рует(ся)
конво́й, -я
конво́йный
конволю́т, -а
конволю́тный
конвульси́вность, -и
конвульси́вный; *кр. ф.* -вен, -вна
конву́льсии, -ий, *ед.* -сия, -и
конгениа́льность, -и
конгениа́льный; *кр. ф.* -лен, -льна
конгломера́т, -а
конгломера́тный
конгломера́ция, -и
ко́нго, *неизм. и нескл., м. (язык) и нескл., мн., ед. м. и ж. (народ)*
конголе́зка, -и, *р. мн.* -зок
конголе́зский (*от* Ко́нго, *государство*)
конголе́зцы, -ев, *ед.* -зец, -зца, *тв.* -зцем
конгре́в, -а (*тиснение*)
конгре́вный (конгре́вное тисне́ние)
конгрегационали́сты, -ов, *ед.* -и́ст, -а
конгрега́ция, -и
конгре́сс, -а
конгресси́ст, -а
конгресси́стский
конгрессме́н, -а
конгре́ссный
конгре́сс-хо́лл, -а
конгре́сс-це́нтр, -а
конгруэ́нтность, -и
конгруэ́нтный; *кр. ф.* -тен, -тна
конгруэ́нция, -и
конда́к, -а́
кондака́рный
кондака́рь, -я́
кондачо́к, -чка́: с кондачка́
конденса́т, -а
конденсатоотво́дчик, -а
конденсатопрово́д, -а
конденса́тор, -а
конденса́торный
конденсацио́нный
конденса́ция, -и
конденси́рование, -я
конденси́рованный; *кр. ф.* -ан, -ана
конденси́ровать(ся), -рую, -рует(ся)
конде́нсор, -а
кондило́ма, -ы
кондиля́ртры, -я́ртр
конди́тер, -а
конди́терская, -ой
конди́терский
кондиционали́зм, -а
кондиционе́р, -а
кондициони́рование, -я
кондициони́рованный; *кр. ф.* -ан, -ана
кондициони́ровать(ся), -рую, -рует(ся)
кондицио́нность, -и
кондицио́нный
конди́ция, -и
кондо́вый
кондо́м, -а
кондомина́т, -а
кондоми́ниум, -а
кондопо́жский (*от* Кондопо́га)
кондопо́жцы, -ев, *ед.* -жец, -жца, *тв.* -жцем
ко́ндор, -а
кондотье́р, -а
кондотье́рский
кондра́шка, -и (*апоплексический удар*)
кондуи́т, -а
кондуи́тный
кондукто́метр, -а
кондуктометри́ческий
кондуктометри́я, -и
конду́ктор[1], -а, *мн.* -а́, -о́в и -ы, -ов (*работник транспорта*)
конду́ктор[2], -а (*деталь машины*)
кондукто́р, -а (*воинское звание*)
конду́кторный
конду́кторский
конду́кторша, -и, *тв.* -ей
кондукцио́нный
конево́д, -а
конево́дство, -а
конево́дческий
коневой́ (*в шахматах*)
конезаво́д, -а
конёк, конька́
Конёк-Горбуно́к, Конька́-Горбунка́
конесовхо́з, -а
конефе́рма, -ы
коне́ц, конца́, *тв.* концо́м, *р. мн.* концо́в
коне́чно, *вводн. сл. и частица*
коне́чно-море́нный
коне́чно-ра́зностный
коне́чности, -ей, *ед.* -ость, -и
коне́чность, -и (*свойство*)
коне́чный; *кр. ф.* -чен, -чна
кони́дия, -и
конии́н, -а
ко́ник, -а (*уменьш. к* кон *и* конь)
кони́на, -ы
конифери́н, -а
кони́ческий
ко́нка, -и, *р. мн.* ко́нок
конкатена́ция, -и

конкатени́ровать, -рую, -рует
конки́ста, -ы и (устар.) конкви́ста, -ы
конкистадо́р, -а и конквистадо́р, -а
конкистадо́рский и конквистадо́рский
конкла́в, -а
конклюде́нтный
конкорда́нс, -а
конкорда́нтность, -и
конкорда́нтный
конкорда́т, -а
конко́рс, -а
конкреме́нт, -а
конкретиза́тор, -а
конкретиза́ция, -и
конкретизи́рованный; кр. ф. -ан, -ана
конкретизи́ровать(ся), -рую, -рует(ся)
конкре́тика, -и
конкре́тно-истори́ческий
конкре́тно-предме́тный
конкре́тность, -и
конкре́тный; кр. ф. -тен, -тна
конкре́ция, -и
конкубина́т, -а
конку́р, -а
конкуре́нт, -а
конкуре́нтка, -и, р. мн. -ток
конкуре́нтный
конкурентоспосо́бность, -и
конкурентоспосо́бный; кр. ф. -бен, -бна
конкуре́нция, -и
конкури́рование, -я
конкури́ровать, -и́рую, -и́рует
конкури́ст, -а
конку́рный
ко́нкурс, -а
конкурса́нт, -а
конкурса́нтка, -и, р. мн. -ток
ко́нкурсный
коннектику́тский (от Конне́ктикут)

коннектику́тцы, -ев, ед. -тец, -тца, тв. -тцем
конне́ктор, -а
коннета́бль, -я
ко́нник, -а (кавалерист)
ко́нница, -ы, тв. -ей
ко́нно-артиллери́йский
ко́нно-вью́чный
конногварде́ец, -е́йца, тв. -е́йцем, р. мн. -е́йцев
ко́нно-гварде́йский
ко́нно-заво́дский и ко́нно-заводско́й
коннозаво́дство, -а
коннозаво́дческий
коннозаво́дчик, -а
ко́нно-спорти́вный
коннотацио́нный
коннота́ция, -и
ко́нный
конова́л, -а
конова́льный
конново́д, -а
конново́дить, -о́жу, -о́дит
ко́новый
ко́новязь, -и
когого́н, -а
конодо́нты, -ов
конокра́д, -а
конокра́дство, -а
конопа́тенький
конопа́тить(ся), -а́чу, -а́тит(ся)
конопа́тка, -и, р. мн. -ток
конопа́тчик, -а
конопа́тчица, -ы, тв. -ей
конопа́тый
конопа́тящий(ся)
конопа́чение, -я
конопа́ченный; кр. ф. -ен, -ена, прич.
конопа́ченый, прил.
конопе́ль, -и (устар. и обл. к конопля́)
конопе́лька, -и
конопе́льный
коноплево́д, -а

коноплево́дство, -а
коноплево́дческий
коноплёвый
коноплежа́тка, -и, р. мн. -ток
коноплезаво́д, -а
коноплеобраба́тывающий
коноплерасстило́чный
коноплесноповяза́лка, -и, р. мн. -лок
коноплетереби́лка, -и, р. мн. -лок
коноплеубо́рочный
конопля́, -и́
конопля́ник, -а
конопля́нка, -и, р. мн. -нок
конопля́ный
коносаме́нт, -а
коносаме́нтный
ко́ночный
конса́лтинг, -а
конса́лтинговый
консекве́нтный
консе́нсус, -а
консе́нсусный
консерва́нт, -а
консерва́нтный
консервати́вность, -и
консервати́вный; кр. ф. -вен, -вна
консервати́зм, -а
консерва́тор, -а
консервато́рец, -рца, тв. -рцем, р. мн. -рцев
консервато́рия, -и
консерва́торский (от консерва́тор)
консервато́рский (от консервато́рия)
консервацио́нный
консерва́ция, -и
консерви́рование, -я
консерви́рованный; кр. ф. -ан, -ана
консерви́ровать(ся), -рую, -рует(ся)
консе́рвный
консе́рвы, -ов

консигна́нт, -а
консигна́тор, -а
консигнацио́нный
консигна́ция, -и
конси́лиум, -а
консисте́нтный
консисте́нция, -и
консисто́метр, -а
консисто́рия, -и
консисто́рский
конситуати́вный
конситуа́ция, -и
ко́нский
конскри́пция, -и
консо́ли, -ей (*английская консолидированная рента*)
консолида́ция, -и
консолиди́рование, -я
консолиди́рованный; *кр. ф.* -ан, -ана
консолиди́ровать(ся), -ру́ю(сь), -ру́ет(ся)
консо́ль, -и (*архит.*; *подставка*)
консо́льно-козлово́й
консо́льно-фре́зерный
консо́льный
консоля́ция, -и
консоме́, *нескл., с.*
консона́нс, -а
консона́нт, -а
консонанти́зм, -а
консона́нтный
консо́рт, -а
консо́рций, -я *и* консо́рция, -и (*биол.*)
консо́рциум, -а (*объединение банков, предприятий*)
конспе́кт, -а
конспекти́вность, -и
конспекти́вный; *кр. ф.* -вен, -вна
конспекти́рование, -я
конспекти́рованный; *кр. ф.* -ан, -ана
конспекти́ровать(ся), -ру́ю, -ру́ет(ся)
конспирати́вность, -и

конспирати́вный; *кр. ф.* -вен, -вна
конспира́тор, -а
конспира́торский
конспира́ция, -и
конспири́рованный; *кр. ф.* -ан, -ана
конспири́ровать(ся), -и́рую(сь), -и́рует(ся)
конспироло́гия, -и
констали́н, -а
конста́нта, -ы
константа́н, -а
Константи́н Багряноро́дный
Константи́н Вели́кий
константино́польский (*от* Константино́поль)
константино́польцы, -ев, *ед.* -лец, -льца, *тв.* -льцем
конста́нтность, -и
конста́нтный; *кр. ф.* -тен, -тна
конста́нцский (*от* Конста́нца *и* Ко́нстанц)
констата́ция, -и
констати́рование, -я
констати́рованный; *кр. ф.* -ан, -ана
констати́ровать(ся), -ру́ю, -ру́ет(ся)
консте́бль, -я
констелля́ция, -и
констерна́ция, -и
конституа́нта, -ы
конституи́рование, -я
конституи́рованный; *кр. ф.* -ан, -ана
конституи́ровать(ся), -ру́ю, -ру́ет(ся)
конститути́вный; *кр. ф.* -вен, -вна
конституционали́зм, -а
конституционали́ст, -а
конституционалисти́ческий
конституционали́стский
конституциона́льный
конституцио́нно-демократи́ческий
Конституцио́нное собра́ние

конституцио́нность, -и
конституцио́нный; *кр. ф.* -о́нен, -о́нна
Конституцио́нный су́д РФ
конститу́ция, -и
Конститу́ция Росси́йской Федера́ции
констри́ктор, -а
конструи́рование, -я
констру́и́рованный; *кр. ф.* -ан, -ана
констру́и́ровать(ся), -ру́ю, -ру́ет(ся)
констру́кт, -а
конструкти́в, -а
конструктиви́зм, -а
конструктиви́ст, -а
конструктиви́стка, -и, *р. мн.* -ток
конструкти́вистский
конструкти́вность, -и
конструкти́вно-унифици́рованный
конструкти́вный; *кр. ф.* -вен, -вна
констру́ктор, -а
констру́кторский
конструкцио́нный
констру́кция, -и
ко́нсул, -а
консула́т, -а
ко́нсульский
ко́нсульство, -а
ко́нсульствовать, -твую, -твует
консульта́нт, -а
консульта́нтка, -и, *р. мн.* -ток
консульта́нтский
консультати́вно-координацио́нный
консультати́вный
консультацио́нный
консульта́ция, -и
консульти́рование, -я
консульти́рованный; *кр. ф.* -ан, -ана
консульти́ровать(ся), -ру́ю(сь), -ру́ет(ся)

консуме́нты, -ов, *ед.* -ме́нт, -а
консье́рж, -а, *тв.* -ем
консье́ржка, -и, *р. мн.* -жек
консюмери́зм, -а
конта́гий, -я
контагио́зный
Контадо́рская гру́ппа
конта́кт, -а
конта́ктант, -а
контактёр, -а
контакти́ровать(ся), -рую(сь), -рует(ся)
конта́ктно-копирова́льный
конта́ктно-стыково́й
конта́ктность, -и
конта́ктный; *кр. ф.* -тен, -тна
конта́ктово-метаморфи́ческий
конта́ктово-метасомати́ческий
конта́ктовый
контактоме́р, -а
конта́ктор, -а
контамина́ция, -и
контамини́рованный; *кр. ф.* -ан, -ана
контамини́роваться, -руется
конта́нго, *нескл., с.*
конта́чить, -чу, -чит
конте́йнер, -а
контейнериза́ция, -и
конте́йнерный
контейнерово́з, -а
контейнероопроки́дыватель, -я
конте́кст, -а
конте́кстно обусло́вленный
конте́кстно-свобо́дный
конте́кстно-ситуати́вный
конте́кстный
конте́кстовый
контекстуа́льный
конте́нт-ана́лиз, -а
континге́нт, -а
контингенти́рование, -я
контингенти́рованный; *кр. ф.* -ан, -ана

контингенти́ровать(ся), -рую, -рует(ся)
континге́нтный
контине́нт, -а
континента́льность, -и
континента́льный; *кр. ф.* -лен, -льна
континуа́льный
континуите́т, -а
конти́нуо, *неизм.*: ба́ссо конти́нуо, виолонче́ль конти́нуо
конти́нуум, -а
конти́ровать, -рую, -рует
контиро́вка, -и
ко́нтия, -и
ко́нто, *нескл., с.*
контокорре́нт, -а
контокорре́нтный
конто́ра, -ы
конто́рка, -и, *р. мн.* -рок
конто́рский
конто́рщик, -а
конто́рщица, -ы, *тв.* -ей
ко́нто-сепара́то, *нескл., с.*
контр... — *приставка, пишется слитно, но:* контр-адмирал
ко́нтра¹, -ы, *м. и ж.*
ко́нтра²: про́ и ко́нтра
контраба́нда, -ы
контрабанди́ст, -а
контрабанди́стка, -и, *р. мн.* -ток
контрабанди́стский
контраба́ндный
контраба́с, -а
контрабаси́ст, -а
контраба́сный
контраба́совый
контравариа́нтность, -и
контравариа́нтный
контрага́лс, -а
контраге́нт, -а
контраге́нтский
контрадикто́рный
контради́кция, -и
контр-адмира́л, -а

контр-адмира́л-инжене́р, контр-адмира́ла-инжене́ра
контр-адмира́льский
контражу́р, -а
контра́кт, -а
контракта́нт, -а
контракта́нтка, -и, *р. мн.* -а́нток
контрактацио́нный
контракта́ция, -и
контрактёр, -а
контра́ктник, -а
контра́ктница, -ы, *тв.* -ей
контра́ктный
контракто́ванный; *кр. ф.* -ан, -ана
контрактова́ть(ся), -ту́ю(сь), -ту́ет(ся)
контра́ктовый
контракту́ра, -ы
контракцио́нный
контра́кция, -и
контра́льто, *нескл., с.*
контра́льтовый
контрама́рка, -и, *р. мн.* -рок
контрама́рочный
контрапози́ция, -и
контрапо́ст, -а
контрапу́нкт, -а
контрапункти́рованный; *кр. ф.* -ан, -ана
контрапункти́ровать(ся), -рую, -рует(ся)
контрапункти́рующий
контрапункти́ст, -а
контрапункти́ческий
контрапу́нктный
контрапункто́ванный; *кр. ф.* -ан, -ана
контрапунктова́ть(ся), -ту́ю, -ту́ет(ся)
контраргуме́нт, -а
контра́рный
контрасигнату́ра, -ы
контрасигна́ция, -и
контрасигни́рование, -я

контрасигни́рованный; *кр. ф.* -ан, -ана
контрасигни́ровать(ся), -рую, -рует(ся)
контрасигно́ванный; *кр. ф.* -ан, -ана
контрасигнова́ть(ся), -ну́ю, -ну́ет(ся)
контрасигно́вка, -и
контрасигно́вочный
контра́ст, -а
контрасти́ровать, -рую, -рует
контра́стность, -и
контра́стный; *кр. ф.* -тен, -тна
контрата́ка, -и
контратако́ванный; *кр. ф.* -ан, -ана
контратакова́ть, -ку́ю, -ку́ет
контрате́нор, -а
контрати́п, -а
контратипи́рование, -я
контратипи́рованный; *кр. ф.* -ан, -ана
контратипи́ровать(ся), -рую, -рует(ся)
контрафаго́т, -а
контрафаготи́ст, -а
контрафа́ктный
контрафа́кция, -и
контрацепти́в, -а
контрацепти́вный
контраце́пция, -и
контрбала́нс, -а
контрбатаре́йный
контрвалацио́нный
контрвизи́т, -а
контрви́нт, -а́
контрвы́пад, -а
контрга́йка, -и, *р. мн.* -га́ек
контргре́йфер, -а
контргру́з, -а
контрда́нс, -а
контрде́йствия, -ий
контрдо́вод, -а
контре́йлер, -а
контрибуцио́нный

контрибу́ция, -и
контригра́, -ы́
контри́ск, -а (*от* иск)
контри́сковый
ко́нтрить(ся), -рю, -рит(ся)
контркульту́ра, -ы
контрмане́вр, -а и контрманёвр, -а
контрма́ркетинг, -а
контрма́рш, -а, *тв.* -ем
контрме́ра, -ы
контрми́на, -ы
контрми́нный
контрминоно́сец, -сца, *тв.* -сцем, *р. мн.* -сцев
контрнаступа́тельный
контрнаступле́ние, -я
контрове́рза, -ы
контрове́рсия, -и (*устар. к* контрове́рза)
контро́вка, -и
контрово́й
контрокта́ва, -ы
контролёр, -а (*должностное лицо*)
контролёрский
контролёрша, -и, *тв.* -ей
контроли́рование, -я
контроли́рованный; *кр. ф.* -ан, -ана
контроли́ровать(ся), -рую(сь), -рует(ся)
контро́ллер, -а (*аппарат*)
контро́ллинг, -а
контро́ль, -я
контро́лька, -и, *р. мн.* -лек
контро́льник, -а
контро́льно-зачётный
контро́льно-измери́тельный
контро́льно-испыта́тельный
контро́льно-ка́ссовый
контро́льно-прове́рочный
контро́льно-пропускно́й
контро́льно-ревизио́нный
контро́льно-сда́точный
контро́льно-семенно́й
контро́льно-следово́й

контро́льно-та́бельный
контро́льно-учётный
контро́льно-фина́нсовый
контро́льный
контрофе́рта, -ы
контрпа́р, -а
контрподгото́вка, -и
контрпредложе́ние, -я
контрпрете́нзия, -и
контрприво́д, -а
контрприём, -а
контрпродукти́вность, -и
контрпродукти́вный; *кр. ф.* -вен, -вна
контрпропага́нда, -ы
контрпропаганди́стский
контрразве́дка, -и, *р. мн.* -док
контрразве́дчик, -а
контрразве́дчица, -ы, *тв.* -ей
контрразве́дывательный
контрреволюционе́р, -а
контрреволюционе́рка, -и, *р. мн.* -рок
контрреволюцио́нность, -и
контрреволюцио́нный; *кр. ф.* -о́нен, -о́нна
контрреволю́ция, -и
контрре́льс, -а
Контрреформа́ция, -и (*ист.*)
контрреформи́стский
контррефо́рмы, -фо́рм, *ед.* -фо́рма, -ы
контрро́тор, -а
контрро́торный
контрси́ла, -ы
контрстали́йный (контрстали́йные дни)
контрсчёт, -а
контртитул, -а
контругро́за, -ы
контруда́р, -а
контрфакти́ческий
контрфо́рс, -а
контрфо́рсный
контрхо́д, -а
контршансы, -ов

контршпиона́ж, -а, *тв.* -ем
контръя́рус, -а
ко́нтры, контр (в ко́нтрах с кем-н.)
контрэма́ль, -и
контрэска́рп, -а
конту́женный; *кр. ф.* -ен, -ена, *прич.*
конту́женый, *прил.*
конту́зить, -у́жу, -у́зит
конту́зия, -и
ко́нтур, -а
ко́нтурно-лине́йный
ко́нтурность, -и
ко́нтурно-шлифова́льный
ко́нтурный
конуля́рии, -ий, *ед.* -рия, -и
ко́нунг, -а
конура́, -ы́
конурба́ция, -и
кону́рка, -и, *р. мн.* -рок
ко́нус, -а
ко́нусный
конусови́дный; *кр. ф.* -ден, -дна
конусообра́зный; *кр. ф.* -зен, -зна
конфабуля́ция, -и
конфедерали́зм, -а
конфедерали́стский
конфедера́т, -а
конфедерати́вный
конфедера́тка, -и, *р. мн.* -ток
конфедера́ция, -и; но (*в официа́льных названиях государств*) Конфедера́ция, -и, *напр.*: Швейца́рская Конфедера́ция
Конфедера́ция наро́дов Кавка́за (*организация*)
конфекцио́н, -а
конфекцио́нный
конфе́кция, -и
конфера́нс, -а
конферансье́, *нескл., м.*
конфере́нц-за́л, -а
конфере́нция, -и
конфери́ровать, -рую, -рует
конфессионали́зм, -а
конфессиона́льный

конфе́ссия, -и
конфе́та, -ы
конфе́тина, -ы
конфе́тка, -и, *р. мн.* -ток
конфе́тница, -ы, *тв.* -ей
конфе́тный
конфетоотли́вочный
конфеторе́зательный
конфе́точка, -и, *р. мн.* -чек
конфетти́, *нескл., с.*
конфе́тчик, -а
конфе́тчица, -ы, *тв.* -ей
конфигурацио́нный
конфигура́ция, -и
конфиде́нт, -а
конфиде́нтка, -и, *р. мн.* -ток
конфиденциа́льность, -и
конфиденциа́льный; *кр. ф.* -лен, -льна
ко́нфикс, -а
конфикса́льный
конфикса́ция, -и
конфирмацио́нный
конфирма́ция, -и
конфирмо́ванный; *кр. ф.* -ан, -ана
конфирмова́ть(ся), -му́ю(сь), -му́ет(ся)
конфиска́т, -а
конфискацио́нный
конфиска́ция, -и
конфискова́ние, -я
конфиско́ванный; *кр. ф.* -ан, -ана
конфискова́ть(ся), -ку́ю, -ку́ет(ся)
конфитю́р, -а
конфитю́рный
конфли́кт, -а
конфли́ктность, -и
конфли́ктный; *кр. ф.* -тен, -тна
конфликтова́ть, -ту́ю, -ту́ет
конфликтоге́нность, -и
конфликтоге́нный
конфликто́лог, -а
конфликтологи́ческий

конфликтоло́гия, -и
конфлюэ́нтный
конфока́льный
конфо́рка, -и, *р. мн.* -рок
конформацио́нный
конформа́ция, -и
конформи́зм, -а
конформи́ст, -а
конформи́стский
конфо́рмность, -и
конфо́рмный; *кр. ф.* -мен, -мна
конфо́рочка, -и, *р. мн.* -чек
конфо́рочный
конфронтацио́нный
конфронта́ция, -и
конфронти́ровать(ся), -рую(сь), -рует(ся)
конфу́женный; *кр. ф.* -ен, -ена, *прич.*
конфу́з, -а
конфу́зить(ся), -у́жу(сь), -у́зит(ся)
конфу́зия, -и
конфу́зливость, -и
конфу́зливый
конфу́зность, -и
конфу́зный; *кр. ф.* -зен, -зна
конфу́зящий(ся)
конфуциа́нец, -нца, *тв.* -нцем, *р. мн.* -нцев
конфуциа́нский (*от* Конфу́ций)
конфуциа́нство, -а
ко́нха, -и
конхилиоло́гия, -и *и* конхиоло́гия, -и
конхо́ида, -ы
конца́-кра́ю (не́т, не вида́ть, не ви́дно)
концево́й
концентра́т, -а
концентра́тный
концентра́тор, -а
концентрацио́нный
концентра́ция, -и
концентри́зм, -а
концентри́рование, -я
концентри́рованность, -и

КОНЦЕНТРИРОВАННЫЙ

концентри́рованный; *кр. ф. прич.* -ан, -ана; *кр. ф. прил.* (*сосредоточенный; насыщенный, богатый содержанием*) -ан, -анна
концентри́ровать(ся), -рую(сь), -рует(ся)
концентри́ческий
концентри́чность, -и
концентри́чный; *кр. ф.* -чен, -чна
конце́нтры, -ов, *ед.* -це́нтр, -а
конце́пт, -а
концептуализа́ция, -и
концептуали́зм, -а
концептуали́ст, -а
концептуалисти́ческий
концептуали́стский
концептуа́льность, -и
концептуа́льный; *кр. ф.* -лен, -льна
концепцио́нный
конце́пция, -и
конце́рн, -а
конце́рновый
конце́рт, -а
концерта́нт, -а
концерта́нтка, -и, *р. мн.* -ток
конце́рт га́ла́, конце́рта га́ла́
концерти́но, *нескл., с.*
концерти́рование, -я
концерти́ровать, -рую, -рует
концертме́йстер, -а
концертме́йстерский
конце́ртно-театра́льный
конце́ртный
Конце́ртный за́л и́мени Чайко́вского
концессионе́р, -а
концессионе́рский
концессио́нный
конце́ссия, -и
концко́рм, -а, *мн.* -а́, -о́в (*концентрированный корм*)
концлагерный
концла́герь, -я, *мн.* -я́, -е́й
концо́вка, -и, *р. мн.* -вок
конча́р, -а

конча́ть(ся), -а́ю(сь), -а́ет(ся)
конча́я, *деепр. и* (чем) *предлог*
ко́нченный; *кр. ф.* -ен, -ена, *прич.* (ко́нченное де́ло)
ко́нчено, *в знач. сказ.*
ко́нченый челове́к
ко́нчик, -а
кончи́на, -ы
ко́нчить(ся), -чу(сь), -чит(ся)
конъекту́ра, -ы (*восстановление текста*)
конъекту́рный; *кр. ф.* -рен, -рна
конъюга́ты, -а́т, *ед.* -а́та, -ы
конъюгацио́нный
конъюга́ция, -и
конъюги́рованный; *кр. ф.* -ан, -ана
конъюги́ровать, -рует
конъю́нкт, -а
конъюнкти́в, -а (*лингв.*)
конъюнкти́ва, -ы (*слизистая оболочка глаза*)
конъюнктиви́т, -а
конъюнкти́вный
конъюнкту́ра, -ы (*ситуация*)
конъюнктури́стский
конъюнкту́рный; *кр. ф.* -рен, -рна
конъюнкту́рщик, -а
конъюнкту́рщина, -ы
конъюнкту́рщица, -ы, *тв.* -ей
конъю́нкция, -и
конь, -я́, *мн.* -и, -е́й
конь-кача́лка, коня́-кача́лки
коньки́, -о́в, *ед.* конёк, конька́
конькобе́жец, -жца, *тв.* -жцем, *р. мн.* -жцев
конькобе́жка, -и, *р. мн.* -жек
конькобе́жный
коньковый
конья́к, -а́ и -у́
конья́чный
коньячо́к, -чка́ и -чку́
коню́га, -и (*птица*)
ко́нюх, -а
коню́шенный

коню́ший, -его
коню́шня, -и, *р. мн.* -шен
коня́га, -и, *м. и ж.*
коня́ка, -и, *м. и ж.*
коня́шка, -и, *р. мн.* -шек
кооперати́в, -а
кооперати́вно-колхо́зный
кооперати́вно-строи́тельный
кооперати́вный
коопера́тор, -а
кооперацио́нный
коопера́ция, -и
коопери́рование, -я
коопери́рованный; *кр. ф.* -ан, -ана
коопери́ровать(ся), -рую(сь), -рует(ся)
коопта́ция, -и
коопти́рование, -я
коопти́рованный; *кр. ф.* -ан, -ана
коопти́ровать(ся), -рую(сь), -рует(ся) (*дополнительно вводить(ся), включать(ся)*)
координа́тно-измери́тельный
координа́тно-расто́чный
координа́тный
координато́граф, -а
координато́мер, -а
координа́тор, -а
координа́ты, -а́т, *ед.* -на́та, -ы
координацио́нно-вычисли́тельный
координацио́нный
координа́ция, -и
координи́рование, -я
координи́рованность, -и
координи́рованный; *кр. ф.* -ан, -ана
координи́ровать(ся), -рую(сь), -рует(ся)
коп, -а (*полицейский*)
копа́, -ы́ (*60 штук чего-н. как мера; копна*)
копа́л, -а (*смола*)
копа́лка, -и, *р. мн.* -лок
копа́ловый

копалу́ха, -и (*глухарка, обл.*)
копа́ние, -я
ко́панный; *кр. ф.* -ан, -ана, *прич.*
копану́ть, -ну́, -нёт
ко́паный, *прил.*
ко́пань, -и
копа́тель, -я
копа́тельный
копа́ть(ся), -а́ю(сь), -а́ет(ся)
копа́ч, -а́, *тв.* -о́м
копевладе́лец, -льца, *тв.* -льцем, *р. мн.* -льцев
копе́ечка, -и, *р. мн.* -чек
копе́ечник, -а
копе́ечница, -ы, *тв.* -ей
копе́ечничать, -аю, -ает
копе́ечный
копе́йка, -и, *р. мн.* -е́ек
копе́йный (*от* копьё)
копе́йщик, -а
копе́ль, -я (*сплав*)
копенга́генский (*от* Копенга́ген)
копенга́генцы, -ев, *ед.* -нец, -нца, *тв.* -нцем
копёнка, -и, *р. мн.* -нок
копённый
копепо́ды, -ов, *ед.* -по́д, -а
копёр, копра́
коперникиа́нский
копе́рниковский (*от* Копе́рник)
копёрщик, -а
копетда́гский (*от* Копетда́г)
ко́пи, -ей
копиго́льд, -а
копиго́льдер, -а
копие́, -я́ (*церк.*)
копии́зм, -а
копии́ст, -а
копии́стский
ко́пийка, -и, *р. мн.* -иек (*уменьш. от* ко́пия)
копи́лка, -и, *р. мн.* -лок
копи́льник, -а
копи́р, -а
копира́йт, -а
копи́рка, -и, *р. мн.* -рок

копирова́льно-мно́жительный
копирова́льно-фре́зерный
копирова́льный
копирова́льщик, -а
копирова́льщица, -ы, *тв.* -ей
копи́рование, -я
копи́рованный; *кр. ф.* -ан, -ана
копи́ровать(ся), -рую, -рует(ся)
копиро́вка, -и
копиро́вочный
копиро́вщик, -а
копиро́вщица, -ы, *тв.* -ей
копиручёт, -а
копирэффе́кт, -а
копи́ть(ся), коплю́, ко́пит(ся)
ко́пия, -и
ко́пка, -и
ко́пленный; *кр. ф.* -ен, -ена, *прич.*
ко́пленый, *прил.*
копна́, -ы́, *мн.* ко́пны, копён и ко́пен, копна́м
копне́ние, -я
копни́тель, -я
копни́ть, -ню́, -ни́т
копни́ща, -и, *тв.* -ей
копново́з, -а
копну́ть, -ну́, -нёт
копо́рский ча́й (*растение*)
ко́поткий
копотли́вость, -и
копотли́вый
ко́потный; *кр. ф.* -тен, -тна
копотня́, -и́
копоту́н, -а́
копоту́нья, -и, *р. мн.* -ний
ко́поть, -и
копоше́ние, -я
копоши́ться, -шу́сь, -ши́тся
копр, -а (*жук*)
ко́пра, -ы и копра́, -ы́ (*сушеные ядра кокосового ореха*)
копрово́й, -о́го (*коперщик*)
копро́вый
копроли́т, -а
копрофа́г, -а

копте́ть[1], -е́ет (*покрываться копотью*)
копте́ть[2], копчу́, копти́т (*прозябать; корпеть*)
копти́лка, -и, *р. мн.* -лок
копти́льник, -а
копти́льно-колба́сный
копти́льный
копти́льня, -и, *р. мн.* -лен
копти́льщик, -а
копти́льщица, -ы, *тв.* -ей
копти́ть(ся), копчу́(сь), копти́т(ся) (*испускать копоть; покрывать(ся) копотью; готовить(ся) копчением*)
ко́птский
ко́пты, -ов, *ед.* копт, -а
копули́рованный; *кр. ф.* -ан, -ана
копули́ровать(ся), -рую, -рует(ся)
копулиро́вка, -и
копулиро́вочный
копуляти́вный
копуля́ция, -и
копу́н, -а́
копу́нья, -и, *р. мн.* -ний
копу́ха, -и
копу́ша, -и, *тв.* -ей, *м. и ж.*
копче́ние, -я (*действие*)
копчённый; *кр. ф.* -ён, -ена́, *прич.*
копчёно-варёный
копчёно-запечённый
копчёности, -ей, *ед.* -ость, -и
копчёный, *прил.*
копче́нья, -ий, *ед.* -нье, -я (*копчености*)
ко́пчик, -а (*косточка*)
ко́пчиковый
копчу́шка, -и, *р. мн.* -шек
копы́л, -а́, *мн.* копы́лья, -ьев и копылы́, -о́в
копы́тень, -тня
копы́тка, -и, *р. мн.* -ток
копы́тные, -ых, *ед.* -ное, -ого
копы́тный
копы́то, -а

КОПЫТОВИДНЫЙ

копытови́дный; *кр. ф.* -ден, -дна
копытообра́зный; *кр. ф.* -зен, -зна
копы́тце, -а, *р. мн.* -ев и -тец
копы́тчатый
копьё, -я́, *мн.* ко́пья, ко́пий, ко́пьям
копьеви́дный; *кр. ф.* -ден, -дна
копьели́стный
копьемета́лка, -и, *р. мн.* -лок
копьемета́тель, -я
копьемета́тельница, -ы, *тв.* -ей
копьено́сец, -сца, *тв.* -сцем, *р. мн.* -сцев
копьеобра́зный; *кр. ф.* -зен, -зна
копьецо́, -а́
ко́пящий
копя́щийся
ко́ра, -ы (*статуя*)
кора́, -ы́
корабе́л, -а
корабе́льный
корабе́льщик, -а
кораблевожде́ние, -я
кораблекруше́ние, -я
кораблестрое́ние, -я
кораблестрои́тель, -я
кораблестрои́тельный
кораблестрои́тельство, -а
кора́блик, -а
кора́бль, -я́
коразо́л, -а
корака́н, -а
кора́лл, -а
коралли́т, -а
коралловви́дный; *кр. ф.* -ден, -дна
кора́лловый
коральки́, -о́в (*ожерелье*)
коралько́вый
Кора́н, -а
корани́ческий
корвало́л, -а
корве́т, -а
корве́тный
корвола́нт, -а
корд, -а (*ткань*)
ко́рда, -ы (*длинная веревка, струна*)

кордаи́товые, -ых
кордаи́ты, -ов, *ед.* -и́т, -а
кордафе́н, -а
кордебале́т, -а
кордебале́тный
кордега́рдия, -и
кордельє́р, -а (*ист.*)
кордиами́н, -а
кордиери́т, -а
кордили́на, -ы
кордилье́ра, -ы (*геол.*)
кордилье́рский (*от* Кордилье́ры, горы)
корди́т, -а
ко́рдный (к корд)
ко́рдоба, -ы (*ден. ед.*)
кордово́й, -о́го (к ко́рда)
ко́рдовский (*от* Ко́рдова)
Ко́рдовский халифа́т (*ист.*)
ко́рдовый (к корд и ко́рда)
кордодро́м, -а (к ко́рда)
кордо́н, -а
кордо́нный
кордофа́нский (*от* Кордофа́н; кордофа́нские народы, языки́)
кореви́дный; *кр. ф.* -ден, -дна
корево́й (*от* корь)
корёжащий(ся)
корёженный; *кр. ф.* -ен, -ена
корёжить(ся), -жу(сь), -жит(ся)
коре́йка, -и (*грудинка*)
коре́йский (*от* Коре́я)
коре́йско-америка́нский
коре́йско-росси́йский
коре́йско-ру́сский
коре́йцы, -ев, *ед.* коре́ец, -е́йца, *тв.* -е́йцем
коре́ла, -ы (*племя*)
коре́мий, -я
корена́стенький
корена́стость, -и
корена́стый
корени́ться, -и́тся
коренни́к, -а́
коренно́й
коре́нщица, -ы, *тв.* -ей

ко́рень, ко́рня, *предл.* в (на) ко́рне, на корню́, *мн.* ко́рни, -е́й
коре́нья, -ьев
корео́псис, -а
коре́тра, -ы
коре́ц, корца́, *тв.* корцо́м, *р. мн.* корцо́в
ко́реш, -а, *тв.* -ем, *мн.* -и, -ей и -а́, -е́й
корешко́вый
корешо́к, -шка́
корея́нка, -и, *р. мн.* -нок (к коре́йцы)
корж, -а́, *тв.* -о́м
ко́ржик, -а
корзи́на, -ы
корзи́нка, -и, *р. мн.* -нок
корзи́нный
корзиноплете́ние, -я
корзи́ночка, -и, *р. мн.* -чек
корзи́ночный
корзи́нщик, -а
корзи́нщица, -ы, *тв.* -ей
ко́рзно, -а
кориа́ндр, -а
кориа́ндровый
кориба́нт, -а
коридо́р, -а
коридо́рный
коридо́рчик, -а
коринебакте́рии, -ий, *ед.* -рия, -и
кори́нка, -и (*сорт изюма*)
кори́нковый
коринфа́р, -а
кори́нфский (*от* Кори́нф; кори́нфский о́рдер)
кори́нфяне, -ян, *ед.* -янин, -а
кори́нфянка, -и, *р. мн.* -нок
кори́ть(ся), корю́(сь), кори́т(ся)
ко́риум, -а
корифе́й, -я
корифе́йка, -и, *р. мн.* -е́ек
корифе́новые, -ых
кори́ца, -ы, *тв.* -ей
кори́чка, -и
коричнева́, -ы́

коричнева́тый
кори́чневенький
коричневе́ть, -ве́ю, -ве́ет
кори́чнево-кра́сный
кори́чневый
кори́чник, -а
кори́чное, -ого (сорт яблок)
кори́чный (от кори́ца)
ко́рка, -и, р. мн. ко́рок
ко́рки, ко́рок, ед. ко́рка, -и (обувь, жарг.)
коркови́дный; кр. ф. -ден, -дна
ко́рковый
корм, -а и -у, предл. на ко́рме и на корму́, мн. -а́, -о́в
корма́, -ы́
кормёжка, -и, р. мн. -жек
корми́лец, -льца, тв. -льцем, р. мн. -льцев
корми́лец-пои́лец, корми́льца-пои́льца
корми́лица, -ы, тв. -ей
корми́лица-пои́лица, корми́лицы-пои́лицы
корми́ло, -а
корми́ть-пои́ть
корми́ть(ся), кормлю́(сь), ко́рмит(ся)
кормле́ние, -я
ко́рмленный; кр. ф. -ен, -ена, прич.
кормле́нщик, -а
ко́рмленый, прил.
ко́рмный
кормово́й
кормодобыва́ние, -я
кормодобыва́ющий
кормодобы́тчик, -а
кормодоза́тор, -а
кормозаво́д, -а
кормозаготови́тель, -я
кормозаготови́тельный
кормозагото́вки, -вок
кормозагру́зчик, -а
кормозапа́рник, -а
кормозапа́рочный

кормоизмельчи́тель, -я
кормоку́хня, -и, р. мн. -хонь
кормоперераба́тывающий
кормопererабо́тка, -и
кормоприготови́тельный
кормоприготовле́ние, -я
кормопроизводи́тельный
кормопроизво́дство, -а
корморазда́точный
корморазда́тчик, -а
корморазда́ча, -и, тв. -ей
корморе́зка, -и, р. мн. -зок
кормоскла́д, -а
кормосмеси́тель, -я
кормоубо́рочный
кормофи́ты, -ов, ед. -фи́т, -а
кормохрани́лище, -а
кормоце́х, -а, предл. в кормоце́хе и в кормоцеху́, мн. -цеха́, -о́в и -це́хи, -ов
кормоча́с, -а, мн. -ы́, -о́в
ко́рмус, -а
корму́шка, -и, р. мн. -шек
ко́рмчая, -ей (книга)
ко́рмчий, -его
ко́рмщик, -а
кормя́щий(ся)
корн, -а
корна́ть, -а́ю, -а́ет
корневи́дный; кр. ф. -ден, -дна
корневи́ще, -а
корневи́щевый
корневи́щный
корнёвка, -и
корнево́й
корнёвщик, -а
корнеголо́вые, -ых
корнее́д, -а
корнежи́л, -а
корнеклубнемо́йка, -и, р. мн. -о́ек
корнеклубнеплоды́, -ов
Корне́лев, -а, -о и корне́левский (от Корне́ль)
корнено́жки, -жек, ед. -но́жка, -и
корнеобра́зный; кр. ф. -зен, -зна

корнеотпры́сковый
корнеплодный
корнеплоды́, -ов, ед. -пло́д, -а
корнеподо́бный; кр. ф. -бен, -бна
ко́рнер, -а
корнере́зка, -и, р. мн. -зок
корнеро́ты, -ов, ед. -ро́т, -а
корнесло́в, -а
корне́т, -а
корне́т-а-писто́н, -а
корнети́ст, -а
корне́тский
корнеубо́рочный
корни́ловец, -вца, тв. -вцем, р. мн. -вцев
корни́ловский (от Корни́лов)
корни́ловщина, -ы
корни́стый
корнишо́ны, -ов, ед. -шо́н, -а
корноу́хий
корнпапи́р, -а
корнуо́ллский и корнуо́лллский (от Ко́рнуолл)
корнуо́лллцы, -ев, ед. -ллец, -ллца, тв. -ллцем
корнуэ́льский (корнуэ́льский язы́к, корнуэ́льские ку́ры)
корнфле́кс, -а
ко́рнцанг, -а
ко́роб, -а, мн. -а́, -о́в и -ы, -ов
коробе́йник, -а
коробе́йничать, -аю, -ает
коробе́йничество, -а
коро́бить(ся), -блю, -бит(ся)
коро́бка, -и, р. мн. -бок
коробле́ние, -я
коро́бленный; кр. ф. -ен, -ена, прич.
коро́бленый, прил.
коробо́к, -бка́
коро́бочек, -чка
коро́бочка, -и, р. мн. -чек
Коро́бочка, -и (лит. персонаж)
коро́бочник, -а
коро́бочница, -ы, тв. -ей
коро́бочный

КОРОБУШКА

коро́бушка, -и, *р. мн.* -шек
коро́бчатый
коробья́, -и́, *р. мн.* -бе́й (*ед. измер.*)
коробя́щий(ся)
коро́ва, -ы
коровёнка, -и, *р. мн.* -нок
коро́вий, -ья, -ье
Коро́вий Ва́л (*улица*)
коро́вища, -и, *тв.* -ей
коро́вка, -и, *р. мн.* -вок
коро́вник, -а
коро́вница, -ы, *тв.* -ей
коро́вонька, -и, *р. мн.* -нек
коро́вушка, -и, *р. мн.* -шек
коровя́к, -а́
корое́д, -а
корое́дный
короле́ва, -ы
короле́ва-ма́ть, короле́вы-ма́тери
короле́вич, -а, *тв.* -ем
короле́вна, -ы, *р. мн.* -вен
короле́вский
королёвский (*от* Королёв)
короле́вство, -а; но (*в официальных названиях государств*) Короле́вство, -а, *напр.*: Соединённое Короле́вство, Иорда́нское Хашими́тское Короле́вство, Короле́вство Нидерла́ндов
Короле́вство кривы́х зерка́л
Короле́вство обе́их Сици́лий (*ист.*)
королёвцы, -ев, *ед.* -вец, -вца, *тв.* -вцем
королёк, -лька́ (*фрукт*)
короле́нковский (*от* Короле́нко)
коро́ль, -я́
королько́вый
коро́ль Ли́р
коромы́сло, -а, *р. мн.* -сел
коромы́словый
коро́на, -ы; но: Се́верная Коро́на, Ю́жная Коро́на (*созвездия*)
корона́льный (*астр.*)
коронари́т, -а
корона́рный (*мед.*)

коронарогра́фия, -и
коронаросклеро́з, -а
коронароспа́зм, -а
коронаротромбо́з, -а
коронацио́нный
корона́ция, -и
ко́ронер, -а
коро́нка, -и, *р. мн.* -нок
коро́нный
коронова́ние, -я
короно́ванный; *кр. ф.* -ан, -ана
коронова́ть(ся), -ну́ю(сь), -ну́ет(ся)
короно́граф, -а
коро́нчатый
коробди́рка, -и, *р. мн.* -рок
коробди́рочный
коробди́рщик, -а
короочисти́тельный
коропла́стика, -и
коро́ста, -ы
короста́вник, -а
коростели́ный
коросте́ль, -я́
коро́стовый
корота́ть(ся), -а́ю, -а́ет(ся)
короте́нек, -нька
коро́тенький
коро́тенько, *нареч.*
коро́ткий; *кр. ф.* ко́роток, коротка́, ко́ротко́; но: Пипи́н Коро́ткий
ко́ротко, *нареч.*
короткова́тый
коротковолнови́к, -а́
коротково́лно́вый
короткоВоло́сый
короткоголо́в, -а
короткоголо́вый
короткоде́йствующий
короткоживу́щий
короткозаме́дленный
короткоза́мкнутый
короткозамыка́тель, -я
короткоимпу́льсный
короткометра́жка, -и, *р. мн.* -жек
короткометра́жный

коротконадкры́лы, -ов, *ед.* -кры́л, -а
короткоНо́гий
короткоНо́жка, -и, *р. мн.* -жек, *м. и ж.*
короткопа́лый
короткопериоди́ческий
короткопла́менный
короткопо́лый
короткопробе́жный
короткору́кий
короткостебе́льность, -и
короткостебе́льный
ко́ротко стри́женный
короткостри́женый, *прил.*
коро́ткость, -и
короткоу́хий
короткофо́кусный
короткохво́ст, -а
короткохво́стый
короткохо́дный
короткоше́ий, -ше́яя, -ше́ее
короткошёрстный и короткошёрстый
коро́ты́ш, -а́, *тв.* -о́м
короты́шка, -и, *р. мн.* -шек, *м. и ж.*
коро́че, *сравн. ст.*
ко́рочка, -и, *р. мн.* -чек
ко́рочки, -чек (*обложка документа*)
корпе́ние, -я
корпе́ть, -плю́, -пи́т
корпи́йный
ко́рпия, -и
корпора́нт, -а
корпора́нтский
корпоративи́зм, -а
корпорати́вность, -и
корпорати́вный
корпорацио́нный
корпора́ция, -и
корпуле́нция, -и
корпу́нкт, -а
ко́рпус[1], -а, *мн.* -ы, -ов (*туловище; шрифт*)

ко́рпус², -а, *мн.* -а́, -о́в (*здание; воен.*)
корпу́скула, -ы
корпускуля́рно-волново́й
корпускуля́рный
корпусни́к, -а́
корпусно́й (*к* ко́рпус²)
ко́рпусный (*к* ко́рпус¹)
корпусообразу́ющий
корпусосбо́рочный
корради́ровать, -рую, -рует (*к* корра́зия)
корра́зия, -и (*геол.*)
корреа́льный
корре́джиевский (*от* Корре́джо)
ко́ррекс, -а
корректи́в, -а
корректи́вный
корректи́рование, -я
корректи́рованный; *кр. ф.* -ан, -ана
корректи́ровать(ся), -рую, -рует(ся)
корректиро́вка, -и, *р. мн.* -вок
корректиро́вочно-разве́дывательный
корректиро́вочный
корректиро́вщик, -а
корре́ктность, -и
корре́ктный; *кр. ф.* -тен, -тна
корре́ктор, -а, *мн.* -а́, -о́в *и* -ы, -ов
корре́кторский
корре́кторша, -и, *тв.* -ей
корректу́ра, -ы
корректу́рный
коррекцио́нно-развива́ющий
коррекцио́нный
корре́кция, -и
коррели́ровать(ся), -рует(ся)
коррело́метр, -а
корреля́т, -а
корреляти́вность, -и
корреляти́вный
корреляцио́нный
корреля́ция, -и
коррепети́тор, -а

корреспонде́нт, -а
корреспонде́нтка, -и, *р. мн.* -ток
корреспонде́нтский
корреспонде́нция, -и
корреспонди́ровать(ся), -рую, -рует(ся)
коррехидо́р, -а
корриги́рование, -я
корриги́рованный; *кр. ф.* -ан, -ана
корриги́ровать(ся), -рую, -рует(ся)
корри́да, -ы (*бой быков*)
корри́до, *нескл., с.* (*баллада*)
корроди́рованный; *кр. ф.* -ан, -ана
корроди́ровать, -рует (*к* корро́зия)
коррози́йный
коррозио́нно-сто́йкий; *кр. ф.* -сто́ек, -сто́йка
коррозио́нный
корро́зия, -и
коррумпи́рование, -я
коррумпи́рованность, -и
коррумпи́рованный; *кр. ф.* -ан, -ана
коррумпи́роваться, -руюсь, -руется
коррупционе́р, -а
коррупцио́нный
корру́пция, -и
корса́ж, -а, *тв.* -ем
корса́жница, -ы, *тв.* -ей
корса́жный
корса́к, -а́
Ко́рсаков, -а: боле́знь Ко́рсакова
ко́рсаковский (*от* Ко́рсаков; *к* Ри́мский-Ко́рсаков)
корса́ковский (*от* Корса́ков, *город*)
Корса́ковское плато́ (*на Сахалине*)
корса́ковцы, -ев, *ед.* -вец, -вца, *тв.* -вцем
корса́р, -а

корса́рский
корса́рство, -а
корсе́т, -а
корсе́тница, -ы, *тв.* -ей
корсе́тный
корсе́ть, -и, *мн.* -и, -е́й (*корреспондентская сеть*)
корсика́нка, -и, *р. мн.* -нок
корсика́нский (*от* Ко́рсика)
корсика́нцы, -ев, *ед.* -нец, -нца, *тв.* -нцем
ко́рсуньский (*от* Ко́рсунь; *к* Ко́рсунь-Шевче́нковский)
Ко́рсунь-Шевче́нковский, Ко́рсуня-Шевче́нковского (*город*)
корсчёт, -а
корт, -а
кортаде́рия, -и
корте́ж, -а, *тв.* -ем
корте́жный
кортексо́н, -а
корте́сы, -ов
ко́ртиев о́рган, ко́ртиева о́ргана
кортизо́л, -а
кортизо́н, -а
ко́ртик, -а
кортикализа́ция, -и
кортика́льный
ко́ртико-висцера́льный
ко́ртиковый
кортикостеро́иды, -ов, *ед.* -о́ид, -а
кортикостеро́н, -а
кортикотропи́н, -а
корти́н, -а
ко́рточки, -чек: на ко́рточки, на ко́рточках, с ко́рточек
коруна́, -ы (*резное украшение интерьера*)
кору́нд, -а
кору́ндовый
корча́га, -и
корча́гинский (*от* Корча́гин)
корча́жка, -и, *р. мн.* -жек
корча́жный
ко́рчащий(ся)

корчева́лка, -и, р. мн. -лок
корчева́льный
корчева́ние, -я
корчёванный; кр. ф. -ан, -ана
корчева́тель, -я
корчева́тель-бульдо́зер-погру́зчик, корчева́теля-бульдо́зера-погру́зчика
корчева́тель-погру́зчик, корчева́теля-погру́зчика
корчева́тый
корчева́ть(ся), -чу́ю, -чу́ет(ся)
корчёвка, -и
корчёвщик, -а
корче́вье, -я, р. мн. -вий
корче́мник, -а
корче́мница, -ы, тв. -ей
корче́мный
корче́мство, -а
ко́рчи, -ей
ко́рчить(ся), -чу(сь), -чит(ся)
корчма́, -ы́, р. мн. корче́м
корчма́рка, -и, р. мн. -рок
корчма́рский
корчма́рь, -я́
ко́ршун, -а
ко́ршуний, -ья, -ье
коры́стность, -и
коры́стный; кр. ф. -тен, -тна
корыстолю́бец, -бца, тв. -бцем, р. мн. -бцев
корыстолюби́вый
корыстолю́бие, -я
коры́сть, -и
коры́тный
коры́то, -а
корытообра́зный; кр. ф. -зен, -зна
коры́тце, -а, р. мн. -тец и -тцев
коры́тчатый
корь, -и
корьё, -я́
корьево́й (от корьё)
корьедроби́лка, -и, р. мн. -лок
корьере́зка, -и, р. мн. -зок
корьере́зчик, -а

ко́рюшка, -и, р. мн. -шек
ко́рюшковые, -ых
коря́банный; кр. ф. -ан, -ана
коря́бать(ся), -аю(сь), -ает(ся)
коря́ватый
коря́вость, -и
коря́вый
коря́га, -и
коря́жина, -ы
коря́жистый
коря́жник, -а
коря́ки, -ов, ед. коря́к, -а
коря́кский и коря́цкий
Коря́кский автоно́мный о́круг
коря́чащийся
коря́ченье, -я
коря́чить(ся), -чу(сь), -чит(ся)
коря́чка, -и, р. мн. -чек
коса́, -ы́, вин. косу́, мн. ко́сы, кос
коса́рь, -я́
коса́тка, -и, р. мн. -ток (дельфин; рыба)
коса́тка-скрипу́н, коса́тки-скрипуна́
коса́ч, -а́, тв. -о́м
косачи́ный
Коса́я Гора́ (поселок)
ко́свенно, нареч.
ко́свенность, -и
ко́свенный; кр. ф. -вен, -венна
косе́канс, -а
косёнка, -и, р. мн. -нок
ко́сенький
косе́ть, -е́ю, -е́ет
косе́ц, косца́, тв. косцо́м, р. мн. косцо́в
коси́ки-карате́, нескл., с.
коси́лка, -и, р. мн. -лок
коси́лка-измельчи́тель, коси́лки-измельчи́теля
косина́, -ы́
коси́нка, -и
ко́синус, -а
косинусо́ида, -ы
косисе́но, -а (сенокосец – паукообразное)

коси́ть(ся)¹, кошу́, ко́сит(ся) (сре́зать(ся) косой)
коси́ть(ся)², кошу́(сь), ко́сит(ся) (к косо́й)
коси́ца, -ы, тв. -ей
коси́чка, -и, р. мн. -чек
косма́тевший (от косма́теть)
косма́теть, -ею, -еет (становиться косма́тым)
косма́тивший(ся) (от косма́тить(ся)
косма́тить, -а́чу, -а́тит (кого, что)
косма́титься, -а́чусь, -а́тится
косма́тый
косма́тящий(ся)
косма́ч, -а́, тв. -о́м
косме́тика, -и
косметический
космети́чка, -и, р. мн. -чек
космето́лог, -а
косметологи́ческий
космето́логия, -и
косме́я, -и
космиза́ция, -и
косми́зм, -а
ко́смик, -а
космист, -а
косми́ческий
космо... – первая часть сложных слов, пишется слитно
космобио́лог, -а
космобиологи́ческий
космобиоло́гия, -и
космобиори́тмика, -и
космовиде́ние, -я
космогони́ческий
космого́ния, -и
космографи́ческий
космогра́фия, -и
космодро́м, -а
космодро́мный
космолёт, -а
космологи́ческий
космоло́гия, -и
космона́вт, -а
космона́втика, -и

КОСТРОВЫЙ

космона́вт-иссле́дователь, космона́вта-иссле́дователя
космона́втка, -и, *р. мн.* -ток
космона́втский
космопла́вание, -я
космопла́н, -а
космополи́т, -а
космополити́зм, -а
космополити́ческий
космополити́чность, -и
космополити́чный; *кр. ф.* -чен, -чна
космополи́тка, -и, *р. мн.* -ток
космопсихо́лог, -а
ко́смос, -а
космосни́мок, -мка
космофи́зик, -а
космофи́зика, -и
космофизи́ческий
космохи́мик, -а
космохими́ческий
космохи́мия, -и
ко́смы, косм
косне́ть, -е́ю, -е́ет
косно́й: косна́я ло́дка
ко́сность, -и
косноязы́кий
косноязы́чие, -я
косноязы́чность, -и
косноязы́чный; *кр. ф.* -чен, -чна
косну́ться, -ну́сь, -нётся
ко́сный (*отсталый*)
кособо́кий
кособо́чащий(ся)
кособо́чить(ся), -чу(сь), -чит(ся)
косова́ры, -ов, *ед.* -ва́р, -а (*жители Косова*)
косова́тость, -и
косова́тый
коса́вица, -ы, *тв.* -ей
коса́вичник, -а
коса́вичный
коса́вище, -а
косоволни́стый
Ко́сово по́ле, Ко́сова по́ля
косоворо́тка, -и, *р. мн.* -ток

ко́совский (*от* Ко́сово)
ко́совцы, -ев, *ед.* -вец, -вца, *тв.* -вцем
косогла́зие, -я
косогла́зость, -и
косогла́зый
косого́р, -а
косого́рье, -я, *р. мн.* -рий
косо́й; *кр. ф.* кос, коса́, ко́со, ко́сы
косо́й, -о́го (*о зайце*)
косо́к, коска́
косокли́нный
косола́пина, -ы
косола́пить, -плю, -пит
косола́пость, -и
косола́пый
косола́пый, -ого (*о медведе*)
косолине́йный
косонапра́вленный*
ко́сонька, -и, *р. мн.* -нек
косоплечий
косоприце́льный
косоро́титься, -о́чусь, -о́тится
косоро́тый
косору́кий
косору́кость, -и
косоры́лый
кососимметри́ческий
косослой, -я
косослойность, -и
косослойный
косоуго́льник, -а
косоуго́льный
коспо́нсор, -а
коспо́нсорский
коспо́нсорство, -а
косс, -а (*ед. измер.*)
костарика́нка, -и, *р. мн.* -нок
ко́ста-рика́нский (*от* Ко́ста-Ри́ка)
костарика́нцы, -ев, *ед.* -нец, -нца, *тв.* -нцем
костево́й
костедроби́льный
костёл, -а
костёльный

костене́ть, -е́ю, -е́ет
костеобраба́тывающий
костеобразова́тельный
костёр, -тра́
костери́ть, -рю́, -ри́т
костеро́к, -рка́
костёрчик, -а
косте́рь, -я́
костеязы́чные, -ых
костио́з, -а
кости́стость, -и
кости́стый
кости́ть, кощу́, кости́т
кости́ща, -и, *тв.* -ей (*увелич. к* кость)
кости́ще, -а (*место погребения, археол.*)
ко́стия, -и
костля́вость, -и
костля́вый
ко́стно-мозгово́й
ко́стно-мы́шечный
ко́стно-суставно́й
ко́стно-туберкулёзный
ко́стно-хрящево́й
ко́стный (*от* кость)
костое́да, -ы
костоло́м, -а
костоло́мный
костопра́в, -а
косторе́з, -а
косторе́зный
ко́сточка, -и, *р. мн.* -чек
ко́сточковый
костра́, -ы́
костре́ц, -а́, *тв.* -о́м, *р. мн.* -о́в
стрецо́вый
костри́ка, -и
костри́чный
костри́ще¹, -а, *мн.* -а и -и, -и́щ, *м.* (*увелич. к* костёр)
костри́ще², -а, *с.* (*место, где был костёр*)
костробето́н, -а
кострово́й, -о́го
костро́вый

КОСТРОМА

Кострома́, -ы́ (*город; мифол.*) и кострома́, -ы́ (*обрядовое чучело*)
костромичи́, -е́й, *ед.* -ми́ч, -а́
костроми́чка, -и, *р. мн.* -чек
костромско́й (*от* Кострома́, *город*)
костыледёр, -а
костылезаби́вщик, -а
костыли́к, -а
косты́ль, -я́
косты́льный
костыля́ть, -я́ю, -я́ет
кость, -и, *мн.* -и, -е́й, *тв.* -я́ми (*но:* лечь костьми́)
костьути́ль, -я
костю́м, -а
костюме́р, -а
костюме́рный
костюме́рша, -и, *тв.* -ей
костюми́рованный; *кр. ф.* -ан, -ана
костюмирова́ть(ся), -ру́ю(сь), -ру́ет(ся)
костюмиро́вка, -и
костю́мный
костю́мчик, -а
костя́к, -а́
костяни́ка, -и
костяни́чный
костя́нка, -и, *р. мн.* -нок
костяно́й
костя́шки, -шек, *ед.* -шка, -и
косу́ля, -и
косу́шка, -и, *р. мн.* -шек
косхалва́, -ы́
косы́нка, -и, *р. мн.* -нок
косы́ночка, -и, *р. мн.* -чек
косьба́, -ы́
косьё, -я́
коса́к, -а́
косяко́м, *нареч.*
коса́чный
косачо́к, -чка́
коса́щатый
ко́сящий(ся) (*от* коси́ть(ся)¹)
коса́щий(ся) (*от* коси́ть(ся)²)

кот, -а́
кота́нгенс, -а
Ко́т в сапога́х (*сказочный персонаж*)
кот-дивуа́рский (*от* Кот-д'Ивуа́р)
котдивуа́рцы, -ев, *ед.* -рец, -рца, *тв.* -рцем
котёл, котла́
котёл-аккумуля́тор, котла́-аккумуля́тора
котело́к, -лка́
котёл-парообразова́тель, котла́-парообразова́теля
котёл — турби́на: блок котёл — турби́на
котёл-утилиза́тор, котла́-утилиза́тора
коте́льная, -ой
коте́льный
коте́льчик, -а
коте́льщик, -а
котёнок, -нка, *мн.* котя́та, котя́т
котёночек, -чка, *мн.* котя́тки, -ток
ко́тенька, -и (*ласкат. к* кот)
коте́рия, -и
ко́тик, -а
ко́тиковый
котилоза́вр, -а
котильо́н, -а
коти́нга, -и
котирова́льный
коти́рованный; *кр. ф.* -ан, -ана
коти́ровать(ся), -ру́ю(сь), -ру́ет(ся)
котиро́вка, -и
котиро́вочный
коти́ться, -и́тся (*рожать — о кошке, овце*)
коти́шка, -и, *р. мн.* -шек, *м.*
коти́ще, -а и -и, *мн.* -и, -и́щ, *м.*
котла́ссия, -и
ко́тласский (*от* Ко́тлас)
котлаша́не, -а́н, *ед.* -а́нин, -а (*от* Ко́тлас)
Кот Леопо́льд (*сказочный персонаж*)

котле́та, -ы
котле́тка, -и, *р. мн.* -ток
котле́тный
котлетоде́лательный
котли́ще, -а, *мн.* -а и -и, -и́щ, *м.*
котлоагрега́т, -а
котлова́н, -а
котлова́нный
котлованокопа́тель, -я
котлови́на, -ы
котлови́нный
котловинообра́зный; *кр. ф.* -зен, -зна
котлово́й и котло́вый
котлонадзо́р, -а
котлообра́зный; *кр. ф.* -зен, -зна
котлоочи́стка, -и
котлопу́нкт, -а
котлострое́ние, -я
котострои́тель, -я
котлострои́тельный
котлотурби́нный
Котлы́, -о́в: Ни́жние Котлы́ (*поселок*)
Ко́т Мурлы́ка, Кота́ Мурлы́ки, *м.* (*сказочный персонаж*)
кото́вник, -а
кото́к, *другие формы не употр.; м.* (*ласкат. к* кот)
кото́мка, -и, *р. мн.* -мок
кото́мочка, -и, *р. мн.* -чек
кото́н-автома́т, -а
котониза́тор, -а
котониза́ция, -и
котонизи́рованный; *кр. ф.* -ан, -ана
котонизи́ровать(ся), -рую, -рует(ся)
кото́нный
котора́н, -а
кото́рый
кото́рый-либо
кото́рый-нибудь
Котофе́й, -я (*сказочный персонаж*) и котофе́й, -я (*о коте*)

Кот – Се́рый ло́б (сказочный персонаж)
котте́дж, -а, тв. -ем
котте́джик, -а
котте́джный
коту́рны, -ов, ед. коту́рн, -а
коты́, -о́в (обувь)
котя́га, -и, м.
кофа́кторы, -ов, ед. -тор, -а
ко́фе, нескл., м. и с.
кофева́рка, -и, р. мн. -рок
кофева́рочный
кофеёк, -ейка́ и -ейку́
кофеи́н, -а
кофеи́нка, -и, р. мн. -нок
кофеи́новый
ко́фей, -я и -ю (устар. и прост. к ко́фе)
кофе́йник, -а
кофе́йница, -ы, тв. -ей
кофе́йничек, -чка
кофе́йный
кофе́йня, -и, р. мн. -е́ен
кофемо́лка, -и, р. мн. -лок
кофепи́тие, -я
коферме́нты, -ов, ед. -е́нт, -а
кофр, -а
кофрокарти́ст, -а
кофрокарти́я, -и
ко́фта, -ы
кофтёнка, -и, р. мн. -нок
ко́фточка, -и, р. мн. -чек
ко́фточный
коффердам, -а
Кох, -а: баци́лла (па́лочка) Ко́ха, реа́кция Ко́ха
кохинхи́нка, -и, р. мн. -нок
кохинхи́нский
ко́хия, -и
ко́хтла-я́рвеский (от Ко́хтла-Я́рве)
Коци́т, -а
коч, -а, тв. -ем (судно)
коча́н, кочана́ и кочна́
коча́нный
кочева́ние, -я

кочева́ть, кочу́ю, кочу́ет
кочёвка, -и, р. мн. -вок
коче́вник, -а
коче́вница, -ы, тв. -ей
коче́внический
коче́вничество, -а
кочево́й
кочевря́жащийся
кочевря́житься, -жусь, -жится
коче́вье, -я, р. мн. -вий
кочега́р, -а
кочега́рить, -рю, -рит
кочега́рка, -и, р. мн. -рок
кочега́рный
кочега́рня, -и, р. мн. -рен
кочеды́жник, -а
кочеды́к, -а́ и -а
кочене́ть, -е́ю, -е́ет
кочени́ть, -ни́т
ко́чень, ко́чня и кочня́, мн. кочни́, -е́й и -е́й (обл. и прост. к коча́н и кочеры́жка)
кочерга́, -и́, р. мн. -рёг
кочерго́вый
кочерёжка, -и, р. мн. -жек
кочерёжный
кочеры́га, -и
кочеры́жечка, -и, р. мн. -чек
кочеры́жка, -и, р. мн. -жек
кочеры́жный
ко́чет, -а
кочети́ный
кочето́к, -тка́
ко́чечный
кочешо́к, -шка́
ко́чка, -и, р. мн. ко́чек
кочка́рник, -а
кочка́стый
кочкова́тость, -и
кочкова́тый
кочкоре́з, -а
кочу́ющий
кош, -а, тв. -ем
коша́ра, -ы
коша́рный
коша́тина, -ы

коша́тник, -а
коша́тница, -ы, тв. -ей
коша́чий, -ья, -ье и ко́шечий, -ья, -ье
коша́чьи, -их
кошева́, -ы́
кошёвка, -и, р. мн. -вок
кошево́й
кошелёк, -лька́
кошелёчек, -чка
кошёлка, -и, р. мн. -лок
кошёлочка, -и, р. мн. -чек
коше́ль, -я́
кошелько́вый
коше́ние, -я
кошени́левый
кошени́ль, -и
кошени́льный
кошени́на, -ы
ко́шенный; кр. ф. -ен, -ена, прич.
ко́шеный, прил.
коше́рный
ко́шечий, -ья, -ье и коша́чий, -ья, -ье
ко́шечка, -и, р. мн. -чек
ко́шицкий (от Ко́шице)
ко́шка, -и, р. мн. ко́шек
ко́шки-мы́шки (игра́ть в ко́шки-мы́шки)
ко́шкин, -а, -о
кошкода́в, -а
кошкодёр, -а
кошма́, -ы́, мн. ко́шмы, кошм и ко́шем, ко́шмам
кошма́р, -а
кошма́рный; кр. ф. -рен, -рна
кошмова́л, -а
кошмова́льный
кошмо́вый
кошна́й, -я и кушна́й, -я
кошни́ца, -ы, тв. -ей
кошо́мка, -и, р. мн. -мок
кошо́мный
кошт, -а
кошу́рка, -и, р. мн. -рок

КОЩЕЙ

Коще́й, -я (*сказочный персонаж*) и коще́й, -я (*тощий старик; скряга*)
Коще́й Бессме́ртный
кощу́нник, -а
кощу́нственно, *нареч.*
кощу́нственность, -и
кощу́нственный; *кр. ф.* -вен и -венен, -венна
кощу́нство, -а
кощу́нствовать, -твую, -твует
коэнзи́м, -а
коэрцити́вный
коэрцити́метр, -а
коэффицие́нт, -а
КП [капэ́], *нескл., м.* (*сокр.:* командный пункт)
КПД [капэдэ́], *нескл., м.* (*сокр.:* коэффициент полезного действия)
кпе́лле, *нескл., мн., ед. м. и ж.* (*народ*)
кпе́реди
КПЗ [капэзэ́], *нескл., ж.* (*сокр.:* камера предварительного заключения)
КПП [капэпэ́], *нескл., м.* (*сокр.:* контрольно-пропускной пункт)
кра́аль, -я
краб, -а
крабб, -а (*архит.*)
кра́бий, -ья, -ье
крабова́рка, -и, *р. мн.* -рок
крабови́дный; *кр. ф.* -ден, -дна
кра́бовый
крабоконсе́рвный
краболо́в, -а
краболо́вный
крабообрабо́тка, -и
краборазде́лочный
кра́вчий, -его
кра́вчик, -а
кра́вший(ся)
кра́ги, краг, *ед.* кра́га, -и
кра́денный; *кр. ф.* -ен, -ена, *прич.*
кра́деный, *прил.*
краду́чись

краду́щий(ся)
краеве́д, -а
краеве́дение, -я
краеве́дческий
краеви́к, -а́
краево́й
краеуго́льный
кра́ешек, -шка
кра́жа, -и, *тв.* -ей
кра́инский (к Се́рбская Кра́ина; кра́инские се́рбы)
кра́инцы, -ев, *ед.* -нец, -нца, *тв.* -нцем
край, -я и -ю, *предл.* в кра́е и в краю́, на краю́, *мн.* края́, краёв
крайисполко́м, -а
крайко́м, -а
кра́йне, *нареч.*
кра́йний
Кра́йний Се́вер
кра́йность, -и
крайсове́т, -а
кракелю́р, -а
кракле́, *нескл., с.*
кра́ковский (*от* Кра́ков)
кра́ковцы, -ев, *ед.* -вец, -вца, *тв.* -вцем
краковя́к, -а (*танец*)
краковя́н, -а (*матем.*)
краковя́не, -я́н, *ед.* -я́нин, -а
краковя́нка, -и, *р. мн.* -нок
кра́лечка, -и, *р. мн.* -чек
кра́ля, -и
крамато́рский (*от* Краматорск)
крамато́рцы, -ев, *ед.* -рец, -рца, *тв.* -рцем
крамба́мбули, *нескл., м.*
кра́мбе, *нескл., с.*
кра́мбол, -а
крамо́ла, -ы
крамо́льник, -а
крамо́льничать, -аю, -ает
крамо́льность, -и
крамо́льный; *кр. ф.* -лен, -льна
кран, -а
кран-ба́лка, -и, *р. мн.* -лок

кра́нец, -нца, *тв.* -нцем, *р. мн.* -нцев
краниа́льный
кра́ник, -а
краниогра́фия, -и
краниоло́г, -а
краниологи́ческий
краниоло́гия, -и
кранио́метр, -а
краниометри́ческий
краниоме́трия, -и
краниоскопи́я, -и
краниостено́з, -а
краниотоми́я, -и
кра́н-манипуля́тор, кра́на-манипуля́тора
кранме́йстер, -а
кра́нный
крановщи́к, -а́
крановщи́к-экскава́торщик, крановщика́-экскава́торщика
крановщи́ца, -ы, *тв.* -ей
кра́новый
краностро́ение, -я
краностро́итель, -я
краностро́ительный
кра́н-смеси́тель, кра́на-смеси́теля
кра́н-стрела́, кра́на-стрелы́
кра́н-трубоукла́дчик, кра́на-трубоукла́дчика
кранты́, *в знач. сказ.*
кра́н-уко́сина, кра́на-уко́сины
кра́н-штабелёр, кра́на-штабелёра
кра́н-экскава́тор, кра́на-экскава́тора
крап, -а (*крапины*)
кра́пать, -плю, -плет и -аю, -ает
крапи́ва, -ы
крапи́вка, -и
крапи́вник, -а
крапи́вниковые, -ых
крапи́вница, -ы, *тв.* -ей
крапи́вный
кра́пина, -ы
кра́пинка, -и, *р. мн.* -нок
крапла́к, -а

краплéние, -я
крáпленный; кр. ф. -ен, -ена, прич.
краплёный, прил. (к крап)
крáплющий и крáпающий
крáповый
крапп, -а (растение)
крáпчатый
крарупизáция, -и
красá, -ы́
красáвец, -вца, тв. -вцем, р. мн. -вцев
красáвица, -ы, тв. -ей
красáвка, -и, р. мн. -вок
красáвчик, -а
красúвее, сравн. ст.
красúвейший
красúвенький
красúвость, -и
красúвый
красúльно-аппретýрный
красúльно-набивнóй
красúльный
красúльня, -и, р. мн. -лен
красúльщик, -а
красúльщица, -ы, тв. -ей
красúтель, -я
крáсить(ся), крáшу(сь), крáсит(ся)
крáска, -и, р. мн. -сок
красковáр, -а
красковáрный
красковáрня, -и, р. мн. -рен
краскомешáлка, -и, р. мн. -лок
краскопýльт, -а
краскораспылúтель, -я
краскотёр, -а
краскотёрка, -и, р. мн. -рок
Крáсная áрмия
Крáсная гвáрдия
Крáсная гóрка (праздник)
Крáсная Звездá: óрден Крáсной Звезды́
Крáсная кнúга (перечень охраняемых животных и растений)
Крáсная планéта (о Марсе)
Крáсная плóщадь (в Москве)

Крáсная Прéсня
Крáсная Шáпочка (сказочный персонаж)
крáсненький
краснéть(ся), -éю, -éет(ся)
краснó, нареч. (говорúть)
красноармéец, -éйца, тв. -éйцем, р. мн. -éйцев
красноармéйский
краснобáй, -я
краснобáйство, -а
крáсно-бéлый
крáсно-бýрый
краснóватенький
краснóвато-бýрый
краснóвато-жёлтый
краснóвато-лилóвый
краснóватый
красновúшерский (от Красновúшерск)
красновóдский (от Красновóдск)
красновóдцы, -ев, ед. -дец, -дца, тв. -дцем
красногвардéец, -éйца, тв. -éйцем, р. мн. -éйцев
красногвардéйский
красноглáзый
красноглúнистый
красноглúнье, -я
красноголóвник, -а
красноголóвый
красногóрский (от Красногóрск)
красногóрцы, -ев, ед. -рец, -рца, тв. -рцем
красногрýдый
красногýбый
краснодáрка, -и, р. мн. -рок
краснодáрский (от Краснодáр)
Краснодáрский крáй
краснодáрцы, -ев, ед. -рец, -рца, тв. -рцем
краснодерéвец, -вца, тв. -вцем, р. мн. -вцев
краснодерéвный
краснодерéвщик, -а
краснодóнский (от Краснодóн)

краснодóнцы, -ев, ед. -нец, -нца, тв. -нцем
Крáсное Знáмя: óрден Крáсного Знáмени
Крáсное крыльцó (в Московском Кремле)
Крáсное мóре
Крáсное-на-Вóлге, Крáсного-на-Вóлге (село, ныне поселок)
Крáсное Селó (район в Петербурге)
Крáсное Сóлнышко: Владúмир Крáсное Сóлнышко
крáсно-жёлтый
краснозвёздный
краснозём, -а
краснозёмный
краснознамéнец, -нца, тв. -нцем, р. мн. -нцев
краснознамённый
краснозóбик, -а
краснокирпúчный (из красного кирпича)
красноклóп, -á
краснокóжий
крáсно-корúчневый
краснокочáнный
краснокры́л, -а
краснокры́лый
краснокры́ший
краснолéсье, -я, р. мн. -сий
краснолúцый
краснолóмкий; кр. ф. -мок, -мка
краснолóмкость, -и
красномóрдый
красноногий
краснонóжка, -и, р. мн. -жек
краснонóсый
краснопёр, -а
краснопёрка, -и, р. мн. -рок
краснопёрый
краснопогóдье, -я
красноречúвость, -и
красноречúвый
красноречúе, -я
краснорóжий

краснорыбный
красноря́дец, -дца, тв. -дцем, р. мн. -дцев
красноря́дский
красносёлы, -ов, ед. -сёл, -а (жители села Красное)
красносе́льский (от Красное Село)
красно-си́не-бе́лый
красно-си́ний
красносто́йкость, -и
краснота́, -ы́
краснота́л, -а
красноталовый
краснотёлка, -и, р. мн. -лок
краснотца́, -ы́, тв. -о́й
краснофигу́рный
красно-фиоле́товый
краснофлоте́ц, -тца́, тв. -тцо́м, р. мн. -тцо́в
краснофло́тский
краснохво́ст, -а
Краснохо́лмская на́бережная (в Москве)
красноцве́тный
красноше́йка, -и, р. мн. -е́ек
красноще́кий
краснoя́рка, -и, р. мн. -рок
краснoя́рский (от Красноярск)
Красноя́рский кра́й
краснoя́рцы, -ев, ед. -рец, -рца, тв. -рцем
Красноя́рье, -я (к Красноярск)
красну́ха, -и
красну́шка, -и, р. мн. -шек
Кра́сные Воро́та (площадь)
Кра́сные пала́ты (в Москве)
кра́сный; кр. ф. -сен, -сна́, красно́
Кра́сный Бо́р (поселок)
Кра́сный Кре́ст (общество)
Кра́сный фло́т
красова́ться, -су́юсь, -су́ется
красодне́в, -а
красота́, -ы́, мн. -о́ты, -о́т
красоте́л, -а
красоти́ща, -и, тв. -ей

красо́тка, -и, р. мн. -ток
красо́точка, -и, р. мн. -чек
кра́сочность, -и
кра́сочный; кр. ф. -чен, -чна
кра́сть(ся), краду́(сь), крадёт(ся); прош. кра́л(ся), кра́ла(сь)
красу́ля, -и
красу́н, -а́
кра́сящий(ся)
крат: во́ сто (в сто́) кра́т, во мно́го кра́т
кра́тенький
кра́тер, -а (углубление)
крате́р, -а (сосуд)
кратери́рованный; кр. ф. -ан, -ана
кра́терный
кра́ткий; кр. ф. -ток, -тка́, -тко
кратковре́менность, -и
кратковре́менный; кр. ф. -мен и -менен, -менна
краткосро́чник, -а
краткосро́чность, -и
краткосро́чный; кр. ф. -чен, -чна
кра́ткость, -и
кра́тное, -ого
кра́тность, -и
кра́тный; кр ф. -тен, -тна
крато́н, -а
кратча́йший (от краткий)
крафт-бума́га, -и
крафт-мешо́к, -шка́
крафт-паке́т, -а
крафт-целлюло́за, -ы
кра́х, -а
крахма́л, -а и -у
крахма́ление, -я
крахма́ленный; кр. ф. -ен, -ена, прич.
крахма́леный, прил.
крахма́листость, -и
крахма́листый
крахма́лить(ся), -лю, -лит(ся)
крахмалопа́точный
крахма́льный
крахма́льщик, -а

крахма́льщица, -ы, тв. -ей
крахма́лящий(ся)
кра́чка, -и, р. мн. -чек
крачу́н, -а́
кра́ше, сравн. ст.
краше́ние, -я
краше́нина, -ы
крашени́нный
кра́шенный; кр. ф. -ен, -ена, прич.
кра́шеный, прил.
краю́ха, -и
краю́шка, -и, р. мн. -шек
креати́н, -а
креатинкина́за, -ы
креату́ра, -ы
креациони́зм, -а
креациони́стский
креве́тка, -и, р. мн. -ток
креве́точный
кре́дит, -а (правая сторона счета)
креди́т, -а (ссуда)
креди́тка, -и, р. мн. -ток
креди́тно-де́нежный
креди́тно-инвестицио́нный
креди́тно-комме́рческий
креди́тно-расчётный
креди́т-но́та, -ы
креди́тно-фина́нсовый
креди́тный
кредитова́ние, -я
кредито́ванный; кр. ф. -ан, -ана
кредитова́ть(ся), -ту́ю(сь), -ту́ет(ся)
кре́дитовый (от кредит)
кредито́р, -а
кредито́рский
кредито́рша, -и, тв. -ей
кредитоспосо́бность, -и
кредитоспосо́бный; кр. ф. -бен, -бна
кре́до, нескл., с.
Кре́з, -а (ист. лицо) и кре́з, -а (богач)
крезо́л, -а
кре́йсер, -а, мн. -а́, -о́в и -ы, -ов
кре́йсерский

крейсерство, -а
крейси́рование, -я
крейси́ровать, -рую, -рует
кре́йцер, -а
крейцко́пф, -а
крейцко́пфный
крейцме́йсель, -я
кре́кер, -а
кре́кинг, -а
кре́кинг-бензи́н, -а
кре́кинг-насо́с, -а
кре́кинговый
кре́кинг-проце́сс, -а
кре́кинг-устано́вка, -и, *р. мн.* -вок
креки́рование, -я
креки́рованный; *кр. ф.* -ан, -ана
креки́ровать(ся), -рую, -рует(ся)
крем, -а и -у
кремалье́р, -а и кремалье́ра, -ы
кремалье́рный
крема́нка, -и, *р. мн.* -нок
кремато́рий, -я
кремацио́нный
крема́ция, -и
крем-брюле́, нескл., с.
кременчу́гский (*от* Кременчу́г)
кременчужа́не, -а́н, *ед.* -а́нин, -а
кременчу́жцы, -ев, *ед.* -жец, -жца, *тв.* -жцем
креме́нь, -мня́
креме́нь-ба́ба, -ы
креме́нь-па́рень, -па́рня
кремешо́к, -шка́
креми́рованный; *кр. ф.* -ан, -ана
креми́ровать(ся), -рую, -рует(ся)
крем-кра́ска, -и
кремлёвский; *но:* Большо́й Кремлёвский дворе́ц, Кремлёвская стена́ (*в Москве*)
кремлино́лог, -а
кремлиноло́гия, -и
кремль, -я́ (*крепость в старых русских городах*) и Кремль, -я́ (*район города, архит. комплекс; правительственная резиденция в Москве*); Моско́вский Кре́мль; *но:* Новгоро́дский кре́мль, Пско́вский кре́мль, Ряза́нский кре́мль и т. п.
кремнёвка, -и, *р. мн.* -вок
кремневодоро́д, -а
кремнёвый
кремнежгу́тиковые, -ых
кремнезём, -а
кремнезёмистый
кремнезёмный
кремнекислота́, -ы́, *мн.* -о́ты, -о́т
кремнеки́слый
кремнерогові́ гу́бки
кремнефтори́ды, -ов, *ед.* -ри́д, -а
кремнефтористоводоро́дный
кремнефто́ристый
кре́мниевый
кре́мний, -я
кремнийоргани́ческий
кремнико́н, -а
кремни́стость, -и
кремни́стый
кремова́тый
кре́мовый
крем-пу́дра, -ы
крем-со́да, -ы
крен, -а
кре́нгельс, -а
кренделёк, -лька́
кре́ндель, -я, *мн.* -я́, -е́й и -и, -ей
кре́ндельный
кре́ндельщик, -а
кре́ндельщица, -ы, *тв.* -ей
крени́ть(ся), -ню́, -ни́т(ся)
кренова́ние, -я
крено́метр, -а
крень, -и
креня́щий(ся)
креодо́нты, -ов, *ед.* -о́нт, -а
креозо́л, -а
креозо́т, -а
креозо́товый
креблка, -и, *р. мн.* -лок
креблы, -ов, *ед.* креол, -а
креольский
креп, -а
крепдеши́н, -а и -у
крепдеши́новый
крепёж, -ежа́, *тв.* -о́м
крепёжный
кре́пенький
креп-жакка́рд, -а
креп-жакка́рдовый
креп-жорже́т, -а
креп-жорже́товый
крепи́льщик, -а
крепи́рованный; *кр. ф.* -ан, -ана
крепита́ция, -и
крепи́тель, -я
крепи́тельный
крепи́ть(ся), -плю́(сь), -пи́т(ся)
кре́пки (игра́ть в кре́пки)
кре́пкий; *кр. ф.* -пок, -пка́, -пко, кре́пки
крепкова́тый
крепкоголо́вый
крепколо́бый
кре́пко-на́крепко
крепконо́гий
крепле́ние, -я
креплённый; *кр. ф.* -ён, -ена́, *прич.*
креплёный, *прил.*
креп-мароке́н, -а
креп-мароке́новый
кре́пнувший
кре́пнуть, -ну, -нет; *прош.* кре́пнул и креп, кре́пла
кре́повый
крепостни́к, -а́
крепостни́ца, -ы, *тв.* -ей
крепостни́ческий
крепостни́чество, -а
крепостно́й
крепостца́, -ы́, *тв.* -о́й
кре́пость, -и, *мн.* -и, -е́й
кре́пость-геро́й, кре́пости-геро́я
креп-сати́н, -а
креп-сати́новый
креп-фа́евый
креп-фа́й, -я

КРЕПЧАЙШИЙ

крепча́йший
крепча́ть, -а́ет
кре́пче, *сравн. ст.*
креп-шифо́н, -а
креп-шифо́новый
крепы́ш, -а́, *тв.* -о́м
крепы́шка, -и, *р. мн.* -шек
крепь, -и
крепя́щий(ся)
креса́ло, -а
креса́ть, -а́ю, -а́ет
кре́сельный
кре́слице, -а
кре́сло, -а, *р. мн.* -сел
кре́сло-ката́лка, кре́сла-ката́лки
кре́сло-кача́лка, кре́сла-кача́лки
кре́сло-крова́ть, кре́сла-крова́ти
кресс-сала́т, -а
крест, -а́; но: Крест Госпо́день; Кра́сный Крест (общество); Ю́жный Крест (созвездие)
крестéц, -тца́, *тв.* -тцо́м, *р. мн.* -тцо́в
кре́сти, -е́й
кре́стик, -а
кре́стики-но́лики (игра́ть в кре́стики-но́лики)
крести́льный
крести́нный
крести́ны, -и́н
Крести́тель, -я: Иоа́нн Крести́тель
крести́ть(ся), крещу́(сь), кре́стит(ся)
крест-на́крест
крёстная, -ой
крёстник, -а
крёстница, -ы, *тв.* -ей
крёстничек, -чка
кре́стный (к крест)
крёстный (крёстный оте́ц, сын; крёстная ма́ть, до́чь)
крёстный, -ого
крестови́дный; *кр. ф.* -ден, -дна
крестови́к, -а́
крестови́на, -ы

крестовичо́к, -чка́
кресто́вка, -и, *р. мн.* -вок
кресто́вник, -а
Крестовоздви́женский (монасты́рь, собо́р)
кресто́во-ку́польный
Кресто́вые похо́ды (ист.)
кресто́вый
крестоно́сец, -сца, *тв.* -сцем, *р. мн.* -сцев
крестоно́сный
крестообра́зный; *кр. ф.* -зен, -зна
Крестопокло́нная неде́ля
крестоцве́т, -а
крестоцве́тный
крестоцелова́льный
Кресты́, -о́в (тюрьма́ в Ленингра́де – Петербу́рге)
крестья́нин, -а, *мн.* -я́не, -я́н
крестья́нка, -и, *р. мн.* -нок
крестья́ночка, -и, *р. мн.* -чек
крестья́нский
крестья́нство, -а
крестья́нствовать, -твую, -твует
крестя́щий(ся)
крети́н, -а
Кретини́зм, -а
крети́нка, -и, *р. мн.* -нок
крето́н, -а
крето́нный
крето́новый
кре́чет, -а
крече́тка, -и, *р. мн.* -ток
кре́четовый
кре́шер, -а
креща́льня, -и, *р. мн.* -лен
Креща́тик, -а (у́лица)
креща́тый
креще́ндо и крешéндо, *неизм. и нескл., с.*
креще́ние, -я (действие к крести́ть(ся) и Креще́ние, -я (праздник; евангельский и иконографический сюжет); Креще́ние Руси́ (988)

крещённый; *кр. ф.* -ён, -ена́, *прич.*
креще́нский (к Креще́ние)
крещёный, *прил.*
крива́я, -о́й
кри́вда, -ы
кри́венький
криве́ть, -е́ю, -е́ет
кривизна́, -ы́
кривина́, -ы́
криви́ть(ся), -влю́(сь), -ви́т(ся)
кривичи́, -е́й, *ед.* -ви́ч, -а́
кри́вичский
кривля́ка, -и, *м. и ж.*
кривля́нье, -я
кривля́ться, -я́юсь, -я́ется
кривобо́кий
кривобо́кость, -и
кривова́тый
кривогла́зый
криволо́вка, -и, *р. мн.* -вок
криводу́шие, -я
криводу́шничать, -аю, -ает
криводу́шный; *кр. ф.* -шен, -шна
криво́й; *кр. ф.* крив, крива́, кри́во, кри́вы
Криво́й Рог (город)
Кривоколе́нный переу́лок
кривола́пый
криволе́сье, -я, *р. мн.* -сий
криволине́йно-поступа́тельный
криволине́йность, -и
криволине́йный; *кр. ф.* -е́ен, -е́йна
кривоно́гий
кривоно́жка, -и, *р. мн.* -жек, *м. и ж.*
кривоно́сый
криворо́гий
криворожа́не, -а́н, *ед.* -а́нин, -а (от Криво́й Рог)
криворо́жий
криворо́жский (от Криво́й Рог)
Криворо́жский (железору́дный) бассе́йн
криворо́жцы, -ев, *ед.* -жец, -жца, *тв.* -жцем

КРИСТАЛЛОКЕРАМИКА

Криворо́жье, -я (к Криво́й Ро́г)
криворо́тый
криворуќкий
криворы́лый
кривото́лки, -ов
кривоше́ий, -ше́яя, -ше́ее
кривоше́я, -и
кривоши́п, -а
кривоши́пно-ползу́нный
кривоши́пно-рыча́жный
кривоши́пно-шату́нный
кривоши́пный
криву́лина, -ы
криву́ля, -и
криву́ша, -и, тв. -ей
криз, -а
кри́зис, -а
кри́зисный
крик, -а
крике́т, -а (игра в мяч)
крикли́вость, -и
крикли́вый
кри́кнуть, -ну, -нет
кри́кса, -ы, м. и ж.
крику́н, -а́
крику́нья, -и, р. мн. -ний
крику́ха, -и
крику́ша, -и, тв. -ей, м. и ж.
кри́левый
криль, -я
кримина́л, -а
криминализа́ция, -и
криминализи́рованный; кр. ф. -ан, -ана
криминализи́роваться, -руется
криминализо́ванный; кр. ф. -ан, -ана
криминализова́ться, -зу́ется
кримина́лист, -а
криминали́стика, -и
криминалисти́ческий
криминали́стка, -и, р. мн. -ток
криминалите́т, -а
кримина́льность, -и
кримина́льный; кр. ф. -лен, -льна

криминоге́нность, -и
криминоге́нный; кр. ф. -е́нен, -е́нна
кримино́лог, -а
криминологи́ческий
криминоло́гия, -и
кримпле́н, -а
кримпле́новый
крин, -а
крини́ца, -ы, тв. -ей
кри́нка, -и, р. мн. -нок и кры́нка, -и, р. мн. -нок
криноиде́я, -и
криноли́н, -а
кри́ночный и кры́ночный
кри́нум, -а
крио... – первая часть сложных слов, пишется слитно
криоаге́нт, -а
криобиоло́гия, -и
криогене́з, -а
криоге́ника, -и
криоге́нный
криогидра́т, -а
криоли́т, -а
криолитозо́на, -ы
крио́лог, -а
криоло́гия, -и
криомасса́ж, -а, тв. -ем
криомедици́на, -ы
криопатоло́гия, -и
криопланкто́н, -а
криоскопи́я, -и
криоста́т, -а
криосфе́ра, -ы
криотерапи́я, -и
криотро́н, -а
криотурба́ция, -и
криофи́лы, -ов, ед. -фи́л, -а
криофи́ты, -ов, ед. -фи́т, -а
криохирурги́ческий
криохирурги́я, -и
криоэлектро́ника, -и
криоэлектро́нный
кри́пта, -ы
кри́птии, -ий

крипти́ческий
криптога́мы, -ов, ед. -га́м, -а
криптоге́нный
криптогра́мма, -ы
криптографи́ческий
криптогра́фия, -и
криптодепре́ссия, -и
криптозащи́та, -ы
криптозо́й, -я
криптозо́йский
криптоко́кки, -ов, ед. -ко́кк, -а
криптококко́з, -а
криптокристалли́ческий
криптоле́мус, -а
криптоме́рия, -и
криптомнези́я, -и
крипто́н, -а
крипто́ним, -а
крипто́новый
крипторхи́зм, -а
криптосисте́ма, -ы
криптофи́ты, -ов, ед. -фи́т, -а
криптофони́я, -и
крис, -а (кинжал)
криста́лл, -а
кристаллиза́тор, -а
кристаллизацио́нный
кристаллиза́ция, -и
кристаллизи́ровать(ся), -рую, -рует(ся)
кристаллизо́ванный; кр. ф. -ан, -ана
кристаллизова́ть(ся), -зу́ю, -зу́ет(ся)
криста́ллик, -а
кристалли́т, -а
кристалли́ческий
кристалловиќдный; кр. ф. -ден, -дна
кристаллогидра́ты, -ов, ед. -ра́т, -а
кристалло́граф, -а
кристаллографи́ческий
кристалло́графия, -и
кристалло́ид, -а
кристаллокера́мика, -и

КРИСТАЛЛОЛЮМИНЕСЦЕНЦИЯ

кристаллолюминесце́нция, -и
кристаллообра́зный; *кр. ф.* -зен, -зна
кристаллообразова́ние, -я
кристаллоо́птика, -и
кристаллоту́ф, -а
кристаллофи́зика, -и
кристаллофосфо́ры, -ов, *ед.* -фо́р, -а
кристаллохими́ческий
кристаллохи́мия, -и
криста́льность, -и
криста́льно че́стный
криста́льно чи́стый
криста́льный; *кр. ф.* -лен, -льна
кристобали́т, -а
крите́рий, -я
крите́риум, -а (*устар. к* крите́рий; *велогонка*)
кри́тик, -а
кри́тика, -и
критика́н, -а
критика́нка, -и, *р. мн.* -нок
критика́нский
критика́нство, -а
критика́нствовать, -твую, -твует
критика́нша, -и, *тв.* -ей
критике́сса, -ы
критикну́ть, -ну́, -нёт
кри́тико-библиографи́ческий
критико́ванный; *кр. ф.* -ан, -ана
критикова́ть(ся), -ку́ю(сь), -ку́ет(ся)
кри́тико-публицисти́ческий
критици́зм, -а
крити́чески
крити́ческий
крити́чность, -и
крити́чный; *кр. ф.* -чен, -чна
кри́то-мике́нский
кри́тский (*от* Крит)
критя́не, -я́н, *ед.* -я́нин, -а
критя́нка, -и, *р. мн.* -нок
кри́ца, -ы, *тв.* -ей
крича́лка, -и, *р. мн.* -лок
крича́ть, -чу́, -чи́т

крича́щий
кричмя́ крича́ть
кри́чно-ру́дный
кри́чный
Кри́шна, -ы, *м.*
кришнаи́зм, -а
кришнаи́тский
кришнаи́ты, -ов, *ед.* -и́т, -а
кров, -а
крова́вевший (*от* крова́веть)
крова́веть, -ею, -еет (*становиться кровавым*)
крова́вивший(ся) (*от* крова́вить(ся))
крова́вик, -а
крова́вить, -влю, -вит (*что*)
крова́виться, -влюсь, -вится
Крова́вое воскресе́нье (*9 января 1905*)
крова́во-кра́сный
крова́вый
крова́тишка, -и, *р. мн.* -шек
крова́тища, -и, *тв.* -ей
крова́тка, -и, *р. мн.* -ток
крова́тный
крова́ть, -и
кровезамени́тель, -я
кровезамеща́ющий
кро́велька, -и, *р. мн.* -лек
кро́вельно-вентиляцио́нный
кро́вельный
кро́вельщик, -а
кровенаполне́ние, -я
кровене́ть, -е́ет
крове́нить, -ню́, -ни́т
кровено́сный
кровепарази́ты, -ов, *ед.* -зи́т, -а
кровеспорови́ки́, -о́в, *ед.* -ви́к, -а́
кроветворе́ние, -я
кроветво́рный
крови́нка, -и, *р. мн.* -нок
крови́ночка, -и, *р. мн.* -чек
крови́нушка, -и, *р. мн.* -шек
крови́ть, -и́т
крови́ща, -и, *тв.* -ей
кро́вка, -и

кро́вля, -и, *р. мн.* -вель
кро́вник, -а
кро́вно, *нареч.*
кровнеродственный
кро́вность, -и
кро́вный
кровожа́дность, -и
кровожа́дный; *кр. ф.* -ден, -дна
кровоизлия́ние, -я
кровомще́ние, -я
кровообразова́ние, -я
кровообраще́ние, -я
кровооста́навливающий
кровоочисти́тельный
кровоочище́ние, -я
кровопи́вец, -вца, *тв.* -вцем, *р. мн.* -вцев (*прост. к* кровопи́йца)
кровопи́йство, -а
кровопи́йца, -ы, *тв.* -ей, *р. мн.* -и́йц, *м. и ж.*
кровоподтёк, -а
кровоподтёчный
кровопоте́ря, -и
кровопроли́тие, -я
кровопроли́тный; *кр. ф.* -тен, -тна
кровопуска́ние, -я
кровопуска́тельный
кровосмеси́тель, -я
кровосмеси́тельница, -ы, *тв.* -ей
кровосмеси́тельный
кровосмеси́тельство, -а
кровосмеше́ние, -я
кровоснабже́ние, -я
кровосо́с, -а
кровосо́ска, -и, *р. мн.* -сок
кровосо́сный
кровососу́щий
кровотече́ние, -я
кровото́к, -а
кровоточи́вость, -и
кровоточи́вый
кровоточи́ть, -и́т
кровоха́рканье, -я
кровохлёбка, -и, *р. мн.* -бок

кро́вушка, -и
кровь, -и, *предл.* в (на) крови́, *мн.* -и, -е́й
кровяни́стость, -и
кровяни́стый
кровяно́й
кро́ение, -я
кро́енный; *кр. ф.* -ен, -ена, *прич.*
кро́ёный, *прил.*
кро́йльный
крои́ть(ся), крою́, кро́ит(ся)
крой, -я
кро́йка, -и
крока́н, -а
кроке́т, -а (*игра в шары*)
кроке́тный
кроки́, *нескл., с.* (*чертеж*)
кроки́рование, -я (*от* кроки́ровать)
крокирова́ние, -я (*от* крокирова́ть)
кроки́рованный; *кр. ф.* -ан, -ана (*от* кроки́ровать)
крокиро́ванный; *кр. ф.* -ан, -ана (*от* крокирова́ть)
кроки́ровать, -рую, -рует (*делать кроки*)
крокирова́ть, -иру́ю, -иру́ет (*в крокете*)
кроки́ровка, -и
крокоди́л, -а
крокоди́лий, -ья, -ье
крокоди́лица, -ы, *тв.* -ей
крокоди́лов, -а, -о (крокоди́ловы слёзы)
крокоди́ловый
крокоди́льский (*от* "Крокоди́л")
крокоди́льчик, -а
крокои́т, -а
кро́кус, -а
кро́лик, -а
кроликово́д, -а
кроликово́дство, -а
кроликово́дческий
кро́ликовый
кроликома́тка, -и, *р. мн.* -ток

кроликофе́рма, -ы
кроли́ст, -а
кроли́стка, -и, *р. мн.* -ток
кро́личий, -ья, -ье
кроль, -я
крольча́тина, -ы
крольча́тник, -а
крольчи́ха, -и
крольчо́нок, -нка, *мн.* -ча́та, -ча́т
кром, -а (*кремль*)
кроманьо́нский
кроманьо́нцы, -ев, *ед.* -нец, -нца, *тв.* -нцем
кро́ме
кроме́шник, -а
кроме́шный
кро́мка, -и, *р. мн.* -мок
кромкозави́вочный
кромкостроѓа́льный
кромкофуѓа́льный
кро́млех, -а
кро́мочка, -и, *р. мн.* -чек
кро́мочный
кромса́ние, -я
кро́мсанный; *кр. ф.* -ан, -ана
кромса́ть, -а́ю, -а́ет
кро́мский и кромско́й (*от* Кро́мы)
крон, -а (*краска*)
кро́на, -ы
кро́нверк, -а
кро́нверкский
кронгла́с, -а
кронгла́совый
кро́нистый
кро́новый
Кро́нос, -а
кронпри́нц, -а, *тв.* -ем, *р. мн.* -ев
кронпринце́сса, -ы
кронци́ркуль, -я
кро́ншнеп, -а
кроншта́дтский (*от* Кроншта́дт)
Кроншта́дтский мяте́ж (1919)
кроншта́дтцы, -ев, *ед.* -тец, -тца, *тв.* -тцем
кронште́йн, -а

кронште́йновый
кропа́ние, -я
кропа́тель, -я
кропа́тельница, -ы, *тв.* -ей
кропа́тельство, -а
кропа́ть, -а́ю, -а́ет
кропи́ло, -а
кропи́льница, -ы, *тв.* -ей
кропи́льце, -а, *р. мн.* -лец
кропи́ть(ся), -плю́, -пи́т(ся)
кропле́ние, -я (*от* кропи́ть)
кроплённый; *кр. ф.* -ён, -ена́, *прич.*
кроплёный, *прил.* (*от* кропи́ть)
кропотли́вость, -и
кропотли́вый
кро́потный
кропотня́, -и́
кропоту́н, -а́
кропоту́нья, -и, *р. мн.* -ний
кро́ппер, -а
кро́пперский
кро́пперство, -а
крор, -а
кро́сна, -сен и кро́сно, -а
кросс, -а
кросс-ассе́мблер, -а
кроссбри́динг, -а
кроссво́рд, -а
кроссво́рдик, -а
кроссворди́ст, -а
кроссво́рдный
кро́ссинг, -а
кро́ссинговер, -а
кросси́рование, -я
кросси́рованный; *кр. ф.* -ан, -ана
кросси́ровать(ся), -рую, -рует(ся)
кросс-компиля́тор, -а
кросскузе́нный брак
кросскульту́рный
кросс-ку́рс, -а
кроссме́н, -а
кросс-модуля́ция, -и
кроссо́вки, -вок, *ед.* -о́вка, -и
кро́ссовый
кросс-разрабо́тка, -и, *р. мн.* -ток

КРОСС-СИСТЕМА

кросс-систе́ма, -ы
кросс-сре́дства, -сре́дств
кросс-трансля́тор, -а
кроссчайнво́рд, -а
крот, -а́
кро́та, -ы (*муз. инструмент*)
кротоля́рия, -и
кротёнок, -нка, *мн.* -тя́та, -тя́т
кро́ткий; *кр. ф.* -ток, -тка́, -тко
крото́вий, -ья, -ье
крото́вина, -ы
крото́вый
кротоло́в, -а
кротоло́вка, -и, *р. мн.* -вок
кротоло́вный
крото́н, -а
крото́новый
кро́тость, -и
кротча́йший (*от* кро́ткий)
кро́тче, *сравн. ст.*
кро́ха, -и, *ж.* (*крохотный кусочек, крайне малое количество*), *м. и ж.* (*маленький ребенок*)
кроха́, -й, *вин.* кро́ху, *мн.* кро́хи, крох, *ж.* (*устар. к* кро́ха – *крохотный кусочек*)
кроха́ль, -я́
крохобо́р, -а
крохобо́рка, -и, *р. мн.* -рок
крохобо́рничать, -аю, -ает
крохобо́рский
крохобо́рство, -а
крохобо́рствовать, -твую, -твует
крохобо́рческий
крохобо́рчество, -а
кро́хотка, -и, *р. мн.* -ток
кро́хотный; *кр. ф.* -тен, -тна
крохоту́лька, -и, *р. мн.* -лек, *м. и ж.*
крохоту́ля, -и, *р. мн.* -у́ль и -у́лей, *м. и ж.*
кроша́щий(ся)
кроше́, *нескл., с.*
кро́шево, -а
кроше́ние, -я
кро́шенный; *кр. ф.* -ен, -ена, *прич.*

кро́шеный, *прил.*
кро́шечка, -и, *р. мн.* -чек, *ж.* (*крохотный кусочек*), *м. и ж.* (*малютка*)
Кро́шечка-хавро́шечка (*сказочный персонаж*)
кро́шечку, *нареч.*
кро́шечный; *кр. ф.* -чен, -чна
кроши́ть(ся), крошу́, кро́шит(ся)
кро́шка, -и, *р. мн.* -шек, *ж.* (*действие; крохотный кусочек, частичка, также собир.*), *м. и ж.* (*малютка*)
кро́ющий(ся) (*от* кры́ть(ся))
крои́щий(ся) (*от* крои́ть(ся))
кру, *неизм. и нескл., м.* (*язык*) *и нескл., мн., ед. м. и ж.* (*народ*)
КРУ, *нескл., с.* (*сокр.:* контрольно-ревизионное управление)
круасса́н, -а
круг, -а, *предл.* в кру́ге *и* в кругу́, *мн.* -и́, -о́в
круга́ль, -я́: да́ть кругаля́
кругле́нный; *кр. ф.* -ён, -ена́, *прич.*
кругле́ный, *прил.*
кру́гленький
кругле́ть, -е́ю, -е́ет
кругли́ть(ся), -лю́(сь), -ли́т(ся)
круглобо́кий
кругло́ватый
кругло́гнутый
кругловяза́льный
круглоги́бочный
круглогоди́чный
круглогодово́й
круглоголо́вка, -и, *р. мн.* -вок
круглоголо́вый
круглогу́бцы, -ев
круглоли́стный *и* круглоли́стый
круглоли́цый
круглоли́чка, -и, *р. мн.* -чек
кругломе́р, -а
круглопе́ры, -ов, *ед.* -пёр, -а
круглопи́льный

круглопле́чий
круглоро́тые, -ых
кру́глость, -и
круглосу́точный
круглота́, -ы́
круглотка́цкий
круглочуло́чный
круглошлифова́льный
круглощёкий
круглоязы́чные, -ых
кру́глый; *кр. ф.* кругл, кругла́, кру́гло, кру́глы́
кру́глый сто́л (*встреча, заседание*); *но:* ры́цари Кру́глого стола́ (*в цикле легенд и романов*)
кругля́к, -а́
круглячо́к, -чка́
кругля́ш, -а́, *тв.* -о́м
кругля́шка, -и, *р. мн.* -шек
кругляшо́к, -шка́
кругове́рть, -и
кругово́й
круговоро́т, -а
круговоро́тный
круговраща́тельный
круговраще́ние, -я
кругозо́р, -а
кру́гом, *нареч.:* голова́ идёт (пошла́) кру́гом
круго́м, *нареч.*
кругооборо́т, -а
кругообра́зный; *кр. ф.* -зен, -зна
кругообраще́ние, -я
кругополя́рный
кругора́ма, -ы
кругоресни́чный
кругосве́тка, -и, *р. мн.* -ток
кругосве́тный
кругосве́тчик, -а
круготропи́ческий
кружа́вчики, -ов
кружа́лить, -лю, -лит
кружа́ло, -а
кружа́льный
кружа́щий(ся)

кружева́, кру́жев, кружева́м и кру́жево, -а
кружевни́ца, -ы, тв. -ей
кружевно́й
кружевоплете́ние, -я
кружевца́, -ве́ц, -вца́м, кру́жевца, -вцев и -ве́ц, -вца́м и кру́жевце, -а
круже́ние, -я
кру́женный; кр. ф. -ен, -ена и кружённый; кр. ф. -ён, -ена́, прич.
кру́жечка, -и, р. мн. -чек
кру́жечный
кружи́ть(ся), кружу́(сь), кру́жи́т(ся)
кружи́ща, -и, тв. -ей
кру́жка, -и, р. мн. -жек
кружко́вец, -вца, тв. -вцем, р. мн. -вцев
кружково́й и кружко́вый
кружковщи́на, -ы
кру́жный путь
кружо́к, -жка́
кружо́чек, -чка
круза́до, нескл., с.
крузе́йро, нескл., с.
круи́з, -а
круи́зный
крумци́ркуль, -я
круп, -а
крупа́, -ы́, мн. кру́пы, круп
крупени́к, -а́
крупи́нка, -и, р. мн. -нок
крупи́ночка, -и, р. мн. -чек
крупи́тчатый
крупи́ца, -ы, тв. -ей
кру́пка, -и
крупне́йший
крупне́ть, -е́ю, -е́ет
крупноби́тый
крупнобло́чный
крупнова́тый
крупногабари́тный
крупноголо́вый
крупногруппово́й
крупнозерни́стый
крупнозёрный
крупнокали́берный
крупноколо́сый
крупнокусково́й
крупноли́стный и крупноли́стый
крупнолистово́й
крупномасшта́бность, -и
крупномасшта́бный
крупноме́рный
крупномо́лотый
крупноно́сый
крупнообло́мочный
крупноопто́вый
крупнопане́льный
крупнопла́новый
крупноплодни́к, -а
крупнопло́дный
крупнопо́ристый
крупноразме́рный
крупносери́йный
кру́пность, -и
крупнота́, -ы́
крупнотира́жный
крупнотонна́жный
крупноузо́рчатый
крупноформа́тность, -и
крупноформа́тный
крупноцве́тный
крупночино́вный
кру́пный; кр. ф. -пен, -пна́, -пно, кру́пны́
крупня́к, -а́
крупове́йка, -и, р. мн. -е́ек
круподёрка, -и, р. мн. -рок
крупозаво́д, -а
крупо́зный
крупокомбина́т, -а
крупо́н, -а
крупони́рование, -я
крупони́рованный; кр. ф. -ан, -ана
крупони́ровать(ся), -рую, -рует(ся)
крупоотдели́тельный
крупоплющи́льный
крупору́шка, -и, р. мн. -шек
крупосортиро́вка, -и, р. мн. -вок
крупошлифова́льный
крупча́тка, -и
крупча́тый
крупье́, нескл., м.
крупяно́й
крустифика́ция, -и
крутану́ть(ся), -ну́(сь), -нёт(ся)
круте́нек, -нька
крутизна́, -ы́
крути́ло, -а
крути́льный
крути́льщик, -а
крути́льщица, -ы, тв. -ей
крути́ть(ся), кручу́(сь), кру́тит(ся)
кру́тка, -и
крутну́ть(ся), -ну́(сь), -нёт(ся)
крутобере́жный
крутобо́кий
крутова́тый
крутого́р, -а
круто́й; кр. ф. крут, крута́, кру́то, кру́ты́
крутоло́бый
крутопа́дающий*
крутоповёрнутый*
кругоро́гий
крутоскло́нный
кру́тость, -и
крутоя́р, -а
крутоя́рье, -я, р. мн. -рий
круть, -и
круть-ве́рть, неизм.
крутя́щий(ся)
кру́ча, -и, тв. -ей
кру́че, сравн. ст.
круче́ние, -я
круче́нка, -и, р. мн. -нок
кру́ченный; кр. ф. -ен, -ена, прич.
кручёный, прил.
кручи́на, -ы
кручи́ниться, -нюсь, -нится
кручи́нный
кручи́нушка, -и

КРУЧИНЯЩИЙСЯ

кручи́нящийся
круше́ние, -я
круши́на, -ы
круши́нник, -а
круши́нница, -ы, *тв.* -ей
круши́нный
круши́новый
круши́тель, -я
круши́ть(ся), -шу́(сь), -ши́т(ся)
крыж, -а́, *тв.* -о́м
крыжачо́к, -чка́
крыжо́венный
крыжо́вник, -а
крыжо́вниковый
крыжо́польский (*от* Крыжо́поль)
крыла́н, -а
крыла́тка, -и, *р. мн.* -ток
крыла́тость, -и
Крыла́тские Холмы́ (*улица*)
крыла́тский (*к* Крыла́тское, *район в Москве*)
крыла́тый
крыла́ч, -а́, *тв.* -о́м
крыле́чко, -а, *мн.* -чки, -чек
крыле́чный
крыло́, -а́, *мн.* кры́лья, -ьев
крылови́дный; *кр. ф.* -ден, -дна
крылово́й (*зоол.*)
крыло́вский (*от* Крыло́в)
крылоно́гие, -их
крылооре́шник, -а
кры́лышко, -а, *мн.* -шки, -шек
крыльцо́, -а́, *мн.* кры́льца, крыле́ц, -льца́м
крыльцо́вый
крыльча́тка, -и, *р. мн.* -ток
кры́льчатый
Кры́мская война́ (*1853 – 1856*)
кры́мский (*от* Крым)
Кры́мский Вал (*улица в Москве*)
кры́мско-тата́рский
кры́мцы, -ев, *ед.* -мец, -мца, *тв.* -мцем (*крымские татары, ист.*)
крымчаки́, -о́в, *ед.* -ча́к, -а́ (*народность*)

крымча́не, -а́н, *ед.* -а́нин, -а (*жители Крыма*)
крымча́нка, -и, *р. мн.* -нок
кры́нка, -и, *р. мн.* -нок *и* кри́нка, -и, *р. мн.* -нок
кры́ночный *и* кри́ночный
кры́са, -ы; *но:* Год Кры́сы (*по восточному календарю*), Кры́са, -ы (*о том, кто родился в этот год*)
крысёнок, -нка, *мн.* -ся́та, -ся́т
крыси́д, -а
кры́сий, -ья, -ье
кры́синый
Крысоло́в, -а (*легендарный и лит. персонаж*)
крысоло́вка, -и, *р. мн.* -вок
крысоподо́бный; *кр. ф.* -бен, -бна
кры́тый
кры́ть(ся), кро́ю, кро́ет(ся)
кры́ша, -и, *тв.* -ей
кры́шечка, -и, *р. мн.* -чек
кры́шечный
кры́шка, -и, *р. мн.* -шек
крышкоде́лательный
крышно́й (*тех.*)
крюйс-пе́ленг, -а
крюйт-ка́мера, -ы
крюк, -а́ (*но:* да́ть крю́ку), *предл.* на крюке́ *и* на крюку́, *мн.* крюки́, -о́в *и* крю́чья, -ьев
крю́ки: ру́ки-крю́ки
крюково́й
крю́чащий(ся)
крю́чить(ся), -чу(сь), -чит(ся)
крю́чище, -а, *мн.* -а *и* -и, -и́щ, *м.*
крючкова́тость, -и
крючкова́тый
крючкови́дный; *кр. ф.* -ден, -дна
крючково́й *и* крючко́вый
крючконо́сый
крючкотво́р, -а
крючкотво́рный
крючкотво́рский
крючкотво́рство, -а
крючкотво́рствовать, -твую, -твует

крю́чник, -а
крю́чничать, -аю, -ает
крючо́к, -чка́
крючо́чек, -чка
крючо́чник, -а
крюшо́н, -а
крюшо́нница, -ы, *тв.* -ей
крюшо́нный
кря, *неизм.*
кря́ду, *нареч.* (два дня́ кря́ду)
кряж, -а и -а́, *тв.* -ем и -о́м, *мн.* кря́жи, кряже́й
кряжево́й *и* кря́жевый
кря́жистость, -и
кря́жистый
кряк[1], -а (*кряканье*)
кряк[2], *неизм.*
кря́канье, -я
кря́кать, -аю, -ает
кря́ква, -ы
кря́кнуть, -ну, -нет
кря́ковый
кря-кря́, *неизм.*
кряку́ша, -и, *тв.* -ей
кряхте́нье, -я
кряхте́ть, -хчу́, -хти́т
кряхту́н, -а́
кряхту́нья, -и, *р. мн.* -ний
ксанти́н, -а
Ксанти́ппа, -ы
ксантогена́т, -а
ксантопротеи́новый
ксантопси́я, -и
ксанторре́я, -и
ксантофи́лл, -а
ксёндз, -а и ксендза́
ксе́нии, -ий (*ист.; биол.*)
ксенобио́тик, -а
ксенога́мия, -и
ксеноли́т, -а
ксено́н, -а
ксено́новый
ксеноти́м, -а
ксенотрансплнта́ция, -и
ксенофо́бия, -и
ксенофо́бский

ксе́рить, -рю, -рит (*прост. к ксерокопи́ровать*)
ксерографи́ческий
ксерогра́фия, -и
ксероде́рма, -ы
ксеродерми́я, -и
ксеро́з, -а
ксерокопирова́льный
ксерокопи́рование, -я
ксерокопи́рованный; *кр. ф.* -ан, -ана
ксерокопи́ровать(ся), -рую, -рует(ся)
ксероко́пия, -и
ксе́рокс, -а
ксероморфи́зм, -а
ксеростоми́я, -и
ксеротерми́ческий
ксерофи́лы, -ов, *ед.* -фи́л, -а
ксерофи́льный
ксерофи́ты, -ов, *ед.* -фи́т, -а
ксерофо́рм, -а
ксерофо́рмный
ксерофтальми́я, -и
кси, *нескл., с.* (*название буквы*)
ксиле́ма, -ы
ксилиди́ны, -ов, *ед.* -ди́н, -а
ксили́т, -а
ксили́тный
ксило́граф, -а
ксилографи́ческий
ксилогра́фия, -и
ксило́за, -ы
ксилоко́пы, -ов, *ед.* -ко́п, -а
ксило́л, -а
ксилоли́т, -а
ксилоли́товый
ксило́метр, -а
ксилофо́н, -а
ксилофони́ст, -а
кси́фиум, -а
ксифопа́ги, -ов, *ед.* -па́г, -а
ста́ти
сча́стью
тени́дии, -ев, *ед.* -дий, я
геопла́на, -ы

ктенофо́ры, -ов, *ед.* -фо́р, -а
кти́тор, -а
кти́торский
кто, кого́, кому́, кем, о ком
кто́ бишь
кто́ бы не (кто́ бы не пожела́л э́того!)
кто́ бы ни (кто́ бы ни говори́л, всех выслушай)
кто́ бы (то) ни́ был(о)
кто́ во что́ (кто́ во что́ ве́рит)
кто́ во что́ гора́зд
кто́ в чём (оде́т кто́ в чём)
кто́ где́ (посели́лись кто́ где́)
кто́ есть кто́
кто́ ж(е)
кто́ ка́к (оде́т кто́ ка́к)
кто́ когда́ (прие́дут кто́ когда́)
кто́-кто́
кто́ куда́
кто́-либо, кого́-либо
к тому́
к тому́ ж(е)
кто́ не (кто́ не хо́чет, пу́сть не прихо́дит)
кто́ ни (кто́ ни придёт, он вся́кому рад)
кто́-нибудь, кого́-нибудь, *местоим.,* но: кто́ ни бу́дь (кто́ ни бу́дь на его́ ме́сте)
кто́ ни на е́сть
кто́ отку́да (прие́хали кто́ отку́да)
кто́ о чём (говоря́т кто́ о чём)
кто́ попа́ло
кто́ ско́лько (запла́тит кто́ ско́лько)
кто́ с чем (пришёл кто́ с чем)
кто́-то, кого́-то
кто́ уго́дно
кто́ чем (пита́ется, дерётся кто́ чем)
кто́ что́ (кто́ что́ заме́тил)
ктырь, -я́
ку, *нескл., с.* (*название буквы*)
куа́дра, -ы
куафёр, -а

куафю́ра, -ы
куб, -а, *мн.* кубы́, кубо́в
кубаи́р, -а
кубани́т, -а (*минерал*)
куба́нка, -и, *р. мн.* -нок
куба́нский (*от* Куба́нь)
куба́нцы, -ев, *ед.* куба́нец, -нца, *тв.* -нцем
ку́барем, *нареч.*
куба́рь, -я́
куба́стый
кубату́ра, -ы
кубату́ристый
кубачи́нский (*от* Кубачи́; кубачи́нское литьё, кубачи́нская резьба́)
кубачи́нцы, -ев, *ед.* -нец, -нца, *тв.* -нцем
куби́зм, -а
ку́бик, -а
ку́бики, -ов (*игра*)
куби́нка, -и, *р. мн.* -нок
куби́нский (*от* Ку́ба)
куби́нско-росси́йский
куби́нско-сове́тский
куби́нцы, -ев, *ед.* куби́нец, -нца, *тв.* -нцем
куби́ст, -а
куби́стка, -и, *р. мн.* -ток
куби́стский
куби́ческий
ку́бковый
кубова́я, -о́й
кубови́дный; *кр. ф.* -ден, -дна
кубово́й (*от* куб)
кубовщи́к, -а́
ку́бовый (*ярко-синий*)
кубозо́ли, -ей, *ед.* -зо́ль, -я
ку́бок, -бка
Ку́бок Дэ́виса
Ку́бок европе́йских чемпио́нов
кубокиломе́тр, -а
Ку́бок ку́бков
Ку́бок ми́ра
кубоко́вш, -а́, *тв.* -о́м
Ку́бок Стэ́нли

Ку́бок УЕФА́
кубоме́тр, -а
кубоме́тровый
кубофутури́зм, -а
кубофутури́ст, -а
ку́брик, -а
кубы́з, -а
кубы́шечка, -и, *р. мн.* -чек
кубы́шка, -и, *р. мн.* -шек
кува́да, -ы (*этногр.*)
кува́лда, -ы
ку́вас, -а
куве́з, -а
куве́йтский (*от* Куве́йт)
куве́йтцы, -ев, *ед.* -тец, -тца, *тв.* -тцем
куве́рт, -а
куви́клы, -и́кл *и* куви́чки, -чек (*муз. инструмент*)
кувши́н, -а *и* -а́
кувши́нка, -и, *р. мн.* -нок
кувши́нковый
кувши́нный
кувши́ночный
кувши́нчик, -а
куви́рк, *неизм.*
кувы́рканный; *кр. ф.* -ан, -ана
кувырка́нье, -я
кувырка́ть(ся), -а́ю(сь), -а́ет(ся)
кувырну́ть(ся), -ну́(сь), -нёт(ся) *и* кувырну́ть(ся), -ну́(сь), -нёт(ся) (*к* кувырка́ть(ся))
кувырко́м, *нареч.*
кувыро́к, -рка́
куга́, -и́
кугуа́р, -а
куда́
куда́ бишь
куда́ бы ни (куда́ бы ни обрати́лся, всю́ду оди́н отве́т)
куда́ бы (то) ни́ бы́ло
куда́ как (куда́ как ве́село)
куда́-куда́
куда́-либо
куда́... не (куда́ он то́лько не заезжа́л)

куда́ ни (куда́ ни ки́нь, везде́ кли́н)
куда́-нибудь
куда́ ни ки́нь
куда́ ни попа́дя
куда́ ни шло́
куда́ попа́ло
куда́ там
куда́-то
куда́ тут
куда́ уго́дно
куда́хтанье, -я
куда́хтать, -хчу́, -хчет
куда́х-тах-та́х, *неизм.*
куда́хчущий
куде́ль, -и
куде́лька, -и
куде́льный
куде́люшка, -и
кудерьки́, -о́в
куде́сить, -е́шу, -е́сит
куде́сник, -а
куде́сница, -ы, *тв.* -ей
куд-куда́х, *неизм.*
кудла́стый
кудла́тый
кудрева́тость, -и
кудрева́тый
ку́дри, -е́й
Ку́дринская пло́щадь (*в Москве*)
кудря́виться, -ится
кудря́вость, -и
кудря́вый
кудря́вящийся
кудря́ш, -а́, *тв.* -о́м
кудря́шки, -шек, *ед.* -шка, -и
куды́кать, -аю, -ает
куды́кин, -а: на куды́кину го́ру
кузба́сский *и* кузба́ссовский (*от* Кузба́сс)
кузба́ссовцы, -ев, *ед.* -вец, -вца, *тв.* -вцем
кузе́н, -а
кузе́нный бра́к
кузи́на, -ы
кузми́нский (*к* Михаи́л Кузми́н)
кузне́ц, -а́, *тв.* -о́м, *р. мн.* -о́в

Кузне́цкая котлови́на
кузне́цкий (*к* кузне́ц, Кузне́цкий бассе́йн, Кузне́цк)
Кузне́цкий Алата́у
Кузне́цкий (у́гольный) бассе́йн
Кузне́цкий Мо́ст (*улица*)
кузнецо́вский (*от* Кузнецо́в)
кузнеча́не, -а́н, *ед.* -а́нин, -а (*к* Кузне́цкий бассе́йн *и* Кузне́цк)
кузне́чик, -а
кузне́чиковые, -ых
кузне́чить, -чу, -чит
кузне́чно-пре́ссовый
кузне́чно-сва́рочный
кузне́чно-штампо́вочный
кузне́чный (*от* кузне́ц)
ку́зница, -ы, *тв.* -ей
ку́зничный (*от* ку́зница)
ку́зня, -и, *р. мн.* ку́зен
ку́зов, -а, *мн.* -а́, -о́в *и* -ы, -ов
кузово́й
кузово́к, -вка́
кузовщи́к, -а́
ку́зу, *нескл., м.*
ку́зька, -и, *р. мн.* ку́зек (*жук*)
ку́зькин, -а: показа́ть ку́зькину ма́ть
кузьми́нский (*от* Кузьми́н)
куи́нджиевский (*от* Куи́нджи)
кука́н, -а
кукара́ча, -и, *тв.* -ей
кукаре́канье, -я
кукаре́кать, -аю, -ает
кукаре́кнуть, -ну, -нет
кукареку́, *неизм.*
кукерси́т, -а
ку́киш, -а, *тв.* -ем
ку́кла, -ы, *р. мн.* ку́кол
куклёнок, -нка, *мн.* кукля́та, -я́т
кукло́вод, -а
ку-клукс-кла́н, -а
куклукскла́новец, -вца, *тв.* -вцем, *р. мн.* -вцев
ку-клукс-кла́новский
кукова́ние, -я

куковать, кукую, кукует
куколка, -и, *р. мн.* -лок
куколь, -я
кукольник, -а
кукольница, -ы, *тв.* -ей
кукольный
кукона, -ы
кукони́ца, -ы, *тв.* -ей
кукситься, кукшусь, куксится
кукся́щийся
ку-ку́, *неизм.*
кукуру́за, -ы
кукуру́зник, -а
кукуру́зный
кукурузово́д, -а
кукурузово́дство, -а
кукурузово́дческий
кукурузодроби́лка, -и, *р. мн.* -лок
кукурузообраба́тывающий
кукурузосилосоубо́рочный
кукурузоубо́рочный
кукурузохрани́лище, -а
куку́шечий, -ья, -ье
куку́шечка, -и, *р. мн.* -чек
куку́шка, -и, *р. мн.* -шек
куку́шкин, -а, -о
кукушкообра́зные, -ых
кукушо́нок, -нка, *мн.* -ша́та, -ша́т
ку́кша, -и, *тв.* -ей
кула́к, -а́
кула́н, -а
кула́цкий
кула́ческий
кула́чество, -а
кулачи́на, -ы, *м.*
кулачи́шка, -и, *р. мн.* -шек, *м.* (человек)
кулачи́шко, -а и -и, *мн.* -шки, -шек, *м.* (сжатая кисть руки)
кулачи́ще[1], -а, *мн.* -а и -и, -ищ, *м.* (сжатая кисть руки)
кулачи́ще[2], -а и -и, *мн.* -и, -ищ, *м.* (человек)
кула́чка, -и, *р. мн.* -чек (*ж. к* кула́к)
кула́чки: на кула́чках, на кула́чки

кулачко́вый
кула́чный
кулачо́к, -чка́
кулачо́нки, -нок, *ед.* -нок, -нка
кулачьё, -я́
кулебя́ка, -и
кулево́й
кулеври́на, -ы
кулёк, кулька́
ку́лекс, -а
кулетка́цкий
кулёчек, -чка
кулёчный
кулёш, -а́, *тв.* -о́м
куле́шный
ку́ли, *нескл., м.*
Кули́бин, -а (*также: об изобретателе*)
кули́га, -и
кули́к, -а́
Кулико́во по́ле, Кулико́ва по́ля
Кулико́вская би́тва
кулико́вский (*к* Кулико́во по́ле)
кули́к-соро́ка, кулика́-соро́ки
кулина́р, -а
кулина́рия, -и
кулина́рка, -и, *р. мн.* -рок
кулина́рный
кули́рный трикота́ж
кули́сный
кули́сы, -и́с, *ед.* кули́са, -ы
ку-лихора́дка, -и
кули́ч, -а́, *тв.* -о́м
кули́чик, -а
кули́чки: на кули́чках, на кули́чки
кули́чный
куличо́к, -чка́
куличо́нок, -нка, *мн.* -ча́та, -ча́т
Куло́н, -а: зако́н Куло́на, весы́ Куло́на
куло́н[1], -а, *р. мн.* -ов, *счетн. ф.* куло́н (*ед. измер.*)
куло́н[2], -а (*украшение*)
куло́н-ме́тр, -а
куло́новский (*от* Куло́н)

кулономе́трия, -и
култу́к, -а
култы́шка, -и, *р. мн.* -шек
кулуа́рный
кулуа́ры, -ов
Кулунди́нская степь
кулунди́нский (*к* Кулунда́ и Кулунди́нская степь)
куль, -я́
кульба́ба, -ы
кульби́т, -а
кулье́, -я́
кульм, -а (*геол.*)
ку́льман, -а
кульминати́вный
кульминацио́нный
кульмина́ция, -и
кульмини́ровать, -рую, -рует
культ, -а
культива́тор, -а
культива́торный
культива́тор-оку́чник, культива́тора-оку́чника
культивацио́нный
культива́ция, -и
культиви́рование, -я
культиви́рованный; *кр. ф.* -ан, -ана
культиви́ровать(ся), -рую, -рует(ся)
культиге́н, -а
культинвента́рь, -я́
культкоми́ссия, -и
культма́ссовый
ку́льтовость, -и
ку́льтовый
культо́рг, -а
культпохо́д, -а
культпросве́т, -а
культпросветрабо́та, -ы
культрабо́та, -ы
культрабо́тник, -а
культтова́ры, -ов
культу́ра, -ы
культури́зм, -а
культури́ст, -а

культури́стка, -и, *р. мн.* -ток
культури́стский
культурка́мпф, -а
культу́рненько
культу́рник, -а
культу́рница, -ы, *тв.* -ей
культу́рнический
культу́рничество, -а
культу́рно-бытово́й
культу́рно-воспита́тельный
культу́рно-досу́говый
культу́рно-истори́ческий
культу́рно-ма́ссовый
культу́рно-национа́льный
культу́рно-поливно́й
культу́рно-просвети́тельный
культу́рно-развлека́тельный
культу́рно-религио́зный
культу́рность, -и
культу́рно-этни́ческий
культу́рный; *кр. ф.* -рен, -рна
культурове́дение, -я
культурове́дческий
культурогене́з, -а
культуро́лог, -а
культурологи́ческий
культуроло́гия, -и
культурооборо́т, -а
культуртехни́ческий
культуртре́гер, -а
культуртре́герский
культуртре́герство, -а
культурфилосо́фия, -и
культурфилосо́фский
культурфитоцено́з, -а
культя́, -и́, *р. мн.* -е́й
культя́пка, -и, *р. мн.* -пок
куля́бский (*от* Куля́б)
куля́бцы, -ев, *ед.* -бец, -бца, *тв.* -бцем
кум, -а, *мн.* кумовья́, -ьёв
кума́, -ы́
кума́й, -я
кумала́н, -а
куманёк, -нька́

куманец, -нца́, *тв.* -нцо́м, *р. мн.* -нцо́в
куманика, -и
кумарин, -а
кумарон, -а
кума́рчик, -а
кума́ч, -а́, *тв.* -о́м
кума́чный
кумачо́вый
куме́кать, -аю, -ает
ку-ме́тр, -а
ку́мжа, -и, *тв.* -ей
куми́новый
куми́р, -а
куми́рня, -и, *р. мн.* -рен
куми́ться, кумлю́сь, куми́тся
кумква́т, -а (*фрукт*)
куммингтони́т, -а
кумовско́й
кумовство́, -а́
ку́мовые ракообра́зные
кумо́л, -а
Ку́мо-Ма́нычская впа́дина
кумрани́ты, -ов
кумра́нский (*от* Кумра́н; кумра́нские ру́кописи)
ку́мский (*от* Кума́, *река*)
кумули́рованные свя́зи (*хим.*)
кумуляти́вный
кумуля́ция, -и
ку́мушка, -и, *р. мн.* -шек
кумы́ки, -ов, *ед.* кумы́к, -а
кумы́кский
кумы́с, -а
кумы́сник, -а
кумы́сный
кумысолече́бница, -ы, *тв.* -ей
кумысолече́бный
кумысолече́ние, -я
кумысотерапи́я, -и
кумысхана́, -ы́
кумы́чка, -и, *р. мн.* -чек
куна́, -ы и куна́, -ы́
куна́к, -а́
куна́цкий
куна́чество, -а

кунга́с, -а
кунга́сный
кунг-фу́, *нескл., с.*
ку́нджа, -и, *тв.* -ей
кунжу́т, -а
кунжу́тный
куниа́ль, -я
ку́ний, -ья, -ье
куни́ца, -ы, *тв.* -ей
кункта́тор, -а
кункта́торский
куннинга́мия, -и
кунстка́мера, -ы (*название различных музеев и коллекций, устар.*) и Кунстка́мера, -ы (*музей в Петербурге*)
кунту́ш, -а́, *тв.* -о́м
кунту́шный
ку́нцевский (*от* Ку́нцево)
кунцевча́не, -а́н, *ед.* -а́нин, -а
кунци́т, -а
ку́ньи, -их
куна́ва, -ы
купа́вка, -и, *р. мн.* -вок
купа́ж, -а́, *тв.* -о́м
купажи́рование, -я
Купа́ла, -ы, *м.*: Ива́н Купа́ла
купа́ленка, -и, *р. мн.* -нок
купа́льник, -а
купа́льница, -ы, *тв.* -ей
купа́льный
купа́льня, -и, *р. мн.* -лен
купа́льский (*к* Ива́н Купа́ла)
купа́льщик, -а
купа́льщица, -ы, *тв.* -ей
купа́ние, -я
ку́панный; *кр. ф.* -ан, -ана, *прич.*
ку́паный, *прил.*
купа́ты, -а́т
купа́ть(ся), -а́ю(сь), -а́ет(ся)
купе́, *нескл., с.*
купе́йность, -и
купе́йный
купели́рование, -я (*купеля́ция*)
купели́рованный; *кр. ф.* -ан, -ана

КУРИЛЬСКИЕ ОСТРОВА

купели́ровать, -рую, -рует (к купеля́ция)
купе́ль, -и
купеля́ция, -и (*выделение благородных металлов из сплавов*)
купе́на, -ы
купе́ц, купца́, *тв.* купцо́м, *р. мн.* купцо́в
купе́цкий
купе́ческий
купе́чество, -а
Купидо́н, -а (*мифол.*) и купидо́н, -а (*изображение божка любви; красивый мальчик*)
купидо́нчик, -а
купина́, -ы́: неопали́мая купина́
купи́рование, -я
купи́рованный; *кр. ф.* -ан, -ана
купи́ровать(ся), -рую, -рует(ся)
купи́ть(ся), куплю́(сь), ку́пит(ся)
ку́пленный; *кр. ф.* -ен, -ена
купле́т, -а
купле́тец, -тца, *тв.* -тцем, *р. мн.* -тцев
куплети́ст, -а
куплети́стка, -и, *р. мн.* -ток
купле́тный
ку́пля, -и
ку́пля-прода́жа, ку́пли-прода́жи
ку́пно, *нареч.*
ку́пол, -а, *мн.* -а́, -о́в
куполови́дный; *кр. ф.* -ден, -дна
суполо́к, -лка
суполообра́зный; *кр. ф.* -зен, -зна
ку́польный
супо́н, -а
супо́н-заказ, -а
супо́нный
супо́нчик, -а
супоро́с, -а
супоро́сить(ся), -ро́шу, -ро́сит(ся)
супоро́сный
супоро́совый
супоро́шенный; *кр. ф.* -ен, -ена
упре́й, -я (*бык*)
упри́т, -а

купропла́тина, -ы
купферште́йн, -а
купцо́вский
ку́пчая, -ей
ку́пчий
ку́пчик, -а
купчи́на, -ы, *м.*
купчи́ха, -и
купчи́шка, -и, *р. мн.* -шек, *м.*
ку́пы, куп, *ед.* ку́па, -ы
купы́рь, -я́
купю́ра, -ы
купюросчётный
кур: как ку́р во́ щи
ку́ра, -ы (*прост. к* ку́рица)
кура́, -ы́ (*вьюга*)
курабье́, *нескл., с.*
курага́, -и́
кура́ж, -а, *тв.* -о́м
кура́жащийся
кура́житься, -жусь, -жится
кура́жливый
кура́жный
кура́й, -я
кура́к, -а́
куракоубо́рочный
кура́нт, -а (*пестик*)
кура́нта, -ы (*танец*)
кура́нты, -ов (*часы*)
кура́ре, *нескл., с.*
курареподо́бный; *кр. ф.* -бен, -бна
кура́тор, -а
кура́торский
кура́торство, -а
кура́ция, -и
ку́рба, -ы
Курба́н-байра́м, -а
курбе́т, -а
ку́рва, -ы
курвату́ра, -ы
курвиме́тр, -а
курга́н, -а
курга́нник, -а (*птица*)
курга́нный
курга́нский (*от* Курга́н, *город*)

курга́н-тюби́нский (*от* Курга́н-Тюбе́)
кургантюби́нцы, -ев, *ед.* -нец, -нца, *тв.* -нцем
курга́нцы, -ев, *ед.* -нец, -нца, *тв.* -нцем (*от* Курга́н, *город*)
курганча́не, -а́н, *ед.* -а́нин, -а
курганча́нка, -и, *р. мн.* -нок
курга́нчик, -а
кургу́зенький
кургу́зый
курдиста́нский (*от* Курдиста́н)
курдонёр, -а
ку́рдский
ку́рды, -ов, *ед.* курд, -а
курдю́к, -а́
курдю́чный
курдючо́к, -чка́
курдя́нка, -и, *р. мн.* -нок
ку́рево, -а
куренёк, -нька́
куре́ние, -я
куренно́й (*от* куре́нь)
ку́ренный; *кр. ф.* -ен, -ена (*от* кури́ть)
курёнок, -нка, *мн.* куря́та, куря́т
куре́нь, -я́
куржа́вевший и куржеве́вший
куржа́веть, -ею, -еет и курже́веть, -е́ю, -е́ет
куржа́вый
куржа́к, -а́
куржеви́на, -ы
курза́л, -а
куриа́лы, -ов, *ед.* -а́л, -а
куриа́льный
ку́ривать, *наст. вр. не употр.*
ку́рий, -ья, -ье
кури́лка, -и, *р. мн.* -лок, *ж.* (*помещение*), *м.* и *ж.* (*о человеке*)
Кури́ло-Камча́тская вулкани́ческая дуга́
кури́льница, -ы, *тв.* -ей
кури́льный
кури́льня, -и, *р. мн.* -лен
Кури́льские острова́

курильский (к Курильские острова, Курилы, Курильск)
курильчане, -ан, *ед.* -анин, -а
курильчанка, -и, *р. мн.* -нок
курильщик, -а
курильщица, -ы, *тв.* -ей
куринский (*от* Кура)
куриный
курирование, -я
курированный; *кр. ф.* -ан, -ана
курировать(ся), -рую(сь), -рует(ся)
курительная, -ой
курительный
курить(ся), курю, курит(ся)
куриться, курится (*дымиться*)
курица, -ы, *тв.* -ей, *мн.* куры, кур
курицын, -а, -о
куричий, -ья, -ье
курия, -и
курка, -и, *р. мн.* курок
курковый
куркуль, -я
куркума, -ы
куркумовый
курлыканье, -я
курлыкать, -чу, -чет и -аю, -ает
курлыкающий и курлычущий
курлыкнуть, -нет
курлы-курлы, *неизм.*
курляндский (*от* Курляндия)
курляндцы, -ев, *ед.* -дец, -дца, *тв.* -дцем
курник, -а
курной
курносенький
курносый
курнуть, -ну, -нёт
куро-араксский
куровод, -а
куроводство, -а
куроводческий
куроед, -а
курок, курка
куролесить, -ешу, -есит
куролесящий

куропатка, -и, *р. мн.* -ток
куропаточий, -ья, -ье
куропаточка, -и, *р. мн.* -чек
куропатский (*от* Куропаты)
курорт, -а
курортник, -а
курортница, -ы, *тв.* -ей
курортно-санаторный
курортный
курортолог, -а
курортологический
курортология, -и
курос, -а
курослеп, -а
курочка, -и, *р. мн.* -чек
Курочка Ряба, Курочки Рябы
курочный
курпей, -я
курс, -а
курсант, -а
курсантка, -и, *р. мн.* -ток
курсантский
курсив, -а
курсивить(ся), -влю, -вит(ся)
курсивленный; *кр. ф.* -ен, -ена
курсивный
курсирование, -я
курсировать, -рую, -рует
курсист, -а
курсистка, -и, *р. мн.* -ток
Курская дуга
Курская магнитная аномалия
курский (*от* Курск)
курсовка, -и, *р. мн.* -вок
курсовой
курсовочный
курсограф, -а
курсопрокладчик, -а
курсор, -а
курсорный
курсы, -ов
куртаг, -а
курта́ж, -а, *тв.* -ем
курта́жный
куртизанить, -ню, -нит
куртизанка, -и, *р. мн.* -нок

куртизанство, -а
куртина, -ы
куртинный
куртка, -и, *р. мн.* -ток
курточка, -и, *р. мн.* -чек
курточный
куртуазия, -и
куртуазность, -и
куртуазный; *кр. ф.* -зен, -зна
куртье, *нескл., м.*
курултай, -я
курумы, -ов
курухтан, -а
куруш, -а, *тв.* -ем
курфюрст, -а
курфюрстина, -ы
курфюршеский
курфюршество, -а
курцгалоп, -а
курцхаар, -а
курчавевший (*от* курчаветь)
курчавенький
курчаветь, -ею, -еет (*становиться курчавым*)
курчавивший(ся) (*от* курчавить(ся))
курчавинка, -и, *р. мн.* -нок
курчавить, -влю, -вит (*кого, что*)
курчавиться, -влюсь, -вится
курчавость, -и
курчавый
курчавящий(ся)
курчатовий, -я
курчатовский (*от* Курчатов)
курчонок, -нка, *мн.* -чата, -чат
курши, -ей (*народность*)
Куршская коса
куршский
Куршский залив
куры: строить куры
курьёз, -а
курьёзность, -и
курьёзный; *кр. ф.* -зен, -зна
курьер, -а
курьерский
курьерша, -и, *тв.* -ей

КУЧЕРЯВИТЬСЯ

куря́ка, -и, *м. и ж.*
куря́не, -я́н, *ед.* -я́нин, -а (*от* Курск)
куря́тина, -ы
куря́тинка, -и
куря́тник, -а
куря́тница, -ы, *тв.* -ей
куря́чий, -ья, -ье
куря́щий, -его
куря́щий(ся)
кус, -а
куса́ка, -и, *м. и ж.*
куса́ние, -я
ку́санный; *кр. ф.* -ан, -ана, *прич.*
кусану́ть, -ну́, -нёт
ку́саный, *прил.*
куса́ть(ся), -а́ю(сь), -а́ет(ся)
куса́чий
куса́чка, -и, *р. мн.* -чек, *м. и ж.* (*тот, кто кусает(ся)*)
куса́чки, -чек (*острые щипцы*)
куси́, *неизм.*
куси́на, -ы, *м.*
куси́ще, -а, *мн.* -а и -и, -и́щ, *м.*
кускова́тость, -и
кусково́й
куско́вский (*от* Куско́во)
куску́с, -а
кусну́ть, -ну́, -нёт
кусо́к, куска́
кусо́чек, -чка
кусо́чник, -а
кусо́чно-лине́йный
куст, -а́
кустана́йский (*от* Кустана́й)
кустана́йцы, -ев, *ед.* -а́ец, -а́йца, *тв.* -а́йцем
Кустана́йщина, -ы (*к* Кустана́й)
куста́рник, -а
куста́рниково-боло́тный
куста́рниковый
куста́рничать, -аю, -ает
куста́рничек, -чка
куста́рничество, -а
куста́рно-промысло́вый
куста́рно-промы́шленный

куста́рность, -и
куста́рно-худо́жественный
куста́рный; *кр. ф.* -рен, -рна
куста́рщина, -ы
куста́рь, -я́
ку́стик, -а
кусти́стость, -и
кусти́стый
кусти́ться, -и́тся
кусти́ще, -а, *мн.* -а и -и, -и́щ, *м.*
кусто́вка, -и
кустово́й
кусто́да, -ы
кусто́диевский (*от* Кусто́диев)
кусто́к, *другие формы не употр.*, *м.*
кустообра́зный; *кр. ф.* -зен, -зна
кусторе́з, -а
кусторе́зный
кусто́чек, -чка
куся́га, -и, *м.*
кут, -а́
кутаи́сский (*от* Кутаи́си)
кутаи́сцы, -ев, *ед.* -сец, -сца, *тв.* -сцем
ку́танный; *кр. ф.* -ан, -ана, *прич.*
ку́таный, *прил.*
ку́танье, -я
ку́тать(ся), -аю(сь), -ает(ся)
кута́фья, -и, *р. мн.* -фий (*безобразно одетая женщина*)
Кута́фья ба́шня, Кута́фьей ба́шни
кутёж, -ежа́, *тв.* -о́м
кутёжный
куте́йник, -а
куте́йница, -ы, *тв.* -ей
куте́йный
кутёнок, -нка, *мн.* кутя́та, кутя́т
кутерьма́, -ы́
кути́кула, -ы
кути́ла, -ы, *м.*
кути́н, -а
ку́тис, -а
кути́ть, кучу́, ку́тит
кутну́ть, -ну́, -нёт
куто́к, кутка́

куто́ра, -ы
куто́чек, -чка
ку́тровые, -ых
ку́ттер, -а
куту́зка, -и, *р. мн.* -зок
куту́зовский (*от* Куту́зов)
Куту́зов-Смоле́нский, Куту́зова-Смоле́нского
куту́м, -а (*рыба*)
кутья́, -и́, *р. мн.* куте́й
кутю́м, -а (*правовой обычай*)
кутюрье́, *нескл., м. и ж.*
куфи́ческий
ку́фия, -и
куфр, -а
куха́рить, -рю, -рит
куха́рка, -и, *р. мн.* -рок
куха́ркин, -а, -о
куха́рничать, -аю, -ает
ку́харь, -я
кухля́нка, -и, *р. мн.* -нок
кухми́стер, -а
кухми́стерская, -ой
кухми́стерский
кухми́стерша, -и, *тв.* -ей
ку́хня, -и, *р. мн.* ку́хонь
ку́хня-столо́вая, ку́хни-столо́вой
ку́хонный
ку́хонька, -и, *р. мн.* -нек
ку́хта, -ы и кухта́, -ы́
ку́це, *нареч.*
куцева́тый
ку́ценький
куцехво́стый
ку́цый
ку́ча, -и, *тв.* -ей
ку́ча-мала́, *другие формы не употр.*
ку́чащийся
кучёвка, -и
ку́чево-дождево́й
кучево́й
ку́чер, -а, *мн.* -а́, -о́в
кучерско́й
кучеря́венький
кучеря́виться, -ится

КУЧЕРЯВОСТЬ

кучеря́вость, -и
кучеря́вый
кучеря́вящийся
ку́читься, -ится
ку́чка, -и, *р. мн.* ку́чек
кучки́зм, -а (*к* Могу́чая ку́чка)
кучки́ст, -а
кучки́стский
кучкова́ться, -ку́ется
ку́чность, -и
ку́чный; *кр. ф.* ку́чен, кучна́, ку́чно
кучугу́р, -а
куш[1], -а, *тв.* -ем
куш[2], *неизм.*
куша́к, -а́
ку́шанье, -я, *р. мн.* -ний
ку́шать, -аю, -ает
куша́чный
кушачо́к, -чка́
куше́тка, -и, *р. мн.* -ток
куше́точка, -и, *р. мн.* -чек
куши́тский (куши́тские языки́)
кушна́й, -я и кошна́й, -я
ку́ща, -и, *тв.* -ей, *р. мн.* кущ и ку́щей
куще́ние, -я
куэ́стовый
куэ́сты, куэ́ст, *ед.* куэ́ста, -ы
куя́вы, -ов (*племя*)
куя́вяк, -а
кхаро́штхи, *нескл., с.*

кха́си, *неизм. и нескл., м.* (*язык*) и *нескл., мн., ед. м. и ж.* (*народ*)
кхе-кхе́, *неизм.*
кхме́рка, -и, *р. мн.* -рок
кхме́рский
кхме́ры, -ов, *ед.* кхмер, -а
кхо, *нескл., мн., ед. м. и ж.* (*народ*)
к чему́
кша́трии, -ий, *ед.* -рия, -и, *м.*
кызы́, *неизм.; с предшествующим собственным именем пишется раздельно, напр.:* Шевке́т Гаса́н кызы́
кызылба́ши, -ей (*племена*)
кызылба́шский
кызылку́мский (*от* Кызылку́м)
кызы́льский и кизы́льский (*от* Кызы́л)
кызы́льцы, -ев, *ед.* -лец, -льца, *тв.* -льцем
кыпча́ки, -ов, *ед.* -ча́к, -а и кипча́ки, -ов, *ед.* -ча́к, -а
кыпча́кский и кипча́кский
кыр, -а
кыш, *неизм.*
кышты́мский (*от* Кышты́м)
кышты́мцы, -ев, *ед.* -мец, -мца, *тв.* -мцем
кыя́к, -а
кьёккенме́динг, -а
кьеркего́ровский (*от* Кьеркего́р)

кья́нти, *нескл., с.*
кьяроску́ро, *нескл., ж. и с.*
кьят, -а
кэ́мпо, *нескл., с.*
кэндо́, *нескл., с.*
кэт, -а (*судно*)
кэ́тти, *нескл., с.* (*ед. измер.*)
кюве́, *нескл., с.*
кювеля́ж, -а, *тв.* -ем
кюверя́ция, -и
кюве́т, -а (*канава*)
кюве́та, -ы (*ванночка*)
кюве́тка, -и, *р. мн.* -ток
кюдо́, *нескл., с.*
кюло́т, -а
кю́ммель, -я
кюрасо́, *нескл., с.*
кюре́, *нескл., м.*
Кюри́, *нескл., м.:* зако́н Кюри́, при́нцип Кюри́, то́чка (температу́ра) Кюри́
кюри́, *нескл., м.* (*ед. измер.*)
кю́рий, -я (*хим.*)
кюритерапи́я, -и
кю́сле, *нескл., м.*
кюстели́т, -а
кямача́, -и́, *тв.* -о́й и кеманча́, -и́, *тв.* -о́й
кяри́з, -а
кя́хтинский (*от* Кя́хта)
кя́хтинцы, -ев, *ед.* -нец, -нца, *тв.* -нцем

Л

лаба́з, -а
лаба́зник, -а
лаба́зный
лабарда́н, -а
лаба́рум, -а (*знамя*)
лабиализа́ция, -и
лабиализи́ровать(ся), -рую, -рует(ся)
лабиализо́ванность, -и
лабиализо́ванный; *кр. ф.* -ан, -ана
лабиализова́ть(ся), -зу́ю, -зу́ет(ся)
лабиа́льный
лаби́льность, -и
лаби́льный; *кр. ф.* -лен, -льна
лабиовеля́рный
лабиодента́льный
лабири́нт, -а (*запутанная сеть ходов, помещений*) и Лабири́нт, -а (*мифол.*)
лабиринти́т, -а
лабири́нтный
лабири́нтовый
лабиринтодо́нт, -а
лабора́нт, -а
лабора́нтка, -и, *р. мн.* -ток
лабора́нтский
лаборато́рия, -и
лаборато́рка, -и, *р. мн.* -рок
лаборато́рно-испыта́тельный
лаборато́рный
лабрадо́р, -а (*минерал*)
лабрадори́т, -а
лабрадо́ровый

лабрадо́рский (*от* Лабрадо́р, *полуостров*)
лабуда́, -ы́
ла́бух, -а
ла́ва, -ы
лава́бо, *нескл., с.*
лава́нда, -ы
лава́ндный
лава́ндовый
лавандоубо́рочный
лава́ш, -а и -а́, *тв.* -ем и -о́м
лава́шный
лави́на, -ы
лави́нно-пролётный
лави́нный
лавинообра́зный; *кр. ф.* -зен, -зна
лавиноопа́сность, -и
лавиноопа́сный; *кр. ф.* -сен, -сна
лавиноре́з, -а
лавиноре́зный
лавиносбо́р, -а
лави́нщик, -а
лави́рование, -я
лави́ровать, -ру́ю, -ру́ет
лавиро́вка, -и
лави́с, -а
ла́вка, -и, *р. мн.* ла́вок
ла́вливать, *наст. вр. не употр.*
ла́вово-пе́пловый
ла́вовый
ла́вочка, -и, *р. мн.* -чек
ла́вочник, -а
ла́вочница, -ы, *тв.* -ей
ла́вочнический

ла́вочничество, -а
ла́вочный
лавр, -а (*дерево, кустарник*)
ла́вра, -ы (*монастырь*)
лавра́ки, *нескл., ж.* (*рыба*)
Лавре́нтьевская ле́топись
лавровенча́нный
лаврови́шневый
лаврови́шня, -и, *р. мн.* -шен
ла́вро́вый
лавроли́стный
ла́врский (*от* ла́вра)
ла́вры, -ов (*символ славы, победы*)
лавса́н, -а
лавса́новый
лавсо́ния, -и
лавсо́нов кипари́с, лавсо́нова кипари́са
лавчо́нка, -и, *р. мн.* -нок
лавчу́шка, -и, *р. мн.* -шек
лаг, -а
лагбольни́ца, -ы, *тв.* -ей
лагга́р, -а
лагена́рия, -и
ла́герник, -а
ла́герница, -ы, *тв.* -ей
ла́герный
ла́герь, -я, *мн.* -я́, -е́й (*военный, туристский и т. п.*) и -и, -ей (*группировка, течение*)
лагли́нь, -я
ла́говый
ла́госский (*от* Ла́гос)
ла́госцы, -ев, *ед.* -сец, -сца, *тв.* -сцем

лагофта́льм, -а
лагпу́нкт, -а
Лагра́нж, -а: уравне́ние Лагра́нжа
ла́гтинг, -а
лагу́н, -а́ (*бочонок*)
лагу́на, -ы (*залив*)
лагу́нный
лагуча́сток, -тка
лад, -а и -у, *предл.* в ладу́, *мн.* -ы́, -о́в
ла́да, -ы, *м. и ж.* (*возлюбленный, возлюбленная*)
Ла́да, -ы (*имя; автомобиль*)
ла́дан, -а
ла́данка, -и, *р. мн.* -нок
ла́данник, -а
ла́данниковые, -ых
ла́данница, -ы, *тв.* -ей
ла́данный
ладе́йный
ла́дить(ся), ла́жу, ла́дит(ся)
ладко́м, *нареч.*
ла́дненький
ла́дненько
ла́дно, *нареч., в знач. сказ., частица*
ла́дность, -и
ла́дный; *кр. ф.* ла́ден, ладна́, ла́дно
ла́до, -а, *м. и с.* (*возлюбленный*)
ла́дово-интонацио́нный
ла́дово-мелоди́ческий
ла́довый
ладожа́не, -а́н, *ед.* -а́нин, -а
ла́дожский (к Ла́дожское о́зеро, Ла́дога)
ла́дом, *нареч.*
ладомелоди́ческий
ладо́нка, -и, *р. мн.* -нок
ладо́нный
ладо́нь, -и
ладотона́льный
ладотона́льность, -и
ладо́ши, -о́ш
ладо́шка, -и, *р. мн.* -шек
ла́душка, -и, *м. и ж.* (*ласкат.* к ла́да)

ла́душки, -шек (*игра*)
лады́¹, -о́в (*у муз. инструментов*)
лады́², *неизм.*
ладьеви́дный; *кр. ф.* -ден, -дна
ладьеобра́зный; *кр. ф.* -зен, -зна
ладья́, -и́, *р. мн.* ладе́й
ла́дящий(ся)
лаж, -а, *тв.* -ем (*фин.*)
ла́жа, -и, *тв.* -ей (*ерунда; ложь, блеф, жарг.*)
ла́женный; *кр. ф.* -ен, -ена, *прич.* (*от* ла́дить)
ла́жный (*от* лаж)
лаз, -а
ла́занье, -я
Ла́зарева суббо́та, Ла́заревой суббо́ты
лазаре́т, -а
лазаре́тный
Ла́заря пе́ть
ла́зать, -аю, -ает
ла́зающий (*от* ла́зать)
лазе́ечка, -и, *р. мн.* -чек
лазе́йка, -и, *р. мн.* -е́ек
ла́зер, -а
ла́зерный
лазеротерапи́я, -и
лазерохи́мия, -и
ла́зерщик, -а
ла́зить, ла́жу, ла́зит
ла́зка, -и, *р. мн.* ла́зок (к ла́зы)
лазо́ревка, -и, *р. мн.* -вок
лазо́ревый
лазо́рник, -а
ла́зский
лазули́т, -а
лазу́ревый
лазури́т, -а
лазу́рник, -а
лазу́рно-голубо́й
лазу́рность, -и
лазу́рный; *кр. ф.* -рен, -рна
Лазу́рный Бе́рег (*во Франции*)
лазу́рь, -и
лазу́тчик, -а
лазу́тчица, -ы, *тв.* -ей

ла́зы, -ов, *ед.* лаз, -а (*народность*)
ла́зящий (*от* ла́зить)
лай, ла́я
ла́йба, -ы
ла́йда, -ы
лайда́к, -а́
лайдете́ктор, -а
ла́йка, -и, *р. мн.* ла́ек
ла́йковый
ла́йкра, -ы
ла́йнер, -а
ла́йнсмен, -а
лак, -а и -у
лака́ние, -я
лака́ть, -а́ю, -а́ет
лаке́й, -я
лаке́йничать, -аю, -ает
лаке́йский
лаке́йство, -а
лаке́йствовать, -твую, -твует
ла́ки, -ов, *ед.* лак, -а (*народность*)
лакирова́льный
лакирова́льщик, -а
лакирова́льщица, -ы, *тв.* -ей
лакирова́ние, -я
лакиро́ванный; *кр. ф.* -ан, -ана
лакирова́ть(ся), -ру́ю, -ру́ет(ся)
лакиро́вка, -и
лакиро́вки, -вок, *ед.* -вка, -и (*обувь*)
лакиро́вочный
лакиро́вщик, -а
лакиро́вщица, -ы, *тв.* -ей
лакколи́т, -а
лакколи́товый
ла́кмус, -а
ла́кмусовый
лакну́ть, -ну́, -нёт
ла́ковый
лакокра́сочный
ла́комить(ся), -млю(сь), -мит(ся)
ла́комка, -и, *р. мн.* -мок, *м. и ж.*
ла́комство, -а
ла́комый
ла́комящий(ся)
лаконаливно́й

лакони́зм, -а
лакони́ческий
лакони́чность, -и
лакони́чный; кр. ф. -чен, -чна
лако́нос, -а
лакоса́жевый
лаоткань, -и
лакрима́тор, -а
лакримо́за, -ы
лакри́ца, -ы, тв. -ей
лакри́чник, -а
лакри́чный
ла́кский
лактальбуми́н, -а
лакта́мы, -ов, ед. -та́м, -а
лактацио́нный
лакта́ция, -и
лактобацилли́н, -а
лактобаци́ллы, -и́лл, ед. -и́лла, -ы
лактоге́нный
лактоглобули́н, -а
лакто́за, -ы
лакто́метр, -а
лакто́нный
лакто́ны, -ов, ед. -то́н, -а
лактоско́п, -а
лактофлави́н, -а
лактука́рий, -я
лаку́на, -ы
лакуна́рный
лакфио́ль, -и
ла́кцы, -ев, ед. ла́кец, лакца́, тв. ла́кцем
лал, -а
ла́ловый
ла́ма¹, -ы (животное)
ла́ма², -ы, м. (монах)
лама́изм, -а
лама́ист, -а
лама́истский
лама́ит, -а
лама́итский
ламанти́н, -а
ла-ма́ншский (от Ла-Ма́нш)
ламарки́зм, -а
ламарки́стский

ламба́да, -ы
ламбеоза́вр, -а
Ла́мберт, -а: зако́н Ла́мберта
ла́мберт, -а, р. мн. -ов, счетн. ф. -ерт (ед. измер.)
ламбреке́н, -а
Ламе́, нескл., м.: постоя́нные Ламе́, фу́нкции Ламе́
ламе́льный
ламента́ция, -и
ламе́нто, нескл., с.
ламина́риевый
ламина́рия, -и
ламина́рный
ламина́тор, -а
ламина́ция, -и
ламини́рование, -я
ламини́рованный; кр. ф. -ан, -ана
ламини́ровать(ся), -рую, -рует(ся)
ламинэктоми́я, -и
ла́мпа, -ы
ла́мпа-вспы́шка, ла́мпы-вспы́шки
лампа́да, -ы
лампа́дка, -и, р. мн. -док
лампа́дный
лампа́дчик, -а
лампа́сы, -ов, ед. -па́с, -а
лампио́н, -а
лампова́я, -о́й (помещение)
лампово́й, -о́го (рабочий)
ла́мпово-полупроводнико́вый
ла́мповщик, -а
ла́мповщица, -ы, тв. -ей
ла́мповый
ла́мпочка, -и, р. мн. -чек
лампри́довые, -ых
лампрофи́р, -а
ламу́тка, -и, р. мн. -ток
ламу́тский
ламу́ты, -ов, ед. ламу́т, -а
ла́мывать, наст. вр. не употр.
лан¹, -а (поле, пашня)

лан², -а, р. мн. -ов, счетн. ф. лан (ед. измер.)
ла́на, -ы (цех шерстяников, ист.)
лангедо́кский (от Лангедо́к)
лангедо́кцы, -ев, ед. -кец, -кца, тв. -кцем
ланге́т, -а (кулин.)
лангоба́рдский
лангоба́рды, -ов, ед. -ба́рд, -а
лангу́ст, -а и лангу́ста, -ы
лангха́ар, -а
Ланда́у, нескл., м.: диамагнети́зм Ланда́у
ла́ндве́р, -а
ландгра́ф, -а
ландгра́фский
ландгра́фство, -а
Ла́нде, нескл., м.: мно́житель Ла́нде
ла́ндешта́т, -а
ландка́рта, -ы
ландо́, нескл., с.
ландра́с, -а
ла́ндра́т, -а
ландра́тский
ландри́н, -а
ландскне́хт, -а
ландскне́хтский
ла́ндстинг, -а
ландта́г, -а
ландша́фт, -а
ландша́фтник, -а
ландша́фтно-тектони́ческий
ландша́фтный
ландшафтове́д, -а
ландшафтове́дение, -я
ландшафтове́дческий
ландшту́рм, -а
ландштурми́ст, -а
ландшту́рмовский
Ла́нды, Ланд (природная область и департамент во Франции) и ла́нды, ланд (песчаные равнины на этой территории)
ла́ндыш, -а, тв. -ем
ла́ндышевый

ЛАНИТЫ

лани́ты, -и́т, *ед.* -и́та, -ы
ла́нка, -и, *р. мн.* ла́нок
ланка́стерский
Ланка́стеры, -ов (*династия*)
ланки́йка, -и, *р. мн.* -и́ек
ланки́йский (*к* Шри-Ланка́)
ланки́йцы, -ев, *ед.* и́ец, и́йца, *тв.* -и́йцем
ланко́рд, -а
ланоли́н, -а
ланоли́новый
ланса́да, -ы
Лансело́т, -а
лансье́, *нескл., с.*
ланта́н, -а
лантани́ды, -ов, *ед.* -ни́д, -а
лантанозу́х, -а
лантано́иды, -ов, *ед.* -о́ид, -а
лану́го, *нескл., с.*
ланце́, *нескл., м.*
ланце́т, -а
ланце́тник, -а
ланце́тный
ланцетови́дный; *кр. ф.* -ден, -дна
ланцетоно́с, -а
ланч, -а, *тв.* -ем *и* ленч, -а, *тв.* -ем
лань, -и
ла́о, *нескл., мн., ед. м. и ж.* (*лаосцы*)
Лаокоо́н, -а
ла́оска, -и, *р. мн.* -сок
лао́сский (*от* Лао́с)
лао́сцы, -ев, *ед.* -сец, -сца, *тв.* -сцем
лаотя́не, -я́н, *ед.* -я́нин, -а (*от* Лао́с)
лаотя́нка, -и, *р. мн.* -нок
лаотя́нский
Ла́о-цзы́, *нескл., м.*
ла́па, -ы
ла́панный; *кр. ф.* -ан, -ана, *прич.*
ла́паный, *прил.*
ла́панье, -я
лапароскопи́я, -и
лапаротоми́я, -и
ла́пать(ся), -аю(сь), -ает(ся)
лапида́рность, -и

лапида́рный; *кр. ф.* -рен, -рна
лапи́лли, *нескл., мн.*
ла́пистый
ла́пища, -и, *тв.* -ей
ла́пка, -и, *р. мн.* ла́пок
лапла́ндка, -и, *р. мн.* -док
лапла́ндский (*к* Лапла́ндия *и* лапла́ндцы)
лапла́ндцы, -ев, *ед.* -дец, -дца, *тв.* -дцем
Лапла́с, -а: зако́н Лапла́са, гипо́теза Лапла́са, преобразова́ние Лапла́са, теоре́ма Лапла́са, а́зимут Лапла́са
лапла́сов, -а, -о (*от* Лапла́с): лапла́сов пу́нкт (*астр.*)
лапла́совский (*от* Лапла́с)
ла́пник, -а
лапови́дный; *кр. ф.* -ден, -дна
ла́повый
лапоно́идный
лапообра́зный; *кр. ф.* -зен, -зна
лапотки́, -о́в, *ед.* -то́к, -тка́
ла́потник, -а
ла́потница, -ы, *тв.* -ей
ла́потный
лапото́чки, -ов, *ед.* -чек, -чка
ла́почка, -и, *р. мн.* -чек, *м. и ж.*
лапсерда́к, -а
лапта́, -ы́
ла́пти, -е́й, *ед.* ла́поть, лаптя́
лапти́шки, -шек, *ед.* -и́шко, -а *и* -и, *м.*
ла́пушка, -и, *р. мн.* -шек, *м. и ж.*
лапча́тка, -и, *р. мн.* -ток
лапчатоно́г, -а
ла́пчатый
лапша́, -и́, *тв.* -о́й
лапшано́й
лапша́-ры́ба, лапши́-ры́бы
лапше́вник, -а
лапше́нник, -а
лапше́рзка, -и, *р. мн.* -зок
лапшо́вый
лара́мийский (*геол.*)
ларвици́ды, -ов, *ед.* -ци́д, -а

ла́рвы, ларв, *ед.* ла́рва, -ы
ла́рга, -и (*животное*)
ларге́тто, *неизм. и нескл., с.*
ла́рго, *неизм. и нескл., с.* (*муз.*)
ларёк, ларька́
ларе́ц, ларца́, *тв.* ларцо́м, *р. мн.* ларцо́в
ларёчек, -чка
ларёчник, -а
ларёчница, -ы, *тв.* -ей
ларёчный
ла́ри, *нескл., м.* (*ден. ед.*)
ларингализа́ция, -и
ларинга́льный
ларинги́т, -а
ларинго́лог, -а
ларингологи́ческий
ларинголо́гия, -и
ларингоско́п, -а
ларингоскопи́ческий
ларингоскопи́я, -и
ларингоспа́зм, -а
ларингостено́з, -а
ларинготоми́я, -и
ларинготрахеи́т, -а
ларингофо́н, -а
ларингэктоми́я, -и
ла-роше́льский (*от* Ла-Роше́ль)
Лару́сс, -а (*энциклопе́дии, словари́* Лару́сса)
ла́рчик, -а
ла́ры, -ов *и* лар, *ед.* лар, -а (*мифол.*)
ларь, -я́
ла́са, -ы
лас-ве́гасский (*от* Лас-Ве́гас)
ла́сина, -ы
ла́ска[1], -и, *р. мн.* ласк (*нежность*)
ла́ска[2], -и, *р. мн.* ла́сок (*животное*)
Ла Ска́ла, *нескл., м.* (*театр*)
ласка́ние, -я
ла́сканный; *кр. ф.* -ан, -ана
ласка́тель, -я
ласка́тельный
ласка́тельство, -а
ласка́ть(ся), -а́ю(сь), -а́ет(ся)
ла́сковость, -и

ла́сковый
ла́сочка, -и, р. мн. -чек
лас-па́льмасский (от Лас-Па́льмас)
лосса́левский (от Лосса́ль)
лассолья́нец, -нца, тв. -нцем
лассолья́нский
лассолья́нство, -а
лассо́, нескл., с.
ласт, -а (ед. измер.)
ла́стик, -а
ла́стиковый
ла́ститься, ла́щусь, ла́стится
ла́стичный
ла́стовень, -вня
ла́стовица, -ы, тв. -ей
ла́стовка, -и, р. мн. -вок
ла́стовневые, -ых
ла́стовый
ластоно́гие, -их
ластохво́ст, -а
ла́сточка, -и, р. мн. -чек
ла́сточкин, -а, -о
ла́сточниковые, -ых
ла́сты, ласт и -ов, ед. ласт, -а
ла́стящийся
лат, -а (ден. ед.)
лата́ние, -я (от лата́ть)
лата́ния, -и (пальма)
ла́танный; кр. ф. -ан, -ана, прич.
ла́тано-перела́тано
ла́таный, прил.
ла́таный-перела́таный
лататы́: зада́ть лататы́
лата́ть(ся), -а́ю, -а́ет(ся)
латви́йский (от Ла́твия)
латви́йско-росси́йский
латга́лка, -и, р. мн. -лок
латга́лы, -ов, ед. -га́л, -а
латга́льский
латга́льцы, -ев, ед. -лец, -льца, тв. -льцем
ла́текс, -а
ла́тексный
латенсифика́ция, -и

лате́нский (лате́нская культу́ра, археол.)
лате́нтность, -и
лате́нтный; кр. ф. -тен, -тна
латера́льный
латери́т, -а
латеритиза́ция, -и
латери́тный
латиме́рия, -и
латиниза́ция, -и
латинизи́рованный; кр. ф. -ан, -ана
латинизи́ровать(ся), -рую, -рует(ся)
латини́зм, -а
латини́ст, -а
латини́стка, -и, р. мн. -ток
лати́ница, -ы, тв. -ей
латиноамерика́нский
латиноамерика́нцы, -ев, ед. -нец, -нца, тв. -нцем
Лати́нская Аме́рика
лати́нский
Лати́нский кварта́л (в Пари́же)
лати́нско-ру́сский
лати́нцы, -ев, ед. -нец, -нца, тв. -нцем
лати́нщина, -ы
лати́ны, -и́н
латиня́не, -ян, ед. -янин, -а
латифунди́зм, -а
латифунди́ст, -а
латифу́ндия, -и
ла́тка, -и, р. мн. ла́ток
ла́тник, -а
ла́тный
ла́точка, -и, р. мн. -чек
лату́к, -а
лату́ковый
лату́к-сала́т, -а
латуни́рование, -я
латуни́рованный; кр. ф. -ан, -ана
латуни́ровать(ся), -рую, -рует(ся)
лату́нный
лату́нь, -и

ла́ты, лат
латы́нщик, -а
латы́нь, -и
латыши́, -е́й, ед. латы́ш, -а́, тв. -о́м
латы́шка, -и, р. мн. -шек
латы́шский
латы́шско-ру́сский
ла́ун-те́ннис, -а
ла́ун-те́нисный
лауреа́т, -а
лауреа́тка, -и, р. мн. -ток
лауреа́тский
лафа́, другие формы не употр., ж.
лафе́т, -а
лафе́тный
лафе́тчик, -а
лафи́т, -а (вино)
лафи́тник, -а
лафи́тный
Лафонте́нов, -а, -о и лафонте́новский (от Лафонте́н)
ла́хта, -ы
лахта́к, -а
лаху́дра, -ы
ла́цкан, -а
лаццаро́ни, нескл., м.
ла́цци, нескл., мн.
ла́чка, -и (к ла́ки, ла́кцы)
лачо́к, лачка́ и лачку́
лачу́га, -и
лачу́жка, -и, р. мн. -жек
лачу́жный
ла́ющий(ся)
ла́янье, -я
ла́ять(ся), ла́ю(сь), ла́ет(ся)
лби́на, -ы, м.
лби́шко, -а и -и, мн. -шки, -шек, м.
лби́ще¹, -а, мн. -а и -и, лбищ, м. (увелич. к лоб)
лби́ще², -а, с. (гористый крутой берег, обрыв)
лганьё, -я́
лгать, лгу, лжёт, лгут; прош. лгал, лгала́, лга́ло
лгун, -а́
лгуни́шка, -и, р. мн. -шек, м. и ж.

лгуни́ще, -а и -и, *мн.* -и, -и́щ, *м.*
лгу́нья, -и, *р. мн.* -ний
лебеда́, -ы́
лебедёнок, -нка, *мн.* -дя́та, -дя́т
лебеди́нский (*от* Лебеди́н; лебеди́нская поро́да скота́)
лебеди́ный
лебёдка, -и, *р. мн.* -док
лебедо́вый
лебёдочный
лебёдушка, -и, *р. мн.* -шек
лебёдчик, -а
лебёдчица, -ы, *тв.* -ей
ле́бедь, -я и (*нар.-поэт.*) -и и (*созвездие*) Ле́бедь, -я
лебедя́нский (*от* Лебедя́нь)
лебедя́нцы, -ев, *ед.* -нец, -нца, *тв.* -нцем
лебези́ть, -ежу́, -ези́т
лебя́жий, -ья, -ье
Лебя́жья кана́вка (*в Петербурге*)
лев¹, льва (*животное*) и Лев, Льва (*имя; созвездие и знак зодиака; о том, кто родился под этим знаком*)
лев², ле́ва (*ден. ед.*)
лева́да, -ы
лева́к, -а́
Лева́нт, -а
леванти́н, -а (*ткань*)
леванти́нский
леванти́нцы, -ев, *ед.* -нец, -нца, *тв.* -нцем
левари́н, -а
лева́цкий
лева́ческий
лева́чество, -а
лева́чить, -чу, -чит
леве́е, *сравн. ст. и нареч.*
ле́веллеры, -ов, *ед.* -ллер, -а
ле́вентик, -а
леве́ть, -е́ю, -е́ет
левзе́я, -и
Левиафа́н, -а (*библ.*) и левиафа́н, -а (*кто-, что-н. огромное, чудовищное*)

левизна́, -ы́
левира́т, -а
левита́новский (*от* Левита́н)
левита́ция, -и
леви́тский
леви́ты, -ов, *ед.* -и́т, -а
левка́с, -а
левка́сить(ся), -а́шу, -а́сит(ся)
левка́сный
левка́счик, -а
левка́шение, -я
левка́шенный; *кр. ф.* -ен, -ена
левко́евый
левко́й, -я
левко́йный
ле́во: (не зна́ет,) где пра́во, где ле́во; ле́во руля́, ле́во на бо́рт (*команды*); под ле́во (уда́рить, посла́ть мяч)
левоавангарди́стский
Левобере́жная Украи́на
левобере́жный
левобере́жье, -я, *р. мн.* -жий
левожелу́дочковый
левозавёрнутый
левомицети́н, -а
левооппортунисти́ческий
левополуша́рный
ле́во-пра́вый (ле́во-пра́вый оппозицио́нный бло́к)
леворадикали́стский
леворадика́льный
леворекурси́вный
левори́н, -а
левору́кий
левору́кость, -и
левосторо́нний
левоуклони́стский
левофланго́вый
левоцентри́зм, -а
левоцентри́ст, -а
левоцентри́стский
левоэкстреми́стский
левоэсе́ровский
левре́тка, -и, *р. мн.* -ток

лев-толсто́вский (*от* Лев-Толсто́й, *станция и поселок*)
левулёза, -ы
левша́, -и́, *тв.* -о́й, *р. мн.* -е́й, *м. и ж.*
Левша́, -и́, *тв.* -о́й, *м.* (*лит. персонаж; умелец*)
ле́вый
лега́вый
легализа́ция, -и
легализи́рованный; *кр. ф.* -ан, -ана
легализи́ровать(ся), -рую(сь), -рует(ся)
легали́зм, -а
легализо́ванный; *кр. ф.* -ан, -ана
легализова́ть(ся), -зу́ю(сь), -зу́ет(ся)
легали́стский
лега́льность, -и
лега́льный; *кр. ф.* -лен, -льна
лега́т, -а
легати́ссимо, *неизм. и нескл., с.*
лега́то, *неизм. и нескл., с.* (*муз.*)
лега́тский
лега́ция, -и
лега́ш, -а́, *тв.* -о́м
легго́рн, -а
леге́нда, -ы
легенда́рность, -и
легенда́рный; *кр. ф.* -рен, -рна
лёгенький и лёгонький
ле́гинсы, -ов
легио́н, -а
легионе́р, -а
легионе́рский
леги́рование, -я
леги́рованный; *кр. ф.* -ан, -ана
леги́ровать(ся), -рую, -рует(ся)
леги́рующий(ся)
легислати́ва, -ы
легислату́ра, -ы
леги́ст, -а
легитимацио́нный
легитима́ция, -и
легитимиза́ция, -и

легитимизи́рованный; кр. ф. -ан, -ана
легитимизи́ровать(ся), -рую(сь), -рует(ся)
легитими́зм, -а
легитими́рованный; кр. ф. -ан, -ана
легитими́ровать(ся), -рую(сь), -рует(ся)
легитими́ст, -а
легитими́стка, -и, р. мн. -ток
легитими́стский
легити́мность, -и
легити́мный; кр. ф. -мен, -мна
лёгкие, -их, ед. лёгкое, -ого
лёгкий; кр. ф. лёгок, легка́
легко́, нареч. и в знач. сказ.
легкоатле́т, -а
легкоатлети́ческий
легкоатле́тка, -и, р. мн. -ток
легкобето́нный
легкобомбардиро́вочный
легкоброниро́ванный
легкова́тый
легкове́йный; кр. ф. -е́ен, -е́йна
легкове́р, -а
легкове́рие, -я
легкове́рность, -и
легкове́рный; кр. ф. -рен, -рна
легкове́с, -а
легкове́сность, -и
легкове́сный; кр. ф. -сен, -сна
легково́дный
легководола́з, -а
легководола́зный
легковозбуди́мый*
легково́й
легковооружённый
легковоспламеня́ющийся*
легкову́шка, -и, р. мн. -шек
легковыполни́мый*
легкодеформи́руемый*
легкодоро́жный
легкодостижи́мый
легкодосту́пный; кр. ф. -пен, -пна

легкозаменя́емый*
легкоиспаря́ющийся*
легкокры́лый
легкомото́рный
легкомы́сленничать, -аю, -ает
легкомы́сленно, нареч.
легкомы́сленность, -и
легкомы́сленный; кр. ф. -ен, -енна
легкомы́слие, -я
легконо́гий
легкообраба́тываемый*
легко́ оде́тый
легкоосуществи́мый
легкопере́вариваемый*
легкопла́вкий
легкопла́вкость, -и
легкопоражённый*
легкопредсказу́емый*
легкопроходи́мый*
легкоразреши́мый*
легкоразъёмный
легко́ ра́ненный
легкора́неный¹, прил.
легкора́неный², -ого
легкорани́мый
легкораствори́мый*
легкосгора́емый*
легкоспла́вный
лёгкость, -и
легкоузнава́емый*
легкоуправля́емый*
легкоусвоя́емый*
легкоустрани́мый*
лего́нек, -нька
легонечко
лёгонький и лёгенький
лего́нько, нареч.
лёгость, -и (верёвка)
легохо́нько
лёгочник, -а
лёгочница, -ы, тв. -ей
лёгочно-серде́чный
лёгочный
легпро́м, -а
ле́гуа, нескл., с.

легча́йший
легча́ть, -а́ет
ле́гче, сравн. ст.
лёгший
лёд, льда и льду, предл. во (на) льду
Ле́да, -ы (также: начина́ть с яи́ц Ле́ды)
леда́щенький
леда́щий
ледебури́т, -а
ледене́ть, -е́ю, -е́ет
ледене́ц, -нца́, тв. -нцо́м, р. мн. -нцо́в
ледене́чный
ледени́стый
ледени́ть, -и́т
леденцо́вый
леде́нчик, -а
леденя́щий
ледери́н, -а
ледери́новый
ле́ди, нескл., ж.
ле́ди Ма́кбет, нескл., ж.
ле́дник, -а (погреб)
ледни́к, -а́ (глетчер)
леднико́вый
леднико́вье, -я
ле́дничек, -чка (к ле́дник)
леднич́ок, -чка́ (к ледни́к)
ледобу́р, -а
ледови́к, -а́
ледови́тость, -и
ледови́тый (покрытый льдом — о полярных морях); но: Се́верный Ледови́тый океа́н
Ледо́вое побо́ище (1242)
ледо́вый
ледозащи́та, -ы
ледозащи́тный
ледоиссле́дователь, -я
ледо́к, ледка́ и ледку́
ледоко́л, -а
ледоко́льно-тра́нспортный
ледоко́льный
ледола́з, -а
ледола́зание, -я

ледоло́м, -а
ледоло́мный
ледопа́д, -а
ледопа́дный
ледоразде́л, -а
ледоре́з, -а
ледоре́зный
ледору́б, -а
ледосбро́с, -а
ледосоляно́й
ледоспу́ск, -а
ледоста́в, -а
ледоста́вный
ледофо́рма, -ы
ледохо́д, -а
ледохо́дный
ледохрани́лище, -а
ледо́чек, -чка и -чку
лёд-цеме́нт, льда́-цеме́нта
леды́шка, -и, р. мн. -шек
ледя́нка, -и, р. мн. -нок
ледяно́й
ледя́шка, -и, р. мн. -шек
ле́ер, -а, мн. -а́, -о́в
ле́ерный
ле́ечка, -и, р. мн. -чек
ле́ечный
лёжа, нареч.
лежа́к, -а́
лежа́лый
Лежа́ндр, -а: многочле́ны Лежа́ндра, преобразова́ния Лежа́ндра, си́мвол Лежа́ндра
лежа́ние, -я
лежа́нка, -и, р. мн. -нок
лежа́ночка, -и, р. мн. -чек
лежа́ночный
лежа́ть(ся), лежу́, лежи́т(ся)
лежа́чий, прил.
лежачо́к, -чка́
лежа́щий, прич.
ле́жбище, -а
ле́жбищный
лежебо́ка, -и, м. и ж. и лежебо́к, -а

ле́жень, ле́жня
лёживать, наст. вр. не употр.
лёжка, -и, р. мн. лёжек
лёжкий; кр. ф. лёжек, лёжка
лёжкость, -и
лежмя́ лежа́ть
лежнево́й
ле́звие, -я
ле́звийный
ле́зги, -ов
лезги́нка, -и, р. мн. -нок
лезги́нский
лезги́ны, -и́н, ед. -ги́н, -а
лезть, ле́зу, ле́зет; прош. лез, ле́зла
ле́зший
ле́и, лей, ед. ле́я, ле́и (нашивки)
лей, ле́я (ден. ед.)
лейб-... — первая часть сложных слов, пишется через дефис
лейб-гварде́йский
лейб-гва́рдия, -и
лейб-гуса́р, -а, р. мн. -гуса́р и -ов
лейб-гуса́рский
лейб-драгу́н, -а, р. мн. -драгу́н и -ов
лейб-драгу́нский
лейб-кампа́нец, -нца, тв. -нцем, р. мн. -нцев
Лейб-кампа́ния, -и (ист.)
лейб-кампа́нский
лейб-ку́чер, -а, мн. -кучера́, -о́в
лейбл, -а
лейб-ме́дик, -а
Ле́йбниц, -а, тв. -ем: фо́рмула Ле́йбница
ле́йбницевский (от Ле́йбниц)
лейбнициа́нец, -нца, тв. -нцем, р. мн. -нцев
лейбнициа́нский
лейбнициа́нство, -а
лейбори́зм, -а
лейбори́ст, -а
лейбори́стский
лейб-эскадро́н, -а
ле́йденский (от Ле́йден)
ле́йка, -и, р. мн. ле́ек

лейкеми́я, -и
лейкемо́идный
лейкоде́рма, -ы
лейко́з, -а
лейкоксе́н, -а
лейко́ма, -ы
лейкопени́я, -и
лейкоплаки́я, -и
лейкопла́сты, -ов, ед. -пла́ст, -а
лейкопла́стырь, -я
лейкосоедине́ния, -ий, ед. -е́ние, -я
лейкотро́пы, -ов, ед. -тро́п, -а
лейкоцита́рный
лейкоци́тный
лейкоцито́з, -а
лейкоци́ты, -ов, ед. -ци́т, -а
ле́йнер, -а
лейнерова́ние, -я
ле́йпцигский (от Ле́йпциг)
ле́йпцигцы, -ев, ед. -гец, -гца, тв. -гцем
лейтена́нт, -а
лейтена́нт-инжене́р, лейтена́нта-инжене́ра
лейтена́нтский
лейтмоти́в, -а
лейтмоти́вный
лейттема́, -ы
лейци́н, -а
лейци́т, -а
лейшманио́з, -а
лейшмани́я, -и
лек, -а
лека́ж, -а, тв. -ем
лека́ло, -а
лека́ло-этало́н, лека́ла-этало́на
лека́льный
лека́льщик, -а
лека́льщица, -ы, тв. -ей
лекари́шка, -и, р. мн. -шек, м.
лека́рка, -и, р. мн. -рок
лека́рничать, -аю, -ает
ле́карский
лека́рственный
лека́рство, -а (занятие лекаря)

лека́рство, -а
ле́карша, -и, *тв.* -ей
ле́карь, -я, *мн.* -и, -ей и -я́, -е́й
леки́ф, -а
лекпо́м, -а
лексе́ма, -ы
лексе́мный
ле́ксика, -и
лексикализа́ция, -и
лексикализо́ванный; *кр. ф.* -ан, -ана
лексикализова́ться, -зу́ется
ле́ксико-граммати́ческий
лексико́граф, -а
лексикографи́ческий
лексикогра́фия, -и
лексико́лог, -а
лексикологи́ческий
лексиколо́гия, -и
лексико́н, -а
ле́ксико-семанти́ческий
ле́ксико-синтакси́ческий
лексикостати́стика, -и
ле́ксико-статисти́ческий
ле́ксико-стилисти́ческий
лекси́ческий
ле́ктор, -а
лекто́рий, -я
ле́кторский
ле́кторство, -а
ле́кторша, -и, *тв.* -ей
лекту́ра, -ы
лекциона́рий, -я
лекциона́рный
лекцио́нный
ле́кция, -и
ле́кция-бесе́да, ле́кции-бесе́ды
ле́кция-конце́рт, ле́кции-конце́рта
леле́емый
леле́ющий
леле́янный; *кр. ф.* -ян, -яна
леле́ять(ся), леле́ю, леле́ет(ся)
лё́ли-лё́ли, *неизм.*
лё́ллинги́т, -а
Лель, -я

ле́мех, -а, *мн.* -а́, -о́в и леме́х, -а́, *мн.* -и́, -о́в (*часть плуга*)
ле́мехи, -ов, *ед.* -ех, -а (*в русском деревянном зодчестве*)
леме́шный
лё́мки, -ов
ле́мма, -ы
ле́мминг, -а
ле́ммный
лемниска́та, -ы
лемпи́ра, -ы
лему́р, -а
лему́ровые, -ых
лен, ле́на
лён, льна
Лё́нгмюр, -а: фо́рмула Лё́нгмюра, уравне́ние Лё́нгмюра – Са́ха
ле́ндлер, -а
ленд-ли́з, -а
ленд-ли́зовский
лендло́рд, -а
лендлорди́зм, -а
лендло́рдство, -а
лён-долгуне́ц, льна́-долгунца́
лендро́вер, -а (*автомобиль*)
лени́веть, -ею, -еет
лени́вец, -вца, *тв.* -вцем, *р. мн.* -вцев
лени́вица, -ы, *тв.* -ей
лени́вка, -и, *р. мн.* -вок
лени́вость, -и
лени́вый
ле́никс, -а
ленингра́дка, -и, *р. мн.* -док
ленингра́дский (*от* Ленингра́д)
ленингра́дцы, -ев, *ед.* -дец, -дца, *тв.* -дцем
ле́нинец, -нца, *тв.* -нцем, *р. мн.* -нцев
ленини́ана, -ы
ленини́зм, -а
ленини́ст, -а
Ле́нинка, -и (*библиотека в Москве*)
ленинове́д, -а

ленингоро́рский (*от* Лениного́рск)
Ле́нинская пре́мия
ле́нинский (*от* Ле́нин и Ле́нинск)
Ле́нинский комсомо́л
Ле́нинск-Кузне́цкий, Ле́нинска-Кузне́цкого (*город*)
ле́нинско-ста́линский
лени́ться, леню́сь, ле́нится
лён-кудря́ш, льна́-кудряша́
ле́нник, -а
лё́нный (*от* лен)
лё́новые, -ых
лено́к, ленка́ и ленку́
ле́ность, -и
ле́нский (*от* Ле́на, *река,* и Ленск)
ле́нсман, -а
ле́нта, -ы
ленте́ц, -а́, *тв.* -о́м, *р. мн.* -о́в
ле́нто, *неизм. и нескл., с.*
лентови́дный; *кр. ф.* -ден, -дна
лентообра́зный; *кр. ф.* -зен, -зна
лентопротя́жный
лентосва́рочный
лентоте́ка, -и
лентотка́цкий
лентоукла́дчик, -а
лентофре́зерный
ле́нточка, -и, *р. мн.* -чек
ле́нточник, -а
ле́нточница, -ы, *тв.* -ей
ле́нточно-пи́льный
ле́нточно-шлифова́льный
ле́нточный
лентя́й, -я
лентя́йка, -и, *р. мн.* -я́ек
лентя́йничанье, -я
лентя́йничать, -аю, -ает
лентя́йство, -а
Ленц, -а: зако́н Джо́уля – Ле́нца, пра́вило Ле́нца
ленца́, -ы́, *тв.* -о́й
ленч, -а, *тв.* -ем и ланч, -а, *тв.* -ем
ле́нчик, -а (*часть кавалерийского седла*)
лень, -и
ле́нящийся

леона́рдовский (к Леона́рдо да Ви́нчи)
леопа́рд, -а
леопа́рдица, -ы, тв. -ей
леопа́рдовый
лепестко́вый
лепесто́к, -тка́
лепесто́чек, -чка
ле́пет, -а
лепета́ние, -я
лепета́ть, лепечу́, лепе́чет
ле́петный
лепету́н, -а́
лепету́нья, -и, р. мн. -ний
лепёха, -и
лепе́чущий
лепёшечка, -и, р. мн. -чек
лепёшечный
лепёшка, -и, р. мн. -шек
лепёшкообра́зный; кр. ф. -зен, -зна
лепидоде́ндрон, -а
лепидоза́вр, -а
лепидокроки́т, -а
лепидоли́т, -а
лепидомела́н, -а
лепидоси́рен, -а
лепидофи́ты, -ов, ед. -фи́т, -а
лепи́ть(ся), леплю́, ле́пит(ся)
ле́пка, -и
ле́пленный; кр. ф. -ен, -ена
лепни́на, -ы
лепно́й
лепообра́зный; кр. ф. -зен, -зна
лепота́, -ы́
ле́пра, -ы
лепрозо́рий, -я
ле́пта, -ы
лептоли́ды, -и́д, ед. -и́да, -ы
лептомеду́за, -ы
лептоменинги́т, -а
лептомона́да, -ы
лепто́нный
лепто́ны, -ов, ед. -то́н, -а
лептоспиро́з, -а
лептоспи́ры, -и́р, ед. -и́ра, -ы

ле́пщик, -а
ле́пщица, -ы, тв. -ей
ле́пящий(ся)
лерка́, -и, р. мн. ле́рок (инструмент)
лермонтове́д, -а
лермонтове́дение, -я
ле́рмонтовский (от Ле́рмонтов)
лес, -а, предл. в лесу́, мн. -а́, -о́в; но (в названиях горных массивов) Лес, -а, напр.: Че́шский (Боге́мский) Лес, Бава́рский Лес, Тюри́нгенский Лес
леса́[1], -о́в (сооружение)
леса́[2], -ы́ и ле́са, -ы, мн. ле́сы, лес (нить у удочки)
лесби́йский
лесбия́нка, -и, р. мн. -нок
лесбия́нство, -а
ле́сбо́сский (от Ле́сбо́с)
ле́сенка, -и, р. мн. -нок
леси́на, -ы
леси́стость, -и
леси́стый
леси́шко, -а и -и, мн. -шки, -шек, м.
леси́ще, -а, мн. -а и -и, -и́щ, м.
леска́, -и, р. мн. ле́сок
леско́вский (от Леско́в)
лесни́к, -а́
лесни́чество, -а
лесни́чий, -его
лесни́чиха, -и
лесно́й
Лесно́й, -о́го (город)
лесо... — первая часть сложных слов, пишется слитно
лесобума́жный
лесове́д, -а
лесове́дение, -я
лесови́к, -а́
лесово́д, -а
лесово́дство, -а
лесово́дческий
лесово́з, -а
лесово́зный

лесовозобновле́ние, -я
лесовосстанови́тельный
лесовосстановле́ние, -я
лесовщи́к, -а́
лесовы́возка, -и
лесого́н, -а
лесозаво́д, -а
лесозаво́дский и лесозаводско́й
лесозаготови́тель, -я
лесозаготови́тельный
лесозагото́вки, -вок
лесозащи́та, -ы
лесозащи́тный
лесоинжене́рный
лесо́к, леска́
лесокомбина́т, -а
лесокульту́ра, -ы
лесолугово́й
лесоматериа́лы, -ов, ед. -а́л, -а
лесомелиорати́вный
лесомелиора́тор, -а
лесомелиора́ция, -и
лесонасажде́ния, -ий
лесообраба́тывающий
лесоосуши́тельный
лесоохо́тничий, -ья, -ье
лесоохра́на, -ы
лесоохране́ние, -я
лесоохра́нный
лесоочи́стка, -и
лесопа́рк, -а
лесопа́рковый
лесопато́лог, -а
лесопатологи́ческий
лесопатру́льный
лесопере́валка, -и
лесопере́валочный
лесопермерабо́тка, -и
лесоперерабо́тчик, -а
лесопиле́ние, -я
лесопи́лка, -и, р. мн. -лок
лесопи́льно-строга́льный
лесопи́льный
лесопи́льня, -и, р. мн. -лен
лесопито́мник, -а
лесопова́л, -а

лесопова́льщик, -а
лесопогру́зочный
лесопогру́зчик, -а
лесополоса́, -ы́, мн. -по́лосы, -поло́с, -полоса́м
лесопо́льзование, -я
лесопо́льный
лесопоса́дки, -док
лесопоса́дочный
лесопоста́вки, -вок
лесопромысло́вый
лесопромы́шленник, -а
лесопромы́шленность, -и
лесопромы́шленный
лесопропускно́й
лесопу́нкт, -а
лесоразведе́ние, -я
лесоразрабо́тки, -ток
лесорасчи́стка, -и
лесору́б, -а
лесору́бный
лесору́бочный
лесосе́ка, -и
лесосеменно́й
лесосе́чный
лесосиби́рский (от Лесосиби́рск)
лесосиби́рцы, -ев, ед. -рец, -рца, тв. -рцем
лесоспла́в, -а
лесоспла́вный
лесоспу́ск, -а
лесостепно́й
лесосте́пь, -и, мн. -и, -е́й
лесосуши́льный
лесосырьево́й
лесота́ска, -и, р. мн. -сок
лесоте́хникум, -а
лесотехни́ческий
лесоторго́вец, -вца, тв. -вцем, р. мн. -вцев
лесоторго́вля, -и
лесоторго́вый
лесоторфоразрабо́тки, -ток
лесо́тский (от Лесо́то)
лесоту́ндра, -ы
лесоту́ндровый

лесо́тцы, -ев, ед. -тец, -тца, тв. -тцем (от Лесо́то)
лесоукла́дчик, -а
лесоустрои́тельный
лесоустро́йство, -а
лесоуча́сток, -тка
лесохи́мик, -а
лесохими́ческий
лесохи́мия, -и
лесохозя́йственный
лесохозя́йство, -а
лесо́чек, -чка
лесоэкономи́ческий
лесоэксплуатацио́нный
лесоэксплуата́ция, -и
лесоэ́кспорт, -а
леспеде́ца, -ы, тв. -ей
леспромхо́з, -а
леспромхо́зовский
лёсс, -а
лессиро́ванный; кр. ф. -ан, -ана
лессирова́ть(ся), -ру́ю, -ру́ет(ся)
лессиро́вка, -и
лёссови́дный; кр. ф. -ден, -дна
лёссовый
лестадиа́не, -ан, ед. -а́нин, -а
лестадиа́нский
лестадиа́нство, -а
ле́ствица, -ы, тв. -ей
Ле́ствичник, -а: Иоа́нн Ле́ствичник
ле́ствичный
ле́стница, -ы, тв. -ей
ле́стница-чуде́сница, ле́стницы-чуде́сницы
ле́стничка, -и, р. мн. -чек
ле́стничный
ле́стность, -и
ле́стный; кр. ф. ле́стен, лестна́, ле́стно
ле́стовка, -и, р. мн. -вок (чётки; пирог)
лестриго́ны, -ов
лесть, -и
ле́сха, -и
лесхо́з, -а

лесхозза́г, -а
лесхо́зный
лесхо́зовец, -вца, тв. -вцем, р. мн. -вцев
лесхо́зовский
лёт, -а и -у, предл. на лету́
Ле́та, -ы (мифол.; ка́нуть в Ле́ту)
лета́, лет, лета́м
лета́ль, -и
лета́льность, -и
лета́льный
лета́ние, -я
лета́ргик, -а
летарги́ческий
летарги́я, -и
лета́тельный
лета́ть(ся), -а́ю, -а́ет(ся)
лета́ющий
лете́йский (от Ле́та)
лете́ть, лечу́, лети́т
летила́н, -а
лётка, -и, р. мн. лёток (в металлургии)
лётка-ёнка, лётки-ёнки
ле́тне-зелёный
ле́тне-оздорови́тельный
ле́тне-осе́нний
ле́тне-па́стбищный
ле́тний
Ле́тний са́д (в Петербурге)
ле́тник, -а
лётно-боево́й
лётно-испыта́тельный
лётно-такти́ческий
лётно-техни́ческий
лётный
ле́то, -а
лётовый (от лёт)
летоисчисле́ние, -я и летосчисле́ние, -я
лето́к, летка́
ле́том, нареч.
ле́том, нареч.
летописа́ние, -я
летопи́сец, -сца, тв. -сцем, р. мн. -сцев

ЛЕТОПИСНЫЙ

летопи́сный
ле́топись, -и
летосчисле́ние, -я и летоисчисле́ние, -я
ле́тошний
лету́н, -а́
лету́нья, -и, р. мн. -ний
лету́честь, -и
лету́чий
лету́чка, -и, р. мн. -чек
лётчик, -а
лётчик-испыта́тель, лётчика-испыта́теля
лётчик-космона́вт, лётчика-космона́вта
лётчица, -ы, тв. -ей
лётчицкий
летя́га, -и
летя́щий
ле́фовец, -вца, тв. -вцем, р. мн. -вцев
ле́фовский (от ЛЕФ)
лефо́ртовский (от Лефо́ртово)
лецити́ны, -ов, ед. -ти́н, -а
ле́чащий(ся)
лече́бник, -а
лече́бница, -ы, тв. -ей
лече́бно-гимнасти́ческий
лече́бно-оздорови́тельный
лече́бно-профилакти́ческий
лече́бно-реабилитацио́нный
лече́бно-санато́рный
лече́бно-трудово́й
лече́бно-физкульту́рный
лече́бный
лече́ние, -я
ле́ченный; кр. ф. -ен, -ена, прич.
ле́ченый, прил.
лечи́ть(ся), лечу́(сь), ле́чит(ся)
ле́чо, нескл., с.
лечь, ля́гу, ля́жет, ля́гут, прош. лёг, легла́
леша́к, -а́
леша́чий, -ья, -ье
лешачи́ха, -и
ле́ший, -его

лещ, -а́, тв. -о́м
леща́дка, -и
леща́дь, -и
ле́щик, -а
лещи́на, -ы
лещи́нный
лещи́новый
лещо́вый
лже... — первая часть сложных слов, пишется слитно, но: лже-Христо́с, Лже-Неро́н
лжеака́ция, -и
лжедемокра́т, -а
лжедемократи́ческий
лжедемокра́тия, -и
Лжедми́трий, -я
лжеиси́доровы декрета́лии, лжеиси́доровых декрета́лий
лжеиску́сство, -а
лжеклассици́зм, -а
лжекласси́ческий
лжекоро́ед, -а
лжели́ственница, -ы, тв. -ей
лжемесси́я, -и, м.
лженау́ка, -и
лженау́чный; кр. ф. -чен, -чна
Лже-Неро́н, -а (лит. персонаж)
лжепа́стырство, -а
лжепа́стырь, -я
лжеплóд, -а́
лжеприся́га, -и
лжепроро́к, -а
лжепроро́чество, -а
лжесвиде́тель, -я
лжесвиде́тельница, -ы, тв. -ей
лжесвиде́тельский
лжесвиде́тельство, -а
лжесвиде́тельствовать, -твую, -твует
лжетео́рия, -и
лжетолкова́ние, -я
лжеуче́ние, -я
лжеучёный, -ого
лжеучи́тель, -я, мн. -я́, -е́й
лжехристиа́нский
лже-Христо́с, лже-Христа́

лжец, -а́, тв. -о́м, р. мн. -о́в
лжи́вость, -и
лжи́вый
лжи́ца, -ы, тв. -ей (церк.)
ли[1], нескл., с. (мера длины)
ли[2], нескл., мн., ед. м. и ж. (народ)
ли[3] и ль, частица и союз — пишется раздельно
Ли, нескл., мн. (династия)
лиа́зы, лиа́з, ед. лиа́за, -ы
лиа́на, -ы
лиа́новый
лиано́зовский (от Лиано́зово)
лиано́зовцы, -ев, ед. -вец, -вца, тв. -вцем
ли́бела, -ы
либера́л, -а
либера́л-демокра́т, -а
либера́л-демократи́ческий
либерализа́ция, -и
либерализи́рованный; кр. ф. -ан, -ана
либерализи́ровать(ся), -и́рую, -и́рует(ся)
либерали́зм, -а
либерализо́ванный; кр. ф. -ан, -ана
либерализова́ть(ся), -зу́ю, -зу́ет(ся)
либера́лка, -и, р. мн. -лок
либера́льничанье, -я
либера́льничать, -аю, -ает
либера́льно-буржуа́зный
либера́льно-демократи́ческий
либера́льность, -и
либера́льный; кр. ф. -лен, -льна
либери́йка, -и, р. мн. -и́ек
либери́йский (от Либе́рия)
либери́йцы, -ев, ед. -и́ец, -и́йца, тв. -и́йцем
ли́беро, нескл., м.
либерти́, нескл., с. и неизм.
либерти́н, -а
ли́берум ве́то, нескл., с.
либидо́, нескл., с.
ли́бо, союз (ли́бо о́н, ли́бо я́)

-ли́бо, *частица* – *с предшествующим словом пишется через дефис, напр.*: что́-ли́бо, где́-ли́бо
ли́бра, -ы
либра́ция, -и
либретти́ст, -а
либретти́стка, -и, *р. мн.* -ток
либре́тто, *нескл., с.*
либрифо́рм, -а
ливади́йский (*от* Лива́дия)
лива́нка, -и, *р. мн.* -нок
лива́нский (*от* Лива́н)
лива́нцы, -ев, *ед.* -нец, -нца, *тв.* -нцем
ли́венка, -и, *р. мн.* -нок
ли́венский (*от* Ли́вны; ли́венская гармо́шка, ли́венская поро́да свине́й)
ли́венцы, -ев, *ед.* -нец, -нца, *тв.* -нцем
ли́вень, ли́вня
ли́вер, -а
ли́верный
ливерпу́льский (*от* Ливерпу́ль)
ливерпу́льцы, -ев, *ед.* -лец, -льца, *тв.* -льцем
ливи́йка, -и, *р. мн.* -и́ек
Ливи́йская Ара́бская Джамахири́я
ливи́йский (*от* Ли́вия)
ливи́йцы, -ев, *ед.* -и́ец, -и́йца, *тв.* -и́йцем
ливисто́на, -ы
ливмя́ ли́ть
ли́вневый
ливнеотводя́щий
ливнеспу́ск, -а
ливнесто́к, -а
Ливо́нская война́ (*ист.*)
ливо́нский (*от* Ливо́ния)
Ливо́нский о́рден
ливо́нцы, -ев, *ед.* -нец, -нца, *тв.* -нцем
ливр, -а
ливре́йный
ливре́я, -и

ли́вский
ли́вы, -ов
ли́га, -и
Ли́га ара́бских госуда́рств
лига́зы, -аз, *ед.* -а́за, -ы
Ли́га На́ций (1919 – 1946)
лига́нды, -ов, *ед.* -а́нд, -а
лигату́ра, -ы
лигату́рный
Ли́га чемпио́нов
лигни́н, -а
лигни́новый
лигни́т, -а
лигни́товый
лигносто́н, -а
Ли́го, *нескл., м. и с.* (*праздник*)
ли́говый
лигрои́н, -а
лигрои́новый
лигури́йский (*от* Лигу́рия)
лигури́йцы, -ев, *ед.* -и́ец, -и́йца, *тв.* -и́йцем
лигу́ры, -ов
лидди́т, -а
ли́дер, -а
ли́дерский
ли́дерство, -а
ли́дерта́фель, -я
лиди́йский (*от* Ли́дия, *страна*)
лиди́йцы, -ев, *ед.* -и́ец, -и́йца, *тв.* -и́йцем
лиди́рование, -я
лиди́ровать, -рую, -рует
лидиро́вщик, -а
ли́до, *нескл., с.*
ли́дсский (*от* Лидс)
лиепа́йский (*от* Лиепа́я)
лиепайча́не, -а́н, *ед.* -а́нин, -а
ли́жущий(ся)
ли-зако́н, -а
лиза́ние, -я
ли́занный; *кр. ф.* -ан, -ана, *прич.*
ли́заный, *прил.*
лиза́ты, -ов, *ед.* лиза́т, -а
лиза́ть(ся), лижу́(сь), ли́жет(ся)
лизго́льд, -а

лизго́льдер, -а
лизе́на, -ы
лизерги́новый
лизиге́нный (*бот.*)
лизикарпи́я, -и
лизи́метр, -а
лизиметри́ческий
лизи́н, -а
ли́зинг, -а
ли́зинговый
ли́зис, -а
лизну́ть, -ну́, -нёт
лизоблю́д, -а
лизоблю́дка, -и, *р. мн.* -док
лизоблю́дничать, -аю, -ает
лизоблю́дство, -а
лизогениза́ция, -и
лизогени́я, -и
лизоге́нный (*в генетике*)
лизо́л, -а
лизолецити́н, -а
лизо́ловый
лизосо́ма, -ы
лизофо́рм, -а
лизоци́м, -а
лизу́н, -а́
лизуне́ц, -нца́, *тв.* -нцо́м, *р. мн.* -нцо́в
лизу́нья, -и, *р. мн.* -ний
лик, -а
ликбе́з, -а
ликбе́зный
ликбе́зовский
ликвацио́нный
лива́ция, -и
ликвида́мбар, -а
ликвида́тор, -а
ликвида́торский
ликвида́торство, -а
ликвидацио́нный
ликвида́ция, -и
ликвиди́рование, -я
ликвиди́рованный; *кр. ф.* -ан, -ана
ликвиди́ровать(ся), -рую, -рует(ся)

ЛИКВИДКОМ

ликвидко́м, -а
ликви́дность, -и
ликви́дный; *кр. ф.* -ден, -дна
ли́квидус, -а
ли́квор, -а
ликей, -я (*древнегреческая филос. школа*)
ликёр, -а и -у
ликёрец, -рца и -рцу, *тв.* -рцем
ликёрный
ликёроводочный
ликёрчик, -а и -у
ликийский (*от Ли́кия*)
ликова́ние, -я
ликова́ть, лику́ю, лику́ет
лико́д, -а
ликопо́дий, -я
ли́ктор, -а
ли́кторский
ликтро́с, -а
лику́ющий
лиле́йник, -а
лиле́йный
лиле́я, -и (*устар. поэтич. к ли́лия*)
лилиеви́дный; *кр. ф.* -ден, -дна
лилиецве́тные, -ых
лилипу́т, -а
лилипу́тка, -и, *р. мн.* -ток
лилипу́тский
Лили́т, *нескл., ж.* (*мифол.*)
ли́лия, -и
лилова́тенький
лилова́тость, -и
лилова́тый
лило́венький
лилове́ть, -е́ет
лило́во-голубо́й
лило́во-ро́зовый
лило́во-си́ний
лило́вость, -и
лило́вый
лима́н, -а
лима́нный
лимаци́ды, -ов, *ед.* -ци́д, -а
лимб, -а

лимбербо́рдовый и лимбербо́ртовый
лимби́ческий
лимбурги́т, -а
ли́мерик, -а
лими́т, -а
лимита́, -ы́ (*лимитчики*)
лимита́ция, -и
лимити́рование, -я
лимити́рованный; *кр. ф.* -ан, -ана
лимити́ровать(ся), -рую, -рует(ся)
лими́тный
лимитро́ф, -а
лимитро́фный
лими́тчик, -а
лими́тчица, -ы, *тв.* -ей
лимни́граф, -а
лимни́ческий
лимнобио́нты, -ов, *ед.* -о́нт, -а
лимно́лог, -а
лимнологи́ческий
лимноло́гия, -и
лимнофи́лы, -ов, *ед.* -фи́л, -а
лимнофи́льный
лимо́жский (*от Лимо́ж*)
лимо́жцы, -ев, *ед.* -жец, -жца, *тв.* -жцем
лимо́н, -а
лимона́д, -а и -у
лимона́дик, -а и -у
лимона́дный
лимона́рий, -я
лимони́т, -а
лимо́нка, -и, *р. мн.* -нок
лимо́нник, -а
лимо́нница, -ы, *тв.* -ей
лимо́нничать, -аю, -ает
лимо́нно-жёлтый
лимонноки́слый
лимо́нный
лимонови́дный; *кр. ф.* -ден, -дна
лимо́новый
лимо́нчик, -а
ли́мский (*от Ли́ма*)

лимузи́н, -а
ли́мфа, -ы
лимфадени́т, -а
лимфадено́з, -а
лимфангии́т, -а и лимфанги́т, -а
лимфангио́ма, -ы
лимфа́тик, -а
лимфати́ческий
лимфогранулемато́з, -а
лимфо́зный
лимфообраще́ние, -я
лимфоретикулёз, -а
лимфосарко́ма, -ы
лимфото́к, -а
лимфотро́пный
лимфоцита́рный
лимфоцито́з, -а
лимфоци́ты, -ов, *ед.* -ци́т, -а
ли́мцы, -ев, *ед.* ли́мец, ли́мца, *тв.* ли́мцем (*от Ли́ма*)
лина́рия, -и
линга́ла, *нескл., м. и неизм.*
лингафо́н, -а
лингафо́нный
лингви́ст, -а
лингви́стика, -и
лингвисти́ческий
лингви́стка, -и, *р. мн.* -ток
лингвогеографи́ческий
лингвогеогра́фия, -и
лингводида́ктика, -и
лингводидакти́ческий
лингвокульту́рный
лингвокультурологи́ческий
лингвокультуроло́гия, -и
лингвопоэ́тика, -и
лингвостили́стика, -и
лингвостилисти́ческий
лингвострикове́дение, -я
лингвострикове́дческий
лингвофилосо́фия, -и
линеаме́нт, -а
линеариза́ция, -и
линеари́зм, -а
линеа́рность, -и

линеа́рный
лине́ечка, -и, *р. мн.* -чек
лине́ечный
лине́йка, -и, *р. мн.* -е́ек
лине́йно-ка́бельный
лине́йно-ле́нточный
линейноли́стный
лине́йно-путево́й
лине́йный; *кр. ф.* -е́ен, -е́йна
лине́йчатый
лине́йщик, -а
линёк, линька́
линемёт, -а
линемета́тель, -я
линемета́тельный
линемётный
линето́л, -а
ли́нза, -ы
линзи́рование, -я
ли́нзовый
ли́нийка, -и, *р. мн.* -иск
линиме́нт, -а
ли́ния, -и
линко́льн, -а (*автомобиль*)
линко́льновский (*от* Ли́нкольн)
линко́р, -а
ли́нкос, -а
линкру́ст, -а
Линне́ев, -а, -о и линне́евский (*от* Линне́й)
линне́я, -и (*растение*)
ли́нный (*от* линя́ть)
лино́, *нескл., с.*
линобати́ст, -а
линова́льный
линова́ние, -я
лино́ванный; *кр. ф.* -ан, -ана
линова́ть(ся), лину́ю, лину́ет(ся)
лино́вка, -и
линогравю́ра, -ы
линолеа́т, -а
линоле́вый
линоле́новый
линоле́ум, -а
линоле́умный
линоти́п, -а

линотипи́ст, -а
линотипи́стка, -и, *р. мн.* -ток
линоти́пия, -и
линоти́пный
линотро́н, -а
ли́нцский (*от* Линц)
Линч, -а: суд Ли́нча
линчева́ние, -я
линчёванный; *кр. ф.* -ан, -ана
линчева́тель, -я
линчева́тельский
линчева́ть(ся), -чу́ю(сь), -чу́ет(ся)
линь, -я́
ли́нька, -и, *р. мн.* ли́нек
линю́честь, -и
линю́чий
линя́лый
линя́ние, -я
линя́ть, -я́ю, -я́ет
лионе́з, -а
лио́нский (*от* Лио́н)
лио́нцы, -ев, *ед.* -нец, -нца, *тв.* -нцем
лиотропи́я, -и
лиотро́пный
лиофилиза́ция, -и
лиофи́льность, -и
лиофи́льный
лиофо́бность, -и
лиофо́бный
ли́па, -ы
липа́зы, -а́з, *ед.* -а́за, -ы
липари́с, -а
липари́т, -а
ли́пец, ли́пца, *тв.* ли́пцем
ли́пецкий (*от* Ли́пецк)
липи́ды, -ов, *ед.* -и́д, -а
ли́пка, -и, *р. мн.* ли́пок
ли́пкий; *кр. ф.* ли́пок, липка́, ли́пко
липкоме́р, -а
ли́пкость, -и
ли́пник, -а
ли́пнувший
ли́пнуть, -ну, -нет; *прош.* ли́пнул и лип, ли́пла
липня́к, -а́

ли́повый
липо́евая кислота́
липо́иды, -ов, *ед.* -о́ид, -а
липока́ин, -а
липо́ма, -ы
липомато́з, -а
ли́понька, -и, *р. мн.* -нек
липопротеи́ды, -ов, *ед.* -и́д, -а
липопротеи́ны, -ов, *ед.* -и́н, -а
липосо́мы, -о́м, *ед.* -о́ма, -ы
липофусци́н, -а
ли́ппия, -и (*растение*)
ли́пси, *нескл., м. и с.*
липу́честь, -и
липу́чий
липу́чка, -и, *р. мн.* -чек
липча́не, -а́н, *ед.* -а́нин, -а (*к* Ли́пецк)
липча́нка, -и, *р. мн.* -нок
Лир, -а: Коро́ль Ли́р
ли́ра, -ы и (*созвездие*) Ли́ра, -ы
ли́ра-вио́ла, ли́ры-вио́лы
ли́ра-ры́ба, ли́ры-ры́бы
лириза́ция, -и
лири́зм, -а
ли́рик, -а
ли́рика, -и
ли́рико-драмати́ческий
ли́рико-романти́ческий
ли́рико-филосо́фский
ли́рико-эпи́ческий
лириоде́ндрон, -а
лири́ческий
лири́чность, -и
лири́чный; *кр. ф.* -чен, -чна
ли́рник, -а
ли́рный
лирови́дный; *кр. ф.* -ден, -дна
лирообра́зный; *кр. ф.* -зен, -зна
лирохво́ст, -а
лироэпи́ческий
лис, -а
лиса́, -ы́, *мн.* ли́сы, лис (*животное*)
лисабо́нский (*от* Лисабо́н)
лисабо́нцы, -ев, *ед.* -нец, -нца, *тв.* -нцем

ли́сель, -я
ли́сель-ре́й, -я
ли́сель-спи́рт, -а
лисёнок, -нка, мн. лися́та, лися́т
лисёночек, -чка, мн. лися́тки, -ток
ли́сий, -ья, -ье
лиси́ный
лиси́ть, -и́т
лиси́ца, -ы, тв. -ей
лиси́цын, -а, -о
лиси́чка, -и, р. мн. -чек
лиси́чка-сестри́чка, лиси́чки-сестри́чки
ли́скинский (от Ли́ски, город)
лисови́н, -а
ли́сонька, -и, р. мн. -нек
лисофе́рма, -ы
лисохво́ст, -а
лист, -а́, мн. листы́, -о́в и (у растений) ли́стья, -ьев
листа́ж, -а́, тв. -о́м
листа́жный
ли́станный; кр. ф. -ан, -ана
листа́ть(ся), -а́ю, -а́ет(ся)
листва́, -ы́
лиственит, -а
лиственитиза́ция, -и
лиственитизо́ванный; кр. ф. -ан, -ана
ли́ственница, -ы, тв. -ей
ли́ственничный
ли́ственно-декорати́вный
ли́ственный
ли́ствень, -и
листвя́г, -а и листвя́к, -а
листвя́жный
листвяно́й
листе́рии, -ий, ед. -рия, -и
листерио́з, -а
ли́стик, -а
ли́стинг, -а
ли́стинговый
листбло́шка, -и, р. мн. -шек
листобо́й, -я
листобо́йный
листовёртка, -и, р. мн. -ток

листови́дный; кр. ф. -ден, -дна
листови́к, -а́
листо́вка, -и, р. мн. -вок
листово́й
листо́вочный
ли́стовский (от Лист)
листоги́бочный
листогрызу́щий
листое́д, -а
листо́к, -тка́
листола́з, -а
листоно́гий
листоно́с, -а
листообра́зный; кр. ф. -зен, -зна
листопа́д, -а
листопа́дник, -а
листопа́дный
листоподбо́рка, -и, р. мн. -рок
листоподбо́рочный
листоправи́льный
листопрока́тка, -и
листопрока́тный
листопрока́тчик, -а
листорасположе́ние, -я
листоре́з, -а
листоре́зальный
листосте́бельный
листоте́л, -а
ли́ст-о́ттиск, листа́-о́ттиска
листо́чек, -чка
листоштампо́вочный
ли́стье, -я (собир.)
лися́тник, -а
лит, -а (ден. ед.)
литаври́ст, -а
лита́врный
лита́врщик, -а
лита́вры, -а́вр, ед. -а́вра, -ы
литаге́нт, -а
литакиноско́п, -а
лита́ния, -и (молитва)
литаско́п, -а
литви́нка, -и, р. мн. -нок
литви́ны, -ов, ед. -ви́н, -а
лите́йка, -и, р. мн. -е́ек
лите́йно-механи́ческий

лите́йный (от литьё)
лите́йщик, -а
ли́тер, -а (документ)
ли́тера, -ы (буква)
литера́л, -а
литера́тор, -а
Литера́торские мостки́ (на Во́лковом кладбище в Петербурге)
литера́торский
литера́торство, -а
литера́торствовать, -твую, -твует
литера́торша, -и, тв. -ей
литерату́ра, -ы
литерату́рка, -и
литерату́рно-драмати́ческий
литерату́рно-крити́ческий
литерату́рно-мемориа́льный
литерату́рно-музыка́льный
литерату́рно-полити́ческий
литерату́рность, -и
литерату́рно-худо́жественный
литерату́рный; кр. ф. -рен, -рна
литературове́д, -а
литературове́дение, -я
литературове́дка, -и, р. мн. -док
литературове́дный
литературове́дческий
литерату́рщина, -ы
ли́терный
ли́тиевый
ли́тий, -я
лити́йный (от лития́)
литийоргани́ческий
лития́, -и́, предл. о лития́
ли́тка, -и, р. мн. ли́ток
литконсульта́нт, -а
литкружо́к, -жка́
литмонта́ж, -а́, тв. -о́м
ли́тник, -а
ли́тниковый
литобъедине́ние, -я
лито́вка, -и, р. мн. -вок
лито́вский (к Литва́ и лито́вцы)
лито́вско-белору́сский
лито́вско-росси́йский

литовско-русский
литовцы, -ев, ед. -вец, -вца, тв. -вцем
литогенез, -а и литогенезис, -а
литоглифика, -и
литограф, -а
литографирование, -я
литографированный; кр. ф. -ан, -ана
литографировать(ся), -рую, -рует(ся)
литографический
литография, -и
литографский
литографщик, -а
литой, прил.
литологический
литология, -и
литолого-минералогический
литолого-палеографический
литолого-фациальный
литомурация, -и
литопон, -а
литораль, -и
литоральный
литорея, -и
литорина, -ы
литоринх, -а
литосфера, -ы
литосферный
литота, -ы
литотамния, -и
литотека, -и
литотрипсия, -и
литофания, -и
литофильный
литофиты, -ов, ед. -фит, -а
литохимический
литр, -а
литработник, -а
литраж, -а, тв. -ом
литражный
литр-атмосфера, -ы
литред, -а
литровка, -и, р. мн. -вок
литровый

литсотрудник, -а
литсотрудница, -ы, тв. -ей
литуанист, -а
литуанистика, -и
литургиарий, -я
литургийный
литургика, -и
литургический
литургия, -и
литфак, -а
Литфонд, -а
литфондовский
литчасть, -и
литый; кр. ф. лит, лита, лито, прич.
лить, лью, льёт; прош. лил, лила, лило
литьё, -я
литьевой
литься, льётся; прош. лился, лилась, лилось
лиф, -а
лифляндский (от Лифляндия)
лифляндцы, -ев, ед. -дец, -дца, тв. -дцем
лифо, нескл., с. и неизм.
лифт, -а
лифтёр, -а
лифтёрский
лифтёрша, -и, тв. -ей
лифтный
лифтовой
лифтостроение, -я
лифтостроитель, -я
лифтостроительный
лифчик, -а
лих, частица
лихач, -а, тв. -ом
лихачащий
лихаческий
лихачество, -а
лихачить, -чу, -чит
лихва: с лихвой
лихвинский (от Лихвин; лихвинское межледниковье)
лихенология, -и
лихо¹, -а (зло, беда)

лихо², нареч. и в знач. сказ.
лиходей, -я
лиходейка, -и, р. мн. -еек
лиходейский
лиходейство, -а
лихоимец, -мца, тв. -мцем, р. мн. -мцев
лихоимство, -а
лихой; кр. ф. лих, лиха, лихо, лихи
лихолетье, -я, р. мн. -тий
лихоманка, -и
лихорадить, -ажу, -адит
лихорадка, -и, р. мн. -док
лихорадочность, -и
лихорадочный; кр. ф. -чен, -чна
лихость, -и
лихтенштейнский (от Лихтенштейн)
лихтенштейнцы, -ев, ед. -нец, -нца, тв. -нцем
лихтер, -а, мн. -ы, -ов и -а, -ов
лихтеровоз, -а
лихтеровозный
лицевание, -я
лицевать(ся), лицую, лицует(ся)
лицевой
лицедей, -я
лицедейка, -и, р. мн. -еек
лицедейский
лицедейство, -а
лицедействовать, -твую, -твует
лицезрение, -я
лицезреть, -рю, -рит
лицеист, -а
лицей, -я
лицейский
лицемер, -а
лицемерие, -я
лицемерить, -рю, -рит
лицемерка, -и, р. мн. -рок
лицемерность, -и
лицемерный; кр. ф. -рен, -рна
лицемерящий
лицензиар, -а (тот, кто выдал лицензию)

ЛИЦЕНЗИАТ

лицензиа́т, -а (*тот, кому выдана лицензия*)
лицензио́нный
лицензи́рование, -я
лицензи́рованный; *кр. ф.* -ан, -ана
лицензи́ровать(ся), -рую, -рует(ся)
лице́нзия, -и
лиценциа́т, -а (*ученая степень*)
лицеприя́тие, -я
лицеприя́тный; *кр. ф.* -тен, -тна
лицеприя́тствовать, -твую, -твует
ли́циум, -а
лицо́, -а́, *мн.* ли́ца, лиц
лицо́ванный; *кр. ф.* -ан, -ана
лицо́вка, -и
лицо́ в лицо́
лицо́вочно-штемпелева́льный
лицо́м к лицу́
ли́чи, *нескл., м. и с.* (*фрукт*)
ли́чико, -а, *мн.* -и, -ов
личи́на, -ы
личи́нка, -и, *р. мн.* -нок
личи́нковый
личинкое́д, -а
личинкохо́рдовые, -ых
личи́ночный
ли́чник, -а (*участник соревнований за личное первенство*)
лични́к, -а́ (*специализация иконописца*)
ли́чно, *нареч.*
ли́чно зави́симый
ли́чно заинтересо́ванный
лично́й
ли́чно кома́ндный
ли́чно отве́тственный
ли́чно свобо́дный
ли́чностно напра́вленный
ли́чностно ориенти́рованный
ли́чностность, -и
ли́чностный; *кр. ф.* -тен, -тна
ли́чность, -и
ли́чный

лишаеви́дный; *кр. ф.* -ден, -дна
лиша́й, -я́
лиша́йник, -а
лиша́йниковый
лиша́йница, -ы, *тв.* -ей
лиша́йный
лиша́ть(ся), -а́ю(сь), -а́ет(ся)
ли́ше, *сравн. ст. (от* лихо́й, ли́хо²*)*
ли́шек, ли́шка и ли́шку
лише́нец, -нца, *тв.* -нцем, *р. мн.* -нцев
лише́ние, -я
лише́нка, -и, *р. мн.* -нок
лишённый; *кр. ф.* -ён, -ена́
лише́нческий
лиши́ть(ся), лишу́(сь), лиши́т(ся)
ли́шне и ли́шнее (*с неопр.*), в *знач. сказ.*
ли́шний
лишь
лишь бы
лишь то́лько
Лло́йд, -а: реги́стр Лло́йда
лоб, лба, *предл.* на лбу
лоба́н, -а
лоба́нчик, -а
лоба́рия, -и
лоба́стый
Лобаче́вский, -ого: геоме́трия Лобаче́вского, ме́тод Лобаче́вского
ло́бби, *нескл., с.* (*полит.*)
лобби́зм, -а
лобби́рование, -я
лобби́рованный; *кр. ф.* -ан, -ана
лобби́ровать(ся), -рую, -рует(ся)
лобби́ст, -а
лобби́стский
лоб в лоб
лобе́лия, -и
лобза́ние, -я
лобза́ть(ся), -а́ю(сь), -а́ет(ся)
ло́бзик, -а
ло́бзиковый
ло́бик, -а
ло́био, *нескл., с.* (*кулин.*)

ло́бия, -и (*растение*)
лобко́во-бе́дренный
лобко́вый
ло́бно-верхнечелюстно́й
Ло́бное ме́сто (*в Москве*)
ло́бный
лобово́, *нареч.*
лобово́й
лобогре́йка, -и, *р. мн.* -е́ек
лобо́к, лобка́
лобото́карный
лоботря́с, -а
лоботря́сничать, -аю, -ает
лобыза́ние, -я
лобыза́ть(ся), -а́ю(сь), -а́ет(ся)
лов, -а
ловела́с, -а
ловела́сничать, -аю, -ает
ловела́снический
ловела́сничество, -а
ловерде́к, -а
лове́ц, ловца́, *тв.* ловцо́м, *р. мн.* ловцо́в
лове́цкий
лови́тва, -ы
лови́ть(ся), ловлю́(сь), ло́вит(ся)
ловка́ч, -а́, *тв.* -о́м
ловка́ческий
ловка́чество, -а
ловка́чка, -и, *р. мн.* -чек
ло́вкий; *кр. ф.* ло́вок, ловка́, ло́вко, ло́вки́
ло́вкость, -и
ло́вленный; *кр. ф.* -ен, -ена, *прич.*
ло́вля, -и, *р. мн.* ло́вель
лову́шка, -и, *р. мн.* -шек
ло́вче и ловче́е, *сравн. ст.*
ло́вчий¹, *прил.*
ло́вчий², -его
ловчи́ла, -ы, *м. и ж.*
ловчи́ть(ся), -чу́(сь), -чи́т(ся)
ловя́щий(ся)
лог, -а, *предл.* в ло́ге и в логу́, *мн.* -а́, -о́в; но (*в названиях населенных пунктов*) Лог, -а, *предл.* в ... Ло́ге, *напр.*: Сухо́й Лог (*город*),

Вели́кий Лог, Ка́менный Лог (посёлки)
логари́фм, -а
логари́фмика, -и
логарифми́рование, -я
логарифми́рованный; кр. ф. -ан, -ана
логарифми́ровать(ся), -рую, -рует(ся)
логарифми́ческий
логарифми́чески-норма́льный
лога́зды; -ов, ед. -зд, -а
ло́ггер, -а
ло́гик, -а
ло́гика, -и
ло́гико-математи́ческий
ло́гико-филосо́фский
логисмогра́фия, -и
логи́ст, -а
логи́стика, -и
логици́зм, -а
логи́чески безупре́чный
логи́ческий
логи́чность, -и
логи́чный; кр. ф. -чен, -чна
ло́говище, -а
ло́гово, -а
логогра́мма, -ы
логогра́ф, -а
логогри́ф, -а
лого́метр, -а
логопа́т, -а
логопати́ческий
логопа́тия, -и
логопе́д, -а
логопеди́ческий
логопе́дия, -и
логопериоди́ческий
логопсихотерапи́я, -и
Ло́гос, -а (филос.)
логоти́п, -а
логофе́т, -а
Лоде́йное По́ле (город)
лоде́йнопо́льский (от Лоде́йное По́ле)
ло́джийный

ло́джия, -и
ло́дзинский (от Лодзь)
ло́дзинцы, -ев, ед. -нец, -нца, тв. -нцем
лоди́кулы, -ул, ед. -ула, -ы
ло́дка, -и, р. мн. ло́док
ло́дочка, -и, р. мн. -чек
ло́дочки, -чек, ед. -чка, -и (обувь)
ло́дочник, -а
ло́дочно-прока́тный
ло́дочный
лодчо́нка, -и, р. мн. -нок
лоды́га, -и
лоды́жка, -и, р. мн. -жек
лоды́жный
ло́дырничанье, -я
ло́дырничать, -аю, -ает
ло́дырничество, -а
ло́дырь, -я
ло́жа, -и, тв. -ей (в театре; у ружья; масо́нская ло́жа)
ложби́на, -ы
ложби́нистый
ложби́нка, -и, р. мн. -нок
ложби́нный
ло́же, -а (постель; русло; у ружья)
ложево́й
ложеме́нт, -а
ло́жечка, -и, р. мн. -чек
ло́жечник, -а
ло́жечница, -ы, тв. -ей
ло́жечный
ложи́ться, ложу́сь, ложи́тся
ло́жка, -и, р. мн. ло́жек
ложка́рить, -рю, -рит
ложка́рный
ложка́рь, -я́
ло́жки-ви́лки, ло́жек-ви́лок
ложноготи́ческий
ло́жно истолко́ванный
ложноклассици́зм, -а
ложноклассси́ческий
ложноко́кон, -а
ложнокоренно́й
ложноли́ственница, -ы, тв. -ей
ложнолопатоно́с, -а

ложноно́гие, -их
ложноно́жки, -жек, ед. -жка, -и
ложноочи́ток, -тка
ложнопарази́ты, -ов, ед. -зи́т, -а
ложнопатриоти́ческий
ложнопестря́нка, -и, р. мн. -нок
ло́жно по́нятый
ложнопро́волочник, -а
ложнору́сский
ложносетчатокры́лые, -ых
ложноскорпио́н, -а
ложносло́ник, -а
ло́жность, -и
ложнощито́вка, -и, р. мн. -вок
ло́жный; кр. ф. ло́жен, ложна́
ложо́к, ложка́
ложь, лжи, тв. ло́жью
лоза́, -ы́, мн. ло́зы, лоз
лоза́ннский (от Лоза́нна)
лоза́ннцы, -ев, ед. -ннец, -ннца, тв. -ннцем
лози́на, -ы
лози́нка, -и, р. мн. -нок
лози́новый
ло́зный
лозня́к, -а́
лозняко́вый
лознячо́к, -чка́
лозо́вый
лозоплете́ние, -я
лозохо́дец, -дца, тв. -дцем, р. мн. -дцев
лозохо́дство, -а
ло́зунг, -а
лозунго́вый
Лойо́ла, -ы, нескл., м.
ло́ка, -и (мифол.)
лока́йский (лока́йская поро́да лошаде́й)
локализа́ция, -и
локализи́рованный; кр. ф. -ан, -ана
локализи́ровать(ся), -рую, -рует(ся)
локализо́ванный; кр. ф. -ан, -ана
локализова́ть(ся), -зу́ю, -зу́ет(ся)

ЛОКАЛЬНОСТЬ

лока́льность, -и
лока́льный; *кр. ф.* -лен, -льна
лока́рнский (*от* Лока́рно)
локати́в, -а
лока́тор, -а
лока́торный
лока́торщик, -а
лока́ут, -а
локаути́рованный; *кр. ф.* -ан, -ана
локаути́ровать(ся), -рую, -рует(ся)
локацио́нный
лока́ция, -и
локая́та, -ы
ло́ква, -ы
ло́ко, *нескл., с. и неизм.*
локомоби́ль, -я
локомоби́льный
локомоти́в, -а
локомоти́вный
локомотивовагоноремо́нтный
локомотиворемо́нтный
локомотивостро́ение, -я
локомотивострои́тельный
локомоти́вщик, -а
локомото́рный
локомо́ция, -и
ло́кон, -а
локо́нчик, -а
локотни́к, -а́
локото́к, -тка́
локото́чек, -чка
ло́коть, ло́ктя, *мн.* ло́кти, -е́й
локри́йский ла́д
локсодро́ма, -ы и локсодро́мия, -и
локтево́й
ло́кус, -а
лолла́рды, -ов, *ед.* -а́рд, -а
лом, -а, *мн.* -ы и -ы́, -о́в
ло́ма, *нескл., мн., ед. м. и ж.* (*народ*)
лома́ка, -и, *м. и ж.*
ло́манный; *кр. ф.* -ан, -ана, *прич.*
ло́маный, *прил.*

лома́нье, -я
лома́ть(ся), -а́ю(сь), -а́ет(ся)
ломба́рд, -а
ломба́рдный
ломба́рдский (*от* Ломба́рдия)
ломба́рдцы, -ев, *ед.* -дец, -дца, *тв.* -дцем
ло́мбер, -а
ло́мберный
ломброзиа́нский (*от* Ломбро́зо)
ломброзиа́нство, -а
ло́мик, -а
ломи́ть(ся), ломлю́(сь), ло́мит(ся)
ло́мка, -и, *р. мн.* ло́мок
ло́мкий; *кр. ф.* ло́мок, ломка́, ло́мко
ло́мкость, -и
ломли́вый
ломови́к, -а́
ломово́й
ломоно́с, -а
Ломоно́совская пре́мия
Ломоно́совские чте́ния
ломоно́совский (*от* Ломоно́сов)
ломоперераба́тывающий
ломосда́тчик, -а
ломота́, -ы
ломо́тный
ломо́ть, ломтя́, *мн.* ломти́, -е́й
ломтере́зка, -и, *р. мн.* -зок
ло́мтик, -а
ло́мче, *сравн. ст.* (*от* ло́мкий)
ломь, -и
ломя́щий(ся)
лонге́т, -а (*мед.*)
лонге́тка, -и, *р. мн.* -ток
лонгше́з, -а
ло́ндонский (*от* Ло́ндон)
Ло́ндонский клу́б кредито́ров (*международная организация*)
ло́ндонцы, -ев, *ед.* -нец, -нца, *тв.* -нцем
ло́нжа, -и, *тв.* -ей
лонжеро́н, -а
лонжеро́нный
ло́нный

ло́но, -а
лопари́, -е́й, *ед.* лопа́рь, -я́ (*саами*)
лопари́т, -а
лопа́рка, -и, *р. мн.* -рок
ло́парный (*от* ло́парь)
лопа́рский (*от* лопари́)
ло́парь, -я (*трос*)
ло́пастный
ло́пасть, -и, *мн.* -и, -е́й и -ей
лопа́та, -ы
лопа́тень, -тня
лопа́тить, -а́чу, -а́тит
лопа́тище, -а
лопа́тка, -и, *р. мн.* -ток
лопатови́дный; *кр. ф.* -ден, -дна
лопатоно́гие, -их
лопатоно́с, -а
лопатообра́зный; *кр. ф.* -зен, -зна
лопа́точка, -и, *р. мн.* -чек
лопа́точный
лопа́тчатый
ло́пать, -аю, -ает
ло́паться, -аюсь, -ается
Лопа́хин, -а (*лит. персонаж; делец*)
лопа́ченный; *кр. ф.* -ен, -ена
ло́пинг, -а
лопнуть, -ну, -нет
лополи́т, -а
лопота́ние, -я
лопота́ть, лопочу́, лопо́чет
лопоту́н, -а́
лопоту́нья, -и, *р. мн.* -ний
лопоу́хий
лопо́чущий
Ло́пские пого́сты (*ист.*)
ло́пский
лопу́х, -а́
лопухну́ться, -ну́сь, -нётся
лопухо́вый
лопуши́стый
лопу́шник, -а
лопушо́к, -шка́
лопь, -и (*саамы, ист.*)
лор, -а (*врач*)
лорд, -а

лорд-ка́нцлер, -а
лорд-мэ́р, -а
лордо́з, -а
ло́рдский
ло́рдство, -а
лорд – храни́тель печа́ти
Ло́ренц, -а: преобразова́ния Ло́ренца, си́ла Ло́ренца, уравне́ния Ло́ренца – Ма́ксвелла
Лоре́нцо Великоле́пный
лоре́тка, -и, *р. мн.* -ток
ло́ри, *нескл., м.*
ло́риевые, -ых
лорне́т, -а
лорне́тка, -и, *р. мн.* -ток
лорне́тный
лорни́рование, -я
лорни́рованный; *кр. ф.* -ан, -ана
лорни́ровать(ся), -рую(сь), -рует(ся)
ло́ро, *нескл., с. и неизм.*
лорорга́ны, -ов
лоротделе́ние, -я
ло́рум, -а (*лента*)
лос-анджеле́сский (*от* Лос-А́нджелес)
лоса́нджелесцы, -ев, *ед.* -сец, -сца, *тв.* -сцем
посево́д, -а
посево́дство, -а
посево́дческий
посёвый
посёнок, -нка, *мн.* лося́та, -я́т
посефе́рма, -ы
поси́на, -ы (*лоси́ная кожа, лоси́ное мясо*)
поси́нный (*от* лоси́на *и* лоси́ны)
посиноостро́вский (*от* Лоси́ный О́стров)
поси́ны, -и́н (*штаны*)
поси́ный (*от* лось)
Поси́ный О́стров (*природная зо́на в Москве*)
поси́ха, -и
поск, -а

ло́скут, -а (*остатки в нек-рых производствах*)
лоску́т, -а́, *мн.* -ы́, -о́в *и* лоску́тья, -ьев
лоску́тик, -а
лоску́тный
лоскуто́к, -тка́
лоскуто́чек, -чка
лосни́стость, -и
лосни́стый
лосни́ться, -ню́сь, -ни́тся
лососёвый
лососеобра́зные, -ых
лососи́й, -ья, -ье
лососи́на, -ы
лососи́нный (*от* лососи́на)
лосо́ска, -и, *р. мн.* -сок
ло́сось, -я
лось, -я, *мн.* -и, -е́й *и* -ей
лосьо́н, -а
лосьо́нный
лося́тина, -ы
лося́тник, -а
лот, -а
лотаппара́т, -а
лотари́нгский (*от* Лотари́нгия)
лотари́нгцы, -ев, *ед.* -гец, -гца, *тв.* -гцем
лотере́йный
лотере́йщик, -а
лотере́я, -и
лотере́я-алле́гри, лотере́и-алле́гри
лотко́вый
ло́тлинь, -я
ло́тмановский (*от* Ло́тман)
ло́тный
лото́, *нескл., с.*
лотово́й, -о́го (*тот, кто измеряет глубину лотом*)
ло́товый
лото́к, лотка́
ло́тос, -а
лотосови́дный; *кр. ф.* -ден, -дна
ло́тосовый
лототро́н, -а

лото́чек, -чка
лото́чник, -а (*от* лото́к)
лото́чница, -ы, *тв.* -ей (*от* лото́к)
лото́чный (*от* лото́к)
лотоши́ть(ся), -шу́(сь), -ши́т(ся)
лото́шник, -а (*от* лото́)
лото́шница, -ы, *тв.* -ей (*от* лото́)
лото́шный (*от* лото́)
лотсиа́нский (*от* Ло́тси)
лотсиа́нство, -а
ло́тто, *нескл., с.* (*в названиях нек-рых лотерей*)
лоуре́нсий, -я
лофотри́хи, -ов, *ед.* -три́х, -а
лофофо́ра, -ы
лофохлоа́, *нескл., с.*
лох, -а
лоха́нка, -и, *р. мн.* -нок
лоха́нный
лоха́ночный
лоха́нь, -и
лохма́тить(ся), -а́чу(сь), -а́тит(ся)
лохма́тый
лохма́тящий(ся)
лохма́ч, -а́, *тв.* -о́м
лохма́ченный; *кр. ф.* -ен, -ена
лохмо́тник, -а
лохмо́тница, -ы, *тв.* -ей
лохмо́тья, -ьев
ло́хмы, лохм
лох-не́сский (*от* Лох-Не́сс)
лохови́на, -ы
ло́ховый
лоци́рование, -я
лоци́рованный; *кр. ф.* -ан, -ана
лоци́ровать(ся), -рую, -рует(ся)
ло́ция, -и
ло́цман, -а
ло́цманский
ло́цманство, -а
лоцме́йстер, -а
лошадёнка, -и, *р. мн.* -нок
лошади́ный
лоша́дка, -и, *р. мн.* -док
лоша́дник, -а
лоша́дница, -ы, *тв.* -ей

ЛОШАДУШКА

лоша́душка, -и, *р. мн.* -шек
ло́шадь, -и, *мн.* -и, -е́й, -я́м, -дьми́ и -я́ми, -я́х; но: год Ло́шади (*по восточному календарю*), Ло́шадь, -и (*о том, кто родился в этот год*)
лоша́к, -а́
лоша́чий, -ья, -ье
лошачи́ха, -и
лошачо́к, -чка́
лошо́нок, -нка, *мн.* лоша́та, -а́т
лоще́ние, -я
лощёнка, -и, *р. мн.* -нок
лощённый; *кр. ф.* -ён, -ена́, *прич.*
лощёный, *прил.*
лощи́лка, -и, *р. мн.* -лок
лощи́льный
лощи́льщик, -а
лощи́льщица, -ы, *тв.* -ей
лощи́на, -ы
лощи́нка, -и, *р. мн.* -нок
лощи́ть(ся), лощу́, лощи́т(ся)
лоя́льность, -и
лоя́льный; *кр. ф.* -лен, -льна
ЛТД [элтэдэ́], *нескл., м.* (*сокр.:* лечебно-трудовой диспансер)
ЛТП [элтэпэ́], *нескл., м.* (*сокр.:* лечебно-трудовой профилакторий)
луазеле́рия, -и
луанди́йка, -и, *р. мн.* -и́ек
луанди́йский (*от* Луа́нда)
луанди́йцы, -ев, *ед.* -и́ец, -и́йца, *тв.* -и́йцем
луа́ндцы, -ев, *ед.* -дец, -дца, *тв.* -дцем
луа́рский (*от* Луа́ра)
луб, -а, *мн.* лу́бья, -ьев
лу́ба, *неизм. и нескл., м.* (*язык*) и *нескл., мн., ед. м. и ж.* (*народ*)
лубене́ть, -ет
лу́бенский (*от* Лу́бны)
лубко́вый
лубово́й и лу́бовый
лубоволокни́стый
лубое́д, -а

лубо́к, лубка́
лубо́чек, -чка
лубо́чность, -и
лубо́чный; *кр. ф.* -чен, -чна
лубрика́тор, -а (*тех.*)
луба́нка, -и, *р. мн.* -нок (*изделие из луба*)
Лубя́нка, -и (*площадь и учреждение*)
лубяно́й
лубя́нский (*от* Лубя́нка)
луви́йский
луви́йцы, -ев
Лувр, -а
лу́врский (*от* Лувр)
луг, -а, *предл.* на лугу́, *мн.* -а́, -о́в
луга́нда, *нескл., м. и неизм.* (*язык*)
луга́нский (*от* Луга́нск)
луга́нцы, -ев, *ед.* -нец, -нца, *тв.* -нцем
луганча́не, -а́н, *ед.* -а́нин, -а
луганча́нка, -и, *р. мн.* -нок
Луга́нщина, -ы (*к* Луга́нск)
лугове́дение, -я
лугови́к, -а́
лугови́на, -ы
лугови́нка, -и, *р. мн.* -нок
лугови́нный
луго́вка, -и, *р. мн.* -вок
лу́гово-альпи́йский
лугово́д, -а
лугово́дство, -а
лугово́дческий
лугово́й
лу́гово-мари́йский
лу́гово-степно́й
лугомелиорати́вный
лугомелиора́тор, -а
лугомелиора́ция, -и
лугопа́стбищный
лу́да, -ы
лудди́тский
лудди́ты, -ов, *ед.* -и́т, -а
луди́льный
луди́льщик, -а
луди́ть(ся), лужу́, лу́дит(ся)

лудя́щий(ся)
лу́жа, -и, *тв.* -ей
лу́жаечка, -и, *р. мн.* -чек
лужа́йка, -и, *р. мн.* -а́ек
лужа́не, -а́н, *ед.* -а́нин, -а (*от* Лу́га)
лужа́нка, -и, *р. мн.* -нок
луже́ние, -я
лужённый; *кр. ф.* -ён, -ена́, *прич.*
лужёный, *прил.*
лу́жица, -ы, *тв.* -ей (*от* лу́жа)
Лу́жица, -ы, *тв.* -ей (*ист.-геогр. область в Германии*)
лу́жицкий (*от* Лу́жица)
лужича́не, -а́н, *ед.* -а́нин, -а
лужича́нка, -и, *р. мн.* -нок
Лужне́цкая на́бережная (*в Москве*)
Лужники́, -о́в (*местность в Москве*)
лужнико́вский (*от* Лужники́)
лужо́к, лужка́, *предл.* на лужке́ и на лужку́
лужо́чек, -чка
лу́жский (*от* Лу́га, *город*)
лу́за, -ы
лузга́, -и́
лу́зганье, -я
лу́згать, -аю, -ает
лузгове́йка, -и, *р. мн.* -е́ек
лузита́нский (*к* лузита́ны *и* Лузита́ния)
лузита́ны, -а́н
лу́зный
луидо́р, -а
луизиа́нка, -и, *р. мн.* -нок
луизиа́нский (*от* Луизиа́на)
луизиа́нцы, -ев, *ед.* -нец, -нца, *тв.* -нцем
лук, -а
лука́, -и́, *мн.* лу́ки, лук (*изгиб*)
лука́вец, -вца, *тв.* -вцем, *р. мн.* -вцев
лука́винка, -и
лука́вить, -влю, -вит
лука́вица, -ы, *тв.* -ей
лука́вость, -и

лука́вство, -а
лука́вствовать, -твую, -твует
лука́вый
лука́вящий
лука́ны, -ов (*племена*)
лука́ть(ся), -а́ю(сь), -а́ет(ся)
лук-бату́н, лу́ка-батуна́
Лу́ки, Лук: Вели́кие Лу́ки (*город*)
лу́ковица, -ы, *тв.* -ей
лу́ковичка, -и, *р. мн.* -чек
лу́ковичный
лу́ковка, -и, *р. мн.* -вок
лукаво́д, -а
лукаво́дство, -а
лу́ковый
лукомо́рский
лукомо́рье, -я, *р. мн.* -рий
лукоре́зка, -и, *р. мн.* -зок
лукоубо́рочный
луко́шечко, -а, *мн.* -чки, -чек
луко́шко, -а, *мн.* -шки, -шек
лук-поре́й, лу́ка-поре́я
лукрати́вный
лук-ре́пка, лу́ка-ре́пки
лук-сево́к, лу́ка-севка́
луку́ллов пи́р, луку́ллова пи́ра
луку́лловский пи́р
лумп, -а
луна́, -ы́, *мн.* лу́ны, лун и (*спутник Земли, астр.*) Луна́, -ы́
лу́на-па́рк, -а
луна́рный
луна́-ры́ба, луны́-ры́бы
лунати́зм, -а
луна́тик, -а
лунати́ческий
лунати́чка, -и, *р. мн.* -чек
лу́нда, *нескл., мн., ед. м. и ж.* (*народ*)
луни́т, -а
лу́нка, -и, *р. мн.* лу́нок
лункова́ние, -я
лу́нник, -а
лу́нница, -ы, *тв.* -ей
лу́нно-бе́лый
лу́нно-звёздный
лу́нно-со́лнечный
лу́нный
лунодро́м, -а
лунообра́зный; *кр. ф.* -зен, -зна
луносеменни́к, -а́
луносеменнико́вые, -ых
лунотрясе́ние, -я
луноходо́, -а
луноходный
лу́ночка, -и, *р. мн.* -чек
лу́ночный
лунь, -я́
луораветла́нка, -и, *р. мн.* -нок
луораветла́нский
луораветла́ны, -ов, *ед.* -ла́н, -а
лу́па, -ы
лупана́рий, -я
луперка́лии, -ий
лу́пинг, -а
лупи́ть(ся), луплю́, лу́пит(ся)
лу́пка, -и
лу́пленный; *кр. ф.* -ен, -ена, *прич.*
лу́пленый, *прил.*
лупогла́зый
лупули́н, -а
лупцева́ние, -я
лупцева́ть, -цу́ю, -цу́ет
лупцо́ванный; *кр. ф.* -ан, -ана
лупцо́вка, -и
лу́пящий
лу́пящийся
лур, -а (*скандинавский муз. инструмент*)
лу́ра, -ы (*французский муз. инструмент*)
луриста́нский (*от* Луриста́н)
лу́рский
лу́ры, -ов (*народность в Иране*)
луса́кский (*от* Луса́ка)
луса́кцы, -ев, *ед.* -кец, -кца, *тв.* -кцем
лу́скать, -аю, -ает
лутраси́л, -а
лутц, -а, *тв.* -ем, *р. мн.* -ев
луфа́рь, -я́

лу́хья, *нескл., мн., ед. м. и ж.* (*народ*)
лу́цкий (*от* Луцк)
луч, -а́, *тв.* -о́м
луча́не, -а́н, *ед.* -а́нин, -а (*от* Луцк)
лучеви́дный; *кр. ф.* -ден, -дна
лучево́й
лучего́рский (*от* Лучего́рск)
лучего́рцы, -ев, *ед.* -рец, -рца, *тв.* -рцем
лучезапя́стный
лучеза́рность, -и
лучеза́рный; *кр. ф.* -рен, -рна
лучеиспуска́ние, -я
лучеиспуска́тельный
лучеиспуска́ющий
луче́ние, -я
лучённый; *кр. ф.* -ён, -ена́
лучеобра́зный; *кр. ф.* -зен, -зна
лучепёрые, -ых
лучепреломле́ние, -я
лучепреломля́емость, -и
лучи́зм, -а
лу́чик, -а
лучи́на, -ы
лучи́нка, -и, *р. мн.* -нок
лучи́нный
лучи́ночный
лучи́нушка, -и, *р. мн.* -шек
лучи́стость, -и
лучи́стый
лучи́ть(ся), лучу́(сь), лучи́т(ся)
лучи́цы, -и́ц, *ед.* -и́ца, -ы, *тв.* -ей (*водоросли*)
лучко́вый
лу́чник, -а
лу́чница, -ы, *тв.* -ей
лучно́й (лучно́й спо́рт)
лучо́к[1], лучка́ и лучку́ (к лук – растение)
лучо́к[2], лучка́ (к лук – оружие; часть смычка)
лу́чше, *сравн. ст.*
лу́чший
лущёвка, -и, *р. мн.* -вок
луще́ние, -я

ЛУЩЁННЫЙ

лущённый; *кр. ф.* -ён, -ена́, *прич.*
лущёный, *прил.*
лущи́льник, -а
лущи́льный
лущи́ть(ся), лущу́, лущи́т(ся)
ЛФК [элфэка́], *нескл., ж. (сокр.:* лече́бная физкульту́ра)
лыжеро́ллеры, -ов, *ед.* -ро́ллер, -а
лы́жи, лыж, *ед.* лы́жа, -и, *тв.* -ей
лы́жина, -ы
лы́жник, -а
лы́жница, -ы, *тв.* -ей
лы́жный
лыжня́, -и́, *р. мн.* -е́й
лы́ко, -а, *мн.* лы́ки, лык
лы́ковый
лыкодёр, -а
лыня́ть, -я́ю, -я́ет (*устар. к* отлы́нивать)
лысе́нковец, -вца, *тв.* -вцем, *р. мн.* -вцев
лысе́нковский (*от* Лысе́нко)
лысе́нковщина, -ы
лы́сенький
лысе́ть, -е́ю, -е́ет
лы́сина, -ы
лы́синка, -и, *р. мн.* -нок
лысова́тый
лысу́н, -а́
лысу́ха, -и
лы́сый; *кр. ф.* лыс, лыса́, лы́со
лы́сьвенский (*от* Лы́сьва)
лыта́ть, -а́ю, -а́ет (избега́ть, устар.)
лы́чки, лы́чек, *ед.* лы́чка, -и (нашивки на погонах)
лы́чко, -а, *мн.* лы́чки, -чек (*от* лы́ко)
лы́чный
львёнок, -нка, *мн.* льва́та, -я́т
льви́нка, -и, *р. мн.* -нок (муха)
Льви́ное Се́рдце: Ри́чард Льви́ное Се́рдце
льви́ный
льви́ца, -ы, *тв.* -ей
льво́вский (*от* Львов)

Льво́вщина, -ы (к Львов)
львовя́не, -я́н, *ед.* -я́нин, -а
львовя́нка, -и, *р. мн.* -нок
львя́тник, -а
льго́вский (*от* Льгов)
льго́вцы, -ев, *ед.* -вец, -вца, *тв.* -вцем
льговча́не, -а́н, *ед.* -а́нин, -а
льго́та, -ы
льго́тник, -а
льго́тница, -ы, *тв.* -ей
льго́тность, -и
льго́тный; *кр. ф.* -тен, -тна
льди́на, -ы
льди́нка, -и, *р. мн.* -нок
льди́стый
льдогенера́тор, -а
льдодроби́лка, -и, *р. мн.* -лок
льдонасы́щенный
льдообразова́ние, -я
льдопроизво́дство, -а
льдоубо́рочный
льдохрани́лище, -а
лье, *нескл., с.*
льново́д, -а
льново́дный
льново́дство, -а
льново́дческий
льноволокно́, -а́
льно́вые, -ых
льнозаво́д, -а
льнозаготови́тельный
льнозагото́вки, -вок
льноклеверотёрка, -и, *р. мн.* -рок
льнокомба́йн, -а
льнокомбина́т, -а
льноконоплемя́лка, -и, *р. мн.* -лок
льнолавса́н, -а
льнолавса́новый
льномолоти́лка, -и, *р. мн.* -лок
льномя́лка, -и, *р. мн.* -лок
льномя́льный
льнообраба́тывающий
льноочисти́тель, -я
льноочисти́тельный

льнопенькозаво́д, -а
льнопенькопроду́кция, -и
льноперераба́тывающий
льноподбо́рщик, -а
льноподбо́рщик-молоти́лка, льноподбо́рщика-молоти́лки
льнопоста́вки, -вок
льнопряде́ние, -я
льнопряди́льный
льнопряди́льня, -и, *р. мн.* -лен
льнопряди́льщик, -а
льнопряди́льщица, -ы, *тв.* -ей
льнорасстила́очный
льносе́мя, -мени, *мн.* -мена́, -мя́н, -мена́м
льносемяочисти́тельный
льносе́ющий
льносовхо́з, -а
льносуши́лка, -и, *р. мн.* -лок
льносуши́льный
льнотереби́лка, -и, *р. мн.* -лок
льнотереби́льный
льнотереби́льщик, -а
льнотереби́льщица, -ы, *тв.* -ей
льнотёрка, -и, *р. мн.* -рок
льнотрепа́лка, -и, *р. мн.* -лок
льнотрепа́льный
льнотрепа́льщик, -а
льнотрепа́льщица, -ы, *тв.* -ей
льнотреста́, -ы́
льнотри́ер, -а
льноубо́рка, -и
льноубо́рочный
льноутомле́ние, -я
льночеса́лка, -и, *р. мн.* -лок
льночеса́льный
льнуть, льну, льнёт
льня́нка, -и, *р. мн.* -нок
льняно́й
льстец, -а́, *тв.* -о́м, *р. мн.* -о́в
льсти́вость, -и
льсти́вый
льсти́ть(ся), льщу(сь), льсти́т(ся)
лья́ло, -а
лья́льный (лья́льная вода́)
лья́носы, -ов

лья́чка, -и, *р. мн.* -чек и лья́чек, -чка
Лэмб, -а: во́лны Лэ́мба
ЛЭП, *нескл., ж.* (*сокр.:* линия электропередачи)
лэ́повец, -вца, *тв.* -вцем, *р. мн.* -вцев
лэ́повский (*от* ЛЭП)
лэ́ут, -а
лэ́утар, -а
люб, -а́, -о
лю́ба, -ы (*нар.-поэт.:* возлюбленная)
любвеоби́лие, -я
любвеоби́льность, -и
любвеоби́льный; *кр. ф.* -лен, -льна
любе́зник, -а
любе́зничанье, -я
любе́зничать, -аю, -ает
любе́зность, -и
любе́зный; *кр. ф.* -зен, -зна
любере́цкий (*от* Люберцы)
люберча́не, -а́н, *ед.* -а́нин, -а
лю́беры, -ов, *ед.* лю́бер, -а
люби́мец, -мца, *тв.* -мцем, *р. мн.* -мцев
люби́мица, -ы, *тв.* -ей
люби́м-трава́, -ы́
люби́мчик, -а
люби́мый
люби́сток, -тка и любисто́к, -тка́
люби́тель, -я
люби́тельница, -ы, *тв.* -ей
люби́тельский
люби́тельство, -а
люби́тельщина, -ы
лю́бит-не-лю́бит (*игра*), *но:* лю́бит не лю́бит, а...
люби́ть(ся), люблю́(сь), лю́бит(ся)
лю́бка, -и, *р. мн.* лю́бок (*растение*)
Лю́блинская у́ния (*1569*)
лю́блинский (*от* Люблин)
лю́блинский (*от* Люблино́)
лю́блинцы, -ев, *ед.* -нец, -нца, *тв.* -нцем (*от* Люблин)

любли́нцы, -ев, *ед.* -нец, -нца, *тв.* -нцем (*от* Люблино́)
любля́нский (*от* Любля́на)
любля́нцы, -ев, *ед.* -нец, -нца, *тв.* -нцем
лю́бо, *в знач. сказ.*
любова́ние, -я
любова́ться, любу́юсь, любу́ется
любо́вник, -а
любо́вница, -ы, *тв.* -ей
любо́вность, -и
любо́вный; *кр. ф.* -вен, -вна
любо́вь, любви́, *тв.* любо́вью
любодея́ние, -я
лю́бо-до́рого, *в знач. сказ.*
любозна́тельность, -и
любозна́тельный; *кр. ф.* -лен, -льна
любо́й
любому́дрие, -я
любому́дры, -ов, *ед.* -му́др, -а
любонача́лие, -я
любопы́тничать, -аю, -ает
любопы́тный; *кр. ф.* -тен, -тна
любопы́тство, -а
любопы́тствовать, -твую, -твует
любопы́тствующий
любостра́стие, -я
любостра́стный
любостяжа́ние, -я
любостяжа́тель, -я
любостяжа́тельный
любота́, -ы́
лю́бская, -ой (*сорт вишни*)
лю́бушка, -и, *р. мн.* -шек (*ласкат. к* лю́ба)
лю́бый (*любимый, возлюбленный, устар.*)
лю́бящий(ся)
лю́верс, -а
лю́гер, -а
люго́ль, -я
люд, -а
лю́ди[1], люде́й, лю́дям, людьми́, о лю́дях
лю́ди[2], *нескл., с.* (*название буквы*)

люди́шки, -шек
лю́дно, *в знач. сказ.*
лю́дность, -и
лю́дный; *кр. ф.* лю́ден, людна́, лю́дно
людое́д, -а
людое́дка, -и, *р. мн.* -док
людое́дский
людое́дство, -а
людска́я, -о́й
людско́й
люизи́т, -а
люк, -а
люка́рна, -ы
люк-ла́з, лю́ка-ла́за
люково́й, -о́го (*рабочий*)
лю́ковый
люкс[1], -а, *р. мн.* -ов, *счетн. ф.* люкс (*ед. измер.*)
люкс[2], *неизм.* (каю́та лю́кс) и -а (жить в лю́ксе)
люксембу́ргский (*от* Люксембу́рг)
люксембу́ржцы, -ев, *ед.* -жец, -жца, *тв.* -жцем
люкс-ма́ркетинг, -а
люксме́тр, -а (*прибор*)
лю́ксовский
лю́ксовый
люкс-секу́нда, -ы
лю́лечка, -и, *р. мн.* -чек
люли́, *неизм.*
лю́ли-лю́ли, *неизм.*
лю́лька, -и, *р. мн.* лю́лек
люля́-кеба́б, -а
люмба́го, *нескл., с.*
лю́мен, -а, *р. мн.* -ов, *счетн. ф.* лю́мен
люмено́метр, -а
лю́мен-секу́нда, -ы
лю́мен-ча́с, -а, *мн.* -ы́, -о́в
люмина́л, -а
люминесце́нтный
люминесце́нция, -и
люминесци́ровать, -рует
люминесци́рующий

люминофо́ры, -ов, ед. -фо́р, -а
лю́мпен, -а
люмпениза́ция, -и
люмпенизи́рованный; кр. ф. -ан, -ана
люмпенизи́ровать(ся), -рую(сь), -рует(ся)
лю́мпен-пролетариа́т, -а
лю́мпен-пролета́рий, -я
лю́мпен-пролета́рский
лю́мпенский
люне́т, -а (воен., тех.; то же, что люнетта)
люне́тта, -ы (архит.)
люпи́н, -а
люпи́новый
люпозо́рий, -я
лю́пус, -а
лю́рекс, -а
люстр, -а (в художественной керамике)
лю́стра, -ы
люстра́ция, -и
люстри́н, -а
люстри́новый
люстри́рование, -я
люстри́рованный; кр. ф. -ан, -ана
люстри́ровать(ся), -рую, -рует(ся)
лю́стровый
люте́е, сравн. ст.
лютеинизи́рующий гормо́н
люте́иновый
лютеотро́пный
лютера́нин, -а, мн. -а́не, -а́н
лютера́нка, -и, р. мн. -нок
лютера́нский
лютера́нство, -а
люте́сценс, -а
люте́ть, -е́ю, -е́ет
луте́ций, -я
лю́тик, -а
лю́тиковый
лю́тичи, -ей, ед. лю́тич, -а, тв. -ем
лю́тневый

лютни́ст, -а
лю́тня, -и, р. мн. -ей и лю́тен
лютова́ние, -я
лютова́ть, люту́ю, люту́ет
лю́тость, -и
лю́тый; кр. ф. лют, люта́, лю́то
лють, -и
люфа́, -ы́ и лю́фа, -ы
люфо́вый
люфт, -а
люфтва́ффе, нескл., с.
люфтоме́р, -а
люфтпа́уза, -ы
люце́рна, -ы
люце́рник, -а
люце́рновый
люцернозла́ковый
люце́рнский (от Люце́рн)
люце́рнцы, -ев, ед. -нец, -нца, тв. -нцем
Люцифе́р, -а
люцифера́зы, -а́з, ед. -а́за, -ы
люцифери́ны, -ов, ед. -ри́н, -а
люцифери́ческий
лю́эс, -а
люэти́ческий
ля, нескл., с. (нота)
ля-бека́р, -а
ля-бемо́ль, -я
ля-бемо́ль-мажо́р, ля-бемо́ль-мажо́ра
ля-бемо́ль-мажо́рный
ля-бемо́ль-мино́р, ля-бемо́ль-мино́ра
ля-бемо́ль-мино́рный
ля-бемо́льный
лявóниха, -и
ляга́ние, -я
ляга́ть(ся), -а́ю(сь), -а́ет(ся)
ля́гва, -ы (обл. и прост. к лягу́шка)
лягну́ть, -ну́, -нёт
лягу́ха, -и (обл. и прост. к лягу́шка)
лягуша́тник, -а
лягуша́чий, -ья, -ье и лягу́шечий, -ья, -ье

лягу́шечник, -а
лягуши́ный
лягу́шка, -и, р. мн. -шек
лягу́шка-бы́к, лягу́шки-быка́
лягу́шка-квакушка, лягу́шки-квакушки
лягу́шка-путеше́ственница, лягу́шки-путеше́ственницы
лягушкозу́б, -а
лягушо́нок, -нка, мн. -ша́та, -ша́т
ляд: на ко́й ля́д
ля́да, -ы (овраг; низина; росчисть)
ля́двенец, -нца, тв. -нцем, р. мн. -нцев
ля́двея, -и
ля-дие́з, -а
ля-дие́з-мажо́р, ля-дие́з-мажо́ра
ля-дие́з-мажо́рный
ля-дие́з-мино́р, ля-дие́з-мино́ра
ля-дие́з-мино́рный
ля-дие́зный
ляди́на, -ы
ля́дник, -а
ля-дубль-бемо́ль, -я
ля-дубль-дие́з, -а
ляду́нка, -и, р. мн. -нок
ля́жка, -и, р. мн. ля́жек (бедро)
лязг, -а
ля́зганье, -я
ля́згать, -аю, -ает
ля́згнуть, -ну, -нет
лякро́сс, -а
ля́лиус, -а
ляллема́нция, -и
ля́лька, -и, р. мн. ля́лек (кукла; о ребенке)
ля-ля́, неизм.
ляля́кать, -аю, -ает
ля-ля-ля́, неизм.
ля-мажо́р, -а
ля-мажо́рный
ля́мбда, -ы (название буквы)
ля́мбда-гиперо́н, -а
ля́мбда-исчисле́ние, -я
ля́мбда-характери́стика, -и
ля́мблии, -ий, ед. -лия, -и

лямблио́з, -а
ля́мзить, -зю, -зит
ля-мино́р, -а
ля-мино́рный
ля́мка, -и, р. мн. ля́мок
ля́мочка, -и, р. мн. -чек
ля́мочный
лян, -а
ля́ни, нескл., ж.
ляп[1], -а (ошибка, промах)
ляп[2], неизм.
ля́пать(ся), -аю(сь), -ает(ся)
ля́пис, -а
ля́пис-лазу́рь, -и
ля́писный
Ля́пкин-Тя́пкин, Ля́пкина-Тя́пкина
ля́пнуть(ся), -ну(сь), -нет(ся)
ля́псус, -а
Ляпуно́в, -а: теоре́ма Ляпуно́ва, ме́тоды Ляпуно́ва
лярд, -а
ля́сканье, -я
ля́скать, -аю, -ает
ля́скнуть, -ну, -нет
ля́сничать, -аю, -ает
ляссе́, нескл., с.
ля́сы точи́ть
ля́хи, -ов, ед. лях, -а
ля́шка, -и, р. мн. ля́шек (к ля́хи)
ля́шский

М

ма́ары, -ов, *ед.* ма́ар, -а
маастри́хтский (*от* Маастри́хт)
мабу́, *нескл., с.* (*муз. инструмент*)
мабу́и, *нескл., м.* (*животное*)
мавзоле́й, -я
Мавзоле́й В. И. Ле́нина
ма́вка, -и, *р. мн.* ма́вок (*мифол.*)
маврики́йский (*от* Маври́кий)
маврики́йцы, -ев, *ед.* -и́ец, -и́йца, *тв.* -и́йцем
маври́сты, -ов, *ед.* -и́ст, -а
маврита́нка, -и, *р. мн.* -нок
маврита́нский (*к* ма́вры *и* Маврита́ния)
маврита́нцы, -ев, *ед.* -нец, -нца, *тв.* -нцем
ма́врский
ма́вры, -ов, *ед.* мавр, -а
маг, -а
магада́нка, -и, *р. мн.* -нок
магада́нский (*от* Магада́н)
магада́нцы, -ев, *ед.* -нец, -нца, *тв.* -нцем
магази́н, -а
магазини́рование, -я
магазини́рованный; *кр. ф.* -ан, -ана
магазини́ровать(ся), -рую, -рует(ся)
магази́нка, -и, *р. мн.* -нок
магази́нный
магази́н-сало́н, магази́на-сало́на
магази́нчик, -а
магази́нщик, -а
магази́нщица, -ы, *тв.* -ей

магара́джа и махара́джа, -и, *тв.* -ей, *р. мн.* -ей, *м.*
магара́ни и махара́ни, *нескл., ж.*
магары́ч, -а́, *тв.* -о́м
маггеми́т, -а
Магдали́на, -ы (Мари́я Магдали́на; *также о кающейся грешнице*)
магдебу́ргский (*от* Ма́гдебу́рг; магдебу́ргские полуша́рия)
Магдебу́ргское пра́во (*ист.*)
магдебу́ржцы, -ев, *ед.* -жец, -жца, *тв.* -жцем
Магелла́нов проли́в, Магелла́нова проли́ва
магелла́новский (*от* Магелла́н)
Магелла́новы Облака́, Магелла́новых Облако́в (*астр.*)
маги́стерский (*от* маги́стр – глава рыцарского ордена)
маги́стерский (*от* маги́стр – учёная степень)
маги́стерство, -а
маги́стр, -а
магистра́ль, -и
магистра́льный
магистра́нт, -а
магистра́нтский
магистра́т, -а
магистра́тский
магистрату́ра, -ы
маги́ческий
ма́гия, -и
ма́гма, -ы
магмати́зм, -а

магмати́ческий
магматоге́нный
магна́лий, -я
магна́т, -а
магна́тский
магна́тство, -а
магнезиа́льный
магнези́т, -а
магнези́товый
магнезитохроми́т, -а
магнезитохроми́товый
магне́зия, -и
магнеси́н, -а
магнетиза́ция, -и
магнетизёр, -а
магнетизёрский
магнетизёрство, -а
магнетизи́рование, -я
магнетизи́рованный; *кр. ф.* -ан, -ана
магнетизи́ровать(ся), -рую(сь), -рует(ся)
магнети́зм, -а
магне́тик, -а
магнети́т, -а
магнети́ческий
магне́то, *нескл., с.*
магнетокалори́ческий эффе́кт
магнето́н, -а
магнето́ника, -и
магнетосопротивле́ние, -я
магнетохими́ческий и магнитохими́ческий
магнетохи́мия, -и и магнитохи́мия, -и

МАЕТНОСТЬ

магнетоэлектри́ческий эффе́кт
магнетро́н, -а
магнетро́нный
ма́гниево-алюми́ниевый
ма́гниевый
ма́гний, -я
магнийоргани́ческий
магнико́, нескл., с.
магни́стор, -а
магни́т, -а
магни́тить(ся), -и́чу, -и́тит(ся)
Магни́тка, -и (гора Магнитная, Магнитогорский металлургический комбинат)
Магни́тная, -ой (гора)
магни́тно-жёсткий
магни́тно-и́мпульсный
магни́тно-мя́гкий
магни́тно-ре́льсовый
магни́тно-сопряжённый
магни́тно-твёрдый
магни́тный
магнитоальбо́м, -а
магнитобиологи́ческий
магнитобиоло́гия, -и
магнитове́нтильный
магнитогидродина́мика, -и
магнитогидродинами́ческий
магнитого́рский (от Магнито́горск)
магнитого́рцы, -ев, ед. -рец, -рца, тв. -рцем
магнитогра́мма, -ы
магнито́граф, -а
магнитогра́фия, -и
магнитодви́жущий
магнитодина́мика, -и
магнитодиэле́ктрики, -ов, ед. -рик, -а
магнитоза́пись, -и
магнито́ла, -ы
магнитоле́нта, -ы
магнито́лог, -а
магнито́метр, -а
магнитометри́ческий
магнитоме́трия, -и

магнитомехани́ческий
магнитоо́птика, -и
магнитоопти́ческий
магнитопро́вод, -а, мн. -а́, -о́в
магниторадио́ла, -ы
магниторазве́дка, -и
магниторезисти́вный эффе́кт
магнито́риум, -а
магнитоста́тика, -и
магнитостати́ческий
магнитострикцио́нный
магнитостри́кция, -и
магнитострукту́рный
магнитосфе́ра, -ы
магнитотеллури́ческий
магнитотеплово́й
магнитотерапи́я, -и
магнитотормозно́й
магнитотропи́зм, -а
магнитоупоря́доченный
магнитоупру́гий
магнитофо́н, -а
магнитофо́нный
магнитохими́ческий и магнетохими́ческий
магнитохи́мия, -и и магнетохи́мия, -и
магнитоэлектри́ческий (электротех.)
магниту́да, -ы
магниту́дный
магни́тящий(ся)
магни́фикат, -а
магно́лиевый
магноли́т, -а
магноли́товый
магно́лия, -и
магно́н, -а
маго́, нескл., м. и маго́т, -а
маго́г: го́г и маго́г и гог-маго́г, другие формы не употр.
маго́га: го́га и маго́га и го́га-маго́га, другие формы не употр.
Магоме́т, -а (также: если гора́ не идёт к Магоме́ту, то Магоме́т идёт к горе́)

магомета́нин, -а, мн. -а́не, -а́н
магомета́нка, -и, р. мн. -нок
магомета́нский
магомета́нство, -а
маго́ния, -и
маго́т, -а и маго́, нескл., м.
Магри́б, -а: стра́ны Магри́ба
мадагаска́рский (от Мадагаска́р)
мадагаска́рцы, -ев, ед. -рец, -рца, тв. -рцем
мада́м, нескл., ж.
мадаполо́м, -а
мадаполо́мовый
мадемуазе́ль, -и и нескл., ж.
маде́ра, -ы
маджли́с, -а (в Узбекистане)
маджо́нг, -а
ма́дия, -и
мадо́нна, -ы (в старину в Италии: госпожа) и Мадо́нна, -ы (у католиков: Богоматерь)
мадра́сский (от Мадра́с)
мадра́сцы, -ев, ед. -сец, -сца, тв. -сцем
мадрепо́ровый
мадрепо́ры, -по́р
мадрига́л, -а
мадригали́ст, -а
мадрига́льный
мадри́дка, -и, р. мн. -док
мадри́дский (от Мадри́д)
мадри́дцы, -ев, ед. -дец, -дца, тв. -дцем
мадуромико́з, -а
маду́рский
маду́рцы, -ев, ед. -рец, -рца, тв. -рцем
мадхьями́ка, -и
мадья́рка, -и, р. мн. -рок
мадья́рский
мадья́ры, -я́р, ед. -я́р, -а
маёвка, -и, р. мн. -вок
маета́, -ы́
мае́тность, -и (поместье в Польше)

ма́етный; кр. ф. -тен, -тна (изнури́тельный)
ма́ечка, -и, р. мн. -чек
мажа́ра, -ы
мажили́с, -а (в Казахстане)
мажо́р, -а
мажора́нта, -ы
мажордо́м, -а (дворецкий)
мажордо́мский
мажорита́рный
мажо́рность, -и
мажо́рный; кр. ф. -рен, -рна
мажороминóр, -а
мажороминóрный
ма́жущий(ся)
маз, -а (бильярдный кий), -а и -у (в азартных играх: прибавка к ставке игрока)
МАЗ, -а (завод и автомобиль)
Маза́й, -я: де́д (де́душка) Маза́й
ма́зальщик, -а
ма́зальщица, -ы, тв. -ей
ма́занка, -и, р. мн. -нок
ма́занковый
ма́занный; кр. ф. -ан, -ана, прич.
мазану́ть, -ну́, -нёт
ма́заный, прил.
ма́занье, -я
маза́р, -а
мазари́ды, -и́д, ед. -и́да, -ы
ма́зать(ся), ма́жу(сь), ма́жет(ся)
маздаки́зм, -а
маздаки́тский
маздаки́ты, -ов, ед. -ки́т, -а
маздеи́зм, -а
маздеи́стский
ма́зевый
мазендера́нский
мазендера́нцы, -ев, ед. -нец, -нца, тв. -нцем
мазеобра́зный; кр. ф. -зен, -зна
ма́зер, -а
ма́зерный
ма́зик, -а (уменьш.-ласкат. к маз и МАЗ)
мази́ла, -ы, м. и ж.

мази́лка, -и, р. мн. -лок, м. и ж. (о человеке), ж. (кисть, помазок; замазка)
ма́зка, -и
ма́зкий; кр. ф. ма́зок, мазка́, ма́зко
мазни́ца, -ы, тв. -ей
мазну́ть, -ну́, -нёт
мазня́, -и́
мазове́цкий (к Мазо́вия, Мазо́вше)
ма́зовский (от МАЗ)
мазовша́не, -а́н, ед. -а́нин, -а (племя)
мазо́к, мазка́
мазохи́зм, -а
мазохи́ст, -а
мазохи́стка, -и, р. мн. -ток
мазохи́стский
мазуре́ние, -я
мазу́рик, -а
мазу́рка, -и, р. мн. -рок
мазу́рничать, -аю, -ает
мазу́рнический
мазу́рничество, -а
мазу́рочный
мазу́рский
Мазу́рское Поозе́рье
мазу́ры, -ов, ед. мазу́р, -а
мазу́т, -а
мазу́тный
мазутово́з, -а
ма́зчик, -а
мазь, -и
мазю́кать(ся), -аю(сь), -ает(ся)
ма́ис, -а
ма́исовый
май, ма́я
майа́мский (от Майа́ми)
майа́мцы, -ев, ед. -мец, -мца, тв. -мцем
майда́н, -а
майда́нить, -ню, -нит
майда́нный
майда́нщик, -а
майе́втика, -и
майерси́т, -а
ма́йка, -и, р. мн. ма́ек

майкарага́н, -а
Ма́йкельсо́н, -а: о́пыт Ма́йкельсо́на, эшело́н Ма́йкельсо́на
майко́пский (от Майко́п)
майкопча́не, -а́н, ед. -а́нин, -а
майме́чи́т, -а
ма́йна¹, -ы (трещина во льду; птица)
ма́йна², неизм. (команда)
ма́йник, -а
майнри́довский (от Майн Ри́д)
ма́йнский (от Майн)
ма́йнцский (от Майнц)
майо́лика, -и
майо́ликовый
майоне́з, -а
майоне́зный
майо́р, -а
майора́н, -а
майора́новый
майора́т, -а
майора́тный
майора́тство, -а
майордо́м, -а (должностное лицо, ист.)
майо́р-инжене́р, майо́ра-инжене́ра
майо́рский
майо́рша, -и, тв. -ей
майоте́ны, -ов, ед. -те́н, -а (ист.)
ма́йский
ма́йя¹, -и (ткань; одно из филос. понятий индуизма)
ма́йя², неизм. и нескл., м. (язык) и нескл., мн., ед. м. и ж. (народ)
Ма́йя, -и (имя; мифол.; астр.)
ма́йяский (от ма́йя²)
ма́йя-со́ке, неизм. и нескл., мн. (языки)
мак, -а
ма́ка, нескл., мн., ед. м. и ж. (группа народов)
макабри́ческий
макада́м, -а
мака́ка, -и

МАКРОСКОПИЧЕСКИЙ

мака́ль, -я
мака́льный
мака́льщик, -а
мака́льщица, -ы, *тв.* -ей
мака́м, -а (*жанр иранской и турецкой музыки*)
мака́ма, -ы (*лит.*)
ма́канец, -нца, *тв.* -нцем, *р. мн.* -нцев
мака́ние, -я
ма́канный; *кр. ф.* -ан, -ана, *прич.*
ма́каный, *прил.*
мака́о, *нескл., с.* (*игра*) и *м.* (*попугай*)
мака́р: каки́м мака́ром, таки́м мака́ром
Мака́р, -а (*также: куда́ Мака́р теля́т не гоня́л; на бе́дного Мака́ра все́ ши́шки ва́лятся*)
Мака́ров, -а: пистоле́т Мака́рова
мака́ров, -а, *тв.* -ым (*пистолет Макарова, разг.*)
макарони́зм, -а
макаро́нина, -ы
макарони́ческий
макаро́нник, -а
макаро́нно-конди́терский
макаро́нный
макаро́нщик, -а
макаро́нщица, -ы, *тв.* -ей
макаро́ны, -о́н
макаса́ры, -ов, *ед.* -са́р, -а
мака́тельный
мака́ть(ся), -а́ю, -а́ет(ся)
Ма́кбе́т, -а
ма́квис, -а
македо́нка, -и, *р. мн.* -нок
македо́нский (*к Македо́ния и македо́нцы*); но: Алекса́ндр Македо́нский
македо́нцы, -ев, *ед.* -нец, -нца, *тв.* -нцем
македо́няне, -ян, *ед.* -янин, -а
македо́нянка, -и, *р. мн.* -нок
маке́т, -а
макети́рование, -я
макети́рованный; *кр. ф.* -ан, -ана
макети́ровать(ся), -рую, -рует(ся)
маке́тный
маке́тчик, -а
маке́тчица, -ы, *тв.* -ей
ма́ки, *нескл., м.* (*животное*)
маки́, *нескл., м.* (*партизан*)
макиаве́ллиевский (*от* Макиаве́лли)
макиавелли́стский
макиавелли́зм, -а
макиавелли́ст, -а
макиавеллисти́ческий
макинто́ш, -а, *тв.* -ем
маки́тра, -ы и мако́тра, -ы
макия́ж, -а, *тв.* -ем
макия́жный
маккарти́зм, -а
маккарти́стский
ма́ккия, -и
макла́к, -а́
макла́чащий
макла́ческий
макла́чество, -а
макла́чить, -чу, -чит
макла́чка, -и, *р. мн.* -чек
ма́клер, -а
ма́клерский
ма́клерство, -а
ма́клерствовать, -твую, -твует
маклю́ра, -ы
макну́ть, -ну́, -нёт
ма́ков: как ма́ков цве́т
ма́ковина, -ы
ма́ковица, -ы, *тв.* -ей
ма́ковичный
ма́ковка, -и, *р. мн.* -вок
ма́ковник, -а
ма́ковочка, -и, *р. мн.* -чек
ма́ковый
мако́м, -а (*жанр узбекской и таджикской музыки*)
мако́тра, -ы и маки́тра, -ы
макраме́, *неизм. и нескл., с.*
макре́левый
макрелещу́ка, -и
макре́ль, -и
макре́льный
макро... — *первая часть сложных слов, пишется слитно*
макроассе́мблер, -а
макробиблиоте́ка, -и
макрогенера́тор, -а
макрогли́я, -и
макрокефа́л, -а и макроцефа́л, -а
макрокефа́лия, -и и макроцефа́лия, -и
макрокине́тика, -и
макрокинети́ческий
макрокли́мат, -а
макроклимати́ческий
макрокома́нда, -ы
макроко́см, -а
макрокристалли́ческий
макроли́ды, -ов, *ед.* -ли́д, -а (*антибиотики*)
макролити́ческий
макроли́ты, -ов, *ед.* -ли́т, -а (*археол.*)
макроме́ры, -ов, *ед.* -ме́р, -а
макроми́р, -а
макромоле́кула, -ы
макромолекуля́рный
макронуклеус, -а
макрообъе́кт, -а
макроопределе́ние, -я
макроподстано́вка, -и, *р. мн.* -вок
макропо́ды, -ов, *ед.* -по́д, -а
макропо́ристый
макропроце́ссор, -а
макропроце́ссорный
макрорайо́н, -а
макрорасшире́ние, -я
макрорелье́ф, -а
ма́крос, -а
макросейсми́ческий
макросисте́ма, -ы
макросисте́мный
макроскопи́ческий

467

МАКРОСКОПИЯ

макроскопи́я, -и
макроспора́нгий, -я
макроспорио́з, -а
макроспорофи́лл, -а
макроспо́ры, -спо́р, *ед.* -спо́ра, -ы
макрострукту́ра, -ы
макрострукту́рный
макросъёмка, -и, *р. мн.* -мок
макроте́ло, -а, *мн.* -тела́, -те́л
макроу́ровень, -вня
макрофа́ги, -ов, *ед.* -фа́г, -а
макрофаги́ческий
макрофи́лл, -а
макрофотогра́фия, -и
макрофотосъёмка, -и, *р. мн.* -мок
макроцефа́л, -а и макрокефа́л, -а
макроцефа́лия, -и и макрокефа́лия, -и
макроцито́з, -а
макрошли́ф, -а
макроэволю́ция, -и
макроэконо́мика, -и
макроэкономи́ческий
макроэрги́ческий
макру́рус, -а
Ма́ксвелл, -а: распределе́ние Ма́ксвелла, теоре́ма Ма́ксвелла, уравне́ния Ма́ксвелла
ма́ксвелл, -а, *р. мн.* -ов, *счетн. ф.* -велл (*ед. измер.*)
максвеллме́тр, -а
ма́кси, *неизм. и нескл., с.*
макси́ллы, -илл
макси́м, -а (*пулемет*)
ма́ксима, -ы (*принцип, правило поведения*)
максимали́зм, -а
максимали́ст, -а
максимали́стка, -и, *р. мн.* -ток
максимали́стский
максима́льность, -и
максима́льно-су́точный
максима́льно то́чный
максима́льный; *кр. ф.* -лен, -льна
Макси́м Гре́к

максимиза́ция, -и
максимизи́рованный; *кр. ф.* -ан, -ана
максимизи́ровать(ся), -рую, -рует(ся)
Макси́м Испове́дник
ма́кси-мо́да, -ы
ма́ксимум, -а
ма́кси-пальто́, *нескл., с.*
ма́кси-пла́тье, -я
ма́кси-ю́бка, -и, *р. мн.* -юбок
макулату́ра, -ы
макулату́рный
маку́ха, -и
маку́ша, -и, *тв.* -ей
маку́шечный
маку́шка, -и, *р. мн.* -шек
мал¹, мала́, мало́ и (*меньшего, чем нужно, размера*) мало (*кр. ф. к* ма́ленький и ма́лый)
мал², -а (*в странах Востока: имущество, деньги, товар*)
мала́, -ы́ (*с.-х. орудие*)
мала́ви, *нескл., мн., ед. м. и ж.* (*группа народов*)
малави́йка, -и, *р. мн.* -и́ек
малави́йский (*к* Мала́ви, *государство,* мала́ви, малави́йцы)
малави́йцы, -ев, *ед.* -и́ец, -и́йца, *тв.* -и́йцем
мала́га, -и
малагаси́йка, -и, *р. мн.* -и́ек
малагаси́йский
малагаси́йцы, -ев, *ед.* -и́ец, -и́йца, *тв.* -и́йцем
малаге́нья, -и
малайзи́йка, -и, *р. мн.* -и́ек
малайзи́йский (*от* Мала́йзия)
малайзи́йцы, -ев, *ед.* -и́ец, -и́йца, *тв.* -и́йцем
мала́йка, -и, *р. мн.* -а́ек
мала́йский
мала́йско-полинези́йский
мала́йцы, -ев, *ед.* -а́ец, -а́йца, *тв.* -а́йцем
мала́ккский (*от* Мала́кка)

мала́ккцы, -ев, *ед.* -ккец, -ккца, *тв.* -ккцем
малакозооло́гия, -и
малаколо́гия, -и
малакофили́я, -и
мала́ньин: на мала́ньину сва́дьбу
малаха́й, -я
малахи́т, -а
малахи́товый
малахи́тчик, -а
Мала́хов курга́н, Мала́хова курга́на
малахо́льный
Ма́лая А́зия (*полуостров*)
Ма́лая Земля́ (*плацдарм под Новороссийском*)
малая́лам, *неизм. и нескл., м.* (*язык*)
малая́ли, *нескл., мн., ед. м. и ж.* (*народность*)
малая́льский
Ма́лая Медве́дица (*созвездие*)
малева́льный
малёванный; *кр. ф.* -ан, -ана
малева́нский (*к* малева́нцы)
малева́нцы, -ев, *ед.* -нец, -нца, *тв.* -нцем (*секта*)
малева́нье, -я
малева́ть(ся), малю́ю(сь), малю́ет(ся)
мале́йновый (*хим.*)
мале́йший
малёк, малька́
мале́нечко, *нареч.*
ма́ленький
Ма́ленький при́нц (*лит. персонаж*)
мале́нько, *нареч.*
малёхонький; *кр. ф.* -нек, -нька
мале́ц, мальца́, *тв.* мальцо́м, *р. мн.* мальцо́в
малёшенький; *кр. ф.* -нек, -нька
малигниза́ция, -и
мали́йка, -и, *р. мн.* -и́ек
мали́йский (*от* Мали́)

МАЛОИНТЕЛЛИГЕНТНЫЙ

мали́йцы, -ев, *ед.* -и́ец, -и́йца, *тв.* -и́йцем
мали́к, -а́
мали́на, -ы
мали́нина, -ы
мали́нка, -и, *р. мн.* -нок
малинке́, *неизм. и нескл., м.* (язык)
мали́нник, -а
мали́нно-земляни́чный
мали́нный
мали́новка, -и, *р. мн.* -вок
мали́новость, -и
мали́новый
ма́лица, -ы, *тв.* -ей
ма́личный
ма́лка, -и, *р. мн.* ма́лок
маллеи́н, -а (*биол.*)
маллеиниза́ция, -и
ма́л мала́ ме́ньше
мал-малёхонек
мал-малёшенек
ма́ло... — *как первая часть сложных слов пишется слитно*, но: мало-мальски, мало-помалу
ма́ло, *нареч. и в знач. числит.*
малоавторите́тный; *кр. ф.* -тен, -тна
малоазиа́тский и малоази́йский (*от* Ма́лая А́зия)
малоакти́вный; *кр. ф.* -вен, -вна
малоактуа́льный; *кр. ф.* -лен, -льна
малоалкого́льный
малоарома́тный; *кр. ф.* -тен, -тна
малоберцо́вый
малоблагоприя́тный; *кр. ф.* -тен, -тна
малова́жность, -и
малова́жный; *кр. ф.* -жен, -жна
малова́ние, -я (*от* мала́)
малова́т, -а, -о
малова́то, *нареч.*
малове́р, -а
малове́рие, -я
малове́рка, -и, *р. мн.* -рок
малове́рный; *кр. ф.* -рен, -рна

маловероя́тный; *кр. ф.* -тен, -тна
малове́с, -а
малове́ский
малове́сный; *кр. ф.* -сен, -сна
малове́треный
маловируле́нтный
маловлия́тельный; *кр. ф.* -лен, -льна
маловмести́тельный; *кр. ф.* -лен, -льна
маловодность, -и
маловодный; *кр. ф.* -ден, -дна
маловодопроница́емый
маловодье, -я, *р. мн.* -дий
маловразуми́тельность, -и
маловразуми́тельный; *кр. ф.* -лен, -льна
маловыгодный; *кр. ф.* -ден, -дна
маловыносливый
маловырази́тельность, -и
маловырази́тельный; *кр. ф.* -лен, -льна
маловя́зкий
малогабари́тность, -и
малогабари́тный
малоговоря́щий*
малоголо́вый
малогра́мотность, -и
малогра́мотный; *кр. ф.* -тен, -тна
малогру́зный
малодарови́тый
малодеби́тный
малоде́йственный; *кр. ф.* -вен и -венен, -венна
малодействи́тельный; *кр. ф.* -лен, -льна
малоде́ржаный
малоде́тность, -и
малоде́тный
малодея́тельный; *кр. ф.* -лен, -льна
малодифференци́рованный*; *кр. ф.* -ан, -анна
малодобы́чливый
малодо́йка, -и, *р. мн.* -о́ек
малодо́йный; *кр. ф.* -о́ен, -о́йна

малодоказа́тельный; *кр. ф.* -лен, -льна
малодостове́рный; *кр. ф.* -рен, -рна
малодосту́пность, -и
малодосту́пный; *кр. ф.* -пен, -пна
малоходный; *кр. ф.* -ден, -дна
малоду́шество, -а
малоду́шествовать, -твую, -твует
малоду́шие, -я
малоду́шничать, -аю, -ает
малоду́шный; *кр. ф.* -шен, -шна
малое́жка, -и, *р. мн.* -жек, *м. и ж.*
малое́зженый
малое́зжий
Ма́лое Магелла́ново О́блако (*галактика*)
маложе́лезистый
маложи́рный
малозаме́тность, -и
малозаме́тный; *кр. ф.* -тен, -тна
малозаня́тный
малозаселённый*
малозастро́енный*
малоземе́лье, -я
малоземе́льный; *кр. ф.* -лен, -льна
Малоземе́льская ту́ндра
малоземе́льцы, -ев, *ед.* -лец, -льца, *тв.* -льцем
малознако́мый
малозна́чащий
малозна́чимый
малозначи́тельность, -и
малозначи́тельный; *кр. ф.* -лен, -льна
малозо́льный
малоизве́данный; *кр. ф.* -ан, -анна
малоизве́стный; *кр. ф.* -тен, -тна
малоизу́ченный*
малоиму́щий
малоинициати́вный; *кр. ф.* -вен, -вна
малоинтеллиге́нтный; *кр. ф.* -тен, -тна

МАЛОИНТЕРЕСНЫЙ

малоинтере́сный; *кр. ф.* -сен, -сна
малоинформати́вный; *кр. ф.* -вен, -вна
малоиску́сный; *кр. ф.* -сен, -сна
малоискушённый; *кр. ф.* -ён, -ённа
малоиссле́дованный*
малокали́берный
малокалори́йный; *кр. ф.* -и́ен, -и́йна
малоквалифици́рованный; *кр. ф.* -ан, -анна
малокварти́рный
малокомпете́нтный; *кр. ф.* -тен, -тна
малокомпле́ктный; *кр. ф.* -тен, -тна
малоконкре́тный; *кр. ф.* -тен, -тна
малоконструкти́вный; *кр. ф.* -вен, -вна
малокости́стый
малокро́вие, -я
малокро́вный; *кр. ф.* -вен, -вна
малокульту́рный; *кр. ф.* -рен, -рна
малоле́сный
малоле́сье, -я
малоле́тка, -и, *р. мн.* -ток, *м. и ж.*
малоле́тний
малоле́тник, -а
малоле́ток, -тка
малоле́тство, -а
малолитра́жка, -и, *р. мн.* -жек
малолитра́жный
ма́ло ли что́
малолюбопы́тный; *кр. ф.* -тен, -тна
малолю́дность, -и
малолю́дный; *кр. ф.* -ден, -дна
малолю́дство, -а
малолю́дье, -я
ма́ло-ма́ло
ма́ло-ма́льски
ма́ло-ма́льский
маломе́рка, -и, *р. мн.* -рок
маломе́рный

маломе́рок, -рка
маломе́стный
малометра́жка, -и, *р. мн.* -жек
малометра́жный
маломну́щийся*
маломо́чный; *кр. ф.* -чен, -чна (*бедный*)
маломо́щность, -и
маломо́щный; *кр. ф.* -щен, -щна (*малой мощности*)
малонаблюда́тельный; *кр. ф.* -лен, -льна
малонадёжный; *кр. ф.* -жен, -жна
малонае́зженный*
малонаселённость, -и
малонаселённый
малонасы́щенный
мало́новый (*хим.*)
ма́ло но́шенный
малоно́шеный, *прил.*
малообая́тельный; *кр. ф.* -лен, -льна
малообду́манный*
малообеспе́ченный*
малообжито́й
малообита́емый
малообла́чный; *кр. ф.* -чен, -чна
малообосно́ванный; *кр. ф.* -ан, -анна
малообрабо́танный*
малообразо́ванный; *кр. ф.* -ан, -анна
малообсле́дованный*
малообщи́тельный; *кр. ф.* -лен, -льна
малообъёмный
малообъясни́мый
малоодарённый; *кр. ф.* -ён, -ённа
малооперати́вный; *кр. ф.* -вен, -вна
малооперацио́нный
малоо́пытность, -и
малоо́пытный; *кр. ф.* -тен, -тна
малоосведомлённый*
малоосвещённый*
малоосво́енный*

малоосмы́сленный; *кр. ф.* -ен, -енна
малооснащённый*
малооснова́тельный; *кр. ф.* -лен, -льна
малоотхо́дный
ма́лопе, *нескл., с.*
малоперспекти́вный; *кр. ф.* -вен, -вна
малопита́тельный; *кр. ф.* -лен, -льна
малопло́дие, -я
малопло́дный
малоплодо́вый
малоплодоро́дный; *кр. ф.* -ден, -дна
малоплодотво́рный; *кр. ф.* -рен, -рна
малоподви́жность, -и
малоподви́жный; *кр. ф.* -жен, -жна
малоподгото́вленный*
малоподе́ржанный
малоподходя́щий
малополе́зный; *кр. ф.* -зен, -зна
ма́ло-пома́лу
малопомести́тельный; *кр. ф.* -лен, -льна
малопоме́стный
малопоня́тливый
малопоня́тность, -и
малопоня́тный; *кр. ф.* -тен, -тна
малопопуля́рный; *кр. ф.* -рен, -рна
малопосеща́емый*
малопочётный; *кр. ф.* -тен, -тна
малопочте́нный; *кр. ф.* -е́нен, -е́нна
малоправдоподо́бный; *кр. ф.* -бен, -бна
малопредска́зуемый
малопредстави́тельный; *кр. ф.* -лен, -льна
малоприбыльный; *кр. ф.* -лен, -льна

МАЛОЯРОСЛАВЦЫ

малопривлека́тельный; *кр. ф.* -лен, -льна
малопригóдный; *кр. ф.* -ден, -дна
малоприменѝмый
малоприме́тный; *кр. ф.* -тен, -тна
малоприспосо́бленный*
малопристо́йный; *кр. ф.* -о́ен, -о́йна
малопритяза́тельный; *кр. ф.* -лен, -льна
малоприя́тный; *кр. ф.* -тен, -тна
малопродукти́вный; *кр. ф.* -вен, -вна
малопрое́зжий
малопроизводи́тельный; *кр. ф.* -лен, -льна
малопроница́емый
малопуши́стый
малопью́щий
малора́звитый
малоразгово́рчивый
малоразме́рный
малораспространённый*
малорассуди́тельный; *кр. ф.* -лен, -льна
малораствори́мый
малорастя́гивающийся*
малорастяжи́мый
малореа́льный; *кр. ф.* -лен, -льна
малоренда́бельный; *кр. ф.* -лен, -льна
малоречи́вый
малоро́слый
малоросси́йский
Малоро́ссия, -и
малоросся́не, -я́н, *ед.* -я́нин, -а
малоросся́нка, -и, *р. мн.* -нок
малоро́сска, -и, *р. мн.* -ссок
малоро́сский
малоро́ссы, -ов, *ед.* -ро́сс, -а
малору́ска, -и, *р. мн.* -сок
малору́сский
малору́сы, -ов, *ед.* -ру́с, -а
малосве́дущий
малосеме́йный; *кр. ф.* -е́ен, -е́йна
малосери́йный

малоси́льный; *кр. ф.* -лен, -льна
малосимпати́чный; *кр. ф.* -чен, -чна
малосло́вный; *кр. ф.* -вен, -вна
малосмина́емый
малосмы́сленный; *кр. ф.* -ен, -енна
малосне́жный; *кр. ф.* -жен, -жна
малосне́жье, -я
малосовмести́мый
малосодержа́тельный; *кр. ф.* -лен, -льна
малосозна́тельный; *кр. ф.* -лен, -льна
малосолёный
малосо́льный
малосостоя́тельный; *кр. ф.* -лен, -льна
малоспосо́бный; *кр. ф.* -бен, -бна
малосто́йкий; *кр. ф.* -о́ек, -о́йка
малосто́ящий
ма́лость, -и
малосуще́ственный; *кр. ф.* -вен и -венен, -венна
малотала́нтливый
малотеплопрово́дный; *кр. ф.* -ден, -дна
малотира́жность, -и
малотира́жный
ма́ло того́
малотокси́чный; *кр. ф.* -чен, -чна
малотонна́жный
малотре́бовательный; *кр. ф.* -лен, -льна
малотрениро́ванный*
малоубеди́тельный; *кр. ф.* -лен, -льна
малоуглеро́дистый
малоуда́чный; *кр. ф.* -чен, -чна
малоудо́бный; *кр. ф.* -бен, -бна
малоудовлетвори́тельный; *кр. ф.* -лен, -льна
малоудо́йный; *кр. ф.* -о́ен, -о́йна
малоу́мие, -я
малоу́мный
малоупотреби́тельность, -и

малоупотреби́тельный; *кр. ф.* -лен, -льна
малоуправля́емый
малоупру́гий
малоурожа́йный; *кр. ф.* -а́ен, -а́йна
малоуса́дочный
малоуси́дчивый
малоуспева́ющий
малоуспе́шный; *кр. ф.* -шен, -шна
малоусто́йчивый
малоусту́пчивый
малоутеши́тельный; *кр. ф.* -лен, -льна
малоуязви́мый
малоформа́тность, -и
малоформа́тный
малохаракте́рный; *кр. ф.* -рен, -рна
малохле́бный
малохо́дность, -и
малохо́женый
малохудо́жественный; *кр. ф.* -вен и -венен, -венна
малоце́нный; *кр. ф.* -е́нен, -е́нна
малочи́сленность, -и
малочи́сленный; *кр. ф.* -ен, -енна
малочувстви́тельный; *кр. ф.* -лен, -льна
малошёрстный
малошу́мный; *кр. ф.* -мен, -мна
малощети́нковый
малоэконо́мичный; *кр. ф.* -чен, -чна
малоэласти́чный; *кр. ф.* -чен, -чна
малоэта́жность, -и
малоэта́жный
малоэффекти́вный; *кр. ф.* -вен, -вна
малоярosла́вецкий и малояросла́вский (*от* Малояросла́вец)
малояросла́вцы, -ев, *ед.* -вец, -вца, *тв.* -вцем (*жители города Малояросла́вца*)

Ма́лые Анти́льские острова́
Ма́лые Зо́ндские острова́
ма́лый¹, прил.; но: Диони́сий Ма́лый
ма́лый², -о́го (парень, мужчина)
Ма́лый зал Моско́вской консервато́рии
Ма́лый Пёс (созвездие)
Ма́лый теа́тр (в Москве)
Ма́лый Хинга́н (горы)
малы́ш, -а́, тв. -о́м
малы́шка, -и, р. мн. -шек, м. и ж.
малышко́вый
малышня́, -и́
малышо́вый
малышо́к, -шка́
ма́льва, -ы
мальва́зия, -и
ма́львовый
мальди́вский (к Мальди́вские острова́, Мальди́вы)
мальди́вцы, -ев, ед. -вец, -вца, тв. -вцем
малько́вый
малько́льмия, -и
мальм, -а (геол.)
мальма́, -ы́ (рыба)
мальпи́гиев, -а, -о: (от Мальпи́ги): мальпи́гиев слой, мальпи́гиевы сосу́ды, тельца́
мальпо́ст, -а
мальсе́кко, нескл., с.
ма́льта, -ы (битум)
мальти́йский (от Ма́льта, государство)
Мальти́йский о́рден
мальти́йцы, -ев, ед. -и́ец, -и́йца, тв. -и́йцем
ма́льтовый (от ма́льта)
мальто́за, -ы
мальтузиа́нец, -нца, тв. -нцем, р. мн. -нцев
мальтузиа́нский (от Ма́льтус)
мальтузиа́нство, -а
ма́льчик, -а
ма́льчико́вый

Ма́льчик с па́льчик, Ма́льчика с па́льчик и Ма́льчик-с-па́льчик, Ма́льчика-с-па́льчика (сказочный персонаж)
ма́льчик с па́льчик, ма́льчика с па́льчик и ма́льчик-с-па́льчик, ма́льчика-с-па́льчика (о ребенке)
мальчи́шески
мальчи́шеский
мальчи́шество, -а
мальчи́шечий, -ья, -ье
мальчи́шечка, -и, р. мн. -чек, м.
мальчи́шка, -и, р. мн. -шек, м.
мальчи́шник, -а
мальчо́нка, -и, р. мн. -нок, м.
мальчо́нок, -нка
мальчо́ночек, -чка
мальчо́ночка, -и, р. мн. -чек, м.
мальчуга́н, -а
мальчуга́шка, -и, р. мн. -шек, м.
малю́сенький
малю́тка, -и, р. мн. -ток, м. и ж.
малю́точка, -и, р. мн. -чек, м. и ж.
маля́вка, -и, р. мн. -вок
маля́вочка, -и, р. мн. -чек
маля́р, -а́
маляри́йный
маля́рик, -а
малярио́лог, -а
малярио́ло́гия, -и
маля́рить, -рю, -рит
маляри́я, -и
маля́рка, -и, р. мн. -рок
маля́рничать, -аю, -ает
маля́рный (к маля́р)
ма́ма, -ы
мама́, нескл., ж. (устар. к ма́ма)
Мама́ев курга́н, Мама́ева курга́на
мама́ево побо́ище, мама́ева побо́ища (о драке; о полнейшем беспорядке)
Мама́й, -я (ист. лицо); но: мама́й прошёл (где) (о полнейшем беспорядке)

мамалы́га, -и
мама́н, нескл., ж.
мама́нька, -и, р. мн. -нек
мама́ня, -и
мама́ша, -и, тв. -ей
мама́шенька, -и, р. мн. -нек
мама́шин, -а, -о
ма́мба, -ы (змея)
ма́мбо, нескл., с. (танец)
Мамври́йский ду́б (библ.)
мамелю́к, -а и мамлю́к, -а
ма́менька, -и, р. мн. -нек
ма́менькин, -а, -о
мамзе́ль, -и
ма́мин, -а, -о
ма́мка, -и, р. мн. ма́мок
ма́мкин, -а, -о
мамлю́к, -а и мамелю́к, -а
маммалиоло́гия, -и и маммало́гия, -и
маммиля́рия, -и
маммо́граф, -а
маммогра́фия, -и
маммокри́н, -а
ммамо́лог, -а
маммологи́ческий
маммофизи́н, -а
мамо́на, -ы
ма́монт, -а
ма́монтово де́рево, ма́монтова де́рева
ма́монтовский (от Ма́монтов)
ма́монтовый
ма́монька, -и, р. мн. -нек
ма́мочка, -и, р. мн. -чек
ма́мочкин, -а, -о
маму́ля, -и
маму́ра, -ы
маму́ся, -и
ма́мушка, -и, р. мн. -шек
ма́на, -ы
мана́кин, -а
мана́п, -а
мана́т, -а (ден. ед.)
манате́йный
мана́тки, -ток

манатья́, -и́, р. мн. -те́й
мангазе́йский (от Мангазе́я)
манга́л, -а
мангана́ты, -ов, ед. -на́т, -а (соли марганцовистой кислоты)
мангани́н, -а (сплав)
мангани́новый
мангани́т, -а (минерал)
мангани́товый
мангейми́ский (от Ма́нгейм)
мангейми́цы, -ев, ед. -мец, -мца, тв. -мцем
ма́нглевый
мангль, -я
ма́нго, нескл., с.
мангобе́й, -я
ма́нговый
ма́нго́льд, -а
мангоста́н, -а
ма́нгровый
ма́нгры, -ов
мангу́ст, -а и мангу́ста, -ы
мангышла́кский (от Мангышла́к)
манда́ла, -ы (йога)
манда́нт, -а (тот, кто выдал мандат)
манда́ра, нескл., мн., ед. м. и ж. (группа племен)
мандари́н, -а, р. мн. -ов
мандари́нка, -и, р. мн. -нок
мандари́нник, -а
мандари́нный
мандари́новый
мандари́нский (от мандари́н — чиновник в Китае)
мандари́нчик, -а
манда́т, -а
мандата́рий, -я
манда́тный
ма́нде, неизм. и нескл., мн. (группа языков)
мандеи́зм, -а
мандеи́ст, -а
мандеи́стский
мандельшта́мовский (от Мандельшта́м)

мандельште́йн, -а (горная порода)
манди́булы, -ул, ед. -ула, -ы
манди́нго, неизм. и нескл., мн. (группа языков) и нескл., мн., ед. м. и ж. (группа народов)
мандо́ла, -ы
мандоли́на, -ы
мандолини́ст, -а
мандолини́стка, -и, р. мн. -ток
мандо́рла, -ы
мандраго́ра, -ы
мандраго́ровый
мандра́ж, -а́, тв. -о́м
мандражи́ровать, -рую, -рует
мандри́л, -а
манёвр, -а и мане́вр, -а
манёвренность, -и и мане́вренность, -и
манёвренный; кр. ф. -ен, -енна и мане́вренный; кр. ф. -ен, -енна
маневри́рование, -я
маневри́ровать, -рую, -рует
маневро́вый
манёвры, -ов и мане́вры, -ов (войсковые учения; передвижение ж.-д. составов)
мане́ж, -а, тв. -ем и (название архит. памятников – выставочных залов в Москве, Петербурге)
Мане́ж, -а, тв. -ем
мане́жащий(ся)
мане́жик, -а
мане́жить(ся), -жу(сь), -жит(ся)
Мане́жная пло́щадь (в Москве, Петербурге)
мане́жный
манеке́н, -а
манеке́нша, -и, тв. -ей
манеке́нщик, -а
манеке́нщица, -ы, тв. -ей
мане́р: на мане́р (кого, чего, какой), каки́м (и каким-н.) мане́ром, таки́м мане́ром
мане́ра, -ы
мане́рка, -и, р. мн. -рок

мане́рничанье, -я
мане́рничать, -аю, -ает
мане́рность, -и
мане́рный; кр. ф. -рен, -рна
мане́рочный
мане́ры, -е́р (внешние формы поведения)
манже́та, -ы (тех.)
манже́тка, -и, р. мн. -ток (растение)
манже́тки, -ток, ед. -тка, -и (обшлага, отвороты)
манже́тный
манже́ты, -е́т, ед. -е́та, -ы и -е́т, -а (обшлага, отвороты)
маниака́льно-депресси́вный
маниака́льность, -и
маниака́льный; кр. ф. -лен, -льна
ма́ние: ма́нием, по ма́нию (кого, чего)
мани́зм, -а (культ предков)
маникю́р, -а
маникю́рный
маникю́рша, -и, тв. -ей
Мани́лов, -а
мани́ловский (от Мани́лов)
мани́ловщина, -ы
мани́льский (от Мани́ла)
мани́льцы, -ев, ед. -лец, -льца, тв. -льцем
манио́к, -а и манио́ка, -и
мани́пул, -а
манипули́рование, -я
манипули́ровать, -рую, -рует
манипуля́тор, -а
манипуля́ция, -и
манипу́ри, неизм. и нескл., м. (язык), нескл., мн., ед. м. и ж. (народ) и с. (танец)
мани́ть, маню́, ма́ни́т
манифе́ст, -а
манифеста́нт, -а
манифеста́нтка, -и, р. мн. -ток
манифеста́ция, -и
манифести́рованный; кр. ф. -ан, -ана

МАНИФЕСТИРОВАТЬ(СЯ)

манифести́ровать(ся), -рую, -рует(ся)
манифо́льд, -а
манихе́и, -еев, ед. -хе́й, -я
манихе́йзм, -а
манихе́йский
манихе́йство, -а
мани́шечный
мани́шка, -и, р. мн. -шек
ма́ния, -и
ма́нка, -и (крупа)
ма́нки, нескл., с. и ма́нкис, -а (танец)
ма́нкий; кр. ф. ма́нок, ма́нка
манки́рование, -я
манки́рованный; кр. ф. -ан, -ана
манки́ровать, -рую, -рует
манкиро́вка, -и
ма́нко, нескл., с. (недовес, недочет)
ма́нкость, -и
манку́рт, -а
ма́нна, -ы (небе́сная)
манна́ны, -ов, ед. манна́н, -а
ма́нник, -а
манни́т, -а
манно́за, -ы
ма́нный
ма́но, нескл., мн., ед. м. и ж. (народ)
манове́ние, -я
мано́к, манка́
мано́метр, -а
манометри́ческий
мано́метровый
ма́нор, -а
маноста́т, -а
мано́чный
манс, -а
манса́рда, -ы
манса́рдный
ма́нси, нескл., мн., ед. м. и ж. (народ)
мансийка́, -и, р. мн. -и́ек
манси́йский
манси́йцы, -ев, ед. -и́ец, -и́йца, тв. -и́йцем

ма́нтапа́м, -а
ма́нти́йный
ма́нтика, -и
манти́лька, -и, р. мн. -лек
манти́лья, -и, р. мн. -лий
манти́сса, -ы
ма́нтия, -и
манто́, нескл., с.
ма́нтра, -ы
Манту́, нескл., м.: реа́кция Манту́, про́ба Манту́
манту́, нескл., с. (проба Манту и результат ее применения, разг.)
мантуа́нский (от Ма́нтуя)
мантуа́нцы, -ев, ед. -нец, -нца, тв. -нцем
мануа́л, -а
мануа́льный
ману́л, -а
манускри́пт, -а
мануфакту́ра, -ы
мануфактури́ст, -а
Мануфакту́р-колле́гия, -и (ист.)
мануфакту́рный
мануфакту́р-сове́тник, -а
мануфакту́рщик, -а
манхэ́ттенский (от Манхэ́ттен)
манхэ́ттенцы, -ев, ед. -нец, -нца, тв. -нцем
манцине́лла, -ы
манципа́ция, -и
манче́стер, -а (ткань)
манче́стерский (от Манче́стер, город)
манче́стерство, -а
манче́стерцы, -ев, ед. -рец, -рца, тв. -рцем
ма́ны, -ов и ман, ед. ман, -а (мифол.)
маны́ческий (от Маны́ч)
манье́ризм, -а
манье́ри́ст, -а
маньеристи́ческий
маньери́стский
маньчжу́рка, -и, р. мн. -рок

маньчжу́рский (к маньчжу́ры и Маньчжу́рия)
маньчжу́ры, -ов, ед. -жу́р, -а
манья́к, -а
манья́ческий
манья́чество, -а
манья́чка, -и, р. мн. -чек
маня́щий
маои́зм, -а
маои́ст, -а
маои́стский
мао́ри, неизм. и нескл., м. (язык) и нескл., мн., ед. м. и ж. (народ)
маори́йский
маоцзэду́новский (от Ма́о Цзэду́н)
мапу́тский (от Мапу́ту)
мапу́тцы, -ев, ед. -тец, -тца, тв. -тцем
ма́ра, -ы
марабу́, нескл., м. (птица; кустарник)
марабу́т, -а (монах-воин)
мара́зм, -а
маразма́тик, -а
маразмати́ческий
маразмати́чка, -и, р. мн. -чек
мара́кас, -а
маракуйя, -и
мара́л, -а
маралёнок, -нка, мн. -ля́та, -я́т
мара́лий, -ья, -ье
маралово́д, -а
маралово́дство, -а
маралово́дческий
маралу́ха, -и
мара́ль, -и (клевета, устар. прост.)
мара́льник, -а
мараля́тина, -ы
мара́ние, -я (действие)
ма́ранный; кр. ф. -ан, -ана, прич.
мара́нта, -ы
мара́ны, -ов, ед. мара́н, -а
ма́раный, прил.
ма́раный-перема́раный

мара́нье, -я (написанное)
мараски́н, -а
мара́тель, -я
мара́ттиевые, -ых
мара́тхи, неизм. и нескл., м. (язык) и нескл., мн., ед. м. и ж. (народ)
мара́тхский
мара́ть(ся), -а́ю(сь), -а́ет(ся)
марафе́т, -а (наводи́ть марафе́т)
марафо́н, -а (марафонский бег; длительное мероприятие)
марафо́нец, -нца, тв. -нцем, р. мн. -нцев
марафо́нка, -и, р. мн. -нок
марафо́нский (от Марафо́н, геогр.; марафо́нский бе́г, заплы́в; марафо́нская диста́нция)
мара́шка, -и, р. мн. -шек
марбли́т, -а
ма́рганец, -нца, тв. -нцем
марганецсодержа́щий
ма́рганцево-ру́дный
ма́рганцевый (к ма́рганец)
марганцо́вистый
марганцо́вка, -и
марганцовоки́слый
марганцо́вый (марганцо́вая кислота́; к марганцо́вка)
маргари́н, -а
маргари́новый
маргари́т, -а (минерал)
маргари́тка, -и, р. мн. -ток (цветок)
маргина́л, -а
маргинализа́ция, -и
маргинализо́ванный; кр. ф. -ан, -ана
маргина́лии, -ий, ед. -лия, -и
маргина́льность, -и
маргина́льный; кр. ф. -лен, -льна
ма́рго, нескл., с.
марде́р, -а
ма́рево, -а
ма́ревый
маре́ль, -и
маре́мма, -ы

маре́на, -ы (бот.)
маре́нго, неизм.
маре́нный (от маре́на)
маре́новый
марео́граф, -а
ма́ржа, -и, тв. -ей и маржа́, -и́, тв. -о́й
ма́ржевый
маржинали́зм, -а
маржинали́ст, -а
маржинали́стский
маржина́льный
марза́н, -а
ма́ри, нескл., мн., ед. м. и ж. (народ)
Марии́нская во́дная систе́ма
Марии́нский дворе́ц (в Петербурге, Киеве)
Марии́нский Поса́д (город)
Марии́нский теа́тр (в Петербурге)
мари́йка, -и, р. мн. -и́ек (к мари́йцы)
мари́йский
мари́йцы, -ев, ед. -и́ец, -и́йца, тв. -и́йцем
мари́мба, -ы
мари́на, -ы (картина)
марина́д, -а
марини́зм, -а
марини́ст, -а
марини́стика, -и
марини́стский
мари́нка, -и, р. мн. -нок (рыба)
маринова́ние, -я
марино́ванный; кр. ф. -ан, -ана
маринова́ть(ся), -ну́ю(сь), -ну́ет(ся)
марино́вка, -и
марионе́тка, -и, р. мн. -ток
марионе́точный
Марио́тт, -а: зако́н Бо́йля – Марио́тта
мариуполи́т, -а (горная порода)
мариу́польский (от Мариу́поль)
мариу́польцы, -ев, ед. -лец, -льца, тв. -льцем

марихуа́на, -ы
марихуа́нный
Мари́я Еги́петская
Мари́я Магдали́на
ма́рка, -и, р. мн. ма́рок
марказит, -а
маркгра́ф, -а
маркгра́фский
маркгра́фство, -а
ма́ркер, -а (то, что маркирует, спец.)
марке́р, -а (лицо; с.-х. орудие)
марке́рский
марке́рство, -а
марке́тер, -а
маркетиза́ция, -и
ма́рке́тинг, -а
ма́рке́тинговый
маркетме́йкер, -а
маркето́лог, -а
маркетри́, нескл., с.
марки́з, -а
марки́за, -ы
маркизе́т, -а
маркизе́товый
ма́ркий; кр. ф. ма́рок, ма́рка́, ма́рко
маркирова́льный
маркирова́ние, -я
марки́рованный; кр. ф. -ан, -ана (от марки́ровать)
маркиро́ванный; кр. ф. -ан, -ана (от маркирова́ть)
марки́ровать(ся), -рует(ся) (лингв.)
маркирова́ть(ся), -ру́ю, -ру́ет(ся)
маркиро́вка, -и, р. мн. -вок
маркиро́вочный
маркиро́вщик, -а
маркиро́вщица, -ы, тв. -ей
маркита́нт, -а
маркита́нтка, -и, р. мн. -ток
маркита́нтский
Марко́вников, -а: пра́вило Марко́вникова
маркома́ны, -ов (племя)

ма́ркость, -и
маркси́зм, -а
маркси́зм-ленини́зм, маркси́зма-ленини́зма
маркси́ст, -а
маркси́стка, -и, *р. мн.* -ток
маркси́ст-ле́нинец, маркси́ста-ле́нинца
маркси́стский
маркси́стско-ле́нинский
Ма́рксов, -а, -о и ма́рксовский (*от* Маркс)
маркстве́новский (*от* Марк Твен)
маркше́йдер, -а
маркшейдери́я, -и
маркше́йдерский
марлёвка, -и
ма́рлевый
ма́рлечка, -и, *р. мн.* -чек
марли́на, -ы
ма́рля, -и
мармати́т, -а
мармела́д, -а
мармела́дина, -ы
мармела́динка, -и, *р. мн.* -нок
мармела́дка, -и, *р. мн.* -док
мармела́дный
марми́т, -а
мармора́ция, -и
мармори́рованный; *кр. ф.* -ан, -ана
мармори́ровать(ся), -и́рую, -и́рует(ся)
ма́рнский (*от* Ма́рна)
мародёр, -а
мародёрка, -и, *р. мн.* -рок
мародёрский
мародёрство, -а
мародёрствовать, -твую, -твует
мароке́н, -а
мароке́новый
марокка́нка, -и, *р. мн.* -нок
марокка́нский (*от* Маро́кко)
марокка́нцы, -ев, *ед.* -нец, -нца, *тв.* -нцем
маро́ккская саранча́ (кобы́лка)

марони́ты, -ов, *ед.* -ни́т, -а
Маросе́йка, -и (*улица*)
ма́рочка, -и, *р. мн.* -чек
ма́рочник, -а
ма́рочница, -ы, *тв.* -ей
ма́рочность, -и
ма́рочный
марри́зм, -а
марри́ст, -а
марри́стский
ма́рровский (*от* Марр)
ма́рровщина, -ы
марс, -а (*мор.*)
Марс, -а (*мифол., астр.*)
марсала́, -ы́
ма́рса-ре́й, -я
ма́рсель, -я
Марселье́за, -ы
ма́рсельный
марсе́льский (*от* Марсе́ль)
марсе́льцы, -ев, *ед.* -лец, -льца, *тв.* -льцем
марсиа́не, -а́н, *ед.* -а́нин, -а
марсиа́нка, -и, *р. мн.* -нок
марсиа́нский (*от* Марс, *планета*)
марси́йский (*к* ма́рсы)
марсово́й, -о́го (*матрос*)
Ма́рсово по́ле, Ма́рсова по́ля (*площадь в Париже, Петербурге и др.*)
ма́рсовый (*от* марс)
марсохо́д, -а
ма́рсы, -ов (*племя*)
март, -а
марте́н, -а (*печь, сталь*)
марте́новец, -вца, *тв.* -вцем, *р. мн.* -вцев
марте́новский
мартенси́т, -а
мартенси́тный
марте́нщик, -а
мартинга́л, -а
марти́ни, *нескл., м. и с.*
мартини́зм, -а
марти́никский (*от* Марти́ника)

марти́никцы, -ев, *ед.* -кец, -кца, *тв.* -кцем
мартини́ст, -а
мартини́стский
марти́рий, -я и марти́риум, -а
мартироло́г, -а
мартироло́гий, -я (*устар. к* мартиролог)
мартирологи́ческий
марти́т, -а
ма́ртовский
марту́ни, *нескл., с.*
марты́н, -а (*птица*)
марты́шечий, -ья, -ье
марты́шка, -и, *р. мн.* -шек
марты́шкин тру́д, марты́шкина труда́ и марты́шкиного труда́
марты́шковые, -ых
мартышкообра́зные, -ых
мару́ся, -и (*в годы сталинского террора: машина для перевозки арестованных*)
Ма́рфа-поса́дница
Ма́рфо-Марии́нская оби́тель
мархур́, -а
марциа́льный
марципа́н, -а
марципа́нный
марципа́новый
марцишо́р, -а
марш¹, -а
марш², *неизм.* (*команда*)
маршако́вский (*от* Марша́к)
ма́ршал, -а
маршаллиза́ция, -и (*от* Ма́ршалл, *фамилия*)
маршалли́т, -а
Марша́лловы острова́, Марша́лловых острово́в
марша́лок, -лка
ма́ршальский
ма́ршальство, -а
марша́нция, -и
марш-бросо́к, -ска́
маршеви́к, -а́
ма́ршевый

маршеобра́зный; *кр. ф.* -зен, -зна
ма́рши, -ей (*приморье*)
марширова́ние, -я
марширова́ть, -ру́ю, -ру́ет
марширо́вка, -и, *р. мн.* -вок
марширо́вочный
марш-манёвр, -а
марш-ма́рш, *неизм.*
марш-пара́д, -а
маршру́т, -а
маршрутиза́тор, -а
маршрутиза́ция, -и
маршру́тка, -и, *р. мн.* -ток
маршру́тный
мары́йский (*от* Мары́)
мары́йцы, -ев, *ед.* -ы́ец, -ы́йца, *тв.* -ы́йцем
марь, -и
Ма́рьина Ро́ща, Ма́рьиной Ро́щи (*район в Москве*)
ма́рьин ко́рень, ма́рьина ко́рня
марьинаро́щинский (*от* Ма́рьина Ро́ща)
ма́рьинский (*к* Ма́рьино, Ма́рьина Ро́ща, Ма́рьинка)
марья́ж, -а, *тв.* -ем
марья́жный
марья́нник, -а
маса́и, *неизм. и нескл., м.* (*язык*) и *нескл., мн., ед. м. и ж.* (*народ*)
маседуа́н, -а
ма́сенький
ма́ска, -и, *р. мн.* ма́сок
маскара́д, -а
маскара́дный
маскаро́н, -а
маскирова́ние, -я
маскиро́ванный; *кр. ф.* -ан, -ана
маскирова́ть(ся), -ру́ю(сь), -ру́ет(ся)
маскиро́вка, -и, *р. мн.* -вок
маскиро́вочный
маскиро́вщик, -а
маско́ны, -ов, *ед.* -ко́н, -а
маскообра́зный; *кр. ф.* -зен, -зна
маскулиниза́ция, -и

маскхала́т, -а
Ма́сленая неде́ля и Ма́сленая, -ой (*Ма́сленица*)
ма́сленик, -а и масля́ник, -а
Ма́сленица, -ы, *тв.* -ей (*праздник*) и ма́сленица, -ы, *тв.* -ей (*весёлая, привольная жизнь*)
ма́сленичный
маслёнка, -и, *р. мн.* -нок
ма́сленный; *кр. ф.* -ен, -ена, *прич.*
маслёнок, -нка, *мн.* -ля́та, -ля́т
маслёночек, -чка, *мн.* масля́тки, -ток
масле́нщик, -а
ма́сленый, *прил.* (*пропитанный, покрытый маслом: ма́сленые блины́; льстивый; чувственный*)
масли́на, -ы
масли́нка, -и, *р. мн.* -нок
масли́нный
масли́новый
ма́слить(ся), -лю, -лит(ся)
ма́слице, -а
ма́сличко, -а
Ма́сличная гора́ (*Елеонская, библ.*)
ма́сличность, -и
ма́сличный (*к* ма́сло)
масли́чный (*к* масли́на)
ма́сло, -а, *мн.* масла́, ма́сел, масла́м
маслоба́к, -а
маслобо́йка, -и, *р. мн.* -бо́ек
маслобо́йно-жирово́й
маслобо́йный
маслобо́йня, -и, *р. мн.* -бо́ен
маслобо́йщик, -а
маслоде́л, -а
маслоде́лие, -я
маслоде́льный
маслоде́льня, -и, *р. мн.* -лен
маслодобыва́ющий
масложирово́й
маслозаво́д, -а
маслозапра́вочный
маслоизготови́тель, -я
ма́сло кака́о, ма́сла кака́о

маслонапо́лненный
маслоно́сный
маслоотдели́тель, -я
маслоохлади́тель, -я
маслоочи́стка, -и
маслопрово́д, -а
маслосемена́, -семя́н, -семена́м
маслосыроде́льный
маслосырозаво́д, -а
маслосыромоло́чный
маслото́пенный
маслото́пный
маслофасо́вочный
маслофи́льтр, -а
маслю́к, -а́
масля́ник, -а и ма́сленик, -а
масляни́стость, -и
масляни́стый
ма́сляно-возду́шный
масляноки́слый
ма́сляно-ла́ковый
ма́сляный (*из масла: ма́сляное пятно́; работающий на масле: ма́сляная ла́мпа; о красках, живописи; ма́сло ма́сляное*)
ма́слящий(ся)
масо́н, -а
масо́нский
масо́нство, -а
ма́сочка, -и, *р. мн.* -чек
ма́сочный
ма́сса, -ы
ма́сса бру́тто, ма́ссы бру́тто
масса́ж, -а, *тв.* -ем
массажёр, -а
массажи́ровать(ся), -рую(сь), -рует(ся)
массажи́ст, -а
массажи́стка, -и, *р. мн.* -ток
масса́жный
массака́, *неизм.*
масса́ндровский (*от* Масса́ндра)
ма́сса не́тто, ма́ссы не́тто
массачу́сетский (*от* Массачу́сетс)
массачу́сетцы, -ев, *ед.* -тец, -тца, *тв.* -тцем

МАССИВ

масси́в, -а
масси́вность, -и
масси́вный; *кр. ф.* -вен, -вна
массико́т, -а
масси́рование, -я
масси́рованный; *кр. ф.* -ан, -ана
масси́ровать(ся), -рую(сь), -рует(ся)
массиро́вка, -и
масску́льт, -а
масскульту́ра, -ы
массме́диа, *нескл., мн.*
массмеди́йный
ма́ссный
массови́дный; *кр. ф.* -ден, -дна
массови́к, -а́
массови́чка, -и, *р. мн.* -чек
массо́вка, -и, *р. мн.* -вок
ма́ссово-полити́ческий
ма́ссово-пото́чный
ма́ссовость, -и
ма́ссовый
массозаготови́тельный
массообме́н, -а
массоотда́ча, -и, *тв.* -ей
массопереда́ча, -и, *тв.* -ей
масс-спе́ктр, -а
масс-спектра́льный
масс-спектро́граф, -а
масс-спектрографи́ческий
масс-спектрогра́фия, -и
масс-спектро́метр, -а
масс-спектрометри́ческий
масс-спектромет́рия, -и
масс-спектроско́п, -а
масс-спектроскопи́ческий
масс-спектроскопи́я, -и
ма́ссулы, -ул
ма́стаба, -ы
маста́к, -а́
маста́чить, -чу, -чит
ма́стер, -а, *мн.* -а́, -о́в и (*высок.; герой романа М. Булгакова*) Ма́стер, -а
мастери́ть(ся), -рю́, -ри́т(ся)
мастери́ца, -ы, *тв.* -ей

мастери́ще, -а и -и, *мн.* -и, -и́щ, *м.*
ма́стер-кла́сс, -а
ма́стер-моде́ль, -и
мастерови́тость, -и
мастерови́тый
мастерово́й, -о́го
мастеровщи́на, -ы
мастеро́к, -рка́
мастерска́я, -о́й
ма́стерски, *нареч.*
мастерски́е, -и́х (*промышленное предприятие*)
ма́стерский (*от* ма́стер; *то же, что* мастерско́й)
мастерско́й (*искусный, совершенный*)
ма́стер-стано́к, -нка́
мастерство́, -а́
ма́стер-шта́мп, -а
масти́ка, -и
масти́ковый
ма́стикс, -а
масти́но, *нескл., м. и ж.*
масти́стый (*о лошади*)
масти́т, -а
масти́тость, -и
масти́тый (*почтенный*)
ма́сти́ф, -а
мастихи́н, -а
масти́чный
мастодонза́вр, -а
мастодо́нт, -а
мастоиди́т, -а
мастопати́я, -и
мастурба́ция, -и
мастурби́ровать, -и́рую, -и́рует
масть, -и, *мн.* -и, -е́й
масшта́б, -а
масштаби́рование, -я
масштаби́рованный; *кр. ф.* -ан, -ана
масштаби́ровать(ся), -рую, -рует(ся)
масшта́бность, -и
масшта́бный; *кр. ф.* -бен, -бна
мат, -а

матадо́р, -а
матана́лиз, -а
мате́, *нескл., с.*
матело́т, -а (*корабль*)
математиза́ция, -и
математизи́рованный; *кр. ф.* -ан, -ана
математизи́ровать(ся), -рую, -рует(ся)
матема́тик, -а
матема́тика, -и
матема́тико-статисти́ческий
матема́тик-прикладни́к, матема́тика-прикладника́
математи́чески
математи́ческий
матема́тичка, -и, *р. мн.* -чек
матере́ть, -е́ю, -е́ет
матереуби́йство, -а
матереуби́йца, -ы, *тв.* -ей, *м. и ж.*
материа́л, -а и (*при передаче произношения, в поэзии*) матерья́л, -а
материа́лец, -льца, *тв.* -льцем и матерья́лец, -льца, *тв.* -льцем
материализа́ция, -и
материали́зм, -а
материализо́ванный; *кр. ф.* -ан, -ана
материализова́ть(ся), -зу́ю, -зу́ет(ся)
материали́ст, -а
материалисти́ческий
материалисти́чность, -и
материалисти́чный; *кр. ф.* -чен, -чна
материали́стка, -и, *р. мн.* -ток
материалове́д, -а
материалове́дение, -я
материалове́дческий
материалоёмкий; *кр. ф.* -мок, -мка
материалоёмкость, -и
материалосберега́ющий
материа́льно-бытово́й
материа́льно-де́нежный

материа́льно заинтересо́ванный
материа́льно обеспе́ченный
материа́льно отве́тственный
материа́льность, -и и (при передаче произношения в поэзии) матерья́льность, -и
материа́льно-техни́ческий
материа́льно-това́рный
материа́льный; кр. ф. -лен, -льна и (при передаче произношения, в поэзии) матерья́льный; кр. ф. -лен, -льна
материа́льчик, -а и матерья́льчик, -а
мате́рийка, -и
матери́к, -а́
материко́вый
ма́терин, -а, -о
матери́нски
матери́нский
матери́нство, -а
матери́ть(ся), -рю́(сь), -ри́т(ся)
мате́рия, -и
ма́терка, -и (конопля)
ма́терний (материнский)
ма́терный (бранный)
матеро́й (устар. к матёрый – о животном)
матеро́к, -рка́
матёрчатый
матерщи́на, -ы
матерщи́нник, -а
матерщи́нница, -ы, тв. -ей
матерщи́нничать, -аю, -ает
матёрый
ма́терь, -и (устар. и высок. к мать)
Ма́терь, -и: Бо́жия (Бо́жья) Ма́терь, Ма́терь Бо́жия (Бо́жья)
матерья́л, -а (вместо материа́л – при передаче произношения, в поэзии)
матерья́лец, -льца, тв. -льцем и материа́лец, -льца, тв. -льцем

матерья́льность, -и (вместо материа́льность – при передаче произношения, в поэзии)
матерья́льный; кр. ф. -лен, -льна (вместо материа́льный – при передаче произношения, в поэзии)
матерья́льчик, -а и материа́льчик, -а
мати́ко, нескл., с.
матине́, нескл., с.
матирова́ние, -я
мати́рованный; кр. ф. -ан, -ана
матирова́ть(ся), -ру́ю, -ру́ет(ся)
матиро́вка, -и
мати́ссовский (от Мати́сс)
ма́тица, -ы, тв. -ей
ма́тичный
ма́тка, -и, р. мн. ма́ток
матлингви́стика, -и
матло́т, -а (танец)
матобеспече́ние, -я
ма́товость, -и
ма́товый
матовяза́льный
ма́том, нареч.
ма́точка, -и, р. мн. -чек
Ма́точкин Ша́р, Ма́точкина Ша́ра и Ма́точкиного Ша́ра (пролив)
ма́точник, -а
ма́точный
мат-перема́т, ма́та-перема́та
матраду́р, -а
матрака́ж, -а, тв. -ем
матра́с, -а и матра́ц, -а
матраса́, неизм. и нескл., м. (сорт винограда)
матра́сик, -а
матра́сник, -а
матра́сный
матра́ц, -а, тв. -ем, р. мн. -ев и матра́с, -а
матрёшечный
матрёшка, -и, р. мн. -шек (кукла)
матриарха́льный
матриарха́т, -а
ма́трикс, -а

матри́кул, -а и матри́кула, -ы
матрилине́йность, -и
матрилине́йный
матрилока́льный
матримониа́льный
ма́трица, -ы, тв. -ей
матрици́рование, -я
матрици́рованный; кр. ф. -ан, -ана
матрици́ровать(ся), -и́рую, -и́рует(ся)
ма́тричный
матрокли́нный
матро́на, -ы
матро́с, -а
матро́сик, -а
матро́ска, -и, р. мн. -сок
матросня́, -и́
Матро́сская Тишина́ (улица и тюрьма)
матро́сский
маттио́ла, -ы
ма́тты, -ов (альпийские луга)
матуа́р, -а
ма́тушка, -и, р. мн. -шек
ма́тушкин, -а, -о
матч, -а, тв. -ем
матча́сть, -и
матчбо́л, -а
ма́тчевый
матчи́ш, -а, тв. -ем
матчме́йкер, -а
матч-по́йнт, -а
матч-рева́нш, ма́тча-рева́нша
матч-ре́йсинг, -а
матч-турни́р, -а
мать, ма́тери, тв. ма́терью, мн. ма́тери, -е́й
мать-герои́ня, ма́тери-герои́ни
мать-и-ма́чеха, -и и мать-ма́чеха, -и
мать-одино́чка, ма́тери-одино́чки
мать-оте́ц, ма́тери-отца́
мать-приро́да, ма́тери-приро́ды
мать-стару́ха, ма́тери-стару́хи

мать сыра земля, матери сырой земли
матюгальник, -а
матюгаться, -аюсь, -ается и матюкаться, -аюсь, -ается
матюги, -ов и матюки, -ов
матюгнуться, -нусь, -нётся и матюкнуться, -нусь, -нётся
маузер, -а
маузерный
маун, -а
маунтинбайк, -а
мафиози, нескл., мн. и м.
мафиозный
мафиозо, нескл., м.
мафия, -и
мафорий, -я
Мафусаил, -а
мафусаилов век, мафусаилова века
мах¹, -а и -у (движение)
мах², неизм.
Мах, -а: число Маха, угол Маха
махагони, нескл., с.
махагониевый
махайрод, -а
махалля, нескл., м. и с.
махальный, -ого
махальщик, -а
махание, -я
махануть, -ну, -нёт
махаон, -а
махараджа, -и, тв. -ей, р. мн. -ей, м. и магараджа, -и, тв. -ей, р. мн. -ей, м.
махарани, нескл., ж. и магарани, нескл., ж.
махатма, -ы, м.
махать(ся), машу(сь), машет(ся) и -аю(сь), -ает(ся)
махачкалинка, -и, р. мн. -нок
махачкалинский (от Махачкала)
махачкалинцы, -ев, ед. -нец, -нца, тв. -нцем
махающий и машущий
махаяна, -ы

махаянистский
махди, нескл., м.
махе, нескл., м. (ед. измер.)
махизм, -а
махина, -ы
махинатор, -а
махинаторский
махинаторство, -а
махинация, -и
махинища, -и, тв. -ей
махист, -а
махистский
махновец, -вца, тв. -вцем, р. мн. -вцев
махновский (от Махно)
махновщина, -ы
махнуть(ся), -ну(сь), -нёт(ся)
маховик, -а (колесо)
маховиковый
маховичок, -чка (от маховик)
маховой (к махать: маховое колесо, тех., маховые перья, зоол.)
маховый (спорт.)
махолёт, -а
махом, нареч.
махонький
махорка, -и
махорочка, -и
махорочный
махорчатый
махотка, -и, р. мн. -ток
махра, -ы (махорка)
махриться, -ится
махровость, -и
махровый
махры, -ов (бахрома)
маца, -ы, тв. -ой
мацерация, -и
мацерированный; кр. ф. -ан, -ана
мацерировать(ся), -рую, -рует(ся)
мацис, -а
мацони, нескл., ж. и с.
мачете, нескл., м. и с.
мачетеро, нескл., м.

мачеха, -и
мачехин, -а, -о
мачок, мачка
мачта, -ы
мачта-антенна, мачты-антенны
мачтовка, -и, р. мн. -вок
мачтовник, -а
мачтовой, -ого (матрос)
мачтово-стрелово́й
мачтовый
мачтотруба, -ы, мн. -трубы, -труб
маш, -а, тв. -ем (растение)
Маша-растеряша, Маши-растеряши
машбюро, нескл., с.
машерочка: шерочка с машерочкой
машикули, нескл., мн. и -ей
машина, -ы
машинальность, -и
машинальный; кр. ф. -лен, -льна
машинёнка, -и, р. мн. -нок
машинерия, -и
машинёшка, -и, р. мн. -шек
машинизация, -и
машинизированный; кр. ф. -ан, -ана
машинизировать(ся), -рую, -рует(ся)
машинист, -а
машинистка, -и, р. мн. -ток
машинка, -и, р. мн. -нок
машинник, -а
машинно-дорожный
машинно-животноводческий
машинно зависимый
машинно-информационный
машинно-мелиоративный
машинно независимый
машинно ориентированный
машинность, -и
машинно-тракторный
машинный
машиновед, -а
машиноведение, -я

машиновладе́лец, -льца, тв. -льцем, р. мн. -льцев
машиногра́мма, -ы
машиноде́нь, -дня́
машиноиспыта́тель, -я
машиноиспыта́тельный
машиноме́сто, -а, мн. -а́, -ме́ст, -а́м
машинопи́сный
маши́нопись, -и
машинопрока́тный
машиноремо́нтный
машиноскри́пт, -а
машиносме́на, -ы
машинострое́ние, -я
машиностои́тель, -я
машинострои́тельный
машиносчётный
машиноча́с, -а, мн. -ы́, -о́в
машиночита́емый
маши́стый
машо́на, нескл. мн., ед. м. и ж. (народ)
машта́к, -а́
маштачо́к, -чка́
ма́шущий и маха́ющий
маэсто́зо, неизм.
маэстри́я, -и
маэ́стро, нескл., м.
маю́скулы, -ов, ед. -ул, -а
маю́скульный
ма́ющий(ся)
мая́к, -а́
ма́ятник, -а
ма́ятниковый
маятникообра́зный; кр. ф. -зен, -зна
ма́ятничек, -чка
мя́ть(ся), мя́ю(сь), мя́ет(ся)
мая́чащий(ся)
мая́чить(ся), -чу(сь), -чит(ся)
маячко́вый
мая́чный
маячо́к, -чка́
МВД [эмвэдэ́], нескл., с. (сокр.: министерство внутренних дел)

МВ-печь [эмвэ́], -и, мн. -и, -е́й (сокр.: микроволновая печь)
мга, мги
МГД [эмгэдэ́], нескл., ж. и неизм. (сокр.: магнитогидродинамика, магнитогидродинамический)
МГД-генера́тор, -а
МГД-насо́с, -а
мгла, -ы
мгли́стость, -и
мгли́стый
мгнове́ние, -я
мгнове́нно, нареч.
мгновеннодействующий*
мгнове́нность, -и
мгнове́нный; кр. ф. -енен, -енна
м-да, межд.
ме, межд.; ни бе́ ни ме́
меа́ндр, -а
меандри́ческий
мебелево́з, -а
мебели́шка, -и
ме́бель, -и
ме́бельно-декорати́вный
ме́бельно-оби́вочный
ме́бельно-сбо́рочный
ме́бельный
ме́бельщик, -а
ме́бельщица, -ы, тв. -ей
Мёбиус, -а: ли́ст (ле́нта, пове́рхность) Мёбиуса
меблира́шки, -шек
меблирова́ние, -я
меблиро́ванный; кр. ф. -ан, -ана
меблирова́ть(ся), -ру́ю, -ру́ет(ся)
меблиро́вка, -и, р. мн. -вок
меблиро́вщик, -а
мевало́новая кислота́
мега... — первая часть сложных слов, пишется слитно
мегаба́йт, -а, р. мн. -ов, счетн. ф. -ба́йт
мегаба́р, -а, р. мн. -ов, счетн. ф. -ба́р
мегава́тт, -а, р. мн. -ов, счетн. ф. -ва́тт

мегава́тт-ча́с, -а, мн. -ы́, -о́в
мегаге́рц, -а, тв. -ем, р. мн. -ев, счетн. ф. -ге́рц
мегагра́мм, -а, р. мн. -ов
мегаде́рма, -ы
мегаджо́уль, -я
мегакало́рия, -и
мегакариоци́ты, -ов, ед. -ци́т, -а
мегака́рпея, -и
мегако́лон, -а
мегали́т, -а
мегалити́ческий
мегалоза́вр, -а
мегалома́ния, -и
мегалопланкто́н, -а
мегало́полис, -а
мегалю́кс, -а, р. мн. -ов, счетн. ф. -люкс
мегалю́кс-секу́нда, -ы
мегаме́тр, -а
мегами́р, -а
мегани́т, -а
мегантиклино́рий, -я
мега́нтроп, -а
мегапарсе́к, -а, р. мн. -ов, счетн. ф. -се́к
мегапаска́ль, -я
мегапи́р, -а
мегапо́лис, -а
мегапо́лисный
мегапрое́кт, -а
мегарелье́ф, -а
ме́гарон, -а
мегасинклино́рий, -я
мегаско́п, -а
мегаскопи́ческий
мегаспора́нгий, -я
мегаспорофи́лл, -а
мегаспо́ры, -спо́р, ед. -спо́ра, -ы
мегастру́ктура, -ы
мегастру́ктурный
мегате́рий, -я
мегато́нна, -ы
мегато́нный
мегафи́лл, -а
мегафо́н, -а

МЕГАФОННЫЙ

мегафо́нный
мегаци́кл, -а
мегаэволю́ция, -и
мегаэлектронво́льт, -а, *р. мн.* -ов, *счетн. ф.* -во́льт
мегаэ́рг, -а, *р. мн.* -ов, *счетн. ф.* -э́рг
Меге́ра, -ы (*мифол.*) и меге́ра, -ы (*злая, сварливая женщина*)
мего́м, -а, *р. мн.* -ов, *счетн. ф.* мего́м
мегомме́тр, -а
мегре́лка, -и, *р. мн.* -лок
мегре́лы, -ре́л и -ов, *ед.* -ре́л, -а
мегре́льский
мёд, -а и -у, *предл.* в (на) меду́, *мн.* меды́, -о́в
меднало́сец, -сца, *тв.* -сцем, *р. мн.* -сцев
медали́ст, -а
медали́стка, -и, *р. мн.* -ток
меда́ль, -и
медалье́р, -а
медалье́рный
меда́лька, -и, *р. мн.* -лек
меда́льный
медальо́н, -а
медальо́нный
медальо́нчик, -а
медбра́т, -а, *мн.* -бра́тья, -ьев
медведеобра́зный; *кр. ф.* -зен, -зна
медве́диха, -и
медве́дица, -ы, *тв.* -ей; но: Больша́я Медве́дица, Ма́лая Медве́дица (*созвездия*)
медве́дище, -а и -и, *мн.* -и, -ищ, *м.*
медве́дка, -и, *р. мн.* -док
медве́душка, -и, *р. мн.* -шек и медве́дюшка, -и, *р. мн.* -шек, *м.*
медве́дь, -я
Медве́дь-гора́, -ы́ (*в Крыму*)
Медве́дь – Ли́повая нога́, Медве́дя – Ли́повой ноги́ (*сказочный персонаж*)

медвежа́тина, -ы
медвежа́тник, -а
медвежа́чий, -ья, -ье
медвежева́тый
медве́жий, -ья, -ье
медве́жина, -ы
медвежо́нок, -нка, *мн.* -жа́та, -жа́т
медвежо́ночек, -чка, *мн.* медвежа́тки, -ток
медвежье́горский (*от* Медвежье́горск)
медвежье́горцы, -ев, *ед.* -рец, -рца, *тв.* -рцем
медву́з, -а
медву́зовский
медвытрезви́тель, -я
медвя́ный
медельи́нский (*от* Медельи́н)
медельи́нцы, -ев, *ед.* -нец, -нца, *тв.* -нцем
мед́еля́нка, -и, *р. мн.* -нок
меделя́нский (меделя́нская поро́да соба́к)
меденно́сный (*от* медь)
медеплави́льный
медеплави́льщик, -а
Меде́я, -и
меджидие́, *нескл., ж.* (*монета*)
меджли́с, -а (*в Иране*)
медзаключе́ние, -я
ме́диа, *нескл., мн.*
ме́диа... – первая часть сложных слов, пишется слитно
медиаимпе́рия, -и
медиакомпа́ния, -и
mediáльный
медиамагна́т, -а
медиа́на, -ы
медиа́нный
медиа́нта, -ы
медиаобеспе́чение, -я
медиаобразова́ние, -я
медиапрогра́мма, -ы
медиапроду́кт, -а
медиапростра́нство, -а
медиастина́льный

медиастини́т, -а
медиастиноскопи́ческий
медиастиноскопи́я, -и
медиати́вный
медиатиза́ция, -и
медиа́тор, -а
медиахо́лдинг, -а
медиа́ция, -и
медиева́ль, -я
медиеви́ст, -а
медиеви́стика, -и
медиевисти́ческий
медиеви́стка, -и, *р. мн.* -ток
меди́йный
ме́дик, -а
медикаменто́зный
медикаме́нты, -ов, *ед.* -е́нт, -а
ме́дико-биологи́ческий
ме́дико-восстанови́тельный
ме́дико-генети́ческий
медикогео́граф, -а
ме́дико-географи́ческий
ме́дико-санита́рный
ме́дико-социа́льный
ме́дико-хирурги́ческий
медина́л, -а
медини́лла, -ы
мединститу́т, -а
ме́дио, *нескл., с.*
ме́дисон, -а (*танец*)
Ме́дисон-сквер-га́рден, -а (*в Нью-Йо́рке*)
ме́дистый (*от* медь)
мёдистый (*от* мёд)
медитати́вный
медита́ция, -и
медити́ровать, -рую, -рует
ме́диум, -а
медиуми́зм, -а
медиуми́ческий
медици́на, -ы
медицинбо́л, -а
медици́нский
меди́чка, -и, *р. мн.* -чек
медкоми́ссия, -и
ме́дленно, *нареч.*

медленновраща́ющийся*
медленноде́йствующий*
медленнорасту́щий*
ме́дленность, -и
ме́дленный; кр. ф. -ен и -енен, -енна
медли́тель, -я
медли́тельность, -и
медли́тельный; кр. ф. -лен, -льна
ме́длить, -лю, -лит
медля́к, -а́
ме́длящий
медне́ние, -я
ме́дник, -а
ме́дницкий
ме́дницко-жестя́ницкий
ме́дно-аммиа́чный
ме́дно-за́кисный
ме́дно-кра́сный
ме́дно-лите́йный
меднолите́йщик, -а
меднолицый
меднолобый
ме́дно-ни́келевый
ме́дно-о́кисный
ме́дно-прока́тный
ме́дно-ру́дный
ме́дно-свинцо́во-ци́нко-во-оловя́нный
ме́дно-хими́ческий
ме́дно-ци́нковый
ме́дный
Ме́дный бу́нт (1662)
Ме́дный вса́дник (памятник)
медова́р, -а
медоваре́ние, -я
медова́ренный
медова́рня, -и, р. мн. -рен
медове́д, -а (птица)
медови́к, -а́
медо́вич, -а, тв. -ем: са́хар медо́вич
медовни́ца, -ы, тв. -ей
медо́во-яи́чный
медову́ха, -и

медо́вый
Медо́вый Спа́с (праздник)
медого́нка, -и, р. мн. -нок
медое́д, -а
медо́к, медка́ и медку́
медоно́с, -а
медоно́сность, -и
медоно́сный (от мёд)
медосбо́р, -а
медосмо́тр, -а
медосо́с, -а
медоточи́вость, -и
медоточи́вый
медоука́зчик, -а
медперсона́л, -а
медпо́мощь, -и
медпрепара́т, -а
медпу́нкт, -а
медрабо́тник, -а
медресе́, нескл., с.
медсанба́т, -а
медсанба́товец, -вца, тв. -вцем, р. мн. -вцев
медсанба́товский и медсанба́тский
медсанча́сть, -и, мн. -и, -е́й
медсестра́, -ы́, мн. -сёстры, -сестёр, -сёстрам
медте́хника, -и
меду́за, -ы
медуллотерапи́я, -и
медулля́рный
медуни́ца, -ы, тв. -ей
медфа́к, -а
медь, -и
ме́дье, нескл., с.
медьсодержа́щий
медя́к, -а́
медяни́стый
медяни́ца, -ы, тв. -ей
медя́нка, -и, р. мн. -нок
медя́ный
медя́шка, -и, р. мн. -шек
меж, предлог
меж... — приставка, пишется слитно

межа́, -и́, тв. -о́й, мн. ме́жи, меж и меже́й, ме́жам
межамерика́нский
межара́бский
межа́томный
межафрика́нский
межба́нковский
межбиблиоте́чный
межбиржево́й
межбло́ковый
межбло́чный
межбрига́дный
межбро́вье, -я, р. мн. -вий
межбюдже́тный
межве́домственный
межвидово́й
межвое́нный
межвре́менье, -я
межвозрастно́й
межву́зовский
межгалакти́ческий
межгалоге́нный
межго́рный
межго́рье, -я, р. мн. -рий
межгосуда́рственный
Межгосуда́рственный экономи́ческий комите́т СНГ
междинасти́ческий
междисциплина́рный
междоме́тие, -я
междоме́тный
междоу́злие, -я
междоусо́бие, -я
междоусо́бица, -ы, тв. -ей
междоусо́бный
междоча́сие, -я (церк.)
ме́жду, предлог
между... — приставка, пишется слитно
междуве́домственный
междувла́стие, -я
междугла́зье, -я, р. мн. -зий
междугоро́дний и междугоро́дный
междуго́рье, -я, р. мн. -рий
междука́мерный

МЕЖДУНАРОДНАЯ АМНИСТИЯ

Междунаро́дная амни́стия (организа́ция)
Междунаро́дная косми́ческая ста́нция
Междунаро́дная организа́ция труда́
Междунаро́дная федера́ция профсою́зов
Междунаро́дная хокке́йная ли́га
Междунаро́дная ша́хматная федера́ция
междунаро́дник, -а
междунаро́дно-догово́рный
Междунаро́дное аге́нтство по а́томной эне́ргии (МАГАТЭ́)
Междунаро́дное о́бщество Кра́сного Креста́ и Кра́сного Полуме́сяца
междунаро́дно-правово́й
междунаро́дно-сле́дственный
междунаро́дный
Междунаро́дный валю́тный фо́нд (МВФ)
Междунаро́дный де́нь защи́ты дете́й
Междунаро́дный де́нь теа́тра
Междунаро́дный же́нский де́нь
Междунаро́дный институ́т пре́ссы
Междунаро́дный ко́нкурс арти́стов бале́та
Междунаро́дный олимпи́йский комите́т (МОК)
Междунаро́дный сою́з студе́нтов
Междунаро́дный су́д (в Гаа́ге)
междунача́лие, -я
междупа́лубный
междупа́рье, -я, р. мн. -рий
ме́жду про́чим
междупу́тье, -я, р. мн. -тий
междуре́йсовый
междуре́ченский (от междуре́чье и Междуре́ченск)
междуре́ченцы, -ев, ед. -нец, -нца, тв. -нцем
междуре́чный
междуре́чье, -я, р. мн. -чий (ме́стность между реками) и Междуре́чье, -я (геогр. область в бассейне Тигра и Евфрата; природная область в Аргентине; среднеазиа́тское Междуре́чье)
междуря́дный
междуря́дье, -я, р. мн. -дий
междусёленный
междусобо́йчик, -а
междустро́чие, -я
междустро́чный
ме́жду те́м
междуца́рствие, -я
междуэта́жный
межева́льный
межева́ние, -я
межёванный; кр. ф. -ан, -ана
межева́ть(ся), межу́ю(сь), межу́ет(ся)
межеви́к, -а́
межёвка, -и, р. мн. -вок
межево́й
межевщи́к, -а́
меже́нный
меже́нь, -и
межеу́мок, -мка
межеу́мочный
межеу́мье, -я
межжа́берный
межзаводско́й и межзаво́дский
межзада́чный
межзвёздный
межзона́льный
межзу́бный
межигрово́й
межизда́тельский
межимпериалисти́ческий
межинститу́тский
межйе́менский
межкварти́рный
межкла́новый
межкла́ссовый
межкле́тник, -а
межкле́тный
межкле́точный
межколхо́зный
межко́мнатный
межконтинента́льный
Межконтинента́льный ку́бок
межконфессиона́льный
межкоре́йский
межко́стный
межкраево́й
межкристалли́тный
межкульту́рный
межледнико́вый
межледнико́вье, -я
межли́чностный
межматерико́вый
межмаши́нный
межминисте́рский
межмицелля́рный
межмо́дульный
межмолекуля́рный
межморе́нный
межмуниципа́льный
межнавигацио́нный
межнациона́льный
межни́к, -а́ (межа)
межня́к, -а́ (птица)
межобластно́й
межобщи́нный
межозёрный
межокеа́нский
межоко́нье, -я, р. мн. -ний
межокружно́й
межолимпи́йский
межостровно́й
межотраслево́й
межотсе́чный
межпа́лубный
Межпарла́ментская ассамбле́я Евро́пы
Межпарла́ментская ассамбле́я стра́н СНГ
межпарла́ментский
Межпарла́ментский сою́з
межпарти́йный

межпассатный
межпланетный
межплеменной
межплодник, -а
межпозвоночный
межпоколенческий
межполосный
межполосье, -я, *р. мн.* -сий
межпородный
межправительственный
межпредметный
межприступный
межпрограммный
межрайонный
межрайонцы, -ев, *ед.* -нец, -нца, *тв.* -нцем
межрамный
межрасовый
межрёберный
межреберье, -я, *р. мн.* -рий
межреволюционный
межрегиональный
межрегистровый
межрейсовый
межрелигиозный
межремонтный
межреспубликанский
межродовой
межсегментный
межсезонный
межсезонье, -я, *р. мн.* -ний
межселенный
межсессионный
межсетевой
межсистемный
межсменный
межсовхозный
межсортовой
межсословный
межсоюзнический
межсоюзный
меж тем
межтерриториальный
межуровневый
межуточный
межучрежденческий

межфабричный
межфакультетский
межферменный
межфракционный
межхозяйственный
межцентромер, -а
межцеховой
межчеловеческий
межчелюстной
межшахтный
межшкольный
межъевропейский
межъязыковой
межъярусный
межэтажный
межэтнический
межэшелонный
мезальянс, -а
мезапам, -а
мезга, -и
мездра, -ы
мездрение, -я
мездрённый; *кр. ф.* -ён, -ена, *прич.*
мездрёный, *прил.*
мездрильный
мездрить(ся), -рю, -рит(ся)
мездровый
мездряной
мезенский (*от* Мезень)
мезентериальный
мезентерий, -я
мезенхима, -ы
мезенцы, -ев, *ед.* -нец, -нца, *тв.* -нцем (*от* Мезень)
мезитил, -а
мезитол, -а
мезо... — первая часть сложных слов, пишется слитно
мезоатом, -а
мезобласт, -а
мезогамия, -и
мезогиппус, -а
мезоглея, -и
мезодерма, -ы
мезозавр, -а

мезозои, -ев (*зоол.*)
мезозой, -я (*геол. эра*)
мезозойский
мезокарпий, -я
мезокефал, -а *и* мезоцефал, -а
мезокефалия, -и *и* мезоцефалия, -и
мезоклимат, -а
мезолит, -а
мезолитический
мезомерия, -и
мезомолекула, -ы
мезоморфность, -и
мезоморфный
мезон, -а
мезонефрос, -а
мезонин, -а
мезонинный
мезонинчик, -а
мезонный
мезопауза, -ы
мезоплазма, -ы
мезорельеф, -а
мезосапробный
мезосапробы, -ов, *ед.* -роб, -а
мезосидерит, -а
мезоскаф, -а
мезостих, -а
мезосфера, -ы
мезотелий, -я
мезотелиома, -ы
мезотермальный
мезотрофный
мезотрофы, -ов, *ед.* -троф, -а
мезофилл, -а (*мякоть листа*)
мезофилы, -ов, *ед.* -фил, -а (*организмы*)
мезофиты, -ов, *ед.* -фит, -а
мезоцефал, -а *и* мезокефал, -а
мезоцефалия, -и *и* мезокефалия, -и
мезуза, -ы
мейерхольдовец, -вца, *тв.* -вцем, *р. мн.* -вцев
мейерхольдовский (*от* Мейерхольд)

МЕЙНСТРИМ

мейнстрим, -а
мейо́з, -а (биол.)
мейо́зис, -а (лингв.)
мейоти́ческий
ме́йсенский (от Ме́йсен; ме́йсенский фарфо́р)
ме́йстер, -а
мейстерзи́нгер, -а
мейстерзи́нгерский
ме́кать, -аю, -ает (о козе, овце; говорить неясно, запинаясь)
мека́ть, -а́ю, -а́ет (думать, устар.)
Ме́кка, -и
мекка́не, -а́н, ед. -а́нин, -а
мекка́нка, -и, р. мн. -нок
мекка́нский (от Ме́кка)
ме́ккский (от Ме́кка)
мекленбу́ргский (от Мекленбу́рг)
мекленбу́ржцы, -ев, ед. -жец, -жца, тв. -жцем
ме́кнуть, -ну, -нет
меко́нгский (от Меко́нг)
меко́ний, -я
меко́нопсис, -а
мексика́нка, -и, р. мн. -нок
мексика́нский (от Ме́ксика)
Мексика́нский зали́в
мексика́нцы, -ев, ед. -нец, -нца, тв. -нцем
мекте́б, -а
мел¹, -а и -у, предл. в мелу́
мел², -а, р. мн. -ов, счетн. ф. мел (ед. измер.)
мелако́пия, -и
меламе́д, -а
мелами́н, -а
мелами́но-формальдеги́дный
меланези́йка, -и, р. мн. -и́ек
меланези́йский (от Меланези́я)
меланези́йцы, -ев, ед. -и́ец, -и́йца, тв. -и́йцем
мела́нж, -а, тв. -ем
мела́нж-а́кт, -а
мела́нжевый
меланжёр, -а
melани́зм, -а

мелани́н, -а
melано́з, -а
мelанокра́товый
mellано́ма, -ы
melанотропи́н, -а
melаnoфо́ры, -ов, ед. -фо́р, -а
melаноцитостимули́рующий
melаноци́ты, -ов, ед. -ци́т, -а
melанхо́лик, -а
melанхоли́ческий
melанхоли́чка, -и, р. мн. -чек
melанхоли́чность, -и
melанхоли́чный; кр. ф. -чен, -чна
melанхо́лия, -и
мела́сса, -ы
ме́лево, -а
меледа́, -ы́
меле́на, -ы
ме́ленка, -и, р. мн. -нок
melёнnый; кр. ф. -ён, -ена́, прич.
melёный, прил.
ме́ленький
меле́ть, -е́ет
ме́лиевые, -ых
мelизмати́ческий
мelи́змы, -и́зм, ед. -и́зма, -ы
мelили́т, -а
мelини́т, -а
мelини́товый
мelиоидо́з, -а
мelиорати́вный
мelиора́тор, -а
мelиорацио́нный
мelиора́ция, -и
мelиори́рованный; кр. ф. -ан, -ана
мelиори́ровать(ся), -и́рую, -и́рует(ся)
мели́с, -а (сахарный песок)
мели́сса, -ы (растение)
ме́листый
мелито́за, -ы
мелито́польский (от Мелито́поль)
мелито́польцы, -ев, ед. -лец, -льца, тв. -льцем

мели́ть(ся), мелю́, ме́лит(ся) (от мел)
ме́лия, -и
мелка́шка, -и, р. мн. -шек
ме́лкий; кр. ф. ме́лок, мелка́, ме́лко, ме́лки
мелкобороздча́тый
мелкобуржуа́зный; кр. ф. -зен, -зна
мелкова́тый
мелкове́сный; кр. ф. -сен, -сна
мелково́дность, -и
мелково́дный; кр. ф. -ден, -дна
мелково́дье, -я, р. мн. -дий
мелкодиспе́рсный
мелкодо́нный
ме́лко дроблённый
мелкодроблёный, прил.
мелкозавито́й
мелкозём, -а
мелкозёмистый
мелкозернёный
мелкозерни́стость, -и
мелкозерни́стый
мелкозу́бчатый
мелкозу́бый
мелкоиспи́санный*
мелкокали́берка, -и, р. мн. -рок
мелкокали́берный
мелкокапиталисти́ческий
мелкокомкова́тый
мелкоко́нтурность, -и
мелкоко́нтурный
мелкокрестья́нский
мелкокристалли́ческий
мелкокусково́й
мелкокуста́рниковый
мелколепе́стник, -а
мелколе́сный
мелколе́сье, -я, р. мн. -сий
мелколи́ственный
мелколи́стность, -и
мелколи́стный и мелколи́стый
мелкомасшта́бный
мелкомо́лотый*
ме́лко-на́мелко

мелкообломочный
мелкооптовый
мелкоочаговый
мелкопесчаный
мелкопись, -и
мелкоплодность, -и
мелкоплодный
мелкопоместный
мелко резанный
мелкорезаный, *прил.*
мелкорослый
мелко рубленный
мелкорубленый, *прил.*
мелкосерийный
мелкосидящий
мелкособственнический
мелкосопочник, -а
мелкость, -и
мелкота, -ы
мелкотемный
мелкотемье, -я
мелкотоварный
мелко толчённый
мелкотолчёный, *прил.*
мелкоточечный
мелкотравчатость, -и
мелкотравчатый
мелкотравье, -я, *р. мн.* -вий
мелкоузорчатый
мелкофасованный*
мелкоцветный
мелкочешуйчатый
мелкошёрстный и мелкошёрстый
мелкоштучный
меллитовая кислота
мелованный (мелованная бумага)
меловой
мелодекламатор, -а
мелодекламация, -и
мелодекламировать, -рую, -рует
мелодийка, -и, *р. мн.* -иек
мелодика, -и
мелодист, -а
мелодический
мелодичность, -и

мелодичный; *кр. ф.* -чен, -чна
мелодия, -и
мелодрама, -ы
мелодраматизм, -а
мелодраматический
мелодраматичность, -и
мелодраматичный; *кр. ф.* -чен, -чна
мелодрамный
мелозавр, -а
мелок¹, мелка и мелку (*уменьш.-ласкат. к* мел¹)
мелок², мелка (*кусочек мела*)
меломан, -а
меломания, -и
меломанка, -и, *р. мн.* -нок
меломанский
мелон, -а (*фин.*)
мелопея, -и
мелос, -а
мелотипия, -и
мелотрия, -и
мелочить(ся), -чу́(сь), -чи́т(ся)
мелочишка, -и
мелочной (*о торговле*)
мелочность, -и
мелочный; *кр. ф.* -чен, -чна (*о человеке*)
мелочовка, -и
мелочь, -и, *мн.* -и, -ей
мель, -и, *предл.* на мели
мельбурнский (*от* Мельбурн)
мельбурнцы, -ев, *ед.* -нец, -нца, *тв.* -нцем
мельзавод, -а
мелькание, -я
мелькать, -аю, -ает
мелькнуть, -ну, -нёт
мельком
мелькомбинат, -а
мельник, -а
мельница, -ы, *тв.* -ей
мельничий, -ья, -ье
мельничиха, -и
мельничка, -и, *р. мн.* -чек
мельничный

Мельпомена, -ы
мельтешение, -я
мельтешить(ся), -шу́(сь), -ши́т(ся)
мельтешня, -и
мельхиор, -а
мельхиоровый
мельчайший
мельчать, -аю, -ает
мельче, *сравн. ст.*
мельчённый; *кр. ф.* -ён, -ена
мельчить(ся), -чу́, -чи́т(ся)
мелюзга, -и
мелющий(ся) (*от* молоть(ся))
мелянопус, -а
мелящий(ся) (*от* мелить(ся))
мембрана, -ы
мембранный
мемеканье, -я
мемекать, -аю, -ает
мемекнуть, -ну, -нет
мементо мори
меморандум, -а
мемориал, -а
мемориализация, -и
мемориально-ордерный
мемориальный
мемория, -и
мемуарист, -а
мемуаристика, -и
мемуаристка, -и, *р. мн.* -ток
мемуарный
мемуары, -ов
мемфисский (*от* Мемфис)
мемфисцы, -ев, *ед.* -сец, -сца, *тв.* -сцем
мена, -ы
менада, -ы (*мифол.*)
менгир, -а
менде, *нескл., мн., ед. м. и ж.* (*народ*)
менделевий, -я
менделевский (*от* Мендель)
Менделеев, -а: периодический закон Менделеева, таблица Менделеева

МЕНДЕЛЕЕВИТ

менделееви́т, -а
менделе́евский (*от* Менделе́ев)
менделизм, -а
менделист, -а
менделистский
Ме́ндель, -я: зако́ны Ме́нделя
ме́ндес, -а (*животное*)
ме́неджер, -а
ме́неджер-бро́кер, ме́неджера-бро́кера
менеджери́зм, -а
ме́неджерский
ме́неджер-стажёр, ме́неджера-стажёра
менеджи́ровать, -рую, -рует
ме́неджмент, -а
ме́нее, *сравн. ст.*
менестре́ль, -я
ме́нзула, -ы
ме́нзульный
мензу́ра, -ы
мензура́льный
мензу́рка, -и, *р. мн.* -рок
мензу́рочный
ме́нивать, *наст. вр. не употр.*
менингио́ма, -ы
менинги́т, -а
менинги́тный
менингоко́кки, -ов, *ед.* -ко́кк, -а
менингоко́кковый
менингомиели́т, -а
менингоэнцефали́т, -а
менинпе́я, -и
мени́ппова сати́ра, мени́пповой сати́ры
мени́ск, -а
мени́сковый
мениспе́рмовые, -ых
менихе́и, -ев, *ед.* -хе́й, -я
менихе́йский
меннони́тка, -и, *р. мн.* -ток
меннони́тский
меннони́ты, -ов, *ед.* -ни́т, -а
менево́й
меновщи́к, -а́
менопа́уза, -ы

мено́ра, -ы
меноррагия, -и
менструа́льный
менструа́ция, -и
менструи́ровать, -рую, -рует
мент, -а и -а́
менталите́т, -а
мента́льность, -и
мента́льный; *кр. ф.* -лен, -льна
ме́нтик, -а
ме́нтовский
менто́л, -а
менто́ловый
ме́нтор, -а (*наставник, воспитатель*) и Ме́нтор, -а (*мифол.*)
ме́нторски
ме́нторский
менуэ́т, -а
менуэ́тный
меньша́к, -а́
ме́ньше, *сравн. ст.*
меньшеви́зм, -а
меньшеви́к, -а́
меньшеви́ствующий
меньшеви́стский
меньшеви́чка, -и, *р. мн.* -чек
ме́ньшенький
ме́ньший
меньши́нства, -инств (национа́льные, сексуа́льные), *ед.* -и́нство, -инства́
меньшинство́, -а́ (*меньшая часть*)
меньшо́й
меню́, *нескл., с.*
меня́ (*форма местоим.* я)
меня́ла, -ы, *м.*
меня́льный
ме́нянный; *кр. ф.* -ян, -яна
меня́ть(ся), -я́ю(сь), -я́ет(ся)
меоти́йский
мео́ты, -ов, *ед.* мео́т, -а
мепрота́н, -а
ме́ра, -ы
ме́ргель, -я, *мн.* -и, -ей и -я́, -е́й
ме́ргельный

мерёжа, -и, *тв.* -ей, *р. мн.* -ёж (*снасть*)
мерёжка, -и, *р. мн.* -жек (*вышивка*)
мерёжка, -и, *р. мн.* -жек (*от* мерёжа)
мерёжный
ме́рекать, -аю, -ает
мере́нга, -и
ме́рение, -я (*от* ме́рить)
ме́ренный; *кр. ф.* -ен, -ена, *прич.*
ме́реный, *прил.*
мере́ть, мрёт; *прош.* мёр, мёрла
мерехлю́ндия, -и
мере́щащийся
мере́щиться, -щусь, -щится
мерея́, -и́
мерза́вец, -вца, *тв.* -вцем, *р. мн.* -вцев
мерза́вка, -и, *р. мн.* -вок
мерза́вчик, -а
мерзе́е, *сравн. ст.*
мерзе́йший
мерзе́ть, -е́ю, -е́ет
мерзи́ть, -и́т
ме́рзкий; *кр. ф.* -зок, -зка́, -зко
мёрзлость, -и
мерзлота́, -ы́
мерзло́тник, -а
мерзло́тный
мерзлотове́д, -а
мерзлотове́дение, -я
мёрзлый
мерзля́к, -а́
мерзля́тина, -ы
мерзля́чка, -и, *р. мн.* -чек
мёрзнувший
мёрзнуть, -ну, -нет; *прош.* мёрз и мёрзнул, мёрзла
мерзопа́костный; *кр. ф.* -тен, -тна
мерзопа́кость, -и
ме́рзостный; *кр. ф.* -тен, -тна
ме́рзость, -и
ме́рзче, *сравн. ст.*
ме́ривать, *наст. вр. не употр.*
ме́ривший

меридиа́н, -а
меридиа́нный
меридиона́льный
мери́ло, -а
мери́льный
мери́льщик, -а
ме́рин, -а
мерино́к, -нка́
мерино́с, -а
мерино́совый
меристе́ма, -ы
меристемати́ческий
мери́тель, -я
мери́тельный
мерите́рий, -я
меритокра́тия, -и
ме́рить(ся), ме́рю(сь), ме́рит(ся) и ме́ряю(сь), ме́ряет(ся)
ме́рка, -и, р. мн. ме́рок
меркантили́зм, -а
меркантили́ст, -а
меркантилисти́ческий
меркантили́стский
мерканти́льность, -и
мерканти́льный; кр. ф. -лен, -льна
меркапта́ны, -ов, ед. -та́н, -а
мерка́торский: мерка́торская ка́рта, мерка́торская прое́кция
Ме́ркель, -я: кле́тки (тельца́) Ме́ркеля
ме́рклый
ме́ркнувший
ме́ркнуть, -нет; прош. ме́ркнул и мерк, ме́ркла
меркура́н, -а
меркуриали́зм, -а
меркуриа́нский (от Мерку́рий, планета)
Мерку́рий, -я
меркуриме́трия, -и
мерла́н, -а
мерла́нг, -а
мерлу́за, -ы
мерлу́шечий, -ья, -ье
мерлу́шка, -и, р. мн. -шек

мерлу́шковый
ме́рник, -а
ме́рность, -и
ме́рный; кр. ф. ме́рен, ме́рна
мероблласти́ческий
Merowíнги, -ов (династия)
мерови́нгский
мерозиго́та, -ы
мерокри́новый
мероло́гия, -и
мероми́за, -ы
мероморфный
мероприя́тие, -я
меросто́мовые, -ых
ме́рочка, -и, р. мн. -чек
ме́рочный
мерседе́с, -а (автомобиль)
мерседе́с-бе́нц, нескл., м. (автомобиль)
мерсериза́ция, -и
мерсеризо́ванный; кр. ф. -ан, -ана
мерсеризова́ть(ся), -зу́ю, -зу́ет(ся)
мерси́, неизм.
ме́ртвенно-бле́дный
ме́ртвенно-зелёный
ме́ртвенно-се́рый
ме́ртвенность, -и
ме́ртвенный; кр. ф. -вен и -венен, -венна
мертве́ть, -е́ю, -е́ет
мертве́ц, -а́, тв. -о́м, р. мн. -о́в
мертве́цкая, -ой
мертве́цки
мертве́цкий
мертве́цки пья́ный
мертвечи́на, -ы
мертвизна́, -ы́
мертви́ть, -влю́, -ви́т
мертво́, в знач. сказ.
мёртво, нареч.
мертвое́д, -а
Мёртвое мо́ре (геогр.)
мертворожда́емость, -и
мертворождённость, -и

мертворождённый
мёртвый; кр. ф. мёртв, мертва́, мёртво и мертво́
мертвя́к, -а́
мертвя́тина, -ы
мертвя́щий
ме́ртель, -я
Ме́рфи, нескл., м.: зако́ны Ме́рфи
мерца́ние, -я
мерца́тельный
мерца́ть, -а́ю, -а́ет
ме́рший
ме́рщик, -а
ме́ря¹, -и (народ)
ме́ря² и ме́ряя, деепр.
ме́рящий(ся) и ме́ряющий(ся)
ме́са, -ы (возвышенность)
ме́сиво, -а
меси́лка, -и, р. мн. -лок
меси́льный
меси́льщик, -а
меси́льщица, -ы, тв. -ей
меси́ть(ся), мешу́, ме́сит(ся)
месмери́зм, -а
месмери́ческий
месневи́, нескл., с.
месопота́мский (от Месопота́мия)
ме́сса, -ы (богослужение)
Мессали́на, -ы
ме́ссер, -а, мн. -а́ и -ы (мессершмит)
мессершми́т, -а (самолет)
мессиани́зм, -а (к мессия)
мессиа́нский
мессиа́нство, -а
мессидо́р, -а
месси́р, -а (титул знатного человека)
месси́я, -и, м. (в разных религиях: божественный избавитель) и Месси́я, -и, м. (о Христе)
ме́ста, -ы (объединение овцеводов в Испании, ист.)
места́ми, нареч.
месте́чко, -а, мн. -чки, -чек

МЕСТЕЧКОВЫЙ

месте́чко́вый
мести́(сь), мету́, метёт(ся); *прош.* мёл(ся), мела́(сь)
местко́м, -а
местко́мовец, -вца, *тв.* -вцем, *р. мн.* -вцев
местко́мовский
ме́стничать, -аю, -ает
ме́стнический
ме́стничество, -а
местнообезбо́ливающий
ме́стность, -и
местночти́мый
ме́стный
ме́сто, -а, *мн.* -а́, мест, -а́м
местоблюсти́тель, -я
Местоблюсти́тель Патриа́ршего Престо́ла (*офиц. титулование*)
местожи́тельство, -а, но: ме́сто жи́тельства
местоиме́ние, -я
местоиме́нный
местонахожде́ние, -я
местообита́ние, -я, но: ме́сто обита́ния
местоположе́ние, -я
местопребыва́ние, -я, но: ме́сто пребыва́ния
месторасположе́ние, -я, но: ме́сто расположе́ния
месторожде́ние, -я (*полезных ископаемых*)
месть, -и
месье́, мосье́ и мсье, *нескл., м.*
ме́сяц, -а, *тв.* -ем, *мн.* -ы, -ев; по месяца́м (*в течение месяцев*); с предшествующим названием месяца пишется раздельно, *напр.*: в ма́рте ме́сяце, в а́вгусте ме́сяце
месяца́ми, *нареч.*
ме́сяц-друго́й
месяцесло́в, -а
месяцо́к, *другие формы не употр.*
месяцо́чек, -чка
ме́сячина, -ы

месячи́шко, -а и -и, *мн.* -шки, -шек, *м.*
ме́сячник, -а
ме́сячные, -ых
ме́сячный
меся́щий(ся)
ме́та, -ы
мета... — *приставка, пишется слитно*
метаба́зис, -а
метабио́з, -а
метаболи́зм, -а
метабо́лики, -ов, *ед.* -лик, -а
метаболи́ты, -ов, *ед.* -ли́т, -а
метаболи́ческий
метаболи́я, -и
Метагала́ктика, -и
метагалакти́ческий
метагене́з, -а
метада́нные, -ых
метазна́ния, -ий
метазо́а, *нескл., мн.*
метаистори́ческий
метакине́з, -а
метакрила́ты, -ов, *ед.* -ла́т, -а
метакри́ловый
металингви́стика, -и
металингвисти́ческий
мета́лл, -а
металли́д, -а
металлиза́ция, -и
металлизи́рованный; *кр. ф.* -ан, -ана
металлизи́ровать(ся), -рую, -рует(ся)
металли́зм, -а
мета́ллик, -а
металли́ст, -а
металлисти́ческий
металли́ческий
металлове́д, -а
металлове́дение, -я
металлове́дческий
металлови́дный; *кр. ф.* -ден, -дна
металлогени́ческий
металлогени́я, -и

металло́граф, -а
металлографи́ческий
металлогра́фия, -и
металлогра́фский
металлодете́ктор, -а
металлоёмкий; *кр. ф.* -мок, -мка
металлоёмкость, -и
металло́ид, -а
металло́идный
металлоизде́лия, -ий, *ед.* -е́лие, -я
металлоизо́л, -а
металлоиска́тель, -я
металлокера́мика, -и
металлокерами́ческий
металлоконстру́кция, -и
металлоко́рд, -а
металлоко́рдный
металлоло́м, -а
металлометри́ческий
металлонапо́лненный
металлоно́сный
металлообраба́тывающий
металлообрабо́тка, -и
металлообра́зный; *кр. ф.* -зен, -зна
металлоо́птика, -и
металлоорга́ника, -и
металлооргани́ческий
металлоотхо́ды, -ов
металлоплави́льный
металлопла́ст, -а
металлопла́стик, -а
металлопла́стиковый
металлопластма́ссовый
металлопокры́тие, -я
металлополиме́рный
металлополиме́ры, -ов, *ед.* -ме́р, -а
металлопорошо́к, -шка́
металлопроду́кция, -и
металлопрока́т, -а
металлопрока́тный
металлопромы́шленность, -и
металлопромы́шленный
металлопротеи́ды, -ов, *ед.* -и́д, -а
металлоре́жущий

МЕТЕОПАТИЧЕСКИЙ

металлоремо́нтный
металл(о)содержа́щий
металлотерми́я, -и
металлотка́ный
металлотка́цкий
металлотропи́зм, -а
металлофи́зика, -и
металлофизи́ческий
металлофо́н, -а
металлофурниту́ра, -ы
металлофурниту́рный
металлохими́ческий
металлохи́мия, -и
металлочерепи́ца, -ы, *тв.* -ей
металлу́рг, -а
металлурги́ческий
металлу́ргия, -и
метало́гика, -и
металоги́ческий
метальдеги́д, -а
мета́льный (*от* мета́ть)
мета́льщик, -а (*от* мета́ть)
метамагне́тик, -а
метаматема́тика, -и
метаматемати́ческий
метамери́я, -и
метами́ктный
метаморфиза́ция, -и
метаморфи́зм, -а
метаморфизо́ванный; *кр. ф.* -ан, -ана
метаморфизова́ться, -зу́ется
метаморфи́ческий
метаморфи́чный
метаморфоге́нный
метаморфо́з, -а (*биол., зоол.*)
метаморфо́за, -ы
мета́н, -а
метанефри́дии, -ев, *ед.* -дий, -я
метане́фрос, -а
мета́ние, -я
метани́ловый
мётанный; *кр. ф.* -ан, -ана, *прич.* (*от* мета́ть)
метанобразу́ющий
метаново́з, -а

мета́новый
метанокисля́ющий
метано́л, -а
метаплази́я, -и
метапра́вило, -а
метапси́хика, -и
метапсихи́ческий
метасеквойя, -и
метасомати́зм, -а
метасомати́ческий
метасомато́з, -а
метастаби́льный
метаста́з, -а
метастази́рование, -я
метастази́рованный; *кр. ф.* -ан, -ана
метастази́ровать(ся), -рует(ся)
метастати́ческий
метастронгилёз, -а
метата́нк, -а и метате́нк, -а
метате́за, -ы
метате́кст, -а
мета́тель, -я
мета́тельница, -ы, *тв.* -ей
мета́тельный
метате́нк, -а и метата́нк, -а
метатеоре́ма, -ы
метатео́рия, -и
метатио́н, -а
метатро́фный
мета́ть(ся)¹, -а́ю, -а́ет(ся) (*о шитье*)
мета́ть(ся)², мечу́(сь), ме́чет(ся) (*бросать(ся); беспорядочно двигаться;* мета́ть икру́)
метафа́за, -ы
метафа́йл, -а
метафи́зик, -а
метафи́зика, -и
метафизи́ческий
метафизи́чность, -и
метафизи́чный; *кр. ф.* -чен, -чна
мета́фора, -ы
метафори́зм, -а
метафо́рика, -и
метафори́стика, -и

метафори́чески
метафори́ческий
метафори́чность, -и
метафори́чный; *кр. ф.* -чен, -чна
метафо́с, -а
метафосфа́ты, -ов, *ед.* -фа́т, -а
метафра́за, -ы
метахромази́я, -и
метаце́нтр, -а
метацентри́ческий
метаэтни́ческий
метаэ́тнос, -а
метаязы́к, -а́
метаязыково́й
метгемоглоби́н, -а
метгемоглобинеми́я, -и
мете́ки, -ов, *ед.* мете́к, -а
метелеме́р, -а
мете́листый
мете́лить, -лю, -лит
мете́лица, -ы, *тв.* -ей
метёлка, -и, *р. мн.* -лок
метёлочка, -и, *р. мн.* -чек
метёлочный
мете́ль, -и
мете́льник, -а (*растение*)
мете́льный
мете́льчатый
мете́льщик, -а
метемпсихо́з, -а
мете́ние, -я
метённый; *кр. ф.* -ён, -ена́, *прич.*
метёный, *прил.*
метео... — *первая часть сложных слов, пишется слитно*
метеоаэробюллете́нь, -я
метеобюро́, *нескл., с.*
метеогра́мма, -ы
метеода́нные, -ых
метеозави́симость, -и
метеозави́симый
метеоинформа́ция, -и
метеока́рта, -ы
метеонаблюде́ния, -ий
метеообстано́вка, -и
метеопати́ческий

метеопа́тия, -и
метеопо́ст, -а́
метеоприбо́р, -а
метеопрогно́з, -а
метео́р, -а
метеорадиотелеско́п, -а
метеораке́та, -ы
метеори́зм, -а
метеори́т, -а
метеори́тика, -и
метеори́тный
метеори́тчик, -а
метеори́ческий
метео́рно-шла́ковый
метео́рный
метеоро́граф, -а
метеорографи́ческий
метеорогра́фия, -и
метеоро́лог, -а
метеорологи́ческий
метеороло́гия, -и
метеосво́дка, -и, *р. мн.* -док
метеослу́жба, -ы
метеоспу́тник, -а
метеоста́нция, -и
метеотро́пный
метеоусло́вия, -ий
метеоце́нтр, -а
метеочувстви́тельность, -и
метеочувстви́тельный; *кр. ф.* -лен, -льна
метиза́ция, -и (*скрещивание животных*)
мети́зный
мети́зы, -ов, *ед.* мети́з, -а (*металлоизделия*)
мети́л, -а
метилакрила́т, -а
метилами́н, -а
метилбензо́л, -а
метилвиоле́т, -а
метиле́н, -а
метиле́новый
метиленхлори́д, -а
метили́рование, -я
метилкаучу́к, -а

метилметакрила́т, -а
мети́ловый
метилора́нж, -а, *тв.* -ем
метилтестостеро́н, -а
метилхлори́д, -а
метилцеллюло́за, -ы
метилэтилкето́н, -а
ме́тина, -ы
метиони́н, -а
мети́с, -а
метиса́ция, -и (*смешение рас*)
мети́ска, -и, *р. мн.* -сок
мети́сный
ме́тить(ся), ме́чу(сь), ме́тит(ся)
ме́тка, -и, *р. мн.* ме́ток
ме́тка-заполни́тель, ме́тки-заполни́теля
ме́ткий; *кр. ф.* ме́ток, метка́, ме́тко
ме́ткость, -и
метла́, -ы́, *мн.* мётлы, мётел
метла́хский (метла́хские пли́тки)
метли́ца, -ы, *тв.* -ей
метлови́ще, -а
метну́ть(ся), -ну́(сь), -нёт(ся)
ме́тод, -а
мето́да, -ы
методи́зм, -а
мето́дика, -и
методи́ст, -а
методи́стка, -и, *р. мн.* -ток
методи́стский
методи́чески
методи́ческий
методи́чка, -и, *р. мн.* -чек
методи́чность, -и
методи́чный; *кр. ф.* -чен, -чна
методкабине́т, -а
методо́лог, -а
методологи́ческий
методоло́гия, -и
методсове́т, -а
мето́л, -а
метолгидрохино́новый
мето́ловый
метоними́ческий
метоними́чность, -и

метоними́чный; *кр. ф.* -чен, -чна
метони́мия, -и
мето́п, -а и мето́па, -ы
метопи́зм, -а
ме́точка, -и, *р. мн.* -чек
ме́точный
метр, -а
метра́ж, -а́, *тв.* -о́м
метра́жный
метранпа́ж, -а, *тв.* -ем
метр-ге́нри, *нескл., м.* (*ед. измер.*)
метрдоте́ль, -я
ме́тр-друго́й
метре́сса, -ы
ме́трика, -и
метри́т, -а
метри́ческий
метр-ке́львин, -а, *р. мн.* -ов, *счетн. ф.* -вин
метро́, *нескл., с.*
метроваго́н, -а
метро́вка, -и, *р. мн.* -вок
метровокза́л, -а
метро́вский (*от* метро́)
метро́вый
метро́лог, -а
метрологи́ческий
метроло́гия, -и
метромо́ст, -а и -а́, *мн.* -ы́, -о́в
метроно́м, -а
метрономи́ческий
метрооборо́т, -а
метропа́тия, -и
метропо́езд, -а, *мн.* -а́, -о́в
метрополиза́ция, -и
метропо́лис, -а
метрополите́н, -а
Метрополите́н-музе́й, -я (*в Нью-Йорке*)
метрополите́новец, -вца, *тв.* -вцем, *р. мн.* -вцев
метрополите́новский (*от* метрополите́н)
метрополите́нский (метрополите́нский ареа́л, метрополите́нская террито́рия – *в США*; метрополи-

те́нское гра́фство – *в Великобрита́нии*)
метропо́лия, -и (*государство*)
метроррагия, -и
метростро́евец, -вца, *тв.* -вцем, *р. мн.* -вцев
метростро́евский
метростроение, -я
метростроитель, -я
Метрострой, -я
метротрамва́й, -я
метротра́сса, -ы
метроша́хта, -ы
метр-паска́ль, -я
метр-радиа́н, -а, *р. мн.* -ов, *счетн. ф.* -иа́н
метр-стерадиа́н, -а, *р. мн.* -ов, *счетн. ф.* -иа́н
ме́тче, *сравн. ст.* (*от* ме́ткий, ме́тко)
ме́тчик, -а (*тот, кто метит, размечает что-н.*)
метчи́к, -а́ (*инструмент*)
мётчик, -а (*банкомет*)
мётший
ме́тящий(ся)
мефимо́ны, -ов
мефисто́фелевский
Мефисто́фель, -я
мефисто́фельский
мефисто́фельство, -а
мех, -а и -у, *предл.* на меху́, *мн.* меха́, -о́в (*пушнина*) и мехи́, -о́в (*механизм; бурдюк*)
механиза́тор, -а
механиза́торский
механиза́ция, -и
механизи́рованный; *кр. ф.* -ан, -ана
механизи́ровать(ся), -рую, -рует(ся)
механи́зм, -а
меха́ник, -а
меха́ника, -и
меха́нико-математи́ческий
меха́нико-машинострои́тельный

механи́ст, -а
механисти́ческий
механисти́чность, -и
механисти́чный; *кр. ф.* -чен, -чна
механици́зм, -а
механици́ст, -а
механи́чески
механи́ческий
механи́чность, -и
механи́чный; *кр. ф.* -чен, -чна
механо... – *первая часть сложных слов, пишется слитно*
механогидравли́ческий
механокалори́ческий
механоламарки́зм, -а
механомонта́жный
механообраба́тывающий
механорецепто́ры, -ов, *ед.* -тор, -а
механосбо́рочный
механоскопи́ческий
механоскопи́я, -и
механостри́кция, -и
механотерапи́я, -и
механотро́н, -а
механотро́нный
механохими́ческий
механохи́мия, -и
механохори́ческий
механохо́рия, -и
мехдо́йка, -и, *р. мн.* -до́ек
мехика́нский (*от* Ме́хико)
мехика́нцы, -ев, *ед.* -нец, -нца, *тв.* -нцем
мехколо́нна, -ы
мехко́мплекс, -а
мехлесхо́з, -а
мехлопа́та, -ы
мехмастерска́я, -о́й
мехмастерски́е, -и́х
мехма́т, -а
меховой
мехову́шка, -и, *р. мн.* -шек
меховщи́к, -а́
меховщи́ца, -ы, *тв.* -ей
мехое́д, -а

мехообрабо́тка, -и
мехотря́д, -а
мехсе́кция, -и
мехто́к, -а, *предл.* на мехтоку́
мецена́т, -а (*покровитель искусств*) и Мецена́т, -а (*ист. лицо*)
мецена́тка, -и, *р. мн.* -ток
мецена́тский
мецена́тство, -а
мецена́тствовать, -твую, -твует
ме́цский (*от* Мец)
ме́цца-во́че, *неизм. и нескл., с.*
ме́ццо, *нескл., с.*
ме́ццо пиа́но, *неизм.*
ме́ццо-сопра́но, *нескл., с.* (*голос*) *и ж.* (*певица*)
ме́ццо-сопра́новый
ме́ццо-ти́нто, *нескл., с.*
ме́ццо фо́рте, *неизм.*
меч, -а́, *тв.* -о́м
мечеви́дный; *кр. ф.* -ден, -дна
ме́чение, -я
ме́ченный; *кр. ф.* -ен, -ена, *прич.*
мечено́сец, -сца, *тв.* -сцем, *р. мн.* -сцев
ме́ченый, *прил.*
мече́тный
мече́ть, -и
мечехво́ст, -а
меч-кладене́ц, меча́-кладенца́
ме́чник, -а
меч-ры́ба, -ы
мечта́, -ы́
мечта́ние, -я
мечта́тель, -я
мечта́тельница, -ы, *тв.* -ей
мечта́тельность, -и
мечта́тельный; *кр. ф.* -лен, -льна
мечта́тельство, -а
мечта́ть(ся), -а́ю, -а́ет(ся)
ме́чущий(ся)
меш, -а, *тв.* -ем
меша́лка, -и, *р. мн.* -лок
мешани́на, -ы
ме́шанка, -и, *р. мн.* -нок

ме́шанный; *кр. ф.* -ан, -ана, *прич.* (*от* меша́ть)
ме́шаный, *прил.* (*от* меша́ть)
меша́ть(ся), -а́ю(сь), -а́ет(ся)
ме́шенный; *кр. ф.* -ен, -ена, *прич.* (*от* меси́ть)
ме́шеный, *прил.* (*от* меси́ть)
мешётчатые кры́сы
ме́шканье, -я
ме́шкать, -аю, -ает
мешкова́тость, -и
мешкова́тый
мешкови́дный; *кр. ф.* -ден, -дна
мешкови́на, -ы
мешкожа́берные, -ых
мешкозаши́вочный
мешкообра́зный; *кр. ф.* -зен, -зна
мешкота́ра, -ы
ме́шкотность, -и
ме́шкотный; *кр. ф.* -тен, -тна
мешо́к, мешка́
мешо́тчатый (*с мешком, мешочком*), *но:* мешётчатые кры́сы
мешо́чек, -чка
мешо́чник, -а
мешо́чница, -ы, *тв.* -ей
мешо́чничать, -аю, -ает
мешо́чничество, -а
мешо́чный
мешхе́дский (*от* Мешхе́д)
мещани́н, -а, *мн.* -а́не, -а́н
меща́нка, -и, *р. мн.* -нок
меща́ночка, -и, *р. мн.* -чек
меща́нский
меща́нство, -а
мещера́, -ы́ (*племя*)
Мещёрская ни́зменность
мещёрский (*от* мещера́)
мещёрский (*к* Мещёрская ни́зменность, Мещёра)
мещёрцы, -ев, *ед.* -рец, -рца, *тв.* -рцем
мещеряки́, -о́в, *ед.* -ря́к, -а́ (*этническая группа*)
мещеря́цкий
мещеря́чка, -и, *р. мн.* -чек

мещо́вский (*от* Мещо́вск)
мзда, -ы
мздои́мец, -мца, *тв.* -мцем, *р. мн.* -мцев
мздои́мство, -а
мздои́мствовать, -твую, -твует
ми, *нескл., с.* (*нота*)
Ми, *нескл., м.* (*вертолет*)
миа́з, -а
миазмати́ческий
миа́змы, миа́зм и -ов
миалги́я, -и и миальги́я, -и
миа́сский (*от* Миа́сс)
миастени́я, -и
миа́сцы, -ев, *ед.* -сец, -сца, *тв.* -сцем
ми-бемо́ль, -я
ми-бемо́ль-мажо́р, ми-бемо́ль-мажо́ра
ми-бемо́ль-мажо́рный
ми-бемо́ль-мино́р, ми-бемо́ль-мино́ра
ми-бемо́ль-мино́рный
ми-бемо́льный
миг, -а
Миг, -а (*самолет системы МиГ*)
мига́лка, -и, *р. мн.* -лок
мига́ние, -я
мига́тельный
мига́ть, -а́ю, -а́ет
мигмати́т, -а
мигну́ть, -ну́, -нёт
ми́гом, *нареч.*
мигра́нт, -а
миграцио́нный
мигра́ция, -и
мигре́невый
мигре́нь, -и
мигри́ровать, -и́рую, -и́рует
МИД, -а (*сокр.:* министерство иностранных дел)
миде́левый
ми́дель, -я
ми́дель-шпангоу́т, -а
ми́ди, *неизм.* и *нескл., с.*
ми́диевый (*от* ми́дия)

миди́йский (*от* Ми́дия, *страна*)
миди́йцы, -ев, *ед.* -и́ец, -и́йца, *тв.* -и́йцем
мидине́тка, -и, *р. мн.* -ток
ми́ди-пла́тье, -я
ми́ди-ю́бка, -и, *р. мн.* -ю́бок
ми́дия, -и (*моллюск*)
ми́довец, -вца, *тв.* -вцем, *р. мн.* -вцев
ми́довский (*от* МИД)
ми-дубль-бемо́ль, -я
мидя́не, -я́н, *ед.* -я́нин, -а
миели́н, -а
миели́новый
миели́т, -а
миелогра́фия, -и
миело́идный
миелолейко́з, -а
миело́ма, -ы
миело́мный
миелоци́ты, -ов, *ед.* -ци́т, -а
мизансце́на, -ы
мизансцени́рованный; *кр. ф.* -ан, -ана
мизансцени́ровать(ся), -рую, -рует(ся)
мизансцени́ческий
мизантро́п, -а
мизантропи́ческий
мизантро́пия, -и
мизантро́пка, -и, *р. мн.* -пок
мизги́рь, -я́ (*паук*)
ми́зе́р, -а
мизера́бельный; *кр. ф.* -лен, -льна
мизере́ре, *нескл., с.*
ми́зе́рность, -и
ми́зе́рный; *кр. ф.* -рен, -рна
мизи́да, -ы
мизи́нец, -нца, *тв.* -нцем, *р. мн.* -нцев
мизи́нцевый
мизи́нчик, -а
мизостоми́ды, -и́д, *ед.* -и́да, -ы
мизофо́бия, -и
мика́до, *нескл., м.*

МИКРОНАПРЯЖЕНИЕ

микале́кс, -а
микани́т, -а
мика́ния, -и
микафо́лий, -я
микела́нджеловский (*от* Микела́нджело)
мике́нский (*от* Мике́ны)
мики́жа, -и, *тв.* -ей
мики́тки: под мики́тки
Ми́кки-Ма́ус, -а (*сказочный персонаж*)
миклу́хо-макла́евский (*от* Миклу́хо-Макла́й)
микобакте́рии, -ий, *ед.* -е́рия, -и
микоде́рма, -ы
мико́з, -а
микозоло́н, -а
миколити́ческий
михо́лог, -а
микологи́ческий
миколо́гия, -и
микоплазмо́з, -а
микопла́змы, -а́зм, *ед.* -а́зма, -ы
микори́за, -ы
микосепти́н, -а
микотоксико́з, -а
микотро́ф, -а
микотро́фный
микро... — *первая часть сложных слов, пишется слитно*
микроавто́бус, -а
микроавтомоби́ль, -я
микроампе́р, -а, *р. мн.* -ов, счетн. ф. -ампе́р
микроампермéтр, -а
микроана́лиз, -а
микроаналити́ческий
микроассе́мблер, -а
микро́б, -а
микробаро́граф, -а
микробиблиоте́ка, -и
микробио́лог, -а
микробиологи́ческий
микробиоло́гия, -и
микробио́та, -ы
микро́бный

микрова́тт, -а, *р. мн.* -ов, счетн. ф. -ва́тт
микровесы́, -о́в
микровзры́в, -а
микроволново́й
микрово́лны, -во́лн, -волна́м
микрово́льт, -а, *р. мн.* -ов, счетн. ф. -во́льт
микроворси́нки, -нок
микроге́нри, нескл., м.
микрогли́я, -и
микроглосса́рий, -я
микрогра́мм, -а, *р. мн.* -ов
микрогра́ммовый
микрогра́фия, -и
микроГЭ́С, нескл., ж.
микродви́гатель, -я
микродио́д, -а
микродиссе́кция, -и
микродоба́вки, -вок
микродо́за, -ы
микрозо́нд, -а
микроизда́ние, -я
микроинсу́льт, -а
микроинструме́нт, -а
микроинтерферо́метр, -а
микроинфа́ркт, -а
микрокалькуля́тор, -а
микроканони́ческий
микрока́псула, -ы
микрокапсули́рование, -я
микрокапсули́рованный; *кр. ф.* -ан, -ана
микрокапсули́ровать(ся), -рую, -рует(ся)
микрокапсуля́ция, -и
микрокарота́ж, -а, *тв.* -ем
микрокарота́жный
микрока́рта, -ы
микрока́тор, -а
микрокефа́л, -а и микроцефа́л, -а
микрокефа́лия, -и и микроцефа́лия, -и
микрокинеско́п, -а
микрокли́мат, -а

микроклимати́ческий
микрокли́н, -а
микроко́кки, -ов, *ед.* -ко́кк, -а
микрокома́нда, -ы
микрокомпоне́нт, -а
микрокомпью́тер, -а
микроконтро́ллер, -а
микроко́см, -а
микрокристалли́ческий
микрокристаллоскопи́я, -и
микрокуло́н, -а, *р. мн.* -ов, счетн. ф. -куло́н и -ов
микрокюри́, нескл., м.
микролепто́ны, -ов, *ед.* -то́н, -а
микроли́т, -а
микроли́товый
микроли́тр, -а
микролитра́жка, -и, *р. мн.* -жек
микролитра́жный
микро́м, -а
микромагнето́ника, -и
микроманипуля́тор, -а
микромано́метр, -а
микрома́тч, -а, *тв.* -ем
микромаши́на, -ы
микроме́ры, -ов, *ед.* -ме́р, -а
микрометео́р, -а
микрометеори́т, -а
микрометеори́тный
микрометео́рный
микро́метр, -а (*инструмент*)
микроме́тр, -а (*ед. длины*)
микрометри́ческий
микроме́трия, -и
микромикро́н, -а, *р. мн.* -ов, счетн. ф. -ро́н
микроминиатю́ра, -ы
микроминиатюриза́ция, -и
микроминиатю́рный
микроми́р, -а
микромо́дуль, -я
микромотоци́кл, -а
микро́н, -а, *р. мн.* -ов, счетн. ф. микро́н
микронапряже́ние, -я

МИКРОНЕЗИЙСКИЙ

микронези́йский (*от* Микроне́зия)
микронези́йцы, -ев, *ед.* -и́ец, -и́йца, *тв.* -и́йцем
микронивели́р, -а
микро́ника, -и
микро́нный
микрону́клеус, -а
микрообъе́кт, -а
микрообъём, -а
микрообъ́м, -а, *р. мн.* -ов, *счетн. ф.* -о́м
микрообъ́м-ме́тр, -а (*ед. измер.*)
микроорганизмы, -ов, *ед.* -и́зм, -а
микропалеонтологи́ческий
микропалеонтоло́гия, -и
микропаска́ль, -я
микропереда́тчик, -а
микропи́ле, *нескл., с.*
ми́кропись, -и
микроплёнка, -и, *р. мн.* -нок
микропо́ра, -ы (*микропористая резина и подошва из нее*)
микропо́ристый
микропо́рка, -и, *р. мн.* -рок
микропо́ры, -по́р, *ед.* -по́ра, -ы (*мельчайшие поры*)
микропри́во́д, -а
микроприёмник, -а
микропри́меси, -ей
микропричи́нность, -и
микропро́ба, -ы
микропро́вод, -а, *мн.* -а́, -о́в
микропрогра́мма, -ы
микропрограмми́рование, -я
микропрогра́ммный
микропрое́ктор, -а
микропроекцио́нный
микропрое́кция, -и
микропроце́ссор, -а
микропроце́ссорный
микропсихоана́лиз, -а
микрорадиово́лны, -во́лн, -волна́м
микрорадиоприёмник, -а
микрорайо́н, -а

микрорайони́рование, -я
микрорайо́нный
микроракетный
микрорельефе́ф, -а
микрорентге́н, -а, *р. мн.* -ов, *счетн. ф.* -ен
микросва́рка, -и, *р. мн.* -рок
микросейсми́ческий
микросе́йсмы, -ов, *ед.* -се́йсм, -а
микросеку́нда, -ы
микросисте́ма, -ы
микросисте́мный
микроско́п, -а
микроскопи́ческий
микроскопи́чески ма́лый
микроскопи́чность, -и
микроскопи́чный; *кр. ф.* -чен, -чна
микроскопи́я, -и
микроско́пный
микросо́мы, -со́м, *ед.* -со́ма, -ы
микросоциа́льный
микросоциоло́гия, -и
микроспиртзаво́д, -а
микроспора́нгий, -я
микроспори́дии, -ий, *ед.* -дия, -и
микроспори́я, -и
микроспорофи́лл, -а
микроспо́ры, -спо́р, *ед.* -спо́ра, -ы
микросреда́, -ы́, *вин.* -у́, *мн.* -сре́ды, -сре́д
микрострукту́ра, -ы
микрострукту́рный
микросхе́ма, -ы
микросъёмка, -и, *р. мн.* -мок
микротвердоме́р, -а
микротвёрдость, -и
микротелеви́зор, -а
микротелефо́н, -а
микротелефо́нный
микроте́ло, -а, *мн.* -тела́, -те́л
микроте́хника, -и
микроти́пия, -и
микрото́м, -а
микротопони́мика, -и
микротопоними́ческий

микротопоними́я, -и
микротра́вма, -ы
микротранзи́стор, -а
микротро́н, -а
микротру́бочки, -чек, *ед.* -чка, -и
микроудобре́ния, -ий
микрофа́ги, -ов, *ед.* -фа́г, -а
микрофаги́ческий
микрофара́д, -а, *р. мн.* -ов, *счетн. ф.* -фара́д
микрофа́уна, -ы
микрофи́лл, -а
микрофи́льм, -а
микрофильми́рование, -я
микрофильми́рованный; *кр. ф.* -ан, -ана
микрофильми́ровать(ся), -рую, -рует(ся)
микрофи́ша, -и, *тв.* -ей
микрофиши́рование, -я
микрофиши́рованный; *кр. ф.* -ан, -ана
микрофиши́ровать(ся), -рую, -рует(ся)
микрофло́ппи, *нескл., м.*
микрофло́ра, -ы
микрофо́н, -а
микрофо́нный
микрофо́нчик, -а
микрофотогра́фия, -и
микрофотокопи́рование, -я
микрофотоко́пия, -и
микрофото́метр, -а
микрофотосъёмка, -и, *р. мн.* -мок
микрохими́ческий
микрохи́мия, -и
микрохирурги́ческий
микрохирурги́я, -и
микрохолоди́льник, -а
микроцефа́л, -а и микрокефа́л, -а
микроцефа́лия, -и и микрокефа́лия, -и
микроци́д, -а
микроциркуля́ция, -и

микроцито́з, -а
микрочасти́цы, -и́ц, ед. -и́ца, -ы, тв. -ей
микрошли́ф, -а
микроЭВМ [-эвэ́м], нескл., ж.
микроэволю́ция, -и
микроэконо́мика, -и
микроэкономи́ческий
микроэлектро́д, -а
микроэлектродви́гатель, -я
микроэлектро́дный
микроэлектромаши́на, -ы
микроэлектро́ника, -и
микроэлектро́нный
микроэлеме́нтный
микроэлеме́нты, -ов, ед. -е́нт, -а
микроэ́тнос, -а
микроявле́ния, -ий, ед. -ние, -я
микрурги́ческий
микрурги́я, -и
миксантропи́ческий
микса́ция, -и
миксбо́рдер, -а
микседе́ма, -ы
ми́ксер, -а
миксерово́з, -а
микси́на, -ы
миксобакте́рии, -ий, ед. -е́рия, -и
миксови́русы, -ов, ед. -ви́рус, -а
миксо́ма, -ы
миксомато́з, -а
миксомице́ты, -ов, ед. -це́т, -а
миксоспори́дии, -ий, ед. -дия, -и
миксотро́фный
миксотро́фы, -ов, ед. -тро́ф, -а
миксоце́ль, -и
микст, -а
миксту́ра, -ы
миксту́рка, -и, р. мн. -рок
миксту́рный
ми́кшер, -а
микши́рование, -я
микши́рованный; кр. ф. -ан, -ана
микши́ровать(ся), -рую, -рует(ся)
мил, -а (ед. измер.)

мила́нский (от Мила́н)
мила́нцы, -ев, ед. -нец, -нца, тв. -нцем
милачо́к, -чка́
мила́ша, -и, тв. -ей, м. и ж.
мила́шечка, -и, р. мн. -чек, м. и ж.
мила́шка, -и, р. мн. -шек, м. и ж.
ми́лдью, нескл., ж.
миле́ди, нескл., ж.
миле́йший
милёнок, -нка
милёночек, -чка
ми́ленький
миле́тский (от Миле́т)
миле́ть, -е́ю, -е́ет
милиа́рный (мед.)
милитариза́ция, -и
милитаризи́рованный; кр. ф. -ан, -ана
милитаризи́ровать(ся), -и́рую, -и́рует(ся)
милитари́зм, -а
милитаризо́ванный; кр. ф. -ан, -ана
милитаризова́ть(ся), -зу́ю, -зу́ет(ся)
милитари́ст, -а
милитаристи́ческий
милитари́стский
милице́йский
милиционе́р, -а
милиционе́рский
милиционе́рша, -и, тв. -ей
милицио́нный
мили́ция, -и
ми́лка, -и, р. мн. ми́лок (возлюбленная)
милленари́зм, -а
миллена́рий, -я
милленари́ст, -а
милленари́стский
миллери́т, -а
ми́ллеровские и́ндексы
милли... — первая часть сложных слов, пишется слитно

миллиампе́р, -а, р. мн. -ов, счетн. ф. -ампе́р
миллиамперме́тр, -а
миллиа́рд, -а и (при передаче разг. произношения, в поэзии) милья́рд, -а
миллиарде́р, -а
миллиарде́рский
миллиарде́рша, -и, тв. -ей
миллиа́рдный и (при передаче разг. произношения, в поэзии) милья́рдный
миллиа́рий, -я
миллиба́р, -а, р. мн. -ов, счетн. ф. -ба́р
милливатт, -а, р. мн. -ов, счетн. ф. -ва́тт
милливо́льт, -а, р. мн. -ов, счетн. ф. -во́льт
милливольтме́тр, -а
миллиге́нри, нескл., м.
миллигра́мм, -а, р. мн. -ов, счетн. ф. -гра́мм и -ов
миллигра́ммовый
миллигра́мм-проце́нт, -а
миллигра́мм-си́ла, -ы
милликюри́, нескл., м.
миллила́мберт, -а, р. мн. -ов, счетн. ф. -бе́рт
миллили́тр, -а
миллимеджли́с, -а
миллиме́тр, -а
миллиметро́вка, -и, р. мн. -вок
миллиметро́вый
миллимикро́н, -а, р. мн. -ов, счетн. ф. -микро́н
миллиньюто́н, -а, р. мн. -ов, счетн. ф. -ньюто́н
миллиокта́ва, -ы
миллио́н, -а и (при передаче разг. произношения, в поэзии) милья́н, -а
миллионе́р, -а
миллионе́рша, -и, тв. -ей
Миллио́нная, -ой (улица)
миллио́нник, -а

миллио́нный и (*при передаче разг. произношения, в поэзии*) мильо́нный
миллио́нчик, -а и мильо́нчик, -а
миллио́нщик, -а
миллио́нщица, -ы, *тв.* -ей
миллипаска́ль, -я
миллипье́за, -ы
миллирентге́н, -а, *р. мн.* -ов, *счетн. ф.* -ге́н
миллисеку́нда, -ы
миллисти́льб, -а, *р. мн.* -ов, *счетн. ф.* -сти́льб
миллифо́т, -а, *р. мн.* -ов, *счетн. ф.* -фо́т
милльéм, -а
ми́лование, -я (*от* ми́ловать)
ми́лованный; *кр. ф.* -ан, -ана, *прич.* (*от* ми́ловать)
мило́ванный; *кр. ф.* -ан, -ана, *прич.* (*от* милова́ть)
милова́нье, -я (*от* милова́ть(ся))
ми́ловать(ся), ми́лую, ми́лует(ся) (*щадить(ся)*)
милова́ть(ся), милу́ю(сь), милу́ет(ся) (*ласкать(ся)*)
милови́дность, -и
милови́дный; *кр. ф.* -ден, -дна
мило́к, милка́
милокорди́н, -а
мило́н, -а (*хим.*)
милони́т, -а
мило́рд, -а
милосе́рдие, -я
милосе́рдный; *кр. ф.* -ден, -дна и милосе́рдый
милосе́рдствовать, -твую, -твует
Мило́сский: Вене́ра Мило́сская
ми́лостивец, -вца, *тв.* -вцем, *р. мн.* -вцев
ми́лостивица, -ы, *тв.* -ей
ми́лостивый
ми́лостливый (*прост. к* ми́лостивый)
ми́лостынька, -и, *р. мн.* -нек
ми́лостыня, -и, *р. мн.* -ынь
ми́лость, -и
ми́лочка, -и, *р. мн.* -чек (*о девушке, женщине; чаще – обращение*)
мил-серде́чный друг, *другие формы не употр.*
милу́ша, -и, *тв.* -ей
ми́лушка, -и, *р. мн.* -шек
мил-челове́к (*обращение*)
ми́лый; *кр. ф.* мил, мила́, ми́ло, ми́лы́
миль, -и (*монета*)
ми́льбекс, -а
мильерани́зм, -а
мильо́н, -а (*вместо* миллио́н – *при передаче разг. произношения, в поэзии*; мильо́н терза́ний)
мильо́нный (*вместо* миллио́нный – *при передаче разг. произношения, в поэзии*)
мильо́нчик, -а и миллио́нчик, -а
мильре́йс, -а
мильто́н, -а (*милиционер, жарг.*)
мильто́ния, -и (*растение*)
мильту́рум, -а
милья́рд, -а (*вместо* миллиа́рд – *при передаче разг. произношения, в поэзии*)
милья́рдный (*вместо* миллиа́рдный – *при передаче разг. произношения, в поэзии*)
ми́ля, -и
миля́га, -и, *м. и ж.*
мим, -а
ми-мажо́р, -а
ми-мажо́рный
мима́нс, -а (*мимический ансамбль*)
мима́нса, -ы (*одна из филос. систем индуизма*)
мимео́граф, -а
ми́месис, -а
миметези́т, -а
миметизм, -а
мимети́ческий
ми́мика, -и
ми́мико-же́стовый
мимикри́ровать, -и́рую, -и́рует
мимикри́я, -и
ми-мино́р, -а
ми-мино́рный
мими́ст, -а
мими́стка, -и, *р. мн.* -ток
мими́ческий
ми́мо
мимое́здом
мимое́зжий
мимо́за, -ы
мимо́зовый
мимоиду́щий
мимолётность, -и
мимолётный; *кр. ф.* -тен, -тна
мимолётом
мимохо́дный; *кр. ф.* -ден, -дна
мимохо́дом
мимохо́жий
ми́мулус, -а
Мин... – *первая часть сложных слов* (*сокр.: Министерство*), *пишется слитно, напр.:* Миноборо́ны, Мингосиму́щества, Минфи́н, Минздра́в, Минлесхо́з, Минтопэне́рго, Минюст
ми́на, -ы
минаре́т, -а
минаре́тный
минаха́сский
минаха́сцы, -ев, *ед.* -сец, -сца, *тв.* -сцем, *р. мн.* -сцев и минаха́сы, -ов, *ед.* -ха́с, -а (*народ*)
минба́р, -а
мингре́лка, -и, *р. мн.* -лок
мингре́лы, -рел и -ов, *ед.* -ре́л, -а и мингре́льцы, -ев, *ед.* -лец, -льца, *тв.* -льцем (*то же, что* мегрелы)
мингре́льский
миндалеви́дный; *кр. ф.* -ден, -дна
минда́левый
минда́лина, -ы
минда́ль, -я́
минда́льничанье, -я

миндальничать, -аю, -ает
миндальности, -ей, *ед.* -ость, -и
миндальный
миндель, -я
минёр, -а
минерал, -а
минерализатор, -а
минерализация, -и
минерализированный; *кр. ф.* -ан, -ана
минерализировать(ся), -рую, -рует(ся)
минерализованный; *кр. ф.* -ан, -ана
минерализовать(ся), -зую, -зует(ся)
минералка, -и
минераловатный
минераловодский (*от* Минеральные Воды)
минераловодцы, -ев, *ед.* -дец, -дца, *тв.* -дцем
минераловоз, -а
минералог, -а
минералогический
минералогия, -и
минералокерамика, -и
минералокерамический
минералообразующий
минералопровод, -а
минералочка, -и
минерально-сырьевой
Минеральные Воды (*город*)
минеральный
Минерва, -ы
минёрный
минет, -а
минея, -и
мини, *неизм. и нескл., с.*
мини-... — *как первая часть сложных слов пишется с последующим существительным через дефис*
мини-автомобиль, -я
мини-ассемблер, -а
миниатюра, -ы

миниатюризация, -и
миниатюризованный; *кр. ф.* -ан, -ана
миниатюризовать(ся), -зую, -зует(ся)
миниатюрист, -а
миниатюристка, -и, *р. мн.* -ток
миниатюрненький
миниатюрность, -и
миниатюрный; *кр. ф.* -рен, -рна
миниатюр-полигон, -а
мини-баскетбол, -а
мини-гараж, -а, *тв.* -ом
мини-диск, -а
мини-жилет, -а
мини-завод, -а
мини-компьютер, -а
мини-компьютерный
минима, -ы (*муз.*)
минимакс, -а (*матем.*)
минимализм, -а
минималист, -а
минималистка, -и, *р. мн.* -ток
минималистский
минимально необходимый
минимальность, -и
минимально-фазовый
минимальный; *кр. ф.* -лен, -льна
миниметр, -а
мини-метро, *нескл., с.*
минимизация, -и
минимизированный; *кр. ф.* -ан, -ана
минимизировать(ся), -рую, -рует(ся)
мини-мода, -ы
минимум, -а
минимум-ареал, -а
минимум миниморум, *другие формы не употр.*
мини-пансионат, -а
мини-партия, -и
мини-пекарня, -и, *р. мн.* -рен
мини-пивзавод, -а
мини-платье, -я
мини-процессор, -а

минипьяно, *нескл., с.*
мини-реактор, -а
мини-репортаж, -а, *тв.* -ем
мини-робот, -а
минирование, -я
минированный; *кр. ф.* -ан, -ана
минировать(ся), -рую, -рует(ся)
мини-самолёт, -а
мини-сельхозтехника, -и
мини-сенсация, -и
мини-сеть, -и, *мн.* -и, -ей
министериал, -а
министериализм, -а
министерский
министерство, -а
Министерство иностранных дел РФ (МИД)
Министерство обороны РФ
Министерство по чрезвычайным ситуациям РФ (МЧС)
министерша, -и, *тв.* -ей
министр, -а
министр-президент, министра-президента
мини-телевизор, -а
мини-типография, -и
минитмен, -а
мини-трактор, -а, *мн.* -а, -ов и -ы, -ов
мини-турнир, -а
мини-фабрика, -и
мини-флоппи, *нескл., м.*
мини-футбол, -а
мини-футбольный
мини-цех, -а, *мн.* -и, -ов и -а, -ов
мини-ЭВМ [-эвээм], *нескл., ж.*
мини-юбка, -и, *р. мн.* -юбок
миннеаполисский (*от* Миннеаполис)
миннезингер, -а
миннесотский (*от* Миннесота)
миннесотцы, -ев, *ед.* -тец, -тца, *тв.* -тцем
минно-артиллерийский
минно-взрывной
минно-заградительный

ми́нно-торпе́дный
ми́нный
минова́ние: за минова́нием, по минова́нии (чего)
минова́ть(ся), мину́ю, мину́ет(ся)
мино́га, -и
мино́говый
мино́жий, -ья, -ье
миноиска́тель, -я
миноло́гий, -я
миномёт, -а
миномётный
миномётчик, -а
миноно́сец, -сца, тв. -сцем, р. мн. -сцев
миноно́ска, -и, р. мн. -сок
миноно́сный
мино́р, -а
минора́нта, -ы
минора́т, -а
минори́ты, -ов, ед. -ри́т, -а
мино́рки, -рок, ед. -рка, -и (порода кур)
мино́рность, -и
мино́рный; кр. ф. -рен, -рна
Ми́нос, -а (мифол.)
Минота́вр, -а
минре́п, -а
ми́нский (от Минск)
минта́евый
минта́й, -я
мину́вшее, -его
мину́вший
ми́нус, -а
минуси́нский (от Минуси́нск)
минуси́нцы, -ев, ед. -нец, -нца, тв. -нцем
мину́скулы, -ов, ед. -ул, -а
мину́скульный
минусова́ть(ся), -су́ю, -су́ет(ся)
ми́нусо́вый
мину́та, -ы
мину́та в мину́ту
мину́та-друга́я
мину́тами, нареч.
мину́тка, -и, р. мн. -ток

мину́тный; кр. ф. -тен, -тна
мину́точка, -и, р. мн. -чек
ми́нуть, -нет, прош. ми́нул, -а (исполниться, о возрасте)
мину́ть, ми́нет; прош. ми́нул, -а (пройти, миновать)
минцзя́, нескл., с. (филос.)
минча́не, -а́н, ед. -а́нин, -а (к Ми́нск)
минча́нка, -и, р. мн. -нок
миньо́н, -а (шрифт; танец; о мужчине) и неизм. (о нек-рых товарах в виде предметов малого размера, напр.: ла́мпочка миньо́н, шокола́д миньо́н)
Миньо́на, -ы (лит. персонаж, женский тип)
миобла́сты, -ов, ед. -бла́ст, -а
миогеосинклина́ль, -и
миоглоби́н, -а
мио́граф, -а
миогра́фия, -и
мио́з, -а
миози́н, -а
миози́т, -а
миока́рд, -а
миокардиодистрофи́я, -и
миокарди́т, -а
миокина́за, -ы
миоклони́ческий
миоклони́я, -и
мио́лог, -а
миологи́ческий
миоло́гия, -и
мио́ма, -ы
миоме́ры, -ов, ед. -ме́р, -а
мионе́мы, -е́м, ед. -е́ма, -ы
миопа́тия, -и
миопи́я, -и
миосе́пты, -ов, ед. -се́пт, -а
миоти́ческий
миото́м, -а
миотони́я, -и
миотро́пный
миофибри́ллы, -илл, ед. -и́лла, -ы
миоце́н, -а

миоце́новый
мипо́ра, -ы
мир, -а, мн. -ы́, -о́в; но: проспе́кт Ми́ра, пло́щадь Ми́ра (в нек-рых городах)
ми́ра, -ы (астр.; фото)
мира́б, -а
мирабе́левый
мирабе́ль, -и
мирабе́льный
мираби́лис, -а
мирабили́т, -а
Мира́дж, -а, тв. -ем (мусульманский праздник)
мира́ж, -а и -а́, тв. -ем и -о́м
мира́жный
мира́кль, -я
мирандо́ль, -я
мираци́дий, -я
мирволе́ние, -я
мирво́лить, -лю, -лит
мирво́лящий
миргоро́дский (от Ми́ргород)
миргоро́дцы, -ев, ед. -дец, -дца, тв. -дцем
мирза́, -ы́, м.; к предшествующему собственному имени присоединяется через дефис, напр.: Абба́с-мирза́
мириагра́мм, -а, р. мн. -ов
мириа́ды, -а́д
мириаме́тр, -а
мириаметро́вый
мири́ды, -и́д, ед. -и́да, -ы (астр.)
миринги́т, -а
мириску́сник, -а (от "Мир иску́сства")
мириску́снический
мириску́сничество, -а
мири́ть(ся), мирю́(сь), ми́ри́т(ся)
Мирлики́йский: Никола́й Мирлики́йский
мирмеко́дия, -и
мирмекофили́я, -и
мирмекохо́рия, -и
ми́рненский (от Ми́рный)

ми́рненцы, -ев, *ед.* -ненец, -ненца, *тв.* -ненцем

мирно́й (*о кавказских горцах, устар.*)

мирнообновле́нцы, -ев, *ед.* -нец, -нца, *тв.* -нцем

ми́рность, -и

ми́рный; *кр. ф.* ми́рен, мирна́, ми́рно

Ми́рный, -ого (*город; поселок; обсерватория*)

ми́ро, -а (*масло, церк.*; *ма́заны одни́м ми́ром*)

мирова́я, -о́й (*пойти́ на мирову́ю*)

Мирова́я ли́га (*волейбольная и др.*)

мирове́дение, -я

мирови́дение, -я

мировоззре́ние, -я

мировоззре́нчески

мировоззре́нческий

мирово́й

Мирово́й океа́н (*все моря и океаны Земли*)

мировосприя́тие, -я

мирое́д, -а

мирое́дский

мирое́дство, -а

мирозда́ние, -я

миро́к, мирка́

миролю́бец, -бца, *тв.* -бцем, *р. мн.* -бцев

миролюби́вость, -и

миролюби́вый

миролю́бие, -я

миро́н, -а (*рыба*)

миронаруши́тель, -я

мироно́сица, -ы, *тв.* -ей: жёны-мироно́сицы

мирообъе́млющий

мироощуще́ние, -я

мирепозна́ние, -я

миропома́зание, -я

миропома́занник, -а

миропонима́ние, -я

миропоря́док, -дка

миропредставле́ние, -я

миросозерца́ние, -я

миросозерца́тельный

миротворе́ние, -я

миротво́рец, -рца, *тв.* -рцем, *р. мн.* -рцев

миротво́рный; *кр. ф.* -рен, -рна

миротво́рство, -а

миротво́рческий

миротво́рчество, -а

мирточе́ние, -я (*от* ми́ро)

мирточи́вый

мирточи́ть, -и́т

мироустро́йство, -а

мироуче́ние, -я

мирохозя́йственный

мирочу́вствие, -я

ми́рра, -ы (*ароматическая смола*)

ми́рровый

мирско́й

мирт, -а

ми́ртовый

мирце́н, -а

мирцено́л, -а

миря́нин, -а, *мн.* -я́не, -я́н

миря́нка, -и, *р. мн.* -нок

миря́щий(ся)

МИС, *нескл., ж.* (*сокр.: машиноиспытательная станция*)

мисдими́нор, -а

ми́ска, -и, *р. мн.* ми́сок

ми́сочка, -и, *р. мн.* -чек

ми́сочный

мисс, *нескл., ж.*

месса́л, -а

миссионе́р, -а

миссионе́рка, -и, *р. мн.* -рок

миссионе́рский

миссионе́рство, -а

миссиони́зм, -а (*к* ми́ссия)

ми́ссис, *нескл., ж.*

миссиси́пский (*от* Миссиси́пи)

миссиси́пцы, -ев, *ед.* -пец, -пца, *тв.* -пцем

ми́ссия, -и

миссури́йский (*от* Миссу́ри)

миссури́йцы, -ев, *ед.* -и́ец, -и́йца, *тв.* -и́йцем

мистаго́г, -а

ми́стер, -а

мистериа́льный

мисте́рия, -и

ми́стер Пи́квик, ми́стера Пи́квика (*лит. персонаж; о толстяке*)

ми́стик, -а

ми́стика, -и

мистифика́тор, -а

мистифика́торский

мистифика́ция, -и

мистифици́рованный; *кр. ф.* -ан, -ана

мистифици́ровать(ся), -рую(сь), -рует(ся)

мистици́зм, -а

мисти́ческий

мисти́чный; *кр. ф.* -чен, -чна

мистра́ль, -я

ми́стрис, *нескл., ж.*

мисхо́рский (*от* Мисхо́р)

мите́нки, -нок, *ед.* -е́нка, -и

ми́тинг, -а

митингова́ние, -я

митингова́ть, -гу́ю, -гу́ет

ми́тинго́вщина, -ы

ми́тинговый

митка́левый и миткалёвый

митка́ль, -я

митка́льный

митогенети́ческий

мито́з, -а

митоти́ческий

митотоксико́з, -а

митохо́ндрии, -ий, *ед.* -рия, -и

ми́тра, -ы (*головной убор*)

Ми́тра, -ы, *м.* (*бог*)

митраи́зм, -а

митраи́стский

митраи́сты, -ов, *ед.* -и́ст, -а

митраи́ческий

митралье́за, -ы

митра́льный

митрополи́т, -а

митрополи́тский
митрополи́чий, -ья, -ье
митропо́лия, -и (*епархия митрополита*)
Митрофа́нушка, -и, *р. мн.* -шек (*недоросль*)
ми́тте, *неизм.*
ми́ттель, -я
ми́ттельшна́уцер, -а
ми́ттельпи́ль, -я
митьки́, -о́в, *ед.* митёк, митька́ (*группа художников*)
миф, -а
мифи́ческий
мифи́чность, -и
мифи́чный; *кр. ф.* -чен, -чна
мифо́лог, -а
мифологе́ма, -ы
мифологи́ческий
мифологи́чность, -и
мифологи́чный; *кр. ф.* -чен, -чна
мифоло́гия, -и
мифопоэти́ческий
мифотво́рческий
мифотво́рчество, -а
мифоэпи́ческий
Михаи́л Тверско́й
миха́йловский (*от* Миха́йлов, Миха́йловка, Миха́йловск, Миха́йловское)
Миха́йловский за́мок (*в Петербурге*)
михра́б, -а
михрю́тка, -и, *р. мн.* -ток, *м. и ж.*
мице́лий, -я (*грибница*)
мице́ллы, -е́лл, *ед.* -е́лла, -ы
мицелля́рный
мицуби́си, *нескл., м.* (*автомобиль*)
мичига́нский (*от* Мичига́н)
мичига́нцы, -ев, *ед.* -нец, -нца, *тв.* -нцем
ми́чман, -а
ми́чманка, -и, *р. мн.* -нок
ми́чманский
мичу́ринский (*от* Мичу́рин *и* Мичу́ринск)

мичу́ринцы, -ев, *ед.* -нец, -нца, *тв.* -нцем
Ми́ша, -и, *тв.* -ей, *м.* (*также: медведь*)
мишари́, -е́й, *ед.* миша́рь, -я́
мише́нный
мише́нь, -и
Ми́шенька, -и, *м.* (*также: медведь*)
ми́шка, -и, *р. мн.* ми́шек (*медведь*)
миш-мета́лл, -а
миштéки, -ов, *ед.* -тéк, -а
мишура́, -ы́
мишу́рный
Мишу́тка, -и, *р. мн.* -ток, *м.* (*также: медведь*)
МКГСС-систéма [эмкагээсэ́с], -ы (*система единиц; сокр.:* метр – килограмм-сила – секунда)
МКСА-систéма [эмкаэса́], -ы (*система единиц; сокр.:* метр – килограмм – секунда – ампер)
МКСК-систéма [эмкаэска́], -ы (*система единиц; сокр.:* метр – килограмм – секунда – кельвин)
МКС-систéма [эмкаэ́с], -ы (*система единиц; сокр.:* метр – килограмм – секунда)
младе́нец, -нца, *тв.* -нцем, *р. мн.* -нцев
младе́нческий
младе́нчество, -а
младе́нчик, -а
младёхонький; *кр. ф.* -нек, -нька
младёшенький; *кр. ф.* -нек, -нька
младоалжи́рцы, -ев
младоафга́нцы, -ев
младобуха́рцы, -ев
младогегелья́нство, -а
младогегелья́нцы, -ев, *ед.* -нец, -нца, *тв.* -нцем
младограмати́зм, -а
младограмма́тики, -ов, *ед.* -а́тик, -а
младограммати́ческий
младо́й; *кр. ф.* млад, млада́, мла́до

младолаты́ши, -е́й
младопи́сьменный
мла́дость, -и
младоту́рецкий
младоту́рки, -рок
младофи́нны, -ов
младочéхи, -ов
мла́дше, *сравн. ст.*
младшекла́ссник, -а
младшеку́рсник, -а
мла́дшенький
мла́дший; *после собственных имён и фамилий пишется через дефис, напр.:* Ке́ннеди-мла́дший, Ро́ни-мла́дший, *но в нек-рых ист. прозвищах – раздельно, напр.:* Като́н Мла́дший, Пли́ний Мла́дший
млекопита́ющие, -их, *ед.* -щее, -его
мле́ние, -я
млеть, мле́ю, мле́ет
мле́чник, -а
мле́чный
Мле́чный Пу́ть
мле́ющий
мм, *неизм.*
мне, обо мне́ (*форма местоим.* я)
мнемогра́мма, -ы
Мнемози́на, -ы
мнемо́метр, -а
мнемо́ника, -и
мнемони́ческий
мнемосхéма, -ы
мнемотéхника, -и
мнемотехни́ческий
мне́ние, -я
мнимобольно́й
мни́мость, -и
мнимоуме́рший
мни́мый
мни́тельность, -и
мни́тельный; *кр. ф.* -лен, -льна
мни́ть(ся), мню, мни́т(ся)
мних, -а (*устар. к* мона́х)
мни́шеский (*устар. к* мона́шеский)

мно́гажды
мно́гая ле́та (*пожелание долголетия*)
мно́гие, -их
мно́го, *нареч. и в знач. числит.*
мно́го... — первая часть сложных слов, пишется слитно
многоа́дресность, -и
многоа́дресный
многоа́ктный
многоаспе́ктность, -и
многоаспе́ктный; *кр. ф.* -тен, -тна
многоа́томный
многобо́жие, -я
многобо́рец, -рца, *тв.* -рцем, *р. мн.* -рцев
многобо́рка, -и, *р. мн.* -рок
многобо́рный
многоборо́дник, -а
многобо́рье, -я
многобра́чие, -я
многобра́чный
многобуго́рчатые, -ых
многовале́нтный; *кр. ф.* -тен, -тна
многовалко́вый
многовариа́нтность, -и
многовариа́нтный; *кр. ф.* -тен, -тна
многова́то, *нареч.*
многовеково́й
многове́кторный
многовёрстный
многовесе́льный и многовёсельный
многоветвистокише́чные че́рви
многовла́стие, -я
многово́дность, -и
многово́дный; *кр. ф.* -ден, -дна
многово́дье, -я
многогекта́рный
многогла́вый
многоглаго́лание, -я
многоглаго́ливый

многогла́зка, -и, *р. мн.* -зок
многогла́сие, -я
многогла́сный
многоговоре́ние, -я
многоговоря́щий (*многозначительный*)
многоголо́вочный
многоголо́вый
многоголо́сие, -я
многоголо́сный
многоголо́сый
многогра́нник, -а
многогра́нность, -и
многогра́нный; *кр. ф.* -а́нен, -а́нна
многогре́шный; *кр. ф.* -шен, -шна
многодви́гательный
многодесятиле́тний (*от* мно́го десятиле́тий)
многоде́тность, -и
многоде́тный; *кр. ф.* -тен, -тна
многодиско́вый
многодне́вка, -и, *р. мн.* -вок
многодне́вный
многодоме́нный (*физ.*)
многодо́мный
многоду́мный
мно́гое, мно́гого
многожа́нровость, -и
многожа́нровый
многожёнец, -нца, *тв.* -нцем, *р. мн.* -нцев
многожёнство, -а
многожи́льный
многозабо́йный
многозада́чность, -и
многозада́чный
многозаря́дный
многоземе́лье, -я
многоземе́льный
многозна́йка, -и, *р. мн.* -а́ек, *м. и ж.*
многозна́йство, -а
многознамена́тельный; *кр. ф.* -лен, -льна
многозна́ние, -я

многозна́чащий
многозначи́тельность, -и
многозначи́тельный; *кр. ф.* -лен, -льна
многозна́чность, -и
многозна́чный; *кр. ф.* -чен, -чна
многозона́льный
многозу́б, -а
многозу́бый
многокаби́нный
многока́мерный
многокана́льность, -и
многокана́льный
многоваска́дный
многокварти́рный
многокилометро́вый
многоклетево́й и многоклетьево́й
многокле́точный
многоковшо́вый
многоколе́йный
многоколе́нчатый
многоко́мнатный
многокомпле́ктный; *кр. ф.* -тен, -тна
многокомпоне́нтный; *кр. ф.* -тен, -тна
многоконфессиона́льный
многоко́рпусный
многокра́сочность, -и
многокра́сочный; *кр. ф.* -чен, -чна
многокра́тно опи́санный (*инф.*)
многокра́тность, -и
многокра́тный; *кр. ф.* -тен, -тна
многокритериа́льный
многокубо́вый
многола́мповый
многоле́звийный
многолеме́шный
многоле́нточный
многоле́сный
многоле́сье, -я
многоле́тие, -я
многоле́тне-мёрзлый
многоле́тний

МНОГОЛЕТНИК

многоле́тник, -а
многоли́кий
многоли́кость, -и
многолине́йный
многолоша́дный
многолучево́й
многолю́дность, -и
многолю́дный; *кр. ф.* -ден, -дна
многолю́дство, -а
многолю́дье, -я
многоманда́тный
многома́чтовый
многоме́рность, -и
многоме́рный; *кр. ф.* -рен, -рна
многоме́стный
многоме́сячный
многометро́вый
многомиллиа́рдный
многомиллио́нный
многоми́лостивый
мно́го-мно́го
многомолекуля́рный
многомото́рный
многому́дрый
многому́жество, -а
многому́жие, -я
многонаселённый
многонациона́льность, -и
многонациона́льный; *кр. ф.* -лен, -льна
многонача́лие, -я
многоне́дельный
многоно́жка, -и, *р. мн.* -жек
многоно́жковые, -ых
мно́гонько, *нареч.*
многообеща́ющий (*подающий большие надежды*)
многооборо́тный
многообра́зие, -я
многообра́зность, -и
многообра́зный; *кр. ф.* -зен, -зна
многообъе́млющий
многообя́зывающий
многооко́нный
многооперацио́нный
многоо́пытность, -и

многоо́пытный; *кр. ф.* -тен, -тна
многоо́сный
многоотраслево́й
многоотро́стчатый
многоочаго́вый
многопа́лубный
многопарти́йность, -и
многопарти́йный; *кр. ф.* -и́ен, -и́йна
многопёр, -а
многопёрые, -ых
многопи́льный
многописа́ние, -я
многопла́нность, -и
многопла́нный
многопла́новость, -и
многопла́новый
многоплемённый
многопле́чий
многопло́дие, -я
многопло́дниковые, -ых
многопло́дный
многопо́довый
многополо́сный
многопо́лье, -я
многопо́льзовательский
многопо́льный
многополю́сник, -а
многополю́сный
многополя́рность, -и
многополя́рный; *кр. ф.* -рен, -рна
многопредме́тность, -и
многопредме́тный; *кр. ф.* -тен, -тна
многопробле́мность, -и
многопробле́мный; *кр. ф.* -мен, -мна
многопрогра́ммность, -и
многопрогра́ммный
многопро́фильность, -и
многопро́фильный; *кр. ф.* -лен, -льна
многопроце́ссорный
многопудо́вый
многопу́дье, -я
многоразли́чный

многора́зовый
многорежи́мный; *кр. ф.* -мен, -мна
многорезцо́вый
многоречи́вость, -и
многоречи́вый
многоря́дник, -а
многоря́дный
многосаже́нный
многосвя́зный
многосегмента́рный
многосекцио́нный
многосеме́йность, -и
многосеме́йный; *кр. ф.* -е́ен, -е́йна
многосери́йность, -и
многосери́йный; *кр. ф.* -и́ен, -и́йна
многосе́точный
многоси́льный
многоскоростно́й
многосло́вие, -я
многосло́вность, -и
многосло́вный; *кр. ф.* -вен, -вна
многосло́жность, -и
многосло́жный; *кр. ф.* -жен, -жна
многосло́йность, -и
многосло́йный; *кр. ф.* -о́ен, -о́йна
многосме́нка, -и
многосме́нность, -и
многосме́нный
многосмы́сленный; *кр. ф.* -ен, -енна
многосне́жный; *кр. ф.* -жен, -жна
многосне́жье, -я
многососта́вность, -и
многососта́вный; *кр. ф.* -вен, -вна
многосотле́тний
многосотто́нный
многосою́зие, -я
многосою́зный
многостади́йность, -и
многостади́йный; *кр. ф.* -и́ен, -и́йна
многостано́чник, -а
многостано́чница, -ы, *тв.* -ей

многосто́чный
многоство́льный; *кр. ф.* -лен, -льна
многостепе́нность, -и
многостепе́нный; *кр. ф.* -е́нен, -е́нна
многосто́пный; *кр. ф.* -пен, -пна
многосторо́нний; *кр. ф.* -о́нен, -о́ння
многосторо́нность, -и
многострада́льный; *кр. ф.* -лен, -льна; *но:* Йов Многострада́льный
многострани́чный
многостру́нный
многоступе́нчатость, -и
многоступе́нчатый
многосу́точный
многоте́мность, -и
многоте́мный
многоте́мье, -я
многотари́фный
многотира́жка, -и, *р. мн.* -жек
многотира́жность, -и
многотира́жный
многото́мный
многотонна́жный
многото́нный
многото́пливный
многото́чечный
многото́чие, -я
многотра́вье, -я
многотру́дность, -и
многотру́дный; *кр. ф.* -ден, -дна
многотурби́нный
многоту́ровый
многотысячеле́тний
многоты́сячный
многоуважа́емый
многоуго́льник, -а
многоуго́льный
многоукла́дность, -и
многоукла́дный; *кр. ф.* -ден, -дна
многоу́ровневый
многоу́стка, -и, *р. мн.* -ток
многоучёный

многофа́зный
многофа́кторный
многофигу́рный
многофо́рмный
многофото́нный
многофункциона́льность, -и
многофункциона́льный; *кр. ф.* -лен, -льна
многоходо́вка, -и, *р. мн.* -вок
многоходо́вый
многохо́женый
многохо́рность, -и
многоцветко́вый
многоцве́тница, -ы, *тв.* -ей
многоцве́тный; *кр. ф.* -тен, -тна
многоцве́тье, -я
многоцелево́й
многоце́нный; *кр. ф.* -е́нен, -е́нна
многоцили́ндровый
многочасово́й
многоча́стный
многочасто́тный; *кр. ф.* -тен, -тна
многочелно́чный
многочи́сленность, -и
многочи́сленный; *кр. ф.* -ен, -енна
многочле́н, -а
многочлени́стый (*зоол.*)
многочле́нный
многошпи́ндельный
многошу́мный; *кр. ф.* -мен, -мна
многощети́нковый
многоэлектро́дный
многоэта́жка, -и, *р. мн.* -жек
многоэта́жность, -и
многоэта́жный; *кр. ф.* -жен, -жна
многоэта́жье, -я
многоэта́пность, -и
многоэта́пный; *кр. ф.* -пен, -пна
многоя́дерный
многоязы́кий
многоязы́чный; *кр. ф.* -чен, -чна
многоя́русность, -и
многоя́русный
множа́йший
мно́жащий(ся)

мно́женный; *кр. ф.* -ен, -ена, *прич.*
мно́жественность, -и
мно́жественный; *кр. ф.* -вен и -венен, -венна
мно́жество, -а
мно́жимое, -ого
мно́житель, -я
мно́жительный
мно́жить(ся), -жу, -жит(ся)
мной (*форма местоим.* я)
мо́а, *нескл., м.*
моавитя́не, -я́н, *ед.* -я́нин, -а
моавитя́нка, -и, *р. мн.* -нок
моавитя́нский
мобилизацио́нный
мобилиза́ция, -и
мобили́зм, -а
мобилизо́ванность, -и
мобилизо́ванный; *кр. ф.* -ан, -ана
мобилизова́ть(ся), -зу́ю(сь), -зу́ет(ся)
моби́ль, -я
моби́льность, -и
моби́льный; *кр. ф.* -лен, -льна
моветон, -а
могади́шский (*от* Могади́шо)
могади́шцы, -ев, *ед.* -шец, -шца, *тв.* -шцем
мога́р, -а
моге́ра, -ы
могика́не, -а́н, *ед.* -а́нин, -а
моги́ла, -ы
Моги́ла Неизве́стного Солда́та
могилёвский (*от* Могилёв)
могилёвцы, -ев, *ед.* -вец, -вца, *тв.* -вцем
Могилёвщина, -ы (*к* Могилёв)
моги́лка, -и, *р. мн.* -лок
моги́льник, -а
моги́льный
моги́льщик, -а
мого́лы, -ов, *ед.* мого́л, -а (*народность; тюрко-монгольские завоеватели в средневековой Индии*) *и* Мого́лы, -ов: Вели́кие Мого́лы (*династия*)

МОГОЛЬСКИЙ

мого́льский (к мого́лы и Вели́кие Мого́лы)
мо́гул, -а (спорт.)
могу́тный
Могу́чая ку́чка (ист. муз.)
могу́честь, -и
могу́чий
могу́щественность, -и
могу́щественный; кр. ф. -вен и -венен, -венна
могу́щество, -а
могу́щий
мо́да, -ы
мода́льность, -и
мода́льный
модели́зм, -а
модели́рование, -я
модели́рованный; кр. ф. -ан, -ана
модели́ровать(ся), -рую, -рует(ся)
модели́ро́вка, -и
модели́рующий(ся)
модели́ст, -а
модели́стка, -и, р. мн. -ток
моде́ль, -и
моделье́р, -а
моделье́рша, -и, тв. -ей
моде́льно-констру́кторский
моде́льно-маке́тный
моде́льный
моде́льщик, -а
моде́льщица, -ы, тв. -ей
моде́м, -а
моде́мный
моде́м-фа́кс, -а
модера́то, неизм. и нескл., с.
модера́тор, -а
моде́рн, -а и неизм.
модерниза́тор, -а
модерниза́ция, -и
модернизи́рование, -я
модернизи́рованный; кр. ф. -ан, -ана
модернизи́ровать(ся), -рую(сь), -рует(ся)
модерни́зм, -а

модернизо́ванный; кр. ф. -ан, -ана
модернизова́ть(ся), -зу́ю(сь), -зу́ет(ся)
модерни́ст, -а
модерни́стка, -и, р. мн. -ток
модерни́стский
моде́рно́вый
моде́рный
модерня́га, -и, ж. (о вещи, строении), м. и ж. (о человеке)
моджахе́дский
моджахе́ды, -ов, ед. -хе́д, -а
мо́дий, -я
модильо́н, -а
моди́стка, -и, р. мн. -ток
моди́сточка, -и, р. мн. -чек
модифика́тор, -а
модификацио́нный
модифика́ция, -и
модифици́рование, -я
модифици́рованный; кр. ф. -ан, -ана
модифици́ровать(ся), -рую, -рует(ся)
мо́дник, -а
мо́дница, -ы, тв. -ей
мо́дничанье, -я
мо́дничать, -аю, -ает
мо́дность, -и
мо́дный; кр. ф. мо́ден, мо́дна́, мо́дно
модню́щий
модули́рование, -я
модули́рованный; кр. ф. -ан, -ана
модули́ровать(ся), -рую, -рует(ся)
мо́дуль, -я
мо́дуль-конте́йнер, -а
мо́дульность, -и
мо́дульный
мо́дуль-пото́к, -а
модуля́рный
модуля́тор, -а
модуля́тор-демодуля́тор, модуля́тора-демодуля́тора

модуля́торный
модуляцио́нный
модуля́ция, -и
мо́дус, -а
мо́дус виве́нди, нескл., м.
мо́дус опера́нди, нескл., м.
мо́евка, -и, р. мн. -вок (птица)
мо́ечно-суши́льный
мо́ечный
можа́йский (от Можа́йск)
можа́йцы, -ев, ед. -а́ец, -а́йца, тв. -а́йцем
можа́ху: е́ле можа́ху
можеве́лина, -ы
можжеве́ловка, -и и можжевё́ловка, -и
можжеве́ловый и можжевё́ловый
можжеве́льник, -а
мо́жно
мозаза́вр, -а
моза́ика, -и
мозаи́ст, -а
мозаици́зм, -а (в генетике)
мозаи́ческий
мозаичи́ст, -а
мозаи́чник, -а
мозаи́чность, -и
мозаи́чный; кр. ф. -чен, -чна
мозамби́кский (от Мозамби́к)
мозамби́кцы, -ев, ед. -кец, -кца, тв. -кцем
мозг, -а, предл. в мо́зге и в мозгу́, мн. -и́, -о́в
мо́зглый
мозгля́, -и́, р. мн. -е́й
мозгля́вый
мозгля́к, -а́
мозгова́ть, -гу́ю, -гу́ет
мозгови́к, -а́
мозгови́тый
мозгово́й
моздо́кский (от Моздо́к)
моздокча́не, -а́н, ед. -а́нин, -а
мо́зель, -я (вино)
мо́зельский (от Мо́зель)

мо́зельцы, -ев, *ед.* -лец, -льца, *тв.* -льцем
мозжечко́вый
мозжечо́к, -чка́
мозжи́ть, -жу́, -жи́т
мозлено́гие, -их
мозо́листость, -и
мозо́листый
мозо́лить(ся), -лю(сь), -лит(ся)
мозо́лища, -и, *тв.* -ей
мозо́ль, -и
мозо́льный
мозо́лящий(ся)
Моисе́ев, -а, -о (*от* Моисе́й): закон Моисе́ев, Моисе́евы за́поведи, Моисе́евы скрижа́ли
Моисе́й, -я (*библ.*)
мой, моего́, моя́, мое́й, моё, моего́, *мн.* мои́, мои́х
мо́йва, -ы
Мойдоды́р, -а (*сказочный персонаж; об умывальнике*)
мо́йка, -и, *р. мн.* мо́ек
Мо́йка, -и (*река*)
мо́йры, мойр, *ед.* мо́йра, -ы
мо́йщик, -а
мо́йщица, -ы, *тв.* -ей
мокаси́новый
мокаси́ны, -и́н, *ед.* -си́н, -а
мо́кко, *неизм. и нескл., м. и с.*
мо́кнувший
мо́кнуть, -ну, -нет; *прош.* мок и мо́кнул, мо́кла
мокре́нек, -нька
мо́кренький
мокрёхонький; *кр. ф.* -нек, -нька
мокре́ц, -а́, *тв.* -о́м
мокрёшенький; *кр. ф.* -нек, -нька
мокри́ца, -ы, *тв.* -ей
мокри́чник, -а
мокрова́тый
мокропого́дица, -ы, *тв.* -ей
мокропого́дье, -я
мокросолёный
мокросту́пы, -ов

мокро́та, -ы (*слизистые выделения*)
мокрота́, -ы́ (*сырость*)
мокроти́ща, -и, *тв.* -ей
мокро́тный
мокрохво́стка, -и, *р. мн.* -ток
мокру́ха, -и
мокру́шник, -а
мокру́щий и мокрю́щий
мо́крый; *кр. ф.* мокр, мокра́, мо́кро, мо́кры́
мо́крядь, -и
мо́кша, -и, *тв.* -ей
мокша́не, -а́н, *ед.* -а́нин, -а
мокша́нка, -и, *р. мн.* -нок
мокша́нский
мол¹, -а, *предл.* на молу́, *мн.* -ы́, -о́в
мол², *частица*
мола́сса, -ы
молва́, -ы́
мо́лвить(ся), мо́лвлю, мо́лвит(ся)
мо́лвленный; *кр. ф.* -ен, -ена
молвь, -и
молдава́не, -а́н, *ед.* -а́нин, -а
молдава́нка, -и, *р. мн.* -нок
молдава́нский (*к* молдава́не *и* Молда́вия)
молда́вский (*к* Молда́вия)
молда́вско-росси́йский
молда́вско-румы́нский
молдовеня́ска, -и
моле́бен, -бна
моле́бный
моле́бствие, -я
моле́бствовать, -твую, -твует
молево́й (*к* моль²)
молевщи́к, -а́
мо́левый (*к* моль¹)
моле́кула, -ы
молекуля́рно-биологи́ческий
молекуля́рно-генети́ческий
молекуля́рно-диспе́рсный
молекуля́рно-ма́ссовый
молекуля́рно-теплово́й
молекуля́рный
моле́льный

моле́льня, -и, *р. мн.* -лен
моле́льщик, -а
моле́льщица, -ы, *тв.* -ей
моле́ние, -я
моле́нная, -ой
мо́ленный; *кр. ф.* -ен, -ена *и* молённый; *кр. ф.* -ён, -ена́, *прич.*
моле́нный, *прил. (от* моле́ние*)*
мо́леный *и* молёный, *прил.*
молески́н, -а
молески́новый
молибда́т, -а
молибде́н, -а
молибдени́рование, -я
молибдени́рованный; *кр. ф.* -ан, -ана
молибдени́ровать(ся), -рую, -рует(ся)
молибдени́т, -а
молибде́новый
моли́ния, -и (*растение*)
моли́тва, -ы
моли́твенник, -а
моли́твенница, -ы, *тв.* -ей
моли́твенный
молитвосло́в, -а
молитвосло́вие, -я
молитвосло́вить, -о́влю, -о́вит
моли́ть(ся), молю́(сь), мо́лит(ся)
мо́лкнувший
мо́лкнуть, -ну, -нет; *прош.* мо́лкнул *и* молк, мо́лкла
моллирова́ние, -я
моллиро́ванный; *кр. ф.* -ан, -ана
моллирова́ть(ся), -ру́ю, -ру́ет(ся)
моллю́ск, -а
моллю́сковый
молниеви́дный; *кр. ф.* -ден, -дна
мо́лниевый
молниезащи́та, -ы
молниено́сность, -и
молниено́сный; *кр. ф.* -сен, -сна
молниеотво́д, -а
молниеподо́бный; *кр. ф.* -бен, -бна
мо́лнийка, -и, *р. мн.* -иек

МОЛНИЙНЫЙ

мо́лнийный
молни́рованный; *кр. ф.* -ан, -ана
молни́ровать, -рую, -рует
мо́лния, -и
молода́йка, -и, *р. мн.* -а́ек
молодёжный
молодёжь, -и
молоде́нек, -нька
моло́денький
молоде́ть, -е́ю, -е́ет
мо́лодец, -дца, *тв.* -дцем, *р. мн.* -дцев (*нар.-поэт.*)
молоде́ц, -дца́, *тв.* -дцо́м, *р. мн.* -дцо́в
молоде́цки
молоде́цкий
молоде́ц молодцо́м
молоде́чество, -а
молоде́чненский (*от* Молоде́чно)
молоде́чненцы, -ев, *ед.* -ненец, -ненца, *тв.* -ненцем
молоди́ло, -а
молоди́ть(ся), -ожу́(сь), -оди́т(ся)
молоди́ца, -ы, *тв.* -ей
моло́дка, -и, *р. мн.* -док
молодня́к, -а́
молоднячо́к, -чка́
молодогварде́ец, -е́йца, *тв.* -е́йцем, *р. мн.* -е́йцев
молодогварде́йский (*от* "Молода́я гва́рдия")
молодожён, -а
молодожёны, -ов (*супружеская пара*)
мо́лодо-зе́лено
молодо́й; *кр. ф.* мо́лод, молода́, мо́лодо
мо́лодость, -и
молоду́ха, -и
молоду́шка, -и, *р. мн.* -шек
молодцева́тость, -и
молодцева́тый
молодча́га, -и, *м. и ж.*
моло́дчик, -а
молодчи́на, -ы, *м. и ж.*

молодчи́нища, -и, *тв.* -ей *и* молодчи́нище, -а *и* -и, *мн.* -и, -ищ, *м. и ж.*
моло́дший
молоды́е, -ы́х
мо́лодь, -и
моложа́вость, -и
моложа́вый
моло́же, *сравн. ст.*
моло́зиво, -а
моло́ка, -и *и* молоки́, -о́к
молока́н, -а (*растение*)
молока́не, -а́н, *ед.* -а́нин, -а (*секта*)
молока́нка, -и, *р. мн.* -нок
молока́нский
молоко́, -а́
молоково́з, -а
молоково́зка, -и, *р. мн.* -зок
молокого́нный
молокозаво́д, -а
молокоме́р, -а
молокоочисти́тель, -я
молокоперераба́тывающий
молокопоста́вки, -вок
молокоприёмный
молокопрово́д, -а
молокопроду́кты, -ов, *ед.* -ду́кт, -а
молокопроизво́дство, -а
молокосо́с, -а
мо́лот, -а
молоти́лка, -и, *р. мн.* -лок
молоти́ло, -а
молоти́льный
молоти́льня, -и, *р. мн.* -лен
молоти́льщик, -а
молоти́льщица, -ы, *тв.* -ей
молоти́ть(ся), -очу́, -о́тит(ся)
молотко́вый
молотобо́ец, -о́йца, *тв.* -о́йцем, *р. мн.* -о́йцев
молотови́ще, -а
молотово́й
молотогла́в, -а
молото́к, -тка́

молотообра́зный; *кр. ф.* -зен, -зна
молото́чек, -чка
молото́чный
мо́лот-ры́ба, -ы
мо́лотый
моло́ть, мелю́, ме́лет, ме́лют
молотьба́, -ы́
моло́ться, ме́лется, ме́лются
молотя́нка, -и, *р. мн.* -нок
молотя́щий(ся)
Моло́х, -а (*библ.; неотвратимая сила, требующая множества человеческих жертв*)
моло́х, -а (*ящерица*)
молоча́й, -я
молоча́йник, -а
молоча́йный
молоче́ние, -я
моло́ченный; *кр. ф.* -ен, -ена, *прич.*
моло́ченый, *прил.*
моло́чишко, -а
молочко́, -а́
моло́чник, -а
моло́чница, -ы, *тв.* -ей
моло́чно-бе́лый
моло́чно-восково́й
моло́чно-голубо́й
моло́чно-животново́дческий
молочноки́слый
моло́чно-консе́рвный
моло́чно-мясно́й
моло́чно-промы́шленный
моло́чно-разда́точный
моло́чность, -и
моло́чно-това́рный
моло́чно-хозя́йственный
моло́чный
мо́лча, *нареч.*
молчали́вость, -и
молчали́вый
Молча́лин, -а
молча́линский (*от* Молча́лин)
молча́линство, -а
молча́льник, -а
молча́льница, -ы, *тв.* -ей

молчание, -я
молчанка, -и
молчать(ся), -чу́, -чи́т(ся)
молчко́м, нареч.
молчо́к, в знач. сказ.
молчу́н, -а́
молчу́нья, -и, р. мн. -ний
моль[1], -и (насекомое)
моль[2], -я, м. и -и, ж. (сплавной лес)
моль[3], -я (единица количества вещества)
мольба́, -ы́
мольбе́рт, -а
мольбе́ртный
мо́льбище, -а
мо́льва, -ы
мольериа́на, -ы
молье́ровский (от Молье́р)
моль-ке́львин, -а, р. мн. -ов, счетн. ф. -вин
мо́льный (к моль[2] и моль[3])
мо́лью, нареч. (разрозненно)
моля́рность, -и
моля́рный (к моль[3])
моля́щий(ся)
Мом, -а (мифол.)
моме́нт, -а
момента́лист, -а
момента́льность, -и
момента́льный; кр. ф. -лен, -льна
моме́нтный
мо́мме, нескл., с. (единица массы)
момо́т, -а
мона́да, -ы (филос.)
монадоло́гия, -и
мона́кский (от Мона́ко)
мона́кцы, -ев, ед. -кец, -кца, тв. -кцем
мона́ндрия, -и
мона́рх, -а
монархи́зм, -а
мона́рхиня, -и, р. мн. -инь
монархи́ст, -а
монархи́стка, -и, р. мн. -ток
монархи́стский
монархи́ческий

мона́рхия, -и
монархома́хи, -ов, ед. -ма́х, -а (лит.)
монархофаши́зм, -а
монархофаши́ст, -а
монархофаши́стский
мона́рший, -ая, -ее
монастырёк, -рька́
монасты́рка, -и, р. мн. -рок
монасты́рский
монасты́рь, -я́
мона́х, -а
мона́хиня, -и, р. мн. -инь
монаци́т, -а (минерал)
мона́шек, -шка
мона́шенка, -и, р. мн. -нок
мона́шеский
мона́шество, -а
мона́шествовать, -твую, -твует
мона́ший, -ья, -ье
мона́шка, -и, р. мн. -шек
Монбла́н, -а (геогр.) и монбла́н, -а (о нагромождении чего-н.)
монго́, нескл., мн., ед. м. и ж. (народ)
монголи́ст, -а
монголи́стика, -и
монго́лка, -и, р. мн. -лок
монголове́д, -а
монголове́дение, -я
монголови́дный; кр. ф. -ден, -дна
монголо́идный
монголо́иды, -ов, ед. -о́ид, -а
монголотата́рский
монголотата́ры, -а́р
монголоте́рий, -я
монго́лы, -ов, ед. -го́л, -а
монго́льский (к монго́лы и Монго́лия)
монгольфье́р, -а
мондиали́зм, -а
мондиали́ст, -а
мондиали́стский
монега́ски, -ов, ед. -га́ск, -а (микроэтнос, коренные жители Монако)

монега́сский
моне́ра, -ы (биол.)
моне́та, -ы
монетари́зм, -а
монетари́ст, -а
монетари́стский
монета́рный
моне́тка, -и, р. мн. -ток
моне́тница, -ы, тв. -ей
моне́тный
моноторазме́нник, -а
моноторазме́нный
моне́тчик, -а
монжу́с, -а
мониезио́з, -а
мони́зм, -а (филос.)
монилио́з, -а
монима́ска, -и, р. мн. -сок
мони́ст, -а (к мони́зм)
монисти́ческий
монисти́чный; кр. ф. -чен, -чна
мони́сто, -а
монито́р, -а
монито́ринг, -а
монито́ринговый
монити́рование, -я
монитори́ровать(ся), -и́рую, -и́рует(ся)
монито́рный
монма́ртрский (от Монма́ртр)
мо́нна, -ы (мадонна, госпожа)
мо́но, неизм.
моно... — первая часть сложных слов, пишется слитно
монобло́к, -а
монобло́чный
моновакци́на, -ы
моноволокно́, -а́
моногами́ческий
монога́мия, -и
монога́мный; кр. ф. -мен, -мна
моногене́и, -е́й, ед. -не́я, -и (зоол.)
моногенети́ческий (зоол.)
моногени́зм, -а
моноге́нный
моногидра́т, -а

моги́ния, -и
моногляциали́зм, -а
моногра́мма, -ы
моногра́ммный
монографи́ческий
монографи́я, -и
моно́дия, -и
монодра́ма, -ы
моно́за, -ы
монои́мпульсный
монокарпи́ческий
моноклина́ль, -и
моноклина́льный
моноклиный
моно́кль, -я
моноко́к, -а (авиа)
моноко́рм, -а
монокору́нд, -а
монокриста́лл, -а
монокульту́ра, -ы
монокульту́рность, -и
монокульту́рный
монокуля́р, -а
монокуля́рный
моноли́т, -а
моноли́тность, -и
моноли́тный; кр. ф. -тен, -тна
моноло́г, -а
монологи́ческий
монологи́чность, -и
монологи́чный; кр. ф. -чен, -чна
моноло́жа, -и, тв. -ей
моно́м, -а
монома́н, -а
монома́ния, -и
монома́нка, -и, р. мн. -нок
Монома́х, -а: Влади́мир Монома́х, ша́пка Монома́ха
Монома́шичи, -ей (княжеский род)
мономе́р, -а
монометалли́зм, -а
монометалли́ческий
мономолекуля́рный
монони́т, -и
мононуклео́з, -а

мононуклеоти́ды, -ов, ед. -ти́д, -а
моноо́пера, -ы
моноплакофо́ры, -ов, ед. -фо́р, -а
монопла́н, -а
монопо́дий, -я
монополиза́ция, -и
монополизи́рованный; кр. ф. -ан, -ана
монополизи́ровать(ся), -рую, -рует(ся)
монополи́зм, -а
монополи́ст, -а
монополисти́ческий
монополи́стский
монопо́лия, -и
монопо́ль, -я
монопо́лька, -и, р. мн. -лек
монопо́льность, -и
монопо́льный; кр. ф. -лен, -льна
монопо́сто, нескл., с.
монопсо́ния, -и
моноре́льс, -а
моноре́льсовый
монори́м, -а
монорхи́зм, -а (биол.)
моносахари́ды, -ов, ед. -ри́д, -а
моносиллаби́зм, -а
моноско́п, -а
моносо́мия, -и
моноспекта́кль, -я
моноспо́ра, -ы
моноспора́нгий, -я
мономости́х, -а́
монотеи́зм, -а
монотеи́ст, -а
монотеисти́ческий
монотемати́зм, -а
монотемати́ческий
монотерпе́ны, -ов, ед. -пе́н, -а
моноти́п, -а
монотипи́ст, -а
монотипи́я, -и
моноти́пный
монотова́рный
монотони́ческий
монотони́я, -и

моното́нность, -и
моното́нный; кр. ф. -о́нен, -о́нна
монофа́г, -а
монофа́гия, -и
монофели́тский
монофели́тство, -а
монофели́ты, -ов, ед. -ли́т, -а
монофизи́тский
монофизи́тство, -а
монофизи́ты, -ов, ед. -зи́т, -а
монофили́я, -и
монофи́льм, -а
монофони́ческий
монофто́нг, -а
монофтонгиза́ция, -и
монофтонгизи́роваться, -руется
монофтонги́ческий
моноха́зий, -я
монохо́рд, -а
монохо́рный
монохромати́ческий
монохрома́тор, -а
монохро́мия, -и
монохро́мный
моноцентри́зм, -а
моноцентри́ческий
моноци́кл, -а
моноцито́з, -а
моноци́ты, -ов, ед. -ци́т, -а (кровяные клетки)
моноэтни́ческий
монпансье́, нескл., с.
монпарна́сский (от Монпарна́с)
монреа́льский (от Монреа́ль)
монреа́льцы, -ев, ед. -лец, -льца, тв. -льцем
монсеньо́р, -а
мо́нстера, -ы (растение)
монстр, -а
монструо́зность, -и
монструо́зный
монта́ж, -а́, тв. -о́м
монтажёр, -а
монта́жник, -а
монта́жник-высо́тник, монта́жника-высо́тника

монта́жник-скалола́з, монта́жника-скалола́за
монта́жница, -ы, *тв.* -ей
монта́жно-испыта́тельный
монта́жный
монтани́сты, -ов, *ед.* -и́ст, -а
монтанья́рский
монтанья́ры, -ов, *ед.* -я́р, -а
монтбре́ция, -и
монтевиде́йский (*от* Монтевиде́о)
монтевиде́йцы, -ев, *ед.* -е́ец, -е́йца, *тв.* -е́йцем
монтежю́, *нескл., с.*
мо́нте-ка́рлоский (*от* Мо́нте-Ка́рло)
Монте́кки, *нескл., мн.*: Монте́кки и Капуле́тти
Мо́нте-Кри́сто, *нескл., м.*: граф Мо́нте-Кри́сто (*лит. персонаж*)
монтекри́сто, *нескл., с.* (*пистолет, ружье*)
монтёр, -а
монтёрить, -рю, -рит
монтёрский
монти́рование, -я
монти́рованный; *кр. ф.* -ан, -ана
монти́ровать(ся), -рую, -рует(ся)
монтиро́вка, -и, *р. мн.* -вок
монтиро́вочный
монтиро́вщик, -а
монтичелли́т, -а
монтмориллони́т, -а
монуме́нт, -а
монументализа́ция, -и
монументали́зм, -а
монументали́ст, -а
монумента́льно-декорати́вный
монумента́льность, -и
монумента́льный; *кр. ф.* -лен, -льна
монуме́нтный
монуме́нтщик, -а
монуро́н, -а
монцони́т, -а

мончего́рский (*от* Мончего́рск)
мончего́рцы, -ев, *ед.* -рец, -рца, *тв.* -рцем
Мончету́ндра, -ы (*горный массив*)
моонзу́ндский (*от* Моонзу́нд)
Моонзу́ндский архипела́г
Мо́ос, -а: шкала́ Мо́оса
мопасса́новский (*от* Мопасса́н)
мопе́д, -а
мопе́дный
мопс, -а
мо́псик, -а
мор, -а
мо́ра, -ы (*в стихосложении*)
морава́не, -а́н, *ед.* -а́нин, -а
морава́нка, -и, *р. мн.* -нок
мора́вский (*от* Мора́ва и Мора́вия)
морализа́торский
морализа́торство, -а
морализа́ция, -и
морализи́рование, -я
морализи́ровать, -рую, -рует
морали́зм, -а
морали́ст, -а
морали́стика, -и
моралисти́ческий
морали́стка, -и, *р. мн.* -ток
моралите́, *нескл., с.*
мора́ль, -и
мора́льно-волево́й
мора́льно изно́шенный
мора́льно-полити́ческий
мора́льно-психологи́ческий
мора́льность, -и
мора́льно усто́йчивый
мора́льно-эти́ческий
мора́льный; *кр. ф.* -лен, -льна
морато́рий, -я
морг[1], -а
морг[2], *неизм.* (*к* морга́ть)
морганати́ческий
моргани́да, -ы (*в генетике*)
морга́ние, -я
моргани́зм, -а
моргани́ст, -а

моргани́стский
моргани́т, -а (*минерал*)
морга́ть, -а́ю, -а́ет
мо́рген, -а (*земельная мера*)
моргну́ть, -ну́, -нёт
моргу́н, -а́
моргу́нья, -и, *р. мн.* -ний
мо́рда, -ы
морда́стый
морда́сы, -ов
морда́тый
морда́ха, -и
морда́шка, -и, *р. мн.* -шек
мордва́, -ы́
мордви́нка, -и, *р. мн.* -нок
мордви́ны, -ов, *ед.* -ви́н, -а
морде́нт, -а
мордоби́тие, -я
мордобо́й, -я
мордо́ванный; *кр. ф.* -ан, -ана
мордова́ть(ся), -ду́ю(сь), -ду́ет(ся)
мордо́вка, -и, *р. мн.* -вок
мордо́вник, -а (*растение*)
мордоворо́т, -а
мордо́вский (*к* мордва́, мордви́ны, Мордо́вия)
мордо́вцы, -ев, *ед.* -вец, -вца, *тв.* -вцем
мо́рдочка, -и, *р. мн.* -чек
мо́ре, -я, *мн.* -я́, -е́й
Мо́ре, -я, *употр. в названиях частей лунного ландшафта, напр.*: Мо́ре Дожде́й, Мо́ре Кри́зисов, Мо́ре Споко́йствия
море́ль, -и
море́на, -ы (*геол.*)
море́ние, -я
море́нный (*от* море́на)
морённый; *кр. ф.* -ён, -ена́, *прич.* (*от* мори́ть)
морёный, *прил.*
мо́ре-океа́н, мо́ря-океа́на
морепла́вание, -я
морепла́ватель, -я
морепла́вательный
морепроду́кты, -ов, *ед.* -у́кт, -а

море́ска, -и, *р. мн.* -сок (*муз., род балетного представления*)
морехо́д, -а
морехо́дец, -дца, *тв.* -дцем, *р. мн.* -дцев
морехо́дка, -и, *р. мн.* -док
морехо́дность, -и
морехо́дный
морехо́дство, -а
море́я, -и (*растение*)
морж, -а́, *тв.* -о́м
моржева́ние, -я
моржева́ть(ся), -жу́ю(сь), -жу́ет(ся)
моржи́ха, -и
моржо́вый
моржо́нок, -нка, *мн.* -жа́та, -жа́т
Мо́рзе, *нескл., м.*: а́збука Мо́рзе, аппара́т Мо́рзе, ко́д Мо́рзе
морзи́ст, -а
морзя́нка, -и
мори́лка, -и, *р. мн.* -лок
мори́льня, -и, *р. мн.* -лен
мори́льщик, -а
мори́на, -ы (*травянистое растение*)
мори́нда, -ы (*кустарник*)
мори́новый
морио́н, -а
мори́ски, -ов, *ед.* -и́ск, -а (*этническая группа*)
мори́стее, *нареч.*
мори́стый (*мор.*)
мори́ть(ся), морю́(сь), мори́т(ся)
морко́вина, -ы
морко́вка, -и, *р. мн.* -вок
морко́вник, -а
морко́вный
морко́вь, -и
мормо́нка, -и, *р. мн.* -нок
мормо́нский
мормо́нство, -а
мормо́ны, -ов, *ед.* -мо́н, -а
мормы́шка, -и, *р. мн.* -шек
мо́ро, *нескл., мн., ед. м. и ж.* (*группа народов*)

моровой
мороду́нка, -и, *р. мн.* -нок
моро́женица, -ы, *тв.* -ей (*сосуд, прибор*)
моро́женный; *кр. ф.* -ен, -ена, *прич.*
моро́женое, -ого
моро́женщик, -а
моро́женщица, -ы, *тв.* -ей
моро́женый, *прил.*
моро́з, -а; но: Де́д Моро́з
Моро́з-воево́да, Моро́за-воево́ды (*персонаж поэмы*)
моро́зец, -зца и -зцу, *тв.* -зцем, *р. мн.* -зцев
морози́лка, -и, *р. мн.* -лок
морози́льник, -а
морози́льный
моро́зить(ся), -о́жу(сь), -о́зит(ся)
моро́зище, -а, *мн.* -а и -и, -ищ, *м.*
Моро́зко, -а, *м.* (*сказочный персонаж*)
моро́зник, -а
моро́зно, *в знач. сказ.*
моро́зный
морозоби́на, -ы
морозоби́йный
моро́зовский (*от* Моро́зов)
морозосто́йкий; *кр. ф.* -о́ек, -о́йка
морозосто́йкость, -и
морозоупо́рность, -и
морозоупо́рный; *кр. ф.* -рен, -рна
морозоусто́йчивость, -и
морозоусто́йчивый
морозя́ка, -и, *м.*
моро́зящий(ся)
мо́рок, -а (*мрак; наваждение*)
моро́ка, -и (*затяжное, хлопотное дело*)
морокова́ть, -ку́ю, -ку́ет
мороси́ть, -и́т
мо́рось, -и
моро́чащий
моро́ченье, -я
моро́чить, -чу, -чит
моро́шка, -и

моро́шковый
морс, -а и -у
морско́й
мо́рсовый
морти́ра, -ы
морти́рный
морту́к, -а
мо́рула, -ы
морф, -а (*лингв.*)
мо́рфа, -ы (*биол., лингв.*)
морфалла́ксис, -а
Морфе́й, -я (*мифол.; также: сон*; в объя́тиях Морфе́я)
морфе́ма, -ы
морфемати́ческий
морфе́мика, -и
морфе́мный
мо́рфий, -я
мо́рфийный (*от* мо́рфий)
морфи́н, -а
морфини́зм, -а
морфини́ст, -а
морфини́стка, -и, *р. мн.* -ток
морфи́нный (*от* морфи́н)
морфло́т, -а
морфогене́з, -а
морфогенети́ческий
морфогра́фия, -и
морфо́з, -а
морфоклимати́ческий
морфо́лог, -а
морфологиза́ция, -и
морфологизи́роваться, -руется
морфологизо́ванный; *кр. ф.* -ан, -ана
морфологизова́ться, -зу́ется
морфологи́ческий
морфоло́гия, -и
морфо́лого-синтакси́ческий
морфоме́трия, -и
морфоне́ма, -ы
морфонемати́ческий
морфоне́мный
морфоно́лог, -а
морфонологи́ческий
морфоноло́гия, -и

морфоскульпту́ра, -ы
морфоскульпту́рный
морфострукту́ра, -ы
морфострукту́рный
морфотекту́ра, -ы
морфотропи́я, -и
морфофизиологи́ческий
морцо́, -а́, *р. мн.* море́ц
морша́нский (*от* Морша́нск)
морша́нцы, -ев, *ед.* -нец, -нца, *тв.* -нцем
мо́рщащий(ся) (*от* мо́рщить(ся))
морща́щий(ся) (*от* морщи́ть(ся))
морщи́на, -ы
морщи́нистость, -и
морщи́нистый
морщи́нить(ся), -ню, -нит(ся)
морщи́нка, -и, *р. мн.* -нок
морщи́нящий(ся)
мо́рщить(ся), -щу(сь), -щит(ся) (*о лице*)
морщи́ть(ся), -и́т(ся) (*об одежде*)
мо́рюшко, -а
моря́к, -а́
моря́на, -ы
моря́нка, -и, *р. мн.* -нок
моря́цкий
моря́чка, -и, *р. мн.* -чек
морячо́к, -чка́
Мосбизнесба́нк, -а
Мосгорспра́вка, -и
москаль, -я́
москате́ль, -и
москате́льный
москате́льщик, -а
Москва́-река́, Москвы́-реки́ и Москва́-реки́
Москва́-Това́рная, Москвы́-Това́рной (*станция*)
москвитя́не, -я́н, *ед.* -я́нин, -а
москвитя́нка, -и, *р. мн.* -нок
москвичи́, -е́й, *ед.* -ви́ч, -а́
москви́чка, -и, *р. мн.* -чек
москвичо́к, -чка́ (*автомобиль*)
москвове́д, -а
москвове́дение, -я

москворе́цкий (*от* Москва́-река́)
моски́т, -а
моски́тный
москови́ты, -ов, *ед.* -и́т, -а (*ист.*)
Моско́вия, -и (*ист.*)
моско́вка, -и, *р. мн.* -вок (*синица*)
Моско́вская акаде́мия хореогра́фии
Моско́вская городска́я ду́ма
Моско́вская городска́я телефо́нная се́ть
Моско́вская желе́зная доро́га
Моско́вская кольцева́я автодоро́га
Моско́вская консервато́рия
Моско́вская межба́нковская валю́тная би́ржа
Моско́вская патриархи́я
Моско́вская Ру́сь
Моско́вская центра́льная фо́ндовая би́ржа
моско́вский (*от* Москва́)
Моско́вский вокза́л (*в Петербурге*)
Моско́вский де́тский музыка́льный теа́тр
Моско́вский Кре́мль
Моско́вский междунаро́дный кинофестива́ль
Мо́сковский междунаро́дный марафо́н ми́ра
Моско́вский уголо́вный ро́зыск (МУР)
Моско́вский университе́т
Моско́вское госуда́рство (*ист.*)
мосла́к, -а́
мосла́стый
мослачо́к, -чка́
мослы́, -о́в, *ед.* мосо́л, мосла́
моссове́товский (*от* Моссове́т)
мост, -а и -а́, *предл.* на мосту́, *мн.* -ы́, -о́в; но: Кузне́цкий Мо́ст (*улица*)
мо́стик, -а
мости́льный
мости́льщик, -а
мости́ть(ся), мощу́, мости́т(ся)

мости́шко, -а и -и, *мн.* -шки, -шек, *м.*
мости́ще, -а, *мн.* -а и -и, -и́щ, *м.*
мостки́, -о́в
мостова́я, -о́й
мостови́к, -а́
мостови́на, -ы
мостово́й
мостовосстанови́тельный
мостовщи́к, -а́
мосто́вщина, -ы (*ист.*)
мостовье́, -я́
мосто́к, -тка́
мостоотря́д, -а
мостопо́езд, -а, *мн.* -а́, -о́в
мостроре́ние, -я
мостострои́тель, -я
мостострои́тельный
мостоукла́дчик, -а
мосто́чек, -чка
Мосты́, -о́в (*город*)
мосфи́льмовский (*от* Мосфи́льм)
мосье́, месье́ и мсье, *нескл., м.*
мо́ська, -и, *р. мн.* мо́сек
Мосэне́рго, *нескл., с.*
мот, -а
мота́лка, -и, *р. мн.* -лок
мота́льный
мота́льня, -и, *р. мн.* -лен
мота́льщик, -а
мота́льщица, -ы, *тв.* -ей
мота́ние, -я
мо́танный; *кр. ф.* -ан, -ана, *прич.*
мо́таный, *прил.*
мота́ть(ся), -а́ю(сь), -а́ет(ся)
моте́ль, -я
моте́льный
моте́т, -а
моти́в, -а
мотива́ция, -и
мотиви́рование, -я
мотиви́рованно, *нареч.*
мотиви́рованность, -и
мотиви́рованный; *кр. ф. прич.* -ан, -ана; *кр. ф. прил.* (*содержа-*

щий убедительную мотивировку) -ан, -анна (ва́ши прете́нзии мотиви́рованны)

мотиви́ровать(ся), -рую, -рует(ся)

мотиро́вка, -и, *р. мн.* -вок

мотиро́вочный

моти́вный

моти́вчик, -а

мо́тка, -и, *р. мн.* мо́ток

мотну́ть(ся), -ну́(сь), -нёт(ся)

мотня́, -и́, *р. мн.* -не́й

мо́то... — *первая часть сложных слов, пишется слитно*

мотобло́к, -а

мотобо́л, -а

мотоболи́ст, -а

мотобо́льный

мотобо́т, -а

мотобу́р, -а

мотова́тый

мотовелого́нки, -нок

мотовелозаво́д, -а

мотовелосипе́д, -а

мотовелосипе́дный

мотовелоспо́рт, -а

мотови́ло, -а

мотови́льце, -а, *р. мн.* -лец

мото́вка, -и, *р. мн.* -вок

мотово́з, -а

мотово́зный

мотовско́й

мотовство́, -а́

мотого́нки, -нок

мотого́нщик, -а

мотого́нщица, -ы, *тв.* -ей

мотодельтапла́н, -а

мотодиви́зия, -и

мотодрези́на, -ы

мотодро́м, -а

мотоинструме́нт, -а

мото́к, мотка́

мотока́р, -а

мотокато́к, -тка́

мотоклу́б, -а

мотоколо́нна, -ы

мотоколя́ска, -и, *р. мн.* -сок

мотокомпре́ссор, -а

мотокро́сс, -а

мотокроссме́н, -а

мотокультива́тор, -а

мотоло́дка, -и, *р. мн.* -док

мотолюби́тель, -я

мотомане́вренный

мотомеханизи́рованный

мотона́рты, -на́рт

мотоотсе́к, -а

мотопатру́ль, -я́

мотопатру́льный

мотопехо́та, -ы

мотопехоти́нец, -нца, *тв.* -нцем, *р. мн.* -нцев

мотопехо́тный

мотопила́, -ы́, *мн.* -пи́лы, -пи́л

мотопо́езд, -а, *мн.* -а́, -о́в

мотопо́мпа, -ы

мотопробе́г, -а

мото́р, -а

мотора́лли, *нескл., с.*

моторваго́нный (моторваго́нные поезда́, соста́вы, се́кции)

моторесу́рс, -а

моториза́ция, -и

моторизо́ванный; *кр. ф.* -ан, -ана

моторизова́ть(ся), -зу́ю, -зу́ет(ся)

мото́рика, -и

мотори́кша, -и, *тв.* -ей, *м.*

мотори́ст, -а

мотори́стка, -и, *р. мн.* -ток

мото́рка, -и, *р. мн.* -рок

мото́р-колёсный

мото́р-колесо́, -а́, *мн.* -ёса, -ёс

мото́р-компре́ссор, -а

мото́р-насо́с, -а

мото́рно-па́русный

мото́рность, -и

мото́рный

мотороллер, -а

моторо́ллерный

мотороремо́нтный

моторосбо́рочный

мотпростpoéнне, -я

моторостpoи́тель, -я

моторостpoи́тельный

мото́р-реду́ктор, -а

мото́рчик, -а

мотоса́ни, -е́й

мотоснегоболотохо́д, -а

мотоспо́рт, -а

мотострелко́вый

мототури́зм, -а

мототури́ст, -а

мотоци́кл, -а

мотоцикле́т, -а

мотоцикле́тка, -и, *р. мн.* -ток

мотоцикле́тный

мотоцикли́ст, -а

мотоцикли́стка, -и, *р. мн.* -ток

моточа́с, -а, *мн.* -ы́, -о́в

моточа́сть, -и, *мн.* -и, -е́й

мото́чек, -чка

мото́чный

мотошле́м, -а

мо́тто, *нескл., с.*

моту́шка, -и, *р. мн.* -шек

моты́га, -и

моты́жение, -я

моты́жить(ся), -жу, -жит(ся)

моты́жный

мотылёк, -лька́

мотылёчек, -чка

моты́ль, -я́

мотылько́вый

моты́льница, -ы, *тв.* -ей

моура́ви, *нескл., м.*

мофе́ты, -ов, *ед.* мофе́т, -а

мох, мха, мо́ха и мо́ху, *предл.* во (на) мху и в (на) мо́хе, *мн.* мхи, мхов

Моха́ммед, -а и Муха́ммед, -а

мохе́р, -а

мохе́ровый

мохна́тевший (*от* мохна́теть)

мохна́тенький

мохна́теть, -ею, -еет (*становиться мохна́тым*)

мохна́тивший(ся) (*от* мохна́тить(ся))

мохна́тить, -а́чу, -а́тит (кого, что)
мохна́титься, -ится
мохна́тка, -и, р. мн. -ток (жук)
мохна́тость, -и
мохна́тый
мохна́тящий(ся)
мохна́ч, -а́, тв. -о́м
мохноно́гий
Мохова́я, -о́й (улица)
мохови́дный; кр. ф. -ден, -дна
мохови́к, -а́ (гриб)
мохови́на, -ы
мохови́нка, -и, р. мн. -нок
мохвичо́к, -чка́ (от мохови́к)
моховы́й (к мох)
мохообра́зный; кр. ф. -зен, -зна
мохз, нескл., мн. (группа племён)
Мо́царт, -а (также перен.: о том, кто достиг высшего мастерства в своём деле)
моцартиа́на, -ы
моцартиа́нский
мо́цартовский (от Мо́царт)
моцио́н, -а
моча́, -и́, тв. -о́й
моча́га, -и
мочажи́на, -ы
моча́жный
моча́листый
моча́лить(ся), -лю(сь), -лит(ся)
моча́лка, -и, р. мн. -лок
моча́ло, -а
моча́льный
мо́чащий
мо́чащийся
мочеви́на, -ы
мочеви́нный
мочеви́но-формальдеги́дный
мочево́й
мочевыделе́ние, -я
мочего́нный
мочеизнуре́ние, -я
мочеиспуска́ние, -я
мочеиспуска́тельный
мочека́менный
мочеки́слый

моче́ние, -я (действие)
мо́ченный; кр. ф. -ен, -ена, прич.
мочёный, прил.
мочéнье, -я (продукт)
мо́ченька, -и (к мочь²)
мочеобразова́ние, -я
мочеотделе́ние, -я
мочеотдели́тельный
мочеполово́й
мочеприёмник, -а
мочето́чник, -а
мо́чечный (от мо́чка)
мочи́ло, -а
мочи́льный
мочи́ть(ся), мочу́(сь), мо́чит(ся)
мо́чка, -и, р. мн. мо́чек
мочкова́тый
мочли́вый
мо́чушка, -и (к мочь²)
мочь¹, могу́, мо́жет, мо́гут; прош. мог, могла́
мочь², -и: во всю мо́чь, изо все́й мо́чи, что́ есть мо́чи, мо́чи не́т (не ста́ло)
мо́чься, мо́жется
моше́нник, -а
моше́нница, -ы, тв. -ей
моше́нничать, -аю, -ает
моше́ннически
моше́ннический
моше́нничество, -а
моше́нство, -а (прост. к моше́нничество)
мо́шка, -и, р. мн. мо́шек
мошка́, -и́ (собир.)
мошкара́, -ы́
мошкари́ный
мошна́, -ы́, р. мн. мошо́н
мошо́нка, -и, р. мн. -нок
мошо́ночный
моще́ние, -я
мощённый; кр. ф. -ён, -ена́, прич.
мощёный, прил.
мо́щи, -е́й
мощне́е, сравн. ст.
мощне́йший

мо́щность, -и
мо́щный; кр. ф. мо́щен, мощна́, мо́щно
мощь, -и
мо́ющий(ся)
мразь, -и
мрак, -а
мракобе́с, -а
мракобе́сие, -я
мракобе́ска, -и, р. мн. -сок
мракобе́сный
мра́мор, -а
мрамори́рование, -я
мрамори́рованный; кр. ф. -ан, -ана
мрамори́ровать(ся), -рую, -рует(ся)
мрамори́ровка, -и
мра́морно-бе́лый
мра́морно-грани́тный
мра́морный
мрамороабра́тывающий
мра́морщик, -а
мрачи́ть(ся), -чу́(сь), -чи́т(ся)
мрачне́е, сравн. ст.
мрачне́йший
мрачне́ть, -е́ю, -е́ет
мрачнова́тый
мра́чность, -и
мра́чный; кр. ф. -чен, -чна́, -чно, мра́чны́
мре́жа, -и, р. мн. -е́й и мреж
мреть, мре́ет
мстёрский (от Мстёра; мстёрская миниатю́ра)
мстёрцы, -ев, ед. -рец, -рца, тв. -рцем
Мстисла́в Удало́й
мсти́тель, -я
мсти́тельница, -ы, тв. -ей
мсти́тельность, -и
мсти́тельный; кр. ф. -лен, -льна
мстить, мщу, мстит
мсье, месье́ и мосье́, нескл., м.
МСЭ [эмсэ́], нескл., ж. (сокр.: медико-социа́льная эксперти́за)

мтава́ри, нескл., м.
мтило́н, -а
МТС [эмтэ́эс], нескл., ж. (сокр.: машинно-тракторная станция)
му¹, нескл., с. (земельная мера)
му², неизм.
муа́р, -а
муари́рованный; кр. ф. -ан, -ана
муари́ровать(ся), -и́рую, -и́рует(ся)
муа́ровый
муга́м, -а (жанр азербайджанской музыки)
мудре́е, сравн. ст.
мудре́йший
мудрене́е: у́тро ве́чера мудрене́е
мудрёнее, сравн. ст. (от мудрёный, мудрено́)
мудрено́, нареч.
мудрено́, в знач. сказ.
мудрёность, -и
мудрёный; кр. ф. -ён, -ёна
мудре́ть, -е́ю, -е́ет
мудре́ц, -а́, тв. -о́м, р. мн. -о́в
мудри́ла, -ы, м. и ж.
мудри́ть, -рю́, -ри́т
мудрова́ние, -я
мудрова́ть, -ру́ю, -ру́ет
му́дрость, -и
му́дрствование, -я
му́дрствовать, -твую, -твует
му́дрый; кр. ф. мудр, мудра́, му́дро, му́дры́; но: Яросла́в Му́дрый
муж, -а, тв. -ем, мн. мужи́, -е́й, -а́м (мужчины) и мужья́, муже́й, мужья́м (супруги)
муж́ание, -я
мужа́ть(ся), -а́ю(сь), -а́ет(ся)
мужело́жство, -а и мужело́жество, -а
муженёк, -нька́
мужененави́стница, -ы, тв. -ей
мужененави́стничество, -а
мужеподо́бный; кр. ф. -бен, -бна
му́жеский (устар. к мужской)
му́жественно, нареч.
му́жественность, -и
му́жественный; кр. ф. -вен и -венен, -венна
му́жество, -а; но: о́рден Му́жества
мужеуби́йство, -а
мужеуби́йца, -ы, тв. -ей
мужи́к, -а́
мужи́к-мужико́м
мужикова́тость, -и
мужикова́тый
мужико́вский
мужи́цкий
мужи́чий, -ья, -ье
мужичи́на, -ы, м. (от мужи́к)
мужичи́шка, -и, р. мн. -шек, м.
мужичи́ще, -а и -и, мн. -и, -и́щ, м.
мужи́чка, -и, р. мн. -чек
мужичо́к, -чка́
Мужичо́к с ноготоќ, Мужичка́ с ноготоќ (персонаж стихотворения) и мужичо́к с ноготоќ, мужичка́ с ноготоќ (о ребенке)
мужичо́нка, -и, р. мн. -нок, м.
мужичьё, -я́
мужла́н, -а
му́жний
му́жнин, -а, -о
мужо́ция, -и
мужско́й
мужчи́на, -ы, м.
мужчи́нища, -и и мужчи́нище, -а и -и, мн. -и, -ищ, м.
мужчи́нка, -и, р. мн. -нок, м.
мужчи́нский
му́за, -ы (мифол.; источник поэтического вдохновения)
музееве́д, -а
музееве́дение, -я
музееве́дческий
музеефика́ция, -и
музеефици́рованный; кр. ф. -ан, -ана
музеефици́ровать(ся), -рую, -рует(ся)
музе́й, -я
Музе́й городско́й скульпту́ры (в Петербурге)
музе́й-запове́дник, музе́я-запове́дника
Музе́й изобрази́тельных иску́сств и́мени А. С. Пу́шкина
Музе́й иску́сства наро́дов Восто́ка
музе́й-кварти́ра, музе́я-кварти́ры
Музе́й-кварти́ра Ф.М. Достое́вского
музе́йность, -и
музе́йный
музе́й-па́мятник, музе́я-па́мятника
музе́й-уса́дьба, музе́я-уса́дьбы
Музе́й-уса́дьба Л. Н. Толсто́го "Я́сная поля́на"
Музе́й ча́стных колле́кций (в Москве)
музе́йщик, -а
музе́йщица, -ы, тв. -ей
музици́рование, -я
музици́ровать, -рую, -рует
музучи́лище, -а
Музфо́нд, -а
музшко́ла, -ы
му́зыка, -и
музыка́льно-исполни́тельский
музыка́льно-литерату́рный
музыка́льно-образова́тельный
музыка́льно одарённый
музыка́льно-педагоги́ческий
музыка́льность, -и
музыка́льно-танцева́льный
музыка́льный; кр. ф. -лен, -льна
музыка́нт, -а
музыка́нтский
музыка́нтша, -и, тв. -ей
музыкове́д, -а
музыкове́дение, -я
музыкове́дческий
музыкозна́ние, -я
музыкотерапи́я, -и
му́зычка, -и

му́ка, -и
мука́, -и́
му́ка-му́ченская
му́ка-му́ченическая
муково́з, -а
мукое́д, -а
муко́иды, -ов, *ед.* -о́ид, -а
мукомо́л, -а
мукомо́льно-крупяно́й
мукомо́льный
мукомо́льня, -и, *р. мн.* -лен
мукополисахари́ды, -ов, *ед.* -ри́д, -а
мукопротеи́ды, -ов, *ед.* -еи́д, -а
мукормико́з, -а
муко́ровый (муко́ровые грибы́, дро́жжи)
мукосе́й, -я
муксу́н, -а́
муксу́ний, -ья, -ье
мукуза́ни, *нескл., с.*
мул, -а
мула́т, -а
мула́тка, -и, *р. мн.* -ток
мула́тский
мулёнок, -нка, *мн.* муля́та, -я́т
муле́та, -ы
мулине́, *нескл., с.*
мули́ный
мули́ха, -и
мули́ца, -ы, *тв.* -ей
мулла́, -ы́, *м.*
мулли́т, -а
му́льда, -ы
мульк, -а
му́льти... — *первая часть сложных слов, пишется слитно*
му́льти, *нескл., м. (мультфильм)*
мультивале́нты, -ов, *ед.* -ле́нт, -а
мультивалю́тный
мультивибра́тор, -а
мультивитами́ны, -ов
мультидисплле́ер, -а
мультизада́чный
му́льтик, -а
мультиме́диа, *нескл., мн.*

мультимедиапрогра́мма, -ы
мультимедиапроду́кт, -а
мультимеди́йный
мультимиллионе́р, -а
мультимно́жество, -а
мультинациона́льный
мультипла́та, -ы
мультипле́кс, -а
мультиплекси́рование, -я
мультипле́ксный
мультипле́ксор, -а
мультипле́тность, -и
мультипле́тный
мультипле́ты, -ов, *ед.* -пле́т, -а
мультиплика́тор, -а
мультипликацио́нный
мультиплика́ция, -и
мультипо́ль, -я
мультипо́льный
мультипрограмми́рование, -я
мультипрогра́ммный
мультипроце́ссор, -а
мультипроце́ссорный
му́льти-пу́льти, *нескл., м.*
мультирота́ция, -и
мультисисте́мный
мультиспи́сок, -ска
мультитранспью́терный
мультифункциона́льность, -и
мультифункциона́льный; *кр. ф.* -лен, -льна
мультицикло́н, -а
мультиэкра́н, -а
мультсериа́л, -а
мультсту́дия, -и
мультфи́льм, -а
мультя́шка, -и, *р. мн.* -шек
му́льча, -и, *тв.* -ей
мульчбума́га, -и
мульчи́рование, -я
мульчи́рованный; *кр. ф.* -ан, -ана
мульчи́ровать(ся), -рую, -рует(ся)
мулю́ра, -ы
муля́ж, -а и -а́, *тв.* -ем и -о́м

МУРАВЧАТЫЙ

муляжи́ст, -а
муля́жный
мумиё, -я́ и *нескл., с. (смола)*
мумифика́ция, -и
мумифици́рованный; *кр. ф.* -ан, -ана
мумифици́ровать(ся), -рую, -рует(ся)
му́мия, -и
му-му́, *неизм.*
Муму́, *нескл., ж. (кличка, лит. персонаж)*
му́нго, *нескл., м. (животное)*
му́нгу, *нескл., ж. и с. (монета)*
му́нда, *неизм. и нескл., мн. (языки) и нескл., мн., ед. м. и ж. (группа народов)*
мунди́р, -а
мунди́рный
мунди́рчик, -а
мундшту́к, -а́
мундшту́чить, -чу, -чит
мундшту́чный
мундшту́чо́к, -чка́
муниципа́л, -а
муниципализа́ция, -и
муниципализи́рованный; *кр. ф.* -ан, -ана
муниципализи́ровать(ся), -рую, -рует(ся)
муниципалите́т, -а
муниципа́льный
муници́пий, -я и муници́пия, -и
мунц-мета́лл, -а
мура́, -ы́
мурава́, -ы́
мураве́й, -вья́
мураве́йник, -а
мура́вить(ся), -влю, -вит(ся)
мура́вка, -и
мура́вление, -я
мура́вленный; *кр. ф.* -ен, -ена, *прич.*
мура́вленый, *прил.*
мура́вушка, -и
мура́вчатый

Муравьёв-Аму́рский, Муравьёва-Аму́рского
Муравьёв-Апо́стол, Муравьёва-Апо́стола
Муравьёв-ве́шатель, Муравьёва-ве́шателя
Муравьёв-Ка́рский, Муравьёва-Ка́рского
муравье́д, -а
муравьело́вка, -и, *р. мн.* -вок
муравьи́ный
муравьи́шка, -и, *р. мн.* -шек, *м.*
мурамида́за, -ы
мура́ш, -а́, *тв.* -о́м
мураше́ед, -а
мура́шка, -и, *р. мн.* -шек (*муравей*)
мура́шки, -шек (*озноб, дрожь*)
муре́на, -ы (*рыба*)
муре́ция, -и
мурза́, -ы́, *м.*; к предшествующему собственному имени присоединяется через дефис, напр.: Девле́т-мурза́, Кара́ч-мурза́
Мурзи́лка, -и, *м.*
му́рка, -и, *р. мн.* му́рок (*о кошке*) и Му́рка, -и (*кличка; имя*)
мурла́стый
мурло́, -а́
мурлы́ка, -и, *м. и ж.*; но: Ко́т Мурлы́ка (*сказочный персонаж*)
мурлы́канье, -я
мурлы́кать, -ы́чу, -ы́чет и -аю, -ает
мурлы́кающий и мурлы́чущий
мурмани́т, -а
му́рманский (*от* Му́рманск и Му́рман)
му́рманцы, -ев, *ед.* -нец, -нца, *тв.* -нцем
мурманча́не, -а́н, *ед.* -а́нин, -а (*от* Му́рманск)
мурманча́нка, -и, *р. мн.* -нок
му́рмолка, -и, *р. мн.* -лок
мур-му́р, *неизм.*
муро́ванный; *кр. ф.* -ан, -ана
мурова́ть(ся), муру́ю, муру́ет(ся)

му́ровец, -вца, *тв.* -вцем, *р. мн.* -вцев (*от* МУР)
му́ровский (*от* МУР)
муро́вый (*от* мура́)
му́рома, -ы (*племя*)
му́ромский (*от* Му́ром)
му́ромцы, -ев, *ед.* му́ромец, -мца, *тв.* -мцем; но: Илья́ Му́ромец
муромча́не, -а́н, *ед.* -а́нин, -а
муромча́нка, -и, *р. мн.* -нок
муру́гий
мурча́нье, -я
мурча́ть, -чу́, -чи́т
муры́жить(ся), -жу(сь), -жит(ся)
мурья́, -и́
Мусава́т, -а
мусавати́ст, -а
мусавати́стский
Мусаге́т, -а (*также:* Аполло́н Мусаге́т)
мусейо́н, -а: Александри́йский мусейо́н
му́синг, -а
му́син-пу́шкинский (*от* Му́син-Пу́шкин)
муси́ческий (муси́ческое воспита́ние)
мускарди́на, -ы
мускари́н, -а
муска́т, -а
мускате́ль, -я
муска́тник, -а
муска́тница, -ы, *тв.* -ей
муска́тный
мускови́т, -а
мускулату́ра, -ы
му́скули́стость, -и
му́скули́стый
мускулолёт, -а
му́скулы, -ов, *ед.* му́скул, -а
му́скульный
му́скус, -а
му́скусный
му́сленный; *кр. ф.* -ен, -ена, *прич.*
му́сленый, *прил.*
мусли́н, -а

мусли́новый
му́слить(ся), -лю(сь), -лит(ся)
му́слящий(ся)
мусо́ленный; *кр. ф.* -ен, -ена, *прич.*
мусо́леный, *прил.*
мусо́лить(ся), -лю(сь), -лит(ся)
мусо́лящий(ся)
му́сор, -а
му́сорить, -рю, -рит
му́сорник, -а
му́сорница, -ы, *тв.* -ей
му́сорный
мусорово́з, -а
мусорово́зка, -и, *р. мн.* -зок
мусородроби́лка, -и, *р. мн.* -лок
мусоперераба́тывающий
мусоропрессо́вочный
мусороприёмный
мусоропрово́д, -а
мусоропрово́дный
мусоросбо́рник, -а
мусоросбо́рщик, -а (*машина*)
мусоросбро́с, -а
мусоросжига́ние, -я
мусоросжига́тель, -я
мусоросжига́тельный
мусороубо́рочный
мусороудале́ние, -я
му́сорщик, -а
му́сорящий
мусс, -а
мусси́рование, -я
мусси́рованный; *кр. ф.* -ан, -ана
мусси́ровать(ся), -рую, -рует(ся)
муссолини́евский (*от* Муссоли́ни)
муссо́н, -а
муссо́нный
муста́нг, -а
муста́нгер, -а
мусульма́нин, -а, *мн.* -а́не, -а́н
мусульма́нка, -и, *р. мн.* -нок
мусульма́но-хорва́тский
мусульма́нский
мусульма́нство, -а

мутаге́н, -а
мутагене́з, -а
мутаге́нность, -и
мутаге́нный; *кр. ф.* -е́нен, -е́нна
мута́зы, -а́з, *ед.* -а́за, -ы
мута́нт, -а
мута́нтный
мутарота́ция, -и
мутациони́зм, -а
мутацио́нный
мута́ция, -и
мути́зм, -а
мути́ровать, -рует
мути́ть(ся), мучу́, мути́т(ся) и (*о беспокойстве, тошноте, дурноте, помрачении сознания*) мути́т(ся)
мутне́ть, -е́ет
мутни́к, -а́
му́тно-бе́лый
мутнова́тость, -и
мутнова́тый
му́тно-се́рый
му́тность, -и
му́тный; *кр. ф.* му́тен, мутна́, му́тно, му́тны́
муто́вка, -и, *р. мн.* -вок
муто́вчатый
муто́н, -а
муто́новый
му́торность, -и
му́торный; *кр. ф.* -рен, -рна
мутота́, -ы́
мутуали́зм, -а
мутузи́ть, -у́жу, -у́зит
мутузя́щий
му́тул, -а
муть, -и
мутьево́й
му́фель, -я
му́фельный
му́фельщик, -а
муфло́н, -а
му́фта, -ы
му́фтий, -я
муфтия́т, -а

му́фтовый
муфтонарезно́й
му́фточка, -и, *р. мн.* -чек
му́ха, -и
мухаджи́ры, -ов, *ед.* -жи́р, -а
мухамба́зи, *нескл., мн. и неизм.* (*лит.*)
муха́ммас, *нескл., мн. и неизм.* (*лит.*)
Муха́ммед, -а и Моха́ммед, -а
му́ха-пчелови́дка, му́хи-пчелови́дки
мухарра́м, -а
муха́фаза, -ы
Му́ха-цокоту́ха, Му́хи-цокоту́хи (*сказочный персонаж*)
муха́ч, -а́, *тв.* -о́м
мухлева́ние, -я
мухлева́ть, -лю́ю, -лю́ет
мухлёвка, -и
мухлёж, -ежа́, *тв.* -о́м
мухобо́йка, -и, *р. мн.* -о́ек
мухоло́в, -а
мухоло́вка, -и, *р. мн.* -вок
мухомо́р, -а
мухо́ртый
мухота́, -ы́
мухоя́р, -а
мухоя́ровый
муци́ны, -ов, *ед.* муци́н, -а
му́чаемый и му́чимый
му́ча(сь) и му́чая(сь), *деепр.* (*от* му́чить(ся))
му́чащий(ся) и му́чающий(ся) (*от* му́чить(ся))
муче́ние, -я
му́ченик, -а
му́ченица, -ы, *тв.* -ей
му́ченически
му́ченический
му́ченичество, -а
му́ченный; *кр. ф.* -ен, -ена, *прич.*
му́ченый, *прил.*
му́чивший(ся)
му́чимый и му́чаемый; му́чимый жа́ждой

мучи́тель, -я
мучи́тельница, -ы, *тв.* -ей
мучи́тельность, -и
мучи́тельный; *кр. ф.* -лен, -льна
мучи́тельский
мучи́тельство, -а
му́чить(ся), му́чу(сь), му́чит(ся) и му́чаю(сь), му́чает(ся); *прош.* му́чил(ся), -ила(сь)
мучи́ца, -ы, *тв.* -ей
му́чка, -и
мучни́к, -а́
мучни́сто-росяно́й
мучни́стость, -и
мучни́стый
мучно́й
муши́ный
му́шка, -и, *р. мн.* му́шек
му́шкель, -я
мушке́т, -а
мушкетёр, -а
мушкетёрский
мушке́тный
мушкето́н, -а
мушло́вка, -и, *р. мн.* -вок
мушмула́, -ы́
мушта́бель, -я
муштра́, -ы́
муштро́ванный; *кр. ф.* -ан, -ана
муштрова́ть(ся), -ру́ю(сь), -ру́ет(ся)
муштро́вка, -и
муэдзи́н, -а
мха́товец, -вца, *тв.* -вцем, *р. мн.* -вцев
мха́товский (*от* МХАТ)
мце́нский (*от* Мценск)
мценя́не, -я́н, *ед.* -я́нин, -а (*от* Мценск)
мцхе́тский (*от* Мцхе́та)
мцы́ри, *нескл., м.* (*послушник монастыря*) и Мцы́ри, *нескл., м.* (*лит. персонаж*)
мча́ть(ся), мчу(сь), мчи́т(ся)
мша́ник, -а
мша́нка, -и, *р. мн.* -нок

МШАНЫЙ

мша́ный
мша́ра, -ы
мши́стость, -и
мши́стый
мши́ть(ся), мшу, мши́т(ся)
мще́ние, -я
мы, нас, нам, на́ми, о на́с
мы́за, -ы
мы́згать, -аю, -ает
мы́зник, -а
мы́зный
мы́канный; кр. ф. -ан, -ана, прич.
мы́канье, -я
мы́кать(ся), -аю(сь), -ает(ся)
мы́кнуть, -ну, -нет
мы́ленный; кр. ф. -ен, -ена
мы́лить(ся), мы́лю(сь), мы́лит(ся)
мы́лкий; кр. ф. мы́лок, мылка́, мы́лко
мы́лкость, -и
мы́ло, -а, мн. мыла́, мыл, мыла́м
мылова́р, -а
мылова́рение, -я
мылова́ренный
мылова́рня, -и, р. мн. -рен
мылона́фт, -а
мылообра́зный; кр. ф. -зен, -зна
мы́льница, -ы, тв. -ей
мы́льно-щелочно́й
мы́льный; кр. ф. мы́лен, мы́льна
мы́льня, -и, р. мн. мы́лен
мыльня́нка, -и, р. мн. -нок
мы́льце, -а, р. мн. мы́лец
мы́льче, сравн. ст.
мы́лящий(ся)
мы́мра, -ы
мыс, -а, предл. на мысу́ и на мы́се, мн. -ы, -ов и -ы́, -о́в; но (в названиях населенных пунктов, государств) Мыс, -а, предл. на Мы́се, напр.: Мы́с Шми́дта (поселок), Острова́ Зелёного Мы́са (государство)
мы́с До́брой Наде́жды
мы́с Жела́ния
мы́сик, -а

мы́сленно, нареч.
мы́сленный
мысле́те, нескл., с. (название буквы)
мысли́мый
мысли́тель, -я
мысли́тельный
мы́слить(ся), -лю, -лит(ся)
мысли́шка, -и, р. мн. -шек
мы́слию: растека́ться мы́слию по дре́ву
мысль, -и
мы́слящий(ся)
мысо́к, мыска́, предл. на мыску́ и на мыске́
мыт, -а (болезнь; то же, что мыто)
мыта́рить(ся), -рю(сь), -рит(ся)
мыта́рство, -а
мыта́рствовать, -твую, -твует
мы́тарь, -я
мыта́рящий(ся)
мыти́щинский (от Мыти́щи)
мыти́щинцы, -ев, ед. -нец, -нца, тв. -нцем
мы́тник, -а
мы́тный
мы́то, -а (налог, пошлина)
мы́то-перемы́то
мы́тый
мы́тый-перемы́тый
мыть, мо́ю, мо́ет
мытьё, -я́
мы́ться, мо́юсь, мо́ется
мыча́ние, -я
мыча́ть, мычу́, мычи́т
мыша́нка, -и, р. мн. -нок
мыша́стый
мыша́тник, -а
мышеви́дка, -и, р. мн. -док
мышеви́дный; кр. ф. -ден, -дна
мыше́й, -я (растение)
мышело́вка, -и, р. мн. -вок
мышеобра́зный; кр. ф. -зен, -зна
мышехво́стник, -а
мы́шечный

мы́ший, -ья, -ье
мыши́ный
мы́шка¹, -и, р. мн. мы́шек (мышь)
мы́шка²: под мы́шкой, под мы́шками, под мы́шку, под мы́шки, из-под мы́шки, из-под мы́шек
мы́шка-нору́шка, мы́шки-нору́шки
мышкова́ние, -я
мышкова́ть, -ку́ет
мышле́ние, -я
мышо́вка, -и, р. мн. -вок
мышо́нок, -нка, мн. мыша́та, -а́т
мы́шцы, мышц, ед. мы́шца, -ы, тв. -ей
мы́шцы-антагони́сты, мы́шц-антагони́стов
мышь, -и, мн. -и, -е́й; но: го́д Мы́ши (по восточному календарю), Мы́шь, -и (о том, кто родился в этот год)
мышья́к, -а́
мышьякови́стоки́слый
мышьякови́стый
мышьяковоки́слый
мышьяко́вый
мышьякоргани́ческий
мышья́чный
мы́щелка, -и, р. мн. -лок и мы́щелок, -лка, р. мн. -лков
мэла́н, -а
мэла́новый
мэм (обращение)
мэнэ́эс, -а (сокр.: младший научный сотрудник, прост.)
мэнэ́эсовский
мэоти́ческий (геол.)
мэр, -а
мэриле́ндский (от Мэ́риленд)
мэ́рия, -и
мэро́н, -а
мэро́новый
мэ́рский
мэ́рство, -а
мэтр, -а (учитель, наставник)

мю, *нескл., с.* (название буквы)
мюзе́т, -а
мю́зикл, -а
мю́зик-хо́лл, -а
мю́зик-хо́лльный
мюи́д, -а
мюленбе́ргия, -и
мю́ллеров, -а, -о (*от* Мюллер): мю́ллеров кана́л, мю́ллеровы воло́кна
мю́ллеровский (*от* Мюллер; мю́ллеровская личи́нка)
мюль-маши́на, -ы
мю́льный
мю-мезо́н, -а
мю́нстерский (*от* Мюнстер)
мю́нстерцы, -ев, *ед.* -рец, -рца, *тв.* -рцем
Мюнха́узен, -а
Мю́нхен, -а
мю́нхенский (*от* Мюнхен)
мю́нхенцы, -ев, *ед.* -нец, -нца, *тв.* -нцем
мюо́н, -а
мюо́ний, -я
мюри́д, -а
мюриди́зм, -а
мю́сли, *нескл., с.*
мютюэли́зм, -а
мютюэли́ст, -а
мя́генький и мя́гонький
мя́гкий; *кр. ф.* мя́гок, мягка́, мя́гко, мя́гки́
мягкова́тый
мягковоло́сник, -а
мягкоко́жий
мя́гко оче́рченный
мягкопло́дник, -а
мягкосерде́чие, -я
мягкосерде́чность, -и
мягкосерде́чный; *кр. ф.* -чен, -чна
мягкосе́рдный; *кр. ф.* -ден, -дна и мягкосе́рдый
мя́гкость, -и
мягкоте́лка, -и, *р. мн.* -лок (*жук*)
мягкоте́лость, -и
мягкоте́лый
мягкохво́стник, -а
мягкошёрстный и мягкошёрстый
мя́гонький и мя́генький
мягча́йший
мя́гче, *сравн. ст.*
мягче́ние, -я
мягче́ть, -ею, -еет
мягчи́тель, -я
мягчи́тельный
мягчи́ть(ся), -чу́, -чи́т(ся)
мя́кенький и мя́конький
мяки́на, -ы
мяки́нник, -а
мяки́нный
мя́киш, -а, *тв.* -ем
мя́кнувший
мя́кнуть, -ну, -нет; *прош.* мя́кнул и мяк, мя́кла
мя́конький и мя́кенький
мя́котный
мя́коть, -и
мя́лка, -и, *р. мн.* мя́лок
мя́льно-трепа́льный
мя́льный
мя́льня, -и, *р. мн.* -лен
мя́льщик, -а
мя́мленье, -я
мя́млить, -лю, -лит
мя́мля, -и, *р. мн.* -лей, *м. и ж.*
мя́млящий
мяси́стость, -и
мяси́стый
мяско́, -а́
мясни́к, -а́
Мясни́цкая, -ой (*улица*)
мясни́цкий
мясно́й
мя́сность, -и
мя́со, -а
мясое́д, -а
мясоеде́ние, -я
мясозаготови́тельный
мясозагото́вки, -вок
мясокомбина́т, -а
мясоконсе́рвный
мясоко́стный
мясомоло́чный
мясоперераба́тывающий
мясопоста́вки, -вок
мясопроду́кты, -ов, *ед.* -ду́кт, -а
мясопромы́шленный
мясопу́ст, -а
мясопу́стный
мясопу́стье, -я
мясорасти́тельный
мясоре́зка, -и, *р. мн.* -зок
мясору́бка, -и, *р. мн.* -бок
мясоры́бный
мясоса́льный
мясосовхо́з, -а
мясохладобо́йня, -и, *р. мн.* -бен
мясошёрстный
мясошку́рковый
мясояи́чный
мясоя́стие, -я
мясти́сь, мяту́сь, мятётся (*быть в смятении*)
мясцо́, -а́
мя́та, -ы
мяте́ж, -а́, *тв.* -о́м
мяте́жник, -а
мяте́жнический
мяте́жность, -и
мяте́жный; *кр. ф.* -жен, -жна
мя́тлик, -а
мя́тный
мяту́щийся
мя́тый
мять, мну, мнёт
мятьё, -я́
мя́ться, мнусь, мнётся
мяу́канье, -я
мяу́кать, -аю, -ает
мяу́кающий
мя́у-мя́у, *неизм.*
мяу́чащий
мяу́чить, -чу, -чит
мяч, -а́, *тв.* -о́м
мя́чик, -а
мя́чковский ка́мень

Н

на, *предлог и частица*
на абордаж
на авось
на арапа
набавить, -влю, -вит
набавка, -и, *р. мн.* -вок
набавленный; *кр. ф.* -ен, -ена
набавля́ть(ся), -я́ю, -я́ет(ся)
наба́гренный; *кр. ф.* -ен, -ена
наба́гривать(ся), -аю, -ает(ся)
наба́грить, -рю, -рит
набалагу́рить(ся), -рю(сь), -рит(ся)
набаламу́тить, -у́чу, -у́тит
набалда́шник, -а
набало́ванность, -и
набало́ванный; *кр. ф.* -ан, -ана
набалова́ть(ся), -лу́ю(сь), -лу́ет(ся)
наба́лтывать(ся), -аю, -ает(ся)
набальзами́рованный; *кр. ф.* -ан, -ана
набальзами́ровать(ся), -рую, -рует(ся)
наба́т, -а
наба́тный
набатра́чить(ся), -чу(сь), -чит(ся)
набахва́литься, -люсь, -лится
набе́г, -а
набега́ние, -я
набе́ганный; *кр. ф.* -ан, -ана
набега́ть, -а́ю, -а́ет, *несов.* (*к* набежа́ть)
набе́гать(ся), -аю(сь), -ает(ся), *сов.* (*от* бе́гать)

набе́гом, *нареч.*
на бегу́
набедова́ть(ся), -ду́ю(сь), -ду́ет(ся)
набедоку́рить, -рю, -рит
набе́дренник, -а
набе́дренный
набе́дствоваться, -твуюсь, -твуется
на беду́
набежа́ть, -егу́, -ежи́т, -егу́т
набезобра́зить, -а́жу, -а́зит
набезобра́зничать, -аю, -ает
набекре́нь
набелённый; *кр. ф.* -ён, -ена́
набели́ть(ся), -елю́(сь), -е́ли́т(ся)
на́бело
на́бережная, -ой
набережночелни́нский (*от* На́бережные Челны́)
На́бережные Челны́ (*город*)
набесе́доваться, -дуюсь, -дуется
набива́ние, -я
набива́ть(ся), -а́ю(сь), -а́ет(ся)
наби́вка, -и
набивно́й
наби́вочный
набира́ние, -я
набира́ть(ся), -а́ю(сь), -а́ет(ся)
на бис (исполня́ть)
наби́тый
наби́ть(ся), набью́(сь), набьёт(ся)
на́бла, -ы
на́бла-опера́тор, -а
наблёвано, *в знач. сказ.*

наблева́ть, -люю́, -люёт
наблуди́ть, -ужу́, -у́дит
наблюда́тель, -я
наблюда́тельница, -ы, *тв.* -ей
наблюда́тельность, -и
наблюда́тельный; *кр. ф.* -лен, -льна
наблюда́тельский
наблюда́ть(ся), -а́ю(сь), -а́ет(ся)
наблюде́ние, -я
наблюдённый; *кр. ф.* -ён, -ена́
наблю́дший
наблюсти́, -люду́, -людёт; *прош.* -лю́л, -люла́
набо́б, -а
на боба́х (оста́ться)
набо́ечный
на́божность, -и
на́божный; *кр. ф.* -жен, -жна
набо́йка, -и, *р. мн.* -о́ек
набо́йный
набо́йчатый
набо́йщик, -а
набо́йщица, -ы, *тв.* -ей
на́бок, *нареч.* (склони́л го́лову на́бок), *но сущ.* на́ бок (лёг на́ бок)
набокове́д, -а (*от* Набо́ков)
набо́ковский (*от* Набо́ков)
на боковую
на боку́
наболе́вший
наболе́ть, -ли́т
набо́лтанный; *кр. ф.* -ан, -ана
наболта́ть(ся), -а́ю(сь), -а́ет(ся)
на́больший

набо́р, -а
набормота́ть, -мочу́, -мо́чет
набо́рно-лите́йный
набо́рно-печа́тающий
набо́рно-пи́шущий
набо́рный
наборони́ть, -ню́, -ни́т
наборо́нованный; *кр. ф.* -ан, -ана
наборонова́ть, -ную, -нует
наборо́ться, наборю́сь, -о́рется
набо́ртный
набо́рщик, -а
набо́рщица, -ы, *тв.* -ей
набо́рщицкий
на бо́су но́гу
на бочо́к (ле́чь, поверну́ться)
набрако́ванный; *кр. ф.* -ан, -ана
набракова́ть, -ку́ю, -ку́ет
набрако́вывать(ся), -аю, -ает(ся)
набрани́ться, -ню́сь, -ни́тся
на́бранный; *кр. ф.* -ан, -ана
набра́сывание, -я
набра́сывать(ся), -аю(сь), -ает(ся)
набра́ть(ся), наберу́(сь), наберётся(ся); *прош.* -а́л(ся), -ала́(сь), -а́ло, -а́лось
набреда́ть, -а́ю, -а́ет
набре́дший
на брезгу́
набрести́, -еду́, -едёт; *прош.* -ёл, -ела́
набреха́ть(ся), -ешу́(сь), -е́шет(ся)
набродиться, -ожу́сь, -о́дится
набронзиро́ванный; *кр. ф.* -ан, -ана
набронзирова́ть, -ру́ю, -ру́ет
набронзиро́вывать(ся), -аю, -ает(ся)
набро́с, -а
набро́санный; *кр. ф.* -ан, -ана
наброса́ть, -а́ю, -а́ет
набро́сить(ся), -о́шу(сь), -о́сит(ся)
набро́ска, -и
набросно́й и набро́сный
набро́сок, -ска

набро́шенный; *кр. ф.* -ен, -ена
на брудерша́фт (пи́ть)
набры́зганный; *кр. ф.* -ан, -ана
набры́згать(ся), -аю(сь), -ает(ся)
набры́згивать(ся), -аю, -ает(ся)
набрюзжа́ть(ся), -зжу́(сь), -зжи́т(ся)
набрю́шник, -а
набрю́шный
набря́клый
набря́кнуть, -нет; *прош.* -я́к, -я́кла
набря́кший
набузи́ть, -и́т
набунтова́ться, -ту́юсь, -ту́ется
набура́вить, -влю, -вит
набура́вленный; *кр. ф.* -ен, -ена
набура́вливать, -аю, -ает
набурённый; *кр. ф.* -ён, -ена́
набу́ривать, -аю, -ает
набури́ть, -рю́, -ри́т
набуро́вить, -влю, -вит
набути́ть, -учу́, -ути́т
набуха́ние, -я
набуха́ние-усу́шка, набуха́ния-усу́шки
набу́хать, -аю, -ает, *сов.* (*от* бу́хать)
набуха́ть, -а́ет, *несов.* (*к* набу́хнуть)
набу́хлость, -и
набу́хлый
набу́хнуть, -нет; *прош.* -у́х, -у́хла
набу́хший
набу́ченный; *кр. ф.* -ен, -ена
набу́чивание, -я
набу́чивать, -аю, -ает
набушева́ть(ся), -шу́ю(сь), -шу́ет(ся)
набуя́нить(ся), -ню(сь), -нит(ся)
набы́чить(ся), -чу(сь), -чит(ся)
нава́га, -и
наважде́ние, -я
нава́жий, -ья, -ье
нава́ксить, -кшу, -ксит
нава́кшенный; *кр. ф.* -ен, -ена
нава́л, -а

нава́ленный; *кр. ф.* -ен, -ена (*от* навали́ть)
нава́ливание, -я
нава́ливать(ся), -аю(сь), -ает(ся)
навали́ть(ся), -алю́(сь), -а́лит(ся)
нава́лка, -и
нава́лом, *нареч.*
навалоотбо́йка, -и
навалоотбо́йщик, -а
нава́лочник, -а
нава́лочный
нава́льный
нава́льщик, -а
навалянный; *кр. ф.* -ян, -яна (*от* наваля́ть)
наваля́ть(ся), -я́ю(сь), -я́ет(ся)
нава́р, -а
нава́ренный; *кр. ф.* -ен, -ена
нава́ривание, -я
нава́ривать(ся), -аю, -ает(ся)
нава́ристый
навари́ть, -арю́, -а́рит
нава́рка, -и, *р. мн.* -рок
наварно́й (*приваренный*)
нава́рный (*наваристый*)
нава́ррка, -и, *р. мн.* -ррок
нава́ррский (*от* Нава́рра); но: Ге́нрих Нава́ррский, Маргари́та Нава́ррская
нава́ррцы, -ев, *ед.* -ррец, -ррца, *тв.* -ррцем
нава́рх, -а
нава́стривать(ся), -аю(сь), -ает(ся)
нава́ха, -и (*нож*)
нава́хи, -ов, *ед.* -а́х, -а (*народ*)
нава́щивание, -я
нава́щивать(ся), -аю, -ает(ся)
навева́ние, -я
навева́ть(ся), -а́ю, -а́ет(ся) (*к* ве́ять)
наве́дать(ся), -аю(сь), -ает(ся)
наведе́ние, -я
наведённый; *кр. ф.* -ён, -ена́
наве́дший
наве́дывать(ся), -аю(сь), -ает(ся)

навезённый; *кр. ф.* -ён, -ена́
навезти́, -зу́, -зёт; *прош.* -ёз, -езла́
навёзший
наве́ивание, -я
наве́ивать(ся), -аю, -ает(ся)
наве́к, *нареч.*
на века́
наве́ки, *нареч.* (*навек, навсегда*)
на ве́ки веко́в
на ве́ки ве́чные
навербо́ванный; *кр. ф.* -ан, -ана
навербова́ть, -бу́ю, -бу́ет
навербо́вывать(ся), -аю, -ает(ся)
наве́рно и наве́рное
на ве́рность (присяга́ть)
навёрнутый
наверну́ть(ся), -ну́, -нёт(ся)
наверняка́
навёрстанный; *кр. ф.* -ан, -ана
наверста́ть, -а́ю, -а́ет
навёрстывание, -я
навёрстывать(ся), -аю, -ает(ся)
наверте́ть(ся), -ерчу́(сь), -е́ртит(ся)
наве́ртка, -и
навёртывание, -я
навёртывать(ся), -аю, -ает(ся)
на ве́ру (бра́ть, принима́ть)
наве́рх, *нареч.* (подня́ться наве́рх), но *сущ.* на ве́рх (верх – "подъемный навес, крыша": взобра́ться на ве́рх повозки)
наверху́, *нареч. и предлог* (сиде́ть наверху́; гнездо́ наверху́ е́ли), но *сущ.* на верху́ (*на плоской поверхности подъемного навеса, крыши*); бы́ть на верху́ блаже́нства
наве́рченный; *кр. ф.* -ен, -ена
наве́рчивание, -я
наве́рчивать(ся), -аю, -ает(ся)
наве́ршие, -я
наве́с, -а
на ве́с (продава́ть)
навеселе́
навесели́ться, -лю́сь, -ли́тся

наве́систый
наве́сить, -е́шу, -е́сит
наве́ска, -и, *р. мн.* -сок
навесно́й (к наве́сить)
наве́сный (к наве́с "крыша, выступ"; то же, что навесной)
навести́, -еду́, -едёт; *прош.* -ёл, -ела́
навести́ть, -ещу́, -ести́т
на весу́
наве́т, -а
на ве́тер (броса́ть)
Наве́тренные острова́ (*геогр.*)
наве́тренный
на ветру́
наве́тчик, -а
наве́тчица, -ы, *тв.* -ей
наве́черие, -я
наве́чно
наве́шанный; *кр. ф.* -ан, -ана (*от* наве́шать)
наве́шать, -аю, -ает
наве́шенный; *кр. ф.* -ен, -ена (*от* наве́сить)
наве́шивание, -я
наве́шивать(ся), -аю, -ает(ся)
навеща́ть(ся), -а́ю(сь), -а́ет(ся)
навещённый; *кр. ф.* -ён, -ена́
наве́янный; *кр. ф.* -ян, -яна
наве́ять, -е́ю, -е́ет
на взво́де
на взгля́д
на́взничь
навзры́д
навива́льный
навива́ние, -я
навива́ть(ся), -а́ю, -а́ет(ся) (к вить)
навивка, -и
навивной
навига́тор, -а
навигацио́нный
навига́ция, -и
Навига́цкая шко́ла (*ист.*)
навига́цкий (*устар.* к навигацио́нный)
на ви́д (ста́вить; *с виду*)

навида́ться, -а́юсь, -а́ется
нави́деться, -и́жусь, -и́дится
на виду́
навизжа́ться, -зжу́сь, -зжи́тся
на́вий, -ья, -ье (к навь)
нави́льник, -а
навинти́ть(ся), -инчу́, -инти́т(ся)
нави́нченный; *кр. ф.* -ен, -ена
нави́нчивание, -я
нави́нчивать(ся), -аю, -ает(ся)
навира́ть(ся), -а́ю(сь), -а́ет(ся)
на́вис, -а (*хвост и грива у лошади*)
ависа́ние, -я
нависа́ть, -а́ет
нави́слый
нави́снуть, -нет; *прош.* -и́с, -и́сла
нави́сший
на́вись, -и (*то, что нависло*)
нави́тый; *кр. ф.* -и́т, -ита́, -и́то
нави́ть(ся), навью́, навьёт(ся); *прош.* -и́л(ся), -ила́(сь), -и́ло(сь)
навка́лывать(ся), -аю(сь), -ает(ся)
навкра́р, -а
навкра́рия, -и
на вку́с
навла́ствовать(ся), -твую(сь), -твует(ся)
навлека́ть(ся), -а́ю, -а́ет(ся)
навлёкший
навлечённый; *кр. ф.* -ён, -ена́
навле́чь, -еку́, -ечёт, -еку́т; *прош.* -ёк, -екла́
наво́все, *нареч.*
наводи́ть(ся), -ожу́, -о́дит(ся)
наво́дка, -и, *р. мн.* -док
наводне́ние, -я
наводнённый; *кр. ф.* -ён, -ена́
наводни́ть(ся), -ню́, -ни́т(ся)
наводно́й
наводня́емость, -и
наводня́ть(ся), -я́ю, -я́ет(ся)
наво́дчик, -а
наво́дчица, -ы, *тв.* -ей
наводя́щий(ся)
навоёванный; *кр. ф.* -ан, -ана

навоева́ть(ся), навою́ю(сь), на-
    вою́ет(ся)
наво́женный; *кр. ф.* -ен, -ена
наво́з, -а и -у
на возду́сях
наво́зец, -зца и -зцу, *тв.* -зцем
наво́зить(ся), -о́жу, -о́зит(ся), *не-
    сов.* (от наво́з)
навози́ть(ся), -ожу́(сь), -о́зит(ся),
    сов. (от вози́ть(ся)
наво́зка, -и
наво́зник, -а
наво́зница, -ы, *тв.* -ей
навозно́й (к навози́ть)
наво́зный (к наво́з)
навозопогру́зчик, -а
навозоразбра́сыватель, -я
навозоубо́рочный
навозохрани́лище, -а
на во́зрасте
наво́зящий(ся) (от наво́зить(ся)
навозя́щий(ся) (от навози́ть(ся)
наво́й, -я
наво́йный
навола́кивать(ся), -аю, -ает(ся)
наволнова́ться, -ну́юсь, -ну́ется
на́волок, -а (*луг; туча*)
на́волока, -и (*наволочка*)
наволо́кший
на́ волос и на во́лос (*то же, что
    ни на́ волос и на волосо́к (от...*)
на волоске́ (*от чего-н.; висе́ть*)
на волосо́к (*от чего-н.*)
наволо́ченный; *кр. ф.* -ен, -ена
    (от наволочи́ть)
наволочённый; *кр. ф.* -ён, -ена́
    (от наволо́чь и наволочи́ть)
наволочи́ть(ся), -чу́(сь),
    -ло́чит(ся)
на́волочка, -и, *р. мн.* -чек
на́волочный (от на́волочка)
наволо́чь, -и
наволо́чь, -локу́, -лочёт, -локу́т;
    прош. -ло́к, -локла́
на во́лю
навоня́ть, -я́ю, -я́ет

на вооруже́ние (бра́ть)
навора́живать, -аю, -ает
навора́чивание, -я
навора́чивать(ся), -аю, -ает(ся)
наворкова́ться, -ку́юсь, -ку́ется
наворо́ванный; *кр. ф.* -ан, -ана
наворова́ть, -ру́ю, -ру́ет
наворо́вывать(ся), -аю, -ает(ся)
наворо́женный; *кр. ф.* -ён, -ена́
наворожи́ть, -жу́, -жи́т
наворо́т, -а
навороти́ть, -очу́, -о́тит
наворо́тный
наворо́чать(ся), -аю(сь), -ает(ся)
наворо́ченный; *кр. ф.* -ен, -ена
наворо́шенный; *кр. ф.* -ён, -ена́
навороши́ть, -шу́, -ши́т
наворси́ть, -ршу́, -рси́т
наворсо́ванный; *кр. ф.* -ан, -ана
наворсова́ть, -су́ю, -су́ет
наворча́ть(ся), -чу́(сь), -чи́т(ся)
наворшённый; *кр. ф.* -ён, -ена́
навострённый; *кр. ф.* -ён, -ена́
навостри́ть(ся), -рю́(сь), -ри́т(ся)
наво́щенный; *кр. ф.* -ён, -ена́
навощи́ть(ся), -щу́, -щи́т(ся)
на́вранный; *кр. ф.* -ан, -ана
на́врано, *в знач. сказ.*
навра́ть(ся), -ру́(сь), -рёт(ся);
    прош. -а́л(ся), -ала́(сь), -а́ло(сь)
навреди́ть, -ежу́, -еди́т
на вре́мя
Навру́з, -а
навря́д (ли)
навсегда́
на всё про всё
наски́дку, *нареч.*
навспомина́ть(ся), -а́ю(сь),
    -а́ет(ся)
навстре́чу, *нареч.* и *предлог* (вы́й-
    ти навстре́чу гостя́м; пойти́ на-
    встре́чу кому́-н. – "*сочу́вствуя,
    помо́чь*"), но *сущ.* на встре́чу
    (пойти́ на встре́чу с друзья́ми)
на второ́е
навтыка́ть, -а́ю, -а́ет

на вчера́ (догова́ривались ещё на
    вчера́)
на вы́ (бы́ть с ке́м-н.; идти́)
на вы́бор
навы́верт, *нареч.*
на вы́воз
навы́ворот, *нареч.*
на вы́данье
навыдёргивать, -аю, -ает
навы́думанный; *кр. ф.* -ан, -ана
навы́думать, -аю, -ает
навыду́мывать, -аю, -ает
на вы́езд
на́вык, -а
навы́кат и навы́кате, *нареч.*:
    глаза́ навы́кат (навы́кате)
навыка́ть, -а́ю, -а́ет
навы́кнуть, -ну, -нет; *прош.* -ы́к,
    -ы́кла
навы́кший
навы́лет, *нареч.*
навы́нос, *нареч.*
навыпи́сывать, -аю, -ает
на вы́плату
навы́пуск, *нареч.*
навы́рез, *нареч.*
на вы́рост
на вы́ручку
на вы́селках
на вы́селки
на высоте́
навы́ться, наво́юсь, наво́ется
навы́тяжку, *нареч.*
на вы́учку
на вы́ход
навь, -и (*мифол.*)
навью́ченный; *кр. ф.* -ен, -ена
навью́чивание, -я
навью́чивать(ся), -аю(сь), -ает(ся)
навью́чить(ся), -чу(сь), -чит(ся)
навя́занный; *кр. ф.* -ан, -ана
навяза́ть(ся), -яжу́(сь), -я́жет(ся)
навя́зка, -и
навя́знувший
навя́знуть, -нет; *прош.* -я́з, -я́зла
навя́зчивость, -и

навя́зчивый
навя́зший
навя́зывание, -я
навя́зывать(ся), -аю(сь), -ает(ся)
навя́ленный; кр. ф. -ен, -ена
навя́ливание, -я
навя́ливать(ся), -аю, -ает(ся)
навя́лить, -лю, -лит
на́га, неизм. и нескл., м. (группа языков) и нескл., мн., ед. м. и ж. (группа племен)
нага́данный; кр. ф. -ан, -ана
нагада́ть, -а́ю, -а́ет
нагади́ть, -а́жу, -а́дит
нага́дывать, -аю, -ает
нага́ечка, -и, р. мн. -чек
нага́ечный
нага́жено, в знач. сказ.
нага́йка, -и, р. мн. -а́ек (плетка)
нага́н, -а
нага́нный
нага́р, -а (к нагора́ть)
нагара́, -ы́ (азербайджанский барабан)
нага́рный
нагаса́кский (от Нагаса́ки)
нагаса́кцы, -ев, ед. -кец, -кца, тв. -кцем
нагати́ть, -ачу́, -ати́т
нага́ченный; кр. ф. -ен, -ена
нага́чивать(ся), -аю, -ает(ся)
на́гель, -я
на́гельный
наги́б, -а
нагиба́ние, -я
нагиба́ть(ся), -а́ю(сь), -а́ет(ся)
нагишо́м
нагла́дить(ся), -а́жу(сь), -а́дит(ся)
нагла́женный; кр. ф. -ен, -ена
нагла́живание, -я
нагла́живать(ся), -аю(сь), -ает(ся)
на глаз
на глаза́ (попа́сться)
на глаза́х
наглазе́ться, -е́юсь, -е́ется
нагла́зник, -а

нагла́зный
на глазо́к
нагле́йший
нагле́ть, -е́ю, -е́ет
нагле́ц, -а́, тв. -о́м, р. мн. -о́в
наглеца́, -ы́, тв. -о́й (с наглецо́й)
нагли́нка, -и (с нагли́нкой)
на́гличать, -аю, -ает
наглова́тость, -и
наглова́тый
наглода́ться, -ожу́сь, -о́жется и -а́юсь, -а́ется
на́глость, -и
наглота́ться, -а́юсь, -а́ется
наглуми́ться, -млю́сь, -ми́тся
наглупи́ть, -плю́, -пи́т
на́глухо
наглушённый; кр. ф. -ён, -ена́
наглуши́ть, -ушу́, -уши́т
на́глый; кр. ф. нагл, нагла́, на́гло
нагляде́ть(ся), -яжу́(сь), -яди́т(ся)
нагля́дность, -и
нагля́дный; кр. ф. -ден, -дна
наглянцева́ть, -цу́ю, -цу́ет
наглянцо́ванный; кр. ф. -ан, -ана
нагна́ивать(ся), -аю, -ает(ся)
на́гнанный; кр. ф. -ан, -ана
нагна́ть, нагоню́, наго́нит; прош. -а́л, -ала́, -а́ло
нагнести́, -нету́, -нетёт
нагнёт, -а
нагнета́ние, -я
нагнета́тель, -я
нагнета́тельный
нагнета́ть(ся), -а́ю, -а́ет(ся)
нагнетённый; кр. ф. -ён, -ена́
нагнётший
нагнива́ние, -я
нагнива́ть, -а́ет
нагни́ть, -иёт
нагное́ние, -я
нагноённый; кр. ф. -ён, -ена́
нагнои́ть(ся), -ою́, -ои́т(ся)
нагну́тый
нагну́ть(ся), -ну́(сь), -нёт(ся)
нагова́ривание, -я

нагова́ривать(ся), -аю(сь), -ает(ся)
нагове́ться, -е́юсь, -е́ется
наговóр, -а
наговорённый; кр. ф. -ён, -ена́
наговори́ть(ся), -рю́(сь), -ри́т(ся)
наговóрный
наговóрщик, -а
наговóрщица, -ы, тв. -ей
наго́й; кр. ф. наг, нага́, на́го
наго́йский (от Наго́я)
наго́йцы, -ев, ед. -о́ец, -о́йца, тв. -о́йцем
наголённый (от го́лень)
на́голо
наголо́вник, -а
наголо́вок, -вка
на́голову, нареч. (разби́ть врага́ на́голову), но сущ. на го́лову (как снег на́ голову; быть на́ голову вы́ше кого́-н.)
наголо́вье, -я, р. мн. -вий
наголода́ться, -а́юсь, -а́ется
наго́льный
наго́н, -а
наго́нка, -и
наго́нный
нагоня́й, -я
нагоня́ть(ся), -я́ю(сь), -я́ет(ся)
нагора́, -ы́ (узбекско-таджикский и армянский муз. инструмент, род литавр)
на-гора́, нареч. (пода́ть, вы́дать)
нагора́живание, -я
нагора́живать(ся), -аю, -ает(ся)
нагора́ние, -я
нагора́ть, -а́ет
нагорба́титься, -а́чусь, -а́тится
наго́рбиться, -блюсь, -бится
на горе́
нагорева́ться, -рю́юсь, -рю́ется
нагоре́ть, -ри́т
Наго́рная про́поведь
нагорнокараба́хский (от Наго́рный Караба́х)
наго́рный

Наго́рный Караба́х
нагороди́ть, -ожу́, -о́дит
нагоро́женный; кр. ф. -ен, -ена
наго́рье, -я, р. мн. -рий
нагости́ться, -ощу́сь, -ости́тся
нагота́, -ы́
нагота́вливать(ся), -аю, -ает(ся)
нагото́ве
нагото́вить(ся), -влю(сь), -вит(ся)
нагото́вленный; кр. ф. -ен, -ена
наго́френный; кр. ф. -ен, -ена
нагофриро́ванный; кр. ф. -ан, -ана
нагофрирова́ть(ся), -ру́ю, -ру́ет(ся)
наго́фрить(ся), -рю, -рит(ся)
награба́стать, -аю, -ает
награ́бить, -блю, -бит
награбле́ние, -я
награ́бленный; кр. ф. -ен, -ена
награвиро́ванный; кр. ф. -ан, -ана
награвирова́ть, -ру́ю, -ру́ет
награ́да, -ы
награди́ть, -ажу́, -ади́т
наградно́й
награжда́ть(ся), -а́ю(сь), -а́ет(ся)
награжде́ние, -я
награждённый; кр. ф. -ён, -ена́
награнённый; кр. ф. -ён, -ена́
на гра́ни
награни́ть, -ню́, -ни́т
награфи́ть, -флю́, -фи́т
награфлённый; кр. ф. -ён, -ена́
нагреба́ние, -я
нагреба́ть(ся), -а́ю, -а́ет(ся)
нагребённый; кр. ф. -ён, -ена́
нагрёбший
нагре́в, -а
нагрева́ние, -я
нагрева́тель, -я
нагрева́тельный
нагрева́ть(ся), -а́ю(сь), -а́ет(ся)
нагреме́ть, -млю́, -ми́т
нагрести́, -ребу́, -ребёт; прош. -рёб, -ребла́

нагре́тость, -и
нагре́тый
нагре́ть(ся), -е́ю(сь), -е́ет(ся)
на грех
нагреховодничать, -аю, -ает
нагреши́ть, -шу́, -ши́т
нагримиро́ванный; кр. ф. -ан, -ана
нагримирова́ть(ся), -ру́ю(сь), -ру́ет(ся)
нагримиро́вывать(ся), -аю(сь), -ает(ся)
нагроможда́ть(ся), -а́ю, -а́ет(ся)
нагроможде́ние, -я
нагромождённый; кр. ф. -ён, -ена́
нагромозди́ть(ся), -зжу́, -зди́т(ся)
нагруби́ть, -блю́, -би́т
нагрубия́нить, -ню, -нит
нагру́дник, -а
нагру́дный
нагружа́ть(ся), -а́ю(сь), -а́ет(ся)
нагруже́ние, -я
нагру́женный; кр. ф. -ен, -ена и нагружённый; кр. ф. -ён, -ена́
нагрузи́ть(ся), -ужу́(сь), -у́зит(ся)
нагру́зка, -и, р. мн. -зок
нагру́зочный
нагру́зчик, -а
нагрунто́ванный; кр. ф. -ан, -ана
нагрунтова́ть, -ту́ю, -ту́ет
нагрунто́вывать(ся), -аю, -ает(ся)
нагрусти́ться, -ущу́сь, -усти́тся
нагрыза́ть(ся), -а́ю, -а́ет(ся)
нагры́зенный; кр. ф. -ен, -ена
нагры́зть(ся), -зу́(сь), -зёт(ся); прош. -ы́з(ся), -ы́зла(сь)
нагры́зший(ся)
нагрязни́ть, -ню́, -ни́т
нагря́нуть, -ну, -нет
нагу́л, -а
нагу́ливание, -я
нагу́ливать(ся), -аю(сь), -ает(ся)
нагу́льный
нагу́лянный; кр. ф. -ян, -яна

нагуля́ть(ся), -я́ю(сь), -я́ет(ся)
нагумённый
на́густо
над и на́до, предлог
надава́ть, надаю́, надаёт, сов. (к дава́ть)
надави́ть, -авлю́, -а́вит
нада́вленный; кр. ф. -ен, -ена
нада́вливание, -я
нада́вливать(ся), -аю, -ает(ся)
нада́ивание, -я
нада́ивать(ся), -аю, -ает(ся)
нада́лбливать(ся), -аю, -ает(ся)
нада́ренный; кр. ф. -ен, -ена
нада́ривать, -аю, -ает
надари́ть, -арю́, -а́рит
на дармовщи́нку
на дармовщи́ну
надаровую
на даровщи́нку
на даровщи́ну
надба́вить, -влю, -вит
надба́вка, -и, р. мн. -вок
надба́вленный; кр. ф. -ен, -ена
надбавля́ть(ся), -я́ю, -я́ет(ся)
надба́вочный
набере́жный
надбива́ть(ся), -а́ю, -а́ет(ся)
надби́тый
надби́ть(ся), надобью́, надобьёт(ся)
надбро́вный
надбро́вья, -вий, ед. -вье, -я
надбрю́шный
надве́домственный
надвёрнутый
надверну́ть, -ну́, -нёт
надвёртывать(ся), -аю, -ает(ся)
надве́тренный
надвива́ть(ся), -а́ю, -а́ет(ся)
надви́г, -а
надви́гаться, -аюсь, -ается, сов. (вдоволь подви́гаться)
надвига́ть(ся), -а́ю(сь), -а́ет(ся), несов. (к надви́нуть(ся)
надви́говый

НАДВИЖКА

надви́жка, -и
надвижно́й
надви́нутый
надви́нуть(ся), -ну(сь), -нет(ся)
надви́тый; *кр. ф.* -и́т, -и́та́, -и́то
надви́ть, надовью́, надовьёт; *прош.* -и́л, -ила́, -и́ло
надво́дник, -а
надво́дный
на́двое
на двои́х
надво́рный
надво́рье, -я, *р. мн.* -рий
надвра́тный
надвре́менный
надвя́занный; *кр. ф.* -ан, -ана
надвяза́ть, -яжу́, -я́жет
надвя́зка, -и, *р. мн.* -зок
надвя́зывание, -я
надвя́зывать(ся), -аю, -ает(ся)
надгиба́ть(ся), -а́ю, -а́ет(ся)
надгла́вок, -вка
надгла́вье, -я, *р. мн.* -вий
надглазни́чный
надгла́зный
надгло́точный
надгнива́ть, -а́ет
надгни́ть, -иёт
надгорта́нник, -а
надгорта́нный
надгосуда́рственный
надгро́бие, -я
надгро́бный
надгру́дный
надгры́з, -а
надгрыза́ть(ся), -а́ю, -а́ет(ся)
надгры́зенный; *кр. ф.* -ен, -ена
надгры́зть, -зу́, -зёт; *прош.* -ы́з, -ы́зла
наддава́ть, -даю́, -даёт, *несов.* (к надда́ть)
надда́лбливать(ся), -аю, -ает(ся)
на́дданный; *кр. ф.* -ан, на́ддана
надда́ть, -а́м, -а́шь, -а́ст, -ади́м, -ади́те, -аду́т; *прош.* -а́л, -ала́, -а́ло

надда́ча, -и, *тв.* -ей
наддве́рный
наддира́ть(ся), -а́ю, -а́ет(ся) (к наддра́ть(ся))
наддне́про́вский
Наддне́про́вье, -я (к Днепр)
наддолби́ть, -блю́, -би́т
наддолблённый; *кр. ф.* -ён, -ена́
надду́в, -а (*тех.*)
надебоши́рить, -рю, -рит
надева́ние, -я
наде́ванный; *кр. ф.* -ан, -ана
надева́ть(ся), -а́ю, -а́ет(ся)
наде́жа, -и, *тв.* -ей
наде́жа-госуда́рь (*обращение*)
наде́жда, -ы
наде́жность, -и
наде́жный; *кр. ф.* -жен, -жна
наде́л, -а
наде́ланный; *кр. ф.* -ан, -ана
наде́лать(ся), -аю, -ает(ся)
на де́ле
наделе́ние, -я
наделённый; *кр. ф.* -ён, -ена́
надели́ть, -лю́, -ли́т
наде́лка, -и
наде́льный (*от* наде́л)
наделя́ть(ся), -я́ю(сь), -я́ет(ся)
на́ день
надёрганный; *кр. ф.* -ан, -ана
надёргать, -аю, -ает
надёргивать(ся), -аю, -ает(ся)
надерзи́ть, -зи́т
надёрнутый
надёрнуть, -ну, -нет
наде́тый
наде́ть(ся), -е́ну, -е́нет(ся)
наде́ющийся
наде́яться, -е́юсь, -е́ется
наджа́берный
надзаголо́вок, -вка
надзако́нный
надзвёздный
надзе́мка, -и
надзе́мный
надзира́ние, -я

надзира́тель, -я
надзира́тельница, -ы, *тв.* -ей
надзира́тельский
надзира́тельство, -а
надзира́ть, -а́ю, -а́ет
надзо́р, -а
надзо́рный
надиви́ть(ся), -влю́(сь), -ви́т(ся)
на ди́во
надивова́ться, -иву́юсь, -иву́ется
надикто́ванный; *кр. ф.* -ан, -ана
надиктова́ть, -ту́ю, -ту́ет
надикто́вывание, -я
надикто́вывать(ся), -аю, -ает(ся)
нади́р, -а
надира́ть(ся), -а́ю(сь), -а́ет(ся) (к надра́ть(ся))
надкали́берный
надка́лывание, -я
надка́лывать(ся), -аю, -ает(ся)
надка́шивать(ся), -аю, -ает(ся)
надкла́ссовость, -и
надкла́ссовый
надклева́ть, -люёт
надклёвывать(ся), -ает(ся)
надкле́енный; *кр. ф.* -ен, -ена
надкле́ивание, -я
надкле́ивать(ся), -аю, -ает(ся)
надкле́ить, -е́ю, -е́ит
надкле́йка, -и, *р. мн.* -е́ек
надклю́вье, -я, *р. мн.* -вий
надключи́чный
надко́ванный; *кр. ф.* -ан, -ана
надкова́ть, -кую́, -куёт
надко́вывать(ся), -аю, -ает(ся)
надко́жица, -ы, *тв.* -ей
надко́л, -а
надколе́нник, -а
надколе́нный
надколёсный
надко́лотый
надколо́ть(ся), -олю́, -о́лет(ся)
надкопы́тья, -тий, *ед.* -тье, -я
надкоси́ть, -ошу́, -о́сит
надко́стница, -ы, *тв.* -ей
надко́стничный

надко́стный
надко́шенный; *кр. ф.* -ен, -ена
надкрити́ческий
надкрыле́чный
надкры́лья, -лий, *ед.* -лье, -я
надку́с, -а
надку́санный; *кр. ф.* -ан, -ана (*от* надкуса́ть)
надкуса́ть, -а́ю, -а́ет
надкуси́ть, -ушу́, -у́сит
надку́сывание, -я
надку́сывать(ся), -аю, -ает(ся)
надку́шенный; *кр. ф.* -ен, -ена (*от* надкуси́ть)
надла́мывание, -я
надла́мывать(ся), -аю(сь), -ает(ся)
надлёдный
надлежа́ть, -жи́т
надлежа́щий
надли́чностный; *кр. ф.* -тен, -тна
надли́чный; *кр. ф.* -чен, -чна
надлобко́вый
надло́бный
надло́бье, -я, *р. мн.* -бий
надлоко́тный
надло́м, -а
надло́манный; *кр. ф.* -ан, -ана (*от* надлома́ть)
надлома́ть, -а́ю, -а́ет
надломи́ть(ся), -омлю́(сь), -о́мит(ся)
надло́мленность, -и
надло́мленный; *кр. ф.* -ен, -ена (*от* надломи́ть)
надлопа́точный
надме́нность, -и
надме́нный; *кр. ф.* -е́нен, -е́нна
надми́рный
надмно́жество, -а
надмоги́льный
надмолекуля́рный
наднациона́льность, -и
наднациона́льный; *кр. ф.* -лен, -льна
на дню́
на дня́х

на́до, *в знач. сказ.* (нужно)
на́до и над, *предлог*
на́добиться, -бится
надо́блачный
на́добно, *в знач. сказ.*
на́добность, -и
на́добный; *кр. ф.* -бен, -бна
на́до быть, *вводн. сл.*
надо́гнутый
надогну́ть, -ну́, -нёт
надо́дранный; *кр. ф.* -ан, -ана
надодра́ть(ся), наддеру́, надцерёт(ся); *прош.* -а́л(ся), -ала́(сь), -а́ло, -а́лось
надое́да, -ы, *м. и ж.*
надоеда́ла, *нескл., м. и ж.*
надоеда́ние, -я
надоеда́ть, -а́ю, -а́ет
надое́дливость, -и
надое́дливый
надое́дный; *кр. ф.* -ден, -дна
надо́енный; *кр. ф.* -ен, -ена
надое́сть, -е́м, -е́шь, -е́ст, -еди́м, -еди́те, -едя́т; *прош.* -е́л, -е́ла
на́до же, *в знач. сказ. и межд.*
надои́ть, -ою́, -о́ит
надо́й, -я
надоко́нный
надолби́ть, -блю́, -би́т
надолблённый; *кр. ф.* -ён, -ена́
на́долбы, -ов и на́долб, *ед.* на́долб, -а и на́долба, -ы
надо́лго
надолжа́ть, -а́ю, -а́ет
на до́лю
на́ дом
надо́мник, -а
надо́мница, -ы, *тв.* -ей
надо́мничество, -а
надо́мный
на дому́
на́до не на́до, а...
надо́рванность, -и
надо́рванный; *кр. ф.* -ан, -ана
надорва́ть(ся), -ву́(сь), -вёт(ся); *прош.* -а́л(ся), -ала́(сь), -а́ло, -а́лось

надотря́д, -а
на́доть (*прост. к* на́до)
надоу́мить, -млю, -мит
надоу́мленный; *кр. ф.* -ен, -ена
надоу́мливать, -аю, -ает
надпа́лубный
надпарти́йность, -и
надпарти́йный; *кр. ф.* -и́ен, -и́йна
надпа́рывать(ся), -аю, -ает(ся)
надпе́рекись, -и
надперено́сье, -я, *р. мн.* -сий
надпива́ть, -а́ю, -а́ет
надпи́л, -а
надпи́ленный; *кр. ф.* -ен, -ена
надпи́ливание, -я
надпи́ливать(ся), -аю, -ает(ся)
надпили́ть, -илю́, -и́лит
надпи́лка, -и
надпило́вка, -и
надпи́санный; *кр. ф.* -ан, -ана
надписа́ть, -ишу́, -и́шет
надпи́ска, -и, *р. мн.* -сок
надписно́й
надпи́сывание, -я
надпи́сывать(ся), -аю, -ает(ся)
на́дпись, -и
надпи́тый
надпи́ть, надопью́, надопьёт; *прош.* -пи́л, -пила́, -пи́ло
надпли́тный
надпо́йменный
надпо́ротый
надпоро́ть(ся), -орю́, -о́рет(ся)
надпо́чвенный
надпо́чечники, -ов, *ед.* -ник, -а
надпо́чечный
надпя́точный
надра́енный; *кр. ф.* -ен, -ена
надра́ивание, -я
надра́ивать(ся), -аю, -ает(ся)
надра́ить, -а́ю, -а́ит
на́дранный; *кр. ф.* -ан, -ана
надра́ть(ся), надеру́(сь), надерёт(ся); *прош.* -а́л(ся), -ала́(сь), -а́ло, -а́лось
надрёберный

надре́з, -а
надреза́ние, -я
надре́занный; *кр. ф.* -ан, -ана
надре́зать, -е́жу, -е́жет, *сов.*
надреза́ть(ся), -а́ю, -а́ет(ся), *несов.*
надре́зывание, -я
надре́зывать(ся), -аю, -ает(ся)
надрема́ться, -емлю́сь, -е́млется
надрессиро́ванный; *кр. ф.* -ан, -ана
надрессирова́ть(ся), -ру́ю, -ру́ет(ся)
надре́чный
надроби́ть, -блю́, -би́т
надроблённый; *кр. ф.* -ён, -ена́
надрожа́ться, -жу́сь, -жи́тся
надру́б, -а
надруба́ние, -я
надруба́ть(ся), -а́ю, -а́ет(ся)
надруби́ть, -ублю́, -у́бит
надру́бка, -и, *р. мн.* -бок
надру́бленный; *кр. ф.* -ен, -ена
надруга́тельство, -а
надруга́ться, -а́юсь, -а́ется
надры́в, -а
надрыва́ть(ся), -а́ю(сь), -а́ет(ся)
надры́вистый
надры́вный; *кр. ф.* -вен, -вна
надры́вчатый
надрызга́ть(ся), -аю(сь), -ает(ся)
надса́д, -а и надса́да, -ы
надса́дистый
надсади́ть(ся), -ажу́(сь), -а́дит(ся)
надса́дность, -и
надса́дный; *кр. ф.* -ден, -дна
надса́женный; *кр. ф.* -ен, -ена
надса́живать(ся), -аю(сь), -ает(ся)
надсверлённый; *кр. ф.* -ён, -ена́
надсве́рливать(ся), -аю, -ает(ся)
надсверли́ть, -лю́, -ли́т
надседа́ться, -а́юсь, -а́ется
надсека́ние, -я
надсека́ть(ся), -а́ю, -а́ет(ся)
надсе́кший(ся) и надсёкший(ся)

надсеме́йство, -а
надсемядо́льный
надсе́сться, -ся́дусь, -ся́дется; *прош.* -се́лся, -се́лась
надсечённый; *кр. ф.* -ён, -ена́
надсе́чка, -и, *р. мн.* -чек
надсе́чь(ся), -еку́, -ечёт(ся), -еку́т(ся); *прош.* -ёк(ся) и -ёк(ся), -екла́(сь)
надсисте́ма, -ы
надсма́тривать, -аю, -ает
надсмеха́ться, -а́юсь, -а́ется
надсмея́ться, -ею́сь, -еётся
надсмо́тр, -а
надсмо́трщик, -а
надсмо́трщица, -ы, *тв.* -ей
надста́вить, -влю, -вит
надста́вка, -и, *р. мн.* -вок
надста́вленный; *кр. ф.* -ен, -ена
надставля́ть(ся), -я́ю, -я́ет(ся)
надставно́й
надстра́гивать, -аю, -ает и надстру́гивать, -аю, -ает
надстра́ивание, -я
надстра́ивать(ся), -аю, -ает(ся)
надстро́ганный; *кр. ф.* -ан, -ана и надстру́ганный; *кр. ф.* -ан, -ана
надстрога́ть, -а́ю, -а́ет и надструга́ть, -а́ю, -а́ет
надстро́енный; *кр. ф.* -ен, -ена
надстро́чный
надстро́ить, -о́ю, -о́ит
надстро́йка, -и, *р. мн.* -о́ек
надстру́ганный; *кр. ф.* -ан, -ана и надстро́ганный; *кр. ф.* -ан, -ана
надструга́ть, -а́ю, -а́ет и надстрога́ть, -а́ю, -а́ет
надстру́гивать, -аю, -ает и надстра́гивать, -аю, -ает
надсы́панный; *кр. ф.* -ан, -ана
надсы́пать(ся), -плю, -плет(ся), -плют(ся) и -пет(ся), -пят(ся), *сов.*
надсыпа́ть(ся), -а́ю, -а́ет(ся), *несов.*
надсы́пка, -и

надте́речный (*от* Те́рек; Надте́речный район)
надтёс, -а (*к* надтеса́ть)
надтёсанный; *кр. ф.* -ан, -ана (*от* надтеса́ть)
надтеса́ть, -ешу́, -е́шет (*слегка, немного стесать*)
надтёсывание, -я (*от* надтёсывать)
надтёсывать(ся), -аю, -ает(ся) (*к* надтеса́ть)
надтона́льный
надтре́снутый
надтре́снуть(ся), -нет(ся)
надуби́ть, -блю́, -би́т
надублённый; *кр. ф.* -ён, -ена́
наду́в, -а (надувка; то, что наду́то, нанесено ветром)
надува́ла, -ы, *м. и ж.*
надува́ние, -я
надува́тельный
надува́тельский
надува́тельство, -а
надува́ть(ся), -а́ю(сь), -а́ет(ся)
наду́вка, -и
надувно́й
наду́вочный
наду́льник, -а
наду́льный
наду́манно, *нареч.*
наду́манность, -и
наду́манный; *кр. ф. прич.* -ан, -ана; *кр. ф. прил.* (лишенный естественности) -ан, -анна (фа́була расска́за наду́манна)
наду́мать(ся), -аю(сь), -ает(ся)
наду́мывать(ся), -аю(сь), -ает(ся)
надура́читься, -чусь, -чится
надури́ть(ся), -рю́(сь), -ри́т(ся)
наду́тость, -и
наду́тый
наду́ть(ся), надую(сь), наду́ет(ся)
на ду́х (не переноси́ть)
на духу́ (*на исповеди; как на духу́*)
наду́шенный; *кр. ф.* -ен, -ена и надушённый; *кр. ф.* -ён, -ена́

надуши́ть(ся), -ушу́(сь), -у́шит(ся)
на́дфиль, -я
надхво́стье, -я, р. мн. -тий
надхря́щница, -ы, тв. -ей
надчелюстно́й
надша́хтный
надшива́ние, -я
надшива́ть(ся), -а́ю, -а́ет(ся)
надши́вка, -и, р. мн. -вок
надши́тый
надши́ть, надошью́, надошьёт
надъеда́ть, -а́ю, -а́ет
надъе́денный; кр. ф. -ен, -ена
надъе́сть, -е́м, -е́шь, -е́ст, -еди́м, -еди́те, -едя́т, прош. -е́л, -е́ла
надъязы́чный
надъя́рус, -а
наду́бать, -аю, -ает
на дыбки́
на дыбы́
надыми́ть, -млю́, -ми́т
нады́мский (от Налы́м)
нады́мцы, -ев, ед. -мец, -мца, тв. -мцем
нады́ндекс, -а
надындивидуа́льный; кр. ф. -лен, -льна
надынтегра́льный
нады́сь, нареч.
надыша́ть(ся), -ышу́(сь), -ы́шит(ся)
надэмпири́ческий
наеда́ть(ся), -а́ю(сь), -а́ет(ся)
наедине́
нае́зд, -а
нае́здами, нареч.
нае́здить(ся), -зжу(сь), -здит(ся)
нае́здка, -и
нае́здник, -а
нае́здница, -ы, тв. -ей
нае́здничать, -аю, -ает
нае́зднический
нае́здничество, -а
нае́здничий, -ья, -ье
нае́здом, нареч.
наезжа́ть(ся), -а́ю(сь), -а́ет(ся)

нае́зженный; кр. ф. -ен, -ена
нае́зживать(ся), -аю, -ает(ся)
нае́зжий
наём, на́йма
наёмка, -и
наёмник, -а
наёмница, -ы, тв. -ей
наёмнический
наёмничество, -а
наёмничий, -ья, -ье
наёмный
наёмщик, -а
наёмщица, -ы, тв. -ей
наерунди́ть, -ди́т
наерши́ться, -шу́сь, -ши́тся
нае́сть(ся), нае́м(ся), нае́шь(ся), нае́ст(ся), наеди́м(ся), наеди́те(сь), наедя́т(ся); прош. нае́л(ся), нае́ла(сь)
нае́сться-напи́ться
нае́хать, нае́ду, нае́дет
нажа́ловаться, -луюсь, -луется
нажа́ренный; кр. ф. -ен, -ена
нажа́ривать(ся), -аю(сь), -ает(ся)
нажа́рить(ся), -рю(сь), -рит(ся)
нажа́тие, -я
нажа́тый
нажа́ть¹, нажму́, нажмёт
нажа́ть², нажну́, нажнёт
наждак, -а́ и -у́
нажда́ться, -ду́сь, -дётся; прош. -а́лся, -ала́сь, -а́ло́сь
нажда́чный
наждачо́к, -чка́ и -чку́
на́ ж(е)
нажёванный; кр. ф. -ан, -ана
нажева́ть(ся), нажую́(сь), нажуёт(ся)
нажёвывание, -я
нажёвывать(ся), -аю, -ает(ся)
нажёгший(ся)
нажелти́ть, -лчу́, -лти́т
нажелчённый; кр. ф. -ён, -ена́
наже́чь(ся), нажгу́(сь), нажжёт(ся), нажгу́т(ся); прош. нажёг(ся), нажгла́(сь)

нажжённый; кр. ф. -ён, -ена́
нажи́ва, -ы
нажива́ние, -я
нажива́ть(ся), -а́ю(сь), -а́ет(ся)
наживи́ть, -влю́, -ви́т
нажи́вка, -и, р. мн. -вок
наживлённый; кр. ф. -ён, -ена́
наживля́ть(ся), -я́ю, -я́ет(ся)
наживно́й
нажи́вочный
на живу́льку
нажига́ние, -я
нажига́ть(ся), -а́ю, -а́ет(ся)
нажи́м, -а
нажима́ние, -я
нажима́ть(ся), -а́ю, -а́ет(ся)
нажи́мистый
нажимно́й и нажи́мный
нажи́мно-поворо́тный
нажи́н, -а
нажина́ть(ся), -а́ю, -а́ет(ся)
нажира́ть(ся), -а́ю(сь), -а́ет(ся)
нажито́й, прил.
на́жи́тый; кр. ф. на́жи́т, нажита́, на́жи́то, прич.
нажи́ть(ся), -иву́(сь), -ивёт(ся); прош. на́жил, нажи́лся, нажила́(сь), на́жило, нажи́ло́сь
нажра́ть(ся), -ру́(сь), -рёт(ся); прош. -а́л(ся), -ала́(сь), -а́ло(сь)
нажужжа́ть, -ужжу́, -ужжи́т
нажу́чить, -чу, -чит
на забо́й
на за́висть
наза́втра, нареч. (когда наступил следующий день: наза́втра отпра́вились в пу́ть), но сущ. на за́втра (договори́лись на за́втра)
на загляде́нье
наза́д, нареч. (поверну́ть наза́д), но сущ. на за́д (прикрепи́ть ба́нт на за́д пла́тья)
на задво́рках
на задво́рки
назади́
на зака́з

НА ЗАКЛАНИЕ

на закла́ние
на зако́рках
на зако́рки
назакрыва́ть, -а́ю, -а́ет
назализа́ция, -и
назализи́рованный; кр. ф. -ан, -ана
назализи́ровать(ся), -рует(ся)
назализо́ванный; кр. ф. -ан, -ана
назализова́ть(ся), -зу́ет(ся)
наза́льный
на заме́тку
на замо́к
назанима́ть(ся), -а́ю(сь), -а́ет(ся)
на запя́тках
на запя́тки
назараба́тывать, -аю, -ает
на за́работках
на за́работки
назаре́и, -е́ев, ед. назаре́й, -я (евреи-первохристиане; христианская секта в России)
назаре́йский (к назаре́и и назаре́йцы)
назаре́йцы, -ев, ед. -е́ец, -е́йца, тв. -е́йцем (объединение художников)
назаре́тский (от Назаре́т)
назаретя́не, -я́н, ед. -я́нин, -а (от Назаре́т)
назаретя́нка, -и, р. мн. -нок
назаре́яне, -я́н, ед. -е́янин, -а (к Назаре́т)
назаре́янка, -и, р. мн. -нок
назаря́не, -я́н, ед. -я́нин, -а (христианская секта)
на засы́пку (вопро́с)
на затра́вку
назаты́льник, -а
назва́нивать, -аю, -ает
назва́ние, -я
на́званный; кр. ф. -ан, на́звана, -ано, прич.
на́званый, прил. (неродной, приёмный)
назва́ньице, -а

назва́ть(ся), назову́(сь), назовёт(ся); прош. -а́л(ся), -ала́(сь), -а́ло, -а́ло(сь)
назвони́ть(ся), -ню́(сь), -ни́т(ся)
на здоро́вье
на здоро́вьечко
на здоро́вьице
наздра́вствоваться, -твуюсь, -твуется
назева́ться, -а́юсь, -а́ется
населённый; кр. ф. -ён, -ена́
насели́ть, -ню́, -ни́т
назём, -а
назе́мно-измери́тельный
назе́мный
на́земь, нареч.
Назианзи́н, -а, тв. -ом: Григо́рий Назианзи́н
назида́ние, -я
назида́тельность, -и
назида́тельный; кр. ф. -лен, -льна
на́зло́, нареч.
назнача́емость, -и
назнача́ть(ся), -а́ю(сь), -а́ет(ся)
назначе́нец, -нца, тв. -нцем, р. мн. -нцев
назначе́ние, -я
назна́ченный; кр. ф. -ен, -ена
назна́чить, -чу, -чит
назо́йливость, -и
назо́йливый
назо́ла, -ы, м. и ж.
назоре́и, -е́ев, ед. назоре́й, -я (секта у древних евреев)
назоре́йский (от назоре́и)
назоре́йство, -а
назра́новский (от Назра́нь)
назра́новцы, -ев, ед. -вец, -вца, тв. -вцем
назрева́ние, -я
назрева́ть, -а́ет
назре́ть, -е́ет
на зуб (попро́бовать)
назубо́к, нареч. (вы́учить назубо́к), но сущ. на зубо́к (попа́сть на зубо́к кому́-н.; подари́ть на зубо́к)

назу́бренный; кр. ф. -ен, -ена
назу́бривать(ся), -аю(сь), -ает(ся)
назубри́ть(ся), -рю́(сь), -ри́т(ся)
называ́ние, -я
называ́ть(ся), -а́ю(сь), -а́ет(ся)
назывно́й
назю́зиться, -ится
назюзю́каться, -аюсь, -ается
назя́бнуть(ся), -ну(сь), -нет(ся); прош. назя́б(ся), назя́бла(сь)
назя́бший(ся)
наи... — приставка, пишется слитно
наи́б, -а
наибо́лее
наибо́льший
наибыстре́йший
наи́в, -а
наиважне́йший
наиверне́йший
наивнича́нье, -я
наивнича́ть, -аю, -ает
наи́вно-материалисти́ческий
наи́вно-религио́зный
наи́вность, -и
наи́вный; кр. ф. -вен, -вна
наивня́к, -а́
наивы́годнейший
наивы́сший
наигла́внейший
наигра́нно, нареч.
наи́гранность, -и
наи́гранный; кр. ф. прич. -ан, -ана; кр. ф. прил. (деланый, притворный) -ан, -анна
наигра́ть(ся), -а́ю(сь), -а́ет(ся)
наи́грывание, -я
наи́грывать(ся), -аю(сь), -ает(ся)
наи́грыш, -а, тв. -ем
наи́зволок, нареч.
на изги́б (про́бовать)
наизгото́ве
на изгото́вку
на излёте
на изло́м (про́бовать)
на измо́р (бра́ть)

НАКИПАНИЕ

наизна́нку, *нареч.* (вы́вернуть наизна́нку; наде́ть сви́тер наизна́нку), но *сущ.* на изна́нку (в э́том ме́сте на изна́нку на́до приши́ть запла́ту)
на изно́с
наизу́сть
наикратча́йший
наилегча́йший
наилу́чший
наиме́нее
наименова́ние, -я
наимено́ванный; *кр. ф.* -ан, -ана
наименова́ть(ся), -ну́ю, -ну́ет(ся)
наимено́вывать(ся), -аю, -ает(ся)
наиме́ньший
наимпровизи́рованный; *кр. ф.* -ан, -ана
наимпровизи́ровать, -рую, -рует
наинструменто́ванный; *кр. ф.* -ан, -ана
наинструментова́ть, -ту́ю, -ту́ет
наинужне́йший
наипа́че
наиперве́йший
наири́т, -а
наири́товый
наиска́ться, наищу́сь, наи́щется
наискоре́йший
наискоски́
наискосо́к
на́искось
наисовреме́ннейший
наисовреме́нный
на испу́г (бра́ть)
наистрожа́йший
на исхо́де
наи́тие, -я
наитягча́йший
наиху́дший
наича́ще
най, на́я (*муз. инструмент*)
на́йденный; *кр. ф.* -ен, -ена
найдёныш, -а, *тв.* -ем
найми́т, -а
найми́тка, -и, *р. мн.* -ток
найми́тский
найми́чка, -и, *р. мн.* -чек
наймода́тель, -я
на́йра, -ы (*ден. ед.*)
найроби́йский (*от* Найро́би)
найроби́йцы, -ев, *ед.* -и́ец, -и́йца, *тв.* -и́йцем
найти́(сь), найду́(сь), найдёт(ся); *прош.* нашёл(ся), нашла́(сь)
найто́в, -а
найто́вить, -влю, -вит
найто́вка, -и
найто́вный
на́-ка
накаблу́чник, -а
нака́верзить, -ржу, -рзит
нака́верзничать, -аю, -ает
нака́з, -а
наказа́ние, -я
нака́занный; *кр. ф.* -ан, -ана
наказа́ть, -ажу́, -а́жет
наказно́й
наказу́емость, -и
наказу́емый
нака́зывать(ся), -аю(сь), -ает(ся)
нака́л, -а
накалённый; *кр. ф.* -ён, -ена́
нака́ливание, -я
нака́ливать(ся), -аю(сь), -ает(ся)
накали́ть(ся), -лю́(сь), -ли́т(ся)
нака́лка, -и
нака́лывание, -я
нака́лывать(ся), -аю(сь), -ает(ся)
накаля́емость, -и
накаля́кать(ся), -аю(сь), -ает(ся)
накаля́ть(ся), -я́ю(сь), -я́ет(ся)
наканифо́ленный; *кр. ф.* -ен, -ена
наканифо́ливать(ся), -аю, -ает(ся)
наканифо́лить, -лю, -лит
накану́не, *нареч. и предлог*
нака́панный; *кр. ф.* -ан, -ана
нака́пать, -аю, -ает
нака́пливание, -я
нака́пливать(ся), -аю, -ает(ся)
нака́пчивать(ся), -аю, -ает(ся)
нака́пывать(ся), -аю, -ает(ся)
на каранда́ш (бра́ть)
на карау́л (бра́ть, де́лать)
на кара́чках
на кара́чки
нака́рканный; *кр. ф.* -ан, -ана
нака́ркать, -аю, -ает
нака́рмливать, -аю, -ает
на́-кась и на́-кася
нака́т, -а
нака́танный; *кр. ф.* -ан, -ана
наката́ть(ся), -а́ю(сь), -а́ет(ся)
накати́ть(ся), -ачу́(сь), -а́тит(ся)
нака́тка, -и, *р. мн.* -ток
нака́тник, -а
нака́тный
нака́том, *нареч.*
нака́тчик, -а
нака́тчица, -ы, *тв.* -ей
нака́тывание, -я
нака́тывать(ся), -аю(сь), -ает(ся)
нака́чанный; *кр. ф.* -ан, -ана (*от* накача́ть)
накача́ть(ся), -а́ю(сь), -а́ет(ся)
нака́ченный; *кр. ф.* -ен, -ена (*от* накати́ть)
нака́чивание, -я
нака́чивать(ся), -аю(сь), -ает(ся)
нака́чка, -и, *р. мн.* -чек
нака́шивание, -я
нака́шивать(ся), -аю, -ает(ся)
накваси́ть, -а́шу, -а́сит
наква́шенный; *кр. ф.* -ен, -ена
наква́шивать(ся), -аю, -ает(ся)
наки́д, -а
наки́данный; *кр. ф.* -ан, -ана
накида́ть, -а́ю, -а́ет
наки́дка, -и, *р. мн.* -док
накидно́й
наки́дочка, -и, *р. мн.* -чек
наки́дывание, -я
наки́дывать(ся), -аю(сь), -ает(ся)
наки́нутый
наки́нуть(ся), -ну(сь), -нет(ся)
накипа́ние, -я

накипа́ть, -а́ет
накипеобразова́ние, -я
накипе́ть, -пи́т
накипно́й
на́кипь, -и
накипяти́ть(ся), -ячу́, -яти́т(ся)
накипячённый; кр. ф. -ён, -ена́
накиса́ть, -а́ет
наки́снуть, -нет; прош. -и́с, -и́сла
наки́сший
накла́д, -а
накла́дистый
накла́дка, -и, р. мн. -док
накладна́я, -о́й
накла́дно, в знач. сказ.
накладно́й (накладываемый на что-н.; накладны́е расхо́ды)
накла́дный; кр. ф. -ден, -дна (невыгодный)
накла́дывание, -я
накла́дывать(ся), -аю, -ает(ся)
накла́няться, -я́юсь, -я́ется
накла́сть, -аду́, -адёт; прош. -а́л, -а́ла
наклёв, -а
наклёванный; кр. ф. -ан, -ана
наклева́ть(ся), -люю́(сь), -люёт(ся)
наклевётанный; кр. ф. -ан, -ана
наклевета́ть, -вещу́, -ве́щет
наклёвывание, -я
наклёвывать(ся), -аю, -ает(ся)
накле́енный; кр. ф. -ен, -ена
накле́ечка, -и, р. мн. -чек
накле́ивание, -я
накле́ивать(ся), -аю, -ает(ся)
накле́ить(ся), -е́ю, -е́ит(ся)
накле́йка, -и, р. мн. -е́ек
наклейно́й
накле́йщик, -а
накле́йщица, -ы, тв. -ей
наклёп, -а
наклёпанный; кр. ф. -ан, -ана
наклепа́ть¹, -а́ю, -а́ет (к клепа́ть¹)
наклепа́ть², -а́ю, -а́ет и -е́плю, -е́плет (к клепа́ть²)

наклёпка, -и, р. мн. -пок
наклёпывание, -я
наклёпывать(ся), -аю, -ает(ся)
накли́канный; кр. ф. -ан, -ана
накли́кать, -и́чу, -и́чет, сов.
наклика́ть, -а́ю, -а́ет, несов.
накли́кивать, -аю, -ает
накло́н, -а
наклоне́ние, -я
наклонённый; кр. ф. -ён, -ена́
наклони́ть(ся), -оню́(сь), -о́нит(ся)
накло́нно-напра́вленный
накло́нно-стру́йный
накло́нность, -и
накло́нный; кр. ф. -о́нен, -о́нна
наклономе́р, -а
наклоня́ть(ся), -я́ю(сь), -я́ет(ся)
наклю́каться, -аюсь, -ается
наклю́нутый
наклю́нуть(ся), -нет(ся)
наклянчить, -чу, -чит
накля́узничать(ся), -аю(сь), -ает(ся)
накова́ленка, -и, р. мн. -нок
накова́льня, -и, р. мн. -лен
ако́ванный; кр. ф. -ан, -ана
накова́ть, накую́, накуёт
нако́вка, -и, р. мн. -вок
нако́вывать(ся), -аю, -ает(ся)
накови́ривать(ся), -аю, -ает(ся)
накови́рянный; кр. ф. -ян, -яна
накови́ря́ть(ся), -я́ю(сь), -я́ет(ся)
нако́жник, -а
нако́жный
на ко́й
на ко́й ля́д
на ко́й чёрт
накоке́тничаться, -аюсь, -ается
накоксо́ванный; кр. ф. -ан, -ана
накоксова́ть, -су́ю, -су́ет
накола́чивание, -я
накола́чивать(ся), -аю, -ает(ся)
наколбаси́ть, -а́сю и -ашу́, -а́сит
наколдо́ванный; кр. ф. -ан, -ана
наколдова́ть, -ду́ю, -ду́ет

наколдо́вывать(ся), -аю, -ает(ся)
наколе́нник, -а
наколе́нный
нако́лка, -и, р. мн. -лок
наколобро́дить, -о́жу, -о́дит
наколоти́ть, -очу́, -о́тит
нако́лотый
наколо́ть(ся), -олю́(сь), -о́лет(ся)
наколо́ченный; кр. ф. -ен, -ена
нако́лочка, -и, р. мн. -чек
наколошма́тить, -а́чу, -а́тит
наколошма́ченный; кр. ф. -ен, -ена
наколошма́чивать, -аю, -ает
наколу́панный; кр. ф. -ан, -ана
наколупа́ть, -а́ю, -а́ет
наколу́пывать(ся), -аю, -ает(ся)
накома́ндовать(ся), -дую(сь), -дует(ся)
накома́рник, -а
нако́мканный; кр. ф. -ан, -ана
нако́мкать, -аю, -ает
накомо́дник, -а
наконе́ц, нареч. и вводн. сл. (наконе́ц по́нял; переста́ньте, наконе́ц, шуме́ть)
наконе́ц-то (к наконе́ц)
наконе́чник, -а
наконе́чный
на́ конь (команда, устар.)
нако́панный; кр. ф. -ан, -ана
накопа́ть(ся), -а́ю(сь), -а́ет(ся)
накопи́тель, -я
накопи́тельница, -ы, тв. -ей
накопи́тельный
накопи́тельский
накопи́тельство, -а
накопи́ть(ся), -оплю́, -о́пит(ся)
накопле́ние, -я
нако́пленный; кр. ф. -ен, -ена
накопля́ть(ся), -я́ю, -я́ет(ся)
накопти́ть, -пчу́, -пти́т
накопчённый; кр. ф. -ён, -ена́
накопы́льник, -а
накорми́ть, -ормлю́, -о́рмит
нако́рмленный; кр. ф. -ен, -ена

накоротке́
на́коротко
на ко́рточках
на ко́рточки
накорчёванный; *кр. ф.* -ан, -ана
накорчева́ть, -чу́ю, -чу́ет
накорчёвывать(ся), -аю, -ает(ся)
накоря́банный; *кр. ф.* -ан, -ана
накоря́бать, -аю, -ает
нако́с, -а
накоси́ть(ся), -ошу́(сь), -о́сит(ся)
на́косо
нако́стница, -ы, *тв.* -ей
нако́стный
накостыля́ть, -я́ю, -я́ет
на́кось, *нареч.* (косо, вкось)
нако́шенный; *кр. ф.* -ен, -ена
накра́вший
накра́денный; *кр. ф.* -ен, -ена
накра́дывать(ся), -аю, -ает(ся)
накра́ивать(ся), -аю, -ает(ся)
накра́панный; *кр. ф.* -ан, -ана
накра́пать, -паю, -пает
накра́пывание, -я
накра́пывать, -аю, -ает
накра́сить(ся), -а́шу(сь), -а́сит(ся)
накра́сть, -аду́, -адёт; *прош.* -а́л, -а́ла
накрахма́ленный; *кр. ф.* -ен, -ена
накрахма́ливание, -я
накрахма́ливать(ся), -аю, -ает(ся)
накрахма́лить(ся), -лю, -лит(ся)
накра́шенный; *кр. ф.* -ен, -ена
накра́шивание, -я
накра́шивать(ся), -аю(сь), -ает(ся)
накренённый; *кр. ф.* -ён, -ена́
накре́нивание, -я
накре́нивать(ся), -аю, -ает(ся)
накрени́ть(ся), -ню́, -ни́т(ся)
накреня́ть(ся), -я́ю, -я́ет(ся)
на́крепко
на́крест, *нареч.*
накри́т, -а
накрича́ть(ся), -чу́(сь), -чи́т(ся)

накро́енный; *кр. ф.* -ен, -ена
накрои́ть, -ою́, -ои́т
накро́мсанный; *кр. ф.* -ан, -ана
накромса́ть, -а́ю, -а́ет
накропа́ть, -а́ю, -а́ет
накро́шенный; *кр. ф.* -ен, -ена
накроши́ть(ся), -ошу́, -о́ши́т(ся)
на кру́г (*в целом, приблизительно*)
на круги́ своя́ (верну́ться, возврати́ться)
на́кругло
накружи́ться, -ужу́сь, -у́жится
накрути́ть(ся), -учу́(сь), -у́тит(ся)
накру́тка, -и, *р. мн.* -ток
накру́ченный; *кр. ф.* -ен, -ена
накру́чивание, -я
накру́чивать(ся), -аю(сь), -ает(ся)
на́кры, накр
накрыва́ние, -я
накрыва́ть(ся), -а́ю(сь), -а́ет(ся)
накры́тие, -я
накры́тый
накры́ть(ся), -ро́ю(сь), -ро́ет(ся)
накто́уз, -а
накто́узный
накувырка́ться, -а́юсь, -а́ется
накудеси́ть, -е́шу, -е́сит
на куды́кину го́ру
накукова́ть, накуку́ет
на кула́чках
на кула́чки
на кули́чках (у чёрта на кули́чках)
на кули́чки (к чёрту на кули́чки)
наку́панный; *кр. ф.* -ан, -ана
накупа́ть(ся), -а́ю(сь), -а́ет(ся)
накупи́ть(ся), -уплю́, -у́пит(ся)
наку́пленный; *кр. ф.* -ен, -ена
накура́житься, -жусь, -жится
наку́ренный; *кр. ф.* -ен, -ена
наку́рено, *в знач. сказ.*
наку́ривать(ся), -аю(сь), -ает(ся)
накури́ть(ся), -урю́(сь), -у́рит(ся)
накуролесить, -е́шу, -е́сит
наку́санный; *кр. ф.* -ан, -ана

накуса́ть, -а́ю, -а́ет
наку́сывать(ся), -аю, -ает(ся)
наку́танный; *кр. ф.* -ан, -ана
наку́тать(ся), -аю(сь), -ает(ся)
накути́ть(ся), -учу́(сь), -у́тит(ся)
наку́тывание, -я
наку́тывать(ся), -аю(сь), -ает(ся)
наку́шаться, -аюсь, -ается
нал, -а (*наличные деньги*)
нала́вливать(ся), -аю, -ает(ся)
налага́ть(ся), -а́ю, -а́ет(ся)
на лад (идти́)
на ла́дан (дыша́ть)
нала́дить(ся), -а́жу, -а́дит(ся)
нала́дка, -и
нала́дочно-консультацио́нный
нала́дочно-ремо́нтный
нала́дочный
нала́дчик, -а
нала́дчица, -ы, *тв.* -ей
нала́женность, -и
нала́женный; *кр. ф.* -ен, -ена
нала́живание, -я
нала́живать(ся), -аю, -ает(ся)
нала́зиться, -а́жусь, -а́зится
налака́ться, -а́юсь, -а́ется
налакиро́ванный; *кр. ф.* -ан, -ана
налакирова́ть, -ру́ю, -ру́ет
налакиро́вывать(ся), -аю, -ает(ся)
нала́комиться, -млюсь, -мится
нала́мывать(ся), -аю, -ает(ся)
на ла́пу (дава́ть, класть)
наля́ять(ся), -я́ю(сь), -я́ет(ся)
на́лганный; *кр. ф.* -ан, -ана
на́лгано, *в знач. сказ.*
налга́ть, налгу́, налжёт, налгу́т; *прош.* -а́л, -ала́, -а́ло
нале́во
налега́ние, -я
налега́ть, -а́ю, -а́ет
налегке́
налёгший
на́ледь, -и
налёжанный; *кр. ф.* -ан, -ана
належа́ть(ся), -жу́(сь), -жи́т(ся)

налёживать(ся), -аю(сь), -ает(ся)
налеза́ть, -а́ю, -а́ет
нале́зть, -зу, -зет; *прош.* -е́з, -е́зла
нале́зший
налепи́ть(ся), -еплю́, -е́пит(ся)
нале́пленный; *кр. ф.* -ен, -ена
налепля́ть(ся), -я́ю, -я́ет(ся)
налепно́й
налёт, -а
налётанный; *кр. ф.* -ан, -ана
налета́ть(ся), -а́ю(сь), -а́ет(ся)
налете́ть, налечу́, налети́т
налётный
налётом, *нареч.*
на лету́
налётчик, -а
налётчица, -ы, *тв.* -ей
налётывать(ся), -аю, -ает(ся)
нале́чь, наля́гу, наля́жет, наля́гут; *прош.* налёг, налегла́
нали́в, -а
налива́ние, -я
налива́ть(ся), -а́ю(сь), -а́ет(ся)
нали́вка, -и, *р. мн.* -вок
наливно́й
нали́вочка, -и, *р. мн.* -чек
нали́вочный
нализа́ться, -ижу́сь, -и́жется
нали́зываться, -аюсь, -ается
нали́м, -а
налими́й, -ья, -ье
налимо́ниться, -нюсь, -нится
налино́ванный; *кр. ф.* -ан, -ана
налинова́ть, -ну́ю, -ну́ет
налино́вывать(ся), -аю, -ает(ся)
налипа́ние, -я
налипа́ть, -а́ет
налипну́ть, -нет; *прош.* -и́п, -и́пла
нали́пший
нали́стник, -а
налитографи́рованный; *кр. ф.* -ан, -ана
налитографи́ровать, -рую, -рует
налито́й, *прил.*
нали́ток, -тка

на́ли́тый; *кр. ф.* на́ли́т, налита́, на́ли́то, *прич.*
нали́ть(ся), налью́(сь), нальёт(ся); *прош.* нали́л, нали́лся, налила́(сь), нали́ло, нали́ло́сь
налицо́, *в знач. сказ.* (обма́н налицо́)
нали́чествовать, -твую, -твует
нали́чие, -я
нали́чка, -и (*наличные деньги*)
нали́чник, -а
нали́чно-де́нежный
нали́чно-до́лларовый
нали́чно-ка́ссовый
нали́чно-рублёвый
нали́чность, -и
нали́чный
нало́бник, -а
нало́бный
налови́ть(ся), -овлю́(сь), -о́вит(ся)
нало́вленный; *кр. ф.* -ен, -ена
наловчи́ться, -чу́сь, -чи́тся
нало́г, -а
налогови́к, -а́
нало́говый
Нало́говый ко́декс РФ
налогонеоблага́емый
налогооблага́емый
налогообложе́ние, -я
налогоплате́льщик, -а
налогоплате́льщица, -ы, *тв.* -ей
налогоспосо́бность, -и
налогоспосо́бный; *кр. ф.* -бен, -бна
наложе́ние, -я
нало́женный; *кр. ф.* -ен, -ена; нало́женный платёж
наложи́ть(ся), -ожу́, -о́жит(ся)
нало́жница, -ы, *тв.* -ей
нало́жничество, -а
нало́й, -я (*разг. устар.* к аналой)
налоко́тник, -а
нало́манный; *кр. ф.* -ан, -ана
налома́ть(ся), -а́ю(сь), -а́ет(ся)
наломи́ть, -о́мит
нало́паться, -аюсь, -ается

налощённый; *кр. ф.* -ён, -ена́
налощи́ть(ся), -щу́, -щи́т(ся)
налуди́ть, -ужу́, -у́дит
налу́женный; *кр. ф.* -ен, -ена
налу́зганный; *кр. ф.* -ан, -ана
налу́згать, -аю, -ает
налупи́ть, -плю́, -у́пит
налу́пленный; *кр. ф.* -ен, -ена
налущённый; *кр. ф.* -ён, -ена́
налу́щивать(ся), -аю, -ает(ся)
налущи́ть, -щу́, -щи́т
налы́гач, -а, *тв.* -ем
нальча́не, -а́н, *ед.* -а́нин, -а (*от* На́льчик)
нальча́нка, -и, *р. мн.* -нок
на́льчикский (*от* На́льчик)
на́льчикцы, -ев, *ед.* -кец, -кца, *тв.* -кцем
налюбе́зничаться, -аюсь, -ается
налюбова́ться, -бу́юсь, -бу́ется
на́ люди (показа́ться, вы́йти)
на лю́дях и на́ лю́дях
наля́панный; *кр. ф.* -ан, -ана
наля́пать, -аю, -ает
наля́пывать, -аю, -ает
нам (*форма местоим.* мы)
намагни́тить(ся), -и́чу, -и́тит(ся)
намагни́ченность, -и
намагни́ченный; *кр. ф.* -ен, -ена
намагни́чивание, -я
намагни́чивать(ся), -аю, -ает(ся)
нама́з, -а
нама́занный; *кр. ф.* -ан, -ана
нама́зать(ся), -а́жу(сь), -а́жет(ся)
на мази́
нама́зка, -и, *р. мн.* -зок
нама́зчик, -а
нама́зчица, -ы, *тв.* -ей
нама́зывание, -я
нама́зывать(ся), -аю(сь), -ает(ся)
намазю́канный; *кр. ф.* -ан, -ана
намазю́кать(ся), -аю(сь), -ает(ся)
на мала́ньину сва́дьбу
намалёванный; *кр. ф.* -ан, -ана
намалева́ть(ся), -лю́ю(сь), -лю́ет(ся)

намалёвывать(ся), -аю(сь), -ает(ся)
намаливать, -аю, -ает
намалывать(ся), -аю, -ает(ся)
наманганский (от Наманган)
наманганцы, -ев, ед. -нец, -нца, тв. -нцем
на манер (кого, чего)
наманикюренный; кр. ф. -ен, -ена
наманикюрить(ся), -рю(сь), -рит(ся)
намаранный; кр. ф. -ан, -ана
намарано, в знач. сказ.
намарать, -аю, -ает
намаринованный; кр. ф. -ан, -ана
намариновать(ся), -ную(сь), -нует(ся)
намариновывать(ся), -аю, -ает(ся)
намасленный; кр. ф. -ен, -ена
намасливание, -я
намасливать(ся), -аю, -ает(ся)
намаслить, -лю, -лит
намастить(ся), -ащу(сь), -астит(ся) (намазать(ся))
наматрасник, -а
наматывание, -я
наматывать(ся), -аю(сь), -ает(ся)
намахать(ся), -ашу(сь), -ашет(ся) и -аю(сь), -ает(ся)
намахивать(ся), -аю(сь), -ает(ся)
намачивание, -я
намачивать(ся), -аю(сь), -ает(ся)
намащённый; кр. ф. -ён, -ена (от намастить)
намащивание, -я
намащивать(ся), -аю(сь), -ает(ся)
намаять(ся), -аю(сь), -ает(ся)
намедни
намеднишний
намежёванный; кр. ф. -ан, -ана
намежевать, -жую, -жует
намежёвывание, -я
намежёвывать(ся), -аю, -ает(ся)

намёк, -а
намекать, -аю, -ает
намекнуть, -ну, -нёт
намелённый; кр. ф. -ён, -ена
намеливание, -я
намеливать(ся), -аю, -ает(ся)
намелить, -лю, -лит
намельчённый; кр. ф. -ён, -ена
намельчить, -чу, -чит
наменивать(ся), -аю, -ает(ся)
наменянный; кр. ф. -ян, -яна
наменять, -яю, -яет
намереваться, -аюсь, -ается
намерение, -я
намеренно, нареч.
намеренность, -и
намеренный; кр. ф. -рен, -рена (с неопр.: она намерена это осуществить) и -рен, -ренна (сделанный с намерением: его грубость намеренна)
намерзание, -я
намерзать, -ает
намёрзнуть(ся), -ну(сь), -нет(ся); прош. -ёрз(ся), -ёрзла(сь)
намёрзший(ся)
намерзь, -и
намеривать(ся), -аю, -ает(ся) (к намерить)
наменривший
намерить, -рю, -рит и -ряю, -ряет
намертво
намерять(ся), -яю, -яет(ся)
намесить, -ешу, -есит
на месте
намести, намету, наметёт; прош. намёл, намела
наместник, -а
наместничать, -аю, -ает
наместнический
наместничество, -а
наместничий, -ья, -ье
наместо, предлог (устар. к вместо)
намёт, -а
намётанность, -и
намётанный; кр. ф. -ан, -ана

наметать[1], -аю, -ает, сов. (о шитье)
наметать[2], -ечу, -ечет, сов. (набросать)
наметать(ся), -аю, -ает(ся), несов. (к намести)
намётенный; кр. ф. -ён, -ена
наметить(ся), -ечу(сь), -етит(ся)
намётка, -и, р. мн. -ток
намёточный
намётший
намётывание, -я
намётывать(ся), -аю, -ает(ся)
намечать(ся), -аю(сь), -ает(ся)
намеченный; кр. ф. -ен, -ена
намечтаться, -аюсь, -ается
намешанный; кр. ф. -ан, -ана (от намешать)
намешать, -аю, -ает
намешенный; кр. ф. -ен, -ена (от намесить)
намешивание, -я
намешивать(ся), -аю, -ает(ся)
нами (форма местоим. мы)
намибийка, -и, р. мн. -иек
намибийский (от Намибия)
намибийцы, -ев, ед. -иец, -ийца, тв. -ийцем
на миг
намиловаться, -луюсь, -луется
намин, -а
наминать(ся), -аю, -ает(ся)
наминка, -и
на мировую
на миру (на миру и смерть красна)
намитинговаться, -гуюсь, -гуется
намного, нареч. (намного лучше), но числит. на много (на много лет)
намогильный
намозоленный; кр. ф. -ен, -ена
намозолить, -лю, -лит
намокание, -я
намокать, -аю, -ает

НАМОКНУТЬ

намо́кнуть, -ну, -нет; *прош.* -о́к, -о́кла
намо́кший
намо́л, -а
намола́чивание, -я
намола́чивать(ся), -аю, -ает(ся)
намо́ленный; *кр. ф.* -ен, -ена
намоли́ть(ся), -олю́(сь), -о́лит(ся)
намоло́т, -а
намолоти́ть(ся), -очу́, -о́тит(ся)
намо́лотый
намоло́ть(ся), намелю́, наме́лет(ся)
намоло́ченный; *кр. ф.* -ен, -ена
намолча́ться, -чу́сь, -чи́тся
намора́живание, -я
намора́живать(ся), -аю, -ает(ся)
намо́рдник, -а
намо́рдничек, -чка
наморённый; *кр. ф.* -ён, -ена́
намори́ть(ся), -рю́(сь), -ри́т(ся)
наморо́женный; *кр. ф.* -ен, -ена
наморо́зить(ся), -о́жу(сь), -о́зит(ся)
на́морозь, -и
намо́рщенный; *кр. ф.* -ен, -ена
намо́рщивание, -я
намо́рщивать(ся), -аю(сь), -ает(ся)
намо́рщить(ся), -щу(сь), -щит(ся)
намо́ст, -а
намости́ть, -ощу́, -ости́т (*к* мост)
намо́танный; *кр. ф.* -ан, -ана
намота́ть(ся), -а́ю(сь), -а́ет(ся)
намо́тка, -и, *р. мн.* -ток
намо́точный
намо́тчик, -а
намо́тчица, -ы, *тв.* -ей
намо́ченный; *кр. ф.* -ен, -ена
намочи́ть(ся), -очу́(сь), -о́чит(ся)
намощённый; *кр. ф.* -ён, -ена́ (*от* намости́ть)
намудри́ть, -рю́, -ри́т
наму́дрствовать, -твую, -твует
наму́сленный; *кр. ф.* -ен, -ена
наму́сливать(ся), -аю, -ает(ся)
наму́слить, -лю, -лит
намусо́ленный; *кр. ф.* -ен, -ена
намусо́ливать(ся), -аю, -ает(ся)
намусо́лить, -лю, -лит
наму́сорить, -рю, -рит
намути́ть, -учу́, -у́тит
наму́ченный; *кр. ф.* -ен, -ена
наму́чивший(ся)
наму́чить(ся), -чу(сь), -чит(ся) и -чаю(сь), -чает(ся)
на му́шку (бра́ть)
намуштрова́ть, -ру́ю, -ру́ет
намы́в, -а
намыва́ние, -я
намыва́ть(ся), -а́ю, -а́ет(ся)
намы́вка, -и
намывно́й
намы́вщик, -а
намы́вщица, -ы, *тв.* -ей
намы́каться, -аюсь, -ается
намы́ленный; *кр. ф.* -ен, -ена
намы́ливание, -я
намы́ливать(ся), -аю(сь), -ает(ся)
намы́лить(ся), -лю(сь), -лит(ся)
намыта́ренный; *кр. ф.* -ен, -ена
намыта́рить(ся), -рю(сь), -рит(ся)
намыта́рствовать(ся), -твую(сь), -твует(ся)
намы́тый
намы́ть(ся), намо́ю(сь), намо́ет(ся)
намяка́ть, -а́ет
намя́кнуть, -нет; *прош.* -я́к, -я́кла
намя́кший
намя́тый
намя́ть(ся), намну́, намнёт(ся)
нана́йка, -и, *р. мн.* -а́ек
нана́йский
нана́йцы, -ев, *ед.* нана́ец, -а́йца, *тв.* -а́йцем
нана́шивать(ся), -аю, -ает(ся)
на́нди, *нескл., мн., ед. м. и ж.* (*группа народов*)
на́нду, *нескл., м.*
нане́дренник, -а (*церк.*)
нане́житься, -жусь, -жится
нанесе́ние, -я
нанесённый; *кр. ф.* -ён, -ена́
нанести́, -су́, -сёт; *прош.* нанёс, нанесла́
нанёсший
на нет (свести́, сойти́; на нет и суда́ нет)
нани́занный; *кр. ф.* -ан, -ана
наниза́ть(ся), -ижу́, -и́жет(ся)
низка, -и
нани́зм, -а
нанизу́, *нареч.* (внизу́)
нани́зывание, -я
нани́зывать(ся), -аю, -ает(ся)
на́низь, -и
нанима́тель, -я
нанима́тельница, -ы, *тв.* -ей
нанима́тельский
нанима́ть(ся), -а́ю(сь), -а́ет(ся)
на́нка, -и
нанки́нский (*от* Нанки́н)
нанки́нцы, -ев, *ед.* -нец, -нца, *тв.* -нцем
на́нковый
наннопланкто́н, -а
на́ново
на нога́х
наноме́тр, -а
нанорелье́ф, -а
нано́с, -а
на́ нос
наносеку́нда, -ы
наносеку́ндный
наноси́ть(ся), -ошу́(сь), -о́сит(ся)
нано́сник, -а (*от* нос)
нано́сно-песча́ный
нано́сный
на носу́
нанофара́д, -а, *р. мн.* -ов, *счетн. ф.* -ра́д
нанофието́з, -а
на́ ночь
наношенный; *кр. ф.* -ен, -ена
нансу́к, -а
нансу́ковый

на́нтский (*от* Нант)
на́нтцы, -ев, *ед.* -тец, -тца, *тв.* -тцем
наныря́ться, -я́юсь, -я́ется
наню́ханный; *кр. ф.* -ан, -ана
наню́хать(ся), -аю(сь), -ает(ся)
наню́хивать(ся), -аю(сь), -ает(ся)
наня́нчиться, -чусь, -чится
наня́той, *прил.* (*служащий по найму*)
на́нятый; *кр. ф.* -ят, -ята́, -ято, *прич.*
наня́ть(ся), найму́(сь), наймёт(ся); *прош.* наня́л, наня́лся, наняла́(сь), на́няло, наняло́сь
наобе́щанный; *кр. ф.* -ан, -ана
наобеща́ть, -а́ю, -а́ет
наоборо́т, *нареч.*
на обры́в (испыта́ть)
наобу́м
наодеколо́ненный; *кр. ф.* -ен, -ена
наодеколо́нить(ся), -ню(сь), -нит(ся)
наозорнича́ть(ся), -а́ю(сь), -а́ет(ся)
наозорова́ть, -ру́ю, -ру́ет
наоко́нный
наора́ть(ся), -ру́(сь), -рёт(ся)
на́ос, -а
на основа́нии (чего) (*основываясь*)
наосо́бицу
наострённый; *кр. ф.* -ён, -ена́
наостри́ть, -рю́, -ри́т
наоткрыва́ть, -а́ю, -а́ет
на о́ткуп
наотлёт, *нареч.*
на отлёте
на отли́чно
на́отмашь
наотре́з, *нареч.*
на отши́бе
нао́хаться, -аюсь, -ается
наохо́титься, -о́чусь, -о́тится
нао́хренный; *кр. ф.* -ен, -ена
нао́хривать(ся), -аю, -ает(ся)

нао́хрить, -рю, -рит
на о́череди
на о́щупь
напа́вший
напада́тельный
напа́дать, -ает, *сов.* (*от* па́дать)
напада́ть, -а́ю, -а́ет, *несов.* (*к* напа́сть¹)
напада́ющий
нападе́ние, -я
напа́дки, -док
напа́ивание, -я
напа́ивать(ся), -аю(сь), -ает(ся)
напа́йка, -и, *р. мн.* -а́ек
напа́костить, -ощу, -остит
напа́костничать, -аю, -ает
напа́кощено, *в знач. сказ.*
напа́лм, -а
напа́лмовый
напа́лывать(ся), -аю, -ает(ся)
напа́льчник, -а
на па́мять
напа́ренный; *кр. ф.* -ен, -ена
напареу́ли, *нескл., с.*
напа́ривание, -я
напа́ривать(ся), -аю(сь), -ает(ся)
напа́рить(ся), -рю(сь), -рит(ся)
напа́рник, -а
напа́рница, -ы, *тв.* -ей
на па́ру (*вдвоем*)
на пару́ (*приготовить*)
напа́рывать(ся), -аю(сь), -ает(ся)
напаса́ть(ся), -а́ю(сь), -а́ет(ся)
напасённый; *кр. ф.* -ён, -ена́
напаску́дить, -у́жу, -у́дит
напасти́(сь), -су́(сь), -сёт(ся); *прош.* -а́с(ся), -асла́(сь)
напа́сть¹, -аду́, -адёт; *прош.* -а́л, -а́ла
напа́сть², -и
напа́сший(ся)
напа́ханный; *кр. ф.* -ан, -ана
напаха́ть(ся), напашу́(сь), напа́шет(ся)
напа́хивать(ся), -аю, -ает(ся)
напа́хтанный; *кр. ф.* -ан, -ана

напа́хтать, -аю, -ает
напа́чкано, *в знач. сказ.*
напа́чкать(ся), -аю(сь), -ает(ся)
напа́янный; *кр. ф.* -ян, -яна
напая́ть(ся), -я́ю, -я́ет(ся)
на пе́ (пусти́ть, поста́вить, *в карточной игре*)
напе́в, -а
напева́ние, -я
напева́ть(ся), -а́ю, -а́ет(ся) (*к* петь)
напе́вность, -и
напе́вный; *кр. ф.* -вен, -вна
напека́ть(ся), -а́ю, -а́ет(ся)
напёкший(ся)
напе́ненный; *кр. ф.* -нен, -нена
напе́нивать(ся), -аю, -ает(ся)
напе́нить(ся), -ню, -нит(ся)
напённый (напённая гниль)
на́перво
на пе́рвое
на пе́рвый-второ́й (рассчита́ться)
наперебо́й, *нареч.*
напереве́с, *нареч.*
наперегонки́
наперёд, *нареч.*
впереди́
напережива́ться, -а́юсь, -а́ется
на перекладны́х
напереко́р
наперекоски́
наперекося́к
наперекре́ст
наперемёнку, *нареч.*
на перепу́тье
напере́з, *нареч. и предлог*
наперерыв́, *нареч.* (напереб́ой)
напере́ть(ся), напру́(сь), напрёт(ся); *прош.* напёр(ся), напёрла(сь)
наперехва́т, *нареч.* (наперере́з; нарасхва́т), *но сущ.* на перехва́т (*чтобы перехватить кого-что-н.:* футболи́ст бро́сился на перехва́т мяча́)

НАПЕРЕЧЁТ

наперечёт, *нареч.*
наперник, -а
наперсник, -а
наперсница, -ы, *тв.* -ей
наперсный (крест)
напёрсток, -тка
напёрсточник, -а
напёрсточный
наперстянка, -и, *р. мн.* -нок
напёртый
наперченный; *кр. ф.* -ен, -ена и наперчённый; *кр. ф.* -ён, -ена
наперчивание, -я
наперчивать(ся), -аю, -ает(ся)
наперчить, -чу, -чит и наперчить, -чу, -чит
напёрший(ся)
напестрить, -рю, -рит
напетлять, -яю, -яет
напетый
напеть(ся), напою(сь), напоёт(ся)
напечатание, -я
напечатанный; *кр. ф.* -ан, -ана
напечатать(ся), -аю(сь), -ает(ся)
напечатлева́ть(ся), -а́ю, -а́ет(ся)
напечатлённый; *кр. ф.* -ён, -ена́
напечатле́ть(ся), -е́ю, -е́ет(ся)
напечённый; *кр. ф.* -ён, -ена́
напе́чь(ся), -еку́(сь), -ечёт(ся), -еку́т(ся); *прош.* -ёк(ся), -екла́(сь)
напива́ться, -а́юсь, -а́ется (к пить)
напи́ленный; *кр. ф.* -ен, -ена
напи́ливать(ся), -аю, -ает(ся)
напили́ть, -илю́, -и́лит
напи́лок, -лка
напи́лочек, -чка
напи́лочный
напи́льник, -а
напи́льничек, -чка
напира́ть(ся), -а́ю(сь), -а́ет(ся)
напирова́ться, -ру́юсь, -ру́ется
написа́ние, -я
напи́санный; *кр. ф.* -ан, -ана
напи́сать, -аю, -ает (*от пи*сать)
написа́ть(ся), -ишу́, -и́шет(ся)
напи́танный; *кр. ф.* -ан, -ана

напита́ть(ся), -а́ю(сь), -а́ет(ся)
напи́ток, -тка
напи́тывание, -я
напи́тывать(ся), -аю, -ает(ся)
напи́ться, напью́сь, напьётся; *прош.* -и́лся, -ила́сь, -ило́сь
напи́ться-нае́сться
напи́ханный; *кр. ф.* -ан, -ана
напиха́ть(ся), -а́ю(сь), -а́ет(ся)
напи́хивание, -я
напи́хивать(ся), -аю(сь), -ает(ся)
напи́чканный; *кр. ф.* -ан, -ана
напи́чкать(ся), -аю(сь), -ает(ся)
напи́чкивание, -я
напи́чкивать(ся), -аю(сь), -ает(ся)
напла́в, -а (*поплавок*)
напла́вать(ся), -аю(сь), -ает(ся)
напла́вить, -влю, -вит
напла́вка, -и, *р. мн.* -вок
напла́вленный; *кр. ф.* -ен, -ена
наплавля́ть(ся), -я́ю, -я́ет(ся)
наплавно́й (*мост*)
напла́вочный
на плаву́
напла́канный; *кр. ф.* -ан, -ана
напла́кать(ся), -ла́чу(сь), -ла́чет(ся)
напла́станный; *кр. ф.* -ан, -ана
напласта́ть, -а́ю, -а́ет
напластова́ние, -я
напласто́ванный; *кр. ф.* -ан, -ана
напластова́ть(ся), -ту́ю, -ту́ет(ся)
напласто́вывать(ся), -аю, -ает(ся)
наплеви́зм, -а
наплёванный; *кр. ф.* -ан, -ана
наплёвано, *в знач. сказ.*
наплева́тельски
наплева́тельский
наплева́тельство, -а
наплева́ть(ся), -люю́(сь), -люёт(ся)
наплёсканный; *кр. ф.* -ан, -ана
наплеска́ть(ся), -ещу́(сь), -е́щет(ся) и -а́ю(сь), -а́ет(ся)

наплёскивать(ся), -аю, -ает(ся)
наплести́, -лету́, -летёт; *прош.* -ёл, -ела́
наплета́ть(ся), -а́ю, -а́ет(ся)
наплетённый; *кр. ф.* -ён, -ена́
наплётший
нарле́чник, -а
наплечный
наплоди́ть(ся), -ожу́, -оди́т(ся)
наплоённый; *кр. ф.* -ён, -ена́
наплоённый; *кр. ф.* -ён, -ена́
наплои́ть, -ою́, -ои́т
наплоти́ть, -очу́, -оти́т (*к плот*)
на́плотно
наплочённый; *кр. ф.* -ён, -ена́
наплута́ть(ся), -а́ю(сь), -а́ет(ся)
наплутова́ть, -ту́ю, -ту́ет
напля́в, -а
наплыва́ть, -а́ю, -а́ет
наплывно́й (*к* наплы́в)
наплы́ть, -ыву́, -ывёт; *прош.* -ы́л, -ыла́, -ы́ло
наплю́нуть, -ну, -нет
наплю́щенный; *кр. ф.* -ен, -ена
наплю́щивать(ся), -аю, -ает(ся)
наплю́щить, -щу, -щит
напляса́ться, -яшу́сь, -я́шется
напля́сывать, -аю, -ает
на побегу́шках
на побегу́шки
напова́л, *нареч.*
на пове́рку (*на самом деле*)
на поводу́ (*идти́*)
на повыше́ние (*игра́ть, идти́*)
напога́нить, -ню, -нит
на подбо́р
наподдава́ть, -даю́, -даёт
наподда́ть, -а́м, -а́шь, -а́ст, -ади́м, -ади́те, -аду́т; *прош.* -а́л, -ала́, -а́ло
на подержа́ние (*во временное пользование*)
на́-поди
наподли́чать, -аю, -ает
на подмо́гу
на подо́бен (*о церк. пении*)

наподо́бие, *предлог* (*вроде*)
наподхва́т, *нареч.*
на подхва́те
на подхо́де
напо́енный; *кр. ф.* -ен, -ена, *прич.* (*от* напои́ть)
напоённый; *кр. ф.* -ён, -ена́, *прил.* (*наполненный, насыщенный*) (*чем*)
напои́ть, -ою́, -о́ит (*дать напиться*)
напо́й, -я
напока́з, *нареч.* (*для виду*)
на покло́н (идти́)
напола́скивать(ся), -аю(сь), -ает(ся)
на полдоро́ге (останови́ться на полдоро́ге), *но:* на полдоро́ги (прови́зии хвати́ло то́лько на полдоро́ги)
Наполео́н, -а
наполео́н, -а (*торт, пирожное*)
наполеондо́р, -а
Наполео́новские во́йны (*ист.*)
наполео́новский (*от* Наполео́н)
наполео́нчик, -а
наполза́ние, -я
наполза́ть, -а́ю, -а́ет
напо́лзаться, -аюсь, -ается
наползти́, -зу́, -зёт; *прош.* -о́лз, -олзла́
напо́лзший
наполиро́ванный; *кр. ф.* -ан, -ана
наполирова́ть(ся), -ру́ю, -ру́ет(ся)
наполиро́вывать(ся), -аю, -ает(ся)
наполне́ние, -я
напо́лненность, -и
напо́лненный; *кр. ф.* -ен, -ена
наполни́тель, -я
наполни́тельный
напо́лнить(ся), -ню(сь), -нит(ся)
напо́лно
наполня́емость, -и
наполня́ть(ся), -я́ю(сь), -я́ет(ся)

на полови́нку: середи́нка (серёдка) на полови́нку
наполови́ну, *нареч.* (*зал наполови́ну пуст; он наполови́ну грек*); *но сущ.* на полови́ну; полови́на на полови́ну, середи́на на полови́ну
наполо́сканный; *кр. ф.* -ан, -ана
наполоска́ть(ся), -лощу́(сь), -ло́щет(ся) и -а́ю(сь), -а́ет(ся)
наполосо́ванный; *кр. ф.* -ан, -ана
наполосова́ть, -су́ю, -су́ет
напо́лотый
наполо́ть, -олю́, -о́лет
на полпути́
на полсло́ве и на полусло́ве (прерва́ть)
на полусо́гнутых
на по́льзу
напо́льный
напома́дить(ся), -а́жу(сь), -а́дит(ся)
напома́женный; *кр. ф.* -ен, -ена
напома́живать(ся), -аю(сь), -ает(ся)
напоми́н (души́)
напомина́ние, -я
напомина́ть(ся), -а́ю, -а́ет(ся)
напо́мнить, -ню, -нит
на по́мощь
на пониже́ние (игра́ть, идти́)
на понт (брать)
на попа́ (ста́вить)
напополам́, *нареч.*
на попя́тную
на попя́тный (двор)
напо́р, -а
на пораже́ние (стреля́ть)
напо́ристость, -и
напо́ристый
напо́рный
напо́ротый
напоро́ть(ся), -орю́(сь), -о́рет(ся)
напоро́шенный; *кр. ф.* -ён, -ена́
напороши́ть, -ши́т
напорта́чить, -чу, -чит

напо́ртить, -рчу, -ртит
на пору́ках
на пору́ки
напо́рченный; *кр. ф.* -ен, -ена
на поря́док (бо́льше, ме́ньше, вы́ше, ни́же)
на по́сле (оста́вить, отложи́ть)
напосле́дках, *нареч.*
напосле́дки, *нареч.*
напосле́док
напоследя́х
на послеза́втра (договори́ться, назна́чить)
на послеобе́да (назна́чить, отложи́ть)
на посме́шище (вы́ставить)
на посошо́к (вы́пить)
напости́ться, -ощу́сь, -ости́тся
напосто́вец, -вца, *тв.* -вцем, *р. мн.* -вцев
напосто́вский (*от* "На посту́")
на посту́
на посы́лках
на пото́м (оста́вить, отложи́ть)
на потре́бу
напо́тчевать, -чую, -чует
напо́чвенный
направи́тельный
напра́вить(ся), -влю(сь), -вит(ся)
напра́вка, -и
направле́нец, -нца, *тв.* -нцем, *р. мн.* -нцев
направле́ние, -я
напра́вленность, -и
напра́вленный; *кр. ф. прич.* -ен, -ена; *кр. ф. прил.* (*имеющий определенное направление*) -ен, -енна
направля́ть(ся), -я́ю(сь), -я́ет(ся)
направля́ющий(ся)
напра́во
напра́вщик, -а
напра́здноваться, -нуюсь, -нуется
напрактикова́ться, -ку́юсь, -ку́ется

НАПРАСЛИНА

напра́слина, -ы
напра́сность, -и
напра́сный; *кр. ф.* -сен, -сна
напра́шивание, -я
напра́шивать(ся), -аю(сь), -ает(ся)
на преде́ле
напредки́
на предме́т (*чего*) (прове́рить на предме́т оши́бок)
напрессо́ванный; *кр. ф.* -ан, -ана
напрессова́ть, -ссу́ю, -ссу́ет
напрессо́вка, -и, *р. мн.* -вок
напрессо́вывать(ся), -аю, -ает(ся)
напресто́льный
напре́ть, -е́ет
наприду́манный; *кр. ф.* -ан, -ана
наприду́мать, -аю, -ает
наприду́мывать, -аю, -ает
наприме́р, *вводн. сл.*
ね принима́ть(ся), -а́ю(сь), -а́ет(ся)
наприсыла́ть, -а́ю, -а́ет
на прице́л (бра́ть)
напричита́ться, -а́юсь, -а́ется
на про́бу (да́ть, взя́ть)
напрово́рить, -рю, -рит
на прожи́тие
на прожи́ток
напрока́зить, -а́жу, -а́зит
напрока́зничать, -аю, -ает
напрока́т, *нареч.* (бра́ть)
напролёт, *нареч.*
напроло́м, *нареч.*
напропалу́ю
на пропо́й
напроро́ченный; *кр. ф.* -ен, -ена
напроро́чить, -чу, -чит
на просве́т (смотре́ть)
напроси́ть(ся), -ошу́(сь), -о́сит(ся)
напро́тив
на противото́ке
на противохо́де
на протяже́нии (*чего*) (в тече́ние, в продолже́ние)
напрохо́д, *нареч.* (безостано́вочно, без заде́ржки)

на́прочно
на́прочь
на проща́ние (*проща́ясь*)
напруди́ть, -ужу́, -у́дит
напру́женный; *кр. ф.* -ен, -ена
напру́живать(ся), -аю(сь), -ает(ся)
напружи́ненный; *кр. ф.* -ен, -ена
напружи́нивать(ся), -аю(сь), -ает(ся)
напружи́нить(ся), -ню(сь), -нит(ся)
напру́жить(ся), -жу(сь), -жит(ся)
напры́гаться, -аюсь, -ается
напры́сканный; *кр. ф.* -ан, -ана
напры́скать, -аю, -ает
напры́скивать(ся), -аю, -ает(ся)
напря́вший
напря́г, -а
напряга́ть(ся), -а́ю(сь), -а́ет(ся)
напряга́ющий(ся)
напря́гший(ся)
напряда́ть(ся), -а́ю, -а́ет(ся)
напрядённый; *кр. ф.* -ён, -ена́
напряже́ние, -я
напряжёнка, -и
напряжённо, *нареч.*
напряжённо-арми́рованный
напряжённость, -и
напряжённый; *кр. ф.* -ён, -ена́ (*напря́гшийся*: паруса́, мы́шцы, не́рвы напряжены́; внима́ние напряжено́) и -ён, -ённа (отноше́ния напряжённы; рабо́та, борьба́ напряжённа; выраже́ние лица́ напряжённо)
напрями́к
напрямки́
напряму́ю, *нареч.*
напря́сть(ся), -яду́, -ядёт(ся); *прош.* -я́л(ся), -яла́(сь), -я́ло(сь)
напря́танный; *кр. ф.* -ан, -ана
напря́тать, -я́чу, -я́чет
напря́чь(ся), -ягу́(сь), -яжёт(ся), -ягу́т(ся); *прош.* -я́г(ся), -ягла́(сь)
напу́ганный; *кр. ф.* -ан, -ана

напуга́ть(ся), -а́ю(сь), -а́ет(ся)
напу́дренный; *кр. ф.* -ен, -ена
напу́дривание, -я
напу́дривать(ся), -аю(сь), -ает(ся)
напу́дрить(ся), -рю(сь), -рит(ся)
напужа́ть(ся), -а́ю(сь), -а́ет(ся) (*обл. и прост.* к напуга́ть(ся))
напу́льсник, -а
на́пуск, -а
напуска́ние, -я
напуска́ть(ся), -а́ю(сь), -а́ет(ся)
напускно́й
напусти́ть(ся), -ущу́(сь), -у́стит(ся)
напу́танный; *кр. ф.* -ан, -ана
напу́тать(ся), -аю, -ает(ся)
напутеше́ствоваться, -твуюсь, -твуется
напу́тный
напу́тственный
напу́тствие, -я
напу́тствование, -я
напу́тствованный; *кр. ф.* -ан, -ана
напу́тствовать(ся), -твую(сь), -твует(ся)
напу́тывать(ся), -аю, -ает(ся)
напуха́ние, -я
напуха́ть, -а́ет
напу́хнуть, -нет; *прош.* -ух, -ухла
напу́хший
на пу́шку (*брать*)
напу́щенный; *кр. ф.* -ен, -ена
на́пханный; *кр. ф.* -ан, -ана
напха́ть, -а́ю, -а́ет
напы́живаться, -аюсь, -ается
напы́житься, -жусь, -жится
напыле́ние, -я
напылённый; *кр. ф.* -ён, -ена́
напыли́ть, -лю́, -ли́т
напыля́ть(ся), -я́ю, -я́ет(ся)
напы́щенно, *нареч.*
напы́щенность, -и
напы́щенный; *кр. ф.* -ен, -енна
напья́нствоваться, -твуюсь, -твуется

напя́ленный; *кр. ф.* -ен, -ена
напя́ливание, -я
напя́ливать(ся), -аю, -ает(ся)
напя́лить(ся), -лю, -лит(ся)
на пятеры́х
нар, -а (*животное*)
наряба́тывание, -я
наряба́тывать(ся), -аю, -ает(ся)
нарабо́танный; *кр. ф.* -ан, -ана
нарабо́тать(ся), -аю(сь), -ает(ся)
нарабо́тка, -и, *р. мн.* -ток
наравне́
на ра́вных
нара́доваться, -дуюсь, -дуется
на ра́дость
на ра́достях
на разве́с
нараздава́ть, -даю́, -даёт
на раззаво́д
на разры́в
нара́менник, -а
нараспа́х, *нареч.*
нараспа́шку, *нареч.*
нараспе́в, *нареч.*
на распу́тье
на распы́л (пойти́, пусти́ть)
нарассказа́ть, -кажу́, -ка́жет
нараста́ние, -я
нараста́ть, -а́ет
нарасти́, -тёт; *прош.* наро́с, наросла́
нарасти́ть, -ащу́, -асти́т
нарасхва́т, *нареч.*
наращать(ся), -а́ю, -а́ет(ся)
наращ́ение, -я
наращённый; *кр. ф.* -ён, -ена́
наращ́ивание, -я
наращ́ивать(ся), -аю, -ает(ся)
нарва́л, -а
на́рванный; *кр. ф.* -ан, -ана
нарва́ть(ся), -ву́(сь), -вёт(ся); *прош.* -а́л(ся), -ала́(сь), -а́ло, -а́лось
На́рвская Заста́ва (*ист. район в Петербурге*)
на́рвский (*от* На́рва)
на́рвцы, -ев, *ед.* -вец, -вца, *тв.* -вцем

наргиле́, *нескл., м. и с.*
нард, -а (*растение*)
нарде́к, -а
нарде́п, -а
нарде́повский
на́рдовый
на́рды, -ов (*игра*)
наребе́рный
нареве́ться, -ву́сь, -вётся
на ре́дкость
наре́з, -а
нареза́льщик, -а
нареза́льщица, -ы, *тв.* -ей
нареза́ние, -я
наре́занный; *кр. ф.* -ан, -ана
наре́зать(ся), -ежу(сь), -ежет(ся), *сов.*
нареза́ть(ся), -а́ю(сь), -а́ет(ся), *несов.*
нарезви́ться, -влю́сь, -ви́тся
наре́зка, -и, *р. мн.* -зок
нарезно́й
наре́зчик, -а
наре́зчица, -ы, *тв.* -ей
нарезывание, -я
наре́зывать(ся), -аю(сь), -ает(ся)
нарека́ние, -я
нарека́ть(ся), -а́ю(сь), -а́ет(ся)
наре́кший(ся) и нарёкший(ся)
нарече́ние, -я
наречённый; *кр. ф.* -ён, -ена́ и наречённый; *кр. ф.* -ён, -ена́
наре́чие, -я
наре́чный
наре́чь(ся), -еку́(сь), -ечёт(ся), -еку́т(ся); *прош.* -ёк(ся), -екла́(сь)
нарза́н, -а и -у
нарза́нный
нарисо́ванный; *кр. ф.* -ан, -ана
нарисова́ть(ся), -су́ю, -су́ет(ся)
нарица́тельный
нарко... — первая часть сложных слов, пишется слитно
наркобаро́н, -а
наркобизнес, -а

наркоделе́ц, -льца́, *тв.* -льцо́м, *р. мн.* -льцо́в
наркоде́ньги, -де́нег, -де́ньга́м
наркодиспансе́р, -а
наркодо́ллары, -ов
нарко́з, -а
наркозави́симость, -и
наркозави́симый
нарко́зный
наркокарте́ль, -я
наркокурье́р, -а
нарколе́псия, -и
нарко́лог, -а
наркологи́ческий
наркология, -и
нарко́м, -а
наркома́н, -а
наркома́ния, -и
наркома́нка, -и, *р. мн.* -нок
наркома́т, -а
наркома́фия, -и
наркомеду́за, -ы
нарко́мовский
наркопритон, -а
наркосиндика́т, -а
наркосодержа́щий
наркота́, -ы́
наркотиза́тор, -а
наркотиза́ция, -и
наркотизи́рованный; *кр. ф.* -ан, -ана
наркотизи́ровать(ся), -рую(сь), -рует(ся)
наркоти́зм, -а
нарко́тик, -а
наркоти́ческий
наркоторго́вец, -вца, *тв.* -вцем, *р. мн.* -вцев
наро́д, -а и (*в знач. "люди"*) -а и -у
наро́дец, -дца, *тв.* -дцем, *р. мн.* -дцев
народи́ть(ся), -ожу́, -оди́т(ся)
наро́дишко, -а и -и, *мн.* -шки, -шек, *м.*
наро́дище, -а и (*в знач. "люди"*) -а и -у; *мн.* -а и -и, -ищ, *м.*

НАРОДНИК

наро́дник, -а
наро́дница, -ы, *тв.* -ей
наро́днический
наро́дничество, -а
наро́дно-демократи́ческий
Наро́дное собра́ние (*парламент в нек-рых странах*)
наро́дно-освободи́тельный
наро́дно-патриоти́ческий
наро́дно-пе́сенный
наро́дно-поэти́ческий
наро́дно-революцио́нный
наро́дно-республика́нский
наро́дность, -и
наро́дно-трудово́й
наро́дно-хозя́йственный
наро́дный; *кр. ф.* -ден, -дна
Наро́дный фронт (*общественно-политическое объединение в нек-рых странах*)
народове́дение, -я
народове́дческий
народовла́стие, -я
народово́лец, -льца, *тв.* -льцем, *р. мн.* -льцев (*от "Наро́дная во́ля"*)
народово́лка, -и, *р. мн.* -лок
народово́льческий
народово́льчество, -а
народолю́бец, -бца, *тв.* -бцем, *р. мн.* -бцев
народолю́бие, -я
народонаселе́ние, -я
народопра́вец, -вца, *тв.* -вцем, *р. мн.* -вцев
народопра́вие, -я
народопра́вство, -а
народопра́вческий
на роду́ (напи́сано)
нарожа́ть, -а́ю, -а́ет
нарожда́ться, -а́ется
нарожде́ние, -я
нарождённый; *кр. ф.* -ён, -ена́
на рожо́н (ле́зть)
нарони́ть, -я́ю, -я́ет
наро́ст, -а
наро́сший

на́ро-фоми́нский (*от На́ро-Фоми́нск*)
нарофоми́нцы, -ев, *ед.* -нец, -нца, *тв.* -нцем
наро́чито, *нареч.*
наро́читость, -и
наро́читый
наро́чно
наро́чный, -ого
нарпи́т, -а
нарпи́товский
наррати́вный
нарра́ция, -и
нарсу́д, -а́
на́ртекс, -а
на́ртенный (*к* на́рты¹)
на́ртовский и на́ртский (*к* на́рты², на́ртовские и на́ртские сказа́ния)
на́ртовый (*к* на́рты¹)
на́рты¹, нарт и на́рта, -ы (*санки*)
на́рты², -ов, *ед.* нарт, -а (*богатыри в эпосе кавказских народов*)
наруба́ние, -я
наруба́ть(ся), -а́ю(сь), -а́ет(ся)
наруби́ть(ся), -ублю́(сь), -у́бит(ся)
нару́бка, -и, *р. мн.* -бок
нару́бленный; *кр. ф.* -ен, -ена
наруга́ться, -а́юсь, -а́ется
наружи́ и нару́же (*устар. к* снару́жи)
нару́жно, *нареч.*
нару́жность, -и
нару́жный
нару́жу
нарука́вники, -ов, *ед.* -ник, -а
нарука́вницы, -иц, *ед.* -ница, -ы, *тв.* -ей
нарука́вный
на рука́х
на́ руки
на́ руку
нарумя́ненный; *кр. ф.* -ен, -ена
нарумя́нивание, -я
нарумя́нивать(ся), -аю(сь), -ает(ся)

нарумя́нить(ся), -ню(сь), -нит(ся)
нару́чи, -ей (*часть воинского доспеха, церковного облачения*)
нару́чни, -ей, *ед.* -чень, -чня (*устар. к* нару́чники)
нару́чники, -ов, *ед.* -ник, -а
нару́чный
наруша́ть(ся), -а́ю, -а́ет(ся)
наруше́ние, -я
нару́шенный; *кр. ф.* -ен, -ена
наруши́тель, -я
наруши́тельница, -ы, *тв.* -ей
нару́шить(ся), -шу, -шит(ся)
Нарци́сс, -а (*мифол.*)
нарци́сс, -а (*цветок*)
нарцисси́зм, -а
нарцисси́ческий
нарци́ссовый
на́ры, нар
нары́в, -а
нарыва́ние, -я
нарыва́ть(ся), -а́ю(сь), -а́ет(ся)
нары́вник, -а
нарывно́й (*к* нарыва́ть)
нары́вный (*к* нары́в)
нары́вчик, -а
нарыда́ться, -а́юсь, -а́ется
нары́мский (*от* Нары́м)
нары́мцы, -ев, *ед.* -мец, -мца, *тв.* -мцем
нары́нский (*от* Нары́н)
нары́ск, -а
на рыся́х
нары́тый
нары́ть, наро́ю, наро́ет
нары́шкинский (*от* Нары́шкины; нары́шкинский сти́ль, нары́шкинское баро́кко)
нарья́н-ма́рский (*от* Нарья́н-Ма́р)
нарьянма́рцы, -ев, *ед.* -рец, -рца, *тв.* -рцем
наря́д, -а
наря́д-зака́з, -а и наря́да-зака́за
наряди́ть¹, -яжу́, -я́дит (*одеть нарядно*)

наряди́ть², -яжу́, -яди́т (назначить на работу, в наряд)
наряди́ться, -яжу́сь, -я́дится
наря́дность, -и
наря́дный; кр. ф. -ден, -дна
наряду́, нареч.
наряду́ с, предлог
наря́дчик, -а
наря́дчица, -ы, тв. -ей
наряжа́ть(ся), -а́ю(сь), -а́ет(ся)
наря́женный; кр. ф. -ен, -ена (к наряди́ть¹)
наряжённый; кр. ф. -ён, -ена́ (к наряди́ть²)
нас, о на́с (форма местоим. мы)
наса́д, -а
насади́тель, -я
насади́тельница, -ы, тв. -ей
насади́ть, -ажу́, -а́дит
наса́дка, -и, р. мн. -док
насадно́й
наса́док, -дка
наса́дочный
насажа́ть, -а́ю, -а́ет
насажда́ть(ся), -а́ю, -а́ет(ся)
насажде́ние, -я
насаждённый; кр. ф. -ён, -ена́
наса́женный; кр. ф. -ен, -ена
наса́живание, -я
наса́живать(ся), -аю, -ает(ся)
наса́ленный; кр. ф. -ен, -ена
наса́ливание, -я
наса́ливать(ся), -аю, -ает(ся)
наса́лить, -лю, -лит
на самотёк (пусти́ть)
насанда́ленный; кр. ф. -ен, -ена
насанда́ливать(ся), -аю(сь), -ает(ся)
насанда́лить(ся), -лю(сь), -лит(ся)
наса́сывание, -я
наса́сывать(ся), -аю(сь), -ает(ся)
наса́харенный; кр. ф. -ен, -ена
наса́харивать(ся), -аю, -ает(ся)
наса́харить, -рю, -рит
насбива́ть, -а́ю, -а́ет

насбира́ть, -а́ю, -а́ет
насвежёванный; кр. ф. -ан, -ана
насвежева́ть, -жую́, -жу́ет
насверлённый; кр. ф. -ён, -ена́
насве́рливание, -я
насве́рливать(ся), -аю, -ает(ся)
насверли́ть, -лю́, -ли́т
на свет (рассма́тривать; появи́ться, произвести́)
насвиня́чить, -чу, -чит
насви́станный; кр. ф. -ан, -ана
насвиста́ть(ся), -ищу́(сь), -и́щет(ся)
насвисте́ть(ся), -ищу́(сь), -исти́т(ся)
насви́стывание, -я
насви́стывать(ся), -аю, -ает(ся)
на свой салты́к
насдава́ть, -даю́, -даёт
на́сданный; кр. ф. -ан, -ана
насда́ть, -а́м, -а́шь, -а́ст, -ади́м, -ади́те, -аду́т; прош. -а́л, -ала́, -а́ло
насева́ть(ся), -а́ю, -а́ет(ся)
на сего́дня
неседа́ние, -я
неседа́ть, -а́ю, -а́ет
неседка, -и, р. мн. -док
насе́ивание, -я
насе́ивать(ся), -аю, -ает(ся)
насе́ка, -и
насека́льщик, -а
насека́льщица, -ы, тв. -ей
насека́ние, -я
насека́ть(ся), -а́ю, -а́ет(ся)
насеко́мий, -ья, -ье
насеко́мое, -ого
насекомоопыля́емый
насекомоулови́тель, -я
насекомоя́дный; кр. ф. -ден, -дна
насе́кший и насёкший
населе́ние, -я
населённость, -и
населённый; кр. ф. -ён, -ена́
насели́ть(ся), -елю́, -е́ли́т(ся)
насе́льник, -а

населя́ть(ся), -я́ю, -я́ет(ся)
насе́ст, -а
насе́сть, нася́ду, нася́дет; прош. насе́л, насе́ла
насечённый; кр. ф. -ён, -ена́
насе́чка, -и, р. мн. -чек
насе́чь(ся), -еку́, -ечёт(ся), -еку́т(ся); прош. -ёк(ся) и -е́к(ся), -екла́(сь)
насе́янный; кр. ф. -ян, -яна
насе́ять, -е́ю, -е́ет
насиде́ть, -ижу́(сь), -иди́т(ся)
наси́женный; кр. ф. -ен, -ена
наси́живание, -я
наси́живать(ся), -аю, -ает(ся)
наси́лие, -я
наси́лование, -я
наси́ловать, -лую, -лует
наси́лу, нареч. (с трудом, едва)
наси́льник, -а
наси́льничанье, -я
наси́льничать, -аю, -ает
наси́льнический
наси́льно, нареч.
наси́льственно, нареч.
наси́льственность, -и
наси́льственный; кр. ф. -вен и -венен, -венна
насинённый; кр. ф. -ён, -ена́
наси́нивать(ся), -аю, -ает(ся)
насини́ть, -ню́, -ни́т
наска́бливать(ся), -аю, -ает(ся)
наска́занный; кр. ф. -ан, -ана
насказа́ть, -кажу́, -ка́жет
наска́зывать, -аю, -ает
наскака́ть(ся), -ачу́(сь), -а́чет(ся)
наска́кивание, -я
наска́кивать, -аю, -ает
на скаку́
наска́льный
насканда́лить, -лю, -лит
наскво́зь
наскита́ться, -а́юсь, -а́ется
наско́бленный; кр. ф. -ен, -ена
наскобли́ть, -облю́, -о́бли́т
наско́к, -а

наско́ком, *нареч.*
наско́лько, *нареч.* (наско́лько мо́жно суди́ть), но *числит.* на ско́лько (на ско́лько дне́й)
на́скоро
наскочи́ть, -очу́, -о́чит
наскреба́ть(ся), -а́ю, -а́ет(ся)
наскребённый; *кр. ф.* -ён, -ена́
наскрёбший
наскрёбывать(ся), -аю, -ает(ся)
наскрести́(сь), -ребу́, -ребёт(ся); *прош.* -рёб(ся), -ребла́(сь)
наскво́зь (*прост. к* насквозь)
наскули́ться, -и́тся
наскуча́ться, -а́юсь, -а́ется
наску́чивать, -аю, -ает
наску́чить, -чу, -чит
на сла́ву
наслади́ть(ся), -ажу́(сь), -ади́т(ся)
наслажда́ть(ся), -а́ю(сь), -а́ет(ся)
наслажде́ние, -я
насла́ивание, -я
насла́ивать(ся), -аю, -ает(ся)
на́сланный; *кр. ф.* -ан, -ана (*от* насла́ть)
насласти́ть, -ащу́, -асти́т
насла́ть, нашлю́, нашлёт; *прош.* насла́л, насла́ла (*от* слать)
наслащённый; *кр. ф.* -ён, -ена́
насла́щивать(ся), -аю, -ает(ся)
наслёг, -а
насле́дие, -я
насле́дить, -ежу́, -еди́т
насле́дник, -а
насле́дница, -ы, *тв.* -ей
насле́дный
насле́дование, -я
насле́дованный; *кр. ф.* -ан, -ана
насле́довать(ся), -дую, -дует(ся)
наследода́тель, -я
насле́дственность, -и
насле́дственный; *кр. ф.* -вен и -венен, -венна
насле́дство, -а
насле́дуемость, -и

насле́жено, *в знач. сказ.* (*от* наследи́ть)
наслези́ться, -и́тся
на слова́х
на́ слово (ве́рить)
наслое́ние, -я
наслоённый; *кр. ф.* -ён, -ена́
наслои́ть(ся), -ою́, -ои́т(ся)
на слом
наслоня́ться, -я́юсь, -я́ется
наслужи́ться, -ужу́сь, -у́жится
на слух
на слуху́
наслу́шаться, -аюсь, -ается
наслу́шиваться, -аюсь, -ается
наслы́шанный; *кр. ф.* -ан, -ана
наслы́шаться, -шусь, -шится
наслы́шка, -и
наслюнённый; *кр. ф.* -ён, -ена́
наслюни́вать(ся), -аю, -ает(ся)
наслюни́ть, -ню́, -ни́т
наслюня́вить, -влю, -вит
наслюня́вленный; *кр. ф.* -ен, -ена
насма́ливание, -я
насма́ливать(ся), -аю, -ает(ся)
насма́рку
насме́ливаться, -аюсь, -ается
насме́литься, -люсь, -лится
насмерде́ть, -ди́т
на́смерть, *нареч.* (сражён пу́лей на́смерть; стоя́ть на́смерть; перепуга́ться на́смерть), но *сущ.* на сме́рть и на́ смерть (созна́тельно идёт на ри́ск и на сме́рть; не на жи́знь, а на́ смерть)
на́ смех
насмеха́тельство, -а
насмеха́ться, -а́юсь, -а́ется
насмеше́чка, -и, *р. мн.* -чек
насмеши́ть, -шу́, -ши́т
насме́шка, -и, *р. мн.* -шек
насме́шливость, -и
насме́шливый
насме́шник, -а

насме́шница, -ы, *тв.* -ей
насме́шничать, -аю, -ает
насмея́ться, -ею́сь, -еётся
насмолённый; *кр. ф.* -ён, -ена́
насмоли́ть(ся), -лю́, -ли́т(ся)
на́сморк, -а
насморка́ть(ся), -а́ю(сь), -а́ет(ся)
на́сморочный
насмо́тренный; *кр. ф.* -ен, -ена
насмотре́ть(ся), -отрю́(сь), -о́трит(ся)
насне́жить, -ит
наснима́ть(ся), -а́ю(сь), -а́ет(ся)
на снос
на сноса́х
насня́тый
насня́ть, -ниму́, -ни́мет
насоба́чиваться, -аюсь, -ается
насоба́читься, -чусь, -чится
насобира́ть, -а́ю, -а́ет
насо́ванный; *кр. ф.* -ан, -ана
насова́ть, насую́, насуёт
на со́весть
насове́тованный; *кр. ф.* -ан, -ана
насове́товать(ся), -тую(сь), -тует(ся)
насовсе́м, *нареч.*
насо́вывание, -я
насо́вывать(ся), -аю, -ает(ся)
насо́ленный; *кр. ф.* -ен, -ена
насоли́ть(ся), -олю́, -о́ли́т(ся)
насолоди́ть, -ожу́, -оди́т
насоло́женный; *кр. ф.* -ен, -ена
насо́рено, *в знач. сказ.*
насори́ть, -орю́, -ори́т
насортиро́ванный; *кр. ф.* -ан, -ана
насортирова́ть, -ру́ю, -ру́ет
насортиро́вывать, -аю, -ает
насо́с, -а
насо́с-автома́т, насо́са-автома́та
насо́санный; *кр. ф.* -ан, -ана
насоса́ть(ся), -осу́(сь), -осёт(ся)
насо́сик, -а
насо́сно-аккумули́рующий
насо́сно-компре́ссорный

насо́сный
насо́с-форсу́нка, насо́са-форсу́нки
насо́счик, -а
насо́хнуть, -нет; *прош.* -о́х, -о́хла
насо́хший
насочинённый; *кр. ф.* -ён, -ена́
насочини́ть, -ню́, -ни́т
насочиня́ть, -я́ю, -я́ет
насочи́ться, -и́тся
на́спанный; *кр. ф.* -ан, -ана
наспа́ть(ся), -плю́(сь), -пи́т(ся); *прош.* -а́л(ся), -ала́(сь), -а́ло, -а́ло́сь
на́спех
наспи́нник, -а
наспи́нный
наспиртóванный; *кр. ф.* -ан, -ана
наспиртова́ть(ся), -ту́ю(сь), -ту́ет(ся)
наспирто́вывать(ся), -аю(сь), -ает(ся)
наспле́тничать(ся), -аю(сь), -ает(ся)
на спо́р
наспо́риться, -рюсь, -рится
наст, -а
настава́ть, -таёт
настави́тельность, -и
настави́тельный; *кр. ф.* -лен, -льна
наста́вить(ся), -влю, -вит(ся)
наста́вка, -и, *р. мн.* -вок
наставле́ние, -я
наста́вленный; *кр. ф.* -ен, -ена
наставля́ть(ся), -я́ю, -я́ет(ся)
наста́вник, -а
наста́вница, -ы, *тв.* -ей
наста́внический
наста́вничество, -а
наставно́й
наста́вочный
наста́ивание, -я
наста́ивать(ся), -аю, -ает(ся)
наста́ть, -а́нет
настаю́щий

настволь́ный
настебе́льный
настёганный; *кр. ф.* -ан, -ана
настега́ть, -а́ю, -а́ет
настёгивание, -я
настёгивать(ся), -аю, -ает(ся)
на́стежь
насте́ленный; *кр. ф.* -ен, -ена
настели́ть, настелю́, насте́лет; *прош.* -и́л, -и́ла
насте́нный
настига́ть(ся), -а́ю(сь), -а́ет(ся)
насти́гнувший
насти́гнутый
насти́гнуть и насти́чь, -и́гну, -и́гнет; *прош.* -и́г, -и́гла
насти́гший
на́стии, -ий
насти́л, -а
настила́ние, -я
настила́ть(ся), -а́ю, -а́ет(ся)
насти́лка, -и, *р. мн.* -лок
насти́лочный
насти́льность, -и
насти́льный
насти́льщик, -а
насти́льщица, -ы, *тв.* -ей
насти́ранный; *кр. ф.* -ан, -ана
настира́ть(ся), -а́ю(сь), -а́ет(ся)
насти́рывать(ся), -аю(сь), -ает(ся)
насти́ческий
насти́чь и насти́гнуть, -и́гну, -и́гнет; *прош.* -и́г, -и́гла
на́стланный; *кр. ф.* -ан, -ана (*от* настла́ть)
настла́ть, настелю́, насте́лет; *прош.* -а́л, -а́ла (*к* стлать)
на́стовик, -а
на́стовый
насто́ечный
насто́й, -я
насто́йка, -и, *р. мн.* -о́ек
насто́йчивость, -и
насто́йчивый
насто́лечко, *нареч.*

насто́ль, *нареч.*
насто́лько, *нареч.* (насто́лько хоро́ш, что...), но *числит.* на сто́лько (на сто́лько часте́й)
насто́льный
настора́живать(ся), -аю(сь), -ает(ся)
насторожé
насторожённо и насторо́женно, *нареч.*
насторожённость, -и и насторо́женность, -и
насторожённый[1]; *кр. ф.* -ён, -ена́, *прич.*
насторожённый[2] и насторо́женный; *кр. ф.* -ён, -ена́ и -ожен, -ожена (*находящийся в напряженном ожидании, насторожи́вшийся:* бойцы́ насторожены́), -ён, -ённа и -ожен, -оженна (*выражающий напряженное ожидание:* ли́ца, взгля́ды насторо́жённы и насторо́женны), *прил.*
насторожи́ть(ся), -жу́(сь), -жи́т(ся)
на стороне́
на́ сторону
настоя́ние, -я
насто́янный; *кр. ф.* -ян, -яна
настоя́тель, -я
настоя́тельница, -ы, *тв.* -ей
настоя́тельность, -и
настоя́тельный; *кр. ф.* -лен, -льна
настоя́тельский
настоя́тельство, -а
настоя́ть(ся), -ою́(сь), -ои́т(ся)
настоя́щее, -его
настоя́щий
настра́гивать(ся), -аю, -ает(ся) и настру́гивать(ся), -аю, -ает(ся)
настрада́ться, -а́юсь, -а́ется
на стра́же
настра́ивание, -я
настра́ивать(ся), -аю(сь), -ает(ся)
настра́нствоваться, -твуюсь, -твуется
на стра́х

НАСТРАЧИВАНИЕ

настра́чивание, -я
настра́чивать(ся), -аю, -ает(ся)
настраща́ть, -а́ю, -а́ет
настре́ливать(ся), -аю, -ает(ся)
настре́лянный; кр. ф. -ян, -яна
настреля́ть(ся), -я́ю(сь), -я́ет(ся)
на стрёме
на стрёму
на́стриг, -а (количество настриженного)
настри́г, -а (действие)
настрига́ть(ся), -а́ю, -а́ет(ся)
настри́гший
настри́женный; кр. ф. -ен, -ена
настри́чь, -игу́, -ижёт, -игу́т; прош. -и́г, -и́гла
настро́ганный; кр. ф. -ан, -ана и настру́ганный; кр. ф. -ан, -ана
настрога́ть(ся), -а́ю(сь), -а́ет(ся) и наструга́ть(ся), -а́ю(сь), -а́ет(ся)
на́строго
настрое́ние, -я
настро́енность, -и
настро́енный; кр. ф. -ен, -ена
настрое́нческий
настро́ить(ся), -о́ю(сь), -о́ит(ся)
настро́й, -я
настро́йка, -и, р. мн. -о́ек
настро́йщик, -а
настро́йщица, -ы, тв. -ей
настропалённый; кр. ф. -ён, -ена́
настропали́ть(ся), -лю́(сь), -ли́т(ся)
настропаля́ть(ся), -я́ю(сь), -я́ет(ся)
настро́ченный; кр. ф. -ен, -ена
настрочи́ть, -очу́, -о́чи́т
настро́чка, -и
настрочно́й (карма́н)
на́струг, -а
настру́ганный; кр. ф. -ан, -ана и настро́ганный; кр. ф. -ан, -ана
наструга́ть(ся), -а́ю(сь), -а́ет(ся) и настрога́ть(ся), -а́ю(сь), -а́ет(ся)

настру́гивать(ся), -аю, -ает(ся) и настра́гивать(ся), -аю, -ает(ся)
настря́панный; кр. ф. -ан, -ана
настря́пать(ся), -аю(сь), -ает(ся)
настря́ть, -я́нет
настуди́ть(ся), -ужу́, -у́дит(ся)
настужа́ть(ся), -а́ю, -а́ет(ся)
насту́женный; кр. ф. -ен, -ена
насту́живать(ся), -аю, -ает(ся)
насту́канный; кр. ф. -ан, -ана
насту́кать, -аю, -ает
насту́кивать(ся), -аю, -ает(ся)
наступа́тельность, -и
наступа́тельный; кр. ф. -лен, -льна
наступа́ть, -а́ю, -а́ет
наступа́ющий
наступи́ть, -уплю́, -у́пит
наступле́ние, -я
настура́н, -а
насту́рциевый
насту́рция, -и
настуча́ть(ся), -чу́(сь), -чи́т(ся)
настыва́ть, -а́ю, -а́ет
насты́вший
на сты́ке
на́стыль, -я
насты́нуть и насты́ть, -ы́ну, -ы́нет; прош. -ы́л, -ы́ла
насты́рничать, -аю, -ает
насты́рность, -и
насты́рный; кр. ф. -рен, -рна
насты́ть и насты́нуть, -ы́ну, -ы́нет; прош. -ы́л, -ы́ла
насуда́чить, -чу, -чит
насуди́ться, -ужу́сь, -у́дится
насуети́ться, -ечу́сь, -ети́тся
насулённый; кр. ф. -ён, -ена́
насули́ть, -лю́, -ли́т
насумасбро́дить, -о́жу, -о́дит
насумасбро́дничать, -аю, -ает
насу́нутый
насу́нуть(ся), -ну, -нет(ся)
насу́пить(ся), -плю(сь), -пит(ся)
насу́пленность, -и

насу́пленный; кр. ф. -ен, -ена
насу́пливать(ся), -аю(сь), -ает(ся)
насупроти́в
насурьми́ть(ся), -млю́(сь), -ми́т(ся)
насурьмлённый; кр. ф. -ён, -ена́
на́сухо
насу́ченный; кр. ф. -ен, -ена
насу́чивать(ся), -аю, -ает(ся)
насучи́ть, -учу́, -у́чит
насу́шенный; кр. ф. -ен, -ена
насу́шивать(ся), -аю, -ает(ся)
насуши́ть(ся), -ушу́, -у́шит(ся)
насу́шка, -и
насу́щность, -и
насу́щный; кр. ф. -щен, -щна
насчёт, предлог (говори́ли насчёт о́тпуска)
на счету́
насчи́танный; кр. ф. -ан, -ана
насчита́ть(ся), -а́ю, -а́ет(ся)
насчи́тывать(ся), -аю, -ает(ся)
насшиба́ть, -а́ю, -а́ет
насыла́ть(ся), -а́ю, -а́ет(ся)
насыпа́ние, -я
насы́панный; кр. ф. -ан, -ана
насы́пать(ся), -плю, -плет(ся), -плют(ся) и -пет(ся), -пят(ся), сов.
насыпа́ть(ся), -а́ю, -а́ет(ся), несов.
насы́пка, -и
насыпно́й
насы́пщик, -а
насы́пщица, -ы, тв. -ей
на́сыпь, -и
на́сыпью, нареч.
насы́тить(ся), -ы́щу(сь), -ы́тит(ся)
насыха́ть, -а́ет
насыща́емость, -и
насыща́ть(ся), -а́ю(сь), -а́ет(ся)
насыще́ние, -я
насы́щенность, -и
насы́щенный; кр. ф. прич. -ен, -ена; кр. ф. прил. -ен, -ена (с дополн.: жизнь насы́щена приключе́ниями) и -ен, -енна (без до-

полн.: жи́знь насы́щенна, содержа́тельна)
ната́ивать(ся), -аю, -ает(ся)
ната́лкивание, -я
ната́лкивать(ся), -аю(сь), -ает(ся)
ната́льный
натанцева́ться, -цу́юсь, -цу́ется
ната́пливание, -я
ната́пливать(ся), -аю, -ает(ся)
ната́птывание, -я
ната́птывать(ся), -аю, -ает(ся)
натарато́рить(ся), -рю(сь), -рит(ся)
ната́ска, -и
ната́сканность, -и
ната́сканный; кр. ф. -ан, -ана
натаска́ть(ся), -а́ю(сь), -а́ет(ся)
ната́скивание, -я
ната́скивать(ся), -аю(сь), -ает(ся)
натасо́ванный; кр. ф. -ан, -ана
натасова́ть, -су́ю, -су́ет
натасо́вывать(ся), -аю, -ает(ся)
ната́счик, -а
нататуи́ровать(ся), -ру́ю(сь), -ру́ет(ся)
ната́чанный; кр. ф. -ан, -ана
натача́ть, -а́ю, -а́ет
ната́чивание, -я
ната́чивать(ся), -аю, -ает(ся)
ната́щенный; кр. ф. -ен, -ена
натащи́ть, -ащу́, -а́щит
ната́янный; кр. ф. -ян, -яна
ната́ять, -а́ю, -а́ет
натверди́ть, -ржу́, -рди́т
на́твердо
натве́рженный; кр. ф. -ен, -ена
натве́рживать(ся), -аю, -ает(ся)
натворённый; кр. ф. -ён, -ена́
натвори́ть, -рю́, -ри́т
на́те (возьмите)
на́ тебе (выражение удивления)
на́те вам (выражение удивления)
на́те же
натёк, -а
на́те-ка
натека́ние, -я

натека́ть, -а́ет
натёкший
нате́льный
натереби́ть, -блю́, -би́т
натереблённый; кр. ф. -ён, -ена́
натере́ть(ся), натру́(сь), натрёт(ся); прош. натёр(ся), натёрла(сь)
натерза́ться, -а́юсь, -а́ется
натерпе́ться, -ерплю́сь, -е́рпится
натёртый
натёрший(ся)
натёс, -а (к натеса́ть)
натёсанный; кр. ф. -ан, -ана (от натеса́ть)
натеса́ть, -ешу́, -е́шет (тесанием изготовить в каком-н. количестве)
натёска, -и
натёсывание, -я (от натёсывать)
натёсывать(ся), -аю, -ает(ся) (к натеса́ть)
натёчно-ка́пельный
натёчный
нате́чь, -ечёт, -еку́т; прош. -ёк, -екла́
нате́шенный; кр. ф. -ен, -ена
нате́шить(ся), -шу(сь), -шит(ся)
натибренный; кр. ф. -ен, -ена
натибрить, -рю, -рит
нати́вный
натира́ние, -я
натира́ть(ся), -а́ю(сь), -а́ет(ся)
нати́рка, -и
нати́рочный
нати́рщик, -а
нати́рщица, -ы, тв. -ей
на́тиск, -а
нати́сканный; кр. ф. -ан, -ана
нати́скать(ся), -аю(сь), -ает(ся)
нати́скивать(ся), -аю, -ает(ся)
на́-тка
натканный; кр. ф. -ан, -ана
натка́ть, натку́, наткёт; прош. -а́л, -ала́, -а́ло
наткну́тый

наткну́ть(ся), -ну́(сь), -нёт(ся)
на́товец, -вца, тв. -вцем, р. мн. -вцев
на́товский (от НА́ТО)
ното́лканный; кр. ф. -ан, -ана
натолка́ть(ся), -а́ю(сь), -а́ет(ся)
нато́лкнутый
натолкну́ть(ся), -ну́(сь), -нёт(ся)
натолкова́ть(ся), -ку́ю(сь), -ку́ет(ся)
натоло́кший
натоло́чь, -лку́, -лчёт, -лку́т; прош. -ло́к, -лкла́
натолчённый; кр. ф. -ён, -ена́
натоми́ть(ся), -млю́(сь), -ми́т(ся)
на́тонко
нато́пать(ся), -аю(сь), -ает(ся)
натопи́ть(ся), -оплю́, -о́пит(ся)
нато́пленный; кр. ф. -ен, -ена
нато́птанный; кр. ф. -ан, -ана
натопта́ть(ся), -опчу́(сь), -о́пчет(ся)
нато́птыш, -а, тв. -ем
наторго́ванный; кр. ф. -ан, -ана
наторгова́ть(ся), -гу́ю(сь), -гу́ет(ся)
наторго́вывать(ся), -аю, -ает(ся)
наторе́лый
наторённый; кр. ф. -ён, -ена́
natoрeть, -е́ю, -е́ет
натори́ть, -рю́, -ри́т
нато́рканный; кр. ф. -ан, -ана
нато́ркать, -аю, -ает
натороси́ть, -ошу́, -оси́т
натоскова́ться, -ку́юсь, -ку́ется
нато́ченный; кр. ф. -ен, -ена
наточи́ть(ся), -очу́, -о́чит(ся)
нато́чка, -и
натоща́к
натр, -а
натрави́ть, -авлю́, -а́вит
натра́вка, -и
натра́вленный; кр. ф. -ен, -ена
натра́вливание, -я
натра́вливать(ся), -аю, -ает(ся)
натравля́ть(ся), -я́ю, -я́ет(ся)

натра́вочный
натра́тить, -а́чу, -а́тит
натра́ченный; кр. ф. -ен, -ена
натрезво́нить, -ню, -нит
натрениро́ванность, -и
натрениро́ванный; кр. ф. -ан, -ана
натренирова́ть(ся), -иру́ю(сь), -иру́ет(ся)
натре́нькивать, -аю, -ает
натрёпанный; кр. ф. -ан, -ана
натрепа́ть(ся), -еплю́(сь), -е́плет(ся), -е́плют(ся) и -е́пет(ся), -е́пят(ся)
натре́скаться, -аюсь, -ается
на тре́ть
на тре́тье
натреща́ть(ся), -щу́(сь), -щи́т(ся)
на́триевый
на́трий, -я
натрийоргани́ческий
на́тровый
на́трое
на трои́х
натроли́т, -а
натруби́ть(ся), -блю́(сь), -би́т(ся)
натруди́ть(ся), -ужу́(сь), -у́дит(ся) (утоми́ть(ся))
натруди́ться, -ужу́сь, -у́дится (много потруди́ться)
нату́женный; кр. ф. -ен, -ена и натружённый; кр. ф. -ён, -ена́
натру́живать(ся), -аю, -ает(ся)
натруси́ть(ся), -ушу́, -уси́т(ся)
натру́ска, -и
натру́шенный; кр. ф. -ен, -ена
натру́шивать(ся), -аю, -ает(ся)
натряса́ть(ся), -а́ю, -а́ет(ся)
натрясённый; кр. ф. -ён, -ена́
натрясти́(сь), -су́(сь), -сёт(ся); прош. -я́с(ся), -ясла́(сь)
натря́сший(ся)
нату́га, -и
нату́го
нату́женный; кр. ф. -ен, -ена
нату́живать(ся), -аю(сь), -ает(ся)

нату́жить(ся), -у́жу(сь), -у́жит(ся) (напря́чься)
натужи́ться, -жу́сь, -у́жится (нагорева́ться)
нату́жливость, -и
нату́жливый
нату́жность, -и
нату́жный; кр. ф. -жен, -жна
нату́ра, -ы
натурализа́ция, -и
натурали́зм, -а
натурализо́ванный; кр. ф. -ан, -ана
натурализова́ть(ся), -зу́ю(сь), -зу́ет(ся)
натурали́ст, -а
натуралисти́чески
натуралисти́ческий
натуралисти́чность, -и
натуралисти́чный; кр. ф. -чен, -чна
натурали́стка, -и, р. мн. -ток
натурали́стский
натура́льно, нареч. и вводн. сл.
натура́льно-сто́имостный
натура́льность, -и
натура́льный; кр. ф. -лен, -льна
натурба́н, -а
натури́зм, -а
натури́ст, -а
натури́стка, -и, р. мн. -ток
натури́стский
нату́рный
натуропа́т, -а
натуропа́тия, -и
натуропла́та, -ы
натурфило́соф, -а
натурфилосо́фия, -и
натурфилосо́фский
нату́рщик, -а
нату́рщица, -ы, тв. -ей
натуфи́йский
натуфи́йцы, -ев, ед. -и́ец, -и́йца, тв. -и́йцем
нату́шенный; кр. ф. -ен, -ена
натуши́ть(ся), -шу́, -у́шит(ся)

на ты́ (бы́ть с ке́м-н.)
наты́канный; кр. ф. -ан, -ана
наты́кать, -аю, -ает, сов.
натыка́ть(ся), -а́ю(сь), -а́ет(ся), несов.
наты́ренный; кр. ф. -ен, -ена
наты́рить, -рю, -рит
наты́ркаться, -аюсь, -ается
натюрмо́рт, -а
натюрмо́ртный
натя́г, -а
натяга́ть, -а́ю, -а́ет
натя́гивание, -я
натя́гивать(ся), -аю, -ает(ся)
натяжеле́
натяже́ние, -я
натя́жка, -и, р. мн. -жек
натяжно́й
натя́нутость, -и
натя́нутый
натяну́ть(ся), -яну́, -я́нет(ся)
на убо́й
на у́быль (идти́, пойти́)
науга́д
науглеро́дить, -о́жу, -о́дит
науглеро́женный; кр. ф. -ен, -ена
науглеро́живание, -я
науглеро́живать(ся), -аю, -ает(ся)
науго́льник, -а
науго́льный
наудалу́ю, нареч.
наудачу́, нареч. (сказа́ть науда́чу)
на удивле́ние (кому́; замеча́тельный; в вы́сшей сте́пени)
науди́ть(ся), науж́у(сь), нау́дит(ся)
нау́женный; кр. ф. -ен, -ена
нау́живать(ся), -аю, -ает(ся)
наузнава́ть, -наю́, -наёт
нау́ка, -и
науковед́, -а
наукове́дение, -я
наукове́дческий
наукогра́д, -а
наукоёмкий; кр. ф. -ёмок, -ёмка
наукоёмкость, -и

наукоме́трия, -и
наукообра́зие, -я
наукообра́зность, -и
наукообра́зный; *кр. ф.* -зен, -зна
на́уплиус, -а
на ура́
на́ус, -а
на у́с (мота́ть)
наусти́ть, наущу́, наусти́т
нау́сканный; *кр. ф.* -ан, -ана
нау́ськать, -аю, -ает
нау́ськивание, -я
нау́ськивать(ся), -аю, -ает(ся)
наутёк
наутилоиде́и, -иде́й
наути́лусы, -ов, *ед.* -лус, -а (моллюски)
наутофо́н, -а
нау́тро, *нареч.* (*утром следующего дня:* нау́тро вы́ступили в похо́д), *но сущ.* на у́тро (отложи́ть разгово́р на у́тро)
наутю́женный; *кр. ф.* -ен, -ена
наутю́живать(ся), -аю(сь), -ает(ся)
наутю́жить(ся), -жу(сь), -жит(ся)
науча́ть(ся), -а́ю(сь), -а́ет(ся)
науче́ние, -я
нау́ченный; *кр. ф.* -ен, -ена
на учёт (взя́ть, поста́вить)
научи́ть(ся), научу́(сь), нау́чит(ся)
нау́чник, -а (*научный работник*)
нау́чно-внедре́нческий
нау́чно дока́занный
нау́чно-иссле́довательский
нау́чно-координацио́нный
нау́чно-методи́ческий
нау́чно обосно́ванный
нау́чно-организацио́нный
нау́чно-познава́тельный
нау́чно-популя́рный
нау́чно-практи́ческий
нау́чно-произво́дственный
нау́чно-просвети́тельный
нау́чно-реставрацио́нный
нау́чно-спорти́вный

нау́чность, -и
нау́чно-теорети́ческий
нау́чно-техни́ческий
нау́чно-фантасти́ческий
нау́чно-худо́жественный
нау́чно-эксперимента́льный
нау́чный; *кр. ф.* -чен, -чна
на у́шко (сказа́ть)
нау́шник, -а (*доносчик*)
нау́шники, -ов, *ед.* -ник, -а (*прибор*)
нау́шница, -ы, *тв.* -ей
нау́шничанье, -я
нау́шничать, -аю, -ает
нау́шнический
нау́шничество, -а
науща́ть, -а́ю, -а́ет
науще́ние, -я
наущённый; *кр. ф.* -ён, -ена́
нафа́бренный; *кр. ф.* -ен, -ена
нафа́бривать(ся), -аю(сь), -ает(ся)
нафабрико́ванный; *кр. ф.* -ан, -ана
нафабрикова́ть, -ку́ю, -ку́ет
нафа́брить(ся), -рю(сь), -рит(ся)
нафантази́рованный; *кр. ф.* -ан, -ана
нафантази́ровать, -рую, -рует
нафарширо́ванный; *кр. ф.* -ан, -ана
нафарширова́ть(ся), -ру́ю, -ру́ет(ся)
нафарширо́вывать(ся), -аю, -ает(ся)
на́ фиг
на фига́
нафиксатуа́ренный; *кр. ф.* -ен, -ена
нафиксатуа́рить(ся), -рю(сь), -рит(ся)
нафилосо́фствовать(ся), -твую(сь), -твует(ся)
нафиска́лить, -лю, -лит
на фо́не (кого, чего)
наформо́ванный; *кр. ф.* -ан, -ана

наформова́ть, -му́ю, -му́ет
наформо́вывать(ся), -аю, -ает(ся)
нафтала́н, -а
нафтала́новый
нафталанолече́ние, -я
нафтали́н, -а
нафтали́нный
нафтали́новый
нафтена́ты, -ов, *ед.* -на́т, -а
нафте́новый
нафте́ны, -ов, *ед.* -те́н, -а
нафти́ды, -ов, *ед.* -ти́д, -а
нафтизи́н, -а
нафтилами́ны, -ов, *ед.* -ми́н, -а
нафтио́новый
нафто́иды, -ов, *ед.* -о́ид, -а
нафто́л, -а
нафто́ловый
нафтохино́ны, -ов, *ед.* -но́н, -а
на фуфу́
нафы́ркать(ся), -аю(сь), -ает(ся)
наха́живать, -аю, -ает
наха́л, -а
наха́линка, -и
наха́лка, -и, *р. мн.* -лок
нахалту́рить, -рю, -рит
наха́льничать, -аю, -ает
наха́льность, -и
наха́льный; *кр. ф.* -лен, -льна
наха́льство, -а
нахалю́га, -и, *м. и ж.*
на халя́ву
нахами́ть, -млю́, -ми́т
наха́панный; *кр. ф.* -ан, -ана
наха́пать, -аю, -ает
на хапо́к (бра́ть)
наха́пывать(ся), -аю, -ает(ся)
наха́ркано, *в знач. сказ.*
наха́ркать, -аю, -ает
нахва́ленный; *кр. ф.* -ен, -ена
нахва́ливание, -я
нахва́ливать(ся), -аю(сь), -ает(ся)
нахвали́ть(ся), -алю́(сь), -а́лит(ся)
нахва́стать(ся), -аю(сь), -ает(ся)
нахва́танность, -и

нахва́танный; *кр. ф.* -ан, -ана
нахвата́ть(ся), -а́ю(сь), -а́ет(ся)
нахва́тывать(ся), -аю(сь), -ает(ся)
нахвора́ться, -а́юсь, -а́ется
нахво́стник, -а
на́хзац, -а, *тв.* -ем
нахи́мовец, -вца, *тв.* -вцем, *р. мн.* -вцев
нахи́мовский (*от* Нахи́мов)
Нахи́мовское учи́лище
нахичева́нский (*от* Нахичева́нь)
нахичева́нцы, -ев, *ед.* -нец, -нца, *тв.* -нцем
нахлами́ть, -млю́, -ми́т
нахламлено́, *в знач. сказ.*
нахла́мостить, -ощу, -остит
нахлеба́ться, -а́юсь, -а́ется
нахле́бник, -а
нахле́бница, -ы, *тв.* -ей
нахле́бничать, -аю, -ает
нахле́бничество, -а
нахлёбываться, -аюсь, -ается
нахлёст, -а
нахлёстанный; *кр. ф.* -ан, -ана
нахлеста́ть(ся), -ещу́(сь), -е́щет(ся)
нахлёстка, -и, *р. мн.* -ток
нахлёстнутый
нахлестну́ть, -ну́, -нёт
нахлёстом, *нареч.*
нахлёстывание, -я
нахлёстывать(ся), -аю(сь), -ает(ся)
нахлобу́ченный; *кр. ф.* -ен, -ена
нахлобу́чивать(ся), -аю(сь), -ает(ся)
нахлобу́чить(ся), -чу(сь), -чит(ся)
нахлобу́чка, -и, *р. мн.* -чек
нахло́панный; *кр. ф.* -ан, -ана
нахло́пать(ся), -аю(сь), -ает(ся)
нахлопота́ться, -почу́сь, -по́чется
нахло́пывать(ся), -аю(сь), -ает(ся)
нахлы́нуть, -нет
на́хлыст, -а

нахлы́станный; *кр. ф.* -ан, -ана
нахлыста́ть, -а́ю, -а́ет
нахму́ренный; *кр. ф.* -ен, -ена
нахму́ривать(ся), -аю(сь), -ает(ся)
нахму́рить(ся), -рю(сь), -рит(ся)
нахны́каться, -ы́чусь, -ы́чется и -аю(сь), -ается
находи́ть(ся), -ожу́(сь), -о́дит(ся)
нахо́дка, -и, *р. мн.* -док
нахо́дкинский (*от* Нахо́дка, *город*)
нахо́дкинцы, -ев, *ед.* -нец, -нца, *тв.* -нцем
на ходу́
нахо́дчивость, -и
нахо́дчивый
находя́щий(ся)
нахожде́ние, -я
нахо́женный; *кр. ф.* -ен, -ена
нахозя́йничать(ся), -аю(сь), -ает(ся)
нахозя́йствовать(ся), -твую(сь), -твует(ся)
нахола́живание, -я
нахола́живать(ся), -аю, -ает(ся)
нахолода́ть(ся), -а́ю(сь), -а́ет(ся)
нахолоди́ть(ся), -ожу́, -оди́т(ся)
нахоложённый; *кр. ф.* -ён, -ена́
нахомута́ть, -а́ю, -а́ет
на хорошо́
нахо́хленный; *кр. ф.* -ен, -ена
нахо́хливать(ся), -аю(сь), -ает(ся)
нахо́хлить(ся), -лю(сь), -лит(ся)
нахохота́ться, нахохочу́сь, нахохо́чется
нахра́п, -а
нахрапе́ться, -плю́сь, -пи́тся
нахра́пистость, -и
нахра́пистый
нахра́пник, -а
на храпо́к (бра́ть)
нахра́пом, *нареч.*
на́хский (на́хские языки́)
на́хско-дагеста́нский (на́хско-дагеста́нские языки́)

нахулига́нить(ся), -ню(сь), -нит(ся)
нацара́панный; *кр. ф.* -ан, -ана
нацара́пать, -аю, -ает
нацара́пывать(ся), -аю, -ает(ся)
наца́рствовать(ся), -твую(сь), -твует(ся)
нацеди́ть(ся), -ежу́, -е́дит(ся)
наце́женный; *кр. ф.* -ен, -ена
наце́живание, -я
наце́живать(ся), -аю, -ает(ся)
наце́ленность, -и
наце́ленный; *кр. ф.* -ен, -ена
наце́ливание, -я
наце́ливать(ся), -аю(сь), -ает(ся)
наце́лить(ся), -лю(сь), -лит(ся)
на́цело
нацело́ванный; *кр. ф.* -ан, -ана
нацелова́ть(ся), -лу́ю(сь), -лу́ет(ся)
наценённый; *кр. ф.* -ён, -ена́
наце́нивать(ся), -аю, -ает(ся)
наценя́ть, -еню́, -е́нит
наце́нка, -и, *р. мн.* -нок
нацепи́ть(ся), -еплю́, -е́пит(ся)
наце́пка, -и
наце́пленный; *кр. ф.* -ен, -ена
нацепля́ть(ся), -я́ю, -я́ет(ся)
на́ци, *нескл., м.*
наци́зм, -а
На́ции, -ий: Ли́га На́ций, Объединённые На́ции
национа́л, -а
национал-... — *первая часть сложных слов, пишется через дефис*
национа́л-большеви́зм, -а
национа́л-большеви́стский
национа́л-держа́вный (национа́л-держа́вная рито́рика)
национализа́ция, -и
национализи́рованный; *кр. ф.* -ан, -ана
национализи́ровать(ся), -рую, -рует(ся)
национали́зм, -а

националист, -а
националистический
националистичный; *кр. ф.* -чен, -чна
националистка, -и, *р. мн.* -ток
националистский
националка, -и, *р. мн.* -лок
национал-коммунизм, -а
национал-коммунист, -а
национал-коммунистический
национал-либерал, -а
национал-либеральный
национал-патриот, -а
национал-патриотизм, -а
национал-патриотический
национал-радикал, -а
национал-радикализм, -а
национал-радикальный
национал-социализм, -а
национал-социалист, -а
национал-социалистский
национал-шовинизм, -а
национал-шовинист, -а
национал-шовинистический
Национальная хоккейная лига (НХЛ)
национально-государственный
национально-демократический
Национальное собрание (*парламент в нек-рых странах*)
национально-культурный
национально-освободительный
национально-патриотический
национально-революционный
национально-региональный
национально-религиозный
национально-русский
национальность, -и
национально-территориальный
национально-языковой
национальный; *кр. ф.* -лен, -льна
национал-экстремизм, -а

национал-экстремист, -а
национал-экстремистский
нацист, -а
нацистка, -и, *р. мн.* -ток
нацистский
нация, -и
нацмен, -а
нацменка, -и, *р. мн.* -нок
нацменовский
нацменьшинства, -инств, *ед.* -инство, -инства
на цугундер (брать)
на цыпочках
на цыпочки
начадить, -ажу, -адит
начаи, -ев (*чаевые, устар.*)
начало, -а
начальник, -а
начальница, -ы, *тв.* -ей
начальничек, -чка
начальнически
начальнический
начальничий, -ья, -ье
начальность, -и
начальный
начальственно, *нареч.*
начальственность, -и
начальственный; *кр. ф.* -вен и -венен, -венна
начальство, -а
начальствование, -я
начальствовать, -твую, -твует
начальствующий
начарт, -а
на часах (*на карауле*)
начатие, -я
начатки, -ов
начаточный
начатый; *кр. ф.* -ат, -ата, -ато
начать(ся), начну, начнёт(ся); *прош.* начал, начался, начала(сь), начало, началось
начдив, -а
начеканенный; *кр. ф.* -ен, -ена
начеканивать(ся), -аю, -ает(ся)
начеканить, -ню, -нит

начеку
начёрканный; *кр. ф.* -ан, -ана
начеркать, -аю, -ает и начёркать, -аю, -ает
начёркивать(ся), -аю, -ает(ся)
начернённый; *кр. ф.* -ён, -ена
начернить(ся), -ню(сь), -нит(ся)
начерно
начернять(ся), -яю(сь), -яет(ся)
начёрпанный; *кр. ф.* -ан, -ана
начерпать, -аю, -ает
начёрпывать(ся), -аю, -ает(ся)
на чёрта и на черта (*зачем, для чего*)
начертание, -я
начертанный; *кр. ф.* -ан, -ана
начертательный
начертать, -аю, -ает
начертить, -ерчу, -ертит
начерченный; *кр. ф.* -ен, -ена
начерчивание, -я
начерчивать(ся), -аю, -ает(ся)
начёс, -а
начёсанный; *кр. ф.* -ан, -ана
начесать(ся), -ешу(сь), -ешет(ся)
начёсный
начесть(ся), начту, начтёт(ся); *прош.* начёл(ся), начла(сь)
начёсывание, -я
начёсывать(ся), -аю(сь), -ает(ся)
начёт, -а
на четвереньках
на четвереньки
начетверо
на четверть
на четверых
начётистый
начётнический
начётничество, -а
начётный
начётчик, -а
начётчица, -ы, *тв.* -ей
начин, -а
начинание, -я
начинатель, -я
начинательница, -ы, *тв.* -ей

НАЧИНАТЕЛЬНЫЙ

начина́тельный
начина́ть(ся), -а́ю, -а́ет(ся)
начина́ющий(ся)
начина́я, *деепр.*
начина́я от (с), *предлог*
начи́ненный; *кр. ф.* -ен, -ена (*от* начини́ть¹)
начинённый; *кр. ф.* -ён, -ена́ (*от* начини́ть²)
начи́нивать(ся), -аю, -ает(ся)
начини́ть¹, -иню́, -и́нит (*к* чини́ть¹)
начини́ть², -ню́, -ни́т (*наполнить*)
начи́нка, -и, *р. мн.* -нок
начи́ночка, -и, *р. мн.* -чек
начи́ночный
начиня́ть(ся), -я́ю, -я́ет(ся)
начи́рканный; *кр. ф.* -ан, -ана
начи́ркать, -аю, -ает
начисле́ние, -я
начи́сленный; *кр. ф.* -ен, -ена
начи́слить(ся), -лю, -лит(ся)
начисля́ть(ся), -я́ю, -я́ет(ся)
начи́стить(ся), -и́щу(сь), -и́стит(ся)
на́чисто
начистоту́, *нареч.* (*откровенно*)
начисту́ю
начи́танность, -и
начи́танный; *кр. ф. прич.* -ан, -ана; *кр. ф. прил.* -ан, -анна (она́ умна́ и начи́танна)
начита́ть(ся), -а́ю(сь), -а́ет(ся)
начи́тывание, -я
начи́тывать(ся), -аю(сь), -ает(ся)
начиха́ть(ся), -а́ю(сь), -а́ет(ся)
начища́ть(ся), -а́ю(сь), -а́ет(ся)
начи́щенный; *кр. ф.* -ен, -ена
начка́нц, -а, *тв.* -ем, *р. мн.* -ев
начме́д, -а
начпро́д, -а
начсоста́в, -а
начтённый; *кр. ф.* -ён, -ена́
начуда́чить, -чу, -чит
начуде́сить, -ит
начуди́ть, -и́т

начфи́н, -а
начха́ть, -а́ю, -а́ет
начхи́м, -а
начхо́з, -а
начце́ха, *нескл., м. и ж.*
начшта́ба, *нескл., м. и ж.*
наш¹, на́ше, на́шего, на́ша, на́шей, *мн.* на́ши, на́ших, *местоим.*
наш², *нескл., м. и с.* (*название буквы*)
нашага́ть(ся), -а́ю(сь), -а́ет(ся)
нашали́ть(ся), -лю́(сь), -ли́т(ся)
на шара́п
наша́ренный; *кр. ф.* -ен, -ена
наша́ривание, -я
наша́ривать(ся), -аю, -ает(ся)
наша́рить, -рю, -рит
наша́ркано, *в знач. сказ.*
наша́ркать, -аю, -ает
нашармака́
нашармачка́
нашаромы́жку
наша́ться, -а́юсь, -а́ется
нашаты́рно-ани́совый
нашаты́рный
нашаты́рь, -я́
нашвы́ривать(ся), -аю, -ает(ся)
нашвы́рянный; *кр. ф.* -ян, -яна
нашвыря́ть, -я́ю, -я́ет
наше́дший(ся)
наше́йный
нашелушённый; *кр. ф.* -ён, -ена́
нашелуши́ть(ся), -шу́, -ши́т(ся)
на́шенский
нашепта́ние, -я
нашёптанный; *кр. ф.* -ан, -ана
нашепта́ть(ся), -епчу́(сь), -е́пчет(ся)
нашёптывание, -я
нашёптывать(ся), -аю, -ает(ся)
наше́ст, -а
наше́ствие, -я
нашива́ние, -я
на́шивать, *наст. вр. не употр.*
нашива́ть(ся), -а́ю, -а́ет(ся)
наши́вка, -и, *р. мн.* -вок

нашивно́й
наши́льник, -а
нашинко́ванный; *кр. ф.* -ан, -ана
нашинкова́ть, -ку́ю, -ку́ет
нашинко́вывать(ся), -аю, -ает(ся)
наши́тый
наши́ть, нашью́, нашьёт
нашко́дить, -дит
нашле́мник, -а
нашлёпанный; *кр. ф.* -ан, -ана
нашлёпать, -аю, -ает
нашлёпка, -и, *р. мн.* -пок
нашлёпнуть, -ну, -нет
нашлёпывать(ся), -аю, -ает(ся)
нашля́ться, -я́юсь, -я́ется
нашпа́ренный; *кр. ф.* -ен, -ена
нашпа́ривать(ся), -аю, -ает(ся)
нашпа́рить, -рю, -рит
нашпиго́ванный; *кр. ф.* -ан, -ана
нашпигова́ть, -гу́ю, -гу́ет
нашпиго́вывание, -я
нашпиго́вывать(ся), -аю, -ает(ся)
нашпи́ленный; *кр. ф.* -ен, -ена
нашпи́ливать(ся), -аю, -ает(ся)
нашпи́лить, -лю, -лит
наштампо́ванный; *кр. ф.* -ан, -ана
наштампова́ть, -пу́ю, -пу́ет
наштампо́вывать(ся), -аю, -ает(ся)
нашто́панный; *кр. ф.* -ан, -ана
нашто́пать, -аю, -ает
нашто́пывать, -аю, -ает
наштукату́ренный; *кр. ф.* -ен, -ена
наштукату́ривать(ся), -аю(сь), -ает(ся)
наштукату́рить(ся), -рю(сь), -рит(ся)
нашуме́вший
нашуме́ть, -млю́, -ми́т
нашути́ться, -учу́сь, -у́тится
на шу́хере
нашушу́каться, -аюсь, -ается
нащеголя́ться, -я́юсь, -я́ется

нащёлканный; *кр. ф.* -ан, -ана
нащёлкать, -аю, -ает
нащёлкивать, -аю, -ает
нащепа́нный; *кр. ф.* -ан, -ана
нащепа́ть, нащеплю́, наще́плет и -а́ю, -а́ет (*к* щепа́ть)
нащи́панный; *кр. ф.* -ан, -ана
нащипа́ть, -иплю́, -и́плет, -и́плют и -и́пет, -и́пят; *также* -а́ю, -а́ет (*к* щипа́ть)
нащи́пывать(ся), -аю, -ает(ся)
нащу́панный; *кр. ф.* -ан, -ана
нащу́пать, -аю, -ает
нащу́пывание, -я
нащу́пывать(ся), -аю, -ает(ся)
наэконо́мить, -млю, -мит
наэконо́мленный; *кр. ф.* -ен, -ена
наэлектризо́ванность, -и
наэлектризо́ванный; *кр. ф.* -ан, -ана
наэлектризова́ть(ся), -зу́ю(сь), -зу́ет(ся)
наэлектризо́вывать(ся), -аю(сь), -ает(ся)
на юру́
на́я, -и (*змея*)
наябедничать, -аю, -ает
наяву́
на́яда, -ы
на́ядовые, -ых
на́ян, -а
на́янливый
на́ябривать, -аю, -ает
на я́ть
на́ла, *нескл., мн., ед. м. и ж.* (*группа народов*)
нанаса́нка, -и, *р. мн.* -нок
нанаса́нский
нанаса́ны, -а́н и -ов, *ед.* -са́н, -а
оо́ни, *нескл., мн., ед. м. и ж. (народ)*
ебе́ле, *нескл., мн., ед. м. и ж. (народ)*
рав, -а (*прост. и шутл. к* нрав)
ДС [эндэ́с], *нескл., м. (сокр.: налог на добавленную стоимость*)

не, *частица отрицательная*
неаванта́жный*; *кр. ф.* -жен, -жна
неавтоматизи́рованный*
неадеква́тнее*
неадеква́тность*, -и
неадеква́тный*; *кр. ф.* -тен, -тна
неадъекти́вный*
неакко́рдовый*
неаккура́тнее*
неаккура́тность*, -и
неаккура́тный*; *кр. ф.* -тен, -тна
неакти́вный*; *кр. ф.* -вен, -вна
неактуа́льнее*
неактуа́льность*, -и
неактуа́льный*; *кр. ф.* -лен, -льна
неангажи́рованность*, -и
неангажи́рованный*
неандерта́льский
неандерта́льцы, -ев, *ед.* -лец, -льца, *тв.* -льцем
неаполита́нка, -и, *р. мн.* -нок
неаполита́нский (*от* Неа́поль)
неаполита́нцы, -ев, *ед.* -нец, -нца, *тв.* -нцем
неаппети́тный*; *кр. ф.* -тен, -тна
неаристо́телевская* ло́гика
Неа́рктика, -и (*зоогеографическая область суши*)
Неаркти́ческая о́бласть
неаркти́ческий (*от* Неа́рктика)
не ахти́
не ахти́ как
не ахти́ како́й
небана́льность*, -и
небана́льный*; *кр. ф.* -лен, -льна
не беда́
не бедне́е
небе́дный*
не без (не без успе́ха, не без сожале́ния)
небезвре́дный*; *кр. ф.* -ден, -дна
небезвы́годный*; *кр. ф.* -ден, -дна
не без греха́
небезгре́шный*; *кр. ф.* -шен, -шна

небезда́рный*; *кр. ф.* -рен, -рна
небезнадёжность*, -и
небезнадёжный*; *кр. ф.* -жен, -жна
небезоби́дность*, -и
небезоби́дный*; *кр. ф.* -ден, -дна
небезопа́сность*, -и
небезопа́сный*; *кр. ф.* -сен, -сна
не без основа́ния
небезоснова́тельность*, -и
небезоснова́тельный*; *кр. ф.* -лен, -льна
небезоши́бочность*, -и
небезоши́бочный*; *кр. ф.* -чен, -чна
не без причи́ны
небезразли́чие*, -я
не безразли́чно, *в знач. сказ.*
небезразли́чный*; *кр. ф.* -чен, -чна
небезрезульта́тный*; *кр. ф.* -тен, -тна
не без того́
не без труда́
небезукори́зненный*; *кр. ф.* -нен, -ненна
небезупре́чный*; *кр. ф.* -чен, -чна
не без успе́ха
небезуспе́шный*; *кр. ф.* -шен, -шна
небезуча́стный*; *кр. ф.* -тен, -тна
небезызве́стный*; *кр. ф.* -тен, -тна
небезынтере́сный*; *кр. ф.* -сен, -сна
не без э́того
не белённый, *прич.*
небелёный*, *прил.*
небережли́вость*, -и
небережли́вый*
небеса́, небе́с, -а́м и (*Божественные силы, высок.*) Небеса́, Небе́с, -а́м
небескоры́стнее*
небескоры́стный*; *кр. ф.* -тен, -тна

НЕБЕСНАЯ ИМПЕРИЯ

Небе́сная импе́рия (*об импера́торском Кита́е*)
небе́сно-голубо́й
небе́сный; *но*: Ца́рь Небе́сный (Бог), Цари́ца Небе́сная (Богоро́дица), Ца́рство (Ца́рствие) Небе́сное (*богосл.*)
не беспла́тно, *нареч.*
небеспло́дный*; *кр. ф.* -ден, -дна
небеспо́лезный*; *кр. ф.* -зен, -зна
небеспо́чвенный*; *кр. ф.* -вен и -венен, -венна
небеспреде́льный*; *кр. ф.* -лен, -льна
небеспристра́стность*, -и
небеспристра́стный*; *кр. ф.* -тен, -тна
небесспо́рность*, -и
небесспо́рный*; *кр. ф.* -рен, -рна
небестала́нность*, -и
небестала́нный*; *кр. ф.* -а́нен, -а́нна
неби́тый*
неблагови́днее*
неблагови́дность*, -и
неблагови́дный*; *кр. ф.* -ден, -дна
неблаговоспи́танность*, -и
неблаговоспи́танный*; *кр. ф.* -ан, -анна
неблагода́рнее*
неблагода́рность*, -и
неблагода́рный*; *кр. ф.* -рен, -рна
неблагожела́тельность*, -и
неблагожела́тельный*; *кр. ф.* -лен, -льна
неблагожела́тельство*, -а
неблагозву́чие*, -я
неблагозву́чнее*
неблагозву́чность*, -и
неблагозву́чный*; *кр. ф.* -чен, -чна
неблагонадёжнее*
неблагонадёжность*, -и
неблагонадёжный*; *кр. ф.* -жен, -жна

неблагонаме́ренность*, -и
неблагонаме́ренный*; *кр. ф.* -рен, -ренна
неблагообра́зный*; *кр. ф.* -зен, -зна
неблагополу́чие*, -я
неблагополу́чнее*
неблагополу́чно*, *нареч. и в знач. сказ.*
неблагополу́чный*; *кр. ф.* -чен, -чна
неблагоприли́чный*; *кр. ф.* -чен, -чна
неблагопристо́йнее*
неблагопристо́йность*, -и
неблагопристо́йный*; *кр. ф.* -о́ен, -о́йна
неблагоприя́тнее*
неблагоприя́тный*; *кр. ф.* -тен, -тна
неблагоразу́мие*, -я
неблагоразу́мнее*
неблагоразу́мный*; *кр. ф.* -мен, -мна
неблагоро́днее*
неблагоро́дный*; *кр. ф.* -ден, -дна
неблагоскло́нность*, -и
неблагоскло́нный*; *кр. ф.* -о́нен, -о́нна
неблагоустро́енность*, -и
неблагоустро́енный*; *кр. ф.* -ен, -енна, *прил.*
небле́стящий*
не бли́же
небли́зкий*
нёбно-зубно́й
нёбный
не́бо, -а и (*Боже́ственные си́лы, высок.*) Не́бо, -а
нёбо, -а (*во рту*)
небога́тый*
не бога́че
не бог ве́сть (кто́, что́, како́й, где́ и т. п.)
не бог зна́ет (кто́, что́, како́й, где́ и т.п.)

небоеспосо́бнее*
небоеспосо́бность*, -и
небоеспосо́бный*; *кр. ф.* -бен, -бна
небожи́тель, -я
небожи́тельница, -ы, *тв.* -ей
небо́йкий*
небокопти́тель, -я
не бо́лее
не бо́льше
не бо́льший
небольшо́й*; с небольши́м
небосво́д, -а
небоскло́н, -а
небоскрёб, -а
небо́сь
небра́сский (*от* Небра́ска)
небра́сцы, -ев, *ед.* -сец, -сца, *тв.* -сцем
небреже́ние, -я
небре́жничать, -аю, -ает
небре́жность, -и
небре́жный; *кр. ф.* -жен, -жна
небре́чь, -регу́, -режёт, -регу́т; *прош.* -рёг, -регла́
небри́тость*, -и
небри́тый*
небро́ский*; *кр. ф.* небро́сок, -ска
небро́скость*, -и
небуля́рный
небыва́лый (*не быва́вший пре́жде*)
небыва́льщина, -ы
небыли́ца, -ы, *тв.* -ей
не́быль, -и
не быстре́е
небы́стрый*
небытие́, -я́ (*несуществова́ние*)
небью́щийся*
небюдже́тный*
нева́дский (*от* Нева́да)
нева́дцы, -ев, *ед.* -дец, -дца, *тв.* -дцем
не важне́е
неважне́ц, *в знач. сказ.*
неважне́цки

неважне́цкий
нева́жно*, в знач. сказ. (к нева́жный*)
нева́жно, нареч. (к нева́жный: нева́жно себя́ чу́вствовать)
нева́жность*, -и (к нева́жный*)
нева́жный*; кр. ф. -жен, -жна́, -жно, -а́жны (не заслуживающий особого внимания: нева́жная подро́бность)
нева́жный; кр. ф. -жен, -жна (не вполне хороший: нева́жное здоро́вье)
невалюти́рованный*
неваля́шка, -и, р. мн. -шек
нева́ри, неизм. и нескл., м. (язык)
нева́ры, -ов, ед. -а́р, -а (народ)
не ва́ш, -а
не в бро́вь, а в гла́з
невдалеке́*
невдали́*
не в дико́винку
невдога́д
невдолге́
невдомёк
не вдру́г
не в дугу́
не в духа́х
не в ду́хе
невегла́с, -а
неве́данный
неве́дение, -я
неве́домо (кто́, что́, како́й, где́, ка́к, куда́ и т. п.)
неве́домый
неве́жа, -и, тв. -ей, м. и ж.
неве́жда, -ы, м. и ж.
неве́жественно, нареч.
неве́жественность, -и
неве́жественный; кр. ф. -вен и -венен, -венна
неве́жество, -а
неве́жливее*
неве́жливость*, -и
неве́жливый*
везде́

невезе́ние*, -я
невезу́ха*, -и
невезу́честь*, -и
невезу́чий*
не ве́лено, в знач. сказ.
невели́к*, -а́ (кр. ф. к небольшо́й*); невели́к ро́стом, беда́ невелика́
не вели́к, не велика́ (не большего размера, чем нужно: ту́фли ей не велики́)
невели́кий (небольшой: невели́кий знато́к, люби́тель)
невеликоду́шный*; кр. ф. -шен, -шна
невели́чка, -и, р. мн. -чек
не́вельский (от Не́вель и Не́вельск)
не́вельцы, -ев, ед. -лец, -льца, тв. -льцем (от Не́вель)
невельча́не, -а́н, ед. -а́нин, -а (от Не́вель и Не́вельск)
неве́р, -а
неверба́льный*
неве́рие, -я
не верне́е
неве́рно*, нареч.
неве́рность*, -и
неве́рные, -ых (иноверцы)
неве́рный*; кр. ф. -рен, -рна́, -рно, -ёрны (неправильный; нарушающий верность) и неве́рный (неуверенный, нетвердый: неве́рная похо́дка; непрочный, слабый: неве́рный све́т; маловерный)
невероя́тие, -я; до невероя́тия
невероя́тность, -и (неправдоподобность)
невероя́тный; кр. ф. -тен, -тна (неправдоподобный; очень большой, чрезвычайный)
неве́рующий*
не веселе́е
невесе́ло*, нареч. и в знач. сказ.
невесёлый*; кр. ф. -ёсел, -есела́, -ёсело, -ёселы́

невесо́мее (от невесо́мый)
не весо́мее (к весо́мый – веский, значимый)
невесо́мость, -и (легкость; состояние тел вне сил притяжения)
невесо́мый (очень легкий)
неве́ста, -ы
неве́стин, -а, -о
неве́ститься, -е́щусь, -е́стится
неве́стка, -и, р. мн. -ток
неве́сткин, -а, -о
неве́стушка, -и, р. мн. -шек
неве́сть (кто́, что́, како́й, куда́ и т. п.)
не ве́сь, не вся́, не всё, не все́
не ветера́н труда́
не ве́чен, не ве́чна
не ве́чер (ещё не ве́чер)
неве́чный*
невеще́ственность*, -и
невеще́ственный*; кр. ф. -вен и -венен, -венна
не ве́янный, прич.
неве́яный*, прил.
невзаимозамести́мость*, -и (фото)
не взапра́вду
не в зачёт
невзви́деть, -и́жу, -и́дит (невзви́деть све́та (све́ту)
невзго́да, -ы
невзира́я на, предлог (невзира́я на ли́ца)
невзлюби́ть, -люблю́, -лю́бит
невзнача́й
невзно́с*, -а (действие)
невзра́чность, -и
невзра́чный; кр. ф. -чен, -чна
невзыска́тельнее*
невзыска́тельность*, -и
невзыска́тельный*; кр. ф. -лен, -льна
не́видаль, -и
невида́льщина, -ы
неви́данно, нареч.

НЕВИДАННЫЙ

невиданный; *кр. ф.* -ан, -анна, *прил.*
не видать (*не видно*)
не виден, не видна, не видно, не видны
невидимка, -и, *р. мн.* -мок
невидимый* (*недоступный зрению*)
не виднее
не видно, *в знач. сказ.*
невидность, -и (*от* невидный)
невидный* (*недоступный зрению*) и невидный; *кр. ф.* -ден, -дна (*незаметный, невзрачный*)
невидящий*, но: невидящий взгляд (*рассеянный*)
невинномысский (*от* Невинномысск)
невинномысцы, -ев, *ед.* -сец, -сца, *тв.* -сцем
невинность, -и
невинноубиенный
невинный; *кр. ф.* -инен, -инна
не виноват, не виновата
невиноватый*
невиновность*, -и
невиновный*; *кр. ф.* -вен, -вна
не в кайф
не в коня корм
невкусно*, *нареч. и в знач. сказ.*
невкусный*; *кр. ф.* -сен, -сна, -сно, -усны
не в лад
не в ладах
не в ладу
не властен, не властна (*в чем и с неопр.*)
невластный* (*лишенный власти*)
не в масть
невменяемость*, -и
невменяемый*
не в меру
невместно
невмешательство*, -а
невмоготу
не в моде

невмочь
невмы, невм, *ед.* невма, -ы
не внакладе
невнесение*, -я
невнимание*, -я
невнимательнее*
невнимательность*, -и
невнимательный; *кр. ф.* -лен, -льна
не в новинку
не в новость
не в ногу
невнятица, -ы, *тв.* -ей
невнятнее*
невнятность*, -и
невнятный*; *кр. ф.* -тен, -тна
не в обиду
не вовремя
невод, -а, *мн.* -а, -ов и -ы, -ов
неводовыборочный
невоеннообязанный*
военный*
невозбранность, -и
невозбранный; *кр. ф.* -анен, -анна
невозбудимость*, -и
невозбудимый*
невозврат*, -а (*действие*)
невозвратимость, -и
невозвратимый
невозвратность, -и (*к* невозвратный)
невозвратный; *кр. ф.* -тен, -тна (*невозвратимый*)
невозвращенец, -нца, *тв.* -нцем, *р. мн.* -нцев
невозвращение*, -я
невозвращенчество, -а
невозгораемость*, -и
невозгораемый*
невозделанность, -и
невозделанный*
невоздержание*, -я
невоздержаннее*
невоздержанность*, -и
невоздержанный*; *кр. ф.* -ан, -анна

невоздержнее*
невоздержность*, -и
невоздержный*; *кр. ф.* -жен, -жна
невозможно*, *в знач. сказ.* (*нет возможности*) и невозможно, *нареч.* (*чрезвычайно*)
невозможность*, -и (*к* невозможный*) и невозможность, -и (*к* невозможный); до невозможности
невозможный*; *кр. ф.* -жен, -жна (*неосуществимый, невыполнимый*) и невозможный; *кр. ф.* -жен, -жна (*невыносимый, непозволительный; чрезвычайный*)
невозмутимость, -и
невозмутимый
невозмущённый* (*физ.*)
невознаградимость, -и
невознаградимый
невозобновимость*, -и
невозобновимый*
невозобновление*, -я
невозобновляемость*, -и
неволей, *нареч.*
не волен, не вольна (*не имеет возможности*)
неволить, -лю, -лит
не вольнее
невольник, -а
невольница, -ы, *тв.* -ей
невольнический
невольничество, -а
невольничий, -ья, -ье
Невольничий Берег (*территория в Африке*)
Невольничья, -ьей (*река в Канаде*)
невольно, *нареч.* (*ненамеренно, нечаянно*)
невольный (*ненамеренный, нечаянный*)
неволя, -и (*отсутствие свободы, плен, рабство*)
неволящий
невообразимый

невооружённость*, -и
невооружённый*
невоскресимый
невоскресный*
невоспитаннее*
невоспитанно*, нареч.
невоспитанность*, -и
невоспитанный*; кр. ф. -ан, -анна, прил.
невоспламеняемость*, -и
невоспламеняемый*
невосполнимость*, -и
невосполнимый*
невосприимчивее*
невосприимчивость*, -и
невосприимчивый*
невосстановимость*, -и
невосстановимый*
невостребованность*, -и
невостребованный*
невосходящий (астр.)
не во что
невоюющий*
не в пандан
не впервой
не впервые
не в подъём
не вполне
невпопад
не впору (не по размеру)
не в пору (несвоевременно)
не в порядке
не в почёте
не вправе
не в пример
невпроворот
не впрок
не в радость
невразумительнее*
невразумительность*, -и
невразумительный*; кр. ф. -лен, -льна
невралгический
невралгия, -и
неврастеник, -а
неврастенический

неврастеничка, -и, р. мн. -чек
неврастеничность, -и
неврастеничный; кр. ф. -чен, -чна
неврастения, -и
невращение*, -я
невредимость, -и
невредимый
не вреднее
невредно*, в знач. сказ.
невредный*
не время, в знач. сказ. (сейчас не время рассуждать)
неврилемма, -ы и невролемма, -ы
невринома, -ы
неврит, -а (болезнь; то же, что нейрит)
невробластома, -ы
неврогенный и нейрогенный
невродиспансер, -а
невроз, -а (болезнь)
невролемма, -ы и неврилемма, -ы
невролог, -а
неврологический
неврология, -и
неврома, -ы
неврон, -а и нейрон, -а
невропат, -а
невропатический
невропатия, -и
невропатка, -и, р. мн. -ток
невропатолог, -а
невропатологический
невропатология, -и
невротизация, -и
невротик, -а
невротический
невротичка, -и, р. мн. -чек
невротомия, -и
неврофиброма, -ы
неврофиброматоз, -а
невручение*, -я
невры, -ов (древние племена)
невсамделишный*

не в своём уме
не всё
не в себе
не всегда
не всерьёз
не в силах
невский (от Нева); но: Александр Невский, Невская битва (1240), Невский проспект, Невский завод, Невская Застава (в Петербурге)
не в службу, а в дружбу
не в состоянии
невсхожесть*, -и
невсхожий*
не в счёт
не всюду
не всякий
невтерпёж
не в том (дело)
не в тон
не второпях
не в тягость
не в ударе
не в укор
не в упрёк
невхожий*
не в чем
не вчера
не в чести
не вы, не вас
невывод*, -а (действие)
невывоз*, -а
невыгода*, -ы
невыгодно*, в знач. сказ.
невыгоднее*
невыгодность*, -и
невыгодный*; кр. ф. -ден, -дна
невыдача*, -и, тв. -ей
невыдержанность*, -и
невыдержанный*; кр. ф. -ан, -анна, прил.
невыдуманность*, -и
невыдуманный*
невыезд*, -а (действие); подписка о невыезде

невыездно́й*
невы́игрышный*; *кр. ф.* -шен, -шна
невыла́зный
невы́лет*, -а
невы́мышленный*
невыноси́мость, -и
невыноси́мый, *прил.*
невы́нужденный*
невы́плаканный*
невы́плата*, -ы
невыполне́ние*, -я
невы́полненный*
невыполни́мость*, -и
невыполни́мый*
невы́раженность*, -и
невы́раженный*
невырази́мость, -и
невырази́мый
невырази́тельнее*
невырази́тельность*, -и
невырази́тельный*; *кр. ф.* -лен, -льна
невы́сказанность, -и
невы́сказанный*
невысо́кий*; *кр. ф.* -о́к, -ока́, -о́ко
невысоко́*, *нареч.*
невы́ход*, -а (*действие*)
невы́чет*, -а
невычисли́мый*
не вы́ше
невы́ясненность, -и
невы́ясненный*
невья́нский (*от* Невья́нск)
невья́нскит, -а
невья́нцы, -ев, *ед.* -нец, -нца, *тв.* -нцем
невя́зка, -и, *р. мн.* -зок
не́га, -и
негабари́т, -а (*что-н. негабаритное*)
негабари́тный (*не соответствующий установленным габаритам*)
нега́данно, *нареч.*
нега́данный

негаранти́рованный*
негармони́чнее*
негармони́чность*, -и
негармони́чный*; *кр. ф.* -чен, -чна
негаси́мый
негати́в, -а
негативи́зм, -а
негативи́стский
негати́вность, -и
негати́вный; *кр. ф.* -вен, -вна
негато́рный
негатоско́п, -а
нега́ция, -и
негашёный*, *прил.*
не́где
не где́-нибудь
негермети́ческий*
негермети́чность*, -и
негермети́чный*; *кр. ф.* -чен, -чна
негеро́й*, -я
неги́бкий*
неги́бкость*, -и
не ги́бче
негигиени́чнее*
негигиени́чность*, -и
негигиени́чный*; *кр. ф.* -чен, -чна
негида́льский
негида́льцы, -ев, *ед.* -лец, -льца, *тв.* -льцем
неглаго́льный
негла́дкий*
не гла́же
не гла́женный, *прич.*
негла́женый*, *прил.*
негла́сность*, -и (*секретность, сохранение в тайне*)
негла́сный*; *кр. ф.* -сен, -сна
неглиже́, *неизм. и нескл., с.*
неглижи́ровать, -рую, -рует
Негли́нка, -и (*река*)
Негли́нная, -ой (*река и улица*)
не глу́бже
неглубо́кий*; *кр. ф.* -о́к, -ока́, -о́ко

неглубоко́*, *нареч.*
не глупе́е
неглу́пый*; *кр. ф.* -у́п, -упа́, -у́по, -у́пы́
не гля́дя
негно́й-де́рево, -а
негну́щийся*
него́дник, -а
него́дница, -ы, *тв.* -ей
него́дность*, -и
него́дный* (*непригодный; никуда (ни на что) не годный*)
него́дный (*дурной, скверный*)
негодова́ние, -я
негодова́ть, -ду́ю, -ду́ет
негоду́ющий
негодя́й, -я
негодя́йка, -и, *р. мн.* -я́ек
негодя́йский
негодя́йство, -а
негодя́щий
него́же, *в знач. сказ.*
него́жий
не го́лоден, не голодна́, не го́лодно, не голодны́
не голодне́е
неголо́дный*
неголоно́мный*
не гора́зд, не гора́зда
него́рдый*
него́рький*
негорю́честь*, -и
негорю́чий*
не горяче́е
негоря́чий*
негостеприи́мность*, -и
негостеприи́мный*; *кр. ф.* -мен, -мна
негосуда́рственный*
не гото́в, не гото́ва
негото́вность*, -и
негото́вый*
негоциа́нт, -а
негоциа́нтка, -и, *р. мн.* -ток
негоциа́нтский
негоциа́ция, -и

НЕДЛИННЫЙ

негоция, -и
негражданин*, -а, мн. неграждане*, -ан
неграмотнее*
неграмотность*, -и
неграмотный*; кр. ф. -тен, -тна
негранулированный*
не грех, в знач. сказ.
не грешнее
негреющий, прил.
негрилли, нескл., мн., ед. м. и ж.
негрилльский
негритёнок, -нка, мн. -тята, -тят
негритоска, -и, р. мн. -сок
негритосы, -ов, ед. -тос, -а
негритюд, -а
негритянка, -и, р. мн. -нок
негритянский
негро-австралоидный
негроафриканцы, -ев, ед. -нец, -нца, тв. -нцем
негроидный
негроиды, -ов, ед. -оид, -а
негромкий*; кр. ф. -мок, -мка, -мка
негромко*, нареч.
негромкость*, -и
не громче
негрский
не грубее
негрубый*
не грустно, в знач. сказ.
негры, -ов, ед. негр, -а
негуманнее*
негуманно*, нареч.
негуманность*, -и
негуманный*; кр.ф. -анен, -анна
негус, -а
негусто (немного)
негустой*
не гуще
недавний*
недавнишний (устар. прост. к недавний)
недавно
не дай бог (боже), в знач. межд.

не дай господи, в знач. межд.
не далее
недалёкий*; кр. ф. -лёк, -лека, -лёко и -леко (близкий); недалёк (-лека) от истины
недалёкий; кр. ф. -лёк, -лёка (глуповатый)
недалеко* и недалёко*, нареч. и в знач. сказ.
недалёкость, -и
недалече*
недалечко
недальний*
недальновиднее*
недальновидность*, -и
недальновидный*; кр. ф. -ден, -дна
не дальше
недаром (неслучайно, не без основания), но: не даром (не бесплатно)
не два
недвижимость¹, -и и недвижимость, -и (неподвижность)
недвижимость², -и (имущество)
недвижимый¹ и недвижимый (неподвижный)
недвижимый²: недвижимое имущество
недвижность, -и
недвижный; кр. ф. -жен, -жна
недвусмысленно*, нареч.
недвусмысленность*, -и
недвусмысленный*; кр. ф. -ен, -енна
недееспособность*, -и
недееспособный*; кр. ф. -бен, -бна
недейственность*, -и
недейственный*; кр. ф. -вен и -венен, -венна
недействительность*, -и (к недействительный*)
недействительный*; кр. ф. -лен, -льна (не имеющий законной силы)

неделикатность*, -и
неделикатный*; кр. ф. -тен, -тна
неделимость*, -и
неделимый*
не дело, в знач. сказ.
неделька, -и, р. мн. -лек
недельный (от неделя)
недельный* (от дельный)
неделя, -и
Неделя ваий (Вербное воскресенье)
неделя Всех Святых
Неделя высокой моды
Неделя детской книги
неделя-другая, неделю-другую
неделями, нареч.
Неделя памяти жертв политических репрессий
Неделя славянской письменности и культуры
недемократ*, -а
недемократический*
недемократичность*, -и
недемократичный*; кр. ф. -чен, -чна
недержание, -я (мочи)
недержаный (новый)
недетерминированный*
недетский*
не дешевле
недешёвый*
недёшево*
недеятельный*; кр. ф. -лен, -льна
неджентльменский*
недискриминационный*
недиссертабельный*; кр. ф. -лен, -льна
недисциплинированнее*
недисциплинированность*, -и
недисциплинированный*; кр. ф. -ан, -анна
не длинен, не длинна, не длинно, не длинны (не длиннее, чем нужно: брюки ему не длинны)
не длиннее
недлинный*

НЕ ДЛЯ КОГО

не́ для кого
не́ для чего
недо... — приставка со значением неполноты, недостаточности действия или признака, пишется слитно, напр.: недоговори́ть, недоеда́ть, недоразви́тый; *но ср.* сочетания частицы не и глагола с приставкой до-, напр.: не договори́ть, не дое́сть, не добежа́ть, не докрича́ться
не до (*кого-чего*), *в знач. сказ.* (ему́ не до меня́, мне́ не до шу́ток)
недобде́ть, -бди́т
недобира́ть(ся), -а́ю, -а́ет(ся) (*к* недобра́ть)
недоби́ток, -тка
недоби́тый (*от* недоби́ть)
недоби́ть, -бью́, -бьёт (убить, уничтожить не полностью, не всех)
недобо́р, -а (*от* недобра́ть)
недо́бранный; *кр. ф.* -ан, -ана (*от* недобра́ть)
недобра́ть, -беру́, -берёт (собрать, набрать меньше нужного)
не добре́е
недобрива́ть(ся), -а́ю(сь), -а́ет(ся) (*к* недобри́ть(ся))
недобри́ть(ся), -бре́ю(сь), -бре́ет(ся) (побри́ть(ся) недостаточно)
недо́бро*, *нареч.*
недоброжела́тель*, -я
недоброжела́тельнее*
недоброжела́тельница*, -ы, *тв.* -ей
недоброжела́тельность*, -и
недоброжела́тельный*; *кр. ф.* -лен, -льна
недоброжела́тельство*, -а
недоброка́чественнее*
недоброка́чественность*, -и
недоброка́чественный*; *кр. ф.* -вен и -венен, -венна
недобропоря́дочность*, -и

недобропоря́дочный*; *кр. ф.* -чен, -чна
недобросо́вестнее*
недобросо́вестность*, -и
недобросо́вестный*; *кр. ф.* -тен, -тна
недоброхо́т*, -а
недоброхо́тный*; *кр. ф.* -тен, -тна
недоброхо́тство*, -а
недо́брый*; *кр. ф.* -о́бр, -обра́, -о́бро, -о́бры
недова́ренный; *кр. ф.* -ен, -ена (*от* недовари́ть)
недова́ривать(ся), -аю, -ает(ся) (*к* недовари́ть(ся))
недовари́ть(ся), -арю́, -а́рит(ся) (варкой не довести, не дойти до готовности)
недове́рие*, -я
недовёрнутый (*от* недоверну́ть)
недоверну́ть(ся), -ну́, -нёт(ся) (недостаточно закрутить(ся))
недовёртывать(ся), -аю, -ает(ся) (*к* недоверну́ть(ся))
недове́рчивее*
недове́рчивость*, -и
недове́рчивый*
недовершённость, -и
недовершённый*; *кр. ф.* -ён, -ена́
недове́с, -а
недове́сить, -е́шу, -е́сит (взвесить, отвесить меньше нужного)
недове́сок, -ска (*к* недове́сить)
недове́шенный; *кр. ф.* -ен, -ена (*от* недове́сить)
недове́шивание, -я (*к* недове́сить)
недове́шивать(ся), -аю, -ает(ся) (*к* недове́сить)
недовложе́ние, -я
недово́льно*, *нареч.* (недостаточно)
недово́льный*; *кр. ф.* -лен, -льна
недово́льство, -а (чувство неудовольствия, неодобрения)
недовыполне́ние, -я (*от* недовы́полнить)

недовы́полненный; *кр. ф.* -ен, -ена (*от* недовы́полнить)
недовы́полнить, -ню, -нит (выполнить меньше нужного)
недовыполня́ть(ся), -я́ю, -я́ет(ся) (*к* недовы́полнить)
недовы́работанный; *кр. ф.* -ан, -ана
недовы́работать, -аю, -ает
недовы́работка, -и
недовя́занный; *кр. ф.* -ан, -ана (*от* недовяза́ть)
недовяза́ть, -яжу́, -я́жет (вязкой не довести до готовности)
недовя́зывать(ся), -аю, -ает(ся) (*к* недовяза́ть)
недога́дливость*, -и
недога́дливый*
недогля́д, -а
недогляде́ть, -яжу́, -яди́т (недосмотреть)
недогмати́ческий*
недогова́ривание, -я (*к* недоговори́ть)
недогова́ривать(ся), -аю, -ает(ся) (*к* недоговори́ть)
недоговорённость, -и (*к* недоговори́ть)
недоговорённый; *кр. ф.* -ён, -ена́ (*от* недоговори́ть)
недоговори́ть, -рю́, -ри́т (высказать не всё, умолчать о чем-н.), но: не договори́ть (его прерва́ли, и он не договори́л)
недогре́в, -а
недогружа́ть(ся), -а́ю, -а́ет(ся) (*к* недогрузи́ть)
недогру́женный; *кр. ф.* -ен, -ена и недогружённый; *кр. ф.* -ён, -ена́ (*от* недогрузи́ть)
недогру́з, -а
недогрузи́ть, -ужу́, -у́зит (погрузить, нагрузить меньше нужного или возможного)
недогру́зка, -и (*от* недогрузи́ть)

недодава́ть(ся), -даю́, -даёт(ся) (к недода́ть)

недо́данный; кр. ф. недо́дан, недо́дана, недо́дано (от недода́ть)

недода́ть, -а́м, -а́шь, -а́ст, -ади́м, -ади́те, -аду́т; прош. недо́дал, недодала́, недо́дало (дать, выдать меньше нужного)

недода́ча, -и, тв. -ей (от недода́ть)

недоде́ланность, -и (к недоде́лать)

недоде́ланный; кр. ф. -ан, -ана (от недоде́лать)

недоде́лать, -аю, -ает (сделать меньше нужного), но: не доде́лать (ещё не доде́лал на́чатого)

недоде́лка, -и, р. мн. -лок (от недоде́лать)

недоде́лывать(ся), -аю, -ает(ся) (к недоде́лать)

недоде́ржанный; кр. ф. -ан, -ана (от недодержа́ть)

недодержа́ть, -ержу́, -е́ржит (продержать меньше нужного, не довести до готовности)

недоде́рживать(ся), -аю, -ает(ся) (к недодержа́ть)

недоде́ржка, -и, р. мн. -жек (от недодержа́ть)

недоду́манность, -и (к недоду́мать)

недоду́манный; кр. ф. -ан, -ана (от недоду́мать)

недоду́мать, -аю, -ает (недостаточно продумать)

недоду́мывать, -аю, -ает (к недоду́мать)

недоеда́ние, -я (от недоеда́ть)

недоеда́ть, -а́ю, -а́ет (есть недостаточно)

недое́денный*

недое́дки, -ов

не до́енный, прич.

недо́еный*, прил.

недое́сть, -е́м, -е́шь, -е́ст, -еди́м, -еди́те, -едя́т; прош. -е́л, -е́ла (поесть не досыта), но: не дое́сть (ещё не дое́л второ́го)

недожа́ренный; кр. ф. -ен, -ена (от недожа́рить)

недожа́ривать(ся), -аю, -ает(ся) (к недожа́рить(ся)

недожа́рить(ся), -рю, -рит(ся) (жаркой не довести, не дойти до готовности)

недожа́тый (от недожа́ть¹,²)

недожа́ть¹, -жму́, -жмёт (от жать¹: выжать меньше нужного)

недожа́ть², -жну́, -жнёт (от жать²: сжать меньше нужного)

недоже́чь, -жгу́, -жжёт, -жгу́т; прош. -жёг, -жгла́ (обжиганием не довести до готовности)

недожжённый; кр. ф. -ён, -ена́ (от недоже́чь)

недожига́ть, -а́ю, -а́ет (к недоже́чь)

недожима́ть, -а́ю, -а́ет (к недожа́ть¹)

недожи́н, -а

недожина́ть, -а́ю, -а́ет (к недожа́ть²)

не до жи́ру

недожо́г, -а, но глаг. недожёг

недозво́ленность*, -и

недозво́ленный*

недозволи́тельный*; кр. ф. -лен, -льна

недозрева́ние, -я (к недозре́ть)

недозрева́ть, -а́ет (к недозре́ть)

недозре́лость, -и (к недозре́ть)

недозре́лый (от недозре́ть)

недозре́ть, -е́ет (не вполне созреть)

недои́гранный; кр. ф. -ан, -ана (от недоигра́ть)

недоигра́ть, -а́ю, -а́ет (сыграть не полностью, отыграть не весь положенный срок)

недои́грывать, -аю, -ает (к недоигра́ть)

недои́мка, -и, р. мн. -мок

недои́мщик, -а

недоиспо́льзование, -я

недоиспо́льзованный; кр. ф. -ан, -ана

недоиспо́льзовать(ся), -зую, -зует(ся)

недока́занность*, -и; за недока́занностью преступле́ния

недока́занный*

недоказа́тельность*, -и

недоказа́тельный*; кр. ф. -лен, -льна

недоказу́емость*, -и

недоказу́емый*

недока́рмливание, -я (к недокорми́ть)

недока́рмливать(ся), -аю, -ает(ся) (к недокорми́ть)

недоква́сить(ся), -а́шу, -а́сит(ся) (квашением не довести, не дойти до готовности)

недоква́шенный; кр. ф. -ен, -ена (от недоква́сить)

недоква́шивать(ся), -аю, -ает(ся) (к недоква́сить(ся)

недо́кись, -и

недокомпле́кт, -а

недоко́нченность, -и

недоко́нченный*

недоко́рм, -а

недокорми́ть, -ормлю́, -о́рмит (накормить не досыта)

недоко́рмленный; кр. ф. -ен, -ена (от недокорми́ть)

недоку́ренный*

недоку́рок, -рка

недолга́: (во́т) и вся́ недолга́

недо́лгий*; кр. ф. -лог, -лга́, -лго

недо́лго*, нареч.; недо́лго ду́мая

недолгове́чнее*

недолгове́чность*, -и

недолгове́чный*; кр. ф. -чен, -чна

недолговре́менный*; кр. ф. -мен и -менен, -менна

недолёт, -а

НЕДОЛЕТОК

недоле́ток, -тка
недоле́ченный; *кр. ф.* -ен, -ена (*от* недолечи́ть)
недоле́чивать(ся), -аю(сь), -ает(ся) (*к* недолечи́ть(ся)
недолечи́ть(ся), -ечу́(сь), -е́чит(ся) (*пролечить(ся) меньше нужного или возможного*)
не до́лжен, не должна́
не до́лжно (*не следует*)
недоли́в, -а
недолива́ние, -я (*к* недоли́ть)
недолива́ть(ся), -а́ю, -а́ет(ся) (*к* недоли́ть(ся)
недоли́вка, -и (*к* недоли́ть)
недоли́тый (*от* недоли́ть)
недоли́ть(ся), -лью, -льёт(ся), *прош.* недоли́л, -ли́лся, -лила́(сь), недоли́ло, -ли́ло́сь (*налить(ся), влить(ся) меньше нужного или возможного*)
недоло́в, -а
не до́льше
недолю́бливать, -аю, -ает
недо́ля, -и (*тяжелая доля*)
недоме́р, -а
недоме́ренный; *кр. ф.* -ен, -ена (*от* недоме́рить)
недоме́ривать(ся), -аю, -ает(ся) (*к* недоме́рить)
недоме́ривший (*от* недоме́рить)
недоме́рить, -рю, -рит и -ряю, -ряет (*отмерить меньше нужного*)
недоме́рок, -рка
недомеря́ть(ся), -я́ю, -я́ет(ся) (*к* недоме́рить)
недомога́ние, -я
недомога́ть(ся), -а́ю, -а́ет(ся)
недомо́л, -а
недомо́лвка, -и, *р. мн.* -вок
недомоло́т, -а
недомыва́ть(ся), -а́ю(сь), -а́ет(ся) (*к* недомы́ть(ся)
недомы́слие, -я
недомы́тый (*от* недомы́ть)

недомы́ть(ся), -мо́ю(сь), -мо́ет(ся) (*вымыть не всё, помыть(ся) меньше нужного*)
недона́шивание, -я (*от* недона́шивать)
недона́шивать(ся), -аю, -ает(ся) (*к* недоноси́ть)
недонесе́ние*, -я
недоноси́тельство*, -а
недоноси́ть, -ошу́, -о́сит (*родить раньше срока*)
недоно́сок, -ска
недоно́шенный; *кр. ф.* -ен, -ена (*от* недоноси́ть)
недооценённый; *кр. ф.* -ён, -ена́
недооце́нивание, -я
недооце́нивать(ся), -аю, -ает(ся)
недооцени́ть, -еню́, -е́нит
недооце́нка, -и
недоочи́стить, -и́щу, -и́стит (*очистить меньше нужного*)
недоочи́стка, -и (*от* недоочи́стить)
недоочи́щенный; *кр. ф.* -ен, -ена (*от* недоочи́стить)
недопа́ивать(ся), -аю, -ает(ся) (*к* недопая́ть и недопои́ть)
недопа́янный; *кр. ф.* -ян, -яна (*от* недопая́ть)
недопая́ть, -я́ю, -я́ет (*припаять, спаять недостаточно, меньше нужного*)
недопёк, -а
недопека́ть(ся), -а́ю, -а́ет(ся) (*к* недопе́чь(ся)
недопе́тый*
недопечённый; *кр. ф.* -ён, -ена́ (*от* недопе́чь)
недопе́чь(ся), -еку́, -ечёт(ся), -еку́т(ся); *прош.* -ёк(ся), -екла́(сь) (*печением не довести до готовности; испечь(ся) меньше нужного*)
недопива́ть, -а́ю, -а́ет (*к* недопи́ть)
недопи́санный; *кр. ф.* -ан, -ана (*от* недописа́ть)

недописа́ть, -ишу́, -и́шет (*написать не полностью, меньше нужного*)
недопи́сывать, -аю, -ает (*к* недописа́ть)
недопи́тый*
недопи́ть, -пью́, -пьёт; *прош.* недо́пи́л, недопила́, недо́пи́ло (*выпить недостаточно*), но: не допи́ть (*ещё не допи́л свою рюмку*)
недопла́та, -ы (*от* недоплати́ть)
недоплати́ть, -ачу́, -а́тит (*заплатить меньше нужного*), но: не доплати́ть (*ещё не доплати́л по счёту*)
недопла́ченный; *кр. ф.* -ен, -ена (*от* недоплати́ть)
недопла́чивание, -я (*к* недоплати́ть)
недопла́чивать(ся), -аю, -ает(ся) (*к* недоплати́ть)
недопо́енный; *кр. ф.* -ен, -ена (*от* недопои́ть)
недопои́ть, -пою́, -по́ит (*напоить меньше нужного*)
недополуча́ть(ся), -а́ю, -а́ет(ся) (*к* недополучи́ть)
недополуче́ние, -я (*от* недополучи́ть)
недополу́ченный; *кр. ф.* -ен, -ена (*от* недополучи́ть)
недополучи́ть, -учу́, -у́чит (*получить меньше нужного*)
недопонима́ние, -я
недопонима́ть, -а́ю, -а́ет
недопо́нятый; *кр. ф.* -ят, -ята́, -ято
недопоня́ть, -пойму́, -поймёт; *прош.* -по́нял, -яла́, -по́няло
недопоста́вить, -влю, -вит
недопоста́вка, -и, *р. мн.* -вок
недопоста́вленный; *кр. ф.* -ен, -ена
недопоставля́ть(ся), -я́ю, -я́ет(ся)
недопоступле́ние, -я
недопроизво́дство, -а
недо́пуск*, -а

НЕДОСТРОЕННЫЙ

недопусти́мее*
недопусти́мость*, -и
недопусти́мый*
недопуще́ние*, -я
недораба́тывать, -аю, -ает (к недорабо́тать)
недорабо́танность, -и (к недорабо́тать)
недорабо́танный; кр. ф. -ан, -ана (от недорабо́тать)
недорабо́тать, -аю, -ает (прорабо́тать, отрабо́тать меньше ну́жного, недоста́точно), но: не дорабо́тать (всего́ год не дорабо́тал до пе́нсии)
недорабо́тка, -и, р. мн. -ток (от недорабо́тать)
недоразви́тие, -я
недора́звитость, -и
недора́звитый
недоразуме́ние, -я
недорасхо́д, -а
недоре́занный; кр. ф. -ан, -ана (от недоре́зать)
недоре́зать, -е́жу, -е́жет (заре́зать, уничто́жить не по́лностью, ме́ньше ну́жного)
недореформи́рованный; кр. ф. -ан, -ана (от недореформи́ровать)
недореформи́ровать, -рую, -рует (провести́ рефо́рмы в недоста́точной сте́пени, ме́ньше ну́жного)
недорисо́ванность, -и
недорисо́ванный; кр. ф. -ан, -ана (к недорисова́ть)
недорисова́ть, -су́ю, -су́ет (нарисова́ть не по́лностью, ме́ньше ну́жного)
недорисо́вывать(ся), -аю, -ает(ся) (к недорисова́ть)
недо́рого*
недорого́й*; кр. ф. недо́рог, -ога́, недо́рого (дешёвый)
недоро́д, -а

недоро́дный
не доро́же
не́доросль, -я
недоро́сток, -тка
недору́б, -а
недоса́ливание, -я (от недоса́ливать(ся))
недоса́ливать(ся), -аю, -ает(ся) (к недосоли́ть)
недосда́ча, -и, тв. -ей
недосе́в, -а
недосева́ть(ся), -а́ю, -а́ет(ся) (к недосе́ять)
недосе́ивать(ся), -аю, -ает(ся) (к недосе́ять)
недосе́ять, -се́ю, -се́ет (засе́ять, посе́ять ме́ньше ну́жного)
недосиде́ть, -ижу́, -иди́т (проси́деть не весь поло́женный срок)
недоси́живать, -аю, -ает (к недосиде́ть)
недоска́занность, -и (к недосказа́ть)
недоска́занный; кр. ф. -ан, -ана (от недосказа́ть)
недосказа́ть, -ажу́, -а́жет (недоговори́ть)
недоска́зывать(ся), -аю, -ает(ся) (к недосказа́ть)
недо́сланный; кр. ф. -ан, -ана (от недосла́ть)
недосла́ть, -ошлю́, -ошлёт (посла́ть в недоста́точном коли́честве), но: не досла́ть (не посла́ть дополни́тельно)
недослы́шанный; кр. ф. -ан, -ана
недослы́шать, -шу, -шит
недослы́шка, -и
не до сме́ху (сме́ха)
недосмо́тр, -а (от недосмотре́ть)
недосмотре́ть, -отрю́, -о́трит (наблюда́я, не заме́тить всего́, не убере́чь), но: не досмотре́ть (так и не досмотре́л фильм)
недосо́л, -а (от недосоли́ть)

недосо́ленный; кр. ф. -ен, -ена и недосолённый; кр. ф. -ён, -ена́ (от недосоли́ть)
недосоли́ть, -олю́, -о́лит (посоли́ть ме́ньше ну́жного)
недоспа́ть, -плю́, -пи́т; прош. -а́л, -ала́, -а́ло (не вы́спаться)
недоспева́ть, -а́ет (к недоспе́ть)
недоспе́лый (от недоспе́ть)
недоспе́ть, -е́ет (недозре́ть)
недоспо́рить, -рю, -рит (недоста́точно обсуди́ть предме́т спо́ра)
недостава́ть, -таёт (име́ться в недоста́точном коли́честве, не хвата́ть), но: не достава́ть (не дотя́гиваться)
недоста́вка*, -и
недоста́ток, -тка (отсу́тствие кого́, чего́-н. в ну́жном коли́честве; недочёт)
недоста́точно*
недоста́точность*, -и (к недоста́точный*) и недоста́точность, -и (мед.)
недоста́точный*; кр. ф. -чен, -чна
недоста́ть, -а́нет (к недостава́ть), но: не доста́ть (не дотяну́ться)
недоста́ча, -и, тв. -ей
недостаю́щий (от недостава́ть)
недостижи́мее*
недостижи́мость*, -и
недостижи́мый*
недостове́рнее*
недостове́рность*, -и
недостове́рный*; кр. ф. -рен, -рна
недосто́инство, -а (отсу́тствие тре́буемых досто́инств)
недосто́йнее*
недосто́йность, -и
недосто́йный*; кр. ф. -о́ин, -о́йна
недостра́ивать(ся), -аю, -ает(ся) (к недостро́ить)
недостро́енный; кр. ф. -ен, -ена (от недостро́ить)

НЕДОСТРОИТЬ

недостро́ить, -о́ю, -о́ит (*построить не полностью*)
недосту́пнее*
недосту́пность*, -и
недосту́пный*; *кр. ф.* -пен, -пна
недосу́г[1], -а (*отсутствие свободного времени*)
недосу́г[2], *в знач. сказ.* (*некогда*)
недосу́жно, *в знач. сказ.*
недосу́шенный; *кр. ф.* -ен, -ена (*от* недосуши́ть)
недосу́шивать(ся), -аю, -ает(ся) (*к* недосуши́ть(ся))
недосуши́ть(ся), -шу́, -у́шит(ся) (*сушкой не довести, не дойти до готовности*)
недосу́шка, -и (*от* недосуши́ть)
недосчита́ть, -а́ю, -а́ет (*подсчитать не полностью*), но: не досчита́ть (не досчита́л и до десяти́)
недосчита́ться, -а́юсь, -а́ется (*обнаружить при подсчёте недостачу*)
недосчи́тывать(ся), -аю(сь), -ает(ся) (*к* недосчита́ть *и* недосчита́ться)
недосыла́ть(ся), -а́ю, -а́ет(ся) (*к* недосла́ть)
недосы́лка, -и (*к* недосла́ть) *и* **недосы́лка***, -и (*к* досы́лка)
недосы́п, -а
недосыпа́ние, -я
недосыпа́ть, -а́ю, -а́ет, *несов.* (*к* недоспа́ть)
недосы́пать(ся), -плю, -плет(ся), -плют(ся) *и* -пет(ся), -пят(ся), *сов.* (*засы́пать, насы́пать(ся) меньше нужного или возможного*)
недосыпа́ть(ся), -а́ю, -а́ет(ся), *несов.* (*к* недосы́пать(ся))
не до́сыта
недосы́щенный; *кр. ф.* -ен, -ена
недосяга́емость*, -и
недосяга́емый*
недотёпа, -ы, *м. и ж.*
недотёпистый

недотёпство, -а
не до того́, *в знач. сказ.* (*сейчас мне не до того*)
недотро́га, -и, *м. и ж.* (*о человеке*), *ж.* (*растение*)
недоты́комка, -и
недотя́гивать, -аю, -ает (*к* недотяну́ть)
недотяну́ть, -яну́, -я́нет (*натянуть меньше, чем следует; не достичь нужного уровня, результата*)
недоу́здок, -дка
недоукомплекто́ванный; *кр. ф.* -ан, -ана (*от* недоукомплектова́ть)
недоукомплектова́ть(ся), -ту́ю, -ту́ет(ся) (*укомплектовать(ся) меньше нужного*)
недоукомплекто́вывать(ся), -аю, -ает(ся) (*к* недоукомплектова́ть(ся))
недоумева́ть, -а́ю, -а́ет
недоумева́ющий
недоуме́ние, -я
недоуме́нно, *нареч.*
недоуме́нность, -и
недоуме́нный *и* **недоумённый**
недоу́мие, -я
недоу́мок, -мка
недоу́ченный; *кр. ф.* -ен, -ена (*от* недоучи́ть)
недоуче́сть, -чту́, -чтёт, *прош.* -чёл, -чла́
недоучёт, -а
недоу́чивать(ся), -аю(сь), -ает(ся) (*к* недоучи́ть(ся))
недоучи́тывать(ся), -аю, -ает(ся)
недоучи́ть(ся), -учу́(сь), -у́чит(ся) (*не дать, не получить полного образования*), но: не доучи́ть (не доучи́л уро́ка)
недоу́чка, -и, *р. мн.* -чек, *м. и ж.*
недоучтённый; *кр. ф.* -ён, -ена́
недофинанси́рование, -я
недофинанси́рованный; *кр. ф.* -ан, -ана

недофинанси́ровать(ся), -рую(сь), -рует(ся)
недохва́тка, -и
недохо́дчивость*, -и
недохо́дчивый*
недочелове́к, -а, *мн.* -ве́ки, -ов
недочёт, -а
недочи́танный*
недошива́ть(ся), -а́ю, -а́ет(ся) (*к* недоши́ть)
недоши́тый (*от* недоши́ть)
недоши́ть, -шью́, -шьёт (*шитьем не довести до готовности*)
не до шу́ток, *в знач. сказ.*
не́дра, недр
недрема́нное о́ко (*о постоянном, неусыпном надзоре, наблюдении*) *и* **Недрема́нное о́ко** (*иконографический тип Христа*)
недрема́нный (*недрема́нное о́ко*)
недре́млющий (*бдительный*)
недропо́льзование, -я
не́друг, -а, *мн.* -и, -ов
недружелю́бие*, -я
недружелю́бнее*
недружелю́бность*, -и
недружелю́бный*; *кр. ф.* -бен, -бна
недру́жеский*
недру́жественнее*
недру́жественный*; *кр. ф.* -вен *и* -венен, -венна
не дружне́е
недру́жный*
неду́г, -а
неду́гующий
неду́жить(ся), -жу, -жит(ся)
неду́жный; *кр. ф.* -жен, -жна
не ду́мал – не гада́л
не дура́к
не дурне́е
неду́рненький (*к* недурно́й)
неду́рно, *нареч.* (*неплохо*)
недурно́й; *кр. ф.* -у́рен *и* -урён, -урна́, -у́рно, -у́рны (*неплохой; довольно красивый*)

недурственно, нареч.
недурственный; кр. ф. -вен и -венен, -венна
недюжиннее*
недюжинность*, -и
недюжинный* (незаурядный)
неевклидова* геометрия, неевклидовой* геометрии
неевропейский*
неевропейцы, -ев, ед. -еец, -ейца, тв. -ейцем
не его
не единожды
не её
неезженый*
неестественнее*
неестественно*, нареч.
неестественность*, -и
неестественный*; кр. ф. -вен и -венен, -венна (лишенный естественности, ненормальный)
не жаднее
нежадный*
не жалко
не жаль
нежаркий*
нежарко*, в знач. сказ.
не жарче
нежащий(ся)
нежвачные*, -ых
нежданно, нареч.
нежданно-негаданно, нареч.
нежданность, -и
нежданный
нежелание, -я
нежелательность*, -и
нежелательный*; кр. ф. -лен, -льна
нежели, союз
не женат
женатый*
нёженка, -и, р. мн. -нок, м. и ж.
неженский*
женственный; кр. ф. -вен и -венен, -венна
неживой*

нежидкий*
нежизненность², -и
нежизненный*; кр. ф. -нен, -ненна (далекий от жизни, неправдоподобный)
нежизнерадостный*; кр. ф. -тен, -тна
нежизнеспособность*, -и
нежизнеспособный*; кр. ф. -бен, -бна
не жилец, в знач. сказ. (о том, кто скоро умрет)
нежилой*
нёжиль, -и
нежинский (от Нежин)
нежинцы, -ев, ед. -нец, -нца, тв. -нцем
не жирнее
нежирно (небогато, негусто)
нежирный*
нёжить, -и (нечистая сила)
нёжить(ся), нежу(сь), нежит(ся)
нежнейший
нёжненький
нёжничанье, -я
нёжничать, -аю, -ает
нёжно-голубой
нёжнолицый
нёжно-розовый
нёжность, -и
нёжный; кр. ф. нежен, нежна, нежно, нежны
незабвенный; кр. ф. -вён и -венен, -венна
незабудка, -и, р. мн. -док
незабываемость, -и
незабываемый (такой, о котором нельзя забыть)
незавершёнка, -и, р. мн. -нок
незавершённость*, -и
незавершённый*
незавиднее*
независность*, -и
независный*; кр. ф. -ден, -дна
независимее*
независимость*, -и

независимый*
независящий*; по независящим от кого-н. обстоятельствам, причинам
не завтра
незагрузка*, -и
незадавшийся (неудачный)
незадача, -и, тв. -ей (неудача)
незадачливость, -и
незадачливый
незадекларированный*
незадолго*
незаёмный*
незаживающий (не поддающийся заживлению)
не зазорно, в знач. сказ.
незаинтересованность*, -и
незаинтересованный*
незакатный; кр. ф. -тен, -тна (вечный)
не́ за кем
не́ за кого
незаконнорождённый*
незаконность*, -и
незаконный*; кр. ф. -онен, -онна
незакономерность*, -и (свойство)
незакономерный*; кр. ф. -рен, -рна
незаконченнее*
незаконченность*, -и
незаконченный*
незакрытый*
незалечимый*
не замай(те)
незамаскированный*
незамедлительно*, нареч.
незамедлительность, -и
незамедлительный; кр. ф. -лен, -льна
незаменимость*, -и (к незаменимый*) и незаменимость, -и (к незаменимый)
незаменимый* (не подлежащий замене другим) и незаменимый (крайне необходимый)

незаменя́емость*, -и
незаменя́емый*
незамерза́ющий*
незаме́тнее*
незаме́тность*, -и
незаме́тный*; кр. ф. -тен, -тна
незаме́ченный*
незамкну́тый*
незамоли́мый
не за́мужем
заму́жний*
незамутнённый*
незамыслова́тее*
незамыслова́тость*, -и
незамыслова́тый*
незанима́тельность*, -и
незанима́тельный*; кр. ф. -лен, -льна
незано́счивость*, -и
незано́счивый*
не за́нят, -а, -о
незанято́й*
заня́тость*, -и
за́нятый*
незапа́мятный
за́пертый*
запеча́танный*
незапланиро́ванный*
незапо́лненность*, -и
незапо́лненный*
незапомина́ющийся*
незаприхо́дованный*
незапрограмми́рованный*
незапя́тнанность*, -и
незапя́тнанный* (безупречный)
незара́зный*; кр. ф. -зен, -зна
незараще́ние, -я
незарегистри́рованный*
незаря́женный* и незаряжённый*
незаселённость*, -и
незаселённый*
незасе́янный*
незаслу́женность*, -и
незаслу́женный*; кр. ф. -ен, -енна (несправедливый)

не за страх, а за со́весть
незата́ренный*
незате́йливость*, -и
незате́йливый*
незатро́нутый*
незатуха́ющий*
незауря́дность, -и (к незауря́дный)
незауря́дный; кр. ф. -ден, -дна (выдающийся)
незаходя́щий (астр.)
незацепля́йка, -и, р. мн. -я́ек
не́зачем (нет смысла, надобности: не́зачем спра́шивать), но местоим. не́ за чем (не́ за чем спря́таться)
незачёт*, -а
не́ за что
незащищённость*, -и
незащищённый*
незва́ный*
незва́ный-непро́шеный
незвезда́*, -ы́, мн. -вёзды, -вёзд (астр.)
незвёздный* (астр.)
не звучне́е
незву́чный*
не здесь
нездешний* (не проживающий здесь, в данной местности) и нездешний (потусторонний)
нездешность, -и
не здоровее
нездоро́виться, -ится
нездоро́во*, нареч. (не очень хорошо)
нездоро́во*, в знач. сказ.
нездоро́вый*
нездоро́вье, -я (болезненное состояние)
незе́мной*
незерни́стый*
незерново́й*
незлоби́вость, -и
незлоби́вый
незло́бие, -я

незло́бность*, -и
незло́бный*; кр. ф. -бен, -бна
незло́й*
незлопа́мятность*, -и
незлопа́мятный*; кр. ф. -тен, -тна
незна́емый
незна́йка, -и, р. мн. -а́ек, м. и ж. и (сказочный персонаж) Незна́йка, -и, м.
незнако́мее*
незнако́мец, -мца, тв. -мцем, р. мн. -мцев
незнако́мка, -и, р. мн. -мок и (лит. персонаж) Незнако́мка, -и
незнако́мство*, -а
незнако́мый*
незна́мо (кто́, что́, како́й, где́, ка́к, куда́ и т. п.)
незна́ние*, -я
не знатне́е
незна́тность*, -и
незна́тный*
незна́чащий* (не обладающий значением) и незнача́щий (не имеющий большого значения)
незначи́мость*, -и
незначи́мый*
незначи́тельнее*
незначи́тельность*, -и
незначи́тельный*; кр. ф. -лен, -льна
незо́ркий*
не зреле́е
незре́лость*, -и
незре́лый*; кр. ф. незре́л, -а
незри́мость*, -и
незри́мый*
не зря
незря́честь*, -и
незря́чий*
незря́шность*, -и
незря́шный*; кр. ф. -шен, -шна
незы́блемость*, -и
незы́блемый (неподвижный; непоколебимый)

неидентичность*, -и
неидентичный*; кр. ф. -чен, -чна
неизбалованность*, -и
неизбалованный*; кр. ф. -ан, -анна, прил.
неизбежность, -и
неизбежный; кр. ф. -жен, -жна
неизбитый*
неизбывность, -и
неизбывный; кр. ф. -вен, -вна
неизведанность, -и
неизведанный; кр. ф. -ан, -анна, прил.
неизвестная, -ой (незнакомка)
неизвестно*, в знач. сказ.
неизвестность*, -и (отсутствие известности) и неизвестность, -и (отсутствие сведений, известий о ком-чем-н.)
неизвестно что (кто, куда, где, как)
неизвестный*; кр. ф. -тен, -тна; никому не известный
неизвестный, -ого (незнакомец)
Неизвестный Солдат: Могила Неизвестного Солдата
неизглаголанный; кр. ф. -ан, -анна
неизгладимость, -и
неизгладимый
неизданный*
неизжитость*, -и
неизжитый*
не из кого
неизлечимость*, -и
неизлечимый*
неизменность, -и
неизменный; кр. ф. -енен, -енна
неизменяемость*, -и
неизменяемый*
неизмеримость, -и (к неизмеримый)
неизмеримый (очень большой)
неизрасходованный*
неизреченный; кр. ф. -ён, -ённа
не из робких

неизученность*, -и
неизученный*
не из чего
неизъяснимость, -и
неизъяснимый
неизящность*, -и
неизящный*; кр. ф. -щен, -щна
неимение: за неимением
неимоверность, -и
неимоверный; кр. ф. -рен, -рна
неимущий*
не иначе
не иначе как
неинвалид*, -а
не инвалид войны
неинициализированный*
неинициативный; кр. ф. -вен, -вна
не иной
неинтеллигентнее*
неинтеллигентность*, -и
неинтеллигентный*; кр. ф. -тен, -тна
неинтенсивность*, -и
неинтенсивный*; кр. ф. -вен, -вна
неинтереснее*
неинтересный*; кр. ф. -сен, -сна; ничем (никому) не интересный
неинфекционный*
неинформативность*, -и
неинформативный*; кр. ф. -вен, -вна
неинформированность*, -и
неинформированный*
не исключено, что...
неискоренимость, -и
неискоренимый
неискреннее*
неискренний*; кр. ф. -енен, -енна, -енне и -енно, -енни и -енны
неискренность*, -и
неискупимость, -и
неискупимый
неискусность*, -и

неискусный*; кр. ф. -сен, -сна
неискушённость*, -и
неискушённый*; кр. ф. -ён, -ённа, прил.
неисповедимый
неисполнение*, -я
неисполнимость*, -и
неисполнимый*
неисполнительность*, -и
неисполнительный*; кр. ф. -лен, -льна
неиспользованный*
неиспорченность*, -и
неиспорченный*
неисправимость*, -и
неисправимый*
неисправность*, -и (свойство) и неисправность, -и (повреждение, недоделка)
неисправный*; кр. ф. -вен, -вна
неиспытанность*, -и
неиспытанный*
неисследимый
неисследованность*, -и
неисследованный*
неиссякаемость, -и
неиссякаемый
неистовость, -и (к неистовый)
неистовство, -а
неистовствовать, -твую, -твует
неистовый (сильно проявляющийся; несдержанный, исступлённый)
неисторичность*, -и
неисторичный*; кр. ф. -чен, -чна
неистощимость, -и
неистощимый
неистощительный*; кр. ф. -лен, -льна
неистребимость, -и
неистребимый
неисходный; кр. ф. -ден, -дна (безысходный)
неисхоженный*
неисцелимость, -и
неисцелимый*

НЕИСЧЕРПАЕМОСТЬ

неисчерпа́емость, -и
неисчерпа́емый
неисче́рпанность*, -и
неисче́рпанный*
неисчётно (*очень много*)
неисчётный; *кр. ф.* -тен, -тна
неисчисли́мость, -и (*бесчисленность*)
неисчисли́мый (*бесчисленный*)
не и́х
нейдёт, но: не идёт (*см.* нейти́)
нейзи́льбер, -а
нейл, -а
нейло́н, -а
нейло́новый
неймёт(ся)
нейрами́новый
нейри́т, -а (*отросток нервной клетки*)
нейро.. – *первая часть сложных слов, пишется слитно*
нейроанато́мия, -и
нейробио́ника, -и
нейробла́сты, -ов, *ед.* -а́ст, -а
нейровегетати́вный
нейрови́русный
нейроге́нный и невроге́нный
нейрогинеколо́гия, -и
нейрогли́я, -и
нейрогормо́ны, -ов, *ед.* -мо́н, -а
нейрогумора́льный
нейродерми́т, -а
нейрокиберне́тик, -а
нейрокиберне́тика, -и
нейрокибернети́ческий
нейролептаналгези́я, -и
нейроле́птики, -ов, *ед.* -тик, -а
нейролепти́ческий
нейролингви́стика, -и
нейролингвисти́ческий
нейро́н, -а и невро́н, -а
нейро́нный
нейропи́ль, -я
нейропле́гики, -ов, *ед.* -гик, -а
нейроплеги́ческий
нейропсихи́ческий

нейропсихологи́ческий
нейропсихоло́гия, -и
нейросекре́т, -а
нейросекре́ция, -и
нейротро́пный
нейрофибри́ллы, -и́лл, *ед.* -и́лла, -ы
нейрофибро́ма, -ы
нейрофиброма́то́з, -а
нейрофизио́лог, -а
нейрофизиологи́ческий
нейрофизиоло́гия, -и
нейрохими́ческий
нейрохи́мия, -и
нейрохиру́рг, -а
нейрохирурги́ческий
нейрохирурги́я, -и
нейроэндокри́нный
не́йрула, -ы
нейруля́ция, -и
нейсто́н, -а
нейти́, нейду́, нейдёт (*устар. к не идти́, не иду́, не идёт; также при передаче разг. произношения*)
нейтра́л, -а
нейтрализа́тор, -а
нейтрализа́ция, -и
нейтрали́зм, -а
нейтрализо́ванный; *кр. ф.* -ан, -ана
нейтрализова́ть(ся), -зу́ю, -зу́ет(ся)
нейтрали́ст, -а
нейтрали́стский
нейтралите́т, -а
нейтра́лка, -и, *р. мн.* -лок
нейтра́ль, -и
нейтра́льно-се́рый
нейтра́льность, -и
нейтра́льный; *кр. ф.* -лен, -льна
нейтри́нный
нейтри́но, *нескл., м. и с.*
нейтро́н, -а
нейтро́нный
нейтронографи́ческий
нейтроногра́фия, -и

нейтрофилёз, -а
нейтрофи́лы, -ов, *ед.* -фи́л, -а
не ка́ждый
неказ́истость, -и
неказ́истый
не ка́к..., (а...)
не ка́к-нибудь
не како́й-нибудь
не кандида́т нау́к
неканони́ческий*
неканони́чность*, -и
неканони́чный*; *кр. ф.* -чен, -чна
некапиталисти́ческий*
нека́ссовый*
нека́чественнее*
нека́чественно*, *нареч.*
нека́чественность*, -и (*к* нека́чественный*)
нека́чественный*; *кр. ф.* -вен и -венен, -венна (*низкого качества*)
неквалифици́рованно*, *нареч.*
неквалифици́рованность*, -и
неквалифици́рованный*; *кр. ф.* -ан, -анна, *прил.*
не к добру́
не́кем (*тв. п. к* не́кого)
не́кий, не́кое, не́коего, не́коему, не́ким, о не́коем, не́кая, не́коей и не́кой, не́кую, о не́коей и о не́кой, *мн.* не́кие, не́ких
некиногени́чность*, -и
некиногени́чный*; *кр. ф.* -чен, -чна
некис́лый*
некк, -а
не́ к кому
некла́ссный*
неклеймёный*, *прил.*
не́клен, -а
неклет́очный*
не к лицу́
не к ме́сту
не ко́ванный, *прич.*
неко́ваный*, *прил.*
неко́вкий*
неко́вкость*, -и

не́когда
не́кого (*род. и вин.*) не́кому, не́кем
  им. п. нет
не ко двору́
неколеби́мость, -и
неколеби́мый
не коле́блясь
некомме́рческий*
некоммуника́бельность*, -и
некоммуника́бельный*; *кр. ф.*
  -лен, -льна
некоммуни́ст*, -а
некоммунисти́ческий*
некомпенси́рованный*
некомпете́нтность*, -и
некомпете́нтный*; *кр. ф.* -тен,
  -тна
неко́мплексность*, -и
неко́мплексный*
некомпле́кт, -а (некомплект-
  ность)
некомпле́ктность*, -и
некомпле́ктный*; *кр. ф.* -тен, -тна
не́кому (*дат. п. к* не́кого)
не кому́ ино́му, ка́к..., но: нико-
  му́ ино́му
неконверти́руемость*, -и
неконверти́руемый*
некондицио́нность*, -и
некондицио́нный*; *кр. ф.* -о́нен,
  -о́нна
конди́ция, -и (некондицион-
  ность)
неконкре́тность*, -и
неконкре́тный*; *кр. ф.* -тен, -тна
неконкурентоспосо́бность*, -и
неконкурентоспосо́бный*;
  кр. ф. -бен, -бна
неконституцио́нность*, -и
неконституцио́нный*; *кр. ф.*
  -о́нен, -о́нна
неконструкти́вность*, -и
неконструкти́вный*; *кр. ф.* -вен,
  -вна
неконта́ктность*, -и
неконта́ктный*; *кр. ф.* -тен, -тна

неконтроли́руемость*, -и
неконтроли́руемый*
некоопери́рованный*
некоордини́рованный*
некоренно́й*
не ко́рмленный, *прич.*
неко́рмленый*, *прил.*
некорнево́й*
некороно́ванный*
не ко́роток, не коротка́, не ко́рот-
  ко́ (*не коро́че, чем ну́жно: пла́тье
  ей не ко́ротко́*)
некорре́ктность*, -и
некорре́ктный*; *кр. ф.* -тен, -тна
некоры́стный*; *кр. ф.* -тен, -тна
некорыстолюби́вый*
не́кось, -и
не́которые, -ых
не́который
не ко́шенный, *прич.*
неко́шеный*, *прил.*
некраси́вее*
некраси́вость, -и (*отсутствие
  красоты*)
некраси́вый*
некрасове́д, -а (*от* Некра́сов)
некрасове́дение, -я
некра́совский (*от* Некра́сов)
некра́совцы, -ев, *ед.* -вец, -вца,
  тв. -вцем
не кра́шенный, *прич.*
некра́шеный*, *прил.*
некредитоспосо́бность*, -и
некредитоспосо́бный*; *кр. ф.*
  -бен, -бна
некре́пкий*
не кре́пче
не крещённый, *прич.*
некрещёный*, *прил.*
некрити́ческий*
некрити́чность*, -и
некрити́чный*; *кр. ф.* -чен, -чна
некробактерио́з, -а
некробио́з, -а
некро́з, -а
некроло́г, -а

некрологи́ческий
некрома́нт, -а
некрома́нтия, -и
некро́поль, -я
некросси́рованный*
некрофа́ги, -ов, *ед.* -фа́г, -а
некрофи́л, -а
некрофили́я, -и
некрофи́льский
некрофи́льство, -а
некроцено́з, -а
некру́глый*
не крупне́е
некру́пный*
некруто́й*
не кру́че
не к спе́ху
некста́ти
некта́р, -а
некта́рник, -а
некта́рница, -ы, *тв.* -ей (*птица*)
некта́рность, -и
некта́рный
нектароно́с, -а
нектароно́сный
не́кто, других форм нет
не кто ино́й, как..., но: никто
  ино́й
некто́н, -а
не кто́-нибудь
нектохе́та, -ы
не́куда
не куда́-нибудь
некульту́рнее*
некульту́рность*, -и
некульту́рный*; *кр. ф.* -рен, -рна
  (*лишенный культурности; не
  культивируемый*)
некуря́щий*
не́ к чему
нелабиализо́ванный*
нела́дно*, *нареч. и в знач. сказ.*
  (*нескладно, неблагополучно*)
нела́дный* (*нескладный, нелов-
  кий*) и нела́дный; *кр. ф.* -ден,
  -дна (*неблагополучный, нехоро-*

НЕЛАДЫ

ший); будь он (она, оно, ты) нела́ден (-дна, -дно)
нела́ды, -ов
нела́сковость*, -и
нела́сковый*
нелега́л, -а
нелега́льность*, -и
нелега́льный; кр. ф. -лен, -льна
нелега́льщина, -ы
нелегити́мность*, -и
нелегити́мный*; кр. ф. -мен, -мна
нелёгкая несёт (принесла́)
нелёгкий*; кр. ф. -гок, -гка́
нелегко́*, нареч. и в знач. сказ.
не ле́гче
нелёжкий*; кр. ф. -жек, -жка
нелени́вый*
неле́ностный
не ле́нь, в знач. сказ.; кому́ не ле́нь
неле́пица, -ы, тв. -ей
неле́пость, -и
неле́пый
нелесно́й*
неле́стность*, -и
неле́стный*; кр. ф. -тен, -тна
нелётный*
неликви́д, -а
неликви́дность*, -и
неликви́дный*; кр. ф. -ден, -дна
нелине́йность*, -и
нелине́йный*; кр. ф. -е́ен, -е́йна
нелино́ванный*
нелитера́тор*, -а
нелицеме́рный*; кр. ф. -рен, -рна
нелицеприя́тие*, -я
нелицеприя́тность*, -и
нелицеприя́тный*; кр. ф. -тен, -тна
не-лицо́, -а́ (лингв., филос.)
не лишён, -ена́ (чего)
нели́шне* и нели́шнее* (с неопр.), в знач. сказ. (не мешает, полезно)
нели́шний*
нело́вкий*; кр. ф. -вок, -вка́, -вко, нело́вки (лишенный ловкости) и

нело́вкий (неприятный, смущающий, неуместный)
нело́вко*, нареч. (к нело́вкий*) и нело́вко, в знач. сказ. (к нело́вкий)
нело́вкость*, -и (к нело́вкий*) и нело́вкость, -и (к нело́вкий)
не ло́вче и не ловче́е
нелоги́чнее*
нелоги́чность*, -и
нелоги́чный*; кр. ф. -чен, -чна
нело́жный*; кр. ф. -жен, -жна
нелока́льность*, -и
нелока́льный*; кр. ф. -лен, -льна
нело́мкий*
нелоя́льность*, -и
нелоя́льный*; кр. ф. -лен, -льна
не лужённый, прич.
нелужёный*, прил.
не лу́чше
нелу́чший*; в нелу́чших условиях
не лы́ком ши́т
нельзя́
не́льма, -ы
не́льмовый
не лю́б, не люба́, не лю́бо
нелюбе́зность*, -и (свойство)
нелюбе́зный*; кр. ф. -зен, -зна
нелю́бие, -я
нелюби́мый*
нелюбо́вь*, -бви́, тв. -бо́вью
нелюбозна́тельность*, -и
нелюбозна́тельный*; кр. ф. -лен, -льна
не лю́бо — не слу́шай
нелюбопы́тный*; кр. ф. -тен, -тна
нелюбопы́тство*, -а
нелю́бый* (устар. к нелюби́мый)
не́люди, -ей
нелюди́м, -а
нелюди́мка, -и, р. мн. -мок
нелюди́мость, -и
нелюди́мый
нелю́дный*
не́людь, -и (собир.)
нема́, в знач. сказ.

немагни́тный*
не ма́занный, прич.
нема́заный*, прил.
не ма́л, не мала́ (не меньшего размера, чем нужно: пальто́ ей не мало́)
нема́ленький*
нема́ло (довольно много, порядочно: в те́ксте нема́ло опеча́ток; он потруди́лся нема́ло)
немалова́жность*, -и
немалова́жный*; кр. ф. -жен, -жна
нема́лый (довольно большой, значительный)
не́манский (от Не́ман)
нема́ркий
немарки́рованный* (лингв.)
немаркси́ст*, -а
немаркси́стский*
немаскиро́ванный*
нема́сленый*, прил. (от ма́сленый — покрытый, пропитанный маслом)
не ма́сленный, прич.
нематериа́льность*, -и и (при передаче произношения, в поэзии) нематерья́льность*, -и
нематериа́льный* и (при передаче произношения, в поэзии) нематерья́льный*; кр. ф. -лен, -льна
немато́дный
нематодо́з, -а
нематодоло́гия, -и
нема́тоды, -о́д, ед. -о́да, -ы
нематофито́н, -а
нематоци́ды, -ов, ед. -ци́д, -а
нембута́л, -а
немедикаменто́зный*
неме́дленно, нареч. (незамедлительно)
неме́дленный; кр. ф. -ен и -енен, -енна (незамедлительный)
неме́для, нареч. (незамедлительно: отве́тить неме́для), но деепр. не

ме́для (ни мину́ты не ме́для с отве́том)
Немези́да, -ы
неме́зия, -и
неме́лкий*
не ме́льче
не ме́нее
не ме́ньше
неме́ньший*; в неме́ньшей сте́пени, с неме́ньшим интере́сом, успе́хом
не ме́ренный, прич.
неме́рено (очень много)
неме́реный*, прил.
неме́ркнущий*
неме́рный (не достигающий установленной меры)
немерти́ны, -ин, ед. -и́на, -ы
не ме́сто, в знач. сказ. (тебе́ та́м не ме́сто; здесь не ме́сто пи́ть)
немета́лл*, -а
немета́ллик*, -а
неметалли́ческий*
неметаллоёмкий*
Неме́тчина, -ы (Германия) и неме́тчина, -ы (немецкие нравы, обычаи; чужая земля, иностранное государство)
неме́ть, -е́ю, -е́ет
неме́цкий
немецкоговоря́щий
неме́цко-фаши́стский
немецкоязы́чный
не ме́шкая
немига́ющий*; немига́ющий взгля́д
не миле́е
немилосе́рдный*; кр. ф. -ден, -дна (лишенный жалости, милосердия) и немилосе́рдный; кр. ф. -ден, -дна (очень сильный)
неми́лостивый*
неми́лость*, -и (нерасположение); быть в неми́лости, впа́сть в неми́лость
неми́лый*

немину́емость, -и
немину́емый
немину́чий
неми́рный*
немиро́вичский (к Неми́рович-Да́нченко)
не́мка, -и, р. мн. не́мок
не мла́дше
немно́гие*, -их
немно́го* (довольно мало) и немно́го (в некоторой степени, слегка, чуть-чуть; недолго; недалеко)
немно́гое*, -ого
немноголю́дность*, -и
немноголю́дный*; кр. ф. -ден, -дна
немногоречи́вый*
немногосло́вие*, -я
немногосло́внее*
немногосло́вность*, -и
немногосло́вный*; кр. ф. -вен, -вна
немногосло́жный*; кр. ф. -жен, -жна
немногочи́сленнее*
немногочи́сленность*, -и
немногочи́сленный*; кр. ф. -ен, -енна
немно́жечко
немно́жко
немну́щийся*
немогузна́йка, -и, р. мн. -а́ек, м. и ж.
не модне́е
немо́дный*
немодули́руемый
немо́жется, других форм нет
немо́жно* (устар. к нельзя)
немо́й; кр. ф. нем, нема́, не́мо
не мо́й, не моя́
немолодо́й*; кр. ф. -о́лод, -олода́, -о́лодо
не моло́же
немо́лотый*
немо́лчный; кр. ф. -чен, -чна

немоното́нный*; кр. ф. -о́нен, -о́нна
немора́льный (лесной: немора́льная фло́ра и фа́уна)
немора́льный*; кр. ф. -лен, -льна (аморальный)
немота́, -ы́
немотиви́рованно*, нареч.
немотиви́рованность*, -и
немотиви́рованный*; кр. ф. -ан, -анна, прил.
немо́тствовать, -твую, -твует
не́мочь, -и (прост. к не́мощь; бле́дная не́мочь)
не мощённый, прич.
немощёный*, прил.
не́мощность, -и
не́мощный; кр. ф. -щен, -щна́ (от не́мощь)
немо́щный* (от мо́щный)
не́мощь, -и
не мудре́е
немудрено́, в знач. сказ. (легко; неудивительно)
немудрёный*; кр. ф. -ён, -ёна и -ена́
не му́дрствующий лука́во
не му́дрствуя лука́во
нему́дрый*
немудря́щий
немузыка́льность*, -и
немузыка́льный*; кр. ф. -лен, -льна
немусульма́нин*, -а, мн. -а́не, -а́н
немусульма́нский*
не́мцы, -ев, ед. не́мец, не́мца, тв. не́мцем
немчи́н, -а
немчура́, -ы́, м. и ж.
не мы, не нас
немы́слимо (невозможно, невероятно)
немы́слимость, -и
немы́слимый (невозможный, невероятный)
немы́тый*

НЕ МЫТЬЁМ, ТАК КАТАНЬЕМ

не мытьём, так катаньем
ненаблюда́емый*
не наве́к (не навсегда)
не наве́чно
ненави́деть, -и́жу, -и́дит
ненави́димый
ненави́дяще, нареч.
ненави́дящий
ненави́стник, -а
ненави́стница, -ы, тв. -ей
ненави́стничать, -аю, -ает
ненави́стнический
ненави́стничество, -а
ненави́стность, -и
ненави́стный; кр. ф. -тен, -тна
не́нависть, -и
не навсегда́
ненавя́зчивость*, -и
ненавя́зчивый*
ненагля́дный (любимый, дорогой)
ненадёванный
ненадёжнее*
ненадёжность*, -и
ненадёжный*; кр. ф. -жен, -жна
ненадлежа́щий*
не на́до
не на́добно
нена́добность*, -и; за нена́добностью
нена́добный*; кр. ф. -бен, -бна
ненадо́лго*
неназо́йливее*
неназо́йливость*, -и
неназо́йливый*
неназу́емость*, -и
неназу́емый*
не́ на кого
ненала́женный*
ненало́говый*
не наме́рен, не наме́рена (с неопр.)
наме́ренно*, нареч.
ненаме́ренность*, -и
ненаме́ренный*; кр. ф. -ен, -енна (совершённый без намерения: ненаме́ренное оскорбле́ние)
не на ме́сте

ненамно́го*
ненанесе́ние*, -я (уще́рба, пе́рвого уда́ра)
ненападе́ние*, -я
не на по́льзу
ненапра́вленность*, -и
ненапра́вленный*; кр. ф. -ен, -енна, прил.
не напра́сно
ненапра́сный*; кр. ф. -сен, -сна
не нара́доваться, -ду́юсь, -дуется
ненаро́ком
не наро́чно
ненаруши́мый
наси́лие*, -я
ненаси́льственность*, -и
ненаси́льственный*; кр. ф. -вен и -венен, -венна
ненасле́дственный*; кр. ф. -вен и -венен, -венна
не насовсе́м
нена́стливый
нена́стный; кр. ф. -тен, -тна
не насто́лько
ненастоя́щий*
не на стра́х, а на со́весть
нена́стье, -я
ненасыти́мость, -и
ненасыти́мый
ненасы́тность, -и
ненасы́тный; кр. ф. -тен, -тна
ненасы́щенный*
ненатура́льность*, -и
ненатура́льный*; кр. ф. -лен, -льна
не нау́чно-иссле́довательский
ненау́чность*, -и
ненау́чный*; кр. ф. -чен, -чна
не нау́чный сотру́дник
ненахо́дчивее*
ненахо́дчивость*, -и
ненахо́дчивый*
не́ на что
не наш, -а
не на шу́тку
не́нецкий

Не́нецкий автоно́мный о́круг
не ни́же
не́ния, -и
не́нка, -и, р. мн. не́нок
не нове́е
нено́вый*
ненорма́льнее*
ненорма́льность*, -и (свойство) и ненорма́льность, -и (ненормальное явление)
ненорма́льный*; кр. ф. -лен, -льна
ненормати́вность*, -и
ненормати́вный*; кр. ф. -вен, -вна
ненорми́рованность*, -и
ненорми́рованный*
не но́шенный, прич.
ненó́шеный*, прил.
не ну́жен, не нужна́, не ну́жно
не нужне́е
не ну́жно, в знач. сказ.
нену́жность*, -и (свойство) и нену́жность, -и (нечто ненужное, кто-н. ненужный)
нену́жный*; никому́ (ни на что́) не ну́жный
ненулево́й*
ненумеро́ванный*
не́нцы, -ев, ед. не́нец, не́нца, тв. не́нцем
не ны́нче за́втра
нео... — первая часть сложных слов, пишется слитно
неоавангарди́зм, -а
неоавангарди́ст, -а
неоавангарди́стский
неоантро́пы, -ов, ед. -ро́п, -а
необая́тельность*, -и
необая́тельный*; кр. ф. -лен, -льна
необду́маннее*
необду́манно*, нареч.
необду́манность*, -и
необду́манный*; кр. ф. -ан, -анна, прил.

необеспе́ченнее*
необеспе́ченность*, -и
необеспе́ченный*; кр. ф. -ен, -енна, прил.
не обессу́дь(те)
необжито́й* и необжи́тый*; кр. ф. -и́т, -ита́, -и́то
необжи́тость*, -и
не оби́дно, в знач. сказ.
необи́дный; кр. ф. -ден, -дна
не обину́ясь
необита́емость*, -и
необита́емый*
необихевиори́зм, -а
необихевиори́ст, -а
необихевиори́стский
необлага́емость, -и
необлага́емый*
необожжённый*
необозри́мость*, -и
необозри́мый*
необольшеви́зм, -а
необольшеви́стский
необори́мость, -и
необори́мый
необосно́ваннее*
необосно́ванно*, нареч.
необосно́ванность*, -и
необосно́ванный*; кр. ф. -ан, -анна, прил.
необрабо́танность*, -и
необрабо́танный*
необразо́ваннее*
необразо́ванность*, -и
необразо́ванный*; кр. ф. -ан, -анна (не имеющий образования)
необрати́мость*, -и
необрати́мый*
необремени́тельность*, -и
необремени́тельный*; кр. ф. -лен, -льна
необстре́лянность, -и
необстре́лянный*; кр. ф. -ян, -янна, прил.
необтёсанный*
необу́зданность, -и

необу́зданный; кр. ф. -ан, -анна (крайне несдержанный; безудержный)
необхва́тный; кр. ф. -тен, -тна
необходи́мо, в знач. сказ.
необходи́мость, -и
необходи́мый
необщий*; лица́ необщим выраже́ньем
необщи́тельнее*
необщи́тельность*, -и
необщи́тельный*; кр. ф. -лен, -льна
необъе́зженный*
необъекти́внее*
необъекти́вность*, -и
необъекти́вный*; кр. ф. -вен, -вна
необъя́вленный*
необъясни́мость, -и
необъясни́мый*
необъя́тность, -и
необъя́тный; кр. ф. -тен, -тна
необыкнове́нно (к необыкнове́нный*) и необыкнове́нно (к необыкнове́нный), нареч.
необыкнове́нность, -и (к необыкнове́нный*) и необыкнове́нность, -и (к необыкнове́нный)
необыкнове́нный*; кр. ф. -е́нен, -е́нна (особенный, необычный) и необыкнове́нный; кр. ф. -е́нен, -е́нна (чрезвычайный, исключительный)
необыча́йность, -и
необыча́йный; кр. ф. -а́ен, -а́йна
необы́чность*, -и
необы́чный*; кр. ф. -чен, -чна
не обя́занный; кр. ф. не обя́зан, -а
необяза́тельно*, нареч.
не обяза́тельно, в знач. сказ. (читать эту книгу не обяза́тельно)
необяза́тельность*, -и
необяза́тельный*; кр. ф. -лен, -льна

неогале́новы препара́ты, неогале́новых препара́тов
неогегелья́нец, -нца, тв. -нцем, р. мн. -нцев
неогегелья́нский
неогегелья́нство, -а
неоге́й, -я (геол.)
неогекса́н, -а
неоге́н, -а (геол.)
неоге́новый
неоге́н-плейстоце́новый
Неоге́я, -и (зоогеографическое подразделение суши)
неогля́дность, -и
неогля́дный; кр. ф. -ден, -дна
неогнати́зм, -а
него́тика, -и
неоготи́ческий
неограни́ченно*, нареч.
неограни́ченность*, -и
неограни́ченный*; кр. ф. -ен, -енна, прил.
неогумбольдтиа́нец, -нца, тв. -нцем, р. мн. -нцев
неогумбольдтиа́нский
неогумбольдтиа́нство, -а
неодарвини́зм, -а
неодарвини́ст, -а
неодарвини́стский
неоде́тый*
неоди́м, -а
неоди́мовый
не оди́н, не одна́, не одно́, не одни́
неодина́ковый*
не одино́кий
не одна́жды
неоднобу́квенный*
неоднозна́чность*, -и
неоднозна́чный*; кр. ф. -чен, -чна
неоднокра́тность*, -и
неоднокра́тный*
неодноме́рность*, -и
неодноме́рный*; кр. ф. -рен, -рна
неоднонапра́вленный*; кр. ф. -ен, -енна
неодноро́днее*

неодноро́дность*, -и
неодноро́дный*; кр. ф. -ден, -дна
неодносло́вный*
неодносло́жный*
не одно́, так друго́е
неодобре́ние*, -я
неодобри́тельность*, -и
неодобри́тельный*; кр. ф. -лен, -льна
неодоли́мость, -и
неодоли́мый
неодушевлённость*, -и
неодушевлённый*
неожи́данно, нареч.
неожи́данность, -и
неожи́данный; кр. ф. -ан, -анна
неоимпе́рский
неоимпрессиони́зм, -а
неоимпрессиони́ст, -а
неоимпрессиони́стский
неоказа́ние*, -я (по́мощи)
неокантиа́нец, -нца, тв. -нцем, р. мн. -нцев
неокантиа́нский
неокантиа́нство, -а
неокапитали́зм, -а
неокапиталисти́ческий
неокатолици́зм, -а
неокла́ссика, -и
неокласици́зм, -а
неокласици́ст, -а
неокласси́ческий
неоколониали́зм, -а
неоколониали́стский
неоколониза́тор, -а
не́ о ком
неоко́м, -а (геол.)
неокоммуни́зм, -а
неокоммуни́ст, -а
неокоммунисти́ческий
неоко́мский
неоконфуциа́нский
неоконфуциа́нство, -а
неоконча́тельность*, -и
неоконча́тельный*; кр. ф. -лен, -льна

неоко́нченность, -и
неоко́нченный*
неокре́пший*
неоламарки́зм, -а
неоламарки́ст, -а
неоламарки́стский
неолейбициа́нец, -нца, тв. -нцем, р. мн. -нцев
неолейбициа́нский
неолейбициа́нство, -а
неолимпи́йский*
неолингви́стика, -и
неоли́т, -а
неолити́ческий
неологи́зм, -а
неоло́гия, -и
неомальтузиа́нец, -нца, тв. -нцем, р. мн. -нцев
неомальтузиа́нский
неомальтузиа́нство, -а
неомаркси́зм, -а
неомаркси́стский
неомеркантили́зм, -а
неомици́ны, -ов, ед. -ци́н, -а
нео́н, -а
не о́н, не она́, не оно́, не они́
неонаци́зм, -а
неонаци́ст, -а
неонаци́стский
нео́новый
неонтоло́гия, -и
неопали́мая купина́ (библ.) и Неопали́мая Купина́ (иконографический тип Божией Матери)
неопа́сный*; кр. ф. -сен, -сна
неопера́бельность*, -и
неопера́бельный*; кр. ф. -лен, -льна
неопера́тивность*, -и
неопера́тивный*; кр. ф. -вен, -вна
неопери́вшийся*
неопи́лины, -и́н, ед. -и́на, -ы
неопи́санный* (не подвергшийся описанию, описи) и неописа́нный (неописуемый)

неопису́емый
неопифагореи́зм, -а
неопла́зия, -и
неопластици́зм, -а
неопла́та*, -ы
неопла́тный
неоплатони́зм, -а
неоплато́ник, -а
неопла́ченный
неопозитиви́зм, -а
неопозитиви́ст, -а
неопозитиви́стский
неопо́знанный*
неопра́вданно*, нареч.
неопра́вданность*, -и
неопра́вданный*; кр. ф. -ан, -анна, прил. (необоснованный, нецелесообразный)
неопределённее*
неопределённо*, нареч. (к неопределённый*)
неопределённо-ли́чный
неопределённость*, -и
неопределённый*; кр. ф. -ёнен, -ённа, прил. (точно не установленный; неотчетливый, неясный, смутный) и неопределённый (лингв., матем.)
неопредели́мость*, -и
неопредели́мый*
неопре́н, -а
неопровержи́мость, -и
неопровержи́мый*
неопря́тнее*
неопря́тность*, -и
неопря́тный*; кр. ф. -тен, -тна
неоптима́льность*, -и
неоптима́льный*, кр. ф. -лен, -льна
неопублико́ванный*
нео́пытнее*
нео́пытность*, -и
нео́пытный*; кр. ф. -тен, -тна (не имеющий опыта)
неорганизо́ваннее*
неорганизо́ванность*, -и

неорганизо́ванный*; *кр. ф.* -ан, -анна, *прил.*
неоргани́ческий*
неоргани́чность*, -и
неоргани́чный; *кр. ф.* -чен, -чна
неоргеноге́нный*
неордина́рнее*
неордина́рность*, -и
неордина́рный*; *кр. ф.* -рен, -рна
неореали́зм, -а
неореали́ст, -а
неореалисти́ческий
неоригина́льность*, -и
неоригина́льный*; *кр. ф.* -лен, -льна
неориенти́рованный*
неорикеттсио́з, -а
неороманти́зм, -а
неорома́нтик, -а
неороманти́ческий
не осведомлён, -ена́ (*в чем, о чем*)
неосведомлённость*, -и
неосведомлённый*
неосвещённость*, -и
неосвещённый*
неосво́енность*, -и
неосво́енный*
неослабева́ющий*
неосла́бность, -и
неосла́бный; *кр. ф.* -бен, -бна
неославянофи́л, -а
неославянофи́льский
неославянофи́льство, -а
неосмотри́тельнее*
неосмотри́тельность*, -и
неосмотри́тельный*; *кр. ф.* -лен, -льна
неосмы́сленность*, -и
неосмы́сленный; *кр. ф.* -ен, -енна, *прил.*
неоснова́тельнее*
неоснова́тельность*, -и
неоснова́тельный*; *кр. ф.* -лен, -льна
не осо́бенно, *нареч.* (не очень)

не осо́бенный; но: неосо́бенная ма́трица (*матем.*)
неосо́знаннее*
неосо́знанно*, *нареч.*
неосо́знанность*, -и
неосо́знанный*; *кр. ф.* -ан, -анна, *прил.*
неоспори́мость, -и
неоспори́мый
неосталини́зм, -а
неосталини́ст, -а
неосталини́стский
не остана́вливаясь
неостанови́мый
неостепенённый*
неосторо́жнее*
неосторо́жность*, -и (*свойство*) и неосторо́жность, -и (*неосторожный поступок*)
неосторо́жный*; *кр. ф.* -жен, -жна
небо́стрый*
неосуществи́мость*, -и
неосуществи́мый*
неосхола́стика, -и
неосяза́емость*, -и
неосяза́емый*
неотврати́мость, -и
неотврати́мый
неотвя́зность, -и
неотвя́зный; *кр. ф.* -зен, -зна
неотвя́зчивость, -и
неотвя́зчивый
неотде́ланность*, -и
неотде́ланный*
неотдели́мость*, -и
неотдели́мый*
неотекто́ника, -и
неотени́я, -и
неотёсанность, -и
неотёсанный; *кр. ф.* -ан, -анна (*некультурный, невоспитанный*)
неотзы́вчивость*, -и
неотзы́вчивый*
не́ от кого
не́откуда

неотлага́тельный; *кр. ф.* -лен, -льна
неотличи́мость, -и
неотличи́мый*
неотло́жка, -и, *р. мн.* -жек
неотло́жность, -и
неотло́жный; *кр. ф.* -жен, -жна
неотлу́чность, -и
неотлу́чный; *кр. ф.* -чен, -чна
не от ми́ра сего́
неотми́рный
неотоми́зм, -а
неотоми́ст, -а
неотоми́стский
не о то́м (ре́чь)
неотрази́мость, -и
неотрази́мый
Неотропи́ческая о́бласть (*флористическая и зоогеографическая*)
неотропи́ческий
неотры́вность, -и
неотры́вный; *кр. ф.* -вен, -вна
неотсту́пность, -и
неотсту́пный; *кр. ф.* -пен, -пна
не́ от чего
неотчётливее*
неотчётливость*, -и
неотчётливый*
неотчужда́емость*, -и
неотчужда́емый*
неотъе́млемость, -и
неотъе́млемый
неофаши́зм, -а
неофаши́ст, -а
неофаши́стский
неофи́т, -а
неофи́тка, -и, *р. мн.* -ток
неофи́тский
неофициа́льность*, -и
неофициа́льный*; *кр. ф.* -лен, -льна
неофо́рмленность*, -и
неофо́рмленный*
неофрейди́зм, -а
неофрейди́ст, -а

неофрейди́стский
неохва́тность*, -и
неохва́тный*; кр. ф. -тен, -тна
неохо́та*, -ы (нежелание)
неохо́та, в знач. сказ. (не хочется)
не охо́тник (до кого, чего и с неопр.), в знач. сказ.
не охо́тница (до кого, чего и с неопр.), в знач. сказ.
неохо́тно*, нареч. (он отвеча́л неохо́тно)
неохо́тный (неохо́тный отве́т)
неохо́чий*
неоцене́нность, -и
неоцене́нный; кр. ф. -ён, -е́нна (неоцене́нный дру́г)
неоценённый* (неоценённая посы́лка)
неоцени́мость, -и
неоцени́мый
неоцерато́д, -а
неочеви́днее*
неочеви́дность*, -и
неочеви́дный*; кр. ф. -ден, -дна
не́ о чем
не о чём ино́м, как ..., но: ни о чём ино́м (не могу́ говори́ть)
не о́чень
неочи́щенный*
неощути́мее*
неощути́мость*, -и
неощути́мый*
неощути́тельный*; кр. ф. -лен, -льна
неоэнде́мик, -а
непа́лка, -и, р. мн. -лок (к непа́льцы)
непа́льский (от Непа́л)
непа́льцы, -ев, ед. -лец, -льца, тв. -льцем (от Непа́л)
непараметри́ческий*
непарла́ментский*
непарнокопы́тные*, -ых, ед. -ное, -ого
непа́рность*, -и
непа́рный*

непарти́йность*, -и
непарти́йный; кр. ф. -и́ен, -и́йна
непарциа́льный*
не па́ханный, прич.
непа́ханый*, прил.
непедагоги́чнее*
непедагоги́чность*, -и
непедагоги́чный*; кр. ф. -чен, -чна
непенообразу́ющий*
непенсионе́р*, -а
непе́нтес, -а
не́пер, -а, р. мн. -ов, счетн. ф. не́пер
непервообра́зный*; кр. ф. -зен, -зна
непервоочередно́й* и непервоочерёдный
непервоочерёдность*, -и
непереводи́мость*, -и
непереводи́мый*
непередава́емость, -и
непередава́емый (такой, что невозможно передать словами)
не́ перед кем
непереноси́мость*, -и
непереноси́мый*
непереносный (невыносимый)
не переставая
непереходность*, -и
непереходный*; кр. ф. -ден, -дна
непереходя́щий* (пра́здник, церк.)
не́перов, -а, -о (от Не́пер): не́перов логари́фм, не́перово число́
неперспекти́вность*, -и
неперспекти́вный*; кр. ф. -вен, -вна (бесперспективный)
непеча́таемый*
непеча́тный (недопустимый в печати)
непилоти́руемый*
непи́саный (непи́саный зако́н, непи́саное пра́вило); но: зако́н не пи́сан (кому)
непиcа́тель*, -я
непита́тельный*; кр. ф. -лен, -льна

непла́вкий*
непла́новость*, -и
непла́новый*
неплатёж*, -ежа́, тв. -о́м
неплатёжеспосо́бность*, -и
неплатёжеспосо́бный*; кр. ф. -бен, -бна
неплатёжный*
непла́тельщик*, -а
непла́тельщица*, -ы, тв. -ей
непло́дие, -я
непло́дный; кр. ф. -ден, -дна
неплодоро́днее*
неплодоро́дность*, -и
неплодоро́дный*; кр. ф. -ден, -дна
неплодотво́рнее*
неплодотво́рность*, -и
неплодотво́рный*; кр. ф. -рен, -рна
непло́ский*
не плотне́е
непло́тность*, -и (к непло́тный*)
непло́тный*
непло́хо, нареч. (довольно хорошо)
неплохо́й*; кр. ф. -о́х, -оха́, -о́хо, -о́хи
не по а́дресу
Непобеди́мая арма́да (испанский флот в XVI в.)
непобеди́мость, -и
непобеди́мый
непобори́мый
непова́дно, в знач. сказ.
непова́дный; кр. ф. -ден, -дна
не по-ва́шему
не по-взро́слому
непови́нность, -и (от неповинный)
непови́нный*; кр. ф. -и́нен, -и́нна; ни в чём не пови́нный
неповинове́ние*, -я
не по вку́су
не по во́зрасту
неповоро́тливее*
неповоро́тливость*, -и
неповоро́тливый*

неповоро́тный* (подъёмный кран)
неповтори́мость, -и
неповтори́мый
неповторя́емость*, -и
неповторя́емый*
непого́да, -ы (плохая погода)
не по года́м
не́погодь, -и
непого́дье, -я
непого́жий*
непогреши́мость, -и
непогреши́мый
неподалёку
не пода́рок, в знач. сказ.
непода́тливее*
непода́тливость*, -и
непода́тливый*
неподатно́й*
непода́ча*, -и, тв. -ей
неподве́домственность*, -и
неподве́домственный*; кр. ф. -вен и -венен, -венна
неподви́жность*, -и (к неподви́жный*) и неподви́жность, -и (к неподви́жный)
неподви́жный* (лишённый подвижности) и неподви́жный (не двигающийся); кр. ф. -жен, -жна
неподвла́стность*, -и
неподвла́стный*; кр. ф. -тен, -тна
неподгото́вленность*, -и
неподгото́вленный*
неподдаю́щийся (такой, с к-рым трудно справиться, трудновоспитуемый)
неподде́льность*, -и
неподде́льный*; кр. ф. -лен, -льна
не по де́лу
не по-де́тски
не по-джентльме́нски
неподко́ванность*, -и
неподко́ванный*

неподконтро́льность*, -и
неподконтро́льный*; кр. ф. -лен, -льна
неподку́пность*, -и
неподку́пный*; кр. ф. -пен, -пна
не под ла́д
не по дня́м, а по часа́м
неподоба́ющий*
неподо́бный (неприличный)
неподотчётность*, -и
неподотчётный*; кр. ф. -тен, -тна
неподписа́ние*, -я
неподража́емость, -и
неподража́емый
не под си́лу
не подста́ть
неподсту́пность, -и
неподсту́пный; кр. ф. -пен, -пна
неподсу́дность*, -и
неподсу́дный*; кр. ф. -ден, -дна
неподтвержде́ние*, -я
неподтверждённый*
не по душе́
неподходя́щий*
неподцензу́рный*; кр. ф. -рен, -рна
неподчине́ние*, -я
неподъёмность, -и
неподъёмный (очень тяжелый; непосильный, тяжкий)
не по-его́
не по-её
непозволи́тельнее*
непозволи́тельность*, -и
непозволи́тельный*; кр. ф. -лен, -льна
не поздне́е
не поздоро́виться, -ится
не по́зже
непознава́емость*, -и
непознава́емый*
непо́знанность, -и
непо́знанный*
не по зуба́м
не по-и́х
непоказа́тельность*, -и

непоказа́тельный*; кр. ф. -лен, -льна
не по карма́ну
не поклада́я ру́к
непокла́дистость*, -и
непокла́дистый*
непоко́й*, -я
непоко́йный*; кр. ф. -о́ен, -о́йна
непоколеби́мость, -и
непоколеби́мый
непокорённый*
непоко́рнее*
непоко́рность*, -и
непоко́рный*; кр. ф. -рен, -рна
непоко́рство*, -а
непокры́тый*
непола́дки, -док, ед. -дка, -и
неполега́емость*, -и
неполега́емый*
не поле́зно, в знач. сказ.
неполе́зный*; кр. ф. -зен, -зна
не по лета́м
неполивно́й*
неполити́чность*, -и
неполити́чный*; кр. ф. -чен, -чна
не полне́е
неполногла́сие*, -я
неполногла́сный*
неполнозу́бые, -ых
неполнопра́вие*, -я
неполнопра́вность*, -и
неполнопра́вный*; кр. ф. -вен, -вна
не по́лностью
неполнота́*, -ы́ (к непо́лный*)
неполноце́ннее*
неполноце́нность*, -и
неполноце́нный*; кр. ф. -е́нен, -е́нна
непо́лный*; кр. ф. -о́лон, -олна́, -о́лно, -о́лны́ (ненаполненный; недостаточный, незаконченный, некомплектный)
неполовозре́лость*, -и
неполовозре́лый*
неполо́женный*

не поло́жено, *в знач. сказ.*
неполуче́ние*, -я
не по-лю́дски
неполя́рный*; *кр. ф.* -рен, -рна
непоме́рность, -и
непоме́рный; *кр. ф.* -рен, -рна
не поме́ха, *в знач. сказ.*
не по мне́
не по-мо́ему
не по-мужски́
не понапра́сну
не понаслы́шке
не по-на́шему
непонима́ние*, -я
непонима́ющий*
не по нра́ву
не по нутру́
непоня́тливее*
непоня́тливость*, -и
непоня́тливый*
непоня́тнее*
непоня́тно*, *в знач. сказ.*
непоня́тность*, -и
непоня́тный*; *кр. ф.* -тен, -тна
непо́нятый*
непопада́ние*, -я
не по плечу́
не по пра́вилам
непопра́вимость*, -и
непопра́вимый*
не по пра́ву
непопуля́рнее*
непопуля́рность*, -и
непопуля́рный*; *кр. ф.* -рен, -рна
не по пути́
не пора́, *в знач. сказ.*
непоро́дный*; *кр. ф.* -ден, -дна
непо́ротый*
непоро́чность*, -и (*к непоро́чный**) и непоро́чность, -и (*к непоро́чный*)
непоро́чный* (*нравственно чистый*) и непоро́чный (*девственный, невинный*); *кр. ф.* -чен, -чна
не по-ру́сски

непоря́док*, -дка
непоря́дочнее*
непоря́дочность*, -и
непоря́дочный*; *кр. ф.* -чен, -чна (*лишенный порядочности*)
непосвящённость*, -и
непосвящённый*
не по себе́
непосе́да, -ы, *м. и ж.*
непосе́дливость*, -и
непосе́дливый
не по́ сердцу и не по се́рдцу
непосеща́емость*, -и
непосеща́емый*
непосеще́ние*, -я
не по си́лам
непоси́льность*, -и
непоси́льный*; *кр. ф.* -лен, -льна
непосле́дний* (*находящийся не в самом конце ряда; довольно значительный*)
непосле́довательнее*
непосле́довательность*, -и (*к непосле́довательный**)
непосле́довательный*; *кр. ф.* -лен, -льна (*нелогичный, противоречивый*)
непослуша́ние*, -я
непослу́шнее*
непослу́шный*; *кр. ф.* -шен, -шна
не по со́вести
не по-сосе́дски
не по сре́дствам
непосре́дственно, *нареч.* (*к непосре́дственный*)
непосре́дственно свя́занный
непосре́дственно составля́ющая, -ей
непосре́дственность, -и (*от непосре́дственный*)
непосре́дственный; *кр. ф.* -вен и -венен, -венна (*прямой, без промежуточных звеньев; естественный, свободно проявляющийся*)
непоста́вка*, -и, *р. мн.* -вок

непостижи́мость*, -и
непостижи́мый*
непости́жный; *кр. ф.* -жен, -жна
непостоя́ннее*
непостоя́нность*, -и
непостоя́нный*; *кр. ф.* -я́нен, -я́нна (*изменчивый, неустойчивый*)
непостоя́нство*, -а
непосты́дно*, *нареч. и в знач. сказ.*
непосты́дный*; *кр. ф.* -ден, -дна
не по-тво́ему
непоти́зм, -а
не по-това́рищески
непотопля́емость, -и
непотопля́емый, *прил.*
не потре́бен, не потре́бна (*не нужен*)
непотре́бность, -и (*к непотре́бный*)
непотре́бный; *кр. ф.* -бен, -бна (*негодный, очень неприличный*)
непотре́бство, -а
непохва́льный*; *кр. ф.* -лен, -льна
непохо́жесть*, -и
непохо́же, что (чтобы)...
непохо́жий*; *кр. ф.* -о́ж, -а, -е; ни на что́ не похо́же
не по-христиа́нски
непоча́тый* (*не начатый*) и непоча́тый (*имеющийся в изобилии, избытке; непоча́тый кра́й*)
не́ по чем
не́ по чему
не по чи́ну
непочте́ние*, -я
непочти́тельнее*
непочти́тельность*, -и
непочти́тельный*; *кр. ф.* -лен, -льна
непоэ́т*, -а
непра́в*, -ава́, -а́во
непра́вда*, -ы
не пра́вда ли?

непра́вдашний* и непра́вдашный*
неправдоподо́бие*, -я
неправдоподо́бность*, -и
неправдоподо́бный*; кр. ф. -бен, -бна
непра́ведность*, -и
непра́ведный*; кр. ф. -ден, -дна
непра́вильнее*
непра́вильность*, -и (свойство) и непра́вильность, -и (отклонение от нормы, ошибка)
непра́вильный*; кр. ф. -лен, -льна
неправи́тельственный*
не пра́вленный, прич.
непра́вленый*, прил.
неправово́й*
неправоме́рность*, -и
неправоме́рный*; кр. ф. -рен, -рна
неправомо́чность*, -и
неправомо́чный*; кр. ф. -чен, -чна
неправоспосо́бность*, -и
неправоспосо́бный*; кр. ф. -бен, -бна
непра́восу́дие*, -я
непра́восу́дный*; кр. ф. -ден, -дна
неправота́*, -ы́
непра́вый* (несправедливый)
непра́здный
непракти́чнее*
непракти́чность*, -и
непракти́чный*; кр. ф. -чен, -чна
непревзойдённо, нареч.
непревзойдённость, -и
непревзойдённый; кр. ф. -ён, -ённа, прил.
непредвзя́тость*, -и
непредвзя́тый*
непредви́денность, -и
непредви́денный*
непреде́льный*; кр. ф. -лен, -льна
непредикати́вный*
непреднаме́ренно*, нареч.

непреднаме́ренность*, -и
непреднаме́ренный*; кр. ф. -рен, -ренна
непредотврати́мость, -и
непредотврати́мый
непредсказу́емость*, -и
непредсказу́емый*
непредстави́мый*
непредстави́тельность*, -и
непредстави́тельный*; кр. ф. -лен, -льна
непредставле́ние*, -я
непредубеждённо*, нареч.
непредубеждённость*, -и
непредубеждённый*
непредумы́шленно*, нареч.
непредумы́шленность*, -и
непредумы́шленный*; кр. ф. -ен, -енна
непредусмо́тренный*
непредусмотри́тельность*, -и
непредусмотри́тельный*; кр. ф. -лен, -льна
непрезента́бельность*, -и
непрезента́бельный*; кр. ф. -лен, -льна
непрезиде́нтский*
непрекло́нно, нареч.
непрекло́нность, -и (стойкость, непоколебимость)
непрекло́нный; кр. ф. -о́нен, -о́нна (стойкий, непоколебимый)
непрекраща́ющийся (непрестанный, непрерывный)
непрело́жность, -и
непрело́жный; кр. ф. -жен, -жна
непреме́нно, нареч.
непреме́нный; кр. ф. -е́нен, -е́нна
не премину́ть, -ну, -нет
непреобори́мость, -и
непреобори́мый
непреодоли́мость*, -и
непреодоли́мый*
непрепя́тствование*, -я
непререка́емость, -и
непререка́емый

непреры́вка, -и
непреры́вно дви́жущийся
непреры́вно де́йствующий
непреры́вно-и́мпульсный
непреры́вно-пото́чный
непреры́вность*, -и
непреры́вный*; кр. ф. -вен, -вна
непреста́нно, нареч.
непреста́нность, -и
непреста́нный; кр. ф. -а́нен, -а́нна
непрести́жность*, -и
непрести́жный*; кр. ф. -жен, -жна
непреходя́щий* (вечный)
неприбра́нность*, -и
неприбра́нный*
неприбыльность*, -и
неприбыльный*; кр. ф. -лен, -льна
неприбы́тие*, -я
не приведи́ бо́г (бо́же), в знач. межд.
не приведи́ госпо́дь (го́споди), в знач. межд.
неприве́тливее*
неприве́тливость*, -и
неприве́тливый*
неприве́тный*; кр. ф. -тен, -тна
непривилегиро́ванный*; кр. ф. -ан, -анна
непривлека́тельнее*
непривлека́тельность*, -и
непривлека́тельный*; кр. ф. -лен, -льна
неприводи́мый* (матем.)
непривы́чка*, -и
непривы́чнее*
непривы́чность*, -и
непривы́чный*; кр. ф. -чен, -чна
непригля́дность, -и
непригля́дный; кр. ф. -ден, -дна
непригодность*, -и
непригодный*; кр. ф. -ден, -дна; ни к чему́ (ни на что) не пригодный
непригоже, в знач. сказ. (не подобает)

непригожий*
неприготовленный*
неприезд*, -а
приемлемость*, -и
неприемлемый*
неприёмный*
непризнание*, -я
непризнанность*, -и
непризнанный*
неприкасаемый
неприкаянно, нареч.
неприкаянность, -и
неприкаянный; кр. ф. -ян, -янна
неприкосновенность, -и (от неприкосновенный)
неприкосновенный; кр. ф. -енен, -енна (сохраняемый в целости; охраняемый законом)
неприкрашенно*, нареч.
неприкрашенность*, -и
неприкрашенный*
неприкрытость, -и
неприкрытый (откровенный, явный)
неприличие*, -я (свойство) и неприличие, -я (неприличный поступок, поведение)
неприличнее*
неприличность*, -и
неприличный; кр. ф. -чен, -чна (не соответствующий правилам приличия)
неприложимость*, -и
неприложимый*
неприменение*, -я
применимость*, -и
неприменимый*
неприметнее*
неприметность*, -и
неприметный; кр. ф. -тен, -тна
непримечательнее*
непримечательность*, -и
непримечательный*; кр. ф. -лен, -льна; ничем не примечательный
непримиримость, -и

непримиримый
непринуждённее*
непринуждённо*, нареч.
непринуждённость*, -и
непринуждённый; кр. ф. -ён, -ённа (естественный)
непринятие*, -я
неприсоединение*, -я
неприсоединившийся*
неприспособленность*, -и
неприспособленный*
непристойнее*
непристойность*, -и (свойство) и непристойность, -и (непристойные слова, жесты, поступки)
непристойный*; кр. ф. -оен, -ойна
неприступность, -и
неприступный; кр. ф. -пен, -пна
неприсутственный*
непритворность*, -и
непритворный; кр. ф. -рен, -рна
непритязательнее*
непритязательность*, -и
непритязательный; кр. ф. -лен, -льна
неприхотливее*
неприхотливость*, -и
неприхотливый*
непричастность*, -и
непричастный*; кр. ф. -тен, -тна
неприютность, -и
неприютный; кр. ф. -тен, -тна
неприязненнее*
неприязненно*, нареч.
неприязненность*, -и
неприязненный*; кр. ф. -ен, -енна
неприязнь*, -и
неприятель, -я (враг)
неприятельский (вражеский)
неприятие*, -я
неприятнее*
неприятность*, -и (свойство) и неприятность, -и (неприятное происшествие)

неприятный*; кр. ф. -тен, -тна
непробиваемость, -и
непробиваемый, прил.
не проблема, в знач. сказ.
непробудный; кр. ф. -ден, -дна
непровар*, -а
непроваренный*
не про вашу (твою, его и т. п.) честь
непроверенность, -и
непроверенный*
непроводимость*, -и
непроводник*, -а (физ.)
непроворность*, -и
непроворный*; кр. ф. -рен, -рна
непроглядность, -и
непроглядный; кр. ф. -ден, -дна
непрогнозируемый*
непрограммист*, -а
непродовольственный*
непродолжительнее*
непродолжительность*, -и
непродолжительный*; кр. ф. -лен, -льна
непродуктивнее*
непродуктивность*, -и
непродуктивный*; кр. ф. -вен, -вна
непродуманнее*
непродуманно*, нареч.
непродуманность*, -и
непродуманный*; кр. ф. -ан, -анна, прил.
непроездный; кр. ф. -ден, -дна
непроезжий* (не предназначенный или негодный для езды)
непрожёванный*
непрозрачность*, -и
непрозрачный; кр. ф. -чен, -чна
непроизводительность*, -и
непроизводительный*; кр. ф. -лен, -льна
непроизводность*, -и
непроизводный*; кр. ф. -ден, -дна
непроизводственный*

непроизво́льность, -и (к непроизво́льный)
непроизво́льный; кр. ф. -лен, -льна (невольный, ненамеренный)
непроизноси́мость, -и
непроизноси́мый, прил.
не́ про кого
непрокра́с, -а
непрокра́шенный*
непрола́зный; кр. ф. -зен, -зна
непролета́рский*
непролива́йка, -и, р. мн. -а́ек
не про́мах, в знач. сказ.
непромока́емый*
непромы́тый*
непромы́шленный*
непроница́емость*, -и (к непроница́емый*) и непроница́емость, -и (к непроница́емый)
непроница́емый* (не пропускающий сквозь себя воду, свет, звук и т. п.) и непроница́емый (недоступный для понимания, скрытный)
непроница́тельнее*
непроница́тельный*; кр. ф. -лен, -льна
непропорциона́льность*, -и
непропорциона́льный*; кр. ф. -лен, -льна
непросвещённее*
непросвещённость*, -и
непросвещённый*; кр. ф. -ён, -ённа, прил.
непросо́хший*
непрости́тельнее*
непрости́тельность, -и
непрости́тельный*; кр. ф. -лен, -льна
непро́сто*, нареч. и в знач. сказ.
непросто́й*; кр. ф. -о́ст, -оста́, -о́сто, -осты́
не про́сто та́к
непростре́ливаемый*
не про́тив

непротивле́нец, -нца, тв. -нцем, р. мн. -нцев
непротивле́ние, -я (злу́ наси́лием)
непротивле́нский
непротивле́нство, -а
непротивле́нческий
непротивле́нчество, -а
непротиворечи́вость*, -и
непротиворечи́вый*
непроторённый*
непрото́чный*; кр. ф. -чен, -чна
непрофессиона́л*, -а
непрофессионали́зм*, -а
непрофессиона́льность*, -и
непрофессиона́льный*; кр. ф. -лен, -льна
непрофили́рующий*
непро́фильный*
непроходи́мость*, -и
непроходи́мый*
непроходно́й*
непрохо́дный; кр. ф. -ден, -дна (непроходимый)
непроцеду́рный*
не прочне́е
непро́чность*, -и
непро́чный*; кр. ф. -чен, -чна́, -чно, -о́чны
не про́чь (не против, согласен)
не про́шенный, прич.
непро́шеный, прил. (непро́шеный гость)
непрошиба́емость, -и
непрошиба́емый (не поддающийся воздействию, уговорам)
не про́ще
непрояснённость, -и
непрояснённый*
не пря́денный, прич.
непря́деный*, прил.
не пряме́е
непрямо́й*
Непту́н, -а
нептуни́зм, -а
непту́ний, -я
нептуни́ческий

не пу́ганный, прич.
непу́ганый*, прил.
непутёвый
непутём, нареч. (не так, как нужно)
непу́тный (непутевый)
непутя́щий
непы́льный (о нетрудной работе, должности)
непью́щий*
неработоспосо́бность*, -и
неработоспосо́бный*; кр. ф. -бен, -бна
нерабо́чий*
не ра́вен, не равна́
нера́венство*, -а
неравно́ (вдруг)
неравнове́сный*
неравноду́шие, -я
неравноду́шный*; кр. ф. -шен, -шна
неравнозна́чность*, -и
неравнозна́чный*; кр. ф. -чен, -чна
неравноме́рно распределённый
неравноме́рность*, -и
неравноме́рный*; кр. ф. -рен, -рна
неравнопра́вие*, -я
неравнопра́вность*, -и
неравнопра́вный*; кр. ф. -вен, -вна
неравноце́нность*, -и
неравноце́нный*; кр. ф. -е́нен, -е́нна
нера́вный*
не ра́д, не ра́да
нераде́ние*, -я (нерадивость)
не ра́ди (кого, чего)
неради́вость, -и
неради́вый
нера́достный*; кр. ф. -тен, -тна
не ра́з
не разбери́-поймёшь
не разбери́-пойми́

НЕРАЗБЕРИХА

неразбери́ха, -и
неразбо́рчивее*
неразбо́рчивость*, -и
неразбо́рчивый*
неразве́данность*, -и
неразве́данный*
неразвёрнутость*, -и
неразвёрнутый*
нера́звитость*, -и
нера́звитый* и неразвито́й*; кр. ф. -а́звит, -а́звита́, -а́звито
неразга́данность, -и
неразга́данный*
неразглаше́ние*, -я
неразгово́рчивее*
неразгово́рчивость*, -и
неразгово́рчивый*
неразделённость*, -и
неразделённый*
нераздели́мость, -и
нераздели́мый
неразде́льность, -и (неразрывность)
неразде́льный; кр. ф. -лен, -льна (не подлежащий разделу, неразрывный)
не ра́з и не два́
неразлейвода́, в знач. сказ.
неразличи́мость, -и
неразличи́мый*
неразложи́мость*, -и
неразложи́мый*
неразлу́чники, -ов (попугаи)
неразлу́чность, -и
неразлу́чный; кр. ф. -чен, -чна
неразме́нность, -и
неразме́нный (не подлежащий размену)
неразмеще́ние*, -я
неразрешённость*, -и
неразрешённый*
неразреши́мость*, -и
неразреши́мый*
неразруша́ющий*
неразруши́мый
неразры́вность, -и

неразры́вный; кр. ф. -вен, -вна
неразуме́ние*, -я
неразу́мие, -я
неразу́мнее*
неразу́мность*, -и
неразу́мный*; кр. ф. -мен, -мна
неразъедини́мый*
неразъёмный*
неразъясни́мый
не ра́нее
не ра́ньше
нераска́янность, -и
нераска́янный; кр. ф. -ян, -янна
нераскры́вшийся*
нераскры́тый*
нераспа́ханный*
нераспеча́танный*
нераспо́знанный*
расположе́ние*, -я (неприязнь)
не расположенный; кр. ф. -ен, -ена (к чему и с неопр.)
нераспоряди́тельность*, -и
нераспоряди́тельный*; кр. ф. -лен, -льна
нераспростране́ние*, -я
нераспространённость*, -и
нераспространённый*
нераспусти́вшийся*
нерассуди́тельный*; кр. ф. -лен, -льна
нераствори́мость*, -и
нераствори́мый*
нерасторжи́мость*, -и
нерасторжи́мый*
нерасторо́пнее*
нерасторо́пность*, -и
нерасторо́пный*; кр. ф. -пен, -пна
нерастра́ченность*, -и
нерастра́ченный*
не расчёт, в знач. сказ. (невыгодно)
нерасчётливость*, -и
нерасчётливый*
нерасчётный*
нерасчленённость*, -и
нерасчленённый*

нерасчлени́мость*, -и
нерасчлени́мый*
нерасшире́ние*, -я
нерациона́льнее*
нерациона́льность*, -и
нерациона́льный*; кр. ф. -лен, -льна
нерачи́тельность*, -и
нерачи́тельный*; кр. ф. -лен, -льна
нерв, -а
нерва́ция, -и
нерви́зм, -а
нерви́рование, -я
нерви́рованный; кр. ф. -ан, -ана
нерви́ровать(ся), -рую, -рует(ся)
нерви́ческий
нерви́шки, -шек
не́рвниченье, -я
не́рвничать, -аю, -ает
нервнобольно́й
не́рвно-мы́шечный
не́рвно-паралити́ческий
не́рвно-психи́ческий
не́рвно-сосу́дистый
не́рвность, -и
не́рвно-трофи́ческий
не́рвный; кр. ф. -вен, нервна́, -вно
нерво́з, -а (нервозное состояние)
нерво́зность, -и
нерво́зный; кр. ф. -зен, -зна
нервотрёпка, -и, р. мн. -пок
не́рвы, -ов (нервная система человека)
нервю́ра, -ы
нереализо́ванность*, -и
нереализо́ванный*
нереализу́емый*
нереалисти́ческий
нереалисти́чность*, -и
нереалисти́чный*; кр. ф. -чен, -чна
нереа́льнее*
нереа́льность*, -и
нереа́льный*; кр. ф. -лен, -льна
нерегистра́ция*, -и

нерегули́руемый*
нерегуля́рнее*
нерегуля́рность*, -и
нерегуля́рный*; кр. ф. -рен, -рна
нере́дкий*; кр. ф. -док, -дка́, -дко, -е́дки́
нере́дко*, нареч.
не ре́дкость (о чем-н. часто встречающемся)
не ре́же
не ре́занный, прич.
нере́заный*, прил.; как соба́к нере́заных
нерезиде́нт*, -а (фин.)
нерезиде́нтный*
нере́зкий*
нере́зкость*, -и
не резо́н, в знач. сказ.
нерезульти́вный*; кр. ф. -вен, -вна
не ре́зче
Нере́йда, -ы (астр.)
нере́йды, -и́д, ед. -и́да, -ы (мифол.)
нере́ис, -а
нерента́бельнее*
нерента́бельность*, -и
нерента́бельный*; кр. ф. -лен, -льна
нере́ст, -а
нерести́лище, -а
нерести́ться, -и́тся
нерестова́ть, -ту́ет
не́рестово-выростно́й
не́рестовый
нереша́емый*
нереше́ние*, -я (вопро́са)
нерешённость, -и
нерешённый*
нереши́мость*, -и
нереши́тельность*, -и
нереши́тельный*; кр. ф. -лен, -льна
нержаве́йка, -и
нержаве́ющий*
нери́не, нескл., с.

нерити́ческий
неритми́чность*, -и
неритми́чный*; кр. ф. -чен, -чна
нери́товый
нерифмо́ванный*
не́рка, -и, р. мн. не́рок
не́рльский (от Нерль)
неро́бкий*; не ро́бкого деся́тка
не рове́н ча́с
не ровне́е
неро́вность*, -и (свойство) и ро́вность, -и (неровное место на поверхности)
неро́вный*; кр. ф. -вен, -вна́, -вно, -о́вны́
ро́вня*, -и, р. мн. -ей, м. и ж.
не родне́е
неродно́й*
неродови́тость*, -и
неродови́тый*
неромати́чный*; кр. ф. -чен, -чна
Неро́нов, -а, -о и неро́новский (от Неро́н)
не́рпа, -ы
не́рпичий, -ья, -ье
не́рповый
нерте́ра, -ы
неру́дный*
не рука́, в знач. сказ. (не годится, не подходит)
нерукотво́рный*; но: Спа́с Нерукотво́рный (образ)
не́рунг, -а
неру́сский*
неруши́мость, -и
неруши́мый
Не́рчинская ка́торга
Не́рчинские заво́ды
не́рчинский (от Не́рчинск)
не́рчинцы, -ев, ед. -нец, -нца, тв. -нцем
неры́ночный*
нерюнгри́нский (от Нерюнгри́)
неря́ха, -и, м. и ж.

неря́шество, -а
неря́шливость, -и
неря́шливый
не са́м, не сама́, не само́, не са́ми
несамокрити́чность*, -и
несамокрити́чный*; кр. ф. -чен, -чна
несамостоя́тельность*, -и
несамостоя́тельный*; кр. ф. -лен, -льна
несамохо́дный*
не са́мый
несанкциони́рованность*, -и
несанкциони́рованный*
не са́хар, в знач. сказ.
несбаланси́рованность*, -и
несбаланси́рованный*
несбы́вшийся*
несбы́точность*, -и
несбы́точный*; кр. ф. -чен, -чна
несваре́ние, -я (желу́дка)
несве́дущий*
не свеже́е
несве́жесть*, -и
несве́жий*; кр. ф. несве́ж, -ежа́, -еже́ (мя́со несве́же, бельё несве́же)
несве́тский*
несвобо́да*, -ы
несвобо́дный*; кр. ф. -ден, -дна
несводи́мость*, -и
несводи́мый*
несвоевре́менно*, нареч.
несвоевре́менность*, -и
несвоевре́менный*; кр. ф. -мен и -менен, -менна
не сво́й, не своя́; не свои́м го́лосом
несво́йственность, -и
несво́йственный*; кр. ф. -вен и -венен, -венна
не свы́ше (чего)
несвя́занность*, -и
несвя́занный*
несвязне́е*
несвя́зность*, -и

несвя́зный*; кр. ф. -зен, -зна
несгиба́емость, -и
несгиба́емый*, прил.
несгово́рчивость*, -и
несгово́рчивый*
несгора́емость, -и
несгора́емый
несде́ржаннее*
несде́ржанно*, нареч. (к несде́ржанный*)
несде́ржанность*, -и (к несде́ржанный*)
несде́ржанный*; кр. ф. -ан, -анна (не умеющий владеть собой; резкий, нетактичный)
несдо́бный*
несдобрва́ть (кому), в знач. сказ.
не сего́дня
не сего́дня за́втра
несего́дняшний*
несезо́нный*
не секре́т, в знач. сказ. (это не секре́т, что...)
несельскохозя́йственный*
несеме́йный*
несе́ние, -я
несённый; кр. ф. -ён, -ена́
несери́йность*, -и
несери́йный*
несерьёзность*, -и
несерьёзнее*
несерьёзный*; кр. ф. -зен, -зна
несессе́р, -а
не се́янный, прич.
несе́яный*, прил.
несжа́тый*
не силён, -льна́ (в чем)
несиллогисти́ческий*
не сильне́е
неси́льный*
несимметри́чность*, -и
несимметри́чный*; кр. ф. -чен, -чна
несимпати́чнее*
несимпати́чность*, -и

несимпати́чный*; кр. ф. -чен, -чна
несинусоида́льный*
несинхро́нность*, -и
несинхро́нный*; кр. ф. -онен, -онна
несказа́нный; кр. ф. -а́н и -а́нен, -а́нна
не́ с кем
нескладёха, -и, м. и ж.
нескла́дица, -ы, тв. -ей
не складне́е
нескла́днее (от нескла́дный)
нескла́дно* (к нескла́дный*) и нескла́дно (к нескла́дный), нареч.
нескла́дность*, -и (к нескла́дный*) и нескла́дность, -и (к нескла́дный)
нескла́дный*; кр. ф. нескла́ден, -дна (нестройный) и нескла́дный; кр. ф. -ден, -дна (неустроенный, неблагополучный: нескла́дная жизнь)
не скло́нен, не скло́нна, не скло́нно
несклонный*
несклоня́емость*, -и
несклоня́емый*
не́ с кого
нескользкий*
не́сколько¹, не́скольких; по не́скольку и по не́сколько
не́сколько², нареч.
не́сколько со́т, не́скольких со́т, не́скольким ста́м, не́сколькими ста́ми, в не́скольких ста́х
несконча́емость, -и
несконча́емый
нескоордини́рованность*, -и
нескоордини́рованный*
не скоре́е
не ско́ро, нареч. (спустя долгий срок)
нескорый*
нескре́щиваемость*, -и
не скромне́е

нескро́мность*, -и (свойство) и нескро́мность, -и (нескромный поступок)
нескро́мный*; кр. ф. -мен, -мна́, -мно, -омны́
нескрыва́емый*
не скупе́е
не скучне́е
не ску́чно, в знач. сказ.
неску́чный*
Неску́чный са́д (в Москве)
не слабе́е
несла́бо, нареч. (впечатляюще, жарг.)
не сла́бо, в знач. сказ.
несла́бый (отличный, яркий, впечатляющий, жарг.)
не сла́ва бо́гу (неблагополучно)
несла́дкий
несла́дко*, в знач. сказ.
несла́женнее*
несла́женно*, нареч.
несла́женность*, -и
несла́женный*; кр. ф. -ен, -енна, прил.
не сла́ще
не след, в знач. сказ. (не следует)
неслёживаемость*, -и
неслёживающийся*
не сли́шком
не́слия, -и
несловоохо́тливее*
несловоохо́тливость*, -и
несловоохо́тливый*
неслогово́й*
не сложне́е
сложность*, -и
несло́жный*; кр. ф. -жен, -жна́, -жно, -о́жны
несло́мленный*
неслуже́бный*
не́слух, -а
неслуча́йно*, нареч.
неслуча́йность*, -и
неслуча́йный*; кр. ф. -а́ен, -а́йна

неслы́ханно, *нареч.* (*к* неслы́ханный)

неслы́ханный; *кр. ф.* -ан, -анна, *прил.* (*небывалый, поразительный*)

не слы́хано (*не слышно*) (*о ком, чём*)

не слыха́ть (*не слышно*)

не слы́шен, не слышна́, не слы́шно, не слышны́ (*отсюда кри́к не слы́шен*)

неслы́шимый*

не слышне́е

неслы́шнее (*от* неслы́шный)

неслы́шно, *нареч.* (*бесшумно: вошёл неслы́шно*)

не слы́шно, *в знач. сказ.* (*вас не слы́шно; о нём ничего не слы́шно*)

неслы́шность, -и (*от* неслы́шный)

неслы́шный* (*недоступный слуху*) *и* неслы́шный; *кр. ф.* -шен, -шна (*очень тихий, бесшумный*)

не смеле́е

несме́лость*, -и (*к* несме́лый*)

несме́лый*; *кр. ф.* -е́л, -ела́, -е́ло, -е́лы (*довольно робкий*)

несменя́емость*, -и

несменя́емый*

несме́тность, -и

несме́тный; *кр. ф.* -тен, -тна (*огромный по количеству*)

не сметь!

несмешно́*, *нареч.*

не смешне́е

не смешно́ (*кому*), *в знач. сказ.*

несмешно́й*

несмещённый*

Несмея́на-царе́вна, Несмея́ны-царе́вны (*сказочный персонаж*) *и* несмея́на-царе́вна, несмея́ны-царе́вны (*тихоня, грустная скромница*)

несмина́емость, -и (*от* несмина́емый)

несмина́емый

несмолка́емый

несмолка́ющий*

несмотря́ на, *предлог* (*несмотря́ на все тру́дности, несмотря́ ни на что*), *но деепр.* не смотря́ (*не смотря́ по сторона́м*)

несмыва́емый*

несмы́сленный

несмышлёный*

несмышлёныш, -а, *тв.* -ем

не сносне́е

несно́снее (*от* несно́сный)

несно́сность*, -и (*к* несно́сный*) *и* несно́сность, -и (*к* несно́сный)

несно́сный*; *кр. ф.* -сен, -сна (*нестерпимый*) *и* несно́сный (*крайне неприятного характера и поведения, надоедливый*); *кр. ф.* -сен, -сна

несоблюде́ние*, -я

несо́бранность*, -и

несо́бранный*; *кр. ф.* -ан, -анна, *прил.*

несо́бственно-пряма́я ре́чь

несо́бственный* (*матем.*)

несоверше́нно*, *нареч.* (*к* несоверше́нный*)

несовершенноле́тие*, -я

несовершенноле́тний*

несоверше́нность, -и

несоверше́нный*; *кр. ф.* -е́нен, -е́нна

несоверше́нство*, -а (*свойство*)

не со́вестно, *в знач. сказ.*

несовмести́мость*, -и

несовмести́мый*

несовме́стность, -и (*несовместимость*)

несовме́стный; *кр. ф.* -тен, -тна (*несовместимый*)

несовпаде́ние*, -я

несовреме́нно*, *нареч.*

несовреме́нность*, -и (*свойство*)

несовреме́нный*; *кр. ф.* -е́нен, -е́нна

не совсе́м, *нареч.* (*не совсе́м гото́в*), *но местоим.* не со всём (*не со всём согла́сен*)

не согла́сен, не согла́сна (*держится другого мнения*)

несогла́сие*, -я

несогла́сный*; *кр. ф.* -сен, -сна (*лишенный согласованности, единства, неслаженный*)

несогласо́ванно*, *нареч.*

несогласо́ванность*, -и

несогласо́ванный*; *кр. ф.* -ан, -анна, *прил.*

несоедини́мость*, -и

несоедини́мый*

несознава́емый*

несозна́тельность*, -и

несозна́тельный*; *кр. ф.* -лен, -льна

несоизмери́мость*, -и

несоизмери́мый*

несократи́мость*, -и

несократи́мый* (*матем.*)

несокруши́мость, -и

несокруши́мый

несолёный*

не со́ленный; *кр. ф.* не со́лен, -а, *прич.*

несолидне́е*

несоли́дно*, *нареч.*

несоли́дность*, -и

несоли́дный*; *кр. ф.* -ден, -дна

не солоне́е

несо́лоно хлеба́вши

несомне́нно, *нареч. и вводн. сл.*

несомне́нность, -и

несомне́нный; *кр. ф.* -е́нен, -е́нна

несо́мый

несообрази́тельность*, -и

несообрази́тельный*; *кр. ф.* -лен, -льна

несообра́зность*, -и (*к* несообра́зный*) *и* несообра́зность, -и (*нелепость*)

несообра́зный*; *кр. ф.* -зен, -зна (*с чем-н.; ни с чем не сообраз-*

НЕСООТВЕТСТВЕННЫЙ

ный) и несообра́зный; *кр. ф.* -зен, -зна (*нелепый*)
несоотве́тственный*; *кр. ф.* -вен и -венен, -венна
несоотве́тствие*, -я
несопостави́мость*, -и
несопостави́мый*
несоразме́рность*, -и
несоразме́рный*; *кр. ф.* -рен, -рна
несо́ртный*
несосвети́мый
несосредото́ченность*, -и
несосредото́ченный*; *кр. ф.* -ен, -енна, *прил.*
несостоя́тельность*, -и (*к несостоя́тельный**) и несостоя́тельность, -и (*к несостоя́тельный*)
несостоя́тельный*; *кр. ф.* -лен, -льна (*небогатый; необоснованный, бездоказательный*) и несостоя́тельный; *кр. ф.* -лен, -льна (*неплатежеспособный; лишённый необходимых данных, возможностей для осуществления своего дела*)
несотру́дничество*, -а
не социа́л-демокра́т, -а
не социа́л-демократи́ческий
несо́чный*
не спеле́е
неспе́лость*, -и
неспе́лый*
неспециализи́рованный*
неспециали́ст*, -а
не спеша́
неспе́шнее (*от* неспе́шный)
неспе́шно, *нареч.* (*неторопливо*)
не спе́шно, *в знач. сказ.*
неспе́шность, -и (*неторопливость*)
неспе́шный; *кр. ф.* -шен, -шна (*неторопливый*)
не спе́шный (*дело не спе́шное*)
несподру́чность, -и
несподру́чный*; *кр. ф.* -чен, -чна
неспоко́йнее*

неспоко́йный*; *кр. ф.* -о́ен, -о́йна
неспорти́вность*, -и
неспорти́вный*; *кр. ф.* -вен, -вна
неспортсме́н*, -а
неспо́рый*
неспосо́бность*, -и
неспосо́бный*; *кр. ф.* -бен, -бна; ни на что́ (ни к чему́) не спосо́бный
несправедли́вее*
несправедли́вость*, -и (*свойство*) и несправедли́вость, -и (*несправедливый поступок*)
несправедли́вый*
неспровоци́рованность*, -и
неспровоци́рованный*
непроста́
неспряга́емость*, -и
неспряга́емый*
неспуска́емый*
несраба́тывание*, -я
несрабо́танность*, -и
несрабо́тка, -и
несравне́нно, *нареч.*
несравне́нность, -и
несравне́нный; *кр. ф.* -е́нен, -е́нна
несравни́мо, *нареч.*
несравни́мость*, -и
несравни́мый*
не сра́зу
не сро́чно, *нареч.*
несро́чный*; *кр. ф.* -чен, -чна
не с руки́
нестаби́льнее*
нестаби́льность*, -и
нестаби́льный*; *кр. ф.* -лен, -льна
нестанда́рт, -а (*продукция, не соответствующая стандарту*)
нестандартизи́рованный*
нестанда́ртнее*
нестанда́ртность*, -и
нестанда́ртный*; *кр. ф.* -тен, -тна
не старе́е
нестаре́ющий*

не ста́рше
неста́рый*
нестати́ческий*
нестациона́рность*, -и
нестациона́рный*
не́стеровский (*от* Не́стеров)
нестерпи́мее*
нестерпи́мость, -и
нестерпи́мый
нестехиометри́ческий*
не сти́ранный, *прич.*
нести́раный*, *прил.*
нести́(сь), несу́(сь), несёт(ся); *прош.* нёс(ся), несла́(сь)
нестойкий*; *кр. ф.* нестоек, -ойка
нестойкость*, -и
нестоли́чный*
не сто́ль
не сто́лько... ско́лько
Не́стор, -а (*мифол.; историк, летописец*)
несториа́не, -а́н, *ед.* -а́нин, -а
несториа́нский
несториа́нство, -а
не́сторы, -ов, *ед.* -тор, -а (*род птиц*)
нестоя́щий* (*плохой*)
нестратифици́рованный*
не страшне́е
не стра́шно, *в знач. сказ.*
нестра́шный*
не стри́женный, *прич.*
нестри́женый*, *прил.*
нестро́гий*
нестро́гость*, -и
нестроеви́к*, -а́
нестроево́й*
нестрое́ние, -я (*беспорядок, неустройство*)
не стро́же
нестрои́тельный*
не стройне́е
нестройне́е (*от* нестро́йный)
нестро́йность*, -и
нестро́йный*; *кр. ф.* нестро́ен, -о́йна

неструктурный*
не стыднее
не стыдно, в знач. сказ.
нестыдный*
нестыковка*, -и, р. мн. -вок
нестыкуемый (несоединимый)
несть: несть конца, несть числа
нестяжание, -я (церк.)
нестяжатели, -ей, ед. -тель, -я (церк.)
нестяжательный*; кр. ф. -лен, -льна
нестяжательский (к нестяжатели)
нестяжательство*, -а (к нестяжательный*) и нестяжательство, -а (к нестяжатели)
несудимость*, -и
несудимый*
несудом (кричать)
несудоходность*, -и
несудоходный*; кр. ф. -ден, -дна
не судьба (не суждено)
несуетливость*, -и
несуетливый*
несуетность*, -и
несуетный*; кр. ф. -тен, -тна
не суждён, -ена
не суждено, в знач. сказ.
несун, -а
несуразица, -ы, тв. -ей
несуразность, -и
несуразный; кр. ф. -зен, -зна
несусветица, -ы, тв. -ей
несусветный; кр. ф. -тен, -тна
не суть важно
несушка, -и, р. мн. -шек
не-сущее, -его (филос.)
несущественнее*
несущественность*, -и
несущественный*; кр. ф. -вен и -венен, -венна
несуществование*, -я
несуществующий*
несущий(ся)
несходность*, -и

несходный*; кр. ф. -ден, -дна
несходство*, -а
несхожесть*, -и
несхожий*
несценичность*, -и
несценичный*; кр. ф. -чен, -чна
несчастливее*
несчастливец*, -вца, тв. -вцем, р. мн. -вцев
несчастливый*; кр. ф. -астлив, -а
несчастненький
несчастный; кр. ф. -тен, -тна
несчастье, -я, р. мн. -тий (горе, беда)
не с чего
не с чем
несчётно (очень много)
несчётность, -и
несчётный; кр. ф. -тен, -тна (бесчисленный)
не считанный, прич.
несчитано (очень много)
несчитаный*, прил.
нёсший(ся)
несъедобность*, -и
несъедобный*; кр. ф. -бен, -бна
несъёмный*
не сырее
не сыро, в знач. сказ.
несырой*
не сытее
не сытнее
несытный*
несытый*
нет
не тайна, в знач. сказ. (это не тайна, что...)
не так
не такой
нетаксированный*
нетактичнее*
нетактичность*, -и
нетактичный*; кр. ф. -чен, -чна
не так чтобы...
неталантливый*
не там

нетарифный*
нетающий*
нет бы...
нетвёрдость*, -и
нетвёрдый*; кр. ф. -вёрд, -верда, -вёрдо, -верды и -вёрды
не твёрже
не твой, не твоя
нетворческий*
нетелегеничность*, -и
нетелегеничный*; кр. ф. -чен, -чна
нетелефонный*
нетель, -и
нетепловой*
нетермин*, -а
нетерминальный*
нетерпёж, -ежа, тв. -ом
нетерпеливее*
нетерпеливец*, -вца, тв. -вцем, р. мн. -вцев
нетерпеливость*, -и
нетерпеливый*
нетерпение, -я
нетерпимее*
нетерпимость*, -и
нетерпимый*
не тёсанный, прич.
нетёсаный*, прил.
не тесен, не тесна, не тесно, не тесны (не меньшего размера, чем нужно: ботинки ему не тесны)
не тесно, нареч. и в знач. сказ.
нети: в нетях
нетипичность*, -и
нетипичный*; кр. ф. -чен, -чна
не тише
нет как нет
нетканка, -и
не тканный, прич.
нетканый*, прил.
нетление*, -я
нетленность*, -и
нетленный*; кр. ф. -енен, -енна
нет-нет
нет-нет да и ...

не то (*не то, что нужно; иначе, в противном случае*)
нетова́рищеский*
нетова́рный*
не́товский
не́товцы, -ев, *ед.* -вец, -вца, *тв.* -вцем (*секта*)
не́товщина, -ы
не тогда́
не того́, *в знач. сказ.* (*не вполне нормальный; не в порядке, неблагополучно*)
нето́лстый*
не то́лще
не то́лько
не то́... не то́, *союз*
нето́нкий*
не то́ньше
не то́пленный, *прич.*
не то́плено, *в знач. сказ.*
нето́пленый*, *прил.*
нетопы́рий, -ья, -ье
нетопы́рь, -я́
не то́ренный, *прич.*
нето́реный*, *прил.*
нето́рный*; *кр. ф.* -рен, -рна
нето́ропкий*; *кр. ф.* -о́ропок, -оропка́, -о́ропко
неторопли́вее*
неторопли́вость*, -и
неторопли́вый*
не торопя́сь
не то́т, не та́, не то́, не те́
не то́, так э́то
не то́т, так э́тот
не точне́е
нето́чность*, -и (*свойство*) и нето́чность, -и (*ошибка, погрешность*)
нето́чный*; *кр. ф.* -чен, -чна́, -чно, -о́чны
не то́ что...
не то́ чтобы...
не то́ что (чтобы) не...
нетрадицио́ннее*
нетрадицио́нность*, -и

нетрадицио́нный*; *кр. ф.* -о́нен, -о́нна
нетранспорта́бельность*, -и
нетранспорта́бельный*; *кр. ф.* -лен, -льна
нетра́нспортный*
нетре́бовательнее*
нетре́бовательность*, -и
нетре́бовательный*; *кр. ф.* -лен, -льна
не трезве́е
нетре́звость*, -и (*состояние опьянения*)
нетре́звый*; *кр. ф.* -е́зв, -езва́, -е́зво, -е́звы́ (*пьяный*)
нетрениро́ванность*, -и
нетрениро́ванный*
нетривиа́льность*, -и
нетривиа́льный*; *кр. ф.* -лен, -льна
не тро́жь (*прост. к* не тро́гай)
нетро́нутость, -и
нетро́нутый (*такой, которого еще не касались, за который не принимались*)
не-тро́нь-меня́, *нескл., с.* (*растение*)
не тру́ден, не трудна́, не тру́дно, не трудны́
не трудне́е
нетру́дно*, *в знач. сказ.*
нетру́дный*
нетрудово́й*
нетрудоспосо́бность*, -и
нетрудоспосо́бный*; *кр. ф.* -бен, -бна
нетрудя́щийся*
не́тто, *неизм.*
не́тто-ба́ланс, -а
не́тто-ве́с, -а
не́т того́ чтобы...
не́тто-ма́сса, -ы
не́тто-объём, -а
не́ту
нетуго́й*
не туда́

не́т уж
не ту́же
не тупе́е
не ту́т
не́тути (*прост. к* не́ту)
не тут-то бы́ло
не́тушки
не́тчик, -а
не́т чтобы
не ты́, не тебя́
не тяжеле́е
неубеди́тельнее*
неубеди́тельность*, -и
неубеди́тельный*; *кр. ф.* -лен, -льна
не убе́й
неу́бранный*
неубыва́ющий*
неуваже́ние*, -я
неуважи́тельность*, -и
неуважи́тельный*; *кр. ф.* -лен, -льна
неувеличе́ние*, -я
неуве́реннее*
неуве́ренно*, *нареч.*
неуве́ренность*, -и
неуве́ренный*; *кр. ф.* -ен, -енна, *прил.*
неувяда́емость, -и
неувяда́емый
Неувяда́емый цве́т (*иконографический тип Божией Матери*)
неувяда́ющий*
неувя́зка, -и, *р. мн.* -зок (*несогласованность, недоразумение*)
неувя́зочка, -и, *р. мн.* -чек
неугаса́емый
неугаса́ющий*
неугаси́мый
неуго́дно*, *в знач. сказ.*
неуго́дный*; *кр. ф.* -ден, -дна
неугомо́нность, -и
неугомо́нный; *кр. ф.* -о́нен, -о́нна
неу́д, -а
неуда́вшийся*
неуда́ренный*

неуда́рный* (лингв.)
неударя́емый*
неуда́ча*, -и, тв. -ей
неуда́чливость*, -и
неуда́чливый*
неуда́чник*, -а
неуда́чница*, -ы, тв. -ей
неуда́чный*; кр. ф. -чен, -чна
не у дел
неудержи́мость, -и
неудержи́мый
неуде́ржный; кр. ф. -жен, -жна
неудиви́тельно*, в знач. сказ.
неудиви́тельный*; кр. ф. -лен, -льна
неудо́бица, -ы, тв. -ей
неудо́бнее*
неудо́бно*, нареч. и в знач. сказ.
неудо́бный*; кр. ф. -бен, -бна
неудобовари́мость*, -и
неудобовари́мый*
неудобоисполни́мый*
неудобопоня́тность*, -и
неудобопоня́тный*; кр. ф. -тен, -тна
неудобопроизноси́мость*, -и
неудобопроизноси́мый*
неудобопроходи́мый*
неудобочита́емость*, -и
неудобочита́емый*
неудо́бство*, -а
неудо́бь¹, -и (непригодная для посевов земля)
неудо́бь²: неудо́бь сказу́емый
неудо́бье, -я, р. мн. -бий
неудовлетворе́ние*, -я
неудовлетворённее*
неудовлетворённо*, нареч.
неудовлетворённость*, -и
неудовлетворённый*; кр. ф. -ён, -ённа, прил.
неудовлетвори́тельность*, -и
неудовлетвори́тельный*; кр. ф. -лен, -льна
неудово́льствие*, -я (чувство недовольства, неодобрения)

неуёмность, -и
неуёмный; кр. ф. -мен, -мна
не у́же
неуже́ли
неужи́вчивость*, -и
неужи́вчивый*
неу́жли (устар. к неуже́ли)
неу́жто
неузнава́емость*, -и
неузнава́емый*
не у́зок, не узка́, не у́зко, не у́зки (не у́же, чем нужно: брюки ему́ не узки́)
неу́к, -а
не ука́з, в знач. сказ. (он мне не ука́з)
неука́занный (недозволенный)
неукло́нность, -и
неукло́нный; кр. ф. -о́нен, -о́нна (постоянный, непоколебимый)
неуклю́же, нареч.
неуклю́жесть, -и
неуклю́жий
не у кого́
неукомплекто́ванность*, -и
неукомплекто́ванный*
неукосни́тельность, -и
неукосни́тельный; кр. ф. -лен, -льна
неукроти́мость, -и
неукроти́мый
неулови́мость, -и
неулови́мый
неулы́ба, -ы, м. и ж.
неулы́бчивее*
неулы́бчивость*, -и
неулы́бчивый*
неуме́йка, -и, р. мн. -е́ек, м. и ж.
неуме́лость*, -и
неуме́лый*
неуме́ние*, -я
неуме́ренно*, нареч.
неуме́ренность*, -и
неуме́ренный*; кр. ф. -ен, -енна, прил.
не у ме́ста

неуме́стность*, -и
неуме́стный*; кр. ф. -тен, -тна
неуме́ха, -и, м. и ж. и неумёха, -и, м. и ж.
неумира́ющий (бессмертный)
не умне́е
неумно́*, нареч.
неу́мность, -и
неу́мный*; кр. ф. неумён, неумна́
неумо́йка, -и, р. мн. -о́ек, м. и ж.
неумоли́мость, -и
неумоли́мый
неумолка́емый
неумо́лчность, -и
неумо́лчный; кр. ф. -чен, -чна
неумы́тый
неумы́шленно*, нареч.
неумы́шленность*, -и
неумы́шленный*; кр. ф. -ен, -енна, прил.
неуничтожи́мый*
неунываю́щий*
неупако́ванный*
Неупива́емая ча́ша (икона Божией Матери)
неупла́та*, -ы
неупоря́доченнее*
неупоря́доченность*, -и
неупоря́доченный*; кр. ф. -ен, -енна, прил.
неупотреби́тельность*, -и
неупотреби́тельный*; кр. ф. -лен, -льна
неупра́вка, -и, р. мн. -вок
неуправля́емость, -и
неуправля́емый (лишенный руководящего, регулирующего начала)
неупру́гий*
неуравнове́шеннее*
неуравнове́шенность*, -и
неуравнове́шенный*; кр. ф. -ен, -енна, прил.
неурегули́рованность*, -и
неурегули́рованный*
неурожа́й, -я (плохой, низкий урожай)

НЕУРОЖАЙНОСТЬ

неурожа́йность*, -и
неурожа́йный*; кр. ф. -а́ен, -а́йна
неуро́чный*; кр. ф. -чен, -чна (неуро́чная рабо́та, неуро́чное вре́мя)
неуря́дица, -ы, тв. -ей
неуси́дчивость*, -и
неуси́дчивый*
неуспева́емость, -и (плоха́я, ни́зкая успева́емость)
неуспева́ющий (к неуспева́емость)
неуспе́х*, -а
неуспе́шный*; кр. ф. -шен, -шна
неуспоко́енность*, -и
неуставно́й* и неуста́вный*
неуста́вщина, -ы
неуста́нно, нареч.
неуста́нность, -и
неуста́нный; кр. ф. -а́нен, -а́нна
неустанови́вшийся*
неусто́йка, -и, р. мн. -о́ек
неусто́йчивость*, -и
неусто́йчивый*
неустрани́мость, -и
неустрани́мый*
неустраши́мость, -и
неустраши́мый
неустрое́ние, -я (неустро́йство)
неустро́енно, нареч.
неустро́енность, -и
неустро́енный; кр. ф. -ен, -енна (пло́хо устро́енный; не нала́дивший свою́ жизнь)
неустро́йство, -а (отсу́тствие поря́дка, нала́женности)
неусту́пчивее*
неусту́пчивость*, -и
неусту́пчивый*
неусы́пность, -и
неусы́пный; кр. ф. -пен, -пна
неутеши́тельнее*
неутеши́тельность*, -и
неутеши́тельный*; кр. ф. -лен, -льна
неуте́шность, -и
неуте́шный; кр. ф. -шен, -шна (безуте́шный)

неутилита́рность*, -и
неутилита́рный*; кр. ф. -рен, -рна
неутолённость*, -и
неутолённый*
неутоли́мость, -и
неутоли́мый
неутоми́мость, -и
неутоми́мый
неутря́ска*, -и
неухо́женно*, нареч.
неухо́женность*, -и
неухо́женный*; кр. ф. -ен, -енна, прил.
не́уч, -а, тв. -ем
неуча́стие*, -я
неуче́бный*
не́ у чего
неучёность*, -и
неучёный¹ (необразо́ванный)
неучёный*², -ого (к учёный²)
неуче́нье*, -я
неучти́вее*
неучти́вость*, -и
неучти́вый*
неую́т*, -а
неую́тнее*
неую́тность*, -и
неую́тный*; кр. ф. -тен, -тна
неуязви́мее*
неуязви́мость*, -и
неуязви́мый*
неф, -а
не фа́кт, в знач. сказ. (э́то не фа́кт, что...)
нефана́лиз, -а
нефели́н, -а
нефели́новый
нефело́метр, -а
нефелометри́ческий
нефеломе́три́я, -и
Неферти́ти, нескл., ж.
нефи́рменный*
нефонди́руемый*
нефонне́ймановский* (от фон Не́йман, инф.)

не фонта́н, в знач. сказ.
неформа́л, -а
неформа́льность*, -и
неформа́льный*; кр. ф. -лен, -льна
нефоско́п, -а
нефотогени́чность*, -и
нефотогени́чный*; кр. ф. -чен, -чна
нефридиа́льный
нефри́дии, -ев, ед. -дий, -я
нефри́т, -а
нефри́товый
нефро́з, -а
нефрозонефри́т, -а
нефроле́пис, -а
нефролитиа́з, -а
нефро́лог, -а
нефрологи́ческий
нефроло́гия, -и
нефро́ма, -ы
нефро́н, -а
нефропа́тия, -и
нефропто́з, -а
нефросклеро́з, -а
нефросклероти́ческий
нефроти́ческий
нефрото́м, -а
нефроци́ты, -ов, ед. -ци́т, -а
нефте... – пе́рвая часть сло́жных слов, пи́шется сли́тно
нефтеба́за, -ы
нефтеби́знес, -а
нефтебиту́м, -а
нефтебурово́й
нефтево́з, -а
нефтевы́шка, -и, р. мн. -шек
нефтега́вань, -и
нефтега́зовый
нефтегазодобыва́ющий
нефтегазодо́бытчик, -а
нефтегазодобы́ча, -и, тв. -ей
нефтегазоно́сность, -и
нефтегазоно́сный
нефтегазопрово́д, -а
нефтегазопромысло́вый

нефтегазопро́мыслы, -ов, ед. -про́мысел, -сла
нефтегазопромы́шленники, -ов
нефтегига́нт, -а
нефтего́рский (от Нефтего́рск)
нефтего́рцы, -ев, ед. -рец, -рца, тв. -рцем
нефтегра́д, -а
нефтедобыва́ющий
нефтедобы́тчик, -а
нефтедобы́ча, -и, тв. -ей
нефтедо́ллары, -ов
нефтезаво́д, -а
нефтека́мский (от Нефтека́мск)
нефтека́мцы, -ев, ед. -мец, -мца, тв. -мцем
нефтекомбина́т, -а
нефтеко́мплекс, -а
нефтекри́зис, -а
нефтеку́мский (от Нефтеку́мск)
нефтеку́мцы, -ев, ед. -мец, -мца, тв. -мцем
нефтелову́шка, -и, р. мн. -шек
нефтемусоросбо́рщик, -а
нефтеналивно́й
нефтено́сность, -и
нефтено́сный; кр. ф. -сен, -сна
нефтеотда́ча, -и, тв. -ей
нефтеочисти́тельный
нефтеочи́стка, -и
нефтеперева́лочный
нефтеперего́нный
нефтеперека́чивающий
нефтеперераба́тывающий
нефтеперерабо́тка, -и
нефтеперерабо́тчик, -а
нефтепи́рс, -а
нефтепрово́д, -а
нефтепрово́дный
нефтепрово́дчик, -а
нефтепродуктопрово́д, -а
нефтепроду́кты, -ов, ед. -ду́кт, -а
нефтепроизводя́щий
нефтепромыслови́к, -а́
нефтепромысло́вый

нефтепро́мыслы, -ов, ед. -про́мысел, -сла
нефтепромы́шленник, -а
нефтепромы́шленность, -и
нефтепромы́шленный
нефтепроявле́ние, -я
нефтеразве́дка, -и
нефтеразве́дочный
нефтеразве́дчик, -а
нефтерудово́з, -а
нефтесбо́рный
нефтесбо́рщик, -а
нефтескв́ажина, -ы
нефтескла́д, -а
нефтеснабже́ние, -я
нефтесодержа́щий
нефтехи́мик, -а
нефтехими́ческий
нефтехи́мия, -и
нефтехимкомбина́т, -а
нефтехрани́лище, -а
нефтеэ́кспорт, -а
нефтеэкспорти́рующий
нефтеюга́нский (от Нефтеюга́нск)
нефтеюга́нцы, -ев, ед. -нец, -нца, тв. -нцем
нефть, -и
нефтя́ник, -а
нефтя́нка, -и, р. мн. -нок
нефтяно́й
Нефтяны́е Ка́мни (поселок)
неха́й, частица
не хвата́ть, не хвата́ет
не хвати́ть, не хва́тит
нехва́тка, -и (отсутствие чего-н. в нужном количестве)
не́хворощь, -и
нехирурги́ческий*
не хитре́е
нехи́тро*, нареч.
нехи́трый*; кр. ф. -тёр, -тра́, -и́тро́
неходово́й*
нехо́женый*
нехозя́йский*
нехозя́йственность*, -и

нехозя́йственный*; кр. ф. -вен и -венен, -венна
не холодне́е
не хо́лодно, в знач. сказ.
нехоро́ший*; кр. ф. -о́ш, -оша́
нехорошо́*, нареч. и (о неблагоприятной или неудобной обстановке) в знач. сказ.
нехорошо́, в знач. сказ. (о плохом самочувствии)
не́хотя
не храбре́е
нехристиани́н*, -а, мн. -а́не, -а́н
нехристиа́нский*
не́христь, -я
не́хрущ, -а, тв. -ем (жук)
не худе́е
не ху́до (не ху́до бы отдохну́ть)
нехудо́й*
неху́дший*; в неху́дших усло́виях
не ху́же
не хухры́-мухры́, неизм.
нецветно́й*
нецелево́й*
нецелесообра́зность*, -и
нецелесообра́зный*; кр. ф. -зен, -зна
не целико́м
нецéлый*
нецензу́рность*, -и
нецензу́рный*; кр. ф. -рен, -рна (противоречащий требованиям цензуры; непристойный)
нецензу́рщина, -ы
неце́нный*
неценово́й*
нецентрализо́ванный*
нецеремо́нность*, -и
нецеремо́нный*; кр. ф. -о́нен, -о́нна
нецивилизо́ванность*, -и
нецивилизо́ванный*; кр. ф. -ан, -анна, прил.
не́ча (устар. прост. к не́чего²; на зеркало не́ча пеня́ть...)
неча́евский (от Неча́ев)

неча́евщина, -ы
неча́сто*, нареч.
неча́стый*
не ча́ще
Неча́янная ра́дость (икона Бо́жией Ма́тери)
неча́янно, нареч.
неча́янность, -и
неча́янный
не́чего¹ (род.), не́чему, не́чем, им. и вин. нет
не́чего², в знач. сказ. (не следует, не надо)
не чей-нибудь
нечелове́ческий* (не свойственный человеку) и нечелове́ческий (чрезвычайный, невероятный)
нечелове́чность*, -и
нечелове́чный*; кр. ф. -чен, -чна
не́чему, не́чем (дат. и тв. п. к не́чего¹)
нечернозёмный*
нечернозе́мье*, -я (нечернозёмные земли) и Нечернозе́мье, -я (геогр.)
не чёсанный, прич.
нечёсаный*, прил.
нечести́вец, -вца, тв. -вцем, р. мн. -вцев
нечести́вица, -ы, тв. -ей
нечести́вость, -и
нечести́вый
не честне́е
нече́стность*, -и
нече́стный*; кр. ф. -тен, -тна́, -тно, -е́стны
не́чет, -а (чёт и не́чет)
не чета́ (кому, чему), в знач. сказ.
нечёткий; кр. ф. нечёток, -тка
нечёткость*, -и
нечётность*, -и
нечётный*
не чётче
нечино́вный*
нечи́стая си́ла

нечи́сто*, нареч. и в знач. сказ. (к нечи́стый*) и нечи́сто, в знач. сказ. (к нечи́стый)
нечистокро́вность*, -и
нечистокро́вный*; кр. ф. -вен, -вна
нечистопло́тнее*
нечистопло́тность*, -и
нечистопло́тный*; кр. ф. -тен, -тна
нечистота́*, -ы́
нечистоты, -о́т
нечи́стый* (запачканный, грязный, сомнительный, порочный; нечи́ст на руку) и нечи́стый (связанный со злым духом, колдовством; нечи́стая си́ла); кр. ф. -и́ст, -иста́, -и́сто, -и́сты
нечи́стый, -ого (дьявол)
не́чисть, -и
нечита́бельность*, -и
нечита́бельный*; кр. ф. -лен, -льна
не чи́танный, прич.
нечи́таный*, прил.
не чи́ще
не чи́щенный, прич.
нечи́щеный*, прил.
не член (какой-н. организации, общества и т. п., напр.: не член профсоюза; не член НАТО, о государстве)
нечлени́мость*, -и
нечлени́мый*
нечленоразде́льность*, -и
нечленоразде́льный*; кр. ф. -лен, -льна
не́что, других форм нет
не что ино́е, как..., но: ничто́ ино́е
не что́-нибудь
нечу́вствие, -я
нечувстви́тельнее*
нечувстви́тельность*, -и
нечувстви́тельный*; кр. ф. -лен, -льна
нечу́ткий*; кр. ф. -ток, -тка́, -тко

нечу́ткость, -и
нешабло́нность*, -и
нешабло́нный; кр. ф. -о́нен, -о́нна
не шелушённый, прич.
нешелушёный*, прил.
не ши́ре
не широ́к, не широка́ (не ши́ре, чем нужно: пиджа́к ему́ не широ́к)
неширо́кий*; кр. ф. -о́к, -ока́, -око́ (довольно узкий)
нешта́тность*, -и
нешта́тный*
не́што, частица (разве)
не штукату́ренный, прич.
нештукату́реный*, прил.
не шумне́е
нешу́мный*
нешу́точность, -и (к нешу́точный)
нешу́точный; кр. ф. -чен, -чна (достаточно серьезный)
не шутя́
неща́дность, -и
неща́дный; кр. ф. -ден, -дна
неще́дрый*
не́щечко, -а
неэквивале́нтность*, -и
неэквивале́нтный*; кр. ф. -тен, -тна
неэкономи́чнее*
неэкономи́чность*, -и
неэкономи́чный*; кр. ф. -чен, -чна
неэконо́мнее*
неэконо́мность*, -и
неэконо́мный*; кр. ф. -мен, -мна
неэласти́чность*, -и
неэласти́чный*; кр. ф. -чен, -чна
неэстети́чнее*
неэстети́чность*, -и
неэстети́чный*; кр. ф. -чен, -чна
неэти́чнее*
неэти́чно*, нареч. и в знач. сказ.
неэти́чность*, -и
неэти́чный*; кр. ф. -чен, -чна
не э́тот, не э́та, не э́то, не э́ти

неэффекти́внее*
неэффекти́вность*, -и
неэффекти́вный*; *кр. ф.* -вен, -вна
не я́, не меня́
не-я́, *нескл., с. (филос.)*
нея́вка*, -и, *р. мн.* -вок
неявнополю́сный
нея́вность*, -и
нея́вный*; *кр. ф.* -вен, -вна
нея́вственность*, -и
нея́вственный*; *кр. ф.* -вен и -венен, -венна
нея́дерный*
неядови́тый*
нея́ркий*
нея́ркость*, -и
не я́рче
не ясне́е
нея́сность*, -и *(свойство)* и не-я́сность, -и *(что-н. неясное, непонятное)*
нея́сный*; *кр. ф.* -сен, -сна́, -сно, нея́сны́
нея́сыть, -и
НЗ [энзэ́], *нескл., м. (сокр.:* неприкосновенный запас*)*
ни, *частица усилительная и союз*
ниага́рский *(от* Ниага́ра*)*
Ниага́рский водопа́д
ни аза́
ниаци́н, -а
нибелу́нги, -ов, *ед.* -лу́нг, -а
ни бельме́са
ни бе́ ни ме́
ни бе́ ни ме́ ни кукаре́ку
ни бо́гу све́чка ни чёрту кочерга́
ни бо́же мо́й
ни бо́лее ни ме́нее, *но:* не бо́лее и не ме́нее
ни бо́льше ни ме́ньше, *но:* не бо́льше и не ме́ньше
-нибудь, *частица – с предшествующим словом пишется через дефис:* что́-нибудь, где́-нибудь

ни бум-бу́м
ни́ва, -ы
Ни́ва, -ы *(автомобиль)*
нива́льный
нива́ция, -и
ни в бо́га ни в чёрта *(не ве́рить)*
ни в го́роде Богда́н ни в селе́ Селифа́н
нивели́р, -а
нивели́рный
нивели́рование, -я
нивели́рованный; *кр. ф.* -ан, -ана
нивели́ровать(ся), -рую, -рует(ся)
нивелиро́вка, -и
нивелиро́вочный
нивелиро́вщик, -а
нивелиро́вщица, -ы, *тв.* -ей
ни в жи́знь
ни в жи́сть *(прост. к* ни в жи́знь*)*
ни взад ни вперёд
ни вздумать ни взгада́ть
ни в зуб (ного́й)
ни в како́й
ни в како́м
ни в каку́ю
ни в кого́
ни в ко́ем ра́зе
ни в ко́ем слу́чае
ни в коем случае не...; *с последующим словом пишется раздельно*
ни в ко́м
ни в одно́м глазу́
ниво́з, -а
ни вот сто́лечко
ни вот сто́лько
ни во что́
ни в ска́зке сказа́ть ни перо́м описа́ть
ни в скла́д ни в ла́д
ни вста́ть ни се́сть
ни́вхи, -ов, *ед.* нивх, -а
ни́вхка, -и, *р. мн.* -хок
ни́вхский
ни в чём
ни в чьём

нивя́ник, -а
нигде́
ниге́лла, -ы
нигери́йка, -и, *р. мн.* -и́ек
нигери́йский *(от* Ниге́рия*)*
нигери́йцы, -ев, *ед.* -и́ец, -и́йца, *тв.* -и́йцем
ни́герский *(от* Ни́гер*)*
ни́герцы, -ев, *ед.* -рец, -рца, *тв.* -рцем
нигили́зм, -а
нигили́ст, -а
нигилисти́ческий
нигили́стка, -и, *р. мн.* -ток
нигили́стский
ни гла́са ни воздыха́ния
ни гра́на
нигри́н, -а
нигрози́н, -а
нигро́л, -а
нигроспоро́з, -а
ни гроша́
ни гугу́
ни да́ ни не́т
ни да́ть ни взя́ть
ни два́ ни полтора́
нидерла́ндка, -и, *р. мн.* -док
нидерла́ндский *(от* Нидерла́нды*)*
нидерла́ндцы, -ев, *ед.* -дец, -дца, *тв.* -дцем
ни для кого́
ни для чего́
ни дна́ ни покры́шки
ни днём ни но́чью
ни до кого́
ни до чего́
ни душо́й ни те́лом
ние́лло, *нескл., с.*
нижа́йше, *нареч.*
нижа́йший
ни жа́рко ни хо́лодно
ни́же, *сравн. ст.*
ни́же, *союз*
нижегоро́дка, -и, *р. мн.* -док
Нижегоро́дская я́рмарка

НИЖЕГОРОДСКИЙ

нижегоро́дский (от Ни́жний
  Но́вгород)
нижегоро́дцы, -ев, ед. -дец, -дца,
  тв. -дцем
Нижегоро́дчина, -ы (к Ни́жний
  Но́вгород)
нижеизло́женный
нижележа́щий
нижена́званный
нижеозна́ченный; кр. ф. -ен, -ена
нижеопи́санный
нижеопла́чиваемый
нижеподписа́вшийся
нижепоимено́ванный; кр. ф.
  -ан, -ана
нижеприведённый
нижеска́занный
нижесле́дующий
нижесре́дний
нижестоя́щий
нижеуказа́нный
нижеупомя́нутый
ни жив ни мёртв
нижнева́ртовский (от Нижне-
  ва́ртовск)
нижнева́ртовцы, -ев, ед. -вец,
  -вца, тв. -вцем
нижнево́лжский
нижнедево́нский
нижнеднепро́вский
Нижнедуна́йская равни́на
нижнедуна́йский
Ни́жнее Поволжье
нижнека́мский (к Ка́ма и Нижне-
  ка́мск)
нижнека́мцы, -ев, ед. -мец, -мца,
  тв. -мцем
нижнелу́жицкий
нижнееме́цкий
нижнепалеолити́ческий
нижнерейнский
нижнетаги́льский (от Ни́жний
  Таги́л)
нижнетаги́льцы, -ев, ед. -лец,
  -льца, тв. -льцем
нижнете́рский (к Те́рек)

нижнетури́нский (от Ни́жняя
  Тура́)
нижнечелюстно́й
нижнечетверти́чный
Ни́жние Котлы́ (поселок)
ни́жний
Ни́жний Ло́мов (город)
Ни́жний Но́вгород и (разг.)
  Ни́жний, -его
Ни́жний Таги́л
Ни́жний Уфале́й (поселок)
Ни́жняя Тунгу́ска (река)
Ни́жняя Тура́ (город)
ни́жущий(ся)
низ, -а, предл. на низу́, мн. -ы́, -о́в
ни за грош (поги́бнуть, пропа́сть)
ни за каки́м
ни за како́го
ни за ке́м
ни за кого́
низа́ние, -я
ни́занный; кр. ф. -ан, -ана, прич.
ни́заный, прил.
ни за поню́х (поню́шку) табаку́
  (поги́бнуть, пропа́сть)
низа́ть(ся), нижу́, ни́жет(ся)
ни за че́й
ни за че́м
ни за что́
ни за что́ ни про что́ и ни за́
  что ни про́ что
низведе́ние, -я
низведённый; кр. ф. -ён, -ена́
низве́дший
низверга́тель, -я
низверга́ть(ся), -а́ю(сь), -а́ет(ся)
низве́ргнувший(ся)
низве́ргнутый
низве́ргнуть(ся), -ну(сь), -нет(ся);
  прош. -е́рг(ся) и -е́ргнул(ся),
  -е́ргла(сь)
низве́ргший(ся)
низверже́ние, -я
низве́рженный; кр. ф. -ен, -ена
низвести́, -еду́, -едёт; прош. -ёл,
  -ела́

низводи́ть(ся), -ожу́, -о́дит(ся)
ни зги (не ви́дно)
ни́зенький
низёхонько
низи́на, -ы (низкое место)
низина́, -ы́ (малая высота)
низи́нка, -и, р. мн. -нок
низи́нный
ни́зка, -и, р. мн. ни́зок (от низа́ть)
ни́зкий; кр. ф. ни́зок, низка́, ни́зко,
  ни́зки́
низкобелко́вый
низкобо́ртный
низкова́тый
низково́льтный
низкого́рный
низкого́рье, -я, р. мн. -рий
низкоза́дый
низкозамерза́ющий
низкокалори́йный; кр. ф. -и́ен,
  -и́йна
низкока́чественный; кр. ф. -вен
  и -венен, -венна
низкокипя́щий
низколеги́рованный
низколетя́щий*
низколо́бый
низкомолекуля́рный
ни́зко-ни́зко
низкообогащённый
низкооплачиваемый
низкоорбита́льный
низкоорганизо́ванный
низкопокло́нник, -а
низкопокло́нничать, -аю, -ает
низкопокло́ннический
низкопокло́нничество, -а
низкопокло́нство, -а
низкопокло́нствовать, -твую,
  -твует
ни́зко-прени́зко
низкопро́бность, -и
низкопро́бный; кр. ф. -бен, -бна
низкопро́бщина, -ы
низкопродукти́вный; кр. ф.
  -вен, -вна

низкопроце́нтный
низкопро́чный; *кр. ф.* -чен, -чна
низкоразря́дный
низкорасполо́женный*
низкоре́йтинговый
низкорента́бельный; *кр. ф.* -лен, -льна
низкоро́слость, -и
низкоро́слый
низкосо́ртность, -и
низкосо́ртный; *кр. ф.* -тен, -тна
низкоство́льный
низкостебельный
низкотемперату́рный
низкотра́вный
низкоуглеро́дистый
низкоу́ровневый
низкоурожа́йный
низкочасто́тный
низлага́ть(ся), -а́ю(сь), -а́ет(ся)
низложе́ние, -я
низло́женный; *кр. ф.* -ен, -ена
низложи́ть, -ожу́, -о́жит
ни́зменность, -и
ни́зменный; *кр. ф.* -мен, -менна
низово́й
низо́вский
низо́вье, -я, *р. мн.* -вьев и -вий
низойти́, низойду́, низойдёт; *прош.* нисшёл и низошёл, низошла́
низо́к, низка́
ни́зом, *нареч.*
ни́зость, -и
низри́нутый
низри́нуть(ся), -ну(сь), -нет(ся)
ни́зший
НИЙ, *нескл., м. (сокр.:* научно-исследовательский институт*)*
НИИ... — часть сложносокращенных слов, пишется слитно, *напр.:* НИИнефтегаз, НИИхимпром, НИИтеплоприбор, ГипроНИИполиграф, ГипродорНИЙ
ни из како́го
ни из чего́

Ни́ка, -и и Ни́ке, *нескл., ж. (мифол.)*
ника́к *(никаким образом)*
ника́к нет
никако́й
ника́ндра, -ы *(растение)*
ни ка́пельки
ни ка́пли
никарагуа́нка, -и, *р. мн.* -нок
никарагуа́нский *(от* Никара́гуа*)*
никарагуа́нцы, -ев, *ед.* -нец, -нца, *тв.* -нцем
Ни́ке, *нескл., ж.* и Ни́ка, -и
ни́келевый
никели́н, -а
никели́новый
никелирова́ние, -я
никелиро́ванный; *кр. ф.* -ан, -ана
никелирова́ть(ся), -ру́ю, -ру́ет(ся)
никелиро́вка, -и
никелиро́вочный
никелиро́вщик, -а
ни́келистый
ни́кель, -я
никельсодержа́щий
нике́о-царьгра́дский *(Си́мвол ве́ры)*
ники́тинский *(от* Ники́тин*)*
Ники́тские Воро́та *(площадь)*
Ники́тский ботани́ческий са́д
ни к како́му *(како́й, каки́м)*
ни к кому́
ни́клый
ни́кнувший
ни́кнуть, -ну, -нет; *прош.* ни́кнул и ник, ни́кла
никогда́
ни ко́жи ни ро́жи
нико́им о́бразом
никола́евский *(от* Никола́й и Никола́ев*)*
никола́евцы, -ев, *ед.* -вец, -вца, *тв.* -вцем *(от* Никола́ев, *город)*
Нико́ла зи́мний
Никола́й Мирлики́йский

Никола́й-уго́дник, Никола́я-уго́дника
Никола́й Чудотво́рец
Нико́ла ле́тний
ни кола́ ни двора́
Нико́ла-уго́дник, Нико́лы-уго́дника
Нико́лина Гора́ *(поселок)*
Нико́лин де́нь, Нико́лина дня́
нико́ль, -я *(призма)*
нико́льский *(от* Нико́ла, Нико́льск, Нико́льское*)*
Нико́льский *(собор, монасты́рь)*
Нико́льщина, -ы
никониа́не, -а́н, *ед.* -а́нин, -а
никониа́нский
никониа́нство, -а
ни́коновский *(от* Ни́кон*)*
ни конца́ ни кра́я *(кра́ю)*
ни копе́йки
ни́копольский *(от* Ни́кополь*)*
никопольча́не, -а́н, *ед.* -а́нин, -а
ни копья́ *(ни копейки)*
никоти́н, -а
никотини́зм, -а
никоти́нный
никоти́новый
никотинома́ния, -и
никото́рый
никоциа́на, -ы
ни кро́шечки
ни кро́шки
ни к селу́ ни к го́роду
никтери́ния, -и
никтина́стии, -ий, *ед.* -тия, -и
никто́, никого́, никому́, нике́м, ни о ко́м
никто́ ино́й *(никто иной не мо́г бы э́то сде́лать),* но: не кто́ ино́й, как ...
никтофо́бия, -и
никтури́я, -и
никуда́
никуда́ не го́дный
никуды́шка, -и, *р. мн.* -шек, *м.* и *ж.*

никуды́шник, -а
никуды́шность, -и
никуды́шный
никчёмность, -и
никчёмный; *кр. ф.* -мен, -мна
ни к чему́
никчему́шный
ни к чёрту
никшни́, *неизм.*
ни ло́жки ни пло́шки
ни́ло-саха́рский (ни́ло-саха́рские языки́)
нило́тский
нило́ты, -ов, *ед.* -ло́т, -а
ни лу́чше ни ху́же, *но:* не лу́чше и не ху́же
нильга́у, *нескл., м.*
нильсбо́рий, -я
ни́льский (*от* Нил, *река*)
ни мал ни вели́к, ни мала́ ни велика́, *но:* не мал и не вели́к, не мала́ и не велика́
нима́ло (нисколько, ничуть)
нима́ло не...; *с последующим словом пишется раздельно*
ни ма́ло ни мно́го (ровно сколько-то (достаточно много)
нимб, -а
ни́мбовый
ни мину́ты
ни мно́го ни ма́ло (ровно сколько-то (достаточно много)
нимо́ник, -а
нимра́нг, -а
ни́мфа, -ы
нимфали́ды, -и́д, *ед.* -и́да, -ы
нимфе́й, -я (*архит.*)
нимфе́тка, -и, *р. мн.* -ток
нимфе́я, -и (*растение*)
нимфома́ния, -и
нимфома́нка, -и, *р. мн.* -нок
ни мычи́т ни те́лится
ни на́ волос
ни на́ грош
ни на́ есть (кто, что, какой ни на есть)

ни на йо́ту
ни на како́м
ни на кого́
ни на ко́м
ни на мину́тку
ни на мину́ту
ни насто́лько и ни насто́лечко (даже в самой малой степени)
ни на ча́с
ни на че́й
ни на чём
ни на что́
ни на чьём
ни на ша́г
ни на́шим ни ва́шим
нингидри́новый
ниндзю́цу, *нескл., с.*
ни́ндзя, *нескл., м.*
ни-ни́, *неизм.*
ни-ни-ни́, *неизм.*
ни ного́й
ниоба́ты, -ов, *ед.* -ба́т, -а
нио́биевый
нио́бий, -я
ни оди́н не ... (никто не ...)
ни оди́н ни друго́й
ни о како́м
ни о ко́м
ни отве́та ни приве́та
ни от како́го
ни от кого́
ниотко́ле
ниотку́да
ни от чего́
ни о чём
ни о чьём
ни па́ва ни воро́на
ни пе́нса
ни перед каки́м
ни перед ке́м
ни перед че́м
ни печа́ли ни воздыха́ния
ни под каки́м (ви́дом)
ни по како́му
ни по ко́м
ни полсло́ва

ни попа́дя (чём ни попа́дя, куда́ ни попа́дя)
нипочём, *в знач. сказ.* (всё ему́ нипочём), *но местоим.* ни по чём (ни по чём я не тоску́ю)
ни по чьему́
ни́ппель, -я, *мн.* -и, -ей и -я́, -е́й
ни́ппельный
ни при како́м (усло́вии)
ни при ко́м
ни при чём
ни пройти́ ни прое́хать
ни про како́го
ни пу́ха
ни пу́ха ни пера́
ни пя́ди
ни ра́зу
нирва́на, -ы
нирембе́ргия, -и
ни ры́ба ни мя́со
ни сва́т ни бра́т
ни све́т ни заря́
ни себе́ ни лю́дям
ни секу́нды
ни синь-по́роха
ни с каки́м
ни с како́го
ни с ке́м
ни скла́ду ни ла́ду
ниско́лечко
ниско́лько
ниско́лько не...; *с последующим словом пишется раздельно*
ни сло́ва
ни слу́ху ни ду́ху
ни с ме́ста
ни сно́м ни ду́хом
ниспада́ть, -а́ет
ниспаде́ние, -я
ниспа́сть, -адёт; *прош.* -а́л, -а́ла
ниспосла́ние, -я
ниспо́сланный; *кр. ф.* -ан, -ана
ниспосла́ть, -ошлю́, -ошлёт; *прош.* -сла́л, -сла́ла
ниспосыла́ть(ся), -а́ю, -а́ет(ся)
ниспроверга́тель, -я

ниспроверга́тельница, -ы, тв. -ей
ниспроверга́ть(ся), -а́ю, -а́ет(ся)
ниспрове́ргнувший
ниспрове́ргнутый
ниспрове́ргнуть, -ну, -нет; прош. -е́рг и -е́ргнул, -е́ргла
ниспрове́ргший
ниспроверже́ние, -я
ниспрове́рженный; кр. ф. -ен, -ена
ниспуска́ть(ся), -а́ю, -а́ет(ся)
ниспусти́ть(ся), -ущу́, -у́стит(ся)
ниспу́щенный; кр. ф. -ен, -ена
ниста́гм, -а
нистати́н, -а
ни ста́ть ни се́сть
ни с того́ ни с сего́
ни сто́лечко
ни сту́ку ни грю́ку
ни стыда́ ни со́вести
нисходи́ть, -ожу́, -о́дит
нисходя́щий
нисхожде́ние, -я
ни с чего́
ни с че́м
ни с чьи́м
нише́дший
нише́ствие, -я
нит, -а, р. мн. -ов, счетн. ф. нит (ед. измер.)
ни та́к ни ся́к
ни та́к ни э́так (э́дак)
ни та́м ни зде́сь
ни та́м ни са́м
ни та́м ни та́м
ни тво́й ни мо́й
ни́ тебе, союз с частицей (ни́ тебе до́ждика, ни ветерка́)
нитеви́дный; кр. ф. -ден, -дна
нитеводи́тель, -я
нителла, -ы
нитеобра́зный; кр. ф. -зен, -зна
ни тепло́ ни хо́лодно
нитино́л, -а
нитино́ловый

ни́тка, -и, р. мн. ни́ток
ни́тки, ни́ток (пряжа, материал для шитья, тканья, вязания)
ни то́ ни друго́е
ни то́ ни сё
ни то́ ни то́
ни то́ ни э́то
ни то́т ни друго́й
ни то́т ни э́тот
ни́точка, -и, р. мн. -чек
ни́точки, -чек (к ни́тки)
ни́точный
ни тпру́ ни ну́
нитраги́н, -а
нитрази́н, -а
нитрази́новый
нитралло́й, -я
нитрами́ны, -ов, ед. -ми́н, -а
нитра́тный
нитра́ты, -ов, ед. нитра́т, -а
нитра́ция, -и
нитри́ды, -ов, ед. нитри́д, -а (соединения азота с другими элементами)
нитри́лы, -ов, ед. нитри́л, -а
нитри́льный
нитри́рование, -я
нитри́рованный; кр. ф. -ан, -ана
нитри́ровать(ся), -рую, -рует(ся)
нитри́тный
нитри́ты, -ов, ед. нитри́т, -а (соли азотистой кислоты)
нитрифика́ция, -и
нитрифици́ровать(ся), -рую, -рует(ся)
нитро... — первая часть сложных слов, пишется слитно
нитроаммофо́ска, -и
нитроанили́ны, -ов, ед. -ли́н, -а
нитробакте́рии, -ий, ед. -е́рия, -и
нитробензо́л, -а
нитрова́ние, -я
нитро́ванный; кр. ф. -ан, -ана
нитрова́ть(ся), -ру́ю, -ру́ет(ся)
нитрогликоль, -я
нитроглицери́н, -а

нитроглицери́новый
нитрогру́ппа, -ы
нитро́за, -ы
нитрози́рование, -я
нитрози́рованный; кр. ф. -ан, -ана
нитрозогру́ппа, -ы
нитрозосоедине́ния, -ий, ед. -е́ние, -я
нитроклетча́тка, -и
нитрокраси́тель, -я
нитрокра́ска, -и, р. мн. -сок
нитрола́к, -а
нитрола́ковый
нитромета́н, -а
нитро́н, -а
нитронафтали́ны, -ов, ед. -ли́н, -а
нитро́нг, -а
нитро́нный
нитро́новый
нитропарафи́ны, -ов, ед. -фи́н, -а
нитросоедине́ния, -ий, ед. -е́ние, -я
нитротолуо́л, -а
нитрофено́л, -а
нитрофи́льный
нитрофо́рм, -а
нитрофо́с, -а
нитрофо́ска, -и
нитрофура́ны, -ов, ед. -ра́н, -а
нитроцеллюло́за, -ы
нитроцемента́ция, -и
нитрошёлк, -а
нитроэма́ль, -и
нитроэфи́ры, -ов, ед. -эфи́р, -а
нитру́ющий(ся)
ни туда́ ни сюда́
ни ту́т ни та́м
нитча́тка, -и, р. мн. -ток
ни́тчатый
ни́тченка, -и, р. мн. -нок (петля)
нить, -и
ни́тянки, -нок, ед. -нка, -и
ни́тяный
ни уба́вить ни приба́вить
ни у како́го
ни у кого́

НИ УМУ НИ СЕРДЦУ

ни уму́ ни се́рдцу
ни у́ха ни ры́ла
ни у чьего́
ни фига́
ни фига́ себе́
ни хрена́
ни хрена́ себе́
нихро́м, -а
нихро́мовый
ни ху́же ни лу́чше, *но:* не ху́же и не лу́чше
ниц (па́дать ни́ц)
ни це́нта
ни́ццкий (*от* Ни́цца)
ницшеа́нец, -нца, *тв.* -нцем, *р. мн.* -нцев
ницшеа́нский
ницшеа́нство, -а
ни́цшевский (*от* Ни́цше)
ничево́ки, -ов
ничего́
ничегонеде́лание, -я
ничего́ себе́
ничего́шеньки
ниче́й, ничьё, ничьего́, **ничья́**, ничье́й
ниче́йка, -и, *р. мн.* -е́ек (*от* ничья́)
ниче́йный
ни черта́
ничко́м
ничто́[1], ничего́, ничему́, ниче́м, ни о чём
ничто́[2], *нескл., с. (филос.)*
ничто́жество, -а
ничто́же сумня́шеся (сумня́ся)
ничто́жность, -и
ничто́жный; *кр. ф.* -жен, -жна
ничто́ ино́е (ничто́ ино́е его́ не интересу́ет), *но:* не что ино́е, как...
ничу́точки
ничу́ть
ничу́ть не...; *с последующим словом пишется раздельно*
ничья́, ничье́й, *мн.* ничьи́, -ьи́х, *сущ.*
ни́ша, -и, *тв.* -ей
ни ша́гу

ни ша́тко ни ва́лко
нишеобра́зный; *кр. ф.* -зен, -зна
ни шиша́
нишкни́, *пов.*
ништо́, *в знач. сказ. (довольно хорошо; поделом)*
ништя́к, *в знач. сказ. и межд. (жарг.)*
ница́ние, -я
ница́ть, -а́ю, -а́ет
нищебро́д, -а
нищебро́дка, -и, *р. мн.* -док
нищебро́дство, -а
ни́щенка, -и, *р. мн.* -нок
ни́щенски
ни́щенский
ни́щенство, -а
ни́щенствовать, -твую, -твует
ни́щенствующий
нищета́, -ы́
ни́щий; *кр. ф.* нищ, нища́, ни́ще
НЛО [энэло́], *нескл., с. (сокр.: неопознанный летающий объект)*
но[1], *союз и межд.*
но[2], *нескл., с. (есть ма́ленькое но)*
Но́белевская пре́мия
но́белевский (*от* Нобе́ль)
Но́белевский комите́т
но́белевский лауреа́т
нобе́лий, -я
ноби́левский (*от* Ноби́ле)
ноби́ли, -ей, *ед.* ноби́ль, -я
нобилите́т, -а
н-обра́зный [эн-]
новарсено́л, -а
нова́тор, -а, *но:* у́лица Нова́торов
нова́торский
нова́торство, -а
новацио́нный
нова́ция, -и
Но́вая А́нглия (*ист. область в США*)
Но́вая Басма́нная (*улица*)
Но́вая Гвине́я
Но́вая Дере́вня (*поселок*)
Но́вая Зела́ндия

Но́вая Земля́ (*острова*)
Но́вая Каледо́ния
Но́вая Кахо́вка (*город*)
Но́вая Ла́дога (*город*)
Но́вая пло́щадь (*в Москве*)
Но́вгород Вели́кий (*ист.*)
новгоро́дка, -и, *р. мн.* -док
Но́вгород-Се́верский, Но́вгорода-Се́верского
Новгоро́дская земля́ (*ист.*)
новгоро́дский (*от* Но́вгород)
новгоро́дско-моско́вский
новгоро́дско-псковско́й
новгоро́дцы, -ев, *ед.* -дец, -дца, *тв.* -дцем
Новгоро́дчина, -ы (*к* Но́вгород)
нове́е, *сравн. ст.*
нове́йший
новелла́, -ы
новелле́тта, -ы
новелли́ст, -а
новелли́стика, -и
новеллисти́ческий
новелли́ческий
нове́лка, -и, *р. мн.* -лок
новемо́ль, -и
но́венький
нове́ть, -е́ет
новёхонький; *кр. ф.* -нек, -нька
новёшенький; *кр. ф.* -нек, -нька
новизна́, -ы́
нови́к, -а́
новина́, -ы́
нови́нка, -и, *р. мн.* -нок
новичо́к, -чка́
новобра́нец, -нца, *тв.* -нцем, *р. мн.* -нцев
новобра́нческий
новобра́чные, -ых, *ед.* -а́чный, -ого и -а́чная, -ой
нововведе́ние, -я
нововведённый
Нововоро́нежская АЭС
нововреме́нский (*от* "Но́вое вре́мя")

новогале́новы препара́ты, новогале́новых препара́тов
новогвине́йский (*от* Но́вая Гвине́я)
новогвине́йцы, -ев, *ед.* -е́ец, -е́йца, *тв.* -е́йцем
новогебри́дский (*от* Но́вые Гебри́ды)
нового́дний
Нового́дье, -я
нового́рский (*от* Нового́рск)
новогре́ческий
новогре́ческо-ру́сский
новогру́дский (*от* Новогру́док)
Новоде́вичий монасты́рь, Новоде́вичьего монастыря́
Новоде́вичье кла́дбище, Новоде́вичьего кла́дбища
новоде́л, -а
новоде́льный
Но́вое вре́мя (*ист. эпоха*)
новоевропе́йский
Но́вое ца́рство (*в истории Египта*)
новожёны, -ов, *ед.* -жён, -а (*секта*)
Новозаве́тная Тро́ица (*иконографический тип Троицы*)
новозаве́тный
новозела́ндка, -и, *р. мн.* -док
новозела́ндский (*от* Но́вая Зела́ндия)
новозела́ндцы, -ев, *ед.* -дец, -дца, *тв.* -дцем
новоземе́льский (*от* Но́вая Земля́)
новозы́бковский (*от* Новозы́бков)
новозы́бковцы, -ев, *ед.* -вец, -вца, *тв.* -вцем
новоиерусали́мский (*от* Но́вый Иерусали́м)
новои́збранный
новои́зданный
новоизобретённый
новоинди́йский
новоиспечённый
новока́ин, -а
новока́иновый

новокаледо́нский (*от* Но́вая Каледо́ния)
новокаледо́нцы, -ев, *ед.* -нец, -нца, *тв.* -нцем
новокрещёный
новокузне́цкий (*от* Новокузне́цк)
новокузнеча́не, -а́н, *ед.* -а́нин, -а
новола́к, -а
Новоле́тие, -я
Новоли́пецкий металлурги́ческий комбина́т
новолу́ние, -я
новоми́рец, -рца, *тв.* -рцем, *р. мн.* -рцев
новоми́рский (*от* "Но́вый мир")
новомо́дный; *кр. ф.* -ден, -дна
новомоско́вский (*от* Новомоско́вск)
новомоско́вцы, -ев, *ед.* -вец, -вца, *тв.* -вцем
новому́ченик, -а
новона́бранный
новона́йденный
новонаречённый и новонаре́ченный
новонаселённый
новонача́льный
новообразова́ние, -я
новообразо́ванный
новообращённый
новоорлеа́нский (*от* Но́вый Орлеа́н)
новоорлеа́нцы, -ев, *ед.* -нец, -нца, *тв.* -нцем
новооско́льский (*от* Но́вый Оско́л)
новооско́льцы, -ев, *ед.* -лец, -льца, *тв.* -льцем
новооткрыва́тель, -я
новоткры́тый
новоотстро́енный
новопа́хотный
новопа́хотный
новоподо́бный (*астр.*)
новопоря́дчики, -ов, *ед.* -чик, -а (*ист.*)

новопоселе́нец, -нца, *тв.* -нцем, *р. мн.* -нцев
новопоселе́нка, -и, *р. мн.* -нок
новопреста́вленный
новоприбы́вший
новоприе́зжий
новоприобретённый
новоприхо́дцы, -ев, *ед.* -дец, -дца, *тв.* -дцем (*ист.*)
новопроизведённый
новорождённый
новоросси́йский (*от* Новоро́ссия и Новоросси́йск)
новоросси́йцы, -ев, *ед.* -йец, -ийца, *тв.* -и́йцем (*от* Новоросси́йск)
Новоро́ссия, -и (*ист.*)
новору́бленый
новосвященному́ченик, -а
новосёл, -а
новосе́лец, -льца, *тв.* -льцем, *р. мн.* -льцев
новосёлка, -и, *р. мн.* -лок
новосе́лье, -я, *р. мн.* -лий
новосе́льческий
новосиби́рский (*от* Новосиби́рск)
новосиби́рцы, -ев, *ед.* -рец, -рца, *тв.* -рцем
Новоспа́сский монасты́рь
новостно́й
новостро́й, -я
новостро́йка, -и, *р. мн.* -о́ек
но́вость, -и, *мн.* -и, -е́й
новотёл, -а
новоте́льный
новото́ржский (*к* Торжо́к)
новото́ржцы, -ев, *ед.* -жец, -жца, *тв.* -жцем
новотро́ицкий (*от* Новотро́ицк)
новотру́бный: Первоура́льский новотру́бный заво́д
новохопёрский (*от* Новохопёрск)
новохопёрцы, -ев, *ед.* -рец, -рца, *тв.* -рцем

НОВОЧЕБОКСАРСКИЙ

новочебокса́рский (*от* Новочебокса́рск)
новочерка́сский (*от* Новочерка́сск)
новочерка́сцы, -ев, *ед.* -сец, -сца, *тв.* -сцем
новоша́хтинский (*от* Новоша́хтинск)
новоша́хтинцы, -ев, *ед.* -нец, -нца, *тв.* -нцем
новоя́вленный
новоя́з, -а
но́вшество, -а
Но́вые Сады́ (*район в Москве*)
Но́вые Черёмушки (*район в Москве*)
но́вый; *кр. ф.* нов, нова́, но́во, но́вы́
Но́вый Арба́т (*улица*)
Но́вый Афо́н (*поселок*)
Но́вый го́д (*праздник*)
Но́вый Заве́т
Но́вый Иерусали́м (*монастырь*)
Но́вый Орлеа́н (*город*)
Но́вый Оско́л (*город*)
Но́вый Све́т (*об Америке*)
новь, -и
нога́, -и́, *вин.* но́гу, *мн.* но́ги, ног, нога́м
нога́вка, -и, *р. мн.* -вок
нога́ в но́гу
нога́йка, -и, *р. мн.* -а́ек (*к* нога́йцы)
Нога́йская Орда́
нога́йский
нога́йцы, -ев, *ед.* -а́ец, -а́йца, *тв.* -а́йцем
нога́та, -ы (*ист.*)
нагови́цы, -и́ц, *ед.* -и́ца, -ы, *тв.* -ей
ноголи́ст, -а
ногопёрые, -ых
ногопло́дник, -а
ноготки́, -о́в, *ед.* -то́к, -тка́ (*цветы*)
ноготко́вый
ногото́к, -тка́ (*от* но́готь)
но́готь, но́гтя, *мн.* но́гти, -е́й
ногохво́стка, -и, *р. мн.* -ток
ногочелюсти, -ей

ногощу́пальца, -льцев и -лец, *ед.* -льце, -а
ногтеви́дный; *кр. ф.* -ден, -дна
ногтево́й
ногти́стый
ногти́ще, -а, *мн.* -а и -и, -и́щ, *м.*
ногтое́да, -ы
нодуля́рный
Но́ев ковче́г, Но́ева ковче́га
нож, -а́, *тв.* -о́м
ножеви́ще, -а
ножево́й и ножо́вый
но́женки, -нок (*от* ножны́ и ножницы)
но́женька, -и, *р. мн.* -нек
ножето́чка, -и, *р. мн.* -чек
но́жик, -а
ножи́-но́жницы, ноже́й-но́жниц
но́жичек, -чка
ножи́ща, -и, *тв.* -ей (*от* нога́)
ножи́ще, -а, *мн.* -а и -и, -и́щ, *м.* (*от* нож)
но́жка, -и, *р. мн.* но́жек
но́жницы, -ниц
но́жнички, -чек
но́жничный
ножно́й
но́жны, но́жен и (*устар.*) ножны́, ножо́н
ножо́вка, -и, *р. мн.* -вок
ножо́вочный
ножо́вый и ножево́й
ножо́нка, -и, *р. мн.* -нок
Ноздрёв, -а
ноздрева́тость, -и
ноздрева́тый
ноздреви́на, -ы
ноздрево́й
ноздрёвский (*от* Ноздрёв)
но́здри, -е́й, *ед.* ноздря́, -и́
ноздря́ в ноздрю́
ноздря́стый
ноземя, -ы
ноземато́з, -а
нозоареа́л, -а
нозогеографи́ческий

нозогеогра́фия, -и
нозографи́ческий
нозогра́фия, -и
нозологи́ческий
нозоло́гия, -и
Ной, Но́я
нойо́н, -а
нок, -а (*мор.; археол.*)
НОК, -а (*сокр.:* национальный олимпийский комитет)
нока́ут, -а
нокаути́рованный; *кр. ф.* -ан, -ана
нокаути́ровать(ся), -рую(сь), -рует(ся)
нокда́ун, -а
ноксиро́н, -а
ноктамбули́зм, -а
ноктю́рн, -а
но́лик, -а и ну́лик, -а
ноль, -я́ и нуль, -я́
ноль-но́ль (в пять ноль-но́ль)
ном, -а (*административная единица; песня*)
но́ма, -ы (*гангрена*)
номади́зм, -а
нома́дный
нома́ды, -ов, *ед.* нома́д, -а
нома́рх, -а
номенклату́ра, -ы
номенклату́рно-адресова́льный
номенклату́рно-бюрократи́ческий
номенклату́рный
номенклату́рщик, -а
но́мер, -а, *мн.* -а́, -о́в
но́мер люкс, номера́ люкс
номерно́й
номеро́к, -рка́
номеронабира́тель, -я
номеро́чек, -чка
номина́л, -а
номинали́зм, -а
номинали́ст, -а
номиналисти́ческий

номина́льный; *кр. ф.* -лен, -льна
номина́нт, -а
номинати́в, -а
номинати́вный
номинацио́нный
номина́ция, -и
номини́рованный; *кр. ф.* -ан, -ана
номини́ровать(ся), -рую(сь), -рует(ся) (*к* номина́ция)
номогене́з, -а
номогра́мма, -ы
номографи́ческий
номогра́фия, -и
Номокано́н, -а
но́на, -ы (*муз., лит.*)
нонакко́рд, -а
нон гра́та, *неизм.*: персо́на нон гра́та
но́не (*устар. прост. к* ны́не)
нонέт, -а
но́нешний (*устар. прост. к* ны́нешний)
но́ниус, -а
нонкомбата́нт, -а
нонконформи́зм, -а
нонконформи́ст, -а
нонконформи́стский
но-но́, *неизм.*
нонпаре́ль, -и
но́нсенс, -а
нон-сто́п, -а и *неизм.*
нонтрони́т, -а
нонфигурати́вный
но́нче (*устар. прост. к* ны́нче)
но́ны, нон (*в древнеримском календаре*)
но́о, *нескл., с.* (*японский театр*)
но-о-о, *межд.*
ноосфе́ра, -ы
ноосфе́рный
ноотропи́л, -а
но́ пасара́н, *неизм.*
нора́, -ы́, *мн.* но́ры, нор, но́рам
норадренали́н, -а
норвали́н, -а
норва́ск, -а

норве́жка, -и, *р. мн.* -жек
норве́жский (*к* Норве́гия и норве́жцы)
норве́жско-росси́йский
норве́жско-ру́сский
норве́жцы, -ев, *ед.* -жец, -жца, *тв.* -жцем
норд, -а
норд-ве́ст, -а
норд-ве́стовый
норди́зм, -а
норди́ческий
нордмарки́т, -а
норд-норд-ве́ст, -а
норд-норд-ве́стовый
норд-норд-о́ст, -а
норд-норд-о́стовый
но́рдовый
норд-о́ст, -а
норд-о́стовый
нори́йский (*геол.*)
нори́льский (*от* Нори́льск)
нори́льцы, -ев, *ед.* -лец, -льца, *тв.* -льцем
норильча́не, -а́н, *ед.* -а́нин, -а
норильча́нка, -и, *р. мн.* -нок
нори́т, -а
нори́чник, -а
нори́чниковые, -ых
нори́ща, -и, *тв.* -ей
но́рия, -и
но́рка, -и, *р. мн.* но́рок
но́рковый
норлейци́н, -а
но́рма, -ы
нормалёк, *в знач. сказ.*
нормале́р, -а
нормализацио́нный
нормализа́ция, -и
нормализо́ванный; *кр. ф.* -ан, -ана
нормализова́ть(ся), -зу́ю, -зу́ет(ся)
норма́ль, -и
норма́льность, -и
норма́льный; *кр. ф.* -лен, -льна

норма́ндка, -и, *р. мн.* -док
норма́ндский (*от* Норма́ндия)
Норма́ндское завоева́ние А́нглии (*1066*)
норма́ндцы, -ев, *ед.* -дец, -дца, *тв.* -дцем
норма́нка, -и, *род. мн.* -нок (*к* норма́нны)
норма́ннский (*от* норма́нны)
норма́нны, -ов, *ед.* -ма́нн, -а
нормати́в, -а
нормативи́зм, -а
нормативи́стский
нормати́вно-правово́й
нормати́вно-стилисти́ческий
нормати́вность, -и
нормати́вно-техни́ческий
нормати́вно-чи́стый
нормати́вный; *кр. ф.* -вен, -вна
норми́рова́ние, -я
норми́ро́ванность, -и
норми́ро́ванный; *кр. ф.* -ан, -ана
норми́ровать(ся), -рую, -рует(ся) и нормирова́ть(ся), -ру́ю, -ру́ет(ся)
норми́ро́вка, -и
норми́ро́вочный
норми́ро́вщик, -а
норми́ро́вщица, -ы, *тв.* -ей
нормобла́сты, -ов, *ед.* -бла́ст, -а
нормокомпле́кт, -а
нормоконтро́ль, -я
нормотво́рческий
нормотво́рчество, -а
но́рник, -а
но́рны, норн, *ед.* но́рна, -ы (*мифол.*)
но́рный
но́ров, -а
норови́стость, -и
норови́стый
норови́ть, -влю́, -ви́т
но́рочий, -ья, -ье
норпла́сты, -ов, *ед.* -а́ст, -а
норсульфазо́л, -а
нору́шка, -и, *р. мн.* -шек: мы́шка-нору́шка

НОС

нос, -а, *предл.* на носу́, *мн.* -ы́, -о́в; но (*в названиях мысов*) Нос, -а, *напр.*: Ка́нин Нос, Свято́й Нос
носа́рь, -я́
носа́стый
носа́тый
носа́ч, -а́, *тв.* -о́м
но́сик, -а
носи́лки, -лок
носи́лочный
носи́льный
носи́льщик, -а
носи́тель, -я
носи́тельница, -ы, *тв.* -ей
носи́тельство, -а
носи́ть(ся), ношу́(сь), но́сит(ся)
носи́шко, -а и -и, *мн.* -шки, -шек, *м.*
носи́ще, -а, *мн.* -а и -и, -и́щ, *м.*
но́ска, -и
носки́, носо́к и -о́в, *ед.* носо́к, носка́ (*предмет одежды*)
носки́ го́льф, носо́к го́льф и носко́в го́льф
но́ский; *кр. ф.* но́сок, носка́, но́ско
нос к но́су
носко́вый
но́скость, -и
носово́й
носогло́тка, -и, *р. мн.* -ток
носогло́точный
носогре́йка, -и, *р. мн.* -е́ек
носо́к, носка́ (*передняя часть ступни, обуви; уменьш. к* нос)
но́сом к но́су
носопы́рка, -и, *р. мн.* -рок
носоро́г, -а
носоро́говый
носоро́жий, -ья, -ье
сосослёзный
носо́чки, -ов, *ед.* -чек, -чка
носо́чный
ностальги́ровать, -рую, -рует
ностальги́ческий
ностальги́я, -и
носто́к, -а
Нострада́мус, -а

ностратический
но́стро, *нескл., с. и неизм.*
носу́ха, -и
но́счик, -а
нося́щий(ся)
НОТ, *нескл., ж.* (*сокр.:* научная организация труда)
но́та, -ы
нотабе́не, *нескл., с.* и нотабе́на, -ы
нота́бль, -я
нотариа́льный
нотариа́т, -а
нота́риус, -а
нота́ция, -и
ноти́рование, -я
ноти́рованный; *кр. ф.* -ан, -ана
ноти́ровать(ся), -рую, -рует(ся)
нотиро́вка, -и
нотиро́вщик, -а
но́тис, -а
нотифика́ция, -и
нотифици́рованный; *кр. ф.* -ан, -ана
нотифици́ровать(ся), -рую, -рует(ся)
но́тка, -и, *р. мн.* -ток
но́тница, -ы, *тв.* -ей
но́тный
но́товский (*от* НОТ)
Нотоге́я, -и
нотографи́ческий
нотогра́фия, -и
нотоза́вр, -а
нотоно́сец, -сца, *тв.* -сцем, *р. мн.* -сцев
нотопеча́тание, -я
нотопеча́тный
нотопеча́тня, -и, *р. мн.* -тен
но́топись, -и
нототе́ния, -и
нототре́мы, -е́м, *ед.* -е́ма, -ы
ноттинге́мский (*от* Но́ттинге́м)
ноттинге́мцы, -ев, *ед.* -мец, -мца, *тв.* -мцем
но́ты, нот (*текст муз. произведения в нотной записи*)

но́умен, -а
ноумена́льный
но́утбук, -а
но́у-ха́у, *нескл., с.*
ноча́ми, *нареч.*
но́чвы, ночв
ночева́ть, ночу́ю, ночу́ет
ночёвка, -и, *р. мн.* -вок
ночёвки, -вок (*ночвы*)
но́ченька, -и, *р. мн.* -нек
ночесве́тка, -и, *р. мн.* -ток
но́чка, -и, *р. мн.* но́чек
ночле́г, -а
ночле́жка, -и, *р. мн.* -жек
ночле́жник, -а
ночле́жница, -ы, *тв.* -ей
ночле́жничать, -аю, -ает
ночле́жный
ночни́к, -а́
ночни́ца, -ы, *тв.* -ей
ночничо́к, -чка́
ночно́е, -о́го
ночно́й
ночну́шка, -и, *р. мн.* -шек
ночь, -и, *предл.* в ночи́, *мн.* -и, -е́й
но́чью, *нареч.*
но́ша, -и, *тв.* -ей
ноше́бный
ноше́ние, -я
но́шенный; *кр. ф.* -ен, -ена, *прич.*
но́шено-перено́шено
но́шеный, *прил.*
но́шеный-перено́шеный
но́шпа, -ы
но́щно: де́нно и но́щно
нощь, -и, *предл.* в нощи́, *мн.* -и, -е́й (*устар. высок. к* ночь)
ноэ́ль, -я (*лит.*)
но́ющий
ноя́брь, -я́
ноя́брьский (*от* ноя́брь и Ноя́брьск)
НПО [энпэо́], *нескл., с.* (*сокр.:* научно-производственное объединение)
нрав, -а

нра́виться, -влюсь, -вится
нра́вный
нравописа́ние, -я
нравописа́тель, -я
нравописа́тельный
нравоуче́ние, -я
нравоучи́тельность, -и
нравоучи́тельный; *кр. ф.* -лен, -льна
нра́вственно, *нареч.*
нра́вственно безупре́чный
нра́вственно-психологи́ческий
нра́вственно-религио́зный
нра́вственность, -и
нра́вственно-филосо́фский
нра́вственно чи́стый
нра́вственно-эстети́ческий
нра́вственный; *кр. ф.* -вен и -венен, -венна
нра́вящийся
НСО [энсэо́], *нескл., с.* (*сокр.:* научное студенческое общество)
НТВ [энтэвэ́], *нескл., с.* (*медиакомпания*)
НТО [энтэо́], *нескл., с.* (*сокр.:* научно-техническое общество)
НТР [энтээ́р], *нескл., ж.* (*сокр.:* научно-техническая революция)
НТЦ [энтэцэ́], *нескл., м.* (*сокр.:* научно-технический центр)
ну, *межд. и частица*
нуби́йка, -и, *р. мн.* -и́ек
нуби́йский (*от* Ну́бия)
нуби́йцы, -ев, *ед.* -и́ец, -и́йца, *тв.* -и́йцем
ну́ вас
нуви́стор, -а
нувори́ш, -а, *тв.* -ем
нуг, -а (*растение*)
нуга́, -и́ (*кондитерское изделие*)
нуда́, -ы́
нуди́зм, -а
нуди́ст, -а
нуди́стка, -и, *р. мн.* -ток
нуди́стский

нуди́ть, нужу́, нуди́т (*нудно говори́ть*)
ну́дить(ся), ну́жу(сь), ну́дит(ся) (*принужда́ть(ся)*)
нудне́йший
нуднова́тый
ну́дность, -и
ну́дный; *кр. ф.* ну́ден, нудна́, ну́дно, нудны́
нудь, -и
нудьга́, -и́
нудя́га, -и, *м. и ж.*
нудя́щий (*от* нуди́ть)
ну́дящий(ся) (*от* ну́дить(ся))
ну́ его (её, их)
нужда́, -ы́, *мн.* ну́жды, нужд
нужда́емость, -и
нужда́ться, -а́юсь, -а́ется
нужда́ющийся
нужды́ нет (*неважно*)
ну́ же
нужне́йший
ну́жник, -а
ну́жно, *в знач. сказ.*
ну́жность, -и
ну́жный; *кр. ф.* ну́жен, нужна́, ну́жно, нужны́
нужо́н (*прост. к* ну́жен)
ну́ и ну́
ну́-ка
ну́канье, -я
ну́-кась и ну́-кася
ну́кать, -аю, -ает
ну́кер, -а
нуклеа́зы, -а́з, *ед.* -а́за, -ы
нуклеа́рный
нукле́ин, -а
нуклеи́новый
нуклеозида́зы, -а́з, *ед.* -а́за, -ы
нуклеози́ды, -ов, *ед.* -зи́д, -а
нуклеопротеи́ды, -ов, *ед.* -е́ид, -а
нуклеоти́дный
нуклеоти́ды, -ов, *ед.* -ти́д, -а
нуклеофи́льный
ну́клеус, -а
нукли́дный

нукли́ды, -ов, *ед.* -и́д, -а
нукло́н, -а
нуку́сский (*от* Нуку́с)
нуку́сцы, -ев, *ед.* -сец, -сца, *тв.* -сцем
нулёвка, -и
нулево́й
ну́лик, -а и но́лик, -а
нуллисо́мики, -ов, *ед.* -мик, -а
нуллисоми́ческий
нуллисоми́я, -и
нуллифика́ция, -и
нуллифици́рованный; *кр. ф.* -ан, -ана
нуллифици́ровать(ся), -рую, -рует(ся)
нуль, -я́ и ноль, -я́
нуль-индика́тор, -а
нуль-о́рган, -а
нуль-пу́нкт, -а
нуль-указа́тель, -я
ну́мер, -а (*устар. к* но́мер)
нумера́тор, -а
нумерацио́нный
нумера́ция, -и
нумерова́льный
нумерова́ние, -я
нумеро́ванный; *кр. ф.* -ан, -ана
нумерова́ть(ся), -ру́ю, -ру́ет(ся)
нумеро́вка, -и
нумероло́гия, -и
нумиди́йский (*от* Нуми́дия)
нумиди́йцы, -ев, *ед.* -и́ец, -и́йца, *тв.* -и́йцем
нумизма́т, -а
нумизма́тика, -и
нумизмати́ческий
нуммули́т, -а
нуната́к, -а
ну-ну́
нунциату́ра, -ы
ну́нций, -я
нунча́к, -а́
ну́пе, *нескл., мн., ед. м. и ж.* (*народ*)
нура́г, -а
нуре́кский (*от* Нуре́к)

НУРЕКЦЫ

нуре́кцы, -ев, *ед.* -кец, -кца, *тв.* -кцем
нуриста́нский
нуриста́нцы, -ев, *ед.* -нец, -нца, *тв.* -нцем
ну-с
нус, -а (*филос.*)
нут, -а
нутацио́нный
нута́ция, -и
ну́те
ну́ тебя
ну́те-ка
ну́те-с
ну́-тка
нутре́ц, -а́, *тв.* -о́м
нутриево́дство, -а
ну́триевый
нутрициоло́гия, -и
ну́трия, -и
нутро́, -а́
нутроме́р, -а
нутряно́й
ну́-ты: фу́-ты ну́-ты
нуце́ллус, -а
нузр, *неизм. и нескл., м.* (*язык*) *и нескл., мн., ед. м. и ж.* (*народ*)
НЧ [энче́], *нескл., ж. и неизм.* (*сокр.*: низкая частота, низкочастотный)
НЧ-вхо́д, -а
НЧ-вхо́д-вы́ход, НЧ-вхо́да-вы́хода
ны́не
ны́нешний
ны́нче
нырко́вый
нырну́ть, -ну́, -нёт
ныро́к, нырка́
ныря́ло, -а (*плунжер*)
ныря́льщик, -а
ныря́льщица, -ы, *тв.* -ей
ныря́ние, -я
ныря́ть, -я́ю, -я́ет

ны́твенский (*от* Ны́тва, *город и река*)
ны́твенцы, -ев, *ед.* -нец, -нца, *тв.* -нцем
ны́тик, -а
ныть, но́ю, но́ет
нытьё, -я́
нье́лло, *нескл., с.*
нью-ге́мпшир, -а *и неизм.* (*порода кур*)
нью-джерси́йский (*от* Нью-Джерси́)
нью-йо́ркский (*от* Нью-Йо́рк)
ньюйо́ркцы, -ев, *ед.* -кец, -кца, *тв.* -кцем
ньюка́слский (*от* Ньюка́сл)
ньюка́сльцы, -ев, *ед.* -лец, -льца, *тв.* -льцем
Ньюто́н, -а: зако́ны Ньюто́на, меха́ника Ньюто́на, бино́м Ньюто́на, ко́льца Ньюто́на
ньюто́н, -а, *р. мн.* -ов, *счетн. ф.* ньюто́н (*ед. измер.*)
ньютониа́нский
ньюто́н-ме́тр, -а
ньюто́новский (*от* Ньюто́н)
ньюто́н-секу́нда, -ы
ньюфа́ундле́нд, -а (*собака*)
ньюфа́ундле́ндский (*от* Ньюфа́ундле́нд)
ньюфа́ундле́ндцы, -ев, *ед.* -дец, -дца, *тв.* -дцем (*жители Ньюфаундленда*)
нью-хе́йвенский (*от* Нью-Хе́йвен)
нью-хэ́мпширский (*от* Нью-Хэ́мпшир, *штат*)
ньямве́зи, *нескл., мн., ед. м. и ж.* (*народ*)
нья́нджа, *неизм. и нескл., м.* (*язык*)
нья́я, -и
НЭП, -а *и* нэп, -а (*сокр.*: новая экономическая политика)
нэ́пман, -а

нэ́пманский
нэ́пманша, -и, *тв.* -ей
нэ́повский
нэ́цкэ, *нескл., с.*
нэ́ши, *нескл., м. и ж.* (*фрукт*)
ню[1], *нескл., ж.* (*натурщица*) *и с.* (*изображение*)
ню[2], *нескл., с.* (*название буквы*)
нюа́нс, -а
нюанси́рованный; *кр. ф.* -ан, -ана
нюанси́ровать(ся), -рую, -рует(ся)
нюансиро́вка, -и, *р. мн.* -вок
ню́ни: распусти́ть ню́ни
ню́нить, ню́ню, ню́нит
ню́ня, -и, *р. мн.* -ей *и* нюнь, *м. и ж.*
нюрнбе́ргский (*от* Нюрнбе́рг)
Нюрнбе́ргский проце́сс
нюрнбе́ржцы, -ев, *ед.* -жец, -жца, *тв.* -жцем
нюх, -а
ню́халка, -и, *р. мн.* -лок
ню́хальщик, -а
ню́хальщица, -ы, *тв.* -ей
ню́ханный; *кр. ф.* -ан, -ана, *прич.*
ню́ханье, -я
ню́хательный
ню́хать, -аю, -ает
нюха́ч, -а́, *тв.* -о́м
нюхну́ть, -ну́, -нёт
ня́нечка, -и, *р. мн.* -чек
ня́нечкин, -а, -о
ня́нин, -а, -о
ня́нчащий(ся)
ня́нченный; *кр. ф.* -ен, -ена, *прич.*
ня́нченье, -я
ня́нчить(ся), -чу(сь), -чит(ся)
ня́нька, -и, *р. мн.* ня́нек
ня́нькаться, -аюсь, -ается
ня́нькин, -а, -о
ня́нюшка, -и, *р. мн.* -шек
ня́нюшкин, -а, -о
ня́ня, -и, *р. мн.* нянь
ня́ша, -и, *тв.* -ей, *р. мн.* -ей

О

о¹, *нескл., с. (название буквы)*
о², *предлог и межд.*
оа́зис, -а
оа́зисный
ОАО́, *нескл., с. (сокр.: открытое акционерное общество)*
об и обо, *предлог*
о́ба, обо́их, обо́им, обо́ими, об обо́их, *употр. с сущ. муж. и сред. рода; ср.* о́бе и обо́их
оба́биться, -блюсь, -бится
оба́бок, -бка
обагрённый; *кр. ф.* -ён, -ена́
обагри́ть(ся), -рю́(сь), -ри́т(ся)
обагря́ть(ся), -я́ю(сь), -я́ет(ся)
обалдева́ние, -я
обалдева́ть, -а́ю, -а́ет
обалде́лость, -и
обалде́лый
обалде́ние, -я
обалде́нный
обалде́ть, -е́ю, -е́ет
обалду́й, -я
оба́лтывать(ся), -аю, -ает(ся)
обандеро́ленный; *кр. ф.* -ен, -ена
обандеро́ливать(ся), -аю, -ает(ся)
обандеро́лить, -лю, -лит
обанкро́тить(ся), -о́чу(сь), -о́тит(ся)
обанкро́ченный; *кр. ф.* -ен, -ена
обанкро́чивание, -я
обанкро́чивать(ся), -аю(сь), -ает(ся)
оба́пол¹, *нареч. и предлог (около, устар.)*

оба́пол², -а *(пиломатериал)*
обасурма́ненный; *кр. ф.* -нен, -нена
обасурма́нивание, -я
обасурма́нивать(ся), -аю(сь), -ает(ся)
обасурма́нить(ся), -ню(сь), -нит(ся)
обая́ние, -я
обая́тельность, -и
обая́тельный; *кр. ф.* -лен, -льна
обая́ть, -я́ю, -я́ет
обаи́шка, -и, *р. мн.* -шек, *м. и ж.*
оббега́ние, -я *(от* оббега́ть*)*
оббе́ганный; *кр. ф.* -ан, -ана *(от* оббе́гать*)*
оббе́гать, -аю, -ает, *сов. (то же, что* обе́гать, *разг.)*
оббега́ть(ся), -а́ю, -а́ет(ся), *несов. (к* оббежа́ть*)*
оббежа́ть, оббегу́, оббежи́т, оббегу́т *(то же, что* обежа́ть, *разг.)*
оббива́ние, -я *(от* оббива́ть*)*
оббива́ть(ся), -а́ю, -а́ет(ся) *(к* обби́ть(ся)*)*
обби́вка, -и *(к* обби́ть*)*
обби́тый *(от* обби́ть*)*
обби́ть(ся), обобью́, обобьёт(ся) *(то же, что* оби́ть(ся), *разг.)*
обва́л, -а
обва́ленный; *кр. ф.* -ен, -ена, *прич. (от* обвали́ть*)*
обва́ливание, -я
обва́ливать(ся), -аю(сь), -ает(ся)
обва́листый

обвали́ть(ся), -алю́(сь), -а́лит(ся)
обва́лка, -и
обвалова́ние, -я
обвало́ванный; *кр. ф.* -ан, -ана
обвалова́ть, -лу́ю, -лу́ет
обвало́вка, -и, *р. мн.* -вок
обвало́вывать(ся), -аю, -ает(ся)
обвалоопа́сный; *кр. ф.* -сен, -сна
обва́лочный
обва́льный, *прил. (к* обва́л*)*
обва́лянный; *кр. ф.* -ян, -яна, *прич. (от* обваля́ть*)*
обваля́ть(ся), -я́ю(сь), -я́ет(ся)
обва́ренный; *кр. ф.* -ен, -ена
обва́ривание, -я
обва́ривать(ся), -аю(сь), -ает(ся)
обвари́ть(ся), -арю́(сь), -а́рит(ся)
обва́рка, -и
обварно́й
обвева́ние, -я
обвева́ть(ся), -а́ю(сь), -а́ет(ся) *(к* обве́ять*)*
обведе́ние, -я
обведённый; *кр. ф.* -ён, -ена́
обве́дший
обвезённый; *кр. ф.* -ён, -ена́
обвезти́, -зу́, -зёт; *прош.* -ёз, -езла́
обвёзший
обве́ивать(ся), -аю(сь), -ает(ся)
обве́нчанный; *кр. ф.* -ан, -ана
обвенча́ть(ся), -а́ю(сь), -а́ет(ся)
обвёрнутый
обверну́ть(ся), -ну́(сь), -нёт(ся)
обверте́ть(ся), -ерчу́, -е́ртит(ся)
обвёртка, -и, *р. мн.* -ток

обвёртывание, -я
обвёртывать(ся), -аю(сь), -ает(ся) (к обернуть(ся)
обве́рченный; кр. ф. -ен, -ена
обве́рчивать(ся), -аю, -ает(ся) (к обвертеть(ся)
обве́ршенный; кр. ф. -ен, -ена
обве́ршивать(ся), -аю, -ает(ся)
обве́ршить, -шу, -шит
обве́с, -а
обве́сить(ся), -е́шу(сь), -е́сит(ся)
обвести́, -еду́, -еде́т; прош. -ёл, -ела́
обве́тревший (от обветреть)
обве́тренный; кр. ф. -ен, -ена
обве́треть, -еет (огрубеть от ветра)
обве́тривание, -я
обве́тривать(ся), -аюсь, -ает(ся)
обве́тривший(ся) (от обветрить(ся)
обве́трить, -рит (что)
обве́триться, -рюсь, -рится
обветша́лость, -и
обветша́лый
обветша́ние, -я
обветша́ть, -а́ю, -а́ет
обве́шанный; кр. ф. -ан, -ана (от обвешать)
обве́шать(ся), -аю(сь), -ает(ся)
обве́шенный; кр. ф. -ен, -ена (от обвесить)
обвешённый; кр. ф. -ён, -ена́ (от обвесить)
обве́шивание, -я
обве́шивать(ся), -аю(сь), -ает(ся)
обвеши́ть, -шу́, -ши́т
обве́янный; кр. ф. -ян, -яна
обве́ять(ся), -е́ю(сь), -е́ет(ся)
обвива́ние, -я
обвива́ть(ся), -а́ю(сь), -а́ет(ся) (к обвить(ся)
обви́вка, -и
обвине́ние, -я
обвинённый; кр. ф. -ён, -ена́
обвини́тель, -я
обвини́тельный

обвини́ть, -ню́, -ни́т
обвиня́емый
обвиня́ть(ся), -я́ю(сь), -я́ет(ся)
обвиса́ть, -а́ю, -а́ет
обви́слость, -и
обви́слый
обви́снуть, -ну, -нет; прош. -ис, -исла
обви́сший
обви́тие, -я
обви́тый; кр. ф. обви́т, обвита́, обви́то
обви́ть(ся), обовью́(сь), обовьёт(ся); прош. обви́л(ся), обвила́(сь), обви́ло, обви́ло́сь
обво́д, -а
обводи́ть(ся), -ожу́(сь), -о́дит(ся)
обво́дка, -и
обводне́ние, -я
обводнённость, -и
обводнённый; кр. ф. -ён, -ена́
обводни́тельно-ороси́тельный
обводни́тельный
обводни́ть, -ню́, -ни́т
обводно́й и обво́дный
Обво́дный кана́л (в Петербурге)
обводня́ть(ся), -я́ю, -я́ет(ся)
обво́дчик, -а
обво́з, -а
обвози́ть(ся), -ожу́, -о́зит(ся)
обво́йник, -а
обвола́кивание, -я
обвола́кивать(ся), -аю, -ает(ся)
обвола́кивающий(ся)
обволо́кший(ся)
обволоса́теть, -ею, -еет
обволочённый; кр. ф. -ён, -ена́
обволо́чь(ся), -локу́, -лочёт(ся), -локу́т(ся); прош. -ло́к(ся), -локла́(сь)
обвора́живание, -я
обвора́живать(ся), -аю(сь), -ает(ся)
обворо́ванный; кр. ф. -ан, -ана
обворова́ть, -ру́ю, -ру́ет
обворо́вывание, -я

обворо́вывать(ся), -аю(сь), -ает(ся)
обворожённый; кр. ф. -ён, -ена́
обворожи́тельность, -и
обворожи́тельный; кр. ф. -лен, -льна
обворожи́ть, -жу́, -жи́т
обвыка́ть(ся), -а́ю(сь), -а́ет(ся)
обвы́кнуть(ся), -ну(сь), -нет(ся); прош. -ык(ся), -ыкла(сь)
обвы́кший(ся)
обвя́занный; кр. ф. -ан, -ана
обвяза́ть(ся), -яжу́(сь), -я́жет(ся)
обвя́зка, -и, р. мн. -зок
обвя́зочный
обвя́зывание, -я
обвя́зывать(ся), -аю(сь), -ает(ся)
обвя́ленный; кр. ф. -ен, -ена
обвя́ливание, -я
обвя́ливать(ся), -аю, -ает(ся)
обвя́лить(ся), -лю, -лит(ся)
обга́дить(ся), -а́жу(сь), -а́дит(ся)
обга́женный; кр. ф. -ен, -ена
обга́живать(ся), -аю(сь), -ает(ся)
обгиба́ние, -я
обгиба́ть(ся), -а́ю, -а́ет(ся)
обгла́дить(ся), -а́жу(сь), -а́дит(ся)
обгла́дывание, -я
обгла́дывать(ся), -аю, -ает(ся)
обгла́женный; кр. -ен, -ена
обгла́живание, -я
обгла́живать(ся), -аю(сь), -ает(ся)
обгло́данный; кр. ф. -ан, -ана
обглода́ть, -ожу́, -о́жет и -а́ю, -а́ет
обгло́док, -дка
обгло́дыш, -а, тв. -ем
обгляде́ть(ся), -яжу́(сь), -яди́т(ся)
обгля́дывание, -я
обгля́дывать(ся), -аю(сь), -ает(ся)
обгнива́ть, -а́ет
обгни́ть, -иёт; прош. -и́л, -ила́, -и́ло
обгова́ривать(ся), -аю, -ает(ся)
обговорённый; кр. ф. -ён, -ена́
обговори́ть, -рю́, -ри́т

обго́н, -а
обго́нка, -и
обго́нный
обгоня́ть(ся), -я́ю(сь), -я́ет(ся)
обгора́живание, -я
обгора́живать(ся), -аю(сь), -ает(ся)
обгора́ние, -я
обгора́ть, -а́ю, -а́ет
обгоре́лый
обгоре́ть, -рю́, -ри́т
обгороди́ть(ся), -ожу́(сь), -о́дит(ся)
обгоро́женный; *кр. ф.* -ен, -ена
обгрыза́ть(ся), -а́ю, -а́ет(ся)
обгры́зенный; *кр. ф.* -ен, -ена
обгры́зок, -зка
обгры́зть, -зу́, -зёт; *прош.* -ы́з, -ы́зла
обгры́зший
обгу́ливаться, -ается
обгуля́ться, -я́ется
обдава́ние, -я
обдава́ть(ся), обдаю́(сь), обдаёт(ся)
о́бданный; *кр. ф.* о́бдан, обдана́, о́бдано
обдарённый; *кр. ф.* -ён, -ена́
обда́ривать(ся), -аю(сь), -ает(ся)
обдари́ть, -арю́, -а́рит
обда́ть(ся), -а́м(ся), -а́шь(ся), -а́ст(ся), -ади́м(ся), -ади́те(сь), -аду́т(ся); *прош.* о́бдал, -а́лся, -ала́(сь), о́бдало, -а́лось
обде́ланный; *кр. ф.* -ан, -ана
обде́лать(ся), -аю(сь), -ает(ся)
обделённость, -и
обделённый; *кр. ф.* -ён, -ена́
обдели́ть, -елю́, -е́лит
обде́лка, -и
обде́лочный
обде́лывание, -я
обде́лывать(ся), -аю(сь), -ает(ся)
обделя́ть(ся), -я́ю(сь), -я́ет(ся)
обдёрганный; *кр. ф.* -ан, -ана
обдёргать, -аю, -ает
обдёргивать(ся), -аю(сь), -ает(ся)

обдернённый; *кр. ф.* -ён, -ена́
обдерни́ть, -ню́, -ни́т
обдёрнутый
обдёрнуть(ся), -ну(сь), -нет(ся)
обдерня́ть(ся), -я́ю, -я́ет(ся)
обди́р, -а
обдира́ла, -ы, *м. и ж.*
обдира́ловка, -и
обдира́ние, -я
обдира́тельство, -а
обдира́ть(ся), -а́ю(сь), -а́ет(ся)
обди́рка, -и
обди́рный
обди́рочно-шлифова́льный
обди́рочный
обду́в, -а
обдува́ла, -ы, *м. и ж.*
обдува́ние, -я
обдува́ть(ся), -а́ю(сь), -а́ет(ся)
обду́вка, -и
обду́вочный
обду́манно, *нареч.*
обду́манность, -и
обду́манный; *кр. ф. прич.* -ан, -ана; *кр. ф. прил.* -ан, -анна (его возражения обду́манны и точны́)
обду́мать(ся), -аю(сь), -ает(ся)
обду́мывание, -я
обду́мывать(ся), -аю(сь), -ает(ся)
обдурённый; *кр. ф.* -ён, -ена́
обду́ривание, -я
обду́ривать(ся), -аю(сь), -ает(ся)
обдури́ть, -рю́, -ри́т
обдуря́ть(ся), -я́ю(сь), -я́ет(ся)
обду́тый
обду́ть(ся), -у́ю(сь), -у́ет(ся)
о́бе, обе́их, обе́им, обе́ими, об обе́их, *употр. с сущ. жен. рода; ср.* о́ба
обега́ние, -я (*от* обега́ть)
обе́ганный; *кр. ф.* -ан, -ана (*от* обе́гать)
обе́гать, -аю, -ает и (*разг.*) обе́гать, -аю, -ает, *сов.* (*от* бе́гать)
обега́ть(ся), -а́ю, -а́ет(ся), *несов.* (*к* обежа́ть)

обе́д, -а
обе́дать, -аю, -ает
обе́денка, -и, *р. мн.* -нок
обе́денный
обедне́лый
обедне́ние, -я
обеднённость, -и
обеднённый; *кр. ф.* -ён, -ена́
обедне́ть, -е́ю, -е́ет
обедни́ть(ся), -ню́, -ни́т(ся)
обе́дница, -ы, *тв.* -ей
обе́днишний
обе́дня, -и, *р. мн.* -ден
обедня́ть(ся), -я́ю, -я́ет(ся)
обежа́ть, обегу́, обежи́т, обегу́т и (*разг.*) оббежа́ть, оббегу́, оббежи́т, оббегу́т
обезбо́ленный; *кр. ф.* -ен, -ена
обезбо́ливание, -я
обезбо́ливатель, -я
обезбо́ливать(ся), -аю, -ает(ся)
обезбо́ливающий(ся)
обезбо́лить, -лю, -лит
обезво́девший (*от* обезво́деть)
обезво́деть, -еет (*стать безводным*)
обезво́дивший(ся) (*от* обезво́дить(ся))
обезво́дить, -о́жу, -о́дит (*что*)
обезво́диться, -ится
обезво́женный; *кр. ф.* -ен, -ена
обезво́живание, -я
обезво́живать(ся), -аю, -ает(ся)
обезвола́шивание, -я
обезвола́шивать(ся), -аю, -ет(ся)
обезво́левший (*от* обезво́леть)
обезво́ленный; *кр. ф.* -ен, -ена
обезво́леть, -ею, -еет (*стать безвольным*)
обезво́ливание, -я
обезво́ливать(ся), -аю(сь), -ает(ся)
обезво́ливший (*от* обезво́лить)
обезво́лить, -о́лю, -о́лит (*кого, что*)
обезволо́сить, -ло́шу, -ло́сит

обезволо́шенный; *кр. ф.* -ен, -ена
обезвре́дить, -е́жу, -е́дит
обезвре́женный; *кр. ф.* -ен, -ена
обезвре́живание, -я
обезвре́живать(ся), -аю, -ает(ся)
обезга́живание, -я
обезга́живать(ся), -аю, -ает(ся)
обезга́зить(ся), -а́жу, -а́зит(ся)
обезгла́вевший (*от* обезгла́веть)
обезгла́веть, -ею, -еет (*лишиться головы*)
обезгла́вивший (*от* обезгла́вить)
обезгла́вить, -влю, -вит (*кого, что*)
обезгла́вление, -я
обезгла́вленный; *кр. ф.* -ен, -ена
обезгла́вливание, -я
обезгла́вливать(ся), -аю, -ает(ся)
обезголо́севший
обезголо́сеть, -ею, -еет (*лишиться голоса*)
обездви́жевший (*от* обездви́жеть)
обездви́жение, -я
обездви́женность, -и
обездви́женный; *кр. ф.* -ен, -ена
обездви́жеть, -ею, -еет (*стать неподвижным*)
обездви́живание, -я
обездви́живать(ся), -аю(сь), -ает(ся)
обездви́живший(ся) (*от* обездви́жить(ся))
обездви́жить, -жу, -жит (*кого, что*)
обездви́житься, -жусь, -жится
обезде́нежевший (*от* обезде́нежеть)
обезде́неженный; *кр. ф.* -ен, -ена
обезде́нежеть, -ею, -еет (*остаться без денег*)
обезде́неживший (*от* обезде́нежить)
обезде́нежить, -жу, -жит (*кого, что*)
обездо́ленность, -и
обездо́ленный; *кр. ф.* -ен, -ена

обездо́ливание, -я
обездо́ливать(ся), -аю(сь), -ает(ся)
обездо́лить, -лю, -лит
обездо́мевший (*от* обездо́меть)
обездо́меть, -ею, -еет (*лишиться дома, крова*)
обездо́мивший (*от* обездо́мить)
обездо́мить, -млю, -мит (*кого, что*)
обездо́мленный; *кр. ф.* -ен, -ена
обезду́шевший (*от* обезду́шеть)
обезду́шенный; *кр. ф.* -ен, -ена
обезду́шеть, -ею, -еет (*стать бездушным*)
обезду́шивание, -я
обезду́шивать(ся), -аю(сь), -ает(ся)
обезду́шивший(ся) (*от* обезду́шить(ся))
обезду́шить, -шу, -шит (*кого, что*)
обезду́шиться, -шусь, -шится
обезжеле́зивание, -я
обезжеле́зивать(ся), -ает(ся)
обезжеле́зить(ся), -ит(ся)
обезживоте́вший (*от* обезживоте́ть)
обезживоте́ть, -ею, -еет (*надорваться; обеднеть*)
обезживоти́вший (*от* обезживоти́ть)
обезживоти́ть, -и́т (*кого, что*)
обезжи́ренный; *кр. ф.* -ен, -ена
обезжи́ривание, -я
обезжи́ривать(ся), -аю, -ает(ся)
обезжи́рить(ся), -рю, -рит(ся)
обеззара́женный; *кр. ф.* -ен, -ена
обеззара́живание, -я
обеззара́живать(ся), -аю, -ает(ся)
обеззара́зить, -а́жу, -а́зит
обеззву́ченный; *кр. ф.* -ен, -ена
обеззву́чивать(ся), -аю, -ает(ся)
обеззву́чить, -чу, -чит
обезземе́левший (*от* обезземе́леть)
обезземе́ление, -я

обезземе́ленный; *кр. ф.* -ен, -ена
обезземе́леть, -ею, -еет (*лишиться земли*)
обезземе́ливание, -я
обезземе́ливать(ся), -аю(сь), -ает(ся)
обезземе́ливший(ся) (*от* обезземе́лить(ся))
обезземе́лить, -лю, -лит (*кого, что*)
обезземе́литься, -люсь, -лится
беззо́ленный; *кр. ф.* -ен, -ена
беззо́ливание, -я
беззо́ливать(ся), -аю, -ает(ся)
беззо́лить(ся), -лю, -лит(ся)
беззу́бевший
беззу́беть, -ею, -еет
безле́севший (*от* обезле́сеть)
безле́сение, -я
безле́сенный; *кр. ф.* -ен, -ена
безле́сеть, -еет (*лишиться лесов*)
безле́сивание, -я
безле́сивать(ся), -аю, -ает(ся)
безле́сивший(ся) (*от* обезле́сить(ся))
безле́сить, -е́шу, -е́сит (*что*)
безле́ситься, -ится
безли́ствевший (*от* обезли́стветь)
безли́ствение, -я
безли́ственный; *кр. ф.* -ен, -ена
безли́стветь, -еет (*лишиться листьев*)
безли́ствивший(ся) (*от* обезли́ствить(ся))
безли́ствить, -влю, -вит (*что*)
безли́ствиться, -ится
безли́ствление, -я
безли́чение, -я
безли́ченность, -и
безли́ченный; *кр. ф.* -ен, -ена
безли́чивание, -я
безли́чивать(ся), -аю(сь), -ает(ся)
безли́чить(ся), -чу(сь), -чит(ся)
безли́чка, -и
безлоша́девший (*от* обезлоша́деть)

обезлоша́дение, -я
обезлоша́деть, -ею, -еет (*лишиться лошади*)
обезлоша́дивший(ся) (*от* обезлоша́дить(ся))
обезлоша́дить, -ит (*кого, что*)
обезлоша́диться, -ится
обезлю́девший (*от* обезлю́деть)
обезлю́дение, -я
обезлю́деть, -еет (*стать безлюдным*)
обезлю́дивший(ся) (*от* обезлю́дить(ся))
обезлю́дить, -ит (*что*)
обезлю́диться, -ится
обезлю́живать(ся), -ает(ся)
обезма́точевший
обезма́точеть, -еет
обезмо́лвевший
обезмо́лветь, -еет
обезнадёжение, -я
обезнадёженный; *кр. ф.* -ен, -ена
обезнадёживание, -я
обезнадёживать(ся), -аю(сь), -ает(ся)
обезнадёжить, -жу, -жит
обезно́жевший (*от* обезно́жеть)
обезно́женный; *кр. ф.* -ен, -ена
обезно́жеть, -ею, -еет (*остаться без ног*)
обезно́живший (*от* обезно́жить)
обезно́жить, -жу, -жит (*кого*)
обезобра́жение, -я
обезобра́женность, -и
обезобра́женный; *кр. ф.* -ен, -ена
обезобра́живание, -я
обезобра́живать(ся), -аю(сь), -ает(ся)
обезобра́зить(ся), -а́жу(сь), -а́зит(ся)
обезопа́сенный; *кр. ф.* -ен, -ена и обезопа́шенный; *кр. ф.* -ен, -ена
обезопа́сить(ся), -а́шу(сь), -а́сит(ся)
обезору́женный; *кр. ф.* -ен, -ена

обезору́живание, -я
обезору́живать(ся), -аю(сь), -ает(ся)
обезору́жить(ся), -жу(сь), -жит(ся)
обезро́женный; *кр. ф.* -ен, -ена
обезро́живание, -я
обезро́живать(ся), -аю, -ает(ся)
обезро́жить, -о́жу, -о́жит
обезру́чевший (*от* обезру́четь)
обезру́ченный; *кр. ф.* -ен, -ена
обезру́четь, -ею, -еет (*остаться без рук*)
обезру́чивший (*от* обезру́чить)
обезру́чить, -чу, -чит (*кого*)
обезры́бевший (*от* обезры́беть)
обезры́беть, -еет (*стать безрыбным*)
обезры́бивший(ся) (*от* обезры́бить(ся))
обезры́бить, -блю, -бит (*что*)
обезры́биться, -ится
обезры́бленный; *кр. ф.* -ен, -ена
обезры́бливание, -я
обезры́бливать(ся), -аю, -ает(ся)
обезуглеро́дить(ся), -о́жу, -о́дит(ся)
обезуглеро́женный; *кр. ф.* -ен, -ена
обезуглеро́живание, -я
обезуглеро́живать(ся), -аю, -ает(ся)
обезумева́ть, -а́ю, -а́ет
обезу́мевший (*от* обезу́меть)
обезуме́лый
обезу́меть, -ею, -еет (*лишиться рассудка*)
обезу́мивший (*от* обезу́мить)
обезу́мить, -млю, -мит (*кого, что*)
обезу́мленный; *кр. ф.* -ен, -ена
обезы́гленный; *кр. ф.* -ен, -ена
обезы́гливание, -я
обезы́гливаться, -ается
обезы́глиться, -ится
обезызвести́ть(ся), -влю́, -ви́т(ся)
обезызвестле́ние, -я

обезызвествлённый; *кр. ф.* -ён, -ена́
обезызвествля́ть(ся), -я́ю, -я́ет(ся)
обезья́на, -ы; *но:* год Обезья́ны (*по восточному календарю*), Обезья́на, -ы (*о том, кто родился в этот год*)
обезья́ний, -ья, -ье
обезья́нить, -ню, -нит
обезья́нка, -и, *р. мн.* -янок
обезья́нник, -а
обезья́нничанье, -я
обезья́нничать, -аю, -ает
обезья́нничество, -а
обезьянои́д, -а
обезьяноподо́бие, -я
обезьяноподо́бный; *кр. ф.* -бен, -бна
обезьяночелове́к, -а, *мн.* обезья́нолю́ди, -е́й, -ям, -дьми́
обезья́нство, -а
обеле́ние, -я
обелённый; *кр. ф.* -ён, -ена́
обе́ливание, -я
обе́ливать(ся), -аю(сь), -ает(ся)
обели́ск, -а
обели́сковый
обели́ть(ся), -лю́(сь), -ли́т(ся)
обе́льный (*ист.*)
обеля́ть(ся), -я́ю(сь), -я́ет(ся)
о́бер-... — *приставка, пишется через дефис, но:* обергруппенфю́рер *и т.п.*
о́бер, -а (*обер-кондуктор, устар.*)
о́бер-ауди́тор, -а
о́бер-бургоми́стр, -а
о́бер-вра́ль, -я́
обергруппенфю́рер, -а
о́берег, -а
оберега́ние, -я
оберега́тель, -я
оберега́ть(ся), -а́ю(сь), -а́ет(ся)
о́бер-егерме́йстер, -а
оберёгший(ся)
обережённый; *кр. ф.* -ён, -ена́

о́бережь, -и
обе́рек, -а (*танец*)
обере́чь(ся), -регу́(сь), -режёт(ся), -регу́т(ся); *прош.* -рёг(ся), -регла́(сь)
о́бер-жу́лик, -а
о́бер-интенда́нт, -а
о́бер-квартирме́йстер, -а
о́бер-ке́льнер, -а
о́бер-конду́ктор, -а, *мн.* -а́, -о́в и -ы, -ов
о́бер-ма́стер, -а, *мн.* -а́, -о́в
обёрнутый
оберну́ть(ся), -ну́(сь), -нёт(ся)
о́бер-офице́р, -а
о́бер-офице́рский
о́бер-плу́т, -а́ и -а, *мн.* -плу́ты, -плу́тов
о́бер-полицме́йстер, -а
о́бер-прокуро́р, -а
о́бер-секрета́рь, -я́
обёртка, -и, *р. мн.* -ток
оберто́н, -а
оберто́нный
обёрточка, -и, *р. мн.* -чек
обёрточница, -ы, *тв.* -ей
обёрточный
обёртчица, -ы, *тв.* -ей
обёртывание, -я
обёртывать(ся), -аю(сь), -ает(ся)
обершарфю́рер, -а
о́бер-шёнк, -а
обершту́рмбаннфю́рер, -а
обершту́рмфю́рер, -а
обескислоро́дить(ся), -о́жу, -о́дит(ся)
обескислоро́женный; *кр. ф.* -ен, -ена
обескислоро́живание, -я
обескислоро́живать(ся), -аю, -ает(ся)
обескро́вевший (*от* обескро́веть)
обескро́веть, -ею, -еет (*стать бескровным*)
обескро́вивший(ся) (*от* обескро́вить(ся))

обескро́вить, -влю, -вит (*кого, что*)
обескро́виться, -вится
обескровле́ние, -я
обескро́вленный; *кр. ф.* -ен, -ена
обескро́вливание, -я
обескро́вливать(ся), -аю, -ает(ся)
обескры́ленный; *кр. ф.* -ен, -ена
обескры́ливать(ся), -аю(сь), -ает(ся)
обескры́лить, -лю, -лит
обескура́женно, *нареч.*
обескура́женность, -и
обескура́женный; *кр. ф. прич.* -ен, -ена; *кр. ф. прил.* (*выражающий растерянность*) -ен, -енна (*лицо её обескура́женно*)
обескура́живание, -я
обескура́живать(ся), -аю(сь), -ает(ся)
обескура́живающий(ся)
обескура́жить(ся), -жу(сь), -жит(ся)
обеспа́мятевший
обеспа́мятеть, -ею, -еет
обеспе́чение, -я
обеспе́ченно, *нареч.*
обеспе́ченность, -и
обеспе́ченный; *кр. ф. прич.* -ен, -ена; *кр. ф. прил.* -ен, -енна (*старость его спокойна и обеспе́ченна*)
обеспе́чивание, -я
обеспе́чивать(ся), -аю(сь), -ает(ся)
обеспе́чить(ся), -чу(сь), -чит(ся)
обеспло́девший (*от* обеспло́деть)
обеспло́деть, -ею, -еет (*стать бесплодным*)
обеспло́дивший(ся) (*от* обеспло́дить(ся))
обеспло́дить, -о́жу, -о́дит (*кого, что*)
обеспло́диться, -о́дится
обеспло́женный; *кр. ф.* -ен, -ена

обеспло́живание, -я
обеспло́живать(ся), -аю, -ает(ся)
обеспоко́енность, -и
обеспоко́енный; *кр. ф.* -ен, -ена и (*выражающий беспокойство*) -ен, -енна (*лица их обеспоко́енны*)
обеспоко́ивать(ся), -аю(сь), -ает(ся)
обеспоко́ить(ся), -о́ю(сь), -о́ит(ся)
обеспы́ленный; *кр. ф.* -ен, -ена
обеспы́ливание, -я
обеспы́ливать(ся), -аю, -ает(ся)
обеспы́лить(ся), -лю, -лит(ся)
обесса́харенный; *кр. ф.* -ен, -ена
обесса́харивание, -я
обесса́харивать(ся), -аю, -ает(ся)
обесса́харить(ся), -рю, -рит(ся)
обессе́ренный; *кр. ф.* -ен, -ена
обессе́ривание, -я
обессе́ривать(ся), -аю, -ает(ся)
обессе́рить(ся), -рю, -рит(ся)
обесси́левать, -аю, -ает (*к* обесси́леть)
обесси́левший (*от* обесси́леть)
обесси́ление, -я
обесси́ленный; *кр. ф.* -ен, -ена
обесси́леть, -ею, -еет (*стать бессильным*)
обесси́ливать(ся), -аю(сь), -ает(ся) (*к* обесси́лить(ся))
обесси́ливший (*от* обесси́лить)
обесси́лить, -лю, -лит (*кого, что*)
обессла́вить(ся), -влю(сь), -вит(ся)
обессла́вленный; *кр. ф.* -ен, -ена
обессла́вливание, -я
обессла́вливать(ся), -аю(сь), -ает(ся)
обессме́ртить(ся), -рчу(сь), -ртит(ся)
обессме́рченный; *кр. ф.* -ен, -ена
обессмо́ленный; *кр. ф.* -ен, -ена
обессмо́ливание, -я
обессмо́ливать(ся), -аю, -ает(ся)
обессмо́лить(ся), -лю, -лит(ся)

обессмы́слевший (*от* обессмы́слеть)
обессмы́сление, -я
обессмы́сленный; *кр. ф.* -ен, -ена
обессмы́слеть, -ею, -еет (*лишиться смысла или способности мыслить*)
обессмы́сливание, -я
обессмы́сливать(ся), -аю, -ает(ся)
обессмы́сливший(ся) (*от* обессмы́слить(ся)
обессмы́слить, -лю, -лит (*что*)
обессмы́слиться, -лится
обессо́ленный; *кр. ф.* -ен, -ена
обессо́ливание, -я
обессо́ливать(ся), -аю, -ает(ся)
обессо́лить(ся), -лю, -лит(ся)
обессу́дить: не обессу́дь(те)
обестолко́вевший
обестолко́веть, -ею, -еет
обесто́ченный; *кр. ф.* -ен, -ена
обесто́чивание, -я
обесто́чивать(ся), -аю, -ает(ся)
обесто́чить(ся), -чу, -чит(ся)
обесфо́рмить, -млю, -мит
обесфо́рмленный; *кр. ф.* -ен, -ена
обесфо́сфоренный; *кр. ф.* -ен, -ена
обесфо́сфоривание, -я
обесфо́сфоривать(ся), -аю, -ает(ся)
обесфо́сфорить(ся), -рю, -рит(ся)
обесфто́ренный; *кр. ф.* -ен, -ена
обесфто́ривание, -я
обесфто́ривать(ся), -аю, -ает(ся)
обесфто́рить(ся), -рю, -рит(ся)
обесцве́тить(ся), -е́чу(сь), -е́тит(ся)
обесцве́чение, -я
обесцве́ченность, -и
обесцве́ченный; *кр. ф.* -ен, -ена
обесцве́чивание, -я
обесцве́чивать(ся), -аю(сь), -ает(ся)
обесцве́чивающий(ся)
обесце́нение, -я
обесце́ненный; *кр. ф.* -ен, -ена

обесце́нивание, -я
обесце́нивать(ся), -аю, -ает(ся)
обесце́нить(ся), -ню, -нит(ся)
обесчелове́ченный; *кр. ф.* -ен, -ена
обесчелове́чивание, -я
обесчелове́чивать(ся), -аю(сь), -ает(ся)
обесчелове́чить(ся), -чу(сь), -чит(ся)
обесче́стить(ся), -е́щу(сь), -е́стит(ся)
обесче́щение, -я
обесче́щенный; *кр. ф.* -ен, -ена
обесче́щивать(ся), -аю(сь), -ает(ся)
обе́т, -а
обетова́ние, -я
обетова́нный
обетони́рование, -я
обетони́рованный; *кр. ф.* -ан, -ана
обетони́ровать(ся), -рую, -рует(ся)
обеча́йка, -и, *р. мн.* -а́ек
обеща́лкин, -а, *тв.* -ым
обеща́ние, -я
обе́щанный; *кр. ф.* -ан, -ана
обеща́ть(ся), -а́ю(сь), -а́ет(ся)
обеща́ющий(ся)
о́бжа, -и, *тв.* -ей и обжа́, -и́, *тв.* -о́й, *мн.* о́бжи, обже́й
обжа́лование, -я
обжа́лованный; *кр. ф.* -ан, -ана
обжа́ловать, -лую, -лует
обжа́ренный; *кр. ф.* -ен, -ена
обжа́ривание, -я
обжа́ривать(ся), -аю, -ает(ся)
обжа́рить(ся), -рю, -рит(ся)
обжа́рка, -и
обжа́тие, -я
обжа́тый
обжа́ть(ся)¹, обожму́, обожмёт(ся)
обжа́ть(ся)², обожну́(сь), обожнёт(ся)
обжёванный; *кр. ф.* -ан, -ана

обжева́ть, обжую́, обжуёт (*к* жева́ть)
обжёвывать(ся), -аю, -ает(ся)
обжёгший(ся)
обже́чь(ся), обожгу́(сь), обожжёт(ся), обожгу́т(ся); *прош.* обжёг(ся), обожгла́(сь)
обжива́ние, -я
обжива́ть(ся), -а́ю(сь), -а́ет(ся) (*к* жить)
о́бжиг, -а
обжига́ла, -ы, *м. и ж.*
обжига́льный
обжига́льщик, -а
обжига́льщица, -ы, *тв.* -ей
обжига́ние, -я
обжига́тельный
обжига́ть(ся), -а́ю(сь), -а́ет(ся)
о́бжиговый
обжи́м, -а
обжима́ние, -я
обжима́ть(ся), -а́ю(сь), -а́ет(ся)
обжи́мка, -и, *р. мн.* -мок (*действие; инструмент*)
обжи́мки, -мок и -мков (*остатки после выжимания сока, масла*)
обжимно́й и обжи́мный
обжи́мок, -мка (*обжатый комок чего-н.*)
обжи́мочный
обжи́н, -а
обжина́ть(ся), -а́ю(сь), -а́ет(ся)
обжи́нка, -и (*действие*)
обжи́нки, -нок и -нков (*празднование окончания жатвы*)
обжи́нок, -нка (*колос, оставшийся несжатым*)
обжира́ться, -а́юсь, -а́ется
обжито́й; *кр. ф.* -и́т, -ита́, -и́то, *прил.*
обжи́тость, -и
о́бжитый; *кр. ф.* о́бжи́т, обжита́, о́бжи́то, *прич.*
обжи́ть(ся), -иву́(сь), -ивёт(ся); *прош.* о́бжи́л, -и́лся, -ила́(сь), о́бжи́ло, -и́ло́сь

обжёг, -а (устар. к ожо́г), но глаг. обжёг
обжо́ра, -ы, м. и ж.
обжо́рка, -и, р. мн. -рок
обжо́рливость, -и
обжо́рливый
обжо́рный
обжо́рство, -а
обжу́ленный; кр. ф. -ен, -ена
обжу́ливать, -аю, -ает
обжу́лить, -лю, -лит
обзаведе́ние, -я
обзаведе́ньице, -а
обзаве́дший(ся)
обзавести́(сь), -еду́(сь), -едёт(ся); прош. -ёл(ся), -ела́(сь)
обзаво́д, -а
обзаводи́ть(ся), -ожу́(сь), -о́дит(ся)
об закла́д (би́ться)
обзва́нивать(ся), -аю, -ает(ся)
обзвонённый; кр. ф. -ён, -ена́
обзвони́ть, -ню́, -ни́т
обзелене́ть, -е́ет
обзелени́ть, -ню́, -ни́т
обзира́ть, -а́ю, -а́ет (устар. к озира́ть и обозрева́ть)
обзнако́мить(ся), -млю(сь), -мит(ся)
обзо́л, -а
обзо́р, -а
обзо́рность, -и
обзо́рный; кр. ф. -рен, -рна
обзыва́ние, -я
обзыва́ть(ся), -а́ю(сь), -а́ет(ся)
обива́ние, -я (от обива́ть)
обива́ть(ся), -а́ю, -а́ет(ся) (к оби́ть(ся))
оби́вка, -и (к оби́ть)
обивно́й
обиво́чный
оби́вщик, -а
оби́вщица, -ы, тв. -ей
оби́да, -ы
оби́деть(ся), -и́жу(сь), -и́дит(ся)
оби́дно, нареч. и в знач. сказ.

оби́дный; кр. ф. -ден, -дна
оби́дчивость, -и
оби́дчивый
оби́дчик, -а
оби́дчица, -ы, тв. -ей
обижа́ть(ся), -а́ю(сь), -а́ет(ся)
оби́женно, нареч.
оби́женность, -и
оби́женный; кр. ф. -ен, -ена и (выражающий обиду) -ен, -енна (и́х ли́ца оби́женны)
оби́лие, -я
оби́ловать, -лует
оби́льность, -и
оби́льный; кр. ф. -лен, -льна
обину́ясь: не обину́ясь
обиня́к, -а́ (без обиняко́в)
обиняко́м, нареч.
обира́ла, -ы, м. и ж.
обира́ловка, -и
обира́ть(ся), -а́ю(сь), -а́ет(ся)
обита́емость, -и
обита́емый
обита́лище, -а
обита́ние, -я
обита́тель, -я
обита́тельница, -ы, тв. -ей
обита́ть, -а́ю, -а́ет
оби́тель, -и
оби́тельский
оби́тый (от оби́ть)
оби́ть(ся), обобью́, обобьёт(ся) и (разг.) обби́ть(ся), обобью́, обобьёт(ся)
обиха́живание, -я
обиха́живать(ся), -аю(сь), -ает(ся)
обихо́д, -а
обихо́дить(ся), -о́жу(сь), -о́дит(ся)
обихо́дно-разгово́рный
обихо́дность, -и
обихо́дный; кр. ф. -ден, -дна
обихо́женный; кр. ф. -ен, -ена
обкалённый; кр. ф. -ён, -ена́
обка́ливание, -я
обка́ливать(ся), -аю, -ает(ся)

обкали́ть(ся), -лю́, -ли́т(ся)
обка́лка, -и
обка́лывание, -я
обка́лывать(ся), -аю, -ает(ся)
обка́панный; кр. ф. -ан, -ана
обка́пать(ся), -аю(сь), -ает(ся)
обка́пывание, -я
обка́пывать(ся), -аю(сь), -ает(ся)
обка́рмливание, -я
обка́рмливать(ся), -аю(сь), -ает(ся)
обка́т, -а
обка́танный; кр. ф. -ан, -ана (от обката́ть)
обката́ть(ся), -а́ю, -а́ет(ся)
обкати́ть(ся), -ачу́(сь), -а́тит(ся)
обка́тка, -и, р. мн. -ток
обкатно́й и обка́тный
обка́точный
обка́тчик, -а
обка́тчица, -ы, тв. -ей
обка́тывание, -я
обка́тывать(ся), -аю, -ает(ся)
обка́ченный; кр. ф. -ен, -ена (от обкати́ть)
обка́чивать(ся), -аю(сь), -ает(ся)
обка́шивание, -я
обка́шивать(ся), -аю, -ает(ся)
обки́данный; кр. ф. -ан, -ана
обкида́ть, -а́ю, -а́ет
обки́дывать(ся), -аю, -ает(ся)
обки́нуть, -ну, -нет
обкла́дка, -и, р. мн. -док
обкла́дчик, -а
обкла́дывание, -я
обкла́дывать(ся), -аю(сь), -ает(ся)
обклёванный; кр. ф. -ан, -ана
обклева́ть, -люю́, -люёт
обклёвывать(ся), -аю, -ает(ся)
обкле́енный; кр. ф. -ен, -ена
обкле́ивание, -я
обкле́ивать(ся), -аю, -ает(ся)
обкле́ить, -е́ю, -е́ит
обкле́йка, -и, р. мн. -е́ек
обковы́ривать(ся), -аю, -ает(ся)

обковы́рянный; *кр. ф.* -ян, -яна
обковыря́ть, -я́ю, -я́ет
обкола́чивание, -я
обкола́чивать(ся), -аю, -ает(ся)
обко́лка, -и
обколоти́ть(ся), -очу́, -о́тит(ся)
обко́лотый
обколо́ть(ся), -олю́, -о́лет(ся)
обколо́ченный; *кр. ф.* -ен, -ена
обко́м, -а
обко́мовец, -вца, *тв.* -вцем, *р. мн.* -вцев
обко́мовский
обконопа́тить, -а́чу, -а́тит
обконопа́ченный; *кр. ф.* -ен, -ена
обконопа́чивать(ся), -аю, -ает(ся)
обко́панный; *кр. ф.* -ан, -ана
обкопа́ть(ся), -а́ю(сь), -а́ет(ся)
обко́рм, -а
обкорми́ть, -ормлю́, -о́рмит
обко́рмка, -и
обко́рмленный; *кр. ф.* -ен, -ена
обко́рнанный; *кр. ф.* -ан, -ана
обкорна́ть(ся), -а́ю(сь), -а́ет(ся)
обко́с, -а
обкоси́ть(ся), -ошу́, -о́сит(ся)
обко́шенный; *кр. ф.* -ен, -ена
обкра́денный; *кр. ф.* -ен, -ена и обокра́денный; *кр. ф.* -ен, -ена
обкра́дывание, -я
обкра́дывать(ся), -аю(сь), -ает(ся)
обкра́ивать(ся), -аю(сь), -ает(ся)
обкра́сить(ся), -а́шу(сь), -а́сит(ся)
обкра́шенный; *кр. ф.* -ен, -ена
обкра́шивание, -я
обкра́шивать(ся), -аю(сь), -ает(ся)
обкро́енный; *кр. ф.* -ен, -ена
обкрои́ть(ся), -рою́(сь), -рои́т(ся)
обкро́мсанный; *кр. ф.* -ан, -ана
обкромса́ть, -а́ю, -а́ет
обкро́шенный; *кр. ф.* -ен, -ена
обкроши́ть(ся), -ошу́, -о́шит(ся)
обкру́т, -а
обкрути́ть(ся), -учу́(сь), -у́тит(ся)

обкру́тка, -и, *р. мн.* -ток
обкру́ченный; *кр. ф.* -ен, -ена
обкру́чивание, -я
обкру́чивать(ся), -аю(сь), -ает(ся)
обку́ренный; *кр. ф.* -ен, -ена
обку́ривание, -я
обку́ривать(ся), -аю(сь), -ает(ся)
обкури́ть(ся), -урю́(сь), -у́рит(ся)
обку́санный; *кр. ф.* -ан, -ана
обкуса́ть, -а́ю, -а́ет
обку́сывание, -я
обку́сывать(ся), -аю, -ает(ся)
обла́ва, -ы
обла́вливание, -я
обла́вливать(ся), -аю, -ает(ся)
обла́вный
обла́вщик, -а
облага́ние, -я
облага́ть(ся), -а́ю(сь), -а́ет(ся)
облагоде́тельствование, -я
облагоде́тельствованный; *кр. ф.* -ан, -ана
облагоде́тельствовать, -твую, -твует
облагозву́ченный; *кр. ф.* -ен, -ена
облагозву́чивание, -я
облагозву́чивать(ся), -аю, -ает(ся)
облагозву́чить, -чу, -чит
облагообра́жение, -я
облагообра́женный; *кр. ф.* -ен, -ена
облагообра́живание, -я
облагообра́живать(ся), -аю(сь), -ает(ся)
облагообра́зить(ся), -а́жу(сь), -а́зит(ся)
облагора́живание, -я
облагора́живать(ся), -аю(сь), -ает(ся)
облагора́живающий(ся)
облагоразу́мить(ся), -млю(сь), -мит(ся)
облагоро́дить(ся), -о́жу(сь), -о́дит(ся)

облагоро́жение, -я
облагоро́женность, -и
облагоро́женный; *кр. ф.* -ен, -ена
облада́ние, -я
облада́тель, -я
облада́тельница, -ы, *тв.* -ей
облада́ть, -а́ю, -а́ет
обла́дить(ся), -а́жу, -а́дит(ся)
облажа́ть(ся), -а́ю(сь), -а́ет(ся) (*жарг.*)
обла́женный; *кр. ф.* -ен, -ена
обла́живать(ся), -аю, -ает(ся)
обла́занный; *кр. ф.* -ан, -ана
обла́зать, -аю, -ает
обла́зить, -а́жу, -а́зит
обла́ивание, -я
обла́ивать(ся), -аю(сь), -ает(ся)
о́блако, -а, *мн.* -а́, -о́в; но: Большо́е (Ма́лое) Магелла́ново О́блако (*астр.*)
облакоме́р, -а
облакообра́зный; *кр. ф.* -зен, -зна
обла́мывание, -я
обла́мывать(ся), -аю, -ает(ся)
обла́пить, -плю, -пит
обла́пленный; *кр. ф.* -ен, -ена
обла́пливать, -аю, -ает
облапо́шенный; *кр. ф.* -ен, -ена
облапо́шивание, -я
облапо́шивать(ся), -аю(сь), -ает(ся)
облапо́шить, -шу, -шит
обла́сканный; *кр. ф.* -ан, -ана
обласка́ть, -а́ю, -а́ет
обла́скивание, -я
обла́скивать(ся), -аю(сь), -ает(ся)
обласо́к, -ска́
областни́к, -а́
областни́ческий
областни́чество, -а
областно́й
о́бласть, -и, *мн.* -и, -е́й
о́бласть Во́йска Донско́го (*ист.*)
обла́тка, -и, *р. мн.* -ток
обла́точный

о́блацех: темна́ вода́ во о́блацех
облача́ть(ся), -а́ю(сь), -а́ет(ся)
облаче́ние, -я
облачённый; *кр. ф.* -ён, -ена́
облачи́ть(ся), -чу́(сь), -чи́т(ся)
о́блачко, -а, *мн.* -а́, -о́в
о́блачность, -и
о́блачный; *кр. ф.* -чен, -чна
обла́янный; *кр. ф.* -ян, -яна
обла́ять, -а́ю, -а́ет
облёванный; *кр. ф.* -ан, -ана
облева́ть(ся), облюю́(сь), облюё́т(ся)
облёвывание, -я
облёвывать(ся), -аю(сь), -ает(ся)
облега́ть, -а́ет
облега́ющий
облегча́ть(ся), -а́ю(сь), -а́ет(ся)
облегче́ние, -я
облегчённо, *нареч.*
облегчённость, -и
облегчённый; *кр. ф.* -ён, -ена́
облегчи́тельный
облегчи́ть(ся), -чу́(сь), -чи́т(ся)
облёгший
обледенева́ть, -а́ю, -а́ет
обледене́лый
обледене́ние, -я
обледенённый; *кр. ф.* -ён, -ена́
обледене́ть, -е́ю, -е́ет
обледени́ть, -ню́, -ни́т
обледеня́ть, -я́ю, -я́ет
облеза́ние, -я
облеза́ть, -а́ю, -а́ет
обле́злый
обле́зть, -зу, -зет; *прош.* -е́з, -е́зла
обле́зший
облека́ть(ся), -а́ю(сь), -а́ет(ся)
облёкший(ся)
обле́нивать(ся), -аю(сь), -ает(ся)
облени́ть(ся), -еню́(сь), -е́нит(ся)
облепи́ть(ся), -еплю́(сь), -е́пит(ся)
облепи́ха, -и
облепи́ховый
облепихоубо́рочный
облепи́шный

обле́пленный; *кр. ф.* -ен, -ена
обле́пливать(ся), -аю(сь), -ает(ся)
облепля́ть(ся), -я́ю(сь), -я́ет(ся)
облесе́ние, -я
облесённость, -и
облесённый; *кр. ф.* -ён, -ена́
облеси́тельный
облеси́ть, -ешу́, -еси́т
облёт, -а
облета́ние, -я
облётанный; *кр. ф.* -ан, -ана
облета́ть(ся), -а́ю, -а́ет(ся)
облете́лый
облете́ть, -ечу́, -ети́т
облётывание, -я
облётывать(ся), -аю, -ает(ся)
облече́ние, -я (к обле́чь(ся))
облечённый; *кр. ф.* -ён, -ена́ (к обле́чь(ся))
обле́чь, обля́гу, обля́жет, обля́гут; *прош.* облёг, облегла́
обле́чь(ся), -еку́(сь), -ечёт(ся), -еку́т(ся); *прош.* -ёк(ся), -екла́(сь)
облива́нец, -нца, *тв.* -нцем, *р. мн.* -нцев
облива́ние, -я
облива́ть(ся), -а́ю(сь), -а́ет(ся)
обли́вка, -и
обливно́й
обли́выш, -а, *тв.* -ем
облига́тный
облига́то, *нескл., с.*
облигато́рность, -и
облигато́рный
облигационе́р, -а
облигацио́нный
облига́ция, -и
обли́го, *нескл., с.*
обли́занный; *кр. ф.* -ан, -ана
облиза́ть(ся), -ижу́(сь), -и́жет(ся)
облизну́ть(ся), -ну́(сь), -нёт(ся)
обли́зывание, -я
обли́зывать(ся), -аю(сь), -ает(ся)
о́блик, -а
облиня́лый
облиня́ть, -я́ю, -я́ет

облипа́ние, -я
облипа́ть, -а́ю, -а́ет
обли́пнуть, -ну, -нет, *прош.* -и́п, -и́пла
обли́пший
облисполко́м, -а
облисполко́мовский
облиствене́ть, -е́ет
обли́ственность, -и
обли́ственный; *кр. ф.* -ен, -ена
облистве́ть, -е́ет (*покрыться листьями*)
обли́ствить, -влю, -вит (*что*)
облитерацио́нный
облитера́ция, -и
о́бли́тый; *кр. ф.* о́бли́т, облита́, о́бли́то
обли́ть(ся), оболью́(сь), обольёт(ся); *прош.* о́бли́л, обли́лся, облила́(сь), о́бли́ло, обли́ло́сь
облицева́ть, -цу́ю, -цу́ет
облицо́ванный; *кр. ф.* -ан, -ана
облицо́вка, -и, *р. мн.* -вок
облицо́вочный
облицо́вщик, -а
облицо́вщица, -ы, *тв.* -ей
облицо́вывание, -я
облицо́вывать(ся), -аю, -ает(ся)
облича́ть(ся), -а́ю(сь), -а́ет(ся)
обличе́ние, -я (*от* обличи́ть)
обличённый; *кр. ф.* -ён, -ена́ (*от* обличи́ть)
обли́ческий
обличи́тель, -я
обличи́тельница, -ы, *тв.* -ей
обличи́тельно-сатири́ческий
обличи́тельный; *кр. ф.* -лен, -льна
обличи́ть, -чу́, -чи́т
обли́чье, -я, *р. мн.* -чий
облобыза́ть(ся), -а́ю(сь), -а́ет(ся)
обло́в, -а
облови́ть, -овлю́, -о́вит
обло́вленный; *кр. ф.* -ен, -ена
обло́г, -а и обло́га, -и
обложе́ние, -я

обло́женный; *кр. ф.* -ен, -ена
обло́жечный
обложи́ть(ся), -ожу́(сь), -о́жит(ся)
обло́жка, -и, *р. мн.* -жек
обложно́й (до́ждь)
облока́чивать(ся), -аю(сь), -ает(ся)
облокоти́ть(ся), -очу́(сь), -о́тит(ся)
облоко́ченный; *кр. ф.* -ен, -ена
обло́м, -а
обло́манный; *кр. ф.* -ан, -ана (*от* облома́ть)
облома́ть(ся), -а́ю, -а́ет(ся)
обломи́ть(ся), -омлю́, -о́мит(ся)
обло́мленный; *кр. ф.* -ен, -ена (*от* обломи́ть)
Обло́мов, -а
обло́мовский (*от* Обло́мов)
обло́мовщина, -ы
обло́мок, -мка
обло́мочный
облопа́ться, -аюсь, -ается
облсельхозуправле́ние, -я
облсове́т, -а
облупи́ть(ся), -уплю́, -у́пит(ся)
облу́пленный; *кр. ф.* -ен, -ена
облу́пливание, -я
облу́пливать(ся), -аю, -ает(ся)
облупля́ть(ся), -я́ю, -я́ет(ся)
облуча́тель, -я
облуча́тельный
облуча́ть(ся), -а́ю(сь), -а́ет(ся)
облуче́ние, -я
облучённость, -и
облучённый; *кр. ф.* -ён, -ена́
облучи́ть(ся), -чу́(сь), -чи́т(ся)
облучо́к, -чка́
облущённый; *кр. ф.* -ён, -ена́
облу́щивать(ся), -аю, -ает(ся)
облущи́ть(ся), -щу́, -щи́т(ся)
облыга́ть, -а́ю, -а́ет
облы́жный; *кр. ф.* -жен, -жна
о́блый
облысе́лый
облысе́ние, -я

облысе́ть, -е́ю, -е́ет
облюбо́ванный; *кр. ф.* -ан, -ана
облюбова́ть, -бу́ю, -бу́ет
облюбо́вывать(ся), -аю, -ает(ся)
обля́панный; *кр. ф.* -ан, -ана
обля́пать(ся), -аю(сь), -ает(ся)
обля́пывать(ся), -аю(сь), -ает(ся)
обма́занный; *кр. ф.* -ан, -ана
обма́зать(ся), -а́жу(сь), -а́жет(ся)
обма́зка, -и
обма́зочный
обма́зчик, -а
обма́зывание, -я
обма́зывать(ся), -аю(сь), -ает(ся)
обма́кивание, -я
обма́кивать(ся), -аю, -ает(ся)
обмакну́ть(ся), -ну́, -нёт(ся)
обма́лывание, -я
обма́лывать(ся), -аю, -ает(ся)
обма́н, -а
обма́нка, -и, *р. мн.* -нок
обма́нный
обма́нутый
обману́ть(ся), -ану́(сь), -а́нет(ся)
обма́нчивость, -и
обма́нчивый
обма́нщик, -а
обма́нщица, -ы, *тв.* -ей
обма́нывать(ся), -аю(сь), -ает(ся)
обма́ранный; *кр. ф.* -ан, -ана
обмара́ть(ся), -а́ю(сь), -а́ет(ся)
обма́рывать(ся), -аю(сь), -ает(ся)
обма́сленный; *кр. ф.* -ен, -ена
обма́сливать(ся), -аю(сь), -ает(ся)
обма́слить(ся), -лю(сь), -лит(ся)
обматере́ть, -е́ю, -е́ет
обматери́ть, -рю́, -ри́т
обма́тывание, -я
обма́тывать(ся), -аю(сь), -ает(ся)
обмаха́ть, -а́ю, -а́ет
обма́хивание, -я
обма́хивать(ся), -аю(сь), -ает(ся)
обмахну́ть(ся), -ну́, -нёт(ся)
обма́чивать(ся), -аю(сь), -ает(ся)
обмеблиро́ванный; *кр. ф.* -ан, -ана

обмеблирова́ть(ся), -ру́ю(сь), -ру́ет(ся)
обмеблиро́вывать(ся), -аю(сь), -ает(ся)
обмежева́ние, -я
обмежёванный; *кр. ф.* -ан, -ана
обмежева́ть(ся), -жу́ю(сь), -жу́ет(ся)
обмежёвка, -и
обмежёвывание, -я
обмежёвывать(ся), -аю(сь), -ает(ся)
обмелёванный; *кр. ф.* -ан, -ана
обмеле́лый
обмеле́ние, -я
обмелённый; *кр. ф.* -ён, -ена́
обмеле́ть, -е́ю, -е́ет
обме́ливать(ся), -аю(сь), -ает(ся)
обмели́ть(ся), -лю́(сь), -ли́т(ся)
обмело́ванный; *кр. ф.* -ан, -ана
обмело́вка, -и
обмельча́ние, -я
обмельча́ть, -а́ет
обмеля́ть(ся), -я́ю, -я́ет(ся)
обме́н, -а
обменённый; *кр. ф.* -ён, -ена́ (*от* обмени́ть)
обме́нивать(ся), -аю(сь), -ает(ся)
обмени́ть(ся), -еню́(сь), -е́нит(ся)
обме́нник, -а
обме́нный
обме́нянный; *кр. ф.* -ян, -яна (*от* обменя́ть)
обменя́ть(ся), -я́ю(сь), -я́ет(ся)
обме́р, -а
обме́ренный; *кр. ф.* -ен, -ена
обмере́ть, обомру́, обомрёт; *прош.* о́бмер, обмерла́, о́бмерло
обмерза́ние, -я
обмерза́ть, -а́ю, -а́ет
обмёрзлый
обмёрзнуть, -ну, -нет; *прош.* -ёрз, -ёрзла
обмёрзший
обме́ривание, -я
обме́ривать(ся), -аю(сь), -ает(ся)

обме́ривший(ся)
обме́рить(ся), -рю(сь), -рит(ся) и -ряю(сь), -ряет(ся)
обме́рка, -и (*действие*)
обме́рный
обме́рок, -рка (*недомерок*)
о́бмерший
обме́рщик, -а
обме́рщица, -ы, *тв.* -ей
обмеря́ть(ся), -я́ю(сь), -я́ет(ся)
обмести́, обмету́, обметёт; *прош.* обмёл, обмела́
обмёт, -а
обмета́ние, -я
обмётанный; *кр. ф.* -ан, -ана (*от* обмета́ть)
обмета́ть¹, -а́ю, -а́ет и обмечу́, обме́чет, *сов.* (*обшить; обложить*)
обмета́ть², -а́ет, *сов.* (*о лихорадке*)
обмета́ть(ся), -а́ю, -а́ет(ся), *несов.* (*к* обмести́)
обметённый; *кр. ф.* -ён, -ена́ (*от* обмести́)
обмётка, -и
обмёточный
обмётший
обмётывание, -я
обмётывать(ся), -аю, -ает(ся)
обмеща́ненный; *кр. ф.* -ен, -ена
обмеща́нивание, -я
обмеща́нивать(ся), -аю(сь), -ает(ся)
обмеща́нить(ся), -а́ню(сь), -а́нит(ся)
обми́н, -а
обмина́ть(ся), -а́ю, -а́ет(ся)
обми́нка, -и
обмира́ние, -я
обмира́ть, -а́ю, -а́ет
обмирща́ть(ся), -а́ю(сь), -а́ет(ся)
обмирще́ние, -я
обмирщённый; *кр. ф.* -ён, -ена́
обмирщи́ть(ся), -щу́(сь), -щи́т(ся)
обмишу́ленный; *кр. ф.* -ен, -ена
обмишу́ливать(ся), -аю(сь), -ает(ся)

обмишу́лить(ся), -лю(сь), -лит(ся)
обмишу́ренный; *кр. ф.* -ен, -ена
обмишу́ривать(ся), -аю(сь), -ает(ся)
обмишу́рить(ся), -рю(сь), -рит(ся)
обмозго́ванный; *кр. ф.* -ан, -ана
обмозгова́ть, -гу́ю, -гу́ет
обмозго́вывание, -я
обмозго́вывать(ся), -аю, -ает(ся)
обмока́ть, -а́ю, -а́ет
обмо́кнуть, -ну, -нет; *прош.* -о́к, -о́кла
обмо́кший
обмо́л, -а
обмола́чивание, -я
обмола́чивать(ся), -аю(сь), -ает(ся)
обмо́лвиться, -влюсь, -вится
обмо́лвка, -и, *р. мн.* -вок
обмоло́т, -а
обмолоти́ть(ся), -очу́(сь), -о́тит(ся)
обмоло́тки, -ток и -тков
обмоло́точный
обмо́лотый
обмоло́ть(ся), обмелю́, обме́лет(ся)
обмоло́ченный; *кр. ф.* -ен, -ена
обмоноли́тить, -и́чу, -и́тит
обмоноли́ченный; *кр. ф.* -ен, -ена
обмоноли́чивание, -я
обмоноли́чивать(ся), -аю, -ает(ся)
обмора́живание, -я
обмора́живать(ся), -аю(сь), -ает(ся)
обмора́чивать, -аю, -ает
обморо́жение, -я
обморо́женный; *кр. ф.* -ен, -ена
обморо́зить(ся), -о́жу(сь), -о́зит(ся)
о́бморок, -а
обморо́чение, -я
обморо́ченный; *кр. ф.* -ен, -ена
обморо́чить, -чу, -чит

о́бморочный
обмо́танный; *кр. ф.* -ан, -ана
обмота́ть(ся), -а́ю(сь), -а́ет(ся)
обмо́тка, -и, *р. мн.* -ток
обмо́точный
обмо́тчик, -а
обмо́тчица, -ы, *тв.* -ей
обмо́ченный; *кр. ф.* -ен, -ена
обмочи́ть(ся), -очу́(сь), -о́чит(ся)
обмундирова́ние, -я
обмундиро́ванный; *кр. ф.* -ан, -ана
обмундирова́ть(ся), -ру́ю(сь), -ру́ет(ся)
обмундиро́вка, -и
обмундиро́вочный
обмундиро́вывать(ся), -аю(сь), -ает(ся)
обмуро́ванный; *кр. ф.* -ан, -ана
обмурова́ть, -ру́ю, -ру́ет
обмуро́вка, -и
обмуро́вщик, -а
обмуро́вывание, -я
обмуро́вывать(ся), -аю, -ает(ся)
обму́сленный; *кр. ф.* -ен, -ена
обму́сливать(ся), -аю(сь), -ает(ся)
обму́слить(ся), -лю(сь), -лит(ся)
обмусо́ленный; *кр. ф.* -ен, -ена
обмусо́ливать(ся), -аю(сь), -ает(ся)
обмусо́лить(ся), -лю(сь), -лит(ся)
обмы́в, -а
обмыва́ние, -я
обмыва́ть(ся), -а́ю(сь), -а́ет(ся)
обмы́вка, -и
обмы́вки, -вок (*грязная вода*)
обмы́вочный
обмы́зганный; *кр. ф.* -ан, -ана
обмы́згать(ся), -аю(сь), -ает(ся)
обмы́згивать(ся), -аю(сь), -ает(ся)
обмы́ленный; *кр. ф.* -ен, -ена
обмы́ливать(ся), -аю(сь), -ает(ся)
обмы́лить(ся), -лю(сь), -лит(ся)
обмы́лки, -лок (*мыльная вода после стирки*)

обмы́лок, -лка, р. мн. -лков (остаток использованного куска мыла)
обмы́сленный; кр. ф. -ен, -ена
обмы́сливать(ся), -аю, -ает(ся)
обмы́слить, -лю, -лит
обмы́тый
обмы́ть(ся), обмо́ю(сь), обмо́ет(ся)
обмяка́ть, -а́ю, -а́ет
обмя́клый
обмя́кнуть, -ну, -нет; прош. -я́к, -я́кла
обмя́кший
обмя́тый
обмя́ть(ся), обомну́, обомнёт(ся)
обнагле́ть, -е́ю, -е́ет
обнадёженный; кр. ф. -ен, -ена
обнадёживание, -я
обнадёживать(ся), -аю(сь), -ает(ся)
обнадёживающий(ся)
обнадёжить(ся), -жу(сь), -жит(ся)
обнажа́ть(ся), -а́ю(сь), -а́ет(ся)
обнаже́ние, -я
обнажённо, нареч.
обнажённость, -и
обнажённый; кр. ф. -ён, -ена́
обнажи́ть(ся), -жу́(сь), -жи́т(ся)
обнайто́вить, -влю, -вит
обнайто́вленный; кр. ф. -ен, -ена
обнали́ченный; кр. ф. -ен, -ена
обнали́чивание, -я
обнали́чивать(ся), -аю(сь), -ает(ся)
обнали́чить(ся), -чу(сь), -чит(ся)
обнали́чка, -и
обнаро́дование, -я
обнаро́дованный; кр. ф. -ан, -ана
обнаро́довать(ся), -дую, -дует(ся)
обнару́жение, -я
обнару́женный; кр. ф. -ен, -ена
обнару́живать(ся), -аю, -ает(ся)
обнару́жить(ся), -жу, -жит(ся)
обна́шивание, -я
обна́шивать(ся), -аю(сь), -ает(ся)

обнесе́ние, -я
обнесённый; кр. ф. -ён, -ена́
обнести́, -су́, -сёт; прош. обнёс, обнесла́
обнёсший
обни́занный; кр. ф. -ан, -ана
обниза́ть, -ижу́, -и́жет
обни́зить, -и́жу, -и́зит
обни́зывать(ся), -аю, -ает(ся)
обнима́ние, -я
обнима́ть(ся), -а́ю(сь), -а́ет(ся) и (устар.) объе́млю(сь), -лет(ся)
обнима́ть(ся)-целова́ть(ся)
обни́мка: в обни́мку
о́бнинский (от О́бнинск)
о́бнинцы, -ев, ед. -нец, -нца, тв. -нцем
обнища́лый
обнища́ние, -я
обнища́ть, -а́ю, -а́ет
обно́ва, -ы
обнови́тель, -я
обнови́тельный
обнови́тельский
обнови́ть(ся), -влю́(сь), -ви́т(ся)
обно́вка, -и, р. мн. -вок
обновле́нец, -нца, тв. -нцем, р. мн. -нцев
обновле́ние, -я
обновлённость, -и
обновлённый; кр. ф. -ён, -ена́
обновле́нческий
обновле́нчество, -а
обновля́емость, -и
обновля́ть(ся), -я́ю(сь), -я́ет(ся)
обно́жка, -и, р. мн. -жек
обно́с, -а
обноси́ть(ся), -ошу́(сь), -о́сит(ся)
обно́ски, -ов, ед. обно́сок, -ска
обно́счик, -а
обно́шенный; кр. ф. -ен, -ена
обнуле́ние, -я
обнулённый; кр. ф. -ён, -ена́
обнули́ть, -лю́, -ли́т
обню́ханный; кр. ф. -ан, -ана
обню́хать(ся), -аю(сь), -ает(ся)

обню́хивание, -я
обню́хивать(ся), -аю(сь), -ает(ся)
о́бнятый; кр. ф. -ят, -ята́, -ято
обня́ть(ся), обниму́(сь), обни́мет(ся), (устар.) обойму́(сь), обоймёт(ся) и (устар. прост.) обыму́(сь), обы́мет(ся); прош. о́бнял, обня́лся, обняла́(сь), о́бняло, обняло́сь
обо и об, предлог
обо́бранный; кр. ф. -ан, -ана
обобра́ть(ся), оберу́(сь), оберёт(ся); прош. -а́л(ся), -ала́(сь), -а́ло(сь)
обобща́ть(ся), -а́ю, -а́ет(ся)
обобще́ние, -я
обобщённо, нареч.
обобщённо-ли́чный
обобщённость, -и
обобщённый; кр. ф. прич. -ён, -ена́; кр. ф. прил. (являющийся результатом обобщения, не затрагивающий частностей) -ён, -ённа (выводы недоста́точно обобщённы)
обобществи́ть(ся), -влю́, -ви́т(ся)
обобществле́ние, -я
обобществлённый; кр. ф. -ён, -ена́
обобществля́ть(ся), -я́ю, -я́ет(ся)
обобщи́ть(ся), -щу́, -щи́т(ся)
обовшиве́вший
обовшиве́ть, -е́ю, -е́ет
обогате́ть, -е́ю, -е́ет
обогати́мость, -и
обогати́тель, -я
обогати́тельный
обогати́ть(ся), -ащу́(сь), -ати́т(ся)
обогаща́емость, -и
обогаща́ть(ся), -а́ю(сь), -а́ет(ся)
обогаще́ние, -я
обогащённый; кр. ф. -ён, -ена́
обо́гнанный; кр. ф. -ан, -ана
обогна́ть, обгоню́, обго́нит; прош. -а́л, -ала́, -а́ло
обо́гнутый

обогну́ть, -ну́, -нёт
обоготворе́ние, -я
обоготворённый; *кр. ф.* -ён, -ена́
обоготвори́ть, -рю́, -ри́т
обоготворя́ть(ся), -я́ю(сь), -я́ет(ся)
обогре́в, -а
обогрева́лка, -и, *р. мн.* -лок
обогрева́ние, -я
обогрева́тель, -я
обогрева́тельный
обогрева́ть(ся), -а́ю(сь), -а́ет(ся)
обогре́тый
обогре́ть(ся), -е́ю(сь), -е́ет(ся)
обо́д, -а, *мн.* обо́дья, -ьев
ободко́вый
ободнева́ть, -а́ет
ободня́ть(ся), -я́ет(ся)
ободо́вый
ободо́к, -дка́
ободо́чек, -чка
ободо́чный
ободра́нец, -нца, *тв.* -нцем, *р. мн.* -нцев
ободра́нка, -и, *р. мн.* -нок
обо́дранный; *кр. ф.* -ан, -ана
ободра́ть(ся), обдеру́(сь), обдерёт(ся); *прош.* -а́л(ся), -ала́(сь), -а́ло, -а́лось
ободре́ние, -я
ободрённый; *кр. ф.* -ён, -ена́
ободри́тельный; *кр. ф.* -лен, -льна
ободри́ть(ся), -рю́(сь), -ри́т(ся)
ободря́ть(ся), -я́ю(сь), -я́ет(ся)
ободря́юще, *нареч.*
ободря́ющий(ся)
обоепо́лый
обоесторо́нний
обо́ечный
обожа́ние, -я
обожа́тель, -я
обожа́тельница, -ы, *тв.* -ей
обожа́ть(ся), -а́ю, -а́ет(ся)
обожда́ть, -ду́, -дёт; *прош.* -а́л, -ала́, -а́ло
обо́жение, -я (*от* бог)

обо́женный; *кр. ф.* -ен, -ена (*к* обо́жение)
обожестви́ть, -влю́, -ви́т
обожествле́ние, -я
обожествлённый; *кр. ф.* -ён, -ена́
обожествля́ть(ся), -я́ю, -я́ет(ся)
обожжённый; *кр. ф.* -ён, -ена́
обожра́ть(ся), -жру́(сь), -жрёт(ся); *прош.* -а́л(ся), -ала́(сь), -а́ло, -а́лось
обо́з, -а
обо́званный; *кр. ф.* -ан, -ана
обозва́ть(ся), обзову́(сь), обзовёт(ся); *прош.* -а́л(ся), -ала́(сь), -а́ло, -а́лось
обозлённо, *нареч.*
обозлённый; *кр. ф.* -ён, -ена́
обозли́ть(ся), -лю́(сь), -ли́т(ся)
обознава́ться, -наю́сь, -наётся
обозна́тушки, *другие формы не употр.*
обозна́ться, -а́юсь, -а́ется
обознача́ть(ся), -а́ю, -а́ет(ся)
обозначе́ние, -я
обозна́ченный; *кр. ф.* -ен, -ена
обозна́чить(ся), -чу, -чит(ся)
обо́зник, -а
обо́зный
обозрева́емость, -и
обозрева́ние, -я
обозрева́тель, -я
обозрева́ть(ся), -а́ю, -а́ет(ся)
обозре́ние, -я
обозре́ть, -рю́, -ри́т
обозри́мость, -и
обозри́мый
обо́зчик, -а
обо́и, обо́ев
обо́и-плёнка, обо́ев-плёнки
обо́их (*род.*), обо́им, обо́ими, об обо́их, *им. и вин. нет, употр. с сущ., не имеющими ед. ч., напр.:* обо́их сане́й, обо́их ножни́ц, обо́их су́ток; *ср.* о́ба
обойдённый; *кр. ф.* -ён, -ена́
обо́йка, -и, *р. мн.* обо́ек (*действие; машина*)

обо́йки, обо́ек, обо́йкам (*остатки зерна*)
обо́йма, -ы
обо́йный
обойти́(сь), обойду́(сь), обойдёт(ся); *прош.* обошёл(ся), обошла́(сь)
обо́йщик, -а
о́бок, *нареч.* (шага́ть о́бок), но: бо́к о́ бок
обокра́денный; *кр. ф.* -ен, -ена и обкра́денный; *кр. ф.* -ен, -ена
обокра́сть, обкраду́, обкрадёт; *прош.* обокра́л, -а́ла
обо́л, -а
оболва́невший (*от* оболва́неть)
оболва́ненный; *кр. ф.* -ен, -ена
оболва́неть, -ею, -еет (*поглупеть*)
оболва́нивание, -я
оболва́нивать(ся), -аю(сь), -ает(ся)
оболва́нивший(ся) (*от* оболва́нить(ся))
оболва́нить, -ню, -нит (*кого, что*)
оболва́ниться, -нюсь, -нится
обо́лганный; *кр. ф.* -ан, -ана
оболга́ть, -лгу́, -лжёт, -лгу́т; *прош.* -а́л, -ала́, -а́ло
о́болонь, -и
оболо́чечный
оболо́чка, -и, *р. мн.* -чек
оболо́чковый
оболочкосеменны́е, -ы́х
оболо́чник, -а
оболо́чный
обо́лтанный; *кр. ф.* -ан, -ана
оболта́ть, -а́ю, -а́ет
обо́лтус, -а
обольсти́тель, -я
обольсти́тельница, -ы, *тв.* -ей
обольсти́тельность, -и
обольсти́тельный; *кр. ф.* -лен, -льна
обольсти́ть(ся), -льщу́(сь), -льсти́т(ся)
обольща́ть(ся), -а́ю(сь), -а́ет(ся)

обольще́ние, -я
обольщённый; *кр. ф.* -ён, -ена́
обомлева́ть, -а́ю, -а́ет
обомле́ть, -е́ю, -е́ет
обомше́лый
обомше́ть, -е́ю, -е́ет
обоня́ние, -я
обоня́тельный
обоня́ть, -я́ю, -я́ет
обора́чиваемость, -и
обора́чивание, -я
обора́чивать(ся), -аю(сь), -ает(ся)
оборва́нец, -нца, *тв.* -нцем, *р. мн.* -нцев
оборва́нка, -и, *р. мн.* -нок
обо́рванный; *кр. ф.* -ан, -ана
оборва́ть(ся), -рву́(сь), -рвёт(ся); *прош.* -а́л(ся), -ала́(сь), -а́ло, -а́ло́сь
оборва́шка, -и, *р. мн.* -шек, *м. и ж.*
обо́рвыш, -а, *тв.* -ем
оборжаве́вший
оборжаве́ть, -еет и оржаве́ть, -е́ет
оборзе́ть, -е́ю, -е́ет
обо́рина, -ы
обо́рка, -и, *р. мн.* -рок
обормо́т, -а
обормо́тка, -и, *р. мн.* -ток
оборода́тевший
оборода́теть, -ею, -еет
оборо́на, -ы
оборонённый; *кр. ф.* -ён, -ена́
оборо́нец, -нца, *тв.* -нцем, *р. мн.* -нцев
оборони́тельный
оборони́ть(ся), -ню́(сь), -ни́т(ся)
оборо́нка, -и
оборо́нный
обороноспосо́бность, -и
обороноспосо́бный; *кр. ф.* -бен, -бна
оборо́нческий
оборо́нчество, -а
оборо́нщик, -а

обороня́ть(ся), -я́ю(сь), -я́ет(ся)
оборо́т, -а
о́боротень, -тня
оборо́тистость, -и
оборо́тистый
обороти́ть(ся), -очу́(сь), -о́тит(ся)
оборо́тка, -и, *р. мн.* -ток
оборо́тливость, -и
оборо́тливый
оборо́тничество, -а
оборо́тность, -и
оборо́тный
оборо́точка, -и, *р. мн.* -чек
оборо́ченный; *кр. ф.* -ен, -ена
обо́рочка, -и, *р. мн.* -чек
обору́дование, -я
обору́дованный; *кр. ф.* -ан, -ана
обору́довать(ся), -дую(сь), -дует(ся)
обо́рчатый
обо́ры, обо́р, *ед.* обо́ра, -ы
обо́рыш, -а, *тв.* -ем
обоса́бливание, -я
обоса́бливать(ся), -аю(сь), -ает(ся)
обоснова́ние, -я
обосно́ванно, *нареч.*
обосно́ванность, -и
обосно́ванный; *кр. ф. прич.* -ан, -ана; *кр. ф. прил.* (имеющий основания; убедительный) -ан, -анна (трево́га обосно́ванна; вы́воды обосно́ванны)
обоснова́ть(ся), -ну́ю(сь), -ну́ет(ся)
обосно́вывать(ся), -аю(сь), -ает(ся)
обосо́бить(ся), -блю(сь), -бит(ся)
обособле́ние, -я
обосо́бленно, *нареч.*
обосо́бленность, -и
обосо́бленный; *кр. ф. прич.* -ен, -ена; *кр. ф. прил.* (не связанный с другими, отдельный, замкнутый) -ен, -енна
обособля́ть(ся), -я́ю(сь), -я́ет(ся)
обостре́ние, -я

обострённо, *нареч.*
обострённость, -и
обострённый; *кр. ф.* -ён, -ена́
обостри́ть(ся), -рю́, -ри́т(ся)
обостря́ть(ся), -я́ю, -я́ет(ся)
обо́чина, -ы
обо́чный
о́бочь, *нареч.*
обоше́дший(ся)
обою́дность, -и
обою́дный; *кр. ф.* -ден, -дна
обоюдовы́годный; *кр. ф.* -ден, -дна
обоюдоо́стрый
обоюдосторо́нний
обоя́нский (*от* Обоя́нь)
обоя́нцы, -ев, *ед.* -нец, -нца, *тв.* -нцем
обпа́чканный; *кр. ф.* -ан, -ана
обпа́чкать(ся), -аю(сь), -ает(ся)
обпо́лзать, -аю, -ает
обраба́тываемость, -и
обраба́тывание, -я
обраба́тывать(ся), -аю, -ает(ся)
обраба́тывающий(ся)
обрабо́танность, -и
обрабо́танный; *кр. ф.* -ан, -ана
обрабо́тать(ся), -аю, -ает(ся)
обрабо́тка, -и, *р. мн.* -ток
обрабо́точный
обрабо́тчик, -а
обрабо́тчица, -ы, *тв.* -ей
обра́внивание, -я
обра́внивать(ся), -аю, -ает(ся)
обра́дованно, *нареч.*
обра́дованный; *кр. ф.* -ан, -ана и (выражающий радость) -ан, -анна (лицо́ её обра́дованно)
обра́довать(ся), -дую(сь), -дует(ся)
о́браз[1], -а, *мн.* -ы, -ов (*то, что представляется, отображается*)
о́браз[2], -а, *мн.* -а́, -о́в (*икона*)
образе́ц, -зца́, *тв.* -зцо́м, *р. мн.* -зцо́в

образи́на, -ы
образно́й (*от* о́браз²)
о́бразно-поэти́ческий
о́бразно-символи́ческий
о́бразность, -и
о́бразно-экспресси́вный
о́бразный; *кр. ф.* -зен, -зна (*от* о́браз¹)
образова́ние, -я
образо́ванность, -и
образо́ванный; *кр. ф. прич.* -ан, -ана; *кр. ф. прил.* (*получивший образование, знающий, просвещённый*) -ан, -анна (она́ умна́ и образо́ванна)
образова́нщина, -ы
образова́тельный
образова́ть(ся), -зу́ю(сь), -зу́ет(ся)
образо́вывать(ся), -аю(сь), -ает(ся)
образо́к, -зка́
образо́чек, -чка
образу́мить(ся), -млю(сь), -мит(ся)
образу́мленный; *кр. ф.* -ен, -ена
образу́мливать(ся), -аю(сь), -ает(ся)
образу́ющий(ся)
образцо́во-показа́тельный
образцо́вость, -и
образцо́вый
обра́зчик, -а
обрако́ванный; *кр. ф.* -ан, -ана
обра́мить, -млю -мит (*вставить в раму*)
обрамле́ние, -я
обра́мленный; *кр. ф.* -ен, -ена (*от* обра́мить)
обрамлённый; *кр. ф.* -ён, -ена́ (*окружённый, окаймлённый*)
обрамля́ть(ся), -я́ю, -я́ет(ся)
обрамля́ющий(ся)
обраста́ние, -я
обраста́ть, -а́ю, -а́ет
обрасти́, -ту́, -тёт; *прош.* обро́с, обросла́

обра́т, -а
обрати́мость, -и
обрати́мый
обрати́ть(ся), -ащу́(сь), -ати́т(ся)
обра́тно, *нареч.*
обратнозави́симый
обра́тно пропорциона́льный
обратноходово́й
обра́тный
обраща́емость, -и
обраща́емый
обраща́ть(ся), -а́ю(сь), -а́ет(ся)
обраще́ние, -я
обращённость, -и
обращённый; *кр. ф.* -ён, -ена́
обреве́ться, -ву́сь, -вётся
обревизо́ванный; *кр. ф.* -ан, -ана
обревизова́ть, -зу́ю, -зу́ет
обре́з, -а
обре́зание, -я (*религиозный обряд*)
обреза́ние, -я (*обрезка*)
обре́занный; *кр. ф.* -ан, -ана
обре́зать(ся), -е́жу(сь), -е́жет(ся), *сов.*
обреза́ть(ся), -а́ю(сь), -а́ет(ся), *несов.*
обрези́ненный; *кр. ф.* -ен, -ена
обрези́нивание, -я
обрези́нивать(ся), -аю, -ает(ся)
обрези́нить, -ню, -нит
обре́зка, -и
обре́зковый
обрезно́й (*от* обреза́ть)
обре́зный (*от* обре́з)
обре́зок, -зка
обре́зочный
обре́зчик, -а
обре́зчица, -ы, *тв.* -ей
обре́зывание, -я
обре́зывать(ся), -аю(сь), -ает(ся)
о́брезь, -и
обрека́ть(ся), -а́ю(сь), -а́ет(ся)
обрёкший(ся)
обремене́ние, -я
обременённость, -и
обременённый; *кр. ф.* -ён, -ена́

обремени́тельность, -и
обремени́тельный; *кр. ф.* -лен, -льна
обремени́ть(ся), -ню́(сь), -ни́т(ся)
обременя́ть(ся), -я́ю(сь), -я́ет(ся)
обреми́зенный; *кр. ф.* -ен, -ена
обреми́зить(ся), -и́жу(сь), -и́зит(ся)
обрести́(сь), -ету́(сь), -етёт(ся); *прош.* обрёл(ся), -ела́(сь)
обрета́ть(ся), -а́ю(сь), -а́ет(ся)
обрете́ние, -я
обретённый; *кр. ф.* -ён, -ена́
обре́тший(ся)
обрече́ние, -я
обречённо, *нареч.*
обречённость, -и
обречённый; *кр. ф.* -ён, -ена́
обре́чь(ся), -еку́(сь), -ечёт(ся), -еку́т(ся); *прош.* -ёк(ся), -екла́(сь)
обрешётина, -ы
обреше́тить, -е́чу, -е́тит
обрешётка, -и, *р. мн.* -ток
обрешёточный
обрешёченный; *кр. ф.* -ен, -ена
обрешёчивание, -я
обрешёчивать(ся), -аю, -ает(ся)
обрива́ние, -я
обрива́ть(ся), -а́ю(сь), -а́ет(ся)
обрисо́ванный; *кр. ф.* -ан, -ана
обрисова́ть(ся), -су́ю, -су́ет(ся)
обрисо́вка, -и
обрисо́вывание, -я
обрисо́вывать(ся), -аю, -ает(ся)
обри́тый
обри́ть(ся), обре́ю(сь), обре́ет(ся)
обровне́ние, -я
обровня́ть(ся), -я́ю, -я́ет(ся)
огрога́ция, -и
обро́к, -а
обро́н, -а
обро́ненный; *кр. ф.* -ен, -ена и обронённый; *кр. ф.* -ён, -ена́
оброни́ть, -оню́, -о́нит
обро́сший
оброта́ть, -а́ю, -а́ет

óброть, -и
обро́чник, -а
обро́чный
обру́б, -а
обруба́ние, -я
обруба́ть(ся), -а́ю, -а́ет(ся)
обруби́ть(ся), -ублю́, -у́бит(ся)
обру́бка, -и
обру́бленный; кр. ф. -ен, -ена
обрубно́й
обру́бок, -бка
обру́бочный
обру́бщик, -а
обру́ганный; кр. ф. -ан, -ана
обруга́ть(ся), -а́ю(сь), -а́ет(ся)
обру́гивать(ся), -аю(сь), -ает(ся)
о́б руку: рука́ о́б руку
обрусе́лый
обрусе́ние, -я
обрусе́ть, -е́ю, -е́ет
обруси́ть, -и́т
о́бруч, -а, тв. -ем, мн. -и, -е́й
обруча́льный
обруча́ть(ся), -а́ю(сь), -а́ет(ся)
обруче́ние, -я
обручённый; кр. ф. -ён, -ена́
обручи́ть(ся), -чу́(сь), -чи́т(ся)
обру́чник, -а; но: Ио́сиф Обру́чник
обру́чница, -ы, тв. -ей
о́бручный
обруша́ть(ся), -а́ю, -а́ет(ся)
обруше́ние, -я
обру́шенный; кр. ф. -ен, -ена
обру́шивание, -я
обру́шивать(ся), -аю(сь), -ает(ся)
обру́шить(ся), -шу(сь), -шит(ся)
о́бры, -ов
обры́в, -а
обрыва́ние, -я
обрыва́ть(ся), -а́ю(сь), -а́ет(ся)
обры́вистость, -и
обры́вистый
обры́вность, -и
обры́вок, -вка
обры́вочек, -чка

обры́вочный
обры́вчатый
обры́днувший
обры́днуть, -нет; прош. обры́днул и обры́д, обры́дла
обры́дший
обры́зганный; кр. ф. -ан, -ана
обры́згать(ся), -аю(сь), -ает(ся)
обры́згивание, -я
обры́згиватель, -я
обры́згивать(ся), -аю(сь), -ает(ся)
обры́знуть(ся), -ну(сь), -нет(ся)
обры́сканный; кр. ф. -ан, -ана
обры́скать, -ы́щу, -ы́щет и -аю, -ает
обры́скивать, -аю, -ает
обры́тый
обры́ть(ся), обро́ю(сь), обро́ет(ся)
обрыхле́ние, -я
обрыхле́ть, -е́ет
обрю́зглость, -и
обрю́зглый
обрю́згнуть, -ну, -нет; прош. -ю́зг, -ю́згла
обрю́згший
обрюха́тевший (от обрюха́теть)
обрюха́теть, -ею, -еет (стать беременной)
обрюха́тивший (от обрюха́тить)
обрюха́тить, -а́чу, -а́тит (сделать беременной)
обрюха́ченный; кр. ф. -ен, -ена
обря́д, -а
обряди́ть(ся), -яжу́(сь), -я́дит(ся)
обря́дка, -и
обря́дность, -и
обря́дный
обря́довый
обряжа́ть(ся), -а́ю(сь), -а́ет(ся)
обряже́ние, -я
обря́женный; кр. ф. -ен, -ена
обря́щете: ищи́те и обря́щете
обсади́ть, -ажу́, -а́дит
обса́дка, -и
обса́дный
обса́дочный

обса́женный; кр. ф. -ен, -ена
обса́живание, -я
обса́живать(ся), -аю, -ает(ся)
обса́ленный; кр. ф. -ен, -ена
обса́ливание, -я
обса́ливать(ся), -аю(сь), -ает(ся)
обса́лить(ся), -лю(сь), -лит(ся)
обса́сывание, -я
обса́сывать(ся), -аю, -ает(ся)
обса́харенный; кр. ф. -ен, -ена
обса́харивание, -я
обса́харивать(ся), -аю, -ает(ся)
обса́харить(ся), -рю, -рит(ся)
обсви́станный; кр. ф. -ан, -ана
обсвиста́ть, -а́ю, -а́ет и -ищу́, -и́щет
обсви́стывать(ся), -аю, -ает(ся)
обсе́в, -а
обсева́ть(ся), -а́ю(сь), -а́ет(ся)
обсе́вки, -ов и -вок (остатки после просеивания)
обсе́вок, -вка (незасеянное место)
обседа́ть, -а́ет
обсека́ние, -я
обсека́ть(ся), -а́ю, -а́ет(ся)
обсе́кший(ся) и обсёкший(ся)
обсемене́ние, -я
обсеменённость, -и
обсеменённый; кр. ф. -ён, -ена́
обсемени́ть(ся), -ню́, -ни́т(ся)
обсеменя́ть(ся), -я́ю, -я́ет(ся)
обсервато́рия, -и
обсервато́рский
обсервацио́нный
обсерва́ция, -и
обсе́сть, обся́дет; прош. обсе́л, обсе́ла
обсече́ние, -я
обсечённый; кр. ф. -ён, -ена́
обсе́чка, -и (действие)
обсе́чки, -чек (обрезки)
обсе́чь(ся), -еку́, -ечёт(ся), -еку́т(ся); прош. -ёк(ся) и -ёк(ся), -екла́(сь)
обсе́янный; кр. ф. -ян, -яна
обсе́ять(ся), -е́ю(сь), -е́ет(ся)

ОБСИДЕТЬ(СЯ)

обсиде́ть(ся), -ижу́(сь), -иди́т(ся)
обсидиа́н, -а
обсидиа́новый
обси́женный; кр. ф. -ен, -ена
обси́живать(ся), -аю(сь) -ает(ся)
обска́бливание, -я
обска́бливать(ся), -аю, -ает(ся)
обска́занный; кр. ф. -ан, -ана
обсказа́ть, -кажу́, -ка́жет
обска́зывать, -аю, -ает
обска́канный; кр. ф. -ан, -ана
обскака́ть, обскачу́, обска́чет
обска́кивать, -аю, -ает
о́бский (от Обь)
О́бский Се́вер
обско́бленный; кр. ф. -ен, -ена
обскобли́ть, -облю́, -о́бли́т
о́бско-уго́рский (о́бско-уго́рские языки́)
обскура́нт, -а
обскуранти́зм, -а
обскуранти́ст, -а
обскуранти́стский
обскура́нтка, -и, р. мн. -ток
обскура́нтский
обсле́дование, -я
обсле́дованный; кр. ф. -ан, -ана
обсле́дователь, -я
обсле́довательский
обсле́довать(ся), -дую(сь), -дует(ся)
обслу́га, -и
обслу́женный; кр. ф. -ен, -ена
обслу́живание, -я
обслу́живать(ся), -аю(сь), -ает(ся)
обслу́живающий(ся)
обслужи́ть, -ужу́, -у́жит
обслюнённый; кр. ф. -ён, -ена́
обслю́нивать(ся), -аю(сь), -ает(ся)
обслюни́ть(ся), -ню́(сь), -ни́т(ся)
обслюня́вить(ся), -влю(сь), -вит(ся)
обслюня́вленный; кр. ф. -ен, -ена

обслюня́вливать(ся), -аю(сь), -ает(ся)
обсма́тривать(ся), -аю(сь), -ает(ся)
обсме́ивать(ся), -аю(сь), -ает(ся)
обсме́янный; кр. ф. -ян, -яна
обсмея́ть(ся), -ею́(сь), -еёт(ся)
обсмо́тренный; кр. ф. -ен, -ена
обсмотре́ть(ся), -рю́(сь), -о́трит(ся)
обсо́ленный; кр. ф. -ен, -ена
обсоли́ть, -олю́, -о́ли́т
обсо́санный; кр. ф. -ан, -ана
обсоса́ть(ся), -осу́, -осёт(ся)
обсо́хнуть, -ну, -нет; прош. -о́х, -о́хла
обсо́хший
обсою́женный; кр. ф. -ен, -ена
обсою́зить, -ю́жу, -ю́зит
обстава́ть(ся), -таёт(ся)
обста́вить(ся), -влю(сь), -вит(ся)
обста́вленный; кр. ф. -ен, -ена
обставля́ть(ся), -я́ю(сь), -я́ет(ся)
обстано́вка, -и
обстано́вочный
обста́ть, -а́нет
обсти́ранный; кр. ф. -ан, -ана
обстира́ть(ся), -а́ю(сь), -а́ет(ся)
обсти́рывать(ся), -аю(сь), -ает(ся)
обстоя́тельность, -и
обстоя́тельный; кр. ф. -лен, -льна
обстоя́тельственный
обстоя́тельство, -а
обстоя́ть, -ои́т
обстра́гивание, -я и обстру́гивание, -я
обстра́гивать(ся), -аю, -ает(ся) и обстру́гивать(ся), -аю, -ает(ся)
обстра́ивание, -я
обстра́ивать(ся), -аю(сь), -ает(ся)
обстра́чивание, -я
обстра́чивать(ся), -аю, -ает(ся)
обстрека́ть(ся), -а́ю(сь), -а́ет(ся)
обстре́л, -а

обстре́ливание, -я
обстре́ливать(ся), -аю(сь), -ает(ся)
обстре́лянный; кр. ф. прич. -ян, -яна; кр. ф. прил. (привыкший к боевой обстановке) -ян, -янна
обстреля́ть(ся), -я́ю(сь), -я́ет(ся)
обстрига́ть(ся), -а́ю(сь), -а́ет(ся)
обстри́гший(ся)
обстри́женный; кр. ф. -ен, -ена
обстри́жка, -и
обстри́чь(ся), -игу́(сь), -ижёт(ся), -игу́т(ся); прош. -и́г(ся), -и́гла(сь)
обстро́ганный; кр. ф. -ан, -ана и обстру́ганный; кр. ф. -ан, -ана
обстрога́ть, -а́ю, -а́ет и обструга́ть, -а́ю, -а́ет
обстро́енный; кр. ф. -ен, -ена
обстро́ить(ся), -о́ю(сь), -о́ит(ся)
обстро́йка, -и
обстро́ченный; кр. ф. -ен, -ена
обстрочи́ть, -очу́, -о́чи́т
обстро́чка, -и
обстру́ганный; кр. ф. -ан, -ана и обстро́ганный; кр. ф. -ан, -ана
обструга́ть, -а́ю, -а́ет и обстрога́ть, -а́ю, -а́ет
обстру́гивание, -я и обстра́гивание, -я
обстру́гивать(ся), -аю, -ает(ся) и обстра́гивать(ся), -аю, -ает(ся)
обстру́жка, -и
обструкциони́зм, -а
обструкциони́ст, -а
обструкциони́стка, -и, р. мн. -ток
обструкциони́стский
обструкцио́нный
обстру́кция, -и
обстря́панный; кр. ф. -ан, -ана
обстря́пать, -аю, -ает
обстря́пывать(ся), -аю, -ает(ся)
обсту́канный; кр. ф. -ан, -ана
обсту́кать, -аю, -ает
обсту́кивать(ся), -аю(сь), -ает(ся)
обступа́ть, -а́ет

обступи́ть, -у́пит
обсту́пленный; *кр. ф.* -ен, -ена
обстуча́ть(ся), -чу́(сь), -чи́т(ся)
обсуди́ть(ся), -ужу́(сь), -у́дит(ся)
обсужда́ть(ся), -а́ю, -а́ет(ся)
обсужде́ние, -я
обсуждённый; *кр. ф.* -ён, -ена́
обсу́женный; *кр. ф.* -ен, -ена (*к* обсу́живать)
обсу́живать(ся), -аю, -ает(ся)
обсу́сленный; *кр. ф.* -ен, -ена
обсу́сливать(ся), -аю(сь), -ает(ся)
обсу́слить(ся), -лю(сь), -лит(ся)
обсусо́ленный; *кр. ф.* -ен, -ена
обсусо́ливать(ся), -аю(сь), -ает(ся)
обсусо́лить(ся), -лю(сь), -лит(ся)
обсу́шенный; *кр. ф.* -ен, -ена
обсу́шивание, -я
обсу́шивать(ся), -аю(сь), -ает(ся)
обсуши́ть(ся), -ушу́(сь), -у́шит(ся)
обсу́шка, -и
обсце́нность, -и
обсце́нный
обсчёт, -а
обсчи́танный; *кр. ф.* -ан, -ана
обсчита́ть(ся), -а́ю(сь), -а́ет(ся)
обсчи́тывание, -я
обсчи́тывать(ся), -аю(сь), -ает(ся)
обсыпа́ние, -я
обсы́панный; *кр. ф.* -ан, -ана
обсы́пать(ся), -плю(сь), -плет(ся), -плют(ся) и -пет(ся), -пят(ся), *сов.*
обсыпа́ть(ся), -а́ю(сь), -а́ет(ся), *несов.*
обсы́пка, -и
обсыпно́й
обсыха́ние, -я
обсыха́ть, -а́ю, -а́ет
обта́ивание, -я
обта́ивать, -ает
обта́пливание, -я
обта́пливать(ся), -аю(сь), -ает(ся)
обта́птывание, -я

обта́птывать(ся), -аю, -ает(ся)
обта́сканный; *кр. ф.* -ан, -ана
обтаска́ть(ся), -а́ю, -а́ет(ся)
обта́скивать(ся), -аю, -ает(ся)
обта́чанный; *кр. ф.* -ан, -ана
обтача́ть, -а́ю, -а́ет
обта́чивание, -я
обта́чивать(ся), -аю, -ает(ся)
обта́чка, -и
обтачно́й (*к* тача́ть)
обта́ять, -ает
обтека́емость, -и
обтека́емый
обтека́ние, -я
обтека́тель, -я
обтека́ть, -а́ет
обтёкший
обтере́ть(ся), оботру́(сь), оботрёт(ся); *прош.* обтёр(ся), обтёрла(сь)
обтерпе́ться, -ерплю́сь, -е́рпится
обтёртый
обтёрханный; *кр. ф.* -ан, -ана
обтерха́ть, -а́ю, -а́ет
обтёрший(ся)
обтёсанный; *кр. ф.* -ан, -ана
обтеса́ть(ся), -ешу́(сь), -е́шет(ся)
обтёска, -и
обтёсывание, -я
обтёсывать(ся), -аю(сь), -ает(ся)
обте́чь, -ечёт, -еку́т; *прош.* -ёк, -екла́
обтира́ние, -я
обтира́ть(ся), -а́ю(сь), -а́ет(ся)
обти́рка, -и
обти́рочный
обти́сканный; *кр. ф.* -ан, -ана
обти́скать, -аю, -ает
обти́скивать(ся), -аю, -ает(ся)
обтолко́ванный; *кр. ф.* -ан, -ана
обтолкова́ть, -ку́ю, -ку́ет
обтолко́вывание, -я
обтолко́вывать(ся), -аю(сь), -ает(ся)
обтопи́ть(ся), -оплю́(сь), -о́пит(ся)
обто́пленный; *кр. ф.* -ен, -ена
обто́птанный; *кр. ф.* -ан, -ана

обтопта́ть(ся), -опчу́, -о́пчет(ся)
обто́ченный; *кр. ф.* -ен, -ена
обточи́ть(ся), -очу́, -о́чит(ся)
обто́чка, -и
обто́чник, -а
обто́чный (*к* точи́ть)
обтрёпанный; *кр. ф.* -ан, -ана
обтрепа́ть(ся), -еплю́(сь), -е́плет(ся), -е́плют(ся) и -е́пет(ся), -е́пят(ся)
обтрёпывать(ся), -аю(сь), -ает(ся)
обтре́скаться, -аюсь, -ается
обтре́скиваться, -аюсь, -ается
обтряса́ть(ся), -а́ю, -а́ет(ся)
обтрясённый; *кр. ф.* -ён, -ена́
обтрясти́, -су́, -сёт; *прош.* -яс, -ясла́
обтря́сший
обтряха́ть(ся), -а́ю(сь), -а́ет(ся)
обтря́хивание, -я
обтря́хивать(ся), -аю(сь), -ает(ся)
обтряхну́ть(ся), -ну́(сь), -нёт(ся)
обтура́тор, -а (*мед.*)
обты́канный; *кр. ф.* -ан, -ана
обты́кать, -аю, -ает, *сов.*
обтыка́ть(ся), -а́ю, -а́ет(ся), *несов.*
обтюра́тор, -а (*тех.*)
обтюра́торный
обтюра́ция, -и
обтя́гивание, -я
обтя́гивать(ся), -аю(сь), -ает(ся)
обтя́жечный
обтя́жка, -и
обтяжно́й
обтя́жчик, -а
обтя́жчица, -ы, *тв.* -ей
обтя́нутый
обтяну́ть(ся), -яну́(сь), -я́нет(ся)
обтя́панный; *кр. ф.* -ан, -ана
обтя́пать, -аю, -ает
обтя́пывать(ся), -аю, -ает(ся)
обува́ние, -я
обува́ть(ся), -а́ю(сь), -а́ет(ся)
обу́вка, -и, *р. мн.* -вок
обувно́й
обувщи́к, -а́

о́бувь, -и
обу́гленный; *кр. ф.* -ен, -ена
обуглеро́дить(ся), -о́жу, -о́дит(ся)
обуглеро́женный; *кр. ф.* -ен, -ена
обуглеро́живание, -я
обуглеро́живать(ся), -аю, -ает(ся)
обу́гливание, -я
обу́гливать(ся), -аю, -ает(ся)
обу́глить(ся), -лю, -лит(ся)
обу́женный; *кр. ф.* -ен, -ена
обу́живание, -я
обу́живать(ся), -аю, -ает(ся)
обу́за, -ы
обузда́ние, -я
обу́зданный; *кр. ф.* -ан, -ана
обузда́ть, -а́ю, -а́ет
обу́здывание, -я
обу́здывать(ся), -аю, -ает(ся)
обу́зить, обу́жу, обу́зит
обурева́емый
обурева́ть, -а́ет
обурённый; *кр. ф.* -ён, -ена́
обуржуа́зенный; *кр. ф.* -ен, -ена
обуржуа́зивание, -я
обуржуа́зивать(ся), -аю(сь), -ает(ся)
обуржуа́зить(ся), -а́жу(сь), -а́зит(ся)
обу́ривание, -я
обу́ривать(ся), -аю, -ает(ся)
обури́ть, -рю́, -ри́т
обусла́вливать(ся), -аю, -ает(ся) и обусло́вливать(ся), -аю, -ает(ся)
обусло́вить, -влю, -вит
обусло́вленность, -и
обусло́вленный; *кр. ф.* -ен, -ена
обусло́вливать(ся), -аю, -ает(ся) и обусла́вливать(ся), -аю, -ает(ся)
обустра́ивать(ся), -аю(сь), -ает(ся)
обустро́енный; *кр. ф.* -ен, -ена
обустро́ить(ся), -о́ю(сь), -о́ит(ся)
обустро́йство, -а
обу́тка, -и и обу́тки, -ток

обу́треть, -еет
обу́тый
обу́ть-оде́ть
обу́ть(ся), обу́ю(сь), обу́ет(ся)
о́бух, -а и обу́х, -а́
обуча́емый
обуча́ть(ся), -а́ю(сь), -а́ет(ся)
обуча́ющий(ся)
обуче́ние, -я
обу́ченность, -и
обу́ченный; *кр. ф.* -ен, -ена
обучи́ть(ся), обучу́(сь), обу́чит(ся)
обушко́вый
обу́шный
обушо́к, -шка́
обуя́нный; *кр. ф.* -я́н, -я́на
обуя́ть, -я́ет
обха́живание, -я
обха́живать(ся), -аю(сь), -ает(ся)
обха́ивать(ся), -аю(сь), -ает(ся)
обхами́ть, -млю́, -ми́т
обхамлённый; *кр. ф.* -ён, -ена́
обха́рканный; *кр. ф.* -ан, -ана
обха́ркать, -аю, -ает
обха́ркивать(ся), -аю, -ает(ся)
обха́янный; *кр. ф.* -ян, -яна
обха́ять, -а́ю, -а́ет
обхва́т, -а
обхва́танный; *кр. ф.* -ан, -ана (*от* обхвата́ть)
обхвата́ть, -а́ю, -а́ет
обхвати́ть(ся), -ачу́(сь), -а́тит(ся)
обхва́тывать(ся), -аю(сь), -ает(ся)
обхва́ченный; *кр. ф.* -ен, -ена (*от* обхвати́ть)
обхитрённый; *кр. ф.* -ён, -ена́
обхитри́ть, -рю́, -ри́т
обхитря́ть(ся), -я́ю, -я́ет(ся)
обхло́панный; *кр. ф.* -ан, -ана
обхло́пать, -аю, -ает
обхло́пывать(ся), -аю, -ает(ся)
обхо́д, -а
обходи́тельность, -и
обходи́тельный; *кр. ф.* -лен, -льна
обходи́ть(ся), -ожу́(сь), -о́дит(ся)

обходно́й и обхо́дный
обхо́дчик, -а
обходя́щий(ся)
обхожде́ние, -я
обхо́женный; *кр. ф.* -ен, -ена
обхоха́тываться, -аюсь, -ается
обхохота́ться, обхохочу́сь, обхохо́чется
ОБХСС [обэхаэ́с], *нескл., м.* (*сокр.*: отдел борьбы с хищениями социалистической собственности)
обцара́панный; *кр. ф.* -ан, -ана
обцара́пать(ся), -аю(сь), -ает(ся)
обцара́пывать(ся), -аю(сь), -ает(ся)
обцело́ванный; *кр. ф.* -ан, -ана
обцелова́ть, -лу́ю, -лу́ет
обцело́вывать(ся), -аю(сь), -ает(ся)
обчекры́женный; *кр. ф.* -ен, -ена
обчекры́живать(ся), -аю(сь), -ает(ся)
обчекры́жить(ся), -жу(сь), -жит(ся)
обчёсанный; *кр. ф.* -ан, -ана
обчеса́ть(ся), -ешу́(сь), -е́шет(ся)
обчёска, -и
обче́сть(ся), обочту́(сь), обочтёт(ся); *прош.* обчёл(ся), обочла́(сь)
обчёсывание, -я
обчёсывать(ся), -аю(сь), -ает(ся)
обчи́ненный; *кр. ф.* -ен, -ена
обчи́нивать(ся), -аю(сь), -ает(ся)
обчини́ть(ся), -ию́(сь), -и́нит(ся)
обчи́стить(ся), -и́щу(сь), -и́стит(ся)
обчи́стка, -и
обчища́ть(ся), -а́ю(сь), -а́ет(ся)
обчи́щенный; *кр. ф.* -ен, -ена
обша́ренный; *кр. ф.* -ен, -ена
обша́ривать(ся), -аю, -ает(ся)
обша́рить, -рю, -рит
обша́рканный; *кр. ф.* -ан, -ана
обша́ркать(ся), -аю, -ает(ся)
обша́ркивать(ся), -аю, -ает(ся)

ОБЩЕПРОМЫШЛЕННЫЙ

обша́рпанность, -и
обша́рпанный; *кр. ф.* -ан, -ана
обша́рпать(ся), -аю, -ает(ся)
обша́рпывать(ся), -аю, -ает(ся)
обша́станный; *кр. ф.* -ан, -ана
обша́стать, -аю, -ает
о́бшевни, -ей
обшелу́шивать(ся), -аю, -ает(ся)
обшелуши́ть(ся), -шу́, -ши́т(ся)
обшиба́ть(ся), -а́ю, -а́ет(ся)
обшиби́вший
обшиби́ть, -бу́, -бёт; *прош.* обши́б, обши́бла
обши́бленный; *кр. ф.* -ен, -ена
обшива́ние, -я
обшива́ть(ся), -а́ю(сь), -а́ет(ся)
обши́вка, -и, *р. мн.* -вок
обшивно́й
обши́вочный
обши́канный; *кр. ф.* -ан, -ана
обши́кать, -аю, -ает
обши́кивание, -я
обши́кивать(ся), -аю(сь), -ает(ся)
обши́рность, -и
обши́рный; *кр. ф.* -рен, -рна
обши́тый
обши́ть(ся), обошью́(сь), обошьёт(ся)
обшла́г, -а́, *мн.* -а́, -о́в
обшла́жный
обшлажо́к, -жка́
обшлёпанный; *кр. ф.* -ан, -ана
обшлёпать(ся), -аю, -ает(ся)
обшлёпывать(ся), -аю, -ает(ся)
обшмы́ганный; *кр. ф.* -ан, -ана
обшмы́гать(ся), -аю, -ает(ся)
обшмы́гивать(ся), -аю, -ает(ся)
обшны́ренный; *кр. ф.* -ен, -ена (*от* обшны́рить)
обшны́ривать(ся), -аю, -ает(ся)
обшны́рить, -рю, -рит
обшны́рянный; *кр. ф.* -ян, -яна (*от* обшныря́ть)
обшныря́ть, -я́ю, -я́ет
обшто́панный; *кр. ф.* -ан, -ана
обшто́пать, -аю, -ает
обшто́пывание, -я
обшто́пывать(ся), -аю, -ает(ся)
обща́га, -и
обща́к, -а́
обща́ться, -а́юсь, -а́ется
обще... — *первая часть сложных слов, пишется всегда слитно*
общеазиа́тский
общеара́бский
общеарме́йский
общеафрика́нский
общебиологи́ческий
общебрига́дный
общевойскови́к, -а́
общевойсково́й
общевосточнославя́нский
общеву́зовский
общегалакти́ческий
общегеографи́ческий
общегигиени́ческий
общегородско́й
общегосуда́рственный
общеграждáнский
общедемократи́ческий
общедосту́пность, -и
общедосту́пный; *кр. ф.* -пен, -пна
общеевропе́йский
общежите́йский
общежи́тельный
общежи́тельство, -а
общежи́тие, -я
общежи́тский
общезаво́дский *и* общезаводско́й
общезначи́мость, -и
общезначи́мый
общеизве́стность, -и
общеизве́стный; *кр. ф.* -тен, -тна
общеиндоевропе́йский
общеинжене́рный
общеинститу́тский
общеистори́ческий
общекла́ссовый
общеколхо́зный
общекома́ндный
общекраево́й
общекульту́рный
общекуро́ртный
общела́герный
общелитерату́рный
общёлканный; *кр. ф.* -ан, -ана
общёлкать, -аю, -ает
общёлкивать(ся), -аю, -ает(ся)
общемашинострои́тельный
общеметодологи́ческий
общеминисте́рский
общемировоззре́нческий
общемирово́й
общенадзо́рный
общенаро́дный; *кр. ф.* -ден, -дна
общенау́чный
общенациона́льный; *кр. ф.* -лен, -льна
обще́ние, -я
общеобластно́й
общеобразова́тельный
общеобяза́тельный; *кр. ф.* -лен, -льна
общеоздорови́тельный
общеотраслево́й
общепарти́йный
общепедагоги́ческий
общепи́т, -а
общепи́товец, -вца, *тв.* -вцем, *р. мн.* -вцев
общепи́товский
общепланета́рный
общеполе́зность, -и
общеполе́зный; *кр. ф.* -зен, -зна
общеполити́ческий
общепо́льский
общепоня́тность, -и
общепоня́тный; *кр. ф.* -тен, -тна
общеприе́млемый
общепри́знанность, -и
общепри́знанный; *кр. ф.* -ан, -ана
общепри́нятость, -и
общепри́нятый; *кр. ф.* -ят, -ята
общепроизво́дственный
общепромы́шленный

ОБЩЕРАЗВИВАЮЩИЙ

общеразвива́ющий
общераспространённость, -и
общераспространённый
общерекурси́вный
общерелигио́зный
общереспублика́нский
общеросси́йский
общеру́сский
общесеме́йный
общеславя́нский
общесою́зный
обще́ственник, -а
обще́ственница, -ы, *тв.* -ей
обще́ственно, *нареч.*
Обще́ственное росси́йское телеви́дение (ОРТ)
обще́ственно зна́чимый
обще́ственно-истори́ческий
обще́ственно-культу́рный
обще́ственно необходи́мый
обще́ственно опа́сный
обще́ственно ориенти́рованный
обще́ственно поле́зный
обще́ственно-полити́ческий
обще́ственно-произво́дственный
обще́ственность, -и
обще́ственно-экономи́ческий
обще́ственный
о́бщество, -а
обществове́д, -а
обществове́дение, -я
обществове́дческий
О́бщество защи́ты прав потреби́телей
обществозна́ние, -я
О́бщество люби́телей росси́йской слове́сности
О́бщество соединённых славя́н (*организация декабристов*)
общестрои́тельный
общесудово́й
общетеорети́ческий
общетехни́ческий
общеукрепля́ющий

общеуниверсите́тский
общеупотреби́тельность, -и
общеупотреби́тельный; *кр. ф.* -лен, -льна
общеустано́вленный
общефабри́чный
общефедера́льный
общефизи́ческий
общефилосо́фский
общехозя́йственный
общехристиа́нский
общецерко́вный
общецехово́й
общечелове́ческий
общешко́льный
общеэкономи́ческий
общеэстети́ческий
общеядови́тый
о́бщий; *кр. ф.* общ, обща́, о́бще и общо́
О́бщий ры́нок (*международная организация*)
о́бщина, -ы
общи́нник, -а
общи́нно-родово́й
общи́нность, -и
общи́нный
общи́панный; *кр. ф.* -ан, -ана
общипа́ть, -иплю́, -и́плет, -и́плют и -и́пет, -и́пят; *также* -а́ю, -а́ет
общи́пка, -и
общи́пывание, -я
общи́пывать(ся), -аю, -ает(ся)
общи́тельность, -и
общи́тельный; *кр. ф.* -лен, -льна
о́бщник, -а
о́бщница, -ы, *тв.* -ей
о́бщность, -и
общну́ться, -ну́сь, -нётся
общо́, *нареч.*
объего́ренный; *кр. ф.* -ен, -ена
объего́ривать(ся), -аю(сь), -ает(ся)
объего́рить, -рю, -рит
объеда́ла, -ы, *м. и ж.*
объеда́ловка, -и

объеда́ние, -я
объеда́ть(ся), -а́ю(сь), -а́ет(ся)
объеде́ние, -я
объе́денный; *кр. ф.* -ен, -ена
объедине́ние, -я
Объединённые Ара́бские Эмира́ты (ОАЭ)
Объединённые На́ции (*об ООН*)
объединённый; *кр. ф.* -ён, -ена́
объедини́тельный
объедини́ть(ся), -ню́(сь), -ни́т(ся)
объединя́ть(ся), -я́ю(сь), -я́ет(ся)
объе́дки, -ов, *ед.* объе́док, -дка
объе́дья, -ьев
объе́зд, -а
объе́здить(ся), -зжу, -здит(ся)
объе́здка, -и
объездно́й
объе́здчик, -а
объезжа́ть(ся), -а́ю, -а́ет(ся)
объе́зженный; *кр. ф.* -ен, -ена
объе́зживать(ся), -аю, -ает(ся)
объе́зжий
объе́кт, -а
объекти́в, -а
объектива́ция, -и
объективиза́ция, -и
объективизи́рованный; *кр. ф.* -ан, -ана
объективизи́ровать(ся), -рую, -рует(ся)
объективи́зм, -а
объективи́рованный; *кр. ф.* -ан, -ана
объективи́ровать(ся), -рую, -рует(ся)
объективи́ст, -а
объективи́стский
объекти́вка, -и, *р. мн.* -вок
объекти́вно необходи́мый
объекти́вно обусло́вленный
объекти́вность, -и
объекти́вно существу́ющий
объекти́вный; *кр. ф.* -вен, -вна
объе́ктно-ориенти́рованный
объе́ктность, -и

объе́ктный
объе́ктовый
объём, -а
объёмистость, -и
объёмистый
объе́млемый
объе́млю(сь), -лет(ся) (устар. формы наст. вр. от обнима́ть(ся)
объе́млющий
объёмно-бло́чный
объёмно-враща́тельный
объёмно-опти́ческий
объёмно-плани́ро́вочный
объёмно-пло́скостный
объёмно-простра́нственный
объёмность, -и
объёмный; кр. ф. -мен, -мна
объёрзать, -аю, -ает
объе́сть(ся), -е́м(ся), -е́шь(ся), -е́ст(ся), -еди́м(ся), -еди́те(сь), -едя́т(ся); прош. -е́л(ся), -е́ла(сь)
объе́хать, -е́ду, -е́дет
объяви́ть(ся), -явлю́(сь), -я́вит(ся)
объявле́ние, -я
объя́вленный; кр. ф. -ен, -ена
объявля́ть(ся), -я́ю(сь), -я́ет(ся)
объягни́ться, -и́тся
объясне́ние, -я
объяснённый; кр. ф. -ён, -ена́
объясни́мый
объясни́тельный
объясни́ть(ся), -ню́(сь), -ни́т(ся)
объясня́ть(ся), -я́ю(сь), -я́ет(ся)
объя́тие, -я
объя́тый
объя́ть(ся), буд. и пов. не употр., прош. -я́л(ся), -я́ла(сь)
обыва́тель, -я
обыва́тельница, -ы, тв. -ей
обыва́тельский
обыва́тельщина, -ы
обы́гранный; кр. ф. -ан, -ана
обыгра́ть(ся), -а́ю(сь), -а́ет(ся)
обы́грывание, -я
обы́грывать(ся), -аю(сь), -ает(ся)

о́быгрыш, -а, тв. -ем
обыдёнкой, нареч.
обы́денность, -и и (устар.) обыдённость, -и
обы́денный; кр. ф. -ен, -енна и (устар.) обыдённый; кр. ф. -ён, -ённа
обыдёнщина, -ы
обызвести́ть(ся), -влю́, -ви́т(ся)
обызвествле́ние, -я
обызвествлённый; кр. ф. -ён, -ена́
обызвествля́ть(ся), -я́ю, -я́ет(ся)
обыка́ть, -а́ю, -а́ет
обыкнове́ние, -я
обыкнове́нно, нареч.
обыкнове́нность, -и
обыкнове́нный; кр. ф. -е́нен, -е́нна
обы́кнуть(ся), -ну(сь), -нет(ся); прош. -ы́к(ся), -ы́кла(сь) (устар. к обвы́кнуть(ся)
обы́кший(ся) (устар. к обвы́кший(ся)
обыма́ть(ся), -а́ю(сь), -а́ет(ся) (устар. прост. к обнима́ть(ся)
обы́ндеве́вший
обы́ндеве́лый
обы́ндеве́ть, -ею, -еет и обынде́ве́ть, -ею, -еет
обыностра́ниться, -нюсь, -нится
обынтеллиге́нтиться, -нчусь, -нтится
о́быск, -а
обы́сканный; кр. ф. -ан, -ана
обыска́ть(ся), обыщу́(сь), обы́щет(ся)
обы́скивание, -я
обы́скивать(ся), -аю(сь), -ает(ся)
обыскно́й
обытови́ть, -влю́, -ви́т
обытовле́ние, -я
обытовлённый; кр. ф. -ён, -ена́
обытовля́ть(ся), -я́ю, -я́ет(ся)
обы́чай, -я
обы́чно, нареч.

обы́чность, -и
обы́чный; кр. ф. -чен, -чна
О́бь-Ирты́шский водоразде́л
обэриу́т, -а (от ОБЭРИУ́)
обэриу́тский
обэхаэ́сник, -а
обэхаэ́совец, -вца, тв. -вцем, р. мн. -вцев
обэхаэ́совский (от ОБХСС)
обюрокра́тить(ся), -а́чу(сь), -а́тит(ся)
обюрокра́ченный; кр. ф. -ен, -ена
обюрокра́чивание, -я
обюрокра́чивать(ся), -аю(сь), -ает(ся)
обяза́ловка, -и
обя́занность, -и
обя́занный; кр. ф. -ан, -ана
обяза́тельность, -и
обяза́тельный; кр. ф. -лен, -льна
обяза́тельственный
обяза́тельство, -а
обяза́ть(ся), обяжу́(сь), обя́жет(ся)
обязу́ющий(ся)
обя́зывать(ся), -аю(сь), -ает(ся) и -зу́ю(сь), -зу́ет(ся)
обя́зывающий(ся)
ОВ [овэ́], нескл., с. (сокр.: отравляющее вещество)
ова́л, -а
овалогу́бцы, -ев
овалотока́рный
ова́льно-кони́ческий
ова́льно-продолгова́тый
ова́льность, -и
ова́льный; кр. ф. -лен, -льна
ова́мбо, нескл., мн., ед. м. и ж. (народ)
ова́мо: се́мо и ова́мо
овариа́льный
ова́ция, -и
овдове́ть, -е́ю, -е́ет
овева́ние, -я
овева́ть(ся), -а́ю(сь), -а́ет(ся) (к ве́ять)

ове́ивать(ся), -аю(сь), -ает(ся)
о́вен, овна́ (*баран, устар.*) и Ове́н, Овна́ (*созвездие и знак зодиака; о том, кто родился под этим знаком*)
овердра́фт, -а
оверки́ль, -я
оверле́й, -я
оверле́йный
оверло́к, -а
оверло́чница, -ы, *тв.* -ей
ове́рнский (*от* Ове́рнь)
ове́рнцы, -ев, *ед.* -нец, -нца, *тв.* -нцем
оверта́йм, -а
овершта́г, -а
овёс, овса́
ове́чий, -ья, -ье
ове́чка, -и, *р. мн.* -чек
овеществи́ть(ся), -влю́, -ви́т(ся)
овеществле́ние, -я
овеществлённый; *кр. ф.* -ён, -ена́
овеществля́ть(ся), -я́ю, -я́ет(ся)
ове́янный; *кр. ф.* -ян, -яна
ове́ять(ся), ове́ю(сь), ове́ет(ся)
овзросле́ние, -я
овива́ть(ся), -а́ю(сь), -а́ет(ся) (*к* вить)
Ови́диев, -а, -о и ови́диевский (*от* Ови́дий)
Ови́дий, -я
овила́н, -а
овила́новый
ови́н, -а
ови́нный
ОВИ́Р, -а (*сокр.*: отдел виз и регистрации)
ови́ровский (*от* ОВИ́Р)
ови́ст, -а
ови́тый; *кр. ф.* ови́т, ови́та́, ови́то
ови́ть(ся), овью́(сь), овьёт(ся); *прош.* ови́л(ся), овила́(сь), ови́ло, ови́ло́(сь)
овладева́ть(ся), -а́ю, -а́ет(ся)
овладе́ние, -я
овладе́ть, -е́ю, -е́ет

овогене́з, -а и оогене́з, -а
о́вод, -а, *мн.* -а́, -о́в и -ы, -ов
О́вод, -а (*лит. персонаж*)
ово́довый
овоско́п, -а
овоци́т, -а и ооци́т, -а
овощеба́за, -ы
овощебахчево́й
овощево́д, -а
овощево́дство, -а
овощево́дческий
овощекартофелево́дческий
овощекартофелехрани́лище, -а
овощеконсе́рвный
овощемо́ечный
овощемоло́чный
овощеперераба́тывающий
овощеприготови́тельный
овощере́зательный
овощере́зка, -и, *р. мн.* -зок
овощесуши́лка, -и, *р. мн.* -лок
овощесуши́льный
овощефруктохрани́лище, -а
овощехрани́лище, -а
о́вощи, -е́й, *ед.* о́вощ, -а
о́вощи-фру́кты, овоще́й-фру́ктов
овощно́й
о́вощь, -и (*собир.*)
ОВ-патро́н [овэ́-], -а
овра́г, -а
оврагообразова́ние, -я
оврагоукрепи́тельный
овра́жек, -жка
овра́жина, -ы
овра́жистость, -и
овра́жистый
овра́жно-ба́лочный
овра́жный
овсе́ц, -а́, *тв.* -о́м
овси́нка, -и, *р. мн.* -нок
овсоруша́льный
овсору́шка, -и, *р. мн.* -шек
овсосуши́лка, -и, *р. мн.* -лок
овсошелуши́тель, -я
овсю́г, -а́
овсюготбо́рник, -а

овся́ник, -а
овся́ница, -ы, *тв.* -ей
овся́нище, -а
овся́нка, -и, *р. мн.* -нок
овся́нковые, -ых
овсяно́й и овся́ный
овуля́ция, -и
овца́, -ы́, *тв.* -о́й, *мн.* о́вцы, ове́ц, о́вцам; но: год Овцы́ (*по восточному календарю*), Овца́, -ы́ (*о том, кто родился в этот год*)
овцебы́к, -а́, *мн.* -и́, -о́в
овцево́д, -а
овцево́дство, -а
овцево́дческий
овцеко́мплекс, -а
овцема́тка, -и, *р. мн.* -ток
овцесовхо́з, -а
овцефе́рма, -ы
овча́р, -а
овча́рка, -и, *р. мн.* -рок
овча́рня, -и, *р. мн.* -рен
овча́рочий, -ья, -ье
овчи́на, -ы
овчи́нка, -и, *р. мн.* -нок
овчи́нник, -а
овчи́нно-меховой
овчи́нно-шу́бный
овчи́нный
ога́йоский (*от* Ога́йо)
ога́йосцы, -ев, *ед.* -сец, -сца, *тв.* -сцем
огами́ческий
ога́рок, -рка
ога́рочек, -чка
ога́рочный
ога́рыш, -а, *тв.* -ем
ога́рышек, -шка
о́гарь, -я
огиба́ние, -я
огиба́ть(ся), -а́ю, -а́ет(ся)
оглавле́ние, -я
огла́вный
огла́дить(ся), -а́жу(сь), -а́дит(ся)
огла́дывать(ся), -аю, -ает(ся)
огла́женный; *кр. ф.* -ен, -ена

оглаживать(ся), -аю(сь) -ает(ся)
огласительный
огласить(ся), -ашу, -асит(ся)
огласка, -и
огласовка, -и, р. мн. -вок
оглашать(ся), -аю, -ает(ся)
оглашение, -я
оглашённые, -ых (церк.)
оглашённый, прил. (ведущий себя бестолково и шумно; как оглашённый)
оглашённый; кр. ф. -ён, -ена́, прич. (от огласить)
оглеение, -я
оглеённый; кр. ф. -ён, -ена́
оглобелька, -и, р. мн. -лек
оглобельный
оглобля, -и, р. мн. -бель и -блей
оглоданный; кр. ф. -ан, -ана
оглодать, -ожу, -о́жет и -а́ю, -а́ет
оглодок, -дка
оглоед, -а
оглоушенный; кр. ф. -ен, -ена
оглоушивать, -аю, -ает
оглоушить, -шу, -шит
оглохнуть, -ну, -нет; прош. -ох, -охла
оглохший
оглупение, -я (от оглупеть)
оглупеть, -ею, -еет
оглупить, -плю, -пит
оглупление, -я (от оглупить)
оглуплённый; кр. ф. -ён, -ена́
оглуплять(ся), -яю(сь), -яет(ся)
оглушать(ся), -аю(сь), -ает(ся)
оглушающий(ся)
оглушение, -я
оглушённый; кр. ф. -ён, -ена́
оглушительность, -и
оглушительный; кр. ф. -лен, -льна
оглушить, -шу́, -шит
оглы́, неизм. — с предшествующим собственным именем пишется раздельно, напр.: Маме́д оглы́, Абду́л Гусе́йн оглы́
оглядеть(ся), -яжу(сь), -ядит(ся)

огля́дка, -и
огля́дывание, -я
огля́дывать(ся), -аю(сь), -ает(ся)
оглянуть(ся), -яну́(сь), -янет(ся)
огнебу́р, -а
огневи́к, -а́
огневи́ца, -ы, тв. -ей
огнёвка, -и, р. мн. -вок
огнево́й
огнегася́щий
огнедобы́тчик, -а
огнеды́шащий
огнезащи́та, -ы
огнезащи́тный
огнезащищённый
огнеземе́льский (к О́гненная Земля)
огнеземе́льцы, -ев, ед. -лец, -льца, тв. -льцем
огнемёт, -а
огнемета́ние, -я
огнемётный
О́гненная Земля́ (острова)
о́гненно-жи́дкий
о́гненно-кра́сный
о́гненно-ры́жий
о́гненно-фиоле́товый
о́гненный; кр. ф. -ен, -енна
огненосец, -сца, тв. -сцем, р. мн. -сцев
огненосный
огнеопа́сный; кр. ф. -сен, -сна
огнепокло́нник, -а
огнепокло́нница, -ы, тв. -ей
огнепокло́ннический
огнепокло́нничество, -а
огнепокло́нство, -а
огнеприпа́сы, -ов
огнепроводный
огнере́зчик, -а
огносто́йкий; кр. ф. -о́ек, -о́йка
огносто́йкость, -и
огнестре́льный
огнестру́йный
огнетуши́тель, -я
огнеупо́рность, -и

огнеупо́рный; кр. ф. -рен, -рна
огнеупо́рщик, -а
огнеупо́ры, -ов
огнеусто́йчивость, -и
огнеусто́йчивый
огнецве́т, -а
огни́во, -а
огни́стый
огнища́нин, -а, мн. -а́не, -а́н
огни́ще[1], -а, мн. -а и -и, -и́щ, м. (увелич. к ого́нь)
огни́ще[2], -а, с. (костер; место, где был костер)
огнь, м., только им. и вин.
ого́, неизм.
огова́ривание, -я
огова́ривать(ся), -аю(сь), -ает(ся)
огово́р, -а
оговорённый; кр. ф. -ён, -ена́
оговори́ть(ся), -рю́(сь), -ри́т(ся)
огово́рка, -и, р. мн. -рок
огово́рочный
огово́рщик, -а
огово́рщица, -ы, тв. -ей
о-го-го́, неизм.
оголе́ние, -я
оголённость, -и
оголённый; кр. ф. -ён, -ена́
оголе́ть, -е́ю, -е́ет
оголе́ц, -льца́, тв. -льцо́м, р. мн. -льцо́в
оголи́ть(ся), -лю́(сь), -ли́т(ся)
оголо́вник, -а
оголо́вок, -вка
оголо́вье, -я, р. мн. -вий
оголода́ть, -а́ю, -а́ет
оголте́лость, -и
оголте́лый
оголя́ть(ся), -я́ю(сь), -я́ет(ся)
о́гон, -а
огонёк, -нька́
огонёчек, -чка
ого́нь, огня́
ого́нь-де́вка, -и, р. мн. -вок
огонько́вец, -вца, тв. -вцем, р. мн. -вцев

огоньковский (от "Огонёк")
огораживание, -я
огораживать(ся), -аю(сь), -ает(ся)
огорашивать, -аю, -ает и огорошивать, -аю, -ает
огород, -а
огородить(ся), -ожу(сь), -одит(ся)
огородишко, -а и -и, мн. -шки, -шек, м.
огородник, -а
огородница, -ы, тв. -ей
огородничать, -аю, -ает
огороднический
огородничество, -а
огородничий, -ья, -ье
огородный
огорожа, -и, тв. -ей
огороженный; кр. ф. -ен, -ена
огорошенный; кр. ф. -ен, -ена
огорошивать, -аю, -ает и огорашивать, -аю, -ает
огорошить, -шу, -шит
огорчать(ся), -аю(сь), -ает(ся)
огорчение, -я
огорчённо, нареч.
огорчённый; кр. ф. -ён, -ена
огорчительность, -и
огорчительный; кр. ф. -лен, -льна
огорчить(ся), -чу(сь), -чит(ся)
огосударствление, -я
огосударствленный; кр. ф. -ен, -ена
ограбить, -блю, -бит
ограбление, -я
ограбленный; кр. ф. -ен, -ена
ограблять(ся), -яю(сь), -яет(ся)
ограда, -ы
оградительный
оградить(ся), -ажу(сь), -адит(ся)
оградка, -и, р. мн. -док
оградный
ограждать(ся), -аю(сь), -ает(ся)
ограждающий(ся)
ограждение, -я

ограждённость, -и
ограждённый; кр. ф. -ён, -ена
огранённый; кр. ф. -ён, -ена
огранивать(ся), -аю, -ает(ся)
огранить(ся), -ню, -нит(ся)
ограничение, -я
ограниченно, нареч.
ограниченно годный
ограниченно распространённый
ограниченно-рекурсивный
ограниченность, -и
ограниченный; кр. ф. прич. -ен, -ена; кр. ф. прил. -ен, -ена (с дополн.: её интересы ограничены домом и детьми) и -ен, -енна (без дополн.: наши возможности ограниченны; она самоуверенна и ограниченна)
ограничивание, -я
ограничивать(ся), -аю(сь), -ает(ся)
ограничитель, -я
ограничительный
ограничить(ся), -чу(сь), -чит(ся)
огранка, -и
огранщик, -а
огранщица, -ы, тв. -ей
огранять(ся), -яю, -яет(ся)
огребать(ся), -аю(сь), -ает(ся)
огребённый; кр. ф. -ён, -ена
огрёбки, -ов
огребной
огрёбший(ся)
огребье, -я
огревать(ся), -аю, -ает(ся)
огрести(сь), огребу(сь), огребёт(ся); прош. огрёб(ся), огребла(сь)
огретый
огреть, -ею, -еет
огрех, -а
огромадный (прост. к громадный)
огромить, -млю, -мит
огромнейший
огромность, -и

огромный; кр. ф. -мен, -мна
огрубевать, -аю, -ает
огрубелость, -и
огрубелый
огрубение, -я (от огрубеть)
огрубеть, -ею, -еет
огрубить(ся), -блю, -бит(ся)
огрубление, -я (от огрубить)
огрублённо, нареч.
огрублённый; кр. ф. -ён, -ена
огрублять(ся), -яю, -яет(ся)
огрузнеть, -ею, -еет
огрузнувший
огрузнуть, -ну, -нет; прош. -узнул и -уз, -узла
огрузший
огрызать(ся), -аю(сь), -ает(ся)
огрызенный; кр. ф. -ен, -ена
огрызнуться, -нусь, -нётся
огрызок, -зка
огрызть, -зу, -зёт; прош. -ыз, -ызла
огрызший
огубление, -я (лингв.)
огублённый; кр. ф. -ён, -ена
огузок, -зка
огузочный
огузский
огузы, -ов (племена)
огулом, нареч.
огульность, -и
огульный; кр. ф. -лен, -льна
огурец, -рца, тв. -рцом, р. мн. -рцов
огурчик, -а
огуречник, -а
огуречно-уборочный
огуречный
огурчик, -а
ода, -ы
одалживать(ся), -аю(сь), -ает(ся)
одалиска, -и, р. мн. -сок
одаль, нареч.
одарённость, -и
одарённый; кр. ф. прич. -ён, -ена; кр. ф. прил. -ён, -ена (с дополн.: она одарена редкими способно-

стями) и -ён, -ённа (без дополн.: она́ тала́нтлива, одарённа)
ода́ривание, -я
ода́ривать(ся), -аю(сь), -ает(ся)
одари́ть, -рю́, -ри́т
одаря́ть(ся), -я́ю(сь), -я́ет(ся)
одева́ние, -я
одева́ть(ся), -а́ю(сь), -а́ет(ся)
одёжа, -и, тв. -ей
оде́жда, -ы
одёжина, -ы
одёжка, -и, р. мн. -жек
одёжный
одежо́нка, -и, р. мн. -нок
одеколо́н, -а
одеколо́ненный; кр. ф. -ен, -ена
одеколо́нить(ся), -ню(сь), -нит(ся)
одеколо́нный
одеколо́нящий(ся)
оделённый; кр. ф. -ён, -ена́
одели́ть, -лю́, -ли́т
о́дельстинг, -а
оделя́ть(ся), -я́ю(сь), -я́ет(ся)
одео́н, -а
одёр, одра́ (кляча)
одёрганный; кр. ф. -ан, -ана (от одёргать)
одёргать, -аю -ает (то же, что обдёргать)
одёргивание, -я (от одёргивать)
одёргивать(ся), -аю(сь), -ает(ся) (к одёргать и одёрнуть(ся)
одеревене́лость, -и
одеревене́лый
одеревене́ние, -я
одеревене́ть, -е́ю, -е́ет
оде́ржанный; кр. ф. -ан, -ана
одержа́ть, одержу́, оде́ржит
оде́рживать(ся), -аю, -ает(ся)
оде́ржимость, -и
оде́ржимый
одёрнутый (от одёрнуть)
одёрнуть(ся), -ну(сь), -нет(ся) (потянув вниз, поправить (оде́жду и т.п.); резким замечанием призвать к порядку)

о́дерский (от О́дер)
одесну́ю (справа)
одесси́тка, -и, р. мн. -ток
одесси́ты, -ов, ед. одесси́т, -а
оде́сский (от Оде́сса)
Оде́сщина, -ы (к Оде́сса)
оде́тый
оде́ть-обу́ть
оде́ть(ся), -е́ну(сь), -е́нет(ся)
одея́лишко, -а, мн. -шки, -шек
одея́ло, -а
одея́ло-гре́лка, одея́ла-гре́лки
одея́льный
одея́льце, -а, р. мн. -лец
одея́ние, -я
оджале́ши, нескл., с.
Одиги́трия, -и (иконографический тип Бо́жией Ма́тери)
О́дин, -а (мифол.)
оди́н, одно́, одного́, одна́, одно́й, мн. одни́, одни́х
одина́ковость, -и
одина́ковый
одина́рный (не двойной)
оди́н в оди́н и оди́н в одного́
оди́н-два́, одного́-дву́х (купи́ оди́н-два́ огу́рчика)
оди́н-еди́нственный, одного́-еди́нственного
одинёхонек, -нька, -нько
одинёшенек, -нька, -нько
оди́н за други́м
оди́н за одни́м
оди́н и то́т же
оди́н к одному́
одиннадцатикла́ссник, -а
одиннадцатикла́ссница, -ы, тв. -ей
одиннадцатиле́тка, -и
одиннадцатиле́тний (11-ле́тний)
одиннадцатиметро́вый (11-метро́вый)
одиннадцатиподъе́здный (11-подъе́здный)

одиннадцатичасово́й (11-часово́й)
одиннадцатиэта́жный (11-эта́жный)
оди́ннадцатый
оди́ннадцать, -и
оди́н на оди́н
оди́н-одинёхонек, одна́-одинёхонька
оди́н-одинёшенек, одна́-одинёшенька
оди́ножды
одино́кий
одинокорасту́щий*
одино́кость, -и
одино́чество, -а
одино́чка, -и, р. мн. -чек, м. и ж. (лицо), ж. (тюремная камера; лодка; упряжка)
одино́чник, -а
одино́чница, -ы, тв. -ей
одино́чный
оди́н-разъеди́нственный, одного́-разъеди́нственного
оди́н-разъеди́ный, одного́-разъеди́ного
одинцо́вский (от Одинцо́во)
одинцо́вцы, -ев, ед. -вец, -вца, тв. -вцем
одио́зность, -и
одио́зный; кр. ф. -зен, -зна
одиссе́евы стра́нствия, одиссе́евых стра́нствий
Одиссе́й, -я
Одиссе́я, -и (поэма Гомера) и одиссе́я, -и (странствие с приключениями)
одича́лость, -и
одича́лый
одича́ние, -я
одича́ть, -а́ю, -а́ет
оди́ческий
одна́жды
одна́ко
одна́ко ж(е)
одна́че (прост. устар. к одна́ко)

одни́м-оди́н, одни́м-одна́
одноа́дресный
одноа́ктный
одноа́томный
однобо́кий
однобо́кость, -и
однобо́ртный
однобра́чие, -я
однобра́чный
однобу́квенный
однова́, нареч.
однова́лентность, -и
однова́лентный; кр. ф. -тен, -тна
однова́льный
одновесе́льный и одновёсельный
одновидово́й
одновидо́вость, -и
одновинтово́й
одно́ в одно́
одновозрастно́й и одново́зрастный
одновре́менно, нареч.
одновре́менность, -и
одновре́менный; кр. ф. -ме́нен, -ме́нна и одновреме́нный; кр. ф. -менен, -менна
одногла́вый
одногла́зка, -и, р. мн. -зок
одногла́зый
одногоди́чный
одного́дка, -и, р. мн. -док
одного́док, -дка, р. мн. -дков
одноголо́сие, -я
одноголо́сный; кр. ф. -сен, -сна
одноголо́сый
одного́рбый
одногу́сеничный
однодви́гательный
однодво́рец, -рца, тв. -рцем, р. мн. -рцев
однодво́рка, -и, р. мн. -рок
однодво́рческий
одно-двухбу́квенный
одно́-, двух- и трёхфа́зные
одно-двухко́мнатный

однодёлец, -льца, тв. -льцем, р. мн. -льцев
однодерёвка, -и
однодётность, -и
однодётный
однодиапазо́нный
однодне́вка, -и, р. мн. -вок
однодне́вный
однодо́льный
однодоме́нный (физ.)
однодо́мность, -и
однодо́мный
одноду́м, -а
одножи́льный
однозада́чный
однозаря́дный
однозву́чность, -и
однозву́чный; кр. ф. -чен, -чна
однозерня́нка, -и, р. мн. -нок
однозна́чащий
однозна́чно, нареч.
однозна́чность, -и
однозна́чный; кр. ф. -чен, -чна
однозу́бый
одно- и двухэта́жные
одноимённость, -и
одноимённый; кр. ф. -ёнен, -ённа
одно́ и то́ же
однокали́берный
однока́мерный
однока́шник, -а
однока́шница, -ы, тв. -ей
однокварти́рный
однокилево́й
однокла́вишный
однокла́ссник, -а
однокла́ссница, -ы, тв. -ей
однокле́точный
одноклетьево́й
одноклу́бник, -а
одноклу́бница, -ы, тв. -ей
одноковшо́вый
одно́ к одному́
одноколе́йка, -и, р. мн. -е́ек
одноколе́йный
одноколённый

одноколёсный
одноко́лка, -и, р. мн. -лок
одноколо́нный
одноколо́ночный
однокомна́тный
однокомпле́ктный
однокомпоне́нтный
однокон́ный
однокопы́тные, -ых
однокоренно́й
однокорнево́й
однокоры́тник, -а
однокра́тность, -и
однокра́тный; кр. ф. -тен, -тна
однокругово́й
однокры́лый
одноку́польный
одноку́рсник, -а
одноку́рсница, -ы, тв. -ей
однола́мповый
одноле́мешный
одноле́тка, -и, р. мн. -ток
одноле́тний
одноле́тник, -а
одноле́ток, -тка, р. мн. -тков
однолико́й
однолико́сть, -и
однолине́йность, -и
однолине́йный; кр. ф. -е́ен, -е́йна
однолистный
однолоша́дный
однолю́б, -а
однолю́бка, -и, р. мн. -бок
однома́нда́тник, -а
одноманда́тный
однома́стный
однома́чтовый
одномембра́нный
одноме́рность, -и
одноме́рный; кр. ф. -рен, -рна
одноме́стный
одномоме́нтный
одномото́рный
однонапра́вленность, -и
однонапра́вленный; кр. ф. -ен, -ена

одноно́гий
однообра́зие, -я
однообра́зность, -и
однообра́зный; *кр. ф.* -зен, -зна
одно-однозна́чный
однооснóвный
однобсный
однопала́тник, -а
однопала́тница, -ы, *тв.* -ей
однопала́тный
однопа́лубный
однопа́лый
однопарти́йность, -и
однопарти́йный
однопла́новость, -и
однопла́новый
однопла́тный
одноплемéнник, -а
одноплемéнный
одноплéчий
одноплóдный
одноплу́нжерный
однопокрóвные, -ых
однополóсный (*от* полосá)
однопóлостный (*от* пóлость)
однопóлость, -и
однополча́нин, -а, *мн.* -а́не, -а́н
однополча́нка, -и, *р. мн.* -нок
однопóлый
однопóльный
однополю́сный
однополя́рный
однопомётник, -а
однопоря́дковый
однопрофи́льный
однопрохóдные, -ых
однопроцéнтный
(1-процéнтный)
однопу́тка, -и, *р. мн.* -ток
однопу́тный
одноразмéрный
однорáзовый
одноразря́дный
однорéльсовый
однорóгий
однорóдность, -и

однорóдный; *кр. ф.* -ден, -дна
однороросткóвый
однору́кий
однору́чный
одноря́дка, -и, *р. мн.* -док
одноря́дный
односвóдчатый
односвя́зный
односельча́нин, -а, *мн.* -а́не, -а́н
односельча́нка, -и, *р. мн.* -нок
односемéйный
односемядóльный
односемя́нный
односери́йный
односи́льный
односка́тный
однослóвный; *кр. ф.* -вен, -вна
однослóжность, -и
однослóжный; *кр. ф.* -жен, -жна
однослóйный; *кр. ф.* -óен, -óйна
односмéнка, -и
односмéнный
односостáвность, -и
односостáвный; *кр. ф.* -вен, -вна
односпáльный
одностани́чник, -а
одностани́чница, -ы, *тв.* -ей
одностволка, -и, *р. мн.* -лок
одностволный
одностворчатый
одности́шие, -я
одностóпный
одностороний; *кр. ф.* -óнен, -óння
одностороность, -и
одностроный
однострунный
одноступéнчатый
однотари́фный
одноти́пность, -и
одноти́пный; *кр. ф.* -пен, -пна
однотóмник, -а
однотóмный
однотóнность, -и
однотóнный; *кр. ф.* -óнен, -óнна
однотру́бка, -и, *р. мн.* -бок

однотру́бный
одноту́мбовый
одноу́ровневый
одноутрóбный
одноу́хий
однофáзный
однофами́лец, -льца, *тв.* -льцем, *р. мн.* -льцев
однофами́лица, -ы, *тв.* -ей
однохóрность, -и
одноцвéтка, -и, *р. мн.* -ток
одноцвéтный; *кр. ф.* -тен, -тна
одноцили́ндровый
одночастёвка, -и, *р. мн.* -вок
одночастёвый
одноча́стный
одночáсье: в одночáсье
одночлéн, -а
одночлéнный
одношёрстный
одношпи́ндельный
одноэтáжка, -и, *р. мн.* -жек
одноэтáжный
одноязы́чный
однояйцевóй (однояйцевы́е близнецы́)
однои́корный
однои́русный
одобрéние, -я
одóбренный; *кр. ф.* -ен, -ена
одобри́тельность, -и
одобри́тельный; *кр. ф.* -лен, -льна
одóбрить, -рю, -рит
одобря́ть(ся), -я́ю, -я́ет(ся)
одóграф, -а
одолевáть(ся), -áю, -áет(ся)
одолéние, -я
одолéнь-травá, -ы́
одолéть, -éю, -éет
одолжáть(ся), -а́ю(сь), -а́ет(ся)
одолжéние, -я
одóлженный; *кр. ф.* -ен, -ена
одолжéньице, -а
одолжи́ть(ся), -жу́(сь), -жи́т(ся)
одомáшнение, -я

одома́шненный; *кр. ф.* -ен, -ена
одома́шнивание, -я
одома́шнивать(ся), -аю, -ает(ся)
одома́шнить(ся), -ню, -нит(ся)
одо́метр, -а
одонтоли́т, -а
одонто́лог, -а
одонтологи́ческий
одонтоло́гия, -и
одонто́ма, -ы
одо́нье, -я, *р. мн.* -ьев
одопи́сец, -сца, *тв.* -сцем, *р. мн.* -сцев
одора́нт, -а
одора́тор, -а
одориза́ция, -и
одоризи́рованный; *кр. ф.* -ан, -ана
одоризи́ровать(ся), -рую, -рует(ся)
одорологи́ческий
одороло́гия, -и
одр, одра́ *(постель)*
одревесневать, -а́ет
одревесне́ние, -я
одревесне́ть, -е́ет
о́дринский *(от О́дра)*
одрябле́ть, -е́ю, -е́ет
одря́бнуть, -ну, -нет; *прош.* -яб, -ябла
одря́бший
одряхле́вший
одряхле́лый
одряхле́ние, -я
одряхле́ть, -е́ю, -е́ет
одря́хнуть, -ну, -нет; *прош.* -ях, -яхла
одря́хший
одубе́лый
одубе́ть, -е́ю, -е́ет
одува́нчик, -а
оду́лы, -ов, *ед.* оду́л, -а
оду́льский
оду́маться, -аюсь, -ается
одура́чение, -я
одура́ченный; *кр. ф.* -ен, -ена

одура́чивание, -я
одура́чивать(ся), -аю(сь), -ает(ся)
одура́чить, -чу, -чит
одурева́ть, -а́ю, -а́ет
одуре́лость, -и
одуре́лый
одуре́ние, -я
одуре́ть, -е́ю, -е́ет
одурма́ненный; *кр. ф.* -ен, -ена
одурма́нивание, -я
одурма́нивать(ся), -аю(сь), -ает(ся)
одурма́нить(ся), -ню(сь), -нит(ся)
одуря́ть, -я́ю, -я́ет
одуря́ющий
одутлова́тость, -и
одутлова́тый
оду́тлость, -и
оду́тлый
оду́тый *(устар. к* обду́тый*)*
оду́ть, оду́ю, оду́ет *(устар. к* обду́ть*)*
одухотворе́ние, -я
одухотворённо, *нареч.*
одухотворённость, -и
одухотворённый; *кр. ф. прич.* -ён, -ена́; *кр. ф. прил.* -ён, -ённа *(стихи́ одухотворённы)*
одухотвори́ть(ся), -рю́(сь), -ри́т(ся)
одухотворя́ть(ся), -я́ю(сь), -я́ет(ся)
одушеви́ть(ся), -влю́(сь), -ви́т(ся)
одушевле́ние, -я
одушевлённо, *нареч.*
одушевлённость, -и
одушевлённость-неодушев-лённость, одушевлённости-неодушевлённости
одушевлённый; *кр. ф. прич.* -ён, -ена́; *кр. ф. прил. (устар. к* воодушевлённый*)* -ён, -ённа
одушевля́ть(ся), -я́ю(сь), -я́ет(ся)
оды́шка, -и
оды́шливость, -и
оды́шливый
оевропе́енный; *кр. ф.* -ен, -ена

оевропе́ивать(ся), -аю(сь), -ает(ся)
оевропе́ить(ся), -е́ю(сь), -е́ит(ся)
ожёгший(ся)
желе́дь, -и
ожене́нный; *кр. ф.* -ен, -ена
ожени́ть(ся), оженю́(сь), оже́нит(ся)
ожерёб, -а
ожереби́ть(ся), -и́т(ся)
ожере́лье, -я, *р. мн.* -лий
ожере́льице, -а
ожесточа́ть(ся), -а́ю(сь), -а́ет(ся)
ожесточе́ние, -я
ожесточённо, *нареч.*
ожесточённость, -и
ожесточённый; *кр. ф. прич.* -ён, -ена́; *кр. ф. прил. (ставший безжалостным, жестоким; упорный, напряжённый)* -ён, -ённа *(и́х сердца́ ожесточённы; спо́ры бы́ли ожесточённы)*
ожесточи́ть(ся), -чу́(сь), -чи́т(ся)
оже́чь(ся), ожгу́(сь), ожжёт(ся), ожгу́т(ся); *прош.* ожёг(ся), ожгла́(сь)
ожжённый; *кр. ф.* -ён, -ена́
ожива́ние, -я
ожива́ть, -а́ю, -а́ет
ожи́вить(ся), -влю́(сь), -ви́т(ся)
ожи́вка, -и
оживле́ние, -я
оживлённо, *нареч.*
оживлённость, -и
оживлённый; *кр. ф. прич.* -ён, -ена́; *кр. ф. прил.* -ён, -ена́ *(испытывающий оживление: она́ весела́ и оживлена́)* и -ён, -ённа *(обнаруживающий признаки оживления, выражающий оживление: бесе́да оживлённа, у́лицы оживлённы; ли́ца госте́й оживлённы)*
оживля́ж, -а, *тв.* -ем
оживля́жный
оживля́ть(ся), -я́ю(сь), -я́ет(ся)
оживотворённый; *кр. ф.* -ён, -ена́

оживотвори́ть(ся), -рю́, -ри́т(ся)
оживотворя́ть(ся), -я́ю, -я́ет(ся)
ожи́вший
ожига́ть(ся), -а́ю(сь), -а́ет(ся)
ожида́лка, -и, р. мн. -лок
ожида́льня, -и, р. мн. -лен
ожида́ние, -я
ожида́ть(ся), -а́ю, -а́ет(ся)
ожиже́ние, -я
ожижи́тель, -я
ожи́ка, -и
ожи́мок, -мка (то же, что обжимок)
ожи́нок, -нка (то же, что обжинок)
ожире́лый
ожире́ние, -я
ожире́ть, -е́ю, -е́ет
ожи́ть, оживу́, оживёт; прош. о́жил, ожила́, о́жило
ожо́г, -а, но глаг. ожёг
ожо́говый
озабо́тить(ся), -о́чу(сь), -о́тит(ся)
озабо́ченно, нареч.
озабо́ченность, -и
озабо́ченный; кр. ф. -ен, -ена и (выражающий заботу, беспокойство) -ен, -енна (лицо́ её озабо́ченно)
озабо́чивать(ся), -аю(сь), -ает(ся)
озагла́вить, -влю, -вит
озагла́вленный; кр. ф. -ен, -ена
озагла́вливать(ся), -аю, -ает(ся)
озада́ченно, нареч.
озада́ченность, -и
озада́ченный; кр. ф. -ен, -ена
озада́чивать(ся), -аю(сь), -ает(ся)
озада́чить(ся), -чу(сь), -чит(ся)
озаре́ние, -я
озарённость, -и
озарённый; кр. ф. -ён, -ена́
озари́ть(ся), -рю́(сь), -ри́т(ся)
озаря́ть(ся), -я́ю(сь), -я́ет(ся)
озвере́лость, -и
озвере́лый
озвере́ние, -я

озвере́ть, -е́ю, -е́ет
озву́чение, -я
озву́ченный; кр. ф. -ен, -ена
озву́чивание, -я
озву́чивать(ся), -аю, -ает(ся)
озву́чить(ся), -чу, -чит(ся)
оздорове́ть, -е́ю, -е́ет
оздорови́тельный
оздорови́ть(ся), -влю́(сь), -ви́т(ся)
оздоровле́ние, -я
оздоровлённый; кр. ф. -ён, -ена́
оздоровля́ть(ся), -я́ю(сь), -я́ет(ся)
озелене́ние, -я
озеленённый; кр. ф. -ён, -ена́
озелени́тель, -я
озелени́тельный
озелени́ть, -ню́, -ни́т
озеленя́ть(ся), -я́ю, -я́ет(ся)
о́земь, нареч.
озе́на, -ы
озере́цкий (от Озерки́)
Озерки́, -о́в (поселок)
озерко́, -а́, мн. -и́, -о́в
озернённость, -и
озернённый; кр. ф. -ён, -ена́
озёрно-боло́тный
озёрно-леднико́вый
озёрно-лесно́й
озёрно-речно́й
озёрный
о́зеро, -а, мн. озёра, озёр; но (в названиях населенных пунктов) О́зеро, -а, напр.: Криво́е О́зеро, Мали́новое О́зеро, Щу́чье О́зеро (поселки)
озерове́дение, -я
озерове́дческий
озерови́дный; кр. ф. -ден, -дна
озёрский (от Озёры и Озёрск)
озерцо́, -а́, мн. озёрца и озерца́, озёрец, озёрцам и озерца́м
Озёры, Озёр (город)
озимиза́ция, -и
озимизи́рованный; кр. ф. -ан, -ана

озимизи́ровать(ся), -рую, -рует(ся)
ози́мка, -и
озимопшени́чный
ози́мые, -ых
ози́мый
о́зимь, -и и о́зими, -ей
озира́ть(ся), -а́ю(сь), -а́ет(ся)
Ози́рис, -а и Оси́рис, -а
озлённый; кр. ф. -ён, -ена́
озле́ть, -е́ю, -е́ет
озли́ть(ся), озлю́(сь), озли́т(ся)
озло́бить(ся), -блю́(сь), -бит(ся)
озлобле́ние, -я
озло́бленно, нареч.
озло́бленность, -и
озло́бленный; кр. ф. прич. -ен, -ена; кр. ф. прил. (выражающий злобу, ожесточение) -ен, -енна (она́ была́ угрю́ма и озло́бленна; голоса́ и́х озло́бленны)
озлобля́ть(ся), -я́ю(сь), -я́ет(ся)
ознакоми́тельный
ознако́мить(ся), -млю(сь), -мит(ся)
ознакомле́ние, -я
ознако́мленный; кр. ф. -ен, -ена
ознакомля́ть(ся), -я́ю(сь), -я́ет(ся)
ознаменова́ние, -я
ознамено́ванный; кр. ф. -ан, -ана
ознаменова́ть(ся), -ну́ю, -ну́ет(ся)
ознамено́вывать(ся), -аю, -ает(ся)
означа́емый
означа́ть(ся), -а́ю, -а́ет(ся)
означа́ющий(ся)
озна́ченный; кр. ф. -ен, -ена
озна́чить(ся), -чу, -чит(ся)
озно́б, -а
озноби́ть(ся), -блю́(сь), -би́т(ся)
ознобле́ние, -я
озноблённый; кр. ф. -ён, -ена́
ознобля́ть(ся), -я́ю(сь), -я́ет(ся)
озокери́т, -а
озокери́тный
озокери́товый
озокеритолече́ние, -я
озокеритотерапи́я, -и

озоле́ние, -я (*от* зола́)
озолоти́ть(ся), -очу́, -оти́т(ся)
озолочённый; *кр. ф.* -ён, -ена́
озо́н, -а
озона́тор, -а
озона́торный
озони́ды, -ов, *ед.* -и́д, -а
озониза́ция, -и
озонио́з, -а
озони́рование, -я
озони́рованный; *кр. ф.* -ан, -ана
озони́ровать(ся), -рую, -рует(ся)
озо́нный
озо́новый
озономе́тр, -а
озонометри́ческий
озоносто́йкий; *кр. ф.* -о́ек, -о́йка
озоносто́йкость, -и
озорни́к, -а́
озорни́ца, -ы, *тв.* -ей
озорнича́ть, -а́ю, -а́ет
озорно́й
озорова́тость, -и
озорова́тый
озорова́ть, -ру́ю, -ру́ет
озорство́, -а́
о́зы, о́зов и оз, *ед.* оз, -а
озя́бнуть, -ну, -нет; *прош.* озя́б, озя́бла
озя́бший
ойдии, -ев, *ед.* ойдий, -я
ойдиум, -а
ой, *неизм.*
о́йкать, -аю, -ает
о́йкнуть, -ну, -нет
ойкуме́на, -ы и экуме́на, -ы
ой ли
ойдмяко́нский (*от* Оймяко́н)
ой-о́й, *неизм.*
ой-ой-о́й, *неизм.*
ойро́тка, -и, *р. мн.* -ток
ойро́тский
ойро́ты, -ов, *ед.* ойро́т, -а
ойтла́ндер, -а и уитле́ндер, -а
Ока́, Оки́ (*река; автомобиль*)

окаёмка, -и, *р. мн.* -мок (*к* окаймля́ть)
оказа́ние, -я
ока́занный; *кр. ф.* -ан, -ана
оказа́ть(ся), окажу́(сь), ока́жет(ся)
оказёненный; *кр. ф.* -нен, -нена
оказе́нивание, -я
оказе́нивать(ся), -аю, -ает(ся)
оказе́нить(ся), -ню, -нит(ся)
ока́зия, -и
ока́зывать(ся), -аю(сь), -ает(ся)
окайми́ть, -млю́, -ми́т
окаймле́ние, -я
окаймлённый; *кр. ф.* -ён, -ена́
окаймля́ть(ся), -я́ю, -я́ет(ся)
ока́лина, -ы
окалиносто́йкий; *кр. ф.* -о́ек, -о́йка
окалиносто́йкость, -и
ока́лывание, -я
ока́лывать(ся), -аю, -ает(ся)
окаменева́ть, -а́ю, -а́ет
окамене́лость, -и
окамене́лый
окамене́ние, -я
окамене́ть, -е́ю, -е́ет
окамени́ть, -и́т
оканто́ванный; *кр. ф.* -ан, -ана
окантова́ть, -ту́ю, -ту́ет
оканто́вка, -и, *р. мн.* -вок
оканто́вывание, -я
оканто́вывать(ся), -аю, -ает(ся)
ока́нчивать(ся), -аю, -ает(ся)
о́канье, -я
ока́панный; *кр. ф.* -ан, -ана
ока́пать(ся), -аю(сь), -ает(ся)
ока́пи, *нескл., м. и ж.*
ока́пывание, -я
ока́пывать(ся), -аю(сь), -ает(ся)
окарау́ливание, -я
окарау́ливать(ся), -аю, -ает(ся)
окарикату́ренный; *кр. ф.* -ен, -ена
окарикату́ривать(ся), -аю(сь), -ает(ся)
окарикату́рить, -рю, -рит

окари́на, -ы
окарм́ливание, -я
окарм́ливать(ся), -аю(сь), -ает(ся)
ока́танный; *кр. ф.* -ан, -ана
оката́ть(ся), -а́ю, -а́ет(ся)
окати́ть(ся), окачу́(сь), ока́тит(ся) (*водо́й*)
окатоли́ченный; *кр. ф.* -ен, -ена
окатоли́чивание, -я
окатоли́чивать(ся), -аю(сь), -ает(ся)
окатоли́чить(ся), -чу(сь) -чит(ся)
ока́тывание, -я
ока́тывать(ся), -аю(сь), -ает(ся)
ока́тыш, -а, *тв.* -ем
о́кать, -аю, -ает
ока́ченный; *кр. ф.* -ен, -ена
ока́чивать(ся), -аю(сь), -ает(ся)
ока́шивать(ся), -аю, -ает(ся)
о́кающий
окая́нный; но: Святопо́лк Окая́нный
окая́нский
окая́нство, -а
ОКБ [окабэ́], *нескл., с.* (*сокр.:* опытно-конструкторское бюро; особое конструкторское бюро)
окварцева́ние, -я
окварцо́ванный; *кр. ф.* -ан, -ана
океа́н, -а
Океа́н, -а (*мифол.*)
океана́вт, -а
океана́рий, -я и океана́риум, -а
Океа́н Бу́рь (*на Луне́*)
океани́ды, -и́д, *ед.* -и́да, -ы
океаниза́ция, -и
океани́йский (*от* Океа́ния)
океани́ческий (*от* океа́н)
Океа́ния, -и
океа́нный
океано́граф, -а
океанографи́ческий
океаногра́фия, -и
океано́лог, -а
океанологи́ческий
океаноло́гия, -и

океа́нский
о'ке́й и о-ке́й, *неизм.*
окида́ть, -а́ет
оки́дывать, -аю, -ает (взгля́дом, взо́ром)
оки́нутый
оки́нуть, -ну, -нет (взгля́дом, взо́ром)
окирко́ванный; *кр. ф.* -ан, -ана
окиркова́ть, -ку́ю, -ку́ет
окирко́вка, -и
окирко́вывать(ся), -аю, -ает(ся)
окиса́ть, -а́ет
о́кисел, -сла
окисле́ние, -я
окисле́ние-восстановле́ние, окисле́ния-восстановле́ния
окислённый; *кр. ф.* -ён, -ена́ и оки́сленный; *кр. ф.* -ен, -ена
окисли́тель, -я
окисли́тельно-восстанови́тельный
окисли́тельный
окисли́ть(ся), -лю́, -ли́т(ся) и оки́слить(ся), -лю, -лит(ся)
окисля́ть(ся), -я́ю, -я́ет(ся)
о́кисно-ру́тный
о́кисный
о́кись, -и
окказионали́зм, -а
окказионали́ст, -а
окказиона́льный; *кр. ф.* -лен, -льна
О́ккам, -а: бри́тва О́ккама
окклюди́рование, -я
окклюди́рованный; *кр. ф.* -ан, -ана
окклюди́ровать(ся), -рую, -рует(ся)
окклю́зия, -и
оккульти́зм, -а
оккульти́ст, -а
оккульти́стка, -и, *р. мн.* -ток
оккульти́стский
окку́льтно-теосо́фский
окку́льтный

оккупа́нт, -а
оккупа́нтский
оккупацио́нный
оккупа́ция, -и
оккупи́рованный; *кр. ф.* -ан, -ана
оккупи́ровать(ся), -рую, -рует(ся)
окла́д, -а
окла́дистый
окладно́й
окла́дчик, -а
оклахо́мский (*от* Оклахо́ма)
оклахо́мцы, -ев, *ед.* -мец, -мца, *тв.* -мцем
оклёванный; *кр. ф.* -ан, -ана
оклева́ть, оклюю́, оклюёт
оклеве́танный; *кр. ф.* -ан, -ана
оклевета́ть, -вещу́, -ве́щет
оклёвывать(ся), -аю, -ает(ся)
окле́енный; *кр. ф.* -ен, -ена
окле́ивание, -я
окле́ивать(ся), -аю, -ает(ся)
окле́ить, -е́ю, -е́ит
окле́йка, -и
оклеймённый; *кр. ф.* -ён, -ена́
оклейми́ть, -млю́, -ми́т
окле́йщик, -а
окле́йщица, -ы, *тв.* -ей
оклема́ться, -а́юсь, -а́ется
о́клик, -а
окли́канный; *кр. ф.* -ан, -ана
оклика́ть, -и́чу, -и́чет, *сов.*
оклика́ть(ся), -а́ю, -а́ет(ся), *несов.*
окли́кнутый
окли́кнуть, -ну, -нет
окни́ще, -а
окно́, -а́, *мн.* о́кна, о́кон
окномо́йка, -и, *р. мн.* -о́ек
о́ко, о́ка, *мн.* о́чи, оче́й
окова́лок, -лка
око́ванный; *кр. ф.* -ан, -ана
окова́ть, окую́, окуёт
око́вка, -и, *р. мн.* -вок
око́вы, око́в
око́вывать(ся), -аю(сь), -ает(ся)
окоём, -а

о́ко за о́ко
окола́чивание, -я
окола́чивать(ся), -аю(сь), -ает(ся)
околдо́ванный; *кр. ф.* -ан, -ана
околдова́ть, -ду́ю, -ду́ет
околдо́вывать(ся), -аю(сь), -ает(ся)
околева́ть, -а́ю, -а́ет
околёсина, -ы
околеси́ть, -ешу́, -еси́т
околе́сица, -ы, *тв.* -ей и околёсица, -ы, *тв.* -ей
околёсная, -ой
околе́ть, -е́ю, -е́ет
око́лица, -ы, *тв.* -ей
око́личности, -ей, *ед.* -ость, -и
око́лия, -и
око́лка, -и
о́коло, *нареч. и предлог*
о́коло... — *приставка, пишется всегда слитно*
околовое́нный
окологло́точный
околожи́льный
околозвёздный
околозвуково́й
околозе́мный и околоземно́й
окололитерату́рный
окололлу́нный
околомарсиа́нский
околома́точный
околонау́чный
околопланѐтный
околопло́дник, -а
околопло́дниковый
околопло́дный
околополити́ческий
околопо́люсный
околополя́рный
околорелиги́озный
околосветово́й
околосерде́чный
околосо́лнечный
околоспорти́вный
околоствольный
околостоя́щий

околосу́точный
околотеатра́льный
околоти́ть(ся), -очу́, -о́тит(ся)
около́ток, -тка
около́точный
околоу́стье, -я, *р. мн.* -ьев
околоу́шный
околофаши́стский
околофутбо́льный
околоцве́тник, -а
околоцерко́вный
околоша́хматный
околоше́йный
околощитови́дный
околпа́ченный; *кр. ф.* -ен, -ена
околпа́чивать(ся), -аю(сь), -ает(ся)
околпа́чить, -чу, -чит
око́лыш, -а, *тв.* -ем
око́лышек, -шка
око́льничество, -а
око́льничий, -его
око́льный
окольцева́ть, -цу́ю, -цу́ет
окольцо́ванный; *кр. ф.* -ан, -ана
окольцо́вывание, -я
окольцо́вывать(ся), -аю, -ает(ся)
омкова́ние, -я
омко́ванный; *кр. ф.* -ан, -ана
о ко́м о ко́м
оконе́чность, -и
оконе́чный
око́нница, -ы, *тв.* -ей
око́нный
оконопа́тить, -а́чу, -а́тит
оконопа́ченный; *кр. ф.* -ен, -ена
оконопа́чивание, -я
оконопа́чивать(ся), -аю, -ает(ся)
око́нтуренный; *кр. ф.* -ен, -ена
око́нтуривание, -я
око́нтуривать(ся), -аю, -ает(ся)
око́нтурить, -рю, -рит
оконфу́женный; *кр. ф.* -ен, -ена
оконфу́зить(ся), -у́жу(сь), -у́зит(ся)
око́нце, -а, *р. мн.* -нцев и -нец

оконча́ние, -я
оконча́тельность, -и
оконча́тельный; *кр. ф.* -лен, -льна
око́нченный; *кр. ф.* -ен, -ена
око́нчить(ся), -чу, -чит(ся)
око́п, -а
око́панный; *кр. ф.* -ан, -ана
окопа́ть(ся), -а́ю(сь), -а́ет(ся)
око́пка, -и
око́пник, -а
око́пница, -ы, *тв.* -ей
око́пный
око́пчик, -а
окора́чивание, -я
окора́чивать(ся), -аю, -ает(ся)
окорённый; *кр. ф.* -ён, -ена́
окорёнок, -нка
окори́ть, -рю́, -ри́т
око́рка, -и
окорми́ть, окормлю́, око́рмит
окормле́ние, -я
око́рмленный; *кр. ф.* -ен, -ена
окормля́ть(ся), -я́ю(сь), -я́ет(ся)
око́рнанный; *кр. ф.* -ан, -ана
окорна́ть(ся), -а́ю(сь), -а́ет(ся)
о́корок, -а, *мн.* -а́, -о́в
окороко́вый
окоро́т, -а
окороти́ть, -очу́, -о́тит
окоро́ченный; *кр. ф.* -ен, -ена
о́корочный (*от* о́корок)
око́рочный (*от* око́рка)
окорочо́к, -чка́, *мн.* -чка́, -о́в
око́рщик, -а
окоря́банный; *кр. ф.* -ан, -ана
окоря́бать(ся), -аю(сь), -ает(ся)
окоря́ть(ся), -я́ю, -я́ет(ся)
окосе́ть, -е́ю, -е́ет
окоси́ть, окошу́, око́сит
окосма́тевший
окосма́теть, -ею, -еет
окостенева́ть, -а́ю, -а́ет
окостене́лость, -и
окостене́лый
окостене́ние, -я

окостене́ть, -е́ю, -е́ет
окостени́ть, -ню́, -ни́т
око́сье, -я, *р. мн.* -ьев
око́т, -а
окоти́ть(ся), -и́т(ся) (*к* коти́ться и око́т)
око́тный
окочене́вать, -а́ю, -а́ет
окочене́лый
окочене́ть, -е́ю, -е́ет
окочу́риваться, -аюсь, -ается
окочу́риться, -рюсь, -рится
око́шенный; *кр. ф.* -ен, -ена
око́шечко, -а, *мн.* -чки, -чек
око́шко, -а, *мн.* -шки, -шек
окра́ина, -ы
окра́инный
окра́с, -а
окра́сить(ся), -а́шу(сь), -а́сит(ся)
окра́ска, -и, *р. мн.* -сок
окра́сочный
окра́счик, -а
окра́шенный; *кр. ф.* -ен, -ена
окра́шивание, -я
окра́шивать(ся), -аю(сь), -ает(ся)
окремне́ние, -я
окремнённый; *кр. ф.* -ён, -ена́
окре́пнуть, -ну, -нет, *прош.* -е́п, -е́пла
окре́пший
окре́ст, *нареч. и предлог*
окрести́ть(ся), -ещу́(сь), -е́стит(ся)
окре́ст лежа́щий
окре́стность, -и
окре́стный
окрещённый; *кр. ф.* -ён, -ена́
окриве́ть, -е́ю, -е́ет
окриви́ть, -влю́, -ви́т
о́крик, -а
окри́кивать, -аю, -ает
окри́кнутый
окри́кнуть, -ну, -нет
окристаллизо́ванный; *кр. ф.* -ан, -ана
окристаллизова́ть(ся), -зу́ю, -зу́ет(ся)

окрова́вивший(ся)
окрова́вить(ся), -влю(сь), -вит(ся)
окрова́вленный; *кр. ф.* -ен, -ена
окрова́вливать(ся), -аю(сь), -ает(ся)
окровенённый; *кр. ф.* -нён, -нена́
окровене́ть, -е́ю, -е́ет
окровени́ть(ся), -ню́(сь), -ни́т(ся)
окро́л, -а
окро́ме (*прост. устар. к* кро́ме)
окро́мсанный; *кр. ф.* -ан, -ана
окромса́ть, -а́ю, -а́ет
окромя́ (*прост. к* кро́ме)
окропи́ть(ся), -плю́(сь), -пи́т(ся)
окропле́ние, -я
окроплённый; *кр. ф.* -ён, -ена́
окропля́ть(ся), -я́ю(сь), -я́ет(ся)
окро́шечный
окро́шка, -и, *р. мн.* -шек
о́круг, -а, *мн.* -а́, -о́в (*административная единица*)
о́круг, *нареч. и предлог* (*устар. и прост. к* вокру́г)
окру́га, -и (*окружающая местность*)
округле́ние, -я
округлённо-во́гнутый
округлённость, -и
округлённый; *кр. ф.* -ён, -ена́
округле́ть, -е́ю, -е́ет
округли́ть(ся), -лю́(сь), -ли́т(ся)
округлобо́кий
окру́глость, -и
окру́глый
округля́ть(ся), -я́ю(сь), -я́ет(ся)
окружа́ть(ся), -а́ю(сь), -а́ет(ся)
окружа́ющий(ся)
окруже́нец, -нца, *тв.* -нцем, *р. мн.* -нцев
окруже́ние, -я
окружённый; *кр. ф.* -ён, -ена́
окружи́ть, -жу́, -жи́т
окружко́м, -а
окружно́й (*от* о́круг)
окру́жность, -и

окру́жный (*окрестный*)
окрути́ть(ся), -учу́(сь), -у́тит(ся)
окру́ченный; *кр. ф.* -ен, -ена
окру́чивание, -я
окру́чивать(ся), -аю(сь), -ает(ся)
окрылённо, *нареч.*
окрылённость, -и
окрылённый; *кр. ф.* -ён, -ена́
окрыли́ть(ся), -лю́(сь), -ли́т(ся)
окрыля́ть(ся), -я́ю(сь), -я́ет(ся)
окры́ситься, -ится
оксази́н, -а
оксази́новый
оксазо́л, -а
оксалатури́я, -и
оксала́ты, -ов, *ед.* -ла́т, -а
оксало́н, -а
оксибензо́л, -а
оксибио́нты, -ов, *ед.* -о́нт, -а
оксигемоглоби́н, -а
оксигемо́метр, -а
оксигена́зы, -а́з, *ед.* -а́за, -ы
оксигена́тор, -а
оксигена́ция, -и
оксигенотерапи́я, -и
оксида́зы, -а́з, *ед.* -а́за, -ы
оксида́ция, -и
оксидиметри́ческий
оксидиме́три́я, -и
оксиди́рование, -я
оксиди́рованный; *кр. ф.* -ан, -ана
оксиди́ровать(ся), -рую, -рует(ся)
оксидиро́вка, -и
окси́дный
окси́ды, -ов, *ед.* окси́д, -а
оксикисло́ты, -о́т, *ед.* -ота́, -ы́
оксилиди́н, -а
оксиликви́т, -а
оксили́т, -а
оксилофи́ты, -ов, *ед.* -фи́т, -а
оксима́сляный
окси́морон, -а *и* оксю́морон, -а
окситетрациклин, -а
окситоци́н, -а
о́кский (*от* Ока́)

О́кско-Донска́я равни́на
оксоли́н, -а
оксоли́новый
оксти́сь, окстите́сь, *в знач. межд.*
о́ксфордский (*от* О́ксфорд)
о́ксфордцы, -ев, *ед.* -дец, -дца, *тв.* -дцем
оксю́морон, -а *и* окси́морон, -а
окта́ва, -ы
окта́вный
окта́н, -а (*хим.*)
окта́н-корре́ктор, -а
окта́новый
окта́нт, -а (*геом., астр.*)
окта́нтный (*от* окта́нт)
октапо́ды, -по́д, *ед.* -по́да, -ы
окта́эдр, -а
октаэдри́т, -а
окте́т, -а
окто́д, -а
Окто́их, -а
окто́ль, -и
октрои́рование, -я
октрои́рованный; *кр. ф.* -ан, -ана
октрои́ровать(ся), -рую, -рует(ся)
октруа́, *нескл., мн.*
октябрёнок, -нка, *мн.* -ря́та, -ря́т
октябри́ны, -и́н
октябри́ст, -а
октябри́стский
октя́брь, -я́ *и* (*об Октябрьской революции 1917*) Октя́брь, -я́
Октя́брьская револю́ция (*в России 1917*)
октя́брьский
Октя́брьское По́ле (*район в Москве*)
октября́тский
оку́кливание, -я
оку́кливаться, -ается
оку́клиться, -ится
окули́рование, -я
окули́рованный; *кр. ф.* -ан, -ана
окули́ровать(ся), -рую, -рует(ся)
окулиро́вка, -и, *р. мн.* -вок

окулиро́вочный
окули́ст, -а
окули́стка, -и, *р. мн.* -ток
окультиви́рованный; *кр. ф.* -ан, -ана
окультиви́ровать(ся), -рую, -рует(ся)
окульту́ренный; *кр. ф.* -ен, -ена
окульту́ривание, -я
окульту́ривать(ся), -аю, -ает(ся)
окульту́рить(ся), -рю, -рит(ся)
окуля́р, -а (*линза*)
окуля́рный
окуля́ры, -ов (*очки*)
окуна́ть(ся), -а́ю(сь), -а́ет(ся)
окуневи́дные, -ых
о́куневый и окунёвый
окунёк, -нька́
окунеобра́зные, -ых
окуни́шка, -и, *р. мн.* -шек, *м.*
оку́нутый
окуну́ть(ся), -ну́(сь), -нёт(ся)
о́кунь, -я, *мн.* -и, -е́й
окупа́емость, -и
окупа́ть(ся), -а́ю, -а́ет(ся)
окупи́ть(ся), окуплю́, оку́пит(ся)
оку́пленный; *кр. ф.* -ен, -ена
окургу́женный; *кр. ф.* -ен, -ена
окургу́зить(ся), -у́жу, -у́зит(ся)
оку́ренный; *кр. ф.* -ен, -ена
оку́ривание, -я
оку́ривать(ся), -аю(сь), -ает(ся)
окури́ть, окурю́, оку́рит
оку́рок, -рка
оку́рыш, -а, *тв.* -ем
окускова́ние, -я
окуско́ванный; *кр. ф.* -ан, -ана
оку́танный; *кр. ф.* -ан, -ана
оку́тать(ся), -аю(сь), -ает(ся)
оку́тывание, -я
оку́тывать(ся), -аю(сь), -ает(ся)
оку́ченный; *кр. ф.* -ен, -ена
оку́чивание, -я
оку́чивать(ся), -аю, -ает(ся)
оку́чить, -чу, -чит
оку́чка, -и

оку́чник, -а
окушо́к, -шка́ (*от* о́кунь)
ола́душек, -шка, *р. мн.* -ов и ола́душка, -и, *р. мн.* -шек
ола́дышек, -шка, *р. мн.* -ов и ола́дышка, -и, *р. мн.* -шек
ола́дьи, -дий, *ед.* ола́дья, -и
о́лдерме́н, -а
олеандомици́н, -а
олеа́ндр, -а
олеа́ндровый
олеа́т, -а
оледенева́ть, -а́ю, -а́ет
оледене́лый
оледене́ние, -я
оледенённый; *кр. ф.* -ён, -ена́
оледене́ть, -е́ю, -е́ет
оледени́ть, -ню́, -ни́т
оледеня́ть, -я́ю, -я́ет
оле́ин, -а
оле́иновый
олёкминский (*от* Олёкма и Олёкминск)
олёкминцы, -ев, *ед.* -нец, -нца, *тв.* -нцем
оленебы́к, -а́, *мн.* -и́, -о́в
оленево́д, -а
оленево́дство, -а
оленево́дческий
оле́невые, -ых
оленего́нный
оленёк, -нька́
олёнекский (*от* Олёнек, *река*)
оленёнок, -нка, *мн.* оленя́та, -ня́т
оленёночек, -чка, *мн.* оленя́тки, -ток
оленесовхо́з, -а
оле́ний, -ья, -ье
оле́нина, -ы
оле́ниха, -и
олёнка, -и, *р. мн.* -нок (*жук*)
оле́нный (*к* оле́нь; оле́нные ка́мни)
олену́ха, -и
оле́нь, -я
оленя́тник, -а
олеографи́ческий

олеогра́фия, -и
олеофи́льный
олеофо́бный
о́леум, -а
олефи́новый
олефи́ны, -ов, *ед.* -фи́н, -а
олёшек, -шка (*от* оле́нь)
олёшник, -а (*устар. к* ольхо́вник и ольша́ник)
олешня́к, -а́ и ольшня́к, -а́ (*ольховник*)
оли́ва, -ы
оливи́н, -а
оли́вка, -и, *р. мн.* -вок
оли́вково-се́рый
оли́вковый
оливомици́н, -а
оливье́, *неизм.* (*кулин.*)
олига́рх, -а
олигархиза́ция, -и
олигархи́ческий
олига́рхия, -и
олигеми́я, -и
олигодинами́ческий
олигодо́н, -а
олигокла́з, -а
олиголецита́льный
олигомериза́ция, -и
олигоме́рный
олигоме́ры, -ов, *ед.* -ме́р, -а
олигонуклеоти́ды, -ов, *ед.* -ти́д, -а
олигополия, -и
олигопсо́ния, -и
олигосапро́бы, -ов, *ед.* -ро́б, -а
олигосахари́ды, -ов, *ед.* -ри́д, -а
олиготро́фный
олиготро́фы, -ов, *ед.* -тро́ф, -а
олигофа́ги, -ов, *ед.* -фа́г, -а
олигофа́гия, -и
олигофре́н, -а
олигофрени́ческий
олигофрени́я, -и
олигофренопедаго́гика, -и
олигохе́ты, -хе́т, *ед.* -хе́та, -ы
олигоце́н, -а

ОМНИБУС

олигоце́новый
олигоцеци́тальный
олигури́я, -и
о́лим, -а
Оли́мп, -а (*гора в Греции; мифол.*) и оли́мп, -а (*избранный круг, верхушка какого-н. общества*)
Олимпиа́да, -ы (*Олимпийские игры*) и олимпиа́да, -ы (*соревнования, состязания в чем-н.*)
олимпиа́дный
олимпи́ец, -и́йца, *тв.* -и́йцем, *р. мн.* -и́йцев
олимпи́зм, -а
олимпи́йка, -и, *р. мн.* -и́ек
Олимпи́йская дере́вня
Олимпи́йская ха́ртия
Олимпи́йские и́гры
олимпи́йский (к Оли́мп, Олимпиа́да, Олимпи́йские и́гры)
Олимпи́йский комите́т Росси́и
олимпио́ник, -а
олитерату́ренный; *кр. ф.* -ен, -ена
олитерату́ривать(ся), -аю, -ает(ся)
олитерату́рить, -рю, -рит
оли́фа, -ы
оли́фить(ся), -флю, -фит(ся)
оли́фление, -я
оли́фленный; *кр. ф.* -ен, -ена
оли́фный
олицетворе́ние, -я
олицетворённый; *кр. ф.* -ён, -ена́
олицетвори́ть, -рю́, -ри́т
олицетворя́ть(ся), -я́ю, -я́ет(ся)
о́лово, -а
оловодобыва́ющий
оловодобы́тчик, -а
оловокомбина́т, -а
оловоно́сный; *кр. ф.* -сен, -сна
оловооргани́ческий
оловору́дный
оловя́нистый
оловя́нно-вольфра́мовый
оловя́нно-се́рый
оловя́нно-фо́сфористый
оловя́нный
оловя́шка, -и, *р. мн.* -шек
оломо́уцкий (*от* Оломо́уц)
Оло́нецкая возвы́шенность
оло́нецкий (*от* Оло́нец)
Оло́нецкий край (*ист.*)
олонча́не, -а́н, *ед.* -а́нин, -а
олонча́нка, -и, *р. мн.* -нок
о́лух, -а
ольденбу́ргский (*от* О́льденбург, *город и округ;* ольденбу́ргская поро́да лошаде́й)
о́льстерский (*от* О́льстер)
о́льстерцы, -ев, *ед.* -рец, -рца, *тв.* -рцем
ольфакто́метр, -а
ольфактоме́трия, -и
ольха́, -и́, *мн.* о́льхи, ольх
ольхо́вник, -а
ольхо́вый
ольша́ник, -а
ольшня́к, -а́ *и* олешня́к, -а́
о-ля-ля́, *неизм.*
Ом, -а: зако́н О́ма
ом, -а, *р. мн.* о́мов, *счётн. ф.* ом *и* о́мов (*ед. измер.*)
омагни́тить(ся), -и́чу, -и́тит(ся)
омагни́ченный; *кр. ф.* -ен, -ена
омагни́чивание, -я
омагни́чивать(ся), -аю, -ает(ся)
ома́нский (*от* Ома́н)
ома́нцы, -ев, *ед.* -нец, -нца, *тв.* -нцем
ома́р, -а
ома́ч, -а, *тв.* -ем
ома́чивать(ся), -аю, -ает(ся)
омбро́граф, -а
омбро́метр, -а
омброфи́лы, -ов, *ед.* -фи́л, -а
омброфи́ты, -ов, *ед.* -фи́т, -а
омброфо́бы, -ов, *ед.* -фо́б, -а
о́мбудсме́н, -а
омеблиро́ванный; *кр. ф.* -ан, -ана
омеблирова́ть(ся), -ру́ю(сь), -ру́ет(ся)
омеблиро́вка, -и
омеблиро́вывать(ся), -аю(сь), -ает(ся)
оме́г, -а (*бот.*)
оме́га, -и (*название буквы*)
омедне́ние, -я
омеднённый; *кр. ф.* -ён, -ена́
омедни́ть, -ню́, -ни́т
омедня́ть(ся), -я́ю, -я́ет(ся)
оме́жник, -а
Омейя́ды, -ов (*династия*)
оме́ла, -ы
омеле́ть, -е́ет
омерзе́ние, -я
омерзе́ть, -е́ю, -е́ет
омерзи́тельность, -и
омерзи́тельный; *кр. ф.* -лен, -льна
омертвева́ть, -а́ю, -а́ет
омертве́лость, -и
омертве́лый
омертве́ние, -я
омертве́ть, -е́ю, -е́ет
омертви́ть, -влю́, -ви́т
омертвле́ние, -я
омертвлённый; *кр. ф.* -ён, -ена́
омертвля́ть(ся), -я́ю, -я́ет(ся)
омёт, -а
омеща́ненный; *кр. ф.* -ен, -ена
омеща́нивание, -я
омеща́нивать(ся), -аю(сь), -ает(ся)
омеща́нить(ся), -ню(сь), -нит(ся)
о́ микро́н, *нескл., с.* (*название буквы*)
оми́ческий (*от* ом)
омичи́, -е́й, *ед.* оми́ч, -а́, *тв.* -о́м (*от* Омск)
оми́чка, -и, *р. мн.* -чек
омле́т, -а
омле́тик, -а
омма́ж, -а, *тв.* -ем
оммати́дии, -ев, *ед.* -дий, -я
омме́тр, -а (*прибор*)
ом-ме́тр, -а (*ед. измер.*)
о́мнибус, -а

о́мнибусный
омове́ние, -я
омо́граф, -а
омозоле́лость, -и
омозоле́лый
омозоле́ть, -е́ет
омола́живание, -я
омола́живать(ся), -аю(сь), -ает(ся)
омолоди́ть(ся), -ожу́(сь), -оди́т(ся)
омоложа́ть(ся), -а́ю(сь), -а́ет(ся)
омоложе́ние, -я
омоложённый; кр. ф. -ён, -ена́
омоморфе́ма, -ы
ОМО́Н, -а (сокр.: отряд милиции особого назначения)
омо́ним, -а
омони́мика, -и
омоними́ческий
омоними́чность, -и
омоними́чный; кр. ф. -чен, -чна
омоними́я, -и
омо́новец, -вца, тв. -вцем, р. мн. -вцев
омо́новский (от ОМО́Н)
оморя́чивание, -я
оморя́чиваться, -аюсь, -ается
оморя́читься, -чусь, -чится
омофо́н, -а
омофони́ческий
омофо́ния, -и
омофо́нный
омофо́р, -а
омофо́рма, -ы
омофо́рмия, -и
омо́ченный; кр. ф. -ен, -ена
омочи́ть(ся), -очу́, -о́чит(ся)
омрача́ть(ся), -а́ю(сь), -а́ет(ся)
омраче́ние, -я
омрачённость, -и
омрачённый; кр. ф. -ён, -ена́
омрачи́ть(ся), -чу́(сь), -чи́т(ся)
о́мский (от Омск)
омужи́чиваться, -аюсь, -ается
омужи́читься, -чусь, -чится

омузыка́ленный; кр. ф. -ен, -ена
омузыка́ливание, -я
омузыка́ливать(ся), -аю, -ает(ся)
омузыка́лить, -лю, -лит
омулёвый
о́муль, -я, мн. -и, -е́й
о́мут, -а, мн. -ы, -ов и -а́, -о́в
омути́стый
омуто́к, -тка́
омуто́чек, -чка
омфали́т, -а
омша́ник, -а
омыва́ние, -я
омыва́ть(ся), -а́ю(сь), -а́ет(ся)
омыле́ние, -я
омылённый; кр. ф. -ён, -ена́
омы́тый
омы́ть(ся), омо́ю(сь), омо́ет(ся)
он¹, оно́, его́, ему́, им, о нём, она́, её, ей и е́ю, о ней, мн. они́, их, им, и́ми, о них
он², нескл., м. и с. (название буквы)
она́гр, -а (животное; катапульта)
она́гра, -ы (растение)
онани́зм, -а
онани́рование, -я
онани́ровать, -рую, -рует
онани́ст, -а
онани́стка, -и, р. мн. -ток
онаре́ченный; кр. ф. -ен, -ена
онаре́чивание, -я
онаре́чиваться, -ается
онаре́читься, -ится
онда́тра, -ы
ондатрово́д, -а
ондатрово́дство, -а
ондатрово́дческий
онда́тровый
ондо́граф, -а
ондуля́тор, -а
оне́гинский (от Оне́гин; оне́гинская строфа́)
оне́жский (к Оне́жское о́зеро и Оне́га)
онейри́ческий
онейро́ид, -а

онейро́идный
онемева́ть, -а́ю, -а́ет
онеме́лость, -и
онеме́лый
онеме́ние, -я
онеме́ть, -е́ю, -е́ет
онеме́чение, -я
онеме́ченный; кр. ф. -ен, -ена
онеме́чивание, -я
онеме́чивать(ся), -аю(сь), -ает(ся)
онеме́чить(ся), -чу(сь), -чит(ся)
онёр: со всеми онёрами
о́никс, -а
о́никсовый
о́ним, -а
онихи́я, -и
онихомико́з, -а
онкови́рус, -а
онковирусо́лог, -а
онковирусологи́ческий
онковирусоло́гия, -и
онкоге́н, -а
онкогене́з, -а
онкоге́нный
онкодиспансе́р, -а
онкозаболева́емость, -и
онколи́ты, -ов, ед. -ли́т, -а
онко́лог, -а
онкологи́ческий
онколо́гия, -и
онко́ль, -я
онко́льный
онкосфе́ра, -ы
онкоце́нтр, -а
о́но: во вре́мя о́но
ономасиологи́ческий
ономасиоло́гия, -и
онома́стика, -и
ономастико́н, -а
ономасти́ческий
ономатологи́ческий
ономатоло́гия, -и
ономатопе́я, -и
ономатопоэти́ческий
ономня́сь (обл. к наме́дни)
онтари́йский (от Онта́рио)

онтогене́з, -а
онтогене́тика, -и
онтогенети́ческий
онтологи́зм, -а
онтологи́ческий (к онтоло́гия)
онтологи́чный; *кр. ф.* -чен, -чна (к онтоло́гия)
онтоло́гия, -и (*филос.*)
ону́чи, ону́ч, *ед.* ону́ча, -и, *тв.* -ей
о́ны: во времена́ о́ны
о́ный, о́ная, о́ное
о-обра́зный
оога́мия, -и
оогене́з, -а и овогене́з, -а
оого́ний, -я
ооли́товый
ооли́ты, -ов, *ед.* ооли́т, -а
оологи́ческий
ооло́гия, -и
оомице́ты, -ов, *ед.* -це́т, -а
ообно́вский (*от* ООН)
о-о-о, *межд.*
ОО́О, *нескл., с.* (*сокр.:* общество с ограниченной ответственностью)
ооспо́ра, -ы
оофори́т, -а
ооци́т, -а и овоци́т, -а
оп и о́па, *межд.*
опа́вший
опа́д, -а
опада́ние, -я
опада́ть, -а́ет
опаде́ние, -я
опа́здывание, -я
опа́здывать, -аю, -ает
опа́ивание, -я
опа́ивать(ся), -аю(сь), -ает(ся)
опа́к, -а
опа́ковый
опа́л, -а (*камень*)
опа́ла, -ы (*немилость*)
опалённый; *кр. ф.* -ён, -ена́
опалесце́нция, -и
опа́ливание, -я
опа́ливать(ся), -аю(сь), -ает(ся)
опа́лина, -ы

опали́ть(ся), -лю́(сь), -ли́т(ся)
опа́лка, -и
опа́ловый (*от* опа́л)
опалуби́ть, -блю, -бит
опалу́бка, -и, *р. мн.* -бок
опалу́бленный; *кр. ф.* -ен, -ена
опалу́бочный
опалу́бщик, -а
опа́лывать(ся), -аю, -ает(ся)
опа́лый (к опа́сть)
опа́льный (*от* опа́ла)
опаля́ть(ся), -я́ю(сь), -я́ет(ся)
опамятова́ние, -я
опа́мятоваться, -туюсь, -туется
опа́нки, -нок, *ед.* -нка, -и
опа́ночки, -чек, *ед.* -чка, -и
опа́ночный
опа́ра, -ы
опа́рник, -а
оп-а́рт, -а
опарши́вевший (*от* опарши́веть)
опарши́веть, -ею, -еет (*покрыться паршой*)
опарши́вивший (*от* опарши́вить)
опарши́вить, -влю, -вит (*кого, что*)
опарши́вленный; *кр. ф.* -ен, -ена
опа́рыш, -а, *тв.* -ем
опаса́ться, -а́юсь, -а́ется
опасе́ние, -я
опа́ска, -и
опаску́девший(ся) (*от* опаску́деть)
опаску́деть, -ею, -еет (*стать паскудным*)
опаску́дивший(ся) (*от* опаску́дить(ся))
опаску́дить, -у́жу, -у́дит (*что*)
опаску́диться, -у́жусь, -у́дится
опаску́женный; *кр. ф.* -ен, -ена
опа́сливость, -и
опа́сливый
опа́сность, -и
опа́сный; *кр. ф.* -сен, -сна
опа́сть, опадёт; *прош.* опа́л, опа́ла
опа́х, -а (*рыба*)

опаха́ло, -а
опа́ханный; *кр. ф.* -ан, -ана
опаха́ть, опашу́, опа́шет
опа́хивать(ся), -аю(сь), -ает(ся)
опа́хнутый
опахну́ть(ся), -ну́(сь), -нёт(ся)
опа́чкать(ся), -аю(сь), -ает(ся)
о́пашень, -шня
опа́шка, -и
опе́ка, -и
опека́ние, -я
опека́ть(ся), -а́ю(сь), -а́ет(ся)
опеку́н, -а́
опеку́нский
опеку́нство, -а
опеку́нствовать, -твую, -твует
опеку́нша, -и, *тв.* -ей
о́пель, -я (*автомобиль*)
опенённый; *кр. ф.* -ён, -ена́
опени́ть(ся), -ню, -нит(ся)
опёнок, -нка, *мн.* опёнки, -ов и опя́та, -я́т
о́пер, -а (*оперативник*)
о́пера, -ы
о́пера-бале́т, о́перы-бале́та
опера́бельность, -и
опера́бельный; *кр. ф.* -лен, -льна
о́пера-бу́ффа, о́перы-бу́ффа и о́пера-бу́фф, о́перы-бу́фф
о́пера-ко́мик, о́перы-ко́мик
опера́нд, -а
о́пера-се́риа, о́перы-се́риа
операти́вка, -и, *р. мн.* -вок
операти́вник, -а
операти́вно-контро́льный
операти́вно-поиско́вый
операти́вно-произво́дственный
операти́вно-разыскно́й
операти́вно-сле́дственный
операти́вно-служе́бный
операти́вно-спаса́тельный
операти́вно-стратеги́ческий
операти́вность, -и
операти́вно-такти́ческий
операти́вно-техни́ческий

ОПЕРАТИВНЫЙ

операти́вный; *кр. ф.* -вен, -вна
опера́тор, -а
опера́торная, -ой
опера́торский
опера́тор-фу́нкция, опера́тора-фу́нкции
опера́торша, -и, *тв.* -ей
операционали́зм, -а
операционали́ст, -а
операционали́стский
операциони́ст, -а
операциони́стка, -и, *р. мн.* -ток
операцио́нная, -ой
операцио́нный
опера́ция, -и
опергру́ппа, -ы
опереди́ть, -ежу́, -еди́т
опережа́ть(ся), -а́ю(сь), -а́ет(ся)
опережа́ющий(ся)
опереже́ние, -я
опережённый; *кр. ф.* -ён, -ена́
опере́ние, -я
оперённый; *кр. ф.* -ён, -ена́
опере́тка, -и, *р. мн.* -ток
опере́точность, -и
опере́точный
опере́тта, -ы
опере́ть(ся), обопру́(сь), обопрёт(ся); *прош.* опёр(ся), оперла́(сь) и опёрла(сь), опёрло, оперло́сь и опёрлось
опери́рование, -я
опери́рованный; *кр. ф.* -ан, -ана
опери́ровать(ся), -рую(сь), -рует(ся)
опери́ть(ся), -рю́(сь), -ри́т(ся)
оперко́т, -а
о́перный
оперо́н, -а
оперотря́д, -а
опёртый; *кр. ф.* опёрт, оперта́ и опёрта, опёрто
оперуполномо́ченный, -ого
опёрший(ся)
оперя́ть(ся), -я́ю(сь), -я́ет(ся)
опеча́ленно, *нареч.*

опеча́ленный; *кр. ф.* -ен, -ена и (*выражающий печаль*) -ен, -енна (глаза́ её опеча́ленны)
опеча́ливать(ся), -аю(сь), -ает(ся)
опеча́лить(ся), -лю(сь), -лит(ся)
опеча́танный; *кр. ф.* -ан, -ана
опеча́тать, -аю, -ает
опеча́тка, -и, *р. мн.* -ток
опеча́тывание, -я
опеча́тывать(ся), -аю, -ает(ся)
опе́шить, -шу, -шит
опива́ла, -ы, *м. и ж.*
опива́ть(ся), -а́ю(сь), -а́ет(ся)
опи́вки, -вок и -вков
опиекури́льня, -и, *р. мн.* -лен
о́пий, -я
о́пийный
опи́ленный; *кр. ф.* -ен, -ена
опи́ливание, -я
опи́ливать(ся), -аю, -ает(ся)
опили́ть, -илю́, -и́лит
опи́лка, -и (*действие*)
опи́лки, -лок
опило́вка, -и
опило́вочно-зачи́стный
опило́вочный
опи́лочный
опиома́ния, -и
опиофа́гия, -и
опира́ть(ся), -а́ю(сь), -а́ет(ся)
описа́ние, -я
опи́санный; *кр. ф.* -ан, -ана
описа́тель, -я
описа́тельность, -и
описа́тельный; *кр. ф.* -лен, -льна
описа́тельство, -а
описа́ть(ся), -аю(сь), -ает(ся) (*к писа́ть*)
описа́ть(ся), опишу́(сь), опи́шет(ся)
опи́ска, -и, *р. мн.* -сок
описно́й
опистодо́м, -а
описторхо́з, -а
опи́сывание, -я
опи́сывать(ся), -аю(сь), -ает(ся)
о́пись, -и

опи́ть(ся), обопью́(сь), обопьёт(ся); *прош.* опи́л(ся), опила́(сь), опи́ло, опи́ло́(сь)
о́пиум, -а
о́пиумный
опла́вить(ся), -влю, -вит(ся)
оплавле́ние, -я
опла́вленный; *кр. ф.* -ен, -ена
оплавля́ть(ся), -я́ю, -я́ет(ся)
опла́канный; *кр. ф.* -ан, -ана
опла́кать, -а́чу, -а́чет
опла́кивание, -я
опла́кивать(ся), -аю, -ает(ся)
опла́та, -ы
оплати́ть(ся), -ачу́, -а́тит(ся)
опла́ченный; *кр. ф.* -ен, -ена
опла́чивание, -я
опла́чивать(ся), -аю, -ает(ся)
оплева́ние, -я
оплёванный; *кр. ф.* -ан, -ана
оплева́ть, оплюю́, оплюёт
оплёвывание, -я
оплёвывать(ся), -аю(сь), -ает(ся)
оплёсканный; *кр. ф.* -ан, -ана
оплеска́ть, -а́ю, -а́ет
оплёскивать(ся), -аю(сь), -ает(ся)
оплёснутый
оплесну́ть(ся), -ну́(сь), -нёт(ся)
оплести́(сь), оплету́, оплетёт(ся); *прош.* оплёл(ся), оплела́(сь)
оплета́ние, -я
оплета́ть(ся), -а́ю, -а́ет(ся)
оплетённый; *кр. ф.* -ён, -ена́
оплётка, -и, *р. мн.* -ток
оплёточный
оплётчик, -а
оплётчица, -ы, *тв.* -ей
оплётший
оплеу́ха, -и
оплеу́шина, -ы
опле́чный
опле́чь, *нареч.*
опле́чье, -я, *р. мн.* -чий
оплеши́вевший
оплеши́веть, -ею, -еет (*стать плешивым*)

оплодотворение, -я
оплодотворённый; кр. ф. -ён, -ена
оплодотворить(ся), -рю, -рит(ся)
оплодотворяемость, -и
оплодотворять(ся), -яю, -яет(ся)
опломбирование, -я
опломбированный; кр. ф. -ан, -ана
опломбировать, -рую, -рует
опломбировка, -и
опломбировывать(ся), -аю, -ает(ся)
оплот, -а
оплотнеть, -еет
оплошать, -аю, -ает
оплошка, -и, р. мн. -шек
оплошность, -и
оплошный; кр. ф. -шен, -шна
оплыв, -а
оплывание, -я
оплывать, -аю, -ает
оплывень, -вня
оплывина, -ы
оплыть, -ыву, -ывёт; прош. оплыл, оплыла, оплыло
оп-ля, неизм.
оповестительный
оповестить, -ещу, -естит
оповещатель, -я
оповещать(ся), -аю(сь), -ает(ся)
оповещение, -я
оповещённый; кр. ф. -ён, -ена
опоганенный; кр. ф. -ен, -ена
опоганивание, -я
опоганивать(ся), -аю(сь), -ает(ся)
опоганить(ся), -ню(сь) -нит(ся)
оподельдок, -а
оподзоленность, -и
оподзоленный; кр. ф. -ен, -ена
оподзоливание, -я
оподзоливать(ся), -аю, -ает(ся)
оподзолить(ся), -лю, -лит(ся)
подление, -я
подленный; кр. ф. -ен, -ена
подлеть, -ею, -еет

оподлить(ся), -лю(сь), -лит(ся)
оподлять(ся), -яю(сь), -яет(ся)
опоек, опойка
опоение, -я
опоенный; кр. ф. -ен, -ена
опоечек, -чка
опоечный
опоздалый
опоздание, -я
опоздать, -аю, -ает
опознавание, -я
опознавательный
опознавать(ся), -наю(сь), -наёт(ся)
опознание, -я
опознанный; кр. ф. -ан, -ана
опознать(ся), -аю(сь), -ает(ся)
опозорение, -я
опозоренный; кр. ф. -ен, -ена
опозорить(ся), -рю(сь), -рит(ся)
опоить, опою, опоит
опой, -я
опойковый
опойчатый
опока, -и
опоковый
ополаскивание, -я
ополаскиватель, -я
ополаскивать(ся), -аю(сь), -ает(ся)
оползание, -я
оползать, -аю, -ает, сов. (от ползать)
оползать, -аю, -ает, несов. (к оползти)
оползень, -зня
оползневый
оползти, -зу, -зёт; прош. ополз, оползла
оползший
ополночь, нареч.
ополовиненный; кр. ф. -ен, -ена
ополовинивание, -я
ополовинивать(ся), -аю, -ает(ся)
ополовинить(ся), -ню, -нит(ся)
ополосканный; кр. ф. -ан, -ана

ополоскать, -лощу, -лощет и -аю, -ает
ополоски, -ов
ополоснутый
ополоснуть(ся), -ну(сь), -нёт(ся)
ополотый
ополоть, ополю, ополет
ополоумевший
ополоуметь, -ею, -еет
ополчать(ся), -аю(сь), -ает(ся)
ополченец, -нца, тв. -нцем, р. мн. -нцев
ополчение, -я
ополченка, -и, р. мн. -нок
ополчённый; кр. ф. -ён, -ена
ополченский
ополчить(ся), -чу(сь), -чит(ся)
ополье, -я, р. мн. -лий
ополячение, -я
ополяченный; кр. ф. -ен, -ена
ополячивание, -я
ополячивать(ся), -аю(сь), -ает(ся)
ополячить(ся), -чу(сь), -чит(ся)
опоминаться, -аюсь, -ается
опомниться, -нюсь, -нится
опопанакс, -а
опор: во весь опор
опора, -ы
опоражнивание, -я
опоражнивать(ся), -аю(сь), -ает(ся)
опорки, -ов, ед. опорок, -рка
опорно-двигательный
опорно-осевой
опорный
опорожнение, -я
опорожнённый; кр. ф. -ён, -ена и опорожненный; кр. ф. -ен, -ена
опорожнить(ся), -ожню(сь), -ожнит(ся)
опорожнять(ся), -яю(сь), -яет(ся)
опоромонтажный
опорос, -а
опоросить(ся), -ит(ся)

ОПОРОЧЕНИЕ

опоро́чение, -я
опоро́ченный; *кр. ф.* -ен, -ена
опоро́чивание, -я
опоро́чивать(ся), -аю(сь), -ает(ся)
опоро́чить(ся), -чу(сь), -чит(ся)
опосля́ (*прост. к* по́сле)
опосре́дование, -я
опосре́дованно, *нареч.*
опосре́дованность, -и
опосре́дованный; *кр. ф.* -ан, -ана
опосре́довать(ся), -дую, -дует(ся)
опосре́дствование, -я
опосре́дствованно, *нареч.*
опосре́дствованный; *кр. ф.* -ан, -ана
опосре́дствовать(ся), -твую, -твует(ся)
опо́ссум, -а
опосты́левший
опосты́леть, -ею, -еет
опотерапи́я, -и
опохме́л, -а
опохмели́ть(ся), -лю́(сь), -ли́т(ся)
опохме́лка, -и, *р. мн.* -лок
опохмеля́ть(ся), -я́ю(сь), -я́ет(ся)
опоча́не, -а́н, *ед.* -а́нин, -а (*от* Опо́чка)
опо́чецкий (*от* Опо́чка)
опочива́льня, -и, *р. мн.* -лен
опочива́ть, -а́ю, -а́ет
опочи́ть, -и́ю, -и́ет
опошле́ние, -я
опо́шленный; *кр. ф.* -ен, -ена
опошле́ть, -е́ю, -е́ет
опо́шливание, -я
опо́шливать(ся), -аю(сь), -ает(ся)
опо́шлить(ся), -лю(сь), -лит(ся)
опошля́ть(ся), -я́ю(сь), -я́ет(ся)
опоэтизи́рование, -я
опоэтизи́рованный; *кр. ф.* -ан, -ана
опоэтизи́ровать(ся), -рую, -рует(ся)
опоя́зовец, -вца, *тв.* -вцем, *р. мн.* -вцев
опоя́зовский (*от* ОПОЯ́З)

опоя́санный; *кр. ф.* -ан, -ана
опоя́сать(ся), -я́шу(сь), -я́шет(ся)
опоя́ска, -и, *р. мн.* -сок
опоя́сывание, -я
опоя́сывать(ся), -аю(сь), -ает(ся)
опоя́сывающий(ся)
о́ппидум, -а
оппози́тный
оппозиционе́р, -а
оппозиционе́рка, -и, *р. мн.* -рок
оппозицио́нность, -и
оппозицио́нный; *кр. ф.* -о́нен, -о́нна
оппози́ция, -и (*противопоставление, противостояние*)
оппоне́нт, -а
оппоне́нтка, -и, *р. мн.* -ток
оппони́рование, -я
оппони́рованный; *кр. ф.* -ан, -ана
оппони́ровать, -рую, -рует
оппортуни́зм, -а
оппортуни́ст, -а
оппортунисти́ческий
оппортунисти́чный; *кр. ф.* -чен, -чна
оппортуни́стка, -и, *р. мн.* -ток
оппортуни́стский
опра́ва, -ы
оправда́ние, -я
опра́вданно, *нареч.*
опра́вданность, -и
опра́вданный; *кр. ф. прич.* -ан, -ана; *кр. ф. прил.* -ан, -ана (*с дополн.: опра́вданы ва́жностью прое́кта*) *и* -ан, -анна (*без дополн.: его́ де́йствия вполне́ опра́вданны; ва́ше беспоко́йство опра́вданно*)
оправда́тельный
оправда́ть(ся), -а́ю(сь), -а́ет(ся)
опра́вдываемость, -и
опра́вдывание, -я
опра́вдывать(ся), -аю(сь), -ает(ся)
опра́вить(ся), -влю(сь), -вит(ся)
опра́вка, -и, *р. мн.* -вок

оправле́ние, -я
опра́вленный; *кр. ф.* -ен, -ена
оправля́ть(ся), -я́ю(сь), -я́ет(ся)
опра́вочный
опра́стывание, -я
опра́стывать(ся), -аю(сь), -ает(ся)
опра́шивание, -я
опра́шивать(ся), -аю, -ает(ся)
опрева́ть, -а́ю, -а́ет
определе́ние, -я
определённо, *нареч.*
определённость, -и
определённый; *кр. ф. прич.* -ён, -ена́; *кр. ф. прил.* (*ясный, отчетливый; несомненный*) -ёнен, -ённа
определи́мость, -и
определи́мый
определи́тель, -я
определи́тельный
определи́ть(ся), -лю́(сь), -ли́т(ся)
определя́ть(ся), -я́ю(сь), -я́ет(ся)
определя́ющий(ся)
опредме́тить, -е́чу, -е́тит
опредме́ченный; *кр. ф.* -ен, -ена
опредме́чивание, -я
опредме́чивать(ся), -аю, -ает(ся)
опре́лость, -и
опре́лый
опресне́ние, -я
опреснённый; *кр. ф.* -ён, -ена́
опресни́тель, -я
опресни́тельный
опресни́ть(ся), -ню́, -ни́т(ся)
опре́сноки, -ов, *ед.* -нок, -а
опресня́ть(ся), -я́ю, -я́ет(ся)
опрессо́ванный; *кр. ф.* -ан, -ана
опрессова́ть, -ссу́ю, -ссу́ет
опрессо́вка, -и
опрессо́вочный
опрессо́вывать(ся), -аю, -ает(ся)
опре́ть, -е́ю, -е́ет
оприхо́дование, -я
оприхо́дованный; *кр. ф.* -ан, -ана
оприхо́довать(ся), -дую, -дует(ся)

опри́чник, -а
опри́чнина, -ы и опри́чина, -ы
опри́чный
опри́чь, *предлог*
опри́шки, -ов, *ед.* -шек, -шка
опробкове́ние, -я
опробкове́ть, -е́ет
опро́бование, -я
опро́бованный; *кр. ф.* -ан, -ана
опро́бовать(ся), -бую, -бует(ся)
опроверга́тель, -я
опроверга́ть(ся), -а́ю(сь), -а́ет(ся)
опрове́ргнувший
опрове́ргнутый
опрове́ргнуть, -ну, -нет; *прош.* -е́рг и -е́ргнул, -е́ргла
опрове́ргший
опроверже́ние, -я
опрове́рженный; *кр. ф.* -жен, -жена
опровержи́мый
опроки́д, -а
опрокидно́й
опрокидо́н, -а и опрокидо́нт, -а
опроки́дывание, -я
опроки́дыватель, -я
опроки́дывать(ся), -аю(сь), -ает(ся)
опроки́нутый
опроки́нуть(ся), -ну(сь), -нет(ся)
опроме́тчивость, -и
опроме́тчивый
о́прометью, *нареч.*
опро́с, -а
опроси́ть, -ошу́, -о́сит
опро́сник, -а
опро́сный
опроста́ние, -я
опро́станный; *кр. ф.* -ан, -ана
опроста́ть(ся), -а́ю(сь), -а́ет(ся)
простелый
простеть, -ею, -еет
прости́ть(ся), -ощу́(сь), -ости́т(ся)
простоволо́ситься, -ошусь, -о́сится

опростофи́литься, -люсь, -лится
опро́счик, -а
опро́счица, -ы, *тв.* -ей
опротестова́ние, -я
опротесто́ванный; *кр. ф.* -ан, -ана
опротестова́ть, -ту́ю, -ту́ет
опротесто́вывание, -я
опротесто́вывать(ся), -аю, -ает(ся)
опроти́вевший
опроти́веть, -ею, -еет
опро́шенный; *кр. ф.* -ен, -ена
опроща́ть(ся), -а́ю(сь), -а́ет(ся)
опроще́нец, -нца, *тв.* -нцем, *р. мн.* -нцев
опро́щение, -я (*лингв.*)
опроще́ние, -я (*к* опрости́ть(ся))
опро́щенный; *кр. ф.* -ен, -ена (*лингв.*)
опрощённый; *кр. ф.* -ён, -ена́ (*к* опрости́ть(ся))
опроще́нство, -а
опры́сканный; *кр. ф.* -ан, -ана
опры́скать(ся), -аю(сь), -ает(ся)
опры́скивание, -я
опры́скиватель, -я
опры́скиватель-опы́ливатель, опры́скивателя-опы́ливателя
опры́скивать(ся), -аю(сь), -ает(ся)
опры́снутый
опры́снуть(ся), -ну(сь), -нет(ся)
опрыща́вевший
опрыща́веть, -ею, -еет
опря́тность, -и
опря́тный; *кр. ф.* -тен, -тна
опсо́вевший
опсо́веть, -еет
опсони́ны, -ов, *ед.* -ни́н, -а
опсони́ческий
опт, -а
опта́йп, -а
опта́нт, -а
опта́нтка, -и, *р. мн.* -ток
оптати́в, -а

опта́ция, -и
о́птик, -а
о́птика, -и
оптика́тор, -а
о́птико-акусти́ческий
о́птико-волоко́нный
оптикомеха́ник, -а
о́птико-механи́ческий
оптима́льность, -и
оптима́льный; *кр. ф.* -лен, -льна
оптима́ты, -ов, *ед.* -ма́т, -а
опти́метр, -а
оптимиза́тор, -а
оптимизацио́нный
оптимиза́ция, -и
оптимизи́ровать(ся), -рую, -рует(ся)
оптими́зм, -а
оптими́ст, -а
оптимисти́ческий
оптимисти́чность, -и
оптимисти́чный; *кр. ф.* -чен, -чна
оптими́стка, -и, *р. мн.* -ток
о́птимум, -а
О́птина пу́стынь, О́птиной пу́стыни
о́птинский (*к* О́птина пу́стынь)
опти́рованный; *кр. ф.* -ан, -ана
опти́ровать(ся), -рую(сь), -рует(ся)
опти́ческий
оптови́к, -а́
опто́во-заку́почный
опто́во-ро́зничный
опто́вый
о́птом, *нареч.*
оптоте́хника, -и
оптоэлектро́ника, -и
оптоэлектро́нный
оптро́н, -а
опубликова́ние, -я
опублико́ванный; *кр. ф.* -ан, -ана
опубликова́ть(ся), -ку́ю(сь), -ку́ет(ся)
опублико́вывать(ся), -аю(сь), -ает(ся)

опу́нция, -и
опупе́ние, -я
опупе́ть, -е́ю, -е́ет
о́пус, -а
опуска́ние, -я
опуска́ть(ся), -а́ю(сь), -а́ет(ся)
опускно́й
опусте́лый
опусте́ние, -я
опусте́ть, -е́ет
опусти́ть(ся), -ущу́(сь), -у́стит(ся)
опустоша́ть(ся), -а́ю(сь), -а́ет(ся)
опустоше́ние, -я
опустошённо, *нареч.*
опустошённость, -и
опустошённый; *кр. ф.* -ён, -ена́
опустоши́тельность, -и
опустоши́тельный; *кр. ф.* -лен, -льна
опустоши́ть(ся), -шу́(сь), -ши́т(ся)
опусты́ненный; *кр. ф.* -ен, -ена
опусты́нивание, -я
опусты́ниваться, -ается
опусты́ниться, -ится
опу́танный; *кр. ф.* -ан, -ана
опу́тать(ся), -аю(сь), -ает(ся)
опу́тывание, -я
опу́тывать(ся), -аю(сь), -ает(ся)
опуха́ние, -я
опуха́ть, -а́ю, -а́ет
опу́хлость, -и
опу́хлый
опу́хнуть, -ну, -нет; *прош.* опу́х, опу́хла
опухолеви́дный; *кр. ф.* -ден, -дна
о́пухолевый
опухолеро́дный; *кр. ф.* -ден, -дна
о́пухоль, -и
опу́хший
опуша́ть(ся), -а́ю, -а́ет(ся)
опуше́ние, -я
опушённый; *кр. ф.* -ён, -ена́
опу́шечка, -и, *р. мн.* -чек
опу́шечный
опуши́ть(ся), -шу́, -ши́т(ся)

опу́шка, -и, *р. мн.* -шек
опуще́ние, -я
опу́щенный; *кр. ф.* -ен, -ена
опхо́з, -а (*опытное хозяйство*)
опцио́н, -а (*юр., фин.*)
опцио́нный
о́пция, -и (*инф.*)
опыле́ние, -я
опылённый; *кр. ф.* -ён, -ена́
опы́ливание, -я
опы́ливатель, -я
опы́ливать(ся), -аю, -ает(ся)
опыли́тель, -я
опыли́тельный
опыли́ть(ся), -лю́, -ли́т(ся)
опыля́ть(ся), -я́ю, -я́ет(ся)
о́пыт, -а
о́пытник, -а
о́пытница, -ы, *тв.* -ей
о́пытнический
о́пытничество, -а
о́пытно-констру́кторский
о́пытно-произво́дственный
о́пытно-промы́шленный
о́пытность, -и
о́пытно-эксперимента́льный
о́пытный; *кр. ф.* -тен, -тна
опьяне́лый
опьяне́ние, -я
опьянённый; *кр. ф.* -ён, -ена́
опьяне́ть, -е́ю, -е́ет
опьяни́ть(ся), -ню́(сь), -ни́т(ся)
опьяня́ть(ся), -я́ю(сь), -я́ет(ся)
опьяня́ющий(ся)
опя́ть
опя́ть же
опя́ть-таки
ор, о́ра (*к* ора́ть [1])
ора́ва, -ы
оравноду́шевший
оравноду́шеть, -еет
ора́кул, -а
ора́кульский
ора́ла, -ы, *м. и ж.* (*крикун, крикунья*)
ора́ло, -а (*соха*)

ора́льный
орангута́н, -а и орангута́нг, -а
оранжа́д, -а
оранжева́тый
Ора́нжевая, -ой (*река*)
Ора́нжевая прови́нция (*в ЮАР*)
ора́нжево-жёлтый
ора́нжево-кра́сный
ора́нжевый
оранжере́йный
оранжере́я, -и
оранжи́стский
оранжи́сты, -ов, *ед.* -и́ст, -а
Ора́нта, -ы (*иконографический тип Божией Матери*)
ора́нье, -я
ора́рь, -я́
ора́тай, -я
ора́тор, -а
оратори́альный
оратори́ане, -а́н, *ед.* -а́нин, -а
оратори́анский
орато́рия, -и
ора́торный
ора́торский
ора́торство, -а
ора́торствовать, -твую, -твует
ора́ть [1], ору́, орёт, ору́т (*кричать*)
ора́ть [2], орю́, о́рет и ору́, орёт (*пахать*)
орби́та, -ы
орбита́ль, -и
орбита́льный
орби́тный
орг... — *первая часть сложных слов, пишется всегда слитно*
орга́зм, -а
оргали́т, -а
оргали́товый
о́рган, -а
орга́н, -а (*муз. инструмент*)
органди́, *нескл., ж.*
органе́ллы, -е́лл, *ед.* -е́лла, -ы
организа́тор, -а
организа́торский
организа́торша, -и, *тв.* -ей

организацио́нно офо́рмленный
организацио́нно-парти́йный
организацио́нно-полити́ческий
организацио́нно-техни́ческий
организацио́нно-хозя́йственный
организацио́нный
организа́ция, -и
Организа́ция Объединённых На́ций (ООН)
Организа́ция освобожде́ния Палести́ны (ООП)
Организа́ция по безопа́сности и сотру́дничеству в Евро́пе (ОБСЕ)
организа́ция-разрабо́тчик, организа́ции-разрабо́тчика
Организа́ция Североатланти́ческого догово́ра
Организа́ция стра́н – экспортёров не́фти (ОПЕ́К)
Организа́ция экономи́ческого сотру́дничества и разви́тия
органи́зм, -а
органи́зменный
организми́зм, -а
организо́ванно, *нареч.*
организо́ванность, -и
организо́ванный; *кр. ф. прич.* -ан, -ана; *кр. ф. прил. (упорядоченный; отличающийся собранностью, самодисциплиной)* -ан, -анна
организова́ть(ся), -зу́ю(сь), -зу́ет(ся)
организо́вывать(ся), -аю(сь), -ает(ся)
орга́ник, -а
орга́ника, -и
органи́ст, -а
органи́стка, -и, *р. мн.* -ток
органи́струм, -а
органи́чески
органи́ческий
органи́чность, -и

органи́чный; *кр. ф.* -чен, -чна
орга́нный
органоволокни́т, -а
органогене́з, -а
органоге́нный
органоге́ны, -ов, *ед.* -ге́н, -а
органозо́ль, -я
органо́иды, -ов, *ед.* -о́ид, -а
органо́ла, -ы
органоле́птика, -и
органолепти́ческий
органомине́ра́льный
органо́н, -а
орга́но-органи́ческий
органопла́стика, -и
органопрепара́т, -а
органотекстоли́т, -а
органотерапевти́ческий
органотерапи́я, -и
о́рганум, -а *(многоголосие)*
орга́нчик, -а
орга́нщик, -а
оргбюро́, *нескл., с.*
оргвопро́с, -а
оргвы́воды, -ов
оргиа́зм, -а *(к о́ргия)*
оргиа́ст, -а
оргиасти́ческий
орги́йный
о́ргия, -и
оргкомите́т, -а
оргме́ры, -ме́р, *ед.* -ме́ра, -ы
оргнабо́р, -а
оргосна́стка, -и, *р. мн.* -ток
орготде́л, -а
оргпресту́пность, -и
огрработа, -ы
оргсвя́зь, -и
оргстекло́, -а́
оргтехмероприя́тие, -я
оргте́хника, -и
оргтехни́ческий
оргтехосна́стка, -и
орда́, -ы́, *мн.* о́рды, орд; но *(в названиях средневековых государственных объединений)* Орда́,

-ы́, *напр.*: Золота́я Орда́, Нога́йская Орда́; Орда́ *(Золотая Орда)*
орда́лия, -и
о́рден[1], -а, *мн.* -а́, -о́в *(знак отличия)*
о́рден[2], -а, *мн.* -ы, -ов и -а́, -о́в *(организация; архит.)*
о́рден Дру́жбы
о́рден Кра́сного Зна́мени
о́рден Кра́сной Звезды́
О́рден милосе́рдия *(религиозная организация)*
о́рден Му́жества
ордено́к, -нка́
орденоно́сец, -сца, *тв.* -сцем, *р. мн.* -сцев
орденоно́сный
о́рден Оте́чественной войны́
о́рден Побе́ды
о́рден Почёта
о́рден Почётного легио́на
о́рденский
о́рден Сла́вы
о́рдер[1], -а, *мн.* -а́, -о́в *(документ)*
о́рдер[2], -а, *мн.* -ы, -ов и -а́, -о́в *(архит.)*
о́рдерный
ордеро́к, -рка́
ордина́льный *(матем.)*
ордина́р, -а
ордина́рец, -рца, *тв.* -рцем, *р. мн.* -рцев
ордина́рность, -и
ордина́рный; *кр. ф.* -рен, -рна *(обыкновенный, заурядный; штатный)*
ордина́та, -ы
ордина́тор, -а
ордина́торская, -ой
ордина́торский
ординату́ра, -ы
ордови́к, -а
ордови́кский
ордона́нс, -а
ордона́нсовый
Орды́нка, -и *(улица)*

ордьíнский (к Золота́я Орда́)
орды́нцы, -ев, *ед.* -нец, -нца, *тв.* -нцем
орды́нщина, -ы
ореа́да, -ы
оребре́ние, -я
оребрённый; *кр. ф.* -ён, -ена́
оребри́ть, -рю́, -ри́т
оребря́ть(ся), -я́ю, -я́ет(ся)
орёл, орла́
Орёл, Орла́ (*город*)
орёл-змеея́д, орла́-змеея́да
орёл-моги́льник, орла́-моги́льника
орёл-скоморо́х, орла́-скоморо́ха
Оренбу́ргская о́бласть
оренбу́ргский и оренбу́ржский (*от* Оренбу́рг)
Оренбу́ргское каза́чье во́йско
оренбу́ржка, -и, *р. мн.* -жек
оренбу́ржцы, -ев, *ед.* -жец, -жца, *тв.* -жцем
Оренбу́ржье, -я (*к* Оренбу́рг)
орео́л, -а
Оре́ст, -а: Оре́ст и Пила́д
оре́х, -а
оре́ховка, -и, *р. мн.* -вок
орехово́дство, -а
оре́хово-зу́евский (*от* Оре́хово-Зу́ево)
ореховозу́евцы, -ев, *ед.* -вец, -вца, *тв.* -вцем
оре́хово-плодо́вый
оре́ховый
орехопло́дный
орехопромысло́вый
орехотво́рка, -и, *р. мн.* -рок
оре́шек, -шка
оре́шина, -ы
оре́шковый
оре́шник, -а
оре́шниковый
ОРЗ [оэрзэ́], *нескл., с.* (*сокр.:* острое респираторное заболевание)
орига́ми, *нескл., с.*
оригина́л, -а

оригина́лка, -и, *р. мн.* -лок
оригина́л-маке́т, -а
оригина́льничанье, -я
оригина́льничать, -аю, -ает
оригина́льно, *нареч.*
оригина́льность, -и
оригина́льный; *кр. ф.* -лен, -льна
ориентали́зм, -а
ориентали́ст, -а
ориентали́стика, -и
ориентали́стский
ориента́льный
ориента́ция, -и
ориенти́р, -а
ориенти́рный
ориенти́рование, -я
ориенти́рованность, -и
ориенти́рованный; *кр. ф.* -ан, -ана
ориенти́ровать(ся), -рую(сь), -рует(ся)
ориентиро́вка, -и
ориентиро́вочный
ориентиро́вщик, -а
ориентиро́вщица, -ы, *тв.* -ей
ориенти́руемый
ориенти́рующий(ся)
ори́йский
о́рикс, -а
ориктоцено́з, -а
орино́кский (*от* Орино́ко)
Орио́н, -а (*мифол.; созвездие*)
орио́новы переме́нные, орио́новых переме́нных (*тип звезд*)
орифла́мма, -ы
о́рия, *неизм. и нескл., м.* (*язык*) *и нескл., мн., ед. м. и ж.* (*народ*)
Орк, -а (*мифол.*)
орка́н, -а (*ураган*)
орке́стр, -а
оркестра́льность, -и
оркестра́льный
оркестра́нт, -а
оркестра́нтка, -и, *р. мн.* -ток
оркестра́нтский
орке́стрик, -а

оркестрио́н, -а
оркестрова́ние, -я
оркестро́ванный; *кр. ф.* -ан, -ана
оркестрова́ть(ся), -ру́ю, -ру́ет(ся)
оркестро́вка, -и, *р. мн.* -вок
оркестро́вый
оркестроте́ка, -и
орла́н, -а
орла́стый
орлеани́ст, -а
орлеа́новое де́рево
Орлеа́нская де́ва
орлеа́нский (*от* Орлеа́н)
орлеа́нцы, -ев, *ед.* -нец, -нца, *тв.* -нцем
орлёнок, -нка, *мн.* орля́та, орля́т
орлёный (*с изображением двуглавого орла*)
орле́ц, -а́, *тв.* -о́м
о́рлик, -а
орли́ный
орли́ца, -ы, *тв.* -ей
орло́вка, -и, *р. мн.* -вок
орло́вский (*от* Орёл *и* Орло́в)
орло́вцы, -ев, *ед.* -вец, -вца, *тв.* -вцем
орловча́не, -а́н, *ед.* -а́нин, -а
орловча́нка, -и, *р. мн.* -нок
Орло́в-Чесме́нский, Орло́ва-Чесме́нского
Орло́вщина, -ы (*к* Орёл)
орло́м, *нареч.*
орло́н, -а
орло́новый
орля́к, -а́
орля́нка, -и
Орму́зд, -а
орна́мент, -а
орнамента́льный
орнамента́ция, -и
орна́ментика, -и
орнаменти́рование, -я
орнаменти́рованный; *кр. ф.* -ан, -ана
орнаменти́ровать(ся), -рую, -рует(ся)

орнаментиро́вка, -и
орнаменти́ст, -а
орна́ментный
орнаменто́ванный; *кр. ф.* -ан, -ана
орнаментова́ть(ся), -ту́ю, -ту́ет(ся)
орнаменто́вка, -и, *р. мн.* -вок
орна́ментщик, -а
орна́т, -а
орнити́н, -а
орнити́новый
орнитодо́рус, -а
орнито́з, -а
орнитозу́х, -а
орнито́лог, -а
орнитологи́ческий
орнитоло́гия, -и
орнитоми́м, -а
орнитопо́ды, -ов, *ед.* -по́д, -а
орнитопте́р, -а
орнитофа́уна, -ы
орнитофили́я, -и
орнитохо́рия, -и
оробе́лый
оробе́ть, -е́ю, -е́ет
ороге́н, -а
орогене́з, -а и ороге́не́зис, -а
орогенита́льный
орогени́ческий
ороге́нный
оровеле́лый
оровеле́ние, я
оровеле́ть, -е́ет
орографи́ческий
орогра́фия, -и
о́роки, -ов, *ед.* о́рок, -а
о́рокский
ороси́тель, -я
ороси́тельно-вентиляцио́нный
ороси́тельно-обводни́тельный
ороси́тельный
ороси́ть(ся), орошу́, ороси́т(ся)
оро́товая кислота́
оротро́н, -а
о́рочи, -ей, *ед.* о́роч, -а, *тв.* -ем

орочо́нский
орочо́ны, -чо́н, *ед.* орочо́н, -а
о́рочский
ороша́емый
ороша́ть(ся), -а́ю, -а́ет(ся)
ороше́ние, -я
орошённый; *кр. ф.* -ён, -ена́
орпингто́н, -а
орс, -а (*сокр.*: отдел рабочего снабжения)
о́рский (*от* Орск)
о́рсовский (*от* орс)
орт, -а
ортико́н, -а
орти́т, -а
ортоводоро́д, -а
ортоге́лий, -я
ортогене́з, -а
ортогеосинклина́ль, -и
ортогнати́зм, -а
ортогна́тия, -и
ортогне́йс, -а
ортогона́льность, -и
ортогона́льный
ортографи́ческий (ортографи́ческая прое́кция)
ортодо́кс, -а
ортодокса́льность, -и
ортодокса́льный; *кр. ф.* -лен, -льна
ортодо́ксия, -и
ортодо́нт, -а
ортодо́нтия, -и
ортодро́ма, -ы
ортодро́мия, -и
ортокисло́ты, -о́т, *ед.* -ота́, -ы́
ортокла́з, -а
ортокузе́нный бра́к
ортоламарки́зм, -а
ортологи́ческий
ортоло́гия, -и
ортометри́ческий
ортопе́д, -а
ортопеди́ческий
ортопе́дия, -и
ортопироксе́ны, -ов, *ед.* -се́н, -а

ортопте́р, -а
ортосилика́т, -а
ортостати́ческий
ортости́ха, -и
ортотропи́зм, -а
ортоферри́ты, -ов, *ед.* -ри́т, -а
ортофо́рма, -ы
ортофосфа́ты, -ов, *ед.* -фа́т, -а
ортофо́сфорный
ортофотопла́н, -а
ортохроматиза́ция, -и
ортохромати́ческий
ортоце́нтр, -а
ортоэфи́ры, -ов, *ед.* -эфи́р, -а
ОРУ́Д, -а (*сокр.*: отдел регулирования уличного движения)
орудене́лый
орудене́ние, -я
орудене́ть, -е́ет
ору́дие, -я
оруди́йный
ору́дный
ору́довать, -дую, -дует
ору́довец, -вца, *тв.* -вцем, *р. мн.* -вцев
ору́довский (*от* ОРУ́Д)
Оруже́йная пала́та (*в Московском Кремле*)
оруже́йник, -а
оруже́йный
оружено́сец, -сца, *тв.* -сцем, *р. мн.* -сцев
ору́жие, -я
оружиеве́дение, -я
ору́жничий, -его
ору́н, -а́
ору́нья, -и, *р. мн.* -ний
ору́щий
оруэлли́зм, -а
о́руэлловский (*от* О́руэлл)
Орфе́й, -я
орфи́зм, -а
о́рфики, -ов, *ед.* -ик, -а
орфи́ческий
орфогра́мма, -ы
орфографи́ст, -а

орфографи́стка, -и, *р. мн.* -ток
орфографи́ческий
орфогра́фия, -и
орфоэпи́ст, -а
орфоэпи́стка, -и, *р. мн.* -ток
орфоэпи́ческий
орфоэ́пия, -и
орхе́стра, -ы (*площадка*)
орхиде́йный
орхиде́я, -и
орхи́дные, -ых
орхи́т, -а
орхо́но-енисе́йский
орхо́нский (орхо́нские тю́рки)
орча́не, -а́н, *ед.* -а́нин, -а (*от* Орск)
орча́нка, -и, *р. мн.* -нок
орша́д, -а
орша́нка, -и, *р. мн.* -нок
орша́нский (*от* О́рша)
орша́нцы, -ев, *ед.* -нец, -нца, *тв.* -нцем
о́ры, ор (*мифол.*)
оря́сина, -ы
оса́, осы́, *мн.* о́сы, ос
оса́да, -ы
оса́дистый
осади́тельный
осади́ть, осажу́, оса́дит
оса́дка, -и
оса́дки, -ов (*атмосферные*)
осадкоме́р, -а
осадконакопле́ние, -я
осадкообразова́ние, -я
оса́дный
оса́док, -дка
оса́дочный
осажда́ть(ся), -а́ю, -а́ет(ся)
осажде́ние, -я
осаждённый; *кр. ф.* -ён, -ена́
оса́женный; *кр. ф.* -ен, -ена
оса́живание, -я
оса́живать(ся), -аю(сь), -ает(ся)
о́сакский (*от* О́сака)
о́сакцы, -ев, *ед.* -кец, -кца, *тв.* -кцем
оса́ленный; *кр. ф.* -ен, -ена

оса́ливание, -я
оса́ливать(ся), -аю(сь), -ает(ся)
оса́лить(ся), -лю(сь), -лит(ся)
оса́нистость, -и
оса́нистый
оса́нка, -и, *р. мн.* -нок
оса́нна, -ы
осатане́лость, -и
осатане́лый
осатане́ть, -е́ю, -е́ет
оса́харенный; *кр. ф.* -ен, -ена
оса́харивание, -я
оса́харивать, -я
оса́харивать(ся), -аю, -ает(ся)
оса́харить(ся), -рю, -рит(ся)
ОСВ [оэсвэ́], *нескл., с.* (*сокр.*: ограничение стратегических вооружений)
осва́ивание, -я
осва́ивать(ся), -аю(сь), -ает(ся)
осведоми́тель, -я
осведоми́тельница, -ы, *тв.* -ей
осведоми́тельный
осведоми́тельский
осведоми́тельство, -а
осве́домить(ся), -млю(сь), -мит(ся)
осведомле́ние, -я
осведомлённость, -и
осведомлённый; *кр. ф.* -ён, -ена́
осведомля́ть(ся), -я́ю(сь), -я́ет(ся)
освежа́ть(ся), -а́ю(сь), -а́ет(ся)
освежа́ющий(ся)
освежева́ние, -я
освежёванный; *кр. ф.* -ан, -ана
освежева́ть, -жу́ю, -жу́ет
освеже́ние, -я
освежённый; *кр. ф.* -ён, -ена́
освежи́тель, -я
освежи́тельный
освежи́ть(ся), -жу́(сь), -жи́т(ся)
Осве́нцим, -а
освети́тель, -я
освети́тельный
освети́ть, -ещу́, -ети́т (*изложить*)
освети́ть(ся), -ещу́, -ети́т(ся) (*к свет*)

освете́ние, -я
освете́нный; *кр. ф.* -ён, -ена́
осветли́тель, -я
осветли́ть, -лю́, -ли́т
осветля́ть(ся), -я́ю, -я́ет(ся)
осве́чивание, -я
освеща́ть(ся), -а́ю, -а́ет(ся) (*к свет*)
освеще́ние, -я (*от* освети́ть)
освещённость, -и
освещённый; *кр. ф.* -ён, -ена́ (*от* освети́ть)
освиде́тельствование, -я
освиде́тельствованный; *кр. ф.* -ан, -ана
освиде́тельствовать(ся), -твую(сь), -твует(ся)
освинцева́ть, -цу́ю, -цу́ет
освинцо́ванный; *кр. ф.* -ан, -ана
освинцо́вывать(ся), -аю, -ает(ся)
освирепе́ть, -е́ю, -е́ет
осви́станный; *кр. ф.* -ан, -ана
освиста́ть, -ищу́, -и́щет
осви́стывание, -я
осви́стывать(ся), -аю(сь), -ает(ся)
освободи́тель, -я
освободи́тельница, -ы, *тв.* -ей
освободи́тельный
освободи́ть(ся), -ожу́(сь), -оди́т(ся)
освобожда́ть(ся), -а́ю(сь), -а́ет(ся)
освобожде́ние, -я
освобождённый; *кр. ф.* -ён, -ена́
освое́ние, -я
осво́енный; *кр. ф.* -ен, -ена
осво́ить(ся), -о́ю(сь), -о́ит(ся)
освяти́ть, -ящу́, -яти́т (*к свято́й*)
освяща́ть(ся), -а́ю, -а́ет(ся) (*к свято́й*)
освяще́ние, -я (*от* освяти́ть)
освящённый; *кр. ф.* -ён, -ена́ (*от* освяти́ть)
осе́вки, -ов и -вок
осево́й
осе́вший
оседа́ние, -я

оседа́ть, -а́ю, -а́ет
осёдланный; кр. ф. -ан, -ана
оседла́ть, -а́ю, -а́ет
осе́длость, -и
осёдлывать(ся), -аю, -ает(ся)
осе́длый
осека́ть(ся), -а́ю(сь), -а́ет(ся)
осе́кший(ся) и осёкший(ся)
осёл, осла́
оселе́дец, -дца, тв. -дцем, р. мн. -дцев
оселок, -лка́
осемена́тор, -а
осемене́ние, я
осеменённый; кр. ф. -ён, -ена́
осемени́ть(ся), -ню́, -ни́т(ся)
осеменя́ть(ся), -я́ю, -я́ет(ся)
осенённый; кр. ф. -ён, -ена́
осени́ны, -и́н
осени́ть(ся), -ню́(сь), -ни́т(ся)
осе́нне-зи́мний
осе́нний
осе́нница, -ы, тв. -ей
о́сень, -и
о́сенью, нареч.
осеня́ть(ся), -я́ю(сь), -я́ет(ся)
осерди́ть(ся), осержу́(сь), осе́рдит(ся)
осеребрённый; кр. ф. -ён, -ена́
осеребри́ть(ся), -рю́, -ри́т(ся)
осеребря́ть(ся), -я́ю, -я́ет(ся)
осерча́лый
осерча́ть, -а́ю, -а́ет
осесимметри́чный; кр. ф. -чен, -чна
осе́сть,ося́ду, ося́дет; прош. осе́л, осе́ла
осети́нка, -и, р. мн. -нок
осети́но-ингу́шский
осети́нский (к осети́ны и Осе́тия)
осети́ны, -и́н, ед. осети́н, -а
осётр, осетра́
осетри́на, -ы
осетри́нка, -и
осетри́нный
осетрово́дство, -а

осетроводческий
осетровый
осе́чка, -и, р. мн. -чек
осе́чь(ся), осеку́(сь), осечёт(ся), осеку́т(ся); прош. осёк(ся) и осе́к(ся), осекла́(сь)
оси́ленный; кр. ф. -ен, -ена
оси́ливание, -я
оси́ливать(ся), -аю(сь), -ает(ся)
оси́лить(ся), -лю(сь), -лит(ся)
оси́на, -ы
оси́нка, -и, р. мн. -нок
оси́нник, -а
оси́нничек, -чка
оси́новик, -а
оси́новый
оси́нский (от Оса́, город)
оси́ный (от оса́)
оси́плость, -и
оси́плый
оси́пнуть, -ну, -нет; прош. оси́п, оси́пла
оси́пший
Оси́рис, -а и Ози́рис, -а
осироте́лый
осироте́ть, -е́ю, -е́ет
осироти́ть, -очу́, -оти́т
осия́нный; кр. ф. -я́н, -я́нна
осия́ть, -я́ет
оска́бливание, -я
оска́бливать(ся), -аю, -ает(ся)
оска́л, -а
оска́ленный; кр. ф. -ен, -ена
оска́ливание, -я
оска́ливать(ся), -аю(сь), -ает(ся)
оска́лить(ся), -лю(сь), -лит(ся)
оска́льзываться, -аюсь, -ается
оскальпи́рованный; кр. ф. -ан, -ана
оскальпи́ровать, -рую, -рует
осканда́ленный; кр. ф. -ен, -ена
осканда́ливать(ся), -аю(сь), -ает(ся)
осканда́лить(ся), -лю(сь), -лит(ся)
О́скар, -а (премия)
оскверне́ние, -я

осквернённый; кр. ф. -ён, -ена́
оскверни́тель, -я
оскверни́ть(ся), -ню́(сь), -ни́т(ся)
оскверня́ть(ся), -я́ю(сь), -я́ет(ся)
о́ски, -ов
оскла́бить(ся), -блю(сь), -бит(ся)
оскла́бленный; кр. ф. -ен, -ена
осклабля́ть(ся), -я́ю(сь), -я́ет(ся)
оскли́злый
оскли́знувший
оскли́знуть, -нет; прош. -и́з, -и́зла
оскли́зший
оскоблённый; кр. ф. -ён, -ена́
оскобли́ть, -облю́, -о́бли́т
оско́лок, -лка
оско́лочек, -чка
оско́лочно-фуга́сный
оско́лочный
оско́льчатый (перело́м)
оско́ма, -ы
оско́мина, -ы
оско́минный
оско́мистый
оскопи́ть(ся), -плю́(сь), -пи́т(ся)
оскопле́ние, -я
оскоплённый; кр. ф. -ён, -ена́
оскопля́ть(ся), -я́ю(сь), -я́ет(ся)
оскорби́тель, -я
оскорби́тельница, -ы, тв. -ей
оскорби́тельность, -и
оскорби́тельный; кр. ф. -лен, -льна
оскорби́ть(ся), -блю́(сь), -би́т(ся)
оскорбле́ние, -я
оскорблённо, нареч.
оскорблённый; кр. ф. -ён, -ена́
оскорбля́ть(ся), -я́ю(сь), -я́ет(ся)
оскоро́мить(ся), -млю(сь), -мит(ся)
оскоро́мленный; кр. ф. -ен, -ена
оскоти́ниваться, -аюсь, -ается
оскоти́ниться, -нюсь, -нится
оскреба́ть(ся), -а́ю, -а́ет(ся)
оскрёбки, -ов, ед. оскрёбок, -бка
оскрёбший
оскрёбыш, -а, тв. -ем

оскрести́, -ребу́, -ребёт; *прош.* -рёб, -ребла́
о́сккий
о́сккско-у́мбрский
оскудева́ть, -а́ю, -а́ет
оскуде́лый
оскуде́ние, -я
оскуде́ть, -е́ю, -е́ет
ослабева́ние, -я
ослабева́ть, -а́ю, -а́ет
ослабе́лый
ослабе́ть, -е́ю, -е́ет
ослаби́тель, -я
осла́бить(ся), -блю, -бит(ся)
ослабле́ние, -я
осла́бленный; *кр. ф.* -ен, -ена
ослабля́ть(ся), -я́ю, -я́ет(ся)
осла́бнувший
осла́бнуть, -ну, -нет; *прош.* -а́б, -а́бла
осла́бший
осла́вить(ся), -влю(сь), -вит(ся)
осла́вленный; *кр. ф.* -ен, -ена
ославля́ть(ся), -я́ю(сь), -я́ет(ся)
ославя́ненный; *кр. ф.* -ен, -ена
ославя́нивать(ся), -аю(сь), -ает(ся)
ославя́нить(ся), -ню(сь), -нит(ся)
осланцева́ние, -я
осланцо́ванный; *кр. ф.* -ан, -ана
осле́дина, -ы
ослёнок, -нка, *мн.* ослята, -я́т
ослепи́тельно бе́лый
ослепи́тельность, -и
ослепи́тельный; *кр. ф.* -лен, -льна
ослепи́ть(ся), -плю́(сь), -пи́т(ся)
ослепле́ние, -я
ослеплённость, -и
ослеплённый; *кр. ф.* -ён, -ена́
ослепля́ть(ся), -я́ю(сь), -я́ет(ся)
ослепля́ющий(ся)
осле́пнуть, -ну, -нет; *прош.* -е́п, -е́пла
осле́пший
осли́злый

осли́знуть, -нет; *прош.* -и́з, -и́зла
осли́зший
о́слик, -а
осли́нник, -а
осли́ный
осли́ха, -и
осли́ца, -ы, *тв.* -ей
словово́дство, -а
слово́дческий
о́словский (*от* О́сло)
осложне́ние, -я
осложнённый; *кр. ф.* -ён, -ена́
осложни́ть(ся), -ню́, -ни́т(ся)
осложня́ть(ся), -я́ю, -я́ет(ся)
ослуша́ние, -я
ослу́шаться, -аюсь, -ается
ослу́шиваться, -аюсь, -ается
ослу́шник, -а
ослу́шница, -ы, *тв.* -ей
ослы́шаться, -шусь, -шится
ослы́шка, -и, *р. мн.* -шек
осля́к, -а́
осля́тина, -ы
осма́ливание, -я
осма́ливать(ся), -аю, -ает(ся)
осма́н, -а (*рыба*)
османи́зм, -а
осма́нка, -и, *р. мн.* -нок
Осма́нская импе́рия
осма́нский
осма́нцы, -ев, *ед.* -нец, -нца, *тв.* -нцем
Осма́ны, -ов (*династия*)
осма́тривание, -я
осма́тривать(ся), -аю(сь), -ает(ся)
осме́ивание, -я
осме́ивать(ся), -аю(сь), -ает(ся)
осмеле́ть, -е́ю, -е́ет
осме́ливаться, -аюсь, -ается
осме́литься, -люсь, -лится
осмея́ние, -я
осме́янный; *кр. ф.* -ян, -яна
осмея́ть, -е́ю, -е́ёт
о́смиевый
о́смий, -я
осмирне́ть, -е́ю, -е́ет

о́смистый
осмогла́сие, -я
Осмогла́сник, -а
осмо́л, -а
осмолённый; *кр. ф.* -ён, -ена́
осмоли́ть(ся), -лю́, -ли́т(ся)
осмо́лка, -и
осмо́метр, -а
Осмомы́сл, -а: Яросла́в Осмомы́сл
осморегуля́ция, -и
осморецеп́тор, -а
о́смос, -а
осмота́ксис, -а
осмоти́ческий
осмо́тр, -а
осмо́тренный; *кр. ф.* -ен, -ена
осмотре́ть(ся), -отрю́(сь), -о́трит(ся)
осмотри́тельность, -и
осмотри́тельный; *кр. ф.* -лен, -льна
осмо́тровый
осмо́трщик, -а
осмофи́лы, -ов, *ед.* -фи́л, -а
осмофо́ры, -о́р, *ед.* -фо́ра, -ы
осмысле́ние, -я
осмы́сленно, *нареч.*
осмы́сленность, -и
осмы́сленный; *кр. ф. прич.* -ен, -ена; *кр. ф. прил.* (разумный, сознательный) -ен, -енна
осмы́сливание, -я
осмы́сливать(ся), -аю, -ает(ся)
осмы́слить(ся), -лю, -лит(ся)
осмысля́ть(ся), -я́ю, -я́ет(ся)
оснасти́ть(ся), -ащу́(сь), -асти́т(ся)
осна́стка, -и, *р. мн.* -ток
осна́стчик, -а
оснаща́ть(ся), -а́ю(сь), -а́ет(ся)
оснаще́ние, -я
оснащённость, -и
оснащённый; *кр. ф.* -ён, -ена́
осна́щивать(ся), -аю(сь), -ает(ся)
оснежа́ть(ся), -а́ет(ся)

оснежённый; *кр. ф.* -ён, -ена́ и
  оснеженный; *кр. ф.* -ен, -ена
оснежи́ть(ся), -и́т(ся)
осно́ва, -ы
основа́ние, -я
осно́ванный; *кр. ф.* -ан, -ана
основа́тель, -я
основа́тельница, -ы, *тв.* -ей
основа́тельность, -и
основа́тельный; *кр. ф.* -лен, -льна
основа́ть(ся), -ну́ю(сь), -нуёт(ся)
основно́й (*главный*)
осно́вность, -и
осно́вный (*хим., тех., лингв.*)
основовяза́льный
основовя́заный
основополага́ющий
Основополага́ющий а́кт Росси́и и НА́ТО (1997)
основоположе́ние, -я
основополо́жник, -а
основополо́жный
осно́вщик, -а
осно́вщица, -ы, *тв.* -ей
осно́вывать(ся), -аю(сь), -ает(ся)
осо́ба, -ы
осо́бенно, *нареч.*
осо́бенность, -и
осо́бенный; *кр. ф.* -ен, -енна
осо́бина, -ы
осо́бинка, -и
особи́ст, -а
осо́бица: в осо́бицу, на осо́бицу
осо́бливо, *нареч.*
осо́бливый
особня́к, -а́
особняко́м, *нареч.*
особнячо́к, -чка́
осо́бо, *нареч.*
осо́бо ва́жный
осо́богля́нцевый
осо́бо кру́пный
осо́боодарённый
осо́бо опа́сный
осо́боохраня́емый
осо́бо про́чный

особорежи́мный
осо́бость, -и
особоуполномо́ченный
осо́бо це́нный
осо́бо чи́стый
осо́бый
о́собь, -и
о́собь статья́
осо́в, -а
осове́лый
осове́ть, -е́ю, -е́ет
осовреме́ненный; *кр. ф.* -нен, -нена
осовреме́нивание, -я
осовреме́нивать(ся), -аю(сь), -ает(ся)
осовреме́нить(ся), -ню(сь), -нит(ся)
осое́д, -а
осознава́ть(ся), -наю́, -наёт(ся)
осозна́ние, -я
осо́знанно, *нареч.*
осо́знанность, -и
осо́знанный; *кр. ф. прич.* -ан, -ана; *кр. ф. прил.* (*сознательный*) -ан, -анна (*его́ де́йствия вполне́ осо́знанны*)
осозна́ть, -а́ю, -а́ет
осо́ка, -и
осо́ковый
осоко́ревый
осоко́рник, -а
осоко́рь, -я
осола́живание, -я
осола́живать(ся), -аю, -ает(ся)
осолове́лый
осолове́ть, -е́ю, -е́ет
осолоде́лый
осолоде́ть, -е́ет
осолоди́ть(ся), -ложу́, -ло́дит(ся)
осоложённый; *кр. ф.* -ён, -ена́
осолоне́ние, -я
осолонённый; *кр. ф.* -ён, -ена́
осолонцева́ние, -я
осолонцо́ванный; *кр. ф.* -ан, -ана
осопли́вевший

осопли́веть, -ею, -еет
осо́т, -а
осо́товый
о́спа, -ы
оспа́ривание, -я
оспа́ривать(ся), -аю(сь), -ает(ся)
о́спенный
о́спина, -ы
о́спинка, -и, *р. мн.* -нок
оспоприви́ва́ние, -я
оспоприви́ва́тельный
оспо́ренный; *кр. ф.* -ен, -ена
оспори́мый
оспо́рить, -рю, -рит
оспяно́й
осрами́ть(ся), -млю́(сь), -ми́т(ся)
осрамлённый; *кр. ф.* -ён, -ена́
осредне́ние, -я
осреднённый; *кр. ф.* -ён, -ена́
осредни́ть, -ню́, -ни́т
осредня́ть(ся), -я́ю, -я́ет(ся)
оссе́ин, -а
оссиани́зм, -а
оссиани́ческий
оссиа́новский (*от* Оссиа́н)
оссуа́рий, -я
ост, -а (*восток*)
ОСТ, -а (*сокр.:* отраслево́й станда́рт)
остава́ться, остаю́сь, остаётся
оста́вить, -влю, -вит
оставле́ние, -я
оста́вленный; *кр. ф.* -ен, -ена
оставля́ть(ся), -я́ю, -я́ет(ся)
оста́ливание, -я
оста́ливать(ся), -аю, -ает(ся)
остально́й
оста́н, -а (*адм.-терр. единица в Иране*)
остана́вливать(ся), -аю(сь), -ает(ся)
остане́ц, -нца́, *тв.* -нцо́м, *р. мн.* -нцо́в
оста́нки, -ов
Оста́нкинская телеба́шня
оста́нкинский (*от* Оста́нкино)

останов, -а
остановить(ся), -овлю(сь), -овит(ся)
остановка, -и, р. мн. -вок
остановленный; кр. ф. -ен, -ена
остановочный
останцовый
Остап Бендер, Остапа Бендера
оста́тний
оста́ток, -тка
оста́точный; кр. ф. -чен, -чна
оста́ться, -а́нусь, -а́нется
оста́ши, -ей (сапоги)
оста́шковский (от Осташков)
оста́шковцы, -ев, ед. -вец, -вца, тв. -вцем
остго́тский
остго́ты, -ов, ед. -го́т, -а
остебели́ться, -и́тся
остебели́ться, -я́ется
остево́й (от ость)
осте́йт, -а
остеклене́лый
остеклене́ть, -е́ет
остекле́ние, -я
остеклённый; кр. ф. -ён, -ена́
остекле́ть, -е́ет
остекли́ть, -лю́, -ли́т
остеклова́нный; кр. ф. -ан, -ана
остеклова́ть, -лу́ю, -лу́ет
остекля́ть(ся), -я́ю, -я́ет(ся)
осте́ндский (от Осте́нде)
остеоартропатоло́гия, -и
остеобла́сты, -ов, ед. -ла́ст, -а
остеографи́ческий
остеогра́фия, -и
остеодисплази́я, -и
остеодистрофи́я, -и
остеокла́сты, -ов, ед. -ла́ст, -а
остео́лог, -а
остеологи́ческий
остеоло́гия, -и
остео́ма, -ы
остеомаля́ция, -и
остеомиели́т, -а
остео́н, -а

остеопла́стика, -и
остеопоро́з, -а
остеосарко́ма, -ы
остеоси́нтез, -а
остеосклеро́з, -а
остеотоми́я, -и
остеофи́т, -а
остеохондро́з, -а
остеохондропати́я, -и
остеоци́ты, -ов, ед. -ци́т, -а
остепене́ние, -я
остепенённый; кр. ф. -ён, -ена́
остепени́ть(ся), -ню́(сь), -ни́т(ся)
остепеня́ть(ся), -я́ю(сь), -я́ет(ся)
остервене́лость, -и
остервене́лый
остервене́ние, -я
остервенённый; кр. ф. -ён, -ена́
остервене́ть, -е́ю, -е́ет
остервени́ть(ся), -ню́(сь), -ни́т(ся)
остервеня́ть(ся), -я́ю(сь), -я́ет(ся)
остерега́ть(ся), -а́ю(сь), -а́ет(ся)
остерёгший(ся)
остереже́ние, -я
остережённый; кр. ф. -ён, -ена́
остере́чь(ся), -регу́(сь), -режёт(ся), -регу́т(ся); прош. -рёг(ся), -регла́(сь)
осте́рия, -и
остзе́йка, -и, р. мн. -е́ек
остзе́йский
остзе́йцы, -ев, ед. -е́ец, -е́йца, тв. -е́йцем
остина́то, неизм.
ост-и́ндский (от Ост-И́ндия)
ости́стость, -и
ости́стый
ости́т, -а
осто́в, -а
осто́вный (от осто́в)
осто́вый (от ост)
Осто́женка, -и (улица)
осто́йчивость, -и (мор.)
осто́йчивый (мор.)
осто́л, -а
остолбене́лый

остолбене́ние, -я
остолбене́ть, -е́ю, -е́ет
остолби́ть, -блю́, -би́т
остолблённый; кр. ф. -ён, -ена́
остоло́п, -а
остоло́пина, -ы, м. и ж.
осторо́жненько
осторо́жничанье, -я
осторо́жничать, -аю, -ает
осторо́жно, нареч.
осторо́жность, -и
осторо́жный; кр. ф. -жен, -жна
осточертева́ть, -а́ю, -а́ет
осточерте́ть, -е́ю, -е́ет
остра́гивать(ся), -аю, -ает(ся) и остру́гивать(ся), -аю, -ает(ся)
остраки́зм, -а
остране́ние, -я (лит.)
странённый; кр. ф. -ён, -ена́ (лит.)
остра́стка, -и
остре́йший
острека́вить(ся), -влю(сь), -вит(ся)
острека́ть(ся), -а́ю(сь), -а́ет(ся)
острённый; кр. ф. -ён, -ена́
о́стренький
остре́ц, -а́, тв. -о́м и востре́ц, -а́, тв. -о́м
острига́ние, -я
острига́ть(ся), -а́ю(сь), -а́ет(ся)
остри́гший(ся)
остриё, -я́, предл. на острие́, р. мн. -ёв
остри́женный; кр. ф. -ен, -ена
остри́льный
остри́ть(ся), -рю́, -ри́т(ся)
остри́ца, -ы, тв. -ей
остри́чь(ся), -игу́(сь), -ижёт(ся), -игу́т(ся); прош. -и́г(ся), -и́гла(сь)
о́стро и (остроу́мно) остро́, нареч.
остроактуа́льный; кр. ф. -лен, -льна
остроатаку́ющий
о́стров, -а, мн. -а́, -о́в; но (в названиях населенных пунктов, при-

родных зон на материке) О́стров, -а, напр.: О́стров (город), Чёрный О́стров (поселок), Лоси́ный О́стров (природная зона в Москве), Бирю́чий О́стров (коса)
Острова́, -о́в, употр. в названиях государств, напр.: Респу́блика Марша́лловы Острова́, Респу́блика Сейше́льские Острова́, Острова́ Зелёного Мы́са
островерхий
острови́на, -ы
островитя́нин, -а, мн. -я́не, -я́н
островитя́нка, -и, р. мн. -нок
островичи́, -е́й, ед. -ви́ч, -а́, тв. -о́м (от О́стров, город)
островно́й
островóк, -вка́
островоспали́тельный
о́стров Свято́й Еле́ны
о́стровский (от О́стров, город)
островско́й
остро́г, -а (тюрьма)
острога́, -и́ (рыболовное орудие)
остро́ганный; кр. ф. -ан, -ана и остру́ганный; кр. ф. -ан, -ана
остpoга́ть, -а́ю, -а́ет и остpуга́ть, -а́ю, -а́ет
острогла́зый
острогно́йный
остpогóвый (от остpога́)
остpогóжский (от Острогóжск)
остpогóжцы, -ев, ед. -жец, -жца, тв. -жцем
остpоголóвка, -и, р. мн. -вок
остpоголóвый
остpогóрбый
остpогpа́нный
остpогpотéсковый и (в проф. речи) остpогpотеско́вый
остpогpу́дый
остpогу́бцы, -ев
остpодефици́тный; кр. ф. -тен, -тна
остpодискуссиóнный; кр. ф. -óнен, -óнна

остpодрамати́ческий
остpóжек, -жка
остpожи́ть, -жу́, -жи́т
остpóжка, -и, р. мн. -жек
остpóжник, -а (арестант)
остpожни́к, -а́ (рыболов с острогой)
остpóжница, -ы, тв. -ей
остpóжный (от остpóг)
Остpóжская Би́блия (первопечатная книга)
остpозара́зный; кр. ф. -зен, -зна
остpозасу́шливый
остpозлободне́вный; кр. ф. -вен, -вна
остpозу́бцы, -ев
остpозу́бый
остpоинфекциóнный
о́стpо-ки́слый
остpоклю́вый
остpокомбинациóнный; кр. ф. -óнен, -óнна
остpокомеди́йный; кр. ф. -и́ен, -и́йна
остpоконе́чник, -а
остpоконе́чный; кр. ф. -чен, -чна
остpоконфли́ктный; кр. ф. -тен, -тна
остpокpити́ческий
остpокpы́лый
остpокpы́ший
остpоли́ст, -а
остpоли́стный и остpоли́стый
остpоли́цый
остpолодо́чник, -а
Остpоми́рово Ева́нгелие (памятник письменности)
остpомо́рдый
остpонапpа́вленный
остpоно́с, -а
остpоно́сик, -а
остpоно́сый
о́стpо нужда́ющийся
остpопёстр, -а и остpопестpо́, нескл., с.
остpопи́ленный

остpопи́ливать(ся), -аю, -ает(ся)
остpопи́лить, -лю, -лит
остpополеми́ческий
остpополеми́чный; кр. ф. -чен, -чна
остpополити́ческий
остpопpоблéмный; кр. ф. -мен, -мна
остpопpотекáющий*
о́стpо-пpя́ный
остpопублицисти́ческий
остpорёбpый
остpоритми́чный; кр. ф. -чен, -чна
остpоpóгий
остpоpы́лый
остpосатири́ческий
остpоску́лый
остpосло́в, -а
остpосло́вие, -я
остpосло́вить, -влю, -вит
остpосло́вящий
остpосовpеме́нный; кр. ф. -е́нен, -е́нна
остpосоциа́льный; кр. ф. -лен, -льна
остpосюже́тность, -и
остpосюже́тный; кр. ф. -тен, -тна
остpо́та, -ы (остроумное выражение)
остpота́, -ы́ (свойство)
остpоуго́льник, -а
остpоуго́льный; кр. ф. -лен, -льна
остpоу́мец, -мца, тв. -мцем, р. мн. -мцев
остpоу́мие, -я
остpоу́мничанье, -я
остpоу́мничать, -аю, -ает
остpоу́мно, нареч.
остpоу́мный; кр. ф. -мен, -мна
остpоу́хий
остpохаpа́ктеpный; кр. ф. -рен, -рна
остpохво́стый
остpоязы́кий
остpоязы́чный

ОСТРУГАННЫЙ

острýганный; *кр. ф.* -ан, -ана и острóганный; *кр. ф.* -ан, -ана
остругáть, -áю, -áет и острогáть, -áю, -áет
острýгивать(ся), -аю, -ает(ся) и острáгивать(ся), -аю, -ает(ся)
óстрый; *кр. ф.* остр и остёр, острá, óстро и (*в знач.* "остроýмный") остёр, острá, острó
остря́к, -á
остря́чка, -и, *р. мн.* -чек
остýда, -ы
остуди́ть(ся), -ужý(сь), -ýдит(ся)
остужáть(ся), -áю(сь), -áет(ся)
остýженный; *кр. ф.* -ен, -ена
остýживание, -я
остýживать(ся), -аю, -ает(ся)
остýканный; *кр. ф.* -ан, -ана
остýкать, -аю, -ает
остýкивать(ся), -аю(сь), -ает(ся)
оступáться, -áюсь, -áется
оступи́ться, -уплю́сь, -ýпится
остывáние, -я
остывáть, -áю, -áет
осты́вший
осты́лый
осты́нуть и осты́ть, -ы́ну, -ы́нет; *прош.* -ы́л, -ы́ла
ость, -и, *мн.* -и, -éй
остяки́, -óв, *ед.* остя́к, -á
остя́нка, -и, *р. мн.* -нок
остя́цкий
остя́чка, -и, *р. мн.* -чек
осуди́ть, осужý, осýдит
осуждáть(ся), -áю(сь), -áет(ся)
осуждáющий(ся)
осуждéние, -я
осуждённый; *кр. ф.* -ён, -енá
осунýться, -нусь, -нется
осушáть(ся), -áю, -áет(ся)
осушéние, -я
осýшенный; *кр. ф.* -ен, -ена
осуши́тель, -я
осуши́тельный
осуши́ть(ся), осушý, осýшит(ся)
осýшка, -и

осуществи́мость, -и
осуществи́мый
осуществи́ть(ся), -влю́, -ви́т(ся)
осуществлéние, -я
осуществлённый; *кр. ф.* -ён, -енá
осуществля́ть(ся), -я́ю, -я́ет(ся)
осфрáдий, -я
осциллогрáмма, -ы
осциллóграф, -а
осциллографи́ческий
осциллогрáфия, -и
осцилломéтрия, -и
осциллоскóп, -а
осциллятор, -а
осцилля́ция, -и
осчастли́вить, -влю, -вит
осчастли́вленный; *кр. ф.* -ен, -ена
осчастли́вливать(ся), -аю(сь), -ает(ся)
осыпáемость, -и
осыпáние, -я
осы́панный; *кр. ф.* -ан, -ана
осы́пать(ся), -плю(сь), -плет(ся), -плют(ся) и -пет(ся), -пят(ся), *сов.*
осыпáть(ся), -áю(сь), -áет(ся), *несов.*
óсыпь, -и
ось, óси и оси́, *предл.* на оси́, *мн.* óси, осéй
осьмизýбые, -ых
осьми́на, -ы
осьми́нник, -а
осьминóг, -а
осьминóжий, -ья, -ье
осьмóй (*устар. к* восьмóй)
осьмýха, -и
осьмýшечка, -и, *р. мн.* -чек
осьмýшка, -и, *р. мн.* -шек
осязáемость, -и
осязáемый
осязáние, -я
осязáтельность, -и
осязáтельный; *кр. ф.* -лен, -льна
осязáть(ся), -áю, -áет(ся)

от и ото, *предлог*
отáва, -ы
отáвный
от á до я́ (*от начáла до концá*)
отакелáженный; *кр. ф.* -ен, -ена
отакелáживание, -я
отакелáживать(ся), -аю, -ает(ся)
отакелáжить, -жу, -жит
отáпливание, -я (*от* отáпливать)
отáпливать(ся), -аю(сь), -ает(ся) (*к* отопи́ть)
отáптывание, -я (*от* отáптывать)
отáптывать(ся), -аю, -ает(ся) (*к* отоптáть(ся))
отáра, -ы
отáрщик, -а
отáчивание, -я (*от* отáчивать)
отáчивать(ся), -аю, -ает(ся) (*к* оточи́ть)
отбáвить, -влю, -вит
отбáвка, -и
отбавлéние, -я
отбáвленный; *кр. ф.* -ен, -ена
отбавля́ть(ся), -я́ю, -я́ет(ся)
отбалансировáние, -я
отбалансировáть, -рую, -рует
отбарабáненный; *кр. ф.* -ен, -ена
отбарабáнивать(ся), -аю, -ает(ся)
отбарабáнить, -ню, -нит
отбегáть, -áю, -áет, *несов.* (*к* отбежáть)
отбéгать(ся), -аю(сь), -ает(ся), *сов.* (*кончить бегать*)
отбежáть, -егý, -ежи́т, -егýт
отбелённый; *кр. ф.* -ён, -енá
отбéливание, -я
отбéливатель, -я
отбéливать(ся), -аю, -ает(ся)
отбели́ть(ся), -елю́, -éли́т(ся)
отбéлка, -и
отбéлочный
отбéльно-краси́льный
отбéльный
отбéльщик, -а
отбéльщица, -ы, *тв.* -ей

отбензи́ненный; *кр. ф.* -ен, -ена
отбензи́нивание, -я
отбензи́нивать(ся), -аю, -ает(ся)
отбензи́нить, -ню, -нит
отбесе́довать, -дую, -дует
отбеси́ться, -ешу́сь, -е́сится
отби́в, -а
отбива́ние, -я
отбива́ть(ся), -а́ю(сь), -а́ет(ся)
отби́вка, -и, *р. мн.* -вок
отбивна́я, -о́й
отбивно́й
отбира́ние, -я
отбира́ть(ся), -а́ю(сь), -а́ет(ся)
отби́тие, -я
отби́тый
отби́ть(ся), отобью́(сь), отобьёт(ся)
отблагове́стить, -ещу, -естит
отблагодарённый; *кр. ф.* -ён, -ена́
отблагодари́ть, -рю́, -ри́т
отблажи́ть, -жу́, -жи́т
о́тблеск, -а
отбле́скивать, -аю, -ает и отблё́скивать, -аю, -ает
отблесте́ть, -лещу́, -лести́т
отблиста́ть, -а́ю, -а́ет и отблещу́, -ле́щет
отбо́й, -я; отбо́ю (отбо́я) нет
отбо́йка, -и
отбо́йный
отбо́йщик, -а
отболе́ть, -е́ю, -е́ет
отбомби́ть(ся), -блю́(сь), -би́т(ся)
отбо́р, -а
отбо́рка, -и
отбо́рник, -а
отбо́рность, -и
отбо́рный
отборони́ть, -ню́, -ни́т
отбо́рочный
отборто́ванный; *кр. ф.* -ан, -ана
отбортова́ть, -ту́ю, -ту́ет
отборто́вка, -и
отборто́вывать(ся), -аю, -ает(ся)
отбоя́ривание, -я
отбоя́риваться, -аюсь, -ается

отбоя́риться, -рюсь, -рится
отбоя́ться, отбою́сь, отбои́тся
отбрако́ванный; *кр. ф.* -ан, -ана
отбракова́ть(ся), -ку́ю, -ку́ет(ся)
отбрако́вка, -и, *р. мн.* -вок
отбрако́вывание, -я
отбрако́вывать(ся), -аю, -ает(ся)
отбра́ниваться, -аюсь, -ается
отбрани́ть(ся), -ню́(сь), -ни́т(ся)
отбра́сывание, -я
отбра́сывать(ся), -аю, -ает(ся)
отбреда́ть, -а́ю, -а́ет
отбре́дший
отбренча́ть, -чу́, -чи́т
отбрести́, -еду́, -едёт; *прош.* -ёл, -ела́
отбреха́ться, отбрешу́сь, -е́шется и -а́юсь, -а́ется
отбрёхиваться, -аюсь, -ается
отбрива́ть(ся), -а́ю, -а́ет(ся)
отбри́тый
отбри́ть(ся), -ре́ю(сь), -ре́ет(ся)
отброди́ть, -ожу́, -о́дит
отбро́санный; *кр. ф.* -ан, -ана (*от* отброса́ть)
отброса́ть, -а́ю, -а́ет
отбро́сить, -о́шу, -о́сит
отбро́ска, -и (*действие*)
отбро́ски, -ов (*отбросы*)
отбро́сный
отбро́совый
отбро́сы, -ов
отбро́шенный; *кр. ф.* -ен, -ена (*от* отбро́сить)
отбрыка́ться, -а́юсь, -а́ется
отбры́киваться, -аюсь, -ается
отбузо́ванный; *кр. ф.* -ан, -ана
отбузова́ть, -зу́ю, -зу́ет
отбукси́рованный; *кр. ф.* -ан, -ана
отбукси́ровать(ся), -рую, -рует(ся)
отбуксиро́вка, -и
отбуксиро́вывать(ся), -аю, -ает(ся)
отбунтова́ть, -ту́ю, -ту́ет
отбу́ривать(ся), -аю, -ает(ся)

отбури́ть(ся), -рю́, -ри́т(ся)
отбурли́ть, -лю́, -ли́т
отбу́хать, -аю, -ает
отбу́ченный; *кр. ф.* -ен, -ена
отбу́чивать(ся), -аю, -ает(ся)
отбу́чить, -чу, -чит
отбушева́ть, -шу́ю, -шу́ет
отбуя́нить, -ню, -нит
отбыва́ловка, -и
отбыва́ние, -я
отбыва́ть, -а́ю, -а́ет
отбы́вка, -и
отбы́тие, -я
отбы́ть, отбу́ду, отбу́дет; *прош.* о́тбыл, отбыла́, о́тбыло
отва́га, -и
отва́дить(ся), -а́жу(сь), -а́дит(ся)
отва́женный; *кр. ф.* -ен, -ена
отва́живание, -я
отва́живать(ся), -аю(сь), -ает(ся)
отва́житься, -жусь, -жится
отва́жность, -и
отва́жный; *кр. ф.* -жен, -жна
отва́л, -а
отва́ленный; *кр. ф.* -ен, -ена (*от* отвали́ть)
отва́ливание, -я
отва́ливать(ся), -аю(сь), -ает(ся)
отвали́ть(ся), -алю́(сь), -а́лит(ся)
отва́лка, -и
отвалообразова́ние, -я
отвалообразова́тель, -я
отва́льно-погру́зочный
отва́льный
отва́льщик, -а
отва́лянный; *кр. ф.* -ян, -яна (*от* отваля́ть)
отваля́ть(ся), -я́ю(сь), -я́ет(ся)
отва́р, -а и -у
отва́ренный; *кр. ф.* -ен, -ена
отва́ривание, -я
отва́ривать(ся), -аю, -ает(ся)
отвари́ть(ся), -арю́, -а́рит(ся) (*к* вари́ть(ся))
отва́рка, -и
отварно́й

ОТВЕВАТЬ(СЯ)

отвева́ть(ся), -а́ю, -а́ет(ся) (к отве́ять)
отве́данный; кр. ф. -ан, -ана
отве́дать, -аю, -ает
отведе́ние, -я
отведённый; кр. ф. -ён, -ена́
отве́дший
отве́дывание, -я
отве́дывать(ся), -аю, -ает(ся)
отвезённый; кр. ф. -ён, -ена́
отвезти́, -зу́, -зёт; прош. -ёз, -езла́
отвёзший
отве́ивание, -я
отве́ивать(ся), -аю, -ает(ся)
отвекова́ть, -ку́ю, -ку́ет
отверга́ть(ся), -а́ю, -а́ет(ся)
отве́ргнувший
отве́ргнутый
отве́ргнуть, -ну, -нет; прош. -е́рг и -е́ргнул, -е́ргла
отве́ргший
отвердева́ние, -я
отвердева́ть, -а́ет
отверде́лость, -и
отверде́лый
отверде́ние, -я (от отверде́ть)
отверде́ть, -е́ет
отверди́тель, -я
отверди́ть, -ржу́, -рди́т (тех.)
отвержда́ть, -а́ю, -а́ет
отвержде́ние, -я (от отверди́ть)
отверждённый; кр. ф. -ён, -ена́
отве́рженец, -нца, тв. -нцем, р. мн. -нцев
отверже́ние, -я (от отве́ргнуть)
отве́рженность, -и
отве́рженный; кр. ф. -ен, -ена
отверза́ть(ся), -а́ю, -а́ет(ся)
отве́рзтись, -зется; прош. -ёрзся, -ёрзлась
отве́рзть, -зу, -зет; прош. -ёрз, -ёрзла
отве́рзший(ся)
отвёрнутый
отверну́ть(ся), -ну́(сь), -нёт(ся)
отве́рстие, -я
отве́рстый
отверте́ть(ся), -ерчу́(сь), -е́ртит(ся)
отвёртка, -и, р. мн. -ток
отвёртывание, -я
отвёртывать(ся), -аю(сь), -ает(ся)
отве́рченный; кр. ф. -ен, -ена
отве́ршек, -шка
отве́с, -а
отве́сить, -е́шу, -е́сит
отве́сность, -и
отве́сный; кр. ф. -сен, -сна
отвести́, -еду́, -едёт; прош. -ёл, -ела́
отве́т, -а
ответви́тель, -я
ответви́ть(ся), -влю́, -ви́т(ся)
ответвле́ние, -я
ответвлённый; кр. ф. -ён, -ена́
ответвля́ть(ся), -я́ю, -я́ет(ся)
отве́тить, -е́чу, -е́тит
отве́тный
ответрабо́тник, -а
отве́тственно, нареч.
отве́тственность, -и
отве́тственный; кр. ф. -вен и -венен, -венна
отве́тствовать, -твую, -твует
отве́тчик, -а
отве́тчица, -ы, тв. -ей
отвеча́ть, -а́ю, -а́ет
отве́ченный; кр. ф. -ен, -ена
отве́шенный; кр. ф. -ен, -ена
отве́шивание, -я
отве́шивать(ся), -аю, -ает(ся)
отве́янный; кр. ф. -ян, -яна
отве́ять(ся), -е́ю, -е́ет(ся)
отвива́ть(ся), -а́ю, -а́ет(ся) (к отви́ть)
отви́ливание, -я
отви́ливать, -аю, -ает
отвильну́ть, -ну́, -нёт
отвиля́ть, -я́ю, -я́ет
отвинти́ть(ся), -инчу́, -и́нти́т(ся)
отви́нченный; кр. ф. -ен, -ена
отви́нчивание, -я
отви́нчивать(ся), -аю, -ает(ся)
отвиса́ние, -я
отвиса́ть, -а́ет
отвисе́ться, -си́тся
отви́слость, -и
отви́слый
отви́снуть, -нет; прош. -и́с, -и́сла
отви́сший
отви́тый; кр. ф. -и́т, -ита́, -и́то
отви́ть, отовью́, отовьёт; прош. -и́л, -ила́, -и́ло
отвлека́ть(ся), -а́ю(сь), -а́ет(ся)
отвлёкший(ся)
отвлече́ние, -я
отвлечённо, нареч.
отвлечённость, -и
отвлечённый; кр. ф. прич. -ён, -ена́; кр. ф. прил. (абстрактный) -ён, -ённа
отвле́чь(ся), -леку́(сь), -лечёт(ся), -леку́т(ся); прош. -лёк(ся), -лекла́(сь)
отво́д, -а
отводи́ть(ся), -ожу́, -о́дит(ся)
отво́дка, -и, р. мн. -док
отводно́й и отво́дный
отво́док, -дка (часть растения)
отводя́щий(ся)
отвоёванный; кр. ф. -ан, -ана
отвоева́ть(ся), отвою́ю(сь), отвою́ет(ся)
отвоёвывание, -я
отвоёвывать(ся), -аю, -ает(ся)
отво́з, -а
отвози́ть(ся), -ожу́(сь), -о́зит(ся)
отво́зка, -и
отво́зчик, -а
отво́зчица, -ы, тв. -ей
отвола́живать(ся), -аю, -ает(ся)
отвола́кивание, -я
отвола́кивать(ся), -аю, -ает(ся)
отволнова́ться, -ну́юсь, -ну́ется
отволо́женный; кр. ф. -ен, -ена
отволо́жить, -о́жу, -о́жит
отволо́ка, -и
отволо́кший(ся)
отволо́ченный; кр. ф. -ен, -ена (от отволочи́ть)

отволочённый; *кр. ф.* -ён, -ена́
(*от* отволо́чь *и* отволочи́ть)
отволочи́ть, -очу́, -о́чит
отволо́чка, -и
отволо́чь(ся), -локу́, -лочёт(ся),
-локу́т(ся); *прош.* -ло́к(ся),
-локла́(сь)
отвора́живание, -я
отвора́живать(ся), -аю, -ает(ся)
отвора́чивание, -я
отвора́чивать(ся), -аю(сь),
-ает(ся)
отво́ренный; *кр. ф.* -ен, -ена *и*
отворённый *кр. ф.* -ён, -ена́
отвори́ть(ся), -орю́, -о́рит(ся)
(*открыть(ся)*)
отворожённый; *кр. ф.* -ён, -ена́
отворожи́ть, -жу́, -жи́т
отворо́т, -а
отвороти́ть(ся), -рочу́(сь),
-ро́тит(ся)
отворо́тный
отворо́чать, -аю, -ает
отворо́ченный; *кр. ф.* -ен, -ена
отворя́ть(ся), -я́ю, -я́ет(ся)
отврати́тельный; *кр. ф.* -лен,
-льна
отврати́ть(ся), -ащу́(сь), -ати́т(ся)
отвра́тный; *кр. ф.* -тен, -тна
отвраща́ть(ся), -а́ю(сь), -а́ет(ся)
отвраще́ние, -я
отвращённый; *кр. ф.* -ён, -ена́
отвыка́ние, -я
отвыка́ть, -а́ю, -а́ет
отвы́кнуть, -ну, -нет; *прош.* -ык,
-ыкла
отвы́кший
отвы́ть, отво́ю, отво́ет
отвы́чка, -и
отвя́занный; *кр. ф.* -ан, -ана
отвяза́ть(ся), -яжу́(сь), -я́жет(ся)
отвя́зка, -и
отвя́зный
отвя́зывание, -я
отвя́зывать(ся), -аю(сь), -ает(ся)
отга́данный; *кр. ф.* -ан, -ана

отгада́ть, -а́ю, -а́ет
отга́дка, -и, *р. мн.* -док
отга́дчик, -а
отга́дчица, -ы, *тв.* -ей
отга́дывание, -я
отга́дывать(ся), -аю, -ает(ся)
отги́б, -а
отгиба́ние, -я
отгиба́ть(ся), -а́ю, -а́ет(ся)
отглаго́льность, -и
отглаго́льный
отгла́дить(ся), -а́жу(сь), -а́дит(ся)
отгла́дывать(ся), -аю, -ает(ся)
отгла́женный; *кр. ф.* -ен, -ена
отгла́живать(ся), -аю(сь), -ает(ся)
отгла́тывать, -аю, -ает
отгло́данный; *кр. ф.* -ан, -ана
отглода́ть, -ожу́, -о́жет *и* -а́ю, -а́ет
отглотну́ть, -ну́, -нёт
отгнива́ть, -а́ет
отгни́ть, -иёт; *прош.* -и́л, -ила́, -и́ло
отгова́ривание, -я
отгова́ривать(ся), -аю(сь),
-ает(ся)
отговѐть(ся), -ѐю(сь), -ѐет(ся)
отговорённый; *кр. ф.* -ён, -ена́
отговори́ть(ся), -рю́(сь), -ри́т(ся)
отгово́рка, -и, *р. мн.* -рок
отгово́ры, -ов
отголо́сок, -ска
отго́н, -а
отго́нка, -и
отго́нный
отгоня́ть(ся), -я́ю, -я́ет(ся)
отгора́живание, -я
отгора́живать(ся), -аю(сь),
-ает(ся)
отгора́ть, -а́ю, -а́ет
отгорева́ть, -рю́ю, -рю́ет
отгоре́ть, -рю́, -ри́т
отгороди́ть(ся), -ожу́(сь),
-о́дит(ся)
отгоро́женность, -и
отгоро́женный; *кр. ф.* -ен, -ена
отгости́ть(ся), -ощу́(сь),
-ости́т(ся)

отгравиро́ванный; *кр. ф.* -ан,
-ана
отгравирова́ть(ся), -ру́ю,
-ру́ет(ся)
отгранённый; *кр. ф.* -ён, -ена́
отгра́нивать(ся), -аю, -ает(ся)
отграни́ть, -ню́, -ни́т
отграниче́ние, -я
отграни́ченный; *кр. ф.* -ен, -ена
отграни́чивание, -я
отграни́чивать(ся), -аю, -ает(ся)
отграни́чить, -чу, -чит
отграфи́ть, -флю́, -фи́т
отграфлённый; *кр. ф.* -ён, -ена́
отграфля́ть(ся), -я́ю, -я́ет(ся)
отгреба́ние, -я
отгреба́ть(ся), -а́ю(сь), -а́ет(ся)
отгребённый; *кр. ф.* -ён, -ена́
отгрёбка, -и
отгребно́й
отгрёбший
отгреме́ть, -ми́т
отгрести́(сь), -ребу́(сь) -ребёт(ся);
прош. -рёб(ся), -ребла́(сь)
отгромыха́ть, -а́ет
отгро́ханный; *кр. ф.* -ан, -ана
отгро́хать, -аю, -ает
отгрохота́ть, -хо́чет
отгружа́ть(ся), -а́ю(сь), -а́ет(ся)
отгру́женный; *кр. ф.* -ен, -ена *и*
отгружённый; *кр. ф.* -ён, -ена́
отгрузи́ть(ся), -ужу́(сь), -у́зи́т(ся)
отгру́зка, -и
отгру́зочный
отгрусти́ть, -ущу́, -усти́т
отгрыза́ние, -я
отгрыза́ть(ся), -а́ю(сь), -а́ет(ся)
отгры́зенный; *кр. ф.* -ен, -ена
отгрызну́ться, -ну́сь, -нётся
отгры́зть(ся), -зу́(сь), -зёт(ся);
прош. -ы́з(ся), -ы́зла(сь)
отгры́зший(ся)
отгудѐть, -ди́т
о́тгул, -а (*отзвук*)
отгу́л, -а (*отпуск*)
отгу́ливание, -я

ОТГУЛИВАТЬ(СЯ)

отгу́ливать(ся), -аю(сь), -ает(ся)
отгу́льный
отгу́лянный; *кр. ф.* -ян, -яна
отгуля́ть(ся), -я́ю(сь), -я́ет(ся)
отдава́ть(ся), отдаю́(сь), отда-ё́т(ся)
отдави́ть, -авлю́, -а́вит
отда́вленный; *кр. ф.* -ен, -ена
отда́вливание, -я
отда́вливать(ся), -аю, -ает(ся)
отда́ивание, -я
отда́ивать, -аю, -ает(ся)
отдале́ние, -я
отдалённость, -и
отдалённый; *кр. ф. прич.* -ён, -ена́; *кр. ф. прил.* (*далекий, дальний*) -ён, -ённа
отдали́ть(ся), -лю́(сь), -ли́т(ся)
отдаля́ть(ся), -я́ю(сь), -я́ет(ся)
отда́ние, -я
о́тданный; *кр. ф.* о́тдан, отдана́, о́тдано
отда́ренный; *кр. ф.* -ен, -ена и отда́рённый; *кр. ф.* -ён, -ена́ (*от* отдари́ть)
отда́ривание, -я
отда́ривать(ся), -аю(сь), -ает(ся) (*к* отдари́ть(ся))
отдари́ть(ся), -рю́(сь), -ри́т(ся) (*сделать ответный подарок*)
отда́точный
отда́тчик, -а
отда́ть(ся), -а́м(ся), -а́шь(ся), -а́ст(ся), -ади́м(ся), -ади́те(сь), -аду́т(ся); *прош.* отда́л, -а́лся, -ала́(сь), о́тдало, отдало́сь
отда́ча, -и, *тв.* -ей
отдвига́ть, -аю, -ает, *сов.* (*от* дви́гать)
отдвига́ть(ся), -а́ю(сь), -а́ет(ся), *несов.* (*к* отдви́нуть(ся))
отдви́жка, -и, *р. мн.* -жек
отдвижно́й
отдви́нутый
отдви́нуть(ся), -ну(сь), -нет(ся)
отдежу́ренный; *кр. ф.* -ен, -ена

отдежу́ривать, -аю -ает
отдежу́рить, -рю -рит
отде́л, -а
отде́ланность, -и
отде́ланный; *кр. ф.* -ан, -ана
отде́лать(ся), -аю(сь), -ает(ся)
отделе́ние, -я
отделённость, -и
отделённый[1]; *кр. ф.* -ён, -ена́, *прич.* (*от* отдели́ть)
отделённый[2] (*к* отделе́ние, *воен.*)
отделе́нский
отделе́нческий
отделе́ньице, -а
отдели́мость, -и
отдели́мый
отдели́тель, -я
отдели́тельный
отдели́ть(ся), -елю́(сь), -е́лит(ся)
отде́лка, -и, *р. мн.* -лок
отде́лочник, -а
отде́лочница, -ы, *тв.* -ей
отде́лочно-расто́чный
отде́лочный
отде́лывание, -я
отде́лывать(ся), -аю(сь), -ает(ся)
отде́льно, *нареч.*
отде́льно взя́тый
отде́льно стоя́щий
отде́льность, -и
отде́льный
отде́льческий
отделя́емый
отделя́ть(ся), -я́ю(сь), -я́ет(ся)
отдё́рганный; *кр. ф.* -ан, -ана (*от* отдёргать)
отдё́ргать, -аю, -ает (*дёргая, повредить*)
отдё́ргивание, -я (*от* отдёргивать)
отдё́ргивать(ся), -аю, -ает(ся) (*к* отдёргать и отдёрнуть(ся))
отдё́рнутый (*от* отдёрнуть)
отдё́рнуть(ся), -ну, -нет(ся) (*дернув, отвести назад или в сторону; сдвинуться таким образом*)
отдикто́ванный; *кр. ф.* -ан, -ана

отдиктова́ть, -ту́ю, -ту́ет
отдикто́вывать(ся), -аю, -ает(ся)
отдира́ние, -я
отдира́ть(ся), -а́ю, -а́ет(ся)
отдирижи́рованный; *кр. ф.* -ан, -ана
отдирижи́ровать, -рую, -рует
отдифференци́рованный; *кр. ф.* -ан, -ана
отдифференци́ровать(ся), -рую, -рует(ся)
отднева́лить, -лю, -лит
отдо́енный; *кр. ф.* -ен, -ена
отдои́ть(ся), -ою́, -о́ит(ся)
отдохнове́ние, -я
отдохну́ть, -ну́, -нё́т
отдра́енный; *кр. ф.* -ен, -ена
отдра́ивание, -я
отдра́ивать(ся), -аю, -ает(ся)
отдра́ить, -а́ю, -а́ит
отдуба́сить, -а́шу, -а́сит
отдува́ть(ся), -а́ю(сь), -а́ет(ся)
отду́мать, -аю, -ает
отду́мывать, -аю, -ает
отдура́читься, -а́чусь, -а́чится
отду́тый
отду́ть(ся), отду́ю, отду́ет(ся)
о́тдух, -а
отду́шина, -ы
отду́шка, -и, *р. мн.* -шек
отду́шник, -а
о́тдых, -а
отдыха́ть(ся), -а́ю, -а́ет(ся)
отдыха́ющий
отдыша́ться, -ышу́сь, -ы́шится
отды́шка, -и, *р. мн.* -шек
отё́к, -а (*к* оте́чь)
отека́ние, -я (*от* отека́ть)
отека́ть, -а́ю, -а́ет (*к* оте́чь)
отё́кший (*от* отечь)
оте́л, -а
отели́ть(ся), оте́лит(ся)
Оте́лло, *нескл., м.*
отё́лочный
оте́ль, -я
оте́ль лю́кс, оте́ля лю́кс

отельный (от отель)
отеля́ть(ся), -я́ет(ся)
отемнённый; кр. ф. -ён, -ена́
отемне́ть, -е́ет
отемни́ть, -ню́, -ни́т
отемня́ть(ся), -я́ю, -я́ет(ся)
отене́ние, -я (от отени́ть)
отенённый; кр. ф. -ён, -ена́ (от отени́ть)
отени́т, -а и отуни́т, -а (минерал)
отени́ть, -ню́, -ни́т (покрыть тенью, создать тень вокруг чего-н.)
отеня́ть(ся), -я́ю, -я́ет(ся) (к отени́ть)
отепле́ние, -я
отеплённый; кр. ф. -ён, -ена́
отепли́тель, -я
отепли́тельный
отепли́ть, -лю́, -ли́т
отепля́ть(ся), -я́ю, -я́ет(ся)
отере́ть(ся), отру́(сь), отрёт(ся); прош. отёр(ся), отёрла(сь) (то же, что обтере́ть(ся))
отёртый (от отере́ть)
отёрший(ся) (от отере́ть(ся))
отёсанный; кр. ф. -ан, -ана (от отеса́ть)
отеса́ть(ся), отешу́(сь), отёшет(ся) (то же, что обтеса́ть(ся))
отёска, -и (к отеса́ть)
отёсывание, -я (от отёсывать)
отёсывать(ся), -аю(сь), -ает(ся) (к отеса́ть(ся))
оте́ц, отца́, тв. отцо́м, р. мн. отцо́в; после собственных имён пишется через дефис, напр.: Дюма́-оте́ц
Оте́ц, Отца́: Бо́г Оте́ц
оте́цкий
оте́ц-ма́ть, отца́-ма́тери
оте́ческий
Оте́чественная война́: Оте́чественная война́ 1812 го́да, Вели́кая Оте́чественная война́, о́рден Оте́чественной войны́
оте́чественный

оте́чество, -а и (высок.) Оте́чество, -а
отечествове́дение, -я
оте́чник, -а (церк.)
оте́чность, -и
оте́чный
оте́чь, отеку́, отечёт, отеку́т; прош. отёк, отекла́ (опухнуть вследствие скопления жидкости)
отжа́ренный; кр. ф. -ен, -ена
отжа́ривать(ся), -аю, -ает(ся)
отжа́рить, -рю, -рит
отжа́тие, -я
отжа́тый
отжа́ть(ся)¹, отожму́(сь), отожмёт(ся)
отжа́ть(ся)², отожну́, отожнёт(ся)
отжёванный; кр. ф. -ан, -ана
отжева́ть, отжую́, отжуёт
отжёвывать, -аю, -ает
отжёгший
отже́чь, отожгу́, отожжёт, отожгу́т; прош. отжёг, отожгла́
отжива́ние, -я
отжива́ть, -а́ю, -а́ет
отживи́ть, -влю́, -ви́т
отживлённый; кр. ф. -ён, -ена́
отживля́ть(ся), -я́ю, -я́ет(ся)
отжи́вший
о́тжиг, -а
отжига́тельный
отжига́ть(ся), -а́ю, -а́ет(ся)
отжи́ленный; кр. ф. -ен, -ена
отжи́ливать, -аю, -ает
отжи́лить, -лю, -лит
отжи́лок, -лка
отжи́м, -а
отжима́ние, -я
отжима́тель, -я
отжима́ть(ся), -а́ю(сь), -а́ет(ся)
отжи́мка, -и (действие)
отжи́мки, -мок и -мков (отходы)
отжимно́й и отжи́мный
отжи́мок, -мка (отжатый комок чего-н.)
отжи́мщик, -а

отжи́мщица, -ы, тв. -ей
отжина́ть(ся), -а́ю, -а́ет(ся)
о́тжитый; кр. ф. о́тжит, отжита́, о́тжито
отжи́ть, -иву́, -ивёт; прош. о́тжил, отжила́, о́тжило
отжо́г, -а, но глаг. отжёг
отжу́чить, -чу, -чит
отза́втракать, -аю, -ает
отзанима́ться, -а́юсь, -а́ется
отзва́нивать, -аю, -ает
отзвене́ть, -ни́т
отзвони́ть, -ню́, -ни́т
о́тзвук, -а
отзвуча́ть, -чи́т
отзву́чие, -я
отзимова́ть, -му́ю, -му́ет
отзови́зм, -а
отзови́ст, -а
отзови́стский
отзо́л, -а
отзолённый; кр. ф. -ён, -ена́
отзоли́ть, -лю́, -ли́т
отзо́лка, -и
отзо́льный
отзу́бренный; кр. ф. -ен, -ена
отзубри́ть, -убрю́, -у́бри́т
о́тзыв, -а (отклик; мнение)
отзы́в, -а (к отзыва́ть)
отзыва́ть(ся), -а́ю(сь), -а́ет(ся)
отзывно́й
отзы́вный (фин.)
отзы́вчивость, -и
отзы́вчивый
отиа́тр, -а
отиатри́я, -и
от и до́ (от начала до конца)
отира́ние, -я (от отира́ть(ся))
отира́ть(ся), -а́ю(сь), -а́ет(ся) (к отере́ть(ся); быть возле кого-, чего-н., тереться, околачиваться, прост.)
оти́т, -а
ОТК [отэка́], нескл., м. (сокр.: отдел технического контроля)
отка́з, -а

ОТКАЗАННЫЙ

отка́занный; *кр. ф.* -ан, -ана
отказа́ть(ся), откажу́(сь), отка́жет(ся)
отка́зник, -а
отка́зница, -ы, *тв.* -ей
отка́знический
отка́зный
отказоусто́йчивость, -и
отказоусто́йчивый
отка́зчик, -а
отка́зчица, -ы, *тв.* -ей
отка́зывать(ся), -аю(сь), -ает(ся)
откалибро́ванный; *кр. ф.* -ан, -ана
откалиброва́ть(ся), -ру́ю, -ру́ет(ся)
откалибро́вывать(ся), -аю, -ает(ся)
отка́лывание, -я
отка́лывать(ся), -аю(сь), -ает(ся)
отка́панный; *кр. ф.* -ан, -ана
отка́пать, -аю, -ает
отка́пывание, -я
отка́пывать(ся), -аю(сь), -ает(ся)
отка́рмливание, -я
отка́рмливать(ся), -аю(сь), -ает(ся)
отка́т, -а
отка́танный; *кр. ф.* -ан, -ана
отката́ть(ся), -а́ю(сь), -а́ет(ся)
откати́ть(ся), -ачу́(сь), -а́тит(ся)
отка́тка, -и
отка́точный
отка́тчик, -а
отка́тчица, -ы, *тв.* -ей
отка́тывание, -я
отка́тывать(ся), -аю(сь), -ает(ся)
отка́чанный; *кр. ф.* -ан, -ана (*от* откача́ть)
откача́ть, -а́ю, -а́ет
отка́ченный; *кр. ф.* -ен, -ена (*от* откати́ть)
отка́чивание, -я
отка́чивать(ся), -аю, -ает(ся)
отка́чка, -и
откачну́ть(ся), -ну́(сь), -нёт(ся)

отка́шивание, -я
отка́шивать(ся), -аю, -ает(ся)
отка́шливание, -я
отка́шливать(ся), -аю(сь), -ает(ся)
отка́шлянный; *кр. ф.* -ян, -яна
отка́шлянуть(ся), -ну(сь), -нет(ся)
отка́шлять(ся), -яю(сь), -яет(ся)
откви́танный; *кр. ф.* -ан, -ана
отквита́ть(ся), -а́ю(сь), -а́ет(ся)
откви́тывать(ся), -аю(сь), -ает(ся)
отки́д, -а
отки́данный; *кр. ф.* -ан, -ана
откида́ть, -а́ю, -а́ет
откидно́й
отки́дывание, -я
отки́дывать(ся), -аю(сь), -ает(ся)
отки́нутый
отки́нуть(ся), -ну(сь), -нет(ся)
откипа́ть, -а́ю, -а́ет
откипе́ть, -плю́, -пи́т
откла́дывание, -я
откла́дывать(ся), -аю, -ает(ся)
открани́ваться, -аюсь, -ается
открани́ться, -яюсь, -яется
отклёванный; *кр. ф.* -ан, -ана
отклева́ть, -лю́ю, -лю́ёт
отклёвывать(ся), -аю, -ает(ся)
откле́енный; *кр. ф.* -ен, -ена
откле́ивание, -я
откле́ивать(ся), -аю, -ает(ся)
откле́ить(ся), -е́ю, -е́ит(ся)
откле́йка, -и
отклёпанный; *кр. ф.* -ан, -ана
отклепа́ть(ся), -а́ю, -а́ет(ся)
отклёпка, -и
отклёпывание, -я
отклёпывать(ся), -аю, -ает(ся)
о́тклик, -а
отклика́ться, -а́юсь, -а́ется
откли́кнуться, -нусь, -нется
откло́н, -а
отклоне́ние, -я
отклонённый; *кр. ф.* -ён, -ена́

отклони́ть(ся), -оню́(сь), -о́нит(ся)
отклоня́ть(ся), -я́ю(сь), -я́ет(ся)
отклоня́ющий(ся)
отключа́ть(ся), -а́ю(сь), -а́ет(ся)
отключе́ние, -я
отключённый; *кр. ф.* -ён, -ена́
отключи́ть(ся), -чу́(сь), -чи́т(ся)
отключка, -и, *р. мн.* -чек
отко́ванный; *кр. ф.* -ан, -ана
откова́ть(ся), откую́, откуёт(ся)
отко́вка, -и
отко́вывать(ся), -аю, -ает(ся)
отковыля́ть, -я́ю, -я́ет
отковы́ривание, -я
отковы́ривать(ся), -аю, -ает(ся)
отковы́рнутый
отковырну́ть, -ну́, -нёт
отковы́рянный; *кр. ф.* -ян, -яна
отковыря́ть, -я́ю, -я́ет
откозырну́ть, -ну́, -нёт
откозыря́ть, -я́ю, -я́ет
отко́кать, -аю, -ает
отко́л, -а
отколачивать(ся), -аю, -ает(ся)
отколдова́ть, -ду́ю, -ду́ет
отко́ле и отко́ль, *нареч.*
отко́лка, -и
отколоти́ть, -очу́, -о́тит
отко́лотый
отколо́ть(ся), -олю́(сь), -о́лет(ся)
отколо́ченный; *кр. ф.* -ен, -ена
отколошма́тить, -а́чу, -а́тит
отколошма́ченный; *кр. ф.* -ен, -ена
отколу́панный; *кр. ф.* -ан, -ана
отколупа́ть, -а́ю, -а́ет
отколу́пнутый
отколупну́ть, -ну́, -нёт
отколу́пывать(ся), -аю, -ает(ся)
отко́ль и отко́ле, *нареч.*
откомандирова́ние, -я
откомандиро́ванный; *кр. ф.* -ан, -ана
откомандирова́ть, -ру́ю, -ру́ет
откомандиро́вка, -и

ОТЛАВЛИВАТЬ(СЯ)

откомандиро́вывание, -я
откомандиро́вывать(ся), -аю(сь), -ает(ся)
откома́ндовать(ся), -дую(сь), -дует(ся)
отконверти́рованный; кр. ф. -ан, -ана
отконверти́ровать(ся), -и́рую, -и́рует(ся)
отконво́ированный; кр. ф. -ан, -ана
отконво́ировать(ся), -рую(сь), -рует(ся)
отконопа́тить, -а́чу, -а́тит
отконопа́ченный; кр. ф. -ен, -ена
отконопа́чивать(ся), -аю, -ает(ся)
отко́панный; кр. ф. -ан, -ана
откопа́ть(ся), -а́ю(сь), -а́ет(ся)
отко́пка, -и
отко́рм, -а
откорми́ть(ся), -ормлю́(сь), -о́рмит(ся)
отко́рмка, -и
отко́рмленность, -и
отко́рмленный; кр. ф. -ен, -ена
отко́рмок, -мка
отко́рмочник, -а
отко́рмочный
отко́рмыш, -а, тв. -ем
откорректи́рованный; кр. ф. -ан, -ана
откорректи́ровать(ся), -и́рую, -и́рует(ся)
отко́с, -а
откоси́ть(ся), -ошу́(сь), -о́сит(ся)
отко́сник, -а
отко́сный
откочева́ть, -чу́ю, -чу́ет
откочёвка, -и
откочёвывание, -я
откочёвывать, -аю, -ает
отко́шенный; кр. ф. -ен, -ена
откра́ивать(ся), -аю, -ает(ся)
откра́сить, -а́шу, -а́сит
открахма́ленный; кр. ф. -ен, -ена

открахма́ливание, -я
открахма́ливать(ся), -аю, -ает(ся)
открахма́лить, -лю, -лит
окра́шенный; кр. ф. -ен, -ена
окра́шивать(ся), -аю, -ает(ся)
открепи́тельный
открепи́ть(ся), -плю́(сь), -пи́т(ся)
открепле́ние, -я
открепле́нный; кр. ф. -ён, -ена́
открепля́ть(ся), -я́ю(сь), -я́ет(ся)
открести́ться, -ещу́сь, -е́стится
откре́щивание, -я
откре́щиваться, -аюсь, -ается
откристаллизо́ванный; кр. ф. -ан, -ана
откристаллизова́ть(ся), -зу́ю, -зу́ет(ся)
откристаллизо́вывать(ся), -аю, -ает(ся)
открича́ть(ся), -чу́(сь), -чи́т(ся)
открове́ние, -я и (богосл.) Открове́ние, -я
открове́нничанье, -я
открове́нничать, -аю, -ает
открове́нно, нареч.
открове́нность, -и
открове́нный; кр. ф. -е́нен, -е́нна
откро́енный; кр. ф. -ен, -ена
откро́ить, -ою́, -ои́т
откро́мсанный; кр. ф. -ан, -ана
откромса́ть, -а́ю, -а́ет
открути́ть(ся), -учу́(сь), -у́тит(ся)
откру́ченный; кр. ф. -ен, -ена
откру́чивание, -я
откру́чивать(ся), -аю(сь), -ает(ся)
открыва́лка, -и, р. мн. -лок
открыва́ние, -я
открыва́тель, -я
открыва́ть(ся), -а́ю(сь), -а́ет(ся)
открыва́шка, -и, р. мн. -шек
откры́тие, -я
откры́тка, -и, р. мн. -ток
откры́тость, -и
откры́точка, -и, р. мн. -чек
откры́точный

откры́тый
откры́ть(ся), -ро́ю(сь), -ро́ет(ся)
отксе́ренный; кр. ф. -ен, -ена
отксе́рить(ся), -рю, -рит(ся)
отксерокопи́рованный; кр. ф. -ан, -ана
отксерокопи́ровать(ся), -рую, -рует(ся)
отку́да
отку́да бы ни (отку́да бы ни приезжа́л, всегда́ привози́л сувени́ры)
отку́да-либо
отку́да-нибудь, но: отку́да ни бу́дь э́тот челове́к...
отку́да ни возьми́сь
отку́да попа́ло
отку́да-то
отку́дова (прост. к отку́да)
откукова́ть, откуку́ю, откуку́ет
о́ткуп, -а, мн. -а́, -о́в
откупа́ть(ся), -а́ю(сь), -а́ет(ся)
откупи́ть(ся), -уплю́(сь), -у́пит(ся)
отку́пленный; кр. ф. -ен, -ена
откупно́й
отку́поренный; кр. ф. -ен, -ена
отку́поривание, -я
отку́поривать(ся), -аю, -ает(ся)
отку́порить(ся), -рю, -рит(ся)
отку́порка, -и
откупщи́к, -а́
отку́с, -а
отку́санный; кр. ф. -ан, -ана
откуса́ть, -а́ю, -а́ет
откуси́ть, -ушу́, -у́сит
отку́сывание, -я
отку́сывать(ся), -аю, -ает(ся)
от-кутю́р, нескл., ж. и с.
отку́шанный; кр. ф. -ан, -ана (от отку́шать)
отку́шать, -аю, -ает
отку́шенный; кр. ф. -ен, -ена (от откуси́ть)
отлави́ровать, -рую, -рует
отла́вливание, -я
отла́вливать(ся), -аю(сь), -ает(ся)

отлага́тельный
отлага́тельство, -а
отлага́ть(ся), -а́ю, -а́ет(ся)
отла́дить(ся), -а́жу, -а́дит(ся)
отла́дка, -и
отла́дочный
отла́дчик, -а
отла́женный; кр. ф. -ен, -ена
отла́живание, -я
отла́живать(ся), -аю, -ает(ся)
отла́зать, -аю, -ает
отла́зить, -а́жу, -а́зит
отла́ивать(ся), -аю(сь), -ает(ся)
отлакиро́ванный; кр. ф. -ан, -ана
отлакирова́ть(ся), -ру́ю, -ру́ет(ся)
отлакиро́вывать(ся), -аю, -ает(ся)
отла́мывание, -я
отла́мывать(ся), -аю, -ает(ся)
отла́ять(ся), -а́ю(сь), -а́ет(ся)
отлега́ть, -а́ет
отлёгший
отлежа́ть(ся), -жу́(сь), -жи́т(ся)
отлёживать(ся), -аю(сь), -ает(ся)
отлеза́ть, -а́ю, -а́ет
отле́зть, -зу, -зет; прош. -е́з, -е́зла
отле́зший
отлепи́ть(ся), -еплю́, -е́пит(ся)
отле́пленный; кр. ф. -ен, -ена
отлепля́ть(ся), -я́ю, -я́ет(ся)
отлёт, -а
отлета́ние, -я
отлета́ть(ся), -а́ю(сь), -а́ет(ся)
отлете́ть, отлечу́, отлети́т
отлётный
отле́чь, отля́жет, отля́гут; прош. отлёг, отлегла́
отли́в, -а
отлива́ние, -я
отлива́ть(ся), -а́ю, -а́ет(ся)
отли́вка, -и, р. мн. -вок
отливно́й (служащий для отливания)
отли́вный (относящийся к морскому отливу)
отли́занный; кр. ф. -ан, -ана

отлиза́ть, -ижу́, -и́жет
отли́зывать, -аю, -ает
отликова́ть, -ку́ю, -ку́ет
отлиня́ть, -я́ет
отлипа́ть, -а́ю, -а́ет
отли́пнуть, -ну, -нет; прош. -и́п, -и́пла
отли́пший
отли́тие, -я
отлитографи́рованный; кр. ф. -ан, -ана
отлитографи́ровать, -рую, -рует
о́тли́тый; кр. ф. о́тли́т, отлита́, о́тли́то
отли́ть(ся), отолью́, отольёт(ся); прош. о́тли́л, отли́лся, отлила́(сь), о́тли́ло, отли́ло́сь
от лица́ (кого, чего) (от имени)
отлича́ть(ся), -а́ю(сь), -а́ет(ся)
отличе́ние, -я
отличённый; кр. ф. -ён, -ена́
отли́чие, -я
отличи́тельный
отличи́ть(ся), -чу́(сь), -чи́т(ся)
отли́чник, -а
отли́чница, -ы, тв. -ей
отли́чный; кр. ф. -чен, -чна
отло́в, -а
отлови́ть, -овлю́, -о́вит
отло́вленный; кр. ф. -ен, -ена
отло́гий
отло́гость, -и
отло́же, сравн. ст. (от отло́гий, отло́го)
отложе́ние, -я
отло́женный; кр. ф. -ен, -ена
отло́жистый
отложи́тельный
отложи́ть(ся), -ожу́(сь), -о́жит(ся)
отложно́й (воротни́к)
отло́манный; кр. ф. -ан, -ана (от отлома́ть)
отлома́ть(ся), -а́ю, -а́ет(ся)
отломи́ть(ся), -омлю́, -о́мит(ся)
отло́мленный; кр. ф. -ен, -ена (от отломи́ть)

отло́мок, -мка
отлуди́ть, -ужу́, -у́ди́т
отлу́женный; кр. ф. -ен, -ена
отлу́п, -а
отлупи́ть(ся), -уплю́, -у́пит(ся)
отлу́пленный; кр. ф. -ен, -ена
отлу́пливать(ся), -аю, -ает(ся)
отлупля́ть(ся), -я́ю, -я́ет(ся)
отлупцева́ть, -цу́ю, -цу́ет
отлупцо́ванный; кр. ф. -ан, -ана
отлуча́ть(ся), -а́ю(сь), -а́ет(ся)
отлуче́ние, -я
отлучённый; кр. ф. -ён, -ена́
отлучи́ть(ся), -чу́(сь), -чи́т(ся)
отлу́чка, -и, р. мн. -чек
отлы́нивание, -я
отлы́нивать, -аю, -ает
отлюби́ть, -юблю́, -ю́бит
отма́занный; кр. ф. -ан, -ана
отма́зать(ся), -а́жу(сь), -а́жет(ся)
отма́зывание, -я
отма́зывать(ся), -аю(сь), -ает(ся)
от ма́ла до вели́ка
отмалева́ть, -лю́ю, -лю́ет
отма́ливание, -я
отма́ливать(ся), -аю(сь), -ает(ся)
отма́лчивание, -я
отма́лчиваться, -аюсь, -ается
отма́лывать(ся), -аю, -ает(ся)
отма́ненный; кр. ф. -ен, -ена и отманённый; кр. ф. -ён, -ена́
отма́нивать(ся), -аю, -ает(ся)
отмани́ть, -аню́, -а́нит
отмарширова́ть, -ру́ю, -ру́ет
отма́стка, -и, р. мн. -ток
отма́тывание, -я
отма́тывать(ся), -аю, -ает(ся)
отма́ханный; кр. ф. -ан, -ана
отмаха́ть[1], отмашу́, отма́шет и -а́ю, -а́ет (кончить махать; утоми́ть (руки) маханием; передать сигнал флагом)
отмаха́ть[2], -а́ю, -а́ет (преодолеть большое расстояние, быстро сделать много работы)
отма́хивание, -я

отма́хивать(ся), -аю(сь), -ает(ся)
отмахну́ть(ся), -ну́(сь), -нёт(ся)
отма́чивание, -я
отма́чивать(ся), -аю, -ает(ся)
отма́шка, -и, *р. мн.* -шек
отма́яться, -а́юсь, -а́ется
отмежева́ние, -я
отмежёванный; *кр. ф.* -ан, -ана
отмежева́ть(ся), -жу́ю(сь), -жу́ет(ся)
отмежёвка, -и
отмежёвывание, -я
отмежёвывать(ся), -аю(сь), -ает(ся)
о́тмель, -и
отме́на, -ы
отменённый; *кр. ф.* -нён, -нена́
отмени́ть(ся), -еню́, -е́нит(ся)
отме́нно, *нареч.*
отме́нность, -и
отме́нный; *кр. ф.* -е́нен, -е́нна
отменя́ть(ся), -я́ю, -я́ет(ся)
отме́ренный; *кр. ф.* -ен, -ена
отмере́ть, отомрёт; *прош.* о́тмер, отмерла́, о́тмерло
отмерза́ние, -я
отмерза́ть, -а́ет
отмёрзнуть, -нет; *прош.* -ёрз, -ёрзла
отмёрзший
отме́ривание, -я
отме́ривать(ся), -аю, -ает(ся)
отме́ривший
отме́рить, -рю, -рит и -ряю, -ряет
отме́рший
отмеря́ть(ся), -я́ю, -я́ет(ся)
отмеси́ть, -ешу́, -е́сит
отмести́, отмету́, отметёт; *прош.* отмёл, отмела́
отме́стка, -и
отмета́ние, -я
отмётанный; *кр. ф.* -ан, -ана (*от* отмета́ть)
отмета́ть, отмечу́, отме́чет, *сов.* (*от* мета́ть)

отмета́ть(ся), -а́ю, -а́ет(ся), *несов.* (*к* отмести́)
отмете́ленный; *кр. ф.* -ен, -ена
отмете́лить, -лю, -лит
отметённый; *кр. ф.* -ён, -ена́ (*от* отмести́)
отме́тина, -ы
отме́тинка, -и, *р. мн.* -нок
отме́тить(ся), -е́чу(сь), -е́тит(ся)
отме́тка, -и, *р. мн.* -ток
отме́точный
отме́тчик, -а
отме́тчица, -ы, *тв.* -ей
отмётший
отмеча́ть(ся), -а́ю(сь), -а́ет(ся)
отме́ченный; *кр. ф.* -ен, -ена
отмина́ть(ся), -а́ю, -а́ет(ся)
отмира́ние, -я
отмира́ть, -а́ет
отмобилизо́ванный; *кр. ф.* -ан, -ана
отмобилизова́ть(ся), -зу́ю(сь), -зу́ет(ся)
отмобилизо́вывать(ся), -аю(сь), -ает(ся)
отмока́ние, -я
отмока́ть, -а́ет
отмо́кнуть, -нет; *прош.* -о́к, -о́кла
отмо́кший
отмола́чивание, -я
отмола́чивать(ся), -аю, -ает(ся)
отмо́ленный; *кр. ф.* -ен, -ена
отмоли́ть(ся), -олю́(сь), -о́лит(ся)
отмолоти́ть(ся), -очу́(сь), -о́тит(ся)
отмоло́тый
отмоло́ть, отмелю́, отме́лет
отмоло́ченный; *кр. ф.* -ен, -ена
отмолча́ться, -чу́сь, -чи́тся
отмора́живание, -я
отмора́живать(ся), -аю, -ает(ся)
отморо́жение, -я
отморо́женный; *кр. ф.* -ен, -ена
отморо́зить(ся), -о́жу, -о́зит(ся)
отморо́зок, -зка
отмо́стка, -и, *р. мн.* -ток

отмо́танный; *кр. ф.* -ан, -ана
отмота́ть(ся), -а́ю, -а́ет(ся)
отмо́тка, -и
отмо́точный
отмо́ченный; *кр. ф.* -ен, -ена
отмочи́ть, -очу́, -о́чит
отмо́чка, -и
отмо́чный
отмсти́тель, -я
отмсти́ть, отмщу́, отмсти́т
отмути́ть, -учу́, -у́тит
отму́тка, -и
отмуту́женный; *кр. ф.* -ен, -ена
отмуту́зить, -у́жу, -у́зит
отму́ченный; *кр. ф.* -ен, -ена
отму́чивание, -я
отму́чивать(ся), -аю(сь), -ает(ся)
отму́чивший(ся)
отму́чить(ся), -чу(сь), -чит(ся) и -чаю(сь), -чает(ся)
отмща́ть(ся), -а́ю(сь), -а́ет(ся)
отмще́ние, -я
отмщённый; *кр. ф.* -ён, -ена́
отмы́в, -а
отмыва́ние, -я
отмыва́ть(ся), -а́ю(сь), -а́ет(ся)
отмы́вка, -и
отмыка́ть(ся), -а́ю(сь), -а́ет(ся)
отмы́тый
отмы́ть(ся), отмо́ю(сь), отмо́ет(ся)
отмы́чка, -и, *р. мн.* -чек
отмяка́ть, -а́ет
отмя́кнуть, -ну, -нет; *прош.* -я́к, -я́кла
отмя́кший
отмя́тый
отмя́ть, отомну́, отомнёт
от нача́ла до конца́
отна́шивать(ся), -аю, -ает(ся)
отне́каться, -аюсь, -ается
отне́кивание, -я
отне́киваться, -аюсь, -ается
отнести́ться, -и́тся
отнерестова́ть(ся), -ту́ет(ся)
отнесе́ние, -я
отнесённый; *кр. ф.* -ён, -ена́

отнести(сь), -су́(сь), -сёт(ся); прош. -ёс(ся), -есла́(сь)
отнёсший(ся)
от не́чего де́лать
отни́занный; кр. ф. -ан, -ана
отниза́ть, -ижу́, -и́жет
отни́зывать(ся), -аю, -ает(ся)
отникелиро́ванный; кр. ф. -ан, -ана
отникелирова́ть(ся), -ру́ю, -ру́ет(ся)
отнима́ние, -я
отнима́ть(ся), -а́ю, -а́ет(ся) и (устар.) отъе́млю, -лет(ся)
отно́рок, -рка
отно́с, -а
относи́тельно, нареч. и предлог
относи́тельность, -и
относи́тельный; кр. ф. -лен, -льна
относи́ть(ся), -ошу́(сь), -о́сит(ся)
отно́ска, -и
отно́сный
отно́счик, -а
отно́счица, -ы, тв. -ей
относя́щий(ся)
оточева́ть, -чу́ю, -чу́ет
отноше́ние, -я
отно́шенный; кр. ф. -ен, -ена
отны́не
отню́дь
отню́дь не... — с последующим словом пишется раздельно, напр.: отню́дь не безоби́дно, отню́дь не ве́село
отня́тие, -я
о́тнятый; кр. ф. -ят, -ята́, -ято
отня́ть(ся), отниму́, отни́мет(ся) и (устар. прост.) отыму́, оты́мет(ся); прош. о́тнял, отня́лся, отняла́(сь), о́тняло, отняло́сь
ото и от, предлог
отобе́дать, -аю, -ает
отобража́тель, -я
отобража́ть(ся), -а́ю, -а́ет(ся)
отображе́ние, -я

отображённый; кр. ф. -ён, -ена́
отобрази́ть(ся), -ажу́, -ази́т(ся)
отобра́ние, -я
ото́бранный; кр. ф. -ан, -ана
отобра́ть(ся), отберу́(сь), отберёт(ся); прош. -а́л(ся), -ала́(сь), -а́ло(сь)
отова́ренный; кр. ф. -ен, -ена
отова́ривание, -я
отова́ривать(ся), -аю(сь), -ает(ся)
отова́рить(ся), -рю(сь), -рит(ся)
отовра́ться, -ру́сь, -рётся
отовсю́ду
ото́гнанный; кр. ф. -ан, -ана
отогна́ть, отгоню́, отго́нит; прош. -а́л, -ала́, -а́ло
ото́гнутый
отогну́ть(ся), -ну́, -нёт(ся)
отогре́в, -а
отогрева́ние, -я
отогрева́ть(ся), -а́ю(сь), -а́ет(ся)
отогре́тый
отогре́ть(ся), -е́ю(сь), -е́ет(ся)
отодвига́ние, -я
отодвига́ть(ся), -а́ю(сь), -а́ет(ся)
отодви́нутый
отодви́нуть(ся), -ну(сь), -нет(ся)
ото́дранный; кр. ф. -ан, -ана
отодра́ть(ся), отдеру́, отдерёт(ся); прош. -а́л(ся), -ала́(сь), -а́ло, -а́лось
отождестви́ть(ся), -влю́, -ви́т(ся) и отожестви́ть(ся), -влю́, -ви́т(ся)
отождествле́ние, -я и отожествле́ние, -я
отождествлённый; кр. ф. -ён, -ена́ и отожествлённый; кр. ф. -ён, -ена́
отождествля́ть(ся), -я́ю(сь), -я́ет(ся) и отожествля́ть(ся), -я́ю(сь), -я́ет(ся)
отожжённый; кр. ф. -ён, -ена́
отозва́ние, -я
ото́званный; кр. ф. -ан, -ана
отозва́ть(ся), отзову́(сь), отзовёт(ся); прош. -а́л(ся), -ала́(сь), -а́ло, -а́лось

отойти́, отойду́, отойдёт; прош. отошёл, отошла́
отоларинго́лог, -а
отоларингологи́ческий
отоларинголо́гия, -и
отолга́ться, -лгу́сь, -лжётся, -лгу́тся; прош. -а́лся, -ала́сь
отоли́ты, -ов, ед. -ли́т, -а
отомико́з, -а
ото́мкнутый
отомкну́ть(ся), -ну́(сь), -нёт(ся)
о то́м о сём
отомсти́тель, -я
отомсти́ть, -мщу́, -мсти́т
отомща́ть(ся), -а́ю(сь), -а́ет(ся)
отомщённый; кр. ф. -ён, -ена́
отоневро́лог, -а
отоневрологи́ческий
отоневроло́гия, -и
отопи́тельно-вентиляцио́нный
отопи́тельный
отопи́ть, отоплю́, ото́пит (нагреть топкой)
отопле́нец, -нца, тв. -нцем, р. мн. -нцев
отопле́ние, -я
ото́пленный; кр. ф. -ен, -ена (от отопи́ть)
отопле́нческий
отопля́емый
отопля́ть(ся), -я́ю(сь), -я́ет(ся)
отопрева́ть, -а́ет
отопре́ть, -е́ет
ото́птанный; кр. ф. -ан, -ана (от отопта́ть)
отопта́ть(ся), отопчу́, ото́пчет(ся) (то же, что обтопта́ть(ся)
отора́чивать(ся), -аю, -ает(ся)
отрва́, -ы, м. и ж.
ото́рванность, -и
ото́рванный; кр. ф. -ан, -ана
оторва́ть(ся), -рву́(сь), -рвёт(ся); прош. -а́л(ся), -ала́(сь), -а́ло, -а́лось
оторвиголова́, -ы́, м. и ж.
оториноларинго́лог, -а

оториноларингологи́ческий
оториноларинголо́гия, -и
оторопе́лость, -и
оторопе́лый
оторопе́ть, -е́ю, -е́ет
о́торопь, -и
оторо́ченный; *кр. ф.* -ен, -ена
оторо́чить, -чу́, -чи́т
оторо́чка, -и, *р. мн.* -чек
оторфене́лый
оторфене́ть, -е́ет
оторфле́ние, -я
оторцева́ть(ся), -цу́ю, -цу́ет(ся)
оторцо́ванный; *кр. ф.* -ан, -ана
оторцо́вка, -и
оторцо́вывание, -я
оторцо́вывать(ся), -аю, -ает(ся)
отосклеро́з, -а
отосклероти́ческий
отоско́п, -а
отоскопи́ческий
отоскопи́я, -и
ото́сланный; *кр. ф.* -ан, -ана
отосла́ть, отошлю́, отошлёт
отоспа́ть(ся), -плю́(сь), -пи́т(ся); *прош.* -а́л(ся), -ала́(сь), -а́ло, -а́лось
ото́ткнутый
оттткну́ть, -ну́, -нёт
отофо́н, -а
отохо́тить(ся), -хо́чу(сь), -хо́тит(ся)
отохо́ченный; *кр. ф.* -ен, -ена
ото́ченный; *кр. ф.* -ен, -ена (*от* оточи́ть)
оточи́ть(ся), оточу́, оточи́т(ся) (*очини́ть(ся): оточи́ть каранда́ш*)
отоше́дший
отоща́лый
отоща́ть, -а́ю, -а́ет
отпа́вший
отпа́д, -а
отпада́ние, -я
отпа́дать, -ает, *сов. (перестать падать)*

отпада́ть, -а́ю, -а́ет, *несов.* (*к* отпа́сть)
отпаде́ние, -я
отпа́дший
отпа́занченный; *кр. ф.* -ен, -ена
отпа́занчить, -чу, -чит
отпа́ивание, -я
отпа́ивать(ся), -аю(сь), -ает(ся)
отпа́йка, -и
отпали́ть, -лю́, -ли́т
отпа́ренный; *кр. ф.* -ен, -ена
отпа́ривание, -я
отпа́риватель, -я
отпа́ривать(ся), -аю, -ает(ся)
отпари́рованный; *кр. ф.* -ан, -ана
отпари́ровать, -и́рую, -и́рует
отпа́рить(ся), -рю(сь), -рит(ся)
отпа́рка, -и
отпа́рывание, -я
отпа́рывать(ся), -аю, -ает(ся)
отпасова́ть, -су́ю, -су́ет
отпасти́(сь), -су́(сь), -сёт(ся); *прош.* -а́с(ся), -асла́(сь)
отпа́сть, -аду́, -адёт; *прош.* -а́л, -а́ла
отпа́сший
отпа́ханный; *кр. ф.* -ан, -ана
отпаха́ть(ся), отпашу́(сь), отпа́шет(ся)
отпа́хивать(ся), -аю, -ает(ся)
отпа́хнутый
отпахну́ть(ся), -ну́, -нёт(ся)
отпа́янный; *кр. ф.* -ян, -яна
отпая́ть(ся), -я́ю, -я́ет(ся)
отпева́льный
отпева́ние, -я (*от* отпева́ть)
отпева́ть(ся), -а́ю, -а́ет(ся) (*к* отпе́ть)
отпека́ть(ся), -а́ю, -а́ет
отпёкший
отпере́ть(ся), отопру́(сь), отопрёт(ся); *прош.* о́тпер, отпе́рся, отперла́(сь), о́тперло, отперло́сь (*отомкну́ть(ся), откры́ть(ся)*)
отпере́ться, отопру́сь, отопрётся; *прош.* отпе́рся, отперла́сь (*не созна́ться*)

о́тпертый; *кр. ф.* -ерт, -ерта́, -ерто
о́тперший(ся) (*к* отпере́ть(ся))
отпёршийся (*к* отпере́ться)
отпе́тость, -и
отпе́тый
отпе́ть, отпою́, отпоёт
отпеча́тание, -я
отпеча́танный; *кр. ф.* -ан, -ана
отпеча́тать(ся), -аю, -ает(ся)
отпечатлева́ть(ся), -а́ю, -а́ет(ся)
отпечатле́ть(ся), -е́ю, -е́ет(ся)
отпеча́ток, -тка
отпеча́тывание, -я
отпеча́тывать(ся), -аю, -ает(ся)
отпечённый; *кр. ф.* -ён, -ена́
отпе́чь, -еку́, -ечёт, -еку́т; *прош.* -ёк, -екла́
отпива́ние, -я (*от* отпива́ть)
отпива́ть(ся), -а́ю(сь), -а́ет(ся) (*к* отпи́ть)
отпи́ленный; *кр. ф.* -ен, -ена
отпи́ливание, -я
отпи́ливать(ся), -аю, -ает(ся)
отпили́ть, -илю́, -и́лит
отпи́лка, -и
отпи́лок, -лка (*отпи́ленная часть*)
отпира́ние, -я
отпира́тельство, -а
отпира́ть(ся), -а́ю(сь), -а́ет(ся)
отпирова́ть(ся), -ру́ю(сь), -ру́ет(ся)
отпи́санный; *кр. ф.* -ан, -ана
отписа́ть(ся), -ишу́(сь), -и́шет(ся)
отпи́ска, -и, *р. мн.* -сок
отписно́й
отпи́сочный
отпи́сывать(ся), -аю(сь), -ает(ся)
о́тпи́тый; *кр. ф.* о́тпи́т, отпи́та́, о́тпи́то
отпи́ть(ся), отпью́(сь), отопьёт(ся); *прош.* о́тпи́л, отпи́лся, отпила́(сь), о́тпи́ло, отпило́сь
отпиха́ться, -а́юсь, -а́ется
отпи́хивание, -я
отпи́хивать(ся), -аю(сь), -ает(ся)
отпи́хнутый

отпихну́ть(ся), -ну́(сь), -нёт(ся)
отпла́вать(ся), -аю(сь), -ает(ся)
отпла́кать(ся), -а́чу(сь), -а́чет(ся)
отпла́та, -ы
отплати́ть, -ачу́, -а́тит
отпла́ченный; *кр. ф.* -ен, -ена
отпла́чивать(ся), -аю, -ает(ся)
отплева́ть(ся), -люю́(сь), -люёт(ся)
отплёвывать(ся), -аю(сь), -ает(ся)
о́тплеск, -а
отплеска́ть(ся), -ещу́(сь), -е́щет(ся) и -а́ю(сь), -а́ет(ся)
отплёскивать, -аю, -ает
отплёснутый
отплесну́ть, -ну́, -нёт
отплести́(сь), -лету́, -летёт(ся); *прош.* -лёл(ся), -лела́(сь)
отплета́ть(ся), -а́ю, -а́ет(ся)
отплетённый; *кр. ф.* -ён, -ена́
отплётший(ся)
отплодоноси́ть, -но́сит
отплоённый; *кр. ф.* -ён, -ена́
отплои́ть, -ою́, -ои́т
отплыва́ть, -а́ю, -а́ет
отплы́тие, -я
отплы́ть, -ыву́, -ывёт; *прош.* -ы́л, -ыла́, -ы́ло
отплю́нутый
отплю́нуть(ся), -ну(сь), -нет(ся)
отпля́санный; *кр. ф.* -ан, -ана
отпляса́ть(ся), -яшу́(сь), -я́шет(ся)
отпля́сывать(ся), -аю, -ает(ся)
о́тповедь, -и
отпо́енный; *кр. ф.* -ен, -ена
отпои́ть, -ою́, -о́ит
отпола́скивать(ся), -аю, -ает(ся)
отпо́лдничать, -аю, -ает
отпо́лзать, -аю, -ает, *сов.* (*кончить ползать*)
отполза́ть, -а́ю, -а́ет, *несов.* (*к отползти́*)
отползти́, -зу́, -зёт; *прош.* -о́лз, -олзла́
отпо́лзший

отполиро́ванный; *кр. ф.* -ан, -ана
отполирова́ть(ся), -ру́ю, -ру́ет(ся)
отполиро́вывать(ся), -аю, -ает(ся)
отполо́сканный; *кр. ф.* -ан, -ана
отполоска́ть(ся), -ощу́, -о́щет(ся) и -а́ю, -а́ет(ся)
отполосо́ванный; *кр. ф.* -ан, -ана
отполосова́ть, -су́ю, -су́ет
отпо́лотый
отполо́ть, -олю́, -о́лет
отполыха́ть, -а́ет
отпо́р, -а
отпо́рный
отпо́ротый
отпоро́ть(ся), -орю́, -о́рет(ся)
отпотева́ние, -я
отпотева́ть, -а́ет
отпоте́лый
отпоте́ть, -е́ет
отпо́тчевать, -чую, -чует
отпочкова́ние, -я
отпочкова́ться, -ку́ется
отпочко́вываться, -ается
отправи́тель, -я
отправи́тельница, -ы, *тв.* -ей
отправи́тельский
отпра́вить(ся), -влю(сь), -вит(ся)
отпра́вка, -и
отправле́ние, -я
отпра́вленный; *кр. ф.* -ен, -ена
отправля́ть(ся), -я́ю(сь), -я́ет(ся)
отправно́й
отпра́вочный
отпра́зднованный; *кр. ф.* -ан, -ана
отпра́здновать, -ную, -нует
отпра́шивать(ся), -аю(сь), -ает(ся)
отпрепари́рованный; *кр. ф.* -ан, -ана
отпрепари́ровать(ся), -и́рую, -и́рует(ся)
отпрессо́ванный; *кр. ф.* -ан, -ана

отпрессова́ть(ся), -ссу́ю, -ссу́ет(ся)
отпро́бованный; *кр. ф.* -ан, -ана
отпро́бовать, -бую, -бует
отпроси́ть(ся), -ошу́(сь), -о́сит(ся)
отпро́шенный; *кр. ф.* -ен, -ена
отпру́кать, -аю, -ает
отпру́кивать, -аю, -ает
отпры́гать(ся), -аю(сь), -ает(ся)
отпры́гивать, -аю, -ает
отпры́гнуть, -ну, -нет
о́тпрыск, -а
отпряга́ть(ся), -а́ю, -а́ет(ся)
отпря́гший(ся)
отпряда́ть, -а́ю, -а́ет
отпрядённый; *кр. ф.* -ён, -ена́ и отпря́денный; *кр. ф.* -ен, -ена (к отпря́сть)
отпря́дывать, -аю, -ает
отпряжённый; *кр. ф.* -ён, -ена́ (к отпря́чь)
отпря́жка, -и
отпряжно́й
отпря́нуть, -ну, -нет
отпря́сть, -яду́, -ядёт; *прош.* -я́л, -я́ла, -я́ло
отпря́чь(ся), -ягу́, -яжёт(ся), -ягу́т(ся); *прош.* -я́г(ся), -ягла́(сь)
отпу́ганный; *кр. ф.* -ан, -ана
отпуга́ть, -а́ю, -а́ет
отпу́гивание, -я
отпу́гивать(ся), -аю, -ает(ся)
отпу́гнутый
отпугну́ть, -ну́, -нёт
от пу́за (нае́сться; досы́та, вво́лю)
о́тпуск, -а, *предл.* в о́тпуске и в отпуску́, *мн.* -а́, -о́в
отпуска́ние, -я
отпуска́ть(ся), -а́ю(сь), -а́ет(ся)
отпускна́я, -о́й
отпускни́к, -а́
отпускни́ца, -ы, *тв.* -ей
отпускно́й
о́тпуст, -а (*церк.*)
отпусти́тельный
отпусти́ть(ся), -ущу́, -у́стит(ся)

отпу́танный; *кр. ф.* -ан, -ана
отпу́тать(ся), -аю(сь), -ает(ся)
отпутеше́ствовать, -твую, -твует
отпу́тывать(ся), -аю(сь), -ает(ся)
отпуща́еши: ны́не отпуща́еши
отпуща́ть, -а́ю, -а́ет (*прост. к отпуска́ть*)
отпуще́ние, -я
отпу́щенник, -а
отпу́щенница, -ы, *тв.* -ей
отпу́щенный; *кр. ф.* -ен, -ена
отпыла́ть, -а́ю, -а́ет
отпыхте́ться, -хчу́сь, -хти́тся
отпя́тить(ся), -я́чу(сь), -я́тит(ся)
отпя́ченный; *кр. ф.* -ен, -ена
отпя́чивать(ся), -аю(сь), -ает(ся)
отраба́тывание, -я
отраба́тывать(ся), -аю(сь), -ает(ся)
отрабо́тавший(ся)
отрабо́танность, -и
отрабо́танный; *кр. ф.* -ан, -ана
отрабо́тать(ся), -аю(сь), -ает(ся)
отрабо́тка, -и, *р. мн.* -ток
отрабо́точный
отра́ва, -ы
отрави́тель, -я
отрави́тельница, -ы, *тв.* -ей
отрави́ть(ся), -авлю́(сь), -а́вит(ся)
отравле́ние, -я
отра́вленный; *кр. ф.* -ен, -ена
отравля́ть(ся), -я́ю(сь), -я́ет(ся)
отравля́ющий(ся)
отра́вный
отра́да, -ы
отра́дненский (*от* Отра́дный и Отра́дное)
отра́дненцы, -ев, *ед.* -ненец, -ненца, *тв.* -ненцем
отра́дность, -и
отра́дный; *кр. ф.* -ден, -дна
отража́емость, -и
отража́тель, -я
отража́тельный
отража́ть(ся), -а́ю(сь), -а́ет(ся)
отраже́ние, -я

отражённо, *нареч.*
отражённо-преломлённый
отражённый; *кр. ф.* -ён, -ена́
отрази́тель, -я
отрази́ть(ся), -ажу́(сь), -ази́т(ся)
отрапорто́ванный; *кр. ф.* -ан, -ана
отрапортова́ть(ся), -ту́ю(сь), -ту́ет(ся)
отрапорто́вывать, -аю, -ает
отраслеви́к, -а́
отраслево́й
о́трасль, -и, *мн.* -и, -ей и -е́й
отраста́ние, -я
отраста́ть, -а́ет
отрасти́, -тёт; *прош.* отро́с, отросла́
отрасти́ть, -ащу́, -асти́т
отращённый; *кр. ф.* -ён, -ена́
отра́щивание, -я
отра́щивать(ся), -аю, -ает(ся)
отреаги́ровать, -рую, -рует
отре́бье, -я (*отбросы*)
отреве́ть(ся), -ву́(сь), -вёт(ся)
отрегули́рование, -я
отрегули́рованный; *кр. ф.* -ан, -ана
отрегули́ровать(ся), -рую, -рует(ся)
отредакти́рованный; *кр. ф.* -ан, -ана
отредакти́ровать(ся), -рую, -рует(ся)
отрежисси́рованный; *кр. ф.* -ан, -ана
отрежисси́ровать(ся), -рую, -рует(ся)
отре́з, -а
отреза́ние, -я
отре́занность, -и
отре́занный; *кр. ф.* -ан, -ана
отре́зать(ся), -е́жу, -е́жет(ся), *сов.*
отреза́ть(ся), -а́ю, -а́ет(ся), *несов.*
отрезве́ть, -е́ю, -е́ет
отрезви́тельный
отрезви́ть(ся), -влю́(сь), -ви́т(ся)
отрезвле́ние, -я

отрезвлённый; *кр. ф.* -ён, -ена́
отрезвля́ть(ся), -я́ю(сь), -я́ет(ся)
отрезвля́ющий(ся)
отре́зка, -и
отрезно́й
отре́зок, -зка
отре́зочек, -чка
отре́зывать(ся), -аю, -ает(ся)
отрека́ться, -а́юсь, -а́ется
отрекомендо́ванный; *кр. ф.* -ан, -ана
отрекомендова́ть(ся), -ду́ю(сь), -ду́ет(ся)
отрекомендо́вывать(ся), -аю(сь), -ает(ся)
отрёкшийся
отремонти́рованный; *кр. ф.* -ан, -ана
отремонти́ровать, -рую, -рует
отрёпанный; *кр. ф.* -ан, -ана (*от* отрепа́ть)
отрепа́ть(ся), -еплю́(сь), -е́плет(ся), -е́плют(ся) и -е́пет(ся), -е́пят(ся) (*то же, что* обтрепа́ть(ся))
отрепети́рованность, -и
отрепети́рованный; *кр. ф.* -ан, -ана
отрепети́ровать(ся), -рую, -рует(ся)
отрепето́ванный; *кр. ф.* -ан, -ана
отрепетова́ть, -ту́ю, -ту́ет
отрёпки, -ов
отрёпывать(ся), -аю(сь), -ает(ся) (*к* отрепа́ть(ся))
отрёпыш, -а, *тв.* -ем
отре́пье, -я и отре́пья, -ьев (*лохмотья*)
отреставри́рованный; *кр. ф.* -ан, -ана
отреставри́ровать(ся), -и́рую, -и́рует(ся)
отретирова́ться, -ру́юсь, -ру́ется
отретуши́рованный; *кр. ф.* -ан, -ана

отретуши́ровать(ся), -рую, -рует(ся)
отрефлекси́рованный; кр. ф. -ан, -ана
отрецензи́рованный; кр. ф. -ан, -ана
отрецензи́ровать(ся), -рую, -рует(ся)
отрече́ние, -я
отречённый; кр. ф. -ён, -ена́ и отречённый; кр. ф. -ён, -ена́ (церк.)
отре́чься, -еку́сь, -ечётся, -еку́тся; прош. -ёкся, -екла́сь
отреша́ть(ся), -а́ю(сь), -а́ет(ся)
отреше́ние, -я
отрешённо, нареч.
отрешённость, -и
отрешённый; кр. ф. прич. -ён, -ена́; кр. ф. прил. -ён, -ена́ (с дополн.: она́ отрешена́ от жите́йских забо́т) и -ён, -ённа (без дополн.: она́ отрешённа и безуча́стна)
отреши́ть(ся), -шу́(сь), -ши́т(ся)
отри́нутый
отри́нуть, -ну, -нет
отрихто́ванный; кр. ф. -ан, -ана
отрихтова́ть(ся), -ту́ю, -ту́ет(ся)
отрица́ние, -я
отрица́тель, -я
отрица́тельность, -и
отрица́тельный; кр. ф. -лен, -льна
отрица́ть(ся), -а́ю, -а́ет(ся)
отро́г, -а
отроди́ться, -и́тся
о́троду, нареч. (никогда́ о́троду не ви́дел тако́го), но сущ. от роду (от рождения: пяти́ ле́т от роду)
отро́дье, -я, р. мн. -дий
отродя́сь, нареч.
отро́ек, -о́йка
отро́енный; кр. ф. -ён, -ена́
отро́жек, -жка
отро́жина, -ы

отрои́ть(ся), -ою́, -ои́т(ся)
о́трок, -а
отрокови́ца, -ы, тв. -ей
отро́сток, -тка
отро́сточек, -чка
отро́стчатый
отро́сший
о́трочески й
о́трочество, -а
о́труб, -а, мн. -а́, -о́в (участок земли)
отру́б, -а, мн. -ы, -ов (место разруба; состояние, жарг.)
отруба́ние, -я
отруба́ть(ся), -а́ю(сь), -а́ет(ся)
отрубеви́дный; кр. ф. -ден, -дна
о́труби, -е́й
отруби́ть(ся), -ублю́(сь), -у́бит(ся) (к рубить; то же, что вырубить(ся), жарг.)
отру́бленный; кр. ф. -ен, -ена (от отруби́ть)
отрубно́й (к о́труб и отру́б)
о́трубный (к о́труби)
отрубяно́й (к о́труби)
отру́ганный; кр. ф. -ан, -ана
отруга́ть(ся), -а́ю(сь), -а́ет(ся)
отру́гивать(ся), -аю(сь), -ает(ся)
отру́ливать, -аю, -ает
отрули́ть, -лю́, -ли́т
отрухля́вевший
отрухля́веть, -еет
отрыба́чить, -чу, -чит
отры́в, -а
отрыва́ние, -я
отрыва́ть(ся), -а́ю(сь), -а́ет(ся)
отры́вистость, -и
отры́вистый
отрывно́й
отры́вок, -вка
отры́вочность, -и
отры́вочный; кр. ф. -чен, -чна
отрыга́ть(ся), -а́ю, -а́ет(ся)
отры́гивать(ся), -аю, -ает(ся)
отры́гнутый
отрыгну́ть(ся), -ну́, -нёт(ся)

отры́жка, -и, р. мн. -жек
отры́скать, -аю, -ает
отры́скивать, -ает
отры́тый
отры́ть(ся), отро́ю(сь), отро́ет(ся)
отря́д, -а
отряди́ть, -яжу́, -яди́т
отря́дник, -а
отря́дный
отряжа́ть(ся), -а́ю(сь), -а́ет(ся)
отряжённый; кр. ф. -ён, -ена́
отряса́ние, -я (от отряса́ть)
отряса́ть(ся), -а́ю, -а́ет(ся) (к отрясти́)
отрясённый; кр. ф. -ён, -ена́ (от отрясти́)
отрясти́, -су́, -сёт; прош. -я́с, -ясла́ (устар. к отряхну́ть)
отря́сший (от отрясти́)
отряха́ние, -я (от отряха́ть(ся)
отряха́ть(ся), -а́ю(сь), -а́ет(ся) (к отряхну́ть(ся)
отря́хивание, -я (от отря́хивать(ся)
отря́хивать(ся), -аю(сь), -ает(ся) (к отряхну́ть(ся)
отряхну́тый (от отряхну́ть)
отряхну́ть(ся), -ну́(сь), -нёт(ся) (то же, что оттряхну́ть; встря́хиванием, похло́пыванием очи́стить(ся), освободи́ть(ся) от чего-н.; отряхну́ть пра́х от свои́х ног)
отсади́ть, -ажу́, -а́дит
отса́дка, -и
отса́док, -дка (отса́женное расте́ние)
отса́дочный
отса́женный; кр. ф. -ен, -ена
отса́живание, -я
отса́живать(ся), -аю(сь), -ает(ся)
отсалютова́ть, -ту́ю, -ту́ет
отса́сывание, -я
отса́сывать(ся), -аю, -ает(ся)
о́тсверк, -а
отсверка́ть, -а́ю, -а́ет

о́тсвет, -а
отсвети́ть, -е́тит
отсве́чивание, -я
отсве́чивать(ся), -ает(ся)
отсвиста́ть, -ищу́, -и́щет
отсвисте́ть, -ищу́, -исти́т
отсебя́тина, -ы
отсе́в, -а
отсева́ть(ся), -а́ю(сь), -а́ет(ся)
отсе́вки, -ов и -вок
отсевно́й
отседа́ть, -а́ет
отсе́ивание, -я
отсе́ивать(ся), -аю(сь), -ает(ся)
отсе́к, -а
отсека́ние, -я
отсека́ть(ся), -а́ю, -а́ет(ся)
отсе́кший(ся) и отсёкший(ся)
отсе́ле и отсе́ль
отселе́ние, -я
отселённый; кр. ф. -ён, -ена́
отсели́ть(ся), -елю́(сь), -е́ли́т(ся)
отсе́ль и отсе́ле
отселя́ть(ся), -я́ю(сь), -я́ет(ся)
отсе́сть, отся́ду, отся́дет
отсече́ние, -я
отсечённый; кр. ф. -ён, -ена́
отсе́чка, -и
отсе́чный
отсе́чь(ся), -еку́, -ечёт(ся), -еку́т(ся); прош. -ёк(ся) и -е́к(ся), -екла́(сь)
отсе́янный; кр. ф. -ян, -яна
отсе́ять(ся), -е́ю(сь), -е́ет(ся)
отсигна́лить, -лю, -лит
отсиде́ть(ся), -ижу́(сь), -иди́т(ся)
отси́дка, -и, р. мн. -док
отси́женный; кр. ф. -ен, -ена
отси́живание, -я
отси́живать(ся), -аю(сь), -ает(ся)
от си́лы (самое большее)
от сих до сих
отска́бливание, -я
отска́бливать(ся), -аю, -ает(ся)
отскака́ть, -ачу́, -а́чет
отска́кивание, -я

отска́кивать, -аю, -ает
отскакну́ть, -ну́, -нёт
отско́бленный; кр. ф. -ен, -ена
отскобли́ть(ся), -облю́, -обли́т(ся)
отско́к, -а
отскочи́ть, -очу́, -о́чит
отскреба́ние, -я
отскреба́ть(ся), -а́ю, -а́ет(ся)
отскребённый; кр. ф. -ён, -ена́
отскрёбший
отскрёбывать(ся), -аю, -ает(ся)
отскрести́(сь), -ребу́, -ребёт(ся); прош. -рёб(ся), -ребла́(сь)
отсла́ивание, -я
отсла́ивать(ся), -аю, -ает(ся)
отследи́ть, -ежу́, -еди́т
отслежённый; кр. ф. -ен, -ена
отслёживание, -я
отслёживать(ся), -аю, -ает(ся)
отслое́ние, -я
отслоённый; кр. ф. -ён, -ена́
отслои́ть(ся), -ою́, -ои́т(ся)
отсло́йка, -и, р. мн. -о́ек
отслонённый; кр. ф. -ён, -ена́
отслони́ть(ся), -оню́(сь), -о́ни́т(ся)
отслоня́ть(ся), -я́ю(сь), -я́ет(ся)
отслу́женный; кр. ф. -ен, -ена
отслу́живать(ся), -аю(сь), -ает(ся)
отслужи́ть(ся), -ужу́(сь), -у́жит(ся)
отслу́шанный; кр. ф. -ан, -ана
отслу́шать, -аю, -ает
отслу́шивать, -аю, -ает
отслюнённый; кр. ф. -ён, -ена́
отслю́нивать, -аю, -ает
отслюни́ть, -ню́, -ни́т
отсма́ркивание, -я
отсма́ркиваться, -аюсь, -ается
отсма́тривание, -я
отсма́тривать(ся), -аю, -ает(ся)
отсме́иваться, -аюсь, -ается
отсмея́ться, -ею́сь, -еётся
отсморка́ться, -а́юсь, -а́ется
отсморкну́ться, -ну́сь, -нётся
отсмо́тренный; кр. ф. -ен, -ена

отсмотре́ть, -отрю́, -о́трит
отсня́тый
отсня́ть(ся), -ниму́(сь), -ни́мет(ся)
отсове́тованный; кр. ф. -ан, -ана
отсове́товать, -тую, -тует
отсоедине́ние, -я
отсоединённый; кр. ф. -ён, -ена́
отсоедини́ть(ся), -ню́(сь), -ни́т(ся)
отсоединя́ть(ся), -я́ю(сь), -я́ет(ся)
отсортиро́ванный; кр. ф. -ан, -ана
отсортирова́ть(ся), -ру́ю, -ру́ет(ся)
отсортиро́вка, -и
отсортиро́вывать(ся), -аю, -ает(ся)
отсо́с, -а
отсо́санный; кр. ф. -ан, -ана
отсоса́ть, -осу́, -осёт
отсо́сный
отсо́хнуть, -нет; прош. -о́х, -о́хла
отсо́хший
отспа́ривать(ся), -аю, -ает(ся)
отспо́ренный; кр. ф. -ен, -ена
отспо́рить, -рю, -рит
отсро́ченный; кр. ф. -ен, -ена
отсро́чивание, -я
отсро́чивать(ся), -аю, -ает(ся)
отсро́чить, -чу, -чит
отсро́чка, -и, р. мн. -чек
отстава́ние, -я
отстава́ть, -таю́, -таёт
отста́вить, -влю, -вит
отста́вка, -и, р. мн. -вок
отста́вленный; кр. ф. -ен, -ена
отставля́ть(ся), -я́ю(сь), -я́ет(ся)
отставни́к, -а́
отставно́й
отста́ивание, -я
отста́ивать(ся), -аю(сь), -ает(ся)
отста́лость, -и
отста́лый
отста́ть, -а́ну, -а́нет
отстаю́щий
отстёганный; кр. ф. -ан, -ана

ОТСТЕГАТЬ

отстега́ть, -а́ю, -а́ет
отстёгивание, -я
отстёгивать(ся), -аю, -ает(ся)
отстёгнутый
отстегну́ть(ся), -ну́, -нёт(ся)
отстёжка, -и, *р. мн.* -жек
отстежно́й
отсти́ранный; *кр. ф.* -ан, -ана
отстира́ть(ся), -а́ю(сь), -а́ет(ся)
отсти́рка, -и
отсти́рывание, -я
отсти́рывать(ся), -аю(сь), -ает(ся)
отсто́й, -я
отсто́йник, -а
отсто́йный
отстоя́нный; *кр. ф.* -ян, -яна
отстоя́ть(ся), -ою́(сь), -ои́т(ся)
отстра́гивание, -я и отстру́гивание, -я
отстра́гивать(ся), -аю, -ает(ся) и отстру́гивать(ся), -аю, -ает(ся)
отстрада́ть, -а́ю, -а́ет
отстра́ивание, -я
отстра́ивать(ся), -аю(сь), -ает(ся)
отстране́ние, -я
отстранённо, *нареч.*
отстранённость, -и
отстранённый; *кр. ф. прич.* -ён, -ена́; *кр. ф. прил.* (выражающий безразличие) -ён, -ённа (лицо её отстранённо)
отстрани́ть(ся), -ню́(сь), -ни́т(ся)
отстраня́ть(ся), -я́ю(сь), -я́ет(ся)
отстра́чивать(ся), -аю, -ает(ся)
отстре́л, -а
отстре́ленный; *кр. ф.* -ен, -ена (*от* отстрели́ть)
отстре́ливание, -я
отстре́ливать(ся), -аю(сь), -ает(ся)
отстрели́ть(ся), -елю́, -е́лит(ся)
отстре́льщик, -а
отстре́лянный; *кр. ф.* -ян, -яна (*от* отстреля́ть)

отстреля́ть(ся), -я́ю(сь), -я́ет(ся)
отстрига́ние, -я
отстрига́ть(ся), -а́ю, -а́ет(ся)
отстри́гший
отстри́женный; *кр. ф.* -ен, -ена
отстри́чь, -игу́, -ижёт, -игу́т; *прош.* -и́г, -и́гла
отстро́ганный; *кр. ф.* -ан, -ана и отстру́ганный; *кр. ф.* -ан, -ана
отстрога́ть, -а́ю, -а́ет и отструга́ть, -а́ю, -а́ет
отстро́енный; *кр. ф.* -ен, -ена
отстро́ить(ся), -о́ю(сь), -о́ит(ся)
отстро́йка, -и
отстро́ченный; *кр. ф.* -ен, -ена
отстрочи́ть, -очу́, -о́чит
отстру́ганный; *кр. ф.* -ан, -ана и отстро́ганный; *кр. ф.* -ан, -ана
отструга́ть, -а́ю, -а́ет и отстрога́ть, -а́ю, -а́ет
отстру́гивание, -я и отстра́гивание, -я
отстру́гивать(ся), -аю, -ает(ся) и отстра́гивать(ся), -аю, -ает(ся)
отстря́панный; *кр. ф.* -ан, -ана
отстря́пать(ся), -аю(сь), -ает(ся)
отсту́канный; *кр. ф.* -ан, -ана
отсту́кать, -аю, -ает
отсту́кивание, -я
отсту́кивать(ся), -аю, -ает(ся)
о́тступ, -а
отступа́тельный
отступа́ть(ся), -а́ю(сь), -а́ет(ся)
отступи́ть(ся), -уплю́(сь), -у́пит(ся)
отступле́ние, -я
отсту́пник, -а, но: Юлиа́н Отсту́пник
отсту́пница, -ы, *тв.* -ей
отсту́пнический
отсту́пничество, -а
отступно́е, -о́го
отступно́й
отступя́, *нареч.*
отстуча́ть, -чу́, -чи́т

отстыко́ванный; *кр. ф.* -ан, -ана
отстыкова́ть(ся), -ку́ю(сь), -ку́ет(ся)
отстыко́вка, -и, *р. мн.* -вок
отстыко́вывание, -я
отстыко́вывать(ся), -аю(сь), -ает(ся)
отсуди́ть, -ужу́, -у́дит
отсу́женный; *кр. ф.* -ен, -ена
отсу́живание, -я
отсу́живать(ся), -аю, -ает(ся)
отсу́тствие, -я
отсу́тствовать, -твую, -твует
отсу́тствующий
отсутя́жить, -жу, -жит
отсутя́жничать, -аю, -ает
отсу́ченный; *кр. ф.* -ен, -ена
отсу́чивать(ся), -аю, -ает(ся)
отсучи́ть(ся), -учу́, -у́чит(ся)
отсчёт, -а (*к* отсчи́тывать(ся))
отсчётный
отсчи́танный; *кр. ф.* -ан, -ана
отсчита́ть, -а́ю, -а́ет
отсчи́тывание, -я
отсчи́тывать(ся), -аю, -ает(ся)
отсыла́ть(ся), -а́ю(сь), -а́ет(ся)
отсы́лка, -и, *р. мн.* -лок
отсы́лочный
отсыпа́ние, -я
отсы́панный; *кр. ф.* -ан, -ана
отсы́пать(ся), -плю, -плет(ся), -плют(ся) и -пет(ся), -пят(ся), *сов.*
отсыпа́ть(ся), -а́ю(сь), -а́ет(ся), *несов.*
отсы́пка, -и
отсыпно́й
о́тсыпь, -и
отсырева́ние, -я
отсырева́ть, -а́ет
отсыре́лый
отсыре́ть, -е́ет
отсыха́ние, -я
отсыха́ть, -а́ет
отсю́да
отсю́дова (*прост. к* отсю́да)

отта́вский (*от* Отта́ва)
отта́вцы, -ев, *ед.* -вец, -вца, *тв.* -вцем
отта́ивание, -я
отта́ивать(ся), -аю, -ает(ся)
отта́лина, -ы
отта́лкивание, -я
отта́лкивать(ся), -аю(сь), -ает(ся)
отта́лкивающий(ся)
оттанцева́ть(ся), -цу́ю(сь), -цу́ет(ся)
оттанцо́вывать(ся), -аю(сь), -ает(ся)
отта́пливание, -я (*от* отта́пливать(ся))
отта́пливать(ся), -аю, -ает(ся) (*к* оттопи́ть(ся))
отта́птывание, -я (*от* отта́птывать(ся))
отта́птывать(ся), -аю, -ает(ся) (*к* оттопта́ть)
отта́ска, -и
отта́сканный; *кр. ф.* -ан, -ана
оттаска́ть(ся), -а́ю(сь), -а́ет(ся)
отта́скивание, -я
отта́скивать(ся), -аю, -ает(ся)
отта́чивание, -я (*от* отта́чивать(ся))
отта́чивать(ся), -аю, -ает(ся) (*к* отточи́ть(ся))
отта́щенный; *кр. ф.* -ен, -ена
оттащи́ть(ся), -ащу́(сь), -а́щит(ся)
отта́янный; *кр. ф.* -ян, -яна
отта́ять, -а́ю, -а́ет
оттэ́да (*прост. к* отту́да)
отте́дова (*прост. к* отту́да)
оттёк, -а (*к* отте́чь)
оттека́ние, -я (*от* оттека́ть)
оттека́ть, -а́ет (*к* отте́чь)
оттёкший (*от* отте́чь)
от темна́ до темна́
оттене́ние, -я (*от* оттени́ть)
оттенённый; *кр. ф.* -ён, -ена́ (*от* оттени́ть)
оттени́ть(ся), -ню́, -ни́т(ся) (*выделить(ся), сделать (стать) заметнее*)

отте́нок, -нка
отте́ночный
оттеня́ть(ся), -я́ю, -я́ет(ся) (*к* оттени́ть(ся))
о́ттепель, -и
о́ттепельный
оттереби́ть, -блю́, -би́т
оттереблённый; *кр. ф.* -ён, -ена́
оттере́ть(ся), ототру́, ототрёт(ся); *прош.* оттёр(ся), оттёрла(сь) (*счистить(ся), отчистить(ся); растереть до нужного состояния; оттеснить, вытеснить*)
оттерпе́ться, -ерплю́сь, -е́рпится
оттертра́л, -а
оттёртый (*от* оттере́ть)
оттёрший(ся) (*от* оттере́ть(ся))
оттёсанный; *кр. ф.* -ан, -ана (*от* оттеса́ть)
оттеса́ть, -ешу́, -е́шет (*стесать; кончить тесать*)
оттёска, -и (*к* оттесать)
оттесне́ние, -я
оттеснённый; *кр. ф.* -ён, -ена́
оттесни́ть, -ню́, -ни́т
оттесня́ть(ся), -я́ю(сь), -я́ет(ся)
оттёсывание, -я (*от* оттёсывать)
оттёсывать(ся), -аю, -ает(ся) (*к* оттеса́ть)
отте́чь, -ечёт, -еку́т; *прош.* -ёк, -екла́ (*о жидкости: переместиться обратно, в другое место*)
оттиражи́рованный; *кр. ф.* -ан, -ана
оттиражи́ровать(ся), -рую, -рует(ся)
оттира́ние, -я (*от* оттира́ть)
оттира́ть(ся), -а́ю, -а́ет(ся) (*к* оттере́ть(ся))
отти́рка, -и
о́ттиск, -а
отти́сканный; *кр. ф.* -ан, -ана
отти́скать(ся), -аю, -ает(ся)
отти́скивание, -я
отти́скивать(ся), -аю, -ает(ся)

отти́снутый
отти́снуть(ся), -ну, -нет(ся)
оттого́, *нареч.* (оттого́ мне ве́село), но *местоим.* от того́ (от того́, что о́н сказа́л, мно́гое зави́сит)
оттого́-то, *нареч.*
оттого́ что, *союз*
отто́к, -а
оттокова́ть, -ку́ет
отто́ле и отто́ль
оттолка́ть, -а́ю, -а́ет
отто́лкнутый
оттолкну́ть(ся), -ну́(сь), -нёт(ся)
оттолкова́ть, -ку́ю, -ку́ет
отто́ль и отто́ле
оттомани́зм, -а
оттома́нка, -и, *р. мн.* -нок
Оттома́нская импе́рия
оттома́нский
оттома́ны, -ов, *ед.* -ма́н, -а
отто́панный; *кр. ф.* -ан, -ана
отто́пать, -аю, -ает
оттопи́ть(ся), -оплю́(сь), -о́пит(ся) (*кончить топить(ся); растапливая(сь), отделить(ся) от жидкого*)
отто́пленный; *кр. ф.* -ен, -ена (*от* оттопи́ть)
отто́птанный; *кр. ф.* -ан, -ана (*от* оттопта́ть)
оттопта́ть, -опчу́, -о́пчет (*повредить, наступая на что-н.; утомить ходьбой*)
оттопы́ренный; *кр. ф.* -ен, -ена
оттопы́ривание, -я
оттопы́ривать(ся), -аю, -ает(ся)
оттопы́рить(ся), -рю, -рит(ся)
отторга́ть(ся), -а́ю(сь), -а́ет(ся)
отто́ргнувший(ся)
отто́ргнутый
отто́ргнуть(ся), -ну(сь), -нет(ся); *прош.* -о́рг(ся) и -о́ргнул(ся), -о́ргла(сь)
отторгова́ть, -гу́ю, -гу́ет
отто́ргший(ся)
отторже́ние, -я

ОТТОРЖЕННЫЙ

отто́рженный; *кр. ф.* -ен, -ена
отто́ченно, *нареч.*
отто́ченность, -и
отто́ченный (*от* отточи́ть); *кр. ф. прич.* -ен, -ена; *кр. ф. прил.* -ен, -енна (*его мастерство́ отто́ченно*)
отто́чие, -я
отточи́ть(ся), -очу́, -о́чит(ся) (*в результате тщательной точки сделать(ся) острым; довести (дойти) до предельной выразительности*)
отто́чка, -и (*от* отточи́ть)
отто́чный (*к* отто́к)
оттранслиро́ванный; *кр. ф.* -ан, -ана
оттранслирова́ть(ся), -ру́ю, -рует(ся)
оттрезво́нить, -ню, -нит
оттрениро́ванный; *кр. ф.* -ан, -ана
оттренирова́ть(ся), -ру́ю(сь), -ру́ет(ся)
оттрениро́вывать(ся), -аю(сь), -ает(ся)
оттрёпанный; *кр. ф.* -ан, -ана (*от* оттрепа́ть)
оттрепа́ть(ся), -епло́(сь), -е́плет(ся), -е́плют(ся) *и* -е́пет(ся), -е́пят(ся) (*очистить(ся) трепанием; наказать, трепля за уши, за волосы*)
оттрёпывать(ся), -аю(сь), -ает(ся) (*к* оттрепа́ть(ся))
оттруби́ть, -блю́, -би́т (*кончить трубить; отработать, занимаясь чем-н. малоприятным*)
оттру́бленный; *кр. ф.* -ен, -ена (*от* оттруби́ть)
оттруди́ться, -ужу́сь, -у́дится
оттряса́ние (*от* оттряса́ть(ся))
оттряса́ть(ся), -а́ю, -а́ет(ся) (*к* оттрясти́)
оттрясённый; *кр. ф.* -ён, -ена́ (*от* оттрясти́)

оттрясти́, -су́, -сёт; *прош.* -я́с, -ясла́ (*то же, что* оттряхну́ть; *повредить тряской*)
оттря́сший (*от* оттрясти́)
оттря́хивание, -я (*от* оттря́хивать(ся))
оттря́хивать(ся), -аю, -ает(ся) (*к* оттряхну́ть)
оттря́хнутый (*от* оттряхну́ть)
оттряхну́ть, -ну́, -нёт (*встряхиванием удалить (капли, частицы чего-н.) с поверхности*)
отту́да
отту́да-то
отту́дова (*прост. к* отту́да)
оттужи́ть, -ужу́, -у́жит
оттузи́ть, -ужу́, -узи́т
оттушёванный; *кр. ф.* -ан, -ана
оттушева́ть, -шу́ю, -шу́ет
оттушёвка, -и
оттушёвывание, -я
оттушёвывать(ся), -аю, -ает(ся)
оттыка́ть(ся), -а́ю, -а́ет(ся)
отты́г, -а
оттяга́ть, -а́ю, -а́ет
оття́гивание, -я
оття́гивать(ся), -аю, -ает(ся)
оття́жка, -и, *р. мн.* -жек
оттяжно́й
оття́нутый
оттяну́ть(ся), -яну́, -я́нет(ся)
оття́панный; *кр. ф.* -ан, -ана
оття́пать, -аю, -ает
оття́пнуть, -ну, -нет
оття́пывать(ся), -аю, -ает(ся)
оту́жинать, -аю, -ает
отума́ненный; *кр. ф.* -ен, -ена
отума́нивание, -я
отума́нивать(ся), -аю(сь), -ает(ся)
отума́нить(ся), -ню(сь), -нит(ся)
отуни́т, -а *и* отени́т, -а
отупева́ть, -а́ю, -а́ет
отупе́лость, -и
отупе́лый
отупе́ние, -я

отупе́ть, -е́ю, -е́ет
отупи́ть, отуплю́, оту́пит
отупля́ть(ся), -я́ю, -я́ет(ся)
отуре́ченный; *кр. ф.* -ен, -ена
отуре́чивание, -я
отуре́чивать(ся), -аю(сь), -ает(ся)
отуре́чить(ся), -чу(сь), -чит(ся)
отутю́женный; *кр. ф.* -ен, -ена
отутю́живание, -я
отутю́живать(ся), -аю, -ает(ся)
отутю́жить, -жу, -жит
отуча́ть(ся), -а́ю(сь), -а́ет(ся)
оту́ченный; *кр. ф.* -ен, -ена
оту́чивание, -я
оту́чивать(ся), -аю(сь), -ает(ся)
отучи́ть(ся), отучу́(сь), оту́чит(ся)
отучне́ть, -е́ю, -е́ет
отфактуро́ванный; *кр. ф.* -ан, -ана
отфанеро́ванный; *кр. ф.* -ан, -ана
отфанерова́ть(ся), -ру́ю, -ру́ет(ся)
отфильтро́ванный; *кр. ф.* -ан, -ана
отфильтрова́ть(ся) -ру́ю, -ру́ет(ся)
отфильтро́вывание, -я
отфильтро́вывать(ся), -аю, -ает(ся)
отформати́рованный; *кр. ф.* -ан, -ана
отформати́ровать(ся), -и́рую, -и́рует(ся)
отформо́ванный; *кр. ф.* -ан, -ана
отформова́ть(ся), -му́ю, -му́ет(ся)
отформо́вывание, -я
отформо́вывать(ся), -аю, -ает
отфрезеро́ванный; *кр. ф.* -ан, -ана
отфрезерова́ть, -ру́ю, -ру́ет
отфрезеро́вывание, -я
отфрезеро́вывать(ся), -аю, -ает(ся)
отфутбо́ленный; *кр. ф.* -ен, -ена
отфутбо́ливание, -я
отфутбо́ливать(ся), -аю(сь), -ает(ся)

отфутбо́лить, -лю, -лит
отфы́ркаться, -аюсь, -ается
отфы́ркивание, -я
отфы́ркиваться, -аюсь, -ается
отфы́ркнуться, -нусь, -нется
отха́живание, -я
отха́живать(ся), -аю(сь), -ает(ся)
отха́рканный; кр. ф. -ан, -ана
отха́ркать(ся), -аю(сь), -ает(ся)
отха́ркивание, -я
отха́ркивать(ся), -аю(сь), -ает(ся)
отха́ркивающий(ся)
отха́ркнутый
отха́ркнуть(ся), -ну(сь), -нет(ся)
отхва́танный; кр. ф. -ан, -ана
отхвата́ть, -а́ю, -а́ет
отхвати́ть, -ачу́, -а́тит
отхва́тывание, -я
отхва́тывать(ся), -аю, -ает(ся)
отхва́ченный; кр. ф. -ен, -ена
отхвора́ть, -а́ю, -а́ет
отхлеба́ть, -а́ю, -а́ет
отхлёбнутый
отхлебну́ть, -ну́, -нёт
отхлёбывание, -я
отхлёбывать(ся), -аю, -ает(ся)
отхлёстанный; кр. ф. -ан, -ана
отхлеста́ть(ся), -ещу́(сь), -е́щет(ся)
отхлёстывать(ся), -аю(сь), -ает(ся)
отхло́панный; кр. ф. -ан, -ана
отхлопа́тывание, -я
отхлопа́тывать(ся), -аю, -ает(ся)
отхло́пать, -аю, -ает
отхлопо́танный; кр. ф. -ан, -ана
отхлопота́ть, -очу́, -о́чет
отхло́пывание, -я
отхло́пывать(ся), -аю, -ает(ся)
отхлы́нуть, -нет
отхлы́станный; кр. ф. -ан, -ана
отхлыста́ть(ся), -ыщу́(сь), -ы́щет(ся)
отхлы́стывать(ся), -аю(сь), -ает(ся)
отхо́д, -а

отходи́ть(ся), -ожу́(сь), -о́дит(ся)
отхо́дная, -ой
отхо́дник, -а
отхо́дничество, -а
отхо́дный
отходня́к, -а́
отхо́дчивость, -и
отхо́дчивый
отхо́ды, -ов (остатки производства)
отходя́щий
отхожде́ние, -я
отхо́женный; кр. ф. -ен, -ена
отхо́жий
отхоте́ть(ся), -очу́, -о́чет(ся)
отхохота́ться, отхохочу́сь, отхохо́чется
отхрапе́ть, -плю́, -пи́т
отхроми́рованный; кр. ф. -ан, -ана
отхроми́ровать(ся), -рую, -рует(ся)
отца́рствовать, -твую, -твует
отцвести́, -вету́, -ветёт; прош. -вёл, -вела́
отцвета́ние, -я
отцвета́ть, -а́ю, -а́ет
отцве́тший
отцеди́ть(ся), -ежу́, -е́дит(ся) (цежением отлить(ся) или отделить(ся))
отце́женный; кр. ф. -ен, -ена (от отцеди́ть)
отце́живание, -я (от отце́живать)
отце́живать(ся), -аю, -ает(ся) (к отцеди́ть(ся))
отцелова́ть(ся), -лу́ю(сь), -лу́ет(ся)
отцентри́рованный; кр. ф. -ан, -ана
отцентри́ровать(ся), -и́рую, -и́рует(ся)
отцентро́ванный; кр. ф. -ан, -ана
отцентрова́ть(ся), -ру́ю, -ру́ет(ся)
отце́п, -а
отцепи́ть(ся), -еплю́(сь), -е́пит(ся) (отдели́ть(ся))

отце́пка, -и
отцепле́ние, -я (от отцепи́ть)
отце́пленный; кр. ф. -ен, -ена (от отцепи́ть)
отцепля́ть(ся), -я́ю(сь), -я́ет(ся) (к отцепи́ть(ся))
отцепно́й
отце́пщик, -а
отце́пщица, -ы, тв. -ей
отцеуби́йство, -а
отцеуби́йца, -ы, тв. -ей, м. и ж.
отциклёванный; кр. ф. -ан, -ана
отциклева́ть(ся), -лю́ю, -лю́ет(ся)
отцо́в, -а, -о
отцо́вский
отцо́вство, -а
Отцы́, -о́в: Святы́е Отцы́ (богосл.)
отцы́-основа́тели, отцо́в-основа́телей, ед. оте́ц-основа́тель, отца́-основа́теля
отчаёвничать, -аю, -ает
отча́иваться, -аюсь, -ается
отча́л, -а
отча́ленный; кр. ф. -ен, -ена
отча́ливание, -я
отча́ливать(ся), -аю, -ает(ся)
отча́лить(ся), -лю, -лит(ся)
отча́сти, нареч. (отча́сти я са́м винова́т)
отчаю́га, -и, м. и ж.
отча́явшийся
отча́яние, -я
отча́янно, нареч.
отча́янность, -и
отча́янный; кр. ф. -ян, -янна
отча́яться, -а́юсь, -а́ется
о́тче (обращение к отцу, церк.) и О́тче (обращение к Богу Отцу)
отчебу́чивать, -аю, -ает и отчубу́чивать, -аю, -ает
отчебу́чить, -чу, -чит и отчубу́чить, -чу, -чит
отчего́, нареч. и союз (отчего́ ты́ не е́шь), но местоим. от чего́ (от чего́ э́то зави́сит)

отчего́-либо, нареч.
отчего́-нибудь, нареч.
отчего́-то, нареч.
отчека́ненность, -и
отчека́ненный; кр. ф. -ен, -ена
отчека́нивать(ся), -аю, -ает(ся)
отчека́нить(ся), -ню, -нит(ся)
отчекры́женный; кр. ф. -ен, -ена
отчекры́живать(ся), -аю, -ает(ся)
отчекры́жить(ся), -жу, -жит(ся)
О́тче на́ш, нескл., м. и с. (молитва)
отчеренкова́ние, -я
отчеренко́ванный; кр. ф. -ан, -ана
отчеренкова́ть, -ку́ю, -ку́ет
отчёркивание, -я (от отчёркивать)
отчёркивать(ся), -аю, -ает(ся) (к отчеркну́ть)
отчёркнутый (от отчеркну́ть)
отчеркну́ть, -ну́, -нёт (отметить, выделить чертой)
отче́рпанный; кр. ф. -ан, -ана
отче́рпать, -аю, -ает
отче́рпнутый
отчерпну́ть(ся), -ну́, -нёт(ся)
отче́рпывание, -я
отче́рпывать(ся), -аю, -ает(ся)
отчерти́ть, -ерчу́, -е́ртит (отделить чертой)
отче́рченный; кр. ф. -ен, -ена (от отчерти́ть)
отче́рчивание, -я (от отче́рчивать)
отче́рчивать(ся), -аю, -ает(ся) (к отчерти́ть)
отчёсанный; кр. ф. -ан, -ана (от отчеса́ть)
отчеса́ть(ся), -ешу́, -е́шет(ся) (отделить(ся) чесанием; высечь, избить)
о́теческий
о́течество, -а
отчёсывание, -я (от отчёсывать)

отчёсывать(ся), -аю, -ает(ся) (к отчеса́ть(ся)
отчёт, -а (к отчита́ться)
отчётистый
отчётливо, нареч.
отчётливо различи́мый
отчётливость, -и
отчётливый
отчётно-вы́борный
отчётно-перевы́борный
отчётность, -и
отчётный
отчи́зна, -ы и (высок.) Отчи́зна, -ы
о́тчий, о́тчая, о́тчее
о́тчим, -а
о́тчина, -ы
о́тчинный
отчирикать, -аю, -ает
отчи́рканный; кр. ф. -ан, -ана
отчи́ркать, -аю, -ает
отчисле́ние, -я
отчи́сленный; кр. ф. -ен, -ена
отчи́слить(ся), -лю(сь), -лит(ся)
отчисля́ть(ся), -я́ю(сь), -я́ет(ся)
отчи́стить(ся), -и́щу(сь), -и́стит(ся) (чисткой удалить грязь; стать чистым после чистки)
отчи́стка, -и (от отчи́стить)
отчи́танный; кр. ф. -ан, -ана
отчита́ть(ся), -а́ю(сь), -а́ет(ся)
отчи́тывание, -я
отчи́тывать(ся), -аю(сь), -ает(ся)
отчиха́ться, -а́юсь, -а́ется
отчихво́стить, -о́щу, -о́стит
отчихво́щенный; кр. ф. -ен, -ена
отчища́ть(ся), -а́ю(сь), -а́ет(ся) (к отчи́стить(ся)
отчи́щенный; кр. ф. -ен, -ена (от отчи́стить)
отчлене́ние, -я
отчленённый; кр. ф. -ён, -ена́
отчлени́ть(ся), -ню́, -ни́т(ся)
отчленя́ть(ся), -я́ю, -я́ет(ся)

отчубу́чивать, -аю, -ает и отчебу́чивать, -аю, -ает
отчубу́чить, -чу, -чит и отчебу́чить, -чу, -чит
отчуди́ть, -уди́т (к чуди́ть)
отчуди́ть(ся), отчужу́, отчуди́т(ся) (к отчужда́ть(ся), устар.)
отчужда́ть(ся), -а́ю, -а́ет(ся)
отчужде́ние, -я
отчуждённо, нареч.
отчуждённость, -и
отчуждённый; кр. ф. -ён, -ена́ (юр.: иму́щество отчуждено́ по зако́ну) и -ён, -ённа (испытывающий или выражающий отчуждённость)
отшага́ть, -а́ю, -а́ет
отша́гивать, -аю, -ает
отшагну́ть, -ну́, -нёт
отшатну́ть(ся), -ну́(сь), -нёт(ся)
отша́тывать(ся), -аю(сь), -ает(ся)
отшварто́ванный; кр. ф. -ан, -ана
отшвартова́ть(ся), -ту́ю(сь), -ту́ет(ся)
отшварто́вывать(ся), -аю(сь), -ает(ся)
отшвы́ривание, -я
отшвы́ривать(ся), -аю, -ает(ся)
отшвы́рнутый
отшвырну́ть, -ну́, -нёт
отшвыря́ть, -я́ю, -я́ет
отшелушённый; кр. ф. -ён, -ена́
отшелуши́ть(ся), -шу́, -ши́т(ся)
отше́льник, -а
отше́льница, -ы, тв. -ей
отше́льнический
отше́льничество, -а
отше́ствие, -я
отши́б: на отши́бе
отшиба́ние, -я
отшиба́ть(ся), -а́ю, -а́ет(ся)
отшиби́вший
отшиби́ть, -бу́, -бёт; прош. -и́б, -и́бла
отши́бленный; кр. ф. -ен, -ена

отшива́ть(ся), -а́ю, -а́ет(ся)
отши́тый
отши́ть, отошью́, отошьёт
отшку́ренный; кр. ф. -ен, -ена
отшку́ривать(ся), -аю, -ает(ся)
отшку́рить, -рю, -рит
отшлёпанный; кр. ф. -ан, -ана
отшлёпать, -аю, -ает
отшлёпывание, -я
отшлёпывать, -аю, -ает
отшлифо́ванный; кр. ф. -ан, -ана
отшлифова́ть(ся), -фу́ю, -фу́ет(ся)
отшлифо́вка, -и
отшлифо́вывание, -я
отшлифо́вывать(ся), -аю, -ает(ся)
отшпи́ленный; кр. ф. -ен, -ена
отшпи́ливать(ся), -аю, -ает(ся)
отшпи́лить(ся), -лю, -лит(ся)
отштампо́ванный; кр. ф. -ан, -ана
отштампова́ть(ся), -пу́ю, -пу́ет(ся)
отштампо́вывание, -я
отштампо́вывать(ся), -аю, -ает(ся)
отшто́панный; кр. ф. -ан, -ана
отшто́пать, -аю, -ает
отшто́пывать(ся), -аю, -ает(ся)
отштукату́ренный; кр. ф. -ен, -ена
отштукату́ривание, -я
отштукату́ривать(ся), -аю, -ает(ся)
отштукату́рить, -рю, -рит
отшу́гивать, -аю, -ает
отшугну́ть, -ну́, -нёт
отшуме́ть, -млю́, -ми́т
отшурша́ть, -шу́, -ши́т
отшути́ться, -учу́сь, -у́тится
отшу́чивание, -я
отшу́чиваться, -аюсь, -ается
отщебета́ть, -бечу́, -бе́чет
отщеголя́ть, -я́ю, -я́ет
отщёлканный; кр. ф. -ан, -ана

отщёлкать, -аю, -ает
отщёлкивание, -я
отщёлкивать(ся), -аю, -ает(ся)
отщёлкнутый
отщёлкнуть(ся), -ну, -нет(ся)
отщеми́ть, -млю́, -ми́т
отщемлённый; кр. ф. -ён, -ена́
отщемля́ть(ся), -я́ю, -я́ет(ся)
отще́п, -а
отщепа́ть, -епа́ю, -е́плет и -а́ю, -а́ет (к щепа́ть)
отщепе́нец, -нца, тв. -нцем, р. мн. -нцев
отщепе́нка, -и, р. мн. -нок
отщепе́нство, -а
отщепе́нческий
отщепи́ть(ся), -плю́, -пи́т(ся)
отщепле́ние, -я
отщеплённый; кр. ф. -ён, -ена́
отщепля́ть(ся), -я́ю, -я́ет(ся)
отщи́панный; кр. ф. -ан, -ана
отщипа́ть, -иплю́, -и́плет, -и́плют и -и́пет, -и́пят; также -а́ю, -а́ет (к щипа́ть)
отщи́пнутый
отщипну́ть(ся), -ну́, -нёт(ся)
отщи́пывать(ся), -аю, -ает(ся)
отъеда́ть(ся), -а́ю(сь), -а́ет(ся)
отъе́денный; кр. ф. -ен, -ена
отъедине́ние, -я
отъединённость, -и
отъединённый; кр. ф. -ён, -ена́
отъедини́ть(ся), -ню́(сь), -ни́т(ся)
отъединя́ть(ся), -я́ю(сь), -я́ет(ся)
отъе́зд, -а
отъе́здить(ся), -е́зжу(сь), -е́здит(ся)
отъезжа́ть, -а́ю, -а́ет
отъезжа́ющий
отъе́зжий
отъём, -а
отъёмка, -и
отъе́млю, -лет(ся) (устар. формы наст. вр. от отнима́ть(ся)
отъёмный
отъёмыш, -а, тв. -ем

отъе́сть(ся), -е́м(ся), -е́шь(ся), -е́ст(ся), -еди́м(ся), -еди́те(сь), -едя́т(ся); прош. -е́л, -е́ла(сь)
отъе́хать, -е́ду, -е́дет
отъю́ливать, -аю, -ает
отъюли́ть, -лю́, -ли́т
отъюстиро́ванный; кр. ф. -ан, -ана
отъюстирова́ть(ся), -ру́ю, -ру́ет(ся)
отъя́вленный
отъя́тый (устар. к о́тнятый)
отъя́ть, буд. и пов. не употр., прош. -я́л, -я́ла (устар. к отня́ть)
оты́гранный; кр. ф. -ан, -ана
отыгра́ть(ся), -а́ю(сь), -а́ет(ся)
оты́грывание, -я
оты́грывать(ся), -аю(сь), -ает(ся)
о́тыгрыш, -а, тв. -ем
оты́ди, пов.
отыллюстри́рованный; кр. ф. -ан, -ана
отыллюстри́ровать, -и́рую, -и́рует
отыма́лка, -и, р. мн. -лок
отыма́ть(ся), -а́ю, -а́ет(ся) (устар. прост. к отнима́ть(ся)
отымённый и отыменно́й
отыска́ние, -я
оты́сканный; кр. ф. -ан, -ана
отыска́ть(ся), отыщу́(сь), оты́щет(ся)
оты́скивание, -я
оты́скивать(ся), -аю(сь), -ает(ся)
отэкзамено́ванный; кр. ф. -ан, -ана
отэкзаменова́ть(ся), -ну́ю(сь), -ну́ет(ся)
отяготе́ть, -е́ю, -е́ет
отяготи́тельный; кр. ф. -лен, -льна
отяготи́ть(ся), -ощу́(сь), -оти́т(ся)
отягоща́ть(ся), -а́ю(сь), -а́ет(ся)
отягоще́ние, -я
отягощённость, -и
отягощённый; кр. ф. -ён, -ена́

отягча́ть(ся), -а́ю(сь), -а́ет(ся)
отягча́ющий(ся)
отягче́ние, -я
отягчённый; кр. ф. -ён, -ена́
отягчи́ть(ся), -чу́(сь), -чи́т(ся)
отяжеле́ние, -я
отяжелённый; кр. ф. -ён, -ена́
отяжеле́ть, -е́ю, -е́ет
отяжели́ть(ся), -лю́(сь), -ли́т(ся)
отяжеля́ть(ся), -я́ю(сь), -я́ет(ся)
оуэни́зм, -а
оуэни́стский
о́уэновский (от О́уэн)
офанеро́ванный; кр. ф. -ан, -ана
офе́нский
офе́ня, -и, р. мн. -ей, м.
офере́нт, -а
офе́рта, -ы
офе́ртный
ОФЗ [оэфзэ́], нескл., ж. (сокр.: облига́ция федера́льного за́йма)
офиге́нный
офиге́ть, -е́ю, -е́ет
офикальци́т, -а
офиоли́ты, -ов, ед. -ли́т, -а
офиоплу́теус, -а
офиоци́стии, -ий, ед. -стия, -и
о́фис, -а
о́фисный
офи́т, -а
офи́товый
офиу́ра, -ы
офице́р, -а
офице́рик, -а
офице́ришка, -и, р. мн. -шек, м.
офице́рский
офице́рство, -а
офице́рша, -и, тв. -ей
офицерьё, -я́
официа́л, -а
официализа́ция, -и
официа́льничанье, -я
официа́льничать, -аю, -ает
официа́льно-протоко́льный
официа́льность, -и
официа́льный; кр. ф. -лен, -льна

официа́льщина, -ы
официа́нт, -а
официа́нтка, -и, р. мн. -ток
официа́нтский
официо́з, -а
официо́зность, -и
официо́зный; кр. ф. -зен, -зна
офлюсо́ванный; кр. ф. -ан, -ана
офлюсова́ть(ся), -су́ю, -су́ет(ся)
офлюсо́вывание, -я
офлюсо́вывать(ся), -аю, -ает(ся)
офонаре́ть, -е́ю, -е́ет
офо́рмитель, -я
офо́рмительница, -ы, тв. -ей
офо́рмительский
офо́рмительство, -а
офо́рмить(ся), -млю(сь), -мит(ся)
оформле́ние, -я
офо́рмленность, -и
офо́рмленный; кр. ф. -ен, -ена
оформля́ть(ся), -я́ю(сь), -я́ет(ся)
офо́рт, -а
офорти́ст, -а
офо́ртный
офранцу́женный; кр. ф. -ен, -ена
офранцу́живание, -я
офранцу́живать(ся), -аю(сь), -ает(ся)
офранцу́зить(ся), -у́жу(сь), -у́зит(ся)
офса́йд, -а
офса́йдный
офсе́т, -а
офсе́тный
офсе́тчик, -а
офтальми́я, -и
офтальмодинамоме́трия, -и
офтальмо́лог, -а
офтальмологи́ческий
офтальмоло́гия, -и
офтальмо́метр, -а
офтальмометри́ческий
офтальмоме́трия, -и
офтальмоневроло́гия, -и
офтальмоплеги́я, -и
офтальмореа́кция, -и

офтальмоско́п, -а
офтальмоскопи́ческий
офтальмоскопи́я, -и
офтальмохиру́рг, -а
офутеро́ванный; кр. ф. -ан, -ана
офутерова́ть, -ру́ю, -ру́ет
оффертóрий, -я
офшо́р, -а
офшо́р-компа́ния, -и
офшо́рный
ох, неизм.
о́хабень, -бня
оха́верник, -а
оха́верница, -ы, тв. -ей
оха́верничать, -аю, -ает
оха́живание, -я
оха́живать(ся), -аю(сь), -ает(ся)
оха́ивание, -я
оха́ивать(ся), -аю(сь), -ает(ся)
о́хала, -ы, м. и ж.
оха́льник, -а
оха́льница, -ы, тв. -ей
оха́льничанье, -я
оха́льничать, -аю, -ает
оха́льный; кр. ф. -лен, -льна
охаме́ть, -е́ю, -е́ет
о́ханье, -я
оха́пка, -и, р. мн. -пок
охарактеризо́ванный; кр. ф. -ан, -ана
охарактеризова́ть(ся), -зу́ю(сь), -зу́ет(ся)
о́хать, о́хаю, о́хает
оха́янный; кр. ф. -ян, -яна
оха́ять, оха́ю, оха́ет
охва́т, -а
охвати́ть(ся), -ачу́(сь), -а́тит(ся)
охва́тность, -и
охва́тный; кр. ф. -тен, -тна
охва́тывание, -я
охва́тывать(ся), -аю(сь), -ает(ся)
охва́ченный; кр. ф. -ен, -ена
охво́стье, -я, р. мн. -тий
о́хи, о́хов
охи́нский (от Оха́)

ОХУЖДАТЬ

охи́нцы, -ев, ед. -нец, -нца, тв. -нцем
охладева́ть, -а́ю, -а́ет
охладе́лый
охладе́ть, -е́ю, -е́ет
охлади́тель, -я
охлади́тельный
охлади́ть(ся), -ажу́(сь), -ади́т(ся)
охлажда́ть(ся), -а́ю(сь), -а́ет(ся)
охлажде́ние, -я
охлаждённость, -и
охлаждённый; кр. ф. -ён, -ена́
охламо́н, -а
охлёстанный; кр. ф. -ан, -ана
охлеста́ть(ся), -ещу́(сь), -е́щет(ся)
охлёстнутый
охлестну́ть(ся), -ну́(сь), -нёт(ся)
охлёстывание, -я
охлёстывать(ся), -аю(сь), -ает(ся)
охлократи́ческий
охлокра́тия, -и
охло́панный; кр. ф. -ан, -ана
охло́пать, -аю, -ает
охло́пки, -ов, ед. охло́пок, -пка
охло́пывать(ся), -аю, -ает(ся)
охло́пье, -я и охло́пья, -ьев
о́хлупень, -пня
охмеле́ние, -я
охмелённый; кр. ф. -ён, -ена́
охмеле́ть, -е́ю, -е́ет
охмели́ть, -лю́, -ли́т
охмеля́ть(ся), -я́ю(сь), -я́ет(ся)
охмурёж, -а, тв. -ем
охмуре́ние, -я
охмурённый; кр. ф. -ён, -ена́
охмури́ть, -рю́, -ри́т
охмуря́ть(ся), -я́ю(сь), -я́ет(ся)
о́хнуть, о́хну, о́хнет
охола́живание, -я
охола́живать(ся), -аю(сь), -ает(ся)
охола́щивание, -я
охола́щивать(ся), -аю, -ает(ся)
охоладе́лый
охолоде́ть, -е́ю, -е́ет
охолоди́ть(ся), -ложу́(сь), -лоди́т(ся)

охоло́женный; кр. ф. -ен, -ена
охолости́ть, -ощу́, -ости́т
охолощённый; кр. ф. -ён, -ена́
о́хоньки, -нек (а́хоньки да о́хоньки)
охора́шивание, -я
охора́шивать(ся), -аю(сь), -ает(ся)
охо́та, -ы
охотба́за, -ы
охотинспе́ктор, -а, мн. -а́, -о́в и -ы, -ов
охо́титься, охо́чусь, охо́тится
охо́тишка, -и, р. мн. -шек
охо́тка: в охо́тку
охо́тливый
охотнадзо́р, -а
охо́тник, -а
охо́тница, -ы, тв. -ей
охо́тницкий
охо́тничать, -аю, -ает
охо́тничек, -чка
охо́тничий, -ья, -ье
охо́тничье-промысло́вый
охо́тно, нареч.
охотноря́дец, -дца, тв. -дцем, р. мн. -дцев
охотноря́дский и охотноря́дческий
охо́тный
Охо́тный Ря́д (улица)
охотове́д, -а
охотове́дение, -я
охотове́дческий
охотомо́рский (от Охо́тское мо́ре)
Охотомо́рье, -я
охотпроду́кция, -и
охотсезо́н, -а
охо́тский (к Охо́тское мо́ре и Охо́тск)
Охо́тское мо́ре
охотуго́дья, -дий
охотхозя́йство, -а
охо́тящийся

о-хо-хо́, неизм.
охохо́нюшки, неизм.
ох-ох-о́х, неизм.
охохо́хоньки, неизм.
охохо́шеньки, неизм.
охо́чий
о́хра, -ы
охра́на, -ы
охране́ние, -я
охранённый; кр. ф. -ён, -ена́
охрани́тель, -я
охрани́тельница, -ы, тв. -ей
охрани́тельный
охрани́ть, -ню́, -ни́т
охра́нка, -и, р. мн. -нок
охра́нник, -а
охра́нница, -ы, тв. -ей
охра́нный
охраня́емый
охраня́ть(ся), -я́ю(сь), -я́ет(ся)
охре́ние, -я
о́хренный[1]; кр. ф. -ен, -ена, прич. (от о́хрить)
о́хренный[2], прил. (от о́хра)
о́хреный, прил. (от о́хрить)
охри́плость, -и
охри́плый
охри́пнуть, -ну, -нет; прош. -и́п, -и́пла
охри́пший
о́хри́стый
о́хрить(ся), -рю, -рит(ся)
о́хровый
охроме́ть, -е́ю, -е́ет
охря́нка, -и
охряно́й и охря́ный, прил. (от о́хра)
о́хрящий(ся)
о́хти, неизм. (межд., устар.)
о́хтинка, -и, р. мн. -нок
о́хтинский (от О́хта)
о́хтинцы, -ев, ед. -нец, -нца, тв. -нцем
ох ты, межд. (ох ты, как неприя́тно!)
охужда́ть, -а́ет

ОХУЖДЕНИЕ

охужде́ние, -я
охулённый; *кр. ф.* -ён, -ена́
охули́ть, -лю́, -ли́т
оху́лка, -и
оху́льный
оцара́панный; *кр. ф.* -ан, -ана
оцара́пать(ся), -аю(сь), -ает(ся)
оцара́пнутый
оцара́пнуть(ся), -ну(сь), -нет(ся)
оцара́пывать(ся), -аю(сь), -ает(ся)
оцвети́ть(ся), -и́т(ся)
оцеди́ть, -ежу́, -е́дит (*то же, что отцеди́ть и процеди́ть, устар.*)
оце́женный; *кр. ф.* -ен, -ена (*от* оцеди́ть)
оце́живание, -я (*от* оце́живать)
оце́живать(ся), -аю, -ает(ся) (*к* оцеди́ть; оце́живать комара́)
оцело́т, -а
оценённый; *кр. ф.* -ён, -ена́
оце́нивать(ся), -аю, -ает(ся)
оце́нивающе, *нареч.*
оце́нивающий(ся)
оцени́ть, оценю́, оце́нит
оце́нка, -и, *р. мн.* -нок
оце́ночно-прогно́зный
оце́ночный
оце́нщик, -а
оце́нщица, -ы, *тв.* -ей
оцепене́лость, -и
оцепене́лый
оцепене́ние, -я
оцепенённый; *кр. ф.* -ён, -ена́
оцепене́ть, -е́ю, -е́ет
оцепени́ть, -ню́, -ни́т
оцепеня́ть, -я́ю, -я́ет
оцепи́ть, оцеплю́, оце́пит (*окружить*)
оцепле́ние, -я (*от* оцепи́ть)
оце́пленный; *кр. ф.* -ен, -ена (*от* оцепи́ть)
оцепля́ть(ся), -я́ю, -я́ет(ся) (*к* оцепи́ть)
о́цет, о́цта

оцилиндро́ванный; *кр. ф.* -ан, -ана
оцилиндро́вка, -и
оцинкова́ние, -я
оцинко́ванный; *кр. ф.* -ан, -ана
оцинкова́ть, -ку́ю, -ку́ет
оцинко́вка, -и
оцинко́вочный
оцинко́вывание, -я
оцинко́вывать(ся), -аю, -ает(ся)
оцифро́ванный; *кр. ф.* -ан, -ана
оцифрова́ть, -ру́ю, -ру́ет
оцифро́вка, -и
оцифро́вывать(ся), -аю, -ает(ся)
оча́г, -а́
очаго́вый
оча́жный
очажо́к, -жка́
оча́ковский (*от* Оча́ков, Оча́ково)
оча́ковцы, -ев, *ед.* -вец, -вца, *тв.* -вцем
оча́нка, -и, *р. мн.* -нок
очарова́ние, -я
очаро́ванный; *кр. ф.* -ан, -ана
очарова́тельница, -ы, *тв.* -ей
очарова́тельность, -и
очарова́тельный; *кр. ф.* -лен, -льна
очарова́ть(ся), -ру́ю(сь), -ру́ет(ся)
очарова́шечка, -и, *р. мн.* -чек, *м. и ж.*
очарова́шка, -и, *р. мн.* -шек, *м. и ж.*
очаро́вывание, -я
очаро́вывать(ся), -аю(сь), -ает(ся)
очеви́дец, -дца, *тв.* -дцем, *р. мн.* -дцев
очеви́дица, -ы, *тв.* -ей
очеви́дно, *нареч., в знач. сказ. и вводн. сл.*
очеви́дность, -и
очеви́дный; *кр. ф.* -ден, -дна
очелове́чение, -я
очелове́ченный; *кр. ф.* -ен, -ена
очелове́чивание, -я

очелове́чивать(ся), -аю(сь), -ает(ся)
очелове́чить(ся), -чу(сь), -чит(ся)
оче́лье, -я, *р. мн.* -лий
о чём о чём
о́ченно (*прост. к* о́чень)
о́чень
очервиве́вший
очервиве́ть, -еет
очередни́к, -а́
очередни́ца, -ы, *тв.* -ей
очередно́й
очередноли́стный: сы́ть очередноли́стная (*растение*)
очерёдность, -и
о́чередь, -и, *мн.* -и, -е́й
очере́т, -а
очере́тник, -а
очере́тный
очере́товый
очеретя́ный
о́черк, -а
очёркивание, -я (*от* очёркивать)
очёркивать(ся), -аю, -ает(ся) (*к* очеркну́ть)
очерки́ст, -а
очерки́стика, -и
очерки́стка, -и, *р. мн.* -ток
очерки́стский
очёркнутый (*от* очеркну́ть)
очеркну́ть, -ну́, -нёт (*обвести чертой*)
очерко́вость, -и
очерко́вый
очерне́ние, -я
очернённый; *кр. ф.* -ён, -ена́
очерни́тель, -я
очерни́тельский
очерни́тельство, -а
очерни́ть, -ню́, -ни́т
очерня́ть(ся), -я́ю, -я́ет(ся)
очерстве́лость, -и
очерстве́лый
очерстве́ние, -я
очерстве́ть, -е́ю, -е́ет
очерстви́ть(ся), -влю́(сь), -ви́т(ся)

очерствлённый; *кр. ф.* -ён, -ена́
очерствля́ть(ся), -я́ю(сь), -я́ет(ся)
очерта́ния, -ий
очертене́ть, -е́ю, -е́ет
очерте́ть, -е́ю, -е́ет
очерти́ть(ся), очерчу́, оче́ртит(ся) (*то же, что очеркнуть, обозначить(ся) в определенных границах, форме; описать, изобразить*)
оче́рченный; *кр. ф.* -ен, -ена (*от* очерти́ть)
оче́рчивание, -я (*от* оче́рчивать)
оче́рчивать(ся), -аю, -ает(ся) (*к* очерти́ть(ся))
очёс, -а
очеса́, очёс (*устар. книжн. к* о́чи)
очёсанный; *кр ф.* -ан, -ана (*от* очеса́ть)
очеса́ть, очешу́, оче́шет (*очистить или разровнять чесанием*)
очёска, -и (*действие*)
очёски, -ов, *ед.* очёсок, -ска (*остатки*)
очёсочный
очёсывание, -я (*от* очёсывать)
очёсывать(ся), -аю, -ает(ся) (*к* очеса́ть)
оче́чник, -а
оче́чный
о́чи, оче́й, *ед.* о́ко, -а
очи́ненный; *кр. ф.* -ен, -ена
очи́нивать(ся), -аю, -ает(ся)
очини́ть(ся), -иню́, -и́нит(ся)
очи́нка, -и
очиня́ть(ся), -я́ю, -я́ет(ся)
очи́пок, -пка
очисти́тель, -я
очисти́тельный
очи́стить(ся), очи́щу(сь), очи́стит(ся) (*сделать(ся) чистым; освободить(ся) от кого-, чего-н., обворовать*)
очи́стка, -и (*действие, от* очи́стить)
очи́стки, -ов (*остатки*)

очистно́й и очи́стный
очи́ток, -тка
очища́ть(ся), -а́ю(сь), -а́ет(ся) (*к* очи́стить(ся))
очище́ние, -я
очи́щенность, -и
очи́щенный; *кр ф.* -ен, -ена (*от* очи́стить)
очка́рик, -а
очка́рь, -я́
очка́стый
очка́тый
очки́, -о́в
очко́, -а́, *мн.* -и́, -о́в
очкова́ние, -я
очко́ванный; *кр. ф.* -ан, -ана
очкова́ть(ся), очку́ю, очку́ет(ся)
очковтира́тель, -я
очковтира́тельница, -ы, *тв.* -ей
очковтира́тельский
очковтира́тельство, -а
очко́вый
очку́р, -а
о́чник, -а
о́чно-зао́чный
очну́ться, -ну́сь, -нётся
о́чный
очо́чки, -ов и -чек (*от* очки́)
очо́чко, -а, *мн.* -и, -ов (*от* очко́)
очувствле́ние, -я
очувствлённый; *кр. ф.* -ён, -ена́
очу́вствоваться, -твуюсь, -твуется
очугуне́ть, -е́ю, -е́ет
очуме́лый
очуме́ть, -е́ю, -е́ет
очути́ться, очу́тится
очу́хаться, -аюсь, -ается
очу́хиваться, -аюсь, -ается
ошалева́ть, -а́ю, -а́ет
ошале́лость, -и
ошале́лый
ошале́ть, -е́ю, -е́ет
ошара́шенно, *нареч.*
ошара́шенный; *кр. ф.* -ен, -ена
ошара́шивание, -я

ошара́шивать(ся), -аю(сь), -ает(ся)
ошара́шить, -шу, -шит
о́шва, -ы
ошварто́ванный; *кр. ф.* -ан, -ана
ошвартова́ть(ся), -ту́ю(сь), -ту́ет(ся)
ошварто́вить, -влю, -вит
ошварто́вленный; *кр. ф.* -ен, -ена
ошварто́вывать(ся), -аю(сь), -ает(ся)
оше́ек, оше́йка
оше́йник, -а
оше́йниковый
оше́йничек, -чка
ошеломи́тельность, -и
ошеломи́тельный; *кр ф.* -лен, -льна
ошеломи́ть, -млю́, -ми́т
ошеломле́ние, -я
ошеломлённо, *нареч.*
ошеломлённость, -и
ошеломлённый; *кр. ф.* -ён, -ена́
ошеломля́ть(ся), -я́ю(сь), -я́ет(ся)
ошеломля́ющий(ся)
ошелуди́веть, -ею, -еет
ошелушённый; *кр. ф.* -ён, -ена́
ошелуши́ть, -шу́, -ши́т
ошельмова́ние, -я
ошельмо́ванный; *кр. ф.* -ан, -ана
ошельмова́ть, -му́ю, -му́ет
ошельмо́вывание, -я
ошельмо́вывать(ся), -аю(сь), -ает(ся)
ошепеля́вевший
ошепеля́веть, -ею, -еет (*стать шепелявым*)
ошиба́ться, -а́юсь, -а́ется
ошиби́вшийся
ошиби́ться, -бу́сь, -бётся; *прош.* оши́бся, оши́блась
оши́бка, -и, *р. мн.* -бок
ошибкоусто́йчивый
оши́бочка, -и, *р. мн.* -чек
оши́бочность, -и

ОШИБОЧНЫЙ

оши́бочный; *кр. ф.* -чен, -чна
ошива́ться, -а́юсь, -а́ется
оши́канный; *кр. ф.* -ан, -ана
оши́кать, -аю, -ает
оши́кивание, -я
оши́кивать(ся), -аю(сь), -ает(ся)
оши́ненный; *кр. ф.* -ен, -ена
оши́нить, -ню, -нит
ошино́ванный; *кр. ф.* -ан, -ана
ошинова́ть, -ну́ю, -ну́ет
ошино́вка, -и
ошино́вывание, -я
ошино́вывать(ся), -аю, -ает(ся)
ошку́й, -я
ошку́ренный; *кр. ф.* -ен, -ена
ошку́ривание, -я
ошку́ривать(ся), -аю, -ает(ся)
ошку́рить(ся), -рю, -рит(ся)
ошлако́ванный; *кр. ф.* -ан, -ана
ошлакова́ть(ся), -ку́ю, -ку́ет(ся)
ошлако́вывание, -я
ошлако́вывать(ся), -аю, -ает(ся)
ошлифо́ванный; *кр. ф.* -ан, -ана
ошлифова́ть(ся), -фу́ю, -фу́ет(ся)
ошлифо́вывание, -я
ошлифо́вывать(ся), -аю, -ает(ся)
ошлихто́ванный; *кр. ф.* -ан, -ана
ошлихтова́ть, -ту́ю, -ту́ет
ошлихто́вывание, -я

ошлихто́вывать(ся), -аю, -ает(ся)
ошлюзо́ванный; *кр. ф.* -ан, -ана
ошлюзова́ть, -зу́ю, -зу́ет
ошлюзо́вывать(ся), -аю, -ает(ся)
ошмётки, -ов, *ед.* ошмёток, -тка
ошме́тья, -ьев
ошпа́ренный; *кр. ф.* -ен, -ена
ошпа́ривание, -я
ошпа́ривать(ся), -аю(сь), -ает(ся)
ошпа́рить(ся), -рю(сь), -рит(ся)
о́шский (*от* Ош)
оштрафо́ванный; *кр. ф.* -ан, -ана
оштрафова́ть, -фу́ю, -фу́ет
оштрафо́вывание, -я
оштрафо́вывать(ся), -аю(сь), -ает(ся)
оштукату́ренный; *кр. ф.* -ен, -ена
оштукату́ривание, -я
оштукату́ривать(ся), -аю, -ает(ся)
оштукату́рить(ся), -рю, -рит(ся)
ошу́рки, -ов
ошу́юю (*слева*)
о́шцы, -ев, *ед.* о́шец, о́шца, *тв.* о́шцем (*от* Ош)
оцени́ть(ся), -и́т(ся)
оце́ренный; *кр. ф.* -ен, -ена
оце́ривать(ся), -аю(сь), -ает(ся)
оце́рить(ся), -рю(сь), -рит(ся)

още́рять(ся), -я́ю(сь), -я́ет(ся)
ощети́ненный; *кр. ф.* -ен, -ена
ощети́нивать(ся), -аю(сь), -ает(ся)
ощети́нить(ся), -ню(сь), -нит(ся)
ощи́панный; *кр. ф.* -ан, -ана
ощипа́ть(ся), -иплю́, -и́плет(ся), -и́плют(ся) и -и́пет(ся), -и́пят(ся); *также* -а́ю, -а́ет(ся)
ощи́пка, -и
ощи́пывание, -я
ощи́пывать(ся), -аю, -ает(ся)
ощу́панный; *кр. ф.* -ан, -ана
ощу́пать(ся), -аю(сь), -ает(ся)
ощу́пывание, -я
ощу́пывать(ся), -аю(сь), -ает(ся)
о́щупь: на о́щупь
о́щупью, *нареч.*
ощути́мость, -и
ощути́мый
ощути́тельность, -и
ощути́тельный; *кр. ф.* -лен, -льна
ощути́ть, ощущу́, ощути́т
ощуща́ть(ся), -а́ю, -а́ет(ся)
ощуще́ние, -я
ощущённый; *кр. ф.* -ён, -ена́
ощуще́ньице, -а
оягни́ть(ся), -и́т(ся)
ояловевший
ояловеть, -еет

П

па, *нескл., с.*
паб, -а
па́блисити, *нескл., с.*
па́ва, -ы
Павеле́цкий вокза́л (*в Москве*)
павиа́н, -а
па́вий, -ья, -ье
павильо́н, -а
павильо́нный
павильо́нчик, -а
павликиа́не, -а́н, *ед.* -а́нин, -а
павликиа́нский
павли́н, -а
павли́ний, -ья, -ье
павли́новый
павлиногла́зка, -и, *р. мн.* -зок
павло́вния, -и
павловопоса́дский (*от* Па́вловский Поса́д)
павловопоса́дцы, -ев, *ед.* -дец, -дца, *тв.* -дцем
па́вловский (*от* Па́вел, Па́влов, Па́влово, Па́вловск)
Па́вловский Поса́д (*город*)
па́вловцы, -ев, *ед.* -вец, -вца, *тв.* -вцем
павловча́не, -а́н, *ед.* -а́нин, -а (*от* Па́влово, Па́вловск)
павлода́рский (*от* Павлода́р)
павлода́рцы, -ев, *ед.* -рец, -рца, *тв.* -рцем
па́водковый
па́водок, -дка
па́водочный
па́волока, -и (*ткань*)

па́вушка, -и, *р. мн.* -шек
па́вший
пагани́ниевский (*от* Пагани́ни)
пагина́ция, -и
па́года, -ы (*буддийский храм*)
па́голенки, -ов, *ед.* -нок, -нка
паго́н, -а
па́губа, -ы
па́губность, -и
па́губный; *кр. ф.* -бен, -бна
Па́губшское движе́ние
па́далица, -ы, *тв.* -ей
па́далище, -а
па́далищный
па́даль, -и
па́дальный (па́дальная му́ха)
па́данец, -нца, *тв.* -нцем, *р. мн.* -нцев
па́дание, -я
па́данка, -и, *р. мн.* -нок
па́дать, -аю, -ает
па́дающий
падеба́ск, -а
па́девый мёд
падегра́с, -а
па-де-де́, *нескл., м. и с.*
паде́ж, -ежа́, *тв.* -о́м (*в граммати- ке*)
падёж, -ежа́, *тв.* -о́м (*о скоте*)
паде́жный (*от* паде́ж)
падёжный (*от* падёж)
па-де-кале́ский (*от* Па-де-Кале́)
падека́тр, -а
паде́ние, -я
падепатине́р, -а

па-де-си́с, *нескл., м. и с.*
падеспа́нь, -и и -я
па-де-труа́, *нескл., м. и с.*
па́дина, -ы
па́динный
падиша́х, -а
падиша́хский
па́дкий; *кр. ф.* па́док, па́дка
па́дла, -ы, *м. и ж.*, и па́дло, *тв.* -ом, *другие формы не употр., с.*
падо́к, -а (*на ипподроме*)
па́дре, *нескл., м.*
падуа́нский (*от* Па́дуя)
падуа́нцы, -ев, *ед.* -нец, -нца, *тв.* -нцем
па́дуб, -а
па́дубовый
па́дуга, -и
паду́н, -а́
паду́чая, -ей
паду́чий
па́душка, -и, *р. мн.* -шек (*небольшая падь*)
па́дчерица, -ы, *тв.* -ей
па́дчерицын, -а, -о
па́дший
падь, -и; *но:* Ке́дро́вая Па́дь (*заповедник*)
паево́й
паёк, пайка́
паенакопле́ние, -я
паж, -а́, *тв.* -о́м
па́жеский
Па́жеский ко́рпус
па́житник, -а

ПАЖИТНЫЙ

па́житный
па́жить, -и
паз, -а, *предл.* в пазу́, *мн.* -ы́, -о́в
па́занка, -и, *р. мн.* -нок и па́занок, -нка, *р. мн.* -нков
па́занчить, -чу, -чит
пазигра́фия, -и
пазова́льный
па́зовый
па́зуха, -и
па́зушина, -ы
па́зушка, -и, *р. мн.* -шек
па́зушный
па́ивать, *наст. вр. не употр.*
па́инька, -и, *р. мн.* -нек, *м. и ж.*
па́инька-ма́льчик, па́иньки-ма́льчика
пай, па́я, *предл.* в паю́ и в па́е, *мн.* паи́, паёв
па́йза, -ы
па́йка, -и, *р. мн.* па́ек
пайко́вый
пай-ма́льчик, -а
пайо́л, -а
пайр, -а
па́йса, -ы и пайс, -а (*монета*)
па́йщик, -а
па́йщица, -ы, *тв.* -ей
пак, -а
пакга́уз, -а
пакга́узный
па́кер, -а
паке́т, -а
пакетбо́т, -а
пакетбо́тный
паке́тец, -тца, *тв.* -тцем, *р. мн.* -тцев
паке́тик, -а
пакети́рование, -я
пакети́рованный; *кр. ф.* -ан, -ана
пакети́ровать(ся), -рую, -рует(ся)
пакетиро́вка, -и
пакетиро́вочный
пакети́р-пре́сс, -а
паке́тно ориенти́рованный

паке́тный
пакетоде́лательный
пакеторазбо́рный
пакеторазбо́рочный
пакетоукла́дчик, -а
пакетоформиру́ющий
па́ки, *нареч.*
пакибытие́, -я́
пакиста́нка, -и, *р. мн.* -нок
пакиста́нский (*от* Пакиста́н)
пакиста́нцы, -ев, *ед.* -нец, -нца, *тв.* -нцем
пакка́мера, -ы
пакка́рд, -а
па́клен, -а
паклеобра́зный; *кр. ф.* -зен, -зна
па́клить, -лю, -лит
па́кля, -и
па́кляный
пако́ванный; *кр. ф.* -ан, -ана (*от* накова́ть)
накова́ть(ся), накую́(сь), наку́ет(ся) (*упако́вывать(ся)*)
пако́вка, -и (*от* накова́ть)
пако́вочный (*от* пако́вка)
пако́вщик, -а
па́ковый
па́костить(ся), -ощу, -остит(ся)
па́костливый
па́костник, -а
па́костница, -ы, *тв.* -ей
па́костничать, -аю, -ает
па́костничество, -а
па́костность, -и
па́костный; *кр. ф.* -тен, -тна
па́кость, -и
па́костящий
пакоти́льный това́р
па́кощенный; *кр. ф.* -ен, -ена
пакт, -а
пал, -а (*пожар; то же, что* паль; *причальное устройство*)
па́ла, *нескл., м.* (*животное*)
палади́н, -а
паламеде́я, -и
пала́нгский (*от* Пала́нга)

пала́нка, -и, *р. мн.* -нок
паланки́н, -а (*носилки*)
паланти́н, -а (*накидка*)
паланти́новый
пала́с, -а
пала́та, -ы
палатализа́ция, -и
палатализо́ванный; *кр. ф.* -ан, -ана
палатализова́ть(ся), -зу́ю, -зу́ет(ся)
палата́льность, -и
палата́льный
палати́нский (*от* Палати́н, *в Древнем Риме*)
пала́тка, -и, *р. мн.* -ток
пала́тный
пала́точный
пала́ты, -а́т (*богатое жилое здание*)
палафи́ты, -и́т, *ед.* -и́та, -ы
пала́ццо, *нескл., с.*
пала́ч, -а́, *тв.* -о́м
пала́ческий
пала́чество, -а
пала́чествовать, -твую, -твует
пала́ш, -а́, *тв.* -о́м
Палеа́рктика, -и
Палеаркти́ческая о́бласть (*зоогеографическая*)
палеаркти́ческий
па́лево-ды́мчатый
па́левый
пале́ние, -я
палени́на, -ы
палённый; *кр. ф.* -ён, -ена́, *прич.*
палёный, *прил.*
палео... — *первая часть сложных слов, пишется слитно*
палеоазиа́тский
палеоазиа́ты, -ов, *ед.* -иа́т, -а
палеоа́нтроп, -а
палеоантропо́лог, -а
палеоантропологи́ческий
палеоантрополо́гия, -и
палеобиогеографи́ческий

палеобиогеогра́фия, -и
палеобиогеохими́ческий
палеобиогеохи́мия, -и
палеобиоцено́з, -а
палеобота́ник, -а
палеобота́ника, -и
палеоботани́ческий
палеовулкани́ческий
палеовулкано́лог, -а
палеовулканологи́ческий
палеовулканоло́гия, -и
палеоге́н, -а
палеоге́новый
палеогео́граф, -а
палеогеографи́ческий
палеогеогра́фия, -и
палеогеохими́ческий
палеогеохи́мия, -и
палеогнати́зм, -а
палео́граф, -а
палеографи́ческий
палеогра́фия, -и
палеоза́вр, -а
палеозо́й, -я
палеозо́йский
палеозоо́лог, -а
палеозоологи́ческий
палеозооло́гия, -и
палеокли́мат, -а
палеоклимати́ческий
палеоклимато́лог, -а
палеоклиматологи́ческий
палеоклиматоло́гия, -и
палеоли́т, -а
палеолити́ческий
палеоло́гия, -и
палеомагнети́зм, -а
палеомагни́тный
палеонто́лог, -а
палеонтологи́ческий
палеонтоло́гия, -и
палеопато́лог, -а
палеопатологи́ческий
палеопатоло́гия, -и
палеопите́к, -а
палеосиби́рский

палеотектони́ческий
палеоте́рий, -я
палеотермоме́трия, -и
палеоти́п, -а
палеоти́пный
Палеотропи́ческая о́бласть (флористи́ческая)
палеотропи́ческий
палеофауни́стика, -и
палеофлори́стика, -и
палеофлористи́ческий
палеохими́ческий
палеоце́н, -а
палеоце́новый
палеоцено́з, -а
палеоэкологи́ческий
палеоэколо́гия, -и
палеоэнде́мики, -ов, ед. -мик, -а
пале́рмский (от Пале́рмо)
пале́рмцы, -ев, ед. -мец, -мца, тв. -мцем
Палести́на, -ы (страна)
палести́нка, -и, р. мн. -нок
палести́нский (от Палести́на)
палести́нцы, -ев, ед. -нец, -нца, тв. -нцем
палести́ны, -и́н, ед. -и́на, -ы (местность, край)
пале́стра, -ы
пале́тка, -и, р. мн. -ток
Па́лех, -а (поселок) и па́лех, -а (изделие; также собир.)
па́лехский (от Па́лех; па́лехская миниатю́ра)
па́лец, па́льца, тв. па́льцем, р. мн. па́льцев
па́лец о па́лец (не уда́рит)
палеша́не, -а́н, ед. -а́нин, -а (от Па́лех)
Пале́я, -и (книга)
па́ли, неизм. и нескл., м. (язык)
па́лий, -я (мантия монаха)
пали́йский (от па́ли)
пали́льный
пали́льщик, -а
палимпсе́ст, -а

палингене́з, -а (биол.)
палинге́незис, -а (геол.)
палингенети́ческий
палиндро́м, -а
палингра́мма, -ы
палино́дия, -и
палино́лог, -а
палинологи́ческий
палиноло́гия, -и
палиса́д, -а
палиса́дник, -а
палиса́дничек, -чка
палиса́дный
палиса́ндр, -а
палиса́ндровый
пали́тельный
пали́тра, -ы
пали́ть(ся), палю́, пали́т(ся)
па́лица, -ы, тв. -ей
па́лия, -и (рыба)
па́лка, -и, р. мн. па́лок
па́лка-копа́лка, па́лки-копа́лки
палкообра́зный; кр. ф. -зен, -зна
Палла́да, -ы: Афи́на Палла́да
палладиа́нский (от Палла́дио)
палладиа́нство, -а
палла́диевый
палла́дий, -я (металл)
палла́дистый
палла́диум, -а (опора, оплот)
палласи́т, -а
паллиати́в, -а
паллиати́вность, -и
паллиати́вный
палло́граф, -а
палм, -а
палмто́п, -а
пало́ло, нескл., м.
пало́мник, -а
пало́мница, -ы, тв. -ей
пало́мничать, -аю, -ает
пало́мнический
пало́мничество, -а
па́лочка, -и, р. мн. -чек
па́лочка-выруча́лочка, па́лочки-выруча́лочки

ПАЛОЧКОВИДНЫЙ

палочкови́дный; *кр. ф.* -ден, -дна
па́лочковый
палочкообра́зный; *кр. ф.* -зен, -зна
па́лочник, -а
па́лочный
па́лочье, -я
па́лтус, -а
па́лтусина, -ы
па́лтусовый
па́луба, -ы
па́лубить, -блю, -бит
па́лубник, -а
па́лубный
палыго́рскит, -а
па́лый
паль, -и (*выжженное место в лесу, в степи*)
пальба́, -ы́
па́льма, -ы
пальмаро́за, -ы
пальме́тка, -и, *р. мн.* -ток
пальме́тта, -ы
пальме́ттный
Пальми́ра, -ы (*древний город*)
пальми́ра, -ы (*веерная пальма; гарнитура шрифта*)
пальми́ровая па́льма
пальми́ровый (*от* пальми́ра)
пальми́рский (*от* Пальми́ра)
пальмита́ты, -ов, *ед.* -та́т, -а
пальмити́н, -а
пальмити́новый
пальмови́дный; *кр. ф.* -ден, -дна
па́льмовый
пальмообра́зный; *кр. ф.* -зен, -зна
пальмоскопи́я, -и
пальну́ть, -ну́, -нёт
пальпато́рный
пальпа́ция, -и
пальпигра́ды, -ов, *ед.* -гра́д, -а
пальпи́рованный; *кр. ф.* -ан, -ана
пальпи́ровать(ся), -рую, -рует(ся)
пальпита́ция, -и
пальста́б, -а и пальшта́б, -а

пальтецо́, -а́
пальти́шко, -а, *мн.* -шки, -шек
пальто́, *нескл., с.*
пальто́вый
пальто́ дже́рси
пальто́-пелери́на, пальто́-пелери́ны
пальто́ регла́н
пальто́шник, -а
пальто́шница, -ы, *тв.* -ей
пальту́шка, -и, *р. мн.* -шек
пальцеви́дный; *кр. ф.* -ден, -дна
пальцево́й
пальцекры́лые, -ых
пальцеобра́зный; *кр. ф.* -зен, -зна
пальцеходя́щие, -их
па́льчато-лопа́стный
па́льчато-разде́льный
па́льчато-рассечённый
па́льчато-сло́жный
па́льчатый
па́льчик, -а
па́льчиковый (*тех.*)
пальчо́нки, -нок, *ед.* -нок, -нка
пальшта́б, -а и пальста́б, -а
па́ля, -и, *р. мн.* паль (*столб, кол*)
паляни́ца, -ы, *тв.* -ей (*хлеб*)
паля́щий
пами́рский (*от* Пами́р)
пами́рцы, -ев, *ед.* -рец, -рца, *тв.* -рцем
Па́мпа, -ы (*природная область в Аргентине*) и па́мпа, -ы (*то же, что пампасы*)
пампанга́ны, -ов, *ед.* -га́н, -а
пампа́сный
пампа́совый
пампа́сский
пампа́сы, -ов (*степи в Южной Америке*)
пампе́ро, *нескл., м.*
па́мперсы, -ов, *ед.* -перс, -а
пампу́ша, -и, *тв.* -ей (*то же, что папуша*)
пампу́шечки, -чек, *ед.* -чка, -и (*от* пампу́шки)

пампу́ши, -у́ш, *ед.* -у́ша, -и, *тв.* -ей (*обувь*)
пампу́шки, -шек, *ед.* -шка, -и (*печенье, оладьи*)
памфле́т, -а
памфлети́ст, -а
памфлети́стка, -и, *р. мн.* -ток
памфле́тный
па́мятка, -и, *р. мн.* -ток
па́мятливость, -и
па́мятливый
па́мятник, -а
па́мятник-анса́мбль, па́мятника-анса́мбля
па́мятный; *кр. ф.* -тен, -тна
памятова́ние, -я
памятова́ть, -тую, -тует
памятозло́бие, -я
памятозло́бный; *кр. ф.* -бен, -бна
па́мять, -и; но: Кни́га Па́мяти (*со списками жертв войн, репрессий*)
пан, -а, *мн.* паны́, пано́в
Пан, -а (*мифол.*)
пан... — первая часть сложных слов, пишется слитно
панагиа́рь, -я
панаги́я, -и
панадо́л, -а
Панаке́я, -и и Панаце́я, -и (*мифол.*)
пана́ма, -ы (*шляпа; крупное мошенничество*)
панамерикани́зм, -а
панамерика́нский
пана́мка, -и, *р. мн.* -мок
пана́мский (*от* Пана́ма, *государство*)
Пана́мский кана́л
пана́мцы, -ев, *ед.* -мец, -мца, *тв.* -мцем
панангви́н, -а
панараби́зм, -а
панари́ций, -я
Панафине́и, -е́й
панафрикани́зм, -а
панафрикани́ст, -а

панафрика́нский
Панаце́я, -и и Панаке́я, -и (мифол.)
панаце́я, -и (универсальное средство, лекарство)
панаши́рование, -я
панаши́рованный; кр. ф. -ан, -ана
панаши́ровать(ся), -рую, -рует(ся)
панба́рхат, -а
панвавилони́зм, -а
пангама́т, -а
панга́мовая кислота́
пангасина́ны, -ов, ед. -на́н, -а
пангене́зис, -а
пангермани́зм, -а
пангермани́ст, -а
пангерма́нский
панголи́н, -а
па́нда, -ы
пандактили́т, -а
панда́н, -а (соответствие: в панда́н)
панда́новые, -ых
панда́нус, -а (дерево)
панде́ктный
панде́кты, -ов
пандеми́ческий
пандеми́я, -и
пандерми́т, -а
панджа́би, неизм. и нескл., м. (язык)
панджара́, -ы́
панди́т, -а
Пандо́ра, -ы: я́щик Пандо́ры
пандори́на, -ы
па́ндури, нескл., с.
па́ндус, -а
паневе́жисский и паневе́жский (от Паневе́жис)
паневе́жцы, -ев, ед. -жец, -жца, тв. -жцем
панеги́рик, -а
панегири́ст, -а
панегири́стка, -и, р. мн. -ток
панегири́ческий
панелево́з, -а
пане́ль, -и
пане́льно-бло́чный
пане́льно-фре́зерный
пане́льный
пане́нка, -и, р. мн. -нок
панентеи́зм, -а
панзино́рм, -а
панзоо́тия, -и
па́ни, нескл., ж.
панибра́тски
панибра́тский
панибра́тство, -а
па́ника, -и
паникади́ло, -а
паникади́льный
паникёр, -а
паникёрский
паникёрство, -а
паникёрствовать, -твую, -твует
паникёрша, -и, тв. -ей
паникова́ть, -ку́ю, -ку́ет
панирани́зм, -а
паниро́ванный; кр. ф. -ан, -ана
панирова́ть(ся), -ру́ю, -ру́ет(ся)
паниро́вка, -и
паниро́вочный
панислами́зм, -а
панислами́ст, -а
панислами́стский
панихи́да, -ы
панихи́дный
па́ница, -ы, тв. -ей
пани́чески
пани́ческий
панк, -а
панкарди́т, -а
панк-гру́ппа, -ы
панк-мо́да, -ы
панкра́тий, -я и панкра́циум, -а (растение)
панкратио́н, -а (состязание)
панкрати́ческий (фото)
па́нкреас, -а
панкреати́н, -а
панкреати́т, -а
панкреати́ческий (к па́нкреас)
панк-ро́к, -а
панк-рок-культу́ра, -ы
панлоги́зм, -а
панлоги́ст, -а
панлоги́стский
панмиелофти́з, -а
панмикси́я, -и
панмонголи́зм, -а
па́нна, -ы
панно́, нескл., с.
панно́нский (от Панно́ния)
па́нночка, -и, р. мн. -чек
па́ннус, -а
па́но, нескл., мн., ед. м. и ж. (народы); неизм. и нескл., м. (языки)
панова́ть, пану́ю, пану́ет
пано́птикум, -а
панора́ма, -ы
панорами́рование, -я
панорами́рованный; кр. ф. -ан, -ана
панорами́ровать(ся), -рую, -рует(ся)
панора́мный
паносмани́зм, -а
панофтальми́т, -а
панпсихи́зм, -а
панпсихи́ст, -а
панпсихи́стский
панпсихи́ческий
пансио́н, -а
пансиона́т, -а
пансиона́тный
пансионе́р, -а
пансионе́рка, -и, р. мн. -рок
пансионе́рский
пансио́нный
пансио́нский
па́нский
панслави́зм, -а
панслави́ст, -а
панслави́стский
панславя́нский
панспе́рмия, -и

ПАНСТВО

па́нство, -а
пантало́нчики, -ов
пантало́ны, -о́н
пантылы́к: сби́ть(ся) с панталы́ку
панта́ч, -а́, тв. -о́м
пантеи́зм, -а
пантеи́ст, -а
пантеисти́ческий
пантеи́стка, -и, р. мн. -ток
пантеллери́т, -а
пантео́н, -а и (храм в Риме) Пантео́н, -а
панте́ра, -ы
па́нтовый
панто́граф, -а
пантографи́ческий
пантокра́тия, -и
пантокра́тор, -а (о всевластном человеке) и Пантокра́тор, -а (иконографический тип Христа)
пантокри́н, -а
пантокри́новый
пантоле́ты, -е́т, ед. -ле́та, -ы
панто́метр, -а
пантоми́м, -а (в античном театре)
пантоми́ма, -ы
пантоми́мика, -и
пантомими́ческий
пантоми́мный
пантопо́ды, -ов, ед. -по́д, -а
пантопо́н, -а
пантере́зный
панторим, -а и панторифма, -ы
пантоста́т, -а
пантоте́новый
пантофа́г, -а
па́нты, -ов
пантюрки́зм, -а
пантюрки́стский
пану́ргово ста́до, пану́ргова ста́да
панфи́ловцы, -ев, ед. -вец, -вца, тв. -вцем (от Панфи́лов)
панхроматиза́ция, -и
панхромати́ческий

панцирнощёкие, -их
па́нцирный
па́нцирь, -я
Панчата́нтра, -ы
па́нча-ши́ла, нескл., мн.
панчая́т, -а
па́нчен-ла́ма, -ы, м.
па́нчен-эртни, нескл., м.
па́нщина, -ы
паньевропе́йский
паны́ч, -а́, тв. -о́м
панэллини́зм, -а
па́па, -ы, м.
папа́, нескл., м. (устар. к па́па – отец)
папавери́н, -а
папазо́л, -а
папаи́н, -а
папа́йя, -и
папа́ня, -и, м.
папара́цци, нескл., м.
Па́па Ри́мский (при официальном титуловании)
папа́ха, -и
папа́ша, -и, м.
папа́шин, -а, -о
папа́шка, -и, р. мн. -шек, м.
па́пенька, -и, р. мн. -нек, м.
па́пенькин, -а, -о
па́пертный
па́перть, -и
папетри́, нескл., с.
папи́зм, -а
папилли́т, -а
папилло́ма, -ы
папилля́рный
папильо́тки, -ток, ед. -тка, -и
па́пин, -а, -о
папиро́вка, -и, р. мн. -вок
папирологи́ческий
папироло́гия, -и
папиро́са, -ы
папиро́ска, -и, р. мн. -сок
папиро́сник, -а
папиро́сница, -ы, тв. -ей
папиро́сный

папиросонабивно́й
папи́рус, -а
папи́русный
папи́ст, -а
папи́стский
па́пка¹, -и, р. мн. па́пок, ж. (обложка)
па́пка², -и, р. мн. па́пок, м. (отец)
па́поротки, -ов, ед. -ток, -тка (в иконописи)
па́поротник, -а
па́поротниковидные, -ых
па́поротниковый
па́поротникообра́зные, -ых
па́почка¹, -и, р. мн. -чек, ж. (обложка)
па́почка², -и, р. мн. -чек, м. (отец)
па́почкин, -а, -о
па́почный
паппата́чи, неизм. и нескл., ж.
па́прика, -и
па́прика́ш, -а, тв. -ем
Па́пская о́бласть (ист.)
па́пский
па́пство, -а
папуа-новогвине́йский (от Папуа – Но́вая Гвине́я, государство)
папуа́нский (от Папуа)
папуа́ска, -и, р. мн. -сок
папуа́сский (от папуа́сы)
папуа́сы, -ов, ед. -а́с, -а
папу́ла, -ы
папу́ля, -и, м.
папу́ся, -и, м.
папу́ша, -и, тв. -ей (связка табачных листьев, бумаг)
папушёвка, -и
папушёвочный
папу́шить, -шу, -шит
па́пушный
папье́-маше́, нескл., с.
папье́-машо́вый
пар, -а и -у, предл. в (на) пару́, мн. -ы́, -о́в
па́ра, -ы
па́ра́, -ы́ (монета)

пара... — *приставка, пишется слитно*
парааглютинация, -и
парааминобензойный
парааминофенол, -а
парабеллум, -а
парабиоз, -а
парабола, -ы
параболический
параболограф, -а
параболоид, -а
параболоидный
парабронхи, -ов, *ед.* -бронх, -а
паравакцина, -ы
параван, -а
параван-охранитель, -я
параанглии, -иев, *ед.* -лий, -я
парагвайка, -и, *р. мн.* -аек
парагвайский (*от* Парагвай)
парагвайцы, -ев, *ед.* -аец, -айца, *тв.* -айцем
парагелий, -я
парагенезис, -а
парагнейс, -а
парагормон, -а
параграмма, -ы
параграф, -а
парагрипп, -а
парагриппозный
парад, -а; но: Парад Победы (*в Москве, 1945*)
парад-алле, парада-алле, *м.*
парадигма, -ы
парадигмальный
парадигматика, -и
парадигматический
парадиз, -а (*место блаженства, мифол.*) *и* Парадиз, -а (*название нек-рых построек*)
парадизка, -и, *р. мн.* -зок
парадирование, -я (*от* парадировать)
парадировать, -рую, -рует (*от* парад)
парадное, -ого
парадность, -и

парадный; *кр. ф.* -ден, -дна
парадокс, -а
парадоксалист, -а
парадоксальность, -и
парадоксальный; *кр. ф.* -лен, -льна
парадомания, -и
парад-пролог, парада-пролога
парадуоденальный
паразит, -а
паразитарность, -и
паразитарный
паразитизм, -а
паразитирование, -я
паразитировать, -рую, -рует
паразитиформный
паразитический
паразитка, -и, *р. мн.* -ток
паразитный
паразитоз, -а
паразитолог, -а
паразитологический
паразитология, -и
паразитоноситель, -я
паразитоносительство, -а
паразитоценоз, -а
паразитство, -а
параиммунитет, -а
паракардиальный
паракаучук, -а
паракинематограф, -а
параклинический
параклис, -а
параклит, -а
паракоклюш, -а, *тв.* -ем
параксиальный
парализатор, -а
парализация, -и
парализованный; *кр. ф.* -ан, -ана
парализовать(ся), -зую, -зует(ся)
паралингвистика, -и
паралингвистический
паралитература, -ы
паралитературный
паралитик, -а
паралитический

ПАРАНОИДАЛЬНЫЙ

паралитичка, -и, *р. мн.* -чек
паралич, -а, *тв.* -ом
паралический (*геол.*)
параличный
параллакс, -а
параллактический
параллелепипед, -а
параллелизм, -а
параллелограмм, -а
параллелоэдр, -а
параллель, -и
параллельно включённый
параллельно-плоский
параллельно-последовательный
параллельность, -и
параллельный; *кр. ф.* -лен, -льна
паралогизм, -а
паралогический
парамагнетизм, -а
парамагнетик, -а
парамагнитный
параман, -а *и* парамaнд, -а
параметр, -а
параметр-значение, параметра-значения
параметризованный; *кр. ф.* -ан, -ана
параметризовать(ся), -зую, -зует(ся)
параметрит, -а
параметрический
параметрон, -а
параметр-результат, параметра-результата
парамеции, -ий, *ед.* -еция, -и
парамиксовирусы, -ов, *ед.* -вирус, -а
парамнезия, -и
параморфоза, -ы
парангон, -а
паранджа, -и, *тв.* -ой
паранекроз, -а
паранефрит, -а
параноидальный; *кр. ф.* -лен, -льна

ПАРАНОИК

парано́ик, -а
паранои́ческий
парано́йчка, -и, *р. мн.* -чек
парано́йя, -и
паранойя́льность, -и
паранойя́льный; *кр. ф.* -лен, -льна
парано́мия, -и
паранорма́льный
паранте́з, -а
пара́нтроп, -а
Параолимпиа́да, -ы
Параолимпи́йские и́гры
парапаре́з, -а
парапе́т, -а
парапе́тный
парапите́к, -а
парапла́н, -а
параплане́ри́зм, -а
параплане́ри́ст, -а
параплеги́я, -и
парапо́дии, -ев, *ед.* -дий, -я
парапрокти́т, -а
парапроце́сс, -а
парапсихи́ческий
парапсихо́лог, -а
парапсихологи́ческий
парапсихоло́гия, -и
парарелигио́зный
парасимпати́ческий
параскаридо́з, -а
Параске́ва Пя́тница, Параске́вы Пя́тницы
параске́ний, -я
парасо́ль, -я
парата́ксис, -а
паратакти́ческий
паратирео́идный
парати́ф, -а
паратифли́т, -а
паратифо́зный
паратони́ческий
паратони́я, -и
па́ра-тро́йка, па́ры-тро́йки
паратуберкулёз, -а
паратуберкулёзный

пара́тый
пара́ф, -а
парафази́я, -и
парафени́лендиами́н, -а
парафи́зы, -и́з, *ед.* -фи́за, -ы
парафили́я, -и
парафилярио́з, -а
парафимо́з, -а
парафи́н, -а
парафини́рование, -я
парафини́рованный; *кр. ф.* -ан, -ана
парафини́ровать(ся), -ру́ю, -ру́ет(ся)
парафи́нистый
парафи́новый
парафинолече́ние, -я
парафинотерапи́я, -и
парафи́рование, -я
парафи́рованный; *кр. ф.* -ан, -ана
парафи́ровать(ся), -ру́ю, -ру́ет(ся)
параформальдеги́д, -а
парафра́з, -а и парафра́за, -ы
парафрази́рование, -я
парафрази́рованный; *кр. ф.* -ан, -ана
парафрази́ровать(ся), -ру́ю, -ру́ет(ся)
парафрасти́ческий
парафрени́я, -и
парахо́р, -а
парахрони́зм, -а
параце́рк, -а
парацетамо́л, -а
пара́ша, -и, *тв.* -ей (*емкость для нечистот*)
парашю́т, -а
парашюти́зм, -а
парашю́тик, -а
парашюти́рование, -я
парашюти́ровать, -ру́ю, -ру́ет
парашюти́ст, -а
парашюти́стка, -и, *р. мн.* -ток
парашю́тно-деса́нтный

парашю́тно-поса́дочный
парашю́тный
паращитови́дный
параэкклесиа́рх, -а
параэлектри́ческий
парвеню́, *нескл., м. и ж.*
парге́лий, -я
паргели́ческий
па́рголовский (*от* Па́рголово)
пардо́н, -а и -у и *неизм.*
па́рдубицкий (*от* Па́рдубице)
паре́з, -а (*паралич*)
парейаза́вр, -а
паремéйник, -а и паремúйник, -а
паремéйный и паремúйный
паремиоло́гия, -и
парéми́я, -и и паремья́, -й, *р. мн.* -ми́й
парен́ёк, -нька́
па́рение, -я (*к* па́рить)
паре́ние, -я (*к* пари́ть)
парёнка, -и
па́ренный; *кр. ф.* -ен, -ена, *прич.*
парентера́льный
паренти́рованный; *кр. ф.* -ан, -ана
паренхи́ма, -ы
паренхимато́зный
паренхи́мула, -ы
па́реный, *прил.*
па́рень, па́рня, *мн.* па́рни, -е́й
парестези́я, -и
пари́, *нескл., с.*
париета́льный
парижа́не, -а́н, *ед.* -а́нин, -а
парижа́нка, -и, *р. мн.* -нок
Пари́жская комму́на
пари́жский (*от* Пари́ж)
Пари́жский клу́б стра́н-кредито́ров
пари́зии, -ев (*племя*)
пари́к, -а́
па́рики, -ов, *ед.* па́рик, -а (*крестья́не в Византии*)
парикма́хер, -а

ПАРОДИЯ

парикма́херская, -ой
парикма́херский
парикма́херша, -и, *тв.* -ей
парико́вый
пари́лка, -и, *р. мн.* -лок
пари́льный
пари́льня, -и, *р. мн.* -лен
пари́льщик, -а
пари́льщица, -ы, *тв.* -ей
пари́рование, -я
пари́рованный; *кр. ф.* -ан, -ана
пари́ровать(ся), -рую, -рует(ся)
пари́тель, -я
парите́т, -а
парите́тность, -и
парите́тный
пари́ть, парю́, пари́т (*летать*)
па́рить(ся), па́рю(сь), па́рит(ся) (*от* пар)
паричо́к, -чка́
па́рия, -и, *м. и ж.*
парк, -а
па́рка, -и, *р. мн.* па́рок (*действие; одежда*)
парке́т, -а
парке́тина, -ы
парке́тник, -а
парке́тный
парке́тчик, -а
па́рки, па́рок, *ед.* па́рка, -и (*мифол.*)
па́ркий; *кр. ф.* па́рок, па́рка, па́рко
па́ркинг, -а
Паркинсо́н, -а: боле́знь Паркинсо́на; зако́ны Паркинсо́на
паркинсони́зм, -а
парк-музе́й, па́рка-музе́я
паркова́ние, -я
парко́ванный; *кр. ф.* -ан, -ана
паркова́ть(ся), -ку́ю(сь), -ку́ет(ся)
Па́рковая, -ой (*улица*)
парко́вка, -и, *р. мн.* -вок
парко́вочный
па́рковый
парла́мент, -а
парламентари́зм, -а
парламента́рий, -я

парламента́рный
парламентёр, -а
парламентёрский
парламентёрство, -а
Парла́ментская ассамбле́я Сове́та Евро́пы
парла́ментский
Парла́ментское собра́ние Белору́ссии и Росси́и
пармеза́н, -а
парме́лия, -и
па́рмский (*от* Па́рма)
па́рмцы, -ев, *ед.* -мец, -мца, *тв.* -мцем
Парна́с, -а (*гора; о поэтах – перен. собир.*)
парна́сский
парна́сцы, -ев, *ед.* -сец, -сца, *тв.* -сцем (*от* "Парна́с", *группа французских поэтов*)
парна́я, -о́й
па́рник, -а (*участник соревнований спортивных пар*)
парни́к, -а́
парниково́д, -а
парниково́дство, -а
парнико́вый
па́рница, -ы, *тв.* -ей (*к* па́рник)
парничо́к, -чка́
парни́шечка, -и, *р. мн.* -чек, *м.*
парни́шка, -и, *р. мн.* -шек, *м.*
парни́ще, -а и -и, *мн.* -и, -и́щ, *м.*
па́рно-видово́й
парно́й (*от* пар)
парнокопы́тные, -ых, *ед.* -ное, -ого
парноли́стник, -а
парноли́стниковые, -ых
па́рно-мя́гкий
парнопа́лые, -ых
па́рно-пе́ристый
парнорезцо́вые, -ых
па́рность, -и
па́рно-твёрдый
па́рный (*от* па́ра)
парню́га, -и, *м.*

пароаммиа́чный
парова́ние, -я
парова́рка, -и, *р. мн.* -рок
парова́ть(ся), па́рую, па́рует(ся)
парови́к, -а́
парови́чо́к, -чка́
пароводонепроница́емый
пароводоснабже́ние, -я
пароводяно́й
парово́з, -а
паровоздуходу́вка, -и, *р. мн.* -вок
паровоздуходу́вный
паровоздухоме́р, -а
паровозду́шный
парово́зик, -а
парово́зишко, -а и -и, *мн.* -шки, -шек, *м.*
парово́зище, -а, *мн.* -а и -и, -ищ, *м.*
парово́зник, -а
парово́зный
паровозовагоноремо́нтный
паровозоремо́нтный
паровозосбо́рочный
паровозостро́ение, -я
паровозостро́ительный
парово́й
паровпускно́й
паровыпускно́й
паровыхлопно́й
парога́зовый
парогазогенера́тор, -а
парогазотурби́нный
парогенера́тор, -а
парогидравли́ческий
па́род, -а
пароди́йно-сатири́ческий
пароди́йность, -и
пароди́йный; *кр. ф.* -и́ен, -и́йна
пароди́рование, -я (*от* пароди́ровать)
пароди́рованный; *кр. ф.* -ан, -ана
пароди́ровать(ся), -рую, -рует(ся) (*от* паро́дия)
пароди́ст, -а
пароди́ческий
паро́дия, -и

пародо́нт, -а
пародонти́т, -а
пародонто́з, -а
парожи́дкостный
парозанима́ющий
пароизмери́тель, -я
пароизмери́тельный
пароизоли́рующий
пароизоляцио́нный
пароизоля́ция, -и
паро́к, парка́ и парку́
парокислоро́дный
пароко́нный
парокси́зм, -а
пароксима́льный
пароли́, нескл., с. (в карточной игре)
паро́ль, -я
паро́льный
паро́м, -а
парома́сляный
пароме́р, -а
паро́м-ледоко́л, паро́ма-ледоко́ла
паро́мный
паромоби́ль, -я
паромото́р, -а
паромото́рный
паро́мщик, -а
паронепроница́емый
паро́ним, -а
парономи́ческий
паронимия́, -и
парони́т, -а
паронихи́я, -и
парономази́я, -и
парообра́зный; кр. ф. -зен, -зна
парообразова́ние, -я
парообразова́тель, -я
парообразова́тельный
пароотбо́рный
пароотво́дный
пароохлади́тель, -я
пароочисти́тель, -я
пароперегре́в, -а
пароперегрева́тель, -я
пароподводя́щий

паропреобразова́тель, -я
паропрово́д, -а
паропрово́дный
паропроизводи́тельность, -и
парораспределе́ние, -я
парораспредели́тель, -я
парораспредели́тельный
паросбо́рник, -а
паросилово́й
парострýйный
паротеплохо́д, -а
паротерма́льный
пароти́ды, -и́д, ед. -и́да, -ы (зоол.)
пароти́т, -а (мед.)
паротру́бный
паротурби́на, -ы
паротурби́нный
паротурбово́з, -а
парохо́д, -а
парохо́дик, -а
парохо́дишко, -а и -и, мн. -шки, -шек, м.
парохо́дище, -а, мн. -а и -и, -ищ, м.
парохо́дный
пароходовладе́лец, -льца, тв. -льцем, р. мн. -льцев
пароходостроéние, -я
парохо́дство, -а
парохо́дчик, -а
па́рочка, -и, р. мн. -чек
парсе́к, -а, р. мн. -ов, счетн. ф. парсе́к
парси́зм, -а
парсýна, -ы
па́рсы, -ов, ед. парс, -а
парт... — первая часть сложных слов, пишется слитно
па́рта, -ы
партакти́в, -а
партаппара́т, -а
партаппара́тчик, -а
партбиле́т, -а
партбюро́, нескл., с.
партвзно́сы, -ов
партвзыска́ние, -я

партгосконтро́ль, -я
партгрупо́рг, -а
партгру́ппа, -ы
партдисципли́на, -ы
партдокуме́нт, -а
партеногене́з, -а
партенокарпи́я, -и
партеноспо́ра, -ы
парте́р, -а
парте́рный
парте́сный
парти́ец, -и́йца, тв. -и́йцем, р. мн. -и́йцев
партиза́н, -а
партиза́нить, -ню, -нит
партиза́нка, -и, р. мн. -нок
партиза́нский (от партиза́н и Партиза́нск)
партиза́нство, -а
партиза́нствовать, -твую, -твует
партиза́нщина, -ы
партиза́нящий
па́ртийка, -и, р. мн. -иек (к па́ртия)
парти́йка, -и, р. мн. -и́ек (к парти́ец)
парти́йно-госуда́рственный
парти́йно-комсомо́льский
парти́йно-номенклату́рный
парти́йно-полити́ческий
парти́йно-прави́тельственный
парти́йно-профсою́зный
парти́йно-сове́тский
парти́йность, -и
парти́йно-хозя́йственный
парти́йный; кр. ф. -и́ен, -и́йна
партикуляриза́ция, -и
партикуляри́зм, -а
партикуля́рный
партиму́щество, -а
партио́нный
парти́та, -ы
партиту́ра, -ы
партиту́рный
партиципа́ция, -и
па́ртия, -и
партко́м, -а

ПАСПОРТИЗОВАННЫЙ

парткоми́ссия, -и
партко́мовский
партконфере́нция, -и
партма́ксимум, -а
партми́нимум, -а
партнёр, -а
партнёрский
партнёрство, -а
партнёрша, -и, *тв.* -ей
партноменклату́ра, -ы
партокра́т, -а
партократи́ческий
партокра́тия, -и
парто́нный
парто́ны, -ов, *ед.* -то́н, -а
парто́рг, -а
парто́рган, -а
парторганиза́ция, -и
партпросвеще́ние, -я
партрабо́та, -ы
партрабо́тник, -а
партсобра́ние, -я
партсовноменклату́ра, -ы
партста́ж, -а, *тв.* -ем
партсъе́зд, -а
партучёба, -ы
партучёт, -а
партхозакти́в, -а
партхозноменклату́ра, -ы
партшко́ла, -ы
партъяче́йка, -и, *р. мн.* -е́ек
па́рубок, -бка
па́рус, -а, *мн.* -а́, -о́в
паруси́на, -ы
паруси́нный
паруси́новый
па́русить(ся), -ит(ся) и пару́-
    си́ть(ся), -и́т(ся)
па́русник, -а
па́русно-гребно́й
па́русно-мото́рный
па́русность, -и
па́русный
парусо́к, -ска́
парусохво́стый
Парфено́н, -а

парфо́рс, -а
парфо́рсный
парфю́м, -а
парфюме́р, -а
парфюме́рия, -и
парфюме́рно-космети́ческий
парфюме́рный
парфя́не, -я́н, *ед.* -я́нин, -а
парфя́нка, -и, *р. мн.* -нок
парфя́нский (к Па́рфия)
Парфя́нское ца́рство
парха́тый
парце́лла, -ы
парцелли́рованный; *кр. ф.* -ан,
    -ана
парцелли́ровать(ся), -рую,
    -рует(ся)
парце́лльный
парцелля́рный
парцелля́ция, -и
парциа́льный
парча́, -и́, *тв.* -о́й
парчо́вый
парша́, -и́, *тв.* -о́й
парши́вевший
парши́венький
парши́веть, -ею, -еет
парши́вец, -вца, *тв.* -вцем, *р. мн.*
    -вцев
парши́вка, -и, *р. мн.* -вок
парши́вость, -и
парши́вый
па́рывать, *наст. вр. не употр.*
парю́ра, -ы
па́ря, *другие формы не употр., м.*
паря́щий (*от* пари́ть)
па́рящий(ся) (*от* па́рить(ся))
пас¹, -а (*к* пасова́ть(ся))
пас², *неизм.* (*к* пасова́ть)
па́сека, -и
пасённый; *кр. ф.* -ён, -ена́, *прич.*
па́сечник, -а
па́сечный
Паска́ль, -я: зако́н Паска́ля, тео-
    ре́ма Паска́ля, треуго́льник
    Паска́ля, ули́тка Паска́ля

паска́ль, -я (*ед. измер.; язык про-
    грамм.*)
паска́ль-секу́нда, -ы
па́сквиль, -я
па́сквильный
пасквиля́нт, -а
пасквиля́нтский
паску́да, -ы, *м. и ж.*
паску́дить, -у́жу, -у́дит
паску́дник, -а
паску́дница, -ы, *тв.* -ей
паску́дничать, -аю, -ает
паску́дный; *кр. ф.* -ден, -дна
паску́дство, -а
паслён, -а
паслёновый
па́смо¹, -а, *мн.* па́сма, пасм и па́с-
    ма, -ы, *мн.* па́смы, пасм (*часть
    мотка пряжи*)
па́смо², -а (*болезнь льна*)
па́смурневший
па́смурнеть, -ею, -еет
па́смурность, -и
па́смурный; *кр. ф.* -рен, -рна
па́смурь, -и
па́смы, пасм (*волосы, космы*)
пасну́ть, -ну́, -нёт
па́со, *нескл., с.* (*ед. измер.*)
пасова́ть, пасу́ю, пасу́ет (*оказы-
    ваться бессильным перед кем,
    чем-н.; отказываться от хода в
    игре*)
пасова́ть(ся), пасу́ю(сь), пасу́-
    ет(ся) (*спорт.*)
пасо́вка, -и, *р. мн.* -вок
пасодо́бль, -я
па́сока, -и
пасо́мый
па́сочница, -ы, *тв.* -ей
па́сочный
паспарту́, *нескл., с.*
па́спорт, -а, *мн.* -а́, -о́в
паспортиза́ция, -и
паспортизо́ванный; *кр. ф.* -ан,
    -ана

ПАСПОРТИЗОВАТЬ(СЯ)

паспортизова́ть(ся), -зу́ю, -зу́ет(ся)
паспорти́ст, -а
паспорти́стка, -и, *р. мн.* -ток
па́спортный
паспье́, *нескл., м. и с.*
пасс, -а (*движение рукой*)
пасса́ж, -а, *тв.* -ем
пасса́жи́р, -а
пассажи́рка, -и, *р. мн.* -рок
пассажировмести́мость, -и
пассажирокиломе́тр, -а
пассажироперево́зки, -зок
пассажирпото́к, -а
пассажи́рский
пасса́жный
пассака́лья, -и, *р. мн.* -лий
пассалуро́з, -а
пасса́т, -а
пассати́жи, -ей
пасса́тный
пассеи́зм, -а
пассеи́ст, -а
пассеи́стский
пассерова́ние, -я
пассеро́ванный; *кр. ф.* -ан, -ана
пассерова́ть, -ру́ю, -ру́ет (*кулин.*)
пассеро́вка, -и (*от* пассерова́ть)
пасси́в, -а
пассива́тор, -а
пассива́ция, -и
пассиви́рование, -я
пассиви́рованный; *кр. ф.* -ан, -ана
пассиви́ровать(ся), -рую, -рует(ся) (*тех.*)
пасси́вность, -и
пасси́вный; *кр. ф.* -вен, -вна
пассиона́рность, -и
пассиона́рный
пасси́ровать, -ру́ю, -ру́ет (*в цирке*)
пасси́ровка, -и (*от* пасси́ровать)
пасси́ровщик, -а
пасси́т, -а
пассифло́ра, -ы
па́ссия, -и

па́ста, -ы
па́стбище, -а
пастбищеоборо́т, -а
па́стбищный
па́ства, -ы
пасте́ль, -и (*мягкие цветные карандаши, вид живописи*)
пасте́льный (*от* пасте́ль)
пастереллёз, -а
пастере́ллы, -е́лл, *ед.* -е́лла, -ы
пастериза́тор, -а
пастеризацио́нный
пастериза́ция, -и
пастеризо́ванный; *кр. ф.* -ан, -ана
пастеризова́ть(ся), -зу́ю, -зу́ет(ся)
пастерна́к, -а (*растение*)
пастерна́ковский (*от* Пастерна́к)
пасте́ровский (*от* Пасте́р)
пасти́, пасу́, пасёт; *прош.* пас, пасла́
пастила́, -ы́, *мн.* -и́лы, -и́л
пастила́ж, -а, *тв.* -ем
пасти́лка, -и, *р. мн.* -лок (*к* пастила́; *лепешечка для сосания*)
пасти́лочный (*от* пастила́)
пасти́сь, пасётся; *прош.* па́сся, пасла́сь
пасти́ччо, *нескл., с.*
пасто́зность, -и
пасто́зный
пастообра́зный; *кр. ф.* -зен, -зна
па́стор, -а
пастора́ль, -и
пастора́льный
пастора́т, -а
пастуре́ль, -и (*жанр лирики трубадуров*)
па́сторский
па́сторство, -а
па́сторша, -и, *тв.* -ей
па́стриги, -ов
па́стрижки, -жек
пасту́х, -а́
пасту́шеский
пасту́ший, -ья, -ье

пасту́шка, -и, *р. мн.* -шек
пастушко́вые, -ых
пастушо́к, -шка́
пастушо́нок, -нка, *мн.* -ша́та, -ша́т
па́стырский
па́стырство, -а
па́стырь, -я
пасть¹, -и
пасть², паду́, падёт; *прош.* пал, пала
пастьба́, -ы́
Па́сха, -и (*праздник*) и па́сха, -и (*кушанье*)
пасха́лия, -и
Пасха́льная неде́ля
пасха́льники, -ов, *ед.* -ник, -а (*секта*)
пасха́льный
па́сший(ся)
пасынкова́ние, -я
пасынко́ванный; *кр. ф.* -ан, -ана
пасынкова́ть(ся), -ку́ю, -ку́ет(ся)
па́сынковый
па́сынок, -нка
пасья́нс, -а
пасья́нсный
пасю́к, -а́
пат, -а
патаго́нка, -и, *р. мн.* -нок
патаго́нский (*от* Патаго́ния)
патаго́нцы, -ев, *ед.* -нец, -нца, *тв.* -нцем
патана́том, -а
патанатоми́ческий
патанато́мия, -и
пате́нт, -а
патенти́рование, -я (*тех.*)
патенти́рованный; *кр. ф.* -ан, -ана
патенти́ровать(ся), -рую, -рует(ся) (*тех.*)
пате́нтно-информацио́нный
пате́нтно-лицензио́нный
пате́нтный
патентова́ние, -я
патенто́ванный; *кр. ф.* -ан, -ана

патентова́ть(ся), -ту́ю(сь), -ту́ет(ся)
патентове́д, -а
патентове́дение, -я
патентовладе́лец, -льца, *тв.* -льцем, *р. мн.* -льцев
патентооблада́тель, -я
патентоспосо́бность, -и
патентоспосо́бный; *кр. ф.* -бен, -бна
па́тер, -а
патери́к, -а́ (*книга, сборник*)
патери́ца, -ы, *тв.* -ей (*архиерейский посох*)
патернали́зм, -а
патернали́стский
Патерно́стер, *нескл., м.* (*молитва*)
патерно́стер, -а (*чётки; многокабинный лифт*)
пате́тика, -и
патети́чески
патети́ческий
патети́чность, -и
патети́чный; *кр. ф.* -чен, -чна
патефо́н, -а
патефо́нный
пати́на, -ы
патини́рование, -я
патини́рованный; *кр. ф.* -ан, -ана
патини́ровать(ся), -рую, -рует(ся)
па́тио, *нескл., с.*
патиссо́н, -а
патла́стый
патла́тый
па́тлы, патл, *ед.* па́тла, -ы
патова́ть, пату́ю, пату́ет
па́товый
патоге́н, -а
патогене́з, -а
патогенети́ческий
патоге́нность, -и
патоге́нный
патогности́ческий
па́тока, -и
пато́лог, -а

патологи́ческий
патологи́чный; *кр. ф.* -чен, -чна
патоло́гия, -и
патологоана́том, -а
пато́лого-анатоми́ческий
патоморфо́з, -а
патопсихо́лог, -а
патопсихологи́ческий
патопсихоло́гия, -и
патофизио́лог, -а
патофизиологи́ческий
патофизиоло́гия, -и
па́точный
патриа́рх, -а
патриарха́льно-родово́й
патриарха́льность, -и
патриарха́льный; *кр. ф.* -лен, -льна
патриарха́льщина, -ы
патриарха́т, -а
патриархи́я, -и
патриа́рх-католико́с, патриа́рха-католико́са
Патриа́рх Моско́вский и всея́ Руси́ (*офиц. титулование*)
патриа́рший
патриа́ршество, -а
патриа́ршествовать, -твую, -твует
Патриа́ршие пруды́ (*в Москве*)
патриа́рший, -ая, -ее
патрилине́йность, -и
патрилине́йный
патрилока́льный бра́к
патримониа́льный
патримо́ний, -я и патримо́ниум, -а
патрио́т, -а
патриоти́зм, -а
патрио́тик, -а (*ткань*)
патриоти́чески
патриоти́ческий
патриоти́чность, -и
патриоти́чный; *кр. ф.* -чен, -чна
патрио́тка, -и, *р. мн.* -ток
патри́стика, -и

патристи́ческий
па́трица, -ы, *тв.* -ей
патрициа́нка, -и, *р. мн.* -нок
патрициа́нский
патрициа́т, -а
патри́ций, -я
патро́лог, -а
патрологи́ческий
патроло́гия, -и
патро́н, -а
патрона́ж, -а, *тв.* -ем
патрона́жный
патрона́т, -а
патроне́сса, -ы
патро́ним, -а
патроними́ческий
патрони́мия, -и
патрони́рование, -я
патрони́рованный; *кр. ф.* -ан, -ана
патрони́ровать(ся), -рую(сь), -рует(ся)
патро́нка, -и, *р. мн.* -нок
патро́нник, -а
патро́нный
патронта́ш, -а, *тв.* -ем
патронта́шный
патро́нша, -и, *тв.* -ей
па́трубок, -бка
патрули́рование, -я
патрули́рованный; *кр. ф.* -ан, -ана
патрули́ровать(ся), -рую, -рует(ся)
патру́ль, -я́
патру́льно-постово́й
патру́льный
патуа́, *нескл., с.*
па́уженный; *кр. ф.* -ен, -ена, *прич.* (*от* па́узить)
па́ужин, -а и па́ужина, -ы
па́ужинать, -аю, -ает
па́ужинный (*от* па́ужин, па́ужина)
па́уза, -ы
па́узить, па́ужу, па́узит

па́узка, -и, *р. мн.* -зок (*действие*)
па́узник, -а
па́узный
па́узок, -зка (*судно*)
пау́к, -а́
пау́к-крестови́к, паука́-крестовика́
паукообра́зные, -ых
паукообра́зный; *кр. ф.* -зен, -зна
пау́к-птицее́д, паука́-птицее́да
па́ундаль, -я
па́упер, -а
пауперза́ция, -и
паупери́зм, -а
пауропо́ды, -ов, *ед.* -под, -а
паути́на, -ы и (*об Интернете*)
Паути́на, -ы
паути́нистый
паути́нка, -и, *р. мн.* -нок
паути́нный
пау́чий, -ья, -ье
паучи́ха, -и
паучи́шка, -и, *р. мн.* -шек, *м.*
паучи́ще, -а и -и, *мн.* -и, -и́щ, *м.*
паучо́к, -чка́
пауша́льный
пауэрли́фтинг, -а
паф, *неизм.*
па́фос, -а
па́фосность, -и
па́фосный
пах, -а, *предл.* в паху́
паха́н, -а́
па́ханный; *кр. ф.* -ан, -ана, *прич.*
па́хано-перепа́хано
паха́нский
па́ханый, *прил.*
па́ханый-перепа́ханый
па́харский
па́харь, -я
паха́ть(ся), пашу́, па́шет(ся)
пахидерми́я, -и
пахикефа́лия, -и и пахицефа́-
 лия, -и
пахименинги́т, -а
пахиосто́з, -а

пахи́т, -а
пахито́са, -ы
пахито́ска, -и, *р. мн.* -сок
пахицефа́лия, -и и пахикефа́-
 лия, -и
пахлава́, -ы́
па́хнувший (*от* па́хнуть)
пахну́вший (*от* пахну́ть)
па́хнуть, -ну, -нет; *прош.* па́хнул и
 пах, па́хла (*издавать запах*)
пахну́ть, -нёт; *прош.* -у́л, -у́ла (*по-
 веять*)
паховой и па́ховый
пахо́та, -ы
пахотнопригодный
пахотноспосо́бный
па́хотный
па́хта, -ы (*сыворотка*)
пахта́, -ы́ (*хлопок*)
па́хталка, -и, *р. мн.* -лок
па́хтальный
па́хтальщик, -а
па́хтальщица, -ы, *тв.* -ей
па́хтанный; *кр. ф.* -ан, -ана, *прич.*
па́хтанье, -я
па́хтать(ся), -аю, -ает(ся)
паху́честь, -и
паху́чий
паху́чка, -и, *р. мн.* -чек
паца́н, -а́
пацанёнок, -нка, *мн.* -ня́та, -ня́т
паца́ний, -ья, -ье
паца́нка, -и, *р. мн.* -нок
паца́нчик, -а
пацаньё, -я́
пацаня́чий, -ья, -ье
па́циенс, -а (*лингв.*)
пацие́нт, -а
пацие́нтка, -и, *р. мн.* -ток
пацифи́зм, -а
пацифика́ция, -и
пацифи́ст, -а
пацифи́стка, -и, *р. мн.* -ток
пацифи́стский
па́че: па́че ча́яния, те́м па́че
па́чеси, -ей

па́чечный
па́чка, -и, *р. мн.* па́чек
па́чканный; *кр. ф.* -ан, -ана, *прич.*
па́чканый, *прил.*
па́чканье, -я
па́чкать(ся), -аю(сь), -ает(ся)
пачкотня́, -и́
пачку́н, -а́
пачку́нья, -и, *р. мн.* -ний
пачу́левый
пачу́ли, -ей
паша́, -и́, *тв.* -о́й, *р. мн.* -е́й, *м.*; после собственных имен пишется
 через дефис, *напр.*: Кема́ль-паша́,
 Ибраги́м-паша́
пашалы́к, -а
па́ шассе́, *нескл., с.*
па́шенка, -и, *р. мн.* -нок
па́шенный
паши́на, -ы
паши́нка, -и, *р. мн.* -нок
паши́нный
па́шня, -и, *р. мн.* па́шен
паште́т, -а
паште́тный
па́шущий(ся)
па́щенок, -нка
па́юс, -а
па́юсный
пая́ло, -а
пая́льник, -а
пая́льный
пая́льщик, -а
пая́ние, -я
па́янный; *кр. ф.* па́ян, па́яна, *прич.*
па́яный, *прил.*
пая́сничанье, -я
пая́сничать, -аю, -ает
пая́сничество, -а
пая́ть(ся), пая́ю, пая́ет(ся)
пая́ц, -а, *тв.* -ем, *р. мн.* -ев
ПВО [пэвэо́], *нескл., ж.* (*сокр.*: про-
 тивовоздушная оборона)
ПВХ [пэвэха́], *неизм.* (*сокр.*: поли-
 винилхлоридный)
ПВХ-материа́лы, -ов

ПВХ-про́филь, -я
ПДК [пэдэка́], нескл., ж. (сокр.: предельно допустимая концентрация)
ПДН [пэдээ́н], нескл., ж. (сокр.: предельно допустимая норма)
пе: на пе́ (пусти́ть, поста́вить, в карточной игре)
пеа́н, -а (хвалебный гимн; в стихосложении – то же, что пеон)
пебри́на, -ы
пебрино́зный
пева́ть, наст. вр. не употр. (от петь)
пев́ец, певца́, тв. певцо́м, р. мн. певцо́в
певи́ца, -ы, тв. -ей
певи́чка, -и, р. мн. -чек
певу́н, -а́
певу́нья, -и, р. мн. -ний
певу́честь, -и
певу́чий
пе́вческий
пе́вчий
пега́нка, -и, р. мн. -нок (птица)
Пега́с, -а (мифол., символ поэтического вдохновения; созвездие)
пега́с, -а (рыба)
пега́шка, -и, р. мн. -шек (пегая лошадь)
пе́генький и пе́гонький
пе́гий
пегмати́т, -а
пегмати́товый
пе́гонький и пе́генький
педаго́г, -а
педаго́гика, -и
педагоги́ческий
педагоги́чность, -и
педагоги́чный; кр. ф. -чен, -чна
педализа́ция, -и
педализи́ровать, -рую, -рует (муз.)
педали́рование, -я
педали́рованный; кр. ф. -ан, -ана

педали́ровать(ся), -рую, -рует(ся) (выделять(ся), выдвигать(ся) на первый план)
педа́ль, -и
педа́льный
педа́нт, -а
педанти́зм, -а
педанти́ческий
педанти́чность, -и
педанти́чный; кр. ф. -чен, -чна
педа́нтка, -и, р. мн. -ток
педа́нтский
педа́нтство, -а
педву́з, -а
педву́зовский
пе́дель, -я, мн. -и, -ей и -я́, -е́й
педера́ст, -а
педерасти́ческий
педера́стия, -и
пе́джент, -а
пе́ди, нескл., мн., ед. м. и ж. (народ)
педиа́тр, -а
педиатри́ческий
педиатри́я, -и
педикулёз, -а
педикю́р, -а
педикю́рный
педикю́рша, -и, тв. -ей
педи́мент, -а
пединститу́т, -а
педипа́льпы, -ов
пе́диплен, -а
педицелля́рии, -ий, ед. -рия, -и
педколлекти́в, -а
педогене́з, -а
педо́лог, -а
педологи́ческий
педоло́гия, -и
педо́метр, -а
педоморфо́з, -а
педоно́м, -а
педотри́б, -а
педофи́л, -а
педофили́я, -и
педофи́льский
педоцентри́зм, -а

педпра́ктика, -и
педсове́т, -а
педте́хникум, -а
педуниверсите́т, -а
педучи́лище, -а
педфа́к, -а
пе́жина, -ы
пежо́, нескл., м. (автомобиль)
пе́зо и пе́со, нескл., с.
пе́йджер, -а
пе́йджинг, -а
пе́йджинговый
пейза́ж, -а, тв. -ем
пейзажи́ст, -а
пейзажи́стка, -и, р. мн. -ток
пейза́жный
пейза́н, -а, мн. -а́ны, -а́н и пейза́нин, -а, мн. -а́не, -а́н
пейза́нка, -и, р. мн. -нок
пейза́нский
пейнтбо́л, -а
пейорати́в, -а
пейорати́вный
пейса́ховка, -и
пе́йсы, -ов, ед. пейс, -а
пек, -а
пека́н, -а
пека́новый
пе́кари, нескл., м. (животное)
пека́рить, -рю, -рит
пека́рный
пека́рня, -и, р. мн. -рен
пе́карский
пе́карь, -я, мн. -и, -ей и -я́, -е́й
пекине́с, -а (собака)
пеки́нка, -и, р. мн. -нок
пеки́нский (от Пеки́н)
пеки́нцы, -ев, ед. -нец, -нца, тв. -нцем
пеклева́нка, -и, р. мн. -нок
пеклева́нник, -а
пеклева́нный, прил.
пеклёванный; кр. ф. -ан, -ана, прич.
пеклева́ть(ся), -лю́ю, -лю́ет(ся)
пеклёвка, -и

пе́кло, -а
пекти́новый
пекти́ны, -ов, *ед.* -ти́н, -а
пектора́ль, -и
пектуси́н, -а
пеку́лий, -я
пекуля́рный
пеку́щий(ся)
пёкший(ся)
пелагиа́ль, -и
пелагиа́не, -а́н, *ед.* -а́нин, -а
пелагиа́нский
пелагиа́нство, -а
пелаги́ческий
пелами́да, -ы
пеларго́ния, -и
пела́сги, -ов
пелена́, -ы́, *мн.* -ы́, -ён, -а́м
пелена́ние, -я
пелёнатый
пелена́ть(ся), -а́ю, -а́ет(ся)
пелена́шка, -и, *р. мн.* -шек, *м. и ж.*
пе́ленг, -а
пеленга́тор, -а
пеленга́торный
пеленгацио́нный
пеленга́ция, -и
пеленги́рование, -я
пеленги́рованный; *кр. ф.* -ан, -ана
пеленги́ровать(ся), -рую, -рует(ся)
пеленгова́ние, -я
пеленго́ванный; *кр. ф.* -ан, -ана
пеленгова́ть(ся), -гу́ю, -гу́ет(ся)
пелёнка, -и, *р. мн.* -нок
пелёночка, -и, *р. мн.* -чек
пелёночный
пелери́на, -ы
пелери́нка, -и, *р. мн.* -нок
пеле́сина, -ы
пелика́н, -а
пелика́ний, -ья, -ье
пеликоза́вр, -а
пели́товый

пели́ты, -ов, *ед.* пели́т, -а
пелла́гра, -ы
пелли́кула, -ы
пелоидотерапи́я, -и
пеломеду́за, -ы
Пелопонне́сская война́
пелопонне́сский (*от* Пелопонне́с)
пелотерапи́я, -и
пелото́н, -а
пельме́ни, -ей, *ед.* -е́нь, -я
пельме́нная, -ой
пельме́нный
пельменоде́лательный
пельме́шки, -шек и -шков, *ед.* -шек, -шка
пельтиге́ра, -ы
пелю́шка, -и, *р. мн.* -шек
пе́лядь, -и
пе́мза, -ы
пемзобето́н, -а
пемзобето́нный
пемзо́ванный; *кр. ф.* -ан, -ана
пемзова́ть(ся), -зу́ю, -зу́ет(ся)
пемзо́вка, -и
пе́мзовый
пемоксо́ль, -и
пе́мфигус, -а
пе́на, -ы
пена́л, -а
пена́льти, *нескл., м. и с.*
пенальти́ст, -а
пена́ты, -ов
пе́нгё и пе́нго, *нескл., с.*
пе́ндель, -я
펀джа́бка, -и, *р. мн.* -бок
펀джа́бский (*от* Пенджа́б)
пенджа́бцы, -ев, *ед.* -бец, -бца, *тв.* -бцем
пенди́нка, -и, *р. мн.* -нок
пенди́нская я́зва
пенёк, пенька́
Пенело́па, -ы
пенепле́н, -а
пенетра́нтность, -и
пенетра́тор, -а

пенетра́ция, -и
пенетро́метр, -а
пенетроме́трия, -и
пенёчек, -чка
пе́нзенский (*от* Пе́нза)
пе́нзенцы, -ев, *ед.* -нец, -нца, *тв.* -нцем
Пе́нзенщина, -ы (*к* Пе́нза)
пензяки́, -о́в, *ед.* пензя́к, -а́
пензя́чка, -и, *р. мн.* -чек
пе́ни[1], -ей, *ед.* пе́ня, -и (*жалобы, упреки*)
пе́ни[2], -ей и (*устар.*) пе́ня, -и (*штраф*)
пе́ние, -я
пе́нис, -а
пе́нистый
пенитенциа́рий, -я
пенитенциа́рный
пе́нить(ся), пе́ню, пе́нит(ся)
пеници́лл, -а
пеницилли́н, -а
пеницилли́наза, -ы
пеницилли́новый
пеницилли́нотерапи́я, -и
пеницилли́ночувстви́тельный; *кр. ф.* -лен, -льна
пе́нка, -и, *р. мн.* -нок
ПЕН-клу́б, -а
ПЕН-клу́бовец, -вца, *тв.* -вцем, *р. мн.* -вцев
ПЕН-клу́бовский
пе́нковый
пенкосним́ание, -я
пенкосним́атель, -я
пенкосним́ательница, -ы, *тв.* -ей
пенкосним́ательский
пенкосним́ательство, -а
пе́нни, *нескл., с.* (*ден. ед.*)
пе́нник, -а и -у
пенни́н, -а
пе́нный
пеноалюми́ний, -я
пенобето́н, -а
пенобето́нный

пенобетономеша́лка, -и, р. мн. -лок
пеногенера́тор, -а
пеноги́пс, -а
пеножи́дкостный
пенозолобето́н, -а
пенокера́мика, -и
пенокерами́т, -а
пенокcо́ль, -я
пеноло́гия, -и
пеномета́лл, -а
пенообразова́ние, -я
пенообразова́тель, -я
пенопла́ст, -а
пенопла́стик, -а
пенопла́стный
пенопла́стовый
пеноплён, -а
пеноплёновый
пенополистиро́л, -а
пенополиурета́н, -а
пенополиурета́новый
пенорези́на, -ы
пеносилика́т, -а
пеносилика́тный
пеностекло́, -а́
пеностеко́льный
пеносто́йкий; кр. ф. -о́ек, -о́йка
пеносто́йкость, -и
пеnoтуше́ние, -я
пе́ночка, -и, р. мн. -чек
пеношлакобето́н, -а
пеношлакобето́нный
пеношлакозолобето́н, -а
пеношлакозолобето́нный
пенс, -а
пенсильва́нский (от Пенсильва́ния)
пенсильва́нцы, -ев, ед. -нец, -нца, тв. -нцем
пенсио́н, -а
пенсионе́р, -а
пенсионе́рка, -и, р. мн. -рок
пенсионе́рский
пенсио́нный
Пенсио́нный фо́нд РФ

пе́нсия, -и
пенсне́, нескл., с.
пентаго́н, -а (пятиугольник)
Пентаго́н, -а (военное ведомство США)
пентагона́льный
пентаго́новец, -вца, тв. -вцем, р. мн. -вцев
пентаго́новский (от Пентаго́н)
пентагра́мма, -ы
пенталги́н, -а
пента́метр, -а
пента́н, -а
пентапла́ст, -а
пентапри́зма, -ы
пентатло́н, -а
пентато́ника, -и
пентафта́левый
пентафта́ли, -ей
пентахо́рд, -а
пента́эдр, -а
пентаэритри́т, -а
пентланди́т, -а
пенто́д, -а
пенто́зы, -о́з, ед. -о́за, -ы
пентоли́т, -а
пе́нтюх, -а
ПЕН-це́нтр, -а
пень, пня
пенька́, -и́
пеньковолокно́, -а́
пенько́вый
пенькоджу́товый
пенькозаво́д, -а
пень-коло́да: через пе́нь-коло́ду
пенькопряде́ние, -я
пенькопряди́льный
пенькотрепа́льный
пенькотрепа́ние, -я
пенькочеса́льный
пенью́ар, -а
пе́ня, -и (устар. к пе́ни²)
пеня́ть, -я́ю, -я́ет
пе́нящий(ся)
пео́н, -а (стихотворная стопа; крестьянин)

пеона́ж, -а, тв. -ем
пеони́ческий
пе́пел, пе́пла
пепели́ть, -лю́, -ли́т
пепели́ще, -а
пе́пельница, -ы, тв. -ей
пепельноволо́сый
пе́пельно-се́рый
пе́пельный
пепи́н, -а
пепинье́рка, -и, р. мн. -рок
пеплобето́н, -а
пеплобето́нный
пе́пловый
пеплога́зовый
пепложелезобето́н, -а
пепложелезобето́нный
пеплообра́зный; кр. ф. -зен, -зна
пеплопа́д, -а
пе́плос, -а
пе́плум, -а
пе́пси, нескл., ж.
пе́пси-ко́ла, -ы
пепси́н, -а
пепси́нный
пепси́новый
пепсиноге́н, -а
пептида́зы, -а́з, ед. -а́за, -ы
пепти́дный
пепти́ды, -ов, ед. -ти́д, -а
пептиза́ция, -и
пепто́н, -а
пепто́новый
перва́к, -а́
перва́нш, неизм.
перва́ч, -а́, тв. -о́м
первачо́к, -чка́
Пе́рвая ко́нная а́рмия
Пе́рвая мирова́я война́
перве́йший
пе́рвенец, -нца, тв. -нцем, р. мн. -нцев
пе́рвенство, -а
пе́рвенствовать, -твую, -твует
пе́рвенствующий
пе́рвенький

перве́рсия, -и
перве́ющий
перви́нка, -и
перви́чка, -и, р. мн. -чек
перви́чно-бескры́лый
перви́чно-во́дный
первичнопокро́вные, -ых
первичнополостны́е, -ых
первичноро́тые, -ых
перви́чность, -и
первичнотрахе́йные, -ых
перви́чный; кр. ф. -чен, -чна
первоапре́льский
первобра́чный
первобы́тно-общи́нный
первобы́тность, -и
первобы́тный; кр. ф. -тен, -тна
первоверхо́вный
первовосходи́тель, -я
первовосхожде́ние, -я
первого́док, -дка
пе́рвое, -ого
Пе́рвое ма́я (1-е Ма́я) (праздник)
первожи́тель, -я
Первозва́нный: Андре́й Первозва́нный
первозда́нность, -и
первозда́нный; кр. ф. -а́нен, -а́нна
первози́мье, -я
первоизда́ние, -я
первоисто́к, -а
первоисто́чник, -а
первокатего́рник, -а
первокатего́рница, -ы, тв. -ей
первокла́ссник, -а
первокла́ссница, -ы, тв. -ей
первокла́ссность, -и
первокла́ссный; кр. ф. -сен, -сна
первокла́шка, -и, р. мн. -шек, м. и ж.
первоку́рсник, -а
первоку́рсница, -ы, тв. -ей
перволёдок, -дка
перволе́дье, -я
перволе́тье, -я
Первома́й, -я

первома́йский (к Пе́рвое ма́я, Первома́йск, Первома́йское)
первома́йцы, -ев, ед. -а́ец, -а́йца, тв. -а́йцем (к Первома́йск, Первома́йский, Первома́йское)
первома́ртовский
первома́ртовцы, -ев, ед. -вец, -вца, тв. -вцем
первомате́рия, -и
первому́ченик, -а
первому́ченица, -ы, тв. -ей
пе́рво-на́перво
первонача́ло, -а
первонача́льность, -и
первонача́льный
первообра́з, -а
первообра́зный
первоосно́ва, -ы
первооснова́тель, -я
первооткрыва́тель, -я
первооткрыва́тельница, -ы, тв. -ей
первооткрыва́тельский
первооткрыва́тельство, -а
первооткры́тие, -я
первоочередни́к, -а́
первоочередно́й и первоочерёдный
первоочерёдность, -и
первопеча́тник, -а
первопеча́тный
первопла́нный
первополо́сный
первопоселе́нец, -нца, тв. -нцем, р. мн. -нцев
Первопресто́льная, -ой (о Москве)
первопресто́льный
первопричи́на, -ы
первопроходе́ц, -дца, тв. -дцем, р. мн. -дцев
первопрохо́дческий
первопрохо́дчик, -а
первопрохо́дчица, -ы, тв. -ей
первопублика́ция, -и
первопу́ток, -тка

первопу́тье, -я
первразря́дник, -а
первразря́дница, -ы, тв. -ей
первразря́дный
первро́дный
первро́дство, -а
первродя́щий
перврождённый
первсвяти́тель, -я
первсвяти́тельский
первсвяще́нник, -а
первсентя́брьский
первсне́жье, -я
первсо́нье, -я
первсо́ртность, -и
первсо́ртный; кр. ф. -тен, -тна
первстате́йный; кр. ф. -е́ен, -е́йна
первстепе́нный; кр. ф. -е́нен, -е́нна
первстрои́тель, -я
пе́рвость: по пе́рвости
первсу́щность, -и
первтворе́ние, -я
первтёл, -а
первтёлка, -и, р. мн. -лок
первте́льный
первура́льский (от Первоура́льск)
Первура́льский новотру́бный заво́д
первура́льцы, -ев, ед. -лец, -льца, тв. -льцем
первучи́тель, -я, мн. -и́, -е́й
первхристиа́не, -а́н
первхристиа́нский
первхристиа́нство, -а
первцве́т, -а
первцве́тные, -ых
первцве́тный
первцели́нник, -а
первчелове́к, -а, мн. перволю́ди, -е́й, -лю́дям
первэкра́нный
первэлеме́нт, -а
первя́щер, -а

пе́рвый
пе́рвый-второ́й: рассчита́ться на пе́рвый-второ́й
Пе́рвый интернациона́л (1-й Интернациона́л)
пе́рвый попа́вшийся
перга́, -и́
перга́мен, -а (*кожа; древняя рукопись*)
перга́менный (*от* перга́мен)
перга́мент, -а (*сорт бумаги; то же, что* пергамен)
перга́ментный (*от* перга́мент)
пергами́н, -а (*прочная бумага; картон*)
пергами́нный
Пергамо́н-музе́й, -я (*в Берлине*)
пергидро́левый
пергидро́ль, -я
пе́ргола, -ы
переадминистри́ровать, -рую, -рует
переадресо́ванный; *кр. ф.* -ан, -ана
переадресова́ть, -су́ю, -су́ет
переадресо́вка, -и, *р. мн.* -вок
переадресо́вочный
переадресо́вывание, -я
переадресо́вывать(ся), -аю, -ает(ся)
переаккредита́ция, -и
переаккредито́ванный; *кр. ф.* -ан, -ана
переаккредитова́ть(ся), -ту́ю(сь), -ту́ет(ся)
переаккредито́вывать(ся), -аю(сь), -ает(ся)
переакценти́рование, -я
переакценти́рованный; *кр. ф.* -ан, -ана
переакценти́ровать(ся), -рую, -рует(ся)
переакцентиро́вка, -и, *р. мн.* -вок
переакцентуа́ция, -и
переамини́рование, -я

переаранжи́рованный; *кр. ф.* -ан, -ана
переаранжи́ровать, -рую, -рует
переаранжиро́вка, -и, *р. мн.* -вок
переаре́нда, -ы
переарендо́ванный; *кр. ф.* -ан, -ана
переарендова́ть(ся), -ду́ю, -ду́ет(ся)
переарендо́вывать(ся), -аю, -ает(ся)
переаресто́ванный; *кр. ф.* -ан, -ана
переарестова́ть, -ту́ю, -ту́ет
переаресто́вывать, -аю, -ает
переассигнова́ние, -я
переассигно́ванный; *кр. ф.* -ан, -ана
переассигнова́ть, -ну́ю, -ну́ет
переассигно́вка, -и, *р. мн.* -вок
переассигно́вывание, -я
переассигно́вывать(ся), -аю, -ает(ся)
переаттеста́ция, -и
переаттесто́ванный; *кр. ф.* -ан, -ана
переаттестова́ть(ся), -ту́ю(сь), -ту́ет(ся)
переаттесто́вывать(ся), -аю(сь), -ает(ся)
перебази́рование, -я
перебази́рованный; *кр. ф.* -ан, -ана
перебази́ровать(ся), -рую(сь), -рует(ся)
перебазиро́вка, -и, *р. мн.* -вок
перебаллоти́рованный; *кр. ф.* -ан, -ана
перебаллоти́ровать(ся), -рую(сь), -рует(ся)
перебаллотиро́вка, -и, *р. мн.* -вок
перебаллотиро́вывать(ся), -аю(сь), -ает(ся)
перебалова́ть(ся), -лу́ю(сь), -лу́ет(ся)
переба́лтывать(ся), -аю, -ает(ся)

переба́лчивать(ся), -аю, -ает(ся) и перебо́лчивать(ся), -аю, -ает(ся)
переба́рщивание, -я
переба́рщивать, -аю, -ает
переба́рывание, -я
переба́рывать(ся), -аю, -ает(ся)
перебде́ть, -бди́т
перебе́г, -а
перебега́ние, -я
перебе́гать, -аю, -ает, *сов.*
перебега́ть, -а́ю, -а́ет, *несов.*
перебежа́ть, -егу́, -ежи́т, -егу́т
перебе́жка, -и, *р. мн.* -жек
перебе́жчик, -а
перебе́жчица, -ы, *тв.* -ей
перебелённый; *кр. ф.* -ён, -ена́
перебе́ливание, -я
перебе́ливать(ся), -аю, -ает(ся)
перебели́ть, -елю́, -е́ли́т
перебе́лка, -и, *р. мн.* -лок
перебеля́ть(ся), -я́ю, -я́ет(ся)
перебеси́ть(ся), -ешу́(сь), -е́сит(ся)
перебива́ние, -я
перебива́ть(ся), -а́ю(сь), -а́ет(ся)
переби́вка, -и, *р. мн.* -вок
перебинто́ванный; *кр. ф.* -ан, -ана
перебинтова́ть(ся), -ту́ю(сь), -ту́ет(ся)
перебинто́вывание, -я
перебинто́вывать(ся), -аю(сь), -ает(ся)
перебира́ние, -я
перебира́ть(ся), -а́ю(сь), -а́ет(ся)
переби́тый
переби́ть(ся), -бью́(сь), -бьёт(ся)
перебода́ть(ся), -а́ет(ся)
перебо́и, -ев, *ед.* перебо́й, -я
перебо́й, -я (*у фехтовальщиков*)
перебо́йный
переболе́ть¹, -е́ю, -е́ет (*к* боле́ть¹)
переболе́ть², -ли́т (*к* боле́ть²)
перебо́лтанный; *кр. ф.* -ан, -ана (*от* переболта́ть)

ПЕРЕБОЛТАТЬ(СЯ)

переболта́ть(ся), -а́ю, -а́ет(ся)
переболти́ть, -олчу́, -олти́т
перебо́лченный; *кр. ф.* -ен, -ена (*от* переболти́ть)
перебо́лчивать(ся), -аю, -ает(ся) и переба́лчивать(ся), -аю, -ает(ся)
перебо́р, -а
перебора́нивать(ся), -аю, -ает(ся)
перебо́рка, -и, *р. мн.* -рок
перебороздить, -зжу́, -зди́т
переборонённый; *кр. ф.* -ён, -ена́
перебороним, -ню́, -ни́т
переборо́нованный; *кр. ф.* -ан, -ана
перебороновать, -ну́ю, -ну́ет
переборо́ть, -орю́, -о́рет
перебо́рочный
перебо́рчивый
перебо́рщик, -а
переборщи́ть, -щу́, -щи́т
перебо́рщица, -ы, *тв.* -ей
перебрако́ванный; *кр. ф.* -ан, -ана
перебракова́ть, -ку́ю, -ку́ет
перебрако́вка, -и, *р. мн.* -вок
перебрако́вывать(ся), -аю, -ает(ся)
перебра́ниваться, -аюсь, -ается
перебрани́ть(ся), -ню́(сь), -ни́т(ся)
перебра́нка, -и, *р. мн.* -нок
перебра́нный; *кр. ф.* -ан, -ана
перебра́сывание, -я
перебра́сывать(ся), -аю(сь), -ает(ся)
перебра́ть(ся), -беру́(сь), -берёт(ся); *прош.* -а́л(ся), -ала́(сь), -а́ло, -а́лось
перебре́дший
перебрести́, -бреду́, -бредёт; *прош.* -брёл, -брела́
переброди́ть, -ожу́, -о́дит
перебро́с, -а
перебро́санный; *кр. ф.* -ан, -ана

переброса́ть, -а́ю, -а́ет
перебро́сить(ся), -о́шу(сь), -о́сит(ся)
перебро́ска, -и, *р. мн.* -сок
перебро́шенный; *кр. ф.* -ен, -ена
перебуди́ть, -ужу́, -у́дит
перебудора́женный; *кр. ф.* -ен, -ена
перебудора́жить(ся), -жу, -жит(ся)
перебу́женный; *кр. ф.* -ен, -ена
перебу́живать(ся), -аю, -ает(ся)
перебунто́ванный; *кр. ф.* -ан, -ана
перебунтова́ть, -ту́ю, -ту́ет
перебыва́ть, -а́ю, -а́ет
перебы́ть, -бу́ду, -бу́дет
перева́л, -а
перева́ленный; *кр. ф.* -ен, -ена (*от* перевали́ть)
перева́лец: с перева́льцем
перева́ливание, -я
перева́ливать(ся), -аю(сь), -ает(ся)
перева́листый
перевали́ть(ся), -алю́(сь), -а́лит(ся)
перева́лка, -и, *р. мн.* -лок
перева́лочный
перева́льный
перева́лянный; *кр. ф.* -ян, -яна (*от* переваля́ть)
переваля́ть(ся), -я́ю(сь), -я́ет(ся)
перева́р, -а
перева́ренный; *кр. ф.* -ен, -ена
перева́ривание, -я
перева́ривать(ся), -аю, -ает(ся)
перевари́мость, -и
перевари́мый
перевари́ть(ся), -арю́, -а́рит(ся)
перева́рка, -и, *р. мн.* -рок
перевева́ть(ся), -а́ю, -а́ет(ся) (*к* перевея́ть)
переве́даться, -аюсь, -ается
переведённый; *кр. ф.* -ён, -ена́
переве́дший(ся)
переве́дываться, -аюсь, -ается

перевезённый; *кр. ф.* -ён, -ена́
перевезти́, -зу́, -зёт; *прош.* -ёз, -езла́
перевёзший
переве́ивать(ся), -аю, -ает(ся)
переве́нчанный; *кр. ф.* -ан, -ана
перевенча́ть(ся), -а́ю(сь), -а́ет(ся)
перевербо́ванный; *кр. ф.* -ан, -ана
перевербова́ть(ся), -бу́ю(сь), -бу́ет(ся)
перевербо́вка, -и, *р. мн.* -вок
перевербо́вывать(ся), -аю(сь), -ает(ся)
переве́рнутый
переверну́ть(ся), -ну́(сь), -нёт(ся)
перевёрстанный; *кр. ф.* -ан, -ана
переверста́ть(ся), -а́ю, -а́ет(ся)
перевёрстка, -и, *р. мн.* -ток
перевёрстывание, -я
перевёрстывать(ся), -аю, -ает(ся)
переве́рт, -а
пе́ревертень, -тня
переверте́ть(ся), -ерчу́, -е́ртит(ся)
перевёртывание, -я
перевёртывать(ся), -аю(сь), -ает(ся)
перевёртыш, -а, *тв.* -ем
переве́рченный; *кр. ф.* -ен, -ена
переве́рчивать(ся), -аю, -ает(ся)
переве́с, -а
переве́сить(ся), -е́шу(сь), -е́сит(ся)
переве́ска, -и, *р. мн.* -сок
перевести́(сь), -веду́(сь), -ведёт(ся); *прош.* -вёл(ся), -вела́(сь)
переве́шанный; *кр. ф.* -ан, -ана (*от* переве́шать)
переве́шать(ся), -аю, -ает(ся)
переве́шенный; *кр. ф.* -ен, -ена (*от* переве́сить)
переве́шивание, -я
переве́шивать(ся), -аю(сь), -ает(ся)

переве́янный; *кр. ф.* -ян, -яна
переве́ять, -е́ю, -е́ет
переви́в, -а
перевива́ние, -я
перевива́ть(ся), -а́ю, -а́ет(ся) (*к* переви́ть(ся))
переви́вка, -и, *р. мн.* -вок
перевивно́й
переви́данный; *кр. ф.* -ан, -ана
перевида́ть, -а́ю, -а́ет
переви́денный; *кр. ф.* -ен, -ена
переви́деть, -и́жу, -и́дит
перевинти́ть(ся), -инчу́, -инти́т(ся)
переви́нченный; *кр. ф.* -ен, -ена
переви́нчивание, -я
переви́нчивать(ся), -аю, -ает(ся)
перевира́ть(ся), -а́ю, -а́ет(ся)
перевиса́ть, -а́ю, -а́ет
переви́снуть, -ну, -нет; *прош.* -и́с, -и́сла
переви́сший
переви́тый; *кр. ф.* -и́т, -ита́, -и́то
переви́ть(ся), -вью́, -вьёт(ся); *прош.* -и́л(ся), -ила́(сь), -и́ло, -и́ло́сь
перево́д, -а
переводи́мость, -и
перево́дина, -ы
переводи́ть(ся), -ожу́(сь), -о́дит(ся)
перево́дка, -и
переводно́й *и* перево́дный
перево́дческий
перево́дчик, -а
перево́дчица, -ы, *тв.* -ей
перево́з, -а
перевозбуди́ть(ся), -ужу́(сь), -уди́т(ся)
перевозбужда́ть(ся), -а́ю(сь), -а́ет(ся)
перевозбужде́ние, -я
перевозбуждённый; *кр. ф.* -ён, -ена́
перевози́ть(ся), -ожу́(сь), -о́зит(ся)

перево́зка, -и, *р. мн.* -зок
перево́зный
перево́зочный
перево́зчик, -а
перево́зчица, -ы, *тв.* -ей
перево́зчицкий
перевола́кивать(ся), -аю(сь), -ает(ся)
переволно́ванный; *кр. ф.* -ан, -ана
переволнова́ть(ся), -ну́ю(сь), -ну́ет(ся)
переволо́кший(ся)
переволо́ченный; *кр. ф.* -ен, -ена (*от* переволочи́ть)
переволочённый; *кр. ф.* -ён, -ена́ (*от* переволо́чь *и* переволочи́ть)
переволочи́ть(ся), -очу́(сь), -о́чит(ся)
переволо́чь(ся), -локу́(сь), -лочёт(ся), -локу́т(ся); *прош.* -ло́к(ся), -локла́(сь)
перевооружа́ть(ся), -а́ю(сь), -а́ет(ся)
перевооруже́ние, -я
перевооружённость, -и
перевооружённый; *кр. ф.* -ён, -ена́
перевооружи́ть(ся), -жу́(сь), -жи́т(ся)
перевоплоти́ть(ся), -ощу́(сь), -оти́т(ся)
перевоплоща́емость, -и
перевоплоща́ть(ся), -а́ю(сь), -а́ет(ся)
перевоплоще́ние, -я
перевоплощённый; *кр. ф.* -ён, -ена́
перевора́чивание, -я
перевора́чивать(ся), -аю(сь), -ает(ся)
перевора́шивание, -я
перевора́шивать(ся), -аю, -ает(ся)
переворо́т, -а
переворо́ти́ть(ся), -очу́(сь), -о́тит(ся)

переворо́чанный; *кр. ф.* -ан, -ана (*от* переворо́чать)
переворо́чать, -аю, -ает
переворо́ченный; *кр. ф.* -ен, -ена (*от* переворотти́ть)
переворошённый; *кр. ф.* -ён, -ена́
переворши́ть, -шу́, -ши́т
перевоспита́ние, -я
перевоспи́танный; *кр. ф.* -ан, -ана
перевоспита́ть(ся), -а́ю(сь), -а́ет(ся)
перевоспи́тывать(ся), -аю(сь), -ает(ся)
пере́вранный; *кр. ф.* -ан, -ана
переврать, -ру́, -рёт; *прош.* -а́л, -ала́, -а́ло
перевыбира́ть(ся), -а́ю(сь), -а́ет(ся)
перевы́борный
перевы́боры, -ов
перевы́бранный; *кр. ф.* -ан, -ана
перевы́брать, -беру, -берет
перевы́пас, -а
перевыполне́ние, -я
перевы́полненный; *кр. ф.* -ен, -ена
перевы́полнить, -ню, -нит
перевыполня́ть(ся), -я́ю, -я́ет(ся)
перевью́ченный; *кр. ф.* -ен, -ена
перевью́чивать(ся), -аю, -ает(ся)
перевью́чить, -чу, -чит
перевя́занный; *кр. ф.* -ан, -ана
перевяза́ть(ся), -яжу́(сь), -я́жет(ся)
перевя́зка, -и, *р. мн.* -зок
перевя́зочная, -ой
перевя́зочный
перевя́зывание, -я
перевя́зывать(ся), -аю(сь), -ает(ся)
пе́ревязь, -и
перевя́ленный; *кр. ф.* -ен, -ена
перевя́ливать(ся), -аю, -ает(ся)
перевя́лить, -лю, -лит
перевя́сло, -а, *р. мн.* -сел

перега́дить, -а́жу, -а́дит
перега́женный; *кр. ф.* -ен, -ена
перегазова́ть, -зу́ю, -зу́ет
перегазо́вка, -и, *р. мн.* -вок
перегазо́вывать, -аю, -ает
перега́р, -а
перега́рный
перегаси́ть, -ашу́, -а́сит
перега́снувший
перега́снуть, -нет
перега́сший
перега́шенный; *кр. ф.* -ен, -ена
переги́б, -а
перегиба́ние, -я
перегиба́ть(ся), -а́ю(сь), -а́ет(ся)
переги́бщик, -а
перегла́дить, -а́жу, -а́дит
перегла́женный; *кр. ф.* -ен, -ена
перегла́живание, -я
перегла́живать(ся), -аю, -ает(ся)
перегласо́вка, -и, *р. мн.* -вок
перегло́данный; *кр. ф.* -ан, -ана
переглода́ть, -ожу́, -о́жет
перегло́танный; *кр. ф.* -ан, -ана
переглота́ть, -а́ю, -а́ет
переглушённый; *кр. ф.* -ён, -ена́
переглуши́ть, -ушу́, -уши́т
перегля́д, -а
перегляде́ть, -яжу́, -яди́т
перегля́дка, -и, *р. мн.* -док
перегля́дывание, -я
перегля́дываться, -аю(сь), -ает(ся)
переглянуться, -яну́сь, -я́нется
перегна́ивать(ся), -аю, -ает(ся)
перегна́нный; *кр. ф.* -ан, -ана
перегна́ть, -гоню́, -го́нит; *прош.* -а́л, -ала́, -а́ло
перегнива́ние, -я
перегнива́ть, -а́ет
перегни́ть, -нёт; *прош.* -и́л, -ила́, -и́ло
перегноённый; *кр. ф.* -ён, -ена́
перегнои́ть, -ою́, -ои́т
перегно́й, -я
перегно́йный

переги́утый
перегну́ть(ся), -ну́(сь), -нёт(ся)
перегова́ривать(ся), -аю(сь), -ает(ся)
переговорённый; *кр. ф.* -ён, -ена́
переговори́ть, -рю́, -ри́т
переговорный
переговорщик, -а
переговоры, -ов
переголосо́ванный; *кр. ф.* -ан, -ана
переголосова́ть, -су́ю, -су́ет
переголосо́вывание, -я
переголосо́вывать(ся), -аю, -ает(ся)
перего́н, -а
перего́нка, -и, *р. мн.* -нок
перего́нный
перего́ночный
перего́нщик, -а
перегоня́ть(ся), -я́ю(сь), -я́ет(ся)
перегора́живание, -я
перегора́живать(ся), -аю(сь), -ает(ся)
перегора́ние, -я
перегора́ть, -а́ю, -а́ет
перегоре́лый
перегоре́ть, -рю́, -ри́т
перего́ркнуть, -нет
перего́ркший
перегороди́ть(ся), -ожу́(сь), -о́ди́т(ся)
перегоро́дка, -и, *р. мн.* -док
перегоро́дочный
перегоро́дчатый
перегоро́женный; *кр. ф.* -ен, -ена
перегорчённый; *кр. ф.* -ён, -ена́
перегорчи́ть, -чу́, -чи́т
перегости́ть, -ощу́, -гости́т
переграфи́ть, -флю́, -фи́т
переграфлённый; *кр. ф.* -ён, -ена́
переграфля́ть(ся), -я́ю, -я́ет(ся)
перегреба́ние, -я
перегреба́ть(ся), -а́ю, -а́ет(ся)
перегрёбший
перегре́в, -а

перегрева́ние, -я
перегрева́ть(ся), -а́ю(сь), -а́ет(ся)
перегрести́, -ребу́, -ребёт; *прош.* -рёб, -ребла́
перегре́тый
перегре́ть(ся), -е́ю(сь), -е́ет(ся)
перегримиро́ванный; *кр. ф.* -ан, -ана
перегримирова́ть(ся), -ру́ю(сь), -ру́ет(ся)
перегримиро́вка, -и, *р. мн.* -вок
перегримиро́вывать(ся), -аю(сь), -ает(ся)
перегриппова́ть, -ппу́ю, -ппу́ет
перегружа́тель, -я
перегружа́ть(ся), -а́ю(сь), -а́ет(ся)
перегру́женность, -и и перегружённость, -и
перегру́женный; *кр. ф.* -ен, -ена и перегружённый; *кр. ф.* -ён, -ена́
перегру́з, -а
перегрузи́ть(ся), -ужу́(сь), -у́зи́т(ся)
перегру́зка, -и, *р. мн.* -зок
перегру́зочный
перегрунто́ванный; *кр. ф.* -ан, -ана
перегрунтова́ть, -ту́ю, -ту́ет
перегрунто́вка, -и, *р. мн.* -вок
перегрунто́вывать(ся), -аю, -ает(ся)
перегруппиро́ванный; *кр. ф.* -ан, -ана
перегруппирова́ть(ся), -ру́ю, -ру́ет(ся)
перегруппиро́вка, -и, *р. мн.* -вок
перегруппиро́вывать(ся), -аю, -ает(ся)
перегрыза́ние, -я
перегрыза́ть(ся), -а́ю(сь), -а́ет(ся)
перегры́зенный; *кр. ф.* -ен, -ена
перегры́зть(ся), -зу́(сь), -зёт(ся); *прош.* -ы́з(ся), -ы́зла(сь)
перегры́зший(ся)
перегрязнённый; *кр. ф.* -ён, -ена́

перегрязни́ть(ся), -ню́, -ни́т(ся)
перегуби́ть, -ублю́, -у́бит
перегу́бленный; *кр. ф.* -ен, -ена
перегу́д, -а
перегу́ливание, -я
перегу́ливать, -аю, -ает
перегуля́ть, -я́ю, -я́ет
перегусти́ть, -ущу́, -усти́т
перегуща́ть(ся), -а́ю, -а́ет(ся)
перегущённый; *кр. ф.* -ён, -ена́
пе́ред и пе́редо, *предлог*
пе́рёд, пе́реда, *мн.* переда́, -о́в
передава́ть(ся), -даю́(сь), -даёт(ся)
передави́ть, -авлю́, -а́вит
преда́вленный; *кр. ф.* -ен, -ена
преда́вливание, -я
преда́вливать(ся), -аю, -ает(ся)
преда́ивание, -я
преда́ивать(ся), -аю, -ает(ся)
пе́реданный; *кр. ф.* -ан, пе́редана́, -ано
преда́ренный; *кр. ф.* -ен, -ена
преда́ривание, -я
преда́ривать(ся), -аю, -ает(ся)
передари́ть, -арю́, -а́рит
преда́точный
преда́тчик, -а
преда́тчица, -ы, *тв.* -ей
преда́ть(ся), -а́м(ся), -а́шь(ся), -а́ст(ся), -ади́м(ся), -ади́те(сь), -аду́т(ся)
преда́ча, -и, *тв.* -ей
предаю́щий(ся)
передва́ивать(ся), -аю, -ает(ся)
передвига́ние, -я
передвига́ть, -а́ю, -а́ет, *сов.* (переместить всё, многое)
передвига́ть(ся), -а́ю(сь), -а́ет(ся), *несов.* (к передви́нуть(ся)
передвиже́ние, -я
передви́жка, -и, *р. мн.* -жек
передви́жник, -а
передви́жнический
передви́жничество, -а
передвижно́й

передви́нутый
передви́нуть(ся), -ну(сь), -нет(ся)
передвоённый; *кр. ф.* -ён, -ена́
передвои́ть, -ою́, -ои́т
переде́л, -а
переде́ланный; *кр. ф.* -ан, -ана
переде́лать(ся), -аю(сь), -ает(ся)
переделённый; *кр. ф.* -ён, -ена́
передели́ть(ся), -елю́(сь), -е́лит(ся)
переде́лка, -и, *р. мн.* -лок
переде́лкинский (*от* Переде́лкино)
переде́лочный
переде́лывание, -я
переде́лывать(ся), -аю(сь), -ает(ся)
переде́льный
переделя́ть(ся), -я́ю(сь), -я́ет(ся)
передёрганный; *кр. ф.* -ан, -ана
передёргать, -аю, -ает
передёргивание, -я
передёргивать(ся), -аю(сь), -ает(ся)
переде́ржанный; *кр. ф.* -ан, -ана
передержа́ть(ся), -ержу́, -е́ржит(ся)
переде́рживать(ся), -аю, -ает(ся)
переде́ржка, -и, *р. мн.* -жек
передёрнутый
передёрнуть(ся), -ну(сь), -нет(ся)
переди́р, -а
передира́ть(ся), -а́ю, -а́ет(ся)
передислока́ция, -и
передислоци́рованный; *кр. ф.* -ан, -ана
передислоци́ровать(ся), -рую(сь), -рует(ся)
передко́вый
переднеазиа́тский (*от* Пере́дняя А́зия)
передневáть, -ню́ю, -ню́ет
переднегру́дь, -и́ и -и, *предл.* в (на) переднегруди́
переднежа́берные, -ых
передненёбный

переднеприводно́й
переднеязы́чный
пере́дний
пере́дник, -а
пере́дничек, -чка
пере́дняя, -ей
Пере́дняя А́зия
пе́редо и пе́ред, *предлог*
передова́я, -о́й
передове́ренный; *кр. ф.* -ен, -ена
передове́рие, -я
передове́рить, -рю, -рит
передоверя́ть(ся), -я́ю, -я́ет(ся)
передови́к, -а́
передови́ца, -ы, *тв.* -ей
передово́й
передо́енный; *кр. ф.* -ен, -ена
передози́рованный; *кр. ф.* -ан, -ана
передози́ровать(ся), -рую(сь), -рует(ся)
передозиро́вка, -и, *р. мн.* -вок
передозна́ние, -я
передои́ть, -ою́, -ои́т
передо́к, -дка́
передо́м, *нареч.*
передо́новщина, -ы (*от* Передо́нов)
передопра́шивать(ся), -аю(сь), -ает(ся)
передопро́с, -а
передопроси́ть, -ошу́, -о́сит
передопро́шенный; *кр. ф.* -ен, -ена
передохну́вший (*от* передохну́ть)
передо́хнуть, -нет; *прош.* -о́х, -о́хла (издо́хнуть – обо всех, многих)
передохну́ть, -ну́, -нёт; *прош.* -у́л, -у́ла (отдохну́ть)
передо́хший (*от* передо́хнуть)
передразнённый; *кр. ф.* -ён, -ена́
передра́знивание, -я
передра́знивать(ся), -аю(сь), -ает(ся)
передразни́ть, -азню́, -а́знит

ПЕРЕДРА́ИВАТЬ(СЯ)

передра́ивать(ся), -аю, -ает(ся)
передра́ить, -а́ю, -а́ит
пере́дранный; *кр. ф.* -ан, -ана
передра́ть(ся), -деру́(сь), -дерёт(ся); *прош.* -а́л(ся), -ала́(сь), -а́ло, -а́ло́сь
передремну́ть, -ну́, -нёт
передрессиро́ванный; *кр. ф.* -ан, -ана
передрессирова́ть, -ру́ю, -ру́ет
передрессиро́вка, -и, *р. мн.* -вок
передрессиро́вывать(ся), -аю, -ает(ся)
передро́гнуть, -ну, -нет; *прош.* -о́г, -о́гла
передро́гший
передружи́ть(ся), -дружу́(сь), -дру́жи́т(ся)
передря́га, -и
переду́в, -а
передува́ть(ся), -а́ю, -а́ет(ся)
переду́манный; *кр. ф.* -ан, -ана
переду́мать(ся), -аю, -ает(ся)
переду́мывание, -я
переду́мывать(ся), -аю, -ает(ся)
переду́тый
переду́ть, -ду́ю, -ду́ет
переду́шенный; *кр. ф.* -ен, -ена
передуши́ть(ся), -ушу́(сь), -у́шит(ся)
переды́х, -а
передыха́ть, -а́ю, -а́ет
переды́шка, -и, *р. мн.* -шек
перееда́ние, -я
перееда́ть(ся), -а́ю, -а́ет(ся)
перее́денный; *кр. ф.* -ен, -ена
перее́зд, -а
перее́здка, -и, *р. мн.* -док (*в конном спорте*)
переездно́й (*от* переезжа́ть)
перее́здный (*от* перее́зд – *место*)
переезжа́ть, -а́ю, -а́ет
перее́сть, -е́м, -е́шь, -е́ст, -еди́м, -еди́те, -едя́т; *прош.* -е́л, -е́ла
перее́хать, -е́ду, -е́дет
пережа́ленный; *кр. ф.* -ен, -ена

пережа́лить, -лю, -лит
пережа́ренный; *кр. ф.* -ен, -ена
пережа́ривание, -я
пережа́ривать(ся), -аю(сь), -ает(ся)
пережа́рить(ся), -рю(сь), -рит(ся)
пережа́тый
пережа́ть[1], -жму́, -жмёт
пережа́ть[2], -жну́, -жнёт
пере́жданный; *кр. ф.* -ан, -ана
пережда́ть, -ду́, -дёт; *прош.* -а́л, -ала́, -а́ло
пережёванный; *кр. ф.* -ан, -ана
пережева́ть(ся), -жую́, -жуёт(ся) (*к* жева́ть)
пережёвывание, -я
пережёвывать(ся), -аю, -ает(ся)
пережёгший(ся)
переже́ненный; *кр. ф.* -ен, -ена
пережени́ть(ся), -еню́(сь), -е́нит(ся)
пережечь(ся), -жгу́, -жжёт(ся), -жгу́т(ся); *прош.* -жёг(ся), -жгла́(сь)
пережжённый; *кр. ф.* -ён, -ена́
пережива́ние, -я
пережива́тельный
пережива́ть(ся), -а́ю, -а́ет(ся) (*к* пережи́ть)
пережи́г, -а
пережига́ние, -я
пережига́ть(ся), -а́ю, -а́ет(ся)
пережида́ние, -я
пережида́ть(ся), -а́ю, -а́ет(ся)
пережи́м, -а
пережима́ть(ся), -а́ю, -а́ет(ся)
пережина́ть(ся), -а́ю, -а́ет(ся)
пережито́е, -о́го
пережи́ток, -тка
пережи́точный; *кр. ф.* -чен, -чна
пе́режитый; *кр. ф.* -ит, -ита́, -ито *и* пережи́тый; *кр. ф.* -и́т, -ита́, -и́то
пережи́ть, -иву́, -ивёт; *прош.* пе́режил, пережила́, пе́режило
пережо́г, -а, *но глаг.* пережёг

перезабе́г, -а
перезабы́тый
перезабы́ть(ся), -бу́ду, -бу́дет(ся)
перезагружа́ть(ся), -а́ю, -а́ет(ся)
перезагру́женный; *кр. ф.* -ен, -ена
перезагрузи́ть, -гружу́, -гру́зит
перезагру́зка, -и, *р. мн.* -зок
перезае́зд, -а
перезака́з, -а
перезака́занный; *кр. ф.* -ан, -ана
перезаказа́ть, -кажу́, -ка́жет
перезака́зывать(ся), -аю, -ает(ся)
перезакла́д, -а
перезакла́дывать(ся), -аю, -ает(ся)
перезаключа́ть(ся), -а́ю, -а́ет(ся)
перезаключе́ние, -я
перезаключённый; *кр. ф.* -ён, -ена́
перезаключи́ть, -чу́, -чи́т
перезакрепи́ть(ся), -плю́(сь), -пи́т(ся)
перезакрепле́ние, -я
перезакреплённый; *кр. ф.* -ён, -ена́
перезакрепля́ть(ся), -я́ю(сь), -я́ет(ся)
перезалива́ть(ся), -а́ю, -а́ет(ся)
перезали́тый; *кр. ф.* -за́ли́т, -а́, -зали́то
перезали́ть, -лью́, -льёт
перезало́г, -а
перезало́женный; *кр. ф.* -ен, -ена
перезаложи́ть, -ожу́, -о́жит
перезанима́ть(ся), -а́ю(сь), -а́ет(ся)
переза́нятый; *кр. ф.* -ят, -ята́, -ято
перезаня́ть, -займу́, -займёт; *прош.* -за́нял, -заняла́, -за́няло
перезапи́санный; *кр. ф.* -ан, -ана
перезаписа́ть(ся), -ишу́(сь), -и́шет(ся)
перезапи́сывать(ся), -аю(сь), -ает(ся)
переза́пись, -и

ПЕРЕКАПЫВАТЬ(СЯ)

перезапряга́ть(ся), -а́ю, -а́ет(ся)
перезапря́гший
перезапряжённый; *кр. ф.* -ён, -ена́
перезапря́чь, -ягу́, -яжёт
переза́пуск, -а
перезарази́ть, -ажу́, -ази́т
перезаряди́ть(ся), -яжу́, -яди́т(ся)
перезаря́дка, -и, *р. мн.* -док
перезаря́дный
перезаряжа́ние, -я
перезаряжа́ть(ся), -а́ю, -а́ет(ся)
перезаря́женный; *кр. ф.* -ен, -ена и перезаряжённый; *кр. ф.* -ён, -ена́
перезахора́нивать(ся), -аю, -ает(ся)
перезахороне́ние, -я
перезахоро́ненный; *кр. ф.* -ен, -ена
перезахорони́ть, -оню́, -о́нит
перезва́нивание, -я
перезва́нивать(ся), -аю(сь), -ает(ся)
перезво́н, -а
перезвони́ть(ся), -ню́(сь), -ни́т(ся)
пездоро́ваться, -аюсь, -ается
перезимова́ть, -му́ю, -му́ет
перезимо́вка, -и, *р. мн.* -вок
перезимо́вывать, -аю, -ает
перезнако́мить(ся), -млю(сь), -мит(ся)
перезнако́мленный; *кр. ф.* -ен, -ена
перезнако́мый: знако́мый и перезнако́мый, знако́мый-перезнако́мый
перезо́л, -а
перезола́чивать(ся), -аю, -ает(ся)
перезолённый; *кр. ф.* -ён, -ена́
перезоли́ть(ся), -лю́, -ли́т(ся)
перезолоти́ть, -очу́, -оти́т
перезоло́ченный; *кр. ф.* -ен, -ена и перезолочённый; *кр. ф.* -ён, -ена́

перезрева́ние, -я
перезрева́ть, -а́ю, -а́ет
перезре́вший
перезре́лость, -и
перезре́лый
перезре́ть, -е́ю, -е́ет
перезя́бнуть, -ну, -нет; *прош.* -зя́б, -зя́бла
перезя́бший
переи́гранный; *кр. ф.* -ан, -ана
переигра́ть, -а́ю, -а́ет
переигро́вка, -и, *р. мн.* -вок
переи́грывание, -я
переи́грывать(ся), -аю, -ает(ся)
переизбира́ть(ся), -а́ю(сь), -а́ет(ся)
переизбра́ние, -я
переи́збранный; *кр. ф.* -ан, -ана
переизбра́ть(ся), -беру́(сь), -берёт(ся); *прош.* -а́л(ся), -ала́(сь), -а́ло(сь)
переизбы́ток, -тка
переиздава́ть(ся), -даю́(сь), -даёт(ся)
переизда́ние, -я
переи́зданный; *кр. ф.* -ан, -ана и -ана́, -ано
переизда́ть, -а́м, -а́шь, -а́ст, -ади́м, -ади́те, -аду́т; *прош.* -а́л, -ала́, -а́ло
переименова́ние, -я
переимено́ванный; *кр. ф.* -ан, -ана
переименова́ть(ся), -ну́ю(сь), -ну́ет(ся)
переимено́вывание, -я
переимено́вывать(ся), -аю(сь), -ает(ся)
переи́мчивость, -и
переи́мчивый
переина́ченный; *кр. ф.* -ен, -ена
переина́чивание, -я
переина́чивать(ся), -аю, -ает(ся)
переина́чить(ся), -чу, -чит(ся)
переинструменто́ванный; *кр. ф.* -ан, -ана

переинструментова́ть, -ту́ю, -ту́ет
переинструменто́вка, -и, *р. мн.* -вок
переинструменто́вывать(ся), -аю, -ает(ся)
переиска́ть, -ищу́, -и́щет
переи́скивать, -аю, -ает
переиспыта́ние, -я
переиспы́танный; *кр. ф.* -ан, -ана
переиспыта́ть, -а́ю, -а́ет
переиспы́тывать(ся), -аю, -ает(ся)
перейдённый; *кр. ф.* -ён, -ена́
перейти́, -йду́, -йдёт; *прош.* перешёл, перешла́
перека́л, -а
перекалённый; *кр. ф.* -ён, -ена́
перекале́ченный; *кр. ф.* -ен, -ена
перекале́чивать(ся), -аю(сь), -ает(ся)
перекале́чить(ся), -чу(сь), -чит(ся)
перека́ливание, -я
перека́ливать(ся), -аю, -ает(ся)
перекали́ть(ся), -лю́, -ли́т(ся)
перека́лка, -и, *р. мн.* -лок
перека́лывание, -я
перека́лывать(ся), -аю(сь), -ает(ся)
перека́льный
перекаля́ть(ся), -я́ю, -я́ет(ся)
переканто́ванный; *кр. ф.* -ан, -ана
перекантова́ть(ся), -ту́ю, -ту́ет(ся)
перекантовка, -и, *р. мн.* -вок
перекантовывание, -я
перекантовывать(ся), -аю, -ает(ся)
перека́панный; *кр. ф.* -ан, -ана
перека́пать, -аю, -ает
перека́пчивание, -я
перека́пчивать(ся), -аю, -ает(ся)
перека́пывание, -я
перека́пывать(ся), -аю, -ает(ся)

ПЕРЕКАРМЛИВАНИЕ

перека́рмливание, -я
перека́рмливать(ся), -аю(сь), -ает(ся)
перека́т, -а
перека́танный; *кр. ф.* -ан, -ана
переката́ть(ся), -а́ю(сь), -а́ет(ся)
перекатипо́ле, -я
перека́тистый
перекати́ть(ся), -ачу́(сь), -а́тит(ся)
перека́тка, -и, *р. мн.* -ток
перека́тный
перека́тчик, -а
перека́тывание, -я
перека́тывать(ся), -аю(сь), -ает(ся)
перека́чанный; *кр. ф.* -ан, -ана (*от* перекача́ть)
перекача́ть(ся), -а́ю(сь), -а́ет(ся)
перека́ченный; *кр. ф.* -ен, -ена (*от* перекати́ть)
перека́чивание, -я
перека́чивать(ся), -аю(сь), -ает(ся)
перека́чка, -и, *р. мн.* -чек
перекачну́ться, -ну́сь, -нётся
перека́шивание, -я
перека́шивать(ся), -аю(сь), -ает(ся)
переквалифика́ция, -и
переквалифици́рованный; *кр. ф.* -ан, -ана
переквалифици́ровать(ся), -рую(сь), -рует(ся)
переква́сить(ся), -а́шу, -а́сит(ся)
переква́шенный; *кр. ф.* -ен, -ена
переква́шивание, -я
переква́шивать(ся), -аю, -ает(ся)
переки́данный; *кр. ф.* -ан, -ана
перекида́ть, -а́ю, -а́ет
переки́дка, -и, *р. мн.* -док
перекидно́й
переки́дывание, -я
переки́дывать(ся), -аю(сь), -ает(ся)
переки́нутый

переки́нуть(ся), -ну(сь), -нет(ся)
перекипа́ть, -а́ет
перекипе́лый
перекипе́ть, -плю́, -пи́т
перекипяти́ть, -ячу́, -яти́т
перекипячённый; *кр. ф.* -ён, -ена́
перекиса́ние, -я
перекиса́ть, -а́ет
перекислённый; *кр. ф.* -ён, -ена́
перекисли́ть, -лю́, -ли́т
перекисля́ть(ся), -я́ю, -я́ет(ся)
пе́рекисно-водоро́дный
переки́снуть, -нет; *прош.* -кис, -ки́сла
пе́рекисный
переки́сший
пе́рекись, -и
перекла́д, -а
перекла́дина, -ы
перекла́дина-растя́жка, перекла́дины-растя́жки
перекла́дка, -и, *р. мн.* -док
перекладно́й
перекла́дывание, -я
перекла́дывать(ся), -аю(сь), -ает(ся)
переклёванный; *кр. ф.* -ан, -ана
переклева́ть(ся), -люю́, -люёт(ся)
переклёвывать(ся), -аю, -ает(ся)
переклеенный; *кр. ф.* -ен, -ена
перекле́ивание, -я
перекле́ивать(ся), -аю, -ает(ся)
перекле́ить, -е́ю, -е́ит
перекле́йка, -и, *р. мн.* -е́ек
переклейме́ние, -я
переклеймённый; *кр. ф.* -ён, -ена́
переклейми́ть, -млю́, -ми́т
переклёпанный; *кр. ф.* -ан, -ана
переклепа́ть, -а́ю, -а́ет
переклёпка, -и, *р. мн.* -пок
переклёпывание, -я
переклёпывать(ся), -аю, -ает(ся)
пере́клик, -а
перекли́кание, -я
перекли́кать, -и́чу, -и́чет, *сов.* (*крича, созвать всех*)

перекли́кать, -а́ю, -а́ет, *несов.* (*делать перекличку*)
перекли́каться, -а́юсь, -а́ется
перекли́кивать(ся), -аю(сь), -ает(ся)
перекли́кнуть(ся), -ну(сь), -нет(ся)
перекли́ненный; *кр. ф.* -ен, -ена
перекли́нивать(ся), -аю, -ает(ся)
перекли́нить, -и́ню, -и́нит
перекли́чка, -и, *р. мн.* -чек
переключа́емость, -и
переключа́тель, -я
переключа́тельный
переключа́ть(ся), -а́ю(сь), -а́ет(ся)
переключе́ние, -я
переключённый; *кр. ф.* -ён, -ена́
переключи́ть(ся), -чу́(сь), -чи́т(ся)
перекова́нный; *кр. ф.* -ан, -ана
перекова́ть(ся), -кую́(сь), -куёт(ся)
перекове́рканный; *кр. ф.* -ан, -ана
перекове́ркать, -аю, -ает
перекове́ркивание, -я
перекове́ркивать(ся), -аю, -ает(ся)
переко́вка, -и, *р. мн.* -вок
переко́вывать(ся), -аю(сь), -ает(ся)
перековы́рянный; *кр. ф.* -ян, -яна
перековыря́ть, -я́ю, -я́ет
перекоди́рование, -я
перекоди́рованный; *кр. ф.* -ан, -ана
перекоди́ровать(ся), -рую, -рует(ся)
перекодиро́вка, -и, *р. мн.* -вок
переко́канный; *кр. ф.* -ан, -ана
переко́кать, -аю, -ает
перекола́чивать(ся), -аю, -ает(ся)
переколе́ть, -е́ет

переколоти́ть(ся), -очу́, -о́тит(ся)
переко́лотый
переколо́ть(ся), -олю́(сь), -о́лет(ся)
переколо́ченный; кр. ф. -ен, -ена
переколошма́тить, -а́чу, -а́тит
переколошма́ченный; кр. ф. -ен, -ена
перекоми́ссия, -и
переко́мканный; кр. ф. -ан, -ана
переко́мкать, -аю, -ает
перекоммута́ция, -и
перекомути́рование, -я
перекоммути́рованный; кр. ф. -ан, -ана
перекоммути́ровать(ся), -рую, -рует(ся)
перекомплектова́ние, -я
перекомплекто́ванный; кр. ф. -ан, -ана
перекомплектова́ть, -ту́ю, -ту́ет
перекомплекто́вывать(ся), -аю, -ает(ся)
перекомпоно́ванный; кр. ф. -ан, -ана
перекомпонова́ть, -ну́ю, -ну́ет
перекомпоно́вка, -и, р. мн. -вок
перекомпоно́вывать(ся), -аю, -ает(ся)
перекомпости́рование, -я
перекомпости́ровать(ся), -рую, -рует(ся)
переконопа́тить, -а́чу, -а́тит
переконопа́ченный; кр. ф. -ен, -ена
переконопа́чивать(ся), -аю, -ает(ся)
переконструи́рованный; кр. ф. -ан, -ана
переконструи́ровать(ся), -рую, -рует(ся)
переко́панный; кр. ф. -ан, -ана
перекопа́ть, -а́ю, -а́ет
перекопи́рованный; кр. ф. -ан, -ана
перекопи́ровать(ся), -рую, -рует(ся)

переко́пка, -и, р. мн. -пок
переко́пский (от Переко́п)
перекопти́ть(ся), -пчу́, -пти́т(ся)
перекопчённый; кр. ф. -ён, -ена́
перекорёженный; кр. ф. -ен, -ена
перекорёживать(ся), -аю, -ает(ся)
перекорёжить, -жу, -жит
переко́рм, -а
перекорми́ть, -ормлю́, -о́рмит
переко́рмка, -и, р. мн. -мок
переко́рмленный; кр. ф. -ен, -ена
перекоро́бить(ся), -блю, -бит(ся)
перекоро́бленный; кр. ф. -ен, -ена
переко́ры, -ов
перекоря́ться, -я́юсь, -я́ется
переко́с, -а
переко́сина, -ы
перекоси́ть, -ошу́, -о́сит (выкосить целиком)
перекоси́ть(ся), -ошу́(сь), -оси́т(ся) (искриви́ть(ся))
перекочева́ть, -чу́ю, -чу́ет
перекочёвка, -и, р. мн. -вок
перекочёвывание, -я
перекочёвывать, -аю, -ает
переко́шенность, -и
переко́шенный; кр. ф. -ен, -ена (выкошенный; искривленный)
перекошённый; кр. ф. -ён, -ена́ (искривленный)
перекра́денный; кр. ф. -ен, -ена
перекра́ивание, -я
перекра́ивать(ся), -аю, -ает(ся)
перекра́сить(ся), -а́шу(сь), -а́сит(ся)
перекра́ска, -и, р. мн. -сок
перекра́сть, -аду́, -адёт
перекрахма́ленный; кр. ф. -ен, -ена
перекрахма́ливание, -я
перекрахма́ливать(ся), -аю, -ает(ся)
перекрахма́лить, -лю, -лит
перекра́шенный; кр. ф. -ен, -ена

перекра́шивание, -я
перекра́шивать(ся), -аю(сь), -ает(ся)
перекрепи́ть, -плю́, -пи́т
перекреплённый; кр. ф. -ён, -ена́
перекрепля́ть(ся), -я́ю, -я́ет(ся)
перекре́ст, -а (к перекрести́ть(ся) – окрестить(ся) заново)
перекрёст, -а (в генетике)
перекре́стие, -я (в оптике)
перекрести́ть(ся), -ещу́(сь), -е́стит(ся)
перекрёстно-диагона́льный (посе́в)
перекрёстноопыля́емый*
перекрёстный
перекрёсток, -тка
перекре́стье, -я, р. мн. -тий
перекреще́нец, -нца, тв. -нцем, р. мн. -нцев
перекреще́ние, -я
перекреще́нка, -и, р. мн. -нок
перекрещённый; кр. ф. -ён, -ена́
перекре́щивание, -я
перекре́щивать(ся), -аю(сь), -ает(ся)
перекриви́ть(ся), -влю́(сь), -ви́т(ся)
перекривлённый; кр. ф. -ён, -ена́
перекривля́ть(ся), -я́ю(сь), -я́ет(ся)
перекри́кивание, -я
перекри́кивать(ся), -аю(сь), -ает(ся)
перекристаллиза́ция, -и
перекристаллизо́ванный; кр. ф. -ан, -ана
перекристаллизова́ться, -зу́ется
перекрича́ть, -чу́, -чи́т
перекро́енный; кр. ф. -ен, -ена
перекрои́ть, -ою́, -ои́т
перекро́й, -я
перекро́йка, -и, р. мн. -о́ек
перекро́мсанный; кр. ф. -ан, -ана
перекромса́ть, -а́ю, -а́ет
перекро́шенный; кр. ф. -ен, -ена

ПЕРЕКРОШИТЬ(СЯ)

перекроши́ть(ся), -ошу́, -о́шит(ся)
перекру́женный; *кр. ф.* -ен, -ена и перекружённый; *кр. ф.* -ён, -ена́
перекружи́ть(ся), -ужу́(сь), -у́жи́т(ся)
перекрути́ть(ся), -учу́(сь), -у́тит(ся)
перекру́ченный; *кр. ф.* -ен, -ена
перекру́чивание, -я
перекру́чивать(ся), -аю(сь), -ает(ся)
перекрыва́ние, -я
перекрыва́ть(ся), -а́ю, -а́ет(ся)
перекры́тие, -я
перекры́тый
перекры́ть, -ро́ю, -ро́ет
перекувы́ркивать(ся), -аю(сь), -ает(ся)
перекувы́рнутый
перекувырну́ть(ся), -ну́(сь), -нёт(ся)
перекукова́ть, -куку́ю, -куку́ет
перекультиви́рованный; *кр. ф.* -ан, -ана
перекультиви́ровать(ся), -рую, -рует(ся)
перекуми́ться, -млю́сь, -ми́тся
переку́панный; *кр. ф.* -ан, -ана
перекупа́ть(ся), -а́ю(сь), -а́ет(ся)
перекупи́ть, -уплю́, -у́пит
переку́пка, -и, *р. мн.* -пок
переку́пленный; *кр. ф.* -ен, -ена
перекупно́й
переку́пщик, -а
переку́пщица, -ы, *тв.* -ей
переку́пывание, -я
переку́пывать(ся), -аю(сь), -ает(ся)
переку́р, -а
переку́ренный; *кр. ф.* -ен, -ена
переку́ривать(ся), -аю, -ает(ся)
перекури́ть, -урю́, -у́рит
переку́рка, -и, *р. мн.* -рок
переку́с, -а

переку́санный; *кр. ф.* -ан, -ана (*от* перекуса́ть)
перекуса́ть(ся), -а́ю, -а́ет(ся)
перекуси́ть, -ушу́, -у́сит
переку́сывать(ся), -аю, -ает(ся)
переку́танный; *кр. ф.* -ан, -ана
переку́тать(ся), -аю(сь), -ает(ся)
переку́тывание, -я
переку́тывать(ся), -аю(сь), -ает(ся)
переку́шать, -аю, -ает
переку́шенный; *кр. ф.* -ен, -ена (*от* перекуси́ть)
перела́вливать(ся), -аю, -ает(ся)
перелага́ть(ся), -а́ю, -а́ет(ся)
перела́дить, -а́жу, -а́дит
перела́женный; *кр. ф.* -ен, -ена
перела́живать(ся), -аю, -ает(ся)
перела́з, -а
перела́зать, -аю, -ает
перела́зить, -а́жу, -а́зит
перелакиро́ванный; *кр. ф.* -ан, -ана
перелакирова́ть, -ру́ю, -ру́ет
перелакиро́вка, -и, *р. мн.* -вок
перелакиро́вывать(ся), -аю, -ает(ся)
перела́мывание, -я
перела́мывать(ся), -аю(сь), -ает(ся)
перела́ять(ся), -а́ю(сь), -а́ет(ся)
перелга́ть, -лгу́, -лжёт, -лгу́т; *прош.* -а́л, -ала́, -а́ло
перелёгший
перележа́лый
перележа́ть, -жу́, -жи́т
перелёживать(ся), -аю(сь), -ает(ся)
перелеза́ть, -а́ю, -а́ет
переле́зть, -ле́зу, -ле́зет; *прош.* -ле́з, -ле́зла
переле́зший
перелепи́ть, -леплю́, -ле́пит
переле́пленный; *кр. ф.* -ен, -ена
перелепля́ть(ся), -я́ю, -я́ет(ся)
переле́сица, -ы, *тв.* -ей

переле́ска, -и, *р. мн.* -сок (*растение*)
переле́сок, -ска (*небольшой лес*)
переле́сье, -я, *р. мн.* -сий
перелёт, -а
перелета́ть, -а́ю, -а́ет
перелете́ть, -лечу́, -лети́т
перелётный
переле́ченный; *кр. ф.* -ен, -ена
переле́чивать(ся), -аю(сь), -ает(ся)
перелечи́ть(ся), -ечу́(сь), -е́чит(ся)
переле́чь, -ля́гу, -ля́жет, -ля́гут; *прош.* -лёг, -легла́
перели́в, -а
перелива́ние, -я
перелива́ть(ся), -а́ю, -а́ет(ся)
перели́вка, -и, *р. мн.* -вок
переливно́й (*служащий для переливания*)
перели́вный (*о цвете*)
перели́вчатость, -и
перели́вчатый
перели́занный; *кр. ф.* -ан, -ана
перелиза́ть, -ижу́, -и́жет
перели́зывать(ся), -аю, -ает(ся)
перелино́ванный; *кр. ф.* -ан, -ана
перелинова́ть, -ну́ю, -ну́ет
перелино́вывать(ся), -аю, -ает(ся)
перелиня́ть, -я́ет
перели́станный; *кр. ф.* -ан, -ана
перелиста́ть, -а́ю, -а́ет
перелисто́ванный; *кр. ф.* -ан, -ана
перелистова́ть, -ту́ю, -ту́ет
перели́стывание, -я
перели́стывать(ся), -аю, -ает(ся)
перели́тый; *кр. ф.* -и́т, -ита́, -и́то
перели́ть(ся), -лью́, -льёт(ся); *прош.* -и́л(ся), -ила́(сь), -и́ло, -и́ло́сь
перелицева́ть(ся), -цу́ю, -цу́ет(ся)
перелицо́ванный; *кр. ф.* -ан, -ана
перелицо́вка, -и, *р. мн.* -вок
перелицо́вывание, -я

перелицо́вывать(ся), -аю, -ает(ся)
перело́в, -а
перелови́ть, -овлю́, -о́вит
перело́вленный; кр. ф. -ен, -ена
перело́г, -а
переложе́ние, -я
переложенный; кр. ф. -ен, -ена
переложи́ть(ся), -ожу́(сь), -о́жит(ся)
перело́жный (от перело́г)
перело́й, -я
перело́м, -а
перело́манный; кр. ф. -ан, -ана
переломáть(ся), -а́ю, -а́ет(ся)
переломи́ть(ся), -омлю́(сь), -о́мит(ся)
перело́мка, -и, р. мн. -мок
перело́мленный; кр. ф. -ен, -ена
перело́мный
перелопа́тить, -а́чу, -а́тит
перелопа́ться, -ается
перелопа́ченный; кр. ф. -ен, -ена
перелопа́чивание, -я
перелопа́чивать(ся), -аю, -ает(ся)
перелуди́ть, -ужу́, -уди́т
перелу́женный; кр. ф. -ен, -ена и перелужённый; кр. ф. -ён, -ена́
перелу́живать(ся), -аю, -ает(ся)
перелупи́ть, -уплю́, -у́пит
перелу́пленный; кр. ф. -ен, -ена
перелупцева́ть, -цу́ю, -цу́ет
перелупцо́ванный; кр. ф. -ан, -ана
перелущённый; кр. ф. -ён, -ена́
перелу́щивание, -я
перелу́щивать(ся), -аю, -ает(ся)
перелущи́ть, -щу́, -щи́т
перелюби́ть, -блю́, -лю́бит
переляга́ть, -а́ю, -а́ет
перемагни́тить(ся), -и́чу, -и́тит(ся)
перемагни́ченный; кр. ф. -ен, -ена

перемагни́чивание, -я
перемагни́чивать(ся), -аю, -ает(ся)
перема́занный; кр. ф. -ан, -ана
перема́занский
перема́занство, -а
перема́занцы, -ев, ед. -нец, -нца, тв. -нцем (секта)
перема́зать(ся), -а́жу(сь), -а́жет(ся)
перема́зка, -и, р. мн. -зок
перема́зовщина, -ы
перема́зывание, -я
перема́зывать(ся), -аю(сь), -ает(ся)
перемалёванный; кр. ф. -ан, -ана
перемалева́ть, -лю́ю, -лю́ет
перемалёвка, -и, р. мн. -вок
перемалёвывать(ся), -аю, -ает(ся)
перема́лывание, -я
перема́лывать(ся), -аю, -ает(ся)
перема́ненный; кр. ф. -ен, -ена и переманённый; кр. ф. -ён, -ена́
перема́нивание, -я
перема́нивать(ся), -аю(сь), -ает(ся)
перемани́ть, -аню́, -а́нит
перема́ранный; кр. ф. -ан, -ана
перемара́ть(ся), -а́ю(сь), -а́ет(ся)
перема́ргиваться, -аюсь, -ается
перема́ривать(ся), -аю, -ает(ся)
перема́рывание, -я
перема́рывать(ся), -аю(сь), -ает(ся)
перема́сленный; кр. ф. -ен, -ена
перема́сливать(ся), -аю(сь), -ает(ся)
перема́слить(ся), -лю(сь), -лит(ся)
перема́тывание, -я
перема́тывать(ся), -аю, -ает(ся)
перема́хивать(ся), -аю(сь), -ает(ся)
перемахну́ть(ся), -ну́(сь), -нёт(ся)

перема́чивание, -я
перема́чивать(ся), -аю(сь), -ает(ся)
перема́щивать(ся), -аю, -ает(ся)
перема́яться, -а́юсь, -а́ется
перемежа́ть(ся), -а́ю, -а́ет(ся)
перемежа́ющий(ся)
перемежева́ние, -я
перемежёванный; кр. ф. -ан, -ана
перемежева́ть(ся), -жу́ю, -жу́ет(ся)
перемежёвка, -и, р. мн. -вок
перемежёвывание, -я
перемежёвывать(ся), -аю, -ает(ся)
перемежённый; кр. ф. -ён, -ена́
перемежи́ть(ся), -жу́, -жи́т(ся)
переме́жка, -и, р. мн. -жек
перемельчённый; кр. ф. -ён, -ена́
перемельчи́ть, -чу́, -чи́т
переме́на, -ы
переменённый; кр. ф. -ён, -ена́
перемени́ть(ся), -еню́(сь), -е́нит(ся)
переме́нка, -и, р. мн. -нок
переме́нно-пото́чный
переме́нный
переме́нчивость, -и
переме́нчивый
переменя́ть(ся), -я́ю(сь), -я́ет(ся)
переме́р, -а
переме́ренный; кр. ф. -ен, -ена
перемере́ть, -мрёт; прош. пе́ремер, перемерла́, пе́ремерло и -мёр, -мёрла, -мёрло
перемерза́ть, -а́ю, -а́ет
перемёрзлый
перемёрзнуть, -ну, -нет; прош. -ёрз, -ёрзла
перемёрзший
переме́ривание, -я
переме́ривать(ся), -аю, -ает(ся)
переме́ривший
переме́рить, -рю, -рит и -ряю, -ряет
переме́рка, -и, р. мн. -рок

перемёрший
перемеря́ть(ся), -я́ю, -я́ет(ся)
перемеси́ть, -ешу́, -е́сит
перемести́, -мету́, -метёт; *прош.* -мёл, -мела́
перемести́мый
перемести́ть(ся), -ещу́(сь), -ести́т(ся)
перемёт, -а
перемётанный; *кр. ф.* -ан, -ана (*от* перемета́ть)
перемета́ть[1], -а́ю, -а́ет, *сов.* (*от* мета́ть[1])
перемета́ть[2], -мечу́, -ме́чет, *сов.* (*от* мета́ть[2])
перемета́ть(ся), -а́ю, -а́ет(ся), *несов.* (*к* перемести́)
переметённый; *кр. ф.* -ён, -ена́ (*от* перемести́)
переме́тить, -ме́чу, -ме́тит
перемётка, -и, *р. мн.* -ток
переметну́ть(ся), -ну́(сь), -нёт(ся)
перемётный (*от* перемёт; *перекидной*; сума́ перемётная)
перемётший
перемётывание, -я
перемётывать(ся), -аю(сь), -ает(ся)
перемеча́ть(ся), -а́ю, -а́ет(ся)
переме́ченный; *кр. ф.* -ен, -ена (*от* переме́тить)
переме́чивать(ся), -аю, -ает(ся)
переме́шанный; *кр. ф.* -ан, -ана (*от* перемеша́ть)
перемеша́ть(ся), -а́ю, -а́ет(ся)
переме́шенный; *кр. ф.* -ен, -ена (*от* перемеси́ть)
переме́шивание, -я
переме́шивать(ся), -аю, -ает(ся)
перемеща́ть(ся), -а́ю(сь), -а́ет(ся)
перемеще́ние, -я
перемещённый; *кр. ф.* -ён, -ена́
переми́гивание, -я
переми́гиваться, -аюсь, -ается
перемигну́ться, -ну́сь, -нётся
перемина́ть(ся), -а́ю(сь), -а́ет(ся)

перемини́ровать(ся), -рую, -рует(ся)
перемира́ть, -а́ет
перемирённый; *кр. ф.* -ён, -ена́
переми́рие, -я
перемири́ть(ся), -ирю́(сь), -ири́т(ся)
перемножа́ть(ся), -а́ю, -а́ет(ся)
перемножа́ющий(ся)
перемноже́ние, -я
перемно́женный; *кр. ф.* -ен, -ена
перемно́жить, -жу, -жит
перемога́ть(ся), -а́ю(сь), -а́ет(ся)
перемо́гший(ся) (*от* перемо́чь(ся))
перемодуля́ция, -и
перемока́ть, -а́ю, -а́ет
перемо́кнуть, -ну, -нет; *прош.* -о́к, -о́кла
перемо́кший (*от* перемо́кнуть)
перемо́л, -а
перемола́чивание, -я
перемола́чивать(ся), -аю, -ает(ся)
перемо́лвить(ся), -влю(сь), -вит(ся)
перемоло́т, -а
перемолоти́ть(ся), -очу́, -о́тит(ся)
перемоло́тый
перемоло́ть(ся), -мелю́, -ме́лет(ся)
перемоло́ченный; *кр. ф.* -ен, -ена
перемолча́ть, -чу́, -чи́т
перемонта́ж, -а́, *тв.* -о́м
перемонти́рование, -я
перемонти́рованный; *кр. ф.* -ан, -ана
перемонти́ровать(ся), -рую, -рует(ся)
перемонтиро́вка, -и, *р. мн.* -вок
перемора́живание, -я
перемора́живать(ся), -аю, -ает(ся)
переморгну́ться, -ну́сь, -нётся
переморённый; *кр. ф.* -ён, -ена́
помори́ть(ся), -рю́, -ри́т(ся)

переморо́женный; *кр. ф.* -ен, -ена
переморо́зить(ся), -о́жу(сь), -о́зит(ся)
перемости́ть, -ощу́, -ости́т
перемо́танный; *кр. ф.* -ан, -ана
перемота́ть(ся), -а́ю, -а́ет(ся)
перемо́тка, -и, *р. мн.* -ток
перемо́точный
перемо́тчик, -а
перемо́тчица, -ы, *тв.* -ей
перемо́ченный; *кр. ф.* -ен, -ена
перемочи́ть(ся), -очу́(сь), -о́чит(ся)
перемо́чка, -и, *р. мн.* -чек
перемо́чь(ся), -огу́(сь), -о́жет(ся), -о́гут(ся); *прош.* -о́г(ся), -огла́(сь)
перемощённый; *кр. ф.* -ён, -ена́
перемудри́ть, -рю́, -ри́т
перему́сленный; *кр. ф.* -ен, -ена
перему́сливать(ся), -аю, -ает(ся)
перему́слить(ся), -лю, -лит(ся)
перемусо́ленный; *кр. ф.* -ен, -ена
перемусо́ливать(ся), -аю(сь), -ает(ся)
перемусо́лить(ся), -лю(сь), -лит(ся)
перемути́ть(ся), -учу́, -у́тит(ся)
перему́ченный; *кр. ф.* -ен, -ена
перему́чивать(ся), -аю(сь), -ает(ся)
перему́чивший(ся)
перему́чить(ся), -чу(сь), -чит(ся) и -чаю(сь), -чает(ся)
перемыва́ние, -я
перемыва́ть(ся), -а́ю(сь), -а́ет(ся)
перемы́вка, -и, *р. мн.* -вок
перемы́ленный; *кр. ф.* -ен, -ена
перемы́ливать(ся), -аю(сь), -ает(ся)
перемы́лить(ся), -лю(сь), -лит(ся)
перемы́тый
перемы́ть(ся), -мо́ю(сь), -мо́ет(ся)
перемы́чка, -и, *р. мн.* -чек
перемы́шльский (*от* Перемы́шль)

перемя́кнувший
перемя́кнуть, -нет; *прош.* -я́к, -я́кла
перемя́кший
перемя́тый
перемя́ть(ся), -мну́, -мнёт(ся)
перенабира́ть(ся), -а́ю, -а́ет(ся)
перена́бранный; *кр. ф.* -бран, -брана
перенабра́ть, -беру́, -берёт
перенаём, -на́йма
переназнача́ть(ся), -а́ю(сь), -а́ет(ся)
переназначе́ние, -я
переназна́ченный; *кр. ф.* -ен, -ена
переназна́чить, -чу, -чит
перенала́дить, -а́жу, -а́дит
переналадка, -и, *р. мн.* -док
переналаженный; *кр. ф.* -ен, -ена
переналаживать(ся), -аю, -ает(ся)
перенапра́вить, -влю, -вит
перенапра́вленный; *кр. ф.* -ен, -ена
перенаправля́ть(ся), -я́ю(сь), -я́ет(ся)
перенапряга́ть(ся), -а́ю(сь), -а́ет(ся)
перенапря́гший(ся)
перенапряже́ние, -я
перенапряжённый; *кр. ф.* -ён, -ена́
перенапря́чь(ся), -ягу́(сь), -яжёт(ся), -ягу́т(ся); *прош.* -я́г(ся), -ягла́(сь)
перенаселе́ние, -я
перенаселённость, -и
перенаселённый; *кр. ф.* -ён, -ена́
перенасели́ть, -елю́, -е́лит
перенаселя́ть(ся), -я́ю, -я́ет(ся)
перенастра́ивание, -я
перенастра́ивать(ся), -аю, -ает(ся)
перенастро́енный; *кр. ф.* -ен, -ена

перенастро́ить, -о́ю, -о́ит
перенастро́йка, -и, *р. мн.* -о́ек
перенасы́тить(ся), -ы́щу(сь), -ы́тит(ся)
перенасыща́ть(ся), -а́ю(сь), -а́ет(ся)
перенасыще́ние, -я
перенасы́щенность, -и
перенасы́щенный; *кр. ф.* -ен, -ена
перенаце́ленный; *кр. ф.* -ен, -ена
перенаце́ливание, -я
перенаце́ливать(ся), -аю(сь), -ает(ся)
перенаце́лить(ся), -лю(сь), -лит(ся)
перена́шивание, -я
перена́шивать(ся), -аю, -ает(ся)
перене́рвничать, -аю, -ает
перенесе́ние, -я
перенесённый; *кр. ф.* -ён, -ена́
перенести́(сь), -су́(сь), -сёт(ся); *прош.* -ёс(ся), -есла́(сь)
перенёсший(ся)
перени́занный; *кр. ф.* -ан, -ана
перениза́ть, -ижу́, -и́жет
перени́зка, -и, *р. мн.* -зок
перени́зывание, -я
перени́зывать(ся), -аю, -ает(ся)
перенима́ние, -я
перенима́ть(ся), -а́ю, -а́ет(ся)
перено́с, -а
переноси́мость, -и
переноси́мый
переноси́ть, -ошу́, -о́сит, *сов.*
переноси́ть(ся), -ошу́(сь), -о́сит(ся), *несов.*
перено́сица, -ы, *тв.* -ей
перено́ска, -и, *р. мн.* -сок
переносно́й (*приспособленный для переноски*)
перено́сность, -и
перено́сный (*то же, что переносной; не буквальный*)
перено́счик, -а
перено́счица, -ы, *тв.* -ей

перено́сье, -я, *р. мн.* -ьев
переночева́ть, -чу́ю, -чу́ет
переночёвывать, -аю, -ает
перено́шенный; *кр. ф.* -ен, -ена
перенумеро́ванный; *кр. ф.* -ан, -ана
перенумерова́ть, -ру́ю, -ру́ет
перенумеро́вывание, -я
перенумеро́вывать(ся), -аю, -ает(ся)
переню́ханный; *кр. ф.* -ан, -ана
переню́хать(ся), -аю(сь), -ает(ся)
переню́хивание, -я
переню́хивать(ся), -аю(сь), -ает(ся)
пе́ренятый; *кр. ф.* -ят, -ята́, -ято
переня́ть, перейму́, переймёт; *прош.* пе́ренял, переняла́, пе́реняло
переоблача́ть(ся), -а́ю(сь), -а́ет(ся)
переоблаче́ние, -я
переоблачённый; *кр. ф.* -ён, -ена́
переоблачи́ть(ся), -чу́(сь), -чи́т(ся)
переоблуча́ть(ся), -а́ю(сь), -а́ет(ся)
переоблуче́ние, -я
переоблучённый; *кр. ф.* -ён, -ена́
переоблучи́ть(ся), -чу́(сь), -чи́т(ся)
переобмундирова́ние, -я
переобмундиро́ванный; *кр. ф.* -ан, -ана
переобмундирова́ть(ся), -ру́ю(сь), -ру́ет(ся)
переобмундиро́вывать(ся), -аю(сь), -ает(ся)
переобору́дование, -я
переобору́дованный; *кр. ф.* -ан, -ана
переобору́довать(ся), -дую(сь), -дует(ся)
переобремене́ние, -я
переобременённый; *кр. ф.* -ён, -ена́

ПЕРЕОБРЕМЕНИТЬ

переобремени́ть, -ню́, -ни́т
переобременя́ть(ся), -я́ю(сь), -я́ет(ся)
переобува́ние, -я
переобува́ть(ся), -а́ю(сь), -а́ет(ся)
переобу́тый
переобу́ть(ся), -у́ю(сь), -у́ет(ся)
переобуча́ть(ся), -а́ю(сь), -а́ет(ся)
переобуче́ние, -я
переобу́ченный; *кр. ф.* -ен, -ена
переобучи́ть(ся), -учу́(сь), -у́чит(ся)
переодева́ние, -я
переодева́ть(ся), -а́ю(сь), -а́ет(ся)
переоде́тый
переоде́ть(ся), -е́ну(сь), -е́нет(ся)
переозву́ченный; *кр. ф.* -ен, -ена
переозву́чивание, -я
переозву́чивать(ся), -аю, -ает(ся)
переозву́чить(ся), -чу, -чит(ся)
переопыле́ние, -я
переопылённый; *кр. ф.* -ён, -ена́
переопыли́ть(ся), -лю́, -ли́т(ся)
переопыля́ть(ся), -я́ю, -я́ет(ся)
перео́ранный; *кр. ф.* -ан, -ана
переора́ть, -ору́, -орёт
переорганиза́ция, -и
переорганизо́ванный; *кр. ф.* -ан, -ана
переорганизова́ть(ся), -зу́ю(сь), -зу́ет(ся)
переорганизо́вывать(ся), -аю(сь), -ает(ся)
переориента́ция, -и
переориенти́рованный; *кр. ф.* -ан, -ана
переориенти́ровать(ся), -рую(сь), -рует(ся)
переориентиро́вка, -и, *р. мн.* -вок
переоркестро́ванный; *кр. ф.* -ан, -ана
переоркестрова́ть, -ру́ю, -ру́ет
переоркестро́вка, -и, *р. мн.* -вок
переоркестро́вывать(ся), -аю, -ает(ся)
переосвиде́тельствование, -я

переосвиде́тельствованный; *кр. ф.* -ан, -ана
переосвиде́тельствовать(ся), -твую(сь), -твует(ся)
переосмысле́ние, -я
переосмы́сленный; *кр. ф.* -ен, -ена
переосмы́сливание, -я
переосмы́сливать(ся), -аю, -ает(ся)
переосмы́слить, -лю, -лит
переосмысля́ть(ся), -я́ю, -я́ет(ся)
переоснасти́ть(ся), -ащу́(сь), -асти́т(ся)
переосна́стка, -и, *р. мн.* -ток
переоснаща́ть(ся), -а́ю(сь), -а́ет(ся)
переоснаще́ние, -я
переоснащённый; *кр. ф.* -ён, -ена́
переотло́женный; *кр. ф.* -ен, -ена
переофо́рмить(ся), -млю(сь), -мит(ся)
переоформле́ние, -я
переофо́рмленный; *кр. ф.* -ен, -ена
переоформля́ть(ся), -я́ю(сь), -я́ет(ся)
переохлади́ть(ся), -ажу́(сь), -ади́т(ся)
переохлажда́ть(ся), -а́ю(сь), -а́ет(ся)
переохлажде́ние, -я
переохлаждённый; *кр. ф.* -ён, -ена́
переоценённый; *кр. ф.* -ён, -ена́
переоце́нивание, -я
переоце́нивать(ся), -аю, -ает(ся)
переоцени́ть, -еню́, -е́нит
переоце́нка, -и, *р. мн.* -нок
перепа́вший
перепа́д, -а
перепа́дать, -ает, *сов.* (*от* па́дать)
перепада́ть, -а́ет, *несов.* (*к* перепа́сть)
перепадно́й
перепа́ивание, -я

перепа́ивать(ся), -аю(сь), -ает(ся)
перепа́йка, -и, *р. мн.* -па́ек
перепако́ванный; *кр. ф.* -ан, -ана
перепакова́ть(ся), -ку́ю(сь), -ку́ет(ся)
перепако́вка, -и, *р. мн.* -вок
перепако́вывать(ся), -аю(сь), -ает(ся)
перепа́костить(ся), -ощу(сь), -остит(ся)
перепа́кощенный; *кр. ф.* -ен, -ена
перепалённый; *кр. ф.* -ён, -ена́
перепа́ливать(ся), -аю(сь), -ает(ся)
перепали́ть, -лю́, -ли́т
перепа́лка, -и, *р. мн.* -лок
перепа́лывание, -я
перепа́лывать(ся), -аю, -ает(ся)
перепа́ренный; *кр. ф.* -ен, -ена
перепа́ривание, -я
перепа́ривать(ся), -аю(сь), -ает(ся)
перепа́рить(ся), -рю(сь), -рит(ся)
перепарко́ванный; *кр. ф.* -ан, -ана
перепаркова́ть, -ку́ю, -ку́ет
перепарко́вка, -и, *р. мн.* -вок
перепарко́вывать(ся), -аю, -ает(ся)
перепа́рхивание, -я
перепа́рхивать, -аю, -ает
перепа́рывание, -я
перепа́рывать(ся), -аю, -ает(ся)
перепа́с, -а (*к* перепасова́ть)
перепасо́ванный; *кр. ф.* -ан, -ана
перепасова́ть, -су́ю, -су́ет
перепасо́вка, -и, *р. мн.* -вок
перепасо́вывать(ся), -аю(сь), -ает(ся)
перепассива́ция, -и
перепа́сть, -адёт; *прош.* -а́л, -а́ла
перепа́ханный; *кр. ф.* -ан, -ана
перепаха́ть, -пашу́, -па́шет
перепа́хивание, -я
перепа́хивать(ся), -аю, -ает(ся)

ПЕРЕПОДАТЬ

перепа́чканный; *кр. ф.* -ан, -ана
перепа́чкать(ся), -аю(сь), -ает(ся)
перепа́чкивать(ся), -аю(сь),
 -ает(ся)
перепа́шка, -и, *р. мн.* -шек
перепа́янный; *кр. ф.* -ян, -яна
перепая́ть, -я́ю, -я́ет
перепе́в, -а
перепева́ние, -я
перепева́ть(ся), -а́ю, -а́ет(ся) (*к* перепе́ть)
перепека́ть(ся), -а́ю, -а́ет(ся)
перепёкший(ся)
пе́репел, -а, *мн.* -а́, -о́в
перепелена́ние, -я
перепелёнатый и перепелёнутый
перепелена́ть, -а́ю, -а́ет
перепелёнывание, -я
перепелёнывать(ся), -аю, -ает(ся)
перепели́ный
перепели́ца, -ы, *тв.* -ей
перепёлка, -и, *р. мн.* -лок
перепёлочка, -и, *р. мн.* -чек
перепеля́тник, -а
перепере́ть, -пру́, -прёт; *прош.* -пёр, -пёрла
перепёртый
перепе́рченный; *кр. ф.* -ен, -ена
перепе́рчивание, -я
перепе́рчивать(ся), -аю, -ает(ся)
перепе́рчи́ть, -пе́рчу́, -пе́рчи́т
перепе́рший
перепестрённый; *кр. ф.* -ён, -ена́
перепестри́ть, -рю́, -ри́т
перепе́тый
перепе́ть, -пою́, -поёт
перепеча́танный; *кр. ф.* -ан, -ана
перепеча́тать(ся), -аю, -ает(ся)
перепеча́тка, -и, *р. мн.* -ток
перепеча́тывание, -я
перепеча́тывать(ся), -аю, -ает(ся)
перепечённый; *кр. ф.* -ён, -ена́
перепе́чь(ся), -пеку́, -печёт(ся), -пеку́т(ся); *прош.* -пёк(ся), -пекла́(сь)

перепива́ть(ся), -а́ю(сь), -а́ет(ся) (*к* перепи́ть(ся))
перепи́ленный; *кр. ф.* -ен, -ена
перепи́ливание, -я
перепи́ливать(ся), -аю, -ает(ся)
перепили́ть(ся), -илю́, -и́лит(ся)
перепира́ть(ся), -а́ю, -а́ет(ся)
перепи́санный; *кр. ф.* -ан, -ана
переписа́ть(ся), -ишу́(сь), -и́шет(ся)
перепи́ска, -и, *р. мн.* -сок
переписно́й
перепи́счик, -а
перепи́счица, -ы, *тв.* -ей
перепи́сывание, -я
перепи́сывать(ся), -аю(сь), -ает(ся)
пе́репись, -и
перепи́тый
перепи́ть(ся), -пью́(сь), -пьёт(ся); *прош.* -и́л(ся), -ила́(сь), -и́ло, -и́ло́сь
перепи́ханный; *кр. ф.* -ан, -ана
перепиха́ть, -а́ю, -а́ет
перепи́хивать(ся), -аю, -ает(ся)
перепи́хнутый
перепихну́ть, -ну́, -нёт
перепла́в, -а
перепла́вить(ся), -влю, -вит(ся)
перепла́вка, -и, *р. мн.* -вок
перепла́вленный; *кр. ф.* -ен, -ена
переплавля́ть(ся), -я́ю, -я́ет(ся)
переплавно́й
переплани́рование, -я
переплани́рованный; *кр. ф.* -ан, -ана (*от* переплани́ровать) и переплани́ро́ванный; *кр. ф.* -ан, -ана (*от* переплани́рова́ть)
переплани́ровать, -и́рую, -и́рует (*от* плани́ровать) и переплани́рова́ть, -и́ру́ю, -и́ру́ет (*от* плани́рова́ть)
перепланиро́вка, -и, *р. мн.* -вок
перепланиро́вывать(ся), -аю, -ает(ся)
перепла́станный; *кр. ф.* -ан, -ана

перепласта́ть, -а́ю, -а́ет
перепла́стывать(ся), -аю, -ает(ся)
перепла́та, -ы
переплати́ть, -ачу́, -а́тит (*к* пла́та)
перепла́ченный; *кр. ф.* -ен, -ена
перепла́чивание, -я
перепла́чивать(ся), -аю, -ает(ся)
переплёванный; *кр. ф.* -ан, -ана
переплева́ть(ся), -люю́(сь), -люёт(ся)
переплёвывать(ся), -аю(сь), -ает(ся)
переплёск, -а
переплёскивать(ся), -аю, -ает(ся)
переплёснутый
переплесну́ть(ся), -ну́, -нёт(ся)
переплести́(сь), -лету́(сь), -летёт(ся); *прош.* -плёл(ся), -плела́(сь)
переплёт, -а
переплета́ние, -я
переплета́ть(ся), -а́ю(сь), -а́ет(ся)
переплете́ние, -я
переплетённый; *кр. ф.* -ён, -ена́
переплётно-брошюро́вочный
переплётный
переплётчик, -а
переплётчица, -ы, *тв.* -ей
переплётший(ся)
переплоти́ть, -очу́, -оти́т (*к* плот)
переплочённый; *кр. ф.* -ён, -ена́ (*от* переплоти́ть)
переплыва́ть(ся), -а́ю, -а́ет(ся)
переплы́ть, -ыву́, -ывёт; *прош.* -ы́л, -ыла́, -ы́ло
переплю́нуть, -ну, -нет
перепля́с, -а
перепляса́ть, -яшу́, -я́шет
перепля́сывать, -аю, -ает
переподава́ть(ся), -даю́, -даёт(ся)
перепо́данный; *кр. ф.* -ан, -ана
перепода́ть, -а́м, -а́шь, -а́ст, -ади́м, -ади́те, -аду́т; *прош.* -а́л, -ала́, -а́ло

ПЕРЕПОДАЧА

переподача, -и, тв. -ей
переподготавливать(ся), -аю(сь), -ает(ся)
переподготовить(ся), -влю(сь), -вит(ся)
переподготовка, -и, р. мн. -вок
переподготовленный; кр. ф. -ен, -ена
переподготовлять(ся), -яю(сь), -яет(ся)
переподчинение, -я
переподчинённый; кр. ф. -ён, -ена
переподчинить, -ню, -нит
переподчинять(ся), -яю(сь), -яет(ся)
перепоенный; кр. ф. -ен, -ена
перепоить, -ою, -оит и -оит
перепой, -я
переполаскивание, -я
переполаскивать(ся), -аю, -ает(ся)
переползание, -я
переползать, -аю, -ает, сов. (от ползать)
переползать, -аю, -ает, несов. (к переползти)
переползти, -зу, -зёт; прош. -олз, -олзла
переползший
переполка, -и, р. мн. -лок
переполнение, -я
переполненность, -и
переполненный; кр. ф. -ен, -ена
переполнить(ся), -ню(сь), -нит(ся)
переполнять(ся), -яю(сь), -яет(ся)
переполосканный; кр. ф. -ан, -ана
переполоскать, -лощу, -лощет и -аю, -ает
переполотый
переполоть, -олю, -олет
переполох, -а
переполошённый; кр. ф. -ён, -ена

переполошить(ся), -шу(сь), -шит(ся)
переполошный
перепонка, -и, р. мн. -нок
перепоночка, -и, р. мн. -чек
перепоночный
перепончатокрылые, -ых
перепончатый
перепоротый
перепороть, -орю, -орет
перепортить(ся), -рчу, -ртит(ся)
перепоручать(ся), -аю, -ает(ся)
перепорученный; кр. ф. -ен, -ена
перепоручить, -учу, -учит
перепорхнуть, -ну, -нёт
перепорченный; кр. ф. -ен, -ена
перепоститься, -ощусь, -остится
перепотрошённый; кр. ф. -ён, -ена
перепотрошить, -шу, -шит
перепоясанный; кр. ф. -ан, -ана
перепоясать(ся), -яшу(сь), -яшет(ся)
перепоясывание, -я
перепоясывать(ся), -аю(сь), -ает(ся)
переправа, -ы
переправить(ся), -влю(сь), -вит(ся)
переправка, -и, р. мн. -вок
переправленный; кр. ф. -ен, -ена
переправлять(ся), -яю(сь), -яет(ся)
переправочный
перепревание, -я
перепревать, -ает
перепрелый
перепреть, -еет
перепрививать(ся), -аю, -ает(ся)
перепрививка, -и, р. мн. -вок
перепривитый
перепривить, -вью, -вьёт; прош. -вил, -вила, -вило
переприём, -а
перепробованный; кр. ф. -ан, -ана

перепробовать(ся), -бую, -бует(ся)
перепроверенный; кр. ф. -ен, -ена
перепроверить(ся), -рю, -рит(ся)
перепроверка, -и, р. мн. -рок
перепроверять(ся), -яю, -яет(ся)
перепрограммирование, -я
перепрограммированный; кр. ф. -ан, -ана
перепрограммировать(ся), -рую(сь), -рует(ся)
перепродавать(ся), -даю, -даёт(ся)
перепродавец, -вца, тв. -вцом, р. мн. -вцов
перепродажа, -и, тв. -ей
перепроданный; кр. ф. -ан, -продана, -ано
перепродать, -ам, -ашь, -аст, -адим, -адите, -адут; прош. -одал, -одала, -одало
перепроектирование, -я
перепроектированный; кр. ф. -ан, -ана
перепроектировать(ся), -рую, -рует(ся)
перепроектировка, -и, р. мн. -вок
перепроизводство, -а
перепромысел, -сла
перепрофилирование, -я
перепрофилированный; кр. ф. -ан, -ана
перепрофилировать(ся), -рую(сь), -рует(ся)
перепрудить, -ужу, -удит
перепруженный; кр. ф. -ен, -ена
перепруживать(ся), -аю, -ает(ся)
перепрыгать, -аю, -ает
перепрыгивание, -я
перепрыгивать, -аю, -ает
перепрыгнуть, -ну, -нет
перепрыжка, -и, р. мн. -жек
перепрысканный; кр. ф. -ан, -ана
перепрыскать(ся), -аю(сь), -ает(ся)

перепры́скивать(ся), -аю(сь), -ает(ся)
перепры́снуть, -ну, -нет
перепряга́ть(ся), -а́ю, -а́ет(ся)
перепря́гший
перепряда́ть(ся), -а́ю, -а́ет(ся)
перепря́денный; *кр. ф.* -ен, -ена и перепрядённый; *кр. ф.* -ён, -ена́
перепряжённый; *кр. ф.* -ён, -ена́
перепря́жка, -и, *р. мн.* -жек
перепря́сть, -яду́, -ядёт; *прош.* -я́л, -я́ла́, -я́ло
перепря́танный; *кр. ф.* -ан, -ана
перепря́тать(ся), -я́чу(сь), -я́чет(ся)
перепря́тывание, -я
перепря́тывать(ся), -аю(сь), -ает(ся)
перепря́чь, -ягу́, -яжёт, -ягу́т; *прош.* -я́г, -ягла́
перепу́г, -а и -у
перепу́ганный; *кр. ф.* -ан, -ана
перепуга́ть(ся), -а́ю(сь), -а́ет(ся)
перепу́дренный; *кр. ф.* -ен, -ена
перепу́дривание, -я
перепу́дривать(ся), -аю(сь), -ает(ся)
перепу́дрить(ся), -рю(сь), -рит(ся)
перепу́ск, -а
перепуска́ть(ся), -а́ю, -а́ет(ся)
перепускно́й
перепусти́ть, -ущу́, -у́стит
перепу́танный; *кр. ф.* -ан, -ана
перепу́тать(ся), -аю, -ает(ся)
перепу́тывание, -я
перепу́тывать(ся), -аю, -ает(ся)
перепу́тье, -я, *р. мн.* -тий
перепу́щенный; *кр. ф.* -ен, -ена
перепылённый; *кр. ф.* -ён, -ена́
перепыли́ть(ся), -лю́(сь), -ли́т(ся)
пераба́тывать(ся), -аю(сь), -ает(ся)
ерерабо́танный; *кр. ф.* -ан, -ана
ерерабо́тать(ся), -аю(сь), -ает(ся)

перерабо́тка, -и, *р. мн.* -ток
перерабо́точный
перерабо́тчик, -а
перера́звитый
перерзви́ть(ся), -разовью́(сь), -разовьёт(ся); *прош.* -и́л(ся), -ила́(сь), -и́ло, -и́лось
перерзложе́ние, -я
перера́ненный; *кр. ф.* -ен, -ена
перера́нить, -ню, -нит
перераспределе́ние, -я
перераспределённый; *кр. ф.* -ён, -ена́
перераспредели́тельный
перераспредели́ть(ся), -лю́, -ли́т(ся)
перераспределя́ть(ся), -я́ю, -я́ет(ся)
перерасследование, -я
перерасследованный; *кр. ф.* -ан, -ана
перерасследовать(ся), -дую, -дует(ся)
перерассчита́ть(ся), -а́ю(сь), -а́ет(ся)
перерассчи́тывать(ся), -аю(сь), -ает(ся)
перераста́ние, -я
перераста́ть, -а́ю, -а́ет
перерасти́, -ту́, -тёт; *прош.* -ро́с, -росла́
перерасхо́д, -а
перерасхо́дование, -я
перерасхо́дованный; *кр. ф.* -ан, -ана
перерасхо́довать(ся), -дую, -дует(ся)
перерасчёт, -а
пере́рванный; *кр. ф.* -ан, -ана
перерва́ть(ся), -ву́, -вёт(ся); *прош.* -а́л(ся), -ала́(сь), -а́ло, -а́лось
перерегистра́ция, -и
перерегистри́рованный; *кр. ф.* -ан, -ана
перерегистри́ровать(ся), -рую(сь), -рует(ся)

передакти́рование, -я
передакти́рованный; *кр. ф.* -ан, -ана
передакти́ровать(ся), -рую, -рует(ся)
переpе́з, -а
переpеза́ние, -я
переpе́занный; *кр. ф.* -ан, -ана
переpе́зать(ся), -е́жу(сь), -е́жет(ся), *сов.*
переpеза́ть(ся), -а́ю(сь), -а́ет(ся), *несов.*
переpе́зывание, -я
переpе́зывать(ся), -аю(сь), -ает(ся)
переpеша́ть(ся), -а́ю, -а́ет(ся)
переpешённый; *кр. ф.* -ён, -ена́
переpеши́ть, -шу́, -ши́т
перержа́вевший
перержаве́лый
перержа́веть, -еет и перержаве́ть, -е́ет
перержа́вленный; *кр. ф.* -ен, -ена
перерисо́ванный; *кр. ф.* -ан, -ана
перерисова́ть(ся), -су́ю, -су́ет(ся)
перерисо́вка, -и, *р. мн.* -вок
перерисо́вывание, -я
перерисо́вывать(ся), -аю, -ает(ся)
переро́д, -а
переpоди́ть(ся), -ожу́(сь), -оди́т(ся)
перерожа́ть, -а́ю, -а́ет
перерожда́ть(ся), -а́ю(сь), -а́ет(ся)
перерожде́нец, -нца, *тв.* -нцем, *р. мн.* -нцев
перерожде́ние, -я
перерожде́нка, -и, *р. мн.* -нок
перерождённый; *кр. ф.* -ён, -ена́
перерожде́нческий
перерожде́нчество, -а
переро́слый
переро́сток, -стка
переро́сший
переру́б, -а
переруба́ние, -я

переруба́ть(ся), -а́ю, -а́ет(ся)
переруби́ть(ся), -рублю́, -ру́бит(ся)
перерубка, -и, р. мн. -бок
перерубленный; кр. ф. -ен, -ена
переру́ганный; кр. ф. -ан, -ана
переруга́ть(ся), -а́ю(сь), -а́ет(ся)
переру́гивание, -я
переру́гивать(ся), -аю(сь), -ает(ся)
переры́в, -а
перерыва́ть(ся), -а́ю, -а́ет(ся)
переры́тый
переры́ть, -ро́ю, -ро́ет
перерыхлённый; кр. ф. -ён, -ена́
перерыхли́ть, -лю́, -ли́т
перерыхля́ть(ся), -я́ю, -я́ет(ся)
переряди́ть(ся), -яжу́(сь), -я́дит(ся)
переряжа́ть(ся), -а́ю(сь), -а́ет(ся)
переря́женный; кр. ф. -ен, -ена
переря́живание, -я
переря́живать(ся), -аю(сь), -ает(ся)
пересади́ть, -ажу́, -а́дит
переса́дка, -и, р. мн. -док (действие)
переса́док, -дка (пересаженное растение)
переса́дочный
пересажа́ть, -а́ю, -а́ет
переса́женный; кр. ф. -ен, -ена
переса́живание, -я
переса́живать(ся), -аю(сь), -ает(ся)
переса́ленный; кр. ф. -ен, -ена
переса́ливание, -я
переса́ливать(ся), -аю, -ает(ся)
переса́лить, -а́лю, -а́лит
переса́сывание, -я
переса́сывать(ся), -аю, -ает(ся)
переса́харенный; кр. ф. -ен, -ена
переса́харивать(ся), -аю, -ает(ся)
переса́харить, -рю, -рит
пересва́танный; кр. ф. -ан, -ана
пересва́тать, -аю, -ает

пересва́тывать(ся), -аю, -ает(ся)
пересве́рк, -а
пересви́ст, -а
пересвиста́ть, -ищу́, -и́щет
пересвисте́ть, -ищу́, -исти́т
пересвистну́ться, -ну́сь, -нётся
пересви́стывание, -я
пересви́стывать(ся), -аю(сь), -ает(ся)
пересдава́ть(ся), -даю́, -даёт(ся)
пересда́нный; кр. ф. -а́н, -ана́
пересда́ть, -а́м, -а́шь, -а́ст, -ади́м, -ади́те, -аду́т, прош. -а́л, -ала́, -а́ло
пересда́ча, -и, тв. -ей
пересе́в, -а
пересева́ть(ся), -а́ю, -а́ет(ся)
пересёдланный; кр. ф. -ан, -ана
переседла́ть, -а́ю, -а́ет
пересёдлывать(ся), -аю, -ает(ся)
пересе́ивание, -я
пересе́ивать(ся), -аю, -ает(ся)
пересека́емость, -и
пересека́ние, -я
пересека́ть(ся), -а́ю(сь), -а́ет(ся)
пересе́кший(ся) и пересёкший(ся)
переселе́нец, -нца, тв. -нцем, р. мн. -нцев
переселе́ние, -я
переселе́нка, -и, р. мн. -нок
переселённый; кр. ф. -ён, -ена́
переселе́нческий
переселе́нчество, -а
пересели́ть(ся), -елю́(сь), -е́ли́т(ся)
переселя́ть(ся), -я́ю(сь), -я́ет(ся)
пересе́сть, -ся́ду, -ся́дет, прош. -се́л, -се́ла
пересече́ние, -я
пересечённость, -и
пересе́ченный; кр. ф. -ен, -ена (наказанный поркой)
пересечённый; кр. ф. -ён, -ена́ (к пересече́ние)
пересе́чь(ся), -секу́(сь), -сечёт(ся), -секу́т(ся); прош. -сёк(ся) и -сек(ся), -секла́(сь)

пересе́янный; кр. ф. -ян, -яна
пересе́ять, -е́ю, -е́ет
пересиде́ть, -ижу́, -иди́т
переси́женный; кр. ф. -ен, -ена
переси́живание, -я
переси́живать(ся), -аю(сь), -ает(ся)
переси́ленный; кр. ф. -ен, -ена
переси́ливание, -я
переси́ливать(ся), -аю, -ает(ся)
переси́лить, -лю, -лит
пересинённый; кр. ф. -ён, -ена́
переси́нивание, -я
переси́нивать(ся), -аю, -ает(ся)
пересини́ть(ся), -ню́, -ни́т(ся)
переска́бливать(ся), -аю, -ает(ся)
переска́з, -а
переска́занный; кр. ф. -ан, -ана
пересказа́ть, -скажу́, -ска́жет
переска́зчик, -а
переска́зчица, -ы, тв. -ей
переска́зывание, -я
переска́зывать(ся), -аю, -ает(ся)
перескака́ть, -скачу́, -ска́чет
переска́кивание, -я
переска́кивать(ся), -аю, -ает(ся)
перескакну́ть, -ну́, -нёт
переска́чка, -и, р. мн. -чек
перескобленный; кр. ф. -ен, -ена
перескобли́ть, -лю́, -ли́т
перескочи́ть, -скочу́, -ско́чит
перескрёбший
перескрести́, -ребу́, -ребёт; прош. -рёб, -ребла́
Переславль-Зале́сский, Переславля-Зале́сского
пересла́вский (к Переславль-Зале́сский)
пересла́вцы, -ев, ед. -вец, -вца, тв. -вцем (к Переславль-Зале́сский)
пересла́ивание, -я
пересла́ивать(ся), -аю, -ает(ся)
пере́сланный; кр. ф. -ан, -ана (от пересла́ть)
пересласти́ть, -ащу́, -асти́т

пересла́ть, перешлю́, перешлёт (*от* слать)
переслащённый; *кр. ф.* -ён, -ена́
пересла́щивание, -я
пересла́щивать(ся), -аю, -ает(ся)
пересле́дствие, -я
переслоённый; *кр. ф.* -ён, -ена́
переслои́ть(ся), -ою́, -ои́т(ся)
переслу́шанный; *кр. ф.* -ан, -ана
переслу́шать, -аю, -ает
переслу́шивание, -я
переслу́шивать(ся), -аю, -ает(ся)
переслюнённый; *кр. ф.* -ён, -ена́
переслюни́вать(ся), -аю, -ает(ся)
переслюни́ть, -ню́, -ни́т
переслюня́вить(ся), -влю, -вит(ся)
переслюня́вленный; *кр. ф.* -ен, -ена
переслюня́вливать(ся), -аю, -ает(ся)
пересма́ливание, -я
пересма́ливать(ся), -аю, -ает(ся)
пересма́тривание, -я
пересма́тривать(ся), -аю(сь), -ает(ся)
пересме́ивание, -я
пересме́ивать(ся), -аю(сь), -ает(ся)
пересме́на, -ы
пересме́нка, -и, *р. мн.* -нок и пересме́нок, -нка
пересме́х, -а
пересмеши́ть, -шу́, -ши́т
пересме́шки, -шек
пересме́шник, -а
пересме́шница, -ы, *тв.* -ей
пересме́янный; *кр. ф.* -ян, -яна
пересмея́ть, -мею́, -мее́т
пересмолённый; *кр. ф.* -ён, -ена́
пересмоли́ть, -олю́, -оли́т
пересмо́тр, -а
пересмо́тренный; *кр. ф.* -ен, -ена
пересмотре́ть, -отрю́, -о́трит
переснаряди́ть(ся), -яжу́(сь), -яди́т(ся)

переснаряжа́ть(ся), -а́ю(сь), -а́ет(ся)
переснаряже́ние, -я
переснаряжённый; *кр. ф.* -ён, -ена́
переснасти́ть, -ащу́, -асти́т
пересна́стка, -и, *р. мн.* -ток
переснаща́ть(ся), -а́ю, -а́ет(ся)
переснащённый; *кр. ф.* -ён, -ена́
пересна́щивать(ся), -аю, -ает(ся)
переснима́ть(ся), -а́ю(сь), -а́ет(ся)
пересня́тый; *кр. ф.* -я́т, -ята́, -я́то
пересня́ть(ся), -ниму́(сь), -ни́мет(ся); *прош.* -я́л(ся), -яла́(сь), -я́ло, -я́лось
пересо́ванный; *кр. ф.* -ан, -ана
пересова́ть, -сую́, -суёт
пересо́вывать(ся), -аю, -ает(ся)
пересоединённый; *кр. ф.* -ён, -ена́
пересоедини́ть, -ню́, -ни́т
пересоединя́ть(ся), -я́ю, -я́ет(ся)
пересоздава́ть(ся), -даю́, -даёт(ся)
пересозда́ние, -я
пересо́зданный; *кр. ф.* -ан, -со́здана́, -ано
пересозда́ть, -а́м, -а́шь, -а́ст, -ади́м, -ади́те, -аду́т; *прош.* -а́л, -ала́, -а́ло
пересо́л, -а
пересо́ленный; *кр. ф.* -ен, -ена
пересоли́ть, -олю́, -о́лит
пересолоди́ть, -ожу́, -оди́т
пересоложённый; *кр. ф.* -ён, -ена́
пересортиро́ванный; *кр. ф.* -ан, -ана
пересортирова́ть(ся), -ру́ю, -ру́ет(ся)
пересортиро́вка, -и, *р. мн.* -вок
пересортиро́вывать(ся), -аю, -ает(ся)
пересо́ртица, -ы, *тв.* -ей
пересо́санный; *кр. ф.* -ан, -ана
пересоса́ть(ся), -осу́, -осёт(ся)
пересоста́вить, -влю, -вит

пересоставле́ние, -я
пересоста́вленный; *кр. ф.* -ен, -ена
пересоставля́ть(ся), -я́ю, -я́ет(ся)
пересо́хлый
пересо́хнуть, -нет; *прош.* -о́х, -о́хла
пересо́хший
пересочине́ние, -я
пересочинённый; *кр. ф.* -ён, -ена́
пересочини́ть, -ню́, -ни́т
пересочиня́ть(ся), -я́ю, -я́ет(ся)
переспа́ть, -плю́, -пи́т; *прош.* -а́л, -ала́, -а́ло
переспева́ть, -а́ет
переспе́лка, -и, *р. мн.* -лок
переспе́лость, -и
переспе́лый
переспе́ть, -е́ет
переспо́ренный; *кр. ф.* -ен, -ена
переспо́ривать(ся), -аю(сь), -ает(ся)
переспо́рить, -рю, -рит
перепра́шивание, -я
перепра́шивать(ся), -аю, -ает(ся)
переспро́с, -а
переспроси́ть, -ошу́, -о́сит
переспро́шенный; *кр. ф.* -ен, -ена
пересро́ченный; *кр. ф.* -ен, -ена
пересро́чивать(ся), -аю, -ает(ся)
пересро́чить, -чу, -чит
пересо́бренный; *кр. ф.* -ен, -ена
пересо́бривать(ся), -аю(сь), -ает(ся)
пересо́брить(ся), -рю́(сь), -ри́т(ся)
перестава́ть, -таю́, -таёт
переста́вить, -влю, -вит
переста́вленный; *кр. ф.* -ен, -ена
переставля́ть(ся), -я́ю, -я́ет(ся)
переставно́й
переста́ивание, -я
переста́ивать(ся), -аю, -ает(ся)
перестана́вливать(ся), -аю, -ает(ся)
перестанови́ть, -овлю́, -о́вит

ПЕРЕСТАНОВКА

перестано́вка, -и, *р. мн.* -вок
перестано́вленный; *кр. ф.* -ен, -ена
перестара́ться, -а́юсь, -а́ется
переста́рка, -и, *р. мн.* -рок (*устар. к* переста́рок)
переста́рок, -рка
переста́ть, -а́ну, -а́нет
перестаю́щий
перестёганный; *кр. ф.* -ан, -ана
перестега́ть, -а́ю, -а́ет
перестёгивание, -я
перестёгивать(ся), -аю, -ает(ся)
перестёгнутый
перестегну́ть, -ну́, -нёт
перестёжка, -и, *р. мн.* -жек
перестеклённый; *кр. ф.* -ён, -ена́
перестекли́ть, -лю́, -ли́т
перестекля́ть(ся), -я́ю, -я́ет(ся)
пересте́ленный; *кр. ф.* -ен, -ена
перестели́ть, -стелю́, -сте́лет; *прош.* -и́л, -и́ла
перестила́ние, -я
перестила́ть(ся), -а́ю, -а́ет(ся)
перести́лка, -и, *р. мн.* -лок
перести́ранный; *кр. ф.* -ан, -ана
перестира́ть, -а́ю, -а́ет
перести́рка, -и, *р. мн.* -рок
перести́рывание, -я
перести́рывать(ся), -аю, -ает(ся)
пере́стланный; *кр. ф.* -ан, -ана (*от* перестла́ть)
перестла́ть, -стелю́, -сте́лет; *прош.* -стла́л, -стла́ла (*от* стлать)
перестой, -я
пересто́йный
перестоя́лый
перестоя́ть(ся), -ою́, -ои́т(ся)
перестра́гивать(ся), -аю, -ает(ся) и перестру́гивать(ся), -аю, -ает(ся)
перестрада́ть, -а́ю, -а́ет
перестра́ивание, -я
перестра́ивать(ся), -аю(сь), -ает(ся)
перестрахова́ние, -я

перестрахо́ванный; *кр. ф.* -ан, -ана
перестрахова́ть(ся), -страху́ю(сь), -страху́ет(ся)
перестрахо́вка, -и, *р. мн.* -вок
перестрахо́вочный
перестрахо́вщик, -а
перестрахо́вщица, -ы, *тв.* -ей
перестрахо́вывать(ся), -аю(сь), -ает(ся)
перестра́чивание, -я
перестра́чивать(ся), -аю, -ает(ся)
перестре́ливать(ся), -аю(сь), -ает(ся)
перестре́лка, -и, *р. мн.* -лок
перестре́лянный; *кр. ф.* -ян, -яна
перестреля́ть(ся), -я́ю, -я́ет(ся)
пересстри́г, -а
перестрига́ть(ся), -а́ю(сь), -а́ет(ся)
перестри́женный; *кр. ф.* -ен, -ена
перестри́жка, -и, *р. мн.* -жек
перестри́чь(ся), -игу́(сь), -ижёт(ся), -игу́т(ся); *прош.* -и́г(ся), -и́гла(сь)
перестро́ганный; *кр. ф.* -ан, -ана и перестру́ганный; *кр. ф.* -ан, -ана
перестрога́ть, -а́ю, -а́ет и переструга́ть, -а́ю, -а́ет
перестрое́ние, -я
перестро́енный; *кр. ф.* -ен, -ена
перестро́ечник, -а
перестро́ечный
перестро́ить(ся), -о́ю(сь), -о́ит(ся)
перестро́йка, -и, *р. мн.* -о́ек
перестро́йщик, -а
перестро́ченный; *кр. ф.* -ен, -ена
перестрочи́ть, -очу́, -о́чит
перестру́ганный; *кр. ф.* -ан, -ана и перестро́ганный; *кр. ф.* -ан, -ана
переструга́ть, -а́ю, -а́ет и перестрога́ть, -а́ю, -а́ет
переструги́вать(ся), -аю, -ает(ся) и перестра́гивать(ся), -аю, -ает(ся)

перестуди́ть(ся), -ужу́, -у́дит(ся)
перестужа́ть(ся), -а́ю, -а́ет(ся)
пересту́женный; *кр. ф.* -ен, -ена
пересту́живание, -я
пересту́живать(ся), -аю, -ает(ся)
пересту́к, -а
пересту́канный; *кр. ф.* -ан, -ана
пересту́кать, -аю, -ает
пересту́кивание, -я
пересту́кивать(ся), -аю(сь), -ает(ся)
пересту́кнуть(ся), -ну(сь), -нет(ся)
пересту́п, -а
переступа́ние, -я
переступа́ть(ся), -а́ю, -а́ет(ся)
пересту́пень, -пня
переступи́ть, -уплю́, -у́пит
переступленный; *кр. ф.* -ен, -ена
пе́реступь, -и
перестуча́ть, -чу́, -чи́т
перестыва́ть, -а́ет
пересты́вший
перестыко́ванный; *кр. ф.* -ан, -ана
перестыкова́ть(ся), -ку́ю(сь), -ку́ет(ся)
перестыко́вка, -и, *р. мн.* -вок
перестыко́вывать(ся), -аю(сь), -ает(ся)
пересты́ть и пересты́нуть, -ы́нет, *прош.* -ы́л, -ы́ла
пересу́д, -а (*повторный суд*)
пересу́ды, -ов (*толки, сплетни*)
пересу́женный; *кр. ф.* -ен, -ена
пересу́живать(ся), -аю(сь), -ает(ся)
пересульфи́рование, -я
пересульфи́рованный; *кр. ф.* -ан, -ана
пересупо́ненный; *кр. ф.* -ен, -ена
пересупо́нивать(ся), -аю, -ает(ся)
пересупо́нить, -ню, -нит
пересу́ченный; *кр. ф.* -ен, -ена
пересу́чивать(ся), -аю, -ает(ся)

пересучи́ть, -учу́, -у́чит
пересу́шенный; *кр. ф.* -ен, -ена
пересу́шивание, -я
пересу́шивать(ся), -аю, -ает(ся)
пересуши́ть(ся), -ушу́, -у́шит(ся)
пересу́шка, -и
пересчёт, -а
пересчи́танный; *кр. ф.* -ан, -ана
пересчита́ть(ся), -а́ю, -а́ет(ся)
пересчи́тывание, -я
пересчи́тывать(ся), -аю, -ает(ся)
пересъёмка, -и, *р. мн.* -мок
пересыла́ть(ся), -а́ю, -а́ет(ся)
пересы́лка, -и, *р. мн.* -лок
пересы́лочный
пересы́льный
пересы́п, -а и -у
пересыпа́ние, -я
пересы́панный; *кр. ф.* -ан, -ана
пересы́пать(ся), -плю, -плет(ся), -плют(ся) и -пет(ся), -пят(ся), *сов.*
пересыпа́ть(ся), -а́ю, -а́ет(ся), *несов.*
пересы́пка, -и, *р. мн.* -пок
пересыпно́й
пе́ресыпь, -и
пересы́тить(ся), -ы́щу(сь), -ы́тит(ся)
пересыха́ние, -я
пересыха́ть, -а́ет
пересыща́ть(ся), -а́ю(сь), -а́ет(ся)
пересыще́ние, -я
пересы́щенный; *кр. ф.* -ен, -ена
перета́лкивать(ся), -аю, -ает(ся)
перетанцева́ть, -цу́ю, -цу́ет
перетанцо́ванный; *кр. ф.* -ан, -ана
перетанцо́вывать(ся), -аю, -ает(ся)
перета́пливание, -я
перета́пливать(ся), -аю, -ает(ся)
перета́птывать(ся), -аю(сь), -ает(ся)
перетарифика́ция, -и
перетарифици́рованный; *кр. ф.* -ан, -ана

перетарифици́ровать(ся), -и́рую, -и́рует(ся)
перета́сканный; *кр. ф.* -ан, -ана
перетаска́ть, -а́ю, -а́ет
перета́скивание, -я
перета́скивать(ся), -аю(сь), -ает(ся)
перетасо́ванный; *кр. ф.* -ан, -ана
перетасова́ть(ся), -су́ю, -су́ет(ся)
перетасо́вка, -и, *р. мн.* -вок
перетасо́вывание, -я
перетасо́вывать(ся), -аю, -ает(ся)
перета́чанный; *кр. ф.* -ан, -ана
перетача́ть, -а́ю, -а́ет
перета́чивание, -я
перета́чивать(ся), -аю, -ает(ся)
перета́чка, -и, *р. мн.* -чек
перета́щенный; *кр. ф.* -ен, -ена
перетащи́ть(ся), -ащу́(сь), -а́щит(ся)
перетека́ние, -я
перетека́ть, -а́ет
перетёкший
перетереби́ть, -блю́, -би́т
перетереблённый; *кр. ф.* -ён, -ена́
перетере́ть(ся), -тру́, -трёт(ся); *прош.* -тёр(ся), -тёрла(сь)
перетерпе́ть, -ерплю́, -е́рпит
перетёртый
перетёрший(ся)
перете́рянный; *кр. ф.* -ян, -яна
перетеря́ть, -я́ю, -я́ет
перетёсанный; *кр. ф.* -ан, -ана
перетеса́ть, -тешу́, -те́шет
перетёсывание, -я
перетёсывать(ся), -аю, -ает(ся)
перете́чь, -течёт, -теку́т; *прош.* -тёк, -текла́
перетира́ние, -я
перетира́ть(ся), -а́ю, -а́ет(ся)
перети́рка, -и, *р. мн.* -рок
перети́сканный; *кр. ф.* -ан, -ана
перети́скать, -аю, -ает
перети́скивать(ся), -аю, -ает(ся)

перети́снуть, -ну, -нет
перетка́нный; *кр. ф.* -ан, -ана
перетка́ть, -тку́, -ткёт; *прош.* -а́л, -ала́, -а́ло
переткну́тый
переткну́ть, -ну́, -нёт
перетлева́ние, -я
перетлева́ть, -а́ет
перетле́ть, -е́ет
перето́к, -а
перето́лканный; *кр. ф.* -ан, -ана
перетолка́ть, -а́ю, -а́ет
перето́лки, -ов
перетолкну́ть, -ну́, -нёт
перетолкова́ние, -я
перетолко́ванный; *кр. ф.* -ан, -ана
перетолкова́ть(ся), -ку́ю, -ку́ет(ся)
перетолко́вывание, -я
перетолко́вывать(ся), -аю, -ает(ся)
перетоло́кший(ся)
перетоло́чь(ся), -лку́, -лчёт(ся), -лку́т(ся); *прош.* -ло́к(ся), -лкла́(сь)
перетолчённый; *кр. ф.* -ён, -ена́
перетоми́ть(ся), -млю́, -ми́т(ся)
перетомлённый; *кр. ф.* -ён, -ена́
перетонённый; *кр. ф.* -ён, -ена́
перетони́ть, -ню́, -ни́т
перетону́ть, -то́нет
перетопи́ть(ся), -оплю́, -о́пит(ся)
перето́пка, -и, *р. мн.* -пок
перето́пленный; *кр. ф.* -ен, -ена
перето́птанный; *кр. ф.* -ан, -ана
перетопта́ть, -опчу́, -о́пчет
перетора́чивать(ся), -аю, -ает(ся)
переторгова́ть, -гу́ю, -гу́ет
переторго́вывать, -аю, -ает
перето́ржка, -и, *р. мн.* -жек
перетормошённый; *кр. ф.* -ён, -ена́
перетормоши́ть, -шу́, -ши́т
перето́роченный; *кр. ф.* -ен, -ена

ПЕРЕТОРОЧИТЬ

переторочи́ть, -чу́, -чи́т
перето́ченный; *кр. ф.* -ен, -ена
переточи́ть, -очу́, -о́чит
перето́чка, -и, *р. мн.* -чек
627равить(ся), -авлю́, -а́вит(ся)
перетра́вленный; *кр. ф.* -ен, -ена
перетра́вливание, -я
перетра́вливать(ся), -аю, -ает(ся)
перетра́гивать, -аю, -ает
перетракто́ванный; *кр. ф.* -ан, -ана
перетрактова́ть, -ту́ю, -ту́ет
перетракто́вка, -и, *р. мн.* -вок
перетракто́вывать(ся), -аю, -ает(ся)
перетра́тить, -а́чу, -а́тит
перетра́ченный; *кр. ф.* -ен, -ена
перетра́чивание, -я
перетра́чивать(ся), -аю, -ает(ся)
перетрево́женный; *кр. ф.* -ен, -ена
перетрево́жить(ся), -жу(сь), -жит(ся)
перетрениро́ванный; *кр. ф.* -ан, -ана
перетренирова́ть(ся), -ру́ю(сь), -ру́ет(ся)
перетрениро́вка, -и, *р. мн.* -вок
перетрёпанный; *кр. ф.* -ан, -ана
перетрепа́ть(ся), -еплю́, -е́плет(ся), -е́плют(ся) и -е́пет(ся), -е́пят(ся)
перетре́скаться, -ается
перетро́ганный; *кр. ф.* -ан, -ана
перетро́гать, -аю, -ает
перетруди́ть(ся), -ужу́(сь), -у́дит(ся)
перетружда́ть(ся), -а́ю(сь), -а́ет(ся)
перетру́женный; *кр. ф.* -ен, -ена
перетру́сить, -у́шу, -у́сит (*испугаться*)
перетруси́ть, -ушу́, -уси́т (*перетрясти*)
перетру́ска, -и, *р. мн.* -сок
перетрухну́ть, -ну́, -нёт

перетру́шенный; *кр. ф.* -ен, -ена
перетру́шивать(ся), -аю, -ает(ся)
перетряса́ть(ся), -а́ю, -а́ет(ся)
перетрясённый; *кр. ф.* -ён, -ена́
перетря́ска, -и, *р. мн.* -сок
перетрясти́(сь), -су́(сь), -сёт(ся); *прош.* -я́с(ся), -ясла́(сь)
перетря́сший(ся)
перетряха́ть, -а́ю, -а́ет
перетря́хивание, -я
перетря́хивать(ся), -аю, -ает(ся)
перетря́хнутый
перетряхну́ть, -ну́, -нёт
переступи́ть(ся), -уплю́, -у́пит(ся)
переу́пленный; *кр. ф.* -ен, -ена
переступля́ть(ся), -я́ю, -я́ет(ся)
перетушёванный; *кр. ф.* -ан, -ана
перетушева́ть, -шу́ю, -шу́ет
перетушёвывать(ся), -аю, -ает(ся)
перету́шенный; *кр. ф.* -ен, -ена
перетуши́ть, -ушу́, -у́шит
переты́кать, -аю, -ает, *сов.* (*от* ты́кать)
перетыка́ть(ся), -а́ю, -а́ет(ся), *несов.* (*к* переткну́ть)
пере́ть(ся), пру(сь), прёт(ся); *прош.* пёр(ся), пёрла(сь)
перетя́гивание, -я
перетя́гивать(ся), -аю(сь), -ает(ся)
перетя́жка, -и, *р. мн.* -жек
перетяжно́й
перетя́нутый
перетяну́ть(ся), -яну́(сь), -я́нет(ся)
переубеди́ть(ся), -и́т(ся)
переубежда́ть(ся), -а́ю(сь), -а́ет(ся)
переубеждённый; *кр. ф.* -ён, -ена́
переувлажне́ние, -я
переувлажнённый; *кр. ф.* -ён, -ена́
переувлажни́ть(ся), -ню́, -ни́т(ся)
переувлажня́ть(ся), -я́ю, -я́ет(ся)
переуди́ть, -ужу́, -у́дит
переу́женный; *кр. ф.* -ен, -ена

переужива́ние, -я
переужива́ть(ся), -аю, -ает(ся)
переу́зить(ся), -у́жу, -у́зит(ся)
переукла́дка, -и, *р. мн.* -док
переукла́дывание, -я
переукла́дывать(ся), -аю, -ает(ся)
переукомплектова́ние, -я
переукомплекто́ванный; *кр. ф.* -ан, -ана
переукомплектова́ть(ся), -ту́ю, -ту́ет(ся)
переу́лок, -лка
переу́лочек, -чка
переу́лочный
переупако́ванный; *кр. ф.* -ан, -ана
переупакова́ть(ся), -ку́ю(сь), -ку́ет(ся)
переупако́вка, -и, *р. мн.* -вок
переупако́вывание, -я
переупако́вывать(ся), -аю(сь), -ает(ся)
переуплотне́ние, -я
переуплотнённый; *кр. ф.* -ён, -ена́
переуплотни́ть(ся), -ню́(сь), -ни́т(ся)
переуплотня́ть(ся), -я́ю(сь), -я́ет(ся)
переупоря́дочение, -я
переупоря́доченный; *кр. ф.* -ен, -ена
переупоря́дочивать(ся), -аю, -ает(ся)
переупоря́дочить, -чу, -чит
переупря́мить, -млю, -мит
переупря́мленный; *кр. ф.* -ен, -ена
переусе́рдствование, -я
переусе́рдствовать, -твую, -твует
переустра́ивать(ся), -аю(сь), -ает(ся)
переустро́енный; *кр. ф.* -ен, -ена
переустро́ить(ся), -о́ю(сь), -о́ит(ся)
переустро́йство, -а

переуступа́ть(ся), -а́ю, -а́ет(ся)
переуступи́ть, -уплю́, -у́пит
переусту́пка, -и, р. мн. -пок
переусту́пленный; кр. ф. -ен, -ена
переутверди́ть, -ржу́, -рди́т
переутвержда́ть(ся), -а́ю, -а́ет(ся)
переутвержде́ние, -я
переутверждённый; кр. ф. -ён, -ена́
переутоми́ть(ся), -млю́(сь), -ми́т(ся)
переутомле́ние, -я
переутомлённый; кр. ф. -ён, -ена́
переутомля́ть(ся), -я́ю(сь), -я́ет(ся)
переутю́женный; кр. ф. -ен, -ена
переутю́живать(ся), -аю, -ает(ся)
переутю́жить, -жу, -жит
переутю́жка, -и, р. мн. -жек
переу́ченный; кр. ф. -ен, -ена
переуче́сть, -чту́, -чтёт; прош. -чёл, -чла́
переучёт, -а
переучётный
переу́чивание, -я
переу́чивать(ся), -аю(сь), -ает(ся)
переучи́тывать(ся), -аю, -ает(ся)
переучи́ть(ся), -учу́(сь), -у́чит(ся)
переучтённый; кр. ф. -ён, -ена́
перефасо́ненный; кр. ф. -ен, -ена
перефасо́нивать(ся), -аю, -ает(ся)
перефасо́нить, -ню, -нит
переформати́рование, -я
переформати́рованный; кр. ф. -ан, -ана
переформати́ровать(ся), -рую, -рует(ся)
переформирова́ние, -я
переформиро́ванный; кр. ф. -ан, -ана
переформирова́ть(ся), -ру́ю, -ру́ет(ся)
переформиро́вка, -и, р. мн. -вок

переформиро́вывание, -я
переформиро́вывать(ся), -аю, -ает(ся)
переформули́рование, -я
переформули́рованный; кр. ф. -ан, -ана
переформули́ровать(ся), -рую, -рует(ся)
переформулиро́вка, -и, р. мн. -вок
перефотографи́рование, -я
перефотографи́рованный; кр. ф. -ан, -ана
перефотографи́ровать(ся), -рую(сь), -рует(ся)
перефрази́рование, -я
перефрази́рованный; кр. ф. -ан, -ана (от перефрази́ровать)
перефрази́ровать(ся), -рую, -рует(ся) (изложить, излагать(ся) по-другому)
перефразиро́вка, -и, р. мн. -вок (от перефрази́ровать)
перефы́ркиваться, -ается
переха́живание, -я
переха́живать, -аю, -ает
перехва́ленный; кр. ф. -ен, -ена
перехва́ливание, -я
перехва́ливать(ся), -аю(сь), -ает(ся)
перехвали́ть, -алю́, -а́лит
перехва́т, -а
перехва́танный; кр. ф. -ан, -ана
перехвата́ть, -а́ю, -а́ет
перехвати́ть(ся), -ачу́(сь), -а́тит(ся)
перехва́тка, -и
перехва́тчик, -а
перехва́тывание, -я
перехва́тывать(ся), -аю(сь), -ает(ся)
перехва́ченный; кр. ф. -ен, -ена
перехвора́ть, -а́ю, -а́ет
перехитрённый; кр. ф. -ён, -ена́
перехитри́ть, -рю́, -ри́т
перехихи́кивание, -я

перехихи́киваться, -аюсь, -ается
перехлёст, -а
перехлёстанный; кр. ф. -ан, -ана
перехлеста́ть(ся), -ещу́(сь), -е́щет(ся)
перехлёстнутый
перехлестну́ть(ся), -ну́, -нёт(ся)
перехлёстывать(ся), -аю(сь), -ает(ся)
перехло́панный; кр. ф. -ан, -ана
перехло́пать, -аю, -ает
перехло́пывать, -аю, -ает
перехо́д, -а
переходи́ть, -ожу́, -о́дит
переходни́к, -а́
переходно́й и перехо́дный (служащий для перехода)
перехо́дность, -и
перехо́дность-неперехо́дность, перехо́дности-неперехо́дности
перехо́дный; кр. ф. -ден, -дна (промежуточный; лингв.)
переходя́щий
перехо́женный; кр. ф. -ен, -ена
перехо́жий: кали́ка перехо́жий (перехо́жая)
перехола́живать(ся), -аю, -ает(ся)
перехолоди́ть, -ложу́, -лоди́т
перехоложённый; кр. ф. -ён, -ена́
перехора́нивать(ся), -аю, -ает(ся)
перехоро́ненный; кр. ф. -ен, -ена
перехорони́ть, -оню́, -о́нит
перехоте́ть(ся), -хочу́, -хо́чешь, -хо́чет(ся), -хоти́м, -хоти́те, -хотя́т
пе́рец, пе́рца и пе́рцу, тв. пе́рцем, р. мн. пе́рцев
перецара́панный; кр. ф. -ан, -ана
перецара́пать(ся), -аю(сь), -ает(ся)
перецара́пывать(ся), -аю(сь), -ает(ся)
перецеди́ть, -цежу́, -це́дит
переце́женный; кр. ф. -ен, -ена

ПЕРЕЦЕЖИВАНИЕ

перецéживание, -я
перецéживать(ся), -аю, -ает(ся)
перецелóванный; кр. ф. -ан, -ана
перецеловáть(ся), -лую(сь), -лýет(ся)
перецелóвывать(ся), -аю(сь), -ает(ся)
переценённый; кр. ф. -ён, -енá
перецéнивать(ся), -аю, -ает(ся)
переценúть, -еню́, -éнит
перецепúть, -еплю́, -éпит
перецéпка, -и, р. мн. -пок
перецеплéние, -я
перецéпленный; кр. ф. -ен, -ена
перецепля́ть(ся), -я́ю, -я́ет(ся)
перечáхнуть, -нет; прош. -чáх, -чáхла
перечáхший
перéчащий
перечекáненный; кр. ф. -ен, -ена
перечекáнивание, -я
перечекáнивать(ся), -аю, -ает(ся)
перечекáнить, -ню, -нит
перечекáнка, -и, р. мн. -нок
пéречень, -чня
перéченье, -я
перечёрканный; кр. ф. -ан, -ана
перечеркáть, -áю, -áет и перечёркать, -аю, -ает
перечёркивание, -я
перечёркивать(ся), -аю, -ает(ся)
перечёркнутый
перечеркнýть, -нý, -нёт
перечернённый; кр. ф. -ён, -енá
перечернúть(ся), -ню́(сь), -нúт(ся)
перечерня́ть(ся), -я́ю(сь), -я́ет(ся)
перечéрпанный; кр. ф. -ан, -ана
перечéрпать, -аю, -ает
перечéрпывать(ся), -аю, -ает(ся)
перечерствéлый
перечерствéть, -éет
перечертúть, -ерчý, -éртит
перечéрченный; кр. ф. -ен, -ена
перечéрчивание, -я
перечéрчивать(ся), -аю, -ает(ся)

перечёс, -а
перечёсанный; кр. ф. -ан, -ана
перечесáть(ся), -ешý(сь), -éшет(ся)
перечёска, -и, р. мн. -сок
перечéсть, -чтý, -чтёт; прош. -чёл, -чла́
перечёсывание, -я
перечёсывать(ся), -аю(сь), -ает(ся)
перечёт, -а
перечúненный; кр. ф. -ен, -ена
перечúнивание, -я
перечúнивать(ся), -аю, -ает(ся)
перечинúть, -иню́, -úнит
перечúнка, -и, р. мн. -нок
перечúрканный; кр. ф. -ан, -ана
перечúркать, -аю, -ает
перечислéние, -я
перечúсленный; кр. ф. -ен, -ена
перечислúмый
перечислúтельность, -и
перечислúтельный
перечúслить(ся), -лю(сь), -лит(ся)
перечисля́ть(ся), -я́ю(сь), -я́ет(ся)
перечúстить, -úщу, -úстит
перечúстка, -и, р. мн. -ток
перечúтанный; кр. ф. -ан, -ана
перечитáть, -áю, -áет
перечúтка, -и, р. мн. -ток
перечúтывание, -я
перечúтывать(ся), -аю, -ает(ся)
перéчить, -чу, -чит
перечищáть(ся), -áю, -áет(ся)
перечúщенный; кр. ф. -ен, -ена
пéречневый
пéречник, -а
пéречница, -ы, тв. -ей
пéречный
перечóкаться, -аюсь, -ается
перечóкиваться, -аюсь, -ается
перечтённый; кр. ф. -ён, -енá
перечýвствованный; кр. ф. -ан, -ана
перечýвствовать(ся), -твую, -твует(ся)

перешáгивание, -я
перешáгивать(ся), -аю, -ает(ся)
перешáгнутый
перешагнýть, -нý, -нёт
перешáренный; кр. ф. -ен, -ена
перешáривать(ся), -аю, -ает(ся)
перешáрить, -рю, -рит
перешвартóванный; кр. ф. -ан, -ана
перешвартовáть(ся), -тýю(сь), -тýет(ся)
перешвартóвка, -и, р. мн. -вок
перешвартóвывать(ся), -аю(сь), -ает(ся)
перешвы́ривать(ся), -аю(сь), -ает(ся)
перешвы́рнутый
перешвырнýть, -нý, -нёт
перешвы́рянный; кр. ф. -ян, -яна
перешвыря́ть, -я́ю, -я́ет
перешéдший
перешéек, -éйка
перешéечный
перешелушённый; кр. ф. -ён, -енá
перешелýшивание, -я
перешелýшивать(ся), -аю, -ает(ся)
перешелушúть, -шý, -шúт
перешепнýться, -нýсь, -нётся
перешёптанный; кр. ф. -ан, -ана
перешептáть, -шепчý, -шéпчет
перешёптывание, -я
перешёптывать(ся), -аю(сь), -ает(ся)
перешерстúть, -úт
перешúб, -а
перешибáть(ся), -áю, -áет(ся)
перешибúвший
перешибúть, -бý, -бёт; прош. -шúб, -шúбла
перешúбленный; кр. ф. -ен, -ена
перешúв, -а
перешивáние, -я
перешивáть(ся), -áю, -áет(ся)
перешúвка, -и, р. мн. -вок
перешивóчный

перешитый
перешить, -шью, -шьёт; прош. -шил, -шила
перешлифованный; кр. ф. -ан, -ана
перешлифовать(ся), -фую, -фует(ся)
перешлифовка, -и, р. мн. -вок
перешлифовывать(ся), -аю, -ает(ся)
перешлихтование, -я
перешлихтованный; кр. ф. -ан, -ана
перешлихтовать(ся), -тую, -тует(ся)
перешлихтовка, -и, р. мн. -вок
перешлихтовывать(ся), -аю, -ает(ся)
перешнурованный; кр. ф. -ан, -ана
перешнуровать(ся), -рую(сь), -рует(ся)
перешнуровка, -и, р. мн. -вок
перешнуровывание, -я
перешнуровывать(ся), -аю(сь), -ает(ся)
перешпигованный; кр. ф. -ан, -ана
перешпиговать, -гую, -гует
перешпиговывание, -я
перешпиговывать(ся), -аю, -ает(ся)
перешпиленный; кр. ф. -ен, -ена
перешпиливать(ся), -аю, -ает(ся)
перешпилить, -лю, -лит
перештемпелевание, -я
перештемпелёванный; кр. ф. -ан, -ана
перештемпелевать(ся), -люю, -люет(ся)
перештемпелёвывание, -я
перештемпелёвывать(ся), -аю, -ает(ся)
перештопанный; кр. ф. -ан, -ана
перештопать, -аю, -ает
перештопка, -и, р. мн. -пок

перештопывание, -я
перештопывать(ся), -аю, -ает(ся)
перештукатуренный; кр. ф. -ен, -ена
перештукатуривание, -я
перештукатуривать(ся), -аю, -ает(ся)
перештукатурить, -рю, -рит
перешучивание, -я
перешучиваться, -аюсь, -ается
перещеголять, -яю, -яет
перещёлк, -а
перещёлканный; кр. ф. -ан, -ана
перещёлкать, -аю, -ает
перещёлкивание, -я
перещёлкивать(ся), -аю, -ает(ся)
перещелочённый; кр. ф. -ён, -ена
перещелочить, -чу, -чит
перещипанный; кр. ф. -ан, -ана
перещипать(ся), -иплю(сь), -иплет(ся), -иплют(ся) и -ипет(ся), -ипят(ся), также -аю(сь), -ает(ся)
перещипывание, -я
перещипывать(ся), -аю(сь), -ает(ся)
перещупанный; кр. ф. -ан, -ана
перещупать, -аю, -ает
перещупывание, -я
перещупывать(ся), -аю(сь), -ает(ся)
переэкзаменованный; кр. ф. -ан, -ана
переэкзаменовать(ся), -ную(сь), -нует(ся)
переэкзаменовка, -и, р. мн. -вок
переэкзаменовывать(ся), -аю(сь), -ает(ся)
переэкскавация, -и
переэкспонированный; кр. ф. -ан, -ана
переэтерификация, -и
переярка, -и, р. мн. -рок (преимущ. о домашней птице)
переярок, -рка (преимущ. об овце, волке)

Переяславская рада (ист.)
переяславский (к Переяслав-Хмельницкий)
переяславцы, -ев, ед. -вец, -вца, тв. -вцем (к Переяслав-Хмельницкий)
пери, нескл., ж.
периаденит, -а
периартериит, -а
периартрит, -а
периастр, -а
перибластула, -ы
периблема, -ы
перибронхит, -а
перигастрит, -а
перигей, -я
перигелий, -я
перидерма, -ы
перидий, -я
перидинеи, -ей, ед. -нея, -и
перидот, -а
перидотит, -а
перикамбий, -я
перикард, -а
перикардиальный
перикардит, -а
перикарпий, -я
периклаз, -а
периклазовый
периклиналь, -и
периклинальный
перикратонный
перила, -ил (ограда)
перилла, -ы (растение)
перилловый (от перилла)
перильный (от перила)
перильца, -лец
перильчатый
перименингит, -а
периметр, -а
периметральный
периметрий, -я
периметрит, -а
периметрический
периметрия, -и
перина, -ы

перинатальный
перинка, -и, *р. мн.* -нок
перинный
период, -а
периодизация, -и
периодика, -и
периодически
периодический
периодичность, -и
периодичный; *кр. ф.* -чен, -чна
периодонт, -а
периодонтит, -а
периост, -а
периостит, -а
перипатетизм, -а
перипатетик, -а
перипатетический
перипетии, -ий, *ед.* -тия, -и
периплазмодий, -я
периптер, -а
переселений, -я
перископ, -а
перископический
перископный
перисперм, -а
периспориевые, -ых
перистальтика, -и
перистальтический
перистиль, -я
перистожаберные, -ых
перистокрылка, -и, *р. мн.* -лок
перистокрылый
перисто-кучевой
перистолистный и перистолистый
перисто-лопастный
перисто-раздельный
перисто-рассечённый
перисто-сложный
перисто-слоистый
перистый
перитектика, -и
перитеций, -я
перитифлит, -а
перитонеоскопия, -и
перитонит, -а

перитрихи, -ов, *ед.* -трих, -а
периферийный
периферический
периферия, -и
перифитон, -а
перифраза, -ы и перифраз, -а
перифразированный; *кр. ф.* -ан, -ана (*от* перифразировать)
перифразировать(ся), -рую, -рует(ся) (*к* перифраза)
перифразировка, -и, *р. мн.* -вок (*к* перифразировать)
перифрастический
перихондр, -а и перихондрий, -я
перицемент, -а
перицементит, -а
перицентр, -а
перицикл, -а
перициты, -ов, *ед.* -цит, -а
перизки, -ов, *ед.* -зк, -а
периэлектротон, -а
пёрка, -и, *р. мн.* пёрок
перкалевый
перкаль, -и и -я
перкарина, -ы
перколятор, -а
перколяция, -и
перкуссионный
перкуссия, -и
перкутированный; *кр. ф.* -ан, -ана
перкутировать(ся), -рую, -рует(ся)
перкуторный
перл, -а
перламутр, -а
перламутровка, -и, *р. мн.* -вок
перламутровый
перлинь, -я
перлит, -а
перлитный
перлитобетон, -а
перлитобетонный
перлитовый
перловица, -ы, *тв.* -ей
перловка, -и

перловник, -а
перловый
перлон, -а
перлоновый
перлюстрационный
перлюстрация, -и
перлюстрированный; *кр. ф.* -ан, -ана
перлюстрировать(ся), -рую, -рует(ся)
пермаллой, -я
перманганатометрия, -и
перманганаты, -ов, *ед.* -нат, -а
перманент, -а
перманентность, -и
перманентный; *кр. ф.* -тен, -тна
пермеазы, -аз, *ед.* -аза, -ы
пермеаметр, -а
пермендюр, -а
перменорм, -а
перминвар, -а
пермский (*от* Пермь, *город; геол.*); но: Стефан Пермский
пермутиты, -ов, *ед.* -тит, -а
пермь, -и (*геол.*)
пермяки, -ов, *ед.* пермяк, -а
пермяцкий
пермячка, -и, *р. мн.* -чек
пернатый
пернач, -а, *тв.* -ом
пернициозный
перо, -а, *мн.* перья, -ьев
перовой
перовскит, -а
перокрылка, -и, *р. мн.* -лок
пероксид, -а
пероксидазы, -аз, *ед.* -даза, -ы
пероксидный
пероксокислоты, -от, *ед.* -ота, -ы
пероксосульфаты, -ов, *ед.* -фат, -а
пероноспоровый
пероноспороз, -а
перопуховой
пероральный (*мед.*)
перочинный нож
перочистка, -и, *р. мн.* -ток

перпендикуля́р, -а
перпендикуля́рно-продо́льный
перпендикуля́рно расположенный
перпендикуля́рность, -и
перпендикуля́рный; *кр. ф.* -рен, -рна
перпе́туум-мо́биле, *нескл., с. и м.*
перро́н, -а
перро́нный
персевера́ция, -и
Персеи́ды, -и́д (*астр.*)
Персе́й, -я
персепти́вный
персептро́н, -а
Персефо́на, -ы
пе́рси, -ей
переи́дка, -и, *р. мн.* -док (*устар. к* персия́нка)
перси́дский (*к* пе́рсы *и* Пе́рсия)
Перси́дский зали́в
пе́рсик, -а
пе́рсиковый
персисте́нтный
персисте́нция, -и
перси́стор, -а
персия́не, -я́н, *ед.* -я́нин, -а (*от* Пе́рсия)
персия́нка, -и, *р. мн.* -нок
персо́ль, -и
персо́на, -ы
персо́на гра́та, персо́ны гра́та
персона́ж, -а, *тв.* -ем
персона́л, -а
персонализи́рованный; *кр. ф.* -ан, -ана
персонализи́ровать(ся), -рую, -рует(ся)
персонали́зм, -а
персонали́ст, -а
персоналисти́ческий
персонали́стский
персона́лия, -и
персона́лка, -и, *р. мн.* -лок
персона́льный
персона́льщик, -а

персо́на нон гра́та, персо́ны нон гра́та
персонифика́ция, -и
персонифици́рованный; *кр. ф.* -ан, -ана
персонифици́ровать(ся), -рую, -рует(ся)
персоязы́чный
перспекти́ва, -ы
перспекти́вность, -и
перспекти́вный; *кр. ф.* -вен, -вна
перспекто́граф, -а
перст, -а́
перстенёк, -нька́
пе́рстень, -тня
перстневи́дный; *кр. ф.* -ден, -дна
перстнево́й *и* пе́рстневый
перстнеобра́зный; *кр. ф.* -зен, -зна
перстосложе́ние, -я
персть, -и (*прах*)
перстяно́й
персульфа́ты, -ов, *ед.* -фа́т, -а
пе́рсы, -ов, *ед.* перс, -а
пертине́нтный
пертине́нция, -и
пе́ртский (*от* Перт)
пертурбацио́нный
пертурба́ция, -и
пертусси́н, -а
перуа́нка, -и, *р. мн.* -нок
перуа́нский (*от* Перу́)
перуа́нцы, -ев, *ед.* -нец, -нца, *тв.* -нцем
Перу́н, -а (*мифол.*)
перу́ны, -ов (*молнии, гроза*; мета́ть перу́ны)
перфе́кт, -а
перфе́ктный
перфекциони́зм, -а
перфока́рта, -ы
перфока́рточный
перфоле́нта, -ы
перфоле́нточный
перфопристо́вка, -и, *р. мн.* -вок
перфопроду́кция, -и

перфора́тор, -а
перфора́торный
перфора́торщик, -а
перфорацио́нный
перфора́ция, -и
перфори́рование, -я
перфори́рованный; *кр. ф.* -ан, -ана
перфори́ровать(ся), -рую, -рует(ся)
перфо́рманс, -а
перформати́вный
перфосчи́тыватель, -я
перфторуглеводоро́ды, -ов, *ед.* -ро́д, -а
перфу́зия, -и
перха́ть, -а́ю, -а́ет
перхлора́т, -а
перхлора́тный
перхлорвини́ловый
перхо́та, -ы
пе́рхоть, -и
пе́рхули, *нескл., м.*
перху́н, -а́
перху́нья, -и, *р. мн.* -ний
перцее́д, -а
перцепие́нт, -а
перцепти́вный
перце́птор, -а
перцепцио́нный
перце́пция, -и
перципи́рованный; *кр. ф.* -ан, -ана
перципи́ровать(ся), -рую, -рует(ся)
перцо́вка, -и, *р. мн.* -вок
перцо́вочный
перцо́вый
перча́тки, -ток, *ед.* -тка, -и
перча́точки, -чек, *ед.* -чка, -и
перча́точник, -а
перча́точница, -ы, *тв.* -ей
перча́точный
пе́рчащий
пе́рченный; *кр. ф.* -ен, -ена *и* перчённый; *кр. ф.* -ён, -ена́, *прич.*

пе́рченый, *прил.*
пе́рчик, -а и -у
перчи́нка, -и, *р. мн.* -нок
перчи́ть(ся), перчу́, перчи́т(ся)
перш, -а, *тв.* -ем
перше́ние, -я
першеро́н, -а
першеро́нский
пе́рший
перши́ть, -и́т
пе́рышко, -а, *мн.* -шки, -шек
перьево́й
перяно́й
пёс, пса; *но:* Большо́й Пёс, Ма́лый Пёс (*созвездия*)
Пе́сах, -а
пе́сельник, -а (*певец*)
пе́сельница, -ы, *тв.* -ей
пе́сенка, -и, *р. мн.* -нок
пе́сенник, -а (*певец; композитор, поэт; сборник песен*)
пе́сенница, -ы, *тв.* -ей
пе́сенность, -и
пе́сенно-хорово́й
пе́сенный
песе́та, -ы
песе́ц, песца́, *тв.* песцо́м, *р. мн.* песцо́в (*полярная лисица*)
пёсий, -ья, -ье
пёсик, -а
песка́рь, -я́; *но:* Прему́дрый писка́рь (*лит. персонаж*)
Пески́, -о́в (*ист. район в Петербурге; поселок*); Золоты́е Пески́ (*курорт в Болгарии*)
пескогидравли́ческий
пескогидрока́мера, -ы
пескоду́вный
пескожи́л, -а
песколо́вка, -и, *р. мн.* -вок
песколову́шка, -и, *р. мн.* -шек
песколю́б, -а
пескомёт, -а
пескомо́йка, -и, *р. мн.* -о́ек
песконасо́с, -а
пескопода́ча, -и, *тв.* -ей

пескоразбра́сыватель, -я
пескоро́й, -я
пескоро́йка, -и, *р. мн.* -о́ек
пескостре́льный
пескостру́йка, -и, *р. мн.* -у́ек
пескостру́йный
пескостру́йщик, -а
пескостру́йщица, -ы, *тв.* -ей
пескоукрепи́тельный
песнопе́вец, -вца, *тв.* -вцем, *р. мн.* -вцев
песнопе́ние, -я
песнотво́рец и песнетво́рец, -рца, *тв.* -рцем, *р. мн.* -рцев
песнотво́рчество, -а и песнетво́рчество, -а
песнь, -и, *р. мн.* пе́сней (*устар. и высок. к* пе́сня; *раздел эпической поэмы*)
пе́сня, -и, *р. мн.* пе́сен
песня́р, -а́
пе́со и пе́зо, *нескл., с.*
песо́к, песка́ и песку́
песо́чащий
песо́чек, -чка и -чку
песо́чить, -чу, -чит
песо́чник, -а
песо́чница, -ы, *тв.* -ей
песо́чно-кре́мовый
песо́чный
несса́рий, -я
пессими́зм, -а
пессими́ст, -а
пессимисти́ческий
пессимисти́чность, -и
пессимисти́чный; *кр. ф.* -чен, -чна
пессими́стка, -и, *р. мн.* -ток
пе́ссимум, -а
пест, -а́
песте́рь, -я́
пе́стик, -а
пе́стиковый
пестици́ды, -ов, *ед.* -ци́д, -а
пе́стичный
пе́стование, -я

пе́стованный; *кр. ф.* -ан, -ана
пе́стовать(ся), -тую, -тует(ся)
пёстренький
пестре́ть¹, -е́ет; *прош.* -е́л, -е́ла (*выделяться своей пестротой; становиться пестрым*)
пестре́ть², -ри́т; *прош.* -е́л, -е́ла (*мелькать перед глазами; изобиловать чем-н.*)
пестре́ться, -е́ется
пестрина́, -ы́ (*пятно, крапина*)
пестрина́, -ы́ (*пестрота*)
пестри́ть, -рю́, -ри́т; *прош.* -и́л, -и́ла (*делать пестрым, испещрять; в глаза́х пестри́т*)
пестри́ться, -и́тся
пёстро и пестро́, *нареч.*
пестрова́тость, -и
пестрова́тый
пестровя́заный
пестрогру́дка, -и, *р. мн.* -док
пестрокры́лка, -и, *р. мн.* -лок
пестрокры́лый
пестролепе́стность, -и
пестролепе́стный
пестроли́ственный
пестроли́стность, -и
пестроли́стный и пестроли́стый
пестроли́цый
пестрота́, -ы́
пестротка́ный
пестротка́нь, -и
пестроцве́тье, -я
пёстро-я́ркий
пестру́шка, -и, *р. мн.* -шек
пёстрый; *кр. ф.* пёстр, пестра́, пёстро и пестро́
пестрядёвый
пестряди́на, -ы
пестряди́нный
пе́стрядь, -и
пестря́к, -а́
пестря́нка, -и, *р. мн.* -нок
песту́д, -а
песту́н, -а́

пестунья, -и, *р. мн.* -ний
пестушка, -и, *р. мн.* -шек
песцовый (*от* песец)
Песчаная, -ой (*улица*)
песчаник, -а
песчаниковый
песчанистый
песчанка, -и, *р. мн.* -нок
песчано-галечный
песчано-глинистый
песчано-гравийный
песчано-цементный
песчаный
песчинка, -и, *р. мн.* -нок
петарда, -ы
петардный
петардщик, -а
петел, -а (*устар. к* петух)
петелька, -и, *р. мн.* -лек
петельный
петельчатый
петербургер, -а (*бутерброд*)
петербургский и петербуржский (*от* Петербург)
петербуржанка, -и, *р. мн.* -нок и петербурженка, -и, *р. мн.* -нок
петербуржка, -и, *р. мн.* -жек
петербуржцы, -ев, *ед.* -жец, -жца, *тв.* -жцем
петергофский (*от* Петергоф)
петехиальный
петехия, -и
петиметр, -а
петиметрство, -а
петит, -а
петитный
петиционер, -а
петиционный
петиция, -и
петлевой
петлеобразный; *кр. ф.* -зен, -зна
петлеобразование, -я
петлистый
петлица, -ы, *тв.* -ей
петличка, -и, *р. мн.* -чек
петличный

петлюровец, -вца, *тв.* -вцем, *р. мн.* -вцев
петлюровский (*от* Петлюра)
петлюровщина, -ы
петля, -и и петля, -и, *мн.* петли, петель, петлям
петлять, -яю, -яет
петраркизм, -а
петрарковский (*от* Петрарка)
петрашевец, -вца, *тв.* -вцем, *р. мн.* -вцев (*от* Петрашевский)
Пётр Великий
петрить, -рю, -рит
петрификация, -и
Петров, -а, -о (*от* Пётр)
Петров день, Петрова дня
Петровка, -и (*улица*)
Петровки, -вок
петров крест, петрова креста (*растение*)
Петров пост, Петрова поста
Петровская эпоха
Петровск-Забайкальский (*город*)
Петровские Ворота (*площадь*)
Петровские реформы
петровский (*от* Пётр, Петров, Петровск, Петровское)
Петровский Завод (*населенный пункт*)
Петровский пассаж (*в Москве*)
петровцы, -ев, *ед.* -вец, -вца, *тв.* -вцем
петроглиф, -а
петроглифический
Петроградская сторона (*в Петербурге*)
петроградский (*к* Петроград и Петроградская сторона)
петроградцы, -ев, *ед.* -дец, -дца, *тв.* -дцем
петрограф, -а
петрографический
петрография, -и
петрозаводский (*от* Петрозаводск)

петрозаводцы, -ев, *ед.* -дец, -дца, *тв.* -дцем
петрозаводчане, -ан, *ед.* -анин, -а
петрозаводчанка, -и, *р. мн.* -нок
петролатум, -а
петролейный
петролеум, -а
петрологический
петрология, -и
Петропавловская крепость
петропавловский (*от* Петропавловск)
Петропавловский собор (*к* Пётр и Павел)
Петропавловск-Камчатский, Петропавловска-Камчатского (*город*)
петропавловцы, -ев, *ед.* -вец, -вца, *тв.* -вцем
Петрополь, -я (*о Петербурге*)
петротектоника, -и
петрофизика, -и
петрофиты, -ов, *ед.* -фит, -а
петрохимия, -и
петрургия, -и
петрушечка, -и
петрушечник, -а
петрушечный
петрушка[1], -и, *ж.* (*овощ; что-н. смешное, дурацкое, нелепое*)
Петрушка, -и, *м.* (*персонаж кукольного театра*) и петрушка[2], -и, *р. мн.* -шек, *м.* (*кукла*)
петтинг, -а
петуния, -и и петунья, -и, *р. мн.* -ний
петух, -а; но: год Петуха (*по восточному календарю*), Петух, -а (*о том, кто родился в этот год*)
петуший, -ья, -ье
петушиный
петушиться, -шусь, -шится
петушком, *нареч.*
петушок, -шка
Петушок – Золотой гребешок, Петушка – Золотого гребешка

ПЕТЫЙ

пе́тый
пе́ть, пою́, поёт
Пе́тька, -и, м. (также: петух)
пе́ться, поётся
Пе́тя, -и, м. (также: петух)
Пе́тя-петушо́к, Пе́ти-петушка́
пеу́н, -а́ (обл. к певу́н; жук)
пехлеви́, неизм. и нескл., м.
пехлеви́йский
пёхом, нареч.
пехо́та, -ы
пехоти́нец, -нца, тв. -нцем, р. мн. -нцев
пехо́тно-деса́нтный
пехо́тно-та́нковый
пехо́тный
пе́хтерь, -я и пехте́рь, -я́
пехтура́, -ы́
пехтуро́й, нареч.
печа́линка, -и
печа́лить(ся), -лю(сь), -лит(ся)
печа́лование, -я
печа́ловаться, -луюсь, -луется
печа́ль, -и
печа́льник, -а
печа́льница, -ы, тв. -ей
печа́льно знамени́тый
печа́льно изве́стный
печа́льный; кр. ф. -лен, -льна
печа́лящий(ся)
печа́тание, -я
печа́танный; кр. ф. -ан, -ана, прич.
печа́таный, прил.
печа́тать(ся), -аю(сь), -ает(ся)
печа́тка, -и, р. мн. -ток
печа́тник, -а
Печа́тники, -ов (район в Москве)
печа́тно-литографи́ческий
печа́тно-мно́жительный
печа́тный
Печа́тный Дво́р (производственное объединение)
печа́тня, -и, р. мн. -тен
печа́точный
печа́ть, -и
пе́чево, -а

печево́й, -о́го (рабочий)
печене́ги, -ов, ед. -не́г, -а
печене́жский
пече́ние, -я (действие)
печёнка, -и, р. мн. -нок
печённый; кр. ф. -ён, -ена́, прич.
печёночник, -а
печёночница, -ы, тв. -ей
печёночно-желу́дочный
печёночный
печёный, прил.
пе́чень, -и
пече́нье, -я, р. мн. -ний (кондитерское изделие)
пече́ньице, -а
печеню́шка, -и, р. мн. -шек
пече́рица, -ы, тв. -ей
Пече́рский (к Пече́рск, Ки́ево-Пече́рская ла́вра); но: Феодо́сий Пече́рский
печеча́с, -а, мн. -ы́, -о́в (ед. измер.)
пе́чечка, -и, р. мн. -чек
печи́ща, -и, тв. -ей (увелич. к печь)
печи́ще, -а (остатки развалившейся печи; семейная община на русском Севере)
пе́чка, -и, р. мн. -чек
пе́чки-ла́вочки, другие формы не употр.
печни́к, -а́
печно́й
Печо́рин, -а
печо́ринский
печо́ринство, -а
Печо́рская губа́ (в Баренцевом море)
печо́рский (от Печо́ра и Печо́ры)
Печо́рский (у́гольный) бассе́йн
печо́рцы, -ев, ед. -рец, -рца, тв. -рцем
печу́рка, -и, р. мн. -рок
печь¹, -и и -и́, тв. пе́чью, предл. в (на) печи́, мн. -и, -е́й
печь², пеку́, печёт, пеку́т; прош. пёк, пекла́

печь-гри́ль, печи́-гри́ля
печь-калори́фер, пе́чи-калори́фера
пе́чься, пеку́сь, печётся, пеку́тся; прош. пёкся, пекла́сь
пешава́рский (от Пешава́р)
пешедра́лом, нареч.
пешехо́д, -а
пешехо́дный
пе́шечка, -и, р. мн. -чек
пе́шечный
пе́ший
пе́шка, -и, р. мн. пе́шек
пешко́м, нареч.
пешнево́й
пе́шня, -и́, мн. -и́, -е́й и пе́шня, -и, мн. пе́шни, пе́шен
пешо́чком, нареч.
пеще́ра, -ы
пещери́стый
пеще́рник, -а
пеще́рный
пещно́й: пещно́е де́йство
пёщур, -а
пещь, -и и -и́, тв. пе́щью, предл. в пещи́, мн. -и, -е́й (устар. книжн. к печь¹)
ПЗУ [пэзэу́], нескл., с. (сокр.: программное запоминающее устройство)
пи, нескл., с. (название буквы; матем.)
пиала́, -ы́, мн. пиалы́, пиа́л, пиала́м
пиалу́шка, -и, р. мн. -шек
пиа́н, -а (полигр.)
пиани́зм, -а
пиани́но, нескл., с.
пиани́ссимо, неизм. и нескл., с.
пиани́ст, -а
пианисти́ческий
пиани́стка, -и, р. мн. -ток
пиа́но, неизм. и нескл., с.
пиано́ла, -ы
пиасса́ва, -ы
пиа́стр, -а

пива́ть, наст. вр. не употр. (от пить)
пивба́р, -а
пивзаво́д, -а
пивко́, -а́
пивна́я, -о́й
пивно́й
пивну́шка, -и, р. мн. -шек
пи́во, -а
пивобезалкого́льный
пивова́р, -а
пивваре́ние, -я
пивова́ренный
пивва́рня, -и, р. мн. -рен
пивцо́, -а́
пи́галица, -ы, тв. -ей
Пигмалио́н, -а
пигме́й, -я
пигме́нт, -а
пигмента́ция, -и
пигме́нтный
пигопа́ги, -ов
пигости́ль, -я
пи́гус, -а
пиджа́к, -а́
пиджачи́шко, -а и -и, мн. -шки, -шек, м.
пиджа́чник, -а
пиджа́чный
пиджачо́к, -чка́
пи́джин, -а и неизм.
пиджиниза́ция, -и
пи́джин-и́нглиш, -а
пиели́т, -а
пиелогра́фия, -и
пиелонефри́т, -а
пиеми́я, -и
пиери́ды, -и́д
пиете́т, -а
пиети́зм, -а
пиети́ст, -а
пиетисти́ческий
пижа́ма, -ы
пижа́мка, -и, р. мн. -мок
пижа́мник, -а
пижа́мный

пи́жма, -ы
пижо́н, -а
пижо́нистый
пижо́нить, -ню, -нит
пижо́нка, -и, р. мн. -нок
пижо́нский
пижо́нство, -а
Пиза́нская ба́шня
пиза́нский (от Пи́за)
пиза́нцы, -ев, ед. -нец, -нца, тв. -нцем
пизоли́ты, -ов, ед. -ли́т, -а
пии́т, -а (устар. книжн., шутл. к поэт)
пии́та, -ы, м. (устар. ирон. к поэт)
пии́тика, -и (устар. книжн. к поэ́тика)
пиити́ческий (устар. книжн. к поэти́ческий)
пик¹, -а (вершина горы; наивысший подъем в чем-н.)
пик², неизм. (час пик, вре́мя пик)
пи́ка, -и (копье; прост. к пи́ки)
пикадо́р, -а
пика́нтность, -и
пика́нтный; кр. ф. -тен, -тна
пи́канье, -я
пика́п, -а
пика́пчик, -а
пикарди́йский (от Пикарди́я)
пикарди́йцы, -ев, ед. -и́ец, -и́йца, тв. -и́йцем
пика́ро, нескл., м.
пи́кать, -аю, -ает
Пи́квик, -а: ми́стер Пи́квик
пике́, нескл., с. (пикирование самолета; ткань) и неизм. (пикейный)
пике́йный
пикелева́ние, -я
пикелёванный; кр. ф. -ан, -ана
пи́кель, -я
пике́т, -а
пикета́ж, -а, тв. -ем
пикета́жка, -и, р. мн. -жек
пикета́жный
пикети́рование, -я

пикети́рованный; кр. ф. -ан, -ана
пикети́ровать(ся), -рую, -рует(ся)
пике́тный
пике́тчик, -а
пике́тчица, -ы, тв. -ей
пи́ки, пик (карточная масть)
пикинёр, -а
пикинёрный
пики́рование, -я (от пики́ровать и пики́роваться)
пикирова́ние, -я (от пикирова́ть)
пикиро́ванный; кр. ф. -ан, -ана (от пикирова́ть)
пики́ровать, -рую, -рует (лететь вниз)
пики́роваться, -руюсь, -руется (перебраниваться)
пикирова́ть(ся), -ру́ю, -ру́ет(ся) (пересаживать(ся), с.-х.)
пикиро́вка, -и, р. мн. -вок
пикиро́вочный
пикиро́вщик, -а
пики́рующий
пи́кколо, неизм. и нескл., с.
пикнидиоспо́ры, -о́р, ед. -о́ра, -ы
пикни́ды, -и́д, ед. -и́да, -ы
пи́книи, -ий, ед. -ния, -и
пи́кник, -а (тучный человек)
пикни́к, -а́ (прогулка с закуской на воздухе)
пикнико́вый
пикни́ческий (о телосложении)
пикничо́к, -чка́
пикно́з, -а
пикнозо́нд, -а
пикноле́псия, -и
пикно́метр, -а
пи́кнуть, -ну, -нет
пико́вка, -и, р. мн. -вок
пи́ковый
пиколи́ны, -ов, ед. -ли́н, -а
пикообра́зный; кр. ф. -зен, -зна
пикорнави́русы, -ов, ед. -ви́рус, -а
пикота́ж, -а, тв. -ем
пикофара́д, -а, р. мн. -ов, счетн. ф. -ра́д

пикра́ты, -ов, ед. -ра́т, -а
пикри́новая кислота́
пикри́т, -а
пикси́да, -ы
пиктогра́мма, -ы
пиктографи́ческий
пиктогра́фия, -и
пик-трансформа́тор, -а
пи́ктский
пи́кты, -ов (племенная группа)
пи́кули, -ей (овощи)
пи́куль, -я (ед. измер.)
пику́льник, -а
пи́кша, -и, тв. -ей
пила́, -ы́, мн. пи́лы, пил
пила́в, -а
Пила́д, -а: Оре́ст и Пила́д
пила́-ры́ба, пилы́-ры́бы
Пила́т, -а (библ.)
пиленга́с, -а
пиле́ние, -я
пи́ленный; кр. ф. -ен, -ена, прич.
пи́лено-перепи́лено
пи́лёный, прил.
пи́леный-перепи́леный
пилигри́м, -а
пилигри́мка, -и, р. мн. -мок
пилигри́мовый ста́н
пилигри́мский
пилигри́мство, -а
пили́дий, -я
пили́канье, -я
пили́кать, -аю, -ает
пили́кнуть, -ну, -нет
пили́льщик, -а
пили́ть(ся), пилю́, пи́лит(ся)
пи́лка, -и, р. мн. пи́лок
пи́ллерс, -а
пило́вочник, -а
пило́вочный
пилокарпи́н, -а
пилока́рпус, -а
пиломатериа́лы, -ов, ед. -а́л, -а
пиломото́рный
пило́н, -а
пилоно́с, -а

пилоно́сный
пилообра́зный; кр. ф. -зен, -зна
пилопра́в, -а
пилора́ма, -ы
пилори́ческий
пилороспа́зм, -а
пилоростено́з, -а
пилоста́в, -а
пило́т, -а
пилота́ж, -а, тв. -ем
пилота́жник, -а
пилота́жный
пилоти́рование, -я
пилоти́рованный; кр. ф. -ан, -ана
пилоти́ровать(ся), -рую, -рует(ся)
пилоти́руемый
пило́тка, -и, р. мн. -ток
пило́тный
пило́тский
пилохво́ст, -а
пи́лочка, -и, р. мн. -чек
пиль, неизм. (команда)
пи́льный
пи́льня, -и, р. мн. пи́лен (место, где пилят)
пильня́, -и́ (звуки)
пи́льчатый
пи́льщик, -а
пилю́лька, -и, р. мн. -лек
пилю́ля, -и
пиля́стра, -ы и пиля́стр, -а
пиля́стровый
пи́лящий(ся)
пи-мезо́н, -а
пимели́новая кислота́
пиме́нт, -а (дерево, перец)
пиме́нта, -ы (то же, что тимент — дерево)
пимока́т, -а
пи́мы, -ов и пимы́, -о́в, ед. пим, -а и -а́
пинаго́р, -а
пина́кль, -я
пинаколи́новый
пинаколи́ны, -ов, ед. -ли́н, -а

пинако́ны, -ов, ед. -ко́н, -а
пинакоте́ка, -и
пина́нга, -и
пина́ть(ся), -а́ю(сь), -а́ет(ся)
пингви́н, -а
пингвинёнок, -нка, мн. -ня́та, -ня́т
пингви́ний, -ья, -ье
пинг-по́нг, -а
пингпонги́ст, -а
пингпонги́стка, -и, р. мн. -ток
пинг-по́нговый
Пинд, -а
пинежа́не, -а́н, ед. -а́нин, -а
пинежа́нка, -и, р. мн. -нок
пи́нежский (от Пи́нега)
пине́ны, -ов, ед. пине́н, -а
пине́тки, -ток, ед. -е́тка, -и
пине́точки, -чек, ед. -чка, -и
пинио́ли, -ей, ед. -о́ль, -я
пи́ния, -и
пи́нка, -и, р. мн. пи́нок (судно)
Пинкерто́н, -а (лит. персонаж) и пинкерто́н, -а (сыщик)
пинкерто́новский
пинкерто́новщина, -ы
пи́нна, -ы
пино́, нескл., м. (виноград)
пино́к, пинка́
пино́ль, -я
пиноцито́з, -а
пиноче́товский (от Пиноче́т)
пи́нта, -ы
пингга́у, нескл., ж.
пинце́т, -а
пинце́тик, -а
пинциро́вка, -и, р. мн. -вок
пинциро́вочный
пи́нчер, -а
пинч-эффе́кт, -а
пи́ньканье, -я
пи́нькать, -ает
пиобацилёз, -а
пиоге́нный
пиодерми́я, -и
пио́н, -а (растение; то же, что пи-мезон)

пионе́р, -а
пионервожа́тая, -ой
пионервожа́тый, -ого
пионе́рия, -и
пионе́рка, -и, р. мн. -рок
пионерла́герь, -я, мн. -я́, -е́й
пионе́рный
пионеротря́д, -а
пионе́рский
пионе́рско-комсомо́льский
пионе́рство, -а
пионефро́з, -а
пионови́дный; кр. ф. -ден, -дна
пиоре́я, -и
пиоса́льпинкс, -а
пиосперми́я, -и
пиото́ракс, -а
пи́па, -ы (земноводное)
пипемиди́новая кислота́
пиперази́н, -а
пипериди́н, -а
пипериле́н, -а
пипериле́новый
пиперона́л, -а
пипе́тка, -и, р. мн. -ток
пипе́точка, -и, р. мн. -чек
пипе́точный
пи-пи́, неизм.
пипи́канье, -я
пипи́кать, -ает
пи-пи-пи́, неизм.
Пипи́н Коро́ткий
пи́почка, -и, р. мн. -чек
пир, -а, предл. на пиру́, мн. -ы́, -о́в
пирабуто́л, -а
пиразо́л, -а
пиразоло́н, -а
пира́йя, -и, р. мн. -а́й и пира́нья, -и, р. мн. -ний
пираме́ин, -а
пирами́да, -ы
пирамида́льный
пирами́дка, -и, р. мн. -док
пирами́дный
пирамидо́н, -а
пирамина́л, -а

пира́новый (от пира́ны)
пирано́граф, -а
пирано́метр, -а
пира́ны, -ов, ед. -а́н, -а (хим.)
пира́ньевые, -ых
пира́нья, -и, р. мн. -ний и пира́йя, -и, р. мн. -а́й
пираргири́т, -а
пира́т, -а
пира́тский
пира́тство, -а
пира́тствовать, -твую, -твует
пирацета́м, -а
пирацетамо́л, -а
пиргелио́метр, -а
пиргео́метр, -а
пире́йский (от Пире́й)
пире́йцы, -ев, ед. -е́ец, -е́йца, тв. -е́йцем
пирене́йский (от Пирене́и)
Пирене́йский полуо́стров
пирено́ид, -а
пиреномице́ты, -ов, ед. -це́т, -а
пире́трум, -а
пириди́н, -а
пиридокси́н, -а
пирикуляриоз, -а
пиримиди́н, -а
пиримиди́новый
пири́т, -а
пири́тный
пири́товый
Пирке́, нескл., м.: реа́кция Пирке́, про́ба Пирке́
пирке́, нескл., с. (проба Пирке и результат ее применения, разг.)
пиробензо́л, -а
пирова́нье, -я
пирова́ть, пиру́ю, пиру́ет
пировиногра́дный
пиро́г, -а́
пиро́га, -и (лодка)
пирога́лловый
пирогалло́л, -а
пирогена́л, -а
пирогенети́ческий

пирогениза́ция, -и
пироге́нный
пирогравю́ра, -ы
пирографи́т, -а
пирожко́вая, -ой
пирожко́вый
пиро́жник, -а
пиро́жница, -ы, тв. -ей
пиро́жное, -ого
пиро́жный
пирожо́к, -жка́
пирожо́чек, -чка
пирозо́мы, -о́м, ед. -зо́ма, -ы
пирокатехи́н, -а
пирокласти́ческий
пироколло́дий, -я
пироксени́т, -а
пироксе́ны, -ов, ед. -се́н, -а
пироксили́н, -а
пироксили́новый
пирола́трия, -и
пиро́лиз, -а
пироли́т, -а
пиролюзи́т, -а
пирома́н, -а
пирома́ния, -и
пиромелли́товая кислота́
пирометаллурги́ческий
пирометаллу́ргия, -и
пирометаморфи́зм, -а
пиро́метр, -а
пирометри́ческий
пироме́трия, -и
пироморфи́зм, -а
пироморфи́т, -а
пиро́н, -а
пирона́фт, -а
пиро́п, -а
пиропатро́н, -а
пиропла́зма, -ы
пироплазмидо́з, -а
пироплазми́ды, -и́д, ед. -и́да, -ы
пироплазмо́з, -а
пиросе́лекция, -и
пироска́ф, -а
пироско́п, -а

ПИРОСОМЫ

пиросо́мы, -со́м, *ед.* -со́ма, -ы
пиросульфа́т, -а
пиротерапи́я, -и
пироте́хник, -а
пироте́хника, -и
пиротехни́ческий
пирофера́ль, -я
пирофилли́т, -а
пирофи́товый
пирофо́рный
пирофосфа́т, -а
пирофо́сфорный
пирохло́р, -а
пироэле́ктрик, -а
пироэлектри́ческий
пироэлектри́чество, -а
пирри́хий, -я
пи́ррова побе́да, пи́рровой побе́ды
пирро́л, -а
пиррони́зм, -а
пирро́новский (*от* Пирро́н)
пирроти́н, -а
Пирр Эпи́рский
пирс, -а
пиру́шка, -и, *р. мн.* -шек
пируэ́т, -а
пи́ршественный
пи́ршество, -а
пи́ршествовать, -твую, -твует
писа́ка, -и, *м. и ж.*
писа́ние, -я (*действие*) и Писа́ние, -я (*Библия, Коран*)
писани́на, -ы
пи́саница, -ы, *тв.* -ей
пи́санка, -и, *р. мн.* -нок
пи́санный; *кр. ф.* -ан, -ана, *прич.*
пи́сано-перепи́сано
пи́саный, *прил.*
пи́саный-перепи́саный
писари́шка, -и, *р. мн.* -шек, *м.*
писарско́й и пи́сарский
пи́сарь, -я, *мн.* -и, -ей и -я́, -е́й
писа́телишка, -и, *р. мн.* -шек, *м.*
писа́тель, -я
писа́тельница, -ы, *тв.* -ей

писа́тельский
писа́тельство, -а
писа́тель-фанта́ст, писа́теля-фанта́ста
пи́сать(ся), -аю(сь), -ает(ся) (*мочиться*)
писа́ть(ся), пишу́(сь), пи́шет(ся)
писе́ц, писца́, *тв.* писцо́м, *р. мн.* писцо́в (*переписчик*)
писк, -а
Пискарёвское мемориа́льное кла́дбище
пискарёнок, -нка, *мн.* -ля́та, -ля́т
пискли́вый
писќля́, -и́, *р. мн.* -ле́й, *м. и ж.*
пискля́вость, -и
пискля́вый
пискля́к, -а́
пи́скнуть, -ну, -нет
пискотня́, -и́
пискуно́, -а́
пискунья́, -и, *р. мн.* -ний
пискуха́, -и
пискучий
писну́ть, -ну́, -нёт
писсуа́р, -а
пи́стик, -а
пи́стия, -и
пистоле́т, -а
пистоле́тишко, -а и -и, *мн.* -шки, -шек, *м.*
пистоле́т-краскораспыли́тель, пистоле́та-краскораспыли́теля
пистоле́тный
пистоле́т-пулемёт, пистоле́та-пулемёта
пистоле́т-раке́тница, пистоле́та-раке́тницы
пистоле́тчик, -а
писто́ль, -я (*монета; оружие*) и -и (*оружие*)
писто́н, -а
писто́нный
пису́лечка, -и, *р. мн.* -чек
пису́лька, -и, *р. мн.* -лек
пису́ля, -и, *р. мн.* -у́лей и -у́ль

пису́н, -а́
писцо́вый (*от* писе́ц)
писчебума́жный
пи́счий
пи́сывать, *наст. вр. не употр.*
письмена́, -мён, -мена́м
пи́сьменность, -и
пи́сьменный
письмецо́, -а́
письми́шко, -а, *мн.* -шки, -шек
письми́ще, -а
письмо́, -а́, *мн.* пи́сьма, пи́сем, пи́сьмам
письмо́вник, -а
письмоводи́тель, -я
письмово́дство, -а
письмоно́сец, -сца, *тв.* -сцем, *р. мн.* -сцев
письмоно́сица, -ы, *тв.* -ей
письмоно́ска, -и, *р. мн.* -сок
письмо́-обяза́тельство, письма́-обяза́тельства
письмосортиро́вочный
пи́та, -ы
пита́ние, -я
пита́тель, -я
пита́тельность, -и
пита́тельный; *кр. ф.* -лен, -льна
пита́ть(ся), -а́ю(сь), -а́ет(ся)
питбу́ль, -я
питбультерье́р, -а
пите́йно-заку́сочный
пите́йный
питека́нтроп, -а
пи́терка, -и, *р. мн.* -рок
пи́терский (*от* Пи́тер – Петербург)
пи́терцы, -ев, *ед.* -рец, -рца, *тв.* -рцем
пи́терщик, -а
пити́, *нескл., с.*
питие́, -я́, *тв.* питие́м, *предл.* о пити́и, *мн.* -я́, пити́й, -я́м
пито́мец, -мца, *тв.* -мцем, *р. мн.* -мцев
пито́мица, -ы, *тв.* -ей
пито́мка, -и, *р. мн.* -мок

пито́мник, -а
питомниково́д, -а
питомководство, -а
пито́мниковый
пито́мнический
пито́мный
пито́н, -а
питсбу́ргский (от Пи́тсбург)
пи́тсбу́ргцы, -ев, ед. -гец, -гца, тв. -гцем
питуитри́н, -а
питу́х, -á (любитель выпить)
пи́тый; кр. ф. пит, пита́, пи́то
пить, пью, пьёт; прош. пил, пила́, пи́ло
питьё, -я́, р. мн. пите́й
питьево́й
пи́ть-е́сть
пи́ться, пьётся; прош. пи́лся, пила́сь, пило́сь
пиури́я, -и
ПИФ, -а (сокр.: паевой инвестиционный фонд)
пифагореи́зм, -а
пифагоре́йский
пифагоре́йство, -а
пифагоре́йцы, -ев, ед. -е́ец, -е́йца, тв. -е́йцем
пифаго́ров, -а, -о (от Пифаго́р): пифаго́ровы чи́сла, пифаго́рова теоре́ма, пифаго́ровы штаны́, пифаго́ров строй
Пифи́йские и́гры
пифи́йский
пифи́ческий
пи́фия, -и
Пифо́н, -а (мифол.)
пи́фос, -а
пиф-па́ф, неизм.
пиффера́ро, нескл., м.
пи́фферо, нескл., с.
пи́ханный; кр. ф. -ан, -ана, прич.
пиха́ть(ся), -а́ю(сь), -а́ет(ся)
пихну́ть(ся), -ну́(сь), -нёт(ся)
пи́хта, -ы
пихта́рник, -а

пихта́ч, -á, тв. -о́м
пихто́вник, -а
пи́хтовый
пицу́ндский (от Пицу́нда)
пицу́ндцы, -ев, ед. -дец, -дца, тв. -дцем
пи́цца, -ы, тв. -ей
пицце́ри́я, -и
пиццика́то и пиччика́то, неизм. и нескл., с.
пи́чканный; кр. ф. -ан, -ана, прич.
пи́чканье, -я
пи́чкать(ся), -аю(сь), -ает(ся)
пичу́га, -и
пичу́жечка, -и, р. мн. -чек
пичу́жий, -ья, -ье
пичу́жка, -и, р. мн. -жек
пиччика́то и пиццика́то, неизм. и нескл., с.
пиши́ пропа́ло
пи́шущий(ся)
пи́ща, -и, тв. -ей
пища́лка, -и, р. мн. -лок
пища́ль, -и
пища́льный
пища́ть, пищу́, пищи́т
пищебло́к, -а
пищеваре́ние, -я
пищевари́тельный
пищева́рочный
пищеви́к, -á
пищевкусово́й
пищево́д, -а
пищево́дно-желу́дочный
пищево́дный
пищево́й
пищекомбина́т, -а
пищеконцентра́т, -а
пищеконцентра́тный
пи́щик, -а
пищу́ха, -и
пищу́ховые, -ых
пия́вица, -ы, тв. -ей (устар. к пия́вка)
пия́вка, -и, р. мн. -вок и пья́вка, -и, р. мн. -вок

пия́вочка, -и, р. мн. -чек и пья́вочка, -и, р. мн. -чек
пла́вание, -я
пла́вательный
пла́вать, -аю, -ает
пла́вающий
плавба́за, -ы
пла́вень, -вня
плавзаво́д, -а
плави́к, -á
плавико́вый
плави́льник, -а
плави́льный
плави́льня, -и, р. мн. -лен
плави́льщик, -а
пла́вить(ся), -влю, -вит(ся)
пла́вка, -и, р. мн. -вок (действие)
пла́вки, -вок (трусики)
пла́вкий; кр. ф. пла́вок, плавка́, пла́вко
пла́вкость, -и
плавкра́н, -а
плавкраностроение, -я
плавле́ние, -я
пла́вленный; кр. ф. -ен, -ена, прич.
пла́вленый, прил.
плавмагази́н, -а
плавмастерска́я, -о́й
пла́вневый
пла́вни, -ей
плавни́к, -á
плавнико́вый
плавничо́к, -чка́
плавно́й (плавучий)
пла́вность, -и
пла́вный; кр. ф. пла́вен, плавна́, пла́вно (нерезкий)
плавсоста́в, -а
плавсре́дства, -средств
плавстройотря́д, -а
плаву́н, -á (зоол.; трава)
плавуне́ц, -нца́, тв. -нцо́м, р. мн. -нцо́в
плаву́нчик, -а
плаву́честь, -и

ПЛАВУЧИЙ

плаву́чий
пла́вщик, -а
плавь, -и (*в иконописи*)
пла́вящий(ся)
плага́льный
плагиа́т, -а
плагиа́тор, -а
плагиа́торский
плагиа́торство, -а
плагии́рованный; *кр. ф.* -ан, -ана
плагии́ровать(ся), -рую,
  -рует(ся)
плагиокла́зы, -ов, *ед.* -ла́з, -а
плагиотропи́зм, -а
плаз, -а
пла́зма, -ы
плазмалоге́ны, -ов, *ед.* -ге́н, -а
плазмати́ческий
пла́зменно-дугово́й
пла́зменный
плазми́да, -ы
плазми́н, -а
плазмобу́р, -а
пла́змовый
плазмогазодина́мика, -и
плазмога́мия, -и
плазмоге́н, -а
плазмоде́смы, -е́см, *ед.* -де́сма, -ы
плазмо́дий, -я
плазмозамеща́ющий
плазмо́ид, -а
плазмоле́мма, -ы
плазмо́лиз, -а
плазмо́н, -а
плазмотро́н, -а
плазмотро́нный
плазмохими́ческий
плазмохи́мия, -и
плазмоци́д, -а (*препарат*)
плазмоци́ты, -ов, *ед.* -ци́т, -а
  (*клетки*)
пла́кальщик, -а
пла́кальщица, -ы, *тв.* -ей
плака́т, -а
плакати́ст, -а
плака́тность, -и

плака́тный; *кр. ф.* -тен, -тна
плака́тчик, -а
пла́кать(ся), пла́чу(сь), пла́чет(ся)
плаке́, *неизм. и нескл., с.*
плаке́тка, -и, *р. мн.* -ток
плакирова́льня, -и, *р. мн.* -лен
плакирова́ние, -я
плаки́рованный; *кр. ф.* -ан, -ана
плакирова́ть(ся), -ру́ю, -ру́ет(ся)
плакиро́вка, -и, *р. мн.* -вок
плакиро́вочный
плакиро́вщик, -а
плакоде́рмы, -де́рм, *ед.* -де́рма, -ы
плакодо́нт, -а
плако́ды, -ов, *ед.* -ко́д, -а
плако́идный
плако́рный
пла́кса, -ы, *м. и ж.*
плакси́вость, -и
плакси́вый
плаку́н, -а́
плаку́н-трава́, -ы́
плаку́чий
плаку́ша, -и, *тв.* -ей
пламеви́дный; *кр. ф.* -ден, -дна
пламегаси́тель, -я
пламеискрогаси́тель, -я
пламене́ть, -е́ю, -е́ет
пламени́стый
пла́менник, -а
пла́менный; *кр. ф.* -енен, -енна
пла́мень, *других форм нет, м.*
пламеобра́зный; *кр. ф.* -зен, -зна
пла́мечко, -а
пла́мя, -мени, *тв.* -менем
план, -а
плана́рии, -ий, *ед.* -рия, -и
плана́рный
плана́ция, -и
планге́рд, -а
планёр, -а и пла́нер, -а
планери́зм, -а
планери́ст, -а
планери́стка, -и, *р. мн.* -ток
планёрка, -и, *р. мн.* -рок
планёрный и пла́нерный

планеродро́м, -а
плане́т, -а (*культиватор*)
плане́та, -ы
планета́рий, -я
планета́рность, -и
планета́рный; *кр. ф.* -рен, -рна
плане́тный
планетове́дение, -я
планетографи́ческий
плането́ид, -а
планетолёт, -а
плането́лог, -а
планетологи́ческий
планетоло́гия, -и
планетохо́д, -а
плани́да, -ы
планиме́тр, -а
планиметри́ческий
планиме́трия, -и
плани́рование, -я
плани́рованный; *кр. ф.* -ан, -ана
  (*от* плани́ровать) *и* планиро́-
  ванный; *кр. ф.* -ан, -ана (*от*
  плани́ровать)
плани́ровать(ся), -рую, -рует(ся)
  (*парить в воздухе, плавно сни-
  жаясь; составлять план, наме-
  чать(ся)*) *и* планирова́ть(ся),
  плани́рую, плани́рует(ся) (*уст-
  раивать(ся), размечать(ся) на
  месте по плану*)
планиро́вка, -и, *р. мн.* -вок
планиро́вочный
планиро́вщик, -а
планиро́вщица, -ы, *тв.* -ей
планисфе́ра, -ы
Планк, -а: постоя́нная Пла́нка
пла́нка, -и, *р. мн.* -нок
планка́рта, -ы
планкто́н, -а
планкто́нный
планова́ть, -ну́ю, -ну́ет
планови́к, -а́
пла́ново-бюдже́тный
пла́ново-операти́вный
пла́ново-распредели́тельный

плáново-ры́ночный
плáновость, -и
плáново-убы́точный
плáново-финáнсовый
плáново-хозя́йственный
плáново-экономи́ческий
плáновый
планомéрность, -и
планомéрный; *кр. ф.* -рен, -рна
планотрóн, -а
плáночка, -и, *р. мн.* -чек
плáночный
Плантагенéты, -ов (*династия*)
плантáж, -а, *тв.* -ем
плантáжный
плантáтор, -а
плантáторский
плантáторство, -а
плантациóнный
плантáция, -и
плáнула, -ы
плáнчатый
плáнчик, -а
планшáйба, -ы
планшéт, -а
планшети́ст, -а
планшéтка, -и, *р. мн.* -ток
планшéтный
планши́р, -а *и* планши́рь, -я
пласирóванный; *кр. ф.* -ан, -ана
пласировáть(ся), -рýю, -рýет(ся)
пласирóвка, -и
пласт, -á, *предл.* на пластý
плáстанный; *кр. ф.* -ан, -ана, *прич.*
пластáть(ся), -áю(сь), -áет(ся)
пласти́ды, -и́д, *ед.* -и́да, -ы
пластизóль, -я
плáстик, -а
плáстика, -и
пластикáт, -а
пластикáтный
пластикáтовый
пластикáция, -и
плáстиковый
пластили́н, -а
пластили́новый

пласти́на, -ы
пласти́нка, -и, *р. мн.* -нок
пласти́нник, -а
пласти́нниковый
пласти́нный
пластиножáберные, -ых (*рыбы*)
пласти́ночка, -и, *р. мн.* -чек
пласти́ночник, -а
пласти́ночный
пластинчатожáберные, -ых (*моллюски*)
пластинчатоклю́вые, -ых
пластинчатоýсые, -ых
пласти́нчатый
пласти́т, -а
пластификáт, -а
пластификáтор, -а
пластификáция, -и
пластифици́рованный; *кр. ф.* -ан, -ана
пластифици́ровать(ся), -рую, -рует(ся)
пласти́ческий
пласти́чность, -и
пласти́чный; *кр. ф.* -чен, -чна
пластмáсса, -ы
пластмáссовый
пластóванный; *кр. ф.* -ан, -ана
пластовáть(ся), -тýю, -тýет(ся)
пластовóй
пластóм, -а
пластообрáзный; *кр. ф.* -зен, -зна
пластрóн, -а
пластýн, -á
пластýнский
пластуши́на, -ы
плáстырный
плáстырь, -я
плат, -а (*платок, убрус*)
плáта, -ы (*к плати́ть; деталь электроустановки*)
платáн, -а
платáнный; *кр. ф.* -ан, -ана, *прич.*
платáновый
плáтаный, *прил.*
платáть, -áю, -áет

платёж, -ежá, *тв.* -óм
платёжеспосóбность, -и
платёжеспосóбный; *кр. ф.* -бен, -бна
платёжка, -и, *р. мн.* -жек
платёжно-расчётный
платёжный
плáтельный
плáтельщик, -а
плáтельщица, -ы, *тв.* -ей
платибазáльный чéреп
платибелодóн, -а
платикефáл, -а *и* платицефáл, -а
платикефáлия, -и *и* платицефáлия, -и
плáтина, -ы
платинáт, -а
платинéль, -я
платини́рование, -я
платини́рованный; *кр. ф.* -ан, -ана
платини́ровать(ся), -рую, -рует(ся)
платини́т, -а
плáтинный
плáтиновый
платинóиды, -ов, *ед.* -óид, -а
платинорéниевый
платинотрóн, -а
плати́ть(ся), плачý(сь), плáтит(ся) (*к* плáта)
платифилли́н, -а
платицефáл, -а *и* платикефáл, -а
платицефáлия, -и *и* платикефáлия, -и
платкóвый
плáтность, -и
плáтный
платó, *нескл., с.* (*возвышенная равнина*)
платобазáльт, -а
плáтовый (*от* плáта, *деталь*)
платóк, -ткá
платони́зм, -а
платóник, -а

платони́ческий
Плато́нов, -а, -о (от Плато́н)
плато́новский (от Плато́н и Плато́нов, фамилия)
платообра́зный; кр. ф. -зен, -зна (геогр.)
плато́чек, -чка
плато́чный
платфо́рма, -ы
платфо́рменный
платфо́рминг, -а
пла́тье, -я, мн. -я, -ев
платьево́й
платьевщи́ца, -ы, тв. -ей
пла́тье-костю́м, пла́тья-костю́ма
пла́тье-хала́т, пла́тья-хала́та
пла́тьице, -а
пла́тьишко, -а, мн. -шки, -шек
платяно́й
платя́щий(ся) (от плати́ть(ся))
плау́н, -а́
плау́нный
плаунови́дные, -ых
плау́новый
плафо́н, -а
плафо́нный
пла́ха, -и
пла́хта, -ы
пла́хтовый
плац, -а, тв. -ем, предл. на плацу́, мн. -ы, -ев
плац-адъюта́нт, -а
плацда́рм, -а
плаце́бо, нескл., с.
плаце́нта, -ы
плацента́рный
плацента́ция, -и
плацка́рта, -ы
плацка́ртный
плац-майо́р, -а
плац-пара́д, -а
плац-пара́дный
плач, -а, тв. -ем
плаче́вность, -и
плаче́вный; кр. ф. -вен, -вна
плачево́й

пла́ченный; кр. ф. -ен, -ена, прич.
пла́ченый, прил.
плачея́, -и́
пла́чущий(ся)
пла́шка, -и, р. мн. -шек
плашко́ут, -а
плашко́утный
плашмя́, нареч.
плащ, -а́, тв. -о́м
плащани́ца, -ы, тв. -ей
плащево́й
плащено́сный
плащи́шко, -а и -и, мн. -шки, -шек, м.
плащ-наки́дка, -и, р. мн. -док
плащо́вка, -и, р. мн. -вок
плащ-пала́тка, -и, р. мн. -ток
плебе́й, -я
плебе́йка, -и, р. мн. -е́ек
плебе́йский
плебе́йство, -а
плебисци́т, -а
плебисцита́рный
плебисци́тный
плебс, -а
плева́, -ы́
плева́тельница, -ы, тв. -ей
плева́ть(ся), плюю́(сь), плюёт(ся)
пле́вел, -а, мн. -ы, -ов (растение)
пле́велы, -ел (что-н. вредное, дурное, засоряющее; отдели́ть зёрна от пле́вел)
пле́вельный
пле́венский (от Пле́вен, Пле́вна)
плево́к, -вка́
пле́вра, -ы
плевра́льный
плеври́т, -а
плеврити́ческий
плеври́тный
плеврокко́к, -а
плевромеи́я, -и
плевропневмони́я, -и
плёвый
плед, -а
пле́ер, -а

плезиа́нтроп, -а
плезиоза́вр, -а
плези́р, -а
плейбо́й, -я
плейбо́йский
плейме́йкер, -а
плейотропи́я, -и
плей-о́фф, неизм.
плейоха́зий, -я
плейсто́н, -а
плейстосе́йсты, -се́йст, ед. -се́йста, -ы
плейстоце́н, -а
плейстоце́новый
плексигла́с, -а
плексигла́совый
плекси́т, -а
плектенхи́ма, -ы
плектр, -а
племенни́к, -а́
племенно́й
пле́мечко, -а
племзаво́д, -а
племста́нция, -и
племхо́з, -а
пле́мя, -мени, тв. -менем, мн. -мена́, -мён, -мена́м
племя́нник, -а
племя́нников, -а, -о
племя́нница, -ы, тв. -ей
племя́нницын, -а, -о
племя́нничек, -чка
племя́ш, -а́, тв. -о́м
племя́шка, -и, р. мн. -шек
плен, -а, предл. в плену́
плена́, -ы́ (пленка)
плена́рный
плене́ние, -я
плене́нный; кр. ф. -ён, -ена́
плени́тельность, -и
плени́тельный; кр. ф. -лен, -льна
плени́ть(ся), -ню́(сь), -ни́т(ся)
плёнка, -и, р. мн. -нок
плёнкообразова́тель, -я
плёнкообразу́ющий
плёнкопокры́тие, -я

пле́нник, -а
пле́нница, -ы, *тв.* -ей
пле́нный
плёночно-карка́сный
плёночный
пле́нум, -а
плёнчато-чешу́йчатый
плёнчатый
пленэ́р, -а
пленэри́ст, -а
пленэ́рный
пленя́ть(ся), -я́ю(сь), -я́ет(ся)
плеона́зм, -а
плеона́ст, -а
плеонасти́ческий
плеопатологи́ческий
плеохрои́зм, -а
плеохрои́чный
плере́зы, -ёз
плеро́ма, -ы
плёс, -а
Плёс, -а (*город*)
пле́сенный
пле́сень, -и
плесе́цкий (*от* Плесе́цк)
плеск, -а
плеска́ние, -я
плескану́ть(ся), -ну́, -нёт(ся)
плеска́тельный
плеска́ть(ся), плещу́(сь), пле́-
  щет(ся) и -а́ю(сь), -а́ет(ся)
плеска́ющий(ся) и пле́щу-
  щий(ся)
плескотня́, -и́
плеску́чий
пле́сневевший
пле́сневелый
пле́сневеть, -веет
плесневи́ца, -ы, *тв.* -ей
плесневой
плёснутый
плесну́ть, -ну́, -нёт
пленси́метр, -а
плёсский (*от* Плёс)
плести́(сь), плету́(сь), плетёт(ся);
  прош. плёл(ся), плела́(сь)

плетеви́дка, -и, *р. мн.* -док
плетеви́дный; *кр. ф.* -ден, -дна
плетево́з, -а
плетежо́к, -жка́ (*шнурок*)
плете́йный
плете́льный
плете́льщик, -а
плете́льщица, -ы, *тв.* -ей
плете́ние, -я
плетени́ца, -ы, *тв.* -ей
плетёнка, -и, *р. мн.* -нок
плетённый; *кр. ф.* -ён, -ена́, *прич.*
плетёный, *прил.*
плете́нь, -тня́
плетешо́к, -шка́ (*от* плете́нь)
плетизмогра́мма, -ы
плетизмо́граф, -а
плетизмографи́ческий
плетизмогра́фия, -и
плети́стый
плётка, -и, *р. мн.* -ток
плетнёвый
плето́ра, -ы
плетори́ческий
плёточка, -и, *р. мн.* -чек
плёточный
плету́шка, -и, *р. мн.* -шек
плету́щий(ся)
плётший(ся)
плеть, -и, *мн.* -и, -ей, *тв.* -я́ми (но:
  би́ть плетьми́)
плечево́й
плечелоктево́й
плечелучево́й
плечено́гие, -их
пле́чики, -ов (*вешалка*)
пле́чико, -а, *мн.* -и, -ов
плечи́стость, -и
плечи́стый
плечи́ща, -и́щ, *ед.* -чи́ще, -а
плечно́й
плечо́, -а́, *мн.* пле́чи, плеч, плеча́м
плечо́ в плечо́
плечо́ к плечу́
плечо́м к плечу́
плеши́вевший

плеши́веть, -ею, -еет
плеши́вость, -и
плеши́вый
плеши́на, -ы
плеши́нка, -и, *р. мн.* -нок
плёшка, -и, *р. мн.* -шек
плешь, -и
пле́щущий(ся) и плеска́ю-
  щий(ся)
плея́да, -ы (*группа выдающихся
  деятелей*)
плея́ды, -я́д (*мифол.*) и Плея́ды,
  -я́д (*звездное скопление*)
пли, *неизм.* (*команда*)
плие́, *нескл.*, *с.*
плимутро́к, -а
Пли́ний Мла́дший, Пли́ния
  Мла́дшего
Пли́ний Ста́рший, Пли́ния
  Ста́ршего
плинт, -а
плинто́ванный; *кр. ф.* -ан, -ана
плинтова́ть(ся), -ту́ю, -ту́ет(ся)
плинто́вка, -и
пли́нтус, -а
пли́нтусный
пли́нфа, -ы
плиоги́ппус, -а
плиоза́вр, -а
плиопите́к, -а
плиоце́н, -а
плиоце́новый
плис, -а
пли́совый
плиссе́, *неизм. и нескл., с.*
плиссиро́ванный; *кр. ф.* -ан, -ана
плиссирова́ть(ся), -ру́ю,
  -ру́ет(ся)
плиссиро́вка, -и, *р. мн.* -вок
плиссиро́вочный
плита́, -ы́, *мн.* пли́ты, плит
пли́тка, -и, *р. мн.* -ток
плитня́к, -а́
плитняко́вый
плитово́й
пли́точка, -и, *р. мн.* -чек

плиточник, -а
плиточный
плитчатый
плитяной
плица, -ы, *тв.* -ей
плов, -а
пловдивский (*от* Пловдив)
пловдивцы, -ев, *ед.* -вец, -вца, *тв.* -вцем
пловец, -вца, *тв.* -вцом, *р. мн.* -вцов
пловчиха, -и
плод, -а
плодить(ся), пложу, плодит(ся)
плодник, -а
плодный
плодовинодельческий
плодовитость, -и
плодовитый
плодовод, -а
плодоводство, -а
плодоводческий
плодово-овощной
плодово-ягодный
плодовый
плодогонный
плододробилка, -и, *р. мн.* -лок
плодожил, -а
плодожорка, -и, *р. мн.* -рок
плодоизгнание, -я
плодоизгоняющий
плодоконсервный
плодолистик, -а
плодомойка, -и, *р. мн.* -оек
плодоножка, -и, *р. мн.* -жек
плодоносить, -осит
плодоносность, -и
плодоносный; *кр. ф.* -сен, -сна
плодоносящий
плодоношение, -я
плодообразование, -я
плодоовощевод, -а
плодоовощеводство, -а
плодоовощесушилка, -и, *р. мн.* -лок
плодоовощесушильня, -и, *р. мн.* -лен

плодоовощехранилище, -а
плодоовощи, -ей
плодоовощной
плодопеременный
плодоперерабатывающий
плодопереработка, -и
плодопитомник, -а
плодородие, -я
плодородность, -и
плодородный; *кр. ф.* -ден, -дна
плодосбор, -а
плодосмен, -а
плодосменный
плодосниматель, -я
плодосовхоз, -а
плодосушилка, -и, *р. мн.* -лок
плодосушильня, -и, *р. мн.* -лен
плодосъём, -а
плодосъёмник, -а
плодотворность, -и
плодотворный; *кр. ф.* -рен, -рна
плодохранилище, -а
плодоягодный
плодоядный
плодуха, -и
плодущий
плоение, -я
плоённый; *кр. ф.* -ён, -ена, *прич.*
плоёный, *прил.*
плозивный
плоидность, -и
плоить(ся), -ою, -оит(ся)
плойка, -и, *р. мн.* плоек
плойчатость, -и
плойчатый
пломба, -ы
пломбир, -а
пломбирный
пломбирование, -я
пломбированный; *кр. ф.* -ан, -ана
пломбировать(ся), -рую, -рует(ся)
пломбировка, -и
пломбировочный
пломбировщик, -а
пломбовый

пломпудинг, -а
плоский; *кр. ф.* -сок, плоска, -ско
плоско-вогнутый
плоско-выпуклый
плосковязальный
плоскоголовый
плоскогорный
плоскогорье, -я, *р. мн.* -рий
плоскогрудый
плоскогубцы, -ев
плоскодонка, -и, *р. мн.* -нок
плоскодонный
плоскозубцы, -ев
плоскоклеточный
плоскокрыший
плосколицый
плосконосый
плоскопараллельный
плоскопечатный
плоскорежущий
плоскорез, -а
плоскорезный
плоскосемянник, -а
плоскосемянный
плоскоспиральный
плоскостной (*матем.; то же, что плоскостный*)
плоскостность, -и
плоскостный; *кр. ф.* -тен, -тна (*изображенный в одной плоскости, без перспективы*)
плоскостопие, -я
плоскость, -и, *мн.* -и, -ей (*поверхность*) и -ей (*плоская шутка*)
плоскохвост, -а
плоскочулочный
плоскошлифовальный
плот, -а, *предл.* на плоту
плотбище, -а
плотва, -ы
плотвица, -ы, *тв.* -ей
плотвичка, -и, *р. мн.* -чек
плотик, -а
плотина, -ы
плотинка, -и, *р. мн.* -нок
плотинный

плоти́новский (от Плоти́н)
плоти́ть(ся), плочу́, плоти́т(ся) (к плот)
плоти́ца, -ы, тв. -ей
плоти́чка, -и, р. мн. -чек
плотне́ть, -е́ю, -е́ет
пло́тник, -а
пло́тник-бето́нщик, пло́тника-бето́нщика
плотни́ть, -ню́, -ни́т
пло́тницкий
пло́тничанье, -я
пло́тничать, -аю, -ает
пло́тнический
пло́тничество, -а
пло́тничий, -ья, -ье
пло́тничный
плотнодернови́нный
плотноионизи́рующий
плотнокристалли́ческий
плотнокустово́й
плотноме́р, -а
плотнонаселённый*
пло́тно прилега́ющий
плоторо́гие, -их
пло́тностный
пло́тность, -и
пло́тный; кр. ф. -тен, -тна́, -тно, пло́тны́
плотово́д, -а
плотово́й
плотовщи́к, -а́
плотого́н, -а
плотоспу́ск, -а
плотохо́д, -а
плотоя́дность, -и
плотоя́дный; кр. ф. -ден, -дна
пло́тский
пло́ттер, -а
плоть, -и
плотя́щий(ся) (от плоти́ть(ся))
пло́хенький и пло́хонький
пло́хо, нареч. и в знач. сказ.
плохова́тый
плохо́й; кр. ф. плох, плоха́, пло́хо, пло́хи́

пло́хонький и пло́хенький
пло́хо проница́емый
плохосыпу́чий
плоша́ть, -а́ю, -а́ет
пло́ше, сравн. ст. (от плохо́й, пло́хо)
пло́шечка, -и, р. мн. -чек
пло́шечный
пло́шка, -и, р. мн. -шек
площа́дка, -и, р. мн. -док
площадно́й
площа́дочка, -и, р. мн. -чек
площа́дочный
пло́щадь, -и, мн. -и, -е́й
пло́ще, сравн. ст. (от пло́ский, пло́ско)
площи́ца, -ы, тв. -ей
плуг, -а, мн. -и́, -о́в
плуга́рь, -я́
плуга́тарь, -я
плу́г-лущи́льник, плу́га-лущи́льника
плугово́й
плугообра́зный; кр. ф. -зен, -зна
плужни́к, -а́
плу́жно-ро́торный
плу́жный
плужо́к, -жка́
плу́нжер, -а
плу́нжерный
плут, -а и -а́
плута́ть, -а́ю, -а́ет
плути́шка, -и, р. мн. -шек, м. и ж.
плути́ще, -а и -и, мн. -и, -ищ, м.
плу́тни, -ей, ед. плу́тня, -и
плутова́тость, -и
плутова́тый
плутова́ть, -ту́ю, -ту́ет
плуто́вка, -и, р. мн. -вок
плутовско́й
плутовство́, -а́
плутокра́т, -а
плутократи́ческий
плутокра́тия, -и
Плуто́н, -а
плуто́нг, -а

плуто́нговый
плуто́ниевый
плутони́зм, -а
плуто́ний, -я
плутони́ческий
Плу́тос, -а
плутя́га, -и, м. и ж.
плыву́н, -а́ (грунт)
плыву́нный
плыву́честь, -и
плыву́чий (жидкий, текучий)
плыву́щий
плыть, плыву́, плывёт; прош. плыл, плыла́, плы́ло
пльзе́ньский (от Пльзень)
пльзе́ньцы, -ев, ед. -нец, -ньца, тв. -ньцем
плювиа́л, -а
плювиа́льный
плювио́граф, -а
плювио́з, -а
плювио́метр, -а
плюга́венький
плюга́вец, -вца, тв. -вцем, р. мн. -вцев
плюга́вка, -и, р. мн. -вок
плюга́вость, -и
плюга́вый
плюма́ж, -а, тв. -ем
плюма́жный
плюмбико́н, -а
плю́нуть, -ну, -нет
плюр, -а
плюрализа́ция, -и
плюрали́зм, -а
плюрали́ст, -а
плюралисти́ческий
плюра́льный
плюрилатера́льный
плюс, -а
плю́ска, -и, р. мн. -сок
плюсквамперфе́кт, -а
плюсконо́сные, -ых
плюс-ми́нус, неизм.
плюсна́, -ы́, мн. плю́сны, плю́сен, плю́снам

плюсневой
плюсова́льный
плюсова́ние, -я
плюсо́ванный; *кр. ф.* -ан, -ана
плюсова́ть(ся), -су́ю, -су́ет(ся)
плюсо́вка, -и, *р. мн.* -вок
плюсово́й и плю́совый
плюсовщи́к, -а́
плюх, *неизм.*
плю́ха, -и
плю́хать(ся), -аю(сь), -ает(ся)
плю́хнуть(ся), -ну(сь), -нет(ся)
плюш, -а, *тв.* -ем
плю́шевый
плю́шка, -и, *р. мн.* -шек
Плю́шкин, -а
плю́шкинский
плю́шкинство, -а
плющ, -а́, *тв.* -о́м
плю́щащий(ся)
плющеви́дный; *кр. ф.* -ден, -дна
плющево́й
плю́щение, -я
плю́щенный; *кр. ф.* -ен, -ена, *прич.*
плю́щеный, *прил.*
плющи́лка, -и, *р. мн.* -лок
плющи́льный
плющи́льня, -и, *р. мн.* -лен
плющи́льщик, -а
плю́щить(ся), -щу, -щит(ся)
плюю́щий(ся)
пляж, -а, *тв.* -ем
пля́жевый
пля́жик, -а
пля́жник, -а
пля́жница, -ы, *тв.* -ей
пля́жный
пляс, -а
пляса́ть(ся), пляшу́, пля́шет(ся)
пля́ска, -и, *р. мн.* -сок
плясово́й
плясу́н, -а́
плясу́нья, -и, *р. мн.* -ний
пля́шущий
пне́вма, -ы
пневма́тик, -а

пневма́тика, -и
пневмати́ческий
пневмато́лиз, -а
пневматоли́т, -а
пневматолити́ческий
пневматоли́товый
пневматофо́р, -а
пневма́тчик, -а
пневмерка́тор, -а
пневмо... — *первая часть сложных слов, пишется слитно*
пневмоавтома́тика, -и
пневмобаци́лла, -ы
пневмова́куумный
пневмови́русы, -ов, *ед.* -ви́рус, -а
пневмоводяно́й
пневмово́з, -а
пневмога́зовый
пневмогидравли́ческий
пневмогра́мма, -ы
пневмо́граф, -а
пневмографи́ческий
пневмогра́фия, -и
пневмодви́гатель, -я
пневмодиафра́гменный
пневмодро́ссель, -я
пневмоёмкость, -и
пневмозаря́дник, -а
пневмозолоудале́ние, -я
пневмоизлуча́тель, -я
пневмока́мера, -ы
пневмокато́к, -тка́
пневмоко́кки, -ов, *ед.* -ко́кк, -а
пневмоко́кковый
пневмоколёсный
пневмокониоз, -а
пневмоконстру́кция, -и
пневмоконте́йнерный
пневмокостю́м, -а
пневмомано́метр, -а
пневмомехани́ческий
пневмомико́з, -а
пневмомолото́к, -тка́
пневмонагнета́тель, -я
пневмонасо́с, -а
пневмо́ника, -и

пневмони́ческий
пневмони́я, -и
пневмонэктоми́я, -и
пневмоплеври́т, -а
пневмопо́езд, -а, *мн.* -а́, -о́в
пневмопо́чта, -ы
пневмопри́во́д, -а, *мн.* -ы, -ов и -а́, -о́в
пневмопробо́йник, -а
пневмопряди́льный
пневморапи́рный
пневмораспредели́тель, -я
пневмореле́, *нескл., с.*
пневмосисте́ма, -ы
пневмосклеро́з, -а
пневмосопротивле́ние, -я
пневмотоми́я, -и
пневмото́ракс, -а
пневмото́рмоз, -а, *мн.* -а́, -о́в
пневмотра́нспорт, -а
пневмотранспортёр, -а
пневмотранспортиро́вка, -и
пневмотра́нспортный
пневмотра́сса, -ы
пневмотрубопрово́д, -а
пневмоуда́рник, -а
пневмоуда́рный
пневмофибро́з, -а
пневмоформова́ние, -я
пневмохо́д, -а
пневмоци́ста, -ы
пневмоцисто́з, -а
пневмоэлектри́ческий
пнекорчева́тель, -я
пни́стость, -и
пни́стый
пни́ще¹, -а, *мн.* -а и -и, пнищ, *м.* (*увелич. к* пень)
пни́ще², -а, *с.* (*участок вырубленного леса*)
пномпе́ньский (*от* Пномпе́нь)
пномпе́ньцы, -ев, *ед.* -нец, -ньца, *тв.* -ньцем
пнуть, пну, пнёт
ПО [пэо́], *нескл., с.* (*сокр.*: производственное объединение)

поабза́цный
поагити́ровать, -рую, -рует
по-азербайджа́нски
по-актёрски
поале́ть, -е́ю, -е́ет
по-америка́нски
по анало́гии
по-англи́йски
поаплоди́ровать, -рую, -рует
по-ара́бски
по-армя́нски
поарта́читься, -чусь, -чится
поа́хать, -аю, -ает
по-ба́бьи
побагрове́ть, -е́ю, -е́ет
побаза́рить, -рю, -рит
поба́иваться, -аюсь, -ается
поба́йтовый
побалагу́рить, -рю, -рит
побала́кать, -аю, -ает
побалде́ть, -е́ю, -е́ет
поба́ливать, -аю, -ает
побалова́ть(ся), -лу́ю(сь), -лу́ет(ся)
поба́лтывать, -аю, -ает
поба́ниться, -нюсь, -нится
побараба́нить, -ню, -нит
по-бара́ньи
побара́хтаться, -аюсь, -ается
по-ба́рски
побасёнка, -и, *р. мн.* -нок
поба́ска, -и, *р. мн.* -сок
побатальо́нно
побатаре́йно
побахва́литься, -люсь, -лится
побаю́кать, -аю, -ает
побе́г, -а
побега́йчик, -а: за́йчик-побега́йчик
побе́гать, -аю, -ает
побегу́шки: на побегу́шках, на побегу́шки
побе́да, -ы; но: День Побе́ды (*праздник 9 мая*), Зна́мя Побе́ды (*реликвия*), Пара́д Побе́ды (*1945*), о́рден Побе́ды, мону-
ме́нт Побе́ды, пи́к Побе́ды (*горная вершина*), пло́щадь Побе́ды (*в Москве, Петербурге и др.*)
победи́т, -а (*сплав*)
победи́тель, -я
победи́тельница, -ы, *тв.* -ей
победи́тельность, -и
победи́тельный; *кр. ф.* -лен, -льна
победи́товый
победи́ть, -и́т
победи́ши: си́м победи́ши
победне́е
побе́дный
Победоно́сец, -сца, *тв.* -сцем: Гео́ргий Победоно́сец
победоно́сность, -и
победоно́сный; *кр. ф.* -сен, -сна
побе́дствовать, -твую, -твует
побежа́лость, -и
побежа́лый
побежа́ть, -егу́, -ежи́т, -егу́т
побежда́ть(ся), -а́ю(сь), -а́ет(ся)
побеждённый; *кр. ф.* -ён, -ена́
побе́жка, -и, *р. мн.* -жек
побезде́льничать, -аю, -ает
побезобра́зничать, -аю, -ает
побеле́ние, -я
побелённый; *кр. ф.* -ён, -ена́
побеле́ть, -е́ю, -е́ет
побели́ть(ся), -елю́(сь), -е́ли́т(ся)
побе́лка, -и
по бе́лому: чёрным по бе́лому (*написано*)
по-белору́сски
по бе́лу све́ту
побере́гший(ся)
побережённый; *кр. ф.* -ён, -ена́
побере́жный
побере́жье, -я, *р. мн.* -жий
побере́чь(ся), -регу́(сь), -режёт(ся), -регу́т(ся); *прош.* -рёг(ся), -регла́(сь)
побесе́довать, -дую, -дует
побеси́ть(ся), -ешу́(сь), -е́сит(ся)
побеснова́ться, -ну́юсь, -ну́ется
побеспоко́енный; *кр. ф.* -ен, -ена
побеспоко́ить(ся), -о́ю(сь), -о́ит(ся)
побива́ть(ся), -а́ю(сь), -а́ет(ся)
побива́хом: одни́м ма́хом семеры́х побива́хом
побира́ться, -а́юсь, -а́ется
побира́шка, -и, *р. мн.* -шек, *м. и ж.*
побиру́шка, -и, *р. мн.* -шек, *м. и ж.*
побиру́шничать, -аю, -ает
поби́тие, -я
поби́тый
поби́ть(ся), побью́(сь), побьёт(ся)
поблагодари́ть, -рю́, -ри́т
поблажа́ть, -а́ю, -а́ет
поблаже́нствовать, -твую, -твует
поблажи́ть, -жу́, -жи́т
побла́жка, -и, *р. мн.* -жек
побледне́ть, -е́ю, -е́ет
поблёклый и побле́клый
поблёкнувший и побле́кнувший
поблёкнуть, -ну, -нет; *прош.* -ёк, -ёкла и побле́кнуть, -ну, -нет; *прош.* -е́к, -е́кла
поблёкший и побле́кший
поблёскивать, -аю, -ает
поблесте́ть, -ещу́, -ести́т
побли́же
побли́зости, *нареч.*
поблиста́ть, -а́ю, -а́ет и поблещу́, побле́щет
побло́чный
поблужда́ть, -а́ю, -а́ет
по-богаты́рски
побога́че
побо́дрствовать, -твую, -твует
по-боево́му
по-бо́жески
побожи́ться, -жу́сь, -жи́тся
по-Бо́жьему, *нареч.* (*к* Бог)
побо́и, -ев

побо́ище, -а
по-боксёрски
по́боку, *в знач. сказ.* (всё дела́ по́боку)
по-болга́рски
побо́лее (число́м побо́лее)
поболе́ть[1], -е́ю, -е́ет (*к* боле́ть[1])
поболе́ть[2], -ли́т (*к* боле́ть[2])
поболта́ть(ся), -а́ю(сь), -а́ет(ся)
побо́льше
по-большеви́стски
по бо́льшей ча́сти
по-большо́му, *нареч.*
по большо́му счёту
побормота́ть, -мочу́, -мо́чет
побо́рник, -а
побо́рница, -ы, *тв.* -ей
поборони́ть, -ню́, -ни́т
побо́ротый
поборо́ть(ся), -орю́(сь), -о́рет(ся)
побо́ры, -ов, *ед.* побо́р, -а
побо́чный
побоя́ться, побою́сь, побои́тся
побра́жничать, -аю, -ает
п-обра́зный [пэ]
побра́нивать(ся), -аю(сь), -ает(ся)
побрани́ть(ся), -ню́(сь), -ни́т(ся)
по́бранный; *кр. ф.* -ан, -ана
побра́сывать, -аю, -ает
побрата́ться, -а́юсь, -а́ется
побрати́м, -а
побрати́мский
побрати́мство, -а
по-бра́тски
побра́ть, поберу́, поберёт; *прош.* -а́л, -ала́, -а́ло
побре́дший
побре́згать, -аю, -ает и побре́зговать, -гую, -гует
побренча́ть, -чу́, -чи́т
побрести́, -еду́, -едёт; *прош.* -ёл, -ела́
побреха́ть, -ешу́, -е́шет
побрёхивать, -аю, -ает
побреху́шки, -шек
побрига́дно

побри́ть(ся), -ре́ю(сь), -ре́ет(ся)
поброди́ть, -ожу́, -о́дит
побродя́га, -и, *м. и ж.*
побродя́жить, -жу, -жит
побродя́жничать, -аю, -ает
побронзове́ть, -е́ю, -е́ет
побро́санный; *кр. ф.* -ан, -ана
поброса́ть(ся), -а́ю(сь), -а́ет(ся)
побры́зганный; *кр. ф.* -ан, -ана
побры́згать(ся), -аю(сь), -ает(ся) и -зжу(сь), -зжет(ся)
побры́згивать, -аю, -ает
побрыка́ться, -а́юсь, -а́ется
побрюзжа́ть, -зжу́, -зжи́т
побря́кать, -аю, -ает
побря́кивание, -я
побря́кивать, -аю, -ает
побряку́шка, -и, *р. мн.* -шек
побряца́ть, -а́ю, -а́ет
побуди́тельность, -и
побуди́тельный
побуди́ть[1], -ужу́, -у́дит (*от* буди́ть)
побуди́ть[2], -ужу́, -уди́т (*к* побужда́ть)
побу́дка, -и, *р. мн.* -док
по-бу́дничному и по-бу́днишнему, *нареч.*
побужда́ть(ся), -а́ю(сь), -а́ет(ся)
побужде́ние, -я
побуждённый; *кр. ф.* -ён, -ена́ (*от* побуди́ть[2])
побу́женный; *кр. ф.* -ен, -ена (*от* побуди́ть[1])
Побу́жье, -я (*к* Буг)
побузи́ть, -и́т
побу́йствовать, -твую, -твует
побу́лькать, -аю, -ает
побу́лькивать, -аю, -ает
побунтова́ть, -ту́ю, -ту́ет
побуре́лый
побуре́ть, -е́ю, -е́ет
побурли́ть, -лю́, -ли́т
побурча́ть, -чу́, -чи́т
побушева́ть, -шу́ю, -шу́ет
побуя́нить, -ню, -нит

побыва́льщина, -ы
побыва́ть, -а́ю, -а́ет
побы́вка, -и, *р. мн.* -вок
побыстре́е
по-бы́строму, *нареч.*
побы́ть, побу́ду, побу́дет; *прош.* по́был, побыла́, по́было
по-бы́чьи
пова́дить(ся), -а́жу(сь), -а́дит(ся)
пова́дка, -и, *р. мн.* -док
пова́дливый
пова́дно, *нареч. и в знач. сказ.*
пова́женный; *кр. ф.* -ен, -ена
пова́живать, -аю, -ает
поважне́е
поважне́ть, -е́ю, -е́ет
пова́жничать, -аю, -ает
пова́ксить, -кшу, -ксит
пова́кшенный; *кр. ф.* -ен, -ена
пова́л, -а
пова́ленный; *кр. ф.* -ен, -ена (*от* повали́ть)
пова́ливать(ся), -аю(сь), -ает(ся)
повали́ть(ся), -алю́(сь), -а́лит(ся)
повалу́ша, -и, *тв.* -ей
пова́льный
пова́лянный; *кр. ф.* -ян, -яна (*от* валя́ть)
поваля́ть(ся), -я́ю(сь), -я́ет(ся)
пова́нивать, -ает
пова́пленный: гроб пова́пленный
по́вар, -а, *мн.* -а́, -о́в
пова́ренный[1]; *кр. ф.* -ен, -ена, *прич.*
пова́ренный[2], *прил.* (пова́ренная соль, кни́га)
поварёнок, -нка, *мн.* -ря́та, -ря́т
поварёшка, -и, *р. мн.* -шек
повари́ть(ся), -арю́(сь), -а́рит(ся)
повари́ха, -и
пова́рничать, -аю, -ает
пова́рня, -и, *р. мн.* -рен
Поварска́я, -о́й (*улица*)
поварско́й
пова́хтенно

по-ва́шему, *нареч. и вводн. сл.,* но *местоим.* по ва́шему (по ва́шему усмотре́нию)
по-вдо́вьи
повдо́ль (*прост. к* вдоль)
повева́ть, -а́ю, -а́ет (*к* ве́ять)
пове́данный; *кр. ф.* -ан, -ана
пове́дать, -аю, -ает
поведе́ние, -я
поведённый; *кр. ф.* -ён, -ена́
поведе́нческий
преве́дший(ся)
пове́дывать, -аю, -ает
повезённый; *кр. ф.* -ён, -ена́
повезти́, -зу́, -зёт; *прош.* -ёз, -езла́
повёзший
повелева́ть(ся), -а́ю, -а́ет(ся)
повеле́ние, -я
пове́лено, *в знач. сказ.*
повеле́ть, -лю́, -ли́т
повели́тель, -я
повели́тельница, -ы, *тв.* -ей
повели́тельность, -и
повели́тельный; *кр. ф.* -лен, -льна
повелича́ть, -а́ю, -а́ет
повелли́т, -а (*минерал*)
по-венге́рски
повенча́нный; *кр. ф.* -ан, -ана
повенча́ть(ся), -а́ю(сь), -а́ет(ся)
поверга́ть(ся), -а́ю(сь), -а́ет(ся)
пове́ргнувший(ся)
пове́ргнутый
пове́ргнуть(ся), -ну(сь), -нет(ся); *прош.* -е́рг(ся) и -е́ргнул(ся), -е́ргла(сь)
пове́ргший(ся)
пове́ренная, -ой
пове́ренный[1]; *кр. ф.* -ен, -ена, *прич.*
пове́ренный[2], -ого; но: Вре́менный Пове́ренный в дела́х
пове́рженный; *кр. ф.* -ен, -ена
пове́ритель, -я
пове́рить(ся), -рю, -рит(ся)
пове́рка, -и, *р. мн.* -рок

повёрнутый
поверну́ть(ся), -ну́(сь), -нёт(ся)
пове́рочный
поверста́нный; *кр. ф.* -ан, -ана (*от* поверста́ть)
поверста́ть(ся), -а́ю(сь), -а́ет(ся)
повёрстный (*от* верста́)
поверте́ть(ся), -ерчу́(сь), -е́ртит(ся)
повёртывание, -я
повёртывать(ся), -аю(сь), -ает(ся)
пове́рх, *нареч. и предлог*
пове́рхностно-акти́вный
пове́рхностность, -и
пове́рхностно усво́енный
пове́рхностный; *кр. ф.* -тен, -тна
пове́рхность, -и
по́верху, *нареч.* (*сверху; верхом*)
пове́рченный; *кр. ф.* -ен, -ена
пове́рчивать(ся), -аю(сь), -ает(ся)
поверше́нный; *кр. ф.* -ён, -ена́
перверши́ть(ся), -шу́, -ши́т(ся)
пове́рщик, -а
пове́рье, -я, *р. мн.* -рий
поверя́льщик, -а
поверя́ть(ся), -я́ю(сь), -я́ет(ся)
пове́са, -ы, *м.*
повеселе́е
повеселе́ть, -е́ю, -е́ет
повесели́ть(ся), -лю́(сь), -ли́т(ся)
по-весе́ннему, *нареч.*
пове́сить(ся), -е́шу(сь), -е́сит(ся)
по весне́ (*весной*)
повесничанье, -я
повесничать, -аю, -ает
повествова́ние, -я
повествова́тель, -я
повествова́тельница, -ы, *тв.* -ей
повествова́тельный
повествова́ть(ся), -тву́ю, -тву́ет(ся)
повести́(сь), -еду́(сь), -еде́т(ся); *прош.* -ёл(ся), -ела́(сь)
повести́ть, -ещу́, -ести́т
пове́стка, -и, *р. мн.* -ток
повесту́шка, -и, *р. мн.* -шек
по́весть, -и, *мн.* -и, -е́й

По́весть временны́х лет
пове́т, -а (*уезд, ист.*)
Поветлу́жье, -я (*к* Ветлу́га)
пове́товый
пове́трие, -я
пове́ть, -и (*помещение в крестьянском дворе, обл.*)
по вечера́м
повечере́ть, -е́ет
повече́рие, -я
повечеру́, *нареч.*
повече́рять, -я́ю, -я́ет и повечери́ть, -я́ю, -я́ет
пове́шение, -я
пове́шенный; *кр. ф.* -ен, -ена
повеща́ть(ся), -а́ю(сь), -а́ет(ся)
повещённый; *кр. ф.* -ён, -ена́
пове́ять, -е́ю, -е́ет
повзво́дно
повздо́рить, -рю, -рит
повздыха́ть, -а́ю, -а́ет
повзросле́ние, -я
повзросле́ть, -е́ю, -е́ет
по-взро́слому, *нареч.*
повива́льник, -а
повива́льный
повива́ние, -я
повива́ть, -а́ю, -а́ет (*к* вить)
повида́ть(ся), -а́ю(сь), -а́ет(ся)
по-ви́димому, *вводн. сл.*
пови́дло, -а
повидне́ть, -е́ет
пови́згивание, -я
пови́згивать, -аю, -ает
повизжа́ть, -жу́, -жи́т
пови́ливание, -я
пови́ливать, -аю, -ает
повили́ка, -и
повили́ковый
повили́чный
повиля́ть, -я́ю, -я́ет
повини́ться, -ню́сь, -ни́тся
пови́нная, -ой
пови́нностный
пови́нность, -и
пови́нный; *кр. ф.* -и́нен, -и́нна

ПОВИНОВАТЬ(СЯ)

повинова́ться, -ну́юсь, -ну́ется
повинове́ние, -я
повинти́ть, -инчу́, -инти́т
пови́нченный; *кр. ф.* -ен, -ена
повиса́ть, -а́ю, -а́ет
повисе́ть, -ишу́, -иси́т
пови́слый
пови́снуть, -ну, -нет; *прош.* -и́с, -и́сла
пови́сший
повите́ль, -и
повиту́ха, -и
пови́тый; *кр. ф.* -и́т, -ита́, -и́то
пови́ть(ся), повью́, повьёт(ся); *прош.* -и́л(ся), -ила́(сь), -и́ло, -и́ло́сь
повика́ливать, -аю, -ает
повлажне́ть, -е́ет
повла́ствовать, -твую, -твует
повлёкший(ся)
повле́чь(ся), -еку́(сь), -ечёт(ся), -еку́т(ся); *прош.* -ёк(ся), -екла́(сь)
повлия́ть, -я́ю, -я́ет
по́вод¹, -а, *предл.* на поводу́, *мн.* пово́дья, -ьев (*ремень*)
по́вод², -а, *мн.* -ы, -ов (*причина*)
поводи́ть(ся), -ожу́(сь), -о́дит(ся)
поводко́вый
поводо́к, -дка́
поводо́чный
поводы́рь, -я́
повоёванный; *кр. ф.* -ан, -ана
повоева́ть, повою́ю, повою́ет
по-вое́нному, *нареч.*
пово́з, -а
по возвраще́нии (*возвратившись*)
повози́ть(ся), -ожу́(сь), -о́зит(ся)
пово́зка, -и, *р. мн.* -зок
по возмо́жности
повозмуща́ться, -а́юсь, -а́ется
пово́зочный
по возраста́ющей (идти́)
повозрастно́й
повой, -я
пово́йник, -а
пово́йничек, -чка

пово́йничковые, -ых
пово́лжский
Пово́лжье, -я (к Во́лга)
поволнова́ться, -ну́юсь, -ну́ется
по-воло́вьи
поволо́ка, -и
поволо́кший(ся)
поволо́ченный; *кр. ф.* -ен, -ена (*от* поволочи́ть)
поволочённый; *кр. ф.* -ён, -ена́ (*от* поволо́чь *и* поволочи́ть)
поволочи́ть(ся), -очу́(сь), -о́чит(ся)
поволо́чь(ся), -оку́(сь), -очёт(ся), -оку́т(ся); *прош.* -о́к(ся), -окла́(сь)
по-во́лчьи
пово́льник, -а
пово́льничать, -аю, -ает
повольноду́мствовать, -твую, -твует
повопи́ть, -плю́, -пи́т
повора́чивание, -я
повора́чивать(ся), -аю(сь), -ает(ся)
поворкова́ть, -ку́ю, -ку́ет
поворо́ванный; *кр. ф.* -ан, -ана
поворова́ть, -ру́ю, -ру́ет
поворо́вывать, -аю, -ает
поворожи́ть, -жу́, -жи́т
по-воро́ньи
поворо́т, -а
поворотить(ся), -очу́(сь), -о́тит(ся)
поворо́тливость, -и
поворо́тливый
поворо́тно-лопастно́й
поворо́тно-накло́нный
поворо́тный
поворо́чать(ся), -аю(сь), -ает(ся)
поворо́ченный; *кр. ф.* -ен, -ена
поворошённый; *кр. ф.* -ён, -ена́
поворошить, -шу́, -ши́т
поворча́ть, -чу́, -чи́т
повоспи́тывать, -аю, -ает
повосхища́ться, -а́юсь, -а́ется
по восходя́щей (идти́)

поврать, -ру́, -рёт; *прош.* -а́л, -ала́, -а́ло
повреди́ть(ся), -ежу́(сь), -еди́т(ся)
поврежда́емость, -и
поврежда́ть(ся), -а́ю(сь), -а́ет(ся)
поврежде́ние, -я
повреждённый; *кр. ф.* -ён, -ена́
по времена́м
повремени́ть, -ню́, -ни́т
повреме́нка, -и
повреме́нный
повреме́нщик, -а
повро́зь (*прост. к* врозь)
повседне́вность, -и
повседне́вный; *кр. ф.* -вен, -вна
повседне́вье, -я
повсеме́стно, *нареч.*
повсеме́стность, -и
повсеме́стный; *кр. ф.* -тен, -тна
повсеча́сный
повскака́ть, -ска́чет
повска́кивать, -ает
повспомина́ть, -а́ю, -а́ет
повстава́ть, -таёт
повстане́ц, -нца, *тв.* -нцем, *р. мн.* -нцев
повста́нческий
повста́нчество, -а
повстреча́ть(ся), -а́ю(сь), -а́ет(ся)
повсхо́довый
повсю́дный
повсю́ду
по-вся́кому, *нареч.*
по-вся́чески
повто́р, -а
повторе́ние, -я
повторённый; *кр. ф.* -ён, -ена́ *и* повто́ренный; *кр. ф.* -ен, -ена
повтори́тель, -я
повтори́тельный
повтори́ть(ся), -рю́(сь), -ри́т(ся)
повто́рник, -а (*от* повто́рный)
повто́рно-переме́нный
повторнородя́щая
повто́рность, -и
повто́рный

повторя́емость, -и
повторя́ть(ся), -я́ю(сь), -я́ет(ся)
повтыка́ть, -а́ю, -а́ет
по-вчера́шнему, *нареч.*
повыбега́ть, -а́ет
повыбежа́ть, -бежи́т, -бегу́т
повыбива́ть, -а́ю, -а́ет
повы́битый
повы́бить, -бью, -бьет
повы́бранный; *кр. ф.* -ан, -ана
повыбра́сывать, -аю, -ает
повы́брать(ся), -беру́, -берёт(ся)
повы́бросить, -ошу, -осит
повы́брошенный; *кр. ф.* -ен, -ена
повы́валиться, -ится
повы́веденный; *кр. ф.* -ен, -ена
повы́везенный; *кр. ф.* -ен, -ена
повы́везти, -везу, -везет
повы́вернутый
повы́вернуть, -ну, -нет
повывёртывать, -аю, -ает
повы́вести(сь), -веду, -ведет(ся)
повыводи́ть(ся), -ожу́, -о́дит(ся)
повы́гнанный; *кр. ф.* -ан, -ана
повы́гнать, -гоню, -гонит
повыгоня́ть, -я́ю, -я́ет
повы́гореть, -рит
повы́гребенный; *кр. ф.* -ен, -ена
повы́грести, -гребу, -гребет; *прош.* -греб, -гребла
повы́дерганный; *кр. ф.* -ан, -ана
повы́дергать, -аю, -ает
повыдёргивать, -аю, -ает
повыдира́ть, -а́ю, -а́ет
повы́дранный; *кр. ф.* -ан, -ана
повы́драть, -деру, -дерет
повыду́мывать, -аю, -ает
повыезжа́ть, -а́ет
повы́ехать, -едет
повы́жечь, -жгу, -жжет, -жгут; *прош.* -жег, -жгла
повы́жженный; *кр. ф.* -ен, -ена
по вы́зову
повыки́дывать, -аю, -ает
повы́кинутый
повы́кинуть, -ну, -нет

повыла́вливать, -аю, -ает
повыла́зить, -зит (*прост.* к повы́лезти)
повыла́мывать, -аю, -ает
повылеза́ть, -а́ет
повы́лезти и повы́лезть, -зет; *прош.* -лез, -лезла
повы́лезший
повылета́ть, -а́ет
повы́лететь, -летит
повы́ловить, -овлю, -овит
повы́ловленный; *кр. ф.* -ен, -ена
повы́ломанный; *кр. ф.* -ан, -ана
повы́ломать, -аю, -ает
повы́мереть, -мрет; *прош.* -мер, -мерла
повы́мерший
повынима́ть, -а́ю, -а́ет
повыпада́ть, -а́ет
повы́пасть, -адет; *прош.* -ал, -ала
повы́ползти, -зет; *прош.* -олз, -олзла
повы́ползший
повыпры́гивать, -ает
повыраста́ть, -а́ет
повы́расти, -тет; *прош.* -рос, -росла
повы́рванный; *кр. ф.* -ан, -ана
повы́рвать, -рву, -рвет
повы́резанный; *кр. ф.* -ан, -ана
повы́резать, -ежу, -ежет
повыреза́ть, -а́ю, -а́ет
повы́родиться, -дится
повы́росший
повыруба́ть, -а́ю, -а́ет
повы́рубить, -блю, -бит
повы́рубленный; *кр. ф.* -ен, -ена
повырыва́ть, -а́ю, -а́ет
повы́сить(ся), -ы́шу(сь), -ы́сит(ся)
повыска́кивать, -ает
повы́скочить, -ит
повы́смотреть, -рю, -рит
повысо́вывать(ся), -ываю, -ывает(ся)
повы́сосать, -осу, -осет
повы́спросить, -ошу, -осит

повы́спрошенный; *кр. ф.* -ен, -ена
повы́строенный; *кр. ф.* -ен, -ена
повы́строить, -ою, -оит
повы́сушенный; *кр. ф.* -ен, -ена
повы́сушить, -шу, -шит
повы́сыпанный; *кр. ф.* -ан, -ана
повы́сыпать(ся), -плю, -плет(ся), -плют(ся) и -пет(ся), -пят(ся)
повыта́скать, -аю, -ает
повыта́скивать, -аю, -ает
повы́тащенный; *кр. ф.* -ен, -ена
повы́тащить, -щу, -щит
повы́топтанный; *кр. ф.* -ан, -ана
повы́топтать, -пчу, -пчет
повы́трясти, -су, -сет; *прош.* -яс, -ясла
повы́тчик, -а
повы́ть, повою, повоет
повыходи́ть, -о́дит
повыцара́пать, -паю, -пает
повы́цвести, -ветет; *прош.* -вел, -вела
повы́цветший
повы́черканный; *кр. ф.* -ан, -ана
повы́черкать, -аю, -ает
повычёркивать, -аю, -ает
повыша́тельный
повыша́ть(ся), -а́ю(сь), -а́ет(ся)
повы́ше
повыше́ние, -я
повы́шенный; *кр. ф.* -ен, -ена
повышиба́ть, -а́ю, -а́ет
повышиби́вший
повы́шибить, -бу, -бет; *прош.* -шиб, -шибла
повы́шибленный; *кр. ф.* -ен, -ена
повы́щипанный; *кр. ф.* -ан, -ана
повы́щипать, -плю, -плет, -плют и -пет, -пят, также -аю, -ает
повыщи́пывать, -аю, -ает
по-вьетна́мски
повя́дший
повя́занный; *кр. ф.* -ан, -ана
повяза́ть(ся), -яжу́(сь), -я́жет(ся)
повя́зка, -и, *р. мн.* -зок

повя́зочный
повя́зывание, -я
повя́зывать(ся), -аю(сь), -ает(ся)
по́вязь, -и
повя́ленный; кр. ф. -ен, -ена
повя́лить, -лю, -лит
повя́нувший
повя́нуть, -нет, прош. -я́л, -я́ла
погада́ть, -а́ю, -а́ет
пога́дки, -док
погазова́ть, -зу́ю, -зу́ет
погалде́ть, -ди́т
пога́нец, -нца, тв. -нцем, р. мн. -нцев
пога́нить(ся), -ню(сь), -нит(ся)
пога́нка, -и, р. мн. -нок
пога́ный
по́гань, -и
пога́нящий(ся)
погарцева́ть, -цу́ю, -цу́ет
погаса́ние, -я
погаса́ть, -а́ю, -а́ет
погаси́ть(ся), -ашу́, -а́сит(ся)
пога́снуть, -ну, -нет; прош. -а́с, -а́сла
пога́сший
погаша́ть(ся), -а́ю, -а́ет(ся)
погаше́ние, -я
пога́шенный; кр. ф. -ен, -ена
погекта́рный
по-генера́льски
по́гиб, -а
погиба́ть, -а́ю, -а́ет
поги́бель, -и
поги́бельный
поги́бнуть, -ну, -нет; прош. -и́б, -и́бла
поги́бший
по́гибь, -и
погла́дить(ся), -а́жу(сь), -а́дит(ся)
погла́женный; кр. ф. -ен, -ена
погла́живать(ся), -аю, -ает(ся)
поглазе́ть, -е́ю, -е́ет
погла́сица, -ы, тв. -ей
погло́данный; кр. ф. -ан, -ана
поглода́ть, -ожу́, -о́жет
погло́танный; кр. ф. -ан, -ана
поглота́ть, -а́ю, -а́ет
поглоти́тель, -я
поглоти́тельный
поглоти́ть(ся), -ощу́, -о́тит(ся)
поглоща́емость, -и
поглоща́тельный
поглоща́ть(ся), -а́ю, -а́ет(ся)
поглоща́ющий(ся)
поглоще́ние, -я
поглощённый; кр. ф. -ён, -ена́
поглу́бже
поглуми́ться, -млю́сь, -ми́тся
поглупе́ть, -е́ю, -е́ет
по-глу́пому, нареч.
погляде́нье, -я
погляде́ть(ся), -яжу́(сь), -яди́т(ся)
погля́дка, -и, р. мн. -док
погля́дывание, -я
погля́дывать, -аю, -ает
по́гнанный; кр. ф. -ан, -ана
погна́ть(ся), погоню́(сь), пого́нит(ся); прош. -а́л(ся), -ала́(сь), -а́ло, -ало́сь
погнева́ться, -аюсь, -ается
погни́ть, -иёт; прош. -и́л, -ила́, -и́ло
погноённый; кр. ф. -ён, -ена́
погнои́ть(ся), -ою́, -ои́т(ся)
по́гнутость, -и
по́гнутый
погну́ть(ся), -ну́, -нёт(ся)
погнуша́ться, -а́юсь, -а́ется
погова́ривать, -аю, -ает
погове́ть, -е́ю, -е́ет
поговори́ть, -рю́, -ри́т
погово́рка, -и, р. мн. -рок
погово́рочный
пого́да, -ы
погоди́ть, -ожу́, -оди́т
пого́дка, -и
пого́дно-климати́ческий
пого́дный
пого́док, -дка
погодообразу́ющий
пого́жий
поголо́вный
поголо́вье, -я
поголода́ть, -а́ю, -а́ет
поголоси́ть, -ошу́, -оси́т
поголубе́ть, -е́ет
пого́нка, -и
пого́нный
погонофо́ры, -о́р, ед. -фо́ра, -ы
пого́нчики, -ов, ед. -чик, -а
пого́нщик, -а
пого́нщица, -ы, тв. -ей
пого́ны, пого́н, ед. пого́н, -а
пого́ныш, -а, тв. -ем
пого́ня, -и
погоня́ла, -ы, м. и ж.
погоня́лка, -и, р. мн. -лок
погоня́ть(ся), -я́ю(сь), -я́ет(ся)
погора́ть, -а́ю, -а́ет
погорди́ться, -ржу́сь, -рди́тся
погорева́ть, -рю́ю, -рю́ет
погоре́лец, -льца, тв. -льцем, р. мн. -льцев
погоре́лый
погоре́льческий
погоре́льщина, -ы
погоре́ть, -рю́, -ри́т
по го́рло
по-городски́
по-городско́му, нареч.
погорячи́ться, -чу́сь, -чи́тся
по-госпо́дски
пого́ст, -а
погостева́ть, -тю́ю, -тю́ет
погости́ть, -ощу́, -ости́т
пого́стный
погра́бить, -блю, -бит
погра́бленный; кр. ф. -ен, -ена
по-гражда́нски
погранвойска́, -во́йск, -а́м
гранённый; кр. ф. -ён, -ена́
погранзаста́ва, -ы
погранзна́к, -а
погранзо́на, -ы
пограни́ть, -ню́, -ни́т
пограни́чник, -а
пограни́чный
пограни́чье, -я

ПОДАТНОЙ

погра́нка, -и, *р. мн.* -нок
погранконтро́ль, -я
погранокру́г, -а, *мн.* -а́, -о́в
погранотря́д, -а
погранохра́на, -ы
по́греб, -а, *мн.* -а́, -о́в
погреба́льный
погреба́ть(ся), -а́ю, -а́ет(ся)
погребе́ние, -я
погребённый; *кр. ф.* -ён, -ена́
погребе́ц, -бца́, *тв.* -бцо́м, *р. мн.* -бцо́в
погреби́ца, -ы, *тв.* -ей
погребно́й
погребо́к, -бка́
погрёбший
погре́зить(ся), -е́жу, -е́зит(ся)
погреме́ть, -млю́, -ми́т
погремо́к, -мка́
погрему́шка, -и, *р. мн.* -шек
погрести́, -ребу́, -ребёт; *прош.* -рёб, -ребла́
погре́ть(ся), -е́ю(сь), -е́ет(ся)
погреша́ть, -а́ю, -а́ет
погреше́ние, -я
погреши́ть, -шу́, -ши́т
погре́шность, -и
погрима́сничать, -аю, -ает
по гроб (жи́зни)
погрози́ть(ся), -ожу́(сь), -ози́т(ся)
погро́м, -а
погроми́ть, -млю́, -ми́т
погромлённый; *кр. ф.* -ён, -ена́
погро́мный
погро́мче
погро́мщик, -а
погромыха́ть, -а́ю, -а́ет
погромы́хивание, -я
погромы́хивать, -аю, -ает
погроха́тывать, -аю, -ает
погрохота́ть, -очу́, -о́чет
погрубе́лый
погрубе́ть, -е́ю, -е́ет
погру́дный
по гру́дь
погружа́льный кре́ст

погружа́тельное креще́ние
погружа́ть(ся), -а́ю(сь), -а́ет(ся)
погруже́ние, -я
погружённость, -и
погру́женный; *кр. ф.* -ен, -ена и погружённый; *кр. ф.* -ён, -ена́
погружно́й
по-грузи́нски
погрузи́ть(ся), -ужу́(сь), -у́зи́т(ся)
погру́зка, -и, *р. мн.* -зок
погру́зка-разгру́зка, погру́зки-разгру́зки
погрузне́ть, -е́ю, -е́ет
погру́знувший
погру́знуть, -ну, -нет; *прош.* -у́з, -у́зла
погрузоразгру́зочный
погру́зочно-доста́вочный
погру́зочно-разгру́зочный
погру́зочно-тра́нспортный
погру́зочный
погру́зчик, -а
погру́зчик-смеси́тель, погру́зчика-смеси́теля
погру́зший
погрусти́ть, -ущу́, -усти́т
погрустне́ть, -е́ю, -е́ет
погры́зенный; *кр. ф.* -ен, -ена
погры́зть(ся), -зу́(сь), -зёт(ся); *прош.* -ы́з(ся), -ы́зла(сь)
погры́зший(ся)
погряза́ть, -а́ю, -а́ет
погря́знуть, -ну, -нет; *прош.* -я́з, -я́зла
погря́зший
погуби́тель, -я
погуби́тельница, -ы, *тв.* -ей
погуби́ть, -ублю́, -у́бит
погубле́ние, -я
погу́бленный; *кр. ф.* -ен, -ена
погуде́ть, -ужу́, -уди́т
пугу́дка, -и, *р. мн.* -док
погу́живать, -аю, -ает
погу́ливать, -аю, -ает
погуля́нки, -нок
погуля́ть, -я́ю, -я́ет

погусте́ть, -е́ет
погута́рить, -рю, -рит и **погуто́рить**, -рю, -рит
под¹, -а, *предл.* на поду́, *мн.* -ы́, -о́в
под² и подо, *предлог*
подава́льный
подава́льщик, -а
подава́льщица, -ы, *тв.* -ей
подава́ть(ся), подаю́(сь), подаёт(ся) (*к* пода́ть(ся))
подави́ть(ся), -авлю́(сь), -а́вит(ся) (*дави́ть нек-рое вре́мя*; *к* подавля́ть и дави́ться)
подавле́ние, -я
пода́вленно, *нареч.*
пода́вленность, -и
пода́вленный; *кр. ф.* -ен, -ена (*к* подави́ть и пода́вленность)
пода́вливать, -аю, -ает (*давить слегка, время от времени*)
подавля́ть(ся), -я́ю, -я́ет(ся)
подавля́ющий(ся)
пода́вно
пода́гра, -ы
пода́грик, -а
подагри́ческий
подакци́зный
пода́ле (*устар. к* пода́лее)
пода́лее
подалта́рный
подалта́рье, -я, *р. мн.* -рий
пода́льше
по́данный; *кр. ф.* -ан, пода́на́, -ано, *прич.* (*от* пода́ть)
под аппликé
пода́ренный; *кр. ф.* -ен, -ена
подари́ть, -арю́, -а́рит
пода́рок, -рка
пода́рочек, -чка
пода́рочный
податама́нье, -я, *р. мн.* -ьев, *м*
пода́тель, -я
пода́тельница, -ы, *тв.* -ей
пода́тливость, -и
пода́тливый
податно́й

пода́ть, -и, мн. -и, -ей и -е́й
пода́ть(ся), -а́м(ся), -а́шь(ся), -а́ст(ся), -ади́м(ся), -ади́те(сь), -аду́т(ся); *прош.* по́дал, подался, подала́(сь), по́дало, подало́сь (*дать, доставить, представить; переместить(ся); пойти, поступить куда-н.*)
пода́ча, -и, *тв.* -ей (*к* пода́ть)
пода́чка, -и, *р. мн.* -чек
подаю́щий(ся) (*от* подава́ть(ся))
подая́ние, -я
подба́вить(ся), -влю, -вит(ся)
подба́вка, -и, *р. мн.* -вок
подба́вленный; *кр. ф.* -ен, -ена
подбавля́ть(ся), -я́ю, -я́ет(ся)
подба́гренный; *кр. ф.* -ен, -ена
подба́гривать(ся), -аю, -ает(ся)
подба́грить, -рю, -рит
подба́дривание, -я
подба́дривать(ся), -аю(сь), -ает(ся)
подба́дривающий(ся)
подба́лтывание, -я
подба́лтывать(ся), -аю, -ает(ся)
подба́шенный
подбега́ть, -а́ю, -а́ет
подбедёрок, -рка
подбежа́ть, -егу́, -ежи́т, -егу́т
подбе́л, -а
подбелённый; *кр. ф.* -ён, -ена́
подбе́ливание, -я
подбе́ливать(ся), -аю(сь), -ает(ся)
подбели́ть(ся), -елю́(сь), -е́ли́т(ся)
подбе́лка, -и
подбере́жник, -а
подбере́жный
подбере́жье, -я, *р. мн.* -жий
подберёзник, -а
подберёзовик, -а
подбива́ть(ся), -а́ю(сь), -а́ет(ся)
подби́вка, -и, *р. мн.* -вок
подбира́ние, -я
подбира́ть(ся), -а́ю(сь), -а́ет(ся)
подби́тие, -я
подби́тый

подби́ть(ся), подобью́(сь), подобьёт(ся)
подблю́дный
под Бо́гом: всё под Бо́гом хо́дим
подбодрённый; *кр. ф.* -ён, -ена́
подбодри́ть(ся), -рю́(сь), -ри́т(ся)
подбодря́ть(ся), -я́ю(сь), -я́ет(ся)
подбо́ечный
подбо́й, -я
подбо́йка, -и, *р. мн.* -о́ек
подбо́йный
под бо́ком и по́д боком
под бо́кс (*стрижка*)
подбо́лтанный; *кр. ф.* -ан, -ана
подболта́ть, -а́ю, -а́ет
подбо́лтка, -и
подбо́р, -а (*действие*)
подбо́ра, -ы (*веревка*)
подбо́ристый
подбо́рка, -и, *р. мн.* -рок
подборо́дник, -а
подборо́дный
подборо́док, -дка
подборо́дочек, -чка
подборо́дочный
подбо́рочный
подбо́ртный
подбо́рщик, -а
подбо́рщик-копни́тель, подбо́рщика-копни́теля
подбо́рщик-укла́дчик, подбо́рщика-укла́дчика
подбо́рщица, -ы, *тв.* -ей
подбочёниваться, -аюсь, -ается
подбочёниться, -нюсь, -нится
подбочи́ться, -чу́сь, -чи́тся
подбра́сывание, -я
подбра́сывать(ся), -аю, -ает(ся)
подбреда́ть, -а́ю, -а́ет
подбре́дший
подбрести́, -еду́, -едёт; *прош.* -ёл, -ела́
подбрива́ть(ся), -а́ю(сь), -а́ет(ся)
подбри́тый
подбри́ть(ся), -бре́ю(сь), -бре́ет(ся)

подбро́с, -а
подбро́сить, -о́шу, -о́сит
подбро́ска, -и
подбро́шенный; *кр. ф.* -ен, -ена
подбрю́шина, -ы
подбрю́шник, -а
подбрю́шный
подбрю́шье, -я, *р. мн.* -ший
подва́ксить, -кшу, -ксит
подва́кшенный; *кр. ф.* -ен, -ена
подва́л, -а
подва́ленный; *кр. ф.* -ен, -ена
подва́ливание, -я
подва́ливать(ся), -аю(сь), -ает(ся)
подвали́ть(ся), -алю́(сь), -а́лит(ся)
подва́лка, -и
подва́льный
подва́льчик, -а
подва́ренный; *кр. ф.* -ен, -ена
подва́ривать(ся), -аю, -ает(ся)
подвари́ть(ся), -арю́, -а́рит(ся)
подва́хтенный
подва́щивать(ся), -аю, -ает(ся)
подвева́ть(ся), -а́ю, -а́ет(ся) (*к* ве́ять)
подведе́ние, -я
подведённый; *кр. ф.* -ён, -ена́
подве́домственность, -и
подве́домственный; *кр. ф.* -вен и -венен, -венна
подве́дший
подвезённый; *кр. ф.* -ён, -ена́
подвезти́, -зу́, -зёт; *прош.* -ёз, -езла́
подвёзший
подве́ивать(ся), -аю, -ает(ся)
подвене́чный
подверга́ть(ся), -а́ю(сь), -а́ет(ся)
подве́ргнувший(ся)
подве́ргнутый
подве́ргнуть(ся), -ну(сь), -нет(ся); *прош.* -е́рг(ся) и -е́ргнул(ся), -е́ргла(сь)
подве́ргший(ся)
подве́рженность, -и
подве́рженный; *кр. ф.* -ен, -ена
подвёрнутый

подверну́ть(ся), -ну́(сь), -нёт(ся)
подверёстанный; кр. ф. -ан, -ана
подверста́ть(ся), -а́ю, -а́ет(ся)
подверста́чье, -я, р. мн. -ьев
подвёрстка, -и
подвёрстывание, -я
подвёрстывать(ся), -аю, -ает(ся)
подверте́ть, -верчу́, -ве́ртит
подвёртка, -и, р. мн. -ток
подвёртки, -ток, ед. -тка, -и (портянки)
подвёртывание, -я
подвёртывать(ся), -аю(сь), -ает(ся)
под ве́рх (седла́ть)
подве́рченный; кр. ф. -ен, -ена
подве́с, -а
подвесе́льный
подве́сить(ся), -е́шу(сь), -е́сит(ся)
подве́ска, -и, р. мн. -сок (действие, предмет)
подве́сковый
подвесно́й
подве́сок, -ска (предмет)
подве́сочный
подвести́, -еду́, -едёт; прош. -ёл, -ела́
Подве́тренные острова́ (геогр.)
подве́тренный
под ве́чер и под ве́чер
подвече́рье, -я, р. мн. -рий
подве́шенный; кр. ф. -ен, -ена
подве́шивание, -я
подве́шивать(ся), -аю(сь), -ает(ся)
подве́янный; кр. ф. -ян, -яна
подве́ять(ся), -е́ю, -е́ет(ся)
подвздо́х, -а
подвздо́шно-поясни́чный
подвздо́шный
подвива́ние, -я
подвива́ть(ся), -а́ю(сь), -а́ет(ся) (к вить)
подви́вка, -и
по́двиг, -а
подвига́ние, -я (от подвига́ть(ся))

подви́гать(ся), -аю(сь), -ает(ся), сов. (от дви́гать(ся))
подвига́ть(ся), -а́ю(сь), -а́ет(ся), несов. (к подви́нуть(ся))
подви́гнувший(ся)
подви́гнутый
подви́гнуть(ся), -ну(сь), -нет(ся); прош. -и́гнул(ся) и -и́г(ся), -и́гла(сь)
подви́гший(ся)
подви́д, -а
подвидово́й
подви́жка, -и, р. мн. -жек (к подви́нуть(ся))
подви́жник, -а
подви́жница, -ы, тв. -ей
подви́жнический
подви́жничество, -а
подвижногру́дые, -ых
подвижно́й
подви́жность, -и
подви́жный; кр. ф. -жен, -жна
подвиза́ться, -а́юсь, -а́ется
по́двизг, -а
подви́згивание, -я
подви́згивать, -аю, -ает
подвильну́ть, -ну́, -нёт
подвинти́ть(ся), -инчу́, -и́нти́т(ся)
подви́нутый (от подви́нуть)
подви́нуть(ся), -ну(сь), -нет(ся) (немного передви́нуть(ся), продви́нуть(ся)
подви́нченный; кр. ф. -ен, -ена
подви́нчивание, -я
подви́нчивать(ся), -аю, -ает(ся)
Подви́нье, -я (к За́падная Двина́)
подвира́ть, -а́ю, -а́ет
подвисо́чный
подви́тый; кр. ф. -и́т, -ита́, -и́то
подви́ть(ся), подовью́(сь), подовьёт(ся); прош. -и́л(ся), -ила́(сь), -и́ло, -и́ло́сь
по́двишень, -шня
подвла́стность, -и
подвла́стный; кр. ф. -тен, -тна
подво́д, -а

подво́да, -ы
подводи́ть(ся), -ожу́, -о́дит(ся)
подво́дка, -и
подво́дник, -а
подво́дница, -ы, тв. -ей
подводно́й (к подводи́ть)
подво́дно-ми́нный
подво́дно-техни́ческий
подво́дный (к вода́ и подво́да)
подво́дчик, -а
подво́дчица, -ы, тв. -ей
по́ двое и по дво́е
подво́з, -а
подвози́ть(ся), -ожу́, -о́зит(ся)
подво́зка, -и
подво́зный
подво́зочный
подво́зчик, -а
подво́й, -я
подвола́кивать(ся), -аю, -ает(ся)
по́дволок, -а и подволо́ка, -и
подволо́кший
подволо́ченный; кр. ф. -ен, -ена (от подволочи́ть)
подволочённый; кр. ф. -ён, -ена́ (от подволо́чь и подволочи́ть)
подволочи́ть(ся), -очу́, -о́чи́т(ся)
подволо́чь(ся), -локу́, -лочёт(ся), -локу́т(ся); прош. -ло́к(ся), -локла́(сь)
под вопро́с (поста́вить)
под вопро́сом
подвора́чивать(ся), -аю, -ает(ся)
подво́рный
подворо́вывать, -аю, -ает
подвороти́ть(ся), -очу́, -о́тит(ся)
подворотни́к, -а́
подворотничо́к, -чка́
подворо́тня, -и, р. мн. -тен
подворо́ченный; кр. ф. -ен, -ена
подво́рье, -я, р. мн. -рий
подво́х, -а
подвощённый; кр. ф. -ён, -ена́
подвощи́ть, -щу́, -щи́т
подвсплыва́ть, -а́ю, -а́ет
подвсплы́тие, -я

подвсплы́ть, -ыву́, -ывёт
подвулканиза́ция, -и
подвы́в, -а
подвыва́ла, -ы, м. и ж.
подвыва́ние, -я
подвыва́ть, -а́ю, -а́ет
подвы́вих, -а
подвы́пить, -пью, -пьет
подвыраже́ние, -я
подвы́сить, -ы́шу, -ы́сит
подвы́сь, нареч.
подвы́ть, -во́ю, -во́ет
подвыша́ть(ся), -а́ю, -а́ет(ся)
подвы́шенный; кр. ф. -ен, -ена
подвяда́ть, -а́ет
подвя́занный; кр. ф. -ан, -ана
подвяза́ть(ся), -яжу́(сь), -я́жет(ся)
подвя́зка, -и, р. мн. -зок
подвя́зник, -а
подвязно́й
подвя́зочный
подвя́зывание, -я
подвя́зывать(ся), -аю(сь), -ает(ся)
подвя́ленный; кр. ф. -ен, -ена
подвя́ливать(ся), -аю, -ает(ся)
подвя́лить(ся), -лю, -лит(ся)
подвя́нуть, -нет
подгада́ть, -а́ю, -а́ет
подга́дить, -а́жу, -а́дит
подга́дывать, -аю, -ает
подга́живать, -аю, -ает
подги́б, -а
подгиба́ние, -я
подгиба́ть(ся), -а́ю, -а́ет(ся)
подги́бка, -и
подгибно́й
подгла́дить(ся), -а́жу(сь), -а́дит(ся)
подгла́живать(ся), -аю, -ает(ся)
подгла́женный; кр. ф. -ен, -ена
подгла́живание, -я
подгла́живать(ся), -аю(сь), -ает(ся)
подгла́зницы, -иц, ед. -ица, -ы, тв. -ей

подглазни́чный
подгла́зный
подгла́зья, -зий, ед. -зье, -я
подгло́данный; кр. ф. -ан, -ана
подглода́ть, -ожу́, -о́жет
подгло́точный
подгляде́ть, -яжу́, -яди́т
подгля́дывание, -я
подгля́дывать, -аю, -ает
подгна́ивать(ся), -аю, -ает(ся)
под гнёт
под гнётом
подгнива́ть, -а́ет
подгни́ть, -иёт; прош. -и́л, -ила́, -и́ло
подгноённый; кр. ф. -ён, -ена́
подгнои́ть, -ою́, -ои́т
подгова́ривание, -я
подгова́ривать(ся), -аю(сь), -ает(ся)
подгово́р, -а
подговорённый; кр. ф. -ён, -ена́
подговори́ть(ся), -рю́(сь), -ри́т(ся)
подгово́рщик, -а
подгово́рщица, -ы, тв. -ей
подголо́вник, -а
подголо́вный
подголо́вок, -вка
подголо́вье, -я, р. мн. -вий
подголо́сник, -а
подголо́сок, -ска
подголуби́ть, -блю́, -би́т
подголублённый; кр. ф. -ён, -ена́
подго́н, -а
подго́нка, -и
подго́нный
подго́ночный
подго́нщик, -а
подгоня́ла, -ы, м. и ж.
подгоня́ть(ся), -я́ю(сь), -я́ет(ся)
подгора́живать, -аю, -ает
подгора́ние, -я
подгора́ть, -а́ет
подгоре́лый
подгоре́ть, -ри́т

подгоризо́нт, -а
подго́рный
подгороди́ть, -ожу́, -о́дит
подгоро́дный
подгоро́женный; кр. ф. -ен, -ена
под гору
под горшо́к (стрижка)
подго́рье, -я, р. мн. -рий
подгорю́ниться, -нюсь, -нится
подгота́вливание, -я
подгота́вливать(ся), -аю(сь), -ает(ся)
подготови́тельный
подгото́вить(ся), -влю(сь), -вит(ся)
подготови́шка, -и, р. мн. -шек, м. и ж.
подгото́вка, -и
подгото́вленность, -и
подгото́вленный; кр. ф. -ен, -ена
подготовля́ть(ся), -я́ю(сь), -я́ет(ся)
под гра́дусом
подгра́ф, -а (матем.)
подгреба́ние, -я
подгреба́ть(ся), -а́ю(сь), -а́ет(ся)
подгребённый; кр. ф. -ён, -ена́
подгрёбка, -и (действие)
подгрёбки, -ов (остатки)
подгребно́й
подгрёбший(ся)
подгре́бье, -я, р. мн. -бий
подгрести́(сь), -ребу́(сь), -ребёт(ся); прош. -рёб(ся), -ребла́(сь)
подгримирова́ть(ся), -ру́ю(сь), -ру́ет(ся)
подгримиро́вывать(ся), -аю(сь), -ает(ся)
подгри́фок, -фка
подгру́дный
подгру́док, -дка
подгружа́ть(ся), -а́ю(сь), -а́ет(ся)
подгру́женный; кр. ф. -ен, -ена и подгружённый; кр. ф. -ён, -ена́
подгру́здок, -дка

ПОДДРАЗНИВАТЬ

подгру́здь, -я
подгрузи́ть(ся), -ужу́(сь), -у́зит(ся)
подгру́зка, -и
подгрунто́ванный; кр. ф. -ан, -ана
подгрунтова́ть, -ту́ю, -ту́ет
подгрунто́вка, -и
подгрунто́вывать(ся), -аю, -ает(ся)
подгру́ппа, -ы
подгрыза́ть(ся), -а́ю, -а́ет(ся)
подгры́зенный; кр. ф. -ен, -ена
подгры́зть, -зу́, -зёт; прош. -ы́з, -ы́зла
подгры́зший
подгу́бный
подгу́зник, -а
подгу́зничек, -чка
подгу́ливать, -аю, -ает
подгуля́ть, -я́ю, -я́ет
подгусти́ть, -ущу́, -усти́т
подгуща́ть(ся), -а́ю, -а́ет(ся)
подгущённый; кр. ф. -ён, -ена́
поддава́ла, -ы, м. и ж.
поддава́ть(ся), -даю́(сь), -даёт(ся) (к подда́ть(ся)
поддави́ть, -авлю́, -а́вит (усилить давление; немного подавить снизу)
поддавки́, -о́в
подда́вленный; кр. ф. -ен, -ена (от поддави́ть)
подда́вливать, -аю, -ает (к поддави́ть)
подда́ивать, -аю, -ает
подда́кивание, -я
подда́кивать, -аю, -ает
подда́кнуть, -ну, -нет
подда́лбливать(ся), -аю, -ает(ся)
по́дданная, -ой
по́дданнический
по́дданный[1]; кр. ф. -ан, по́ддана, -ано, прич. (от подда́ть)
по́дданный[2], -ого (состоящий в подданстве)

по́дданство, -а
подда́тый (выпивший, прост.)
подда́ть(ся), -а́м(ся), -а́шь(ся), -а́ст(ся), -ади́м(ся), -ади́те(сь), -аду́т(ся); прош. по́дда́л, подда́лся, поддала́(сь), по́дда́ло, поддало́сь (ударить снизу; добавить; уступить воздействию)
подда́ча, -и, тв. -ей (к подда́ть)
поддаю́щий(ся) (от поддава́ть(ся)
поддви́г, -а (геол.)
поддвига́ние, -я (от поддвига́ть(ся)
поддвига́ть(ся), -а́ю, -а́ет(ся) (к поддви́нуть(ся)
поддви́жка, -и, р. мн. -жек (к поддви́нуть(ся)
поддви́нутый (от поддви́нуть)
поддви́нуть(ся), -ну, -нет(ся) (сдвинуть(ся), задвинуться подо что-н.; то же, что пододви́нуть(ся)
поддёв, -а
поддева́ние, -я
поддева́ть(ся), -а́ю, -а́ет(ся) (к подде́ть)
поддёвка, -и, р. мн. -вок
поддёвочный
подде́ланный; кр. ф. -ан, -ана
подде́лать(ся), -аю(сь), -ает(ся) (сделать фальшивое подобие; подладиться, приспособиться)
подде́лка, -и, р. мн. -лок (к подде́лать)
подде́лывание, -я
подде́лыватель, -я
подде́лывать(ся), -аю(сь), -ает(ся) (к подде́лать(ся)
подде́льность, -и
подде́льный
подде́льщик, -а
поддёргивание, -я (от поддёргивать)
поддёргивать(ся), -аю, -ает(ся) (к поддёрнуть)

подде́рево, -а (матем.)
поддержа́ние, -я (от поддержа́ть)
поде́ржанный; кр. ф. -ан, -ана (от поддержа́ть)
поддержа́ть, -ержу́, -е́ржит (не дать упасть; сохранить; оказать помощь, содействие)
подде́рживание, -я
подде́рживать(ся), -аю(сь), -ает(ся)
подде́рживающий(ся)
подде́ржка, -и, р. мн. -жек
поддёрнутый (от поддёрнуть)
поддёрнуть, -ну, -нет (поднять, дергая; подобрать, подоткнуть)
подде́тый
подде́ть, -е́ну, -е́нет
поддиафрагма́льный
под дикто́вку
поддир, -а (к пододра́ть)
поддира́ть(ся), -а́ю, -а́ет(ся) (к пододра́ть)
поддирка, -и
поддои́ть, -ою́, -о́ит (подоить дополнительно)
поддо́й, -я
поддолби́ть, -блю́, -би́т (подолбить, продолбить дополнительно)
поддолблённый; кр. ф. -ён, -ена́ (от поддолби́ть)
поддомина́нта, -ы
поддомкра́тить, -а́чу, -а́тит
поддомкра́ченный; кр. ф. -ен, -ена
поддомкра́чивать(ся), -аю, -ает(ся)
поддо́н, -а
поддо́нник, -а
поддо́нный
поддо́нок, -нка (поддо́нник)
поддо́ночный (от поддо́нок)
поддра́знивание, -я
поддра́знивать, -аю, -ает (к поддразни́ть)

поддразни́ть, -азню́, -а́знит (слегка, немного подразнить)
поддубе́нь, -бня́
поддубови́к, -а́ и поддубо́вик, -а
поддува́ло, -а
поддува́льный
поддува́ние, -я
поддува́ть, -а́ю, -а́ет (к поддуть; слегка, немного дуть)
подду́жный
подду́льный
подду́ть, -у́ю, -у́ет (подуть снизу или дополнительно)
под ды́х (да́ть, уда́рить)
поддья́к, -а
подебоши́рить, -рю, -рит
подева́ть(ся), -а́ю, -а́ет(ся) (к деть, дева́ть)
по-де́вичьи
по-девчо́ночьи
подежу́рить, -рю, -рит
поде́йствовать, -твую, -твует
подека́дный
поде́лать(ся), -аю, -ает(ся) (заняться чем-н. в течение какого-н. времени; сделать(ся))
поделённый; кр. ф. -ён, -ена́
поде́лец, -льца́, тв. -льцо́м, р. мн. -льцев
поделика́тничать, -аю, -ает
подели́ть(ся), -елю́(сь), -е́лит(ся)
поде́лка, -и, р. мн. -лок (изделие)
по-делово́му, нареч.
подело́м, в знач. сказ.
поде́лочный
по де́лу
поде́лывать, -аю, -ает (что поде́лываете)
поде́льник, -а
поде́льница, -ы, тв. -ей
подёнка, -и, р. мн. -нок
подённый
подёнщик, -а
подёнщина, -ы
подёнщица, -ы, тв. -ей
подёра, -ы

подёрганный; кр. ф. -ан, -ана
подёргать(ся), -аю(сь), -ает(ся)
подёргивание, -я (от подёргивать(ся))
подёргивать(ся), -аю(сь), -ает(ся) (время от времени слегка дёргать(ся))
по-дереве́нски
подержа́ние: на подержа́ние (во временное пользование)
поде́ржанный; кр. ф. прич. -ан, -ана (от подержать; не новый)
подержа́ть(ся), -ержу́(сь), -е́ржит(ся) (держать(ся) некоторое время)
подёрнутый (от подёрнуть)
подёрнуть(ся), -ну, -нет(ся) (слегка дёрнуть; затянуть(ся), покрыть(ся), заволочь(ся))
Подесе́нье, -я (к Десна́)
подеста́, нескл., м.
подесяти́нный
подета́льный
по-де́тски
подешеве́ть, -е́ет
по дешёвке
подеше́вле
поджа́нр, -а
поджа́ренный; кр. ф. -ен, -ена
поджа́ривание, -я
поджа́ривать(ся), -аю(сь), -ает(ся)
поджа́ристый
поджа́рить(ся), -рю(сь), -рит(ся)
поджа́рка, -и, р. мн. -рок
поджа́рость, -и
поджа́рый
поджа́тие, -я
поджа́тый
поджа́ть(ся), подожму́(сь), подожмёт(ся)
поджёгший
поджелу́дочный
по-джентльме́нски
подже́чь, подожгу́, подожжёт, подожгу́т; прош. поджёг, подожгла́

поджива́ние, -я
поджива́ть, -а́ет
поджи́вить, -влю́, -ви́т
подживлённый; кр. ф. -ён, -ена́
подживля́ть(ся), -я́ю, -я́ет(ся)
поджига́ние, -я
поджига́тель, -я
поджига́тельница, -ы, тв. -ей
поджига́тельский
поджига́тельство, -а
поджига́ть(ся), -а́ю, -а́ет(ся)
поджида́ть(ся), -а́ю, -а́ет(ся)
поджи́лки, -лок
поджи́м, -а
поджима́ние, -я
поджима́ть(ся), -а́ю(сь), -а́ет(ся)
поджи́ть, -ивёт; прош. по́джил, поджила́, по́джило
поджо́г, -а, но глаг. поджёг
подзабо́рник, -а
подзабо́рный
подзабыва́ть(ся), -а́ю, -а́ет(ся)
подзабы́тый
подзабы́ть(ся), -бу́ду, -бу́дет(ся)
подзави́тый; кр. ф. -и́т, -ита́, -и́то
подзави́ть, -вью́, -вьёт
подзаво́д, -а
под завя́зку
подзагну́ть, -ну́, -нёт
подзаголо́вок, -вка
подзаголо́вочный
подзагоре́ть, -рю́, -ри́т
под за́д (коле́нкой)
подзада́ча, -и, тв. -ей
подзадержа́ться, -жу́сь, -е́ржится
подзадо́ренный; кр. ф. -ен, -ена
подзадо́ривание, -я
подзадо́ривать(ся), -аю(сь), -ает(ся)
подзадо́рить, -рю, -рит
подзако́нный
подзакрути́ть, -учу́, -у́тит
подзакру́ченный; кр. ф. -ен, -ена
подзакуси́ть, -ушу́, -у́сит
подзалете́ть, -лечу́, -лети́т
под зало́г

под замко́м
под замо́к
подзаня́ть(ся), -займу́(сь), -займёт(ся)
подзапозда́ть, -а́ю, -а́ет
подзапра́вить(ся), -влю(сь), -вит(ся)
под запре́т
под запре́том
подзапусти́ть, -ущу́, -у́стит
подзапу́таться, -аюсь, -ается
подзарабо́танный; кр. ф. -ан, -ана
подзарабо́тать, -аю, -ает
подзаря́д, -а (к подзаряди́ть)
подзаряди́ть(ся), -яжу́(сь), -я́дит(ся)
подзаря́дка, -и, р. мн. -док
подзаряжа́ть(ся), -а́ю(сь), -а́ет(ся)
подзаря́женный; кр. ф. -ен, -ена и подзаряжённый; кр. ф. -ён, -ена́
подзаты́лок, -лка
подзаты́лочный
подзаты́льник, -а
подзахмеле́ть, -е́ю, -е́ет
подзащи́тная, -ой
подзащи́тный, -ого
подзва́нивать, -аю, -ает
подзво́нный (подзво́нные колокола́)
подзвя́кивание, -я
подзвя́кивать, -аю, -ает
подзём, -а
подземе́лье, -я, р. мн. -лий
подземе́льный
подзе́мка, -и, р. мн. -мок
подзе́мно-ми́нный
подзе́мно-тра́нспортный
подзе́мный
подзе́мщик, -а
подзерка́льник, -а
подзерка́льный
подзи́мний
под зна́ком (чего)
подзо́л, -а

подзо́листость, -и
подзо́листый
подзолообразова́ние, -я
подзолоти́ть, -очу́, -оти́т
подзоло́ченный; кр. ф. -ен, -ена и подзолочённый; кр. ф. -ён, -ена́
подзо́льный
подзо́на, -ы
подзо́р, -а
подзо́рный
подзу́бренный; кр. ф. -ен, -ена
подзу́бривать(ся), -аю, -ает(ся)
подзубри́ть, -убрю́, -у́брит
подзуди́ть, -ужу́, -уди́т
подзу́женный; кр. ф. -ен, -ена
подзу́живание, -я
подзу́живать(ся), -аю(сь), -ает(ся)
подзы́в, -а
подзыва́ние, -я
подзыва́ть(ся), -а́ю(сь), -а́ет(ся)
поди́, вводн. сл. (вероятно), части́ца (попробуй, попытайся) и межд. (посторонись)
по диагона́ли
подивизио́нно
подиви́ть(ся), -влю́(сь), -ви́т(ся)
поди́ ж, частица
поди́ ж ты, частица
по́дий, -я и по́диум, -а
поди́-ка (разг. к пойди́-ка; попро́буй, попытайся)
подиктова́ть, -ту́ю, -ту́ет
по-дилета́нтски
поди́на, -ы
поди́р, -а (одежда первосвященника)
подира́ть, -а́ет (об ощущении дрожи; моро́з по ко́же подира́ет)
подирижи́ровать, -рую, -рует
подискути́ровать, -рую, -рует
поди́(те) (разг. к пойди́(те), пов.)
поди́ ты, частица
по́диум, -а и по́дий, -я
подича́ть, -а́ю, -а́ет
подичи́ться, -чу́сь, -чи́тся

подкаблу́чник, -а
подкади́ть, -ажу́, -ади́т
подкалённый; кр. ф. -ён, -ена́
подкали́берный
подка́ливать(ся), -аю, -ает(ся)
подкали́ть(ся), -лю́, -ли́т(ся)
подка́лка, -и
подка́лывание, -я
подка́лывать(ся), -аю, -ает(ся)
подкалы́мить, -млю, -мит
Подка́менная Тунгу́ска (река)
подка́менный
подка́менщик, -а
подканда́льники, -ов, ед. -ник, -а
подканцеляри́ст, -а
подка́панный; кр. ф. -ан, -ана
подка́пать, -аю, -ает
подка́пливать(ся), -аю, -ает(ся)
подка́пок, -пка
подка́пчивание, -я
подка́пчивать(ся), -аю, -ает(ся)
подка́пывание, -я
подка́пывать(ся), -аю(сь), -ает(ся)
подкарау́ленный; кр. ф. -ен, -ена
подкарау́ливание, -я
подкарау́ливать(ся), -аю(сь), -ает(ся)
подкарау́лить, -лю, -лит
подка́рмливание, -я
подка́рмливать(ся), -аю(сь), -ает(ся)
подкаса́тельная, -ой
подка́т, -а
подката́лог, -а
подка́танный; кр. ф. -ан, -ана
подката́ть, -а́ю, -а́ет
подкатего́рия, -и
подкати́ть(ся), -ачу́(сь), -а́тит(ся)
подка́тка, -и
подка́тчик, -а
подка́тывание, -я
подка́тывать(ся), -аю(сь), -ает(ся)
подка́чанный; кр. ф. -ан, -ана (от подкача́ть)

ПОДКАЧАТЬ

подкача́ть, -а́ю, -а́ет
подка́ченный; *кр. ф.* -ен, -ена (*от* подкати́ть)
подка́чивание, -я
подка́чивать(ся), -аю, -ает(ся)
подка́чивающий(ся)
подка́чка, -и
подка́шивание, -я
подка́шивать(ся), -аю, -ает(ся)
подка́шливание, -я
подка́шливать, -аю, -ает
подка́шлянуть, -ну, -нет
подква́сить(ся), -а́шу, -а́сит(ся)
подква́ска, -и
подква́шенный; *кр. ф.* -ен, -ена
подква́шивание, -я
подква́шивать(ся), -аю, -ает(ся)
подки́данный; *кр. ф.* -ан, -ана
подкида́ть, -а́ю, -а́ет
подки́дка, -и
подкидно́й
подки́дывание, -я
подки́дывать(ся), -аю, -ает(ся)
подки́дыш, -а, *тв.* -ем
подки́нутый
подки́нуть, -ну, -нет
подкипяти́ть, -ячу́, -яти́т
подкипячённый; *кр. ф.* -ён, -ена́
подкиса́ть, -а́ю, -а́ет
подкисле́ние, -я
подкислённый; *кр. ф.* -ён, -ена́
подкисли́тель, -я
подкисли́ть, -лю́, -ли́т
подкисля́ть(ся), -я́ю, -я́ет(ся)
подки́снуть, -нет; *прош.* -ки́с, -ки́сла
подки́сший
подкла́дка, -и, *р. мн.* -док
подкладно́й
подкла́дочный
подкла́дывание, -я
подкла́дывать(ся), -аю, -ает(ся)
подкла́сс, -а
подклёв, -а
подклёванный; *кр. ф.* -ан, -ана
подклева́ть, -люёт

подклёвывание, -я
подклёвывать(ся), -аю, -ает(ся)
подкле́енный; *кр. ф.* -ен, -ена
подкле́ивание, -я
подкле́ивать(ся), -аю, -ает(ся)
подкле́ить, -е́ю, -е́ит
подкле́йка, -и, *р. мн.* -е́ек
подклёпанный; *кр. ф.* -ан, -ана
подклепа́ть, -а́ю, -а́ет
подклёпка, -и
подклёпывание, -я
подклёпывать(ся), -аю, -ает(ся)
подклёт, -а (*архит.*)
подкле́тный
подкле́ть, -и (*нижний нежилой этаж избы*)
по́дклик, -а
подклика́ть(ся), -а́ю, -а́ет(ся)
подкли́кнуть, -ну, -нет
подклю́вье, -я, *р. мн.* -вий
под ключ (сда́ть)
подключа́ть(ся), -а́ю(сь), -а́ет(ся)
подключе́ние, -я
подключённый; *кр. ф.* -ён, -ена́
подключи́ть(ся), -чу́(сь), -чи́т(ся)
подключи́чный
подко́ва, -ы
подко́ванность, -и
подко́ванный; *кр. ф.* -ан, -ана
подкова́ть(ся), -ку́ю(сь), -куёт(ся)
подкове́рный
подко́вка, -и, *р. мн.* -вок
подко́вный
подковоно́с, -а
подковообра́зный; *кр. ф.* -зен, -зна
подко́вывание, -я
подко́вывать(ся), -аю(сь), -ает(ся)
подковыля́ть, -я́ю, -я́ет
подковы́ривание, -я
подковы́ривать(ся), -аю(сь), -ает(ся)
подковы́рка, -и, *р. мн.* -рок
подковы́рнутый
подковырну́ть, -ну́, -нёт

подковы́рянный; *кр. ф.* -ян, -яна
подковыря́ть, -я́ю, -я́ет
подко́жный
подкола́чивать(ся), -аю, -ает(ся)
подколе́нки, -нок, *ед.* -нка, -и
подколе́нник, -а
подколе́нный
подколёсный
подко́лка, -и
подколо́дный: змея подколо́дная
подколоти́ть, -очу́, -о́тит
подко́лотый
подколо́ть, -олю́, -о́лет
подколо́ченный; *кр. ф.* -ен, -ена
подколу́пнутый
подколупну́ть, -ну́, -нёт
подколу́пывать(ся), -аю, -ает(ся)
подкоми́ссия, -и
подкомите́т, -а
подко́мплекс, -а
подконво́йный, -ого
под коне́ц
подконтро́льность, -и
подконтро́льный; *кр. ф.* -лен, -льна
подконю́ший, -его
подко́п, -а
подко́панный; *кр. ф.* -ан, -ана
подкопа́ть(ся), -а́ю(сь), -а́ет(ся)
подкопи́ть(ся), -оплю́, -о́пит(ся)
подко́пка, -и
подко́пленный; *кр. ф.* -ен, -ена
подко́пный
подкопти́ть(ся), -пчу́, -пти́т(ся)
подкопчённый; *кр. ф.* -ён, -ена́
подкора́чивание, -я
подкора́чивать(ся), -аю, -ает(ся)
подкоренно́й
подко́рка, -и
подко́рковый (*анат.*)
подко́рм, -а
подкорми́ть(ся), -ормлю́(сь), -о́рмит(ся)
подко́рмка, -и
подко́рмленный; *кр. ф.* -ен, -ена
подко́рмочный

подкорна́ть, -а́ю, -а́ет
подко́рник, -а
подко́рный (биол.)
подко́ровый (геол.)
подкороти́ть, -очу́, -оти́т
подкоро́ченный; кр. ф. -ен, -ена
подкорректи́рованный; кр. ф. -ан, -ана
подкорректи́ровать(ся), -рую, -рует(ся)
подко́рченный; кр. ф. -ен, -ена
подко́рчить, -чу, -чит
подко́рье, -я
подко́с, -а
подко́сина, -ы
подкоси́ть(ся), -ошу́, -о́сит(ся)
подко́сок, -ска
подко́стный
подко́шенный; кр. ф. -ен, -ена
подкра́вшийся
подкра́дываться, -аюсь, -ается
подкра́ивать(ся), -аю, -ает(ся)
подкра́новый
подкра́сить(ся), -а́шу(сь), -а́сит(ся)
подкра́ска, -и
подкра́сться, -аду́сь, -адётся; прош. -а́лся, -а́лась
подкрахма́ленный; кр. ф. -ен, -ена
подкрахма́ливание, -я
подкрахма́ливать(ся), -аю, -ает(ся)
подкрахма́лить, -лю, -лит
подкра́шенный; кр. ф. -ен, -ена
подкра́шивание, -я
подкра́шивать(ся), -аю(сь), -ает(ся)
подкрепи́ть(ся), -плю́(сь), -пи́т(ся)
подкрепле́ние, -я
подкреплённый; кр. ф. -ён, -ена́
подкрепля́ть(ся), -я́ю(сь), -я́ет(ся)
подкри́кивание, -я
подкри́кивать, -аю, -ает

подкри́кнуть, -ну, -нет
подкрити́ческий
подкро́енный; кр. ф. -ен, -ена
подкрои́ть, -ою́, -ои́т
подкруглённый; кр. ф. -ён, -ена́
подкругли́ть, -лю́, -ли́т
подкругля́ть(ся), -я́ю, -я́ет(ся)
подкрути́ть(ся), -учу́, -у́тит(ся)
подкру́тка, -и, р. мн. -ток
подкру́ченный; кр. ф. -ен, -ена
подкру́чивание, -я
подкру́чивать(ся), -аю, -ает(ся)
подкры́лки, -ов, ед. -лок, -лка
подкры́льники, -ов, ед. -ник, -а
подкры́льный
подкры́лья, -лий, ед. -лье, -я
подкря́кивать, -аю, -ает
подкря́кнуть, -ну, -нет
подкузьми́ть, -млю́, -ми́т
подкула́чник, -а
подкула́чница, -ы, тв. -ей
Подку́мок, -мка (река)
по́дкуп, -а
подкупа́ть(ся), -а́ю(сь), -а́ет(ся)
подкупа́юще, нареч.
подкупа́ющий(ся)
подкупи́ть, -уплю́, -у́пит
подку́пленный; кр. ф. -ен, -ена
подкупно́й и подку́пный; кр. ф. -пен, -пна
подку́пность, -и
подку́польный
подку́ренный; кр. ф. -ен, -ена
подку́ривать(ся), -аю, -ает(ся)
подкури́ть, -урю́, -у́рит
подку́рка, -и
подкуси́ть, -ушу́, -у́сит
подку́сывание, -я
подку́сывать(ся), -аю, -ает(ся)
подкути́ть, -кучу́, -ку́тит
подку́шанный; кр. ф. -ан, -ана (от подку́шать)
подку́шать, -аю, -ает
подку́шенный; кр. ф. -ен, -ена (от подкуси́ть)
подку́шивать(ся), -аю, -ает(ся)

подла́вливание, -я
подла́вливать(ся), -аю(сь), -ает(ся)
подла́вок, -вка
подла́вочье, -я, р. мн. -чий
подла́данник, -а
подла́дить(ся), -а́жу(сь), -а́дит(ся)
подла́женный; кр. ф. -ен, -ена
подла́живание, -я
подла́живать(ся), -аю(сь), -ает(ся)
подла́з, -а
подла́ивать, -аю, -ает
подлакиро́ванный; кр. ф. -ан, -ана
подлакирова́ть(ся), -ру́ю, -ру́ет(ся)
подлакиро́вывать(ся), -аю, -ает(ся)
подла́мывать(ся), -аю, -ает(ся)
подла́пник, -а
подласти́ться, -а́щусь, -а́стится
подла́танный; кр. ф. -ан, -ана
подлата́ть, -а́ю, -а́ет
подла́тывание, -я
подла́тывать(ся), -аю, -ает(ся)
по́дле, нареч. и предлог
под ле́во (уда́рить, посла́ть мяч)
подлёгочный
подлёгший
подледене́ть, -е́ет
подле́дник, -а (снасть)
подлёдник, -а (рыболов)
подледнико́вый
подлёдный
подлежа́ть, -жу́, -жи́т
подлежа́щее, -его
подлежа́щий
подлежа́щно-сказу́емостный
подлежа́щный (от подлежа́щее)
подлеза́ть, -а́ю, -а́ет
подле́зть, -зу, -зет; прош. -лез, -лезла
подле́йший
подле́карь, -я
по́дленький

подлепёстный
подлепи́ть(ся), -леплю́, -ле́пит(ся)
подле́пленный; кр. ф. -ен, -ена
подлепля́ть(ся), -я́ю, -я́ет(ся)
подле́сок, -ска
подле́сочный
подле́стничный
подле́сье, -я
подлёт, -а
подлета́ть, -а́ю, -а́ет
подлете́ть, -лечу́, -лети́т
подлётный
подлёток, -тка (подросток)
подлёток, -тка (птенец)
подле́ть, -е́ю, -е́ет
подле́ц, -а́, тв. -о́м, р. мн. -о́в
подлеца́, -ы́, тв. -о́й (с подлецо́й)
подле́ченный; кр. ф. -ен, -ена
подле́чивать(ся), -аю(сь), -ает(ся)
подлечи́ть(ся), -ечу́(сь), -е́чит(ся)
подле́чь, -ля́гу, -ля́жет, -ля́гут;
  прош. -лёг, -легла́
подле́щ, -а́, тв. -о́м
подле́щик, -а
подли́в, -а (действие; раствор известии)
подли́ва, -ы (соус)
подлива́ние, -я
подлива́ть(ся), -а́ю, -а́ет(ся)
подли́вка, -и, р. мн. -вок
подливно́й
подли́за, -ы, м. и ж.
подли́занный; кр. ф. -ан, -ана
подлиза́ть(ся), -ижу́(сь), -и́жет(ся)
подли́зывание, -я
подли́зывать(ся), -аю(сь), -ает(ся)
подли́нка, -и (с подли́нкой)
подлинне́е
подлинне́ть, -е́ю, -е́ет
по́длинник, -а
по́длинно, нареч.
по́длинно демократи́ческий
по́длинность, -и
по́длинный; кр. ф. -инен, -инна
по́длинь, -я и -и

подлипа́ла, -ы, м. и ж.
подлипа́ть, -а́ю, -а́ет
подли́пнуть, -нет; прош. -ли́п, -ли́пла
подли́пший
подли́сок, -ска
подли́стник, -а
по́дли́тый; кр. ф. по́дли́т, подлита́, по́дли́то
подли́ть(ся), подолью́, подольёт(ся); прош. по́длил, подли́лся, -ила́(сь), по́длило, подли́ло́сь
по́дличанье, -я
по́дличать, -аю, -ает
подлобко́вый
подлова́тый
подлови́ть(ся), -овлю́(сь), -о́вит(ся)
подло́вленный; кр. ф. -ен, -ена
подло́г, -а
подло́дка, -и, р. мн. -док
подло́женный; кр. ф. -ен, -ена
под ло́жечкой (боли́т)
под ло́жечку (уда́рить)
подло́жечный
подложи́ть, -ожу́, -о́жит
подло́жка, -и, р. мн. -жек
подло́жность, -и
подло́жный; кр. ф. -жен, -жна (от подло́г)
подлоко́тник, -а
подлоко́тный
подло́м, -а
подло́манный; кр. ф. -ан, -ана
подлома́ть, -а́ю, -а́ет
подломи́ть(ся), -омлю́, -о́мит(ся)
подло́мленный; кр. ф. -ен, -ена
подлопа́стный
подлопа́точный
по́длость, -и
подлу́нный
подлупи́ть(ся), -уплю́, -у́пит(ся)
подлу́пленный; кр. ф. -ен, -ена
подлу́пливать(ся), -аю, -ает(ся)
подлущённый; кр. ф. -ён, -ена́
подлу́щивать(ся), -аю, -ает(ся)

подлущи́ть, -ущу́, -ущи́т
по́длый; кр. ф. подл, подла́, по́дло
подлю́га, -и, м. и ж.
подлю́ка, -и, м. и ж.
подлю́щий
подля́нка, -и, р. мн. -нок
подма́занный; кр. ф. -ан, -ана
подма́зать(ся), -а́жу(сь), -а́жет(ся)
подма́зка, -и
подма́зчик, -а
подма́зывание, -я
подма́зывать(ся), -аю(сь), -ает(ся)
подмалёванный; кр. ф. -ан, -ана
подмалева́ть(ся), -лю́ю(сь), -лю́ет(ся)
подмалёвка, -и, р. мн. -вок (действие; слой красок)
подмалёвок, -вка (слой красок)
подмалёвывание, -я
подмалёвывать(ся), -аю(сь), -ает(ся)
подма́лывать(ся), -аю, -ает(ся)
под ма́льчика (стри́жка)
подманда́тный
подма́ненный; кр. ф. -ен, -ена и подманённый; кр. ф. -ён, -ена́
подма́нивать(ся), -аю(сь), -ает(ся)
подмани́ть, -аню́, -а́нит
подма́ргивание, -я
подма́ргивать, -аю, -ает
подмаре́нник, -а
подма́сленный; кр. ф. -ен, -ена
подма́сливание, -я
подма́сливать(ся), -аю, -ает(ся)
подма́слить, -лю, -лит
подма́стер, -а
подмасте́рье, -я, р. мн. -ьев, м.
подма́тывание, -я
подма́тывать(ся), -аю, -ает(ся)
подма́хивать(ся), -аю, -ает(ся)
подмахну́тый
подмахну́ть, -ну́, -нёт
подма́чивание, -я
подма́чивать(ся), -аю, -ает(ся)

подма́щивать(ся), -аю(сь), -ает(ся)
подмелённый; *кр. ф.* -ён, -ена́
подмели́ть, -лю́, -ли́т
подме́на, -ы и подме́н, -а
подменённый; *кр. ф.* -ён, -ена́
подме́нивать(ся), -аю(сь), -ает(ся)
подмени́ть(ся), -еню́(сь), -е́нит(ся)
подме́нный
подме́нщик, -а
подме́нщица, -ы, *тв.* -ей
подменю́, *нескл., с. (от* меню́, програ́мм.)
подменя́ть(ся), -я́ю(сь), -я́ет(ся)
подмерза́ние, -я
подмерза́ть, -а́ет
подмерзло́тный
подмёрзлый
подмёрзнуть, -нет; *прош.* -ёрз, -ёрзла
подмёрзший
подме́с, -а (*к* подмеси́ть)
подмеси́ть, -ешу́, -е́сит
подме́ска, -и
подмести́, -мету́, -метёт; *прош.* -мёл, -мела́
по́дмесь, -и (*к* подмеша́ть)
подмета́ла, -ы, *м. и ж.*
подмета́льно-убо́рочный
подмета́льный
подмета́льщик, -а
подмета́льщица, -ы, *тв.* -ей
подмета́ние, -я
подмётанный; *кр. ф.* -ан, -ана
подмета́ть, -а́ю, -а́ет, *сов. (о шитье)*
подмета́ть(ся), -а́ю, -а́ет(ся), *несов. (к* подмести́)
подметённый; *кр. ф.* -ён, -ена́
подме́тить, -мечу, -метит
подмётка, -и, *р. мн.* -ток
подметну́ть, -ну́, -нёт
подмётный
подмёточный
подмётший

подмётывание, -я
подмётывать(ся), -аю, -ает(ся)
подмеча́ть(ся), -а́ю, -а́ет(ся)
подме́ченный; *кр. ф.* -ен, -ена
подме́шанный; *кр. ф.* -ан, -ана (*от* подмеша́ть)
подмеша́ть(ся), -а́ю, -а́ет(ся)
подме́шенный; *кр. ф.* -ен, -ена (*от* подмеси́ть)
подме́шивание, -я
подме́шивать(ся), -аю, -ает(ся)
подми́гивание, -я
подми́гивать, -аю, -ает
подмигну́ть, -ну́, -нёт
под мики́тки
подмина́ть(ся), -а́ю(сь), -а́ет(ся)
подмно́жество, -а
подмо́га, -и
подмога́ть, -а́ю, -а́ет
подмока́ние, -я
подмока́ть, -а́ет
подмо́клый
подмо́кнуть, -нет; *прош.* -о́к, -о́кла
подмо́кший
подмола́живать(ся), -аю(сь), -ает(ся)
подмолоди́ть(ся), -ожу́(сь), -оди́т(ся)
подмоложённый; *кр. ф.* -ён, -ена́
подмо́лотый
подмоло́ть, -мелю́, -ме́лет
подмоло́чник, -а
подмонасты́рский
подмора́живание, -я
подмора́живать(ся), -аю, -ает(ся)
подморгну́ть, -ну́, -нёт
подморо́женный; *кр. ф.* -ен, -ена
подморо́зить, -о́жу, -о́зит
подмоско́вный
Подмоско́вье, -я (*к* Москва́)
по́дмости, -ей
подмости́ть(ся), -ощу́(сь), -ости́т(ся)
подмо́стки, -ов
подмо́стье, -я, *р. мн.* -тий
подмо́танный; *кр. ф.* -ан, -ана

подмота́ть, -а́ю, -а́ет
подмо́тка, -и
подмо́ченный; *кр. ф.* -ен, -ена
подмочи́ть(ся), -очу́, -о́чит(ся)
подмо́чь, -могу́, -мо́жет, -мо́гут; *прош.* -мо́г, -могла́
подмо́шник, -а
подмощённый; *кр. ф.* -ён, -ена́
под му́хой
подмы́в, -а
подмыва́ние, -я
подмыва́ть(ся), -а́ю(сь), -а́ет(ся)
подмы́ленный; *кр. ф.* -ен, -ена
подмы́ливать(ся), -аю(сь), -ает(ся)
подмы́лить(ся), -лю(сь), -лит(ся)
подмы́тый
подмы́ть(ся), -мо́ю(сь), -мо́ет(ся)
подмы́шечный
подмы́шки, -шек, *ед.* подмы́шка, -и (подмы́шки намо́кли; пиджа́к жмёт в подмы́шках)
под мы́шкой, под мы́шками (нести́, держа́ть)
под мы́шку, под мы́шки (взя́ть)
подмы́шники, -ов, *ед.* -ник, -а
подмяка́ть, -а́ет
подмя́кнуть, -нет; *прош.* -мя́к, -мя́кла
подмя́кший
подмя́тый
подмя́ть(ся), подомну́, подомнёт(ся)
поднабира́ть(ся), -а́ю(сь), -а́ет(ся)
подна́бранный; *кр. ф.* -ан, -ана
поднабра́ть(ся), -беру́(сь), -берёт(ся)
поднаве́с, -а (*место под навесом, обл.*)
поднаве́сный
поднаве́сье, -я, *р. мн.* -сий
под нави́вку
поднадзо́рный
поднадое́сть, -е́м, -е́шь, -е́ст, -еди́м, -еди́те, -едя́т; *прош.* -е́л, -е́ла

ПОДНАДУТЬ

поднаду́ть, -у́ю, -у́ет
поднаём, поднайма́
поднажа́ть, -жму́, -жмёт
поднажима́ть, -а́ю, -а́ет
поднака́пливать(ся), -аю, -ает(ся)
поднакопи́ть(ся), -оплю́, -о́пит(ся)
поднако́пленный; *кр. ф.* -ен, -ена
поднала́дка, -и
поднала́дчик, -а
поднатега́ть, -а́ю, -а́ет
поднале́чь, -ля́гу, -ля́жет, -ля́гут; *прош.* -лёг, -легла́
поднанима́тель, -я
поднапере́ть, -пру́, -прёт; *прош.* -пёр, -пёрла
поднапира́ть, -а́ю, -а́ет
поднаря́д, -а
поднатаска́нный; *кр. ф.* -ан, -ана
поднатаска́ть(ся), -а́ю(сь), -а́ет(ся)
поднатаска́ивать(ся), -аю(сь), -ает(ся)
поднаторе́лый
поднаторе́ть, -е́ю, -е́ет
поднату́живать(ся), -аю(сь), -ает(ся)
поднату́жить(ся), -жу(сь), -жит(ся)
поднача́льный
подна́ченный; *кр. ф.* -ен, -ена
подна́чивание, -я
подна́чивать, -аю, -ает
подна́чить, -чу, -чит
подна́чка, -и, *р. мн.* -чек
подна́шивать(ся), -аю, -ает(ся)
Поднебе́сная импе́рия и Поднебе́сная, -ой (*о старом Китае*)
поднебе́сный
поднебе́сье, -я
подне́вный
поднево́льность, -и
поднево́льный; *кр. ф.* -лен, -льна
Поднепро́вье, -я (*к* Днепр)
поднесе́ние, -я
поднесённый; *кр. ф.* -ён, -ена́

поднести́(сь), -су́(сь), -сёт(ся); *прош.* -ёс(ся), -есла́(сь)
Поднестро́вье, -я (*к* Днестр)
поднёсший(ся)
подне́сь, *нареч.*
подни́занный; *кр. ф.* -ан, -ана
подниза́ть, -ижу́, -и́жет
подни́зывание, -я
подни́зывать(ся), -аю, -ает(ся)
по́днизь, -и
поднима́ние, -я
поднима́ть(ся), -а́ю(сь), -а́ет(ся) и (*устар.*) подъе́млю(сь), -лет(ся)
поднови́ть(ся), -влю́, -ви́т(ся)
поднови́ние, -я
поднови́нный; *кр. ф.* -ён, -ена́
подновля́ть(ся), -я́ю, -я́ет(ся)
подного́тная, -ой
подно́жие, -я
подно́жка, -и, *р. мн.* -жек
подно́жный
поднорма́ль, -и
подно́с, -а
подноси́ть(ся), -ошу́(сь), -о́сит(ся)
подно́ска, -и
подно́сный
под но́сом и по́д носом
подно́счик, -а
подно́счица, -ы, *тв.* -ей
подноше́ние, -я
подны́ривать, -аю, -ает
поднырну́ть, -ну́, -нёт
подня́тие, -я
по́днятый; *кр. ф.* -ят, -ята́, -ято
подня́ть(ся), -ниму́(сь), -ни́мет(ся) и (*разг.*) подыму́(сь), -ды́мет(ся); *прош.* по́днял, подня́лся́, -яла́(сь), по́дняло, подня́ло́сь
подо и под, *предлог*
подоба́ть, -а́ет
подоба́ющий
подо́бен: на подо́бен (*о пении*)
под обжи́мку
подо́бие, -я
подо́бласть, -и, *мн.* -и, -е́й
подо́блачный

подо́бно (*кому, чему*), *предлог*
подо́бны, -ых, *ед.* подо́бен, -бна, м. (*церк. песнопения*)
подо́бный; *кр. ф.* -бен, -бна
подобостра́стие, -я
подобостра́стничать, -аю, -ает
подобостра́стность, -и
подобостра́стный; *кр. ф.* -тен, -тна
подо́бранность, -и
подо́бранный; *кр. ф. прич.* -ан, -ана; *кр. ф. прил.* (*подтянутый, собранный*) -ан, -анна
подобра́ть(ся), подберу́(сь), подберёт(ся); *прош.* -а́л(ся), -ала́(сь), -а́ло, -а́лось
подобре́ть, -е́ю, -е́ет
подобру́-поздоро́ву
подови́к, -а́
подо́вый
подо́г, -а́
подо́гнанный; *кр. ф.* -ан, -ана
подогна́ть, подгоню́, подго́нит; *прош.* -а́л, -ала́, -а́ло
подо́гнутый
подогну́ть(ся), -ну́, -нёт(ся)
подогре́в, -а
подогрева́ние, -я
подогрева́тель, -я
подогрева́тельный
подогрева́ть(ся), -а́ю, -а́ет(ся)
подогре́вный
подогре́тый
подогре́ть(ся), -е́ю, -е́ет(ся)
пододвига́ть(ся), -а́ю(сь), -а́ет(ся) (*к* пододви́нуть(ся))
пододви́нутый (*от* пододви́нуть)
пододви́нуть(ся), -ну(сь), -нет(ся) (*придвинуть(ся) поближе*)
пододея́льник, -а
подо́дранный; *кр. ф.* -ан, -ана
пододра́ть, подеру́, подерёт; *прош.* -а́л, -ала́, -а́ло
подое́нный; *кр. ф.* -ен, -ена
подожда́ть, -ду́, -дёт; *прош.* -а́л, -ала́, -а́ло

подожжённый; *кр. ф.* -ён, -ена́
подожо́к, -жка́
подо́званный; *кр. ф.* -ан, -ана
подозва́ть, подзову́, подзовёт; *прош.* -а́л, -ала́, -а́ло
подозрева́емый
подозрева́ть(ся), -а́ю(сь), -а́ет(ся)
подозре́ние, -я
подозри́тельность, -и
подозри́тельный; *кр. ф.* -лен, -льна
подои́ть, -ою́, -о́ит
подо́йник, -а
подойти́, -йду́, -йдёт; *прош.* подошёл, подошла́
подока́рп, -а
подокла́дница, -ы, *тв.* -ей
подокно́, -а́ (*от* окно́, программ.)
подоко́нник, -а
подоко́нный
подоко́нье, -я, *р. мн.* -ний
подо́л, -а (*нижний край платья, юбки; низкое место под горой; нижняя часть в старых русских городах*) и Подо́л, -а (*район Киева*)
подолби́ть, -блю́, -би́т (*долбить нек-рое время*)
подолблённый; *кр. ф.* -ён, -ена́ (*от* подолби́ть)
подо́лгу, *нареч.*
по до́лгу (службы, чести)
подо́лье, -я, *р. мн.* -лий
подо́льский (*от* Подо́л, Подо́лия, Подо́льск)
подольсти́ться, -льщу́сь, -льсти́тся
подольча́не, -а́н, *ед.* -а́нин, -а (*от* Подо́льск)
подо́льше
подольща́ться, -а́юсь, -а́ется
подоля́не, -я́н, *ед.* -я́нин, -а (*от* Подо́лия)
по-дома́шнему, *нареч.*
подо́мный
подомовнича́ть, -аю, -ает

подомо́вый
подо́нки, -ов (*остатки жидкости с осадком*)
по-донкихо́тски
подо́нок, -нка
подо́ночный
Подо́нье, -я (*к* Дон)
подопе́чный
подоплёка, -и
подопрева́ть, -а́ет
подопре́лый
подопре́ть, -е́ет
подо́пытный
подо́рванный; *кр. ф.* -ан, -ана
подорва́ть(ся), -ву́(сь), -вёт(ся); *прош.* -а́л(ся), -ала́(сь), -а́ло, -а́лось
подоре́шник, -а
подо́рлик, -а
подорожа́ние, -я
подорожа́ть, -а́ет
подоро́же
подорожи́ть(ся), -жу́(сь), -жи́т(ся)
подоро́жная, -ой
подоро́жник, -а
по-доро́жному, *нареч.*
подоро́жный
подоса́довать, -дую, -дует
подо́сина, -ы (*от* ось)
подоси́нник, -а
подоси́новик, -а
подо́ска, -и, *р. мн.* -сок (*от* ось)
подо́сланный; *кр. ф.* -ан, -ана (*от* подосла́ть)
подосла́ть, подошлю́, подошлёт (*от* слать)
подосно́ва, -ы
подоспева́ть, -а́ю, -а́ет
подоспе́ть, -е́ю, -е́ет
подо́стланный; *кр. ф.* -ан, -ана (*от* подостла́ть)
подостла́ть, подстелю́, подстелет; *прош.* -а́л, -а́ла (*от* стлать)
подострённый; *кр. ф.* -ён, -ена́
подостри́ть, -рю́, -ри́т
подотде́л, -а

подо́тканный; *кр. ф.* -ан, -ана
подотка́ть, -ку́, -кёт; *прош.* -а́л, -а́ла, -а́ло
подо́ткнутый
подоткну́ть(ся), -ну́(сь), -нёт(ся)
под отко́с (пусти́ть, полете́ть)
подотраслево́й
подо́трасль, -и, *мн.* -и, -ей и -е́й
подотря́д, -а
под отчёт (взя́ть де́ньги)
подотчёт, -а (*подотчетная сумма*)
подотчётность, -и
подотчётный; *кр. ф.* -тен, -тна
подо́хнуть, -ну, -нет; *прош.* -о́х, -о́хла
подохо́дный
подо́хший
подо́чередь, -и, *мн.* -и, -е́й
подо́шва, -ы
подо́швенный
подоше́дший
подпа́вший
подпада́ть, -а́ю, -а́ет
подпа́ивание, -я
подпа́ивать(ся), -аю(сь), -ает(ся)
подпа́костить, -ощу, -остит
подпа́л, -а
подпалённый; *кр. ф.* -ён, -ена́
подпа́ливание, -я
подпа́ливать(ся), -аю, -ает(ся)
подпа́лина, -ы
подпа́листый
подпали́ть, -лю́, -ли́т
подпа́поротки, -ов, *ед.* -ток, -тка (*в иконописи*)
подпаради́гма, -ы
подпа́рывание, -я
подпа́рывать(ся), -аю, -ает(ся)
подпа́сок, -ска
подпа́сть, -аду́, -адёт; *прош.* -а́л, -а́ла
подпа́ханный; *кр. ф.* -ан, -ана
подпаха́ть, -ашу́, -а́шет
подпа́хивать(ся), -аю, -ает(ся)
подпа́хотный
подпая́нный; *кр. ф.* -ян, -яна

ПОДПАЯТЬ

подпая́ть, -я́ю, -я́ет
подпева́ла, -ы, м. и ж.
подпева́ние, -я
подпева́ть, -а́ю, -а́ет (к петь)
подпёк, -а
подпе́карь, -я, мн. -и, -ей и -я́, -е́й
подпека́ть(ся), -а́ю, -а́ет(ся)
подпёкший(ся)
подпере́ть(ся), подопру́(сь), подопрёт(ся); прош. -пёр(ся), -пёрла(сь)
подпе́рсье, -я, р. мн. -сий
подпёртый
подпёрший(ся)
подпе́ть, -пою́, -поёт
подпеча́танный; кр. ф. -ан, -ана
подпеча́тать, -аю, -ает
подпеча́тывание, -я
подпеча́тывать(ся), -аю, -ает(ся)
подпе́чек, -чка
подпечённый; кр. ф. -ён, -ена́
подпе́чь, -еку́, -ечёт, -еку́т; прош. -ёк, -екла́
подпе́чье, -я, р. мн. -чий
подпе́чься, -ечётся, -еку́тся; прош. -ёкся, -екла́сь
подпива́ть, -а́ю, -а́ет (к пить)
подпи́л, -а
подпи́ленный; кр. ф. -ен, -ена
подпи́ливание, -я
подпи́ливать(ся), -аю, -ает(ся)
подпили́ть, -пилю́, -пи́лит
подпи́лка, -и (действие)
подпи́лковый
подпи́лок, -лка (напильник)
подпи́лочный
подпира́ть(ся), -а́ю(сь), -а́ет(ся)
по́дпис, -а (устар. к по́дпись)
подписа́нец, -нца, тв. -нцем, р. мн. -нцев
подписа́ние, -я
подпи́санный; кр. ф. -ан, -ана
подписа́нт, -а
подписа́нтка, -и, р. мн. -ток
подписа́ть(ся), -ишу́(сь), -и́шет(ся)
подпи́ска, -и, р. мн. -сок

подписно́й
подпи́счик, -а
подпи́счица, -ы, тв. -ей
подпи́сывание, -я
подпи́сывать(ся), -аю(сь), -ает(ся)
по́дпись, -и
подпи́танный; кр. ф. -ан, -ана
подпита́ть(ся), -а́ю(сь), -а́ет(ся)
подпи́тие, -я
подпи́тка, -и, р. мн. -ток
подпи́тывание, -я
подпи́тывать(ся), -аю, -ает(ся)
подпи́ть, подопью́, подопьёт; прош. -и́л, -ила́, -и́ло
подпиха́ть, -а́ю, -а́ет
подпи́хивание, -я
подпи́хивать(ся), -аю, -ает(ся)
подпи́хнутый
подпихну́ть, -ну́, -нёт
подпла́в, -а
подпла́вить, -влю, -вит
подпла́вленный; кр. ф. -ен, -ена
подплавля́ть(ся), -я́ю, -я́ет(ся)
подплесневе́вший
подплесневе́ть, -еет
подплести́, -лету́, -летёт; прош. -лёл, -лела́
подплета́ть(ся), -а́ю, -а́ет(ся)
подплетённый; кр. ф. -ён, -ена́
подплётина, -ы
подплётший
подплыва́ть, -а́ю, -а́ет
подплы́ть, -ыву́, -ывёт; прош. -ы́л, -ыла́, -ы́ло
подпля́сывание, -я
подпля́сывать, -аю, -ает
подпове́рхностный
подпо́енный; кр. ф. -ен, -ена
подпои́ть, -ою́, -о́ит
подпокро́вный
по́дпол, -а
подполза́ть, -а́ю, -а́ет
подползти́, -зу́, -зёт; прош. -о́лз, -олзла́
подпо́лзший
подполко́вник, -а

подполко́вник-инжене́р, подполко́вника-инжене́ра
подполко́вничий, -ья, -ье
подпо́лье, -я, р. мн. -льев и -лий
подпо́льный
Подпо́льный челове́к (лит. персонаж)
подпо́льщик, -а
подпо́льщица, -ы, тв. -ей
подпоня́тие, -я
подпо́р, -а (подъем воды)
подпо́ра, -ы (подставка, опора)
подпо́рка, -и, р. мн. -рок
подпо́рный
подпоро́говый
подпоро́жский (к Подпоро́жье)
Подпоро́жье, -я (город)
подпоро́тый
подпоро́ть(ся), -орю́, -о́рет(ся)
подпо́ртить(ся), -о́рчу, -о́ртит(ся)
подпору́чик, -а
подпо́рченный; кр. ф. -ен, -ена
подпосле́довательность, -и
подпо́чва, -ы
подпо́чвенный
подпо́чечный
подпоя́санный; кр. ф. -ан, -ана
подпоя́сать(ся), -я́шу(сь), -я́шет(ся)
подпоя́ска, -и, р. мн. -сок
подпоя́сывать(ся), -аю(сь), -ает(ся)
подпра́вить(ся), -влю(сь), -вит(ся)
подпра́вка, -и
подпра́вленный; кр. ф. -ен, -ена
подправля́ть(ся), -я́ю(сь), -я́ет(ся)
под пра́во (уда́рить, посла́ть мяч)
подпра́порщик, -а
подпрева́ть, -а́ет
подпрессо́ванный; кр. ф. -ан, -ана
подпрессо́вка, -и
подпрогра́мма, -ы
подпростра́нство, -а

подпру́га, -и
подпруди́ть, -ужу́, -у́дит
подпру́женный; кр. ф. -ен, -ена, прич. (от подпруди́ть и подпружи́ть)
подпру́живание, -я
подпру́живать(ся), -аю, -ает(ся)
подпружи́ненный; кр. ф. -ен, -ена
подпружи́нить, -ню, -нит
подпружи́ть, -жу́, -жи́т
подпру́жный (от подпру́га)
по́дпрыг, -а
подпры́гивание, -я
подпры́гивать, -аю, -ает
подпры́гнуть, -ну, -нет
подпряга́ть(ся), -а́ю(сь), -а́ет(ся)
подпря́гший(ся)
подпряжённый; кр. ф. -ён, -ена́
подпря́жка, -и
подпря́чь(ся), -ягу́(сь), -яжёт(ся), -ягу́т(ся); прош. -я́г(ся), -ягла́(сь)
подпу́дренный; кр. ф. -ен, -ена
подпу́дривать(ся), -аю(сь), -ает(ся)
подпу́дрить(ся), -рю(сь), -рит(ся)
подпу́нкт, -а
по́дпуск, -а
подпуска́ть(ся), -а́ю(сь), -а́ет(ся)
подпускно́й
подпусти́ть, -ущу́, -у́стит
подпу́танный; кр. ф. -ан, -ана
подпу́тать, -аю, -ает
подпу́тывать, -аю, -ает
подпуха́ть, -а́ет
подпу́хлость, -и
подпу́хлый
подпу́хнуть, -нет; прош. -у́х, -у́хла
подпу́хший
подпуша́ть(ся), -а́ю, -а́ет(ся)
подпу́шек, -шка (мех, пушок)
подпушённый; кр. ф. -ён, -ена́
подпуши́ть, -шу́, -ши́т
подпу́шка, -и, р. мн. -шек (действие; мех, пушок; мех, подшитый к чему-н.)

по́дпушь, -и
подпу́щенный; кр. ф. -ен, -ена
подпя́тник, -а
под пято́й
подпя́точник, -а
подраба́тывание, -я
подраба́тывать(ся), -аю, -ает(ся)
подрабо́танный; кр. ф. -ан, -ана
подрабо́тать, -аю, -ает
подрабо́тка, -и, р. мн. -ток
подра́внивание, -я
подра́внивать(ся), -аю(сь), -ает(ся)
подравня́ться, -я́юсь, -я́ется (в шеренге, при построении)
подра́гивание, -я
подра́гивать, -аю, -ает
подража́ние, -я
подража́тель, -я
подража́тельница, -ы, тв. -ей
подража́тельность, -и
подража́тельный; кр. ф. -лен, -льна
подража́тельство, -а
подража́ть, -а́ю, -а́ет (делать по образцу)
подразде́л, -а
подразделе́ние, -я
подразделённый; кр. ф. -ён, -ена́
подраздели́ть, -лю́, -ли́т
подразделя́ть(ся), -я́ю, -я́ет(ся)
подра́знивать, -аю, -ает (слегка, время от времени дразнить)
подразни́ть, -азню́, -а́знит (дразнить нек-рое время)
подразря́д, -а
подразумева́ть(ся), -а́ю, -а́ет(ся)
подрайо́н, -а
подрайо́нный
подра́мник, -а
подра́мок, -мка
подра́ненный; кр. ф. -ен, -ена
подра́нивать(ся), -аю, -ает(ся)
подра́нить, -ню, -нит
по́дранный; кр. ф. -ан, -ана
подра́нок, -нка

подра́са, -ы (от ра́са)
подраста́ние, -я
подраста́ть, -а́ю, -а́ет
подрастеря́ть(ся), -я́ю(сь), -я́ет(ся)
подрасти́, -ту́, -тёт; прош. -ро́с, -росла́
подрасти́ть, -ащу́, -асти́т
подрасшата́ться, -а́ется
подра́ть(ся), подеру́(сь), подерёт(ся); прош. -а́л(ся), -ала́(сь), -а́ло, -а́ло́сь
подращённый; кр. ф. -ён, -ена́
подра́щивать(ся), -аю, -ает(ся)
подреа́кторный
подребезжа́ть, -зжу́, -зжи́т
подрёберный
подребе́рье, -я, р. мн. -рий
по-древнегре́чески
по-древнееврейски
подрегули́рованный; кр. ф. -ан, -ана
подрегули́ровать(ся), -рую, -рует(ся)
подредакти́рованный; кр. ф. -ан, -ана
подредакти́ровать(ся), -рую, -рует(ся)
по́дрез, -а, мн. -а́, -о́в (у саней, коньков; надрез шкуры)
подре́з, -а (действие; подрезанное место)
подреза́ние, -я
подре́занный; кр. ф. -ан, -ана
подре́зать, -е́жу, -е́жет, сов.
подреза́ть(ся), -а́ю, -а́ет(ся), несов.
подре́зка, -и, р. мн. -зок
по́дрезни, -ей
подрезно́й
подре́зчик, -а
подре́зывание, -я
подре́зывать(ся), -аю, -ает(ся)
по́дрезь, -и (у саней)
подрейфова́ть, -фу́ю, -фу́ет
подре́льсовый
подрема́ть, -емлю́, -е́млет

подремонти́рованный; *кр. ф.* -ан, -ана
подремонти́ровать(ся), -рую(сь), -рует(ся)
подрёмывать, -аю, -ает
подрессо́ренный; *кр. ф.* -ен, -ена
подрессо́ривание, -я
подрессо́ривать(ся), -аю, -ает(ся)
подрессо́рить, -рю, -рит
подрессо́рник, -а
подретуши́рованный; *кр. ф.* -ан, -ана
подретуши́ровать(ся), -рую, -рует(ся)
подреше́тина, -ы
подреше́тить, -шéчу, -ше́тит
подрешётка, -и, *р. мн.* -ток
подреше́тник, -а
подрешéченный; *кр. ф.* -ен, -ена
подрешéчивать(ся), -аю, -ает(ся)
подри́зник, -а
подрисо́ванный; *кр. ф.* -ан, -ана
подрисова́ть(ся), -су́ю, -су́ет(ся)
подрисо́вка, -и, *р. мн.* -вок
подрисо́вывание, -я
подрисо́вывать(ся), -аю, -ает(ся)
подроби́ть, -блю́, -би́т
подро́бность, -и
подро́бный; *кр. ф.* -бен, -бна
подро́вненный; *кр. ф.* -ен, -ена
подровня́ть(ся), -я́ю, -я́ет(ся) (*к* ро́вный)
подро́гнувший
подро́гнуть, -ну, -нет; *прош.* -о́г, -о́гла
подро́гший
подро́д, -а
подрожа́ть, -жу́, -жи́т (*от дрожа́ть*)
подрозе́тник, -а
подро́ст, -а
подростко́вый
подро́сток, -тка
подро́сточек, -чка
подро́сший
подруба́ть(ся), -а́ю, -а́ет(ся)

подруби́ть, -ублю́, -у́бит
подру́бка, -и
подру́бленный; *кр. ф.* -ен, -ена
подру́бочный
подру́га, -и
по-друго́му, *нареч.*
по дру́жбе
подруже́йный
подру́женька, -и, *р. мн.* -нек
по-дру́жески
подружи́ть(ся), -ужу́(сь), -у́жи́т(ся)
подру́жка, -и, *р. мн.* -жек
подрука́вный
под руки (взя́ть, вести́)
под руко́й
под ру́ку (взя́ть, вести́, идти́, сказа́ть)
подрулённый; *кр. ф.* -ён, -ена́
подру́ливание, -я
подру́ливать(ся), -аю, -ает(ся)
подрули́ть, -лю́, -ли́т
подрумя́ненный; *кр. ф.* -ен, -ена
подрумя́нивать(ся), -аю(сь), -ает(ся)
подрумя́нить(ся), -ню(сь), -нит(ся)
под ру́чку (взя́ть, идти́)
подру́чник, -а
подру́чный
подры́в, -а
подрыва́ние, -я
подрыва́тель, -я
подрыва́ть(ся), -а́ю(сь), -а́ет(ся)
подрывни́к, -а́
подрывно́й
подры́гать, -аю, -ает
подры́тый
подры́ть(ся), -ро́ю(сь), -ро́ет(ся)
подрыхлённый; *кр. ф.* -ён, -ена́
подрыхли́ть, -лю́, -ли́т
подрыхля́ть(ся), -я́ю, -я́ет(ся)
подря́д[1], -а (*работа и трудовой договор*)
подря́д[2], *нареч.*
подряди́ть(ся), -яжу́(сь), -я́ди́т(ся)

подря́дничать, -аю, -ает
подря́дный
подря́дческий
подря́дчик, -а
подря́дье, -я, *р. мн.* -дий
подряжа́ть(ся), -а́ю(сь), -а́ет(ся)
подряжённый; *кр. ф.* -ён, -ена́ и подря́женный; *кр. ф.* -ен, -ена
подря́сник, -а
подряхле́ть, -е́ю, -е́ет
подса́д, -а (*действие; то же, что подсада*)
подса́да, -ы (*мелкие поздние побеги; молодые деревья; канат*)
подсади́ть, -ажу́, -а́дит
подса́дка, -и
подсадно́й (*охот.:* подсадна́я у́тка)
подса́дный (*подса́дные дере́вья*)
подса́док, -дка (*подсаженное растение*)
подса́дочный
подса́женный; *кр. ф.* -ен, -ена
подса́живание, -я
подса́живать(ся), -аю(сь), -ает(ся)
подса́к, -а
подса́ккосник, -а
подса́ленный; *кр. ф.* -ен, -ена
подса́ливание, -я
подса́ливать(ся), -аю, -ает(ся)
подсали́ть, -лю́, -ли́т
подса́нки, -нок
подса́сывание, -я
подса́сывать(ся), -аю, -ает(ся)
подса́харенный; *кр. ф.* -ен, -ена
подса́харивать(ся), -аю, -ает(ся)
подса́харить, -рю, -рит
подса́чек, -чка и подсачо́к, -чка́
подса́ченный; *кр. ф.* -ен, -ена
подса́чивание, -я
подса́чивать(ся), -аю, -ает(ся)
подсачи́ть, -чу́, -чит
подсачо́к, -чка́ и подса́чек, -чка
подсва́ха, -и
подсвеко́льник, -а
подсве́т, -а
подсвети́ть, -вечу́, -ве́тит

подсветка, -и, р. мн. -ток
подсвеченный; кр. ф. -ен, -ена
подсвечивание, -я
подсвечивать(ся), -аю, -ает(ся)
подсвечник, -а
подсвинок, -нка
подсвист, -а
подсвистеть, -ищу, -ищет
подсвистнуть, -ну, -нет
подсвистывание, -я
подсвистывать, -аю, -ает
подсев, -а
подсевание, -я
подсевать(ся), -аю, -ает(ся)
подсевка, -и
подсевной
подсед, -а
подседать, -ает
подседельник, -а
подседельный
подседина, -ы
подседланный; кр. ф. -ан, -ана
подседлать, -аю, -ает
подседлывать(ся), -аю, -ает(ся)
подсеивание, -я
подсеивать(ся), -аю, -ает(ся)
подсека, -и
подсекание, -я
подсекать(ся), -аю, -ает(ся)
подсекция, -и
подсекший(ся) и подсёкший(ся)
подселенец, -нца, тв. -нцем, р. мн. -нцев
подселение, -я
подселёнка, -и, р. мн. -нок
подселённый; кр. ф. -ён, -ена́
подселить(ся), -елю(сь), -елит(ся)
подселять(ся), -яю(сь), -яет(ся)
подсемейство, -а
подсемядольный
подсердечный
подсеребрённый; кр. ф. -ён, -ена́
подсеребрить, -рю, -рит
подсесть, -сяду, -сядет; прош. -сел, -села

подсечённый; кр. ф. -ён, -ена́ и подсеченный; кр. ф. -ен, -ена
подсечка, -и, р. мн. -чек
подсечно-огневой
подсечный
подсечь(ся), -еку́, -ечёт(ся), -екут(ся); прош. -ёк(ся) и -ек(ся), -екла(сь)
подсеянный; кр. ф. -ян, -яна
подсеять, -ею, -еет
подсидеть, -ижу, -идит
подсидка, -и
подсиженный; кр. ф. -ен, -ена
подсиживание, -я
подсиживать(ся), -аю(сь), -ает(ся)
подсилосный
под силу
подсинённый; кр. ф. -ён, -ена́
подсинивание, -я
подсинивать(ся), -аю, -ает(ся)
подсинить, -ню, -нит
подсинька, -и, р. мн. -нек
подсистема, -ы
подскабливание, -я
подскабливать(ся), -аю, -ает(ся)
подсказ, -а
подсказанный; кр. ф. -ан, -ана
подсказать, -кажу, -кажет
подсказка, -и, р. мн. -зок
подсказчик, -а
подсказчица, -ы, тв. -ей
подсказывание, -я
подсказывать(ся), -аю, -ает(ся)
подскакать, -скачу, -скачет
подскакивание, -я
подскакивать, -аю, -ает
подскакнуть, -ну, -нёт
подскобленный; кр. ф. -ен, -ена
подскоблить, -облю, -облит
подскок, -а
подскочить, -очу, -очит
подскребание, -я
подскребать(ся), -аю, -ает(ся)
подскребённый; кр. ф. -ён, -ена́
подскребший
подскребывание, -я

подскрёбывать(ся), -аю, -ает(ся)
подскрёбыш, -а, тв. -ем
подскрести, -ребу́, -ребёт; прош. -рёб, -ребла́
подслаивать(ся), -аю, -ает(ся)
подсластитель, -я
подсластить, -ащу́, -астит
подслащённый; кр. ф. -ён, -ена́
подслащивать(ся), -аю, -ает(ся)
подследники, -ов, ед. -ник, -а
подследственность, -и
подследственный
подслеповатость, -и
подслеповатый
подслепый
подсловарь, -я́
подслоённый; кр. ф. -ён, -ена́
подслоить, -ою, -оит
подслой, -я
подслуживание, -я
подслуживаться, -аюсь, -ается
подслужиться, -ужусь, -ужится
подслушанный; кр. ф. -ан, -ана
подслушать, -аю, -ает
подслушивание, -я
подслушивать(ся), -аю, -ает(ся)
подслушивающий(ся)
подсмаливать(ся), -аю, -ает(ся)
подсматривание, -я
подсматривать(ся), -аю, -ает(ся)
подсмеивание, -я
подсмеиваться, -аюсь, -ается
подсмена, -ы
подсменный
подсмолённый; кр. ф. -ён, -ена́
подсмолить, -лю, -лит
подсмотр, -а
подсмотренный; кр. ф. -ен, -ена
подсмотреть, -отрю, -отрит
подснежник, -а
подснежный
подсобить, -блю, -бит
подсобка, -и, р. мн. -бок
подсоблять, -яю, -яет
подсобник, -а
подсобница, -ы, тв. -ей

ПОДСОБНЫЙ

подсо́бный
подсо́бранный; *кр. ф.* -ан, -ана
подсобра́ть(ся), -беру́, -берёт(ся); *прош.* -а́л(ся), -ала́(сь), -а́ло(сь)
подсо́ванный; *кр. ф.* -ан, -ана
подсова́ть, -су́ю, -су́ет
подсо́вывание, -я
подсо́вывать(ся), -аю, -ает(ся)
подсоедине́ние, -я
подсоединённый; *кр. ф.* -ён, -ена́
подсоедини́ть, -ню́, -ни́т
подсоединя́ть(ся), -я́ю, -я́ет(ся)
подсозна́ние, -я
подсозна́тельность, -и
подсозна́тельный; *кр. ф.* -лен, -льна
подсо́ка, -и
подсократи́ть(ся), -ащу́, -ати́т(ся)
подсокращённый; *кр. ф.* -ён, -ена́
подсо́л, -а
подсо́ленный; *кр. ф.* -ен, -ена
подсоли́ть(ся), -олю́, -о́ли́т(ся)
подсо́лка, -и, *р. мн.* -лок
подсо́лнечник, -а
подсо́лнечниковый
подсо́лнечный
подсо́лнух, -а
подсо́лнуховый
подсортиро́ванный; *кр. ф.* -ан, -ана
подсортирова́ть(ся), -иру́ю, -иру́ет(ся)
подсортиро́вка, -и
подсортиро́вочный
подсортиро́вывать(ся), -аю, -ает(ся)
подсо́с, -а
подсо́санный; *кр. ф.* -ан, -ана
подсоса́ть(ся), -осу́, -осёт(ся)
подсосе́дники, -ов, *ед.* -ник, -а и подсусе́дники, -ов, *ед.* -ник, -а (*ист.*)
подсо́сный
подсо́сок, -ска
подсо́хнуть, -ну, -нет; *прош.* -о́х, -о́хла

подсо́хший
подсочи́ть, -чу́, -чи́т
подсо́чка, -и, *р. мн.* -чек
подсо́чный
подспо́рье, -я, *р. мн.* -рий
под спу́д
подспу́дный
под спу́дом
подспу́тниковый
подста́ва, -ы
подста́вить(ся), -влю(сь), -вит(ся)
подста́вка, -и, *р. мн.* -вок
подста́вленный; *кр. ф.* -ен, -ена
подставля́ть(ся), -я́ю(сь), -я́ет(ся)
подставно́й
подста́вочный
подстака́нник, -а
постано́вка, -и, *р. мн.* -вок
подста́нция, -и
подста́рок, -рка
под ста́ть
подство́льник, -а
подство́льный
подстёганный; *кр. ф.* -ан, -ана
подстега́ть, -а́ю, -а́ет
подстёгивание, -я
подстёгивать(ся), -аю, -ает(ся)
подстёгнутый
подстегну́ть, -ну́, -нёт
подстёжка, -и, *р. мн.* -жек
подстежно́й
подсте́ленный; *кр. ф.* -ен, -ена
подстели́ть, подстелю́, подсте́лет; *прош.* -и́л, -и́ла
подстепно́й
подсте́пье, -я
подстерега́ние, -я
подстерега́ть(ся), -а́ю(сь), -а́ет(ся)
подстерёгший
подстережённый; *кр. ф.* -ён, -ена́
подстере́чь, -регу́, -режёт, -регу́т; *прош.* -рёг, -регла́
подсти́л, -а
подстила́ть(ся), -а́ю, -а́ет(ся)
подстила́ющий(ся)

подсти́лка, -и, *р. мн.* -лок
подсти́лочка, -и, *р. мн.* -чек
подсти́лочный
подсто́жье, -я, *р. мн.* -жий
подсто́й, -я
подсто́йный
подстоли́чный
подсто́лье, -я, *р. мн.* -лий
подстора́живать(ся), -аю, -ает(ся)
подсторожённый; *кр. ф.* -ён, -ена́
подсторожи́ть, -жу́, -жи́т
подстра́гивать(ся), -аю, -ает(ся) и подстру́гивать(ся), -аю, -ает(ся)
подстра́ивание, -я
подстра́ивать(ся), -аю(сь), -ает(ся)
подстрахо́ванный; *кр. ф.* -ан, -ана
подстрахова́ть(ся), -страху́ю(сь), -страху́ет(ся)
подстрахо́вка, -и, *р. мн.* -вок
подстрахо́вывать(ся), -аю(сь), -ает(ся)
подстра́чивание, -я
подстра́чивать(ся), -аю, -ает(ся)
подстрека́ние, -я
подстрека́тель, -я
подстрека́тельница, -ы, *тв.* -ей
подстрека́тельский
подстрека́тельство, -а
подстрека́ть(ся), -а́ю, -а́ет(ся)
подстрекну́ть, -ну́, -нёт
подстре́ленный; *кр. ф.* -ен, -ена
подстре́ливание, -я
подстре́ливать(ся), -аю, -ает(ся)
подстрели́ть, -елю́, -е́лит
подстрига́ние, -я
подстрига́ть(ся), -а́ю(сь), -а́ет(ся)
подстри́гший(ся)
подстри́женный; *кр. ф.* -ен, -ена
подстри́жка, -и
подстри́чь(ся), -игу́(сь), -ижёт(ся), -игу́т(ся); *прош.* -и́г(ся), -и́гла(сь)

подстро́ганный; *кр. ф.* -ан, -ана и подстру́ганный; *кр. ф.* -ан, -ана
подстрога́ть, -а́ю, -а́ет и подструга́ть, -а́ю, -а́ет
подстро́енный; *кр. ф.* -ен, -ена
подстро́ить(ся), -о́ю(сь), -о́ит(ся)
подстро́йка, -и, *р. мн.* -о́ек
подстрока́, -и́, *мн.* -о́ки, -о́к (*инф.*)
подстропи́льный
подстро́ченный; *кр. ф.* -ен, -ена
подстрочи́ть, -очу́, -о́чит
подстро́чка, -и
подстро́чник, -а
подстро́чный
подстру́ганный; *кр. ф.* -ан, -ана и подстро́ганный; *кр. ф.* -ан, -ана
подструга́ть, -а́ю, -а́ет и подстрога́ть, -а́ю, -а́ет
подстру́гивать(ся), -аю, -ает(ся) и подстра́гивать(ся), -аю, -ает(ся)
по́дступ, -а
подступа́ние, -я
подступа́ть(ся), -а́ю(сь), -а́ет(ся)
подступи́ть(ся), -уплю́(сь), -у́пит(ся)
подстыко́ванный; *кр. ф.* -ан, -ана
подстыкова́ть(ся), -ку́ю(сь), -ку́ет(ся)
подстыко́вка, -и, *р. мн.* -вок
подстыко́вывать(ся), -аю(сь), -ает(ся)
подсуди́мая, -ой
подсуди́мый, -ого
подсуди́ть, -ужу́, -у́дит
подсу́дность, -и
подсу́дный; *кр. ф.* -ден, -дна
подсудо́бить, -блю, -бит
подсудо́бливать, -аю, -ает
подсу́док, -дка
подсуети́ться, -ечу́сь, -ети́тся
подсу́живание, -я
подсу́живать, -аю, -ает
подсу́мок, -мка

подсу́мочный
подсу́нутый
подсу́нуть(ся), -ну, -нет(ся)
подсупо́ненный; *кр. ф.* -ен, -ена
подсупо́нивать(ся), -аю, -ает(ся)
подсупо́нить(ся), -ню, -нит(ся)
под сурди́нку
подсурьми́ть(ся), -млю́(сь), -ми́т(ся)
подсурьмлённый; *кр. ф.* -ён, -ена́
подсу́рьмливать(ся), -аю(сь), -ает(ся)
подсусе́дники, -ов, *ед.* -ник, -а и подсосе́дники, -ов, *ед.* -ник, -а (*ист.*)
подсу́ченный; *кр. ф.* -ен, -ена
подсу́чивание, -я
подсу́чивать(ся), -аю, -ает(ся)
подсучи́ть(ся), -учу́, -у́чит(ся)
подсу́шенный; *кр. ф.* -ен, -ена
подсу́шивание, -я
подсу́шивать(ся), -аю(сь), -ает(ся)
подсуши́ть(ся), -ушу́(сь), -у́шит(ся)
подсу́шка, -и
подсчёт, -а
подсчи́танный; *кр. ф.* -ан, -ана
подсчита́ть, -а́ю, -а́ет
подсчи́тывание, -я
подсчи́тывать(ся), -аю, -ает(ся)
подсы́л, -а
подсыла́ть(ся), -а́ю, -а́ет(ся)
подсы́лка, -и, *р. мн.* -лок
подсы́льный
подсыпа́ние, -я
подсы́панный; *кр. ф.* -ан, -ана
подсы́пать(ся), -плю(сь), -плет(ся), -плют(ся) и -пет(ся), -пят(ся), *сов.*
подсыпа́ть(ся), -а́ю(сь), -а́ет(ся), *несов.*
подсы́пка, -и, *р. мн.* -пок, *ж.* (*действие*) и *м.* (*рабочий, подсобный работник, устар.*)
подсыре́ть, -е́ю, -е́ет
подсыха́ние, -я

подсыха́ть, -а́ю, -а́ет
подтаёжный
подта́ивание, -я
подта́ивать, -ает
подта́лина, -ы
подта́лкивание, -я
подта́лкиватель, -я
подта́лкивать(ся), -аю(сь), -ает(ся)
подта́лый
подтанцева́ть, -цу́ю, -цу́ет
подтанцо́вка, -и, *р. мн.* -вок
подтанцо́вывание, -я
подтанцо́вывать, -аю, -ает
подта́пливание, -я
подта́пливать(ся), -аю(сь), -ает(ся) (*к* подтопи́ть(ся))
подта́скивание, -я
подта́скивать(ся), -аю(сь), -ает(ся) (*к* подтащи́ть)
подтасо́ванный; *кр. ф.* -ан, -ана (*от* подтасова́ть)
подтасова́ть, -су́ю, -су́ет (*тасуя карты, обмануть; намеренно исказить факты*)
подтасо́вка, -и, *р. мн.* -вок (*от* подтасова́ть)
подтасо́вщик, -а
подтасо́вывание, -я
подтасо́вывать(ся), -аю, -ает(ся) (*к* подтасова́ть)
подта́чанный; *кр. ф.* -ан, -ана (*от* подтача́ть)
подтача́ть, -а́ю, -а́ет (*тача́я, подши́ть*)
подта́чивание, -я (*от* подта́чивать)
подта́чивать(ся), -аю, -ает(ся) (*к* подтача́ть *и* подточи́ть)
подта́шнивать, -ает (*слегка тошни́ть*)
подта́щенный; *кр. ф.* -ен, -ена (*от* подтащи́ть)
подтащи́ть(ся), -ащу́(сь), -а́щит(ся) (*таща́(сь), приблизи́ть(ся) к кому, чему-н.*)

подта́явший (*от* подта́ять)
подта́ять, -а́ет (*немного, слегка растаять*)
подтверди́тельный
подтверди́ть(ся), -ржу́, -рди́т(ся)
подтвержда́ть(ся), -а́ю, -а́ет(ся)
подтвержде́ние, -я
подтверждённый; *кр. ф.* -ён, -ена́
подтёк, -а (*то же, что потек и кровоподтек*)
подтека́ние, -я
подтека́ть, -а́ет (*к* подте́чь)
подте́кст, -а
подтексто́ванный; *кр. ф.* -ан, -ана
подтекстова́ть, -ту́ю, -ту́ет
подтексто́вка, -и, *р. мн.* -вок
подтексто́вщик, -а
подтексто́вывать(ся), -аю, -ает(ся)
подтёкший (*от* подте́чь)
подтёлок, -лка
подте́ма, -ы
подтемя́нный
подтере́ть(ся), подотру́(сь), подотрёт(ся); *прош.* -тёр(ся), -тёрла(сь) (*вытереть, удалив с поверхности что-н. жидкое, грязное; стереть написанное*)
подтёртый (*от* подтере́ть)
подтёрший(ся) (*от* подтере́ть(ся))
подтёсанный; *кр. ф.* -ан, -ана (*от* подтеса́ть)
подтеса́ть, -ешу́, -е́шет (*стесать немного или дополнительно*)
подтёска, -и, *р. мн.* -сок
подтёсчик, -а
подтёсывание, -я
подтёсывать(ся), -аю, -ает(ся)
подте́чный
подте́чь, -течёт, -теку́т; *прош.* -тёк, -текла́ (*натечь подо что-н.; слегка протечь*)
подти́бренный; *кр. ф.* -ен, -ена
подти́брить, -рю, -рит
подти́п, -а

подтира́ние, -я (*от* подтира́ть)
подтира́ть(ся), -а́ю(сь), -а́ет(ся) (*к* подтере́ть(ся))
подти́рка, -и, *р. мн.* -рок
подтова́рник, -а
подтова́рный
подто́к, -а (*к* подте́чь (*подо что-н.*))
под то́ком
подто́лкнутый
подтолкну́ть, -ну́, -нёт
подтолкова́ние, -я
подтолко́ванный; *кр. ф.* -ан, -ана
подтолкова́ть, -ку́ю, -ку́ет (*дать подтолкование*)
подтолко́вка, -и, *р. мн.* -вок
подтолко́вывать(ся), -аю, -ает(ся)
подтоло́кший (*от* подтоло́чь)
подтоло́чь, -лку́, -лчёт, -лку́т; *прош.* -ло́к, -лкла́ (*натолочь дополнительно*)
подтолчённый; *кр. ф.* -ён, -ена́ (*от* подтоло́чь)
подтона́льный
подтопи́ть(ся), -оплю́, -о́пит(ся) (*протопить(ся), растопить(ся) немного или дополнительно; частично затопить(ся) водой*)
подто́пка, -и, *р. мн.* -пок (*действие; сухой материал для растопки; то же, что подтопок*)
подтопле́ние, -я (*от* подтопи́ть)
подто́пленный; *кр. ф.* -ен, -ена (*от* подтопи́ть)
подто́пок, -пка (*маленькая печка*)
подтора́чивать(ся), -аю, -ает(ся)
подторгова́ть, -гу́ю, -гу́ет (*к* подторго́вывать)
подторго́вывать, -аю, -ает (*торговать немного, подрабатывая торговлей*)
подторма́живание, -я
подторма́живать(ся), -аю, -ает(ся)
подтормо́женный; *кр. ф.* -ён, -ена́

подтормози́ть, -ожу́, -ози́т
подторо́ченный; *кр. ф.* -ен, -ена
подторочи́ть, -чу́, -чи́т
подто́ченный; *кр. ф.* -ен, -ена (*от* подточи́ть)
подточи́ть, -очу́, -о́чит (*наточить дополнительно; источить у основания или в нек-рых местах; подорвать, ослабить*)
подто́чка, -и, *р. мн.* -чек
подтрави́ть, -авлю́, -а́вит (*протравить слегка или дополнительно; отравить немного*)
подтра́вка, -и
подтра́вленный; *кр. ф.* -ен, -ена (*от* подтрави́ть)
подтра́вливание, -я
подтра́вливать(ся), -аю, -ает(ся)
подтрёпанный; *кр. ф.* -ан, -ана (*от* подтрепа́ть)
подтрепа́ть(ся), -еплю́, -е́плет(ся), -е́плют(ся) и -е́пет(ся), -е́пят(ся) (*слегка обтрепать(ся) или растрепать(ся)*)
подтрибу́нный
подтро́пики, -ов
подтропи́ческий
подтру́нивание, -я (*от* подтру́нивать)
подтру́нивать, -аю, -ает (*подшучивать, слегка подсмеиваться*)
подтруни́ть, -ню́, -ни́т
подтруси́ть, -ушу́, -уси́т (*подсыпать немного, труся; подбежать трусцой*)
подтру́ска, -и, *р. мн.* -сок
подтру́шенный; *кр. ф.* -ен, -ена
подтряса́ть(ся), -а́ю, -а́ет(ся) (*к* подтрясти́(сь))
подтрясти́(сь), -су́, -сёт(ся) (*натрясти(сь) немного или дополнительно*)
подтупи́ть(ся), -уплю́, -у́пит(ся) (*слегка затупить(ся)*)
подту́пленный; *кр. ф.* -ен, -ена
подтушёванный; *кр. ф.* -ан, -ана

подтушева́ть, -шу́ю, -шу́ет
подтушёвка, -и
подтушёвывание, -я
подтушёвывать(ся), -аю, -ает(ся)
подтыка́ние, -я
подтыка́ть(ся), -а́ю(сь), -а́ет(ся)
подтя́гивание, -я (от подтя́гивать(ся))
подтя́гивать(ся), -аю(сь), -ает(ся) (к подтяну́ть(ся))
подтя́жечный
подтя́жка, -и (к подтя́гивать, действие)
подтя́жки, -жек
подтя́нутость, -и
подтя́нутый (от подтяну́ть(ся); внешне и внутренне собранный)
подтяну́ть(ся), -яну́(сь), -я́нет(ся) (подтащить; натянуть кверху; затянуть(ся) потуже; втянуть(ся) внутрь, подобрать(ся); держась руками, поднять свое тело; сосредоточить(ся), приблизиться; наверстать упущенное, улучшить(ся); подпеть)
подува́ть, -а́ю, -а́ет (слегка, время от времени дуть)
под угро́зой
под угро́зу (ста́вить)
подуда́рный
подуде́ть, -ди́т
подуздова́тый
под уздцы́
поду́здый
под укло́н
поду́мать(ся), -аю, -ает(ся)
поду́мывать, -аю, -ает
Подуна́вье, -я (к Дуна́й)
по-дура́цки
подура́чить(ся), -чу(сь), -чит(ся)
подури́ть, -рю́, -ри́т
подурне́ть, -е́ю, -е́ет
поду́ровень, -вня (от у́ровень)
подуса́дебный
поду́сники, -ов, ед. -ник, -а
поду́ст, -а

подуста́ть, -а́ну, -а́нет
поду́ськанный; кр. ф. -ан, -ана
поду́ськать, -аю, -ает
поду́ськивание, -я
поду́ськивать(ся), -аю, -ает(ся)
под у́тро
поду́ть(ся), -у́ю(сь), -у́ет(ся) (начать дуть; дуть(ся) нек-рое время)
подутю́женный; кр. ф. -ен, -ена
подутю́живать(ся), -аю, -ает(ся)
подутю́жить, -жу, -жит
подуча́ть(ся), -а́ю(сь), -а́ет(ся)
поду́ченный; кр. ф. -ен, -ена
поду́чивание, -я
поду́чивать(ся), -аю(сь), -ает(ся)
подучи́ть(ся), -учу́(сь), -у́чит(ся)
по душа́м (поговори́ть)
по душе́, в знач. сказ. (нравится)
по-душе́вному, нареч.
поду́шенный; кр. ф. -ен, -ена
поду́шечка, -и, р. мн. -чек
поду́шечный
подуши́ть(ся), -ушу́(сь), -у́шит(ся)
поду́шка, -и, р. мн. -шек
подушкови́дный
поду́шный
подфа́рник, -а
подфарти́ть, -и́т
подфе́рменный
подфутбо́ленный; кр. ф. -ен, -ена
подфутбо́ливать(ся), -аю, -ает(ся)
подфутбо́лить, -лю, -лит
подхали́м, -а
подхалима́ж, -а, тв. -ем
подхали́мистый
подхали́мка, -и, р. мн. -мок
подхали́мничать, -аю, -ает
подхали́мски
подхали́мский
подхали́мство, -а
подхали́мствовать, -твую, -твует
подхалту́ривать, -аю, -ает
подхалту́рить, -рю, -рит
подхалю́за, -ы, м. и ж.

подхалю́зничать, -аю, -ает
подхва́ленный; кр. ф. -ен, -ена
подхва́ливать(ся), -аю(сь), -ает(ся)
подхвали́ть, -алю́, -а́лит
подхва́т, -а
подхвати́ть(ся), -ачу́(сь), -а́тит(ся)
подхва́тывание, -я
подхва́тывать(ся), -аю(сь), -ает(ся)
подхва́ченный; кр. ф. -ен, -ена
подхво́стник, -а
подхво́стье, -я, р. мн. -тий
подхихи́кивание, -я
подхихи́кивать, -аю, -ает
подхихи́кнуть, -ну, -нет
подхлёстка, -и
подхлёстнутый
подхлестну́ть, -ну́, -нёт
подхлёстывание, -я
подхлёстывать(ся), -аю(сь), -ает(ся)
под хмелько́м
подхо́д, -а
подхо́дец, -дца, тв. -дцем, р. мн. -дцев
подходи́ть, -ожу́, -о́дит
подхо́дка, -и, р. мн. -док (нож)
подхо́дный
подходя́щий
подхому́тина, -ы
подхому́тник, -а
подхору́нжий, -его
подхра́пывание, -я
подхра́пывать, -аю, -ает
подцвети́ть, -вечу́, -вети́т
подцве́тка, -и, р. мн. -ток
подцве́ченный; кр. ф. -ен, -ена
подцве́чивать(ся), -аю, -ает(ся)
подцеди́ть(ся), -ежу́, -е́дит(ся) (нацедить(ся) дополнительно)
подце́женный; кр. ф. -ен, -ена (от подцеди́ть)
подце́живать(ся), -аю, -ает(ся) (к подцеди́ть(ся))

подцензу́рный
подцепи́ть(ся), -цеплю́(сь), -це́пит(ся)
подце́пка, -и, *р. мн.* -пок
подце́пленный; *кр. ф.* -ен, -ена
подцепля́ть(ся), -я́ю(сь), -я́ет(ся)
подцепно́й
подча́ленный; *кр. ф.* -ен, -ена
подча́ливание, -я
подча́ливать(ся), -аю(сь), -ает(ся)
подча́лить(ся), -лю(сь), -лит(ся)
подча́лка, -и (*действие*)
подча́лок, -лка (*лодка*)
подча́с, *нареч.* (*иногда*)
подча́сник, -а
подча́сок, -ска
подча́шие, -я
подчека́ненный; *кр. ф.* -ен, -ена
подчека́нивать(ся), -аю, -ает(ся)
подчека́нить, -ню, -нит
подчека́нка, -и
подчелюстно́й
подчерепно́й
подчёркивание, -я
подчёркивать(ся), -аю, -ает(ся)
подчёркнуто равноду́шный
подчёркнуто стро́гий
подчёркнутость, -и
подчёркнутый
подчеркну́ть, -ну́, -нёт
подчернённый; *кр. ф.* -ён, -ена́ (*от* подчерни́ть)
подчерни́ть(ся), -ню́(сь), -ни́т(ся) (*подкрасить(ся) черным*)
подчерня́ть(ся), -я́ю(сь), -я́ет(ся)
подчерпну́тый (*от* подчерпну́ть)
подчерпну́ть, -ну́, -нёт (*зачерпнуть немного или дополнительно*)
подчёрпывать(ся), -аю, -ает(ся)
подчерти́ть, -ерчу́, -е́ртит (*начертить дополнительно*)
подче́рченный; *кр. ф.* -ен, -ена (*от* подчерти́ть)
подче́рчивать(ся), -аю, -ает(ся)
подчёсанный; *кр. ф.* -ан, -ана (*от* подчеса́ть)
подчеса́ть(ся), -ешу́(сь), -е́шет(ся) (*начесать, расчесать, причесать(ся) немного или дополнительно*)
подчёска, -и, *р. мн.* -сок
подчёсывать(ся), -аю(сь), -ает(ся) (*к* подчеса́ть(ся)
подчине́ние, -я
подчинённость, -и
подчинённый[1]; *кр. ф. прич.* -ён, -ена́; *кр. ф. прил.* -ён, -ена́ (*с дополн.:* всё подчинено́ рабо́те) и (*без дополн.: зависимый, второстепенный*) -ён, -ённа (его́ ро́ль в э́том де́ле подчинённа)
подчинённый[2], -ого
подчини́тельный
подчини́ть(ся), -ню́(сь), -ни́т(ся) (*к* подчине́ние)
подчиня́ть(ся), -я́ю(сь), -я́ет(ся) (*к* подчине́ние)
подчи́стить(ся), -и́щу(сь), -и́стит(ся) (*почистить(ся) немного, в нек-рых местах; осторожно соскоблить, стереть; съесть или забрать всё*)
подчи́стка, -и, *р. мн.* -ток
подчисту́ю, *нареч.*
подчи́танный; *кр. ф.* -ан, -ана
подчита́ть, -а́ю, -а́ет (*прочитать немного или дополнительно*)
подчи́тка, -и
подчи́тчик, -а
подчи́тывать(ся), -аю, -ает(ся) (*к* подчита́ть)
подчища́ла, -ы, *м. и ж.*
подчища́ть(ся), -а́ю(сь), -а́ет(ся)
подчи́щенный; *кр. ф.* -ен, -ена (*от* подчи́стить)
подша́лок, -лка
подша́ркивать, -аю, -ает
подша́ркнуть, -ну, -нет
подше́ек, -е́йка
подше́йный
подше́льфовый
подшепну́ть, -ну́, -нёт
подшёптывание, -я
подшёптывать(ся), -аю, -ает(ся)
подшёрсток, -тка
подше́сток, -тка
подше́фник, -а
подше́фный
подшиба́ть(ся), -а́ю, -а́ет(ся)
подшиби́вший
подшиби́ть, -бу́, -бёт; *прош.* -ши́б, -ши́бла
подши́бленный; *кр. ф.* -ен, -ена
подшива́ние, -я
подшива́ть(ся), -а́ю, -а́ет(ся)
подши́вка, -и, *р. мн.* -вок
подшивно́й
подши́вочный
подши́пник, -а
подши́пниковый
подши́тый
подши́ть, подошью́, подошьёт
подшка́нечный
подшки́пер, -а, *мн.* -ы, -ов и -а́, -о́в
подшки́перский
подшле́мник, -а
подшлифо́ванный; *кр. ф.* -ан, -ана
подшлифова́ть(ся), -фу́ю, -фу́ет(ся)
подшлифо́вка, -и
подшлифо́вывать(ся), -аю, -ает(ся)
подшофе́, *в знач. сказ.*
подшпи́ленный; *кр. ф.* -ен, -ена
подшпи́ливать(ся), -аю, -ает(ся)
подшпи́лить(ся), -лю, -лит(ся)
подшпо́ренный; *кр. ф.* -ен, -ена
подшпо́ривание, -я
подшпо́ривать(ся), -аю, -ает(ся)
подшпо́рить, -рю, -рит
подшта́нники, -ов
подшто́панный; *кр. ф.* -ан, -ана
подшто́пать(ся), -аю, -ает(ся)
подшто́пывание, -я
подшто́пывать(ся), -аю, -ает(ся)
подштре́ковый

подштукату́ренный; *кр. ф.* -ен, -ена
подштукату́ривать(ся), -аю, -ает(ся)
подштукату́рить(ся), -рю, -рит(ся)
подшту́рман, -а
подшту́рманский
под шумо́к
подшути́ть, -учу́, -у́тит
подшу́чивание, -я
подшу́чивать, -аю, -ает
подщела́чивание, -я
подщела́чивать(ся), -аю, -ает(ся)
подщёлкивание, -я
подщёлкивать, -аю, -ает
подщелкну́ть, -ну́, -нёт и подщёлкнуть, -ну, -нет
подщепа́ть, -еплю́, -е́плет и -а́ю, -а́ет (*к* щепа́ть)
подщёчный
подщи́панный; *кр. ф.* -ан, -ана
подщипа́ть, -иплю́, -и́плет, -и́плют и -и́пет, -и́пят, *также* -а́ю, -а́ет (*к* щипа́ть)
подщи́пывание, -я
подщи́пывать(ся), -аю, -ает(ся)
подъеда́ть(ся), -а́ю, -а́ет(ся)
подъе́денный; *кр. ф.* -ен, -ена
подъе́зд, -а
подъездно́й (*путь, доро́га*)
подъе́здный (*от* подъе́зд – вход в здание)
подъе́здчик, -а
подъезжа́ть, -а́ю, -а́ет
подъелды́кивать, -аю, -ает
подъе́льник, -а
подъём, -а
подъёмистый
подъёмка, -и
подъе́млю(сь), -лет(ся) (*устар.* формы наст. вр. от поднима́ть(ся)
подъёмник, -а
подъёмно-осмо́тровый
подъёмно-пусково́й

подъёмно-тра́нспортный
подъёмный
подъёмщик, -а
подъёршик, -а
подъесау́л, -а
подъесау́льский
подъе́сть, -е́м, -е́шь, -е́ст, -еди́м, -еди́те, -едя́т; *прош.* -е́л, -е́ла
подъе́хать, -е́ду, -е́дет
подъюли́ть, -лю́, -ли́т
подъягоди́чный
подъязо́к, -зка́ (*рыба*)
подъязы́к, -а́ (*лингв.*)
подъязы́чный
подъя́корный
подъяре́мный
подъя́рус, -а
подъя́тый (*книжн. устар. к* по́днятый)
подъя́ть(ся), буд. и пов. не употр.; *прош.* -я́л(ся), -я́ла(сь) (*книжн. устар. к* подня́ть(ся))
поды́гранный; *кр. ф.* -ан, -ана
подыгра́ть(ся), -а́ю(сь), -а́ет(ся)
поды́грывание, -я
поды́грывать(ся), -аю(сь), -ает(ся)
поды́збица, -ы, *тв.* -ей
подыма́ние, -я (*разг. к* поднима́ние)
подыма́ть(ся), -а́ю(сь), -а́ет(ся) (*разг. к* поднима́ть(ся))
подыми́ть(ся), -млю́, -ми́т(ся)
поды́мный
поды́ндекс, -а
подынтегра́льный
поды́сканный; *кр. ф.* -ан, -ана
подыска́ть(ся), -ыщу́, -ы́щет(ся)
поды́скивание, -я
поды́скивать(ся), -аю, -ает(ся)
подыто́женный; *кр. ф.* -ен, -ена
подыто́живание, -я
подыто́живать(ся), -аю, -ает(ся)
подыто́жить(ся), -жу, -жит(ся)
подыха́ть, -а́ю, -а́ет
подыша́ть, -ышу́, -ы́шит

подья́ческий
подья́чество, -а
подья́чий, -его
под эги́дой
подэкра́нный
подэта́ж, -а́, *тв.* -о́м
подэта́п, -а
подюже́ть, -е́ю, -е́ет
подю́жинный
по-евре́йски
по-европе́йски
по-его́, *нареч.* (привы́к, чтобы всё было по-его́), *но местоим.* по его́ (по его́ мне́нию)
поегози́ть, -ожу́, -ози́т
поеда́емость, -и
поеда́ние, -я
поеда́ть(ся), -а́ю, -а́ет(ся)
пое́денный; *кр. ф.* -ен, -ена
поеди́нок, -нка
поеди́нщик, -а
поедо́м есть
по-её, *нареч.* (вы́шло не по-мо́ему, а по-её), *но местоим.* по её (по её мне́нию)
поёживаться, -аюсь, -ается
поёжиться, -жусь, -жится
по́езд, -а, *мн.* -а́, -о́в
пое́здить, -е́зжу, -е́здит
пое́здка, -и, *р. мн.* -док
поездно́й
поезжа́й(те), *пов.* (*к* (по)е́хать)
поезжа́нин, -а, *мн.* -а́не, -а́н
поезжа́нка, -и, *р. мн.* -нок
поели́ку, *союз*
поело́зить, -о́жу, -о́зит
поём, -а
поёмистый
поёмный
пое́ние, -я
пое́нный; *кр. ф.* -ен, -ена, *прич.*
поёный, *прил.*
поёрзать, -аю, -ает
поёрничать, -аю, -ает
поёроши́ть(ся), -шу́, -ши́т(ся)
поёрши́ться, -шу́сь, -ши́тся

ПОЕСТЬ

пое́сть, пое́м, пое́шь, пое́ст, поеди́м, пое́дите, поедя́т; *прош.* пое́л, пое́ла
пое́хать, пое́ду, пое́дет
поехи́дничать, -аю, -ает
по-жа́бьи
пожа́дничать, -аю, -ает
пожале́ть, -е́ю, -е́ет
пожа́лить(ся), -люсь, -лит(ся)
пожа́лобиться, -блюсь, -бится
пожа́лование, -я
пожа́лованный; *кр. ф.* -ан, -ана
пожа́ловать(ся), -лую(сь), -лует(ся)
пожа́луй, *вводн. сл.* и *частица*
пожа́луйста
пожа́р, -а
пожа́ренный; *кр. ф.* -ен, -ена
пожа́рить(ся), -рю(сь), -рит(ся)
пожа́рище[1], -а, *мн.* -а и -и, -ищ, *м.* (*увелич. к* пожа́р)
пожа́рище[2], -а, *с.* (*место, где был пожар*)
пожа́рка, -и, *р. мн.* -рок
пожарнадзо́р, -а
пожа́рник, -а
пожа́рно-прикладно́й
пожа́рно-техни́ческий
пожа́рно-хими́ческий
пожа́рный
пожаробезопа́сность, -и
пожаробезопа́сный; *кр. ф.* -сен, -сна
пожаровзрывоопа́сный; *кр. ф.* -сен, -сна
пожароопа́сность, -и
пожароопа́сный; *кр. ф.* -сен, -сна
пожаротуше́ние, -я
пожароусто́йчивость, -и
пожароусто́йчивый
пожа́рские котле́ты
пожа́тие, -я
пожа́тый
пожа́ть, пожну́, пожнёт
пожа́ть(ся), пожму́(сь), пожмёт(ся)

пожда́ть, -ду́, -дёт; *прош.* -а́л, -ала́, -а́ло
пожёванный; *кр. ф.* -ан, -ана
пожева́ть, пожую́, пожуёт
пожёвывать, -аю, -ает
пожёгший
пожела́ние, -я
пожела́ть(ся), -а́ю, -а́ет(ся)
пожелте́лый
пожелте́ние, -я
пожелте́ть, -е́ю, -е́ет
пожелти́ть, -лчу́, -лти́т
пожелчённый; *кр. ф.* -ён, -ена́
пожема́ниться, -нюсь, -нится
пожене́нный; *кр. ф.* -ен, -ена
пожени́ть(ся), -еню́(сь), -е́нит(ся)
по-же́нски
по-жереби́чьи
поже́ртвование, -я
поже́ртвованный; *кр. ф.* -ан, -ана
поже́ртвовать, -твую, -твует
пожёстче
поже́чь, пожгу́, пожжёт, пожгу́т; *прош.* пожёг, пожгла́
пожжённый; *кр. ф.* -ён, -ена́
пожи́ва, -ы
пожива́ть, -а́ю, -а́ет
поживём — уви́дим
поживи́ться, -влю́сь, -ви́тся
пожи́вка, -и, *р. мн.* -вок
по живо́му (*резать*)
пожи́вший
пожи́зненно, *нареч.*
пожи́зненность, -и
пожи́зненный; *кр. ф.* -нен, -ненна
пожило́й
пожима́ние, -я
пожима́ть(ся), -а́ю(сь), -а́ет(ся)
пожина́ть(ся), -а́ю, -а́ет(ся)
пожи́нки, -нок
пожира́ние, -я
пожира́тель, -я
пожира́ть(ся), -а́ю, -а́ет(ся)
пожира́ющий(ся)
пожире́ть, -е́ю, -е́ет
пожирне́ть, -е́ю, -е́ет

пожирова́ть, -ру́ю, -ру́ет
по-жите́йски
пожи́тки, -ов
пожи́ть, -иву́, -ивёт; *прош.* пожи́л, пожила́, пожи́ло
по́жнивный
по́жниво, -а
по́жня, -и, *р. мн.* по́жен и по́жней
пожо́г, -а, но *глаг.* пожёг
пожо́лклый
пожо́лкнувший
пожо́лкнуть, -нет; *прош.* -жо́лкнул и -жо́лк, -жо́лкла
пожо́лкший
по́жранный; *кр. ф.* -ан, -ана
пожра́ть, -ру́, -рёт; *прош.* -а́л, -ала́, -а́ло
пожужжа́ть, -жу́, -жжи́т
пожуи́ровать, -рую, -рует
пожурённый; *кр. ф.* -ён, -ена́
пожури́ть(ся), -рю́(сь), -ри́т(ся)
пожу́хлый
пожу́хнувший
пожу́хнуть, -нет; *прош.* -жу́хнул и -жу́х, -жу́хла
пожу́хший
пожу́ченный; *кр. ф.* -ен, -ена
пожу́чить, -чу, -чит
по́за, -ы
по-за, *предлог* (по-за дома́ми)
позаба́вить(ся), -влю(сь), -вит(ся)
позаба́вленный; *кр. ф.* -ен, -ена
позабива́ть, -а́ю, -а́ет
позабира́ть(ся), -а́ю, -а́ет(ся)
позабо́ристее
позабо́титься, -о́чусь, -о́тится
позабро́сить, -о́шу, -о́сит
позабро́шенный; *кр. ф.* -ен, -ена
позабыва́ть(ся), -а́ю(сь), -а́ет(ся)
позабы́тый
позабы́ть(ся), -бу́ду(сь), -бу́дет(ся)
по заверше́нии (*завершив*)
позави́довать, -дую, -дует
позава́ливать, -ает
поза́втракать, -аю, -ает

позавчера́
позавчера́шний
по-загово́рщицки
позагора́ть, -а́ю, -а́ет
позадержа́ть(ся), -ержу́(сь), -е́ржит(ся)
позади́, нареч. и предлог
позадолжа́ть, -а́ю, -а́ет
по заду́манному (как задумано)
позаду́маться, -аюсь, -ается
поза́дь, предлог (устар. к позади́)
позаи́мствованный; кр. ф. -ан, -ана
позаи́мствовать(ся), -твую, -твует(ся)
позака́нчивать, -ает
позако́панный; кр. ф. -ан, -ана
позакопа́ть, -а́ю, -а́ет
позакрыва́ть(ся), -а́ю, -а́ет(ся)
позакры́тый
позакры́ть(ся), -ро́ю, -ро́ет(ся)
позале́тошний
позамерза́ть, -а́ет
позамёрзнуть, -нет; прош. -мёрз, -мёрзла
позамёрзший
позамести́, -ету́, -етёт; прош. -мёл, -мела́
позамётенный; кр. ф. -ён, -ена́
позаме́шкаться, -аюсь, -ается
позанесённый; кр. ф. -ён, -ена́
позанести́, -есёт; прош. -нёс, -несла́
позанима́ть(ся), -а́ю(сь), -а́ет(ся)
позаноси́ть, -ошу́, -о́сит
позаня́ться, -айму́сь, -аймётся
позапере́ть(ся), -пру́, -прёт(ся); прош. поза́пер(ся), позаперла́(сь), поза́перли(сь)
позапира́ть(ся), -а́ю, -а́ет(ся)
позапрошлого́дний
позапро́шлый
позараста́ть, -а́ет
позарасти́, -асту́, -астёт; прош. -ро́с, -росла́
позаре́з, нареч.

позаржа́вевший
позаржа́веть, -еет и позаржаве́ть, -е́ет
поза́риться, -рюсь, -рится
позаро́сший
позасиде́ться, -ижу́сь, -иди́тся
позати́хнувший
позати́хнуть, -ну, -нет; прош. -и́х, -и́хла
позати́хший
по-за́ячьи
позва́нивание, -я
позва́нивать, -аю, -ает
по́званный; кр. ф. -ан, -ана
позва́ть, позову́, позовёт; прош. -а́л, -ала́, -а́ло
позвене́ть, -ню́, -ни́т
по-звери́ному, нареч.
позволе́ние, -я
позво́ленный; кр. ф. -ен, -ена
позволи́тельность, -и
позволи́тельный; кр. ф. -лен, -льна
позво́лить, -лю, -лит
позволя́ть(ся), -я́ю, -я́ет(ся)
позвони́ть(ся), -ню́(сь), -ни́т(ся)
позвонко́вый
позвоно́к, -нка́
позвоно́чник, -а
позвоно́чный
позвуча́ть, -чи́т
позвя́кать, -аю, -ает
позвя́кивание, -я
позвя́кивать, -аю, -ает
по-зде́шнему, нареч.
позднеанти́чный
поздневетре́нний
позднегреческий
позднекиево́ский
поздневесе́нний
поздневизанти́йский
поздневиктория́нский
поздне́е, сравн. ст.
позднези́мний
поздне́йший
позднеледнико́вый
позднемелово́й
поздне́нько
позднеосе́нний

позднери́мский
позднеспе́лость, -и
позднеспе́лый
позднесредневеко́вый
позднею́рский
по́здний
по́здно, нареч. и в знач. сказ.
поздно́ва́то
поздно́та́, -ы́
поздоро́ваться, -аюсь, -ается
поздорове́ть, -е́ю, -е́ет
поздоро́виться: не поздоро́вится, -и́лось
поздрави́тель, -я
поздрави́тельница, -ы, тв. -ей
поздрави́тельный
поздра́вить, -влю, -вит
поздравле́ние, -я
поздра́вленный; кр. ф. -ен, -ена
поздравля́ть(ся), -я́ю(сь), -я́ет(ся)
поздра́вствовать(ся), -твую(сь), -твует(ся)
позева́ть, -а́ю, -а́ет
позево́та, -ы
позёвывание, -я
позёвывать, -аю, -ает
позелене́лый
позеленённый; кр. ф. -ён, -ена́
позелене́ть, -е́ю, -е́ет
позелени́ть, -ню́, -ни́т
позём, -а
поземе́льный
по земи́
позёмка, -и, р. мн. -мок
позёмный
позёмок, -мка (устар. и обл. к позёмка)
позёр, -а
позёрка, -и, р. мн. -рок
позёрский
позёрство, -а
по́зже, сравн. ст.
по-зи́мнему, нареч.
позимова́ть, -му́ю, -му́ет
пози́рование, -я
пози́ровать, -рую, -рует

позити́в, -а
позитиви́зм, -а
позитиви́ст, -а
позитиви́стка, -и, *р. мн.* -ток
позитиви́стский
позити́вность, -и
позити́вный; *кр. ф.* -вен, -вна
позитро́н, -а
позитро́ний, -я
позитро́нный
позиту́ра, -ы
позиционе́р, -а
позициони́рование, -я
позициони́рованный; *кр. ф.* -ан, -ана
позициони́ровать(ся), -рую(сь), -рует(ся)
позицио́нно-манёвренный
позицио́нно обусло́вленный
позицио́нный
пози́ция, -и
позлати́ть(ся), -ащу́, -ати́т(ся)
позлаща́ть(ся), -а́ю, -а́ет(ся)
позлащённый; *кр. ф.* -ён, -ена́
позлённый; *кр. ф.* -ён, -ена́
позли́ть(ся), -лю́(сь), -ли́т(ся)
по зло́бе и (*прост.*) по злобе́
позло́бствовать, -твую, -твует
по-злоде́йски
позлора́дствовать, -твую, -твует
позлосло́вить, -влю, -вит
по-змеи́ному, *нареч.*
позна́бливание, -я
позна́бливать, -ает
познава́емость, -и
познава́емый
познава́ние, -я
познава́тельно-воспита́тельный
познава́тельность, -и
познава́тельный
познава́ть(ся), -наю́, -наёт(ся)
познако́мить(ся), -млю(сь), -мит(ся)
познако́мленный; *кр. ф.* -ен, -ена
позна́ние, -я

по́знанный; *кр. ф.* -ан, -ана
по́знанский (*от* По́знань)
по́знанцы, -ев, *ед.* -нец, -нца, *тв.* -нцем
позна́ть, -а́ю, -а́ет
позна́ша: свои́ свои́х не позна́ша
позоло́та, -ы
позолоте́ть, -е́ет
позолоти́ть(ся), -очу́, -оти́т(ся)
позоло́тный
позоло́тчик, -а
позоло́тчица, -ы, *тв.* -ей
позоло́ченный; *кр. ф.* -ен, -ена и позолочённый; *кр. ф.* -ён, -ена́
позонди́рованный; *кр. ф.* -ан, -ана
позонди́ровать, -рую, -рует
позо́р, -а
позо́рить(ся), -рю(сь), -рит(ся)
позо́рище, -а
позо́рник, -а
позо́рный; *кр. ф.* -рен, -рна
позо́рящий(ся)
позуба́титься, -а́чусь, -а́тится
позубоска́лить, -лю, -лит
позу́бренный; *кр. ф.* -ен, -ена
позубри́ть, -убрю́, -у́бри́т
позуме́нт, -а
позуме́нтный
позуме́нтовый
позуме́нтщик, -а
позы́в, -а
позыва́ть, -а́ет
позывно́й (*призывающий*)
позывны́е, -ы́х
позы́вный (*от* позы́в)
позя́бнуть, -ну, -нет; *прош.* -я́б, -я́бла
позя́бший
поигра́ть, -а́ю, -а́ет
пои́грывать, -аю, -ает
по иде́е
по-идио́тски
поиздева́ться, -а́юсь, -а́ется
поиздержанный; *кр. ф.* -ан, -ана

поиздержа́ть(ся), -ержу́(сь), -е́ржит(ся)
поизмо́танный; *кр. ф.* -ан, -ана
поизмота́ть(ся), -а́ю(сь), -а́ет(ся)
поизмыва́ться, -а́юсь, -а́ется
поизмя́тый
поизмя́ть(ся), поизомну́, поизомнёт(ся)
поизноси́ть(ся), -ошу́(сь), -о́сит(ся)
поизно́шенный; *кр. ф.* -ен, -ена
поизо́рванный; *кр. ф.* -ан, -ана
поизорва́ть(ся), -рву́(сь), -рвёт(ся); *прош.* -а́л(ся), -ала́(сь), -а́ло(сь)
поизуча́ть, -а́ю, -а́ет
поика́ть, -а́ю, -а́ет
пои́лец, -льца, *тв.* -льцем, *р. мн.* -льцев
пои́лец-корми́лец, пои́льца-корми́льца
пои́лица, -ы, *тв.* -ей
пои́лица-корми́лица, пои́лицы-корми́лицы
пои́лка, -и, *р. мн.* -лок
пои́льник, -а
пои́льный
по и́мени
по и́мени-о́тчеству
поимённо, *нареч.*
поимённый
поимено́ванный; *кр. ф.* -ан, -ана
поименова́ть, -ну́ю, -ну́ет
поиме́ть, -е́ю, -е́ет
пои́мистый
пои́мка, -и, *р. мн.* -мок
поиму́щественный
пои́мчивый
по-ино́му, *нареч.*
по-иностра́нному, *нареч.*
по-интеллиге́нтски
поинтере́снее
поинтересова́ться, -су́юсь, -су́ется
поинтригова́ть, -гу́ю, -гу́ет
поиронизи́ровать, -рую, -рует

по́иск, -а (*искания*; *воен.*; *охот.*)
поиска́ть(ся), поищу́, по́ищет(ся)
по́иски, -ов (*разыскивание*)
поискови́к, -а́
по́исково-вызывно́й
по́исково-разве́дочный
по́исково-спаса́тельный
по́исковый
по-испа́нски
поиспове́довать(ся), -дую(сь), -дует(ся)
по исполне́нии (*чего*) (*исполнив*)
поиспо́ртить(ся), -рчу, -ртит(ся)
поиспо́рченный; *кр. ф.* -ен, -ена
поисся́кнувший
поисся́кнуть, -нет; *прош.* -я́к, -я́кла
поисся́кший
поистере́ть(ся), поизотру́, поизотрёт(ся); *прош.* -тёр(ся), -тёрла(сь)
поистёртый
по истече́нии (*чего*) (*после истечения*)
пои́стине, *нареч.* (*действительно*)
поистра́тить(ся), -а́чу(сь), -а́тит(ся)
поистра́ченный; *кр. ф.* -ен, -ена
поистреби́ть(ся), -блю́, -би́т(ся)
поистреблённый; *кр. ф.* -ён, -ена́
поистрёпанный; *кр. ф.* -ан, -ана
поистрепа́ть(ся), -еплю́(сь), -е́плет(ся), -е́плют(ся) и -е́пет(ся), -е́пят(ся)
по-италья́нски
пои́ть-корми́ть
пои́ть(ся), пою́, по́ит(ся)
по-и́х, *нареч.* (*вышло по-и́х, а не по-нашему*), но *местоим.* по и́х (по и́х мне́нию)
по-и́хнему, *нареч.* (*прост. к по-и́х*)
поиша́чить, -чу, -чит
по́йка, -и
пойкилосмоти́ческий
пойкилоте́рмный
пойкилоцито́з, -а

по́йло, -а
по́йма, -ы
по́йманный; *кр. ф.* -ан, -ана, *прич.*
пойма́ть(ся), -а́ю(сь), -а́ет(ся)
по́йменный (*от* по́йма)
пойнт, -а
по́йнтер, -а, *мн.* -ы, -ов и -а́, -о́в
пойти́, пойду́, пойдёт; *прош.* пошёл, пошла́
пока́
покади́ть, -ажу́, -ади́т
пока́дровый
пока́з, -а
поката́ние, -я
пока́занный; *кр. ф.* -ан, -ана
показа́тель, -я
показа́тельность, -и
показа́тельный; *кр. ф.* -лен, -льна
показа́ть(ся), покажу́(сь), пока́жет(ся)
по-каза́хски
по-каза́цки
по-каза́чьи
показно́й
показу́ха, -и
показу́шник, -а
показу́шный
пока́зывание, -я
пока́зывать(ся), -аю(сь), -ает(ся)
покайли́ть, -лю́, -ли́т
по-како́вски
покале́ченный; *кр. ф.* -ен, -ена
покале́чить(ся), -чу(сь), -чит(ся)
покали́ть, -лю́, -ли́т
пока́лывание, -я
пока́лывать, -аю, -ает
покаля́кать, -аю, -ает
пока́мест
поканите́лить(ся), -лю(сь), -лит(ся)
поканифо́ленный; *кр. ф.* -ен, -ена
поканифо́лить, -лю, -лит
покантова́ться, -ту́юсь, -ту́ется
поканю́чить, -чу, -чит
пока́панный; *кр. ф.* -ан, -ана

пока́пать, -аю, -ает и -а́плет
покапри́зничать, -аю, -ает
пока́пчивать, -аю, -ает
пока́пывать, -аю, -ает
покара́бкаться, -аюсь, -ается
пока́ранный; *кр. ф.* -ан, -ана
покара́ть, -а́ю, -а́ет
покарау́лить, -лю, -лит
пока́ркать, -ает
пока́рмливать, -аю, -ает
покаска́дный
пока́ суд да де́ло
пока́т, -а
пока́танный; *кр. ф.* -ан, -ана
поката́ть(ся), -а́ю(сь), -а́ет(ся)
пока́тистый
покати́ть(ся), -ачу́(сь), -а́тит(ся)
пока́том, *нареч.*
пока́тость, -и
пока́тывание, -я
пока́тывать(ся), -аю(сь), -ает(ся)
пока́тый
пока́чанный; *кр. ф.* -ан, -ана (*от* покача́ть)
покача́ть(ся), -а́ю(сь), -а́ет(ся)
пока́ченный; *кр. ф.* -ен, -ена (*от* покати́ть)
пока́чивание, -я
пока́чивать(ся), -аю(сь), -ает(ся)
покачну́ть(ся), -ну́(сь), -нёт(ся)
пока́ что
пока́шливание, -я
пока́шливать, -аю, -ает
пока́шлять, -яю, -яет
покая́вшийся
покая́ние, -я
покая́нно, *нареч.*
покая́нный
покая́ться, -а́юсь, -а́ется
покварта́льный
покварти́рный
поквита́ться, -а́юсь, -а́ется
поке́да и поке́дова (*обл. и прост. к* пока́, *межд.*)
покейфова́ть, -фу́ю, -фу́ет
покема́рить, -рю, -рит

по́кер, -а
по́керный
по́кетбу́к, -а
покива́ть, -а́ю, -а́ет
покида́нный; кр. ф. -ан, -ана
покида́ть(ся), -а́ю(сь), -а́ет(ся)
поки́дывать, -аю, -ает
поки́нутость, -и
поки́нутый
поки́нуть, -ну, -нет
покипе́ть, -плю́, -пи́т
покипяти́ть(ся), -ячу́(сь), -яти́т(ся)
покипячённый; кр. ф. -ён, -ена́
по-кирги́зски
по-кита́йски
поклада́ть: не поклада́я ру́к
покла́дистость, -и
покла́дистый
покла́жа, -и, тв. -ей
покла́няться, -яюсь, -яется
покла́сть, -аду́, -адёт; прош. -а́л, -а́ла
покла́цывать, -аю, -ает
поклёванный; кр. ф. -ан, -ана
поклева́ть(ся), -лю́ю, -лю́ёт(ся)
поклевета́ть, -ещу́, -е́щет
поклёвка, -и, р. мн. -вок
поклёвывать, -аю, -ает
покле́енный; кр. ф. -ен, -ена
покле́ить, -е́ю, -е́ит
поклёп, -а
поклёпанный; кр. ф. -ан, -ана
поклепа́ть[1], -а́ю, -а́ет (подвергнуть клёпке)
поклепа́ть[2], -еплю́, -е́плет (наклеветать)
поклика́нный; кр. ф. -ан, -ана
поклика́ть, -и́чу, -и́чет
покло́н, -а
поклоне́ние, -я
поклони́ться, -оню́сь, -о́нится
Покло́нная гора́ (в Москве)
покло́нник, -а
покло́нница, -ы, тв. -ей
покло́нный

поклоня́ться, -я́юсь, -я́ется
покля́вшийся
покля́нчить, -чу, -чит
покля́сться, -яну́сь, -янётся; прош. -я́лся, -яла́сь
по-кни́жному, нареч.
покня́жить, -жу, -жит
покобе́ниться, -нюсь, -нится
подко́ванный; кр. ф. -ан, -ана (от покова́ть)
покова́ть, покую́, покуёт (от кова́ть)
пове́рканный; кр. ф. -ан, -ана
пове́ркать(ся), -аю, -ает(ся)
по́вка, -и, р. мн. -вок (к кова́ть)
пово́чный (от по́вка)
поковыля́ть, -я́ю, -я́ет
поковы́ривать, -аю, -ает
поковы́рянный; кр. ф. -ян, -яна
поковыря́ть(ся), -я́ю(сь), -я́ет(ся)
поко́ем, нареч. (в виде буквы П)
по-ко́зьи
поко́и, -ев, ед. поко́й, -я (жилые помещения)
поко́ить(ся), -о́ю(сь), -о́ит(ся)
поко́й[1], -я и -ю (неподвижность; отдых)
поко́й[2], -я (название буквы)
поко́йник, -а
поко́йница, -ы, тв. -ей
поко́йницкая, -ой
поко́йницкий
поко́йный; кр. ф. -о́ен, -о́йна
поко́йчик, -а
пококе́тничать, -аю, -ает
покола́чивать, -аю, -ает
поколдова́ть, -ду́ю, -ду́ет
поко́ле и поко́ль, союз
поколеба́ть(ся), -ле́блю(сь), -ле́блет(ся)
поколе́бленный; кр. ф. -ен, -ена
поколе́ние, -я
поколе́нный
по коле́но
поколе́нческий
поколеси́ть, -ешу́, -еси́т

поколе́ть, -е́ю, -е́ет
поколи́ку, союз
поколобро́дить, -о́жу, -о́дит
поколо́нно
поколоти́ть(ся), -очу́(сь), -о́тит(ся)
поко́лотый
поколо́ть(ся), -олю́(сь), -о́лет(ся)
поколо́ченный; кр. ф. -ен, -ена
поколу́панный; кр. ф. -ан, -ана
поколупа́ть, -а́ю, -а́ет
поколыха́ть, -ы́шу, -ы́шет и -а́ю, -а́ет
поколы́хивать(ся), -аю, -ает(ся)
поко́ль и поко́ле, союз
по-команди́рски
покома́ндовать, -дую, -дует
по-ко́ми (говори́ть, писа́ть)
поко́мканный; кр. ф. -ан, -ана
поко́мкать, -аю, -ает
по-коммунисти́чески
поко́мнатный
покомпоне́нтный
по-комсомо́льски
поконопа́тить, -а́чу, -а́тит
поконопа́ченный; кр. ф. -ен, -ена
поко́нченный; кр. ф. -ен, -ена
поко́нчить, -чу, -чит
по коня́м (команда)
поко́панный; кр. ф. -ан, -ана
покопа́ть(ся), -а́ю(сь), -а́ет(ся)
поко́пка, -и, р. мн. -пок
покопоши́ться, -шу́сь, -ши́тся
покопте́ть, -пчу́, -пти́т (к копте́ть)
покопти́ть(ся), -пчу́, -пти́т(ся) (к копти́ть(ся))
покопчённый; кр. ф. -ён, -ена́
покорёженный; кр. ф. -ен, -ена
покорёжить(ся), -жу(сь), -жит(ся)
по-коре́йски
покоре́ние, -я
покорённый; кр. ф. -ён, -ена́
покори́тель, -я
покори́тельница, -ы, тв. -ей
покори́ть(ся), -рю́(сь), -ри́т(ся)
покоричневе́ние, -я

покоричневе́ть, -е́ю, -е́ет
покорми́ть(ся), -ормлю́(сь), -о́рмит(ся)
поко́рмленный; *кр. ф.* -ен, -ена
поко́рнейше (благодарю́, прошу́)
поко́рнейший
поко́рно, *нареч.*
поко́рность, -и
поко́рный; *кр. ф.* -рен, -рна
покоро́бить(ся), -блю, -бит(ся)
покоро́бленный; *кр. ф.* -ен, -ена
покоро́че
покорпе́ть, -плю́, -пи́т
поко́рствовать, -твую, -твует
покоры́стоваться, -туюсь, -туется
покоря́ть(ся), -я́ю(сь), -я́ет(ся)
покоря́читься, -чусь, -чится
покоря́ющий(ся)
поко́с, -а
покоси́ть, -ошу́, -о́сит (*к* коси́ть¹)
покоси́ть(ся), -ошу́(сь), -оси́т(ся) (*к* коси́ть²)
поко́сник, -а
поко́сный
по ко́сточкам (разобра́ть)
покочева́ть, -чу́ю, -чу́ет
покочевря́житься, -жусь, -жится
по-коша́чьи
поко́шенный; *кр. ф.* -ен, -ена (*выкошенный; искривленный*)
покошённый; *кр. ф.* -ён, -ена́ (*искривленный*)
покощу́нствовать, -твую, -твует
поко́ящийся
покра́вший
покра́денный; *кр. ф.* -ен, -ена
покра́жа, -и, *тв.* -ей
по кра́йней ме́ре
по кра́йности
покра́пать, -плю, -плет и -аю, -ает
покра́пывать, -ает
покраси́вевший
покраси́веть, -ею, -еет
покра́сить(ся), -а́шу(сь), -а́сит(ся)
покра́ска, -и

покрасне́ние, -я
покрасне́ть, -е́ю, -е́ет
покрасова́ться, -су́юсь, -су́ется
покра́сочный
покра́сть, -аду́, -адёт; *прош.* -а́л, -а́ла
покрахма́ленный; *кр. ф.* -ен, -ена
покрахма́лить, -лю, -лит
покра́шенный; *кр. ф.* -ен, -ена
покрени́ться, -и́тся
покрепча́ть, -а́ет
покре́пче
покрести́ть(ся), -ещу́(сь), -е́стит(ся)
по-крестья́нски
покрещённый; *кр. ф.* -ён, -ена́
покриви́ть(ся), -влю́(сь), -ви́т(ся)
покривлённый; *кр. ф.* -ён, -ена́
покривля́ться, -я́юсь, -я́ется
по́крик, -а
покри́кивание, -я
покри́кивать, -аю, -ает
покритико́ванный; *кр. ф.* -ан, -ана
покритикова́ть, -ку́ю, -ку́ет
покрича́ть, -чу́, -чи́т
покро́в, -а (*к* покрыва́ть(ся))
Покро́в, -а́ (*праздник*)
покрове́ц, -вца́, *тв.* -вцо́м, *р. мн.* -вцо́в
покрови́тель, -я
покрови́тельница, -ы, *тв.* -ей
покрови́тельственно, *нареч.*
покрови́тельственность, -и
покрови́тельственный
покрови́тельство, -а
покрови́тельствовать, -твую, -твует
Покро́вка, -и (*улица*)
покро́вный (*к* покрыва́ть(ся))
Покро́вские Воро́та (*площадь*)
покро́вский (*от* Покро́в)
Покро́вский (*собор, монастырь*)
покро́енный; *кр. ф.* -ен, -ена
покрои́ть, -ою́, -ои́т
покро́й, -я

покро́мка, -и, *р. мн.* -мок
покро́мочный
покро́мсанный; *кр. ф.* -ан, -ана
покромса́ть, -а́ю, -а́ет
покропи́ть, -плю́, -пи́т
покроплённый; *кр. ф.* -ён, -ена́
покро́шенный; *кр. ф.* -ен, -ена
покроши́ть(ся), -ошу́, -о́шит(ся)
покругле́ть, -е́ю, -е́ет
покружённый; *кр. ф.* -ён, -ена́ и покру́женный; *кр. ф.* -ен, -ена
покружи́ть(ся), -ужу́(сь), -у́жит(ся)
покрупне́е
покрупне́ть, -е́ю, -е́ет
по кру́пной (игра́ть)
по-кру́пному, *нареч.*
покрути́ть(ся), -учу́(сь), -у́тит(ся)
покру́че
покру́ченный; *кр. ф.* -ен, -ена
покру́чивание, -я
покру́чивать(ся), -аю(сь), -ает(ся)
покручи́ниться, -нюсь, -нится
покрыва́ло, -а
покрыва́льце, -а, *р. мн.* -лец
покрыва́ть(ся), -а́ю(сь), -а́ет(ся)
покры́тие, -я
покрытосеменны́е, -ы́х и покрытосемянны́е, -ых
покры́тый
покры́ть(ся), -ро́ю(сь), -ро́ет(ся)
покры́шечный
покры́шка, -и, *р. мн.* -шек
покря́кать, -аю, -ает
покря́кивание, -я
покря́кивать, -аю, -ает
покряхте́ть, -хчу́, -хти́т
покря́хтывание, -я
покря́хтывать, -аю, -ает
поксви́русы, -ов, *ед.* -ви́рус, -а
покувырка́ться, -а́юсь, -а́ется
покуда́
покуда́хтать, -хчу, -хчет
поку́дова
покукова́ть, покуку́ю, покуку́ет

покуме́кать, -аю, -ает
покуми́ться, -млю́сь, -ми́тся
поку́панный; кр. ф. -ан, -ана
покупа́тель, -я
покупа́тель-импортёр, покупа́теля-импортёра
покупа́тельница, -ы, тв. -ей
покупа́тельный
покупа́тельский
покупа́ть(ся), -а́ю(сь), -а́ет(ся)
по-купе́чески
поку́пка, -и, р. мн. -пок
покупно́й
покупщи́к, -а́
покупщи́ца, -ы, тв. -ей
покура́житься, -жусь, -жится
поку́ренный; кр. ф. -ен, -ена
поку́ривать, -аю, -ает
покури́ть, -урю́, -у́рит
покурлы́кать, -ы́чу, -ы́чет и -аю, -ает
покуроле́сить, -е́шу, -е́сит
поку́санный; кр. ф. -ан, -ана
покуса́ть, -а́ю, -а́ет
покуси́ться, -ушу́сь, -уси́тся
поку́сы, -ов, ед. поку́с, -а
поку́сывание, -я
поку́сывать, -аю, -ает
покути́ть, -учу́, -у́тит
поку́чивать, -аю, -ает
поку́шать, -аю, -ает
покуша́ться, -а́юсь, -а́ется
покуше́ние, -я
пол¹, -а, предл. на полу́, мн. -ы́, -о́в (настил)
пол², -а, мн. по́лы, -о́в (мужской и женский)
пол... (половина) – с последующим словом пишется через дефис (перед гласной, л и перед прописной буквой) или слитно (в остальных случаях); с последующим сочетанием слов пишется раздельно
пола́, -ы́, мн. по́лы, пол

пола́бский (пола́бские славя́не, пола́бский язы́к)
пола́бы, -ов
пол-а́вгуста
полави́ровать, -рую, -рует
полага́ть(ся), -а́ю(сь), -а́ет(ся)
пола́дить(ся), -а́жу, -а́дит(ся)
пола́зать, -аю, -ает
пол-А́зии
пола́зить, -а́жу, -а́зит
пола́ивать, -аю, -ает
полака́ть, -а́ю, -а́ет
по-лаке́йски
полакиро́ванный; кр. ф. -ан, -ана
полакирова́ть(ся), -ру́ю, -ру́ет(ся)
пола́комить(ся), -млю(сь), -мит(ся)
пол-Аме́рики
пола́мывание, -я
пола́мывать, -ает
пол-апельси́на
пол-апре́ля
пол-арбу́за
пол-а́рмии
пол-арши́на, род. пол-арши́на (разг.) и полуарши́на, предл. в пол-арши́не от... (разг.) и в полуарши́не от...
пола́сканный; кр. ф. -ан, -ана
поласка́ть(ся), -а́ю(сь), -а́ет(ся) (к ла́ска)
пола́ститься, -а́щусь, -а́стится
пола́ти, -ей
по-латы́ни, нареч. (писа́ть по-латы́ни), но сущ. по латы́ни (получи́ть пятёрку по латы́ни)
по-латы́шски
пол-А́фрики
пола́ять(ся), -а́ю(сь), -а́ет(ся)
по́лба, -ы
полба́йта, род. полба́йта (разг.) и полуба́йта
полба́ка
полба́нки
полбара́на

полбеды́, в знач. сказ.
по́лбенный
полблокно́та
полбока́ла
полбуты́лка, -и, р. мн. -лок (разг. к полубуты́лка, сосуд)
полбуты́лки (мера жидкости)
полбуха́нки
полбяно́й
полваго́на
пол ва́фельного то́рта
полведра́
полве́ка, род. полве́ка (разг.) и полуве́ка
полверсты́, род. полверсты́ (разг.) и полуверсты́, предл. в полверсте́ от... (разг.) и в полуверсте́ от...
полверши́ка
полве́чера
полвзво́да, род. полвзво́да (разг.) и полувзво́да
полвосьмо́го
полвторо́го
полгазе́ты
полгекта́ра, род. полгекта́ра (разг.) и полугекта́ра
полго́да, род. полго́да (разг.) и полуго́да; полуго́дом ра́ньше
полго́дика
полго́рода
полго́ря, в знач. сказ.
полгра́мма, род. полгра́мма (разг.) и полугра́мма
полгру́ппы
полдвена́дцатого
полдевя́того
полдекабря́
полде́ла
по́лдень, по́лдня и полу́дня, мн. по́лдни, по́лдней
полдере́вни
полдеся́того
полдне́вный
по́лдник, -а
по́лдничать, -аю, -ает

полдня́, *род.* полдня́ (*разг.*) и полу́дня́
полдо́ллара, *род.* полдо́ллара (*разг.*) и полудо́ллара
полдо́ма
полдоро́ги, но: останови́ться на полдоро́ге
полды́ни
полдю́жины, *род.* полдю́жины (*разг.*) и полудю́жины
полдю́йма, *род.* полдю́йма (*разг.*) и полудю́йма
по́ле, -я, *мн.* -я́, -е́й; но: По́ле, -я (*степи за южными пределами Руси, ист.*); Лодейное По́ле (*город*), Октя́брьское По́ле, Ямско́е По́ле (*районы в Москве*), Воронцо́во По́ле (*улица в Москве*)
по-лебеди́ному, *нареч.*
полебези́ть, -ежу́, -ези́т
полева́ть, полю́ю, полю́ет (*охотиться*)
полеве́ние, -я
полеве́ть, -е́ю, -е́ет
полеви́к, -а́
полеви́ца, -ы, *тв.* -ей
полёвка, -и, *р. мн.* -вок
полево́д, -а
полево́дство, -а
полево́дческий
полево́й
полевошпа́товый
пол-Евро́пы
полега́емость, -и
полега́емый
полега́ние, -я
полега́ть, -а́ет
полёглый
полего́нечку, *нареч.*
полего́ньку, *нареч.*
полегча́ть, -а́ет
поле́гче
полёгший
полежа́лое, -ого
полежа́лый

полежа́ть, -жу́, -жи́т
полёживать, -аю, -ает
полеза́й(те), *пов.* (*к* (по)ле́зть)
полезащи́тный
поле́зность, -и
поле́зный; *кр. ф.* -зен, -зна
поле́зть, -езу, -езет; *прош.* -ез, -езла
поле́зший
пол-е́льника
полема́рх, -а
полемизи́ровать, -рую, -рует
поле́мика, -и
полеми́ст, -а
полеми́стка, -и, *р. мн.* -ток
полеми́ческий
полеми́чность, -и
полеми́чный; *кр. ф.* -чен, -чна
пол-ёмкости
полемоло́гия, -и
поле́ниваться, -аюсь, -ается
полени́ка, -и
по-ле́нински
полени́ться, -еню́сь, -е́нится
полени́ца, -ы, *тв.* -ей, *м. и ж.* (*богатырь*)
поле́нница, -ы, *тв.* -ей (*сложенные дрова*)
поле́но, -а, *мн.* поле́нья, -ьев
поле́новский (*от* Поле́нов *и* Поле́ново)
полента́йничать, -аю, -ает
поле́нце, -а, *р. мн.* -нец и -нцев
полепета́ть, -печу́, -пе́чет
полепи́ть, -еплю́, -е́пит
поле́пленный; *кр. ф.* -ен, -ена
поле́сник, -а
полесо́вщик, -а
поле́сский (*к* Поле́сье)
поле́сье, -я, *р. мн.* -сий (*болотистая местность, поросшая мелким лесом*) и Поле́сье, -я (*геогр. область в бассейне Припяти и Днепра*)
полёт, -а
полета́ть, -а́ю, -а́ет
полете́ть, полечу́, полети́т

полётнее, -его (*годовая дань, ист.*)
по-ле́тнему, *нареч.*
полётность, -и
полётный
полётта, -ы
полётчик, -а
поле́ченный; *кр. ф.* -ен, -ена
полечи́ть(ся), -ечу́(сь), -е́чит(ся)
по́лечка, -и, *р. мн.* -чек
поле́чь, поля́гу, поля́жет, поля́гут; *прош.* полёг, полегла́
полеша́не, -а́н, *ед.* -а́нин, -а (*к* Поле́сье)
полеша́нка, -и, *р. мн.* -нок
поле́шко, -а, *мн.* -шки, -шек
полжи́зни
полжурна́ла
полза́ла (*от* зал)
по́лзание, -я
пол записно́й кни́жки
по́лзать, -аю, -ает
ползда́ния
полземли́ (*полсвета*) и пол-Земли́ (*планеты*)
ползко́м, *нареч.*
ползо́к, -зка́
ползти́, -зу́, -зёт; *прош.* полз, ползла́
ползу́н, -а́
ползунки́, -о́в (*детская одежда*)
ползунко́вый
ползу́нный
ползуно́к, -нка́
ползу́нья, -и, *р. мн.* -ний
ползу́честь, -и
ползу́чий
ползу́чка, -и, *р. мн.* -чек
по́лзший
поли... — первая часть сложных слов, пишется слитно
полиакрилами́д, -а
полиакрилами́дный
полиакрила́ты, -ов, *ед.* -ла́т, -а
полиакри́ловый
полиакрилонитри́л, -а
полиакрилонитри́льный

полиами́дный
полиами́ды, -ов, *ед.* -ами́д, -а (*к* ами́дный, *хим.*)
полиа́ндрия, -и
полианио́н, -а
полиани́т, -а
полиарила́ты, -ов, *ед.* -ла́т, -а
полиартралги́я, -и
полиартри́т, -а
полибензимидазо́лы, -ов, *ед.* -зо́л, -а
полибера́льничать, -аю, -ает
полибла́сты, -ов, *ед.* -бла́ст, -а
полибутадие́н, -а
поли́в, -а (*поливка*)
поли́ва, -ы (*глазурь*)
поливакци́на, -ы
поливале́нтность, -и
поливале́нтный; *кр. ф.* -тен, -тна
полива́лка, -и, *р. мн.* -лок
полива́льный
полива́льщик, -а
полива́льщица, -ы, *тв.* -ей
полива́ние, -я
поли́ванный и поли́венный (*к* поли́ва)
полива́ть(ся), -а́ю(сь), -а́ет(ся)
поливе́ктор, -а
поли́венный и поли́ванный (*к* поли́ва)
поливинилацета́ли, -ей, *ед.* -та́ль, -я
поливинилацета́т, -а
поливинилацета́тный
поливинилбутира́ль, -я
поливинилиденхлори́д, -а
поливини́ловый
поливинилспиртово́й
поливинилформа́ль, -я
поливинилхлори́д, -а
поливинилхлори́дный
поливитами́нный
поливитами́ны, -ов
поли́вка, -и, *р. мн.* -вок
поливно́й (*к* поли́вка)
поли́вный (*к* поли́ва)

поливомо́ечный
поли́вочный
полигали́т, -а
полигами́ческий
полига́мия, -и
полига́мный
полигени́зм, -а
полигени́я, -и (*к* ге́ны)
полиге́нный
полиге́ны, -ов, *ед.* -ге́н, -а
полигибри́д, -а
Полиги́мния, -и
полигини́я, -и (*многоженство*)
полиглобули́я, -и
полигло́т, -а
полигляциали́зм, -а
полиго́н, -а
полигона́льный
полигониза́ция, -и
полиго́нный
полигонометри́ческий
полигономе́три́я, -и
полигра́ф, -а
полиграфи́ст, -а
полиграфи́ческий
полигра́фия, -и
полиграфкомбина́т, -а
пол-игры́
полидактили́я, -и
полиди́пси́я, -и
полиеле́й, -я
полие́новый
по́лиз, -а (*инф.*)
поли́занный; *кр. ф.* -ан, -ана
полиза́ть(ся), -ижу́(сь), -и́жет(ся)
пол-избы́
полиизобутиле́н, -а
полиизопре́н, -а
полиими́ды, -ов, *ед.* -ми́д, -а (*к* ими́дный, *хим.*)
поликанди́ло, -а
поликапроами́д, -а
поликапролакта́м, -а
поликарбона́ты, -ов, *ед.* -на́т, -а
поликардиогра́фия, -и
поликарпи́ческий

поликислоты́, -о́т, *ед.* -ота́, -ы́
поликли́ника, -и
поликлини́ческий
поликова́ть, -ку́ю, -ку́ет
поликонденса́ция, -и
поликони́ческий
поликра́тия, -и
поликриста́лл, -а
поликристалли́ческий
поликро́сс, -а
поликсе́н, -а (*хим.*)
полила́довость, -и
полила́довый
полилецита́льный
полилине́йный
полилове́ть, -е́ю, -е́ет
полило́г, -а
полимара́н, -а
полимасти́я, -и
пол-име́ния
полиме́нт, -а
полимера́зный
полимера́зы, -а́з, *ед.* -а́за, -ы
полимераналоги́чный (полимераналоги́чные превраще́ния)
полимербензи́н, -а
полимербето́н, -а
полимериза́тор, -а
полимеризацио́нный
полимериза́ция, -и
полимеризо́ванный; *кр. ф.* -ан, -ана
полиме́ри́я, -и
полиме́рный
полимерове́дение, -я
полимерцеме́нтный
полиме́рщик, -а
полиме́ры, -ов, *ед.* -ме́р, -а
полиметалли́ческий
полиметиле́новый
полиметилметакрила́т, -а
полимети́новый
полиметри́я, -и
полимикси́ны, -ов, *ед.* -си́н, -а
полиморфи́зм, -а
полиморфи́ческий

полиморфный
полиморфоз, -а
полинаркоман, -а
полинаркомания, -и
полиневрит, -а
полинезийка, -и, *р. мн.* -иек
полинезийский (*от* Полинезия)
полинезийцы, -ев, *ед.* -иец, -ийца, *тв.* -ийцем
по линии (*чего*)
полиновать, -ную, -нует
полинозный
полином, -а
полиномиальный (*от* полином)
полиноминальный округ
полинуклеотиды, -ов, *ед.* -тид, -а
полинялый
полинять, -яет
полиовирусы, -ов, *ед.* -вирус, -а
полиоксикислота, -ы
полиоксиметилен, -а
полиолефины, -ов, *ед.* -фин, -а
полиомиелит, -а
полиомиелитный
полиоэнцефалит, -а
полип, -а
полипептиды, -ов, *ед.* -тид, -а
полиперсональный
полиплен, -а
полиплоид, -а
полиплоидизация, -и
полиплоидия, -и
полиплоидный
полипноэ, *нескл., с.*
полипный
полипоид, -а
полипообразный; *кр. ф.* -зен, -зна
полипрагмазия, -и
полипредикативность, -и
полипредикативный; *кр. ф.* -вен, -вна
полипропилен, -а
полипропиленовый
полиптих, -а
полирибосомы, -ом, *ед.* -сома, -ы

полиритмия, -и
полировальный
полирование, -я
полированный; *кр. ф.* -ан, -ана
полировать(ся), -рую, -рует(ся)
полировка, -и
полировочный
полировщик, -а
полировщица, -ы, *тв.* -ей
полироль, -я
полис, -а (*город; документ*)
полисахариды, -ов, *ед.* -рид, -а
полисемантический
полисемия, -и
полисерозит, -а
полисиллогизм, -а
полисиндетон, -а
полисинтетический
полисмен, -а
полисный
полисоединения, -ий, *ед.* -ение, -я
полисомы, -ом, *ед.* -сома, -ы
полиспаст, -а
полиспастовый
полиспермия, -и
полиспороз, -а
полиставрий, -я
полистадиальный
полистанный; *кр. ф.* -ан, -ана
полистать, -аю, -ает
полистилистика, -и
полистирол, -а
полистироловый
полистирольный
полистный
полисульфидный
полисульфиды, -ов, *ед.* -фид, -а
по-лисьи
полит... — *первая часть сложных слов, пишется слитно*
политбеседа, -ы
политбюро, *нескл., с.*
политбюровец, -вца, *тв.* -вцем, *р. мн.* -вцев
политбюровский
политграмота, -ы

политеизм, -а
политеист, -а
политеистический
политения, -и
политенный
политес, -а
политетрафторэтилен, -а
Политех, -а (*Политехнический музей, университет, разг.*)
политехнизация, -и
политехнизированный; *кр. ф.* -ан, -ана
политехнизировать(ся), -рую, -рует(ся)
политехнизм, -а
политехник, -а
политехникум, -а
политехнический
Политехнический музей
политзаключённый, -ого
политзанятие, -я
политзэк, -а
политизация, -и
политизированность, -и
политизированный; *кр. ф.* -ан, -ана
политизировать(ся), -рую(сь), -рует(ся)
политик, -а
политика, -и
политикан, -а
политиканка, -и, *р. мн.* -нок
политиканский
политиканство, -а
политиканствовать, -твую, -твует
политиканша, -и, *тв.* -ей
политико-административный
политико-воспитательный
политико-правовой
политико-территориальный
политико-экономический
политинформация, -и
политипаж, -а, *тв.* -ем
политический
политичность, -и

ПОЛИТИЧНЫЙ

полити́чный; *кр. ф.* -чен, -чна
политкаторжа́нин, -а, *мн.* -а́не, -а́н
политкаторжа́нка, -и, *р. мн.* -нок
политкружо́к, -жка́
по-лито́вски
полито́лог, -а
политологи́ческий
политоло́гия, -и
политона́льность, -и
политона́льный; *кр. ф.* -лен, -льна
политони́ческий
полито́рганы, -ов, *ед.* -о́рган, -а
политотде́л, -а
политотчёт, -а
политпросве́т, -а
политпросветрабо́та, -ы
политпросвеще́ние, -я
политрабо́та, -ы
политрабо́тник, -а
политреда́кция, -и
политрифторхлорэтиле́н, -а
поли́трихум, -а
политро́па, -ы
политропи́ческий
политро́пный
политру́к, -а и -а́
политсове́т, -а
политсоста́в, -а
политуправле́нец, -нца, *тв.* -нцем, *р. мн.* -нцев
политуправле́ние, -я
политу́ра, -ы
политу́рный
политучёба, -ы
поли́тый; *кр. ф.* по́ли́т, полита́, по́ли́то
поли́ть(ся), полью́(сь), польёт(ся); *прош.* по́ли́л, поли́лся, поли-ла́(сь), по́ли́ло, поли́ло́сь
политэконо́м, -а
политэкономи́ческий
политэконо́мия, -и
политэмигра́нт, -а
политэмигра́нтка, -и, *р. мн.* -ток

полиурета́н, -а
полиурета́новый
полиури́я, -и
полифа́г, -а
полифаги́я, -и
полифенолоксида́за, -ы
полифили́я, -и
полифони́зм, -а
полифони́ческий
полифони́чность, -и
полифони́чный; *кр. ф.* -чен, -чна
полифони́я, -и
полифо́нный
полиформальдеги́д, -а
полифосфа́ты, -ов, *ед.* -фа́т, -а
полифосфонитрилхлори́д, -а
полифо́сфорный
полифто́нг, -а
полифтонги́ческий
полифурка́ция, -и
полихе́ты, -хе́т, *ед.* -хе́та, -ы
полихлорвини́л, -а
полихлорвини́ловый
полихромати́ческий
полихроми́я, -и
полихро́мный
по́лица, -ы, *тв.* -ей
полица́й, -я
полицеймейстер, -а и полиц-ме́йстер, -а
полицеймейстерский и полиц-ме́йстерский
полице́йский
полице́йщина, -ы
полицеме́рить, -рю, -рит
полицентри́зм, -а
полицентри́ческий
полицикли́ческий
полицитеми́я, -и
поли́ция, -и
полицме́йстер, -а и полицей-ме́йстер, -а
полицме́йстерский и полицей-ме́йстерский
поли́чное: с поли́чным (взя́ть, пойма́ть)

Полишине́ль, -я (*также:* секре́т Полишине́ля)
полиз́др, -а
полиэдри́ческий
полиэкра́н, -а
полиэкра́нный
полиэлектроли́ты, -ов, *ед.* -ли́т, -а
полиэмбриони́я, -и
полиэтиле́н, -а
полиэтиленими́н, -а
полиэтиле́новый
полиэтилентерефтала́т, -а
полиэтни́ческий
полиэфиракрила́ты, -ов, *ед.* -ла́т, -а
полиэфи́рный
полиэфи́ры, -ов, *ед.* -эфи́р, -а
пол-ию́ля
пол-ию́ня
полия́дерный
полк, -а́, *предл.* в полку́
по́лка, -и, *р. мн.* по́лок
Полка́н, -а (*кличка*)
полкани́кул
полкани́стры
полкастрю́ли
полкило́
полкилогра́мма, *род.* полкило-гра́мма (*разг.*) и полукилогра́мма
полкилогра́ммовый (*разг. к* полукилогра́ммовый)
полкиломе́тра, *род.* полкиломе́т-ра (*разг.*) и полукиломе́тра, *предл.* в полкиломе́тре от... (*разг.*) и в полукиломе́тре от...
полкилометро́вый (*разг. к* полу-километро́вый)
полкирпича́
полкла́сса
полкни́ги
полко́вник, -а
полко́вник-инжене́р, полко́вни-ка-инжене́ра
полко́вница, -ы, *тв.* -ей
полко́вницкий

полко́вничий, -ья, -ье
полко́вничиха, -и
полково́дец, -дца, *тв.* -дцем, *р. мн.* -дцев
полково́дческий
полково́й
полкодержа́тель, -я
полкольца́
полкома́нды
полко́мнаты
полкопе́йки
полко́рпуса
полкрова́ти
полкру́га
полкру́жки
полку́рса
полкуска́
поллакиури́я, -и
пол-ле́са
пол-ле́та
пол-лимо́на
поллина́рий, -я
пол-ли́нии
полли́ний, -я
поллино́з, -а
пол-листа́
пол-ли́тра, *род.* пол-ли́тра (*разг.*) и полули́тра (*в знач. половина литра*), пол-ли́тра (*в знач. поллитровка*)
поллитро́вка, -и, *р. мн.* -вок
по́л литро́вой ба́нки
поллитро́вый (*разг. к* полулитро́вый)
пол-лица́
пол-ло́жки
пол-Ло́ндона
пол-ло́та
поллуци́т, -а
поллю́ция, -и
полма́тча
полме́сяца, *род.* полме́сяца (*разг.*) и полуме́сяца
полме́тра, *род.* полме́тра (*разг.*) и полуме́тра, *предл.* в полме́тре от... (*разг.*) и в полуме́тре от...

полметро́вый (*разг. к* полуметро́вый)
полмешка́
полми́ли, *род.* полми́ли (*разг.*) и полуми́ли, *предл.* в полми́ле от... (*разг.*) и в полуми́ле от...
полмиллиа́рда, *род.* полмиллиа́рда (*разг.*) и полумиллиа́рда и (*при передаче разг. произношения*) полмилья́рда, *род.* полмилья́рда и полумилья́рда
полмиллиа́рдный и (*при передаче разг. произношения*) полмилья́рдный (*разг. к* полумиллиа́рдный)
полмиллиме́тра, *род.* полмиллиме́тра (*разг.*) и полумиллиме́тра
полмиллио́на, *род.* полмиллио́на (*разг.*) и полумиллио́на и (*при передаче разг. произношения*) полмильо́на, *род.* полмильо́на и полумильо́на
полмиллио́нный и (*при передаче разг. произношения*) полмильо́нный (*разг. к* полумиллио́нный)
полмину́ты, *род.* полмину́ты (*разг.*) и полумину́ты
полми́ра, *род.* полми́ра (*разг.*) и полуми́ра
пол-Москвы́
пол Моско́вской о́бласти
полне́ба
полне́йший
по́лненький
полне́ть, -е́ю, -е́ет
полнёхонький; *кр. ф.* -нек, -нька
полнёшенький; *кр. ф.* -нек, -нька
полни́ть, -и́т (*к* по́лный – *довольно тучный*)
по́лнить(ся), -ит(ся) (*наполнять(ся)*)
по́лно (*довольно, перестань(те)*)
полно́ (*очень много*)
полнове́сность, -и
полнове́сный; *кр. ф.* -сен, -сна

полновла́стие, -я
полновла́стный; *кр. ф.* -тен, -тна
полново́дность, -и
полново́дный; *кр. ф.* -ден, -дна
полново́дье, -я
полногабари́тный
полногла́сие, -я
полногла́сный
полногру́дый
полнозву́чность, -и
полнозву́чный; *кр. ф.* -чен, -чна
полнокомпле́ктный
полнокро́вие, -я
полнокро́вность, -и
полнокро́вный; *кр. ф.* -вен, -вна
полноли́цый
полнолу́ние, -я
полнолу́нный
полномасшта́бный
полномёдный
полноме́рный
полнометра́жный
полномо́чие, -я
полномо́чный; *кр. ф.* -чен, -чна; но: Чрезвыча́йный и Полномо́чный Посо́л
полнонабо́рный
полноповоро́тный
полнопра́вие, -я
полнопра́вность, -и
полнопра́вный; *кр. ф.* -вен, -вна
полнорацио́нный
полноро́дный
полносбо́рный
полносисте́мный
по́лностью
полнота́, -ы́
по́лноте (*довольно, перестаньте*)
полноте́кстовый
полноте́лый
полно́тный
полноформа́тный
полноце́нность, -и
полноце́нный; *кр. ф.* -е́нен, -е́нна
полно́чи, *род.* полно́чи (*разг.*) и полуно́чи

ПОЛНОЧНЫЙ

полно́чный и полу́но́чный
по́лночь, по́лночи и полу́ночи
полнощёкий
полно́щный и полу́но́щный (*устар. книжн. к* полно́чный и полу́но́чный)
по́лный; *кр. ф.* по́лон, полна́, по́лно
полны́м-полно́ (*очень много*)
полны́м-по́лон, -полна́, -по́лно
пол-Нью-Йо́рка
полня́щий (*от* полни́ть)
по́лнящий(ся) (*от* по́лнить(ся))
по́ло, *нескл., с.*
пол-о́бласти
пол-оборо́та
поло́ва, -ы
полове́цкий
полови́к, -а́
полови́на, -ы
полови́на на полови́ну
полови́нка, -и, *р. мн.* -нок
полови́нный
полови́нчатость, -и
полови́нчатый
полови́нщик, -а
полови́ть, -овлю́, -о́вит
полови́ца, -ы, *тв.* -ей
половичо́к, -чка́
поло́вленный; *кр. ф.* -ен, -ена
поло́вник, -а
поло́вничать, -аю, -ает
поло́вничек, -чка
поло́вничество, -а
полово́дный
полово́дье, -я
половозрастно́й
половозре́лость, -и
половозре́лый
полово́й[1], *прил.*
полово́й[2], -о́го (*слуга*)
половосбо́рник, -а
половосбо́рщик, -а
по́ловцы, -ев, *ед.* -вец, -вца, *тв.* -вцем
половча́нка, -и, *р. мн.* -нок

половщи́к, -а́
полово́й (*о масти*)
по́лог, -а
поло́гий
пологозалега́ющий*
пологонаклонный
пологопа́дающий*
поло́гость, -и
пол-огурца́
пол-оди́ннадцатого
поло́дия, -и
полоды́рничать, -аю, -ает
положа́берные, -ых
поло́же, *сравн. ст.* (*от* поло́гий, поло́го)
положе́ние, -я
поло́женный; *кр. ф.* -ен, -ена
поло́жено, *в знач. сказ.*
положе́ньице, -а
положи́тельность, -и
положи́тельный; *кр. ф.* -лен, -льна
положи́ть(ся), -ожу́(сь), -о́жит(ся)
положо́к, -жка́
поло́жь, *пов.* (*прост. к* положи́; вынь да поло́жь)
по́лоз, -а, *мн.* -ы, -ов (*змея*)
поло́зья, -ьев, *ед.* по́лоз, -а
поло́к, полка́
пол-окна́
пол-октября́
поло́льник, -а
поло́льный
поло́льщик, -а
поло́льщица, -ы, *тв.* -ей
поло́м, -а
поло́манный; *кр. ф.* -ан, -ана
полома́ть(ся), -а́ю(сь), -а́ет(ся)
поломи́ть, -о́мит
поло́мка, -и, *р. мн.* -мок
поломбе́чный
поломо́йка, -и, *р. мн.* -о́ек
поломо́йный
поло́н, -а и -у
полоне́з, -а
полонённый; *кр. ф.* -ён, -ена́

полониза́ция, -и
полонизи́рованный; *кр. ф.* -ан, -ана
полонизи́ровать(ся), -рую, -рует(ся)
полони́зм, -а
поло́ний, -я (*хим.*)
полони́на, -ы
полони́ст, -а
полони́стика, -и
полони́стка, -и, *р. мн.* -ток
полони́ть, -ню́, -ни́т
полоня́ник, -а
полоня́нин, -а, *мн.* -я́не, -я́н
полоня́ничный (*ист.*)
полоня́нка, -и, *р. мн.* -нок
полоня́ночка, -и, *р. мн.* -чек
поло́панный; *кр. ф.* -ан, -ана
поло́пать(ся), -аю, -ает(ся)
поло́гий
полороле́во́й
полоро́тый
полоса́, -ы́, *вин.* по́лосу́, *мн.* по́лосы, -о́с, -оса́м
полосану́ть, -ну́, -нёт
полоса́тенький
полоса́тик, -а
полоса́тый
поло́ска, -и, *р. мн.* -сок
полоска́ние, -я
поло́сканный; *кр. ф.* -ан, -ана
полоска́тельница, -ы, *тв.* -ей
полоска́тельный
полоска́ть(ся), -ощу́(сь), -о́щет(ся) и -а́ю(сь), -а́ет(ся) (*промывать(ся)*; колеба́ть(ся), развева́ть(ся))
полоска́ющий(ся) и поло́щущий(ся)
полоско́вая ли́ния (*тех.*)
полоску́н, -а́
полосно́й и поло́сный (*от* полоса́)
полосну́тый
полосну́ть, -ну́, -нёт

поло́сный и полосно́й (*от* полоса́)
полосова́льный
полосова́ние, -я
полосо́ванный; *кр. ф.* -ан, -ана
полосова́ть(ся), -су́ю(сь), -су́ет(ся)
полосово́й
поло́сонька, -и, *р. мн.* -нек
полостно́й (*от* по́лость)
по́лость, -и, *мн.* -и, -е́й
полосу́шка, -и, *р. мн.* -шек
поло́счатый
пол-осьму́хи
пол-осьму́шки
полоте́нечный
полоте́нце, -а, *р. мн.* -нец
полотёр, -а
полотёрничать, -аю, -ает
полотёрный
полотёрский
поло́тнище, -а
полотно́, -а́, *мн.* поло́тна, -тен, -тнам
полотня́ный
Полотня́ный Заво́д (*населенный пункт*)
полото́к, -тка́
по́лотый
поло́ть, -и и полть, -и, *мн.* -и, -е́й (*половина туши*)
поло́ть(ся), полю́, по́лет(ся)
полоу́мие, -я
полоу́мный; *кр. ф.* -мен, -мна
по́лоцкий (*от* По́лоцк)
полоча́не, -а́н, *ед.* -а́нин, -а (*от* По́лоцк)
по́лочка, -и, *р. мн.* -чек
пол-очка́
по́лочный
по-лошади́ному, *нареч.*
полоши́ть(ся), -шу́(сь), -ши́т(ся)
поло́щущий(ся) и полоска́ющий(ся)
полпа́йки
полпаке́та

полпа́ртии
полпе́рвого
пол-Петербу́рга
полпивна́я, -о́й
полпи́во, -а
полпирога́
полпирожка́
полполе́на
полпоросёнка
полпо́рции
полпо́товец, -вца, *тв.* -вцем, *р. мн.* -вцев
полпо́товский (*от* Пол Пот)
полпре́д, -а
полпре́дство, -а
полпроце́нта, *род.* полпроце́нта (*разг.*) и полупроце́нта
полпу́да, *род.* полпу́да (*разг.*) и полупу́да
полпути́; на полпути́
полпя́того
по́л рабо́чего дня
полрайо́на
полрома́на
пол-Росси́и
полро́ты, *род.* полро́ты (*разг.*) и полуро́ты
полруло́на
полрю́мки
полсантиме́тра, *род.* полсантиме́тра (*разг.*) и полусантиме́тра
полсапо́жки, -жек (*прост. к* полусапо́жки)
полсве́та
полседьмо́го
полсеку́нды, *род.* полсеку́нды (*разг.*) и полусеку́нды
полсеме́стра
полсло́ва; не сказа́ть и полсло́ва (ни полсло́ва), поня́ть с полусло́ва, прерва́ть на полусло́ве
полсме́ны
полсо́тенный (*разг. к* полусо́тенный)
полсо́тни, *род.* полсо́тни (*разг.*) и полусо́тни, *предл.* в полсо́тне

(*разг.*) и в полусо́тне (ме́тров, шаго́в)
полста́ (*прост. к* полсо́тни)
полста́вки, но: рабо́тать на полста́вке
полста́да
полстака́на
полстены́
полстола́
полстоле́тия, *род.* полстоле́тия (*разг.*) и полустоле́тия
пол столо́вой ло́жки
полсто́лька и полсто́лько
полстраны́
по́лсть, -и, *мн.* -и, -е́й (*устар. и обл. к* по́лость – покрывало на ноги в экипаже)
полстяно́й и полстяно́й
полсу́ток, *род.* полсу́ток (*разг.*) и полусу́ток
полтабле́тки
полта́вка, -и, *р. мн.* -вок
Полта́вская би́тва
полта́вский (*от* Полта́ва)
Полта́вский бо́й
полта́вцы, -ев, *ед.* -вец, -вца, *тв.* -вцем
полтавча́не, -а́н, *ед.* -а́нин, -а
полтавча́нка, -и, *р. мн.* -нок
Полта́вщина, -ы (*к* Полта́ва)
полта́кта
полтаре́лки
полтерге́йст, -а
полтетра́ди
полти́на, -ы
полти́нник, -а
полтома́
полто́на
полто́нны, *род.* полто́нны (*разг.*) и полуто́нны
полтора́, полу́тора, употр. с сущ. муж. и сред. рода; ср. полторы́
полтора́-два́, полу́тора-дву́х
полтора́ста, полу́тораста
полто́рта

ПОЛТОРЫ

полторы́, полу́тора, *употр. с сущ. жен. рода*; *ср.* полтора́
полтре́тьего
полтретья́, *числит.*
полтысячеле́тия
полты́сячи, *род.* полты́сячи (*разг.*) и полуты́сячи, *тв.* полты́сячей (*разг.*) и полуты́сячей и (*при передаче разг. произношения, в поэзии*) полты́щи, *род.* полты́щи, *тв.* полты́щей
полть, -и и по́лоть, -и, *мн.* -и, -е́й (*половина туши*)
полу... — первая часть сложных слов, пишется слитно
полуавтома́т, -а
полуавтомати́ческий
полуарши́нный
полуба́к, -а
полуба́рка, -и, *р. мн.* -рок
полубарка́с, -а
полуба́рхат, -а
полубезрабо́тный
полубезу́мный; *кр. ф.* -мен, -мна
полубеспа́мятство, -а
полубессозна́тельный; *кр. ф.* -лен, -льна
полубесчу́вственный; *кр. ф.* -вен и -венен, -венна
полубо́г, -а, *мн.* -и, -о́в
полубоги́ня, -и, *р. мн.* -и́нь
полубо́кс, -а
полубольно́й
полубо́рт, -а́
полуботи́нки, -нок, *ед.* -нок, -нка
полубре́д, -а, *предл.* в полубреду́
полубуты́лка, -и, *р. мн.* -лок
полуваго́н, -а
полува́л, -а
полува́льный
полува́ттный (*к* ватт)
полуведёрный и полуве́дерный
полуведро́, -а́, *мн.* -вёдра, -вёдер, -вёдрам (*маленькое ведро; сосуд такой емкости*)

полувеково́й
полувёрстный
полувзво́д, -а
полуводяно́й
полувое́нный
полуволново́й
полуво́льный
полувопроси́тельный
полуга́р, -а
полуга́рный
полугекта́рный
полуги́чка, -и, *р. мн.* -чек
полугла́сный
полуглисс́ер, -а, *мн.* -ы, -ов и -а́, -о́в
полуглисси́рующий
полуглухо́й
полуго́дие, -я
полугоди́чный
полугодова́лый
полугодово́й
полуго́док, -дка
полуголо́дный
полуго́лый
полугосуда́рственный
полугра́мотный; *кр. ф.* -тен, -тна
полугру́ппа, -ы
полугу́сеничный
полу́да, -ы
полуда́ча, -и, *тв.* -ей
полу́денный
полудетекти́вный; *кр. ф.* -вен, -вна
полуде́тский
полудика́рь, -я́
полуди́кий
полуди́ть, -ужу́, -у́дит
полудокумента́льный; *кр. ф.* -лен, -льна
полудрагоце́нный
полудрёма, -ы
полудрема́ть, -емлю́, -е́млет
полудремо́та, -ы
полудремо́тный
полудуга́, -и́, *мн.* -ду́ги, -ду́г
полуду́жье, -я, *р. мн.* -жий

полуду́плекс, -а
полуду́плексный
полуду́рок, -рка
полуду́рье, -я, *р. мн.* -ьев
полудюймо́вый
полу́женный; *кр. ф.* -ен, -ена и полужённый; *кр. ф.* -ён, -ена́
полужёсткий
полужесткокры́лые, -ых
полуживо́й; *кр. ф.* -жи́в, -жива́, -жи́во
полужи́дкий
полужи́рный
полузабро́шенный; *кр. ф.* -ен, -ена
полузабы́тый
полузабытьё, -я́, *предл.* в полузабытьи́
полузави́симый
полузаводско́й
полузакрыва́ть(ся), -а́ю(сь), -а́ет(ся)
полузакры́тый
полузакры́ть(ся), -кро́ю(сь), -кро́ет(ся)
полуза́мкнутый
полузанести́, -сёт
полузаноси́ть(ся), -о́сит(ся)
полузапру́да, -ы
полузасо́хнуть, -нет; *прош.* -со́х, -со́хла
полузасо́хший
полузасу́шливый
полузасы́панный; *кр. ф.* -ан, -ана
полузасы́пать, -плю, -плет, -плют и -пет, -пят
полузащи́та, -ы
полузащи́тник, -а
полузвери́ный
полуземля́нка, -и, *р. мн.* -нок
полуземляно́й
полузи́мник, -а
полузна́йка, -и, *р. мн.* -а́ек, *м. и ж.*
полузна́йство, -а
полузнако́мый

полузнамена́тельный; *кр. ф.* -лен, -льна
полузна́ния, -ий
полузре́лый
полуимпериа́л, -а
полуи́мя, -и́мени, *тв.* -и́менем, *мн.* -имена́, -имён, -имена́м
полуинвали́д, -а
полуинтеллиге́нт, -а
полуинтеллиге́нтный; *кр. ф.* -тен, -тна
полуинтеллиге́нтский
полуинтерва́л, -а
полуинтуити́вный; *кр. ф.* -вен, -вна
полуистле́вший
полуистле́ть, -е́ет
полука́менный
полуканто́н, -а (*в Швейцарии*)
полука́рликовый
полукафта́н, -а
полукафта́нье, -я, *р. мн.* -ний
полуквалифици́рованный; *кр. ф.* -ан, -анна
полуке́ды, -ов и -ке́д, *ед.* -ке́д, -а
полукилогра́ммовый
полукилометро́вый
полуко́кс, -а
полукоксова́ние, -я
полуко́ксовый
полуколло́ид, -а
полуколло́идный
полуколониа́льный
полуколо́ния, -и
полуколо́нна, -ы
полукольцо́, -а́, *мн.* -ко́льца, -коле́ц, -ко́льцам
полукомбинезо́н, -а
полукоче́вник, -а
полукочево́й
пол-Украи́ны
полукристалли́ческий
полукро́вка, -и, *р. мн.* -вок, *м. и ж.*
полукро́вный
полукро́вок, -вка

полукру́г, -а
полукру́глый
полукру́жие, -я
полукру́жный
полукры́тый
полукрю́к, -а́ (*спорт.*)
полукуби́ческий
полукуста́рник, -а
полукуста́рниковый
полукуста́рный
полулега́льный; *кр. ф.* -лен, -льна
полулёгкий
полулегкове́с, -а
полулёжа, *нареч.*
полулежа́ть, -жу́, -жи́т
полуле́чь, -ля́гу, -ля́жет, -ля́гут; *прош.* -лёг, -легла́
полули́ст, -а́
полулитро́вый
полулогарифми́ческий
полульняно́й
полулю́кс, -а и *неизм.*
полума́ска, -и, *р. мн.* -сок
полума́сса, -ы
полума́ссный
полумгла́, -ы́
полуме́нтум, -а
полуме́ра, -ы
полумёртвый; *кр. ф.* -мёртв, -мертва́, -мертво́ и -мёртво
полуме́сяц, -а, *тв.* -ем, *р. мн.* -ев
полуме́сячный
полуме́таллы, -ов, *ед.* -а́лл, -а
полуметро́вый
полумиллиа́рдный и (*при передаче разг. произношения*) полумилья́рдный
полумиллио́нный и (*при передаче разг. произношения*) полумильо́нный
полумра́к, -а
полумя́гкий
полунавесно́й
полунаго́й
полунамёк, -а

полунасме́шливый
полунасы́щенный; *кр. ф.* -ен, -ена
полунатура́льный; *кр. ф.* -лен, -льна
полу́ндра, *межд.*
полунепреры́вный
полунепроница́емый
полуни́ца, -ы, *тв.* -ей
полуни́щий
полуно́чник, -а
полуно́чница, -ы, *тв.* -ей (к полуно́чник)
полуно́чничать, -аю, -ает
полу́но́чный и полно́чный
полуно́щница, -ы, *тв.* -ей (*церк. служба*)
полу́но́щный и полно́щный (*устар. книжн. к* полу́но́чный и полно́чный)
полуобвали́вшийся
полуобвали́ться, -ва́лится
полуобгоре́вший
полуобгоре́ть, -рю́, -ри́т
полуобезья́на, -ы
полуоберну́ться, -ну́сь, -нётся
полуобморо́чный
полуобнажа́ть(ся), -а́ю(сь), -а́ет(ся)
полуобнажённый; *кр. ф.* -ён, -ена́
полуобнажи́ть(ся), -жу́(сь), -жи́т(ся)
полуобня́ть, -обниму́, -обни́мет; *прош.* -о́бня́л, -обняла́, -о́бня́ло
полуоборо́т, -а
полуобразо́ванность, -и
полуобразо́ванный; *кр. ф.* -ан, -анна
полуова́л, -а
полуова́льный
полуоде́тый
полу́дурь, -и
полуокру́жность, -и
полуопуска́ть(ся), -а́ю, -а́ет(ся)
полуопусти́ть(ся), -ущу́, -у́стит(ся)

ПОЛУОПУЩЕННЫЙ

полуопу́щенный; *кр. ф.* -ен, -ена
полуосвети́ть(ся), -ещу́, -е́тит(ся)
полуосвеща́ть(ся), -а́ю, -а́ет(ся)
полуосвещённый; *кр. ф.* -ён, -ена́
полуо́стров, -а, *мн.* -а́, -о́в
полуостровно́й
полуо́сь, -и, *предл.* на полуоси́, *мн.* -и, -е́й
полуоверну́ться, -ну́сь, -нётся
полуотво́ренный; *кр. ф.* -ен, -ена и полуотворённый; *кр. ф.* -ён, -ена́
полуотвори́ть(ся), -рю́, -о́рит(ся)
полуотворя́ть(ся), -я́ю, -я́ет(ся)
полуоткрыва́ть(ся), -а́ю(сь), -а́ет(ся)
полуоткры́тый
полуоткры́ть(ся), -кро́ю(сь), -кро́ет(ся)
полуото́рванный; *кр. ф.* -ан, -ана
полуофициа́льный; *кр. ф.* -лен, -льна
полупальто́, *нескл., с.*
полупансио́н, -а
полупа́р, -а
полупарази́т, -а
полупарово́й
полупеда́ль, -и
полупири́тный
полупи́ть(ся), -уплю́, -у́пит(ся)
полу́пленный; *кр. ф.* -ен, -ена
полупло́скость, -и
полуповоро́т, -а
полупогружённый; *кр. ф.* -ён, -ена́
полуподва́л, -а
полуподва́льный
полуподзе́мный
полуподпо́льный
полупокло́н, -а
полуполти́на, -ы
полупоме́шанный; *кр. ф.* -ан, -ана
полупонто́н, -а
полупра́вда, -ы
полуправди́вый

полупра́вильный
полупредикати́вность, -и
полупредикати́вный
полупрезри́тельный; *кр. ф.* -лен, -льна
полупризна́ние, -я
полуприкрыва́ть(ся), -а́ю(сь), -а́ет(ся)
полуприкры́тый
полуприкры́ть(ся), -кро́ю(сь), -кро́ет(ся)
полуприлега́ющий
полуприседа́ние, -я
полуприта́ленный; *кр. ф.* -ен, -ена
полуприце́п, -а
полупроводни́к, -а́
полупроводнико́вый
полупроду́кт, -а
полупрозра́чный; *кр. ф.* -чен, -чна
полупролетариа́т, -а
полупролета́рий, -я
полупролета́рский
полупромы́шленный
полупроница́емый
полупростра́нство, -а
полупрофессиона́льный; *кр. ф.* -лен, -льна
полупро́филь, -я
полупроходно́й
полупроце́нтный
полупряма́я, -о́й
полупудови́к, -а́
полупудо́вый
полупусто́й; *кр. ф.* -пу́ст, -а́, -пу́сто
полупусты́нный
полупусты́ня, -и, *р. мн.* -ы́нь
полупья́ный; *кр. ф.* -я́н, -яна́, -я́но
полуразва́ленный; *кр. ф.* -ен, -ена
полуразвали́вшийся
полуразвали́ться, -а́лится
полуразде́тый
полуразде́ться, -е́нусь, -е́нется

полуразложи́вшийся
полуразложи́ться, -о́жится
полуразо́рванный; *кр. ф.* -ан, -ана
полуразорённый; *кр. ф.* -ён, -ена́
полуразру́шенный; *кр. ф.* -ен, -ена
полуразру́шиться, -шится
полураскрыва́ть(ся), -а́ю, -а́ет(ся)
полураскры́тый
полураскры́ть(ся), -кро́ю, -кро́ет(ся)
полураспа́д, -а
полуребёнок, -нка
пол-уро́ка
полуро́та, -ы
полуро́тный
полусамодея́тельный
полусамостоя́тельный; *кр. ф.* -лен, -льна
полусантиметро́вый
полусапо́жки, -жек
полусве́т, -а
полусвеча́, -и́, *тв.* -о́й, *мн.* -све́чи, -све́ч и -е́й, -а́м (*спорт.*)
полусгни́вший
полусгни́ть, -иёт; *прош.* -и́л, -ила́, -и́ло
полуседо́й
полусерьёзный; *кр. ф.* -зен, -зна
полусиде́ть, -ижу́, -иди́т
полуси́дя, *нареч.*
полусинтети́ческий
полуска́зка-полубы́ль, полуска́зки-полубы́ли
полуска́зочный-полуреа́льный
полусла́дкий
полуслепо́й
полусли́тный
полуслова́, -сло́в, -а́м (*недоконченная, неясная, туманная речь*)
полусме́рть: до полусме́рти
полусо́бранный; *кр. ф.* -ан, -ана
полусо́гнутый
полусогну́ть(ся), -ну́(сь), -нёт(ся)

полусозна́тельный; *кр. ф.* -лен, -льна
полусо́н, -сна́
полусо́нный
полусо́н-полуя́вь, полусна́-полуя́ви
полусо́тенный
полусо́тня, -и, *р. мн.* -тен (*войсковая единица*)
полуспоко́йный (полуспоко́йная сталь)
полуспу́щенный; *кр. ф.* -ен, -ена
полусредневе́с, -а
полусре́дний
полуста́нок, -нка
полустациона́р, -а
полустере́ть(ся), -сотру́, -сотрёт(ся); *прош.* -стёр(ся), -стёрла(сь)
полустёртый
полустёрший(ся)
полусти́шие, -я
полусто́йкий
полусто́йловый
полустолбе́ц, -бца́, *тв.* -бцо́м, *р. мн.* -бцо́в
полустоле́тие, -я
полусукно́, -а́
полусуко́нный
полусумасше́дший
полусумма́тор, -а
полусу́мрак, -а
полусу́точный
полусухо́й
полусфе́ра, -ы
полусфери́ческий
полусыро́й
полусырьё, -я́
полута́кт, -а
полутёмный; *кр. ф.* -тёмен, -темна́
полутеневой
полуте́нь, -и, *предл.* на полуте́ни, в полуте́ни, *мн.* -и, -ей и -е́й
полуто́м, -а, *мн.* -а́, -о́в
полутомпа́к, -а́

полуто́н, -а, *мн.* -тона́, -о́в (*цвет*) и -то́ны, -ов и -о́в (*звук*)
полутонкору́нный
полуто́нный (к то́нна)
полуто́новый (к тон)
полу́тора, *формы род., дат., тв. и предл. п. слова* полтора́ – полторы́; *но:* полу́тора су́ток (*род.*), полу́тора су́ткам, полу́тора су́тками, о полу́тора су́тках, *им. и вин. нет*
полуторавеково́й
полуторагоди́чный
полуторагодова́лый
полуторагодово́й
полуторакилометро́вка, -и
полуторакилометро́вый
полутора́кратный
полутораме́сячный
полутораметро́вый
полуторамиллиа́рдный и (*при передаче разг. произношения*) полуторамилья́рдный
полуторамиллио́нный и (*при передаче разг. произношения*) полуторамильо́нный
полутораproце́нтный
полуторасме́нный
полутораспа́льный
полу́тораста, *формы род., дат., тв., предл. п. слова* полтора́ста
полуторастале́тний (*от* полтора́ста лет)
полуторастарублёвый (*от* полтора́ста рубле́й)
полуторастаты́сячный (*от* полтора́ста ты́сяч)
полу́тора су́ток, *род.*, полу́тора су́ткам(и), о полу́тора су́тках, *им. и вин. нет*
полуторато́нка, -и, *р. мн.* -нок
полуторато́нный
полутораты́сячный
полуторачасово́й
полу́торка, -и, *р. мн.* -рок
полу́торный

полутре́звый
полутру́п, -а
полутьма́, -ы́
полутя́ж, -а, *тв.* -ем
полутяжелове́с, -а
полутяжёлый
полууда́ча, -и
полуулы́бка, -и, *р. мн.* -бок
полууста́в, -а
полууста́вный
полуутверди́тельный; *кр. ф.* -лен, -льна
полуфабрика́т, -а
полуфеода́льный
полуфина́л, -а
полуфинали́ст, -а
полуфинали́стка, -и, *р. мн.* -ток
полуфина́льный
полуфунто́вый
полуце́лый
полуцирку́льный
получасово́й
получа́тель, -я
получа́тельница, -ы, *тв.* -ей
получа́тельский
получа́ть(ся), -а́ю, -а́ет(ся)
получелове́к, -а, *мн.* полулю́ди, -е́й
получе́ние, -я
полу́ченный; *кр. ф.* -ен, -ена
получетвертно́й
пол-учи́лища
получи́стый
получи́ть(ся), -учу́, -у́чит(ся)
полу́чка, -и, *р. мн.* -чек
получу́вства, -чувств, *ед.* -чу́вство, -а
полу́чше
получу́шеть, -еет
полуша́г, -а, *мн.* -и́, -о́в
полуша́лок, -лка
полуша́рие, -я
полушарови́дный; *кр. ф.* -ден, -дна
полушёлк, -а
полушёлковый

ПОЛУШЁПОТ

полушёпот, -а
полушёпотом, *нареч.*
полушёрсть, -и
полушерстяно́й
полу́шечный
полу́шка, -и, *р. мн.* -шек
полу́шник, -а
полу́шниковые, -ых
полушто́ф, -а
полушу́бок, -бка
полушутли́вый
полушутя́, *нареч.*
полушутя́-полусерьёзно
полу́щённый; *кр. ф.* -ён, -ена́
полу́щивать, -аю, -ает
полущи́ть, -щу́, -щи́т
полуэкипа́ж, -а, *тв.* -ем
полуэскадро́н, -а
полуэта́ж, -а́, *тв.* -о́м
полую́т, -а
полуя́вь, -и
полуязы́ческий
полфу́нта, *род.* полфу́нта (*разг.*) и полуфу́нта
полца́рства
полце́нтнера, *род.* полце́нтнера (*разг.*) и полуце́нтнера
полцены́
пол ча́йной ло́жки
полчаса́, *род.* полчаса́ (*разг.*) и получа́са
полча́сика
полча́шки
полче́тверти
полчетвёртого
по́лчище, -а
полчо́к, -чка́
полшага́, *род.* полшага́ (*разг.*) и полуша́га, *предл.* в полшаге́ от... (*разг.*) и в полуша́ге от...
полша́жка
полша́ра
полшесто́го
полшка́фа
полшто́ф, -а (*разг. к* полушто́ф, *сосуд*)

полшто́фа (*мера жидкости*)
полщеки́
по́лый
по́лымя, *тв.* по́лымем, *других форм нет*; из огня́ да в по́лымя
полы́нный
полы́новка, -и
полыно́к, -нка́
полы́нь, -и
полынья́, -и́, *р. мн.* -не́й
полысе́ние, -я
полысе́ть, -е́ю, -е́ет
полыха́ние, -я
полыха́ть, -а́ет
полыхну́ть, -нёт
поль, -я (*ед. измер.*)
по́льдер, -а
по́льдерный
по́льза, -ы
пользи́тельный; *кр. ф.* -лен, -льна
по́льзование, -я
по́льзованный; *кр. ф.* -ан, -ана
по́льзователь, -я
по́льзователь-непрограмми́ст, по́льзователя-непрограмми́ста
по́льзовательский
по́льзовать(ся), -зую(сь), -зует(ся)
по́лька, -и, *р. мн.* по́лек
по́льский (*к* По́льша)
по́льско-лито́вский
по́льско-неме́цкий
по́льско-росси́йский
по́льско-ру́сский
по́льско-сове́тский
польсти́ть(ся), польщу́(сь), польсти́т(ся)
польщённый; *кр. ф.* -ён, -ена́
по́лья, -ев, *ед.* по́лье, -я (*карстовое явление*)
пол-этажа́
полубезни́чать, -аю, -ает
полюби́ть(ся), полюблю́(сь), полю́бит(ся)
пол-ю́бки

полюбова́ться, -бу́юсь, -бу́ется
полюбо́вник, -а
полюбо́вница, -ы, *тв.* -ей
полюбо́вный
полюбопы́тствовать, -твую, -твует
полюдне́ть, -е́ет
по-людски́
полю́дье, -я
по́люс, -а, *мн.* -ы, -ов и -а́, -о́в
по́люсный
по́люшко, -а, *мн.* -шки, -шек
по́лющий(ся)
поля́, -е́й (*у шляпы, книги, рукописи*)
Поля́, -е́й: Елисе́йские Поля́ (*улица в Париже*)
пол-я́блока
пол я́блочного пирога́
пол-ягнёнка
пол-я́годы
поля́ки, -ов, *ед.* поля́к, -а
поля́на, -ы; но (*в названиях населенных пунктов, городских районов*) Поля́на, -ы, *напр.*: Я́сная Поля́на (*музей-усадьба*), Сосно́вая Поля́на (*район в Петербурге*), Кра́сная Поля́на (*поселок*)
пол-января́
поля́не, -я́н
поля́нка, -и, *р. мн.* -нок
Поля́нка, -и (*улица*)
поля́ночка, -и, *р. мн.* -чек
Поля́ны, -я́н, *употр. в названиях населенных пунктов, напр.*: Вя́тские Поля́ны, Ка́мские Поля́ны (*города*), Лесны́е Поля́ны (*поселок*)
поля́ра, -ы
пол-я́рда, *род.* пол-я́рда (*разг.*) и полуя́рда, *предл.* в пол-я́рде от... (*разг.*) и в полуя́рде от...
поляриза́тор, -а
поляризацио́нно-опти́ческий
поляризацио́нный
поляриза́ция, -и

поляризо́ванность, -и
поляризо́ванный; *кр. ф.* -ан, -ана
поляризова́ть(ся), -зу́ю, -зу́ет(ся)
поляризу́емость, -и
поляри́метр, -а
поляриметри́ческий
поляриме́три́я, -и
поляриско́п, -а
Поля́рная звезда́
поля́рник, -а
поля́рнинский (*от* Поля́рный)
поля́рница, -ы, *тв.* -ей
поля́рность, -и
поля́рный; *кр. ф.* -рен, -рна
Поля́рный, -ого (*город, поселок*)
полярогра́мма, -ы
поляро́граф, -а
полярографи́ческий
полярогра́фия, -и
поляро́ид, -а
поляро́н, -а
поляро́нный
поля́чка, -и, *р. мн.* -чек
пол-я́щика
помава́ние, -я
помава́ть, -а́ю, -а́ет
пома́да, -ы
пома́дить(ся), -а́жу(сь), -а́дит(ся)
пома́дка, -и, *р. мн.* -док
пома́дный
пома́дящий(ся)
пома́женный; *кр. ф.* -ен, -ена (*от* пома́дить)
пома́зание, -я
пома́занник, -а
пома́занница, -ы, *тв.* -ей
пома́занный; *кр. ф.* -ан, -ана
пома́зать(ся), -а́жу(сь), -а́жет(ся)
помазо́к, -зка́
пома́зывать(ся), -аю(сь), -ает(ся)
помака́ть, -а́ю, -а́ет
пома́кивать, -аю, -ает
помакну́ть, -ну́, -нёт
по ма́ксимуму
помалева́ть, -лю́ю, -лю́ет
помале́нечку, *нареч.*

по ма́ленькой (игра́ть, вы́пить)
по-ма́ленькому, *нареч.*
помале́ньку, *нареч.*
пома́лкивать, -аю, -ает
пома́лу, *нареч.*
пома́лчивать, -аю, -ает
по-мальчи́шески
по-мальчи́шечьи
помане́женный; *кр. ф.* -ен, -ена
помане́жить(ся), -жу(сь), -жит(ся)
пома́ненный; *кр. ф.* -ен, -ена *и* помане́нный; *кр. ф.* -ён, -ена́
пома́нивать, -аю, -ает
помани́ть, -аню́, -а́нит
по ма́нию (руки́, жезла́)
по мановению
пома́ранный; *кр. ф.* -ан, -ана
помара́ть(ся), -а́ю(сь), -а́ет(ся)
пома́ргивание, -я
пома́ргивать, -аю, -ает
пома́рка, -и, *р. мн.* -рок
по-маркси́стски
пома́рочка, -и, *р. мн.* -чек
помарширова́ть, -ру́ю, -ру́ет
пома́сленный; *кр. ф.* -ен, -ена
пома́слить, -лю, -лит
помасси́ровать, -рую, -рует
помастери́ть, -рю́, -ри́т
по-матери́нски
по-ма́терному, *нареч.*
поматро́сить, -о́шу, -о́сит: поматро́сит (-сил) и бро́сит (-сил)
по-матро́сски
по-ма́тушке (*матом*)
пома́тывать(ся), -аю, -ает(ся)
помаха́ть(ся), помашу́(сь), пома́шет(ся) и -а́ю(сь), -а́ет(ся)
пома́хивание, -я
пома́хивать(ся), -аю(сь), -ает(ся)
пома́ять(ся), -а́ю(сь), -а́ет(ся)
помая́чить, -чу, -чит
помбу́х, -а
помдире́ктора, *нескл., м. и ж.*
по-медве́жьи
поме́дленнее

поме́длить, -лю, -лит
помеле́ть, -е́ет (*к* мель)
помели́ть, -лю́, -ли́т (*к* мел)
помело́, *нескл., м. и с.* (*фрукт*)
помело́, -а́, *мн.* поме́лья, -ьев
помелька́ть, -а́ю, -а́ет
помельча́ть, -а́ю, -а́ет
поме́льче
помельчи́ть, -чу́, -чи́т
поме́ньше
по ме́ньшей ме́ре
поме́нянный; *кр. ф.* -ян, -яна
поменя́ть(ся), -я́ю(сь), -я́ет(ся)
помера́нец, -нца, *тв.* -нцем, *р. мн.* -нцев
помера́нцевый
по ме́ре (*чего*)
помере́кать, -аю, -ает
поме́ренный; *кр. ф.* -ен, -ена
по ме́ре того́ как
помере́ть, помру́, помрёт; *прош.* по́мер, померла́, по́мерло
помере́щиться, -щусь, -щится
помёрзлый
помёрзнуть, -ну, -нет; *прош.* -ёрз, -ёрзла
помёрзший
поме́ривший(ся)
поме́рить(ся), -рю(сь), -рит(ся) *и* -ряю(сь), -ряет(ся)
поме́ркнувший
поме́ркнуть, -нет; *прош.* -е́рк, -е́ркла
поме́ркший
помертве́лый
помертве́ние, -я
помертве́ть, -е́ю, -е́ет
померца́ть, -а́ет
по́мерший
помеси́ть, -ешу́, -е́сит
по́месный (*от* по́месь)
помести́, помету́, помётёт; *прош.* помёл, помела́
помести́тельность, -и
помести́тельный; *кр. ф.* -лен, -льна

ПОМЕСТИТЬ(СЯ)

помести́ть(ся), -ещу́(сь), -ести́т(ся)
поме́стный (от ме́сто и поме́стье)
Поме́стный собо́р (церк.)
поме́стье, -я, р. мн. -тий
поме́стьице, -а
по́месь, -и
поме́сячный
помёт, -а
поме́та, -ы
поме́танный; кр. ф. -ан, -ана
помета́ть, -а́ю, -а́ет (о шитье)
помета́ть(ся), помечу́(сь), поме́чет(ся)
поме́тить, помечу́, поме́тит
поме́тка, -и, р. мн. -ток
поме́тный
поме́точка, -и, р. мн. -чек
поме́тший
поме́ха, -и
помехозащи́тный
помехозащищённость, -и
помехоусто́йчивость, -и
помехоусто́йчивый
помеча́ть(ся), -а́ю, -а́ет(ся)
поме́ченный; кр. ф. -ен, -ена
помечта́ть, -а́ю, -а́ет
поме́шанный; кр. ф. -ан, -ана (от помеша́ть и помеша́ться)
помеша́тельство, -а
помеша́ть(ся), -а́ю(сь), -а́ет(ся)
поме́шенный; кр. ф. -ен, -ена (от помеси́ть)
поме́шивание, -я
поме́шивать(ся), -аю, -ает(ся)
поме́шкать, -аю, -ает
по-меща́нски
помеща́ть(ся), -а́ю(сь), -а́ет(ся)
помеще́ние, -я
помещённый; кр. ф. -ён, -ена́
помеще́ньице, -а
поме́щик, -а
поме́щица, -ы, тв. -ей
поме́щичий, -ья, -ье
помига́ть, -а́ю, -а́ет
помидо́р, -а, р. мн. -ов

помидо́рина, -ы
помидо́рный
помидо́ровый
помидо́рчик, -а
поми́лование, -я
поми́лованный; кр. ф. -ан, -ана
поми́ловать, -лую, -лует
помилова́ться, -лу́юсь, -лу́ется
помило́вка, -и, р. мн. -вок
помилосе́рдовать, -дую, -дует
помилосе́рдствовать, -твую, -твует
поми́луй бог, в знач. межд. (выражение несогласия или удивления)
поми́луй(те) (выражение несогласия, возражения, желания убедить)
поми́мо, предлог
поми́н, -а и -у (и поми́ну нет, и в поми́не нет, лёгок на поми́не, на поми́н души)
помина́льник, -а
помина́льный
помина́ние, -я
помина́ть(ся), -а́ю(сь), -а́ет(ся)
по ми́нимуму
поми́нки, -нок
по минова́нии (чего) (после чего-н.)
поминове́ние, -я
помину́тный
помира́ть, -а́ю, -а́ет
помирённый; кр. ф. -ён, -ена́
помири́ть(ся), -ирю́(сь), -и́рит(ся)
по-мирски́
по́ миру (пойти́, пусти́ть)
помма́стера, нескл., м. и ж.
по́мнить(ся), -ню, -нит(ся)
по мно́го и по мно́гу (по мно́го лет и по мно́гу лет)
помно́гу, нареч. (зараба́тывать помно́гу)
помножа́ть(ся), -а́ю, -а́ет(ся)
помноже́ние, -я
помно́женный; кр. ф. -ен, -ена

помно́жить, -жу, -жит
по́мнящий(ся)
помо́га, -и
помога́ть, -а́ю, -а́ет
помо́гший
по-мо́ему, нареч. и вводн. сл.
помо́ечник, -а
помо́ечный
помозгова́ть, -гу́ю, -гу́ет
помо́и, -о́ев
помо́йка, -и, р. мн. -о́ек
помо́йный
помо́кнуть, -ну, -нет; прош. -о́к, -о́кла
помо́кший
помо́л, -а
помо́лвить(ся), -влю(сь), -вит(ся)
помо́лвка, -и, р. мн. -вок
помо́лвленный; кр. ф. -ен, -ена
по-молда́вски
помо́лец, -льца, тв. -льцем
помоли́ться, -олю́сь, -о́лится
помо́лог, -а
помологи́ческий
помоло́гия, -и
помолоде́ть, -е́ю, -е́ет
по-молоде́цки
помоло́же
помолоти́ть(ся), -очу́, -о́тит(ся)
помоло́тый
помоло́ть, помелю́, поме́лет
помоло́ченный; кр. ф. -ен, -ена
помолча́ть, -чу́, -чи́т
помо́льный
помо́льщик, -а
Помо́на, -ы
по-мона́шески
по-мона́шьи
по-монго́льски
поморга́ть, -а́ю, -а́ет
поморённый; кр. ф. -ён, -ена́
помори́ть, -рю́, -ри́т
помо́рка, -и, р. мн. -рок (к помо́ры и помо́рцы)
помо́рник, -а (птица)
поморо́женный; кр. ф. -ен, -ена

поморо́зить(ся), -о́жу(сь), -о́зит(ся)
поморо́сить, -и́т
поморо́чить, -чу, -чит
помо́рский
Помо́рское Поозе́рье
помо́рцы, -ев, ед. -рец, -рца, тв. -рцем (секта)
помо́рщина, -ы
помо́рщить(ся), -щу(сь), -щит(ся)
помо́ры, -ов, ед. помо́р, -а (жители северно-русского Поморья)
помо́рье, -я, р. мн. -рий (местность вдоль берега моря) и Помо́рье, -я (геогр. области: часть побережья Белого моря, прибалтийская часть Польши)
поморя́не, -я́н, ед. -я́нин, -а (западно-славянская племенная группа)
поморя́нка, -и, р. мн. -нок
по-моско́вски
по моско́вскому вре́мени
помо́ст, -а
помости́ть, -ощу́, -ости́т
помо́танный; кр. ф. -ан, -ана
помота́ть(ся), -а́ю(сь), -а́ет(ся)
помо́ченный; кр. ф. -ен, -ена
помо́чи, -ей (подтяжки)
помочи́ть(ся), -очу́(сь), -о́чит(ся)
помо́чь, -и (устар. и обл. к по́мощь; Бог помо́чь)
помо́чь, помогу́, помо́жет, помо́гут; прош. помо́г, помогла́
помо́щник, -а
помо́щник-рефере́нт, помо́щника-рефере́нта
помо́щница, -ы, тв. -ей
помо́щничек, -чка
по́мощь, -и
по́мпа, -ы
Помпаду́р, нескл., ж.: мада́м Помпаду́р
помпаду́р[1], -а (администратор-самодур, устар.; помпаду́ры и помпаду́рши)

помпаду́р[2], -а и неизм. (стиль)
помпаду́рский
помпаду́рство, -а
помпаду́рша, -и, тв. -ей
помпа́ж, -а, тв. -ем
помпе́зность, -и
помпе́зный; кр. ф. -зен, -зна
помпе́йский и помпея́нский (от Помпе́и)
помпе́льмус, -а
по́мповый
помполи́т, -а
помпо́н, -а
помпо́нчик, -а
помрача́ть(ся), -а́ю, -а́ет(ся)
помраче́ние, -я
помрачённый; кр. ф. -ён, -ена́
помрачи́ть(ся), -чу́, -чи́т(ся)
помрачне́ть, -е́ю, -е́ет
помсти́ться, -и́тся
помудри́ть, -рю́, -ри́т
ому́дрствовать, -твую, -твует
по-мужски́
помузици́ровать, -рую, -рует
помурлы́кать, -ы́чу, -ы́чет и -аю, -ает
помурлы́кивать, -ает
помусленный; кр. ф. -ен, -ена
помуслить, -лю, -лит
помусоленный; кр. ф. -ен, -ена
помусо́лить, -лю, -лит
помути́ть(ся), -учу́, -ути́т(ся)
помутне́ние, -я
помутнённый; кр. ф. -ён, -ена́
помутне́ть, -е́ет
помученный; кр. ф. -ен, -ена
помучи́ть(ся), -чу(сь), -чит(ся) и -чаю(сь), -чает(ся)
помуштрова́ть, -ру́ю, -ру́ет
помча́ть(ся), -чу́(сь), -чи́т(ся)
помы́вка, -и, р. мн. -вок
помыка́ние, -я
помыка́ть, -а́ю, -а́ет, несов. (притеснять)

помы́кать(ся), -аю(сь), -ает(ся), сов. (от мы́кать(ся)
помы́ленный; кр. ф. -ен, -ена
помы́лить(ся), -лю(сь), -лит(ся)
помы́слить, -лю, -лит
по́мыслы, -ов, ед. -сел, -сла
помыта́рить(ся), -рю(сь), -рит(ся)
помы́тый
помы́ть(ся), помо́ю(сь), помо́ет(ся)
помыча́ть, -чу́, -чи́т
помышле́ние, -я
помышля́ть, -я́ю, -я́ет
помя́гче
помягче́ть, -е́ю, -е́ет
помя́нник, -а
помя́нутый
помяну́ть, -яну́, -я́нет
помя́тость, -и
помя́тый
помя́ть(ся), помну́(сь), помнёт(ся)
понабежа́ть, -жи́т
понабива́ть, -а́ю, -а́ет
понаби́ть(ся), -бью́, -бьёт(ся)
понаблюда́ть, -а́ю, -а́ет
пона́бранный; кр. ф. -ан, -ана
понабра́ть(ся), -беру́(сь), -берёт(ся); прош. -бра́л(ся), -брала́(сь), -бра́ло, -брало́сь
понабро́санный; кр. ф. -ан, -ана
понаброса́ть, -а́ю, -а́ет
понава́ленный; кр. ф. -ен, -ена
понавали́ть, -валю́, -ва́лит
понаве́даться, -аюсь, -ается
понаведённый; кр. ф. -ён, -ена́
понаве́дываться, -аюсь, -ается
понавезённый; кр. ф. -ён, -ена́
понавезти́, -зу́, -зёт; прош. -вёз, -везла́
поназверте́ть, -ерчу́, -е́ртит
понаве́рченный; кр. ф. -ен, -ена
понаве́сить, -е́шу, -е́сит
понавести́, -еду́, -едёт; прош. -вёл, -вела́

понаве́шанный; *кр. ф.* -ан, -ана (*от* понаве́шать)
понаве́шать, -аю, -ает
понаве́шенный; *кр. ф.* -ен, -ена (*от* понаве́сить)
понави́снуть, -нет; *прош.* -ви́с, -ви́сла
понави́сший
понаворо́ванный; *кр. ф.* -ан, -ана
понаворова́ть, -ру́ю, -ру́ет
понавыдёргивать, -аю, -ает
понагле́ть, -е́ю, -е́ет
понагляде́ться, -яжу́сь, -яди́тся
понагна́ть, -гоню́, -го́нит; *прош.* -а́л, -ала́, -а́ло
по-над, *предлог* (по-над реко́й)
понадава́ть, -даю́, -даёт
понадви́нуть(ся), -ну, -нет(ся)
понадева́ть, -а́ю, -а́ет
понадёжнее
понаде́ланный; *кр. ф.* -ан, -ана
понаде́лать, -аю, -ает
понадёрганный; *кр. ф.* -ан, -ана
понадёргать, -аю, -ает
понаде́яться, -е́юсь, -е́ется
пона́добиться, -блюсь, -бится
понае́хать, -е́дет
по наи́тию
по нака́танной (всё пошло́)
понаки́данный; *кр. ф.* -ан, -ана
понакида́ть, -а́ю, -а́ет
понакопи́ть(ся), -опшо́, -о́пит(ся)
понако́пленный; *кр. ф.* -ен, -ена
понакрути́ть, -учу́, -у́тит
понакру́ченный; *кр. ф.* -ен, -ена
понале́зть, -зет; *прош.* -ле́з, -ле́зла
понале́зший
понапи́санный; *кр. ф.* -ан, -ана
понаписа́ть, -ишу́, -и́шет
понапи́ханный; *кр. ф.* -ан, -ана
понапиха́ть, -а́ю, -а́ет
понапи́хивать, -аю, -ает
понаползти́, -зёт; *прош.* -о́лз, -олзла́
понапо́лзший
понапра́сну

понаприду́мать, -аю -ает
понаприду́мывать, -аю, -ает
понапу́ганный; *кр. ф.* -ан, -ана
понапуга́ть, -а́ю, -а́ет
понапу́танный; *кр. ф.* -ан, -ана
понапу́тать, -аю, -ает
по нараста́ющей (боле́знь идёт по нараста́ющей)
понаро́шку и понаро́шке
понасажа́ть, -а́ю, -а́ет
понаса́женный; *кр. ф.* -ен, -ена
понаска́занный; *кр. ф.* -ан, -ана
понасказа́ть, -кажу́, -ка́жет
понаску́чить, -чу, -чит
пона́сланный; *кр. ф.* -ан, -ана
понасла́ть, -ашлю́, -ашлёт
понаслу́шаться, -аюсь, -ается
понаслы́шаться, -шусь, -шится
понаслы́шке
понасмотре́ться, -рю́сь, -о́трится
понаста́вить, -влю, -вит
понаста́вленный; *кр. ф.* -ен, -ена
по настоя́нию (*кого, чего*)
по-настоя́щему, *нареч.*
понастро́енный; *кр. ф.* -ен, -ена
понастро́ить, -о́ю, -о́ит
понасы́панный; *кр. ф.* -ан, -ана
понасы́пать(ся), -плю, -плет(ся), -плют(ся) и -пет(ся), -пят(ся)
поната́сканный; *кр. ф.* -ан, -ана
понатаска́ть, -а́ю, -а́ет
понатащи́ть, -тащу́, -та́щит
понатерпе́ться, -ерплю́сь, -е́рпится
поте́шить(ся), -шу(сь), -шит(ся)
понатореть(ся), -е́ю(сь), -е́ет(ся)
понату́житься, -у́жусь, -у́жится
понаты́канный; *кр. ф.* -ан, -ана
понаты́кать, -аю, -ает
по нау́ке
по-нау́чному
по науще́нию (*кого*)
по наха́лке (наха́льно)
понахва́танный; *кр. ф.* -ан, -ана
понахвата́ть(ся), -а́ю(сь), -а́ет(ся)

понахлы́нуть, -нет
понача́лу, *нареч.* (снача́ла)
по-нача́льнически
поначальствовать, -твую, -твует
поначита́ться, -а́юсь, -а́ется
по-на́шему, *нареч.*, но *местоим.* по на́шему (по на́шему мне́нию)
по-на́шенски
понаши́тый
понаши́ть, -шью́, -шьёт
понги́ды, -ов, *ед.* -ги́д, -а
пондеромото́рный
понёва, -ы
понёвница, -ы, *тв.* -ей
понево́ле, *нареч.* (вопреки жела́нию)
понеде́льник, -а
понеде́льничать, -аю, -ает
понеде́льничный (*от* понеде́льник)
понеде́льный (еженеде́льный)
поне́же, *союз*
понежи́ть(ся), -жу(сь), -жит(ся)
по-неме́цки
понемно́гу, *нареч.*
понемно́жечку, *нареч.*
понемно́жку, *нареч.*
по необходи́мости
поне́рвничать, -аю, -ает
понесённый; *кр. ф.* -ён, -ена́
по не́сколько и по не́скольку
понести́(сь), -су́(сь), -сёт(ся); *прош.* -ёс(ся), -есла́(сь)
понёсший(ся)
по́ни, *нескл., м.*
понижа́тельный
понижа́ть(ся), -а́ю, -а́ет(ся)
пони́же
пониже́ние, -я
пони́женный; *кр. ф.* -ен, -ена
понизи́тель, -я
понизи́тельный
пони́зить(ся), -и́жу, -и́зит(ся)
понизо́вщина, -ы
понизо́вый
понизо́вье, -я, *р. мн.* -вий

по́низу, нареч. (низко, над самой землей, полом)
поника́ть, -а́ю, -а́ет
пони́кнуть, -ну, -нет; прош. -и́к, -и́кла
пони́кший
понима́ние, -я
понима́ть(ся), -а́ю, -а́ет(ся)
понима́юще, нареч.
по нисходя́щей (идти́)
по-ни́щенски
понове́е
понови́ть, -влю́, -ви́т
поновле́ние, -я
поновлённый; кр. ф. -ён, -ена́
поновля́ть(ся), -я́ю, -я́ет(ся)
по но́вой (игра́ть, пойти́, вы́пить; снова, прост.)
по-но́вому, нареч.
по́ножи, -ей
поножо́вщина, -ы
понома́риха, -и
понома́рица, -ы, тв. -ей
понома́рский
понома́рь, -я́
по́норы, -ов, ед. по́нор, -а
поно́с, -а
поноси́тель, -я
поноси́тельный
поноси́ть(ся), -ошу́(сь), -о́сит(ся)
поно́ска, -и, р. мн. -сок
поно́сный
понося́щий(ся)
по ноча́м
поноше́ние, -я
поно́шенность, -и
поно́шенный; кр. ф. -ен, -ена
понра́виться, -влюсь, -вится
понсиро́ванный; кр. ф. -ан, -ана
понсирова́ть(ся), -ру́ю, -ру́ет(ся)
понсиро́вка, -и, р. мн. -вок
понт: для по́нта, на по́нт, с по́нтом
понтёр, -а
понтиа́к, -а (автомобиль)
По́нтий Пила́т, По́нтия Пила́та

Понти́йские го́ры
понти́йский (от Понт)
Понти́йское ца́рство (ист.)
понти́рование, -я
понти́рова́ть, -и́ру́ю, -и́ру́ет
понтиро́вка, -и, р. мн. -вок
понти́фик, -а и понти́фекс, -а
понтифика́т, -а
понто́н, -а
понтонёр, -а
понто́нно-мостово́й
понто́нный
понто́нщик, -а
По́нт Эвкси́нский, По́нта Эвкси́нского
понуди́тельный
пону́дить, -у́жу, -у́дит
понужда́ть(ся), -а́ю(сь), -а́ет(ся)
понужде́ние, -я
понуждённый; кр. ф. -ён, -ена́
понука́ние, -я
понука́ть, -а́ю, -а́ет
пону́р, -а
пону́ренный; кр. ф. -ен, -ена
пону́ривать(ся), -аю(сь), -ает(ся)
пону́рить(ся), -рю(сь), -рит(ся)
пону́рость, -и
пону́рый
по нутру́
по́нчик, -а
по́нчиковая, -ой
по́нчо, нескл., с.
поны́не
по-ны́нешнему, нареч.
поныря́ть, -я́ю, -я́ет
поны́ть, поно́ю, поно́ет
поню́х, -а
поню́ханный; кр. ф. -ан, -ана
поню́хать(ся), -аю, -ает(ся)
поню́хивать, -аю, -ает
поню́шка, -и, р. мн. -шек
поня́вший
поня́нчить(ся), -чу(сь), -чит(ся)
поня́тие, -я
поняти́йный
поня́тливость, -и

поня́тливый
поня́тность, -и
поня́тный; кр. ф. -тен, -тна
понято́й, -о́го (свидетель)
по́нятый; кр. ф. по́нят, понята́, по́нято, прич.
поня́ть, пойму́, поймёт; прош. по́нял, поняла́, по́няло
пооббива́ть(ся), -а́ю, -а́ет(ся)
пообби́тый
пообби́ть(ся), пообобью́, пообобьёт(ся)
поо́бвали́ть(ся), -алю́, -а́лит(ся)
пообвы́кнуть(ся) и (устар.) пообы́кнуть(ся), -ну(сь), -нет(ся); прош. -ы́к(ся), -ы́кла(сь)
пообвы́кший(ся) и (устар.) пообы́кший(ся)
пообгоре́ть, -рю́, -ри́т
пообду́манный; кр. ф. -ан, -ана
пообду́мать(ся), -аю(сь), -ает(ся)
пообе́дать, -аю, -ает
по-обезья́ньи
пообе́щанный; кр. ф. -ан, -ана
пообеща́ть(ся), -а́ю(сь), -а́ет(ся)
пообжи́тый
пообжи́ть(ся), -иву́(сь), -ивёт(ся); прош. -жи́л(ся), -жила́(сь)
поообло́манный; кр. ф. -ан, -ана
пообломя́ть(ся), -а́ю, -а́ет(ся)
по-обло́мовски
пообмора́живать, -аю, -ает
пообморо́женный; кр. ф. -ен, -ена
пообморо́зить(ся), -ро́жу, -и́т(ся)
пообноси́ть(ся), -ошу́(сь), -о́сит(ся)
пообно́шенный; кр. ф. -ен, -ена
пообогре́тый
пообогре́ть(ся), -е́ю(сь), -е́ет(ся)
пообожда́ть, -ду́, -дёт; прош. -а́л, -ала́, -а́ло
пообо́рванный; кр. ф. -ан, -ана
пооборва́ть(ся), -рву́(сь), -рвёт(ся); прош. -а́л(ся), -ала́(сь), -а́ло, -а́ло(сь)

пообре́занный; *кр. ф.* -ан, -ана
пообре́зать, -е́жу, -е́жет
пообреза́ть, -а́ю, -а́ет
пообрыва́ть, -а́ю, -а́ет
пообсо́хнуть, -ну, -нет; *прош.* -о́х, -о́хла
пообсо́хший
пообтере́ть(ся), пооботру́(сь), пооботрёт(ся); *прош.* -тёр(ся), -тёрла(сь)
пообтёртый
пообтёсанный; *кр. ф.* -ан, -ана
пообтеса́ть(ся), -ешу́(сь), -е́шет(ся)
пообтрёпанный; *кр. ф.* -ан, -ана
пообтрепа́ть(ся), -еплю́(сь), -е́плет(ся), -е́плют(ся) и -е́пет(ся), -е́пят(ся)
пообтрясённый; *кр. ф.* -ён, -ена́
пообтрясти́(сь), -су́, -сёт(ся); *прош.* -я́с(ся), -ясла́(сь)
пообчи́стить(ся), -и́щу(сь), -и́стит(ся)
пообчи́щенный; *кр. ф.* -ен, -ена
пообща́ться, -а́юсь, -а́ется
пообъеда́ть, -а́ю, -а́ет
пообъе́ктный
пообы́кнуть(ся), -ну(сь), -нет(ся); *прош.* -ы́к(ся), -ы́кла(сь) (*устар.* к пообвы́кнуть(ся)
пообы́кший(ся) (*устар.* к пообвы́кший(ся)
поода́ль, *нареч.*
поодино́чке, *нареч.*
по одному́
поозе́рье, -я, *р. мн.* -рий (местность вдоль озера, озер) и Поозе́рье, -я (*часть Балтийской гряды*)
по ознакомле́нии (ознакомившись)
поозорнича́ть, -а́ю, -а́ет
поозорова́ть, -ру́ю, -ру́ет
по оконча́нии (окончив)
поокре́пнуть, -ну, -нет; *прош.* -е́п, -е́пла

поокре́пший
поокти́брьский
поопераци́онный
поопери́ться, -рю́сь, -ри́тся
поора́торствовать, -твую, -твует
поора́ть, -ру́, -рёт
пооригина́льничать, -аю, -ает
поору́дийно
поосвежи́ть(ся), -жу́(сь), -жи́т(ся)
по о́сени (осенью)
по-осе́ннему, *нареч.*
поосла́бнувший
поосла́бнуть, -ну, -нет; *прош.* -а́б, -а́бла
поосла́бший
поосмотре́ться, -отрю́сь, -о́трится
по-осо́бенному, *нареч.*
поостерёгший(ся)
поостережённый; *кр. ф.* -ён, -ена́
поостере́чь(ся), -регу́(сь), -режёт(ся), -регу́т(ся); *прош.* -рёг(ся), -регла́(сь)
поосторо́жничать, -аю, -ает
поостри́ть, -рю́, -ри́т
поостуди́ть, -ужу́, -у́дит
поосты́вший
поосты́нуть и поосты́ть, -ы́ну, -ы́нет; *прош.* -сты́л, -сты́ла
поотбива́ть, -а́ю, -а́ет
поотбира́ть, -а́ю, -а́ет
поотби́тый
поотби́ть, поотобью́, поотобьёт
поотвали́ться, -а́лится
поотверте́ть, -ерчу́, -е́ртит
поотве́рченный; *кр. ф.* -ен, -ена
поотвы́кнуть, -ну, -нет; *прош.* -ы́к, -ы́кла
поотвы́кший
поотвя́занный; *кр. ф.* -ан, -ана
поотвяза́ть, -яжу́, -я́жет
по отде́льности
поотдохну́ть, -ну́, -нёт
по-оте́чески
пооткрове́нничать, -аю, -ает
пооткрыва́ть(ся), -а́ю, -а́ет(ся)
пооткры́тый

пооткры́ть(ся), -ро́ю, -ро́ет(ся)
поотнима́ть, -а́ю, -а́ет
поото́бранный; *кр. ф.* -ан, -ана
поотобра́ть, поотберу́, поотберёт; *прош.* -а́л, -ала́, -а́ло
поото́рванный; *кр. ф.* -ан, -ана
пооторва́ть(ся), -рву́, -рвёт(ся); *прош.* -а́л(ся), -ала́(сь), -а́ло(сь)
поотрыва́ть(ся), -а́ю, -а́ет(ся)
поотря́дно
поотста́ть, -а́ну, -а́нет
поотто́птанный; *кр. ф.* -ан, -ана
пооттопта́ть, -опчу́, -о́пчет
по-отцо́вски
по о́тчеству
поо́хать, -аю, -ает
поохлади́ть, -ажу́, -ади́т
поохо́титься, -о́чусь, -о́тится
по-охо́тничьи
по о́череди
поочерёдный
Поо́чье, -я (к Ока́)
поощре́ние, -я
поощрённый; *кр. ф.* -ён, -ена́
поощри́тельный; *кр. ф.* -лен, -льна
поощри́ть, -рю́, -ри́т
поощря́ть(ся), -я́ю(сь), -я́ет(ся)
поощря́юще, *нареч.*
поощря́ющий(ся)
поп, -а́
поп-... — первая часть сложных слов, пишется через дефис
по́па, -ы
попа́вший
попада́ние, -я
попа́дать, -ает, *сов.* (упасть)
попада́ть(ся), -а́ю(сь), -а́ет(ся), *несов.* (к попа́сть(ся))
попадья́, -и́, *р. мн.* -де́й
по́падя: чем по́падя, чем ни по́падя
попалённый; *кр. ф.* -ён, -ена́
попа́ливать, -аю, -ает
попали́ть, -лю́, -ли́т

попа́ло – *с предшествующим местоимением или наречием пишется раздельно:* чём попа́ло, куда́ попа́ло
по па́мяти
поп-анса́мбль, -я
попа́ренный; *кр. ф.* -ен, -ена
попа́рить(ся), -рю(сь), -рит(ся)
попа́рно
поп-а́рт, -а
попасённый; *кр. ф.* -ён, -ена́
попасти́(сь), -су́(сь), -сёт(ся); *прош.* -а́с(ся), -асла́(сь)
попа́сть(ся), -аду́(сь), -адёт(ся); *прош.* -а́л(ся), -а́ла(сь)
попа́сший(ся)
попа́ханный; *кр. ф.* -ан, -ана
попаха́ть, -ашу́, -а́шет
попа́хивать, -ает
попа́чканный; *кр. ф.* -ан, -ана
попа́чкать(ся), -аю(сь), -ает(ся)
поп-гру́ппа, -ы
попева́ть, -а́ю, -а́ет (*к* петь)
попе́вка, -и, *р. мн.* -вок
попёкший(ся)
попённый (*от* пень)
по́пенька, -и, *р. мн.* -нек, *м.* (*попугай*)
попеня́ть, -я́ю, -я́ет
попервонача́лу
по пе́рвости
поперёд, *нареч. и предлог* (*обл. к* вперёд)
попеределанный; *кр. ф.* -ан, -ана
попеределать, -аю, -ает
попереживать, -а́ю, -а́ет
поперёк
поперело́манный; *кр. ф.* -ан, -ана
поперелома́ть, -а́ю, -а́ет
попереме́нке, *нареч.* (*прост. к* попеременно)
попереме́нно, *нареч.*
попереме́нный
попереме́шанный; *кр. ф.* -ан, -ана
попереме́шать, -а́ю, -а́ет

попере́ть(ся), попру́(сь), попрёт(ся); *прош.* попёр(ся), попёрла(сь)
попере́чина, -ы
попере́чить, -чу, -чит
попере́чник, -а
попере́чно-винтово́й
попере́чно вы́тянутый
попере́чновя́заный
попере́чно-ко́нтурный
попере́чно-полоса́тый
попере́чноро́тые, -ых
попере́чно-строга́льный
попере́чный
попёртый
поперхну́ться, -ну́сь, -нётся
попе́рченный; *кр. ф.* -ен, -ена *и* поперчённый; *кр. ф.* -ён, -ена́
попе́рчить, -чу, -чит *и* поперчи́ть, -чу́, -чи́т
попёрший(ся)
по-петуши́ному
попетуши́ться, -шу́сь, -ши́тся
попе́ть, попою́, попоёт
попеча́литься, -люсь, -лится
попеча́тать(ся), -аю(сь), -ает(ся)
по печа́тному (чита́ть)
попече́ние, -я
попечённый; *кр. ф.* -ён, -ена́
попечи́тель, -я
попечи́тельница, -ы, *тв.* -ей
попечи́тельный
попечи́тельский
попечи́тельство, -а
попечи́тельствовать, -твую, -твует
попе́чь(ся), -еку́(сь), -ечёт(ся), -еку́т(ся); *прош.* -ёк(ся), -екла́(сь)
поп-звезда́, -ы́, *мн.* -звёзды, -звёзд
попива́ть, -а́ю, -а́ет (*к* пить)
по́пик, -а
попи́ленный; *кр. ф.* -ен, -ена
попили́кать, -аю, -ает
попили́ть, -илю́, -и́лит
попира́ть(ся), -а́ю, -а́ет(ся)
попирова́ть, -ру́ю, -ру́ет

по пи́саному (говори́ть (как) по пи́саному)
попи́сать, -аю, -ает
описа́ть, -ишу́, -и́шет
попи́скивание, -я
попи́скивать, -аю, -ает
поп-иску́сство, -а
попи́сывать, -аю, -ает
по́пи́тый; *кр. ф.* по́пи́т, попита́, по́пи́то
попи́ть, попью́, попьёт; *прош.* по́пи́л, попила́, по́пи́ло
попи́ханный; *кр. ф.* -ан, -ана
попиха́ть(ся), -а́ю(сь), -а́ет(ся)
по́пка¹, -и, *р. мн.* по́пок, *м.* (*попугай*)
по́пка², -и, *р. мн.* по́пок, *ж.* (*ягодицы*)
поп-культу́ра, -ы
попла́вать, -аю, -ает
поплавко́вый
поплаво́к, -вка́
поплаво́чный
попла́кать(ся), -а́чу(сь), -а́чет(ся)
по-пласту́нски
поплати́ться, -ачу́сь, -а́тится
поплева́ть, -люю́, -люёт
поплёвывание, -я
поплёвывать, -аю, -ает
поплёсканный; *кр. ф.* -ан, -ана
поплеска́ть(ся), -ещу́(сь), -е́щет(ся) *и* -а́ю(сь), -а́ет(ся)
поплёскивать, -аю, -ает
поплести́(сь), -лету́(сь), -летёт(ся); *прош.* -лёл(ся), -лела́(сь)
поплетённый; *кр. ф.* -ён, -ена́
поплётший(ся)
по плечо́
по плечу́
попли́н, -а *и* -у
попли́новый
поплотне́ть, -е́ю, -е́ет
поплута́ть, -а́ю, -а́ет
поплы́ть, -ыву́, -ывёт; *прош.* -ы́л, -ыла́, -ы́ло
попляса́ть, -яшу́, -я́шет

попля́сывать, -аю, -ает
поп-му́зыка, -и
поп-мю́зикл, -а
попо́в, -а, -о
попо́вич, -а, *тв.* -ем; *но:* Алёша Попо́вич
попо́вка, -и, *р. мн.* -вок
попо́вна, -ы, *р. мн.* -вен
попо́вник, -а
попо́вский (*от* поп *и* Попо́в)
попо́вцы, -ев, *ед.* -вец, -вца, *тв.* -вцем
попо́вщина, -ы
попо́енный; *кр. ф.* -ен, -ена
попо́зже
попози́ровать, -рую, -рует
попо́ить, -ою́, -о́ит
попо́йка, -и, *р. мн.* -о́ек
попола́м
попола́ны, -ов
попо́лдничать, -аю, -ает
попо́лзать, -аю, -ает
по́ползень, -зня
поползнове́ние, -я
поползти́, -зу́, -зёт; *прош.* -о́лз, -олзла́
попо́лзший
пополне́ние, -я
попо́лненный; *кр. ф.* -ен, -ена
пополне́ть, -е́ю, -е́ет
попо́лнить(ся), -ню, -нит(ся)
пополня́ть(ся), -я́ю, -я́ет(ся)
пополо́сканный; *кр. ф.* -ан, -ана
пополоска́ть(ся), -ощу́(сь), -о́щет(ся) *и* -а́ю(сь), -а́ет(ся)
попо́лотый
попо́ло́ть, -олю́, -о́лет
пополу́дни
пополу́ночи
попо́льзовать(ся), -зую(сь), -зует(ся)
по-по́льски
попо́мнить, -ню, -нит
попо́на, -ы
попо́нный
по-порося́чьи

попо́ротый
попоро́ть, -орю́, -о́рет
попо́ртить(ся), -рчу, -ртит(ся)
по поруче́нию (*кого, чего*)
попорха́ть, -а́ю, -а́ет
попо́рченный; *кр. ф.* -ен, -ена
попости́ться, -ощу́сь, -ости́тся
попоте́ть, -е́ю, -е́ет
попо́тчеванный; *кр. ф.* -ан, -ана
попо́тчевать, -чую, -чует
по-похо́дному, *нареч.*
по́почка[1], -и, *р. мн.* -чек, *м.* (*попугай*)
по́почка[2], -и, *р. мн.* -чек, *ж.* (*ягодицы*)
по по́яс
по-пра́вдашнему *и* по-пра́вдашному, *нареч.*
по пра́вде (*говоря́; сказа́ть; жи́ть, поступа́ть*)
поправе́ние, -я
поправе́ть, -е́ю, -е́ет
поправи́мость, -и
поправи́мый
попра́вить(ся), -влю(сь), -вит(ся)
попра́вка, -и, *р. мн.* -вок
поправле́ние, -я
попра́вленный; *кр. ф.* -ен, -ена
поправля́ть(ся), -я́ю(сь), -я́ет(ся)
по-правосла́вному, *нареч.*
попра́вочка, -и, *р. мн.* -чек
попра́вочный
по пра́ву
попра́вший
по-пра́здничному, *нареч.*
попра́здничный
попра́здновать, -ную, -нует
попра́зднство, -а (*церк.*)
попрактикова́ться, -ку́юсь, -ку́ется
попра́ние, -я
по́пранный; *кр. ф.* -ан, попрана́, -ано
попра́ть, *буд. вр. не употр.*
по представле́нии (*представив*(*шись*))

по предъявле́нии (*предъяви́в*)
по-пре́жнему, *нареч.*
по преиму́ществу
попрёк, -а
попрека́ть, -а́ю, -а́ет
попрекну́ть, -ну́, -нёт
попре́ть, -е́ю, -е́ет
поприбива́ть, -а́ю, -а́ет
поприбра́ть, -беру́, -берёт; *прош.* -а́л, -ала́, -а́ло
по прибы́тии (*прибы́в*)
поприве́тствовать, -твую, -твует
поприви́ть, -вью́, -вьёт; *прош.* -ви́л, -вила́, -ви́ло
попривы́кнувший
попривы́кнуть, -ну, -нет; *прош.* -ы́к, -ы́кла
попривы́кший
по привы́чке
попри́держанный; *кр. ф.* -ан, -ана
попридержа́ть(ся), -ержу́(сь), -е́ржит(ся)
попри́думанный; *кр. ф.* -ан, -ана
попри́думать, -аю, -ает
по прие́зде (*прие́хав*)
поприжа́тый
поприжа́ть, -жму́, -жмёт
поримо́лкнувший
поримо́лкнуть, -ну, -нет; *прош.* -мо́лк, -мо́лкла
поримо́лкший
попринаряди́ть(ся), -яжу́(сь), -я́дит(ся)
попринаря́женный; *кр. ф.* -ен, -ена
поприободри́ть(ся), -рю́(сь), -ри́т(ся)
поприоде́тый
поприоде́ть(ся), -е́ну(сь), -е́нет(ся)
поприоткрыва́ть, -а́ю, -а́ет
поприсмотре́ть(ся), -трю́(сь), -о́трит(ся)
попрису́тствовать, -твую, -твует
поприти́хнувший

поприти́хнуть, -ну, -нет; *прош.* -и́х, -и́хла
поприти́хший
попри́тчиться, -ится
поприути́хнувший
поприути́хнуть, -ну, -нет; *прош.* -и́х, -и́хла
поприути́хший
поприходи́ть, -о́дит
по́прище, -а
по-прия́тельски
попро́бованный; *кр. ф.* -ан, -ана
попро́бовать(ся), -бую(сь), -бует(ся)
попродава́ть, -даю́, -даёт
попро́данный; *кр. ф.* -ан, -ана
попрода́ть, -да́м, -да́шь, -да́ст, -дади́м, -дади́те, -даду́т; *прош.* попро́дал, попродала́, попро́дало
попроказничать, -аю, -ает
попроси́ть(ся), -ошу́(сь), -о́сит(ся)
попросо́хнувший
попросо́хнуть, -ну, -нет; *прош.* -о́х, -о́хла
попросо́хший
попросте́ть, -е́ю, -е́ет
по-просте́цки
попросто́рнее
по́просту
попрочне́ть, -е́ет
попроша́йка, -и, *р. мн.* -а́ек, *м. и ж.*
попроша́йничать, -аю, -ает
попроша́йничество, -а
попро́шенный; *кр. ф.* -ен, -ена
по проше́ствии (*чего*) (*спустя какое-н. время*)
попроща́ться, -а́юсь, -а́ется
попро́ще
попры́гать, -аю, -ает
попры́гивать, -аю, -ает
попрыгу́н, -а́
попрыгу́нчик, -а
попрыгу́нья, -и, *р. мн.* -ний и (*лит. персонаж, женский тип*)
Попрыгу́нья, -и

попрыгу́нья-стрекоза́, попрыгу́ньи-стрекозы́
попры́сканный; *кр. ф.* -ан, -ана
попры́скать(ся), -аю(сь), -ает(ся)
попры́скивание, -я
попры́скивать, -аю, -ает
попря́танный; *кр. ф.* -ан, -ана
попря́тать(ся), -я́чу, -я́чет(ся)
попса́, -ы́
попсо́вость, -и
попсо́вый
по-пти́чьи
попуга́ичий, -ья, -ье
попуга́й, -я
попуга́йничанье, -я
попуга́йничать, -аю, -ает
попуга́йничество, -а
попуга́йский
попуга́йство, -а
попуга́йчик, -а
попу́ганный; *кр. ф.* -ан, -ана
попуга́ть(ся), -а́ю, -а́ет(ся)
попу́гивать, -аю, -ает
попу́дный
попу́дренный; *кр. ф.* -ен, -ена
попу́дрить(ся), -рю(сь), -рит(ся)
попули́зм, -а
попули́ст, -а
попули́стский
популяриза́тор, -а
популяриза́торский
популяриза́ция, -и
популяризи́рованный; *кр. ф.* -ан, -ана
популяризи́ровать(ся), -рую, -рует(ся)
популяризо́ванный; *кр. ф.* -ан, -ана
популяризова́ть(ся), -зу́ю, -зу́ет(ся)
популя́рность, -и
популя́рный; *кр. ф.* -рен, -рна
популя́ры, -ов, *ед.* -ля́р, -а
популяциони́ст, -а
популяциони́стика, -и
популяцио́нный

популя́ция, -и
попурри́, *нескл., с.*
попуска́ть(ся), -а́ю, -а́ет(ся)
попусти́тель, -я
попусти́тельница, -ы, *тв.* -ей
попусти́тельский
попусти́тельство, -а
попусти́тельствовать, -твую, -твует
попусти́ть(ся), -ущу́, -у́стит(ся)
по-пусто́му, *нареч.*
по́пусту
попу́танный; *кр. ф.* -ан, -ана
попу́тать(ся), -аю(сь), -ает(ся)
попутеше́ствовать, -твую, -твует
по пути́
попу́тка, -и, *р. мн.* -ток
попу́тный
попу́тчик, -а
попу́тчица, -ы, *тв.* -ей
попуще́ние, -я
попу́щенный; *кр. ф.* -ен, -ена
поп-фестива́ль, -я
попыта́ть(ся), -а́ю(сь), -а́ет(ся)
попы́тка, -и, *р. мн.* -ток
попы́хивание, -я
попы́хивать, -аю, -ает
попыхте́ть, -хчу́, -хти́т
по пья́нке
по пья́ной ла́вочке
по пья́ному де́лу
попья́нствовать, -твую, -твует
попя́тить(ся), -я́чу(сь), -я́тит(ся)
попя́тный: на попя́тную, на попя́тный
попя́ченный; *кр. ф.* -ен, -ена
пора́¹, -ы́, *вин.* по́ру (*время*)
пора́², *в знач. сказ.* (*надо*)
порабо́тать(ся), -аю, -ает(ся)
поработи́тель, -я
поработи́тельница, -ы, *тв.* -ей
поработи́ть(ся), -ощу́(сь), -оти́т(ся)
порабоща́ть(ся), -а́ю(сь), -а́ет(ся)
порабоще́ние, -я
порабощённый; *кр. ф.* -ён, -ена́

поравня́ть(ся), -я́ю(сь), -я́ет(ся) (к ра́вный)
пораде́ть, -е́ю, -е́ет
пора́дованный; кр. ф. -ан, -ана
пора́довать(ся), -дую(сь), -дует(ся)
поража́ть(ся), -а́ю(сь), -а́ет(ся)
поража́ющий(ся)
пораже́нец, -нца, тв. -нцем, р. мн. -нцев
пораже́ние, -я
поражённый; кр. ф. -ён, -ена́
пораже́нческий
пораже́нчество, -а
поразбежа́ться, -бежи́тся, -бегу́тся
поразбива́ть(ся), -а́ю, -а́ет(ся)
поразбира́ть, -а́ю, -а́ет
поразби́тый
поразби́ть(ся), -зобью́, -зобьёт(ся)
поразбрести́сь, -едётся; прош. -ёлся, -ела́сь
поразбро́санный; кр. ф. -ан, -ана
поразброса́ть, -а́ю, -а́ет
поразвали́ть(ся), -лю́, -ва́лит(ся)
поразве́данный; кр. ф. -ан, -ана
поразве́дать, -аю, -ает
поразвесели́ть(ся), -лю́(сь), -ли́т(ся)
поразве́сить, -е́шу, -е́сит
поразве́шанный; кр. ф. -ан, -ана (от поразве́шать)
поразве́шать, -аю, -ает
поразве́шенный; кр. ф. -ен, -ена (от поразве́сить)
поразвлёкший(ся)
поразвле́чь(ся), -леку́(сь), -лечёт(ся), -леку́т(ся); прош. -лёк(ся), -лекла́(сь)
поразгова́ривать, -аю, -ает
поразговори́ть(ся), -рю́(сь), -ри́т(ся)
поразгоня́ть, -я́ю, -я́ет
поразгуля́ться, -я́юсь, -я́ется
пораздава́ть, -даю́, -даёт

поразда́ть, -да́м, -да́шь, -да́ст, -дади́м, -дади́те, -даду́т; прош. -да́л, -дала́, -да́ло
поразви́нутый
поразви́нуть(ся), -ну, -нет(ся)
поразду́мать(ся), -аю(сь), -ает(ся)
поразжи́ться, -иву́сь, -ивётся
порази́тельный; кр. ф. -лен, -льна
порази́ть(ся), -ажу́(сь), -ази́т(ся)
поразло́женный; кр. ф. -ен, -ена
поразложи́ть, -ожу́, -о́жит
поразмота́ть, -а́ю, -а́ет
поразмы́слить, -лю, -лит
поразмышля́ть, -я́ю, -я́ет
поразмя́тый
поразмя́ть(ся), -зомну́(сь), -зомнёт(ся)
по-ра́зному, нареч.
поразню́хать, -аю, -ает
поразо́бранный; кр. ф. -ан, -ана
поразобра́ть(ся), поразберу́(сь), поразберёт(ся); прош. -а́л(ся), -ала́(сь), -а́ло, -а́ло́сь
поразо́гнанный; кр. ф. -ан, -ана
поразогна́ть, поразгоню́, поразго́нит; прош. -а́л, -ала́, -а́ло
поразогре́ть(ся), -е́ю(сь), -е́ет(ся)
поразойти́сь, -йдётся; прош. -ошёлся, -ошла́сь
поразря́дный
поразузна́ть, -а́ю, -а́ет
поразъе́хаться, -е́дется
порайо́нный
ране́ние, -я
пора́ненный; кр. ф. -ен, -ена
пора́нить(ся), -ню(сь), -нит(ся)
пора́ньше
пораски́данный; кр. ф. -ан, -ана
пораскида́ть, -а́ю, -а́ет
пораски́нуть(ся), -ну(сь), -нет(ся)
пораскла́дывать, -аю, -ает
пораскрасне́ться, -е́юсь, -е́ется
поразпра́вить(ся), -влю(сь), -вит(ся)

поразпра́вленный; кр. ф. -ен, -ена
поразпродава́ть, -даю́, -даёт
поразпро́данный; кр. ф. -ан, -ана
поразпрода́ть, -да́м, -да́шь, -да́ст, -дади́м, -дади́те, -даду́т; прош. -про́дал, продала́, -про́дало
поразпрями́ть(ся), -млю́(сь), -ми́т(ся)
поразпусти́ть(ся), -ущу́, -у́стит(ся)
порассе́ять(ся), -е́ю(сь), -е́ет(ся)
порасска́занный; кр. ф. -ан, -ана
порассказа́ть, -кажу́, -ка́жет
по рассмотре́нии (рассмо́тр)
порассо́ванный; кр. ф. -ан, -ана
порассова́ть, порассую́, порассуёт
порасспроси́ть, -ошу́, -о́сит
порасспро́шенный; кр. ф. -ен, -ена
порасстре́лянный; кр. ф. -ян, -яна
порасстреля́ть, -я́ю, -я́ет
порассуди́ть, -ужу́, -у́дит
порассужда́ть, -а́ю, -а́ет
пораста́сканный; кр. ф. -ан, -ана
пораста́скать, -а́ю, -а́ет
пораста́ть, -а́ет
пораете́рянный; кр. ф. -ян, -яна
порастеря́ть(ся), -я́ю, -я́ет(ся)
порасти́, -ту́, -тёт; прош. поро́с, поросла́
порасти́ть, -ащу́, -асти́т
порастолка́ть, -а́ю, -а́ет
порастре́сканный; кр. ф. -ан, -ана
порастре́скаться, -ается
порастрясённый; кр. ф. -ён, -ена́
порастрясти́, -су́, -сёт; прош. -я́с, -ясла́
порасхва́статься, -аюсь, -ается
порасхва́танный; кр. ф. -ан, -ана
порасхвата́ть, -а́ет
по-ра́чьи
пораще́нный; кр. ф. -ён, -ена́
по́рванный; кр. ф. -ан, -ана

порва́ть(ся), -ву́, -вёт(ся); *прош.* -а́л(ся), -ала́(сь), -а́ло, -а́лось
поре́брик, -а
по-реби́чески
по-реби́чьи
пореве́ть, -ву́, -вёт
поревнова́ть, -ну́ю, -ну́ет
по-революцио́нному, *нареч.*
пореволюцио́нный
пореде́ние, -я
пореде́ть, -е́ет
пореже
поре́з, -а (к поре́зать(ся))
поре́занный; *кр. ф.* -ан, -ана
поре́зать(ся), -е́жу(сь), -е́жет(ся)
порезви́ться, -влю́сь, -ви́тся
поре́зка, -и
поре́зник, -а
поре́й, -я
порекомендо́ванный; *кр. ф.* -ан, -ана
порекомендова́ть, -ду́ю, -ду́ет
пореформенный
поре́чье, -я, *р. мн.* -чьев и -чий; но: Поре́чье, -я (*поселок*)
пореша́ть, -а́ю, -а́ет
пореше́нный; *кр. ф.* -ён, -ена́
пореши́ть(ся), -шу́(сь), -ши́т(ся)
поржа́ве́вший
поржаве́лый
поржа́веть, -еет и поржаве́ть, -е́ет
поржа́ть, -жу́, -жёт
порисо́ванный; *кр. ф.* -ан, -ана
порисова́ть(ся), -су́ю(сь), -су́ет(ся)
по́ристость, -и
по́ристый
порица́ние, -я
порица́тель, -я
порица́тельный; *кр. ф.* -лен, -льна
порица́ть(ся), -а́ю, -а́ет(ся)
по́рка, -и, *р. мн.* по́рок
по́рно, *нескл., с.*

порно... — *первая часть сложных слов, пишется слитно*
порноби́знес, -а
порнографи́ческий
порногра́фия, -и
порнозвезда́, -ы́, *мн.* -звёзды, -звёзд
порноле́нта, -ы
порнопроду́кция, -и
порнорома́н, -а
порнофи́льм, -а
порну́ха, -и
по́ровну
поровня́ть, -я́ю, -я́ет (к ро́вный)
поро́г, -а
поро́говый
поро́да, -ы
поро́дистость, -и
поро́дистый
по-роди́тельски
породи́ть, -ожу́, -оди́т
породне́ние, -я
породнённый; *кр. ф.* -ён, -ена́
породни́ть(ся) -ню́(сь), -ни́т(ся)
поро́дность, -и
поро́дно-у́гольный
поро́дный
породня́ть(ся), -я́ю(сь), -я́ет(ся)
породоиспыта́ние, -я
породообразу́ющий
породоотбо́рка, -и
породопогру́зочный
породоразруша́ющий
по-ро́дственному, *нареч.*
порожда́ть(ся), -а́ю, -а́ет(ся)
порожда́ющий(ся)
порожде́ние, -я
порождённый; *кр. ф.* -ён, -ена́
поро́жек, -жка
поро́жистость, -и
поро́жистый
порожнём, *нареч.*
поро́жний (*пустой*)
поро́жный (*от* поро́г)
порожня́к, -а́
порожняко́вый

порожняко́м, *нареч.*
по́роз, -а и по́рос, -а
поро́зность, -и
по́розну (*устар. к* по́рознь)
по́розный (*от* по́ра)
по́рознь
порозове́ть, -е́ю, -е́ет
пороизо́л, -а
поро́й и поро́ю, *нареч.*
поро́к, -а
пороло́н, -а
пороло́новый
пороня́ть, -я́ю, -я́ет
порообразова́ние, -я
порообразова́тель, -я
поропла́сты, -ов, *ед.* -пла́ст, -а
поропта́ть, -опщу́, -о́пщет
по́рос, -а и по́роз, -а
поро́сая
поросёнок, -нка, *мн.* -ся́та, -ся́т
поросёночек, -чка, *мн.* поросятки, -ток
пороси́ться, -и́тся
пороскопи́ческий
пороскопи́я, -и
пороскоше́ствовать, -твую, -твует
по́рослевый
по́росль, -и
поро́сная
по-росси́йски
по ро́сту
поро́сший
порося́, *других форм нет (не было у ба́бы хлопо́т, купи́ла порося́*)
порося́тина, -ы
порося́тинка, -и
порося́тник, -а
порося́точки, -чек
порося́чий, -ья, -ье
поро́тно
по́ротый
поро́ть(ся), порю́, по́рет(ся)
по́рох, -а и -у, *мн.* -а́, -о́в
порохови́ца, -ы, *тв.* -ей
пороохово́й

ПОРОЧАЩИЙ

поро́чащий
поро́чение, -я
поро́чить(ся), -чу(сь), -чит(ся)
поро́чность, -и
поро́чный; *кр. ф.* -чен, -чна
поро́ша, -и, *тв.* -ей
порошённый; *кр. ф.* -ён, -ена́
пороши́нка, -и, *р. мн.* -нок
пороши́ть, -и́т
пороши́ца, -ы, *тв.* -ей
порошкова́тый
порошкови́дный; *кр. ф.* -ден, -дна
порошко́вый
порошкообра́зный; *кр. ф.* -зен, -зна
порошо́к, -шка́ и -шку́
порошо́чный
поро́ю и поро́й, *нареч.*
порск, -а
по́рсканный; *кр. ф.* -ан, -ана
по́рсканье, -я (*от* по́рскать)
порска́нье, -я (*от* порска́ть)
по́рскать, -аю, -ает (*фыркать от смеха; стремительно бросаться куда-н.*)
порска́ть, -а́ю, -а́ет (*натравливать гончих на зверя*)
по́рскнуть, -ну, -нет (*к* по́рскать)
порскну́ть, -ну́, -нёт (*к* порска́ть)
порт, -а, *предл.* в порту́, *мн.* -ы и -ы́, -о́в
По́рта, -ы (*Османская империя*)
порта́л, -а
порта́льный
портаме́нто, *нескл., с.*
порт-арту́рский (*от* Порт-Арту́р)
портарту́рцы, -ев, *ед.* -рец, -рца, *тв.* -рцем
порта́тив, -а
порта́тивность, -и
порта́тивный; *кр. ф.* -вен, -вна
порта́ч, -а́, *тв.* -о́м
порта́чащий
порта́чить, -чу, -чит
портбуке́т, -а

портве́йн, -а и -у
по́ртер, -а
по́ртерная, -ой
по́ртерный
по́ртик, -а
по́ртить(ся), по́рчу(сь), по́ртит(ся)
портки́, -о́в и -то́к
портландцеме́нт, -а
по́ртлендский (*от* По́ртленд)
по́ртлендцы, -ев, *ед.* -дец, -дца, *тв.* -дцем
портмоне́, *нескл., с.*
портнадзо́р, -а
портни́ха, -и
портни́шка, -и, *р. мн.* -шек, *м.* (*от* портно́й) *и ж.* (*от* портни́ха)
портно́вский
портно́й, -о́го
портня́жий, -ья, -ье
портня́жить, -жу, -жит
портня́жка, -и, *р. мн.* -жек, *м.*
портня́жничать, -аю, -ает
портня́жничество, -а
портня́жный
по́рто, *нескл., с.*
портови́к, -а́
порто́вый
портола́ны, -ов, *ед.* -ла́н, -а и портула́ны, -ов, *ед.* -ла́н, -а
портомо́йня, -и, *р. мн.* -о́ен
портофло́т, -а
по́рто-фра́нко, *нескл., с.*
порто́чина, -ы
порто́чки, -ов и -чек
порто́чный
портпле́д, -а
портре́т, -а
портре́тик, -а
портрети́рование, -я
портрети́рованный; *кр. ф.* -ан, -ана
портрети́ровать(ся), -ру́ю(сь), -ру́ет(ся)
портрети́ст, -а
портрети́стка, -и, *р. мн.* -ток
портре́тный

порт-саи́дский (*от* Порт-Саи́д)
портсаи́дцы, -ев, *ед.* -дец, -дца, *тв.* -дцем
портсига́р, -а
портсига́рчик, -а
порттаба́к, -а́
португа́лка, -и, *р. мн.* -лок
португалоговоря́щий
португалоязы́чный
португа́льский (*к* Португа́лия *и* португа́льцы)
португа́льско-испа́нский
португа́льско-ру́сский
португа́льцы, -ев, *ед.* -лец, -льца, *тв.* -льцем
портула́к, -а
портула́ковый
портула́ны, -ов, *ед.* -ла́н, -а и портола́ны, -ов, *ед.* -ла́н, -а
портупе́йный
портупе́й-пра́порщик, -а
портупе́й-ю́нкер, -а
портупе́я, -и
портфе́лишко, -а и -и, *мн.* -шки, -шек, *м.*
портфе́ль, -я
портфе́льный
портфе́льчик, -а
портфо́лио, *нескл., м. и с.*
портше́з, -а
порты́, -о́в (*штаны*)
портье́, *нескл., м.*
портье́ра, -ы
портье́рный
портя́нки, -нок, *ед.* -нка, -и
портя́ночки, -чек, *ед.* -чка, -и
портя́ночный
по́ртящий(ся)
поруба́ть, -а́ю, -а́ет
порубе́жный
порубе́жье, -я, *р. мн.* -жий
поруби́ть(ся), -ублю́(сь), -у́бит(ся)
пору́бка, -и, *р. мн.* -бок
пору́бленный; *кр. ф.* -ен, -ена
пору́бливать, -аю, -ает
пору́бочный

порубщик, -а
порубь, -и
поругание, -я
поруганный; *кр. ф.* -ан, -ана
поругать(ся), -аю(сь), -ает(ся)
поругивать(ся), -аю(сь), -ает(ся)
порука, -и
по руке
поруководить, -ожу, -одит
порулить, -лю, -лит
по-румынски
порумяневший (*от* порумянеть)
порумяненный; *кр. ф.* -ен, -ена
порумянеть, -ею, -еет (*стать румяным*)
порумянивший(ся) (*от* порумянить(ся))
порумянить, -ню, -нит (*кого, что*)
порумяниться, -нюсь, -нится
порусеть, -ею, -еет
по-русски
поруха, -и
поручательство, -а
поручать(ся), -аю(сь), -ает(ся)
поручейник, -а
поручёнец, -нца, *тв.* -нцем, *р. мн.* -нцев
поручение, -я
порученный; *кр. ф.* -ен, -ена
порученческий
поручень, -чня
порученьице, -а
поручи, -ей (*нарукавники*)
поручик, -а
поручитель, -я
поручительница, -ы, *тв.* -ей
поручительный
поручительский
поручительство, -а
поручить(ся), -учу(сь), -учит(ся)
поручица, -ы, *тв.* -ей
поручицкий
поручичий, -ья, -ье
порушение, -я
порушенный; *кр. ф.* -ен, -ена
порушить(ся), -шу, -шит(ся)

порфир, -а (*горная порода*)
порфира, -ы (*одежда*)
порфирин, -а
порфириновый
порфирит, -а
порфиритовый
порфирный
порфировый
порфироносный
порфирородный
порхалище, -а
порхание, -я
порхать, -аю, -ает
порхнуть, -ну, -нёт
порцион, -а
порционирование, -я
порционный
порция, -и
порча, -и, *тв.* -ей
порченный; *кр. ф.* -ен, -ена, *прич.*
порченый, *прил.*
порше, *нескл., м.* (*автомобиль*)
поршенёк, -нька
поршень, -шня, *мн.* -шни, -шней и -шней (*тех.*)
поршневание, -я
поршневой и поршневый
поршни, -ей и -ей, *ед.* поршень, -шня (*обувь*)
поры, пор, *ед.* пора, -ы
по-рыбацки
порыбачить, -чу, -чит
по-рыбачьи
по-рыбьи
порыв, -а
порывание, -я
порывать(ся), -аю(сь), -ает(ся)
порывистость, -и
порывистый
порыжелый
порыжеть, -ею, -еет
порыскать, -ыщу, -ыщет и -аю, -ает
порытый
порыть(ся), порою(сь), пороет(ся)
порыхлённый; *кр. ф.* -ён, -ена

порыхлеть, -еет
порыхлить, -лю, -лит
по-рыцарски
порычать, -чу, -чит
порющий(ся)
порябеть, -еет
порябить, -ит
порядить(ся), -яжу(сь), -ядит(ся)
порядковый
порядком, *нареч.*
порядливый
порядный: порядная запись, порядная грамота
порядовка, -и, *р. мн.* -вок
порядок, -дка
порядочек, -чка
порядочно, *нареч.*
порядочность, -и
порядочный; *кр. ф.* -чен, -чна
порядчик, -а
поряжать(ся), -аю(сь), -ает(ся)
поряженный; *кр. ф.* -ен, -ена и поряжённый; *кр. ф.* -ён, -ена
посад, -а; но: Гаврилов Посад, Мариинский Посад, Павловский Посад, Сергиев Посад (*города*)
посадить, -ажу, -адит
посадка, -и, *р. мн.* -док
посадник, -а
посадница, -ы, *тв.* -ей
посадничество, -а
посадничий, -ья, -ье
посадочно-десантный
посадочный
посадский
посадчик, -а
посажать, -аю, -ает
посаженный; *кр. ф.* -ен, -ена (*от* посадить)
посажённый (*от* сажень)
посажёный: посажёный отец, посажёная мать
посаленный; *кр. ф.* -ен, -ена
посалить, -лю, -лит
по-сальериевски

посамолётно
посапывание, -я
посапывать, -аю, -ает
посасывать, -аю, -ает
посахаренный; кр. ф. -ен, -ена
посахарить, -рю, -рит
посбавить(ся), -влю, -вит(ся)
посбавленный; кр. ф. -ен, -ена
посбивать(ся), -аю, -ает(ся)
посбирать, -аю, -ает
посбитый
посбить(ся), пособью, пособь-ёт(ся)
посбрасывать, -аю, -ает
по-свадебному, нареч.
посватанный; кр. ф. -ан, -ана
посватать(ся), -аю(сь), -ает(ся)
посвежеть, -ею, -еет
посверкать, -аю, -ает
посветить, -вечу, -ветит
посветлее
посветлённый; кр. ф. -ён, -ена́
посветлеть, -ею, -еет
посветлить, -лю, -лит
по-светски
посвечивать, -аю, -ает
по-свински
по-свинячьи
посвист, -а
посвистать, -ищу, -ищет
посвистеть, -ищу, -истит
посвистывание, -я
посвистывать, -аю, -ает
по-своему, нареч.
по-свойски
посвятительный
посвятить(ся), -ящу(сь), -ятит(ся)
посвящать(ся), -аю(сь), -ает(ся)
посвящение, -я
посвящённость, -и
посвящённый; кр. ф. -ён, -ена́
посев, -а
по-северному, нареч.
посевной
посевщик, -а
по сегодня

поседелый
поседение, -я
поседеть, -ею, -еет (от седеть)
посёдланный; кр. ф. -ан, -ана
поседлать, -аю, -ает
посезонный
по сей день
Посейдон, -а
посейчас
посекретничать, -аю, -ает
по секрету
посёкший(ся) и посекший(ся)
поселенец, -нца, тв. -нцем, р. мн. -нцев
поселение, -я
поселёнка, -и, р. мн. -нок
поселенный (от селение)
поселённый; кр. ф. -ён, -ена́ (от поселить)
поселенческий
поселить(ся), -елю́(сь), -е́лит(ся)
поселковый
посёлок, -лка
посёлочный
по-сельски
посельщик, -а
поселянин, -а, мн. -яне, -ян
поселянка, -и, р. мн. -нок
поселять(ся), -яю(сь), -яет(ся)
по-семейному, нареч.
посемейный
посеменить, -ню, -нит
посему, нареч. (моя власть – посему я прав), но местоим. по сему (по сему случаю; быть по сему)
Посемье, -я (к Сейм)
по-сербохорватски и по-сербскохорватски
посердить(ся), -ержу(сь), -ердит(ся)
посеребрённый; кр. ф. -ён, -ена́
посеребрить(ся), -рю, -рит(ся)
посереди (устар. и прост. к посреди)
посередине и посредине, нареч. и предлог

посерёдке (прост. к посередине)
посередь (устар. к посередине и посреди)
посереть, -ею, -еет
посерьёзневший
посерьёзнеть, -ею, -еет
посессивный
посессионер, -а
посессионный
посессия, -и
посессор, -а
посестримство, -а
по-сестрински
посестриться, -рюсь, -рится
посетитель, -я
посетительница, -ы, тв. -ей
посетительский
посетить, посещу, посетит
посетовать, -тую, -тует
посечённый; кр. ф. -ён, -ена́ и посеченный; кр. ф. -ен, -ена
посечь(ся), -еку, -ечёт(ся), -екут(ся); прош. -ёк(ся) и -ёк(ся), -екла́(сь)
посещаемость, -и
посещать(ся), -аю(сь), -ает(ся)
посещение, -я
посещённый; кр. ф. -ён, -ена́
посеянный; кр. ф. -ян, -яна
посеять(ся), -ею(сь), -еет(ся)
посибаритствовать, -твую, -твует
по-сибирски
посиветь, -ею, -еет
посигналить, -лю, -лит
посиделки, -лок
посидеть, -ижу, -идит (от сидеть)
посидки, -док
посиживать, -аю, -ает
посикать, -аю, -ает
по силам
посильнее
посильность, -и
посильный; кр. ф. -лен, -льна
посимвольный
посинелый

посине́ние, -я
посине́ть, -е́ю, -е́ет
по-сиро́тски
посия́ть, -я́ю, -я́ет
поска́бливание, -я
поска́бливать, -аю, -ает
поскака́ть, поскачу́, поска́чет
поска́льзываться, -аюсь, -ается
посканда́лить, -лю, -лит
поска́чка, -и
поски́дывать, -аю, -ает
поскита́ться, -а́юсь, -а́ется
по склада́м (чита́ть)
поско́бленный; кр. ф. -ен, -ена
поскобли́ть, -облю́, -обли́т
поско́к[1], -а (скачок; бег скачка́ми)
поско́к[2]: ско́к-поско́к, неизм.
поскользну́ться, -ну́сь, -нётся
по ско́лько и по ско́льку (по ско́лько рубле́й и по ско́льку рубле́й)
по ско́лько-нибу́дь и по ско́льку-нибу́дь
по ско́лько-то и по ско́льку-то
поско́льку, союз (поско́льку ты согла́сен, я́ не возража́ю), но числит. по ско́льку (по ско́льку рубле́й)
поско́нина, -ы
поско́нный
поско́нь, -и
поскоре́е
поско́тина, -ы
по-ско́тски
поскребённый; кр. ф. -ён, -ена́
поскрёбки, -ов, ед. -бок, -бка
поскрёбший(ся)
поскрёбывать(ся), -аю(сь), -ает(ся)
поскрёбыши, -ей, ед. -быш, -а, тв. -ем
поскрежета́ть, -жещу́, -же́щет
поскрести́(сь), -ребу́(сь), -ребёт(ся); прош. -рёб(ся), -ребла́(сь)
поскрипе́ть, -плю́, -пи́т

поскри́пывание, -я
поскри́пывать, -аю, -ает
поскромне́ть, -е́ю, -е́ет
поскро́мничать, -аю, -ает
поскули́ть, -лю́, -ли́т
поскупи́ться, -плю́сь, -пи́тся
поскуча́ть, -а́ю, -а́ет
поскучне́ть, -е́ю, -е́ет
послабе́е
послабле́ние, -я
послабля́ть, -я́ю, -я́ет
по-славя́нски
посла́нец, -нца, тв. -нцем, р. мн. -нцев
посла́ние, -я
посла́нник, -а
посла́нница, -ы, тв. -ей
посла́ннический
по́сланный; кр. ф. -ан, -ана (от посла́ть)
посласти́ть, -ащу́, -асти́т
посла́ть(ся), пошлю́(сь), пошлёт(ся); прош. посла́л(ся), посла́ла(сь) (к слать)
посла́ще
послащённый; кр. ф. -ён, -ена́
по́сле, нареч. и предлог
после... – приставка, пишется слитно
послеавари́йный
послеа́вгустовский
послеарме́йский
послебра́чный
послевку́сие, -я
послевое́нный
послевсхо́довый
послевы́борный
послегаранти́йный
послегрозово́й
после́д, -а
последе́йствие, -я
последи́ть, -ежу́, -еди́т
после́дки, -ов
после́дний
после́дование, -я
после́дователь, -я

после́довательница, -ы, тв. -ей
после́довательно включённый
после́довательно-возвра́тный
после́довательно материалисти́ческий
после́довательность, -и
после́довательно череду́ющийся
после́довательный; кр. ф. -лен, -льна
после́довать, -дую, -дует
после́довый
после́дствие, -я
после́дующий
после́дыш, -а, тв. -ем
после́живать, -аю, -ает
послеза́втра
послеза́втрашний
послезаро́дышевый
послеинфа́рктный
послека́нтовский
последнико́вый
после́лог, -а
послема́тчевый
послеобе́денный
послеоктя́брьский
послеолимпи́йский
послеоперацио́нный
послепасха́льный
послепожа́рный
послеполётный
послеполу́денный
послепослеза́втра
послепрода́жный
послепу́тчевый
послерабо́чий
послереволюцио́нный
послеремо́нтный
послеродово́й
послесвече́ние, -я
послесло́вие, -я
послеста́линский
послесъе́здовский
послетрети́чный (геол.)
послеубо́рочный
послеуда́рный

послешко́льный
по-слова́цки
по-слове́нски
посло́вица, -ы, тв. -ей
посло́вичный
посло́вный
посложне́е
посло́йный
послоня́ться, -я́юсь, -я́ется
послу́га, -и
послужи́ть, -ужу́, -у́жит
послужно́й
по́слух, -а
по слу́чаю
послуша́ние, -я
послу́шать(ся), -аю(сь), -ает(ся)
послу́шливый
по́слушник, -а
по́слушница, -ы, тв. -ей
по́слушничать, -аю, -ает
по́слушнический
по́слушничество, -а
послу́шность, -и
послу́шный; кр. ф. -шен, -шна
послы́шать(ся), -шу, -шит(ся)
послюнённый; кр. ф. -ён, -ена́
послюни́ть, -ню́, -ни́т
послюня́вить, -влю, -вит
послюня́вленный; кр. ф. -ен, -ена
посмакова́ть, -ку́ю, -ку́ет
посма́тривать(ся), -аю(сь), -ает(ся)
посме́иваться, -аюсь, -ается
посмеле́е
посмеле́ть, -е́ю, -е́ет
посме́нный
посме́ртие, -я
посме́ртный
посме́ть, -е́ю, -е́ет
посмеши́ть, -шу́, -ши́т
посме́шище, -а
посмешне́е
посмея́ние, -я
посмея́ться, -ею́сь, -еётся
посморка́ться, -а́юсь, -а́ется

посмо́тренный; кр. ф. -ен, -ена
посмотре́ть(ся), -отрю́(сь), -о́трит(ся)
посмугле́ть, -е́ю, -е́ет
по-сна́йперски
поснима́ть, -а́ю, -а́ет
посноси́ть, -ношу́, -но́сит
по-соба́чьему, нареч.
по-соба́чьи
посо́бие, -я
пособира́ть, -а́ю, -а́ет
пособи́ть, -блю́, -би́т
пособля́ть, -я́ю, -я́ет
посо́бник, -а
посо́бница, -ы, тв. -ей
посо́бничество, -а
пособо́ровать(ся), -рую(сь), -рует(ся)
посо́ванный; кр. ф. -ан, -ана
посова́ться, посую́(сь), посуёт(ся) (от сова́ть(ся))
по со́вести
посо́веститься, -ещусь, -естится
посове́тованный; кр. ф. -ан, -ана
посове́товать(ся), -тую(сь), -тует(ся)
по-сове́тски
посовеща́ться, -а́юсь, -а́ется
по-совреме́нному, нареч.
по согласова́нии (согласова́в)
посоде́йствовать, -твую, -твует
посократи́ть, -ащу́, -ати́т
посо́л[1], посла́; но: Чрезвыча́йный и Полномо́чный Посо́л
посо́л[2], посо́ла (засол)
по-солда́тски
посо́ленный; кр. ф. -ен, -ена
посоли́дневший
посоли́днеть, -ею, -еет
посоли́ть, -олю́, -о́ли́т
посо́лка, -и
посолове́лый
посолове́ть, -е́ю, -е́ет
по-соловьи́ному, нареч.
по́солонь, нареч.
посо́льский

посо́льство, -а
посомнева́ться, -а́юсь, -а́ется
посопе́ть, -плю́, -пи́т
посоревнова́ться, -ну́юсь, -ну́ется
посо́санный; кр. ф. -ан, -ана
пососа́ть, пососу́, пососёт
по-сосе́дски
по сосе́дству
пососло́вный
посостяза́ться, -а́юсь, -а́ется
посо́тенно
по́сох, -а
посо́хнуть, -ну, -нет; прош. -о́х, -о́хла
посо́хший
по-социалдемократи́чески
по-социалисти́чески
посочу́вствовать, -твую, -твует
посошко́вый
посо́шник, -а
посо́шный
посошо́к, -шка́
по-спарта́нски
поспа́ть, -плю́, -пи́т, прош. -а́л, -ала́, -а́ло
поспева́ние, -я
поспева́ть, -а́ю, -а́ет
поспекта́кльный
поспе́ть, -е́ю, -е́ет
поспеша́ть, -а́ю, -а́ет
поспе́шествовать, -твую, -твует
поспеши́ть, -шу́, -ши́т
поспе́шность, -и
поспе́шный; кр. ф. -шен, -шна
посплетничать, -аю, -ает
Посполи́тая: Речь Посполи́тая
поспо́рить, -рю, -рит
по-спорти́вному, нареч.
поспосо́бствовать, -твую, -твует
по-справедли́вому, нареч.
по справедли́вости
поспра́шивать, -аю, -ает
поспроси́ть, -ошу́, -о́сит
поспроша́ть, -а́ю, -а́ет
поспро́шенный; кр. ф. -ен, -ена

посрами́ть(ся), -млю́(сь), -ми́т(ся)
посрамле́ние, -я
посрамлённый; кр. ф. -ён, -ена́
посрамля́ть(ся), -я́ю(сь), -я́ет(ся)
посреди́, нареч. и предлог
посреди́не и посереди́не, нареч. и предлог
посре́дник, -а
посре́дница, -ы, тв. -ей
посре́дничать, -аю, -ает
посре́днический
посре́дничество, -а
по сре́дствам
посре́дственно, нареч.
посре́дственность, -и
посре́дственный; кр. ф. -вен и -венен, -венна
посре́дство, -а
посре́дством, предлог
посре́дствующий
посрыва́ть, -а́ю, -а́ет
поссибили́зм, -а
поссибили́ст, -а
поссибилисти́ческий
поссове́т, -а
поссо́ренный; кр. ф. -ен, -ена
поссо́рить(ся), -рю(сь), -рит(ся)
пост[1], -а́ (к пости́ться)
пост[2], -а́, предл. на посту́ (должность; место и группа наблюдения)
пост... — приставка, пишется слитно
поста́в, -а, мн. -а́, -о́в
поставе́ц, -вца́, тв. -вцо́м, р. мн. -вцо́в
поста́вить(ся), -влю(сь), -вит(ся)
поста́вка, -и, р. мн. -вок
поставле́ние, -я
поста́вленный; кр. ф. -ен, -ена
поставля́ть(ся), -я́ю(сь), -я́ет(ся)
поста́вный
поста́вочный
поставцо́вый
поставщи́к, -а́

поставщи́к-экспортёр, поставщика́-экспортёра
поставщи́ца, -ы, тв. -ей
постадапта́ция, -и
поста́ивать, -аю, -ает
по-ста́лински
постаме́нт, -а
постана́вливать(ся), -аю, -ает(ся)
постано́в, -а
постанови́ть, -овлю́, -о́вит
постано́вка, -и, р. мн. -вок
постановле́ние, -я
постано́вленный; кр. ф. -ен, -ена
постановля́ть(ся), -я́ю, -я́ет(ся)
постано́вочный
постано́вщик, -а
постано́вщица, -ы, тв. -ей
поста́нывать, -аю, -ает
постапокалипти́ческий
постара́ться, -а́юсь, -а́ется
постаре́лый
постаре́ние, -я
постаре́ть, -е́ю, -е́ет
по-старико́вски
по старине́
по старинке
по-стари́нному, нареч.
по-ста́рому, нареч.
по-старославя́нски
по-стару́шечьи
поста́рше
по старшинству́
постате́йный
по-стаха́новски
поствулкани́ческий
постганглиона́рный
постгаранти́йный
постглосса́тор, -а
постгриппо́зный
постдекреме́нтный
постёганный; кр. ф. -ан, -ана
постега́ть, -а́ю, -а́ет (к стега́ть)
постёгивать, -аю, -ает
посте́ленный; кр. ф. -ен, -ена
постели́ть(ся), постелю́(сь), посте́лет(ся); прош. -и́л(ся), -и́ла(сь)

посте́ль, -и
посте́лька, -и, р. мн. -лек
посте́льник, -а
посте́льничий, -его
посте́льный (от посте́ль)
постепе́нно, нареч.
постепе́нность, -и
постепе́нный; кр. ф. -е́нен, -е́нна
постепе́новец, -вца, тв. -вцем, р. мн. -вцев
постепе́новский
постепе́новщина, -ы
по́стер, -а
постерёгший(ся)
постережённый; кр. ф. -ён, -ена́
постере́чь(ся), -регу́(сь), -режёт(ся), -регу́т(ся); прош. -рёг(ся), -регла́(сь)
постесни́ть(ся), -ню́(сь), -ни́т(ся) (устар. к потесни́ть(ся) и постесня́ться)
постесня́ться, -я́юсь, -я́ется
постига́ть(ся), -а́ю, -а́ет(ся) (к пости́чь)
пости́гнувший
пости́гнутый
пости́гнуть и пости́чь, -и́гну, -и́гнет; прош. -и́г и -и́гнул, -и́гла
пости́гший
постиже́ние, -я
постижёр, -а
постижёрный
постижёрский
постижи́мость, -и
постижи́мый
постила́ть(ся), -а́ю(сь), -а́ет(ся)
пости́лка, -и, р. мн. -лок (к постила́ть)
пости́лочный (от пости́лка)
постимпе́рский
постимпрессиони́зм, -а
постимпрессиони́ст, -а
постимпрессионисти́ческий
постимпрессиони́стский
постиндустриа́льный
постинсу́льтный

постинфа́рктный
постинъекцио́нный
пости́ранный; *кр. ф.* -ан, -ана
постира́ть(ся), -а́ю(сь), -а́ет(ся)
постиру́шка, -и, *р. мн.* -шек
пости́ться, пощу́сь, пости́тся
пости́чь и пости́гнуть, -и́гну, -и́гнет; *прош.* -и́г и -и́гнул, -и́гла
посткапиталисти́ческий
постклимактери́ческий
посткоммунисти́ческий
по́стланный; *кр. ф.* -ан, -ана (*от* постла́ть)
постла́ть(ся), постелю́(сь), посте́лет(ся); *прош.* -а́л(ся), -а́ла(сь) (*к* стлать)
постлю́дия, -и
постмаши́нный
постмилленари́зм, -а
постмоде́рн, -а
постмодерни́зм, -а
постмодерни́ст, -а
постмодерни́стский
постната́льный
по́стник, -а
по́стница, -ы, *тв.* -ей
по́стничать, -аю, -ает
по́стнический
по́стничество, -а
по́стный; *кр. ф.* -тен, -тна́, -тно
постово́й
посто́й, -я
посто́йный
по-столи́чному, *нареч.*
по сто́лько и по сто́льку (по сто́лько лет и по сто́льку лет)
по сто́лько-то и по сто́льку-то
посто́льку, *союз* (поско́льку решено́, посто́льку на́до де́йствовать), *но числит.* по сто́льку (по сто́льку лет)
посто́льку-поско́льку, *нареч.* (не вполне́, в зави́симости от обстоя́тельств)
посторани́ваться, -аюсь, -ается
посторожи́ть, -жу́, -жи́т

посторони́ться, -оню́сь, -они́тся
посторо́нний
постоя́лец, -льца, *тв.* -льцем, *р. мн.* -льцев
постоя́лица, -ы, *тв.* -ей
постоя́лка, -и, *р. мн.* -лок
постоя́лый двор
постоя́нная, -ой
постоя́нно, *нареч.*
постоя́нно де́йствующий
постоя́нность, -и
постоя́нный; *кр. ф.* -я́нен, -я́нна
Постоя́нный совме́стный сове́т Росси́и и НА́ТО
постоя́нство, -а
постоя́ть, -ою́, -ои́т
постпаке́т, -а
постперестро́ечный
пост-пике́т, поста́-пике́та
постплиоце́н, -а
постплиоце́новый
постпозити́вный; *кр. ф.* -вен, -вна
постпози́ция, -и
постпре́д, -а
постпре́дство, -а
постпрогра́мма, -ы
постпроце́ссор, -а
постра́гивать, -аю, -ает и постру́гивать, -аю, -ает
пострада́вший
пострада́лец, -льца, *тв.* -льцем, *р. мн.* -льцев
пострада́ть, -а́ю, -а́ет
пострадиацио́нный
пострани́чно-печа́тающий
пострани́чный
постра́нствовать, -твую, -твует
постраща́ть, -а́ю, -а́ет
постредакти́рование, -я
пострекота́ть, -очу́, -о́чет
постре́л, -а
постреле́нок, -нка, *мн.* -ля́та, -ля́т
постре́ливать, -аю, -ает
пострели́ть: пострели́ тебя́ горо́й
постре́лянный; *кр. ф.* -ян, -яна
постреля́ть(ся), -я́ю(сь), -я́ет(ся)

постренесса́нсный
по́стриг, -а
пострига́ть(ся), -а́ю(сь), -а́ет(ся)
постри́гший(ся)
постри́женец, -нца, *тв.* -нцем, *р. мн.* -нцев
постриже́ние, -я
постри́женка, -и, *р. мн.* -нок
постри́женник, -а
постри́женный; *кр. ф.* -ен, -ена
постри́чь(ся), -игу́(сь), -ижёт(ся), -игу́т(ся); *прош.* -и́г(ся), -и́гла(сь)
постро́ганный; *кр. ф.* -ан, -ана и постру́ганный; *кр. ф.* -ан, -ана
построга́ть, -а́ю, -а́ет и постру́га́ть, -а́ю, -а́ет
по-строево́му, *нареч.*
построе́ние, -я
постро́енный; *кр. ф.* -ен, -ена
постро́ечный
постро́же
постро́итель, -я
постро́ить(ся), -о́ю(сь), -о́ит(ся)
постро́йка, -и, *р. мн.* -о́ек
постройко́м, -а
постро́мки, -мок, *ед.* -мка, -и
постро́мочный
постро́ченный; *кр. ф.* -ен, -ена
построчи́ть, -очу́, -о́чит
постро́чно-печа́тающий
постро́чный
постру́ганный; *кр. ф.* -ан, -ана и постро́ганный; *кр. ф.* -ан, -ана
постру́га́ть, -а́ю, -а́ет и построга́ть, -а́ю, -а́ет
постру́гивать, -аю, -ает и постра́гивать, -аю, -ает
постря́пать, -аю, -ает
постряпу́шка, -и, *р. мн.* -шек
постсимволи́зм, -а
постсимволи́ст, -а
постсимволи́стский
постскри́птум, -а
постсове́тский
постсоциалисти́ческий
постсталини́зм, -а

постсталини́стский
постструктурали́зм, -а
постструктурали́ст, -а
постструктурали́стский
посттоталита́рный
посттравмати́ческий
постуди́ть, -ужу́, -у́дит
посту́женный; *кр. ф.* -ен, -ена
посту́кать(ся), -аю(сь), -ает(ся)
посту́кивание, -я
посту́кивать, -аю, -ает
постула́т, -а
постули́рованный; *кр. ф.* -ан, -ана
постули́ровать(ся), -рую, -рует(ся)
поступа́тельно-прогресси́вный
поступа́тельность, -и
поступа́тельный
поступа́ть(ся), -а́ю(сь), -а́ет(ся)
поступи́ть(ся), -уплю́(сь), -у́пит(ся)
поступле́ние, -я
просту́пок, -пка
по́ступь, -и
постусло́вие, -я (*от* усло́вие, програ́мм.)
постуча́ть(ся), -чу́(сь), -чи́т(ся)
постфа́ктум, *нареч.*
по́стфикс, -а
постфикса́льный
постфикса́ция, -и
по́стфиксный
постъе́льцинский (*от* Е́льцин)
постъюгосла́вский
постъюнгиа́нец, -нца, *тв.* -нцем, *р. мн.* -нцев
постъюнгиа́нский
постъюнгиа́нство, -а
постъя́дерный
посты́вший
постыди́ть(ся), -ыжу́(сь), -ыди́т(ся)
посты́дность, -и
посты́дный; *кр. ф.* -ден, -дна
посты́левший

посты́леть, -ею, -еет
посты́лость, -и
посты́лый
посты́ть и посты́нуть, -ы́ну, -ы́нет; *прош.* -ы́л, -ы́ла
постэкономи́ческий
постэмбриона́льный
по-суво́ровски
посу́да, -ы
посуда́чить, -чу, -чит
посу́дина, -ы
посуди́ть(ся), -ужу́(сь), -у́дит(ся)
посу́дный
посудомо́ечный
посудомо́йка, -и, *р. мн.* -о́ек
посудомо́йщица, -ы, *тв.* -ей
посудохозя́йственный
посуети́ться, -ечу́сь, -ети́тся
посу́л, -а
посулённый; *кр. ф.* -ён, -ена́
посули́ть(ся), -лю́(сь), -ли́т(ся)
посумасше́ствовать, -твую, -твует
посу́мерничать, -аю, -ает
посуро́вевший
посуро́веть, -ею, -еет
посурьми́ть(ся), -млю́(сь), -ми́т(ся)
посурьмлённый; *кр. ф.* -ён, -ена́
посу́точный
посуфли́ровать, -рую, -рует
по́суху
посучи́ть, -чу́, -чи́т
посу́шенный; *кр. ф.* -ен, -ена
посуши́ть(ся), -ушу́(сь), -у́шит(ся)
по существу́
посхи́мить(ся), -млю(сь), -мит(ся)
посхи́мленный; *кр. ф.* -ен, -ена
посходи́ть, -о́дит
посчастли́вевший
посчастли́веть, -ею, -еет
посчастли́виться, -ится
по сча́стью
посчи́танный; *кр. ф.* -ан, -ана
посчита́ть(ся), -а́ю(сь), -а́ет(ся)
посчи́тывать, -аю, -ает

посшиба́ть, -а́ю, -а́ет
посы́л, -а
посыла́ть(ся), -а́ю(сь), -а́ет(ся)
посы́лка, -и, *р. мн.* -лок
посы́лочка, -и, *р. мн.* -чек
посы́лочный
посы́льный
по-сыно́внему, *нареч.*
по-сыно́вьи
посыпа́ние, -я
посы́панный; *кр. ф.* -ан, -ана
посы́пать(ся), -плю(сь), -плет(ся), -плют(ся) и -пет(ся), -пят(ся), *сов.*
посыпа́ть(ся), -а́ю(сь), -а́ет(ся), *несов.*
посы́пка, -и, *р. мн.* -пок
посыпно́й
посюсторо́нний
посюсторо́нность, -и
посяга́тель, -я
посяга́тельница, -ы, *тв.* -ей
посяга́тельство, -а
посяга́ть, -а́ю, -а́ет
посягну́ть, -ну́, -нёт
пот, -а, *предл.* в поту́, *мн.* -ы́, -о́в
по-таджи́кски
потаённость, -и
потаённый; *кр. ф. прич.* -ён, -ена́; *кр. ф. прил.* (*тайный, секретный*) -ён, -ённа
потаи́ть(ся), -аю́(сь), -аи́т(ся)
потайно́й
потака́ние, -я
потака́тель, -я
потака́тельница, -ы, *тв.* -ей
потака́ть, -а́ю, -а́ет
пота́ль, -и
пота́льный
потамобио́нты, -ов, *ед.* -о́нт, -а
потамоло́гия, -и
потамопланкто́н, -а
по-та́мошнему, *нареч.*
потанцева́ть, -цу́ю, -цу́ет
пота́пливать, -аю, -ает (*топить понемногу*)

потарато́рить, -рю, -рит
пота́сканность, -и
пота́сканный; *кр. ф. прич.* -ан, -ана; *кр. ф. прил.* (поношенный; со следами беспорядочной жизни) -ан, -анна
потаска́ть(ся), -а́ю(сь), -а́ет(ся)
пота́скивать, -аю, -ает (*таскать время от времени*)
потаску́н, -а́
потаску́нья, -и, *р. мн.* -ний
потаску́ха, -и
потаску́шка, -и, *р. мн.* -шек
потасо́ванный; *кр. ф.* -ан, -ана (*от* потасова́ть)
потасова́ть, -су́ю, -су́ет (*тасовать нек-рое время*)
потасо́вка, -и, *р. мн.* -вок (*драка*)
по-тата́рски
пота́тчик, -а
пота́тчица, -ы, *тв.* -ей
потача́ть, -а́ю, -а́ет (*тачать нек-рое время*)
пота́чивать(ся), -аю, -ает(ся) (*точить(ся) время от времени*)
пота́чка, -и, *р. мн.* -чек
пота́ш, -а́, *тв.* -о́м
пота́шнивать, -ает (*время от времени слегка тошнить*)
пота́шник, -а
пота́шный
пота́щенный; *кр. ф.* -ен, -ена (*от* потащи́ть)
потащи́ть(ся), -ащу́(сь), -а́щит(ся) (*начать тащить(ся)*)
пота́явший (*от* пота́ять)
пота́ять, -а́ет (*растаять – о всем, многом*)
потверде́ть, -е́ет
по-тво́ему, *нареч. и вводн. сл.*
потво́рство, -а
потво́рствование, -я
потво́рствовать, -твую, -твует
потво́рщик, -а
потво́рщица, -ы, *тв.* -ей
потебниа́нский (*от* Потебня́)

поте́к, -а (*след от жидкости*)
поте́кший (*от* поте́чь)
по-теля́чьи
потёмки, -мок
потёмкинский (*от* Потёмкин; потёмкинская дере́вня)
Потёмкин-Таври́ческий, Потёмкина-Таври́ческого
потемне́е
потемне́ние, -я
потемнённый; *кр. ф.* -ён, -ена́
потемне́ть, -е́ю, -е́ет
потемни́ть(ся), -ню́, -ни́т(ся)
потёмну
поте́ние, -я
потента́т, -а
потенциа́л, -а
потенциаломе́тр, -а
потенциалоско́п, -а
потенциа́льный; *кр. ф.* -лен, -льна
потенцио́метр, -а
потенциометри́ческий
потенциоме́трия, -и
потенци́рование, -я
потенци́рованный; *кр. ф.* -ан, -ана
потенци́ровать(ся), -рую, -рует(ся)
поте́нция, -и
по-тепе́решнему, *нареч.*
потепле́ние, -я
потепле́ть, -е́ет
потереби́ть, -блю́, -би́т
потере́ть(ся), потру́(сь), потрёт(ся); *прош.* потёр(ся), потёрла(сь) (*натереть, растереть немного, нек-рое количество; повредить(ся) от трения; тереться нек-рое время*)
поте́рна, -ы
потерпе́вший
потерпе́ть, -ерплю́, -е́рпит
потёртость, -и
потёртый (*к* потере́ть(ся); потре́панный)

поте́рший(ся) (*от* потере́ть(ся))
поте́ря, -и
поте́рянно, *нареч.*
поте́рянность, -и
поте́рянный; *кр. ф.* -ян, -яна
потеря́ть(ся), -я́ю(сь), -я́ет(ся)
потеря́шка, -и, *р. мн.* -шек, *м. и ж.*
потёсанный; *кр. ф.* -ан, -ана (*от* потеса́ть)
потеса́ть, -ешу́, -е́шет (*тесать нек-рое время*)
потеснённый; *кр. ф.* -ён, -ена́
потесни́ть(ся), -ню́(сь), -ни́т(ся)
поте́сь, -и
потетёшкать(ся), -аю(сь), -ает(ся)
поте́ть, -е́ю, -е́ет
поте́ха, -и
поте́чь, -ечёт, -еку́т; *прош.* -ёк, -екла́ (*начать течь*)
поте́шать(ся), -а́ю(сь), -а́ет(ся)
поте́шенный; *кр. ф.* -ен, -ена
поте́шить(ся), -шу(сь), -шит(ся)
поте́шка, -и, *р. мн.* -шек
поте́шник, -а
поте́шность, -и
поте́шный; *кр. ф.* -шен, -шна
поти́йский (*от* По́ти)
поти́йцы, -ев, *ед.* -и́ец, -и́йца, *тв.* -и́йцем
поти́р, -а
потира́ние, -я (*от* потира́ть)
потира́ть, -а́ю, -а́ет (*к* потере́ть)
потиска́ть, -аю, -ает
по-ти́хому, *нареч.*
потихо́нечку
потихо́нечку-полего́нечку
потихо́ньку
потихо́ньку-полего́ньку
поти́ше
по́тканный; *кр. ф.* -ан, -ана
потка́ть, потку́, поткёт; *прош.* -а́л, -ала́, -а́ло
по́тлач, -а, *тв.* -ем
потли́вость, -и

потли́вый
потни́к, -а́
потнико́вый
потни́ца, -ы, *тв.* -ей
потни́чка, -и
по́тный; *кр. ф.* по́тен, потна́, по́тно
по-това́рищески
потово́й
по-тогда́шнему
потого́нный
пото́к, -а
пото́ковый
потокосцепле́ние, -я
потолка́ть(ся), -а́ю(сь), -а́ет(ся)
потолкова́ть, -ку́ю, -ку́ет (*толковать нек-рое время*)
потоло́к, -лка́
потоло́кший(ся) (*от* потоло́чь(ся))
потоло́чина, -ы
потоло́чник, -а
потоло́чный
потоло́чь(ся), -лку́(сь), -лчёт(ся), -лку́т(ся); *прош.* -ло́к(ся), -лкла́(сь) (*растолочь(ся) немного; толочь(ся) нек-рое время*)
потолсте́ть, -е́ю, -е́ет
потолчённый; *кр. ф.* -ён, -ена́ (*от* потоло́чь)
пото́лще
пото́м, *нареч.*
пото́макский (*от* Пото́мак)
потоми́ть(ся), -млю́(сь), -ми́т(ся)
потомлённый; *кр. ф.* -ён, -ена́
пото́мный (*от* том)
пото́мок, -мка
пото́мственный
пото́мство, -а
потому́, *нареч.* (*по этой причине*), но *местоим.* по тому́ (по тому́ бе́регу удо́бнее идти́)
потому́ как, *союз*
по тому́ са́мому
потому́-то
потому́ что, *союз*
потону́ть, -ону́, -о́нет

потонча́ть, -а́ет
пото́ньше
потоотделе́ние, -я
пото́п, -а
пото́пать, -аю, -ает
потопи́ть, -оплю́, -о́пит (*нагреть топкой; залить водой; пустить ко дну, погубить*)
потопле́ние, -я (*от* потопи́ть)
пото́пленный; *кр. ф.* -ен, -ена (*от* потопи́ть)
потопля́ть(ся), -я́ю, -я́ет(ся)
пото́пнуть, -ну, -нет; *прош.* -о́п, -о́пла (*прост. к* потону́ть)
пото́птанный; *кр. ф.* -ан, -ана
потопта́ть(ся), -опчу́(сь), -о́пчет(ся)
пото́пывать, -аю, -ает
потора́пливание, -я
потора́пливать(ся), -аю(сь), -ает(ся)
поторгова́ть(ся), -гу́ю(сь), -гу́ет(ся) (*торговать(ся) нек-рое время*)
поторго́вывать, -аю, -ает (*торговать понемногу*)
потормошённый; *кр. ф.* -ён, -ена́
потормоши́ть, -шу́, -ши́т
поторопи́ть(ся), -оплю́(сь), -о́пит(ся)
поторо́пленный; *кр. ф.* -ен, -ена
поторча́ть, -чу́, -чи́т
потоскова́ть, -ку́ю, -ку́ет
пото́ченный; *кр. ф.* -ен, -ена (*от* поточи́ть)
пото́чечный
поточи́ть, -очу́, -о́чит (*наточить немного; точить нек-рое время*)
пото́чно-автоматизи́рованный
пото́чно-группово́й
пото́чно-конве́йерный
пото́чно-перева́лочный
пото́чно-скоростно́й
пото́чность, -и
пото́чный
потра́ва, -ы

потрави́ть(ся), -авлю́, -а́вит(ся) (*отравить всех, многих; отравиться (о всех, многих); постепенно стравить(ся); травить(ся) нек-рое время*)
потра́вленный; *кр. ф.* -ен, -ена (*от* потрави́ть)
потра́вный
потра́вщик, -а
потра́гивать, -аю, -ает
потра́тить(ся), -а́чу(сь), -а́тит(ся)
потра́фить, -флю, -фит
потрафля́ть, -я́ю, -я́ет
потра́ченный; *кр. ф.* -ен, -ена
потре́ба, -ы (на потре́бу)
потреби́тель, -я
потреби́тельный
потреби́тельски
потреби́тельский
потреби́тельство, -а
потреби́ть(ся), -блю́, -би́т(ся)
потребкоопера́ция, -и
потребле́ние, -я
потреблённый; *кр. ф.* -ён, -ена́
потребля́ть(ся), -я́ю, -я́ет(ся)
потре́бность, -и
потре́бный; *кр. ф.* -бен, -бна
потре́бованный; *кр. ф.* -ан, -ана
потре́бовать(ся), -бую(сь), -бует(ся)
потребсою́з, -а
потрево́женный; *кр. ф.* -ен, -ена
потрево́жить(ся), -жу(сь), -жит(ся)
потрениро́ванный; *кр. ф.* -ан, -ана
потренирова́ть(ся), -ру́ю(сь), -ру́ет(ся)
потре́нькать, -аю, -ает
потре́нькивание, -я
потре́нькивать, -аю, -ает
потрёпанность, -и
потрёпанный; *кр. ф. прич.* (*от* потрепа́ть) -ан, -ана; *кр. ф. прил.* (*утративший свежесть, изнуренный*) -ан, -анна

ПОТРЕПАТЬ(СЯ)

потрепа́ть(ся), -еплю́(сь), -е́плет(ся), -е́плют(ся) и -е́пет(ся), -е́пят(ся) (несколько истрепа́ть(ся); нанести́ уро́н; трепа́ть(ся) нек-рое время)
потрепыха́ться, -а́юсь, -а́ется
потре́сканный; кр. ф. -ан, -ана
потре́скаться, -ается
потре́скивание, -я
потре́скивать, -аю, -ает
потреща́ть, -щу́, -щи́т
потро́ганный; кр. ф. -ан, -ана
потро́гать, -аю, -ает
по́ трое и по тро́е
потроха́, -о́в
потроше́ние, -я
потрошённый; кр. ф. -ён, -ена́, прич.
потрошёный, прил.
потроши́тель, -я
потроши́ть(ся), -шу́, -ши́т(ся)
потрошки́, -о́в
потруби́ть, -блю́, -би́т
потруди́ться, -ужу́сь, -у́дится
потрудне́е
потру́нивание, -я (от потру́нивать)
потру́нивать, -аю, -ает (подшучивать время от времени)
потруси́ть, -ушу́, -уси́т (натруси́ть немно́го; трясти́ нек-рое время; начать бежать трусцо́й)
потру́шенный; кр. ф. -ен, -ена
потряса́ть(ся), -а́ю(сь), -а́ет(ся) (к потрясти́(сь))
потряса́ющий(ся)
потрясе́ние, -я
потрясённый; кр. ф. -ён, -ена́
потря́сный
потрясти́(сь), -су́(сь), -сёт(ся); прош. -я́с(ся), -ясла́(сь) (трясти́(сь) нек-рое время; сотрясти́(сь), поколеба́ть(ся); сильно взволнова́ть(ся))
потрясу́чий
потря́сший(ся)

потря́хивание, -я
потря́хивать(ся), -аю(сь), -ает(ся)
Потсда́мская конфере́нция (1945)
потсда́мский (от По́тсдам)
поту́ги, -уг, ед. поту́га, -и
потуже
потужи́ть, -ужу́, -у́жит
потузи́ть, -ужу́, -узи́т
поту́пить(ся), -у́плю(сь), -у́пит(ся) (поту́пить взгля́д)
потупи́ть(ся), -уплю́, -у́пит(ся) (иступи́ть(ся))
поту́пленный; кр. ф. -ен, -ена
потупля́ть(ся), -я́ю(сь), -я́ет(ся)
поту́ренный; кр. ф. -ён, -ена́
по-туре́цки
потури́ть, -рю́, -ри́т
по-туркме́нски
потускне́вший
потускне́лый
потускне́ние, -я
потускне́ть, -е́ет; прош. -е́л, -е́ла
поту́скнувший
поту́скнуть, -нет; прош. -у́скнул и -у́ск, -у́скла
поту́скший
потусова́ться, -су́юсь, -су́ется
потусторо́нний
потусторо́нность, -и
потуха́ние, -я
потуха́ть, -а́ю, -а́ет
поту́хнуть, -ну, -нет; прош. -у́х, -у́хла
поту́хший
потучне́ть, -е́ю, -е́ет
поту́шенный; кр. ф. -ен, -ена
потуши́ть(ся), -ушу́, -у́шит(ся)
по́тчевание, -я
по́тчевать, -чую, -чует
потщи́ться, -щу́сь, -щи́тся
поты́канный; кр. ф. -ан, -ана
поты́кать(ся), -ы́чу(сь), -ы́чет(ся) и -аю(сь), -ает(ся)
поты́лица, -ы, тв. -ей
потя́вкать, -аю, -ает

потя́вкивать, -аю, -ает
по́тяг, -а
потяга́ться, -а́юсь, -а́ется
потя́гивание, -я (от потя́гивать(ся)
потя́гивать(ся), -аю(сь), -ает(ся) (время от времени, слегка тяну́ть(ся))
потяго́та, -ы
потягу́нюшки, -шек
потягу́шеньки, -нек
потягу́шечки, -чек
потягу́шки, -шек
потяжеле́ть, -е́ю, -е́ет
потя́жка, -и, р. мн. -жек (к потя́гивать)
потя́нутый (от потяну́ть)
потяну́ть(ся), -яну́(сь), -я́нет(ся) (начать тяну́ть(ся); тяну́ть(ся) в течение нек-рого времени; расправить руки, ноги; оказаться в состоянии справиться с чем-н.; оказаться определенного веса; получить растяжение связок)
поуба́вить(ся), -влю, -вит(ся)
поуба́вленный; кр. ф. -ен, -ена
поубива́ть, -а́ю, -а́ет
поуби́ть, -бью́, -бьёт
по убыва́ющей (боле́знь идёт по убыва́ющей)
поуга́снуть, -ну, -нет; прош. -а́с, -а́сла
поуга́сший
поугомони́ться, -ню́сь, -ни́тся
по-уда́рному, нареч.
поуди́ть, поужу́, поу́дит
поуезжа́ть, -а́ет
поу́же
поу́жинать, -аю, -ает
по-узбе́кски
поузлово́й
по ука́зке
поуко́сный
по-украи́нски
поуле́чься, -ля́жется, -ля́гутся; прош. -лёгся, -легла́сь

поуме́ньшить(ся), -шу, -шит(ся)
поуме́рить, -рю, -рит
поумира́ть, -а́ет
поумне́е
поумне́ть, -е́ю, -е́ет
поу́мничать, -аю, -ает
по-у́мному, *нареч.*
поу́мствовать, -твую, -твует
поунижа́ть(ся), -а́ю(сь), -а́ет(ся)
поуня́ть(ся), поуйму́(сь), поуймёт(ся); *прош.* -ня́л(ся), -няла́(сь), -ня́ло(сь)
по уполномо́чию (*кого, чего*)
поупо́рствовать, -твую, -твует
поупра́виться, -влюсь, -вится
поуправля́ть, -я́ю, -я́ет
поупражня́ть(ся), -я́ю(сь), -я́ет(ся)
поупря́миться, -млюсь, -мится
поре́занный; *кр. ф.* -ан, -ана
поре́зать, -е́жу, -е́жет
поуро́чный
поусе́рдствовать, -твую, -твует
поуспоко́енный; *кр. ф.* -ен, -ена
поуспоко́ить(ся), -о́ю(сь), -о́ит(ся)
поуте́шенный; *кр. ф.* -ен, -ена
поуте́шить(ся), -шу(сь), -шит(ся)
по-ути́ному, *нареч.*
поути́хнуть, -ну, -нет; *прош.* -и́х, -и́хла
поути́хший
поутоми́ться, -млю́сь, -ми́тся
по утра́м
по-у́треннему, *нареч.*
поутру́, *нареч.*
поутю́женный; *кр. ф.* -ен, -ена
поутю́жить, -жу, -жит
поуха́живать, -аю, -ает
поуходи́ть, -о́дит
поуча́ствовать, -твую, -твует
поуча́ть(ся), -а́ю(сь), -а́ет(ся)
поуча́ющий(ся)
поуче́ние, -я
по-учени́чески
поу́ченный; *кр. ф.* -ен, -ена

по-учёному, *нареч.*
поу́чивать, -аю, -ает
поучи́тельность, -и
поучи́тельный; *кр. ф.* -лен, -льна
поучи́ть(ся), поучу́(сь), поу́чит(ся)
по́ уши (влюби́ться; погрузи́ться; бы́ть в долга́х)
по фами́лии
пофами́льный
пофантази́ровать, -рую, -рует
пофа́ртить, -ит
пофасо́нить, -ню, -нит
пофиги́зм, -а
по́ фигу
пофилосо́фствовать, -твую, -твует
пофлани́ровать, -рую, -рует
пофлиртова́ть, -ту́ю, -ту́ет
по-фло́тски
пофорси́ть, -ршу́, -рси́т
пофранти́ть, -нчу́, -нти́т
по-францу́зски
по-фронтово́му, *нареч.*
пофы́ркать, -аю, -ает
пофы́ркивание, -я
пофы́ркивать, -аю, -ает
поха́бить, -блю, -бит
поха́бник, -а
поха́бница, -ы, *тв.* -ей
поха́бничать, -аю, -ает
поха́бность, -и
поха́бный; *кр. ф.* -бен, -бна
поха́бство, -а
поха́бщина, -ы
поха́живать, -аю, -ает
похалту́рить, -рю, -рит
по-ха́мски
похандри́ть, -рю́, -ри́т
поха́ять, -а́ю, -а́ет
похвала́, -ы́
похва́ленный; *кр. ф.* -ен, -ена
похва́ливание, -я
похва́ливать, -аю, -ает
похвали́ть(ся), -алю́(сь), -а́лит(ся)
похвальба́, -ы́
похва́льность, -и

похва́льный; *кр. ф.* -лен, -льна
похваля́ться, -я́юсь, -я́ется
похва́рывать, -аю, -ает
похва́стать(ся), -аю(сь), -ает(ся)
похва́танный; *кр. ф.* -ан, -ана
похвата́ть(ся), -а́ю, -а́ет(ся)
похвора́ть, -а́ю, -а́ет
похе́ренный; *кр. ф.* -ен, -ена
похе́рить(ся), -рю, -рит(ся)
похиле́ть, -е́ю, -е́ет
похили́ться, -и́тся
похити́тель, -я
похити́тельница, -ы, *тв.* -ей
похи́тить, -и́щу, -и́тит
похитре́ть, -е́ю, -е́ет
похитри́ть, -рю́, -ри́т
по-хи́трому, *нареч.*
похихи́кать, -аю, -ает
похихи́кивать, -аю, -ает
похища́ть(ся), -а́ю(сь), -а́ет(ся)
похище́ние, -я
похи́щенный; *кр. ф.* -ен, -ена
похлёбанный; *кр. ф.* -ан, -ана
похлеба́ть, -а́ю, -а́ет
похлёбка, -и, *р. мн.* -бок
похлёбывать, -аю, -ает
похлёстанный; *кр. ф.* -ан, -ана
похлеста́ть(ся), -ещу́(сь), -е́щет(ся)
похлёстче
похлёстывать, -аю, -ает
похле́ще
похло́панный; *кр. ф.* -ан, -ана
похло́пать, -аю, -ает
похлопота́ть, -очу́, -о́чет
похло́пывать, -аю, -ает
похлю́пать, -аю, -ает
похлю́пывать, -аю, -ает
похмели́ться, -лю́сь, -ли́тся
похме́лье, -я
похме́льный; *кр. ф.* -лен, -льна
похмеля́ться, -я́юсь, -я́ется
похмы́кать, -аю, -ает
похмы́кивать, -аю, -ает
похны́кать, -ы́чу, -ы́чет и -аю, -ает

похны́кивать, -аю, -ает
похо́д, -а
похода́тайствовать, -твую, -твует
походи́ть, -ожу́, -о́дит
похо́дка, -и, *р. мн.* -док
похо́дный
похо́дочка, -и, *р. мн.* -чек
по хо́ду
по́ходя, *нареч.*
похожде́ние, -я
похо́же, *нареч., в знач. сказ. и вводн. сл.*
похо́жесть, -и
похо́жий
похозя́йничать, -аю, -ает
по-хозя́йски
похозя́йственный
похолода́ние, -я
похолода́ть, -а́ет
похолоде́ть, -е́ю, -е́ет
похолодне́ть, -е́ет
по-холостя́цки
похоро́ненный; *кр. ф.* -ен, -ена
похорони́ть, -оню́, -о́нит
похоро́нка, -и, *р. мн.* -нок
похоро́нный
похоро́нщик, -а
по́хороны, -о́н, -она́м
по-хоро́шему, *нареч.*
похороше́ть, -е́ю, -е́ет
похотли́вость, -и
похотли́вый
похотни́к, -а́
по́хотный
по́хоть, -и
похоха́тывать, -аю, -ает
похохми́ть, -млю́, -ми́т
похохота́ть, похохочу́, похохо́чет
похрабре́ть, -е́ю, -е́ет
похрабри́ться, -рю́сь, -ри́тся
похра́мывать, -аю, -ает
похрапе́ть, -плю́, -пи́т
похра́пывание, -я
похра́пывать, -аю, -ает
похрипе́ть, -плю́, -пи́т

по-христиа́нски
похристо́соваться, -суюсь, -суется
похрома́ть, -а́ю, -а́ет
похрусте́ть, -ущу́, -усти́т
похру́стывание, -я
похру́стывать, -аю, -ает
похрю́кать, -аю, -ает
похрю́кивание, -я
похрю́кивать, -аю, -ает
похуда́ть, -а́ю, -а́ет
похуде́лый
похуде́ть, -е́ю, -е́ет
поху́же
похулённый; *кр. ф.* -ён, -ена́
похули́ть, -лю́, -ли́т
поца́паться, -аюсь, -ается
поцара́панный; *кр. ф.* -ан, -ана
поцара́пать(ся), -аю(сь), -ает(ся)
по-ца́рски
поца́рствовать, -твую, -твует
поцеди́ть, -ежу́, -е́дит (*цедить нек-рое время*)
поце́женный; *кр. ф.* -ен, -ена (*от* поцеди́ть)
поце́живать, -аю, -ает (*цедить понемногу*)
поцело́ванный; *кр. ф.* -ан, -ана
поцелова́ть(ся), -лу́ю(сь), -лу́ет(ся)
поцелу́й, -я
поцелу́йный
поцеремо́ниться, -нюсь, -нится
по-церковнославя́нски
поцо́кать, -аю, -ает
поцо́кивать, -аю, -ает
по-цыга́нски
поцы́кивать, -аю, -ает
поча́вкать, -аю, -ает
поча́вкивание, -я
поча́вкивать, -аю, -ает
почаева́ть, почаю́ю, почаю́ет
поча́ёвничать, -аю, -ает
поча́йпить, -ию, -иет
поча́пать, -аю, -ает
по часа́м
поча́сный

почасови́к, -а́
почасово́й
по ча́сти (*чего*)
поча́сту, *нареч.* (*устар. к* ча́сто)
початкоцве́тные, -ых
поча́ток, -тка
поча́точный
по́чатый; *кр. ф.* по́чат, почата́, по́чато
поча́ть(ся), почну́, почнёт(ся); *прош.* по́чал, почала́, по́чало, -а́ло́(сь)
поча́хнуть, -ну, -нет; *прош.* -а́х, -а́хла
поча́хший
поча́ще
по́чва, -ы
почва́ниться, -нюсь, -нится
по́чвенник, -а
по́чвеннический
по́чвенничество, -а
по́чвенно-географи́ческий
по́чвенно-климати́ческий
по́чвенно-мелиорати́вный
по́чвенность, -и
по́чвенный
почвове́д, -а
почвове́дение, -я
почвове́дческий
почвовосстановле́ние, -я
почвозащи́та, -ы
почвозащи́тный
почвообраба́тывающий
почвообразова́ние, -я
почвообразова́тельный
почвообразу́ющий
почвоохра́нный
почвоуглуби́тель, -я
почвоуглубле́ние, -я
почвоулучша́ющий
почвоутомле́ние, -я
почвоухудша́ющий
по-челове́чески
по-челове́честву (*из человеколю́бия*)
по-челове́чьи

почело́мкаться, -а́юсь, -а́ется
почём, нареч. (*по какой цене*; почём я зна́ю, почём мне знать), но *местоим.* по чём (по чём ты так тоску́ешь?)
почём знать, *вводн. сл.*
почём зря
по-чемпио́нски
почему́, нареч. (*по какой причине, вследствие чего*), но *местоим.* по чему́ (по чему́ ты сдаёшь экза́мен, по како́му предме́ту)
почему́-либо
почему́-нибудь
почему́-то
почему́чка, -и, *р. мн.* -чек, *м. и ж.*
по-черепа́шьи
по́черк, -а, *мн.* -и, -ов и -а́, -о́в
почёрканный; *кр. ф.* -ан, -ана
почерка́ть, -а́ю, -а́ет и почёркать, -аю, -ает
почеркове́д, -а
почеркове́дение, -я
почеркове́дческий
почерку́шка, -и, *р. мн.* -шек
почерне́лый
почерне́ние, -я
почернённый; *кр. ф.* -ён, -ена́ (*от* почерни́ть)
почерне́ть, -е́ю, -е́ет
почерни́ть(ся), -ню́(сь), -ни́т(ся) (*слегка начерни́ть(ся)*)
по-чёрному, *нареч.*
почерпа́ть, -а́ю, -а́ет, *сов.* (*от* че́рпать)
почерпа́ть(ся), -а́ю, -а́ет(ся), *несов.* (*к* почерпну́ть)
почёрпнутый (*от* почерпну́ть)
почерпну́ть, -ну́, -нёт (*взять, заимствовать откуда-н.*)
почерстве́лый
почерстве́ть, -е́ю, -е́ет
почерти́ть, -ерчу́, -е́ртит (*чертить нек-рое время*)
поче́рченный; *кр. ф.* -ен, -ена (*от* почерти́ть)

почёсанный; *кр. ф.* -ан, -ана (*от* почеса́ть)
почеса́ть(ся), почешу́(сь), поче́шет(ся) (*чеса́ть(ся) нек-рое время; побеспокоиться, потрудиться*)
по́чести, -ей, *ед.* по́честь, -и
по-че́стному, *нареч.*
поче́сть[1], почту́, почтёт; *прош.* почёл, почла́ (*счесть кем, чем-н., за что-н.*)
поче́сть[2], *нареч.* (*почти, устар.*)
почесу́ха, -и
почёсывание, -я
почёсывать(ся), -аю(сь), -ает(ся) (*чеса́ть(ся) слегка, время от времени*)
почёт, -а; но: о́рден Почёта
почётность, -и
почётный; *кр. ф.* -тен, -тна; но: о́рден Почётного легио́на
по́чечник, -а
по́чечно-ка́менный
по́чечный
почечу́й, -я
почечу́йник, -а
почечу́йный
по-че́шски
почива́ть, -а́ю, -а́ет
почи́вший
почи́н, -а
почина́ть(ся), -а́ю, -а́ет(ся)
почи́ненный; *кр. ф.* -ен, -ена
починить(ся), -иню́, -и́нит(ся) (*исправить(ся)*)
почини́ться, -иню́сь, -и́нится (*поупрямиться*)
почи́нка, -и, *р. мн.* -нок
почи́нковский (*от* Почи́нок)
почи́нковый (*от* почи́нок)
почи́нный
по-чино́вничьи
почи́нок, -нка (*расчищенное под пашню место; выселок, село*) и Почи́нок, -нка (*город*)
почи́ночный

по чи́ну
починя́ть(ся), -я́ю, -я́ет(ся) (*к* почини́ть(ся))
почири́кать, -аю, -ает
почи́стить(ся), -и́щу(сь), -и́стит(ся) (*сов. к* чи́стить(ся))
почита́й, *нареч.* (*почти*) *и ввод. сл.* (*вероятно*)
почита́ние, -я
почи́танный; *кр. ф.* -ан, -ана (*от* почита́ть)
почита́тель, -я
почита́тельница, -ы, *тв.* -ей
почита́ть, -а́ю, -а́ет, *сов.* (*читать нек-рое время*)
почита́ть(ся), -а́ю(сь), -а́ет(ся), *несов.* (*к* чтить, почте́ние; *к* поче́сть[1])
почи́тывать, -аю, -ает (*читать понемногу*)
почи́ть, -и́ю, -и́ет
почиха́ть, -а́ю, -а́ет
почи́ще
почи́щенный; *кр. ф.* -ен, -ена (*от* почи́стить)
почи́ющий
по́чки, по́чек, *ед.* по́чка, -и
почкова́ние, -я
почкова́ться, -ку́ется
почкови́дный; *кр. ф.* -ден, -дна
по́чковый
почкое́д, -а
почкосложе́ние, -я
почкосмыка́ние, -я
почку́ющийся
почмо́кать(ся), -аю(сь), -ает(ся)
почмо́кивать, -аю, -ает
по́чта, -ы
почтальо́н, -а
почтальо́нка, -и, *р. мн.* -нок
почтальо́нский
почтальо́нша, -и, *тв.* -ей
почта́мт, -а
почта́мтский
почта́рство, -а
почта́рь, -я́

почт-дире́ктор, -а
почте́ние, -я
почте́ннейший
почте́нность, -и
почте́нный; *кр. ф.* -енен, -енна, *прил.* (*достойный почтения; значительный*)
почтённый; *кр. ф.* -ён, -ена́, *прич.* (*от* поче́сть¹ *и* почти́ть)
почти́, *нареч.*
почти́ как
почти́тельно-ве́жливый
почти́тельность, -и
почти́тельный; *кр. ф.* -лен, -льна
почти́ть, почту́, почти́т, почту́т *и* почтя́т
почти́ что
почтме́йстер, -а
почтме́йстерша, -и, *тв.* -ей
почто́, *нареч.* (*зачем, почему*)
почтови́к, -а́
почто́во-пассажи́рский
почто́во-телегра́фный
почто́вый
почтообраба́тывающий
почу́вствовать(ся), -твую, -твует(ся)
почуди́ть, -и́т
почу́диться, -ится
по-чудно́му, *нареч.*
почуже́ть, -е́ю, -е́ет
по-чуко́тски
по чуть-чу́ть
почу́янный; *кр. ф.* -ян, -яна
почу́ять(ся), -у́ю, -у́ет(ся)
пошаба́шить, -шу, -шит
пошага́ть, -а́ю, -а́ет
поша́говый
по-шака́льи
поша́ливать, -аю, -ает
пошали́ть, -лю́, -ли́т
пошама́нить, -ню, -нит
поша́мкать, -аю, -ает
поша́рить, -рю, -рит
поша́ркать, -аю, -ает
поша́ркивание, -я

поша́ркивать, -аю, -ает
пошата́ть(ся), -а́ю(сь), -а́ет(ся)
пошатну́ть(ся), -ну́(сь), -нёт(ся)
поша́тывание, -я
поша́тывать(ся), -аю(сь), -ает(ся)
по-шве́дски
пошвы́ривать(ся), -аю(сь), -ает(ся)
пошвы́рянный; *кр. ф.* -ян, -яна
пошвыря́ть(ся), -я́ю(сь), -я́ет(ся)
пошевелённый; *кр. ф.* -ён, -ена́
пошеве́ливание, -я
пошеве́ливать(ся), -аю(сь), -ает(ся)
пошевели́ть(ся), -елю́(сь), -е́ли́т(ся)
пошевельну́ть(ся), -ну́(сь), -нёт(ся)
по́шевни, -ей
поше́дший
по ше́йку
пошелохну́ться, -ну́сь, -нётся
пошелуши́ть, -шу́, -ши́т
по́шепт, -а (*устар. к* шёпот)
пошепта́ть(ся), -епчу́(сь), -е́пчет(ся)
по́шепту, *нареч.* (*устар. к* шёпотом)
пошёптывать, -аю, -ает
поше́тта, -ы
пошехо́нский (*от* Пошехо́нье)
пошехо́нцы, -ев, *ед.* -нец, -нца, *тв.* -нцем
по ше́ю
поши́б, -а
поши́в, -а
поши́вка, -и
поши́вочный
пошипе́ть, -плю́, -пи́т
поши́ре
пошире́ть, -е́ю, -е́ет
поши́тый
поши́ть, пошью́, пошьёт
пошле́йший
по́шленький
пошлёпанный; *кр. ф.* -ан, -ана

пошлёпать, -аю, -ает
пошлёпывать, -аю, -ает
пошле́ть, -е́ю, -е́ет
пошле́ц, -а́, *тв.* -о́м, *р. мн.* -о́в
по́шлина, -ы
пошли́нка, -и
по́шлинный
пошлифо́ванный; *кр. ф.* -ан, -ана
пошлифова́ть(ся), -фу́ю, -фу́ет(ся)
пошлова́тый
пошло́-пое́хало
по́шлость, -и
по́шлый; *кр. ф.* пошл, пошла́, по́шло
пошля́к, -а́
пошля́тина, -ы
пошля́тинка, -и
пошля́ться, -я́юсь, -я́ется
пошля́чка, -и, *р. мн.* -чек
пошмы́гать, -аю, -ает
пошмы́гивать, -аю, -ает
пошныря́ть, -я́ю, -я́ет
пошпио́нить, -ню, -нит
пошпыня́ть, -я́ю, -я́ет
по-шта́тски
пошто́панный; *кр. ф.* -ан, -ана
пошто́пать, -аю, -ает
поштукату́ренный; *кр. ф.* -ен, -ена
поштукату́рить, -рю, -рит
пошту́чный
пошуме́ть, -млю́, -ми́т
пошурова́ть, -ру́ю, -ру́ет
пошурша́ть, -шу́, -ши́т
пошустри́ть, -рю́, -ри́т
пошути́ть, -учу́, -у́тит
пошу́чивать, -аю, -ает
пошу́каться, -аюсь, -ается
поща́да, -ы
пощади́ть, -ажу́, -ади́т
пощажённый; *кр. ф.* -ён, -ена́
пощебета́ть, -ечу́, -е́чет
пощеголя́ть, -я́ю, -я́ет
пощекота́ть, -очу́, -о́чет
пощёлканный; *кр. ф.* -ан, -ана

пощёлкать, -аю, -ает
пощёлкивание, -я
пощёлкивать, -аю, -ает
пощение, -я
по-щенячьи
пощёпанный; *кр. ф.* -ан, -ана
пощепать, -еплю, -еплет и -аю, -ает (*к* щепать)
пощёчина, -ы
по щиколотку
пощипанный; *кр. ф.* -ан, -ана
пощипать, -иплю, -иплет, -иплют и -ипет, -ипят; *также* -аю, -ает (*к* щипать)
пощипывание, -я
пощипывать, -аю, -ает
пощупанный; *кр. ф.* -ан, -ана
пощупать, -аю, -ает
пощупывать, -аю, -ает
пощурить(ся), -рю(сь), -рит(ся)
поэза, -ы
поэзия, -и
поэзоконцерт, -а
поэкзаменовать(ся), -ную(сь), -нует(ся)
поэкономить(ся), -млю, -мит(ся)
поэкономленный; *кр. ф.* -ен, -ена
поэкспериментировать, -ирую, -ирует
поэксплуатированный; *кр. ф.* -ан, -ана
поэксплуатировать(ся), -рую, -рует(ся)
поэлементный
по-эллински
поэма, -ы
поэскадрильно
поэскадронно
по-эскимосски
по-эстонски
поэт, -а
поэтажный
поэтапный
поэтесса, -ы
поэтизация, -и

поэтизированный; *кр. ф.* -ан, -ана
поэтизировать(ся), -рую, -рует(ся)
поэтизм, -а
поэтика, -и
поэтический
поэтичность, -и
поэтичный; *кр. ф.* -чен, -чна
поэтому, *нареч.* (*по этой причине*), *но местоим.* по этому (по этому поводу, вопросу)
поэшелонно
по-южному, *нареч.*
поюлить, -лю, -лит
по-юношески
поюродствовать, -твую, -твует
поющий(ся)
поябедничать, -аю, -ает
появиться, появлюсь, появится
появление, -я
появляться, -яюсь, -яется
по-январски
по-японски
поярковый
поярок, -рка
поярусный
пояс, -а, *мн.* -а, -ов
пояснение, -я
пояснённый; *кр. ф.* -ён, -ена
пояснеть, -еет (*слегка проснеть*)
пояснеть, -еет (*слегка прояснеть*)
пояснительный
пояснить, -ню, -нит
поясница, -ы, *тв.* -ей
пояснично-крестцовый
поясничный
поясной
поясность, -и
пояснять(ся), -яю, -яет(ся)
поясок, -ска
поясохвост, -а
поясочек, -чка
поящий(ся)
прабабка, -и, *р. мн.* -бок
прабабкин, -а, -о

прабабушка, -и, *р. мн.* -шек
прабабушкин, -а, -о
прав, права, право, правы
правда¹, -ы
правда², *нареч., вводн. сл. и союз*
Правда, -ы: Русская Правда, Правда Ярослава (*свод древнерусского права*)
правда-матка, правды-матки
правдашний и правдашный
правдивость, -и
правдивый
правдинский (*от "Правда"*)
правдист, -а (*от "Правда"*)
правдистка, -и, *р. мн.* -ток
правдистский
правдоискатель, -я
правдоискательский
правдоискательство, -а
правдолюб, -а
правдолюбец, -бца, *тв.* -бцем, *р. мн.* -бцев
правдолюбивый
правдолюбие, -я
правдоподобие, -я
правдоподобность, -и
правдоподобный; *кр. ф.* -бен, -бна
праведник, -а
праведница, -ы, *тв.* -ей
праведность, -и
праведный; *кр. ф.* -ден, -дна
правее, *нареч.*
правёж, -ежа, *тв.* -ом
правёжный
праветь, -ею, -еет
правило, -а
правило, -а (*то, чем правят, расправляют, распрямляют; хвост*)
правильник, -а (*церк.*)
правильно, *нареч.*
правильность, -и
правильный; *кр. ф.* -лен, -льна
правильный (*к* править *и* правило)
правильщик, -а

ПРАВИТЕЛЬ

прави́тель, -я
прави́тельница, -ы, *тв.* -ей
прави́тельственный
прави́тельство, -а
Прави́тельство Росси́йской Федера́ции
прави́тельствующий
пра́вить(ся), -влю, -вит(ся)
пра́вка, -и, *р. мн.* -вок
правле́нец, -нца, *тв.* -нцем, *р. мн.* -нцев
правле́ние, -я
пра́вленный; *кр. ф.* -ен, -ена, *прич.*
правле́нский
правле́нческий
пра́вленый, *прил.*
пра́внук, -а
правнуча́та, -а́т
правнуча́тный
правнуча́тый
пра́внучек, -чка
пра́внучка, -и, *р. мн.* -чек
пра́во[1], -а, *мн.* права́, прав, -а́м
пра́во[2], *вводн. сл.*
пра́во[3]: (не знает,) где пра́во, где ле́во; пра́во руля́, пра́во на борт (*команды*); под пра́во (уда́рить, посла́ть мяч)
Правобере́жная Украи́на
правобере́жный
правобере́жье, -я, *р. мн.* -жий
правове́д, -а
правове́дение, -я
правове́дческий
правове́рие, -я
правове́рность, -и
правове́рный; *кр. ф.* -рен, -рна
правови́к, -а́
правово́й
правовоспита́тельный
правогегелья́нский
правогегелья́нство, -а
правогегелья́нцы, -ев, *ед.* -нец, -нца, *тв.* -нцем
правожелу́дочковый

правозасту́пник, -а
правозасту́пничество, -а
правозащи́та, -ы
правозащи́тник, -а
правозащи́тница, -ы, *тв.* -ей
правозащи́тный
правоконсервати́вный
правоме́рность, -и
правоме́рный; *кр. ф.* -рен, -рна
правомо́чие, -я
правомо́чность, -и
правомо́чный; *кр. ф.* -чен, -чна
правонаруше́ние, -я
правонаруши́тель, -я
правонаруши́тельница, -ы, *тв.* -ей
правонационалисти́ческий
правооблада́тель, -я
правообразова́тельный
правообразу́ющий
правооппортунисти́ческий
правоотноше́ния, -ий
правоохрани́тельный
правоохра́нный
правописа́ние, -я
правопи́сный
правополуша́рный
правопонима́ние, -я
правопораже́ние, -я
правопоря́док, -дка
правопре́емник, -а
правопре́емница, -ы, *тв.* -ей
правопре́емственность, -и
правопре́емственный
правопре́емство, -а
правоприме́нение, -я
правоприменительный
праворадика́льный
правореформи́стский
правосла́вие, -я
правосла́вность, -и
правосла́вный
Правосла́вный Свя́то-Ти́хоновский богосло́вский институ́т
правосозна́ние, -я

правоспосо́бность, -и
правоспосо́бный; *кр. ф.* -бен, -бна
правосторо́нний
правосубъе́ктность, -и
правосу́дие, -я
правосу́дный
правота́, -ы́
правотво́рчество, -а
правотроцки́стский
правоуклони́стский
правофланго́вый
правоцентри́зм, -а
правоцентри́ст, -а
правоцентри́стский
правоэкстреми́стский
правша́, -и́, *тв.* -о́й, *р. мн.* -е́й, *м. и ж.*
пра́вщик, -а
пра́вщица, -ы, *тв.* -ей
пра́вый[1] (*противоп.* ле́вый)
пра́вый[2]; *кр. ф.* прав, права́, пра́во (*противоп.* винова́тый)
пра́вящий(ся)
прагерма́нский
прагмати́зм, -а
прагма́тик, -а
прагма́тика, -и
прагмати́ст, -а
прагмати́ческий
прагмати́чность, -и
прагмати́чный; *кр. ф.* -чен, -чна
пра́дед, -а
пра́дедовский
праде́душка, -и, *р. мн.* -шек, *м.*
праде́душкин, -а, -о
пра́жане, -ан, *ед.* -анин, -а
пра́жанка, -и, *р. мн.* -нок
Пра́жская весна́ (*1968*)
пра́жский (*от* Пра́га)
Пра́жский Град
пра́жцы, -ев, *ед.* -жец, -жца, *тв.* -жцем
пра́зднество, -а
пра́здник, -а
пра́здничек, -чка

празднично-обря́довый
пра́здничность, -и
празднично укра́шенный
пра́здничный; *кр. ф.* -чен, -чна
празднова́ние, -я
пра́зднованный; *кр. ф.* -ан, -ана
пра́здновать(ся), -ную, -нует(ся)
празднолю́бец, -бца, *тв.* -бцем, *р. мн.* -бцев
празднолю́бие, -я
праздномы́слие, -я
праздносло́в, -а
праздносло́вие, -я
праздносло́вить, -влю, -вит
праздносло́вный; *кр. ф.* -вен, -вна
пра́здность, -и
праздношата́йство, -а
праздношата́ние, -я
праздношата́ющийся
пра́здный; *кр. ф.* пра́зден, пра́здна
пра́зелень, -и
пра́зем, -а
празеоди́м, -а
праиндоевропе́йский
праистори́ческий
праисто́рия, -и
пра́ймериз, -а и *нескл., мн.*
прайм-та́йм, -а
прайс-ли́ст, -а́
пракри́ти, *нескл., с.* (филос.)
пракри́тский
пракри́ты, -ов, *ед.* -ри́т, -а (*языки и диалекты*)
праксиоло́гия, -и
пра́ктик, -а
пра́ктика, -и
практика́нт, -а
практика́нтка, -и, *р. мн.* -ток
практика́нтский
практика́нтство, -а
практико́ванный; *кр. ф.* -ан, -ана
практикова́ть(ся), -ку́ю(сь), -ку́ет(ся)
пра́ктико-ориенти́рованный
пра́ктикум, -а

практици́зм, -а
практи́чески
практи́ческий
практи́чески необходи́мый
практи́чность, -и
практи́чный; *кр. ф.* -чен, -чна
прали́не́, *нескл., с.*
прали́новый
прама́терь, -и
прамонотеи́зм, -а
пра́на, -ы
пра́отец, -тца, *тв.* -тцем, *р. мн.* -тцев
праоте́ческий
праотцо́вский
пра́пор, -а
пра́порщик, -а
пра́порщицкий
пра́порщичий, -ья, -ье
прапраба́бка, -и, *р. мн.* -бок
прапраба́бушка, -и, *р. мн.* -шек
прапра́внук, -а
прапра́внучка, -и, *р. мн.* -чек
прапра́дед, -а
прапра́дедовский
прапраде́душка, -и, *р. мн.* -шек, *м.*
прапра́щур, -а
праро́дина, -ы
прароди́тель, -я
прароди́тельница, -ы, *тв.* -ей
прароди́тельский
праславя́не, -я́н
праславя́нский
пра́сол, -а
пра́сольский
пра́сольство, -а
прах, -а
пра́чечная, -ой
пра́чечный
пра́чка, -и, *р. мн.* -чек
пра́шивать, *наст. вр. не употр.*
праща́, -и́, *тв.* -о́й, *р. мн.* -е́й
пра́щник, -а
пра́щур, -а
праязы́к, -а́

праязыково́й
пре... — *приставка, пишется слитно; прилагательные с ней в сочетаниях с предшествующим прилагательным пишутся через дефис, напр.:* вку́сный-превку́сный, злой-презло́й
преадапта́ция, -и
преа́мбула, -ы
преаними́зм, -а
пребе́дный
пребезобра́зный; *кр. ф.* -зен, -зна
пребе́лый
пребе́нда, -ы
преблаго́й
преблагослове́нный
пребле́дный
пребога́тый
пребо́льно
пребольшо́й
пребольшу́щий
пребыва́ние, -я (*от* пребыва́ть)
пребыва́ть, -а́ю, -а́ет (*быть, находиться где-н.*)
пребы́ть, -бу́ду, -бу́дет (*к* пребыва́ть)
превали́рование, -я
превали́ровать, -рую, -рует
превели́кий
превенти́вный
преве́нтор, -а
преве́нция, -и
превесёлый
превзойдённый; *кр. ф.* -ён, -ена́
превзойти́, -йду́, -йдёт; *прош.* -ошёл, -ошла́
превзоше́дший
превку́сный
прево́, *нескл., м.* (чиновник, ист.)
превозвы́сить(ся), -ы́шу(сь), -ы́сит(ся)
превозвыша́ть(ся), -а́ю(сь), -а́ет(ся)
превозвыше́ние, -я
превозвы́шенный; *кр. ф.* -ен, -ена

превозмога́ние, -я
превозмога́ть, -а́ю, -а́ет
превозмо́гший
превозмо́чь, -огу́, -о́жет, -о́гут; *прош.* -о́г, -огла́
превознесе́ние, -я
превознесённый; *кр. ф.* -ён, -ена́
превознести́(сь), -су́(сь), -сёт(ся); *прош.* -ёс(ся), -есла́(сь)
превознёсший(ся)
превозноси́ть(ся), -ошу́(сь), -о́сит(ся)
превозноше́ние, -я
превосходи́тельный
превосходи́тельство, -а
превосходи́ть, -ожу́, -о́дит
превосхо́дный; *кр. ф.* -ден, -дна
превосхо́дство, -а
превосхо́дствовать, -твую, -твует
превосходя́щий
преврати́ть(ся), -ащу́(сь), -ати́т(ся)
превра́тность, -и
превра́тный; *кр. ф.* -тен, -тна
превраща́емость, -и
превраща́ть(ся), -а́ю(сь), -а́ет(ся)
превраще́ние, -я
превращённый; *кр. ф.* -ён, -ена́
превре́дный
превы́сить, -ы́шу, -ы́сит
превысо́кий
превы́спренний; *кр. ф.* -ен, -енна
превыша́ть(ся), -а́ю, -а́ет(ся)
превы́ше (*чего*)
превыше́ние, -я
превы́шенный; *кр. ф.* -ен, -ена
прега́дкий
преглубо́кий
преглу́пый
прегни́н, -а
прегну́сный
прегра́да, -ы
прегради́ть, -ажу́, -ади́т
прегражда́ть(ся), -а́ю, -а́ет(ся)
прегражде́ние, -я

прегражде́нный; *кр. ф.* -ён, -ена́
прегреша́ть, -а́ю, -а́ет
прегреше́ние, -я
прегреши́ть, -шу́, -ши́т
прегру́бый
прегру́стный
прегря́зный
пред и предо, *предлог*
предавари́йный
предава́ть(ся), -даю́(сь), -даёт(ся) (*к преда́ть(ся)*)
предалта́рный
предальпи́йский
Предальпы, -а́льп
предана́лиз, -а
преда́ние, -я (*от преда́ть; рассказ о былом*); *но*: Свяще́нное Преда́ние (*богосл.*)
пре́данно, *нареч.*
пре́данность, -и
пре́данный; *кр. ф. прич.* -ан, преда́на́, -ано; *кр. ф. прил.* -ан, -ана (*с дополн.: она́ пре́дана́ семье́*) и -ан, -анна (*без дополн.: она́ добра́ и пре́данна; её любо́вь пре́данна*)
преда́тель, -я
преда́тельница, -ы, *тв.* -ей
преда́тельски
преда́тельский
преда́тельство, -а
преда́ть(ся), -да́м(ся), -да́шь(ся), -да́ст(ся), -дади́м(ся), -дади́те(сь), -даду́т(ся); *прош.* -да́л(ся), -дала́(сь), -да́ло́(сь) (*нарушив верность, выдать; отдать(ся) в чье-н. распоряжение; подвергнуть действию или привести (прийти) в какое-н. состояние*)
предаукцио́нный
Предбайка́лье, -я (*к Байка́л*)
предбайка́льский
предбалка́нский
Предбалка́ны, -а́н
предба́нник, -а
предба́нничек, -чка
предбоево́й

предболе́знь, -и
предбу́дущий
предваре́ние, -я
предварённый; *кр. ф.* -ён, -ена́
предвари́лка, -и, *р. мн.* -лок
предвари́тельно напряжённый
предвари́тельно обрабо́танный
предвари́тельность, -и
предвари́тельный; *кр. ф.* -лен, -льна
предвари́ть(ся), -рю́, -ри́т(ся)
предваря́ть(ся), -я́ю, -я́ет(ся)
предвесе́нний
предвесе́нье, -я
предве́стие, -я
предве́стник, -а
предве́стница, -ы, *тв.* -ей
предвече́рний
предвече́рье, -я, *р. мн.* -рий
Предве́чный, -ого (*о Боге*)
предвеща́ние, -я
предвеща́ть(ся), -а́ю, -а́ет(ся)
предвзя́тость, -и
предвзя́тый
предви́дение, -я
предви́денный; *кр. ф.* -ен, -ена
предви́деть(ся), -и́жу, -и́дит(ся)
предви́димый
предвкуси́ть, -ушу́, -у́сит
предвкуша́ть(ся), -а́ю, -а́ет(ся)
предвкуше́ние, -я
предвкушённый; *кр. ф.* -ён, -ена́
предводи́тель, -я
предводи́тельница, -ы, *тв.* -ей
предводи́тельский
предводи́тельство, -а
предводи́тельствовать, -твую, -твует
предвое́нный
предвозве́стие, -я
предвозвести́ть(ся), -ещу́, -ести́т(ся)
предвозве́стник, -а
предвозве́стница, -ы, *тв.* -ей
предвозвеща́ть(ся), -а́ю, -а́ет(ся)

ПРЕДОК

предвозвеще́ние, -я
предвозвещённый; *кр. ф.* -ён, -ена́
предвосхи́тить, -и́щу, -и́тит
предвосхища́ть(ся), -а́ю, -а́ет(ся)
предвосхище́ние, -я
предвосхи́щенный; *кр. ф.* -ен, -ена
предвы́борный
предвыходно́й
Предгимала́йский проги́б (*геол.*)
предго́рный
предго́рье, -я, *р. мн.* -рий
предгрозово́й
предгро́зье, -я
преддве́рие, -я
преддиабе́т, -а
преддипло́мный
преддоговорно́й
преддождево́й
преддуна́йский
предекреме́нтный
преде́л, -а (*граница*)
преде́льно высо́кий
преде́льно допусти́мый
преде́льно ни́зкий
преде́льно сла́бый
преде́льность, -и
преде́льный; *кр. ф.* -лен, -льна (*от* преде́л)
преде́льческий
преде́льчество, -а
преде́льщик, -а
предержа́щий: власть предержа́щая, вла́сти предержа́щие
преде́рзкий
преде́рзостный; *кр. ф.* -тен, -тна
преджи́знь, -и
предзабасто́вочный
предзавко́ма, *нескл., м. и ж.*
предзака́тный
предзареёо́й
предзаро́дыш, -а, *тв.* -ем
предзаро́дышевый
предзачётный

предзащи́та, -ы
предзи́мний
предзи́мье, -я
предзнаменова́ние, -я
предзнамено́ванный; *кр. ф.* -ан, -ана
предзнаменова́ть, -ну́ю, -ну́ет
предзна́ние, -я
преди́вный
предика́т, -а
предикати́в, -а
предикати́вность, -и
предикати́вный; *кр. ф.* -вен, -вна
предика́тный
предика́ция, -и
предисло́вие, -я
предисполко́ма, *нескл., м. и ж.*
предкавка́зский
Предкавка́зье, -я (*к* Кавка́з)
предка́мера, -ы
предка́мерный
предкарпа́тский
Предкарпа́тье, -я (*к* Карпа́ты)
предквалификацио́нный
предквалифика́ция, -и
предкембри́йский
предкри́зисный
предкры́лок, -лка
предлага́ть(ся), -а́ю(сь), -а́ет(ся)
предлежа́ние, -я
предлежа́щий
предле́тье, -я
предли́нный
предлицензио́нный
предличи́ночный
предло́г, -а
предложе́ние, -я
предло́женный; *кр. ф.* -ен, -ена, *прич.*
предложе́нческий
предложи́ть, -ожу́, -о́жит
предло́жно-паде́жный
предло́жный (*от* предло́г, *в грамматике*)
предма́йский
предма́тчевый

предменструа́льный
предместко́ма, *нескл., м. и ж.*
предме́стник, -а
предме́стница, -ы, *тв.* -ей
предме́стье, -я, *р. мн.* -тий
предме́т, -а
предметиза́ция, -и
предме́тник, -а
предме́тно-алфави́тный
предме́тно-курсово́й
предме́тность, -и
предме́тно-темати́ческий
предме́тный; *кр. ф.* -тен, -тна
предмобилизацио́нный
предмо́стный
предмо́стье, -я, *р. мн.* -тий
преднавигацио́нный
предназнача́ть(ся), -а́ю(сь), -а́ет(ся)
предназначе́ние, -я
предназна́ченность, -и
предназна́ченный; *кр. ф.* -ен, -ена
предназна́чить, -чу, -чит
преднаме́рение, -я
преднаме́ренно, *нареч.*
преднаме́ренность, -и
преднаме́ренный; *кр. ф.* -рен, -ренна
предначерта́ние, -я
предначе́ртанный; *кр. ф.* -ан, -ана
предначерта́ть, -а́ю, -а́ет
предначина́тельный псало́м
предне́рестовый
преднизоло́н, -а
преднового́дний
преднового́дье, -я
предночно́й
предо и пред, *предлог*
предобе́денный
предо́бморочный
предобразо́ванный; *кр. ф.* -ан, -ана
предо́брый
пре́док, -дка

предокти́брьский
предо́лгий
предолимпи́йский
предоперацио́нный
предописа́ние, -я
предопла́та, -ы
предопределе́ние, -я
предопределённость, -и
предопределённый; кр. ф. -ён, -ена́
предопредели́ть(ся), -лю́, -ли́т(ся)
предопределя́ть(ся), -я́ю, -я́ет(ся)
предо́пухолевый
предорого́й
предосе́нний
предоста́вить(ся), -влю, -вит(ся)
предоставле́ние, -я
предоста́вленный; кр. ф. -ен, -ена
предоставля́ть(ся), -я́ю, -я́ет(ся)
предоста́точно
предостерега́ть(ся), -а́ю(сь), -а́ет(ся)
предостерега́ющий(ся)
предостерёгший
предостереже́ние, -я
предостережённый; кр. ф. -ён, -ена́
предостере́чь, -регу́, -режёт, -регу́т, прош. -рёг, -регла́
предосторо́жность, -и
предосуди́тельность, -и
предосуди́тельный; кр. ф. -лен, -льна
предотврати́ть, -ащу́, -ати́т
предотвраща́ть(ся), -а́ю, -а́ет(ся)
предотвраще́ние, -я
предотвращённый; кр. ф. -ён, -ена́
предотлётный
предотъе́здный
предохране́ние, -я
предохранённый; кр. ф. -ён, -ена́
предохрани́тель, -я

предохрани́тельный
предохрани́ть(ся), -ню́(сь), -ни́т(ся)
предохраня́ть(ся), -я́ю(сь), -я́ет(ся)
предощути́ть, -ущу́, -ути́т
предощуща́ть(ся), -а́ю, -а́ет(ся)
предощуще́ние, -я
предощущённый; кр. ф. -ён, -ена́
Предпарла́мент, -а (в России в 1917)
предпасха́льный
предпа́хотный
предпенсио́нный
предписа́ние, -я
предпи́санный; кр. ф. -ан, -ана
предписа́ть, -ишу́, -и́шет
предпи́сывать(ся), -аю, -ает(ся)
предплечево́й
предпле́чье, -я, р. мн. -чий
предплу́жник, -а
предплюсна́, -ы́, мн. -плю́сны, -сен, -снам
предплюсневой
предподъёмный
предполага́емый
предполага́ть(ся), -а́ю, -а́ет(ся)
предполётный
предположе́ние, -я
предполо́женный; кр. ф. -ен, -ена
предположи́тельность, -и
предположи́тельный; кр. ф. -лен, -льна
предположи́ть, -ожу́, -о́жит
предпо́лье, -я, р. мн. -лий
предполя́рный
предпоро́жный (от поро́г)
предпоса́дочный
предпосевно́й
предпо́сланный; кр. ф. -ан, -ана
предпосла́ть, -ошлю́, -ошлёт; прош. -сла́л, -сла́ла
предпосле́дний
предпосыла́ть(ся), -а́ю, -а́ет(ся)
предпосы́лка, -и, р. мн. -лок
предпохо́дный

предпоче́сть, -чту́, -чтёт; прош. -чёл, -чла́
предпочита́ть(ся), -а́ю, -а́ет(ся)
предпо́чка, -и, р. мн. -чек
предпочте́ние, -я
предпочтённый; кр. ф. -ён, -ена́
предпочти́тельность, -и
предпочти́тельный; кр. ф. -лен, -льна
предпра́здничный
предпра́здновать, -ную, -нует
предпра́зднство, -а (церк.)
предпремье́рный
предприи́мчивость, -и
предприи́мчивый
предпринима́тель, -я
предпринима́тельский
предпринима́тельство, -а
предпринима́ть(ся), -а́ю, -а́ет(ся)
предпри́нятый; кр. ф. -ят, -ята́, -ято
предприня́ть, -приму́, -при́мет; прош. -при́нял, -приняла́, -при́няло
предприя́тие, -я
предприя́тие-зака́зчик, предприя́тия-зака́зчика
предприя́тие-изготови́тель, предприя́тия-изготови́теля
предприя́тие-поставщи́к, предприя́тия-поставщика́
предприя́тие-сме́жник, предприя́тия-сме́жника
предпрода́жный
предпрое́ктный
предпрофко́ма, нескл., м. и ж.
предпусково́й
предрабочко́ма, нескл., м. и ж.
предра́к, -а
предра́ковый
предрасполага́ть(ся), -а́ю(сь), -а́ет(ся)
предрасположе́ние, -я
предрасположенность, -и
предрасполо́женный; кр. ф. -ен, -ена

предрасположи́ть, -ожу́, -о́жит
предрассве́тный
предрассве́тье, -я, р. мн. -тий
предрассу́док, -дка
предрассужде́ние, -я
предреволюцио́нный
предре́йсовый
предрека́ть(ся), -а́ю, -а́ет(ся)
предре́кший
предренесса́нсный
предрефо́рменный
предречённый; кр. ф. -ён, -ена́
предре́чь, -еку́, -ечёт, -еку́т; прош. -ёк, -екла́
предреша́ть(ся), -а́ю, -а́ет(ся)
предреше́ние, -я
предрешённость, -и
предрешённый; кр. ф. -ён, -ена́
предреши́ть, -шу́, -ши́т
предродово́й
предрожде́ственский
предромати́зм, -а
предро́сток, -тка
предсва́дебный
председа́тель, -я
председа́тельница, -ы, тв. -ей
Председа́тель Прави́тельства РФ
председа́тельский
председа́тельство, -а
председа́тельствовать, -твую, -твует
председа́тельствующий
председа́тельша, -и, тв. -ей
предсезо́нный
предсеноко́сный
предсе́рдие, -я
предсессио́нный
предсказа́ние, -я
предска́занный; кр. ф. -ан, -ана
предсказа́тель, -я
предсказа́тельница, -ы, тв. -ей
предсказа́тельный
предсказа́ть, -кажу́, -ка́жет
предсказу́емость, -и
предсказу́емый

предска́зывание, -я
предска́зывать(ся), -аю, -ает(ся)
предсме́ртный
предсобо́рник, -а
предсозна́ние, -я
предсо́нье, -я
предсоревнова́тельный
представа́ть, -таю́, -таёт
представи́тель, -я
представи́тельница, -ы, тв. -ей
представи́тельность, -и
представи́тельный; кр. ф. -лен, -льна
представи́тельский
представи́тельство, -а
представи́тельствовать, -твую, -твует
предста́вить(ся), -влю(сь), -вит(ся)
представле́ние, -я
предста́вленность, -и
предста́вленный; кр. ф. -ен, -ена
представля́ть(ся), -я́ю(сь), -я́ет(ся)
предста́ртовый
предста́рческий
предста́тель, -я
предста́тельная железа́
предста́тельница, -ы, тв. -ей
предста́тельство, -а
предста́тельствовать, -твую, -твует
предста́ть, -а́ну, -а́нет
предстоя́щий
предсте́пье, -я, р. мн. -пий
предстоя́тель, -я
предстоя́ть, -ою́, -ои́т
предстоя́щий
предсу́меречный
предсуществова́ние, -я
предсуществу́ющий
предсъе́здовский
предте́ча, -и, тв. -ей, р. мн. -ей и -те́ч, м. и ж.; но: Иоа́нн Предте́ча
Предте́ченский (храм, монасты́рь, скит)

предторго́вый
предубеди́ть, -и́т
предубежда́ть(ся), -а́ю(сь), -а́ет(ся)
предубежде́ние, -я
предубеждённо, нареч.
предубеждённость, -и
предубеждённый; кр. ф. -ён, -ена́ и (свидетельствующий о предубеждении) -ён, -ённа (его отношение к нам предубеждённо)
предубо́рочный
предуве́домить, -млю, -мит
предуведомле́ние, -я
предуве́домленный; кр. ф. -ен, -ена
предуведомля́ть(ся), -я́ю(сь), -я́ет(ся)
предуга́данный; кр. ф. -ан, -ана
предугада́ть, -а́ю, -а́ет
предуга́дывание, -я
предуга́дывать(ся), -аю, -ает(ся)
предугото́ванный; кр. ф. -ан, -ана
предугото́вить, -влю, -вит
предуготовле́ние, -я
предугото́вленный; кр. ф. -ен, -ена
предуготовля́ть(ся), -я́ю, -я́ет(ся)
предуда́рный
предузнава́ть(ся), -наю́, -наёт(ся)
преду́знанный; кр. ф. -ан, -ана
предузна́ть, -а́ю, -а́ет
предуказа́ние, -я
предука́занный; кр. ф. -ан, -ана
предуказа́ть, -кажу́, -ка́жет
предука́зывать(ся), -аю, -ает(ся)
предумышле́ние, -я
предумы́шленно, нареч.
предумы́шленность, -и
предумы́шленный; кр. ф. -ен, -енна
предупреди́тельность, -и
предупреди́тельный; кр. ф. -лен, -льна
предупреди́ть, -ежу́, -еди́т

предупрежда́ть(ся), -а́ю(сь), -а́ет(ся)
предупрежда́ющий(ся)
предупрежде́ние, -я
предупреждённый; *кр. ф.* -ён, -ена́
Предура́лье, -я (*к* Ура́л)
предура́льский
предусло́вие, -я
предусма́тривание, -я
предусма́тривать(ся), -аю, -ает(ся)
предусмо́тренный; *кр. ф.* -ен, -ена
предусмотре́ть, -отрю́, -о́трит
предусмотри́тельность, -и
предусмотри́тельный; *кр. ф.* -лен, -льна
предустано́вленный; *кр. ф.* -ен, -ена
преду́стье, -я, *р. мн.* -ьев
предустьево́й и преду́стьевый
преду́тренний
предфина́льный
предфо́рма, -ы
предхра́мие, -я
предцехко́ма, *нескл., м. и ж.*
предчу́вствие, -я
предчу́вствованный; *кр. ф.* -ан, -ана
предчу́вствовать(ся), -твую, -твует(ся)
предше́ственник, -а
предше́ственница, -ы, *тв.* -ей
предше́ствие: в предше́ствии (*кого, чего*)
предше́ствование, -я
предше́ствовать, -твую, -твует
предше́ствующий
предъём, -а
предъюбиле́йный
предъяви́тель, -я
предъяви́тельница, -ы, *тв.* -ей
предъяви́тельский
предъяви́ть, -явлю́, -я́вит
предъявле́ние, -я
предъя́вленный; *кр. ф.* -ен, -ена

предъявля́ть(ся), -я́ю, -я́ет(ся)
предъя́звенный
предъя́рмарочный
предыду́щий
предызбира́ть, -а́ю, -а́ет
преды́збранный; *кр. ф.* -ан, -ана
предызбра́ть, -беру́, -берёт; *прош.* -а́л, -ала́, -а́ло
предыко́нный
предынсу́льтный
предынфа́рктный
предынформацио́нный
Предырты́шье, -я (*к* Ирты́ш)
предысла́мский
предысто́ки, -ов
предысторический
предысто́рия, -и
предыю́льский
предыю́ньский
предэкзаменацио́нный
прее́мник, -а (*наследник, продолжатель*)
прее́мница, -ы, *тв.* -ей
прее́мничество, -а
прее́мственность, -и
прее́мственный; *кр. ф.* -вен и -венен, -венна
прее́мство, -а
пре́жде, *нареч. и предлог*
преждебу́дущее вре́мя
преждевре́менно, *нареч.*
преждевре́менность, -и
преждевре́менный; *кр. ф.* -менен и -мен, -менна
прежденазванный
преждеосвящённый (*церк.*)
прежесто́кий
прежи́рный
пре́жний
презаба́вный; *кр. ф.* -вен, -вна
презаня́тный; *кр. ф.* -тен, -тна
пре́зенс, -а
презе́нт, -а
презента́бельность, -и
презента́бельный; *кр. ф.* -лен, -льна

презента́нт, -а
презентацио́нный
презента́ция, -и
презенти́зм, -а
презенто́ванный; *кр. ф.* -ан, -ана
презентова́ть(ся), -ту́ю, -ту́ет(ся)
презервати́в, -а
презервати́вный
презерва́ция, -и
презе́рвы, -ов и пресе́рвы, -ов
президе́нт, -а
президе́нт – генера́льный дире́ктор, президе́нта – генера́льного дире́ктора
Президе́нт-оте́ль, -я
Президе́нт Росси́йской Федера́ции
президе́нтский
Президе́нтский сове́т
президе́нтство, -а
президе́нтствовать, -твую, -твует
президе́нтша, -и, *тв.* -ей
прези́диум, -а
презинджа́нтроп, -а
презира́ть(ся), -а́ю(сь), -а́ет(ся) (*к* презре́ние)
презло́й
презна́тный
презре́ние, -я (*полное пренебреже́ние, неуваже́ние*)
презре́нный; *кр. ф. прич.* -ён, -ена́; *кр. ф. прил.* (*достойный презрения*) -ён, -ённа
презре́ть, -рю́, -ри́т (*к* презре́ние)
презри́тельность, -и
презри́тельный; *кр. ф.* -лен, -льна
презумпти́вный
презу́мпция, -и
преизбы́ток, -тка
преизбы́точествовать, -твует
преизбы́точный; *кр. ф.* -чен, -чна
преиму́щественный
преиму́щественно, *нареч.*
преиму́щество, -а

ПРЕНЕБРЕЖИТЕЛЬНОСТЬ

преинкреме́нтный
преинтере́сный; кр. ф. -сен, -сна
преиску́сный; кр. ф. -сен, -сна
преиспо́дняя, -ей
преиспо́лненный; кр. ф. -ен, -ена
преиспо́лнить(ся), -ню(сь), -нит(ся)
преисполня́ть(ся), -я́ю(сь), -я́ет(ся)
прейскура́нт, -а
прейскура́нтный
прейти́, -йду́, -йдёт; прош. прешёл, прешла́ (пройти, миновать)
прекапри́зный
прека́рий, -я
преклоне́ние, -я (от преклони́ть; глубокое почтение, благоговение)
преклонённый; кр. ф. -ён, -ена́ (от преклони́ть)
преклони́ть(ся), -ню́(сь), -ни́т(ся) (наклонить(ся), нагнуть(ся); покорить(ся); преклони́ть го́лову, преклони́ть коле́ни)
прекло́нность, -и
прекло́нный
преклоня́ть(ся), -я́ю(сь), -я́ет(ся) (к преклони́ть(ся) и преклоне́ние)
преко́ма, -ы
прекоми́чный; кр. ф. -чен, -чна
преко́с, -а
прекосло́вие, -я
прекосло́вить, -влю, -вит
прекосло́вящий
Прекра́сная Да́ма (лит. персонаж)
прекра́сненько, нареч.
прекра́сно, нареч. и в знач. сказ.
прекраснодушествовать, -твую, -твует
прекраснодушие, -я
прекраснодушный; кр. ф. -шен, -шна
прекра́сный; кр. ф. -сен, -сна; но: Ио́сиф Прекра́сный, Еле́на Прекра́сная
прекрати́ть(ся), -ащу́, -ати́т(ся)

прекраща́ть(ся), -а́ю, -а́ет(ся)
прекраще́ние, -я
прекращённый; кр. ф. -ён, -ена́
прекурьёзный
прелага́ть, -а́ю, -а́ет (к преложи́ть)
прела́т, -а
прела́тский
прела́тство, -а
прелёгкий
преле́стник, -а
преле́стница, -ы, тв. -ей
преле́стный; кр. ф. -тен, -тна
пре́лесть, -и
прелимина́рии, -иев
прелимина́рный
пре́лина, -ы
преложе́ние, -я (от преложи́ть)
прело́женный; кр. ф. -ен, -ена (от преложи́ть)
преложи́ть, -ожу́, -о́жит (устар. к переложи́ть — передать другим способом, перевести)
преломи́ть(ся), -омлю́, -о́мит(ся)
преломле́ние, -я
преломлённый; кр. ф. -ён, -ена́
преломля́емость, -и
преломля́ть(ся), -я́ю, -я́ет(ся)
пре́лость, -и
пре́лый
прель, -и
прельсти́тель, -я
прельсти́тельница, -ы, тв. -ей
прельсти́тельный; кр. ф. -лен, -льна
прельсти́ть(ся), -льщу́(сь), -льсти́т(ся)
прельща́ть(ся), -а́ю(сь), -а́ет(ся)
прельще́ние, -я
прельщённый; кр. ф. -ён, -ена́
прелюбе́зный
прелюбоде́й, -я
прелюбоде́йка, -и, р. мн. -е́ек
прелюбоде́йный
прелюбоде́йствовать, -твую, -твует
прелюбодея́ние, -я

прелюбопы́тный; кр. ф. -тен, -тна
прелю́д, -а
прелюди́йный
прелю́дия, -и
преме́рзкий
премиа́льно-прогресси́вный
премиа́льный
преми́йка, -и, р. мн. -иек
преми́ксы, -ов
преми́ленький
премилленари́зм, -а
преми́лый
премину́ть, -ну, -нет: не премину́ть
премирова́ние, -я
премиро́ванный; кр. ф. -ан, -ана
премирова́ть(ся), -ру́ю(сь), -ру́ет(ся)
премиро́вочный
пре́мия, -и
премно́го, нареч.
премногоуважа́емый
премно́жество, -а
премо́рбидный
прему́дрость, -и
прему́дрый; но: Епифа́ний Прему́дрый (писатель), Васили́са Прему́драя (сказочный персонаж), Прему́дрый писка́рь (лит. персонаж)
премье́р, -а
премье́ра, -ы
премье́р-майо́р, -а
премье́р-мини́стр, -а
премье́рный
премье́рский
премье́рство, -а
премье́рша, -и, тв. -ей
пренебрега́ть(ся), -а́ю, -а́ет(ся)
пренебре́гший и пренебрёгший
пренебреже́ние, -я
пренебрежённый; кр. ф. -ён, -ена́
пренебрежи́мо ма́лый, пренебрежи́мо ма́л, -а́, -о́
пренебрежи́тельность, -и

ПРЕНЕБРЕЖИТЕЛЬНЫЙ

пренебрежи́тельный; *кр. ф.* -лен, -льна
пренебре́чь, -регу́, -режёт, -регу́т; *прош.* -рёг, -регла́
пренепри́ятный; *кр. ф.* -тен, -тна
пре́ние, -я (*от* преть)
прени́зкий
пре́ния, -ий (*обсуждение*)
преоблада́ние, -я
преоблада́ть, -а́ет
преоблада́ющий
преобража́ть(ся), -а́ю(сь), -а́ет(ся)
преображе́ние, -я (*действие к* преобрази́ть(ся) *и* Преображе́ние, -я (*праздник; евангельский и иконографический сюжет*)
преображённый; *кр. ф.* -ён, -ена́
преображе́нский (к Преображе́ние)
Преображе́нский (собор, монасты́рь; полк)
преображе́нцы, -ев, *ед.* -нец, -нца, *тв.* -нцем (к Преображе́нский полк)
преобрази́ть(ся), -ажу́(сь), -ази́т(ся)
преобразова́ние, -я
преобразо́ванный; *кр. ф.* -ан, -ана
преобразова́тель, -я
преобразова́тельница, -ы, *тв.* -ей
преобразова́тельный
преобразова́тельский
преобразова́ть(ся), -зу́ю, -зу́ет(ся)
преобразо́вывать(ся), -аю, -ает(ся)
преобрати́ть(ся), -ащу́(сь), -ати́т(ся)
преобраща́ть(ся), -а́ю(сь), -а́ет(ся)
преобраще́ние, -я
преображённый; *кр. ф.* -ён, -ена́
преогро́мный; *кр. ф.* -мен, -мна

преодолева́ть(ся), -а́ю, -а́ет(ся)
преодоле́ние, -я
преодолённый; *кр. ф.* -ён, -ена́
преодоле́ть, -е́ю, -е́ет
преодоли́мость, -и
преодоли́мый
преосвяще́ннейший
преосвяще́нный
преосвяще́нство, -а
прео́стрый
преотли́чный
препара́т, -а
препарати́вный
препара́тный
препара́тор, -а
препара́торский
препара́тчик, -а
препарирова́льный
препари́рование, -я
препари́рованный; *кр. ф.* -ан, -ана
препари́ровать(ся), -и́рую, -и́рует(ся)
препариро́вка, -и
препариро́вочный
препаро́вка, -и
препаро́вочный
препарши́вый
препаску́дный
препина́ние: зна́ки препина́ния
препира́тельство, -а
препира́ться, -а́юсь, -а́ется (*спорить*)
преподава́ние, -я
преподава́тель, -я
преподава́тельница, -ы, *тв.* -ей
преподава́тельский
преподава́ть(ся), -даю́, -даёт(ся)
препо́данный; *кр. ф.* -ан, -по́дана́, -ано
препода́ть, -а́м, -а́шь, -а́ст, -ади́м, -ади́те, -аду́т; *прош.* -по́дал, -подала́, -по́дало
препо́длый
преподнесе́ние, -я
преподнесённый; *кр. ф.* -ён, -ена́

преподнести́, -су́, -сёт; *прош.* -ёс, -есла́
преподнёсший
преподноси́ть(ся), -ошу́, -о́сит(ся)
преподноше́ние, -я
преподо́бие, -я
преподобному́ченик, -а
преподобному́ченица, -ы, *тв.* -ей
преподо́бный
препозити́вный; *кр. ф.* -вен, -вна
препози́ция, -и
Преполове́ние, -я
препо́ны, -о́н, *ед.* -о́на, -ы
препоруча́ть(ся), -а́ю, -а́ет(ся)
препоруче́ние, -я
препору́ченный; *кр. ф.* -ен, -ена
препоручи́ть, -учу́, -у́чит
препоте́шный
препоя́санный; *кр. ф.* -ан, -ана
препоя́сать(ся), -я́шу(сь), -я́шет(ся)
препоя́сывать(ся), -аю(сь), -ает(ся)
препри́нт, -а
препри́нтный
препроводи́лка, -и, *р. мн.* -лок
препроводи́ловка, -и, *р. мн.* -вок
препроводи́тельный
препроводи́ть, -ожу́, -о́дит
препровожда́ть(ся), -а́ю(сь), -а́ет(ся)
препровожде́ние, -я
препровождённый; *кр. ф.* -ён, -ена́
препроти́вный; *кр. ф.* -вен, -вна
препроце́ссор, -а
препя́тствие, -я
препя́тствование, -я
препя́тствовать, -твую, -твует
прерафаэли́ты, -ов, *ед.* -ли́т, -а
пре́рванный; *кр. ф.* -ан, -ана
прерва́ть(ся), -ву́(сь), -вёт(ся); *прош.* -а́л(ся), -ала́(сь), -а́ло, -а́ло́сь

ПРЕСТОЛОНАСЛЕДОВАНИЕ

пререка́ния, -ий
пререка́ться, -а́юсь, -а́ется
прериа́ль, -я
прериа́льский
пре́рии, -ий и пре́рия, -и
прерогати́ва, -ы
прерыва́ние, -я
прерыва́тель, -я
прерыва́тель-распредели́тель, прерыва́теля-распредели́теля
прерыва́ть(ся), -а́ю(сь), -а́ет(ся)
прерыва́ющий(ся)
преры́вистость, -и
преры́вистый
преры́вность, -и
преры́вный; *кр. ф.* -вен, -вна
пресбиопи́я, -и
пресвите́рий, -я
пресве́тлый
пресви́тер, -а
пресвитериа́не, -а́н, *ед.* -а́нин, -а
пресвитериа́нский
пресвитериа́нство, -а
пресвитериа́нцы, -ев, *ед.* -нец, -нца, *тв.* -нцем
пресви́терский
пресви́терство, -а
Пресвята́я Богоро́дица
Пресвята́я Де́ва
Пресвята́я Тро́ица
пресека́ть(ся), -а́ю, -а́ет(ся)
пресе́кший(ся)
преселе́ктор, -а
пресени́льный
пресе́рвы, -ов и презе́рвы, -ов
пресече́ние, -я
пресечённый; *кр. ф.* -ён, -ена́
пресе́чь(ся), -еку́, -ечёт(ся), -еку́т(ся); *прош.* -е́к(ся) и -ёк(ся), -екла́(сь)
прескве́рный
прескрипти́вный
преску́чно, *в знач. сказ.*
преску́чный
пресла́вный
пресла́дкий

пресле́дование, -я
пресле́дованный; *кр. ф.* -ан, -ана
пресле́дователь, -я
пресле́довательница, -ы, *тв.* -ей
пресле́довать(ся), -дую(сь), -дует(ся)
пресловутый
пресмешно́, *в знач. сказ.*
пресмешно́й
пресмыка́тельство, -а
пресмыка́ться, -а́юсь, -а́ется
пресмыка́ющиеся, -ихся, *ед.* -щееся, -щегося
пре́сненский (*от* Пре́сня)
пресновáтый
пресново́дный
пре́сность, -и
преснота́, -ы́
пре́сный; *кр. ф.* пре́сен, пресна́, пре́сно
преспоко́йный; *кр. ф.* -о́ен, -о́йна
пресс, -а
пресс-... — *первая часть сложных слов, пишется через дефис, но:* прессшпан
пре́сса, -ы
пресс-автома́т, -а
пресс-аге́нт, -а
пресс-атташе́, *нескл., м.*
пресс-бри́финг, -а
пресс-бюллете́нь, -я
пресс-бюро́, *нескл., с.*
пресс-вы́пуск, -а
пресс-галере́я, -и
пресс-гру́ппа, -ы
пре́ссинг, -а
прессинго́ванный; *кр. ф.* -ан, -ана
прессингова́ть, -гу́ю, -гу́ет
пресс-клише́, *нескл., с.*
пресс-клу́б, -а
пресс-конве́йер, -а
пресс-конфере́нция, -и
пресс-маслёнка, -и, *р. мн.* -нок
пресс-но́жницы, -ниц

прессова́льный
прессова́льня, -и, *р. мн.* -лен
прессо́ванный; *кр. ф.* -ан, -ана
прессова́ть(ся), -ссу́ю, -ссу́ет(ся)
прессо́вка, -и
пре́ссово-ра́мный
пре́ссово-сва́рочно-сбо́рочный
пре́ссово-сва́рочный
прессо́вочный
прессовщи́к, -а́
прессовщи́ца, -ы, *тв.* -ей
пре́ссовый
прессореце́пторы, -ов, *ед.* -тор, -а и прессоце́пторы, -ов, *ед.* -тор, -а
пресс-о́фис, -а
пресс-папье́, *нескл., с.*
пресс-подбо́рщик, -а
пресс-пока́з, -а
пресс-порошо́к, -шка́
пресс-прокла́дка, -и, *р. мн.* -док
пресс-просмо́тр, -а
пресс-рели́з, -а
пресс-секрета́рь, -я́
пресс-слу́жба, -ы
пресс-фи́льтр, -а
пресс-фо́рма, -ы
пресс-це́нтр, -а
прессшпа́н, -а
пресс-эффе́кт, -а
преста́виться, -влюсь, -вится (*умереть*)
преставле́ние, -я (*смерть*)
престаре́лость, -и
престаре́лый
преста́рый
престидижита́тор, -а
прести́ж, -а, *тв.* -ем
прести́жность, -и
прести́жный; *кр. ф.* -жен, жна
прести́ссимо, *неизм. и нескл., с.*
пре́сто, *неизм. и нескл., с.*
престо́л, -а
престолонасле́дие, -я
престолонасле́дник, -а
престолонасле́дование, -я

престо́льный
простра́нный; *кр. ф.* -а́нен, -а́нна
преступа́ть(ся), -а́ю, -а́ет(ся) (*нарушать(ся)*)
преступи́ть, -уплю́, -у́пит (*нарушить*)
преступле́ние, -я
престу́пленный; *кр. ф.* -ен, -ена
престу́пник, -а
престу́пница, -ы, *тв.* -ей
престу́пно-небре́жный
престу́пность, -и
престу́пно-хала́тный
престу́пный; *кр. ф.* -пен, -пна
пресуществи́ть(ся), -влю́, -ви́т(ся)
пресуществле́ние, -я
пресуществлённый; *кр. ф.* -ён, -ена́
пресуществля́ть(ся), -я́ю, -я́ет(ся)
пресы́тить(ся), -ы́щу(сь), -ы́тит(ся)
пресыща́ть(ся), -а́ю(сь), -а́ет(ся)
пресыще́ние, -я
пресы́щенно, *нареч.*
пресы́щенность, -и
пресы́щенный; *кр. ф.* -ен, -ена
претворе́ние, -я
претворённый; *кр. ф.* -ён, -ена́ (*от* претвори́ть)
претвори́ть(ся), -рю́, -ри́т(ся) (*воплотить(ся)*); претвори́ть(ся) в жизнь
претворя́ть(ся), -я́ю, -я́ет(ся) (*к* претвори́ть(ся))
претенде́нт, -а
претенде́нтка, -и, *р. мн.* -ток
претенде́нтский
претендова́ть, -ду́ю, -ду́ет
претензио́нно-исково́й
претензио́нный
прете́нзия, -и
претенцио́зность, -и
претенцио́зный; *кр. ф.* -зен, -зна
прете́рит, -а

прете́ритный
претерпева́ть, -а́ю, -а́ет
претéрпенный; *кр. ф.* -ен, -ена
претерпе́ть, -ерплю́, -е́рпит
прети́ть, -и́т
преткнове́ние: ка́мень преткнове́ния
преткну́ться, -ну́сь, -нётся (*споткнуться*)
претолстый
пре́тор, -а
преториа́нский (*к* преториа́нцы)
преториа́нцы, -ев, *ед.* -нец, -нца, *тв.* -нцем
прето́рий, -я и прето́риум, -а
прето́рийский (*от* Прето́рия)
прето́рийцы, -ев, *ед.* -и́ец, -и́йца, *тв.* -и́йцем (*от* Прето́рия)
прето́риум, -а и прето́рий, -я
пре́торский (*от* пре́тор)
претру́дный
преть, пре́ю, пре́ет
преувеличе́ние, -я
преувели́ченность, -и
преувели́ченный; *кр. ф. прич.* -ен, -ена; *кр. ф. прил.* (*содержащий преувеличение*) -ен, -енна (похвалы́ преувели́ченны)
преувели́чивание, -я
преувели́чивать(ся), -аю, -ает(ся)
преувели́чить, -чу, -чит
преуменьша́ть(ся), -а́ю, -а́ет(ся) (*к* преуме́ньшить)
преуменьше́ние, -я (*от* преуме́ньшить)
преуме́ньшенный; *кр. ф.* -ен, -ена (*от* преуме́ньшить) и (*устар.*) преуменьшённый; *кр. ф.* -ён, -ена́ (*от* преуменьши́ть)
преуме́ньшить, -шу, -шит и (*устар.*) преуменьши́ть, -шу́, -ши́т (*представить в меньших размерах, чем на самом деле*)

преу́мный
преупря́мый
преуспева́ние, -я
преуспева́ть, -а́ю, -а́ет
преуспева́ющий
преуспе́ть, -е́ю, -е́ет
преуспея́ние, -я
префе́кт, -а
префекту́ра, -ы
префекту́рный
префера́нс, -а
преферанси́ст, -а
преференциа́льный
префере́нции, -ий, *ед.* -ция, -и
преференцио́нный
пре́фикс, -а (*лингв.*)
префи́кс, -а (*досрочный платеж*)
префикса́льно-суффикса́льный
префикса́льный
префикса́ция, -и
пре́фиксный
префома́ция, -и
префоми́зм, -а
префоми́ст, -а
префоми́стский
преходи́мость, -и
преходи́ть, -ожу́, -о́дит (*к* прейти́)
преходя́щий (*временный*)
преходя́щность, -и
прехоло́дный
прехорда́льный
прехоро́шенький
прецеде́нт, -а
прецеде́нтный
прецессио́нный
прецессия, -и
прецизио́нный
прецио́зный
преципита́т, -а
преципита́тный
преципита́ция, -и
преципити́ны, -ов, *ед.* -ти́н, -а
пречёрный
прече́стный
Пречи́стая Богоро́дица

Пречи́стая Де́ва и Пречи́стая, -ой (о Богородице)
Пречи́стенка, -и (улица)
пречи́стенский (к Пречи́стенка)
Пречи́стенский (храм, собор)
пречи́стый и (эпитет Богородицы) Пречи́стый
пречуде́сный
пречудно́й
пречу́дный
преше́дший (к прейти́)
преширо́кий
преэклампси́я, -и
преюдициа́льный
преюди́ция, -и
пре́ющий
Пржева́льский, -ого: ло́шадь Пржева́льского
при, предлог
приазо́вский
Приазо́вье, -я (к Азо́вское мо́ре)
приальпи́йский (к А́льпы)
приамударьи́нский (к Амударья́)
приаму́рский
Приаму́рье, -я (к Аму́р)
приана́льный
прианга́рский (к Ангара́)
Прианга́рье, -я (к Ангара́)
Приа́п, -а (мифол.) и приа́п, -а (фаллос)
приапи́ческий
приапули́ды, -ид, ед. -и́да, -ы
Приара́лье, -я (к Ара́льское мо́ре, Ара́л)
приара́льский
Приатланти́ческая ни́зменность
приатланти́ческий
прибаба́х: с прибаба́хом
приба́вить(ся), -влю(сь), -вит(ся)
приба́вка, -и, р. мн. -вок
прибавле́ние, -я
приба́вленный; кр. ф. -ен, -ена
прибавля́ть(ся), -я́ю(сь), -я́ет(ся)
приба́вочный
Прибайка́лье, -я (к Байка́л)

прибайка́льский
приба́лочный
прибалти́йка, -и, р. мн. -и́ек
прибалти́йский (к Приба́лтика)
прибалти́йско-фи́нский
прибалти́йцы, -ев, ед. -и́ец, -и́йца, тв. -и́йцем
Приба́лтика, -и
приба́лты, -ов, ед. приба́лт, -а
Прибалха́шье, -я (к Балха́ш)
прибамба́сы, -ов, ед. -ба́с, -а
прибархли́ться, -лю́сь, -ли́тся
прибасёнка, -и, р. мн. -нок
прибау́тка, -и, р. мн. -ток
прибау́точник, -а
прибау́точный
прибега́ть, -а́ю, -а́ет
прибе́гнувший
прибе́гнуть, -ну, -нет; прош. -е́г и -е́гнул, -е́гла
прибе́гший
прибедни́ться, -ню́сь, -ни́тся
прибедня́ться, -я́юсь, -я́ется
прибежа́ть, -бегу́, -бежи́т, -бегу́т
прибе́жище, -а
прибере́га́ть(ся), -а́ю, -а́ет(ся)
приберёгший
прибережённый; кр. ф. -ён, -ена́
прибере́жный
прибере́жье, -я, р. мн. -жий
прибере́чь, -регу́, -режёт, -регу́т; прош. -рёг, -регла́
прибери́ха, -и: ле́то – припаси́ха, зима́ – прибери́ха
прибива́ние, -я
прибива́ть(ся), -а́ю(сь), -а́ет(ся)
приби́вка, -и
прибивно́й
прибинто́ванный; кр. ф. -ан, -ана
прибинтова́ть, -ту́ю, -ту́ет
прибинто́вывать(ся), -аю, -ает(ся)
прибира́ть(ся), -а́ю(сь), -а́ет(ся)
приби́ть(ся), -бью́(сь), -бьёт(ся)
приблатнённость, -и
приблатнённый; кр. ф. -ён, -ена́

приближа́ть(ся), -а́ю(сь), -а́ет(ся)
приближе́ние, -я
приближённость, -и
прибли́женный; кр. ф. -ен, -ена, прич.
приближённый; кр. ф. -ён, -ённа, прил. (приблизительный; доверенный)
приблизи́тельность, -и
приблизи́тельный; кр. ф. -лен, -льна
прибли́зить(ся), -и́жу(сь), -и́зит(ся)
приблуди́ть(ся), -ужу́(сь), -у́дит(ся)
приблу́дный
прибодри́ть(ся), -рю́(сь), -ри́т(ся)
прибодря́ть(ся), -я́ю(сь), -я́ет(ся)
прибо́й, -я
прибо́йный
прибо́ле́ть, -е́ю, -е́ет
прибо́лотица, -ы, тв. -ей
прибо́лотный
прибо́р, -а
прибори́ст, -а
прибори́стка, -и, р. мн. -ток
прибо́рка, -и, р. мн. -рок
прибо́рно-агрега́тный
прибо́рный
приборострое́ние, -я
приборострои́тельный
при́бранность, -и
при́бранный; кр. ф. -ан, -ана
прибра́сывать(ся), -аю, -ает(ся)
прибра́ть(ся), -беру́(сь), -берёт(ся); прош. -а́л(ся), -ала́(сь), -а́ло, -а́ло́сь
прибреда́ть, -а́ю, -а́ет
прибре́дший
прибре́жница, -ы, тв. -ей
прибре́жный
прибре́жье, -я, р. мн. -жий
прибрести́, -еду́, -едёт; прош. -ёл, -ела́
прибро́санный; кр. ф. -ан, -ана
прибро́са́ть, -а́ю, -а́ет

прибро́сить, -о́шу, -о́сит
побро́шенный; кр. ф. -ен, -ена
прибукси́рованный; кр. ф. -ан, -ана
прибукси́ровать(ся), -ру́ю, -ру́ет(ся)
прибыва́ние, -я (от прибыва́ть)
прибыва́ть, -а́ю, -а́ет (к прибы́ть)
прибыло́й
при́быль, -и
при́быль бру́тто, при́были бру́тто
при́быльность, -и
при́быльный; кр. ф. -лен, -льна
прибы́тие, -я
прибы́ток, -тка и -тку
прибы́точный; кр. ф. -чен, -чна
прибы́ть, -бу́ду, -бу́дет; прош. при́был, прибыла́, при́было (приехать, явиться; увеличиться)
прива́да, -ы
прива́дить(ся), -а́жу, -а́дит(ся)
прива́женный; кр. ф. -ен, -ена
прива́живание, -я
прива́живать(ся), -аю, -ает(ся)
прива́л, -а
прива́ленный; кр. ф. -ен, -ена (от привали́ть)
прива́ливать(ся), -аю(сь), -ает(ся)
привали́ть(ся), -алю́(сь), -а́лит(ся) (придви́нуть(ся) вплотну́ю; прича́лить) и -али́т(ся) (появиться, прибавиться во множестве)
прива́льный (от прива́л)
прива́р, -а
прива́ренный; кр. ф. -ен, -ена
прива́ривание, -я
прива́ривать(ся), -аю, -ает(ся)
привари́ть(ся), -арю́, -а́рит(ся)
прива́рка, -и, р. мн. -рок (тех.)
приварно́й
прива́рок, -рка (горячая пища; съестные припасы)
прива́рочный

прива́т-доце́нт, -а
прива́т-доце́нтский
прива́т-доценту́ра, -ы
приватизацио́нный
приватиза́ция, -и
приватизи́рованный; кр. ф. -ан, -ана
приватизи́ровать(ся), -ру́ю, -ру́ет(ся)
прива́тность, -и
прива́тный; кр. ф. -тен, -тна
приведе́ние, -я (от привести́)
приведённый; кр. ф. -ён, -ена́
прише́дший(ся)
привезённый; кр. ф. -ён, -ена́
привезти́, -зу́, -зёт; прош. -ёз, -езла́
привёзший
привере́да, -ы, м. и ж.
привере́дливость, -и
привере́дливый
привере́дник, -а
привере́дница, -ы, тв. -ей
привере́дничанье, -я
привере́дничать, -аю, -ает
привере́дничество, -а
приве́рженец, -нца, тв. -нцем, р. мн. -нцев
приве́рженка, -и, р. мн. -нок
приве́рженность, -и
приве́рженный; кр. ф. -ен, -ена
привёрнутый
привёрну́ть(ся), -ну́, -нёт(ся)
приве́рстанный; кр. ф. -ан, -ана
приверста́ть, -а́ю, -а́ет
приве́рстывать(ся), -аю, -ает(ся)
приверте́ть(ся), -ерчу́, -е́ртит(ся)
приве́ртка, -и
привёртывание, -я
привёртывать(ся), -аю, -ает(ся) (к приверну́ть)
приве́рченный; кр. ф. -ен, -ена
приве́рчивать(ся), -аю, -ает(ся) (к приверте́ть)
приве́с, -а
приве́сить(ся), -е́шу(сь), -е́сит(ся)

приве́ска, -и, р. мн. -сок (действие; то, что привешено; довесок)
привесно́й
привесо́к, -ска (довесок)
привесо́чный
привести́(сь), -еду́, -едёт(ся); прош. -ёл(ся), -ела́(сь)
приве́т, -а
приве́тик, -а
приве́тить, -е́чу, -е́тит
приве́тливость, -и
приве́тливый
приве́тный; кр. ф. -тен, -тна
приве́тственно, нареч.
приве́тственный
приве́тствие, -я
приве́тствованный; кр. ф. -ан, -ана
приве́тствовать(ся), -твую(сь), -твует(ся)
приве́тствуемый
привеча́ть, -а́ю, -а́ет
приве́ченный; кр. ф. -ен, -ена
приве́шенный; кр. ф. -ен, -ена
приве́шивание, -я
приве́шивать(ся), -аю(сь), -ает(ся)
привива́ние, -я
привива́ть(ся), -а́ю, -а́ет(ся)
приви́вка, -и, р. мн. -вок
прививно́й
приви́вок, -вка (привой)
приви́вочный
привиде́ние, -я (призрак)
привиде́ньевые, -ых
приви́деться, -и́жусь, -и́дится
привилегиро́ванность, -и
привилегиро́ванный; кр. ф. -ан, -анна
привиле́гия, -и
привинти́ть(ся), -инчу́, -и́нтит(ся)
приви́нченный; кр. ф. -ен, -ена
приви́нчивание, -я
приви́нчивать(ся), -аю, -ает(ся)
привира́ть, -а́ю, -а́ет

привитие, -я
привитый и привитой; кр. ф. -ит, -ита́, -ито
приви́ть(ся), -вью, -вьёт(ся); прош. -и́л(ся), -ила́(сь), -и́ло, -и́ло́сь
привкус, -а
привлека́тельность, -и
привлека́тельный; кр. ф. -лен, -льна
привлека́ть(ся), -а́ю(сь), -а́ет(ся)
привлёкший
привлече́ние, -я
привлечённый; кр. ф. -ён, -ена́
привле́чь, -еку́, -ечёт, -еку́т; прош. -ёк, -екла́
привнесе́ние, -я
привнесённый; кр. ф. -ён, -ена́
привнести́, -су́, -сёт; прош. -ёс, -есла́
привнёсший
привноси́ть(ся), -ошу́, -о́сит(ся)
приво́д[1], -а (действие)
приво́д[2], -а, мн. -ы, -ов и (в проф. речи) при́вод, -а, мн. -а́, -о́в (тех. приспособление)
приводи́мость, -и
приводи́мый
приводи́ть(ся), -ожу́(сь), -о́дит(ся)
приво́дка, -и
приводне́ние, -я
приводнённый; кр. ф. -ён, -ена́
приводни́ть(ся), -ню́(сь), -ни́т(ся)
приводно́й
приводня́ть(ся), -я́ю(сь), -я́ет(ся)
приводя́щий(ся)
приво́з, -а
привози́ть(ся), -ожу́, -о́зит(ся)
приво́зка, -и
привозно́й и привозный
приво́й, -я
приво́йный
привокза́льный
привола́кивание, -я

привола́кивать(ся), -аю(сь), -ает(ся)
приво́лжский
Приво́лжский вое́нный о́круг
приволокну́ться, -ну́сь, -нётся
приволо́кший(ся)
приволо́ченный; кр. ф. -ен, -ена (от приволочи́ть)
приволочённый; кр. ф. -ён, -ена́ (от приволо́чь и приволочи́ть)
приволочи́ть(ся), -очу́(сь), -о́чи́т(ся)
приволо́чь(ся), -оку́(сь), -очёт(ся), -оку́т(ся); прош. -о́к(ся), -окла́(сь)
приво́лье, -я
приво́льность, -и
приво́льный; кр. ф. -лен, -льна
привора́живание, -я
привора́живать(ся), -аю(сь), -ает(ся)
привора́чивать(ся), -аю, -ает(ся)
приворожённый; кр. ф. -ён, -ена́
приворожи́ть, -жу́, -жи́т
приворо́т, -а
привороти́ть, -очу́, -о́тит
приворо́тный
приворо́ченный; кр. ф. -ен, -ена
при́вранный; кр. ф. -ан, -ана
привра́тник, -а
привра́тница, -ы, тв. -ей
привра́ть, -ру́, -рёт; прош. -а́л, -ала́, -а́ло
при всём при то́м
привска́кивать, -аю, -ает
привскочи́ть, -очу́, -о́чит
привстава́ть, -таю́, -таёт
привста́ть, -а́ну, -а́нет
привстаю́щий
привходи́ть, -о́дит
привходя́щий
привыка́ние, -я
привыка́ть, -а́ю, -а́ет
привы́кнуть, -ну, -нет; прош. -ы́к, -ы́кла
привы́кший

привы́чка, -и, р. мн. -чек
привы́чность, -и
привы́чный; кр. ф. -чен, -чна
привяда́ть, -а́ю, -а́ет
привя́дший
привя́занность, -и
привя́занный; кр. ф. -ан, -ана
привяза́ть(ся), -яжу́(сь), -я́жет(ся)
привя́зка, -и, р. мн. -зок
привязно́й
привя́зчивость, -и
привя́зчивый
привя́зывание, -я
привя́зывать(ся), -аю(сь), -ает(ся)
при́вязь, -и
привя́ленный; кр. ф. -ен, -ена
привя́ливать(ся), -аю, -ает(ся)
привя́лить, -лю, -лит
привя́нувший
привя́нуть, -нет; прош. -я́л, -я́ла
пригада́ть, -а́ю, -а́ет
прига́дывать, -аю, -ает
прига́р, -а
прига́рина, -ы
при́гарь, -и
пригаси́ть, -ашу́, -а́сит
пригаша́ть(ся), -а́ю, -а́ет(ся)
прига́шенный; кр. ф. -ен, -ена
пригвожда́ть(ся), -а́ю, -а́ет(ся)
пригвождённый; кр. ф. -ён, -ена́
пригвозди́ть, -зжу́, -зди́т
пригиба́ние, -я
пригиба́ть(ся), -а́ю(сь), -а́ет(ся)
пригибно́й
приглаго́льный
пригла́дить(ся), -а́жу(сь), -а́дит(ся)
пригла́женно, нареч.
пригла́женность, -и
пригла́женный; кр. ф. прич. -ен, -ена; кр. ф. прил. (слишком правильный, гладкий) -ен, -енна (его ре́чь пригла́женна)
пригла́живание, -я

ПРИГЛАЖИВАТЬ(СЯ)

пригла́живать(ся), -аю(сь), -ает(ся)
пригласи́тельный
пригласи́ть, -ашу́, -аси́т
приглаша́ть(ся), -а́ю(сь), -а́ет(ся)
приглаше́ние, -я
приглашённый; *кр. ф.* -ён, -ена́
приглу́бость, -и
приглу́бый
приглуша́ть(ся), -а́ю, -а́ет(ся)
приглушённо, *нареч.*
приглушённость, -и
приглушённый; *кр. ф. прич.* -ён, -ена́; *кр. ф. прил.* -ён, -ённа (голоса́ приглушённы)
приглуши́ть, -шу́, -ши́т
пригля́д, -а
пригляде́ть(ся), -яжу́(сь), -яди́т(ся)
пригля́дистый
пригля́дка, -и
пригля́дность, -и
пригля́дный; *кр. ф.* -ден, -дна
пригля́дывание, -я
пригля́дывать(ся), -аю(сь), -ает(ся)
пригляну́ть(ся), -яну́(сь), -я́нет(ся)
при́гнанный; *кр. ф.* -ан, -ана
пригна́ть, -гоню́, -го́нит; *прош.* -а́л, -ала́, -а́ло
пригнести́, -гнету́, -гнетёт
пригнета́ть(ся), -а́ю, -а́ет(ся)
пригнетённый; *кр. ф.* -ён, -ена́
пригнётший
при́гнутый
пригну́ть(ся), -ну́(сь), -нёт(ся)
пригова́ривание, -я
пригова́ривать(ся), -аю(сь), -ает(ся)
пригово́р, -а
приговорённый; *кр. ф.* -ён, -ена́
приговори́ть, -рю́, -ри́т
пригово́рка, -и, *р. мн.* -рок
пригоди́ться, -ожу́сь, -оди́тся
приго́дность, -и

приго́дный; *кр. ф.* -ден, -дна
приго́жее, *сравн. ст.*
приго́жество, -а
приго́жесть, -и
приго́жий
приголу́бить(ся), -блю(сь), -бит(ся)
приголу́бленный; *кр. ф.* -ен, -ена
приголу́бливать(ся), -аю(сь), -ает(ся)
приго́н, -а
приго́нка, -и
приго́нный
приго́ночный
пригоня́ть(ся), -я́ю, -я́ет(ся)
пригора́живание, -я
пригора́живать(ся), -аю, -ает(ся)
пригора́ние, -я
пригора́ть, -а́ет
пригоре́лый
пригоре́ть, -ри́т
при́город, -а
пригороди́ть, -ожу́, -о́дит
при́городный
При́городный райо́н (*в Се́верной Осе́тии, Свердло́вской о́бласти*)
пригоро́женный; *кр. ф.* -ен, -ена
приго́рок, -рка
при́горшня, -и, *р. мн.* -шней и -шен
приго́рье, -я, *р. мн.* -рий
пригорю́ниваться, -аюсь, -ается
пригорю́ниться, -нюсь, -нится
пригота́вливание, -я
пригота́вливать(ся), -аю(сь), -ает(ся)
приготови́тельно-тка́цкий
приготови́тельный
пригото́вить(ся), -влю(сь), -вит(ся)
приготови́шка, -и, *р. мн.* -шек, *м. и ж.*
приготовле́ние, -я
пригото́вленный; *кр. ф.* -ен, -ена
приготовля́ть(ся), -я́ю(сь), -я́ет(ся)

пригани́чный
пригани́чье, -я
пригреба́ть(ся), -а́ю(сь), -а́ет(ся)
пригребённый; *кр. ф.* -ён, -ена́
пригрёбший(ся)
пригре́в, -а
пригрева́ние, -я
пригрева́ть(ся), -а́ю(сь), -а́ет(ся)
пригре́зиться, -е́жусь, -е́зится
пригрести́(сь), -ребу́(сь), -ребёт(ся); *прош.* -рёб(ся), -ребла́(сь)
пригре́тый
пригре́ть(ся), -е́ю(сь), -е́ет(ся)
пригрози́ть, -ожу́, -ози́т
пригу́бить, -блю, -бит
пригу́бленный; *кр. ф.* -ен, -ена
пригу́бливать, -аю, -ает(ся)
пригу́л, -а
пригу́ливать, -аю, -ает
пригу́льный
пригу́лянный; *кр. ф.* -ян, -яна
пригуля́ть, -я́ю, -я́ет
пригумённый
придава́ть(ся), -даю́(сь), -даёт(ся) (*к* прида́ть)
придави́ть, -авлю́, -а́вит
прида́вленность, -и
прида́вленный; *кр. ф.* -ен, -ена
прида́вливать(ся), -аю, -ает(ся)
прида́ние, -я (*от* прида́ть)
прида́нница, -ы, *тв.* -ей
при́данный; *кр. ф.* -ан, придана́, -ано
прида́ное, -ого
прида́тковый
прида́ток, -тка
прида́точный
прида́ть, -а́м, -а́шь, -а́ст, -ади́м, -ади́те, -аду́т; *прош.* при́дал, придала́, при́дало (прибавить; сообщить какое-н. качество, свойство, вложить какой-н. смысл)
прида́ча, -и, *тв.* -ей
придвига́ть(ся), -а́ю(сь), -а́ет(ся)
придвижно́й

ПРИЖИВЛЕНИЕ

придви́нутый
придви́нуть(ся), -ну(сь), -нет(ся)
Придви́нье, -я (к Се́верная Двина́)
придво́рный
придво́рок, -рка
приде́л, -а (*пристройка*)
приде́ланный; *кр. ф.* -ан, -ана
приде́лать(ся), -аю, -ает(ся)
приде́лка, -и, *р. мн.* -лок
приде́лывание, -я
приде́лывать(ся), -аю, -ает(ся)
приде́льный (*от* приде́л)
приде́ржанный; *кр. ф.* -ан, -ана
придержа́ть(ся), -ержу́(сь), -е́ржит(ся)
приде́рживание, -я
приде́рживать(ся), -аю(сь), -ает(ся)
придёрнутый
придёрнуть, -ну, -нет
Придесе́нье, -я (к Десна́)
придесня́нский (к Десна́)
приди́ра, -ы, *м. и ж.*
придира́ться, -а́юсь, -а́ется
приди́рка, -и, *р. мн.* -рок
приди́рчивость, -и
приди́рчивый
приднепро́вский
Приднепро́вье, -я (к Днепр)
приднестро́вский
приднестро́вцы, -ев, *ед.* -вец, -вца, *тв.* -вцем
Приднестро́вье, -я (к Днестр)
придоли́нный
придомо́вый
придо́нный
придо́нский (к Дон)
придоро́жный
придоро́жье, -я
придра́ться, -деру́сь, -дерётся; *прош.* -а́лся, -ала́сь, -а́ло́сь
придрема́ть, -емлю́, -е́млет
придремну́ть, -ну́, -нёт
придрёмывать, -аю, -ает
придува́ть(ся), -а́ет(ся)
приду́манный; *кр. ф.* -ан, -ана

приду́мать(ся), -аю, -ает(ся)
приду́мка, -и, *р. мн.* -мок
приду́мщик, -а
приду́мщица, -ы, *тв.* -ей
приду́мывание, -я
приду́мывать(ся), -аю, -ает(ся)
Придуна́вье, -я (к Дуна́й)
придуна́йский
приду́ривать(ся), -аю(сь), -ает(ся)
придуркова́тость, -и
придуркова́тый
приду́рок, -рка
приду́рочный
при́дурь, -и
приду́т, -у́ет
приду́шенность, -и
приду́шенный; *кр. ф.* -ен, -ена
придуши́ть, -ушу́, -у́шит
придыха́ние, -я
придыха́тельный
придыша́ться, -ышу́сь, -ы́шится
придя́, *деепр.* (*от* прийти́)
прие́вшийся
приеда́ть(ся), -а́ю(сь), -а́ет(ся)
прие́денный; *кр. ф.* -ен, -ена
прие́зд, -а
приезжа́ть, -а́ю, -а́ет
приезжа́ющий
прие́зжий
приём, -а
приёмистость, -и
приёмистый
приёмка, -и, *р. мн.* -мок
прие́млемость, -и
прие́млемый
прие́млю, -лет (*книжн. формы наст. вр. от* принима́ть)
прие́млющий
приёмная, -ой
приёмник, -а
приёмник-распредели́тель, приёмника-распредели́теля
приёмничек, -чка
приёмно-отправи́тельный
приёмно-передаю́щий

приёмно-сортиро́вочный
приёмно-техни́ческий
приёмно-усили́тельный
приёмный
приёмозаготови́тельный
приёмозапи́сывающий
приёмоотве́тчик, -а
приёмопереда́точный
приёмопереда́тчик, -а
приёмопередаю́щий
приёморазда́точный
приёмосда́точный
приёмосда́тчик, -а
приёмосда́тчица, -ы, *тв.* -ей
приёмочный
приёмчик, -а
приёмщик, -а
приёмщица, -ы, *тв.* -ей
приёмыш, -а, *тв.* -ем
приениссе́йский (к Енисе́й)
прие́сть(ся), -е́м(ся), -е́шь(ся), -е́ст(ся), -еди́м(ся), -еди́те(сь), -едя́т(ся); *прош.* -е́л(ся), -е́ла(сь)
прие́хать, -е́ду, -е́дет
прижа́ренный; *кр. ф.* -ен, -ена
прижа́ривание, -я
прижа́ривать(ся), -аю, -ает(ся)
прижа́рить(ся), -рю, -рит(ся)
прижа́тие, -я
прижа́тый
прижа́ть(ся), -жму́(сь), -жмёт(ся)
прижёгший
прижелезнодоро́жный
приже́чь, -жгу́, -жжёт, -жгу́т; *прош.* -жёг, -жгла́
прижжённый; *кр. ф.* -ён, -ена́
прижива́емость, -и
прижива́л, -а
прижива́лка, -и, *р. мн.* -лок
прижива́льческий
прижива́льщик, -а
прижива́льщица, -ы, *тв.* -ей
прижива́ть(ся), -а́ю(сь), -а́ет(ся)
приживи́ть(ся), -влю́, -ви́т(ся)
приживка, -и
приживле́ние, -я

837

ПРИЖИВЛЁННЫЙ

приживлённый; *кр. ф.* -ён, -ена́
приживля́ть(ся), -я́ю, -я́ет(ся)
прижи́вчивый
прижига́ние, -я
прижига́ть(ся), -а́ю, -а́ет(ся)
прижи́зненный
прижи́м, -а
прижима́ние, -я
прижима́ть(ся), -а́ю(сь), -а́ет(ся)
прижи́мистость, -и
прижи́мистый
прижи́мка, -и
прижимно́й и прижи́мный
при́жи́тый; *кр. ф.* при́жи́т, прижита́, при́жи́то
прижи́ть(ся), -живу́(сь), -живёт(ся); *прош.* при́жи́л, прижи́лся, прижила́(сь), при́жи́ло, прижи́ло́сь
прижму́ривание, -я
прижму́ривать(ся), -аю(сь), -ает(ся)
прижму́рить(ся), -рю(сь), -рит(ся)
прижо́г, -а, но глаг. прижёг
прижу́чить, -чу, -чит
приз, -а, *мн.* -ы́, -о́в
призабо́йный
призаводско́й
призаду́маться, -аюсь, -ается
призаду́мываться, -аюсь, -ается
призанима́ть, -а́ю, -а́ет
приза́нятый; *кр. ф.* -ят, -ята́, -ято
приза́ня́ть, -займу́, -займёт; *прош.* -за́нял, -заняла́, -за́няло
призва́ние, -я
при́званный; *кр. ф.* -ан, -ана
призва́ть(ся), -зову́(сь), -зовёт(ся); *прош.* -а́л(ся), -ала́(сь), -а́ло(сь)
при́звук, -а
призе́мистость, -и
призе́мистый
приземле́ние, -я
приземлённость, -и
приземлённый; *кр. ф. прич.* -ён, -ена́; *кр. ф. прил.* (чуждый возвышенных стремлений) -ён, -ённа (его́ мечты́ приземлённы)
приземли́ть(ся), -лю́(сь), -ли́т(ся)
приземля́ть(ся), -я́ю(сь), -я́ет(ся)
приземно́й и призе́мный
призёр, -а
призёрка, -и, *р. мн.* -рок
призёрша, -и, *тв.* -ей
призира́ть(ся), -а́ю(сь), -а́ет(ся) (к призре́ть)
при́зма, -ы
призмати́ческий
призмато́ид, -а
при́зменный
при́змочка, -и, *р. мн.* -чек
признава́ть(ся), -наю́(сь), -наёт(ся)
при́знак, -а
призна́ние, -я
при́знанный; *кр. ф.* -ан, -ана
призна́тельность, -и
призна́тельный; *кр. ф.* -лен, -льна
призна́ть(ся), -а́ю(сь), -а́ет(ся)
призна́ться сказа́ть, *вводн. сл.*
призово́й
призо́р, -а и -у (без призо́ра)
при́зрак, -а
при́зрачность, -и
при́зрачный; *кр. ф.* -чен, -чна
призрева́ть(ся), -а́ю(сь), -а́ет(ся)
призре́ние, -я (*попечение*)
при́зренный; *кр. ф.* -ен, -ена (*от* призре́ть)
призре́ть, призрю́, призри́т (*приютить*)
призы́в, -а
призыва́ть(ся), -а́ю(сь), -а́ет(ся)
призывни́к, -а́
призывно́й (*воен.*)
призы́вный; *кр. ф.* -вен, -вна (*зовущий*)
прии́льменский
Прии́льменье, -я (к И́льмень)
прии́мец, -мца, *тв.* -мцем, *р. мн.* -мцев
прииртышский
Прииртышье, -я (к Ирты́ш)
при́иск, -а, *мн.* -и, -ов и -а́, -о́в
приискание, -я
приисканный; *кр. ф.* -ан, -ана
приискатель, -я
приискать(ся), прииищу́, прии́щет(ся)
прииискивание, -я
прииискивать(ся), -аю, -ает(ся)
приисковый
Прииссыкку́лье, -я (к Иссы́к-Ку́ль)
прииссыкку́льский
прииши́мский
Прииши́мье, -я (к Иши́м)
прийти́(сь), приду́(сь), придёт(ся); *прош.* пришёл(ся), пришла́(сь)
прика́з, -а
приказа́ние, -я
прика́зано, *в знач. сказ.*
приказа́ть, -кажу́, -ка́жет
приказно́й (к прика́з – *распоряжение*)
прика́зный[1] и (к прика́з – *распоряжение* и (*ист.*) *учреждение*)
прика́зный[2], -ого (*ист.*)
прика́зчик, -а
прика́зчица, -ы, *тв.* -ей
прика́зчицкий
прика́зчичий, -ья, -ье
прика́зывать(ся), -аю, -ает(ся)
прика́лывание, -я
прика́лывать(ся), -аю, -ает(ся)
прика́мский
Прика́мье, -я (к Ка́ма)
прикана́льный
прика́нчивать(ся), -аю, -ает(ся)
прика́пливание, -я
прика́пливать(ся), -аю, -ает(ся)
прика́пывание, -я
прика́пывать(ся), -аю, -ает(ся)
прикарма́ненный; *кр. ф.* -ен, -ена
прикарма́нивание, -я

прикарма́нивать(ся), -аю, -ает(ся)
прикарма́нить, -ню, -нит
прика́рмливание, -я
прика́рмливать(ся), -аю(сь), -ает(ся)
прикарпа́тский
Прикарпа́тье, -я (к Карпа́ты)
прикаса́ние, -я
прикаса́ться, -а́юсь, -а́ется
Прика́спий, -я (к Каспи́йское мо́ре, Ка́спий)
Прикаспи́йская ни́зменность
прикаспи́йский
прика́т, -а
прика́танный; кр. ф. -ан, -ана
приката́ть(ся), -а́ю, -а́ет(ся)
прикати́ть(ся), -ачу́(сь), -а́тит(ся)
прика́тывание, -я
прика́тывать(ся), -аю(сь), -ает(ся)
прика́чанный; кр. ф. -ан, -ана (от прикача́ть)
прикача́ть, -а́ю, -а́ет
прика́ченный; кр. ф. -ен, -ена (от прикати́ть)
прика́чивать(ся), -аю, -ает(ся)
прикачну́ть(ся), -ну́(сь), -нёт(ся)
прикеттлёванный; кр. ф. -ан, -ана
прикеттлева́ть, -лю́ю, -лю́ет
прики́д, -а
прики́данный; кр. ф. -ан, -ана
прикида́ть, -а́ю, -а́ет
прики́дка, -и, р. мн. -док
прики́дочный
прики́дывание, -я
прики́дывать(ся), -аю(сь), -ает(ся)
прики́нутый
прики́нуть(ся), -ну(сь), -нет(ся)
прикипа́ние, -я
прикипа́ть, -а́ю, -а́ет
прикипе́ть, -плю́, -пи́т
прикла́д, -а
прикла́дистый
прикла́дка, -и, р. мн. -док

прикладни́к, -а́
прикладни́ца, -ы, тв. -ей
прикладно́й
прикла́дывание, -я
прикла́дывать(ся), -аю(сь), -ает(ся)
прикле́енный; кр. ф. -ен, -ена
прикле́ивание, -я
прикле́ивать(ся), -аю, -ает(ся)
прикле́ить(ся), -е́ю, -е́ит(ся)
прикле́йка, -и, р. мн. -е́ек
приклёп, -а
приклёпанный; кр. ф. -ан, -ана
приклепа́ть(ся), -а́ю, -а́ет(ся)
приклёпка, -и, р. мн. -пок
приклёпывание, -я
приклёпывать(ся), -аю, -ает(ся)
приклоне́ние, -я (от приклони́ть(ся))
приклонённый; кр. ф. -ён, -ена́ (от приклони́ть)
приклони́ть(ся), -оню́(сь), -о́нит(ся) (пригну́ть(ся), прислони́ть(ся))
приклоня́ть(ся), -я́ю(сь), -я́ет(ся) (к приклони́ть(ся))
приключа́ть(ся), -а́ю, -а́ет(ся)
приключе́нец, -нца, тв. -нцем, р. мн. -нцев
приключе́ние, -я
приключённый; кр. ф. -ён, -ена́
приключе́нческий
приключи́ть(ся), -чу́, -чи́т(ся)
прикни́жный
прикно́пить, -плю, -пит
прикно́пленный; кр. ф. -ен, -ена
прико́ванный; кр. ф. -ан, -ана
прикова́ть(ся), -кую́(сь), -кует(ся)
прико́вывать(ся), -аю(сь), -ает(ся)
приковыля́ть, -я́ю, -я́ет
прикокну́ть, -ну, -нет
прико́л, -а
прикола́чивание, -я
прикола́чивать(ся), -аю, -ает(ся)
приколдо́ванный; кр. ф. -ан, -ана
приколдова́ть, -ду́ю, -ду́ет

приколдо́вывать(ся), -аю(сь), -ает(ся)
приколдо́вывать(ся), -аю(сь), -ает(ся)
прико́лка, -и, р. мн. -лок
приколоти́ть(ся), -очу́, -о́тит(ся)
приколо́тый
приколо́ть(ся), -олю́, -о́лет(ся)
приколо́ченный; кр. ф. -ен, -ена
прико́льный
прикомандирова́ние, -я
прикомандиро́ванный; кр. ф. -ан, -ана
прикомандирова́ть(ся), -ру́ю(сь), -ру́ет(ся)
прикомандиро́вывать(ся), -аю(сь), -ает(ся)
прико́нченный; кр. ф. -ен, -ена
прико́нчить(ся), -чу, -чит(ся)
прико́панный; кр. ф. -ан, -ана
прикопа́ть, -а́ю, -а́ет
прикопи́ть(ся), -оплю́, -о́пит(ся)
прико́пка, -и
прико́пленный; кр. ф. -ен, -ена
прико́рм, -а
прикорми́ть(ся), -ормлю́(сь), -о́рмит(ся)
прико́рмка, -и
прико́рмленный; кр. ф. -ен, -ена
прикорнево́й
прикорну́ть, -ну́, -нёт
прикоснове́ние, -я
прикоснове́нность, -и
прикоснове́нный; кр. ф. -ён и -е́нен, -е́нна
прикосну́ться, -ну́сь, -нётся
прикочева́ть, -чу́ю, -чу́ет
прикочёвывать, -аю, -ает
прикра́ивание, -я
прикра́ивать(ся), -аю, -ает(ся)
прикра́сить(ся), -а́шу(сь), -а́сит(ся)
прикра́сы, -а́с
прикра́шенность, -и
прикра́шенный; кр. ф. -ен, -ена
прикра́шивание, -я
прикра́шивать(ся), -аю(сь), -ает(ся)

прикрепи́тельный
прикрепи́ть(ся), -плю́(сь), -пи́т(ся)
прикрепле́ние, -я
прикреплённость, -и
прикреплённый; *кр. ф.* -ён, -ена́
прикрепля́ть(ся), -я́ю(сь), -я́ет(ся)
прикри́кивать, -аю, -ает
прикри́кнуть, -ну, -нет
прикрова́тный
прикрове́нность, -и
прикрове́нный; *кр. ф.* -ен и -е́нен, -е́нна
прикро́енный; *кр. ф.* -ен, -ена
прикрои́ть, -ою́, -ои́т
прикро́йка, -и
прикрути́ть(ся), -учу́(сь), -у́тит(ся)
прикру́ченный; *кр. ф.* -ен, -ена
прикру́чивание, -я
прикру́чивать(ся), -аю(сь), -ает(ся)
прикрыва́ть(ся), -а́ю(сь), -а́ет(ся)
прикры́тие, -я
прикры́тый
прикры́ть(ся), -кро́ю(сь), -кро́ет(ся)
прикря́кивать, -аю, -ает
прикря́кнуть, -ну, -нет
прикуба́нский
Прикуба́нье, -я (к Куба́нь)
при́куп, -а
прикупа́ть(ся), -а́ю, -а́ет(ся)
прикупи́ть, -уплю́, -у́пит
прику́пка, -и
прику́пленный; *кр. ф.* -ен, -ена
прикупно́й
прику́ренный; *кр. ф.* -ен, -ена
прику́ривание, -я
прику́риватель, -я
прику́ривать(ся), -аю, -ает(ся)
прикури́ть, -урю́, -у́рит
при́кус, -а
прикуси́ть, -ушу́, -у́сит
прику́ска, -и

прику́сывать(ся), -аю, -ает(ся)
прику́шенный; *кр. ф.* -ен, -ена
прила́вок, -вка
прила́вочный
прилага́тельное, -ого
прилага́ть(ся), -а́ю, -а́ет(ся) (*к приложи́ть*)
прила́дить(ся), -а́жу(сь), -а́дит(ся)
прила́дка, -и
прила́женный; *кр. ф.* -ен, -ена
прила́живание, -я
прила́живать(ся), -аю(сь), -ает(ся)
прила́сканный; *кр. ф.* -ан, -ана
приласка́ть(ся), -а́ю(сь), -а́ет(ся)
приласти́ться, -а́щусь, -а́стится
прилга́ть, -лгу́, -лжёт, -лгу́т; *прош.* -а́л, -ала́, -а́ло
прилгну́ть, -ну́, -нёт
прилега́ть, -а́ет
прилёгший
прилежа́ние, -я
прилежа́ть, -жу́, -жи́т
прилежа́щий
приле́жность, -и
приле́жный; *кр. ф.* -жен, -жна
прилеза́ть, -а́ю, -а́ет
приле́зть, -зу, -зет; *прош.* -е́з, -е́зла
приле́зший
прилепи́ть(ся), -леплю́(сь), -ле́пит(ся)
преле́пленный; *кр. ф.* -ен, -ена
приле́пливать(ся), -аю(сь), -ает(ся)
прилепля́ть(ся), -я́ю(сь), -я́ет(ся)
прилёт, -а
прилета́ть, -а́ю, -а́ет
прилете́ть, -лечу́, -лети́т
прилётный
приле́чь, -ля́гу, -ля́жет, -ля́гут; *прош.* -лёг, -легла́
прили́в, -а
прилива́ть(ся), -а́ю, -а́ет(ся)
прили́вно-отли́вный
прили́вный
приливообразу́ющий

приливоотли́вный
прили́занность, -и
прили́занный; *кр. ф.* -ан, -ана
прилиза́ть(ся), -лижу́(сь), -ли́жет(ся)
прили́зывать(ся), -аю(сь), -ает(ся)
прили́к, -а и -у и прили́ка, -и (*для прили́ку, для прили́ки*)
прилипа́ла, -ы, *м. и ж.* (*навязчивый человек*), *ж.* (*рыба*)
прилипа́ло, -а, *с.* (*рыба*)
прилипа́ние, -я
прилипа́ть, -а́ю, -а́ет
прили́пнуть, -ну, -нет; *прош.* -и́п, -и́пла
прили́пчивость, -и
прили́пчивый
прили́пший
прили́стник, -а
прили́тие, -я
прили́тый; *кр. ф.* -и́т, -ита́, -и́то
прили́ть(ся), -лью́, -льёт(ся); *прош.* -и́л(ся), -ила́(сь), -и́ло, -и́ло́сь
прили́чествовать, -твует
прили́чествующий
прили́чие, -я
прили́чность, -и
прили́чный; *кр. ф.* -чен, -чна
прило́в, -а
приловчи́ться, -чу́сь, -чи́тся
приложе́ние, -я (*от приложи́ть*)
приложе́нный; *кр. ф.* -ен, -ена (*от приложи́ть*)
приложи́мость, -и
приложи́мый
приложи́ть(ся), -ожу́(сь), -о́жит(ся) (*приблизить(ся) вплотную, присоединить(ся)*)
прилуне́ние, -я
прилунённый; *кр. ф.* -ён, -ена́
прилуни́ть(ся), -ню́(сь), -ни́т(ся)
прилуня́ть(ся), -я́ю(сь), -я́ет(ся)
прилуча́ть(ся), -а́ю(сь), -а́ет(ся)
прилучённый; *кр. ф.* -ён, -ена́

ПРИМИНАТЬ(СЯ)

прилучи́ть(ся), -чу́(сь), -чи́т(ся)
прилыга́ть, -а́ю, -а́ет
прильну́ть, -ну́, -нёт
прилю́дный
приля́панный; *кр. ф.* -ан, -ана
приля́пать, -аю, -ает
приля́пывать(ся), -аю, -ает(ся)
прим, *неизм.*
при́ма, -ы
при́ма-балери́на, при́мы-балери́ны
примагни́тить, -ни́чу, -ни́тит
примагни́ченный; *кр. ф.* -ен, -ена
примагни́чивать(ся), -аю, -ает(ся)
примадо́нна, -ы
примадо́ннский
прима́ж, -а, *тв.* -ем
прима́занный; *кр. ф.* -ан, -ана
прима́зать(ся), -а́жу(сь), -а́жет(ся)
прима́зка, -и
прима́зывать(ся), -аю(сь), -ает(ся)
прима́к, -а́
прима́ненный; *кр. ф.* -ен, -ена и приманённый; *кр. ф.* -ён, -ена́
прима́нивание, -я
прима́нивать(ся), -аю(сь), -ает(ся)
примани́ть, -аню́, -а́нит
прима́нка, -и, *р. мн.* -нок
прима́нный
прима́ночный
прима́нчивый
прима́риус, -а
прима́рка, -и
прима́с, -а
прима́сленный; *кр. ф.* -ен, -ена
прима́сливать(ся), -аю, -ает(ся)
прима́слить, -лю, -лит
примастерённый; *кр. ф.* -ён, -ена́
примастери́ть, -рю́, -ри́т
прима́т, -а (*главенство, преобладание*)
приматологи́ческий

приматоло́гия, -и
прима́тор, -а
прима́ты, -ов, *ед.* прима́т, -а (*отряд млекопитающих*)
прима́тывание, -я
прима́тывать(ся), -аю(сь), -ает(ся)
прима́чивание, -я
прима́чивать(ся), -аю, -ает(ся)
прима́щивать(ся), -аю(сь), -ает(ся)
примежёванный; *кр. ф.* -ан, -ана
примежева́ть, -жу́ю, -жу́ет
примежёвывать(ся), -аю, -ает(ся)
Примексика́нская ни́зменность
примелька́ться, -а́юсь, -а́ется
примене́ние, -я
применённый; *кр. ф.* -ён, -ена́
примени́мость, -и
примени́мый
примени́тельно (*к кому, чему*)
примени́ть(ся), -еню́(сь), -е́нит(ся)
применя́емость, -и
применя́ть(ся), -я́ю(сь), -я́ет(ся)
приме́р, -а
приме́ренный; *кр. ф.* -ен, -ена
примере́ть, -мрёт; *прош.* при́мер, примерла́, при́мерло
примере́щиться, -щусь, -щится
примерза́ть, -а́ю, -а́ет
примёрзлый
примёрзнуть, -ну, -нет; *прош.* -ёрз, -ёрзла
примёрзший
приме́ривание, -я
приме́ривать(ся), -аю(сь), -ает(ся)
приме́ривший(ся)
приме́рить(ся), -рю(сь), -рит(ся) и -ряю(сь), -ряет(ся)
приме́рка, -и, *р. мн.* -рок
приме́рно, *нареч.*
приме́рность, -и

приме́рный; *кр. ф.* -рен, -рна
приме́рочный
примеря́ть(ся), -я́ю(сь), -я́ет(ся) (*к* ме́рить)
примеси́ть, -ешу́, -е́сит
при́месный
примести́, -мету́, -метёт; *прош.* -мёл, -мела́
при́месь, -и
приме́та, -ы
примётанный; *кр. ф.* -ан, -ана (*от* примета́ть)
примета́ть, -а́ю, -а́ет, *сов.* (*о шитье*)
примета́ть(ся), -а́ю, -а́ет(ся), *несов.* (*к* примести́)
приметённый; *кр. ф.* -ён, -ена́ (*от* примести́)
приме́тить(ся), -е́чу, -е́тит(ся)
приме́тка, -и, *р. мн.* -ток (*заметка*)
примётка, -и, *р. мн.* -ток (*к* примета́ть)
приме́тливость, -и
приме́тливый
приме́тность, -и
приметну́ть(ся), -ну́, -нёт(ся)
приме́тный; *кр. ф.* -тен, -тна
приме́тший
примётывание, -я
примётывать(ся), -аю, -ает(ся)
примеча́ние, -я
примеча́тельность, -и
примеча́тельный; *кр. ф.* -лен, -льна
примеча́ть(ся), -а́ю, -а́ет(ся)
примече́нный; *кр. ф.* -ен, -ена
приме́шанный; *кр. ф.* -ан, -ана (*от* примеша́ть)
примеша́ть(ся), -а́ю, -а́ет(ся)
приме́шенный; *кр. ф.* -ен, -ена (*от* примеси́ть)
приме́шивание, -я
приме́шивать(ся), -аю, -ает(ся)
примина́ть(ся), -а́ю, -а́ет(ся)

примире́нец, -нца, *тв.* -нцем, *р. мн.* -нцев
примире́ние, -я
примирённость, -и
примирённый; *кр. ф.* -ён, -ена́
примире́нческий
примире́нчество, -а
примири́тель, -я
примири́тельница, -ы, *тв.* -ей
примири́тельность, -и
примири́тельный; *кр. ф.* -лен, -льна
примири́ть(ся), -рю́(сь), -ри́т(ся)
примиря́ть(ся), -я́ю(сь), -я́ет(ся) (*к* мири́ть)
примиря́ющий(ся)
примити́в, -а
примитивиза́ция, -и
примитивизи́рованный; *кр. ф.* -ан, -ана
примитивизи́ровать(ся), -рую, -рует(ся)
примитиви́зм, -а
примитиви́ст, -а
примитиви́стский
примити́вность, -и
примити́вный; *кр. ф.* -вен, -вна
примити́вщина, -ы
при́мкнутый
примкну́ть(ся), -ну́, -нёт(ся)
примни́ться, -и́тся
примола́чивать(ся), -аю, -ает(ся)
примо́лвить, -влю, -вит
примо́лвленный; *кр. ф.* -ен, -ена
примолка́ть, -а́ю, -а́ет
примо́лкнуть, -ну, -нет; *прош.* -мо́лк, -мо́лкла
примо́лкший
примолоти́ть, -лочу́, -ло́тит
примоло́ченный; *кр. ф.* -ен, -ена
примора́живание, -я
примора́живать(ся), -аю, -ает(ся)
приморо́женный; *кр. ф.* -ен, -ена
приморо́зить, -о́жу, -о́зит
приморо́зок, -зка

примо́рский (*к* примо́рье, Примо́рье, Примо́рск)
Примо́рский край
примо́рцы, -ев, *ед.* -рец, -рца, *тв.* -рцем
примо́рье, -я, *р. мн.* -рий (*местность вблизи моря*) и Примо́рье, -я (*российский Дальний Восток*)
примости́ть(ся), -ощу́(сь), -ости́т(ся)
примо́сток, -тка
примо́танный; *кр. ф.* -ан, -ана
примота́ть(ся), -а́ю(сь), -а́ет(ся)
примо́тка, -и
примо́ченный; *кр. ф.* -ен, -ена
примочи́ть, -очу́, -о́чит
примо́чка, -и, *р. мн.* -чек
примощённый; *кр. ф.* -ён, -ена́
при́мула, -ы
примунди́риваться, -аюсь, -ается
примунди́риться, -рюсь, -рится
при́мус, -а, *мн.* -ы, -ов и -а́, -о́в
при́мусный
примча́ть(ся), -чу́(сь), -чи́т(ся)
примыва́ть(ся), -а́ю, -а́ет(ся)
примыка́ние, -я
примыка́ть(ся), -а́ю, -а́ет(ся)
примы́сливать(ся), -аю, -ает(ся)
примы́слить, -лю, -лит
примы́тый
примы́ть, -мо́ю, -мо́ет
примышле́ние, -я
примы́шленный; *кр. ф.* -ен, -ена
примышля́ть(ся), -я́ю, -я́ет(ся)
примя́тый
примя́ть(ся), -мну́, -мнёт(ся)
принадлежа́ть, -жу́, -жи́т
принадле́жность, -и
принажа́ть, -жму́, -жмёт
принайто́вить, -влю, -вит
принайто́вленный; *кр. ф.* -ен, -ена
принайто́вливать(ся), -аю, -ает(ся)

принакопи́ть(ся), -оплю́, -о́пит(ся)
принако́пленный; *кр. ф.* -ен, -ена
принакры́ть(ся), -кро́ю(сь), -кро́ет(ся)
приналега́ть, -а́ю, -а́ет
приналёгший
принале́чь, -ля́гу, -ля́жет, -ля́гут; *прош.* -лёг, -легла́
принима́ть, -а́ю, -а́ет
прина́нятый; *кр. ф.* -ят, -нанята́, -ято
принаня́ть, -найму́, -наймёт; *прош.* -на́нял, -наняла́, -на́няло
принаро́дный
принаряди́ть(ся), -яжу́(сь), -я́дит(ся)
принаряжа́ть(ся), -а́ю(сь), -а́ет(ся)
принаря́женный; *кр. ф.* -ен, -ена
принахму́ренный; *кр. ф.* -ен, -ена
принахму́рить(ся), -рю(сь), -рит(ся)
принево́ленный; *кр. ф.* -ен, -ена
принево́ливать(ся), -аю(сь), -ает(ся)
принево́лить(ся), -лю(сь), -лит(ся)
Прине́манье, -я (*к* Не́ман)
принесе́ние, -я
принесённый; *кр. ф.* -ён, -ена́
принести́(сь), -су́(сь), -сёт(ся); *прош.* -нёс(ся), -несла́(сь)
принёсший(ся)
принижа́ть(ся), -а́ю(сь), -а́ет(ся)
принижа́ние, -я
прини́женно, *нареч.*
прини́женность, -и
прини́женный; *кр. ф. прич.* -ен, -ена; *кр. ф. прил.* -ен, -енна (*её положение в до́ме прини́женно*)
прини́занный; *кр. ф.* -ан, -ана
приниза́ть, -ижу́, -и́жет
прини́зить(ся), -и́жу(сь), -и́зит(ся)

прини́зка, -и
прини́зывать(ся), -аю, -ает(ся)
приника́ть, -а́ю, -а́ет
прини́кнуть, -ну, -нет; прош. -и́к, -и́кла
прини́кший
принима́ть, -а́ю, -а́ет и (книжн.) прие́млю, -лет
принима́ться, -а́юсь, -а́ется
принора́вливание, -я
принора́вливать(ся), -аю(сь), -ает(ся)
приноровить(ся), -влю́(сь), -ви́т(ся)
принаро́вленный; кр. ф. -ен, -ена
приноровля́ть(ся), -я́ю(сь), -я́ет(ся)
прино́с, -а
приноси́ть(ся), -ошу́(сь), -о́сит(ся)
приноше́ние, -я
при́нстонский (от При́нстон)
при́нтер, -а
при́нтерный
принуди́ловка, -и
принуди́тельность, -и
принуди́тельный; кр. ф. -лен, -льна
прину́дить, -у́жу, -у́дит
принудлече́ние, -я
принужда́ть(ся), -а́ю(сь), -а́ет(ся)
принужде́ние, -я
принуждённо, нареч.
принуждённость, -и
принуждённый; кр. ф. -ён, -ена́ и (неестественный, нарочитый) -ён, -ённа (его́ отве́ты принуждённы)
принц, -а, тв. -ем, р. мн. -ев
при́нцепс, -а
принце́сса, -ы
при́нцип, -а
принципа́л, -а
принципа́т, -а
принципиа́льничать, -аю, -ает
принципиа́льно, нареч.
принципиа́льность, -и
принципиа́льный; кр. ф. -лен, -льна
принц-консо́рт, при́нца-консо́рта
приню́хаться, -аюсь, -ается
приню́хиваться, -аюсь, -ается
приня́тие, -я
при́нятый; кр. ф. -ят, -ята́, -ято
приня́ть(ся), приму́(сь), при́мет(ся); прош. при́нял, приня́лся, приняла́(сь), при́няло, приняло́сь
приобвы́кнуть(ся) и приобы́кнуть(ся), -ну(сь), -нет(ся); прош. -ык(ся), -ыкла(сь)
приобвы́кший(ся) и приобы́кший(ся)
приобня́ть, -ниму́, -ни́мет; прош. -о́бнял, -яла́, -о́бняло
приободрённый; кр. ф. -ён, -ена́
приободри́ть(ся), -рю́(сь), -ри́т(ся)
приободря́ть(ся), -я́ю(сь), -я́ет(ся)
приобрести́, -ету́, -ете́т; прош. -ёл, -ела́
приобрета́тель, -я
приобрета́тельница, -ы, тв. -ей
приобрета́тельный
приобрета́тельский
приобрета́тельство, -а
приобрета́ть(ся), -а́ю, -а́ет(ся)
приобрете́ние, -я
приобретённый; кр. ф. -ён, -ена́
приобре́тший
прио́бский (к Обь)
приобу́тый
приобу́ть, -у́ю, -у́ет
приобща́ть(ся), -а́ю(сь), -а́ет(ся)
приобще́ние, -я
приобщённый; кр. ф. -ён, -ена́
приобщи́ть(ся), -щу́(сь), -щи́т(ся)
приобъе́ктный
приобы́кнуть(ся) и приобвы́кнуть(ся), -ну(сь), -нет(ся); прош. -ык(ся), -ыкла(сь)
приобы́кший(ся) и приобвы́кший(ся)

Прио́бье, -я (к Обь)
приовра́жный
приовра́жье, -я, р. мн. -жий
приоде́тый
приоде́ть(ся), -е́ну(сь), -е́нет(ся)
приозёрный
приозёрский (от Приозёрск)
приозёрцы, -ев, ед. -рец, -рца, тв. -рцем
приозе́рье, -я, р. мн. -рий
приокеани́ческий
прио́кский (к Ока́)
Прио́кско-терра́сный запове́дник
прионе́жский
Прионе́жский райо́н (в Карелии)
Прионе́жье, -я (к Оне́жское о́зеро, Оне́га)
приопуска́ть(ся), -а́ю, -а́ет(ся)
приопусти́ть(ся), -ущу́, -у́стит(ся)
приопу́щенный; кр. ф. -ен, -ена
прио́р, -а
приора́т, -а
приорите́т, -а
приорите́тный
прио́рия, -и
прио́рский
прио́рство, -а
приоса́ниваться, -аюсь, -ается
приоса́ниться, -нюсь, -нится
приосево́й
приостана́вливание, -я
приостана́вливать(ся), -аю(сь), -ает(ся)
приостанови́ть(ся), -овлю́(сь), -о́вит(ся)
приостано́вка, -и, р. мн. -вок
приостановле́ние, -я
приостано́вленный; кр. ф. -ен, -ена
приотво́ренный; кр. ф. -ен, -ена и приотворённый; кр. ф. -ён, -ена́
приотвори́ть(ся), -орю́, -о́рит(ся)
приотворя́ть(ся), -я́ю, -я́ет(ся)

ПРИОТКРЫВАТЬ(СЯ)

приоткрыва́ть(ся), -а́ю(сь), -а́ет(ся)
приоткры́тый
приоткры́ть(ся), -кро́ю(сь), -кро́ет(ся)
приотстава́ть, -стаю́, -стаёт
приотста́ть, -а́ну, -а́нет
приохо́тить(ся), -о́чу(сь), -о́тит(ся)
приохо́тский (к Охо́тское мо́ре)
Приохо́тье, -я (к Охо́тское мо́ре)
приохо́ченный; кр. ф. -ен, -ена
приохо́чивать(ся), -аю(сь), -ает(ся)
припа́вший
припада́ть, -а́ю, -а́ет
припа́док, -дка
припа́дочный
припа́дшие, -их (в иконописи)
припа́здывать, -аю, -ает
припа́зушный
припа́ивание, -я
припа́ивать(ся), -аю, -ает(ся)
припа́й, -я
припа́йка, -и, р. мн. -а́ек
припа́йный
припалённый; кр. ф. -ён, -ена́
припа́лзывать, -аю, -ает
припа́ливание, -я
припа́ливать(ся), -аю(сь), -ает(ся)
припали́ть(ся), -лю́(сь), -ли́т(ся)
припами́рский
Припами́рье, -я (к Пами́р)
припа́ренный; кр. ф. -ен, -ена
припа́ривать(ся), -аю(сь), -ает(ся)
припа́рить, -рю, -рит
припа́рка, -и, р. мн. -рок
припарко́ванный; кр. ф. -ан, -ана
припаркова́ть(ся), -ку́ю(сь), -ку́ет(ся)
припарко́вка, -и
припарко́вывать(ся), -аю(сь), -ает(ся)
припа́рочный

припа́рхивать, -аю, -ает
припаса́ть(ся), -а́ю(сь), -а́ет(ся)
припасённый; кр. ф. -ён, -ена́
припа́сечный
припаси́ха, -и: ле́то – припаси́ха, зима́ – прибери́ха
припа́сливый
припасо́ванный; кр. ф. -ан, -ана
припасова́ть, -су́ю, -су́ет
припасо́вка, -и
припасо́вывать(ся), -аю, -ает(ся)
припасти́(сь), -су́(сь), -сёт(ся); прош. -а́с(ся), -асла́(сь)
припа́сть, -аду́, -адёт; прош. -па́л, -па́ла
припа́сший(ся)
припа́сы, -ов
припа́ханный; кр. ф. -ан, -ана
припаха́ть, -ашу́, -а́шет
припа́хивание, -я
припа́хивать(ся), -аю, -ает(ся)
припа́шка, -и
припа́янный; кр. ф. -ян, -яна
припая́ть(ся), -я́ю, -я́ет(ся)
припе́в, -а
припева́ть, -а́ю, -а́ет
припева́ючи: жи́ть припева́ючи
припе́вки, -вок, ед. -вка, -и
припёк[1], -а и -у и припёка, -и (о тесте, хлебе)
припёк[2], -а (солнечный жар, припекаемое солнцем место)
припека́ние, -я
припека́ть(ся), -а́ю(сь), -а́ет(ся)
припёкший(ся)
припере́ть(ся), -пру́(сь), -прёт(ся); прош. -пёр(ся), -пёрла(сь)
припёртый
припе́рченный; кр. ф. -ен, -ена и приперчённый; кр. ф. -ён, -ена́
припе́рчивать(ся), -аю, -ает(ся)
припе́рчить, -чу, -чит и приперчи́ть, -чу́, -чи́т
припёрший(ся)
припеча́танный; кр. ф. -ан, -ана

припеча́тать, -аю, -ает
припеча́тка, -и
припеча́тывание, -я
припеча́тывать(ся), -аю, -ает(ся)
припе́чек, -чка
припечённый; кр. ф. -ён, -ена́
припе́чка, -и, р. мн. -чек
припе́чь(ся), -пеку́, -печёт(ся), -пеку́т(ся); прош. -пёк(ся), -пекла́(сь)
припира́ть(ся), -а́ю(сь), -а́ет(ся) (к припере́ть)
припи́санный; кр. ф. -ан, -ана
приписа́ть(ся), -ишу́(сь), -и́шет(ся)
припи́ска, -и, р. мн. -сок
приписни́к, -а́
приписно́й
припи́счик, -а
припи́сывание, -я
припи́сывать(ся), -аю(сь), -ает(ся)
припла́вить(ся), -влю, -вит(ся)
приплавле́ние, -я
припла́вленный; кр. ф. -ен, -ена
припла́вливать(ся), -аю, -ает(ся)
приплавля́ть(ся), -я́ю, -я́ет(ся)
приплане́тный
припла́та, -ы
приплати́ть, -ачу́, -а́тит
припла́ченный; кр. ф. -ен, -ена
припла́чивание, -я
припла́чивать(ся), -аю, -ает(ся)
при́плеск, -а
приплёскивать(ся), -аю, -ает(ся)
приплёснутый
приплесну́ть(ся), -ну́, -нёт(ся)
приплести́(сь), -лету́(сь), -летёт(ся); прош. -ёл(ся), -ела́(сь)
приплета́ть(ся), -а́ю, -а́ет(ся)
приплетённый; кр. ф. -ён, -ена́
приплётший(ся)
припло́д, -а
приплоти́нный
приплы́в, -а
приплыва́ние, -я

приплыва́ть, -а́ю, -а́ет
приплы́тие, -я
приплы́ть, -ыву́, -ывёт; *прош.* -ы́л, -ыла́, -ы́ло
приплю́снутость, -и
приплю́снутый
приплю́снуть(ся), -ну, -нет(ся)
приплюсо́ванный; *кр. ф.* -ан, -ана
приплюсова́ть(ся), -су́ю, -су́ет(ся)
приплюсо́вывание, -я
приплюсо́вывать(ся), -аю, -ает(ся)
приплю́щенный; *кр. ф.* -ен, -ена
приплю́щивать(ся), -аю, -ает(ся)
приплю́щить, -щу, -щит
припля́с, -а
приплясывание, -я
приплясывать, -аю, -ает
приподнима́ние, -я
приподнима́ть(ся), -а́ю(сь), -а́ет(ся)
припо́днятость, -и
припо́днятый; *кр. ф.* -ят, -ята́, -ято
приподня́ть(ся), -ниму́(сь), -ни́мет(ся) и (*разг.*) -дыму́(сь), -ды́мет(ся); *прош.* -по́днял, -подня́лся, -няла́(сь), -по́дняло, -ня́лось
приподыма́ние, -я (*разг. к* приподнима́ние)
приподыма́ть(ся), -а́ю(сь), -а́ет(ся) (*разг. к* приподнима́ть(ся))
припожа́ловать, -лую, -лует
припозда́ть, -а́ю, -а́ет
припоздни́ться, -ню́сь, -ни́тся
припо́й, -я
припо́йка, -и, *р. мн.* -о́ек
припо́йменный
приполза́ние, -я
приполза́ть, -а́ю, -а́ет
приползти́, -зу́, -зёт; *прош.* -о́лз, -олзла́

припо́лзший
припо́лок, -лка
припо́люсный
приполя́рный
Приполя́рный Ура́л
Приполя́рье, -я
припома́дить(ся), -а́жу(сь), -а́дит(ся)
припома́женный; *кр. ф.* -ен, -ена
припома́живание, -я
припома́живать(ся), -аю(сь), -ает(ся)
припомина́ние, -я
припомина́ть(ся), -а́ю, -а́ет(ся)
припо́мнить(ся), -ню, -нит(ся)
припора́шивание, -я
припора́шивать(ся), -аю, -ает(ся)
при́порох, -а
припоро́шенный; *кр. ф.* -ен, -ена и припорошённый; *кр. ф.* -ён, -ена́
припороши́ть(ся), -шу́, -ши́т(ся)
припоро́шка, -и
припорто́вый
припорхну́ть, -ну́, -нёт
припосевно́й
припра́ва, -ы
припра́вить, -влю, -вит
припра́вка, -и, *р. мн.* -вок
припра́вленный; *кр. ф.* -ен, -ена
приправля́ть(ся), -я́ю, -я́ет(ся)
припра́вочный
припрессо́ванный; *кр. ф.* -ан, -ана
припрессова́ть, -ессу́ю, -ессу́ет
припрессо́вка, -и
припрессо́вывать(ся), -аю, -ает(ся)
припру́тский (*от* Прут)
припры́гать, -аю, -ает
припры́гивание, -я
припры́гивать, -аю, -ает
припры́гнуть, -ну, -нет
припры́жечка, -и, *р. мн.* -чек
припры́жка, -и, *р. мн.* -жек

припряга́ть(ся), -а́ю, -а́ет(ся)
припря́гший(ся)
припряда́ть(ся), -а́ю, -а́ет(ся)
припря́денный; *кр. ф.* -ен, -ена и припрядённый; *кр. ф.* -ён, -ена́
припряжённый; *кр. ф.* -ён, -ена́
припря́жка, -и, *р. мн.* -жек
припряжно́й
припря́сть, -яду́, -ядёт; *прош.* -пря́л, -пря́ла, -пря́ло
припря́танный; *кр. ф.* -ан, -ана
припря́тать, -я́чу, -я́чет
припря́тывание, -я
припря́тывать(ся), -аю, -ает(ся)
припря́чь(ся), -ягу́, -яжёт(ся), -ягу́т(ся); *прош.* -я́г(ся), -ягла́(сь)
припу́гивание, -я
припу́гивать, -аю, -ает
припу́гнутый
припугну́ть, -ну́, -нёт
припу́дренный; *кр. ф.* -ен, -ена
припу́дривание, -я
припу́дривать(ся), -аю(сь), -ает(ся)
припу́дрить(ся), -рю(сь), -рит(ся)
при́пуск, -а
припуска́ть(ся), -а́ю(сь), -а́ет(ся)
припусти́ть(ся), -ущу́(сь), -у́стит(ся)
припу́танный; *кр. ф.* -ан, -ана
припу́тать(ся), -аю(сь), -ает(ся)
припу́тывание, -я
припу́тывать(ся), -аю(сь), -ает(ся)
припуха́ть, -а́ет
припу́хлость, -и
припу́хлый
припу́хнуть, -нет; *прош.* -у́х, -у́хла
припу́хший
припушённый; *кр. ф.* -ён, -ена́
припуши́ть, -шу́, -ши́т
припу́щенный; *кр. ф.* -ен, -ена
при́пятский (*от* При́пять)
прираба́тывать(ся), -аю, -ает(ся)
прирабо́танный; *кр. ф.* -ан, -ана

ПРИРАБОТАТЬ(СЯ)

прирабо́тать(ся), -аю, -ает(ся)
прирабо́тка, -и, р. мн. -ток
при́работок, -тка
прира́вненный; кр. ф. -ен, -ена
прира́внивание, -я
прира́внивать(ся), -аю(сь), -ает(ся)
приравня́ть(ся), -я́ю(сь), -я́ет(ся) (к ра́вный)
прираста́ние, -я
прираста́ть, -а́ю, -а́ет
прирасти́, -ту́, -тёт; прош. -ро́с, -росла́
прирасти́ть(ся), -ащу́, -асти́т(ся)
прираща́ть(ся), -а́ю, -а́ет(ся)
прираще́ние, -я
приращённый; кр. ф. -ён, -ена́
прира́щивание, -я
прира́щивать(ся), -аю, -ает(ся)
приревнова́ть, -ну́ю, -ну́ет
приpе́з, -а
прире́зание, -я
прире́занный; кр. ф. -ан, -ана
прире́зать, -е́жу, -е́жет, сов.
прирeза́ть(ся), -а́ю, -а́ет(ся), несов.
прире́зка, -и, р. мн. -зок (действие; то же, что прирезок)
прирезно́й
прире́зок, -зка (прирезная земля)
прире́зывание, -я
прире́зывать(ся), -аю, -ает(ся)
при́резь, -и
прире́льсовый
прире́чный
прире́чье, -я, р. мн. -чий
пририсо́ванный; кр. ф. -ан, -ана
пририсова́ть, -су́ю, -су́ет
пририсо́вывать(ся), -аю, -ает(ся)
приро́вненный; кр. ф. -ен, -ена
прировня́ть, -я́ю, -я́ет (к ро́вный)
приро́да, -ы
приро́да-ма́ть, приро́ды-ма́тери
приро́дно-климати́ческий
приро́дно-ресу́рсный
приро́дно-чи́стый

приро́дно-экономи́ческий
приро́дный
природове́д, -а
природове́дение, -я
природове́дческий
природозащи́тный
природоохрани́тельный
природоохра́нный
природопо́льзование, -я
природопо́льзовательный
природосберега́ющий
прирождённый; кр. ф. -ён, -ена́
приро́ст, -а
приро́сток, -тка
приро́сший
пpиру́б, -а
приpyба́ть(ся), -а́ю, -а́ет(ся)
прирубе́жный
приpyби́ть, -ублю́, -у́бит
приpyбка, -и
пpиру́бленный; кр. ф. -ен, -ена
прирулённый; кр. ф. -ён, -ена́
приpу́ливание, -я
пpиpу́ливать(ся), -аю, -ает(ся)
приpули́ть, -лю́, -ли́т
приpу́словый
приpуча́ть(ся), -а́ю(сь), -а́ет(ся)
приpуче́ние, -я
приpу́ченность, -и
приpучённый; кр. ф. -ён, -ена́
приpyчи́ть(ся), -чу́(сь), -чи́т(ся)
приса́дистый
присади́ть, -ажу́, -а́дит
приса́дка, -и, р. мн. -док (действие; вещество)
приса́док, -дка (саженец)
приса́дочный
приса́женный; кр. ф. -ен, -ена
приса́живать(ся), -аю(сь), -ает(ся)
приса́ливание, -я
приса́ливать(ся), -аю, -ает(ся)
приса́сывание, -я
приса́сывательный
приса́сывать(ся), -аю(сь), -ает(ся)

приса́харенный; кр. ф. -ен, -ена
приса́харивать(ся), -аю, -ает(ся)
приса́харить, -рю, -рит
присбо́ренный; кр. ф. -ен, -ена
присбо́ривание, -я
присбо́ривать(ся), -аю, -ает(ся)
присбо́рить, -рю, -рит
присва́ивание, -я
присва́ивать(ся), -аю, -ает(ся)
присва́танный; кр. ф. -ан, -ана
присва́тать(ся), -аю(сь), -ает(ся)
присва́тывать(ся), -аю(сь), -ает(ся)
при́свист, -а
присви́стнуть, -ну, -нет
присви́стывание, -я
присви́стывать, -аю, -ает
присвое́ние, -я
присво́енный; кр. ф. -ен, -ена
присво́ить, -о́ю, -о́ит
присвоя́ть(ся), -я́ю, -я́ет(ся)
присе́в, -а
присева́ть(ся), -а́ю, -а́ет(ся)
присе́д, -а
приседа́ние, -я
приседа́ть, -а́ю, -а́ет
приселённый; кр. ф. -ён, -ена́
пpисели́ть(ся), -елю́(сь), -е́лит(ся)
присёлок, -лка
приселя́ть(ся), -я́ю(сь), -я́ет(ся)
присемени́ть, -ню́, -ни́т
присеме́нник, -а
присе́ст, -а (в (за) оди́н присе́ст)
присе́сть, -ся́ду, -ся́дет; прош. -се́л, -се́ла
присе́янный; кр. ф. -ян, -яна
присе́ять, -е́ю, -е́ет
Присива́шье, -я (к Сива́ш)
при́сказка, -и, р. мн. -зок
прискака́ть, -скачу́, -ска́чет
приска́кивать, -аю, -ает
прискладско́й
приско́к, -а
приско́рбие, -я
приско́рбный; кр. ф. -бен, -бна
прискочи́ть, -очу́, -о́чит

ПРИСТАНОДЕРЖАТЕЛЬСТВО

прискочка, -и, р. мн. -чек
прискучивать, -аю, -ает
прискучить, -чу, -чит
присланный; кр. ф. -ан, -ана
прислать, пришлю, пришлёт; прош. -слал, -слала
присловье, -я, р. мн. -вий
прислонённый; кр. ф. -ён, -ена
прислонить(ся), -оню(сь), -онит(ся)
прислонять(ся), -яю(сь), -яет(ся)
прислуга, -и
прислуживание, -я
прислуживать(ся), -аю(сь), -ает(ся)
прислужить(ся), -ужу(сь), -ужит(ся)
прислужливый
прислужник, -а
прислужница, -ы, тв. -ей
прислужничать, -аю, -ает
прислужнический
прислужничество, -а
прислушаться, -аюсь, -ается
прислушиваться, -аюсь, -ается
присматривание, -я
присматривать(ся), -аю(сь), -ает(ся)
при смерти
присмирелый
присмирённый; кр. ф. -ён, -ена
присмиреть, -ею, -еет
присмирить, -рю, -рит
присмирять(ся), -яю(сь), -яет(ся)
присмолённый; кр. ф. -ён, -ена
присмолить(ся), -лю, -лит(ся)
присмотр, -а
присмотренный; кр. ф. -ен, -ена
присмотреть(ся), -отрю(сь), -отрит(ся)
приснежный
присниться, -нюсь, -нится
присно, нареч.
присноблагодатный
приснеблажённый
Приснодева, -ы (Богородица)

приснопамятный
присносветлый
присные, -ых
присный
присобаченный; кр. ф. -ен, -ена
присобачивать(ся), -аю, -ает(ся)
присобачить, -чу, -чит
присобранный; кр. ф. -ан, -ана
присобрать, -беру, -берёт; прош. -ал, -ала, -ало
присоветованный; кр. ф. -ан, -ана
присоветовать, -тую, -тует
присовокупить(ся), -плю, -пит(ся)
присовокупление, -я
присовокуплённый; кр. ф. -ён, -ена
присовокуплять(ся), -яю, -яет(ся)
присоединение, -я
присоединённый; кр. ф. -ён, -ена
присоединительный
присоединить(ся), -ню(сь), -нит(ся)
присоединять(ся), -яю(сь), -яет(ся)
присоленный; кр. ф. -ен, -ена
присолить, -олю, -олит
присос, -а
присосанный; кр. ф. -ан, -ана
присосать(ся), -осу(сь), -осёт(ся)
присоседиться, -ежусь, -едится
присосеживаться, -аюсь, -ается
присоска, -и, р. мн. -сок и присосок, -ска
присохнуть, -нет; прош. -ох, -охла
присохший
присочинённый; кр. ф. -ён, -ена
присочинить, -ню, -нит
присочинять(ся), -яю, -яет(ся)
приспевать, -аю, -ает
приспеть, -ею, -еет
приспешник, -а
приспешница, -ы, тв. -ей
приспешничать, -аю, -ает

приспичивать, -ает
приспичить, -ит
приспосабливание, -я
приспосабливать(ся), -аю(сь), -ает(ся)
приспособительный
приспособить(ся), -блю(сь), -бит(ся)
приспособленец, -нца, тв. -нцем, р. мн. -нцев
приспособление, -я
приспособленка, -и, р. мн. -нок
приспособленность, -и
приспособленный; кр. ф. -ен, -ена
приспособленческий
приспособленчество, -а
приспособляемость, -и
приспособлять(ся), -яю(сь), -яет(ся)
приспускать(ся), -аю(сь), -ает(ся)
приспустить(ся), -ущу(сь), -устит(ся)
приспущенный; кр. ф. -ен, -ена
пристав, -а, мн. -ы, -ов и -а, -ов
приставала, -ы, м. и ж.
приставание, -я
приставать, -таю, -таёт
приставить, -влю, -вит
приставка, -и, р. мн. -вок
приставление, -я (от приставить)
приставленный; кр. ф. -ен, -ена
приставлять(ся), -яю, -яет(ся)
приставной
приставочно-суффиксальный
приставочный
приставучий
пристадионный
пристальность, -и
пристальный; кр. ф. -лен, -льна
пристанище, -а
пристанный
пристанодержатель, -я
пристанодержательница, -ы, тв. -ей
пристанодержательство, -а

ПРИСТАНСКИЙ

при́станский
пристанцио́нный
при́стань, -и, *мн.* -и, -ей и -ей; но (*в названиях населенных пунктов*) При́стань, -и, *напр.*: Но́вая При́стань, Ру́сская При́стань (*поселки*)
приста́ть, -а́ну, -а́нет
пристаю́щий
пристаю́льный
пристёганный; *кр. ф.* -ан, -ана
пристега́ть, -а́ю, -а́ет (*от* стега́ть)
пристёгивание, -я
пристёгивать(ся), -аю(сь), -ает(ся)
пристёгнутый
пристегну́ть(ся), -ну́(сь), -нёт(ся)
пристёжка, -и, *р. мн.* -жек
пристежно́й (*пристегивающийся*)
присте́нный
присте́нок, -нка (*игра*)
присте́ночный
пристига́ть, -а́ю, -а́ет (*к* прости́гнуть)
прости́гнуть, -ну, -нет; *прош.* -и́г, -и́гла
присто́йность, -и
присто́йный; *кр. ф.* -о́ен, -о́йна
простра́гивать(ся), -аю, -ает(ся) и простру́гивать(ся), -аю, -ает(ся)
простра́ивание, -я
простра́ивать(ся), -аю(сь), -ает(ся)
пристра́стие, -я
пристрасти́ть(ся), -ащу́(сь), -асти́т(ся)
пристра́стка, -и
пристра́стность, -и
пристра́стный; *кр. ф.* -тен, -тна
простра́чивание, -я
простра́чивать(ся), -аю, -ает(ся)
простраща́ть(ся), -а́ю(сь), -а́ет(ся)
пристращённый; *кр. ф.* -ён, -ена́
простра́щивать(ся), -аю(сь), -ает(ся)

пристре́л, -а
пристре́ленный; *кр. ф.* -ен, -ена (*от* пристрели́ть)
пристре́ливание, -я
пристре́ливать(ся), -аю(сь), -ает(ся)
пристрели́ть, -елю́, -е́лит
пристре́лка, -и, *р. мн.* -лок
пристре́лочный
пристре́льный
пристре́лянный; *кр. ф.* -ян, -яна (*от* пристреля́ть)
пристреля́ть(ся), -я́ю(сь), -я́ет(ся)
простро́ганный; *кр. ф.* -ан, -ана и простру́ганный; *кр. ф.* -ан, -ана
прострога́ть, -а́ю, -а́ет и проструга́ть, -а́ю, -а́ет
простро́енный; *кр. ф.* -ен, -ена
простро́ить(ся), -о́ю(сь), -о́ит(ся)
простро́йка, -и, *р. мн.* -о́ек
простро́ченный; *кр. ф.* -ен, -ена
прострочи́ть, -очу́, -о́чит
простро́чка, -и, *р. мн.* -чек
простру́га, -и
простру́ганный; *кр. ф.* -ан, -ана и простро́ганный; *кр. ф.* -ан, -ана
простру́га́ть, -а́ю, -а́ет и прострога́ть, -а́ю, -а́ет
простру́гивать(ся), -аю, -ает(ся) и простра́гивать(ся), -аю, -ает(ся)
простру́ненный; *кр. ф.* -ен, -ена и простру́нённый; *кр. ф.* -ён, -ена́
простру́нивание, -я
простру́нивать(ся), -аю(сь), -ает(ся)
простру́ни́ть, -у́ню, -у́нит
при́стук, -а
присту́кивать(ся), -аю, -ает(ся)
присту́кнутый
присту́кнуть, -ну, -нет
при́ступ, -а

приступа́ть(ся), -а́ю(сь), -а́ет(ся) (*к* приступи́ть(ся))
приступи́ть(ся), -уплю́(сь), -у́пит(ся) (*начать*; *подступи́ть(ся)*)
присту́пка, -и, *р. мн.* -пок и при́ступок, -пка
приступообра́зный; *кр. ф.* -зен, -зна
присту́почек, -чка и присту́почка, -и, *р. мн.* -чек
пристыва́ть, -а́ю, -а́ет
присты́вший
пристыди́ть, -ыжу́, -ыди́т
пристыжа́ть(ся), -а́ю(сь), -а́ет(ся)
присты́женность, -и
присты́женный; *кр. ф.* -ен, -ена и пристыжённый; *кр. ф.* -ён, -ена́
пристыко́ванный; *кр. ф.* -ан, -ана
пристыкова́ть(ся), -ку́ю(сь), -ку́ет(ся)
пристыко́вка, -и, *р. мн.* -вок
пристыко́вочный
пристыко́вывать(ся), -аю(сь), -ает(ся)
присты́ть и присты́нуть, -ы́ну, -ы́нет; *прош.* -сты́л, -сты́ла
пристя́жка, -и, *р. мн.* -жек
пристяжно́й (*о лошади*)
при́стяжь, -и
присуди́ть, -ужу́, -у́дит
присужда́ть(ся), -а́ю, -а́ет(ся)
присужде́ние, -я
присуждённый; *кр. ф.* -ён, -ена́
прису́женный; *кр. ф.* -ен, -ена
присупо́ненный; *кр. ф.* -ен, -ена
присупо́нивать(ся), -аю, -ает(ся)
присупо́нить, -ню, -нит
Прису́тственные места́ (*архит. комплекс в нек-рых старых русских городах*)
прису́тственный
прису́тствие, -я
прису́тствовать, -твую, -твует

присутствующий
присуха, -и
присуча́льщик, -а
присуча́льщица, -ы, *тв.* -ей
присуча́ть(ся), -а́ю, -а́ет(ся)
прису́ченный; *кр. ф.* -ен, -ена
прису́чивание, -я
прису́чивать(ся), -аю, -ает(ся)
присучи́ть, -учу́, -у́чи́т
прису́чка, -и
прису́шенный; *кр. ф.* -ен, -ена
прису́шивать(ся), -аю, -ает(ся)
присуши́ть, -ушу́, -у́шит
прису́шка, -и
прису́щий
прису́щность, -и
присчёт, -а
присчи́танный; *кр. ф.* -ан, -ана
присчита́ть, -а́ю, -а́ет
присчи́тывать(ся), -аю, -ает(ся)
присыла́ть(ся), -а́ю, -а́ет(ся)
присы́лка, -и
присыпа́ние, -я
присы́панный; *кр. ф.* -ан, -ана
присы́пать(ся), -плю, -плет(ся), -плют(ся) и -пет(ся), -пят(ся), *сов.*
присыпа́ть(ся), -а́ю, -а́ет(ся), *несов.*
присы́пка, -и, *р. мн.* -пок
присыпно́й
присыха́ние, -я
присыха́ть, -а́ет
присюсю́кивать, -аю, -ает
прися́га, -и
присяга́ть, -а́ю, -а́ет
присягну́ть, -ну́, -нёт
прися́дка, -и
прися́жный
притаёжный
притаи́ться, -аю́сь, -аи́тся
прита́ленный; *кр. ф.* -ен, -ена
прита́ливать(ся), -аю, -ает(ся)
притали́ть, -лю́, -ли́т
прита́лкивать(ся), -аю, -ает(ся)
пританцо́вывание, -я

пританцо́вывать, -аю, -ает
прита́пливание, -я
прита́пливать(ся), -аю, -ает(ся)
прита́птывание, -я
прита́птывать(ся), -аю, -ает(ся)
прита́скивание, -я
прита́скивать(ся), -аю(сь), -ает(ся)
прита́чанный; *кр. ф.* -ан, -ана
притача́ть, -а́ю, -а́ет
прита́чивание, -я
прита́чивать(ся), -аю, -ает(ся)
прита́чка, -и, *р. мн.* -чек
притачно́й
прита́щенный; *кр. ф.* -ен, -ена
притащи́ть(ся), -ащу́(сь), -а́щит(ся)
притво́р, -а (*к* притвори́ть: *пристройка*)
притво́ра, -ы, *м. и ж.* (*к* притворя́ться – *прикидываться*)
притво́ренный; *кр. ф.* -ен, -ена и притворённый; *кр. ф.* -ён, -ена́ (*от* притвори́ть)
притвори́ть(ся), -орю́, -о́рит(ся) (*прикрыть(ся)*)
притвори́ться, -рю́сь, -ри́тся (*прикинуться*)
притво́рность, -и
притво́рный; *кр. ф.* -рен, -рна
притво́рство, -а
притво́рствовать, -твую, -твует
притво́рщик, -а
притво́рщица, -ы, *тв.* -ей
притворя́ла, -ы, *м. и ж.*
притворя́ть(ся), -я́ю(сь), -я́ет(ся) (*к* притвори́ть, притвори́ться)
притворя́шка, -и, *р. мн.* -шек, *м. и ж.* (*лицо*), *м.* (*жук*)
притеатра́льный
притека́ть, -а́ет
притёкший
притемнённый; *кр. ф.* -ён, -ена́
притемни́ть, -ню́, -ни́т
притемня́ть(ся), -я́ю, -я́ет(ся)
притенённый; *кр. ф.* -ён, -ена́

притени́ть, -ню́, -ни́т
притеня́ть(ся), -я́ю, -я́ет(ся)
притере́ть(ся), -тру́(сь), -трёт(ся); *прош.* -тёр(ся), -тёрла(сь)
притерпе́ться, -ерплю́сь, -е́рпится
притерра́сный
притёртый
притёрший(ся)
притёсанный; *кр. ф.* -ан, -ана
притеса́ть, -ешу́, -е́шет
притёска, -и
притесне́ние, -я
притеснённый; *кр. ф.* -ён, -ена́
притесни́тель, -я
притесни́тельница, -ы, *тв.* -ей
притесни́тельный; *кр. ф.* -лен, -льна
притесни́ть, -ню́, -ни́т
притесня́ть(ся), -я́ю(сь), -я́ет(ся)
притёсывать(ся), -аю, -ает(ся)
прите́чь, -течёт, -теку́т; *прош.* -тёк, -текла́
прити́н, -а
прити́р, -а
притира́емость, -и
притира́ние, -я
притира́ть(ся), -а́ю(сь), -а́ет(ся)
прити́рка, -и, *р. мн.* -рок
прити́рочный
при́тиск, -а
прити́скивать(ся), -аю(сь), -ает(ся)
прити́снутый
прити́снуть(ся), -ну(сь), -нет(ся)
притиха́ть, -а́ю, -а́ет
прити́хнуть, -ну, -нет; *прош.* -и́х, -и́хла
прити́хший
при́тканный; *кр. ф.* -ан, -ана
притка́ть, -ку́, -кёт; *прош.* -а́л, -ала́, -а́ло
при́ткнутый
приткну́ть(ся), -ну́(сь), -нёт(ся) (*поместить(ся)*)
Притобо́лье, -я (*к* Тобо́л)
притобо́льский

прито́к, -а
притолка́ть, -а́ю, -а́ет
притолкну́ть, -ну́, -нёт
при́толока, -и
прито́м, *союз* (он рабо́тает и прито́м у́чится), но *местоим.* при то́м (при всём при то́м)
притоми́ть(ся), -млю́(сь), -ми́т(ся)
притомлённый; *кр. ф.* -ён, -ена́
притомля́ть(ся), -я́ю(сь), -я́ет(ся)
прито́мский (к Томь)
прито́н, -а
притоносодержа́ние, -я
притоносодержа́тель, -я
притоносодержа́тельница, -ы, *тв.* -ей
прито́п, -а
прито́пать, -аю, -ает
притопи́ть, -оплю́, -о́пит
прито́пленный; *кр. ф.* -ен, -ена
прито́пнуть, -ну, -нет
прито́птанный; *кр. ф.* -ан, -ана
притопта́ть(ся), -опчу́, -о́пчет(ся)
прито́пывание, -я
прито́пывать, -аю, -ает
прито́ра́чивать(ся), -аю, -ает(ся)
приторго́ванный; *кр. ф.* -ан, -ана
приторгова́ть(ся), -гу́ю(сь), -гу́ет(ся)
приторго́вывать(ся), -аю(сь), -ает(ся)
приторма́живание, -я
приторма́живать(ся), -аю(сь), -ает(ся)
притормо́жённый; *кр. ф.* -ён, -ена́
притормози́ть, -ожу́, -ози́т
прито́рно-сла́дкий
прито́рность, -и
прито́рный; *кр. ф.* -рен, -рна
приторо́ченный; *кр. ф.* -ен, -ена
приторочи́ть, -чу́, -чи́т
приторцева́ть, -цу́ю, -цу́ет
приторцо́ванный; *кр. ф.* -ан, -ана
приторцо́вывать(ся), -аю, -ает(ся)

прито́ченный; *кр. ф.* -ен, -ена
приточи́ть, -очу́, -о́чит
прито́чка, -и
прито́чно-вытяжно́й
прито́чный
притра́ва, -ы
притрави́ть, -авлю́, -а́вит
притра́вленный; *кр. ф.* -ен, -ена
притра́вливание, -я
притра́вливать(ся), -аю, -ает(ся)
притра́гиваться, -аюсь, -ается
притра́ссовый
притро́нуться, -нусь, -нется
притротуа́рный
притруси́ть, -ушу́, -уси́т
притру́ска, -и
притру́шенный; *кр. ф.* -ен, -ена
притули́ть(ся), -лю́(сь), -ли́т(ся)
притуля́ть(ся), -я́ю(сь), -я́ет(ся)
притума́ниться, -нюсь, -нится
притупи́ть(ся), -уплю́, -у́пи́т(ся)
притупле́ние, -я
приту́пленный; *кр. ф.* -ен, -ена и притуплённый; *кр. ф.* -ён, -ена́
притупля́ть(ся), -я́ю, -я́ет(ся)
притуха́ть, -а́ет
приту́хнувший
приту́хнуть, -нет; *прош.* -у́х, -у́хла
приту́хший
приту́шенный; *кр. ф.* -ен, -ена
притуши́ть, -ушу́, -у́шит
при́тча, -и, *тв.* -ей
при́тча во язы́цех, при́тчи во язы́цех
притча́рдия, -и
при́тчевость, -и
при́тчевый
притчеобра́зность, -и
притчеобра́зный; *кр. ф.* -зен, -зна
притыка́ть(ся), -а́ю(сь), -а́ет(ся)
приты́чка, -и, *р. мн.* -чек
притяга́тельность, -и
притяга́тельный; *кр. ф.* -лен, -льна
притя́гивание, -я

притя́гивать(ся), -аю(сь), -ает(ся)
притяжа́тельность, -и
притяжа́тельный
притяже́ние, -я
притяза́ние, -я
притяза́тельность, -и
притяза́тельный; *кр. ф.* -лен, -льна
притяза́ть, -а́ю, -а́ет
притя́нутый
притяну́ть(ся), -яну́(сь), -я́нет(ся)
Притяньша́нье, -я (к Тянь-Ша́нь)
притяньша́ньский
приуба́вить, -влю, -вит
приуба́вленный; *кр. ф.* -ен, -ена
приубавля́ть(ся), -я́ю, -я́ет(ся)
приу́бранный; *кр. ф.* -ан, -ана
приубра́ть(ся), -беру́(сь), -берёт(ся); *прош.* -а́л(ся), -ала́(сь), -а́ло, -а́лось
приугаса́ть, -а́ет
приуга́снувший
приуга́снуть, -нет; *прош.* -га́с, -га́сла
приуга́сший
приугота́вливать(ся), -аю, -ает(ся)
приугото́вить(ся), -влю, -вит(ся)
приуготовле́ние, -я
приугото́вленный; *кр. ф.* -ен, -ена
приуготовля́ть(ся), -я́ю, -я́ет(ся)
приуда́рить, -рю, -рит
приударя́ть(ся), -я́ю, -я́ет(ся)
приуде́ржанный; *кр. ф.* -ан, -ана
приудержа́ть, -ержу́, -е́ржит
приуде́рживать(ся), -аю, -ает(ся)
при́уз, -а
приукра́сить(ся), -а́шу(сь), -а́сит(ся)
приукраша́ть(ся), -а́ю(сь), -а́ет(ся)
приукра́шенный; *кр. ф.* -ен, -ена
приукра́шивание, -я
приукра́шивать(ся), -аю(сь), -ает(ся)

ПРИЦЕПИТЬ(СЯ)

приукрыва́ть(ся), -а́ю(сь), -а́ет(ся)
приукры́тый
приукры́ть(ся), -кро́ю(сь), -кро́ет(ся)
приуле́чься, -ля́гусь, -ля́жется, -ля́гутся; *прош.* -лёгся, -легла́сь
приуменьша́ть(ся), -а́ю, -а́ет(ся) (*к* приуме́ньшить)
приуменьше́ние, -я (*от* приуме́ньшить)
приуме́ньшенный; *кр. ф.* -ен, -ена (*от* приуме́ньшить) и (*устар.*) приуменьшённый; *кр. ф.* -ён, -ена́ (*от* приуменьши́ть)
приуме́ньшить, -шу, -шит и (*устар.*) приуменьши́ть, -шу́, -ши́т (*несколько уменьшить*)
приумножа́ть(ся), -а́ю, -а́ет(ся)
приумноже́ние, -я
приумно́женный; *кр. ф.* -ен, -ена
приумно́жить(ся), -жу, -жит(ся)
приумолка́ть, -а́ю, -а́ет
приумо́лкнуть, -ну, -нет; *прош.* -о́лк, -о́лкла
приумо́лкший
приумы́тый
приумы́ть(ся), -мо́ю(сь), -мо́ет(ся)
приуны́ть, *буд. вр. не употр.*
Приура́лье, -я (*к* Ура́л)
приура́льский
приуро́чение, -я
приуро́ченность, -и
приуро́ченный; *кр. ф.* -ен, -ена
приуро́чивание, -я
приуро́чивать(ся), -аю, -ает(ся)
приуро́чить(ся), -чу, -чит(ся)
приуса́дебный
приуста́ть, -а́ну, -а́нет
приустьево́й и приу́стьевый
приутиха́ть, -а́ю, -а́ет
приути́хнувший
приути́хнуть, -ну, -нет; *прош.* -и́х, -и́хла

приути́хший
приутю́женный; *кр. ф.* -ен, -ена
приутю́живать(ся), -аю, -ает(ся)
приутю́жить, -жу, -жит
приуча́ть(ся), -а́ю(сь), -а́ет(ся)
приуче́ние, -я
приу́ченный; *кр. ф.* -ен, -ена
приучи́ть(ся), -учу́(сь), -у́чит(ся)
прифабри́чный
прифальцева́ть, -цу́ю, -цу́ет
прифальцо́ванный; *кр. ф.* -ан, -ана
прифальцо́вка, -и
прифальцо́вывать(ся), -аю, -ает(ся)
прифасо́ниться, -нюсь, -нится
приферме́рский
префи́кс, -а (*твердая цена*)
прифранти́ться, -нчу́сь, -нти́тся
прифронтово́й
прифуго́ванный; *кр. ф.* -ан, -ана
прифугова́ть, -гу́ю, -гу́ет
прифуго́вка, -и
прифуго́вывать(ся), -аю, -ает(ся)
прихва́ливать, -аю, -ает
прихва́рывать, -аю, -ает
прихвастну́ть, -ну́, -нёт
прихва́стывание, -я
прихва́стывать, -аю, -ает
прихвати́ть, -ачу́, -а́тит
прихва́тка, -и, *р. мн.* -ток
прихва́тывание, -я
прихва́тывать(ся), -аю, -ает(ся)
прихва́ченный; *кр. ф.* -ен, -ена
прихворну́ть, -ну́, -нёт
при́хвостень, -тня
прихлеба́ла, -ы, *м. и ж.*
прихлеба́тель, -я
прихлеба́тельница, -ы, *тв.* -ей
прихлеба́тельский
прихлеба́тельство, -а
прихлебну́ть, -ну́, -нёт
прихлёбывание, -я
прихлёбывать(ся), -аю, -ает(ся)
прихлёстнутый
прихлестну́ть, -ну́, -нёт

прихлёстывание, -я
прихлёстывать(ся), -аю, -ает(ся)
прихло́п, -а
прихло́пнутый
прихло́пнуть, -ну, -нет
прихло́пывание, -я
прихло́пывать(ся), -аю, -ает(ся)
прихлы́нуть, -нет
прихо́д, -а
приходи́ть(ся), -ожу́(сь), -о́дит(ся) (*к* прийти́)
прихо́дный
прихо́дованный; *кр. ф.* -ан, -ана
прихо́довать(ся), -дую, -дует(ся)
приходорасхо́дный
прихо́дский и приходско́й
приходя́щий(ся) (*от* приходи́ть(ся))
прихожа́нин, -а, *мн.* -а́не, -а́н
прихожа́нка, -и, *р. мн.* -нок
прихо́жая, -ей
прихора́шивание, -я
прихора́шивать(ся), -аю(сь), -ает(ся)
прихороши́ться, -шу́сь, -ши́тся
прихотли́вость, -и
прихотли́вый
при́хоть, -и
прихрабри́ться, -рю́сь, -ри́тся
прихра́мывание, -я
прихра́мывать, -аю, -ает
прицве́тник, -а
прицве́тный
прице́л, -а
прице́ленный; *кр. ф.* -ен, -ена
прице́ливание, -я
прице́ливать(ся), -аю(сь), -ает(ся)
прице́лить(ся), -е́лю(сь), -е́лит(ся)
прице́льный, *прил.*
прице́ниваться, -аюсь, -ается
прицени́ться, -еню́сь, -е́нится
приценя́ться, -я́юсь, -я́ется
прице́п, -а
прицепи́ть(ся), -еплю́(сь), -е́пит(ся)

прице́пка, -и, р. мн. -пок
прице́пленный; кр. ф. -ен, -ена
прицепля́ть(ся), -я́ю(сь), -я́ет(ся)
прицепно́й
прице́п-цисте́рна, прице́па-цисте́рны
прице́пщик, -а
прице́пщица, -ы, тв. -ей
прицы́кивать, -аю, -ает
прицы́кнуть, -ну, -нет
прича́л, -а
прича́ленный; кр. ф. -ен, -ена
прича́ливание, -я
прича́ливать(ся), -аю, -ает(ся)
прича́лить, -лю, -лит
прича́льный, прил.
причаро́ванный; кр. ф. -ан, -ана
причарова́ть, -ру́ю, -ру́ет
причаро́вывать, -аю, -ает
прича́стие, -я
причасти́ть(ся), -ащу́(сь), -асти́т(ся)
прича́стник, -а
прича́стница, -ы, тв. -ей
прича́стность, -и
прича́стны, -ых, ед. прича́стен, -тна, м. (церк. песнопения)
прича́стный; кр. ф. -тен, -тна
причаща́ть(ся), -а́ю(сь), -а́ет(ся)
причаще́ние, -я
причащённый; кр. ф. -ён, -ена́
приче́лина, -ы
причём, союз (оби́делся, причём справедли́во), но местоим. при чём (при чём тут я?)
причерномо́рский
Причерномо́рье, -я (к Чёрное мо́ре)
причерти́ть, -ерчу́, -е́ртит
приче́рченный; кр. ф. -ен, -ена
приче́рчивать(ся), -аю, -ает(ся)
причёсанность, -и
причёсанный; кр. ф. -ан, -ана
причеса́ть(ся), -ешу́(сь), -е́шет(ся)
причёска, -и, р. мн. -сок
причесно́чный лук

приче́сть(ся), -чту́, -чтёт(ся); прош. -чёл(ся), -чла́(сь)
причёсывание, -я
причёсывать(ся), -аю(сь), -ает(ся)
при́чет, -а (причитание; то же, что причт)
причётник, -а
причётнический
причи́на, -ы
причинда́лы, -ов
причине́ние, -я
причинённый; кр. ф. -ён, -ена́
причини́ть(ся), -ню́, -ни́т(ся)
причи́нно-сле́дственный
причи́нность, -и
причи́нный
причиня́ть(ся), -я́ю, -я́ет(ся)
причисле́ние, -я
причи́сленный; кр. ф. -ен, -ена
причи́слить(ся), -лю(сь), -лит(ся)
причисля́ть(ся), -я́ю(сь), -я́ет(ся)
причита́льщица, -ы, тв. -ей
причита́ние, -я
причита́ть(ся), -а́ю, -а́ет(ся)
причита́ющий(ся)
причи́тывать(ся), -аю, -ает(ся)
причмо́кивание, -я
причмо́кивать, -аю, -ает
причмо́кнуть, -ну, -нет
причт, -а и при́чет, -а (клир)
причте́ние, -я
причтённый; кр. ф. -ён, -ена́
при́чтовый
причу́да, -ы
причу́диться, -ится
причу́дливость, -и
причу́дливый
причу́дник, -а
причу́дница, -ы, тв. -ей
причу́дничать, -аю, -ает
Причу́дье, -я (к Чудско́е о́зеро)
приша́бренный; кр. ф. -ен, -ена
приша́бривать(ся), -аю, -ает(ся)
приша́брить(ся), -рю, -рит(ся)
пришабро́вка, -и

пришага́ть, -а́ю, -а́ет
приша́ркивание, -я
приша́ркивать, -аю, -ает
приша́ркнуть, -ну, -нет
пришварто́ванный; кр. ф. -ан, -ана
пришвартова́ть(ся), -ту́ю(сь), -ту́ет(ся)
пришварто́вывание, -я
пришварто́вывать(ся), -аю(сь), -ает(ся)
прише́дший(ся) (от прийти́(сь))
прише́лец, -льца, тв. -льцем, р. мн. -льцев
прише́лица, -ы, тв. -ей
пришепётывание, -я
пришепётывать, -аю, -ает (слегка шепелявить)
пришёптывание, -я
пришёптывать, -аю, -ает (сопровождать действие шепотом)
прише́ствие, -я
пришиба́ть, -а́ю, -а́ет
Пришибе́ев, -а, тв. -ым и у́нтер Пришибе́ев, у́нтера Пришибе́ева
пришиби́вший
пришиби́ть, -бу́, -бёт; прош. -ши́б, -ши́бла
приши́бленность, -и
приши́бленный; кр. ф. -ен, -ена
пришива́ние, -я
пришива́ть(ся), -а́ю, -а́ет(ся)
приши́вка, -и
пришивно́й
приши́тый
приши́ть(ся), -шью́, -шьёт(ся)
пришко́льный
пришлёпать, -аю, -ает
пришлёпнутый
пришлёпнуть(ся), -ну, -нет(ся)
пришлёпывать(ся), -аю, -ает(ся)
пришле́ц, -а́, тв. -о́м, р. мн. -о́в (устар. к пришле́ец)
пришлифо́ванный; кр. ф. -ан, -ана

пришлифова́ть(ся), -фу́ю, -фу́ет(ся)
пришлифо́вывать(ся), -аю, -ает(ся)
при́шлый
пришоссе́йный
пришпандо́ренный; кр. ф. -ен, -ена
пришпандо́ривать(ся), -аю, -ает(ся)
пришпандо́рить, -рю, -рит
пришпи́ленный; кр. ф. -ен, -ена
пришпи́ливание, -я
пришпи́ливать(ся), -аю, -ает(ся)
пришпи́лить, -лю, -лит
пришпо́ренный; кр. ф. -ен, -ена
пришпо́ривание, -я
пришпо́ривать(ся), -аю, -ает(ся)
пришпо́рить, -рю, -рит
приштуко́ванный; кр. ф. -ан, -ана
приштукова́ть(ся), -ку́ю, -ку́ет(ся)
приштуко́вывать(ся), -аю, -ает(ся)
прищёлкивание, -я
прищёлкивать(ся), -аю, -ает(ся)
прищёлкнутый
прищёлкнуть, -ну, -нет
прищеми́ть(ся), -млю́, -ми́т(ся)
прищемлённый; кр. ф. -ён, -ена́
прищемля́ть(ся), -я́ю, -я́ет(ся)
прище́п, -а
прищепи́ть, -плю́, -пи́т
прище́пка, -и, р. мн. -пок (зажим)
прищеплённый; кр. ф. -ён, -ена́
прищепля́ть(ся), -я́ю, -я́ет(ся)
прищепно́й
прище́пок, -пка (черенок)
прищи́пка, -и
прищи́пнутый
прищипну́ть, -ну́, -нёт
прищи́пывание, -я
прищи́пывать(ся), -аю, -ает(ся)
прищу́р, -а
прищу́ренный; кр. ф. -ен, -ена

прищу́ривание, -я
прищу́ривать(ся), -аю(сь), -ает(ся)
прищу́ринка, -и
прищу́рить(ся), -рю(сь), -рит(ся)
прищу́рка, -и
прищу́ченный; кр. ф. -ен, -ена
прищу́чивать(ся), -аю, -ает(ся)
прищу́чить, -чу, -чит
приэкваториа́льный
приэкра́нный
приэльбру́сский
Приэльбру́сье, -я (к Эльбру́с)
при э́том
прию́т, -а
приюти́ть(ся), -ючу́(сь), -юти́т(ся)
прию́тный; кр. ф. -тен, -тна
прию́тский
прия́зненно, нареч.
прия́зненный; кр. ф. -ен, -енна
прия́знь, -и
прия́мок, -мка
прия́тель, -я
прия́тельница, -ы, тв. -ей
прия́тельски
прия́тельский
прия́тельство, -а
прия́тие, -я
прия́тность, -и
прия́тный; кр. ф. -тен, -тна
прия́тый
прия́ть, буд. вр. не употр. (устар. к приня́ть)
про¹, предлог
про², про́ и ко́нтра
ПРО [пэрэо́] и [про], нескл., ж. (сокр.: противоракетная оборона)
проамерика́нский
проанализи́рованный; кр. ф. -ан, -ана
проанализи́ровать, -рую, -рует
проанкети́рованный; кр. ф. -ан, -ана
проанкети́ровать, -рую, -рует
проанноти́рованный; кр. ф. -ан, -ана

проанноти́ровать, -рую, -рует
проанонси́рованный; кр. ф. -ан, -ана
проанонси́ровать, -рую, -рует
проатланти́ческий
проа́тлас, -а
проа́хать, -аю, -ает
про́ба, -ы
пробавля́ться, -я́юсь, -я́ется
пробалагу́рить, -рю, -рит
проба́лтывать(ся), -аю(сь), -ает(ся)
проба́нд, -а
пробараба́ненный; кр. ф. -ен, -ена
пробараба́нить, -ню, -нит
пробаси́ть, -ашу́, -аси́т
пробастова́ть, -ту́ю, -ту́ет
пробатра́чить, -чу, -чит
проба́ция, -и
пробе́г, -а
пробе́ганный; кр. ф. -ан, -ана
пробе́гать(ся), -аю(сь), -ает(ся), сов. (от бе́гать)
пробега́ть(ся), -а́ю, -а́ет(ся), несов. (к пробежа́ть)
пробежа́ть(ся), -егу́(сь), -ежи́т(ся), -егу́т(ся)
пробе́жка, -и, р. мн. -жек
пробезде́льничать, -аю, -ает
про́бел, -а (в иконописи)
пробе́л, -а
пробелённый; кр. ф. -ён, -ена́
пробе́ливание, -я
пробе́ливать(ся), -аю, -ает(ся)
пробели́ть(ся), -елю́, -е́ли́т(ся)
пробе́лка, -и
про́бель, -и
пробе́льный
пробе́льщик, -а
пробензи́ненный; кр. ф. -ен, -ена
пробесе́довать, -дую, -дует
пробеси́ться, -ешу́сь, -е́сится
пробива́емость, -и
пробива́ние, -я
пробива́ть(ся), -а́ю(сь), -а́ет(ся)

проби́вка, -и
пробивно́й
проби́вочный
пробира́ние, -я
пробира́ть(ся), -а́ю(сь), -а́ет(ся)
проби́рер, -а
проби́рка, -и, р. мн. -рок
проби́рный
проби́рование, -я
проби́рованный; кр. ф. -ан, -ана
проби́ровать(ся), -рую, -рует(ся)
проби́рочный
проби́рщик, -а
проби́тый
проби́ть(ся), -бью́(сь), -бьёт(ся); прош. -и́л(ся), -и́ла(сь), -и́ло(сь) и (о часах, сигнальном устройстве) про́бил, -и́ла, про́било
про́бка, -и, р. мн. -бок
про́бковый
пробле́ма, -ы
проблема́тика, -и
проблемати́ческий
проблемати́чность, -и
проблемати́чный; кр. ф. -чен, -чна
пробле́мник, -а
пробле́мно-ориенти́рованный
пробле́мность, -и
пробле́мно-темати́ческий
пробле́мный
про́блеск, -а
пробле́скивать, -ает и проблёскивать, -ает
про́блесковый
проблесну́ть, -нёт
пробле́ять, -е́ю, -е́ет
проблиста́ть, -а́ю, -а́ет
проблуди́ть, -ужу́, -у́дит
проблужда́ть, -а́ю, -а́ет
про́бник, -а
про́бный
про́бование, -я
про́бованный; кр. ф. -ан, -ана
про́бовать(ся), -бую(сь), -бует(ся)
пробо́данный; кр. ф. -ан, -ана

пробода́ть(ся), -а́ю, -а́ет(ся)
прободе́ние, -я
прободённый; кр. ф. -ён, -ена́
прободно́й
пробо́дрствовать, -твую, -твует
пробо́ина, -ы
пробо́й, -я
пробо́йник, -а
пробо́йный; кр. ф. -о́ен, -о́йна
проболе́ть¹, -е́ю, -е́ет (к боле́ть¹)
проболе́ть², -ли́т (к боле́ть²)
проболта́нный; кр. ф. -ан, -ана
проболта́ть(ся), -а́ю(сь), -а́ет(ся)
пробомби́ть, -блю́, -би́т
пробоотбо́рник, -а
пробопеча́тный
пробо́р, -а
пробора́нивать(ся), -аю, -ает(ся)
пробо́рка, -и, р. мн. -рок
пробормо́танный; кр. ф. -ан, -ана
пробормота́ть, -мочу́, -мо́чет
проборождённый; кр. ф. -ён, -ена́
проборозди́ть, -зжу́, -зди́т
проборонённый; кр. ф. -ён, -ена́
проборони́ть, -ню́, -ни́т
проборо́нованный; кр. ф. -ан, -ана
проборонова́ть(ся), -ну́ю, -ну́ет(ся)
про́бочник, -а
про́бочный
про́бранный; кр. ф. -ан, -ана
пробра́сывать(ся), -аю(сь), -ает(ся)
пробра́ть(ся), -беру́(сь), -берёт(ся); прош. -а́л(ся), -ала́(сь), -а́ло, -а́лось
пробреди́ть, -е́жу, -е́дит
пробре́дший
пробренча́ть, -чу́, -чи́т
пробрести́, -еду́, -едёт; прош. -ёл, -ела́
пробрива́ть(ся), -а́ю(сь), -а́ет(ся)
пробри́тый
пробри́ть(ся), -ре́ю(сь), -ре́ет(ся)
проброди́ть, -ожу́, -о́дит

пробродя́жничать, -аю, -ает
пробро́с, -а
пробро́санный; кр. ф. -ан, -ана
пробро́сать(ся), -а́ю(сь), -а́ет(ся)
пробро́сить(ся), -о́шу(сь), -о́сит(ся)
пробро́шенный; кр. ф. -ен, -ена
пробры́згивать, -аю, -ает
пробры́знуть, -ну, -нет
пробрюзжа́ть, -зжу́, -зжи́т
пробряца́ть, -а́ю, -а́ет
пробст, -а
пробубнённый; кр. ф. -ён, -ена́
пробубни́ть, -ню́, -ни́т
пробуди́ть(ся), -бужу́(сь), -бу́ди́т(ся)
пробужда́ть(ся), -а́ю(сь), -а́ет(ся)
пробужде́ние, -я
пробуждённый; кр. ф. -ён, -ена́
пробукси́рованный; кр. ф. -ан, -ана
пробукси́ровать, -рую, -рует
пробуксова́ть, -су́ю, -су́ет
пробуксо́вка, -и, р. мн. -вок
пробуксо́вывание, -я
пробуксо́вывать, -аю, -ает
пробу́лькивать, -ает
пробура́вить, -влю, -вит
пробура́вленный; кр. ф. -ен, -ена
пробура́вливание, -я
пробура́вливать(ся), -аю, -ает(ся)
пробурённый; кр. ф. -ён, -ена́
пробу́ривание, -я
пробу́ривать(ся), -аю, -ает(ся)
пробури́ть, -рю́, -ри́т
пробурча́ть, -чу́, -чи́т
пробча́тка, -и
про́бчатый
пробы́ть, -бу́ду, -бу́дет; прош. про́был, пробыла́, про́было
пробюллете́нить, -ню, -нит
прова́живать, -аю, -ает
прова́йдер, -а
прова́йдерский
прова́л, -а

ПРОВОДНИК

провала́ндаться, -аюсь, -ается
прова́ленный; кр. ф. -ен, -ена, прич. (от провали́ть)
прова́ливать(ся), -аю(сь), -ает(ся)
провали́ть(ся), -алю́(сь), -а́лит(ся)
прова́льный, прил.
провальси́ровать, -рую, -рует
прова́лянный; кр. ф. -ян, -яна, прич. (от проваля́ть)
проваля́ть(ся), -я́ю(сь), -я́ет(ся)
провансаль¹, -я (соус)
провансаль², -и и неизм. (капуста)
провансальский (от Прова́нс)
провансальцы, -ев, ед. -лец, -льца, тв. -льцем
прова́нский (от Прова́нс; прова́нское ма́сло)
прова́р, -а
прова́ренный; кр. ф. -ен, -ена
прова́ривание, -я
прова́ривать(ся), -аю, -ает(ся)
провари́ть(ся), -арю́, -а́рит(ся)
прова́рка, -и
прова́щивать(ся), -аю, -ает(ся)
провева́ть(ся), -а́ю, -а́ет(ся) (к ве́ять)
прове́данный; кр. ф. -ан, -ана
прове́дать, -аю, -ает
проведе́ние, -я (к провести́)
проведённый; кр. ф. -ён, -ена́
прове́дший
прове́дывание, -я
прове́дывать(ся), -аю(сь), -ает(ся)
провезённый; кр. ф. -ён, -ена́
провезти́, -зу́, -зёт; прош. -ёз, -езла́
провёзший
прове́ивать(ся), -аю, -ает(ся)
провентили́рованный; кр. ф. -ан, -ана
провентили́ровать(ся), -рую, -рует(ся)
провербиа́льный
прове́ренный; кр. ф. -ен, -ена

провереща́ть, -щу́, -щи́т
прове́рить(ся), -рю(сь), -рит(ся)
прове́рка, -и, р. мн. -рок
проверну́тый
проверну́ть(ся), -ну́, -нёт(ся)
прове́рочный
проверте́ть(ся), -ерчу́(сь), -е́ртит(ся)
провёртывание, -я
провёртывать(ся), -аю, -ает(ся) (к проверну́ть)
прове́рченный; кр. ф. -ен, -ена
прове́рчивание, -я
прове́рчивать(ся), -аю, -ает(ся) (к проверте́ть)
прове́рщик, -а
прове́рщица, -ы, тв. -ей
проверя́льщик, -а
проверя́льщица, -ы, тв. -ей
проверя́ть(ся), -я́ю(сь), -я́ет(ся)
проверя́ющий(ся)
прове́с, -а
прове́сить(ся), -е́шу(сь), -е́сит(ся)
провесно́й
провести́, -еду́, -едёт; прош. -ёл, -ела́
прове́тренный; кр. ф. -ен, -ена
прове́тривание, -я
прове́тривать(ся), -аю(сь), -ает(ся)
прове́трить(ся), -рю(сь), -рит(ся)
прове́шенный; кр. ф. -ен, -ена (от прове́сить)
провешённый; кр. ф. -ён, -ена́ (от провеши́ть)
прове́шивать(ся), -аю(сь), -ает(ся)
провеши́ть, -шу́, -ши́т
прове́щанный; кр. ф. -ан, -ана
провеща́ть, -а́ю, -а́ет
прове́янный; кр. ф. -ян, -яна
прове́ять(ся), -е́ю, -е́ет(ся)
провиа́нт, -а
провиантме́йстер, -а
провиа́нтский
провиде́ние, -я (предвидение)

Провиде́ние, -я (о Боге)
прови́денный; кр. ф. -ен, -ена
провиденциали́зм, -а
провиденциалисти́ческий
провиденциа́льный
прови́деть(ся), -и́жу, -и́дит(ся)
прови́дец, -дца, тв. -дцем, р. мн. -дцев
прови́дица, -ы, тв. -ей
прови́дческий
прови́дчество, -а
провизжа́ть, -зжу́, -зжи́т
провизио́нный
прови́зия, -и
прови́зор, -а
провизо́рный
провизо́рский
провини́ться, -ню́сь, -ни́тся
прови́нность, -и
провинти́ть(ся), -инчу́, -и́нти́т(ся)
провинциа́л, -а
провинциали́зм, -а
провинциа́лка, -и, р. мн. -лок
провинциа́лочка, -и, р. мн. -чек
провинциа́льность, -и
провинциа́льный; кр. ф. -лен, -льна
прови́нция, -и
прови́нченный; кр. ф. -ен, -ена
прови́нчивать(ся), -аю, -ает(ся)
провира́ться, -а́юсь, -а́ется
прови́рус, -а
прови́с, -а
провиса́ние, -я
провиса́ть, -а́ю, -а́ет
провисе́ть, -ишу́, -иси́т
прови́снуть, -нет; прош. -и́с, -и́сла
прови́сший
провитами́ны, -ов, ед. -ми́н, -а
про́вод, -а, мн. -а́, -о́в (проволока)
прово́д, -а (действие)
проводи́мость, -и
проводи́мый
проводи́ть(ся), -ожу́, -о́дит(ся)
прово́дка, -и, р. мн. -док
проводни́к, -а́

проводнико́вый
проводни́ца, -ы, тв. -ей
проводно́й
прово́дчик, -а
про́воды, -ов
проводя́щий(ся)
провоёванный; кр. ф. -ан, -ана
провоева́ть, -вою́ю, -вою́ет
провожа́ние, -я
провожа́тый, -ого
провожа́ть(ся), -а́ю(сь), -а́ет(ся)
провожде́ние, -я
прово́з, -а
провозве́стие, -я
провозвести́ть, -ещу́, -ести́т
провозве́стник, -а
провозве́стница, -ы, тв. -ей
провозвеща́ть(ся), -а́ю, -а́ет(ся)
провозвещённый; кр. ф. -ён, -ена́
провозгласи́ть, -ашу́, -аси́т
провозглаша́ть(ся), -а́ю, -а́ет(ся)
провозглаше́ние, -я
провозглашённый; кр. ф. -ён, -ена́
провози́ть(ся), -ожу́(сь), -о́зит(ся)
прово́зка, -и
провозно́й
провозоспосо́бность, -и
провока́тор, -а
провока́торский
провокацио́нный; кр. ф. -о́нен, -о́нна
провока́ция, -и
провола́кивать(ся), -аю(сь), -ает(ся)
про́волока, -и
проволокобето́н, -а
проволокобето́нный
проволокошве́йный
проволо́кший(ся)
проволо́ченный; кр. ф. -ен, -ена (от проволочи́ть)
проволочённый; кр. ф. -ён, -ена́ (от проволо́чь и проволочи́ть)
проволочи́ть(ся), -очу́(сь), -о́чит(ся)

про́волочка, -и, р. мн. -чек (от про́волока)
проволо́чка, -и, р. мн. -чек (задержка)
про́волочник, -а
про́волочно-гвозди́льный
про́волочный
проволо́чь(ся), -локу́(сь), -лочёт(ся), -локу́т(ся); прош. -ло́к(ся), -локла́(сь)
проволы́ненный; кр. ф. -ен, -ена
проволы́нить(ся), -ню(сь), -нит(ся)
провоня́ть, -я́ю, -я́ет
провопи́ть, -плю́, -пи́т
провора́чивание, -я
провора́чивать(ся), -аю, -ает(ся)
проворкова́ть, -ку́ю, -ку́ет
прово́рность, -и
прово́рный; кр. ф. -рен, -рна
проворова́ться, -ру́юсь, -ру́ется
проворо́вываться, -аюсь, -ается
проворожи́ть, -жу́, -жи́т
проворо́ненный; кр. ф. -ен, -ена
проворо́нивать, -аю, -ает
проворо́нить, -ню, -нит
провороти́ть, -очу́, -о́тит
проворо́чать(ся), -аю(сь), -ает(ся)
проворо́ченный; кр. ф. -ен, -ена
прово́рство, -а
проворча́ть, -чу́, -чи́т
провоци́рование, -я
провоци́рованный; кр. ф. -ан, -ана
провоци́ровать(ся), -рую(сь), -рует(ся)
провощённый; кр. ф. -ён, -ена́
провощи́ть, -щу́, -щи́т
провра́ть(ся), -ру́(сь), -рёт(ся); прош. -а́л(ся), -ала́(сь), -а́ло, -а́лось
провы́ть, -во́ю, -во́ет
провя́занный; кр. ф. -ан, -ана
провяза́ть, -яжу́, -я́жет
провя́зывание, -я
провя́зывать(ся), -аю, -ает(ся)

провя́ленный; кр. ф. -ен, -ена
провя́ливание, -я
провя́ливать(ся), -аю, -ает(ся)
провя́лить(ся), -лю, -лит(ся)
прога́данный; кр. ф. -ан, -ана
прогада́ть, -а́ю, -а́ет
прога́дывать, -аю, -ает
прогазо́вка, -и, р. мн. -вок
прога́л, -а
прога́лина, -ы
прога́линка, -и, р. мн. -нок
прогалопи́ровать, -рую, -рует
прога́р, -а
прогарцева́ть, -цу́ю, -цу́ет
прогени́я, -и
прогестеро́н, -а
проги́б, -а
прогиба́ние, -я
прогиба́ть(ся), -а́ю(сь), -а́ет(ся)
прогибициони́зм, -а
прогибициони́ст, -а
прогимна́зия, -и
прогимноспе́рмы, -спе́рм
прогла́дить(ся), -а́жу, -а́дит(ся)
прогла́женный; кр. ф. -ен, -ена
прогла́живание, -я
прогла́живать(ся), -аю, -ает(ся)
прогла́тывание, -я
прогла́тывать(ся), -аю, -ает(ся)
прогло́данный; кр. ф. -ан, -ана
проглода́ть, -ожу́, -о́жет
проглоти́ть, -очу́, -о́тит
прогло́ченный; кр. ф. -ен, -ена
прогляде́ть, -яжу́, -яди́т
прогля́дывание, -я
прогля́дывать(ся), -аю, -ает(ся)
прогляну́ть, -яну́, -я́нет
про́гнанный; кр. ф. -ан, -ана
прогнати́зм, -а
прогнати́ческий
прогнати́я, -и
прогна́ть(ся), -гоню́(сь), -го́нит(ся); прош. -а́л(ся), -ала́(сь), -а́ло(сь)
прогне́ванный; кр. ф. -ан, -ана
прогне́вать(ся), -аю(сь), -ает(ся)

прогневи́ть(ся), -влю́(сь), -ви́т(ся)
прогневлённый; кр. ф. -ён, -ена́
прогнива́ть, -а́ет
прогни́ть, -иёт, прош. -и́л, -ила́, -и́ло
прогноённый; кр. ф. -ён, -ена́
прогно́з, -а
прогнози́рование, -я
прогнози́рованный; кр. ф. -ан, -ана
прогнози́ровать(ся), -ру́ю, -рует(ся)
прогнози́руемость, -и
прогнози́руемый
прогнози́ст, -а
прогнози́стка, -и, р. мн. -ток
прогно́зный
прогнои́ть, -ою́, -ои́т
прогно́стика, -и
прогности́ческий
прогнуса́вить, -влю, -вит
прогнуса́вленный; кр. ф. -ен, -ена
прогнуси́ть, -ушу́, -уси́т
про́гнутый
прогну́ть(ся), -ну́(сь), -нёт(ся)
прогова́ривание, -я
прогова́ривать(ся), -аю(сь), -ает(ся)
проговорённый; кр. ф. -ён, -ена́
проговори́ть(ся), -рю́(сь), -ри́т(ся)
прогово́рка, -и, р. мн. -рок
прогогота́ть, -гогочу́, -гого́чет
проголода́ть(ся), -а́ю(сь), -а́ет(ся)
проголоси́ть, -ошу́, -оси́т
голосная пе́сня
проголосо́ванный; кр. ф. -ан, -ана
проголосова́ть, -су́ю, -су́ет
прого́н, -а
прого́нка, -и, р. мн. -нок
прого́нный
прого́нщик, -а
прого́ны, -ов (плата за проезд)
прогоня́ть(ся), -я́ю(сь), -я́ет(ся)
прогора́ние, -я

прогора́ть, -а́ю, -а́ет
прогорева́ть, -рю́ю, -рю́ет
прогоре́лый
прогоре́ть, -рю́, -ри́т
прогорка́ние, -я
прогорка́ть, -а́ет
прого́рклость, -и
прого́рклый
прого́ркнуть, -нет; прош. -го́рк, -го́ркла
прого́ркший
прогорла́ненный; кр. ф. -ен, -ена
прогорла́нить, -ню, -нит
прогости́ть, -ощу́, -ости́т
програ́мма, -ы
програ́мма-диспе́тчер, програ́ммы-диспе́тчера
програ́мма-дра́йвер, програ́ммы-дра́йвера
програ́мма-консульта́нт, програ́ммы-консульта́нта
програ́мма-ма́ксимум, програ́ммы-ма́ксимум
програ́мма-ми́нимум, програ́ммы-ми́нимум
програ́мма-отла́дчик, програ́ммы-отла́дчика
програ́мма-русифика́тор, програ́ммы-русифика́тора
программа́тор, -а
программи́рование, -я
программи́рованный; кр. ф. -ан, -ана
программи́ровать(ся), -рую, -рует(ся)
программи́руемый
программи́ст, -а
программи́стка, -и, р. мн. -ток
програ́ммка, -и, р. мн. -ммок
програ́ммник, -а
програ́ммно-временно́й
програ́ммно-досту́пный
програ́ммно-исто́чниковый
програ́ммно-математи́ческий
програ́ммно-методи́ческий
програ́ммно необеспе́ченный

програ́ммно несовмести́мый
програ́ммно обеспе́ченный
програ́ммно ориенти́рованный
програ́ммно совмести́мый
програ́ммно-техни́ческий
програ́ммно-целево́й
програ́ммный
программоноси́тель, -я
прогресси́ровать, -ру́ю, -ру́ет
прографи́ть, -флю́, -фи́т
прографлённый; кр. ф. -ён, -ена́
прографля́ть(ся), -я́ю, -я́ет(ся)
прогреба́ть(ся), -а́ю, -а́ет(ся)
прогрёбший
прогре́в, -а
прогрева́емость, -и
прогрева́ние, -я
прогрева́ть(ся), -а́ю(сь), -а́ет(ся)
прогре́вочный
прогреме́ть, -млю́, -ми́т
прогре́сс, -а
прогресси́вка, -и, р. мн. -вок
прогресси́вно-сде́льный
прогресси́вность, -и
прогресси́вный; кр. ф. -вен, -вна
прогресси́зм, -а
прогресси́ровать, -рую, -рует
прогресси́рующий
прогресси́ст, -а
прогресси́стка, -и, р. мн. -ток
прогресси́стский
прогре́ссия, -и
прогрести́, -ребу́, -ребёт; прош. -рёб, -ребла́
прогре́тый
прогре́ть(ся), -е́ю(сь), -е́ет(ся)
прогромыха́ть, -а́ю, -а́ет
прогрохота́ть, -хочу́, -хо́чет
прогрузи́ть(ся), -ужу́(сь), -у́зи́т(ся)
прогрыза́ние, -я
прогрыза́ть(ся), -а́ю, -а́ет(ся)
прогры́зенный; кр. ф. -ен, -ена
прогры́зть(ся), -зу́, -зёт(ся); прош. -ы́з(ся), -ы́зла(сь)

ПРОГРЫЗШИЙ(СЯ)

прогры́зший(ся)
прогуде́ть, -ужу́, -уди́т
прогу́л, -а
прогу́ливание, -я
прогу́ливать(ся), -аю(сь), -ает(ся)
прогу́лка, -и, *р. мн.* -лок
прогу́лочка, -и, *р. мн.* -чек
прогу́лочный
прогу́льный
прогу́льщик, -а
прогу́льщица, -ы, *тв.* -ей
прогу́лянный; *кр. ф.* -ян, -яна
прогуля́ть(ся), -я́ю(сь), -я́ет(ся)
прогундо́сить, -о́шу, -о́сит
продава́ть(ся), -даю́(сь), -даёт(ся)
продава́ть(ся)-покупа́ть(ся)
продаве́ц, -вца́, *тв.* -вцо́м, *р. мн.* -вцо́в
продаве́ц-консульта́нт, продавца́-консульта́нта
продави́ть(ся), -авлю́, -а́вит(ся)
прода́вленный; *кр. ф.* -ен, -ена
прода́вливание, -я
прода́вливать(ся), -аю, -ает(ся)
продавщи́ца, -ы, *тв.* -ей
прода́жа, -и, *тв.* -ей
прода́жность, -и
прода́жный; *кр. ф.* -жен, -жна
прода́лбливать(ся), -аю, -ает(ся)
про́данный; *кр. ф.* про́дан, продана́, про́дано
прода́ть(ся), -а́м(ся), -а́шь(ся), -а́ст(ся), -ади́м(ся), -ади́те(сь), -аду́т(ся); *прош.* про́да́л, -а́лся, -ала́(сь), про́да́ло, -а́ло́сь
продви́гать(ся), -аю(сь), -ает(ся), *сов.* (*от* дви́гать(ся)
продвига́ть(ся), -а́ю(сь), -а́ет(ся), *несов.* (*к* продви́нуть(ся)
продвиже́ние, -я
продви́нутый
продви́нуть(ся), -ну(сь), -нет(ся)
продебати́рованный; *кр. ф.* -ан, -ана
продебати́ровать(ся), -рую, -рует(ся)

продева́ние, -я
продева́ть(ся), -а́ю, -а́ет(ся)
продегусти́рованный; *кр. ф.* -ан, -ана
продегусти́ровать(ся), -рую, -рует(ся)
продежу́ренный; *кр. ф.* -ен, -ена
продежу́рить, -рю, -рит
продезинфици́рованный; *кр. ф.* -ан, -ана
продезинфици́ровать(ся), -рую(сь), -рует(ся)
продекламиро́ванный; *кр. ф.* -ан, -ана
продеклами́ровать, -рую, -рует
проде́л, -а
проде́ланный; *кр. ф.* -ан, -ана
проде́лать, -аю, -ает
проде́лка, -и, *р. мн.* -лок
проде́лывать(ся), -аю, -ает(ся)
проде́льный
продельфи́н, -а
продемонстри́рованный; *кр. ф.* -ан, -ана
продемонстри́ровать, -рую, -рует
продёрганный; *кр. ф.* -ан, -ана
продёргать(ся), -аю, -ает(ся)
продёргивание, -я
продёргивать(ся), -аю, -ает(ся)
проде́ржанный; *кр. ф.* -ан, -ана
продержа́ть(ся), -ержу́(сь), -е́ржит(ся)
продёржечный
продёржка, -и, *р. мн.* -жек
продёрнутый
продёрнуть(ся), -ну, -нет(ся)
проде́тый
проде́ть(ся), -е́ну, -е́нет(ся)
профили́ровать, -рую, -рует
продешеви́ть, -влю́, -ви́т
продешевлённый; *кр. ф.* -ён, -ена́
продешевля́ть, -я́ю, -я́ет
продикто́ванный; *кр. ф.* -ан, -ана
продиктова́ть, -ту́ю, -ту́ет
проди́мпорт, -а

продира́ть(ся), -а́ю(сь), -а́ет(ся)
продирижи́рованный; *кр. ф.* -ан, -ана
продирижи́ровать, -рую, -рует
продлева́ть(ся), -а́ю, -а́ет(ся)
продле́ние, -я
продлёнка, -и, *р. мн.* -нок
продлённый; *кр. ф.* -ён, -ена́
продли́ть(ся), -лю́, -ли́т(ся)
продма́г, -а
продналóг, -а
продово́льственный
продово́льствие, -я
продово́льствовать(ся), -твую(сь), -твует(ся)
продолби́ть(ся), -блю́, -би́т(ся)
продолблённый; *кр. ф.* -ён, -ена́
продолгова́тость, -и
продолгова́тый
продолжа́тель, -я
продолжа́тельница, -ы, *тв.* -ей
продолжа́ть(ся), -а́ю, -а́ет(ся)
продолжа́ющий(ся)
продолже́ние, -я
продо́лженный; *кр. ф.* -ен, -ена
продолжи́тельность, -и
продолжи́тельный; *кр. ф.* -лен, -льна
продо́лжить(ся), -жу, -жит(ся)
продо́льно вы́тянутый
продольновя́заный
продо́льно-полоса́тый
продо́льно-попере́чный
продо́льно-распило́вочный
продо́льно-ре́зательный
продо́льно-строга́льный
продо́льно-фре́зерный
продо́льный
продорожи́ться, -жу́сь, -жи́тся
продотря́д, -а
продотря́дник, -а
продохну́ть, -ну́, -нёт
продпу́нкт, -а
продра́енный; *кр. ф.* -ен, -ена
продразвёрстка, -и
продра́ить, -а́ю, -а́ит

про́дранный; *кр. ф.* -ан, -ана
продра́ть(ся), -деру́(сь),
 -дерёт(ся); *прош.* -а́л(ся), -ала́(сь),
 -а́ло, -а́ло́сь
продребезжа́ть, -зжу́, -зжи́т
продрейфова́ть, -фу́ю, -фу́ет
продрема́ть, -емлю́, -е́млет
продро́гнуть, -ну, -нет; *прош.* -о́г,
 -о́гла
продро́гший
продрожа́ть, -жу́, -жи́т
продро́м, -а
продрома́льный
продры́хнуть, -ну, -нет; *прош.*
 -ы́х, -ы́хла
продры́хший
продуби́ть(ся), -блю́, -би́т(ся)
продублённый; *кр. ф.* -ён, -ена́
проду́в, -а
продува́льщик, -а
продува́ние, -я
продува́тельный
продува́ть(ся), -а́ю(сь), -а́ет(ся)
проду́вка, -и, *р. мн.* -вок
продувно́й
проду́вочный
продуде́ть, -ужу́, -уди́т
проду́кт, -а
продукти́вность, -и
продукти́вный; *кр. ф.* -вен, -вна
продукто́вый
продуктообме́н, -а
продуктопрово́д, -а
продукцио́нный
проду́кция, -и
проду́манно, *нареч.*
проду́манность, -и
проду́манный; *кр. ф. прич.* -ан,
 -ана; *кр. ф. прил.* -ан, -анна (отве́-
 ты убеди́тельны, проду́манны)
проду́мать, -аю, -ает
проду́мывание, -я
проду́мывать(ся), -аю, -ает(ся)
проду́тый
проду́ть(ся), -ду́ю(сь), -ду́ет(ся)
про́дух, -а

продуце́нт, -а
продуци́рованный; *кр. ф.* -ан,
 -ана
продуци́ровать(ся), -рую,
 -рует(ся)
проду́шенный; *кр. ф.* -ен, -ена и
 продушённый; *кр. ф.* -ён, -ена́
проду́шина, -ы
продуши́ть(ся), -ушу́(сь),
 -у́шит(ся)
продыми́ть(ся), -млю́(сь),
 -ми́т(ся)
продымлённый; *кр. ф.* -ён, -ена́ и
 проды́мленный; *кр. ф.* -ен,
 -ена
продыря́вить(ся), -влю, -вит(ся)
продыря́вленный; *кр. ф.* -ен,
 -ена
продыря́вливать(ся), -аю,
 -ает(ся)
про́дых: без про́дыху
продыхну́ть, -ну́, -нёт (*прост.* к
 продохну́ть)
продыша́ть(ся), -ышу́(сь),
 -ы́шит(ся)
продю́сер, -а
продю́серский
продюси́рованный; *кр. ф.* -ан,
 -ана
продюси́ровать(ся), -рую,
 -рует(ся)
прое́вший(ся)
проеда́ние, -я
проеда́ть(ся), -а́ю(сь), -а́ет(ся)
прое́денный; *кр. ф.* -ен, -ена
прое́зд, -а
прое́здить(ся), -е́зжу(сь),
 -е́здит(ся)
прое́здка, -и
проездно́й
прое́здом, *нареч.*
проезжа́ть(ся), -а́ю(сь), -а́ет(ся)
проезжа́ющий(ся)
прое́зженный; *кр. ф.* -ен, -ена
прое́живать(ся), -аю, -ает(ся)
прое́зжий

прое́кт, -а
проекта́нт, -а
проекти́вно-дифферен-
 циа́льный
проекти́вный
проекти́рование, -я
проекти́рованный; *кр. ф.* -ан,
 -ана
проекти́ровать(ся), -рую,
 -рует(ся)
проектиро́вка, -и
проектиро́вочный
проектиро́вщик, -а
проектиро́вщица, -ы, *тв.* -ей
прое́ктно-изыска́тельский
прое́ктно-констру́кторский
прое́ктно-монта́жный
прое́ктно-рекла́мный
прое́ктно-сме́тный
прое́ктно-строи́тельный
прое́ктно-эксперимента́льный
прое́ктный
прое́ктор, -а
проекцио́нно-ра́зностный
проекцио́нный
прое́кция, -и
проело́зить, -о́жу, -о́зит
проём, -а
проёмный
прое́сть(ся), -е́м(ся), -е́шь(ся),
 -е́ст(ся), -еди́м(ся), -еди́те(сь),
 -едя́т(ся); *прош.* -е́л(ся), -е́ла(сь)
прое́хать(ся), -е́ду(сь), -е́дет(ся)
проеци́рование, -я
проеци́рованный; *кр. ф.* -ан, -ана
проеци́ровать(ся), -рую,
 -рует(ся)
прожа́ренный; *кр. ф.* -ен, -ена
прожа́ривание, -я
прожа́ривать(ся), -аю(сь),
 -ает(ся)
прожа́рить(ся), -рю(сь), -рит(ся)
прожа́рка, -и
прожа́рочный
прожа́тый
прожа́ть(ся)[1], -жму́(сь), -жмёт(ся)

ПРОЖАТЬ(СЯ)

прожа́ть(ся)², -жну́, -жнёт(ся)
про́жданный; *кр. ф.* -ан, -ана
прожда́ть, -ду́, -дёт; *прош.* -а́л, -ала́, -а́ло
прожёванный; *кр. ф.* -ан, -ана
прожева́ть(ся), -жую́, -жуёт(ся)
прожёвывание, -я
прожёвывать(ся), -аю, -ает(ся)
прожёгший(ся)
проже́кт, -а
прожектёр, -а
прожектёрский
прожектёрство, -а
прожектёрствовать, -твую, -твует
проже́ктор, -а, *мн.* -ы, -ов и -а́, -о́в
прожекторист, -а
прожектористка, -и, *р. мн.* -ток
проже́кторный
про́желть, -и
проже́чь(ся), -жгу́, -жжёт(ся), -жгу́т(ся); *прош.* -жёг(ся), -жгла́(сь)
прожжённость, -и
прожжённый; *кр. ф. прич.* -ён, -ена́
прожива́ние, -я
прожива́ть(ся), -аю(сь), -ает(ся)
прожига́ние, -я
прожига́тель, -я; прожига́тель жи́зни
прожига́тельница, -ы, *тв.* -ей; прожига́тельница жи́зни
прожига́тельный
прожига́ть(ся), -а́ю, -а́ет(ся)
прожи́лина, -ы
прожи́лка, -и, *р. мн.* -лок
прожи́лок, -лка (*горн.*)
прожима́ть(ся), -а́ю(сь), -а́ет(ся)
прожина́ть(ся), -а́ю, -а́ет(ся)
прожира́ть(ся), -а́ю(сь), -а́ет(ся)
прожи́ренный; *кр. ф.* -ен, -ена
прожи́ривать(ся), -аю, -ает(ся)
прожи́рить(ся), -рю, -рит(ся)
прожи́тие, -я
прожи́ток, -тка
прожи́точный

про́житый; *кр. ф.* про́жит, прожита́, про́жито
прожи́ть(ся), -иву́(сь), -ивёт(ся); *прош.* прожи́л, -и́лся, -ила́(сь), про́жило, -и́лось
прожо́г, -а, но *глаг.* прожёг
прожо́рливость, -и
прожо́рливый
про́жранный; *кр. ф.* -ан, -ана́, -ано
прожра́ть(ся), -ру́(сь), -рёт(ся); *прош.* -а́л(ся), -ала́(сь), -а́ло(сь)
прожужжа́ть, -жжу́, -жжи́т
прожурча́ть, -чи́т
про́за, -ы
проза́изм, -а
проза́ик, -а
проза́ический
проза́ичность, -и
проза́ичный; *кр. ф.* -чен, -чна
прозакла́дывать, -аю, -ает
прозанима́ться, -а́юсь, -а́ется
проза́падный
про запа́с
прозаседа́ть(ся), -а́ю(сь), -а́ет(ся)
прозва́нивать, -аю, -ает
прозва́ние, -я
про́званный; *кр. ф.* -ан, -ана
прозва́ть(ся), -зову́(сь), -зовёт(ся); *прош.* -а́л(ся), -ала́(сь), -а́ло, -а́лось
прозвене́ть, -ни́т
про́звище, -а
прозвони́ть, -ню́, -ни́т
прозвуча́ть, -чи́т
прозёванный; *кр. ф.* -ан, -ана
прозева́ть, -а́ю, -а́ет
прозёвывать, -аю, -ает
прозе́ктор, -а
прозе́кторская, -ой
прозе́кторский
прозе́кторство, -а
прозекту́ра, -ы
прозелене́ть, -е́ет
про́зелень, -и
прозели́т, -а

прозелити́зм, -а
прозели́тка, -и, *р. мн.* -ток
прозели́тский
прозели́тство, -а
прозенхи́ма, -ы
Прозерпи́на, -ы
прозимова́ть, -му́ю, -му́ет
про́зит, *неизм.*
прознава́ть, -наю́, -наёт
прозна́ть, -а́ю, -а́ет
прозоде́жда, -ы
про́золоть, -и
прозонди́рованный; *кр. ф.* -ан, -ана
прозонди́ровать, -рую, -рует
прозопопе́я, -и и просопопе́я, -и
прозорли́вец, -вца, *тв.* -вцем, *р. мн.* -вцев
прозорли́вица, -ы, *тв.* -ей
прозорли́вость, -и
прозорли́вый
прозра́чно-си́ний
прозра́чность, -и
прозра́чно-чи́стый
прозра́чный; *кр. ф.* -чен, -чна
прозрева́ть, -а́ю, -а́ет
прозре́ние, -я
прозре́ть, -рю́, -ри́т и -е́ю, -е́ет
прозу́бренный; *кр. ф.* -ен, -ена
прозу́бривать(ся), -аю, -ает(ся)
прозубри́ть, -убрю́, -у́брит
прозыва́ть(ся), -а́ю(сь), -а́ет(ся)
прозяба́ние, -я
прозяба́ть, -а́ю, -а́ет
прозя́бнуть, -ну, -нет; *прош.* -зя́б, -зя́бла
прозя́бший
проигнори́рованный; *кр. ф.* -ан, -ана
проигнори́ровать, -рую, -рует
прои́гранный; *кр. ф.* -ан, -ана
проигра́ть(ся), -а́ю(сь), -а́ет(ся)
прои́грывание, -я
прои́грыватель, -я
прои́грывать(ся), -аю(сь), -ает(ся)

про́игрыш, -а, *тв.* -ем
про́игрышный
произведе́ние, -я
произведённый; *кр. ф.* -ён, -ена́
произве́дший(ся)
произвести́(сь), -еду́, -едёт(ся); *прош.* -ёл(ся), -ела́(сь)
произвестко́ванный; *кр. ф.* -ан, -ана
произвесткова́ть(ся), -ку́ю, -ку́ет(ся)
производи́тель, -я
производи́тельность, -и
производи́тельный; *кр. ф.* -лен, -льна
производи́ть(ся), -ожу́, -о́дит(ся)
произво́дность, -и
произво́дный; *кр. ф.* -ден, -дна
произво́дственник, -а
произво́дственница, -ы, *тв.* -ей
произво́дственно-территориа́льный
произво́дственно-техни́ческий
произво́дственно-технологи́ческий
произво́дственно-экономи́ческий
произво́дственный
произво́дство, -а
производя́щий(ся)
произво́л, -а
произволе́ние, -я
произво́льность, -и
произво́льный; *кр. ф.* -лен, -льна
произнесе́ние, -я
произнесённый; *кр. ф.* -ён, -ена́
произнести́, -су́, -сёт; *прош.* -ёс, -есла́
произнёсший
произноси́тельный
произноси́ть(ся), -ошу́, -о́сит(ся)
произноше́ние, -я
произойти́, -йдёт; *прош.* -изошёл, -изошла́
произоше́дший и произше́дший

произра́ильский
произраста́ние, -я
произраста́ть, -а́ет
произрасти́, -тёт; *прош.* -ро́с, -росла́
произрасти́ть, -ащу́, -асти́т
произращённый; *кр. ф.* -ён, -ена́
произро́сший
про́ и ко́нтра
проиллюстри́рованный; *кр. ф.* -ан, -ана
проиллюстри́ровать, -рую, -рует
проимпериалисти́ческий
проиндекси́рованный; *кр. ф.* -ан, -ана
проиндекси́ровать, -рую, -рует
проинкуби́рованный; *кр. ф.* -ан, -ана
проинкуби́ровать, -рую, -рует
проинспекти́рованный; *кр. ф.* -ан, -ана
проинспекти́ровать, -рую, -рует
проинструкти́рованный; *кр. ф.* -ан, -ана
проинструкти́ровать, -рую, -рует
проинтервьюи́рованный; *кр. ф.* -ан, -ана
проинтервьюи́ровать, -рую, -рует
проинформи́рованный; *кр. ф.* -ан, -ана
проинформи́ровать, -рую, -рует
проискан́ный; *кр. ф.* -ан, -ана
происка́ть, -ищу́, -и́щет
про́иски, -ов
проистека́ть, -а́ет
происте́кший
происте́чь, -ечёт, -еку́т; *прош.* -ёк, -екла́
происходи́ть, -ожу́, -о́дит
происходя́щий
происхожде́ние, -я
происше́дший и произоше́дший
происше́ствие, -я

про́йда, -ы, *м. и ж.*
про́йденный; *кр. ф.* -ен, -ена
пройдо́ха, -и, *м. и ж.*
пройдо́шистый
пройдо́шный; *кр. ф.* -шен, -шна
про́йма, -ы
про́йменный
пройти́(сь), -йду́(сь), -йдёт(ся); *прош.* прошёл(ся), прошла́(сь)
прок, -а и -у
прокажённая, -ой
прокажённый, -ого
прока́за, -ы
прока́зить, -а́жу, -а́зит
прока́зливость, -и
прока́зливый
прока́зник, -а
прока́зница, -ы, *тв.* -ей
прока́зничать, -аю, -ает
прока́зящий
прокалённый; *кр. ф.* -ён, -ена́
прокалибро́ванный; *кр. ф.* -ан, -ана
прокалиброва́ть, -ру́ю, -ру́ет
прока́ливаемость, -и
прока́ливание, -я
прока́ливать(ся), -аю, -ает(ся)
прокали́ть(ся), -лю́, -ли́т(ся)
прока́лка, -и
прока́лывание, -я
прока́лывать(ся), -аю(сь), -ает(ся)
прокали́кать, -аю, -ает
прока́мбий, -я
проканите́лить(ся), -лю(сь), -лит(ся)
проканто́ваться, -ту́юсь, -ту́ется
прока́панный; *кр. ф.* -ан, -ана
прока́пать(ся), -аю, -ает(ся)
прока́пчивание, -я
прока́пчивать(ся), -аю, -ает(ся)
прока́пывание, -я
прока́пывать(ся), -аю(сь), -ает(ся)
прокарау́ленный; *кр. ф.* -ен, -ена
прокарау́лить, -лю, -лит

прокарио́ты, -ио́т, ед. -ио́та, -ы
прока́ркать, -аю, -ает
прока́рмливание, -я
прока́рмливать(ся), -аю(сь), -ает(ся)
прока́т, -а
прока́танный; кр. ф. -ан, -ана
проката́ть(ся), -а́ю(сь), -а́ет(ся)
прокати́ть(ся), -ачу́(сь), -а́тит(ся)
прока́тка, -и
прока́тно-вальцо́вочный
прока́тно-штампо́вочный
прока́тный
прокатоли́ческий
прока́тчик, -а
прока́тывание, -я
прока́тывать(ся), -аю(сь), -ает(ся)
прока́чанный; кр. ф. -ан, -ана (от прокача́ть)
прокача́ть(ся), -а́ю(сь), -а́ет(ся)
прока́ченный; кр. ф. -ен, -ена (от прокати́ть)
прока́чивание, -я
прока́чивать(ся), -аю, -ает(ся)
прока́чка, -и
прока́шивание, -я
прока́шивать(ся), -аю, -ает(ся)
прока́шливание, -я
прока́шливать(ся), -аю(сь), -ает(ся)
прока́шлянуть, -ну, -нет
прока́шлять(ся), -яю(сь), -яет(ся)
прокварцева́ть(ся), -цу́ю(сь), -цу́ет(ся)
прокварцо́ванный; кр. ф. -ан, -ана
проква́сить(ся), -а́шу, -а́сит(ся)
проква́шенный; кр. ф. -ен, -ена
проква́шивание, -я
проква́шивать(ся), -аю, -ает(ся)
прокема́рить, -рю, -рит
проки́данный; кр. ф. -ан, -ана
прокида́ть(ся), -а́ю(сь), -а́ет(ся)
проки́дывать(ся), -аю(сь), -ает(ся)

проки́мен, -мна
проки́нутый
проки́нуть(ся), -ну(сь), -нет(ся)
прокипа́ть, -а́ет
прокипе́ть, -пи́т
прокипяти́ть(ся), -ячу́, -яти́т(ся)
прокипячённый; кр. ф. -ён, -ена́
прокиса́ние, -я
прокиса́ть, -а́ет
проки́слый
проки́снуть, -нет; прош. -ки́с, -ки́сла
проки́сший
прокита́йский
прокла́дка, -и, р. мн. -док
прокладно́й
прокла́дочный
прокла́дчик, -а
прокла́дывание, -я
прокла́дывать(ся), -аю, -ает(ся)
прокламацио́нный
проклама́ция, -и
проклами́рование, -я
проклами́рованный; кр. ф. -ан, -ана
проклами́ровать(ся), -рую, -рует(ся)
проклёванный; кр. ф. -ан, -ана
проклева́ть(ся), -люёт(ся)
проклёвывание, -я
проклёвывать(ся), -ает(ся)
прокле́енный; кр. ф. -ен, -ена
прокле́ивание, -я
прокле́ивать(ся), -аю, -ает(ся)
прокле́ить(ся), -е́ю, -е́ит(ся)
прокле́йка, -и, р. мн. -е́ек
прокле́йщик, -а
прокле́йщица, -ы, тв. -ей
проклёпанный; кр. ф. -ан, -ана
проклепа́ть, -а́ю, -а́ет
проклёпывать(ся), -аю, -ает(ся)
проклина́ть(ся), -а́ю(сь), -а́ет(ся)
прокли́тика, -и
проклити́ческий
проклю́нуть(ся), -нет(ся)
прокля́вший

прокля́сть, -яну́, -янёт; прош. про́клял, -яла́, про́кляло
прокля́тие, -я
прокляту́щий
про́клятый; кр. ф. -ят, -ята́, -ято, прич.
прокля́тый, прил.
прико́ванный; кр. ф. -ан, -ана
прокова́ть(ся), -кую́, -куёт(ся)
прико́вка, -и
прико́вочный
прико́вывать(ся), -аю, -ает(ся)
проковыля́ть, -я́ю, -я́ет
проковы́ривание, -я
проковы́ривать(ся), -аю, -ает(ся)
проковы́рнутый
проковырну́ть, -ну́, -нёт
проковы́рянный; кр. ф. -ян, -яна
проковыря́ть(ся), -я́ю(сь), -я́ет(ся)
проко́л, -а
прокола́чивать(ся), -аю, -ает(ся)
проколеси́ть, -ешу́, -еси́т
проко́лка, -и, р. мн. -лок
проколониали́стский
проколоти́ть(ся), -очу́(сь), -о́тит(ся)
проко́лотый
проколо́ть(ся), -олю́(сь), -о́лет(ся)
проколо́ченный; кр. ф. -ен, -ена
проколу́панный; кр. ф. -ан, -ана
проколупа́ть(ся), -а́ю, -а́ет(ся)
проколу́пывать(ся), -аю, -ает(ся)
прокомменти́рованный; кр. ф. -ан, -ана
прокомменти́ровать, -рую, -рует
прокоммуни́ст, -а
прокоммунисти́ческий
прокомпости́рованный; кр. ф. -ан, -ана
прокомпости́ровать, -рую, -рует
проконопа́тить(ся), -а́чу, -а́тит(ся)
проконопа́ченный; кр. ф. -ен, -ена
проконопа́чивание, -я

проконопа́чивать(ся), -аю, -ает(ся)
проконспекти́рованный; кр. ф. -ан, -ана
проконспекти́ровать, -рую, -рует
проко́нсул, -а
проко́нсульский
проко́нсульство, -а
проконсульти́рованный; кр. ф. -ан, -ана
проконсульти́ровать(ся), -рую(сь), -рует(ся)
проконтроли́рованный; кр. ф. -ан, -ана
проконтроли́ровать(ся), -рую(сь), -рует(ся)
проко́п, -а
прокопанный; кр. ф. -ан, -ана
прокопа́ть(ся), -а́ю(сь), -а́ет(ся)
Проко́пий Кесари́йский
проко́пка, -и
прокопте́лый
прокопте́ть, -пчу́, -пти́т (к коптеть)
прокопти́ть(ся), -пчу́(сь), -пти́т(ся) (к копти́ть(ся))
прокопча́не, -а́н, ед. -а́нин, -а (к Проко́пьевск)
прокопчённый; кр. ф. -ён, -ена́
проко́пьевский (от Проко́пьевск)
проко́рм, -а
прокорми́ть(ся), -ормлю́(сь), -о́рмит(ся)
прокормле́ние, -я
проко́рмленный; кр. ф. -ен, -ена
прокорота́ть, -а́ю, -а́ет
прокорпе́ть, -плю́, -пи́т
прокорректи́рованный; кр. ф. -ан, -ана
прокорректи́ровать, -рую, -рует
проко́с, -а
прокоси́ть(ся), -ошу́, -о́сит(ся)
проко́счик, -а
прокоти́рованный; кр. ф. -ан, -ана

прокоти́ровать, -рую, -рует
проко́фьевский (от Проко́фьев)
прокочева́ть, -чу́ю, -чу́ет
проко́шенный; кр. ф. -ен, -ена
прокра́вшийся
прокра́дываться, -аюсь, -ается
прокра́с, -а
прокра́сить(ся), -а́шу, -а́сит(ся)
прокра́ска, -и
прокра́сться, -аду́сь, -адётся; прош. -а́лся, -а́лась
прокрахма́ленный; кр. ф. -ен, -ена
прокрахма́ливать(ся), -аю, -ает(ся)
прокрахма́лить(ся), -лю, -лит(ся)
прокра́шенный; кр. ф. -ен, -ена
прокра́шивание, -я
прокра́шивать(ся), -аю, -ает(ся)
прокредито́ванный; кр. ф. -ан, -ана
прокредитова́ть, -ту́ю, -ту́ет
прокрича́ть, -чу́, -чи́т
прокро́ить, -ою́, -ои́т
прокру́женный; кр. ф. -ен, -ена и прокружённый; кр. ф. -ён, -ена́
прокружи́ть(ся), -ужу́(сь), -у́жи́т(ся)
прокру́стово ло́же, прокру́стова ло́жа
прокрути́ть(ся), -учу́(сь), -у́тит(ся)
прокру́тка, -и, р. мн. -ток
прокру́ченный; кр. ф. -ен, -ена
прокру́чивание, -я
прокру́чивать(ся), -аю, -ает(ся)
прокрыва́ть(ся), -а́ю, -а́ет(ся)
прокры́тый
прокры́ть, -кро́ю, -кро́ет
прокря́кать, -аю, -ает
прокряхте́ть, -хчу́, -хти́т
проксима́льный
Про́ксима Цента́вра, Про́ксимы Цента́вра (звезда)

прокти́т, -а
прокто́лог, -а
проктологи́ческий
проктоло́гия, -и
прокуда́хтать, -хчу, -хчет
прокукаре́кать, -аю, -ает
прокукова́ть, -куку́ю, -куку́ет
прокультиви́рованный; кр. ф. -ан, -ана
прокультиви́ровать, -рую, -рует
прокупоро́сить(ся), -о́шу, -о́сит(ся)
прокупоро́шенный; кр. ф. -ен, -ена
прокура́дор, -а (*депутат кортеса в Испании*)
прокура́т, -а (*проказник, плут, прост. устар.*)
прокура́тор, -а (*чиновник в Древнем Риме; должностное лицо в риксдаге Швеции*)
прокурату́ра, -ы
проку́ренный; кр. ф. -ен, -ена
проку́ривать(ся), -аю(сь), -ает(ся)
прокури́ст, -а
прокури́ть(ся), -урю́(сь), -у́рит(ся)
прокуро́р, -а
прокуро́рский
проку́с, -а
проку́санный; кр. ф. -ан, -ана
прокуса́ть, -а́ю, -а́ет
прокуси́ть, -ушу́, -у́сит
проку́сывать(ся), -аю, -ает(ся)
прокути́ть(ся), -учу́(сь), -у́тит(ся)
проку́ченный; кр. ф. -ен, -ена
проку́чивание, -я
проку́чивать(ся), -аю(сь), -ает(ся)
проку́шенный; кр. ф. -ен, -ена
пролага́ть(ся), -а́ю, -а́ет(ся)
прола́з, -а (*действие; узкий проход*)
прола́за, -ы, м. и ж. (*пройдоха*)
прола́зать, -аю, -ает
прола́зить, -а́жу, -а́зит

ПРОЛАЗНИЧАТЬ

пролазничать, -аю, -ает
пролазничество, -а
пролактин, -а
проламины, -ов, ед. -мин, -а
проламывание, -я
проламывать(ся), -аю, -ает(ся)
пролан, -а
пролапс, -а
пролаять, -ает
пролегать, -ает
пролегомены, -мен
пролёгший
пролёжанный; кр. ф. -ан, -ана
пролежать(ся), -жу(сь), -жит(ся)
пролежень, -жня
пролёживать(ся), -аю, -ает(ся)
пролежневый
пролезать, -аю, -ает
пролезть, -лезу, -лезет; прош. -лез, -лезла
пролезший
пролентяйничать, -аю, -ает
пролепетать, -печу, -печет
пролеска, -и, р. мн. -сок (подснежник)
пролесник, -а
пролесок, -ска (перелесок)
пролёт, -а
пролетариат, -а
пролетаризация, -и
пролетаризированный; кр. ф. -ан, -ана
пролетаризировать(ся), -ирую(сь), -ирует(ся)
пролетаризованный; кр. ф. -ан, -ана
пролетаризовать(ся), -зую(сь), -зует(ся)
пролетарий, -я
пролетарка, -и, р. мн. -рок
пролетарский
пролетать, -аю, -ает
пролететь, -лечу, -летит
пролётка, -и, р. мн. -ток
Пролеткульт, -а

пролеткультовец, -вца, тв. -вцем, р. мн. -вцев
пролеткультовский
пролётный
пролётом, нареч.
пролеченный; кр. ф. -ен, -ена
пролечивать(ся), -аю, -ает(ся)
пролечить(ся), -ечу(сь), -ечит(ся)
пролечь, -ляжет, -лягут; прош. -лёг, -легла
пролив, -а
проливать(ся), -аю, -ает(ся)
проливень, -вня
проливной (дождь)
проливный (от пролив)
пролинованный; кр. ф. -ан, -ана
пролиновать, -ную, -нует
пролистанный; кр. ф. -ан, -ана
пролистать, -аю, -ает
пролистнуть, -ну, -нёт
пролистывать(ся), -аю, -ает(ся)
пролитие, -я
пролитый; кр. ф. пролит, пролита, пролито
пролить(ся), -лью, -льёт(ся); прош. пролил, -ился, -ила(сь), пролило, -илось
пролиферация, -и
пролификация, -и
пролицензированный; кр. ф. -ан, -ана
пролицензировать, -рую, -рует
пролоббированный; кр. ф. -ан, -ана
пролоббировать, -рую, -рует
пролов, -а
проловить(ся), -влюсь, -овит(ся)
Пролог, -а (церк. книга)
пролог, -а (вступление)
прологарифмировать, -рую, -рует
проложенный; кр. ф. -ен, -ена
проложить, -ожу, -ожит
проложный (от Пролог)
пролом, -а
проломанный; кр. ф. -ан, -ана

проломать(ся), -аю, -ает(ся)
проломить(ся), -омлю, -омит(ся)
проломленный; кр. ф. -ен, -ена
проломник, -а
проломный
пролонгатор, -а
пролонгация, -и
пролонгирование, -я
пролонгированный; кр. ф. -ан, -ана
пролонгировать(ся), -рую, -рует(ся)
пролопотать, -почу, -почет
пролысина, -ы
пролюбить, -блю, -любит
пролювиальный
пролювий, -я
пром... — первая часть сложных слов, пишется слитно
промагистрат, -а
промагистратура, -ы
промазанный; кр. ф. -ан, -ана
промазать, -ажу, -ажет
промазка, -и
промазученный; кр. ф. -ен, -ена
промазывание, -я
промазывать(ся), -аю, -ает(ся)
промалывание, -я
промалывать(ся), -аю, -ает(ся)
проманёженный; кр. ф. -ен, -ена
проманежить(ся), -жу(сь), -жит(ся)
промаргивать, -аю, -ает
промаринованный; кр. ф. -ан, -ана
промариновать(ся), -ную(сь), -нует(ся)
промаркированный; кр. ф. -ан, -ана
промаркировать, -рую, -рует
промартель, -и
промаршировать, -рую, -рует
промасленный; кр. ф. -ен, -ена
промасливание, -я
промасливать(ся), -аю, -ает(ся)
промаслить(ся), -лю, -лит(ся)

проматывание, -я
проматывать(ся), -аю(сь), -ает(ся)
промах, -а
промахать, -машу́, -ма́шет и -а́ю, -а́ет
прома́хивать(ся), -аю(сь), -ает(ся)
промахну́ть(ся), -ну́(сь), -нёт(ся)
прома́чивать(ся), -аю, -ает(ся)
прома́шка, -и, р. мн. -шек
прома́янный; кр. ф. -ян, -яна
прома́ять(ся), -а́ю(сь), -а́ет(ся)
промба́за, -ы
промба́нк, -а
промедле́ние, -я
проме́длить, -лю, -лит
промедо́л, -а
проме́ж и проме́жду, предлог (устар. и прост. к ме́жду)
проме́жность, -и
промежу́ток, -тка
промежу́точный
про́мельк, -а
промелька́ть, -а́ю, -а́ет
проме́лькивать, -аю, -ает
промелькну́ть, -ну́, -нёт
проме́н, -а
промена́д, -а
промена́д-конце́рт, -а
промена́ж, -а, тв. -ем
проме́нивать(ся), -аю(сь), -ает(ся)
проме́нный
проме́нянный; кр. ф. -ян, -яна
променя́ть(ся), -я́ю(сь), -я́ет(ся)
проме́р, -а
проме́ренный; кр. ф. -ен, -ена
промерза́емость, -и
промерза́ние, -я
промерза́ть, -а́ю, -а́ет
промёрзлый
промёрзнуть, -ну, -нет; прош. -ёрз, -ёрзла
промёрзший
проме́ривать(ся), -аю, -ает(ся)

проме́ривший
проме́рить(ся), -рю, -рит(ся) и -ряю, -ряет(ся)
проме́рник, -а
проме́рный
промеря́ть(ся), -я́ю, -я́ет(ся)
промеси́ть(ся), -ешу́, -е́сит(ся)
проме́сса, -ы
промести́, -мету́, -метёт; прош. -мёл, -мела́
промётанный; кр. ф. -ан, -ана
промета́ть(ся)¹, -а́ю, -а́ет(ся), сов. (о шитье) и несов. (к промести́)
промета́ть(ся)², -ечу́(сь), -е́чет(ся), сов. (к мета́ть² и мета́ться)
промете́ев ого́нь, промете́ева огня́
Промете́й, -я
прометённый; кр. ф. -ён, -ена́
проме́тий, -я
промётка, -и
прометну́ть(ся), -ну́(сь), -нёт(ся)
прометри́н, -а
промётший
промётывание, -я
промётывать(ся), -аю(сь), -ает(ся)
промечта́ть, -а́ю, -а́ет
проме́шанный; кр. ф. -ан, -ана (от промеша́ть)
промеша́ть, -а́ю, -а́ет
проме́шенный; кр. ф. -ен, -ена (от промеси́ть)
проме́шивание, -я
проме́шивать(ся), -аю, -ает(ся)
проме́шкать(ся), -аю(сь), -ает(ся)
промзо́на, -ы
промига́ть(ся), -а́ю(сь), -а́ет(ся)
проми́лле, нескл., ж. и с.
проми́н, -а
промина́ть(ся), -а́ю(сь), -а́ет(ся)
проми́нка, -и, р. мн. -нок
промискуите́т, -а
промкомбина́т, -а
промкомпью́тер, -а

промкоопера́ция, -и
промодели́рованный; кр. ф. -ан, -ана
промодели́ровать, -рую, -рует
промо́зглость, -и
промо́зглый
промо́згнуть, -ну, -нет; прош. -мо́згнул и -мо́зг, -мо́згла
промо́згший
промо́ина, -ы
промока́емость, -и
промока́емый
промока́ние, -я
промока́тельный
промока́ть(ся), -а́ю, -а́ет(ся)
промока́шка, -и, р. мн. -шек
промо́кнутый
промо́кнуть, -ну, -нет; прош. -о́к, -о́кла (стать мокрым)
промокну́ть, -ну́, -нёт; прош. -ну́л, -ну́ла (осушить чем-н. впитывающим влагу)
промо́кший
промола́чивать(ся), -аю, -ает(ся)
промо́лвить(ся), -влю(сь), -вит(ся)
промо́лвленный; кр. ф. -ен, -ена
промолоти́ть(ся), -очу́, -о́тит(ся)
промо́лотый
промоло́ть, -мелю́, -ме́лет(ся)
промоло́ченный; кр. ф. -ен, -ена
промолча́ть, -чу́, -чи́т
промонархи́ческий
промора́живание, -я
промора́живать(ся), -аю, -ает(ся)
проморга́ть(ся), -а́ю(сь), -а́ет(ся)
проморённый; кр. ф. -ён, -ена́
промори́ть, -рю́, -ри́т
проморо́женный; кр. ф. -ен, -ена
проморо́зить(ся), -о́жу, -о́зит(ся)
проморо́ченный; кр. ф. -ен, -ена
проморо́чить, -чу, -чит
промости́ть, -ощу́, -ости́т
промо́танный; кр. ф. -ан, -ана
промота́ть(ся), -а́ю(сь), -а́ет(ся)
промо́тор, -а (вещество)

промоты́женный; *кр. ф.* -ен, -ена
промоты́живать(ся), -аю, -ает(ся)
промоты́жить, -жу, -жит
промо́утер, -а (*лицо*)
промо́утерский
промо́ция, -и
промо́ченный; *кр. ф.* -ен, -ена
промочи́ть(ся), -очу́, -о́чит(ся)
промощённый; *кр. ф.* -ён, -ена́
промпа́ртия, -и
промпт, -а
промсанитари́я, -и
промсто́ки, -ов
промтова́рный
промтова́ры, -ов
промузел, -узла́
промульга́ция, -и
промурлы́канный; *кр. ф.* -ан, -ана
промурлы́кать, -ы́чу, -ы́чет и -аю, -ает
промуры́женный; *кр. ф.* -ен, -ена
промуры́жить(ся), -жу(сь), -жит(ся)
прому́ченный; *кр. ф.* -ен, -ена
прому́чивший(ся)
прому́чить(ся), -чу(сь), -чит(ся) и -чаю(сь), -чает(ся)
промфинпла́н, -а
промча́ть(ся), -чу́(сь), -чи́т(ся)
промы́в, -а
промыва́ние, -я
промыва́тельный
промыва́ть(ся), -а́ю, -а́ет(ся)
промы́вка, -и, *р. мн.* -вок
промывно́й
промы́вочно-препара́рочный
промы́вочный
промы́ленный; *кр. ф.* -ен, -ена
промы́ливать(ся), -аю(сь), -ает(ся)
промы́лить, -лю, -лит
про́мысел, -сла (*к промышля́ть*)
Про́мысел, -сла и Про́мысл, -а (*о Боге*)

промы́сленный; *кр. ф.* -ен, -ена
Промысли́тель, -я (*о Боге*)
промысли́тельный
промы́слить, -лю, -лит
промыслови́к, -а́
промысло́во-кооперати́вный
промысло́вый
про́мыслы, -ов, *ед.* про́мысел, -сла (*промышленное предприятие*)
промыта́ренный; *кр. ф.* -ен, -ена
промыта́рить(ся), -рю(сь), -рит(ся)
промы́тый
промы́ть(ся), -мо́ю(сь), -мо́ет(ся)
промыча́ть, -чу́, -чи́т
промы́шленник, -а
промы́шленно-произво́дственный
промы́шленно развиты́й
промы́шленность, -и
промы́шленно-тра́нспортный
промы́шленно-фина́нсовый
промы́шленно-экономи́ческий
промы́шленный
промышля́ть(ся), -я́ю, -я́ет(ся)
промя́кнувший
промя́кнуть, -нет; *прош.* -мя́к, -мя́кла
промя́кший
промя́мленный; *кр. ф.* -ен, -ена
промя́млить, -лю, -лит
промя́тый
промя́ть(ся), -мну́(сь), -мнёт(ся)
промя́укать, -аю, -ает
пронаблюда́ть, -а́ю, -а́ет
прона́ос, -а
прона́товский (*к НА́ТО*)
прона́тор, -а
пронафтали́ненный; *кр. ф.* -ен, -ена
пронафтали́нивать(ся), -аю(сь), -ает(ся)
пронафтали́нить(ся), -ню(сь), -нит(ся)
прона́ция, -и
прона́шивание, -я

прона́шивать(ся), -аю, -ает(ся)
пронежи́ться, -жусь, -жится
пронесённый; *кр. ф.* -ён, -ена́
пронести́(сь), -су́(сь), -сёт(ся); *прош.* -ёс(ся), -есла́(сь)
пронёсший(ся)
проне́фрос, -а
пронза́ть(ся), -а́ю, -а́ет(ся)
пронзённый; *кр. ф.* -ён, -ена́
пронзи́тельность, -и
пронзи́тельный; *кр. ф.* -лен, -льна
пронзи́ть(ся), -нжу́, -нзи́т(ся)
прони́занный; *кр. ф.* -ан, -ана
прониза́ть(ся), -ижу́, -и́жет(ся)
прони́зка, -и
прони́зывание, -я
прони́зывать(ся), -аю, -ает(ся)
прони́зывающий(ся)
про́низь, -и
пронка́ние, -я
проника́ть(ся), -а́ю(сь), -а́ет(ся)
проника́ющий(ся)
проникнове́ние, -я
проникнове́нно, *нареч.*
проникнове́нность, -и
проникнове́нный; *кр. ф.* -е́нен, -е́нна
прони́кнутый
прони́кнуть(ся), -ну(сь), -нет(ся); *прош.* -и́к(ся), -и́кла(сь)
прони́кший(ся)
пронима́ть(ся), -а́ю(сь), -а́ет(ся)
проница́емость, -и
проница́емый
проница́тельность, -и
проница́тельный; *кр. ф.* -лен, -льна
проница́ть, -а́ю, -а́ет
проница́ющий
про́ния, -и
проно́жка, -и, *р. мн.* -жек
прономинализа́ция, -и
прономинализи́рованный; *кр. ф.* -ан, -ана
прономинализи́роваться, -руется

прононс, -а
пронос, -а
проносить(ся), -ошу(сь), -осит(ся)
проночевать, -чую, -чует
проношенный; *кр. ф.* -ен, -ена
пронумерованный; *кр. ф.* -ан, -ана
пронумеровать, -рую, -рует
пронумеровывать(ся), -аю, -ает(ся)
пронунсиаменто, *нескл., с.*
проныра, -ы, *м. и ж.*
проныривать, -аю, -ает
пронырливость, -и
пронырливый
пронырнуть, -ну, -нёт
пронырство, -а
пронюханный; *кр. ф.* -ан, -ана
пронюхать, -аю, -ает
пронюхивание, -я
пронюхивать(ся), -аю, -ает(ся)
пронянчить(ся), -чу(сь), -чит(ся)
пронятый; *кр. ф.* -ят, -ята, -ято
пронять(ся), пройму(сь), проймёт(ся); *прош.* пронял, -ялся, -яла(сь), проняло, -ялось
прообедать, -аю, -ает
прообраз, -а
преобразовать, -зую, -зует
преобразовывать(ся), -аю, -ает(ся)
проолифить(ся), -флю, -фит(ся)
проолифленный; *кр. ф.* -ен, -ена
прооппонированный; *кр. ф.* -ан, -ана
прооппонировать, -рую, -рует
проорать, -ру, -рёт
проохать, -аю, -ает
пропавший
пропаганда, -ы
пропагандирование, -я
пропагандированный; *кр. ф.* -ан, -ана
пропагандировать(ся), -рую, -рует(ся)
пропагандист, -а

пропагандистка, -и, *р. мн.* -ток
пропагандистский
пропадать, -аю, -ает
пропадом: пропади пропадом
пропажа, -и, *тв.* -ей
пропазин, -а
пропаивать(ся), -аю(сь), -ает(ся)
пропалённый; *кр. ф.* -ён, -ена
пропалзывать, -аю, -ает
пропаливать(ся), -аю, -ает(ся)
пропалить, -лю, -лит
пропалывание, -я
пропалывать(ся), -аю, -ает(ся)
пропан, -а
пропаренный; *кр. ф.* -ен, -ена
пропаривание, -я
пропаривать(ся), -аю(сь), -ает(ся)
пропарить(ся), -рю(сь), -рит(ся)
пропарка, -и, *р. мн.* -рок
пропарочный
пропарывание, -я
пропарывать(ся), -аю, -ает(ся)
пропасённый; *кр. ф.* -ён, -ена
пропасти(сь), -су, -сёт(ся); *прош.* -ас(ся), -асла(сь)
пропасть, -и, *мн.* -и, -ей и -ей
пропасть, -аду, -адёт; *прош.* -ал, -ала
пропа́сший(ся)
пропаханный; *кр. ф.* -ан, -ана
пропахать(ся), -ашу, -ашет(ся)
пропахивание, -я
пропахивать(ся), -аю, -ает(ся)
пропахнуть, -ну, -нет; *прош.* -ах, -ахла
пропахший
пропашка, -и, *р. мн.* -шек
пропашник, -а
пропашной
пропащий
пропаянный; *кр. ф.* -ян, -яна
пропаять, -яю, -яет
пропедевтика, -и
пропедевтический
пропекать(ся), -аю(сь), -ает(ся)

пропёкший(ся)
пропеллер, -а
пропеллерный
пропердин, -а
пропереть(ся), -пру(сь), -прёт(ся); *прош.* -пёр(ся), -пёрла(сь)
пропёртый
проперченный; *кр. ф.* -ен, -ена и проперчённый; *кр. ф.* -ён, -ена
проперчивание, -я
проперчивать(ся), -аю, -ает(ся)
проперчить(ся), -чу, -чит(ся) и проперчить(ся), -чу, -чит(ся)
пропёрший(ся)
пропесоченный; *кр. ф.* -ен, -ена
пропесочивать(ся), -аю(сь), -ает(ся)
пропесочить, -очу, -очит
пропетлять, -яю, -яет
пропетый
пропеть, -пою, -поёт
пропечатанный; *кр. ф.* -ан, -ана
пропечатать(ся), -аю(сь), -ает(ся)
пропечатывание, -я
пропечатывать(ся), -аю(сь), -ает(ся)
пропечённый; *кр. ф.* -ён, -ена
пропечь(ся), -еку(сь), -ечёт(ся), -екут(ся); *прош.* -ёк(ся), -екла(сь)
пропивание, -я
пропивать(ся), -аю(сь), -ает(ся)
пропил, -а (*от* пропилить)
пропилеи, -ей
пропилен, -а
пропиленный; *кр. ф.* -ен, -ена
пропиливание, -я
пропиливать(ся), -аю, -ает(ся)
пропиликанный; *кр. ф.* -ан, -ана
пропиликать, -аю, -ает
пропилитизация, -и
пропилить, -илю, -илит
пропилка, -и
пропирать(ся), -аю(сь), -ает(ся)
прописанный; *кр. ф.* -ан, -ана

ПРОПИСАТЬ(СЯ)

прописа́ть(ся), -ишу́(сь), -и́шет(ся)
propи́ска, -и, *р. мн.* -сок
прописно́й
пропи́сочный
пропи́сывание, -я
пропи́сывать(ся), -аю(сь), -ает(ся)
про́пись, -и
про́писью, *нареч.*
пропита́ние, -я
пропи́танность, -и
пропи́танный; *кр. ф.* -ан, -ана
пропита́ть(ся), -а́ю(сь), -а́ет(ся)
пропи́тие, -я
пропи́тка, -и, *р. мн.* -ток
пропито́й, *прил.*
пропи́точно-отде́лочный
пропи́точный
пропи́тчик, -а
пропи́тывание, -я
пропи́тывать(ся), -аю(сь), -ает(ся)
про́питый; *кр. ф.* про́пит, пропита́, про́пито, *прич.*
пропи́ть(ся), -пью́(сь), -пьёт(ся); *прош.* про́пи́л, -и́лся, -ила́(сь), про́пи́ло, -и́ло́сь
пропи́ханный; *кр. ф.* -ан, -ана
пропиха́ть(ся), -а́ю(сь), -а́ет(ся)
пропи́хивание, -я
пропи́хивать(ся), -аю(сь), -ает(ся)
пропи́хнутый
пропихну́ть(ся), -ну́(сь), -нёт(ся)
пропища́ть, -щу́, -щи́т
пропла́вать, -аю, -ает
пропла́вить, -влю, -вит
пропла́вка, -и
пропла́вленный; *кр. ф.* -ен, -ена
проплавля́ть(ся), -я́ю, -я́ет(ся)
пропла́канный; *кр. ф.* -ан, -ана
пропла́кать(ся), -а́чу(сь), -а́чет(ся)
пропла́сток, -тка
пропла́та, -ы
проплати́ть, -ачу́, -а́тит
пропла́ченный; *кр. ф.* -ен, -ена
пропла́чивать(ся), -аю, -ает(ся)
проплесневе́вший
проплесневе́ть, -еет
проплести́(сь), -лету́(сь), -летёт(ся); *прош.* -ёл(ся), -ела́(сь)
проплета́ть(ся), -а́ю, -а́ет(ся)
проплетённый; *кр. ф.* -ён, -ена́
проплётший(ся)
проплёшина, -ы
проплёшинка, -и, *р. мн.* -нок
проплёшистый
проплиопите́к, -а
проплута́ть, -а́ю, -а́ет
проплы́в, -а
проплыва́ть, -а́ю, -а́ет
проплы́ть, -ыву́, -ывёт; *прош.* -ы́л, -ыла́, -ы́ло
пропля́санный; *кр. ф.* -ан, -ана
пропляса́ть, -яшу́, -я́шет
пропове́данный; *кр. ф.* -ан, -ана
пропове́дать, -аю, -ает
пропове́дник, -а
пропове́дница, -ы, *тв.* -ей
пропове́днический
пропове́дничество, -а
пропове́дование, -я
пропове́дованный; *кр. ф.* -ан, -ана
пропове́довать(ся), -дую, -дует(ся)
пропове́дующий(ся)
про́поведь, -и
пропо́енный; *кр. ф.* -ен, -ена
пропо́ец, -о́йца (*устар. к* пропо́йца)
пропозициона́льный
пропози́ция, -и
пропои́ть, -ою́, -о́и́т
пропо́й, -я (на пропо́й)
пропо́йный
пропо́йца, -ы, *тв.* -ей, *м. и ж.*
пропола́скивание, -я
пропола́скивать(ся), -аю, -ает(ся)
пропо́лзать, -аю, -ает, *сов.* (*от* по́лзать)
проползать, -а́ю, -а́ет, *несов.* (*к* проползти́)
проползти́, -зу́, -зёт; *прош.* -о́лз, -олзла́
пропо́лзший
про́полис, -а
пропо́лка, -и
прополо́сканный; *кр. ф.* -ан, -ана
прополоска́ть(ся), -ощу́, -о́щет(ся) *и* -а́ю, -а́ет(ся)
прополосну́ть, -ну́, -нёт
пропо́лотый
прополо́ть, -олю́, -о́лет
пропо́лочный
пропо́ротый
пропоро́ть, -орю́, -о́рет
пропорха́ть, -а́ю, -а́ет
пропорхну́ть, -ну́, -нёт
пропорциона́льно-интегра́льный
пропорциона́льно-мажорита́рный
пропорциона́льно сложённый
пропорциона́льность, -и
пропорциона́льный; *кр. ф.* -лен, -льна
пропорциони́рование, -я
пропорциони́рованный; *кр. ф.* -ан, -ана
пропо́рция, -и
пропости́ться, -ощу́сь, -ости́тся
пропотева́ть, -а́ю, -а́ет
пропоте́лый
пропоте́ть, -е́ю, -е́ет
проправи́тельственный
пропрева́ть, -а́ю, -а́ет
пропрезиде́нтский
пропре́тор, -а
пропре́ть, -е́ю, -е́ет
проприореце́пторы, -ов, *ед.* -тор, -а *и* проприоце́пторы, -ов, *ед.* -тор, -а
проприоцепти́вный
проприоце́пция, -и

пропря́сть, -яду́, -ядёт; *прош.* -я́л, -яла́, -я́ло
пропс, -а
пропуделя́ть, -я́ю, -я́ет
пропульси́вный
про́пуск, -а, *мн.* -и, -ов (*что-н. пропущенное*) и -а́, -о́в (*документ*)
пропуска́емость, -и
пропуска́ние, -я
пропуска́ть(ся), -а́ю(сь), -а́ет(ся)
пропускни́к, -а́
пропускно́й
пропусти́ть, -ущу́, -у́стит
пропутеше́ствовать, -твую, -твует
пропу́щенный; *кр. ф.* -ен, -ена
пропылённый; *кр. ф.* -ён, -ена́
пропылесо́сенный; *кр. ф.* -ен, -ена
пропылесо́сить(ся), -о́шу, -о́сит(ся)
пропыли́ть(ся), -лю́(сь), -ли́т(ся)
пропыхте́ть, -хчу́, -хти́т
пропья́нствовать, -твую, -твует
пропя́титься, -я́чусь, -я́тится
прора́б, -а
праба́тывание, -я
праба́тывать(ся), -аю, -ает(ся)
прора́бка, -и, *р. мн.* -бок
прорабо́танность, -и
прорабо́танный; *кр. ф.* -ан, -ана
прорабо́тать(ся), -аю, -ает(ся)
прорабо́тка, -и, *р. мн.* -ток
прорабо́точный
прорабо́тчик, -а
прора́бский
прора́бство, -а
прора́н, -а
прораста́емость, -и
прораста́ние, -я
прораста́ть, -а́ет
прорасти́, -тёт; *прош.* -ро́с, -росла́
прорасти́ть, -ащу́, -асти́т
проращéние, -я

проращённый; *кр. ф.* -ён, -ена́ и (*в проф. речи*) проро́щенный; *кр. ф.* -ен, -ена
пора́щиваемость, -и
пора́щивание, -я
пора́щивать(ся), -аю, -ает(ся)
про́рва, -ы
про́рванный; *кр. ф.* -ан, -ана
прорва́ть(ся), -ву́(сь), -вёт(ся); *прош.* -а́л(ся), -ала́(сь), -а́ло, -а́ло́сь
прореаги́ровать, -рую, -рует
пpopeве́ть(ся), -ву́(сь), -вёт(ся)
проредакти́рованный; *кр. ф.* -ан, -ана
проредакти́ровать(ся), -рую, -рует(ся)
прореди́ть(ся), -ежу́, -еди́т(ся)
про́редь, -и
проре́женный; *кр. ф.* -ен, -ена и прореженённый; *кр. ф.* -ён, -ена́
проре́живание, -я
проре́живатель, -я
проре́живать(ся), -аю, -ает(ся)
проре́з, -а
прореза́ние, -я
проре́занный; *кр. ф.* -ан, -ана
проре́зать(ся), -е́жу, -е́жет(ся), *сов.*
прореза́ть(ся), -а́ю, -а́ет(ся), *несов.*
прорези́ненный; *кр. ф.* -ен, -ена
прорези́нивание, -я
прорези́нивать(ся), -аю, -ает(ся)
прорези́нить(ся), -ню, -нит(ся)
проре́зка, -и
прорезно́й
проре́зчик, -а
проре́зывание, -я
проре́зывать(ся), -аю, -ает(ся)
про́резь, -и
прорека́ть, -а́ю, -а́ет
прорекла́ми́рованный; *кр. ф.* -ан, -ана
прорекла́ми́ровать, -рую, -рует
проре́ктор, -а

проре́кторский
прорепети́рованный; *кр. ф.* -ан, -ана
прорепети́ровать, -рую, -рует
проре́ха, -и
прорецензи́рованный; *кр. ф.* -ан, -ана
прорецензи́ровать, -рую, -рует
проречённый; *кр. ф.* -ён, -ена́
проре́чь, -реку́, -речёт, -реку́т
проре́шка, -и, *р. мн.* -шек
проржаве́вший (*от* проржа́веть)
проржаве́лый
проржа́веть, -еет и проржаве́ть, -е́ет (*покрыться ржавчиной*)
проржави́вший (*от* проржави́ть)
проржави́ть, -влю́, -ви́т (*что*)
проржа́вленный; *кр. ф.* -ен, -ена
проржа́ть, -жу́, -жёт
прорисо́ванный; *кр. ф.* -ан, -ана
прорисова́ть(ся), -су́ю, -су́ет(ся)
прорисо́вка, -и, *р. мн.* -вок
прорисо́вывать(ся), -аю, -ает(ся)
про́рись, -и
прорица́лище, -а
прорица́ние, -я
прорица́тель, -я
прорица́тельница, -ы, *тв.* -ей
прорица́ть, -а́ю, -а́ет
пророгацио́нный
пророга́ция, -и
проро́к, -а
пророкота́ть, -кочу́, -ко́чет
пророненный; *кр. ф.* -ен, -ена и проронённый; *кр. ф.* -ён, -ена́
пророни́ть, -оню́, -о́нит
пророссíйский
проро́ст, -а
проро́сток, -тка
про́рость, -и
проро́сший
проро́чащий
проро́ченный; *кр. ф.* -ен, -ена
проро́ческий
проро́чество, -а
проро́чествовать, -твую, -твует

ПРОРО́ЧИТЬ(СЯ)

проро́чить(ся), -чу, -чит(ся)
проро́чица, -ы, *тв.* -ей
проро́щенный; *кр. ф.* -ен, -ена (*в проф. речи*) и проращённый; *кр. ф.* -ён, -ена́
прору́б, -а
проруба́ние, -я
проруба́ть(ся), -а́ю(сь), -а́ет(ся)
проруби́ть(ся), -ублю́(сь), -у́бит(ся)
прору́бка, -и
прору́бленный; *кр. ф.* -ен, -ена
прорубно́й
про́рубь, -и
пору́ха, -и
проры́в, -а
прорыва́ть(ся), -а́ю(сь), -а́ет(ся)
проры́вка, -и
прорывно́й
проры́вщик, -а
прорыда́ть, -а́ю, -а́ет
прорыси́ть, -си́т
проры́скать, -ы́щу, -ы́щет и -аю, -ает
проры́тие, -я
проры́тый
проры́ть(ся), -ро́ю(сь), -ро́ет(ся)
прорыхлённый; *кр. ф.* -ён, -ена́
прорыхли́ть, -лю́, -ли́т
прорыхля́ть(ся), -я́ю, -я́ет(ся)
прорыча́ть, -чу́, -чи́т
просади́ть, -ажу́, -а́дит
проса́дка, -и, *р. мн.* -док
проса́дочный
просажа́ть, -а́ю, -а́ет
проса́женный; *кр. ф.* -ен, -ена
проса́живание, -я
проса́живать(ся), -аю, -ает(ся)
проса́ленный; *кр. ф.* -ен, -ена
проса́ливание, -я
проса́ливать(ся), -аю, -ает(ся)
проса́лить(ся), -лю, -лит(ся)
проса́сывание, -я
проса́сывать(ся), -аю, -ает(ся)
проса́чивание, -я
проса́чиваться, -ается

просва́танный; *кр. ф.* -ан, -ана
просва́тать, -аю, -ает
просва́тывание, -я
просва́тывать(ся), -аю, -ает(ся)
просверка́ть, -а́ет
просве́ркивать, -ает
просверкну́ть, -нёт
просверлённый; *кр. ф.* -ён, -ена́
просве́рливание, -я
просве́рливать(ся), -аю, -ает(ся)
просверли́ть, -лю́, -ли́т
просве́т, -а
просвети́тель, -я
просвети́тельница, -ы, *тв.* -ей
просвети́тельный
просвети́тельский
просвети́тельство, -а
просвети́ть(ся)[1], -вещу́(сь), -вети́т(ся) (*к* просвеща́ть(ся))
просвети́ть(ся)[2], -вечу́(сь), -ве́тит(ся) (*к* просве́чивать(ся))
просветле́ние, -я
просветлённо, *нареч.*
просветлённость, -и
просветлённый; *кр. ф. прич.* -ён, -ена́; *кр. ф. прил.* (ясный, светлый, радостный) -ён, -ённа (му́зыка просветлённа)
просветле́ть, -е́ю, -е́ет
просветли́ть(ся), -лю́, -ли́т(ся)
просветля́ть(ся), -я́ю, -я́ет(ся)
просве́ченный; *кр. ф.* -ен, -ена
просве́чивание, -я
просве́чивать(ся), -аю(сь), -ает(ся)
просвеща́ть(ся), -а́ю(сь), -а́ет(ся)
просвеще́ние, -я (*распространение знаний, образования*) и Просвеще́ние, -я (*ист. эпоха, идейное течение*)
просвещённость, -и
просвещённый; *кр. ф. прич.* -ён, -ена́; *кр. ф. прил.* (образованный, культурный) -ён, -ённа
просвира́, -ы́, *мн.* про́свиры, про́свир, про́свирам и просфора́, -ы́, *мн.* просфо́ры, просфо́р, просфора́м
просви́рка, -и, *р. мн.* -рок и просфо́рка, -и, *р. мн.* -рок
просви́рник, -а и просвирня́к, -а́
просви́рниковые, -ых
просви́рниковый и просвирняко́вый
просви́рный и просфо́рный
просви́рня, -и, *р. мн.* -рен
просвирня́к, -а́ и просви́рник, -а
просвирняко́вый и просви́рниковый
просви́станный; *кр. ф.* -ан, -ана
просвиста́ть, -ищу́, -и́щет
просвисте́ть, -ищу́, -исти́т
просви́стывать, -аю, -ает
про себя́
просе́в, -а
просева́ние, -я
просева́ть(ся), -а́ю, -а́ет(ся)
просевно́й
просе́вший
проседа́ние, -я
проседа́ть, -а́ет
про́седь, -и
просе́ивание, -я
просе́ивать(ся), -аю, -ает(ся)
про́сек, -а (*горная выработка; устар. к* про́сека)
про́сека, -и (*очищенная от деревьев полоса в лесу*)
просека́ние, -я
просека́ть(ся), -а́ю, -а́ет(ся)
просе́кший(ся) и просёкший(ся)
просёлок, -лка
просёлочный
просемени́ть, -ню́, -ни́т
просемина́р, -а и просемина́рий, -я
просемина́рский
просе́сть, -ся́дет; *прош.* -се́л, -се́ла
просечённый; *кр. ф.* -ён, -ена́ и просе́ченный; *кр. ф.* -ен, -ена

просе́чка, -и, р. мн. -чек
просе́чный
просе́чь(ся), -еку́, -ечёт(ся), -еку́т(ся); прош. -ёк(ся) и -е́к(ся), -екла́(сь)
просе́янный; кр. ф. -ян, -яна
просе́ять(ся), -е́ю, -е́ет(ся)
просигна́ленный; кр. ф. -ен, -ена
просигнализи́рованный; кр. ф. -ан, -ана
просигнализи́ровать, -рую, -рует
просигна́лить, -лю, -лит
просиде́ть, -ижу́, -иди́т
проси́женный; кр. ф. -ен, -ена
проси́живание, -я
проси́живать(ся), -аю, -ает(ся)
просинённый; кр. ф. -ён, -ена́
проси́нивать(ся), -аю, -ает(ся)
просини́ть, -ню́, -ни́т
про́синь, -и
просипе́ть, -иплю́, -ипи́т
проси́тель, -я
проси́тельница, -ы, тв. -ей
проси́тельный
проси́тельский
проси́ть(ся), прошу́(сь), про́сит(ся)
просия́ть, -я́ю, -я́ет
проска́бливание, -я
проска́бливать(ся), -аю, -ает(ся)
проскака́ть, -скачу́, -ска́чет
проска́кивание, -я
проска́кивать, -аю, -ает
проска́льзывание, -я
проска́льзывать, -аю, -ает
проскандиро́ванный; кр. ф. -ан, -ана
проскандиро́вать, -ру́ю, -ру́ет
проска́чка, -и, р. мн. -чек
просквози́ть, -и́т
проске́ний, -я
проскита́ться, -а́юсь, -а́ется
просконя́ть, -я́ю, -я́ет
проскобленный; кр. ф. -ен, -ена
проскобли́ть(ся), -облю́, -о́бли́т(ся)

проско́к, -а
проскользну́ть, -ну́, -нёт
проскоми́дия, -и
проскочи́ть, -очу́, -о́чит
проскреба́ние, -я
проскреба́ть(ся), -а́ю(сь), -а́ет(ся)
проскребённый; кр. ф. -ён, -ена́
проскрёбка, -и, р. мн. -бок
проскрёбший(ся)
проскрёбывание, -я
проскрёбывать(ся), -аю(сь), -ает(ся)
проскрежета́ть, -жещу́, -же́щет
проскрести́(сь), -ребу́(сь), -ребёт(ся); прош. -рёб(ся), -ребла́(сь)
проскрипе́ть, -плю́, -пи́т
проскрипцио́нный
проскри́пция, -и
проскули́ть, -улю́, -ули́т
проскурня́к, -а́
проскурняко́вый
проскуча́ть, -а́ю, -а́ет
просла́бить, -ит
просла́вить(ся), -влю(сь), -вит(ся)
прославле́ние, -я
просла́вленность, -и
просла́вленный; кр. ф. -ен, -ена
прославля́ть(ся), -я́ю(сь), -я́ет(ся)
просла́ивание, -я
просла́ивать(ся), -аю, -ает(ся)
проследи́ть, -ежу́, -еди́т
после́довать, -дую, -дует
просле́женный; кр. ф. -ен, -ена
просле́живание, -я
просле́живать(ся), -аю, -ает(ся)
прослези́ться, -ежу́сь, -ези́тся
прослоённый; кр. ф. -ён, -ена́
прослои́ть(ся), -ою́, -ои́т(ся)
просло́й, -я (геол.)
просло́йка, -и, р. мн. -о́ек
прослоня́ться, -я́юсь, -я́ется
просл́уженный; кр. ф. -ен, -ена
прослужи́ть, -ужу́, -у́жит
прослу́шанный; кр. ф. -ан, -ана
прослу́шать, -аю, -ает

прослу́шивание, -я
прослу́шивать(ся), -аю, -ает(ся)
прослыва́ть, -а́ю, -а́ет
прослы́ть, -ыву́, -ывёт; прош. -ы́л, -ыла́, -ы́ло
прослы́шанный; кр. ф. -ан, -ана
прослы́шать, -шу, -шит
просма́ливание, -я
просма́ливать(ся), -аю, -ает(ся)
просма́тривание, -я
просма́тривать(ся), -аю(сь), -ает(ся)
просме́ивать, -аю, -ает
просме́янный; кр. ф. -ян, -яна
просмея́ть(ся), -ею́(сь), -еёт(ся)
просмолённый; кр. ф. -ён, -ена́
просмоли́ть(ся), -лю́, -ли́т(ся)
просморка́ться, -а́юсь, -а́ется
просмо́тр, -а
просмо́тренный; кр. ф. -ен, -ена
просмотре́ть, -отрю́, -о́трит
просмо́тровый
просну́ться, -ну́сь, -нётся
про́со, -а
прособира́ть(ся), -а́ю(сь), -а́ет(ся)
просове́тский
просово́д, -а
просово́дство, -а
просо́вывание, -я
просо́вывать(ся), -аю(сь), -ает(ся)
про́совый
просоде́ма, -ы
просо́дика, -и
просоди́ческий
просо́дия, -и
просо́л, -а
просо́ленный; кр. ф. -ен, -ена и просолённый; кр. ф. -ён, -ена́
просоли́ть(ся), -олю́, -о́ли́т(ся)
просо́лка, -и
просопе́ть, -оплю́, -опи́т
просопопе́я, -и и прозопопе́я, -и
просортиро́ванный; кр. ф. -ан, -ана
просортирова́ть, -ру́ю, -ру́ет

просортиро́вывать(ся), -аю, -ает(ся)
просору́шка, -и, р. мн. -шек
просо́с, -а
просо́санный; кр. ф. -ан, -ана
прососа́ть(ся), -сосу́, -сосёт(ся)
просо́хнуть, -ну, -нет; прош. -о́х, -о́хла
просо́хший
просочи́ться, -и́тся
про́спанный; кр. ф. -ан, -ана
проспа́ть(ся), -плю́(сь), -пи́т(ся); прош. -а́л(ся), -ала́(сь), -а́ло́(сь)
проспе́кт, -а
проспе́ктный
проспе́ктовый
проспе́рити, нескл., с.
проспиртóванный; кр. ф. -ан, -ана
проспиртова́ть(ся), -ту́ю(сь), -ту́ет(ся)
проспирто́вывать(ся), -аю(сь), -ает(ся)
проспо́ренный; кр. ф. -ен, -ена
проспо́ривать(ся), -аю, -ает(ся)
проспо́рить, -рю, -рит
проспряга́ть, -а́ю, -а́ет
просро́ченный; кр. ф. -ен, -ена
просро́чивать(ся), -аю, -ает(ся)
просро́чить, -чу, -чит
просро́чка, -и, р. мн. -чек
проста́вить, -влю, -вит
проста́вленный; кр. ф. -ен, -ена
проставля́ть(ся), -я́ю, -я́ет(ся)
простагланди́ны, -ов, ед. -и́н, -а
проста́ивание, -я
проста́ивать, -аю, -ает
проста́к, -а́
проста́ль, -и
проста́та, -ы
простати́т, -а
простати́ческий
проста́чка, -и, р. мн. -чек (от проста́к)
простачо́к, -чка́ (от проста́к)
простёганный; кр. ф. -ан, -ана

простега́ть(ся), -а́ю, -а́ет(ся)
простёгивание, -я
простёгивать(ся), -аю, -ает(ся)
простёжка, -и
просте́йшие, -их
просте́йший
просте́ленный; кр. ф. -ен, -ена
простели́ть, -стелю́, -сте́лет; прош. -и́л, -и́ла
простéнек, -нька
простéнок, -нка
простéночный
прóстенький
простерёгший
простережённый; кр. ф. -ён, -ена́
простере́ть(ся), -стру́, -стрёт(ся); прош. -тёр(ся), -тёрла(сь)
простере́чь, -регу́, -режёт, -регу́т; прош. -рёг, -регла́
простёртый
простёрший(ся)
простети́ческий
простéть, -éю, -éет
простéц, -а́, тв. -о́м, р. мн. -о́в
простéцкий
прости́ го́споди, межд.
простила́ть(ся), -а́ю, -а́ет(ся)
прóстиль, -я
прости́-проща́й
простира́ние, -я
прости́ранный; кр. ф. -ан, -ана
простира́ть(ся), -а́ю, -а́ет(ся)
прости́рнутый
простирну́ть, -ну́, -нёт
прости́рывание, -я
прости́рывать(ся), -аю, -ает(ся)
прости́тельный; кр. ф. -лен, -льна
проституи́рование, -я
проституи́рованный; кр. ф. -ан, -ана
проституи́ровать(ся), -рую, -рует(ся)
проститу́тка, -и, р. мн. -ток
проститу́ция, -и

прости́ть(ся), прощу́(сь), прости́т(ся)
про́стланный; кр. ф. -ан, -ана
простла́ть, -стелю́, -сте́лет; прош. -а́л, -а́ла
про́сто, нареч. и частица
простова́тость, -и
простова́тый
простоволо́сый
простоду́шие, -я
простоду́шничать, -аю, -ает
простоду́шный; кр. ф. -шен, -шна
прóсто-за́просто
просто́й¹; кр. ф. прост, проста́, про́сто, просты́
просто́й², -я
просто́йный
простоква́ша, -и, тв. -ей
простоква́шный
простолюди́н, -а
простолюди́нка, -и, р. мн. -нок
про́сто-на́просто
простонаро́дность, -и
простонаро́дный
простонаро́дье, -я
простона́ть, -ону́, -о́нет и -а́ю, -а́ет
просто́р, -а
просторе́чие, -я
просторе́чный; кр. ф. -чен, -чна
просто́рнее, сравн. ст.
просто́рность, -и
просто́рный; кр. ф. -рен, -рна
просторожённый; кр. ф. -ён, -ена́
просторожи́ть, -жу́, -жи́т
простосерде́чие, -я
простосерде́чный; кр. ф. -чен, -чна
простота́, -ы́
простотца́, -ы́, тв. -о́й
простофи́ля, -и, м. и ж.
простоя́ть, -ою́, -ои́т
простра́гивание, -я и простру́гивание, -я
простра́гивать(ся), -аю, -ает(ся) и простру́гивать(ся), -аю, -ает(ся)

простра́нность, -и
простра́нный; *кр. ф.* -а́нен, -а́нна
простра́нственно-временно́й
простра́нственный
простра́нство, -а
простра́нствовать, -твую, -твует
простра́нщик, -а
простра́нщица, -ы, *тв.* -ей
простра́ция, -и
простра́чивание, -я
простра́чивать(ся), -аю, -ает(ся)
прострекота́ть, -очу́, -о́чет
простре́л, -а
простре́ленный; *кр. ф.* -ен, -ена (*от* простре́лить)
простре́ливаемый
простре́ливать(ся), -аю, -ает(ся)
простре́ли́ть, -елю́, -е́лит
простре́лянный; *кр. ф.* -ян, -яна (*от* простреля́ть)
простреля́ть, -я́ю, -я́ет
простригать(ся), -а́ю, -а́ет(ся)
простри́гший
простри́женный; *кр. ф.* -ен, -ена
простри́чь, -игу́, -ижёт, -игу́т; *прош.* -и́г, -и́гла
простро́ганный; *кр. ф.* -ан, -ана *и* простру́ганный; *кр. ф.* -ан, -ана
прострога́ть, -а́ю, -а́ет *и* прострога́ть, -а́ю, -а́ет
простро́ить, -о́ю, -о́ит
простро́ченный; *кр. ф.* -ен, -ена
прострочи́ть, -очу́, -о́чит
простру́ганный; *кр. ф.* -ан, -ана *и* простро́ганный; *кр. ф.* -ан, -ана
простру́гать, -а́ю, -а́ет *и* прострога́ть, -а́ю, -а́ет
простру́гивание, -я *и* простра́гивание, -я
простру́гивать(ся), -аю, -ает(ся) *и* простра́гивать(ся), -аю, -ает(ся)
просту́да, -ы

простуди́ть(ся), -ужу́(сь), -у́дит(ся)
просту́дный
простужа́ть(ся), -а́ю(сь), -а́ет(ся)
просту́женно, *нареч.*
просту́женный; *кр. ф.* -ен, -ена
просту́живать(ся), -аю(сь), -ает(ся)
просту́канный; *кр. ф.* -ан, -ана
просту́кать, -аю, -ает
просту́кивание, -я
просту́кивать(ся), -аю(сь), -ает(ся)
проступа́ть, -а́ет
проступи́ть, -у́пит
просту́пок, -пка
простуча́ть, -чу́, -чи́т
просту́шка, -и, *р. мн.* -шек
простыва́ть, -а́ю, -а́ет
просты́вший
просты́нка, -и, *р. мн.* -нок
просты́нный
просты́нуть *и* просты́ть, -ы́ну, -ы́нет; *прош.* -сты́л, -сты́ла
простыня́, -и, *р. мн.* -ы́нь, *м. и ж.* (*простак, устар.*)
простыня́, -и́, *мн.* про́стыни, просты́нь *и* -не́й, -ня́м
просты́ть *и* просты́нуть, -ы́ну, -ы́нет; *прош.* -сты́л, -сты́ла
простя́га, -и, *м. и ж.*
простя́к, -а́ (*устар. к* проста́к)
простя́чка, -и, *р. мн.* -чек (*от* простя́к)
простячо́к, -чка́ (*от* простя́к)
просуди́ть(ся), -ужу́(сь), -у́дит(ся)
просу́женный; *кр. ф.* -ен, -ена
просу́живать(ся), -аю(сь), -ает(ся)
просумми́рованный; *кр. ф.* -ан, -ана
просумми́ровать(ся), -рую, -рует(ся)
просу́нутый
просу́нуть(ся), -ну(сь), -нет(ся)
просу́шенный; *кр. ф.* -ен, -ена

просу́шивание, -я
просу́шивать(ся), -аю(сь), -ает(ся)
просуши́ть(ся), -ушу́(сь), -у́шит(ся)
просу́шка, -и
просуществова́ть, -тву́ю, -тву́ет
просфора́, -ы́, *мн.* про́сфоры, просфо́р, просфора́м *и* просвира́, -ы́, *мн.* про́свиры, просви́р, про́свира́м
просфо́рка, -и, *р. мн.* -рок *и* просви́рка, -и, *р. мн.* -рок
просфо́рный *и* просви́рный
просце́ниум, -а
просчёт, -а
просчи́танный; *кр. ф.* -ан, -ана
просчита́ть(ся), -а́ю(сь), -а́ет(ся)
просчи́тывание, -я
просчи́тывать(ся), -аю(сь), -ает(ся)
про́сып: без про́сыпа и без про́сыпу
просыпа́ние, -я
просы́панный; *кр. ф.* -ан, -ана
просы́пать(ся), -плю, -плет(ся), -плют(ся) *и* -пет(ся), -пят(ся), *сов.*
просыпа́ть(ся), -а́ю(сь), -а́ет(ся), *несов.*
про́сыпь, -и
просыха́ть, -а́ю, -а́ет
про́сьба, -ы
про́сьбица, -ы, *тв.* -ей
про́сьбишка, -и, *р. мн.* -шек
прося́нка, -и, *р. мн.* -нок
просяно́й
прося́щий(ся)
протагони́ст, -а
протагони́стка, -и, *р. мн.* -ток
протаза́н, -а
прота́ивать, -ает
протакти́ний, -я
прота́лина, -ы
прота́линка, -и, *р. мн.* -нок
прота́лкивание, -я

ПРОТАЛКИВАТЬ(СЯ)

прота́лкивать(ся), -аю(сь), -ает(ся)
прота́ллий, -я
про́таль, -и
протами́ны, -ов, ед. -ми́н, -а
прота́ндрия, -и
протанцева́ть, -цу́ю, -цу́ет
протанцо́ванный; кр. ф. -ан, -ана
прота́пливание, -я
прота́пливать(ся), -аю, -ает(ся)
прота́птывание, -я
прота́птывать(ся), -аю, -ает(ся)
протара́ненный; кр. ф. -ен, -ена
протара́нивать(ся), -аю, -ает(ся)
протара́нить, -ню, -нит
протарато́ренный; кр. ф. -ен, -ена
протарато́рить, -рю, -рит
протарахте́ть, -хчу́, -хти́т
протарго́л, -а
прота́сканный; кр. ф. -ан, -ана
протаска́ть(ся), -а́ю(сь), -а́ет(ся)
прота́скивание, -я
прота́скивать(ся), -аю, -ает(ся)
прота́чанный; кр. ф. -ан, -ана
протача́ть, -а́ю, -а́ет
прота́чивание, -я
прота́чивать(ся), -аю, -ает(ся)
прота́щенный; кр. ф. -ен, -ена
протащи́ть(ся), -ащу́(сь), -а́щит(ся)
прота́ять, -а́ет
протеа́зы, -а́з, ед. -а́за, -ы
протеже́, нескл., м. и ж.
протежи́рование, -я
протежи́рованный; кр. ф. -ан, -ана
протежи́ровать(ся), -рую(сь), -рует(ся)
проте́з, -а
протези́рование, -я
протези́ровать, -рую, -рует
протези́ст, -а
проте́зно-ортопеди́ческий
проте́зный
проте́и, -ев, ед. -те́й, -я (бактерии)

проте́иды, -ов, ед. -е́ид, -а (сложные белки)
протеи́зм, -а (от Проте́й)
протеи́новый
протеино́иды, -ов, ед. -о́ид, -а
протеинотерапи́я, -и
протеинури́я, -и
протеи́ны, -ов, ед. -е́ин, -а (простые белки)
проте́йческий (от Проте́й)
Проте́й, -я (мифол.)
проте́й, -я (земноводное)
проте́йные, -ых
проте́к, -а (отверстие в сосуде, крыше и т. п.)
протека́ние, -я
протека́ть, -а́ет
проте́ктор, -а
протектора́т, -а
проте́кторный
протекциони́зм, -а
протекциони́рование, -я
протекциони́ст, -а
протекциони́стский
протекцио́нный
проте́кция, -и
проте́кший
протелеграфи́ровать, -рую, -рует
протелефони́ровать, -рую, -рует
протеогене́з, -а
протеобли́з, -а
протеолити́ческий
протера́ндрия, -и
протере́ть(ся), -тру́(сь), -трёт(ся); прош. -тёр(ся), -тёрла(сь)
протерогене́з, -а
протероги́ни́я, -и
протерозо́й, -я
протерозо́йский
протерпе́ть, -ерплю́, -е́рпит
протёртый
протёрший(ся)
протёс, -а
протёсанный; кр. ф. -ан, -ана
протеса́ть, -ешу́, -е́шет

протёска, -и
протесни́ться, -ню́сь, -ни́тся
проте́ст, -а
протеста́нт, -а
протестанти́зм, -а
протеста́нтка, -и, р. мн. -ток
протеста́нтский
протеста́нтство, -а
протести́рованный; кр. ф. -ан, -ана
протести́ровать(ся), -рую(сь), -рует(ся) (к тест)
проте́стный
протесто́ванный; кр. ф. -ан, -ана
протестова́ть(ся), -ту́ю, -ту́ет(ся)
протесту́ющий(ся)
протёсывание, -я
протёсывать(ся), -аю, -ает(ся)
проте́чка, -и, р. мн. -чек
проте́чный
проте́чь, -ечёт, -еку́т, прош. -ёк, -екла́
про́тив, предлог и в знач. сказ.
про́тивень, -вня
противи́тельный
проти́виться, -влюсь, -вится
противле́ние, -я
проти́вник, -а
проти́вница, -ы, тв. -ей
проти́вно, нареч., в знач. сказ., предлог
проти́вность, -и
проти́вный; кр. ф. -вен, -вна
противо... – приставка, пишется слитно
противоавари́йный
противоалкого́льный
противоаллерги́ческий
противоа́томный
противобактериологи́ческий
противоболево́й
противобо́рство, -а
противобо́рствовать, -твую, -твует
противове́с, -а
противови́русный

противовозду́шный
противовоспали́тельный
противога́з, -а
противога́зный
противога́зовый
противогли́стный
противогни́лостный
противогололёдный
противогосуда́рственный
противогра́довый
противогрибко́вый
противогриппо́зный
противодавле́ние, -я
противодвиже́ние, -я
противоде́йствие, -я
противоде́йствовать, -твую, -твует
противодеса́нтный
противодифтери́йный
противоды́мный
противоесте́ственно, *нареч.*
противоесте́ственность, -и
противоесте́ственный; *кр. ф.* -вен и -венен, -венна
противозага́рный
противозако́нность, -и
противозако́нный; *кр. ф.* -о́нен, -о́нна
противозача́точный
противозени́тный
противоизлуче́ние, -я
противоизно́сный
противоио́ны, -ов, *ед.* -ио́н, -а
противоипри́тный
противока́риесный
противока́рстовый
противока́шлевый
противокоррози́йный
противокоррозио́нный
противолави́нный
противолежа́щий
противолихора́дочный
противоло́дочник, -а
противоло́дочный
противолучево́й
противомаляри́йный

противометеори́тный
противомикро́бный
противоми́нный
противомоски́тный
противонапра́вленный; *кр. ф.* -ен, -ена
противообва́льный
противообледени́тель, -я
противообледени́тельный
противообще́ственный
противоо́ползневый
противоо́пухолевый
противоотёчный
противоотка́тный
противопа́водковый
противопаразита́рный
противоперегру́зочный
противопехо́тный
противопожа́рный
противопоказа́ние, -я
противопока́занный; *кр. ф.* -ан, -ана
противополага́ть, -а́ю, -а́ет
противополиомиели́тный
противоположе́ние, -я
противополо́женный; *кр. ф.* -ен, -ена, *прич.*
противоположи́ть, -ожу́, -о́жит
противополо́жность, -и
противополо́жный; *кр. ф.* -жен, -жна, *прил.*
противопоста́вить, -влю, -вит
противопоставле́ние, -я
противопоста́вленность, -и
противопоста́вленный; *кр. ф.* -ен, -ена
противопоставля́ть(ся), -я́ю(сь), -я́ет(ся)
противоправи́тельственный
противопра́вность, -и
противопра́вный; *кр. ф.* -вен, -вна
противоприга́рный
противорадиацио́нный
противорадиолокацио́нный
противораке́та, -ы

противораке́тный
противора́ковый
противоре́чащий
противоречи́вость, -и
противоречи́вый
противоре́чие, -я
противоре́чить, -чу, -чит
противосамолётный
противоселево́й и противосе́левый
противосия́ние, -я
противоскольже́ние, -я
противосложе́ние, -я
противосо́лнечный
противостари́тель, -я
противостолбня́чный
противостоя́ние, -я
противостоя́ть, -ою́, -ои́т
противосу́дорожный
противотанки́ст, -а
противота́нковый
противотела́, -те́л, *ед.* -те́ло, -а
противотече́ние, -я
противотифо́зный
противото́к, -а
противоторпе́дный
противотуберкулёзный
противотума́нный
противоуга́рный
противоуго́н, -а
противоуго́нный
противоуда́рный
противоутоми́тель, -я
противофа́за, -ы
противофильтрацио́нный
противохими́ческий
противохо́д, -а
противохоле́рный
противоцинго́тный
противочле́н, -а
противочу́мный
противошо́ковый
противошу́мный
противошумово́й
противошу́мы, -ов
противоэнцефали́тный

ПРОТИВОЭПИДЕМИЧЕСКИЙ

противоэпидеми́ческий
противоэрози́йный
противоэрозио́нный
противоя́дерный
противоя́дие, -я
проти́ву, *предлог (устар. к* про́тив)
проти́вящийся
про́тий, -я
протира́ние, -я
протира́ть(ся), -а́ю(сь), -а́ет(ся)
проти́рка, -и, *р. мн.* -рок
проти́рочный
проти́рщик, -а
проти́рщица, -ы, *тв.* -ей
проти́сканный; *кр. ф.* -ан, -ана
проти́скать(ся), -аю(сь), -ает(ся)
проти́скивать(ся), -аю(сь), -ает(ся)
проти́снутый
проти́снуть(ся), -ну(сь), -нет(ся)
протистоло́гия, -и
проти́сты, -ов, *ед.* -и́ст, -а
про́тканный; *кр. ф.* -ан, -ана
протка́ть, -ку́, -кёт; *прош.* -а́л, -а́ла́, -а́ло
про́ткнутый
проткну́ть, -ну́, -нёт
протле́ть, -е́ю, -е́ет
прото... — *приставка, пишется слитно*
протобе́стия, -и
протоги́ни́я, -и
протоги́ппус, -а
протогосуда́рство, -а
прото́граф, -а
протоде́рма, -ы
протодья́кон, -а *и* протодиа́кон, -а
протодья́конский *и* протодиа́конский
протодья́конство, -а *и* протодиа́конство, -а
протозвезда́, -ы́, *мн.* звёзды, -звёзд
протозвёздный
протозо́а, *нескл., мн.*
протозоологи́ческий
протозооло́гия, -и
протоиере́й, -я
протоиере́йский
протоиере́йство, -а
протоинди́йский
протоистори́ческий
протоисто́рия, -и
прото́к, -а *и* прото́ка, -и
протокана́лья, -и, *р. мн.* -лий
протоко́кки, -ов, *ед.* -ко́кк, -а
протоко́кковый
протоко́л, -а
протоколи́рование, -я
протоколи́рованный; *кр. ф.* -ан, -ана
протоколи́ровать(ся), -рую, -рует(ся)
протоколи́ст, -а
протоко́льный
протоксиле́ма, -ы
прото́лканный; *кр. ф.* -ан, -ана
протолка́ть(ся), -а́ю(сь), -а́ет(ся)
прото́лкнутый
протолкну́ть(ся), -ну́(сь), -нёт(ся)
протолкова́ть, -ку́ю, -ку́ет
протоло́кший
протоло́чь, -лку́, -лчёт, -лку́т; *прош.* -ло́к, -лкла́
протолчённый; *кр. ф.* -ён, -ена́
протоми́ть(ся), -млю́(сь), -ми́т(ся)
протомлённый; *кр. ф.* -ён, -ена́
прото́н, -а
протоне́ма, -ы
протонеоли́т, -а
протонефри́дии, -ев, *ед.* -дий, -я
прото́нный
прото́н-прото́нный
протопати́ческий
прото́пать, -аю, -ает
протопекти́н, -а
протопи́ть(ся), -оплю́, -о́пит(ся)
протопла́зма, -ы
протоплазмати́ческий
протопла́зменный
протоплане́та, -ы
протоплане́тный
протопла́ст, -а
протоплатфо́рма, -ы
прото́пленный; *кр. ф.* -ен, -ена
протопо́п, -а
протопо́пица, -ы, *тв.* -ей
протопо́пский
протопресви́тер, -а
про то́ про сё
прото́птанный; *кр. ф.* -ан, -ана
протопта́ть(ся), -опчу́(сь), -о́пчет(ся)
прото́птер, -а
проторго́ванный; *кр. ф.* -ан, -ана
проторгова́ть(ся), -гу́ю(сь), -гу́ет(ся)
проторго́вывать(ся), -аю(сь), -ает(ся)
Проторенесса́нс, -а
проторённость, -и
проторённый; *кр. ф.* -ён, -ена́
прото́ржка, -и
про́тори, -ей
протори́ть(ся), -рю́(сь), -ри́т(ся)
проторча́ть, -чу́, -чи́т
проторя́ть(ся), -я́ю, -я́ет(ся)
протоскова́ть, -ку́ю, -ку́ет
протосо́лнечный
протостела́, -ы
прототи́п, -а
прототро́фный
прототро́фы, -ов, *ед.* -тро́ф, -а
протофибри́ллы, -и́лл, *ед.* -и́лла, -ы
протофлоэ́ма, -ы
протохлорофи́лл, -а
протоцера́топс, -а
прото́ченный; *кр. ф.* -ен, -ена, *прич.*
прото́чина, -ы
проточи́ть, -очу́, -о́чит
прото́чка, -и
прото́чный; *кр. ф.* -чен, -чна, *прил.*
протра́ва, -ы
протрави́тель, -я
протрави́ть, -авлю́, -а́вит

протра́вка, -и
протравле́ние, -я
протра́вленный; *кр ф* -ен, -ена
протра́вливание, -я
протра́вливатель, -я
протра́вливать(ся), -аю, -ает(ся)
протравля́ть(ся), -я́ю, -я́ет(ся)
протравно́й
протра́вочный
протра́ктор, -а
протра́ленный; *кр. ф.* -ен, -ена
протра́ливать(ся), -аю, -ает(ся)
протра́лить, -лю, -лит
протранжи́ренный; *кр. ф.* -ен, -ена
протранжи́ривать(ся), -аю(сь), -ает(ся)
протранжи́рить(ся), -рю(сь), -рит(ся)
протранскриби́рованный; *кр. ф.* -ан, -ана
протранскриби́ровать, -рую, -рует
протра́тить(ся), -а́чу(сь), -а́тит(ся)
протра́ченный; *кр. ф.* -ен, -ена
протра́чивать(ся), -аю(сь), -ает(ся)
протрезве́ть, -е́ю, -е́ет
протрезви́ть(ся), -влю́(сь), -ви́т(ся)
протрезвле́ние, -я
протрезвлённый; *кр ф.* -ён, -ена́
протрезвля́ть(ся), -я́ю(сь), -я́ет(ся)
протрепа́ть(ся), -еплю́(сь), -е́плет(ся), -е́плют(ся) и -е́пет(ся), -е́пят(ся)
протреща́ть, -щу́, -щи́т
протриеро́ванный; *кр. ф.* -ан, -ана
протриерова́ть, -рую, -рует
протромби́н, -а
протруби́ть, -блю́, -би́т
протру́бленный; *кр. ф.* -ен, -ена
протруди́ться, -ужу́сь, -у́дится

протруси́ть(ся), -ушу́, -уси́т(ся)
протру́шенный; *кр ф* -ен, -ена
протряса́ть(ся), -а́ю, -а́ет(ся)
протрясённый; *кр ф.* -ён, -ена́
протрясти́(сь), -су́(сь), -сёт(ся); *прош.* -я́с(ся), -ясла́(сь)
протря́сший(ся)
протря́хивание, -я
протря́хивать(ся), -аю, -ает(ся)
протря́хнутый
протряхну́ть, -ну́, -нёт
протубера́нец, -нца, *тв.* -нцем, *р. мн.* -нцев
протубера́нц-спектроско́п, -а
протурённый; *кр. ф.* -ён, -ена́
протури́ть, -рю́, -ри́т
протуха́ть, -а́ет
проту́хлый
проту́хнуть, -нет; *прош.* -у́х, -у́хла
проту́хший
проту́шенный; *кр. ф.* -ен, -ена
протуши́ть(ся), -ушу́, -у́шит(ся)
проты́кать, -аю, -ает, *сов.* (*от* ты́кать)
протыка́ть(ся), -а́ю, -а́ет(ся), *несов.* (*к* проткну́ть)
проты́риваться, -аюсь, -ается
проты́риться, -рюсь, -рится
протя́вкать, -ает
протя́гивание, -я
протя́гивать(ся), -аю(сь), -ает(ся)
протяже́ние, -я
протяжённость, -и
протяжённый; *кр. ф.* -ён, -ённа
протя́жка, -и, *р. мн.* -жек
протяжно́й (*к* протя́жка)
протя́жность, -и
протя́жный; *кр. ф.* -жен, -жна (*тягучий*)
протя́жчик, -а
протя́нутый
протяну́ть(ся), -яну́(сь), -я́нет(ся)
проу́жинать, -аю, -ает
проу́лок, -лка
проурча́ть, -чу́, -чи́т
проутю́женный; *кр. ф.* -ен, -ена

проутю́живание, -я
проутю́живать(ся), -аю, -ает(ся)
проутю́жить, -жу, -жит
проу́ченный; *кр. ф.* -ен, -ена
проу́чивать(ся), -аю(сь), -ает(ся)
проучи́ть(ся), -учу́(сь), -у́чит(ся)
проу́шина, -ы
проф... — *первая часть сложных слов, пишется слитно*
профа́г, -а
профа́за, -ы
профакти́в, -а
профа́н, -а
профана́ция, -и
профани́рование, -я
профани́рованный; *кр. ф.* -ан, -ана
профани́ровать(ся), -рую, -рует(ся)
профани́ческий
профа́нность, -и
профа́нный
профаши́ст, -а
профаши́стский
проффбиле́т, -а
проффбо́сс, -а
проффбюро́, *нескл., с.*
профвзно́сы, -ов
профвре́дность, -и
профгрупо́рг, -а
профгру́ппа, -ы
профдвиже́ние, -я
проферме́нты, -ов, *ед.* -е́нт, -а
проферши́ленный; *кр. ф.* -ен, -ена
проферши́лить(ся), -лю(сь), -лит(ся)
профессиогра́мма, -ы
профессиона́л, -а
профессионализа́ция, -и
профессионализи́ровать(ся), -рую, -рует(ся)
профессионали́зм, -а
профессиона́лка, -и, *р. мн.* -лок
Профессиона́льная футбо́льная ли́га (ПФЛ)

профессиона́льно-техни́ческий
профессиона́льный; *кр. ф.* -лен, -льна
профе́ссия, -и
профе́ссор, -а, *мн.* -а́, -о́в
профе́ссорский
профе́ссорско-преподава́тельский
профе́ссорство, -а
профе́ссорствовать, -твую, -твует
профе́ссорша, -и, *тв.* -ей
профессу́ра, -ы
профети́ческий
профзаболева́ние, -я
про́фи, *нескл., м.*
профила́ктик, -а
профила́ктика, -и
профилакти́рованный; *кр. ф.* -ан, -ана
профилакти́ровать(ся), -рую(сь), -рует(ся)
профилакти́ческий
профилакто́рий, -я
профилеги́бочный
профилеразме́р, -а
профилешлифова́льный
профилиза́ция, -и
профили́рование, -я
профили́рованный; *кр. ф.* -ан, -ана
профили́ровать(ся), -рую, -рует(ся)
профилиро́вка, -и
профилиро́вочный
профилиро́вщик, -а
профили́рующий(ся)
профило́граф, -а
профило́метр, -а
про́филь, -я
про́фильный
профильтро́ванный; *кр. ф.* -ан, -ана
профильтрова́ть(ся), -ру́ю, -ру́ет(ся)

профильтро́вывать(ся), -аю, -ает(ся)
профинанси́рованный; *кр. ф.* -ан, -ана
профинанси́ровать(ся), -рую, -рует(ся)
профинти́ть(ся), -нчу́(сь), -нти́т(ся)
про́фи-спо́рт, -а
профи́т, -а
профитро́ль, -и
профици́т, -а (*фин.*)
профици́тный
профко́м, -а
профко́мовский
профли́дер, -а
профнепригодность, -и
профобъедине́ние, -я
профо́рг, -а
профо́рган, -а
профорганиза́тор, -а
профорганиза́ция, -и
профориентацио́нный
профориента́ция, -и
профо́рма, -ы
профо́с, -а
профотбо́р, -а
профрабо́та, -ы
профрабо́тник, -а
профсобра́ние, -я
профсою́з, -а
профсою́зник, -а
профсою́зный
профтехни́ческий
профтехобразова́ние, -я
профтехучи́лище, -а
профу́канный; *кр. ф.* -ан, -ана
профу́кать(ся), -аю(сь), -ает(ся)
профунда́ль, -и
профуполномо́ченный, -ого
профце́нтр, -а
профшко́ла, -ы
проха́живание, -я
проха́живать(ся), -аю(сь), -ает(ся)
прохарчи́ть(ся), -чу́(сь), -чи́т(ся)

прохвати́ть, -ачу́, -а́тит
прохва́тывать(ся), -аю(сь), -ает(ся)
прохва́ченный; *кр. ф.* -ен, -ена
прохвора́ть, -а́ю, -а́ет
прохво́ст, -а
прохинде́й, -я
прохинде́йка, -и, *р. мн.* -е́ек
прохинде́йский
Прохиро́н, -а (*памятник византийского права*)
прохла́да, -ы
прохла́дец: с прохла́дцем
прохлади́тельный
прохлади́ть(ся), -ажу́(сь), -ади́т(ся)
прохла́дненский (*от* Прохла́дный)
прохла́дненцы, -ев, *ед.* -ненец, -ненца, *тв.* -ненцем
прохла́дность, -и
прохла́дный; *кр. ф.* -ден, -дна
Прохла́дный, -ого (*город*)
прохла́дца, -ы, *тв.* -ей
прохлажда́ть(ся), -а́ю(сь), -а́ет(ся)
прохлаждённый; *кр. ф.* -ён, -ена́
прохло́панный; *кр. ф.* -ан, -ана
прохло́пать, -аю, -ает
прохлопота́ть, -очу́, -о́чет
прохло́пывать(ся), -аю, -ает(ся)
прохо́д, -а
проходи́мец, -мца, *тв.* -мцем, *р. мн.* -мцев
проходи́мка, -и, *р. мн.* -мок
проходи́мость, -и
проходи́мый
проходи́ть(ся), -ожу́, -о́дит(ся)
прохо́дка, -и
проходна́я, -о́й
проходно́й
прохо́дом, *нареч.*
прохо́дческий
прохо́дчик, -а
проходя́щий
прохожде́ние, -я

прохо́жий
прохоря́, -е́й
прохрапе́ть, -плю́, -пи́т
прохрипе́ть, -плю́, -пи́т
прохронометри́рованный; кр. ф. -ан, -ана
прохронометри́ровать(ся), -рую, -рует(ся)
прохрусте́ть, -ущу́, -усти́т
прохрю́кать, -аю, -ает
прохуди́ться, -и́тся
проху́нтовский
процара́панный; кр. ф. -ан, -ана
процара́пать(ся), -аю(сь), -ает(ся)
процара́пывать(ся), -аю(сь), -ает(ся)
процвести́, -вету́, -ветёт; прош. -вёл, -вела́
процвета́ние, -я
процвета́ть, -а́ю, -а́ет
процве́тший
процеди́ть(ся), -ежу́, -е́дит(ся)
процеду́ра, -ы
процеду́рный
проце́женный; кр. ф. -ен, -ена
проце́живание, -я
проце́живать(ся), -аю, -ает(ся)
проце́нт, -а
проце́нтный
проценто́вка, -и, р. мн. -вок
процентома́ния, -и
проце́нтщик, -а
проце́нтщица, -ы, тв. -ей
процерко́ид, -а
проце́сс, -а
проце́ссия, -и
проце́ссор, -а
проце́ссорный
процессуа́льный
процити́рованный; кр. ф. -ан, -ана
процити́ровать, -рую, -рует
проча́щий(ся)
прочека́ненный; кр. ф. -ен, -ена
прочека́нивать(ся), -аю, -ает(ся)

прочека́нить, -ню, -нит
про́ченный; кр. ф. -ен, -ена
про́черк, -а
прочёркивание, -я
прочёркивать(ся), -аю, -ает(ся)
прочёркнутый
прочеркну́ть, -ну́, -нёт
про́чернь, -и
прочерти́ть, -ерчу́, -е́ртит
прочерче́нный; кр. ф. -ен, -ена
проче́рчивание, -я
проче́рчивать(ся), -аю, -ает(ся)
прочёс, -а
прочёсанный; кр. ф. -ан, -ана
прочеса́ть, -ешу́, -е́шет
прочёска, -и
прочесть(ся), -чту́, -чтёт(ся); прош. -чёл(ся), -чла́(сь)
прочёсывание, -я
прочёсывать(ся), -аю, -ает(ся)
прочёт, -а
про́чий
прочини́ть, -иню́, -и́нит
прочири́кать, -аю, -ает
прочи́стить(ся), -и́щу, -и́стит(ся)
прочи́стка, -и, р. мн. -ток
прочистно́й
прочи́танный; кр. ф. -ан, -ана
прочита́ть(ся), -а́ю, -а́ет(ся)
прочи́тывать(ся), -аю, -ает(ся)
про́чить(ся), -чу(сь), -чит(ся)
прочиха́ть(ся), -а́ю(сь), -а́ет(ся)
прочихну́ть, -ну́, -нёт
прочища́лка, -и, р. мн. -лок
прочища́ть(ся), -а́ю, -а́ет(ся)
прочище́ние, -я
прочи́щенный; кр. ф. -ен, -ена
прочне́йший
прочне́ть, -е́ет
прочностно́й и про́чностный
про́чность, -и
про́чный; кр. ф. -чен, -чна́, -чно, про́чны́
прочте́ние, -я
прочтённый; кр. ф. -ён, -ена́
прочу́вственно, нареч.

прочу́вственный; кр. ф. -ен и -енен, -енна
прочу́вствованно, нареч.
прочу́вствованность, -и
прочу́вствованный; кр. ф. -ан, -ана
прочу́вствовать(ся), -твую, -твует(ся)
прочу́хаться, -аюсь, -ается
прочь, нареч.
прошага́ть, -а́ю, -а́ет
проша́мкать, -аю, -ает
проша́ркать, -аю, -ает
прошата́ться, -а́юсь, -а́ется
про́шва, -ы
прошвырну́ться, -ну́сь, -нётся
проше́дшее, -его
проше́дший(ся)
прошелесте́ть, -ти́т
проше́ние, -я
про́шенный; кр. ф. -ен, -ена, прич.
про́шеный, прил.
прошепеля́вить, -влю, -вит
прошёптанный; кр. ф. -ан, -ана
прошепта́ть(ся), -шепчу́(сь), -ше́пчет(ся)
прошерсти́ть, -и́т
проше́ствие: по проше́ствии (чего)
проше́ствовать, -твую, -твует
прошиба́ть(ся), -а́ю(сь), -а́ет(ся)
прошиби́вший(ся)
прошиби́ть(ся), -бу́(сь), -бёт(ся); прош. -ши́б(ся), -ши́бла(сь)
проши́бленный; кр. ф. -ен, -ена
пришива́ть(ся), -а́ю, -а́ет(ся)
про́шивень, -вня
проши́вка, -и, р. мн. -вок
прошивно́й
проши́вочный
прошипе́ть, -плю́, -пи́т
проши́тый
проши́ть(ся), -шью́, -шьёт(ся)
прошку́ренный; кр. ф. -ен, -ена
прошку́ривание, -я
прошку́ривать(ся), -аю, -ает(ся)

прошку́рить(ся), -рю, -рит(ся)
прошлёпать, -аю, -ает
прошлого́дний
про́шлое, -ого
про́шлый
прошля́пить, -плю, -пит
прошля́ться, -я́юсь, -я́ется
прошмы́гивать, -аю, -ает
прошмыгну́ть, -ну́, -нёт
прошнуро́ванный; кр. ф. -ан, -ана
прошнурова́ть, -ру́ю, -ру́ет
прошнуро́вывать(ся), -аю, -ает(ся)
прошпаклёванный; кр. ф. -ан, -ана и прошпатлёванный; кр. ф. -ан, -ана
прошпаклева́ть, -лю́ю, -лю́ет и прошпатлева́ть, -лю́ю, -лю́ет
прошпаклёвывать(ся), -аю, -ает(ся) и прошпатлёвывать(ся), -аю, -ает(ся)
прошпиго́ванный; кр. ф. -ан, -ана
прошпигова́ть, -гу́ю, -гу́ет
прошпиго́вывать(ся), -аю, -ает(ся)
прошприцева́ть, -цу́ю, -цу́ет
прошприцо́ванный; кр. ф. -ан, -ана
проштампо́ванный; кр. ф. -ан, -ана
проштампова́ть, -пу́ю, -пу́ет
проштампо́вывать(ся), -аю, -ает(ся)
проштемпелёванный; кр. ф. -ан, -ана
проштемпелева́ть, -лю́ю, -лю́ет
прошто́панный; кр. ф. -ан, -ана
прошто́пать, -аю, -ает
прошто́пывать(ся), -аю, -ает(ся)
проштра́фиться, -флюсь, -фится
проштуди́рованный; кр. ф. -ан, -ана
проштуди́ровать, -рую, -рует
проштукату́ренный; кр. ф. -ен, -ена

проштукату́ривать(ся), -аю, -ает(ся)
проштукату́рить, -рю, -рит
прошуме́ть, -млю́, -ми́т
прошурша́ть, -шу́, -ши́т
прошушу́кать(ся), -аю(сь), -ает(ся)
проща́й мо́лодость, неизм. и нескл., мн. (об обуви)
проща́й(те)
проща́льный
проща́ние, -я
проща́ть(ся), -а́ю(сь), -а́ет(ся)
про́ще, сравн. ст.
прощебета́ть, -бечу́, -бе́чет
прощёлкать, -аю, -ает
прощелы́га, -и, м. и ж.
проще́ние, -я
прощённый; кр. ф. -ён, -ена́, прич.
Прощёное воскресе́нье
прощу́панный; кр. ф. -ан, -ана
прощу́пать(ся), -аю, -ает(ся)
прощу́пывание, -я
прощу́пывать(ся), -аю, -ает(ся)
проэкзамено́ванный; кр. ф. -ан, -ана
проэкзаменова́ть(ся), -ну́ю(сь), -ну́ет(ся)
проэксперименти́ровать, -и́рую, -и́рует
проявитель, -я
прояви́ть(ся), -явлю́, -я́вит(ся)
проя́вка, -и
проявле́ние, -я
проя́вленный; кр. ф. -ен, -ена
проявля́ть(ся), -я́ю, -я́ет(ся)
проявля́ющий(ся)
проя́вочный
проясне́ние, -я
проясне́нный; кр. ф. -ён, -ена́
проя́снеть, -еет (о погоде)
проясне́ть, -е́ет (стать ясным, четким, понятным)
проя́снивать(ся), -ает(ся) (о погоде)
проясни́ть(ся), -и́т(ся) (о погоде)

проясни́ть(ся), -ню́, -ни́т(ся) (сде́лать(ся) ясным, четким, понятным)
проясня́ть(ся), -я́ю, -я́ет(ся)
пруд, -а́ и -а, предл. в (на) пруду́, мн. -ы́, -о́в
пруди́ть(ся), -ужу́, -у́дит(ся)
пруди́шко, -а и -и, мн. -шки, -шек, м.
прудови́к, -а́
прудово́й
прудони́зм, -а (от Прудо́н)
прудони́ст, -а
прудони́стский
Пруды́, -о́в: Сере́бряные Пруды́ (город), Воронцо́вские Пруды́ (улица в Москве)
пруди́щий(ся)
пру́женный; кр. ф. -ен, -ена и пружённый; кр. ф. -ён, -ена́, прич.
пружи́на, -ы
пружи́нистость, -и
пружи́нистый
пружи́нить(ся), -ню(сь), -нит(ся)
пружи́нка, -и, р. мн. -нок
пружи́нный
пружинонави́вочный
пружи́нящий(ся)
пружо́к, -жка́
прус, -а (саранча)
пруса́к, -а́ (таракан)
пруса́чий, -ья, -ье
пру́сик, -а (к прус)
пруссаки́, -о́в и пруссаки́, -ов, ед. прусса́к, -а́ и -а (к Пру́ссия)
прусса́чество, -а
пру́сский (к пру́ссы и Пру́ссия)
пру́ссо-австри́йский
пру́ссы, -ов, ед. прусс, -а (племя)
прусти́т, -а
пру́стовский (от Пруст)
прут, -а́, мн. пру́тья, -ьев и (тех.) -ы́, -о́в
пру́тик, -а
прутко́вый

прутня́к, -а́
прутово́й
путо́к, -тка́
прутяно́й
прыг, *неизм.*
пры́галки, -лок и пры́галка, -и
пры́ганье, -я
пры́гательный
пры́гать(ся), -аю, -ает(ся)
пры́гающий
пры́гнуть, -ну, -нет
прыг-ско́к, *неизм.*
прыгу́н, -а́
прыгуны́, -о́в
прыгу́нчик, -а
прыгу́нья, -и, *р. мн.* -ний
прыгу́честь, -и
прыгу́чий
прыжко́вый
прыжо́к, -жка́
пры́скалка, -и, *р. мн.* -лок
пры́сканье, -я
пры́скать(ся), -аю(сь), -ает(ся)
пры́снуть, -ну, -нет
пры́ткий; *кр. ф.* -ток, -тка, -тко
пры́ткость, -и
пры́тче, *сравн. ст.*
прыть, -и
прыщ, -а́, *тв.* -о́м
прыща́вевший
прыща́веть, -ею, -еет
прыща́вость, -и
прыща́вый
прыщева́тость, -и
прыщева́тый
пры́щик, -а
пры́щичек, -чка
прюне́левый
прюне́ль, -и
пря́вший(ся)
пря́дать, -аю, -ает
пря́дево, -а
прядевью́щий
пряде́ние, -я
пря́денный; *кр. ф.* -ен, -ена, *прич.*
пря́деный, *прил.*

пряди́льно-крути́льный
пряди́льно-тка́цкий
пряди́льный
пряди́льня, -и, *р. мн.* -лен
пряди́льщик, -а
пряди́льщица, -ы, *тв.* -ей
пря́дка, -и, *р. мн.* -док
пряду́щий(ся)
прядь, -и
пря́жа, -и, *тв.* -ей
пряжекрути́льщица, -ы, *тв.* -ей
пря́женец, -нца, *тв.* -нцем, *р. мн.* -нцев
пря́женик, -а
пря́жечка, -и, *р. мн.* -чек
пря́жечный
пря́жка, -и, *р. мн.* -жек
пря́лка, -и, *р. мн.* -лок
пря́лочка, -и, *р. мн.* -чек
пряма́я, -о́й
прямёхонький; *кр. ф.* -нек, -нька
прямёшенький; *кр. ф.* -нек, -нька
прямизна́, -ы́
прями́к, -а́
прямико́м, *нареч.*
прями́ть(ся), -млю́(сь), -ми́т(ся)
прямлённый; *кр. ф.* -ён, -ена́, *прич.*
прямлёный, *прил.*
пря́мо, *нареч. и частица*
прямоду́шие, -я
прямоду́шный; *кр. ф.* -шен, -шна
прямое́зжий
прямоиду́щий*
прямо́й; *кр. ф.* прям, пряма́, пря́мо, пря́мы́
прямокры́лые, -ых
прямолине́йно-направля́ющий
прямолине́йность, -и
прямолине́йный; *кр. ф.* -е́ен, -е́йна
пря́мо-на́прямо
пря́мо пропорциона́льный
пря́мо противополо́жный
прямослойный

прямостволный
прямостоя́щий*
прямота́, -ы́
пря́мо-таки
прямото́к, -а
прямото́чный
прямоуго́льник, -а
прямоуго́льный; *кр. ф.* -лен, -льна
прямохожде́ние, -я
пря́ник, -а
пря́ничек, -чка
пря́ничник, -а
пря́ничный
пряноарома́тный
пря́ность, -и
пря́нуть, -ну, -нет
пря́ный
пря́сельник, -а
пря́слице, -а
пря́сло, -а, *р. мн.* -сел
пря́сть(ся), пряду́, прядёт(ся); *прош.* пря́л(ся), пряла́(сь), пря́ло(сь)
пря́талки, -лок
пря́танный; *кр. ф.* -ан, -ана
пря́тать(ся), пря́чу(сь), пря́чет(ся)
пря́тки, -ток
пря́тушки, -шек
пря́ха, -и
пря́чущий(ся)
пса́лии, -ев, *ед.* пса́лий, -я
псалмоди́рование, -я
псалмоди́ческий
псалмо́дия, -и
псалмопе́вец, -вца, *тв.* -вцем, *р. мн.* -вцев
псалмопе́ние, -я
псало́м, -лма́
псало́мный
псало́мский
псало́мщик, -а
псалте́риум, -а (*муз. инструмент*)
псалты́рный
псалты́рщик, -а

Псалты́рь, -и и -я́ (*часть Библии, книга псалмов*) и псалты́рь, -и и -я́ (*сборник псалмов для чтения вслух*)
пса́льма, -ы и псалм, -а (*род канта, муз.*)
пса́мма, -ы
псамми́товый
псамми́ты, -ов, *ед.* -мми́т, -а
псаммоле́пис, -а
псаммо́н, -а
псаммофи́лы, -ов, *ед.* -фи́л, -а
псаммофи́ты, -ов, *ед.* -фи́т, -а
пса́рный
пса́рня, -и, *р. мн.* -рен
пса́рский
псарь, -я́
псе́вдо... — *первая часть сложных слов, пишется слитно (перед прописной буквой — через дефис)*
Псе́вдо-Ареопаги́т, -а
псевдоартро́з, -а
псевдове́ктор, -а
псевдога́мия, -и
псевдогема́льный
псевдогерои́ческий
псевдогеро́й, -я
псевдого́лос, -а
псевдого́тика, -и
псевдоготи́ческий
псевдогра́фика, -и
псевдодемократи́ческий
псевдодемокра́тия, -и
Псе́вдо-Диони́сий, -я
псевдоди́птер, -а
псевдоди́ск, -а
псевдоинтеллиге́нт, -а
псевдоинтеллиге́нтность, -и
псевдоинтеллиге́нтный; *кр. ф.* -тен, -тна
псевдоиску́сство, -а
псевдоистори́зм, -а
псевдоистори́ческий
псевдока́рст, -а
псевдока́рстовый
псевдокислота́, -ы́, *мн.* -о́ты, -о́т

псевдоклассици́зм, -а
псевдоклассси́ческий
псевдоко́д, -а
псевдокома́нда, -ы
псевдокомента́рий, -я
псевдокони́ческий
псевдокриста́лл, -а
псевдокульту́ра, -ы
псевдолитерату́ра, -ы
псевдоло́гия, -и
Псе́вдо-Маври́кий, -я
псевдомаркси́стский
псевдоми́ксис, -а
псевдомнези́я, -и
псевдоморфи́зм, -а
псевдоморфо́зы, -о́з, *ед.* -фо́за, -ы
псевдонаро́дный; *кр. ф.* -ден, -дна
псевдонау́ка, -и
псевдонау́чность, -и
псевдонау́чный; *кр. ф.* -чен, -чна
псевдони́м, -а
псевдони́мный
псевдонова́торство, -а
псевдоожиже́ние, -я
псевдоожи́женный
псевдооснова́ние, -я
псевдопаренхи́ма, -ы
псевдопери́птер, -а
псевдопо́дии, -дий, *ед.* -дия, -и
псевдореали́зм, -а
псевдореалисти́ческий
псевдореволюцио́нный; *кр. ф.* -о́нен, -о́нна
псевдорелигио́зный; *кр. ф.* -зен, -зна
псевдореминисце́нция, -и
псевдороманти́зм, -а
псевдорома́нтика, -и
псевдороманти́ческий
псевдору́сский
псевдослуча́йный
псевдосфе́ра, -ы
псевдотуберкулёз, -а
псевдоучёность, -и
псевдоучёный, -ого

псевдоцилиндри́ческий
псёльский (*от* Псёл)
пси, *нескл., с.* (*название буквы*)
псиломела́н, -а
псилофи́ты, -ов, *ед.* -фи́т, -а
пси́на, -ы, *м. и ж.* (*пес*), *ж.* (*собачье мясо; запах собаки*)
пси́ный
ситтако́з, -а
ситтакоза́вр, -а
псих, -а
психану́ть, -ну́, -нёт
психасте́ник, -а
психастени́ческий
психастени́чка, -и, *р. мн.* -чек
психастени́я, -и
психбольни́ца, -ы, *тв.* -ей
психдиспансе́р, -а
Психе́я, -и (*мифол.*)
психе́я, -и (*бабочка*)
психиа́тр, -а
психиатри́ческий
психиатри́чка, -и, *р. мн.* -чек
психиатри́я, -и
пси́хика, -и
психи́чески
психи́чески больно́й
психи́ческий
психи́чески неуравнове́шенный
психи́чески уравнове́шенный
психлече́бница, -ы, *тв.* -ей
психо... — *первая часть сложных слов, пишется слитно*
психоанале́птики, -ов, *ед.* -тик, -а
психоаналепти́ческий
психоана́лиз, -а
психоанали́тик, -а
психоаналити́ческий
психо́ванный
психова́ть, психу́ю, психу́ет
психогене́з, -а и психогене́зис, -а
психогени́я, -и
психоге́нный
психогигие́на, -ы

психогигиени́ст, -а
психогигиени́ческий
психогра́мма, -ы
психодели́ческий
психодиагно́стика, -и
психодиагности́ческий
психодислепти́ческий
психодра́ма, -ы
психо́з, -а
психоимпоте́нция, -и
психокине́з, -а
психокорре́кция, -и
психоламарки́зм, -а
психоле́птики, -ов, ед. -тик, -а
психолингви́ст, -а
психолингви́стика, -и
психолингвисти́ческий
психо́лог, -а
психологиза́ция, -и
психологизи́рованный; кр. ф. -ан, -ана
психологизи́ровать(ся), -рую, -рует(ся)
психологи́зм, -а
психологи́ст, -а
психологисти́ческий
психологи́чески
психологи́чески достове́рный
психологи́ческий
психологи́чный; кр. ф. -чен, -чна
психоло́гия, -и
психо́лого-педагоги́ческий
психо́лого-познава́тельный
психо́лого-психиатри́ческий
психометри́ческий
психометри́я, -и
психомиме́тики, -ов, ед. -тик, -а
психомото́рика, -и
психомото́рный
психоневро́з, -а
психоневро́лог, -а
психоневрологи́ческий
психоневроло́гия, -и
психоневропа́т, -а
психоневропа́тия, -и
психопа́т, -а

психопати́ческий
психопа́тия, -и
психопа́тка, -и, р. мн. -ток
психопато́лог, -а
психопатологи́ческий
психопатоло́гия, -и
психопрофила́ктика, -и
психопрофилакти́ческий
психосексуа́льный
психосома́тика, -и
психосомати́ческий
психосоциологи́ческий
психостимули́рующий
психотерапе́вт, -а
психотерапевти́ческий
психотерапи́я, -и
психоте́хника, -и
психотехни́ческий
психотехноло́гия, -и
психотре́нинг, -а
психотро́н, -а
психотро́нный
психотро́пный
психофармако́лог, -а
психофармакологи́ческий
психофармаколо́гия, -и
психофи́зика, -и
психофизио́лог, -а
психофизиологи́ческий
психофизиоло́гия, -и
психофизи́ческий
психохирурги́ческий
психохирурги́я, -и
психоэмоциона́льный
психоэнерге́тика, -и
психоэнергети́ческий
психо́граф, -а
психро́метр, -а
психрометри́ческий
психроме́три́я, -и
психрофи́лы, -ов, ед. -фи́л, -а
психрофи́льный
психрофи́ты, -ов, ед. -фи́т, -а
психу́шка, -и, р. мн. -шек
пси́шка, -и, р. мн. -шек, м. и ж. (от пёс)

псковитя́не, -я́н, ед. -я́нин, -а
псковитя́нка, -и, р. мн. -нок
псковичи́, -е́й, ед. пскови́ч, -а́
пскови́чка, -и, р. мн. -чек
Пско́во-Печо́рский монасты́рь
Пско́вская о́бласть
пско́вский и псковско́й (от Псков)
Пско́вщина, -ы (к Псков)
псо́вевший
псо́веть, -еет
псо́вина, -ы
псо́вый
псориа́з, -а
псориати́ческий
псоропто́з, -а
псоу́, нескл., с. (вино)
Псы, Псов: Го́нчие Псы́ (созве́здие)
пта́ха, -и
пта́шечка, -и, р. мн. -чек
пта́шка, -и, р. мн. -шек
птене́ц, -нца́, тв. -нцо́м, р. мн. -нцо́в
птенцо́вый
пте́нчик, -а
птеранодо́н, -а
птери́гиум, -а
птериго́ты, -го́т, ед. -го́та, -ы
птеридоспе́рмы, -ов, ед. -спе́рм, -а
птери́лии, -ий, ед. -лия, -и
птери́ны, -ов, ед. -ри́н, -а
птерода́ктиль, -я
птероза́вр, -а
птеропо́довый
птеропо́ды, -о́д, ед. -по́да, -ы
птиали́н, -а
птилагро́стис, -а
птифу́р, -а
пти́ца, -ы, тв. -ей
пти́ца-ли́ра, пти́цы-ли́ры
пти́ца-мы́шь, пти́цы-мы́ши
пти́ца-носоро́г, пти́цы-носоро́га
пти́ца си́рин, пти́цы си́рин (мифол.)

ПТИЦА-ТРОЙКА

пти́ца-тро́йка, пти́цы-тро́йки
пти́ца фе́никс, пти́цы фе́никс (мифол.)
птицево́д, -а
птицево́дный
птицево́дство, -а
птицево́дческий
птицее́д, -а
птицекомбина́т, -а
птицело́в, -а, но: Ге́нрих Птицело́в
птицело́вный
птицело́вство, -а
птицеме́сто, -а, мн. -места́, -ме́ст, -а́м
птицемле́чник, -а
птицено́жка, -и, р. мн. -жек
птицеобра́зный; кр. ф. -зен, -зна
птицеотко́рмочный
птицепереораба́тывающий
птицеподо́бный; кр. ф. -бен, -бна
птицесовхо́з, -а
птицета́зовый
птицефа́брика, -и
птицефе́рма, -ы
пти́чий, -ья, -ье
пти́чка, -и, р. мн. -чек
пти́чка-невели́чка, пти́чки-невели́чки
пти́чник, -а
пти́чница, -ы, тв. -ей
птоз, -а
птолеме́ев, -а, -о (от Птолеме́й): птолеме́ева систе́ма ми́ра
птолеме́евский (от Птолеме́й и Птолеме́и)
Птолеме́и, -ев (династия)
птома́ины, -ов, ед. -аи́н, -а
ПТР, нескл., с. и пэтээ́р, -а (сокр.: противотанковое ружьё)
ПТС [пэтээ́с], нескл., ж. (сокр.: передвижная телевизионная станция)
ПТУ [пэтэу́], нескл., с. (сокр.: профессионально-техническое училище)

пуа́з, -а, р. мн. -ов, счетн. ф. пуа́з
пуансо́вка, -и
пуансо́н, -а и пунсо́н, -а
пуантили́зм, -а
пуантили́ст, -а
пуантили́ческий
пуанти́ровать, -рую, -рует
пуантиро́вка, -и
пуа́нты, -ов, ед. пуа́нт, -а
Пуассо́н, -а: интегра́л Пуассо́на, коэффицие́нт Пуассо́на, распределе́ние Пуассо́на, теоре́ма Пуассо́на
пуассо́новский (от Пуассо́н)
пуберта́тный
пу́блика, -и
публика́ны, -ов
публика́тор, -а
публикацио́нный
публика́ция, -и
публикова́ние, -я
публико́ванный; кр. ф. -ан, -ана
публикова́ть(ся), -ку́ю(сь), -ку́ет(ся)
публици́ст, -а
публици́стика, -и
публицисти́ческий
публицисти́чность, -и
публицисти́чный; кр. ф. -чен, -чна
публици́стка, -и, р. мн. -ток
публици́стский
Публи́чка, -и (библиотека в Петербурге, разг.)
публи́чно-правово́й
публи́чность, -и
публи́чный; кр. ф. -чен, -чна
пу́гало, -а
пу́ганный; кр. ф. -ан, -ана, прич.
пу́ганый, прил.
пу́ганый-перепу́ганый
пуга́ть(ся), -а́ю(сь), -а́ет(ся)
пуга́ч, -а́, тв. -о́м
пугачёвец, -вца, тв. -вцем, р. мн. -вцев
пугачёвский (от Пугачёв)

пугачёвщина, -ы
пуга́ющий(ся)
пугли́вость, -и
пугли́вый
пугну́ть, -ну́, -нёт
пу́говица, -ы, тв. -ей
пу́говичка, -и, р. мн. -чек
пу́говичник, -а
пу́говичница, -ы, тв. -ей
пу́говичный
пу́говка, -и, р. мн. -вок
пуд, -а, мн. -ы́, -о́в
пуделёк, -лька́
пу́дель, -я, мн. -и, -ей и -я́, -е́й
пу́дель-клу́б, -а
пуделя́ть, -я́ю, -я́ет
пу́дик, -а
пу́динг, -а
пудлингова́ние, -я
пудлинго́ванный; кр. ф. -ан, -ана
пудлингова́ть(ся), -гу́ю, -гу́ет(ся)
пу́длинговый
пудови́к, -а́
пудово́й и пудо́вый
пудожа́не, -а́н, ед. -а́нин, -а
пу́дожский (от Пу́дож)
пу́дра, -ы
пу́дреница, -ы, тв. -ей
пу́дренный; кр. ф. -ен, -ена, прич.
пу́дреный, прил.
пудре́т, -а
пу́дрить(ся), -рю(сь), -рит(ся)
пудрома́нтель, -я
пу́дрящий(ся)
пужа́ть(ся), -а́ю(сь), -а́ет(ся) (обл. и прост. к пуга́ть(ся))
пужли́вый (обл. и прост. к пугли́вый)
пуза́н, -а́
пузано́к, -нка́
пуза́нчик, -а
пуза́стый
пуза́тенький
пуза́тый
пу́зо, -а
пузырёк, -рька́

пузырено́гие, -их
пузыроно́жка, -и, *р. мн.* -жек
пузырёчек, -чка
пузы́ристый
пузыри́ть(ся), -рю́(сь), -ри́т(ся) и пузы́рить(ся), -рю(сь), -рит(ся)
пузы́рник, -а
пузы́рный
пузырча́тка, -и, *р. мн.* -ток
пузы́рчатый
пузы́рь, -я́
пузырько́вый
пузыря́щий(ся)
пук[1], -а, *мн.* -и́, -о́в
пук[2], *неизм.*
пу́калка, -и, *р. мн.* -лок
пу́канье, -я
пу́кать, -аю, -ает
пу́кли, -ей, *ед.* пу́кля, -и (*устар. к* бу́кли)
пу́кнуть, -ну, -нет
пу́кции́ния, -и и пучци́ния, -и
пул, -а, *р. мн.* -ов (*форма монополии; то же, что пуло́; афганская монета*)
пулево́й
пулемёт, -а
пулемётный
пулемётчик, -а
пулемётчица, -ы, *тв.* -ей
пуленепробива́емый
пу́ли, *нескл.,* м. и ж. (*порода собак*)
Пу́лицеровская пре́мия
Пу́лковские высо́ты
пу́лковский (*от* Пу́лково)
Пу́лковский меридиа́н
пуллоро́з, -а
пу́ло, -а, *р. мн.* пул (*мелкая монета на Руси XV–XVI вв.*)
пуло́вер, -а
пульвериза́тор, -а
пульвериза́ция, -и
пульверизи́рованный; *кр. ф.* -ан, -ана
пульверизи́ровать(ся), -рую, -рует(ся)

пульга́да, -ы
пу́лька, -и, *р. мн.* пу́лек
пу́льман, -а
пу́льмановский (ваго́н)
пульмоно́лог, -а
пульмонологи́ческий
пульмоноло́гия, -и
пульну́ть, -ну́, -нёт
пу́льпа, -ы
пульпи́т, -а
пульпово́д, -а
пульпопрово́д, -а
пульс, -а
пульса́р, -а
пульса́тор, -а
пульса́ция, -и
пульси́ровать, -рует
пульси́рующий
пу́льсовый
пульсо́метр, -а
пульт, -а
пультова́я, -о́й
пультово́й[1] и пу́льтовый, *прил.*
пультово́й[2], -о́го (*пультовщик*)
пультовщи́к, -а́
пультовщи́ца, -ы, *тв.* -ей
Пульчине́лла, -ы, м.
пу́ля, -и
пуля́рка, -и, *р. мн.* -рок
пуля́ть, -я́ю, -я́ет
пу́ма, -ы
пу́ми, *нескл.,* м. и ж. (*порода собак*)
Пу́на, -ы (*природная зона в Южной Америке*)
пуни́йцы, -ев, *ед.* -и́ец, -и́йца, *тв.* -и́йцем
Пуни́ческие во́йны
пуни́ческий (*к* пуни́йцы; пуни́ческий во́ск)
пункт, -а
пу́нктик, -а
пункти́р, -а
пункти́рность, -и
пункти́рный
пунктирова́льный

пункти́рованный; *кр. ф.* -ан, -ана
пункти́ровать(ся), -рую, -рует(ся)
пунктиро́вка, -и
пунктуа́льность, -и
пунктуа́льный; *кр. ф.* -лен, -льна
пунктуацио́нный
пунктуа́ция, -и
пу́нкция, -и
пу́ночка, -и, *р. мн.* -чек
пунсо́н, -а и пуансо́н, -а
пунцеве́вший и пунцо́вевший
пунцеве́ть, -е́ю, -е́ет и пунцо́веть, -ею, -еет
пунцо́во-кра́сный
пунцо́вый
пунш, -а, *тв.* -ем
пу́ншевый
пушо́вка, -и
пу́нька, -и, *р. мн.* пу́нек
пу́ня, -и
пуп, -а́
пупа́вка, -и, *р. мн.* -вок
пупиниза́ция, -и
пупко́вый
пупови́дный; *кр. ф.* -ден, -дна
пупови́на, -ы
пупови́нный
пупо́к, пупка́
пупо́чек, -чка
пу́почка, -и, *р. мн.* -чек
пупо́чный
пупс, -а
пу́псик, -а
пупы́ристый
пупы́рчатый
пупы́рышек, -шка
пупы́рь, -я́
пура́ны, -а́н, *ед.* -а́на, -ы
пурга́, -и́
курге́н, -а
пури́зм, -а
Пури́м, -а
пури́новый
пури́ны, -ов, *ед.* пури́н, -а
пури́ст, -а

ПУРИСТИЧЕСКИЙ

пуристи́ческий
пури́стка, -и, *р. мн.* -ток
пури́стский
пурита́не, -а́н, *ед.* -а́нин, -а
пуритани́зм, -а
пурита́нка, -и, *р. мн.* -нок
пурита́нский
пурита́нство, -а
пу́рка, -и, *р. мн.* пу́рок
пу́рпур, -а (*краска*)
пу́рпура, -ы (*заболевание*)
пурпури́н, -а
пу́рпурно-кра́сный
пу́рпурный
пурпу́ровый
пуск, -а
пуска́й, *частица и союз*
пуска́ние, -я
пуска́тель, -я
пуска́ть(ся), -а́ю(сь), -а́ет(ся)
пуска́ч, -а́, *тв.* -о́м
пусково́й
пускона́ла́дка, -и
пускона́ла́дочный
пускона́ла́дчик, -а
пускопереключа́ющий
пускорегули́рующий
пусте́е, *сравн. ст.*
пусте́йший
пустельга́, -и́
пу́стенький
пусте́ть, -е́ет
пусти́ть(ся), пущу́(сь), пу́стит(ся)
пу́сто, *нареч. и в знач. сказ.*
пустобо́лт, -а
пустобрёх, -а
пустобрёшка, -и, *р. мн.* -шек, *м. и ж.*
пустова́тый
пустова́ть, -ту́ет
пустоголо́вый
пустодо́м, -а
пустодо́мка, -и, *р. мн.* -мок
пустодо́мство, -а
пустозво́н, -а
пустозво́нить, -ню, -нит

пустозво́нка, -и, *р. мн.* -нок
пустозво́нный
пустозво́нство, -а
пустозво́нящий
пустозёрница, -ы, *тв.* -ей
пустозёрность, -и
пусто́й; *кр. ф.* пуст, пуста́, пу́сто, пу́сты́
пустоколо́сица, -ы, *тв.* -ей
пустоколо́сый
пустола́йка, -и, *р. мн.* -а́ек
пустоме́ля, -и, *р. мн.* -ме́ль и -ме́лей, *м. и ж.*
пустомы́слие, -я
пустоплёт, -а
пустопля́с, -а
пустопоро́жний; *кр. ф.* -жен, -жня
пустопоро́жность, -и
пу́сторосль, -и
пустосвя́т, -а
пустосло́в, -а
пустосло́вие, -я
пустосло́вить, -влю, -вит
пустосло́вица, -ы, *тв.* -ей
пустосло́вка, -и, *р. мн.* -вок
пустосло́вящий
пустота́, -ы́, *мн.* -о́ты, -о́т
пустоте́лость, -и
пустоте́лый
пусто́тный
пустоцве́т, -а
пустоши́ть, -шу́, -ши́т
пу́стошка, -и, *р. мн.* -шек (*уменьш.* к пу́стошь)
пусто́шка, -и, *р. мн.* -шек (*птица; устар. к* пу́стошка)
пу́стошный (*к* пу́стошь)
пусто́шный (*пустой, маловажный; нелепый*)
пустошо́вка, -и, *р. мн.* -вок
пу́стошь, -и
пу́стула, -ы
пустулёзный
пустыневе́д, -а
пусты́нник, -а

пусты́нница, -ы, *тв.* -ей
пусты́ннический
пусты́нничество, -а
пустынножи́тель, -я
пустынножи́тельство, -а
пусты́нно-песча́ный
пусты́нность, -и
пусты́нный (*от* пусты́нь)
пусты́нный; *кр. ф.* -ы́нен, -ы́нна (*от* пусты́ня)
пу́стынский (*от* пу́стынь)
пу́стынь, -и, *р. мн.* -ей (*монастырь*)
пу́стынька, -и, *р. мн.* -нек
пусты́ня, -и, *р. мн.* -ы́нь
пусты́рник, -а
пусты́рный
пусты́рь, -я́
пусты́шка, -и, *р. мн.* -шек
пусть, *частица и союз*
пустя́к, -а́
пустяко́венький
пустяко́вина, -ы
пустяко́вость, -и
пустяко́вый
пустя́чность, -и
пустя́чный; *кр. ф.* -чен, -чна
пустячо́к, -чка́
пусье́ра, -ы
пута́на, -ы
пу́тание, -я
пу́таник, -а
пу́таница, -ы, *тв.* -ей
пу́танка, -и
пу́танный; *кр. ф.* -ан, -ана, *прич.*
пу́тано, *нареч.*
пу́таность, -и
пу́таный, *прил.*
пу́таный-перепу́таный
путассу́, *нескл., ж.*
пу́тать(ся), -аю(сь), -ает(ся)
путёвка, -и, *р. мн.* -вок
путеводи́тель, -я
Путеводи́тельница, -ы, *тв.* -ей (*то же, что Одигитрия*)
путево́дный

путево́й (к путь)
путёвочка, -и, р. мн. -чек
путёвочный
путёвый (стоящий)
путе́ец, -е́йца, тв. -е́йцем, р. мн. -е́йцев
путеизмери́тель, -я
путеизмери́тельный
путе́йский
путём, нареч. и предлог
путеобхо́дчик, -а
путеобхо́дчица, -ы, тв. -ей
путепередвига́тель, -я
путепогру́зчик, -а
путеподъёмник, -а
путепрово́д, -а
путепрово́дный
путеубо́рочный
путеукла́дка, -и
путеукла́дочный
путеукла́дчик, -а
путеше́ственник, -а
путеше́ственница, -ы, тв. -ей
путеше́ствие, -я
путеше́ствовать, -твую, -твует
путеше́ствующий
пути́вльский (от Пути́вль)
путивля́не, -я́н, ед. -я́нин, -а
пути́ловец, -вца, тв. -вцем, р. мн. -вцев
Пути́ловский (Ки́ровский) заво́д
пути́на, -ы
пути́нный
пу́тлище, -а
путло́, -а́, мн. пу́тла, путл
путля́ть, -я́ю, -я́ет
пу́тник, -а
пу́тница, -ы, тв. -ей
пу́тный
путово́й (к пу́ты)
путора́к, -а
пу́тти, нескл., с.
путч, -а, тв. -ем
пу́тчевый
путчи́зм, -а

путчи́ст, -а
путчи́стский
пу́ты, пут, ед. пу́то, -а
путь, -и́, дат. -и́, тв. -ём, предл. о пути́; но: Мле́чный Пу́ть
пу́ть-доро́га, пути́-доро́ги
пуф, -а
пу́фик, -а
пуффи́н, -а
пух, -а и -у, предл. в пуху́
пу́хленький
пухлогу́бый
пухлоли́цый
пу́хлость, -и
пухлощёкий
пу́хлый; кр. ф. пухл, пухла́, пу́хло, пу́хлы́
пухля́вый
пухля́к, -а́
пу́хнувший
пу́хнуть, -ну, -нет; прош. пу́хнул и пух, пу́хла
пухови́к, -а́
пуховичо́к, -чка́
пухо́вка, -и, р. мн. -вок
пуховщи́ца, -ы, тв. -ей
пухо́вый и (устар.) пуховой
пуховя́зальный
пуховя́зальщица, -ы, тв. -ей
пуходёрка, -и, р. мн. -рок
пухое́д, -а
пухоно́с, -а
пухоотдели́тель, -я
пухоотдели́тельный
пухоочисти́тельный
пухоперово́й
пухоцве́т, -а
пуццола́новый
пуццола́ны, -ов, ед. -ла́н, -а
пу́чащий(ся)
пучегла́зие, -я
пучегла́зый
пу́чение, -я
пучи́на, -ы
пучи́нный
пу́чить(ся), пу́чу(сь), пу́чит(ся)

пучкова́тый
пучко́вый
пучкожа́берные, -ых
пу́чность, -и
пучо́к, -чка́
пучо́чек, -чка
пучо́чный
пуччи́ниевский (от Пуччи́ни)
пуччи́ния, -и и пукци́ния, -и
пушбо́л, -а
пушбо́льный
пуше́ние, -я
пушённый; кр. ф. -ён, -ена́, прич.
пушёный, прил.
пу́шечка, -и, р. мн. -чек
пу́шечный
пуши́нка, -и, р. мн. -нок
пуши́ночка, -и, р. мн. -чек
пуши́стенький
пуши́стость, -и
пушистохво́стый
пуши́стый
пуши́ть(ся), пушу́, пуши́т(ся)
пуши́ца, -ы, тв. -ей
пуши́цевый
пу́шка, -и, р. мн. пу́шек
пу́шка-га́убица, пу́шки-га́убицы
пушка́рский
пушка́рь, -я́
пушкиниа́на, -ы
пушкини́зм, -а
пушкини́ст, -а
пушкини́стика, -и
пушкини́стка, -и, р. мн. -ток
пушкинове́д, -а
пушкинове́дение, -я
пушкинове́дческий
пушкиного́рский (к Пу́шкинские Го́ры)
пушкиного́рцы, -ев, ед. -рец, -рца, тв. -рцем
Пу́шкиного́рье, -я
Пу́шкинская пре́мия
Пу́шкинские Го́ры (город)
пу́шкинский (от Пу́шкин и Пу́шкино)

ПУ́ШКИНСКИЙ ДЕНЬ

Пу́шкинский де́нь (*праздник*)
Пу́шкинский До́м (*институт*)
Пу́шкинский запове́дник
Пу́шкинский пра́здник поэ́зии
пу́шкинцы, -ев, *ед.* -нец, -нца, *тв.* -нцем (*от* Пу́шкин *и* Пу́шкино, *города*)
пушни́на, -ы
пу́шно-загото́вительный
пушно́й
пу́шно-мехово́й
пушо́к, пушка́, *предл.* в пушку́ *и* (*кличка*) Пушо́к, Пушка́
пушо́нка, -и
пу́шта, -ы (*геогр.*)
пушту́, *неизм. и нескл., м.* (*язык*)
пушту́нский
пушту́ны, -ов, *ед.* пушту́н, -а
пушчо́нка, -и, *р. мн.* -нок
пу́ща, -и, *тв.* -ей
пуща́й, *частица и союз* (*прост. к* пуска́й)
пуща́ть, -а́ю, -а́ет (*прост. к* пуска́ть)
пу́ще, *нареч.*
пу́щенный; *кр. ф.* -ен, -ена
пу́щий: для пу́щей ва́жности
пу́щинский (*от* Пу́щин *и* Пу́щино)
пуэ́бло, *нескл., с.* (*жилище*) *и нескл., мн., ед. м. и ж.* (*народ*)
пуэра́рия, -и
пуэрпера́льный
пуэрторика́нка, -и, *р. мн.* -нок
пуэ́рто-рика́нский (*от* Пуэ́рто-Ри́ко)
пуэрторика́нцы, -ев, *ед.* -нец, -нца, *тв.* -нцем
пфальцгра́ф, -а
пфальцгра́фский
пфальцгра́фство, -а
пфа́льцский (*от* Пфальц)
пфе́нниг, -а
пфе́фер *и* фе́фер: зада́ть пфе́феру *и* зада́ть фе́феру
пха́ть(ся), пха́ю(сь), пха́ет(ся) (*прост. к* пиха́ть(ся))

пхенья́нский (*от* Пхенья́н)
пхенья́нцы, -ев, *ед.* -нец, -нца, *тв.* -нцем
пхнуть, пхну, пхнёт (*прост. к* пихну́ть)
пчела́, -ы́, *мн.* пчёлы, пчёл
пчела́-листоре́з, пчелы́-листоре́за
пчели́ный
пчёлка, -и, *р. мн.* -лок
пчелови́дка, -и, *р. мн.* -док (*муха*)
пчелово́д, -а
пчелово́дный
пчелово́дство, -а
пчелово́дческий
пчелое́д, -а
пчеложу́к, -а́
пчелолече́ние, -я
пчелоопыле́ние, -я
пчелопито́мник, -а
пчелосемья́, -и́, *мн.* -се́мьи, -семе́й, -се́мьям
пчелотерапи́я, -и
пчелоужа́ливание, -я
пчелофе́рма, -ы
пче́льник, -а
пче́льный
пче́льня, -и, *р. мн.* -лен
пшени́ца, -ы, *тв.* -ей
пшени́чка, -и
пшени́чно-кукуру́зный
пшени́чно-пыре́йный
пшени́чно-ржано́й
пшени́чный
пшёнка, -и
пшённик, -а
пшённый
пшено́, -а́
пшенцо́, -а́
пшик, -а *и межд.*
пши́кать, -аю, -ает
пшют, -а
пшютизм, -а
пшютова́тый
пыж, -а́, *тв.* -о́м
пы́жащийся
пы́жик, -а

пы́жиковый
пы́житься, -жусь, -жится
пы́жовый
пыжья́н, -а
пыжья́новый
пыл, -а и -у, *предл.* в пылу́
пыла́ть, -а́ю, -а́ет
пылева́то-сугли́нистый
пылевзрывозащи́та, -ы
пылеви́дный; *кр. ф.* -ден, -дна
пылевлагозащи́тный
пылевлагонепроница́емый
пылеводонепроница́емый
пылево́й
пылевса́сывающий
пылегазоочи́стный
пылегазоула́вливающий
пылезащи́тный
пы́ле- и грязеотта́лкивающий
пылеме́р, -а
пыленепроница́емость, -и
пыленепроница́емый
пылеобра́зный; *кр. ф.* -зен, -зна
пылеоса́дочный
пылеотта́лкивающий
пылеочисти́тель, -я
пылепесча́ный
пылеподавле́ние, -я
пылепрово́д, -а
пылесо́с, -а
пылесо́сить, -о́шу, -о́сит
пылесо́сный
пылеу́гольный
пылеудале́ние, -я
пылеула́вливание, -я
пылеула́вливающий
пылеулови́тель, -я
пыли́нка, -и, *р. мн.* -нок
пыли́ночка, -и, *р. мн.* -чек
пыли́ть(ся), пылю́(сь), пыли́т(ся)
пыли́ща, -и, *тв.* -ей
пы́лкий; *кр. ф.* пы́лок, пылка́, пы́лко
пы́лкость, -и
пыль, -и, *предл.* в пыли́
пы́льник, -а

пы́льный; *кр. ф.* пы́лен, пыльна́, пы́льно
пыльца́, -ы́, *тв.* -о́й
пыльцево́й
пыльцевхо́д, -а
пыльцее́д, -а
пыльцели́стик, -а
пыльцесме́сь, -и
пы́льче, *сравн. ст. (от* пы́лкий, пы́лко*)*
пылю́га, -и
пыре́й, -я
пыре́йный
пырну́ть, -ну́, -нёт
пы́ром, *нареч.*
пы́рсканье, -я
пы́рскать, -аю, -ает
пы́рснуть, -ну, -нет
пырь, *неизм.*
пыря́ть, -я́ю, -я́ет
пы́танный; *кр. ф.* -ан, -ана, *прич.*
пы́таный, *прил.*
пыта́ть(ся), -а́ю(сь), -а́ет(ся)
пы́тка, -и, *р. мн.* пы́ток
пытли́вость, -и
пытли́вый
пы́точный
пых, *неизм.*
пы́хать, пы́шу, пы́шет
пыхну́ть, -ну́, -нёт
пых-пы́х, *неизм.*
пыхте́ние, -я
пыхте́ть, пыхчу́, пыхти́т
пы́шечка, -и, *р. мн.* -чек
пы́шечная, -ой
пы́шечный
пы́шка, -и, *р. мн.* пы́шек
пышне́йший
пышне́ть, -е́ю, -е́ет
пышноборо́дый
пышноволо́сый
пышногри́вый
пышногру́дый
пышносло́вие, -я
пы́шность, -и
пышноте́лый

пышнохво́стый
пы́шный; *кр. ф.* пы́шен, пышна́, пы́шно, пы́шны́
пы́шущий
пье, *нескл., с.*
пьедеста́л, -а
пье́дра, -ы
пье́за, -ы
пьезогеофо́н, -а
пьезо́граф, -а
пьезоква́рц, -а, *тв.* -ем
пьезокера́мика, -и
пьезокерами́ческий
пьезокриста́лл, -а
пьезомагнети́зм, -а
пьезомагни́тный
пьезо́метр, -а
пьезометри́ческий
пьезометри́я, -и
пьезоте́хника, -и
пьезотехни́ческий
пьезоэле́ктрик, -а
пьезоэлектри́ческий
пьезоэлектри́чество, -а
пьезоэлеме́нт, -а
пьезоэффе́кт, -а
пье́ксы, пьекс, *ед.* пье́кса, -ы
пьемо́нтский (*от* Пьемо́нт)
пьемо́нтцы, -ев, *ед.* -тец, -тца, *тв.* -тцем
Пьеро́, *нескл., м.*
пье́са, -ы
пье́ска, -и, *р. мн.* -сок
Пьета́, -ы́ (*сюжет оплакивания Христа в изобразительном искусстве*)
пьетре́н, -а
пью́щий
пья́вица, -ы, *тв.* -ей (*жук*)
пья́вка, -и, *р. мн.* -вок и пия́вка, -и, *р. мн.* -вок
пья́вочка, -и, *р. мн.* -чек и пия́вочка, -и, *р. мн.* -чек
пьяне́нек, -нька
пья́ненький
пьяне́ть, -е́ю, -е́ет

пьянёхонький; *кр. ф.* -нек, -нька
пьянёшенький; *кр. ф.* -нек, -нька
пьяни́ка, -и
пьяни́ть, -и́т
пья́ница, -ы, *тв.* -ей, *м. и ж.*
пья́нка, -и, *р. мн.* -нок
пья́нство, -а
пья́нствовать, -твую, -твует
пьяну́щий и пьяню́щий
пьянчу́га, -и, *м. и ж.*
пьянчу́жка, -и, *р. мн.* -жек, *м. и ж.*
пья́ный; *кр. ф.* пьян, пьяна́, пья́но, пья́ны́
пья́ный-распья́ный
пьяны́м-пьяно́
пьянь, -и
пьяню́га, -и, *м. и ж.*
пьяню́щий и пьяну́щий
пьяня́щий
пэ, *нескл., с.* (*название буквы*)
ПЭВМ [пэвээ́м], *нескл., ж.* (*сокр.:* персональная электронно-вычислительная машина)
пэр, -а
пэ́рский
пэ́рство, -а
пэтэу́шник, -а
пэтэу́шница, -ы, *тв.* -ей
пэтэу́шный (*от* ПТУ)
пэтээ́р, -а и ПТР, *нескл., с.* (*сокр.:* противотанковое ружье)
пюпи́тр, -а
пюре́, *нескл., с.*
пю́совый
пяде́ница, -ы, *тв.* -ей
пя́день, -и, *мн.* -и, пяде́нь и -не́й
пядь, -и, *мн.* -и, -е́й и -е́й
пя́лить(ся), пя́лю(сь), пя́лит(ся)
пя́лка, -и, *р. мн.* пя́лок
пя́льцы, -ев и пя́лец
пя́лящий(ся)
пя́нджский (*от* Пяндж)
пя́нджцы, -ев, *ед.* -жец, -жца, *тв.* -жцем
пя́рнуский (*от* Пя́рну)

пя́рнусцы, -ев, ед. -сец, -сца, тв. -сцем
па́ртнерс, -а
пя́стка, -и, р. мн. -ток
пя́стный
пя́сточка, -и, р. мн. -чек
пясть, -и
пята́, -ы́, мн. пя́ты, пят, пята́м
пята́к, -а́
пята́ковый
пята́чковый
пятачо́к, -чка́
Пя́тая респу́блика (во Франции)
пятери́к, -а́ (ед. измер.; упряжка)
пятерико́вый
пятери́ца, -ы, тв. -ей (лит.)
пятери́чный
пятёрка, -и, р. мн. -рок
пятерно́й
пятерня́, -и́, р. мн. -е́й
пя́теро, -ы́х
пятёрочка, -и, р. мн. -чек
пятёрочник, -а
пятёрочница, -ы, тв. -ей
пятёрочный
пятерча́тка, -и, р. мн. -ток
пятиа́ктный
пятиалты́нный, -ого
пятиарши́нный
пятиба́лльный
пятибо́рец, -рца, тв. -рцем, р. мн. -рцев
пятибо́рка, -и, р. мн. -рок
пятибо́рье, -я
пятиведёрный и пятивёдерный
пятивеково́й
пятивёрстка, -и, р. мн. -ток
пятивёрстный
пятивершко́вый
пятигла́вие, -я
пятигла́вый
пятиго́рский (от Пятиго́рск)
пятиго́рцы, -ев, ед. -рец, -рца, тв. -рцем
пятигорча́не, -а́н, ед. -а́нин, -а

пятигорча́нка, -и, р. мн. -нок
пятигра́нник, -а
пятигра́нный
пятидесятиле́тие (50-ле́тие), -я
пятидесятиле́тний (50-ле́тний)
пятидесятипроце́нтный (50-проце́нтный)
пятидесятирублёвый (50-рублёвый)
пятидесятиты́сячный (50-ты́сячный)
пятидеся́тники, -ов, ед. -ник, -а (секта)
пятидеся́тница, -ы, тв. -ей (к пятидеся́тники)
Пятидеся́тница, -ы, тв. -ей (праздник)
пятидеся́тнический
пятидеся́тый
пятидне́вка, -и, р. мн. -вок
пятидне́вный (5-дне́вный)
пятидюймо́вый (5-дюймо́вый)
пятизвёздочный
пятизна́чный
пятикана́льный
пятикилогра́ммовый (5-килогра́ммовый)
пятикилометро́вка, -и, р. мн. -вок
пятикилометро́вый (5-километро́вый)
пятикла́ссник, -а
пятикла́ссница, -ы, тв. -ей
пятикла́ссный
Пятикни́жие, -я
пятиконе́чный
пятикопе́ечный (5-копе́ечный)
пятикра́тный
пятику́рсник, -а
пятила́мповый
пятиле́тие (5-ле́тие), -я
пятиле́тка, -и, р. мн. -ток
пятиле́тний (5-ле́тний)
пятилине́йный
пятилитро́вый (5-литро́вый)
пятиме́стный

пятиме́сячный (5-ме́сячный)
пятиметро́вый (5-метро́вый)
пятимиллио́нный (5-миллио́нный)
пятимину́тка, -и, р. мн. -ток
пятимину́тный (5-мину́тный)
пяти́на, -ы
пятине́фный
пяти́нный
пятипа́лый
пятипроце́нтный (5-проце́нтный)
пятипудо́вый (5-пудо́вый)
пятиразря́дный
пятирублёвка, -и, р. мн. -вок
пятирублёвый (5-рублёвый)
пятисери́йный (5-серийный)
пятисло́жник, -а
пятисло́жный
пятисло́йный
пятисо́тенник, -а
пятисо́тенный
пятисо́тка, -и, р. мн. -ток
пятисоткилометро́вый (500-километро́вый)
пятисоткубо́вый (500-кубо́вый)
пятисотле́тие (500-ле́тие), -я
пятисотле́тний (500-ле́тний)
пятисотметро́вка, -и, р. мн. -вок
пятисотрублёвый (500-рублёвый)
пятисотто́нный (500-то́нный)
пятисотты́сячный (500-ты́сячный)
пятисо́тый
пятисте́нка, -и, р. мн. -нок и пятисте́нок, -нка, р. мн. -нков
пятисте́нный
пятисти́шие, -я
пятисто́пный
пятиступе́нный
пятито́мник, -а
пятито́мный (5-то́мный)
пятито́нка, -и, р. мн. -нок
пятито́нный (5-то́нный)

пятиты́сячный (5-ты́сяч-ный)
пя́тить(ся), пя́чу(сь), пя́тит(ся)
пятиуго́льник, -а
пятиуго́льный
пятиу́стка, -и, р. мн. -ток
пятичасово́й (5-часово́й)
пяти́-шестиле́тний (5-6-ле́тний)
пяти́-шестиме́сячный (5-6-ме́сячный)
пяти́шница, -ы, тв. -ей
пятиэта́жка, -и, р. мн. -жек
пятиэта́жный (5-эта́жный)
пятию́родный
пятия́русный (5-я́русный)
пя́тка, -и, р. мн. пя́ток
пяткохо́д, -а
пятнадцатикопе́ечный (15-копе́ечный)
пятнадцатиле́тие (15-ле́тие), -я
пятнадцатиле́тний (15-ле́тний)
пятнадцатимину́тный (15-мину́тный)

пятнадцатирублёвый (15-рублёвый)
пятнадцатису́точный (15-су́точный)
пятнадцатиты́сячный (15-ты́сячный)
пятна́дцатый
пятна́дцать, -и
пятна́дцать-два́дцать, пятна́дцати-двадцати́
пятна́стый
пятна́ть(ся), -а́ю, -а́ет(ся)
пятна́шка, -и, р. мн. -шек (монета)
пятна́шки, -шек (игра)
пятни́к, -а́
пятни́стость, -и
пятни́стый
пятни́ть(ся), -ню́, -ни́т(ся)
пя́тница, -ы, тв. -ей; но: Пя́тница, -ы, м. (лит. персонаж), Параске́ва Пя́тница
Пя́тницкая, -ой (улица)
Пя́тницкий (хра́м, монасты́рь)
пя́тничный

пятно́, -а́, мн. пя́тна, пя́тен, пя́тнам; но: Большо́е Кра́сное Пя́тно (на Юпитере), Большо́е Тёмное Пятно́ (на Нептуне)
пятновыводи́тель, -я
пятновыводно́й
пя́тнышко, -а, мн. -шки, -шек
пя́тое-деся́тое, пя́того-деся́того
пято́к, пятка́
пято́чек, -чка
пяточи́сленные моли́твы
пя́точка, -и, р. мн. -чек
пя́точный (от пя́тка)
пя́тый
пять, пяти́, тв. пятью́
пятьдеся́т, пяти́десяти, пятью́десятью
пять-де́сять, пяти́-десяти́ (приблизительно)
пятьсо́т, пятисо́т, пятиста́м, пятью́стами, о пятиста́х
пять-ше́сть, пяти́-шести́
пя́тью (при умножении)
пя́тью пя́ть
пя́тящий(ся)

Р

Ра, *нескл., м. (мифол.)*
раб, -á
рабá, -ы́
рабáт, -а *(фин.)*
рабáтка, -и, *р. мн.* -ток
рабáтский *(от* Рабáт, *город)*
рабáтцы, -ев, *ед.* -тец, -тца, *тв.* -тцем
рáбби, *нескл., м. и* рáвви, *нескл., м.*
рабдовúрусы, -ов, *ед.* -вúрус, -а
рáбий, -ья, -ье
рабкóр, -а
рабкóровский
раблезиáнский *(от* Раблé*)*
раблезиáнство, -а
рабовладéлец, -льца, *тв.* -льцем, *р. мн.* -льцев
рабовладéлица, -ы, *тв.* -ей
рабовладéльческий
рабовладéние, -я
раболéпие, -я
раболéпный; *кр. ф.* -пен, -пна
раболéпство, -а
раболéпствовать, -твую, -твует
рабóта, -ы
рабóтать(ся), -аю, -ает(ся)
работёнка, -и, *р. мн.* -нок
работёшка, -и, *р. мн* -шек
рабóтишка, -и, *р. мн.* -шек
рабóтища, -и, *тв.* -ей
рабóтка, -и, *р. мн.* -ток
рабóтник, -а
рабóтница, -ы, *тв.* -ей
рабóтничек, -чка

рабóтный (дóм)
работодáтель, -я
работоргóвец, -вца, *тв.* -вцем, *р. мн.* -вцев
работоргóвля, -и
работоспосóбность, -и
работоспосóбный; *кр. ф.* -бен, -бна
работя́га, -и, *м. и ж.*
работя́щий
рабóчая, -ей
рабочедéлец, -льца, *тв.* -льцем, *р. мн.* -льцев
рабочедéльский *(от* "Рабóчее дéло")
рабóче-крестья́нский
рабóчий¹, *прил.*
рабóчий², -его
рабóчий-специалúст, рабóчего-специалúста
рабочкóм, -а
рабселькóр, -а
рабселькóровский
рабсúла, -ы
рáбски
рáбский
рáбство, -а
рабфáк, -а
рабфáковец, -вца, *тв.* -вцем, *р. мн.* -вцев
рабфáковка, -и, *р. мн.* -вок
рабфáковский
рабы́ня, -и, *р. мн.* -ы́нь
рáвви, *нескл., м. и* рáбби, *нескл., м.*

раввúн, -а
раввинáт, -а
раввúнский
равелúн, -а
равендýк, -а
равéннский *(от* Равéнна*)*
равéннцы, -ев, *ед.* -ннец, -ннца, *тв.* -ннцем
рáвенство, -а
равнéние, -я *(от* равня́ть(ся)*)*
равнúна, -ы
равнúнность, -и
равнúнный
Равнúны, -úн: Велúкие Равнúны (плато)
равнó, *нареч. и союз*
равноапóстольный
равнобéдренность, -и
равнобéдренный
равнобóчный
равновелúкий; *кр. ф.* -úк, -úка
равновелúкость, -и
равновероя́тностный
равновероя́тный; *кр. ф.* -тен, -тна
равновéсие, -я
равновéсный
равновесóмый
равновы́годный; *кр. ф.* -ден, -дна
равнодéйствующий
равнодéнственный
равнодéнствие, -я
равнодýшие, -я
равнодýшный; *кр. ф.* -шен, -шна
равнознáчащий

равнозна́чность, -и
равнозна́чный; *кр. ф.* -чен, -чна
равноимённый
равно́ как (и)
равнокры́лые, -ых
равноме́рно заме́дленный
равноме́рно распределённый
равноме́рность, -и
равноме́рно уско́ренный
равноме́рный; *кр. ф.* -рен, -рна
равноно́гие, -их
равнопереме́нный
равноплечи́й
равнопра́вие, -я
равнопра́вность, -и
равнопра́вный; *кр. ф.* -вен, -вна
равнопромежу́точный
равнопроце́нтный
равнопро́чность, -и
равнопро́чный; *кр. ф.* -чен, -чна
равнораспределе́ние, -я (*физ.*)
равноресни́чные, -ых
равносигна́льный
равноси́льность, -и
равноси́льный; *кр. ф.* -лен, -льна
равносло́жность, -и
равносло́жный; *кр. ф.* -жен, -жна
равностепе́нный
равносто́лбчатость, -и
равносто́лбчатый
равносторо́нний
равноуго́льный
равноудалённый; *кр. ф.* -ён, -ена́
равноуско́ренный
равноце́нность, -и
равноце́нный; *кр. ф.* -е́нен, -е́нна
равночи́сленный; *кр. ф.* -ен, -енна
ра́вный; *кр. ф.* ра́вен, равна́, равно́
равня́ть(ся), -я́ю(сь), -я́ет(ся) (*к* ра́вный)
ра́га, -и
рагу́, *нескл., с.*
рад¹, ра́да, ра́до, ра́ды
рад², -а, *р. мн.* -ов, *счетн. ф.* рад (*ед. измер.*)

ра́да, -ы
радаме́, *нескл., с.*
рада́р, -а
рада́рный
раде́ние, -я
раде́тель, -я
раде́тельница, -ы, *тв.* -ей
раде́тельный; *кр. ф.* -лен, -льна
раде́ть, -е́ю, -е́ет
радёхонек, -нька
радёшенек, -нька
ра́джа, -и, *тв.* -ей, *р. мн.* -ей и раджа́, -и́, *тв.* -о́й, *р. мн.* -е́й
Радзиви́лловская ле́топись
радзиви́лловский (*от* Радзиви́ллы, княжеский род)
ра́ди, *предлог*
ра́ди бо́га, *в знач. частицы* (пожалуйста, очень прошу; делай как хочешь, я нисколько не возражаю)
радиа́льно-кольцево́й
радиа́льно-осево́й
радиа́льно-поршнево́й
радиа́льно расходя́щийся
радиа́льно-сверли́льный
радиа́льность, -и
радиа́льный
радиа́н, -а, *р. мн.* -ов, *счетн. ф.* -иа́н (*ед. измер.*)
радиа́нный
радиа́нт, -а (*астр.*)
радиа́тор, -а
радиа́торный
радиа́тор-охлади́тель, радиа́тора-охлади́теля
радиацио́нно безопа́сный
радиацио́нно-защи́тный
радиацио́нно-медици́нский
радиацио́нно опа́сный
радиацио́нно-терми́ческий
радиацио́нно-хими́ческий
радиацио́нный
радиа́ция, -и
ради́вый
ра́диевый

радиестези́я, -и
ра́дий, -я
ради́йный
радика́л, -а
радика́л-демокра́т, -а
радикализа́ция, -и
радикализи́рованный; *кр. ф.* -ан, -ана
радикализи́ровать(ся), -рую(сь), -рует(ся)
радикали́зм, -а
радикализо́ванный; *кр. ф.* -ан, -ана
радикализова́ть(ся), -зу́ю(сь), -зу́ет(ся)
радика́л-социали́ст, -а
радика́льничать, -аю, -ает
радика́льно-демократи́ческий
радика́льность, -и
радика́льный; *кр. ф.* -лен, -льна
радикули́т, -а
радикули́тный
радикули́тчик, -а
ради́мичи, -ей, *ед.* -мич, -а
ра́дио, *нескл., с.*
радио... — первая часть сложных слов, пишется слитно
радиоавто́граф, -а
радиоавтогра́фия, -и
радиоактивацио́нный
радиоакти́вность, -и
радиоакти́вный; *кр. ф.* -вен, -вна
радиоальтиме́тр, -а
радиоанте́нна, -ы
радиоаппарату́ра, -ы
радиоастроно́м, -а
радиоастрономи́ческий
радиоастроно́мия, -и
радиоастрофи́зика, -и
радиоастрофизи́ческий
радиоаудито́рия, -и
радиоаэронавига́ция, -и
радиобесе́да, -ы
радиобио́лог, -а
радиобиологи́ческий
радиобиоло́гия, -и

радиобу́й, -я, *мн.* -и́, -ёв
радиобу́ря, -и
радиоветроме́р, -а
радиове́чер, -а, *мн.* -а́, -о́в
радиовеща́ние, -я
радиовеща́тель, -я
радиовеща́тельный
радиови́дение, -я
радиови́димость, -и
радиови́зор, -а
радиоволново́д, -а
радиово́лны, -во́лн, -во́лнам, *ед.* -волна́, -ы́
радиовспы́шка, -и, *р. мн.* -шек
радиовысотоме́р, -а
радиогала́ктика, -и
радиоге́нный
радиогеоло́гия, -и
радиогеохи́мия, -и
радиогидроакусти́ческий
радиогидрогеоло́гия, -и
радиогидрометеорологи́ческий
радиоголоса́, -о́в, *ед.* -го́лос, -а
радиогонио́метр, -а
радиогра́мма, -ы
радиографи́ческий
радиогра́фия, -и
радиодальноме́р, -а
радиода́нные, -ых
радиодета́ль, -и
радиодефектоскопи́я, -и
радиодиало́г, -а
радиодиапазо́н, -а
радиодидже́й, -я
радиоди́ктор, -а
радиодина́мик, -а
радиодиспе́тчер, -а
радиодиспе́тчерский
радиодонесе́ние, -я
радиожурна́л, -а
радиожурнали́ст, -а
радиожурнали́стика, -и
радиозаво́д, -а
радиоза́пись, -и
радиозапро́с, -а

радиозахва́т, -а
радиозащи́тный
радиозвезда́, -ы́, *мн.* -звёзды, -звёзд
радиозо́на, -ы
радиозо́нд, -а
радиозонди́рование, -я
радиозо́ндовый
радиоизлуча́тельный
радиоизлуча́ющий
радиоизлуче́ние, -я
радиоизмере́ния, -ий
радиоизмери́тельный
радиоизото́пный
радиоизото́пы, -ов, *ед.* -то́п, -а
радиои́мпульс, -а
радиоинжене́р, -а
радиоинтервью́, *нескл., с.*
радиоинтерферо́метр, -а
радиоинтерфероме́трия, -и
радиоинформа́ция, -и
радиоисто́чник, -а
радиокана́л, -а
радиока́псула, -ы
радиокарбо́нный
радиоклу́б, -а
радиокома́нда, -ы
радиокома́ндный
радиокомба́йн, -а
радиокоммента́рий, -я
радиокоммента́тор, -а
радиокомпа́ния, -и
радиокомпара́тор, -а
радиоко́мпас, -а
радиоко́мплекс, -а
радиокомпози́ция, -и
радиоконта́кт, -а
радиоконтро́ль, -я
радиоконце́рт, -а
радиокорпора́ция, -и
радио́ла, -ы
радиолаборато́рия, -и
радиола́мпа, -ы
радиолече́ние, -я
радиоли́з, -а
радиоли́ния, -и

радио́лог, -а
радиологи́ческий
радиоло́гия, -и
радиолока́тор, -а
радиолока́торщик, -а
радиолокацио́нный
радиолока́ция, -и
радиоло́т, -а
радиолу́ч, -а́, *тв.* -о́м
радиолюби́тель, -я
радиолюби́тельский
радиолюби́тельство, -а
радиолюминесце́нтный
радиолюминесце́нция, -и
радиоля́риевый
радиоля́рии, -ий, *ед.* -ля́рия, -и
радиоляри́т, -а
радиомаркёр, -а
радиома́чта, -ы
радиомая́к, -а́
радиомедици́на, -ы
радиометеоро́граф, -а
радиометеоро́лог, -а
радиометеорологи́ческий
радиометеороло́гия, -и
радиометеоста́нция, -и
радиометеоце́нтр, -а
радио́метр, -а
радиометри́ст, -а
радиометри́ческий
радиоме́трия, -и
радиометце́нтр, -а
радиомеха́ник, -а
радиомикрофо́н, -а
радиомими́ческий
радиомолча́ние, -я
радиомонта́ж, -а́, *тв.* -о́м
радиомонта́жник, -а
радиомонта́жница, -ы, *тв.* -ей
радиомо́ст, -а и -а́, *мн.* -ы́, -о́в
радионаведе́ние, -я
радионавига́тор, -а
радионавигацио́нный
радионавига́ция, -и
радионо́вости, -е́й
радионукли́дный

РАДИОФОТОГРАФИЯ

радионукли́ды, -ов, *ед.* -и́д, -а
радиообме́н, -а
радиообнаруже́ние, -я
радиообрева́тель, -я
радиооборудова́ние, -я
радиообраще́ние, -я
радиоопера́тор, -а
радиоо́черк, -а
радиопано́рама, -ы
радиопе́ленг, -а
радиопеленга́тор, -а
радиопеленга́торный
радиопеленгацио́нный
радиопеленга́ция, -и
радиопеленгова́ние, -я
радиоперегово́рный
радиоперегово́ры, -ов
радиопереда́тчик, -а
радиопереда́ча, -и, *тв.* -ей
радиопереда́ющий
радиоперекли́чка, -и, *р. мн.* -чек
радиоперехва́т, -а
радиоперехва́тчик, -а
радиопило́т, -а
радиопилю́ля, -и
радиопира́т, -а
радиопира́тство, -а
радиопоглоща́ющий
радиопозывны́е, -ы́х
радиопо́иск, -а
радиополяри́метр, -а
радиопоме́хи, -е́х
радиопостано́вка, -и, *р. мн.* -вок
радиоприбо́р, -а
радиоприём, -а
радиоприёмник, -а
радиоприёмный
радиопрогно́з, -а
радиопроже́ктор, -а, *мн.* -ы, -ов и
 -а́, -о́в
радиопрозра́чный
радиопромы́шленность, -и
радиопропага́нда, -ы
радиопросве́чивание, -я
радиопрослу́шивание, -я
радиопроте́ктор, -а

радиопульса́р, -а
радиопье́са, -ы
радиоразве́дка, -и
радиорасска́з, -а
радиорежиссёр, -а
радиорезисте́нтность, -и
радиорезисте́нтный; *кр. ф.*
 -нтен, -нтна
радиорекла́ма, -ы
радиореле́, *нескл., с.*
радиореле́йный
радиореле́йщик, -а
радиорепорта́ж, -а, *тв.* -ем
радиорепортёр, -а
радиорепроду́ктор, -а
радиорозе́тка, -и, *р. мн.* -ток
радиору́бка, -и, *р. мн.* -бок
радиорупо́р, -а, *мн.* -ы, -ов и -а́, -о́в
радиосвя́зь, -и
радиосеа́нс, -а
радиосекста́нт, -а
радиосенсибилиза́ция, -и
радиосе́ть, -и, *мн.* -и, -е́й
радиосигна́л, -а
радиосисте́ма, -ы
радиослу́жба, -ы
радиослу́шатель, -я
радиослу́шательница, -ы, *тв.* -ей
радиосообще́ние, -я
радиоспекта́кль, -я
радиоспе́ктр, -а
радиоспектро́граф, -а
радиоспектро́метр, -а
радиоспектроскопи́я, -и
радиоспо́рт, -а
радиоспорти́вный
радиоста́нция, -и
радиосту́дия, -и
радиосхе́ма, -ы
радиотаре́лка, -и, *р. мн.* -лок
радиотеа́тр, -а
радиотелеаппарату́ра, -ы
радиотелевизио́нный
радиотелегра́мма, -ы
радиотелегра́ф, -а
радиотелеграфи́я, -и

радиотелегра́фный
радиотелеметри́ческий
радиотелеметри́я, -и
радиотелемеха́ника, -и
радиотелеско́п, -а
радиотелескопи́я, -и
радиотелескопостро́ение, -я
радиотелеуправле́ние, -я
радиотелефо́н, -а
радиотелефони́я, -и
радиотелефо́нный
радиотеплово́й
радиотеплолокацио́нный
радиотеплолока́ция, -и
радиотерапевти́ческий
радиотерапи́я, -и
радиоте́хник, -а
радиоте́хника, -и
радиотехни́ческий
радиотова́ры, -ов
радиотокси́ны, -ов, *ед.* -си́н, -а
радиото́чка, -и, *р. мн.* -чек
радиотрансляцио́нный
радиотрансля́ция, -и
радиотума́нность, -и
радиоуглеро́дный
радиоу́зел, -узла́
радиоуниверсите́т, -а
радиоуправле́ние, -я
радиоуправля́емый
радиоустано́вка, -и, *р. мн.* -вок
радиоусто́йчивость, -и
радиоусто́йчивый
радиоустро́йство, -а
радиофестива́ль, -я
радиофи́зик, -а
радиофи́зика, -и
радиофизи́ческий
радиофика́ция, -и
радиофици́рованный; *кр. ф.* -ан,
 -ана
радиофици́ровать(ся), -рую,
 -рует(ся)
радиофо́бия, -и
радиофони́я, -и
радиофотогра́фия, -и

радиофототелеграф, -а
радиохи́мик, -а
радиохими́ческий
радиохи́мия, -и
радиоце́нтр, -а
радиоци́кл, -а
радиоча́с, -а, *мн.* -ы́, -о́в
радиочасто́тный
радиочасто́ты, -о́т, *ед.* -ота́, -ы́
радиочувстви́тельность, -и
радиочувстви́тельный; *кр. ф.* -лен, -льна
радиошко́ла, -ы
радиошу́м, -а, *мн.* -ы, -ов и -ы́, -о́в
радиоэко́лог, -а
радиоэкологи́ческий
радиоэколо́гия, -и
радиоэлектро́ника, -и
радиоэлектро́нный
радиоэлектро́нщик, -а
радиоэлеме́нт, -а
радиоэфи́р, -а
радиоэ́хо, -а
радиоя́ркость, -и
ради́рованный; *кр. ф.* -ан, -ана
ради́ровать, -рую, -рует
ради́ст, -а
ради́стка, -и, *р. мн.* -ток
ра́диус, -а
ра́диус-ве́ктор, ра́диуса-ве́ктора
ради́щевец, -вца, *тв.* -вцем, *р. мн.* -вцев
ради́щевский (*от* Ради́щев)
радлю́кс, -а, *р. мн.* -ов, *счетн. ф.* -лю́кс
ра́д не ра́д
ра́довать(ся), ра́дую(сь), ра́дует(ся)
радо́н, -а
ра́донежский (*от* Ра́донеж); но: Се́ргий Радоне́жский
Ра́доница, -ы, *тв.* -ей и Ра́дуница, -ы, *тв.* -ей
радо́новый
радонопрово́д, -а
ра́достность, -и

ра́достный; *кр. ф.* -тен, -тна
ра́дость, -и
ра́д-радёхонек, ра́да-радёхонька
ра́д-радёшенек, ра́да-радёшенька
ра́дуга, -и
ра́дужина, -ы
ра́дужка, -и, *р. мн.* -жек
ра́дужница, -ы, *тв.* -ей
ра́дужность, -и
ра́дужный; *кр. ф.* -жен, -жна
ра́дула, -ы
Ра́дуница, -ы, *тв.* -ей и Ра́доница, -ы, *тв.* -ей
раду́шие, -я
раду́шный; *кр. ф.* -шен, -шна
радфо́т, -а, *р. мн.* -ов, *счетн. ф.* -фо́т
раёк, райка́
раёшник, -а
раёшный
ра́ж, -а, *тв.* -ем
ра́жий
ра́з[1], -а и -у, *мн.* разы́, раз, -а́м
ра́з[2], *нареч. и союз*
разагити́рованный; *кр. ф.* -ан, -ана
разагити́ровать, -рую, -рует
разале́ться, -е́юсь, -е́ется
разархиви́рование, -я
разархиви́рованный; *кр. ф.* -ан, -ана
разархиви́ровать(ся), -рую, -рует(ся)
разафиши́рованный; *кр. ф.* -ан, -ана
разафиши́ровать, -рую, -рует
раза́хаться, -аюсь, -ается
разбави́тель, -я
разба́вить(ся), -влю, -вит(ся)
разба́вка, -и
разбавле́ние, -я
разба́вленный; *кр. ф.* -ен, -ена
разбавля́ть(ся), -я́ю, -я́ет(ся)
разбаза́ренный; *кр. ф.* -ен, -ена
разбаза́ривание, -я
разбаза́ривать(ся), -аю, -ает(ся)
разбаза́рить(ся), -рю, -рит(ся)

разбаланси́рование, -я
разбаланси́рованность, -и
разбаланси́рованный; *кр. ф.* -ан, -ана
разбаланси́ровать(ся), -рую, -рует(ся)
разба́ливаться, -аюсь, -ается
разбало́ванный; *кр. ф.* -ан, -ана
разбалова́ть(ся), -лу́ю(сь), -лу́ет(ся)
разба́лтывание, -я
разба́лтывать(ся), -аю(сь), -ает(ся)
разбе́г, -а
разбе́гаться, -аюсь, -ается, *сов.* (*от* бе́гать)
разбега́ться, -а́юсь, -а́ется, *несов.* (*к* разбежа́ться)
разбежа́ться, -бегу́сь, -бежи́тся, -бегу́тся
разбёжка, -и
разбереди́ть(ся), -ежу́, -еди́т(ся)
разбережённый; *кр. ф.* -ён, -ена́
разбива́ние, -я
разбива́ть(ся), -а́ю(сь), -а́ет(ся)
разби́вка, -и
разбие́ние, -я
разбинто́ванный; *кр. ф.* -ан, -ана
разбинтова́ть(ся), -ту́ю(сь), -ту́ет(ся)
разбинто́вывать(ся), -аю(сь), -ает(ся)
разбира́тельство, -а
разбира́ть(ся), -а́ю(сь), -а́ет(ся)
разби́тие, -я
разбитно́й
разби́тость, -и
разби́тый
разби́ть(ся), разобью́(сь), разобьёт(ся)
разблагове́стить, -ещу, -естит
разблагове́щенный; *кр. ф.* -ен, -ена
разблоки́рование, -я
разблоки́рованный; *кр. ф.* -ан, -ана

РАЗВАЛЮШКА

разблоки́ровать(ся), -рую, -рует(ся)
разблюдо́вка, -и
разбогате́ть, -е́ю, -е́ет
разбо́й, -я
разбо́йник, -а
разбо́йница, -ы, *тв.* -ей
разбо́йничать, -аю, -ает
разбо́йничек, -чка
разбо́йнический
разбо́йничество, -а
разбо́йничий, -ья, -ье
разбо́йный
разболе́ться¹, -е́юсь, -е́ется (к боле́ть¹)
разболе́ться², -ли́тся (к боле́ть²)
разболока́ться, -а́юсь, -а́ется
разбо́лтанно, *нареч.*
разбо́лтанность, -и
разбо́лтанный; *кр. ф. прич.* -ан, -ана; *кр. ф. прил.* (беспоря́дочный, расхля́банный) -ан, -анна (*от* разболта́ть(ся))
разболта́ть(ся), -а́ю(сь), -а́ет(ся)
разболти́ть, -лчу́, -лти́т
разбо́лтка, -и
разболто́ванный; *кр. ф.* -ан, -ана
разболтова́ть, -ту́ю, -ту́ет
разболто́вывать(ся), -аю, -ает(ся)
разбо́лченный; *кр.ф.* -ен, -ена (*от* разболти́ть)
разбомби́ть, -блю́, -би́т
разбомблённый; *кр. ф.* -ён, -ена́
разбо́р, -а
разбо́рка, -и, *р. мн.* -рок
разбо́рно-металли́ческий
разбо́рный
разборонённый; *кр. ф.* -ён, -ена́
разборони́ть, -ню́, -ни́т
разбороно́ванный; *кр. ф.* -ан, -ана
разборонова́ть, -ну́ю, -ну́ет
разбороно́вывать(ся), -аю, -ает(ся)
разбо́рочно-сбо́рочный

разбо́рочный
разборто́ванный; *кр. ф.* -ан, -ана
разбортова́ть, -ту́ю, -ту́ет
разборто́вка, -и
разборто́вывать(ся), -аю, -ает(ся)
разбо́рчивость, -и
разбо́рчивый
разбрако́ванный; *кр. ф.* -ан, -ана
разбракова́ть, -ку́ю, -ку́ет
разбрако́вка, -и
разбрако́вочный
разбрако́вщик, -а
разбрако́вывать(ся), -аю, -ает(ся)
разбранённый; *кр. ф.* -ён, -ена́
разбрани́ть(ся), -ню́(сь), -ни́т(ся)
разбра́сывание, -я
разбра́сыватель, -я
разбра́сывать(ся), -аю(сь), -ает(ся)
разбреда́ться, -а́ется
разбре́дшийся
разбрести́сь, -едётся; *прош.* -ёлся, -ела́сь
разбро́д, -а
разброни́рованный; *кр. ф.* -ан, -ана
разброни́ровать(ся), -рую(сь), -рует(ся)
разбро́с, -а
разбро́санность, -и
разбро́санный; *кр. ф. прич.* -ан, -ана; *кр. ф. прил.* (беспоря́дочный, хаоти́чный) -ан, -анна
разброса́ть(ся), -а́ю(сь), -а́ет(ся)
разбро́сить, -о́шу, -о́сит
разбро́ска, -и
разбросно́й
разбро́шенный; *кр. ф.* -ен, -ена
разбры́зганный; *кр. ф.* -ан, -ана
разбры́згать(ся), -аю(сь), -ает(ся)
разбры́згивание, -я
разбры́згиватель, -я
разбры́згивать(ся), -аю(сь), -ает(ся)

разбры́знуть, -ну, -нет
разбрюзжа́ться, -жу́сь, -жи́тся
разбуди́ть, -ужу́, -у́дит
разбу́женный; *кр. ф.* -ен, -ена
разбура́вить, -влю, -вит
разбура́вленный; *кр. ф.* -ен, -ена
разбура́вливание, -я
разбура́вливать(ся), -аю, -ает(ся)
разбурённый; *кр. ф.* -ён, -ена́
разбу́ривание, -я
разбу́ривать(ся), -аю, -ает(ся)
разбури́ть, -рю́, -ри́т
разбуха́ние, -я
разбуха́ть, -а́ю, -а́ет
разбу́хнуть, -ну, -нет; *прош.* -у́х, -у́хла
разбу́хший
разбушева́ться, -шу́юсь, -шу́ется
разбуя́ниться, -нюсь, -нится
разва́жживать(ся), -аю, -ает(ся)
разва́жничаться, -аюсь, -ается
разва́л, -а
разва́ленный; *кр. ф.* -ен, -ена (*от* развали́ть), *прич.*
разва́лец и разва́льца: с разва́льцем и с разва́льцей
разва́ливание, -я
разва́ливать(ся), -аю(сь), -ает(ся)
разва́лина, -ы
разва́лины, -ин
разва́листый
развали́ть(ся), -алю́(сь), -а́лит(ся)
разва́лка, -и
разва́льный, *прил.*
разва́льца и разва́лец: с разва́льцей и с разва́льцем
развальцева́ть, -цу́ю, -цу́ет
развальцо́ванный; *кр. ф.* -ан, -ана
развальцо́вка, -и
развальцо́вывать(ся), -аю, -ает(ся)
развалю́ха, -и
развалю́шка, -и, *р. мн.* -шек

РАЗВАЛЯННЫЙ

разва́лянный; *кр. ф.* -ян, -яна (*от* развалять)
разваля́ть(ся), -я́ю(сь), -я́ет(ся)
разва́ренный; *кр. ф.* -ен, -ена
разва́ривание, -я
разва́ривать(ся), -аю, -ает(ся)
развари́ть(ся), -арю́, -а́рит(ся)
разварно́й
ра́зве
развева́ние, -я
развева́ть(ся), -а́ю, -а́ет(ся) (*к* ве́ять)
разве́данный; *кр. ф.* -ан, -ана
разве́дать, -аю, -ает
разведбатальо́н, -а
разведвзво́д, -а
разведгру́ппа, -ы
разведда́нные, -ых
разведде́ятельность, -и
разведе́нец, -нца, *тв.* -нцем, *р. мн.* -нцев
разведе́ние, -я
разведёнка, -и, *р. мн.* -нок
разведённый; *кр. ф.* -ён, -ена́
развединформа́ция, -и
разве́дка, -и, *р. мн.* -док
разведотде́л, -а
разве́дочный
разведпо́иск, -а
разве́дривать(ся), -ает(ся)
разве́дрить(ся), -ит(ся)
разведро́та, -ы
разведслу́жба, -ы
разведце́нтр, -а
разве́дчик, -а
разве́дчица, -ы, *тв.* -ей
разве́дший(ся)
разведшко́ла, -ы
разве́дывание, -я
разве́дывательно-информацио́нный
разве́дывательный
разве́дывать(ся), -аю, -ает(ся)
развезённый; *кр. ф.* -ён, -ена́
развезти́, -зу́, -зёт; *прош.* -ёз, -езла́
развёзший

разве́ивание, -я
разве́ивать(ся), -аю(сь), -ает(ся)
развенча́ние, -я
развенча́нный; *кр. ф.* -ан, -ана
развенча́ть(ся), -а́ю(сь), -а́ет(ся)
разве́нчивание, -я
разве́нчивать(ся), -аю(сь), -ает(ся)
развереди́ть, -ежу́, -еди́т
развережённый; *кр. ф.* -ён, -ена́
разверза́ть(ся), -а́ю, -а́ет(ся)
разве́рзнувший(ся)
разве́рзнуть(ся), -ну, -нет(ся); *прош.* -е́рз(ся) и -е́рзнул(ся), -е́рзла(сь)
разве́рзший(ся)
развёрнутость, -и
развёрнутый
разверну́ть(ся), -ну́(сь), -нёт(ся)
разверста́ние, -я
развёрстанный; *кр. ф.* -ан, -ана
разверста́ть(ся), -а́ю, -а́ет(ся)
развёрстка, -и, *р. мн.* -ток
развёрсточный
развёрстывание, -я
развёрстывать(ся), -аю, -ает(ся)
развёрстый
разверте́ть(ся), -ерчу́, -е́ртит(ся)
развёртка, -и, *р. мн.* -ток
развёрточный
развёртывание, -я
развёртывать(ся), -аю(сь), -ает(ся)
развёрченный; *кр. ф.* -ен, -ена
развёрчивание, -я
развёрчивать(ся), -аю, -ает(ся)
разве́с, -а
развеселённый; *кр. ф.* -ён, -ена́
развесели́ть(ся), -лю́(сь), -ли́т(ся)
развесёлый
развеселя́ть(ся), -я́ю(сь), -я́ет(ся)
разве́систый
разве́сить(ся), -е́шу, -е́сит(ся)
разве́ска, -и
развесно́й
разве́сочный

развести́(сь), -еду́(сь), -едёт(ся); *прош.* -ёл(ся), -ела́(сь)
разве́счик, -а
разве́счица, -ы, *тв.* -ей
разветви́тель, -я
разветви́ть(ся), -влю́, -ви́т(ся)
разветвле́ние, -я
разветвлённость, -и
разветвлённый; *кр. ф.* -ён, -ена́
разветвля́ть(ся), -я́ю, -я́ет(ся)
ра́зве что, *союз*
разве́шанный; *кр. ф.* -ан, -ана (*от* разве́шать)
разве́шать, -аю, -ает
разве́шенный; *кр. ф.* -ен, -ена (*от* разве́сить)
разве́шивание, -я
разве́шивать(ся), -аю, -ает(ся)
разве́янный; *кр. ф.* -ян, -яна
разве́ять(ся), -е́ю(сь), -е́ет(ся)
развива́ть(ся), -а́ю(сь), -а́ет(ся) (*к* разви́ть)
развидне́ть(ся), -е́ет(ся)
развизжа́ться, -жу́сь, -жи́тся
разви́лина, -ы
разви́листый
разви́лка, -и, *р. мн.* -лок
разви́лок, -лка
развинти́ть(ся), -инчу́(сь), -и́нтит(ся)
разви́нченность, -и
разви́нченный; *кр. ф. прич.* -ен, -ена; *кр. ф. прил.* (невыдержанный, разболтанный; о походке, движениях: нетвердый) -ен, -енна
разви́нчивание, -я
разви́нчивать(ся), -аю(сь), -ает(ся)
разви́тие, -я
развито́й; *кр. ф.* ра́звит, -ита́, ра́звито, *прил.*
ра́звитость, -и
разви́тый; *кр. ф.* -и́т, -ита́, -и́то, *прич.* (расправленный, раскрученный)

ра́звитый; кр. ф. ра́звит, -ита́, ра́звито, прич. (получивший развитие)
разви́ть(ся), разовью́(сь), разовьёт(ся); прош. -и́л(ся), -ила́(сь), -и́ло, -и́ло́сь
развихля́ться, -я́юсь, -я́ется
развлека́ловка, -и
развлека́тельность, -и
развлека́тельный; кр. ф. -лен, -льна
развлека́тельство, -а
развлека́ть(ся), -а́ю(сь), -а́ет(ся)
развлеку́ха, -и
развлёкший(ся)
развлече́ние, -я
развлечённый; кр. ф. -ён, -ена́
развле́чь(ся), -еку́(сь), -ечёт(ся), -еку́т(ся); прош. -ёк(ся), -екла́(сь)
развод, -а
разводи́мость, -и
разводи́ть(ся), -ожу́(сь), -о́дит(ся)
разво́дка, -и, р. мн. -док
разводно́й (к разводи́ть: разводно́й мост, разводно́й ключ)
разво́дный (к развод – расторжение брака)
разво́дочный
разво́дчатый
разво́ды, -ов (узоры, пятна)
разво́дье, -я, р. мн. -ьев и -дий
разводя́щий, -его
разводя́щий(ся)
развоева́ться, -вою́юсь, -вою́ется
развожжа́ть(ся), -а́ю, -а́ет(ся)
разво́з, -а
развози́ть(ся), -ожу́(сь), -о́зит(ся)
разво́зка, -и, р. мн. -зок
развозно́й
разво́зчик, -а
разво́зчица, -ы, тв. -ей
развой, -я
разво́ла́кивать(ся), -аю, -ает(ся)
разволно́ванный; кр. ф. -ан, -ана
разволнова́ть(ся), -ну́ю(сь), -ну́ет(ся)

разволо́кший
разволочённый; кр. ф. -ён, -ена́
разволо́чь, -локу́, -лочёт, -локу́т; прош. -ло́к, -локла́
разволи́ться, -плю́сь, -пи́тся
развоплоти́ть(ся), -ощу́(сь), -оти́т(ся)
развоплоще́ние, -я
развоплощённый; кр. ф. -ён, -ена́
развора́чивание, -я
развора́чивать(ся), -аю(сь), -ает(ся)
развора́шивать(ся), -аю, -ает(ся)
разворкова́ться, -ку́юсь, -ку́ется
разворо́ванный; кр. ф. -ан, -ана
разворова́ть, -ру́ю, -ру́ет
разворо́вывание, -я
разворо́вывать(ся), -аю, -ает(ся)
разворо́т, -а
свороти́ть, -очу́, -о́тит
разворо́тливость, -и
разворо́тливый
разворо́чанный; кр. ф. -ан, -ана (от развороча́ть)
развороча́ть(ся), -а́ю(сь), -а́ет(ся)
разворо́ченный; кр. ф. -ен, -ена (от свороти́ть)
разворошённый; кр. ф. -ён, -ена́
разворошить, -шу́, -ши́т
разворча́ться, -чу́сь, -чи́тся
развра́т, -а
врати́тель, -я
разврати́тельница, -ы, тв. -ей
разврати́ть(ся), -ащу́(сь), -ати́т(ся)
развра́тник, -а
развра́тница, -ы, тв. -ей
развра́тничать, -аю, -ает
развра́тность, -и
развра́тный; кр. ф. -тен, -тна
развраща́ть(ся), -а́ю(сь), -а́ет(ся)
развраща́ющий(ся)
развраще́ние, -я
развращённость, -и
развращённый; кр. ф. -ён, -ена́

развы́ться, -во́юсь, -во́ется
развью́ченный; кр. ф. -ен, -ена
развью́чивание, -я
развью́чивать(ся), -аю(сь), -ает(ся)
развью́чить(ся), -чу(сь), -чит(ся)
развя́занный; кр. ф. -ан, -ана
развяза́ть(ся), -яжу́(сь), -я́жет(ся)
развя́зка, -и, р. мн. -зок
развя́зность, -и
развя́зный; кр. ф. -зен, -зна
развя́зывание, -я
развя́зывать(ся), -аю(сь), -ает(ся)
разга́данный; кр. ф. -ан, -ана
разгада́ть(ся), -а́ю, -а́ет(ся)
разга́дка, -и, р. мн. -док
разга́дчик, -а
разга́дчица, -ы, тв. -ей
разга́дывание, -я
разга́дывать(ся), -аю, -ает(ся)
разгази́рование, -я
разгази́рованный; кр. ф. -ан, -ана
разгази́ро́ванный; кр. ф. -ан, -ана
разгазирова́ть(ся), -ру́ю, -ру́ет(ся) и разгази́ровать(ся), -рую, -рует(ся)
разга́р, -а
разгерметиза́ция, -и
разгерметизи́рованный; кр. ф. -ан, -ана
разгерметизи́ровать(ся), -рую(сь), -рует(ся)
разги́б, -а
разгиба́ние, -я
разгиба́тель, -я
разгиба́ть(ся), -а́ю(сь), -а́ет(ся)
разгильдя́й, -я
разгильдя́йка, -и, р. мн. -я́ек
разгильдя́йничать, -аю, -ает
разгильдя́йский
разгильдя́йство, -а
разглаго́льствование, -я
разглаго́льствовать, -твую, -твует

РАЗГЛАДИТЬ(СЯ)

разгла́дить(ся), -а́жу, -а́дит(ся)
разгла́женный; *кр. ф.* -ен, -ена
разгла́живание, -я
разгла́живать(ся), -аю, -ает(ся)
разгласи́ть(ся), -ашу́, -аси́т
разглаша́ть(ся), -а́ю, -а́ет(ся)
разглаше́ние, -я
разглашённый; *кр. ф.* -ён, -ена́
разгляде́ть, -яжу́, -яди́т
разгля́дывание, -я
разгля́дывать(ся), -аю, -ает(ся)
разгне́ванно, *нареч.*
разгне́ванность, -и
разгне́ванный; *кр. ф.* -ан, -ана и (*выражающий гнев*) -ан, -анна (ли́ца их разгне́ванны)
разгне́вать(ся), -аю(сь), -ает(ся)
разгова́ривать, -аю, -ает
разгове́ние, -я и ро́зговенье, -я, *р. мн.* -ний
разгове́ться, -е́юсь, -е́ется
разговле́ние, -я
разговля́ться, -я́юсь, -я́ется
разгово́р, -а
разговорённый; *кр. ф.* -ён, -ена́
разгово́рец, -рца, *тв.* -рцем, *р. мн.* -рцев
разговори́ть(ся), -рю́(сь), -ри́т(ся)
разгово́рник, -а
разгово́рность, -и
разгово́рный
разгово́рчивость, -и
разгово́рчивый
разгово́рчик, -а
разго́н, -а
разго́нистость, -и
разго́нистый
разго́нка, -и
разго́нный
разго́ночный
разгоня́ть(ся), -я́ю(сь), -я́ет(ся)
разгора́живание, -я
разгора́живать(ся), -аю(сь), -ает(ся)
разгора́ние, -я
разгора́ться, -а́юсь, -а́ется

разгоре́ться, -рю́сь, -ри́тся
разгороди́ть(ся), -ожу́(сь), -о́ди́т(ся)
разгоро́женный; *кр. ф.* -ен, -ена
разгорячённый; *кр. ф.* -ён, -ена́
разгорячённый; *кр. ф.* -ён, -ена́
разгорячи́ть(ся), -чу́(сь), -чи́т(ся)
разгосуда́рствление, -я
разгосуда́рствленный; *кр. ф.* -ен, -ена
разгра́бить, -блю, -бит
разграбле́ние, -я
разгра́бленный; *кр. ф.* -ен, -ена
разграбля́ть(ся), -я́ю, -я́ет(ся)
разграждéние, -я
разграниче́ние, -я
разграни́ченный; *кр. ф.* -ен, -ена
разграни́чивание, -я
разграни́чивать(ся), -аю, -ает(ся)
разграничи́тельный
разграни́чить(ся), -чу, -чит(ся)
разграфи́ть, -флю́, -фи́т
разграфле́ние, -я
разграфлённый; *кр. ф.* -ён, -ена́
разграфля́ть(ся), -я́ю, -я́ет(ся)
разгреба́ние, -я
разгреба́ть(ся), -а́ю, -а́ет(ся)
разгребённый; *кр. ф.* -ён, -ена́
разгрёбший
разгрести́, -гребу́, -гребёт; *прош.* -грёб, -гребла́
разгримиро́ванный; *кр. ф.* -ан, -ана
разгримирова́ть(ся), -ру́ю(сь), -ру́ет(ся)
разгримиро́вывать(ся), -аю(сь), -ает(ся)
разгро́м, -а
разгроми́ть, -млю́, -ми́т
разгромле́ние, -я
разгро́мленный; *кр. ф.* -ен, -ена и разгромлённый; *кр. ф.* -ён, -ена́
разгро́мный
разгружа́ть(ся), -а́ю(сь), -а́ет(ся)

разгру́женный; *кр. ф.* -ен, -ена и разгружённый; *кр. ф.* -ён, -ена́
разгрузи́тель, -я
разгрузи́ть(ся), -ужу́(сь), -у́зи́т(ся)
разгру́зка, -и
разгрузно́й
разгру́зочный
разгру́зчик, -а
разгруппиро́ванный; *кр. ф.* -ан, -ана
разгруппирова́ть(ся), -ру́ю, -ру́ет(ся)
разгрусти́ться, -ущу́сь, -усти́тся
разгрыза́ть(ся), -а́ю, -а́ет(ся)
разгры́зенный; *кр. ф.* -ен, -ена
разгры́зть(ся), -зу́, -зёт(ся); *прош.* -ы́з(ся), -ы́зла(сь)
разгры́зший(ся)
разгу́л, -а
разгу́ливание, -я
разгу́ливать(ся), -аю(сь), -ает(ся)
разгу́лье, -я
разгу́льный; *кр. ф.* -лен, -льна
Разгуля́й, -я (*площадь в Москве*)
разгу́лянный; *кр. ф.* -ян, -яна
разгуля́ть(ся), -я́ю(сь), -я́ет(ся)
разда́бривать(ся), -аю(сь), -ает(ся)
раздава́ть(ся), -даю́(сь), -даёт(ся)
раздави́ть(ся), -авлю́, -а́вит(ся)
разда́вленный; *кр. ф.* -ен, -ена
разда́вливать(ся), -аю, -ает(ся)
разда́ивание, -я
разда́ивать(ся), -аю, -ает(ся)
разда́лбливание, -я
разда́лбливать(ся), -аю, -ает(ся)
разда́ренный; *кр. ф.* -ен, -ена
разда́ривание, -я
разда́ривать(ся), -аю, -ает(ся)
раздари́ть, -арю́, -а́рит
разда́точный
разда́тчик, -а
разда́тчица, -ы, *тв.* -ей
разда́ть(ся), -а́м(ся), -а́шь(ся), -а́ст(ся), -ади́м(ся), -ади́те(сь), -аду́т(ся); *прош.* ро́здал и разда́л,

-а́лся, -ала́(сь), ро́здало и разда́ло, разда́лось
разда́ча, -и, *тв.* -ей
ра́з-два́
раздва́ивание, -я
раздва́ивать(ся), -аю(сь), -ает(ся)
ра́з-два́-три́
раздви́г, -а
раздвига́ние, -я
раздвига́ть(ся), -а́ю, -а́ет(ся)
раздви́жка, -и
раздвижно́й
раздви́нутый
раздви́нуть(ся), -ну, -нет(ся)
раздвое́ние, -я
раздво́енность, -и
раздво́енный; *кр. ф.* -ен, -ена и раздвоённый; *кр. ф.* -ён, -ена́
раздвои́ть(ся), -ою́(сь), -ои́т(ся)
раздева́лка, -и, *р. мн.* -лок
раздева́льный
раздева́льня, -и, *р. мн.* -лен
раздева́ние, -я
раздева́ть(ся), -а́ю(сь), -а́ет(ся)
разде́л, -а
разде́ланный; *кр. ф.* -ан, -ана
разде́лать(ся), -аю(сь), -ает(ся)
разделе́ние, -я
разделённость, -и
разделённый; *кр. ф.* -ён, -ена́
раздели́тель, -я
раздели́тельный
раздели́ть(ся), -елю́(сь), -е́лит(ся)
разде́лка, -и, *р. мн.* -лок
разде́лочный
разде́лывание, -я
разде́лывательный
разде́лывать(ся), -аю(сь), -ает(ся)
раздельнолепе́стные, -ых
раздельнооформленность, -и
раздельнооформленный*; *кр. ф.* -ен, -ена
раздельнополо́сть, -и
раздельнопо́лый
разде́льность, -и
разде́льный

разде́льщик, -а
разде́льщица, -ы, *тв.* -ей
разделя́ть(ся), -я́ю(сь), -я́ет(ся)
раздёрганность, -и
раздёрганный; *кр. ф.* -ан, -ана
раздёргать(ся), -аю(сь), -ает(ся)
раздёргивание, -я
раздёргивать(ся), -аю(сь), -ает(ся)
раздёрнутый
раздёрнуть(ся), -ну, -нет(ся)
разде́тый
разде́ть(ся), -е́ну(сь), -е́нет(ся)
раздира́ние, -я
раздира́тельный
раздира́ть(ся), -а́ю(сь), -а́ет(ся)
раздира́ющий(ся)
разди́рка, -и
разди́рочный
раздо́бренный; *кр. ф.* -ен, -ена
раздобре́ть, -е́ю, -е́ет
раздо́брить(ся), -рю(сь), -рит(ся)
раздобыва́ние, -я
раздобыва́ть(ся), -а́ю(сь), -а́ет(ся)
раздобы́тый
раздобы́ть(ся), -бу́ду(сь), -бу́дет(ся)
раздо́енный; *кр. ф.* -ен, -ена
раздои́ть(ся), -ою́, -о́ит(ся)
раздо́й, -я
раздо́йный
раздо́лбанный; *кр. ф.* -ан, -ана (*от* раздолба́ть)
раздолба́ть, -а́ю, -а́ет
раздолби́ть, -блю́, -би́т
раздолблённый; *кр. ф.* -ён, -ена́ (*от* раздолби́ть)
раздо́лье, -я, *р. мн.* -лий
раздо́льице, -а
раздо́льный; *кр. ф.* -лен, -льна
раздо́р, -а
раздоро́жье, -я, *р. мн.* -жий
раздоса́дованно, *нареч.*
раздоса́дованность, -и
раздоса́дованный; *кр. ф.* -ан, -ана

раздоса́довать(ся), -дую(сь), -дует(ся)
раздража́ть(ся), -а́ю(сь), -а́ет(ся)
раздража́ющий(ся)
раздраже́ние, -я
раздражённо, *нареч.*
раздражённость, -и
раздражённый; *кр. ф.* -ён, -ена́ и (*выражающий раздражение*) -ён, -ённа (голоса́ раздражённы)
раздражи́мость, -и
раздражи́мый
раздражи́тель, -я
раздражи́тельность, -и
раздражи́тельный; *кр. ф.* -лен, -льна
раздражи́ть(ся), -жу́(сь), -жи́т(ся)
раздразнённый; *кр. ф.* -ён, -ена́
раздра́знивать(ся), -аю(сь), -ает(ся)
раздразни́ть(ся), -азню́(сь), -а́знит(ся)
раздра́й, -я
раздрако́ненный; *кр. ф.* -ен, -ена
раздрако́нивать(ся), -аю, -ает(ся)
раздрако́нить, -ню, -нит
раздревесне́ние, -я
раздревеснённый; *кр. ф.* -ён, -ена́
раздроби́ть(ся), -блю́, -би́т(ся)
раздробле́ние, -я
раздро́бленность, -и и раздроблённость, -и
раздро́бленный; *кр. ф.* -ен, -ена и раздроблённый; *кр. ф.* -ён, -ена́
раздробля́ть(ся), -я́ю, -я́ет(ся)
ра́з-друго́й
раздружи́ть(ся), -ужу́(сь), -у́жи́т(ся)
раздры́зг, -а
раздры́зганный; *кр. ф.* -ан, -ана
разду́в, -а
раздува́льный
раздува́ние, -я
раздува́ть(ся), -а́ю(сь), -а́ет(ся)
разду́мать(ся), -аю(сь), -ает(ся)

разду́мчивость, -и
разду́мчивый
разду́мывать(ся), -аю(сь), -ает(ся)
разду́мье, -я, р. мн. -мий
разду́тие, -я
разду́тость, -и
разду́тый
разду́ть(ся), -ду́ю(сь), -ду́ет(ся)
раздухари́ться, -рю́сь, -ри́тся
разду́шенный; кр. ф. -ен, -ена и раздушённый; кр. ф. -ён, -ена́
раздуши́ть(ся), -ушу́(сь), -у́шит(ся)
раздыми́ться, -и́тся
раздыша́ться, -ышу́сь, -ы́шится
разева́ть(ся), -а́ю, -а́ет(ся) (раскрыва́ть(ся)
разжа́лобить(ся), -блю(сь), -бит(ся)
разжа́лобленный; кр. ф. -ен, -ена
разжа́лобливать(ся), -аю(сь), -ает(ся)
разжа́лование, -я
разжа́лованный; кр. ф. -ан, -ана
разжа́ловать(ся), -лую(сь), -лует(ся)
разжа́тие, -я
разжа́тый
разжа́ть(ся), разожму́, разожмёт(ся)
разжёванный; кр. ф. -ан, -ана
разжева́ть(ся), -жую́, -жуёт(ся)
разжёвывание, -я
разжёвывать(ся), -аю, -ает(ся)
разжёгший(ся)
разжелобо́к, -бка́
разжене́ненный; кр. ф. -ен, -ена
разжене́нивать(ся), -аю(сь), -ает(ся)
разжени́ть(ся), -еню́(сь), -е́нит(ся)
разже́чь(ся), разожгу́, разожжёт(ся), разожгу́т(ся); прош. разжёг(ся), разожгла́(сь)
разжи́ва, -ы
разжива́ться, -а́юсь, -а́ется
разжи́г, -а и ро́зжиг, -а
разжига́ние, -я

разжига́ть(ся), -а́ю, -а́ет(ся)
разжиди́ть(ся), -ижу́, -иди́т(ся)
разжижа́ть(ся), -а́ю, -а́ет(ся)
разжиже́ние, -я
разжи́женный; кр. ф. -ен, -ена и разжижённый; кр. ф. -ён, -ена́
разжи́м, -а
разжима́ние, -я
разжима́ть(ся), -а́ю, -а́ет(ся)
разжимно́й и разжи́мный
разжире́ть, -е́ю, -е́ет
разжи́ться, -иву́сь, -ивётся; прош. -и́лся, -ила́сь, -ило́сь
разжо́г, -а, но глаг. разжёг
разжужжа́ться, -жжи́тся
раззаво́д: на раззаво́д
раззадо́ренный; кр. ф. -ен, -ена
раззадо́ривание, -я
раззадо́ривать(ся), -аю(сь), -ает(ся)
раззадо́рить(ся), -рю(сь), -рит(ся)
ра́з за ра́зом
раззва́нивать(ся), -аю(сь), -ает(ся)
раззвонённый; кр. ф. -ён, -ена́
раззвони́ть(ся), -ню́(сь), -ни́т(ся)
раззева́ться, -а́юсь, -а́ется (к зева́ть)
разземене́ться, -е́ется
раззенко́ванный; кр. ф. -ан, -ана
раззенко́вка, -и
раззнако́мить(ся), -млю(сь), -мит(ся)
раззнако́мленный; кр. ф. -ен, -ена
раззнако́мливать(ся), -аю(сь), -ает(ся)
раззола́чивание, -я
раззола́чивать(ся), -аю, -ает(ся)
раззолоти́ть, -очу́, -оти́т
раззоло́ченный; кр. ф. -ен, -ена и раззолочённый; кр. ф. -ён, -ена́
раззуде́ться, -уди́тся
раззуди́ть, -ужу́, -уди́т
раззу́женный; кр. ф. -ен, -ена
раззя́ва, -ы, м. и ж.

ра́зик, -а
ра́зинец, -нца, тв. -нцем, р. мн. -нцев
ра́зинский (от Ра́зин)
рази́нутый
рази́нуть(ся), -ну, -нет(ся)
ра́зинщина, -ы
рази́ня, -и, р. мн. -и́нь, м. и ж.
рази́тельность, -и
рази́тельный; кр. ф. -лен, -льна
рази́ть, ражу́, рази́т
разлага́ть(ся), -а́ю(сь), -а́ет(ся)
разлага́ющий(ся)
разла́д, -а
разла́дить(ся), -а́жу, -а́дит(ся)
разла́дица, -ы, тв. -ей
разла́женность, -и
разла́женный; кр. ф. -ен, -ена
разла́живание, -я
разла́живать(ся), -аю, -ает(ся)
разла́комить(ся), -млю(сь), -мит(ся)
разла́комленный; кр. ф. -ен, -ена
разла́мывание, -я
разла́мывать(ся), -аю, -ает(ся)
разла́пистый
разла́пушка, -и, р. мн. -шек, м. и ж.
разла́пый
разла́яться, -а́юсь, -а́ется
разлёгшийся
разлежа́ться, -жу́сь, -жи́тся
разлёживаться, -аюсь, -ается
разлеза́ться, -а́ется
разле́зться, -е́зется; прош. -е́зся, -е́злась
разле́зшийся
разлени́ваться, -аюсь, -ается
разлени́ться, -еню́сь, -е́нится
разлепи́ть(ся), -леплю́, -ле́пит(ся)
разле́пленный; кр. ф. -ен, -ена
разлепля́ть(ся), -я́ю, -я́ет(ся)
разлёт, -а
разлета́йка, -и, р. мн. -а́ек
разлета́ться, -а́юсь, -а́ется
разлете́ться, -лечу́сь, -лети́тся

разле́чься, -ля́гусь, -ля́жется, -ля́гутся; *прош.* -лёгся, -легла́сь
разли́в, -а
разлива́льщик, -а
разлива́льщица, -ы, *тв.* -ей
разлива́ние, -я
разлива́нное мо́ре
разлива́тельный
разлива́ть(ся), -а́ю(сь), -а́ет(ся)
разли́вистый
разли́вка, -и
разливно́й (*к* разлива́ть)
разли́вный (*полноводный*)
разли́вочный
разли́вчатый
разли́вщик, -а
разли́вщица, -ы, *тв.* -ей
разлино́ванный; *кр. ф.* -ан, -ана
разлинова́ть, -ну́ю, -ну́ет
разлино́вка, -и
разлино́вывание, -я
разлино́вывать(ся), -аю, -ает(ся)
разлипа́ться, -а́ется
разли́пнуться, -нется; *прош.* -ли́пся, -ли́плась
разли́пшийся
разли́тие, -я
разлито́й, *прил.*
разли́тый; *кр. ф.* -и́т, -ита́, -и́то, *прич.*
разли́ть(ся), разолью́, разольёт(ся); *прош.* -и́л(ся), -ила́(сь), -и́ло, -и́лось
разлихо́й
различа́ть(ся), -а́ю(сь), -а́ет(ся)
различе́ние, -я
различённый; *кр. ф.* -ён, -ена́
разли́чествовать, -твую, -твует
разли́чие, -я
различи́мый
различи́тельный
различи́ть, -чу́, -чи́т
разли́чный; *кр. ф.* -чен, -чна
разло́г, -а
разложе́нец, -нца, *тв.* -нцем, *р. мн.* -нцев
разложе́ние, -я
разло́женный; *кр. ф.* -ен, -ена
разложи́мость, -и
разложи́мый
разложи́ть(ся), -ожу́(сь), -о́жит(ся)
разло́м, -а
разло́манный; *кр. ф.* -ан, -ана
разлома́ть(ся), -а́ю, -а́ет(ся)
разломи́ть(ся), -омлю́, -о́мит(ся)
разло́мка, -и
разло́мленный; *кр. ф.* -ен, -ена
разлохма́тить(ся), -а́чу(сь), -а́тит(ся)
разлохма́ченный; *кр. ф.* -ен, -ена
разлохма́чивать(ся), -аю(сь), -ает(ся)
разлу́ка, -и
разлуча́ть(ся), -а́ю(сь), -а́ет(ся)
разлуче́ние, -я
разлучённый; *кр. ф.* -ён, -ена́
разлучи́ть(ся), -чу́(сь), -чи́т(ся)
разлу́чник, -а
разлу́чница, -ы, *тв.* -ей
разлюбе́зничаться, -аюсь, -ается
разлюбе́зный; *кр. ф.* -зен, -зна
разлюби́ть(ся), -люблю́, -лю́бит(ся)
разлю́бленный; *кр. ф.* -ен, -ена
разлюбля́ть(ся), -я́ю, -я́ет(ся)
разлюли́-мали́на, *другие формы не употр.*
разлютова́ться, -ту́юсь, -ту́ется
разля́панный; *кр. ф.* -ан, -ана
разля́пать(ся), -аю, -ает(ся)
разля́пывать(ся), -аю, -ает(ся)
размагни́тить(ся), -и́чу(сь), -и́тит(ся)
размагни́ченность, -и
размагни́ченный; *кр. ф.* -ен, -ена
размагни́чивание, -я
размагни́чивать(ся), -аю(сь), -ает(ся)
разма́занный; *кр. ф.* -ан, -ана
разма́зать(ся), -а́жу, -а́жет(ся)
размазня́, -и́, *р. мн.* -е́й, *ж. и* (*о человеке*) *м. и ж.*
разма́зывание, -я
разма́зывать(ся), -аю, -ает(ся)
разма́ивать(ся), -аю(сь), -ает(ся)
размалёванный; *кр. ф.* -ан, -ана
размалева́ть(ся), -лю́ю(сь), -лю́ет(ся)
размалёвка, -и
размалёвывание, -я
размалёвывать(ся), -аю(сь), -ает(ся)
разма́лывание, -я
разма́лывать(ся), -аю, -ает(ся)
разма́ривать(ся), -аю(сь), -ает(ся)
разма́тывание, -я
разма́тывать(ся), -аю(сь), -ает(ся)
разма́х, -а и -у
размаха́йка, -и, *р. мн.* -а́ек
размаха́ться, -машу́сь, -ма́шется и -а́юсь, -а́ется
разма́хивание, -я
разма́хивать(ся), -аю(сь), -ает(ся)
размахну́ть(ся), -ну́(сь), -нёт(ся)
разма́чивание, -я
разма́чивать(ся), -аю, -ает(ся)
размачто́ванный; *кр. ф.* -ан, -ана
размачтова́ть, -ту́ю, -ту́ет
размачто́вывать(ся), -аю, -ает(ся)
разма́шистость, -и
разма́шистый
разма́янный; *кр. ф.* -ян, -яна
разма́ять(ся), -а́ю(сь), -а́ет(ся)
размежева́ние, -я
размежёванный; *кр. ф.* -ан, -ана
размежева́ть(ся), -жу́ю(сь), -жу́ет(ся)
размежёвка, -и
размежёвывание, -я
размежёвывать(ся), -аю(сь), -ает(ся)
размельча́ть(ся), -а́ю, -а́ет(ся)
размельче́ние, -я
размельчённый; *кр. ф.* -ён, -ена́
размельчи́ть(ся), -чу́, -чи́т(ся)
разме́н, -а

РАЗМЕНИВАНИЕ

разме́нивание, -я
разме́нивать(ся), -аю(сь), -ает(ся)
разме́нник, -а
разме́нный
разме́нянный; *кр. ф.* -ян, -яна
разменя́ть(ся), -я́ю(сь), -я́ет(ся)
разме́р, -а
разме́ренно, *нареч.*
разме́ренность, -и
разме́ренный; *кр. ф. прич.* -ен, -ена; *кр. ф. прил.* (плавный, неторопливый; упорядоченный) -ен, -енна
разме́ривать(ся), -аю, -ает(ся)
разме́ривший
разме́рить, -рю, -рит и -ряю, -ряет
разме́рность, -и
разме́рный, *прил.* (от разме́р)
размеря́ть(ся), -я́ю, -я́ет(ся)
размеси́ть(ся), -ешу́, -е́сит(ся)
размести́, -мету́, -мете́т; *прош.* -мёл, -мела́
размести́ть(ся), -ещу́(сь), -ести́т(ся)
размёт, -а
размётанный; *кр. ф.* -ан, -ана (*от* размета́ть²)
размета́ть(ся)¹, -а́ю, -а́ет(ся), несов. (к размести́)
размета́ть(ся)², -мечу́(сь), -ме́чет(ся), сов. (раскида́ть(ся))
размете́нный; *кр. ф.* -ён, -ена́ (*от* размести́)
разме́тить, -мечу -метит
разме́тка, -и, *р. мн.* -ток (*от* разме́тить)
разме́тка, -и (*от* размета́ть)
разме́точный
разме́тчик, -а
разме́тчица, -ы, *тв.* -ей
размётший
размётывание, -я
размётывать(ся), -аю(сь), -ает(ся)
размеча́ть(ся), -а́ю, -а́ет(ся)
разме́ченный; *кр. ф.* -ен, -ена (*от* разме́тить)
разме́чивание, -я
разме́чивать(ся), -аю, -ает(ся)
размечта́ться, -а́юсь, -а́ется
разме́шанный; *кр. ф.* -ан, -ана (*от* размеша́ть)
размеша́ть(ся), -а́ю, -а́ет(ся)
разме́шенный; *кр. ф.* -ен, -ена (*от* размеси́ть)
разме́шивание, -я
разме́шивать(ся), -аю, -ает(ся)
размеща́ть(ся), -а́ю(сь), -а́ет(ся)
размеще́ние, -я
размещённый; *кр. ф.* -ён, -ена́
размина́ть(ся), -а́ю(сь), -а́ет(ся)
размине́р, -а
размини́рование, -я
размини́рованный; *кр. ф.* -ан, -ана
размини́ровать(ся), -рую, -рует(ся)
размина́нка, -и, *р. мн.* -нок
размина́ночный
размину́ться, -ну́сь, -нётся
размножа́ть(ся), -а́ю, -а́ет(ся)
размноже́ние, -я
размно́женный; *кр. ф.* -ен, -ена
размножи́тель, -я
размно́жить(ся), -жу, -жит(ся)
размозжа́ть(ся), -а́ю, -а́ет(ся)
размозжённый; *кр. ф.* -ён, -ена́
размозжи́ть(ся), -жу́, -жи́т(ся)
размо́ина, -ы
размока́ние, -я
размока́ть, -а́ет
размо́кнуть, -ну, -нет; *прош.* -о́к, -о́кла
размокропого́дить(ся), -ит(ся)
размо́кший
размо́л, -а
размола́чивать(ся), -аю, -ает(ся)
размо́лвка, -и, *р. мн.* -вок
размо́лка, -и (*к* размоло́ть)
размолоти́ть(ся), -очу́, -о́тит(ся)
размо́лотый
размоло́ть(ся), -мелю́, -ме́лет(ся)
размоло́ченный; *кр. ф.* -ен, -ена
размо́лочный
размо́льный
размонти́рование, -я
размонти́рованный; *кр. ф.* -ан, -ана
размонти́ровать(ся), -рую, -рует(ся)
размонтиро́вка, -и
размора́живание, -я
размора́живать(ся), -аю, -ает(ся)
разморде́ть, -е́ю, -е́ет
разморённость, -и
разморённый; *кр. ф.* -ён, -ена́
размори́ть(ся), -рю́(сь), -ри́т(ся)
заморо́женный; *кр. ф.* -ен, -ена
заморо́зить(ся), -о́жу, -о́зит(ся)
заморо́зка, -и
размо́танный; *кр. ф.* -ан, -ана
размота́ть(ся), -а́ю(сь), -а́ет(ся)
размо́тка, -и
размо́тчик, -а
размо́тчица, -ы, *тв.* -ей
размохна́тить(ся), -а́чу, -а́тит(ся)
размохна́ченный; *кр. ф.* -ен, -ена
размохна́чивать(ся), -аю, -ает(ся)
размоча́ленный; *кр. ф.* -ен, -ена
размоча́ливать(ся), -аю(сь), -ает(ся)
размоча́лить(ся), -лю(сь), -лит(ся)
размо́ченный; *кр. ф.* -ен, -ена
размочи́ть(ся), -очу́, -о́чит(ся)
размо́чка, -и
размунди́ренный; *кр. ф.* -ен, -ена
размунди́ривать(ся), -аю(сь), -ает(ся)
размунди́рить(ся), -рю(сь), -рит(ся)
размуро́ванный; *кр. ф.* -ан, -ана
размурова́ть, -ру́ю, -ру́ет
размуро́вывать(ся), -аю, -ает(ся)
размусо́ленный; *кр. ф.* -ен, -ена
размусо́ливать(ся), -аю, -ает(ся)
размусо́лить(ся), -лю, -лит(ся)
размы́в, -а

размыва́емость, -и
размыва́ние, -я
размыва́тель, -я
размыва́ть(ся), -а́ю(сь), -а́ет(ся)
размывно́й
размы́вчатый
размыка́ние, -я
размы́канный; *кр. ф.* -ан, -ана
размыка́тель, -я
размы́кать(ся), -аю, -ает(ся), *сов.* (размы́кать го́ре)
размыка́ть(ся), -а́ю, -а́ет(ся), *несов.* (к разомкну́ть(ся))
размы́кивать(ся), -аю, -ает(ся)
размы́слить, -лю, -лит
размы́тость, -и
размы́тый
размы́ть(ся), -мо́ю(сь), -мо́ет(ся)
размы́чка, -и
размышле́ние, -я
размышля́ть, -я́ю, -я́ет
размягча́ть(ся), -а́ю(сь), -а́ет(ся)
размягче́ние, -я
размягчённость, -и
размягчённый; *кр. ф.* -ён, -ена́
размягчи́тельный
размягчи́ть(ся), -чу́(сь), -чи́т(ся)
размяка́ть, -а́ю, -а́ет
размя́клый
размя́кнуть, -ну, -нет; *прош.* -мя́к, -мя́кла
размя́кший
размя́тый
размя́ть(ся), разомну́(сь), разомнёт(ся)
ра́з навсегда́
разнайто́вить, -влю, -вит
разнайто́вленный; *кр. ф.* -ен, -ена
разнайто́вливать, -аю, -ает
ра́з на ра́з
разнаря́дка, -и, *р. мн.* -док
разнаря́женный; *кр. ф.* -ен, -ена
разна́шивать(ся), -аю, -ает(ся)
разнедужиться, -жусь, -жится
разне́женность, -и

разне́женный; *кр. ф.* -ен, -ена
разне́живать(ся), -аю(сь), -ает(ся)
разне́жить(ся), -жу(сь), -жит(ся)
разне́жничаться, -аюсь, -ается
разнемога́ться, -а́юсь, -а́ется
разнемо́гшийся
разнемо́чься, -огу́сь, -о́жется, -о́гутся; *прош.* -о́гся, -огла́сь
разнена́ститься, -ится
разнепого́диться, -ится
разне́рвничаться, -аюсь, -ается
разнесе́ние, -я
разнесённый; *кр. ф.* -ён, -ена́
разнести́(сь), -су́, -сёт(ся); *прош.* -ёс(ся), -есла́(сь)
разнесча́стный
разнёсший(ся)
разни́занный; *кр. ф.* -ан, -ана
разниза́ть(ся), -ижу́, -и́жет(ся)
разни́зывать(ся), -аю, -ает(ся)
разнима́ние, -я
разнима́ть(ся), -а́ю, -а́ет(ся) и (*устар.*) разъе́млю, разъе́млет(ся)
ра́знить(ся), -ню(сь), -нит(ся)
ра́зница, -ы, *тв.* -ей
разнобо́й, -я
разнобо́йный
разнове́домственный
разновели́кий
разновели́кость, -и
разнове́с, -а
разнове́ска, -и, *р. мн.* -сок
разнове́сный
разнове́сок, -ска
разнови́дность, -и
разнови́дный
разновозрастно́й и разново́зрастный
разновре́менность, -и
разновре́менный; *кр. ф.* -менен, -менна
разновы́годность, -и
разновы́годный; *кр. ф.* -ден, -дна
разновысо́кий
разногла́зие, -я
разногла́зый

разногла́сие, -я
разноглуби́нный
разноголо́сица, -ы, *тв.* -ей
разноголо́сый
разножа́нровость, -и
разножа́нровый
разножгу́тиковый
разно́жка, -и, *р. мн.* -жек
разнозна́чащий
разнозна́чный; *кр. ф.* -чен, -чна
разноимённость, -и
разноимённый
разнокали́берность, -и
разнокали́берный; *кр. ф.* -рен, -рна
разнока́чественность, -и
разнока́чественный; *кр. ф.* -вен и -венен, -венна
разнокульту́рный
разноле́сье, -я
разноли́кий
разноли́кость, -и
разноли́стность, -и
разноли́стный и разноли́стый
разнома́рочность, -и
разнома́рочный
разнома́стность, -и
разнома́стный; *кр. ф.* -тен, -тна
разномасшта́бность, -и
разномасшта́бный; *кр. ф.* -бен, -бна
разноме́стный
разномы́слие, -я
разномы́слящий
разнонапра́вленность, -и
разнонапра́вленный; *кр. ф.* -ен, -ена
разнонациона́льный
разнообра́женный; *кр. ф.* -ен, -ена
разнообра́зие, -я
разнообра́зить(ся), -а́жу, -а́зит(ся)
разнообра́зность, -и
разнообра́зный; *кр. ф.* -зен, -зна
разнообра́зящий(ся)

РАЗНООТТЕНОЧНОСТЬ

разнотте́ночность, -и
разнотте́ночный
разнопёрый
разнопла́новость, -и
разнопла́новый
разноплемённость, -и
разноплемённый
разнопо́лый
разнопо́люсность, -и
разнопо́люсный; *кр. ф.* -сен, -сна
разнопоро́дность, -и
разнопоро́дный
разнопрофи́льность, -и
разнопрофи́льный; *кр. ф.* -лен, -льна
разнрабо́чая, -ей
разнорабо́чий, -его
разнорегули́рование, -я
разнорента́бельность, -и
разнорента́бельный; *кр. ф.* -лен, -льна
разноречи́вость, -и
разноречи́вый
разноре́чие, -я
разноре́чить, -чу, -чит
разноро́дность, -и
разноро́дный; *кр. ф.* -ден, -дна
разно́с, -а
разносери́йность, -и
разносери́йный
разноси́ть(ся), -ошу́, -о́сит(ся)
разно́ска, -и
разноскло́няемый
разносло́жный
разно́сный
разносо́лы, -ов
разносо́ртный; *кр. ф.* -тен, -тна
разнососло́вный
разнососта́вный; *кр. ф.* -вен, -вна
разноспо́ровый
разноспряга́емый
разности́лье, -я
разности́льность, -и
разности́льный; *кр. ф.* -лен, -льна
ра́зностно-вариацио́нный

ра́зностно-дифференциа́льный
ра́зностный
разносто́лбчатость, -и
разносто́лбчатый
разносто́пный; *кр. ф.* -пен, -пна
разносторо́нний; *кр. ф.* -о́нен, -о́ння
разносторо́нность, -и
ра́зность, -и
разно́счик, -а
разно́счица, -ы, *тв.* -ей
разноте́мпный
разноти́пность, -и
разноти́пный; *кр. ф.* -пен, -пна
разното́лки, -ов
разното́нность, -и
разното́нный; *кр. ф.* -о́нен, -о́нна
разнотра́вный
разнотра́вье, -я
разноу́ровневый
разноуса́дочный
разнофасо́нность, -и
разнофасо́нный; *кр. ф.* -о́нен, -о́нна
разнофигу́рный
разноформа́тность, -и
разноформа́тный; *кр. ф.* -тен, -тна
разнохара́ктерность, -и
разнохара́ктерный; *кр. ф.* -рен, -рна
разноцве́тица, -ы, *тв.* -ей
разноцве́тный; *кр. ф.* -тен, -тна
разноцве́тье, -я
разночи́нец, -нца, *тв.* -нцем, *р. мн.* -нцев
разночи́нный
разночи́нский
разночи́нство, -а
разночте́ние, -я
разно́шенный; *кр. ф.* -ен, -ена
разношёрстность, -и
разношёрстный; *кр. ф.* -тен, -тна и разношёрстый
разошири́нный
разноэта́жность, -и

разноэта́жный
разноязы́кий
разноязы́чие, -я
разноязы́чный; *кр. ф.* -чен, -чна
разнояйцево́й (разнояйцевы́е близнецы́)
ра́знствовать, -твую, -твует
разну́зданно, *нареч.*
разну́зданность, -и
разну́зданный; *кр. ф. прич.* -ан, -ана; *кр. ф. прил. (крайне распущенный)* -ан, -анна
разнузда́ть(ся), -а́ю(сь), -а́ет(ся)
разну́здывать(ся), -аю(сь), -ает(ся)
ра́зный
разню́ниваться, -аюсь, -ается
разню́ниться, -ню́нюсь, -ню́нится
разню́ханный; *кр. ф.* -ан, -ана
разню́хать, -аю, -ает
разню́хивать(ся), -аю, -ает(ся)
разня́тый; *кр. ф.* разня́т и ро́знят, разнята́, разня́то и ро́знято
разня́ть(ся), -ниму́, -ни́мет(ся), *(устар.)* разойму́, разоймёт(ся) и *(устар. прост.)* разыму́, разы́мет(ся); *прош.* разня́л и ро́знял, разня́лся, разняла́(сь), разня́ло и ро́зняло, разняло́сь
ра́знящий(ся)
разоби́деть(ся), -и́жу(сь), -и́дит(ся)
разоби́женный; *кр. ф.* -ен, -ена
разоблача́ть(ся), -а́ю(сь), -а́ет(ся)
разоблаче́ние, -я
разоблачённый; *кр. ф.* -ён, -ена́
разоблачи́тель, -я
разоблачи́тельница, -ы, *тв.* -ей
разоблачи́тельный; *кр. ф.* -лен, -льна
разоблачи́ть(ся), -чу́(сь), -чи́т(ся)
разо́бранный; *кр. ф.* -ан, -ана
разобра́ть(ся), разберу́(сь), разберёт(ся); *прош.* -а́л(ся), -ала́(сь), -а́ло, -а́лось
разобща́ть(ся), -а́ю(сь), -а́ет(ся)

разобще́ние, -я
разобщённость, -и
разобщённый; *кр. ф.* -ён, -ена́
разобщи́ть(ся), -щу́(сь), -щи́т(ся)
развра́ться, -ру́сь, -рётся; *прош.* -а́лся, -ала́сь, -а́лось
ра́зовый
разо́гнанный; *кр. ф.* -ан, -ана
разогна́ть(ся), разгоню́(сь), разго́нит(ся); *прош.* -а́л(ся), -ала́(сь), -а́ло, -а́ло́сь
разо́гнутый
разогну́ть(ся), -ну́(сь), -нёт(ся)
разогорча́ть(ся), -а́ю(сь), -а́ет(ся)
разогорчённый; *кр. ф.* -ён, -ена́
разогорчи́ть(ся), -чу́(сь), -чи́т(ся)
разогре́в, -а
разогрева́ние, -я
разогрева́ть(ся), -а́ю(сь), -а́ет(ся)
разогре́тый
разогре́ть(ся), -е́ю(сь), -е́ет(ся)
разоде́тый
разоде́ть(ся), -е́ну(сь), -е́нет(ся)
раздолжа́ть, -а́ю, -а́ет
раздолжённый; *кр. ф.* -ён, -ена́
раздолжи́ть, -жу́, -жи́т
разо́дранный; *кр. ф.* -ан, -ана
разодра́ть(ся), раздеру́(сь), раздерёт(ся); *прош.* -а́л(ся), -ала́(сь), -а́ло, -а́ло́сь
разожжённый; *кр. ф.* -ён, -ена́
разозлённый; *кр. ф.* -ён, -ена́
разозли́ть(ся), -лю́(сь), -ли́т(ся)
разойти́сь, -йду́сь, -йдётся; *прош.* -ошёлся, -ошла́сь
разо́к, *другие формы не употр.*
разо́к-друго́й
разолга́ться, -лгу́сь, -лжётся, -лгу́тся; *прош.* -а́лся, -ала́сь, -а́лось
ра́зом, *нареч.*
разо́мкнутый
разомкну́ть(ся), -ну́, -нёт(ся)
разомлева́ть, -а́ю, -а́ет
разомле́ть, -е́ю, -е́ет
разонра́виться, -влюсь, -вится

разопрева́ть, -а́ю, -а́ет
разопре́лый
разопре́ть, -е́ю, -е́ет
разо́р, -а
разора́ться, -ру́сь, -рётся
разо́рванно-дождево́й
разо́рванно-кучево́й
разо́рванность, -и
разо́рванный; *кр. ф.* -ан, -ана
разорва́ть(ся), -рву́(сь), -рвёт(ся); *прош.* -а́л(ся), -ала́(сь), -а́ло, -а́ло́сь
разоре́ние, -я
разорённый; *кр. ф.* -ён, -ена́
разори́тель, -я
разори́тельница, -ы, *тв.* -ей
разори́тельность, -и
разори́тельный; *кр. ф.* -лен, -льна
разори́ть(ся), -рю́(сь), -ри́т(ся)
разоружа́ть(ся), -а́ю(сь), -а́ет(ся)
разоруже́ние, -я
разоружённый; *кр. ф.* -ён, -ена́
разоруже́нческий
разоружи́ть(ся), -жу́(сь), -жи́т(ся)
разоря́ть(ся), -я́ю(сь), -я́ет(ся)
разо́сланный; *кр. ф.* -ан, -ана (*от* разосла́ть)
разосла́ть, -ошлю́, -ошлёт (*от* слать)
разоспа́ться, -плю́сь, -пи́тся; *прош.* -а́лся, -ала́сь, -а́ло́сь
разо́стланный; *кр. ф.* -ан, -ана (*от* разостла́ть)
разостла́ть(ся), расстелю́, рассте́лет(ся); *прош.* -а́л(ся), -а́ла(сь) (*к* стлать)
разо́тканный; *кр. ф.* -ан, -ана
разотка́ть, -тку́, -ткёт; *прош.* -а́л, -а́ла́, -а́ло
разоткрове́нничаться, -аюсь, -ается
ра́з от ра́зу
разо́хаться, -аюсь, -ается
разохо́тить(ся), -о́чу(сь), -о́тит(ся)
разохо́ченный; *кр. ф.* -ен, -ена

разочарова́ние, -я
разочаро́ванно, *нареч.*
разочаро́ванность, -и
разочаро́ванный; *кр. ф.* -ан, -ана и (*обнаруживающий, выражающий разочарование*) -ан, -анна (она́ грустна́ и разочаро́ванна)
разочарова́ть(ся), -ру́ю(сь), -ру́ет(ся)
разочаро́вывать(ся), -аю(сь), -ает(ся)
разо́чек, -чка
разочтённый; *кр. ф.* -ён, -ена́
разоше́дшийся
разошёлся, разошла́сь (*прош. к* разойти́сь)
разраба́тывание, -я
разраба́тывать(ся), -аю(сь), -ает(ся)
разрабо́танность, -и
разрабо́танный; *кр. ф.* -ан, -ана
разрабо́тать(ся), -аю(сь), -ает(ся)
разрабо́тка, -и, *р. мн.* -ток
разрабо́тчик, -а
разрабо́тчица, -ы, *тв.* -ей
разра́внивание, -я
разра́внивать(ся), -аю, -ает(ся)
разража́ться, -а́юсь, -а́ется
разрази́ть(ся), -ажу́сь, -ази́т(ся)
разраста́ние, -я
разраста́ться, -а́ется
разрасти́сь, -тётся; *прош.* -ро́сся, -росла́сь
разрасти́ть, -ащу́, -асти́т
разраще́ние, -я
разращённый; *кр. ф.* -ён, -ена́
разреве́ться, -ву́сь, -вётся
разрегули́рованность, -и
разрегули́рованный; *кр. ф.* -ан, -ана
разрегули́ровать(ся), -рую, -рует(ся)
разреди́ть(ся), -ежу́, -еди́т(ся) (*сделать(ся) редким*)
разрежа́ть(ся), -а́ю, -а́ет(ся) (*к* разреди́ть(ся))

РАЗРЕЖЕНИЕ

разреже́ние, -я (*от* разреди́ть)
разрежённость, -и и разре́женность, -и
разрежённый; *кр. ф.* -ён, -ена́ и разре́женный; *кр. ф.* -ен, -ена (*от* разреди́ть)
разрё́живание, -я
разрё́живать(ся), -аю, -ает(ся)
разре́з, -а
разреза́льный
резреза́ние, -я
разре́занный; *кр. ф.* -ан, -ана
разре́зать(ся), -е́жу, -е́жет(ся), *сов.*
разреза́ть(ся), -а́ю, -а́ет(ся), *несов.*
разрезви́ться, -влю́сь, -ви́тся
разре́зка, -и
разрезно́й
разре́зывать(ся), -аю, -ает(ся)
разреклами́рованный; *кр. ф.* -ан, -ана
разреклами́ровать(ся), -рую(сь), -рует(ся)
разреша́ть(ся), -а́ю(сь), -а́ет(ся)
разреша́ющий(ся)
разреше́ние, -я
разрешённый; *кр. ф.* -ён, -ена́
разреши́мость, -и
разреши́мый
разреши́тельный
разреши́ть(ся), -шу́(сь), -ши́т(ся)
разрисо́ванный; *кр. ф.* -ан, -ана
разрисова́ть(ся), -су́ю(сь), -су́ет(ся)
разрисо́вка, -и
разрисо́вщик, -а
разрисо́вщица, -ы, *тв.* -ей
разрисо́вывание, -я
разрисо́вывать(ся), -аю(сь), -ает(ся)
разро́вненный; *кр. ф.* -ен, -ена
разровня́ть(ся), -я́ю, -я́ет(ся)
разроди́ться, -ожу́сь, -оди́тся
разро́зненность, -и
разро́зненный; *кр. ф. прич.* -ен, -ена; *кр. ф. прил.* (*разъединённый, разобщённый, лишённый цельности*) -ен, -енна
разро́знивать(ся), -аю, -ает(ся)
разро́знить(ся), -ню, -нит(ся)
разроня́ть, -я́ю, -я́ет
разро́сшийся
разру́б, -а
разруба́ние, -я
разруба́ть(ся), -а́ю, -а́ет(ся)
разруби́ть, -ублю́, -у́бит
разру́бка, -и
разру́бленный; *кр. ф.* -ен, -ена
разру́ганный; *кр. ф.* -ан, -ана
разруга́ть(ся), -а́ю(сь), -а́ет(ся)
разрумя́ненный; *кр. ф.* -ен, -ена
разрумя́нивать(ся), -аю(сь), -ает(ся)
разрумя́нить(ся), -ню(сь), -нит(ся)
разру́ха, -и
разруша́ть(ся), -а́ю(сь), -а́ет(ся)
разруше́ние, -я
разру́шенный; *кр. ф.* -ен, -ена
разруши́тель, -я
разруши́тельница, -ы, *тв.* -ей
разруши́тельность, -и
разруши́тельный; *кр. ф.* -лен, -льна
разру́шить(ся), -шу, -шит(ся)
разры́в, -а
разрыва́ние, -я
разрыва́ть(ся), -а́ю(сь), -а́ет(ся)
разрывно́й
разры́вный (*разры́вные фу́нкции, матем.*)
разры́в-трава́, -ы́
разрыда́ться, -а́юсь, -а́ется
разры́тие, -я
разры́тый
разры́ть, -ро́ю, -ро́ет
разрыхле́ние, -я
разрыхлённый; *кр. ф.* -ён, -ена́
разрыхле́ть, -е́ет
разрыхли́тель, -я
разрыхли́тельный
разрыхли́ть(ся), -лю́, -ли́т(ся)
разрыхля́ть(ся), -я́ю, -я́ет(ся)
разрю́миться, -млюсь, -мится
разря́д, -а
разряди́ть(ся)[1], -яжу́(сь), -я́дит(ся) (*разоде́ть(ся)*)
разряди́ть(ся)[2], -яжу́(сь), -я́ди́т(ся) (*лиши́ть(ся) заря́да*)
разря́дка, -и, *р. мн.* -док
разря́дник, -а
разря́дница, -ы, *тв.* -ей
разря́дность, -и
разря́дный
разряжа́ние, -я (*от* разряжа́ть)
разряжа́ть(ся), -а́ю(сь), -а́ет(ся) (*к* разряди́ть(ся)[1 и 2])
разряже́ние, -я (*от* разряди́ть)
разряжённость, -и
разря́женный; *кр. ф.* -ен, -ена (*от* разряди́ть[1 и 2])
разряжённый; *кр. ф.* -ён, -ена́ (*от* разряди́ть[2])
разубеди́ть(ся), -ежу́(сь), -еди́т(ся)
разубежда́ть(ся), -а́ю(сь), -а́ет(ся)
разубеждённый; *кр. ф.* -ён, -ена́
разубира́ть(ся), -а́ю(сь), -а́ет(ся)
разубо́живание, -я
разу́бранный; *кр. ф.* -ан, -ана
разубра́ть(ся), -беру́(сь), -берёт(ся); *прош.* -а́л(ся), -ала́(сь), -а́ло, -а́лось
Разува́евы, -ых: Колупа́евы и Разува́евы
разуважа́ть, -а́ю, -а́ет
разува́жить, -а́жу, -а́жит
разува́ть(ся), -а́ю(сь), -а́ет(ся)
разуве́рение, -я
разуве́ренный; *кр. ф.* -ен, -ена
разуве́рить(ся), -рю(сь), -рит(ся)
разуверя́ть(ся), -я́ю(сь), -я́ет(ся)
разуда́лый
разузнава́ть(ся), -наю́, -наёт(ся)
разу́знанный; *кр. ф.* -ан, -ана
разузна́ть, -а́ю, -а́ет
разукомплектова́ние, -я
разукомплекто́ванный; *кр. ф.* -ан, -ана

разукомплектова́ть, -ту́ю, -ту́ет
разукомплекто́вывать(ся), -аю, -ает(ся)
разукра́сить(ся), -а́шу(сь), -а́сит(ся)
разукра́шенный; *кр. ф.* -ен, -ена
разукра́шивать(ся), -аю(сь), -ает(ся)
разукрупне́ние, -я
разукрупнённый; *кр. ф.* -ён, -ена́
разукрупни́ть(ся), -ню́, -ни́т(ся)
разукрупня́ть(ся), -я́ю, -я́ет(ся)
ра́зум, -а
разуме́ние, -я
разуме́ть(ся), -е́ю, -е́ет(ся)
разу́мник, -а
разу́мница, -ы, *тв.* -ей
разу́мность, -и
разу́мный; *кр. ф.* -мен, -мна
разуплотне́ние, -я
разуплотнённый; *кр. ф.* -ён, -ена́
разуплотни́ть(ся), -ню́, -ни́т(ся)
разуплотня́ть(ся), -я́ю, -я́ет(ся)
разу́тый
разу́ть(ся), -у́ю(сь), -у́ет(ся)
разутю́женный; *кр. ф.* -ен, -ена
разутю́живать(ся), -аю, -ает(ся)
разутю́жить(ся), -жу, -жит(ся)
разуха́бистость, -и
разуха́бистый
разу́ченный; *кр. ф.* -ен, -ена
разу́чивание, -я
разу́чивать(ся), -аю(сь), -ает(ся)
разучи́ть(ся), -учу́(сь), -у́чит(ся)
разъе́вший(ся)
разъеда́ть(ся), -а́ю(сь), -а́ет(ся)
разъе́денный; *кр. ф.* -ен, -ена
разъедине́ние, -я
разъединённость, -и
разъединённый; *кр. ф.* -ён, -ена́
разъедини́тель, -я
разъедини́тельный
разъедини́ть(ся), -ню́(сь), -ни́т(ся)
разъеди́нственный
разъеди́ный: оди́н-разъеди́ный

разъединя́ть(ся), -я́ю(сь), -я́ет(ся)
разъе́зд, -а
разъе́здить(ся), -е́зжу(сь), -е́здит(ся)
разъездно́й
разъезжа́ть(ся), -а́ю(сь), -а́ет(ся)
разъе́зженный; *кр. ф.* -ен, -ена
разъе́зживать(ся), -аю(сь), -ает(ся)
разъе́зжий
разъём, -а
разъе́млю, -лет(ся) (*устар. формы наст. вр. от* разнима́ть(ся)
разъёмный
разъерепе́ниться, -нюсь, -нится
разъе́сть(ся), -е́м(ся), -е́шь(ся), -е́ст(ся), -еди́м(ся), -еди́те(сь), -едя́т(ся); *прош.* -е́л(ся), -е́ла(сь)
разъе́хаться, -е́дусь, -е́дется
разъюли́ться, -лю́сь, -ли́тся
разъярённо, *нареч.*
разъярённость, -и
разъярённый; *кр. ф.* -ён, -ена́ и (*выражающий ярость*) -ён, -ённа (лицо́ его́ разъярённо)
разъяри́ть(ся), -рю́(сь), -ри́т(ся)
разъяря́ть(ся), -я́ю(сь), -я́ет(ся)
разъясне́ние, -я
разъяснённый; *кр. ф.* -ён, -ена́
разъясне́ть, -е́ет (*о погоде*)
разъясни́вать, -ает(ся)
разъясни́тельный
разъясни́ть(ся), -и́т(ся) (*о погоде*)
разъясни́ть(ся), -ню́, -ни́т(ся) (*объясни́ть(ся)*)
разъясня́ть(ся), -я́ю, -я́ет(ся)
разъя́тие, -я
разъя́тый
разъя́ть(ся), буд. и пов. не употр., прош. -я́л(ся), -я́ла(сь)
разы́гранный; *кр. ф.* -ан, -ана
разыгра́ть(ся), -а́ю(сь), -а́ет(ся)
разы́грывание, -я
разы́грывать(ся), -аю(сь), -ает(ся)
разыздева́ться, -а́юсь, -а́ется

разыма́ть(ся), -а́ю, -а́ет(ся) (*устар. прост. к* разнима́ть(ся))
разыменова́ние, -я
разымено́ванный; *кр. ф.* -ан, -ана
разыменова́ть, -ну́ю, -ну́ет
разымено́вывать(ся), -аю, -ает(ся)
разы́мчивый
разыска́ние, -я
разы́сканный; *кр. ф.* -ан, -ана
разыска́ть(ся), -ыщу́(сь), -ы́щет(ся)
разы́скивание, -я
разы́скивать(ся), -аю(сь), -ает(ся)
разыскни́к, -а́
разыскно́й
разэ́такий
разя́щий
ра́йна, -ы
ра́йновый
райт, -а
рай, ра́я, *предл.* в раю́
райвоенкома́т, -а
ра́йгра́с, -а
рай-де́рево, -а
райжилотде́л, -а
райжилуправле́ние, -я
райздра́в, -а
райисполко́м, -а
райисполко́мовский
райко́вый
райко́м, -а
райко́мовский
райо́н, -а
райони́рование, -я
райони́рованный; *кр. ф.* -ан, -ана
райони́ровать(ся), -рую, -рует(ся)
райо́нка, -и, *р. мн.* -нок
райо́нный
райо́нщик, -а
райотде́л, -а
райпотребсою́з, -а
райпотребсою́зовский

РАЙПРОМКОМБИНАТ

райпромкомбина́т, -а
райсельхозуправле́ние, -я
ра́йский
райсобе́с, -а
райсове́т, -а
ра́йтс, нескл., мн. (фин.)
райце́нтр, -а
райце́нтровский
рая́, нескл., мн. и рая́ты, -ов, ед. -я́т, -а
раятва́ри, нескл., ж.
рак, -а (животное; болезнь) и Рак, -а (созвездие и знак зодиака; о том, кто родился под этим знаком)
ра́ка, -и (гробница)
рака́лия, -и
ра́кель, -я
ра́кельный
раке́та, -ы
раке́та-зо́нд, раке́ты-зо́нда
раке́та-носи́тель, раке́ты-носи́теля (многоступенчатая космическая ракета)
раке́та-перехва́тчик, раке́ты-перехва́тчика
раке́тка, -и, р. мн. -ток
раке́тница, -ы, тв. -ей
раке́тно-бо́мбовый
раке́тно-косми́ческий
раке́тно-техни́ческий
раке́тно-я́дерный
Раке́тные войска́ РФ
раке́тный
ракетово́з, -а
ракетодина́мика, -и
ракетодро́м, -а
ракетомодели́зм, -а
ракетомодели́ст, -а
ракетомоде́льный
ракетоно́сец, -сца, тв. -сцем, р. мн. -сцев
ракетоноси́тель, -я (самолет)
ракетоно́сный
ракетообра́зный; кр. ф. -зен, -зна
ракетопла́н, -а

ракетопланёр, -а
ракетострое́ние, -я
ракетострои́тель, -я
ракетострои́тельный
раке́точный
раке́тчик, -а
раки́та, -ы
раки́тник, -а
раки́тный
раки́товый
ра́кия, -и
ракли́ст, -а
ра́кля, -и
ра́ковина, -ы
ра́ковинка, -и, р. мн. -нок
ра́ковинный
ра́ковистый
ра́ковый
ракое́д, -а
раколо́в, -а
ра́ком, нареч.
ракообра́зные, -ых
рако́рд, -а
ракоскорпио́н, -а
ра́к-отше́льник, ра́ка-отше́льника
ракохо́дный
ракс-бу́гель, -я
ра́ксы, -ов
ра́курс, -а
ра́курсный
раку́шечник, -а
раку́шечный
раку́шка, -и, р. мн. -шек
раку́шковый
раку́шник, -а
ра́кша, -и, тв. -ей
ракшеобра́зные, -ых
ра́лли, нескл., с.
ралли́йный
ралли́ст, -а
ра́ло, -а
ра́ма, -ы
Ра́ма, -ы, м. (мифол.)
Рамада́н, -а и Рамаза́н, -а
рамапите́к, -а
рамбулье́, неизм. и нескл., м. и ж.

рамбу́рс, -а
рамбурси́ровать, -рую, -рует
рамбу́рсный
рамбута́н, -а
рамена́, раме́н, раме́нам (плечи)
ра́мень, -и и ра́менье, -я (еловый лес)
ра́ми, нескл., с. (растение)
ра́мка, -и, р. мн. ра́мок
ра́мковый
ра́мно-консо́льный
ра́мно-кузовно́й
ра́мный
рамоли́, нескл., м.
рамо́лик, -а
рамооборо́т, -а
рамотёс, -а
ра́мочка, -и, р. мн. -чек
ра́мочный
ра́мпа, -ы
ра́мповый
рамс, -а
рамфори́нх, -а
рамфоте́ка, -и
ра́на, -ы
рана́тра, -ы
ра́нверс, -а
ранверсма́н, -а
ранг, -а
ра́нговый
ранго́ут, -а
ранго́утный
рангу́нский (от Рангу́н)
рангу́нцы, -ев, ед. -нец, -нца, тв. -нцем
ранд, -а (ден. ед.)
рандеву́, нескл., с.
раневой
ра́нее, сравн. ст.
ране́ние, -я
ра́ненный; кр. ф. -ен, -ена, прич.
ра́неный[1], прил.
ра́неный[2], -ого
ра́ненько
ране́т, -а и рене́т, -а
ране́тка, -и, р. мн. -ток

ранёхонько
ра́нец, ра́нца, тв. ра́нцем, р. мн. ра́нцев
ранёшенько
ранжи́р, -а
ранжи́рование, -я
ранжи́рованный; кр. ф. -ан, -ана
ранжи́ровать(ся), -ру́ю, -ру́ет(ся)
ра́ни, нескл., ж.
рани́мость, -и
рани́мый
ра́нить, -ню, -нит
ра́нка, -и, р. мн. ра́нок
ранневесе́нний
ранневизанти́йский
раннекаменноуго́льный
раннекембри́йский
раннемелово́й
раннеосе́нний
раннески́фский
раннеславя́нский
раннеспе́лость, -и
раннеспе́лый
раннесредневеко́вый
раннефеода́льный
раннехристиа́нский
раннецвету́щий
раннею́рский
ра́нний
ра́но
ранова́то
ранозаживля́ющий
ра́но-ра́но
ранорасшири́тель, -я
рант, -а, предл. на ра́нте и на ранту́
рантово́й
рантовшивно́й
рантье́, нескл., м.
ра́нцевый
ранче́ро, нескл., м.
ра́нчо, нескл., с.
раны́м-ране́нько
раны́м-ранёхонько
раны́м-ранёшенько
ра́ным-ра́но
рань, -и

ра́ньше, сравн. ст.
ра́ньшина, -ы (судно)
РА́О, нескл., с. (сокр.: Российское акционерное общество), напр.: РАО "ЕЭС России", РАО "Газпром"
ра́па, -ы
рапаки́ви, нескл., с.
рапа́на, -ы
рапи́д, -а
рапи́дный
рапидо́граф, -а
рапи́д-съёмка, -и, р. мн. -мок
рапи́ра, -ы
рапири́ст, -а
рапири́стка, -и, р. мн. -ток
рапно́й
ра́порт, -а, мн. -ы, -ов и -а́, -о́в (донесение)
рапорти́чка, -и, р. мн. -чек
рапортова́ть, -ту́ю, -ту́ет
рапп, -а (монета)
ра́пповец, -вца, тв. -вцем, р. мн. -вцев
ра́пповский (от РАПП)
ра́пповщина, -ы
раппо́рт, -а (узор)
рапс, -а
ра́псовый
рапсо́д, -а
рапсоди́ческий
рапсо́дия, -и
ритет́, -а
ритет́ный
ра́са, -ы
расе́йский (от Расе́я – нарочито-сниженное и прост. к Россия)
раси́зм, -а
Раси́нов, -а, -о и раси́новский (от Раси́н)
раси́ст, -а
раси́стка, -и, р. мн. -ток
раси́стский
раскабалённый; кр. ф. -ён, -ена́
раскабали́ть(ся), -лю́(сь), -ли́т(ся)

раскабаля́ть(ся), -я́ю(сь), -я́ет(ся)
раскавы́ченный; кр. ф. -ен, -ена
раскавы́чивание, -я
раскавы́чивать(ся), -аю, -ает(ся)
раскавы́чить, -чу, -чит
раскадро́ванный; кр. ф. -ан, -ана
раскадрова́ть, -ру́ю, -ру́ет
раскадро́вка, -и
раскадро́вывать(ся), -аю, -ает(ся)
расска́зеченный; кр. ф. -ен, -ена
расска́зывание, -я
расска́зывать(ся), -аю(сь), -ает(ся)
расска́зчить, -чу, -чит
расказнённый; кр. ф. -ён, -ена́
расказни́ть, -ню́, -ни́т
раска́иваться, -аюсь, -ается
раскалённый; кр. ф. -ён, -ена́
раска́ливание, -я
раскали́ть(ся), -лю́(сь), -ли́т(ся)
раска́лывание, -я
раска́лывать(ся), -аю(сь), -ает(ся)
раскаля́каться, -аюсь, -ается
раскаля́ть(ся), -я́ю(сь), -я́ет(ся)
расканто́ванный; кр. ф. -ан, -ана
раскантова́ть, -ту́ю, -ту́ет
раскантовка, -и
расканто́вывать(ся), -аю, -ает(ся)
раскапри́зничаться, -аюсь, -ается
раска́пывание, -я
раска́пывать(ся), -аю, -ает(ся)
раскарда́ш, -а, тв. -ем
раска́ркаться, -аюсь, -ается
раска́рмливание, -я
раска́рмливать(ся), -аю(сь), -ает(ся)
расскасси́рованный; кр. ф. -ан, -ана
расскасси́ровать, -рую, -рует
раска́т, -а
раска́танный; кр. ф. -ан, -ана
раската́ть(ся), -а́ю(сь), -а́ет(ся)

раска́тисто-гро́мкий
раска́тисто-до́лгий
раска́тистость, -и
раска́тистый
раскати́ть(ся), -ачу́(сь), -а́тит(ся)
раска́тка, -и
раскатно́й
раска́тывание, -я
раска́тывать(ся), -аю(сь), -ает(ся)
раска́чанный; кр. ф. -ан, -ана (от раскача́ть)
раскача́ть(ся), -а́ю(сь), -а́ет(ся)
раска́ченный; кр. ф. -ен, -ена (от раскати́ть)
раска́чивание, -я
раска́чивать(ся), -аю(сь), -ает(ся)
раска́чка, -и, р. мн. -чек
раска́шивать(ся), -аю, -ает(ся)
раска́шливаться, -аюсь, -ается
раска́шляться, -яюсь, -яется
раска́явшийся
раска́яние, -я
раска́яться, -а́юсь, -а́ется
расква́каться, -ается
расквартирова́ние, -я
расквартиро́ванный; кр. ф. -ан, -ана
расквартирова́ть(ся), -ру́ю, -ру́ет(ся)
расквартиро́вывать(ся), -аю, -ает(ся)
расква́сить(ся), -а́шу(сь), -а́сит(ся)
расква́шенный; кр. ф. -ен, -ена
расква́шивать(ся), -аю(сь), -ает(ся)
расквита́ться, -а́юсь, -а́ется
раски́данный; кр. ф. -ан, -ана
раскида́ть(ся), -а́ю(сь), -а́ет(ся)
раски́дистый
раски́дка, -и
раскидно́й
раски́дывание, -я
раски́дывать(ся), -аю(сь), -ает(ся)

раски́нутый
раски́нуть(ся), -ну(сь), -нет(ся)
раскипа́ться, -а́юсь, -а́ется
раскипе́ться, -плю́сь, -пи́тся
раскипяти́ться, -ячу́сь, -яти́тся
раскиса́ть, -а́ю, -а́ет
раскисле́ние, -я
раскисли́тель, -я
раскисли́ть, -лю́, -ли́т
раскисля́ть(ся), -я́ю, -я́ет(ся)
раски́снуть, -ну, -нет; прош. -и́с, -и́сла
раски́сший
раскла́д, -а
раскла́дка, -и, р. мн. -док
раскладно́й
раскла́дочный
раскладу́шка, -и, р. мн. -шек
раскла́дчик, -а
раскла́дывание, -я
раскла́дывать(ся), -аю(сь), -ает(ся)
раскла́ниваться, -аюсь, -ается
раскла́няться, -яюсь, -яется
расклассифици́рованный; кр. ф. -ан, -ана
расклассифици́ровать, -рую, -рует
расклёванный; кр. ф. -ан, -ана
расклева́ть, -люю́, -люёт
расклёвывать(ся), -аю, -ает(ся)
расклеенный; кр. ф. -ен, -ена
расклеивание, -я
расклеивать(ся), -аю(сь), -ает(ся)
расклеить(ся), -е́ю(сь), -е́ит(ся)
расклейка, -и, р. мн. -е́ек
расклейщик, -а
расклейщица, -ы, тв. -ей
расклёпанный; кр. ф. -ан, -ана
расклепа́ть(ся), -а́ю, -а́ет(ся)
расклёпка, -и
расклёпывание, -я
расклёпывать(ся), -аю, -ает(ся)
расклёшенный; кр. ф. -ен, -ена
расклёшивать(ся), -аю, -ает(ся)
расклёшить, -шу, -шит

расклинённый; кр. ф. -ён, -ена́ и раскли́ненный; кр. ф. -ен, -ена
раскли́нивать(ся), -аю, -ает(ся)
расклини́ть(ся), -ню́, -ни́т(ся) и раскли́нить(ся), -ню, -нит(ся)
раско́ванно, нареч.
раско́ванность, -и
раско́ванный; кр. ф. прич. -ан, -ана; кр. ф. прил. (непринуждённый) -ан, -анна
раскова́ть(ся), -кую́(сь), -куёт(ся)
раско́вка, -и
раско́вывание, -я
раско́вывать(ся), -аю(сь), -ает(ся)
расковы́ривать(ся), -аю, -ает(ся)
расковы́рянный; кр. ф. -ян, -яна
расковыря́ть, -я́ю, -я́ет
раскоди́рованный; кр. ф. -ан, -ана
раскоди́ровать, -рую, -рует
раско́канный; кр. ф. -ан, -ана
раско́кать(ся), -аю, -ает(ся)
раско́л, -а
раскола́чивать(ся), -аю, -ает(ся)
расколдо́ванный; кр. ф. -ан, -ана
расколдова́ть, -ду́ю, -ду́ет
расколдо́вывание, -я
расколдо́вывать(ся), -аю, -ает(ся)
расколеро́ванный; кр. ф. -ан, -ана
расколеро́вка, -и
раско́лка, -и
расколоти́ть(ся), -лочу́, -ло́тит(ся)
расколо́тый
расколо́ть(ся), -олю́(сь), -о́лет(ся)
расколоучи́тель, -я, мн. -и, -ей
расколо́ченный; кр. ф. -ен, -ена
расколошма́тить, -а́чу, -а́тит
расколошма́ченный; кр. ф. -ен, -ена
расколу́панный; кр. ф. -ан, -ана
расколупа́ть, -а́ю, -а́ет

раскола́пывать(ся), -аю, -ает(ся)
расколыха́ть(ся), -ы́шу, -ы́шет(ся) и -а́ю, -а́ет(ся)
рако́льник, -а
рако́льниковский (от Раско́льников)
рако́льница, -ы, тв. -ей
рако́льнический
рако́льничество, а
рако́льничий, -ья, -ье
раскомандиро́ванный; кр. ф. -ан, -ана
раскомандирова́ть, -ру́ю, -ру́ет
раскомандиро́вка, -и, р. мн. -вок
раскомандиро́вочный
раскома́ндоваться, -дуюсь, -дуется
раскомплексо́ванность, -и
раскомплексо́ванный; кр. ф. -ана, -ана
раскомплектова́ние, -я
раскомплекто́ванный; кр. ф. -ан, -ана
раскомплектова́ть, -ту́ю, -ту́ет
расконвои́рование, -я
расконвои́рованный; кр. ф. -ан, -ана
расконвои́ровать, -рую, -рует
расконопа́тить, -а́чу, -а́тит
расконопа́ченный; кр. ф. -ен, -ена
расконопа́чивать(ся), -аю, -ает(ся)
расконсерва́ция, -и
расконсерви́рованный; кр. ф. -ан, -ана
расконсерви́ровать(ся), -рую, -рует(ся)
расконспири́рование, -я
расконспири́рованный; кр. ф. -ан, -ана
расконспири́ровать(ся), -и́рую(сь), -и́рует(ся)
раскоордина́ция, -и
раскоордини́рованность, -и
раскоордини́рованный; кр. ф. -ан, -ана

раскоордини́ровать(ся), -рую, -рует(ся)
раско́п, -а
раско́панный; кр. ф. -ан, -ана
раскопа́ть, -а́ю, -а́ет
раско́пки, -пок
раско́пщик, -а
раскорми́ть, -ормлю́, -о́рмит
раско́рмка, -и
раско́рмленный; кр. ф. -ен, -ена
раскорчёванный; кр. ф. -ан, -ана
раскорчева́ть, -чу́ю, -чу́ет
раскорчёвка, -и, р. мн. -вок
раскорчёвывание, -я
раскорчёвывать(ся), -аю, -ает(ся)
раскоря́ка, -и, м. и ж.
раскоря́кой, нареч.
раскоря́ченный; кр. ф. -ен, -ена
раскоря́чивать(ся), -аю(сь), -ает(ся)
раскоря́чить(ся), -чу(сь), -чит(ся)
раскоря́чка, -и, р. мн. -чек, м. и ж.
раско́с, -а
раскоси́ть¹, -ошу́, -о́сит (скосить косой)
раскоси́ть², -ошу́, -оси́т (сделать косым; укрепить раскосами)
раско́ска, -и, р. мн. -сок
раскосма́тить(ся), -а́чу(сь), -а́тит(ся)
раскосма́ченный; кр. ф. -ен, -ена
раскосма́чивать(ся), -аю(сь), -ает(ся)
раско́сость, -и
раско́сый
раскочевря́житься, -жусь, -жится
раскочега́ренный; кр. ф. -ен, -ена
раскочега́ривание, -я
раскочега́ривать(ся), -аю(сь), -ает(ся)
раскочега́рить(ся), -рю(сь), -рит(ся)

раскоше́ливаться, -аюсь, -ается
раскоше́литься, -люсь, -лится
раско́шенный; кр. ф. -ен, -ена (от раскоси́ть¹ и²)
раскошённый; кр. ф. -ён, -ена́ (от раскоси́ть²)
раскра́вший
раскра́денный; кр. ф. -ен, -ена
раскра́дывать(ся), -аю, -ает(ся)
раскра́ивание, -я
раскра́ивать(ся), -аю, -ает(ся)
раскраса́вец, -вца, тв. -вцем, р. мн. -вцев
раскраса́вица, -ы, тв. -ей
раскра́сить(ся), -а́шу(сь), -а́сит(ся)
раскра́ска, -и, р. мн. -сок
раскрасне́ться, -е́юсь, -е́ется
раскра́сть, -аду́, -адёт; прош. -а́л, -а́ла
раскра́счик, -а
раскра́счица, -ы, тв. -ей
раскра́шенный; кр. ф. -ен, -ена
раскра́шивание, -я
раскра́шивать(ся), -аю(сь), -ает(ся)
раскрепи́ть(ся), -плю́(сь), -пи́т(ся)
раскрепле́ние, -я
раскреплённый; кр. ф. -ён, -ена́
раскрепля́ть(ся), -я́ю(сь), -я́ет(ся)
раскрепо́ванный; кр. ф. -ан, -ана
раскрепова́ть, -пу́ю, -пу́ет
раскрепо́вка, -и, р. мн. -вок
раскрепо́вывать(ся), -аю, -ает(ся)
раскрепости́ть(ся), -ощу́(сь), -ости́т(ся)
раскрепоща́ть(ся), -а́ю(сь), -а́ет(ся)
раскрепоще́ние, -я
раскрепощённо, нареч.
раскрепощённость, -и
раскрепощённый; кр. ф. -ён, -ена́
раскрестья́ненный; кр. ф. -ен, -ена

раскрестья́нивание, -я
раскрестья́нивать(ся), -аю(сь), -ает(ся)
раскрестья́нить, -ню, -нит
раскритико́ванный; кр. ф. -ан, -ана
раскритикова́ть(ся), -ку́ю(сь), -ку́ет(ся)
раскритико́вывать(ся), -аю(сь), -ает(ся)
раскрича́ть(ся), -чу́(сь), -чи́т(ся)
раскровенённый; кр. ф. -ён, -ена́
раскровени́ть(ся), -ню́, -ни́т(ся)
раскро́енный; кр. ф. -ен, -ена
раскро́и́ть(ся), -ою́, -ои́т(ся)
раскро́й, -я
раскро́йка, -и
раскро́йный
раскро́йщик, -а
раскро́йщица, -ы, тв. -ей
раскро́мсанный; кр. ф. -ан, -ана
раскромса́ть, -а́ю, -а́ет
раскро́шенный; кр. ф. -ен, -ена
раскроши́ть(ся), -ошу́, -о́ши́т(ся)
раскружа́ленный; кр. ф. -ен, -ена
раскружа́ливание, -я
раскружа́ливать(ся), -аю, -ает(ся)
раскружа́лить, -лю, -лит
раскрути́ть(ся), -учу́(сь), -у́тит(ся)
раскру́тка, -и
раскру́ченный; кр. ф. -ен, -ена
раскру́чивание, -я
раскру́чивать(ся), -аю(сь), -ает(ся)
раскручи́ниться, -нюсь, -нится
раскрыва́емость, -и
раскрыва́ние, -я
раскрыва́ть(ся), -а́ю(сь), -а́ет(ся)
раскры́тие, -я
раскры́тость, -и
раскры́тый
раскры́ть(ся), -ро́ю(сь), -ро́ет(ся)
раскряжёванный; кр. ф. -ан, -ана
раскряжева́ть, -жу́ю, -жу́ет

раскряжёвка, -и
раскряжёвочный
раскряжёвщик, -а
раскряжёвывать(ся), -аю, -ает(ся)
раскуда́хтаться, -хчусь, -хчется
раскула́ченный; кр. ф. -ен, -ена
раскула́чивание, -я
раскула́чивать(ся), -аю(сь), -ает(ся)
раскула́чить, -чу, -чит
раскумéкать, -аю, -ает
раскупа́ние, -я
раскупа́ть(ся), -а́ю, -а́ет(ся)
раскупи́ть, -уплю́, -у́пит
раску́пленный; кр. ф. -ен, -ена
раску́поренный; кр. ф. -ен, -ена
раску́поривание, -я
раску́поривать(ся), -аю, -ает(ся)
раску́порить(ся), -рю, -рит(ся)
раску́порка, -и
раскура́житься, -жусь, -жится
раску́ренный; кр. ф. -ен, -ена
раску́ривание, -я
раску́ривать(ся), -аю, -ает(ся)
раскури́ть(ся), -урю́, -у́рит(ся)
раску́рка, -и
раскуро́ченный; кр. ф. -ен, -ена
раскуро́чивать(ся), -аю, -ает(ся)
раскуро́чить, -чу, -чит
раскуси́ть, -ушу́, -у́сит
раскусти́ться, -и́тся
раску́сывание, -я
раску́сывать(ся), -аю, -ает(ся)
раску́танный; кр. ф. -ан, -ана
раску́тать(ся), -аю(сь), -ает(ся)
раскути́ться, -учу́сь, -у́тится
раску́тывание, -я
раску́тывать(ся), -аю(сь), -ает(ся)
раску́чиваться, -аюсь, -ается
раску́шанный; кр. ф. -ан, -ана (от раску́шать)
раску́шать, -аю, -ает
раску́шенный; кр. ф. -ен, -ена (от раскуси́ть)

расове́дение, -я
расове́дческий
ра́сово-антропологи́ческий
ра́совый
расогене́з, -а
расогенети́ческий
распа́д, -а
распада́ться, -а́ется
распаде́ние, -я
распа́док, -дка
распа́ивать(ся), -аю, -ает(ся)
распа́йка, -и
распако́ванный; кр. ф. -ан, -ана
распакова́ть(ся), -ку́ю(сь), -ку́ет(ся)
распако́вка, -и
распако́вывание, -я
распако́вывать(ся), -аю(сь), -ает(ся)
распалённый; кр. ф. -ён, -ена́
распали́ть(ся), -лю́(сь), -ли́т(ся)
распа́лубить, -блю, -бит
распа́лубка, -и
распа́лубленный; кр. ф. -ен, -ена
распаля́ть(ся), -я́ю(сь), -я́ет(ся)
распа́р, -а
распа́ренный; кр. ф. -ен, -ена
распа́ривание, -я
распа́ривать(ся), -аю(сь), -ает(ся)
распа́рить(ся), -рю(сь), -рит(ся)
распа́рка, -и
распа́рывание, -я
распа́рывать(ся), -аю, -ает(ся)
распасова́ть, -су́ю, -су́ет
распасо́вка, -и
распасо́вщик, -а
распасо́вывать(ся), -аю, -ает(ся)
распа́сться, -адётся; прош. -а́лся, -а́лась
распатро́ненный; кр. ф. -ен, -ена
распатро́нивать(ся), -аю, -ает(ся)
распатро́нить, -ню, -нит
распа́ханный; кр. ф. -ан, -ана
распаха́ть, -пашу́, -па́шет
распа́хивание, -я

распа́хивать(ся), -аю(сь), -ает(ся)
распа́хнутость, -и
распа́хнутый
распахну́ть(ся), -ну́(сь), -нёт(ся)
распа́шка, -и
распа́шник, -а
распашно́й
распашо́нка, -и, р. мн. -нок
распашо́ночка, -и, р. мн. -чек
распа́янный; кр. ф. -ян, -яна
распая́ть(ся), -я́ю, -я́ет(ся)
распе́в, -а
распева́ние, -я (к петь)
распева́ть(ся), -а́ю(сь), -а́ет(ся) (к петь)
распе́вец, -вца, тв. -вцем
распе́вность, -и
распе́вный
распе́вщик, -а
распека́ние, -я
распека́тельный
распека́тельский
распека́тельство, -а
распека́ть(ся), -а́ю(сь), -а́ет(ся)
распёкший
распелёнатый и распелёнутый
распелена́ть(ся), -а́ю(сь), -а́ет(ся)
распелёнывать(ся), -аю(сь), -ает(ся)
распере́ть, разопру́, разопрёт; прош. распёр, распёрла
распёртый
распёрший
распестрённый; кр. ф. -ён, -ена́
распестри́ть(ся), -рю́, -ри́т(ся)
распетуши́ться, -шу́сь, -ши́тся
распе́тый
распе́ть(ся), -пою́(сь), -поёт(ся)
распеча́танный; кр. ф. -ан, -ана
распеча́тать(ся), -аю, -ает(ся)
распеча́тка, -и, р. мн. -ток
распеча́тывание, -я
распеча́тывать(ся), -аю, -ает(ся)
распечённый; кр. ф. -ён, -ена́
распе́чь, -еку́, -ечёт, -еку́т; прош. -ёк, -екла́

распива́ние, -я (к пить)
распива́ть(ся), -а́ю, -а́ет(ся) (к пить)
распи́вочный
распикиро́ванный; кр. ф. -ан, -ана
распикирова́ть, -ру́ю, -ру́ет (от пикирова́ть)
распи́л, -а
распи́ленный; кр. ф. -ен, -ена
распи́ливание, -я
распи́ливать(ся), -аю, -ает(ся)
распили́ть(ся), -илю́, -и́лит(ся)
распи́лка, -и
распило́вка, -и
распило́вочный
распило́вщик, -а
распина́ть(ся), -а́ю(сь), -а́ет(ся)
распира́ть(ся), -а́ю, -а́ет(ся)
расписа́ние, -я
распи́санный; кр. ф. -ан, -ана
расписа́ть(ся), -ишу́(сь), -и́шет(ся)
распи́ска, -и, р. мн. -сок
расписно́й
распи́сывание, -я
распи́сывать(ся), -аю(сь), -ает(ся)
распи́тие, -я
распи́тый; кр. ф. распи́т, распита́, распи́то
распи́ть, разопью́, разопьёт; прош. -и́л, -ила́, -и́ло
распи́ханный; кр. ф. -ан, -ана
распиха́ть(ся), -а́ю, -а́ет(ся)
распи́хивание, -я
распи́хивать(ся), -аю, -ает(ся)
распи́хнутый
распихну́ть, -ну́, -нёт
распища́ться, -щу́сь, -щи́тся
распла́в, -а
распла́вить(ся), -влю, -вит(ся)
распла́вка, -и
расплавле́ние, -я
распла́вленный; кр. ф. -ен, -ена
расплавля́ть(ся), -я́ю, -я́ет(ся)

распла́каться, -а́чусь, -а́чется
распланиро́ванный; кр. ф. -ан, -ана (от распланирова́ть) и распланиро́ванный; кр. ф. -ан, -ана (от распланирова́ть)
распланирова́ть, -ру́ю, -ру́ет (от плани́ровать) и распланирова́ть, -и́рую, -и́рует (от плани́ровать)
распланиро́вка, -и
распланиро́вывать(ся), -аю, -ает(ся)
распла́станный; кр. ф. -ан, -ана
распласта́ть(ся), -а́ю(сь), -а́ет(ся)
распласто́ванный; кр. ф. -ан, -ана
распластова́ть, -ту́ю, -ту́ет
распласто́вывание, -я
распласто́вывать(ся), -аю, -ает(ся)
распла́стывание, -я
распла́стывать(ся), -аю(сь), -ает(ся)
распла́та, -ы
расплати́ться, -ачу́сь, -а́тится
распла́чиваться, -аюсь, -ается
расплева́ться, -люю́сь, -люётся
расплёвываться, -аюсь, -ается
расплёсканный; кр. ф. -ан, -ана
расплеска́ть(ся), -ещу́(сь), -е́щет(ся) и -а́ю(сь), -а́ет(ся)
расплёскивать(ся), -аю, -ает(ся)
расплёснутый
расплесну́ть(ся), -ну́, -нёт(ся)
расплести́(сь), -лету́, -летёт(ся); прош. -лёл(ся), -лела́(сь)
расплета́ть(ся), -а́ю, -а́ет(ся)
расплетённый; кр. ф. -ён, -ена́
расплётший(ся)
распло́д, -а
расплоди́ть(ся), -ожу́, -оди́т(ся)
распложа́ть(ся), -а́ю, -а́ет(ся)
распложённый; кр. ф. -ён, -ена́
распломбиро́ванный; кр. ф. -ан, -ана
распломбирова́ть, -ру́ю, -ру́ет

распломбиро́вывание, -я
распломбиро́вывать(ся), -аю,
  -ает(ся)
расплыва́ться, -а́юсь, -а́ется
расплы́вчатость, -и
расплы́вчатый
расплы́ться, -ыву́сь, -ывётся;
  прош. -ы́лся, -ыла́сь, -ы́ло́сь
расплю́снутый
расплю́снуть(ся), -ну, -нет(ся)
расплю́щенный; кр. ф. -ен, -ена
расплю́щивать(ся), -аю, -ает(ся)
расплю́щить(ся), -щу, -щит(ся)
распляса́ться, -яшу́сь, -я́шется
распого́диться, -ится
распого́живаться, -ается
расподобле́ние, -я
расподобля́ться, -я́ется
распознава́емость, -и
распознава́ние, -я
распознава́ть(ся), -наю́, -наёт(ся)
распозна́ние, -я
распо́знанный; кр. ф. -ан, -ана
распозна́ть, -а́ю, -а́ет
располага́ть(ся), -а́ю(сь), -а́ет(ся)
располага́ющий(ся)
располза́ние, -я
располза́ться, -а́юсь, -а́ется
расползти́сь, -зу́сь, -зётся; прош.
  -о́лзся, -олзла́сь
расползши́йся
располне́ть, -е́ю, -е́ет
расположе́ние, -я
располо́женность, -и
располо́женный; кр. ф. -ен, -ена
расположи́ть(ся), -ожу́(сь),
  -о́жит(ся)
располосо́ванный; кр. ф. -ан,
  -ана
располосова́ть, -су́ю, -су́ет
располосо́вывать(ся), -аю,
  -ает(ся)
распома́дить(ся), -а́жу(сь),
  -а́дит(ся)
распома́женный; кр. ф. -ен, -ена
распо́п, -а

распо́р, -а
распо́рка, -и, р. мн. -рок
распо́рный
распо́ротый
распоро́ть(ся), -орю́, -о́рет(ся)
распо́рочный
распорошённый; кр. ф. -ён, -ена́
распороши́ть, -шу́, -ши́т
распоряди́тель, -я
распоряди́тельница, -ы, тв. -ей
распоряди́тельность, -и
распоряди́тельный; кр. ф. -лен,
  -льна
распоряди́тельский
распоряди́ться, -яжу́сь, -яди́тся
распоря́док, -дка
распоряжа́ться, -а́юсь, -а́ется
распоряже́ние, -я
распосле́дний
распосты́лый
распотеши́ть(ся), -шу(сь),
  -шит(ся)
распотрошённый; кр. ф. -ён, -ена́
распотроши́ть, -шу́, -ши́т
распоя́санный; кр. ф. -ан, -ана
распоя́сать(ся), -я́шу(сь),
  -я́шет(ся)
распоя́ской, нареч.
распоя́сывание, -я
распоя́сывать(ся), -аю(сь),
  -ает(ся)
распра́ва, -ы
распра́вить(ся), -влю(сь), -вит(ся)
распра́вленный; кр. ф. -ен, -ена
расправля́ть(ся), -я́ю(сь), -я́ет(ся)
распре́д, -а
распредва́л, -а, мн. -ы́, -о́в
распределе́ние, -я
распределённый; кр. ф. -ён, -ена́
распредели́тель, -я
распредели́тельный
распредели́ть(ся), -лю́(сь),
  -ли́т(ся)
распределя́ть(ся), -я́ю(сь),
  -я́ет(ся)
распредме́чивание, -я

распредустро́йство, -а
распрекра́сный; кр. ф. -сен, -сна
ра́спри, -ей, ед. ра́спря, -и
распро́бованный; кр. ф. -ан, -ана
распро́бовать, -бую, -бует
распродава́ть(ся), -даю́, -даёт(ся)
распрода́жа, -и, тв. -ей
распрода́жный
распро́данный; кр. ф. -ан, -ана
распрода́ть, -а́м, -а́шь, -а́ст, -ади́м,
  -ади́те, -аду́т; прош. -о́дал,
  -одала́, -о́дало
распрокля́тый
распропаганди́рованный;
  кр. ф. -ан, -ана
распропаганди́ровать, -рую,
  -рует
распросте́реть(ся), -тру́(сь),
  -трёт(ся); прош. -тёр(ся),
  -тёрла(сь)
распростёртый
распростёрший(ся)
распростира́ть(ся), -а́ю(сь),
  -а́ет(ся)
распрости́ться, -ощу́сь, -ости́тся
распростране́ние, -я
распространённость, -и
распространённый; кр. ф. -ён,
  -ена́
распространи́тель, -я
распространи́тельница, -ы, тв.
  -ей
распространи́тельный
распространи́тельский
распространи́ть(ся), -ню́(сь),
  -ни́т(ся)
распространя́ть(ся), -я́ю(сь),
  -я́ет(ся)
распроща́ться, -а́юсь, -а́ется
распры́гаться, -аюсь, -ается
распры́сканный; кр. ф. -ан, -ана
распры́скать, -аю, -ает
распры́скивание, -я
распры́скивать(ся), -аю, -ает(ся)
распряга́ние, -я
распряга́ть(ся), -а́ю, -а́ет(ся)

распря́гший(ся)
распряжённый; *кр. ф.* -ён, -ена́
распря́жка, -и
распрями́ть(ся), -млю́(сь), -ми́т(ся)
распрямле́ние, -я
распрямлённый; *кр. ф.* -ён, -ена́
распрямля́ть(ся), -я́ю(сь), -я́ет(ся)
распря́чь(ся), -ягу́, -яжёт(ся), -ягу́т(ся); *прош.* -я́г(ся), -ягла́(сь)
распсихова́ться, -ху́юсь, -ху́ется
распубликова́ние, -я
распублико́ванный; *кр. ф.* -ан, -ана
распубликова́ть, -ку́ю, -ку́ет
распублико́вывать(ся), -аю, -ает(ся)
распу́ганный; *кр. ф.* -ан, -ана
распуга́ть, -а́ю, -а́ет
распу́гивание, -я
распу́гивать(ся), -аю, -ает(ся)
распу́гнутый
распугну́ть, -ну́, -нёт
распуска́ние, -я
распуска́ть(ся), -а́ю(сь), -а́ет(ся)
распустёха, -и, *м. и ж.*
распусти́ть(ся), -ущу́(сь), -у́стит(ся)
распу́танный; *кр. ф.* -ан, -ана
распу́тать(ся), -аю(сь), -ает(ся)
распу́тинский (*от* Распу́тин)
распу́тинщина, -ы
распу́тица, -ы, *тв.* -ей
распу́тник, -а
распу́тница, -ы, *тв.* -ей
распу́тничать, -аю, -ает
распу́тность, -и
распу́тный; *кр. ф.* -тен, -тна
распу́тство, -а
распу́тывание, -я
распу́тывать(ся), -аю(сь), -ает(ся)
распу́тье, -я, *р. мн.* -тий
распуха́ние, -я
распуха́ть, -а́ю, -а́ет

распу́хнуть, -ну, -нет; *прош.* -у́х, -у́хла
распу́хший
распу́ченный; *кр. ф.* -ен, -ена
распу́чить, -чу, -чит
распуша́ть(ся), -а́ю, -а́ет(ся)
распушённый; *кр. ф.* -ён, -ена́
распуши́ть(ся), -шу́, -ши́т(ся)
распу́щенно, *нареч.*
распу́щенность, -и
распу́щенный; *кр. ф. прич.* -ен, -ена; *кр. ф. прил.* (*недисциплинированный; безнравственный*) -ен, -енна
распы́л, -а
распыла́ться, -а́юсь, -а́ется
распыле́ние, -я
распылённость, -и
распылённый; *кр. ф.* -ён, -ена́
распы́ливание, -я
распыли́тель, -я
распыли́ть(ся), -лю́, -ли́т(ся)
распыля́ть(ся), -я́ю(сь), -я́ет(ся)
распы́танный; *кр. ф.* -ан, -ана
распыта́ть, -а́ю, -а́ет
распы́тывать, -аю, -ает
распьянствова́ться, -твуюсь, -твуется
распья́ный: пья́ный-распья́ный
распя́ленный; *кр. ф.* -ен, -ена
распя́ливать(ся), -аю, -ает(ся)
распя́лить(ся), -лю, -лит(ся)
распя́лка, -и, *р. мн.* -лок
распя́тие, -я (*действие; крест с изображением распятого Христа*) и Распя́тие, -я (*иконографический сюжет*)
распя́тый
распя́ть, -пну́, -пнёт
расса́да, -ы
рассади́ть, -ажу́, -а́дит
расса́дка, -и
расса́дник, -а
расса́дный
рассадопоса́дочный
рассадосажа́лка, -и, *р. мн.* -лок

расса́женный; *кр. ф.* -ен, -ена
расса́живание, -я
расса́живать(ся), -аю(сь), -ает(ся)
расса́сывание, -я
расса́сывать(ся), -аю, -ает(ся)
рассверлённый; *кр. ф.* -ён, -ена́
рассве́рливание, -я
рассве́рливать(ся), -аю, -ает(ся)
рассверли́ть(ся), -лю́, -ли́т(ся)
рассвести́, -ветёт; *прош.* -вело́
рассве́т, -а
рассвета́ть, -а́ет
рассве́тный
рассвирепе́лый
рассвирепе́ть, -е́ю, -е́ет
рассвисте́ться, -ищу́сь, -исти́тся
рассе́в, -а
рассева́ние, -я
рассева́ть(ся), -а́ю, -а́ет(ся)
рассе́даться, -а́ется
рассе́дина, -ы
рассёдланный; *кр. ф.* -ан, -ана
расседла́ть(ся), -а́ю, -а́ет(ся)
рассёдлывание, -я
рассёдлывать(ся), -аю, -ает(ся)
рассе́ивание, -я
рассе́ивать(ся), -аю(сь), -ает(ся)
рассека́ние, -я
рассека́ть(ся), -а́ю, -а́ет(ся)
рассекре́тить(ся), -ре́чу(сь), -ре́тит(ся)
рассекре́ченный; *кр. ф.* -ен, -ена
рассекре́чивание, -я
рассекре́чивать(ся), -аю(сь), -ает(ся)
рассе́кший(ся) и рассёкший(ся)
расселе́ние, -я
расселённый; *кр. ф.* -ён, -ена́
рассе́ленцы, -ев, *ед.* -нец, -нца, *тв.* -нцев
рассе́лина, -ы
рассели́ть(ся), -елю́(сь), -е́ли́т(ся)
расселя́ть(ся), -я́ю(сь), -я́ет(ся)
рассентимента́льничаться, -аюсь, -ается

РАССЕРДИТЬ(СЯ)

рассерди́ть(ся), -ержу́(сь), -е́рдит(ся)
рассе́рженно, *нареч.*
рассе́рженный; *кр. ф.* -ен, -ена и (*выражающий раздражение, гнев*) -ен, -енна (ли́ца рассе́ржен-ны)
рассерча́ть, -а́ю, -а́ет
рассе́сться, -ся́дусь, -ся́дется; *прош.* -се́лся, -се́лась
рассече́ние, -я
рассечённый; *кр. ф.* -ён, -ена́
рассе́чка, -и, *р. мн.* -чек
рассе́чь(ся), -еку́, -ечёт(ся), -еку́т(ся); *прош.* -ёк(ся) и -е́к(ся), -екла́(сь)
рассе́яние, -я
рассе́янно, *нареч.*
рассе́янность, -и
рассе́янный; *кр. ф. прич.* -ян, -яна; *кр. ф. прил.* (*невнимательный*) -ян, -янна
рассе́ять(ся), -е́ю(сь), -е́ет(ся)
рассиде́ться, -ижу́сь, -иди́тся
расси́живаться, -аюсь, -ается
рассиро́пить(ся), -плю(сь), -пит(ся)
рассиро́пленный; *кр. ф.* -ен, -ена
рассиро́пливать(ся), -аю(сь), -ает(ся)
рассия́ться, -я́юсь, -я́ется
расска́з, -а
расска́занный; *кр. ф.* -ан, -ана
рассказа́ть, -кажу́, -ка́жет
расска́зец, -зца, *тв.* -зцем, *р. мн.* -зцев
расска́зик, -а
расска́зишко, -а и -и, *мн.* -шки, -шек, *м.*
расска́зчик, -а
расска́зчица, -ы, *тв.* -ей
расска́зывание, -я
расска́зывать(ся), -аю, -ает(ся)
расскака́ться, -скачу́сь, -ска́чется
расскрипе́ться, -плю́сь, -пи́тся
расслабева́ть, -а́ю, -а́ет

расслабе́ть, -е́ю, -е́ет
рассла́бить(ся), -блю(сь), -бит(ся)
расслабле́ние, -я
рассла́бленно, *нареч.*
рассла́бленность, -и
рассла́бленный; *кр. ф.* -ен, -ена
расслабля́ть(ся), -я́ю(сь), -я́ет(ся)
расслабля́ющий(ся)
рассла́бнувший
рассла́бнуть, -ну, -нет; *прош.* -а́б, -а́бла
расслабу́ха, -и
рассла́бший
расспла́вить(ся), -влю(сь), -вит(ся)
рассла́вленный; *кр. ф.* -ен, -ена
расславля́ть(ся), -я́ю(сь), -я́ет(ся)
рассла́ивание, -я
рассла́ивать(ся), -аю, -ает(ся)
рассле́дование, -я
рассле́дованный; *кр. ф.* -ан, -ана
рассле́довать(ся), -дую, -дует(ся)
расслое́ние, -я
расслоённый; *кр. ф.* -ён, -ена́
расслои́ть(ся), -ою́, -ои́т(ся)
рассло́йка, -и
расслу́шать, -аю, -ает
расслы́шанный; *кр. ф.* -ан, -ана
расслы́шать, -шу, -шит
расслюня́виться, -влюсь, -вится
рассма́тривание, -я
рассма́тривать(ся), -аю(сь), -ает(ся)
рассмешённый; *кр. ф.* -ён, -ена́
рассмеши́ть, -шу́, -ши́т
рассмея́ться, -ею́сь, -еётся
рассмотре́ние, -я
рассмо́тренный; *кр. ф.* -ен, -ена
рассмотре́ть, -отрю́, -о́трит
расснасти́ть, -ащу́, -асти́т
расснастка, -и
расснащённый; *кр. ф.* -ён, -ена́
расснаща́ть(ся), -а́ю, -а́ет(ся)
рассо́ванный; *кр. ф.* -ан, -ана
рассова́ть, рассую́, рассуёт
рассове́товать, -тую, -тует
рассо́вывание, -я

рассо́вывать(ся), -аю, -ает(ся)
рассогласова́ние, -я
рассогласо́ванность, -и
рассогласо́ванный; *кр. ф.* -ан, -ана
рассо́л, -а и -у
рассоле́ние, -я
рассолённый; *кр. ф.* -ён, -ена́
рассо́лец, -льца и -льцу, *тв.* -льцем
рассоли́ть, рассолю́, рассоли́т
рассолоде́ть, -е́ет
рассолопрово́д, -а
рассо́льник, -а
рассо́льничек, -чка
рассо́льный
рассоля́ть(ся), -я́ю, -я́ет(ся)
рассопли́виться, -влюсь, -вится
рассо́ренный; *кр. ф.* -ен, -ена (*от* рассо́рить)
рассорённый; *кр. ф.* -ён, -ена́ (*от* рассори́ть)
рассо́ривать(ся), -аю(сь), -ает(ся)
рассо́рить(ся), -о́рю(сь), -о́рит(ся) (*к ссо́ра*)
рассори́ть(ся), -рю́, -ри́т(ся) (*к сор*)
рассортиро́ванный; *кр. ф.* -ан, -ана
рассортирова́ть(ся), -ру́ю, -ру́ет(ся)
рассортиро́вка, -и
рассортиро́вывание, -я
рассортиро́вывать(ся), -аю, -ает(ся)
рассо́санный; *кр. ф.* -ан, -ана
рассоса́ть(ся), -осу́, -осёт(ся)
рассо́ха, -и
рассо́хнуться, -нется; *прош.* -о́хся, -о́хлась
рассо́хшийся
расспра́шивание, -я
расспра́шивать(ся), -аю(сь), -ает(ся)
расспроси́ть, -ошу́, -о́сит
расспро́сный
расспро́сы, -ов

расспро́шенный; *кр. ф.* -ен, -ена
рассредота́чивать(ся), -аю(сь), -ает(ся) *и* рассредото́чивать(ся), -аю(сь), -ает(ся)
рассредото́чение, -я
рассредото́ченный; *кр. ф.* -ен, -ена
рассредото́чивать(ся), -аю(сь), -ает(ся) *и* рассредота́чивать(ся), -аю(сь), -ает(ся)
рассредото́чить(ся), -чу(сь), -чит(ся)
рассро́ченный; *кр. ф.* -ен, -ена
рассро́чивание, -я
рассро́чивать(ся), -аю, -ает(ся)
рассро́чить, -чу, -чит
рассро́чка, -и, *р. мн.* -чек
расстава́ние, -я
расстава́ться, -таю́сь, -таётся
расста́вить(ся), -влю, -вит(ся)
расста́вка, -и
расста́вленный; *кр. ф.* -ен, -ена
расставля́ть(ся), -я́ю, -я́ет(ся)
расстана́вливать(ся), -аю, -ает(ся)
расстанови́ть(ся), -овлю́, -о́вит(ся)
расстано́вка, -и, *р. мн.* -вок
расстано́вленный; *кр. ф.* -ен, -ена
расстано́вочный
расстара́ться, -а́юсь, -а́ется
расста́ться, -а́нусь, -а́нется
расстаю́щийся
расстега́й, -я
расстега́йчик, -а
расстёгивание, -я
расстёгивать(ся), -аю(сь), -ает(ся)
расстёгнутый
расстегну́ть(ся), -ну́(сь), -нёт(ся)
расстежно́й
рассте́ленный; *кр. ф.* -ен, -ена
расстели́ть(ся), расстелю́, расстелет(ся); *прош.* -и́л(ся), -и́ла(сь) (*к* стели́ть)
рассти́л, -а
расстила́ние, -я

расстила́ть(ся), -а́ю(сь), -а́ет(ся)
рассти́лка, -и
рассти́лочный
расстоя́ние, -я
расстра́ивать(ся), -аю(сь), -ает(ся)
расстре́л, -а
расстре́ливание, -я
расстре́ливать(ся), -аю(сь), -ает(ся)
расстре́льный, *прил.*
расстре́льщик, -а
расстреля́ние, -я
расстре́лянный; *кр. ф.* -ян, -яна, *прич.*
расстреля́ть(ся), -я́ю(сь), -я́ет(ся)
расстри́га, -и, *м.*
расстрига́ть(ся), -а́ю(сь), -а́ет(ся)
расстриже́ние, -я
расстри́женный; *кр. ф.* -ен, -ена
расстри́чь(ся), -игу́(сь), -ижёт(ся), -игу́т(ся); *прош.* -и́г(ся), -и́гла(сь)
расстро́енно, *нареч.*
расстро́енный; *кр. ф.* -ен, -ена *и* (*выражающий расстройство, огорчение*) -ен, -енна (её лицо расстро́енно)
расстро́ить(ся), -о́ю(сь), -о́ит(ся)
расстро́йка, -и
расстро́йство, -а
расступа́ться, -а́ется
расступи́ться, -у́пится
расстыко́ванный; *кр. ф.* -ан, -ана
расстыкова́ть(ся), -ку́ю(сь), -ку́ет(ся)
расстыко́вка, -и, *р. мн.* -вок
расстыко́вывать(ся), -аю(сь), -ает(ся)
рассуди́тельность, -и
рассуди́тельный; *кр. ф.* -лен, -льна
рассуди́ть, -ужу́, -у́дит
рассу́док, -дка
рассу́дочность, -и
рассу́дочный; *кр. ф.* -чен, -чна
рассужда́ть, -а́ю, -а́ет
рассужде́ние, -я

рассу́женный; *кр. ф.* -ен, -ена
рассу́живать, -аю -ает
рассупо́ненный; *кр. ф.* -ен, -ена
рассупо́нивать(ся), -аю(сь), -ает(ся)
рассупо́нить(ся), -ню(сь), -нит(ся)
рассусо́ленный; *кр. ф.* -ен, -ена
рассусо́ливание, -я
рассусо́ливать(ся), -аю, -ает(ся)
рассусо́лить, -лю, -лит
рассу́ченный; *кр. ф.* -ен, -ена
рассу́чивание, -я
рассу́чивать(ся), -аю, -ает(ся)
рассучи́ть(ся), -учу́, -у́чит(ся)
рассчи́танно, *нареч.*
рассчи́танность, -и
рассчи́танный; *кр. ф.* -ан, -ана
рассчита́ть(ся), -а́ю(сь), -а́ет(ся)
рассчи́тывать(ся), -аю(сь), -ает(ся)
рассыла́ть(ся), -а́ю, -а́ет(ся)
рассы́лка, -и, *р. мн.* -лок
рассы́лочный
рассы́льный
рассыпа́ние, -я
рассы́панный; *кр. ф.* -ан, -ана
рассы́пать(ся), -плю(сь), -плет(ся), -плют(ся) *и* -пет(ся), -пят(ся), *сов.*
рассыпа́ть(ся), -а́ю(сь), -а́ет(ся), *несов.*
рассы́пка, -и
рассыпно́й
рассы́пчатость, -и
рассы́пчатый
рассыха́ние, -я
рассыха́ться, -а́ется
растаба́ры, -ов
растаба́рывать, -аю, -ает
раста́ивать, -аю, -ает
раста́к (та́к его раста́к)
раста́лкивание, -я
раста́лкивать(ся), -аю, -ает(ся)
растамо́жение, -я
растамо́женный; *кр. ф.* -ен, -ена
растамо́живание, -я

РАСТАМОЖИВАТЬ(СЯ)

растамо́живать(ся), -аю, -ает(ся)
растамо́жить, -жу, -жит
растамо́жка, -и, р. мн. -жек
раста́пливание, -я
раста́пливать(ся), -аю, -ает(ся)
раста́птывание, -я
раста́птывать(ся), -аю, -ает(ся)
раста́сканный; кр. ф. -ан, -ана
раста́скать, -аю, -ает
раста́скивание, -я
раста́скивать(ся), -аю, -ает(ся)
растасо́ванный; кр. ф. -ан, -ана
растасова́ть(ся), -су́ю, -су́ет(ся)
растасо́вка, -и
растасо́вывать(ся), -аю, -ает(ся)
раста́чанный; кр. ф. -ан, -ана
растача́ть, -а́ю, -а́ет (к тача́ть)
раста́чивание, -я
раста́чивать(ся), -аю, -ает(ся)
раста́щенный; кр. ф. -ен, -ена
растащи́ловка, -и
растащи́ть, -ащу́, -а́щит
раста́ять, -а́ю, -а́ет
раство́р, -а
растворе́ние, -я
раство́ренный; кр. ф. -ен, -ена (от раствори́ть¹)
растворённый; кр. ф. -ён, -ена́ (от раствори́ть¹ и ²)
раствори́мость, -и
раствори́мый
раствори́тель, -я
раствори́ть(ся)¹, -орю́, -о́рит(ся) (раскры́ть(ся))
раствори́ть(ся)², -орю́(сь), -ори́т(ся) (распусти́ть(ся) в жи́дкости; хим.; исче́знуть)
раство́рный
растворобето́нный
растворомеша́лка, -и, р. мн. -лок
растворонасо́с, -а
растворосмеси́тель, -я
растворя́емость, -и
растворя́ть(ся), -я́ю(сь), -я́ет(ся)
растека́ние, -я
растека́ться, -а́юсь, -а́ется
растёкшийся
растелеши́ться, -шу́сь, -ши́тся
растели́ваться, -ается
растели́ться, -е́лится (от тели́ться)
расте́ние, -я
растениево́д, -а
растениево́дство, -а
растениево́дческий
расте́ньице, -а
растереби́ть(ся), -блю́, -би́т(ся)
растереблённый; кр. ф. -ён, -ена́
растере́ть(ся), разотру́(сь), разотрёт(ся); прош. -тёр(ся), -тёрла(сь)
растерёха, -и, м. и ж.
растерза́ние, -я
расте́рзанность, -и
расте́рзанный; кр. ф. -ан, -ана
растерза́ть, -а́ю, -а́ет
расте́рзывать(ся), -аю, -ает(ся)
расте́ривать(ся), -аю(сь), -ает(ся)
растёртый
расте́рший(ся)
растеря́, -и, м. и ж.
Растеря́ева у́лица, Растеря́евой у́лицы
растери́евщина, -ы
расте́рянно, нареч.
расте́рянность, -и
расте́рянный; кр. ф. прич. -ян, -яна; кр. ф. прил. -ян, -яна (утративший способность соображать, растерявшийся) и -ян, -янна (выражающий растерянность: их ли́ца расте́рянны)
растеря́ть(ся), -я́ю(сь), -я́ет(ся)
растеря́ха, -и, м. и ж.
растеря́ша, -и, тв. -ей, м. и ж.
растёсанный; кр. ф. -ан, -ана
растеса́ть(ся), -тешу́, -те́шет(ся)
растёска, -и
растёсывание, -я
растёсывать(ся), -аю, -ает(ся)
растёчка, -и
расте́чься, -еку́сь, -ечётся, -еку́тся; прош. -ёкся, -екла́сь

расти́, -ту́, -тёт; прош. рос, росла́
Растинья́ковский (от Растинья́к)
растиражи́рованный; кр. ф. -ан, -ана
растиражи́ровать(ся), -рую, -рует(ся)
растира́ние, -я
растира́ть(ся), -а́ю(сь), -а́ет(ся)
расти́рка, -и
расти́рочный
расти́сканный; кр. ф. -ан, -ана
расти́скать, -аю, -ает
расти́скивать(ся), -аю, -ает(ся)
расти́снутый
расти́снуть(ся), -ну, -нет(ся)
расти́тельность, -и
растительноя́дный
расти́тельный
расти́ть(ся), ращу́, расти́т(ся)
растлева́ть(ся), -а́ю(сь), -а́ет(ся)
растле́ние, -я
растле́нность, -и
растле́нный; кр. ф. -ён, -е́нна, прил. (мора́льно разложи́вшийся)
растлённый; кр. ф. -ён, -ена́, прич. (от растли́ть)
растли́тель, -я
растли́тельница, -ы, тв. -ей
растли́ть(ся), -лю́(сь), -ли́т(ся)
расто́лканный; кр. ф. -ан, -ана
растолка́ть, -а́ю, -а́ет
растолко́ванный; кр. ф. -ан, -ана
растолкова́ть(ся), -ку́ю(сь), -ку́ет(ся)
растолко́вывать(ся), -аю, -ает(ся)
растоло́кший(ся)
растоло́чь(ся), -лку́, -лчёт(ся), -лку́т(ся); прош. -ло́к(ся), -лкла́(сь)
растолсте́ть, -е́ю, -е́ет
растолчённый; кр. ф. -ён, -ена́
растоми́ть(ся), -млю́(сь), -ми́т(ся)
растомлённый; кр. ф. -ён, -ена́
растопи́ть(ся), -оплю́, -о́пит(ся)
расто́пка, -и

РАСТРЯСТИ(СЬ)

растопленный; *кр. ф.* -ен, -ена
растопля́ть(ся), -я́ю, -я́ет(ся)
расто́почный
расто́птанный; *кр. ф.* -ан, -ана
растопта́ть(ся), -опчу́, -о́пчет(ся)
растопы́ренный; *кр. ф.* -ен, -ена
растопы́ривание, -я
растопы́ривать(ся), -аю(сь), -ает(ся)
растопы́рить(ся), -рю(сь), -рит(ся)
растопы́рка, -и
расторга́ть(ся), -а́ю, -а́ет(ся)
расто́ргнувший
расто́ргнутый
расто́ргнуть, -ну, -нет; *прош.* -о́рг и -о́ргнул, -о́ргла
расторго́ванный; *кр. ф.* -ан, -ана
расторгова́ть(ся), -гу́ю(сь), -гу́ет(ся)
расторго́вывать(ся), -аю(сь), -ает(ся)
расто́ргший
расторже́ние, -я
расто́рженный; *кр. ф.* -ен, -ена
расторжи́мость, -и
расторжи́мый
растома́живание, -я
растома́живать(ся), -аю(сь), -ает(ся)
растормо́женность, -и растормо́жённость, -и
растормо́женный; *кр. ф.* -ен, -ена и растормо́жённый; *кр. ф.* -ён, -ена́
растормози́ть(ся), -ожу́(сь), -ози́т(ся)
растормошённый; *кр. ф.* -ён, -ена́
растормоши́ть, -шу́, -ши́т
расторо́пность, -и
расторо́пный; *кр. ф.* -пен, -пна
растоскова́ться, -ку́юсь, -ку́ется
расточа́ть(ся), -а́ю, -а́ет(ся) (*растрачивать(ся)*)
расточе́ние, -я

расто́ченный; *кр. ф.* -ен, -ена (*от* расточи́ть¹)
расточённый; *кр. ф.* -ён, -ена́ (*от* расточи́ть²)
расточи́тель, -я
расточи́тельница, -ы, *тв.* -ей
расточи́тельность, -и
расточи́тельный; *кр. ф.* -лен, -льна
расточи́тельство, -а
расточи́ть(ся)¹, -очу́, -о́чит(ся) (*обработать(ся) точением*)
расточи́ть(ся)², -чу́, -чи́т(ся) (*растратить(ся)*)
расто́чка, -и
расто́чник, -а
расто́чный
растр, -а (*физ., полигр., инф.*)
растрави́ть(ся), -авлю́(сь), -а́вит(ся)
растравле́ние, -я
растра́вленный; *кр. ф.* -ен, -ена
растра́вливать(ся), -аю(сь), -ает(ся)
растравля́ть(ся), -я́ю(сь), -я́ет(ся)
растранжи́ренный; *кр. ф.* -ен, -ена
растранжи́ривание, -я
растранжи́ривать(ся), -аю(сь), -ает(ся)
растранжи́рить(ся), -рю(сь), -рит(ся)
растра́та, -ы
растра́тить(ся), -а́чу(сь), -а́тит(ся)
растра́тчик, -а
растра́тчица, -ы, *тв.* -ей
растра́ченность, -и
растра́ченный; *кр. ф.* -ен, -ена
растра́чивание, -я
растра́чивать(ся), -аю(сь), -ает(ся)
растрево́женный; *кр. ф.* -ен, -ена
растрево́живать(ся), -аю(сь), -ает(ся)
растрево́жить(ся), -жу(сь), -жит(ся)

растрезво́ненный; *кр. ф.* -ен, -ена
растрезво́нивать(ся), -аю, -ает(ся)
растрезво́нить, -ню, -нит
растре́ллиевский (*от* Растре́лли)
растрениро́ванность, -и
растрениро́ванный; *кр. ф.* -ан, -ана
растренирова́ть(ся), -ру́ю(сь), -ру́ет(ся)
растрениро́вывать(ся), -аю(сь), -ает(ся)
растрёпа, -ы, *м. и ж.*
растрёпанность, -и
растрёпанный; *кр. ф.* -ан, -ана
растрепа́ть(ся), -еплю́(сь), -е́плет(ся), -е́плют(ся) и -е́пет(ся), -е́пят(ся)
растрёпка, -и, *р. мн.* -пок, *м. и ж.*
растрёпывать(ся), -аю(сь), -ает(ся)
растре́сканный; *кр. ф.* -ан, -ана
растре́скаться, -ается
растре́скиваться, -ается
растресну́ться, -нется
ра́стровый
растро́ганно, *нареч.*
растро́ганность, -и
растро́ганный; *кр. ф.* -ан, -ана и (*выражающий растроганность*) -ан, -анна (*её глаза́ растро́ганны*)
растро́гать(ся), -аю(сь), -ает(ся)
растру́б, -а
раструби́ть, -блю́, -би́т
растру́бленный; *кр. ф.* -ен, -ена
растру́бный
раструси́ть(ся), -ушу́, -уси́т(ся)
растру́ска, -и
растру́шенный; *кр. ф.* -ен, -ена
растру́шивать(ся), -аю, -ает(ся)
растряса́ть(ся), -а́ю(сь), -а́ет(ся)
растрясённый; *кр. ф.* -ён, -ена́
растрясно́й
растрясти́(сь), -су́(сь), -сёт(ся); *прош.* -я́с(ся), -ясла́(сь)

РАСТРЯСШИЙ(СЯ)

растря́сший(ся)
растря́сывать(ся), -аю(сь), -ает(ся)
растряха́ть(ся), -а́ю, -а́ет(ся)
растря́хивать(ся), -аю, -ает(ся)
растря́хнутый
растряхну́ть, -ну́, -нёт
растужи́ться, -ужу́сь, -у́жится
растушёванный; *кр. ф.* -ан, -ана
растушева́ть(ся), -шу́ю, -шу́ет(ся)
растушёвка, -и, *р. мн.* -вок
растушёвывание, -я
растушёвывать(ся), -аю, -ает(ся)
расту́шка, -и, *р. мн.* -шек (*растушёвка*)
расты́канный; *кр. ф.* -ан, -ана
расты́кать, -аю, -ает, *сов.*
растыка́ть(ся), -а́ю, -а́ет(ся), *несов.*
расты́кивать(ся), -аю, -ает(ся)
растюко́ванный; *кр. ф.* -ан, -ана
растюкова́ть, -ку́ю, -ку́ет
растюко́вка, -и
растюко́вывать(ся), -аю, -ает(ся)
растя́гивание, -я
растя́гивать(ся), -аю(сь), -ает(ся)
растяже́ние, -я
растяже́ние-сжа́тие, растяже́ния-сжа́тия
растяжи́мость, -и
растяжи́мый
растя́жка, -и, *р. мн.* -жек
растяжно́й
растя́нутость, -и
растя́нутый
растяну́ть(ся), -яну́(сь), -я́нет(ся)
растя́па, -ы, *м. и ж.*
растя́пать, -аю, -ает
растя́пистый
расфантази́роваться, -руюсь, -руется
расфасо́ванный; *кр. ф.* -ан, -ана
расфасова́ть(ся), -су́ю, -су́ет(ся)
расфасо́вка, -и, *р. мн.* -вок
расфасо́вочный

расфасо́вщик, -а
расфасо́вщица, -ы, *тв.* -ей
расфасо́вывание, -я
расфасо́вывать(ся), -аю, -ает(ся)
расфилосо́фствоваться, -твуюсь, -твуется
расфокуси́рованный; *кр. ф.* -ан, -ана
расфокуси́ровать(ся), -рую, -рует(ся)
расфокусиро́вка, -и
расформирова́ние, -я
расформиро́ванный; *кр. ф.* -ан, -ана
расформирова́ть(ся), -ру́ю, -ру́ет(ся)
расформиро́вка, -и
расформиро́вывать(ся), -аю, -ает(ся)
расфранти́ться, -нчу́сь, -нти́тся
расфранчённый; *кр. ф.* -ён, -ена́
расфуфы́ренный; *кр. ф.* -ен, -ена
расфуфы́риться, -рюсь, -рится
расфы́ркаться, -аюсь, -ается
расха́живание, -я
расха́живать(ся), -аю(сь), -ает(ся)
расха́ивать(ся), -аю, -ает(ся)
расхандри́ться, -рю́сь, -ри́тся
расха́янный; *кр. ф.* -ян, -яна
расха́ять, -а́ю, -а́ет
расхва́ленный; *кр. ф.* -ен, -ена
расхва́ливание, -я
расхва́ливать(ся), -аю(сь), -ает(ся)
расхвали́ть(ся), -алю́(сь), -а́лит(ся)
расхва́рываться, -аюсь, -ается
расхваста́ть(ся), -аю(сь), -ает(ся)
расхва́танный; *кр. ф.* -ан, -ана (*от* расхвата́ть)
расхвата́ть, -а́ет
расхвати́ть, -а́тит
расхва́тывание, -я
расхва́тывать(ся), -ает(ся)
расхва́ченный; *кр. ф.* -ен, -ена (*от* расхвати́ть)
расхвора́ться, -а́юсь, -а́ется

расхити́тель, -я
расхити́тельница, -ы, *тв.* -ей
расхи́тить, -и́щу, -и́тит
расхища́ть(ся), -а́ю, -а́ет(ся)
расхище́ние, -я
расхи́щенный; *кр. ф.* -ен, -ена
расхлёбанный; *кр. ф.* -ан, -ана
расхлеба́ть(ся), -а́ю(сь), -а́ет(ся)
расхлёбывание, -я
расхлёбывать(ся), -аю(сь), -ает(ся)
расхлёстанный; *кр. ф.* -ан, -ана
расхлеста́ть(ся), -ещу́, -е́щет(ся)
расхлёстнутый
расхлестну́ть, -ну́, -нёт
расхлёстывать(ся), -аю, -ает(ся)
расхлопота́ться, -почу́сь, -по́чется
расхля́банность, -и
расхля́банный; *кр. ф. прич.* -ан, -ана; *кр. ф. прил.* (*невыдержанный, разболтанный; о походке, движениях: нетвёрдый*) -ан, -анна
расхля́бать(ся), -аю(сь), -ает(ся)
расхля́бывать(ся), -аю(сь), -ает(ся)
расхны́каться, -ы́чусь, -ы́чется и -аюсь, -ается
расхо́д, -а
расходи́мость, -и
расходи́ться, -ожу́сь, -о́дится
расхо́дный
расхо́дование, -я
расхо́довать(ся), -дую(сь), -дует(ся)
расходоме́р, -а
расхо́ды, -ов
расходя́щийся
расхожде́ние, -я
расхо́жий
расхола́живание, -я
расхола́живать(ся), -аю(сь), -ает(ся)
расхолоди́ть(ся), -ожу́(сь), -оди́т(ся)

расхоложённость, -и
расхоложённый; *кр. ф.* -ён, -ена́
расхомута́ть(ся), -а́ю, -а́ет(ся)
расхорохо́риться, -рю́сь, -рится
расхоте́ть(ся), -очу́, -о́чешь, -о́чет(ся), -оти́м, -оти́те, -отя́т
расхохота́ться, -хохочу́сь, -хохо́чется
расце́нивание, -я
расхрабри́ться, -рю́сь, -ри́тся
расхри́станный; *кр. ф.* -ан, -ана
расхулённый; *кр. ф.* -ён, -ена́
расхулига́ниться, -нюсь, -нится
расхули́ть, -лю́, -ли́т
расцара́панный; *кр. ф.* -ан, -ана
расцара́пать(ся), -аю(сь), -ает(ся)
расцара́пывать(ся), -аю(сь), -ает(ся)
расцвести́, -вету́, -ветёт; *прош.* -вёл, -вела́
расцве́т, -а
расцвета́ние, -я
расцвета́ть, -а́ю, -а́ет
расцвети́ть(ся), -ечу́, -ети́т(ся)
расцве́тка, -и, *р. мн.* -ток
расцве́тший
расцве́ченный; *кр. ф.* -ен, -ена
расцве́чивание, -я
расцве́чивать(ся), -аю, -ает(ся)
расцело́ванный; *кр. ф.* -ан, -ана
расцелова́ть(ся), -лу́ю(сь), -лу́ет(ся)
расцело́вывать(ся), -аю(сь), -ает(ся)
расценённый; *кр. ф.* -ён, -ена́
расце́нивать(ся), -аю(сь), -ает(ся)
расцени́ть, -еню́, -е́нит
расце́нка, -и, *р. мн.* -нок
расце́ночно-конфли́ктный
расце́ночный
расце́нщик, -а
расце́нщица, -ы, *тв.* -ей
расце́п, -а
расцепи́ть(ся), -цеплю́(сь), -це́пит(ся)
расце́пка, -и

расцепле́ние, -я
расце́пленный; *кр. ф.* -ен, -ена
расцепля́ть(ся), -я́ю(сь), -я́ет(ся)
расча́ленный; *кр. ф.* -ен, -ена
расча́ливать(ся), -аю, -ает(ся)
расча́лить(ся), -лю, -лит(ся)
расча́лка, -и, *р. мн.* -лок
расчасо́вка, -и
расчека́ненный; *кр. ф.* -ен, -ена
расчека́нивать(ся), -аю, -ает(ся)
расчека́нить, -ню, -нит
расчека́нка, -и
расчелове́чение, -я
расчелове́ченный; *кр. ф.* -ен, -ена
расчёркивание, -я
расчёркивать(ся), -аю(сь), -ает(ся)
расчёркнутый
расчеркну́ть(ся), -ну́(сь), -нёт(ся)
расче́рпать(ся), -аю, -ает(ся)
расче́рпывание, -я
расче́рпывать(ся), -аю, -ает(ся)
расчерти́ть, -ерчу́, -е́ртит
расче́рченный; *кр. ф.* -ен, -ена
расче́рчивание, -я
расче́рчивать(ся), -аю, -ает(ся)
расчёс, -а
расчёсанный; *кр. ф.* -ан, -ана
расчеса́ть(ся), -ешу́(сь), -е́шет(ся)
расчёска, -и, *р. мн.* -сок
расче́стный (че́стное-расче́стное сло́во)
расче́сть(ся), разочту́(сь), разочтёт(ся); *прош.* расчёл(ся), разочла́(сь)
расчёсывание, -я
расчёсывать(ся), -аю(сь), -ает(ся)
расчёт, -а
расчётливость, -и
расчётливый
расчётно-ка́ссовый
расчётно-кли́ринговый
расчётно-креди́тный
расчётно-платёжный
расчётно-снабже́нческий

расчётно-фина́нсовый
расчётный
расчётчик, -а
расчётчица, -ы, *тв.* -ей
расчехлённый; *кр. ф.* -ён, -ена́
расчехли́ть, -лю́, -ли́т
расчехля́ть(ся), -я́ю, -я́ет(ся)
расчири́каться, -ается
расчисле́ние, -я
расчи́сленный; *кр. ф.* -ен, -ена
расчи́слить, -лю, -лит
расчисля́ть(ся), -я́ю, -я́ет(ся)
расчи́стить(ся), -и́щу, -и́стит(ся)
расчи́стка, -и, *р. мн.* -ток
расчиха́ться, -а́юсь, -а́ется
расчихво́стить, -о́щу, -о́стит
расчихво́щенный; *кр. ф.* -ен, -ена
расчища́ть(ся), -а́ю, -а́ет(ся)
расчи́щенный; *кр. ф.* -ен, -ена
расчлене́ние, -я
расчленёнка, -и
расчленённость, -и
расчленённый; *кр. ф.* -ён, -ена́
расчлени́мость, -и
расчлени́мый
расчлени́ть(ся), -ню́, -ни́т(ся)
расчленя́ть(ся), -я́ю, -я́ет(ся)
расчу́вствоваться, -твуюсь, -твуется
расчу́вствованность, -и
расчуде́сный; *кр. ф.* -сен, -сна
расчу́ханный; *кр. ф.* -ан, -ана
расчу́хать(ся), -аю(сь), -ает(ся)
расшали́ться, -лю́сь, -ли́тся
расша́ркаться, -аюсь, -ается
расша́ркивание, -я
расша́ркиваться, -аюсь, -ается
расша́ркнуться, -нусь, -нется
расша́танность, -и
расша́танный; *кр. ф.* -ан, -ана
расшата́ть(ся), -а́ю, -а́ет(ся)
расша́тывание, -я
расша́тывать(ся), -аю, -ает(ся)
расшвы́ривать(ся), -аю(сь), -ает(ся)

РАСШВЫРЯННЫЙ

расшвы́рянный; *кр. ф.* -ян, -яна
расшвыря́ть(ся), -я́ю(сь), -я́ет(ся)
расшевелённый; *кр. ф.* -ён, -ена́
расшеве́ливание, -я
расшеве́ливать(ся), -аю(сь), -ает(ся)
расшевели́ть(ся), -елю́(сь), -е́ли́т(ся)
расшиба́ть(ся), -а́ю(сь), -а́ет(ся)
расшиби́вший(ся)
расшиби́ть(ся), -бу́(сь), -бёт(ся); *прош.* -ши́б(ся), -ши́бла(сь)
расши́бленный; *кр. ф.* -ен, -ена
расши́ва, -ы
расшива́ние, -я
расшива́ть(ся), -а́ю, -а́ет(ся)
расши́вка, -и, *р. мн.* -вок
расшивно́й
расшикова́ться, -ку́юсь, -ку́ется
расшире́ние, -я
расши́ренный; *кр. ф.* -ен, -ена
расшири́тель, -я
расшири́тельность, -и
расшири́тельный; *кр. ф.* -лен, -льна
расши́рить(ся), -рю, -рит(ся)
расширя́емость, -и
расширя́ть(ся), -я́ю, -я́ет(ся)
расши́тый
расши́ть(ся), разошью́, разошьёт(ся)
расшифро́ванный; *кр. ф.* -ан, -ана
расшифрова́ть, -ру́ю, -ру́ет
расшифро́вка, -и, *р. мн.* -вок
расшифро́вочный
расшифро́вщик, -а
расшифро́вщица, -ы, *тв.* -ей
расшифро́вывание, -я
расшифро́вывать(ся), -аю, -ает(ся)
расшлёпанный; *кр. ф.* -ан, -ана
расшлёпать(ся), -аю, -ает(ся)
расшлёпывать(ся), -аю, -ает(ся)
расшлихто́ванный; *кр. ф.* -ан, -ана
расшлихтова́ть, -ту́ю, -ту́ет
расшлихто́вка, -и
расшлихто́вщик, -а
расшлихто́вывать(ся), -аю, -ает(ся)
расшнуро́ванный; *кр. ф.* -ан, -ана
расшнурова́ть(ся), -ру́ю(сь), -ру́ет(ся)
расшнуро́вка, -и
расшнуро́вывать(ся), -аю(сь), -ает(ся)
расшрифто́ванный; *кр. ф.* -ан, -ана
расшрифто́вка, -и
расштыбо́ванный; *кр. ф.* -ан, -ана
расштыбо́вка, -и
расштыбо́вщик, -а
расшуга́ть, -а́ю, -а́ет
расшуме́ться, -млю́сь, -ми́тся
расшути́ться, -учу́сь, -у́тится
расщебенённый; *кр. ф.* -ён, -ена́
расщебе́нивать(ся), -аю, -ает(ся)
расщебени́ть, -ню́, -ни́т
расщебёнка, -и
расщебета́ться, -щебечу́сь, -щебе́чется
расще́дриваться, -аюсь, -ается
расще́дриться, -рюсь, -рится
расще́лина, -ы
расще́литься, -ится
расщёлканный; *кр. ф.* -ан, -ана
расщёлкать(ся), -аю(сь), -ает(ся)
расщёлкивать(ся), -аю, -ает(ся)
расщёлкнутый
расщёлкнуть, -ну, -нет
расщеми́ть, -млю́, -ми́т
расщемлённый; *кр. ф.* -ён, -ена́
расщемля́ть(ся), -я́ю, -я́ет(ся)
расщё́п, -а
расщепа́ть, -щеплю́, -ще́плет и -а́ю, -а́ет (*к* щепа́ть)
расщепи́тель, -я
расщепи́ть(ся), -плю́, -пи́т(ся)
расщепле́ние, -я
расщеплённый; *кр. ф.* -ён, -ена́
расщепля́ть(ся), -я́ю, -я́ет(ся)
расщи́панный; *кр. ф.* -ан, -ана
расщипа́ть, -иплю́, -и́плет, -и́плют и -и́пет, -и́пят; также -а́ю, -а́ет (*к* щипа́ть)
расщи́пывать(ся), -аю, -ает(ся)
ра́тай, -я
рата́ния, -и
рати́н, -а
ратинда́н, -а
ратини́рование, -я
ратини́рованный; *кр. ф.* -ан, -ана
ратини́ровать(ся), -рую, -рует(ся)
рати́новый
ратификацио́нный
ратифика́ция, -и
ратифици́рованный; *кр. ф.* -ан, -ана
ратифици́ровать(ся), -рую, -рует(ся)
ратици́д, -а
ра́тман, -а
ра́тник, -а
ра́тницкий
ра́тный
ратобо́рец, -рца, *тв.* -рцем, *р. мн.* -рцев
ратобо́рство, -а
ратобо́рствовать, -твую, -твует
ра́товать, ра́тую, ра́тует
ра́туша, -и, *тв.* -ей (*орган городского самоуправления, ист.*) и Ра́туша, -и, *тв.* -ей (*архит. памятник в нек-рых городах*)
ра́тушный
рать, -и
раувольфия, -и
раунати́н, -а
ра́унд, -а
ра́ус, -а
ра́ут, -а
раухтопа́з, -а
РАФ, -а (*завод и автомобиль*)
Рафаэ́лев, -а, -о и рафаэ́левский (*от* Рафаэ́ль)

рафи́ды, -ов, ед. -и́д, -а
ра́фик, -а
рафина́д, -а и -у
рафина́дный
рафина́ция, -и
рафинёр, -а
рафинёрный
рафини́рование, -я
рафини́рованность, -и
рафини́рованный; кр. ф. -ан, -ана
рафини́ровать(ся), -ру́ю, -ру́ет(ся)
рафиниро́вочный
ра́фия, -и
раффле́зиевые, -ых
раффле́зия, -и
раха́т-луку́м, -а
ра́хис, -а
рахи́т, -а
рахити́зм, -а
рахи́тик, -а
рахити́ческий
рахити́чка, -и, р. мн. -чек
рахити́чный; кр. ф. -чен, -чна
рахма́ниновский (от Рахма́нинов)
рацема́зы, -а́з, ед. -а́за, -ы
рацема́ты, -ов, ед. -ма́т, -а
рацемиза́ция, -и
рацеми́ческий
рацемо́зный
рацея́, -и́ (наставление)
ра́цио, нескл., с. (филос.)
рацио́н, -а
рационализа́тор, -а
рационализа́торский
рационализа́торство, -а
рационализа́ция, -и
рационализи́рованный; кр. ф. -ан, -ана
рационализи́ровать(ся), -рую, -рует(ся)
рационали́зм, -а
рационализо́ванный; кр. ф. -ан, -ана

рационализова́ть(ся), -зу́ю, -зу́ет(ся)
рационали́ст, -а
рационалисти́ческий
рационалисти́чность, -и
рационалисти́чный; кр. ф. -чен, -чна
рационали́стка, -и, р. мн. -ток
рациона́льность, -и
рациона́льный; кр. ф. -лен, -льна
рациони́рование, -я
рациони́рованный; кр. ф. -ан, -ана
рациони́ровать(ся), -рую, -рует(ся)
рацио́нный
ра́ция, -и (радиостанция)
рацпредложе́ние, -я
раче́ние, -я
ра́чий, -ья, -ье
рачи́тель, -я
рачи́тельница, -ы, тв. -ей
рачи́тельность, -и
рачи́тельный; кр. ф. -лен, -льна
рачи́шка, -и, р. мн. -шек, м.
рачи́ще, -а и -и, мн. -и, -и́щ, м.
рачо́к, рачка́
рачо́нок, -нка, мн. рача́та, -а́т
раше́ль-маши́на, -ы
ра́шкуль, -я
ра́шпиль, -я
раще́ние, -я
ращённый; кр. ф. -ён, -ена́
рвани́на, -ы
рвану́ть(ся), -ну́(сь), -нёт(ся)
рва́ный
рвань, -и
рваньё, -я́
рва́ть(ся), рву(сь), рвёт(ся); прош. рвал(ся), рвала́(сь), рва́ло, рва́ло́сь
рвач, -а́, тв. -о́м
рва́ческий
рва́чество, -а
рве́ние, -я
рво́та, -ы
рво́тный

рде́ние, -я
рдест, -а
рде́ть(ся), -е́ет(ся)
рде́ющий
рдя́ный
ре, нескл., с. (нота)
реабилитацио́нный
реабилита́ция, -и
реабилити́рованный; кр. ф. -ан, -ана
реабилити́ровать(ся), -рую(сь), -рует(ся)
реабсо́рбция, -и
реага́ж, -а, тв. -ем
реаге́нт, -а
реаги́н, -а
реаги́рование, -я
реаги́ровать, -рую, -рует
реадапта́ция, -и
реадапти́рованный; кр. ф. -ан, -ана
реадапти́ровать(ся), -рую(сь), -рует(ся)
реакклиматиза́ция, -и
реакклиматизи́рованный; кр. ф. -ан, -ана
реакклиматизи́ровать(ся), -рую(сь), -рует(ся)
реакти́в, -а
реакти́вность, -и
реакти́вно-турби́нный
реакти́вный
реакти́вщик, -а
реактоге́нность, -и
реактоге́нный
реактоло́гия, -и
реактопла́сты, -ов, ед. -пла́ст, -а
реа́ктор, -а
реа́ктор-конве́ртер, реа́ктора-конве́ртера
реа́кторный
реакторостроéние, -я
реакторострои́тельный
реа́ктор-размножи́тель, реа́ктора-размножи́теля
реа́кторщик, -а

реакцепта́ция, -и
реакционе́р, -а
реакционе́рка, -и, *р. мн.* -рок
реакцио́нно-спосо́бный
реакцио́нность, -и
реакцио́нный; *кр. ф.* -о́нен, -о́нна
реа́кция, -и
реа́л, -а (*полигр.*; *старинная монета*)
реализа́тор, -а
реализа́ция, -и
реали́зм, -а
реализо́ванность, -и
реализо́ванный; *кр. ф.* -ан, -ана
реализова́ть(ся), -зу́ю(сь), -зу́ет(ся)
реализо́вывать(ся), -аю, -ает(ся)
реализу́емость, -и
реали́ст, -а
реалисти́ческий
реалисти́чность, -и
реалисти́чный; *кр. ф.* -чен, -чна
реали́стка, -и, *р. мн.* -ток
реа́лия, -и
реальга́р, -а
реа́льность, -и
реа́льный; *кр. ф.* -лен, -льна
реанимато́лог, -а
реаниматологи́ческий
реаниматоло́гия, -и
реанима́тор, -а
реанимацио́нный
реанима́ция, -и
реаними́рованный; *кр. ф.* -ан, -ана
реаними́ровать(ся), -рую, -рует(ся)
реанимоби́ль, -я
ре́бе, *нескл., м.*
ребёк, -а
ре-бемо́ль, ре-бемо́ля
ре-бемо́ль-мажо́р, ре-бемо́ль-мажо́ра
ре-бемо́ль-мажо́рный
ре-бемо́ль-мино́р, ре-бемо́ль-мино́ра

ре-бемо́ль-мино́рный
ре-бемо́льный
ребёнок, -нка, *мн.* ребя́та, -я́т
ребёночек, -чка, *мн.* ребя́тки, -ток
рёберный
ребо́рда, -ы
ребо́рдный
ребри́стость, -и
ребри́стый
ребро́, -а́, *мн.* рёбра, рёбер, рёбрам
ребро́вый
рёбрышко, -а, *мн.* -шки, -шек
ре́бус, -а
ре́бусный
ребя́та, -я́т
ребятёнок, -нка
ребяти́шки, -шек
ребя́тки, -ток
ребятня́, -и́
ребяту́шки, -шек
ребя́чащийся
ребя́ческий
ребя́чество, -а
ребя́чий, -ья, -ье
ребя́читься, -чусь, -чится
ребя́чливость, -и
ребя́чливый
рёв, -а
рёва, -ы, *м. и ж.*
ревакцина́ция, -и
ревакцини́рованный; *кр. ф.* -ан, -ана
ревакцини́ровать(ся), -рую(сь), -рует(ся)
ревалориза́ция, -и
ревалоризо́ванный; *кр. ф.* -ан, -ана
ревалоризова́ть(ся), -зу́ю, -зу́ет(ся)
ревальва́ция, -и
ревальви́рованный; *кр. ф.* -ан, -ана
ревальви́ровать(ся), -рую, -рует(ся)
рева́нш, -а, *тв.* -ем
реванши́зм, -а

реванши́ровать(ся), -рую(сь), -рует(ся)
реванши́ст, -а
реванши́стский
рева́ншный
Реввоенсове́т, -а (*ист.*)
реве́нный
реве́нь, -я́
革ера́нс, -а
ревербера́тор, -а
реверберацио́нный
ревербера́ция, -и
ревербероме́тр, -а
ре́верс, -а
реверси́, *нескл., с.*
реверси́вный
реверси́рование, -я
реверси́рованный; *кр. ф.* -ан, -ана
реверси́ровать(ся), -рую, -рует(ся)
реве́рсия, -и
реве́рсор, -а
реверта́за, -ы
реве́ть, реву́, ревёт
ревизиони́зм, -а
ревизиони́ст, -а
ревизиони́стка, -и, *р. мн.* -ток
ревизиони́стский
ревизио́нный
реви́зия, -и
ревизо́ванный; *кр. ф.* -ан, -ана
ревизова́ть(ся), -зу́ю, -зу́ет(ся)
ревизо́р, -а
ревизо́рский
реви́зский
ревко́м, -а
ревко́мовский
ревмати́зм, -а
ревма́тик, -а
ревмати́ческий
ревмати́чка, -и, *р. мн.* -чек
ревмато́идный
ревмато́лог, -а
ревматологи́ческий
ревматоло́гия, -и

ревмокарди́т, -а
ревмя́ реве́ть
ревни́вец, -вца, *тв.* -вцем, *р. мн.* -вцев
ревни́вица, -ы, *тв.* -ей
ревни́вость, -и
ревни́вый
ревни́тель, -я
ревни́тельница, -ы, *тв.* -ей
ревнова́ть, -ну́ю, -ну́ет
ре́вностность, -и
ре́вностный; *кр. ф.* -тен, -тна
ре́вность, -и
ревокацио́нный
ревока́ция, -и
револьве́р, -а
револьве́рный (*фин.*)
револьве́рный (*от* револьве́р)
револьве́рщик, -а
револьве́рщица, -ы, *тв.* -ей
революционари́зм, -а
революционе́р, -а
революционе́рка, -и, *р. мн.* -рок
революцио́низа́ция, -и
революционизи́рование, -я
революционизи́рованный; *кр. ф.* -ан, -ана
революционизи́ровать(ся), -рую(сь), -рует(ся)
революциони́зм, -а
революциони́ст, -а
революцио́нно-демократи́ческий
революцио́нно-настро́енный
революцио́нно-освободи́тельный
революцио́нность, -и
революцио́нный; *кр. ф.* -о́нен, -о́нна
револю́ция, -и; *но:* пло́щадь Револю́ции, проспе́кт Револю́ции (*в нек-рых городах*), пи́к Револю́ции (*на Памире*)
ревтрибуна́л, -а
реву́н, -а́
реву́нья, -и, *р. мн.* -ний

реву́чий
ре́вушка, -и, *р. мн.* -шек, *м. и ж.*
ревю́, *нескл., с.*
рег, -а
рега́лии, -ий, *ед.* -а́лия, -и
рега́ль, -я (*муз.*)
рега́та, -ы
ре́гби, *нескл., с.*
регби́йный
ре́гби-клу́б, -а
регби́ст, -а
регби́стский
регенера́т, -а
регенерати́вный
регенера́тный
регенера́тор, -а
регенера́торный
регенерацио́нный
регенера́ция, -и
регенери́рованный; *кр. ф.* -ан, -ана
регенери́ровать(ся), -рую, -рует(ся)
ре́гент, -а
регентова́ть, -ту́ю, -ту́ет
ре́гентский
ре́гентство, -а
ре́гентша, -и, *тв.* -ей
регио́н, -а
региона́л, -а
регионализа́ция, -и
региона́ли́зм, -а
регионали́ст, -а
регионали́стский
региона́льный
региона́льщик, -а
региона́рный
Региста́н, -а (*парадная площадь в нек-рых городах*)
реги́стр, -а
регистра́тор, -а
регистра́торский
регистра́торша, -и, *тв.* -ей
регистрату́ра, -ы
регистрацио́нный
регистра́ция, -и

регистри́рование, -я
регистри́рованный; *кр. ф.* -ан, -ана
регистри́ровать(ся), -рую(сь), -рует(ся)
реги́стровый
регла́мент, -а
регламента́ция, -и
регламенти́рование, -я
регламенти́рованный; *кр. ф.* -ан, -ана
регламенти́ровать(ся), -рую, -рует(ся)
регла́ментный
регла́н, -а и *неизм.*
регле́т, -а
реголи́т, -а
ре́гот, -а
регота́ть, -очу́, -о́чет
реградацио́нный
регра́дация, -и
регредие́нт, -а
регре́сс, -а
регресса́нт, -а
регресса́т, -а
регресси́вность, -и
регресси́вный; *кр. ф.* -вен, -вна
регресси́ровать, -рую, -рует
регре́ссия, -и
регре́ссный
регта́йм, -а
регула́кс, -а
регули́рование, -я
регули́рованный; *кр. ф.* -ан, -ана
регули́ровать(ся), -рую, -рует(ся)
регулиро́вка, -и, *р. мн.* -вок
регулиро́вочный
регулиро́вщик, -а
регулиро́вщица, -ы, *тв.* -ей
регули́руемый
ре́гулы, -ул
регуля́рность, -и
регуля́рный; *кр. ф.* -рен, -рна
регуляти́вный
регуля́тор, -а
регуляцио́нный

регуля́ция, -и
редакти́рование, -я
редакти́рованный; *кр. ф.* -ан, -ана
редакти́ровать(ся), -рую, -рует(ся)
реда́ктор, -а, *мн.* -ы, -ов и -а́, -о́в
редактора́т, -а
реда́кторский
реда́кторство, -а
реда́кторствовать, -твую, -твует
реда́кторша, -и, *тв.* -ей
редакту́ра, -ы
редакцио́нно-изда́тельский
редакцио́нный
реда́кция, -и
реда́н, -а
редемаркацио́нный
редемарка́ция, -и
ре́денький
реде́ть, -е́ет
ре́дечка, -и, *р. мн.* -чек
ре́дечный
ре-дие́з, -а
ре-дие́з-мажо́р, ре-дие́з-мажо́ра
ре-дие́з-мажо́рный
ре-дие́з-мино́р, ре-дие́з-мино́ра
ре-дие́з-мино́рный
ре-дие́зный
редизна́, -ы́
реди́на, -ы (*редкая ткань*)
редина́, -ы́ (*редизна*)
рединго́т, -а
реди́нный
реди́с, -а
реди́ска, -и, *р. мн.* -сок
реди́сочка, -и, *р. мн.* -чек
реди́сочный
реди́ф, -а
ре́дия, -и
ре́дкий; *кр. ф.* ре́док, редка́, ре́дко, ре́дки́
ре́дко, *нареч.*
редкова́тый
редковоло́сый
редкоземе́льный

редкозу́бый
ре́дко испо́льзуемый
ре́дко кто́ (что́, где́, куда́ и т. д.)
редколе́сье, -я, *р. мн.* -сий
редколле́гия, -и
редкометалли́ческий
редкомета́лльный
редкосло́йный; *кр. ф.* -о́ен, -о́йна
ре́дкостность, -и
ре́дкостный; *кр. ф.* -тен, -тна
редкосто́йный
ре́дкость, -и
редня́к, -а́
редподгото́вка, -и
редрессацио́нный
редресса́ция, -и
редсове́т, -а
ре-дубль-бемо́ль, -я
реду́вий, -я
реду́ктор, -а
реду́кторный
редукциони́зм, -а
редукциони́стский
редукцио́нно-охлади́тельный
редукцио́нный
реду́кция, -и
редунда́нтный
редунда́нция, -и
редуплика́ция, -и
редуплици́рованный; *кр. ф.* -ан, -ана
реду́т, -а
редуце́нты, -ов, *ед.* -це́нт, -а
редуци́рование, -я
редуци́рованный; *кр. ф.* -ан, -ана
редуци́ровать(ся), -рую, -рует(ся)
редча́йший
ре́дька, -и, *р. мн.* ре́дек
редю́йт, -а
рее́стр, -а
рее́стрик, -а
рее́стровый
реестродержа́тель, -я
ре́ечка, -и, *р. мн.* -чек
ре́ечный

ре́же, *сравн. ст.*
режи́м, -а
режи́мить, -млю, -мит
режи́мность, -и
режи́мный
режи́мщик, -а
режиссёр, -а
режиссёр-постано́вщик, режиссёра-постано́вщика
режиссёрски
режиссёрский
режиссёрство, -а
режиссёрствовать, -твую, -твует
режиссёрша, -и, *тв.* -ей
режисси́рованный; *кр. ф.* -ан, -ана
режисси́ровать(ся), -рую, -рует(ся)
режиссу́ра, -ы
ре́жущий(ся)
рез, -а
реза́к, -а́
ре́залка, -и, *р. мн.* -лок
ре́зальный
ре́зальщик, -а
ре́зальщица, -ы, *тв.* -ей
ре́зана, -ы
ре́занец, -нца, *тв.* -нцем, *р. мн.* -нцев
ре́зание, -я
ре́занный; *кр. ф.* -ан, -ана, *прич.*
резану́ть, -ну́, -нёт
ре́заный, *прил.*
ре́зательный
ре́зать(ся), ре́жу(сь), ре́жет(ся)
резви́ться, -влю́сь, -ви́тся
резвоно́гий
ре́звость, -и
резву́н, -а́
резву́нчик, -а
резву́нья, -и, *р. мн.* -ний
резву́шка, -и, *р. мн.* -шек
ре́звый; *кр. ф.* резв, резва́, ре́зво, ре́звы́
резеда́, -ы́
резедо́вый

резекцио́нный
резе́кция, -и
резе́рв, -а
резерва́ж, -а, *тв.* -ем
резерва́т, -а
резервацио́нный
резерва́ция, -и
резерви́рование, -я
резерви́рованный; *кр. ф.* -ан, -ана
резерви́ровать(ся), -рую, -рует(ся)
резерви́ст, -а
резе́рвный
резервуа́р, -а
резерпи́н, -а
Ре́зерфо́рд, -а: фо́рмула Ре́зерфо́рда
ре́зерфо́рд, -а, *р. мн.* -ов, счетн. ф. -о́рд (*ед. измер.*)
резерфо́рдовский (*от* Ре́зерфо́рд)
резе́ц, резца́, *тв.* резцо́м, *р. мн.* резцо́в
резеци́рованный; *кр. ф.* -ан, -ана
резеци́ровать(ся), -рую, -рует(ся)
резиде́нт, -а
резиде́нтный (*фин.*)
резиде́нтский
резиденту́ра, -ы
резиде́нция, -и
рези́на, -ы
рези́нка, -и, *р. мн.* -нок
рези́нковый
рези́нный
рези́новый
резинометалли́ческий
резиносмеси́тель, -я
резинотехни́ческий
резинотка́невый
рези́ночка, -и, *р. мн.* -чек
рези́нщик, -а
резинятти́вный
резинья́ция, -и
резисте́нтность, -и
резисте́нтный; *кр. ф.* -нтен, -нтна
резисти́вный

резистогра́фия, -и
рези́стор, -а
рези́т, -а
ре́зка, -и
ре́зкий; *кр. ф.* ре́зок, резка́, ре́зко, ре́зки
резкова́тый
ре́зко континента́льный
ре́зко отрица́тельный
резкопересечённый
ре́зкость, -и
резкощелочно́й
резнатро́н, -а
резни́к, -а́
резно́й
резну́ть, -ну́, -нёт
резня́, -и́
резо́л, -а
резольве́нта, -ы
резольво́метр, -а
резольвоме́три́я, -и
резо́льный
резолюти́вный
резолю́ция, -и
резо́н, -а
резона́нс, -а
резона́нсный
резона́тор, -а
резона́торный
резонёр, -а
резонёрка, -и, *р. мн.* -рок
резонёрский
резонёрство, -а
резонёрствовать, -твую, -твует
резони́ровать, -рует
резо́нность, -и
резо́нный; *кр. ф.* -о́нен, -о́нна
резо́рбция, -и
резорци́н, -а
резорци́новый
ре́зочный
результа́нт, -а (*матем.*)
результа́т, -а
результати́вность, -и
результати́вный; *кр. ф.* -вен, -вна

результа́тный
результи́рующий
ре́зус, -а
ре́зус-конфли́кт, -а
ре́зус-несовмести́мость, -и
ре́зусный
ре́зус-отрица́тельность, -и
ре́зус-отрица́тельный (*не содержащий резус-фактора, о крови*)
ре́зус-положи́тельность, -и
ре́зус-положи́тельный (*содержащий резус-фактор, о крови*)
ре́зус-фа́ктор, -а
резу́ха, -и
резцедержа́тель, -я
резцо́вый
ре́зче, *сравн. ст.*
ре́зчик, -а
ре́зчица, -ы, *тв.* -ей
ре́зчицкий
резь, -и
резьба́, -ы́
резьба́рь, -я́
резьбово́й
резьбовщи́к, -а́
резьбоизмери́тельный
резьбоме́р, -а
резьбонака́тный
резьбонарезно́й
резьботока́рный
резьбофре́зерный
резьбошлифова́льный
резюме́, *нескл., с.*
резюми́рованный; *кр. ф.* -ан, -ана
резюми́ровать(ся), -рую, -рует(ся)
реи́мпорт, -а
реимпорти́рованный; *кр. ф.* -ан, -ана
реимпорти́ровать(ся), -рую, -рует(ся)
реи́мпортный
реинвести́рование, -я
реинвести́рованный; *кр. ф.* -ан, -ана

РЕИНВЕСТИРОВАТЬ(СЯ)

реинвести́ровать(ся), -рую, -рует(ся)
реинвестицио́нный
реинвести́ция, -и
реинкарнацио́нный
реинкарна́ция, -и
реинтеграцио́нный
реинтегра́ция, -и
реинтегри́рованный; *кр. ф.* -ан, -ана
реинтегри́ровать(ся), -рую, -рует(ся)
реинтерпрета́ция, -и
реинтерпрети́рованный; *кр. ф.* -ан, -ана
реинтерпрети́ровать(ся), -и́рую, -и́рует(ся)
реинфе́кция, -и
реинфици́рованный; *кр. ф.* -ан, -ана
реинфици́ровать(ся), -рую(сь), -рует(ся)
реифика́ция, -и
рей, -я и ре́я, -и
ре́йбер, -а
рейв, -а
ре́йвер, -а
рейд, -а
ре́йдер, -а
рейдерство, -а
рейди́рование, -я
рейди́ровать, -рую, -рует
рейдови́к, -а́
ре́йдовый
ре́йка, -и, *р. мн.* ре́ек
рейконарезно́й
рейкья́викский (*от* Рейкья́вик)
рейкья́викцы, -ев, *ед.* -кец, -кца, *тв.* -кцем
ре́ймсский (*от* Реймс)
рейнве́йн, -а
ре́йнджер, -а
ре́йнский (*от* Рейн)
рейс, -а
рейси́ровать, -рую, -рует
ре́йсмас, -а и ре́йсмус, -а
ре́йсмусовый
ре́йснерова перепо́нка (мембра́на), ре́йснеровой перепо́нки (мембра́ны)
рейсови́к, -а́
ре́йсовый
рейсооборо́т, -а
рейсфе́дер, -а
рейсши́на, -ы
ре́йтар, -а (*кавалерист*)
ре́йтарский
ре́йтер, -а (*тех.*)
ре́йтинг, -а
ре́йтинг-ли́ст, -а́
ре́йтинговый
рейтинго́лог, -а
рейту́зики, -ов
рейту́зы, -у́з
рейх, -а
рейхсма́ршал, -а
рейхсба́нк, -а
рейхсве́р, -а
рейхска́нцлер, -а
рейхсра́т, -а
рейхста́г, -а (*парламент в Германии, ист.*) и Рейхста́г, -а (*здание в Берлине*)
река́, -и́, *вин.* ре́ку́, *мн.* ре́ки, рек, ре́ка́м
река́мбио, *нескл., с.*
река́ – мо́ре, *неизм.* (*класс теплоходов*)
рекапитули́ровать, -рую, -рует
рекапитуля́ция, -и
рекарбониза́ция, -и
ре́квием, -а
реквизи́рованный; *кр. ф.* -ан, -ана
реквизи́ровать(ся), -рую, -рует(ся)
реквизи́т, -а
реквизи́тный
реквизи́тор, -а
реквизи́ты, -ов (*обязательные данные для фин. и др. документов*)
реквизицио́нный
реквизи́ция, -и
реквире́нт, -а
рекетме́йстер, -а (*ист.*)
рекла́ма, -ы
рекламацио́нный
реклама́ция, -и
реклами́рование, -я
реклами́рованный; *кр. ф.* -ан, -ана
реклами́ровать(ся), -рую, -рует(ся)
реклами́ст, -а
реклами́стка, -и, *р. мн.* -ток
рекла́мно-изда́тельский
рекла́мно-информацио́нный
рекла́мность, -и
рекла́мный
рекламода́тель, -я
рекламопроизводи́тель, -я
рекла́мщик, -а
рекла́мщица, -ы, *тв.* -ей
рекогносци́рованный; *кр. ф.* -ан, -ана
рекогносци́ровать(ся), -рую, -рует(ся)
рекогносциро́вка, -и, *р. мн.* -вок
рекогносциро́вочный
рекомбина́нт, -а
рекомбина́нтный
рекомбинацио́нный
рекомбина́ция, -и
рекоменда́тель, -я
рекоменда́тельница, -ы, *тв.* -ей
рекоменда́тельный; *кр. ф.* -лен, -льна
рекоменда́ция, -и
рекомендо́ванный; *кр. ф.* -ан, -ана
рекомендова́ть(ся), -ду́ю(сь), -ду́ет(ся)
реконвалесце́нция, -и
реконве́рсия, -и
реконверти́рованный; *кр. ф.* -ан, -ана

реконверти́ровать(ся), -и́рую, -и́рует(ся)
Реконки́ста, -ы (ист.)
реконструи́рованный; кр. ф. -ан, -ана
реконструи́ровать(ся), -рую, -рует(ся)
реконструкти́вный
реконстру́кция, -и; но: Реконстру́кция (Ю́га) (период в истории США)
реко́рд, -а
реко́рдер, -а
рекорди́зм, -а
рекорди́ст, -а
рекорди́стка, -и, р. мн. -ток
рекорди́стский
реко́рдный; кр. ф. -ден, -дна
рекордсме́н, -а
рекордсме́нка, -и, р. мн. -нок
рекордсме́нский
рекордсме́нство, -а
рекорта́н, -а
рекорта́новый
рекоста́в, -а
рекреати́вный
рекреацио́нно-торго́вый
рекреацио́нный
рекреа́ция, -и
рекреди́тив, -а
рекристаллиза́ция, -и
рекристаллизо́ванный; кр. ф. -ан, -ана
ре́крут, -а
рекру́тинг, -а
рекру́тинговый
рекрути́рование, -я
рекрути́рованный; кр. ф. -ан, -ана
рекрути́ровать(ся), -рую(сь), -рует(ся)
рекру́тский
рекру́тство, -а
рекру́тчина, -ы
ректа́льный
ректифика́т, -а

ректифика́тор, -а
ректификацио́нный
ректифика́ция, -и
ректифико́ванный; кр. ф. -ан, -ана
ректификова́ть(ся), -ку́ю, -ку́ет(ся)
ректифици́рованный; кр. ф. -ан, -ана
ректифици́ровать(ся), -рую, -рует(ся)
ре́ктор, -а
ректора́т, -а
ре́кторский
ре́кторство, -а
ре́кторствовать, -твую, -твует
ректоско́п, -а
ректоскопи́ческий
ректоскопи́я, -и
рекультива́тор, -а
рекультивацио́нный
рекультива́ция, -и
рекультиви́рованный; кр. ф. -ан, -ана
рекультиви́ровать(ся), -рую, -рует(ся)
рекуперати́вный
рекупера́тор, -а
рекупера́ция, -и
рекупери́рованный; кр. ф. -ан, -ана
рекупери́ровать(ся), -и́рую, -и́рует(ся)
рекурре́нтный
рекурре́нция, -и
рекурси́вный; кр. ф. -вен, -вна
реладо́рм, -а
релакса́нт, -а
релакса́тор, -а
релаксацио́нный
релакса́ция, -и
релакси́н, -а
релакси́ровать(ся), -рую(сь), -руется
рела́ниум, -а
реле́, нескл., с.

релева́нтность, -и
релева́нтный; кр. ф. -тен, -тна
релега́ция, -и
реле́йно-конта́ктный
реле́йный
религиове́д, -а
религиове́дение, -я
религиове́дческий
религио́зно-мисти́ческий
религио́зно-нра́вственный
религио́зно-созерца́тельный
религио́зность, -и
религио́зно-филосо́фский
религио́зно-эти́ческий
Религио́зные во́йны (во Франции, ист.)
религио́зный; кр. ф. -зен, -зна
рели́гия, -и
реликва́рий, -я
рели́квия, -и
рели́кт, -а
рели́н, -а
рели́нги, -ов (мор.)
рело́н, -а
рельє́ф, -а
рельє́фность, -и
рельє́фно-то́чечный
рельє́фный; кр. ф. -фен, -фна
рельсоба́лочный
рельсово́з, -а
ре́льсовый
рельсопрока́тный
рельсопрока́тчик, -а
рельсоукла́дочный
рельсоукла́дчик, -а
рельсошпа́льный
ре́льсы, -ов и рельс, ед. рельс, -а
релятиви́зм, -а
релятиви́ст, -а
релятиви́стский
реляти́вность, -и
реляти́вный; кр. ф. -вен, -вна
реляцио́нный
реля́ция, -и
Рем, -а: Ро́мул и Ре́м
ре́ма, -ы

ре-мажо́р, ре-мажо́ра
ре-мажо́рный
ремантади́н, -а
рема́рка, -и, *р. мн.* -рок
рема́рковский (*от* Рема́рк)
ремати́ческий
ре́мбрандтовский (*от* Ре́мбрандт)
реме́диум, -а
ре́мез, -а (*птица*)
реме́йк, -а
реме́нный и ремённый
реме́нчатый
реме́нь, ремня́
реме́нь-ры́ба, -ы
реме́рия, -и
реме́сленник, -а
реме́сленница, -ы, *тв.* -ей
реме́сленничать, -аю, -ает
реме́сленнический
реме́сленничество, -а
реме́сленно-куста́рный
реме́сленный
ремесло́, -а́, *мн.* ремёсла, ремёсел, -слам
ремеслу́ха, -и
ремешко́вый
ремешо́к, -шка́
ремзаво́д, -а
ремзо́на, -ы
реми́з, -а
реми́зить(ся), -и́жу(сь), -и́зит(ся)
реми́зка, -и, *р. мн.* -зок
реми́зящий(ся)
ре́микс, -а
ремилитариза́ция, -и
ремилитаризи́рованный; *кр. ф.* -ан, -ана
ремилитаризи́ровать(ся), -и́рую, -и́рует(ся)
ремилитаризо́ванный; *кр. ф.* -ан, -ана
ремилитаризова́ть(ся), -зу́ю, -зу́ет(ся)
реминггто́н, -а (*пишущая машинка*)
реминисце́нция, -и
ре-мино́р, ре-мино́ра

ре-мино́рный
реми́ссия, -и
ремите́нт, -а
ремити́рование, -я
ремити́рованный; *кр. ф.* -ан, -ана
ремити́ровать(ся), -рую, -рует(ся)
ремнезу́б, -а
ремне́ц, -а́, *тв.* -о́м, *р. мн.* -о́в
ремнецве́тник, -а
ремнецве́тные, -ых
ремо́нт, -а
реморта́нтность, -и
реморта́нтный; *кр. ф.* -а́нтен, -а́нтна
ремонтёр, -а
ремонти́рование, -я
ремонти́рованный; *кр. ф.* -ан, -ана
ремонти́ровать(ся), -рую, -рует(ся)
ремо́нтник, -а
ремо́нтница, -ы, *тв.* -ей
ремо́нтно-восстанови́тельный
ремо́нтно-профилакти́ческий
ремо́нтно-строи́тельный
ремо́нтно-техни́ческий
ремо́нтно-эксплуатацио́нный
ремо́нтный
ремонтопригодность, -и
ремонтопригодный; *кр. ф.* -ден, -дна
рена́та, -ы (*шрифт*)
ренатурализа́ция, -и
ренатурализо́ванный; *кр. ф.* -ан, -ана
ренатурализова́ть(ся), -зу́ю(сь), -зу́ет(ся)
ренега́т, -а
ренега́тка, -и, *р. мн.* -ток
ренега́тский
ренега́тство, -а
ренега́тствовать, -твую, -твует
Ренесса́нс, -а (*Возрождение*) и ренесса́нс, -а (*период расцвета чего-н.; архит. стиль*)

ренесса́нсный
рене́т, -а и ране́т, -а
ре́ний, -я
рени́н, -а
ренкло́д, -а
рено́, *нескл., м.* (*автомобиль*)
реновацио́нный
renова́ция, -и
реноме́, *нескл., с.*
рено́нс, -а
ре́нта, -ы
рента́бельность, -и
рента́бельный; *кр. ф.* -лен, -льна
рентге́н[1], -а (*рентгеноскопия, разг.*)
рентге́н[2], -а, *р. мн.* -ов, *счетн. ф.* рентге́н (*ед. измер.*)
рентге́новский
рентге́новы лучи́, рентге́новых луче́й (*от* Рентге́н)
рентгеногра́мма, -ы
рентгенографи́ческий
рентгеногра́фия, -и
рентгенодефектоскопи́я, -и
рентгенодиагно́стика, -и
рентгенодиагности́ческий
рентгенока́мера, -ы
рентгенокиносъёмка, -и
рентгеноконтра́стный
рентгено́лог, -а
рентгенологи́ческий
рентгеноло́гия, -и
рентгено́метр, -а
рентгенометри́ческий
рентгеноме́трия, -и
рентгеноплёнка, -и, *р. мн.* -нок
рентгенорадиологи́ческий
рентгеноскопи́ческий
рентгеноскопи́я, -и
рентгеноспектра́льный
рентгеноспектроскопи́я, -и
рентгеностру́ктурный
рентгенотелеви́дение, -я
рентгенотелевизио́нный
рентгенотерапи́я, -и
рентгеноте́хник, -а
рентгеноте́хника, -и

рентгенотехнический
рентген-эквивалент, -а
рентинг, -а
рентинговый
рентный
renoмировский (*от* Ренуа́р)
реобио́нты, -ов, *ед.* -о́нт, -а
реови́русы, -ов, *ед.* -ви́рус, -а
рео́граф, -а
реографи́ческий
реогра́фия, -и
реокардиогра́фия, -и
реологи́ческий
реоло́гия, -и
рео́метр, -а
Реомю́р, -а: шкала́ Реомю́ра; по Реомю́ру (*о температуре*)
реопири́н, -а
реорганизацио́нный
реорганиза́ция, -и
реорганизо́ванный; *кр. ф.* -ан, -ана
реорганизова́ть(ся), -зу́ю, -зу́ет(ся)
реорганизо́вывать(ся), -аю, -ает(ся)
реоста́т, -а
реоста́тный
реота́ксис, -а
реотакти́ческий
реотропи́зм, -а
реофи́лы, -ов, *ед.* -фи́л, -а
реофи́льный
реохо́рд, -а
реоэнцефалогра́фия, -и
ре́па, -ы
репарацио́нный
репара́ция, -и
репартимье́нто, *нескл., с.*
репатриа́нт, -а
репатриа́нтка, -и, *р. мн.* -ток
репатриа́ция, -и
репатрии́рованный; *кр. ф.* -ан, -ана
репатрии́ровать(ся), -рую(сь), -рует(ся)

репее́к, -ейка́
репе́й, репья́
репе́йник, -а
репе́йница, -ы, *тв.* -ей
репе́йничек, -чка
репе́йный
репелле́нт, -а
ре́пер, -а
репертуа́р, -а
репертуа́рность, -и
репертуа́рный
репети́ловский (*от* Репети́лов)
репети́р, -а
репети́рование, -я
репети́рованный; *кр. ф.* -ан, -ана
репети́ровать(ся), -рую, -рует(ся)
репети́тор, -а
репети́торский
репети́торство, -а
репети́торствовать, -твую, -твует
репети́торша, -и, *тв.* -ей
репетицио́нный
репети́ция, -и
репетова́ние, -я
репето́ванный; *кр. ф.* -ан, -ана
репетова́ть(ся), -ту́ю, -ту́ет(ся)
репешо́к, -шка́
ре́пина, -ы (*от* ре́па)
ре́пинский (*от* Ре́пин)
репи́тер, -а
ре́пица, -ы, *тв.* -ей
ре́пища, -и, *тв.* -ей
ре́пка, -и, *р. мн.* ре́пок
реплантацио́нный
реплантация, -и
реплантированный; *кр. ф.* -ан, -ана
реплантировать(ся), -рую, -рует(ся)
ре́плика, -и
реплика́ция, -и
ре́пник, -а
ре́пница, -ы, *тв.* -ей
ре́пный
репня́к, -а́
ре́повый

репози́ция, -и
реполо́в, -а
репо́рт, -а
репорта́ж, -а, *тв.* -ем
репорта́жность, -и
репорта́жный; *кр. ф.* -жен, -жна
репорта́ция, -и
репортёр, -а
репортёришка, -и, *р. мн.* -шек, *м.*
репортёрский
репортёрство, -а
репортёрствовать, -твую, -твует
репортёрша, -и, *тв.* -ей
репрезента́нт, -а
репрезентати́вность, -и
репрезентати́вный; *кр. ф.* -вен, -вна
репрезента́ция, -и
репрезенти́рованный; *кр. ф.* -ан, -ана
репрезенти́ровать(ся), -рую, -рует(ся)
репресса́лии, -ий, *ед.* -а́лия, -и
репресси́вный; *кр. ф.* -вен, -вна
репресси́рованный; *кр. ф.* -ан, -ана
репресси́ровать(ся), -рую(сь), -рует(ся)
репре́ссия, -и
репре́ссор, -а
реприватиза́ция, -и
реприватизи́рованный; *кр. ф.* -ан, -ана
реприватизи́ровать(ся), -рую, -рует(ся)
репри́за, -ы
репри́зный
репрема́нд, -а
репри́нт, -а
репри́нтный
репрографи́ческий
репрогра́фия, -и
репродукти́вный
репроду́ктор, -а
репроду́кторный
репродукцио́нный

РЕПРОДУКЦИЯ

репроду́кция, -и
репродуци́рование, -я
репродуци́рованный; кр. ф. -ан, -ана
репродуци́ровать(ся), -рую, -рует(ся)
репс, -а
ре́псовый
репти́лия, -и
репти́льность, -и
репти́льный; кр. ф. -лен, -льна
република́ция, -и
репульсио́нный
репута́ция, -и
ре́пчатый
репьё, -я́
репья́к, -а́
ре́риховский (от Ре́рих)
ресеквёнтный
реси́вер, -а
реси́нтез, -а
ресинтези́рованный; кр. ф. -ан, -ана
ресинтези́ровать(ся), -рую, -рует(ся)
реско́нтро, нескл., с.
рескри́пт, -а
рескрипцио́нный
рескри́пция, -и
ре́слинг, -а (борьба)
ресни́тчатый
ресни́цы, -и́ц, ед. -и́ца, -ы
ресни́чки, -чек, ед. -и́чка, -и
ресни́чный
респе́кт, -а
респекта́бельность, -и
респекта́бельный; кр. ф. -лен, -льна
респира́тор, -а
респирато́рный
респира́торщик, -а
респира́ция, -и
респиро́метр, -а
респонде́нт, -а
респонде́нтский
респонсо́рий, -я

респонсо́рный
респу́блика, -и; но (в офиц. названиях государств) Респу́блика, -и, напр.: Доминика́нская Респу́блика, Федерати́вная Респу́блика Герма́ния, Ю́жно-Африка́нская Респу́блика, Респу́блика Саха́ (Яку́тия)
республика́нец, -нца, тв. -нцем, р. мн. -нцев
республикани́зм, -а
республика́нка, -и, р. мн. -нок
республика́нский
рессо́ра, -ы
рессо́рный
реставра́тор, -а
реставра́торский
реставра́торство, -а
реставрацио́нно-произво́дственный
реставрацио́нный
реставра́ция, -и; но: Реставра́ция, -и (в Англии XVII в., во Франции XIX в.)
реставри́рование, -я
реставри́рованный; кр. ф. -ан, -ана
реставри́ровать(ся), -рую, -рует(ся)
реста́рт, -а
реституцио́нный
реститу́ция, -и
рестора́н, -а
рестора́нный
рестора́нчик, -а
рестора́тор, -а
рестора́ция, -и
рестрикцио́нный
рестри́кция, -и
реструкту́ризация, -и
реструктуризацио́нный
реструктуриза́ция, -и
реструктуризо́ванный; кр. ф. -ан, -ана
реструктуризова́ть(ся), -зу́ю, -зу́ет(ся)

реструктури́рование, -я
реструктури́рованный; кр. ф. -ан, -ана
реструктури́ровать(ся), -рую, -рует(ся)
ресу́рсно необеспе́ченный
ресу́рсно обеспе́ченный
ресу́рсно-технологи́ческий
ресу́рсный
ресурсовооружённость, -и
ресурсозатра́ты, -а́т
ресурсообеспе́ченность, -и
ресурсосберега́ющий
ресурсосбереже́ние, -я
ресу́рсы, -ов, ед. -у́рс, -а
рета́бло, нескл., с.
ретарда́нт, -а
ретарда́ция, -и
рете́нция, -и
ретиво́е, -о́го
рети́вость, -и
рети́вый
ретикулёз, -а
ретикули́н, -а
ретикули́новый
ретикулосарко́ма, -ы
ретикулоэндотелиа́льный
ретикуля́рный
рети́на, -ы
ретине́н, -а
ретини́т, -а
ретино́л, -а
ретиноспо́ра, -ы
ретира́да, -ы
ретира́дный
ретирова́ться, -ру́юсь, -ру́ется
ретрома́нский
ретрома́нцы, -ев
рето́рсии, -ий, ед. -сия, -и
рето́рта, -ы
рето́ртный
ретра́ктор, -а
ретрансли́рованный; кр. ф. -ан, -ана
ретрансли́ровать(ся), -рую, -рует(ся)

ретрансля́тор, -а
ретрансляцио́нный
ретрансля́ция, -и
ретрансплантáция, -и
ретрансплантúрованный; кр. ф. -ан, -ана
ретрансплантúровать(ся), -рую, -рует(ся)
ретраншеме́нт, -а
ретрáтта, -ы
ре́тро, неизм. и нескл., с.
ретроакти́вность, -и
ретроакти́вный
ретрогрáд, -а
ретрогрáдка, -и, р. мн. -док
ретрогрáдный
ретрогрáдство, -а
ретроиску́сство, -а
ретро́метр, -а
ретромо́да, -ы
ретроразви́тие, -я
ретроспекти́ва, -ы
ретроспекти́вность, -и
ретроспекти́вный; кр. ф. -вен, -вна
ретроспе́кция, -и
ретрофле́ксный
ретроце́ссия, -и
ретушева́льный
ретушёванный; кр. ф. -ан, -ана
ретушёвка, -и
ретушёр, -а
ретушёрный
ретуши́рование, -я
ретуши́рованный; кр. ф. -ан, -ана
ретуши́ровать(ся), -рую, -рует(ся)
ре́тушь, -и
ре́ты, -ов (племена)
реутилизацио́нный
реутилизáция, -и
рефакцио́нный
рефáкция, -и
рефера́т, -а
реферати́вный
рефера́тный
референ́дум, -а

рефере́нсный (фин.)
референ́т, -а
референ́тность, -и
референ́тный
референ́тский
референциáльный
референцио́нный
референ́ция, -и
референ́ц-эллипсо́ид, -а
ре́фери, нескл., м.
рефери́рование, -я
рефери́рованный; кр. ф. -ан, -ана
рефери́ровать(ся), -рую, -рует(ся)
рефинанси́рование, -я
рефинанси́рованный; кр. ф. -ан, -ана
рефинанси́ровать(ся), -рую, -рует(ся)
рефле́кс, -а
рефлексáция, -и
рефлекси́вность, -и
рефлекси́вный; кр. ф. -вен, -вна (к рефле́кс)
рефлекси́ровать, -рую, -рует (к рефле́кс)
рефле́ксия, -и
рефле́ксный
рефлексоге́нный
рефлексогра́фия, -и
рефлексо́лог, -а
рефлексологи́ческий
рефлексоло́гия, -и
рефлексотерапе́вт, -а
рефлексотерапи́я, -и
рефлекти́вность, -и
рефлекти́вный; кр. ф. -вен, -вна (к рефле́кс и рефле́ксия)
рефлекти́рование, -я
рефлекти́ровать, -рую, -рует (к рефле́кс и рефле́ксия)
рефлекто́метр, -а
рефле́ктор, -а
рефле́кторный (от рефле́ктор)
рефлекто́рный; кр. ф. -рен, -рна (от рефле́кс)
рефлю́кс, -а

рефмеха́ник, -а
рефо́рма, -ы
реформа́тка, -и, р. мн. -ток
реформа́тор, -а
реформа́торский
реформа́торство, -а
реформа́тский
реформа́тство, -а
реформа́ты, -ов, ед. -мáт, -а
реформацио́нный
Реформа́ция, -и (ист.) (общественно-политическое и религиозное движение в Европе XVI в.) и реформа́ция, -и (религиозные преобразования в духе протестантизма)
рефо́рменный
реформи́зм, -а
реформи́рование, -я
реформи́рованный; кр. ф. -ан, -ана
реформи́ровать(ся), -рую, -рует(ся)
реформи́ст, -а
реформи́стка, -и, р. мн. -ток
реформи́стский
рефракте́рность, -и
рефракте́рный (физиол.)
рефракто́метр, -а
рефрактометри́ческий
рефрактоме́трия, -и
рефра́ктор, -а
рефра́кторный (от рефра́ктор, физ.)
рефракцио́нный
рефра́кция, -и
рефре́н, -а
рефрижера́тор, -а
рефрижера́торный
рефулёр, -а
рефулёрный
рефули́рование, -я
рефули́рованный; кр. ф. -ан, -ана
рефули́ровать(ся), -рую, -рует(ся)

рехну́ться, -ну́сь, -нётся
рецензе́нт, -а
рецензе́нтский
рецензио́нный
рецензи́рование, -я
рецензи́рованный; *кр. ф.* -ан, -ана
рецензи́ровать(ся), -ру́ю, -рует(ся)
реце́нзия, -и
реце́нтный
реце́писса, -ы
реце́пт, -а
рецепта́р, -а
реце́птик, -а
реце́птный
реце́птор, -а
реце́пторный (*к* реце́птор)
рецепто́рный (*к* реце́пция, *физиол.*)
рецепту́ра, -ы
рецепту́рный
реце́пция, -и
рецесси́вность, -и
рецесси́вный; *кр. ф.* -вен, -вна
реце́ссия, -и
рециди́в, -а
рецидиви́зм, -а
рецидиви́ст, -а
рецидиви́стка, -и, *р. мн.* -ток
рециди́вный
реципие́нт, -а
реципи́рованный; *кр. ф.* -ан, -ана
реципи́ровать(ся), -рую, -рует(ся)
реципро́кный
рециркуля́тор, -а
рециркуля́ция, -и
рецита́ция, -и
речево́й
рече́ние, -я
рече́нный; *кр. ф.* -ён, -ена́ *и* речённый; *кр. ф.* -ён, -ена́
ре́ченька, -и, *р. мн.* -нек
речетво́рческий
речетво́рчество, -а
речи́стость, -и

речи́стый
речитати́в, -а
речитати́вный
ре́чка, -и, *р. мн.* ре́чек; но (*в названиях населенных пунктов*) Ре́чка, -и, *напр.*: Бе́лая Ре́чка, Ру́сская Ре́чка (*поселки*)
речни́к, -а́
речно́й
речо́вка, -и, *р. мн.* -вок
речо́нка, -и, *р. мн.* -нок
речу́га, -и
ре́чушка, -и, *р. мн.* -шек (*ласкат.*)
речу́шка, -и, *р. мн.* -шек (*маленькая речка*)
речь, -и, *мн.* -и, -е́й
Ре́чь Посполи́тая (*ист.*)
реша́емость, -и
реша́емый
реша́ть(ся), -а́ю(сь), -а́ет(ся)
реша́ющий(ся)
реше́бник, -а
реше́ние, -я
решённость, -и
решённый; *кр. ф.* -ён, -ена́
решённый-перерешённый
решети́на, -ы
реше́тить, решечу́, реше́тит (*к* реше́тник)
решети́ть, решечу́, решети́т (*к* решето́)
решётка, -и, *р. мн.* -ток
реше́тник, -а
решётный
решето́, -а́, *мн.* решёта, решёт
решёточка, -и, *р. мн.* -чек
решёточный
решетцо́, -а́ *и* решётце, -а
реше́тчатый *и* решётчатый
реше́тящий (*от* реше́тить)
решетя́щий (*от* решети́ть)
реше́ченный; *кр. ф.* -ен, -ена (*от* реше́тить *и* решети́ть)
решечённый; *кр. ф.* -ён, -ена́ (*от* решети́ть)
реши́мость, -и

реши́тель, -я
реши́тельность, -и
реши́тельный; *кр. ф.* -лен, -льна
реши́ть(ся), решу́(сь), реши́т(ся)
рёшка, -и, *р. мн.* рёшек
реэвакуацио́нный
реэвакуа́ция, -и
реэвакуи́рованный; *кр. ф.* -ан, -ана
реэвакуи́ровать(ся), -ру́ю(сь), -рует(ся)
реэ́кспорт, -а
реэкспорти́рованный; *кр. ф.* -ан, -ана
реэкспорти́ровать(ся), -рую, -рует(ся)
реэ́кспортный
реэмигра́нт, -а
реэмигра́нтка, -и, *р. мн.* -ток
реэмигра́ция, -и
реэмигри́ровать, -рую, -рует
реюньо́нский (*от* Реюньо́н)
реюньо́нцы, -ев, *ед.* -нец, -нца, *тв.* -нцем
ре́ющий
ре́я, -и *и* рей, -я
ре́яние, -я
ре́ять, ре́ет
ржа, ржи, *тв.* ржой
ржаве́вший (*от* ржаве́ть)
ржаве́ние, -я
ржа́веть, -еет *и* ржаве́ть, -е́ет (*покрываться ржавчиной*)
ржави́вший (*от* ржави́ть)
ржави́ть, -ви́т (*что*)
ржавле́ние, -я
ржа́во-бу́рый
ржа́во-кра́сный
ржа́вость, -и
ржа́вчина, -ы
ржа́вчинник, -а
ржа́вчинный
ржа́вый
ржавь, -и
ржане́ц, -нца́, *тв.* -нцо́м, *р. мн.* -нцо́в

ржа́ние, -я
ржа́нище, -а
ржа́нка, -и, *р. мн.* -нок
ржа́нковые, -ых
ржанкообра́зные, -ых
ржано́й
ржа́но-пшени́чный
ржать, ржу, ржёт
ржевитя́не, -я́н, *ед.* -я́нин, -а (*от* Ржев)
ржевитя́нка, -и, *р. мн.* -нок
рже́вский (*от* Ржев)
ржи́ца, -ы, *тв.* -ей
ржи́ще, -а
риа́л, -а (*ден. ед.*)
риббони́ты, -ов, *ед.* -ни́т, -а
рибо́за, -ы
рибонуклеа́зы, -а́з, *ед.* -а́за, -ы
рибонуклеи́новый
рибосо́мы, -о́м, *ед.* -со́ма, -ы
рибофлави́н, -а
ривано́л, -а
Ривье́ра, -ы
ри́га, -и (*сарай для сушки снопов*)
Ригве́да, -ы
ри́гель, -я
ри́гельный
риги́дность, -и
ригори́зм, -а
ригори́ст, -а
ригористи́ческий
ригористи́чность, -и
ригористи́чный; *кр. ф.* -чен, -чна
ригори́стка, -и, *р. мн.* -ток
ригсда́г, -а (*датский парламент*)
ригсда́лер, -а (*датская монета*)
Ри́дберг, -а: постоя́нная Ри́дберга
ри́дберг, -а, *р. мн.* -ов, *счетн. ф.* -берг (*ед. измер.*)
ри́дбергер, -а (*прыжок, спорт.*)
ри́джер, -а
ри́джерный
ридикю́ль, -я
риелтор, -а
риелторский
риель, -я (*ден. ед.*)

рижа́не, -а́н, *ед.* -а́нин, -а (*от* Ри́га)
рижа́нка, -и, *р. мн.* -нок
ри́жский (*от* Ри́га)
Ри́жское взмо́рье
Ри́жский зали́в
ри́за, -ы
ризали́т, -а
ризеншна́уцер, -а
ри́зка, -и, *р. мн.* ри́зок (*от* риза)
ри́зница, -ы, *тв.* -ей
ри́зничий, -его
ри́зный
ризо́граф, -а
ризографи́ческий
ризогра́фия, -и
ризо́иды, -ов
ризоктонио́з, -а
ризомо́рфы, -морф
ризоположе́ние, -я
Ризополо́женский (хра́м)
ризосфе́ра, -ы
ризофо́ры, -фо́р
ри́зы, риз: до положе́ния ри́з (напи́ться)
риккетсии, -ий, *ед.* -сия, -и
риккетсио́з, -а
рикоше́т, -а
рикошети́ровать, -рует
рикоше́тить, -е́чу, -е́тит
рикоше́тный
рикоше́том, *нареч.*
рикри́ция, -и
риксда́г, -а (*шведский парламент*)
риксда́лер, -а (*шведская монета*)
ри́кша, -и, *тв.* -ей, *р. мн.* рикш, *м.*
рили́зинг-гормо́ны, -ов, *ед.* -гормо́н, -а
ри́лли, *нескл., мн.*
Рим, -а (*также:* всё доро́ги веду́т в Ри́м)
Ри́ман, -а: геоме́трия Ри́мана, интегра́л Ри́мана, сфе́ра Ри́мана
ри́манов, -а, -о (*от* Ри́ман): ри́манова геоме́трия, ри́манова пове́рхность, ри́маново простра́нство

риме́сса, -ы
ри́мляне, -ян, *ед.* -янин, -а
ри́млянка, -и, *р. мн.* -нок
Ри́мская импе́рия
Ри́мская ку́рия (*органы власти в Ватикане*)
ри́мский (*от* Рим)
Ри́мско-католи́ческая це́рковь
ри́мско-католи́ческий
ринг, -а (*площадка для бокса; объединение предпринимателей*)
ринггит, -а
риниофи́ты, -ов, *ед.* -фи́т, -а
рини́т, -а
ринк, -а (*площадка для катания на коньках*)
ринк-хокке́й, -я
риновирусы, -ов, *ед.* -ви́рус, -а
ринодерма, -ы
риноло́гия, -и
ринопла́стика, -и
ринопласти́ческий
риносклеро́ма, -ы
риноско́п, -а
риноскопи́я, -и
ринофи́ма, -ы
ри́нуться, ри́нусь, ри́нется
ринхоцефа́л, -а
ри́о-де-жане́йрский (*от* Ри́о-де-Жане́йро)
риодежане́йрцы, -ев, *ед.* -рец, -рца, *тв.* -рцем
риоли́т, -а
рипи́да, -ы
ри́пус, -а
рира́йтер, -а
рирпрое́кция, -и
рис, -а и -у
рисбе́рма, -ы
ри́синка, -и, *р. мн.* -нок
риск, -а
ри́ска, -и, *р. мн.* ри́сок (*тех.*)
рискну́ть, -ну́, -нёт
риско́ванно, *нареч.*
риско́ванность, -и
риско́ванный; *кр. ф.* -ан, -анна

РИСКОВАТЬ

рискова́ть, -ку́ю, -ку́ет
рисково́й и ри́сковый (*предусматривающий риск: рисково́й и ри́сковый догово́р, би́знес, капита́л, рисково́е финанси́рование*)
риско́вый (*содержащий риск: риско́вое де́ло; способный, готовый на риск: риско́вый па́рень*)
риск-те́йкер, -а
ри́слинг, -а (*вино*)
рисова́льный
рисова́льщик, -а
рисова́льщица, -ы, тв. -ей
рисова́ние, -я
рисо́ванный; *кр. ф.* -ан, -ана
рисова́ть(ся), рису́ю(сь), рису́ет(ся)
рисови́дка, -и, *р. мн.* -док
рисо́вище, -а
ри́совка, -и, *р. мн.* -вок (*птица*)
рисо́вка, -и
рисово́д, -а
рисово́дство, -а
рисово́дческий
ри́совый
рисозерново́й
Рисорджиме́нто, *нескл., с.*
рисору́шка, -и, *р. мн.* -шек
рисосе́ющий
рисосе́яние, -я
рисоубо́рочный
рисс, -а (*геол.*)
ри́сский
риста́лище, -а
риста́лищный
риста́ние, -я
рису́нок, -нка
рису́ночный
рису́нчатый
ритарда́ндо, *неизм.*
ритену́то, *неизм. и нескл., с.*
ритм, -а
ритм-гру́ппа, -ы
ритмиза́ция, -и
ритмизи́рованный; *кр. ф.* -ан, -ана

ритмизи́ровать(ся), -рую, -рует(ся)
ритмизо́ванный; *кр. ф.* -ан, -ана
ритмизова́ть(ся), -зу́ю, -зу́ет(ся)
ри́тмика, -и
ритми́ческий
ритми́чность, -и
ритми́чный; *кр. ф.* -чен, -чна
ритмомело́дика, -и
ритмомелоди́ческий
ритмопла́стика, -и
ритмопласти́ческий
рито́н, -а
ри́тор, -а
рито́рика, -и
ритори́ческий
ритори́чность, -и
ритори́чный; *кр. ф.* -чен, -чна
ри́торский
ри́торство, -а
ри́торствовать, -твую, -твует
ритуа́л, -а
ритуализа́ция, -и
ритуализо́ванный; *кр. ф.* -ан, -ана
ритуа́льно-мифологи́ческий
ритуа́льно-похоро́нный
ритуа́льный
ритурне́ль, -я
риф, -а
Рифе́й, -я (*античное название Урала*) и рифе́й, -я (*геол.*)
рифе́йский
ри́фить, ри́флю, ри́фит
рифле́ние, -я
ри́фленный; *кр. ф.* -ен, -ена, *прич.*
рифлёный, *прил.*
ри́фли, -ей
ри́фма, -ы
рифма́ч, -а́, *тв.* -о́м
рифма́чество, -а
ри́фменный
рифмо́ванный; *кр. ф.* -ан, -ана
рифмова́ть(ся), -му́ю, -му́ет(ся)
рифмо́вка, -и, *р. мн.* -вок
рифмоплёт, -а

рифмоплётство, -а
ри́фовый
рифо́рминг, -а
рифо́рминг-устано́вка, -и, *р. мн.* -вок
рифт, -а
ри́фтовый
Ри́хтер, -а: шкала́ Ри́хтера (по шкале́ Ри́хтера, *о землетрясении*)
ри́хтеровский (*от* Ри́хтер)
рихтова́льный
рихто́ванный; *кр. ф.* -ан, -ана
рихтова́ть(ся), -ту́ю, -ту́ет(ся)
рихто́вка, -и
рихто́вочный
рихто́вщик, -а
рицино́левый
ри́цинский (*от* Ри́ца, *озеро*)
рицинуле́и, -ле́й, *ед.* -ле́я, -и
рича́рдия, -и
Ри́чард Льви́ное Се́рдце
ричерка́р, -а
ри́ччия, -и
ришелье́, *нескл., с.* (*вид рукоделия*)
ришелье́вский (*от* Ришелье́)
ркаците́ли, *нескл., с.*
РЛС [эрэлэ́с], *нескл., ж.* (*сокр.*: радиолокационная станция)
РНК [эрэнка́], *нескл., ж.* (*сокр.*: рибонуклеиновая кислота)
РНК-полиме́ры, -ов
РНК-содержа́щий
ро, *нескл., с.* (*название буквы*)
ро́ба, -ы
ро́ббер, -а
робеспье́ровский (*от* Робеспье́р)
робе́ть, -е́ю, -е́ет
Ро́бин Гу́д, -а
робингу́довский (*от* Ро́бин Гу́д)
Робинзо́н, -а (*лит. персонаж*) и робинзо́н, -а (*о человеке, живущем вдали от людей*)
робинзона́да, -ы
робинзо́новский
роби́ния, -и
ро́бкий; *кр. ф.* ро́бок, робка́, ро́бко

робкова́тый
ро́бость, -и
ро́бот, -а
роботиза́ция, -и
роботизи́рованный; *кр. ф.* -ан, -ана
роботизи́ровать(ся), -рую, -рует(ся)
ро́бот-иссле́дователь, ро́бота-иссле́дователя
ро́бот-манипуля́тор, ро́бота-манипуля́тора
ро́бот-опера́тор, ро́бота-опера́тора
роботостpoе́ние, -я
роботостpoи́тель, -я
роботостpoи́тельный
робототе́хника, -и
робототехни́ческий
роботро́н, -а
роброн, -а
робу́ста, -ы
ро́бче, *сравн. ст.*
ров, рва, *предл.* во рву́, *мн.* рвы, рвов
ро́вдуга, -и
ро́венский (*от* Ро́вно)
ро́венцы, -ев, *ед.* -нец, -нца, *тв.* -нцем
Ро́венщина, -ы (*к* Ро́вно)
рове́сник, -а
рове́сница, -ы, *тв.* -ей
ро́вик, -а
ро́вненький
ровнёхонький; *кр. ф.* -нек, -нька
ровнёхонько, *нареч. и частица*
ровнёшенький; *кр. ф.* -нек, -нька
ровнёшенько, *нареч. и частица*
ровни́тель, -я
ровни́ца, -ы, *тв.* -ей
ровни́чница, -ы, *тв.* -ей
ровни́чный
ро́вно, *нареч., частица и союз*
ро́вность, -и
ровнота́, -ы́
ро́вный; *кр. ф.* ро́вен, ровна́, ро́вно, ро́вны́

ро́вня, -и, *р. мн.* -ей, *м. и ж.*
ровня́ть(ся), -я́ю, -я́ет(ся) (*к* ро́вный)
рог, -а, *мн.* -а́, -о́в; но (*в географических наименованиях*) Рог, -а, *напр.*: Африка́нский Рог, Золото́й Рог (*бухта*), Криво́й Рог (*город*)
рога́лик, -а
рога́ль, -я́
рога́стый
рога́тевший (*от* рога́теть)
рога́теть, -ею, -еет (*становиться рогатым*)
рога́тивший (*от* рога́тить)
рога́тик, -а
рога́тина, -ы
рога́тить, -а́чу, -а́тит (*кого*)
рога́тка, -и, *р. мн.* -ток
рога́тый
рога́ч, -а́, *тв.* -о́м
ро́глик, -а
рогове́ть, -е́ет
рогови́дный; *кр. ф.* -ден, -дна
рогови́к, -а́
рогови́ковый
рогови́на, -ы
рогови́ца, -ы, *тв.* -ей
роговой
рогогла́вник, -а
рого́жа, -и, *тв.* -ей
рого́жина, -ы
рого́жка, -и, *р. мн.* -жек
рого́жный
Рого́жская Заста́ва (*площадь*)
Рого́жский Ва́л (*улица*)
рого́з, -а и рогоза́, -ы́
рого́зный
рого́зовый
рогозу́б, -а
рогоклю́в, -а
роголи́стник, -а
роголи́стниковые, -ых
рогоно́сец, -сца, *тв.* -сцем, *р. мн.* -сцев
рогохво́ст, -а
рогу́лина, -ы

рогу́лька, -и, *р. мн.* -лек
рогу́льник, -а
рогу́льниковые, -ых
рогу́ля, -и
род¹, -а и -у, *предл.* в ро́де и в роду́, *мн.* -ы́, -о́в (*первобытная общественная организация; ряд поколений*)
род², -а, *мн.* -ы, -ов (*единица классификации; лингв.*)
род³, -а, *мн.* -а́, -о́в (*род войск, оружия*)
род-а́йланд, -а (*порода кур*)
родами́н, -а
рода́н, -а
родани́ды, -ов, *ед.* -ни́д, -а
рода́нисто-водоро́дный
рода́нистый
рода́новый
роддо́м, -а
родези́йский (*от* Роде́зия)
роде́новский (*от* Роде́н)
родентици́д, -а
роде́о, *нескл., с.*
ро́диевый
ро́дий, -я
роди́льница, -ы, *тв.* -ей
роди́льный
роди́менький
роди́мец, -мца, *тв.* -мцем
роди́мчик, -а
роди́мый
ро́дина, -ы и (*высок.*) Ро́дина, -ы
Ро́дина-ма́ть, Ро́дины-ма́тери
ро́динка, -и, *р. мн.* -нок
роди́ны, -и́н
родио́ла, -ы (*растение*)
роди́тели, -ей
роди́тель, -я
роди́тельница, -ы, *тв.* -ей
роди́тельный паде́ж
Роди́тельская суббо́та
роди́тельский
роди́тельство, -а
роди́ть(ся), рожу́(сь), роди́т(ся); *прош. сов.* -и́л, -и́лся, -ила́,

-и́лась, -и́ло, -и́лось и *несов.*
-и́л(ся), -и́ла(сь), -и́ло(сь)
ро́дич, -а, *тв.* -ем
ро́дненький
родни́к, -а́
родниќовый
родни́ть(ся), -ню́(сь), -ни́т(ся)
родничо́к, -чка́
родно́й
родну́ля, -и, *р. мн.* -у́ль и -у́лей, *м. и ж.*
родну́ша, -и, *тв.* -ей, *м. и ж.*
родны́е, -ы́х
родня́, -и́
родови́тость, -и
родови́тый
родово́й
родовспомога́тельный
родовспоможе́ние, -я
рододе́ндровый
рододе́ндрон, -а
родонача́льник, -а
родонача́льница, -ы, *тв.* -ей
родони́т, -а
родони́товый
родоплеменно́й
родопси́н, -а
родосло́вие, -я
родосло́вная, -ой
родосло́вный
ро́досский (*от* Ро́дос); *но:* Коло́сс Родо́сский
родохрози́т, -а
ро́дственник, -а
ро́дственница, -ы, *тв.* -ей
ро́дственничек, -чка
ро́дственность, -и
ро́дственный; *кр. ф.* -вен и -венен, -венна
родство́, -а́
ро́ды, -ов (*процесс рождения*)
рое́вня, -и, *р. мн.* -вен
роево́й
роёк, ройка́ (*от* рой)
рое́ние, -я

роённый; *кр. ф.* роён, роена́ (*от* рои́ть), *прич.*
ро́жа, -и, *тв.* -ей
рожа́ницы, -а́ниц, *ед.* -а́ница, -ы, *тв.* -ей (*мифол.*)
рожа́ть, -а́ю, -а́ет
рожда́емость, -и
рожда́ть(ся), -а́ю(сь), -а́ет(ся)
рожде́ние, -я
рожде́нник, -а
рожде́нница, -ы, *тв.* -ей
рождённый; *кр. ф.* -ён, -ена́
рожде́ственский
Рожде́ственский (храм, монасты́рь)
Рожде́ственский пост
Рождество́, -а́
роже́ница, -ы, *тв.* -ей
роже́чник, -а
ро́жистый
ро́жица, -ы, *тв.* -ей
рожи́ще, -а, *мн.* -а и -и, -и́щ, *м.* (*от* рог)
рожки́, -о́в (*макаронные изделия*)
рожко́вый
рожне́ц, -еца́, *тв.* -о́м
рожо́к, рожка́, *мн.* рожки́, -о́в и (*у животных*) ро́жки, ро́жек
рожо́н, рожна́
рожо́чек, -чка
рожь, ржи, *тв.* ро́жью
ро́за, -ы
роза́лия, -и (*животное*)
ро́зан, -а
ро́занчик, -а
роза́рий, -я и роза́риум, -а
ро́зваль, -и
ро́звальни, -ей
ро́звязь, -и
ро́зга, -и, *р. мн.* ро́зог
розга́ч, -а́, *тв.* -о́м
ро́зговенье, -я, *р. мн.* -ний и разгове́ние, -я
ро́зговины, -ин
ро́зговый

ро́зданный; *кр. ф.* ро́здан, раздана́ и ро́здана, ро́здано
ро́здых, -а и -у
розенкре́йцер, -а
розенкре́йцерский
розенкре́йцерство, -а
розео́ла, -ы
розе́тка, -и, *р. мн.* -ток
розе́точка, -и, *р. мн.* -чек
розе́точность, -и
розе́точный
розе́тта, -ы (*архит.*)
ро́зжиг, -а и разжи́г, -а
ро́злив, -а и разли́в, -а (*жидкости по сосудам*)
ро́зливень, -вня
розмари́н, -а
розмари́нный
розмари́новый
ро́знить(ся), -ню(сь), -нит(ся)
ро́зница, -ы, *тв.* -ей
ро́знично-мелкооптовы́й
ро́знично-торго́вый
ро́зничный
ро́зно, *нареч.*
рознь, -и
ро́знящий(ся)
розова́тенький
розова́то-жёлтый
розова́то-сире́невый
розова́тость, -и
розова́тый
ро́зовенький
розове́ть, -е́ю, -е́ет
розоволи́цый
ро́зовость, -и
розовощёкий
ро́зовый
розоцве́тные, -ых
ро́зочка, -и, *р. мн.* -чек
ро́зыгрыш, -а, *тв.* -ем
ро́зыгрышный
ро́зыск, -а
рои́стый
рои́ть(ся), рои́т(ся)
рой, ро́я, *мн.* рои́, роёв

ро́йный
рок, -а
рок-... – *первая часть сложных слов, пишется через дефис*
рока́да, -ы
рока́дный
рока́йль, *неизм. и нескл., ж.*
рокамбо́ль, -я (*растение*)
рок-анса́мбль, -я
рок-гру́ппа, -ы
ро́кер, -а
ро́керский
рок-звезда́, -ы́, *мн.* -звёзды, -звёзд
ро́к и поп-му́зыка
рок-клу́б, -а
рокиро́ванный; *кр. ф.* -ан, -ана
рокирова́ть(ся), -ру́ю(сь), -ру́ет(ся)
рокиро́вка, -и, *р. мн.* -вок
рок-конце́рт, -а
рок-му́зыка, -и
рок-музыка́нт, -а
рок-н-ро́лл, -а
рок-н-ро́лльный
роково́й (*к* рок — *судьба*)
ро́ковый (*к* рок-му́зыка)
рококо́, *неизм. и нескл., с.*
рок-о́пера, -ы
ро́кот, -а
рокота́ние, -я
рокота́ть, -очу́, -о́чет
роко́чущий
роксола́ны, -ов (*племя*)
рок-тусо́вка, -и, *р. мн.* -вок
Рокфе́ллер, -а
рокфе́ллеровский
рок-фестива́ль, -я
рокфо́р, -а
рол, -а (*вращающийся вал; то же, что* роль²)
ролево́й
ро́лик, -а
ро́лики, -ов (*коньки*)
роликобе́жец, -жца, *тв.* -жцем, *р. мн.* -жцев
роликобе́жный

роликовту́лочный
ро́ликовый
роликодро́м, -а
роликоле́нточный
роликоподши́пник, -а
роликоподши́пниковый
ро́лкер, -а
ролл, -а (*машина в бумажном производстве*)
ро́ллер, -а
ролло́вер, -а
ролло́вер-креди́т, -а
ро́лловый (*от* ролл)
роллс-ро́йс, -а (*автомобиль*)
ролл-тре́йлер, -а
роль¹, -и, *мн.* -и, -е́й (*в пьесе, на сцене и т. п.*)
роль², -я и рол, -а (*сверток цилиндрической формы*)
рольга́нг, -а
ро́лька, -и, *р. мн.* ро́лек
ро́льный (*к* рол *и* роль²)
ро́льня, -и, *р. мн.* ро́лен
рольста́вни, -вен и -вней
ро́льщик, -а
ро́льщица, -ы, *тв.* -ей
ром, -а и -у
рома́н, -а
рома́н-биогра́фия, рома́на-биогра́фии
рома́н-газе́та, -ы
романе́ска, -и, *р. мн.* -сок
романе́я, -и
романиза́ция, -и
иранизи́рованный; *кр. ф.* -ан, -ана
романизи́ровать(ся), -ру́ю, -ру́ет(ся)
романи́зм, -а
романизо́ванный; *кр. ф.* -ан, -ана
романизова́ть(ся), -зу́ю, -зу́ет(ся)
романи́ст, -а
романи́стика, -и
романисти́ческий
романи́стка, -и, *р. мн.* -ток
романи́стский

романи́ческий
рома́нный
рома́новский (*от* Рома́н *и* Рома́новы)
Рома́новы, -ых (*династия*)
рома́но-герма́нский
романогерма́нцы, -ев
рома́нс, -а
романсе́ро, *нескл., м.*
рома́нсик, -а
рома́нский
рома́нсный
рома́нсовый
романтиза́ция, -и
романтизи́рованный; *кр. ф.* -ан, -ана
романтизи́ровать(ся), -ру́ю, -ру́ет(ся)
романти́зм, -а
рома́нтик, -а
рома́нтика, -и
романти́ческий
романти́чность, -и
романти́чный; *кр. ф.* -чен, -чна
рома́н-хро́ника, рома́на-хро́ники
романцеме́нт, -а
рома́нчик, -а
рома́шка, -и, *р. мн.* -шек
рома́шковый
ромб, -а
ром-ба́ба, -ы
ромби́ческий
ромбови́дный; *кр. ф.* -ден, -дна
ромбови́к, -а́
ро́мбовый
ромбододека́эдр, -а
ромбо́ид, -а
ромбоида́льный
ромбо́идный
ромбопирамида́льный
ромбо́эдр, -а
ромбоэдри́ческий
роменролла́новский (*от* Роме́н Ролла́н)
роме́н-сала́т, -а
Роме́о, *нескл., м.*

ро́минг, -а
ро́минговый
ро́мни-ма́рш, -а, *тв.* -ем
ро́мовый
Ро́мул, -а (*также: от Ро́мула до на́ших дней*)
ромште́кс, -а
ронгали́т, -а
ронгали́товый
ронда́д, -а
ро́ндик, -а
ронди́но, *нескл., с.*
ро́ндо, *нескл., с.* (*муз.*)
рондо́, *нескл., с.* (*в поэзии; полигр.*)
ро́нжа, -и, *тв.* -ей
ро́нский (*от* Ро́на)
роня́ть(ся), -я́ю, -я́ет(ся)
роп, -а
ропа́к, -а́
ро́пот, -а
ро́потный
ропта́ние, -я
ропта́ть, ропщу́, ро́пщет
ро́пщущий
роса́, -ы́, *мн.* ро́сы, рос
Росвооруже́ние, -я (*концерн*)
Росина́нт, -а (*лошадь Дон-Кихота*) и росина́нт, -а (*кляча*)
роси́нка, -и, *р. мн.* -нок
роси́ночка, -и, *р. мн.* -чек
роси́стый
роси́ться, -и́тся
роси́чка, -и, *р. мн.* -чек
роско́шество, -а
роско́шествовать, -твую, -твует
роско́шничать, -аю, -ает
роско́шный; *кр. ф.* -шен, -шна
ро́скошь, -и
ро́скрышь, -и
росла́вльский (*от* Росла́вль)
рославча́не, -а́н, *ед.* -а́нин, -а (*от* Росла́вль)
ро́слость, -и
ро́слый
ро́сный
росома́ха, -и

росома́ший, -ья, -ье
ро́спашь, -и
ро́спись, -и
ро́сплеск, -а
ро́сплывь, -и
ро́спуск, -а (*действие*)
ро́спуски, -ов (*сани*)
росс, -а (*устар. высок. к* россия́нин)
ро́ссиевский (*от* Ро́сси)
Росси́йская акаде́мия медици́нских нау́к (РАМН)
Росси́йская акаде́мия наро́дного хозя́йства
Росси́йская акаде́мия нау́к (РАН)
Росси́йская акаде́мия образова́ния
Росси́йская госуда́рственная библиоте́ка (РГБ)
Росси́йская импе́рия (*ист.*)
Росси́йская национа́льная библиоте́ка (РНБ)
Росси́йская това́рно-сырьева́я би́ржа
Росси́йская Федера́ция
росси́йский (*от* Росси́я)
Росси́йский госуда́рственный гуманита́рный университе́т (РГГУ)
Росси́йский междунаро́дный фо́нд культу́ры
Росси́йский национа́льный орке́стр
Росси́йский откры́тый университе́т
Росси́йский сою́з промы́шленников и предпринима́телей
Росси́йский университе́т дру́жбы наро́дов (РУДН)
Росси́йский фо́нд разви́тия телеви́дения
Росси́йский футбо́льный сою́з (РФС)
Росси́йский це́нтр междунаро́дного нау́чного и культу́рного сотру́дничества

Росси́йско-америка́нская компа́ния (1799–1868)
росси́йско-америка́нский
росси́йско-белору́сский
росси́йско-герма́нский
Росси́йское акционе́рное о́бщество (*первые слова офиц. назва́ний*)
Росси́йское информацио́нное аге́нтство (РИА́)
Росси́йское косми́ческое аге́нтство
Росси́йское о́бщество Кра́сного Креста́
Росси́йское телегра́фное аге́нтство (РО́СТА, 1918–1925)
росси́йско-казахста́нский
росси́йско-кита́йский
росси́йско-по́льский
росси́йско-украи́нский
росси́йско-францу́зский
росси́йско-эсто́нский
росси́йско-южноамерика́нский
росси́йско-южноафрика́нский
росси́йско-южнокоре́йский
росси́йско-япо́нский
росси́ниевский (*от* Росси́ни)
Росси́я-ма́тушка, Росси́и- ма́тушки
россия́не, -я́н, *ед.* -я́нин, -а
россия́нка, -и, *р. мн.* -нок
ро́ссказни, -ей
россоша́нка, -и, *р. мн.* -нок
россоша́нский (*от* Ро́ссошь)
россоша́нцы, -ев, *ед.* -нец, -нца, *тв.* -нцем
Ро́сстани-на-Ка́ме (*город*)
ро́сстань, -и, *р. мн.* -ей и -ей
ро́ссыпный (*от* ро́ссыпь)
ро́ссыпь, -и
рост[1], -а и -у
рост[2], -а, *мн.* -а́, -о́в (*длина оде́жды*)
ро́стбиф, -а

ро́стверк, -а
ро́стверковый
ро́степель, -и
ро́степельный
ро́стер, -а (*электрожаровня*)
ростери́т, -а
ростко́вый
Росто́в Вели́кий (*ист.*)
ростовка, -и, *р. мн.* -вок (*от* рост)
Росто́в-на-Дону́, Росто́ва-на-Дону́
ростово́й
росто́вский (*от* Росто́в *и* Росто́в-на-Дону́)
Росто́во-Су́здальское кня́жество
росто́вцы, -ев, *ед.* -вец, -вца, *тв.* -вцем (*от* Росто́в)
ростовча́не, -а́н, *ед.* -а́нин, -а (*от* Росто́в *и* Росто́в-на-Дону́)
ростовча́нка, -и, *р. мн.* -нок
ростовщи́к, -а́
Росто́вщина, -ы (*к* Росто́в-на-Дону́)
ростовщи́ца, -ы, *тв.* -ей
ростовщи́ческий
ростовщи́чество, -а
ростовщи́чий, -ья, -ье
росто́к, -тка́
росто́кский (*от* Росто́к)
росто́кцы, -ев, *ед.* -кец, -кца, *тв.* -кцем
ростоме́р, -а
росто́чек, -чка и -чку
ростр, -а (*таран корабля*)
ро́стра, -ы (*архит.*)
Ростра́льные коло́нны (в Петербу́рге)
ростра́льный
ро́стры, ростр и ро́стер (*настил на судне*)
ростсельма́шевский (*от* Ростсельма́ш)
ро́счерк, -а
ро́счисть, -и
ро́сший
рося́нка, -и, *р. мн.* -нок

росяно́й и рося́ный
рот, рта, *предл.* во рту, *мн.* рты, ртов
ро́та, -ы
ротакса́новый
ротакса́ны, -ов, *ед.* -са́н, -а
рота́метр, -а
рота́н, -а (*рыба*)
рота́нг, -а (*растение*)
ротапри́нт, -а
ротапри́нтный
рота́тор, -а
рота́торный
ротаци́зм, -а
ротацио́нка, -и, *р. мн.* -нок
ротацио́нный
рота́ция, -и
ротве́йлер, -а
роте́ль, -я
ротефе́ллы, -елл
ро́тик, -а
роти́ровать(ся), -рую, -рует(ся)
роти́шко, -а и -и, *мн.* -шки, -шек, *м.*
роти́ще, -а, *мн.* -а и -и, -и́щ, *м.*
ро́тмистр, -а
ро́тмистрский
ро́тный
ротово́й
ротозе́й, -я
ротозе́йка, -и, *р. мн.* -е́ек
ротозе́йничать, -аю, -ает
ротозе́йство, -а
рото́к, другие формы не употр.
рото́н, -а
рото́нда, -ы
ротоно́гие, -их
ро́тор, -а
ро́торно-ди́сковый
ро́торно-поршнево́й
ро́торный
роттерда́мский (*от* Роттерда́м); но: Эра́зм Роттерда́мский
роттерда́мцы, -ев, *ед.* -мец, -мца, *тв.* -мцем
Ро́тшильд, -а

ро́хля, -и, *р. мн.* -лей, *м. и ж.*
роште́йн, -а
ро́ща, -и, *тв.* -ей; но (*в названиях населенных пунктов*) Ро́ща, -и, *напр.:* Ма́рьина Ро́ща (*район в Москве*), Зелёная Ро́ща (*поселок*)
ро́щица, -ы, *тв.* -ей
РОЭ, *нескл., с.* (*сокр.:* реакция оседания эритроцитов)
ро́ющий(ся) (*от* ры́ть(ся))
роялизм, -а
роялист, -а
роялистка, -и, *р. мн.* -ток
роялистский
роя́лишко, -а и -и, *мн.* -шки, -шек, *м.*
роя́лти, *нескл., с. и мн.*
роя́ль, -я
роя́льный
роя́щий(ся) (*от* рои́ть(ся))
р-р-р (*звукоподражание*)
рти́ще, -а, *мн.* -а и -и, ртищ, *м.*
рту́тно-ква́рцевый
рту́тно-ци́нковый
рту́тный
ртуть, -и
ртутьоргани́ческий
руа́нда, *неизм. и нескл., м.* (*язык*) и *нескл., мн., ед. м. и ж.* (*народ*)
руанди́йский (*от* Руа́нда, *государство*)
руанди́йцы, -ев, *ед.* -и́ец, -и́йца, *тв.* -и́йцем
руба́й, *нескл., с.*
руба́ка, -и, *м.*
руба́нок, -нка
руба́ночек, -чка
руба́ночный
рубану́ть, -ну́, -нёт
руба́то, *неизм.*
руба́ть(ся), -а́ю(сь), -а́ет(ся)
руба́ха, -и
руба́ха-па́рень, руба́хи-па́рня
руба́шечка, -и, *р. мн.* -чек
руба́шечный
руба́шка, -и, *р. мн.* -шек

рубашо́нка, -и, р. мн. -нок
рубашо́ночка, -и, р. мн. -чек
рубе́ж, -а́, тв. -о́м
рубе́жный
рубелли́т, -а
рубе́ль, -еля́
ру́бенсовский (от Ру́бенс)
руберо́ид, -а
руберо́идный
руберо́идовый
рубе́ц, рубца́, тв. рубцо́м, р. мн. рубцо́в
руби́диевый
руби́дий, -я
Ру́бик, -а: ку́бик Ру́бика
Рубико́н, -а (перейти́ Рубико́н)
руби́ло, -а
руби́льник, -а
руби́льный
руби́н, -а
руби́новый
руби́нчик, -а
руби́ть(ся), рублю́(сь), ру́бит(ся)
ру́бище, -а
ру́бка, -и, р. мн. ру́бок
ру́бленый, -и, р. мн. -вок
рублёвик, -а
рублёвка, -и, р. мн. -вок
рублёвский (от Рублёв и Рублёво)
рублёвый
ру́бленный; кр. ф. -ен, -ена, прич.
ру́бленый, прил.
ру́блик, -а
рубли́шко, -а и -и, мн. -шки, -шек, м.
рубль, -я́
рубну́ть, -ну́, -нёт
ру́бочный
ру́брика, -и
рубрика́тор, -а
рубрика́ция, -и
рубрици́рованный; кр. ф. -ан, -ана
рубрици́ровать(ся), -ру́ю, -ру́ет(ся)
руброфити́я, -и

рубцева́ние, -я
рубцева́тый
рубцева́ться, -цу́ется
рубцо́вский (от Рубцо́в и Рубцо́вск)
рубцо́вый
ру́бчатый
ру́бчик, -а
ру́бщик, -а
ру́бящий(ся)
ру́га, -и
ру́ганный; кр. ф. -ан, -ана, прич.
ру́ганый, прил.
ру́гань, -и
руга́тель, -я
руга́тельница, -ы, тв. -ей
руга́тельный
руга́тельский
руга́тельски руга́ть(ся)
руга́тельство, -а
руга́ть(ся), -а́ю(сь), -а́ет(ся)
ругмя́ руга́ть
ругну́ть(ся), -ну́(сь), -нёт(ся)
ругня́, -и́
руго́за, -ы
руготня́, -и́
руд, -а (ед. измер.)
руда́, -ы́, мн. ру́ды, руд
рудбе́кия, -и
рудера́льный
ру́дерпис, -а
ру́дерпост, -а
рудиме́нт, -а
рудимента́рный
руди́сты, -ов, ед. -и́ст, -а
ру́дненский (от Ру́дный)
ру́дненцы, -ев, ед. -ненец, -ненца, тв. -ненцем (от Ру́дный)
рудни́к, -а́
рудни́ко́вый
рудни́чный
Рудни́чный, -ого (посёлок)
руднячо́к, -чка́
ру́дно-металлурги́ческий
ру́дно-терми́ческий
ру́дный

Ру́дный, -ого (город, посёлок)
рудня́нский (от Ру́дня)
рудня́нцы, -ев, ед. -нец, -нца, тв. -нцем (от Ру́дня)
рудово́з, -а
рудовосстанови́тельный
ру́до-жёлтый
рудозна́тец, -тца, тв. -тцем, р. мн. -тцев
рудоиска́тель, -я
рудоко́п, -а
рудоко́пный
рудоно́сность, -и
рудоно́сный; кр. ф. -сен, -сна
рудообразова́ние, -я
рудоподъёмный
рудопромы́вочный
рудоспу́ск, -а
рудоуправле́ние, -я
рудя́к, -а́
ружа́не, -а́н, ед. -а́нин, -а (от Ру́за)
руже́йник, -а
руже́йно-пулемётный
руже́йный
ружьё, -я́, мн. ру́жья, ру́жей, ру́жьям
ружьецо́, -а́
ружьи́шко, -а, мн. -шки, -шек
ружьи́ще, -а
ру́зский (от Ру́за)
руини́рованный; кр. ф. -ан, -ана
руи́нный
руи́ны, руи́н, ед. руи́на, -ы
рука́, -и́, вин. ру́ку, мн. ру́ки, рук, рука́м
рука́в, -а́, мн. -а́, -о́в
рукави́цы, -и́ц, ед. -и́ца, -ы, тв. -ей
рукави́чки, -чек, ед. -и́чка, -и
рукави́чник, -а
рукави́чный
рука́вный
рука́ в ру́ку (идти́)
рука́вчик, -а
рука́ о́б руку
рука́стый

ру́ки-крю́ки, *других форм нет*
ру́ки-но́ги, ру́к-но́г
рукоби́тный
рукоби́тчик, -а
рукоби́тье, -я
рукоблу́дие, -я
рукоблу́дничать, -аю, -ает
руково́д, -а
руководи́тель, -я
руководи́тельница, -ы, *тв.* -ей
руководи́ть(ся), -ожу́(сь), -оди́т(ся)
руково́дство, -а
руково́дствовать(ся), -твую(сь), -твует(ся)
руководя́щий(ся)
руковозложе́ние, -я
рукоде́лие, -я
рукоде́льница, -ы, *тв.* -ей
рукоде́льничать, -аю, -ает
рукоде́льный
рукокры́лые, -ых
рукомесло́, -á
рукомо́йник, -а
руконо́жка, -и, *р. мн.* -жек
рукопа́шная, -ой
рукопа́шный
рукопёрые, -ых
рукописа́ние, -я
рукопи́сный
ру́копись, -и
рукоплеска́ния, -ий
рукоплеска́ть, -ещу́, -е́щет
рукопле́щущий
рукопожа́тие, -я
рукополага́ть(ся), -а́ю(сь), -а́ет(ся)
рукоположе́ние, -я
рукоположённый; *кр. ф.* -ён, -ена́
рукоположи́ть, -жу́, -жи́т
рукоприкла́дство, -а
рукоприкла́дствовать, -твую, -твует
рукотво́рный; *кр. ф.* -рен, -рна
рукоя́тка, -и, *р. мн.* -ток

рукоя́тчик, -а
рукоя́тчик-сигнали́ст, рукоя́тчика-сигнали́ста
рукоя́тчица, -ы, *тв.* -ей
рукоя́тчица-сигнали́стка, рукоя́тчицы-сигнали́стки
рукоя́ть, -и
рула́да, -ы
рулево́й
рулёжка, -и, *р. мн.* -жек
рулёжный
руле́ние, -я
руле́т, -а
руле́тка, -и, *р. мн.* -ток
руле́точный
руле́тта, -ы (*матем.*)
рули́ть, рулю́, рули́т
руло́н, -а
рулони́рование, -я
рулони́рованный; *кр. ф.* -ан, -ана
руло́нный
руло́нчик, -а
руль, -я́
румб, -а (*деление компаса*)
ру́мба, -ы (*танец*)
ру́мбовый
ру́мпель, -я
ру́мпельный
румы́нка, -и, *р. мн.* -нок
румы́но-молда́вский
румы́но-росси́йский
румы́нский (к румы́ны и Румы́ния)
румы́нско-ру́сский
румы́ны, -ы́н, *ед.* румы́н, -а
румя́на, -я́н
румя́невший (*от* румя́неть)
румя́ненный; *кр. ф.* -ен, -ена (*от* румя́нить)
румя́ненький
румя́неть, -ею, -еет (*становиться румяным*)
румя́нец, -нца, *тв.* -нцем
румя́нивший(ся) (*от* румя́нить(ся))
румя́нить, -ню, -нит (*кого, что*)

румя́ниться, -нюсь, -нится
румя́нка, -и, *р. мн.* -нок
румя́нный (*от* румя́на)
румя́ность, -и
румянощёкий
Румя́нцев-Задуна́йский, Румя́нцева-Задуна́йского
Румя́нцевский музе́й
румя́нчик, -а
румя́ный
румя́нящий(ся)
ру́нди, *неизм. и нескл., м. (язык) и нескл., мн., ед. м. и ж. (народ)*
рунду́к, -á
рунду́чный
рундучо́к, -чка́
руне́ц, рунца́, *тв.* рунцо́м, *р. мн.* рунцо́в
руни́стый
руни́ческий
ру́нный
руно́, -á, *мн.* ру́на, рун (*шерсть; косяк рыбы*)
ру́ны, рун, *ед.* ру́на, -ы (*письмена; песни*)
РУО́П, -а (*сокр.:* региональное управление по борьбе с организованной преступностью)
руо́повец, -вца, *тв.* -вцем, *р. мн.* -вцев
руо́повский (*от* РУО́П)
ру́пия, -и
ру́пор, -а, *мн.* -ы, -ов и -á, -óв
ру́порный
рупь, *других форм нет* (*прост. к* рубль)
рурализа́ция, -и
рурбаниза́ция, -и
ру́рский (*от* Рур)
руса́к, -á
руса́лии, -ий
руса́лка, -и, *р. мн.* -лок
руса́лочий, -ья, -ье
руса́лочка, -и, *р. мн.* -чек
руса́лочный
руса́льный

РУСАЧИЙ

руса́чий, -ья, -ье
руса́чка, -и, *р. мн.* -чек
русачо́к, -чка́
русе́ть, -е́ю, -е́ет
руси́зм, -а
руси́нка, -и, *р. мн.* -нок
руси́нский
руси́ны, -ов, *ед.* руси́н, -а
руси́ст, -а
руси́стика, -и
руси́стка, -и, *р. мн.* -ток
руси́стский
русифика́тор, -а
русифика́торский
русифика́ция, -и
русифици́рованный; *кр. ф.* -ан, -ана
русифици́ровать(ся), -рую(сь), -рует(ся)
ру́сичи, -ей, *ед.* -ич, -а, *тв.* -ем (*ист.*)
ру́слень, -я
ру́сло, -а, *р. мн.* ру́сел и русл
руслово́й и ру́словый
руслоочисти́тельный
русоборо́дый
русова́тый
русоволо́сый
русоголо́вый
русоко́сый
русоку́дрый
русопёт, -а и русопя́т, -а
русофи́л, -а
русофи́лка, -и, *р. мн.* -лок
русофи́льский
русофи́льство, -а
русофо́б, -а
русофо́бия, -и
русофо́бка, -и, *р. мн.* -бок
русофо́бский
русофо́бство, -а
ру́сская, -ой
Ру́сская Аме́рика (*русские владения в Америке в XVIII–XIX вв.*)
Ру́сская зарубе́жная правосла́вная це́рковь

Ру́сская земля́ (*Россия, Русь*)
Ру́сская плита́ (*геол.*)
Ру́сская Поля́на (*поселок*)
Ру́сская Пра́вда (*свод древнерусского права*)
Ру́сская правосла́вная це́рковь (РПЦ)
Ру́сская равни́на (*геогр.*)
ру́сские, -их, *ед.* ру́сский, -ого
Ру́сские го́ры (*в Антарктиде*)
Ру́сские сезо́ны за грани́цей (1907–1913)
ру́сский, *прил.*
Ру́сский, -ого (*остров*)
Ру́сский музе́й (*в Петербурге*)
Ру́сский общево́инский сою́з (РОВС) (*в эмиграции*)
Ру́сский хребе́т (*в Китае*)
ру́сско-англи́йский
ру́сско-а́нгло-фра́нко-италья́нский
ру́сско-белору́сский
русскоговоря́щий
ру́сско-грузи́нско-армя́нский
ру́сско-древнегре́ческий
ру́сское зарубе́жье
Ру́сское У́стье (*село*)
ру́сско-иноязы́чный
ру́сско-испа́нский
ру́сско-кита́йский
ру́сско-лати́нский
ру́сско-национа́льный
ру́сско-неме́цкий
ру́сско-новогре́ческий
ру́сско-по́льский
ру́сскость, -и
ру́сско-суахи́ли, *неизм.*
ру́сско-туре́цкий
ру́сско-украи́нский
ру́сско-урду́, *неизм.*
ру́сско-фарси́, *неизм.*
ру́сско-францу́зский
ру́сско-хи́нди, *неизм.*
Ру́сско-шве́дская война́ (1700–1721)
ру́сско-шве́дский

ру́сско-эспера́нтский
русскоязы́чный
Ру́сско-япо́нская война́ (1904–1905)
ру́сско-япо́нский
руссои́зм, -а (*от* Руссо́)
руссои́ст, -а
руссои́стский
руст, -а, *мн.* -ы́, -о́в
руставе́лиевский (*от* Руставе́ли)
руста́вский (*от* Руста́ви)
руста́вцы, -ев, *ед.* -вец, -вца, *тв.* -вцем
ру́стика, -и
русто́ванный; *кр. ф.* -ан, -ана
рустова́ть(ся), -ту́ю, -ту́ет(ся)
русто́вка, -и
ру́сый
ру́та, -ы
руте́, *нескл., с.*
руте́ниевый
руте́ний, -я
руте́рка, -и, *р. мн.* -рок
рути́л, -а
рути́н, -а (*хим., мед.*)
рути́на, -ы
рутинёр, -а
рутинёрка, -и, *р. мн.* -рок
рутинёрский
рутинёрство, -а
рути́нность, -и
рути́нный; *кр. ф.* -и́нен, -и́нна
ру́товый
ру́хлядь, -и
рухля́к, -а́
рухляко́вый
ру́хнуть(ся), -ну(сь), -нет(ся)
руча́тельство, -а
руча́ться, -а́юсь, -а́ется
ручеёк, -ейка́
руче́й, ручья́
руче́йник, -а
руче́йный
ру́ченька, -и, *р. мн.* -нек
ручи́ща, -и, *тв.* -ей
ру́чка, -и, *р. мн.* ру́чек

ручни́к, -а́ (*молоток*; *работник-ручни́ст*)
ручни́ст, -а
ручни́ца, -ы, *тв.* -ей
ручничо́к, -чка́ (*от* ручни́к)
ручно́й
ручо́нка, -и, *р. мн.* -нок
ручьево́й
ручьи́стый
ру́шащий(ся)
ру́шение, -я
руши́льный
ру́шить(ся), ру́шу, ру́шит(ся)
рушни́к, -а́ (*полотенце*)
рушничо́к, -чка́ (*от* рушни́к)
рцы, *нескл., с.* (*название буквы*)
ры́ба, -ы
ры́ба-ба́бочка, ры́бы-ба́бочки
рыба́к, -а́
рыба́лить, -лю, -лит
рыба́лка, -и, *р. мн.* -лок
ры́барь, -я и -я́
ры́ба-хиру́рг, ры́бы-хиру́рга
рыба́цкий
рыба́чащий
рыба́чий, -ья, -ье
Рыба́чий, -ьего (*полуостров, поселок*)
рыба́чить, -чу, -чит
рыба́чка, -и, *р. мн.* -чек
рыбе́ц, рыбца́, *тв.* рыбцо́м, *р. мн.* рыбцо́в
рыбёшка, -и, *р. мн.* -шек
ры́бий, -ья, -ье
ры́бина, -ы
ры́бинский (*от* Ры́бинск)
рыбинспе́ктор, -а, *мн.* -а́, -о́в и -ы, -ов
рыбинспе́кция, -и
ры́бинцы, -ев, *ед.* -нец, -нца, *тв.* -нцем (*от* Ры́бинск)
ры́бица, -ы, *тв.* -ей
ры́бища, -и, *тв.* -ей
ры́бка, -и, *р. мн.* ры́бок
рыбколхо́з, -а
рыбнадзо́р, -а и рыбонадзо́р, -а

рыбнадзо́ровский и рыбонадзо́ровский
ры́бник, -а
ры́бница, -ы, *тв.* -ей
ры́бный
рыбоаку́стика, -и
рыбове́дение, -я
рыбово́д, -а
рыбово́дный
рыбово́дство, -а
рыбово́дческий
рыбово́з, -а
рыбодобыва́ющий
рыбодобы́тчик, -а
рыбодобы́ча, -и, *тв.* -ей
рыбозаво́д, -а
рыбозаво́дский
рыбозме́й, -я
рыбокомбина́т, -а
рыбоконсе́рвный
рыбокопти́льный
рыбокопти́льня, -и, *р. мн.* -лен
рыбокрабоконсе́рвный
рыболо́в, -а
рыболове́цкий
рыболо́вный
рыболо́вство, -а
рыболока́тор, -а
рыболока́ция, -и
рыбомо́ечный
рыбоморози́льный
рыбомучно́й
рыбонадзо́р, -а и рыбнадзо́р, -а
рыбонадзо́ровский и рыбнадзо́ровский
рыбонасо́с, -а
рыбо́нька, -и, *р. мн.* -нек
рыбообраба́тывающий
рыбообрабо́тка, -и
рыбообрабо́тчик, -а
рыбообрабо́тчица, -ы, *тв.* -ей
рыбообра́зные, -ых
рыбоотхо́ды, -ов
рыбоохра́на, -ы
рыбоохра́нный
рыбопито́мник, -а

рыбоподъём, -а
рыбоподъёмник, -а
рыбоподъёмный
рыбопоиско́вый
рыбопоса́дочный
рыбоприёмник, -а
рыбоприёмный
рыбоприёмщик, -а
рыбоприёмщица, -ы, *тв.* -ей
рыбопродукти́вность, -и
рыбопроду́кты, -ов, *ед.* -у́кт, -а
рыбопромысло́вый
рыбопромы́шленник, -а
рыбопромы́шленность, -и
рыбопромы́шленный
рыбопропускно́й
рыборазведе́ние, -я
рыборазво́дня, -и, *р. мн.* -ден
рыбразде́лочный
рыборазде́льщик, -а
рыборазде́льщица, -ы, *тв.* -ей
рыботова́ры, -ов
рыботорго́вец, -вца, *тв.* -вцем, *р. мн.* -вцев
рыботорго́вля, -и
рыботорго́вый
рыбохо́д, -а
рыбохо́дный
рыбохозя́йственный
рыбочи́стка, -и, *р. мн.* -ток
рыбоя́дный
рыбхо́з, -а
рыбчо́нка, -и, *р. мн.* -нок
Ры́бы, Рыб (*созвездие и знак зодиака*); Ры́ба, -ы (*о том, кто родился под этим знаком*)
рыво́к, рывка́
рыга́ние, -я
рыга́ть, -а́ю, -а́ет
рыгну́ть, -ну́, -нёт
рыда́лец, -льца, *тв.* -льцем, *р. мн.* -льцев
рыда́льщица, -ы, *тв.* -ей
рыда́ние, -я
рыда́ть, -а́ю, -а́ет
рыда́ющий

рыдва́н, -а
рыжа́к, -а́
рыжеборо́дый
рыжева́тенький
рыжева́то-кори́чневый
рыжева́тость, -и
рыжева́тый
рыжеволо́сый
рыже́е, *сравн. ст.*
рыже́й, -я (*растение*)
рыже́йший
рыжеку́дрый
ры́женький
рыже́ть, -е́ю, -е́ет
рыжеу́сый
ры́же-ча́лый
рыжешёрстый
ры́жий; *кр. ф.* рыж, рыжа́, ры́же
ры́жик, -а
ры́жиковый
рыжина́, -ы́
рыжи́нка, -и, *р. мн.* -нок
ры́жичек, -чка
рык, -а
рыка́ние, -я и ры́канье, -я
рыка́ть, -а́ю, -а́ет и ры́кать, -аю, -ает
рыкну́ть, -ну́, -нёт и ры́кнуть, -ну, -нет
ры́ло, -а
ры́льский (*от* Рыльск)
ры́льце, -а, *р. мн.* ры́лец и ры́льцев
рыльча́не, -а́н, *ед.* -а́нин, -а и ры́ляне, -ян, *ед.* -янин, -а (*от* Рыльск)
рым, -а
ры́нда, -ы, *м.* (*оруженосец*) и *ж.* (*судовой колокол*)
ры́нок, ры́нка
ры́ночек, -чка
ры́ночник, -а
ры́ночный
ры́паться, -аюсь, -ается
ры́пнуться, -нусь, -нется
рыса́к, -а́
рысачо́к, -чка́

рысёнок, -нка, *мн.* рыся́та, -ся́т
ры́сий, -ья, -ье
рыси́стость, -и
рыси́стый
рыси́ть, -и́т
рыси́ха, -и
рыск, -а (*от* ры́скать)
ры́скание, -я
ры́скать, ры́щу, ры́щет и -аю, -ает
рыскли́вость, -и
рыскли́вый
рысково́й
рысца́, -ы́, *тв.* -о́й
рысцо́й, *нареч.*
рысь¹, -и, *предл.* на рыси́ (*быстрый аллюр*)
рысь², -и (*животное*)
ры́сью, *нареч.*
ры́твина, -ы
ры́тый
рыть, ро́ю, ро́ет
рытьё, -я́
ры́ться, ро́юсь, ро́ется
рыхле́ние, -я
рыхлённый; *кр. ф.* -ён, -ена́, *прич.*
рыхлёный, *прил.*
рыхле́ть, -е́ю, -е́ет
рыхли́тель, -я
рыхли́ть(ся), -лю́, -ли́т(ся)
рыхлова́тость, -и
рыхлова́тый
рыхлокомкова́тый
ры́хлость, -и
рыхлота́, -ы́
ры́хлый; *кр. ф.* рыхл, рыхла́, ры́хло
рыхля́к, -а́
ры́царски
ры́царский
ры́царственный; *кр. ф.* -вен и -венен, -венна
ры́царство, -а
ры́царствовать, -твую, -твует
ры́царь, -я
Ры́царь печа́льного о́браза (*о Дон-Кихоте*)

рыча́г, -а́
рыча́жный
рычажо́к, -жка́
рыча́ние, -я
рыча́ть, рычу́, рычи́т
ры́щущий
рья́но, *нареч.*
рья́ность, -и
рья́ный
рэ, *нескл., м.* (*рубль, прост.*)
рэ́кет, -а
рэкети́р, -а
Рэле́й, -я: во́лны Рэле́я, зако́н Рэле́я, распределе́ние Рэле́я, теоре́ма Рэле́я, зако́н излуче́ния Рэле́я-Джи́нса
рэле́й, -я (*ед. измер.*)
рэ́нга, *нескл., с.* (*лит.*)
рэ́ндзю, *нескл., с.*
рэп, -а
рэ́тский (*геол.*)
РЭУ, *нескл., с.* (*сокр.:* ремонтно-эксплуатационное управление)
рюкза́к, -а́
рюкзачи́шко, -а и -и, *мн.* -шки, -шек, *м.*
рюкзачи́ще, -а, *мн.* -а и -и, -ищ, *м.*
рюкза́чный
рюкзачо́к, -чка́
рюкю́ский (*от* Рюкю́)
рюкю́сцы, -ев, *ед.* -сец, -сца, *тв.* -сцем
рюма́шка, -и, *р. мн.* -шек
рю́мить(ся), рю́млю(сь), рю́мит(ся)
рю́мка, -и, *р. мн.* рю́мок
рю́мочка, -и, *р. мн.* -чек
рю́мочная, -ой
рю́мочный
Рю́риковичи, -ей (*династия*)
рю́риковский (*от* Рю́рик)
рюсс, *неизм.:* сти́ль рюсс, сти́ля рюсс
рю́хи, рюх, *ед.* рю́ха, -и
рюш, -а, *тв.* -ем

рюшка, -и, *р. мн.* -шек
рюшный
рябенький
рябеть, -ею, -еет
рябизна, -ы
рябина, -ы
рябинка, -и, *р. мн.* -нок
рябинник, -а
рябинный
рябиновка, -и
рябиновый
рябинолистный
рябинушка, -и, *р. мн.* -шек
рябить(ся), -ит(ся)
рябоватость, -и
рябоватый
рябой; *кр. ф.* ряб, ряба, рябо, рябы
рябуха, -и
рябчик, -а
рябчиковый
рябчонок, -нка, *мн.* -чата, -ат (*от* рябчик)
рябь, -и
рявканье, -я
рявкать, -аю, -ает
рявкнуть, -ну, -нет

ряд, -а и (*с колич. числит.* 2, 3, 4) -а, *предл.* в ряду, *мн.* -ы, -ов; но: Каретный Ряд, Охотный Ряд (*улицы в Москве*)
ряда, -ы (*соглашение*)
рядить(ся)¹, ряжу(сь), рядит(ся) (*одевать(ся)*)
рядить(ся)², ряжу(сь), рядит(ся) (*управлять; нанимать(ся); торговаться*)
рядковый
рядком, *нареч.*
ряднина, -ы (*рядно*)
ряднинный
рядно, -а, *мн.* рядна, ряден, ряднам
рядность, -и
рядный
рядовичи, -ей, *ед.* -вич, -а, *тв.* -ом (*ист.*)
рядовка, -и, *р. мн.* -вок
рядовой
рядок, рядка
рядом, *нареч.*
рядоположность, -и
рядоположный; *кр. ф.* -жен, -жна
рядской

рядчик, -а
рядышком
рядящий(ся)
ряж, -а и -а, *тв.* -ем и -ом, *мн.* -и, -ей и -й, -ей
ряжевый
ряженка, -и
ряженный; *кр. ф.* -ен, -ена, *прич.*
ряженые, -ых, *ед.* -еный, -ого и -еная, -ой
ряженый, *прил.*
ряженье, -я
рязанка, -и, *р. мн.* -нок
рязанский (*от* Рязань)
рязанцы, -ев, *ед.* -нец, -нца, *тв.* -нцем
Рязанщина, -ы (*к* Рязань)
ряпушка, -и, *р. мн.* -шек
ряса, -ы
ряска, -и, *р. мн.* рясок
рясковый
рясно, -а, *мн.* рясна и рясны, рясен
рясофор, -а
рясофорный
ряст, -а
ряшка, -и, *р. мн.* ряшек

С

-с, *частица* – *с предшествующим словом пишется через дефис:* да-с, так-с, слушаю-с
с и со, *предлог*
саа́б, -а (*автомобиль*)
саада́к, -а, сагайда́к, -а и сайда́к, -а
саа́ми, *нескл., мн., ед. м. и ж.*
саа́мка, -и, *р. мн.* -мок
саа́мский
саа́мы, -ов, *ед.* саа́м, -а
саа́рский (*от* Саа́р)
саа́рцы, -ев, *ед.* -рец, -рца, *тв.* -рцем
сабади́лла, -ы
сабайо́н, -а
саба́ль, -я
саба́н, -а
Сабанту́й, -я (*народный праздник у татар и башкир*) и сабанту́й, -я (*застолье*)
сабеи́зм, -а
сабе́ллы, -ов, *ед.* -елл, -а
сабе́лльский
са́белька, -и, *р. мн.* -лек
са́бельник, -а
са́бельный
сабза́, -ы́
саблеви́дный; *кр. ф.* -ден, -дна
саблезу́бый ти́гр
саблеобра́зный; *кр. ф.* -зен, -зна
саблеро́гая антило́па
абли́ст, -а
са́бля, -и, *р. мн.* са́бель
сабляни́ца, -ы, *тв.* -ей

са́бля-ры́ба, са́бли-ры́бы
сабо́, *нескл., с.*
са́бор, -а (*орган власти*)
сабота́ж, -а, *тв.* -ем
сабота́жник, -а
сабота́жница, -ы, *тв.* -ей
сабота́жничать, -аю, -ает
сабота́жнический
сабота́жничество, -а
саботи́рование, -я
саботи́рованный; *кр. ф.* -ан, -ана
саботи́ровать(ся), -рую, -рует(ся)
са́бра, -ы, *м. и ж.* (*коренной житель Израиля*), *ж.* (*плод*)
сабу́р, -а
са́ван, -а
сава́нна, -ы
сава́нновый
сава́нный (*саванновый*)
Савао́ф, -а
сава́р, -а, *р. мн.* -ов, *счетн. ф.* -а́р
Са́ввино-Сторо́жевский монасты́рь
Савёловский вокза́л (*в Москве*)
са́вка, -и, *р. мн.* са́вок (*птица*)
Саво́йские А́льпы
саво́йский (*от* Саво́йя)
саво́йцы, -ев, *ед.* -о́ец, -о́йца, *тв.* -о́йцем
савоя́р, -а
савра́с, -а
савра́ска, -и, *р. мн.* -сок, *м. и ж.* (*о лошади*) и Савра́ска, -и, *м. и ж.* (*кличка*)
савра́совский (*от* Савра́сов)

савра́сый
са́га, -и (*сказание*)
сагайда́к, -а, саада́к, -а и сайда́к, -а
сагайда́чный
сага́н, -а (*растение*)
саги́б, -а, саи́б, -а и сахи́б, -а
сагити́рованный; *кр. ф.* -ан, -ана
сагити́ровать, -рую, -рует
саги́тта, -ы
сагитта́льный
сагитта́рия, -и
са́го, *нескл., с.* (*крупа*)
са́говник, -а
са́говниковый
са́говый
сагрегати́рованный; *кр. ф.* -ан, -ана
сагрегати́ровать, -рую, -рует
сагуи́н, -а
сад, -а, *предл.* в саду́, *мн.* -ы́, -о́в
садану́ть, -ну́, -нёт
саддуке́и, -е́ев, *ед.* -ке́й, -я
саджа́, -и́, *тв.* -о́й
сади́зм, -а
са́дик, -а
сади́ст, -а
сади́стка, -и, *р. мн.* -ток
сади́стский
сади́ть, сажу́, са́дит, *несов.* (*сажать; совершать какое-н. энергичное действие*)
сади́ться, сажу́сь, сади́тся
сади́шко, -а и -и, *мн.* -шки, -шек, *м.*

са́дка, -и, *р. мн.* са́док
са́дкий; *кр. ф.* са́док, садка́, са́дко
Садко́ – Бога́тый го́сть, Садко́ – Бога́того го́стя (*былинный персонаж*)
садко́вый
са́дневший (*от* са́днеть)
са́днеть, -еет (*о болезненном ощущении раздражения, жжения*)
са́днивший (*от* са́днить)
са́днить, -ит и садни́ть, -и́т (*то же, что саднеть; вызывать раздражение*)
са́днящий
Садо́вая, -ой (*улица*)
Садо́вая-Каре́тная (*улица*)
Садо́вая-Ку́дринская (*улица*)
Садо́вая-Самотёчная (*улица*)
Садо́вая-Спа́сская (*улица*)
Садо́вая-Су́харевская (*улица*)
Садо́вая-Триумфа́льная (*улица*)
Садо́вая-Черногря́зская (*улица*)
садовладе́лец, -льца, *тв.* -льцем, *р. мн.* -льцев
садо́вник, -а
садо́вница, -ы, *тв.* -ей
садо́вничать, -аю, -ает
садо́внический
садо́вничий, -ья, -ье
садо́во-виногра́дарский
садово́д, -а
садо́во-декорати́вный
садово́д-люби́тель, садово́да-люби́теля
садово́дство, -а
садово́дческий
Садо́вое кольцо́ (*в Москве*)
садо́во-огоро́дный
садо́во-па́рковый
садо́вый
садо́к, садка́
садомазохи́зм, -а
садомазохи́ст, -а
садомазохи́стский
садоразведе́ние, -я
садо́чный

са́дчик, -а
Сады́, -о́в: Но́вые Сады́ (*район в Москве*)
са́д-я́сли, са́да-я́слей
садя́щий(ся)
саёк, сайка́ (*олень*)
са́ечка, -и, *р. мн.* -чек
са́ечный
саж, -а́ и -а, *тв.* -о́м и -ем (*место в хлеву*)
са́жа, -и, *тв.* -ей
сажа́лка, -и, *р. мн.* -лок
сажа́льный
сажа́льщик, -а
сажа́льщица, -ы, *тв.* -ей
сажа́ть(ся), -а́ю, -а́ет(ся)
са́жевый
саже́нец, -нца, *тв.* -нцем, *р. мн.* -нцев
са́женка, -и и саже́нка, -и (*от* са́жень)
саже́нки, -нок (*способ плавания*)
са́женный; *кр. ф.* -ен, -ена, *прич.*
саже́нный и сажённый (*от* са́жень)
са́женцевый
са́женый, *прил.*
са́жень, -и, *мн.* -и, са́жен и сажене́й и саже́нь, -и, *мн.* -и, -е́й
са́живать(ся), *наст. вр. не употр.* (*к* сади́ть *и* сажа́ть(ся))
са́жный (*от* са́жа)
саз, -а
саза́н, -а
сазанда́р, -а (*музыкант*)
сазанда́ри, *нескл., м.* (*музыкант*), *м. и с.* (*муз. ансамбль*)
саза́ний, -ья, -ье
саи́б, -а, саги́б, -а и сахи́б, -а
сайга́, -и́ и сайга́к, -а
сайга́чий, -ья, -ье
сайгачо́нок, -нка, *мн.* -ча́та, -ча́т
сайго́нский (*от* Сайго́н)
сайго́нцы, -ев, *ед.* -нец, -нца, *тв.* -нцем
са́йда, -ы

сайда́к, -а, саада́к, -а и сагайда́к, -а
са́йдовый
сайдяно́й
сайенто́лог, -а
сайентологи́ческий
сайентоло́гия, -и
са́йка, -и, *р. мн.* са́ек
сайоди́н, -а
са́йра, -ы
са́йровый
сайт, -а
сак, -а (*мешок; одежда; рыболовная снасть*)
са́ква, -ы
саквоя́ж, -а, *тв.* -ем
саке́, *нескл., с.* (*японская водка*)
са́ки, -ов, *ед.* сак, -а (*группа древнеиранских племён; род обезьян*)
саккомпани́ровать, -рую, -рует
са́ккос, -а
саккули́на, -ы
саккумули́рованный; *кр. ф.* -ан, -ана
саккумули́ровать(ся), -рую, -рует(ся)
са́кля, -и, *р. мн.* -ей
са́кма, -ы
сакма́н, -а
сакрализа́ция, -и
сакрализо́ванный; *кр. ф.* -ан, -ана
сакрализова́ть(ся), -зу́ю, -зу́ет(ся)
сакра́льность, -и
сакра́льный; *кр. ф.* -лен, -льна
сакраментальность, -и
сакрамента́льный; *кр. ф.* -лен, -льна
сакрамента́рий, -я
сакри́стия, -и
саксау́л, -а
саксау́ловый
саксау́льник, -а
саксау́льный
саксго́рн, -а

САКСКИЙ

са́кский (*к* са́ки, *племена, и* са́ксы)
саксо́нка, -и, *р. мн.* -нок
саксо́нский (*от* Саксо́ния)
саксо́нцы, -ев, *ед.* -нец, -нца, *тв.* -нцем
саксофо́н, -а
саксофони́ст, -а
саксофо́нный
са́ксы, -ов, *ед.* сакс, -а
сакти́рованный; *кр. ф.* -ан, -ана
сакти́ровать(ся), -рую, -рует(ся)
са́кура, -ы
салава́тский (*от* Салава́т, *город*)
салава́тцы, -ев, *ед.* -тец, -тца, *тв.* -тцем
сала́га, -и, *м.*
салажо́нок, -нка, *мн.* -жа́та, -жа́т
сала́зки, -зок
сала́зковый
сала́зочный
сала́ка, -и
сала́кушка, -и, *р. мн.* -шек
салама́ндра, -ы
салама́ндровый
салама́нкский (*от* Салама́нка)
салама́нкцы, -ев, *ед.* -кец, -кца, *тв.* -кцем
салама́та, -ы
салангана́, -ы
сала́т, -а *и* -у
сала́тик, -а *и* -у
сала́тник, -а
сала́тница, -ы, *тв.* -ей
сала́тный
сала́товый
са́леп, -а
салеха́рдский (*от* Салеха́рд)
салеха́рдцы, -ев, *ед.* -дец, -дца, *тв.* -дцем
салива́ция, -и
са́линг, -а
са́линговый
са́листый
са́лить(ся), са́лю(сь), са́лит(ся)
салици́лка, -и
салици́ловый

са́лиши, -ей *и* се́лиши, -ей (*группа племён*)
са́лишский *и* се́лишский
са́лки, са́лок
са́ло, -а
салова́р, -а
салова́рение, -я
сало́л, -а
салома́с, -а
сало́н, -а
сало́н-ваго́н, -а
сало́никский (*от* Сало́ники)
сало́никцы, -ев, *ед.* -кец, -кца, *тв.* -кцем
сало́н лю́кс, сало́на лю́кс
сало́нность, -и
сало́нный
сало́нчик, -а
сало́п, -а
сало́пница, -ы, *тв.* -ей
сало́пный
салото́п, -а
салото́пенный
салото́пный
салото́пня, -и, *р. мн.* -пен
са́лочки, -чек
салты́к: на свой салты́к
Салтычи́ха, -и
салу́н, -а
салфе́тка, -и, *р. мн.* -ток
салфе́точка, -и, *р. мн.* -чек
салфе́точный
салхино́, *нескл., с.*
сальвадо́рка, -и, *р. мн.* -рок
сальвадо́рский (*от* Сальвадо́р, *государство*)
сальвадо́рцы, -ев, *ед.* -рец, -рца, *тв.* -рцем
сальварса́н, -а
сальви́ния, -и
са́львия, -и
сальди́рованный; *кр. ф.* -ан, -ана
сальди́ровать(ся), -рую, -рует(ся)
са́льдо, *нескл., с.*
са́льдовый
Салье́ри, *нескл., м.*

сальериа́нский
салье́риевский
салье́ри́зм, -а
са́льза, -ы
сальмоне́лла, -ы
сальмонеллёз, -а
са́льник, -а
са́льниковый
са́льность, -и
са́льный; *кр. ф.* са́лен, са́льна
сальпинги́т, -а
сальпингоофори́т, -а
Са́льские сте́пи
са́льский (*от* Сальск)
са́льто, *нескл., с.*
са́льто-морта́ле, *нескл., с.*
сальтоморта́ли́ст, -а
са́льхов, -а (*прыжок*)
са́льце, -а
сальча́не, -а́н, *ед.* -а́нин, -а (*от* Сальск)
сальча́нка, -и, *р. мн.* -нок
салю́т, -а
салю́тный
салютова́ние, -я
салютова́ть, -ту́ю, -ту́ет
саля́ми, *нескл., ж.*
са́лящий(ся)
сам, само́, самого́, сама́, само́й, *вин.* само́е *и* саму́, *мн.* са́ми, сами́х
сама́н, -а
сама́ не своя́
Самани́ды, -ов (*династия*)
сама́нка, -и, *р. мн.* -нок
сама́нник, -а
сама́нный
сама́ по себе́
сама́-пята́
сама́рий, -я (*хим.*)
самаритя́не, -я́н, *ед.* -я́нин, -а
самаритя́нка, -и, *р. мн.* -нок
самаритя́нский (*к* самаритя́не *и* Сама́рия)
сама́рка, -и, *р. мн.* -рок (*к* сама́рцы)
самарка́ндка, -и, *р. мн.* -нок
самарка́ндский (*от* Самарка́нд)

самарка́ндцы, -ев, *ед.* -дец, -дца, *тв.* -дцем
сама́рский (*от* Сама́ра)
сама́рскит, -а
сама́рцы, -ев, *ед.* -рец, -рца, *тв.* -рцем
сама́ собо́й
са́мба, -ы (*танец*)
самби́ст, -а
са́мбо[1], *нескл., с.* (*борьба*)
са́мбо[2], *нескл., м. и ж.* (*потомок от смешанного брака*)
самбу́к, -а (*растение; кушанье*)
самбу́ка, -и (*лестница*)
самбу́ковый
сам-восьмо́й, *неизм.*
самги́нский (*от* Самги́н)
самги́нщина, -ы
сам-два́дцать, *неизм.*
сам-девя́т, *неизм.*
сам-деся́т, *неизм.*
сам-дру́г, *неизм.*
саме́ц, самца́, *тв.* самцо́м, *р. мн.* самцо́в
самизда́т, -а
самизда́товский *и* самизда́тский
са́мка, -и, *р. мн.* са́мок
са́ммит, -а
са́м не свой
Самни́тские во́йны (*ист.*)
самни́тский
самни́ты, -ов, *ед.* -ни́т, -а
само́... — *первая часть сложных слов, пишется слитно*
самоана́лиз, -а
самоа́нский (*от* Само́а)
самоа́нцы, -ев, *ед.* -нец, -нца, *тв.* -нцем
самобедне́йший
самобеспло́дный
самобичева́ние, -я
самобичу́ющий(ся)
самоблокиро́вка, -и
самобра́нка, -и, *р. мн.* -нок

самобра́ный: ска́терть самобра́ная
самобы́тность, -и
самобы́тный; *кр. ф.* -тен, -тна
самоважне́йший
самова́р, -а
самова́ришко, -а *и* -и, *мн.* -шки, -шек, *м.*
самова́рище, -а, *мн.* -а *и* -и, -ищ, *м.*
самова́рничать, -аю, -ает
самова́рный
самова́рчик, -а
самови́дец, -дца, *тв.* -дцем, *р. мн.* -дцев
самовзрыва́ние, -я
самовзрыва́ться, -а́ется
самовзыска́тельность, -и
самовла́ствовать, -твую, -твует
самовла́стец, -тца, *тв.* -тцем, *р. мн.* -тцев
самовла́стие, -я
самовласти́тель, -я
самовласти́тельный; *кр. ф.* -лен, -льна
самовла́стность, -и
самовла́стный; *кр. ф.* -тен, -тна
самовлюблённо, *нареч.*
самовлюблённость, -и
самовлюблённый; *кр. ф.* -ён, -ённа
самовнуше́ние, -я
самовозбужде́ние, -я
самовозвеличе́ние, -я
самовозвели́чивание, -я
самовозвра́т, -а
самовозгора́емость, -и
самовозгора́ние, -я
самовозгора́ться, -а́ется
самовозобновле́ние, -я
самовозобновля́ться, -я́ется
самовозраста́ющий
самово́лие, -я
самово́лка, -и, *р. мн.* -лок
самово́льник, -а
самово́льница, -ы, *тв.* -ей
самово́льничанье, -я

самово́льничать, -аю, -ает
самово́льный; *кр. ф.* -лен, -льна
самово́льство, -а
самово́льщик, -а
самовоспита́ние, -я
самовоспламене́ние, -я
самовоспламени́ться, -и́тся
самовоспламеня́ться, -я́ется
самовоспламеня́ющийся
самовоспроизведе́ние, -я
самовоспроизводи́ться, -о́дится
самовоспроизво́дство, -а
самовоспроизводя́щийся
самовосстановле́ние, -я
самовосхвале́ние, -я
самовса́сывающий
самовы́воз, -а
самовыдвиже́нец, -нца, *тв.* -нцем, *р. мн.* -нцев
самовыдвиже́ние, -я
самовыжива́ние, -я
самовыключа́ющийся
самовыключе́ние, -я
самовыра́внивание, -я
самовыража́ться, -а́юсь, -а́ется
самовыраже́ние, -я
самовы́разиться, -ажусь, -азится
самовыявле́ние, -я
самовы́з, -а
самогася́щийся
самогипно́з, -а
самоговоря́щий
самого́н, -а *и* -у
самого́нка, -и
самого́нный
самогоноваре́ние, -я
самогонокуре́ние, -я
самого́нщик, -а
самого́нщица, -ы, *тв.* -ей
самодвиже́ние, -я
самодви́жущийся
самоде́йствующий
самоде́лка, -и, *р. мн.* -лок
самоде́лковый
самоде́льный
самоде́льщина, -ы

САМОДЕРЖАВИЕ

самодержа́вие, -я
самодержа́вно-бюрократи́ческий
самодержа́вно-крепостни́ческий
самодержа́вно-сосло́вный
самодержа́вность, -и
самодержа́вный; *кр. ф.* -вен, -вна
самоде́ржец, -жца, *тв.* -жцем, *р. мн.* -жцев
самоде́ржица, -ы, *тв.* -ей
самоде́ятельность, -и
самоде́ятельный
самодиагно́стика, -и
самоди́йский
самоди́йцы, -ев, *ед.* -и́ец, -и́йца, *тв.* -и́йцем
самодискредита́ция, -и
самодисципли́на, -ы
самодиффу́зия, -и
самодовле́ющий
самодово́льный; *кр. ф.* -лен, -льна
самодово́льствие, -я
самодово́льство, -а
самодоста́точность, -и
самодоста́точный; *кр. ф.* -чен, -чна
самоду́р, -а
самоду́рка, -и, *р. мн.* -рок
самоду́рский
самоду́рство, -а
самоду́рствовать, -твую, -твует
самоё (*форма местоим.* сама́)
самое́дка, -и, *р. мн.* -док
самое́дский
самое́дство, -а
самое́ды, -ов, *ед.* -е́д, -а
самозабве́ние, -я
самозабве́нно, *нареч.*
самозабве́нность, -и
самозабве́нный; *кр. ф.* -ве́нен и -ве́н, -ве́нна
самозаво́д, -а
самозаводя́щийся
самозаготови́тель, -я

самозаготови́тельный
самозагото́вки, -вок и самозагото́вка, -и
самозагружа́ться, -а́ется
самозагружа́ющийся
самозагру́зка, -и
самозажига́ние, -я
самозажига́ющийся
самозажимно́й и самозажи́мный
самозака́ливание, -я
самозака́ливаться, -ается
самозака́ливающийся
самозака́лка, -и
самозакла́ние, -я
самозакрепле́ние, -я
самозапи́сывающий
самозарожде́ние, -я
самозаря́дный
самозастро́йка, -и
самозата́чиваемость, -и
самозата́чиваемый
самозата́чиваться, -ается
самозащи́та, -ы
самозащи́тный
самозва́нец, -нца, *тв.* -нцем, *р. мн.* -нцев
самозва́нка, -и, *р. мн.* -нок
самозва́нство, -а
самозва́нческий
самозва́нчество, -а
самозва́нщина, -ы
самозва́ный
самоидентифика́ция, -и
самоизлече́ние, -я
самоизлива́ться, -а́ется
самоизлуче́ние, -я
самоизмельче́ние, -я
самоизоли́роваться, -руюсь, -руется
самоизоля́ция, -и
самоинду́кция, -и
самоионизи́рующийся
самоирони́чный; *кр. ф.* -чен, -чна
самоиро́ния, -и

самоистреби́тельный; *кр. ф.* -лен, -льна
самоистребле́ние, -я
самоистяза́ние, -я
самока́знь, -и
самока́т, -а
самока́тный
самока́том, *нареч.*
самока́тчик, -а
самокле́ящийся
самоконтро́ль, -я
самокопа́ние, -я
самокорректи́рующий
самокреще́нцы, -ев, *ед.* -нец, -нца, *тв.* -нцем (*секта*)
самокри́тика, -и
самокрити́ческий
самокрити́чность, -и
самокрити́чный; *кр. ф.* -чен, -чна
самокру́тка, -и, *р. мн.* -ток
самокру́точный
самолёт, -а
самолёт-амфи́бия, самолёта-амфи́бии
самолёт-лаборато́рия, самолёта-лаборато́рии
самолётно-раке́тный
самолётный
самолётовожде́ние, -я
самолётовы́лет, -а
самолётостpoе́ние, -я
самолётострои́тель, -я
самолётострои́тельный
самолёт-перехва́тчик, самолёта-перехва́тчика
самолёт-разве́дчик, самолёта-разве́дчика
самолёт-разго́нщик, самолёта-разго́нщика
самолёт-снаря́д, самолёта-снаря́да
самолёт-цисте́рна, самолёта-цисте́рны
самолётчик, -а
самолёт-шпио́н, самолёта-шпио́на
самолече́ние, -я

самоликвида́ция, -и
самоликвиди́роваться, -руюсь, -руется
самоли́чный
самоло́в, -а
самоло́вный
самолу́чший
самолю́бец, -бца, тв. -бцем, р. мн. -бцев
самолюби́вый
самолю́бие, -я
самолюбова́ние, -я
самомале́йший
самомасса́ж, -а, тв. -ем
самомне́ние, -я
самомобилиза́ция, -и
самонаблюде́ние, -я
самонава́лка, -и
самонаведе́ние, -я
самонаво́дка, -и
самонаводя́щийся
самонагрева́ние, -я
самонагрева́ющийся
самонадея́нно, нареч.
самонадея́нность, -и
самонадея́нный; кр. ф. -ян, -янна
самоназва́ние, -я
самонакла́д, -а
самонапряже́ние, -я
самонапряжённый; кр. ф. -ён, -ена́
самонастра́иваться, -ается
самонастра́ивающийся
самонастро́йка, -и
самонесу́щий
самонове́йший
самонужне́йший
самообвине́ние, -я
самообеспе́чение, -я
самообеспе́ченность, -и
самообеспе́чиваемость, -и
самообеспе́чиваться, -аюсь, -ается
самообкра́дывание, -я
самооблада́ние, -я
самообличе́ние, -я

самообложе́ние, -я
самообма́н, -а
самообновле́ние, -я
самообогаще́ние, -я
самообогрева́ние, -я
самообожа́ние, -я
самообольща́ться, -а́юсь, -а́ется
самообольще́ние, -я
самооборо́на, -ы
самообразова́ние, -я
самообразова́тельный
самообслу́га, -и
самообслу́живание, -я
самообузда́ние, -я
самообуча́ющийся
самообуче́ние, -я
самоогово́р, -а
самоограниче́ние, -я
самоока́пывание, -я
самоокисле́ние, -я
самоокупа́емость, -и
самоокупа́ться, -а́ется
самоокупи́ться, -у́пится
самооплодотворе́ние, -я
самооправда́ние, -я
самоопределе́ние, -я
самоопредели́ться, -лю́сь, -ли́тся
самоопределя́ться, -я́юсь, -я́ется
самоопроки́дываться, -ается
самоопроки́дывающийся
самооптимиза́ция, -и
самоопыле́ние, -я
самоопылённый; кр. ф. -ён, -ена́
самоопыли́тель, -я
самоопыля́ться, -я́ется
самоопыля́ющийся
самоорганиза́ция, -и
самоорганизова́ться, -зу́юсь, -зу́ется
самоорганизу́ющийся
самоосвобожде́ние, -я
самоосозна́ние, -я
самооста́нов, -а
самоосужде́ние, -я
самоосуществи́ться, -влю́сь, -ви́тся

самоосуществле́ние, -я
самоосуществля́ться, -я́юсь, -я́ется
самоотверже́ние, -я
самоотве́рженно, нареч.
самоотве́рженность, -и
самоотве́рженный; кр. ф. -ен, -енна
самоотво́д, -а
самоотда́ча, -и, тв. -ей
самоотравле́ние, -я
самоотрече́ние, -я
самоотреше́ние, -я
самоотрешённость, -и
самоотрешённый
самоотрица́ние, -я
самоотчёт, -а
самоохра́на, -ы
самооце́нка, -и, р. мн. -нок
самоочеви́дность, -и
самоочеви́дный; кр. ф. -ден, -дна
самоочи́стка, -и
самоочища́ться, -а́юсь, -а́ется
самоочище́ние, -я
самоощуще́ние, -я
самопа́л, -а
самопередвиже́ние, -я
самопересече́ние, -я
самопи́сец, -сца, тв. -сцем, р. мн. -сцев
самопи́ска, -и, р. мн. -сок
самопи́шущий
самопла́вкий
самопла́вом, нареч.
самопло́дный
самоповторе́ние, -я
самопогру́зчик, -а
самоподава́тель, -я
самоподгото́вка, -и
самоподде́рживающийся
самоподъёмный
самопоже́ртвенный
самопоже́ртвование, -я
самопозна́ние, -я
самопоклоне́ние, -я
самопо́мощь, -и

само́ по себе́
самопреодоле́ние, -я
самопре́сс, -а
самоприкоснове́ние, -я
самопринужде́ние, -я
самоприспоса́бливающийся
самоприспособле́ние, -я
самопрове́рка, -и, *р. мн.* -рок
самопрове́рочный
самопровозглашённый; *кр. ф.* -ён, -ена́
самопрограмми́рование, -я
самопрограмми́роваться, -руется
самопроизво́льность, -и
самопроизво́льный; *кр. ф.* -лен, -льна
самопрославле́ние, -я
самопроявле́ние, -я
самопря́лка, -и, *р. мн.* -лок
самопу́ск, -а
саморазвива́ющийся
саморазви́тие, -я
саморазгружа́ться, -а́ется
саморазгружа́ющийся
саморазгру́зка, -и
самораздраже́ние, -я
саморазложе́ние, -я
саморазоблаче́ние, -я
саморазоблачи́тельный; *кр. ф.* -лен, -льна
саморазруша́ться, -а́юсь, -а́ется
саморазруше́ние, -я
саморазруши́тельный; *кр. ф.* -лен, -льна
саморазря́д, -а
саморазря́дка, -и
саморазряжа́ться, -а́ется
самораспа́д, -а
самораспуска́ние, -я
самораспуска́ться, -а́юсь, -а́ется
самораспусти́ться, -ущу́сь, -у́стится
самореализа́ция, -и
самореализо́ванный; *кр. ф.* -ан, -ана

самореализова́ться, -зу́юсь, -зу́ется
саморегистри́рующий
саморегули́рование, -я
саморегули́ровать(ся), -рует(ся)
саморегули́рующий(ся)
саморегуля́ция, -и
саморекла́ма, -ы
самореклами́рование, -я
саморекла́мный
саморекоменда́ция, -и
саморемо́нт, -а
саморефле́ксия, -и
саморо́дный
саморо́док, -дка
саморо́дочный
саморо́спуск, -а
самортизи́ровать(ся), -рую, -рует(ся)
самоса́д, -а
самоса́дка, -и
самоса́дочный
самосбро́ска, -и, *р. мн.* -сок
самосва́л, -а
самосва́льный
самосва́льщик, -а
самосветя́щийся
самосвече́ние, -я
самосе́в, -а
самосе́вка, -и, *р. мн.* -вок
самосе́й, -я
самосе́йка, -и, *р. мн.* -е́ек
самосёл, -а
самоси́льный; *кр. ф.* -лен, -льна
самосинхрониза́ция, -и
самосинхронизи́роваться, -руется
самосинхронизи́рующийся
самосма́зка, -и
самосма́зывающийся
самоснабже́ние, -я
само́ собо́й
самосоверше́нствование, -я
самосоверше́нствоваться, -твуюсь, -твуется
самосогласова́ние, -я

самосогласо́ванное по́ле
самосогрева́ние, -я
самосожжёнец, -нца, *тв.* -нцем, *р. мн.* -нцев
самосожже́ние, -я
самосозерца́ние, -я
самосозна́ние, -я
самосопряжённый; *кр. ф.* -ён, -ена́
самосохране́ние, -я
самоспаса́тель, -я
самоспла́в, -а
самоста́в, -а
самостери́льность, -и
самостери́льный
самости́йник, -а
самости́йность, -и
самости́йный; *кр. ф.* -и́ен, -и́йна
самостоя́ние, -я
самостоя́тельность, -и
самостоя́тельный; *кр. ф.* -лен, -льна
самостре́л, -а
самостре́льный
самостро́й, -я
самостро́йщик, -а
самостро́к, -а
са́мость, -и
самостя́гивающийся
самосу́д, -а
самосу́дный
самота́ска, -и, *р. мн.* -сок
самотвердею́щий
самотёк, -а
самотёком, *нареч.*
Самотёчная, -ой (*улица, площадь*)
самотёчный
самотка́нина, -ы
самотка́нка, -и
самотка́ный
самотло́рский (*от* Самотло́р)
самоторможе́ние, -я
самотормозя́щий
самотрениро́вка, -и
самоуби́йственно, *нареч.*
самоуби́йственность, -и

самоуби́йственный; *кр. ф.* -вен и -венен, -венна
самоуби́йство, -а
самоуби́йца, -ы, *тв.* -ей, *м. и ж.*
самоуваже́ние, -я
самоуве́ренно, *нареч.*
самоуве́ренность, -и
самоуве́ренный; *кр. ф.* -ен, -енна
самоуглубле́ние, -я
самоуглублённо, *нареч.*
самоуглублённость, -и
самоуглублённый; *кр. ф.* -ён, -ённа
самоудовлетворе́ние, -я
самоудовлетворённость, -и
самоудовлетворённый
самоу́ком, *нареч.*
самоумале́ние, -я
самоуниже́ние, -я
самоуничиже́ние, -я
самоуничижи́тельный; *кр. ф.* -лен, -льна
самоуничтоже́ние, -я
самоуплотне́ние, -я
самоуплотни́ться, -ню́сь, -ни́тся
самоуплотня́ться, -я́юсь, -я́ется
самоупра́вец, -вца, *тв.* -вцем, *р. мн.* -вцев
самоуправле́ние, -я
самоуправля́емый
самоуправля́ющийся
самоупра́вничать, -аю, -ает
самоупра́вный; *кр. ф.* -вен, -вна
самоупра́вство, -а
самоупра́вствовать, -твую, -твует
самоусоверше́нствование, -я
самоуспока́иваться, -аюсь, -ается
самоуспокое́ние, -я
самоуспоко́енность, -и
самоуспоко́иться, -о́юсь, -о́ится
самоустана́вливаться, -ается
самоустана́вливающийся
самоустране́ние, -я
самоустрани́ться, -ню́сь, -ни́тся
самоустраня́ться, -я́юсь, -я́ется
самоутверди́ться, -ржу́сь, -рди́тся

самоутвержда́ться, -а́юсь, -а́ется
самоутвержде́ние, -я
самоутеше́ние, -я
самоучи́тель, -я
самоу́чка, -и, *р. мн.* -чек, *м. и ж.*
самофинанси́рование, -я
самофлюсу́ющийся
самофокусиро́вка, -и
самохарактери́стика, -и
самохва́л, -а
самохва́лка, -и, *р. мн.* -лок
самохва́льный
самохва́льство, -а
самохо́д, -а
самохо́дка, -и, *р. мн.* -док
самохо́дно-артиллери́йский
самохо́дный
самохо́дом, *нареч.*
самохо́дчик, -а
самоцве́т, -а
самоцве́тный
самоце́ль, -и
самоце́льность, -и
самоце́льный
самоцензу́ра, -ы
самоце́нность, -и
самоце́нный; *кр. ф.* -е́нен, -е́нна
самоцентри́рующийся
самоцити́рование, -я
са́мочий, -ья, -ье
самочи́нность, -и
самочи́нный; *кр. ф.* -и́нен, -и́нна
самочи́нство, -а
самочи́нствовать, -твую, -твует
са́мочка, -и, *р. мн.* -чек
самочу́вствие, -я
самоя́дь, -и (*устар. к* самое́ды и самоди́йцы)
сампа́н, -а
са́м по себе́
сам-пя́т, *неизм.*
сам-сём, *неизм.*
са́м собо́й
сам-тре́тей, *неизм.*
саму́м, -а
самура́й, -я

самура́йский
самцо́вый
сам-четвёрт, *неизм.*
сам-шёст, *неизм.*
самши́т, -а
самши́товый
са́мый
са́мый-са́мый
сан, -а
Сан-... — первая часть геогр. и др. наименований, пишется через дефис, *напр.*: Сан-Мари́но (*государство*), Сан-Ре́мо, Сан-Сальвадо́р, Сан-Себастья́н, Сан-Дие́го, Сан-Хосе́ (*города*), Сан-Па́улу (*город и штат*), Сан-Ка́рло (*собор и театр*)
санато́рий, -я
санато́рий-профилакто́рий, санато́рия-профилакто́рия
санато́рно-куро́ртный
санато́рно-лесно́й
санато́рный
санато́рский
санатро́н, -а
санацио́нный
санаци́рованный; *кр. ф.* -ан, -ана (*физ.*)
сана́ция, -и
санба́т, -а
санвра́ч, -а́, *тв.* -о́м
сангви́н, -а и сангви́на, -ы (*устар. к* сангвина)
сангви́ник, -а
сангвини́ческий
сангвини́чка, -и, *р. мн.* -чек
сангигие́на, -ы
сангигиени́ст, -а
сангигиени́ческий
санги́на, -ы
санда́л, -а (*то же, что* сантал; краситель; приспособление для обогревания жилища)
сандале́ты, -е́т, *ед.* -ле́та, -ы
санда́лии, -ий, *ед.* -а́лия, -и
санда́лики, -ов, *ед.* -лик, -а

САНДАЛИТЬ(СЯ)

сандáлить(ся), -лю, -лит(ся)
сандáловый (от сандáл)
сандáльный (от сандáлии)
сандарáк, -а
сандарáковый
сáндвич, -а, тв. -ем
санджáк, -а
сáндрик, -а
Сандрильóна, -ы
сандружи́на, -ы
сандружи́нник, -а
сандружи́нница, -ы, тв. -ей
сáндхи, нескл., с.
сáни, -éй
санидин, -а
санидини́товый
санидини́ты, -ов, ед. -ни́т, -а
санинспéктор, -а, мн. -á, -óв и -ы, -ов
санинстрýктор, -а, мн. -á, -óв и -ы, -ов
сани́рование, -я
сани́рованный; кр. ф. -ан, -ана
сани́ровать(ся), -рую, -рует(ся)
санитáр, -а
санитари́я, -и
санитáрка, -и, р. мн. -рок
санитáрно-бытовóй
санитáрно-ветеринáрный
санитáрно-гигиени́ческий
санитáрно-дезинфекциóнный
санитáрно-защи́тный
санитáрно-контрóльный
санитáрно-оздорови́тельный
санитáрно-охрáнный
санитáрно-пропускнóй
санитáрно-просвети́тельный
санитáрно-профилакти́ческий
санитáрно-эпидемиологи́ческий
санитáрный
сани́шки, -шек
сани́щи, -и́щ
сáнки, сáнок
санки́рь, -я

санкт-петербýргский (от Санкт-Петербýрг)
санктпетербýржцы, -ев, ед. -жец, -жца, тв. -жцем
сáнкхья, -и
санкциони́рование, -я
санкциони́рованность, -и
санкциони́рованный; кр. ф. -ан, -ана
санкциони́ровать(ся), -рую, -рует(ся)
сáнкция, -и
санкюлóт, -а
сан-мари́нский (от Сан-Мари́но)
санмари́нцы, -ев, ед. -нец, -нца, тв. -нцем
санмонтáж, -á, тв. -óм
сáнно-гýсеничный
саннóрма, -ы
сáнно-трáкторный
сáнный
санобрабóтка, -и
санови́тость, -и
санови́тый
санóвник, -а
санóвность, -и
санóвный
санори́н, -а
сáночка, -и, р. мн. -чек (инструмент иконописца)
сáночки, -чек
сáночник, -а
сáночница, -ы, тв. -ей
сáночный
сан-пáулуский (от Сан-Пáулу)
санпáулусцы, -ев, ед. -сец, -сца, тв. -сцем
санпóезд, -а, мн. -á, -óв
санпропускни́к, -á
сансáра, -ы
сансевьéра, -ы
санскри́т, -а
санскритóлог, -а
санскритолóгия, -и
санскри́тский

Сан-Стефáнский договóр (1878; от Сан-Стефáно)
Сáнта-... — первая часть геогр. и др. наименований, пишется через дефис, напр.: Сáнта-Крýс (город, остров, река, провинция), Сáнта-Барбáра, Сáнта-Клáра, Сáнта-Мари́я (города), Сáнта-Лючи́я (поселок), Сáнта-Крóче (церковь)
сáнта-гертрýда, -ы (порода скота)
Сáнта-Клáус, Сáнта-Клáуса
сантáл, -а и сандáл, -а (дерево)
сантáли, нескл., м. (язык)
сантáловые, -ых (бот.)
сантáловый (от сантáл)
сантáлы, -ов, ед. -тáл, -а (народ)
сантéхник, -а
сантéхника, -и
сантехни́ческий
санти... — первая часть сложных слов, пишется слитно
сантигрáмм, -а, р. мн. -ов, счетн. ф. -грáмм
сантили́тр, -а
санти́м, -а
сантимéнты, -ов
сантимéтр, -а
сантимéтр-кéльвин, -а, р. мн. -ов, счетн. ф. -вин
сантиметрóвый
сантипáуза, -ы
сантистóкс, -а, р. мн. -ов, счетн. ф. -стóкс
сантоли́на, -ы
сантони́н, -а
сантони́нный
сантони́новый
сантури́нское вино́ и сантýринское, -ого
сантья́гский (от Сантья́го)
сантья́гцы, -ев, ед. -гец, -гца, тв. -гцем
санýзел, -зла́
сан-франци́сский (от Сан-Франци́ско)

санфранци́сцы, -ев, *ед.* -сец, -сца, *тв.* -сцем
санча́сть, -и, *мн.* -и, -е́й
Са́нчо Па́нса, Са́нчо Па́нсы, *м.*
санчопа́нсовский
санэпидемнадзо́р, -а и санэпиднадзо́р, -а
санэпидемслу́жба, -ы и санэпидслу́жба, -ы
санэпидемста́нция, -и и санэпидста́нция, -и
сап, -а (*болезнь; сопение*)
са́па, -ы (*траншея, подкоп; ти́хой са́пой*)
сапажу́, *нескл., м.*
сапа́й, *нескл., м.* и сафа́йль, -я
сапа́тый (*от* сап)
сапёр, -а
сапера́ви, *нескл., с.*
сапёрный
сапе́тка, -и, *р. мн.* -ток
сапие́нтный
са́пка, -и, *р. мн.* са́пок и ца́пка, -и, *р. мн.* ца́пок
сапно́й
сапоги́, сапо́г, -а́м, *ед.* сапо́г, -а́
сапоги́-скорохо́ды, сапо́г-скорохо́дов
сапоги́-чулки́, сапо́г-чуло́к, *ед.* сапо́г-чуло́к, сапога́-чулка́
сапоговаля́льный
сапожи́шки, -шек, *ед.* -и́шко, -а и -и, *м.*
сапожи́ща, -и́щ и сапожи́щи, -и́щ, *ед.* -и́ще, -а, *м.*
сапожки́, -жек и сапожки́, -о́в, *ед.* -жо́к, -жка́
сапо́жки-чулки́, сапо́жек-чуло́к, *ед.* сапожо́к-чуло́к, сапожка́-чулка́
сапо́жник, -а
сапо́жницкий
сапо́жничать, -аю, -ает
сапо́жничество, -а
сапо́жничий, -ья, -ье
сапо́жный

сапони́ны, -ов, *ед.* -ни́н, -а
сапони́т, -а
сапоте́ки, -ов, *ед.* -те́к, -а
сапробио́нты, -ов, *ед.* -о́нт, -а
сапро́бы, -ов, *ед.* -ро́б, -а
сапроге́нный
сапроле́гниевый
сапролегнио́з, -а
сапропе́левый
сапропели́товый
сапропели́ты, -ов, *ед.* -ли́т, -а
сапропе́ль, -я
сапрофа́ги, -ов, *ед.* -фа́г, -а
сапрофити́зм, -а
сапрофи́тный
сапрофи́ты, -ов, *ед.* -фи́т, -а
сапса́н, -а
сапу́н, -а́ (*тех.*)
сапуны́, -о́в, *ед.* сапу́н, -а́ (*секта*)
сапфи́зм, -а
сапфи́р, -а
сапфири́н, -а
сапфи́рный
сапфи́ровый
сапфи́ческий
Сапфо́ и Са́фо, *нескл., ж.*
САР, *нескл., ж.* (*сокр.:* система автоматического регулирования)
сараба́нда, -ы
сараго́сский (*от* Сараго́са)
сараго́сцы, -ев, *ед.* -сец, -сца, *тв.* -сцем
сара́евский (*от* Сара́ево)
сара́евцы, -ев, *ед.* -вец, -вца, *тв.* -вцем
сара́ишко, -а и -и, *мн.* -шки, -шек, *м.*
сара́ище, -а, *мн.* -а и -и, -ищ, *м.*
сара́й, -я
сара́йный
сара́йчик, -а
сара́нский (*от* Сара́нск)
сара́нцы, -ев, *ед.* -нец, -нца, *тв.* -нцем
саранча́, -и́, *тв.* -о́й
саранчо́вый

саранчу́к, -а́
сара́пульский (*от* Сара́пул)
сара́пульцы, -ев, *ед.* -лец, -льца, *тв.* -льцем
сара́товка, -и, *р. мн.* -вок
сара́товский (*от* Сара́тов)
сара́товцы, -ев, *ед.* -вец, -вца, *тв.* -вцем
сарафа́н, -а
сарафа́нница, -ы, *тв.* -ей
сарафа́нный
сарафа́нчик, -а
сараци́нка, -и, *р. мн.* -нок
сараци́нский
сараци́ны, -и́н, *ед.* -ци́н, -а
сара́юшка, -и, *р. мн.* -шек, *ж.* и сара́юшко, -а, *мн.* -шки, -шек, *м.*
сарга́н, -а
сарга́ссовые во́доросли
сарда́р, -а и серда́р, -а (*титул*)
сарде́лька, -и, *р. мн.* -лек
са́рдер, -а (*минерал*)
сарди́на, -ы
сардине́лла, -ы
сарди́нка, -и, *р. мн.* -нок (*рыбка*)
сарди́нный
сарди́новый
сарди́ночный
сарди́нский (*от* Сарди́ния)
сарди́нцы, -ев, *ед.* -нец, -нца, *тв.* -нцем
сардиня́нка, -и, *р. мн.* -нок (*к* сарди́нцы)
сардони́кс, -а
сардони́ческий
са́ржа, -и, *тв.* -ей
са́ржевый
са́ри, *нескл., с.*
са́риса, -ы
сарка́зм, -а
саркасти́ческий
саркасти́чность, -и
саркасти́чный; *кр. ф.* -чен, -чна
сарко́довые, -ых
сарколе́мма, -ы
сарко́ма, -ы

саркомато́зный
саркопла́зма, -ы
саркоспори́дии, -ий, ед. -дия, -и
саркофа́г, -а
саркоцисто́з, -а
сарма́, -ы́
сарма́тка, -и, р. мн. -ток
сарма́тский
сарма́ты, -ма́т и -ов, ед. -ма́т, -а
саро́вский (от Саро́в); но: Серафи́м Саро́вский
саро́нг, -а
са́рос, -а
сарпи́нка, -и, р. мн. -нок
сарпи́нковый
саррацениевые, -ых
саррацения, -и
сарсапаре́ль,-я, сассапаре́ль, -я и сассапари́ль, -я
сарсу́зла, -ы
са́рты, -ов, ед. сарт, -а
сарци́ны, -и́н, ед. -и́на, -ы (бактерии)
сары́нь на ки́чку!
сары́-сина́п, -а
сары́ч, -а́, тв. -о́м
сарюсофо́н, -а
саса́ки, -ов, ед. саса́к, -а (народ)
Сасани́дская эпо́ха
Сасани́ды, -ов (династия)
сассапари́ль, -я, сассапаре́ль, -я и сарсапаре́ль, -я
сассафра́с, -а
сассоли́н, -а
сассоли́т, -а
сатава́до, нескл., с.
Сатана́, -ы́, м. (царь тьмы, глава злых духов) и сатана́, -ы́, м. (бран.)
сата́нг, -а
сатане́ть, -е́ю, -е́ет
сатани́зм, -а
сатани́нский
сатани́ст, -а
сатани́стский
сатани́ческий

сатаню́ка, -и, м. и ж.
сателли́т, -а
са́ти, нескл., с.
сати́н, -а и -у
сатинёр, -а
сатине́т, -а
сатине́товый
сатини́рование, -я
сатини́рованный; кр. ф. -ан, -ана
сатини́ровать(ся), -ру́ю, -ру́ет(ся)
сати́новый
сати́нчик, -а и -у
сати́р, -а (мифол.)
сати́ра, -ы
сатириа́з, -а
сати́рик, -а
сатирико́нец, -нца, тв. -нцем, р. мн. -нцев
сатирико́нский (от "Сатирико́н")
сатири́чески
сатири́ческий
сатири́чность, -и
сатири́чный; кр. ф. -чен, -чна
сатисфа́кция, -и
са́тори, нескл., с.
сатра́п, -а
сатра́пия, -и
сату́ра, -ы
сатура́тор, -а
сатура́торный
сатурацио́нный
сатура́ция, -и
сатури́рованный; кр. ф. -ан, -ана
сатури́ровать(ся), -и́рую, -и́рует(ся)
Сату́рн, -а
сатурна́лии, -ий
сатурниа́нский (от Сату́рн, планета)
сатурни́зм, -а
сату́рния, -и
сатьягра́ха, -и
СА́У, нескл., ж. (сокр.: самоходно-артиллерийская установка;

система автоматического управления)
Сау́довская Ара́вия
сау́довский (к Сау́д и Сау́довская Ара́вия)
сау́довцы, -ев, ед. -вец, -вца, тв. -вцем
са́уна, -ы
саутра́нтика, -и
сафаи́ль, -я и сапа́й, нескл., м.
сафа́ри, нескл., с. и неизм.
сафло́р, -а (растение)
сафло́рный
сафло́ровый
Сафо́ и Сапфо́, нескл., ж.
са́фра, -ы
сафрани́н, -а
сафро́л, -а (вещество)
сафья́н, -а
сафья́нный
сафья́новый
саха́, неизм. (наро́д саха́) и нескл., мн., ед. м. и ж.
Саха́: Респу́блика Саха́ (Яку́тия)
сахали́нка, -и, р. мн. -нок
сахали́нский (от Сахали́н)
сахали́нцы, -ев, ед. -нец, -нца, тв. -нцем
са́хар, -а и -у, мн. (хим.) сахара́, -о́в
сахара́за, -ы (фермент)
са́харенный; кр. ф. -ен, -ена (от са́харить)
са́харец, -рца и -рцу, тв. -рцем
сахари́ды, -ов
сахари́метр, -а
сахариме́трия, -и
сахари́н, -а
сахари́новый
са́харистость, -и
са́харистый
са́харить, -рю, -рит
са́хар-медо́вич, са́хара-медо́вича
са́харник, -а
са́харница, -ы, тв. -ей
са́харно-бе́лый
са́харный

сахарова́р, -а
сахароваре́ние, -я
сахарова́ренный
сахарова́рный
сахарова́рня, -и, *р. мн.* -рен
са́харовский (*от* Са́харов)
сахаро́за, -ы (*растительный сахар*)
сахарозаво́д, -а
сахарозаво́дский
сахарозаво́дчик, -а
сахарозамени́тель, -я
сахаро́к, -рка́ и -рку́
сахаромице́ты, -ов, *ед.* -це́т, -а
сахароно́с, -а
сахароно́сный
сахаропонижа́ющий и сахарпонижа́ющий
сахаропроизводя́щий
сахарорафина́дный
сахаросодержа́щий и сахарсодержа́щий
сахароубо́рочный
сахарофи́льный
са́хар-песо́к, са́хара-песка́ и са́хару-песку́
сахарпонижа́ющий и сахаропонижа́ющий
са́хар-рафина́д, са́хара-рафина́да и са́хару-рафина́ду
саха́рский (*от* Саха́ра)
сахарсодержа́щий и сахаросодержа́щий
сахи́б, -а, саги́б, -а и саи́б, -а
сахио́ба, -ы
саци́ви, *нескл., с.*
са́чи́ть, са́чу́, са́чи́т
сачкану́ть, -ну́, -нёт
сачкова́ть, -ку́ю, -ку́ет
сачо́к, сачка́ (*орудие ловли рыб, насекомых; бездельник*)
саше́, *нескл., с.*
сая́н, -а (*вид сарафана*)
саяного́рский (*от* Саяного́рск)
саяного́рцы, -ев, *ед.* -рец, -рца, *тв.* -рцем

Сая́но-Шу́шенская ГЭ́С
сая́нский (*от* Сая́ны)
сба́вить(ся), -влю, -вит(ся)
сба́вка, -и
сба́вленный; *кр. ф.* -ен, -ена
сбавля́ть(ся), -я́ю, -я́ет(ся)
сба́вочный
сба́гренный; *кр. ф.* -ен, -ена
сба́гривать(ся), -аю, -ает(ся)
сба́грить, -рю, -рит
сбаланси́рование, -я
сбаланси́рованность, -и
сбаланси́рованный; *кр. ф.* -ан, -ана
сбаланси́ровать(ся), -рую, -рует(ся)
сба́лтывание, -я
сба́лтывать(ся), -аю, -ает(ся) (*к* сболта́ть(ся))
сба́лчивать(ся), -аю, -ает(ся) и сбо́лчивать(ся), -аю, -ает(ся) (*к* сболти́ть(ся))
сба́цать, -аю, -ает
сбег, -а
сбега́ние, -я
сбе́гать, -аю, -ает, *сов.* (*от* бе́гать)
сбега́ть(ся), -а́ю, -а́ет(ся), *несов.* (*к* сбежа́ть(ся))
сбежа́ть(ся), сбегу́, сбежи́т(ся), сбегу́т(ся)
Сберба́нк, -а (*сокр. название учреждения*) и сберба́нк, -а (*обиходное название местного отделения его*)
сберега́тельный
Сберега́тельный ба́нк Росси́и
сберега́ть(ся), -а́ю(сь), -а́ет(ся)
сберёгший(ся)
сбереже́ние, -я
сбережённый; *кр. ф.* -ён, -ена́
сбере́чь(ся), -регу́(сь), -режёт(ся), -регу́т(ся); *прош.* -рёг(ся), -регла́(сь)
сберка́сса, -ы
сберкни́жка, -и, *р. мн.* -жек

сбеси́ться, сбешу́сь, сбе́сится (*прост. к* взбеси́ть(ся))
сбива́лка, -и, *р. мн.* -лок
сбива́льный
сбива́ние, -я
сбива́тельный
сбива́ть(ся), -а́ю(сь), -а́ет(ся)
сби́вка, -и, *р. мн.* -вок
сбивно́й
сби́вчивость, -и
сби́вчивый
сбир, -а
сбира́ть(ся), -а́ю(сь), -а́ет(ся) (*устар. к* собира́ть(ся))
сби́тенный
сби́тенщик, -а
сби́тень, -тня
сби́тый
сбить(ся), собью́(сь), собьёт(ся)
сближа́ть(ся), -а́ю(сь), -а́ет(ся)
сближе́ние, -я
сбли́женность, -и
сбли́женный; *кр. ф.* -ен, -ена
сбли́зить(ся), -и́жу(сь), -и́зит(ся)
сблоки́рованный; *кр. ф.* -ан, -ана
сблоки́ровать(ся), -рую(сь), -рует(ся)
с Бо́гом (*напутствие, пожелание удачи*)
сбо́ечно-бури́льный
сбо́ечный
с Бо́жьей по́мощью
сбо́ина, -ы
сбо́ить, сбою́, сбои́т
сбой, сбо́я, *мн.* сбо́и, -ев и сбой, -ёв
сбо́йка, -и, *р. мн.* сбо́ек
сбо́йный
сбо́ку, *нареч. и предлог* (конве́рт сбо́ку разо́рван; он стоя́л сбо́ку стола́), но *сущ.* с бо́ку и с бо́ка (больно́го на́до переверну́ть с бо́ку на спи́ну)
с бо́ку на бо́к
сбо́ку припёка и сбо́ку припёку

СБОЛТАННЫЙ

сбо́лтанный; *кр. ф.* -ан, -ана (*от* сболта́ть)
сболта́ть(ся), -а́ю, -а́ет(ся)
сболти́ть(ся), -лчу́, -лти́т(ся)
сбо́лтнутый
сболтну́ть, -ну́, -нёт
сбо́лченный; *кр. ф.* -ен, -ена (*от* сболти́ть)
сбо́лчивать(ся), -аю, -ает(ся) и сба́лчивать(ся), -аю, -ает(ся) (*к* сболти́ть(ся))
сбо́ндить, -дю, -дит
сбор, -а
сборённый; *кр. ф.* -ён, -ена́ и сбо́ренный; *кр. ф.* -ен, -ена
сбо́ристый
сбори́ть(ся), -рю́, -ри́т(ся) и сбо́рить(ся), -рю, -рит(ся)
сбо́рище, -а
сбо́рка, -и, *р. мн.* -рок
сбо́рная, -ой
сбо́рник, -а
сбо́рничек, -чка
сбо́рно-моноли́тный
сбо́рно-разбо́рный
сбо́рно-щитово́й
сбо́рный
сбо́рочка, -и, *р. мн.* -чек
сбо́рочно-автомати́ческий
сбо́рочно-кузовно́й
сбо́рочно-нала́дочный
сбо́рочный
с бо́ру: с бо́ру (да) с со́сенки, с бо́ру по со́сенке
сбо́рчатый
сбо́рщик, -а
сбо́рщица, -ы, *тв.* -ей
сбо́ры, -ов (*приготовления к отъезду, отправке куда-н.*)
сбочку́, *нареч.*
сбра́живание, -я
сбра́живать(ся), -аю, -ает(ся)
сбра́сывание, -я
сбра́сывать(ся), -аю(сь), -ает(ся)
сбреда́ть(ся), -а́ю, -а́ет(ся)
сбре́дить, сбре́жу, сбре́дит

сбре́дший(ся)
сбре́ндить, -дю, -дит
сбрести́(сь), -еду́, -едёт(ся); *прош.* -ёл(ся), -ела́(сь)
сбреха́ть, -ешу́, -е́шет
сбрехну́ть, -ну́, -нёт
сбрива́ние, -я
сбрива́ть(ся), -а́ю, -а́ет(ся)
сбри́тый
сбрить, сбре́ю, сбре́ет
сброд, -а
сброди́ть(ся), -ожу́, -о́дит(ся)
сбро́дный
сбро́женный; *кр. ф.* -ен, -ена
сброс, -а
сбро́санный; *кр. ф.* -ан, -ана (*от* сброса́ть)
сброса́ть, -а́ю, -а́ет
сбро́сить(ся), -о́шу(сь), -о́сит(ся)
сбро́ска, -и
сбросно́й и сбро́сный
сбро́совый
сбро́шенный; *кр. ф.* -ен, -ена (*от* сбро́сить)
сброшюро́ванный; *кр. ф.* -ан, -ана
сброшюрова́ть, -ру́ю, -ру́ет
сбру́йный
сбру́я, -и
сбры́згивание, -я
сбры́згивать(ся), -аю(сь), -ает(ся)
сбры́знутый
сбры́знуть(ся), -ну(сь), -нет(ся)
с бу́хты-бара́хты
сбыва́ние, -я
сбыва́ть(ся), -а́ю, -а́ет(ся)
сбыт, -а
сбытово́й
сбы́точность, -и
сбы́точный (сбы́точное ли де́ло?)
сбы́тчик, -а
сбы́тчица, -ы, *тв.* -ей
сбы́тый
сбыть(ся), сбу́ду, сбу́дет(ся); *прош.* сбыл(ся), сбыла́(сь), сбы́ло, сбыло́сь

сбы́читься, -чусь, -чится
СВ [эсвэ́], *нескл., мн. и неизм.* (*сокр.:* средние волны, средневолновый)
сва́дебка, -и, *р. мн.* -бок
сва́дебный
сва́дьба, -ы, *р. мн.* -деб
сва́дьбище, -а
сваебо́ец, -о́йца, *тв.* -о́йцем, *р. мн.* -о́йцев
сваебо́йный
сваебо́йщик, -а
сва́ечка, -и, *р. мн.* -чек
сва́ечный
свазиле́ндский (*от* Свазиле́нд)
свазиле́ндцы, -ев, *ед.* -дец, -дца, *тв.* -дцем
сва́йка, -и, *р. мн.* сва́ек
сва́йник, -а
сва́йник-велика́н, сва́йника-велика́на
сва́йный
свал, -а
сва́ленный; *кр. ф.* -ен, -ена (*от* свали́ть)
сва́ливание, -я
сва́ливать(ся), -аю(сь), -ает(ся)
свали́ть(ся), свалю́(сь), сва́лит(ся)
сва́лка, -и, *р. мн.* -лок
сва́лочный
сва́льный
сва́льщик, -а
сва́лянный; *кр. ф.* -ян, -яна (*от* сваля́ть)
сваля́ть(ся), -я́ю, -я́ет(ся)
сва́нка, -и, *р. мн.* -нок
сва́нский
сва́ны, -ов, *ед.* сван, -а
сва́ра, -ы
свара́дж, -а, *тв.* -ем
свара́джисты, -ов, *ед.* -ист, -а
сварга́ненный; *кр. ф.* -ен, -ена
сварга́нить(ся), -ню, -нит(ся)
сваре́ние, -я
сва́ренный; *кр. ф.* -ен, -ена
сва́риваемость, -и

СВЕРГАТЬ(СЯ)

сва́ривание, -я
сва́ривать(ся), -аю(сь), -ает(ся)
свари́ть(ся), сварю́(сь), сва́рит(ся)
сва́рка, -и, р. мн. -рок
сварли́вость, -и
сварли́вый
сварно́й
сва́рочно-монта́жный
сва́рочно-сбо́рочный
сва́рочный
сва́рщик, -а
сва́рщица, -ы, тв. -ей
сва́стика, -и
сват, -а
сва́танный; кр. ф. -ан, -ана
сва́танье, -я
сва́тать(ся), -аю(сь), -ает(ся)
сва́тов, -а, -о
сватовско́й
сватовство́, -а́
свато́к, -тка́
сва́тушка, -и, р. мн. -шек, м. (от сват)
сва́тьин, -а, -о
сва́тьюшка, -и, р. мн. -шек, ж. (от сва́тья)
сва́тья, -и, р. мн. сва́тий
сва́тья ба́ба Бабари́ха (сказочный персонаж)
сва́ха, -и
сва́хин, -а, -о
сва́хонька, -и, р. мн. -нек
сва́шенька, -и, р. мн. -нек
сва́я, -и
свева́ние, -я (от свева́ть(ся))
свева́ть(ся), -а́ю, -а́ет(ся) (к свея́ть)
све́да, -ы
све́дать(ся), -аю(сь), -ает(ся)
сведе́нец, -нца, тв. -нцем, р. мн. -нцев
сведе́ние, -я (сообщение)
сведе́ние, -я (от свести́)
сведённый; кр. ф. -ён, -ена́
с ве́дома
све́дущий
све́дший(ся)

свежа́йший и свеже́йший
свежа́к, -а́
свежа́тина, -ы
свежачо́к, -чка́
свеже... — первая часть сложных слов, пишется слитно
свежеасфальти́рованный
свежева́льщик, -а
свежева́ние, -я
свежёванный; кр. ф. -ан, -ана
свежева́ть(ся), -жу́ю, -жу́ет(ся)
свежевско́панный
свежевспа́ханный
свежевы́беленный
свежевы́бритый
свежевы́крашенный
свежевы́мытый
свежевы́павший
свежевы́печенный
свежевы́рытый
свежевы́стиранный
свеже́е, сравн. ст.
свежезава́ренный
свежезаморо́женный
свежезапа́ханный
свежеиспечённый
свеже́йший и свежа́йший
свежеморо́женый
свежена́бранный
свеженадо́енный
свежени́на, -ы
све́женький
свежеобмоло́ченный
свежеобтёсанный
свежеокра́шенный
свежеотжа́тый
свежеотпеча́танный
свежепригото́вленный
свежепросо́льный
свежеру́бленый
свежеско́шенный
свежема́занный
свежере́занный
свежесру́бленный
свежестро́ганый и свежестру́ганый

све́жесть, -и
свежесши́тый
свеже́ть, -е́ю, -е́ет
све́жий; кр. ф. свеж, свежа́, свежо́, све́жи́
свежина́, -ы́
свежи́нка, -и
свежо́, нареч. и в знач. сказ.
свежо́хонький; кр. ф. -нек, -нька
свежьё, -я́
свезённый; кр. ф. -ён, -ена́
свезти́, -зу́, -зёт; прош. свёз, свезла́
свёзший
све́ивать(ся), -аю, -ает(ся)
свёкла, -ы, р. мн. -кол
свеклови́ца, -ы, тв. -ей
свеклови́чный
свеклови́ще, -а
свеклово́д, -а
свеклово́дство, -а
свеклово́дческий
свеклокомба́йн, -а
свеклокопа́тель, -я
свекломо́йка, -и, р. мн. -о́ек
свеклопогру́зчик, -а
свеклоподъёмник, -а
свеклоре́зка, -и, р. мн. -зок
свеклоса́харный
свеклосемена́, -семя́н, -семена́м
свеклосе́ющий
свеклосе́яние, -я
свеклосовхо́з, -а
свеклоубо́рочный
свекова́ть, -ку́ю, -ку́ет
свеко́лка, -и, р. мн. -лок
свеко́льник, -а
свеко́льный
свёкор, -кра
свекро́вин, -а, -о
свекро́вка, -и, р. мн. -вок
свекро́вь, -и
свекру́ха, -и
свеликоду́шничать, -аю, -ает
свербёж, -ежа́, тв. -о́м
сверби́, -би́т
сверга́ть(ся), -а́ю(сь), -а́ет(ся)

СВЕРГНУВШИЙ(СЯ)

све́ргнувший(ся)
све́ргнутый
све́ргнуть(ся), -ну(сь), -нет(ся); прош. све́рг(ся) и све́ргнул(ся), све́ргла(сь)
све́ргший(ся)
свердло́вский (от Свердло́вск)
свердловча́не, -а́н, ед. -а́нин, -а
свердлова́нка, -и, р. мн. -нок
све́ренный; кр. ф. -ен, -ена
сверже́ние, -я
све́рженный; кр. ф. -ен, -ена
све́рзить(ся), -ржу(сь), -рзит(ся)
све́рить(ся), -рю(сь), -рит(ся)
све́рка, -и, р. мн. -рок
сверка́ние, -я
сверка́ть, -а́ю, -а́ет
сверка́ющий
сверкну́ть, -ну́, -нёт
сверле́ние, -я
сверлённый; кр. ф. -ён, -ена́, прич.
сверлёный, прил.
сверли́лка, -и, р. мн. -лок
сверли́ло, -а, мн. -и́ла и -и́лы, -и́л, м. (жук)
сверли́льно-долбёжный
сверли́льно-нарезно́й
сверли́льно-расто́чный
сверли́льно-фре́зерный
сверли́льный
сверли́льщик, -а
сверли́ть(ся), -лю́, -ли́т(ся)
сверло́, -а́, мн. свёрла, свёрл
сверло́вка, -и
сверлово́й
сверло́вочный
сверло́вщик, -а
сверло́вщица, -ы, тв. -ей
сверля́щий(ся)
свёрнутый
сверну́ть(ся), -ну́(сь), -нёт(ся)
свёрстанный; кр. ф. -ан, -ана
сверста́ть(ся), -а́ю, -а́ет(ся)
свёрстка, -и
све́рстник, -а
све́рстница, -ы, тв. -ей

све́рстничек, -чка
свёрстывание, -я
свёрстывать(ся), -аю, -ает(ся)
сверте́ть(ся), сверчу́, све́ртит(ся)
свёртка, -и
свёрток, -тка
свёрточек, -чка
свёртываемость, -и
свёртывание, -я
свёртывать(ся), -аю(сь), -ает(ся)
сверх, предлог
сверх... — приставка, пишется слитно
сверхбди́тельность, -и
сверхбди́тельный
сверхбольшо́й
сверхбыстроде́йствующий
сверхбюдже́тный
сверхва́жный
сверхвре́менный; кр. ф. -менен и -мен, -менна
сверхвысо́кий
сверхвысоково́льтный
сверхвысокочасто́тный
сверхвысо́тный
сверхгабари́тный
сверхгала́ктика, -и
сверхгига́нт, -а
сверхгига́нтский
сверхглуби́нный
сверхглубо́кий
сверхгоря́чий
сверхда́льний
сверхдальнобо́йный
сверхдержа́ва, -ы
сверхдли́нный
сверхдо́лгий
сверхдомина́нтность, -и
сверхдомини́рование, -я
сверхдопусти́мый
сверхжаросто́йкий
сверхжёсткий
сверхзада́ча, -и, тв. -ей
сверхзвезда́, -ы́, мн. -звёзды, -звёзд
сверхзвуково́й

сверхиде́йный
сверхизы́сканный
сверхиндивидуали́зм, -а
сверхиндивидуа́льный; кр. ф. -лен, -льна
сверхиндустриа́льный
сверхинтеллектуа́льный
сверхинтеллиге́нтность, -и
сверхинтеллиге́нтный; кр. ф. -нтен, -нтна
сверхинтере́сный
сверхинтуи́ция, -и
сверхко́мплексный
сверхкомпле́кт, -а
сверхкомпле́ктный
сверхкоро́на, -ы
сверхкра́ткий
сверхкрити́ческий
сверхкру́пный
сверхлёгкий
сверх лими́та
сверхлими́тный
сверхли́чный
сверхма́лый
сверхманёвренный и сверхмане́вренный
сверхмарафо́н, -а
сверхмарафо́нец, -нца, тв. -нцем, р. мн. -нцев
сверхмарафо́нский
сверхмасси́вный
сверхме́рный
сверх ме́ры
сверхме́ткий
сверхми́ни, неизм. и нескл., с.
сверхминиатю́рный
сверхмоде́рн, -а
сверхмоде́рный
сверхмо́дный
сверхмонопо́лия, -и
сверхмо́щный
сверхнагру́зка, -и, р. мн. -зок
сверхнадёжный
сверхнапряже́ние, -я
сверхнапряжённый
сверхнасы́щенный

сверхни́зкий
сверхно́вый
сверхнормати́вный
сверхобы́чный
сверходарённость, -и
сверходарённый
сверхопа́сный; кр. ф. -сен, -сна
сверхопера́тивность, -и
сверхопера́тивный; кр. ф. -вен, -вна
сверхорке́стр, -а
сверхору́жие, -я
сверхосторо́жность, -и
сверхосторо́жный; кр. ф. -жен, -жна
сверхо́стрый
све́рх пла́на
сверхпла́новый
сверхпло́тный
сверхпри́быль, -и
сверхприро́дный
сверхпроводи́мость, -и
сверхпроводни́к, -а́
сверхпроводнико́вый
сверхпроводя́щий
сверхпро́чный
сверхра́зум, -а
сверхразу́мный
сверхра́нний
сверхреа́льность, -и
сверхреа́льный
сверхреко́рд, -а
сверхремо́нтный
сверхсветово́й
сверхсекре́тность, -и
сверхсекре́тный; кр. ф. -тен, -тна
сверхси́льный
сверхскоростно́й
сверхско́рость, -и, мн. -и, -е́й
сверхсла́бый
сверхсло́жный
сверхсме́тный
сверхсоверше́нный; кр. ф. -е́нен, -е́нна
сверхсовреме́нный; кр. ф. -е́нен, -е́нна

сверхсро́чник, -а
сверхсрочнослу́жащий
сверхсро́чный
сверхсто́йкий
сверхструкту́ра, -ы
сверхсхе́мный
сверхтвёрдый
сверхтеку́честь, -и
сверхтеку́чий
сверхтермосто́йкий
сверхте́хника, -и
сверхтипово́й
све́рх того́
сверхто́ки, -ов
сверхто́нкий
сверхто́чный
сверхтру́дный
сверхтяжёлый
све́рху, нареч. и предлог (све́рху упа́ла сосу́лька; повяза́ть плато́к све́рху ша́пки)
све́рху вни́з
све́рху до́низу
сверху́мный
сверхуниверса́льность, -и
сверхуниверса́льный; кр. ф. -лен, -льна
сверхуро́чность, -и
сверхуро́чный
сверхусто́йчивость, -и
сверхусто́йчивый
сверххо́лод, -а
сверхчелове́к, -а, мн. сверхчелове́ки, -ов и сверхлю́ди, -е́й, -лю́дям, -людьми́
сверхчелове́ческий
сверхчелове́чество, -а
сверхчи́стый
сверхчу́вственный; кр. ф. -вен и -венен, -венна
сверхчувстви́тельность, -и
сверхчувстви́тельный; кр. ф. -лен, -льна
сверхчу́ткий
сверхшта́тный
сверхще́дрый

сверхъёмкий
сверхъесте́ственно, нареч.
сверхъесте́ственность, -и
сверхъесте́ственный; кр. ф. -вен и -венен, -венна
сверхъя́ркий
сверхэкономи́чность, -и
сверхэкономи́чный; кр. ф. -чен, -чна
сверхэ́кстренный
сверхэнерги́чный
сверхэне́ргия, -и
сверхэффекти́вный; кр. ф. -вен, -вна
сверх-я́, нескл., с. (филос.)
све́рченный; кр. ф. -ен, -ена
сверчко́вые, -ых
сверчо́к, -чка́
сверша́ть(ся), -а́ю, -а́ет(ся)
сверше́ние, -я
свершённый; кр. ф. -ён, -ена́
верши́ть(ся), -шу́, -ши́т(ся)
све́рщик, -а
све́рщица, -ы, тв. -ей
сверя́ть(ся), -я́ю(сь), -я́ет(ся)
свес, -а
све́сить(ся), све́шу(сь), све́сит(ся)
свести́(сь), сведу́, сведёт(ся); прош. свёл(ся), свела́(сь)
свет¹, -а и -у, предл. в све́те, на свету́ (к свети́ть, освеще́ние)
свет², -а (мир, земля); но: Но́вый Све́т (об Америке), Ста́рый Све́т (о Европе)
света́ть, -а́ет
све́т бо́жий (све́ту бо́жьего не взви́деть; появи́ться на све́т бо́жий)
светёлка, -и, р. мн. -лок
светёлочка, -и, р. мн. -чек
светёлочный
свете́ц, -тца́, тв. -тцо́м, р. мн. -тцо́в
све́тик, -а
свети́ло, -а
свети́льник, -а
свети́льничек, -чка
свети́льничный

свети́льны, -ых, *ед.* свети́лен, -льна, *м.* (*церк. песнопения*)
свети́льный
свети́льня, -и, *р. мн.* -лен
свети́мость, -и
свети́ть(ся), свечу́(сь), све́тит(ся) (*к* свет)
Све́тлая седми́ца
светле́йший
све́тленький
светле́ть(ся), -е́ю, -е́ет(ся)
светлина́, -ы́
светли́ть, -лю́, -ли́т
светли́ца, -ы, *тв.* -ей
светли́чный
светло́, *нареч. и в знач. сказ.*
све́тло-бе́жевый
светлоборо́дый
светлобрю́хий
светлова́нный; *кр. ф.* -ан, -ана
светлова́тый
светлова́ть(ся), -лу́ю, -лу́ет(ся)
светлови́на, -ы
светловоло́сый
светлогла́зый
светлоголо́вый
све́тло-голубо́й
светлого́рский (*от* Светлого́рск)
светлого́рцы, -ев, *ед.* -рец, -рца, *тв.* -рцем
светлогру́дый
Све́тлое воскресе́нье (*Пасха*)
све́тло-жёлтый
све́тло-зелёный
све́тло-золоти́стый
све́тло-ка́рий
све́тло-кашта́новый
све́тло-кори́чневый
све́тло-кра́сный
светлокры́лый
светлоли́цый
светлоо́кий
светлоокра́шенный
све́тло-ора́нжевый
све́тло-ро́зовый
све́тло-ру́сый

све́тло-се́рый
све́тло-си́ний
све́тло-сире́невый
све́тлость, -и
светлота́, -ы́
светло́тный
светлу́ха, -и
све́тлый; *кр. ф.* све́тел, светла́, све́тло
светлы́м-светло́
светлы́нь, -и
светля́к, -а́
светлячо́к, -чка́
светоаэрацио́нный
светобоя́знь, -и
светово́д, -а
световодолече́ние, -я
световозду́шный
светово́й
светогра́мма, -ы
светодальноме́р, -а
светодио́дный
светоза́рный; *кр. ф.* -рен, -рна
светозащи́тный
светозвукопанора́ма, -ы
светозвукоспекта́кль, -я
светоизлуча́ющий
светоизмери́тельный
светокла́панный
светокопи́р, -а
светокопирова́льный
светокопи́рование, -я
светоко́пия, -и
светокульту́ра, -ы
светолече́бница, -ы, *тв.* -ей
светолече́бный
светолече́ние, -я
светоло́в, -а
светолову́шка, -и, *р. мн.* -шек
светолю́б, -а
светолюби́вость, -и
светолюби́вый
светолю́бие, -я
светомаскиро́вка, -и
светомаскиро́вочный
светому́зыка, -и

светомузыка́льный
светонаправля́ющий
светонепроница́емость, -и
светонепроница́емый
светоно́сность, -и
светоно́сный; *кр. ф.* -сен, -сна
све́тоньки: све́тоньки мой, ба́тюшки-све́тоньки
светоотда́ча, -и, *тв.* -ей
светоотража́тель, -я
светоотража́ющий
светопи́сный
све́топись, -и
светопреломле́ние, -я
светопреломля́ющий
светопреставле́ние, -я
светоприёмник, -а
светопрозра́чный
светопроница́емость, -и
светопроница́емый
светопро́чность, -и
светопро́чный
светорассе́иватель, -я
светорассе́ивающий
светорассе́яние, -я
светорегули́рование, -я
светорегуля́тор, -а
светосигна́л, -а
светосигнализа́ция, -и
светосигна́льный
светоси́ла, -ы
светоси́льный
светособира́ющий
светостабилиза́тор, -а
светосто́йкий; *кр. ф.* -о́ек, -о́йка
светосто́йкость, -и
светотенево́й
светоте́нь, -и, *мн.* -и, -е́й
светоте́хник, -а
светоте́хника, -и
светотехни́ческий
светофизиоло́гия, -и
светофи́льтр, -а
светофо́р, -а
светофо́рный
светоцветово́й

све́точ, -а, тв. -ем
светочувстви́тельность, -и
светочувстви́тельный; кр. ф. -лен, -льна
светоэкра́н, -а
све́тски
све́тский
све́тскость, -и
светя́щий(ся) (от свети́ть(ся)
свеча́, -и́, тв. -о́й, мн. све́чи, свеч и свече́й, сеча́м
свече́ние, -я
свечере́ть, -е́ет
све́чечка, -и, р. мн. све́чечек
све́чка, -и, р. мн. -чек
свечно́й
све́шанный; кр. ф. -ан, -ана (от све́шать)
све́шать(ся), -аю(сь), -ает(ся)
све́шенный; кр. ф. -ен, -ена (от све́сить)
све́шивать(ся), -аю(сь), -ает(ся)
све́янный; кр. ф. -ян, -яна
све́ять, све́ю, све́ет
свива́льник, -а
свива́льный
свива́ние, -я (от свива́ть(ся)
свива́ть(ся), -а́ю, -а́ет(ся) (к свить)
сви́вка, -и
свида́ние, -я
свида́ньице, -а
свиде́тель, -я
свиде́тельница, -ы, тв. -ей
свиде́тельский
свиде́тельство, -а
свиде́тельствовать(ся), -твую(сь), -твует(ся)
сви́деться, сви́жусь, сви́дится
свиди́на, -ы
с ви́ду
свилева́тость, -и
свилева́тый
свиль, -и
свильну́ть, -ну́, -нёт
свина́рка, -и, р. мн. -рок
свина́рник, -а

свина́рный
свина́рня, -и, р. мн. -рен
свина́рь, -я́
свинг, -а
сви́нгер, -а
сви́нговый
свинёнок, -нка, мн. свиня́та, -я́т
свине́ц, -нца́, тв. -нцо́м
свинецоргани́ческий
свини́на, -ы
свини́нка, -и
сви́нка, -и, р. мн. -нок
свинобо́ец, -о́йца, тв. -о́йцем, р. мн. -о́йцев
свинобо́й, -я
свиново́д, -а
свиново́дство, -а
свиново́дческий
свино́й
свиноко́мплекс, -а
свинокопчёности, -ей, ед. -ость, -и
свинома́тка, -и, р. мн. -ток
свиноотко́рмочный
свинопа́с, -а
свиноподо́бный; кр. ф. -бен, -бна
свиноро́й, -я
свиносовхо́з, -а
свинофа́брика, -и
свинофе́рма, -ы
сви́нски
сви́нский
сви́нство, -а
свинти́ть(ся), -нчу́, -нти́т(ся)
сви́нтус, -а
свину́ха, -и
свину́шка, -и, р. мн. -шек
свину́шник, -а и свиню́шник, -а
свинцева́ние, -я
свинцева́ть(ся), -цу́ю, -цу́ет(ся)
свинцо́ванный; кр. ф. -ан, -ана
свинцо́вистый
свинцо́во-изото́пный
свинцо́во-ме́дный
свинцо́во-оловя́нный
свинцо́во-плави́льный
свинцо́во-серебря́ный

свинцо́во-се́рый
свинцо́вость, -и
свинцо́во-ци́нковый
свинцо́во-чёрный
свинцо́вый
свинча́тка, -и, р. мн. -ток
свинча́тковые, -ых
сви́нченный; кр. ф. -ен, -ена
сви́нчивание, -я
сви́нчивать(ся), -аю, -ает(ся)
свинья́, -и́, мн. сви́ньи, свине́й, сви́ньям; но: го́д Свиньи́ (по восточному календарю), Свинья́, -и́ (о том, кто родился в этот год)
свинья́-свиньёй
свиню́шник, -а и свину́шник, -а
свиня́чащий
свиня́чий, -ья, -ье
свиня́чить, -чу, -чит
свип-генера́тор, -а
свире́ль, -и
свире́льный
свире́льщик, -а
свирепе́ть, -е́ю, -е́ет
свире́пость, -и
свире́пство, -а
свире́пствовать, -твую, -твует
свире́пый
свири́, нескл., с. (вино)
свиристе́левые, -ых
свиристе́лка, -и, р. мн. -лок
свиристе́ль, -я
свиристе́ть, -рищу́, -ристи́т
сви́рский (от Свирь)
свиса́ть, -а́ю, -а́ет
сви́слый
сви́снуть, -ну, -нет; прош. свис, сви́сла (к свиса́ть)
свист, -а
свиста́ть, свищу́, сви́щет
свисте́лка, -и, р. мн. -лок
свисте́ть, свищу́, свисти́т
сви́стнуть, -ну, -нет (к свисте́ть)
свисто́к, -тка́
свистопля́ска, -и, р. мн. -сок

свисто́чек, -чка
свистýлька, -и, р. мн. -лек
свистýн, -á
свистýнья, -и, р. мн. -ний
свистя́щий
сви́сший
сви́та, -ы
сви́тер, -а, мн. -ы, -ов и -á, -óв
свитеро́к, -рка́
свитеро́чек, -чка
сви́тка, -и, р. мн. -ток
сви́ток, -тка
сви́тский
свитч, -а, тв. -ем
сви́тый; кр. ф. сви́т, свита́, сви́то
сви́ть(ся), совью́, совьёт(ся); прош. -и́л(ся), -ила́(сь), -и́ло, -и́ло́сь
сви́хивать(ся), -аю(сь), -ает(ся)
сви́хнутый
свихну́ть(ся), -ну́(сь), -нёт(ся)
свищ, -á, тв. -о́м
свищева́тый
свищево́й
сви́щущий
свия́жский (от Свия́га и Свия́жск)
свия́зь, -и
свобо́да, -ы; но: ста́туя Свобо́ды (в Нью-Йо́рке)
свобо́дненский (от Свобо́дный)
свободновися́щий*
свободновраща́ющийся*
свободноживу́щий*
свобо́дно конверти́руемый
свободномолекуля́рный
свободнонесу́щий*
свободнопа́дающий*
свободнопла́вающий*
свободноподве́шенный*
свободнопоршнево́й
свободнопото́чный
свобо́дно располо́женный
свободнорождённый*
свободностру́йный
свобо́дный; кр. ф. -ден, -дна
Свобо́дный, -ого (город, поселок, космодром)

свободолюби́вый
свободолю́бие, -я
свободомы́слие, -я
свободомы́слящий
свод, -а
своди́мость, -и
своди́мый
своди́ть(ся), свожу́, сво́дит(ся)
сво́дка, -и, р. мн. -док
сво́дник, -а
сво́дница, -ы, тв. -ей
сво́дничанье, -я
сво́дничать, -аю, -ает
сво́днический
сво́дничество, -а
сводно́й (такой, к-рый можно свести)
сво́дный (составленный из разных частей, данных; сводный брат, сводная сестра)
сво́дня, -и, р. мн. -ей и сво́ден
сводообра́зный; кр. ф. -зен, -зна
сво́дчатый
сво́дчик, -а
сводя́щий(ся)
своевла́стие, -я
своевла́стный; кр. ф. -тен, -тна
своево́лие, -я
своево́льник, -а
своево́льница, -ы, тв. -ей
своево́льничанье, -я
своево́льничать, -аю, -ает
своево́льность, -и
своево́льный; кр. ф. -лен, -льна
своево́льство, -а
своевре́менно, нареч.
своевре́менность, -и
своевре́менный; кр. ф. -менен и -мен, -менна
своекоры́стие, -я
своекоры́стность, -и
своекоры́стный; кр. ф. -тен, -тна
своеко́штный
своенра́вие, -я
своенра́вничать, -аю, -ает
своенра́вность, -и

своенра́вный; кр. ф. -вен, -вна
своеобра́зие, -я
своеобра́зность, -и
своеобра́зный; кр. ф. -зен, -зна
своеобы́чие, -я
своеобы́чность, -и
своеобы́чный; кр. ф. -чен, -чна
своеру́чный
своженный; кр. ф. -ен, -ена (от свози́ть)
своз, -а
свози́ть(ся), свожу́, сво́зит(ся)
сво́зка, -и
сво́зчик, -а
сво́зя́щий(ся)
свой, своё, своего́, своя́, свое́й, мн. свои́, свои́х
свойла́чивание, -я
свойла́чивать(ся), -аю, -ает(ся)
сво́йский
сво́йственник, -а
сво́йственница, -ы, тв. -ей
сво́йственный; кр. ф. -вен и -венен, -венна
сво́йство, -а (качество)
свойство́, -á (родство)
свола́кивание, -я
свола́кивать(ся), -аю, -ает(ся)
своло́кший
сволота́, -ы́
своло́ченный; кр. ф. -ен, -ена (от сволочи́ть)
сволочённый; кр. ф. -ён, -ена́ (от своло́чь и сволочи́ть)
сволочи́ть, -очу́, -о́чит, сов. (сволочь)
сволочи́ть(ся), -чу́(сь), -чи́т(ся), несов. (ругать(ся))
сволочно́й
сво́лочь, -и, мн. -и, -е́й
сволочь, -локу́, -лочёт, -локу́т, прош. -ло́к, -локла́
сво́лочьё, -я́
своп, -а
свора, -ы
свора́чивание, -я

свора́чивать(ся), -аю(сь), -ает(ся)
сво́рить, -рю, -рит
сво́рка, -и, р. мн. -рок
сво́рный
своро́ванный; кр. ф. -ан, -ана
сворова́ть, -ру́ю, -ру́ет
своро́т, -а
свороти́ть(ся), -очу́, -о́тит(ся)
своро́ченный; кр. ф. -ен, -ена
своя́к, -а́
своя́ченица, -ы, тв. -ей
СВ-переда́тчик, -а
СВ-свя́зь, -и
СВЧ [эсвэче́], нескл., ж. и с. и неизм. (сокр.: сверхвысокая частота, сверхвысокочастотный)
СВЧ-генера́тор, -а
СВЧ-излуче́ние, -я
СВЧ-колеба́ния, -ий
СВЧ-лучи́, -е́й
СВЧ-те́хника, -и
СВЧ-энерге́тика, -и
свыка́ться, -а́юсь, -а́ется
свы́кнуться, -нусь, -нется; прош. свы́кся, свы́клась
свы́кшийся
свысока́
свы́чаи и обы́чаи
свы́чаи-обы́чаи, свы́чаев-обы́чаев
свы́чай, -я
свы́чка, -и, р. мн. -чек
свы́ше
свя́занность, -и
свя́занный; кр. ф. прич. -ан, -ана; кр. ф. прил. -ан, -ана (с дополн.: э́то свя́зано с ри́ском) и (без дополн.: затруднённый, несвободный) -ан, -анна (его́ движе́ния свя́занны)
связа́ть(ся), свяжу́(сь), свя́жет(ся)
связи́ст, -а
связи́стка, -и, р. мн. -ток
связи́шка, -и, р. мн. -шек
свя́зка, -и, р. мн. -зок
связни́к, -а́

связно́й¹ (служащий для связи, скрепления)
связно́й², -о́го (посыльный)
свя́зность, -и
свя́зный; кр. ф. -зен, -зна (хорошо изложенный)
свя́зочный
свя́зующий
свя́зывание, -я
свя́зывать(ся), -аю(сь), -ает(ся)
связь, -и
Связьинве́ст, -а (компания)
свя́сло, -а
Свята́я земля́ (Палестина)
Свята́я неде́ля
Свята́я Па́сха
свята́я святы́х, нескл., ж. и с.
Свята́я Тро́ица
святе́йшество, -а; при офиц. титуловании: Ва́ше (Его́) Святе́йшество
святе́йший
Святе́йший сино́д (ист.)
святи́лище, -а
святи́тель, -я
святи́тельский
святи́тельство, -а
святи́ть(ся), свячу́, святи́т(ся) (к свято́й)
Свя́тки, -ток
Святого́р, -а (былинный персонаж)
святого́рский (от Святы́е Го́ры)
Святого́рский монасты́рь
Святого́рье, -я (к Святы́е Го́ры)
Свя́то-Да́нилов монасты́рь, Свя́то-Да́нилова монастыря́
Свя́то-Ду́хов монасты́рь, Свя́то-Ду́хова монастыря́
Свято́е благовествова́ние (Евангелие)
Свято́е прича́стие (церк.)
Свято́е семе́йство (библ.)
свято́й; кр. ф. свят, свята́, свя́то; в сочетании с последующим собственным именем пишется со

строчной буквы, напр.: свято́й Влади́мир, свято́й Никола́й, свята́я Екатери́на, свята́я О́льга; но (с предшествующим собственным именем, в названиях соборов, храмов, в геогр. наименованиях и др.) Свято́й, напр.: Влади́мир Свято́й, собор Свято́го Петра́, о́стров Свято́й Еле́ны, зали́в (о́стров, река́) Свято́го Лавре́нтия, го́ры Свято́го Илья́, пло́щадь Свято́го Ма́рка, также: неде́ля Всех Святы́х, храм Всех Святы́х
Свято́й Дух (о Боге), но: святы́м ду́хом (неизвестно каким образом)
Свято́й престо́л (о Ватикане)
свя́то ме́сто пу́сто не быва́ет
святооте́ческий (к Святы́е Отцы́)
Святопо́лк Окая́нный
святору́сский
свя́тость, -и
святота́тец, -тца, тв. -тцем, р. мн. -тцев
святота́тственно, нареч.
святота́тственный; кр. ф. -вен, -венна
святота́тство, -а
святота́тствовать, -твую, -твует
Свя́то-Ти́хоновский: Правосла́вный Свя́то-Ти́хоновский богосло́вский институ́т
Свя́то-Тро́ицкий монасты́рь
Свя́то-Успе́нский монасты́рь
свя́точный
свято́ша, -и, тв. -ей, м. и ж.
свят-свят-свят (заклинание)
свя́тцы, -ев
Святы́е воро́та (в Ярославле, в нек-рых монастырях)
Святы́е Го́ры (населенный пункт)
Святы́е Дары́
Святы́е Отцы́ (богосл.); но: свято́й оте́ц (обращение к священнослужителю)

Святы́е Та́йны (приобщи́ться Святы́х Тайн, приня́тие Святы́х Тайн – *о причащении*)
святы́ня, -и, *р. мн.* -ы́нь
святя́щий(ся) (*от* святи́ть(ся)
свячённый; *кр. ф.* -ён, -ена́, *прич.*
свячёный, *прил.*
свяще́ние, -я
Свяще́нная исто́рия
Свяще́нная Ри́мская импе́рия (*ист.*)
свяще́нник, -а
свяще́нник-миссионе́р, свяще́нника-миссионе́ра
свяще́ннический
свяще́нно-библе́йский
священноде́йственный
священноде́йствие, -я
священноде́йствовать, -твую, -твует
Свяще́нное Писа́ние
Свяще́нное Преда́ние
священнои́нок, -а
священному́ченик, -а
священному́ченический
священонача́лие, -я
священнослуже́ние, -я
священнослужи́тель, -я
свяще́нный; *кр. ф.* -е́нен, -е́нна
Свяще́нный сино́д РПЦ
Свяще́нный сою́з (*ист.*)
свяще́нство, -а
свяще́нствовать, -твую, -твует
с га́ком
сга́снувший
сга́снуть, -ну, -нет; *прош.* сгас, сга́сла
сга́сший
сгиб, -а
сгиба́ние, -я
сгиба́тель, -я
сгиба́ть(ся), -а́ю(сь), -а́ется
сги́бнувший
сги́бнуть, -ну, -нет; *прош.* сгиб, сги́бла
сги́нувший

сги́нуть, -ну -нет
сгла́дить(ся), сгла́жу, сгла́дит(ся)
сгла́дывать(ся), -аю, -ает(ся)
сгла́женность, -и
сгла́женный; *кр. ф.* -ен, -ена
сгла́живание, -я
сгла́живать(ся), -аю, -ает(ся)
сгла́живающий(ся)
сглаз, -а и -у (*к* сгла́зить)
с глаз (доло́й)
сгла́зить, сгла́жу, сгла́зит
с гла́зу на́ глаз и с гла́зу на глаз
сгла́тывать, -аю, -ает
сгло́данный; *кр. ф.* -ан, -ана
сглода́ть, -ожу́, -о́жет
сглота́ть, -а́ю, -а́ет
сглотну́ть, -ну́, -нёт
сглупа́ и сглу́пу
сглупи́ть, -плю́, -пи́т
сгна́ивать(ся), -аю, -ает(ся)
сгнести́, сгнету́, сгнетёт; *прош.* -ёл, -ела́
сгнета́ть(ся), -а́ю, -а́ет(ся)
сгнетённый; *кр. ф.* -ён, -ена́
сгнётка, -и
сгнива́ние, -я
сгнива́ть, -а́ю, -а́ет
с гнильцо́й
сгнить, сгнию́, сгниёт; *прош.* -и́л, -ила́, -и́ло
сгноённый; *кр. ф.* -ён, -ена́
сгнои́ть, сгною́, сгнои́т
сгова́ривать(ся), -аю(сь), -ает(ся)
сго́вор, -а
сговорённость, -и
сговорённый; *кр. ф.* -ён, -ена́
сговори́ть(ся), -рю́(сь), -ри́т(ся)
сгово́рчивость, -и
сгово́рчивый
сгоди́ться, сгожу́сь, сгоди́тся
с го́ду на́ год
сголографи́рованный; *кр. ф.* -ан, -ана
сголографи́ровать, -рую, -рует
с го́лоду

с голоду́хи
с го́лоса
сгон, -а
сго́нка, -и
сго́нно-наго́нный
сго́нный
сгоноши́ть, -шу́, -ши́т
сго́нщик, -а
сгоня́ть(ся), -я́ю, -я́ет(ся)
сгора́емость, -и
сгора́емый
сгора́ние, -я
сгора́ть, -а́ю, -а́ет
сго́рбить(ся), -блю(сь), -бит(ся)
сго́рбленность, -и
сго́рбленный; *кр. ф.* -ен, -ена
сгоре́ть, -рю́, -ри́т
с горчи́нкой
с го́ря
сгоряча́
сгото́вить(ся), -влю, -вит(ся)
сгото́вленный; *кр. ф.* -ен, -ена
сграба́станный; *кр. ф.* -ан, -ана
сграба́стать, -аю, -ает
сгра́бить, -блю, -бит
сгра́бленный; *кр. ф.* -ен, -ена
сграффи́то, *нескл., с.*
сгреба́ние, -я
сгреба́ть(ся), -а́ю(сь), -а́ет(ся)
сгребённый; *кр. ф.* -ён, -ена́
сгрёбший(ся)
сгрести́(сь), сгребу́(сь), сгребёт(ся); *прош.* сгрёб(ся), сгребла́(сь)
с грехо́м попола́м
сгруби́ть, -блю́, -би́т
сгруди́ть(ся), -ужу́, -у́дит(ся)
сгружа́ть(ся), -а́ю(сь), -а́ет(ся)
сгру́женный; *кр. ф.* -ен, -ена а и сгружённый; *кр. ф.* -ён, -ена́
сгру́живать(ся), -аю, -ает(ся)
сгрузи́ть(ся), -ужу́(сь), -у́зит(ся)
сгру́зка, -и
сгруппиро́ванный; *кр. ф.* -ан, -ана
сгруппирова́ть(ся), -ру́ю(сь), -ру́ет(ся)

сгруппиро́вывать(ся), -аю(сь), -ает(ся)
с грусти́нкой
сгрустну́ть(ся), -ну́, -нёт(ся)
сгрыза́ть(ся), -а́ю, -а́ет(ся)
сгры́зенный; кр. ф. -ен, -ена
сгрызть, -зу́, -зёт; прош. сгрыз, сгры́зла
сгры́зший
сгуби́ть, сгублю́, сгу́бит
сгу́бленный; кр. ф. -ен, -ена
с гу́лькин нос
сгусти́тель, -я
сгусти́ть(ся), сгущу́, сгусти́т(ся)
сгу́сток, -тка
сгуща́емость, -и
сгуща́ть(ся), -а́ю, -а́ет(ся)
сгуще́ние, -я
сгущёнка, -и
сгущённость, -и
сгущённый; кр. ф. -ён, -ена́
сда́бривать(ся), -аю, -ает(ся)
сдава́ть(ся), сдаю́(сь), сдаёт(ся)
сдави́ть(ся), сдавлю́, сда́вит(ся)
сда́вленно, нареч.
сда́вленность, -и
сда́вленный; кр. ф. -ен, -ена
сда́вливание, -я
сда́вливать(ся), -аю, -ает(ся)
сда́ивать(ся), -аю, -ает(ся)
сдалека́ (устар. к издалека́)
сда́нный; кр. ф. сдан, сдана́
сда́точный
сда́тчик, -а
сда́тчица, -ы, тв. -ей
сда́ть(ся), сдам(ся), сда́шь(ся), сдаст(ся), сдади́м(ся), сдади́те(сь), сдаду́т(ся); прош. сдал(ся), сдала́(сь), сда́ло, сда́ло́сь
сда́ча, -и, тв. -ей
сда́ча-приёмка, сда́чи-приёмки
сда́чи (да́ть, получи́ть (в ответ на удар или на оскорбление)
сдва́ивание, -я
сдва́ивать(ся), -аю, -ает(ся)
сдвиг, -а

сдвига́ние, -я
сдвига́ть(ся), -а́ю(сь), -а́ет(ся)
сдви́говый
сдвиже́ние, -я
сдви́жка, -и, р. мн. -жек
сдвижно́й
сдви́нутый
сдви́нуть(ся), -ну(сь), -нет(ся)
сдво́енность, -и
сдво́енный; кр. ф. -ен, -ена
сдвои́ть(ся), -о́ю, -о́ит(ся) и сдво́ить(ся), -о́ю, -о́ит(ся)
сдво́йка, -и
сдвуру́шничать, -аю, -ает
сде́ланный; кр. ф. -ан, -ана
сде́лать(ся), -аю(сь), -ает(ся)
сде́лка, -и, р. мн. -лок
сде́лочный
сде́льно-акко́рдный
сде́льно-премиа́льный
сде́льно-прогресси́вный
сде́льность, -и
сде́льный
сде́льщик, -а
сде́льщина, -ы
сде́льщица, -ы, тв. -ей
сдёргать, -аю, -ает
сдёргивание, -я
сдёргивать(ся), -аю, -ает(ся)
сде́ржанно, нареч.
сде́ржанность, -и
сде́ржанный; кр. ф. прич. -ан, -ана; кр. ф. прил. (умеющий владеть собой; умеренный, спокойный; не проявляемый в полной мере) -ан, -анна
сдержа́ть(ся), сдержу́(сь), сде́ржит(ся)
сде́рживание, -я
сде́рживать(ся), -аю(сь), -ает(ся)
сде́ржка, -и, р. мн. -жек
сдёрнутый
сдёрнуть, -ну, -нет
сдетони́ровать, -рует
сдира́ние, -я
сдира́ть(ся), -а́ю, -а́ет(ся)

сди́рка, -и
сди́рочный
сдо́ба, -ы
сдо́бить, -блю, -бит
сдо́бный; кр. ф. -бен, -бна́, -бно
сдо́бренный; кр. ф. -ен, -ена
сдо́брить, -рю, -рит
сдо́енный; кр. ф. -ен, -ена
сдои́ть, сдою́, сдо́ит
сдо́йный
сдо́хнуть, -ну, -нет; прош. сдох, сдо́хла
сдо́хший
с дре́безгом
сдре́йфить, -флю, -фит
сдрейфова́ть, -фу́ю, -фу́ет
сдружа́ть(ся), -а́ю(сь), -а́ет(ся)
сдружённый; кр. ф. -ён, -ена́
сдружи́ть(ся), -ужу́(сь), -у́жи́т(ся)
сдубли́рованный; кр. ф. -ан, -ана
сдубли́ровать(ся), -рую, -рует(ся)
сдува́ние, -я
сдува́ть(ся), -а́ю, -а́ет(ся)
сду́нутый
сду́нуть, -ну, -нет
сдуре́ть, -е́ю, -е́ет
сдури́ть(ся), -рю́(сь), -ри́т(ся)
сду́ру
сду́тый
сдуть, сду́ю, сду́ет
с души́ (воро́тит)
с душко́м
с душо́й (пе́ть)
сдыха́ть, -а́ю, -а́ет
сдю́жить, -жу, -жит
се, частица
сё, сего́, местоим.
сеа́нс, -а
сеансёр, -а
сеа́нсовый
себе́[1], о себе́ (форма местоим. себя́)
себе́[2], частица
себедовле́ющий
себежа́не, -а́н, ед. -а́нин, -а
себежа́нка, -и, р. мн. -нок

себежский (*от* Себеж)
себе на уме, *в знач. сказ.*
себестоимость, -и
себорейный
себорея, -и
себя (*род. и вин.*), себе, собой, о себе, *им. п. нет*
себялюбец, -бца, *тв.* -бцем, *р. мн.* -бцев
себялюбивый
себялюбие, -я
сев, -а
севалка, -и, *р. мн.* -лок
севанский (*от* Севан)
севастопольский (*от* Севастополь)
севастопольцы, -ев, *ед.* -лец, -льца, *тв.* -льцем
севать, *наст. вр. не употр.*
север, -а и (*полярные и приполярные территории, Арктика*) Север, -а; Крайний Север; Европейский Север, Кольский Север, Обский Север, Тюменский Север; Война Севера и Юга (*в США, ист.*)
Северная Америка
Северная война (*между Россией и Швецией в XVIII в.*)
Северная Дакота
Северная Двина
Северная Земля (*острова*)
Северная Ирландия
Северная Италия
Северная Каролина
Северная Корея
Северная Корона (*созвездие*)
Северная Осетия
Северная Пальмира (*о Петербурге*)
Северная столица (*о Петербурге*)
севернее, *нареч.*
североамериканский
североафриканский
северновеликорусский

северноевропейский
Северное море (*у берегов Западной Европы*)
Северное общество (*декабристов*)
Северное полушарие
севернопричерноморский
севернорусский
Северные Курилы
северный
Северный Байкал
Северный Кавказ
Северный Казахстан
Северный Ледовитый океан
Северный морской путь
Северный морской флот
Северный остров (*в Новой Зеландии*)
Северный полюс
Северный полярный круг
Северный тропик
Северный Урал
Северо-Американская котловина
североамериканский
североамериканцы, -ев, *ед.* -нец, -нца, *тв.* -нцем
североатлантический
Североатлантический договор (блок, альянс, пакт)
Северо-Атлантический хребет
Северо-Атлантическое течение
Северо-Африканская котловина
североафриканский
северобайкальский (*к* Северный Байкал и Северобайкальск)
Северо-Байкальское нагорье
северо-восток, -а
Северо-Восточная котловина (*часть Тихого океана*)
Северо-Восточная Русь (*ист.*)
северо-восточнее, *нареч.*
северо-восточный

Северо-Германская низменность
северодвинский (*к* Северная Двина и Северодвинск)
северодвинцы, -ев, *ед.* -нец, -нца, *тв.* -нцем
северодонецкий (*от* Северодонецк)
северодончане, -ан, *ед.* -анин, -а (*от* Северодонецк)
североевропейский
Северо-Европейский бассейн
северо-запад, -а и (*северо-западные области России*) Северо-Запад, -а
Северо-Западная котловина (*часть Тихого океана*)
Северо-Западная Русь (*ист.*)
северо-западнее, *нареч.*
северо-западный
Северо-Западный регион
североирландский
североирландцы, -ев, *ед.* -дец, -дца, *тв.* -дцем
североитальянский
Северо-Кавказская железная дорога
северокавказский
Северо-Кавказский военный округ
Северо-Кавказский регион
североказахстанский
североказахстанцы, -ев, *ед.* -нец, -нца, *тв.* -нцем
северокаролинский (*от* Северная Каролина)
северокаролинцы, -ев, *ед.* -нец, -нца, *тв.* -нцем
Северо-Китайская равнина
северокитайский
Северо-Корейские горы
северокорейский
северокорейцы, -ев, *ед.* -еец, -ейца, *тв.* -ейцем
северокурильский (*к* Северные Курилы и Северо-Курильск)

северокури́льцы, -ев, ед. -лец, -льца, тв. -льцем
северомо́рский (от Северомо́рск)
северомо́рцы, -ев, ед. -рец, -рца, тв. -рцем (к Се́верный морско́й флот и Северомо́рск)
североосети́нский
Се́веро-Сахали́нская равни́на
северосахали́нский
се́веро-се́веро-восто́к, -а
се́веро-се́веро-восто́чный
се́веро-се́веро-за́пад, -а
се́веро-се́веро-за́падный
Се́веро-Сиби́рская ни́зменность
северотихоокеа́нский
Се́веро-Тихоокеа́нский антицикло́н
Се́веро-Тихоокеа́нское тече́ние
североура́льский (к Се́верный Ура́л и Североура́льск)
североура́льцы, -ев, ед. -лец, -льца, тв. -льцем
северофранцу́зский
Се́веро-Шотла́ндское наго́рье
северояпо́нский
се́верский (се́верские славя́не)
Се́верский Доне́ц, Се́верского Донца́
северя́не, -я́н, ед. -я́нин, -а; но: Северя́нин, -а, тв. -ом (псевдоним поэта)
северя́нинский (к И́горь Северя́нин)
северя́нинщина, -ы
северя́нка, -и, р. мн. -нок
севе́ц, севца́, тв. севцо́м
севи́льский (от Севи́лья)
севи́льцы, -ев, ед. -лец, -льца, тв. -льцем
севилья́нка, -и, р. мн. -нок
севилья́нцы, -ев, ед. -нец, -нца, тв. -нцем
севи́н, -а
Севморпу́ть, -и́, тв. -ём

сево́к, севка́
севооборо́т, -а
севосме́н, -а
Севр, -а (город) и севр, -а (фарфор)
се́врский (от Севр)
севрю́га, -и
севрю́жий, -ья, -ье
севрю́жина, -ы
севрю́жка, -и, р. мн. -жек
се́гарсы, -ов
сегета́льный
сегиди́лья, -и
сегме́нт, -а
сегмента́рный
сегментацио́нный
сегмента́ция, -и
сегменти́рование, -я
сегменти́рованный; кр. ф. -ан, -ана
сегменти́ровать(ся), -рую, -рует(ся)
сегме́нтный
сегментоукла́дчик, -а
сегме́нт-смеще́ние, сегме́нта-смеще́ния
се́гнерово колесо́, се́гнерова колеса́
сегне́това соль, сегне́товой со́ли
сегнетокера́мика, -и
сегнетоконденса́тор, -а
сегнетоэле́ктрики, -ов, ед. -рик, -а
сегнетоэлектри́ческий
сегнетоэлектри́чество, -а
сего́дня, нареч. и нескл., с.
сего́дняшний
сеголе́тка, -и, р. мн. -ток и сеголе́ток, -тка, р. мн. -тков
сегрегациони́зм, -а
сегрегациони́стский
сегрегацио́нный
сегрега́ция, -и
сегреги́рованный; кр. ф. -ан, -ана
сёгу́н, -а
сёгуна́т, -а

сед, -а (в гимнастике)
седалги́н, -а
седа́лен, -льна (церк.)
седа́лище, -а
седа́лищный
Седа́н, -а (город; разгром армии)
седа́н, -а (кузов автомобиля)
седати́вный
седёлка, -и, р. мн. -лок
седёлковый
седёлочный
седе́льник, -а
седе́льный
седе́льце, -а, р. мн. -лец и -льцев
седе́льчатый
се́денький
седе́ть, -е́ю, -е́ет (от седо́й)
се́ди, нескл., с. (ден. ед.)
седиментацио́нный
седимента́ция, -и
седиментогене́з, -а
седиментометри́ческий
седиментоме́трия, -и
седина́, -ы́, мн. -и́ны, -и́н
седи́нка, -и, р. мн. -нок
седла́ние, -я
сёдланный; кр. ф. -ан, -ана
седла́ть(ся), -а́ю, -а́ет(ся)
седло́, -а́, мн. сёдла, сёдел, сёдлам
седлови́дный; кр. ф. -ден, -дна
седлови́на, -ы
седло́вка, -и, р. мн. -вок
седлообра́зный; кр. ф. -зен, -зна
сёдлышко, -а, мн. -шки, -шек
седми́на, -ы
седми́ца, -ы, тв. -ей
седми́чник, -а
седоборо́дый
седобро́вый
седова́тый
седовла́сый
седоволо́сый
седоголо́вый
седо́й; кр. ф. сед, седа́, се́до, се́ды
седо́к, -а́
седоу́сый

седо́чок, -чка́
седуксе́н, -а
седьмо́й
се́ево, -а
seза́м, -а (кунжут)
сеза́мовый
Сеза́м, откро́йся! (отвори́сь!) (шутливое заклинание)
сеза́нни́ст, -а
сеза́нновский (от Сеза́нн)
сезо́н, -а
сезо́нник, -а
сезо́нница, -ы, тв. -ей
сезо́нно-мёрзлый
сезо́нность, -и
сезо́нно-та́лый
сезо́нно-цикли́чный
сезо́нный
сейд, -а
сей, сего́, сия́, сей, сие́, сего́, мн. сии́, сих
се́йба, -ы
сейв, -а
сейва́л, -а
сей же час
сейм, -а
се́ймовский (от сейм)
се́ймовый (от сейм)
се́ймский (от Сейм, река)
сейму́рия, -и
се́йнер, -а, мн. -ы, -ов и -а́, -о́в
се́йнерный
се́йсмик, -а
се́йсмика, -и
сейсми́чески
сейсми́ческий
сейсми́чность, -и
сейсми́чный; кр. ф. -чен, -чна
се́йсмо... – первая часть сложных слов, пишется слитно
сейсмоакти́вность, -и
сейсмоакти́вный; кр. ф. -вен, -вна
сейсмоакусти́ческий
сейсмови́к, -а́
сейсмово́лны, -во́лн

сейсмогео́лог, -а
сейсмогеологи́ческий
сейсмогеоло́гия, -и
сейсмоголо́гия, -и
сейсмогра́мма, -ы
сейсмо́граф, -а
сейсмографи́ческий
сейсмогра́фия, -и
сейсмозо́на, -ы
сейсмозонди́рование, -я
сейсмокардиогра́мма, -ы
сейсмокардиогра́фия, -и
сейсмокарота́ж, -а, тв. -ем
сейсмо́лог, -а
сейсмологи́ческий
сейсмоло́гия, -и
сейсмо́метр, -а
сейсмометри́ческий
сейсмоме́трия, -и
сейсмона́стии, -ий
сейсмоопа́сность, -и
сейсмоопа́сный; кр. ф. -сен, -сна
сейсмопа́ртия, -и
сейсмоприёмник, -а
сейсморазве́дка, -и, р. мн. -док
сейсморазве́дочный
сейсморазве́дчик, -а
сейсмоста́нция, -и
сейсмосто́йкий; кр. ф. -о́ек, -о́йка
сейсмосто́йкость, -и
сейсмотекто́ника, -и
сейсмотектони́ческий
сейсмоусто́йчивость, -и
сейсмоусто́йчивый
сейф, -а
се́йфовый
сейча́с, нареч.
сейше́льский (к Сейше́льские острова́, Сейше́лы)
сейше́льцы, -ев, ед. -лец, -льца, тв. -льцем
се́йши, сейш, ед. се́йша, -и
СЕКА́М, -а, неизм. и нескл., с. (система телевидения)
се́канс, -а
сека́рь, -я́

сека́тор, -а
сека́ч, -а́, тв. -о́м
секва́ны, -ов
секве́нция, -и
секве́стр, -а
секвестра́ция, -и
секвестри́рование, -я
секвестри́рованный; кр. ф. -ан, -ана
секвестри́ровать(ся), -и́рую, -и́рует(ся)
секвестрова́ние, -я
секвестро́ванный; кр. ф. -ан, -ана
секвестрова́ть(ся), -ру́ю, -ру́ет(ся)
секво́йя, -и
секвойяде́ндрон, -а
секи́ра, -ы
секи́р-башка́, неизм.
се́кко, неизм. и нескл., с.
се́конд-хе́нд, -а и неизм.
секре́т, -а
секретариа́т, -а
секрета́ришка, -и, р. мн. -шек, м.
секрета́рский
секрета́рство, -а
секрета́рствовать, -твую, -твует
секрета́рша, -и, тв. -ей
секрета́рь, -я́
секрета́рь-машини́стка, секретаря́-машини́стки
секрета́рь-рефере́нт, секретаря́-рефере́нта
секрете́р, -а
секре́тец, -тца, тв. -тцем, р. мн. -тцев
секрети́н, -а
секре́тка, -и, р. мн. -ток
секре́тничанье, -я
секре́тничать, -аю, -ает
секре́тность, -и
секре́тный; кр. ф. -тен, -тна
секрето́рный
секре́ция, -и
секс, -а

СЕЛЕОПАСНЫЙ

секс-... – *первая часть сложных слов, пишется через дефис*
сексагона́льный
сексапи́льность, -и
сексапи́льный; *кр. ф.* -лен, -льна
секс-би́знес, -а
секс-боеви́к, -а́
секс-бо́мба, -ы
секс-индустри́я, -и
секс-клу́б, -а
сексо́лог, -а
сексологи́ческий
сексоло́гия, -и
сексопато́лог, -а
сексопатоло́гия, -и
сексо́т, -а
секс-проду́кция, -и
секс-си́мвол, -а
се́кста, -ы
секстакко́рд, -а
секста́нт, -а
скстте́т, -а
секстиллио́н, -а и секстильо́н, -а
сексти́на, -ы
се́кстовый
сексто́ль, -и
секс-торго́вля, -и
сексуали́зм, -а
сексуа́льно озабо́ченный
сексуа́льность, -и
сексуа́льный; *кр. ф.* -лен, -льна
секс-услу́ги, -у́г
секс-фи́льм, -а
секс-шо́п, -а
секс-шо́у, *нескл., с.*
се́кта, -ы
секта́нт, -а
секта́нтка, -и, *р. мн.* -ток
секта́нтский
секта́нтство, -а
се́ктовый
се́ктор, -а, *мн.* -а́, -о́в и -ы, -ов
сектора́льный
се́ктор Га́за, се́ктора Га́за (*в Палести́не*)
се́кторный

се́кторский
секуляризацио́нный
секуляриза́ция, -и
секуляризи́рованный; *кр. ф.* -ан, -ана
секуляризи́ровать(ся), -рую, -рует(ся)
секуляризо́ванный; *кр. ф.* -ан, -ана
секуляризова́ть(ся), -зу́ю, -зу́ет(ся)
секуля́рный
секу́нда, -ы
секу́нда в секу́нду
секундакко́рд, -а
секунда́нт, -а
секунда́нтский
секунда́нтствовать, -твую, -твует
секу́нд-майо́р, -а
секу́ндный
секундоме́р, -а
секу́ндочка, -и, *р. мн.* -чек
секуринега, -и
секу́ция, -и
секу́щая, -ей
секу́щий(ся)
секционе́р, -а
секциони́рование, -я
секциони́рованный; *кр. ф.* -ан, -ана
секциони́ровать(ся), -рую, -рует(ся)
секцио́нный
се́кция, -и
се́кший(ся) и сёкший(ся)
секью́рити, *нескл., ж. и с.*
секьюритиза́ция, -и
селагине́лла, -ы
селадо́н, -а
селеви́ния, -и
Селевки́ды, -ов (*династия*)
селево́й и се́левый (*от* сель)
селегрязево́й
селёдка, -и, *р. мн.* -док
селёдочка, -и, *р. мн.* -чек
селёдочница, -ы, *тв.* -ей

селёдочный
селезащи́та, -ы
селезащи́тный
селе́ний, -ья, -ье
селезёнка, -и, *р. мн.* -нок
селезёночник, -а
селезёночный
се́лезень, -зня
се́лезневый и селезнёвый
селекти́вность, -и
селекти́вный
селе́ктор, -а
селе́кторный
селекционе́р, -а
селекциони́ровать, -рую, -рует
селекцио́нно-генети́ческий
селекцио́нно-семеново́дческий
селекцио́нный
селе́кция, -и
селе́н, -а (*хим.*)
Селе́на, -ы (*Луна, мифол.*)
селени́ды, -ов, *ед.* -ни́д, -а (*соединения селена с металлами*)
селе́ние, -я
селе́нистый
селени́т, -а (*минерал, разновидность гипса*)
селени́товый
селени́ты, -ов, *ед.* -ни́т, -а (*обитатели Луны; соли селенистой кислоты*)
селеноводоро́д, -а
селе́новый
селено́граф, -а
селенографи́ческий
селеногра́фия, -и
селенодези́я, -и
селено́ид, -а
селено́лог, -а
селенологи́ческий
селеноло́гия, -и
селенооргани́ческий
селеноцентри́ческий
селе́ньице, -а
селеопа́сность, -и
селеопа́сный

СЕЛЕПРОВОД

селепрово́д, -а
селехрани́лище, -а
селиге́рский (*от* Селиге́р)
селиге́рцы, -ев, *ед.* -рец, -рца, *тв.* -рцем
сели́н, -а (*растение*)
се́линг, -а
се́линг-компа́ния, -и
се́линговый
се́линг-фи́рма, -ы
сели́тебный
сели́тра, -ы
селитро́ванный; *кр. ф.* -ан, -ана
селитрова́рный
сели́тровый
селитря́ница, -ы, *тв.* -ей
селитря́нка, -и
селитря́нковые, -ых
сели́тряный
сели́ть, селю́, се́лит
сели́тьба, -ы
сели́ться, селю́сь, се́лится
се́лиши, -ей и са́лиши, -ей (*группа племен*)
се́лишский и са́лишский
се́лище, -а (*место древнего неукрепленного поселения*)
сели́ще, -а (*увелич. к* село́)
село́, -а́, *мн.* сёла, сёл; но: Ца́рское Село́ (*город*), Кра́сное Село́ (*район в Петербурге*)
сель, -я
се́льбище, -а
се́льва, -ы
сельва́сы, -ов
се́льга, -и
се́льдевый
сельдеобра́зные, -ых
сельдере́й, -я
сельдере́йный
сельджу́ки, -ов, *ед.* -жу́к, -а
Сельджуки́ды, -ов (*династия*)
сельджу́кский
сельдь, -и, *мн.* -и, -е́й
сельдяно́й
селько́р, -а

селько́ровский
селько́рство, -а
селькýпка, -и, *р. мн.* -пок
селькýпский
селькýпы, -ов, *ед.* -кýп, -а
сельма́г, -а
сельпо́, нескл., с.
сельси́н, -а
се́льский
сельскохозя́йственно-кооперати́вный
сельскохозя́йственный
сельсове́т, -а
сельсове́тский
се́льтерская вода́ и се́льтерская, -ой
сельхоз... — первая часть сложных слов, пишется слитно
сельхозавиа́ция, -и
сельхозакаде́мия, -и
сельхозарте́ль, -и
сельхозинвента́рь, -я
сельхозинститýт, -а
сельхозкоопераи́в, -а
сельхозкоопера́ция, -и
сельхозкультýра, -ы
сельхозмаши́на, -ы
сельхозмашинострое́ние, -я
сельхознало́г, -а
сельхознаýка, -и
сельхо́зник, -а
сельхозобъедине́ние, -я
сельхозпродýкты, -ов, *ед.* -дýкт, -а
сельхозпродýкция, -и
сельхозпроизводи́тель, -я
сельхозте́хника, -и
сельхозуго́дья, -дий
сельцо́, -а́, *р. мн.* селе́ц
сельча́нин, -а, *мн.* -а́не, -а́н
сельча́нка, -и, *р. мн.* -нок
селямли́к, -а
селяни́н, -а, *мн.* -я́не, -я́н
селя́нка, -и, *р. мн.* -нок (*к* селяни́н; *устар. к* соля́нка)
селя́ночный
селя́нский

селя́нство, -а
селя́щий(ся)
сём и сем, *частица* (*а ну-ка, дай-ка*)
сёма, -ы
сема́нтема, -ы
сема́нтика, -и
семанти́ческий
сема́нтор, -а
семасио́лог, -а
семасиологи́ческий
семасиоло́гия, -и
семафо́р, -а
семафо́рить, -рю, -рит
семафо́рный
семафо́рщик, -а
сёмга, -и
сёмговый
семе́йка, -и, *р. мн.* -е́ек
семе́йно-бра́чный
семе́йно-бытово́й
семе́йно-общи́нный
семе́йно-правово́й
семе́йный
Семе́йный ко́декс РФ
семеогра́фия, -и и семиогра́фия, -и
семе́йственность, -и
семе́йственный
семе́йство, -а
семе́ма, -ы
Семён Го́рдый (*ист.*)
семени́стый
семени́ть(ся), -ню́, -ни́т(ся)
семенни́к, -а́
семенни́ковый
семенно́й
семеноведе́ние, -я
семеново́д, -а
семеново́дство, -а
семеново́дческий
семёновский (*от* Семён *и* Семёнов)
Семёновский полк
семёновцы, -ев, *ед.* -вец, -вца, *тв.* -вцем
семёновщина, -ы

семеномер, -а
семенорушка, -и, *р. мн.* -шек
семенохранилище, -а
семеноядный
семерик, -а
семериковый
семерица, -ы, *тв.* -ей (*лит.*)
семеричный
семёрка, -и, *р. мн.* -рок
семерной
семеро, -ых
семестр, -а
семестровый
семечки, -чек (*лакомство; пустяки*)
семечко, -а, *мн.* -чки, -чек
семечковый
семеюшка, -и, *р. мн.* -шек
семиаршинный
семибалльный
семиборка, -и, *р. мн.* -рок
семиборье, -я
Семибоярщина, -ы (*ист.*)
семивёрстный
семиглавый
семигранник, -а
семигранный
семидесятилетие (70-летие), -я
семидесятилетний (70-летний)
семидесятипятилетие (75-летие), -я
семидесятипятилетний (75-летний)
семидесятипятимиллиметровый (75-миллиметровый)
семидесятник, -а
семидесятый
семидневка, -и, *р. мн.* -вок
семидневный (7-дневный)
семижильный
семизарядный
семизвездие, -я
семизначный; *кр. ф.* -чен, -чна
Семик, -а
семиклассник, -а
семиклассница, -ы, *тв.* -ей

семиклассный (7-классный)
семиковый
семикратный
семиламповый (7-ламповый)
семилетие (7-летие), -я
семилетка, -и, *р. мн.* -ток, *ж.* (*период в 7 лет; семилетняя школа*), *м. и ж.* (*ребенок семи лет*)
семилетний (7-летний)
Семилетняя война (*в Европе 1756–1763*)
семилеток, -тка
семиместный (7-местный)
семимесячный (7-месячный)
семиметровый (7-метровый)
семимильный
семинар, -а
семинарий, -я
семинарист, -а
семинария, -и
семинарский
семинар-совещание, семинара-совещания
семинедельный (7-недельный)
семиография, -и и семейография, -и
семиология, -и
семиотик, -а
семиотика, -и
семиотический
семипалатинский (*от Семипалатинск*)
семипалатинцы, -ев, *ед.* -нец, -нца, *тв.* -нцем
семиполье, -я
семипольный
семиполярный
семипудовый
Семирамида, -ы: сады Семирамиды
семиреченский (*от Семиречье*)
Семиречье, -я (*геогр.*)
семирублёвый (7-рублёвый)
семисаженный
семисвечник, -а
семислойный

семисотлетие (700-летие), -я
семисотлетний (700-летний)
семисотый
семиструнный
семиступенный (7-ступенный)
семитизм, -а
семитический
семитка, -и, *р. мн.* -ток
семитолог, -а
семитологический
семитология, -и
семитомник, -а
семитомный (7-томный)
семитонный (7-тонный)
семито-хамитский
семитский (*к* семиты)
семиты, -ов, *ед.* семит, -а
семитысячник, -а
семитысячный (7-тысячный)
семиугольник, -а
семиугольный
семицветный
семицкий (*к* Семик)
семичасовой (7-часовой)
семишник, -а
семиэтажный (7-этажный)
сём-ка и сем-ка, *частица* (*а ну-ка, дай-ка*)
семнадцатилетний (17-летний)
семнадцатый
семнадцать, -и
сёмный
семо и овамо
семпель, -я
семссуда, -ы
сёмужий, -ья, -ье
сёмужка, -и, *р. мн.* -жек
семфонд, -а
семхоз, -а
семь, -и, *тв.* -ью
семьдесят, семидесяти, семьюдесятью
семьсот, семисот, семистам, семьюстами, о семистах
семью (*при умножении*)
семью семь

СЕМЬЯ

семья́, -и́, *мн.* се́мьи, семе́й, се́мьям
семьяни́н, -а, *мн.* -ы, -ов
семьяни́нка, -и, *р. мн.* -нок
се́мя, се́мени, *тв.* се́менем, *мн.* семена́, семя́н, семена́м
семявмести́лище, -а
семявхо́д, -а
семявыводя́щий
семявыно́сящий
семядо́льный
семядо́ля, -и
семяе́д, -а
семязача́ток, -тка
семяизверже́ние, -я
семяизлия́ние, -я
семя́нка, -и, *р. мн.* -нок
семяно́жка, -и, *р. мн.* -жек
семяно́сец, -сца, *тв.* -сцем, *р. мн.* -сцев
семяно́сный
семяочисти́тельный
семяпо́чка, -и, *р. мн.* -чек
семяприёмник, -а
семяпрово́д, -а
семяшо́в, -шва́
сен, -а (*монета*)
Сен... — *первая часть геогр. наименований и фамилий, пишется через дефис, напр.*: Сен-Дени́ (*город*), Сен-Готтáрд (*перевал*), Сен-Жерме́н, Сен-Жю́ст, Сен-Симо́н, Сен-Са́нс (*фамилии*), Сен-Женевье́в-де-Буа́ (*кладбище*)
сенадекси́н, -а
сена́ж, -а́ и -а, *тв.* -о́м и -ем
сенажехрани́лище, -а
сенажи́рование, -я
сенажи́рованный; *кр. ф.* -ан, -ана
сенажи́ровать(ся), -рую, -рует(ся)
сена́жный
сена́т, -а
сена́тор, -а
сена́торский
сена́торство, -а
сена́тский
сенберна́р, -а

сен-гота́рдский (*от* Сен-Гота́рд)
сенда́ст, -а
сенега́лка, -и, *р. мн.* -лок
сенега́льский (*от* Сенега́л)
сенега́льцы, -ев, *ед.* -лец, -льца, *тв.* -льцем
сенеша́ль, -я и сенеша́л, -а
сен-жерме́новский (*от* Сен-Жерме́н)
се́ни, -е́й
сеника́ция, -и
сени́льный
сени́нка, -и, *р. мн.* -нок
сени́стый
се́нна, -ы (*лекарственное растение*)
сенни́к, -а́
сенно́й
се́но, -а
сенова́л, -а
сеноволоку́ша, -и, *тв.* -ей
сеноворо́шилка, -и, *р. мн.* -лок
сеногно́й, -я
сеное́д, -а
сенозаготови́тельный
сенозагото́вки, -вок
сенозагото́вочный
сенокопни́тель, -я
сеноко́с, -а
сеноко́сец, -сца, *тв.* -сцем, *р. мн.* -сцев (*паукообразное*)
сенокоси́лка, -и, *р. мн.* -лок
сеноко́сный
сенокоше́ние, -я
сенонагру́зчик, -а
сено́ны, -ов
сеноподбо́рщик, -а
сеноподъёмник, -а
сенопоста́вки, -вок
сенопре́сс, -а
сеноскла́д, -а
сеноста́в, -а
сеноста́вец, -вца, *тв.* -вцем, *р. мн.* -вцев
сеноста́вка, -и, *р. мн.* -вок
сеносуши́лка, -и, *р. мн.* -лок

сеноубо́рка, -и
сеноубо́рочный
сенофура́ж, -а́, *тв.* -о́м
сенофура́жный
сенохрани́лище, -а
сен-са́нсовский (*от* Сен-Са́нс)
сенсацио́нность, -и
сенсацио́нный; *кр. ф.* -о́нен, -о́нна
сенса́ция, -и
сенси́бельный
сенсибилиза́тор, -а
сенсибилиза́ция, -и
сенсибилизи́рованный; *кр. ф.* -ан, -ана
сенсибилизи́ровать(ся), -рую, -рует(ся)
сенси́ллы, -илл, *ед.* -и́лла, -ы
сенсимони́зм, -а
сенсимони́ст, -а
сенсимони́стский
сен-симо́новский (*от* Сен-Симо́н)
сенсити́в, -а
сенсити́вный
сенситогра́мма, -ы
сенсито́метр, -а
сенситометри́ческий
сенситоме́трия, -и
се́нский (*от* Се́на)
се́нсор, -а
сенсо́рика, -и
се́нсорный (*тех.*)
сенсо́рный (*мед.*)
сенсуали́зм, -а
сенсуали́ст, -а
сенсуалисти́ческий
сенсуалисти́чный; *кр. ф.* -чен, -чна
сенсуали́стка, -и, *р. мн.* -ток
сенсуа́льность, -и
сенсуа́льный
Сент... — *первая часть геогр. наименований и фамилий, пишется через дефис, напр.*: Сент-Луи́с, Сент-Этье́нн (*города*),

Сент-Ви́нсент (*залив*), Сент-Бьёв, Сент-Экзюпери́ (*фамилии*)
снта́во, *нескл., с.*
сентенциа́льный
сентенцио́зность, -и
сентенцио́зный; *кр. ф.* -зен, -зна
сенте́нция, -и
сенте́симо, *нескл., с.*
сентиментали́зм, -а
сентиментали́ст, -а
сентименталистский
сентимента́льничать, -аю, -ает
сентимента́льность, -и
сентимента́льный; *кр. ф.* -лен, -льна
сентимента́льщина, -ы
санти́мо, *нескл., с.*
сент-луи́сский (*от* Сент-Луи́с)
сентябри́ть, -и́т
сентя́брь, -я́
сентя́брьский
сенцо́, -а́ (*к* се́но)
се́нцы, -ев (*к* се́ни)
сень, -и, *предл. в* се́ни (*кров, укрытие, приют;* под се́нью *чего*)
Се́нька, -и (*также:* по Се́ньке и ша́пка)
сеньо́р, -а (*феодал; обращение в Испании*)
сеньо́ра, -ы (*в Испании*)
сеньора́т, -а
сеньоре́н-конве́нт, -а
сеньориа́льный
сеньори́та, -ы
сеньори́я, -и (*феодальное поместье*)
сепарати́вность, -и
сепарати́вный; *кр. ф.* -вен, -вна
сепарати́зм, -а
сепарати́ст, -а
сепарати́стка, -и, *р. мн.* -ток
сепарати́стский
сепара́тность, -и
сепара́тный
сепара́тор, -а
сепара́торный

сепарацио́нный
сепара́ция, -и
сепари́рование, -я
сепари́рованный; *кр. ф.* -ан, -ана
сепари́ровать(ся), -рую, -рует(ся)
се́пия, -и
се́псис, -а
септ, -а
септакко́рд, -а
септе́т, -а
се́птик, -а
септикопиеми́я, -и
се́птима, -ы
септицеми́я, -и
септи́ческий
септо́ль, -и
септорио́з, -а
Септуаги́нта, -ы
се́ра, -ы
сераде́лла, -ы
сера́ль, -я
сераоргани́ческий
Серапио́новы бра́тья, Серапио́новых бра́тьев (*лит. группа*)
Сера́пис, -а
сераски́р, -а
серафи́м, -а (*ангел*)
Серафи́мо-Диве́евский монасты́рь
Серафи́м Саро́вский
серафи́ческий
Се́рая Ше́йка (*сказочный персонаж*)
серби́не, -я́н, *ед.* -я́нин, -а
серби́нка, -и, *р. мн.* -нок
се́рбка, -и, *р. мн.* -бок
серболу́жицкий
се́рбо-хорва́тский (се́рбо-хорва́тские отношения), но: сербохорва́тский (сербохорва́тский язы́к)
се́рбский (*к* се́рбы и Се́рбия)
се́рбско-хорва́тский (се́рбско-хорва́тские отношения), но: сербскохорва́тский (сербскохорва́тский язы́к)

сербскохорва́тско-ру́сский
се́рбы, -ов, *ед.* серб, -а
серва́ж, -а, *тв.* -ем
серва́л, -а
серва́нт, -а
сервела́т, -а
се́рвер, -а
серви́з, -а (*набор посуды*)
сервиза́ция, -и
серви́зный
сервили́зм, -а
серви́льность, -и
серви́льный
сервиро́ванный; *кр. ф.* -ан, -ана
сервирова́ть(ся), -ру́ю, -ру́ет(ся)
сервиро́вка, -и, *р. мн.* -вок
сервиро́вочный
се́рвис, -а (*обслуживание*)
се́рвис-бюро́, *нескл., с.*
сервисме́н, -а
се́рвисный
се́рвис-це́нтр, -а
сервиту́т, -а
сервиту́тный
серводви́гатель, -я
сервокомпенса́тор, -а
сервомото́р, -а
сервопри́во́д, -а, *мн.* -ы, -ов и сервопривод, -а, *мн.* -а́, -о́в
се́рвы, -ов, *ед.* серв, -а
сергиа́нский (*от* Се́ргий)
сергиа́нство, -а (*церк.*)
сергиевопоса́дский (*от* Се́ргиев Поса́д)
сергиевопоса́дцы, -ев, *ед.* -дец, -дца, *тв.* -дцем
Се́ргиев Поса́д, Се́ргиева Поса́да (*город*)
Се́ргий Ра́донежский
серда́р, -а и сарда́р, -а
серде́чко, -а, *мн.* -чки, -чек
серде́чник, -а
серде́чница, -ы, *тв.* -ей
серде́чно-лёгочный
серде́чно-сосу́дистый
серде́чность, -и

СЕРДЕЧНЫЙ

серде́чный; *кр. ф.* -чен, -чна
серде́чушко, -а, *мн.* -шки, -шек
серди́тость, -и
серди́тый
серди́ть(ся), сержу́(сь), се́рдит(ся)
сердобо́лие, -я
сердобо́льничать, -аю, -ает
сердобо́льность, -и
сердобо́льный; *кр. ф.* -лен, -льна
сердо́бский (*от* Сердо́бск)
сердобча́не, -а́н, *ед.* -а́нин, -а
сердоли́к, -а
сердоли́ковый
се́рдце, -а, *мн.* -дца́, -де́ц, -дца́м
сердцебие́ние, -я
сердцеве́д, -а
сердцеве́дка, -и, *р. мн.* -док
сердцеви́дка, -и, *р. мн.* -док (*моллюск*)
сердцеви́дный; *кр. ф.* -ден, -дна
сердцеви́на, -ы
сердцеви́нный
сердцее́д, -а
сердцее́дка, -и, *р. мн.* -док
сердцее́дство, -а
сердцеобра́зный; *кр. ф.* -зен, -зна
сердчи́шко, -а, *мн.* -шки, -шек
сердю́к, -а́
сердя́га, -и, *м. и ж.*
сердя́щий(ся)
серебре́ние, -я
сере́бреник, -а (*монета; вассал; корыстолюбец*)
серебрённый; *кр. ф.* -ён, -ена́, *прич.*
сере́бряный, *прил.*
серебрецо́, -а́
серебри́н, -а
серебри́сто-бе́лый
серебри́сто-се́рый
серебри́сто-си́ний
серебри́стость, -и
серебри́сто-чёрный
серебри́стый
серебри́тель, -я
серебри́ть(ся), -рю́, -ри́т(ся)

серебро́, -а́
сереброно́сный
сереброплави́льный
серебросвинцо́вый
серебря́к, -а́
сере́бряник, -а (*мастер*)
сере́брянка, -и, *р. мн.* -нок
серебряноборский (*от* Серебряный Бо́р)
серебрянопру́дский (*от* Серебряные Пруды́)
Серебряные Пруды́ (*город*)
сере́бряный
Серебряный Бо́р (*район в Москве*)
сере́бряный ве́к (*эпоха расцвета культуры, сопоставимая с золотым веком*); но: Серебряный ве́к (*в русской культуре и искусстве начала XX в.*)
середи́ и се́редь, *предлог* (*устар. к* среди́ *и* средь)
середи́на, -ы и среди́на, -ы
середи́на на полови́ну
середи́нка, -и, *р. мн.* -нок
середи́нка на полови́нку
середи́нный и среди́нный
серёдка, -и, *р. мн.* -док
серёдка на полови́нку
середня́к, -а́
середня́цкий
середня́чество, -а
середня́чка, -и, *р. мн.* -чек
середнячо́к, -чка́
Середокре́стная неде́ля и Средокре́стная неде́ля
середокре́стный и средокре́стный
середокре́стье, -я и средокре́стье, -я (*середина Великого поста*)
середопо́стный и средопо́стный
середопо́стье, -я и средопо́стье, -я
серёдочка, -и, *р. мн.* -чек

се́редь и середи́, *предлог* (*устар. к* среди́ *и* средь)
серёжечки, -чек, *ед.* -чка, -и
серёжки, -жек, *ед.* -жка, -и
серена́да, -ы
се́ренький
сере́ть(ся), -е́ю, -е́ет(ся)
сержа́нт, -а
сержа́нтский
сериа́л, -а
серие́ма, -ы
се́риесный (*тех.*)
серизна́, -ы́
сери́йность, -и
сери́йный
сери́н, -а (*хим.*)
серинфосфати́ды, -ов, *ед.* -ти́д, -а
сери́р, -а
се́ристый
серици́н, -а
серици́т, -а
серицитиза́ция, -и
се́рия, -и
се́рка, -и, *р. мн.* се́рок, *м. и ж.* (*животное*), *ж.* (*смола*)
серко́, -а́, *мн.* -и́, -о́в, *м.* (*о лошади*) и Серко́, -а́, *м.* (*кличка*)
сермя́га, -и
сермя́жина, -ы
сермя́жка, -и, *р. мн.* -жек
сермя́жник, -а
сермя́жный
се́рна, -ы
се́рник, -а
серни́сто-водоро́дный
сернистоки́слый
серни́сто-углеро́дный
серни́стый
сернобы́к, -а́, *мн.* -и́, -о́в
сернова́тистоки́слый
сернова́тистый
сернова́тый
се́рно-кисло́тный
сернокислый
се́рный
серобакте́рии, -ий, *ед.* -е́рия, -и

СЕТЧАТОКРЫЛЫЕ

се́ро-бе́лый
сероборо́дый
се́ро-бу́ро-мали́новый
се́ро-бу́рый
серова́то-голубо́й
серова́то-жёлтый
серова́тый
сероводоро́д, -а
сероводоро́дный
серо́вский (от Серо́в)
серогла́зый
се́ро-голубо́й
серодиагно́стика, -и
серодобыва́ющий
се́ро-жёлтый
се́ро-зелёный
серозём, -а
серозёмный
серо́зный
серока́менный
серокры́лый
сероло́г, -а
серологи́ческий
сероло́гия, -и
сероо́кись, -и
сероочи́стка, -и
серопесча́ный
серопрофила́ктика, -и
се́ро-ро́зовый
серосодержа́щий
се́рость, -и
серотерапи́я, -и
серотони́н, -а
сероуглеро́д, -а
сероуглеро́дный
сероула́вливающий
серп, -а́
серпанти́н, -а (лента; извилистая дорога)
серпанти́нный
серпанти́новый
серпе́нт, -а
серпента́рий, -я
серпенти́н, -а (минерал)
серпентиниза́ция, -и
серпентини́т, -а

серпови́дный; кр. ф. -ден, -дна
серпови́ще, -а
серпово́й
серпоклю́в, -а
серпокры́лка, -и, р. мн. -лок
серпообра́зный; кр. ф. -зен, -зна
серпуха́, -и
серпухо́вский и серпуховско́й (от Се́рпухов)
серпухо́вча́не, -а́н, ед. -а́нин, -а
серпухо́вча́нка, -и, р. мн. -нок
серпя́нка, -и
серпя́нковый
серра́ки, -ов, ед. серра́к, -а
серсо́, нескл., с.
сертифика́т, -а
сертифика́тный
сертификацио́нный
сертифика́ция, -и
сертифици́рованный; кр. ф. -ан, -ана
сертифици́ровать(ся), -рую, -рует(ся)
се́рум, -а
сёрфер, -а
сёрфинг, -а
сёрфинги́ст, -а
серча́ть, -а́ю, -а́ет
се́рый¹; кр. ф. сер, сера́, се́ро
се́рый², -ого (о волке)
Се́рый Во́лк (сказочный персонаж)
се́рьги, серёг, се́рьга́м, ед. серьга́, -и́
серьёз, -а
серьёзневший
серьёзнейший
серьёзнеть, -ею, -еет
серьёзничать, -аю, -ает
серьёзность, -и
серьёзный; кр. ф. -зен, -зна
серя́к, -а́
серя́нка, -и
серя́тина, -ы
серячо́к, -чка́
сесба́ния, -и

сесквитерпе́ны, -ов, ед. -пе́н, -а
сесле́рия, -и
сессио́нный
се́ссия, -и
сесте́рций, -я
сесто́н, -а
сестра́, -ы́, мн. сёстры, сестёр, сёстрам
сестрёнка, -и, р. мн. -нок
се́стрин, -а, -о
се́стринский
се́стринство, -а
сестри́ца, -ы, тв. -ей
сестри́цын, -а, -о
се́стричество, -а
сестри́чка, -и, р. мн. -чек
сестроре́цкий (от Сестроре́цк)
сестроре́ча́не, -а́н, ед. -а́нин, -а
сестроуби́йца, -ы, тв. -ей, м. и ж.
сестру́ха, -и
се́сть, ся́ду, ся́дет; прош. сел, се́ла
сет, -а (в теннисе)
сетарио́з, -а
сетбо́л, -а
сетеви́к, -а́
сетево́й
сетевяза́льный
сетевяза́ние, -я
сетеподъёмник, -а
сетеподъёмный
сетесна́стный
се́тка, -и, р. мн. се́ток
сетно́й и се́тный (от сеть)
се́тование, -я
се́товать, се́тую, се́тует
се́точка, -и, р. мн. -чек
се́точник, -а
се́точный
се́ттер, -а, мн. -ы, -ов и -а́, -о́в
се́ттер-гордо́н, -а
се́ттер-лавера́к, -а
сеттеро́к, -рка́
се́ттльмент, -а
се́тунский (от Се́тунь)
сетча́тка, -и
сетчатокры́лые, -ых

СЕТЧАТЫЙ

се́тчатый
сеть, -и, *предл.* в сети́, *мн.* -и, -е́й
сетяно́й
сеу́льский (*от* Сеу́л)
сеу́льцы, -ев, *ед.* -лец, -льца, *тв.* -льцем
сефа́рдский
сефа́рды, -ов, *ед.* -а́рд, -а
сефеви́дский
Сефеви́ды, -ов (*династия*)
с ехи́дцей
сецессио́н, -а
сеце́ссия, -и
се́ча, -и, *тв.* -ей
сечеви́к, -а́
сечево́й
сече́ние, -я
се́ченный; *кр. ф.* -ен, -ена *и* сечённый; *кр. ф.* -ён, -ена́, *прич.*
се́ченовский (*от* Се́ченов)
се́ченый, *прил.*
се́чка, -и, *р. мн.* се́чек
Сечь, -и, *предл.* в Се́чи: Запоро́жская Сечь
сечь(ся), секу́, сечёт(ся), секу́т(ся); *прош.* сёк(ся) и се́к(ся), секла́(сь)
се́ющий(ся)
се́ялка, -и, *р. мн.* -лок
се́ялочный
се́яльщик, -а
се́яльщица, -ы, *тв.* -ей
се́янец, -нца, *тв.* -нцем, *р. мн.* -нцев
се́яние, -я
се́янка, -и
се́янный; *кр. ф.* се́ян, се́яна, *прич.*
се́яный, *прил.*
се́ятель, -я
се́ять(ся), се́ю, се́ет(ся)
сжа́литься, -люсь, -лится
сжа́ренный; *кр. ф.* -ен, -ена
сжа́рить(ся), -рю(сь), -рит(ся)
сжа́тие, -я
сжа́тость, -и
сжа́тый
сжа́ть(ся)[1], сожму́(сь), сожмёт(ся)
сжа́ть(ся)[2], сожну́, сожнёт(ся)

сжёванный; *кр. ф.* -ан, -ана
сжева́ть(ся), сжую́, сжуёт(ся)
сжёвывать(ся), -аю, -ает(ся)
сжёгший(ся)
сжечь(ся), сожгу́(сь), сожжёт(ся), сожгу́т(ся); *прош.* сжёг(ся), сожгла́(сь)
сжива́ние, -я
сжива́ть(ся), -а́ю(сь), -а́ет(ся)
сжига́ние, -я
сжига́тель, -я
сжига́ть(ся), -а́ю(сь), -а́ет(ся)
сжиди́ть(ся), сжижу́, сжиди́т(ся)
сжижа́ть(ся), -а́ю, -а́ет(ся)
сжиже́ние, -я
сжи́женный; *кр. ф.* -ен, -ена
сжим, -а
сжима́емость, -и
сжима́ние, -я
сжима́ть(ся), -а́ю(сь), -а́ет(ся)
сжина́ть(ся), -а́ю, -а́ет(ся)
сжира́ть(ся), -а́ю, -а́ет(ся)
сжи́тый; *кр. ф.* сжит, сжита́, сжи́то
сжить(ся), сживу́(сь), сживёт(ся); *прош.* сжил, сжи́лся, сжила́(сь), сжи́ло, сжи́ло́сь
сжу́лить, -лю, -лит
сжу́льничать, -аю, -ает
сза́ди, *нареч. и предлог*
сза́ду, *нареч.*
сзыва́ть(ся), -а́ю, -а́ет(ся)
си, *нескл., с.* (*нота*), *с. и м.* (*язык программирования*)
сиалоадени́т, -а
сиа́ловый
сиа́ль, -я
сиа́м, -а (*тайские племена*)
сиама́нг, -а
сиа́мка, -и, *р. мн.* -мок
сиа́мский (*от* Сиа́м; сиа́мские близнецы́)
сиа́мцы, -ев, *ед.* -мец, -мца, *тв.* -мцем
сибари́т, -а
сибари́тка, -и, *р. мн.* -ток
сибари́тничать, -аю, -ает

сибари́тский
сибари́тство, -а
сибари́тствовать, -твую, -твует
сибба́льдия, -и
си-бемо́ль, -я
си-бемо́ль-мажо́р, си-бемо́ль-мажо́ра
си-бемо́ль-мажо́рный
си-бемо́ль-мино́р, си-бемо́ль-мино́ра
си-бемо́ль-мино́рный
си-бемо́льный
сибиля́нт, -а
сибиля́нтный
сибирея́звенный
сиби́рка, -и, *р. мн.* -рок
сиби́рный
Сиби́рская платфо́рма (*геол.*)
Сиби́рские Ува́лы (*возвышенность*)
сиби́рский (*от* Сиби́рь)
Сиби́рское каза́чье во́йско
Сиби́рское отделе́ние РАН
сибиряки́, -о́в, *ед.* -ря́к, -а́
сибиря́чка, -и, *р. мн.* -чек
Си-би-э́с, *нескл., ж.*
си́бсы, -ов
сивапите́к, -а
сиватерий, -я
сива́шский (*от* Сива́ш)
си́вер, -а (*холодный ветер*)
си́верка, -и (*то же, что* сивер)
си́веркий
си́верко, -а, *м.* (*холодный ветер, сивер*) *и неизм., в знач. сказ.* (*о холодной погоде*)
сиве́рсия, -и
сиве́ть, -е́ю, -е́ет
сиви́лла, -ы
сиви́ллин, -а, -о
си́вка, -и, *р. мн.* си́вок, *м. и ж.* (*о лошади*; укатáли си́вку круты́е го́рки), *ж.* (*птица*) *и* Си́вка, -и, *м. и ж.* (*кличка лошади*)
Си́вка-Бу́рка, Си́вки-Бу́рки (*сказочный персонаж*)

си́вко, -а, *мн.* -и, -вок и сивко́, -а́, *мн.* -и́, -о́в, *м.* (*о лошади*) и Си́вко́, -а и -а́, *м.* (*кличка*)
сивборо́дый
сивогри́вый
сиводу́шка, -и, *р. мн.* -шек
сиводу́шчатый
сивола́п, -а
сивола́пость, -и
сивола́пый
сиволда́й, -я
сиворо́нка, -и, *р. мн.* -нок
сиво́усый
си́во-ча́лый
сиву́ха, -и
сиву́ч, -а́, *тв.* -о́м
сиву́чий, -ья, -ье
сивучи́ха, -и
сивучо́нок, -нка, *мн.* -ча́та, -ча́т
сиву́шный
Си́вцев Вра́жек, Си́вцева Вра́жка (*переулок*)
си́вый; *кр. ф.* сив, сива́, си́во
сиг, -а и -а́
сигану́ть, -ну́, -нёт
сига́ра, -ы
сигаре́та, -ы
сигаре́тина, -ы
сигаре́тка, -и, *р. мн.* -ток
сигаре́тница, -ы, *тв.* -ей
сигаре́тный
сига́рка, -и, *р. мн.* -рок
сига́рница, -ы, *тв.* -ей
сига́рный
сигарообра́зный; *кр. ф.* -зен, -зна
сига́рочница, -ы, *тв.* -ей
сига́ть, -а́ю, -а́ет
сигиллогра́фия, -и
сигилля́рия, -и
си́гма, -ы (*название буквы*)
сигмати́ческий
си́гма-фу́нкция, -и
сигмови́дный; *кр. ф.* -ден, -дна
сигна́л, -а
сигнализа́тор, -а
сигнализацио́нный

сигнализа́ция, -и
сигнализи́ровать(ся), -рую, -рует(ся)
сигнали́ст, -а
сигна́лить, -лю, -лит
сигналогра́мма, -ы
сигналоноси́тель, -я
сигна́льно-блокиро́вочный
сигна́льный
сигна́льщик, -а
сигна́лящий
сигнара́нт, -а
сигнара́нтка, -и, *р. мн.* -ток
сигнату́ра, -ы
сигнату́рка, -и, *р. мн.* -рок
сигнату́рный
сигни́фика, -и
сигнифика́т, -а
сигнификати́вный
сигну́ть, -ну́, -нёт
сиго́вый
сиголо́в, -а
с иго́лочки
сигура́нца, -ы, *тв.* -ей
сида́мо, *нескл., мн.* (*группа народов*)
сиде́лец, -льца, *тв.* -льцем, *р. мн.* -льцев
сиде́лка, -и, *р. мн.* -лок
сиде́льческий
сиде́ние, -я (*действие*)
си́день, си́дня
сиде́нье, -я (*место*)
сидера́льный
сидера́ция, -и
сидери́т, -а
сидери́ческий
сидеро́з, -а
сидероли́т, -а
сидероста́т, -а
сидерофи́льный
сиде́ть(ся), сижу́, сиди́т(ся)
сиджо́, *нескл., с.*
си́дка, -и, *р. мн.* си́док
си́дмя сиде́ть
сидне́йский (*от* Си́дней)

сидне́йцы, -ев, *ед.* сидне́ец, сидне́йца, *тв.* -ем
си́днем сиде́ть
си́дор, -а (*вещмешок*)
си́дорова коза́: как си́доровой козу́ (дра́ть, лупи́ть)
сидр, -а (*вино*)
си-дубль-бемо́ль, -я
си́дючи
си́дя
сидячегла́зые моллю́ски
сидя́чий, *прил.*
сидя́щий, *прич.*
сие́ (*форма местоим.* сей)
сие́на, -ы (*краска*)
сиени́т, -а
сиени́товый
сие́нский (*от* Сие́на, *город*; сие́нская земля́, *краска*)
сие́нцы, -ев, *ед.* -нец, -нца, *тв.* -нцем
сие́ста, -ы
си́жено
си́жено-переси́жено
си́живать, *наст. вр. не употр.*
сижо́к, сижка́ (*от* сиг)
сиза́ль, -я и сиса́ль, -я (*волокно*)
сиза́рь, -я́ (*голубь*)
сизе́ть, -е́ю, -е́ет
сизи́гии, -ий, *ед.* -гия, -и
сизина́, -ы́
Сизи́ф, -а (*мифол.*)
сизи́ф, -а (*жук*)
сизи́фов тру́д, сизи́фова труда́
с изна́нки
СИЗО́, *нескл., м. и с.* (*сокр.*: следственный изолятор)
сизова́то-кра́сный
сизова́тый
сизоворо́нка, -и, *р. мн.* -нок
си́зо-голубо́й
си́зо-зелёный
сизокры́лый
си́зый; *кр. ф.* сиз, сиза́, си́зо
сизя́к, -а́
си́калка, -и, *р. мн.* -лок

сика́рии, -ев, ед. -рий, -я
си́кать, -аю, -ает
сиккати́в, -а
сикки́мский (от Сикки́м)
сикки́мцы, -ев, ед. -мец, -мца, тв. -мцем
сико́з, -а
сикомо́р, -а
си́кось-на́кось
сикофа́нт, -а
Сикти́нская капе́лла
Сикти́нская мадо́нна
си́кулы, -ов (племя)
сику́рс, -а
си́кхи, -ов, ед. сикх, -а
сикхи́зм, -а
си́кхский
си́ла, -ы
силакпо́р, -а
сила́л, -а
сила́ны, -ов, ед. сила́н, -а
сила́ч, -а́, тв. -о́м
сила́чка, -и, р. мн. -чек
силе́зский (от Силе́зия)
силе́зцы, -ев, ед. -зец, -зца, тв. -зцем
силе́н, -а (обезьяна)
силёнка, -и, р. мн. -нок
силе́ны, -ов, ед. силе́н, -а (мифол.)
силикаге́ль, -я
силикальци́т, -а
силикальци́тный
силикатиза́ция, -и
силикатизи́рованный; кр. ф. -ан, -ана
силикатизи́ровать(ся), -рую, -рует(ся)
силикати́рование, -я
силикати́рованный; кр. ф. -ан, -ана
силикати́ровать(ся), -рую, -рует(ся)
силика́тный
силикатобето́н, -а
силикатобето́нный
силикато́з, -а

силика́тчик, -а
силика́ты, -ов, ед. -ка́т, -а
силико́з, -а
силико́зный
силикока́льций, -я
силикома́рганец, -нца, тв. -нцем
силико́новый
силико́ны, -ов, ед. -ко́н, -а
силикотерми́ческий
силикотерми́я, -и
силикотуберкулёз, -а
силикохро́м, -а
силикоцирко́ний, -я
си́литься, си́люсь, си́лится
силици́ды, -ов, ед. -ци́д, -а (соединения кремния с металлами)
сили́ций, -я
силици́рование, -я
силици́рованный; кр. ф. -ан, -ана
силици́ты, -ов, ед. -ци́т, -а (группа горных пород)
си́лища, -и, тв. -ей
си́лка, -и, р. мн. си́лок (в иконописи)
силко́вый
силко́м, нареч.
силл, -а
силлабе́ма, -ы
силла́бика, -и
силлаби́ческий
силлабогра́мма, -ы
силлабото́ника, -и
силлабото́нический
силлимани́т, -а
силлоги́зм, -а
силлоги́стика, -и
силлогисти́ческий
силлоги́ческий
синови́к, -а́
силово́й
си́лой, нареч.
сило́к, силка́
силокса́ны, -ов, ед. -са́н, -а
силокси́д, -а
сило́м, нареч. (прост. к си́лой и силко́м)

силоме́р, -а
сило́н, -а
сило́новый
си́лос, -а
си́лосный
силосова́ние, -я
силосо́ванный; кр. ф. -ан, -ана
силосова́ть(ся), -су́ю, -су́ет(ся)
силосопогру́зчик, -а
силосоре́зка, -и, р. мн. -зок
силосотрамбо́вщик, -а
силосоубо́рочный
силосохрани́лище, -а
силуми́н, -а
силу́р, -а
силури́йский
си́лушка, -и, р. мн. -шек
силу́т, -а
силуэти́ст, -а
силуэ́тность, -и
силуэ́тный; кр. ф. -тен, -тна
сильва́нер, -а
сильви́н, -а
сильвини́т, -а
сильне́е, сравн. ст.
сильне́йший
сильне́ть, -е́ю, -е́ет
сильноветви́стый
сильногази́рованный*
сильноде́йствующий*
сильнокамени́стый
сильнокисло́тный
сильноки́слый
сильнонапряжённый*
сильноосно́вный
сильнопересечённый*
си́льно разви́тый
сильносолёный*
сильното́чный
си́льно укреплённый
сильнощелочно́й
си́льный; кр. ф. си́лён и (устар.) си́лен, сильна́, си́льно, сильны́ и (устар.) си́льны
сильф, -а
сильфи́да, -ы

сильфо́н, -а
сильфо́нный
сильхро́м, -а
си́лящийся
си́ма, -ы (*оболочка Земли*)
сима́, -ы́ (*рыба*)
си-мажо́р, си-мажо́ра
си-мажо́рный
симази́н, -а
симару́бовые, -ых
симбиогене́з, -а
симбио́з, -а
симбио́нт, -а
симбиоти́ческий
симби́рский (*от* Симби́рск)
симби́рцы, -ев, *ед.* -рец, -рца, *тв.* -рцем
си́мвол, -а
Си́мвол ве́ры (*священный текст у христиан*)
си́мвол-заполни́тель, си́мвола-заполни́теля
символиза́ция, -и
символизи́рованный; *кр. ф.* -ан, -ана
символизи́ровать(ся), -рую, -рует(ся)
символи́зм, -а
симво́лика, -и
символи́ст, -а
символи́стика, -и
символисти́ческий
символисти́чный; *кр. ф.* -чен, -чна
символи́стка, -и, *р. мн.* -ток
символи́стский
символи́ческий
символи́чность, -и
символи́чный; *кр. ф.* -чен, -чна
си́мвольный
симеи́зский (*от* Симеи́з)
си́менс, -а, *р. мн.* -ов, *счетн. ф.* си́менс
Симео́н Богоприи́мец
Симео́н Сто́лпник
симии́ды, -ов, *ед.* -и́ид, -а

си-мино́р, си-мино́ра
си-мино́рный
симире́нка, -и (*сорт яблок, разг. к* рене́т Симире́нко)
Симире́нко, *нескл., м.:* рене́т Симире́нко
симма́хия, -и
симмента́лка, -и, *р. мн.* -лок
симмента́лы, -ов, *ед.* -та́л, -а (*порода скота*)
симмента́льский
симметри́ческий
симметри́чно располо́женный
симметри́чно-противополо́жный
симметри́чность, -и
симметри́чный; *кр. ф.* -чен, -чна
симме́три́я, -и
симони́я, -и
Си́монов монасты́рь, Си́монова монастыря́
си́моновский (*от* Си́монов)
симпаталги́я, -и
симпатиза́нт, -а
симпатиза́нтка, -и, *р. мн.* -нток
симпатизи́ровать, -рую, -рует
симпати́ны, -ов, *ед.* -ти́н, -а
симпати́ческий
симпати́чность, -и
симпати́чный; *кр. ф.* -чен, -чна
симпа́тия, -и
симпатолити́ческий
симпатомиме́тик, -а
симпатомимети́ческий
симпатри́ческий
симпатри́я, -и
симпатя́га, -и, *м. и ж.*
симпла́ст, -а
си́мплекс, -а
си́мплексный
си́мплока, -и
симплока́рпус, -а
Симпло́нский тунне́ль
симпо́дий, -я
симпо́зиум, -а

симпомпо́нчик, -а
симпто́м, -а
симпрома́тика, -и
симптомати́ческий
симптомати́чность, -и
симптомати́чный; *кр. ф.* -чен, -чна
симптоматоло́гия, -и
симули́рование, -я
симули́рованный; *кр. ф.* -ан, -ана
симули́ровать(ся), -рую, -рует(ся)
симульта́нный
симуля́нт, -а
симуля́нтка, -и, *р. мн.* -ток
симуля́нтский
симуля́ция, -и
симферо́польский (*от* Симферо́поль)
симферо́польцы, -ев, *ед.* -лец, -льца, *тв.* -льцем
симфи́з, -а
симфили́я, -и
симфи́лы, -и́л, *ед.* -фи́ла, -ы
симфоджа́з, -а
симфоние́тта, -ы
симфониза́ция, -и
симфони́зм, -а
симфони́ст, -а
симфони́ческий
симфо́ния, -и (*муз.*)
Симфо́ния, -и (*словарь-указатель к Священному Писанию*)
синаго́га, -и
синагога́льный
сина́йский (*от* Сина́й)
синакса́рь, -я́
сина́нгий, -я
сина́нтроп, -а
синантро́пный
сина́п, -а
си́напс, -а
синапти́ческий (*к* си́напс)
синаптоза́вр, -а
синартро́з, -а
сингале́зский
сингалка, -и, *р. мн.* -лок

СИНГАЛЫ

сингáлы, -ов, *ед.* -гáл, -а
сингáльский
сингáльцы, -ев, *ед.* -лец, -льца, *тв.* -льцем
сингамúды, -úд, *ед.* -úда, -ы
сингамúя, -и
сингáмы, -ов, *ед.* -гáм, -а
сингапýрский (*от* Сингапýр)
сингапýрцы, -ев, *ед.* -рец, -рца, *тв.* -рцем
сингармонúзм, -а
сингармонúческий
сингенетúческий
сингúль, -я
сингл, -а
синглéтный
синглéты, -ов, *ед.* -лéт, -а
сингонúя, -и
сингуляpúзм, -а
сингуляpность, -и
сингуляpный
синдактилúя, -и
Синдбáд-морехóд, Синдбáда-морехóда (*сказочный персонаж*)
синдесмóз, -а
синдесмологúческий
синдесмолóгия, -и
синдетикóн, -а
сúндик, -а
синдикалúзм, -а
синдикалúст, -а
синдикалúстский
синдикáльный
синдикáт, -а
синдикáтный
синдинáма, -ы
синдицúрованный; *кр. ф.* -ан, -ана
синдицúровать(ся), -рую, -рует(ся)
синдрóм, -а
синдромолóгия, -и
сúндхи[1], *неизм. и нескл., м.* (*язык*)
сúндхи[2], -ов, *ед.* синдх, -а (*народ*)
сúндхский

синеблýзник, -а
синевá, -ы́
синевáто-зелёный
синевáто-крáсный
синевáто-сéрый
синевáтый
синеглáзка, -и, *р. мн.* -зок
синеглáзый
синеголóвник, -а
синедриóн, -а
сúне-зелёный
синéкдоха, -и
синекдохúческий
синеклúза, -ы
сúне-крáсный
синéктика, -и
синектúческий
синекýра, -ы
синéлевый
сúне-лилóвый
синелóмкость, -и
синéль, -и
синéлька, -и, *р. мн.* -лек
синéльный
синематéка, -и
синематóграф, -а
синематографúческий
синéние, -я
синённый; *кр. ф.* -ён, -енá, *прич.*
синёный, *прил.*
сúненькие, -их (*баклажаны*)
сúненький
синеóкий
синеплáменный
синерáма, -ы
синергéтика, -и
синергúды, -úд
синергúзм, -а
синергúст, -а
синергúческий
синергúя, -и
синерéзис, -а
синерóд, -а
синерóдистый
синестезúя, -и
синéть(ся), -éю, -éет(ся)

сúне-фиолéтовый
синехвóстка, -и, *р. мн.* -ток
синéхия, -и
синéц, синцá, *тв.* синцóм, *р. мн.* синцóв
синзоохóрия, -и
синигрúн, -а
сúний; *кр. ф.* синь, синя́, сúне
синúльный
синúть(ся), синю́, синúт(ся)
синúца, -ы, *тв.* -ей
синúцевые, -ых
синúчий, -ья, -ье
синúчка, -и, *р. мн.* -чек
синúчник, -а
синкарпúя, -и
сúнкеллы, -ов, *ед.* -кéлл, -а
синклинáль, -и
синклинáльный
синклинóрий, -я
синклúт, -а
синкóпа, -ы
синкопúрование, -я
синкопúрованный; *кр. ф.* -ан, -ана
синкопúровать(ся), -рую, -рует(ся)
синкопúческий
синкретúзм, -а
синкретúческий
синкретúчность, -и
синкретúчный; *кр. ф.* -чен, -чна
синовиáльный
синóвия, -и
синóд, -а; *но:* (*вместо* Свящéнный синóд) Синóд, -а
синодáльный
синóдик, -а
синодúческий
синóдский
синойкúзм, -а
синойкúя, -и
синоксáль, -и
синóлог, -а
синологúческий
синолóгия, -и

сино́ним, -а
синони́мика, -и
синоними́ческий
синоними́чность, -и
синоними́чный; *кр. ф.* -чен, -чна
синоними́я, -и
сино́псис, -а
сино́птик, -а
сино́птика, -и
синопти́ческий
синосто́з, -а
синта́гма, -ы
синтагма́тика, -и
синтагмати́ческий
си́нтаксис, -а
синтакси́ст, -а
синтакси́ческий
синтакси́чески свя́занный
синтакси́че-
 ско-интонацио́нный
синта́ктика, -и
си́нтез, -а
синтеза́тор, -а
си́нтез-га́з, -а
синтези́рование, -я
синтези́рованный; *кр. ф.* -ан, -ана
синтези́ровать(ся), -рую, -рует(ся)
синтепо́н, -а
синтепо́новый
синте́тик, -а
синте́тика, -и
синтети́ческий
синтети́чность, -и
синтети́чный; *кр. ф.* -чен, -чна
синто́, *нескл., с.*
синтои́зм, -а
синтои́ст, -а
синтои́стка, -и, *р. мн.* -ток
синтои́стский
синтомици́н, -а
синтомици́новый
синтро́н, -а (*церк.*)
сину́зия, -и
синуи́т, -а и синуси́т, -а
си́нус, -а
си́нус-ве́рзус, -а

синуси́т, -а и синуи́т, -а
си́нусный
синусо́ида, -ы
синусоида́льный
синфа́зный
синфо́рма, -ы
синхондро́з, -а
синхрогенера́тор, -а
синхроимпу́льс, -а
синхроконта́кт, -а
синхромарке́тинг, -а
синхро́н, -а (*синхронность; син-
 хронный перевод*)
синхро́на, -ы (*астр.*)
синхрониза́тор, -а
синхронизацио́нный
синхрониза́ция, -и
синхронизи́рованный; *кр. ф.*
 -ан, -ана
синхронизи́ровать(ся), -рую,
 -рует(ся)
синхронизи́рующий(ся)
синхрони́зм, -а
синхрони́ст, -а
синхронисти́ческий
синхрони́стка, -и, *р. мн.* -ток
синхрони́ческий
синхрони́чность, -и
синхрони́чный; *кр. ф.* -чен, -чна
синхрони́я, -и
синхро́нно-и́мпульсный
синхро́нность, -и
синхро́нный; *кр. ф.* -о́нен, -о́нна
синхроноско́п, -а
синхротро́н, -а
синхротро́нный
синхрофазотро́н, -а
синхрофазотро́нный
синхрофазоциклотро́н, -а
синхрофазоциклотро́нный
синхроциклотро́н, -а
синхроциклотро́нный
синци́тий, -я
синъицюа́нь, *нескл., с.* (*восточное
 единоборство, воинское искусство*)

синь, -и
синьга́, -и́
си́нька, -и, *р. мн.* си́нек
синьо́р, -а (*в Италии*)
синьо́ра, -ы (*в Италии*)
синьори́на, -ы
синьори́я, -и (*в средневековых
 итальянских городах*)
синь-по́рох: ни синь-по́роха,
 синь-по́роха не́т (не оста́лось)
синьцзя́нский (*от* Синьцзя́н)
Синьцзя́н-Уйгу́рский авто-
 но́мный райо́н (*в Китае*)
синэколо́гия, -и
синэстро́л, -а
синю́ха, -и
синю́шка, -и, *р. мн.* -шек
синю́шник, -а
синю́шно-кра́сный
синю́шность, -и
синю́шный; *кр. ф.* -шен, -шна
синя́к, -а́
синячо́к, -чка́
Си́няя Борода́ (*сказочный персонаж*)
Си́няя пти́ца (*сказочный персонаж, символ счастья*)
Сио́н, -а (*гора*)
сио́н, -а (*сосуд*)
сиони́зм, -а
сиони́ст, -а
сиони́стка, -и, *р. мн.* -ток
сиони́стский
сио́нский (*от* Сио́н)
сип, -а
сипа́й, -я
сипа́йский
сипе́лка, -и, *р. мн.* -лок
сипе́ние, -я
сипе́ть, сиплю́, сипи́т
сиплова́тый
си́плость, -и
си́плый; *кр. ф.* сипл, -а
си́пнувший
си́пнуть, -ну, -нет; *прош.* си́пнул и
 сип, си́пла

сипова́тость, -и
сипова́тый
сипо́вка, -и, *р. мн.* -вок
сипота́, -ы́
сипотца́, -ы́, *тв.* -о́й
сипункули́ды, -и́д, *ед.* -и́да, -ы
сипу́ха, -и
сир, -а
Сирано́ де Бержера́к, -а
си́рен, -а (*земноводное*)
сире́на, -ы
сиренева́тый
сиренево́д, -а
сире́нево-си́ний
сире́невый
сире́нный (*к* сире́на)
си́реновые, -ых (*к* си́рен)
сире́новые, -ых (*к* сире́ны)
сире́ны, -е́н (*отряд водных млекопитающих*)
сире́нь, -и
сире́нька, -и
си́речь, *союз*
сири́йка, -и, *р. мн.* -и́ек
сири́йский (*от* Си́рия)
сири́йцы, -ев, *ед.* -и́ец, -и́йца, *тв.* -и́йцем
си́рин, -а (*мифол.*); пти́ца си́рин
Си́рин, -а, *тв.* -ом: Ефре́м Си́рин, Исаа́к Си́рин
сиринга́рий, -я
сирингомиели́я, -и
си́ринкс, -а
сирио́метр, -а
Си́риус, -а
сиро́кко, *нескл., м.*
сиро́п, -а и -у
сиро́пный
сиро́повый
сиро́пчик, -а и -у
си́рость, -и
сирота́, -ы́, *мн.* -о́ты, -о́т, *м. и ж.*
сироте́ть, -е́ю, -е́ет
сироти́на, -ы, *м. и ж.*
сироти́нка, -и, *р. мн.* -нок, *м. и ж.*

сироти́ночка, -и, *р. мн.* -чек, *м. и ж.*
сироти́нушка, -и, *р. мн.* -шек, *м. и ж.*
сироти́ть, -очу́, -оти́т
сиро́тка, -и, *р. мн.* -ток, *м. и ж.*
сиротли́вость, -и
сиротли́вый
сиро́тский
сиро́тство, -а
сиро́тствовать, -твую, -твует
сирта́ки, *нескл., м. и с.*
си́рый; *кр. ф.* сир, сира́, си́ро
сиса́ль, -я и сиза́ль, -я
си́сла, -ы
сисси́тий, -я
систе́ма, -ы
систематиза́тор, -а
систематиза́ция, -и
систематизи́рование, -я
систематизи́рованный; *кр. ф.* -ан, -ана
систематизи́ровать(ся), -рую, -рует(ся)
система́тик, -а
система́тика, -и
системати́ческий
системати́чность, -и
системати́чный; *кр. ф.* -чен, -чна
систе́мка, -и, *р. мн.* -мок
систе́мно обусло́вленный
систе́мно-структу́рный
систе́мно-типологи́ческий
систе́мно-языково́й
систе́мный; *кр. ф.* -мен, -мна
системообразу́ющий
системоте́хник, -а
системоте́хника, -и
системотехни́ческий
си́стола, -ы
систоли́ческий
си́ська, -и, *р. мн.* си́сек
си́ся, -и
сита́лл, -а
сита́лловый
ситаллурги́ческий

ситаллурги́я, -и
сита́р, -а
си́тец, си́тца и си́тцу, *тв.* си́тцем, *р. мн.* си́тцев
си́течко, -а, *мн.* -чки, -чек
Си́ти, *нескл., м. и с.*
си́тник, -а
си́тниковые, -ых
си́тничек, -чка
си́тный
ситня́г, -а
си́то, -а
ситове́йка, -и, *р. мн.* -е́ек
ситови́дный (ситови́дные кле́тки, тру́бки)
ситови́на, -ы
ситовни́к, -а
ситово́й и си́товый
си́точный
ситро́, *нескл., с.*
ситрое́н, -а (*автомобиль*)
ситуати́вность, -и
ситуати́вный; *кр. ф.* -вен, -вна
ситуацио́нный
ситуа́ция, -и
си́тула, -ы
си́тце, -а, *р. мн.* си́тец и си́тцев
си́тцевый
ситцекраси́льный
ситценабивно́й
ситцепеча́тание, -я
ситцепеча́тный
си́тчик, -а и -у
сиф, *неизм. и нескл., с.*
сифилидо́лог, -а
сифилидологи́ческий
сифилидоло́гия, -и
сифили́ды, -и́д, *ед.* -и́да, -ы
си́филис, -а
сифили́тик, -а
сифилити́ческий
сифилити́чка, -и, *р. мн.* -чек
сифило́ма, -ы
сифо́н, -а
сифо́нный
сифо́новый

сифонофо́ры, -ор, *ед.* -фо́ра, -ы
сихотэ́-али́ньский (*от* Сихотэ́-Али́нь)
сицилиа́на, -ы (*муз.*)
сицили́йка, -и, *р. мн.* -и́ек
сицили́йский (*от* Сици́лия)
сицили́йцы, -ев, *ед.* -и́ец, -и́йца, *тв.* -и́йцем
Си-эн-эн, *нескл., ж.*
си́этлский (*от* Си́этл)
си́этльцы, -ев, *ед.* -лец, -льца, *тв.* -льцем
сиюмину́тность, -и
сиюмину́тный; *кр. ф.* -тен, -тна
сию́ мину́ту
сиюсеку́ндный
сию́ секу́нду
сия́ (*форма местоим.* сей)
сия́ние, -я
сия́тельный
сия́тельство, -а
сия́ть, сия́ю, сия́ет
сия́ющий
скабио́за, -ы
скабрёзничать, -аю, -ает
скабрёзность, -и
скабрёзный; *кр. ф.* -зен, -зна
скадри́рованный; *кр. ф.* -ан, -ана
скадри́ровать, -и́рую, -и́рует
скажённый
сказ, -а
сказа́ние, -я
ска́занный; *кр. ф.* -ан, -ана
сказану́ть, -ну́, -нёт
сказа́ть(ся), скажу́(сь), ска́жет(ся)
скази́тель, -я
скази́тельница, -ы, *тв.* -ей
скази́тельский
ска́зка, -и, *р. мн.* -зок
ска́зовость, -и
ска́зовый
ска́зочка, -и, *р. мн.* -чек
ска́зочник, -а
ска́зочница, -ы, *тв.* -ей
ска́зочность, -и
ска́зочный; *кр. ф.* -чен, -чна

сказу́емое, -ого
сказу́емостный
сказу́емость, -и
сказу́емый: неудо́бь сказу́емый
ска́зывать(ся), -аю(сь), -ает(ся)
скайтерье́р, -а
скак: на скаку́, на всём (на по́лном) скаку́
скака́лка, -и, *р. мн.* -лок
скака́лочка, -и, *р. мн.* -чек
скака́ние, -я
скакану́ть, -ну́, -нёт
скака́тельный
скака́ть, скачу́, ска́чет
скакну́ть, -ну́, -нёт
скаково́й
с како́й ста́ти
скаку́н, -а́
скакуно́к, -нка́
скаку́нчик, -а
скаку́нья, -и, *р. мн.* -ний
скала́, -ы́, *мн.* ска́лы, скал
скаламбу́рить, -рю, -рит
скалды́рник, -а
скалды́рница, -ы, *тв.* -ей
скалды́рничать, -аю, -ает
скалды́рнический
скалды́рничество, -а
скали́стость, -и
Скали́стые го́ры (*в Канаде*)
скали́стый
ска́лить(ся), -лю(сь), -лит(ся)
ска́лка, -и, *р. мн.* -лок
скалодро́м, -а
скалозу́б, -а (*зубоскал*); *но:* Скалозу́б, -а (*лит. персонаж*)
скалозу́бовский (*от* Скалозу́б)
скалозу́бство, -а
скалола́з, -а
скалола́зание, -я
скалола́з-монта́жник, скалола́за-монта́жника
ска́лочка, -и, *р. мн.* -чек
ска́лывание, -я
ска́лывать(ся), -аю, -ает(ся)
скальд, -а

скальди́ческий
скальки́рованный; *кр. ф.* -ан, -ана
скальки́ровать, -рую, -рует
скалькули́рованный; *кр. ф.* -ан, -ана
скалькули́ровать, -рую, -рует
ска́льный
скальп, -а
ска́льпель, -я
скальпи́рование, -я
скальпи́рованный; *кр. ф.* -ан, -ана
скальпи́ровать, -рую, -рует
скаля́р, -а
скаля́рия, -и
скаля́рный
ска́лящий(ся)
скаме́ечка, -и, *р. мн.* -чек
скаме́ечный
скаме́йка, -и, *р. мн.* -е́ек
скамья́, -и́, *мн.* ска́мьи́, скаме́й, ска́мья́м
сканво́рд, -а
сканда́л, -а
скандализи́рованный; *кр. ф.* -ан, -ана
скандализи́ровать(ся), -рую(сь), -рует(ся)
скандализо́ванный; *кр. ф.* -ан, -ана
скандализова́ть(ся), -зу́ю(сь), -зу́ет(ся)
скандали́ст, -а
скандали́стка, -и, *р. мн.* -ток
сканда́лить(ся), -лю(сь), -лит(ся)
сканда́лище, -а, *мн.* -а и -и, -ищ, *м.*
сканда́льничать, -аю, -ает
сканда́льно изве́стный
сканда́льность, -и
сканда́льный; *кр. ф.* -лен, -льна
сканда́льчик, -а
сканда́лящий(ся)
с кандибо́бером
ска́ндиевый
ска́ндий, -я

СКАНДИНАВИЗМ

скандинави́зм, -а
скандинави́ст, -а
скандинави́стика, -и
Скандина́вия, -и
скандина́вка, -и, *р. мн.* -вок
Скандина́вские стра́ны
скандина́вский
Скандина́вский полуо́стров
скандина́вы, -ов, *ед.* -на́в, -а
сканди́рование, -я
сканди́рованный; *кр. ф.* -ан, -ана
сканди́ровать(ся), -рую, -рует(ся)
скандиро́вка, -и
ска́нер, -а
ска́нерный
ска́нец, -нца, *тв.* -нцем, *р. мн.* -нцев
скани́рование, -я
скани́рованный; *кр. ф.* -ан, -ана
скани́ровать(ся), -рую, -рует(ся)
скани́рующий(ся)
сканогра́мма, -ы
ска́нсен, -а (*музей под открытым небом*)
ска́нщик, -а (*от* скань)
ска́ный
скань, -и
ска́нье, -я и сканьё, -я́
ска́пливание, -я
ска́пливать(ся), -аю, -ает(ся)
скаполи́т, -а
скаполи́товый
скапоти́ровать, -рую, -рует
скапу́ститься, -у́щусь, -у́стится
скапу́титься, -у́чусь, -у́тится
ска́пывать(ся), -аю, -ает(ся)
скарабе́й, -я
скарб, -а
скарби́шко, -а и -и
ска́рбник, -а
ска́рбница, -ы, *тв.* -ей
ска́рбничий, -его
ска́рбовый
ска́ред, -а, *м.* и ска́реда, -ы, *м. и ж.*
ска́редник, -а
ска́редница, -ы, *тв.* -ей
ска́редничать, -аю, -ает

ска́редность, -и
ска́редный; *кр. ф.* -ден, -дна
скарифика́тор, -а
скарифика́ция, -и
скарифици́рованный; *кр. ф.* -ан, -ана
скарифици́ровать(ся), -рую, -рует(ся)
скарлати́на, -ы
скарлати́нный
скарлатино́зный
ска́рмливание, -я
ска́рмливать(ся), -аю, -ает(ся)
скарн, -а
ска́рновый
скарпе́ль, -я
скат, -а
ска́танность, -и
ска́танный; *кр. ф.* -ан, -ана
скатапульти́ровать(ся), -рую(сь), -рует(ся)
ската́ть(ся), -а́ю(сь), -а́ет(ся)
скатёрка, -и, *р. мн.* -рок
скатёрочка, -и, *р. мн.* -чек
ска́тертный
ска́терть, -и, *мн.* -и, -е́й
ска́терть-самобра́нка, ска́терти-самобра́нки
скати́ть(ся), скачу́(сь), ска́тит(ся)
ска́тка, -и, *р. мн.* -ток
ска́тный
скато́л, -а
с кату́шек
ска́тывание, -я
ска́тывать(ся), -аю(сь), -ает(ся)
ска́тыш, -а, *тв.* -ем
скать, ску, скёт (*крутить, свивать, устар.*)
ска́ут, -а
скаути́зм, -а
ска́утинг, -а
ска́утинг-аге́нтство, -а
ска́утский
скафа́ндр, -а
скафа́ндровый
скафандрострое́ние, -я

скафокефа́лия, -и и скафоцефа́лия, -и
ска́чанный; *кр. ф.* -ан, -ана (*от* скача́ть)
скача́ть, -а́ю, -а́ет
ска́ченный; *кр. ф.* -ен, -ена (*от* скати́ть)
ска́чивать(ся), -аю, -ает(ся) (*к* скача́ть)
ска́чка, -и
ска́чки, -чек (*состязание*)
скачко́вый
скачкообра́зность, -и
скачкообра́зный; *кр. ф.* -зен, -зна
скачо́к, -чка́
ска́чущий
ска́шивание, -я
ска́шивать(ся), -аю, -ает(ся)
ска́щивать(ся), -аю, -ает(ся)
СКБ [эскабэ́], *нескл., с.* (*сокр.: специальное конструкторское бюро*)
СКВ [эскавэ́], *нескл., ж.* (*сокр.: свободно конвертируемая валюта*)
сквадри́ст, -а
сква́жина, -ы
сква́жинка, -и, *р. мн.* -нок
сква́жинный
сква́жистость, -и
сква́жистый
сква́жность, -и
сква́жный
скваир, -а
сквалы́га, -и, *м. и ж.*
сквалы́жник, -а
сквалы́жница, -ы, *тв.* -ей
сквалы́жничать, -аю, -ает
сквалы́жнический
сквалы́жничество, -а
сквалы́жный
сква́сить(ся), -а́шу, -а́сит(ся)
сква́ттер, -а (*фермер, захвативший свободный участок земли, ист.*)
сква́ттерский (*от* сква́ттер)
сква́ттерство, -а
сква́шенный; *кр. ф.* -ен, -ена

сква́шиваемость, -и
сква́шивание, -я
сква́шивать(ся), -аю, -ает(ся)
сквер, -а
скве́рик, -а
скве́рна, -ы
скверна́вец, -вца, *тв.* -вцем, *р. мн.* -вцев
скверна́вка, -и, *р. мн.* -вок
скверне́йший
скве́рненький
скверни́ть, -ню́, -ни́т
скве́рно, *нареч. и в знач. сказ.*
скверносло́в, -а
скверносло́вие, -я
сквернсло́вить, -влю, -вит
сквернсло́вка, -и, *р. мн.* -вок
сквернсло́вящий
скве́рность, -и
скве́рный; *кр. ф.* -рен, -рна́, -рно, скве́рны́
сквита́нный; *кр. ф.* -ан, -ана
сквита́ть(ся), -а́ю(сь), -а́ет(ся)
скви́тывать(ся), -аю(сь), -ает(ся)
сквози́стый
сквози́ть, -и́т
сквозно́й
сквозня́к, -а́
сквознячо́к, -чка́
сквозь, *предлог*
скворе́ц, -рца́, *тв.* -рцо́м, *р. мн.* -рцо́в
скворе́чий, -ья, -ье
скворе́чник, -а
скворе́чница, -ы, *тв.* -ей
скворе́чный
скворе́чня, -и, *р. мн.* -чен
скво́рушка, -и, *р. мн.* -шек, *м.*
скворцо́вый
скворча́ть, -чи́т
скворчи́ный
скворчи́ха, -и
скворчо́нок, -нка, *мн.* -ча́та, -ча́т
сквот, -а
скво́ттер, -а (*бездомный, самовольно вселившийся в пустующий дом, квартиру; то же, что скваттер*)
скво́ттерский (*от* скво́ттер)
сквош, -а, *тв.* -ем
скеб, -а
скейт, -а
ске́йтбо́рд, -а
скейтбо́рдинг, -а
ске́йтер, -а
скейти́ст, -а
скеле́т, -а
скеле́тный
ске́летон, -а
скелетообра́зный; *кр. ф.* -зен, -зна
скелетообразу́ющий
скелетоподо́бный; *кр. ф.* -бен, -бна
с кем ни попадя́
с кем попа́ло
с ке́м с ке́м (уж с ке́м с ке́м, а с ни́м мы пола́дим; *также при переспросе*)
ске́на, -ы (*в древнегреческом театре*)
ске́псис, -а
ске́птик, -а
скептици́зм, -а
скепти́ческий
скепти́чность, -и
скепти́чный; *кр. ф.* -чен, -чна
скептро́н, -а и сцептро́н, -а
ске́рда, -ы (*растение*)
скерци́но, *нескл., с.*
скерцио́зный и скерцо́зный
ске́рцо, *нескл., с.*
ске́тинг-ри́нк, -а
скетч, -а, *тв.* -ем
скиаскопи́ческий
скиаскопи́я, -и
скиатро́н, -а
скибо́б, -а
скид, -а (*тара*)
ски́данный; *кр. ф.* -ан, -ана
скида́ть(ся), -а́ю, -а́ет(ся)
ски́дка, -и, *р. мн.* -док
скидно́й
ски́дывание, -я
ски́дывать(ся), -аю(сь), -ает(ся)
скиксо́ванный; *кр. ф.* -ан, -ана
скиксова́ть, -су́ю, -су́ет
ски́ммия, -и
скин, -а и -а́
ски́ния, -и
ски́нутый
ски́нуть(ся), -ну(сь), -нет(ся)
скинхе́д, -а
скин-эффе́кт, -а
скип, -а
скипа́ться, -а́ется
ски́петр, -а
скипе́ться, -пи́тся
скипида́р, -а и -у
скипида́рить(ся), -рю(сь), -рит(ся)
скипида́рно-канифо́льный
скипида́рный
скипово́й и ски́повый
скирд, -а́, *мн.* -ы́, -о́в и скирда́, -ы́, *мн.* ски́рды, скирд, скирда́м
ски́рдный
скирдова́льный
скирдова́льщик, -а
скирдова́льщица, -ы, *тв.* -ей
скирдова́ние, -я
скирдо́ванный; *кр. ф.* -ан, -ана
скирдова́ть(ся), -ду́ю, -ду́ет(ся)
скирдо́вка, -и
скирдопра́в, -а
скирдоре́з, -а
скирдоукла́дчик, -а
скирр, -а
скиса́ние, -я
скиса́ть(ся), -а́ю, -а́ет(ся)
с кислецо́й
ски́снуть(ся), -ну, -нет(ся); *прош.* ски́с(ся), ски́сла(сь)
ски́сший(ся)
скит, -а́, *предл.* в скиту́ (*монастырь*)
скита́лец, -льца, *тв.* -льцем, *р. мн.* -льцев
скита́лица, -ы, *тв.* -ей
скита́льческий
скита́льчество, -а

скита́ние, -я
скита́ться, -а́юсь, -а́ется
ски́тник, -а
ски́тница, -ы, тв. -ей
ски́тнический
ски́тский
скиф, -а (*лодка*)
ски́фо-сарма́тский
ски́фский
ски́фство, -а
ски́фы, -ов, *ед.* скиф, -а (*древние племена*)
скла́биться, -блюсь, -бится
склад¹, -а (*хранилище*; *образ мыслей и привычек*)
склад², -а и -у (*слаженность, толк*)
склад³: чита́ть по склада́м
скла́д-ба́за, скла́да-ба́зы
складене́ц, -нца́, *тв.* -нцо́м, *р. мн.* -нцо́в
скла́день, -дня
склади́рование, -я
склади́рованный; *кр. ф.* -ан, -ана
склади́ровать(ся), -рую, -рует(ся)
скла́дка, -и, *р. мн.* -док
складкообразова́ние, -я
скла́дненький
скла́дник, -а (*ист.*)
скла́дничество, -а
складно́й (*складывающийся*)
скла́дность, -и
скла́дный; *кр. ф.* -а́ден, -адна́, -а́дно (*ладный*)
скла́дочка, -и, *р. мн.* -чек
скла́дочный
скла́д-распредели́тель, скла́да-распредели́теля
складско́й
скла́дчато-глы́бовый
скла́дчатокры́лые, -ых
скла́дчатость, -и
скла́дчатый
скла́дчик, -а
скла́дчина, -ы
скла́дчинный

скла́дывание, -я
скла́дывать(ся), -аю(сь), -ает(ся)
склёванный; *кр. ф.* -ан, -ана
склева́ть(ся), склюю́, склюёт(ся)
склёвывание, -я
склёвывать(ся), -аю, -ает(ся)
скле́енный; *кр. ф.* -ен, -ена
скле́ивание, -я
скле́ивать(ся), -аю, -ает(ся)
скле́ить(ся), -е́ю, -е́ит(ся)
скле́йка, -и, *р. мн.* -е́ек
склеп, -а
склёпанный; *кр. ф.* -ан, -ана
склепа́ть(ся), -а́ю, -а́ет(ся)
склёпка, -и, *р. мн.* -пок
склёпный
склёпывание, -я
склёпывать(ся), -аю, -ает(ся)
скле́ра, -ы
склера́льный
склере́йды, -и́д, *ед.* -и́да, -ы
склеренхи́ма, -ы
склери́т, -а
склерифика́ция, -и
склерифици́рованный; *кр. ф.* -ан, -ана
склероде́рма, -ы
склеродерми́я, -и
склеро́з, -а
склеро́зный
склеро́ма, -ы
склеро́метр, -а
склерометри́ческий
склерометри́я, -и
склеро́н, -а
склеропротеи́ны, -ов, *ед.* -и́н, -а
склероско́п, -а
склеро́тик, -а
склеротинио́з, -а
склероти́ния, -и
склероти́ческий
склероти́чка, -и, *р. мн.* -чек
склероти́чный; *кр. ф.* -чен, -чна
склерото́м, -а
склеротоми́я, -и
склерофи́ты, -ов, *ед.* -фи́т, -а

склеро́ций, -я
склиз, -а
скли́зкий; *кр. ф.* -зок, -зка́, -зко (*прост. к* ско́льзкий *и* осли́злый)
скли́зок, -зка (*шкура*)
склизь, -и
склика́ние, -я
скли́канный; *кр. ф.* -ан, -ана
скли́кать, -и́чу, -и́чет, *сов.*
склика́ть(ся), -а́ю, -а́ет(ся), *несов.*
скло́ка, -и
склон, -а
склоне́ние, -я
склонённый; *кр. ф.* -ён, -ена́
склони́ть(ся), -оню́(сь), -о́нит(ся)
скло́нность, -и
скло́нный; *кр. ф.* скло́нен, склонна́, скло́нно
склоноход́, -а
склоня́емость, -и
склоня́емый
склоня́ть(ся), -я́ю(сь), -я́ет(ся)
скло́ченный; *кр. ф.* -ен, -ена
скло́чивать(ся), -аю, -ает(ся)
скло́чить(ся), -чу, -чит(ся)
скло́чник, -а
скло́чница, -ы, *тв.* -ей
скло́чничать, -аю, -ает
скло́чнический
скло́чничество, -а
скло́чность, -и
скло́чный; *кр. ф.* -чен, -чна
склю́нуть, -ну, -нет
скля́ница, -ы, *тв.* -ей
скля́нка, -и, *р. мн.* -нок
скляно́чка, -и, *р. мн.* -чек
скля́ночный
скоба́, -ы́, *мн.* ско́бы, скоб, скоба́м
скобарь́, -я́
ско́бель, -я, *мн.* -и, -ей и -я́, -е́й
скобе́льный
скоби́ть, -блю́, -би́т (*от* скоба́)
ско́бка, -и, *р. мн.* -бок (*к* скоба́; *способ стрижки*)
ско́бки, -бок, *ед.* ско́бка, -и (*пунктуационный и матем. знак*)

скобле́ние, -я
скоблёнка, -и
ско́бленный; *кр. ф.* -ен, -ена, *прич.*
скоблёный, *прил.*
скобли́льный
скобли́льщик, -а
скобли́ть(ся), скоблю́(сь), ско́бли́т(ся)
скоблю́шка, -и, *р. мн.* -шек
скобля́щий(ся)
скобовщи́к, -а́
ско́бочка, -и, *р. мн.* -чек (*к* ско́бка)
ско́бочки, -чек, *ед.* -чка, -и (*к* ско́бки)
ско́бочный
ско́бчатый
скобя́нка, -и, *р. мн.* -нок
скобяно́й
сков, -а (*тех.*)
ско́ванность, -и
ско́ванный; *кр. ф. прич.* -ан, -ана; *кр. ф. прил.* (лишенный легкости, непринужденности) -ан, -анна
скова́ть(ся), скую́, скуёт(ся)
ско́вка, -и, *р. мн.* -вок
сковно́й
сковорода́, -ы́, *вин.* ско́вороду́, *мн.* ско́вороды, сковоро́д, сковорода́м
ско́вородень, -дня
сковороди́ть, -ожу́, -оди́т
сковоро́дка, -и, *р. мн.* -док
сковоро́дник, -а
сковоро́дный
сковоро́дня, -и, *р. мн.* -ден
сковоро́дочка, -и, *р. мн.* -чек
ско́вочный
ско́вывание, -я
ско́вывать(ся), -аю, -ает(ся)
скови́ривание, -я
скови́ривать(ся), -аю, -ает(ся)
скови́рнутый
сковырну́ть(ся), -ну́(сь), -нёт(ся) (*к* ковыря́ть; свали́ть(ся))
скови́рянный; *кр. ф.* -ян, -яна
сковыря́ть, -я́ю, -я́ет

скок[1], -а (*действие и звуки его*)
скок[2], *неизм.*
ско́ком, *нареч.*
ско́к-поско́к, *неизм.*
скол[1], -а (*к* сколо́ть)
скол[2], *межд.*
скола́чивание, -я
скола́чивать(ся), -аю(сь), -ает(ся)
с колёс
ско́лечко (*от* ско́лько)
сколио́з, -а
ско́лия, -и (*насекомое*)
ско́лка, -и (*действие*)
ско́лок, -лка (*сколотый или отколовшийся кусок*; *точное подобие*; *узор*)
сколопе́ндра, -ы
сколопендре́ллы, -е́лл, *ед.* -е́лла, -ы
сколопе́ндриум, -а
сколопе́ндровые, -ых
сколоти́ть(ся), -очу́(сь), -о́тит(ся)
сколо́ты, -ов
ско́лотый
сколо́ть(ся), сколю́, ско́лет(ся)
сколо́ченный; *кр. ф.* -ен, -ена
сколу́панный; *кр. ф.* -ан, -ана
сколупа́ть, -а́ю, -а́ет
сколу́пнутый
сколупну́ть, -ну́, -нёт
сколу́пывать(ся), -аю, -ает(ся)
сколь, *нареч.*
сколь бы ни... (сколь бы ни велика́ была́ поте́ря...)
скольже́ние, -я
скользи́ть, -льжу́, -льзи́т
ско́льзкий; *кр. ф.* -зок, скользка́, -зко
ско́льзко, *в знач. сказ.*
скользну́ть, -ну́, -нёт
скользота́, -ы́
ско́льзче, *сравн. ст.*
скользь, -и
скользя́щий
ско́лько[1], ско́льких; по ско́льку и по ско́лько

ско́лько[2], *нареч.* (сколько он зна́ет)
ско́лько бы ни (сколько бы ни сто́ило – покупа́й)
ско́лько ни (сколько ни спро́сит, всё полу́чит)
ско́лько-нибу́дь, ско́льких-нибудь; по ско́льку-нибудь и по ско́лько-нибудь; но: сколько ни будь у него́ де́нег, он всё истра́тит
ско́лько-то, ско́льких-то; по ско́льку-то и по ско́лько-то
ско́лько уго́дно
сколь ни (сколь ни горька́ поте́ря...)
сколь-нибу́дь
сколь уго́дно
скома́ндовать, -дую, -дует
скомбини́рованный; *кр. ф.* -ан, -ана
скомбини́ровать(ся), -рую, -рует(ся)
ско́мканность, -и
ско́мканный; *кр. ф.* -ан, -ана
ско́мкать(ся), -аю, -ает(ся)
ско́мкивать(ся), -аю, -ает(ся)
скоморо́х, -а
скоморо́шеский
скоморо́шество, -а
скоморо́шествовать, -твую, -твует
скоморо́ший, -ья, -ье
скоморо́шина, -ы
скоморо́шничать, -аю, -ает
скоморо́шничество, -а
скомпенси́рованный; *кр. ф.* -ан, -ана
скомпенси́ровать(ся), -рую, -рует(ся)
скомпили́рованный; *кр. ф.* -ан, -ана
скомпили́ровать(ся), -рую, -рует(ся)
скомплекто́ванный; *кр. ф.* -ан, -ана
скомплектова́ть(ся), -ту́ю, -ту́ет(ся)

СКОМПОНОВАННЫЙ

скомпоно́ванный; *кр. ф.* -ан, -ана
скомпонова́ть(ся), -ну́ю, -ну́ет(ся)
скомпромети́рованный; *кр. ф.* -ан, -ана
скомпромети́ровать(ся), -ру́ю(сь), -ру́ет(ся)
с кондачка́
сконденси́рованный; *кр. ф.* -ан, -ана
сконденси́ровать(ся), -ру́ю, -ру́ет(ся)
сконсолиди́рованный; *кр. ф.* -ан, -ана
сконсолиди́ровать(ся), -ру́ю(сь), -ру́ет(ся)
сконструи́рованный; *кр. ф.* -ан, -ана
сконструи́ровать(ся), -ру́ю, -ру́ет(ся)
сконтакти́ровать(ся), -ру́ю(сь), -ру́ет(ся)
ско́нто, *нескл., с.*
сконтра́ция, -и
сконфу́женно, *нареч.*
сконфу́женность, -и
сконфу́женный; *кр. ф.* -ен, -ена
сконфу́зить(ся), -у́жу(сь), -у́зит(ся)
с конца́ми, *в знач. сказ. (жарг.)*
сконцентри́рованный; *кр. ф.* -ан, -ана
сконцентри́ровать(ся), -и́рую(сь), -и́рует(ся)
сконча́ние, -я: до сконча́ния ве́ка
сконча́ться, -а́юсь, -а́ется
скоопери́рованный; *кр. ф.* -ан, -ана
скоопери́ровать(ся), -ру́ю(сь), -ру́ет(ся)
скоординиро́ванность, -и
скоординиро́ванный; *кр. ф.* -ан, -ана
скоордини́ровать(ся), -ру́ю(сь), -ру́ет(ся)
скоп, -а *(скопление)*
скопа́, -ы́ *(птица)*

ско́панный; *кр. ф.* -ан, -ана
скопа́ть, -а́ю, -а́ет
скопе́ц, -пца́, *тв.* -пцо́м, *р. мн.* -пцо́в
скопидо́м, -а
скопидо́мка, -и, *р. мн.* -мок
скопидо́мничать, -аю, -ает
скопидо́мнический
скопидо́мский
скопидо́мство, -а
скопидо́мствовать, -твую, -твует
скопи́рованный; *кр. ф.* -ан, -ана
скопи́ровать(ся), -ру́ю, -ру́ет(ся)
скопи́ть, -плю́, -пи́т *(кастрировать)*
скопи́ть(ся), скоплю́, ско́пит(ся) *(накопить(ся))*
ско́пище, -а
скопле́ние, -я
ско́пленный; *кр. ф.* -ен, -ена *(накопленный)*
скоплённый; *кр. ф.* -ён, -ена́, *прич. (кастрированный)*
ско́пленский *(от* Ско́пле*)*
ско́пленцы, -ев, *ед.* -нец, -нца, *тв.* -нцем
скопля́ть(ся), -я́ю, -я́ет(ся)
скопнённый; *кр. ф.* -ён, -ена́
скопни́ть, -ню́, -ни́т
скополами́н, -а
скопо́лия, -и
ско́пом, *нареч.*
ско́пческий
ско́пчество, -а
скопчи́ха, -и
с копы́т *(жарг.)*
скопы́тить(ся), -ы́чу(сь), -ы́тит(ся)
скопы́ченный; *кр. ф.* -ен, -ена
скора́, -ы́
скорбе́ть, -блю́, -би́т
ско́рбность, -и
ско́рбный; *кр. ф.* -бен, -бна
скорбу́т, -а
скорбу́тный
скорбь, -и, *мн.* -и, -е́й
скордату́ра, -ы

скоре́е, *сравн. ст. и нареч.*
скорёженный; *кр. ф.* -ен, -ена
скорёжить(ся), -жу(сь), -жит(ся)
скоре́йший
ско́ренько
скорёхонько
скорёшенько
скори́нинский *(от* Скори́на*)*
скорлупа́, -ы́, *мн.* -у́пы, -у́п
скорлу́пка, -и, *р. мн.* -пок
скорлу́пчатый
скорми́ть(ся), скормлю́, ско́рмит(ся)
ско́рмленный; *кр. ф.* -ен, -ена
скорня́жий, -ья, -ье
скорня́жить, -жу, -жит
скорня́жничать, -аю, -ает
скорня́жничество, -а
скорня́жный
скорня́к, -а́
скорня́чество, -а
ско́ро, *нареч.*
скоро́бить(ся), -блю, -бит(ся)
скоро́бленный; *кр. ф.* -ен, -ена
скорова́рка, -и, *р. мн.* -рок
скороговорка, -и, *р. мн.* -рок
скороговорочка, -и, *р. мн.* -чек
скорода́, -ы́, *р. мн.* скоро́д *(борона; растение)*
скороди́т, -а *(минерал)*
скороди́ть(ся), -ожу́, -о́дит(ся) *(бороновать(ся), обл.)*
скороду́м, -а
скорёженный; *кр. ф.* -ен, -ена
скороле́тка, -и, *р. мн.* -ток
скоро́мить(ся), -млю(сь), -мит(ся)
скоро́мник, -а
скоро́мница, -ы, *тв.* -ей
скоро́мничать, -аю, -ает
скоро́мный; *кр. ф.* -мен, -мна
скороморози́льный
скоро́мящий(ся)
скоропали́тельность, -и
скоропали́тельный; *кр. ф.* -лен, -льна
скоропа́шка, -и, *р. мн.* -шек

скоропеча́тный
скоропеча́тня, -и, *р. мн.* -тен
скоропи́сец, -сца, *тв.* -сцем, *р. мн.* -сцев
скоропи́сный
ско́ропись, -и
скоропло́дный
скороподъёмник, -а
скороподъёмность, -и
скороподъёмный
скоропо́ртящийся
скоропости́жность, -и
скоропости́жный; *кр. ф.* -жен, -жна
скоропреходя́щий
скоропрохо́дчик, -а
скорорасту́щий
скороспе́лка, -и, *р. мн.* -лок
скороспе́лость, -и
скороспе́лый
скоростеме́р, -а
скоростни́к, -а́
скоростно́й
скостре́лка, -и, *р. мн.* -лок
скостре́льность, -и
скостре́льный
ско́рость, -и, *мн.* -и, -е́й
скоросшива́тель, -я
скорота́ть, -а́ю, -а́ет
скороте́льный
скороте́чность, -и
скороте́чный; *кр. ф.* -чен, -чна
скорохо́д, -а
скорохо́дный
ско́роходь, -и
скорочте́ние, -я
скорпио́н, -а (*животное*) и Скорпио́н, -а (*созвездие и знак зодиака; о том, кто родился под этим знаком*)
скорпио́нница, -ы, *тв.* -ей
скорпио́нова му́ха, скорпио́новой му́хи
скорпионопау́к, -а́
скорректи́рованный; *кр. ф.* -ан, -ана

скорректи́ровать(ся), -рую, -рует(ся)
с ко́рточек (подня́ться)
скорцоне́ра, -ы
ско́рченный; *кр. ф.* -ен, -ена
ско́рчинг, -а
ско́рчинговый
ско́рчить(ся), -чу(сь), -чит(ся)
ско́рый; *кр. ф.* скор, скора́, ско́ро
скорьё, -я́
скос, -а
скоса́рь, -я́
с коси́нкой
скоси́ть, скошу́, ско́сит (*срезать*)
скоси́ть(ся), скошу́(сь), скоси́т(ся) (*сделать(ся) косым; отвести глаза в сторону*)
скособо́ченный; *кр. ф.* -ен, -ена
скособо́чить(ся), -чу(сь), -чит(ся)
ско́сок, -ска
скосоро́титься, -ро́чусь, -ро́тится
скости́ть, скощу́, скости́т
скот, -а́
ско́тий, -ья, -ье
скоти́на, -ы
скоти́ний, -ья, -ье
скоти́нка, -и, *р. мн.* -нок
скоти́нный
скоти́нушка, -и, *р. мн.* -шек
Ско́тленд-Я́рд, -а
ско́тник, -а
ско́тница, -ы, *тв.* -ей
ско́тный
скотобо́ец, -о́йца, *тв.* -о́йцем, *р. мн.* -о́йцев
скотобо́йный
скотобо́йня, -и, *р. мн.* -о́ен
скотово́д, -а
скотово́дный
скотово́дство, -а
скотово́дческий
скотово́з, -а
скотокра́дство, -а
скотоло́жец, -жца, *тв.* -жцем, *р. мн.* -жцев

скотоло́жство, -а и скотоло́жество, -а
ското́ма, -ы
скотоме́сто, -а, *мн.* -места́, -ме́ст
скотомоги́льник, -а
скотооткормо́чный
скотоподо́бие, -я
скотоподо́бный; *кр. ф.* -бен, -бна
скотопригоннный
скотоприёмный
скотопрого́н, -а
скотопрого́нный
скотопромы́шленник, -а
скотопромы́шленность, -и
скотопромы́шленный
скототорго́вец, -вца, *тв.* -вцем, *р. мн.* -вцев
ско́тский
ско́тство, -а
ско́тты, -ов (*древние племена*)
скотч, -а, *тв.* -ем
скотчтерье́р, -а
ско́ция, -и
скошёвка, -и, *р. мн.* -вок
ско́шенный; *кр. ф.* -ен, -ена и (*от* скоси́ть – сделать косым – также) скошённый; *кр. ф.* -ён, -ена́
скощённый; *кр. ф.* -ён, -ена́
скра́вший(ся)
скра́денный; *кр. ф.* -ен, -ена
скра́дом (охо́титься)
скра́дывать(ся), -аю, -ает(ся)
скрап, -а
скрап-проце́сс, -а
скрап-ру́дный
скра́сить(ся), скра́шу, скра́сит(ся)
скра́сть(ся), -аду́, -адёт(ся); *прош.* скра́л(ся), скра́ла(сь)
скра́шенный; *кр. ф.* -ен, -ена
скра́шивание, -я
скра́шивать(ся), -аю, -ает(ся)
скребённый; *кр. ф.* -ён, -ена́, *прич.*
скре́бень, -бня
скрёбка, -и, *р. мн.* -бок
скребко́во-ковшо́вый

СКРЕБКОВЫЙ

скребко́вый
скребло́, -а́, мн. скрёбла, -бел, -блам
скребмаши́на, -ы
скребни́ца, -ы, тв. -ей
скребну́ть, -ну́, -нёт
скребо́к, -бка́
скрёбший(ся)
скре́жет, -а
скрежета́ние, -я
скрежета́ть, -жещу́, -же́щет
скрежетну́ть, -ну́, -нёт
скреже́щущий
скре́йпи, нескл., ж. и с. (болезнь овец)
скре́мблер, -а
скреп, -а и -у (действие)
скре́па, -ы (действие; то, что скрепляет)
скре́пер, -а
скрепери́ст, -а
скре́перный
скрепи́ть(ся), -плю́(сь), -пи́т(ся)
скре́пка, -и, р. мн. -пок
скрепле́ние, -я
скреплённый; кр. ф. -ён, -ена́
скрепля́ть(ся), -я́ю(сь), -я́ет(ся)
скре́почка, -и, р. мн. -чек
скре́почный
скрепя́ се́рдце
скрести́(сь), скребу́(сь), скребёт(ся); прош. скрёб(ся), скребла́(сь)
скрести́ть(ся), -ещу́, -ести́т(ся)
скреще́ние, -я
скрещённый; кр. ф. -ён, -ена́
скре́щиваемость, -и
скре́щивание, -я
скре́щивать(ся), -аю, -ает(ся)
скре́щивающий(ся)
с-крива́я [эс-], -о́й (тех.)
скриви́ть(ся), -влю́(сь), -ви́т(ся)
скривлённый; кр. ф. -ён, -ена́
скрижа́ли, -ей, ед. -жа́ль, -и
скрижа́пель, -я
скри́нинг, -а
скрип, -а

скрипа́ч, -а́, тв. -о́м
скрипа́чка, -и, р. мн. -чек
скрипе́ние, -я
скрипе́ть, -плю́, -пи́т
скрипи́ца, -ы, тв. -ей
скрипи́чный
скри́пка, -и, р. мн. -пок
скри́пнуть, -ну, -нет
скри́почка, -и, р. мн. -чек
скрипто́рий, -я
скрипу́н, -а́
скрипу́чий
скрипу́чка, -и, р. мн. -чек
скристаллизова́ться, -зу́ется
скро́енный; кр. ф. -ен, -ена
скрои́ть(ся), скрою́, скрои́т(ся)
скромне́йший
скромне́нек, -е́нька
скро́мненький
скромнёхонький; кр. ф. -нек, -нька
скромнёшенький; кр. ф. -нек, -нька
скро́мник, -а
скро́мница, -ы, тв. -ей
скро́мничанье, -я
скро́мничать, -аю, -ает
скро́мность, -и
скро́мный; кр. ф. -мен, -мна́, -мно, скро́мны́
скро́мным-скромнёхонько
скромня́га, -и, м. и ж.
скро́панный; кр. ф. -ан, -ана
скропа́ть, -а́ю, -а́ет
скрофулёз, -а
скрофулоде́рма, -ы
скру́ббер, -а
с кру́га и с кру́гу (спи́ться)
скругле́ние, -я
скруглённый; кр. ф. -ён, -ена́
скругли́ть(ся), -лю́, -ли́т(ся)
скругля́ть(ся), -я́ю, -я́ет(ся)
скру́пул, -а
скрупулёзность, -и
скрупулёзный; кр. ф. -зен, -зна
скрути́ть(ся), -учу́(сь), -у́тит(ся)

скру́тка, -и, р. мн. -ток
скру́ченный; кр. ф. -ен, -ена
скру́чивание, -я
скру́чивать(ся), -аю, -ает(ся)
скрыва́ть(ся), -а́ю(сь), -а́ет(ся)
скры́ня, -и, р. мн. -ынь
скры́тник, -а
скры́тница, -ы, тв. -ей
скры́тничанье, -я
скры́тничать, -аю, -ает
скрытное́д, -а
скры́тность, -и
скрытноу́сые, -ых
скрытохо́ботник, -а
скры́тный; кр. ф. -тен, -тна
скрытогла́в, -а
скрытожа́берник, -а
скрытожа́берные, -ых
скрытозерни́стый
скрытокристалли́ческий
скрытохво́ст, -а
скрытоше́йный
скры́тый
скры́ть(ся), скро́ю(сь), скро́ет(ся)
скрэб, -а
скрю́ченный; кр. ф. -ен, -ена
скрю́чивать(ся), -аю(сь), -ает(ся)
скрю́чить(ся), -чу(сь), -чит(ся)
скря́бинский (от Скря́бин)
скря́га, -и, м. и ж.
скря́жничать, -аю, -ает
скря́жнический
скря́жничество, -а
скувырну́ться, -ну́сь, -нётся (упасть, свалиться)
скуде́ль, -и
скуде́льница, -ы, тв. -ей
скуде́льный
скуде́ть, -е́ю, -е́ет
скудне́йший
скудне́ть, -е́ю, -е́ет
скуднова́тый
ску́дность, -и
ску́дный; кр. ф. -ден, -дна́, -дно, ску́дны́
ску́до, нескл., с.

скудомы́слие, -я
ску́дость, -и
скудоу́мие, -я
скудоу́мный; кр. ф. -мен, -мна
ску́ка, -и
ску́ки ра́ди
скуко́живаться, -аюсь, -ается
скуко́житься, -жусь, -жится
скукота́, -ы́
ску́кситься, -кшусь, -ксится
скула́, -ы́, мн. ску́лы, скул
скула́стость, -и
скула́стый
скулёж, -ежа́, тв. -о́м
скули́стый
скули́ть, -лю́, -ли́т
скулова́тый
скулово́й
скуловоро́т, -а
ску́льптор, -а
ску́льпторский
ску́льпторша, -и, тв. -ей
скульпту́ра, -ы
скульпту́рный
ску́мбриевый
ску́мбрия, -и
ску́мпия, -и
скунс, -а
ску́нсовый
скупа́ть(ся), -а́ю, -а́ет(ся)
скупе́нек, -нька
скупе́нький
скуперда́й, -я
скуперда́йка, -и, р. мн. -я́ек
скуперда́йничать, -аю, -ает
скуперда́йство, -а
скупе́ц, -пца́, тв. -пцо́м, р. мн. -пцо́в
скупи́ть, скуплю́, ску́пит (к купи́ть)
скупи́ться, -плю́сь, -пи́тся (к скупо́й)
ску́пка, -и, р. мн. -пок
ску́пленный; кр. ф. -ен, -ена
скупно́й
скупова́тый

скупо́й; кр. ф. скуп, скупа́, ску́по, ску́пы́
Скупо́й, -о́го (лит. персонаж)
Скупо́й ры́царь (лит. персонаж)
ску́пость, -и
ску́почный
ску́пщик, -а
ску́пщина, -ы
ску́пщица, -ы, тв. -ей
ску́ренный; кр. ф. -ен, -ена
ску́ривать(ся), -аю, -ает(ся)
скури́ть(ся), скурю́, ску́рит(ся)
скуси́ть, скушу́, ску́сит
ску́сывать(ся), -аю, -ает(ся)
ску́тер, -а, мн. -ы, -ов и -а́, -о́в
скутери́ст, -а
скутоза́вр, -а
скуфе́йка, -и, р. мн. -е́ек
скуфе́йный
скуфья́, -и́, р. мн. -фе́й
скуча́ть, -а́ю, -а́ет
скуча́ющий
ску́ченно, нареч.
ску́ченность, -и
ску́ченный; кр. ф. -ен, -ена, прич. (се́но ску́чено)
ску́чивать(ся), -аю, -ает(ся)
ску́чить(ся), -чу, -чит(ся)
скучи́ща, -и, тв. -ей
скучли́вый
скучне́йший
скучне́нько
скучне́ть, -е́ю, -е́ет
ску́чно, нареч. и в знач. сказ.
скучнова́тый
ску́чный; кр. ф. -чен, -чна́, -чно, ску́чны́
ску́шанный; кр. ф. -ан, -ана (от ску́шать)
ску́шать, -аю, -ает
ску́шенный; кр. ф. -ен, -ена (от скуси́ть)
слаба́к, -а́
слаба́чка, -и, р. мн. -чек
слабачо́к, -чка́
слабе́е, сравн. ст.

слабе́йший
слабе́нек, -нька
слабе́нький
слабе́ть, -е́ю, -е́ет
слабина́, -ы́
слаби́нка, -и
слаби́тельный
сла́бить, -ит
сла́блинь, -я
слабну́вший
слабну́ть, -ну, -нет; прош. сла́бнул и слаб, сла́бла
сла́бо, нареч.
сла́бо́, в знач. сказ.
слабоакти́вный; кр. ф. -вен, -вна
слабоалкого́льный
слабова́тый
слабоветви́стый
слабови́дение, -я
слабови́дящий*
слабови́дящий, -его
слабово́лие, -я
слабоволокни́стый
слабово́льный; кр. ф. -лен, -льна
слабовы́раженный*
слабоголо́вый
слабоголо́сый
слабогру́дость, -и
слабогру́дый
слабоду́шие, -я
слабоду́шный; кр. ф. -шен, -шна
сла́бо-жёлтый
слабозатуха́ющий*
слабозимосто́йкий
слабоизви́листый
слабоинтенси́вный
слабоионизи́рующий*
слабокисло́тный
слабоки́слый
слаболеги́рованный*
слабоминерализо́ванный*
слабомы́слие, -я
слабонапра́вленный*
слабонатя́нутый*
слабоне́рвность, -и
слабоне́рвный; кр. ф. -вен, -вна

слабообогащённый*
слабоокатанный*
слабоокультуренный*
слабоосновный
слабопеременный
слабопересечённый*
слабоподзолистый
слабопроницаемый
слабопрофилированный*
слаборадиоактивный
слаборазвитость, -и
слаборазвитый*
слаборастворимый
слабосвязанный*
слабосилие, -я
слабосильный; кр. ф. -лен, -льна
слабослышащий*
слабослышащий, -его
слабосолёный*
слабость, -и
слабосцементированный*
слаботоксичный; кр. ф. -чен, -чна
слаботочник, -а
слаботочный
слаботурбулентный
слабоуздый
слабоумие, -я
слабоумный; кр. ф. -мен, -мна
слабоуспевающий
слабохарактерность, -и
слабохарактерный; кр. ф. -рен, -рна
слабочернозёмный
слабощелочной
слабый; кр. ф. слаб, слаба, слабо, слабы
слава, -ы; но: орден Славы; Аллея Славы, Долина Славы, Курган Славы (мемориальные сооружения)
слава богу (хорошо; к счастью)
слава тебе господи, межд.
славильщик, -а
славировать, -рую, -рует
славист, -а

славистика, -и
славистический
славистка, -и, р. мн. -ток
славистский
славить(ся), -влю(сь), -вит(ся)
славка, -и, р. мн. -вок (птица)
славковые, -ых
славление, -я
славленный; кр. ф. -ен, -ена, прич.
славнейший
славненький
славно, нареч. и в знач. сказ.
славный; кр. ф. -вен, -вна, -вно
славолюбец, -бца, тв. -бцем, р. мн. -бцев
славолюбивый
славолюбие, -я
славонский (к Славония и славонцы)
славонцы, -ев, ед. -нец, -нца, тв. -нцем
славословие, -я
славословить(ся), -влю(сь), -вит(ся)
славословленный; кр. ф. -ен, -ена
славословящий(ся)
славяне, -ян, ед. -янин, -а
славянизация, -и
славянизированный; кр. ф. -ан, -ана
славянизировать(ся), -рую(сь), -рует(ся)
славянизм, -а
славянка, -и, р. мн. -нок
славяновед, -а
славяноведение, -я
славяноведческий
славяновский (славяновская минеральная вода)
Славяно-греко-латинская академия
славяно-русский
славянофил, -а
славянофилка, -и, р. мн. -лок
славянофильский
славянофильство, -а

славянофильствовать, -твую, -твует
славянофоб, -а
славянофобский
славянофобство, -а
славянский (от славяне и Славянск)
Славянск-на-Кубани (город)
славянство, -а
славянцы, -ев, ед. -нец, -нца, тв. -нцем (к Славянск)
славянщина, -ы
славящий(ся)
слаг, -а
слагаемое, -ого
слагатель, -я
слагательница, -ы, тв. -ей
слагать(ся), -аю, -ает(ся)
слад: сладу нет
сладенек, -нька
сладенький
сладимый
сладить(ся), слажу(сь), сладит(ся)
сладкий; кр. ф. -док, -дка, -дко
сладко, нареч. и в знач. сказ.
сладковато-горький
сладковатый
сладкогласие, -я
сладкогласный; кр. ф. -сен, -сна
сладкоголосый
сладкоежка, -и, р. мн. -жек, м. и ж.
сладкозвучие, -я
сладкозвучный; кр. ф. -чен, -чна
сладкопевец, -вца, тв. -вцем, р. мн. -вцев
сладкоплодный
сладкоречивый
сладостность, -и
сладостный; кр. ф. -тен, -тна
сладострастие, -я
сладострастник, -а
сладострастница, -ы, тв. -ей
сладострастность, -и
сладострастный; кр. ф. -тен, -тна
сладость, -и
сладчайший

сла́женно, *нареч.*
сла́женность, -и
сла́женный; *кр. ф. прич.* -ен, -ена (сва́дьба сла́жена); *кр. ф. прил.* (*согласованный, упорядоченный*) -ен, -енна (пе́ние сла́женно)
сла́живать(ся), -аю(сь), -ает(ся)
сла́зать, -аю -ает
сла́зить, сла́жу, сла́зит
слайд, -а
сла́йдовый
слайд-фи́льм, -а
сла́ксы, -ов
сла́лом, -а
сла́лом-гига́нт, сла́лома-гига́нта
сломи́ст, -а
сломи́стка, -и, *р. мн.* -ток
сла́ломный
сла́лом-супергига́нт, сла́лома-супергига́нта
сла́мывание, -я
сла́мывать(ся), -аю(сь), -ает(ся)
сла́нец, -нца, *тв.* -нцем, *р. мн.* -нцев (*полезное ископаемое*)
сланцева́тость, -и
сланцева́тый
сла́нцевский (*от* Сла́нцы)
сланцеча́не, -а́н, *ед.* -а́нин, -а
сла́нцевый (*от* сла́нец)
сланцезо́льный
сланцеперего́нный
сланцеперераба́тывающий
Сла́нцы, -ев (*город*)
слап-ске́йты, -ов и (*разг.*) сла́пы, -ов (*коньки*)
сласте́на, -ы, *м. и ж.*
сла́сти, -е́й, *ед.* сласть -и (*сладкие изделия*)
сласти́ть(ся), слащу́, сласти́т(ся)
сластое́жка, -и, *р. мн.* -жек, *м. и ж.*
сластолю́бец, -бца, *тв.* -бцем, *р. мн.* -бцев
сластолюби́вый
сластолю́бие, -я
сласть, -и (*приятный вкус; удовольствие*)

сла́ть(ся), шлю(сь), шлёт(ся); *прош.* сла́л(ся), сла́ла(сь)
слаща́вость, -и
слаща́вый
сла́ще, *сравн. ст.*
слащённый; *кр. ф.* -ён, -ена́, *прич.*
слащёный, *прил.*
сле́ва
слева́чить, -чу, -чит
слега́, -и́, *мн.* сле́ги, слег, слега́м
слегка́
слёгший
след, -а, -а́ и -у, *предл.* на следе́ и на следу́, *мн.* -ы́, -о́в
след в след (идти́, ступа́ть)
сле́динг, -а
следи́ть, слежу́, следи́т
сле́дование, -я
сле́дованная псалты́рь
сле́дователь, -я
сле́довательно, *вводн. сл. и союз*
сле́довательский
сле́довать, -дую, -дует
следово́й
следо́к, -дка́
сле́дом, *нареч.*
следопы́т, -а
следопы́тский
следоуказа́тель, -я
следо́чек, -чка
сле́дственно-операти́вный
сле́дственно-разыскно́й
сле́дственный
сле́дствие, -я
сле́дуемый
сле́дующий
следя́щий
слежа́ться, -жи́тся
слеже́ние, -я
слёживаемость, -и
слёживание, -я
слёживаться, -ается
слёжка, -и
слеза́ть, -а́ю, -а́ет (*к* слезть)
слези́нка, -и, *р. мн.* -нок
слези́ться, -и́тся

слёзки, -зок, *ед.* слёзка, -и
слезли́вость, -и
слезли́вый
слезни́к, -а́
слезни́ца, -ы, *тв.* -ей
слёзный
слёзоньки, -нек
слезоотделе́ние, -я
слезоотдели́тельный
слезотече́ние, -я
слезоточи́вость, -и
слезоточи́вый
слезоточи́ть, -и́т
слезть, -зу, -зет; *прош.* слез, сле́зла
сле́зший
слёзы, слёз, слеза́м, *ед.* слеза́, -ы́
сленг, -а
сле́нговый
с ленцо́й
слепе́нь, -пня́
сле́пенький
слепе́ц, -пца́, *тв.* -пцо́м, *р. мн.* -пцо́в
слепи́ть, слеплю́, слепи́т, *несов.* (*ослеплять*)
слепи́ть(ся), слеплю́, сле́пит(ся), *сов.* (*к* лепи́ть)
сле́пленный; *кр. ф.* -ен, -ена
слепля́ть(ся), -я́ю, -я́ет(ся)
слепля́ть(ся), -я́ю, -я́ет(ся)
слепну́вший
слепну́ть, -ну, -нет; *прош.* слепну́л и слеп, сле́пла
слепня́к, -а́
слепова́тый
слепоглухо́й
слепоглухонемо́й
слепоглухонемота́, -ы́
слепоглухота́, -ы́
слепо́й; *кр. ф.* слеп, слепа́, сле́по
слепо́к, -пка́
слепорождённый
слепота́, -ы́
слепу́н, -а́
слепушо́нка, -и, *р. мн.* -нок (*грызун*)

999

СЛЕПЫШ

слепы́ш, -а́, тв. -о́м
слепя́щий
слеса́рить, -рю, -рит
слесари́шка, -и, р. мн. -шек, м.
слеса́рничать, -аю, -ает
слеса́рно-механи́ческий
слеса́рно-сбо́рочный
слеса́рно-штампо́вочный
слеса́рный
слеса́рня, -и, р. мн. -рен
слеса́рский
слеса́рство, -а
сле́сарь, -я, мн. -и, -ей и -я́, -е́й
сле́сарь-инструмента́льщик, сле́саря-инструмента́льщика
сле́сарь-санте́хник, сле́саря-санте́хника
сле́сарь-сбо́рщик, сле́саря-сбо́рщика
сле́сарь-трубоукла́дчик, сле́саря-трубоукла́дчика
слёт, -а
с лёта и с лёту
слётанность, -и
слета́ть(ся), -а́ю(сь), -а́ет(ся)
слете́ть(ся), слечу́, слети́т(ся)
слёток, -тка
слечь, сля́гу, сля́жет, сля́гут, прош. слёг, слегла́
слибера́льничать, -аю, -ает
слив, -а (к слива́ть)
сли́ва, -ы
слива́ние, -я
слива́ть(ся), -а́ю(сь), -а́ет(ся)
сли́вка, -и, р. мн. -вок (от сли́ва; сливание)
сли́вки, -вок
сливкоотдели́тель, -я
сливкоотдели́тельный
сливно́й
сливня́к, -а́
сливови́ца, -ы, тв. -ей
сли́вовый
сли́вочки, -чек
сли́вочник, -а
сли́вочный

сли́вщик, -а
сли́вщица, -ы, тв. -ей
сливя́нка, -и
сли́занный; кр. ф. -ан, -ана
слиза́ть, слижу́, сли́жет (к лиза́ть)
слизеви́к, -а́
слизево́й
сли́зень, -зня
слизеотдели́тельный
слизете́чение, -я
сли́зистый
сли́зкий (обл. к ско́льзкий и осли́злый)
сли́знутый
сли́знуть, -нет; прош. сли́знул, сли́зла, несов. (покрываться слизью)
слизну́ть, -ну́, -нёт; прош. -ну́л, -ну́ла, сов. (к лиза́ть)
слизня́к, -а́
сли́зывание, -я
сли́зывать(ся), -аю, -ает(ся)
слизь, -и
слимо́нить, -ню, -нит
слиня́лый
слиня́ть, -я́ет
слип, -а (наклонная площадка, тех.)
слипа́ние, -я
слипа́ть(ся), -а́ет(ся)
сли́пнуться, -нется; прош. сли́пся, сли́плась
сли́пшийся
сли́пы, -ов
с листа́ (петь, игра́ть, чита́ть)
сли́тие, -я
сли́тковый
сли́тность, -и
сли́тный; кр. ф. -тен, -тна
сли́ток, -тка
сли́точный
сли́тый; кр. ф. слит, слита́, сли́то
слить(ся), солью́(сь), сольёт(ся); прош. слил(ся), слила́(сь), сли́ло, слило́сь
с лихво́й
слича́ть(ся), -а́ю, -а́ет(ся)

сличе́ние, -я
сличённый; кр. ф. -ён, -ена́
сличи́тельный
сличи́ть, -чу́, -чи́т
сли́шком, нареч. (сверх меры, чересчур: сли́шком по́здно, это уж сли́шком); но сущ. с ли́шком (с ли́шним: пя́ть киломе́тров с ли́шком)
с ли́шним (больше какого-н. количества: сто рубле́й с ли́шним)
слия́ние, -я
слия́нность, -и
слия́нный; кр. ф. -я́нен, -я́нна
слобода́, -ы́, мн. сло́боды, слобо́д, слобода́м
слобо́дка, -и, р. мн. -док
слободско́й
слободча́нин, -а, мн. -а́не, -а́н
слободча́нка, -и, р. мн. -нок
слобожа́нин, -а, мн. -а́не, -а́н
слобожа́нка, -и, р. мн. -нок
слова́ки, -ов, ед. -ва́к, -а
слова́рик, -а
слова́рник, -а
слова́рно-спра́вочный
слова́рный
слова́рь, -я́
слова́рь-спра́вочник, словаря́-спра́вочника
слова́рь-указа́тель, словаря́-указа́теля
слова́цкий (к Слова́кия и слова́ки)
слова́цко-венге́рский
слова́цко-росси́йский
слова́цко-ру́сский
слова́чка, -и, р. мн. -чек
слове́не, -е́н (древнерусское племя; устар. название всех славян)
слове́нка, -и, р. мн. -нок
слове́нский (к Слове́ния и слове́нцы; славянский, устар. и церк.)
слове́нцы, -ев, ед. -нец, -нца, тв. -нцем
словеса́, -е́с, -еса́м
слове́сник, -а

слове́сница, -ы, тв. -ей
слове́сность, -и
слове́сный
слове́чко, -а, мн. -чки, -чек
слове́чушко, -а, мн. -шки, -шек
слови́нка, -и, р. мн. -нок
слови́нский (к слови́нцы)
слови́нцы, -ев, ед. -нец, -нца, тв. -нцем (западно-славянская этническая группа)
слови́ть, словлю́, сло́вит
сло́вленный; кр. ф. -ен, -ена
сло́вник, -а
сло́вно, союз и частица
сло́вно бы
сло́вно как
сло́во, -а, мн. слова́, слов, -а́м и (религ.-филос.: Логос) Сло́во, -а (в нача́ле бы́ло Сло́во)
словоблу́дие, -я
словоблу́дство, -а
словоблу́дствовать, -твую, -твует
сло́во в сло́во
словое́р, -а и словое́рс, -а
сло́во за́ слово
словоизверже́ние, -я
словоизлия́ние, -я
словоизмене́ние, -я
словоизмени́тельный
словоли́тный
словоли́тня, -и, р. мн. -тен
словоли́тчик, -а
сло́вом, вводн. сл.
словообразова́ние, -я
словообразова́тельный
словообразу́ющий
Сло́во о полку́ И́гореве
словоохо́тливость, -и
словоохо́тливый
словопре́ние, -я
словопроизво́дный
словопроизво́дственный
словопроизво́дство, -а
словоразде́л, -а
словосложе́ние, -я

словосочета́ние, -я
словотво́рческий
словотво́рчество, -а
словоуказа́тель, -я
словоупотребле́ние, -я
словофо́рма, -ы
Слову́щее воскресе́нье
словцо́, -а́, р. мн. -ве́ц
словчи́ть(ся), -чу́(сь), -чи́т(ся)
слог, -а, мн. -и, -о́в
сло́ган, -а
слогово́й
слого́вость, -и
слогоделе́ние, -я
слогообразу́ющий
слогоразде́л, -а
слое́вище, -а
слое́вищный
слоево́й
слоевцо́вый
слоёк, слойка́
слое́ние, -я
слоённый; кр. ф. -ён, -ена́, прич.
слоёный, прил.
слоёчка, -и, р. мн. -чек
сложа́ ру́ки (сиде́ть)
сложе́ние, -я
сло́женный; кр. ф. -ен, -ена, прич.
сложённый; кр. ф. -ён, -ена́, прил. (о человеке)
сложи́ть(ся), сложу́(сь), сло́жит(ся)
сложне́йший
сложнова́тый
сложноподчинённый
сложносокращённый
сложносоставно́й
сложносочинённый
сло́жность, -и
сложноцве́тные, -ых
сложноэфи́рный
сло́жный; кр. ф. -жен, -жна́, -жно, сло́жны
сло́исто-дождево́й
сло́исто-кучево́й
сло́исто-пе́ристый

сло́истость, -и
сло́истый
слои́ть(ся), слою́, слои́т(ся)
слой, слоя́, предл. в слое́ и в слою́, мн. сло́и, слоёв
сло́йка, -и, р. мн. сло́ек
сло́йчатый
слом, -а
сло́манный; кр. ф. -ан, -ана (от слома́ть)
слома́ть(ся), -а́ю(сь), -а́ет(ся)
сломи́ть(ся), сломлю́(сь), сло́мит(ся)
сло́мка, -и
сло́мленный; кр. ф. -ен, -ена (от сломи́ть)
сломя́ го́лову
слон, -а́
слонёнок, -нка, мн. слоня́та, -я́т
сло́ник, -а
слони́ха, -и
слоно́вий, -ья, -ье
слоно́вник, -а
слоно́вость, -и
слоно́вый
слонообра́зный; кр. ф. -зен, -зна
слоноподо́бный; кр. ф. -бен, -бна
слоны́ слоня́ть
слоня́ть(ся), -я́ю(сь), -я́ет(ся)
сло́панный; кр. ф. -ан, -ана
сло́пать, -аю, -ает
слот, -а
слот-грамма́тика, -и
слоуфо́кс, -а
слуга́, -и́, мн. слу́ги, слуг, м.
служа́ка, -и, м.
служа́нка, -и, р. мн. -нок
слу́жащий
слу́жба, -ы
Слу́жба безопа́сности Президе́нта РФ
Слу́жба вне́шней разве́дки РФ
слу́жба слу́жбой (дру́жба дру́жбой, а слу́жба слу́жбой)
служби́зм, -а
служби́ст, -а

СЛУЖБИСТИКА

служби́стика, -и
служби́стский
слу́жбишка, -и, *р. мн.* -шек
служе́бка, -и, *р. мн.* -бок
служе́бник, -а
служе́бно-боево́й
служе́бно-должностно́й
служе́бно-разыскно́й
служе́бный
служе́ние, -я
слу́женный; *кр. ф.* -ен, -ена, *прич.* (*от* служи́ть, *церк.*)
слу́живать, *наст. вр. не употр.*
служи́вый, -ого
служи́лый
служи́тель, -я
служи́тельница, -ы, *тв.* -ей
служи́тельский
служи́ть(ся), служу́, слу́жит(ся)
слу́жка, -и, *р. мн.* -жек, *м.*
слу́зганный; *кр. ф.* -ан, -ана
слу́згать, -аю, -ает
слука́вить, -влю, -вит
слупи́ть(ся), слуплю́, слу́пит(ся)
слу́пленный; *кр. ф.* -ен, -ена
слу́пливать(ся), -аю, -ает(ся)
слух, -а
слуха́ч, -а́, *тв.* -о́м
слухово́й
слухопротези́рование, -я
слухоречедви́гательный
слу́чаем, *нареч. и вводн. сл.*
слу́чай, -я
случа́йность, -и
случа́йный; *кр. ф.* -а́ен, -а́йна
случа́ть(ся), -а́ю(сь), -а́ет(ся)
случённый; *кр. ф.* -ён, -ена́
случи́вшийся
случи́ть(ся), -чу́(сь), -чи́т(ся)
слу́чка, -и, *р. мн.* -чек
случно́й
слу́шание, -я
слу́шанный; *кр. ф.* -ан, -ана
слу́шатель, -я
слу́шательница, -ы, *тв.* -ей
слу́шать(ся), -аю(сь), -ает(ся)

слу́шивать, *наст. вр. не употр.*
слушо́к, -шка́
слыть, слыву́, слывёт; *прош.* слыл, слыла́, слы́ло
слы́ханный (*прич. от* слыха́ть; слы́ханное ли де́ло?; где э́то слы́хано?; слы́хано ли э́то?)
слыха́ть, *наст. вр. не употр.*
слы́хивать, *наст. вр. не употр.*
слы́хом не слыха́ть
слы́шанный; *кр. ф.* -ан, -ана
слы́шать(ся), -шу, -шит(ся)
слы́шащий(ся)
слы́шимость, -и
слы́шимый
слы́шный; *кр. ф.* -шен, -шна́, -шно, слышны́
слышь, *вводн. сл.*
слюбе́зничать, -аю, -ает
слюби́ться, слюблю́сь, слю́бится
слюбля́ться, -я́юсь, -я́ется
слюда́, -ы́, *мн.* слю́ды, слюд
слюдини́т, -а
слюдини́товый
слюди́стый
слю́довый
слюдоно́сный
слюдопла́ст, -а
слюдопла́стовый
слюдяни́стый
слюдяно́й
слюна́, -ы́
слюнённый; *кр. ф.* -ён, -ена́, *прич.*
слю́ни, слюне́й
слюни́ть(ся), -ню́, -ни́т(ся)
слю́нки, -нок
слю́нно-ка́менный
слю́нный
слюногóн, -а
слюногóнный
слюноотделе́ние, -я
слюноотдели́тельный
слюнотече́ние, -я
слюнтя́й, -я
слюнтя́йка, -и, *р. мн.* -я́ек
слюнтя́йский

слюнтя́йство, -а
слюня́вить(ся), -влю(сь), -вит(ся)
слюня́вка, -и, *р. мн.* -вок
слюня́вленный; *кр. ф.* -ен, -ена
слюня́вчик, -а
слюня́вый
слюня́вящий(ся)
слюня́й, -я
сляб, -а
сля́бинг, -а
сля́бинговый
сля́котный
сля́коть, -и
сля́мзенный; *кр. ф.* -ен, -ена
сля́мзить, -зю, -зит
сля́панный; *кр. ф.* -ан, -ана
сля́пать, -аю, -ает
сма́занный; *кр. ф.* -ан, -ана
сма́зать(ся), сма́жу(сь), сма́жет(ся)
сма́зка, -и, *р. мн.* -зок
смазли́вость, -и
смазли́вый
смазно́й
сма́зочно-охлажда́ющий
сма́зочный
сма́зчик, -а
сма́зчица, -ы, *тв.* -ей
сма́зывание, -я
сма́зывать(ся), -аю(сь), -ает(ся)
смазь, -и
сма́ивать(ся), -аю(сь), -ает(ся)
смак, -а и -у
смакети́рованный; *кр. ф.* -ан, -ана
смакети́ровать(ся), -рую, -рует(ся)
смакла́ченный; *кр. ф.* -ен, -ена
смакла́чить, -чу, -чит
смакова́ние, -я
смако́ванный; *кр. ф.* -ан, -ана
смакова́ть(ся), -ку́ю, -ку́ет(ся)
сма́лец, -льца, *тв.* -льцем
смалоду́шествовать, -твую, -твует
смалоду́шничать, -аю, -ает

смалу, *нареч.*
смалчивать, -аю -ает
смалывать(ся), -аю, -ает(ся)
смальта, -ы
смальтин, -а
смальтовый
сманеврировать, -рую, -рует
сманенный; *кр. ф.* -ен, -ена и сманённый; *кр. ф.* -ён, -ена́
сманивать(ся), -аю(сь), -ает(ся)
сманить, сманю́, сма́нит
смара́гд, -а
смара́гдовый
сма́ранный; *кр. ф.* -ан, -ана
смара́ть, -аю, -ает
сма́ргивать(ся), -аю, -ает(ся)
сма́ривать(ся), -аю(сь), -ает(ся)
смари́да, -ы
сма́рывать(ся), -аю, -ает(ся)
смаста́ченный; *кр. ф.* -ен, -ена
смаста́чить, -чу, -чит
смастерённый; *кр. ф.* -ён, -ена́
смастери́ть, -рю́, -ри́т
сма́тривать, *наст. вр. не употр.*
сма́тывание, -я
сма́тывать(ся), -аю(сь), -ает(ся)
смаха́ть, -аю, -ает
сма́хивание, -я
сма́хивать(ся), -аю, -ает(ся)
сма́хнутый
смахну́ть, -ну́, -нёт
с ма́ху
сма́чиваемость, -и
сма́чивание, -я
сма́чиватель, -я
сма́чивать(ся), -аю(сь), -ает(ся)
сма́чность, -и
сма́чный; *кр. ф.* -чен, смачна́, -чно
сма́янный; *кр. ф.* -ян, -яна
сма́ять(ся), сма́ю(сь), сма́ет(ся)
смежа́ть(ся), -а́ю, -а́ет(ся)
смежённый; *кр. ф.* -ён, -ена́
смежи́ть(ся), -жу́, -жи́т(ся)
смежник, -а
сме́жно-изоли́рованный
сме́жность, -и

сме́жный; *кр. ф.* -жен, -жна
смека́листость, -и
смека́листый
смека́лка, -и
смека́ть, -а́ю, -а́ет (*соображать*)
смекну́ть, -ну́, -нёт
смеле́ть, -е́ю, -е́ет
сме́лость, -и
сме́лый; *кр. ф.* смел, смела́, сме́ло, сме́лы; но: Карл Сме́лый
смельча́к, -а́
сме́на, -ы
сменённый; *кр. ф.* -ён, -ена́ (*от* смени́ть)
смени́ть(ся), сменю́(сь), сме́нит(ся)
сме́нно-встре́чный
сме́нность, -и
сме́нно-су́точный
сме́нный
сменове́ховец, -вца, *тв.* -вцем, *р. мн.* -вцев
сменове́ховский (*от* "Сме́на вех")
сменове́ховство, -а
сме́нщик, -а
сме́нщица, -ы, *тв.* -ей
сменя́емость, -и
сменя́емый
сменя́нный; *кр. ф.* -ян, -яна (*от* сменя́ть)
сменя́ть(ся), -я́ю(сь), -я́ет(ся)
смерд, -а
смерде́ть, -ржу́, -рди́т
смердяко́вский (*от* Смердяко́в)
смердяко́вщина, -ы
сме́ренный; *кр. ф.* -ен, -ена
смерза́ние, -я
смерза́ть(ся), -а́ю, -а́ет(ся)
смёрзнуть(ся), -ну, -нет(ся); *прош.* смёрз(ся), смёрзла(сь)
смёрзший(ся)
сме́ривший(ся)
сме́рить(ся), -рю(сь), -рит(ся) и -ряю(сь), -ряет(ся)
смерка́ться, -а́ется

сме́ркнуться, -нется; *прош.* сме́рклось
смеро́к, -рка́
смерте́льно больно́й
смерте́льно ра́ненный
смерте́льность, -и
смерте́льный; *кр. ф.* -лен, -льна
сме́ртник, -а
сме́ртнический
сме́ртничество, -а
сме́ртность, -и
сме́ртный; *кр. ф.* -тен, -тна
смертоно́сность, -и
смертоно́сный; *кр. ф.* -сен, -сна
смерто́нька, -и
смертоуби́йственный; *кр. ф.* -вен и -венен, -венна
смертоуби́йство, -а
сме́ртушка, -и
смерть, -и, *мн.* -и, -е́й
смерч, -а, *тв.* -ем
смерчево́й
сме́ршевский (*от* Смерш, *сокр.*)
смесеобразова́ние, -я
смеси́тель, -я
смеси́тельный
смеси́ть, смешу́, сме́сит
сме́ска, -и, *р. мн.* -сок
сме́сный
сме́совый
с ме́ста в карье́р
с ме́ста на ме́сто
смести́(сь), смету́, сметёт(ся); *прош.* смёл(ся), смела́(сь)
смести́ть(ся), смещу́(сь), сме́стит(ся)
смесь, -и
сме́та, -ы
смета́на, -ы
смета́ние, -я
смета́нка, -и
смета́нник, -а
смета́нница, -ы, *тв.* -ей
смета́нный (*от* смета́на)
смётанный; *кр. ф.* -ан, -ана (*от* смета́ть)

СМЕТАТЬ

смета́ть¹, -а́ю, -а́ет, *сов.* (*о шитье*)
смета́ть², смечу́, сме́чет, *сов.* (*сто́г*)
смета́ть(ся), -а́ю, -а́ет(ся), *несов.* (к смести́(сь)
смете́нный; *кр. ф.* -ён, -ена́ (*от* смести́)
смётка, -и, *р. мн.* -ток
сметли́вость, -и
сметли́вый
сме́тно-фина́нсовый
сметну́ть, -нёт
сме́тный
смёточный
сме́тчик, -а
смётший
смётывание, -я
смётывать(ся), -аю, -ает(ся)
сметь, сме́ю, сме́ет
смех, -а и -у
смеха́ч, -а́, *тв.* -о́м
смеха́чество, -а
смехово́й
смехота́, -ы́
смехотво́рно, *нареч.*
смехотво́рность, -и
смехотво́рный; *кр. ф.* -рен, -рна
смехоти́ща, -и, *тв.* -ей
смеш, -а, *тв.* -ем
сме́шанность, -и
сме́шанный; *кр. ф.* -ан, -ана (*от* смеша́ть)
смеша́ть(ся), -а́ю(сь), -а́ет(ся)
смеше́ние, -я
сме́шенный; *кр. ф.* -ен, -ена (*от* смеси́ть)
сме́шиваемость, -и
сме́шивание, -я
сме́шивать(ся), -аю(сь), -ает(ся)
смеши́нка, -и, *р. мн.* -нок
смеши́ть, -шу́, -ши́т
смешли́вость, -и
смешли́вый
смешно́, *нареч. и в знач. сказ.*
смешнова́тый
смешно́й; *кр. ф.* -шо́н, -шна́
смешо́к, -шка́

смеща́емость, -и
смеща́ть(ся), -а́ю(сь), -а́ет(ся)
смеще́ние, -я
смещённый; *кр. ф.* -ён, -ена́
сме́ющий (*от* сметь)
смею́щийся
смея́ться, смею́сь, смеётся
СМИ, *нескл., мн.* (*сокр.:* средства массовой информации)
сми́гивать(ся), -аю(сь), -ает(ся)
смигну́ть(ся), -ну́(сь), -нёт(ся)
смикши́рованный; *кр. ф.* -ан, -ана
смикши́ровать(ся), -рую, -рует(ся)
сми́лакс, -а
сми́ловаться, -луюсь, -луется
сми́лостивиться, -влюсь, -вится
смина́емость, -и
смина́ть(ся), -а́ю, -а́ет(ся)
с мину́ты на мину́ту
смирёна, -ы, *м. и ж.*
смире́ние, -я
смире́нник, -а
смире́нница, -ы, *тв.* -ей
смире́нничать, -аю, -ает
смире́нно, *нареч.*
смиренному́дренный; *кр. ф.* -рен, -ренна
смиренному́дрие, -я
смиренному́дрый
смире́нность, -и
смире́нный; *кр. ф.* -рен и -ренен, -ренна, *прил.*
смирённый; *кр. ф.* -ён, -ена́, *прич.* (*от* смири́ть)
смире́нство, -а
смири́тель, -я
смири́тельный
смири́ть(ся), -рю́(сь), -ри́т(ся)
сми́рна, -ы
смирне́нек, -нька
сми́рненький
смирне́ть, -е́ю, -е́ет
смирнёхонький; *кр. ф.* -нек, -нька

смирнёшенький; *кр. ф.* -нек, -нька
сми́рно, *нареч.*
смирно́вка, -и (*водка*)
смирно́вский (*от* Смирно́в)
сми́рный; *кр. ф.* -рен и (*разг.*) -рён, -рна́, -рно, смирны́
смиря́ть(ся), -я́ю(сь), -я́ет(ся)
смит-вессо́н, -а
смитсони́т, -а
смла́да и смла́ду
смог, -а (*туман*)
смо́гший (*от* смочь)
смодели́рованный; *кр. ф.* -ан, -ана
смодели́ровать, -рую, -рует
смодули́рованный; *кр. ф.* -ан, -ана
смодули́ровать, -рую, -рует
смозгова́ть, -гу́ю, -гу́ет
смока́ть, -а́ю, -а́ет
смо́ква, -ы
смо́квичный
смо́кед-ши́т, -а
смо́кинг, -а
смо́кинговый
смо́кнуть, -ну, -нет; *прош.* смок, смо́кла
смоко́вница, -ы, *тв.* -ей
смоко́вничный
смоко́вный
смо́кший (*от* смо́кнуть)
смола́, -ы́, *мн.* смо́лы, смол
смола́чивание, -я
смола́чивать(ся), -аю, -ает(ся)
смолёвка, -и, *р. мн.* -вок
смолево́й
смоле́ние, -я
смолённый; *кр. ф.* -ён, -ена́, *прич.*
Смоле́нская АЭ́С
Смоле́нская Бо́жия Ма́терь (*икона*)
Смоле́нская доро́га
смоле́нский (*от* Смоле́нск)
смоле́нцы, -ев, *ед.* -нец, -нца, *тв.* -нцем

Смоле́нщина, -ы (к Смоле́нск)
смолёный, *прил.*
смоли́льный
смоли́льщик, -а
смоли́стость, -и
смоли́стый
смоли́ть(ся), -лю́, -ли́т(ся)
смо́лка, -и, *р. мн.* -лок
смолка́ть, -а́ю, -а́ет
смо́лкнувший
смо́лкнуть, -ну, -нет; *прош.* смолк и смо́лкнул, смо́лкла
смо́лкший
смолова́р, -а
смолова́ренный
смолова́рня, -и, *р. мн.* -рен
смолого́н, -а
смолого́нный
смолодоломи́т, -а
смолодоломи́товый
смо́лоду
смолоку́р, -а
смолокуре́ние, -я
смолоку́ренный
смолоку́рня, -и, *р. мн.* -рен
смоломагнези́т, -а
смоломагнези́товый
смолоно́сный
смолообразова́ние, -я
смолоперего́нный
смолоподо́бный; *кр. ф.* -бен, -бна
смолосемя́нник, -а
смолотече́ние, -я
смолоти́ть, -очу́, -о́тит
с молотка́ (пойти́, прода́ть)
смо́лотый
смоло́ть(ся), смелю́, сме́лет(ся)
смоло́ченный; *кр. ф.* -ен, -ена
смолча́ть, -чу́, -чи́т
смоль: чёрный как смоль
смольё, -я́
смо́льнинский (*от* Смо́льный)
смо́льный; *кр. ф.* -лен, -льна
Смо́льный институ́т и Смо́льный, -ого
Смо́льный монасты́рь

смоля́не, -я́н, *ед.* -я́нин, -а (к Смоле́нск)
смоляни́стый
смоля́нка, -и, *р. мн.* -нок (к Смоле́нск и Смо́льный институ́т)
смоляно́й
смоля́щий(ся)
смонти́рованный; *кр. ф.* -ан, -ана
смонти́ровать(ся), -рую, -рует(ся)
смора́живать(ся), -аю, -ает(ся)
сморгну́ть, -ну́, -нёт
сморённый; *кр. ф.* -ён, -ена́
смори́ть(ся), -рю́(сь), -ри́т(ся)
сморка́ние, -я
сморка́ть(ся), -а́ю(сь), -а́ет(ся)
сморка́ч, -а́, *тв.* -о́м
сморкну́ть(ся), -ну́(сь), -нёт(ся)
сморку́н, -а́
сморо́да, -ы (*прост. к* сморо́дина)
сморо́дина, -ы
сморо́динка, -и, *р. мн.* -нок
сморо́динник, -а
сморо́динный
сморо́диновка, -и
сморо́диновый
сморо́женный; *кр. ф.* -ен, -ена
сморо́зить, -о́жу, -о́зит
сморчко́вый
сморчо́к, -чка́
смо́рщенный; *кр. ф.* -ен, -ена
смо́рщивание, -я
смо́рщивать(ся), -аю(сь), -ает(ся)
смо́рщить(ся), -щу(сь), -щит(ся)
смо́танный; *кр. ф.* -ан, -ана
смота́ть(ся), -а́ю(сь), -а́ет(ся)
смо́тка, -и
смотр, -а, *предл.* на смо́тре, *мн.* -ы, -ов (общественная проверка) и *предл.* на смотру́, *мн.* -ы́, -о́в (парад)
смотре́ние, -я
смо́тренный; *кр. ф.* -ен, -ена
смотре́ть(ся), смотрю́(сь), смо́трит(ся)

смотри́бельный; *кр. ф.* -лен, -льна
смотри́ны, -и́н
смотри́тель, -я
смотри́тельница, -ы, *тв.* -ей
смотри́тельский
смо́трит не насмо́трится
смотр-ко́нкурс, смо́тра-ко́нкурса
смотрово́й
смотря́щий(ся)
смо́тчик, -а
смо́тчица, -ы, *тв.* -ей
смо́ченный; *кр. ф.* -ен, -ена
смочи́ть(ся), смочу́(сь), смо́чит(ся)
смочь, смогу́, смо́жет, смо́гут; *прош.* смог, смогла́
смоше́нничать, -аю, -ает
смрад, -а
сма́дность, -и
сма́дный; *кр. ф.* -ден, -дна
СМУ, *нескл., с.* (*сокр.:* строительно-монтажное управление)
сму́гленький
смугле́ть, -е́ю, -е́ет
сму́глова́тый
смуглоко́жий
смуглоли́цый
сму́глость, -и
смуглота́, -ы́
сму́глый; *кр. ф.* смугл, смугла́, сму́гло, сму́глы́
смугля́к, -а́
смугля́нка, -и, *р. мн.* -нок
смудри́ть, -рю́, -ри́т
смудрова́ть, -ру́ю, -ру́ет
смурно́й
сму́рость, -и
сму́рый; *кр. ф.* смур, сму́ра́, сму́ро
сму́та, -ы
Сму́та, -ы (*Смутное время*)
смути́тель, -я
смути́тельница, -ы, *тв.* -ей
смути́ть(ся), смущу́(сь), смути́т(ся)
смутнова́тый

СМУТНОЕ ВРЕМЯ

Сму́тное вре́мя (в России в нача́ле XVII в.)
сму́тность, -и
сму́тный; кр. ф. -тен, смутна́, -тно
смутья́н, -а
смутья́нить, -ню, -нит
смутья́нка, -и, р. мн. -нок
смутья́нничать, -аю, -ает
смутья́нский
смутья́нство, -а
смухлева́ть, -лю́ю, -лю́ет
сму́шка, -и, р. мн. -шек
сму́шковый
смуща́ть(ся), -а́ю(сь), -а́ет(ся)
смуще́ние, -я
смущённо, нареч.
смущённость, -и
смущённый; кр. ф. -ён, -ена́ и (выражающий смущение) -ён, -ённа (её улы́бка смущённа)
смыв, -а
смыва́ние, -я
смыва́ть(ся), -а́ю(сь), -а́ет(ся)
смы́вка, -и
смывно́й
смы́вочный
смы́вщик, -а
смы́вщица, -ы, тв. -ей
смык, -а
смыка́ние, -я
смыка́ть(ся), -а́ю(сь), -а́ет(ся)
смы́ленный; кр. ф. -ен, -ена
смы́ливание, -я
смы́ливать(ся), -аю, -ает(ся)
смы́лить(ся), -лю, -лит(ся)
смы́лки, -ов
смысл, -а
смы́слить, -лю, -лит
смыслово́й
смыслопорожда́ющий
смыслоразличе́ние, -я
смыслоразличи́тельный
смы́слящий
смы́тый
смы́ть(ся), смо́ю(сь), смо́ет(ся)
смы́чка, -и, р. мн. -чек

смычко́вый
смы́чно-горта́нный
смы́чный
смычо́к, -чка́
смышлёно, нареч.
смышлёность, -и
смышлёный; кр. ф. -ён, -ёна
смышля́ть, -я́ю, -я́ет
смягча́ть(ся), -а́ю(сь), -а́ет(ся)
смягче́ние, -я
смягчённость, -и
смягчённый; кр. ф. -ён, -ена́
смягчи́тель, -я
смягчи́тельный
смягчи́ть(ся), -чу́(сь), -чи́т(ся)
смяка́ть, -а́ю, -а́ет (к смя́кнуть)
смя́кнуть, -ну, -нет; прош. смяк, смя́кла
смя́кший
смяте́ние, -я
смяте́нно, нареч.
смяте́нность, -и
смяте́нный; кр. ф. -ён, -ённа
смя́тие, -я
смя́тый
смя́ть(ся), сомну́, сомнёт(ся)
снабди́ть(ся), снабжу́(сь), снабди́т(ся)
снабжа́ть(ся), -а́ю(сь), -а́ет(ся)
снабжа́ющий(ся)
снабже́нец, -нца, тв. -нцем, р. мн. -нцев
снабже́ние, -я
снабжённый; кр. ф. -ён, -ена́
снабже́нческий
снабже́нческо-сбытово́й
с наглецо́й
сна́добье, -я, р. мн. -бий
сна́йпер, -а
сна́йперский
сна́йперство, -а
снайто́вить, -о́влю, -о́вит
снайто́вка, -и
снайто́вленный; кр. ф. -ен, -ена
с налёта и с налёту
с напря́гом

снару́жи
снаря́д, -а
снаряди́ть(ся), -яжу́(сь), -яди́т(ся)
снаря́дный
снаря́довый
снаряжа́ть(ся), -а́ю(сь), -а́ет(ся)
снаряже́ние, -я
снаряжённый; кр. ф. -ён, -ена́
с наско́ка и с наско́ку
с насме́шкой
снасти́ть(ся), снащу́, снасти́т(ся)
сна́сточка, -и, р. мн. -чек
снасть, -и, мн. -и, -е́й
снача́ла, нареч. (внача́ле; снова); но сущ. с нача́ла (от начала: с нача́ла го́да)
с нача́ла до конца́
сна́шивание, -я
сна́шивать(ся), -аю, -ает(ся)
снащённый; кр. ф. -ён, -ена́, прич. (от снасти́ть)
СНВ [эсэнвэ́], нескл., мн. (сокр.: стратегические наступательные вооружения)
с небольши́м (с лишком: три киломе́тра с небольши́м)
снебре́жничать, -аю, -ает
снег, -а и -у, предл. в (на) снегу́, мн. -а́, -о́в
снегирёк, -рька́
снегири́ха, -и
снеги́рь, -я́
снегоболотохо́д, -а
снегова́л, -а
снегова́ние, -я
снегове́й, -я
снегови́к, -а́
снеговичо́к, -чка́
снегово́й
снегозадержа́ние, -я
снегозаде́рживающий
снегозащи́та, -ы
снегозащи́тный
снегока́т, -а
снеголави́нный
снеголо́м, -а

снегоме́р, -а
снегоме́рный
снегомоби́ль, -я
снегонакопле́ние, -я
снегообра́зный; кр. ф. -зен, -зна
снегоочисти́тель, -я
снегоочисти́тельный
снегоочи́стка, -и
снегопа́д, -а
снегопа́х, -а
снегопа́х-валкова́тель, снегопа́ха-валкова́теля
снегопогру́зчик, -а
снегоподо́бный; кр. ф. -бен, -бна
снегоступы́, -о́в, ед. -сту́п, -а
снегосъёмка, -и
снегота́ялка, -и, р. мн. -лок
снегота́яние, -я
снеготранспортёр, -а
снегоубо́рка, -и
снегоубо́рочный
снегоубо́рщик, -а
снегохо́д, -а
снегохо́дный
снегохо́дчик, -а
Снегу́рка, -и, р. мн. -рок (Снегу́рочка) и снегу́рка, -и, р. мн. -рок (снегурочка)
снегу́рки, -рок (коньки)
Снегу́рочка, -и, р. мн. -чек (сказочный персонаж; человек, одетый как этот персонаж) и снегу́рочка, -и, р. мн. -чек (игрушка, фигура из снега)
снегу́рочки, -чек (коньки)
снеда́емый
снеда́ть(ся), -а́ю(сь), -а́ет(ся)
снедь, -и
снежи́на, -ы
снежи́нка, -и, р. мн. -нок
снежи́нский (от Снежинск)
снежи́ть, -и́т
снежи́ще, -а, м.
снежки́, -о́в (игра)
Сне́жная короле́ва (сказочный персонаж)

снежни́к, -а́
сне́жнинский (от Сне́жное, город)
снежни́ца, -ы, тв. -ей
сне́жно-бе́лый
снежного́рский (от Снежного́рск)
сне́жно-лави́нный
сне́жно-ледо́вый
сне́жнояго́дник, -а
сне́жный; кр. ф. -жен, -жна
снежня́нский (от Сне́жное, город)
снежо́к¹, -жка́ и -жку́ (уменьш.-ласкат. к снег)
снежо́к², -жка́ (комок снега)
снежо́чек, -чка и -чку
снежура́, -ы́
снек-ба́р, -а
с неохо́той
с непривы́чки
снесе́ние, -я
снесённый; кр. ф. -ён, -ена́
снести́(сь), -су́(сь), -сёт(ся); прош. снёс(ся), снесла́(сь)
снёсший(ся)
снетко́вый
снето́к, -тка́
снетосуши́льный
снето́чек, -чка
снето́чный
снивели́рованный; кр. ф. -ан, -ана
снивели́ровать(ся), -рую, -рует(ся)
снижа́ть(ся), -а́ю(сь), -а́ет(ся)
сниже́ние, -я
сни́женный; кр. ф. -ен, -ена (от сни́зить)
сни́занный; кр. ф. -ан, -ана (от сниза́ть)
сниза́ть(ся), снижу́, сни́жет(ся)
сни́зить(ся), сни́жу(сь), сни́зит(ся)
снизойти́, -йду́, -йдёт; прош. -ошёл, -ошла́
снизоше́дший и снише́дший

сни́зу, нареч.
сни́зу вве́рх
сни́зу до́верху
сни́зывание, -я
сни́зывать(ся), -аю, -ает(ся)
сника́ть, -а́ю, -а́ет
сни́кнувший
сни́кнуть, -ну, -нет; прош. сник, сни́кла
сни́кший
снима́ние, -я
снима́ть(ся), -а́ю(сь), -а́ет(ся)
сни́мок, -мка
сни́мочный
СНиП, -а и нескл., мн. (сокр.: строительные нормы и правила; санитарные нормы и правила)
сниска́ние, -я
сни́сканный; кр. ф. -ан, -ана
сниска́ть, снищу́, сни́щет
сни́скивать(ся), -аю, -ает(ся)
снисходи́тельность, -и
снисходи́тельный; кр. ф. -лен, -льна
снисходи́ть, -ожу́, -о́дит
снисходя́щий
снисхожде́ние, -я
снише́дший и снизоше́дший
сни́ться, снюсь, сни́тся
сноб, -а
сноби́зм, -а
сноби́стский
СНО [эснэо́], нескл., с. (сокр.: студенческое научное общество)
сно́ва, нареч. (вновь, опять)
сно́ва-здоро́во
снова́лка, -и, р. мн. -лок
снова́льный
снова́льщик, -а
снова́льщица, -ы, тв. -ей
снова́ние, -я
снова́ть(ся), сную́, снуёт(ся)
сновиде́ние, -я
снови́дец, -дца, тв. -дцем, р. мн. -дцев
снови́дица, -ы, тв. -ей

сновидный
сновидческий
сновка, -и
снову, *нареч.* (*когда вещь еще новая*)
сноговорение, -я
сногсшибательность, -и
сногсшибательный; *кр. ф.* -лен, -льна
сноп, -а
снопик, -а
снопище, -а, *мн.* -а и -и, -ищ, *м.*
сноповидный; *кр. ф.* -ден, -дна
сноповка, -и
сноповый
сноповяз, -а
сноповязалка, -и, *р. мн.* -лок
сноповязальный
сноповязальщик, -а
сноповязальщица, -ы, *тв.* -ей
снопок, -пка
снопообразный; *кр. ф.* -зен, -зна
снопоподаватель, -я
снопоподъёмник, -а
снопосушилка, -и, *р. мн.* -лок
снопочек, -чка
сноравливать, -аю, -ает
сноровистость, -и
сноровистый
сноровить, -влю, -вит
сноровка, -и
снос[1], -а (*действие*)
снос[2]: сносу нет
с носа (по сто рублей с носа)
сноси: на сносях
носить(ся), сношу(сь), сносит(ся)
сноска, -и, *р. мн.* -сок
сносность, -и
сносный; *кр. ф.* -сен, -сна
с носом (остаться)
снотворное, -ого
снотворный
снотолкование, -я
снотолкователь, -я
снотолковательница, -ы, *тв.* -ей
сноуборд, -а

сноубординг, -а
сноубордист, -а
сноубордистка, -и, *р. мн.* -ток
сноха, -и, *мн.* снохи, снох
снохач, -а, *тв.* -ом
снохаческий
снохачество, -а
снохождение, -я
сношение, -я
сношенный; *кр. ф.* -ен, -ена
сношенька, -и, *р. мн.* -нек
снулый
сныть, -и (*растение*)
сныч, -а, *тв.* -ом
снюхаться, -аюсь, -ается
снюхиваться, -аюсь, -ается
снятие, -я
снятой, *прил.* (снятое молоко)
снятый; *кр. ф.* снят, снята, снято, *прич.*
снять(ся), сниму(сь), снимет(ся) и (*устар. прост.*) сыму(сь), сымет(ся); *прош.* снял(ся), сняла(сь), сняло, снялось
со и с, *предлог*
соавтор, -а
соавторский
соавторство, -а
соавторствовать, -твую, -твует
соаренда, -ы
соарендатор, -а
собака, -и, но: год Собаки (*по восточному календарю*), Собака, -и (*о том, кто родился в этот год*)
собака-поводырь, собаки-поводыря
Собакевич, -а
собаковед, -а
собаковедение, -я
собаковладелец, -льца, *тв.* -льцем, *р. мн.* -льцев
собаковод, -а
собаководство, -а
собаководческий
собакоголовые, -ых

собакообразный; *кр. ф.* -зен, -зна
собачата, -ат
собачащий(ся)
собачей, -я
собаченция, -и
собаченька, -и, *р. мн.* -нек
собачий, -ья, -ье
собачина, -ы
собачить(ся), -чу(сь), -чит(ся)
собачища, -и, *тв.* -ей
собачка, -и, *р. мн.* -чек
собачник, -а
собачница, -ы, *тв.* -ей
собачонка, -и, *р. мн.* -нок
Собачья площадка (*в Москве; ист.*)
собезьянничать, -аю, -ает
собес, -а
собеседник, -а
собеседница, -ы, *тв.* -ей
собеседование, -я
собеседовать, -дую, -дует
собесовский
собираемость, -и
собирание, -я
собиратель, -я
собирательница, -ы, *тв.* -ей
собирательность, -и
собирательный; *кр. ф.* -лен, -льна
собирательский
собирательство, -а
собирать(ся), -аю(сь), -ает(ся)
собкор, -а
собкоровский
соблаговоление, -я
соблаговолить, -лю, -лит
соблаговолять, -яю, -яет
соблазн, -а
соблазнённый; *кр. ф.* -ён, -ена
соблазнитель, -я
соблазнительница, -ы, *тв.* -ей
соблазнительность, -и
соблазнительный; *кр. ф.* -лен, -льна
соблазнить(ся), -ню(сь), -нит(ся)

СОВЕТОЛОГИЧЕСКИЙ

соблазни́ть(ся), -ню́(сь), -ни́т(ся)
соблюда́ть(ся), -а́ю, -а́ет(ся)
соблюде́ние, -я
соблюдённый; *кр. ф.* -ён, -ена́
соблю́дший
соблюсти́, -юду́, -юдёт; *прош.* -ю́л, -юла́
собо́й (*форма местоим.* себя́)
соболева́ние, -я
соболева́ть, -лю́ю, -лю́ет
соболево́д, -а
соболево́дство, -а
соболево́дческий
со́болевый и соболёвый
соболе́знование, -я
соболе́зновать, -ную, -нует
соболе́знующе, *нареч.*
соболе́знующий
соболёк, -лька́
соболёнок, -нка, *мн.* -ля́та, -ля́т
собо́лий, -ья, -ье
соболи́ный
со́боль, -я, *мн.* -и и -я́, -е́й (*животное*), -я́, -е́й (*мех*)
соболю́шка, -и, *р. мн.* -шек
соболя́тник, -а
собо́р, -а
собо́р Двена́дцати апо́столов
Собо́рная гора́ (*в Смоленске*)
Собо́рная пло́щадь (*в Московском Кремле*)
собо́рне и собо́рно, *нареч.* (*церк.*)
Собо́рное уложе́ние (*1649*)
собо́рность, -и
собо́рный
соборова́ние, -я
соборо́ванный; *кр. ф.* -ан, -ана
соборова́ть(ся), -ру́ю(сь), -ру́ет(ся)
собо́р Пари́жской Богома́тери
собо́р Свято́го Петра́
собо́рянин, -а, *мн.* -я́не, -я́н
СОБР, -а (*сокр.:* специальный отряд быстрого реагирования)
с-обра́зный [эс-]; *кр. ф.* -зен, -зна
собра́ние, -я

со́бранность, -и
со́бранный; *кр. ф. прич.* -ан, -ана; *кр. ф. прил.* (*умеющий сосредоточиться; подтянутый*) -ан, -анна
собра́ньице, -а
собра́т, -а, *мн.* собра́тья, -ьев и (*устар.*) -тий
собра́ть(ся), соберу́(сь), соберёт(ся); *прош.* -а́л(ся), -ала́(сь), -а́ло, -а́ло́сь
со́бровец, -вца, *тв.* -вцем, *р. мн.* -вцев
со́бровский (*от* СОБР)
со́бственник, -а
со́бственница, -ы, *тв.* -ей
со́бственнический
со́бственно, *вводн. сл. и частица*
со́бственно-возвра́тный
со́бственно говоря́, *вводн. сл.*
со́бственноли́чный
со́бственно нау́чный
со́бственнору́чный
со́бственность, -и
со́бственно языково́й
со́бственный
собуты́льник, -а
собуты́льница, -ы, *тв.* -ей
собуты́льничать, -аю, -ает
собы́тие, -я
собы́тийность, -и
собы́тийный
СОВ, *нескл., с.* (*сокр.:* стойкое отравляющее вещество)
сова́, -ы́, *мн.* со́вы, сов
со́ванный; *кр. ф.* -ан, -ана
сова́ть(ся), сую́(сь), сует(ся)
совде́п, -а
Совде́пия, -и
совде́повский
совёнок, -нка, *мн.* совя́та, совя́т
соверше́н, -а
соверша́ть(ся), -а́ю, -а́ет(ся)
соверше́ние, -я
соверше́нно, *нареч.*
совершенноле́тие, -я

совершенноле́тний
соверше́нный; *кр. ф.* -е́нен, -е́нна; соверше́нный вид
совершённый; *кр. ф.* -ён, -ена́, *прич.*
соверше́нство, -а
соверше́нствование, -я
соверше́нствованный; *кр. ф.* -ан, -ана
соверше́нствовать(ся), -твую(сь), -твует(ся)
соверши́ть(ся), -шу́, -ши́т(ся)
со́вестить(ся), -ещу(сь), -естит(ся)
со́вестливость, -и
со́вестливый
со́вестно, *в знач. сказ.*
со́вестный; *кр. ф.* -тен, -тна
со́весть, -и
со́вестящий(ся)
сове́т, -а; *но:* вла́сть Сове́тов, съезд Сове́тов, Верхо́вный Сове́т (*в СССР*)
Сове́т безопа́сности (*правительственное учреждение в ряде стран*), *но:* Сове́т Безопа́сности ООН
Сове́т глав госуда́рств – уча́стников СНГ
Сове́т Евро́пы
советиза́ция, -и
советизи́рованный; *кр. ф.* -ан, -ана
советизи́ровать(ся), -рую, -рует(ся)
совети́зм, -а
Сове́т мини́стров
Сове́т наро́дных комисса́ров (*в СССР до 1946*)
сове́тник, -а
сове́тница, -ы, *тв.* -ей
сове́тничий, -ья, -ье
Сове́т оборо́ны
сове́товать(ся), -тую(сь), -тует(ся)
советода́тель, -я
советоло́г, -а
советологи́ческий

советоло́гия, -и
Сове́тская а́рмия
Сове́тская Га́вань (город и залив)
сове́тский (к Сове́ты, Сове́тский Сою́з, Сове́тск; сове́тская вла́сть, сове́тское прави́тельство)
Сове́тский Сою́з
сове́тско-америка́нский
Сове́тское госуда́рство (об СССР)
сове́тско-кита́йский
сове́тско-францу́зский
Сове́т Федера́ции
советча́не, -а́н, ед. -а́нин, -а (от Сове́тск)
сове́тчик, -а
сове́тчица, -ы, тв. -ей
Сове́ты, -ов (о Сове́тском Сою́зе, о сове́тской вла́сти)
сове́ть, -е́ю, -е́ет
совеща́ние, -я
Совеща́ние по безопа́сности и сотру́дничеству в Евро́пе (1973–1975)
совеща́тельный
совеща́ться, -а́юсь, -а́ется
совзна́ки, -ов, ед. -зна́к, -а
сови́к, -а́
совино́вность, -и
совино́вный; кр. ф. -вен, -вна
Совинформбюро́, нескл., с.
сови́ный
совиньо́н, -а
со́вка, -и, р. мн. со́вок (птица; бабочка)
со́вкий; кр. ф. со́вок, совка́, со́вко
совко́вость, -и
совко́вый
совлада́ть, -а́ю, -а́ет
совладе́лец, -льца, тв. -льцем, р. мн. -льцев
совладе́лица, -ы, тв. -ей
совладе́ние, -я
совладе́ть, -е́ю, -е́ет
совлека́ть(ся), -а́ю, -а́ет(ся)
совлёкший(ся)

совлече́ние, -я
совлечённый; кр. ф. -ён, -ена́
совле́чь(ся), -еку́, -ечёт(ся), -еку́т(ся); прош. -ёк(ся), -екла́(сь)
совмести́мость, -и
совмести́мый
совмести́тель, -я
совмести́тельница, -ы, тв. -ей
совмести́тельский
совмести́тельство, -а
совмести́тельствовать, -твую, -твует
совмести́ть(ся), -ещу́, -ести́т(ся)
совме́стник, -а
совме́стница, -ы, тв. -ей
совме́стность, -и
совме́стный
Совме́стный постоя́нный сове́т Росси́и и НА́ТО
совмеща́ть(ся), -а́ю, -а́ет(ся)
совмеще́ние, -я
совмещённый; кр. ф. -ён, -ена́
Совми́н, -а
совми́новский
Совнарко́м, -а
совнарко́мовский
совнархо́з, -а
совнархо́зовский
сово́к, совка́
совокупи́ть(ся), -плю́(сь), -пи́т(ся)
совокупле́ние, -я
совокуплённый; кр. ф. -ён, -ена́
совокупля́ть(ся), -я́ю(сь), -я́ет(ся)
совоку́пность, -и
совоку́пный
сово́чек, -чка
совпа́вший
совпада́ть, -а́ет
совпаде́ние, -я
совпартшко́ла, -ы
совпа́сть, -адёт; прош. -а́л, -а́ла
соврати́тель, -я
соврати́тельница, -ы, тв. -ей
соврати́ть(ся), -ащу́(сь), -ати́т(ся)
совра́ть, -ру́, -рёт; прош. -а́л, -ала́, -а́ло

совраща́ть(ся), -а́ю(сь), -а́ет(ся)
совраще́ние, -я
совращённый; кр. ф. -ён, -ена́
со вре́менем
совреме́нник, -а
совреме́нница, -ы, тв. -ей
совреме́нно, нареч.
совреме́нность, -и
совреме́нный; кр. ф. -е́нен, -е́нна
совсе́м, нареч. (совсе́м здоро́в; совсе́м не по́нял); но местоим. со всем (со всем свои́м иму́ществом)
совслу́жащий, -его
со вся́чинкой
со вся́чиной
со́вушка-сова́, со́вушки-со́вы
совхо́з, -а
совхо́зно-колхо́зный
совхо́зный
согбе́нность, -и
согбе́нный; кр. ф. -ён, -е́нна
согди́йка, -и, р. мн. -и́ек
согди́йский
согди́йцы, -ев, ед. -и́ец, -и́йца, тв. -и́йцем
со́гды, -ов, ед. согд, -а
согла́сие, -я; но: пло́щадь Согла́сия (в Пари́же)
согласи́тельный
согласи́ть(ся), -ашу́(сь), -аси́т(ся)
согла́сная, -ой (буква)
согла́сно, нареч. и предлог
согла́сность, -и
согла́сный¹; кр. ф. -сен, -сна, прил.
согла́сный², -ого (звук)
согласова́ние, -я
согласо́ванно, нареч.
согласо́ванность, -и
согласо́ванный; кр. ф. прич. -ан, -ана; кр. ф. прил. (обнаруживающий взаимное согласие, единство) -ан, -анна (их де́йствия согласо́ванны)
согласова́ть(ся), -су́ю, -су́ет(ся)

согласо́вывать(ся), -аю, -ает(ся)
соглаша́тель, -я
соглаша́тельница, -ы, *тв.* -ей
соглаша́тельский
соглаша́тельство, -а
соглаша́ть(ся), -а́ю(сь), -а́ет(ся)
соглаше́ние, -я
соглашённый; *кр. ф.* -ён, -ена́
согляда́тай, -я
согляда́тайство, -а
согляда́тайствовать, -твую, -твует
с огля́дкой
со́гнанный; *кр. ф.* -ан, -ана
согна́ть, сгоню́, сго́нит; *прош.* -а́л, -ала́, -а́ло
со́гнутый
согну́ть(ся), -ну́(сь), -нёт(ся)
со́гра, -ы
согра́ждане, -ан, *ед.* согражда́нин, -а
согра́жданка, -и, *р. мн.* -нок
согре́в, -а
согрева́ние, -я
согрева́тельный
согрева́ть(ся), -а́ю(сь), -а́ет(ся)
согрева́ющий(ся)
согре́тый
согре́ть(ся), -е́ю(сь), -е́ет(ся)
согреша́ть, -а́ю, -а́ет
согреше́ние, -я
согреши́ть, -шу́, -ши́т
со́да, -ы
содали́т, -а
содвига́ть(ся), -а́ю, -а́ет(ся) (*устар. к* сдвига́ть(ся))
содви́нуть(ся), -ну, -нет(ся) (*устар. к* сдви́нуть(ся))
соде́йствие, -я
соде́йствовать, -твую, -твует
содержа́ние, -я
содержа́нка, -и, *р. мн.* -нок
соде́ржанный; *кр. ф.* -ан, -ана
содержа́тель, -я
содержа́тельница, -ы, *тв.* -ей
содержа́тельность, -и
содержа́тельный; *кр. ф.* -лен, -льна
содержа́ть(ся), -ержу́(сь), -е́ржит(ся)
содержа́щий(ся)
содержи́мое, -ого
соде́янное, -ого
соде́янный; *кр. ф.* -ян, -яна
соде́ять(ся), -е́ю, -е́ет(ся)
содире́ктор, -а, *мн.* -а́, -о́в
со дня́ на́ день
со́довый
содокла́д, -а
содокла́дчик, -а
Содо́м, -а (*библ.*) и содо́м, -а (*крайний беспорядок, распущенность, разврат*)
Содо́м и Гомо́рра (*библ.*) и содо́м и гомо́рра (*то же, что* содо́м)
содоми́т, -а
содо́мия, -и
содо́мский
со́дранный; *кр. ф.* -ан, -ана
содра́ть(ся), сдеру́, сдерёт(ся); *прош.* -а́л(ся), -ала́(сь), -а́ло, -а́лось
содрога́ние, -я
содрога́ться, -а́юсь, -а́ется
содрогну́ться, -ну́сь, -нётся
содру́жество, -а; но: Брита́нское Содру́жество, стра́ны Содру́жества; мо́ре Содру́жества (*геогр.*)
Содру́жество Незави́симых Госуда́рств (СНГ)
сояво́д, -а
сояво́дство, -а
со́евый
соедине́ние, -я
Соединённое Короле́вство (*о Великобритании*)
Соединённые Шта́ты Аме́рики (США)
соединённый; *кр. ф.* -ён, -ена́
соедини́мость, -и
соедини́мый
соедини́тель, -я
соедини́тельно-тка́нный
соедини́тельный
соедини́ть(ся), -ню́(сь), -ни́т(ся)
соединя́ть(ся), -я́ю(сь), -я́ет(ся)
сожале́ние, -я
сожале́ть, -е́ю, -е́ет
сожже́ние, -я
сожжённый; *кр. ф.* -ён, -ена́
сожи́тель, -я
сожи́тельница, -ы, *тв.* -ей
сожи́тельство, -а
сожи́тельствовать, -твую, -твует
сожи́тие, -я
сожму́ренный; *кр. ф.* -ен, -ена
сожму́рить(ся), -рю(сь), -рит(ся)
со́жранный; *кр. ф.* -ан, -ана
сожра́ть, -ру́, -рёт; *прош.* -а́л, -ала́, -а́ло
со́жский (*от* Сож)
созастро́йщик, -а
созва́ниваться, -аюсь, -ается
со́званный; *кр. ф.* -ан, -ана
созва́ть, созову́, созовёт; *прош.* -а́л, -ала́, -а́ло
созве́здие, -я
созвони́ться, -ню́сь, -ни́тся
созву́чие, -я
созву́чность, -и
созву́чный; *кр. ф.* -чен, -чна
создава́ть(ся), -даю́, -даёт(ся)
созда́ние, -я
со́зданный; *кр. ф.* -ан, создана́, -ано
созда́ньице, -а
созда́тель, -я и (*о Боге*) Созда́тель, -я
созда́тельница, -ы, *тв.* -ей
созда́ть(ся), -а́м, -а́шь, -а́ст(ся), -ади́м, -ади́те, -аду́т(ся); *прош.* со́здал, созда́лся, создала́(сь), со́здало, создало́сь
созерца́ние, -я
созерца́тель, -я
созерца́тельница, -ы, *тв.* -ей

СОЗЕРЦАТЕЛЬНОСТЬ

созерца́тельность, -и
созерца́тельный; кр. ф. -лен, -льна
созерца́тельство, -а
созерца́ть(ся), -а́ю, -а́ет(ся)
созида́ние, -я
созида́тель, -я
созида́тельность, -и
созида́тельный; кр. ф. -лен, -льна
созида́ть(ся), -а́ю, -а́ет(ся)
со зла́
сознава́ть(ся), -наю́(сь), -наёт(ся)
созна́ние, -я
со́знанный; кр. ф. -ан, -ана
созна́тельность, -и
созна́тельный; кр. ф. -лен, -льна
созна́ть(ся), -а́ю(сь), -а́ет(ся)
созорнича́ть, -а́ю, -а́ет
созорова́ть, -ру́ю, -ру́ет
созрева́ние, -я
созрева́ть, -а́ю, -а́ет
созре́ть, -е́ю, -е́ет
созы́в, -а
созыва́ть(ся), -а́ю, -а́ет(ся)
соизволе́ние, -я
соизво́лить, -лю, -лит
соизволя́ть, -я́ю, -я́ет
соизда́тель, -я
соизмере́ние, -я
соизмери́мость, -и
соизмери́мый
соизме́рить, -рю, -рит
соизмеря́ть(ся), -я́ю, -я́ет(ся)
соиме́нник, -а
соиме́нница, -ы, тв. -ей
соиме́нный
соиска́ние, -я
соиска́тель, -я
соиска́тельница, -ы, тв. -ей
соиска́тельство, -а
соисполни́тель, -я
соистец́, -тца́, тв. -тцо́м, р. мн. -тцо́в
сойтие, -я
со́йка, -и, р. мн. со́ек
со́йма, -ы

сойо́ты, -ов, ед. сойо́т, -а
сойти́(сь), сойду́(сь), сойдёт(ся); прош. сошёл(ся), сошла́(сь)
сок, -а и -у, предл. в со́ке и в соку́
сока́мерник, -а
сока́мерница, -ы, тв. -ей
со́кер, -а
сокла́ссник, -а
сокла́ссница, -ы, тв. -ей
сокова́рка, -и, р. мн. -рок
соковыжима́лка, -и, р. мн. -лок
соковыжима́тель, -я
со́ковый и соково́й
сокодвиже́ние, -я
со́кол, -а (птица; инструмент штукатура; то же, что соко́л)
соко́л, -а́ (тяжелый лом)
соколёнок, -нка, мн. -ля́та, -ля́т
соколе́ц, -льца́, тв. -льцо́м, р. мн. -льцо́в
соко́лий, -ья, -ье
соко́лик, -а
соколи́ный
соколи́ха, -и
соколи́ца, -ы, тв. -ей
соколо́к, -лка́
соко́льник, -а
Соко́льники, -ов (район в Москве)
соко́льницкий (от соко́льник)
соко́льнический (от Соко́льники)
соко́льничий, -его
со́кольский (от Со́кол, город и поселок)
сокольча́не, -а́н, ед. -а́нин, -а (от Со́кол)
соколя́тник, -а
соко́мнатник, -а
соко́мнатница, -ы, тв. -ей
сокоотжима́лка, -и, р. мн. -лок
сократи́мость, -и
сократи́мый
сократи́тельность, -и
сократи́тельный
сократи́ть(ся), -ащу́(сь), -ати́т(ся)
сократи́ческий (от Сокра́т)

сокра́товский (от Сокра́т)
сокраща́ть(ся), -а́ю(сь), -а́ет(ся)
сокраще́ние, -я
сокращённый; кр. ф. -ён, -ена́
сокреди́тор, -а
сокрове́нность, -и
сокрове́нный; кр. ф. -ве́н и -ве́нен, -ве́нна
сокро́вище, -а
сокро́вищница, -ы, тв. -ей
сокруша́ть(ся), -а́ю(сь), -а́ет(ся)
сокруша́ющий(ся)
сокруше́ние, -я
сокрушённо, нареч.
сокрушённый; кр. ф. -ён, -ена́
сокруши́тель, -я
сокруши́тельность, -и
сокруши́тельный; кр. ф. -лен, -льна
сокруши́ть(ся), -шу́, -ши́т(ся)
сокры́тие, -я
сокры́тый
сокры́ть(ся), сокро́ю(сь), сокро́ет(ся)
соку́рсник, -а
соку́рсница, -ы, тв. -ей
сола́герник, -а
сола́герница, -ы, тв. -ей
солани́н, -а
сола́но, нескл., м.
соланоло́гия, -и
солга́ть, солгу́, солжёт, солгу́т; прош. -а́л, -ала́, -а́ло
солда́т, -а, р. мн. солда́т
солда́тик, -а
солда́тка, -и, р. мн. -ток
солдатня́, -и́
солда́тский
солда́тство, -а
солда́тушки, -шек
солда́тчина, -ы
солдатьё, -я́
солдафо́н, -а
солдафо́нский
солдафо́нство, -а
солева́р, -а

СОЛОВЫЙ

солеваре́ние, -я
солева́ренный
солева́рница, -ы, *тв.* -ей
солева́рный
солева́рня, -и, *р. мн.* -рен
солево́з, -а
солево́й
солевы́варочный
солевыно́сливость, -и
солевыно́сливый
соледобыва́ние, -я
соледобыва́ющий
соледобы́тчик, -а
солело́мня, -и, *р. мн.* -мен
солелюби́вый
солеме́р, -а
солёненький
соле́ние, -я (*действие*)
со́ленный; *кр. ф.* -ен, -ена, *прич.*
солено́ид, -а
солёно-ки́слый
солёно-копчёный
солёно-марино́ванный
со́лено-пересо́лено
солёно-сла́дкий
солёность, -и
солёный; *кр. ф.* со́лон, солона́, со́лоно, со́лоны́, *прил.*
соле́нье, -я, *р. мн.* -ний (*продукт*)
солепромы́шленник, -а
солепромы́шленность, -и
солепромы́шленный
солеразрабо́тки, -ток
солераствори́тель, -я
солеро́с, -а
солесодержа́ние, -я
солесо́с, -а
солесто́йкий; *кр. ф.* -о́ек, -о́йка
солесто́йкость, -и
солеусто́йчивость, -и
солеусто́йчивый
солеци́зм, -а
соле́цкий (*от* Со́льцы, *город*)
солея́, -и́
солжени́цынский (*от* Солжени́цын)

солигалича́не, -а́н, *ед.* -а́нин, -а
солига́личский (*от* Солига́лич)
солиго́рский (*от* Солиго́рск)
солиго́рцы, -ев, *ед.* -рец, -рца, *тв.* -рцем
со́лид, -а
солида́го, *нескл., с.*
солидариза́ция, -и
солидаризи́роваться, -руюсь, -руется
солидари́зм, -а
солидаризова́ться, -зу́юсь, -зу́ется
солидари́ст, -а
солидари́стский
солида́рность, -и
солида́рный; *кр. ф.* -рен, -рна
соли́дничать, -аю, -ает
соли́дно, *нареч.*
соли́дность, -и
соли́дный; *кр. ф.* -ден, -дна
солидо́л, -а
солидолонагнета́тель, -я
со́лидус, -а
солика́мский (*от* Солика́мск)
солика́мцы, -ев, *ед.* -мец, -мца, *тв.* -мцем
соли́льный
соли́льня, -и, *р. мн.* -лен
соли́льщик, -а
соли́льщица, -ы, *тв.* -ей
солипси́зм, -а
солипси́ст, -а
солипси́ческий
соли́ровать, -рую, -рует
соли́ситор, -а
соли́ст, -а
соли́стка, -и, *р. мн.* -ток
солите́р, -а (*бриллиант*)
солитёр, -а (*червь*)
соли́ть(ся), солю́, со́ли́т(ся)
солифлю́кция, -и
со́лка, -и
со́лкий; *кр. ф.* со́лок, со́лка
соллогу́бовский (*от* Соллогу́б)
со́ллюкс, -а

Со́лнечная систе́ма (*астр.*)
со́лнечник, -а
солнечного́рский (*от* Солнечного́рск)
солнечного́рцы, -ев, *ед.* -рец, -рца, *тв.* -рцем
со́лнечно-земно́й
со́лнечно-синхро́нная орби́та
со́лнечность, -и
со́лнечный; *кр. ф.* -чен, -чна
Со́лнечный Бе́рег (*курорт в Болгарии*)
солноворо́т, -а
солнопёк, -а
со́лнце, -а и (*центр Солнечной системы, астр.*) Со́лнце, -а
солнцеворо́т, -а
солнцеда́р, -а (*вино*)
солнцезащи́та, -ы
солнцезащи́тный
солнцелече́ние, -я
солнцелюби́вый
солнцеобра́зный; *кр. ф.* -зен, -зна
солнцепёк, -а
солнцеподо́бный; *кр. ф.* -бен, -бна
солнцепокло́нник, -а
солнцепокло́нничество, -а
солнцестоя́ние, -я
солнцецве́т, -а
со́лнышко, -а
со́ло, *неизм. и нескл., с.*
солове́й, -вья́
Солове́й-разбо́йник, Соловья́-разбо́йника
со́ло-ве́ксель, -я
солове́ть, -е́ю, -е́ет
солове́цкий (*к* Солове́цкие острова́, Соловки́)
соловею́шка, -и, *р. мн.* -шек, *м.*
соло́вка, -и, *р. мн.* -вок
соло́вушка, -и, *р. мн.* -шек, *м.* и соло́вушек, -шка
соловча́не, -а́н, *ед.* -а́нин, -а (*от* Соловки́)
соло́вый

соловьёвский (*от* Соловьёв)
соловьёнок, -нка, *мн.* -вья́та, -вья́т
соловьи́ный
соловьи́ха, -и
сологу́бовский (*от* Сологу́б)
со́лод, -а
солоде́лый
солоде́ть, -е́ет
со́лоди, -ей (*почвы*)
солоди́льный
солоди́льня, -и, *р. мн.* -лен
солоди́льщик, -а
солоди́льщица, -ы, *тв.* -ей
солоди́ть(ся), -ожу́, -оди́т(ся)
соло́дка, -и, *р. мн.* -док
соло́дковый
солодо́венный
солодо́вня, -и, *р. мн.* -вен
солодо́вый
солододроби́лка, -и, *р. мн.* -лок
соложе́ние, -я
соложённый; *кр. ф.* -ён, -ена́, *прич.*
соложёный, *прил.*
соло́ма, -ы
соло́менник, -а
соло́менно-жёлтый
соло́менно-фура́жный
соло́менный
соло́мина, -ы
соло́минка, -и, *р. мн.* -нок
соло́мисто-мяки́нный
соло́мистый
соломи́т, -а
соломи́товый
соло́мка, -и, *р. мн.* -мок
соломокопни́тель, -я
соломокру́тка, -и, *р. мн.* -ток
Соломо́н, -а (*царь, библ.; о мудреце*)
соломо́ново реше́ние, соломо́нова реше́ния
Соломо́новы острова́, Соломо́новых острово́в
соломоподава́тель, -я
соломоподъёмник, -а

соломопре́сс, -а
соломоре́зка, -и, *р. мн.* -зок
соломосилосоре́зка, -и, *р. мн.* -зок
соломотранспортёр, -а
соломотря́с, -а
со́лон, солона́, со́лоно, солоны́ (*кр. ф. к* солёный)
солонго́й, -я
солоне́е, *сравн. ст.*
солоне́нек, -нька
солоне́ть, -е́ет
солоне́ц, -нца́, *тв.* -нцо́м, *р. мн.* -нцо́в
солони́на, -ы
солони́нный
солони́ца, -ы, *тв.* -ей
соло́нка, -и, *р. мн.* -нок
со́лоно, *нареч. и в знач. сказ.*
солоновато́дная фа́уна
солонова́тость, -и
солонова́тый
солонцева́тость, -и
солонцева́тый
солонцо́во-степно́й
солонцо́вый
солонча́к, -а́
солончако́вый
соло́щий
со́лтерсовский (со́лтерсовская хи́мия)
солу́нский (*от* Солу́нь); *но*: Дими́трий Солу́нский, Солу́нские бра́тья (*о Кирилле и Мефодии*)
солута́н, -а
соль¹, -и, *мн.* -и, -е́й (*вещество*)
соль², -я (*ден. ед.*)
соль³, *нескл., с.* (*нота*)
соль-бемо́ль, -я
соль-бемо́ль-мажо́р, соль-бемо́ль-мажо́ра
соль-бемо́ль-мажо́рный
соль-бемо́ль-мино́р, соль-бемо́ль-мино́ра
соль-бемо́ль-мино́рный
соль-бемо́льный

сольвата́ция, -и
сольва́тный
сольва́ты, -ов, *ед.* -ва́т, -а
сольве́нт, -а
сольве́нт-на́фта, -ы
сольво́лиз, -а
сольвычего́дский (*от* Сольвычего́дск)
сольвычего́дцы, -ев, *ед.* -дец, -дца, *тв.* -дцем
сольдане́лла, -ы
соль-дие́з, -а
соль-дие́з-мажо́р, соль-дие́з-мажо́ра
соль-дие́з-мажо́рный
соль-дие́з-мино́р, соль-дие́з-мино́ра
соль-дие́з-мино́рный
соль-дие́зный
со́льдо, *нескл., с.*
соль-ду́бль-бемо́ль, -я
соль-ду́бль-дие́з, -а
Соль-Иле́цк, -а (*город*)
соль-иле́цкий
соль-мажо́р, соль-мажо́ра
соль-мажо́рный
сольмиза́ция, -и
соль-мино́р, соль-мино́ра
соль-мино́рный
со́льный
сольпу́ги, -у́г, *ед.* -у́га, -и
сольфата́ры, -та́р, *ед.* -та́ра, -ы
сольфе́джио и сольфе́джо, *нескл., с.*
сольца́, -ы́, *тв.* -о́й
сольча́не, -а́н, *ед.* -а́нин, -а (*от* Сольцы́)
солюбилиза́ция, -и
соля́ная кислота́
соля́нка, -и, *р. мн.* -нок
Соля́нка, -и (*улица*)
соля́нковый
соляно́й
Соляно́й бу́нт (1648)
солянокислый
соля́нум, -а

соля́р, -а
соляриза́ция, -и
соля́рий, -я
соляри́метр, -а
соля́рка, -и
соля́рный
соля́ровый
соля́щий(ся)
сом¹, -а́ (*рыба*)
сом², -а (*ден. ед.*)
со́ма, -ы (*тело организма; напиток*)
сома́ли, *неизм. и нескл., м.* (*язык*) и *нескл., мн., ед. м. и ж.* (*народ*)
сомали́йка, -и, *р. мн.* -и́ек
сомали́йский (*от* сома́ли *и* Сома́ли, *государство*)
сомали́йцы, -ев, *ед.* -и́ец, -и́йца, *тв.* -и́йцем
somaти́ческий
соматога́мия, -и
соматоге́нный
соматологи́ческий
соматоло́гия, -и
соматометри́ческий
соматоме́трия, -и
соматоплéвра, -ы
соматоскопи́ческий
соматоскопи́я, -и
соматоти́п, -а
соматотро́пный
сомбре́ро, *нескл., с.*
сомёнок, -нка, *мн.* соми́та, -я́т
со́мик, -а
соми́на, -ы, *м.* (*увелич. к* сом) *и ж.* (*мясо сома; лодка*)
соми́ный
соми́т, -а
со́мкнутость, -и
со́мкнутый
сомкну́ть(ся), -ну́, -нёт(ся)
сомле́ть, -е́ю, -е́ет
со́мма, -ы (*двойной вулкан*)
сомна́мбула, -ы *и* (*устар.*) сомна́мбул, -а
сомнамбули́зм, -а

сомнамбули́ческий
сомнева́ться, -а́юсь, -а́ется
сомне́ние, -я
Со́мнер, -а: спо́соб Со́мнера (*астр.*)
со́мнерова ли́ния, со́мнеровой ли́нии
сомни́тельность, -и
сомни́тельный; *кр. ф.* -лен, -льна
сомножи́тель, -я
сомо́вий, -ья, -ье
сомо́вина, -ы
сомо́вый
сомо́н¹, *неизм.* (*цвет*)
сомо́н², -а (*адм.-терр. единица в Монголии*)
сомча́ть, -чу́, -чи́т
сон¹, сна, *мн.* сны, снов
сон², со́на (*танец, песня*)
со́на, -ы (*муз. инструмент*)
сонанима́тель, -я
сона́нт, -а
сона́нтный
сона́р, -а
сонасле́дник, -а
сонасле́дница, -ы, *тв.* -ей
сонасле́дование, -я
сонасле́довать, -дую, -дует
сона́та, -ы
сонати́на, -ы
сона́тный
сон в ру́ку
сонг, -а
соне́т, -а
соне́тка, -и, *р. мн.* -ток
соне́тный
со́ника, *нареч.*
сони́нке, *нескл., мн., ед. м. и ж.*
сонли́вец, -вца, *тв.* -вцем, *р. мн.* -вцев
сонли́вица, -ы, *тв.* -ей
сонли́вость, -и
сонли́вый
сонм, -а
со́нмище, -а
со́нник, -а

со́нный
соно́рика, -и
соно́рный
сон-трава́, -ы́
сону́ля, -и, *м. и ж.*
сонь, -и
со́ня, -и, *р. мн.* со́ней *и* сонь, *м. и ж.*
соображáть(ся), -а́ю(сь), -а́ет(ся)
соображе́ние, -я
соображённый; *кр. ф.* -ён, -ена́
сообрази́тельность, -и
сообрази́тельный; *кр. ф.* -лен, -льна
сообрази́ть(ся), -ажу́(сь), -ази́т(ся)
сообра́зно, *нареч. и предлог*
сообра́зность, -и
сообра́зный; *кр. ф.* -зен, -зна
сообразова́ние, -я
сообразо́ванный; *кр. ф.* -ан, -ана
сообразова́ть(ся), -зу́ю(сь), -зу́ет(ся)
сообразо́вывать(ся), -аю(сь), -ает(ся)
сообща́, *нареч.*
сообща́ть(ся), -а́ю(сь), -а́ет(ся)
сообща́ющий(ся)
сообще́ние, -я
сообщённый; *кр.ф.* -ён, -ена́
соо́бщество, -а; *но:* Францу́зское Соо́бщество, стра́ны Соо́бщества
сообщи́тельный; *кр. ф.* -лен, -льна
сообщи́ть(ся), -щу́, -щи́т(ся)
соо́бщник, -а
соо́бщница, -ы, *тв.* -ей
соо́бщнический
соо́бщничество, -а
соопеку́н, -а́
сооруди́ть(ся), -ужу́, -уди́т(ся)
сооружа́ть(ся), -а́ю(сь), -а́ет(ся)
сооруже́ние, -я
сооружённый; *кр. ф.* -ён, -ена́
соосажде́ние, -я
сосо́сный

соотве́тственно, *нареч. и предлог*
соотве́тственный; *кр. ф.* -вен и -венен, -венна
соотве́тствие, -я
соотве́тствовать, -твую, -твует
соотве́тствующий
соотве́тчик, -а
соотве́тчица, -ы, *тв.* -ей
соотéчественник, -а
соотéчественница, -ы, *тв.* -ей
соотнесéние, -я
соотнесённость, -и
соотнесённый; *кр. ф.* -ён, -ена́
соотнести́(сь), -су́, -сёт(ся); *прош.* -ёс(ся), -есла́(сь)
соотнёсший(ся)
соотноси́тельность, -и
соотноси́тельный; *кр. ф.* -лен, -льна
соотноси́ть(ся), -ошу́, -о́сит(ся)
соотнося́щий(ся)
соотноше́ние, -я
соо́тчич, -а, *тв.* -ем
сопала́тник, -а
сопала́тница, -ы, *тв.* -ей
сопа́тка, -и, *р. мн.* -ток
сопа́тый (*к* сопе́ть)
сопе́лка, -и, *р. мн.* -лок (*то же, что* сопель)
сопе́ль, -и (*русский народный муз. инструмент*)
сопе́льник, -а
сопе́льный
сопе́льщик, -а
сопе́ние, -я
сопережива́ние, -я
сопережива́тель, -я
сопережива́ть, -а́ю, -а́ет
сопе́рник, -а
сопе́рница, -ы, *тв.* -ей
сопе́рничать, -аю, -ает
сопе́рнический
сопе́рничество, -а
сопе́ть, соплю́, сопи́т
сопи́лка, -и, *р. мн.* -лок (*украинский муз. инструмент*)

со́пка, -и, *р. мн.* со́пок
соплемéнник, -а
соплемéнница, -ы, *тв.* -ей
соплемéнный
со́пли, -éй, *ед.* сопля́, -и́
сопли́вец, -вца, -вцем, *р. мн.* -вцев
сопли́вица, -ы, *тв.* -ей
сопли́вость, -и
сопли́вый
сопло́, -а́, *мн.* со́пла, сопл и со́пел, со́плам
сопловой и со́пловый
сопло́дие, -я
сопля́, -и́ (*о ребенке, о никчемном человеке*)
сопля́к, -а́
сопля́чка, -и, *р. мн.* -чек
соподчине́ние, -я
соподчинённость, -и
соподчинённый; *кр. ф.* -ён, -ена́
соподчини́тельный
соподчини́ть, -ню́, -ни́т
соподчиня́ть(ся), -я́ю, -я́ет(ся)
сополимериза́ция, -и
сополимéры, -ов, *ед.* -мéр, -а
со́пор, -а
сопоро́зный
сопоручи́тель, -я
сопостави́мость, -и
сопостави́мый
сопостави́тельный
сопоста́вить(ся), -влю, -вит(ся)
сопоставле́ние, -я
сопоста́вленный; *кр. ф.* -ен, -ена
сопоставля́ть(ся), -я́ю, -я́ет(ся)
сопостано́вщик, -а
со́почный
соправи́тель, -я
соправи́тельница, -ы, *тв.* -ей
сопрани́ст, -а
сопра́нный
сопра́но, *нескл., с.* (*голос*) *и ж.* (*певица*)
сопра́новый
сопрева́ние, -я
сопрева́ть, -а́ю, -а́ет

сопредéльность, -и
сопредéльный; *кр. ф.* -лен, -льна
сопредседа́тель, -я
сопредседа́тельство, -а
сопрезидéнт, -а
сопрéлый
сопресто́льный
сопрéть, -éю, -éет
соприкаса́ние, -я
соприкаса́ться, -а́юсь, -а́ется
соприкаса́ющийся
соприкоснове́ние, -я
соприкоснове́нный; *кр. ф.* -вен и -венен, -венна
соприкосну́ться, -ну́сь, -нётся
соприро́дность, -и
соприро́дный; *кр. ф.* -ден, -дна
сопрису́тствие, -я
сопрису́тствовать, -твую, -твует
сопричáстник, -а
сопричáстность, -и
сопричáстный; *кр. ф.* -тен, -тна
сопричéсть, -чту́, -чтёт; *прош.* -чёл, -чла́
сопричи́сленный; *кр. ф.* -ен, -ена
сопричи́слить, -лю, -лит
сопричисля́ть(ся), -я́ю(сь), -я́ет(ся)
сопричтённый; *кр. ф.* -ён, -ена́
сопроводи́ловка, -и, *р. мн.* -вок
сопроводи́тель, -я
сопроводи́тельница, -ы, *тв.* -ей
сопроводи́тельный
сопроводи́ть, -ожу́, -оди́т
сопровожда́ть(ся), -а́ю(сь), -а́ет(ся)
сопровожда́ющий(ся)
сопровожде́ние, -я
сопровождённый; *кр. ф.* -ён, -ена́
сопрогра́мма, -ы
сопродю́сер, -а
сопрома́т, -а
сопрома́тчик, -а
сопротивле́ние, -я (*противодéйствие*) и Сопротивле́ние, -я (*антифашистское движение в*

годы Второй мировой войны; движение Сопротивления)
сопротивляемость, -и
сопротивляться, -яюсь, -яется
сопроце́ссник, -а
сопроце́ссница, -ы, тв. -ей
сопроце́ссор, -а
сопряга́ть(ся), -а́ю(сь), -а́ет(ся)
сопря́гший(ся)
сопряже́ние, -я
сопряжённость, -и
сопряжённый; кр. ф. -ён, -ена́
сопря́чь(ся), -ягу́(сь), -яжёт(ся), -ягу́т(ся); прош. -я́г(ся), -ягла́(сь)
сопу́н, -а́ (к сопе́ть)
сопу́нья, -и, р. мн. -ний
спу́тник, -а
сопу́тный
сопу́тствие, -я
сопу́тствовать, -твую, -твует
сопу́тствующий
сор, -а и -у
соразмере́ние, -я
соразме́ренный; кр. ф. -ен, -ена
соразме́рить, -рю, -рит
соразме́рно, нареч. и предлог
соразме́рность, -и
соразме́рный; кр. ф. -рен, -рна
соразмеря́ть(ся), -я́ю, -я́ет(ся)
сора́тник, -а
сора́тница, -ы, тв. -ей
сорба́рия, -и
сорбе́нты, -ов, ед. -е́нт, -а
сорби́новая кислота́
сорби́ровать(ся), -рует(ся)
сорби́т, -а
сорбитиза́ция, -и
сорби́тный
сорбо́за, -ы
Сорбо́нна, -ы
сорбо́ннский (от Сорбо́нна)
со́рбция, -и
сорване́ц, -нца́, тв. -нцо́м, р. мн. -нцо́в
со́рванный; кр. ф. -ан, -ана

сорва́ть(ся), -ву́(сь), -вёт(ся); прош. -а́л(ся), -ала́(сь), -а́ло, -а́лось
сорвиголова́, -ы́, вин. -у́, мн. -го́ловы, -голо́в, -ва́м, м. и ж.
сорганизо́ванный; кр. ф. -ан, -ана
сорганизова́ть(ся), -зу́ю, -зу́ет(ся)
сорганизо́вывать(ся), -аю, -ает(ся)
со́рго, нескл., с.
со́рговый
сортоубо́рочный
соревнова́ние, -я
соревнова́тель, -я
соревнова́тельность, -и
соревнова́тельный
соревнова́ть(ся), -ну́ю(сь), -ну́ет(ся)
соревну́ющий(ся)
соредакторов, -а
сореди́и, -ий, ед. -дия, -и
сорежиссёр, -а
соригина́льничать, -аю, -ает
сориенти́рованный; кр. ф. -ан, -ана
сориенти́ровать(ся), -рую(сь), -рует(ся)
сори́нка, -и, р. мн. -нок
сори́т, -а (филос.)
сори́ть, сорю́, сори́т
сорма́йт, -а
сормовичи́, -е́й, ед. -ви́ч, -а́, тв. -о́м
со́рмовский (от Со́рмово)
со́рность, -и
со́рный; кр. ф. со́рен, со́рна
сорня́к, -а́
сорнячо́к, -чка́
соро́га, -и
сороди́ч, -а, тв. -ем
со́рок, сорока́
соро́ка, -и
соро́ка-белобо́ка, соро́ки-белобо́ки
сорокава́ттка, -и, р. мн. -тток

сорокава́ттный (40-ваттный)
сорокаведёрный (40-ведёрный) и сорокаведёрный (40-вёдерный)
сорокавёрстный (40-вёрстный)
сорокагра́дусный (40-гра́дусный)
сорокадне́вный (40-дне́вный)
сорокакопе́ечный (40-копе́ечный)
сорокале́тие (40-ле́тие), -я
сорокале́тний (40-ле́тний)
сорокалитро́вый (40-литро́вый)
сорокаметро́вый (40-метро́вый)
сорокамину́тный (40-мину́тный)
сорокапятиле́тний (45-ле́тний)
сорокапятимиллиметро́вый (45-миллиметро́вый)
сорокапятимину́тка (45-мину́тка), -и
сорокапятимину́тный (45-мину́тный)
сорокапя́тка, -и, р. мн. -ток (пушка)
сорокарублёвый (40-рублёвый)
сорокачасово́й (40-часово́й)
со́роки, -ов (церк.)
сорокови́ны, -и́н
сороко́вка, -и, р. мн. -вок
сороково́й
сороконо́жка, -и, р. мн. -жек
сорокопу́т, -а
сорокоу́ст, -а
со́рок сороко́в
соро́м, -а и -у
сорора́т, -а
соро́чечный
соро́чий, -ья, -ье
Соро́чинская я́рмарка
соро́чинский (от Соро́чинск и Соро́чинцы)

сорочи́ны, -и́н
соро́чка, -и, *р. мн.* -чек
сорренти́йка, -и, *р. мн.* -и́ек
сорренти́йский и сорре́нтский (*от* Сорре́нто)
сорренти́йцы, -ев, *ед.* -и́ец, -и́йца, *тв.* -и́йцем
сорт, -а, *мн.* -á, -óв
сортава́льский (*от* Сортава́ла)
сортава́льцы, -ев, *ед.* -лец, -льца, *тв.* -льцем
сорта́мент, -а (*преимущ. в металлургии*)
сорта́ментный
со́ртер, -а
сортиме́нт, -а (*преимущ. в производстве лесоматериалов и растениеводстве*)
сортиме́нтный
сорти́р, -а
сорти́рный
сортирова́льный
сортирова́ние, -я
сортиро́ванный; *кр. ф.* -ан, -ана
сортирова́ть(ся), -ру́ю, -ру́ет(ся)
сортиро́вка, -и, *р. мн.* -вок
сортиро́вочный
сортиро́вщик, -а
сортиро́вщица, -ы, *тв.* -ей
со́ртность, -и
со́ртный
сортове́дение, -я
сортово́й
сортоиспыта́ние, -я
сортоиспыта́тель, -я
сортоиспыта́тельный
сортообновле́ние, -я
сортопрока́т, -а
сортопрока́тка, -и
сортопрока́тный
сортосеменово́дческий
сортосме́на, -ы
сортоуча́сток, -тка
со́рус, -а
со́ры, -ов, *ед.* сор, -а и шо́ры, -ов, *ед.* шор, -а (*солончаки*)

соса́льце, -а, *р. мн.* -лец и -льцев
соса́льщик, -а
соса́ние, -я
со́санный; *кр. ф.* -ан, -ана
соса́тельный
соса́ть(ся), сосу́, сосёт(ся)
сосбо́ренный; *кр. ф.* -ён, -ена́ и сосбо́ренный; *кр. ф.* -ен, -ена
сосбори́ть, -рю́, -ри́т и сосбо́рить, -рю, -рит
сосва́танный; *кр. ф.* -ан, -ана
сосва́тать(ся), -аю(сь), -ает(ся)
со́ свету, со све́ту и со све́та (*сжить*)
освобо́дничать, -аю, -ает
сосе́д, -а, *мн.* -и, -ей
сосе́дить, -е́жу, -е́дит
сосе́дка, -и, *р. мн.* -док
сосе́дний
сосе́дский
сосе́дственный
сосе́дство, -а
сосе́дствовать, -твую, -твует
сосе́душка, -и, *р. мн.* -шек, *м. и ж.*
сосе́дящий
со́сенка, -и, *р. мн.* -нок и сосёнка, -и, *р. мн.* -нок
соси́ска, -и, *р. мн.* -сок
соси́сочная, -ой
соси́сочный
со́ска, -и, *р. мн.* -сок
соска́бливание, -я
соска́бливать(ся), -аю, -ает(ся)
соска́кивание, -я
соска́кивать, -аю, -ает
соска́льзывание, -я
соска́льзывать, -аю, -ает
соско́б, -а
соско́бленный; *кр. ф.* -ен, -ена
соскобли́ть(ся), -облю́, -о́бли́т(ся)
сосковидный; *кр. ф.* -ден, -дна
соско́вый
соско́к, -а
соскользну́ть, -ну́, -нёт
соскочи́ть, -очу́, -о́чит
соскреба́ние, -я

соскреба́ть(ся), -а́ю, -а́ет(ся)
соскребённый; *кр. ф.* -ён, -ена́
соскрёбший(ся)
соскрёбывать(ся), -аю, -ает(ся)
соскрести́(сь), -ребу́, -ребёт(ся); *прош.* -рёб(ся), -ребла́(сь)
соску́читься, -чусь, -чится
сослага́тельное наклоне́ние
сослага́тельность, -и
со́сланный; *кр. ф.* -ан, -ана
сосла́ть(ся), сошлю́(сь), сошлёт(ся); *прош.* сосла́л(ся), сосла́ла(сь)
со́слепа и со́слепу
сосло́вие, -я
сосло́вно-ка́стовый
сосло́вно ограни́ченный
сосло́вно-представи́тельный
сосло́вность, -и
сосло́вный; *кр. ф.* -вен, -вна
сослужа́щие, -их (*церк.*)
сослуже́ние, -я
сослу́женный; *кр. ф.* -ен, -ена
сослужи́вец, -вца, *тв.* -вцем, *р. мн.* -вцев
сослужи́вица, -ы, *тв.* -ей
сослужи́ть, -ужу́, -у́жит
сосна́, -ы́, *мн.* со́сны, со́сен, со́снам
со сна́ (*только что проснувшись*)
Сосно́вая Поля́на (*район в Петербурге*)
сосновобо́рский (*от* Сосно́вый Бор и Сосновобо́рск)
сосно́вый
Сосно́вый Бор (*город*)
сосну́ть, -ну́, -нёт
сосня́к, -а́
соснячо́к, -чка́
сосо́к, соска́
со́сочек, -чка
со́сочка, -и, *р. мн.* -чек
со́сочный (*от* со́ска)
сосо́чный (*от* сосо́к)
сосредото́чивать(ся), -аю(сь), -ает(ся) и сосредото́чивать(ся), -аю(сь), -ает(ся)

сосредото́чение, -я
сосредото́ченно, *нареч.*
сосредото́ченность, -и
сосредото́ченный; *кр. ф. прич.* -ен, -ена; *кр. ф. прил.* -ен, -ена (*с дополн.*: она́ сосредото́чена на свое́й рабо́те) и -ен, -енна (*без дополн.*: она́ молчали́ва и сосредото́ченна)
сосредото́чивание, -я
сосредото́чивать(ся), -аю(сь), -ает(ся) и сосредота́чивать(ся), -аю(сь), -ает(ся)
сосредото́чие, -я
сосредото́чить(ся), -чу(сь), -чит(ся)
соссюре́я, -и (*растение*)
соссюриа́нский
соссюриа́нство, -а
соссю́ровский (*от* Соссю́р)
соста́в, -а
состави́тель, -я
состави́тельница, -ы, *тв.* -ей
состави́тельский
соста́вить(ся), -влю, -вит(ся)
составле́ние, -я
соста́вленный; *кр. ф.* -ен, -ена
составля́ть(ся), -я́ю, -я́ет(ся)
составля́ющая, -ей
составно́й
соста́рить(ся), -рю(сь), -рит(ся)
состёганный; *кр. ф.* -ан, -ана
состега́ть, -а́ю, -а́ет
состёгивать(ся), -аю, -ает(ся)
состену́то, *неизм. и нескл., с.*
сости́ранный; *кр. ф.* -ан, -ана
состира́ть(ся), -а́ю, -а́ет(ся)
сости́рывать(ся), -аю, -ает(ся)
состоя́ние, -я
состоя́ньице, -а
состоя́тельность, -и
состоя́тельный; *кр. ф.* -лен, -льна
состоя́ть(ся), -ою́(сь), -ои́т(ся)
состра́гивание, -я и состру́гивание, -я

состра́гивать(ся), -аю, -ает(ся) и состру́гивать(ся), -аю, -ает(ся)
сострада́ние, -я
сострада́тель, -я
сострада́тельность, -и
сострада́тельный; *кр. ф.* -лен, -льна
сострада́ть, -а́ю, -а́ет
со стра́ха и со стра́ху
состра́чивать(ся), -аю, -ает(ся)
сострига́ние, -я
состряга́ть(ся), -а́ю, -а́ет(ся)
состри́гший(ся)
состри́женный; *кр. ф.* -ен, -ена
состри́ть, -рю́, -ри́т
состри́чь(ся), -игу́, -ижёт(ся), -игу́т(ся); *прош.* -и́г(ся), -и́гла(сь)
costро́ганный; *кр. ф.* -ан, -ана и состру́ганный; *кр. ф.* -ан, -ана
состроа́ть(ся), -а́ю, -а́ет(ся) и состру́гать(ся), -а́ю, -а́ет(ся)
состро́енный; *кр. ф.* -ен, -ена
состро́ить, -о́ю, -о́ит
состро́ченный; *кр. ф.* -ен, -ена
сострочи́ть, -чу́, -чи́т
состру́ганный; *кр. ф.* -ан, -ана и состро́ганный; *кр. ф.* -ан, -ана
состру́гать(ся), -а́ю, -а́ет(ся) и сострога́ть(ся), -а́ю, -а́ет(ся)
состру́гивание, -я и состра́гивание, -я
состру́гивать(ся), -аю, -ает(ся) и состра́гивать(ся), -аю, -ает(ся)
состру́ненный; *кр. ф.* -ен, -ена
состру́нивать(ся), -аю, -ает(ся)
состру́нить, -ню, -нит
состря́панный; *кр. ф.* -ан, -ана
состря́пать, -аю, -ает
состыко́ванный; *кр. ф.* -ан, -ана
состыкова́ть(ся), -ку́ю(сь), -ку́ет(ся)
состыко́вка, -и, *р. мн.* -вок
состыко́вывать(ся), -аю(сь), -ает(ся)
состяза́ние, -я
состяза́тельность, -и

состяза́тельный
состяза́ться, -а́юсь, -а́ется
сосу́д, -а
сосу́дик, -а
сосу́дисто-вегетати́вный
сосу́дисто-волокни́стый
сосу́дистый
сосудодви́гательный
сосудорасширя́ющий
сосудосу́живающий
сосудосшива́ющий
сосудохрани́льница, -ы, *тв.* -ей
сосудохрани́тель, -я
сосу́лечка, -и, *р. мн.* -чек
сосу́лька, -и, *р. мн.* -лек
сосу́ля, -и, *р. мн.* -уль и -у́лей
сосу́н, -а́
сосуно́к, -нка́
сосу́чий
сосуществова́ние, -я
сосуществова́ть, -тву́ю, -тву́ет
сосу́щий(ся)
сосцеви́дный; *кр. ф.* -ден, -дна
сосцо́вый
сосцы́, -о́в, *ед.* сосе́ц, сосца́, *тв.* сосцо́м
сосчи́танный; *кр. ф.* -ан, -ана
сосчита́ть(ся), -а́ю(сь), -а́ет(ся)
сосчи́тывать(ся), -аю(сь), -ает(ся)
со́сьвинский (*от* Со́сьва)
сотворе́ние, -я
Сотворе́ние ми́ра (*библ.*; летосчисле́ние от Сотворе́ния ми́ра)
сотворённый; *кр. ф.* -ён, -ена́
сотвори́ть(ся), -рю́, -ри́т(ся)
сотво́рчество, -а
соте́, *нескл., с.* (*кушанье*)
соте́йник, -а
со́тенка, -и, *р. мн.* -нок
со́тенный
сотериологи́ческий
сотериоло́гия, -и
соте́рн, -а
соти́, *нескл., с.* (*театральный жанр*)

со́тка, -и, *р. мн.* со́ток
со́тканный; *кр. ф.* -ан, -ана
сотка́ть(ся), -ку́, -кёт(ся); *прош.* -а́л(ся), -ала́(сь), -а́ло(сь)
со́ткнутый
соткну́ть(ся), -ну́, -нёт(ся)
сотле́ть, -е́ю, -е́ет
со́тник, -а
со́тня, -и, *р. мн.* со́тен
сотня́га, -и
сотня́жка, -и, *р. мн.* -жек
сотова́рищ, -а, *тв.* -ем
со това́рищи (*с товарищами, сообщниками*)
сотови́дный; *кр. ф.* -ден, -дна
со́товый
сотопла́ст, -а
сотохрани́лище, -а
сотрапе́зник, -а
сотрапе́зница, -ы, *тв.* -ей
сотрапе́зничать, -аю, -ает
сотрапе́зничество, -а
сотру́дник, -а
сотру́дница, -ы, *тв.* -ей
сотру́дничать, -аю, -ает
сотру́дничество, -а
сотряса́тельный
сотряса́ть(ся), -а́ю(сь), -а́ет(ся)
сотрясе́ние, -я
сотрясённый; *кр. ф.* -ён, -ена́
сотрясти́(сь), -су́(сь), -сёт(ся); *прош.* -я́с(ся), -ясла́(сь)
сотря́сший(ся)
со́тский, -ого
с отско́ка
с оття́жкой
со́ты, сот и со́тов
со́тый
соударе́ние, -я
соударя́ться, -я́ется
соу́зник, -а (*от у́зы и у́зник*)
со́ул, -а *и неизм.*
соумышле́ние, -я
соумы́шленник, -а
соумы́шленница, -ы, *тв.* -ей
со́ус, -а и -у, *мн.* -ы, -ов и -а́, -о́в

со́усник, -а
со́усница, -ы, *тв.* -ей
со́усный
соуча́ствовать, -твую, -твует
соуча́стие, -я
соуча́стник, -а
соуча́стница, -ы, *тв.* -ей
соучени́к, -а́
соучени́ца, -ы, *тв.* -ей
соучреди́тель, -я
софа́, -ы́, *мн.* со́фы, соф, со́фа́м
софи́зм, -а
софи́йность, -и
софи́йный; *кр. ф.* -и́ен, -и́йна (*филос.*)
Софи́йская на́бережная (*в Москве*)
Софи́йская сторона́ (*в Новгороде*)
софи́йский (*от Софи́я, город и собор*)
Софи́йский собо́р
софи́йцы, -ев, *ед.* -и́ец, -и́йца, *тв.* -и́йцем (*от Софи́я, город*)
софиоло́гия, -и
софи́ст, -а
софи́стика, -и
софисти́ческий
софи́стка, -и, *р. мн.* -ток
софи́т, -а
Софи́я, -и (*имя; город; Софи́йский собор; Божественная премудрость, религ.-филос.*)
Софо́клов, -а, -о и софо́кловский (*от Софо́кл*)
софо́кусный
софо́ра, -ы
со́фтбо́л, -а
софтве́р, -а
софтиза́ция, -и
соха́, -и́, *мн.* со́хи, сох
соха́тина, -ы
соха́тый[1], *прил.*
соха́тый[2], -ого (*лось*)
соха́ч, -а́, *тв.* -о́м
со́хлый

со́хнувший
со́хнуть, -ну, -нет; *прош.* сох и со́хнул, со́хла
сохозя́ин, -а, *мн.* -я́ева, -я́ев
сохране́ние, -я
сохранённый; *кр. ф.* -ён, -ена́
сохрани́ть(ся), -ню́(сь), -ни́т(ся)
сохра́нность, -и
сохра́нный; *кр. ф.* -а́нен, -а́нна
сохраня́емость, -и
сохраня́ть(ся), -я́ю(сь), -я́ет(ся)
со́хший
соц... — *первая часть сложных слов, пишется слитно, но:* соц-а́рт
соц-а́рт, -а
соцбытсе́ктор, -а
соцве́тие, -я
социа́л-... — *первая часть сложных слов, пишется через дефис*
социа́л-дарвини́зм, -а
социа́л-демокра́т, -а
социа́л-демократи́зм, -а
социа́л-демократи́ческий
социа́л-демокра́тия, -и
социализа́ция, -и
социализи́рованный; *кр. ф.* -ан, -ана
социализи́ровать(ся), -рую(сь), -рует(ся)
социали́зм, -а
социали́ст, -а
социалисти́ческий
Социалисти́ческий интернациона́л
социали́стка, -и, *р. мн.* -ток
социали́ст-революционе́р, социали́ста-революционе́ра
социали́ст-утопи́ст, социали́ста-утопи́ста
социа́л-революцио́нный
социа́л-реформи́зм, -а
социа́л-реформи́ст, -а
социа́л-реформи́стский
социа́л-шовини́зм, -а
социа́л-шовини́ст, -а

социа́л-шовинисти́ческий
социа́льно акти́вный
социа́льно-антагонисти́ческий
социа́льно-бытово́й
социа́льно-демографи́ческий
социа́льно защищённый
социа́льно зна́чимый
социа́льно-истори́ческий
социа́льно-культу́рный
социа́льно-лингвисти́ческий
социа́льно незащищённый
социа́льно обусло́вленный
социа́льно опа́сный
социа́льно ориенти́рованный
социа́льно-полити́ческий
социа́льно-правово́й
социа́льно-психологи́ческий
социа́льно-структу́рный
социа́льно-филосо́фский
социа́льно-экономи́ческий
социа́льно-эти́ческий
социа́льный
Социнте́рн, -а
социнте́рновский
социо... — *первая часть сложных слов, пишется слитно*
социобиологи́ческий
социобиоло́гия, -и
социодина́мика, -и
социокульту́рный
социолингви́ст, -а
социолингви́стика, -и
социолингвисти́ческий
социо́лог, -а
социологи́зм, -а
социологи́ческий
социоло́гия, -и
социо́лого-статисти́ческий
социометри́ческий
социоме́трия, -и
социо́ника, -и
социопсихо́лог, -а
социопсихологи́ческий
социопсихоло́гия, -и
социострукту́ра, -ы
со́циум, -а

соцкультбы́т, -а
соцла́герь, -я
соцобяза́тельство, -а
соцопро́с, -а
соцпа́ртия, -и
соцреали́зм, -а
соцреали́ст, -а
соцреалисти́ческий
соцсоревнова́ние, -я
соцстрана́, -ы́, *мн.* -стра́ны, -стра́н
соцстра́х, -а
соцстрахо́вский
сочеви́чник, -а
соче́льник, -а
со́чень, со́чня
сочета́емостный
сочета́емость, -и
сочета́ние, -я
сочета́нный (сочета́нная тра́вма)
сочета́тельный
сочета́ть(ся), -а́ю(сь), -а́ет(ся)
со́чиво, -а
сочине́ние, -я
сочинённый; *кр. ф.* -ён, -ена́
сочини́тель, -я
сочини́тельница, -ы, *тв.* -ей
сочини́тельный
сочини́тельский
сочини́тельство, -а
сочини́ть(ся), -ню́, -ни́т(ся)
со́чинский (*от* Со́чи)
со́чинцы, -ев, *ед.* -нец, -нца, *тв.* -нцем
сочиня́ть(ся), -я́ю, -я́ет(ся)
сочи́ть(ся), -и́т(ся)
сочле́н, -а
сочлене́ние, -я
сочленённый; *кр. ф.* -ён, -ена́
сочлени́ть(ся), -ню́, -ни́т(ся)
сочлено́вный
сочленя́ть(ся), -я́ю, -я́ет(ся)
со́чник, -а
со́чность, -и
со́чный; *кр. ф.* со́чен, сочна́, со́чно, со́чны
сочо́к, сочка́ и сочку́ (*от* сок)

сочтённый; *кр. ф.* -ён, -ена́
сочу́вственно, *нареч.*
сочу́вственный; *кр. ф.* -вен и -венен, -венна
сочу́вствие, -я
сочу́вствовать, -твую, -твует
сочу́вствующий
сошвырну́ть, -ну́, -нёт
соше́дший(ся)
соше́ствие, -я
Соше́ствие во а́д (*иконографический сюжет*)
со́шка, -и, *р. мн.* со́шек
сошни́к, -а́
сошнико́вый
сошничо́к, -чка́
со́шный
сощи́панный; *кр. ф.* -ан, -ана
сощипа́ть, -иплю́, -и́плет, -и́плют и -и́пет, -и́пят; *также* -а́ю, -а́ет
сощи́пнутый
сощипну́ть, -ну́, -нёт
сощи́пывание, -я
сощи́пывать(ся), -аю, -ает(ся)
сощу́ренный; *кр. ф.* -ен, -ена
сощу́ривать(ся), -аю(сь), -ает(ся)
сощу́рить(ся), -рю(сь), -рит(ся)
СОЭ, *нескл., с.* (*сокр.:* скорость оседания эритроцитов)
сою́з, -а
Сою́з, -а (*Советский Сою́з*)
Сою́з благоде́нствия (*общество декабристов*)
Сою́з журнали́стов Росси́и
сою́зить, сою́жу, сою́зит
сою́зка, -и, *р. мн.* -зок
Сою́з каза́чьих во́йск Росси́и и зарубе́жья
Сою́з кинематографи́стов Росси́и
сою́зник, -а
сою́зница, -ы, *тв.* -ей
сою́знический
сою́зничество, -а
сою́зно-республика́нский
сою́зный

СОЮЗ РУССКОГО НАРОДА

Сою́з ру́сского наро́да (организа́ция)
Сою́з Сове́тских Социалисти́ческих Респу́блик (СССР)
Сою́з спасе́ния (общество декабристов)
Сою́з театра́льных де́ятелей Росси́и
Сою́з худо́жников Росси́и
сою́рга́ль, -я
со́я, со́и
СП [эспэ́], нескл., с. (сокр.: совместное предприятие)
спаге́тти, нескл., с. и мн.
спаги́, нескл., м.
спад, -а
спада́ние, -я
спада́ть, -а́ет
спаде́ние, -я
спа́зм, -а, р. мн. -ов и спа́зма, -ы, р. мн. спазм
спазмати́ческий
спазмоли́тик, -а
спазмолити́н, -а
спазмолити́ческий
спазмофили́я, -и
спа́ивание, -я
спа́ивать(ся), -аю(сь), -ает(ся)
спай, -я
спа́йдер, -а
спайк, -а (резкое колебание мышечного или нервного потенциала)
спа́йка, -и, р. мн. спа́ек (к спая́ть; соединение и место его)
спа́йковый
спа́йник, -а
спайнолепе́стные, -ых
спа́йность, -и
спайноцве́тник, -а
спа́йный
спакети́рованный; кр. ф. -ан, -ана
спакети́ровать, -рую, -рует
спа́ленка, -и, р. мн. -нок
спа́ленный (от спа́льня)

спалённый; кр. ф. -ён, -ена́
спа́лзывание, -я
спа́лзывать, -аю, -ает
спа́ливать(ся), -аю(сь), -ает(ся)
спали́ть(ся), -лю́(сь), -ли́т(ся)
спа́льник, -а
спа́льный (от спать)
спа́льня, -и, р. мн. -лен
спа́ндекс, -а
спаниэ́ль, -я
спанорами́ровать, -и́рую, -и́рует
с панталы́ку (сби́ть(ся))
спанье́, -я́
спарашюти́ровать, -рую, -рует
спарде́к, -а
спарде́чный
спа́ренный; кр. ф. -ен, -ена
спа́ржа, -и, тв. -ей
спа́ржевый
спа́ривание, -я
спа́ривать(ся), -аю(сь), -ает(ся)
спа́рить(ся), -рю(сь), -рит(ся)
спа́рка, -и, р. мн. -рок
спароди́рованный; кр. ф. -ан, -ана
спароди́ровать, -и́рую, -и́рует
спа́рринг, -а
спа́рринг-бо́й, -я
спа́рринг-партнёр, -а
Спарта́к, -а (ист.)
спартакиа́да, -ы
Спартакиа́да трудя́щихся Росси́и
спартакиа́дный
спарта́ковец, -вца, тв. -вцем, р. мн. -вцев
спарта́ковский (от Спарта́к и "Спарта́к")
спарта́нец, -нца, тв. -нцем, р. мн. -нцев
спарта́нка, -и, р. мн. -нок
спарта́нский
спартиа́ты, -ов, ед. -иа́т, -а (от Спа́рта)
спа́рхивать, -аю, -ает
спа́рывание, -я

спа́рывать(ся), -аю, -ает(ся)
Спас, -а (о Христе; праздник)
спас: спа́су нет
спаса́ние, -я
спаса́тель, -я
спаса́тельный
спаса́ть(ся), -а́ю(сь), -а́ет(ся)
Спас Благо́е молча́ние, Спа́са Благо́е молча́ние (иконографический тип Христа)
Спас Вседержи́тель, Спа́са Вседержи́теля (иконографический тип Христа)
Спас в Си́лах, Спа́са в Си́лах (иконографический тип Христа)
спасе́ние, -я
спасённый; кр. ф. -ён, -ена́
Спас Златы́е власы́, Спа́са Златы́е власы́ (иконографический тип Христа)
спаси́бо
спаси́бочки и спаси́бочко
спаси́тель, -я и (о Христе) Спаси́тель, -я
спаси́тельница, -ы, тв. -ей
спаси́тельность, -и
спаси́тельный; кр. ф. -лен, -льна
Спас-Клёпики, -ов (город)
Спас на Бору́ (храм)
Спас на Крови́ (храм)
Спас-Нере́дица, -ы и Спа́са-Нере́дицы (церковь)
Спас Нерукотво́рный (образ, иконографический тип Христа)
спасова́ть, -су́ю, -су́ет
Спа́сово согла́сие, Спа́сова согла́сия (старообрядческое течение)
Спа́со-Преображе́нский (храм, монасты́рь)
спассеро́ванный; кр. ф. -ан, -ана
спассерова́ть, -ру́ю, -ру́ет
Спа́сская ба́шня (в Моско́вском Кремле́)
Спасск-Да́льний, Спа́сска-Да́льнего (город)

Спа́сские воро́та (в Московском Кремле)
спа́сский (от Спас, Спасск, Спа́сское)
Спа́сский монасты́рь
Спа́сское-Лутови́ново, Спа́сского-Лутови́нова
Спасск-Ряза́нский, Спа́сска-Ряза́нского (город)
спа́стика, -и
спасти́(сь), -су́(сь), -сёт(ся); прош. спас(ся), спасла́(сь)
спасти́ческий
спасть, спаду́, спадёт; прош. спал, спа́ла
Спас-У́гол, Спас-Угла́ (село)
спа́сцы, -ев, ед. -сец, -сца, тв. -сцем (к Спасск-Ряза́нский)
спасча́не, -а́н, ед. -а́нин, -а (к Спасск-Да́льний)
спа́сший(ся)
Спас Я́рое о́ко, Спа́са Я́рое о́ко (иконографический тип Христа)
спа́теньки, неизм.
спать-почива́ть
спать(ся), сплю, спит(ся); прош. спал, спала́, спа́ло, спало́сь
спа́ханный; кр. ф. -ан, -ана
спаха́ть, спашу́, спа́шет
спа́хивать(ся), -аю, -ает(ся)
спаяннолепе́стные, -ых
спа́янность, -и
спа́янный; кр. ф. прич. -ян, -яна; кр. ф. прил. (единый, дружный) -ян, -янна
спая́ть(ся), -я́ю(сь), -я́ет(ся)
спева́ться, -а́юсь, -а́ется (к спе́ться)
спе́вка, -и, р. мн. -вок
спека́емость, -и
спека́ние, -я
спека́ть(ся), -а́ю, -а́ет(ся)
спекта́кль, -я
спектр, -а
спектра́льно-аналити́ческий
спектра́льно-двойно́й

спектра́льный
спе́ктровый
спектрогелиогра́мма, -ы
спектрогелио́граф, -а
спектрогелиоско́п, -а
спектрогра́мма, -ы
спектро́граф, -а
спектрографи́рованный; кр. ф. -ан, -ана
спектрографи́ровать(ся), -и́рую, -и́рует(ся)
спектрографи́ческий
спектрогра́фия, -и
спектрозона́льный
спектрокомпара́тор, -а
спектро́метр, -а
спектрометри́рование, -я
спектрометри́рованный; кр. ф. -ан, -ана
спектрометри́ровать(ся), -и́рую, -и́рует(ся)
спектрометри́ческий
спектроме́трия, -и
спектрополяри́метр, -а
спектросенситогра́мма, -ы
спектросенсито́метр, -а
спектросенситометри́ческий
спектросенситоме́три́я, -и
спектроско́п, -а
спектроскопи́ческий
спектроскопи́я, -и
спектрофото́метр, -а
спектрофотометри́ческий
спектрофотоме́трия, -и
спекули́рование, -я
спекули́ровать, -рую, -рует
спекульну́ть, -ну́, -нёт
спекуля́нт, -а
спекуля́нтка, -и, р. мн. -ток
спекуля́нтский
спекуляти́вность, -и
спекуляти́вный; кр. ф. -вен, -вна
спекуля́ция, -и
спёкший(ся)
спелёнатый и спелёнутый
спелена́ть, -а́ю, -а́ет

спелёнывать(ся), -аю, -ает(ся)
спелео́лог, -а
спелеологи́ческий
спелеоло́гия, -и
спелеотерапи́я, -и
спелеотури́зм, -а
спелеотури́ст, -а
спелеофа́уна, -ы
спе́лость, -и
спе́лый; кр. ф. спел, спела́, спе́ло, спе́лы́
спе́льта, -ы
спе́нсерова строфа́, спе́нсеровой строфы́
сперва́
спервонача́ла и спервонача́лу
с перева́льцем
спе́реди
с перепо́ю и с перепоя́
с перепу́гу и с перепуга́
спере́ть(ся), сопру́, сопрёт(ся); прош. спёр(ся), спёрла(сь)
спе́рма, -ы
сперматиды, -и́д, ед. -и́да, -ы
сперматогене́з, -а
сперматоге́нный
сперматого́нии, -ев, ед. -ний, -я
сперматозо́ид, -а
сперматоре́я, -и
сперматофо́ры, -ов, ед. -фо́р, -а
сперматоци́ты, -ов, ед. -ци́т, -а
спермаце́т, -а
спермаце́товый
сперма́ции, -ев, ед. -а́ций, -я
спе́рмии, -ев, ед. -мий, -я
сперми́н, -а
спермиогене́з, -а
спермого́ний, -я
спермоце́йгма, -ы
спёртость, -и
спёртый
спе́рший(ся)
спеси́вевший (от спеси́веть)
спеси́веть, -ею, -еет
спеси́вец, -вца, тв. -вцем, р. мн. -вцев

спеси́вшийся (*от* спеси́виться)
спеси́виться, -влюсь, -вится
спеси́вица, -ы, *тв.* -ей
спеси́вость, -и
спеси́вый
спеси́вящийся
спессарти́н, -а
спессарти́т, -а
спесь, -и
спе́тость, -и
спе́тый
спеть, спе́ет (*созревать*)
спе́ть(ся), спою́(сь), споёт(ся) (*к* петь)
спех: не к спе́ху
спец... — первая часть сложных слов, пишется слитно
спец, -а́, *тв.* -о́м, *р. мн.* -о́в
спецавиаотря́д, -а
спецавиаре́йс, -а
спецавтомаши́на, -ы
спецавтотра́нспорт, -а
спецавтохозя́йство, -а
спецбо́рт, -а, *мн.* -а́, -о́в
спецвойска́, -во́йск, -а́м
спецвы́пуск, -а
спецгаше́ние, -я
спецгру́ппа, -ы
спецдисципли́на, -ы
спецдогово́р, -а, *мн.* -ы, -ов и -а́, -о́в
спецзака́з, -а
специализа́ция, -и
специализи́рованный; *кр. ф.* -ан, -ана
специализи́ровать(ся), -ру́ю(сь), -ру́ет(ся)
специали́ст, -а
специали́стка, -и, *р. мн.* -ток
специали́ст-универса́л, специали́ста-универса́ла
специа́льность, -и
специа́льный; *кр. ф.* -лен, -льна
специнтерна́т, -а
специ́фика, -и
спецификáтор, -а
спецификáция, -и
специфици́рованный; *кр. ф.* -ан, -ана
специфици́ровать(ся), -ру́ю, -ру́ет(ся)
специфи́ческий
специфи́чность, -и
специфи́чный; *кр. ф.* -чен, -чна
спе́ция, -и
спецкоми́ссия, -и
спецконво́й, -я
спецконтинге́нт, -а
спецко́р, -а
спецко́ровский
спецку́рс, -а
спецлитерату́ра, -ы
спецмедслу́жба, -ы
спецмили́ция, -и
спецмолоко́, -а́
спецнабо́р, -а
спецна́з, -а
спецна́зовец, -вца, *тв.* -вцем, *р. мн.* -вцев
спецна́зовский
спецнаря́д, -а (*милицейский*)
спецобору́дование, -я
спецобслу́живание, -я
спецобъе́кт, -а
спецо́вка, -и, *р. мн.* -вок
спецо́вочка, -и, *р. мн.* -чек
спецоде́жда, -ы
спецопера́ция, -и
спецосна́стка, -и
спецотде́л, -а
спецотря́д, -а
спецоформле́ние, -я
спецпаёк, -пайка́
спецпереселе́нец, -нца, *тв.* -нцем, *р. мн.* -нцев
спецпита́ние, -я
спецподгото́вка, -и
спецподразделе́ние, -я
спецпо́езд, -а, *мн.* -а́, -о́в
спецполикли́ника, -и
спецпоселе́ние, -я
спецпра́ктикум, -а
спецприёмник, -а
спецпрое́кт, -а
спецпроце́ссор, -а
спецраспредели́тель, -я
спецреда́ктор, -а
спецрежи́м, -а
спецре́йс, -а
спецре́йсовый
спецсамолёт, -а
спецсвя́зь, -и
спецсемина́р, -а
спецсе́рвис, -а
спецсигна́л, -а
спецси́мвол, -а
спецслу́жбы, -слу́жб, *ед.* -слу́жба, -ы
спецсре́дства, -сре́дств, *ед.* -сре́дство, -а
спецста́ль, -и
спецстоя́нка, -и, *р. мн.* -нок
спецсчёт, -а
спецсчёт-депози́т, спецсчёта-депози́та
спецте́хника, -и
спецтехноло́гия, -и
спецтра́нспорт, -а
спецтюрьма́, -ы́, *мн.* -тю́рьмы, -рем, -рьмам
спецуправле́ние, -я
спецучёт, -а
спецфо́нд, -а
спецхра́н, -а
спецхране́ние, -я
спецхрани́лище, -а
спецце́х, -а, *мн.* -а́, -о́в и -и, -ов
спецча́сть, -и, *мн.* -и, -е́й
спецшко́ла, -ы
спецэкспортёр, -а
спецэлектро́д, -а
спецэлектрометаллу́ргия, -и
спецэффе́кт, -а
спечённый; *кр. ф.* -ён, -ена́
спе́чь(ся), спеку́(сь), спечёт(ся), спеку́т(ся); *прош.* спёк(ся), спекла́(сь)
спе́шенный; *кр. ф.* -ен, -ена

спе́шивать(ся), -аю(сь), -ает(ся)
спеши́ть, -шу́, -ши́т (торопиться)
спе́шить(ся), -шу(сь), -шит(ся) (слезть, заставить слезть с лошади)
спе́шка, -и
спе́шность, -и
спе́шный; кр. ф. -шен, -шна
спе́ющий
спива́ть(ся), -а́ю(сь), -а́ет(ся) (к спи́ться)
СПИД, -а (сокр.: синдром приобретенного иммунодефицита)
спидве́й, -я
спи́довый
спидо́ла, -ы
спидо́лог, -а
спидо́метр, -а
спи́кер, -а
спи́керский
спи́керство, -а
спики́ровать, -рую, -рует
спикка́то, неизм. и нескл., с.
спи́кулы, -ул, ед. -ула, -ы
спил, -а
спи́ленный; кр. ф. -ен, -ена
спи́ливание, -я
спи́ливать(ся), -аю, -ает(ся)
спили́т, -а
спили́ть, спилю́, спи́лит
спи́лка, -и (действие)
спи́лок, -лка (слой кожи)
спин, -а (физ.)
спина́, -ы́, вин. спи́ну, мн. спи́ны, спин
спи́накер, -а
спина́льник, -а
спина́льный
спин-ве́ктор, -а
спине́т, -а
спини́ща, -и
спи́нка, -и, р. мн. -нок
спи́ннинг, -а
спиннинги́ст, -а
спи́ннинговый
спи́нно-брюшно́й

спинно́й
спи́нно-мозгово́й
спи́новый (от спин)
спино́за, -ы (спина, шутл.)
спинози́зм, -а
спино́зовский (от Спино́за)
спи́нор, -а
спин-орбита́льный
спино́рный
спиноро́г, -а
спин-спи́новый
спинтариско́п, -а
спи́нушка, -и, р. мн. -шек
спиралеви́дный; кр. ф. -ден, -дна
спиралеобра́зный; кр. ф. -зен, -зна
спирализа́ция, -и
спирализо́ванный; кр. ф. -ан, -ана
спирализова́ться, -зу́ется
спира́ль, -и
спира́лька, -и, р. мн. -лек
спира́льно-кони́ческий
спира́льность, -и
спира́льный
спира́нт, -а
спира́нтный
спира́ть(ся), -а́ю, -а́ет(ся)
спире́я, -и
спири́ллы, -илл, ед. -и́лла, -ы
спири́т, -а
спирити́зм, -а
спирити́ческий
спири́тка, -и, р. мн. -ток
спиритуали́зм, -а
спиритуали́ст, -а
спиритуалисти́ческий
спи́ричуэл, -а и спи́ричуэлс, нескл., мн.
спироги́ра, -ы
спирогра́мма, -ы
спиро́граф, -а
спирографи́ческий
спирогра́фия, -и
спиро́метр, -а
спирометри́ческий

спироме́три́я, -и
спирохето́з, -а
спирохе́ты, -е́т, ед. -хе́та, -ы
спирт, -а и -у, предл. в (на) спи́рте и в (на) спирту́, мн. -ы́, -о́в
спиртзаво́д, -а
спиртно́й
спиртобензо́л, -а
спиртобензо́льный
спиртова́ние, -я
спирто́ванный; кр. ф. -ан, -ана
спиртова́ть(ся), -ту́ю, -ту́ет(ся)
спирто́вка, -и, р. мн. -вок
спиртово́дный
спиртово́дочный
спиртово́з, -а
спиртово́й
спиртоглицери́новый
спиртоме́р, -а
спиртоочисти́тельный
спиртосодержа́щий и спиртсодержа́щий
спирт-ректифика́т, спи́рта-ректифика́та
спирт-сыре́ц, спи́рта-сырца́
спирули́на, -ы
списа́ние, -я
спи́санный; кр. ф. -ан, -ана
списа́ть(ся), спишу́(сь), спи́шет(ся)
спи́сок, -ска
спи́сочный
спи́сывание, -я
спи́сывать(ся), -аю(сь), -ает(ся)
спита́кский (от Спита́к)
спита́кцы, -ев, ед. -кец, -кца, тв. -кцем
спито́й, прил. (спито́й ча́й)
спи́тый, прич.
спи́ть(ся), сопью́(сь), сопьёт(ся); прош. спи́л(ся), спила́(сь), спи́ло, спило́сь
спи́хивание, -я
спи́хивать(ся), -аю, -ает(ся)
спи́хнутый
спихну́ть, -ну́, -нёт

спихотéхника, -и
спи́ца, -ы, *тв.* -ей
спи́цевый и спицево́й
спич, -а, *тв.* -ем
спи́чечница, -ы, *тв.* -ей
спи́чечный
спи́чка, -и, *р. мн.* -чек
спичра́йтер, -а
сплав, -а
спла́вать, -аю, -ает
спла́вина, -ы
спла́вить(ся), -влю, -вит(ся)
спла́вка, -и
сплавле́ние, -я
спла́вленный; *кр. ф.* -ен, -ена
сплавля́ть(ся), -я́ю, -я́ет(ся)
сплавно́й
спла́вочный
спла́вщик, -а
сплани́рованный; *кр. ф.* -ан, -ана (*от* сплани́ровать) и сплани-ро́ванный; *кр. ф.* -ан, -ана (*от* сплани́рова́ть)
сплани́ровать, -рую, -рует (*от* плани́ровать) и сплани́рова́ть, -ни́рую, -ни́рует (*от* плани́рова́ть)
спланхнологи́ческий
спланхноло́гия, -и
спланхнопле́вра, -ы
спланхноптóз, -а
спласиро́ванный; *кр. ф.* -ан, -ана
спласирова́ть, -ру́ю, -ру́ет
сплат, -а
спла́чивание, -я
спла́чивать(ся), -аю(сь), -ает(ся)
сплёвывание, -я
сплёвывать(ся), -аю, -ает(ся)
спленомега́лия, -и
спленопа́тия, -и
сплёскивать(ся), -аю, -ает(ся)
сплёснутый
сплесну́ть, -ну́, -нёт
сплести́(сь), сплету́(сь), сплетёт(ся); *прош.* сплёл(ся), сплела́(сь)

сплета́ние, -я
сплета́ть(ся), -а́ю(сь), -а́ет(ся)
сплете́ние, -я
сплетённый; *кр. ф.* -ён, -ена́
сплётка, -и, *р. мн.* -ток
спле́тник, -а
спле́тница, -ы, *тв.* -ей
спле́тничанье, -я
спле́тничать, -аю, -ает
спле́тня, -и, *р. мн.* -тен
сплётший(ся)
сплеча́, *нареч.*
сплин, -а
сплит, -а (*фин.*)
сплит-систе́ма, -ы
спли́тский (*от* Сплит, *город*)
спли́тцы, -ев, *ед.* -тец, -тца, *тв.* -тцем
сплоённый; *кр. ф.* -ён, -ена́
спло́ить, -ою́, -ои́т
сплоти́ть(ся), -очу́(сь), -оти́т(ся)
спло́тка, -и, *р. мн.* -ток
спло́точно-сортиро́вочный
спло́точный
сплохова́ть, сплоху́ю, сплоху́ет
сплоче́ние, -я
сплочённо, *нареч.*
сплочённость, -и
сплочённый; *кр. ф. прич.* -ён, -ена́; *кр. ф. прил.* (*единый, дружный*) -ён, -ённа
сплошно́й
сплошня́к, -а́
сплошняко́м, *нареч.*
сплошь
сплошь да ря́дом
сплутова́ть, -ту́ю, -ту́ет
сплыва́ть(ся), -а́ю(сь), -а́ет(ся)
сплы́ть(ся), -ыву́(сь), -ывёт(ся); *прош.* -ы́л(ся), -ыла́(сь), -ы́ло, -ы́ло́сь
сплю́нутый
сплю́нуть, -ну, -нет
сплю́снутый
сплю́снуть(ся), -ну, -нет(ся)
сплю́шка, -и, *р. мн.* -шек

сплю́щенный; *кр. ф.* -ен, -ена
сплю́щивание, -я
сплю́щивать(ся), -аю, -ает(ся)
сплю́щить(ся), -щу, -щит(ся)
спля́санный; *кр. ф.* -ан, -ана
спляса́ть, -яшу́, -я́шет
СПО [эспэо́], *нескл. м.* (*сокр.:* союз потребительских обществ), *с.* (*сокр.:* специальное программное обеспечение)
с пови́нной
с поворо́та
с подве́тра
сподви́жник, -а
сподви́жница, -ы, *тв.* -ей
сподви́жничество, -а
сподли́чать, -аю, -ает
сподо́бить(ся), -блю(сь), -бит(ся)
сподо́бленный; *кр. ф.* -ен, -ена
сподобля́ть(ся), -я́ю(сь), -я́ет(ся)
сподогра́мма, -ы
сподографи́ческий
сподогра́фия, -и
сподру́чник, -а
сподру́чница, -ы, *тв.* -ей
сподру́чничать, -аю, -ает
сподру́чный; *кр. ф.* -чен, -чна
сподря́д, *нареч.* (*прост. к* подря́д)
сподуме́н, -а
спо́енный; *кр. ф.* -ен, -ена
спозара́нку
спозара́нок
спознава́ть(ся), -наю́(сь), -наёт(ся)
спозна́ть(ся), -а́ю(сь), -а́ет(ся)
спои́ть, спою́, спо́и́т
спока́яться, -а́юсь, -а́ется (*устар. к* пока́яться)
споко́й, -я и -ю (*прост. к* поко́й)
споко́йный; *кр. ф.* -о́ен, -о́йна
споко́йствие, -я
споко́н ве́ку (веко́в)
спола́горя
спола́скивание, -я
спола́скивать(ся), -аю(сь), -ает(ся)

СПОСОБНЫЙ

с полдоро́ги (пройти́, прое́хать; верну́ться)
сполза́ние, -я
сполза́ть(ся), -а́ю, -а́ет(ся)
сползти́(сь), -зу́, -зёт(ся); *прош.* спо́лз(ся), сползла́(сь)
спо́лзший(ся)
с поли́чным (взя́ть, пойма́ть)
сполна́, *нареч.*
с полоборо́та и с полуоборо́та
споло́сканный; *кр. ф.* -ан, -ана
сполоска́ть, -лощу́, -ло́щет и -а́ю, -а́ет
споло́снутый
сполосну́ть(ся), -ну́(сь), -нёт(ся)
спо́лотый
споло́ть, сполю́, спо́лет
спо́лох, -а (*набат; тревога, переполох*)
спо́лохи, -ов, *ед.* спо́лох, -а (*северное сияние; зарницы*)
с полувзгля́да (поня́ть)
с полулёта (уда́рить)
с полунамёка (поня́ть)
с полуоборо́та и с полоборо́та
с полусло́ва (поня́ть)
спо́лье, -я, *р. мн.* -льев (*место, где сходятся смежные поля*)
спо́льный (*к* спо́лье)
спонги́н, -а
спонги́т, -а
спондеи́ческий
спонде́й, -я
спондилёз, -а
спондили́т, -а
спондилоартри́т, -а
спондилоартро́з, -а
спондилолистёз, -а
спонси́рование, -я
спонси́рованный; *кр. ф.* -ан, -ана
спонси́ровать(ся), -рую(сь), -рует(ся)
спо́нсор, -а
спо́нсорный
спо́нсорский
спо́нсорство, -а

спонтане́йный
спонта́нно, *нареч.*
спонта́нность, -и
спонта́нный; *кр. ф.* -а́нен, -а́нна
спонти́ровать, -и́рую, -и́рует
с по́нтом
спор, -а и -у
споради́ческий
споради́чность, -и
споради́чный; *кр. ф.* -чен, -чна
спора́нгий, -я
Спори́тельница, -ы, *тв.* -ей: Спори́тельница хлебо́в (*икона Божией Матери*)
спо́рить, -рю, -рит (*к* спор)
спо́риться, спо́рится (*идти успешно*)
спо́рность, -и
спо́рный; *кр. ф.* -рен, -рна
спорови́к, -а́
спо́рово-пыльцево́й
спо́ровый
с поро́га (отве́ргнуть, отказа́ть)
спорогене́з, -а
спорого́ний, -я
спороде́рма, -ы
спо́рок, -рка
спорока́рпий, -я
споролисти́к, -а
спороно́сный; *кр. ф.* -сен, -сна
спорообразова́ние, -я
споропо́чки, -чек, *ед.* -по́чка, -и
спо́рость, -и
споротрихо́з, -а
спо́ротый
споро́ть(ся), спорю́, спо́рет(ся)
спорофи́лл, -а
спорофи́т, -а
спороци́ста, -ы
спорт, -а
спорт... — первая часть сложных слов, пишется слитно
спорта́н, -а
спорта́новый
спортба́за, -ы
спортгородо́к, -дка́

спортза́л, -а
спорти́вки, -вок, *ед.* -и́вка, -и
спорти́вно-гимнасти́ческий
спорти́вно-конце́ртный
спорти́вно-ма́ссовый
спорти́вно-оздорови́тельный
спорти́вно-охо́тничий, -ья, -ье
спорти́вно-показа́тельный
спорти́вность, -и
спорти́вно-техни́ческий
спорти́вно-туристи́ческий
спорти́вный; *кр. ф.* -вен, -вна
спортинвента́рь, -я́
спортклу́б, -а
спортклу́бовский
спорткомите́т, -а
спортко́мплекс, -а
спортла́герь, -я, *мн.* -я́, -е́й
спортлото́, *нескл., с.*
спортобщество, -а
спортплоща́дка, -и, *р. мн.* -док
спортро́ллер, -а
спортсе́кция, -и
спортсме́н, -а
спортсме́нка, -и, *р. мн.* -нок
спортсме́н-разря́дник, спортсме́на-разря́дника
спортсме́нский
спортсооруже́ние, -я
спорттова́ры, -ов
Спору́чница, -ы, *тв.* -ей: Спору́чница гре́шных (*икона Божией Матери*)
спорхну́ть, -ну́, -нёт
спо́рщик, -а
спо́рщица, -ы, *тв.* -ей
спо́рщицкий
спо́ры, спор, *ед.* спо́ра, -ы (*бот.*)
спо́рый; *кр. ф.* спор, спора́, спо́ро
спорынья́, -и́
спо́рыш, -а́, *тв.* -о́м
спо́рящий
спо́рящийся
спо́соб, -а
спосо́бность, -и
спосо́бный; *кр. ф.* -бен, -бна

СПОСОБСТВОВАНИЕ

спосо́бствование, -я
спосо́бствовать, -твую, -твует
споспе́шествовать, -твую, -твует
спосыла́ть, -а́ю, -а́ет (*устар.* к посыла́ть)
спот, *неизм.* (сде́лка спо́т, цена́ спо́т)
споткну́ться, -ну́сь, -нётся
с потолка́ (взя́ть – *ни на чем не основываясь*)
спотыка́ние, -я
спотыка́ться, -а́юсь, -а́ется
спотыка́ч, -а́, *тв.* -о́м
спотыкли́вый
спотыкну́ться, -ну́сь, -нётся (*устар.* и *прост.* к споткну́ться)
споты́чка, -и, *р. мн.* -чек
споха́бничать, -аю, -ает
спохвати́ться, -ачу́сь, -а́тится
спохва́тываться, -аюсь, -ается
с похме́лья
спра́ва¹, -ы (*дело; снаряжение*)
спра́ва², *нареч.*
справедли́вость, -и
справедли́вый
спра́вить(ся), -влю(сь), -вит(ся)
спра́вка, -и, *р. мн.* -вок
спра́вка-счёт, спра́вки-счёта
спра́вленный; *кр. ф.* -ен, -ена
справля́ть(ся), -я́ю(сь), -я́ет(ся)
спра́вность, -и
спра́вный; *кр. ф.* -вен, -вна
спра́вочка, -и, *р. мн.* -чек
спра́вочная, -ой
спра́вочник, -а
спра́вочно-библиографи́ческий
спра́вочно-информацио́нный
спра́вочный
спра́вщик, -а
спрайт, -а
спра́йтовый
спра́шивать(ся), -аю(сь), -ает(ся)
спред, -а (*фин.*)
спре́дер, -а
спре́динг, -а

спрессо́ванный; *кр. ф.* -ан, -ана
спрессова́ть(ся), -ссу́ю, -ссу́ет(ся)
спрессо́вывание, -я
спрессо́вывать(ся), -аю, -ает(ся)
с приве́том
с при́дурью
спри́нгер, -а
спри́нклер, -а
спринт, -а
спри́нтер, -а
спри́нтерский
спринцева́ние, -я
спринцева́ть(ся), -цу́ю(сь), -цу́ет(ся)
спринцо́ванный; *кр. ф.* -ан, -ана
спринцо́вка, -и, *р. мн.* -вок
спрова́дить, -а́жу, -а́дит
спрова́женный; *кр. ф.* -ен, -ена
спрова́живание, -я
спрова́живать(ся), -аю(сь), -ает(ся)
спрово́ренный; *кр. ф.* -ен, -ена
спрово́рить, -рю, -рит
спровоци́рованность, -и
спровоци́рованный; *кр. ф.* -ан, -ана
спровоци́ровать(ся), -рую, -рует(ся)
спрогнози́рованный; *кр. ф.* -ан, -ана
спрогнози́ровать, -рую, -рует
спроекти́рованный; *кр. ф.* -ан, -ана
спроекти́ровать(ся), -рую, -рует(ся)
спроеци́рованность, -и
спроеци́рованный; *кр. ф.* -ан, -ана
спроеци́ровать(ся), -рую, -рует(ся)
спроказить, -а́жу, -а́зит
спрос, -а и -у
спроси́ть(ся), -ошу́(сь), -о́сит(ся)
спро́совый
спросо́нку
спросо́нок

спросо́нья
спроста́
спрофили́рованный; *кр. ф.* -ан, -ана
спрофили́ровать(ся), -рую, -рует(ся)
спрохвала́
с прохла́дцей и с прохла́дцем
спро́шенный; *кр. ф.* -ен, -ена
спру, *нескл., м. и с.*
спружи́нить, -ит
спрут, -а
спры́гивание, -я
спры́гивать, -аю, -ает
спры́гнуть, -ну, -нет
спры́ски, -ов
спры́скивание, -я
спры́скивать(ся), -аю(сь), -ает(ся)
спры́снутый
спры́снуть(ся), -ну(сь), -нет(ся)
спря́вший
спряга́емость, -и
спряга́емый
спряга́ть(ся), -а́ю, -а́ет(ся)
спря́гший(ся)
спрядённый; *кр. ф.* -ён, -ена́ и спря́денный; *кр. ф.* -ен, -ена (*от* спрясть)
спряже́ние, -я
спряжённый; *кр. ф.* -ён, -ена́ (*от* спрячь)
спря́жка, -и
спряжно́й
спрями́ть, -млю́, -ми́т
спрямле́ние, -я
спрямлённый; *кр. ф.* -ён, -ена́
спрямля́ть(ся), -я́ю, -я́ет(ся)
спрямля́ющий(ся)
спрясть, спряду́, спрядёт; *прош.* -ял, -я́ла, -я́ло
спря́танный; *кр. ф.* -ан, -ана
спря́тать(ся), -я́чу(сь), -я́чет(ся)
спря́чь(ся), -ягу́(сь), -яжёт(ся), -ягу́т(ся); *прош.* -я́г, -ягла́(сь)
спу́гивать(ся), -аю, -ает(ся)

СРЕДНЕ...

спу́гнутый
спугну́ть, -ну́, -нёт
спуд, -а: из-под спу́да, под спуд, под спу́дом
спурт, -а
спуртова́ть, -ту́ю, -ту́ет
спуск[1], -а
спуск[2]: не дава́ть спу́ску
спуска́емый
спуска́ние, -я
спуска́ть(ся), -а́ю(сь), -а́ет(ся)
спускно́й
спусково́й
спускоподъёмный
спустя́, нареч.
спусти́ть(ся), спущу́(сь), спу́стит(ся)
спустя́, предлог
спустя́ рукава́
спу́танность, -и
спу́танный; кр. ф. -ан, -ана
спу́тать(ся), -аю(сь), -ает(ся)
спу́тник, -а
спу́тниковый
спу́тник-шпио́н, спу́тника-шпио́на
спу́тница, -ы, тв. -ей
спу́тывание, -я
спу́тывать(ся), -аю(сь), -ает(ся)
спу́щенный; кр. ф. -ен, -ена
с пы́лу с жа́ру
спья́на и спья́ну
спюрк, -а
спя́тить, спя́чу, спя́тит
с пя́того на деся́тое
спя́чка, -и
Спя́щая краса́вица (сказочный персонаж)
спя́щий
сраба́тывание, -я
сраба́тывать(ся), -аю(сь), -ает(ся)
срабо́танность, -и
срабо́танный; кр. ф. -ан, -ана
срабо́тать(ся), -аю(сь), -ает(ся)
срабо́тка, -и
сравне́ние, -я

сра́вненный; кр. ф. -ен, -ена (от сравня́ть)
сравнённый; кр. ф. -ён, -ена́ (от сравни́ть)
сра́внивание, -я
сра́внивать(ся), -аю(сь), -ает(ся)
сра́внивающий(ся)
сравни́мость, -и
сравни́мый
сравни́тельно, нареч.
сравни́тельно-анатоми́ческий
сравни́тельно-истори́ческий
сравни́тельно-литературове́дческий
сравни́тельно недорого́й
сравни́тельно-палеонтологи́ческий
сравни́тельный
сравни́ть(ся), -ню́(сь), -ни́т(ся)
сравня́ть(ся), -я́ю(сь), -я́ет(ся) (к ра́вный; испо́лниться, о како́м-н. коли́честве лет, ме́сяцев)
сража́ть(ся), -а́ю(сь), -а́ет(ся)
сраже́ние, -я
сражённый; кр. ф. -ён, -ена́
с разбе́гу и с разбе́га
с разва́льцей и с разва́льцем
с разворо́та
с разго́ну и с разго́на
срази́ть(ся), сражу́(сь), срази́т(ся)
с разлёту и с разлёта
с разма́ху и с разма́ха
сра́зу, нареч.
срам, -а и -у
срами́ть(ся), -млю́(сь), -ми́т(ся)
срамни́к, -а́
срамни́ца, -ы, тв. -ей
срамно́й
срамосло́вие, -я
срамота́, -ы́
срамо́тища, -и, тв. -ей
сраста́ние, -я
сраста́ться, -а́юсь, -а́ется
срасти́сь, -ту́сь, -тётся; прош. сро́сся, сросла́сь
срасти́ть, сращу́, срасти́т

срачи́ца, -ы, тв. -ей (церк.)
сраще́ние, -я
сращённый; кр. ф. -ён, -ена́
сра́щивание, -я
сра́щивать(ся), -аю, -ает(ся)
среаги́ровать, -рую, -рует
сре́бреник, -а (монета)
сребри́стый
сребри́ть(ся), -рю́, -ри́т(ся)
сребро́, -а́
сребровла́сый
среброко́ваный
среброку́дрый
сребролистный и сребролистый
сребролю́бец, -бца, -бцем, р. мн. -бцев
сребролюби́вый
сребролю́бие, -я
среброно́сный
среброткан́ый
среда́[1], -ы́, вин. среду́, мн. сре́ды, сред, сре́дам (окружение)
среда́[2], -ы́, вин. сре́ду, мн. сре́ды, сред, среда́м (день недели)
среди́ и средь, предлог
Средизе́мное мо́ре (межматерико́вое мо́ре Атланти́ческого океа́на) и средизе́мное мо́ре (вну́треннее мо́ре, сильно замкнутое сушей)
средиземномо́рский (от Средизе́мное мо́ре)
Средиземномо́рский бассе́йн
средиземномо́рцы, -ев, ед. -рец, -рца, тв. -рцем
Средиземномо́рье, -я
среди́на, -ы и середи́на, -ы
среди́нно-ключи́чный
среди́нно-океани́ческий
среди́нный и середи́нный
Среди́нный хребе́т (на Камча́тке)
сре́дне, нареч.
сре́дне... — первая часть сложных слов, пишется слитно

среднеазиа́тский
среднеазиа́ты, -ов, ед. -иа́т, -а
Среднеаму́рская ни́зменность
среднеарифмети́ческий
Среднеафга́нские го́ры
средневеко́вый
Средневеко́вье, -я (ист. эпоха) и средневеко́вье, -я (устарелые обычаи, отсталый уровень)
средневеликору́сский
средневерхненеме́цкий
средневе́с, -а
средневзве́шенный
средневи́к, -а́
средневозрастно́й
среднево́лжский
средневолно́вый
средневоспри́имчивый
средневысо́тный
среднегекта́рный
Среднегерма́нский кана́л
среднегодово́й
среднего́рный
среднего́рье, -я, р. мн. -рий
среднегру́дь, -и и -и, предл. в (на) среднегруди́
среднедневно́й
среднеднепро́вский
Среднедуна́йская равни́на
среднедушево́й
среднеевропе́йский
Сре́днее Поднепро́вье
Сре́днее ца́рство (в истории Египта)
среднежи́рный
среднезерни́стый
среднезимосто́йкий
среднекали́берный
среднеквадрати́чный
среднеквалифици́рованный
среднелати́нский
среднелеги́рованный
среднемагистра́льный
среднеме́сячный
среднемирово́й
среднемноголе́тний

средненёбный
сре́дненький
среднеобеспе́ченный
среднеобластно́й
среднеопла́чиваемый
среднеотраслево́й
среднепалеолити́ческий
среднепересечённый
среднепо́здний
среднепроце́нтный
среднепро́чный
среднера́звитый
среднерайо́нный
среднера́нний
среднереспублика́нский
Среднеру́сская возвы́шенность
среднеру́сский
среднеры́ночный
среднесда́точный
среднесде́льный
Среднесиби́рское плоского́рье
среднесме́нный
среднесолёный
среднесо́ртный
среднесостоя́тельный
среднеспе́лый
среднеспи́сочный
среднесро́чный
среднестатисти́ческий
среднесу́точный
среднетехни́ческий
среднетонна́жный
среднеура́льский (от Сре́дний Ура́л и Среднеура́льск)
среднеусто́йчивый
среднеформа́тный
среднечасово́й
среднечетверти́чный
Среднешотла́ндская ни́зменность
среднею́рский (геол.)
среднеязы́чный
Сре́дние века́ (ист. эпоха)
сре́дний
Сре́дний Восто́к (часть Азии)

Сре́дний Егорлы́к (река)
Сре́дний За́пад (в США)
Сре́дний Ура́л
сре́дник, -а
Сре́дняя А́зия
средово́й
Средокре́стная неде́ля и Середокре́стная неде́ля
средокре́стный и середокре́стный
средокре́стье[1], -я и середокре́стье, -я (середина Великого поста)
средокре́стье[2], -я, р. мн. -тий (архит.)
средопо́стный и середопо́стный
средопо́стье, -я и середопо́стье, -я
средосте́ние, -я
средосте́нный
средото́чие, -я
сре́дство, -а
средь и среди́, предлог
срежисси́рованность, -и
срежисси́рованный; кр. ф. -ан, -ана
срежисси́ровать, -рую, -рует
срез, -а
среза́ние, -я
сре́занный; кр. ф. -ан, -ана
сре́зать(ся), сре́жу(сь), сре́жет(ся), сов.
среза́ть(ся), -а́ю(сь), -а́ет(ся), несов.
сре́зка, -и, р. мн. -зок (действие)
срезно́й
сре́зок, -зка (срезанная часть чего-н.)
сре́зчик, -а
сре́зчица, -ы, тв. -ей
сре́зывание, -я
сре́зывать(ся), -аю, -ает(ся)
срепети́рованность, -и
срепети́рованный; кр. ф. -ан, -ана

ССУДОСБЕРЕГАТЕЛЬНЫЙ

срепети́ровать, -рую, -рует
срепето́ванный; *кр. ф.* -ан, -ана
срепетова́ть, -ту́ю, -ту́ет
сре́тение, -я (*встреча, устар. книжн.*) и Сре́тение, -я (*праздник, евангельский и иконографический сюжет*)
Сре́тенка, -и (*улица*)
сре́тенский (к Сре́тение)
Сре́тенский (храм, монастырь)
срикошети́ровать, -рует
срикоше́тить, -ит
срисо́ванный; *кр. ф.* -ан, -ана
срисова́ть, -су́ю, -су́ет
срисо́вка, -и, *р. мн.* -вок
срисо́вывание, -я
срисо́вывать(ся), -аю, -ает(ся)
срифмо́ванный; *кр. ф.* -ан, -ана
срифмова́ть(ся), -му́ю, -му́ет(ся)
сробе́ть, -е́ю, -е́ет
сро́вненный; *кр. ф.* -ен, -ена
сровня́ть(ся), -я́ю(сь), -я́ет(ся) (*к ро́вный; сровня́ть с землёй*)
сро́дич, -а, *тв.* -ем
сродне́ние, -я
сроднённый; *кр. ф.* -ён, -ена́
сродни́, *в знач. сказ.*
сро́дник, -а
сродни́ть(ся), -ню́(сь), -ни́т(ся)
сро́дница, -ы, *тв.* -ей
сро́дный; *кр. ф.* -ден, -дна
сро́дственник, -а (*прост. к ро́дственник*)
сро́дственница, -ы, *тв.* -ей (*прост. к ро́дственница*)
сро́дственный; *кр. ф.* -вен, -венна (*прост. к ро́дственный*)
сродство́, -а́
сро́ду, *нареч.*
сроённый; *кр. ф.* -ён, -ена́
срои́ть(ся), срою́, срои́т(ся)
срок, -а и -у
сро́ковый
сро́ненный; *кр. ф.* -ен, -ена
сроня́ть, сроню́, сро́нит
срост, -а

сростнолепе́стный
сростноли́стный
сростночелюстны́е, -ы́х
сро́сток, -тка
сро́сшийся
сро́чник, -а
срочнослу́жащий
сро́чность, -и
сро́чный; *кр. ф.* -чен, -чна
сруб, -а
сруба́ние, -я
сруба́ть(ся), -а́ю, -а́ет(ся)
сруби́ть, срублю́, сру́бит
сру́бка, -и
сру́бленный; *кр. ф.* -ен, -ена
сру́бный
сру́бовый
с рук (сбы́ть, купи́ть)
с руки́
с ру́к на́ руки
срыв, -а
срыва́ние, -я
срыва́ть(ся), -а́ю(сь), -а́ет(ся)
срыва́ющий(ся)
срывка́, *нареч.*
сры́ву, *нареч.*
сры́вщик, -а
сры́вщица, -ы, *тв.* -ей
сры́гивание, -я
сры́гивать(ся), -аю, -ает(ся)
сры́гнутый
срыгну́ть, -ну́, -нёт
сры́тие, -я
сры́тый
срыть, сро́ю, сро́ет
сряди́ть(ся), сряжу́(сь), сря́ди́т(ся)
сря́ду, *нареч.*
сряжа́ть(ся), -а́ю(сь), -а́ет(ся)
сря́женный; *кр. ф.* -ен, -ена и сряжённый; *кр. ф.* -ён, -ена́
сса́дина, -ы
ссади́ть, ссажу́, сса́дит, *сов.* (*помочь сойти, заставить выйти; содрать, поцарапать кожу*)
сса́женный; *кр. ф.* -ен, -ена (*от ссади́ть*)

сса́живание, -я
сса́живать(ся), -аю(сь), -ает(ся) (*к ссади́ть*)
сса́сывать(ся), -аю, -ает(ся)
сседа́ться, -а́ется
ссек, -а
ссека́ние, -я
ссека́ть(ся), -а́ю, -а́ет(ся)
с секу́нды на секу́нду
ссе́кший и ссёкший (*от ссечь*)
сселе́ние, -я (*от ссели́ть(ся)*)
сселённый; *кр. ф.* -ён, -ена́
ссели́ть(ся), сселю́(сь), сссели́т(ся) (*поселить(ся) вместе*)
сселя́ть(ся), -я́ю(сь), -я́ет(ся)
с се́рдцем (*в гневе, раздражении*)
с сердцо́в (*устар. прост. к в сердца́х и с се́рдцем*)
ссе́сться, сся́дется; *прош.* ссе́лся, ссе́лась
ссе́ченный; *кр. ф.* -ен, -ена и ссечённый; *кр. ф.* -ён, -ена́ (*от ссечь*)
ссе́чки, -чек
ссечь, ссеку́, ссечёт, ссеку́т; *прош.* ссёк и ссек, ссекла́ (*срубить*)
ссова́ть, ссую́, ссуёт (*толкая, сдвинуть*)
ссо́вывать(ся), -аю(сь), -ает(ся)
с согла́сия
ссо́ра, -ы
ссо́рить(ся), -рю(сь), -рит(ся)
ссо́рящий(ся)
ссо́санный; *кр. ф.* -ан, -ана (*от ссоса́ть*)
ссоса́ть, ссосу́, ссосёт (*отсосать; сося, съесть*)
ссо́хнуться, -нусь, -нется; *прош.* ссо́хся, ссо́хлась
ссо́хшийся
ссу́да, -ы
ссуди́ть, ссужу́, ссу́дит (*к ссу́да*)
ссу́дный (*к ссу́да*)
ссудода́тель, -я
ссудополуча́тель, -я
ссудосберега́тельный

ССУЖАТЬ(СЯ)

ссужа́ть(ся), -а́ю, -а́ет(ся) (к ссуди́ть)

ссу́женный; кр. ф. -ен, -ена (от ссуди́ть)

ссу́нутый (от ссу́нуть)

ссу́нуть(ся), -ну(сь), -нет(ся) (столкну́ть, сти́хнуть; сдви́нуться, сползти́)

ссуту́ленный; кр. ф. -ен, -ена

ссуту́лить(ся), -лю(сь), -лит(ся), сов. (к суту́лить(ся))

ссу́ченный; кр. ф. -ен, -ена (от ссучи́ть)

ссу́чивание, -я

ссу́чивать(ся), -аю, -ает(ся)

ссучи́ть(ся), ссучу́, ссу́чи́т(ся), сов. (к сучи́ть(ся))

ссыла́ть(ся), -а́ю(сь), -а́ет(ся)

ссы́лка, -и, р. мн. -лок

ссы́лочный

ссыльнока́торжный, -ого

ссыльнополити́ческий, -ого

ссыльнопоселе́нец, -нца, тв. -нцем, р.мн. -нцев

ссы́льный

ссыпа́ние, -я

ссы́панный; кр. ф. -ан, -ана (от ссы́пать)

ссы́пать(ся), -плю(сь), -плет(ся), -плют(ся) и -пет(ся), -пят(ся), сов. (к ссыпа́ть; упа́сть отку́да-н.)

ссыпа́ть(ся), -а́ю(сь), -а́ет(ся), несов.

ссы́пка, -и, р. мн. -пок

ссыпно́й (к ссы́пка)

с сырцо́й

ссыха́ться, -а́юсь, -а́ется

стабилиза́тор, -а

стабилизацио́нный

стабилиза́ция, -и

стабилизи́рованный; кр. ф. -ан, -ана

стабилизи́ровать(ся), -рую, -рует(ся)

стабилизи́рующий(ся)

стабилизо́ванный; кр. ф. -ан, -ана

стабилизова́ть(ся), -зу́ю, -зу́ет(ся)

стабилитро́н, -а (электроприбор для стабилизации напряжения)

стабиливо́льт, -а

стабилогра́фия, -и

стабилотро́н, -а (СВЧ-генератор)

стаби́льность, -и

стаби́льный; кр. ф. -лен, -льна

стабу́ненный; кр. ф. -ен, -ена

стабу́нивание, -я

стабу́нивать(ся), -аю, -ает(ся)

стабу́нить(ся), -ню, -нит(ся)

став, -а (устройство для крепления; пруд, запруда)

става́ть, стаёт (устар. и обл. к станови́ться (каким) и достава́ть (быть в достаточном количестве, хватать)

ста́венка, -и, р. мн. -нок

ста́венный

ста́вень, -вня, р. мн. -вней и ста́вня, -и, р. мн. -вен

ставе́ц, -вца́, тв. -вцо́м, р. мн. -вцо́в и ста́вец, -вца, тв. -вцем, р. мн. -вцев

ста́вешек, -шка, р. мн. -шков и ста́вешка, -и, р. мн. -шек

стави́льщица, -ы, тв. -ей

ста́вить(ся), -влю, -вит(ся)

ста́вка, -и, р. мн. -вок и (высший орган руководства вооруженными силами во время войны) Ста́вка, -и

ста́вленая гра́мота

ста́вленник, -а

ста́вленница, -ы, тв. -ей

ста́вленный; кр. ф. -ен, -ена, прич.

ставни́к, -а́

ставно́й

ставо́к, -вка́

стави́да, -ы

ставри́дка, -и, р. мн. -док

ставро́гинский (от Ставро́гин)

ставро́гинщина, -ы

ставроли́т, -а

ставромеду́за, -ы

ставропигиа́льный

ставропи́гия, -и

Ставропо́лье, -я (к Ста́врополь)

ставропо́льский (от Ста́врополь)

Ставропо́льский кра́й

ставропо́льцы, -ев, ед. -лец, -льца, тв. -льцем

ставропольча́не, -а́н, ед. -а́нин, -а

ставропольча́нка, -и, р. мн. -нок

ста́вший

ста́вящий(ся)

стагнацио́нный

стагна́ция, -и

стагни́ровать, -рует

стагфляцио́нный

стагфля́ция, -и

стадиа́л, -а (геол.)

стадиа́льность, -и

стадиа́льный

ста́дий, -я (мера длины)

стади́йность, -и

стади́йный

стадио́н, -а

стадио́нный

ста́дия, -и

ста́дность, -и

ста́дный

ста́до, -а, мн. стада́, стад, -а́м

стаж, -а, тв. -ем

стажёр, -а

стажёрка, -и, р. мн. -рок

стажи́ровать(ся), -и́рую(сь), -и́рует(ся)

стажиро́вка, -и, р. мн. -вок

стажиро́вочный

ста́жник, -а

стаз, -а (мед.)

ста́за, -ы (биол.)

ста́ивание, -я

ста́ивать[1], -ает (к та́ять)

ста́ивать[2], наст. вр. не употр. (к стоя́ть)

ста́йер, -а

ста́йерский
ста́йка, -и, *р. мн.* ста́ек
ста́йлер, -а
ста́йность, -и
ста́йный
стака́н, -а
стака́нный
стака́нчик, -а
стака́шек, -шка
ста́кер, -а (*тех.*)
ста́киваться, -аюсь, -ается
стакка́то, *неизм. и нескл., с.*
стакну́ться, -ну́сь, -нётся
ста́ксель, -я
сталагми́т, -а
сталагми́товый
сталагмо́метр, -а
сталагна́т, -а
сталакти́т, -а
сталакти́товый
сталакто́н, -а
сталеалюми́ниевый
сталебето́н, -а
сталебето́нный
сталева́р, -а
сталеваре́ние, -я
сталевыпускно́й
сталелите́йный
сталелите́йщик, -а
сталеплави́льный
сталеплави́льщик, -а
сталепро́волочно-кана́тный
сталепро́волочно-ко́рдовый
сталепро́волочный
сталепрока́т, -а
сталепрока́тный
сталепрока́тчик, -а
сталеразли́вочный
сталефасо́нный
стали́йный (стали́йные дни)
Сталингра́д, -а (*город; битва и разгром агрессора*)
Сталингра́дская би́тва
сталингра́дский (*от* Сталингра́д)
сталингра́дцы, -ев, *ед.* -дец, -дца, *тв.* -дцем

ста́линец, -нца, *тв.* -нцем, *р. мн.* -нцев
сталини́зм, -а
сталини́ст, -а
сталини́стский
сталини́т, -а
ста́линский (*от* Ста́лин)
ста́линщина, -ы
сталиро́ванный; *кр. ф.* -ан, -ана
сталирова́ть(ся), -ру́ю, -ру́ет(ся)
стали́стый
ста́лкер, -а
ста́лкивание, -я
ста́лкивать(ся), -аю(сь), -ает(ся)
ста́ло быть, *вводн. сл.*
ста́лпливаться, -ается
сталь, -и
ста́льник, -а
стально́й
стальце́х, -а, *мн.* -це́хи, -ов и -цеха́, -о́в
стамбу́льский (*от* Стамбу́л)
стамбу́льцы, -ев, *ед.* -лец, -льца, *тв.* -льцем
ста́мбха, -и
стаме́ска, -и, *р. мн.* -сок
стаме́сочный
стамино́дий, -я
ста́мнос, -а
стаму́ха, -и
стан, -а, *предл.* на стану́; но: Тёплый Стан (*район в Москве*)
станда́рт, -а
стандартиза́тор, -а
стандартиза́ция, -и
стандартизи́рованный; *кр. ф.* -ан, -ана
стандартизи́ровать(ся), -рую, -рует(ся)
стандартизо́ванный; *кр. ф.* -ан, -ана
стандартизова́ть(ся), -зу́ю, -зу́ет(ся)
станда́ртка, -и, *р. мн.* -ток
станда́ртность, -и
станда́ртный; *кр. ф.* -тен, -тна

стани́на, -ы
стани́нный
станио́левый
станио́ль, -я
Станисла́в, -а (*имя; орден*)
Станисла́вский, -ого: систе́ма Станисла́вского
стани́ца, -ы, *тв.* -ей
стани́чник, -а
стани́чница, -ы, *тв.* -ей
стани́чный
станкови́ст, -а
станко́вый
станкозаво́д, -а
станкоинструмента́льный
станкосбо́рочный
станкострое́ние, -я
станкострои́тель, -я
станкострои́тельный
станкоча́с, -а, *мн.* -ы́, -о́в
станни́д, -а (*металл*)
станни́н, -а (*минерал*)
станни́т, -а (*соль*)
станови́ть(ся), -овлю́(сь), -о́вит(ся)
стано́вище, -а
становле́ние, -я
Станово́е наго́рье (*в Сибири*)
станово́й
Станово́й хребе́т (*горная система в Сибири*)
становщи́к, -а́
стано́вье, -я, *р. мн.* -вий
становя́щий(ся)
стано́к, -нка́
стано́к-автома́т, станка́-автома́та
стано́к-кача́лка, станка́-кача́лки
стано́чек, -чка
стано́чник, -а
стано́чница, -ы, *тв.* -ей
стано́чный
станс, -а (*строфа*)
ста́нсы, -ов (*стихотворение*)
ста́нца, -ы, *тв.* -ей ("ста́нцы Рафаэ́ля" – *в Ватиканском дворце*)
станцева́ть, -цу́ю, -цу́ет

ста́нцийка, -и, р. мн. -иек
станцио́нник, -а
станцио́нный
ста́нция, -и
станцо́ванность, -и
станцо́ванный; кр. ф. -ан, -ана
ста́пель, -я, мн. -я́, -е́й и -и, -ей
ста́пельный
ста́пливать(ся), -аю, -ает(ся)
ста́птывание, -я
ста́птывать(ся), -аю, -ает(ся)
стара́ние, -я
стара́тель, -я
стара́тельность, -и
стара́тельный; кр. ф. -лен, -льна
стара́тельский
стара́тельство, -а
стара́ться, -а́юсь, -а́ется
Ста́рая Басма́нная (улица)
Ста́рая Ла́дога (населенный пункт)
Ста́рая пло́щадь (в Москве)
Ста́рая Ру́сса (город)
Ста́рая Ряза́нь (город, ист.)
старе́е, сравн. ст.
старе́йший
старе́йшина, -ы, м.
старе́нек, -нька
старе́ние, -я
ста́ренький
старе́ть, -е́ю, -е́ет
старёхонький; кр. ф. -нек, -нька
ста́рец, -рца, тв. -рцем, р. мн. -рцев
старёшенький; кр. ф. -нек, -нька
ста́рик, -а (птица)
стари́к, -а́
старика́н, -а
старика́шка, -и, р. мн. -шек, м.
старико́в, -а, -о
старико́вский
старина́, -ы (былина)
старина́, -ы́, ж. (древность) и м. (старик)
стари́нка, -и (по стари́нке)
стари́нный

стари́нушка, -и, р. мн. -шек, ж. (древность) и м. (старик)
ста́рить(ся), -рю(сь), -рит(ся)
ста́рица, -ы, тв. -ей
ста́рицкий (от Ста́рица, город)
старича́не, -а́н, ед. -а́нин, -а (от Ста́рица)
стари́чи́на, -ы, м.
старичи́шка, -и, р. мн. -шек, м.
старичо́к, -чка́
старичо́нка, -и, р. мн. -нок, м.
старичьё, -я́
ста́рка, -и
старле́тка, -и, р. мн. -ток
старо́, в знач. сказ.
старобы́тность, -и
старобы́тный
старова́тый
старове́р, -а
старове́рец, -рца, тв. -рцем, р. мн. -рцев
старове́рка, -и, р. мн. -рок
старове́рский
старове́рство, -а
старове́рческий
старове́рчество, -а
старода́вний
старода́вность, -и
староде́довский
староду́бка, -и, р. мн. -бок
старожи́л, -а
старожи́лец, -льца, тв. -льцем, р. мн. -льцев
старожи́лка, -и, р. мн. -лок
старожи́льский
старожи́льческий
старожи́тный
старозаве́тность, -и
старозаве́тный; кр. ф. -тен, -тна
староза́лежный
старозапа́шный
староинди́йский
старокато́лики, -ов, ед. -лик, -а
старокатолици́зм, -а
старокатоли́ческий
старокупе́ческий

старола́дожский (от Ста́рая Ла́дога)
староле́сье, -я, р. мн. -сий
старомо́дность, -и
старомо́дный; кр. ф. -ден, -дна
старомоско́вский
старообра́зность, -и
старообра́зный; кр. ф. -зен, -зна
старообря́дец, -дца, тв. -дцем, р. мн. -дцев
старообря́дка, -и, р. мн. -док
старообря́дческий
старообря́дчество, -а
старооско́льский (от Ста́рый Оско́л)
старооско́льцы, -ев, ед. -лец, -льца, тв. -льцем
старопа́хотный
старопа́шня, -и, р. мн. -шен
старопеча́тный
старопи́сьменный
старорежи́мник, -а
старорежи́мность, -и
старорежи́мный; кр. ф. -мен, -мна
старроре́чье, -я, р. мн. -чий
староу́ска, -и, р. мн. -сок (от Ста́рая Ру́сса)
старору́сский (от ста́рая Ру́сь и Ста́рая Ру́сса)
старору́сцы, -ев, ед. -сец, -сца, тв. -сцем (от Ста́рая Ру́сса)
старосве́тский
старосе́лье, -я, р. мн. -лий
старославяни́зм, -а
старославя́нский
старослу́жащий
ста́роста, -ы, м. и ж.
староста́т, -а
старо́ство, -а (в Польше)
ста́ростиха, -и
ста́рость, -и
староти́пный
староцерко́вный
старпо́м, -а
старпо́мовский

старт, -а
ста́ртер, -а и стартёр, -а
ста́ртерный и стартёрный
стартова́ть, -ту́ю, -ту́ет
стартови́к, -а́
ста́ртовый
стартсто́пный
стару́ха, -и
стару́хин, -а, -о
старуше́нция, -и
стару́шечий, -ья, -ье
стару́шечка, -и, *р. мн.* -чек
стару́ший, -ья, -ье
стару́шка, -и, *р. мн.* -шек
старушо́нка, -и, *р. мн.* -нок
старушо́ночка, -и, *р. мн.* -чек
ста́рческий
ста́рчество, -а
ста́рчище, -а и -и, *мн.* -и, -ищ, *м.*
ста́рше, *сравн. ст.*
старшекла́ссник, -а
старшекла́ссница, -ы, *тв.* -ей
старшеку́рсник, -а
старшеку́рсница, -ы, *тв.* -ей
ста́ршенький
ста́рший; *после собственных имен пишется через дефис, напр.:* Рокфе́ллер-ста́рший, Ро́ни-ста́рший, *но в нек-рых ист. прозвищах – раздельно, напр.:* Като́н Ста́рший, Пли́ний Ста́рший
старши́на, -ы (*верхушка казачества*)
старшина́, -ы́, *мн.* -и́ны, -и́н, *м.* (*воинское звание*)
старши́нский
старши́нство, -а (*звание, должность старшины*)
старшинство́, -а́ (*первенство*)
старши́нствовать, -твую, -твует
старшо́й
Ста́рые Доро́ги (*город*)
ста́рый; *кр. ф.* стар, стара́, ста́ро́
Ста́рый го́род (*историческая часть в нек-рых городах*)

Ста́рый Оско́л (*город*)
Ста́рый Свет (*о Европе*)
старьё, -я́
старьёвщик, -а
старьёвщица, -ы, *тв.* -ей
старя́щий(ся)
ста́сканный; *кр. ф.* -ан, -ана
стаска́ть(ся), -а́ю, -а́ет(ся)
ста́скивание, -я
ста́скивать(ся), -аю, -ает(ся)
стасо́ванный; *кр. ф.* -ан, -ана
стасова́ть(ся), -су́ю, -су́ет(ся)
стасо́вывать(ся), -аю, -ает(ся)
стата́льный
стата́рный
статда́нные, -ых
стате́ечка, -и, *р. мн.* -чек
стате́йка, -и, *р. мн.* -е́ек
стате́йный
стати́в, -а (*лингв.*)
стати́вность, -и
стати́вный
ста́тика, -и
статинформа́ция, -и
стати́ст, -а
стати́стик, -а
стати́стика, -и
стати́стико-вероя́тностный
стати́стико-комбинато́рный
статисти́ческий
стати́стка, -и, *р. мн.* -ток
стати́стый
стати́чески
стати́ческий
стати́чность, -и
стати́чный; *кр. ф.* -чен, -чна
статмологи́ческий
статмоло́гия, -и
ста́тность, -и
ста́тный; *кр. ф.* -тен, статна́, -тно
статобла́сты, -ов, *ед.* -а́ст, -а
статоли́ты, -ов, *ед.* -ли́т, -а
ста́тор, -а
статореце́пторы, -ов, *ед.* -тор, -а
статоско́п, -а
статотчёт, -а

статотчётность, -и
статоци́сты, -ци́ст, *ед.* -ци́ста, -ы
ста́точный (ста́точное ли де́ло?)
статс-да́ма, -ы
ста́тский (*устар. к* шта́тский; ста́тский сове́тник)
статс-секрета́рь, -я́
статуа́рность, -и
статуа́рный; *кр. ф.* -рен, -рна
статуеобра́зный; *кр. ф.* -зен, -зна
статуеподо́бный; *кр. ф.* -бен, -бна
стату́йка, -и, *р. мн.* -у́ек
статуправле́ние, -я
ста́тус, -а
ста́тус-кво́, *нескл., м. и с.*
ста́тусный
стату́т, -а
статуэ́тка, -и, *р. мн.* -ток
ста́туя, -и
ста́туя Свобо́ды (*в Нью-Йорке*)
стать[1], ста́ну, ста́нет
стать[2], -и, *р. мн.* -те́й
статьи́шка, -и, *р. мн.* -шек
ста́ться, ста́нется
статья́, -и́, *р. мн.* -те́й
статья́-обзо́р, статьи́-обзо́ра
стафилоко́кки, -ов, *ед.* -ко́кк, -а
стафилоко́кковый
стафилококко́з, -а
стафило́ма, -ы
стаффа́ж, -а, *тв.* -ем
стаффа́жный
стаффордши́р-терье́р, -а
стаха́новец, -вца, *тв.* -вцем, *р. мн.* -вцев
стаха́новка, -и, *р. мн.* -вок
стаха́новский (*от* Стаха́нов)
стациона́р, -а
стациона́рный
стационе́р, -а (*судно*)
ста́ция, -и (*биол., геогр.*)
ста́чанный; *кр. ф.* -ан, -ана
стача́ть, -а́ю, -а́ет
ста́чечник, -а
ста́чечница, -ы, *тв.* -ей
ста́чечный

СТАЧИВАНИЕ

ста́чивание, -я
ста́чивать(ся), -аю, -ает(ся)
ста́чка, -и, р. мн. -чек
стачко́м, -а
стачко́мовский
стачно́й
ста́щенный; кр. ф. -ен, -ена
стащи́ть(ся), стащу́, ста́щит(ся)
ста́я, -и
ста́ять, ста́ет
ствири́, нескл., м.
ствол, -а́
стволи́на, -ы
стволи́стость, -и
стволи́стый
стволова́тый
стволово́й¹ и стволо́вый, прил.
стволово́й², -о́го (рабочий в шахте)
ство́льный
створ, -а
свора́живание, -я
свора́живать(ся), -аю, -ает(ся)
ство́ренный; кр. ф. -ен, -ена и
 створённый; кр. ф. -ён, -ена́
створи́ть(ся), -орю́, -ори́т(ся)
ство́рка, -и, р. мн. -рок
ство́рный
створо́женный; кр. ф. -ен, -ена
створо́жить(ся), -жу, -жит(ся)
ство́рчатый
створя́ть(ся), -я́ю, -я́ет(ся)
стеари́н, -а и -у
стеари́новый
стеати́т, -а
стеати́товый
стеатопиги́я, -и
стёб, -а
стебану́ть, -ну́, -нёт
стеба́ть, -а́ю, -а́ет
стебелёк, -лька́
сте́бель, -бля, мн. -бли, стебле́й
стебелько́вый
сте́бельный
стебельчатогла́зые, -ых
сте́бельчатый

стеблева́ние, -я
стеблево́й и стеблёвый
стебле́ед, -а
стеблепло́д, -а
стеблеподъёмник, -а
стеблесто́й, -я
стебли́стый
стебло́, -а́, мн. стёбла, -бел, -блам
стёбовый
стега́, -и́
стега́льный
стега́льщик, -а
стега́льщица, -ы, тв. -ей
стега́ние, -я
стёганка, -и, р. мн. -нок
стёганный; кр. ф. -ан, -ана, прич.
стегану́ть, -ну́, -нёт
стёганый, прил.
стега́ть(ся), -а́ю(сь), -а́ет(ся)
стегно́, -а́, мн. стёгна, -гон, -гнам
стёгнутый
стегну́ть, -ну́, -нёт
стегоза́вр, -а
стегоцефа́л, -а
стёжка, -и, р. мн. -жек (действие;
 дорожка)
стёжки-доро́жки, стё-
 жек-доро́жек
стежо́к, -жка́ (шов)
стезя́, -и́
стек, -а (хлыст; инф.)
сте́ка, -ы (инструмент скульптора)
стека́ние, -я
стека́ть(ся), -а́ет(ся)
стеклене́ть, -е́ет
стеклённый; кр. ф. -ён, -ена́
стекли́льщик, -а
стекли́ть(ся), -лю́, -ли́т(ся)
стекло́, -а́, мн. стёкла, -кол, -клам
стеклобето́нный
стеклобло́к, -а
стеклобо́й, -я
стеклова́льный
стеклова́ние, -я
стекло́ванный; кр. ф. -ан, -ана

стеклова́р, -а
стеклова́рение, -я
стеклова́ренный
стеклова́рный
стеклова́рочный
стеклова́та, -ы
стеклова́тый
стеклова́ть(ся), -лу́ю, -лу́ет(ся)
стекловидный; кр. ф. -ден, -дна
стекловолокни́стый
стекловолокни́т, -а
стекловолокно́, -а́
стекловолоко́нный
стекловыдува́льщик, -а
стекловыдувно́й
стекло́граф, -а
стеклографи́рованный; кр. ф.
 -ан, -ана
стеклографи́ровать(ся), -рую,
 -рует(ся)
стеклографи́ст, -а
стеклографи́стка, -и, р. мн. -ток
стеклографи́ческий
стеклогра́фия, -и
стеклоде́л, -а
стеклоде́лательный
стеклоде́лие, -я
стеклоде́льный
стеклоду́в, -а
стеклоду́вный
стекложелезобето́н, -а
стекложелезобето́нный
стеклозаво́д, -а
стеклоизде́лие, -я
стеклокера́мика, -и
стеклокерами́т, -а
стеклокерами́ческий
стеклокремнези́т, -а
стеклокристалли́т, -а
стеклокристалли́ческий
стеклолакоткань, -и
стеклома́сса, -ы
стекломоза́ика, -и
стеклони́ть, -и
стеклообо́и, -обо́ев
стеклообра́зный; кр. ф. -зен, -зна

стеклоочисти́тель, -я
стеклопаке́т, -а
стеклопла́в, -а
стеклоплави́льный
стеклопла́ст, -а
стеклопла́стик, -а
стеклопла́стиковый
стеклоплёнка, -и, р. мн. -нок
стеклоподъёмник, -а
стеклопосу́да, -ы
стеклопроти́рочный
стеклопрофили́т, -а
стеклоре́жущий
стеклоре́з, -а
стеклоре́зный
стеклоруберо́ид, -а
стеклосма́зка, -и, р. мн. -зок
стеклота́ра, -ы
стеклотекстоли́т, -а
стеклотка́нь, -и
стеклоформо́вочный
стеклоформу́ющий
стеклохо́лст, -а́
стеклоцеме́нт, -а
стеклошлифова́льный
стеклоэма́левый
стеклоэма́ль, -и
стеклу́емость, -и
стёклышко, -а, мн. -шки, -шек
стекляни́стый
стекля́нница, -ы, тв. -ей
стекля́нно-керами́ческий
стекля́нный
стекля́рус, -а
стекля́русный
стекля́шка, -и, р. мн. -шек
сте́ковый
стеко́лышко, -а, мн. -шки, -шек
стеко́льно-фарфо́ровый
стеко́льный
стеко́льце, -а, р. мн. -льцев и -лец
стеко́льчатый
стеко́льщик, -а
стёкший(ся)
сте́ла, -ы (плита; то же, что стель)

сте́ленный; кр. ф. -ен, -ена, прич.
сте́лечка, -и, р. мн. -чек
сте́лечный
стели́ть(ся), стелю́(сь), сте́лет(ся); прош. -и́л(ся), -и́ла(сь)
стелла́ж, -а́, тв. -о́м
стелла́жный
стеллара́тор, -а
сте́ллера, -ы (растение)
сте́ллерова коро́ва, сте́ллеровой коро́вы
стелли́т, -а
стелли́товый
стелля́рия, -и
стель, -и (бот.)
сте́лька, -и, р. мн. -лек
сте́льность, -и
сте́льный
стелю́га, -и
сте́лющий(ся)
стеля́рный
стемали́т, -а
стемна́, нареч., но: с темна́ до темна́
стемне́ть, -е́ет
стен, -а, р. мн. -ов, счетн. ф. стен (ед. измер.)
стена́, -ы́, вин. сте́ну, мн. сте́ны, стен, стена́м
Стена́ коммуна́ров (в Париже)
стена́ние, -я
Стена́ Пла́ча (в Иерусалиме)
стена́ть, -а́ю, -а́ет
стенгазе́та, -ы
стенгазе́тный
стенд, -а
стенда́левский (от Стенда́ль)
сте́ндер, -а
стенди́ст, -а
стенди́стка, -и, р. мн. -ток
стендови́к, -а́
сте́ндовый
сте́нка, -и, р. мн. -нок
стенно́вка, -и, р. мн. -вок
стенно́й
стеноба́тный

стенобио́нтный
стенобио́нты, -ов, ед. -о́нт, -а
стенобо́йный
стенобо́йный
стеново́й
стеногали́нный
стеногра́мма, -ы
стеногра́ммный
стено́граф, -а
стенографи́рование, -я
стенографи́рованный; кр. ф. -ан, -ана
стенографи́ровать(ся), -рую, -рует(ся)
стенографи́ст, -а
стенографи́стка, -и, р. мн. -ток
стенографи́ческий
стенографи́чный; кр. ф. -чен, -чна
стеногра́фия, -и
стено́з, -а
стено́зный
стенокарди́ческий
стенокарди́я, -и
стенола́з, -а
стено́п, -а
стенопи́сец, -сца, тв. -сцем, р. мн. -сцев
стенопи́сный
сте́нопись, -и
стено́п-ка́мера, -ы
стенотерми́ческий
стенотермный
стенотипи́ст, -а
стенотипи́стка, -и, р. мн. -ток
стенотипи́ческий
стеноти́пия, -и
стенотопный
стенофа́г, -а
стенофа́гия, -и
сте́ночка, -и, р. мн. -чек
стеноэдафи́ческий
сте́нсиль, -я
сте́нтор, -а
стень-ва́нты, -ва́нт, ед. -ва́нта, -ы
сте́ньга, -и

сте́ньговый
Сте́нька Ра́зин, Сте́ньки Ра́зина
стеня́щий
степ, -а (танец)
степанаке́ртский (от Степанаке́рт)
степанаке́ртцы, -ев, ед. -тец, -тца, тв. -тцем
степ-аэро́бика, -и
Степе́нная кни́га (лит. памятник)
степенно́й (матем.)
степе́нность, -и
степе́нны, -ых, ед. степе́нен, -е́нна (церк. песнопения)
степе́нный; кр. ф. -е́нен, -е́нна (рассудительный, серьезный)
степе́нство, -а
сте́пень, -и, мн. -и, -ей
степи́ст, -а
сте́плер, -а
степно́й
степня́к, -а́
степня́чка, -и, р. мн. -чек
степс, -а
степь, -й и -и, тв. сте́пью, предл. в степи́, мн. -и, -е́й
стерадиа́н, -а, р. мн. -ов, счетн. ф. -иа́н
стерадиа́н-джо́уль, -я
сте́рва, -ы
стервене́ть, -е́ю, -е́ет
стерве́ц, -а́, тв. -о́м, р. мн. -о́в
стерво́за, -ы
стерво́зный; кр. ф. -зен, -зна
стервоя́дные, -ых
стервя́тина, -ы
стервя́тник, -а
стерёгший(ся)
стережённый; кр. ф. -ён, -ена́
сте́рео, неизм. и нескл., с.
стерео... — первая часть сложных слов, пишется слитно
стереоавто́граф, -а
стереоаппарату́ра, -ы
стереоба́зис, -а

стереоба́т, -а
стереоблоксополиме́ры, -ов
стереови́зор, -а
стерео́граф, -а
стереографи́ческий
стереогра́фия, -и
стереодиапозити́в, -а
стереоза́пись, -и
стереозву́к, -а
стереозвуча́ние, -я
стереоизображе́ние, -я
стереоизомери́я, -и
стереокана́л, -а
стереокино́, нескл., с.
стереокинока́мера, -ы
стереокомпара́тор, -а
стереомагнито́ла, -ы
стереомагнитофо́н, -а
стереоме́тр, -а
стереометри́ческий
стереоме́трия, -и
стереомикроско́п, -а
стереомоде́ль, -и
стереому́зыка, -и
стереонау́шники, -ов, ед. -ник, -а
стереоткры́тка, -и, р. мн. -ток
стереопанора́ма, -ы
стереопа́ра, -ы
стереоплани́граф, -а
стереопласти́нка, -и, р. мн. -нок
стереоплее́р, -а
стереопристава́ка, -и, р. мн. -вок
стереопрое́ктор, -а
стереопроигрыватель, -я
стереорадио́ла, -ы
стереора́ма, -ы
стереорегуля́рный
стереорентгеногра́фия, -и
стереорежи́м, -а
стереосисте́ма, -ы
стереоска́н, -а
стереоско́п, -а
стереоскопи́ческий
стереоскопи́чность, -и
стереоскопи́чный; кр. ф. -чен, -чна

стереоскопи́я, -и
стереоспецифи́ческий
стереосъёмка, -и, р. мн. -мок
стереотакси́ческий
стереота́ксия, -и
стереотелеви́дение, -я
стереотелеви́зор, -а
стереоти́п, -а
стереотипёр, -а
стереотипи́рование, -я
стереотипи́рованный; кр. ф. -ан, -ана
стереотипи́ровать(ся), -рую, -рует(ся)
стереоти́пия, -и
стереоти́пность, -и
стереоти́пный; кр. ф. -пен, -пна
стереотопографи́ческий
стереотруба́, -ы́, мн. -тру́бы, -тру́б
стереотю́нер, -а
стереоустано́вка, -и, р. мн. -вок
стереофи́льм, -а
стереофо́ника, -и
стереофони́ческий
стереофони́я, -и
стереофотограмметри́ческий
стереофотограмме́трия, -и
стереофотографи́ческий
стереофотогра́фия, -и
стереохими́ческий
стереохи́мия, -и
стереохро́мия, -и
стереоэкра́н, -а
стереоэффе́кт, -а
стере́ть(ся), сотру́(сь), сотрёт(ся); прош. стёр(ся), стёрла(сь)
стере́чь(ся), -регу́(сь), -режёт(ся), -регу́т(ся); прош. -рёг(ся), -регла́(сь)
стержене́к, -нька́
стерженщи́к, -а́
стерженщи́ца, -ы, тв. -ей
сте́ржень, -жня, мн. -жни, -жней и -жне́й
стержнево́й
стери́ды, -ов, ед. -ри́д, -а

стерилиза́тор, -а
стерилизацио́нный
стерилиза́ция, -и
стерилизо́ванный; *кр. ф.* -ан, -ана
стерилизова́ть(ся), -зу́ю, -зу́ет(ся)
стери́льность, -и
стери́льный; *кр. ф.* -лен, -льна
стери́ны, -ов, *ед.* -ри́н, -а
стерку́лиевые, -ых
стерку́лия, -и
сте́рлинг, -а
сте́рлинговый
стерлитама́кский (*от* Стерлитама́к)
стерлитама́кцы, -ев, *ед.* -кец, -кца, *тв.* -кцем
стерля́дка, -и, *р. мн.* -док
стерля́дь, -и, *мн.* -и, -е́й и -ей
стерля́жий, -ья, -ье
стерля́жина, -ы
стерневой
стерни́т, -а
стерня́, -и́ и (*устар.*) стернь, -и
стеро́идный
стеро́иды, -ов, *ед.* -о́ид, -а
стерпе́ть(ся), стерплю́(сь), сте́рпит(ся)
стёртость, -и
стёртый
стерх, -а
стёрший(ся)
стёсанный; *кр. ф.* -ан, -ана
стеса́ть(ся), стешу́, сте́шет(ся)
стесне́ние, -я
стеснённость, -и
стеснённый; *кр. ф.* -ён, -ена́
стесни́тельность, -и
стесни́тельный; *кр. ф.* -лен, -льна
стесни́ть(ся), -ню́(сь), -ни́т(ся)
стесня́ть(ся), -я́ю(сь), -я́ет(ся)
стёсывание, -я
стёсывать(ся), -аю, -ает(ся)
стетокли́п, -а
стетоско́п, -а

стетоскопи́ческий
стетофонендоско́п, -а
стетофоно́граф, -а
Сте́фан Бато́рий
Стефа́н Пе́рмский
стехиометри́ческий
стехиоме́трия, -и
с тех пор
стече́ние, -я
стечь(ся), стечёт(ся), стеку́т(ся); *прош.* стёк(ся), стекла́(сь)
стибни́т, -а
сти́бренный; *кр. ф.* -ен, -ена
сти́брить, -рю, -рит
стивидо́р, -а
стиги́йский (*от* Стикс)
сти́гма, -ы
стигма́рии, -ий, *ед.* -рия, -и
стигма́т, -а
стигматиза́ция, -и
стигмати́зм, -а
стигма́тик, -а
стигмати́ческий
Стикс, -а (*мифол.*)
стилево́й
стиле́т, -а
стилиза́тор, -а
стилиза́торский
стилиза́торство, -а
стилиза́ция, -и
стилизо́ванность, -и
стилизо́ванный; *кр. ф.* -ан, -ана
стилизова́ть(ся), -зу́ю, -зу́ет(ся)
стили́ст, -а
стили́стика, -и
стилисти́ческий
стили́стка, -и, *р. мн.* -ток
сти́лка, -и
стило́, *им. и вин.* (*другие формы не употр.*), *с.*
стилоба́т, -а
стилоба́тный
стило́граф, -а
стилоли́т, -а
стило́метр, -а
стилоско́п, -а

сти́лочный
стиль, -я
стильб, -а, *р. мн.* -ов, *счетн. ф.* стильб
сти́льбен, -а
стиль моде́рн, сти́ля моде́рн
сти́льность, -и
сти́льный; *кр. ф.* -лен, -льна
стиль ре́тро, сти́ля ре́тро
стиля́га, -и, *м. и ж.*
стиля́жий, -ья, -ье
стиля́жка, -и, *р. мн.* -жек, *м. и ж.*
стиля́жничать, -аю, -ает
стиля́жничество, -а
сти́мер, -а
сти́мул, -а
стимули́рование, -я
стимули́рованный; *кр. ф.* -ан, -ана
стимули́ровать(ся), -рую(сь), -рует(ся)
стимуля́тор, -а
стимуляцио́нный
стимуля́ция, -и
стипендиа́льный
стипендиа́т, -а
стипендиа́тка, -и, *р. мн.* -ток
стипе́ндия, -и
сти́плер, -а
стипль, -я
стипль-чёз, -а
стиптици́н, -а
стипу́ха, -и
сти́ракс, -а
сти́раксовые, -ых
стира́льный
стира́ние, -я
сти́ранный; *кр. ф.* -ан, -ана, *прич.*
сти́рано-пере́стирано
сти́раный, *прил.*
сти́раный-пере́стираный
стира́тор, -а
стира́ть(ся), -а́ю(сь), -а́ет(ся)
сти́рка, -и, *р. мн.* -рок
Сти́рлинг, -а: дви́гатель Сти́рлинга, фо́рмула Сти́рлинга

стиро́л, -а
стиро́ловый
стиро́льный
сти́рочный
сти́рывать, наст. вр. не употр.
сти́скивание, -я
сти́скивать(ся), -аю(сь), -ает(ся)
сти́снутый
сти́снуть(ся), -ну(сь), -нет(ся)
стих, -а́
стиха́рь, -я́
стиха́ть, -а́ю, -а́ет
стихе́евые, -ых
стихе́й, -я (рыба)
стихи́, -о́в
стихи́йно-бунта́рский
стихи́йность, -и
стихи́йный; кр. ф. -и́ен, -и́йна
стихи́ра, -ы
стихира́рь, -я
стихи́я, -и
сти́хнувший
сти́хнуть, -ну, -нет; прош. стих, сти́хла
стихове́д, -а
стихове́дение, -я
стихове́дческий
стихово́й
стихокропа́тель, -я
стихологи́ческий
стихоло́гия, -и
стихома́ния, -и
стихоплёт, -а
стихоплётство, -а
стихослага́тель, -я
стихосло́вие, -я
стихосложе́ние, -я
стихотворе́ние, -я
стихотворе́ньице, -а
стихотво́рец, -рца, тв. -рцем, р. мн. -рцев
стихотво́рный
стихотво́рство, -а
стихотво́рческий
стихотво́рчество, -а
сти́хший

стиша́та, -а́т
стишки́, -о́в
стишно́й (церк.)
стишо́к, -шка́
стишо́нки, -ов
стла́нец, -нца, тв. -нцем, р. мн. -нцев (стелющееся дерево)
стла́ник, -а
стла́нцевый (от стла́нец)
стлань, -и
стланьё, -я́
стла́ть(ся), стелю́(сь), сте́лет(ся); прош. -а́л(ся), -а́ла(сь) (то же, что стели́ться)
стли́ще, -а
сто, ста
СТО [эстэо́], нескл., ж. (сокр.: станция технического обслуживания)
стова́ттка, -и, р. мн. -тток
стова́ттный (100-ва́ттный)
стовёрстный (100-вёрстный)
стовосьмидесятимиллио́нный (180-миллио́нный)
стог, -а, предл. в (на) сто́ге и в (на) стогу́, мн. -а́, -о́в
стогекта́рный (100-гекта́рный)
стогерцо́вый
Стогла́в, -а (книга)
стогла́вый
Стогла́вый собо́р (1551)
сто́гны, стогн, ед. сто́гна, -ы
стогова́льщик, -а
стогова́ние, -я
стого́ванный; кр. ф. -ан, -ана
стогова́ть(ся), -гу́ю, -гу́ет(ся)
стогови́ще, -а
стогово́з, -а
стогово́й
стоголо́сый
стогомёт, -а
стогомета́ние, -я
стогомета́тель, -я
стогообразова́тель, -я
стогра́дусный (100-гра́дусный)

стограммо́вый (100-граммо́вый)
стодвадцатиметро́вый (120-метро́вый)
стодвадцатимиллиметро́вый (120-миллиметро́вый)
стодвадцатипятиле́тие (125-ле́тие), -я
стодевяностомиллио́нный (190-миллио́нный)
стодне́вный (100-дне́вный)
Сто дней (при Наполеоне I)
стодо́л, -а и стодо́ла, -ы
стодо́лларовый (100-до́лларовый)
стоеро́совый
сто́ечка, -и, р. мн. -чек
сто́ечный
стожа́р, -а (шест)
Стожа́ры, -ов (звездное скопление)
стожи́льный
стожи́ть, -жу́, -жи́т
стожи́ще, -а, мн. -а и -и, -и́щ, м.
стожо́к, -жка́
стозву́чный
сто́ик, -а
сто́имостный
сто́имость, -и
сто́ить, сто́ю, сто́ит, сто́ят
стоици́зм, -а
стои́ческий
сто́йбище, -а
сто́йбищный
сто́йка, -и, р. мн. сто́ек
сто́йкий; кр. ф. сто́ек, сто́йка́, сто́йко
стойко́м, нареч.
сто́йкость, -и
сто́йлице, -а
сто́йлище, -а
сто́йло, -а
сто́йлово-ла́герный
сто́йловый
стоймя́
сто́йче, сравн. ст.
сток, -а

стокварти́рный (100-кварти́рный)
стокго́льмский (от Стокго́льм)
стокго́льмцы, -ев, ед. -мец, -мца, тв. -мцем
сто́кер, -а
стокилометро́вый (100-километро́вый)
стокле́точник, -а
стокле́точный
сто́клист, -а
сто́кнот, -а
сто́ковый
стокра́т, нареч., но: во́ сто кра́т, в сто́ кра́т
стокра́тный
Стокс, -а: зако́н Сто́кса, пра́вило Сто́кса, фо́рмула Сто́кса, уравне́ние Навье́ – Сто́кса
стокс, -а, р. мн. -ов, счетн. ф. стокс (ед. измер.)
стол, -а́
сто́ла, -ы (одеяние)
столб, -а́
столбене́ть, -е́ю, -е́ет
столбе́ц, -бца́, тв. -бцо́м, р. мн. -бцо́в
сто́лбик, -а
сто́лбиковый
столби́ть, -блю́, -би́т
столби́ще, -а, мн. -а и -и, -и́щ, м.
столблённый; кр. ф. -ён, -ена́
столбня́к, -а́
столбня́чный
столбово́й
столбообра́зный; кр. ф. -зен, -зна
столбоста́в, -а
сто́лбур, -а
столбу́ха, -и
столбу́шка, -и, р. мн. -шек
столбцы́, -о́в (старинный документ в виде свитка)
столбча́тый
Столбы́, -о́в, употр. в геогр. наименованиях, напр.: Столбы́ (заповедник), Бе́лые Столбы́ (поселок)

столе́тие (100-ле́тие), -я
столе́тний (100-ле́тний)
столе́тник, -а
Столе́тняя война́ (ист.)
сто́лечко (от сто́лько)
столе́шник, -а
Столе́шников переу́лок, Столе́шникова переу́лка (в Москве)
столе́шница, -ы, тв. -ей
сто́лик, -а
столи́кий
столитро́вый (100-литро́вый)
столи́ца, -ы, тв. -ей
столи́чный
столи́шко, -а и -и, мн. -шки, -шек, м.
столи́ще, -а, мн. -а и -и, -и́щ, м.
сто́лканный; кр. ф. -ан, -ана
столка́ть, -а́ю, -а́ет
столкнове́ние, -я
сто́лкнутый
столкну́ть(ся), -ну́(сь), -нёт(ся)
столкова́ться, -ку́юсь, -ку́ется
столко́вываться, -аюсь, -ается
с то́лку (сби́ть(ся))
столова́нье, -я
столова́ться, -лу́юсь, -лу́ется
столо́вая, -ой
столоверче́ние, -я
столо́вка, -и, р. мн. -вок
столовни́к, -а́
столо́вский
столо́вый
столо́кший(ся)
столо́н, -а
столонача́льник, -а
столообра́зный; кр. ф. -зен, -зна
столо́чь(ся), -лку́, -лчёт(ся), -лку́т(ся); прош. -ло́к(ся), -лкла́(сь)
столп, -а́ (устар. к столб; башня или колонна; крупный, видный деятель; нотный знак)
столпи́ться, -и́тся
сто́лпник, -а; но: Симео́н Сто́лпник

сто́лпнический
сто́лпничество, -а
столпово́й
столпообра́зный; кр. ф. -зен, -зна
столпотворе́ние, -я
столчённый; кр. ф. -ён, -ена́
Столы́пин, -а ("столы́пинский ваго́н")
столы́пинский (от Столы́пин)
столь
столь же
сто́лько¹, сто́льких; по сто́лько и по сто́льку
сто́лько², нареч. (он сто́лько зна́ет)
сто́лько же
сто́лько-то, сто́льких-то; по сто́лько-то и по сто́льку-то
сто́льник, -а
сто́льничать, -аю, -ает
сто́льничий, -ья, -ье
сто́льный
столя́р, -а́
столя́рить, -рю, -рит
столяри́шка, -и, р. мн. -шек, м.
столя́рка, -и, р. мн. -рок
столя́рничанье, -я
столя́рничать, -аю, -ает
столя́рничество, -а
столя́рно-механи́ческий
столя́рно-пло́тничный
столя́рный
столя́рня, -и, р. мн. -рен
стомати́т, -а
стомато́лог, -а
стоматологи́ческий
стоматоло́гия, -и
стоматоско́п, -а
стоматоскопи́ческий
стома́х, -а
стометро́вка, -и, р. мн. -вок
стометро́вый (100-метро́вый)
стомиллио́нный (100-миллио́нный) и (при передаче разг. произношения) стомильо́нный
стон, -а

СТОНАТЬ

стона́ть, стону́, сто́нет и -а́ю, -а́ет
сто́нущий
стоо́кий
стоп, неизм.
стопа́, -ы́, мн. сто́пы, стоп, -а́м (бумаги, газет, книг и т. п.; единица стиха; сосуд) и стопы́, стоп, -а́м (часть ноги; шаги, поступь)
стопа́рь, -я́
стопи́н, -а
стопи́ть(ся), стоплю́, сто́пит(ся)
сто́пка, -и, р. мн. -пок
стоп-ка́др, -а
стоп-ка́дровый
стоп-кра́н, -а
стоп-кра́новый
сто́пленный; кр. ф. -ен, -ена
стоп-лими́т, -а
стопово́й
сто́пор, -а
стопоре́зка, -и, р. мн. -зок
сто́порить(ся), -рю, -рит(ся)
сто́порный
сто́порящий(ся)
стопосложе́ние, -я
стопоходя́щие, -их
сто́почка, -и, р. мн. -чек
сто́почный
сто́ппер, -а
стоп-прика́з, -а
стопроце́нтность, -и
стопроце́нтный
стоп-сигна́л, -а
сто́птанный; кр. ф. -ан, -ана
стопта́ть(ся), стопчу́, сто́пчет(ся)
стопудо́вый (100-пудо́вый)
стопятидесятиле́тие (150-ле́тие), -я
стопятидесятиле́тний (150-ле́тний)
стопятидесятимиллио́нный (150-миллио́нный)
сторго́ванный; кр. ф. -ан, -ана
сторгова́ть(ся), -гу́ю(сь), -гу́ет(ся)
сторго́вывать(ся), -аю(сь), -ает(ся)

стори́цей
сто́рмонт, -а
сторни́рование, -я
сторни́рованный; кр. ф. -ан, -ана
сторни́ровать(ся), -рую, -рует(ся)
сто́рно, нескл., с.
сторно́ванный; кр. ф. -ан, -ана
сторнова́ть(ся), -ну́ю, -ну́ет(ся)
сторно́вка, -и
сто́рож, -а, тв. -ем, мн. -а́, -е́й
сторо́жа, -и, тв. -ей (сторожевой отряд, ист.)
сторожеви́к, -а́
сторожево́й
Сторожево́й, -о́го (остров)
сторожи́ть(ся), -жу́(сь), -жи́т(ся)
сторожи́ха, -и
сторо́жка, -и, р. мн. -жек
сторо́жкий; кр. ф. -жек, -жка
сторо́жкость, -и
сторожо́к, -жка́
сторона́, -ы́, вин. сто́рону, мн. сто́роны, сторо́н, сторона́м
сторони́ться, -оню́сь, -о́нится
сторо́нка, -и, р. мн. -нок
сторо́нний
сторо́нник, -а
сторо́нница, -ы, тв. -ей
сторо́нушка, -и, р. мн. -шек
сто́ртинг, -а
сторублёвка, -и, р. мн. -вок
сторублёвый (100-рублёвый)
стору́кий
сторцева́ть, -цу́ю, -цу́ет
сторцо́ванный; кр. ф. -ан, -ана
стосвечо́вый (100-свечо́вый)
стосемидесятисери́йный (170-сери́йный)
стоси́льный (100-си́льный)
стоскова́ться, -ку́юсь, -ку́ется
стострани́чный (100-страни́чный)
стоти́нка, -и, р. мн. -нок
стото́нный (100-то́нный)
стоты́сячник, -а

стоты́сячный (100-ты́сячный)
стоу́стый
стофунто́вый (100-фунто́вый)
стохасти́ческий
стоцентне́ровый (100-центне́ровый)
сто́ченный; кр. ф. -ен, -ена
сточи́ть(ся), сточу́, сто́чит(ся)
сто́чка, -и
сто́чный
стошестидесятимиллио́нный (160-миллио́нный)
стошни́ть, -и́т
стоэта́жный (100-эта́жный)
стоя́[1], -и́ (архит.) и Стоя́, -и́ (портик в Афинах; филос. школа)
сто́я[2], деепр. и нареч.
стоя́к, -а́
стояко́вый
стоя́лец, -льца, тв. -льцем, р. мн. -льцев
стоя́лый
стоя́ние, -я
Стоя́ние на Угре́ (1480)
стоя́нка, -и, р. мн. -нок
стоя́ночный
стоя́ть, стою́, стои́т
стоя́чий
стоя́чка, -и, р. мн. -чек
стоячо́к, -чка́
сто́ящий (от сто́ить)
стоя́щий (от стоя́ть)
страби́зм, -а
страви́ть(ся), стравлю́, стра́вит(ся)
стра́вленный; кр. ф. -ен, -ена
стра́вливание, -я
стра́вливать(ся), -аю, -ает(ся)
стравля́ть(ся), -я́ю, -я́ет(ся)
стра́гивать(ся), -аю(сь), -ает(ся)
страда́, -ы́, мн. стра́ды, страд
страда́лец, -льца, тв. -льцем, р. мн. -льцев
страда́лица, -ы, тв. -ей
страда́льческий
страда́ние, -я

страда́тельность, -и
страда́тельный
страда́ть, -а́ю, -а́ет и (устар. книжн.) стра́жду, стра́ждет
страда́ющий
Страдива́ри, нескл., м., Страдива́риус, -а и Страдива́рий, -я (скрипичный мастер)
страдива́ри, нескл., м., страдива́риус, -а и страдива́рий, -я (скрипка)
страдива́риевский
стра́дник, -а
стра́дный
страж, -а, тв. -ем
стра́жа, -и, тв. -ей
стра́ждущий
стра́жник, -а
страз, -а и стра́за, -ы
стра́зовый
стра́ивать(ся)¹, -аю, -ает(ся) (к строи́ть)
стра́ивать(ся)², наст. вр. не употр. (многокр. к стро́ить(ся)
страна́, -ы́, мн. стра́ны, стран
страна́-агре́ссор, страны́-агре́ссора
Страна́ Ба́сков (в Испании)
Страна́ восходя́щего со́лнца (о Японии)
страна́-импортёр, страны́-импортёра
Страна́ клено́вого листа́ (о Кана́де)
страна́-кредито́р, страны́-кредито́ра
Страна́ Сове́тов (об СССР)
Страна́ тюльпа́нов (о Голла́ндии)
Страна́ у́тренней све́жести (о Коре́е)
страна́-уча́стница, страны́-уча́стницы
страна́-экспортёр, страны́-экспортёра
странгуляцио́нный

странгуля́ция, -и
страни́ца, -ы, тв. -ей
страни́чка, -и, р. мн. -чек
страни́чный
стра́нник, -а
стра́нница, -ы, тв. -ей
стра́нничать, -аю, -ает
стра́нничек, -чка
стра́ннический
стра́нничество, -а
стра́нно, нареч. и в знач. сказ.
страннова́тый
странноприи́мный
стра́нность, -и
стра́нный; кр. ф. -а́нен, -анна́, -а́нно
странове́дение, -я
странове́дческий
стра́нствие, -я
стра́нствование, -я
стра́нствователь, -я
стра́нствовать, -твую, -твует
стра́нствующий
Стра́ны согла́сия (Антанта)
стра́сбургский (от Стра́сбург)
стра́сбуржцы, -ев, ед. -жец, -жца, тв. -жцем
стра́сти-морда́сти, другие формы не употр.
страсти́шка, -и, р. мн. -шек
Страстна́я неде́ля
Страстна́я пя́тница
Страстна́я седми́ца
Страстно́й бульва́р (в Москве)
Страстно́й монасты́рь
Страстно́й четве́рг
стра́стность, -и
стра́стные ико́ны
стра́стный; кр. ф. -тен, -а́стна́, -тно
страстоте́рпец, -пца, тв. -пцем, р. мн. -пцев
страстоте́рпица, -ы, тв. -ей
страстоте́рпческий
страстоте́рпчество, -а
страстоцве́т, -а

страсть, -и, мн. -и, -е́й
стра́сть как...
стра́сть како́й...
стра́та, -ы
стратаге́ма, -ы
страте́г, -а
стратеги́ческий
страте́гия, -и
страти́г, -а (военачальник, ист.)
стратиграфи́ческий
стратигра́фия, -и
стратисфе́ра, -ы
стратификацио́нный
стратифика́ция, -и
стратифици́рованный; кр. ф. -ан, -ана
стратифици́ровать(ся), -рую, -рует(ся)
стратифо́рмный
стратовулка́н, -а
стратона́вт, -а
стратопа́уза, -ы
стратопла́н, -а
стратоста́т, -а
стратосфе́ра, -ы
стратосфе́рный
стра́тфордский (к Стра́тфорд-он-Эйвон)
стра́ус, -а
страусёнок, -нка, мн. -ся́та, -ся́т
страуси́ный
страуси́ха, -и
стра́усовый
страуся́тник, -а
страх¹, -а и -у
страх², нареч.
страхделега́т, -а
страхка́сса, -ы
страхка́ссовый
страхова́ние, -я
страхо́ванный; кр. ф. -ан, -ана
страхова́тель, -я
страхова́ть(ся), страху́ю(сь), страху́ет(ся)
страхови́дный; кр. ф. -ден, -дна
страхови́к, -а́

СТРАХОВИТЫЙ

страхови́тый
страхо́вка, -и, *р. мн.* -вок
страхово́й
страхо́вочный
страхо́вщик, -а
страхо́вщица, -ы, *тв.* -ей
страхолю́д, -а
страхолю́дина, -ы, *м. и ж.*
страхолю́дность, -и
страхолю́дный; *кр. ф.* -ден, -дна
страше́нный
страши́ла, -ы, *м. и ж.*
страши́лище, -а
страши́лка, -и, *р. мн.* -лок
страши́ть(ся), -шу́(сь), -ши́т(ся)
страшне́йший
стра́шненький
стра́шно, *нареч. и в знач. сказ.*
страшнова́то, *нареч. и в знач. сказ.*
страшнова́тый
стра́шный; *кр. ф.* -шен и (*прост.*) -шо́н, -шна́, -шно, -а́шны́
Стра́шный су́д (*библ.*)
страща́ть, -а́ю, -а́ет
стре́бованный; *кр. ф.* -ан, -ана
стре́бовать, -бую, -бует
стре́жень, -жня
стрежнево́й
стрека́ло, -а
стрекану́ть, -ну́, -нёт
стрека́тельный
стрека́ть(ся), -а́ю(сь), -а́ет(ся)
стрека́ч: да́ть (зада́ть) стрекача́
стрекну́ть, -ну́, -нёт
стрекоза́, -ы́, *мн.* -о́зы, -о́з
стреко́зий, -ья, -ье
стрекози́ный
стрекози́ть, -и́т
стре́кот, -а
стрекота́ние, -я
стрекота́ть, -очу́, -о́чет
стрекотня́, -и́
стрекоту́н, -а́
стрекоту́нья, -и, *р. мн.* -ний
стрекоту́ха, -и

стреко́чущий
стрекули́ст, -а и строкули́ст, -а
стрела́, -ы́, *мн.* стре́лы, стрел
стреле́ц, -льца́, *тв.* -льцо́м, *р. мн.* -льцо́в (*стрелок*) и Стреле́ц, -льца́ (*созвездие и знак зодиака; о том, кто родился под этим знаком*)
стреле́цкий
Стреле́цкий бу́нт (1698)
стре́ливать, *наст. вр. не употр.*
стре́лка, -и, *р. мн.* -лок
стрелко́во-охо́тничий
стрелко́во-спорти́вный
стрелко́вый
стрелови́дность, -и
стрелови́дный; *кр. ф.* -ден, -дна
стрелово́й
стрело́к, -лка́
стрелоли́ст, -а
стрелообра́зный; *кр. ф.* -зен, -зна
стрелоподо́бный; *кр. ф.* -бен, -бна
стрелоу́х, -а
стрело́чек, -чка
стрело́чка, -и, *р. мн.* -чек
стрело́чник, -а
стрело́чница, -ы, *тв.* -ей
стрело́чный
стрельба́, -ы́, *мн.* стре́льбы, стрельб
стре́льбище, -а
стре́льбищный
стре́льница, -ы, *тв.* -ей
стрельну́ть, -ну́, -нёт
стрельча́тка, -и, *р. мн.* -ток
стрельчатосво́дный
стре́льчатость, -и
стре́льчатый
стрельчи́ха, -и
стре́лянный; *кр. ф.* -ян, -яна, *прич.*
стре́ляный, *прил.*
стреля́ть(ся), -я́ю(сь), -я́ет(ся)
стрёма: на стрёме, на стрёму
стремгла́в

стременно́й и стремя́нный
стре́мечко, -а, *мн.* -чки, -чек
стремёшка, -и, *р. мн.* -шек
стреми́тельность, -и
стреми́тельный; *кр. ф.* -лен, -льна
стреми́ть(ся), -млю́(сь), -ми́т(ся)
стремле́ние, -я
стремни́на, -ы
стремни́нный
стремни́стый
стре́мя, -мени, *тв.* -менем, *мн.* -мена́, -мя́н, -мена́м
стремя́нка, -и, *р. мн.* -нок
стремя́нный и стременно́й
стре́нга, -и и стрендь, -и
стре́нер, -а
стрено́женный; *кр. ф.* -ен, -ена
стрено́живать(ся), -аю, -ает(ся)
стрено́жить, -жу, -жит
стре́пет, -а
стрепетёнок, -нка, *мн.* -тя́та, -тя́т
стрепети́ный
стрептодерми́я, -и
стрептока́рпус, -а
стрептоко́кки, -ов, *ед.* -ко́кк, -а
стрептоко́кковый
стрептококко́з, -а
стрептомици́н, -а
стрептоци́д, -а
стре́скать, -аю, -ает
стре́сс, -а
стре́ссовый
стре́ссор, -а
стре́ссорный
стрессоусто́йчивость, -и
стрессоусто́йчивый
стре́сс-реа́кция, -и
стре́сс-фа́ктор, -а
стре́тта, -ы
стре́тто, *неизм.*
стреха́, -и́, *мн.* стре́хи, стрех
стречо́к, -чка́: да́ть (зада́ть) стречка́
Стрибо́г, -а
стрига́ла, -ы, *м. и ж.*

стрига́ль, -я
стрига́льный
стрига́льщик, -а
стрига́льщица, -ы, тв. -ей
стриго́льник, -а
стриго́льнический
стриго́льничество, -а
стригу́н, -а́
стригуно́к, -нка́
стригу́нчик, -а
стригу́щий(ся)
стри́гший(ся)
стриж, -а́, тв. -о́м
стри́женный; кр. ф. -ен, -ена, прич.
стри́женый, прил.
стрижи́ный
стри́жка, -и, р. мн. -жек
стрижо́нок, -нка, мн. -жа́та, -жа́т
стрик, -а
с три ко́роба (навра́ть, наговори́ть)
стрикту́ра, -ы
стри́мер, -а
стри́мерный
стри́нгер, -а
стрип-ба́р, -а
стрип-клу́б, -а
стри́ппер, -а
стри́пперный
стриппе́рова́ние, -я
стрипти́з, -а
стриптизёр, -а
стриптизёрка, -и, р. мн. -рок
стриптизёрша, -и, тв. -ей
стрипти́зный
стрипти́з-шо́у, нескл., с.
стритбо́л, -а
стрихни́н, -а
стричь(ся), -игу́(сь), -ижёт(ся), -игу́т(ся); прош. -и́г(ся), -и́гла(сь)
стро́бил, -а (бот.)
стро́била, -ы (зоол.)
стробиля́ция, -и
строби́рование, -я
стробоско́п, -а

стробоскопи́ческий
стробоскопи́я, -и
строга́ль, -я́
строга́льно-фугова́льный
строга́льный
строга́льщик, -а
строга́ние, -я и струга́ние, -я
строгани́на, -ы и стругани́на, -ы
стро́ганный; кр. ф. -ан, -ана и стру́ганный; кр. ф. -ан, -ана, прич.
стро́гановский (от Стро́ганов; стро́гановская шко́ла и́конописи)
Стро́гановское учи́лище
стро́ганый и стру́ганый, прил.
строга́ть(ся), -а́ю, -а́ет(ся) и струга́ть(ся), -а́ю, -а́ет(ся)
строга́ч, -а́, тв. -о́м
стро́гий; кр. ф. строг, строга́, стро́го, стро́ги
стро́гий-престро́гий
стро́го дози́рованный
стро́го-на́строго
стро́го нау́чный
строго́нек, -нька
стро́гость, -и
строеви́к, -а́
строево́й
строе́ние, -я
стро́енный; кр. ф. -ен, -ена (от стро́ить), прич.
стрённый; кр. ф. -ён, -ена́ (от строи́ть)
строе́ньице, -а
строжа́йше, нареч.
строжа́йший
стро́же, сравн. ст.
стро́жка, -и
строи́тель, -я; но: Дави́д Строи́тель; улица Строи́телей
строи́тельно-архитекту́рный
строи́тельно-доро́жный
строи́тельно-монта́жный
строи́тельно-прое́ктный
строи́тельный
строи́тельский

строи́тельство, -а
строи́ть, строю, строи́т (соедини́ть по три)
стро́ить(ся), стро́ю(сь), стро́ит(ся)
строй¹, -я, предл. в стро́е, мн. стро́и, -о́ев (систе́ма, устро́йство)
строй², -я, предл. в строю́, мн. строи́, -о́ев (шере́нга)
строй... — пе́рвая часть сло́жных слов, пишется слитно
стройба́т, -а
стройба́товец, -вца, тв. -вцем, р. мн. -вцев
стройба́товский
стройбрига́да, -ы
стройгородо́к, -дка́
стройдета́ли, -ей, ед. -а́ль, -и
стройиндустри́я, -и
стро́йка, -и, р. мн. -о́ек
стройконто́ра, -ы
стройматериа́лы, -ов
строймеханиза́ция, -и
строймонта́ж, -а́, тв. -о́м
строймонта́жный
стро́йненький
стро́йность, -и
стро́йный; кр. ф. -о́ен, -ойна́, -о́йно, -о́йны
стройотря́д, -а
стройотря́довец, -вца, тв. -вцем, р. мн. -вцев
стройотря́довский
стройплоща́дка, -и, р. мн. -док
стройпо́езд, -а, мн. -поезда́, -о́в
стройтре́ст, -а
стройуправле́ние, -я
стройце́х, -а, мн. -це́хи, -ов и -цеха́, -о́в
строка́, -и́, мн. стро́ки, строк, стро́кам
стро́ковый
строкоме́р, -а
строкоотливно́й
строкопеча́тающий
строкоре́з, -а

строкоре́зный
строкули́ст, -а и стрекули́ст, -а
стро́ма, -ы
строматоли́ты, -ов, ед. -ли́т, -а
строматопороиде́и, -ей, ед. -де́я, -и
стронгилоидо́з, -а
стро́нутый
стро́нуть(ся), -ну(сь), -нет(ся)
стронциани́т, -а
стро́нциевый
стро́нций, -я
строп, -а (грузозахватное приспособление)
стро́паль, -я
стро́пальщик, -а
стро́пальщица, -ы, р. мн. -ей
стропи́лина, -ы
стропи́лить, -лю, -лит
стропи́ло, -а, мн. -а, -и́л
стропи́льный
стропи́ть, -плю, -пит
стропо́вка, -и
стропо́вщик, -а
стропо́вщица, -ы, тв. -ей
стро́повый
стропти́вец, -вца, тв. -вцем, р. мн. -вцев
стропти́вица, -ы, тв. -ей
стропти́вость, -и
стропти́вый
стро́пы, -ов и строп, ед. строп, -а, стропа́, -ы́ и стро́па, -ы (канаты, тросы парашюта, аэростата)
стрости́ть, -ощу́, -ости́т
строфа́, -ы́, мн. стро́фы, строф, строфа́м
строфа́нт, -а
строфанти́н, -а
стро́фика, -и
строфи́ческий
строфо́йда, -ы
строфоками́л, -а
строчево́й
строчевышива́льный
строчевы́шивка, -и

строчевы́шитый
строче́ние, -я
стро́ченный; кр. ф. -ен, -ена, прич.
строчёный, прил.
стро́чечка, -и, р. мн. -чечек
стро́чечный
строчи́ла, -ы, м. и ж.
строчи́ть(ся), -очу́, -о́чи́т(ся)
стро́чка, -и, р. мн. -чек
строчкого́н, -а
строчкого́нство, -а
строчно́й (строчно́е шитьё, строчны́е бу́квы, строчно́е пе́ние)
стро́чный (стро́чная развёртка телеизображе́ния)
строчо́к, -чка́ (гриб)
строщённый; кр. ф. -ён, -ена́
стро́ящий(ся)
струбци́на, -ы
струбци́нка, -и, р. мн. -нок
струг, -а, мн. -и, -ов и -и́, -о́в
струга́ние, -я и строга́ние, -я
стругани́на, -ы и строгани́на, -ы
стру́ганный; кр. ф. -ан, -ана и стро́ганный; кр. ф. -ан, -ана, прич.
стру́ганый и стро́ганый, прил.
струга́ть(ся), -а́ю, -а́ет(ся) и строга́ть(ся), -а́ю, -а́ет(ся)
Стру́ги-Кра́сные, Стру́гов-Кра́сных (поселок)
стругово́й и стру́говый (от струг)
струговщи́к, -а́
струготара́нный
струенаправля́ющий
стру́жечный
стружи́ть(ся), -жу́, -жи́т(ся)
стру́жка, -и, р. мн. -жек
стружколо́м, -а
стружкоудале́ние, -я
стружо́к, -жка́ (от струг)
струи́стый
струи́ть(ся), -уи́т(ся)
стру́йка, -и, р. мн. -уек

стру́йный
стру́йчатый
структу́ра, -ы
структурализа́ция, -и
структурали́зм, -а
структурализо́ванный; кр. ф. -ан, -ана
структурализова́ть(ся), -зу́ю, -зу́ет(ся)
структурали́ст, -а
структуралисти́ческий
структурали́стский
структура́льный
структуриза́ция, -и
структури́рование, -я
структури́рованный; кр. ф. -ан, -ана
структури́ровать(ся), -рую, -рует(ся)
структу́рно-геологи́ческий
структу́рно-организацио́нный
структу́рно-полити́ческий
структу́рно-семанти́ческий
структу́рность, -и
структу́рно-типологи́ческий
структу́рно-функциона́льный
структу́рный
структуроме́трия, -и
структурообразова́ние, -я
структурообразу́ющий
стру́ма, -ы
струна́, -ы́, мн. стру́ны, струн
струне́ц, -нца́, тв. -нцо́м, р. мн. -нцо́в
стру́нить, -ню, -нит и струни́ть, -ню́, -ни́т
стру́нка, -и, р. мн. -нок
стру́нник, -а
стру́нный
струнобето́н, -а
струнобето́нный
струнодержа́тель, -я
струп, -а, мн. стру́пья, -ьев
стру́пный
стру́сить, -у́шу, -у́сит (проявить трусость)

СТЫРИТЬ

струси́ть, -ушу́, -уси́т (стряхнуть)
струхну́ть, -ну́, -нёт
стручкова́тый
стручко́вый
стручо́к, -чка́, мн. стручки́, -о́в и стру́чья, -ев (двустворчатый плод нек-рых растений)
стручо́чек, -чка
стру́шенный; кр. ф. -ен, -ена
стру́шивать(ся), -аю, -ает(ся)
струя́, -и́, мн. стру́и, струй, стру́ям
струя́щий(ся)
стрю́цкий, -ого
стря́панный; кр. ф. -ан, -ана
стря́панье, -я
стря́пать(ся), -аю(сь), -ает(ся)
стря́пка, -и, р. мн. -пок
стряпня́, -и́
стряпу́ха, -и
стря́пческий
стря́пчество, -а
стря́пчий, -его
стряса́ть(ся), -а́ю, -а́ет(ся)
стрясённый; кр. ф. -ён, -ена́
стрясти́(сь), -су́, -сёт(ся); прош. -я́с(ся), -ясла́(сь)
стря́сший(ся)
стряха́ть(ся), -а́ю, -а́ет(ся)
стря́хивание, -я
стря́хивать(ся), -аю, -ает(ся)
стря́хнутый
стряхну́ть(ся), -ну́, -нёт(ся)
стугеро́н, -а
студбиле́т, -а
студгородо́к, -дка́
студебе́кер, -а (автомобиль)
студене́ть, -е́ет
студени́стость, -и
студени́стый
студе́нт, -а
студе́нтик, -а
студе́нтка, -и, р. мн. -ток
студе́ночка, -и, р. мн. -чек
студе́нческий
студе́нчество, -а
студёный

сту́день, -дня
студи́ец, -и́йца, тв. -и́йцем, р. мн. -и́йцев
студи́йка, -и, р. мн. -и́ек (уменьш. к студия)
студи́йка, -и, р. мн. -и́ек (к студи́ец)
студи́йный
студио́зус, -а и студио́з, -а
студи́ть(ся), стужу́(сь), сту́дит(ся)
сту́дия, -и
студнеобра́зный; кр. ф. -зен, -зна
студотря́д, -а
студсове́т, -а
студь, -и
студя́щий(ся)
сту́жа, -и, тв. -ей
сту́женный; кр. ф. -ен, -ена, прич.
сту́женый, прил.
стук[1], -а
стук[2], неизм.
сту́калка, -и, р. мн. -лок
сту́кание, -я
сту́кать(ся), -аю(сь), -ает(ся)
стука́ч, -а́, тв. -о́м
стука́чество, -а
стука́чка, -и, р. мн. -чек
сту́кко, нескл., м. (искусственный мрамор)
сту́кнутый
сту́кнуть(ся), -ну(сь), -нет(ся)
стукотня́, -и́
стук-сту́к, неизм.
стул, -а, мн. сту́лья, -ьев
сту́лик, -а
стульча́к, -а́
сту́льчик, -а
сту́па, -ы
ступа́ть, -а́ю, -а́ет
ступе́нчато-симметри́чный
ступе́нчатость, -и
ступе́нчатый
ступе́нь, -и, мн. -и, -ей (ступенька) и -и, -е́й (степень)
ступе́нька, -и, р. мн. -нек
ступи́ть, ступлю́, сту́пит

сту́пица, -ы, тв. -ей
сту́пичный
сту́пка, -и, р. мн. -пок
ступня́, -и́, р. мн. -е́й
сту́пор, -а
сту́хнуть, -нет; прош. стух, сту́хла
сту́хший
стуча́ние, -я
стуча́ть(ся), -чу́(сь), -чи́т(ся)
стушёванный; кр. ф. -ан, -ана
стушева́ть(ся), -шу́ю(сь), -шу́ет(ся)
стушёвка, -и
стушёвывать(ся), -аю(сь), -ает(ся)
сту́шенный; кр. ф. -ен, -ена
стуши́ть, стушу́, сту́шит
стыд, -а́
стыди́ть(ся), стыжу́(сь), стыди́т(ся)
стыдли́вость, -и
стыдли́вый
сты́дно, в знач. сказ.
сты́дный
стыдо́ба, -ы
стыдо́бища, -и, тв. -ей
стыдо́бушка, -и
стыду́ха, -и
стык, -а
стыка́ть(ся), -а́ю, -а́ет(ся)
стыкова́ние, -я
стыко́ванный; кр. ф. -ан, -ана
стыкова́ть(ся), -ку́ю(сь), -ку́ет(ся)
стыко́вка, -и, р. мн. -вок
стыково́й
стыко́вочный
стыкосва́рочный
с ты́ла и с ты́лу
сты́лый
сты́нувший
сты́нуть и стыть, сты́ну, сты́нет; прош. стыл и сты́нул, сты́ла
стынь, -и
сты́ренный; кр. ф. -ен, -ена
сты́рить, -рю, -рит

стыть и сты́нуть, сты́ну, сты́нет; *прош.* стыл и сты́нул, сты́ла
сты́чка, -и, *р. мн.* -чек
сты́чный
Стэ́нли, *нескл., м.*: Ку́бок Стэ́нли
стю́ард, -а
стюарде́сса, -ы
Стю́арты, -ов (*династия*)
стяг, -а
стя́гивание, -я
стя́гивать(ся), -аю(сь), -ает(ся)
стяжа́ние, -я
стяжа́нный; *кр. ф.* -а́н, -а́на (*устар. от* стяжа́ть)
стяжа́тель, -я
стяжа́тельница, -ы, *тв.* -ей
стяжа́тельный; *кр. ф.* -лен, -льна
стяжа́тельский
стяжа́тельство, -а
стяжа́ть(ся), -а́ю, -а́ет(ся)
стяже́ние, -я
стяжённый (*к* стяже́ние)
стя́жка, -и, *р. мн.* -жек
стяжно́й
стяжо́к, -жка́ (*палка*)
стя́нутый
стяну́ть(ся), стяну́(сь), стя́нет(ся)
су, *нескл., с.*
суаре́, *нескл., с.*
суахи́ли, *неизм. и нескл., м.* (*язык*) *и нескл., мн., ед. м. и ж.* (*народ*)
суахили́йский
суахи́ли-ру́сский
суб... — *приставка, пишется слитно*
субаква́льный
субалте́рн-офице́р, -а
субальпи́йский
Субанта́рктика, -и
субантаркти́ческий
субаре́нда, -ы
субарендатор, -а
субаре́ндный
Суба́рктика, -и
субаркти́ческий
суба́томный

суббо́та, -ы
суббо́тний
суббо́тник, -а
субвенцио́нный
субве́нция, -и
субгаранти́йный
субгармо́ника, -и
субгармони́ческий
субгига́нт, -а (*астр.*)
субди́ск, -а
субдомина́нта, -ы
субдомина́нтный
субдомина́нтовый
субду́кция, -и
субери́н, -а
субзо́на, -ы
субинспе́ктор, -а
су́бито, *неизм.*
субка́рлик, -а (*астр.*)
субкле́точный
субконтине́нт, -а
субконтра́кт, -а
субконтра́ктный
субконтрокта́ва, -ы
субкортика́льный
субкраниа́льный
субкульту́ра, -ы
субкульту́рный
сублима́т, -а
сублима́тор, -а
сублимацио́нный
сублима́ция, -и
сублими́рование, -я
сублими́рованный; *кр. ф.* -ан, -ана
сублими́ровать(ся), -рую(сь), -рует(ся)
сублитора́ль, -и
сублитора́льный
сублице́нзия, -и
субмари́на, -ы
субмикро́нный
субмикроскопи́ческий
субмиллиметро́вый
субмолекуля́рный
суборбита́льный

субординату́ра, -ы
субординацио́нный
субордина́ция, -и
су́борь, -и
субподря́д, -а
субподря́дный
субподря́дчик, -а
субполя́рный
субпоставщи́к, -а́
субпрессце́нтр, -а
субпроду́кты, -ов, *ед.* -у́кт, -а
субрегиона́льный
субре́тка, -и, *р. мн.* -ток
суброга́ция, -и
субсветово́й
субсекве́нтный
субсиде́нт, -а
субсидиа́рный
субсиди́рование, -я
субсиди́рованный; *кр. ф.* -ан, -ана
субсиди́ровать(ся), -рую(сь), -рует(ся)
субси́дия, -и
субспу́тник, -а
субстантива́ция, -и
субстантиви́рованный; *кр. ф.* -ан, -ана
субстантиви́роваться, -руется
субстанти́вность, -и
субстанти́вный
субстанциализа́ция, -и
субстанциализи́рованный; *кр. ф.* -ан, -ана
субстанциализи́ровать(ся), -рую, -рует(ся)
субстанциа́льность, -и
субстанциа́льный; *кр. ф.* -лен, -льна
субстанциона́льность, -и
субстанциона́льный; *кр. ф.* -лен, -льна
субста́нция, -и
институ́т, -а
субституция, -и
субстра́т, -а

субстра́тный
субстратоста́т, -а
субстратосфе́ра, -ы
субструкту́ра, -ы
субсчёт, -а, мн. -счета́, -о́в
субти́льность, -и
субти́льный; кр. ф. -лен, -льна
субтитри́рование, -я
субтитри́рованный; кр. ф. -ан, -ана
субти́тры, -ов, ед. -ти́тр, -а
субтро́пики, -ов
субтропи́ческий
субурбаниза́ция, -и
сурбурга́н, -а
субфосси́льный
су́бчик, -а (*субъект, личность, прост.*)
субъедини́ца, -ы, тв. -ей
субъе́кт, -а
субъективи́зм, -а
субъективи́рованный; кр. ф. -ан, -ана
субъективи́ровать(ся), -рую, -рует(ся)
субъективи́ст, -а
субъективи́стский
субъекти́вно-идеалисти́ческий
субъекти́вно-психологи́ческий
субъекти́вность, -и
субъекти́вный; кр. ф. -вен, -вна
субъекти́вщина, -ы
субъе́ктность, -и
субъе́ктный
субъя́дерный
субъядро́, -а́
субэкваториа́льный
субэтни́ческий
субэ́тнос, -а
сувени́р, -а
сувени́рный
сувени́рчик, -а
суверéн, -а
сувернизáция, -и
суверенитéт, -а
суверéнность, -и

суверéнный; кр. ф. -éнен, -éнна
су́водь, -и
суво́й, -я
су́волока, -и
суво́ровец, -вца, тв. -вцем, р. мн. -вцев
суво́ровский (*от* Суво́ров)
Суво́ровское учи́лище
суггести́вность, -и
суггести́вный
сугге́стия, -и
суггестоло́гия, -и
суггестопеди́ческий
суггестопеди́я, -и
сугла́н, -а
сугли́нистый
сугли́нок, -нка
суголо́вный
суголо́вье, -я, р. мн. -вий
сугрéв, -а и -у
сугро́б, -а
сугро́бина, -ы
сугро́бистый
сугро́бище, -а, мн. -а и -и, -ищ, м.
сугу́бо, нареч.
сугу́бо гражда́нский
сугу́бо ли́чный
сугу́бо нау́чный
сугу́бый
суд, -а́
суда́к, -а́
судако́вый
суда́кский (*от* Суда́к, *поселок*)
судакча́не, -а́н, ед. -а́нин, -а
суда́нка, -и, р. мн. -нок
суда́нский (*от* Суда́н)
суда́нцы, -ев, ед. -нец, -нца, тв. -нцем
суда́рик, -а
суда́рка, -и, р. мн. -рок
суда́рушка, -и, р. мн. -шек
суда́рынька, -и, р. мн. -нек
суда́рыня, -и, р. мн. -ынь
су́дарь, -я
су́дарь, -я (*покровец, церк.*)
суда́чащий

суда́чий, -ья, -ье
суда́чина, -ы
суда́чить, -чу, -чит
судачо́к, -чка́
су́дбище, -а
су́д да де́ло: пока́ су́д да де́ло
Суде́бник, -а (*название нескольких ист. памятников законодательного характера*)
суде́бно-администрати́вный
суде́бно-арбитра́жный
суде́бно-баллисти́ческий
суде́бно-медици́нский
суде́бно-процессуа́льный
суде́бно-психиатри́ческий
суде́бно-сле́дственный
суде́бный
суде́ец, -е́йца, тв. -е́йцем, р. мн. -е́йцев
суде́йский
суде́йско-информацио́нный
суде́йство, -а
судёнышко, -а, мн. -шки, -шек
суде́тский (*от* Суде́ты)
суди́лище, -а
суди́мость, -и
суди́ть-ряди́ть
суди́ть(ся), сужу́(сь), су́дит(ся) (*к* суд)
судия́, -и́, мн. суди́и, су́дий, судия́м, м. (*устар. и высок. к* судья́)
судко́вый
судмедэкспе́рт, -а
судмедэксперти́за, -ы
су́дно¹, -а, мн. суда́, -о́в (*корабль*)
су́дно², -а, мн. су́дна, су́ден, су́днам (*сосуд*)
су́дно-лову́шка, су́дна-лову́шки
су́дно-мише́нь, су́дна-мише́ни
су́дно-носи́тель, су́дна-носи́теля
су́дный (*к* суд)
судове́рфь, -и
судовладе́лец, -льца, тв. -льцем, р. мн. -льцев
судовладе́льческий
судоводи́тель, -я

СУДОВОДИТЕЛЬСКИЙ

судоводи́тельский
судовожде́ние, -я
судово́зный
судово́й
судоговоре́ние, -я
судозахо́д, -а
судо́к, судка́
судоко́рпусный
судомеха́ник, -а
судомодели́зм, -а
судомодели́ст, -а
судомоде́ль, -и
судомоде́льный
судомо́йка, -и, р. мн. -о́ек
судомо́йня, -и, р. мн. -о́ен
судооборо́т, -а
судоподъём, -а
судоподъёмник, -а
судоподъёмный
судопроизво́дственный
судопроизво́дство, -а
судопропускно́й
судорабо́чий, -его
судоремо́нт, -а
судоремо́нтник, -а
судоремо́нтный
су́дорога, -и
су́дорожность, -и
су́дорожный; кр. ф. -жен, -жна
судосбо́рщик, -а
судосбо́рщица, -ы, тв. -ей
судостроéние, -я
судострои́тель, -я
судострои́тельный
судоустро́йство, -а
судохо́дность, -и
судохо́дный; кр. ф. -ден, -дна
судохо́дство, -а
судохозя́ин, -а, мн. -я́ева, -я́ев
судо́чек, -чка
судьба́, -ы́, мн. су́дьбы, су́деб, су́дьбам
судьби́на, -ы
судьбоно́сный; кр. ф. -сен, -сна
судья́, -и́, мн. су́дьи, су́дей, су́дьям, м. и ж.

судья́-информа́тор, судьи́-информа́тора
су́дя (по кому, чему)
судя́, деепр.
су́дящий
судя́щийся
суеве́р, -а
суеве́рие, -я
суеве́рка, -и, р. мн. -рок
суеве́рность, -и
суеве́рный; кр. ф. -рен, -рна
суему́дрие, -я
суему́дрствовать, -твую, -твует
суему́дрый
суесло́вие, -я
суесло́вный
суета́, -ы́
суета́ су́ет
суети́ться, суечу́сь, суети́тся
суетли́вость, -и
суетли́вый
су́етность, -и
су́етный; кр. ф. -тен, -тна
суетня́, -и́
сужа́ть(ся), -а́ю, -а́ет(ся) (к су́зить(ся))
сужде́ние, -я
суждённый; кр. ф. -ён, -ена́
суждено́, в знач. сказ.
су́женая, -ой (о невесте)
су́женая-ря́женая, су́женой-ря́женой
суже́ние, -я
су́женный; кр. ф. -ен, -ена (от су́зить)
су́женый, -ого (о женихе)
су́женый-ря́женый, су́женого-ря́женого
сужерёбая
су́живание, -я
су́живать(ся), -аю, -ает(ся)
су́здальский (от Су́здаль)
су́здальцы, -ев, ед. -лец, -льца, тв. -льцем
су́зить(ся), су́жу, су́зит(ся)
суици́д, -а

суицида́льный
суици́дный
суйбоку́га, -и
сук, -а́, предл. на суку́, мн. су́чья, -ьев и суки́, -о́в
су́ка, -и
су́кин, -а, -о
су́ккуб, -а
суккуле́нты, -ов, ед. -е́нт, -а
сукнецо́, -а́
сукни́шко, -а
сукно́, -а́, мн. су́кна, су́кон, су́кнам
сукнова́л, -а
сукнова́льный
сукнова́льня, -и, р. мн. -лен
сукноде́л, -а
сукноде́лие, -я
сукномо́йка, -и, р. мн. -о́ек
сукова́тость, -и
сукова́тый
суко́нка, -и, р. мн. -нок
суко́нный
суко́нце, -а
суко́нщик, -а
суко́тая и суко́тная
су́кре, нескл., с. (ден. ед.)
су́кровица, -ы, тв. -ей
су́кровичный
сукро́й, -я
сукце́ссия, -и
сулаве́сский (от Сулаве́си)
сулаве́сцы, -ев, ед. -сец, -сца, тв. -сцем
суле́йка, -и, р. мн. -е́ек
сулема́, -ы́
сулемо́вый
сулённый; кр. ф. -ён, -ена́, прич.
сулёный, прил.
сулея́, -и́
сули́ть(ся), сулю́(сь), сули́т(ся)
су́лица, -ы, тв. -ей
суло́й, -я
султа́н, -а
султана́т, -а
султа́нка, -и, р. мн. -нок (зоол.)
султа́нский

СУНДУЧОК

султа́нство, -а
султа́нчик, -а
султа́нша, -и, *тв.* -ей
сулугу́ни, *нескл., м.*
сульги́н, -а
сульсе́н, -а
сульсе́новый
сульфадимези́н, -а
сульфадиметокси́н, -а
сульфазо́л, -а
сульфале́н, -а
сульфами́дный
сульфами́ды, -ов, *ед.* -ми́д, -а
сульфанилами́дный
сульфанилами́ды, -ов, *ед.* -ми́д, -а
сульфани́ловый
сульфано́л, -а
сульфата́зы, -а́з, *ед.* -а́за, -ы
сульфата́ция, -и
сульфати́рование, -я
сульфа́тный
сульфатосто́йкий; *кр. ф.* -о́ек, -о́йка
сульфа́ты, -ов, *ед.* -фа́т, -а (*соли серной кислоты*)
сульфгидри́льный
сульфиди́н, -а
сульфиди́рование, -я
сульфиди́рованный; *кр. ф.* -ан, -ана
сульфиди́ровать(ся), -рую, -рует(ся) (*в цветной металлургии*)
сульфи́дный
сульфи́ды, -ов, *ед.* -фи́д, -а (*соединения серы с другими элементами*)
сульфи́рование, -я
сульфи́рованный; *кр. ф.* -ан, -ана
сульфи́ровать(ся), -рую, -рует(ся)
сульфита́ция, -и
сульфити́рованный; *кр. ф.* -ан, -ана
сульфити́ровать(ся), -рую, -рует(ся) (*в пищевой промышленности*)

сульфи́тный
сульфито́метр, -а
сульфи́ты, -ов, *ед.* -фи́т, -а (*соли сернистой кислоты*)
сульфогру́ппа, -ы
сульфокисло́ты, -о́т, *ед.* -ота́, -ы́
сульфокси́ды, -ов, *ед.* -кси́д, -а
сульфокси́л, -а
сульфона́ты, -ов, *ед.* -на́т, -а
сульфо́новый
сульфо́ны, -ов, *ед.* -фо́н, -а
сульфосо́ли, -е́й, *ед.* -со́ль, -и
сульфури́л, -а
сум, -а (*ден. ед.*)
сума́, -ы́
с ума́ (сойти́)
сумасбро́д, -а
сумасбро́дить, -о́жу, -о́дит
сумасбро́дка, -и, *р. мн.* -док
сумасбро́дничать, -аю, -ает
сумасбро́дный; *кр. ф.* -ден, -дна
сумасбро́дство, -а
сумасбро́дствовать, -твую, -твует
сумасбро́дящий
сумасше́дший
сумасше́дшинка, -и
сумасше́ствие, -я
сумасше́ствовать, -твую, -твует
сумато́ха, -и
сумато́щащийся
сумато́шиться, -шусь, -шится
сумато́шливость, -и
сумато́шливый
сумато́шность, -и
сумато́шный; *кр. ф.* -шен, -шна
суматра́нка, -и, *р. мн.* -нок
суматра́нский (*от* Сума́тра)
суматра́нцы, -ев, *ед.* -нец, -нца, *тв.* -нцем
сума́х, -а
сума́ховые, -ых
сумбу́р, -а
сумбу́рность, -и
сумбу́рный; *кр. ф.* -рен, -рна
сумгаи́тский (*от* Сумгаи́т)

сумгаи́тцы, -ев, *ед.* -тец, -тца, *тв.* -тцем
су́меречность, -и
су́меречный; *кр. ф.* -чен, -чна
су́мерки, -рек и -рок
су́мерничать, -аю, -ает
суме́ть, -е́ю, -е́ет
су́мка, -и, *р. мн.* су́мок
су́мма, -ы
су́мма бру́тто, су́ммы бру́тто
су́мма не́тто, су́ммы не́тто
сумма́рность, -и
сумма́рный
сумма́тор, -а
сумма́ция, -и
сумми́рование, -я
сумми́рованный; *кр. ф.* -ан, -ана
сумми́ровать(ся), -рую, -рует(ся)
суммово́й
су́ммочка, -и, *р. мн.* -чек (*от* су́мма)
су́мничать, -аю, -ает
сумня́ся: ничто́же сумня́ся
сумня́шеся: ничто́же сумня́шеся
сумо́, *нескл., с.*
сумои́ст, -а
су́мочка, -и, *р. мн.* -чек (*от* су́мка)
су́мочник, -а
су́мочный
су́мрак, -а
су́мрачность, -и
су́мрачный; *кр. ф.* -чен, -чна
сумско́й (*от* Су́мы)
сумча́не, -а́н, *ед.* -а́нин, -а (*от* Су́мы)
су́мчатый
с у́мыслом
сумя́тица, -ы, *тв.* -ей
сунда́нский
сунда́нцы, -ев, *ед.* -нец, -нца, *тв.* -нцем
сунду́к, -а́
сундучи́шко, -а и -и, *мн.* -шки, -шек, *м.*
сунду́чный
сундучо́к, -чка́

1051

су́нды, -ов, *ед.* сунд, -а
су́нна, -ы
сунни́зм, -а
сунни́тка, -и, *р. мн.* -ток
сунни́тский
сунни́ты, -ов, *ед.* сунни́т, -а
сунорéф, -а
су́нутый (*от* су́нуть)
су́нуть(ся), су́ну(сь), су́нет(ся) (*к* сова́ть(ся)
Суо́ми, *нескл., ж.* (Финляндия)
суп, -а и -у, *предл.* в су́пе и в супу́, *мн.* -ы́, -о́в
су́пер... — *приставка, пишется слитно*
су́пер, -а, *мн.* -ы, -ов и -а́, -о́в (*суперобложка*)
суперавтостра́да, -ы
суперагéнт, -а
суперарби́тр, -а
супербестсе́ллер, -а
супербоеви́к, -а́
суперва́йзер, -а (*организатор работ*)
супервúзор, -а (*управляющая программа, инф.*)
супервойна́, -ы́, *мн.* -во́йны, -во́йн
супервы́игрыш, -а, *тв.* -ем
супергармони́ческий
супергетероди́н, -а
супергетероди́нный
суперги́гант, -а
суперги́гантский
суперго́род, -а, *мн.* -а́, -о́в
супердержа́ва, -ы
супердисплéй, -я
суперзвезда́, -ы́, *мн.* -звёзды, -звёзд
суперигра́, -ы́, *мн.* -и́гры, -и́гр
супериконоско́п, -а
суперинва́р, -а
суперинтендéнт, -а
суперинфекцио́нный
суперинфéкция, -и
суперинфля́ция, -и
суперкала́ндр, -а

суперка́рго, *нескл., м.*
суперкинотеа́тр, -а
суперкла́сс, -а
суперклéй, -я
суперклу́б, -а
суперкома́нда, -ы
суперко́мплекс, -а
суперконцéрн, -а
суперку́бок, -бка
Суперку́бок УЕФА́
суперла́йнер, -а
суперлати́в, -а и суперляти́в, -а
суперли́га, -и (*спорт.*)
супермалло́й, -я
супермарафо́н, -а
супермáркет, -а
супермéн, -а
супермéнский
супермéнство, -а
супермикроЭВМ [-эвээ́м], *нескл., ж.*
супермо́да, -ы
супермодéль, -и
супермодéм, -а
супермо́дный; *кр. ф.* -ден, -дна
супермонополиза́ция, -и
супермонопо́лия, -и
супермультиплéтный
супермультиплéты, -ов, *ед.* -плéт, -а
суперобло́жка, -и, *р. мн.* -жек
суперортико́н, -а
суперотбéливатель, -я
суперпарамагнети́зм, -а
суперпозицио́нный
суперпози́ция, -и
суперпрефéкт, -а
суперпри́быль, -и
суперприёмник, -а
суперпри́з, -а, *мн.* -ы́, -о́в
суперрегенерати́вный
суперрегенера́тор, -а
суперса́м, -а
суперсегмéнтный
суперсекрéтность, -и
суперсекрéтный; *кр. ф.* -тен, -тна

суперсериáл, -а
суперсéрия, -и
суперсовремéнный; *кр. ф.* -éнен, -éнна
суперспла́в, -а
суперстра́т, -а
суперстра́тный
суперта́нкер, -а
супертра́улер, -а
супертурни́р, -а
супертяжеловéс, -а
суперфи́ниш, -а, *тв.* -ем
суперфосфа́т, -а
суперфосфа́тный
суперхайвéй, -я
суперхи́т, -а́
супершо́у, *нескл., с.*
супершпио́н, -а
суперъядро́, -а́, *мн.* -я́дра, -я́дер
суперъя́хта, -ы
суперЭВМ [-эвээ́м], *нескл., ж.*
суперэкспрéсс, -а
суперэли́та, -ы
суперэли́тный
суперэти́ческий
суперэ́тнос, -а
су́песный
су́песок, -ска
супесча́ный
су́песь, -и
су́пец, су́пца и супцу́, *тв.* су́пцем, *р. мн.* су́пцев и супéц, супца́ и супцу́, *тв.* супцо́м, *р. мн.* супцо́в
супи́н, -а
супина́тор, -а
супина́ция, -и
су́пить(ся), су́плю(сь), су́пит(ся)
су́пник, -а
су́пница, -ы, *тв.* -ей
супово́й
супо́нить(ся), -ню, -нит(ся)
супо́нь, -и
супо́нящий(ся)
супоро́сая и супоро́сная
супоро́сность, -и и супоро́сость, -и

супоста́т, -а
supplетиви́зм, -а
supplети́вный; кр. ф. -вен, -вна
суппозито́рий, -я
су́ппорт, -а
су́ппортный
су́п-пюре́, су́па-пюре́
супралитора́ль, -и
супранатурали́зм, -а
супранатура́льный
супрасти́н, -а
супремати́зм, -а
супремати́ст, -а
супремати́стский
супремати́ческий
супре́мум, -а
супре́ссия, -и
супрефе́кт, -а
супрефекту́ра, -ы
суприм, -а
супроти́в, *нареч. и предлог* (*устар. и прост. к* против *и* напротив)
супроти́вник, -а
супроти́вница, -ы, *тв.* -ей
супроти́вничать, -аю, -ает
супротивноли́стный
супроти́вный
супру́г, -а
супру́га, -и
супру́жеский
супру́жество, -а
супру́жник, -а
супру́жница, -ы, *тв.* -ей
супря́га, -и
су́прядки, -док
супря́жник, -а
су́пчик, -а и -у (*от* суп)
су́пящий(ся)
сур, -а и *неизм.* (*цвет каракуля*)
су́ра, -ы (*глава Корана*)
сургу́тский (*от* Сургу́т)
сургу́тцы, -ев, *ед.* -тец, -тца, *тв.* -тцем
сургутя́не, -я́н, *ед.* -я́нин, -а
сургу́ч, -а́, *тв.* -о́м
сургу́чик, -а

сургу́чный
сургучо́вый
сурди́на, -ы
сурди́нка, -и, *р. мн.* -нок
сурдока́мера, -ы
сурдока́мерный
сурдологи́ческий
сурдоло́гия, -и
сурдопедаго́г, -а
сурдопедаго́гика, -и
сурдоперево́д, -а
сурдоперево́дчик, -а
сурдоте́хника, -и
суре́пица, -ы, *тв.* -ей
суре́пка, -и, *р. мн.* -пок
суре́пный
су́ржа, -и, *тв.* -ей
су́ржик, -а
су́рик, -а
су́риковский (*от* Су́риков)
су́риковый (*от* су́рик)
сурина́мский (*от* Surinám)
сурина́мцы, -ев, *ед.* -мец, -мца, *тв.* -мцем
сурко́вый
сурна́, -ы́ (*устар. к* зурна́)
суро́вевший
суро́веть, -ею, -еет
суро́вость, -и
суро́вый
суровье́, -я́
суро́к, сурка́
суро́чий, -ья, -ье
су́рра, -ы (*болезнь животных*)
суррога́т, -а
суррога́тный
сурчи́на, -ы
сурчи́ный
сурчо́нок, -нка, *мн.* -ча́та, -а́т
сурьма́, -ы́
сурьмаоргани́ческий
сурьми́ло, -а
сурьми́ть(ся), -млю́(сь), -ми́т(ся)
сурьмлённый; кр. ф. -ён, -ена́, *прич.*
сурьмлёный, *прил.*

сурьмяни́стый
сурьмяно́й и сурьмя́ный
суса́к, -а́
суса́ленный; кр. ф. -ен, -ена, *прич.*
суса́лить(ся), -лю, -лит(ся)
суса́ль, -и
суса́льность, -и
суса́льный; кр. ф. -лен, -льна
сусе́к, -а
суслёнок, -нка, *мн.* -ля́та, -ля́т
су́слик, -а
су́сликовый
су́слить(ся), -лю(сь), -лит(ся)
су́сличий, -ья, -ье
су́сло, -а
сусловаро́чный
су́словый
сусло́н, -а
су́сляный (*от* су́сло)
су́слящий(ся)
сусо́лить(ся), -лю(сь), -лит(ся)
сусо́лящий(ся)
суспенди́рование, -я и суспензи́рование, -я
суспенди́рованный; кр. ф. -ан, -ана и суспензи́рованный; кр. ф. -ан, -ана
суспенди́ровать(ся), -рую, -рует(ся) и суспензи́ровать(ся), -рую, -рует(ся)
суспензи́вный
суспензио́нный
суспе́нзия, -и
суспензо́рий, -я
су́ссекс, -а (*порода кур*)
суста́в, -а
суставно́й
суста́вно-мы́шечный
суста́вчатый
суста́вчик, -а
с уста́тка и с уста́тку
сута́ж, -а́, *тв.* -о́м
сута́жный
сута́на, -ы
сутарти́не, *нескл., ж.*
су́темь, -и

сутенёр, -а
сутенёрский
сутенёрство, -а
су́тки, су́ток
су́толока, -и
су́толочный; кр. ф. -чен, -чна
су́толочь, -и
суто́ра, -ы
су́точный
су́тра, -ы
суту́лина, -ы
суту́листый
суту́лить(ся), -лю(сь), -лит(ся)
сутулова́тость, -и
сутулова́тый
суту́лость, -и
суту́лый
суту́лящий(ся)
суту́нка, -и, р. мн. -нок
суть¹, -и
суть², 3 л. мн. ч. от глаг. быть
сутю́живать, -аю, -ает
сутю́жить, -жу, -жит
сутя́га, -и, м. и ж.
сутя́жник, -а
сутя́жница, -ы, тв. -ей
сутя́жничать, -аю, -ает
сутя́жнический
сутя́жничество, -а
сутя́жный
суфи́зм, -а
су́фий, -я
суфи́йный
суфи́йский
суфле́, нескл., с.
суфлёр, -а
суфлёрский
суфли́рование, -я
суфли́рованный; кр. ф. -ан, -ана
суфли́ровать, -рую, -рует
суфля́р, -а (*выделение газа из горных пород*)
суфражи́зм, -а
суфражи́стка, -и, р. мн. -ток
суфражи́стский
су́ффикс, -а

суффикса́льно-префикса́льный
суффикса́льный
суффикса́ция, -и
суффозио́нно-ка́рстовый
суффозио́нный
суффо́зия, -и
суффо́лк, -а (*порода лошадей*)
су́ффолкский (*от* Су́ффолк; суффо́лкская поро́да лошаде́й, ове́ц)
Су́харева ба́шня, Су́харевой ба́шни (*в Москве*)
суха́рик, -а
суха́рница, -ы, тв. -ей
суха́рный
суха́рня, -и, р. мн. -рен
суха́рь, -я́
су́хенький и сухо́нький
сухи́ничский (*от* Сухи́ничи, город)
сухме́нный
сухме́нь, -и
су́хо, нареч. и в знач. сказ.
сухова́тость, -и
сухова́тый
сухове́й, -я
сухове́йный
суховерхий
суховерши́нность, -и
суховерши́нный
суховозду́шный
сухово́-кобы́линский (*от* Сухово́-Кобы́лин)
сухогру́з, -а
сухогру́зный
суходо́л, -а
суходо́льный
сухожи́лие, -я
сухожи́льный
сухоза́дый
сухо́й; кр. ф. сух, суха́, су́хо, су́хи
Сухо́й Ло́г (*город*)
сухолю́б, -а
сухолюби́вый
сухомя́тка, -и
сухоно́гий

сухоно́с, -а
су́хонский (*от* Су́хона)
су́хонький и су́хенький
сухопа́рник, -а
сухопа́рость, -и
сухопа́рый
сухоподсто́йный
сухопрессо́ванный
сухопу́тный
сухопу́тчик, -а
сухопу́тье, -я
сухорёбрый
сухору́кий
сухосто́ина, -ы
сухосто́й, -я
сухосто́йный
су́хость, -и
сухота́, -ы́
сухоте́лый
сухо́тка, -и
сухотра́вный
сухофру́кты, -ов
сухоцве́т, -а
сухоща́вость, -и
сухоща́вый
сухоядение, -я
сухоя́дец, -дца, тв. -дцем, р. мн. -дцев
суху́мский (*от* Суху́ми, Суху́м)
суху́мцы, -ев, ед. -мец, -мца, тв. -мцем
суче́ние, -я
су́ченный; кр. ф. -ен, -ена, прич. (*от* сучи́ть)
сучёный, прил.
су́чий, -ья, -ье
сучи́льный
сучи́льщик, -а
сучи́льщица, -ы, тв. -ей
сучи́ть(ся), сучу́, су́чи́т(ся)
су́чка, -и, р. мн. су́чек
сучка́стый
сучкова́тость, -и
сучкова́тый
сучко́вый
сучколови́тель, -я

СХЕМАТИЗАЦИЯ

сучкоре́з, -а
сучкоре́зка, -и, *р. мн.* -зок
сучкоре́зный
сучкору́б, -а
сучо́к, сучка́
сучо́чек, -о́чка
сучье́, -я́
су́ша, -и, *тв.* -ей
су́шащий(ся)
су́ше, *сравн. ст.*
суше́ние, -я
сушени́на, -ы
сушени́ца, -ы, *тв.* -ей
су́шенный; *кр. ф.* -ен, -ена, *прич.*
сушёный, *прил.*
суши́лка, -и, *р. мн.* -лок
суши́ло, -а
суши́льно-глади́льный
суши́льный
суши́льня, -и, *р. мн.* -лен
суши́льщик, -а
суши́льщица, -ы, *тв.* -ей
суши́на, -ы
суши́ть(ся), сушу́(сь), су́шит(ся)
су́шка, -и, *р. мн.* су́шек
сушня́к, -а́ и -у́
сушь, -и
Сущёвский Ва́л (*улица*)
су́щее, -его
суще́ственно, *нареч.*
суще́ственность, -и
суще́ственный; *кр. ф.* -вен и -венен, -венна
существи́тельное, -ого
существо́, -а́, *мн.* -а́, суще́ств, -а́м
существова́ние, -я
существова́тель, -я
существова́ть, -тву́ю, -тву́ет
су́щий
су́щностный; *кр. ф.* -тен, -тна
су́щность, -и
су́зцкий (*от* Су́зц)
Су́зцкий кана́л
Су́зцкий переше́ек
суя́гная
суя́гность, -и

сфабрико́ванный; *кр. ф.* -ан, -ана
сфабрикова́ть, -ку́ю, -ку́ет
сфа́гновый
сфа́гнум, -а
сфалери́т, -а
сфальсифици́рованный; *кр. ф.* -ан, -ана
сфальсифици́ровать, -рую, -рует
сфальцева́ть, -цу́ю, -цу́ет
сфальцо́ванный; *кр. ф.* -ан, -ана
сфальши́вить, -влю, -вит
сфальши́вленный; *кр. ф.* -ен, -ена
сфантази́рованный; *кр. ф.* -ан, -ана
сфантази́ровать, -рую, -рует
сфен, -а
сфеноиди́т, -а
сфенокефа́лия, -и и сфеноцефа́лия, -и
сфе́ра, -ы
сфери́ты, -ов, *ед.* -ри́т, -а
сфери́ческий
сфери́чный; *кр. ф.* -чен, -чна
сферо́ид, -а
сфероида́льный
сфероко́нус, -а
сферокриста́лл, -а
сфероли́ты, -ов, *ед.* -ли́т, -а
сферо́метр, -а
сферосидери́т, -а
сферосо́мы, -о́м, *ед.* -со́ма, -ы
сфигля́рничать, -аю, -ает
сфигмогра́мма, -ы
сфигмо́граф, -а
сфигмогра́фия, -и
сфигманоме́тр, -а
сфингози́н, -а
сфинголипи́ды, -ов, *ед.* -пи́д, -а
Сфинкс, -а (*мифол.*) и сфинкс, -а (*скульптурное изображение мифол. существа; нечто загадочное, непонятное*)
сфи́нксовый
сфи́нктер, -а

сфокуси́рованный; *кр. ф.* -ан, -ана
сфокуси́ровать(ся), -рую, -рует(ся)
сфоли́ть, -лю́, -ли́т
сформирова́ние, -я
сформиро́ванный; *кр. ф.* -ан, -ана
сформирова́ть(ся), -ру́ю(сь), -ру́ет(ся)
сформиро́вывать(ся), -аю(сь), -ает(ся)
сформо́ванный; *кр. ф.* -ан, -ана
сформова́ть(ся), -му́ю, -му́ет(ся)
сформо́вывать(ся), -аю, -ает(ся)
сформули́рованный; *кр. ф.* -ан, -ана
сформули́ровать(ся), -рую, -рует(ся)
сфорца́ндо и сфорца́то, *неизм.*
сфотографи́рованный; *кр. ф.* -ан, -ана
сфотографи́ровать(ся), -рую(сь), -рует(ся)
сфраги́стика, -и
сфуго́ванный; *кр. ф.* -ан, -ана
сфугова́ть, -гу́ю, -гу́ет
сфуго́вывать(ся), -аю, -ает(ся)
сфума́то, *нескл., с.*
схалту́рить, -рю, -рит
сха́панный; *кр. ф.* -ан, -ана
сха́пать, -аю, -ает
схвастну́ть, -ну́, -нёт
схват, -а
схвати́ть(ся), -ачу́(сь), -а́тит(ся)
схва́тка, -и, *р. мн.* -ток (*столкновение в борьбе*)
схва́тки, -ток, *ед.* -тка, -и (*мед.*)
схва́тцы, -ев (*орудие*)
схва́тывание, -я
схва́тывать(ся), -аю(сь), -ает(ся)
схва́ченный; *кр. ф.* -ен, -ена
схе́ма, -ы
схематиза́тор, -а
схематиза́торский
схематиза́ция, -и

СХЕМАТИЗИРОВАННЫЙ

схематизи́рованный; *кр. ф.* -ан, -ана
схематизи́ровать(ся), -рую, -рует(ся)
схемати́зм, -а
схемати́ческий
схемати́чность, -и
схемати́чный; *кр. ф.* -чен, -чна
схе́мка, -и, *р. мн.* -мок
схе́мный
схемоте́хника, -и
схиархимандри́т, -а
схи́зма, -ы
схизма́тик, -а
схизмати́ческий
схизмати́чка, -и, *р. мн.* -чек
схиигу́мен, -а
схииеромона́х, -а
схи́ма, -ы
схи́мить(ся), -млю(сь), -мит(ся)
схими́чить, -чу, -чит
схи́мник, -а
схи́мница, -ы, *тв.* -ей
схи́мнический
схи́мничество, -а
схимона́х, -а
схимона́хиня, -и, *р. мн.* -инь
схимона́шеский
схи́мящий(ся)
с хитрецо́й
схитри́ть, -рю́, -ри́т
с хле́ба на во́ду (на квас) (перебива́ться)
схлёбанный; *кр. ф.* -ан, -ана
схлеба́ть, -а́ю, -а́ет
схлёбнутый
схлебну́ть, -ну́, -нёт
схлёбывать(ся), -аю, -ает(ся)
схлёст, -а
схлёстанный; *кр. ф.* -ан, -ана
схлеста́ть, -ещу́, -е́щет
схлёстнутый
схлестну́ть(ся), -ну́(сь), -нёт(ся)
схлёстывать(ся), -аю(сь), -ает(ся)
схлопа́тывать, -аю, -ает
схлопо́танный; *кр. ф.* -ан, -ана

схлопота́ть, -очу́, -о́чет
схлы́нуть, -нет
схова́ть(ся), -а́ю(сь), -а́ет(ся)
сход, -а
схо́дбище, -а
сходи́мость, -и
сходи́ть(ся), схожу́(сь), схо́дит(ся)
схо́дка, -и, *р. мн.* -док
схо́дни, -ей и схо́дня, -и
схо́дность, -и
схо́дный; *кр. ф.* -ден, сходна́, -дно
схо́дственный; *кр. ф.* -вен, -венна
схо́дство, -а
схо́дствовать, -твую, -твует
с хо́ду
сходя́щий(ся)
схожде́ние, -я
схо́женность, -и
схо́жесть, -и
схо́жий
схола́ст, -а
схола́стик, -а
схола́стика, -и
схоласти́ческий
схоласти́чность, -и
схоласти́чный; *кр. ф.* -чен, -чна
схола́стка, -и, *р. мн.* -ток
схолиа́ст, -а (*от* схо́лия)
схо́лия, -и
схоро́ненный; *кр. ф.* -ен, -ена
схорони́ть(ся), -оню́(сь), -о́нит(ся)
с хрипотцо́й
схру́мкать, -аю, -ает
схри́пать, -аю, -ает
схулига́нить, -ню, -нит
сца́панный; *кр. ф.* -ан, -ана
сца́пать, -аю, -ает
сцара́панный; *кр. ф.* -ан, -ана
сцара́пать, -аю, -ает
сцара́пнутый
сцара́пнуть, -ну, -нет
сцара́пывать(ся), -аю, -ает(ся)
сцеди́ть, сцежу́, сце́дит
сце́женный; *кр. ф.* -ен, -ена
сце́живание, -я
сце́живать(ся), -аю, -ает(ся)

сцементи́рованный; *кр. ф.* -ан, -ана
сцементи́ровать(ся), -рую, -рует(ся)
сце́на, -ы
сцена́рий, -я
сценари́ст, -а
сценари́стка, -и, *р. мн.* -ток
сцена́риус, -а
сцена́рный
сценеде́смус, -а
сцени́ческий
сцени́чность, -и
сцени́чный; *кр. ф.* -чен, -чна
сце́нка, -и, *р. мн.* -нок
сцено́граф, -а
сценографи́ческий
сценогра́фия, -и
сцентри́рованный; *кр. ф.* -ан, -ана
сцентри́ровать(ся), -и́рую, -и́рует(ся)
сцентро́ванный; *кр. ф.* -ан, -ана
сцентрова́ть(ся), -ру́ю, -ру́ет(ся)
сцеп, -а
сцепи́ть(ся), сцеплю́(сь), сце́пит(ся)
сце́пка, -и, *р. мн.* -пок
сцепле́ние, -я
сце́пленный; *кр. ф.* -ен, -ена
сцепля́нки, -нок, *ед.* -янка, -и (*водоросли*)
сцепля́ть(ся), -я́ю(сь), -я́ет(ся)
сцепно́й
сцептро́н, -а и скептро́н, -а
сце́пщик, -а
сце́пщица, -ы, *тв.* -ей
сциенти́зм, -а
сциенти́ст, -а
сциенти́стский
сци́лла, -ы (*растение*)
Сци́лла, -ы: между Сци́ллой и Хари́бдой
сцинк, -а (*ящерица*)
сцинтилли́ровать, -рует
сцинтилля́торы, -ов, *ед.* -тор, -а

СЪЕДОБНЫЙ

сцинтилляцио́нный
сцинтилля́ция, -и
сциофи́ты, -ов, *ед.* -фи́т, -а
Сципио́н Африка́нский
сцифосто́мы, -о́м, *ед.* -о́ма, -ы
сцифо́идные, -ых
сцифомеду́за, -ы
сча́вкать, -аю, -ает
счал, -а
сча́ленный; *кр. ф.* -ен, -ена
сча́ливание, -я
сча́ливать(ся), -аю, -ает(ся)
сча́лить(ся), -лю, -лит(ся)
сча́лка, -и, *р. мн.* -лок
счастли́вее, *сравн. ст.*
счастли́вец, -вца, *тв.* -вцем, *р. мн.* -вцев
счастли́вить(ся), -влю, -вит(ся)
счастли́вица, -ы, *тв.* -ей
сча́стливо, *нареч.*
счастли́во, *межд.*; счастли́во оставаться!
счастли́вчик, -а
счастли́вый; *кр. ф.* сча́стлив, сча́стлива
сча́стье, -я
сча́стьице, -а
с ча́су на ча́с
счека́ненный; *кр. ф.* -ен, -ена
счека́нивать(ся), -аю, -ает(ся)
счека́нить, -ню, -нит
с чем с чем (уж с чем с чем, а с э́тим де́лом я спра́влюсь; *также при переспросе*)
счёрпанный; *кр. ф.* -ан, -ана
счёрпать, -аю, -ает
счёрпнутый
счерпну́ть, -ну́, -нёт
счёрпывать(ся), -аю, -ает(ся)
счерти́ть, счерчу́, счертит
счёрченный; *кр. ф.* -ен, -ена
счё́рчивание, -я
счё́рчивать(ся), -аю, -ает(ся)
счёс, -а
счёсанный; *кр. ф.* -ан, -ана
счеса́ть(ся), счешу́, счешет(ся)

счёска, -и
счесть(ся), сочту́(сь), сочтёт(ся); *прош.* счёл(ся), сочла́(сь)
счёсывание, -я
счёсывать(ся), -аю, -ает(ся)
счёт¹, -а и -у, *предл.* на счету́ (действие)
счёт², -а, *предл.* на счёте и на счету́, *мн.* -а́, -ов (денежный документ; разряд финансовых операций)
с четвере́нек
счетверённый; *кр. ф.* -ён, -ена́
счетвери́ть, -рю́, -ри́т
счётец, -тца, *тв.* -тцем, *р. мн.* -тцев
Счётная пала́та РФ
счётно-аналити́ческий
счётно-вычисли́тельный
счётно-де́нежный
счётно-кла́вишный
счётно-маши́нный
счётно-перфорацио́нный
счётно-пи́шущий
счётно-реша́ющий
счётный
счетово́д, -а
счетово́дный
счетово́дство, -а
счетово́дческий
счётом, *нареч.*
счёт-фактура́, счёта-фактуры́, *мн.* счета́-факту́ры, счето́в-факту́р
счётчик, -а
счётчик-та́ймер, счётчика-та́ймера
счёты, счётов (расчеты; взаимоотношения; счетный прибор)
счисле́ние, -я
счи́сленный; *кр. ф.* -ен, -ена
счи́слить, -лю, -лит
счисля́ть(ся), -я́ю, -я́ет(ся)
счи́стить(ся), счи́щу, счи́стит(ся)
счи́стка, -и
счита́лка, -и, *р. мн.* -лок
счита́лочка, -и, *р. мн.* -чек
счи́танный; *кр. ф.* -ан, -ана, *прич.*
счи́тано-пересчи́тано

счи́таный, *прил.* (*также:* счи́таное коли́чество, счи́таные – "о́чень немно́гие")
счи́таный-пересчи́таный (счи́таные-пересчи́таные де́ньги)
счита́ть(ся), -а́ю(сь), -а́ет(ся)
счи́тка, -и, *р. мн.* -ток
счи́тчик, -а
счи́тчица, -ы, *тв.* -ей
счи́тывание, -я
счи́тыватель, -я
счи́тывать(ся), -аю, -ает(ся)
счища́лка, -и, *р. мн.* -лок
счища́ть(ся), -а́ю, -а́ет(ся)
счи́щенный; *кр. ф.* -ен, -ена
с чуди́нкой
сше́дший(ся) (*устар. к* соше́дший(ся))
сше́ствие, -я
сшиба́ние, -я
сшиба́ть(ся), -а́ю(сь), -а́ет(ся)
сшиби́вший(ся)
сшиби́ть(ся), -бу́(сь), -бёт(ся); *прош.* сши́б(ся), сши́бла(сь)
сши́бка, -и, *р. мн.* -бок
сши́бленный; *кр. ф.* -ен, -ена
сшив, -а
сшива́льный
сшива́льщик, -а
сшива́льщица, -ы, *тв.* -ей
сшива́ние, -я
сшива́ть(ся), -а́ю, -а́ет(ся)
сшива́ющий(ся)
сши́вка, -и, *р. мн.* -вок
сшивно́й
сшинко́ванный; *кр. ф.* -ан, -ана
сшинкова́ть, -ку́ю, -ку́ет
сши́тый
сшить, сошью́, сошьёт
сшути́ть, сшучу́, сшу́тит
съеда́ние, -я
съеда́ть(ся), -а́ю, -а́ет(ся)
съеде́ние, -я
съе́денный; *кр. ф.* -ен, -ена
съедо́бность, -и
съедо́бный; *кр. ф.* -бен, -бна

съёженный; *кр. ф.* -ен, -ена
съёживание, -я
съёживать(ся), -аю(сь), -ает(ся)
съёжить(ся), -жу(сь), -жит(ся)
съезд, -а
съе́здить, съе́зжу, съе́здит
съе́здовский
съезжа́ние, -я
съезжа́ть(ся), -а́ю(сь), -а́ет(ся)
съе́зжий
съём, -а
съёмка, -и, *р. мн.* -мок
съёмник, -а
съёмный
съёмочный
съёмцы, -ев
съёмщик, -а
съёмщица, -ы, *тв.* -ей
съёрзнуть, -ну, -нет
съёрзывать, -аю, -ает
съестно́й
съесть, съем, съешь, съест, съеди́м, съеди́те, съедя́т; *прош.* съел, съе́ла
съе́хать(ся), съе́ду(сь), съе́дет(ся)
съехи́дничать, -аю, -ает
съюти́ть(ся), -и́т(ся)
съя́бедничать, -аю, -ает
съязви́ть, -влю́, -ви́т
съякша́ться, -а́юсь, -а́ется
сы́воротка, -и, *р. мн.* -ток
сы́вороточный
сы́гранность, -и
сы́гранный; *кр. ф. прич.* -ан, -ана; *кр. ф. прил.* (согласованный, слаженный в игре) -ан, -анна (кома́нда сы́гранна)
сыграну́ть, -ну́, -нёт
сыгра́ть(ся), -а́ю(сь), -а́ет(ся)
сыгро́вка, -и, *р. мн.* -вок
сы́грываться, -аюсь, -ается
сы́звека и сы́звеку (*прост. к* изве́ка)
сы́здавна (*прост. к* и́здавна)
сызде́тства
сы́змала и сы́змалу

сы́змальства
сы́знова
сы́зранский (*от* Сы́зрань)
сы́зранцы, -ев, *ед.* -нец, -нца, *тв.* -нцем
сыктывка́рка, -и, *р. мн.* -рок
сыктывка́рский (*от* Сыктывка́р)
сыктывка́рцы, -ев, *ед.* -рец, -рца, *тв.* -рцем
сыма́ть(ся), -а́ю(сь), -а́ет(ся) (*прост. к* снима́ть(ся))
сымити́рованный; *кр. ф.* -ан, -ана
сымити́ровать, -рую, -рует
сымпровизи́рованный; *кр. ф.* -ан, -ана
сымпровизи́ровать, -рую, -рует
сын, -а, *мн.* сыновья́, сынове́й и (*устар. и высок.*) сыны́, сыно́в; после собственных имён пишется через дефис, напр.: Дюма́-сы́н
Сын, -а (*о Христе*): Бог Сы́н, Сы́н Челове́ческий
сыниции́рованный; *кр. ф.* -ан, -ана
сынициии́ровать, -рую, -рует
сыни́шка, -и, *р. мн.* -шек, *м.*
сыни́ще, -а и -и, *мн.* -и, -и́щ, *м.*
сы́нов, -а, -о
сыно́вний
сыно́вство, -а
сыно́к, сынка́
сыноуби́йство, -а
сыноуби́йца, -ы, *тв.* -ей, *м. и ж.*
сыно́чек, -чка
сы́ночка, -и, *м.*
сыну́ля, -и, *м.*
сы́панный; *кр. ф.* -ан, -ана, *прич.* (*от* сы́пать)
сыпану́ть(ся), -ну́(сь), -нёт(ся)
сы́пать(ся), сы́плю(сь), сы́плет(ся), сы́плют(ся) и сы́пет(ся), сы́пят(ся), *пов.* сы́пь(ся)
сыпе́ц, сыпца́, *тв.* сыпцо́м
сы́пкий; *кр. ф.* сы́пок, сыпка́, сы́пко
сы́плющий(ся) и сы́пящий(ся)

сыпно́й ти́ф
сыпнотифо́зный
сыпну́ть, -ну́, -нёт
сыпня́к, -а́
сыпу́ха, -и
сыпу́честь, -и
сыпу́чий
сыпь, -и
сы́пящий(ся) и сы́плющий(ся)
сыр, -а и -у, *предл.* в сы́ре и в сыру́, *мн.* -ы́, -о́в
сыр-бо́р (загоре́лся, разгоре́лся)
сырдарьи́нский (*от* Сырдарья́)
сыре́ть, -е́ю, -е́ет
сыре́ц, сырца́, *тв.* сырцо́м
сырзаво́д, -а
сырко́вый (сырко́вая ма́сса)
сырма́к, -а
Сы́рная неде́ля
сы́рники, -ов, *ед.* -ник, -а
сы́рница, -ы, *тв.* -ей
сы́рный
сырова́р, -а
сырова́рение, -я
сырова́ренный
сырова́рный
сырова́рня, -и, *р. мн.* -рен
сырова́тый
сырове́ц, -вца́ и -вцу́, *тв.* -вцо́м
сыроде́л, -а
сыроде́лие, -я
сыроде́льный
сыроду́тный
сырое́д, -а
сыроеде́ние, -я
сыроежка, -и, *р. мн.* -жек
сыро́й; *кр. ф.* сыр, сыра́, сы́ро
сыро́к, сырка́ (*фасованный плавленый сыр или творожная масса, рыба*), сырка́ и сырку́ (*уменьш.-ласкат. к* сыр)
сырокопчёный
сыромо́лка, -и
сыромоло́т, -а
сыромоло́тка, -и
сыромоло́тный

сыромя́тина, -ы
сыромя́тник, -а
Сыромя́тники, -ов (ист. район в Москве)
сыромя́тнический
сыромя́тный
сыромя́ть, -и
сырoнизи́ровать, -рую, -рует
сыропу́ст, -а
сыропу́стный
сыропу́стье, -я
сы́рость, -и
сыро́чек, -чка
сырт, -а (возвышенность)
сырть, -и (рыба)
сырца́, -ы́, тв. -о́й
сырцо́вый
сырь, -и
сырьё, -я́
сырьево́й
сырьём, нареч.
сыск, -а
сы́сканный; кр. ф. -ан, -ана
сыска́рь, -я́
сыска́ть(ся), сыщу́(сь), сы́щет(ся)
сы́скивать(ся), -аю, -ает(ся)
сыскно́й
сы́скоса и сы́скосу (прост. к и́скоса)
сыспокóн ве́ку (веко́в) (прост. к испокон ве́ку (веко́в))
сы́сстари (прост. к и́сстари)
сыта́, -ы́ (вода с мёдом)
сытéнек, -нька
сы́тенький
сы́тенько, в знач. сказ.
сытéть, -е́ю, -е́ет
сытёхонький; кр. ф. -нек, -нька
сыти́ть, сычу́, сыти́т (к сыта́)
сы́тник, -а
сы́тно, нареч. и в знач. сказ.
сы́тность, -и
сы́тный; кр. ф. сы́тен, сытна́, сы́тно
сы́то, нареч.
сы́тость, -и

сы́тый; кр. ф. сыт, сыта́, сы́то
сыть, -и
сыч, -а́, тв. -о́м
сычёнcный; кр. ф. -ён, -ена́, прич.
сычёный, прил.
сычи́ный
сычо́нок, -нка, мн. сыча́та, -а́т
сычуа́ньский (от Сычуа́нь)
сычуа́ньцы, -ев, ед. -нец, -ньца, тв. -ньцем
сычу́г, -а́
сычу́жина, -ы
сычу́жный
сычужо́к, -жка́
сы́щик, -а
сы́щица, -ы, тв. -ей
сы́щицкий
сье́рра, -ы
сье́рра-лео́нский (от Сье́рра-Лео́не)
сьерралео́нцы, -ев, ед. -нец, -нца, тв. -нцем
сэ́бин, -а, р. мн. -ов, счетн. ф. сэ́бин (ед. измер.)
сэконо́мить, -млю, -мит
сэконо́мленный; кр. ф. -ен, -ена
сэнсэ́й, -я
сэр, -а
СЭС, нескл., ж. (сокр.: санитарно-эпидемиологическая станция)
СЭС-лаборато́рия, -и
сэ́ссон, -а (стрижка)
сэсэ́н, -а (поэт и певец у башкир)
сюда́
сюжéт, -а
сюжéтец, -тца, тв. -тцем, р. мн. -тцев
сюжéтик, -а
сюжéтность, -и
сюжéтный
сюжетообразу́ющий
сюжетосложе́ние, -я
сюжетостроéние, -я

сюзане́, нескл., с.
сюзере́н, -а
сюзерените́т, -а
сюзере́нный
сюи́та, -ы
сюи́тный
сюр, -а (сюрреализм)
сюрве́йер, -а
сюрку́п, -а
сюрпля́с, -а
сюрпри́з, -а
сюрпри́зец, -зца, тв. -зцем, р. мн. -зцев
сюрпри́зный
сюрреали́зм, -а
сюрреали́ст, -а
сюрреалисти́ческий
сюрреалисти́чность, -и
сюрреалисти́чный; кр. ф. -чен, -чна
сюртук, -а́
сюртучи́шко, -а и -и, мн. -шки, -шек, м.
сюрту́чный
сюртучо́к, -чка́
сюсю́канье, -я
сюсю́кать(ся), -аю(сь), -ает(ся)
ся, нескл., с. и мн. (протокитайское племя)
ся́бры, -ов (ист.)
ся́жки, -ов и ся́жки, -ов, ед. сяжо́к, сяжка́ (усики – органы осязания)
сяк: та́к-ся́к; (и) та́к и ся́к; то та́к, то ся́к
ся́кнувший
ся́кнуть, -нет, прош. ся́кнул, ся́кла
сяко́й: тако́й-сяко́й; (и) тако́й и сяко́й
сям: та́м-ся́м; (и) та́м и ся́м; то та́м, то ся́м
сямисэ́н, -а
сянга́нский (от Сянга́н)
сянга́нцы, -ев, ед. -нец, -нца, тв. -нцем
ся́сский (от Сясь, река)

Т

табáк, -á и -ý
табакá, *неизм.*: цыплёнок табакá
табакéрка, -и, *р. мн.* -рок
табакéрочка, -и, *р. мн.* -чек
табакéрочный
табаковóд, -а
табаковóдство, -а
табаковóдческий
табаковязáльный
табакокурéние, -я
табаконюхáние, -я
табакорéзальный
табакосушúлка, -и, *р. мн.* -лок
табакýр, -а
табáнить, -ню, -нит
табáнящий
табасарáнка, -и, *р. мн.* -нок
табасарáнский
табасарáнцы, -ев, *ед.* -нец, -нца, *тв.* -нцем
табасарáны, -áн, *ед.* -рáн, -а
табачúнка, -и, *р. мн.* -нок
табачúшко, -а и -и, *м.*
табачúще, -а, *м.*
табáчник, -а
табáчница, -ы, *тв.* -ей
табáчно-махóрочный
табáчно-ферментациóнный
табáчный
табачóк, -чкá и -чкý
табелёк, -лькá
тáбель, -я, *мн.* -и, -ей и -я́, -éй и (*устар.*) -и, *мн.* -и, -ей (*таблица учета; жетон*)

тáбель-календáрь, тáбеля-календаря́
тáбельный
Тáбель о рáнгах, Тáбели о рáнгах (*законодательный акт и система чинов в России XVIII–нач. XX в.*) и тáбель о рáнгах, тáбели о рáнгах (*перен.: иерархия должностных лиц*)
тáбельщик, -а
тáбельщица, -ы, *тв.* -ей
табернáкль, -я
тáбес, -а
таблетúрование, -я
таблетúрованный; *кр. ф.* -ан, -ана
таблетирóвочный
таблéтка, -и, *р. мн.* -ток
таблéточный
таблúтчатый
таблúца, -ы, *тв.* -ей
таблúчка, -и, *р. мн.* -чек
таблúчный
таблó, *нескл., с.*
таблоúд, -а
таблоúдный
табльдóт, -а
тáбор, -а
таборúтский
таборúты, -ов, *ед.* -рúт, -а
тáборный
табý, *нескл., с.*
табуизúрованный; *кр. ф.* -ан, -ана
табуизúровать(ся), -рую, -рует(ся)

табуúрование, -я
табуúрованный; *кр. ф.* -ан, -ана
табуúровать(ся), -рую, -рует(ся)
табулúрование, -я
табулягрáмма, -ы
табулятор, -а
табулятýра, -ы
табуляты, -я́т, *ед.* -ля́та, -ы
табуляция, -и
табýн¹, -á
табýн², -а (*хим.*)
табунúться, -úтся
табýнный
табунóк, -нкá
табýнщик, -а
табýнщицкий
табýнщичий, -ья, -ье
табурéт, -а
табурéтка, -и, *р. мн.* -ток
табурéтный
табурéточка, -и, *р. мн.* -чек
табурéточный
тавдúнский (*от* Тавдá)
тавегúл, -а
тавéрна, -ы
тавлея́, -и́, *мн.* -éи, -éй
тавлúнка, -и, *р. мн.* -нок
тавля́к, -á
тáволга, -и
тáволговый
таволжáнка, -и, *р. мн.* -нок
таволжáный
тáволожка, -и, *р. мн.* -жек
таволóжник, -а
тавóт, -а

тавóтник, -а
тавóтница, -ы, *тв.* -ей
тавóтный
таврённый; *кр. ф.* -ён, -енá, *прич.*
таврёный, *прил.*
таврúть(ся), -рю́, -рúт(ся)
тавричáне, -áн, *ед.* -áнин, -а
тавричáнка, -и, *р. мн.* -нок
таврúческий (*к* Тáврия, Таврúда)
Таврúческий дворéц (*в* Петербýрге)
Таврúческий сáд (*в* Петербýрге)
Тáврия, -и (*геогр.*; автомобúль)
таврó, -á, *мн.* тáвра, тавр, таврáм
таврóвый
тáвры, -ов, *ед.* тавр, -а (*племя*)
тавтогрáмма, -ы
тавтологúческий
тавтологúчность, -и
тавтологúчный; *кр. ф.* -чен, -чна
тавтолóгия, -и
тагáлы, -ов, *ед.* тагáл, -а
тагáльский
тагáн, -á
тагáнец, -нца, *тв.* -нцóм, *р. мн.* -нцóв
Тагáнка, -и (*улица, театр*)
тагáнный
таганóк, -нкá
таганрóгский и таганрóжский (*от* Таганрóг)
таганрóжка, -и, *р. мн.* -жек
таганрóжцы, -ев, *ед.* -жец, -жца, *тв.* -жцем
Тагáнская плóщадь (*в Москве*)
тагáнский (*к* Тагáнка)
тагáнчик, -а
тагéтес, -а
тагúльский (*к* Нúжний Тагúл)
тагильчáне, -áн, *ед.* -áнин, -а (*к* Нúжний Тагúл)
тагильчáнка, -и, *р. мн.* -нок
таджúки, -ов, *ед.* -жúк, -а
таджúкский (*к* таджúки и Таджикистáн)
таджúкско-афгáнский

таджúкско-россúйский
таджúчка, -и, *р. мн.* -чек
Тадж-Махáл, -а
таé, *частица* (*обл.*)
таёжник, -а
таёжница, -ы, *тв.* -ей
таёжный
таз, -а, *предл.* в тáзе и в тазý, *мн.* -ы́, -óв
тáзи и тáзы, *нескл., м. и ж.* (*порода собак*)
тáзик, -а
тазкирé, *нескл., с.* (*лит.*)
тазобéдренный
тáзовый
тáзы¹, -ов, *ед.* таз, -а (*народность*)
тáзы² и тáзи, *нескл., м. и ж.* (*порода собак*)
тай, *нескл., мн., ед. м. и ж.* (*группа народов*)
таилáндка, -и, *р. мн.* -док
таилáндский (*от* Таилáнд)
таилáндцы, -ев, *ед.* -дец, -дца, *тв.* -дцем
таúнственно, *нареч.*
таúнственность, -и
таúнственный (*от* тáинство)
таúнственный; *кр. ф.* -вен и -венен, -венна
тáинство, -а
таúть(ся), таю́(сь), таúт(ся)
таитя́не, -я́н, *ед.* -я́нин, -а
таитя́нка, -и, *р. мн.* -нок
таитя́нский (*к* таитя́не и Таúти)
тай, *нескл., мн., ед. м. и ж.* (*народность в Китае*)
тáйбола, -ы
тай-брéйк, -а
тайбэ́йский (*от* Тайбэ́й)
тайбэ́йцы, -ев, *ед.* -э́ец, -э́йца, *тв.* -э́йцем
тайвáньский (*от* Тайвáнь)
тайвáньцы, -ев, *ед.* -нец, -ньца, *тв.* -ньцем
тайгá, -и́

тáйка, -и, *р. мн.* тáек (*к* тáйцы)
тайкóм, *нареч.*
тайм, -а
тайм-áут, -а
таймéнь, -я
тáймер, -а
тáймерный
тáймер-счётчик, тáймера-счётчика
таймóграф, -а
таймтáктор, -а
таймýн, -а и -á
тайм-чáртер, -а
тáймшит, -а
таймы́рский (*от* Таймы́р)
Таймы́рский (Долгáно-Ненéцкий) автонóмный óкруг
Таймы́рское Заполя́рье
таймы́рцы, -ев, *ед.* -рец, -рца, *тв.* -рцем
тáйна, -ы
Тáйная вéчеря
Тáйная канцеля́рия (*в России XVIII в.*)
тáйная тáйных, *нескл., ж. и с.*
тайнúк, -á
тайникóвый
Тайнúцкая бáшня (*в Московском Кремле*)
тайничóк, -чкá
тайнобрáчие, -я
тайнобрáчный
тайновúдение, -я
тайновúдец, -дца, *тв.* -дцем, *р. мн.* -дцев
тайновúдческий
тайновóдственный (*церк.*)
тайнодéйствие, -я
тайнопúсный
тáйнопись, -и
тáйность, -и
тáйный
тайпúнский
тайпúны, -ов, *ед.* -пúн, -а
тайпотрóн, -а

1061

ТАЙСКИЙ

та́йский
тайфу́н, -а
тайфу́н, -а
та́йцы, -ев, ед. та́ец, та́йца, тв. та́йцем
так
такадиаста́за, -ы
та́канье, -я
та́кать, -аю, -ает
та́к бы
такела́ж, -а, тв. -ем
такела́жить, -жу, -жит
такела́жник, -а
такела́жный
та́кже, нареч. и союз (он та́кже согла́сен), но нареч. с частицей та́к же (он та́к же ду́мает, как ты́)
та́к же как (и)
таки — частица, пишется через дефис с предшествующим глаголом (верну́лся-таки), наречием (дово́льно-таки, пря́мо-таки) и в словах всё-таки, та́к-таки; в остальных случаях — раздельно (он таки прие́дет)
та́к и бы́ть
та́к или и́на́че
таки́м мане́ром
та́к и ся́к
та́к и та́к
та́к и э́так
та́кка, -и
та́к как, союз
та́к ли
та́к называ́емый
та́к на та́к
та́кнуть, -ну, -нет
тако́в, -а́, -о́
таково́й
тако́вский
тако́й
тако́й же
тако́й-сяко́й
тако́й-то
так-с, частица
та́кса, -ы
такса́тор, -а
таксацио́нный
такса́ция, -и
та́к себе
такси́, нескл., с.
таксидерми́ст, -а
таксидерми́я, -и
такси́рованный; кр. ф. -ан, -ана
такси́ровать(ся), -рую, -рует(ся)
такси́ровка, -и
такси́ровщик, -а
та́ксис, -а
такси́ст, -а
та́к сказа́ть, вводн. сл.
та́ксовый
таксо́диевые, -ых
таксо́дий, -я и таксо́диум, -а
таксоло́гия, -и
таксо́метр, -а
таксомото́р, -а
таксомото́рный
таксо́н, -а
таксономи́ческий
таксоно́мия, -и
таксопа́рк, -а
таксофо́н, -а
таксофо́нный
так-ся́к
такт, -а
так-та́к
та́к-таки
та́ктик, -а
та́ктика, -и
та́ктико-строево́й
та́ктико-техни́ческий
такти́льный
такти́рование, -я
такти́ровать, -рую, -рует
такти́чески
такти́ческий
такти́чность, -и
такти́чный; кр. ф. -чен, -чна
та́к-то
тактови́к, -а́
та́ктовый
та́к-то оно́ та́к, но...
та́к то́чно
та́к что, союз
такы́р, -а
такы́рный
тал, -а
тала́мус, -а
тала́н, -а (судьба)
тала́нить(ся), -ит(ся)
тала́нливый (счастливый, удачливый)
тала́нт, -а
тала́нтишко, -а и -и, мн. -шки, -шек, м.
тала́нтище, -а, мн. -а и -и, -ищ, м.
тала́нтливость, -и
тала́нтливый (одаренный)
талассеми́я, -и
Тала́сская доли́на
талассо́ид, -а
талассократи́ческий
талассократо́н, -а
талассотерапи́я, -и
тала́шкинский (от Тала́шкино)
талды́-курга́нский (от Талды́-Курга́н)
талдыкурга́нцы, -ев, ед. -нец, -нца, тв. -нцем
талды́чащий
талды́ченный; кр. ф. -ен, -ена
талды́чить, -чу, -чит
та́левый (от та́ли и таль)
Талейра́н, -а
талейра́новский
та́лер, -а
та́лес, -а
та́ли, -ей (мор.)
талибы́, -ов, ед. талиб́, -а
та́лийка, -и, р. мн. -иек
та́лик, -а
тали́на, -ы
тали́нка, -и, р. мн. -нок
талио́н, -а
талисма́н, -а
талисма́нный
та́лия, -и (часть туловища; термин карточной игры)

Та́лия, -и (мифол.)
та́ллиевый (от та́ллий)
та́ллий, -я
та́ллинский (от Та́ллин)
та́ллинцы, -ев, ед. -нец, -нца, тв. -нцем
та́лловое ма́сло
талло́м, -а
талло́мный
таллофи́ты, -ов, ед. -фи́т, -а
Талму́д, -а (священная книга иудеев) и талму́д, -а (собрание догматических положений; толстая скучная книга)
талмуди́зм, -а
талмуди́ст, -а
талмуди́стский
талмуди́ческий
та́ловый (от тал)
таломёрзлый
тало́н, -а
тало́нный
тало́нчик, -а
та́лреп, -а
та́лый
талыши́, -е́й, ед. талы́ш, -á, тв. -о́м
талы́шка, -и, р. мн. -шек
талы́шский
таль, -и (тех.)
та́львег, -а
тальк, -а (минерал, порошок)
та́лька, -и, р. мн. та́лек (моток)
та́льковый
талько́з, -а
та́льма, -ы
та́льмочка, -и, р. мн. -чек
тальни́к, -á
тальнико́вый
та́лья, -и (налог, ист.)
талья́нка, -и, р. мн. -нок
там
та́ма (прост. к там)
тамаго́чи, нескл., м.
тамада́, -ы́, м.
Тама́нская диви́зия
тама́нский (от Тама́нь)

Тама́нский полуо́стров
тама́нцы, -ев, ед. -нец, -нца, тв. -нцем
тамари́кс, -а и тамари́ск, -а
тамари́ксовый и тамари́сковый
тамари́нд, -а
тамари́ндовый
тамари́ск, -а и тамари́кс, -а
тамари́сковый и тамари́ксовый
тамбо́вский (от Тамбо́в)
тамбо́вцы, -ев, ед. -вец, -вца, тв. -вцем
тамбовча́не, -а́н, ед. -а́нин, -а
тамбовча́нка, -и, р. мн. -нок
Тамбо́вщина, -ы (к Тамбо́в)
та́мбур, -а (проход; вышивка)
тамбу́р, -а и танбу́р, -а (муз. инструмент)
тамбури́н, -а
тамбурмажо́р, -а
тамбурмажо́рский
та́мбурный
тамга́, -и́
Тамерла́н, -а
тамерла́новский (от Тамерла́н)
та́м же
тамизда́т, -а
тамизда́товский и тамизда́тский
тами́лка, -и, р. мн. -лок
тами́лы, тами́л и -ов, ед. тами́л, -а
тами́льский
та́м и ся́м
тамо́женник, -а
тамо́женно-пограни́чный
тамо́женно-тари́фный
тамо́женный
Тамо́женный ко́декс РФ
тамо́жня, -и, р. мн. -жен
та́мошний
та́мперевский (от Та́мпере)
та́мперевцы, -ев, ед. -вец, -вца, тв. -вцем
тамплие́ры, -ов, ед. -иер, -а

тампо́н, -а
тампона́да, -ы
тампона́ж, -а, тв. -ем
тампона́жный
тампона́ция, -и
тампони́рование, -я
тампони́рованный; кр. ф. -ан, -ана
тампони́ровать(ся), -рую, -рует(ся)
та́м-ся́м
тамта́м, -а (муз. инструмент)
та́м-то
тана́гра, -ы (птица)
тана́грский (тана́грские погребе́ния, тана́грские статуэ́тки)
тана́гры, -а́гр (статуэтки)
танальби́н, -а
танатогене́з, -а
танатологи́ческий
танатоло́гия, -и
танатоцено́з, -а
танбу́р, -а и тамбу́р, -а (муз. инструмент)
танга́ж, -а, тв. -ем
танганьи́кский (от Танганьи́ка)
та́нгенс, -а
та́нгенс-буссо́ль, -и
тангенсо́ида, -ы
тангенциа́льный
танги́р, -а
та́нго, нескл., с.
та́ндем, -а
та́ндем-маши́на, -ы
та́ндемный
танды́р, -а
та́нец, та́нца, тв. та́нцем, р. мн. та́нцев
танзани́йка, -и, р. мн. -и́ек
танзани́йский (от Танза́ния)
танзани́йцы, -ев, ед. -и́ец, -и́йца, тв. -и́йцем
тани́н, -а
тани́нный
тани́новый
та́нистри, нескл., с.

танистрофе́й, -я
танк, -а
та́нка, -и и нескл., ж. (жанр поэзии)
танк-амфи́бия, та́нка-амфи́бии
та́нкер, -а
та́нкерный
танке́тка, -и, р. мн. -ток
танке́тки, -ток, ед. -е́тка, -и (обувь)
танки́ст, -а
танки́стский
танковожде́ние, -я
та́нковый
танкодеса́нт, -а
танкодеса́нтный
танкодосту́пный
танкодро́м, -а
танкозащи́тный
танкоопа́сный
танкоремо́нтный
танкострое́ние, -я
танкострои́тельный
танкошле́м, -а
танни́ды, -ов, ед. -и́д, -а
танта́л, -а (металл)
Танта́л, -а: му́ки Танта́ла
тантала́т, -а
тантали́т, -а
танта́ловый (от танта́л)
танта́ловы му́ки, танта́ловых му́к
тантри́зм, -а
тантри́йский
тантри́ческий
та́нтры, тантр, ед. та́нтра, -ы
тантье́ма, -ы
тантье́мный
танхо́, нескл., с.
танхода́р, -а
танцверанда, -ы
танцева́льность, -и
танцева́льный
танцева́ть(ся), -цу́ю, -цу́ет(ся)
танцза́л, -а
танцкла́сс, -а
танцме́йстер, -а
танцме́йстерский
танцо́ванный; кр. ф. -ан, -ана

танцо́вщик, -а
танцо́вщица, -ы, тв. -ей
танцо́р, -а
танцо́рка, -и, р. мн. -рок
танцплоща́дка, -и, р. мн. -док
танцу́лька, -и, р. мн. -лек
танцу́ющий
та́нцы-шма́нцы, та́нцев-шма́нцев
та́па, -ы
тапёр, -а
тапёрша, -и, тв. -ей
тапио́ка, -и
тапи́р, -а
та́пки, та́пок, ед. та́пка, -и
та́пливать, наст. вр. не употр.
та́почки, -чек, ед. -чка, -и
тар, -а (животное)
та́ра, -ы
тараба́нить, -ню, -нит
тараба́рить, -рю, -рит
тараба́рский
тараба́рщина, -ы
тарака́н, -а
тарака́ний, -ья, -ье
тарака́новые, -ых
тарака́шка, -и, р. мн. -шек, м. и ж.
тара́н, -а
тара́ненный; кр. ф. -ен, -ена
тара́ний, -ья, -ье (от тара́нь)
тара́нить(ся), -ню, -нит(ся)
тара́нка, -и, р. мн. -нок
тара́нный (от тара́н)
таранта́, -ы́, м. и ж.
таранта́с, -а
таранта́сец, -сца, тв. -сцем, р. мн. -сцев
таранта́сик, -а
таранта́сный
таранте́лла, -ы
таранти́ть, -нчу́, -нти́т
тара́нтул, -а
тара́нь, -и
тара́нящий(ся)
тарара́м, -а

тарара́х, неизм.
тарара́хать(ся), -аю(сь), -ает(ся)
тарара́хнуть(ся), -ну(сь), -нет(ся)
Тара́с Бу́льба, Тара́са Бу́льбы
тара́ски, нескл., мн., ед. м. и ж. (народность)
тарата́ечка, -и, р. мн. -чек
тарата́ечный
тарата́йка, -и, р. мн. -а́ек
та́ра-тари́ф, -а
тарато́ра, -ы, м. и ж.
тарато́ренье, -я
тарато́рить, -рю, -рит
тарато́рка, -и, р. мн. -рок, м. и ж.
тарато́рящий
тара́ф, -а
тарахте́лка, -и, р. мн. -лок
тарахте́ние, -я
тарахте́ть, -хчу́, -хти́т
тара́щий(ся)
тара́щенье, -я
тара́щить(ся), -щу(сь), -щит(ся)
тарбага́н, -а
тарбага́ний, -ья, -ье
тарбага́нчик, -а
тарбоза́вр, -а
тарджиба́нд, -а
таре́лка, -и, р. мн. -лок
тарелкообра́зный; кр. ф. -зен, -зна
таре́лочка, -и, р. мн. -чек
таре́лочник, -а
таре́лочный
таре́льчатый
Тарза́н, -а
тарика́-бра́тство, -а
тарика́т, -а
тарикати́сты, -ов, ед. -и́ст, -а
тари́рование, -я (проверка правильности показания измерительных приборов)
тари́рованный; кр. ф. -ан, -ана (к тари́рование; тех.)
тари́ровать(ся), -и́рую, -и́рует(ся)
тариро́вка, -и
тари́ф, -а

тарифика́тор, -а
тарификацио́нный
тарифика́ция, -и
тарифици́рованный; кр. ф. -ан, -ана
тарифици́ровать(ся), -рую, -рует(ся)
тари́фно-квалификацио́нный
тари́фный
тарлата́н, -а
тарлата́новый
та́рный
та́ро, нескл., с. (растение)
тарообору́дование, -я
таро́ремо́нтный
тароупако́вочный
тарпа́н, -а (дикая лошадь)
тарпо́н, -а (рыба)
та́ртальщик, -а
тарта́н, -а
тарта́ние, -я
тарта́новый
Та́ртар, -а (мифол.)
тартарары́: провали́ться в тартарары́
тартари́ды, -и́д, ед. -и́да, -ы
тарти́нка, -и, р. мн. -нок
та́ртуский (от Та́рту)
та́ртусцы, -ев, ед. -сец, -сца, тв. -сцем
Тартю́ф, -а
тартю́фовский
тартю́фство, -а
тару́сский (от Тару́са)
тарусѝне, -я́н, ед. -я́нин, -а
тарусѝнка, -и, р. мн. -нок
тару́тинский (от Тару́тино)
тарха́н, -а
тарха́нный
тарха́нский (от Тарха́ны)
тарху́н, -а
та́рщик, -а
та́ры-ба́ры, других форм нет
та́ры-ба́ры-растаба́ры, других форм нет
таситро́н, -а

та́ска, -и
таска́льный
таска́льщик, -а
таска́ние, -я
та́сканный; кр. ф. -ан, -ана, прич.
та́сканый, прил.
таска́ть(ся), -а́ю(сь), -а́ет(ся)
та́скивать, наст. вр. не употр.
та́ском, нареч.
таскотня́, -и́
таску́н, -а́
таску́нья, -и, р. мн. -ний
тасмани́йский (от Тасма́ния)
тасмани́йцы, -ев, ед. -и́ец, -и́йца, тв. -и́йцем
тасо́ванный; кр. ф. -ан, -ана
тасова́ть(ся), тасу́ю, тасу́ет(ся)
тасо́вка, -и (к тасова́ть)
та́ссовец, -вца, тв. -вцем, р. мн. -вцев
тассо́вка, -и, р. мн. -вок (к ТАСС)
та́ссовский (от ТАСС)
тастату́ра, -ы
тастату́рный
тата́канье, -я
тата́кать, -аю, -ает
тата́ми, нескл., м. и с.
татарва́, -ы́
тата́рка, -и, р. мн. -рок
тата́рник, -а
татаромонго́лы, -ов
татаромонго́льский
тата́рский (к тата́ры и Тата́рия)
Тата́рский проли́в
татарста́нский (от Татарста́н)
татарста́нцы, -ев, ед. -нец, -нца, тв. -нцем
татарчо́нок, -нка, мн. -ча́та, -ча́т
тата́рщина, -ы
тата́ры, -а́р, ед. тата́рин, -а
та-та-та́, неизм.
та́тка, -и, р. мн. та́ток (к та́ты)
та́тра, -ы (автомобиль)
татра́нский (от Та́тры, горы)
та́тский
татуи́рованный; кр. ф. -ан, -ана

татуи́ровать(ся), -рую(сь), -рует(ся) и татуирова́ть(ся), -ру́ю(сь), -ру́ет(ся)
татуиро́вка, -и, р. мн. -вок
татуиро́вщик, -а
та́ты, -ов, ед. тат, -а
тать, -я
татьба́, -ы́
Татья́нин де́нь, Татья́нина дня́
татья́нка, -и, р. мн. -нок (платье)
та́у, нескл., с. (название буквы)
та́уншип, -а
таури́н, -а
таурохо́левая кислота́
та́у-сагы́з, -а
тауси́нный
таутомери́я, -и
Та́уэр, -а
тафоно́мия, -и
тафоцено́з, -а
тафрогене́з, -а
тафта́, -ы́
тафтяно́й
тафья́, -и́, р. мн. тафе́й
тахео́метр, -а (геодезический инструмент)
тахеометри́ческий
тахеоме́три́я, -и
тахикарди́я, -и
тахи́метр, -а (прибор для измерения скорости течения)
тахи́на, -ы
тахи́нно-вани́льный
тахи́нный
тахио́ны, -ов, ед. -ио́н, -а
тахипно́э, нескл., с.
тахители́я, -и
тахогенера́тор, -а
тахо́метр, -а (прибор для измерения скорости вращения)
тахометри́ческий
тахта́, -ы́
тацѐт, -а
тача́лка, -и, р. мн. -лок
тача́льный
тача́льщик, -а

ТАЧАНИЕ

тача́ние, -я
тача́нка, -и, *р. мн.* -нок
та́чанный; *кр. ф.* -ан, -ана, *прич.*
та́чаный, *прил.*
тача́ть(ся), -а́ю, -а́ет(ся)
та́чечка, -и, *р. мн.* та́чечек
та́чечник, -а
та́чечный
та́чка, -и, *р. мн.* та́чек
тачно́й
ташизм, -а
таши́ст, -а
ташке́нтка, -и, *р. мн.* -ток
ташке́нтский (*от* Ташке́нт)
ташке́нтцы, -ев, *ед.* -тец, -тца, *тв.* -тцем
та́щащий
та́ща́щийся
та́щенный; *кр. ф.* -ен, -ена, *прич.*
тащи́ть(ся), тащу́(сь), та́щит(ся)
таэ́ль, -я
та́ющий (*от* та́ять)
та́ялка, -и, *р. мн.* -лок
та́яние, -я
та́ять, та́ю, та́ет
та́ящий(ся) (*от* таи́ть(ся))
тбили́сский (*от* Тбили́си)
тбили́сцы, -ев, *ед.* -сец, -сца, *тв.* -сцем
ТВ [тэвэ́], *нескл., с. и неизм.* (*сокр.:* телевидение, телевизионный)
ТВ-аппарату́ра, -ы
тва́рина, -ы
тва́рный
тварь, -и
тварю́га, -и и тварю́ка, -и, *м. и ж.*
ТВ-веща́ние [тэвэ́-], -я
тверде́ние, -я
тверде́нький
тверде́ть, -е́ю, -е́ет
тверди́ть(ся), -ржу́, -рди́т(ся)
тве́рдо, -а и *нескл., с.* (*название буквы*)
твёрдо, *нареч.*
твердова́тый
твердозём, -а

твердока́менность, -и
твердока́менный
твердока́таный
твердоко́жий
твердокопчёный
твердоли́ственный
твердоло́бость, -и
твердоло́бый
твердоме́р, -а
твердонёбный
твердосемя́нный
твердоспла́вный
твёрдость, -и
твёрдость-мя́гкость, твёрдости-мя́гкости
твердоте́льный
твердото́пливный
твердофа́зный
твёрдый; *кр. ф.* твёрд, тверда́, твёрдо, тверды́ и твёрды
тверды́ня, -и, *р. мн.* -ы́нь
твердь, -и
твере́зый (*прост. к* трёзвый)
тверёже, *сравн. ст.*
тве́рженный; *кр. ф.* -ен, -ена и твержённый; *кр. ф.* -ён, -ена́
тверичи́, -е́й, *ед.* твери́ч, -а́, *тв.* -о́м
Тверска́я, -о́й (*улица*)
Тверска́я-Ямска́я, Тверско́й-Ямско́й (*улица*)
тверско́й (*от* Тверь); но: Михаи́л Тверско́й
Тверско́й бульва́р (*в Москве*)
тверяки́, -о́в, *ед.* тверя́к, -а́
тверя́чка, -и, *р. мн.* -чек
твид, -а
тви́довый
твин, -а
твинде́к, -а
тви́новый
твист, -а
твистова́ть, -ту́ю, -ту́ет
тви́стовый
тви́стор, -а
твистро́н, -а
тви́ши, *нескл., с.*

ТВ-кана́л, -а
твой, твоё, твоего́, твоя́, твое́й, *мн.* твои́, твои́х
творе́ние, -я
творённый; *кр. ф.* -ён, -ена́, *прич.*
творёный, *прил.*
творе́ц, -рца́, *тв.* -рцо́м, *р. мн.* -рцо́в и (*о Боге*) Творе́ц, -рца́, *тв.* -рцо́м
твори́ло, -а
твори́тельный паде́ж
твори́ть(ся), -рю́, -ри́т(ся)
творо́г, -а и -у́ и тво́рог, -а и -у
творо́жащий(ся)
творо́жистый
творо́жить(ся), -о́жу, -о́жит(ся)
творо́жник, -а
творо́жный
творожо́к, -жка́ и -жку́
тво́рчески
тво́рчески акти́вный
тво́рческий
тво́рчество, -а
творя́щий(ся)
ТВ-устро́йство, -а
твэл, -а (*сокр.:* тепловыделя́ющий элеме́нт)
теа́тр, -а
театра́л, -а
театрализа́ция, -и
театрализо́ванный; *кр. ф.* -ан, -ана
театрализова́ть(ся), -зу́ю, -зу́ет(ся)
театра́лка, -и, *р. мн.* -лок
театра́льно-декорацио́нный
театра́льно-конце́ртный
театра́льность, -и
театра́льный; *кр. ф.* -лен, -льна
театра́льщина, -ы
теа́тр-клу́б, теа́тра-клу́ба
театрове́д, -а
театрове́дение, -я
театрове́дческий
театрома́ния, -и
теа́тр-сту́дия, теа́тра-сту́дии

ТЕЛЕВИЗОРНЫЙ

тебе́, о тебе́ (*формы местоим.* ты)
тебенева́ть, -ню́ет
тебенёвка, -и, *р. мн.* -вок
тебенёвочный
тебенёк, -нька́
тебенько́вый
теберди́нский (*от* Теберда́)
теберди́нцы, -ев, *ед.* -нец, -нца, *тв.* -нцем
тебри́зский (*от* Тебри́з)
тебя́ (*форма местоим.* ты)
тевто́нка, -и, *р. мн.* -нок
тевто́нский
Тевто́нский о́рден
тевто́нцы, -ев, *ед.* -нец, -нца, *тв.* -нцем
тевто́ны, -ов, *ед.* -то́н, -а
тевя́к, -а́
тег, -а
те́га-те́га, *неизм.*
Тегера́нская конфере́нция (1943)
тегера́нский (*от* Тегера́н)
тегера́нцы, -ев, *ед.* -нец, -нца, *тв.* -нцем
тегиля́й, -я
те́говый
Те Де́ум, *нескл., с.* (*католическое песнопение*)
тедио́н, -а
те́за, -ы
тезавра́тор, -а
тезавра́ция, -и
тезаври́рование, -я
тезаври́рованный; *кр. ф.* -ан, -ана
тезаври́ровать(ся), -рую, -рует(ся)
теза́урус, -а
Тезе́й, -я и Тесе́й, -я
тези́рованный; *кр. ф.* -ан, -ана
тези́ровать(ся), -рую, -рует(ся)
те́зис, -а
те́зисный
тёзка, -и, *р. мн.* тёзок, *м. и ж.*
тезоимени́тство, -а
тезоимени́тый
теи́зм, -а

тейн, -а
тейст, -а
теисти́ческий
тейквондо́ и тхеквондо́, *нескл., с.*
тейле́рии, -ий, *ед.* -рия, -и
тейлерио́з, -а
Те́йлор, -а: ря́д Те́йлора, фо́рмула Те́йлора
тейлори́зм, -а
тейп, -а
те́йповый
тейсинта́й, -я
тёк: да́ть тёку
текеме́т
теки́нка, -и, *р. мн.* -нок
теки́нский
теки́нцы, -ев, *ед.* -нец, -нца, *тв.* -нцем
текке́, *нескл., с.* (*мусульманский монастырь*)
текодо́нт, -а
теко́ма, -ы
текс, -а
тексопри́нт, -а
тексохро́м, -а
текст, -а
тексти́ль, -я
тексти́льный
тексти́льщик, -а
Тексти́льщики, -ов (*район в Москве*)
тексти́льщица, -ы, *тв.* -ей
текстови́к, -а́
текстовини́т, -а
тексто́вка, -и, *р. мн.* -вок
текстово́й и те́кстовый
текстоли́ты, -ов, *ед.* -ли́т, -а
тексто́лог, -а
текстологи́ческий
текстоло́гия, -и
текст-проце́ссор, -а
текстуа́льность, -и
текстуа́льный; *кр. ф.* -лен, -льна
тексту́ра, -ы
текстури́рование, -я

текстури́рованный; *кр. ф.* -ан, -ана
тексту́рный
текстуро́ванный; *кр. ф.* -ан, -ана
текти́ты, -ов, *ед.* -ти́т, -а
текто́ник, -а
текто́ника, -и
тектони́ст, -а
тектони́т, -а
тектони́ческий
тектоносфе́ра, -ы
тектонофи́зика, -и
теку́честь, -и
теку́чий
теку́чка, -и
теку́щий
тёкший
тела́ви, *нескл., с.* (*вино*)
тела́вский (*от* Тела́ви, *город*)
тела́вцы, -ев, *ед.* -вец, -вца, *тв.* -вцем
тела́нтроп, -а
теле... — *первая часть сложных слов, пишется слитно*
телеавтома́тика, -и
телеавтомати́ческий
телеангиэктази́я, -и
телеателье́, *нескл., с.*
телеаудито́рия, -и
телеба́шня, -и, *р. мн.* -шен
телебесе́да, -ы
телеболе́льщик, -а
телеведу́щая, -ей
телеведу́щий, -его
телеве́рсия, -и
телеве́чер, -а, *мн.* -а́, -о́в
телевеща́ние, -я
телевеща́тель, -я
телевеща́тельный
телеви́дение, -я
телевидеоаудиотехника, -и
телевидеотехника, -и
телевизио́нный
телевизио́нщик, -а
телеви́зор, -а
телеви́зорный

ТЕЛЕВИК

телеви́к, -а́
телевре́мя, -мени
телевы́шка, -и, *р. мн.* -шек
теле́га, -и
телегаммаапара́т, -а
телегамматерапи́я, -и
телегени́чность, -и
телегени́чный; *кр. ф.* -чен, -чна
телегеро́й, -я
телегла́з, -а
телегра́мма, -ы
телегра́ммка, -и, *р. мн.* -ммок
телегра́ммный
телегра́ф, -а
телеграфи́рование, -я
телеграфи́рованный; *кр. ф.* -ан, -ана
телеграфи́ровать(ся), -рую, -рует(ся)
телеграфи́ст, -а
телеграфи́стка, -и, *р. мн.* -ток
телегра́фить, -флю, -фит
телеграфи́я, -и
телегра́фно-ка́бельный
телегра́фно-телефо́нный
телегра́фный
теледеба́ты, -ов
теледи́ктор, -а
теледи́кторша, -и, *тв.* -ей
теледокументали́ст, -а
теледокументали́стика, -и
теледраматурги́я, -и
тележа́нр, -а
теле́жечный
теле́жка, -и, *р. мн.* -жек
теле́жный
тележо́нка, -и, *р. мн.* -нок
тележурна́л, -а
тележурнали́ст, -а
тележурнали́стика, -и
тележурнали́стка, -и, *р. мн.* -ток
телевезда́, -ы́, *мн.* -звёзды, -звёзд
телезри́тель, -я
телезри́тельница, -ы, *тв.* -ей
телезри́тельский
телеигра́, -ы́, *мн.* -и́гры, -и́гр

телеизмере́ние, -я
телеизмери́тельный
телеизображе́ние, -я
телеинтервью́, *нескл., с.*
телеинформа́ция, -и
те́ле- и радиосвя́зь, -и
телеиску́сство, -а
телека́мера, -ы
телекана́л, -а
телекине́з, -а
телекинемато́граф, -а
телекинематографи́ст, -а
телекинети́ческий
телекино́, *нескл., с.*
телекинопрое́ктор, -а
телекинопрое́кция, -и
телекиносъёмка, -и, *р. мн.* -мок
телекинотехника, -и
телеклу́б, -а
телекоммента́рий, -я
телекоммента́тор, -а
телекоммуникацио́нный
телекоммуника́ция, -и
телекомпа́ния, -и
телеко́нкурс, -а
телеконтро́ль, -я
телеконфере́нция, -и
телекорпора́ция, -и
телекосми́ческий
телекри́тик, -а
телекри́тика, -и
те́ле кру́глый сто́л, те́ле кру́глого стола́
те́лекс, -а
те́лексный
телеле́кция, -и
телелюби́тель, -я
телемарафо́н, -а
телемастерска́я, -о́й
телеме́неджер, -а
телеметри́ст, -а
телеметри́стка, -и, *р. мн.* -ток
телеметри́ческий
телеметри́я, -и
телемеханиза́ция, -и

телемеханизи́рованный; *кр. ф.* -ан, -ана
телемеханизи́ровать(ся), -рую, -рует(ся)
телемеха́ника, -и
телемехани́ческий
телемонито́р, -а
телемо́ст, -а и -а́, *предл.* в (на) телемо́сте́, *мн.* -ы́, -о́в
теленабо́рный
теленеде́ля, -и
теленове́лла, -ы
телено́вости, -е́й
телёнок, -нка, *мн.* теля́та, -я́т
телено́мус, -а
телёночек, -чка, *мн.* теля́тки, -ток
телеобрабо́тка, -и
телеобраще́ние, -я
телеобъедине́ние, -я
телеобъекти́в, -а
телеоза́вр, -а
телео́лог, -а
телеологи́ческий
телеологи́чный; *кр. ф.* -чен, -чна
телеоло́гия, -и
телеопера́тор, -а
телеопера́торный
телео́черк, -а
телепанора́ма, -ы
телепа́т, -а
телепати́ческий
телепа́тия, -и
те́лепень, -пня
телепереда́тчик, -а
телепереда́ча, -и, *тв.* -ей
телеповествова́ние, -я
телепо́весть, -и, *мн.* -и, -е́й
телепока́з, -а
телепортре́т, -а
телепостано́вка, -и, *р. мн.* -вок
телепремье́ра, -ы
телеприёмник, -а
телепрогра́мма, -ы
телепроду́кция, -и
телепропага́нда, -ы
телепублици́ст, -а

телепублицистика, -и
телепьеса, -ы
телерадиоаппаратура, -ы
телерадиовещание, -я
телерадиовещательный
телерадиовидеоаппаратура, -ы
телерадиокомпания, -и
телерадиокомплекс, -а
телерадиоцентр, -а
телерассказ, -а
телерегулирование, -я
телереклама, -ы
телерепортаж, -а, *тв.* -ем
телерепортёр, -а
телеретранслятор, -а
телероман, -а
телеса, телес, -ам
телесвязь, -и
телесеанс, -а
телесериал, -а
телесеть, -и, *мн.* -и, -ей
телесигнал, -а
телесигнализация, -и
телесистема, -ы
телескоп, -а
телескопический
телескопия, -и
телескопный
телескопостроение, -я
телескоп-спектрометр, телескопа-спектрометра
телесность, -и
телесный
телеспектакль, -я
телеспутник, -а
телестанция, -и
телестереоскоп, -а
телестих, -а
телестудия, -и
телесценарий, -я
телесценарист, -а
телесъёмка, -и, *р. мн.* -мок
телетайп, -а
телетайпист, -а
телетайпистка, -и, *р. мн.* -ток
телетайпный

телетайпограмма, -ы
телетайпсеттер, -а
телетеатр, -а
телетермальный
телетехника, -и
теле-ток-шоу, *нескл.*, *с.*
телетранслятор, -а
телетрансляция, -и
телеуправление, -я
телеуправляемый
телеурок, -а
телеустановка, -и, *р. мн.* -вок
телеутка, -и, *р. мн.* -ток *(белка)*
телефакс, -а
телефаксный
телефикация, -и
телефильм, -а
телефицированный; *кр. ф.* -ан, -ана
телефицировать(ся), -рую, -рует(ся)
телефон, -а
телефон-автомат, телефона-автомата
телефонизация, -и
телефонизированный; *кр. ф.* -ан, -ана
телефонизировать(ся), -рую, -рует(ся)
телефонирование, -я
телефонировать, -рую, -рует
телефонист, -а
телефонистка, -и, *р. мн.* -ток
телефония, -и
телефонно-телеграфный
телефонный
телефонограмма, -ы
телефон-секретарь, телефона-секретаря
телефончик, -а
телефотометр, -а
телефотометрический
телефотометрия, -и
телехроника, -и
телехроникёр, -а

телец, тельца, *тв.* тельцом, *р. мн.* тельцов *(теленок, бычок)* и **Телец**, Тельца, *тв.* Тельцом *(созвездие и знак зодиака; о том, кто родился под этим знаком)*
телецентр, -а
телецикл, -а
телешом, *нареч.*
телешоу, *нескл., с.*
телеэкран, -а
телеэкранизация, -и
телеэфир, -а
телиани, *нескл., с.*
телик, -а *(телевизор, прост.)*
телитокия, -и
телиться, телится
телифон, -а *(паукообразное)*
тёлка, -и, *р. мн.* тёлок
теллур, -а *(хим.)*
теллуриды, -ов, *ед.* -рид, -а
теллурий, -я *(астр.)*
теллуристый
теллурический
теллуровый
теллурорганический
тело, -а, *мн.* тела, тел, -ам
телогрейка, -и, *р. мн.* -еек
телогрея, -и
телодвижение, -я
телок, телка
телом, -а
теломераза, -ы
теломеразный
теломеризация, -и
теломеры, -мер, *ед.* -мера, -ы
теломный
теломорфоз, -а
телорез, -а
телос, -а
телосложение, -я
телофаза, -ы
телохранитель, -я
тёлочка, -и, *р. мн.* -чек
телугу, *неизм. и нескл., м. (язык), нескл., мн., ед. м. и ж. (народ)*
телушка, -и, *р. мн.* -шек

тель, -я (холм)
тель-ави́вский (от Тель-Ави́в)
тельави́вцы, -ев, ед. -вец, -вца, тв. -вцем
те́льник, -а
те́льное, -ого
те́льность, -и
те́льный
тельня́шечка, -и, р. мн. -чек
тельня́шка, -и, р. мн. -шек
те́льфер, -а
те́льферный
тельца́, теле́ц, тельца́м (образования в составе живой ткани: кровяны́е тельца́)
те́льце, -а, мн. те́льца, те́лец и те́льцев, те́льцам (уменьш. к те́ло)
теля́, теля́ти, других форм нет (ла́сковое теля́ двух ма́ток сосёт; на́шему бы теля́ти да во́лка пойма́ти)
телязио́з, -а
теля́тина, -ы
теля́тинка, -и
теля́тник, -а
теля́тница, -ы, тв. -ей
теля́чий, -ья, -ье
теля́щаяся
те́ма, -ы
темати́зм, -а
тема́тика, -и
темати́ческий
тем бо́лее
тембр, -а
тембра́льный
те́мбровый
те́менно-висо́чный
те́менно-заты́лочный
теменно́й
те́мень, -и
те́мечко, -а, мн. -чки, -чек
те́мзинский (от Те́мза)
теми́р-кому́з, -а
темирта́уский (от Темирта́у)
темирта́усцы, -ев, ед. -сец, -сца, тв. -сцем

темиса́л, -а
темля́к, -а́
темля́чный
тём не ме́нее
тёмненький
темне́нько, в знач. сказ.
темне́ть(ся), -е́ю, -е́ет(ся)
темнёхонький; кр. ф. -нек, -нька
темнёшенький; кр. ф. -нек, -нька
тёмник, -а
темни́тель, -я
темни́ть(ся), -ню́, -ни́т(ся)
темни́ца, -ы, тв. -ей
темни́чный
темно́¹, нареч. и в знач. сказ.
темно́², -а́: с темна́ до темна́ (рабо́тать)
тёмно-бордо́вый
темноборо́дый
темнобро́вый
тёмно-бу́рый
темнова́тый
тёмно-вишнёвый
темново́дный
темноволо́сый
темногла́зый
тёмно-голубо́й
тёмно-жёлтый
тёмно-зелёный
тёмно-ка́рий
тёмно-кашта́новый
темноко́жий
тёмно-кори́чневый
тёмно-кра́сный
темноли́кий
темноли́ственный
темноли́стый
темноли́цый
тёмноокра́шенный
тёмно-ру́сый
тёмно-се́рый
тёмно-си́ний
темнота́, -ы́
темноти́ща, -и, тв. -ей
тёмно-фиоле́товый
темнохво́йный

темноцве́тный
тёмно-шокола́дный
тёмный; кр. ф. тёмен, темна́, темно́; но: Васи́лий Тёмный
темны́м-темно́
темореати́ческий
темп, -а
тем па́че
те́мпера, -ы
темпера́мент, -а
темпера́ментность, -и
темпера́ментный; кр. ф. -тен, -тна
температу́ра, -ы
температу́рить, -рю, -рит
температу́рно-вла́жностный
температу́рный
температуропрово́дность, -и
температуропрово́дный
температу́рящий
темпера́ция, -и
темпери́рованный; кр. ф. -ан, -ана
темпери́ровать(ся), -рую, -рует(ся)
те́мперный
темпла́н, -а
те́мплет, -а
те́мповый и (в проф. речи) темпово́й
темпора́льный
темпори́тм, -а
темь, -и
те́мя, те́мени, тв. те́менем
тена́кль, -я
тенарди́т, -а
тенге́, нескл., м. (ден. ед.)
тенденцио́зность, -и
тенденцио́зный; кр. ф. -зен, -зна
тенде́нция, -и
те́ндер, -а
те́ндер-конденса́тор, те́ндера-конденса́тора
те́ндерный
тендовагини́т, -а
теневи́к, -а́

теневой
теневыносливость, -и
теневыносливый
тенезм, -а
тенёк, тенька
тенелюбивый
тенерес, -а
тенериф, -а
тенёта, тенёт
тенётник, -а
тенётный
тенёчек, -чка
тензиметр, -а
тензиометр, -а
тензодатчик, -а
тензометр, -а
тензометрирование, -я
тензометрированный; кр. ф. -ан, -ана
тензометрический
тензометрия, -и
тензопреобразователь, -я
тензор, -а
тензорезистивный
тензорный
тензочувствительность, -и
тени, -ей и -ей (косметика)
тениидоз, -а
тенииды, -ид, ед. -ида, -ы
тениоз, -а
тенистость, -и
тенистый
теннантит, -а
теннесийский (от Теннеси)
теннесийцы, -ев, ед. -иец, -ийца, тв. -ийцем
теннис, -а
теннисист, -а
теннисистка, -и, р. мн. -ток
тенниска, -и, р. мн. -сок
теннисный
тенор, -а, мн. -а, -ов и -ы, -ов
тенористый
тенорит, -а
теноришка, -и, р. мн. -шек, м. (человек)

теноришко, -а и -и, мн. -шки, -шек, м. (голос)
теноровый
тенорок, -рка
тент, -а
тентованный; кр. ф. -ан, -ана
тентовый
тент-укрытие, тента-укрытия
тень, -и, предл. в тени, мн. -и, -ей
тенькать, -аю, -ает
тенькнуть, -ну, -нет
теньковка, -и, р. мн. -вок
теоброма, -ы
теобромин, -а
теогония, -и
теодицея, -и
теодолит, -а
теодолитный
теодолитчик, -а
теократический
теократия, -и
теолог, -а
теологема, -ы
теологический
теология, -и
теорба, -ы
теорема, -ы
теоремный
теоретизирование, -я
теоретизировать, -рую, -рует
теоретик, -а
теоретико-методологический
теоретико-познавательный
теоретико-числовой
теоретически
теоретически возможный
теоретически обоснованный
теоретический
теоретичность, -и
теоретичный; кр. ф. -чен, -чна
теорийка, -и, р. мн. -иек
теория, -и
теософ, -а
теософический
теософия, -и
теософка, -и, р. мн. -фок

теософский
теофедрин, -а
теофиллин, -а
тепе, нескл., м.
теперешний
теперича (прост. к теперь)
теперь
тёпленький
тепленько, в знач. сказ.
теплеть, -ею, -еет
теплёхонький; кр. ф. -нек, -нька
теплецо, -а
теплёшенький; кр. ф. -нек, -нька
теплина, -ы
теплинка, -и, р. мн. -нок
теплить, -лю, -лит (жечь свечу, лампаду)
теплить, -лю, -лит (делать мягче, теплее, приятнее)
теплиться, -ится
теплица, -ы, тв. -ей
тепличка, -и, р. мн. -чек
тепличница, -ы, тв. -ей
тепличнo-парниковый
тепличность, -и
тепличный
тепло¹, -а
тепло², нареч. и в знач. сказ.
тепло... — первая часть сложных слов, пишется слитно
тепловатый
тепловентилятор, -а
тепловидение, -я
тепловизионный
тепловизор, -а
тепловик, -а
тепловлажностный
тепловодный
тепловодоснабжение, -я
тепловодоэлектроизоляция, -и
тепловоз, -а
тепловозник, -а
тепловозный
тепловозостроение, -я
тепловозостроитель, -я
тепловозостроительный

ТЕПЛОВОЙ

тепловой
тепловыделе́ние, -я
тепловыделя́ющий
теплогазоснабже́ние, -я
теплогенера́тор, -а
теплоёмкий; *кр. ф.* -мок, -мка
теплоёмкость, -и
теплозащи́та, -ы
теплозащи́тный
теплозвукоизоляцио́нный
теплозвукоизоля́ция, -и
теплоизоли́рующий
теплоизоляцио́нный
теплоизоля́ция, -и
теплокро́вные, -ых
теплолече́ние, -я
теплолю́б, -а
теплолюби́вость, -и
теплолюби́вый
тепломагистра́ль, -и
тепломассообме́н, -а
тепломассообме́нный
тепломе́р, -а
тепломонта́жник, -а
теплонапряжённость, -и
теплонапряжённый
теплонепроница́емый
теплоноси́тель, -я
теплообеспе́ченность, -и
теплообеспе́ченный
теплообме́н, -а
теплообме́нник, -а
теплообме́нный
теплообразова́ние, -я
теплоотво́д, -а
теплоотда́ча, -и, *тв.* -ей
теплоотража́тельный
теплоотража́ющий
теплоотраже́ние, -я
теплоощуще́ние, -я
теплопеленга́тор, -а
теплопеленга́ция, -и
теплопереда́ча, -и, *тв.* -ей
теплопереда́ющий
теплопоглоща́ющий
теплопоглоще́ние, -я

теплоподста́нция, -и
теплопоте́ря, -и
теплоприёмник, -а
теплопрово́д, -а
теплопрово́дность, -и
теплопрово́дный
теплопроду́кция, -и
теплопрозра́чность, -и
теплопрозра́чный
теплопроизводи́тельность, -и
теплорегуля́ция, -и
теплоро́д, -а
теплосберега́ющий
теплосе́ть, -и, *мн.* -и, -е́й
теплосилово́й
теплоснабжа́ющий
теплоснабже́ние, -я
теплосодержа́ние, -я
теплосто́йкий; *кр. ф.* -о́ек, -о́йка
теплосто́йкость, -и
теплота́, -ы́
теплотво́рность, -и
теплотво́рный
теплоте́хник, -а
теплоте́хника, -и
теплотехни́ческий
теплотра́сса, -ы
теплоусто́йчивость, -и
теплоусто́йчивый
теплофи́зик, -а
теплофи́зика, -и
теплофизи́ческий
теплофикацио́нный
теплофика́ция, -и
теплофи́льтр, -а
теплофици́рованный; *кр. ф.* -ан, -ана
теплофици́ровать(ся), -рую, -рует(ся)
теплохо́д, -а
теплохо́дик, -а
теплохо́дный
теплоходостро́ение, -я
теплоходострои́тельный
теплоцентра́ль, -и
теплочувстви́тельность, -и

теплочувстви́тельный; *кр. ф.* -лен, -льна
теплоэлектри́ческий
теплоэлектровентиля́тор, -а
теплоэлектроста́нция, -и
теплоэлектроцентра́ль, -и
теплоэнерге́тик, -а
теплоэнерге́тика, -и
теплоэнергети́ческий
теплоэнергоснабже́ние, -я
теплу́шка, -и, *р. мн.* -шек
тёплый; *кр. ф.* тёпел, тепла́, тепло́
Тёплый Ста́н (*район в Москве*)
теплы́нь, -и
тепля́к, -а́
тё́плящий(ся)
Тер-... — *первая часть фамилий, пишется через дефис, напр.:* Тер-Арутюня́нц, Тер-Габриэля́н
тера́кт, -а
тера́кция, -и
терапе́вт, -а
терапевти́ческий
терапи́я, -и
тератогене́з, -а
тератоге́нный
тератологи́ческий
тератоло́гия, -и
терато́ма, -ы
те́рбий, -я
тереби́лка, -и, *р. мн.* -лок
тереби́льный
тереби́льщик, -а
тереби́льщица, -ы, *тв.* -ей
тереби́ть(ся), -блю́, -би́т(ся)
теребле́ние, -я
теребле́нный; *кр. ф.* -ён, -ена́, *прич.*
теребле́ный, *прил.*
те́рем, -а, *мн.* -а́, -о́в
теремно́й
Теремно́й дворе́ц (*в Московском Кремле*)
теремо́к, -мка́
те́рем-теремо́к, *другие формы не употр.*

терескен, -а
тере́ть(ся), тру(сь), трёт(ся); *прош.* тёр(ся), тёрла(сь)
терза́ние, -я
терза́ть(ся), -а́ю(сь), -а́ет(ся)
териле́н, -а
териле́новый
териодо́нт, -а
терио́лог, -а
териологи́ческий
териоло́гия, -и
тёрка, -и, *р. мн.* тёрок
терм, -а *(физ.)*
терма́льный
терманестези́я, -и
терменво́кс, -а
термидо́р, -а *(месяц; о контрреволюционном перевороте)* и Термидо́р, -а *(переворот во Франции 1793)*
термидориа́нец, -нца, *тв.* -нцем, *р. мн.* -нцев
термидориа́нский
те́рмика, -и
те́рмин, -а
термина́л, -а
термина́льный
термина́тор, -а
термини́зм, -а
термини́рование, -я
термини́рованный; *кр. ф.* -ан, -ана
термини́ровать(ся), -рую, -рует(ся)
терминологиза́ция, -и
терминологизи́рованный; *кр. ф.* -ан, -ана
терминологизи́ровать(ся), -рую, -рует(ся)
терминологизо́ванный; *кр. ф.* -ан, -ана
терминологизова́ть(ся), -зу́ю, -зу́ет(ся)
терминологи́ческий
терминологи́чность, -и
терминологи́чный; *кр. ф.* -чен, -чна
терминоло́гия, -и
терминообразова́ние, -я
терминосисте́ма, -ы
терминоэлеме́нт, -а
терми́ст, -а
терми́стор, -а
терми́т, -а
терми́тник, -а
терми́тный
терми́ческий
те́рмия, -и
те́рмо... — первая часть сложных слов, пишется слитно
термоаккумули́рующий
термоанемо́метр, -а
термоантраци́т, -а
термобарока́мера, -ы
термобаро́метр, -а
термобатаре́я, -и
термобатигра́ф, -а
термобигуди́, нескл., мн. и -е́й
термобума́га, -и
термобу́р, -а
термобурово́й
термовентиля́тор, -а
термовыно́сливость, -и
термовыно́сливый
термогальваномагни́тный
термогенера́тор, -а
термогенера́торный
термогра́мма, -ы
термо́граф, -а
термографи́ческий
термогра́фия, -и
термодина́мика, -и
термодинами́ческий
термодиффу́зия, -и
термози́т, -а
термозитбето́н, -а
термоизлуча́тель, -я
термоизоляцио́нный
термоизоля́ция, -и
термоио́нный
термока́мера, -ы
термокарота́ж, -а, *тв.* -ем
термока́рст, -а
термока́рстовый
термока́устика, -и
термокомпрессио́нный
термокомпре́ссия, -и
термоконста́нтный
термоконте́йнер, -а
термокопи́р, -а
термокопирова́льный
термокопи́рование, -я
термокра́ска, -и
термоли́т, -а
термоли́товый
термолюминесце́нция, -и
термомагни́тный
термомаслосто́йкий
термо́метр, -а
термометри́ческий
термоме́трия, -и
термо́метровый
термомехани́ческий
термона́стии, -ий
термони́ть, -и
термообрабо́танный
термообрабо́тка, -и
термоограничи́тель, -я
термопа́ра, -ы
термопеча́ть, -и
термопластавтома́т, -а
термопласти́ческий
термопласти́чный; *кр. ф.* -чен, -чна
термопла́сты, -ов, *ед.* -а́ст, -а
термопреобразова́тель, -я
термо́псис, -а
термореакти́вный
терморегули́рование, -я
терморегуля́тор, -а
терморегуля́ция, -и
терморези́стор, -а
термореце́пторы, -ов, *ед.* -тор, -а
те́рмос, -а
термосифо́н, -а
термосифо́нный
термоско́п, -а

те́рмосный
термосопротивле́ние, -я
термостабилизи́рованный
термоста́т, -а
термоста́тика, -и
термостати́рование, -я
термостати́ровать, -рую, -рует
термостати́ческий
термоста́тный
термосто́йкий; *кр. ф.* -о́ек, -о́йка
термосто́йкость, -и
термосфе́ра, -ы
термота́ксис, -а
термотерапи́я, -и
термотропи́зм, -а
термоупрочнённый; *кр. ф.* -ён, -ена́
термоупру́гий
термоусто́йчивость, -и
термоусто́йчивый
термофикса́ция, -и
термофи́лы, -ов, *ед.* -фи́л, -а
термофи́льный
термофо́бный
термофо́бы, -ов, *ед.* -фо́б, -а
термофо́н, -а
термофосфа́т, -а
термохи́мик, -а
термохими́ческий
термохи́мия, -и
термоЭДС [-эдээ́с], *нескл., ж.*
термоэластопла́сты, -ов, *ед.* -пла́ст, -а
термоэлектри́ческий
термоэлектри́чество, -а
термоэлектро́нный
термоэлектро́ны, -ов, *ед.* -тро́н, -а
термоэлеме́нт, -а
термоэмиссио́нный
термоэро́зия, -и
термоя́д, -а
термоя́дерный
термоя́дерщик, -а
те́рмы, терм (*бани; термальные воды*)
тёрн, -а

тёрние, -я
терни́стость, -и
терни́стый
терно́вка, -и, *р. мн.* -вок
терно́вник, -а
терно́вый
терно́польский (*от* Терно́поль)
терно́польцы, -ев, *ед.* -лец, -льца, *тв.* -льцем
тернопольча́не, -а́н, *ед.* -а́нин, -а
тернослив, -а и терносли́ва, -ы
тероморфы, -ов
теропо́д, -а
терофи́ты, -ов, *ед.* -фи́т, -а
тероцефа́л, -а
тёрочка, -и, *р. мн.* -чек
тёрочный
терпёж, -ежа́ и -ежу́, *тв.* -о́м
терпели́вец, -вца, *тв.* -вцем, *р. мн.* -вцев
терпели́вица, -ы, *тв.* -ей
терпели́вость, -и
терпели́вый
терпе́ние, -я; но: зали́в Терпе́ния, мыс Терпе́ния (*геогр.*)
терпе́новый
терпенти́н, -а
терпенти́нный
терпенти́новый
терпе́ны, -ов, *ед.* -пе́н, -а
терпе́ть(ся), терплю́, те́рпит(ся)
терпи́мость, -и
терпи́мый
терпингидра́т, -а
терпинео́л, -а
те́рпкий; *кр. ф.* те́рпок, терпка́, те́рпко
терпкова́тый
те́рпко-сла́дкий
те́рпкость, -и
те́рпнуть, -нет; *прош.* те́рпнул, те́рпла
те́рпнувший
Терпсихо́ра, -ы
терпу́г¹, -а́ (*брус*)
терпу́г², -а́ (*рыба*)

терпу́жный
терпужо́к, -жка́
те́рпче, *сравн. ст.*
те́рпящий
террази́т, -а
те́рра инко́гнита, *других форм нет*
террако́т, *неизм.* (*цвет*)
террако́та, -ы
террако́товый
террама́ры, -ма́р, *ед.* -ма́ра, -ы
террамици́н, -а
терра́рий, -я и терра́риум, -а
терра́риумный
терра́са, -ы
террасёр, -а
терраси́рование, -я
терраси́рованный; *кр. ф.* -ан, -ана
терраси́ровать(ся), -рую, -рует(ся)
терра́ска, -и, *р. мн.* -сок
терра́сный
террасообра́зный; *кр. ф.* -зен, -зна
терренку́р, -а
терриге́нно-минералоги́ческий
терриге́нный
террико́н, -а и террико́ник, -а
территориа́льно-администрати́вный
территориа́льно-национа́льный
территориа́льно-отраслево́й
территориа́льно-произво́дственный
территориа́льный
террито́рия, -и
терро́р, -а
террори́зи́рование, -я
террори́зи́рованный; *кр. ф.* -ан, -ана
террори́зи́ровать(ся), -рую(сь), -рует(ся)
террори́зм, -а
террори́зо́ванный; *кр. ф.* -ан, -ана

ТЕТРАХЛОРЭТИЛЕН

терроризова́ть(ся), -зу́ю, -зу́ет(ся)
террори́ст, -а
террористи́ческий
террори́стка, -и, р. мн. -ток
террори́стский
те́рский (от Те́рек)
Те́рское каза́чье во́йско
Те́рско-Ку́мская ни́зменность
терско́льский (от Терско́л)
тёртый
тёртый-перетёртый
терце́т, -а
те́рциевый
терци́на, -ы
те́рция, -и
терцквартакко́рд, -а
терц-мажо́р, -а
те́рцы, -ев, ед. те́рец, те́рца, тв. те́рцем (терские казаки)
тёрший(ся)
терье́р, -а
теря́ть(ся), -я́ю(сь), -я́ет(ся)
тёс, -а и -у
теса́к, -а́
теса́льный
теса́льщик, -а
теса́ние, -я
тёсанный; кр. ф. -ан, -ана, прич.
тёсаный, прил.
теса́ть(ся), тешу́, те́шет(ся)
теса́чный
тесачо́к, -чка́
Тесе́й, -я и Тезе́й, -я
тесёмка, -и, р. мн. -мок
тесёмочка, -и, р. мн. -чек
тесёмочный
тесёмчатый
теси́на, -ы
тёска, -и (от теса́ть)
Те́сла, нескл., м.: трансформа́тор Те́сла
те́сла, нескл., м. (ед. измер.)
тесла́метр, -а
тесле́ние, -я
теслённый; кр. ф. -ён, -ена́, прич.
тесли́ть(ся), -лю́, -ли́т(ся)

тесло́, -а́, мн. тёсла, тёсел, тёслам
тесне́йший
тесне́ние, -я (от тесни́ть)
теснённый; кр. ф. -ён, -ена́, прич. (от тесни́ть)
тесни́на, -ы
тесни́ть(ся), -ню́(сь), -ни́т(ся) (к те́сный)
теснова́тый
те́сно располо́женный
теснота́, -ы́
тесноти́ща, -и, тв. -ей
те́сный; кр. ф. те́сен, тесна́, те́сно, тесны́
тесо́вый
тесситу́ра, -ы
тесситу́рный
тест, -а
тестаме́нт, -а
тест-ана́лиз, -а
тест-анке́та, -ы
те́стев, -а, -о
те́стер, -а
тест-зае́зд, -а
тести́рование, -я
тести́рованный; кр. ф. -ан, -ана
тести́ровать(ся), -рую(сь), -рует(ся)
те́сто, -а
тестово́д, -а
те́стовый
тестоде́лательный
тестоло́гия, -и
тестоме́с, -а
тестоме́силка, -и, р. мн. -лок
тестоме́сильный
тестообра́зный; кр. ф. -зен, -зна
тестостеро́н, -а
тест-програ́мма, -ы
тест-тренажёр, -а
тесть, -я
те́стюшка, -и, р. мн. -шек, м.
тестяно́й
тесьма́, -ы́
те́та, -ы (название буквы)
тетани́ческий (от тета́ния)

тета́ния, -и
те́танус, -а
тет-а-те́т, -а и нареч.
те́та-фу́нкция, -и
тет-де-по́н, -а
тётенька, -и, р. мн. -нек
тётенькин, -а, -о
тете́ра, -ы
те́терев, -а, мн. -а́, -о́в
тетеревёнок, -нка, мн. -вя́та, -вя́т
тетереви́ный
тетеревя́тник, -а
тетёрка, -и, р. мн. -рок
тете́ря, -и, р. мн. тете́рь и -е́рей, м. и ж.
те-те-те́, неизм.
тетёха, -и
тётечка, -и, р. мн. -чек
тетёшкать(ся), -аю(сь), -ает(ся)
тетива́, -ы́
тёти-Ва́лин, -а, -о (от тётя Ва́ля)
тётин, -а, -о
тётка, -и, р. мн. тёток
тёткин, -а, -о
тетрагидрофура́н, -а
тетрагона́льный
тетра́дища, -и, тв. -ей
тетра́дка, -и, р. мн. -док
тетра́дный
тетра́дочка, -и, р. мн. -чек
тетра́дочный
тетра́дь, -и
Тетраева́нгелие, -я
тетрако́нх, -а
тетрали́н, -а
тетралоги́ческий
тетрало́гия, -и
тетра́метр, -а
тетраметри́ческий
тетраплеги́я, -и
тетрапо́ды, -ов, ед. -по́д, -а
тетра́рх, -а
тетра́рхия, -и
тетрафторэтиле́н, -а
тетрахлорэта́н, -а
тетрахлорэтиле́н, -а

тетрахо́рд, -а
тетрацикли́н, -а
тетрацикли́новый
тетра́эдр, -а
тетраэдри́т, -а
тетраэтилсвине́ц, -нца́, *тв.* -нцо́м
тетри́л, -а
тетро́д, -а
тетура́м, -а
тётушка, -и, *р. мн.* -шек
тётушкин, -а, -о
тетюша́не, -а́н, *ед.* -а́нин, -а
тетю́шский (*от* Тетю́ши)
тётя, -и, *р. мн.* тёть и тётей
теу́рг, -а
теурги́ческий
теурги́я, -и
тефло́н, -а
тефло́новый
те́фра, -ы
тефри́т, -а
те́фтели, -ей и тефте́ли, -ей
тефте́льки, -лек, *ед.* -лька, -и
тефф, -а
тех... — первая часть сложных слов, пишется слитно
теха́сский (*от* Теха́с)
теха́сцы, -ев, *ед.* -сец, -сца, *тв.* -сцем
теха́сы, -ов (*брюки*)
техдокумента́ция, -и
техзада́ние, -я
техконтро́ль, -я
техми́нимум, -а
технадзо́р, -а
техна́рь, -я́
техне́ций, -я
техниза́ция, -и
те́хник, -а
те́хника, -и
те́хник-компью́терщик, те́хника-компью́терщика
те́хник-лейтена́нт, те́хника-лейтена́нта
те́хнико-произво́дственный

те́хник-осемена́тор, те́хника-осемена́тора
те́хнико-экономи́ческий
те́хник-смотри́тель, те́хника-смотри́теля
те́хникум, -а
те́хникумовский
техници́зм, -а
техни́чески
техни́чески допусти́мый
техни́чески оснащённый
техни́ческий
техни́чка, -и, *р. мн.* -чек
техни́чность, -и
техни́чный; *кр. ф.* -чен, -чна
те́хно, *неизм. и нескл., с.* (стиль музыки)
техноге́нный
технода́нс, -а
технокра́т, -а
технократи́зм, -а
технократи́ческий
технокра́тия, -и
техно́лог, -а
технологи́ческий
технологи́чность, -и
технологи́чный; *кр. ф.* -чен, -чна
техноло́гия, -и
технопа́рк, -а
технопо́лис, -а
технору́к, -а и -а́
техносфе́ра, -ы
технотро́ника, -и
технотро́нный
технофо́бия, -и
технохими́ческий
техобслу́живание, -я
техосмо́тр, -а
техотде́л, -а
техпа́спорт, -а
техперсона́л, -а
техпо́мощь, -и
техпромфинпла́н, -а
техпроце́сс, -а
техре́д, -а
техсове́т, -а

техтало́н, -а
техусло́вия, -ий
техухо́д, -а
техучёба, -ы
техучи́лище, -а
техце́нтр, -а
течеиска́тель, -я
тече́ние, -я
те́чка, -и, *р. мн.* те́чек
течь[1], -и
течь[2], течёт, теку́т; *прош.* тёк, текла́
тёша, -и, *тв.* -ей
те́шащий(ся) (*от* те́шить(ся))
тешени́т, -а
те́шить(ся), те́шу(сь), те́шит(ся)
тёшка, -и, *р. мн.* тёшек
те́шущий(ся) (*от* теса́ть(ся))
тёща, -и, *тв.* -ей
тёщенька, -и, *р. мн.* -нек
тёщин, -а, -о
тиази́н, -а
тиази́новый
тиазо́л, -а
тиами́н, -а
тиа́ра, -ы
тибаа́ни, *нескл., с.*
тибе́тка, -и, *р. мн.* -ток
тибе́то-бирма́нский
тибе́тский (*от* Тибе́т)
тибе́тцы, -ев, *ед.* -тец, -тца, *тв.* -тцем
ти́брский (*от* Тибр)
ти́верцы, -ев, *ед.* -рец, -рца, *тв.* -рцем
ти́гель, ти́гля
ти́гельный
тигмотропи́зм, -а
тигр, -а; но: год Ти́гра (по восточному календарю), Тигр, -а (о том, кто родился в этот год)
тигрёнок, -нка, *мн.* -ря́та, -ря́т
тигрёночек, -чка, *мн.* тигря́тки, -ток
тигри́дия, -и
тигри́ный
тигри́ца, -ы, *тв.* -ей

тигро́вый
тигроло́в, -а
тизаниезио́з, -а
тик, -а
ти́канье, -я
ти́кать, -ает (*о часах*)
тика́ть, -а́ю, -а́ет (*удирать*)
ти́кер, -а
ти́ковый
ти́ксинский (*от* Ти́кси)
ти́ксинцы, -ев, *ед.* -нец, -нца, *тв.* -нцем
тиксотропи́я, -и
тик-та́к, *неизм.*
тилли́ты, -ов, *ед.* -ли́т, -а
ти́ллы, -ов, *ед.* тилл, -а
тильбюри́, *нескл., с.*
ти́льда, -ы
тильзи́тский (*от* Тильзи́т)
Тильзи́тский ми́р (1807)
тиля́пия, -и
тима́р, -а
ти́мберс, -а
тимиди́н, -а
тими́н, -а
тимиря́зевский (*от* Тимиря́зев)
тимо́л, -а
тимо́ловый
тимофе́евка, -и, *р. мн.* -вок
тимпа́н, -а
тимпана́льный
тимпани́я, -и
Тиму́р, -а (*имя, лит. персонаж*)
Тимури́ды, -ов (*династия*)
тиму́ровец, -вца, *тв.* -вцем, *р. мн.* -вцев
тиму́ровский (*от* Тиму́р)
ти́мус, -а
тимья́н, -а
ти́на, -ы
тинаму́, *нескл., м.*
тинг, -а
тиндализа́ция, -и
тине́йджер, -а
тине́йджерский
ти́нистый

тинкту́ра, -ы
ти́нник, -а
тиоко́л, -а
тиомочеви́на, -ы
тиони́л, -а
тиони́льный
тио́новый
тиосе́рный
тиосоедине́ния, -ний, *ед.* -ние, -я
тиосо́ли, -е́й, *ед.* -со́ль, -и
тиоспирты́, -о́в, *ед.* -и́рт, -а
тиосульфа́ты, -ов, *ед.* -фа́т, -а
тиофе́н, -а
тиофено́л, -а
тиофо́с, -а
тиоциана́ты, -ов, *ед.* -на́т, -а
тиоциа́новый
тип, -а
типа́ж, -а́, *тв.* -о́м
типа́жность, -и
типа́жный
типе́ц, типца́, *тв.* типцо́м, *р. мн.* типцо́в (*растение*)
ти́пи, *нескл., с.* (*жилище*)
типиза́ция, -и
типизи́рованный; *кр. ф.* -ан, -ана
типизи́ровать(ся), -рую, -рует(ся)
типи́зм, -а
типизо́ванный; *кр. ф.* -ан, -ана
ти́пик, -а
Типико́н, -а (*церк. книга*)
типи́рование, -я
типи́рованный; *кр. ф.* -ан, -ана
типи́ровать(ся), -рую, -рует(ся)
типи́ческий
типи́чность, -и
типи́чный; *кр. ф.* -чен, -чна
типово́й
типо́граф, -а
типогра́фика, -и
типографи́ческий
типогра́фия, -и
типогра́фский
типогра́фщик, -а
типолитографи́ческий
типолитогра́фия, -и

типолитогра́фский
типологи́чески
типологи́чески бли́зкий
типологи́ческий
типоло́гия, -и
типо́метр, -а
типометри́ческий
типоме́три́я, -и
типоморфи́зм, -а
типоофсе́т, -а
типоофсе́тный
типоразме́р, -а
тип-то́п, *нареч.*
типу́н, -а́
типу́неть, -еет
типча́к, -а́
типчако́вый
ти́пчик, -а
тир, -а
тира́да, -ы
тира́ж, -а́, *тв.* -о́м
тиражи́рование, -я
тиражи́рованный; *кр. ф.* -ан, -ана
тиражи́ровать(ся), -и́рую(сь), -и́рует(ся)
тира́жный
тира́н, -а
тира́нить, -ню, -нит
тирани́ческий
тирани́я, -и
тира́нка, -и, *р. мн.* -нок
тираннозавр, -а
тираноб́орец, -рца, *тв.* -рцем, *р. мн.* -рцев
тираноб́орческий
тираноб́орчество, -а
тираноуби́йство, -а
тира́нский (*от* тира́н *и* Тира́на)
тира́нство, -а
тира́нствовать, -твую, -твует
тира́нцы, -ев, *ед.* -нец, -нца, *тв.* -нцем (*от* Тира́на)
тира́нящий
тира́спольский (*от* Тира́споль)
тира́спольцы, -ев, *ед.* -лец, -льца, *тв.* -льцем

тираспольча́не, -а́н, ед. -а́нин, -а
тиратро́н, -а
тиратро́нный
тире́, нескл., с.
тиреоглобули́н, -а
тиреоиди́н, -а
тиреоиди́т, -а
тирео́идный
тиреокальцитони́н, -а
тиреотоксико́з, -а
тиреотро́пный
тири́стор, -а
тири́сторный
тирку́шка, -и, р. мн. -шек
тирли́ч, -а́, тв. -о́м
тиро́ванный; кр. ф. -ан, -ана
тирова́ть(ся), тиру́ю, тиру́ет(ся)
тиро́вка, -и
тирози́н, -а
тирозина́за, -ы
тирокси́н, -а
тиро́лька, -и, р. мн. -лек (шляпа)
тиро́льки, -лек (брюки)
тиро́льский (от Тиро́ль)
тиро́льцы, -ев, ед. -лец, -льца, тв. -льцем
тирре́нский (к Тирре́нское мо́ре)
тирс, -а
тис, -а
ти́скальный
ти́скальщик, -а
ти́сканный; кр. ф. -ан, -ана, прич.
ти́сканье, -я
ти́скать(ся), -аю(сь), -ает(ся)
тиски́, -о́в
тиско́вый
тисне́ние, -я (от тисни́ть)
тиснённый; кр. ф. -ён, -ена́, прич. (от тисни́ть)
тиснёный, прил.
тисни́ть, -ню́, -ни́т (выдавливать)
ти́снуть, -ну, -нет
ти́совый (от тис)
тисо́чки, -чек и -чков
тисо́чный
ти́сский (от Ти́са, Ти́сса)

тита́н, -а
титана́ты, -ов, ед. -на́т, -а (хим.)
титани́ды, -и́д, ед. -и́да, -ы (мифол.)
титани́рование, -я
тита́нистый
титани́т, -а (минерал)
титани́ческий (от тита́н)
тита́новый
титаномагнети́т, -а
титанома́гниевый
титанома́хия, -и (мифол.)
титаносилика́ты, -ов, ед. -ка́т, -а
титаноте́рий, -я
титанофоне́ус, -а
тите́стер, -а
ти́тло, -а, р. мн. титл
ти́тловый
тито́вка, -и, р. мн. -вок
ти́товский (от Ти́то)
ти́товский (от Тито́в)
титр, -а
титриметри́ческий
титриметри́я, -и
титри́рование, -я
титри́рованный; кр. ф. -ан, -ана
титри́ровать(ся), -рую, -рует(ся)
титрова́льный
титрова́ние, -я
титро́ванный; кр. ф. -ан, -ана
титрова́ть(ся), -ру́ю, -ру́ет(ся)
ти́тул, -а
титулату́ра, -ы
титулова́ние, -я
титуло́ванный; кр. ф. -ан, -ана
титулова́ть(ся), -лу́ю(сь), -лу́ет(ся)
ти́тульный
титуля́рник, -а
титуля́рный сове́тник
ти́тька, -и, р. мн. ти́тек
тиу́н, -а
тиу́нский
тиф, -а, предл. в тифу́
тифдру́к, -а
тифли́сский (от Тифли́с)
тифли́сцы, -ев, ед. -сец, -сца, тв. -сцем

тифли́т, -а
тифлоло́гия, -и
тифлопедаго́гика, -и
тифлопедагоги́ческий
тифлоте́хника, -и
тифлотипогра́фия, -и
тифо́зный
тифо́ид, -а
тифо́идный
Тифо́н, -а (мифол.)
тифо́н, -а (тех.)
тифулёз, -а
тиффо́зи, нескл., м.
ти́хвинка, -и, р. мн. -нок
Ти́хвинская Бо́жия Ма́терь (икона)
Ти́хвинская во́дная систе́ма
Ти́хвинская гряда́
ти́хвинский (от Ти́хвин)
ти́хвинцы, -ев, ед. -нец, -нца, тв. -нцем
ти́хенький и ти́хонький
ти́хий; кр. ф. тих, тиха́, ти́хо, ти́хи
Ти́хий океа́н
ти́хнувший
ти́хнуть, -ну, -нет; прош. ти́хнул и тих, ти́хла
тихове́йный
тихово́дный
тихово́дье, -я
тиходо́л, -а
ти́хо-ми́рно
тихомо́лком, нареч.
Ти́хон Задо́нский
ти́хонький и ти́хенький
тихо́нько
тихо́ня, -и, р. мн. тихо́нь и -ней, м. и ж.
тихоокеа́нский (от Ти́хий океа́н)
Тихоокеа́нский геосинклина́льный по́яс
Тихоокеа́нский фло́т
Тихоокеа́нско-Североинди́йская о́бласть (зоогеографи́ческая)

тихоокеа́нцы, -ев, *ед.* -нец, -нца, *тв.* -нцем
тихоре́цкий (*от* Тихоре́цк)
тихореча́не, -а́н, *ед.* -а́нин, -а (*к* Тихоре́цк)
тихостру́йный
ти́хость, -и
тихохо́д, -а
тихохо́дка, -и, *р. мн.* -док
тихохо́дный; *кр. ф.* -ден, -дна
тихо́хонько
тициа́новский (*от* Тициа́н)
ти́ч-ин, -а
тиша́йший; но: Тиша́йший (*о царе Алексее Михайловиче*)
тиша́ть, -а́ю, -а́ет
ти́ше, *сравн. ст.*
тишина́, -ы́
тишко́м, *нареч.*
тишь, -и и -й, *тв.* ти́шью, *предл.* в тиши́
-тка, *частица* — *с предшествующим словом пишется через дефис: гляди́-тка, ну́-тка*
тка́невый (*от* ткань)
ткани́на, -ы
тка́нный[1]; *кр. ф.* ткан, ткана́, тка́но, *прич.*
тка́нный[2], *прил.* (*от* ткань: тка́нная инжене́рия)
тка́ный, *прил.* (*от* ткать)
ткань, -и
тканьё, -я́
тканьёвый (*тканый*)
тка́ть(ся), тку, ткёт(ся); *прош.* ткал(ся), ткала́(сь), тка́ло, тка́лось
тка́цкий
тка́цко-отде́лочный
тка́цко-пряди́льный
ткач, -а́, *тв.* -о́м
тка́чество, -а
тка́чик, -а (*птица*)
тка́чиковые, -ых
ткачи́ха, -и
ткема́ли, *нескл., ж. и с.*
ткну́ть(ся), ткну(сь), ткнёт(ся)

тлен, -а
тле́ние, -я
тле́нность, -и
тле́нный; *кр. ф.* тле́нен, тле́нна
тлетво́рность, -и
тлетво́рный; *кр. ф.* -рен, -рна
тле́ть(ся), тле́ю, тле́ет(ся)
тле́ющий(ся)
тлинки́ты, -ов, *ед.* -ки́т, -а
тли́ться, тли́тся
тля, тли, *мн.* тли, тлей
тмин, -а и -у
тми́нный
тминно́жка, -и, *р. мн.* -жек
тми́ть(ся), тми́т(ся)
тмутарака́нский
Тмутарака́нь, -и
то, *союз*
-то, *частица — с предшествующим словом пишется через дефис: почему́-то, куда́-то, его́-то мне и на́до*
то́ бишь
тобога́н, -а
тобо́й (*форма местоим.* ты)
Тобо́ло-Ирты́шье, -я
тобо́льский (*от* Тобо́л и Тобо́льск)
тобо́льцы, -ев, *ед.* -лец, -льца, *тв.* -льцем
тобольча́не, -а́н, *ед.* -а́нин, -а (*от* Тобо́льск)
тобольча́нка, -и, *р. мн.* -нок
тоболяки́, -о́в, *ед.* -ля́к, -а́ (*от* Тобо́льск)
тоболя́чка, -и, *р. мн.* -чек
т-обра́зный [тэ-]; *кр. ф.* -зен, -зна
това́р, -а
това́рищ, -а, *тв.* -ем; *как обращение или офиц. упоминание пишется с последующим словом раздельно, напр.:* това́рищ полко́вник, това́рищ милиционе́р
това́рищ-вкла́дчик, това́рища-вкла́дчика
това́рищеский
това́рищество, -а

това́рищ-однокур́сник, това́рища-однокур́сника
това́рка, -и, *р. мн.* -рок
това́рно-де́нежный
това́рно-материа́льный
това́рно-сто́имостный
това́рность, -и
това́рно-сырьево́й
това́рно-тра́нспортный
това́рно-фо́ндовый
това́рный
товарня́к, -а́
товарове́д, -а
товарове́дение, -я
товарове́дный
товарове́дческий
товарообме́н, -а
товарообме́нный
товарообора́чиваемость, -и
товарооборо́т, -а
товарообраще́ние, -я
товаропассажи́рский
товаропото́к, -а
товаропроводя́щий
товаропроизводи́тель, -я
товаропроизводя́щий
товарораспоряди́тельный
товарораспредели́тельный
товароснабже́ние, -я
товаросопроводи́тельный
товаросопровожда́ющий товаротра́нспортный
товстоно́говец, -вца, *тв.* -вцем, *р. мн.* -вцев
товстоно́говский (*от* Товстоно́гов)
то́га, -и
тогда́
тогда́ же
тогда́ как, *союз*
тогда́-то
тогда́шний
того́, *в знач. сказ.* (не вполне нормальный); *частица*
того́ (и) гляди́
тоголе́зка, -и, *р. мн.* -зок

ТОГОЛЕЗСКИЙ

тоголе́зский (*от* То́го)
тоголе́зцы, -ев, *ед.* -зец, -зца, *тв.* -зцем
то́дес, -а
тоё, *частица* (*обл.*)
то́ есть
тож, *союз* (или, иначе говоря, устар.), *но местоим. с частицей* то ж
тожде́ственность, -и
тожде́ственный; *кр. ф.* -вен и -венен, -венна
то́ждество, -а
то́же, *нареч. и союз* (я то́же приду́), *но местоим. с частицей* то́ же (я сде́лал то́ же)
то́ же са́мое
тоже́ственность, -и (*устар. к* тожде́ственность)
тоже́ственный; *кр. ф.* -вен и -венен, -венна (*устар. к* тожде́ственный)
то́жество, -а (*устар. к* то́ждество)
ТОЗ, -а (*сокр.:* товарищество по совместной обработке земли)
то́ и де́ло
той, то́я
тойо́н, -а
тойо́та, -ы (*автомобиль*)
тойпу́дель, -я
тойтерье́р, -а
ток[1], -а и -у, *мн.* -и, -ов (*движение, перемещение*)
ток[2], -а, *предл.* на току́, *мн.* -а́, -о́в (*место, где молотят или где токуют птицы*)
ток[3], -а, *мн.* -и, -ов (*головной убор*)
тока́й, -я (*вино*)
тока́йское, -ого
токама́к, -а
тока́рничать, -аю, -ает
тока́рно-винторе́зный
тока́рно-карусе́льный
тока́рно-копирова́льный
тока́рно-револьве́рный
тока́рный

тока́рня, -и, *р. мн.* -рен
то́карь, -я, *мн.* -и, -ей и -я́, -е́й
токи́йка, -и, *р. мн.* -и́ек
токи́йский (*от* То́кио)
токи́йцы, -ев, *ед.* -и́ец, -и́йца, *тв.* -и́йцем
токка́та, -ы
то́кмо (*устар. к* то́лько)
токова́ние, -я
токова́ть, току́ет
токовихрево́й
тови́ще, -а
токово́д, -а
то́ковый
тоненесу́щий
токоограничи́тель, -я
токоподводя́щий
токоприёмник, -а
токопрово́д, -а
токосъёмник, -а
токоферо́л, -а
токсаскаридо́з, -а
токсеми́я, -и
токсидерми́я, -и
токсикоге́нный
токсико́з, -а
токсико́лог, -а
токсикологи́ческий
токсиколо́гия, -и
токсикома́н, -а
токсикома́ния, -и
токси́нный
токси́ны, -ов, *ед.* -си́н, -а
токси́ческий
токси́чность, -и
токси́чный; *кр. ф.* -чен, -чна
токсокаро́з, -а
токсопла́зма, -ы
токсоплазмо́з, -а
ток-шо́у, *нескл., с.*
тол, -а
тола́й, -я
То́лгский: То́лгский монасты́рь, То́лгская Бо́жия Ма́терь (*икона*)
то́левый (*от* толь)

толеда́нка, -и, *р. мн.* -нок
толеда́нский (*от* Толе́до)
толеда́нцы, -ев, *ед.* -нец, -нца, *тв.* -нцем
толера́нтность, -и
толера́нтный; *кр. ф.* -тен, -тна
то́ ли, *союз*
то́ ли де́ло
толи́ка, -и (ма́лая толи́ка)
толи́кий
толи́ко, *нареч.*
толк[1], -а (*мнение, суждение; течение, секта*), -а и -у (*разум, смекалка; прок, польза*)
толк[2], *неизм.* (*к* толка́ть)
толка́ние, -я
толкану́ть(ся), -ну́(сь), -нёт(ся)
толка́тель, -я
толка́тельница, -ы, *тв.* -ей
толка́тельный
толка́ть(ся), -а́ю(сь), -а́ет(ся)
толка́ч, -а́, *тв.* -о́м
то́лки, -ов (*пересуды*)
толкну́ть(ся), -ну́(сь), -нёт(ся)
толкова́ние, -я
толко́ванный; *кр. ф.* -ан, -ана
толкова́тель, -я
толкова́тельница, -ы, *тв.* -ей
толкова́ть(ся), -ку́ю, -ку́ет(ся)
толко́вник, -а
толко́вость, -и
толко́вый
то́лком, *нареч.*
толкотня́, -и́
толку́н, -а́
толку́нчик, -а
толку́чий
толку́чка, -и, *р. мн.* -чек
то́ллинг, -а
то́ллинговый
толма́ч, -а́, *тв.* -о́м
толма́чить, -чу, -чит
то́ловый (*от* тол)
толо́ка, -и
толокно́, -а́
толокня́нка, -и, *р. мн.* -нок

толокня́ный
толоко́нный
толоко́нце, -а
толо́кший(ся)
то́лос, -а
толо́чь(ся), толку́(сь), толчёт(ся), толку́т(ся); *прош.* толо́к(ся), толкла́(сь)
толпа́, -ы́, *мн.* то́лпы, толп
толпи́ться, -пи́тся
толпи́ща, -и, *тв.* -ей (*увелич. к* толпа́)
то́лпище, -а (*место, где толпятся, толкучка*)
толпо́й, *нареч.*
толсте́нек, -нька
толсте́нный
то́стенький
толсте́ть, -е́ю, -е́ет
толстина́, -ы́
толсти́ть, -и́т
толстобо́кий
толстобрю́хий
толстова́тый
толстове́д, -а (*от* Толсто́й)
толстове́дение, -я
толсто́вец, -вца, *тв.* -вцем, *р. мн.* -вцев
толсто́вка, -и, *р. мн.* -вок
толстоволокни́стый
толсто́вский (*от* Толсто́й)
толсто́вство, -а
толсто́вщина, -ы
толстоголо́вка, -и, *р. мн.* -вок
толстоголо́вый
толстогу́бый
толстодо́нный
толстоза́дый
толстозо́бый
толстоклю́вый
толстоко́жесть, -и
толстоко́жий
толстоко́рый
толстоли́стник, -а
толстоли́стный и толстоли́стый
толстолистово́й
толстоло́бик, -а
толстоме́р, -а
толстоме́рный
толстомо́рдый
толстомя́сый
толстоно́гий
толстоно́жка, -и, *р. мн.* -жек
толстоно́сый
толстопокры́тый*
толстопу́зый
толстопя́тый
толсторо́г, -а
толсторо́жий
толсторы́лый
толстосте́нный
толстосу́м, -а
толстота́, -ы́
толстоте́л, -а
толстоте́лый
толсто́тный
толстохво́стый
толстоше́ий, -е́яя, -е́ее
толстощёкий
толсту́н, -а́
толсту́нья, -и, *р. мн.* -ний
толсту́ха, -и
толсту́шка, -и, *р. мн.* -шек
то́лстый; *кр. ф.* толст, толста́, то́лсто, то́лсты
то́лстый-прето́лстый
толстю́щий и толсту́щий
толстя́к, -а́
толстя́нка, -и, *р. мн.* -нок
толстя́нковые, -ых
толстя́чка, -и, *р. мн.* -чек
толстячо́к, -чка́
толуо́л, -а
толуо́ловый
толче́йный
толче́ние, -я
толчённый; *кр. ф.* -ён, -ена́, *прич.*
толчёный, *прил.*
толчея́, -и́
толчко́вый
толчо́к, -чка́
то́лща, -и, *тв.* -ей
то́лще, *сравн. ст.*
толщина́, -ы́
толщи́нка, -и, *р. мн.* -нок
толщиноме́р, -а
то́лщь, -и, *тв.* -ью
толь, -я
то́лько
то́лько-то
то́лько-то́лько
то́лько что
тольятти́нский (*от* Тольятти́, *город*)
тольятти́нцы, -ев, *ед.* -нец, -нца, *тв.* -нцем
том, -а, *мн.* -а́, -о́в
томага́вк, -а
тома́н, -а и тума́н, -а (*монета*)
томаси́рование, -я
томасма́нновский (*от* То́мас Манн)
тома́совский (*от* То́мас): тома́совский проце́сс, тома́совский конве́ртер, тома́совский чугу́н, тома́совская сталь
томасшла́к, -а и тома́сов шлак, тома́сова шла́ка
тома́т, -а (*помидор*), -а и -у (*паста, пюре*)
тома́тный
томатопроду́кты, -ов, *ед.* -у́кт, -а
томатоубо́рочный
тома́т-па́ста, тома́та-па́сты
тома́т-пюре́, тома́та-пюре́
томбу́й, -я
томи́зм, -а
то́мик, -а
томилля́ры, -ов; *ед.* -лля́р, -а
томи́льный
томи́льщик, -а
томи́ст, -а
томи́тельность, -и
томи́тельный; *кр. ф.* -лен, -льна
томи́ть(ся), томлю́(сь), томи́т(ся)
томичи́, -е́й, *ед.* томи́ч, -а́, *тв.* -о́м (*от* Томск)

ТОМИЧКА

томи́чка, -и, р. мн. -чек
томи́шко, -а и -и, мн. -шки, -шек, м.
томи́ще, -а, мн. -а и -и, -ищ, м.
томле́ние, -я
томлённый; кр. ф. -ён, -ена́, прич.
томлёный, прил.
то́мми, нескл., м. (прозвище британского солдата)
томноо́кий
то́мность, -и
то́мный; кр. ф. то́мен, томна́, то́мно
томогра́мма, -ы
томо́граф, -а
томографи́ческий
томогра́фия, -и
томофлюорогра́фия, -и
томоша́, -и́, тв. -о́й
томоши́ться, -шу́сь, -ши́тся
томпа́к, -а́
томпа́ковый
то́мский (от Томь и Томск)
То́мсон, -а: эффе́кт То́мсона, фо́рмула То́мсона
тон, -а, мн. тона́, -о́в (цвет) и то́ны, -ов и -о́в (звук)
тонади́лья, -и
тона́льность, -и
тона́льный
тона́рм, -а
то́нга, нескл., мн., ед. м. и ж. (народ)
тонга́нский (от то́нга, народ, и То́нга, острова и государство)
тонга́нцы, -ев, ед. -нец, -нца, тв. -нцем
то́ндо, нескл., с.
тонево́й и то́невый (от то́ня)
тоне́ма, -ы
то́ненький
то́нер, -а
то́нер-ка́ртридж, -а, тв. -ем
то́нер-порошо́к, -шка́
тонёхонький; кр. ф. -нек, -нька
тонёшенький; кр. ф. -нек, -нька
тонзилли́т, -а
тонзи́лло-кардиа́льный
тонзу́ра, -ы

тониза́ция, -и
тонизи́рованный; кр. ф. -ан, -ана
тонизи́ровать(ся), -рую, -рует(ся)
тонизи́рующий(ся)
то́ник, -а (напиток)
то́ника, -и (муз., лит.)
тонина́, -ы́
тони́рование, -я
тони́рованный; кр. ф. -ан, -ана
тони́ровать(ся), -рую, -рует(ся)
тониро́вка, -и
тони́ческий
то́нкий; кр. ф. то́нок, тонка́, то́нко, то́нки́
то́нкий-прето́нкий
тонкобро́вый
тонкова́тый
тонкове́тка, -и, р. мн. -ток
тонковолокни́стый
тонкоголо́сый
тонкогу́бый
тонкозерни́стый
тонкоклю́вый
тонкоко́жий
тонкоко́рый
тонкоко́стный
тонкокристалли́ческий
тонколи́стный и тонколи́стый
тонколистово́й
тонкоматериа́льный
тонкоме́р, -а
тонкоме́рный
тонкомо́лотый*
тонконо́г, -а
тонконо́гий
тонкопа́лый
тонкопа́нцирный
тонкопокры́тый*
тонкопо́ристый
тонкопря́д, -а
тонкопряде́ние, -я
тонкопряди́льный
тонкопря́ха, -и
то́нко размо́лотый
тонкораспылённый*
тонкору́нный

тонкосло́йный; кр. ф. -о́ен, -о́йна
тонкоство́льный
тонкосте́нный
тонкостру́нный
то́нкость, -и
тонкосуко́нный
тонкоте́л, -а
тонкоте́лый
тонкохво́стый
тонкоше́ий, -е́яя, -е́ее
тонкошёрстный и тонкошёрстый
тонме́йстер, -а
то́нна, -ы
тонна́ж, -а, тв. -ем
тоннажесу́тки, -ток
тонна́жность, -и
тонна́жный
то́нна-киломе́тр, -а
то́нна-ми́ля, -и
то́нна-си́ла, -ы
то́нна-си́ла-ме́тр, -а
тоннелестрое́ние, -я и туннелестрое́ние, -я
тоннелестрои́тельный и туннелестрои́тельный
тонне́ль, -я и тунне́ль, -я
тонне́льный и тунне́льный
тоннокилометра́ж, -а, тв. -ем
то́нный
тоново́й (полигр.)
тоновоспроизведе́ние, -я
то́новый (муз.)
тоногра́фия, -и
тоно́метр, -а
тономе́три́я, -и
тонопла́ст, -а
тонофибри́ллы, -и́лл, ед. -и́лла, -ы
то́нус, -а
тону́ть, тону́, то́нет
тонфи́льм, -а
тонча́йший
тонча́ть, -а́ю, -а́ет
тончи́ть, -чу́, -чи́т
то́ньше, сравн. ст.
тоню́сенький

то́ня, -и, р. мн. -ей (место, где ловят неводом рыбу; улов)
ТОО, нескл., с. (сокр.: товарищество с ограниченной ответственностью)
топ[1], -а (топот; род одежды; мор.)
топ[2], неизм.
топа́з, -а
топа́зовый
то́панье, -я
то́пать, -аю, -ает
топена́нт, -а
то́пик, -а (тема, предмет обсуждения)
то́пика, -и (филос., лог., лит.)
топи́льщик, -а
топина́мбу́р, -а
топи́ть(ся), топлю́(сь), то́пит(ся)
топи́ческий
то́пка, -и, р. мн. то́пок
топ-ка́др, -а
то́пкий; кр. ф. то́пок, топка́, то́пко
то́пкость, -и
топкро́сс, -а
топле́ние, -я
то́пленный; кр. ф. -ен, -ена, прич.
то́пленый, прил. (то́пленая ко́мната)
топлёный, прил. (топлёное молоко́)
то́пливно-сырьево́й
то́пливно-энергети́ческий
то́пливный
то́пливо, -а
топливовозду́шный
топливодобыва́ющий
топливодози́рующий
топливозапра́вочный
топливозапра́вщик, -а
топливомаслозапра́вщик, -а
топливоме́р, -а
топливопита́ющий
топливопода́ча, -и, тв. -ей
топливоразда́точный
топливоснабжа́ющий
топля́к, -а́
топ-моде́ль, -и

то́пнуть, -ну, -нет
то́повый (то́повый ого́нь)
топо́граф, -а
топографи́ческий
топогра́фия, -и
тополеви́дный; кр. ф. -ден, -дна
то́полевый и тополёвый
тополёк, -лька́
тополи́ный
тополо́г, -а
топологи́ческий
тополо́гия, -и
то́поль, -я, мн. -я́, -е́й
топоморфо́з, -а
топо́ним, -а
топони́мика, -и
топоними́ст, -а
топоними́ческий
топоними́я, -и
топо́р, -а́
топо́рик, -а
топори́шко, -а и -и, мн. -шки, -шек, м.
топори́ще[1], -а, мн. -а и -и, -ищ, м. (увелич. к топо́р)
топори́ще[2], -а, с. (рукоятка топора́)
топо́рник, -а
топо́рность, -и
топо́рный; кр. ф. -рен, -рна
топо́рщащий(ся)
топо́рщить(ся), -щу(сь), -щит(ся)
топоско́п, -а
то́пот, -а
топота́ть(ся), топочу́(сь), топо́чет(ся)
топотня́, -и́
топото́к, -тка́
топохими́ческий
топоцентри́ческий
то́почный
топо́чущий(ся)
то́псель, -я
топ-спи́н, -а
топта́ние, -я
то́птанный; кр. ф. -ан, -ана, прич.

то́птаный, прил.
топта́ть(ся), топчу́(сь), то́пчет(ся)
топ-ти́мберс, -а
топ-то́п, неизм.
топту́н, -а́
топты́гин, -а, тв. -ым, мн. -ы, -ых (о медведе), но: генера́л Топты́гин (персонаж стихотворения)
Топты́жка, -и (сказочный персонаж)
топча́н, -а́
топча́нный
топча́нчик, -а
то́пче, сравн. ст. (от то́пкий, то́пко)
топчи́ло, -а
то́пчущий(ся)
топшу́р, -а
топшури́ст, -а
топы́рить(ся), -рю(сь), -рит(ся)
топы́рящий(ся)
топь, -и
топяно́й
то́пящий
то́пящийся
тор, -а (матем.; архит.)
Тор, -а (мифол.)
То́ра, -ы (Пятикнижие)
тора́джи, -ей
торака́льный
торакоаку́стика, -и
торакопла́стика, -и
торакоскопи́я, -и
торакотоми́я, -и
то́ракс, -а
то́рба, -ы
торба́н, -а
торбани́ст, -а
торбаса́, -о́в, ед. то́рбас, -а
торберни́т, -а
торг[1], -а, предл. на торгу́, мн. -и́, -о́в (действие; базар)
торг[2], -а, мн. -и́, -о́в (торговая организация)
торга́ш, -а́, тв. -о́м
торга́шеский
торга́шество, -а

ТОРГИ

торги́, -о́в (аукцион)
торгова́ть(ся), -гу́ю(сь), -гу́ет(ся)
Торго́вая сторона́ (в Новгороде)
торго́вец, -вца, тв. -вцем, р. мн. -вцев
торго́вка, -и, р. мн. -вок
торго́влишка, -и
торго́вля, -и
торго́во-бытово́й
торго́во-заготови́тельный
торго́во-заку́почный
торго́во-комиссио́нный
торго́во-культу́рный
торго́во-о́фисный
торго́во-посре́днический
торго́во-правово́й
Торго́во-промы́шленная пала́та РФ
торго́во-промы́шленный
торго́во-реме́сленный
торго́во-сбытово́й
торго́во-технологи́ческий
торго́во-экономи́ческий
Торго́вые ряды́ (архит. комплекс в нек-рых старых русских городах)
торго́вый
торгпре́д, -а
торгпре́дство, -а
торгси́н, -а
торгси́новский
торгу́ющий(ся)
тореадо́р, -а
тореадо́рский
торе́втика, -и
торённый; кр. ф. -ён, -ена́, прич.
торёный, прил.
торе́ро, нескл., м.
торе́ц, торца́, тв. торцо́м, р. мн. торцо́в
торе́ц в торе́ц
торже́ственно, нареч.
торже́ственность, -и
торже́ственный; кр. ф. -вен и -венен, -венна
торжество́, -а́

торжествова́ть, -тву́ю, -тву́ет
торжеству́ющий
то́ржище, -а
торжо́кский (от Торжо́к)
торжо́кцы, -ев, ед. -кец, -кца, тв. -кцем
то́ри, нескл., м.
то́риевый (от то́рий)
то́рий, -я (хим.)
тори́йский (тори́йская поро́да лошаде́й)
тори́рование, -я (от то́рий)
тори́рованный; кр. ф. -ан, -ана (от то́рий)
то́ристый
тори́т, -а
тори́ть(ся), торю́, тори́т(ся)
тори́ца, -ы, тв. -ей
тори́чник, -а
то́рканье, -я
то́ркать(ся), -аю(сь), -ает(ся)
то́ркнуть(ся), -ну(сь), -нет(ся)
торкре́т, -а
торкретбето́н, -а
торкрети́рование, -я
торкрети́рованный; кр. ф. -ан, -ана
торкрети́ровать(ся), -рую, -рует(ся)
торкре́тный
торма́шки: вверх торма́шками
торможе́ние, -я
торможённый; кр. ф. -ён, -ена́
то́рмоз, -а, мн. -а́, -о́в и (помеха, препятствие) -ы, -ов
тормози́ть(ся), -ожу́, -ози́т(ся)
тормозно́й
тормозну́ть, -ну́, -нёт
тормозо́к, -зка́
тормоши́ть(ся), -шу́(сь), -ши́т(ся)
торна́до, нескл., м.
торна́рия, -и
то́рный; кр. ф. то́рен, то́рна
торова́тость, -и
торова́тый
тороида́льный

торока́, -о́в (часть конской упряжи)
то́роки, -ов (в иконописи)
тороко́вый
торо́нтский (от Торо́нто)
торо́нтцы, -ев, ед. -тец, -тца, тв. -тцем
торопёжка, -и
торопе́цкий (от Торопе́ц)
торопи́ть(ся), -оплю́(сь), -о́пит(ся)
торо́пкий; кр. ф. -пок, -пка и то́ропкий; кр. ф. -пок, -пка́, -пко
торопли́вость, -и
торопли́вый
торопча́не, -а́н, ед. -а́нин, -а (от Торопе́ц)
торопча́нка, -и, р. мн. -нок
торопы́га, -и, м. и ж.
торопя́щий(ся)
торо́с, -а и то́рос, -а
торо́систость, -и
торо́систый
тороси́ть(ся), -и́т(ся)
торо́совый
торо́ченный; кр. ф. -ен, -ена
торочи́ть(ся), -чу́, -чи́т(ся)
тороше́ние, -я
торо́шенный; кр. ф. -ен, -ена
торпе́да, -ы
торпеди́рование, -я
торпеди́рованный; кр. ф. -ан, -ана
торпеди́ровать(ся), -рую, -рует(ся)
торпеди́ст, -а
торпе́дник, -а
торпе́дно-артиллери́йский
торпе́дный
торпе́довец, -вца, тв. -вцем, р. мн. -вцев
торпе́довский (от "Торпе́до")
торпедоно́сец, -сца, тв. -сцем, р. мн. -сцев
торпедоно́сный
торпедообра́зный; кр. ф. -зен, -зна
торпи́дный
торр, -а (единица давления)

торриче́ллиева пустота́, торри́че́ллиевой пустоты́
торс, -а
торси́да, -ы
торсио́н, -а
торсио́нный
торт, -а, мн. -ы́, -о́в и -ов
то́ртовый
то́ру́ньский (от То́рунь)
то́ру́ньцы, -ев, ед. -нец, -ньца, тв. -ньцем
торф, -а и -у
торфене́ть, -е́ет
торфоболо́тный
торфобрике́т, -а
торфова́ние, -я
торфо́ванный; кр. ф. -ан, -ана
торфова́ть(ся), -фу́ю, -фу́ет(ся)
торфодобыва́ние, -я
торфодобыва́ющий
торфодобы́тчик, -а
торфодобы́ча, -и, тв. -ей
торфозаготови́тельный
торфозагото́вки, -вок
торфокомпо́ст, -а
торфолече́ние, -я
торфома́сса, -ы
торфоминера́льный
торфонаво́зный
торфообразова́ние, -я
торфоперегно́йный
торфоперегружа́тель, -я
торфоплита́, -ы́, мн. -пли́ты, -и́т
торфопредприя́тие, -я
торфоразрабо́тки, -ток
торфоре́з, -а
торфосо́с, -а
торфотерапи́я, -и
торфоубо́рочный
торфоукла́дчик, -а
торфя́ник, -а и торфяни́к, -а́
торфяни́стость, -и
торфяни́стый
торфяни́ца, -ы, тв. -ей
торфя́но-боло́тный
торфяно́й

торфя́но-расти́тельный
торцева́ние, -я
торцева́ть(ся), -цу́ю, -цу́ет(ся)
торцево́й и торцо́вый
торцо́ванный; кр. ф. -ан, -ана
торцо́вка, -и, р. мн. -вок
торцо́вочный
торцо́вый и торцево́й
торча́ть, -чу́, -чи́т
торчко́м, нареч.
торчмя́, нареч.
торчо́к, -чка́
торше́р, -а
торше́рный
торше́рчик, -а
торшо́н, -а
торшони́рование, -я
торшони́рованный; кр. ф. -ан, -ана
торшони́ровать(ся), -рую, -рует(ся)
то́-сё, того́-сего́
тоска́, -и́
тоска́-кручи́на, тоски́-кручи́ны
тоска́нка, -и, р. мн. -нок
тоска́нский (от Тоска́на)
тоска́нцы, -ев, ед. -нец, -нца, тв. -нцем
тоскли́вость, -и
тоскли́вый
тоскова́ть, -ку́ю, -ку́ет
тоску́ющий
то́сненский (от То́сно)
то́сненцы, -ев, ед. -ненец, -ненца, тв. -ненцем
тост, -а
то́стер, -а
тот, то, того́, та, той, мн. те, тех
то та́к, то ся́к
то та́к, то э́так
тотализа́тор, -а
тотализа́торный
тоталитари́зм, -а
тоталитари́стский
тоталита́рность, -и
тоталита́рный

тота́льность, -и
тота́льный; кр. ф. -лен, -льна
то та́м, то ся́м
тоте́м, -а
тотеми́зм, -а
тотемисти́ческий
тоте́мический (от тоте́м)
тоте́мный (от тоте́м)
то́темский (от То́тьма)
то́т ещё, та́ ещё, то́ ещё (выражение многозначительной оценки кого-, чего-н.)
то́т же
то́-то
то́-то и оно́
тотона́ки, -ов, ед. -на́к, -а
тотона́кский
то́т-то, того́-то
то́тчас, нареч.
тотьмичи́, -е́й, ед. тотьми́ч, -а́, тв. -о́м (от То́тьма)
тотьми́чка, -и, р. мн. -чек
тофала́рский
тофала́ры, -ов, ед. -ла́р, -а
тоха́рский
тоха́ры, тоха́р и -ов, ед. тоха́р, -а
точа́щий(ся)
точе́ние, -я
то́ченный; кр. ф. -ен, -ена, прич. (от точи́ть¹)
точённый; кр. ф. -ён, -ена́, прич. (от точи́ть²)
точёный, прил.
то́чечка, -и, р. мн. то́чечек
то́чечно-конта́ктный
то́чечный
точи́лка, -и, р. мн. -лок
точи́ло, -а
точи́льный
точи́льня, -и, р. мн. -лен
точи́льщик, -а
точи́ть(ся)¹, точу́, то́чит(ся) (заостря́ть(ся); выта́чивать(ся))
точи́ть(ся)², точи́т(ся) (источа́ть(ся))
то́чка, -и, р. мн. то́чек

ТОЧКА В ТОЧКУ

то́чка в то́чку
то́чки над "и" (ста́вить)
точне́йший
точнёхонько, *нареч. (от* то́чно)
то́чно, *нареч., союз и частица*
то́чность, -и
то́чно та́к же
то́чно то́ же
то́чный; *кр. ф.* то́чен, точна́, то́чно, то́чны
точо́к, точка́
точь-в-то́чь
тошне́нько
тошнёхонько *(от* то́шно)
тошни́ть, -и́т
то́шно, *в знач. сказ.*
тошнота́, -ы́, *мн.* -о́ты, -о́т
тошнотво́рность, -и
тошнотво́рный; *кр. ф.* -рен, -рна
тошно́тный; *кр. ф.* -тен, -тна
то́шный; *кр. ф.* то́шен, тошна́, то́шно
тоща́ть, -а́ю, -а́ет
тощева́тый
то́щее, *сравн. ст.*
тощекло́п, -а́
тоще́нек, -нька
то́щенький
то́щий; *кр. ф.* тощ, тоща́, то́ще
тощища́, -и, *тв.* -е́й
ТПК [тэпэка́], *нескл., м. (сокр.:* территориально-производственный комплекс)
тпру, *неизм.*
тпру́канье, -я
тпру́кать, -аю, -ает
тпру́кнуть, -ну, -нет
трабе́кулы, -ул, *ед.* -ула, -ы
трава́, -ы́, *мн.* тра́вы, трав
трава́-мурава́, травы́-муравы́
травене́ть, -е́ет
тра́верз, -а *(направление)*
тра́верс, -а *(насыпь, дамба; переход альпиниста)*
тра́верса, -ы *(балка для крепления)*
траверси́рование, -я
траверси́ровать, -рую, -рует
тра́версный
траверти́н, -а
травести́, *неизм. и нескл., с. (амплуа), ж. (актриса)*
травести́йный
травести́рование, -я
травести́рованный; *кр. ф.* -ан, -ана
травести́ровать(ся), -рую, -рует(ся)
травести́я, -и
траве́я, -и
трави́льный
трави́льщик, -а
трави́на, -ы
трави́нка, -и, *р. мн.* -нок
трави́ть(ся), травлю́(сь), тра́вит(ся)
тра́вка, -и, *р. мн.* -вок
травле́ние, -я
тра́вленный; *кр. ф.* -ен, -ена, *прич.*
тра́вленый и травлёный, *прил.*
тра́вливать, *наст. вр. не употр.*
тра́вля, -и
тра́вма, -ы
травмати́зм, -а
травмати́ческий
травмато́лог, -а
травматологи́ческий
травматоло́гия, -и
травми́рование, -я
травми́рованный; *кр. ф.* -ан, -ана
травми́ровать(ся), -рую(сь), -рует(ся)
травмобезопа́сный
травмоопа́сный
травмопу́нкт, -а
травмотропи́зм, -а
тра́вник, -а *(тот, кто знает лекарственные свойства трав; то же, что* травни́к)
травни́к, -а́ *(настойка; гербарий; книга)*
травнико́вый
тра́вница, -ы, *тв.* -ей *(к* тра́вник)
тра́вничек, -чка и травничо́к, -чка́
тра́вный
траволече́ние, -я
травопо́лье, -я
травопо́льный
травосе́яние, -я
травосме́сь, -и
травосто́й, -я
травоя́дный; *кр. ф.* -ден, -дна
тра́вушка, -и
тра́вушка-мура́вушка, тра́вушки-мура́вушки
тра́вчатый
травя́ник, -а
травяни́стость, -и
травяни́стый
травя́нка, -и, *р. мн.* -нок
травяно́й
травя́щий(ся)
трагака́нт, -а
трагеди́йность, -и
трагеди́йный; *кр. ф.* -и́ен, -и́йна
траге́дия, -и
траге́дь, *другие формы не употр. (разг. шутл. к* траге́дия)
траги́зм, -а
тра́гик, -а
трагикоме́дия, -и
трагикоми́ческий
трагикоми́чность, -и
трагикоми́чный; *кр. ф.* -чен, -чна
трагифа́рс, -а
трагифа́рсовый
траги́ческий
траги́чность, -и
траги́чный; *кр. ф.* -чен, -чна
традеска́нция, -и
традиционали́зм, -а
традиционали́ст, -а
традиционали́стский
традицио́нно, *нареч.*
традицио́нно-календа́рный
традицио́нность, -и
традицио́нный; *кр. ф.* -о́нен, -о́нна
тради́ция, -и

традукция, -и
траектория, -и
траекторный
трайбализм, -а
трайбалистский
трайбология, -и
трак, -а
тракененский (тракененская порода лошадей)
тракт, -а
трактат, -а
трактатный
трактир, -а
трактиришко, -а и -и, мн. -шки, -шек, м.
трактирный
трактирчик, -а
трактирщик, -а
трактирщица, -ы, тв. -ей
трактование, -я
трактованный; кр. ф. -ан, -ана
трактовать(ся), -тую, -тует(ся)
трактовка, -и, р. мн. -вок
трактовый
трактор, -а, мн. -ы, -ов и -а, -ов
тракторизация, -и
тракторизованный; кр. ф. -ан, -ана
тракторизовать(ся), -зую, -зует(ся)
тракторист, -а
трактористка, -и, р. мн. -ток
тракторишко, -а и -и, мн. -шки, -шек, м.
тракторный
трактородром, -а
трактороремонтный
тракторосборочный
тракторостроение, -я
тракторостроитель, -я
тракторостроительный
трактриса, -ы
трактура, -ы
трал, -а
траление, -я
траленный; кр. ф. -ен, -ена

тралер, -а (устар. к траулер)
трали-вали, неизм.
тралить(ся), -лю, -лит(ся)
тралмейстер, -а
траловый
тралфлот, -а
тральный
тральщик, -а
тра-ля-ля, неизм.
тралящий(ся)
трамблёр, -а
трамбование, -я
трамбованный; кр. ф. -ан, -ана
трамбовать(ся), -бую, -бует(ся)
трамбовка, -и, р. мн. -вок
трамбовочный
трамбовщик, -а
трамбовщица, -ы, тв. -ей
трамбующий(ся)
трамвай, -я
трамвайный
трамвайчик, -а
трамвайщик, -а
трамвайщица, -ы, тв. -ей
трамонтана, -ы
трамп, -а
трамплин, -а
трамплинный
трамповый
трам-там-там, неизм.
трамтарарам, -а
трам-тарарам, неизм.
транец, -нца, тв. -нцем, р. мн. -нцев
транжир, -а
транжира, -ы, м. и ж.
транжирить(ся), -рю, -рит(ся)
транжирка, -и, р. мн. -рок
транжирство, -а
транжирящий(ся)
транзакция, -и (программ.)
транзистор, -а
транзисторный
транзит, -а
транзитивность, -и
транзитивный

транзитник, -а
транзитница, -ы, тв. -ей
транзитный
транзиция, -и
транквилизатор, -а
транс, -а
транс... — приставка, пишется слитно
трансагентство, -а
трансактный
трансакция, -и (полит., юр., фин.)
трансальпийский
Трансантарктические горы
трансарктический
трансатлантический
Трансаэро, нескл., ж. (компания)
трансбордер, -а
трансверсия, -и
трансвестизм, -а
трансвестит, -а
трансгенный
трансграничный
трансгрессивный
трансгрессия, -и
трансдукция, -и
трансепт, -а
трансильванский (от Трансильвания)
трансильванцы, -ев, ед. -нец, -нца, тв. -нцем
трансиранский
транскавказский
транскодер, -а
транскодирование, -я
трансконтинентальный
транскрибирование, -я
транскрибированный; кр. ф. -ан, -ана
транскрибировать(ся), -рую, -рует(ся)
транскриптаза, -ы
транскрипционный
транскрипция, -и
транскристаллизация, -и
транскультурный
транслирование, -я

транслированный; кр. ф. -ан, -ана
транслировать(ся), -рую, -рует(ся)
транслитерация, -и
транслитерированный; кр. ф. -ан, -ана
транслитерировать(ся), -рую, -рует(ся)
транслокация, -и
транслятор, -а
трансляционный
трансляция, -и
трансмиссивный
трансмиссионный
трансмиссия, -и
трансмиттер, -а
трансморской
трансмутация, -и
транснационализация, -и
транснациональный
трансозонд, -а
трансокеанский
транспарант, -а
транспарантный
транспарентность, -и
транспарентный
трансперсональный
транспирационный
транспирация, -и
транспирировать, -ирует
трансплантат, -а
трансплантационный
трансплантация, -и
трансплантированный; кр. ф. -ан, -ана
трансплантировать(ся), -рую, -рует(ся)
трансплантолог, -а
трансплантология, -и
трансплантологический
транспозиционный
транспозиция, -и
транспо́лярный
транспонирование, -я

транспонированный; кр. ф. -ан, -ана
транспонировать(ся), -рую, -рует(ся)
транспонировка, -и, р. мн. -вок
транспонирующий(ся)
транспорт, -а
транспорт, -а (в бухгалтерии)
транспортабельность, -и
транспортабельный; кр. ф. -лен, -льна
транспортёр, -а
транспортёрный
транспортир, -а
транспортирный
транспортирование, -я
транспортированный; кр. ф. -ан, -ана
транспортировать(ся), -рую(сь), -рует(ся)
транспортировка, -и
транспортировочный
транспортировщик, -а
транспортник, -а
транспортно-грузовой
транспортно-отвальный
транспортно-складской
транспортно-экспедиционный
транспортно-энергетический
транспортный (от транспорт)
транспортный (от транспорт)
транспьютер, -а
транспьютерный
трансрегиональный
транссексуал, -а
транссексуальный
Транссиб, -а
Транссибирская магистраль
транссибирский
транссудат, -а
транссудация, -и
трансурановый
трансураны, -ов
трансфер, -а и трансферт, -а
трансферазы, -аз, ед. -аза, -ы
трансферкар, -а

трансферный и трансфертный
трансферт, -а и трансфер, -а
трансфинитный
трансфлюксор, -а
трансфокатор, -а
трансформатор, -а
трансформаторный
трансформаторостроение, -я
трансформаторостроитель, -я
трансформационный
трансформация, -и
трансформер, -а
трансформизм, -а
трансформирование, -я
трансформированный; кр. ф. -ан, -ана
трансформировать(ся), -рую, -рует(ся)
трансформный
трансфузиология, -и
трансфузия, -и
трансцендентализм, -а
трансцендентальность, -и
трансцендентальный; кр. ф. -лен, -льна
трансцендентность, -и
трансцендентный; кр. ф. -тен, -тна
трансцепт, -а
трансчерноморский
трансъевропейский
транцевый
транш, -а, тв. -ем
траншевый
траншеекопатель, -я
траншееобразный; кр. ф. -зен, -зна
траншейка, -и, р. мн. -еек
траншейный
траншея, -и
трап, -а (лестница)
трапеза, -ы
трапезарь, -я
трапезная, -ой
трапезник, -а
трапезница, -ы, тв. -ей

ТРЕЙЛЕР

трапе́зничать, -аю, -ает
трапе́зный
трапе́зование, -я
трапе́зовать, -зую, -зует
трапецеида́льный
трапециеви́дный; *кр. ф.* -ден, -дна
трапе́ция, -и
трапецо́эдр, -а
трапп, -а (*геол.*)
тра́ппер, -а
траппи́стский
траппи́сты, -ов, *ед.* -и́ст, -а
тра́пповый (*от* трапп)
трасо́лог, -а
трасологи́ческий
трасоло́гия, -и (*юр.*)
трасс, -а (*горная порода*)
тра́сса, -ы
трасса́нт, -а (*тот, кто выдал вексель*)
трасса́т, -а (*тот, кто платит по векселю*)
трассёр, -а (*в пиротехнике*)
трасси́рование, -я
трасси́рованный; *кр. ф.* -ан, -ана
трасси́ровать(ся), -рую, -рует(ся) (*к* тра́сса *и* тра́тта)
трассиро́вка, -и
трассиро́вочный
трасси́рующий(ся)
трассови́к, -а́
тра́ссовый (*от* трасс *и* тра́сса)
трассоиска́тель, -я
траст, -а
тра́стовый
тра́та, -ы (*к* тра́тить)
тра-та-та́, *неизм.*
тра́тить(ся), тра́чу(сь), тра́тит(ся)
тра́тта, -ы (*вексель*)
тратто́рия, -и
тра́тящий(ся)
тра́улер, -а
тра́улер-морози́льщик, тра́улера-морози́льщика
тра́улерный
тра́ур, -а

тра́урница, -ы, *тв.* -ей
тра́урность, -и
тра́урный
Трафальга́рское сраже́ние
трафаре́т, -а
трафаре́тить(ся), -ре́чу, -ре́тит(ся)
трафаре́тка, -и, *р. мн.* -ток
трафаре́тность, -и
трафаре́тный; *кр. ф.* -тен, -тна
трафаре́тчик, -а
трафаре́тчица, -ы, *тв.* -ей
трафаре́ченный; *кр. ф.* -ен, -ена
тра́фик, -а (*инф.*)
тра́фить, -флю, -фит
трах, *неизм.*
тра́ханье, -я
тра́хать(ся), -аю(сь), -ает(ся)
трахе́иды, -и́д, *ед.* -и́да, -ы (*бот.*)
трахе́ит, -а (*мед.*)
трахейноды́шащие, -их
трахе́йный
трахеобактерио́з, -а
трахеобронхиа́льный
трахеобронхи́т, -а
трахеобронхоскопи́я, -и
трахео́лы, -о́л, *ед.* -о́ла, -ы
трахеомико́з, -а
трахеотоми́я, -и
трахе́я, -и (*анат.*)
трахика́рпус, -а
трахили́ды, -и́д, *ед.* -и́да, -ы
трахимеду́за, -ы
трахи́т, -а (*горная порода*)
трахи́товый
тра́хнуть(ся), -ну(сь), -нет(ся)
трахо́ма, -ы
трахомато́зный
трахо́мный
трах-тарара́х, *неизм.*
тра́ченный; *кр. ф.* -ен, -ена, *прич.*
тра́ченый, *прил.*
тра́чивать, *наст. вр. не употр.*
Тря́новы валы́, Тря́новых валов (*в Поднестровье*)
тре́ба, -ы (*церк.*)
тре́бник, -а

тре́бный
тре́бование, -я
тре́бованный; *кр. ф.* -ан, -ана
тре́бовательность, -и
тре́бовательный; *кр. ф.* -лен, -льна
тре́бовать(ся), -бую(сь), -бует(ся)
тре́буемый
требуха́, -и́
требухо́вый
требуши́на, -ы
трево́га, -и
трево́жащий(ся)
трево́жить(ся), -жу(сь), -жит(ся)
трево́жный; *кр. ф.* -жен, -жна
треволне́ния, -ий
треволне́нный
треворит, -а
трегало́за, -ы
трегу́бый
тред-юнио́н, -а
тред-юниони́зм, -а
тред-юниони́ст, -а
тред-юниони́стский
тре́звенник, -а
тре́звенничество, -а
тре́звенность, -и
тре́звенный
трезве́ть, -е́ю, -е́ет
трезвёхонький; *кр. ф.* -нек, -нька
трезвомы́слие, -я
трезвомы́слящий*
трезво́н, -а
трезво́нить, -ню, -нит
трезво́нящий
тре́звость, -и
трезву́чие, -я
трезву́чный
тре́звый; *кр. ф.* трезв, трезва́, тре́зво, тре́звы
трезу́бец, -бца, *тв.* -бцем, *р. мн.* -бцев
трезу́бый и трёхзу́бый
тре́йдер, -а
тре́йдерский
тре́йлер, -а

ТРЕЙЛЕРНЫЙ

трейлерный
трейлеровоз, -а
трек, -а
трекинг, -а
треклятый
трековик, -а
трековый
трелёванный; кр. ф. -ан, -ана
трелевать(ся), -люю, -люет(ся)
трелёвка, -и
трелёвочник, -а
трелёвочный
трелёвщик, -а
трелить, -лю, -лит
трель, -и
трельяж, -а, тв. -ем
трельяжный
трема, нескл., с.
трематодоз, -а
трематоды, -од, ед. -тода, -ы
трембита, -ы
тремолировать, -рую, -рует
тремолит, -а
тремоло, нескл., с.
тремор, -а
трен, -а
тренаж, -а́ и -а, тв. -о́м и -ем
тренажёр, -а
тренажёрный
трендовый
тренер, -а
тренерский
трензель, -я, мн. -я, -ей и -и, -ей
трензелька, -и, р. мн. -лек
трензельный
трение, -я
тренинг, -а
тренинговый
тренинг-пособие
тренированность, -и
тренированный; кр. ф. прич. -ан, -ана; кр. ф. прил. (хорошо развитый систематической тренировкой) -ан, -анна
тренировать(ся), -рую(сь), -рует(ся)

тренировка, -и, р. мн. -вок
тренировочно-нагрузочный
тренировочный
тренога, -и
треногий
треножащий(ся)
треножить(ся), -жу, -жит(ся)
треножник, -а
трентал, -а
тренчик, -а
тренчкот, -а
трень-брень, неизм.
треньканье, -я
тренькать, -аю, -ает
тренькнуть, -ну, -нет
треонин, -а
трёп, -а
трепак, -а́
трепалка, -и, р. мн. -лок
трепало, -а (орудие)
трепальный
трепальня, -и, р. мн. -лен
трепальщик, -а
трепальщица, -ы, тв. -ей
трепан, -а (мед.)
трепанация, -и
трепанг, -а
трепанговый
трепание, -я
трепанированный; кр. ф. -ан, -ана
трепанировать(ся), -рую, -рует(ся)
трёпанный; кр. ф. -ан, -ана, прич.
трепануть(ся), -ну(сь), -нёт(ся)
трёпаный, прил.
трепать(ся), треплю(сь), треплет(ся), треплют(ся) и трепет(ся), трепят(ся), пов. трепли(сь) и трепи(сь)
трепач, -а́, тв. -о́м
трепачка, -и, р. мн. -чек
трепел, -а
трепельный
трепет, -а
трепетание, -я

трепетать(ся), -пещу(сь), -пещет(ся)
трепетность, -и
трепетный; кр. ф. -тен, -тна
трепещущий
трёпка, -и, р. мн. -пок
трепливость, -и
трепливый
трепло, -а́
треплющий(ся)
трепня, -и́
трепонема, -ы
трепотня, -и́
трепушка, -и, р. мн. -шек
трепыхание, -я
трепыхать(ся), -аю(сь), -ает(ся)
трепыхнуть(ся), -ну(сь), -нёт(ся)
треск, -а
треска, -и́
трескание, -я
трескать(ся), -аю(сь), -ает(ся)
тресковый
трескообразные, -ых
трескотня, -и́
трескучий
треснувший
треснутый
треснуть(ся), -ну(сь), -нет(ся)
тресочка, -и, р. мн. -чек
трест, -а
треста, -ы́
трестированный; кр. ф. -ан, -ана
трестировать(ся), -рую, -рует(ся)
трест-компания, треста-компании
трестовец, -вца, тв. -вцем, р. мн. -вцев
трестовский
третейский
третий, -ья, -ье
Третий интернационал
Третий рейх (о фашистской Германии)
Третий Рим (о средневековой Москве)
третина, -ы (третья часть, доля)
третины, -ин (поминки)

тети́рование, -я
тети́рованный; *кр. ф.* -ан, -ана
тети́ровать(ся), -рую(сь), -рует(ся)
тети́чный
тетни́к, -а́
тетно́й
теть, -и, *мн.* -и, -е́й
тре́тье, -его
третьево́дни, *нареч. (прост. устар. к* тре́тьего дня)
третьево́днишний и третьево́шний (*прост. устар. к* третьего́дняшний)
третьегоди́чный (*позапрошлогодний*)
тре́тьего дня
третьего́дняшний (*позавчерашний*)
третьекла́ссник, -а
третьекла́ссница, -ы, *тв.* -ей
третьекла́ссный
третьеку́рсник, -а
третьеку́рсница, -ы, *тв.* -ей
третьеочередно́й
третьеразря́дник, -а
третьеразря́дница, -ы, *тв.* -ей
третьеразря́дный
третьесо́ртный
третьестепе́нный; *кр. ф.* -е́нен, -е́нна
третья́к, -а́
Третьяко́вка, -и
Третьяко́вская галере́я
Тре́тья респу́блика (*во Франции*)
треуго́лка, -и, *р. мн.* -лок
треуго́льник, -а
треуго́льничек, -чка
треуго́льный
треу́х, -а
треф, -а (*у иудаистов – недозволенная пища*)
тре́фа, -ы (*прост. к* тре́фы)
трефно́й (*от* треф)
трефо́вка, -и, *р. мн.* -вок
трефо́вый (*от* тре́фы)

трефо́ны, -ов, *ед.* -фо́н, -а
тре́фы, треф
трёха́ктный
трёхарши́нный
трёха́томный
трёхба́лльный (3-ба́лльный)
трёхба́шенный
трёхвале́нтный
трёхвалко́вый
трёхведёрный и трёхвёдерный
трёхвеково́й
трёхвёрстка, -и, *р. мн.* -ток
трёхвёрстный (3-вёрстный)
трёхверши́нный
трёхвершко́вый
трёхвинтово́й
трехвостка, -и, *р. мн.* -ток и трёххво́стка, -и, *р. мн.* -ток
трёхгла́вый
трёхгоди́чный (3-годи́чный)
трёхгодова́лый
трёхгодово́й (3-годово́й)
трёхголо́вочный
трёхголо́вый
трёхголо́сный
Трёхго́рка, -и
Трёхго́рная мануфакту́ра (*хлопчатобумажный комбинат*)
Трёхго́рный Ва́л (*улица в Москве*)
Трёхгра́дье, -я (*городская агломерация в Польше*)
трёхгра́нный
трёхгрошо́вый
трёхде́чный
трёхди́сковый
трёхдне́вный (3-дне́вный)
трёхдо́льный
трёхдюймо́вка, -и, *р. мн.* -вок
трёхдюймо́вый
трёхжи́льный
трёхза́льный
трёхвёздочный
трёхзве́нный
трёхзна́чный
трёхзу́бый и трезу́бый

трёхимённый
трёхи́мпульсный
трёхка́мерный
трёхкана́льный
трёхкарма́нный
трёхкилогра́ммовый
трёхкилометро́вка, -и, *р. мн.* -вок
трёхкилометро́вый (3-километро́вый)
трёхкла́ссный
трёхколёсный
трёхколо́нник, -а
трёхколо́нный
трёхколо́ночный
трёхко́мнатный (3-ко́мнатный)
трёхко́нтурный
трёхкопе́ечный
трёхкра́сочный
трёхкра́тный
трёхку́бовый
трёхкулачко́вый
трёхла́мповый
трёхле́тие, -я
трёхле́тка, -и, *р. мн.* -ток
трёхле́тний
трёхле́ток, -тка
трёхлине́йка, -и, *р. мн.* -е́ек
трёхлине́йный
трёхли́стный
трёхлитро́вый (3-литро́вый)
трёхло́пастный
трёхма́стный
трёхма́чтовик, -а
трёхма́чтовый
трёхме́рность, -и
трёхме́рный; *кр. ф.* -рен, -рна
трёхме́стный (3-ме́стный)
трёхме́сячный (3-ме́сячный)
трёхметро́вый (3-метро́вый)
трёхмиллиа́рдный (3-миллиа́рдный) и (*при передаче разг. произношения*) трёхмилья́рдный
трёхмиллио́нный (3-миллио́нный) и (*при пере-*

ТРЁХМИНУТНЫЙ

даче разг. произношения) трёх-
милли́онный
трёхмину́тный (3-мину́тный)
трёхмото́рный
трёхнеде́льный (3-неде́льный)
трёхне́фный
трёхно́гий
трёхо́кись, -и
трёхоко́нный
трёхопо́рный
трёхо́ска, -и, р. мн. -сок
трёхо́сный
трёхочко́вый
трёхпа́лубный
трёхпа́лый
трёхпёрстка, -и, р. мн. -ток
трёхпёрстный
трёхпла́нный
трёхпо́лье, -я
трёхпо́льный
трёхпрогра́ммный
трёхпроце́нтный
 (3-проце́нтный)
трёхпудо́вый (3-пудо́вый)
трёхра́зовый
трёхра́ундовый
трёхребе́рник, -а
трёхрожко́вый
трёхрублёвка, -и, р. мн. -вок
трёхрублёвый (3-рублёвый)
трёхря́дка, -и, р. мн. -док
трёхря́дный
трёхсаже́нный
трёхсве́тный
Трёх Святи́телей (хра́м)
трёхсвяти́тельский
трёхсеку́ндный (3-секу́ндный)
трёхсекцио́нный
трёхсери́йный
трёхсея́лочный
трёхска́тный
трёхскоростно́й
трёхсло́жный
трёхсло́йный
трёхсме́нка, -и, р. мн. -нок
трёхсме́нный

трёхсо́тенный
трёхсо́тка, -и, р. мн. -ток
трёхсотле́тие (300-ле́тие), -я
трёхсотле́тний (300-ле́тний)
трёхсотпятидесятиты́сячный
 (350-ты́сячный)
трёхсотрублёвый
 (300-рублёвый)
трёхсотси́льный
трёхсотты́сячник, -а
трёхсотты́сячный
 (300-ты́сячный)
трёхсо́тый
трёхсполови́нный
трёхстволка, -и, р. мн. -лок
трёхство́льный
трёхство́рчатый
трёхсте́нный
трёхстепе́нный
трёхсти́шие, -я
трёхсто́пный
трёхсторо́нний
трёхстру́нный
трёхступе́нчатый
трёхсу́точный (3-су́точный)
трёхта́ктный
трёхто́мник, -а
трёхто́мный (3-то́мный)
трёхто́нка, -и, р. мн. -нок
трёхто́нный (3-то́нный)
трёхтру́бный
трёхты́сячный (3-ты́сячный)
трёху́ровневый
трёхфа́зный
трёхфунто́вый (3-фунто́вый)
трёххво́стка, -и, р. мн. -ток и
 трехво́стка, -и, р. мн. -ток
трёххо́довка, -и, р. мн. -вок
трёххо́дово́й и трёххо́до́вый
трёхцве́тка, -и, р. мн. -ток
трёхцве́тный
трёхцили́ндровый
трёхчасово́й (3-часово́й)
трёхча́стный
трёх-четырёхдне́вный
трёхчле́н, -а

трёхчле́никовый
трёхчле́нный
трёхшёрстный
трёхъя́дерный
трёхъязы́чный
трёхъя́русный
трёхэлектро́дный
трёхэлеме́нтный
трёхэта́жный (3-эта́жный)
Трече́нто, нескл., с.
трёшка, -и, р. мн. -шек
трешко́ут, -а
трёшник, -а
трёшница, -ы, тв. -ей
треща́лка, -и, р. мн. -лок
треща́ть, -щу́, -щи́т
тре́щина, -ы
тре́щинка, -и, р. мн. -нок
тре́щинный
трещинова́тость, -и
трещинова́тый
трещиносто́йкий; кр. ф. -о́ек,
 -о́йка
трещиносто́йкость, -и
трещо́тка, -и, р. мн. -ток
трещо́точный
три, трёх, трём, тремя́, о трёх
триа́да, -ы
триалла́т, -а
триампу́р, -а
триангуляцио́нный
триангуля́ция, -и
триарилмета́новый
триа́с, -а
триа́совый
триатле́т, -а
триатло́н, -а
триатлони́ст, -а
триатлони́стка, -и, р. мн. -ток
триатло́нный
триацета́т, -а
триацета́тный
триацетилцеллюло́за, -ы
триб, -а (зубчатое колесо)
три́ба, -ы (подразделение, разряд,
 округ)

трибология, -и
триболюминесценция, -и
трибометрический
трибометрия, -и
трибоника, -и
трибоэлектрический
трибоэлектричество, -а
трибрахий, -я
трибун, -а
трибуна, -ы
трибунал, -а
трибунальский
трибунат, -а
трибунный
тривиальность, -и
тривиальный; *кр. ф.* -лен, -льна
тривиум, -а
тригатрон, -а
триггер, -а
триггерный
триглиф, -а
тригональный
тригонокефалия, -и и тригоноцефалия, -и
тригонометрический
тригонометрия, -и
тригорский (*к* Тригорское)
Тригорское, -ого
тридевятый: в тридевятом царстве
тридевять: за тридевять земель
тридесятый: в тридесятом государстве
тридневный (*церк.*)
тридцативедёрный и тридцативёдерный
тридцативёрстный (30-вёрстный)
тридцатиградусный (30-градусный)
тридцатидневный (30-дневный)
тридцатилетие (30-летие), -я
тридцатилетний (30-летний)
Тридцатилетняя война (*ист.*)

тридцатиметровый (30-метровый)
тридцатиминутный (30-минутный)
тридцатипятилетие (35-летие), -я
тридцатирублёвый (30-рублёвый)
тридцатисекундный (30-секундный)
тридцатитысячник, -а
тридцатка, -и, *р. мн.* -ток
тридцатый
тридцать, -и, *тв.* -ью
тридцатьчетвёрка, -и, *р. мн.* -рок (*танк Т-34*)
тридцатью (*при умножении*)
триединство, -а
триединый
триеннале, *нескл., м.* (*фестиваль*) *и ж.* (*выставка*)
триер, -а, *мн.* -ы, -ов *и* -а, -ов (*машина*)
триера, -ы (*военное судно*)
триерный (*от* триер)
триерованный; *кр. ф.* -ан, -ана
триеровать(ся), -рую, -рует(ся)
триеровка, -и
триестинский (*от* Триест)
триестинцы, -ев, *ед.* -нец, -нца, *тв.* -нцем
триестский (*от* Триест)
триестцы, -ев, *ед.* -тец, -тца, *тв.* -тцем
трижды
трижды три
ризм, -а
тризна, -ы
триипостасный
трикальцийфосфат, -а
трикарбоновый
трикирий, -я
триклиний, -я
триклинный
трико, *нескл., с.*
триковый

триколор, -а
трикони, -ей
триконодонт, -а
триконх, -а
трикотаж, -а, *тв.* -ем
трикотажник, -а
трикотажница, -ы, *тв.* -ей
трикотажно-вязальный
трикотажный
трикотин, -а
трикраты, *нареч.*
трикрезол, -а
триктрак, -а
трилатерация, -и
трилистник, -а
триллер, -а
триллерный
триллион, -а и (*при передаче разг. произношения*) трильон, -а
триллионный и (*при передаче разг. произношения*) трильонный
трилобит, -а
трилогия, -и
трилока, -и
тримаран, -а
триместр, -а
триместровый
триметалл, -а
триметиламин, -а
триметр, -а
триммер, -а
тримолекулярный
тримурти, *нескл., с.*
тринадцатилетний (13-летний)
тринадцатый
тринадцать, -и
тринидадский (*от* Тринидад)
тринидадцы, -ев, *ед.* -дадец, -дадца, *тв.* -дадцем
тринитарный
тринитроксилол, -а
тринитротолуол, -а
тринитрофенол, -а
трио, *нескл., с.*
триод, -а (*лампа*)

Трио́дь, -и (*богослужебная книга*: Трио́дь цветна́я и Трио́дь по́стная)
триоксази́н, -а
триоксиметиле́н, -а
триоле́т, -а
трио́ль, -и
трио́льный
трио́никс, -а
триостре́нник, -а
трип, -а
трипаносо́ма, -ы
трипаносомо́з, -а
трипафлави́н, -а
трипла́н, -а
три́плекс, -а
трипле́т, -а
трипле́тный
трипло́ид, -а
трипло́идный
три́повый
триполи́йский (*от* Три́поли)
триполи́йцы, -ев, *ед.* -и́ец, -и́йца, *тв.* -и́йцем
триполита́нский (*от* Триполита́ния)
триполита́нцы, -ев, *ед.* -нец, -нца, *тв.* -нцем
трипо́льский (*к* Трипо́лье; трипо́льская культу́ра, *археол.*)
три́ппер, -а
трипси́н, -а
трипсиноге́н, -а
три́псы, -ов, *ед.* трипс, -а
трипта́н, -а
три́птих, -а
триптофа́н, -а
трире́ма, -ы
Трисвято́е, -о́го (*церк.: молитвенный возглас*)
трисвято́й (*триипоста́сный*)
трисе́кция, -и
три́сель, -я
трисоми́я, -и
трисоста́вный
три́ста, трёхсо́т, трёмста́м, тремяста́ми, о трёхста́х

Триста́н, -а: Триста́н и Изо́льда
триста́ния, -и
тристе́ца, -ы, *тв.* -ей
три́стих, -а
тритагони́ст, -а
три́тий, -я (*физ.*)
тритика́ле, *нескл., ж.*
Трито́н, -а (*мифол.; астр.*)
трито́н, -а (*животное*)
трито́ния, -и
три́ — три́ с полови́ной
триумви́р, -а
триумвира́т, -а
триу́мф, -а
Триумфа́льная а́рка (*мемориальное сооружение*)
триумфа́льный; *кр. ф.* -лен, -льна
триумфа́тор, -а
трифенилмета́новый
трифо́левый
трифолиа́та, -ы
трифо́ль, -и
трифо́рий, -я
трифто́нг, -а
трифтонги́ческий
трифтору́ксусный
трифторхлорэтиле́н, -а
трихиа́з, -а
трихи́на, -ы
трихине́лла, -ы
трихинеллёз, -а
трихино́з, -а
трихино́зный
трихлораце́та́т, -а
трихлормета́н, -а
трихлортриэтилами́н, -а
трихлору́ксусный
трихлорэтиле́н, -а
трихобакте́рии, -ий, *ед.* -е́рия, -и
трихобла́сты, -ов, *ед.* -бла́ст, -а
трихогра́мма, -ы
трихо́м, -а
трихомона́ды, -а́д, *ед.* -а́да, -ы
трихомоно́з, -а
трихопла́кс, -а

трихопо́л, -а
трихо́рд, -а
трихоспори́я, -и
трихостронгилёз, -а
трихотоми́ческий
трихотоми́я, -и
трихофити́я, -и
трихофи́ты, -ов, *ед.* -фи́т, -а
трихоцефалёз, -а
трихоцефа́лы, -ов, *ед.* -фа́л, -а
трихоци́сты, -и́ст, *ед.* -и́ста, -ы
три́цепс, -а
трицера́топс, -а
трици́кл, -а
трича́стный (*церк.*)
три́-четы́ре, трёх-четырёх
три́шкин кафта́н, три́шкина кафта́на
трищети́нник, -а
триэ́др, -а
триэтаноламин, -а
троака́р, -а
трог, -а
тро́гательность, -и
тро́гательный; *кр. ф.* -лен, -льна
тро́гать(ся), -аю(сь), -ает(ся)
троглобио́нты, -ов, *ед.* -о́нт, -а
троглоди́т, -а
трогонте́рий, -я
тро́е[1], трои́х, трои́м, трои́ми, о трои́х, *употр. с одушевленными сущ. муж. и сред. рода*
тро́е[2], трёх, трём, тремя́, о трёх, *употр. с сущ., не имеющими ед. ч., напр.*: тро́е но́жниц, тро́е су́ток
троебо́рец, -рца, *тв.* -рцем, *р. мн.* -рцев
троебо́рье, -я
троебра́чие, -я
троебра́чный
троежёнец, -нца, *тв.* -нцем, *р. мн.* -нцев
троежёнство, -а
троекра́тный
троему́жие, -я

тро́е на́ трое
тро́ение, -я
троепе́рстие, -я
троепе́рстный
Троеру́чица, -ы, *тв.* -ей (*иконографический тип Божией Матери*)
троетёс, -а
тро́ечка, -и, *р. мн.* -чек
тро́ечник, -а
тро́ечница, -ы, *тв.* -ей
тро́ечный
тро́жь: не тро́жь (*прост. к не тро́гай*)
троили́т, -а
тро́ить(ся), трою́, тро́ит(ся)
тро́ица, -ы, *тв.* -ей (*совокупность трех лиц, предметов*; Бог тро́ицу лю́бит) и Тро́ица, -ы, *тв.* -ей (*триединый Бог у христиан*; *праздник*)
Тро́ице-Се́ргиева ла́вра
Тро́ицкая роди́тельская суббо́та
тро́ицкий (*от* Тро́ица *и* Тро́ицк)
Тро́ицкий (*храм, монастырь*)
Тро́ицын де́нь, Тро́ицына дня
тро́ичны, -ых, *ед.* -чен, -чна, *м.* (*церк. песнопения*)
тро́ичный (*от* Тро́ица)
тро́йчный (*о системе счисления*)
тро́йка, -и, *р. мн.* тро́ек
тройни́к, -а́
тройни́чный не́рв
тройно́й
тро́йня, -и, *р. мн.* тро́ен и тро́йней
тройня́шки, -шек, *ед.* -шка, -и, *м. и ж.*
тро́йская у́нция
Тро́йственное согла́сие (*ист.*)
тро́йственность, -и
тро́йственный; *кр. ф.* -вен и -венен, -венна
Тро́йственный сою́з (*ист.*)
тройча́тка, -и, *р. мн.* -ток
тройча́тый

трок, -а
трокстоли́т, -а
тролле́й, -я
тролле́йбус, -а
тролле́йбусный
троллейво́з, -а
троллейво́зный
троллейка́р, -а
тролле́йный
тро́лль, -я
тромб, -а (*мед.*)
тромбартерии́т, -а
тромби́н, -а
тро́мблер, -а
тромбо́з, -а
тромбокина́за, -ы
тромбо́н, -а
тромбони́ст, -а
тромбо́нный
тромбообразова́ние, -я
тромбопени́я, -и
тромбофлеби́т, -а
тромбоцитеми́я, -и
тромбоцито́з, -а
тромбоцитопени́я, -и
тромбоци́ты, -ов, *ед.* -ци́т, -а
тромбоэмболи́я, -и
тромп, -а (*архит.*)
трон, -а
тро́на, -ы (*минерал*)
тро́нковый (*тех.*)
тро́нный
тро́нутый
тро́нуть(ся), -ну(сь), -нет(ся)
тронхе́ймский (*от* Тро́нхейм)
троости́т, -а и трости́т, -а
троп, -а (*лит.*)
тропа́, -ы́, *мн.* тро́пы, троп, тропа́м
тропа́рь, -я́
тропейи́ческий (*от* троп)
тропибаза́льный че́реп
тропи́зм, -а
тро́пик, -а
тро́пика, -и (*от* троп)
тро́пик Козеро́га

тропикосто́йкий; *кр. ф.* -о́ек, -о́йка
тро́пик Ра́ка
тропи́лий, -я
тропи́нка, -и, *р. мн.* -нок
тропи́ночка, -и, *р. мн.* -чек
тропи́ть, -плю́, -пи́т
тропи́ческий
тро́пка, -и, *р. мн.* -пок
тропле́ние, -я
тропо́иды, -ов, *ед.* -о́ид, -а
тропопо́ны, -ов, *ед.* -ло́н, -а
тропомиози́н, -а
тропо́н, -а
тропопа́уза, -ы
тропосфе́ра, -ы
тропосфе́рный
тро́пот, -а
тропота́ть, -почу́, -по́чет
тропофи́ты, -ов, *ед.* -фи́т, -а
тро́почка, -и, *р. мн.* -чек
трос, -а
тро́сик, -а
тро́совый
тростево́й
трости́льно-крути́льный
трости́льный
трости́льщик, -а
трости́льщица, -ы, *тв.* -ей
трости́на, -ы
трости́нка, -и, *р. мн.* -нок
трости́ночка, -и, *р. мн.* -чек
трости́т, -а и троости́т, -а
трости́ть(ся), трощу́, трости́т(ся)
тро́стка, -и, *р. мн.* -ток
тростни́к, -а́
тростнико́во-убо́рочный
тростнико́вый
тростничо́к, -чка́
тро́сточка, -и, *р. мн.* -чек
трость, -и, *мн.* -и, -е́й
тростя́нка, -и, *р. мн.* -нок
тростяно́й
трот, -а
троти́л, -а
троти́ловый

ТРОТУАР

тротуа́р, -а
тротуа́рный
тротуароубо́рочный
тротуа́рчик, -а
трофе́й, -я
трофе́йный
тро́фика, -и
трофи́ческий
трофобио́з, -а
трофобла́ст, -а
трофолла́ксис, -а
трофоло́гия, -и
трофоневро́з, -а
трофофи́лл, -а
трофоци́т, -а
трохеи́ческий
трохе́й, -я (хорей)
трохили́ски, -ов, ед. -ли́ск, -а
трохо́ида, -ы
трохотро́н, -а
трохофо́ра, -ы
троцки́зм, -а (от Тро́цкий)
троцки́ст, -а
троцки́стка, -и, р. мн. -ток
троцки́стский
троцки́стско-зино́вьевский
тро́шки, нареч.
троще́ние, -я
трощённый; кр. ф. -ён, -ена́, прич.
трощёный, прил.
трою́родный
тройк, -а́
троя́кий
троя́кость, -и
троя́нка, -и, р. мн. -нок
Троя́нская война́
троя́нский (от Тро́я; троя́нский конь)
троя́нцы, -ев, ед. -нец, нца, тв. -нцем
трояч́ок, -чка́
троя́шка, -и, р. мн. -шек
труба́, -ы́, мн. тру́бы, труб
трубаду́р, -а
труба́стый
труба́ч, -а́, тв. -о́м

труба́ческий
Трубецко́й бастио́н (в Петропавловской крепости)
труби́ть(ся), -блю́, -би́т(ся)
тру́бка, -и, р. мн. -бок
трубкова́ние, -я
трубкове́рт, -а
трубкови́дный; кр. ф. -ден, -дна
трубкозу́б, -а
трубкозу́бые, -ых
трубконо́с, -а
трубконо́сые, -ых
трубкообра́зный; кр. ф. -зен, -зна
трубкоры́л, -а
Тру́бная пло́щадь (в Москве)
тру́бный
трубово́з, -а
трубоволоче́ние, -я
трубоволочи́льный
трубоги́б, -а
трубоги́бочный
трубокла́д, -а
трубоку́р, -а
труболите́йный
трубонарезно́й
трубообраба́тывающий
трубопрово́д, -а
трубопрово́дный
трубопроводостро́ение, -я
трубопроводостро́ительный
трубопрово́дчик, -а
трубопрока́тный
трубопрока́тчик, -а
труборе́з, -а
трубосва́рочный
трубоста́в, -а
трубоукла́дочный
трубоукла́дчик, -а
трубочи́ст, -а
тру́бочка, -и, р. мн. -чек
тру́бочник, -а
тру́бочный
трубоэлектросва́рочный
трубоэлектросва́рщик, -а
трубча́тка, -и, р. мн. -ток
тру́бчато-кольцево́й

тру́бчатый
труве́р, -а
труви́ль, -я
труд, -а́
труддисципли́на, -ы
труди́ть(ся), тружу́(сь), тру́дит(ся)
трудне́йший
трудне́нек, -нька
трудне́нько, в знач. сказ.
тру́дно, нареч. и в знач. сказ.
труднова́тый
трудновоспиту́емый
трудновосполни́мый
трудновыполни́мый
труднодеформи́руемый*
труднодостижи́мый
труднодосту́пность, -и
труднодосту́пный; кр. ф. -пен, -пна
трудноизвлека́емый*
трудноизлечи́мый
трудноисполни́мый
трудноообраба́тываемый*
трудноообъясни́мый
трудноосуществи́мый
трудноперева́риваемый*
труднопереводи́мый
труднопла́вкий
труднопла́вкость, -и
труднопонима́емый*
труднопоправи́мый
труднопредсказу́емый*
труднопредстави́мый
труднопреодоли́мый
труднопроизноси́мый
труднопроходи́мый
трудноразделимый
трудноразреши́мый
труднораствори́мый
труднореализу́емый*
труднорегули́руемый*
труднореша́емый*
трудносгора́емый*
трудносовмести́мый
тру́дность, -и
трудносыпу́чий

трудноузнава́емый*
трудноулови́мый
трудноуправля́емый*
трудноусвоя́емый*
трудноустрани́мый
трудноуязви́мый
тру́дный; кр. ф. -ден, -дна́, -дно, тру́дны́
трудови́к, -а́
трудово́й
трудого́лик, -а
трудоде́нь, -дня́
трудоёмкий; кр. ф. -мок, -мка
трудоёмкость, -и
трудозатра́ты, -а́т
трудоизбы́точный
трудолю́б, -а
трудолю́бец, -бца, тв. -бцем, р. мн. -бцев
трудолюби́вый
трудолю́бие, -я
трудообеспе́ченность, -и
трудоотда́ча, -и, тв. -ей
трудоро́сы, -ов, ед. -ро́с, -а (члены движения "Трудовая Россия")
трудоспосо́бность, -и
трудоспосо́бный; кр. ф. -бен, -бна
трудотерапи́я, -и
трудоустра́ивать(ся), -аю(сь), -ает(ся)
трудоустро́енный; кр. ф. -ен, -ена
трудоустро́ить(ся), -о́ю(сь), -о́ит(ся)
трудоустро́йство, -а
трудфро́нт, -а
трудя́га, -и, м. и ж.
трудя́щиеся, -ихся, ед. -ийся, -егося
трудя́щийся, прич. и прил.
тру́женик, -а
тру́женица, -ы, тв. -ей
тру́женический
тру́женичество, -а
труни́ть, -ню́, -ни́т
труп, -а
тру́пик, -а

тру́пный (от труп)
трупоположе́ние, -я
трупосожже́ние, -я
тру́ппа, -ы
тру́ппка, -и, р. мн. -ппок
тру́ппный (от тру́ппа)
трус, -а
тру́сики, -ов
тру́сить, тру́шу, тру́сит (бояться)
труси́ть, трушу́, труси́т (трясти; бежать, ехать рысцой)
труси́ться, -и́тся (сыпаться)
труси́ха, -и
труси́шка, -и, р. мн. -шек, м. и ж. (от трус)
труси́шки, -шек (от трусы́)
труско́м, нареч.
трусли́вость, -и
трусли́вый
трусова́тость, -и
трусова́тый
тру́сость, -и
труса́, -ы́, тв. -о́й
трусцо́й, нареч.
трусы́, -о́в
тру́сящий (от тру́сить)
труся́щий(ся) (от труси́ть и труси́ться)
трут, -а
тру́тень, -тня
трутнево́й
тру́тник, -а
трутови́к, -а́
трутовико́вые, -ых
трутови́ца, -ы, тв. -ей
труто́вка, -и, р. мн. -вок
тру́товый (тру́товые грибы́)
трутяно́й
труха́, -и́
трухле́ть, -е́ет
трухля́вевший (от трухля́веть)
трухля́веть, -еет
трухля́вившийся (от трухля́виться)
трухля́виться, -вится
трухля́вость, -и

трухля́вый
трухля́вящийся
трухля́к, -а́
трухну́ть, -ну́, -нёт
тру́шенный; кр.ф. -ен, -ена
трущо́ба, -ы
трущо́бный
тры́нка, -и, р. мн. -нок
трын-трава́, в знач. сказ.
трюи́зм, -а
трюк, -а
трюка́ч, -а́, тв. -о́м
трюка́ческий
трюка́чество, -а
трюкмаши́на, -ы
трю́ковый и трюково́й
трюм, -а
трю́мный
трюмо́, нескл., с.
трю́мсель, -я
трю́фелевый
трю́фель, -я, мн. -и, -ей и -я́, -е́й
трю́фельный
трю́хать, -аю, -ает
трюх-трю́х, неизм.
тряпи́ца, -ы, тв. -ей
тряпи́чка, -и, р. мн. -чек
тряпи́чник, -а
тряпи́чница, -ы, тв. -ей
тряпи́чничество, -а
тряпи́чность, -и
тряпи́чный
тря́пка, -и, р. мн. -пок
тряпкоре́зка, -и, р. мн. -зок
тряпно́й
тря́почка, -и, р. мн. -чек
тря́почный
тряпьё, -я́
тряпьёвый
тряса́вица, -ы, тв. -ей
трясе́ние, -я
трясённый; кр. ф. -ён, -ена́, прич.
тряси́лка, -и, р. мн. -лок
тряси́льный
тряси́льщик, -а
тряси́на, -ы

тряси́нный
тря́ска, -и
тря́ский; кр. ф. тря́сок, тряска́, тря́ско
тря́скость, -и
трясогу́зка, -и, р. мн. -зок
трясти́(сь), трясу́(сь), трясёт(ся); прош. тря́с(ся), трясла́(сь)
трясу́н, -а́
трясу́нка, -и, р. мн. -нок
трясу́чий
трясу́чка, -и, р. мн. -чек
трясца́, -ы́, тв. -о́й
тря́сче, сравн. ст.
тря́сший(ся)
тряхану́ть(ся), -ну́(сь), -нёт(ся)
тря́хнутый
тряхну́ть(ся), -ну́(сь), -нёт(ся)
тсо́нга, неизм. и нескл., м. (группа языков), нескл., мн., ед. м. и ж. (народ)
тсс, неизм.
тсу́га, -и
ту, нескл., мн., ед. м. и ж. (народ)
Ту, нескл., м. (самолет)
туа́з, -а
туале́т, -а
туале́тный
туальдено́р, -а
туальдено́ровый
туапси́нский (от Туапсе́)
туапси́нцы, -ев, ед. -нец, -нца, тв. -нцем
туаре́ги, -ов, ед. -ре́г, -а
туаре́гский
туата́ра, -ы
ту́ба, -ы
ту́ба-ба́с, ту́бы-ба́са
тубдиспансе́р, -а
туберкулёз, -а
туберкулёзник, -а
туберкулёзница, -ы, тв. -ей
туберкулёзный
туберкули́н, -а
туберкули́новый
туберкулы́, -ов, ед. -кул, -а

тубербе́за, -ы
тубербе́зовый
ту́бик, -а (туберкулезник, жарг.)
ту́бный
тубо́, неизм. (команда)
тубофо́н, -а
ту́бус, -а
туви́нка, -и, р. мн. -нок
туви́нский (от Тува́)
туви́нцы, -ев, ед. -нец, -нца, тв. -нцем
туга́й, -я
туга́йный
ту́го, нареч. и в знач. сказ.
тугова́тый
тугоду́м, -а
тугоду́мка, -и, р. мн. -мок
туго́й; кр. ф. туг, туга́, ту́го, ту́ги
ту́го-на́туго
ту́гонький
тугопла́вкий; кр. ф. -вок, -вка
тугопла́вкость, -и
тугоси́сяя
ту́гость, -и
туго́уздый
тугоу́хий
тугоу́хость, -и
ту́грик, -а
тугу́н, -а́
туда́
туда́ же
туда́-обра́тно
туда́-сюда́
туда́-то
ту́евый
ту́ер, -а, мн. -а́, -о́в и -ы, -ов
ту́ес, -а, мн. -а́, -о́в
туесо́к, -ска́
туесо́чек, -чка
тужа́щий
ту́жащийся
ту́же, сравн. ст.
тужи́ть, тужу́, ту́жит
тужи́ться, ту́жусь, ту́жится
тужу́рка, -и, р. мн. -рок
тужу́рочка, -и, р. мн. -чек

туз, -а́
тузе́мец, -мца, тв. -мцем, р. мн. -мцев
тузе́мка, -и, р. мн. -мок
тузе́мный
ту́зик, -а
тузи́ть, тужу́, тузи́т
тузлу́к, -а́
тузлу́чный
тук[1], -а (сало, жир; минеральное удобрение)
тук[2], неизм.
тука́н, -а
тука́но, неизм. и нескл., м. (язык), нескл., мн., ед. м. и ж. (племенная группа)
ту́канье, -я
ту́кать(ся), -аю(сь), -ает(ся)
ту́кнутый
ту́кнуть(ся), -ну(сь), -нет(ся)
ту́ковый
туковысева́ющий
тукоразбра́сыватель, -я
тукосмеси́тель, -я
тукосмеси́тельный
тукосме́сь, -и
тукосмеше́ние, -я
тукохрани́лище, -а
тук-ту́к, неизм.
туле́йка, -и, р. мн. -е́ек
туле́йный
ту́лес, -а
ту́лий, -я
ту́ловище, -а
ту́ловищный
ту́лово, -а
туло́нский (от Тулон)
туло́нцы, -ев, ед. -нец, -нца, тв. -нцем
тулу́зка, -и, р. мн. -зок
тулу́зский (от Тулу́за)
тулу́зцы, -ев, ед. -зец, -зца, тв. -зцем
тулумба́с, -а
тулу́п, -а

тулу́пишко, -а и -и, *мн.* -шки, -шек, *м.*
тулу́пище, -а, *мн.* -а и -и, -ищ, *м.*
тулу́пник, -а
тулу́пный
тулу́пчик, -а
тулу́пщик, -а
ту́льский (*от* Ту́ла)
тульчи́нский (*от* Тульчи́н)
Ту́льщина, -ы (*к* Ту́ла)
тулья́, -и́, *р. мн.* туле́й
туляки́, -о́в, *ед.* туля́к, -а́ (*от* Ту́ла)
туляреми́йный
туляреми́я, -и
туля́чка, -и, *р. мн.* -чек
тума́к, -а́
тума́н¹, -а и -у (*атмосферное явление; напусти́ть тума́ну*)
тума́н², -а и тома́н, -а (*монета*)
тума́нец, -нца и -нцу
тума́нистый
тума́нить(ся), -ню(сь), -нит(ся)
тума́нище, -а, *мн.* -а и -и, -ищ, *м.*
тума́нно, *нареч.*
тума́нность, -и
тума́нный; *кр. ф.* -а́нен, -а́нна
тумано́граф, -а
тума́нящий(ся)
ту́мба, -ы
ту́мблер, -а
ту́мблерный
тумбообра́зный; *кр. ф.* -зен, -зна
ту́мбочка, -и, *р. мн.* -чек
ту́мор, -а
тунг, -а
ту́нговый
тунгу́ска, -и, *р. мн.* -сок
тунгусоманьчжу́рский
тунгусоманьчжу́ры, -ов
тунгу́сский (*к* тунгу́сы *и* Тунгу́ска, *река*)
тунгу́сы, -ов, *ед.* -гу́с, -а
ту́ндра, -ы
ту́ндренный
тундрови́к, -а́
ту́ндровый

ту́ндряная куропа́тка
тундря́нка, -и, *р. мн.* -нок
туне́ц, тунца́, *тв.* тунцо́м, *р. мн.* тунцо́в
тунея́дец, -дца, *тв.* -дцем, *р. мн.* -дцев
тунея́дка, -и, *р. мн.* -док
тунея́дный
тунея́дство, -а
тунея́дствовать, -твую, -твует
тунея́дческий
туни́ка, -и (*древнеримская короткая одежда*)
туника́ты, -ат, *ед.* -ка́та, -ы
туни́ска, -и, *р. мн.* -сок
туни́сский (*от* Туни́с)
туни́сцы, -ев, *ед.* -сец, -сца, *тв.* -сцем
туннелестрое́ние, -я *и* тоннелестрое́ние, -я
туннелестрои́тельный *и* тоннелестрои́тельный
тунне́ль, -я *и* тонне́ль, -я
тунне́льный *и* тонне́льный
тунцело́в, -а
тунцело́вный
тунцо́вый
тупа́йя, -и
тупе́й, -я
тупе́йный
тупе́йший
тупе́ть, -е́ю, -е́ет
ту́пик, -а (*птица*)
тупи́к, -а́
ту́пиковый (*от* ту́пик)
тупико́вый (*от* тупи́к)
тупи́ть(ся), туплю́, ту́пит(ся)
тупи́ца, -ы, *тв.* -ей, *м. и ж.*
тупичо́к, -чка́
тупова́тость, -и
тупова́тый
тупоголо́вость, -и
тупоголо́вый
тупо́й; *кр. ф.* туп, тупа́, ту́по, ту́пы́
тупоконе́чный
ту́полевский (*от* Ту́полев)

туполи́стный *и* туполи́стый
туполо́бие, -я
туполо́бость, -и
туполо́бый
тупомо́рдый
тупоно́сый
тупоры́лый
ту́пость, -и
тупоуго́льный
тупоу́мие, -я
тупоу́мный; *кр. ф.* -мен, -мна
тупя́щий(ся)
тур, -а
тура́, -ы́
тураге́нтство, -а
турако́, *нескл., м.*
тура́нга, -и
тура́нговый
Тура́нская плита́ (*геол.*)
Тура́нская равни́на (*ни́зменность*)
тура́нский
тура́ч, -а́, *тв.* -о́м
турба́за, -ы
турбелля́рии, -ий, *ед.* -рия, -и
турби́на, -ы
турбини́ст, -а
турби́нный
турбинострое́ние, -я
турбинострои́тель, -я
турбинострои́тельный
турби́нщик, -а
турбо... — *первая часть сложных слов, пишется слитно*
турбоагрега́т, -а
турбобу́р, -а
турбобуре́ние, -я
турбовентиля́тор, -а
турбовентиля́торный
турбовинтово́й
турбово́з, -а
турбовоздуходу́вка, -и, *р. мн.* -вок
турбовозду́шный
турбово́зный
турбогенера́тор, -а
турбогенера́торный

турбодета́ндер, -а
турбокомпре́ссор, -а
турбокомпре́ссорный
турбомаши́на, -ы
турбомото́рный
турбомотостроéние, -я
турбомотостройтель, -я
турбомотостройтельный
турбонасо́с, -а
турбонасо́сный
турбопо́езд, -а, мн. -а́, -о́в
турбораке́тный
турбореакти́вный
турбостроéние, -я
турбострои́тель, -я
турбострои́тельный
турбохо́д, -а
турбоэлектри́ческий
турбоэлектрохо́д, -а
турбуле́нтность, -и
турбуле́нтный
турбулиза́тор, -а
Турга́йская доли́на (ложби́на)
турга́йский (от Турга́й)
Турга́йское плато́
тургеневе́д, -а (от Турге́нев)
тургеневе́дение, -я
турге́невский (от Турге́нев)
ту́ргор, -а
ту́ргорный
тургру́ппа, -ы
туре́ль, -и
туре́льный
турёнок, -нка, мн. туря́та, -я́т (от тур)
Туре́тчина, -ы
туре́цкий (к ту́рки и Ту́рция)
туре́цко-азербайджа́нский
туре́цко-армя́нский
туре́цко-ки́прский
туре́цко-месхети́нский
туре́цко-росси́йский
туре́цко-ру́сский
туре́цко-украи́нский
тури́зм, -а
ту́рий, -ья, -ье

Тури́нская плащани́ца
тури́нский (от Тури́н; Тура́, Тури́нск)
тури́нцы, -ев, ед. -нец, -нца, тв. -нцем
тури́ный
тури́ст, -а
туристи́ческий
тури́стка, -и, р. мн. -ток
тури́стский
тури́стско-экскурсио́нный
тури́ть, -рю́, -ри́т
тури́ца, -ы, тв. -ей
ту́рка, -и, р. мн. ту́рок (сосуд)
ту́ркать, -аю, -ает
Туркеста́но-Сиби́рская желе́зная доро́га
туркеста́нский (от Туркеста́н)
Туркеста́нский хребе́т
ту́рки, ту́рок, ед. ту́рок, ту́рка
ту́рки-месхети́нцы, ту́рок-месхети́нцев, ед. ту́рок-месхети́нец, ту́рка-месхети́нца
Туркмачайский ми́р (1828)
туркме́нка, -и, р. мн. -нок
туркме́нский (к туркме́ны, Туркме́ния, Туркмениста́н)
туркме́нско-росси́йский
туркме́ны, -ме́н и -ов, ед. -ме́н, -а
Турксиб, -а
ту́ркуский (от Ту́рку)
ту́ркусцы, -ев, ед. -сец, -сца, тв. -сцем
турлы́кать, -ает и -ы́чет
турмали́н, -а
турмали́новый
ту́рман, -а, мн. -а́, -о́в и -ы, -ов
турне́, нескл., с.
турне́пс, -а
турне́псовый
турни́к, -а́
турнике́т, -а
турнике́тный
турнико́вый
турни́р, -а
турни́рный

турни́ст, -а
турничо́к, -чка́
турнодо́зер, -а
турну́ть, -ну́, -нёт
турню́р, -а
турню́рный
туропера́тор, -а
турпа́н, -а
турпо́езд, -а, мн. -а́, -о́в
турпохо́д, -а
турпутёвка, -и, р. мн. -вок
турсу́к, -а́
туру́сы, -ов (туру́сы на колёсах)
туруха́нский (от Туруха́нск)
Туруха́нский кра́й (ист.)
туруха́нцы, -ев, ед. -нец, -нца, тв. -нцем
турухта́н, -а
турухта́ний, -ья, -ье
турфи́рма, -ы
турча́нка, -и, р. мн. -нок
турчо́нок, -нка, мн. -ча́та, -ча́т
ту́скло-бе́лый
тусклова́тость, -и
тусклова́тый
ту́скло-зелёный
ту́скло-кори́чневый
ту́склость, -и
ту́склый; кр. ф. тускл, тускла́, ту́скло, ту́склы́
тускне́вший
тускне́ть, -е́ет
ту́скнувший
ту́скнуть, -нет; прош. ту́скнул, ту́скла
тусна́к, -а
тусова́ться, тусу́юсь, тусу́ется
тусо́вка, -и, р. мн. -вок
тусо́вочный
тусо́вщик, -а
тусо́вщица, -ы, тв. -ей
тусте́п, -а
тут¹, нареч.
тут², -а и ту́та¹, -ы (тутовник)
ту́та², нареч. (прост. к тут¹)
тута́к, -а

Тутанхамо́н, -а
ту́т же
ту́т как ту́т
туто́вник, -а
тутово́д, -а
тутово́дство, -а
тутово́дческий
ту́товый
ту́тор, -а, *мн.* -а́, -о́в и -ы, -ов
ту́тотка, *нареч.* (*прост. к* тут¹)
ту́точка и ту́точки (*прост. к* тут¹)
ту́тошний
ту́тси, *нескл., мн., ед. м. и ж.* (этническая группа)
ту́тти, *неизм. и нескл., с.* (*муз.*)
ту́тти ква́нти, *нескл., мн.*
ту́т-то
туф, -а
ту́фельки, -лек, *ед.* -лька, -и
ту́фельный
ту́фли, ту́фель, *ед.* ту́фля, -и
ту́фли-та́почки, ту́фель-та́почек
туфбето́н, -а
ту́фовый
туфола́ва, -ы
туфта́, -ы́
туффи́т, -а
тухли́нка, -и
тухлова́тый
ту́хлый; *кр. ф.* тухл, тухла́, ту́хло
тухля́тина, -ы
ту́хнувший
ту́хнуть, -нет; *прош.* тух и ту́хнул, ту́хла
туця́, *нескл., мн., ед. м. и ж.* (народ)
ту́ча, -и, *тв.* -ей
ту́ча ту́чей
тучево́й
ту́чища, -и, *тв.* -ей
ту́чка, -и, *р. мн.* ту́чек
тучне́ть, -е́ю, -е́ет
тучнова́тый
ту́чность, -и
ту́чный; *кр. ф.* -чен, -чна́, -чно, ту́чны́

туш, -а, *тв.* -ем (*муз.*)
ту́ша, -и, *тв.* -ей
ту́шащий(ся)
туше́, *нескл., с.*
тушева́льный
тушева́льщик, -а
тушева́льщица, -ы, *тв.* -ей
тушева́ние, -я
тушёванный; *кр. ф.* -ан, -ана
тушева́ть(ся), тушу́ю(сь), тушу́ет(ся)
тушёвка, -и
ту́шевый
туше́ние, -я
тушёнка, -и
ту́шенный; *кр. ф.* -ен, -ена, *прич.*
тушёный, *прил.*
туши́лка, -и, *р. мн.* -лок
туши́льник, -а
туши́льный
туши́нка, -и, *р. мн.* -нок (*к* туши́ны)
ту́шинский (*от* Ту́шино)
туши́нский (*от* туши́ны)
Ту́шинский во́р (*ист.*)
ту́шинцы, -ев, *ед.* -нец, -нца, *тв.* -нцем (*от* Ту́шино)
туши́ны, -и́н, *ед.* туши́н, -а
тушева́ть, -ру́ю, -ру́ет
туши́ст, -а
туши́ть(ся), тушу́, ту́шит(ся)
ту́шка, -и, *р. мн.* ту́шек
тушка́нчик, -а
тушка́нчиковые, -ых
тушь, -и (*краска*)
тую́г, -а
ту́я, ту́и
тхекво́ндо и тейкво́ндо, *нескл., с.*
тшш, *неизм.*
тща́ние, -я
тща́тельность, -и
тща́тельный; *кр. ф.* -лен, -льна
тщеду́шие, -я
тщеду́шность, -и
тщеду́шный; *кр. ф.* -шен, -шна
тщесла́вие, -я

тщесла́виться, -влюсь, -вится
тщесла́вность, -и
тщесла́вный; *кр. ф.* -вен, -вна
тщесла́вящийся
тщета́, -ы́
тще́тность, -и
тще́тный; *кр. ф.* -тен, -тна
тщи́ться, тщусь, тщи́тся
ты, тебя́, тебе́, тобо́й, о тебе́
тык¹, -а (*действие*)
тык², *неизм.*
ты́канный; *кр. ф.* -ан, -ана
ты́канье, -я
ты́кать, -аю, -ает (*говорить "ты"*)
ты́кать(ся), ты́чу(сь), ты́чет(ся) и ты́каю(сь), ты́кает(ся) (*к* ткну́ть(ся))
ты́ква, -ы
ты́квенник, -а
ты́квенный
ты́квина, -ы
тыквообра́зный; *кр. ф.* -зен, -зна
тыквоподо́бный; *кр. ф.* -бен, -бна
ты́кнуть, -ну, -нет
ты́ковка, -и, *р. мн.* -вок
тыл, -а, *предл.* в тылу́, *мн.* -ы́, -о́в
тылови́к, -а́
тылово́й
ты́льный
тын, -а, *мн.* -ы, -ов и -ы́, -о́в
ты́нный
ты́новый
ты́рить, ты́рю, ты́рит
ты́рканье, -я
ты́ркать(ся), -аю(сь), -ает(ся)
ты́ркнуть(ся), -ну(сь), -нет(ся)
ты́рло, -а
ты́рса, -ы (*растение*)
тырса́, -ы́ (*смесь песка и опилок*)
тысчо́нка, -и, *р. мн.* -нок
ты́сяцкий, -ого
ты́сяча, -и, *тв.* ты́сячей и ты́сячью, *р. мн.* ты́сяч и (*при передаче разг. произношения, в поэзии*) ты́ща, -и, *тв.* ты́щей, *р. мн.* тыщ
тысячевёрстный

ТЫСЯЧЕГЛАВЫЙ

тысячегла́вый
тысячеголо́в, -а
тысячеголо́вый
тысячеголо́сый
тысячегра́дусный
тысячегра́нный
тысячекилометро́вый (1000-километро́вый)
тысячекра́тный
тысячеле́тие (1000-ле́тие), -я
тысячеле́тний (1000-ле́тний)
тысячели́стник, -а
тысячено́жка, -и, *р. мн.* -жек
тысячерублёвый (1000-рублёвый)
тысячето́нный (1000-то́нный)
тысячеу́стый
ты́сячка, -и, *р. мн.* -чек
ты́сячник, -а
ты́сячница, -ы, *тв.* -ей
ты́сячный
тычи́на, -ы
тычи́нка, -и, *р. мн.* -нок
тычи́нковый
тычи́нник, -а
тычи́ночный
тычко́вый
тычко́м, *нареч.*
тычо́к, тычка́
ты́чущий(ся) (*от* ты́кать(ся))
ты́ща, -и, *р. мн.* тыщ (*вместо* ты́сяча – *при передаче разг. произношения, в поэзии*)
тьма, -ы
тьма́ тем
тьма́-тьму́щая, тьмы́-тьму́щей
тьмы́ тем
тьфу, *неизм.*
тьфу-тьфу́, *неизм.*
тэ, *нескл., с.* (*название буквы*)
тэк, -а (*животное*)
ТЭК, *нескл., м.* (*сокр.:* топливно-энергетический комплекс)
тэн, -а
тэнно́, *нескл., м.*

ТЭЦ, *нескл., ж.* (*сокр.:* теплоэлектроцентраль)
тю, *неизм.*
тюбете́й, -я
тюбете́йка, -и, *р. мн.* -е́ек
тю́бик, -а
тю́бинг, -а
тюбинге́нский (*от* Тюбинген)
тю́бинговый
тюбингоукла́дчик, -а
тю́бингщик, -а
тю́вик, -а
Тюдо́ры, -ов (*династия*)
ТЮЗ, -а (*сокр.:* театр юного зрителя)
тю́зовец, -вца, *тв.* -вцем, *р. мн.* -вцев
тю́зовский
тюильри́йский (*от* Тюильри́)
тюк[1], -а́
тюк[2], *неизм.*
тю́канье, -я
тю́кать(ся), -аю(сь), -ает(ся)
тю́кнутый
тю́кнуть(ся), -ну(сь), -нет(ся)
тюко́ванный; *кр. ф.* -ан, -ана
тюкова́ть(ся), тюку́ю, тюку́ет(ся)
тюко́вка, -и
тюко́вщик, -а
тюкоподбо́рщик-укла́дчик, тюкоподбо́рщика-укла́дчика
тю́левый
тюлегарди́нный
тюлекружевно́й
тюленебо́ец, -о́йца, *тв.* -о́йцем, *р. мн.* -о́йцев
тюленебо́йный
тюле́невый
тюленёнок, -ёнка, *мн.* тюленя́та, -я́т
тюле́ний, -ья, -ье
тюле́нина, -ы
тюлену́ха, -и
тюле́нь, -я
тюль, -я
тю́лька, -и, *р. мн.* тю́лек
тюльпа́н, -а

тюльпа́нный
тюльпанови́дный; *кр. ф.* -ден, -дна
тюльпа́нчик, -а
тюлюлю́канье, -я
тюлюлю́кать, -аю, -ает
тюме́нка, -и, *р. мн.* -нок
тюме́нский (*от* Тюме́нь)
Тюме́нский Се́вер
тюме́нцы, -ев, *ед.* -нец, -нца, *тв.* -нцем
Тюме́нщина, -ы (*к* Тюме́нь)
тю́нер, -а
тю́нер-синтеза́тор, тю́нера-синтеза́тора
тюни́к, -а *и* тюни́ка, -и (*верхняя часть двойной юбки; пачка балерины*)
тю́нинг, -а
тю́нинговый
тюрба́н, -а
тюре́мно-блатно́й
тюре́мно-ла́герно-блатно́й
тюре́мно-ла́герный
тюре́мный
тюре́мщик, -а
тюре́мщица, -ы, *тв.* -ей
тюри́нгенский (*от* Тюри́нгия)
тюри́нгенцы, -ев, *ед.* -нец, -нца, *тв.* -нцем
тюри́нги, -ов (*племенная группа*)
тюринги́т, -а
тю́рки, тю́рок *и* тю́рков, *ед.* тюрк *и* тю́рок, тю́рка
тюрко́лог, -а
тюркологи́ческий
тюрколо́гия, -и
тюркомонго́лы, -ов
тюркомонго́льский
тюркотата́рский
тюркоязы́чный
тю́ркский
тюрча́нка, -и, *р. мн.* -нок (*к* тю́рки)
тю́рька, -и
тюрьма́, -ы́, *мн.* тю́рьмы, тю́рем, тю́рьмам

тюря, -и
тюряга, -и
тютелька в тютельку
тютчевед, -а (*от* Тютчев)
тютчевский (*от* Тютчев)
тютькаться, -аюсь, -ается
тю-тю, *неизм.*
тютюкать, -аю, -ает
тютюн, -а
тютя, -и, *р. мн.* -ей, *м. и ж.*
тюфяк, -а
тюфячный
тюфячок, -чка
тючный
тючок, тючка
тябло, -а и тябло, -а
тябловый
тяв, *неизм.*
тявканье, -я
тявкать, -аю, -ает
тявкнуть, -ну, -нет
тявкуша, -и, *тв.* -ей
тяв-тяв, *неизм.*
тяг: дать (задать) тягу
тяга, -и
тягальный
тягать(ся), -аю(сь), -ает(ся)
тягач, -а, *тв.* -ом
тягачок, -чка
тягивать, *наст. вр. не употр.*
тяглец, -а, *тв.* -ом
тягло, -а и тягло, -а, *мн.* тягла, тягл и тягол, тяглам
тягловый
тяглый
тяговооружённость, -и
тягово-сцепной
тяговый
тягодутьевой
тягомер, -а
тягомотина, -ы
тягомотный; *кр. ф.* -тен, -тна
тягостность, -и

тягостный; *кр. ф.* -тен, -тна
тягость, -и
тягота, -ы (*тяжесть, устар. и прост.*)
тяготение, -я
тяготеть, -ею, -еет
тяготить(ся), -ощу(сь), -отит(ся)
тяготы, -от, *ед.* тягота, -ы (*затруднения, заботы*)
тягун, -а
тягучесть, -и
тягучий
тягчайший
тягчить, -чу, -чит
тяж, -а, *тв.* -ом
тяжба, -ы
тяжебный
тяжебщик, -а
тяжелее и (*устар.*) тяжеле, *сравн. ст.*
тяжелейший
тяжеленек, -нька
тяжеленный
тяжёленький
тяжелеть, -ею, -еет
тяжелить, -лю, -лит
тяжело, *нареч. и в знач. сказ.*
тяжелоатлет, -а
тяжелоатлетический
тяжелобольной
тяжелобомбардировочный
тяжеловатый
тяжеловес, -а
тяжеловесность, -и
тяжеловесный; *кр. ф.* -сен, -сна
тяжеловодный
тяжеловодородный
тяжеловоз, -а
тяжеловооружённый
тяжело гружённый и тяжело гружённый
тяжелогружёный, *прил.*
тяжелогрузный

тяжелодум, -а
тяжело раненный
тяжелораненый, *прил.*
тяжелоумный; *кр. ф.* -мен, -мна
тяжёлый; *кр. ф.* -ёл, -ела
тяжелючий и тяжелющий
тяжесть, -и
тяжкий; *кр. ф.* тяжек, тяжка, тяжко
тяжкодум, -а
тяжущийся
тяжче, *сравн. ст.* (*от* тяжкий, тяжко)
Тянитолкай, -я (*сказочный персонаж*)
тянульный
тянульщик, -а
тянульщица, -ы, *тв.* -ей
тянутый
тянуть(ся), тяну(сь), тянет(ся)
тянучка, -и, *р. мн.* -чек
тянущий(ся)
Тяньаньмэнь, *неизм.* (*площадь*)
тяньаньмэньский
тяньцзиньский (*от* Тяньцзинь)
тяньцзиньцы, -ев, *ед.* -нец, -нца, *тв.* -ньцем
тянь-шаньский (*от* Тянь-Шань), *но:* Семёнов-Тян-Шанский
тяп, *неизм.*
тяпанье, -я
тяпать, -аю, -ает
тяп да ляп
тяпка, -и, *р. мн.* тяпок
тяп-ляп, *неизм.*
тяпнутый
тяпнуть(ся), -ну(сь), -нет(ся)
тятенька, -и, *р. мн.* -нек, *м.*
тятенькин, -а, -о
тятин, -а, -о
тятька, -и, *р. мн.* тятек, *м.*
тятькин, -а, -о
тятя, -и, *р. мн.* -ей, *м.*

У

у[1], *нескл., с. (название буквы)*
у[2], *предлог, межд.*
УА́З, -а *(завод и автомобиль)*
уа́зик, -а
уа́йт-спи́рит, -а
уансте́п, -а
уа́-уа́, *неизм.*
уба́вить(ся), -влю, -вит(ся)
уба́вка, -и, *р. мн.* -вок
убавле́ние, -я
уба́вленный; *кр. ф.* -ен, -ена
убавля́ть(ся), -я́ю, -я́ет(ся)
убаю́канный; *кр. ф.* -ан, -ана
убаю́кать(ся), -аю(сь), -ает(ся)
убаю́кивание, -я
убаю́кивать(ся), -аю(сь), -ает(ся)
убаю́кивающий(ся)
убега́ние, -я
убега́ть, -а́ю, -а́ет, *несов.*
убежа́ть(ся), -аю(сь), -ает(ся), *сов.*
убеди́тельность, -и
убеди́тельный; *кр. ф.* -лен, -льна
убеди́ть(ся), -и́т(ся)
убежа́ть, убегу́, убежи́т, убегу́т
убежда́ть(ся), -а́ю(сь), -а́ет(ся)
убежда́ющий(ся)
убежде́ние, -я
убеждённо, *нареч.*
убеждённость, -и
убеждённый; *кр. ф. прич. и прил.* (в чем) -ён, -ена́
убе́жище, -а
убе́й меня́ бо́г *(клятвенное уверение)*
убелённый; *кр. ф.* -ён, -ена́

убели́ть(ся), -лю́(сь), -ли́т(ся)
убеля́ть(ся), -я́ю(сь), -я́ет(ся)
уберега́ть(ся), -а́ю(сь), -а́ет(ся)
уберёгший(ся)
убережённый; *кр. ф.* -ён, -ена́
убере́чь(ся), -егу́(сь), -ежёт(ся), -егу́т(ся); *прош.* -ёг(ся), -егла́(сь)
убива́ние, -я
убива́ть(ся), -а́ю(сь), -а́ет(ся)
уби́вец, -вца, *тв.* -вцем, *р. мн.* -вцев *(прост. к* уби́йца*)*
убие́ние, -я
убие́нный
уби́йственно, *нареч.*
уби́йственность, -и
уби́йственный; *кр. ф.* -вен и -венен, -венна
уби́йство, -а
уби́йца, -ы, *тв.* -ей, *м. и ж.*
убикви́сты, -ов, *ед.* -и́ст, -а
убиквите́т, -а
убира́ние, -я
убира́ть(ся), -а́ю(сь), -а́ет(ся)
уби́тость, -и
уби́тый
уби́ть(ся), убью́(сь), убьёт(ся)
ублаготворе́ние, -я
ублаготворённый; *кр. ф.* -ён, -ена́
ублаготвори́ть(ся), -рю́(сь), -ри́т(ся)
ублаготворя́ть(ся), -я́ю(сь), -я́ет(ся)
ублажа́ть(ся), -а́ю(сь), -а́ет(ся)
ублаже́ние, -я

ублажённый; *кр. ф.* -ён, -ена́
ублажи́ть(ся), -жу́(сь), -жи́т(ся)
ублю́док, -дка
ублю́дочность, -и
ублю́дочный; *кр. ф.* -чен, -чна
убо́гий
убо́гонький
убо́гость, -и
убо́жество, -а
убо́жеть, -ею, -еет *(от* убо́гий*)*
убо́ина, -ы
убо́инка, -и
убо́истый
убо́й, -я
убо́йность, -и
убо́йный
убо́р, -а
убо́ристость, -и
убо́ристый
убо́рка, -и, *р. мн.* -рок
убо́рная, -ой
убо́рный *(от* убо́р*)*
убо́рочно-тра́нспортный
убо́рочный
убо́рщик, -а
убо́рщица, -ы, *тв.* -ей
убоя́ться, убою́сь, убои́тся
у́бранный; *кр. ф.* -ан, -ана и -ана́, -ано
убра́нство, -а
убра́ть(ся), уберу́(сь), уберёт(ся); *прош.* -а́л(ся), -ала́(сь), -а́ло, -а́ло́сь
убреда́ть, -а́ю, -а́ет
убре́дший

убрести́, -еду́, -едёт; *прош.* убрёл, убрела́
уброди́ться, -ожу́сь, -о́дится
убру́с, -а
убу́хать, -аю, -ает
убыва́ние, -я
убыва́ть, -а́ю, -а́ет
убыва́ющий
убы́вший
у́быль, -и
убыстре́ние, -я
убыстрённый; *кр. ф.* -ён, -ена́
убыстри́ть(ся), -рю́(сь), -ри́т(ся)
убыстря́ть(ся), -я́ю(сь), -я́ет(ся)
убы́тие, -я
убы́ток, -тка
убы́точность, -и
убы́точный; *кр. ф.* -чен, -чна
убы́ть, убу́ду, убу́дет; *прош.* у́был, убыла́, у́было
убы́хи, -ов, *ед.* убы́х, -а
убы́хский
уважа́емый
уважа́ть(ся), -а́ю, -а́ет(ся)
уваже́ние, -я
ува́женный; *кр. ф.* -ен, -ена
уважи́тельность, -и
уважи́тельный; *кр. ф.* -лен, -льна
ува́жить, -жу, -жит
ува́л, -а
ува́ленный; *кр. ф.* -ен, -ена (*от* ували́ть)
у́валень, -льня
ува́ливание, -я
ува́ливать(ся), -аю(сь), -ает(ся)
ува́листый
ували́ть(ся), увалю́(сь), ува́лит(ся)
ува́льность, -и
ува́льный
ува́льчивость, -и
ува́льчивый
ува́лянный; *кр. ф.* -ян, -яна (*от* уваля́ть)
уваля́ть(ся), -я́ю(сь), -я́ет(ся)
ува́р, -а
ува́ренный; *кр. ф.* -ен, -ена

ува́ривание, -я
ува́ривать(ся), -аю, -ает(ся)
увари́ть(ся), уварю́, ува́рит(ся)
ува́рка, -и
уварови́т, -а
ува́рочный
УВД [увэдэ́], *нескл., с. (сокр.:* управление внутренних дел)
уведённый; *кр. ф.* -ён, -ена́
уведоми́тель, -я
уведоми́тельница, -ы, *тв.* -ей
уведоми́тельный
уве́домить, -млю, -мит
уведомле́ние, -я
уве́домленный; *кр. ф.* -ен, -ена
уведомля́ть(ся), -я́ю(сь), -я́ет(ся)
уве́дший
увезённый; *кр. ф.* -ён, -ена́
увезти́, -зу́, -зёт; *прош.* увёз, увезла́
увёзший
увекове́чение, -я
увекове́ченный; *кр. ф.* -ен, -ена
увекове́чивание, -я
увекове́чивать(ся), -аю(сь), -ает(ся)
увекове́чить(ся), -чу(сь), -чит(ся)
увеличе́ние, -я
увели́ченный; *кр. ф.* -ен, -ена
увели́чивать(ся), -аю, -ает(ся)
увеличи́тель, -я
увеличи́тельный
увели́чить(ся), -чу, -чит(ся)
увенча́ние, -я
уве́нчанный; *кр. ф.* -ан, -ана
увенча́ть(ся), -а́ю(сь), -а́ет(ся)
уве́нчивать(ся), -аю(сь), -ает(ся)
увере́ние, -я
уве́ренно, *нареч.*
уве́ренность, -и
уве́ренный; *кр. ф. прич.* -ен, -ена; *кр. ф. прил.* -ен, -ена (*с дополн.:* она́ уве́рена в свое́й правоте́) и -ен, -енна (*без дополн.:* она́ споко́йна и уве́ренна; движе́ния её уве́ренны)
увери́тельный; *кр. ф.* -лен, -льна

уве́рить(ся), -рю(сь), -рит(ся)
увёрнутый
уверну́ть(ся), -ну́(сь), -нёт(ся)
уве́ровать, -рую, -рует
увёрстанный; *кр. ф.* -ан, -ана
уверста́ть(ся), -а́ю, -а́ет(ся)
увёрстывание, -я
увёрстывать(ся), -аю, -ает(ся)
увёртка, -и, *р. мн.* -ток
увёртливость, -и
увёртливый
увёртывать(ся), -аю(сь), -ает(ся)
увертю́ра, -ы
уверя́ть(ся), -я́ю(сь), -я́ет(ся)
увеселе́ние, -я
увеселённый; *кр. ф.* -ён, -ена́
увесели́тель, -я
увесели́тельный
увесели́ть, -лю́, -ли́т
увеселя́ть(ся), -я́ю(сь), -я́ет(ся)
увеси́стость, -и
увеси́стый
уве́сить(ся), уве́шу(сь), уве́сит(ся)
увести́, уведу́, уведёт; *прош.* увёл, увела́
уве́т, -а
уве́тливость, -и
уве́тливый
уве́чащий(ся)
уве́чить(ся), -чу(сь), -чит(ся)
уве́чный; *кр. ф.* -чен, -чна
уве́чье, -я, *р. мн.* -чий
уве́шанный; *кр. ф.* -ан, -ана (*от* уве́шать)
уве́шать(ся), -аю(сь), -ает(ся)
уве́шенный; *кр. ф.* -ен, -ена (*от* уве́сить)
уве́шивание, -я
уве́шивать(ся), -аю(сь), -ает(ся)
увеща́ние, -я
увеща́тельный; *кр. ф.* -лен, -льна
увеща́ть, -а́ю, -а́ет
увещева́ние, -я
увещева́тель, -я
увещева́тельный; *кр. ф.* -лен, -льна

увещева́ть, -а́ю, -а́ет
увива́ть(ся), -а́ю(сь), -а́ет(ся)
увида́ть(ся), *буд. вр. не употр.*
уви́денный; *кр. ф.* -ен, -ена
уви́деть(ся), уви́жу(сь), уви́дит(ся)
уви́ливание, -я
уви́ливать, -аю, -ает
увильну́ть, -ну́, -нёт
увио́левый
УВИ́Р, -а (*сокр.*: управление виз и регистрации)
уви́тый; *кр. ф.* уви́т, уви́та́, уви́то
уви́ть(ся), увью́, увьёт(ся); *прош.* уви́л(ся), увила́(сь), уви́ло, уви́ло́сь
увлажа́ть(ся), -а́ю, -а́ет(ся)
увла́женный; *кр. ф.* -ен, -ена (*от* увла́жить)
увла́жить(ся), -жу, -жит(ся)
увлажне́ние, -я
увлажнённость, -и
увлажнённый; *кр. ф.* -ён, -ена́ (*от* увлажни́ть)
увлажни́тель, -я
увлажни́тельный
увлажни́ть(ся), -ню́, -ни́т(ся)
увлажня́ть(ся), -я́ю, -я́ет(ся)
увлека́тельность, -и
увлека́тельный; *кр. ф.* -лен, -льна
увлека́ть(ся), -а́ю(сь), -а́ет(ся)
увлека́ющий(ся)
увлёкший(ся)
увлече́ние, -я
увлечённость, -и
увлечённый; *кр. ф.* -ён, -ена́
увле́чь(ся), -еку́(сь), -ечёт(ся), -еку́т(ся); *прош.* -ёк(ся), -екла́(сь)
уво́д, -а
уводи́ть(ся), увожу́, уво́дит(ся)
уво́з, -а
увози́ть(ся), увожу́(сь), уво́зит(ся)
увола́кивать(ся), -аю(сь), -ает(ся)
уво́ленный; *кр. ф.* -ен, -ена
уво́лить(ся), -лю(сь), -лит(ся)
увологи́ческий
уволо́гия, -и

уволо́кший(ся)
уволо́ченный; *кр. ф.* -ен, -ена (*от* уволочи́ть)
уволочённый; *кр. ф.* -ён, -ена́ (*от* уволо́чь и уволочи́ть)
уволочи́ть(ся), -чу́(сь), -ло́чит(ся)
уволо́чь(ся), -локу́(сь), -лочёт(ся), -локу́т(ся); *прош.* -ло́к(ся), -локла́(сь)
увольне́ние, -я
увольни́тельная, -ой
увольни́тельный
увольня́ть(ся), -я́ю(сь), -я́ет(ся)
уворо́ванный; *кр. ф.* -ан, -ана
уворова́ть, -ру́ю, -ру́ет
уворо́вывать(ся), -аю, -ает(ся)
увра́ж, -а, *тв.* -ем
уврачева́ние, -я
уврачева́ть(ся), -чу́ю(сь), -чу́ет(ся)
увуля́рный
УВЧ [увэче́], *нескл., ж. и неизм.* (*сокр.*: ультравысокая частота, ультравысокочастотный)
УВЧ-терапи́я, -и
увы́, *неизм.*
увы́ и а́х
увяда́ние, -я
увяда́ть, -а́ю, -а́ет
увя́дший
увя́занный; *кр. ф.* -ан, -ана
увяза́ть, -а́ю, -а́ет, *несов.* (*к* увя́знуть)
увяза́ть(ся), увяжу́(сь), увя́жет(ся), *сов.* (*к* увя́зывать(ся))
увязи́ть(ся), -и́т(ся)
увя́зка, -и, *р. мн.* -зок
увя́знувший
увя́знуть, -ну, -нет; *прош.* увя́з, увя́зла
увя́зочка, -и, *р. мн.* -чек
увя́зший
увя́зывание, -я
увя́зывать(ся), -аю(сь), -ает(ся)
увя́лый
увя́нувший

увя́нуть, -ну, -нет; *прош.* увя́л, увя́ла
уга́дайка, -и (игра́ть в уга́дайку)
уга́данный; *кр. ф.* -ан, -ана
угада́ть, -а́ю, -а́ет
уга́дчик, -а
уга́дчица, -ы, *тв.* -ей
уга́дывание, -я
уга́дывать(ся), -аю, -ает(ся)
уганди́йский (*от* Уга́нда)
уганди́йцы, -ев, *ед.* -и́ец, -и́йца, *тв.* -и́йцем
уга́р, -а
угари́тский (*от* Угари́т; угари́тский язы́к)
уга́рный
угароочища́ющий
угаса́ние, -я
угаса́ть, -а́ю, -а́ет
угаси́ть, угашу́, уга́сит
угасну́вший
уга́снуть, -ну, -нет; *прош.* уга́с, уга́сла
уга́сший
угаша́ть(ся), -а́ю, -а́ет(ся)
уга́шенный; *кр. ф.* -ен, -ена
угла́дить, -а́жу, -а́дит
угла́женный; *кр. ф.* -ен, -ена
угла́живание, -я
угла́живать(ся), -аю, -ает(ся)
углеаммиака́ты, -ов, *ед.* -а́т, -а
углебрике́т, -а
углеви́дный; *кр. ф.* -ден, -дна
углево́д-белко́вый (углево́д-белко́вые соедине́ния)
углево́дистый
углево́дный
углеводоро́дный
углеводоро́ды, -ов, *ед.* -ро́д, -а
углево́ды, -ов, *ед.* -во́д, -а
углево́з, -а
углево́й
углевыжига́тельный
углего́рский (*от* Углего́рск)
углего́рцы, -ев, *ед.* -рец, -рца, *тв.* -рцем

УГОЛЬ

угледобыва́ющий
угледобы́тчик, -а
угледобы́ча, -и, *тв.* -ей
угледроби́лка, -и, *р. мн.* -лок
угледроби́льный
углежже́ние, -я
углежо́г, -а
углекислота́, -ы́
углекисло́тный
углеки́слый
углеко́п, -а
углемо́ечный
углемо́йка, -и, *р. мн.* -о́ек
углено́сность, -и
угленосный; *кр. ф.* -сен, -сна
углеобогати́тельный
углеобогаще́ние, -я
углеобразова́ние, -я
углеочисти́тельный
углеочи́стка, -и
углепетрогра́фия, -и
углепла́стик, -а
углепло́тность, -и
углепогру́зка, -и
углепогру́зочный
углепогру́зчик, -а
углепода́тчик, -а
углеподъёмник, -а
углеподъёмный
углепромы́шленник, -а
углепромы́шленность, -и
углепромы́шленный
углеразве́дчик, -а
углеразре́з, -а
углеро́д, -а
углеро́дистый
углеро́дно-азо́тный
углеро́дный
углеродопла́сты, -ов, *ед.* -а́ст, -а
углеродсодержа́щий и углеродосодержа́щий
углерудово́з, -а
углесо́с, -а
углетерми́я, -и
углехими́ческий
углехи́мия, -и

у́глистый
углича́не, -а́н, *ед.* -а́нин, -а
углича́нка, -и, *р. мн.* -нок
у́гличский (*от* У́глич)
углова́тость, -и
углова́тый
углово́й
углозу́бые, -ых
угломе́р, -а
угломе́рный
углошлифова́льный
углуби́тель, -я
углуби́тельный
углуби́ть(ся), -блю́(сь), -би́т(ся)
углу́бка, -и
углубле́ние, -я
углублённость, -и
углублённый; *кр. ф. прич.* -ён, -ена́; *кр. ф. прил.* (*основательный, серьёзный*) -ён, -ённа (*его знания обширны и углублённы*)
углубля́ть(ся), -я́ю(сь), -я́ет(ся)
угляде́ть, -яжу́, -яди́т
у́гнанный; *кр. ф.* -ан, -ана
угна́ть(ся), угоню́(сь), уго́нит(ся); *прош.* -а́л(ся), -ала́(сь), -а́ло, -а́ло́сь
угнезди́ть(ся), -и́т(ся)
угнести́, угнету́, угнетёт
угнета́тель, -я
угнета́тельница, -ы, *тв.* -ей
угнета́тельский
угнета́ть(ся), -а́ю, -а́ет(ся)
угнета́юще, *нареч.*
угнета́ющий
угнете́ние, -я
угнетённость, -и
угнетённый; *кр. ф.* -ён, -ена́
угова́ривание, -я
угова́ривать(ся), -аю(сь), -ает(ся)
угово́р, -а
угово́рённый; *кр. ф.* -ён, -ена́
уговори́ть(ся), -рю́(сь), -ри́т(ся)
угово́рный
угово́рщик, -а
угово́рщица, -ы, *тв.* -ей
угово́ры, -ов

уго́да[1], -ы (*уго́дье*)
уго́да[2]: в уго́ду (*кому, чему*)
угоди́ть, угожу́, угоди́т
уго́дливость, -и
уго́дливый
уго́дник, -а; *но:* Никола́й Уго́дник
уго́дница, -ы, *тв.* -ей
уго́дничанье, -я
уго́дничать, -аю, -ает
уго́днический
уго́дничество, -а
уго́дно — *с предшествующим местоимением или наречием пишется раздельно:* кто́ уго́дно, где́ уго́дно
уго́дный; *кр. ф.* -ден, -дна
уго́дье, -я, *р. мн.* -дий
угожда́ть, -а́ю, -а́ет
угожде́ние, -я
у́гол, угла́, *предл.* в (на) углу́ и (*матем.*) в угле́
уголёк, -лька́ (*к* у́голь[2]), -лька́ и -льку́ (*к* у́голь[1])
уголёчек, -чка (*к* у́голь[2]), -чка и -чку (*к* у́голь[1])
уголко́вый
уголо́вник, -а
уголо́вница, -ы, *тв.* -ей
уголо́вно-исполни́тельный
Уголо́вно-исполни́тельный ко́декс РФ
уголо́вно наказу́емый
уголо́вно-правово́й
уголо́вно-процессуа́льный
Уголо́вно-процессуа́льный ко́декс РФ
уголо́вно-разыскно́й
уголо́вный
Уголо́вный ко́декс РФ
уголо́вщина, -ы
уголо́к, -лка́, *предл.* в уголку́ и в уголке́
уголо́к-швелле́р, уголка́-швелле́ра
у́голь[1], у́гля, *мн.* у́гли, у́глей (*топливо*)

УГОЛЬ

у́голь[2], у́гля, мн. у́гли, угле́й и у́голья, у́гольев (кусок обгоревшего дерева)
у́голье, -я (собир.)
уго́льник, -а
у́гольно-погру́зочный
у́гольно-чёрный
у́гольный (от у́голь)
уго́льный (от у́гол)
у́гольщик, -а
у́гольщица, -ы, тв. -ей
угомо́н, -а и -у
угомонённый; кр. ф. -ён, -ена́
угомони́ть(ся), -ню́(сь), -ни́т(ся)
угомоня́ть(ся), -я́ю(сь), -я́ет(ся)
уго́н, -а
уго́нка, -и, р. мн. -нок
уго́нный
уго́нщик, -а
угоня́ть(ся), -я́ю(сь), -я́ет(ся)
уго́р, -а
угора́здить(ся), -ит(ся)
угора́ние, -я
угора́ть, -а́ю, -а́ет
угоре́лый
угоре́ть, -рю́, -ри́т
Уго́рская Русь (ист.)
уго́рский (от у́гры)
у́горь, угря́
уго́рье, -я, р. мн. -рий
угости́ть(ся), угощу́(сь), угости́т(ся)
угота́вливать(ся), -аю, -ает(ся)
угото́ванный; кр. ф. -ан, -ана
угото́вить, -влю, -вит
угото́вленный; кр. ф. -ен, -ена
уготовля́ть(ся), -я́ю, -я́ет(ся)
угоща́ть(ся), -а́ю(сь), -а́ет(ся)
угоще́ние, -я
угощённый; кр. ф. -ён, -ена́
угреба́ть(ся), -а́ю, -а́ет(ся)
угрёв, -а
угрева́ние, -я
угрева́тость, -и
угрева́тый
угрева́ть(ся), -а́ю(сь), -а́ет(ся)

угрево́й (от у́горь – прыщ)
угрёвый (от у́горь – рыба)
угрёнок, -нка, мн. угря́та, угря́т
угрести́(сь), угребу́, -бёт(ся), прош. угрёб(ся), угребла́(сь)
угре́тый
угре́ть(ся), -е́ю(сь), -е́ет(ся)
угро́бить(ся), -блю(сь), -бит(ся)
угро́бленный; кр. ф. -ен, -ена
угрожа́емый
угрожа́ть, -а́ю, -а́ет
угрожа́юще, нареч.
угрожа́ющий
угро́за, -ы
угро́зыск, -а
угрору́сский (к Уго́рская Русь)
угрору́сы, -ов, ед. -ру́с, -а
угрофи́нны, -ов, ед. -фи́нн, -а
угрофи́нский
угро́ханный; кр. ф. -ан, -ана
угро́хать, -аю, -ает
у́гры, -ов, ед. угр, -а
угрыза́ть(ся), -а́ю(сь), -а́ет(ся)
угрызе́ние, -я
угры́зенный; кр. ф. -ен, -ена и угрызённый; кр. ф. -ён, -ена́
угры́зть, -зу́, -зёт; прош. угры́з, угры́зла
угры́зший
угрюме́вший
угрю́меть, -ею, -еет
угрюмова́тый
угрю́мость, -и
угрю́мый
угря́стый
угу́, неизм.
уд, у́да (член тела, устар.; удовлетворительная отметка, жарг.)
уда́, уды́, мн. у́ды, уд (удочка)
удабнопите́к, -а
уда́бривание, -я
уда́бривать(ся), -аю, -ает(ся)
уда́в, -а
удава́ться, удаётся
уда́вий, -ья, -ье
удави́ть(ся), удавлю́(сь), уда́вит(ся)

уда́вка, -и, р. мн. -вок
удавле́ние, -я
уда́вленник, -а
уда́вленница, -ы, тв. -ей
уда́вленный; кр. ф. -ен, -ена
уда́вливать(ся), -аю(сь), -ает(ся)
уда́вовый
уда́вчик, -а
удале́ние, -я
удалённость, -и
удалённый; кр. ф. -ён, -ена́
уда́ленький
удале́ц, -льца́, тв. -льцо́м, р. мн. -льцо́в
удали́ть(ся), -лю́(сь), -ли́т(ся)
удало́й и уда́лый; кр. ф. уда́л, удала́, уда́ло, уда́лы́; но: Мстисла́в Удало́й
у́даль, -и
удальски́
удальство́, -а́
удаля́ть(ся), -я́ю(сь), -я́ет(ся)
уда́р, -а
ударе́ние, -я
уда́ренный; кр. ф. -ен, -ена
уда́рить(ся), -рю(сь), -рит(ся)
уда́рник, -а
уда́рница, -ы, тв. -ей
уда́рничество, -а
уда́рно-кана́тный стано́к
уда́рно-кла́вишный
уда́рно-сверли́льный
уда́рность, -и
уда́рный
ударовибросто́йкий
ударопро́чный
ударосто́йкий
уда́рчик, -а
ударя́емый
ударя́ть(ся), -я́ю(сь), -я́ет(ся)
уда́ться, удастся, удаду́тся; прош. уда́лся, удала́сь, удало́сь
уда́ча, -и, тв. -ей
уда́чливость, -и
уда́чливый
уда́чник, -а

уда́чница, -ы, *тв.* -ей
уда́чность, -и
уда́чный; *кр. ф.* -чен, -чна
удва́ивание, -я
удва́ивать(ся), -аю, -ает(ся)
удвое́ние, -я
удво́енный; *кр. ф.* -ен, -ена
удвои́тель, -я
удво́ить(ся), -о́ю, -о́ит(ся)
удвоя́ть(ся), -я́ю, -я́ет(ся) (*устар.* к удва́ивать(ся)
удвоя́ющий(ся)
уде́л, -а
уде́ланный; *кр. ф.* -ан, -ана
уде́лать(ся), -аю(сь), -ает(ся)
уделённый; *кр. ф.* -ён, -ена́
удели́ть, -лю́, -ли́т
уде́лывать(ся), -аю(сь), -ает(ся)
уде́льно-кня́жеский
уде́льный
уделя́ть(ся), -я́ю, -я́ет(ся)
у́держ: без у́держу, у́держу нет, у́держу не зна́ть
удержа́ние, -я
уде́ржанный; *кр. ф.* -ан, -ана
удержа́ть(ся), удержу́(сь), уде́ржит(ся)
уде́рживание, -я
уде́рживать(ся), -аю(сь), -ает(ся)
удесятере́ние, -я
удесятерённый; *кр. ф.* -ён, -ена́
удесятери́ть(ся), -рю́, -ри́т(ся)
удесятеря́ть(ся), -я́ю, -я́ет(ся)
удешеви́ть(ся), -влю́, -ви́т(ся)
удешевле́ние, -я
удешевлённый; *кр. ф.* -ён, -ена́
удешевля́ть(ся), -я́ю, -я́ет(ся)
удиви́тельность, -и
удиви́тельный; *кр. ф.* -лен, -льна
удиви́ть(ся), -влю́(сь), -ви́т(ся)
удивле́ние, -я
удивлённо, *нареч.*
удивлённый; *кр. ф.* -ён, -ена́ и (выражающий удивление) -ён, -ённа (лицо́ испу́ганно и удивлённо)
удивля́ть(ся), -я́ю(сь), -я́ет(ся)

удила́, удил, удила́м
уди́лище, -а
уди́льный
уди́льщик, -а
удира́ть, -а́ю, -а́ет
уди́ть(ся), ужу́, у́дит(ся)
удлине́ние, -я
удлинённость, -и
удлинённый; *кр. ф.* -ён, -ена́
удлини́тель, -я
удлини́тельный
удлини́ть(ся), -ню́, -ни́т(ся)
удлиня́ть(ся), -я́ю, -я́ет(ся)
удму́ртка, -и, *р. мн.* -ток
удму́ртский (к удму́рты и Удму́ртия)
удму́рты, -ов, *ед.* -у́рт, -а
удо́бно, *нареч. и в знач. сказ.*
удо́бность, -и
удо́бный; *кр. ф.* -бен, -бна
удобовари́мость, -и
удобовари́мый
удобоисполни́мый
удобообозри́мый
удобообраба́тываемый
удобообтека́емый
удобопоня́тность, -и
удобопоня́тный; *кр. ф.* -тен, -тна
удобопроизноси́мость, -и
удобопроизноси́мый
удобопроходи́мый
удобоуправля́емый
удобоусвоя́емый
удобочита́емость, -и
удобочита́емый
удобре́ние, -я
удо́бренный; *кр. ф.* -ен, -ена
удобри́тельный
удо́брить(ся), -рю, -рит(ся)
удобря́ть(ся), -я́ю, -я́ет(ся)
удо́бство, -а
удовлетворе́ние, -я
удовлетворённо, *нареч.*
удовлетворённость, -и
удовлетворённый; *кр. ф.* -ён, -ена́ и (выражающий удовлетворе́ние) -ён, -ённа (улы́бка удовлетворённа)
удовлетвори́тельно, *нареч.*
удовлетвори́тельность, -и
удовлетвори́тельный; *кр. ф.* -лен, -льна
удовлетвори́ть(ся), -рю́(сь), -ри́т(ся)
удовлетворя́ть(ся), -я́ю(сь), -я́ет(ся)
удово́льствие, -я
удово́льствовать(ся), -твую(сь), -твует(ся)
удо́д, -а
удо́довый
удо́й, -я
удо́йливость, -и
удо́йливый
удо́йность, -и
удо́йный
удо́лье, -я, *р. мн.* -лий
удо́мельский (*от* Удомля)
удонелли́ды, -и́д, *ед.* -и́да, -ы
удорожа́ние, -я
удорожа́ть(ся), -а́ю, -а́ет(ся)
удорожённый; *кр. ф.* -ён, -ена́
удорожи́ть(ся), -жу́, -жи́т(ся)
удоста́ивание, -я
удоста́ивать(ся), -аю(сь), -ает(ся)
удостовере́ние, -я
удостове́ренный; *кр. ф.* -ен, -ена
удостове́рить(ся), -рю(сь), -рит(ся)
удостоверя́ть(ся), -я́ю(сь), -я́ет(ся)
удосто́енный; *кр. ф.* -ен, -ена
удосто́ить(ся), -о́ю(сь), -о́ит(ся)
удосу́живаться, -аюсь, -ается
удосу́житься, -жусь, -жится
удочере́ние, -я
удочерённый; *кр. ф.* -ён, -ена́
удочери́ть, -рю́, -ри́т
удочеря́ть(ся), -я́ю(сь), -я́ет(ся)
у́дочка, -и, *р. мн.* -чек
удра́ть, удеру́, удерёт; *прош.* -а́л, -ала́, -а́ло

УДРУЖАТЬ

удружа́ть, -а́ю, -а́ет
удружи́ть, -жу́, -жи́т
удруча́ть(ся), -а́ю(сь), -а́ет(ся)
удруча́ющий(ся)
удручённо, *нареч.*
удручённость, -и
удручённый; *кр. ф.* -ён, -ена́ и (*выражающий подавленное, угнетённое состояние, выглядящий подавленно*) -ён, -ённа (*сегодня она́ грустна́ и удручённа*)
удручи́ть(ся), -чу́(сь), -чи́т(ся)
уду́манный; *кр. ф.* -ан, -ана
уду́мать, -аю, -ает
уду́мывать(ся), -аю, -ает(ся)
удуша́ть(ся), -а́ю(сь), -а́ет(ся)
удуша́ющий(ся)
удуше́ние, -я
удушённый; *кр. ф.* -ён, -ена́
удуши́ть(ся), удушу́(сь), удуши́т(ся)
уду́шливость, -и
уду́шливый
уду́шье, -я
удэге́ и удэ́, *нескл., мн., ед. м. и ж.*
удэге́йка, -и, *р. мн.* -е́ек
удэге́йский и удэ́йский
удэге́йцы, -ев, *ед.* -е́ец, -е́йца, *тв.* -е́йцем
удя́щий(ся)
уеда́ть, -а́ю, -а́ет
уе́денный; *кр. ф.* -ен, -ена
уедине́ние, -я; но: о́стров Уедине́ния (*геогр.*)
уединённо, *нареч.*
уединённость, -и
уединённый; *кр. ф. прич.* -ён, -ена́; *кр. ф. прил.* (*обособленный от людей, от людных мест*) -ён, -ённа
уедини́ть(ся), -ню́(сь), -ни́т(ся)
уединообра́зить, -а́жу, -а́зит
уединя́ть(ся), -я́ю(сь), -я́ет(ся)
уе́дливый
уе́зд, -а
уе́здить(ся), уе́зжу(сь), уе́здит(ся)
уе́здный

уезжа́ть, -а́ю, -а́ет
уе́зженный; *кр. ф.* -ен, -ена
уе́зживать(ся), -аю(сь), -ает(ся)
уём, уёму и у́йму: уёму (у́йму) нет (*никак не унимается, не успокаивается*)
уёмистый
уе́сть, уе́м, уе́шь, уе́ст, уеди́м, уеди́те, уедя́т; *прош.* уе́л, уе́ла
уе́хать, уе́ду, уе́дет
уж[1], ужа́, *тв.* ужо́м
уж[2], *нареч. и частица*
ужа́к, -а́
ужа́ленный; *кр. ф.* -ен, -ена
ужа́ливать, -аю, -ает
ужа́лить, -лю, -лит
ужа́ренный; *кр. ф.* -ен, -ена
ужа́ривание, -я
ужа́ривать(ся), -аю, -ает(ся)
ужа́рить(ся), -рю, -рит(ся)
у́жас, -а
ужаса́ть(ся), -а́ю(сь), -а́ет(ся)
ужаса́ющий(ся)
ужа́снейший
ужа́сник, -а
ужа́сно, *нареч.*
ужасну́ть(ся), -ну́(сь), -нёт(ся)
ужа́сный; *кр. ф.* -сен, -сна
ужа́стик, -а
у́жасть[1], -и (*прост. к* у́жас)
у́жасть[2] и у́жасти, *неизм.* (*прост. к* у́жас, *в знач. сказ. и нареч.*)
ужа́тый
ужа́ть(ся)[1], ужму́(сь), ужмёт(ся)
ужа́ть(ся)[2], ужну́, ужнёт(ся)
у́жгоро́дский (*от* У́жгород)
у́жгоро́дцы, -ев, *ед.* -дец, -дца, *тв.* -дцем
у́же, *сравн. ст.*
уже́, *нареч. и частица*
уже́ли и уже́ль, *частица*
у́женный; *кр. ф.* -ен, -ена (*от* уди́ть)
уже́нье, -я
ужеобра́зные, -ых
ужесточа́ть(ся), -а́ю, -а́ет(ся)

ужесточе́ние, -я
ужесточённый; *кр. ф.* -ён, -ена́
ужесточи́ть(ся), -чу́, -чи́т(ся)
у́живать, *наст. вр. не употр.*
ужива́ться, -а́юсь, -а́ется
ужи́вчивость, -и
ужи́вчивый
у́жик, -а
ужима́ние, -я
ужима́ть(ся), -а́ю(сь), -а́ет(ся)
ужи́мина, -ы
ужи́мки, -мок, *ед.* -мка, -и
ужи́мочки, -чек, *ед.* -чка, -и
у́жин, -а
ужи́н, -а (*к* ужина́ть)
у́жинать, -аю, -ает (*к* у́жин)
ужина́ть(ся), -а́ю, -а́ет(ся) (*сжина́ть(ся)*)
у́жинный (*от* у́жин)
ужи́ный (*от* уж[1])
ужи́ться, уживу́сь, уживётся; *прош.* -и́лся, -ила́сь, -и́ло́сь
ужли́, *частица*
ужо́, *нареч.*
ужо́вка, -и, *р. мн.* -вок
ужо́вник, -а
ужо́вниковые, -ых
ужо́вый
ужо́нок, -нка, *мн.* ужа́та, ужа́т
ужо́ныш, -а, *тв.* -ем
УЗ [узэ́], *нескл., м. и неизм.* (*сокр.*: ультразвук, ультразвуковой)
у́за, у́зы и уза́, узы́ (*прополис*)
узаконе́ние, -я
узако́ненный; *кр. ф.* -ен, -ена
узако́нивание, -я
узако́нивать(ся), -аю, -ает(ся)
узако́нить(ся), -ню, -нит(ся)
узаконя́ть(ся), -я́ю, -я́ет(ся)
уза́нс, -а
уза́нция, -и
узбе́ки, -ов, *ед.* узбе́к, -а
узбе́кский (*к* узбе́ки и Узбекиста́н)
узбе́кско-росси́йский
узбе́кско-ру́сский
узбе́кско-таджи́кский

узбе́чка, -и, *р. мн.* -чек
узбо́й, -я
узва́р, -а
УЗ-генера́тор, -а
узда́, -ы́, *мн.* у́зды, узд
узде́нь, -я
узде́чка, -и, *р. мн.* -чек
узде́чный
уздцы́: за уздцы́, под уздцы́
уздяно́й
у́зел, узла́
узело́к, -лка́
узело́чек, -чка
у́зенький
у́зерк, -а и у́зерка, -и
УЗИ́, *нескл., с.* (*сокр.*: ультразвуковое исследование)
УЗ-излуче́ние, -я
у́зик, -а
узи́лище, -а
узина́, -ы́
у́зить(ся), у́жу, у́зит(ся)
у́зкий; *кр. ф.* у́зок, узка́, у́зко, у́зки
узкобе́дрый
узкобо́ртный
узкобытово́й
узкова́тый
узкове́домственный; *кр. ф.* -вен и -венен, -венна
узкогла́зие, -я
узкогла́зый
узкого́рлый
узкогру́дость, -и
узкогру́дый
узкогруппово́й
узкоза́дый
узкозахва́тный
узко- и широкоплёночный
узкокла́ссовый
узкоколе́йка, -и, *р. мн.* -е́ек
узкоколе́йный
узкокоры́стный; *кр. ф.* -тен, -тна
УЗ-колеба́ния, -ий
узколи́стный и узколи́стый
узколи́цый
узколи́чный

узколо́бие, -я
узколо́бость, -и
узколо́бый
узколока́льный; *кр. ф.* -лен, -льна
узкомо́рдый
узконапра́вленный
узконациона́льный
узконо́сый
узкоотраслево́й
узкоплёночный
узкопле́чий
узкополо́сица, -ы, *тв.* -ей
узкопракти́ческий
узкопрофессиона́льный; *кр. ф.* -лен, -льна
узкопрофи́льный
узкоро́тый
узкоря́дный
узкосеме́йный
узкосо́словный
узкоспе́кторный
узкоспециализи́рованный
узкоспециа́льный; *кр. ф.* -лен, -льна
у́зкость, -и
узкоте́лка, -и, *р. мн.* -лок
узкоэгоисти́ческий
узла́стый
узли́стый
узли́ще, -а, *мн.* -а и -и, -и́щ, *м.*
узлова́тость, -и
узлова́тый
узлово́й
узловяза́льный
узловяза́тель, -я
узнава́емость, -и
узнава́емый
узнава́ние, -я
узнава́ть(ся), узнаю́, узнаёт(ся)
у́знанный; *кр. ф.* -ан, -ана
узна́ть(ся), -а́ю, -а́ет(ся)
у́зник, -а
у́зница, -ы, *тв.* -ей
у́знический
узо́р, -а
узо́ристый

узо́рный
узо́рочный
узо́рочье, -я, *р. мн.* -чий
узо́рчатость, -и
узо́рчатый
узо́рчик, -а
у́зость, -и
у́зо-та́ра, -ы
узрева́ть, -а́ю, -а́ет
у́зренный; *кр. ф.* -ен, -ена
узре́ть, узрю́, у́зрит
узуа́льность, -и
узуа́льный; *кр. ф.* -лен, -льна
узурпа́тор, -а
узурпа́торский
узурпа́торство, -а
узурпа́торша, -и, *тв.* -ей
узурпа́ция, -и
узурпи́рованный; *кр. ф.* -ан, -ана
узурпи́ровать(ся), -рую, -рует(ся)
у́зус, -а
узуфру́кт, -а
у́зы, уз (*оковы; путы; тесные связи*)
уике́нд, -а
Уимблдо́нский турни́р
уитле́ндер, -а и ойтла́ндер, -а
уй, *неизм.*
уйгу́рка, -и, *р. мн.* -рок
уйгу́рский
уйгу́ры, уйгу́р и -ов, *ед.* уйгу́р, -а
у́йма, -ы
у́ймища, -и, *тв.* -ей
уйти́, уйду́, уйдёт; *прош.* ушёл, ушла́
ук, -а (*название буквы*)
ука́з, -а
указа́ние, -я
ука́занный; *кр. ф.* -ан, -ана
указа́тель, -я
указа́тельный
указа́ть, укажу́, ука́жет
ука́зка, -и, *р. мн.* -зок
ука́зный
указу́ющий
ука́зчик, -а
ука́зчица, -ы, *тв.* -ей

УКАЗЫВАНИЕ

ука́зывание, -я
ука́зывать(ся), -аю, -ает(ся)
ука́лывание, -я
ука́лывать(ся), -аю(сь), -ает(ся)
у́канье, -я
укарау́ленный; *кр. ф.* -ен, -ена
укарау́ливать, -аю, -ает
укарау́лить, -лю, -лит
ука́танный; *кр. ф.* -ан, -ана
ука́та́ть(ся), -а́ю(сь), -а́ет(ся)
укати́ть(ся), укачу́, ука́тит(ся)
ука́тка, -и
ука́тывание, -я
ука́тывать(ся), -аю(сь), -ает(ся)
у́кать, -аю, -ает
ука́чанный; *кр. ф.* -ан, -ана (*от* укача́ть)
укача́ть(ся), -а́ю(сь), -а́ет(ся)
ука́ченный; *кр. ф.* -ен, -ена (*от* укати́ть)
ука́чивание, -я
ука́чивать(ся), -аю(сь), -ает(ся)
у́кашивать(ся), -аю, -ает(ся)
УКВ [укавэ́], *нескл.*, *мн. и неизм.* (*сокр.:* ультракороткие волны, ультракоротковолновый)
уква́сить(ся), -а́шу, -а́сит(ся)
уква́шенный; *кр. ф.* -ен, -ена
уква́шивать(ся), -аю, -ает(ся)
УКВ-диапазо́н, -а
УКВ-переда́тчик, -а
укипа́ние, -я
укипа́ть, -а́ет
укипе́ть, -пи́т
укиса́ние, -я
укиса́ть, -а́ет
укисну́ть, -нет; *прош.* уки́с, уки́сла
уки́сший
укла́д, -а
укла́дистый
укла́дка, -и, *р. мн.* -док
укла́дочный
укла́дчик, -а
укла́дчица, -ы, *тв.* -ей
укла́дывание, -я
укла́дывать(ся), -аю(сь), -ает(ся)

укле́енный; *кр. ф.* -ен, -ена
укле́ечный
укле́ивание, -я
укле́ивать(ся), -аю, -ает(ся)
укле́ить(ся), -е́ю, -е́ет(ся)
укле́йка, -и, *р. мн.* -е́ек
укло́н, -а
уклоне́ние, -я
уклонённый; *кр. ф.* -ён, -ена́
уклони́зм, -а
уклони́ст, -а
уклони́стка, -и, *р. мн.* -ток
уклони́стский
уклони́ть(ся), -оню́(сь), -о́нит(ся)
укло́нный
уклономе́р, -а
уклоноуказа́тель, -я
укло́нчивость, -и
укло́нчивый
уклоня́ть(ся), -я́ю(сь), -я́ет(ся)
уклю́чина, -ы
уко́вка, -и
уковыля́ть, -я́ю, -я́ет
уко́кать, -аю, -ает
укоко́шенный; *кр. ф.* -ен, -ена
укоко́шивать, -аю, -ает
укоко́шить, -шу, -шит
уко́л, -а
укола́чивание, -я
укола́чивать(ся), -аю, -ает(ся)
уколоти́ть(ся), -очу́, -о́тит(ся)
уко́лотый
уколо́ть(ся), -олю́(сь), -о́лет(ся)
уколо́ченный; *кр. ф.* -ен, -ена
укомплектова́ние, -я
укомплекто́ванность, -и
укомплекто́ванный; *кр. ф.* -ан, -ана
укомплектова́ть(ся), -ту́ю(сь), -ту́ет(ся)
укомплекто́вка, -и
укомплекто́вывание, -я
укомплекто́вывать(ся), -аю(сь), -ает(ся)
уконопа́тить(ся), -а́чу, -а́тит(ся)
уконопа́ченный; *кр. ф.* -ен, -ена

уконопа́чивать(ся), -ваю, -вает(ся)
уко́р, -а
укора́чивание, -я
укора́чивать(ся), -аю(сь), -ает(ся)
укорене́ние, -я
укоренённость, -и
укоренённый; *кр. ф.* -ён, -ена́
укорени́ть(ся), -ню́(сь), -ни́т(ся)
укорённый; *кр. ф.* -ён, -ена́
укореня́ть(ся), -я́ю, -я́ет(ся)
укори́зна, -ы
укори́зненно, *нареч.*
укори́зненность, -и
укори́зненный; *кр. ф.* -ен, -енна
укори́тельный; *кр. ф.* -лен, -льна
укори́ть, -рю́, -ри́т
укоро́т, -а
укороти́ть(ся), -очу́(сь), -оти́т(ся)
укоро́тка, -и, *р. мн.* -ток
укороче́ние, -я
укоро́ченный; *кр. ф.* -ен, -ена
укоря́ть(ся), -я́ю, -я́ет(ся)
укоря́ющий(ся)
уко́с, -а
уко́сина, -ы
укоси́ть(ся), укошу́, уко́сит(ся)
уко́сный
уко́шенный; *кр. ф.* -ен, -ена
укра́вший
укра́денный; *кр. ф.* -ен, -ена
укра́дкой, *нареч.*
укра́дочкой, *нареч.*
укра́дчивый
укра́ина, -ы (*устар. к* окра́ина)
украиниза́ция, -и
украинизи́рованный; *кр. ф.* -ан, -ана
украинизи́ровать(ся), -рую, -рует(ся)
украини́зм, -а
украи́нка, -и, *р. мн.* -нок
укра́инный (*устар. к* окра́инный)
украинофи́льский
украинофи́льство, -а

украи́нский (к Украи́на и украи́нцы)
украи́нско-белору́сский
украи́нско-венге́рский
Украи́нское Поле́сье
украи́нско-по́льский
украи́нско-росси́йский
украи́нско-ру́сский
украи́нцы, -ев, *ед.* -нец, -нца, *тв.* -нцем
укра́сить(ся), -а́шу(сь), -а́сит(ся)
укра́сть, украду́, украдёт; *прош.* укра́л, укра́ла
украша́тельский
украша́тельство, -а
украша́ть(ся), -а́ю(сь), -а́ет(ся)
украше́ние, -я
укра́шенный; *кр. ф.* -ен, -ена
украше́ньице, -а
укре́па, -ы
укрепи́тельный
укрепи́ть(ся), -плю́(сь), -пи́т(ся)
укрепле́ние, -я
укреплённый; *кр. ф.* -ён, -ена́
укрепля́ть(ся), -я́ю(сь), -я́ет(ся)
укрепрайо́н, -а
укро́мность, -и
укро́мный; *кр. ф.* -мен, -мна
укро́п, -а и -у
укро́пец, -пца и -пцу, *тв.* -пцем
укро́пный
укро́пчик, -а и -у
укроти́тель, -я
укроти́тельница, -ы, *тв.* -ей
укроти́ть(ся), -ощу́(сь), -оти́т(ся)
укроща́ть(ся), -а́ю(сь), -а́ет(ся)
укроще́ние, -я
укрощённый; *кр. ф.* -ён, -ена́
укрупне́ние, -я
укрупнённо, *нареч.*
укрупнённость, -и
укрупнённый; *кр. ф.* -ён, -ена́
укрупни́ть(ся), -ню́, -ни́т(ся)
укрупня́ть(ся), -я́ю, -я́ет(ся)
укру́т, -а и укру́та, -ы
укрути́ть(ся), -учу́(сь), -у́тит(ся)

укру́тка, -и, *р. мн.* -ток
укру́ченный; *кр. ф.* -ен, -ена
укру́чивать(ся), -аю(сь), -ает(ся)
укрыва́ние, -я
укрыва́тель, -я
укрыва́тельница, -ы, *тв.* -ей
укрыва́тельство, -а
укрыва́ть(ся), -а́ю(сь), -а́ет(ся)
укрывно́й
укры́тие, -я
укры́тый
укры́ть(ся), укро́ю(сь), укро́ет(ся)
у́ксус, -а и -у
у́ксусник, -а
у́ксусница, -ы, *тв.* -ей
уксуснокислый
у́ксусно-эти́ловый
у́ксусный
укупи́ть, укуплю́, уку́пит
уку́пленный; *кр. ф.* -ен, -ена
уку́поренный; *кр. ф.* -ен, -ена
уку́поривание, -я
уку́поривать(ся), -аю, -ает(ся)
уку́порить, -рю, -рит
уку́порка, -и, *р. мн.* -рок
уку́порочный
уку́порщик, -а
уку́порщица, -ы, *тв.* -ей
уку́с, -а
укуси́ть, укушу́, уку́сит
уку́танный; *кр. ф.* -ан, -ана
уку́тать(ся), -аю(сь), -ает(ся)
уку́тывание, -я
уку́тывать(ся), -аю(сь), -ает(ся)
уку́шенный; *кр. ф.* -ен, -ена
ула́вливание, -я
ула́вливатель, -я
ула́вливать(ся), -аю, -ает(ся)
ула́дить(ся), -а́жу, -а́дит(ся)
ула́женный; *кр. ф.* -ен, -ена
ула́живание, -я
ула́живать(ся), -аю, -ает(ся)
ула́мывание, -я
ула́мывать(ся), -аю(сь), -ает(ся)
ула́н, -а, *р. мн.* ула́н и -ов
ула́н-ба́торский (*от* Ула́н-Ба́тор)

уланба́торцы, -ев, *ед.* -рец, -рца, *тв.* -рцем
ула́нский
ула́н-уди́нский и ула́н-удэ́нский (*от* Ула́н-Удэ́)
улануди́нцы, -ев и улануд э́нцы, -ев, *ед.* -нец, -нца, *тв.* -нцем
ула́р, -а
ула́стить, -а́щу, -а́стит
ула́щенный; *кр. ф.* -ен, -ена
ула́щивание, -я
ула́щивать(ся), -аю(сь), -ает(ся)
улёгшийся
улежа́ть(ся), -жу́, -жи́т(ся)
улёживаться, -аю, -ается
улеза́ть, -а́ю, -а́ет
уле́зть, уле́зу, уле́зет
уле́зший
у́лей, у́лья
уле́йный
улекси́т, -а
уле́м, -а
улепетну́ть, -ну́, -нёт
улепётывание, -я
улепётывать, -аю, -ает
улепи́ть, улеплю́, уле́пит
уле́пленный; *кр. ф.* -ен, -ена
улепля́ть(ся), -я́ю, -я́ет(ся)
улести́ть, улещу́, улести́т
улёт, -а
улета́ть, -а́ю, -а́ет
улете́ть, улечу́, улети́т
улету́ченный; *кр. ф.* -ен, -ена
улету́чивание, -я
улету́чивать(ся), -аю(сь), -ает(ся)
улету́чить(ся), -чу(сь), -чит(ся)
уле́чься, уля́гусь, уля́жется, уля́гутся; *прош.* улёгся, улегла́сь
улеща́ние, -я
улеща́ть(ся), -а́ю(сь), -а́ет(ся)
улещённый; *кр. ф.* -ён, -ена́
уле́щивать(ся), -аю(сь), -ает(ся)
улизну́ть, -ну́, -нёт
ули́ка, -и
Ули́сс, -а

ули́т, -а (птица)
ули́та, -ы (улитка; ули́та е́дет, когда́-то бу́дет)
ули́тка, -и, р. мн. -ток
ули́тковый
улиткообра́зный; кр. ф. -зен, -зна
ули́точный
у́лица, -ы, тв. -ей
улицезре́ть, -рю́, -ри́т
улича́ть(ся), -а́ю(сь), -а́ет(ся)
улече́ние, -я
уличённый; кр. ф. -ён, -ена́
у́личи, -ей, ед. у́лич, -а, тв. -ем (племенная группа восточных славян)
уличи́тель, -я
уличи́тельный
уличи́ть, -чу́, -чи́т
у́личка, -и, р. мн. -чек
у́личный
уло́в, -а
улови́мый
уло́вистый
улови́тель, -я
улови́ть, уловлю́, уло́вит
уло́вка, -и, р. мн. -вок
уловле́ние, -я
уло́вленный; кр. ф. -ен, -ена
уловля́ть(ся), -я́ю, -я́ет(ся)
уло́вный
уловчи́ться, -чу́сь, -чи́тся
уложе́ние, -я
уло́женный; кр. ф. -ен, -ена
уложи́ть(ся), уложу́(сь), уло́жит(ся)
уло́манный; кр. ф. -ан, -ана (от улома́ть)
улома́ть, -а́ю, -а́ет
уломи́ть, -омлю́, -о́мит
уло́мленный; кр. ф. -ен, -ена (от уломи́ть)
уло́трикс, -а
уло́триксовый
у́лочка, -и, р. мн. -чек
улу́с, -а
улу́сный

улуча́ть(ся), -а́ю, -а́ет(ся)
улучённый; кр. ф. -ён, -ена́
улучи́ть(ся), -чу́, -чи́т(ся)
улучша́ть(ся), -а́ю(сь), -а́ет(ся)
улучше́ние, -я
улу́чшенный; кр. ф. -ен, -ена
улу́чшить(ся), -шу(сь), -шит(ся)
улыба́ться, -а́юсь, -а́ется
улы́бка, -и, р. мн. -бок
улыбну́ться, -ну́сь, -нётся
улы́бочка, -и, р. мн. -чек
улы́бчивость, -и
улы́бчивый
у́льва, -ы
у́львовый
улы́шко, -а и -и, мн. -шки, -шек, м.
ультимати́вность, -и
ультимати́вный; кр. ф. -вен, -вна
ультимати́зм, -а
ультимати́ст, -а
ультимати́стский
ультима́тум, -а
у́льтимо, нескл., с.
ультра... — приставка, пишется слитно, но: ультра-си
у́льтра, нескл., м. и ж. (экстремист)
ультраабисса́ль, -и
ультраавангарди́стский
ультрабази́ты, -ов, ед. -зи́т, -а
ультрави́русы, -ов, ед. -ви́рус, -а
ультравысо́кий
ультравысокочасто́тный
ультразву́к, -а
ультразвуково́й
ультраконсервати́вный; кр. ф. -вен, -вна
ультраконсерва́тор, -а
ультрако́роткий
ультракоротковолно́вый
ультралева́цкий
ультрале́вый
ультрама́лый
ультрамари́н, -а
ультрамари́новый
ультраметаморфи́зм, -а

ультрамикроана́лиз, -а
ультрамикро́бы, -ов, ед. -ро́б, -а
ультрамикроско́п, -а
ультрамикроскопи́ческий
ультрамикроскопи́я, -и
ультрамикрото́м, -а
ультрамикрохими́ческий
ультрамоде́рн, -а
ультрамодерни́зм, -а
ультрамодерни́стский
ультрамодерно́вый
ультрамоде́рный
ультрамо́дный; кр. ф. -ден, -дна
ультрамонта́нский
ультрамонта́нство, -а
ультрамонта́ны, -ов, ед. -та́н, -а
ультранационали́ст, -а
ультранационалисти́ческий
ультраосновно́й
ультрапо́ристый
ультрапра́вый
ультрарадика́л, -а
ультрарадикали́зм, -а
ультрарадика́льный; кр. ф. -лен, -льна
ультрареакционе́р, -а
ультрареакцио́нный; кр. ф. -о́нен, -о́нна
ультрареволюционе́р, -а
ультрареволюцио́нный; кр. ф. -о́нен, -о́нна
у́льтра-си, неизм. и нескл., м. и с.
ультрасовреме́нность, -и
ультрасовреме́нный; кр. ф. -е́нен, -е́нна
ультраструкту́ра, -ы
ультрасфери́ческий
ультрато́м, -а
ультрафи́льтр, -а
ультрафильтра́ция, -и
ультрафиоле́т, -а
ультрафиоле́товый
ультрафосфа́ты, -ов, ед. -фа́т, -а
ультрахоло́дный
ультрацентрифу́га, -и
ультрацентрифуги́рование, -я

УМЕЩЁННЫЙ

ультрачи́стый
ульча́нка, -и, *р. мн.* -нок
у́льчи, -ей, *ед.* ульч, -а, *тв.* -ем (*народность на Дальнем Востоке*)
у́льчский
улья́новский (*от* Улья́нов *и* Улья́новск)
улья́новцы, -ев, *ед.* -вец, -вца, *тв.* -вцем
у-лю-лю́, *неизм.*
улюлю́канье, -я
улюлю́кать, -аю, -ает
улягну́ть, -ну́, -нёт
ум, ума́, *мн.* умы́, умо́в
ума́занный; *кр. ф.* -ан, -ана
ума́зать(ся), -а́жу(сь), -а́жет(ся)
ума́зывать(ся), -аю(сь), -ает(ся)
ума́ивать(ся), -аю(сь), -ает(ся)
умале́ние, -я
умалённый; *кр. ф.* -ён, -ена́ (*от* умали́ть)
ума́ливать(ся), -аю(сь), -ает(ся)
умали́ть(ся), -лю́(сь), -ли́т(ся) (*к* ма́лый)
умалишённый
ума́лчивание, -я
ума́лчивать(ся), -аю, -ает(ся)
умаля́ть(ся), -я́ю(сь), -я́ет(ся) (*к* умали́ть(ся))
уманённый; *кр. ф.* -ён, -ена́
ума́нивать(ся), -аю, -ает(ся)
умани́ть, уманю́, ума́нит
у́манский (*от* У́мань)
у́манцы, -ев, *ед.* -нец, -нца, *тв.* -нцем
ума́сленный; *кр. ф.* -ен, -ена
ума́сливание, -я
ума́сливать(ся), -аю(сь), -ает(ся)
ума́слить(ся), -лю(сь), -лит(ся)
умасти́ть(ся), умащу́(сь), умасти́т(ся) (*намазать(ся)*)
ума́тывание, -я
ума́тывать(ся), -аю(сь), -ает(ся)
умаща́ть(ся), -а́ю(сь), -а́ет(ся)
умаще́ние, -я

умащённый; *кр. ф.* -ён, -ена́ (*от* умасти́ть)
ума́щивание, -я
ума́щивать(ся), -аю(сь), -ает(ся)
ума́янный; *кр. ф.* -ян, -яна
ума́ять(ся), ума́ю(сь), ума́ет(ся)
у́мбра, -ы (*рыба*)
умбри́йский (*от* У́мбрия)
умбри́йцы, -ев, *ед.* -и́ец, -и́йца, *тв.* -и́йцем
у́мбрский (*от* у́мбры)
у́мбры, -ов (*племя*)
уме́дленный; *кр. ф.* -ен, -ена
уме́длить(ся), -лю(сь), -лит(ся)
умедля́ть(ся), -я́ю(сь), -я́ет(ся)
уме́лец, -льца, *тв.* -льцем, *р. мн.* -льцев
уме́лица, -ы, *тв.* -ей
уме́лость, -и
уме́лый
умельча́ть(ся), -а́ю(сь), -а́ет(ся)
умельче́ние, -я
умельчённый; *кр. ф.* -ён, -ена́
умельчи́ть(ся), -чу́(сь), -чи́т(ся)
уме́ние, -я
уменьша́емое, -ого
уменьша́ть(ся), -а́ю(сь), -а́ет(ся)
уменьше́ние, -я
уменьше́ние-увеличе́ние, уменьше́ния-увеличе́ния
уме́ньшенный; *кр. ф.* -ен, -ена и (*устар.*) уменьшённый; *кр. ф.* -ён, -ена́
уменьши́тельность, -и
уменьши́тельный
уме́ньшить(ся), -шу(сь), -шит(ся) и (*устар.*) уменьши́ть(ся), -шу́(сь), -ши́т(ся)
уме́ренно, *нареч.*
уме́ренно вла́жный
уме́ренно жа́ркий
уме́ренно консервати́вный
уме́ренно континента́льный
уме́ренно либера́льный
уме́ренно ма́лый
уме́ренно пра́вый

уме́ренно радика́льный
уме́ренно реформи́стский
уме́ренность, -и
уме́ренный; *кр. ф. прич.* -ен, -ена; *кр. ф. прил.* (*среднего уровня; скромный, без излишеств*) -ен, -енна
умере́ть, умру́, умрёт; *прош.* у́мер, умерла́, у́мерло
уме́ривание, -я
уме́ривать(ся), -аю, -ает(ся)
уме́рить(ся), -рю, -рит(ся)
умертви́ть, умерщвлю́, умертви́т
уме́рший
умерщвле́ние, -я
умерщвлённый; *кр. ф.* -ён, -ена́
умерщвля́ть(ся), -я́ю, -я́ет(ся)
умеря́ть(ся), -я́ю, -я́ет(ся)
умеси́ть, умешу́, уме́сит
умести́, умету́, уметёт; *прош.* умёл, умела́
умести́ть(ся), умещу́(сь), умести́т(ся)
уме́стно, *нареч. и в знач. сказ.*
уме́стность, -и
уме́стный; *кр. ф.* -тен, -тна
умёт, -а
умётанный; *кр. ф.* -ан, -ана (*от* умета́ть)
умета́ть, умечу́, уме́чет, *сов.* (*к* мета́ть²)
умета́ть(ся), -а́ю, -а́ет(ся), *несов.* (*к* умести́)
уметённый; *кр. ф.* -ён, -ена́ (*от* умести́)
умётший
уме́ть, -е́ю, -е́ет
уме́шанный; *кр. ф.* -ан, -ана (*от* умеша́ть)
умеша́ть, -а́ю, -а́ет
уме́шенный; *кр. ф.* -ен, -ена (*от* умеси́ть)
уме́шивать(ся), -аю, -ает(ся)
умеща́ть(ся), -а́ю(сь), -а́ет(ся)
умеще́ние, -я
умещённый; *кр. ф.* -ён, -ена́

умéючи, нареч.
умéющий
ýм за рáзум (захóдит)
умилéние, -я (чувство) и Умилéние, -я (иконографический тип Божией Матери)
умилённо, нареч.
умилённость, -и
умилённый; кр. ф. -ён, -енá
умилительность, -и
умилительный; кр. ф. -лен, -льна
умилить(ся), -лю́(сь), -ли́т(ся)
умилосéрдить(ся), -ит(ся)
умилостиви́тельный
уми́лостивить(ся), -влю(сь), -вит(ся)
уми́лостивлéние, -я
уми́лостивленный; кр. ф. -ен, -ена
уми́лостивлять(ся), -яю(сь), -яет(ся)
уми́льность, -и
уми́льный; кр. ф. -лен, -льна
умилять(ся), -я́ю(сь), -я́ет(ся)
уминáние, -я
уминáть(ся), -áю, -áет(ся)
умирáние, -я
умирáть, -áю, -áет
умирáющий
умирéние, -я
умирённый; кр. ф. -ён, -енá
умири́ть(ся), -рю́(сь), -ри́т(ся)
умиротворéние, -я
умиротворённо, нареч.
умиротворённость, -и
умиротворённый; кр. ф. прич. -ён, -енá; кр. ф. прил. -ён, -ённа (сегóдня онá спокóйна и умиротворённа)
умиротвори́тель, -я
умиротвори́тельница, -ы, тв. -ей
умиротвори́ть(ся), -рю́(сь), -ри́т(ся)
умиротворя́ть(ся), -я́ю(сь), -я́ет(ся)

умиротворя́ющий(ся)
умиря́ть(ся), -я́ю(сь), -я́ет(ся)
уми́шко, -а и -и, мн. -шки, -шек, м.
уми́ще, -а, мн. -а и -и, уми́щ, м.
ýмка, -и, р. мн. ýмок, м. (медведь)
умлáут, -а и умля́ут, -а
умнéйший
умнéнек, -нька
ýмненький
умнéть, -éю, -éет
ýмник, -а
ýмница, -ы, тв. -ей, м. и ж.
ýмница-разýмница, ýмницы-разýмницы
ýмничанье, -я
ýмничать, -аю, -ает
умнó, нареч.
умножáть(ся), -áю, -áет(ся)
умножéние, -я
умнóженный; кр. ф. -ен, -ена
умножи́тель, -я
умнóжить(ся), -жу, -жит(ся)
ýмный; кр. ф. умён, умнá, ýмнó
умню́щий
умовéние, -я
умозаключáть, -áю, -áет
умозаключéние, -я
умозаключи́ть, -чу́, -чи́т
умозрéние, -я
умозри́тельность, -и
умозри́тельный; кр. ф. -лен, -льна
умоисступлéние, -я
умоисступлённый
умокáть, -áет
умóкнуть, -нет; прош. умóк, умóкла
умóкший
умолáчивать(ся), -аю, -ает(ся)
умолённый; кр. ф. -ён, -енá (от умоли́ть)
умоли́ть, умолю́, умóлит (к моли́ть)
ýмолк: без ýмолку
умолкáние, -я
умолкáть, -áю, -áет

умóлкнувший
умóлкнуть, -ну, -нет; прош. умóлк, умóлкла
умóлкший
умолóт, -а
умолоти́ть(ся), -очý, -óтит(ся)
умолóтный
умолóченный; кр. ф. -ен, -ена
умолчáние, -я
умолчáть, -чý, -чи́т
умоля́ть, -я́ю, -я́ет (к моли́ть)
умоля́юще, нареч.
умоля́ющий
умонастроéние, -я
умонепостигáемый
умоповреждéние, -я
умоповреждённый
умопомешáтельство, -а
умопомрачáющий
умопомрачéние, -я
умопомрачи́тельность, -и
умопомрачи́тельный; кр. ф. -лен, -льна
умопостигáемый
умóра, -ы
уморéние, -я
уморённый; кр. ф. -ён, -енá
умори́тельность, -и
умори́тельный; кр. ф. -лен, -льна
умори́ть(ся), -рю́(сь), -ри́т(ся)
умости́ть(ся), умощý(сь), умости́т(ся) (вымостить; умести́ть(ся), примости́ть(ся))
умóтанный; кр. ф. -ан, -ана
умотáть(ся), -áю(сь), -áет(ся)
умощённый; кр. ф. -ён, -енá (от умости́ть)
ýм-рáзум, умá-рáзума (учи́ть, наставля́ть умý-рáзуму; набрáться умá-рáзума)
ýмственно, нареч.
ýмственно отстáлый
ýмственность, -и
ýмственный
ýмствование, -я
ýмствовать, -твую, -твует

умудрённость, -и
умудрённый; *кр. ф.* -ён, -ена́
умудри́ть(ся), -рю́(сь), -ри́т(ся)
умудря́ть(ся), -я́ю(сь), -я́ет(ся)
уму́ченный; *кр. ф.* -ен, -ена
уму́чивать(ся), -аю(сь), -ает(ся)
уму́чивший(ся)
уму́чить(ся), -чу(сь), -чит(ся) и -ча́ю(сь), -ча́ет(ся)
умфо́рмер, -а
умча́ть(ся), умчу́(сь), умчи́т(ся)
умыва́лка, -и, *р. мн.* -лок
умыва́льник, -а
умыва́льный
умыва́льня, -и, *р. мн.* -лен
умыва́ние, -я
умыва́ть(ся), -а́ю(сь), -а́ет(ся)
умыка́ние, -я
умы́канный; *кр. ф.* -ан, -ана
умы́кать(ся), -аю(сь), -ает(ся), *сов. (от* мы́кать(ся)
умыка́ть(ся), -а́ю, -а́ет(ся), *несов. (к* умыкну́ть)
умыкну́ть, -ну́, -нёт
у́мысел, -сла
умы́слить, -лю, -лит
умы́тый
умы́ть(ся), умо́ю(сь), умо́ет(ся)
умышле́ние, -я
умы́шленно, *нареч.*
умы́шленность, -и
умы́шленный; *кр. ф. прич.* -ен, -ена; *кр. ф. прил. (преднамеренный)* -ен, -енна (уби́йство умы́шленно)
умышля́ть(ся), -я́ю, -я́ет(ся)
умягча́ть(ся), -а́ю(сь), -а́ет(ся)
умягче́ние, -я
умягчённый; *кр. ф.* -ён, -ена́
умягчи́ть(ся), -чу́(сь), -чи́т(ся)
умяка́ние, -я
умяка́ть, -а́ет
умя́кнуть, -нет; *прош.* умя́к, умя́кла
умя́кший
умя́тый

умя́ть(ся), умну́, умнёт(ся)
унаво́женный; *кр. ф.* -ен, -ена
унаво́живание, -я и унава́живание, -я
унаво́живать(ся), -аю, -ает(ся) и унава́живать(ся), -аю, -ает(ся)
унаво́зить, -о́жу, -о́зит
унанимизм, -а
унанимист, -а
унанимистский
уна́рный
унасле́дование, -я
унасле́дованный; *кр. ф.* -ан, -ана
унасле́довать(ся), -дую, -дует(ся)
ундеви́т, -а
ундерву́д, -а *(пишущая машинка)*
унде́цима, -ы
ундецимакко́рд, -а
унди́на, -ы *(русалка)* и Унди́на, -ы *(лит. персонаж)*
унесённый; *кр. ф.* -ён, -ена́
унести́(сь), -су́(сь), -сёт(ся); *прош.* -ёс(ся), -есла́(сь)
унёсший(ся)
униа́тка, -и, *р. мн.* -ток
униа́тский
униа́тство, -а
униа́ты, -ов, *ед.* униа́т, -а
унивале́нты, -ов
универба́ция, -и
универбиза́ция, -и
универма́г, -а
универма́говский
универса́л, -а
универсализа́ция, -и
универсализи́рованный; *кр. ф.* -ан, -ана
универсализи́ровать(ся), -рую, -рует(ся)
универсализм, -а
универса́лия, -и
универса́льно-ги́бочный
универса́льно ра́звитый
универса́льно-сбо́рный
универса́льность, -и
универса́льно-фре́зерный

универса́льный; *кр. ф.* -лен, -льна
универса́м, -а
универса́нт, -а
универса́нтка, -и, *р. мн.* -ток
универса́нтский
универсиа́да, -ы
универсиа́дный
университе́т, -а
университе́тский
униве́рсум, -а
унижа́ть(ся), -а́ю(сь), -а́ет(ся)
униже́ние, -я
уни́женно, *нареч.*
уни́женность, -и и *(устар.)* унижённость, -и
уни́женный; *кр. ф. прич.* -ен, -ена; *кр. ф. прил. (терпящий унижения, оскорбления; выражающий унижение, свидетельствующий об унижении)* -ен, -енна (они́ бедны́ и уни́женны, но горды́; его́ покло́ны и про́сьбы уни́женны)
унижённый; *кр. ф.* -ён, -ённа, *прил. (устар. к* уни́женный)
уни́занный; *кр. ф.* -ан, -ана
униза́ть(ся), унижу́(сь), уни́жет(ся)
унизи́тельность, -и
унизи́тельный; *кр. ф.* -лен, -льна
уни́зить(ся), уни́жу(сь), уни́зит(ся)
уни́зывание, -я
уни́зывать(ся), -аю(сь), -ает(ся)
у́ник, -а *(устар. к* у́никум)
уника́льность, -и
уника́льный; *кр. ф.* -лен, -льна
у́никум, -а
уникурса́льный
унима́ть(ся), -а́ю(сь), -а́ет(ся)
унимодуля́рный
униномина́льный о́круг
унио́н, -а
униони́зм, -а
униони́ст, -а
униони́стский
униполя́рный

УНИПОЛЯРНЫЙ

1117

унисо́н, -а
унисо́нный
унита́з, -а
унита́зный
унитариа́нский
унитариа́нство, -а
унитари́зм, -а
унита́рии, -ев, ед. -а́рий, -я
унитари́ст, -а
унитари́стский
унита́рный
унифика́тор, -а
унифика́торский
унифика́ция, -и
унифиля́рный
унифици́рованный; кр. ф. -ан, -ана
унифици́ровать(ся), -рую, -рует(ся)
унифо́рма, -ы
униформиза́ция, -и
униформи́зм, -а
униформи́ст, -а
уничижа́ть(ся), -а́ю(сь), -а́ет(ся)
уничиже́ние, -я
уничижённость, -и
уничижённый; кр. ф. прич. -ён, -ена́; кр. ф. прил. -ён, -ённа (устар. к уни́женный)
уничижи́тельность, -и
уничижи́тельный; кр. ф. -лен, -льна
уничижи́ть(ся), -жу́(сь), -жи́т(ся) (устар. к уни́зить(ся))
уничтожа́ть(ся), -а́ю(сь), -а́ет(ся)
уничтожа́ющий(ся)
уничтоже́ние, -я
уничто́женный; кр. ф. -ен, -ена
уничтожи́тель, -я
уничто́жить(ся), -жу(сь), -жит(ся)
у́ния, -и
уно́с, -а
уноси́ть(ся), уношу́(сь), уно́сит(ся)
уносно́й и уно́сный
унта́йки, -а́ек, ед. -а́йка, -и

у́нтер, -а
у́нтер-офице́р, -а
у́нтер-офице́рский
у́нтер-офице́рство, -а
у́нтер-офице́рша, -и, тв. -ей
у́нтер Пришибе́ев, у́нтера Пришибе́ева
у́нтерский
унтерто́н, -а
унты́, -о́в, ед. унт, -а́ и у́нты, унт, ед. у́нта, -ы
унциа́льный
у́нция, -и
уныва́ть, -а́ю, -а́ет
уны́вный; кр. ф. -вен, -вна
уны́лость, -и
уны́лый
уны́ние, -я
уны́ривать, -аю, -ает
унырну́ть, -ну́, -нёт
уню́хать, -аю, -ает
уня́тый; кр. ф. уня́т, уня́та, уня́то
уня́ть(ся), уйму́(сь), уймёт(ся); прош. уня́л(ся), уняла́(сь), уня́ло, уня́ло́сь
у-обра́зный; кр. ф. -зен, -зна
уоднообра́зить, -а́жу, -а́зит
Уо́лл-стри́т, нескл., ж.
Уо́терге́йт, -а
уотерге́йтский
упа́вший
упа́д: до упа́ду
упада́ть, -а́ю, -а́ет
упа́днический
упа́дничество, -а
упа́док, -дка
упа́дочник, -а
упа́дочнический
упа́дочничество, -а
упа́дочность, -и
упа́дочный; кр. ф. -чен, -чна
упа́ивать(ся), -аю, -ает(ся)
упако́ванный; кр. ф. -ан, -ана
упакова́ть(ся), -ку́ю(сь), -ку́ет(ся)
упако́вка, -и, р. мн. -вок
упако́вочный

упако́вщик, -а
упако́вщица, -ы, тв. -ей
упако́вывание, -я
упако́вывать(ся), -аю(сь), -ает(ся)
упа́лый и упало́й
Упаниша́ды, -ша́д
упа́ренный; кр. ф. -ен, -ена
упа́ривание, -я
упа́ривать(ся), -аю(сь), -ает(ся)
упа́рить(ся), -рю(сь), -рит(ся)
упа́рка, -и
упа́рхивать, -аю, -ает
упасённый; кр. ф. -ён, -ена́
упаси́ бог (бо́же), в знач. межд.
упаси́ госпо́дь (го́споди), в знач. межд.
упасти́(сь), упасу́(сь), упасёт(ся); прош. упа́с(ся), упасла́(сь)
упа́сть, упаду́, упадёт; прош. упа́л, упа́ла
упа́сший(ся)
упёк, -а
упека́ть(ся), -а́ю, -а́ет(ся)
упёкший(ся)
упелёнатый и упелёнутый
упелена́ть, -а́ю, -а́ет
упелёнывание, -я
упелёнывать(ся), -аю, -ает(ся)
упереди́ть(ся), -ежу́(сь), -еди́т(ся)
упережа́ть(ся), -а́ю(сь), -а́ет(ся)
упережённый; кр. ф. -ён, -ена́
упере́ть(ся), упру́(сь), упрёт(ся); прош. упёр(ся), упёрла(сь)
упёртость, -и
упёртый
упёрший(ся)
упестрённый; кр. ф. -ён, -ена́
упестри́ть(ся), -рю́, -ри́т(ся)
упестря́ть(ся), -я́ю, -я́ет(ся)
упеча́танный; кр. ф. -ан, -ана
упеча́тать(ся), -аю, -ает(ся)
упеча́тывать(ся), -аю, -ает(ся)
упечённый; кр. ф. -ён, -ена́
упе́чь(ся), упеку́, упечёт(ся), упеку́т(ся); прош. упёк(ся), упекла́(сь)

УПРАВЛЯЕМОСТЬ

упива́ться, -а́юсь, -а́ется
упира́ть(ся), -а́ю(сь), -а́ет(ся)
упи́санный; *кр. ф.* -ан, -ана
уписа́ть(ся), упишу́, упи́шет(ся)
упи́сывать(ся), -аю, -ает(ся)
упи́танность, -и
упи́танный; *кр. ф. прич.* (*откормленный, устар.*) -ан, -ана; *кр. ф. прил.* (*довольно полный*) -ан, -анна
упита́ть(ся), -а́ю, -а́ет(ся)
упи́тывать(ся), -аю, -ает(ся)
упи́ться, упью́сь, упьётся; *прош.* упи́лся, упила́сь, упи́лось
упи́ханный; *кр. ф.* -ан, -ана
упиха́ть(ся), -а́ю, -а́ет(ся)
упи́хивание, -я
упи́хивать(ся), -аю(сь), -ает(ся)
упи́хнутый
упихну́ть(ся), -ну́, -нёт(ся)
упла́нд, -а
упла́та, -ы
уплати́ть, -ачу́, -а́тит
упла́тный
упла́ченный; *кр. ф.* -ен, -ена
упла́чивание, -я
упла́чивать(ся), -аю, -ает(ся)
уплести́(сь), уплету́(сь), уплетёт(ся); *прош.* уплёл(ся), уплела́(сь)
уплета́ть(ся), -а́ю(сь), -а́ет(ся)
уплетённый; *кр. ф.* -ён, -ена́
уплётший(ся)
уплотне́ние, -я
уплотнённость, -и
уплотнённый; *кр. ф.* -ён, -ена́
уплотни́тель, -я
уплотни́тельный
уплотни́ть(ся), -ню́(сь), -ни́т(ся)
уплотня́ть(ся), -я́ю(сь), -я́ет(ся)
уплоща́ть(ся), -а́ю, -а́ет(ся)
уплоще́ние, -я
уплощённость, -и
уплощённый; *кр. ф.* -ён, -ена́
уплощи́ть(ся), -щу́, -щи́т(ся)
уплыва́ть, -а́ю, -а́ет

уплы́ть, -ыву́, -ывёт; *прош.* -ы́л, -ыла́, -ы́ло
упова́ние, -я
упова́тельный; *кр. ф.* -лен, -льна
упова́ть, -а́ю, -а́ет
уподо́бить(ся), -блю(сь), -бит(ся)
уподобле́ние, -я
уподо́бленный; *кр. ф.* -ен, -ена
уподобля́ть(ся), -я́ю(сь), -я́ет(ся)
упое́ние, -я
упоённо, *нареч.*
упоённость, -и
упо́енный; *кр. ф.* -ен, -ена, *прич.* (*от упои́ть*)
упоённый; *кр. ф.* -ён, -ена́, *прил.* (*испытывающий упоение*)
упои́тельность, -и
упои́тельный; *кр. ф.* -лен, -льна
упои́ть, упою́, упои́т (*напоить допьяна*)
упокоева́ть(ся), -а́ю(сь), -а́ет(ся)
упокое́ние, -я
упоко́енный; *кр. ф.* -ен, -ена
упоко́ить(ся), -о́ю(сь), -о́ит(ся)
упоко́й: за упоко́й
упоко́йник, -а (*прост. устар. к* поко́йник)
упоко́йница, -ы, *тв.* -ей (*прост. устар. к* поко́йница)
уползать, -а́ю, -а́ет
уползти́, -зу́, -зёт; *прош.* упо́лз, уползла́
упо́лзший
уполномо́ченный; *кр. ф.* -ен, -ена
уполномо́чивание, -я
уполномо́чивать(ся), -аю(сь), -ает(ся)
уполномо́чие: по уполномо́чию
уполномо́чить, -чу, -чит
уполови́ненный; *кр. ф.* -ен, -ена
уполови́нивать(ся), -аю, -ает(ся)
уполови́нить(ся), -ню, -нит(ся)
уполо́вник, -а
упомина́ние, -я
упомина́ть(ся), -а́ю, -а́ет(ся)
упомнове́ние, -я

упо́мненный; *кр. ф.* -ен, -ена
упо́мнить, -ню, -нит
упомя́нутый
упомяну́ть, -яну́, -я́нет
упо́р, -а
упо́ристый
упо́рность, -и
упо́рный; *кр. ф.* -рен, -рна
упо́рство, -а
упо́рствование, -я
упо́рствовать, -твую, -твует
упорхну́ть, -ну́, -нёт
упоря́дочение, -я
упоря́доченность, -и
упоря́доченный; *кр. ф. прич.* -ен, -ена; *кр. ф. прил.* -ен, -енна (*жизнь его разме́ренна и упоря́доченна*)
упоря́дочивать(ся), -аю, -ает(ся)
упоря́дочить(ся), -чу, -чит(ся)
употе́ть, -е́ю, -е́ет
употреби́тельность, -и
употреби́тельный; *кр. ф.* -лен, -льна
употреби́ть(ся), -блю́, -би́т(ся)
употребле́ние, -я
употреблённый; *кр. ф.* -ён, -ена́
употребля́ть(ся), -я́ю, -я́ет(ся)
упо́тчеванный; *кр. ф.* -ан, -ана
упо́тчевать, -чую, -чует
упра́ва, -ы
управдела́ми, *нескл., м. и ж.*
управдо́м, -а
управи́тель, -я
управи́тельница, -ы, *тв.* -ей
управи́тельский
управи́тельство, -а
упра́вить(ся), -влю(сь), -вит(ся)
управле́нец, -нца, *тв.* -нцем, *р. мн.* -нцев
управле́ние, -я
управле́нский
управле́нческий
управле́нческо-исполни́тельский
управля́емость, -и

УПРАВЛЯЕМЫЙ

управля́емый
управля́ть(ся), -я́ю(сь), -я́ет(ся)
управля́ющий(ся)
упра́вский
упражне́ние, -я
упражня́ть(ся), -я́ю(сь), -я́ет(ся)
упраздне́ние, -я
упразднённый; *кр. ф.* -ён, -ена́
упраздни́ть(ся), -ню́, -ни́т(ся)
упраздня́ть(ся), -я́ю, -я́ет(ся)
упра́шивание, -я
упра́шивать(ся), -аю(сь), -ает(ся)
упрева́ние, -я
упрева́ть, -а́ю, -а́ет
упреди́ть, -ежу́, -еди́т
упрежда́ть(ся), -а́ю, -а́ет(ся)
упрежда́ющий(ся)
упрежде́ние, -я
упреждённый; *кр. ф.* -ён, -ена́
упрёк, -а
упрека́ть, -а́ю, -а́ет
упрекну́ть, -ну́, -нёт
упре́лый
упре́ть, -е́ю, -е́ет
упроси́ть, -ошу́, -о́сит
упрости́тель, -я
упрости́тельский
упрости́тельство, -а
упрости́ть(ся), -ощу́, -ости́т(ся)
упро́чение, -я
упро́ченный; *кр. ф.* -ен, -ена
упро́чивать(ся), -аю(сь), -ает(ся)
упро́чить(ся), -чу(сь), -чит(ся)
упрочне́ние, -я
упрочнённый; *кр. ф.* -ён, -ена́
упрочни́тель, -я
упрочни́ть(ся), -ню́, -ни́т(ся)
упрочня́ть(ся), -я́ю, -я́ет(ся)
упро́шенный; *кр. ф.* -ен, -ена
упроща́ть(ся), -а́ю, -а́ет(ся)
упроще́нец, -нца, *тв.* -нцем, *р. мн.* -нцев
упроще́ние, -я
упрощённо, *нареч.*
упрощённость, -и

упрощённый; *кр. ф. прич.* -ён, -ена́; *кр. ф. прил.* (примитивный) -ён, -ённа (приёмы а́втора упрощены́)
упроще́нство, -а
упроще́нческий
упроще́нчество, -а
упру́гий
упругопласти́ческий
упру́гость, -и
упру́же, *сравн. ст.*
упру́жить, -ит
упры́гать(ся), -аю(сь), -ает(ся)
упры́гивать, -аю, -ает
упры́гнуть, -ну, -нет
упряга́ть(ся), -а́ю(сь), -а́ет(ся)
упряжённый; *кр. ф.* -ён, -ена́
упря́жечный
упря́жка, -и, *р. мн.* -жек
упряжно́й
у́пряжь, -и
упря́мец, -мца, *тв.* -мцем, *р. мн.* -мцев
упря́миться, -млюсь, -мится
упря́мица, -ы, *тв.* -ей
упря́мство, -а
упря́мствовать, -твую, -твует
упря́мый
упря́мящийся
упря́танный; *кр. ф.* -ан, -ана
упря́тать(ся), -я́чу(сь), -я́чет(ся)
упря́тывать(ся), -аю(сь), -ает(ся)
упря́чь(ся), -ягу́(сь), -яжёт(ся), -ягу́т(ся); *прош.* -я́г(ся), -ягла́(сь)
у́псальский (*от* У́псала)
у́псальцы, -ев, *ед.* -лец, -льца, *тв.* -льцем
упуска́ть(ся), -а́ю, -а́ет(ся)
упусти́ть, упущу́, упу́стит
упуще́ние, -я
упу́щенный; *кр. ф.* -ен, -ена
упы́рь, -я́
упы́хаться, -аюсь, -ается
упятерённый; *кр. ф.* -ён, -ена́
упятери́ть(ся), -рю́, -ри́т(ся)
упятеря́ть(ся), -я́ю, -я́ет(ся)

ура́, *межд.*
урабо́таться, -аюсь, -ается
уравне́ние, -я
ура́вненный; *кр. ф.* -ен, -ена и уравнённый; *кр. ф.* -ён, -ена́ (*от* уравня́ть)
ура́внивание, -я
ура́внивать(ся), -аю(сь), -ает(ся)
уравни́ловка, -и
уравни́ловский
уравни́тель, -я
уравни́тельность, -и
уравни́тельный
уравнове́сить(ся), -е́шу(сь), -е́сит(ся)
уравнове́шение, -я
уравнове́шенность, -и
уравнове́шенный; *кр. ф. прич.* -ен, -ена; *кр. ф. прил.* (обладающий ровным, спокойным характером) -ен, -енна
уравнове́шивание, -я
уравнове́шивать(ся), -аю(сь), -ает(ся)
уравня́ть(ся), -я́ю(сь), -я́ет(ся) (*к* ра́вный)
урага́н, -а
урага́нный
ураганоме́р, -а
ураза́, -ы́
Ураза́-байра́м, -а (*праздник*)
уразнообра́зить, -а́жу, -а́зит
уразумева́ть(ся), -а́ю, -а́ет(ся)
уразуме́ние, -я
уразуме́ть, -е́ю, -е́ет
урали́т, -а
урали́товый
ура́лка, -и, *р. мн.* -лок
уралма́шевец, -вца, *тв.* -вцем, *р. мн.* -вцев
уралма́шевский (*от* Уралма́ш)
Ура́ло-Монго́льский скла́дчатый по́яс
ура́ло-поволжский
ура́ло-сиби́рский

Урало-Тянь-Шаньская складчатая область
уралочка, -и, *р. мн.* -чек
уральский (*от* Урал *и* Уральск)
Уральский регион
Уральское казачье войско
уральцы, -ев, *ед.* -лец, -льца, *тв.* -льцем
Уран, -а (*мифол.; планета*)
уран, -а (*хим.*)
уранванадиевый
уранграфитовый
урандобывающий и уранодобывающий
ураninит, -а
Урания, -и (*мифол.*)
уранмолибденовый
урановый
уранография, -и
уранодобывающий и урандобывающий
ураноскоп, -а
уранплутониевый
урансодержащий и ураносодержащий
ура-патриот, -а
ура-патриотизм, -а
ура-патриотический
урартский (*от* Урарту)
Урарту, *нескл., с. (государство) и* урарту, *нескл., мн. (племена)*
урартцы, -ев, *ед.* -тец, -тца, *тв.* -тцем
урарты, -ов
урастать, -аю, -ает
урасти, -ту, -тёт; *прош.* урос, уросла
урбанизация, -и
урбанизированный; *кр. ф.* -ан, -ана
урбанизировать(ся), -рую, -рует(ся)
урбанизм, -а
урбанист, -а
урбанистический
урбанистский

урванный; *кр. ф.* -ан, -ана
урвать(ся), урву(сь), урвёт(ся); *прош.* -ал(ся), -ала(сь), -ало, -алось
ургенчский (*от* Ургенч)
ургенчцы, -ев, *ед.* -чец, -чца, *тв.* -чцем
урду, *неизм. и нескл., м.*
урду-русский
уреаза, -ы
урегулирование, -я
урегулированный; *кр. ф.* -ан, -ана
урегулировать(ся), -рую, -рует(ся)
уредоспоры, -ор, *ед.* -спора, -ы
урез, -а
урезание, -я
урезанный; *кр. ф.* -ан, -ана
урезать, урежу, урежет, *сов.*
урезать(ся), -аю, -ает(ся), *несов.*
урезка, -и
урезонненный; *кр. ф.* -ен, -ена
урезонивать(ся), -аю(сь), -ает(ся)
урезонить(ся), -ню(сь), -нит(ся)
урезывание, -я
урезывать(ся), -аю, -ает(ся)
урейды, -ов, *ед.* -ид, -а
урема, -ы и урёма, -ы
уремический
уремия, -и
урёмный
уренгойский (*от* Уренгой)
уретановый
уретаны, -ов, *ед.* -тан, -а
уретра, -ы
уретрит, -а
уретроскоп, -а
уретроскопический
уретроскопия, -и
уржумский (*от* Уржум)
уржумцы, -ев, *ед.* -мец, -мца, *тв.* -мцем
урзиния, -и
уридиловая кислота
уридин, -а

уриказа, -ы
урильник, -а
урина, -ы
уринотерапия, -и
урка, -и, *р. мн.* урок, *м.*
уркаган, -а
урман, -а
урна, -ы
уроантисептик, -а
уроантисептический
уробактерии, -ий, *ед.* -ерия, -и
уробилин, -а
уробилинурия, -и
уровенный
уровень, -вня
уровневый
уровнемер, -а
уровненный; *кр. ф.* -ен, -ена (*от* уровнять)
уровнять(ся), -яю, -яет(ся) (*к ровный*)
урогенитальный
урогинекологический
урогинекология, -и
урографический
урография, -и
урод, -а
уродан, -а
уродец, -дца, *тв.* -дцем, *р. мн.* -дцев
уродина, -ы, *м. и ж.*
уродить(ся), -ожу(сь), -одит(ся)
уродище, -а и -и, *мн.* -и, -ищ, *м.*
уродка, -и, *р. мн.* -док
уродливость, -и
уродливый
уродование, -я
уродованный; *кр. ф.* -ан, -ана
уродовать(ся), -дую(сь), -дует(ся)
уродский
уродство, -а
урожай, -я
урожайность, -и
урожайный; *кр. ф.* -аен, -айна
урождать(ся), -аю(сь), -ает(ся)
урождённый; *кр. ф.* -ён, -ена

уроже́нец, -нца, тв. -нцем, р. мн. -нцев
уроже́нка, -и, р. мн. -нок
уроинфе́кция, -и
уро́к, -а
уро́лог, -а
урологи́ческий
уроло́гия, -и
уро́метр, -а
уро́н, -а
уро́ненный; кр. ф. -ен, -ена
урони́ть, уроню́, уро́нит
уро́новый (хим.)
уро́сший
уротропи́н, -а
урохро́м, -а
уро́чище, -а
уро́чный
урсули́нки, -нок, ед. -нка, -и
урсули́нский
урти́т, -а
уругва́йка, -и, р. мн. -а́ек
уругва́йский (от Уругва́й)
уругва́йцы, -ев, ед. -а́ец, -а́йца, тв. -а́йцем
урча́ние, -я
урча́ть, урчу́, урчи́т
урыва́ть(ся), -а́ю(сь), -а́ет(ся)
уры́вками, нареч.
уры́вочный
урю́к, -а и -у
урю́ковый
урю́пинский (от Урю́пинск)
урю́пинцы, -ев, ед. -нец, -нца, тв. -нцем
урю́чный
уря́д, -а
уряди́ть(ся), уряжу́(сь), уряди́т(ся)
уря́дник, -а
уря́дницкий
уря́дничий, -ья, -ье
уряжа́ть(ся), -а́ю(сь), -а́ет(ся)
уря́женный; кр. ф. -ен, -ена
урянха́йский
урянха́йцы, -ев, ед. -а́ец, -а́йца, тв. -а́йцем

уса́дебка, -и, р. мн. -бок
уса́дебный
усади́ть, усажу́, уса́дит
уса́дка, -и
уса́дочный
уса́дьба, -ы, р. мн. уса́деб и уса́дьб
уса́дьбишка, -и, р. мн. -шек
усажа́ть, -а́ю, -а́ет
уса́женный; кр. ф. -ен, -ена
уса́живание, -я
уса́живать(ся), -аю(сь), -ает(ся)
уса́ленный; кр. ф. -ен, -ена
уса́ливать(ся), -аю(сь), -ает(ся)
уса́лить(ся), -лю(сь), -лит(ся)
уса́стый
уса́тевший
уса́тенький
усате́ть, -е́ю, -е́ет
уса́тик, -а
уса́тый
усаха́ренный; кр. ф. -ен, -ена
усаха́ривать(ся), -аю(сь), -ает(ся)
усаха́рить(ся), -рю(сь), -рит(ся)
уса́ч, -а́, тв. -о́м
усва́ивание, -я
усва́ивать(ся), -аю, -ает(ся)
усва́танный; кр. ф. -ан, -ана
усва́тать, -аю, -ает
усва́тывать(ся), -аю(сь), -ает(ся)
усвое́ние, -я
усво́енный; кр. ф. -ен, -ена
усво́ить(ся), -о́ю, -о́ит(ся)
усвоя́емость, -и
усвоя́емый
усвоя́ть(ся), -я́ю, -я́ет(ся)
усева́ть(ся), -а́ю, -а́ет(ся)
усе́ивать(ся), -аю, -ает(ся)
усека́ние, -я
усека́ть(ся), -а́ю, -а́ет(ся)
усекнове́ние, -я
Усекнове́ние главы́ Иоа́нна Предте́чи
усе́кший (от усе́чь¹)
усёкший (от усе́чь¹ и ²)
усе́рдие, -я
усе́рдность, -и

усе́рдный; кр. ф. -ден, -дна
усе́рдство, -а
усе́рдствование, -я
усе́рдствовать, -твую, -твует
усе́сться, уся́дусь, уся́дется; прош. усе́лся, усе́лась
усече́ние, -я
усечённый; кр. ф. -ён, -ена́
усе́чь¹, усеку́, усечёт, усеку́т; прош. усёк и усе́к, усекла́ (отсекая, укоротить)
усе́чь², усеку́, усечёт, усеку́т; прош. усёк, усекла́ (понять)
усе́янный; кр. ф. -ян, -яна
усе́ять(ся), усе́ю, усе́ет(ся)
усиде́ть, усижу́, усиди́т
уси́дчивость, -и
уси́дчивый
уси́женный; кр. ф. -ен, -ена
уси́живать(ся), -аю, -ает(ся)
у́сики, -ов, ед. у́сик, -а
у́сиковый
усиле́ние, -я
уси́ленно, нареч.
уси́ленный; кр. ф. -ен, -ена
уси́ливать(ся), -аю(сь), -ает(ся)
уси́лие, -я
усили́тель, -я
усили́тельный
уси́лить(ся), -лю(сь), -лит(ся)
уси́льный
уси́нский (от Уса́ и Уси́нск)
уси́шки, -шек, ед. уси́шко, -а и -и, м.
уси́ща, уси́щ и уси́щи, уси́щ, ед. уси́ще, -а, м.
ускака́ть, ускачу́, уска́чет
уска́кивать, -аю, -ает
ускакну́ть, -ну́, -нёт
уска́льзывание, -я
уска́льзывать, -аю, -ает
уско́ки, -ов, ед. -о́к, -а (ист.)
ускольза́ние, -я
ускольза́ть, -а́ю, -а́ет
ускользну́ть, -ну́, -нёт
ускоре́ние, -я

ускоренно, *нареч.*
ускоренность, -и
ускоренный; *кр. ф.* -ен, -ена
ускоритель, -я
ускорительный
ускорить(ся), -рю(сь), -рит(ся)
ускорять(ся), -яю(сь), -яет(ся)
уславаливаться, -аюсь, -ается и условливаться, -аюсь, -ается
услада, -ы
усладительность, -и
усладительный; *кр. ф.* -лен, -льна
усладить(ся), -ажу(сь), -адит(ся)
усладный; *кр. ф.* -ден, -дна
услаждать(ся), -аю(сь), -ает(ся)
услаждение, -я
услаждённый; *кр. ф.* -ён, -ена́
усланный; *кр. ф.* -ан, -ана (*от* услать)
усластить(ся), -ащу́, -астит(ся)
услать, ушлю́, ушлёт (*от* слать)
услащать(ся), -аю, -ает(ся)
услащённый; *кр. ф.* -ён, -ена́
услащивание, -я
услащивать(ся), -аю, -ает(ся)
уследить, -ежу́, -едит
услеженный; *кр. ф.* -ен, -ена
услеживание, -я
услеживать(ся), -аю, -ает(ся)
условие, -я
условиться, -влюсь, -вится
условленный; *кр. ф.* -ен, -ена
условливаться, -аюсь, -ается и уславаливаться, -аюсь, -ается
условно-беспошлинный
условно-досрочный
условно освобождённый
условно осуждённый
условно поражённый
условно-рефлекторный
условность, -и
условно сходящийся
условный; *кр. ф.* -вен, -вна
усложнение, -я
усложнённо, *нареч.*
усложнённость, -и

усложнённый; *кр. ф.* -ён, -ена́
усложнить(ся), -ню́, -ни́т(ся)
усложнять(ся), -яю, -яет(ся)
услуга, -и
услужающий
услужение, -я
услуживание, -я
услуживать, -аю, -ает
услужить, -ужу́, -ужит
услужливость, -и
услужливый
услужник, -а
услужница, -ы, *тв.* -ей
услужничать, -аю, -ает
услужничество, -а
услыхать, *буд. вр. не употр.*
услышанный; *кр. ф.* -ан, -ана
услышать, -шу, -шит
усматривание, -я
усматривать(ся), -аю, -ает(ся)
усмехаться, -аюсь, -ается
усмехнуться, -ну́сь, -нётся
усмешечка, -и, *р. мн.* -чек
усмешка, -и, *р. мн.* -шек
усмешливый
усмирение, -я
усмирённый; *кр. ф.* -ён, -ена́
усмиреть, -ею, -еет
усмиритель, -я
усмирительный
усмирить(ся), -рю́(сь), -ри́т(ся)
усмирять(ся), -яю(сь), -яет(ся)
усмотрение, -я
усмотренный; *кр. ф.* -ен, -ена
усмотреть, -отрю́, -о́трит
уснастить, -ащу́, -астит
уснащать(ся), -аю, -ает(ся)
уснащение, -я
уснащённый; *кр. ф.* -ён, -ена́
уснащивать(ся), -аю, -ает(ся)
уснея, -и
уснуть, усну́, уснёт
усобица, -ы, *тв.* -ей
усовершенствование, -я
усовершенствованный; *кр. ф.* -ан, -ана

усовершенствовать(ся), -твую(сь), -твует(ся)
усовестить(ся), -ещу(сь), -естит(ся)
усовещенный; *кр. ф.* -ен, -ена
усовещивать(ся), -аю(сь), -ает(ся)
усол, -а
усоленный; *кр. ф.* -ен, -ена
усолить(ся), усолю́, усо́лит(ся)
усолье, -я, *р. мн.* -лий (*место добычи соли, устар.*); *но:* Усолье, -я (*город*)
Усолье-Сибирское, Усо́лья-Сибирского (*город*)
усольский (*к* усолье, Усолье (*город*) *и* Усолье-Сибирское)
усольцы, -ев, *ед.* -лец, -льца, *тв.* -льцем (*к* усолье, Усолье *и* Усолье-Сибирское)
усольчане, -ан, *ед.* -анин, -а (*к* Усолье *и* Усолье-Сибирское)
усольчанка, -и, *р. мн.* -нок
усомниться, -ню́сь, -нится
усоногие, -их
усопший
усохлый
усохнуть, -нет; *прош.* усох, усохла
усохший
успеваемость, -и
успевать, -аю, -ает
успевающий
успеется, *других форм нет*
успение, -я (*кончина, церк.*) *и* Успение, -я (*праздник; иконографический сюжет*)
успенский (*к* Успение)
Успенский пост
Успенский собор
Успеньев день, Успеньева дня
успеть, -ею, -еет
успех, -а
успешность, -и
успешный; *кр. ф.* -шен, -шна
успокаивание, -я
успокаивать(ся), -аю(сь), -ает(ся)
успокаивающий(ся)

УСПОКОЕНИЕ

успокое́ние, -я
успоко́енность, -и
успоко́енный; кр. ф. -ен, -ена
успокои́тель, -я
успокои́тельница, -ы, тв. -ей
успокои́тельность, -и
успокои́тельный; кр. ф. -лен, -льна
успоко́ить(ся), -о́ю(сь), -о́ит(ся)
усредне́ние, -я
усреднённость, -и
усреднённый; кр. ф. -ён, -ена́
усредни́ть, -ню́, -ни́т
усредня́ть(ся), -я́ю, -я́ет(ся)
уссури́йский (от Уссури́ и Уссури́йск)
уссури́йцы, -ев, ед. -и́ец, -и́йца, тв. -и́йцем
уста́, уст, уста́м
уста́в, -а
устава́ть, устаю́, устаёт
уста́вить(ся), -влю(сь), -вит(ся)
уста́вленный; кр. ф. -ен, -ена
уставля́ть(ся), -я́ю(сь), -я́ет(ся)
уставно́й и уста́вный
уста́вший
уста́вщик, -а
уста́ивать(ся), -аю, -ает(ся)
устака́ниваться, -ается
устака́ниться, -ится
уста́лостный
уста́лость, -и
уста́лый
у́сталь, -и: без у́стали, не зна́ть у́стали
устана́вливать(ся), -аю, -ает(ся)
установи́ть(ся), -овлю́, -о́вит(ся)
устано́вка, -и, р. мн. -вок
установле́ние, -я
устано́вленный; кр. ф. -ен, -ена
установля́ть(ся), -я́ю, -я́ет(ся)
устано́вочный
устано́вщик, -а
устарева́ние, -я
устарева́ть, -а́ю, -а́ет
устаре́вший

устаре́лость, -и
устаре́лый
устаре́ть, -е́ю, -е́ет
уста́ток: с уста́тка и с уста́тку
уста́ть, -а́ну, -а́нет
уста́ший, -ей, ед. уста́ш, -а́, тв. -о́м
уста́шский
устаю́щий
усте́ленный; кр. ф. -ен, -ена
устелипо́ле, -я (растение)
устели́ть(ся), устелю́, усте́лет(ся); прош. -и́л(ся), -и́ла(сь)
устерега́ть(ся), -а́ю(сь), -а́ет(ся)
устерёгший(ся)
устережённый; кр. ф. -ён, -ена́
устере́чь(ся), -регу́(сь), -режёт(ся), -регу́т(ся); прош. -рёг(ся), -регла́(сь)
устила́ть(ся), -а́ю, -а́ет(ся)
усти́лка, -и, р. мн. -лок
у́стланный; кр. ф. -ан, -ана (от устла́ть)
устла́ть(ся), устелю́, усте́лет(ся); прош. -а́л(ся), -а́ла(сь) (к стлать)
у́стно-разгово́рный
у́стность, -и
у́стный
усто́и¹, -ев (традиционные нормы жизни)
усто́и², -ев, ед. усто́й, -я (опоры, подпорки (моста и др.))
усто́й, -я (усто́й молока́, сливки)
усто́йчивость, -и
усто́йчивый
усторожённый; кр. ф. -ён, -ена́
усторожи́ть, -жу́, -жи́т
устоя́ть(ся), -ою́, -ои́т(ся)
устра́ивание, -я
устра́ивать(ся), -аю(сь), -ает(ся)
устране́ние, -я
устранённый; кр. ф. -ён, -ена́
устрани́мый
устрани́ть(ся), -ню́(сь), -ни́т(ся)
устраня́ть(ся), -я́ю(сь), -я́ет(ся)
устраша́ть(ся), -а́ю(сь), -а́ет(ся)
устраша́ющий(ся)

устраше́ние, -я
устрашённый; кр. ф. -ён, -ена́
устраши́тельный; кр. ф. -лен, -льна
устраши́ть(ся), -шу́(сь), -ши́т(ся)
устреми́ть(ся), -млю́(сь), -ми́т(ся)
устремле́ние, -я
устремлённость, -и
устремлённый; кр. ф. -ён, -ена́
устремля́ть(ся), -я́ю(сь), -я́ет(ся)
у́стрица, -ы, тв. -ей
у́стричный
устрое́ние, -я
устро́енный; кр. ф. -ен, -ена
устрожа́ть(ся), -а́ю, -а́ет(ся)
устроже́ние, -я
устро́женный; кр. ф. -ен, -ена
устро́жить(ся), -жу, -жит(ся)
устрои́тель, -я
устрои́тельница, -ы, тв. -ей
устро́ить(ся), -о́ю(сь), -о́ит(ся)
устро́йство, -а
устру́г, -а
усту́п, -а
уступа́ть(ся), -а́ю, -а́ет(ся)
уступи́стый
уступи́тельность, -и
уступи́тельный
уступи́ть, уступлю́, усту́пит
усту́пка, -и, р. мн. -пок
усту́пленный; кр. ф. -ен, -ена
уступно́й и усту́пный (от уступ)
уступообра́зный; кр. ф. -зен, -зна
усту́пчатый
усту́пчивость, -и
усту́пчивый
устыди́ть(ся), -ыжу́(сь), -ыди́т(ся)
устыжа́ть(ся), -а́ю(сь), -а́ет(ся)
устыже́ние, -я
устыжённый; кр. ф. -ён, -ена́
Усть-... — первая часть названий населенных пунктов, пишется через дефис, напр.: Усть-Или́мск, Усть-Ката́в, Усть-Каменого́рск, Усть-Ку́т, Усть-Лаби́нск (города́), Усть-Доне́цкий,

Усть-Орды́нский, Усть-Абака́н, Усть-Ижо́ра, Усть-Лу́га, Усть-Камча́тск (*поселки*)
усть-абака́нский (*от* Усть-Абака́н)
устьабака́нцы, -ев, *ед.* -нец, -нца, *тв.* -нцем
у́стье, -я, *р. мн.* -ьев; но: У́стье, -я (*река*; *поселок*), Ру́сское У́стье (*село*)
устьево́й и у́стьевый
Усть-Или́мская ГЭС
усть-или́мский (*от* Усть-Или́мск)
устьили́мцы, -ев, *ед.* -мец, -мца, *тв.* -мцем
У́стьинский мо́ст (*в Москве*)
у́стьице, -а
у́стьичный
усть-каменого́рский (*от* Усть-Каменого́рск)
устькаменого́рцы, -ев, *ед.* -рец, -рца, *тв.* -рцем
усть-ку́тский (*от* Усть-Ку́т)
устьку́тцы, -ев, *ед.* -тец, -тца, *тв.* -тцем
усть-лаби́нский (*от* Усть-Лаби́нск)
устьлаби́нцы, -ев, *ед.* -нец, -нца, *тв.* -нцем
Усть-Орды́нский Буря́тский автоно́мный о́круг
устьорды́нцы, -ев, *ед.* -нец, -нца, *тв.* -нцем
Усть-Ханта́йская ГЭС
устюжа́не, -а́н, *ед.* -а́нин, -а (*к* Вели́кий У́стюг и Устю́жна)
устюжа́нка, -и, *р. мн.* -нок (*к* устюжа́не)
устю́женка, -и, *р. мн.* -нок (*к* устю́женцы)
устю́женский (*от* Устю́жна)
устю́женцы, -ев, *ед.* -нец, -нца, *тв.* -нцем (*от* Устю́жна)
устю́жский (*к* Вели́кий У́стюг)
усугуби́ть(ся), -у́блю, -у́бит(ся)

усугубле́ние, -я
усугу́бленный; *кр. ф.* -ен, -ена и усугублённый; *кр. ф.* -ён, -ена́
усугубля́ть(ся), -я́ю, -я́ет(ся)
усуша́ть(ся), -а́ю, -а́ет(ся)
усу́шенный; *кр. ф.* -ен, -ена
усуши́ть(ся), усушу́, усу́шит(ся)
усу́шка, -и
усчи́танный; *кр. ф.* -ан, -ана
усчита́ть, -а́ю, -а́ет
усчи́тывание, -я
усчи́тывать(ся), -аю, -ает(ся)
усы́, усо́в, *ед.* ус, уса́
усыла́ть(ся), -а́ю(сь), -а́ет(ся)
усы́лка, -и
усынови́тель, -я
усынови́тельница, -ы, *тв.* -ей
усынови́ть, -влю́, -ви́т
усыновле́ние, -я
усыновлённый; *кр. ф.* -ён, -ена́
усыновля́ть(ся), -я́ю(сь), -я́ет(ся)
усыпа́льница, -ы, *тв.* -ей
усыпа́ние, -я
усы́панный; *кр. ф.* -ан, -ана
усы́пать(ся), -плю(сь), -плет(ся), -плют(ся) и -пет(ся), -пят(ся), *сов.*
усыпа́ть(ся), -а́ю(сь), -а́ет(ся), *несов.*
усыпи́тельность, -и
усыпи́тельный; *кр. ф.* -лен, -льна
усыпи́ть, -плю́, -пи́т
усы́пка, -и
усыпле́ние, -я
усыплённый; *кр. ф.* -ён, -ена́
усыпля́ть(ся), -я́ю(сь), -я́ет(ся)
усыпля́ющий(ся)
усыха́ние, -я
усыха́ть, -а́ю, -а́ет
у́ськать, -аю, -ает
утае́ние, -я
утаённый; *кр. ф.* -ён, -ена́
ута́ивание, -я
ута́ивать(ся), -аю(сь), -ает(ся)
утаи́ть(ся), утаю́(сь), утаи́т(ся)
ута́йка, -и, *р. мн.* ута́ек

ута́йщик, -а
ута́йщица, -ы, *тв.* -ей
ута́пливание, -я
ута́пливать(ся), -аю, -ает(ся)
ута́птывать(ся), -аю, -ает(ся)
ута́скивать(ся), -аю(сь), -ает(ся)
ута́чанный; *кр. ф.* -ан, -ана
утача́ть(ся), -а́ю, -а́ет(ся)
ута́чивание, -я
ута́чивать(ся), -аю, -ает(ся)
ута́чка, -и
ута́щенный; *кр. ф.* -ен, -ена
утащи́ть(ся), утащу́(сь), ута́щит(ся)
у́тварь, -и
утверди́тельность, -и
утверди́тельный; *кр. ф.* -лен, -льна
утверди́ть(ся), -ржу́(сь), -рди́т(ся)
утвержда́ть(ся), -а́ю(сь), -а́ет(ся)
утвержде́ние, -я
утверждённый; *кр. ф.* -ён, -ена́
утека́ть, -а́ю, -а́ет
уте́кший
утемне́ние, -я
утемнённый; *кр. ф.* -ён, -ена́
утемни́ть(ся), -ню́, -ни́т(ся)
утемня́ть(ся), -я́ю, -я́ет(ся)
утёнок, -нка, *мн.* утя́та, -я́т
утёночек, -чка, *мн.* утя́тки, -ток
утёныш, -а, *тв.* -ем
утепле́ние, -я
утеплённый; *кр. ф.* -ён, -ена́
утепли́тель, -я
утепли́тельный
утепли́ть(ся), -лю́(сь), -ли́т(ся)
утепля́ть(ся), -я́ю(сь), -я́ет(ся)
утере́ть(ся), утру́(сь), утрёт(ся); *прош.* утёр(ся), утёрла(сь)
утери́вать(ся), -аю, -ает(ся)
утерпе́ть, утерплю́, уте́рпит
утёртый
утёрший(ся)
уте́ря, -и
уте́рянный; *кр. ф.* -ян, -яна
утеря́ть(ся), -я́ю, -я́ет(ся)

утёс, -а
утёсанный; *кр. ф.* -ан, -ана
утеса́ть, утешу́, уте́шет
утёсистый
утесне́ние, -я
утеснённый; *кр. ф.* -ён, -ена́
утёсник, -а
утесни́тель, -я
утесни́тельница, -ы, *тв.* -ей
утесни́тельный; *кр. ф.* -лен, -льна
утесни́ть(ся), -ню́(сь), -ни́т(ся)
утесня́ть(ся), -я́ю(сь), -я́ет(ся)
утёсывать(ся), -аю, -ает(ся)
утетёшкать(ся), -аю, -ает(ся)
уте́ха, -и
уте́чка, -и, *р. мн.* -чек
уте́чь, утеку́, утечёт, утеку́т; *прош.* утёк, утекла́
утеша́ть(ся), -а́ю(сь), -а́ет(ся) (*к* уте́шить(ся)
утеше́ние, -я (*от* уте́шить(ся))
уте́шенный; *кр. ф.* -ен, -ена
утеше́ньице, -а
утеши́тель, -я
утеши́тельница, -ы, *тв.* -ей
утеши́тельность, -и
утеши́тельный; *кр. ф.* -лен, -льна
утеши́тельство, -а
уте́шить(ся), -шу(сь), -шит(ся)
уте́шный; *кр. ф.* -шен, -шна
утилиза́тор, -а
утилиза́торский
утилиза́торство, -а
утилизацио́нный
утилиза́ция, -и
утилизи́рованный; *кр. ф.* -ан, -ана
утилизи́ровать(ся), -рую, -рует(ся)
утилитари́зм, -а
утилитари́ст, -а
утилитари́стка, -и, *р. мн.* -ток
утилитари́стский
утилита́рность, -и
утилита́рный; *кр. ф.* -рен, -рна
ути́ль, -я

ути́льный
утильсырьё, -я́
утильсырьево́й
утильце́х, -а, *мн.* -и, -ов *и* -а́, -о́в
ути́льщик, -а
ути́н, -а (*болезнь*)
ути́ный
утира́льник, -а
утира́льный
утира́ние, -я
утира́ть(ся), -а́ю(сь), -а́ет(ся)
ути́рка, -и, *р. мн.* -рок
ути́сканный; *кр. ф.* -ан, -ана
ути́скать(ся), -аю(сь), -ает(ся)
ути́скивать(ся), -аю(сь), -ает(ся)
у́ти-у́ти *и* у́тя-у́тя, *неизм.*
утиха́ть, -а́ю, -а́ет
ути́хнуть, -ну, -нет; *прош.* ути́х, ути́хла
утихоми́ренный; *кр. ф.* -ен, -ена
утихоми́ривать(ся), -аю(сь), -ает(ся)
утихоми́рить(ся), -рю(сь), -рит(ся)
ути́хший
у́тица, -ы, *тв.* -ей
утиша́ть(ся), -а́ю(сь), -а́ет(ся) (*к* утиши́ть(ся))
утише́ние, -я (*от* утиши́ть(ся))
утишённый; *кр. ф.* -ён, -ена́
утиши́ть(ся), -шу́(сь), -ши́т(ся)
у́тища, -и, *тв.* -ей (*от* у́тка)
у́тка, -и, *р. мн.* у́ток
у́тканный; *кр. ф.* -ан, -ана
утка́ть, утку́, уткёт; *прош.* утка́л, утка́ла́, утка́ло
у́ткнутый
уткну́ть(ся), -ну́(сь), -нёт(ся)
утконо́с, -а
утконо́сый
утлега́рь, -я
у́тлость, -и
у́тлый
уто́к, утка́
утола́кивать(ся), -аю, -ает(ся)
утоле́ние, -я
утолённость, -и

утолённый; *кр. ф.* -ён, -ена́
Утоли́ Моя́ Печа́ли (*иконографический тип Божией Матери*)
утоли́тельный; *кр. ф.* -лен, -льна
утоли́ть(ся), -лю́(сь), -ли́т(ся)
утоло́кший(ся)
утоло́чь(ся), -лку́, -лчёт(ся), -лку́т(ся); *прош.* -ло́к(ся), -лкла́(сь)
утолсти́ть(ся), -лщу́(сь), -лсти́т(ся)
утолчённый; *кр. ф.* -ён, -ена́
утолща́ть(ся), -а́ю(сь), -а́ет(ся)
утолще́ние, -я
утолщённый; *кр. ф.* -ён, -ена́
утоля́ть(ся), -я́ю, -я́ет(ся)
утоми́тельность, -и
утоми́тельный; *кр. ф.* -лен, -льна
утоми́ть(ся), -млю́(сь), -ми́т(ся)
утомле́ние, -я
утомлённо, *нареч.*
утомлённость, -и
утомлённый; *кр. ф. прич.* -ён, -ена́; *кр. ф. прил.* (*выражающий утомление*) -ён, -ённа (*лицо её утомлённо*)
утомля́емость, -и
утомля́ть(ся), -я́ю(сь), -я́ет(ся)
утоне́ние, -я
утонённый; *кр. ф.* -ён, -ена́
утони́ть(ся), -ню́, -ни́т(ся)
утону́тие, -я
утону́ть, утону́, уто́нет
утонча́ть(ся), -а́ю(сь), -а́ет(ся)
утонче́ние, -я
утончённо *и* (*устар.*) уто́нченно, *нареч.*
утончённость, -и *и* (*устар.*) уто́нченность, -и
уто́нченный; *кр. ф.* -ен, -енна, *прил.* (*устар. к* утончённый)
утончённый; *кр. ф. прич.* -ён, -ена́; *кр. ф. прил.* (*изысканный, изощренный*) -ён, -ённа
утончи́ть(ся), -чу́(сь), -чи́т(ся)
утоня́ть(ся), -я́ю, -я́ет(ся)

утóп, -а (*потеря леса при сплаве*)
утопáть, -áю, -áет, *сов.* (*утоптáть*)
утопáть, -áю, -áет, *несов.* (к утонýть)
утопáющий
утопи́зм, -а
утопи́ст, -а
утопи́стка, -и, *р. мн.* -ток
утопи́ть(ся), утоплю́(сь), утóпит(ся)
утопи́ческий
утопи́чность, -и
утопи́чный; *кр. ф.* -чен, -чна
Утóпия, -и (*фантастическая страна*) и утóпия, -и (*неосуществимая мечта; лит. жанр*)
утоплéние, -я
утóпленник, -а
утóпленница, -ы, *тв.* -ей
утóпленный; *кр. ф.* -ен, -ена
утóплый
утóпнуть, -ну, -нет; *прош.* утóп, утóпла (*прост. к* утонýть)
утóптанный; *кр. ф.* -ан, -ана
утоптáть(ся), утопчý, утóпчет(ся)
утóпший (*прост. к* утонýвший)
утóпывать(ся), -аю, -ает(ся) (*к* утóпать)
утóр, -а
уторáпливать(ся), -аю, -ает(ся)
уторгóванный; *кр. ф.* -ан, -ана
уторговáть, -гýю, -гýет
утóренный; *кр. ф.* -ен, -ена (*от* утóрить)
уторённый; *кр. ф.* -ён, -енá (*от* уторúть)
утóрить(ся), -рю, -рит(ся) (*от* утóр)
уторúть(ся), -рю́, -ри́т(ся) (*утоптáть(ся)*)
утóрка, -и
уторопúть, -плю́, -óпит
уторóпленный; *кр. ф.* -ен, -ена
утóрщик, -а
утóченный; *кр. ф.* -ен, -ена

утóчина, -ы
уточи́ть(ся), уточý, уточит(ся)
ýточка, -и, *р. мн.* -чек (*от* ýтка)
утóчка, -и (*от* уточи́ть)
уточнéние, -я
уточнённый; *кр. ф.* -ён, -енá
уточни́ть(ся), -ню́, -ни́т(ся)
утóчно-мотáльный
утóчно-шпýльный
утóчный
уточня́ть(ся), -я́ю, -я́ет(ся)
утрáивание, -я
утрáивать(ся), -аю, -ает(ся)
утраквúсты, -ов, *ед.* -úст, -а
утраквúстский
утрамбóванный; *кр. ф.:* -ан, -ана
утрамбовáть(ся), -бýю, -бýет(ся)
утрамбóвка, -и
утрамбóвывание, -я
утрамбóвывать(ся), -аю, -ает(ся)
утрáта, -ы
утрáтить(ся), -áчу, -áтит(ся)
утрáфить, -флю, -фит
утрафля́ть, -я́ю, -я́ет
утрáченный; *кр. ф.* -ен, -ена
утрáчивать(ся), -аю, -ает(ся)
ýтренний
ýтренник, -а
Ýтренняя звездá (*о планете Венера*)
ýтреня, -и, *р. мн.* -ень
ýтречко, -а, *мн.* -чки, -чек
ýтречком, *нареч.*
ýтрешний
утри́рование, -я
утри́рованно, *нареч.*
утри́рованный; *кр. ф. прич.* -ан, -ана; *кр. ф. прил.* (*обнаруживающий утрировку*) -ан, -анна (*манéра игры́ утри́рованна*)
утри́ровать(ся), -рую, -рует(ся)
утри́рóвка, -и
ýтро, -а и до утрá, с утрá, *дат.* ýтру и к ýтру, *мн.* ýтра, утр, *дат.* ýтрам и по утрáм, *тв.* ýтрами
утрóба, -ы

утрóбистый
утрóбища, -и, *тв.* -ей
утрóбный
утроéние, -я
утрóенный; *кр. ф.* -ен, -ена
утрóить(ся), -óю, -óит(ся)
ýтром, *нареч.*
утруди́ть(ся), -ужý(сь), -ýдит(ся)
утруждённый; *кр. ф.* -ён, -енá
утрудни́ть(ся), -ню́(сь), -ни́т(ся)
утрудня́ть(ся), -я́ю(сь), -я́ет(ся)
утруждáть(ся), -áю(сь), -áет(ся)
утруждéние, -я
утруждённый; *кр. ф.* -ён, -енá
утруси́ться, -и́тся
утрýска, -и
утрясáние, -я
утрясáть(ся), -áю(сь), -áет(ся)
утрясённый; *кр. ф.* -ён, -енá
утря́ска, -и, *р. мн.* -сок
утрясти́(сь), -сý(сь), -сёт(ся); *прош.* -я́с(ся), -яслá(сь)
утря́сший(ся)
утряхáть, -áю, -áет
утучнéние, -я
утучнённый; *кр. ф.* -ён, -енá
утучни́ть(ся), -ню́, -ни́т(ся)
утучня́ть(ся), -я́ю, -я́ет(ся)
утушáть(ся), -áю, -áет(ся)
утýшенный; *кр. ф.* -ен, -ена
утуши́ть(ся), утушý, утýшит(ся)
уты́канный; *кр. ф.* -ан, -ана
уты́кать(ся), -аю(сь), -ает(ся), *сов.*
утыкáть(ся), -áю(сь), -áет(ся), *несов.*
уты́кивание, -я
уты́кивать(ся), -аю(сь), -ает(ся)
утю́г, -á
утю́жащий(ся)
утю́жение, -я
утю́женный; *кр. ф.* -ен, -ена, *прич.*
утю́женый, *прил.*
утю́жильный
утю́жильщик, -а
утю́жильщица, -ы, *тв.* -ей
утю́жить(ся), -жу(сь), -жит(ся)

УТЮЖКА

утю́жка, -и, *р. мн* -жек
утюжо́к, -жка́
утя́гивание, -я
утя́гивать(ся), -аю(сь), -ает(ся)
утяжеле́ние, -я
утяжелённый; *кр. ф.* -ён, -ена́
утяжели́тель, -я
утяжели́ть(ся), -лю́(сь), -ли́т(ся)
утяжеля́ть(ся), -я́ю(сь), -я́ет(ся)
утя́жка, -и
утя́нутый
утяну́ть(ся), утяну́, утя́нет(ся)
утя́тина, -ы
утя́тинка, -и
утя́тник, -а
утя́тница, -ы, *тв.* -ей
у́тя-у́тя и у́ти-у́ти, *неизм.*
у-у-у, *неизм.*
уф, *неизм.*
УФ [уэ́ф], *неизм. (сокр.:* ультрафиолетовый*)*
УФ-излуче́ние, -я
уфи́мский (*от* Уфа́)
уфи́мцы, -ев, *ед.* -мец, -мца, *тв.* -мцем
уфо́лог, -а
уфологи́ческий
уфоло́гия, -и
ух, *неизм.*
уха́, ухи́
уха́б, -а
уха́бина, -ы
уха́бистый
ухажёр, -а
ухажёрка, -и, *р. мн* -рок
ухажёрский
ухажёрство, -а
уха́живание, -я
уха́живатель, -я
уха́живать, -аю, -ает
ухайда́кать(ся), -каю(сь), -кает(ся)
у́ханье, -я
уха́ньский (*от* Уха́нь)
уха́ньцы, -ев, *ед.* -нец, -ньца, *тв.* -ньцем
у́харский

у́харство, -а
у́харствовать, -твую, -твует
у́харь, -я
у́хать(ся), у́хаю(сь), у́хает(ся)
ухва́т, -а
ухва́тик, -а
ухва́тистый
ухвати́ть(ся), -ачу́(сь), -а́тит(ся)
ухва́тка, -и, *р. мн.* -ток
ухва́тливый
ухва́тный
ухва́тывание, -я
ухва́тывать(ся), -аю(сь), -ает(ся)
ухва́ченный; *кр. ф.* -ен, -ена
ухво́стье, -я, *р. мн.* -тий
ухити́ть(ся), ухичу́(сь), ухити́т(ся)
ухитри́ться, -рю́сь, -ри́тся
ухитря́ться, -я́юсь, -я́ется
ухи́ченный; *кр. ф.* -ен, -ена
ухи́чивать(ся), -аю(сь), -ает(ся)
ухищре́ние, -я
ухищрённость, -и
ухищрённый; *кр. ф.* -ён, -ённа
ухищря́ться, -я́юсь, -я́ется
ухлёстанный; *кр. ф.* -ан, -ана
ухлеста́ть(ся), -ещу́(сь), -е́щет(ся)
ухлёстнутый
ухлестну́ть, -ну́, -нёт
ухлёстывать(ся), -аю(сь), -ает(ся)
ухло́панный; *кр. ф.* -ан, -ана
ухло́пать, -аю, -ает
ухло́пывать(ся), -аю, -ает(ся)
ухма́, *неизм.*
ухмы́лка, -и, *р. мн.* -лок
ухмы́лочка, -и, *р. мн.* -чек
ухмыльну́ться, -ну́сь, -нётся
ухмыля́ться, -я́юсь, -я́ется
у́хналь, -я
у́хнутый
у́хнуть(ся), у́хну(сь), у́хнет(ся)
у́хо, у́ха, *мн.* у́ши, уше́й
ухобо́тье, -я
уховёртка, -и, *р. мн.* -ток
ухо́д, -а
уходи́ть, ухожу́, ухо́дит, *несов.* (*к* уйти́)

уходи́ть(ся), ухожу́(сь), ухо́дит(ся), *сов.* (утоми́ть(ся), изму́чить(ся); уничто́жить)
уходя́щий
ухо́женно, *нареч.*
ухо́женность, -и
ухо́женный[1]; *кр. ф.* -ен, -ена, *прич. (от* уходи́ть – "утоми́ть, изму́чить"*)*
ухо́женный[2]; *кр. ф.* -ен, -ена *(ста́вший объектом длительного ухода, забот:* звери выведены и ухожены в питомнике*)* и -ен, -енна *(хорошо выглядящий в результате ухода, холёный:* руки у неё ухо́женны; ко́ни сы́ты и ухо́женны*)*
у́хожь, -и
ухо́жье, -я, *р. мн.* -жий
ухо́ленный; *кр. ф.* -ен, -ена
ухо́ливать(ся), -аю, -ает(ся)
ухо́лить, -лю, -лит
ухора́нивать(ся), -аю(сь), -ает(ся)
ухоре́з, -а
ухоро́ненный; *кр. ф.* -ен, -ена
ухорони́ть(ся), -оню́(сь), -о́нит(ся)
ухоро́нка, -и, *р. мн.* -нок
ухочи́стка, -и, *р. мн.* -ток
ухти́нский (*от* Ухта́)
ухти́нцы, -ев, *ед.* -нец, -нца, *тв.* -нцем
у́х ты, *межд.* (у́х ты, как здо́рово!)
ухудша́ть(ся), -а́ю, -а́ет(ся)
ухудше́ние, -я
уху́дшенный; *кр. ф.* -ен, -ена
уху́дшить(ся), -шу, -шит(ся)
уцеле́ть, -е́ю, -е́ет
уценённый; *кр. ф.* -ён, -ена́
уце́нивать(ся), -аю, -ает(ся)
уцени́ть(ся), уценю́, уце́нит(ся)
уце́нка, -и, *р. мн.* -нок
уцепи́ть(ся), уцеплю́(сь), уце́пит(ся)
уце́пленный; *кр. ф.* -ен, -ена
уцепля́ть(ся), -я́ю(сь), -я́ет(ся)

уча́ленный; *кр. ф.* -ен, -ена
уча́ливать(ся), -аю, -ает(ся)
уча́лить, -лю, -лит
уча́ствовать, -твую, -твует
уча́ствующий
уча́стие, -я
участи́ть(ся), участу́, участи́т(ся)
участко́вый
уча́стливость, -и
уча́стливый
уча́стник, -а
уча́стница, -ы, *тв.* -ей
уча́сток, -тка
уча́сточек, -чка
у́часть, -и
уча́ть, учну́, учнёт; *прош.* уча́л, уча́ла, уча́ло (*прост. к* нача́ть)
учаща́ть(ся), -а́ю, -а́ет(ся)
уча́щаяся, -ейся
учаще́ние, -я
учащённо, *нареч.*
учащённость, -и
учащённый; *кр. ф. прич.* -ён, -ена́; *кр. ф. прил.* (более частый, чем обычно) -ён, -ённа (дыха́ние учащённо)
уча́щиеся, -ихся, *ед.* уча́щийся, -егося
у́чащий
уча́щийся, *прич.*
учёба, -ы
учёбка, -и
учебник, -а
уче́бничек, -чка
уче́бно-боево́й
уче́бно-воспита́тельный
уче́бно-вспомога́тельный
уче́бно-консультацио́нный
уче́бно-методи́ческий
уче́бно-нау́чно-произво́дственный
уче́бно-нау́чный
уче́бно-о́пытный
уче́бно-познава́тельный
уче́бно-програ́ммный
уче́бно-произво́дственный

уче́бно-спорти́вный
уче́бно-спра́вочный
уче́бно-трениро́вочный
уче́бный
уче́ние, -я
учени́к, -а́
учени́ца, -ы, *тв.* -ей
учени́ческий
учени́чество, -а
ученичо́к, -чка́
у́ченный; *кр. ф.* у́чен, у́чена, *прич.*
учёно, *нареч.*
учёность, -и
учёный¹; *кр. ф.* учён, учёна, *прил.*
учёный², -ого
учёный-агроно́м, учёного-агроно́ма
учёный-востокове́д, учёного-востокове́да
учёный-просвети́тель, учёного-просвети́теля
учёный-энциклопеди́ст, учёного-энциклопеди́ста
учёс, -а
учёсанный; *кр. ф.* -ан, -ана
уеса́ть(ся), учешу́, уче́шет(ся)
уче́сть(ся), учту́, учтёт(ся); *прош.* учёл(ся), учла́(сь)
учёсывать(ся), -аю, -ает(ся)
учёт, -а
учетвере́ние, -я
учетверённый; *кр. ф.* -ён, -ена́
учетвери́ть(ся), -рю́, -ри́т(ся)
учетверя́ть(ся), -я́ю, -я́ет(ся)
учётно-изда́тельский
учётно-креди́тный
учётно-спра́вочный
учётно-ссу́дный
учётно-статисти́ческий
учётно-экономи́ческий
учётный
учётчик, -а
учётчица, -ы, *тв.* -ей
учи́лище, -а

учи́лищный
учи́лка, -и, *р. мн.* -лок (*жарг. к* учи́тельница)
учина́ть(ся), -а́ю, -а́ет(ся) (*прост. к* начина́ть(ся))
учине́ние, -я
учинённый; *кр. ф.* -ён, -ена́
учини́ть(ся), -ню́, -ни́т(ся)
учиня́ть(ся), -я́ю, -я́ет(ся)
учи́телишка, -и, *р. мн.* -шек, *м.*
учи́телка, -и, *р. мн.* -лок (*прост. к* учи́тельница)
учи́тель, -я, *мн.* -я́, -е́й (препода́ватель) *и* -и, -ей (глава́ уче́ния)
учи́тельница, -ы, *тв.* -ей
учи́тельный
учи́тельская, -ой
учи́тельский
учи́тельство, -а
учи́тельствовать, -твую, -твует
учи́тельша, -и, *тв.* -ей
учи́тывать(ся), -аю, -ает(ся)
учи́ть(ся), учу́(сь), у́чит(ся)
учреди́тель, -я
учреди́тельница, -ы, *тв.* -ей
Учреди́тельное собра́ние
учреди́тельный
учреди́тельский
учреди́тельство, -а
учреди́ть(ся), -ежу́, -еди́т(ся)
учрежда́ть(ся), -а́ю, -а́ет(ся)
учрежде́ние, -я
учреждённый; *кр. ф.* -ён, -ена́
учрежде́нский
учрежде́нческий
учрежде́ньице, -а
учтённый; *кр. ф.* -ён, -ена́
учти́вость, -и
учти́вый
учу́г, -а
учуди́ть, учужу́, -ди́т
учу́жный
учу́ивать, -аю, -ает
учу́янный; *кр. ф.* -ян, -яна
учу́ять, учу́ю, учу́ет
учхо́з, -а

УЧХОЗОВСКИЙ

учхо́зовский
ушага́ть, -а́ю, -а́ет
уша́н, -а
уша́нка, -и, р. мн. -нок
уша́стый
уша́т, -а
уша́тный
уша́тый
ушвы́ривать, -аю, -ает
ушвы́рнутый
ушвырну́ть, -ну́, -нёт
уше́дший
ушераздира́ющий
ушестерённый; кр. ф. -ён, -ена́
ушестери́ть(ся), -рю́, -ри́т(ся)
ушестеря́ть(ся), -я́ю, -я́ет(ся)
уши́б, -а
ушиба́ть(ся), -а́ю(сь), -а́ет(ся)
ушиби́вший(ся)
ушиби́ть(ся), -бу́(сь), -бёт(ся); прош. уши́б(ся), уши́бла(сь)
уши́бленный; кр. ф. -ен, -ена
ушива́ние, -я
ушива́ть(ся), -а́ю, -а́ет(ся)
уши́вка, -и
уши́вочный
ушире́ние, -я
уши́ренный; кр. ф. -ен, -ена
ушири́тельный
ушири́ть(ся), -рю, -рит(ся)
уширя́ть(ся), -я́ю, -я́ет(ся)
уши́тый

уши́ть(ся), ушью́, ушьёт(ся)
уши́ца, -ы, тв. -ей
ушка́н, -а
ушки́, -о́в (макаронное изделие)
у́шко, -а и ушко́¹, -а́, мн. у́шки, у́шек (уменьш.-ласкат. к у́хо)
ушко́², -а́, мн. ушки́, -о́в (отверстие)
ушко́вый
ушку́й, -я
ушку́йник, -а
ушку́йничать, -аю, -ает
у́шлый
ушни́к, -а́
ушно́й
ушр, -а и аша́р, -а
ушу́, нескл., с.
уще́листый
уще́лье, -я, р. мн. -лий
ущеми́ть(ся), -млю́, -ми́т(ся)
ущемле́ние, -я
ущемлённость, -и
ущемлённый; кр. ф. -ён, -ена́
ущемля́ть(ся), -я́ю(сь), -я́ет(ся)
уще́рб, -а
ущерби́ть(ся), -блю́, -би́т(ся)
ущерблённый; кр. ф. -ён, -ена́
ущербля́ть(ся), -я́ю, -я́ет(ся)
уще́рбность, -и
уще́рбный; кр. ф. -бен, -бна
ущи́пнутый
ущипну́ть, -ну́, -нёт

ущи́пывать(ся), -аю, -ает(ся)
ущу́панный; кр. ф. -ан, -ана
ущу́пать(ся), -аю, -ает(ся)
ущу́пывать(ся), -аю, -ает(ся)
уэ́д, -а
уэ́ллсовский (от Уэ́ллс)
уэ́льский (от Уэ́льс)
уэ́льсцы, -ев, ед. -сец, -сца, тв. -сцем
УЭП, -а (сокр.: управление по борьбе с экономическими преступлениями)
уэ́повец, -вца, тв. -вцем, р. мн. -вцев
уэ́повский
ую́т, -а
ую́тненький
ую́тность, -и
ую́тный; кр. ф. ую́тен, ую́тна
уязви́мость, -и
уязви́мый
уязви́ть, -влю́, -ви́т
уязвле́ние, -я
уязвлённо, нареч.
уязвлённость, -и
уязвлённый; кр. ф. -ён, -ена́
уязвля́ть(ся), -я́ю(сь), -я́ет(ся)
уясне́ние, -я
уяснённый; кр. ф. -ён, -ена́
уясни́ть(ся), -ню́, -ни́т(ся)
уясня́ть(ся), -я́ю, -я́ет(ся)

Ф

фа, *нескл., с.* (*нота*)
фа-бека́р, -а
Фаберже́, *нескл., м.* (*также об изделиях*)
фабзавко́м, -а
фабзавко́мовский
фабиа́нский
фабиа́нство, -а
фабиа́нцы, -ев, *ед.* -нец, -нца, *тв.* -нцем
фабко́м, -а
фабко́мовский
фаблио́ и фабльо́, *нескл., с.*
фа́бренный; *кр. ф.* -ен, -ена, *прич.*
фа́бреный, *прил.*
фа́брика, -и
фа́брика-автома́т, фа́брики-автома́та
фабрика́нт, -а
фабрика́нтский
фа́брика-пра́чечная, фа́брики-пра́чечной
фабрика́т, -а
фабрика́ция, -и
фабрико́ванный; *кр. ф.* -ан, -ана
фабрикова́ть(ся), -ку́ю, -ку́ет(ся)
фа́брить(ся), -рю(сь), -рит(ся)
фа́бричка, -и, *р. мн.* -чек
фабри́чно-заводско́й
фабри́чный
фабричо́нка, -и, *р. мн.* -нок
фа́брящий(ся)
фа́була, -ы
фа́бульность, -и
фа́бульный

фабуля́рный
фаве́ла, -ы
фаверо́ль, -и
Фавн, -а (*мифол.*)
фавн, -а (*обезьяна*)
фаво́р, -а (*покровительство*)
фаворизи́рованный; *кр. ф.* -ан, -ана
фаворизи́ровать, -рую, -рует
фаворизо́ванный; *кр. ф.* -ан, -ана
фаворизова́ть, -зу́ю, -зу́ет
фавори́т, -а
фаворити́зм, -а
фавори́тка, -и, *р. мн.* -ток
фаво́рский (*от* Фаво́р, гора́, *библ.*)
фа́вус, -а
фа́ги, -ов, *ед.* фаг, -а
фагопрофила́ктика, -и
фаго́т, -а
фаготерапи́я, -и
фаготи́ст, -а
фаго́тный
фаго́товый
фагоцита́рный
фагоцито́з, -а
фагоци́ты, -ов, *ед.* -ци́т, -а
фа-дие́з, -а
фа-дие́з-мажо́р, фа-дие́з-мажо́ра
фа-дие́з-мажо́рный
фа-дие́з-мино́р, фа-дие́з-мино́ра
фа-дие́з-мино́рный
фа-дие́зный
фа-дубль-дие́з, -а
фа́евый
фа́за, -ы

фаза́н, -а
фазана́рий, -я
фаза́ний, -ья, -ье
фаза́нина, -ы
фаза́ниха, -и
фаза́нка, -и, *р. мн.* -нок
фаза́новые, -ых
фаза́нчик, -а
фазе́нда, -ы
фази́рованный; *кр. ф.* -ан, -ана
фа́зис, -а
фа́зисный
фа́зный
фазоамплиту́дный
фа́зово-амплиту́дный
фа́зово-и́мпульсный
фа́зово-контра́стный
фазовраща́тель, -я
фа́зовый
фазоинве́ртор, -а
фазокомпенса́тор, -а
фазо́метр, -а
фазопреобразова́тель, -я
фазорегуля́тор, -а
фазосдвига́ющий
фазотро́н, -а
фазоуказа́тель, -я
фазочасто́тный
фай, фа́я и фаю́
файдеши́н, -а и -у
файдеши́новый
файл, -а
фа́йловый
файл-се́рвер, -а
файф-о-кло́к, -а

фа́кел, -а
факелоно́сец, -сца, *тв.* -сцем, *р. мн.* -сцев
фа́кельный
фа́кельцуг, -а
фа́кельщик, -а
факи́р, -а
факи́рский
факоли́т, -а
факс, -а
факс-аппара́т, -а
факс-бума́га, -и
факси́миле, *нескл., с. и неизм.*
факси́мильный
факс-моде́м, -а
факс-моде́мный
фа́ксовый
факсогра́мма, -ы
факс-пла́та, -ы
факс-се́рвер, -а
факт, -а
фа́ктик, -а
факти́сы, -ов, *ед.* -ти́с, -а
факти́чески
факти́ческий
факти́чность, -и
факти́чный; *кр. ф.* -чен, -чна
факто́граф, -а
фактографи́ческий
фактографи́чность, -и
фактографи́чный; *кр. ф.* -чен, -чна
фактогра́фия, -и
фактологи́ческий
фактоло́гия, -и
фа́ктор, -а
фактори́ал, -а
факториза́ция, -и
фа́кторинг, -а
фа́кторинговый
факто́рия, -и
фа́кторский
фа́кторство, -а
факто́тум, -а
факту́ра, -ы
факту́рный

факультати́в, -а
факультати́вность, -и
факультати́вный; *кр. ф.* -вен, -вна
факульте́т, -а
факульте́тский
фал, -а
фалале́й, -я (*простак, глуповатый человек*)
фала́нга, -и
фаланги́ст, -а
фаланги́стский
фаланстер, -а
фалбала́, -ы́
фалди́ть, -и́т
фа́лдочки, -чек, *ед.* -чка, -и
фа́лды, фалд, *ед.* фа́лда, -ы
фалери́ст, -а
фалери́стика, -и
фале́рнское, -ого (*вино*)
фа́линь, -я
фалли́ческий
фалло́пиевы тру́бы, фалло́пиевых труб
фа́ллос, -а
фалре́п, -а
фалре́пный
фальконе́т, -а (*пушка*)
фальконе́товский (*от* Фальконе́)
фальсифика́т, -а
фальсифика́тор, -а
фальсифика́торский
фальсифика́ция, -и
фальсифици́рованность, -и
фальсифици́рованный; *кр. ф.* -ан, -ана
фальсифици́ровать(ся), -рую, -рует(ся)
фальста́рт, -а
Фальста́ф, -а
фальста́фовский
фальц, -а, *тв.* -ем, *р. мн.* -ев
фальцаппара́т, -а
фальцева́льный
фальцева́ние, -я
фальцева́ть(ся), -цу́ю, -цу́ет(ся)

фальце́т, -а
фальце́тный
фальцо́ванный; *кр. ф.* -ан, -ана
фальцо́вка, -и
фальцо́вочный
фальцо́вщик, -а
фальцо́вщица, -ы
фальшбо́рт, -а
фальши́винка, -и
фальши́вить, -влю, -вит
фальши́вка, -и, *р. мн.* -вок
фальшивомоне́тнический
фальшивомоне́тничество, -а
фальшивомоне́тчик, -а
фальши́вость, -и
фальши́вый
фальши́вящий
фальшки́ль, -я
фальшпо́л, -а, *мн.* -ы́, -о́в
фальшфе́йер, -а
фальшь, -и
фа-мажо́р, фа-мажо́ра
фа-мажо́рный
фами́лия, -и
фами́льный
фамилья́рничанье, -я
фамилья́рничать, -аю, -ает
фамилья́рность, -и
фамилья́рный; *кр. ф.* -рен, -рна
фа-мино́р, фа-мино́ра
фа-мино́рный
фа́мусовский (*от* Фа́мусов)
фан, -а
фанабе́рия, -и
фанагори́йский (*от* Фанаго́рия)
фанарио́тский
фанарио́ты, -ов, *ед.* -ио́т, -а
фана́т, -а
фанати́зм, -а
фана́тик, -а
фанати́чески
фанати́ческий
фанати́чка, -и, *р. мн.* -чек
фанати́чность, -и
фанати́чный; *кр. ф.* -чен, -чна
фана́тский

фанг, -а
фа́нговый
фангсбо́т, -а
фанда́нго, нескл., с.
фане́ра, -ы
фане́рка, -и, р. мн. -рок
фане́рный
фанерова́ние, -я
фанеро́ванный; кр. ф. -ан, -ана
фанерова́ть(ся), -ру́ю, -ру́ет(ся)
фанеро́вка, -и
фанеро́вочный
фанеро́вщик, -а
фанеро́вщица, -ы, тв. -ей
фанерога́мы, -ов, ед. -га́м, -а
фанерозо́й, -я
фанеропи́льный
фанерострога́льный
фанерофи́ты, -ов, ед. -фи́т, -а
фа́нза, -ы (дом)
фанза́, -ы́ (ткань)
фа́нзовый (от фа́нза)
фанзо́вый (от фанза́)
фан-клу́б, -а
фант, -а
фантазёр, -а
фантазёрка, -и, р. мн. -рок
фантазёрство, -а
фантази́, неизм. (о стиле одежды)
фанта́зийка, -и
фантази́йный
фантази́рование, -я
фантази́ровать, -рую, -рует
фанта́зия, -и
фантасмагори́ческий
фантасмагори́чность, -и
фантасмагори́чный; кр. ф. -чен, -чна
фантасмаго́рия, -и
фанта́ст, -а
фанта́стика, -и
фантасти́чески
фантасти́ческий
фантасти́чность, -и
фантасти́чный; кр. ф. -чен, -чна
фантастро́н, -а

фа́нтик, -а
фанто́м, -а
Фантома́с, -а (герой фильма) и фантома́с, -а (таинственный грабитель)
фанто́мный
фанфа́ра, -ы
фанфари́ст, -а
фанфа́рный
фанфаро́н, -а
фанфарона́да, -ы
фанфаро́нить(ся), -ню(сь), -нит(ся)
фанфаро́нишка, -и, м.
фанфаро́нский
фанфаро́нство, -а
фанфаро́нящий(ся)
фаоли́т, -а
фа́ра, -ы
фара́д, -а, р. мн. -ов, счетн. ф. фара́д (ед. измер.)
Фараде́й, -я: зако́ны Фараде́я, постоя́нная Фараде́я, число́ Фараде́я, эффе́кт Фараде́я
фараде́й, -я (ед. измер.)
фарадиза́ция, -и
фараметр, -а
фарандо́ла, -ы
фарао́н, -а
фарао́нов, -а, -о
фарао́новский
фарва́тер, -а
Фаренге́йт, -а: шкала́ Фаренге́йта; по Фаренге́йту (о температу́ре)
фаре́рский (к Фаре́рские острова́, Фаре́ры)
фаре́рцы, -ев, ед. -рец, -рца, тв. -рцем
фарингализа́ция, -и
фарингализо́ванный; кр. ф. -ан, -ана
фаринга́льный
фаринги́т, -а
фарингоскопи́я, -и
фа́ринкс, -а

фариното́м, -а
фарисе́й, -я
фарисе́йский
фарисе́йство, -а
фарисе́йствовать, -твую, -твует
фармазо́н, -а
фармазо́нский
фармазо́нство, -а
фармакогене́тика, -и
фармакогно́зия, -и
фармакогности́ческий
фармако́лог, -а
фармакологи́ческий
фармаколо́гия, -и
фармакопе́йный
фармакопе́я, -и
фармакотерапи́я, -и
фармакохими́ческий
фармакохи́мия, -и
фармаце́вт, -а
фармаце́втика, -и
фармацевти́ческий
фармаце́втка, -и, р. мн. -ток
фармаце́нтр, -а
фарма́ция, -и (фармацевтика)
фарминдустри́я, -и
фарм-клу́б, -а
фармлаборато́рия, -и
фармпромы́шленность, -и
фарс, -а
фарсёр, -а
фарси́, неизм. и нескл., м.
фарси́-кабу́ли, неизм. и нескл., м.
фарси́-ру́сский
фа́рсовый
фарт, -а
фа́ртинг, -а
фарти́ть, -и́т
фарто́вый
фа́ртук, -а
фа́ртучек, -чка
фа́ртучный
фарфо́р, -а
фарфо́ровка, -и, р. мн. -вок
фарфо́ровый
фарфорофая́нсовый

ФАРЦЕВАТЬ

фарцева́ть, -цу́ю, -цу́ет
фарцо́вка, -и
фарцо́вщик, -а
фарцо́вщица, -ы, *тв.* -ей
фарш, -а, *тв.* -ем
фа́ршевый
фаршемеша́лка, -и, *р. мн.* -лок
фарширова́ние, -я
фарширо́ванный; *кр. ф.* -ан, -ана
фарширова́ть(ся), -ру́ю, -ру́ет(ся)
фарширо́вка, -и
фас¹, -а (*вид лица спереди, передняя часть чего-н.; воен.*)
фас², *неизм. и нескл., с.* (*вид сделки*)
фас³, *межд.*
фаса́д, -а
фаса́дный
фасе́т, -а
фасе́тка, -и, *р. мн.* -ток
фасе́точный
фасе́тчатый
фа́ска, -и
фаскоснима́тель, -я
фасо́ванный; *кр. ф.* -ан, -ана
фасова́ть(ся), фасу́ю, фасу́ет(ся)
фасо́вка, -и
фасо́вочный
фасо́вщик, -а
фасо́вщица, -ы, *тв.* -ей
фасо́левый
фасолеубо́рочный
фасо́лина, -ы
фасо́ль, -и
фасо́лька, -и, *р. мн.* -лек
фасо́н, -а
фасо́нистый
фасо́нить, -ню, -нит
фасо́нно-лите́йный
фасо́нно-отрезно́й
фасо́нно-строга́льный
фасо́нный
фасо́нчик, -а
фасо́нщик, -а
фасо́нящий
фасциа́ция, -и

фа́сции, -ий (*прутья*)
фасциолёз, -а
фа́сция, -и (*оболочка*)
фат, -а
фата́, -ы́
фатали́зм, -а
фатали́ст, -а
фаталисти́ческий
фаталисти́чность, -и
фаталисти́чный; *кр. ф.* -чен, -чна
фатали́стка, -и, *р. мн.* -ток
фата́льность, -и
фата́льный; *кр. ф.* -лен, -льна
фа́та-морга́на, -ы
фа́терла́нд, -а
фати́ческий
фатова́тость, -и
фатова́тый
фатовско́й
фатовство́, -а́
фа́том, -а (*ед. измер.*)
фа́тум, -а (*судьба*)
фатья́новский (*фатья́новская культу́ра, археол.*)
фа́у, *нескл., с.* (*название буквы*)
фа́уна, -ы
фауни́ст, -а
фауни́стика, -и
фаунисти́ческий
Фа́уст, -а
фа́устовский (*от* Фа́уст)
фаустпатро́н, -а
фа́хве́рк, -а
фа́хве́рковый
фаце́лия, -и
фаце́т, -а
фаце́тный
фаце́ция, -и
фа́ция, -и
фашиза́ция, -и
фашизи́рованный; *кр. ф.* -ан, -ана
фашизи́ровать(ся), -рую(сь), -рует(ся)
фаши́зм, -а
фаши́на, -ы

фаши́нник, -а
фаши́нно-хворостяно́й
фаши́нный
фаши́ст, -а
фаши́ствующий
фаши́стка, -и, *р. мн.* -ток
фаши́стский
Фаэто́н, -а (*мифол.*)
фаэто́н, -а (*повозка*)
фаю́мский (фаю́мские поселе́ния, фаю́мские портре́ты)
фаяли́т, -а
фая́нс, -а
фая́нсовый
фе, *нескл., с.* (*вы́сказать своё фе́*)
феа́ки, -ов (*племя*)
Феб, -а
февра́ль, -я́ и (*о Февра́льской револю́ции 1917*) Февра́ль, -я́
Февра́льская револю́ция (*в России, 1917*)
февра́льский
федда́н, -а
федерализа́ция, -и
федерали́зм, -а
федерали́ст, -а
федерали́стский
федера́лы, -ов, *ед.* -ра́л, -а
Федера́льная коми́ссия по ры́нку це́нных бума́г
Федера́льная миграцио́нная слу́жба РФ
Федера́льная пограни́чная слу́жба РФ
Федера́льная слу́жба безопа́сности РФ (ФСБ)
Федера́льная слу́жба по телеви́дению и радиовеща́нию РФ
Федера́льное аге́нтство прави́тельственной свя́зи и информа́ции РФ (ФАПСИ́)
Федера́льное бюро́ рассле́дований (ФБР, *в США*)
Федера́льное казначе́йство РФ
Федера́льное собра́ние РФ

ФЕНОМЕНАЛЬНОСТЬ

федера́льный
Федерати́вная Респу́блика Герма́ния (ФРГ)
федерати́вный
федера́ты, -ов, ед. -ра́т, -а
федера́ция, -и; но (в офиц. названиях государств) Федера́ция, -и, напр.: Росси́йская Федера́ция
Федера́ция фо́ндовых би́рж Росси́и
фе́дерис, неизм.: ка́зус фе́дерис
фе́динг, -а
Федо́ра, -ы (также: велика́ Федо́ра, да ду́ра)
фёдоровский (от Фёдор и Фёдоров)
федосе́евский (от Федосе́й и Федосе́ев; к федосе́евцы)
федосе́евцы, -ев, ед. -вец, -вца, тв. -вцем (старообрядцы)
федо́скинский (от Федо́скино; федо́скинская миниатю́ра)
федо́скинцы, -ев, ед. -нец, -нца, тв. -нцем
Федо́т, -а (также: Федо́т, да не то́т)
фееери́ческий
фееери́чность, -и
фееери́чный; кр. ф. -чен, -чна
фее́рия, -и
фейербахиа́нец, -нца, тв. -нцем, р. мн. -нцев
фейербахиа́нский
фейербахиа́нство, -а
фейерба́ховский (от Фейерба́х)
фейерве́рк, -а
фейерве́ркер, -а
фейерве́рочный
Фе́йнман, -а: диагра́ммы (гра́фики) Фе́йнмана
фе́йнмановский (от Фе́йнман)
фейхо́а, нескл., ж.
фека́лии, -ий
фека́льный
фелино́лог, -а
фелинологи́ческий
фелиноло́гия, -и

фелла́х, -а
фелла́хский
фелле́ма, -ы
фелли́ниевский (от Фелли́ни)
фе́лло, нескл., м.
феллоге́н, -а
феллоде́рма, -ы
фелло́ид, -а (пробковидные клетки растений)
фело́ния, -и
фело́нь, -и
фелу́ка, -и (устар. к фелю́га)
фельдма́ршал, -а
фельдма́ршальский
фельдма́ршальство, -а
фельдпо́чта, -ы
фельдсвя́зь, -и
фельдфе́бель, -я
фельдфе́бельский
фельдцейхме́йстер, -а
фельдцейхме́йстерский
фельдша́нец, -нца, тв. -нцем, р. мн. -нцев
фе́льдшер, -а, мн. -а́, -о́в и -ы, -ов
фельдшери́ца, -ы, тв. -ей
фе́льдшерский
фе́льдшерско-акуше́рский
фельдшпати́ды, -ов, ед. -ти́д, -а
фельдъе́герский
фельдъе́герь, -я, мн. -я́, -е́й и -и, -ей
фельето́н, -а
фельетони́ст, -а
фельетони́стка, -и, р. мн. -ток
фельето́нность, -и
фельето́нный
фельето́нчик, -а
фелья́н, -а
фелю́га, -и
фелю́жный
Феми́да, -ы
феминиза́ция, -и
феминизи́рованный; кр. ф. -ан, -ана
феминизи́ровать(ся), -рую(сь), -рует(ся)

femини́зм, -а
фемини́ст, -а
феминисти́ческий
фемини́стка, -и, р. мн. -ток
фемини́стский
фен, -а (сушилка; в генетике)
фён, -а (ветер)
фенадо́н, -а
феназепа́м, -а
фенаки́т, -а
фенако́д, -а и фенако́дус, -а
фенальги́н, -а
фенами́н, -а
фенантре́н, -а
фенати́н, -а
фенацети́н, -а
фе́ндрик, -а
фе́нек, -а
фе́ний, -я
фе́никс, -а (мифол.); пти́ца фе́никс
Фе́никс, -а (созвездие)
фени́л, -а
фенилалани́н, -а
фенилкетонури́я, -и
фенило́н, -а (вещество)
фенилсалицила́т, -а
фенилэти́ловый
фенобарбита́л, -а
феногене́тика, -и
фенокопи́я, -и
фено́л, -а
фенолоальдеги́дный
фено́ловый
фено́лог, -а
фенологи́ческий
феноло́гия, -и
фено́лоформальдеги́дный
фенолфталеи́н, -а
фено́льный
феноля́ты, -ов, ед. -ля́т, -а
феноме́н, -а
феноменали́зм, -а
феноменали́ст, -а
феноменалисти́ческий
феноменали́стский
феномена́льность, -и

ФЕНОМЕНАЛЬНЫЙ

феномена́льный; *кр. ф.* -лен, -льна
феноменóлог, -а
феноменологи́ческий
феноменоло́гия, -и
феноплáсты, -ов, *ед.* -áст, -а
фенотúп, -а
фенотипи́ческий
фéнхель, -я
фéня, -и (*блатной жаргон*)
феóд, -а
феодáл, -а
феодализáция, -и
феодали́зм, -а
феодáльно-земледéльческий
феодáльно-крепостни́ческий
феодáльный
Феодóсий Печéрский
феодоси́йский (*от* Феодóсия)
феодоси́йцы, -ев, *ед.* -и́ец, -и́йца, *тв.* -и́йцем
Феофáн Грек
Феофáн Затвóрник
Фергáнская котлови́на (доли́на)
фергáнский (*от* Фергáна)
фергáнцы, -ев, *ед.* -нец, -нца, *тв.* -нцем
фергусони́т, -а
фéрзевый
ферзь, -я́ (*в шахматах*)
ферлакýр, -а
ферлакýрить, -рю, -рит
ферлакýрничать, -аю, -ает
ферлакýрство, -а
фéрма, -ы
Фермá, *нескл., м.*: при́нцип Фермá, теорéма Фермá
фермáта, -ы
фéрменный
фермéнт, -а
ферментати́вный
ферментацио́нный
ферментáция, -и
ферментёр, -а
ферменти́ровать(ся), -рую, -рует(ся)

фермéнтный
ферментоло́гия, -и
ферментопáтия, -и
фéрмер, -а
фермеризáция, -и
фéрмерский
фéрмерство, -а
фéрмерша, -и, *тв.* -ей
Фéрми, *нескл., м.*: повéрхность Фéрми
фéрми, *нескл., м.* (*ед. измер.*)
фéрми-гáз, -а
фéрмий, -я
фермиóн, -а
фéрми-части́ца, -ы
фéрмский
фермуáр, -а
фернамбýк, -а
фернамбýковый
феромóн, -а
феронье́рка, -и, *р. мн.* -рок
феррáри, *нескл., м.* (*автомобиль*)
феррáрский (*от* Феррáра)
феррáты, -ов, *ед.* -áт, -а
ферредокси́ны, -ов, *ед.* -си́н, -а
ферри́д, -а (*тех.*)
ферримагнети́зм, -а
ферримагнéтик, -а
ферримагни́тный
ферри́т, -а (*вещество*)
ферри́тный
ферри́товый
феррованáдий, -я
ферровольфрáм, -а
ферродинами́ческий
феррозóнд, -а
феррозóндовый
ферромагнети́зм, -а
ферромагнéтик, -а
ферромагни́тный
ферромáрганец, -нца, *тв.* -нцем
феррóметр, -а
ферромолибдéн, -а
феррони́т, -а
ферропластика, -и
ферросили́ций, -я

ферросплáв, -а
ферросплáвный
феррофóсфор, -а
феррохрóм, -а
ферругинéум, -а
ферт, -а (*название буквы; о человеке*)
фéртик, -а
ферти́льность, -и
ферти́льный; *кр. ф.* -лен, -льна
фертóинг, -а
фéртом, *нареч.*
фéрула, -ы (*растение*)
ферýла, -ы (*линейка*)
фéрязь, -и (*одежда*)
фес, -а
фéска, -и, *р. мн.* фéсок
фéсочка, -и, *р. мн.* -чек
фестáл, -а
фестивáль, -я
фестивáльный
фестóн, -а
фестóнный
фестóнчатый
фестóнчик, -а
фетализáция, -и
фетáльный
фéтва, -ы и фетвá, -ы́
фети́ш, -а и -á, *тв.* -ем и -óм
фетишизáция, -и
фетишизи́рованный; *кр. ф.* -ан, -ана
фетишизи́ровать(ся), -рую, -рует(ся)
фетиши́зм, -а
фетиши́ст, -а
фетиши́стский
фéтовский (*от* Фет)
фетр, -а
фéтровый
фетю́к, -á
фетя́ска, -и
фефёла, -ы
фéфер и пфéфер: задáть фéферу и задáть пфéферу
фехтовáльный
фехтовáльщик, -а

фехтова́льщица, -ы, тв. -ей
фехтова́ние, -я
фехтова́ть, -ту́ю, -ту́ет
фециа́л, -а
фешене́бельность, -и
фешене́бельный; кр. ф. -лен, -льна
фе́я, фе́и
фи¹, межд.
фи², нескл., с. (название буквы)
фиа́кр, -а
фиа́л, -а
фиа́лка, -и, р. мн. -лок
фиа́лковый
фиа́лочка, -и, р. мн. -чек
фиани́т, -а
фиани́товый
фиа́ско, нескл., с.
фиа́т, -а (автомобиль)
фиберглас, -а
фибергласовый
фи́бра, -ы (жилка, устар.; изоляционный и др. материал)
фибрилли́ровать, -рует
фибри́ллы, -илл, ед. -илла, -ы
фибриллярный
фибрилляция, -и
фибри́н, -а
фибриноге́н, -а
фибрино́зный
фибринолизи́н, -а
фиброаденома, -ы
фибробла́сты, -ов, ед. -а́ст, -а
фи́бровый
фибро́з, -а
фибро́зный
фиброи́н, -а
фибролит, -а
фиброли́товый
фибро́ма, -ы
фибромио́ма, -ы
фиброско́п, -а
фиброцеме́нтный
фиброци́ты, -ов, ед. -ци́т, -а
фи́бры: всеми фибрами (души, существа)

фи́була, -ы
фива́нка, -и, р. мн. -нок
фива́нский (от Фи́вы)
фива́нцы, -ев, ед. -нец, -нца, тв. -нцем
фиг: до фига́, на́ фиг, на фига́, ни фига́, по́ фигу, фи́г с ни́м (не́й и т. д.), фи́г тебе́ (ва́м и т. д.), фи́га (с) два́
фи́га, -и (дерево и плод его; кукиш)
Фи́гаро, нескл., м. (оперный персонаж; Фи́гаро здесь, Фи́гаро та́м) и Фигаро́, нескл., м. (лит. персонаж)
фигаро́, нескл., с. (предмет одежды)
фи́гли-ми́гли, фи́глей-ми́глей
фигля́р, -а
фигля́рничанье, -я
фигля́рничать, -аю, -ает
фигля́рский
фигля́рство, -а
фигня́, -и́
фиго́вина, -ы
фи́говый (к фи́га – дерево)
фиго́вый (к фиг)
фигу́ра, -ы
фигура́льность, -и
фигура́льный; кр. ф. -лен, -льна
фигура́нт, -а
фигура́нтка, -и, р. мн. -ток
фигурати́вный; кр. ф. -вен, -вна
фигурацио́нный
фигура́ция, -и
фигури́ровать, -рую, -рует
фигури́ст, -а
фигури́стка, -и, р. мн. -ток
фигу́ристый
фигу́рка, -и, р. мн. -рок
фигу́рный
фигуря́ть, -я́ю, -я́ет
фи́гушки, неизм.
фидеи́зм, -а
фидеикоми́сс, -а
фидеи́ст, -а
фидеисти́ческий

фи́дер, -а
фиджи́йский (от Фи́джи)
фиджи́йцы, -ев, ед. -и́ец, -и́йца, тв. -и́йцем
фиди́тий, -я
фидуциа́рный
фидуцио́нный
фиду́ция, -и
фие́льд, -а и фье́льд, -а
фие́ста, -ы
фи́жмы, фижм
физа́лис, -а
физвоспита́ние, -я
физзаря́дка, -и
физиа́тр, -а
физиатри́ческий
физиатри́я, -и
фи́зик, -а
фи́зика, -и
физикогео́граф, -а
физико-географи́ческий
физико-математи́ческий
физико-механи́ческий
физико-техни́ческий
физикохи́мик, -а
физико-хими́ческий
физикохи́мия, -и
фи́зик-теоре́тик, фи́зика-теоре́тика
фи́зик-я́дерщик, фи́зика-я́дерщика
физиогно́мика, -и (устар. к физионо́мика)
физиогноми́ческий (устар. к физиономи́ческий)
физиокра́т, -а
физиократи́ческий
физио́лог, -а
физиологи́ческий
физиологи́чность, -и
физиологи́чный; кр. ф. -чен, -чна
физиоло́гия, -и
физиомо́рдия, -и
физионо́мика, -и
физиономи́ст, -а
физиономи́стика, -и

физиономи́стка, -и, р. мн. -ток
физиономи́ческий
физионо́мия, -и
физиораство́р, -а
физиотерапе́вт, -а
физиотерапевти́ческий
физиотерапи́я, -и
физи́чески
физи́ческий
физи́чка, -и, р. мн. -чек
фи́зия, -и
физку́льт-приве́т, -а
физкульту́ра, -ы
физкульт-ура́, межд.
физкульту́рник, -а
физкульту́рница, -ы, тв. -ей
физкульту́рно-ма́ссовый
физкульту́рно-оздорови́тельный
физкульту́рно-спорти́вный
физкульту́рный
физма́т, -а
физматшко́ла, -ы
физо́рг, -а
физости́гма, -ы
физостигми́н, -а
физподгото́вка, -и
физру́к, -а и -а́
физте́х, -а
физте́ховский
физфа́к, -а
фикомице́ты, -ов, ед. -це́т, -а
фикс[1], -а (сумма вознаграждения)
фикс[2], неизм.: иде́я фи́кс
фикса́, -ы́ (коронка, вставной зуб)
фикса́ж, -а, тв. -ем
фикса́жный
фиксати́в, -а
фикса́тор, -а
фикса́торный
фиксатуа́р, -а
фиксатуа́рить(ся), -рю(сь), -рит(ся)
фиксацио́нный
фикса́ция, -и
фи́ксинг, -а

фикси́рование, -я
фикси́рованный; кр. ф. -ан, -ана
фикси́ровать(ся), -рую, -рует(ся)
фи́ксовый
фиксо́левый
фикс-пу́нкт, -а
фикти́вность, -и
фикти́вный; кр. ф. -вен, -вна
фи́кус, -а
фикционали́зм, -а
фи́кция, -и
фи́ла, -ы
филадельфи́йский (от Филаде́льфия)
филадельфи́йцы, -ев, ед. -йец, -йца, тв. -йцем
фила́нт, -а
филантро́п, -а
филантропи́зм, -а
филантропи́ческий
филантро́пия, -и
филантро́пка, -и, р. мн. -пок
филаре́тский (к филаре́ты)
филаре́ты, -ов, ед. -ре́т, -а (общество)
филармони́ческий
филармо́ния, -и
филатели́зм, -а
филатели́ст, -а
филателисти́ческий
филатели́стский
филатели́я, -и
филе́, нескл., с.
филёвский (от Фили́)
филе́й, -я
филе́йный
филёнка, -и, р. мн. -нок
филёночный
филёнчатый
филёр, -а (сыщик)
филёрский
филиа́л, -а
филиа́льный
филиа́ция, -и
филигра́нно, нареч.
филигра́нность, -и

филигра́нный; кр. ф. -а́нен, -а́нна
филиграногра́фия, -и
филигроноло́гия, -и
филигра́нщик, -а
филигра́нь, -и
фи́лин, -а
фили́ппика, -и
филиппи́нка, -и, р. мн. -нок
филиппи́нский (от Филиппи́ны)
филиппи́нцы, -ев, ед. -нец, -нца, тв. -нцем
Фили́пповки, -вок (Рождественский пост)
фили́пповский (от Фили́пп и Фили́ппов; к фили́пповцы)
фили́пповцы, -ев, ед. -вец, -вца, тв. -вцем (старообрядцы)
фили́пповщина, -ы
фили́рование, -я
фили́рованный; кр. ф. -ан, -ана
фили́ровать(ся), -рую, -рует(ся)
филиро́вка, -и
фили́стер, -а
фили́стерский
фили́стерство, -а
филисти́мляне, -ян, ед. -янин, -а
филисти́млянка, -и, р. мн. -нок
фи́ллер, -а (ден. ед.)
филлире́я, -и
фи́ллит, -а
филло́дий, -я
филло́ид, -а (у водорослей)
филлока́ктус, -а
филлокла́дий, -я
филлоксе́ра, -ы
филлоксероусто́йчивый
филло́м, -а
филломеду́за, -ы
филлопо́д, -а
филлота́ксис, -а
филлофо́ра, -ы
филлохино́н, -а
филогене́з, -а
филогене́тика, -и
филогенети́ческий
филогени́я, -и

ФИННОУГОРСКИЙ

филоде́ндрон, -а
филокарти́ст, -а
филокарти́я, -и
филолог, -а
филоло́гия, -и, р. мн. -инь
филологи́ческий
филологи́чка, -и, р. мн. -чек
филоло́гия, -и
филома́тский
филома́ты, -ов, ед. -ма́т, -а
Филоме́ла, -ы (мифол.; о соловье)
фило́н, -а
фило́нить, -ню, -нит
фило́нщица, -ы, тв. -ей
фило́соф, -а
филосо́фи́ческий
филосо́фи́чность, -и
филосо́фи́чный; кр. ф. -чен, -чна
филосо́фия, -и
филосо́фски
филосо́фский
филосо́фско-богосло́вский
филосо́фствование, -я
филосо́фствовать, -твую, -твует
филотайми́я, -и
филофони́ст, -а
филофони́ческий
филофони́я, -и
фи́лум, -а
филумени́ст, -а
филумени́ческий
филумени́я, -и
филфа́к, -а
фильдеко́с, -а
фильдеко́совый
фильдепе́рс, -а
фильдепе́рсовый
филье́ра, -ы
фи́лькина гра́мота, фи́лькиной гра́моты
фильм, -а
фи́льм-бале́т, фи́льма-бале́та
фи́льм-мю́зикл, фи́льма-мю́зикла
фильмографи́ческий
фильмогра́фия, -и
фильмоко́пия, -и

фи́льм-о́пера, фи́льма-о́перы
фильмопроизво́дство, -а
фильмоско́п, -а
фильмоте́ка, -и
фильмохрани́лище, -а
фильмпа́к, -а
фи́льм-спекта́кль, фи́льма-спекта́кля
фильтр, -а
фильтра́т, -а
фильтрацио́нный
фильтра́ция, -и
фильтрова́льный
фильтрова́ние, -я
фильтро́ванный; кр. ф. -ан, -ана
фильтрова́ть(ся), -ру́ю, -ру́ет(ся)
фильтровентиляцио́нный
фильтро́вка, -и
фи́льтровый
фи́льтр-пре́сс, фи́льтра-пре́сса
фи́льтр-про́бка, фи́льтра-про́бки
фильтру́ющий(ся)
фильц, -а, тв. -ем
филэ́ллинский
филэ́ллины, -ов, ед. -ллин, -а
филэмбриогене́з, -а
филяриато́з, -а
филя́рии, -ий, ед. -рия, -и
фимиа́м, -а
фимо́з, -а
фина́л, -а
финали́зм, -а
финали́ст, -а
финали́стка, -и, р. мн. -ток
фина́ль, -и (лингв.)
фина́льный
финанси́рование, -я
финанси́рованный; кр. ф. -ан, -ана
финанси́ровать(ся), -ру́ю(сь), -ру́ет(ся)
финанси́ст, -а
финанси́стка, -и, р. мн. -ток
фина́нсово-ба́нковский
фина́нсово-инвестицио́нный
фина́нсово-креди́тный

фина́нсово-монополисти́ческий
фина́нсово-промы́шленный
фина́нсово-сме́тный
фина́нсово-хозя́йственный
фина́нсово-экономи́ческий
фина́нсовый
фина́нсы, -ов
финва́л, -а
финга́л, -а
фи́ник, -а
финики́йка, -и, р. мн. -и́ек
финики́йский (от Фини́ки́я)
финики́йцы, -ев, ед. -и́ец, -и́йца, тв. -и́йцем
финикия́не, -я́н, ед. -я́нин, -а
финикия́нка, -и, р. мн. -нок
фи́никовый
фини́метр, -а
фининспе́ктор, -а, мн. -а́, -о́в и -ы, -ов
Фини́ст — Я́сный со́кол, Фини́ста — Я́сного со́кола (сказочный персонаж)
финити́зм, -а
фини́тный
фини́фтевый
фини́фть, -и
фини́фтяный
фи́ниш, -а, тв. -ем
финишёр, -а
финиши́ровать, -рую, -рует
фи́нишный
фи́нка, -и, р. мн. фи́нок
финля́ндский (от Финля́ндия)
Финля́ндский вокза́л (в Петербурге)
финн, -а (класс яхты)
фи́нна, -ы (личинка)
финново́лжский (финново́лжские языки)
финно́з, -а
финно́зный
финнопе́рмский (финнопе́рмские языки)
финноуго́рский

финноугрове́д, -а
финноуграве́дение, -я
финноугрове́дческий
финноу́гры, -ов
финноязы́чный
фи́нны, -ов, ед. финн, -а
финотде́л, -а
финпла́н, -а
фи́нский
финт, -а́
финти́ть, финчу́, финти́т
финтифлю́шка, -и, р. мн. -шек
финьшампа́нь, -и
фиоле́тово-кра́сный
фиоле́тово-си́ний
фиоле́товый
фио́рд, -а и фьорд, -а
фио́рдовый и фьо́рдовый
фиориту́ра, -ы
фиориту́рный
фи́рма, -ы
фирма́, -ы́ (фирменные иностранные вещи, жарг.)
фи́рма-должни́к, фи́рмы-должника́
фи́рма-изготови́тель, фи́рмы-изготови́теля
фирма́н, -а
фирма́ч, -а́, тв. -о́м
фи́рменный
фирмо́вый
фирн, -а
фи́рновый
фисгармо́ния, -и
фисинджа́н, -а
фиск, -а
фиска́л, -а
фиска́лить, -лю, -лит
фиска́льничанье, -я
фиска́льничать, -аю, -ает
фиска́льный
фиска́льство, -а
фиска́лящий
фиста́шка, -и, р. мн. -шек
фиста́шковый
фиста́шник, -а

фи́стула, -ы (мед.)
фистула́, -ы́ (муз.)
фистулогра́фия, -и
фи́стульный
фита́, -ы́ (название буквы)
фитилёк, -лька́
фити́ль, -я́
фити́льный
фити́н, -а
фи́тинг, -а
фи́то... — первая часть сложных слов, пишется слитно
фитоба́р, -а
фитобе́нтос, -а
фитоге́нный
фитогеогра́фия, -и
фитогормо́ны, -ов, ед. -мо́н, -а
фитоклима́т, -а
фитокосме́тика, -и
фитоле́ймы, -ле́йм
фитоло́гия, -и
фитолосьо́н, -а
фитоморфо́зы, -о́з, ед. -о́за, -ы
фитонци́дный
фитонци́ды, -ов, ед. -ци́д, -а
фитопалеонтоло́гия, -и
фитопато́лог, -а
фитопатоло́гия, -и
фитопланкто́н, -а
фитотро́н, -а
фитофа́ги, -ов, ед. -фа́г, -а
фитофеноло́гия, -и
фитофто́ра, -ы
фитофторо́з, -а
фитоцено́з, -а
фитоценоло́гия, -и
фитошампу́нь, -я
фитю́лька, -и, р. мн. -лек
фиума́ра, -ы
фи́фа, -ы (фифочка)
фифи́, нескл., м. (птица)
фи́фо, нескл., с. (фин.)
фи́фочка, -и, р. мн. -чек
фи́фти-фи́фти, неизм.

фихтеа́нец, -нца, тв. -нцем, р. мн. -нцев
фихтеа́нский
фихтеа́нство, -а
фи́хтевский (от Фи́хте)
фишба́лка, -и, р. мн. -лок
фи́шечка, -и, р. мн. -чек
фи́шечный
фи́шка, -и, р. мн. фи́шек
фишю́, нескл., с.
флаво́ны, -ов, ед. -во́н, -а
флаг, -а
флагелла́нтский
флагелла́нтство, -а
флагелла́нты, -ов, ед. -а́нт, -а (секта)
флагелла́ты, -ов, ед. -а́т, -а (зоол.)
флаг-капита́н, -а
фла́гман, -а
фла́гманский
флаг-офице́р, -а
флагшто́к, -а
флаг-шту́рман, -а
флажко́вый
фла́жный
флажо́к, -жка́
флажоле́т, -а
флажо́чек, -чка
флако́н, -а
флако́нный
флако́нчик, -а
флама́ндка, -и, р. мн. -док
флама́ндский
флама́ндцы, -ев, ед. -дец, -дца, тв. -дцем
фламе́нко, нескл., с.
флами́н, -а
флами́нго, нескл., м.
флами́нговый
фланг, -а
фла́нговый
фландр, -а
фла́ндрский (от Фла́ндрия)
фланеле́вый
флане́ль, -и
флане́лька, -и

ФЛУОРЕСЦЕНЦИЯ

фране́льный
фланёр, -а
фланёрский
фланёрство, -а
фланёрствовать, -твую, -твует
фла́нец, -нца, *тв.* -нцем, *р. мн.* -нцев
флани́рование, -я
флани́ровать, -рую, -рует
фланк, -а (*воен.*: часть укрепления)
фланкёр, -а
фланки́рование, -я
фланки́рованный; *кр. ф.* -ан, -ана
фланки́ровать(ся), -рую, -рует(ся)
фланкиро́вка, -и
фланцева́ть(ся), -цу́ю, -цу́ет(ся)
фла́нцевый
фланцо́ванный; *кр. ф.* -ан, -ана
флат, -а
фла́товый
фла́ттер, -а
флаш-эффе́кт, -а
флеби́т, -а
флебогра́мма, -ы
флебогра́фия, -и
флеботомусы, -ов, *ед.* -мус, -а
флеботономе́три́я, -и
фле́гма, -ы
флегмати́зм, -а
флегма́тик, -а
флегмати́ческий
флегмати́чность, -и
флегмати́чный; *кр. ф.* -чен, -чна
флегмо́на, -ы
флегмоно́зный
фле́йта, -ы
флейти́ст, -а
флейти́стка, -и, *р. мн.* -ток
фле́йтный
фле́йтовый
фле́йтщик, -а
флейц, -а, *тв.* -ем, *р. мн.* -ев
флейцева́ть(ся), -цу́ю, -цу́ет(ся)
фле́йцевый
флейцо́ванный; *кр. ф.* -ан, -ана
флейцо́вка, -и

флексато́н, -а
флекси́йный
фле́ксия, -и
фле́ксор, -а
флексу́ра, -ы
флекти́вность, -и
флекти́вный; *кр. ф.* -вен, -вна
флекти́ровать, -рует
флекти́рующий
флёр, -а
флёрдора́нж, -а, *тв.* -ем
флёрдора́нжевый
флёровый
флеш, -а, *тв.* -ем (*бот.*)
флешь, -и (*воен.*)
флибустье́р, -а
флибустье́рский
флигелёк, -лька́
фли́гель, -я, *мн.* -я́, -е́й и -и, -ей
фли́гель-адъюта́нт, -а
фли́гель-адъюта́нтский
фли́гель-адъюта́нтство, -а
флигельшла́г, -а
флик, -а
фли́ккер-эффе́кт, -а
флик-фля́к, -а
флинтгла́с, -а
флип, -а (*прыжок*)
флирт, -а
флиртова́ть, -ту́ю, -ту́ет
флобе́ровский (*от* Флобе́р)
фловерла́к, -а
флогисто́н, -а
флогисто́нный
флогопи́т, -а
фло́кен, -а
фло́ккулы, -ов, *ед.* -ул, -а (*астр.*)
флокс, -а
фло́кула, -ы (*хим.*)
флокуля́ция, -и
флома́стер, -а
фло́ппи-ди́ск, -а
фло́ппи-дисково́д, -а
флор, -а (*мор.*)
Фло́ра, -ы (*мифол.*)
фло́ра, -ы (*растительность*)

флореа́ль, -я
флоренти́йка, -и, *р. мн.* -и́ек и флоренти́нка, -и, *р. мн.* -нок
флоренти́йский и флоренти́нский (*от* Флоре́нция)
флоренти́йцы, -ев, *ед.* -и́ец, -и́йца, *тв.* -и́йцем и флоренти́нцы, -ев, *ед.* -нец, -нца, *тв.* -нцем
флориге́н, -а
флоридзи́н, -а
флориди́н, -а
флориди́новый
флори́дский (*от* Флори́да)
флори́дцы, -ев, *ед.* -дец, -дца, *тв.* -дцем
флори́н, -а
флори́ст, -а
флори́стика, -и
флористи́ческий
флороглюци́н, -а
флорти́мберс, -а
флот, -а, *мн.* -ы́, -о́в и -ы, -ов
флота́рий, -я
флота́тор, -а
флотацио́нный
флота́ция, -и
флоти́лия, -и
флоти́рование, -я
флоти́рованный; *кр. ф.* -ан, -ана
флоти́ровать(ся), -рую, -рует(ся)
флоти́руемость, -и
флотово́дец, -дца, *тв.* -дцем, *р. мн.* -дцев
флотово́дческий
флотоконцентра́т, -а
фло́тский
флозма́, -ы
флу́ер, -а
флуктуа́ция, -и и флюктуа́ция, -и
флуктуи́ровать, -рует и флюктуи́ровать, -рует
флуоресце́нтный и флюоресце́нтный
флуоресце́нция, -и и флюоресце́нция, -и

флуоресци́ровать, -рует и
  флюоресци́ровать, -рует
флюа́ты, -ов, *ед.* -а́т, -а
флювиогляциа́льный
флюга́рка, -и, *р. мн.* -рок
флюга́рочный
флюгельго́рн, -а
флю́гер, -а, *мн.* -а́, -о́в и -ы, -ов
флю́герный
флюида́льный
флюи́ды, -ов, *ед.* -и́д, -а
флю́ксии, -ий
флюксме́тр, -а
флюктуа́ция, -и и флуктуа́ция, -и
флюктуи́ровать, -рует и флуктуи́ровать, -рует
флюоресце́нтный и флуоресце́нтный
флюоресце́нция, -и и флуоресце́нция, -и
флюоресци́ровать, -рует и флуоресци́ровать, -рует
флюориза́ция, -и
флюори́т, -а
флюоро́граф, -а
флюорографи́ческий
флюорогра́фия, -и
флюоро́з, -а
флюс, -а, *мн.* -ы, -ов (*мед.*) и -ы́, -о́в (*тех.*)
флю́сный
флюсо́ванный; *кр. ф.* -ан, -ана
флюсова́ть(ся), -су́ю, -су́ет(ся)
флюсо́вка, -и
флюсово́й (*тех.*)
флю́совый (*мед., тех.*)
флю́тбет, -а
фля́га, -и
флягомо́ечный
флягомо́йка, -и, *р. мн.* -о́ек
фля́жечка, -и, *р. мн.* -чек
фля́жечный
фля́жка, -и, *р. мн.* -жек
фля́жный
фляк, -а

фоб, *неизм. и нескл., с.* (*вид сделки*)
фо́бия, -и
фогт, -а
фо́гтство, -а
фойе́, *нескл., с.*
фок, -а (*мор.*)
ФОК, -а (*сокр.:* физкультурно-оздоровительный комплекс)
фо́ка-га́лс, -а
фока́льный
фок-ва́нты, -ва́нт
фок-ма́чта, -ы
фок-ре́й, -я
фокс, -а
фокстерье́р, -а
фокстро́т, -а
фокстро́тный
фо́ксха́унд, -а
фо́кус, -а
фокуси́рование, -я
фокуси́рованный; *кр. ф.* -ан, -ана
фокуси́ровать(ся), -рую, -рует(ся)
фокусиро́вка, -и
фо́кусник, -а
фо́кусница, -ы, *тв.* -ей
фо́кусничанье, -я
фо́кусничать, -аю, -ает
фо́кусниче́ский
фо́кусничество, -а
фо́кусный
фо́кус-по́кус, -а
фол, -а и -а́, *мн.* -ы́, -о́в
фолиа́нт, -а
фо́лиевая кислота́
фо́лио, *нескл., с.*
фоли́ть, фолю́, фоли́т
фолкле́ндский (*к* Фолкле́ндские острова́, Фолкле́нды)
фолкле́ндцы, -ев, *ед.* -дец, -дца, *тв.* -дцем
фо́лкнеровский (*от* Фо́лкнер)
фолк-ро́к, -а
фолк-ро́ковый
фолли́кул, -а
фолликули́н, -а
фолликули́т, -а

фолликуля́рный
фо́льварк, -а
фольга́, -и́ и (*устар.*) фо́льга, -и
фольги́рованный; *кр. ф.* -ан, -ана
фольги́ровать(ся), -рую, -рует(ся)
фольго́вый
фольгопрока́тный
фолькети́нг, -а
фолькла́нд, -а
фолькло́р, -а
фолькло́ри́зм, -а
фолькло́ри́ст, -а
фолькло́ри́стика, -и
фолькло́ристи́ческий
фолькло́ри́стка, -и, *р. мн.* -ток
фолькло́рно-мифологи́ческий
фолькло́рность, -и
фолькло́рно-этнографи́ческий
фолькло́рный
фолькова́ген, -а
фольксдо́йче, *нескл., м. и ж.*
фо́льксшту́рм, -а
фольксштурми́ст, -а
фольксшту́рмовец, -вца, *тв.* -вцем, *р. мн.* -вцев
фольксшту́рмовский
Фома́ Акви́на́т
Фома́ Акви́нский
Фома́ Кемпи́йский
Фома́ неве́рный (неве́рующий)
Фомина́ неде́ля, Фомино́й неде́ли
фо́мка, -и, *р. мн.* фо́мок (инструмент взломщика)
фон[1], -а
фон[2], -а, *р. мн.* -ов, *счетн. ф.* фон (*ед. измер.*)
фон[3], *частица* – с последующей фамилией пишется раздельно, *напр.:* фон Би́смарк, фон Бю́лов, фон Карая́н
фона́рик, -а
фона́рный
фона́рщик, -а
фона́рь, -я́
фонастени́я, -и

фонацио́нный
фона́ция, -и
фон-баро́н, -а
фонд, -а
Фонд защи́ты гла́сности РФ
фонди́ровать(ся), -рую, -рует(ся)
фонди́руемый
фондовооружённость, -и
фо́ндовый
фондодержа́тель, -я
фондоёмкость, -и
фондообеспе́ченность, -и
фондообразова́ние, -я
фондообразу́ющий
фондооснащённость, -и
фондоотда́ча, -и, тв. -ей
фондохрани́лище, -а
фондю́, нескл., с.
фоне́ма, -ы
фонемати́ческий
фоне́мный
фонендоско́п, -а
фоне́тика, -и
фонети́ст, -а
фонети́стка, -и, р. мн. -ток
фонети́ческий
фониа́тр, -а
фониатри́ческий
фониатри́я, -и
фо́ника, -и
фони́ть, -и́т
фони́ческий
фоннейма́новский (от фон Не́йман)
фоно... — первая часть сложных слов, пишется слитно
фонова́лик, -а
фо́новый
фоногра́мма, -ы
фоногра́ммный
фоно́граф, -а
фонографи́ческий
фоногра́фия, -и
фонокардиогра́мма, -ы
фонокардио́граф, -а
фонокардиографи́ческий
фонокардиогра́фия, -и
фоно́лог, -а
фонологи́ческий
фоноло́гия, -и
фоно́метр, -а
фонометри́ческий
фоно́н, -а
фоноско́п, -а
фоноте́ка, -и
фонта́н, -а
фонтане́ль, -и
фонтани́рование, -я
фонтани́ровать, -рую, -рует
Фонта́нка, -и (река)
фонта́нный
Фонта́нный до́м (в Петербурге)
фонта́нский (от Фонта́нка)
фонта́нчик, -а
фонту́ра, -ы
фор, неизм. и нескл., с. (вид сделки)
фо́ра¹, -ы (преимущество; да́ть фо́ру)
фо́ра² и фо́ро, неизм. (возглас)
фораминифе́ры, -ер, ед. -фе́ра, -ы
форва́куум, -а
форва́куумный
фо́рвард, -а
фо́рвардный (фин.)
фо́рвард-ры́нок, -нка
форд, -а (автомобиль)
фордеви́нд, -а
фо́рдек, -а (верх экипажа)
фордзо́н, -а
форди́зм, -а
фо́рдик, -а (уменьш. к форд)
фордыба́ка, -и, м. и ж.
фордыба́чащий(ся)
фордыба́чить(ся), -чу(сь), -чит(ся)
форе́йтор, -а
форе́йторский
форелеве́д, -а
форелево́дство, -а
форелево́дческий
форе́левый
форе́ль, -и
форе́льный
фо́рзац, -а, тв. -ем, р. мн. -ев
форинже́ктор, -а
фо́ринт, -а
форка́мера, -ы
форка́мерный
фо́рма, -ы
формализа́ция, -и
формали́зм, -а
формализо́ванный; кр. ф. -ан, -ана
формализова́ть(ся), -зу́ю, -зу́ет(ся)
формали́н, -а
формали́ст, -а
формали́стика, -и
формалисти́ческий
формалисти́чность, -и
формалисти́чный; кр. ф. -чен, -чна
формали́стка, -и, р. мн. -ток
формали́стский
формальдеги́д, -а
формальдеги́дный
форма́льно вы́раженный
форма́льно-логи́ческий
форма́льно-правово́й
форма́льность, -и
форма́льный; кр. ф. -лен, -льна
форма́льщина, -ы
форма́нт, -а (лингв.)
форма́нта, -ы (в акустике)
фор-ма́рс, -а
фор-ма́рсель, -я, мн. -я́, -е́й
форма́т, -а
форма́тер, -а (инф.)
формати́в, -а
формати́рование, -я
формати́рованный; кр. ф. -ан, -ана
формати́ровать(ся), -рую, -рует(ся)
форма́тный
форма́тор, -а (формовщик по отливке статуй)
формацио́нный

ФОРМАЦИЯ

форма́ция, -и
фо́рменка, -и, *р. мн.* -нок
фо́рменный
формиа́ты, -ов, *ед.* -иа́т, -а
формирова́ние, -я
формиро́ванный; *кр. ф.* -ан, -ана
формирова́ть(ся), -ру́ю(сь), -ру́ет(ся)
формиро́вка, -и
формиро́вочный
фо́рмный
формова́льный
формова́ние, -я
формо́ванный; *кр. ф.* -ан, -ана
формова́ть(ся), -му́ю, -му́ет(ся)
формо́вка, -и
формово́й и фо́рмовый
формо́вочный
формо́вщик, -а
формо́вщица, -ы, *тв.* -ей
формоизмене́ние, -я
формообразова́ние, -я
формообразова́тельный
формообразу́ющий
формотво́рчество, -а
фо́рмочка, -и, *р. мн.* -чек
фо́рмула, -ы
формули́рование, -я
формули́рованный; *кр. ф.* -ан, -ана
формули́ровать(ся), -ру́ю, -ру́ет(ся)
формулиро́вка, -и, *р. мн.* -вок
формулиро́вочный
формуля́р, -а
формуля́рный
формфа́ктор, -а
фо́ро и фо́ра², *неизм.* (*возглас*)
форони́ды, -и́д, *ед.* -и́да, -ы
форо́сский (*от* Форо́с)
фо́рпик, -а
форпо́ст, -а
форпо́стный
форс, -а
форса́ж, -а, *тв.* -ем
форса́жный

форси́рование, -я
форси́рованный; *кр. ф.* -ан, -ана
форси́ровать(ся), -рую, -рует(ся)
форси́стость, -и
форси́стый
форси́ть, форшу́, форси́т
форсмажо́р, -а
форсмажо́рный
форсну́ть, -ну́, -нёт
фор-сте́ньга, -и
форстери́т, -а
форсу́н, -а́
форсу́нка, -и, *р. мн.* -нок
форсу́ночный
форсу́нья, -и, *р. мн.* -ний
форт, -а, *предл.* о фо́рте, в форту́, *мн.* -ы́, -о́в
фо́рте, *неизм. и нескл., с.*
фо́ртель, -я
фортепиа́нный и фортепья́нный
фортепиа́но и фортепья́но, *нескл., с.*
форте́ция, -и
форти́ссимо, *неизм. и нескл., с.*
форти́тул, -а
фортифика́тор, -а
фортификацио́нный
фортифика́ция, -и
фо́ртка, -и, *р. мн.* -ток
фо́рточка, -и, *р. мн.* -чек
фо́рточник, -а
фо́рточный
фортра́н, -а
Форту́на, -ы (*мифол.;* колесо́ Форту́ны) и форту́на, -ы (*судьба; счастье, удача*)
фо́рум, -а
форфе́йтинг, -а
форфейти́рование, -я
форфейти́рованный; *кр. ф.* -ан, -ана
форфейти́ровать(ся), -рую, -рует(ся)
форшла́г, -а
форшма́к, -а́

форшта́дт, -а
форшта́дтский
форште́вень, -вня
фо́сбюри-фло́п, -а
фосге́н, -а
фосге́нный
фосге́новый
фо́ска, -и, *р. мн.* фо́сок
фо́сса, -ы
фоссилиза́ция, -и
фосси́льный
фосфами́д, -а
фосфа́т, -а
фосфа́т-анио́ны, -ов, *ед.* -анио́н, -а
фосфати́ды, -ов, *ед.* -ти́д, -а
фосфати́рование, -я
фосфати́рованный; *кр. ф.* -ан, -ана
фосфати́ровать(ся), -рую, -рует(ся)
фосфа́тный
фосфа́товый
фосфатури́я, -и
фосфатшла́ки, -ов
фосфе́н, -а
фосфи́ды, -ов, *ед.* -фи́д, -а
фосфи́н, -а
фосфи́ты, -ов, *ед.* -фи́т, -а
фосфобактери́н, -а
фосфоглюкомута́за, -ы
фосфолипи́ды, -ов, *ед.* -пи́д, -а
фосфопротеи́ды, -ов, *ед.* -и́д, -а
фо́сфор, -а
фосфоресце́нция, -и
фосфоресци́рование, -я
фосфоресци́ровать, -рует
фосфорила́зы, -а́з, *ед.* -а́за, -ы
фосфорили́рование, -я
фосфорили́рованный; *кр. ф.* -ан, -ана
фосфорили́ровать(ся), -и́рую, -и́рует(ся)
фо́сфористый
фосфори́т, -а
фосфори́тный

фосфоритоапати́товый
фосфори́товый
фосфоритоно́сный; *кр. ф.* -сен, -сна
фосфори́тчик, -а
фосфори́ться, -и́тся
фосфори́ческий
фосфорнова́тистый
фосфорнова́тый
фосфорноки́слый
фо́сфорный
фосфоро́лиз, -а
фосфороргани́ческий
фосфороско́п, -а
фосфорсодержа́щий и фосфоросодержа́щий
фосфотрансфера́зы, -а́з, *ед.* -а́за, -ы
фот[1], -а, *р. мн.* -ов, *счетн. ф.* фот (*ед. измер.*)
фот[2], *неизм. и нескл., с.* (*вид сделки*)
фота́рий, -я
фоти́ния, -и
фо́то... — первая часть сложных слов, пишется слитно
фо́то, *нескл., с.*
фотоавтома́т, -а
фотоальбо́м, -а
фотоаппара́т, -а
фотоателье́, *нескл., с.*
фотобакте́рии, -ий, *ед.* -е́рия, -и
фотобиоло́гия, -и
фотобума́га, -и
фотовизуа́льный
фотовитри́на, -ы
фотовспы́шка, -и, *р. мн.* -шек
фотовы́ставка, -и, *р. мн.* -вок
фотогальванометри́ческий
фотогелио́граф, -а
фотогени́чность, -и
фотогени́чный; *кр. ф.* -чен, -чна
фотогла́з, -а
фотогравирова́льный
фотогравю́ра, -ы
фотограмметри́ческий
фотограмме́трия, -и

фото́граф, -а
фотогра́фика, -и
фотографи́рование, -я
фотографи́рованный; *кр. ф.* -ан, -ана
фотографи́ровать(ся), -рую(сь), -рует(ся)
фотографи́ческий
фотографи́чность, -и
фотографи́чный; *кр. ф.* -чен, -чна
фотогра́фия, -и
фотода́тчик, -а
фотодиза́йн, -а
фотодинами́ческий
фотодио́д, -а
фотодиэлектри́ческий
фотодокуме́нт, -а
фотодокумента́льный
фотодыха́ние, -я
фотожурнали́ст, -а
фотожурнали́стика, -и
фотоизображе́ние, -я
фото- и киносъёмка, -и
фотоиллюстрати́вный
фотоиллюстра́ция, -и
фотоинформа́ция, -и
фотоиониза́ция, -и
фотоиску́сство, -а
фотока́др, -а
фотока́мера, -ы
фотока́рта, -ы
фотока́рточка, -и, *р. мн.* -чек
фотокато́д, -а
фотокера́мика, -и
фотокинопулемёт, -а
фотоко́нкурс, -а
фотокопирова́льный
фотокопи́рование, -я
фотоко́пия, -и
фотоко́р, -а
фотокорреспонде́нт, -а
фотокорреспонде́нция, -и
фотокружо́к, -жка́
фотоксилогра́фия, -и
фотолаборато́рия, -и

фото́лиз, -а
фотолитографи́ческий
фотолитогра́фия, -и
фотолюби́тель, -я
фотолюби́тельский
фотолюби́тельство, -а
фотолюминесце́нция, -и
фотомагази́н, -а
фотомагни́тный
фотомагнитоэлектри́ческий
фотома́стер, -а, *мн.* -а́, -о́в
фотоматериа́л, -а
фотома́трица, -ы, *тв.* -ей
фото́метр, -а
фотометри́рование, -я
фотометри́ческий
фотоме́трия, -и
фотомеха́ника, -и
фотомехани́ческий
фотомоде́ль, -и
фотомонта́ж, -а́, *тв.* -о́м
фото́н, -а
фотонабо́р, -а
фотонабо́рный
фотона́стия, -и
фото́ника, -и
фото́нный
фотообо́и, -ев
фотообъекти́в, -а
фотоофсе́тный
фотоохо́та, -ы
фотоо́черк, -а
фотопереда́тчик, -а
фотопериоди́зм, -а
фотопеча́ть, -и
фотопла́н, -а
фотопласти́нка, -и, *р. мн.* -нок
фотоплёнка, -и, *р. мн.* -нок
фотопло́ттер, -а
фотополиме́рный
фотопортре́т, -а
фотопреобразова́тель, -я
фотоприёмник, -а
фотопроводи́мость, -и
фотопроекцио́нный
фотопулемёт, -а

ФОТОПЬЕЗОЭЛЕКТРИЧЕСКИЙ

фотопьезоэлектри́ческий
фотореактива́ция, -и
фоторегистра́тор, -а
фоторегистри́рующий
фоторези́ст, -а
фоторезисти́вный
фоторези́стор, -а
фотореккла́ма, -ы
фотореле́, нескл., с.
фоторепорта́ж, -а, тв. -ем
фоторепортёр, -а
фоторепортёрский
фоторепроду́кция, -и
фотореце́птор, -а
фотореце́пция, -и
фоторо́бот, -а
фоторожде́ние, -я
фоторужьё, -я́, мн. -ру́жья, -жей
фоторя́д, -а, мн. -ы́, -о́в
фотоси́нтез, -а
фотосинтези́рующий
фотосинтети́ческий
фотосло́й, -я, мн. -и́, -ёв
фотосни́мок, -мка
фотоспо́соб, -а
фотоста́т, -а
фотосфе́ра, -ы
фотосфе́рно-хромосфе́рный
фотосфе́рный
фотосхе́ма, -ы
фотосчи́тыватель, -я
фотосъёмка, -и
фотота́ймер, -а
фотота́ксис, -а
фототе́ка, -и
фототелегра́мма, -ы
фототелегра́ф, -а
фототелегра́фия, -и
фототелегра́фный
фототеодоли́т, -а
фототеодоли́тный
фототерапи́я, -и
фототермомагни́тный
фототетра́дь, -и
фототе́хника, -и
фототехни́ческий

фототипи́ческий
фототи́пия, -и
фототири́стор, -а
фототова́ры, -ов
фотото́ки, -ов, ед. -то́к, -а
фототранзи́стор, -а
фототрансформа́тор, -а
фототриангуля́ция, -и
фототропи́зм, -а
фототро́пный
фототро́фный
фототро́фы, -ов, ед. -тро́ф, -а
фотоувеличи́тель, -я
фотоумножи́тель, -я
фотоупру́гость, -и
фотофа́кт, -а
фотофи́льм, -а
фотофильмопеча́ть, -и
фотофи́ниш, -а, тв. -ем
фотофо́бия, -и
фотофо́бы, -ов, ед. -фо́б, -а
фотофо́рма, -ы
фотохими́ческий
фотохи́мия, -и
фотохроми́зм, -а
фотохро́мия, -и
фотохро́мный
фотохро́ника, -и
фотохроно́граф, -а
фотохронометра́ж, -а, тв. -ем
фотохроноско́п, -а
фотохудо́жник, -а
фотоцинкогра́фия, -и
фотоЭДС [-эдээ́с], нескл., ж.
фотоэласти́ческий
фотоэлектри́ческий
фотоэлектрогенера́тор, -а
фотоэлектро́нный
фотоэлектро́ны, -ов, ед. -ро́н, -а
фотоэлеме́нт, -а
фотоэму́льсия, -и
фотоэтю́д, -а
фотоэффе́кт, -а
фотоя́дерный
фот-секу́нда, -ы
фот-ча́с, -а, мн. -ы́, -о́в

фо́фан, -а
ФПГ [эфпэгэ́], нескл., ж. (сокр.: финансово-промышленная гру́ппа)
фра, неизм. – употр. перед именем католического монаха, пишется раздельно
фрагме́нт, -а
фрагмента́рность, -и
фрагмента́рный; кр. ф. -рен, -рна
фрагмента́ция, -и
фра́ер, -а, мн. -а́, -о́в и -ы, -ов
фра́за, -ы
фразеоло́г, -а
фразеологи́зм, -а
фразеологи́ческий
фразеоло́гия, -и
фразёр, -а
фразёрка, -и, р. мн. -рок
фразёрский
фразёрство, -а
фразёрствовать, -твую, -твует
фрази́рованный; кр. ф. -ан, -ана
фрази́ровать(ся), -рую, -рует(ся)
фразиро́вка, -и, р. мн. -вок
фрази́стый
фра́зовый
фра́йбургский (от Фра́йбург)
фрак, -а
фраки́йский (от Фра́кия)
фраки́йцы, -ев, ед. -иец, -и́йца, тв. -и́йцем
фрактогра́фия, -и
фракту́ра, -ы
фракционе́р, -а
фракциони́зм, -а
фракциони́рование, -я
фракциони́рованный; кр. ф. -ан, -ана
фракциони́ровать(ся), -рую, -рует(ся)
фракцио́нность, -и
фракцио́нный
фра́кция, -и
фрамбе́зия, -и

ФРЕЙДИЗМ

фраму́га, -и
фраму́жный
франк, -а (*ден. ед.*)
фра́нки, -ов, *ед.* франк, -а (*группа племен*)
франки́зм, -а (*от* Фра́нко)
франкирова́льный
франки́рование, -я
франки́рованный; *кр. ф.* -ан, -ана
франки́ровать(ся), -рую, -рует(ся)
франкиро́вка, -и, *р. мн.* -вок
франки́стский
фра́нклин, -а, *р. мн.* -ов, *счетн. ф.* -лин (*ед. измер.*)
франклиниза́ция, -и
фра́нклиновский (*от* Фра́нклин)
франкмасо́н, -а
франкмасо́нский
франкмасо́нство, -а
фра́нко, *неизм. и нескл., с.* (*вид сделки*)
фра́нко-бо́рт, *неизм. и нескл., с.*
фра́нко-ваго́н, *неизм. и нескл., с.*
фра́нковский (*от* Фра́нко)
франко́вский (*от* Франко́)
фра́нковый (*от* франк)
фра́нко-герма́но-росси́йский
фра́нко-герма́нский
франкоговоря́щий
фра́нко-заво́д, *неизм. и нескл., с.*
фра́нко-италья́нский
франкокана́дский (*к* франкокана́дцы), *но:* фра́нко-кана́дский (*относящийся к связям между Францией и Канадой*)
франкокана́дцы, -ев, *ед.* -дец, -дца, *тв.* -дцем
фра́нко-коми́ссия, -и
фра́нко-получа́тель, -я и (*вид сделки*) *неизм. и нескл., с.*
фра́нко-при́стань, *неизм. и нескл., с.*
Фра́нко-пру́сская война́ (*1870–1871*)
фра́нко-пру́сский
фра́нко-росси́йский
фра́нко-ру́сский
фра́нко-скла́д, *неизм. и нескл., с.*
фра́нко-ста́нция, *неизм. и нескл., с.*
франкофи́л, -а
франкофо́нный
франкофо́ны, -ов, *ед.* -фо́н, -а
франкоязы́чный
фра́нкский (*от* фра́нки)
Фра́нкфурт-на-Ма́йне, Фра́нкфурта-на-Ма́йне
фра́нкфуртский (*от* Фра́нкфурт)
фра́нкфуртцы, -ев, *ед.* -тец, -тца, *тв.* -тцем
Франс Пре́сс, *нескл., с.* (*агентство*)
франт, -а
франтирёр, -а
франти́ть, -нчу́, -нти́т
франти́ха, -и
франтова́тость, -и
франтова́тый
франтовско́й
франтовство́, -а́
фра́нций, -я
франциска́нский
франциска́нцы, -ев, *ед.* -нец, -нца, *тв.* -нцем
Франци́ск Асси́зский
францу́женка, -и, *р. мн.* -нок
францу́зишка, -и, *р. мн.* -шек, *м.*
французома́н, -а
французома́ния, -и
францу́зский (*к* францу́зы *и* Фра́нция)
Францу́зское соо́бщество (*объединение государств*)
францу́зско-росси́йский
францу́зско-ру́сский
францу́зы, -ов, *ед.* -цу́з, -а
франча́йзинг, -а
франча́йзинговый
Франче́ска да Ри́мини, Франче́ски да Ри́мини
франши́за, -ы
фраппи́рованный; *кр. ф.* -ан, -ана
фраппи́ровать, -рую, -рует
фратриа́льный
фра́трия, -и
фра́у, *нескл., ж.*
Фраунго́фер, -а: дифра́кция Фраунго́фера
фраунго́феровы ли́нии, фраунго́феровых ли́ний
фрахт, -а
фрахтова́ние, -я
фрахто́ванный; *кр. ф.* -ан, -ана
фрахтова́тель, -я
фрахтова́ть(ся), -ту́ю, -ту́ет(ся)
фрахто́вка, -и
фрахто́вщик, -а
фрахто́вый
фрачи́шко, -а и -и, *мн.* -шки, -шек, *м.*
фра́чник, -а
фра́чный
фрачо́к, -чка́
фреатофи́ты, -ов, *ед.* -фи́т, -а
фре́белевский (*от* Фре́бель)
фребели́чка, -и, *р. мн.* -чек
фрега́т, -а
фрега́тный
фрез, *неизм.* (*цвет*)
фреза́, -ы́, *мн.* фре́зы, фрез
фре́зерно-обто́чный
фре́зерно-центрова́льный
фре́зерный
фрезерова́льный
фрезерова́ние, -я
фрезеро́ванный; *кр. ф.* -ан, -ана
фрезерова́ть(ся), -ру́ю, -ру́ет(ся)
фрезеро́вка, -и
фрезеро́вочный
фрезеро́вщик, -а
фрезеро́вщица, -ы, *тв.* -ей
фре́зия, -и
фрезо́ванный; *кр. ф.* -ан, -ана
фре́йбургский (*от* Фре́йбург)
фрейди́зм, -а

фрейди́ст, -а
фрейди́стский
фре́йдовский (от Фрейд)
фре́йлейн, нескл., ж.
фре́йлина, -ы
фрейм, -а
фре́ймовый
фре́кен, нескл., ж.
Френе́ль, -я: дифра́кция Френе́ля, зеркала́ Френе́ля, зо́ны Френе́ля
френо́лог, -а
френологи́ческий
френоло́гия, -и
френч, -а, тв. -ем
фрео́новый
фрео́ны, -ов, ед. фрео́н, -а
фре́ска, -и, р. мн. -сок
фре́сковый
фре́ттинг-корро́зия, -и
фри, неизм.
фрибу́рский (от Фрибу́р)
фриве́й, -я
фриволите́, неизм. и нескл., с. (вышивка)
фриво́льность, -и
фриво́льный; кр. ф. -лен, -льна
фрига́на, -ы
фриги́дность, -и
фриги́дный
фриги́йка, -и, р. мн. -и́ек
фриги́йский (от Фри́гия)
фриги́йцы, -ев, ед. -и́ец, -и́йца, тв. -и́йцем
фриго́льд, -а
фриго́льдер, -а
Фри́дрих Барбаро́сса
Фри́дрих Вели́кий
фридрихсдо́р, -а
фриз, -а (архит.)
фри́зер, -а
фри́зовый
фри́зский
фри́зы, -ов, ед. фриз, -а (народ)
фрикаде́льки, -лек, ед. -лька, -и
фрикасе́, нескл., с.

фрикати́вный
фри́кции, -ий, ед. -ция, -и
фрикцио́нный
фриме́р, -а
фриста́йл, -а
фристайли́ст, -а
фристайли́стка, -и, р. мн. -ток
фритре́дерский
фритре́дерство, -а
фритре́деры, -ов, ед. -дер, -а
фритю́р, -а
фритю́рница, -ы, тв. -ей
фритю́рный
Фриц, -а, тв. -ем (имя) и фриц, -а, тв. -ем, р. мн. -ев (в Великую Отечественную войну: немец)
фришёванный; кр. ф. -ан, -ана
фришева́ть(ся), -шу́ю, -шу́ет(ся)
фри́штик, -а и фри́штык, -а
фри́штикать, -аю, -ает и фри́штыкать, -аю, -ает
Фро́нда, -ы (движение против абсолютизма во Франции, XVII в.) и фро́нда, -ы (перен.: непринципиальная оппозиция)
фронде́р, -а
фронде́рка, -и, р. мн. -рок
фронде́рский
фронде́рство, -а
фронде́рствовать, -твую, -твует
фрондибо́ла, -ы
фронди́рование, -я
фронди́ровать, -рую, -рует
фронт, -а, мн. -ы́, -о́в
фронта́льность, -и
фронта́льный; кр. ф. -лен, -льна
фронти́спис, -а
фронти́списный
фронти́т, -а
фро́нтмен, -а
фронтови́к, -а́
фронтови́чка, -и, р. мн. -чек
фронтово́й
фронтогене́з, -а
фронтоли́з, -а
фронто́н, -а

фронто́нный
фронтпрое́кция, -и
фру, нескл., ж.
фрукт, -а
фруктово́з, -а
фрукто́во-овощно́й
фрукто́во-я́годный
фрукто́вый
фрукто́за, -ы
фруктоперераба́тывающий
фруктохрани́лище, -а
фру́нзенский (от Фру́нзе)
фру́нзенцы, -ев, ед. -нец, -нца, тв. -нцем
фрунт, -а
фрунтово́й
фрустра́ция, -и
фрюктидо́р, -а
фря, фри
фря́жский
фталазо́л, -а
фта́левый
фтивази́д, -а
фтизиа́тр, -а
фтизиатри́ческий
фтизиатри́я, -и
фтириа́з, -а
фтор, -а
фторзамещённый и фторозамещённый
фтори́ды, -ов, ед. -и́д, -а
фтори́рование, -я
фтори́рованный; кр. ф. -ан, -ана
фтори́ровать(ся), -рую, -рует(ся)
фто́ристо-водоро́дный
фто́ристый
фторозамещённый и фторзамещённый
фторопла́стовый
фторопла́сты, -ов, ед. -а́ст, -а
фтороргани́ческий
фторосодержа́щий и фторсодержа́щий
фторпроизво́дный
фторсилика́ты, -ов, ед. -ка́т, -а

фторсодержа́щий и фторосо-
  держа́щий
фторхло́ристый
фу, неизм.
фу́га, -и
фуга́нок, -нка
фуга́ночный
фуга́с, -а
фуга́ска, -и, р. мн. -сок
фуга́сный
фуга́то, нескл., с.
фуге́тта, -ы
фуги́рованный; кр. ф. -ан, -ана
фуги́ровать(ся), -рую, -рует(ся)
фугова́льный
фугова́ние, -я
фуго́ванный; кр. ф. -ан, -ана
фугова́ть(ся), фугу́ю, фугу́ет(ся)
фуго́вка, -и, р. мн. -вок
фуго́вочный
фу́говый
фуже́р, -а
фуже́рный
фузарио́з, -а
фуза́риум, -а
фузе́йный
фузе́я, -и
фузилёр, -а
фузилёрный
фузио́нный
фу́зия, -и
фузулини́ды, -и́д, ед. -и́да, -ы
фуй, неизм.
фук[1], неизм.
фук[2], -а (в шашках)
фу́канье, -я
фу́кать, -аю, -ает
фу́кнутый
фу́кнуть, -ну, -нет
Фуко́, нескл., м.: ма́ятник Фуко́
фукс, -а
фукси́н, -а
фукси́ново-кра́сный
фукси́новый
фу́ксия, -и
фу́ксом, нареч.

фу́кус, -а
фу́кусовый
фуле́, нескл., с.
фульгури́ты, -ов, ед. -ри́т, -а
фуля́р, -а
фуля́ровый
фумаро́лы, -о́л, ед. -о́ла, -ы
фумаро́льный
фумига́нты, -ов, ед. -а́нт, -а
фумига́тор, -а
фумига́ция, -и
фунгици́дный
фунгици́ды, -ов, ед. -ци́д, -а
фунда́мент, -а
фундаментали́зм, -а
фундаментали́ст, -а
фундаментали́стский
фундамента́льность, -и
фундамента́льный; кр. ф. -лен,
  -льна
фунда́ментный
фундаментостpое́ние, -я
фунда́ментщик, -а
фунди́рованный; кр. ф. -ан, -ана
фунди́ровать(ся), -рую, -рует(ся)
фунду́к, -а́
фуникулёр, -а
фуникулёрный
фу́нкия, -и
функционали́зм, -а
функционали́ст, -а
функциона́льно-граммати́-
  ческий
функциона́льно-морфологи́-
  ческий
функциона́льно-незави́симый
функциона́льно ориенти́ро-
  ванный
функциона́льно-семанти́-
  ческий
функциона́льно-стилисти́ческий
функциона́льность, -и
функциона́льно-типологи́-
  ческий
функциона́льно-целево́й

функциона́льный; кр. ф. -лен,
  -льна
функционе́р, -а
функциони́рование, -я
функциони́ровать, -рую, -рует
фу́нкция, -и
фунт, -а
фу́нтик, -а
фунто́вый
фу́ра, -ы
фура́ж, -а́, тв. -о́м
фура́жечка, -и, р. мн. -чек
фура́жечный
фуражи́р, -а
фуражи́ровать, -рую, -рует
фуражиро́вка, -и
фура́жка, -и, р. мн. -жек
фура́жный
фура́н, -а
фурацили́н, -а
фурго́н, -а
фурго́нный
фурго́нчик, -а
фурго́нщик, -а
фурио́зный
фурио́зо, неизм.
фу́рия, -и
фурка́ция, -и
фуркро́йя, -и
фурло́нг, -а
фу́рма, -ы
фу́рман, -а
фурма́нка, -и, р. мн. -нок
фу́рменный
фурниту́ра, -ы
фурниту́рный
фуро́р, -а
фуросеми́д, -а
фуру́нкул, -а
фурункулёз, -а
фурункулёзный
фурфуро́л, -а
фурча́ть, -чу́, -чи́т
фурше́т, -а
фурше́тный
фуршта́т, -а

фурштáтский
фурьéр, -а
фурьери́зм, -а (*от* Фурьé)
фурьери́ст, -а
фурьери́стский
фурьéрский
фуст, -а
фут, -а
футбóл, -а
футболи́ст, -а
футболи́стка, -и, *р. мн.* -ток
футбóлить, -лю, -лит
футбóлка, -и, *р. мн.* -лок
футбóльно-легкоатлети́ческий
футбóльный
футерова́ние, -я
футерóванный; *кр. ф.* -ан, -ана
футерова́ть(ся), -рýю, -рýет(ся)
футерóвка, -и
футзáл, -а
футзали́ст, -а
футля́р, -а
футля́рный
футля́рчик, -а
фýтовый
фýтокс, -а
фýтор, -а
футури́зм, -а

футури́ст, -а
футуристи́ческий
футури́стский
футурóлог, -а
футурологи́ческий
футуроло́гия, -и
футýрум, -а
футштóк, -а
фý-ты
фý-ты нý-ты
фуфáечка, -и, *р. мн.* -чек
фуфáечный
фуфáйка, -и, *р. мн.* -áек
фуфлó, -á
фуфý: на фуфý
фуфы́ра, -ы и фуфы́ря, -и, *м. и ж.*
фуфы́риться, -рюсь, -рится
фуфы́рящийся
фýхтель, -я
фуэтé, *нескл., с.*
ФШМ [фэшээ́м], *нескл., ж. (сокр.:* футбольная школа молодежи*)*
фынь, -я (*монета*)
фырк, *неизм.*
фы́рканье, -я
фы́ркать, -аю, -ает
фы́ркнуть, -ну, -нет
фырóк, фыркá
фырчáнье, -я
фырчáть, -чý, -чи́т

фьельд, -а и фиéльд, -а
фьеф, -а
фьорд, -а и фиóрд, -а; *как вторая часть геогр. названий пишется через дефис, напр.:* Варáнгер-фьóрд, Сóгне-фьóрд
фьóрдовый и фиóрдовый
фьюмингова́ние, -я
фьюмингóванный; *кр. ф.* -ан, -ана
фьюмингова́ть(ся), -гýю, -гýет(ся)
фьють и фюйть, *неизм.*
фью́черсный
фью́черсы, -ов и фью́черс, -а
фэбээ́ровец, -вца, *тв.* -вцем, *р. мн.* -вцев
фэбээ́ровский (*от* ФБР)
фэ́нтези, *нескл., с. и неизм.* (*лит.*)
фэр, -а, *р. мн.* -ов, *счетн. ф.* фэр (*ед. измер., сокр.:* физический эквивалент рентгена)
фээргэ́вский (*от* ФРГ)
фээсбэ́шник, -а
фээсбэ́шный (*от* ФСБ)
фюзеля́ж, -а, *тв.* -ем
фюзеля́жный
фюйть и фьють, *неизм.*
фю́льке, *нескл., ж.*
фю́рер, -а
фю́рерский

Х

ха, *нескл., с.* (*название буквы*)
хабане́ра, -ы
хаба́р, -а и -у
хаба́рка, -и, *р. мн.* -рок
хаба́ровский (*от* Хаба́ровск)
Хаба́ровский кра́й
хаба́ровцы, -ев, *ед.* -вец, -вца, *тв.* -вцем
хабаровча́не, -а́н, *ед.* -а́нин, -а
хабаровча́нка, -и, *р. мн.* -нок
Ха́ббл, -а: зако́н Ха́ббла
ха́бловский (*от* Ха́ббл): ха́бловская классифика́ция
Ха́беас ко́рпус а́кт, -а
хабертио́з, -а
ха́битус, -а и га́битус, -а
хабэ́ и хэбэ́, *нескл., с. и ж., и неизм.* (*сокр.*: хлопчатобумажный; ткань и одежда из нее)
хавбе́к, -а
хавко́рт, -а
хавро́нья, -и, *р. мн.* -ний
хавта́йм, -а
хадж, -а, *тв.* -ем
хаджи́, *нескл., м.*
хаджи́-има́м, -а
хади́с, -а
ха́живать, *наст. вр. не употр.*
хаз, -а
хаза́н, -а
хазаре́йцы, -ев, *ед.* -е́ец, -е́йца, *тв.* -е́йцем
хаза́рский
Хаза́рский кагана́т

хаза́ры, -а́р, *ед.* хаза́р, -а и хаза́рин, -а
ха́зо́вый
хай, ха́я
хайве́й, -я
хайдараба́дский (*от* Хайдараба́д)
хайдараба́дцы, -ев, *ед.* -дец, -дца, *тв.* -дцем
хайло́, -а́, *мн.* ха́йла, хайл
хайль, *межд.* (*фашистское приветствие*)
ха́йринг, -а
ха́йринговый
хай-фи́, *нескл., с. и неизм.*
хай-э́нд, -а и *неизм.*
хака́ска, -и, *р. мн.* -сок
хака́сский (*к* хака́сы *и* Хака́сия)
хака́сы, -ов, *ед.* хака́с, -а
ха́кер, -а
ха́керский
ха́керство, -а
ха́ки¹, *неизм. и нескл., с.* (*цвет*)
ха́ки², *нескл., с.* (*геогр.*)
ха́ки-ке́мбелл, -а и *неизм.* (*порода уток*)
ха́ла, -ы
хала́т, -а
хала́тик, -а
хала́тишко, -а и -и, *мн.* -шки, -шек, *м.*
хала́тник, -а
хала́тность, -и
хала́тный¹ (*к* хала́т)
хала́тный²; *кр. ф.* -тен, -тна (*небрежный, недобросовестный*)

халва́, -ы́
халви́чница, -ы, *тв.* -ей
халви́чный
халво́вый
ха́лда, -ы (*грубиянка*)
халде́и, -е́ев, *ед.* -де́й, -я
халде́йский
ха́лдский
ха́лды, -ов, *ед.* халд, -а (*племенная группа*)
ха́ли-га́ли, *нескл., с.*
халикоте́рий, -я
хали́ф, -а
халифа́т, -а
хали́фский
халколи́т, -а
халту́ра, -ы
халту́рить, -рю, -рит
халту́рка, -и, *р. мн.* -рок
халту́рность, -и
халту́рный; *кр. ф.* -рен, -рна
халту́рщик, -а
халту́рщина, -ы
халту́рщица, -ы, *тв.* -ей
халту́рящий
халу́па, -ы
халу́пка, -и, *р. мн.* -пок
ха́лха, *нескл., мн., ед. м. и ж.*
халха́сцы, -ев, *ед.* -сец, -сца, *тв.* -сцем
халхи́н-го́льский и халхи́н-го́льский (*от* Халхи́н-Го́л)
халцедо́н, -а
халцедо́новый
халци́д, -а (*ящерица*)

ХАЛЬКОГЕНЫ

халькоге́ны, -ов, *ед.* -ге́н, -а
халько́граф, -а
халькози́н, -а
халькопири́т, -а
халькофи́льный
хальци́ды, -и́д, *ед.* -и́да, -ы (*насекомые*)
халя́ва, -ы (*удовлетворение потребностей за чужой счет; что-н. легкодоступное; на халя́ву*)
халя́вный (*от* халя́ва)
халя́вщик, -а
халя́вщица, -ы, *тв.* -ей
Хам, -а (*библ.*)
хам, -а (*грубиян, невежа*)
хама́да, -ы и гама́да, -ы
хама́с, -а
хамбо́-ла́ма, -ы, *м.*
хамелео́н, -а
хамелео́нский
хамелео́нство, -а
хаме́ть, -е́ю, -е́ет
хами́тский
хами́ты, -ов, *ед.* хами́т, -а
хами́ть, хамлю́, хами́т
ха́мка, -и, *р. мн.* ха́мок
хамло́, -а́
ха́мов, -а, -о: ха́мово отро́дье, ха́мово пле́мя
хамова́тость, -и
хамова́тый
хамо́вник, -а
Хамо́вники, -ов (*ист. район в Москве*)
хамо́внический (*от* Хамо́вники)
хамо́вный
хамса́, -ы́ и камса́, -ы́
хамсе́, *нескл., с.*
хамси́н, -а
ха́мски
ха́мский
ха́мство, -а
хамьё, -я́
хан, -а; *после собственных имен пишется через дефис, напр.*: Мирза́-ха́н, Дая́н-ха́н, но: Чингисха́н

хана́, *в знач. сказ.*
ханаа́нский (*от* Ханаа́н)
ханане́и, -ев, *ед.* -не́й, -я
ханане́йский
ханане́янка, -и, *р. мн.* -нок
хандра́, -ы́
хандри́ть, -рю́, -ри́т
ханжа́, -и́, *тв.* -о́й, *р. мн.* -е́й, *м. и ж.*
ха́нжески
ха́нжеский
ха́нжество, -а
ханжи́ть, -жу́, -жи́т
ханму́н, -а
хано́йский (*от* Хано́й)
хано́йцы, -ев, *ед.* -о́ец, -о́йца, *тв.* -о́йцем
ха́нский (*от* хан)
ха́нство, -а
ха́нты, -ов и *нескл., мн., ед. м. и ж.*
ханты́йка, -и, *р. мн.* -ы́ек
ханты́йский
ханты́йцы, -ев, *ед.* -ы́ец, -ы́йца, *тв.* -ы́йцем
ха́нты-манси́йский
Ха́нты-Манси́йский автоно́мный о́круг
хантыманси́йцы, -ев, *ед.* -и́ец, -и́йца, *тв.* -и́йцем (*от* Ха́нты-Манси́йск)
Хану́ка, -и
хану́м, *нескл., ж.*
хану́рик, -а
ха́нша, -и, *тв.* -ей, *р. мн.* ханш
ханши́н, -а
ханы́га, -и, *м. и ж.*
ха́ньский (*от* Хань, *царство и династия*)
ха́о, *нескл., с.* (*монета*)
ха́ос, -а (*мифол.*) и хао́с, -а (*беспорядок*)
хаоти́ческий
хаоти́чность, -и
хаоти́чный; *кр. ф.* -чен, -чна
хап, *неизм.*
ха́панный; *кр. ф.* -ан, -ана, *прич.*
хапану́ть, -ну́, -нёт

ха́панцы, -ев
ха́паный, *прил.*
ха́панье, -я
ха́пать, -аю, -ает
ха́пнутый
ха́пнуть, -ну, -нет
хапо́к, хапка́
хапу́га, -и, *м. и ж.*
хапу́жник, -а
хапу́н, -а́
хапу́нья, -и, *р. мн.* -ний
хара́дж, -а, *тв.* -ем
хараки́ри, *нескл., с.*
хара́ктер, -а
хара́ктерец, -рца, *тв.* -рцем
характеризо́ванный; *кр. ф.* -ан, -ана
характеризова́ть(ся), -зу́ю(сь), -зу́ет(ся)
характери́стика, -и
характеристи́ческий
характеристи́чность, -и
характеристи́чный; *кр. ф.* -чен, -чна
хара́ктерность, -и (*к* хара́ктерный)
характе́рность, -и (*к* характе́рный)
хара́ктерный; *кр. ф.* -рен, -рна (*упрямый; у деятелей театра: о роли, актере, танце и т. п.*)
характе́рный; *кр. ф.* -рен, -рна (*типичный; свойственный кому, чему-н.*)
характероло́ги́ческий
характероло́гия, -и
характро́н, -а
харате́йный
харатья́, -и́, *р. мн.* -те́й
харацинови́дные, -ых
харби́нский (*от* Харби́н)
харби́нцы, -ев, *ед.* -нец, -нца, *тв.* -нцем
хардве́р, -а
ха́рдингфеле, *нескл., с.*
хард-ро́к, -а
хард-ро́к-гру́ппа, -ы
ха́рдтоп, -а

харза́, -ы́
Хари́бда, -ы: между Сци́ллой и Хари́бдой
хариджи́зм, -а
хариджи́тский
хариджи́ты, -ов, ед. -жи́т, -а
хари́зма, -ы
харизма́тики, -ов, ед. -тик, -а
харизмати́ческий
хари́ты, -и́т
ха́риус, -а
ха́риусовые, -ых
ха́рканье, -я
ха́ркать, -аю, -ает
ха́ркнуть, -ну, -нет
харко́та, -ы
харко́тина, -ы
ха́рмсовский (от Хармс)
ха́ровый
Харо́н, -а
харта́л, -а
ха́ртия, -и
харту́мский (от Харту́м)
харту́мцы, -ев, ед. -мец, -мца, тв. -мцем
харч, -а́, тв. -е́м и харчи́, -е́й
харчева́ться, -чу́юсь, -чу́ется
харче́венный
харче́вник, -а
харче́вня, -и, р. мн. -вен
харчево́й
харчи́, -е́й и харч, -а́, тв. -е́м
харчи́ться, -чу́сь, -чи́тся
харчи́шки, -шек
харчо́, нескл., с.
ха́ры, хар, ед. ха́ра, -ы (водоросли)
ха́рьковский (от Ха́рьков)
харьковча́не, -а́н, ед. -а́нин, -а
харьковча́нка, -и, р. мн. -нок
Ха́рьковщина, -ы (к Ха́рьков)
ха́ря, -и
хасиди́зм, -а
хаси́дский
хаси́ды, -ов, ед. хаси́д, -а
хастело́й, -я
ха́та, -ы

ха́та-лаборато́рия, ха́ты-лаборато́рии
ха́тангский (от Ха́танга)
хатёнка, -и, р. мн. -нок
ха́тка, -и, р. мн. ха́ток
ха́ттский
ха́тты, -ов
ха́тха-йо́га, -и
хаты́нский (от Хаты́нь)
ха́уз, -а (бассейн)
ха́ус, -а (животное)
ха́уса, неизм. и нескл., м. (язык) и нескл., мн., ед. м. и ж. (народ)
ха́ус-му́зыка, -и
хафи́з, -а (певец-сказитель)
ха-ха́, неизм.
ха́халишка, -и, м.
ха́халь, -я
ха-ха-ха́, неизм.
ха́хоньки, -нек (хи́хоньки да ха́хоньки)
хачапу́ри, нескл., мн. и с.
ха́чбо́т, -а
хачка́р, -а
хаш, -а, тв. -ем (армянское кушанье)
ха́ши, нескл., с. (грузинское кушанье)
Хашими́тский: Иорда́нское Хашими́тское Короле́вство
Хашими́ты, -ов (династия)
ха́ющий
ха́янный; кр. ф. ха́ян, ха́яна, прич.
ха́ять, ха́ю, ха́ет
хвала́, -ы́
хвале́бный; кр. ф. -бен, -бна
хвале́ние, -я
хва́ленный; кр. ф. -ен, -ена, прич.
хвалёный, прил.
хва́ливать, наст. вр. не употр.
хвали́тель
хвали́тельный
хвали́тны, -ых, ед. -тен, -тна, м. (церк. песнопения)
хвали́тный (хвали́тные стихи́ры, псалмы́)
хвали́ть(ся), хвалю́(сь), хва́лит(ся)

хвалы́нский (от Хвалы́нск)
хвалы́нцы, -ев, ед. -нец, -нца, тв. -нцем
хвальба́, -ы́
хваля́щий
хваля́щийся
хванчкара́, -ы́
хва́рывать, наст. вр. не употр.
хва́ста, -ы, м. и ж.
хвастану́ть, -ну́, -нёт
хва́станье, -я
хва́стать(ся), -аю(сь), -ает(ся)
хвастли́вость, -и
хвастли́вый
хвастну́ть, -ну́, -нёт
хвастня́, -и́
хвастовско́й
хвастовство́, -а́
хвасту́н, -а́
хвастуни́шка, -и, р. мн. -шек, м. и ж.
хвасту́нья, -и, р. мн. -ний
хват, -а
хвата́лка, -и, р. мн. -лок
хвата́ние, -я
хва́танный; кр. ф. -ан, -ана (от хвата́ть)
хватану́ть, -ну́, -нёт
хвата́тельный
хвата́ть(ся), -а́ю(сь), -а́ет(ся)
хвати́ть(ся), хвачу́(сь), хва́тит(ся)
хва́тка, -и
хва́ткий; кр. ф. хва́ток, хватка́, хва́тко
хва́ткость, -и
хватну́ть, -ну́, -нёт
хва́тский
хвать, неизм.
хва́ченный; кр. ф. -ен, -ена (от хвати́ть)
хвои́нка, -и, р. мн. -нок
хво́йник, -а
хво́йниковые, -ых
хво́йный
хвора́ние, -я
хвора́ть(ся), -а́ю, -а́ет(ся)

хворо́ба, -ы
хво́рост, -а
хворости́на, -ы
хворости́нка, -и, р. мн. -нок
хворости́нник, -а
хворости́нный
хворостня́к, -а́
хво́рость, -и
хворостяно́й
хво́рый
хворь, -и
хвост, -а́
хвоста́тый
хвоста́ть(ся), хвощу́(сь), хво́щет(ся)
хвосте́ц, -тца́, тв. -тцо́м, р. мн. -тцо́в
хвости́зм, -а
хво́стик, -а
хвости́ст, -а
хвости́стка, -и, р. мн. -ток
хвости́стский
хвости́шко, -а и -и, мн. -шки, -шек, м.
хвости́ще, -а, мн. -а и -и, -и́щ, м.
хво́стник, -а
хвостови́к, -а́
хвосто́вка, -и, р. мн. -вок
хвостово́й
хвостцо́вый
хвощ, -а́, тв. -о́м
хвощеви́дные, -ых
хвощеобра́зные, -ых
хвощо́вый
хвоя́, -и
хе́ви-мета́л, неизм.
хевсу́рка, -и, р. мн. -рок
хевсу́рский
хевсу́ры, -ов, ед. -су́р, -а
хе́дер, -а
хедж, -а, тв. -ем
хеджи́рование, -я
хеджи́рованный; кр. ф. -ан, -ана
хеди́в, -а
хейерда́ловский (от Хейерда́л)
хейли́т, -а

хеймве́р, -а
хейроте́рий, -я и хироте́рий, -я
хек, -а
хе́кер, -а
хела́тный
хела́ты, -ов
хелице́ровые, -ых
хелице́ры, -це́р, ед. -це́ра, -ы
Хе́льсинкские договорённости (соглаше́ния)
хе́льсинкский (от Хе́льсинки)
хе́льсинкцы, -ев, ед. -кец, -кца, тв. -кцем
хемилюминесце́нтный
хемилюминесце́нция, -и
хемингуэ́евский (от Хемингуэ́й)
хемоге́нный
хемона́стии, -ий
хеморецепторы, -ов, ед. -тор, -а
хеморецепция, -и
хемоси́нтез, -а
хемосо́рбция, -и
хемостериля́нты, -ов, ед. -я́нт, -а
хемота́ксис, -а
хемотро́н, -а
хемотро́ника, -и
хемотропи́зм, -а
хемотро́пный
хемотро́фный
хемотро́фы, -ов, ед. -тро́ф, -а
хемофосси́лии, -ий, ед. -лия, -и
хемоя́дерный
Хео́пс, -а: пирами́да Хео́пса
хе́ппенинг, -а
хе́ппи-э́нд, -а
хер, -а (название буквы)
хе́рем, -а
хе́рес, -а
хе́ресный
хе́рить, хе́рю, хе́рит
херсо́нский (от Херсо́н)
херсо́нцы, -ев, ед. -нец, -нца, тв. -нцем
херуви́м, -а
Херуви́мская пе́снь (церк.)
херуви́мский

херуви́мчик, -а
хесболла́х, -а
хетогна́ты, -ов, ед. -гна́т, -а
хетто́лог, -а
хеттоло́гия, -и
хе́тто-луви́йский
хет-три́к, -а
хе́ттский
хе́тты, -ов, ед. хетт, -а (народ)
хе́ты, хет (щетинки)
хе-хе́, неизм.
хе-хе-хе́, неизм.
хеш-адреса́ция, -и
хеши́рование, -я
хеш-табли́ца, -ы
хеш-фу́нкция, -и
хи, нескл., с. (название буквы)
хиа́зм, -а (в филологии и изобр. искусстве)
хиа́зма, -ы (в генетике)
хиазмо́дон, -а
хиа́тус, -а
хиба́ра, -ы
хиба́рка, -и, р. мн. -рок
хибини́т, -а
хиби́нский (от Хиби́ны)
хиви́нский (от Хива́)
Хиви́нское ха́нство (ист.)
хиви́нцы, -ев, ед. -нец, -нца, тв. -нцем
хиджра, -ы
хи́жина, -ы
хикая́т, -а
хи́ленький
хи́лер, -а
хиле́ть, -е́ю, -е́ет
хилиа́зм, -а
хилиа́ст, -а
хилиасти́ческий
хилодонеллёз, -а
хи́лость, -и
хи́лус, -а
хи́лый; кр. ф. хил, хила́, хи́ло
хиля́к, -а́
хиля́ть, -я́ю, -я́ет
химводоочи́стка, -и

химволокно́, -а́
Химе́ра, -ы (мифол.) и химе́ра, -ы (скульптурное изображение чудовища; неосуществимая мечта, фантазия; рыба; биол.)
химери́ческий
химери́чность, -и
химери́чный; кр. ф. -чен, -чна
химзаво́д, -а
химзащи́та, -ы
химиза́тор, -а
химиза́ция, -и
химизи́рованный; кр. ф. -ан, -ана
химизи́ровать(ся), -рую, -рует(ся)
хими́зм, -а
хи́мик, -а
химика́лии, -ий
химика́ты, -ов, ед. -ка́т, -а
хи́мико-лабо́ратóрный
хи́мико-механи́ческий
хи́мик-орга́ник, хи́мика-орга́ника
хи́мико-терми́ческий
хи́мико-технологи́ческий
хи́мико-фармацевти́ческий
химиопрепара́т, -а
химиопрофила́ктика, -и
химиотерапевти́ческий
химиотерапи́я, -и
хими́чески безопа́сный
хими́ческий
хими́чески опа́сный
хими́чески чи́стый
хими́чить, -чу, -чит
хими́чка, -и, р. мн. -чек
хи́мия, -и
хи́мкинский (от Хи́мки)
химкомбина́т, -а
химмотоло́гия, -и
химобрабо́тка, -и
химози́н, -а
химотрипси́н, -а
химреакти́в, -а
химслу́жба, -ы
хи́мус, -а
химфа́к, -а

химфармзаво́д, -а
химча́не, -а́н, ед. -а́нин, -а (от Хи́мки)
химча́нка, -и, р. мн. -нок
химчи́стка, -и, р. мн. -ток
хин, -а (порода собак)
хи́на, -ы
хиналу́гский
хиналу́гцы, -ев, ед. -гец, -гца, тв. -гцем
хиная́на, -ы
хинга́нский (от Хинга́н)
хи́нди, неизм. и нескл., м.
хи́нди-ру́сский
хиндуста́ни, неизм. и нескл., м. (язык)
хиндуста́нский (от Хиндуста́н)
хиндуста́нцы, -ев, ед. -нец, -нца, тв. -нцем
хини́н, -а
хинка́ли, нескл., мн. и с. и хинка́л, -а
хинка́льная, -ой
хинка́льный
хи́нный
хинозо́л, -а
хино́идный
хиноли́н, -а
хино́ны, -ов, ед. хино́н, -а
хи́нтерла́нд, -а
хинь: хи́нью идёт (пошло́)
хиоли́ты, -ов, ед. -ли́т, -а
хионосфе́ра, -ы
хионофи́лы, -ов, ед. -фи́л, -а
хионофо́бы, -ов, ед. -фо́б, -а
хип, -а́
хиппа́рь, -я́
хи́ппи, нескл., м. и ж.
хиппова́тый
хиппова́ть, хиппу́ю, хиппу́ет
хи́пповый
хип-хо́п, -а (танец)
хира́льность, -и
хира́льный
хире́ние, -я
хире́ть, -е́ю, -е́ет

хиро́лог, -а
хирологи́ческий
хироло́гия, -и
хирома́нт, -а
хирома́нтия, -и
хирома́нтка, -и, р. мн. -ток
хирономи́ды, -и́д, ед. -и́да, -ы
хироно́мус, -а
Хироси́ма, -ы
хироси́мский (от Хироси́ма)
хироси́мцы, -ев, ед. -мец, -мца, тв. -мцем
хиро́т, -а
хироте́рий, -я и хейроте́рий, -я
хироте́сия, -и
хироте́хника, -и
хиротониса́ние, -я
хиротони́санный; кр. ф. -и́сан
хиротониса́ть, -а́ю, -а́ет и -су́ю, -су́ет
хирото́ния, -и
хиру́рг, -а
хирурги́ческий
хирурги́я, -и
хит, -а́
хити́н, -а
хити́нный
хити́новый
хито́вый
хито́н, -а
хито́нный
хит-пара́д, -а
хитрёнек, -нька
хи́тренький
хитре́ть, -е́ю, -е́ет
хитре́ц, -а́, тв. -о́м, р. мн. -о́в
хитреца́, -ы́, тв. -о́й
хитри́нка, -и
хитри́ть, -рю́, -ри́т
хи́тро́, нареч.
хитрова́н, -а
хитрова́тый
Хитро́в ры́нок, Хитро́ва ры́нка (в ста́рой Москве́)
хитрогла́зый
хитросплете́ние, -я

хитросплетённый
хитростный
хитрость, -и
хитроумие, -я
хитроумность, -и
хитроумный; *кр. ф.* -мен, -мна
хитрущий и хитрющий
хитрый; *кр. ф.* хитёр, хитра, хитро
хитрюга, -и, *м. и ж.*
хитрюшка, -и, *р. мн.* -шек, *м. и ж.*
хитрющий и хитрущий
хитряга, -и, *м. и ж.*
хи-хи, *неизм.*
хихиканье, -я
хихикать, -аю, -ает
хихикнуть, -ну, -нет
хи-хи-хи, *неизм.*
хихоньки, -нек (хихоньки да хахоньки)
хищение, -я
хищнец, -а, *тв.* -ом, *р. мн.* -ов
хищник, -а
хищница, -ы, *тв.* -ей
хищничать, -аю, -ает
хищнически
хищнический
хищничество, -а
хищность, -и
хищный; *кр. ф.* -щен, -щна
хлад, -а
хладагент, -а
хладнокровие, -я
хладнокровность, -и
хладнокровный; *кр. ф.* -вен, -вна
хладноломкий
хладноломкость, -и
хладный; *кр. ф.* -ден, -дна
хладобойня, -и, *р. мн.* -оен
хладокомбинат, -а
хладоны, -ов, *ед.* -дон, -а
хладостойкий; *кр. ф.* -оек, -ойка
хладостойкость, -и
хладотранспорт, -а
хлам, -а
хламида, -ы
хламидии, -ий

хламидиоз, -а
хламидиозный
хламидобактерии, -ий, *ед.* -ерия, -и
хламидомонада, -ы
хламидоспоры, -спор, *ед.* -спора, -ы
хламьё, -я
хлеб, -а, *мн.* хлебы, -ов (*печёные*) и хлеба, -ов (*злаки*)
хлебала, -ы, *м. и ж.* (*тот, кто хлебает, любит поесть*)
хлебало, -а (*рот*)
хлёбанный; *кр. ф.* -ан, -ана
хлебанье, -я
хлебать(ся), -аю, -ает(ся)
хлебец, -бца, *тв.* -бцем, *р. мн.* -бцев
хлебина, -ы
хлебник, -а
хлебниковед, -а (*от* Хлебников)
хлебниковский (*от* Хлебников)
хлебница, -ы, *тв.* -ей
хлебнуть, -ну, -нёт
хлебный
Хлебный Спас (*праздник*)
хлебобулочный
хлёбово, -а
хлебовоз, -а
хлебодар, -а
хлебозавод, -а
хлебозаготовительный
хлебозаготовки, -вок
хлебозакупки, -пок
хлебозакупочный
хлебок, -бка
хлебокомбинат, -а
хлебокопнитель, -я
хлебопахотный
хлебопашенный
хлебопашеский
хлебопашество, -а
хлебопашествовать, -твую, -твует
хлебопашец, -шца, *тв.* -шцем, *р. мн.* -шцев
хлебопашный

хлебопёк, -а
хлебопекарный
хлебопекарня, -и, *р. мн.* -рен
хлебопечение, -я
хлебопоставки, -вок
хлебоприёмный
хлебопродукты, -ов, *ед.* -укт, -а
хлебопроизводящий
хлебопромышленник, -а
хлеборез, -а
хлеборезка, -и, *р. мн.* -зок
хлеборезный
хлебороб, -а
хлеборобский
хлеборобство, -а
хлебородный; *кр. ф.* -ден, -дна
хлебосдаточный
хлебосдатчик, -а
хлебосдача, -и, *тв.* -ей
хлебосол, -а
хлебосолка, -и, *р. мн.* -лок
хлебосольный
хлебосольство, -а
хлебостой, -я
хлеботорговец, -вца, *тв.* -вцем, *р. мн.* -вцев
хлеботорговля, -и
хлеботорговый
хлеботоргующий
хлебоуборка, -и
хлебоуборочный
хлебофураж, -а, *тв.* -ом
хлебофуражный
хлебохранилище, -а
хлеб-соль, хлеба-соли
хлебушек, -шка
хлебушко, -а, *м.*
хлев, -а, *предл.* в хлеве и в хлеву, *мн.* -а, -ов
хлевок, -вка
хлевушка, -и, *р. мн.* -шек
хлевушок, -шка
хлёст, -а
Хлестаков, -а
хлестаковский
хлестаковщина, -ы

ХЛОРОПЛАСТЫ

хлеста́ние, -я
хлёстанный; *кр. ф.* -ан, -ана
хлестану́ть(ся), -ну́(сь), -нёт(ся)
хлеста́ть(ся), хлещу́(сь), хле́щет(ся)
хлёсткий; *кр. ф.* -ток, -тка́ и хлёстка, -тко
хлёсткость, -и
хлёстнутый
хлестну́ть(ся), -ну́(сь), -нёт(ся)
хлёстче, *сравн. ст.* (*от* хлёсткий, хлёстко)
хлёстывать, *наст. вр. не употр.*
хлесть, *неизм.*
хлёще, *сравн. ст.* (*от* хлёсткий, хлёстко)
хле́щущий(ся)
хлип[1], -а (*хлипанье*)
хлип[2], *неизм.*
хли́панье, -я
хли́пать, -аю, -ает
хли́пкий; *кр. ф.* -пок, хлипка́, -пко
хли́пкость, -и
хли́пче, *сравн. ст.*
хлоа́зма, -ы
хлобыста́нье, -я
хлобыста́ть, -ыщу́, -ы́щет
хлобыстну́ть(ся), -ну́(сь), -нёт(ся)
хлобы́сть и хлобы́сь, *неизм.*
хло́дник, -а
хлоп[1], -а (*хлопо́к, хлопанье*)
хлоп[2], *неизм.*
хло́пальщик, -а
хло́панье, -я
хло́пать(ся), -аю(сь), -ает(ся)
хло́пец, -пца, *тв.* -пцем, *р. мн.* -пцев
хлопково́д, -а
хлопково́дство, -а
хлопково́дческий
хлопково́з, -а
хло́пковый
хлопкозаво́д, -а
хлопкозаготови́тельный
хлопкозагото́вки, -вок
хлопкокомба́йн, -а

хлопкоочисти́тель, -я
хлопкоочисти́тельный
хлопкоочи́стка, -и
хлопкопряде́ние, -я
хлопкопряди́льный
хлопкоро́б, -а
хлопкосе́ющий
хлопкосе́яние, -я
хлопкотка́чество, -а
хлопкоубо́рка, -и
хлопкоубо́рочный
хло́пнутый
хло́пнуть(ся), -ну(сь), -нет(ся)
хло́пок, -пка (*хлопчатник*)
хлопо́к, -пка́ (*удар*)
хло́пок-сыре́ц, хло́пка-сырца́
хлопота́ть, -очу́, -о́чет
хлопоти́шки, -шек
хлопотли́вость, -и
хлопотли́вый
хло́потность, -и
хло́потный; *кр. ф.* -тен, -тна
хлопотня́, -и́
хлопоту́н, -а́
хлопоту́нья, -и, *р. мн.* -ний
хло́поты, хлопо́т, хло́потам
хлопо́чущий
хлопуне́ц, -нца́, *тв.* -нцо́м, *р. мн.* -нцо́в
хлопу́шка, -и, *р. мн.* -шек
хлопча́тка, -и
хлопча́тник, -а
хлопча́тниковый
хлопчатобума́жный
хлопча́тый
хло́пчик, -а
хло́пы, -ов, *ед.* хлоп, -а (*зависимые крестьяне в Польше, ист.*)
хлопьеви́дный; *кр. ф.* -ден, -дна
хло́пья, -ьев
хлопяно́й
хлор, -а
хлорази́д, -а
хлора́ль, -я
хлоральгидра́т, -а
хлораминоме́трия, -и

хлорами́ны, -ов, *ед.* -ми́н, -а
хлорангидри́ды, -ов, *ед.* -и́д, -а
хлора́тор, -а
хлора́торная, -ой
хлора́т-хлори́д, -а
хлора́ты, -ов, *ед.* -а́т, -а
хлорацето́н, -а
хлорацетофено́н, -а
хлора́ция, -и
хлорбензо́л, -а
хлорбутилкаучу́к, -а
хлорвини́л, -а
хлорвини́ловый
хлоре́лла, -ы
хлоре́лловый
хлореми́я, -и
хлоренхи́ма, -ы
хлорзамещённый и хлорозамещённый
хлоридовозго́нка, -и
хлори́ды, -ов, *ед.* -и́д, -а
хлори́н, -а
хлори́рование, -я
хлори́рованный; *кр. ф.* -ан, -ана
хлори́ровать(ся), -рую, -рует(ся)
хло́ристо-водоро́дный
хло́ристый
хлоритиза́ция, -и
хлорито́ид, -а
хлори́ты, -ов, *ед.* -и́т, -а
хло́рка, -и
хлорнова́тистый
хлорноватоки́слый
хлорнова́тый
хло́рный
хлоробакте́рии, -ий, *ед.* -е́рия, -и
хлоробензи́д, -а
хлоробензила́т, -а
хлоробутанолгидра́т, -а
хлороге́новый
хлоро́з, -а
хлорозамещённый и хлорзамещённый
хлоро́кись, -и
хлороко́кковый
хлоропла́сты, -ов, *ед.* -а́ст, -а

1157

хлоропре́н, -а
хлоропре́новый
хлороргани́ческий
хлоросере́бряный
хлоросодержа́щий и хлорсодержа́щий
хлорофи́лл, -а
хлорофи́лловый
хлорофи́лльный
хлорофи́тум, -а
хлорофо́рм, -а
хлороформи́рование, -я
хлороформи́рованный; кр. ф. -ан, -ана
хлороформи́ровать(ся), -рую, -рует(ся)
хлорофо́рмный
хлорофо́с, -а
хлорпикри́н, -а
хлорпикри́новый
хлорпроизво́дный
хлорсодержа́щий и хлоросодержа́щий
хлорсульфи́рованный
хлорсульфо́новый
хлору́ксусный
хлорхолинхлори́д, -а
хлорэти́л, -а
хлуп, -а и хлупь, -и
хлы́нуть, хлы́нет
хлыст, -а́
хлы́станный; кр. ф. -ан, -ана
хлыста́ть(ся), хлыщу́(сь), хлы́щет(ся)
хлы́стик, -а
хлы́стнутый
хлыстну́ть(ся), -ну́(сь), -нёт(ся)
хлыстови́к, -а́
хлысто́вка, -и, р. мн. -вок
хлысто́вский
хлысто́вство, -а
хлысто́вщина, -ы
хлысто́вый
хлысты́, -о́в, ед. хлыст, -а́ (секта)
хлысть, неизм.
хлыщ, -а́, тв. -о́м

хлыщева́тый
хлы́щущий(ся)
хлюп¹, -а (хлю́панье)
хлюп², неизм.
хлю́панье, -я
хлю́пать(ся), -аю(сь), -ает(ся)
хлю́пающий(ся)
хлю́пик, -а
хлю́пкий; кр. ф. -пок, хлюпка́, -пко
хлю́пнуть(ся), -ну(сь), -нет(ся)
хлюп-хлюп, неизм.
хлюст, -а́
хлюстово́й и хлюсто́вый
хля́бать, -ает
хля́бкий; кр. ф. -бок, -бка
хлябь, -и
хля́сканье, -я
хля́скать, -аю, -ает
хля́снутый (от хля́снуть)
хля́снуть, -ну, -нет (к хля́скать)
хля́станье, -я
хля́стать, -аю, -ает
хля́стик, -а
хля́стнутый (от хля́стнуть)
хля́стнуть, -ну, -нет (к хля́стать)
хлясть и хлясь, неизм.
хм, неизм.
хма́ра, -ы
хмарь, -и
хмелево́д, -а
хмелево́дство, -а
хмелево́дческий
хмелево́й
хмелегра́б, -а
хмелёк, -лька́ и -льку́
хмеле́ть, -е́ю, -е́ет
хмелеубо́рочный
хмели́на, -ы
хме́ли-суне́ли, нескл., с.
хмели́ть, -лю́, -ли́т
хмель¹, -я (растение)
хмель², -я, предл. во хмелю́ (состояние опьянения)
хмельне́нек, -е́нька
хме́льник, -а

хмельно́й; кр. ф. -лён и -лен, -льна́ (к хмель²)
хме́льный (к хмель¹)
хму́рить(ся), -рю(сь), -рит(ся)
хму́рость, -и
хму́рый
хмурь, -и
хму́рящий(ся)
хмы́канье, -я
хмы́кать, -аю, -ает
хмы́кнуть, -ну, -нет
хмырь, -я́
хна, хны
хны: хоть бы хны
хны́кала, -ы, м. и ж.
хны́канье, -я
хны́кать, хны́чу, хны́чет и -аю, -ает
хны́кающий и хны́чущий
хны́кнуть, -ну, -нет
хоа́ны, хоа́н, ед. хоа́на, -ы
хо́бби, нескл., с.
хо́бот, -а
хоботно́й и хо́ботный
хоботны́е, -ы́х
хобото́к, -тка́
хобо́тье, -я
хова́нщина, -ы (от Хова́нский)
хова́ть(ся), -а́ю(сь), -а́ет(ся)
ход¹, -а и -у, предл. в (на) хо́де и в (на) ходу́, мн. -ы́, -о́в и -ы, -ов (действие; место, через которое ходят)
ход², -а, мн. -а́, -о́в (расстояние между осями повозки)
хода́, -ы́ (конская побежка)
хода́тай, -я
хода́тайственный
хода́тайство, -а
хода́тайствовать, -твую, -твует
ходе́бщик, -а
хо́день и ходе́нь: хо́днем ходи́ть и ходенём ходи́ть
ходжа́, -и́, р. мн. -е́й, м.
ходже́нтский (от Ходже́нт)
ходже́нтцы, -ев, ед. -тец, -тца, тв. -тцем

ХОЛОДЕТЬ

хо́дики, -ов
ходи́лки, -лок
ходи́льный
ходи́ть, хожу́, хо́дит
ходи́ть-броди́ть
хо́дка, -и, *р. мн.* хо́док
хо́дкий; *кр. ф.* хо́док, ходка́, хо́дко
хо́дкость, -и
ходово́й
ходо́к, -а́
хо́дом, *нареч.*
ходоме́р, -а
хо́дор: хо́дором ходи́ть
ходулехо́дец, -дца, *тв.* -дцем, *р. мн.* -дцев
ходу́ли, -ей и -у́ль, *ед.* -у́ля, -и
ходу́льность, -и
ходу́льный
ходу́н: ходуно́м ходи́ть
ходунки́, -о́в
хо́дче, *сравн. ст.* (*от* хо́дкий, хо́дко)
Ходы́нка, -и (Ходы́нское поле в Москве) и ходы́нка, -и (катастрофи́ческая давка в толпе)
ходы́нский (к Ходы́нское поле, Ходы́нка)
ходьба́, -ы́
хо́дя, -и, *м.*
ходя́чий, *прил.*
ходя́щий, *прич.*
хожа́лый
хожде́ние, -я
хо́жено
хо́жено-перехо́жено
хо́женый
хо́женый-перехо́женый
хозаппара́т, -а
хозблок, -а
хоздво́р, -а́
хоздогово́р, -а, *мн.* -ы, -ов и -а́, -о́в
хоздогово́рный и хоздоговорно́й
хозма́г, -а
хозрасчёт, -а
хозрасчётный

хозу́, *нескл., с.* (*сокр.:* хозяйственное управление)
хозча́сть, -и, *мн.* -и, -е́й
хозъедини́ца, -ы
хозя́ин, -а, *мн.* -я́ева, -я́ев
хозя́инов, -а, -о
хозя́йка, -и, *р. мн.* -я́ек
Хозя́йка Ме́дной горы́ (сказочный персонаж)
хозя́йкин, -а, -о
хозя́йничанье, -я
хозя́йничать, -аю, -ает
хозя́йски
хозя́йский
хозя́йственник, -а
хозя́йственно, *нареч.*
хозя́йственно-культу́рный
хозя́йственность, -и
хозя́йственно-управле́нческий
хозя́йственный; *кр. ф.* -вен и -венен, -венна
хозя́йство, -а
хозя́йствование, -я
хозя́йствовать, -твую, -твует
хозя́йчик, -а
хозя́юшка, -и, *р. мн.* -шек
хозя́юшкин, -а, -о
хокка́йдский (*от* Хокка́йдо)
хокка́йдцы, -ев, *ед.* -дец, -дца, *тв.* -дцем
хоккеи́ст, -а
хоккеи́стка, -и, *р. мн.* -ток
хокке́й, -я
хокке́йный
хо́кку, *нескл., с.*
холанги́т, -а
хо́лдинг, -а
хо́лдинг-компа́ния, -и
хо́лдинговый
холеми́я, -и
холензи́м, -а
хо́ленный; *кр. ф.* -ен, -ена, *прич.*
хо́леный и холёный, *прил.*
холе́ра, -ы
холе́рик, -а
холери́на, -ы

холери́ческий
холе́рный
холестери́н, -а
холестеринеми́я, -и
холестери́новый
холестеринопонижа́ющий и холестеринпонижа́ющий
холестериносодержа́щий и холестеринсодержа́щий
холестирами́н, -а
холецисти́т, -а
холецистогра́фия, -и
холецистэктоми́я, -и
холи́зм, -а
холи́н, -а
холинерги́ческий
холинолити́ческий
холиномимети́ческий
холинэстера́за, -ы
хо́лить(ся), хо́лю, хо́лит(ся)
холия́мб, -а
хо́лка, -и, *р. мн.* хо́лок
холл, -а
холм, -а́
хо́лмик, -а
холми́стость, -и
холми́стый
холми́ться, -и́тся
холмого́рка, -и, *р. мн.* -рок
холмого́рский (*от* Холмого́ры; холмого́рская порода скота)
холмого́рцы, -ев, *ед.* -рец, -рца, *тв.* -рцем (*от* Холмого́ры)
холмого́рье, -я (холмистая местность)
холмо́к, другие формы не употр., *м.*
холмообра́зный; *кр. ф.* -зен, -зна
холмообразова́ние, -я
холмсиа́на, -ы (к Ше́рлок Хо́лмс)
хо́лмский (*от* Холм и Холмск, *города*)
Холмы́, -о́в (поселок); Крыла́тские Холмы́ (улица)
хо́лод, -а, *мн.* -а́, -о́в
холода́ть, -а́ю, -а́ет
холоде́ть, -е́ю, -е́ет

ХОЛОДЕЦ

холоде́ц, -дца́, *тв.* -дцо́м
холоди́льник, -а
холоди́льный
холоди́льщик, -а
холоди́на, -ы, *м. и ж.*
холоди́ть(ся), -ожу́, -оди́т(ся)
холоди́ще, -а, *мн.* -а и -и, -и́щ, *м.*
Холо́дная Ба́лка (курорт)
холо́дненький
холо́дненько
холодне́ть, -е́ет
холодне́хонький; *кр. ф.* -нек, -нька
холодне́шенький; *кр. ф.* -нек, -нька
холодни́к, -а́
хо́лодно, *нареч. и в знач. сказ.*
холоднова́тый
холодногну́тый
холоднодеформи́рованный
холоднока́таный
холоднокро́вные, -ых
хо́лодность, -и
холодноти́янутый
холо́дный; *кр. ф.* хо́лоден, холодна́, хо́лодно, хо́лодны́
холодо́вый
холодо́к, -дка́
холодолюби́вый
холодосто́йкий; *кр. ф.* -о́ек, -о́йка
холодосто́йкость, -и
холодоусто́йчивость, -и
холодоусто́йчивый
холодо́чек, -чка
холодры́га, -и
холодю́га, -и и холодю́ка, -и, *м.*
холоже́ние, -я
холожённый; *кр. ф.* -ён, -ена́, *прич.*
холожёный, *прил.*
холоко́ст, -а
холо́п, -а
холо́пий, -ья, -ье
холо́пка, -и, *р. мн.* -пок
холо́пский
холо́пство, -а
холо́пствовать, -твую, -твует

холостёжь, -и
холости́ть(ся), -ощу́, -ости́т(ся)
холосто́й; *кр. ф.* хо́лост, холоста́, хо́лосто
холостя́к, -а́
холостя́цкий
холостя́чество, -а
холостя́чка, -и, *р. мн.* -чек
холоще́ние, -я
холощённый; *кр. ф.* -ён, -ена́, *прич.*
холощёный, *прил.*
холст, -а́
хо́лстик, -а
холсти́на, -ы
холсти́нка, -и, *р. мн.* -нок
холсти́нковый
холсти́нный
холсти́ночка, -и, *р. мн.* -чек
холстяно́й
холу́й, -я́
холу́йка, -и, *р. мн.* -у́ек
холу́йски
хо́луйский (*от* Хо́луй, поселок; хо́луйская миниатю́ра)
холу́йский (*от* холу́й)
холу́йство, -а
холу́йствовать, -твую, -твует
холуя́ж, -а, *тв.* -ем
холуя́не, -я́н, *ед.* -я́нин, -а (*от* Хо́луй)
холщо́вый
хольд, -а
хо́ля, -и
холя́ва, -ы (*заготовки стекольного производства*)
холя́вный (*от* холя́ва)
хо́лящий(ся)
хо́минг, -а
хомово́й (хомово́е пе́ние)
хому́т, -а́
хомута́ть(ся), -а́ю, -а́ет(ся)
хому́тик, -а
хомути́на, -ы
хому́тный
хомуто́вый

хомуто́к, -тка́
хомя́к, -а́
хомя́чий, -ья, -ье
хомячо́к, -чка́
хон, -а
хо́нда, -ы (автомобиль)
хондри́лла, -ы
хондрио́м, -а
хондриосо́мы, -о́м, *ед.* -со́ма, -ы
хондри́т, -а
хондродистрофи́я, -и
хондро́ма, -ы
хондросарко́ма, -ы
хонингова́льный
хонингова́ние, -я
хонинго́ванный
хонингова́ть(ся), -гу́ю, -гу́ет(ся)
хоп, *неизм.*
хопёрский (*от* Хопёр)
хо́ппель-по́ппель, -я
хо́ппер, -а
хо́ппер-доза́тор, -а
хопро́вский (*от* Хопёр)
хор, -а, *мн.* -ы, -ов и -ы́, -о́в
хо́ра, -ы (*румынский и молдавский танец*)
хора́л, -а
хора́льный
хораса́нский (*от* Хораса́н)
хорва́тка, -и, *р. мн.* -ток
хорва́тский (*к* хорва́ты *и* Хорва́тия)
хорва́ты, -ов, *ед.* хорва́т, -а
хо́рда, -ы
хо́рдовый
хордо́метр, -а
хордоугломе́р, -а
хорёвый
хорезми́йский (*от* Хоре́зм)
хорезми́йцы, -ев, *ед.* -и́ец, -и́йца, *тв.* -и́йцем
хоре́змский (*от* Хоре́зм)
хоре́змцы, -ев, *ед.* -мец, -мца, *тв.* -мцем
хорезмша́х, -а
хореи́ческий

хоре́й, -я (стихотворный размер; шест)
хорёк, хорька́
хорео́граф, -а
хореографи́ческий
хореогра́фия, -и
хоре́я, -и (болезнь)
хори́ный
хориоиди́т, -а
хо́рион, -а
хориони́ческий
хориопто́з, -а
хори́ст, -а
хори́стка, -и, р. мн. -ток
хория́мб, -а
хо́рканье, -я
хо́ркать, -ает
хоркружо́к, -жка́
хормейстер, -а
хорме́йстерский
хо́ро, нескл., м. (болгарский танец)
хорови́к, -а́
хорово́д, -а
хорово́дить(ся), -о́жу(сь), -о́дит(ся)
хорово́дник, -а
хорово́дница, -ы, тв. -ей
хорово́дный
хорово́дящий(ся)
хорово́й
хоро́гский (от Хоро́г)
хоро́гцы, -ев, ед. -гец, -гца, тв. -гцем
хороло́гия, -и
хо́ром, нареч.
хоро́мина, -ы
хоро́мный
хоро́мы, -о́м
хоро́ненный; кр. ф. -нен, -нена
хорони́ть(ся), -оню́(сь), -о́нит(ся)
хороня́щий(ся)
хорохо́риться, -рюсь, -рится
хорохо́рящийся
Хорошёвское шоссе́ (в Москве)
хороше́нечко
хоро́шенький

хороше́нько
хороше́ть, -е́ю, -е́ет
хоро́ший; кр. ф. -о́ш, -оша́
хороши́ст, -а
хороши́стка, -и, р. мн. -ток
хорошо́, нареч. и в знач. сказ.
хорошо́хонько
хорт, -а
хо́ртый
хоругвено́сец, -сца, тв. -сцем, р. мн. -сцев
хору́гвь, -и
хору́нжий, -его
хо́ры, -ов (балкон)
хорь, -я
хорько́вый
хорьчо́нок, -нка, мн. -ча́та, -ча́т
хо́спис, -а
хост-проце́ссор, -а
хо́та, -ы
хот-до́г, -а и нескл., м.
хоте́ние, -я
хоте́ть(ся), хочу́, хо́чешь, хо́чет(ся), хоти́м, хоти́те, хотя́т
хоти́нский (от Хоти́н)
хоть и хотя́
хо́ть бы
хо́ть бы хны́
хо́ть бы что́
хотько́вский (от Хотько́во)
хо́ть куда́
хотя́ и хоть
хотя́ бы
хотя́щий
хохла́стый
хохла́тевший (от хохла́теть)
хохла́теть, -е́ю, -е́ет (становиться хохлатым)
хохла́тивший(ся) (от хохла́тить(ся))
хохла́тить, -а́чу, -а́тит (кого, что)
хохла́титься, -ится
хохла́тка, -и, р. мн. -ток
хохла́тый
хохла́тящий(ся)
хохла́цкий

хохла́ч, -а́, тв. -о́м
хо́хлить(ся), -лю(сь), -лит(ся)
Хохлома́, -ы́ (село) и хохлома́, -ы́ (изделие; также собир.)
хохломско́й (от Хохлома́; хохломска́я ро́спись)
хохлу́шка, -и, р. мн. -шек
хо́хлящий(ся)
хо́хма, -ы
хохма́ч, -а́, тв. -о́м
хохма́ческий
хохма́чка, -и, р. мн. -чек
хохми́ть, -млю́, -ми́т
хо́хмочка, -и, р. мн. -чек
хо-хо́, неизм.
хохо́л, хохла́
хохоло́к, -лка́
хо́хот, -а
хохота́нье, -я
хохота́ть, хохочу́, хохо́чет
хохотли́вый
хохотня́, -и́
хохото́к, -тка́
хохоту́н, -а́
хохоту́нья, -и, р. мн. -ний
хохоту́шка, -и, р. мн. -шек
хо-хо-хо́, неизм.
хохо́чущий
хо́чешь не хо́чешь
хошими́новский (от Хо Ши Мин)
хошими́нский (от Хошими́н, город)
хошими́нцы, -ев, ед. -нец, -нца, тв. -нцем
хошу́н, -а
хошь (прост. к хо́чешь)
храбре́йший
храбре́ть, -е́ю, -е́ет
храбре́ц, -а́, тв. -о́м, р. мн. -о́в
храбри́ть(ся), -рю́(сь), -ри́т(ся)
хра́брость, -и
хра́брый; кр. ф. храбр, храбра́, хра́бро, хра́бры́; но: Болесла́в Хра́брый
храм, -а

хра́м Васи́лия Блаже́нного
хра́мина, -ы
храмо́вники, -ов, *ед.* -ник, -а
храмово́й
храмозда́ние, -я
храмозда́тель, -я
храмозда́тельство, -а
храмострои́тельство, -а
хра́м Покрова́ на Нерли́
хра́м Христа́ Спаси́теля
хране́ние, -я
хранённый; *кр. ф.* -ён, -ена́
храни́лище, -а
храни́тель, -я
храни́тельница, -ы, *тв.* -ей
храни́тельный; *кр. ф.* -лен, -льна
храни́ть(ся), -ню́, -ни́т(ся)
храп, -а
храпа́к: задава́ть храпака́
храпе́ние, -я
храпе́ть, -плю́, -пи́т
храпну́ть, -ну́, -нёт
храпови́к, -а́
храпови́цкий: задава́ть храпови́цкого
храпово́й
храпо́к, -пка́
храпу́н, -а́
храпу́нья, -и, *р. мн.* -ний
хребе́т, -бта́
хребе́тный
хребти́на, -ы
хребто́вый
хребту́г, -а́
хрен, -а и -у
хрени́на, -ы
хрено́вина, -ы
хрено́винка, -и, *р. мн.* -нок
хрено́вка, -и, *р. мн.* -вок
хрено́вник, -а
хрено́вый
хренок, -нка́ и -нку́
хрестомати́йный
хрестома́тия, -и
хризали́да, -ы
хризанте́ма, -ы

хризанте́мный
хризобери́лл, -а
хризобери́лловый
хризоко́лла, -ы
хризоли́т, -а
хризоли́товый
хризомона́ды, -а́д, *ед.* -а́да, -ы
хризопра́з, -а
хризопра́зовый
хризоти́л, -а
хризоти́л-асбе́ст, -а
хрип, -а
хрипа́тость, -и
хрипа́тый
хрипе́ние, -я
хрипе́ть, -плю́, -пи́т
хриплова́тость, -и
хриплова́тый
хриплоголо́сый
хри́плость, -и
хри́плый; *кр. ф.* хрипл, хрипла́, хри́пло
хри́пнувший
хри́пнуть, -ну, -нет; *прош.* хри́пнул и хрип, хри́пла
хрипова́тость, -и
хрипова́тый
хрипота́, -ы́
хрипотца́, -ы́, *тв.* -о́й
хрипу́н, -а́
хрипу́нья, -и, *р. мн.* -ний
хрисову́л, -а
хрисоэлефанти́нный
Христа́ ра́ди
христара́дник, -а
христара́дница, -ы, *тв.* -ей
христара́дничать, -аю, -ает
христианиза́ция, -и
христианизи́рованный; *кр. ф.* -ан, -ана
христианизи́ровать(ся), -рую, -рует(ся)
христиани́н, -а, *мн.* -а́не, -а́н
христиа́нка, -и, *р. мн.* -нок
христиа́ннейший
христиа́нский

христиа́нско-демократи́ческий
христиа́нство, -а
Христо́в, -а, -о (*от* Христо́с)
христововеры, -ов, *ед.* -ве́р, -а
христологи́ческий
христоло́гия, -и
христолю́бец, -бца, *тв.* -бцем, *р. мн.* -бцев
христолюби́вый
Христо́м Бо́гом (проси́ть)
христопрода́вец, -вца, *тв.* -вцем, *р. мн.* -вцев
Христо́с, Христа́; Христе́ (*звательная форма*; Го́споди Иису́се (Иису́се) Христе́)
христо́с, христа́, *мн.* христы́, -о́в (*у хлыстов*)
христо́сик, -а
христо́сование, -я
христо́соваться, -суюсь, -суется
христоцентри́чный; *кр. ф.* -чен, -чна
хри́я, -и, *дат.* хри́е, *предл.* о хри́е
хром, -а
хрома́левый
хрома́ль, -я
хрома́нси́ль, -я
хромати́ды, -и́д, *ед.* -и́да, -ы
хромати́зм, -а
хромати́н, -а
хромати́ческий
хромато́граф, -а
хроматографи́ческий
хроматогра́фия, -и
хроматоме́три́я, -и
хроматофо́ры, -ов, *ед.* -фо́р, -а
хрома́ты, -ов, *ед.* -а́т, -а
хрома́ть, -а́ю, -а́ет
хромаффи́нный
хроме́ль, -я
хро́менький
хроме́ть, -е́ю, -е́ет
хроме́ц, -мца́, *тв.* -мцо́м, *р. мн.* -мцо́в
хроми́рование, -я

хроми́рованный; кр. ф. -ан, -ана
хроми́ровать(ся), -рую, -рует(ся)
хромиро́вка, -и
хромиро́вочный
хро́мистый
хроми́т, -а
хро́мка, -и, р. мн. -мок
хромо... — первая часть сложных слов, пишется слитно
хромоалити́рование, -я
хромоалити́рованный; кр. ф. -ан, -ана
хромоалити́ровать(ся), -рую, -рует(ся)
хромоальбуми́н, -а
хромовоки́слый
хро́мовый
хромоге́нный
хромоге́ны, -ов, ед. -ге́н, -а
хромо́й; кр. ф. хром, хрома́, хро́мо
хромолито́граф, -а
хромолитографи́ческий
хромолитогра́фия, -и
хромолитогра́фский
хромомагнези́т, -а
хромомагнези́товый
хромоме́ры, -ме́р, ед. -ме́ра, -ы
хромометри́ческий
хромоме́трия, -и
хромомико́з, -а
хромомолибде́новый
хромоне́мы, -е́м, ед. -не́ма, -ы
хромони́келевый
хромоно́гий
хромоно́гость, -и
хромоно́жка, -и, р. мн. -жек
хромопла́сты, -ов, ед. -а́ст, -а
хромопротеи́ды, -ов, ед. -и́д, -а
хромоско́п, -а
хром(о)содержа́щий
хромосо́мный
хромосо́мы, -о́м, ед. -о́ма, -ы
хромосфе́ра, -ы
хромосфе́рный
хромота́, -ы́
хромотипи́ческий
хромоти́пия, -и
хромофо́рный
хромофо́ры, -ов, ед. -фо́р, -а
хромофотогра́фия, -и
хромофототи́пия, -и
хромоце́нтр, -а
хромоцистоскопи́я, -и
хро́мпик, -а
хрому́ша, -и, м. и ж.
хромшпинели́ды, -ов, ед. -и́д, -а
хронаксиме́трия, -и
хронакси́я, -и
хрониза́тор, -а
хро́ник, -а
хро́ника, -и
хроника́льно-документа́льный
хроника́льность, -и
хроника́льный; кр. ф. -лен, -льна
хроникёр, -а
хроникёрский
хрони́ст, -а
хрони́ческий
хроно... — первая часть сложных слов, пишется слитно
хронобиологи́ческий
хронобиоло́гия, -и
хроногра́мма, -ы
хроно́граф, -а
хронографи́ческий
хроногра́фия, -и
хроно́зона, -ы
хроно́лог, -а
хронологиза́ция, -и
хронологи́ческий
хроноло́гия, -и
хрономедици́на, -ы
хроно́метр, -а
хронометра́ж, -а, тв. -ем
хронометражи́ст, -а
хронометражи́стка, -и, р. мн. -ток
хронометра́жный
хронометри́рованный; кр. ф. -ан, -ана
хронометри́ровать(ся), -рую, -рует(ся)
хронометри́ст, -а
хронометри́стка, -и, р. мн. -ток
хронометри́ческий
Хро́нос, -а
хроноско́п, -а
хроноскопи́ческий
хроното́п, -а
хроното́пный
хронофотогра́мма, -ы
хроокко́кковые, -ых
хру́мканье, -я
хру́мкать, -аю, -ает
хруп[1], -а (треск, хруст)
хруп[2], неизм.
хру́панье, -я
хру́пать, -аю, -ает
хру́пкий; кр. ф. -пок, -пка́, -пко
хру́пкость, -и
хру́пнуть, -ну, -нет
хруп-хру́п, неизм.
хру́пче, сравн. ст.
хруст, -а
хруста́лик, -а
хруста́ль, -я́
хруста́льный
хруста́льщик, -а
хруста́льщица, -ы, тв. -ей
хру́стать, -аю, -ает
хрусте́ние, -я
хрусте́ть, хрущу́, хрусти́т
хру́сткий; кр. ф. -ток, хру́стка́, -тко
хру́стнуть, -ну, -нет
хру́стче, сравн. ст.
хрусть и хрусь, неизм.
хрущ, -а́, тв. -о́м
хруща́к, -а́
хрущёвка, -и, р. мн. -вок
хрущёвский (от Хрущёв)
хрущее́дка, -и, р. мн. -док
хрущо́ба, -ы
хрыч, -а́, тв. -о́м
хрычо́вка, -и, р. мн. -вок
хрю́кало, -а
хрю́канье, -я
хрю́кать, -аю, -ает
хрю́кнуть, -ну, -нет

хрю-хрю, *неизм.*
хрюшка, -и, *р. мн.* -шек
хряк, -а́
хряп[1], -а (*хряпанье*)
хряп[2], *неизм.*
хря́па, -ы
хря́панье, -я
хря́пать, -аю, -ает
хря́пка, -и, *р. мн.* -пок
хря́пнуть, -ну, -нет
хряск, -а
хря́сканье, -я
хря́скать, -аю, -ает
хря́ский; *кр. ф.* -сок, -ска, -ско
хря́снувший(ся) (*от* хря́снуть)
хря́снуть(ся), -ну(сь), -нет(ся) (*к* хря́скать)
хряст, -а
хря́станье, -я
хря́стать, -аю, -ает
хря́стнувший(ся) (*от* хря́стнуть)
хря́стнуть(ся), -ну(сь), -нет(ся) (*к* хря́стать)
хрясть и хрясь, *неизм.*
хрячо́к, -чка́
хрящ, -а́, *тв.* -о́м
хрящева́тый
хрящеви́на, -ы
хрящеви́нный
хрящево́й
хря́щик, -а
хтони́зм, -а
хто́ника, -и
хтони́ческий
хуанхэ́йский (*от* Хуанхэ́)
хуаци́о, *нескл., м. и ж.*
хубилга́н, -а
худа́ть, -а́ю, -а́ет
худе́е, *сравн. ст.* (*к* худо́й – то́щий)
худе́нек, -нька
ху́денький
худе́ть, -е́ю, -е́ет
худи́ть, -и́т
худи́щий
ху́до[1], -а (*зло, беда*)

ху́до[2], *нареч. и в знач. сказ.* (*плохо, скверно*)
худо́ба, -ы (*имущество, обл.*)
худоба́, -ы́ (*худощавость*)
ху́до-бе́дно
худо́жественно, *нареч.*
худо́жественно-документа́льный
худо́жественно-констру́кторский
худо́жественно-промы́шленный
худо́жественно-публицисти́ческий
худо́жественность, -и
худо́жественный; *кр. ф.* -вен и -венен, -венна
Худо́жественный теа́тр (*в Москве́*)
худо́жество, -а
худо́жник, -а
худо́жник-иллюстра́тор, худо́жника-иллюстра́тора
худо́жник-керами́ст, худо́жника-керами́ста
худо́жник-постано́вщик, худо́жника-постано́вщика
худо́жница, -ы, *тв.* -ей
худо́жнический
худо́жничество, -а
худо́й; *кр. ф.* худ, худа́, ху́до, ху́ды
худоко́нный
худоро́дный; *кр. ф.* -ден, -дна
худоро́дство, -а
худосо́чие, -я
худосо́чный; *кр. ф.* -чен, -чна
худоте́лый
худошёрстный и худошёрстый
худоща́вость, -и
худоща́вый
худру́к, -а и -а́
худсове́т, -а
худу́щий и худю́щий
ху́дший
худы́шка, -и, *р. мн.* -шек, *м. и ж.*

худю́щий и худу́щий
ху́же, *сравн. ст.* (*к* худо́й – плохо́й, ху́до и к плохо́й, пло́хо)
хуже́ть, -е́ю, -е́ет
хук, -а
хула́, -ы́
хулаху́п, -а
хуле́ние, -я
хулённый; *кр. ф.* -ён, -ена́, *прич.*
хулёный, *прил.*
хулига́н, -а
хулига́нистый
хулига́нить, -ню, -нит
хулига́нка, -и, *р. мн.* -нок
хулига́нски
хулига́нский
хулига́нство, -а
хулига́нствующий
хулига́нье, -я
хулига́нящий
хули́тель, -я
хули́тельница, -ы, *тв.* -ей
хули́тельный
хули́ть, хулю́, хули́т
хунвейби́ны, -ов, *ед.* -би́н, -а
ху́нну, *нескл., мн., ед. м. и ж.*
ху́нта, -ы
ху́нтовский
хунху́зский
хунху́зы, -ов, *ед.* хунху́з, -а
хура́л, -а
хурма́, -ы́
хуррами́зм, -а
хуррами́тский
хуррами́ты, -ов, *ед.* -ми́т, -а
хурри́тский
хурри́ты, -ов, *ед.* -и́т, -а
Хусейни́ды, -ов (*династия*)
ху́тба, -ы
ху́тор, -а, *мн.* -а́, -о́в
хуторно́й и ху́торный
хуторо́к, -рка́
хуторско́й
хутор́янин, -а, *мн.* -я́не, -я́н
хутор́янка, -и, *р. мн.* -нок

ху́ту, *нескл., мн., ед. м. и ж.* (*этническая группа*)

хухры́-мухры́: не хухры́-мухры́, *неизм.*

хуэ́й, *нескл., мн., ед. м. и ж.*

хью́стонский (*от* Хью́стон)

хью́стонцы, -ев, *ед.* -нец, -нца, *тв.* -нцем

хэбэ́ и хабэ́, *нескл., с. и ж., и неизм.* (*см.* хабэ́)

хэйлунцзя́нский (*от* Хэйлунцзя́н)

хэйлунцзя́нцы, -ев, *ед.* -нец, -нца, *тв.* -нцем

хэнд, -а, *р. мн.* -ов, *счетн. ф.* хэнд

хя́нга, *нескл., мн.*

Ц

ца́дик, -а
цам, -а
ца́нга, -и
ца́нговый
цап, *неизм.*
ца́пать(ся), -аю(сь), -ает(ся)
ца́пка, -и, *р. мн.* ца́пок и са́пка, -и, *р. мн.* са́пок
цапкова́ние, -я
цапко́ванный; *кр. ф.* -ан, -ана
цапкова́ть, -ку́ю, -ку́ет
ца́пля, -и, *р. мн.* ца́пель
цапну́ть, -ну́, -нёт
цапонла́к, -а
цапу́н, -а́
цапу́нья, -и, *р. мн.* -ний
ца́пфа, -ы
ца́пфенный
цап-цара́п, *неизм.*
цара́не, -а́н, *ед.* -а́нин, -а
цара́п, *неизм.*
цара́панный; *кр. ф.* -ан, -ана
цара́панье, -я
цара́пать(ся), -аю(сь), -ает(ся)
цара́пина, -ы
цара́пинка, -и, *р. мн.* -нок
цара́пка, -и, *р. мн.* -пок, *м. и ж.*
цара́пнутый
цара́пнуть, -ну́, -нёт
царёв, -а, -о
царе́вич, -а, *тв.* -ем; но: Ива́н Царе́вич (*сказочный персонаж*)
царе́вичев, -а, -о
царе́вна, -ы, *р. мн.* -вен

Царе́вна Ле́бедь, Царе́вны Ле́беди (*сказочный персонаж*)
Царе́вна-лягу́шка, Царе́вны-лягу́шки (*сказочный персонаж*)
царе́внин, -а, -о
царегра́дский и царьгра́дский (*от* Царьгра́д)
царедво́рец, -рца, *тв.* -рцем, *р. мн.* -рцев
царёк, царька́
царе́ние, -я
цареуби́йственный
цареуби́йство, -а
цареуби́йца, -ы, *м. и ж.*
цари́зм, -а
цари́стский
цари́ть, царю́, цари́т
цари́ца, -ы, *тв.* -ей
Цари́ца Небе́сная (*Богородица*)
цари́цын, -а, -о
цари́цынский (*от* Цари́цын и Цари́цыно)
ца́рский
Ца́рское Село́ (*город*)
царскосёлка, -и, *р. мн.* -лок
царскосёлы, -ов, *ед.* -сёл, -а
царскосе́льский (*от* Ца́рское Село́)
Царскосе́льский лице́й
Царскосе́льский музе́й-запове́дник
царскосе́льцы, -ев, *ед.* -лец, -льца, *тв.* -льцем
ца́рственно, *нареч.*

ца́рственность, -и
ца́рственный; *кр. ф.* -вен и -венен, -венна
ца́рствие, -я
ца́рство, -а
ца́рствование, -я
ца́рствовать, -твую, -твует
ца́рство-госуда́рство, ца́рства-госуда́рства
Ца́рство (Ца́рствие) Небе́сное (*богосл.*) и ца́рство (ца́рствие) небе́сное (*кому; об умершем*)
ца́рствующий
царь, -я́
царь-... — первая часть сложных слов, пишется через дефис, *напр.*: царь-ры́ба, Царь-деви́ца
ца́рь-ба́тюшка, царя́-ба́тюшки
царьгра́дский и царегра́дский (*от* Царьгра́д)
Царь-деви́ца, -ы (*сказочный персонаж*)
Царь-ко́локол, -а
Ца́рь Небе́сный (*Бог*); но: блух царя́ небе́сного
Царь-пу́шка, -и
царь-ры́ба, -ы
Ца́рь сла́вы (*иконографический тип Христа*)
ца́та, -ы
цаху́рский
цаху́ры, -ов, *ед.* цаху́р, -а
ца́ца, -ы, *тв.* -ей
ца́цка, -и, *р. мн.* ца́цек

ЦЕЛЕБНОСТЬ

ца́цкаться, -аюсь, -ается
цвёлый
цвель, -и
цверкшна́уцер, -а
цвести́, цвету́, цветёт; *прош.* цвёл, цвела́
цвет¹, -а, *мн.* -а́, -о́в (*окраска*)
цвет², -а, *предл.* в цве́те и в цвету́ (*к цвести́*)
цветаеве́д, -а (*от* Цвета́ева)
цвета́евский (*от* Цвета́ев, Цвета́ева)
цвета́стый
цвете́ние, -я
цве́тень, -тня
цве́тик, -а
цве́тик-семицве́тик, цве́тика-семицве́тика
цвети́стость, -и
цвети́стый
цвети́ть(ся), цвечу́, цвети́т(ся)
цветко́вый
цветнево́й
цветни́к, -а́
цветничо́к, -чка́
цветно́й
Цветно́й бульва́р (*в Москве*)
цветноко́жий
цве́тность, -и
цветове́дение, -я
цветово́д, -а
цветово́дство, -а
цветово́дческий
цветово́й
цветовосприя́тие, -я
цветоделе́ние, -я
цветоделённый
цветодели́тель, -я
цветодели́тельный
цветое́д, -а
цветозвуково́й
цвето́к, -тка́, *мн.* цветки́, -о́в (*цветущие части растений*) и цветы́, -о́в (*цветущие растения*)
цветоконтра́стный
цветокорре́ктор, -а

цветокорре́кторный
цветокорре́кция, -и
цветоли́стик, -а
цветоло́же, -а
цветоме́р, -а
цветому́зыка, -и
цветомузыка́льный
цветоно́жка, -и, *р. мн.* -жек
цветоно́с, -а
цветоно́сный
цветопереда́ча, -и, *тв.* -ей
цве́топись, -и
цветоразличе́ние, -я
цветоразличи́тельный
цветосочета́ние, -я
цветоустано́вка, -и, *р. мн.* -вок
цветоустано́вщик, -а
цвето́чек, -чка
цвето́чница, -ы
цвето́чный
цветочувстви́тельность, -и
цветочувстви́тельный; *кр. ф.* -лен, -льна
цвету́ха, -и
цвету́щий
цве́тший
цвинглиа́нский (*от* Цви́нгли)
цвинглиа́нство, -а
цвири́канье, -я
цвири́кать, -ает
цвири́кнуть, -нет
цви́рканье, -я
цви́ркать, -ает
цви́ркнуть, -нет
це, *нескл., с.* (*название буквы*)
цеба́рка, -и, *р. мн.* -рок
це́бусовые, -ых
це́вка, -и, *р. мн.* це́вок
цевни́ца, -ы, *тв.* -ей
це́вочный
цевьё, -я́
цеде́нт, -а
цеди́лка, -и, *р. мн.* -лок
цеди́льный
цеди́ть(ся), цежу́, це́дит(ся)
це́дра, -ы

цедре́ла, -ы
це́дровый
це́дя́щий(ся)
цеж, -а, *тв.* -ем
цеже́ние, -я
це́женный; *кр. ф.* -ен, -ена, *прич.*
цежёный, *прил.*
це́живать, *наст. вр. не употр.*
цезальпи́ниевые, -ых
цезальпи́ния, -и
цезари́зм, -а
цезари́стский
Це́зарь, -я (*родовое имя первых римских императоров:* дина́стия Це́зарей; жена́ Це́заря вне́ подозре́ний) и це́зарь, -я (*титул римских и византийских императоров*)
це́зиевый
це́зий, -я
це́зский
цезу́ра, -ы (*пауза*)
цезу́рный
це́зы, -ов, *ед.* цез, -а
цейло́нский (*от* Цейло́н)
цейло́нцы, -ев, *ед.* -нец, -нца, *тв.* -нцем
цейнери́т, -а
це́йссовский (*от* Цейсс)
цейтно́т, -а
цейтно́тный
цейтно́тчик, -а
цейхга́уз, -а
цеки́ст, -а
цекова́ние, -я
цеко́ванный; *кр. ф.* -ан, -ана
цеко́вец, -вца, *тв.* -вцем, *р. мн.* -вцев
цеко́вка, -и, *р. мн.* -вок
цеко́вский (*от* ЦК)
целака́нт, -а
цела́струс, -а
це́лая, -ой (одна́ це́лая три деся́тых, две́ це́лых три со́тых, ноль це́лых пять деся́тых и т. п.)
целе́бность, -и

ЦЕЛЕБНЫЙ

целе́бный; *кр. ф.* -бен, -бна
целеви́к, -а́
целево́й
целенапра́вленно, *нареч.*
целенапра́вленность, -и
целенапра́вленный; *кр. ф.* -ен, -енна
це́ление, -я (*от* це́лить)
целе́ние, -я (*от* цели́ть)
це́ленький
целеполага́ние, -я
целеполо́жность, -и
целесообра́зность, -и
целесообра́зный; *кр. ф.* -зен, -зна
целести́н, -а
целести́нский
целести́нцы, -ев, *ед.* -нец, -нца, *тв.* -нцем
целеуказа́ние, -я
целеуказа́тель, -я
целеустремле́ние, -я
целеустремлённо, *нареч.*
целеустремлённость, -и
целеустремлённый; *кр. ф.* -ён, -ённа
целёхонький; *кр. ф.* -нек, -нька
целёшенький; *кр. ф.* -нек, -нька
целиба́т, -а
це́лик, -а (*воен.*)
цели́к, -а́ (*целина; то же, что це́лик*)
целико́м, *нареч.*
целина́, -ы́
цели́нник, -а
цели́нница, -ы, *тв.* -ей
цели́нный
цели́тель, -я
цели́тельница, -ы, *тв.* -ей
цели́тельность, -и
цели́тельный; *кр. ф.* -лен, -льна
цели́тельский
цели́тельство, -а
це́лить(ся), це́лю(сь), це́лит(ся) (*от* цель)
цели́ть(ся), целю́(сь), цели́т(ся) (*исцелять(ся)*)

целка́ч, -а́, *тв.* -о́м и целка́ш, -а́, *тв.* -о́м
целко́вик, -а
целко́вый, -ого
це́лла, -ы
целли́т, -а
целлобио́за, -ы
целлозо́львы, -ов, *ед.* -зо́льв, -а
целло́н, -а
целло́новый
целлофа́н, -а
целлофани́рование, -я
целлофани́рованный; *кр. ф.* -ан, -ана
целлофани́ровать(ся), -рую, -рует(ся)
целлофа́новый
целлуло́ид, -а
целлуло́идный
целлуло́идовый
целлюла́за, -ы (*фермент*)
целлюли́т, -а
целлюло́за, -ы (*клетчатка*)
целлюло́зно-бума́жный
целлюло́зно-карто́нный
целлюло́зный
целлюля́рный
целобла́стула, -ы
целова́льник, -а
целова́льный
целова́ние, -я
цело́ванный; *кр. ф.* -ан, -ана
целова́ть(ся), целу́ю(сь), целу́ет(ся)
целова́ться-милова́ться
целоги́не, *нескл., с.*
целодне́вный
цело́зия, -и
целоку́пность, -и
целоку́пный; *кр. ф.* -пен, -пна
цело́м, -а (*полость, зоол.*)
целомоду́кты, -ов, *ед.* -ду́кт, -а
целому́дренно, *нареч.*
целому́дренность, -и
целому́дренный; *кр. ф.* -ен, -енна
целому́дрие, -я

целопла́на, -ы
целоста́т, -а
це́лостность, -и
це́лостный; *кр. ф.* -тен, -тна
це́лость, -и
це́лость-сохра́нность: в це́лости-сохра́нности
целото́нный
целочи́сленный; *кр. ф.* -ен, -енна
целуроза́вр, -а
це́лый; *кр. ф.* цел, цела́, це́ло
цель, -и
цельнобето́нный
цельногну́тый
цельноголо́вые, -ых
цельнока́таный
цельноко́ваный
цельноко́рпусный
цельнокро́еный
цельнометалли́ческий
цельномоло́чный
цельнооформленность, -и
цельнооформленный; *кр. ф.* -ен, -ена
цельнорези́новый
цельносварно́й и цельносва́рный
цельностально́й
це́льность, -и
цельнотя́нутый
цельноштампо́ванный
це́льный; *кр. ф.* це́лен, цельна́, це́льно
Це́льсий, -я: шкала́ Це́льсия; по Це́льсию, Це́льсия (*о температуре*)
це́лящий(ся) (*от* це́лить(ся))
целя́щий(ся) (*от* цели́ть(ся))
цеме́нт, -а и -у
цементацио́нный
цемента́ция, -и
цементи́рование, -я
цементи́рованный; *кр. ф.* -ан, -ана
цементи́ровать(ся), -рую, -рует(ся)

цементиро́вка, -и
цементиро́вочный
цементи́т, -а
цеме́нтно-грунтово́й
цеме́нтно-ши́ферный
цеме́нтный
цементобето́н, -а
цементобето́нный
цементо́ванный; *кр. ф.* -ан, -ана
цементова́ть(ся), -ту́ю, -ту́ет(ся)
цементо́вка, -и
цементово́з, -а
цементопрово́д, -а
цеме́нт-пу́шка, -и, *р. мн.* -шек
цементу́емый
Цеме́сская бу́хта
цемзаво́д, -а
цемя́нка, -и
цена́, -ы́, *вин.* це́ну, *мн.* це́ны, цен
цена́ бру́тто, це́ны бру́тто
цена́ не́тто, це́ны не́тто
цена́ си́ф, це́ны си́ф
цене́нный; *кр. ф.* -ён, -ена́, *прич.*
ценз, -а
цензи́ва, -ы
цензита́рий, -я
це́нзовый
це́нзор, -а
це́нзорский
це́нзорство, -а
цензу́ра, -ы
цензу́рность, -и
цензу́рный; *кр. ф.* -рен, -рна
цензуро́ванный; *кр. ф.* -ан, -ана
цензурова́ть(ся), -ру́ю(сь), -ру́ет(ся)
цени́тель, -я
цени́тельница, -ы, *тв.* -ей
цени́ть(ся), ценю́(сь), це́нит(ся)
ценне́йший
це́нник, -а
це́нностный
це́нность, -и
це́нный; *кр. ф.* це́нен, ценна́, це́нно
ценово́й и це́новый
ценогене́з, -а

цено́з, -а
ценокарпи́я, -и
ценока́рпный
ценоле́стовые, -ых
ценообразова́ние, -я
цент, -а
цента́вр, -а (*устар. к* кента́вр) и Цента́вр, -а (*созвездие*)
центауре́я, -и
центифо́лия, -и
це́нтнер, -а
центо́н, -а
центр, -а
центра́л, -а (*тюрьма*)
централиза́ция, -и
централи́зм, -а
централизо́ванно, *нареч.*
централизо́ванный; *кр. ф.* -ан, -ана
централизова́ть(ся), -зу́ю, -зу́ет(ся)
центра́лка, -и, *р. мн.* -лок
центра́ль, -и (*магистраль*)
Центра́льная А́зия
Центра́льная Аме́рика
Центра́льная А́фрика
Центра́льная Евро́па
Центра́льная избира́тельная коми́ссия РФ (ЦИК)
Центра́льная ра́да (*на Украине, 1917–1918*)
центральноазиа́тский
Центра́льно-Азиа́тский регио́н
центральноамерика́нский
центральноамерика́нцы, -ев, *ед.* -не́ц, -нца, *тв.* -нцем
Центра́льно-Анди́йское наго́рье
Центра́льно-Африка́нская Респу́блика
центральноафрика́нский
центральноафрика́нцы, -ев, *ед.* -не́ц, -нца, *тв.* -нцем
центральноевропе́йский
Центра́льно-Европе́йский регио́н

Центра́льное разве́дывательное управле́ние (ЦРУ, *в США*)
центральнозакавка́зский
Центра́льно-Инди́йский хребе́т (*в Индийском океане*)
Центра́льно-Камча́тская ни́зменность
Центра́льно-Лесно́й запове́дник
центральносиби́рский
центра́льно-чернозёмный
Центра́льно-Яку́тская ни́зменность
центра́льный
Центра́льный администрати́вный о́круг (*в Москве и др.*)
Центра́льный ба́нк РФ
Центра́льный исполни́тельный комите́т (ЦИК)
Центра́льный комите́т (ЦК)
Центра́льный спорти́вный клуб а́рмии (ЦСКА)
Центра́льный телегра́ф
Центра́льный ша́хматный клуб
центра́тор, -а
Центризбирко́м, -а
центри́зм, -а
центрио́ль, -и
центри́рование, -я
центри́рованный; *кр. ф.* -ан, -ана
центри́ровать(ся), -рую, -рует(ся)
центриро́вка, -и
центри́ст, -а
центри́стский
центрифу́га, -и
центрифуга́льный
центрифуги́рование, -я
центрифуги́рованный; *кр. ф.* -ан, -ана
центрифуги́ровать(ся), -рую, -рует(ся)
центрифу́жный
центри́ческий

ЦЕНТРИЧНОСТЬ

центри́чность, -и
центри́чный; кр. ф. -чен, -чна
Центр междунаро́дной торго́вли (в Нью-Йорке, Москве и др.)
Центроба́нк, -а
центробе́жно-вихрево́й
центробе́жный; кр. ф. -жен, -жна
Центр обще́ственных свя́зей (в нек-рых ведомствах)
центрова́льный
центрова́ние, -я
центро́ванный; кр. ф. -ан, -ана
центрова́ть(ся), -ру́ю, -ру́ет(ся)
центрови́к, -а́
центро́вка, -и
центрово́й
центро́вочный
центроме́ра, -ы
центропла́н, -а
центросо́ма, -ы
центростреми́тельный; кр. ф. -лен, -льна
центросфе́ра, -ы
Центр подгото́вки космона́втов
Центр управле́ния полётами (ЦУП)
центрфо́рвард, -а
центумви́ры, -ов, ед. -ви́р, -а
центурио́н, -а
центу́рия, -и
цену́р, -а
ценуро́з, -а
це́нящий(ся)
цеоли́ты, -ов, ед. -ли́т, -а
цеп, -а́
цепене́ние, -я
цепене́ть, -е́ю, -е́ет
цепени́ть, -ню́, -ни́т
це́пка, -и, р. мн. це́пок
це́пкий; кр. ф. це́пок, цепка́, це́пко
цепкопа́лые, -ых
це́пкость, -и
цепкохво́стые, -ых
цепля́ние, -я
цепля́ть(ся), -я́ю(сь), -я́ет(ся)

це́пни, -ей, ед. це́пень, це́пня
цепно́й
цепово́й
цепо́чечный
цепо́чка, -и, р. мн. -чек
цеппели́н, -а (дирижабль)
це́пче, сравн. ст.
цепь, -и, предл. в (на) цепи́, мн. це́пи, -е́й
церапа́дус, -а
церати́ты, -ов, ед. -ти́т, -а
цератоза́вр, -а
цера́топс, -а
Це́рбер, -а (мифол.) и це́рбер, -а (бдительный и свирепый страж)
цервика́льный
цервици́т, -а
церебрализи́н, -а
церебра́льный
церебрози́ды, -ов, ед. -зи́д, -а
цереброспина́льный
церези́н, -а
церемониа́л, -а
церемониа́льность, -и
церемониа́льный
церемонийме́йстер, -а
церемо́ниться, -нюсь, -нится
церемо́ния, -и
церемо́нничанье, -я
церемо́нничать, -аю, -ает
церемо́нность, -и
церемо́нный; кр. ф. -о́нен, -о́нна
церемо́нящийся
Цере́ра, -ы
це́реус, -а
цериа́нта́рия, -и
це́риевый
це́рий, -я
церка́рий, -я и церка́рия, -и
церкарио́з, -а
церкву́шка, -и, р. мн. -шек
це́рки, -ов, ед. церк, -а
церко́вка, -и, р. мн. -вок
церко́вник, -а
церко́вница, -ы, тв. -ей
церко́вно-административный

церко́вно-кни́жный
церко́вно-обря́довый
церко́вно-прихо́дский
церковнославяни́зм, -а
церко́вно-славя́нский
церковнослуже́ние, -я
церковнослужи́тель, -я
церковнослужи́тельский
церко́вность, -и
церко́вно-учи́тельный
церко́вно-учи́тельский
церко́вный
це́рковь, -кви, тв. -ковью, мн. -кви, -кве́й, -ква́м и -квя́м (религиозная организация; храм) и Це́рковь, -кви, тв. -ковью (Божественное учреждение, богосл.; вместо Русская Православная церковь); Бе́лая Це́рковь (город)
церопла́стика, -и
церусси́т, -а
церэу́шник, -а
церэу́шный (от ЦРУ)
цесаре́вич, -а, тв. -ем
цесаре́вна, -ы, р. мн. -вен
цеса́рка, -и, р. мн. -рок
цеса́рская ку́рица
цеса́рский (от це́сарь)
це́сарь, -я
цессиона́рий, -я
це́ссия, -и
цестодо́з, -а
цесто́ды, -о́д, ед. -о́да, -ы
цет, -а и нескл., с. (название буквы)
цета́н, -а
цета́новый
цетра́рия, -и
цеу́, нескл., с. (сокр.: ценное указание)
цефализа́ция, -и
цефалопо́ды, -ов, ед. -по́д, -а
цефалоспори́ны, -ов, ед. -ри́н, -а
цефеи́ды, -и́д, ед. -и́да, -ы (астр.)
Цефе́й, -я (созвездие)

ЦИМЛЯНЦЫ

цех¹, -а, *предл.* в це́хе и в цеху́, *мн.* -а́, -о́в и -и, -ов (*подразделение завода и т. п.*)
цех², -а, *предл.* в це́хе, *мн.* -и, -ов (*объединение ремесленников*)
це́х-автома́т, це́ха-автома́та
цехи́н, -а
цехко́м, -а
цехови́к, -а́
цехово́й
цеховщи́на, -ы
Цех поэ́тов (*лит. объединение*)
цехште́йн, -а
цеце́, *нескл., ж.* (*муха*)
цеци́дии, -ий, *ед.* -дия, -и
цеэско́вец, -вца, *тв.* -вцем, *р. мн.* -вцев
цеэско́вский (*от* ЦСКА)
цзаофа́нь, -я
цзя́о, *нескл., с.* (*монета*)
циакри́н, -а
циамо́псис, -а
циа́н, -а
цианами́д, -а
цианеи́, -е́й, *ед.* -не́я, -и
циани́ды, -ов, *ед.* -ни́д, -а
цианиза́ция, -и
циани́ны, -ов, *ед.* -ни́н, -а
циани́рование, -я
циани́рованный; *кр. ф.* -ан, -ана
циа́нисто-водоро́дный
циа́нистый
цианкобаламі́н, -а
цианобакте́рии, -ий, *ед.* -е́рия, -и
циа́новый
циано́з, -а
циано́метр, -а
циан(о)содержа́щий
цибети́н, -а
ци́бик, -а
цибу́ля, -и
цивилиза́тор, -а
цивилиза́торский
цивилизацио́нный
цивилиза́ция, -и
цивилизо́ванно, *нареч.*

цивилизо́ванность, -и
цивилизо́ванный; *кр. ф. прич.* -ан, -ана; *кр. ф. прил.* (*культурный; такой, как принято у цивилизованных людей*) -ан, -анна
цивилизова́ть(ся), -зу́ю(сь), -зу́ет(ся)
цивили́ст, -а
цивили́стика, -и
циви́льный
цига́йский
цига́рка, -и, *р. мн.* -рок
цига́рочный
циге́йка, -и
циге́йковый
цигу́н, -а
цигунотерапи́я, -и
циду́ла, -ы и циду́ля, -и
циду́лка, -и, *р. мн.* -лок и циду́лька, -и, *р. мн.* -лек
цизальпи́нский
цика́да, -ы
цика́довые, -ых
цикл, -а
цикламе́н, -а
цикланте́ра, -ы
циклахе́на, -ы
циклева́льный
циклёванный; *кр. ф.* -ан, -ана
циклева́ть(ся), -лю́ю, -лю́ет(ся) (*к* ци́кля)
циклёвка, -и
циклёвочный
циклёвщик, -а
циклиза́ция, -и
циклизо́ванный; *кр. ф.* -ан, -ана
циклизова́ть(ся), -зу́ю, -зу́ет(ся) (*к* цикл)
цикли́ческий
цикли́чность, -и
цикли́чный; *кр. ф.* -чен, -чна
циклоалка́ны, -ов, *ед.* -ка́н, -а
циклобута́н, -а
циклово́й
циклогекса́н, -а
циклогексано́л, -а

циклогексано́н, -а
циклогене́з, -а
циклогра́мма, -ы
циклографи́ческий
циклогра́фия, -и
циклодо́л, -а
циклодро́м, -а
цикло́ида, -ы
циклоида́льный
цикло́идный
цикломорфо́з, -а
цикло́н, -а
циклони́ческий
цикло́нный
цикло́п, -а
циклопарафи́ны, -ов, *ед.* -фи́н, -а
циклопента́н, -а
циклопи́ческий
циклопи́я, -и
циклопропа́н, -а
циклоспо́ровые, -ых
циклотими́я, -и
циклотро́н, -а
циклотро́нный
циклофрени́я, -и
ци́кля, -и, *р. мн.* -ей
ци́ковский (*от* ЦИК)
цико́риевый
цико́рий, -я
цико́рный
цику́та, -ы
цилиа́рный
цили́ндр, -а
цили́ндрик, -а
цилиндри́ческий
цили́ндровый
цимбали́ст, -а
цимба́лы, -а́л
цимля́нский (*от* Цимла́, *река, и* Цимля́нск)
цимля́нское, -ого (*вино*)
Цимля́нское водохрани́лище (*мо́ре*)
цимля́нцы, -ев, *ед.* -нец, -нца, *тв.* -нцем

циммерва́льдский (от Ци́ммерва́льд)
цимо́зное соцве́тие
цимо́л, -а
цимофа́н, -а
цимшиа́ны, -ов, ед. -а́н, -а
цинанда́ли, нескл., с. (вино)
цинга́, -и́
цинго́тный
цине́б, -а
цинео́л, -а
цинера́рия, -и
цини́зм, -а
ци́ник, -а
цини́кс, -а (животное)
цини́ческий
цини́чность, -и
цини́чный; кр. ф. -чен, -чна
цинк, -а
цинка́ты, -ов, ед. -ка́т, -а
цинкени́т, -а
цинки́т, -а
цинкова́ние, -я
цинко́ванный; кр. ф. -ан, -ана
цинкова́ть(ся), -ку́ю, -ку́ет(ся)
ци́нковый
цинко́граф, -а
цинкографи́ческий
цинкогра́фия, -и
цинкогра́фский
цинкоргани́ческий
цинксодержа́щий и цинкосодержа́щий
ци́нна, -ы (растение)
циннаризи́н, -а
циннвальди́т, -а
ци́нния, -и
ци́ннова свя́зка, ци́нновой свя́зки
цино́вка, -и, р. мн. -вок
цино́вочка, -и, р. мн. -чек
цино́вочный
циномо́риевые, -ых
циномо́рий, -я
циносте́рна, -ы
цину́бель, -я
цинхо́на, -ы

цинхони́н, -а
Циолко́вский, -ого: фо́рмула Циолко́вского
ци́перус, -а
ципре́и, -ей, ед. -ре́я, -и
ци́рик, -а
цирк, -а
циркадиа́нный
цирка́дный
цирка́ч, -а́, тв. -о́м
цирка́ческий
цирка́чество, -а
цирка́чка, -и, р. мн. -чек
цирково́й
цирко́н, -а
цирко́ниевый
цирко́ний, -я
цирко́нистый
цирконосилика́ты, -ов, ед. -ка́т, -а
циркора́ма, -ы
циркора́мный
циркули́ровать, -рую, -рует
ци́ркуль, -я
ци́ркульный
циркуля́р, -а
циркуля́рный
циркуля́тор, -а
циркуляцио́нный
циркуля́ция, -и
циркумвалацио́нный
циркумполя́рный
циркумтропи́ческий
циркумфле́кс, -а
циркумфле́ксный
цирк шапито́, ци́рка шапито́
ци́рлих-мани́рлих, неизм.
циро́вка, -и, р. мн. -вок
цирро́з, -а
цирро́зный
Цирце́я, -и (мифол.)
цирце́я, -и (растение)
цирю́льник, -а
цирю́льня, -и, р. мн. -лен
циссо́ида, -ы
ци́ста, -ы
цисталги́я, -и

цисте́ин, -а
цисте́иновый
цисте́рна, -ы
цисте́рновый
цистерциа́нский
цистерциа́нцы, -ев, ед. -нец, -нца, тв. -нцем
цисти́н, -а
цисти́т, -а
цистицерко́з, -а
цистогра́фия, -и
цистоиде́я, -и
цистолитотри́б, -а
цистоско́п, -а
цистоскопи́я, -и
цистосто́ма, -ы
цистостоми́я, -и
ци́стра, -ы
цистро́н, -а
цитаде́ль, -и
цита́та, -ы
цита́тник, -а
цита́тнический
цита́тничество, -а
цита́тность, -и
цита́тный
цита́ция, -и
цитва́рный
Ците́ра, -ы
цитиди́н, -а
цитизи́н, -а
цити́рование, -я
цити́рованный; кр. ф. -ан, -ана
цити́ровать(ся), -рую(сь), -рует(ся)
цитито́н, -а
цитогене́тика, -и
цитогенети́ческий
цитогеронтоло́гия, -и
цитодиагно́стика, -и
цитози́н, -а
цитокине́з, -а
цитокини́ны, -ов, ед. -ни́н, -а
цито́лиз, -а
цитолизи́ны, -ов, ед. -зи́н, -а
цито́лог, -а

цитологи́ческий
цитоло́гия, -и
цитопла́зма, -ы
цитоплазмати́ческий
цитоплазмо́н, -а
цито́рриз, -а
цитоспоро́з, -а
цитостати́ческий
цитото́мия, -и
цитофотоме́трия, -и
цитохалази́ны, -ов, *ед.* -зи́н, -а
цитохими́ческий
цитохи́мия, -и
цитохромоксида́за, -ы
цитохро́мы, -ов, *ед.* -хро́м, -а
цитоэко́лог, -а
цитоэколо́гия, -и
ци́тра, -ы
цитра́ль, -и
цитрамо́н, -а
цитра́ты, -ов, *ед.* -ра́т, -а
цитри́н, -а
цитро́н, -а
цитро́новый
цитрулли́н, -а
цитрусово́д, -а
цитрусово́дство, -а
цитрусово́дческий
ци́трусовый
ци́трусы, -ов, *ед.* -рус, -а
цифербла́т, -а
цифербла́тный
ци́ферка, -и, *р. мн.* -рок
цифи́рный
цифи́рь, -и
цифи́рька: игра́ в цифи́рьки
ци́фра, -ы
цифра́ция, -и
цифроанало́говый
цифробу́квенный
цифро́ванный; *кр. ф.* -ан, -ана
цифрова́ть(ся), -ру́ю, -ру́ет(ся)
цифрово́й
цифропеча́тающий
ци́церо, *нескл., м. и с.*

Цицеро́н, -а
Цицеро́нов, -а, -о и цицеро́новский (*от* Цицеро́н)
ЦК [цека́], *нескл., м. (сокр.:* Центра́льный комите́т)
цоб-цобе́, *неизм.*
цоизи́т, -а
цок, *неизм.*
цо́канье, -я
цо́кать, -аю, -ает
цо́кнуть, -ну, -нет
цо́коль, -я
цо́кольный
цо́коры, -ов, *ед.* цо́кор, -а
цо́кот, -а
цокота́нье, -я
цокота́ть, цокочу́, цоко́чет
цокоту́ха, -и
цок-цо́к, *неизм.*
цоликау́ри, *нескл., с.*
цоп, *неизм.*
цо́пать, -аю, -ает
цо́пнуть, -ну, -нет
ЦТП [цетэпэ́], *нескл., ж. (сокр.:* центра́льная теплова́я подста́нция)
цуг, -а (*упряжка*)
цуг-маши́на, -ы
цугово́й
цу́гом, *нареч.*
цугтромбо́н, -а
цугу́ндер: на цугу́ндер
цу́гцванг, -а
цук, -а (*в конном спорте*)
цука́нье, -я
цука́тный
цука́ты, -ов, *ед.* цука́т, -а
цука́ть, -а́ю, -а́ет
цуна́ми, *нескл., с.*
цунамиопа́сный; *кр. ф.* -сен, -сна
цуна́ми-ста́нция, -и
Цуси́ма, -ы
Цуси́мское сраже́ние
цу́цик, -а
цуцугаму́ши, *нескл., ж.*
цхалту́бский (*от* Цхалту́бо)

цхинва́льский (*от* Цхинва́ли, Цхинва́л)
цхинва́льцы, -ев, *ед.* -лец, -льца, *тв.* -льцем
цы, *нескл., м. и с. (жанр китайской поэзии)*
цыга́не, -а́н, *ед.* цыга́н, -а
цыганёнок, -нка, *мн.* цыганя́та, -я́т
цыга́нистый
цыга́нить, -ню, -нит
цыга́нка, -и, *р. мн.* -нок
цыгано́лог, -а
цыганоло́гия, -и
цыга́ночка, -и, *р. мн.* -чек
цыга́нский
цыга́нщина, -ы
цы́канье, -я
цы́кать, -аю, -ает
цы́кнуть, -ну, -нет
цы́па, -ы
цы́пка, -и, *р. мн.* цы́пок
цы́пки, цы́пок
цыплёнок, -нка, *мн.* -ля́та, -ля́т
цыплёнок табака́, цыплёнка табака́
цыплёночек, -чка, *мн.* цыпля́тки, -ток
цыпля́тина, -ы
цыпля́тник, -а
цыпля́тница, -ы, *тв.* -ей
цыпля́чий, -ья, -ье
цы́понька, -и, *р. мн.* -нек
цы́почка, -и, *р. мн.* -чек
цы́почки: на цы́почках, на цы́почки
цы́пушка, -и, *р. мн.* -шек
цып-цы́п, *неизм.*
цы́рканье, -я
цы́ркать, -аю, -ает
цы́ркнуть, -ну, -нет
цыц, *неизм.*
цю́рихский (*от* Цю́рих)
цю́рихцы, -ев, *ед.* -хец, -хца, *тв.* -хцем
цян, -а (*народность*)

Ч

чаада́евский (*от* Чаада́ев)
чаба́н, -а́
чаба́ний, -ья, -ье
чаба́нить, -ню, -нит
чаба́нский
ча́бер, ча́бра и ча́бера и чабёр, чабра́
чабре́ц, -а́, *тв.* -о́м
ча́вканье, -я
ча́вкать, -аю, -ает
ча́вкнуть, -ну, -нет
чавы́ча, -и, *тв.* -ей и чавыча́, -и́, *тв.* -о́й
ча́га, -и
чагата́йский
чад, -а и -у, *предл.* в чаду́
чади́ть, чажу́, чади́т
ча́дный
ча́до, -а
чадолюби́вый
чадолю́бие, -я
чадоро́дие, -я
чадра́, -ы́
ча́дский (*от* Чад, озеро и государство)
ча́душко, -а, *мн.* -шки, -шек
ча́дцы, -ев, *ед.* ча́дец, ча́дца, *тв.* ча́дцем (*от* Чад)
чаева́ть, чаю́ю, чаю́ет
чае́вник, -а
чае́вница, -ы, *тв.* -ей
чаёвничанье, -я
чаёвничать, -аю, -ает
чаево́д, -а
чаево́дство, -а

чаево́дческий
чаево́й
чаевы́е, -ы́х
чаедроби́лка, -и, *р. мн.* -лок
чаезавя́лочный
чаёк, чайка́ и чайку́
ча́емый
чаеобрабо́тка, -и
чаепи́тие, -я
чаеподре́зочный
чаепрессо́вочный
чаепроизводя́щий
чаеразве́сочный
чаесбо́рочный
чаесуши́льный
чаеторго́вля, -и
чаеторго́вый
чаеубо́рочный
чаеупако́вочный
чаеформо́вочный
ча́ечий, -ья, -ье (*от* ча́йка)
ча́йнка, -и, *р. мн.* -нок
ча́йшко, -а и -и, *м.*
чай[1], ча́я и ча́ю, *предл.* в ча́е и в чаю́, *мн.* чаи́, чаёв
чай[2], *вводн. сл.*
ча́йка, -и, *р. мн.* ча́ек
чайко́вцы, -ев, *ед.* -вец, -вца, *тв.* -вцем (*от* Чайко́вский)
ча́йковые, -ых
Ча́йльд Гаро́льд, -а
чайльдгаро́льдовский
ча́йная, -ой
чайнво́рд, -а
ча́йник, -а

ча́йниковый ко́вш
ча́йница, -ы, *тв.* -ей
ча́йничанье, -я
ча́йничать, -аю, -ает
ча́йничек, -чка
ча́йный
чайо́т, -а
чайхана́, -ы́
чайха́нный
чайха́нщик, -а
чака́н, -а
чака́новый
чако́на, -ы
ча́кра, -ы
чал, -а
чалда́р, -а
чалдо́н, -а
чалдо́нский
ча́лить(ся), ча́лю(сь), ча́лит(ся)
ча́лка, -и, *р. мн.* ча́лок
чалма́, -ы́
чалмоно́сец, -сца, *тв.* -сцем, *р. мн.* -сцев
чалмоно́сный
ча́ло-пе́гий
ча́лый
чамали́нский
чан, -а, *предл.* в ча́не и в чану́, *мн.* -ы́, -о́в и -ы, -ов
чана́х, -а (*сыр*)
чана́хи, -а́х (*мясное блюдо*)
чанг, -а (*узбекско-таджикский муз. инструмент*)
ча́нги, *нескл., м.* (*грузинский муз. инструмент*)

чанкайши́стский (*от* Чан Кайши́)
чаново́й
чанчу́ньский (*от* Чанчу́нь)
чанчу́ньцы, -ев, *ед.* -нец, -ньца, *тв.* -ньцем
ча́о, *неизм.*
чапа́евский (*от* Чапа́ев, Чапа́ево, Чапа́евск)
чапа́евцы, -ев, *ед.* -вец, -вца, *тв.* -вцем
ча́пать, -аю, -ает
ча́пельник, -а
ча́плиновский и ча́плинский (*от* Ча́плин)
чапы́га, -и (*частый кустарник*)
чапы́ги, -ы́г, *ед.* -ы́га, -и (*ручки плуга*)
чапы́жник, -а
ча́ра, -ы (*сосуд*)
чарва́ка, -и
ча́рдаш, -а, *тв.* -ем
ча́рка, -и, *р. мн.* ча́рок
чарличаплиновский и чарличаплинский (*от* Ча́рли Ча́плин)
чарльсто́н, -а
чарноки́т, -а
чарова́ть(ся), чару́ю(сь), чару́ет(ся)
чаровни́к, -а́
чаровни́ца, -ы, *тв.* -ей
чароде́й, -я
чароде́йка, -и, *р. мн.* -е́ек
чароде́йный
чароде́йский
чароде́йственный; *кр. ф.* -вен и -венен, -венна
чароде́йство, -а
чароде́йствовать, -твую, -твует
чаройт, -а
ча́рочка, -и, *р. мн.* -чек
ча́рочный
ча́ртер, -а
ча́ртерный
ча́ртер-па́ртия, -и
ча́ртизм, -а

чарти́ст, -а
чарти́стский
чаруса́, -у́с, -уса́м
чару́юще, *нареч.*
чару́ющий(ся)
ча́ры, чар
час, -а и (*с колич. числит.* 2, 3, 4) -а́, *предл.* в ча́се и в часу́, *мн.* -ы́, -о́в
часа́ми, *нареч.*
ча́с в ча́с
ча́с-друго́й
ча́с за ча́сом
ча́сик, -а
ча́сики, -ов
часифика́ция, -и и часофика́ция, -и
часи́шки, -шек
часо́венка, -и, *р. мн.* -нок
часо́венный
часо́вня, -и, *р. мн.* -вен
часово́й[1], *прил.*
часово́й[2], -о́го
часовщи́к, -а́
Ча́сов Я́р, Ча́сова Я́ра (*город*)
часо́к, *другие формы не употр.*
часо́к-друго́й
ча́сом, *нареч. и вводн. сл.*
часосло́в, -а
ча́с от ча́су (*с каждым часом*)
ча́с о́т часу не ле́гче
часофика́ция, -и и часифика́ция, -и
часо́чек, -чка
ча́с пи́к, ча́са пи́к, *мн.* часы́ пи́к, часо́в пи́к
ча́с-полтора́
часте́нько
частере́чный
частёхонько
части́к, -а́
частико́вый
части́ть, чащу́, части́т
части́ца, -ы, *тв.* -ей
части́чка, -и, *р. мн.* -чек
части́чно конверти́руемый
части́чность, -и

части́чно упоря́доченный
части́чный; *кр. ф.* -чен, -чна
ча́стник, -а
ча́стница, -ы, *тв.* -ей
ча́стнический
частноба́нковский
частновладе́льческий
ча́стное, -ого
частноземлевладе́льческий
частнокапиталисти́ческий
частномонополисти́ческий
частноправово́й
частнопрактику́ющий
частнопредпринима́тельский
частнособственни́ческий
ча́стность, -и
частнохозя́йственный
ча́стный
частоко́л, -а
частопе́тельный
часторебри́стый
частоступе́нчатый
частота́, -ы́, *мн.* -о́ты, -о́т
часто́тно-амплиту́дный
часто́тно-временно́й
часто́тно-модули́рованный
часто́тность, -и
часто́тно-фа́зовый
часто́тный; *кр. ф.* -тен, -тна
частотоизмери́тельный
частотоме́р, -а
частотопреобразова́тельный
часту́ха, -и
часту́шечник, -а
часту́шечница, -ы, *тв.* -ей
часту́шечный
часту́шка, -и, *р. мн.* -шек
ча́стый; *кр. ф.* част, часта́, ча́сто
часть, -и, *мн.* -и, -е́й
ча́стью, *нареч.* (*отчасти*)
часы́, часо́в
часы́-буди́льник, часо́в-буди́льника
часы́-куло́н, часо́в-куло́на
чата́л, -а и чата́ло, -а
чатура́нга, -и

ЧАТЬ

чать, *вводн. сл.*
ча́ус, -а
ча́у-ча́у, *нескл., м. и ж.*
ча́уш, -а, *тв.* -ем
ча́хлость, -и
ча́хлый
ча́хнувший
ча́хнуть, -ну, -нет; *прош.* чах и ча́хнул, ча́хла
чахо́тка, -и
чахо́точный; *кр. ф.* -чен, -чна
чахохби́ли, *нескл., с.*
ча́ча, -и
ча-ча-ча́, *нескл., с.*
чачва́н, -а
ча́ша, -и, *тв.* -ей
чашеви́дный; *кр. ф.* -ден, -дна
чашели́стик, -а
чашеобра́зный; *кр. ф.* -зен, -зна
ча́шечка, -и, *р. мн.* -чек
чашечкови́дный; *кр. ф.* -ден, -дна
ча́шечный
ча́шка, -и, *р. мн.* ча́шек
ча́шки-ло́жки, ча́шек-ло́жек
ча́шник, -а
ча́ща, -и, *тв.* -ей
ча́ще, *сравн. ст.*
чащо́ба, -ы (*чаща*)
чащо́бный
ча́ющий
ча́яние, -я
ча́янный (*от* ча́ять)
ча́ятельно, *вводн. сл.*
ча́ять, ча́ю, ча́ет
чва́канье, -я
чва́кать, -аю, -ает
чва́ниться, -нюсь, -нится
чванли́вость, -и
чванли́вый
чва́нный; *кр. ф.* чва́нен, чва́нна
чва́нство, -а
чва́нящийся
че, *нескл., с.* (*название буквы*)
чеба́к, -а́
чебокса́рка, -и, *р. мн.* -рок
чебокса́рский (*от* Чебокса́ры)

чебокса́рцы, -ев, *ед.* -рец, -рца, *тв.* -рцем
чебота́рить, -рю, -рит
чебота́рный
чебота́рский
чебота́рь, -я́
чёботы, -ов, *ед.* чёбот, -а
чебура́хать(ся), -аю(сь), -ает(ся)
чебура́хнуть(ся), -ну(сь), -нет(ся)
Чебура́шка, -и, *м.* (*сказочный персонаж*) и чебура́шка, -и, *р. мн.* -шек, *м.* (*игрушка*)
чебуре́к, -а
чебуре́чная, -ой
чебуре́чный
Чебышёв, -а: многочле́ны Чебышёва, фо́рмула Чебышёва
чеге́мский (*от* Чеге́м)
чеге́мцы, -ев, *ед.* -мец, -мца, *тв.* -мцем
чеге́тский (*от* Чеге́т)
чегло́к, -а́
чего́ до́брого, *вводн. сл.*
чего́ ра́ди
чего́-то
чего́-чего́ (чего́-чего́ та́м то́лько не́т!; уж чего́-чего́, а э́того у на́с доста́точно; *также при переспросе*)
че́ддер, -а
чей, чьё, чьего́, чья, чьей, *мн.* чьи, чьих
че́й бы (то) ни́ был(о)
че́й-либо, чья́-либо, чьё-либо
чейн, -а
че́йнджер, -а
че́й-нибудь, чья́-нибудь, чьё-нибудь
че́й-то, чья́-то, чьё-то
че́й угодно
чек, -а
чека́, -и́ (*стержень*)
Чека́, *нескл., ж.* (*учреждение*)
чека́лка, -и, *р. мн.* -лок
чека́н, -а
чека́ненный; *кр. ф.* -ен, -ена

чека́нить(ся), -ню, -нит(ся)
чека́нка, -и, *р. мн.* -нок
чека́нность, -и
чека́нный; *кр. ф.* -а́нен, -а́нна
чека́ночный
чека́нщик, -а
чека́нящий(ся)
чеки́ст, -а (*от* ЧК, Чека́)
чеки́стка, -и, *р. мн.* -ток
чеки́стский
чекма́рь, -я́
чекме́нь, -я́
че́ковый
чекода́тель, -я
чекопеча́тающий
чекры́жить, -жу, -жит
чеку́ша, -и, *тв.* -ей
чеку́шка, -и, *р. мн.* -шек
челе́ста, -ы
чёлка, -и, *р. мн.* чёлок
чёлн, челна́
челни́нский (к На́бережные Челны́)
челни́нцы, -ев, *ед.* -нец, -нца, *тв.* -нцем (к На́бережные Челны́)
челно́к, -а́
челно́чить, -чу, -чит
челно́чник, -а
челно́чница, -ы, *тв.* -ей
челно́чный
челночо́к, -чка́
Челны́, -о́в: На́бережные Челны́ (*город*)
чело́, -а́, *мн.* чёла, чёл
челоби́тная, -ой
челоби́тчик, -а
челоби́тчица, -ы, *тв.* -ей
челоби́тье, -я, *р. мн.* -тий
челове́к, -а
челове́к-амфи́бия, челове́ка-амфи́бии
челове́к-легенда, челове́ка-легенды
Челове́к-невиди́мка, Челове́ка-невиди́мки (*лит. персонаж*)
человекобо́г, -а

человекове́д, -а
человекове́дение, -я
человекоде́нь, -дня́
человеколю́б, -а
человеколю́бец, -бца, *тв.* -бцем, *р. мн.* -бцев
человеколюби́вый
человеколю́бие, -я
человекомаши́нный
человеконенави́стник, -а
человеконенави́стнический
человеконенави́стничество, -а
человекообра́зный; *кр. ф.* -зен, -зна
человекоподо́бный; *кр. ф.* -бен, -бна
человекосме́на, -ы
человекоуби́йство, -а
человекоуби́йца, -ы, *м. и ж.*
человекоча́с, -а, *мн.* -ы́, -о́в
Челове́к с большо́й бу́квы
челове́цех: на земле́ ми́р, во челове́цех благоволе́ние
челове́чек, -чка
челове́ческий
челове́чественный
челове́чество, -а
челове́чий, -ья, -ье
челове́чина, -ы, *м.* (*увелич. к* челове́к) *и ж.* (*человечье мясо*)
челове́чишка, -и, *р. мн.* -шек, *м.*
челове́чище, -а *и* -и, *мн.* -и, -ищ, *м.*
челове́чность, -и
челове́чный; *кр. ф.* -чен, -чна
чёлочка, -и, *р. мн.* -чек
челюстно́й
че́люстно-лицево́й
че́люсть, -и, *мн.* -и, -е́й *и* -ей
челя́бинка, -и, *р. мн.* -нок
челя́бинский (*от* Челя́бинск)
челя́бинцы, -ев, *ед.* -нец, -нца, *тв.* -нцем
челяди́н, -а
челяди́нец, -нца, *тв.* -нцем, *р. мн.* -нцев
челяди́нка, -и, *р. мн.* -нок

че́лядь, -и
чем, *союз*
чема́рка, -и, *р. мн.* -рок
че́мбало, *нескл., с.*
чембу́р, -а
че́мер, -а
чемери́ца, -ы, *тв.* -ей
чемери́чный
чём ни попадя́
чемода́н, -а
чемода́нишко, -а *и* -и, *мн.* -шки, -шек, *м.*
чемода́нище, -а, *мн.* -а *и* -и, -ищ, *м.*
чемода́нный
чемода́нчик, -а
чемпио́н, -а
чемпиона́т, -а
чемпио́нка, -и, *р. мн.* -нок
чемпио́нский
чемпио́нство, -а
чём попадя́
чём попа́ло
чем све́т
чему́-чему́ (уж чему́-чему́, а э́тому не быва́ть; *также при переспро́се*)
чём-чём (уж чём-чём, а э́тим на́с не удиви́шь; *также при переспро́се*)
чентэ́зимо, *нескл., с.*
чепа́н, -а
чепе́ц, чепца́, *тв.* чепцо́м, *р. мн.* чепцо́в
чепе́чный
чепра́к, -а́
чепра́чный
чепуха́, -и́
чепухе́нция, -и
чепухо́вина, -ы
чепухо́вый
чепуши́стый
че́пчик, -а
чепэ́ *и* ЧП, *нескл., с.* (*сокр.:* чрезвыча́йное происше́ствие)
че́рва, -ы (*прост. к* че́рви *и* че́рвы)
черва́, -ы́ *и* -ы́ (*личинки пчёл*)

червеобра́зный; *кр. ф.* -зен, -зна
черве́ц, -а́, *тв.* -о́м, *р. мн.* -о́в
че́рви, -е́й, -я́м *и* че́рвы, черв, -ам (*карточная масть*)
черви́вевший (*от* черви́веть)
черви́веть, -еет (*становиться червивым*)
черви́вший(ся) (*от* черви́вить(ся))
черви́вить, -влю, -вит (*что*)
черви́виться, -ится
черви́вость, -и
черви́вый
черви́ть, -и́т
червле́ние, -я
червлёный
червобо́ина, -ы
червобо́й, -я
червобо́йный
червови́дный; *кр. ф.* -ден, -дна
червово́д, -а
червово́дня, -и, *р. мн.* -ден
черво́вый
червоне́ть, -еет (*краснеть*)
черво́нец, -нца, *тв.* -нцем, *р. мн.* -нцев
черво́нка, -и, *р. мн.* -нок
Черво́нная Ру́сь (*ист.*)
черво́нный
черво́нчик, -а
червото́чина, -ы
червото́чинка, -и, *р. мн.* -нок
червото́чный
че́рвы, черв, -ам *и* че́рви, -е́й, -я́м (*карточная масть*)
червь, -я́, *мн.* -и, -е́й
червя́га, -и
червя́к, -а́
червяко́вый
червяно́й
червя́чный
червячо́к, -чка́
черда́к, -а́
черда́чный
чердачо́к, -чка́
чердынский (*от* Че́рдынь)

чердынцы, -ев, *ед.* -нец, -нца, *тв.* -нцем
черевики, -ов, *ед.* -вик, -а
черевички, -чек и -ов, *ед.* -чек, -чка
черёд, -еда́, *предл.* в череду́
череда́, -ы́
чередова́ние, -я
чередова́ть(ся), -ду́ю(сь), -ду́ет(ся)
чередо́м, *нареч.*
че́рез¹, *предлог*
че́рез², -а (*кошелек*)
чересзёрница, -ы, *тв.* -ей
через ме́ру
через не могу́
через пень-коло́ду
череми́ска, -и, *р. мн.* -сок
череми́сский
череми́сы, -ов, *ед.* -ми́с, -а
черёмуха, -и
черёмуховый
Черёмушки, -шек
черёмушник, -а
черёмушный
черемхо́вский (*от* Черемхо́во)
черемша́, -и́, *тв.* -о́й
Черенко́в, -а: излуче́ние Черенко́ва – Вави́лова
черенкова́ние, -я
черенко́ванный; *кр. ф.* -ан, -ана
черенкова́ть(ся), -ку́ю, -ку́ет(ся)
черенко́вский счётчик
черенко́вый
черено́к, -нка́
черено́чный
че́реп, -а, *мн.* -а́, -о́в
черепа́ха, -и
черепа́ховый
черепа́ший, -ья, -ье
черепа́шина, -ы
черепа́шка, -и, *р. мн.* -шек
черепашо́нок, -нка, *мн.* -ша́та, -а́т
черепе́нник, -а
черепи́тчатый
черепи́ца, -ы, *тв.* -ей

черепицедела́тельный
черепи́чина, -ы
черепи́чный
черепно́й
че́репно-мозгово́й
черепове́цкий (*от* Черепове́ц)
череповча́не, -а́н, *ед.* -а́нин, -а
черепо́к, -пка́
черепо́чек, -чка
черепу́шка, -и, *р. мн.* -шек
черепяно́й и черепя́ный
чересперио́дный
чересполо́сица, -ы, *тв.* -ей
чересполо́сный
чересседе́льник, -а
чересседе́льный
чересстро́чный
чересступе́нчатый
чересчу́р
чере́шенка, -и, *р. мн.* -нок
черешко́вый
чере́шневый
чере́шня, -и, *р. мн.* -шен
черешо́к, -шка́
чере́шчатый
черимо́йя, -и
черка́н, -а
черка́ние, -я и чёрканье, -я
чёрканный; *кр. ф.* -ан, -ана, *прич.*
черкану́ть, -ну́, -нёт
чёрканье, -я и черка́ние, -я
черка́сский (*от* черка́сы и Черка́ссы, *город*)
черка́сцы, -ев, *ед.* -сец, -сца, *тв.* -сцем (*от* Черка́ссы)
Черка́счина, -ы (*к* Черка́ссы)
черка́сы, -ов, *ед.* -ка́с, -а (*в старину: украинцы, украинские казаки*)
черка́ть(ся), -а́ю, -а́ет(ся) и чёркать(ся), -аю, -ает(ся) (*зачеркивать(ся), вычеркивать(ся)*)
черка́ться, -а́юсь, -а́ется (*устар. к* чертыха́ться)
черке́з, -а (*растение*)
черке́ска, -и, *р. мн.* -сок (*одежда*)

черке́сский (*от* черке́сы и Черке́сск)
черке́сцы, -ев, *ед.* -сец, -сца, *тв.* -сцем (*от* Черке́сск)
черке́сы, -ов, *ед.* черке́с, -а
черке́шенка, -и, *р. мн.* -нок
черкну́ть, -ну́, -нёт
че́рмный; *кр. ф.* -мен, -мна́
черна́вка, -и, *р. мн.* -вок
Чёрная А́фрика
Чёрная Грязь (*населенный пункт*)
Чёрная ре́чка (*в Петербурге*)
черново́й и чернево́й
чернение, -я
чернённый; *кр. ф.* -ён, -ена́, *прич.*
чернёный, *прил.*
чёрненький
черне́ть, -и (*вид утки*)
черне́ть(ся), -е́ю, -е́ет(ся)
чернёхонький; *кр. ф.* -нек, -нька
черне́ц, -а́, *тв.* -о́м, *р. мн.* -о́в
чернёшенький; *кр. ф.* -нек, -нька
черни́говский (*от* Черни́гов)
черни́говцы, -ев, *ед.* -вец, -вца, *тв.* -вцем
Черни́говщина, -ы (*к* Черни́гов)
черни́ка, -и
черни́ла, -и́л
черни́льница, -ы, *тв.* -ей
черни́льный
черни́ть(ся), -ню́(сь), -ни́т(ся)
черни́ца, -ы, *тв.* -ей
черни́ческий
черни́чество, -а
черни́чина, -ы
черни́чка, -и, *р. мн.* -чек
черни́чник, -а
черни́чный
чёрно-бе́лый
чернборо́дый
чернобро́вый
чернобу́рая лиси́ца
чернобу́рка, -и, *р. мн.* -рок
чёрно-бу́рый
чернобы́л, -а и чернобы́ль, -я (*растение*)

ЧЕРТЁЖ

Черно́быль, -я (*город; катастрофа 1986; вообще ядерная катастрофа*)
чернобы́лье, -я
чернобы́льник, -а
Черно́быльская АЭС
черно́быльский (*от* Черно́быль)
черно́быльцы, -ев, *ед.* -лец, -льца, *тв.* -льцем
чернова́тый
чернови́к, -а́
черновицкий (*к* Черновцы́)
черновичо́к, -чка́
черново́й
черноволо́сый
черновча́не, -а́н, *ед.* -а́нин, -а (*от* Черновцы́)
черногла́зый
черноголо́вка, -и, *р. мн.* -вок (*растение*)
черноголо́вый
черного́рка, -и, *р. мн.* -рок
черного́рский (*к* Черного́рия и черного́рцы)
черного́рцы, -ев, *ед.* -рец, -рца, *тв.* -рцем
черногри́вый
черногру́дка, -и, *р. мн.* -док
черногру́дый
Чёрное мо́ре
чернозём, -а
чернозёмный
чернозе́мье, -я (*чернозем*) и Черно́земье, -я (*геогр.*)
чернозо́бик, -а
чернозо́бый
чернокле́н, -а
чернокни́жие, -я
чернокни́жник, -а
чернокни́жный
чернокожий
чернокорень, -рня
чернокры́лый
чернокудрый
чернолесский (чернолесская культура, *археол.*)

чернолесье, -я
чернолицый
черномазый
Черномо́р, -а (*сказочный персонаж*)
черноморды́й
черномо́рский (*от* Чёрное мо́ре)
Черномо́рский флот
черномо́рцы, -ев, *ед.* -рец, -рца, *тв.* -рцем
Черномо́рье, -я (*от* Чёрное мо́ре)
черноо́кий
чёрно-пе́гий
чёрно-пёстрый
черноплодка, -и, *р. мн.* -док
черноплодный
чернопо́льный
чернорабо́чая, -ей
чернорабо́чий, -его
черноризец, -зца, *тв.* -зцем, *р. мн.* -зцев
черноруба́шечник, -а
чёрно-рыжий
чернорыночный
чёрно-се́рый
чёрно-си́ний
черносли́в, -а
черносли́вина, -ы
черносли́вовый
черносморо́динный
черносморо́диновый
черносо́тенец, -нца, *тв.* -нцем, *р. мн.* -нцев
черносо́тенный
черносо́тенский
черносо́тенство, -а
черносо́шный
черноспи́нка, -и, *р. мн.* -нок
черноспи́нный
черносто́п, -а
чернота́, -ы́
чернота́л, -а
чернотёлка, -и, *р. мн.* -лок
чернотро́п, -а
черноусый
чернофигу́рный

черношёрстный и черношёрстый
че́рнский (*от* Чернь, *город*)
черну́ха, -и
черну́шка, -и, *р. мн.* -шек
чёрный; *кр. ф.* чёрен, черна́, черно́ и чёрно
Чёрный контине́нт (*об Африке*)
Чёрный Яр (*поселок*)
чёрным по бе́лому (напи́сано)
черны́м-черно́
черны́ш, -а́, *тв.* -о́м
чернь, -и
черня́венький
черня́вый
чёрнядь, -и
черня́к, -а́
черня́не, -я́н, *ед.* -я́нин, -а (*от* Чернь)
черняхо́вский (черняхо́вская культу́ра, *археол.*; к Черняхо́вск)
черняхо́вцы, -ев, *ед.* -вец, -вца, *тв.* -вцем
черня́шка, -и
черпа́к, -а́
черпако́вый
черпа́лка, -и, *р. мн.* -лок
черпа́ло, -а
черпа́льный
черпа́льщик, -а
че́рпание, -я
че́рпанный; *кр. ф.* -ан, -ана
черпану́ть, -ну́, -нёт
че́рпать(ся), -аю, -ает(ся)
черпачо́к, -чка́
черпну́ть, -ну́, -нёт
черстве́ние, -я
черстве́ть, -е́ю, -е́ет
черстви́ть, -и́т
чёрствость, -и
чёрствый; *кр. ф.* чёрств, черства́, чёрство
чёрт, чёрта, *мн.* че́рти, -е́й
черта́, -ы́
чёрта с два́
чертёж, -ежа́, *тв.* -о́м

ЧЕРТЁЖИК

чертёжик, -а
чертёжник, -а
чертёжница, -ы, *тв.* -ей
чертёжно-графи́ческий
чертёжно-констру́кторский
чертёжно-копирова́льный
чертёжный
чертёнок, -нка, *мн.* чертеня́та, -еня́т
чёртик, -а
черти́лка, -и, *р. мн.* -лок
черти́ть, черчу́, че́ртит (*куролесить*)
черти́ть(ся), черчу́, че́ртит(ся) (*к* чертёж)
чёртов, -а, -о
чертовка, -и, *р. мн.* -вок
Чёртов мо́ст (*в Швейцарских Альпах*)
чертовня́, -и́
черто́вски
черто́вский
чертовщи́на, -ы
черто́г, -а
Чертомлы́кский курга́н (*археол.*)
чертополо́х, -а
чертополо́ховый
чёрточка, -и, *р. мн.* -чек
чёрт-те (что́, како́й, где́, куда́ и т. п.)
чёртушка, -и, *р. мн.* -шек, *м. и ж.*
чертыха́нье, -я
чертыха́ться, -а́юсь, -а́ется
чертыхну́ться, -ну́сь, -нётся
чертя́ка, -и, *м. и ж.*
чертя́щий (*от* черти́ть)
че́ртящий(ся) (*от* черти́ть(ся))
че́русти́нский (*от* Че́русти)
че́русти́нцы, -ев, *ед.* -нец, -нца, *тв.* -нцем
черче́ние, -я
че́рченный; *кр. ф.* -ен, -ена, *прич.*
че́рченый, *прил.*
чёс, -а
чеса́лка, -и, *р. мн.* -лок
чеса́льный
чеса́льня, -и, *р. мн.* -лен

чеса́льщик, -а
чеса́льщица, -ы, *тв.* -ей
чёсанец, -нца, *тв.* -нцем, *р. мн.* -нцев
чеса́ние, -я
чёсанки, -нок, *ед.* -нок, -нка
чёсанный; *кр. ф.* -ан, -ана, *прич.*
чесану́ть, -ну́, -нёт
чёсаный, *прил.*
чеса́ть(ся), чешу́(сь), че́шет(ся)
чёска, -и
Че́сменский бо́й (*1770; от* Че́сма)
чесно́к, -а́ и -у́
чесноковый
чесночи́на, -ы
чесно́чник, -а
чесно́чница, -ы, *тв.* -ей
чесно́чный
чесночо́к, -чка́ и -чку́
чесо́тка, -и
чесо́точный
че́ствование, -я
че́ствованный; *кр. ф.* -ан, -ана
че́ствовать(ся), -твую(сь), -твует(ся)
че́стер, -а
чести́ть, чещу́, чести́т
честне́йший
честно́й (*почитаемый, достойный*)
че́стность, -и
че́стный; *кр. ф.* -тен, -тна́, -тно, че́стны
честолю́бец, -бца, *тв.* -бцем, *р. мн.* -бцев
честолюби́вый
честолю́бие, -я
честь¹, -и
честь², чту, чтёт, чтут (*устар.: признавать, считать, полагать; читать*)
честь по че́сти
честь-че́стью
чесуча́, -и́, *тв.* -о́й
чесучо́вый
чёт, -а (чёт и не́чет)
чета́, -ы́

четве́рг, -а́
четерго́вый
четвере́ньки: на четвере́ньках, на четвере́ньки, с четвере́нек
четвери́к, -а́
четерико́вый
четвери́ть(ся), -рю́, -ри́т(ся)
четвери́чный
четвёрка, -и, *р. мн.* -рок (*цифра; четыре предмета*)
четверно́й (*в четыре раза больший; состоящий из четырех частей, элементов*)
четверня́, -и́, *р. мн.* -е́й
че́тверо¹, четверы́х, четверы́м, четверы́ми, о четверы́х, употр. с одушевленными сущ. муж. и сред. рода
че́тверо², четырёх, четырём, четырьмя́, о четырёх, употр. с сущ., не имеющими ед. ч., напр.: че́тверо воро́т, че́тверо су́ток
четверодне́вный (*устар. к* четырёхдне́вный; Ла́зарь четверодне́вный, библ.)
Четвероева́нгелие, -я
четверокла́ссник, -а
четверокла́ссница, -ы, *тв.* -ей
четвероку́рсник, -а
четвероку́рсница, -ы, *тв.* -ей
четвероме́стный
четвероно́гий
четверору́кий
четверости́шие, -я
четверохо́лмие, -я
четвёрочка, -и, *р. мн.* -чек
четвёрочник, -а
четвёрочница, -ы, *тв.* -ей
четвёрочный
четверою́родный
четвероя́кий
четверта́к, -а́
четертако́вый
четвертачо́к, -чка́
четверти́на, -ы
четверти́нка, -и, *р. мн.* -нок

четверти́нный
четвертито́новый
четверти́чный
четвёртка, -и, *р. мн.* -ток (четвертая часть)
четвертно́й (*от* че́тверть)
четвертова́ние, -я
четверто́ванный; *кр. ф.* -ан, -ана
четвертова́ть(ся), -ту́ю, -ту́ет(ся)
четверто́к, -тка́
четверту́шка, -и, *р. мн.* -шек
четвёртый
че́тверть, -и, *мн.* -и, -е́й
четвертьвеково́й
четвертьволно́вый
четвертьсто́лька и четвертьсто́лько
четвертьфина́л, -а
четвертьфинали́ст, -а
четвертьфина́льный
че́тий, -ья, -ье (*церк.*)
чётки, чёток
чёткий; *кр. ф.* чёток, четка́ и чётка, чётко
чёткость, -и
чёт-не́чет, *другие формы не употр.*
че́тники, -ов, *ед.* -ник, -а
чётность, -и
чётный; *кр. ф.* -тен, -тна
чётче, *сравн. ст.*
четы́ре, четырёх, четырём, четырьмя́, о четырёх
Четыредеся́тница, -ы
четы́режды
четы́режды четы́ре
четы́реста, четырёхсо́т, четырёмста́м, четырьмяста́ми, о четырёхста́х
четырёха́дресный
четырёха́ктный
четырёхба́лльный (4-ба́лльный)
четырёхби́тный
четырёхбо́рье, -я
четырёхвалко́вый

четырёхведёрный и четырёхвёдерный
четырёхвесе́льный и четырёхвёсельный
четырёхгла́вый
четырёхгла́зка, -и, *р. мн.* -зок
четырёхгоди́чный (4-годи́чный)
четырёхгодова́лый
четырёхголо́вочный
четырёхголо́сный
четырёхгра́нник, -а
четырёхгра́нный
четырёхдне́вный (4-дне́вный)
четырёхдо́льный
четырёхдоро́жечный
четырёхжа́берные, -ых
четырёхзве́нный
четырёхзна́чный
четырёхзу́бы, -ов, *ед.* -зу́б, -а
четырёхкана́льный
четырёхкварти́рный
четырёхкилометро́вый (4-километро́вый)
четырёхкла́ссный
четырёхколёсный
четырёхконе́чный
четырёхкра́тный
четырёхле́тие (4-ле́тие), -я
четырёхле́тка, -и, *р. мн.* -ток
четырёхле́тний (4-ле́тний)
четырёхлето́к, -тка́
четырёхли́стный
четырёхлитро́вый (4-литро́вый)
четырёхлучево́й
четырёхме́рный
четырёхме́стный
четырёхме́сячный (4-ме́сячный)
четырёхметро́вый (4-метро́вый)
четырёхмиллио́нный (4-миллио́нный) и (*при передаче разг. произношения*) четырёхмильо́нный

четырёхмото́рный
четырёхно́гий
четырёхору́дийный
четырёхо́сный
четырёхпа́лубный
четырёхпа́лый
четырёхполо́сный
четырёхпо́лье, -я
четырёхпо́льный
четырёхпо́люсник, -а
четырёхпрогра́ммный (4-програ́ммный)
четырёхпроце́нтный (4-проце́нтный)
четырёхру́чный
четырёхря́дный
четырёхсери́йный
четырёхска́тный
четырёхскоростно́й
четырёхсло́жный
четырёхсло́йный
четырёхсоткилометро́вый (400-километро́вый)
четырёхсотле́тие (400-ле́тие), -я
четырёхсотле́тний (400-ле́тний)
четырёхсо́тый
четырёхсте́нный
четырёхсто́пный
четырёхсторо́нний
четырёхстру́нный
четырёхта́ктный
четырёхта́ктовый
четырёхто́мник, -а
четырёхто́мный (4-то́мный)
четырёхто́нный
четырёхты́сячный
четырёхуго́льник, -а
четырёхуго́льный
четырёххлори́стый
четырёхцве́тный
четырёхцили́ндровый (4-цили́ндровый)
четырёхчасово́й (4-часово́й)
четырёхча́стный
четырёхчле́нный

ЧЕТЫРЁХЪЯРУСНЫЙ

четырёхъя́русный
четырёхэлеме́нтный
четырёхэта́жный (4-эта́жный)
четырнадцатиле́тие (14-ле́тие), -я
четырнадцатиле́тний (14-ле́тний)
четырнадцатисти́шие (14-сти́шие), -я
четырнадцатистро́чный (14-стро́чный)
четырнадцатиэта́жный (14-эта́жный)
четы́рнадцатый
четы́рнадцать, -и
четь, -и
Че́тьи мине́и, Че́тьих мине́й
четьимине́йный
чехарда́, -ы́
че́хи, -ов, ед. чех, -а
че́хлик, -а
чехли́ть(ся), -лю́, -ли́т(ся)
чехлови́дный
чехлоно́ска, -и, р. мн. -сок
чехове́д, -а (от Че́хов)
чеховиа́на, -ы
че́ховский (от Че́хов)
че́ховцы, -ев, ед. -вец, -вца, тв. -вцем (от Че́хов, город)
чехо́л, чехла́
чехо́льный
чехо́льчик, -а
чехо́нь, -и
чехослова́ки, -ов
чехослова́цкий (к Чехослова́кия)
чехослова́цко-сове́тский
чечеви́ца, -ы, тв. -ей
чечевицеобра́зный; кр. ф. -зен, -зна
чечеви́чка, -и, р. мн. -чек
чечеви́чный
чече́нка, -и, р. мн. -нок
чече́но-дагеста́нский
чече́но-ингу́шский
чече́нский (к Чечня́ и чече́нцы)

чече́нцы, -ев, ед. -нец, -нца, тв. -нцем
чече́нцы-аки́нцы, чече́нцев-аки́нцев, ед. чече́нец-аки́ец, чече́нца-аки́нца
чече́ны, -ов, ед. чече́н, -а (устар. к чече́нцы)
че́чет, -а
чечётка, -и, р. мн. -ток
че́шка, -и, р. мн. че́шек (к чехи)
че́шки, че́шек, ед. че́шка, -и (обувь)
че́шский (к че́хи и Че́хия)
Че́шский Ле́с (горы)
че́шско-росси́йский
че́шско-ру́сский
че́шско-слова́цкий
чешуеви́дный; кр. ф. -ден, -дна
чешуедре́в, -а
чешуекры́лые, -ых
чешуеобра́зный; кр. ф. -зен, -зна
чешуехво́стник, -а
чешуецве́тные, -ых
чешу́йка, -и, р. мн. -у́ек
чешу́йница, -ы, тв. -ей
чешу́йчатость, -и
чешу́йчатый
че́шущий(ся)
чешуя́, -и́
чещённый; кр. ф. -ён, -ена́ (от чести́ть), прич.
чжурчже́ни, -ей (племена)
чжурчже́ньский
чжэцзя́нский (от Чжэцзя́н)
чжэцзя́нцы, -ев, ед. -нец, -нца, тв. -нцем
чиану́ри, нескл., с.
чи́бис, -а
чибисёнок, -нка, мн. -ся́та, -ся́т
чи́бисовый
чиви́канье, -я
чиви́кать, -аю, -ает
чиви́кнуть, -ну, -нет
чиги́рь, -я́ (механизм)
чиж, -а́, тв. -о́м
чи́жик, -а
чи́жик-пы́жик, чи́жика-пы́жика

чижи́ный
чижо́вка, -и, р. мн. -вок
чижо́вый
чи́збургер, -а
чи́зель, -я
чий, -я, предл. о чи́е (растение)
чик, неизм.
чика́гский (от Чика́го)
чика́гцы, -ев, ед. -гец, -гца, тв. -гцем
чика́но, нескл., м.
чи́канье, -я
чи́кать(ся), -аю(сь), -ает(ся)
чи́кнуть, -ну, -нет
чи́ксы, -ов
чик-чи́к, неизм.
чик-чири́к, неизм.
чикчи́ры, -и́р
чилибу́ха, -и
чили́га, -и (кустарник)
чили́говый
чили́жник, -а
чили́йка, -и, р. мн. -и́ек
чили́йский (от Чи́ли)
чили́йцы, -ев, ед. -и́ец, -и́йца, тв. -и́йцем
чили́канье, -я
чили́кать, -аю, -ает
чили́кнуть, -ну, -нет
чили́м, -а
чиля́га, -и (сорт винограда)
чимке́нтский (от Чимке́нт)
чимке́нтцы, -ев, ед. -тец, -тца, тв. -тцем
чин, -а, мн. -ы́, -о́в
чи́на, -ы (растение)
чина́ра, -ы и чина́р, -а
чина́ровый
чина́рь, -я́ (об обэриутах)
Чингиси́ды, -ов (династия)
Чингисха́н, -а
чи́ненный; кр. ф. -ен, -ена, прич. (от чини́ть¹)
чинённый; кр. ф. -ён, -ена́, прич. (от чини́ть²)
чи́нено-перечи́нено

чинёный, *прил.* (*от* чини́ть¹)
чи́неный-перечи́неный
чини́ть(ся)¹, чиню́(сь), чи́нит(ся) (исправлять(ся))
чини́ть(ся)², чиню́(сь), чи́нит(ся) (устраивать; церемониться)
чинк, -а (обрыв, уступ плато)
чи́нка, -и
Чинквече́нто, *нескл., с.*
чи́нность, -и
чи́нный; *кр. ф.* чи́нен, чинна́, чи́нно
чино́вник, -а
чино́вница, -ы, *тв.* -ей
чино́внический
чино́вничество, -а
чино́вничий, -ья, -ье
чино́вность, -и
чино́вный
чинодра́л, -а
чинолю́бие, -я
чинонача́лие, -я
чиноположе́ние, -я
чинопосле́дование, -я
чинопочита́ние, -я
чинопроизво́дство, -а
чиносоверше́ние, -я
чи́н по чи́ну
чину́ша, -и, *тв.* -ей, *м.*
чин-чи́н, *неизм.* (пожелание, тост)
чин-чинарём
чин-чи́ном
чинш, -а, *тв.* -ем
чиншеви́к, -а́
чиншево́й
чи́нящий(ся) (*от* чини́ть(ся)¹)
чиня́щий(ся) (*от* чини́ть(ся)²)
чип, -а
Чиполли́но, *нескл., м.*
чи́псы, -ов
чи́рей, чи́рья
чирёнок, -нка, *мн.* чиря́та, -я́т
чири́к, *неизм.*
чири́канье, -я
чири́кать, -аю, -ает
чи́рики, -ов, *ед.* чи́рик, -а и чирики́, -о́в, *ед.* чири́к, -а́ (обувь)

чири́кнуть, -ну, -нет
чирк, *неизм.*
чи́рканный; *кр. ф.* -ан, -ана
чи́ркать, -аю, -ает
чирки́, -о́в, *ед.* чиро́к, чирка́ (обувь)
чи́ркнуть, -ну, -нет
чиро́к, чирка́
чиро́ки, *нескл., мн., ед. м. и ж.*
чиру́ха, -и
чирчи́кский (от Чирчи́к)
чирчи́кцы, -ев, *ед.* -кец, -кца, *тв.* -кцем
чи́рышек, -шка
чиря́к, -а́
чиря́тина, -ы
чи́сленник, -а
чи́сленность, -и
чи́сленный
числи́тель, -я
числи́тельное, -ого
чи́слить(ся), -лю(сь), -лит(ся)
число́, -а́, *мн.* чи́сла, чи́сел
числово́й
чи́слящий(ся)
чисте́йший
чи́стенький
чистёха, -и, *м. и ж.*
чистёхонький; *кр. ф.* -нек, -нька
чисте́ц, -а́, *тв.* -о́м, *р. мн.* -о́в
чистёшенький; *кр. ф.* -нек, -нька
чи́стик, -а
чисти́лище, -а
чисти́лищный
чисти́льный
чисти́льщик, -а
чисти́льщица, -ы, *тв.* -ей
чисти́на, -ы
чисти́тель, -я
чисти́тельный
чи́стить(ся), чи́щу(сь), чи́стит(ся)
чи́стка, -и, *р. мн.* -ток
чи́сто-бе́лый
чистови́к, -а́
чистово́й
чистога́н, -а
чистогово́рка, -и, *р. мн.* -рок

чи́сто-голубо́й
чистокро́вка, -и, *р. мн.* -вок, *м. и ж.*
чистокро́вность, -и
чистокро́вный; *кр. ф.* -вен, -вна
чисто́ль, -я
чистольняно́й
чистомажорита́рный
чи́сто-на́чисто
чистописа́ние, -я
чистоплемённый
чистопло́тность, -и
чистопло́тный; *кр. ф.* -тен, -тна
чистоплю́й, -я
чистоплю́йка, -и, *р. мн.* -ю́ек
чистоплю́йский
чистоплю́йство, -а
чи́стопольский (*от* Чи́стополь)
чи́стопольцы, -ев, *ед.* -лец, -льца, *тв.* -льцем
чистопо́родность, -и
чистопо́родный; *кр. ф.* -ден, -дна
чистопро́бный
Чистопру́дный бульва́р (в Москве)
чистопсо́вый
чисторжано́й
чи́сто-ро́зовый
чи́сто ру́сский
чистосерде́чие, -я
чистосерде́чность, -и
чистосерде́чный; *кр. ф.* -чен, -чна
чистосо́ртность, -и
чистосо́ртный
чистота́, -ы́
чистоте́л, -а
чистошерстяно́й
Чи́стые пруды́ (в Москве)
чи́стый; *кр. ф.* чист, чиста́, чи́сто, чи́сты
Чи́стый понеде́льник
чи́стый-пречи́стый
Чи́стый четве́рг
чистю́ля, -и, *м. и ж.*
чистя́к, -а́
чи́стящий(ся)

ЧИТАБЕЛЬНОСТЬ

чита́бельность, -и
чита́бельный; *кр. ф.* -лен, -льна
чита́емость, -и
чита́емый
чита́лка, -и, *р. мн.* -лок
чита́льный
чита́льня, -и, *р. мн.* -лен
чи́танный; *кр. ф.* -ан, -ана, *прич.*
чи́тано-перечи́тано
чи́таный, *прил.*
чи́таный-перечи́таный
чита́тель, -я
чита́тельница, -ы, *тв.* -ей
чита́тельский
чита́ть-писа́ть
чита́ть(ся), -а́ю, -а́ет(ся)
чити́нка, -и, *р. мн.* -нок
чити́нский (*от* Чита́)
чити́нцы, -ев, *ед.* -нец, -нца, *тв.* -нцем
чи́тка, -и, *р. мн.* чи́ток
чи́тчик, -а
чи́тчица, -ы, *тв.* -ей
чи́тывать, *наст. вр. не употр.*
чифири́ть, -рю́, -ри́т
чифи́рный
чифи́рь, -я́ (*чай*)
чих¹, -а
чих², *неизм.*
чиха́нье, -я
чиха́тельный
чиха́ть(ся), -а́ю, -а́ет(ся)
чихво́стить, -о́щу, -о́стит
чихиртма́, -ы́
чихи́рь, -я́ (*вино*)
чихну́ть, -ну́, -нёт
чихо́та, -ы
чихуахуа́, *нескл., м. и ж.*
чи́чер, -а
чичеро́не, *нескл., м.*
Чи́чиков, -а
чичисбе́й, -я
чи́ще, *сравн. ст.*
чи́щение, -я
чи́щенный; *кр. ф.* -ен, -ена, *прич.*
чи́щено-перечи́щено

чи́щеный, *прил.*
чи́щеный-перечи́щеный
чищо́ба, -ы (*очищенное от леса место*)
член, -а
члене́ние, -я
членённый; *кр. ф.* -ён, -ена́
чле́ник, -а
члени́мость, -и
члени́мый
членистоно́гие, -их
членистостебе́льный
чле́нистый
члени́ть(ся), -ню́, -ни́т(ся)
членко́р, -а
член-корреспонде́нт, -а и чле́на-корреспонде́нта
чле́нный
членовреди́тель, -я
членовреди́тельский
членовреди́тельство, -а
членоразде́льность, -и
членоразде́льный; *кр. ф.* -лен, -льна
чле́нский
чле́нство, -а
ЧМ [чеэ́м], *нескл., ж. и неизм.* (*сокр.: частотная модуляция, частотно-модулированный*)
ЧМ-колеба́ния, -ий
чмок, *неизм.*
чмо́канье, -я
чмо́кать(ся), -аю(сь), -ает(ся)
чмо́кнутый
чмо́кнуть(ся), -ну(сь), -нет(ся)
ЧМ-сигна́л, -а
чо́канье, -я
чо́кать(ся), -аю(сь), -ает(ся)
чо́кер, -а
чокеро́ванный; *кр. ф.* -ан, -ана
чокерова́ть(ся), -ру́ю, -ру́ет(ся)
чокеро́вка, -и
чокеро́вщик, -а
чо́кнутый
чо́кнуть(ся), -ну(сь), -нет(ся)
чо́мга, -и

чо́мпи, *нескл., м.*
чон, -а (*ден. ед.*)
ЧОН, -а (*сокр.: части особого назначения*)
чонгу́ри, *нескл., с.*
чо́новец, -вца, *тв.* -вцем, *р. мн.* -вцев
чо́новский (*от* ЧОН)
чо́порность, -и
чо́порный; *кр. ф.* -рен, -рна
чох, -а
чоха́, -и́ и чуха́, -и́
чо́хом, *нареч.*
ЧП и чепэ́, *нескл., с.* (*сокр.: чрезвычайное происшествие*)
ЧПУ [чепэу́] *нескл., с.* (*сокр.: числовое программное управление*)
чрева́тость, -и
чрева́тый
чре́вный
чре́во, -а
чревовеща́ние, -я
чревовеща́тель, -я
чревовеща́тельница, -ы, *тв.* -ей
чревосече́ние, -я
чревоуго́дие, -я
чревоуго́дник, -а
чревоуго́дница, -ы, *тв.* -ей
чревоуго́дничать, -аю, -ает
чревоуго́днический
чревоуго́дничество, -а
чреда́, -ы́
чрез, *предлог*
чрезбрюши́нный
чрезвыча́йка, -и, *р. мн.* -а́ек (*чрезвычайное положение и соответствующее властное учреждение*) и Чрезвыча́йка, -и (*Чека*)
Чрезвыча́йная коми́ссия по борьбе́ с контрреволю́цией и сабота́жем (ЧК или Чека́; 1918–1922)
чрезвыча́йно, *нареч.*
чрезвыча́йность, -и
чрезвыча́йный; *кр. ф.* -а́ен, -а́йна

Чрезвыча́йный и Полномо́чный Посо́л (офиц.)
чрезвыча́йщина, -ы
чрезме́рность, -и
чрезме́рный; кр. ф. -рен, -рна
чреско́жный
чре́сла, чресл
ЧС [че́эс], нескл., ж. (сокр.: чрезвыча́йная ситуа́ция)
чте́ние, -я
чте́ние-за́пись, чте́ния-за́писи
чтец, -а́, тв. -о́м, р. мн. -о́в
чтец-деклама́тор, чтеца́-деклама́тора
чте́цкий
чти́во, -а
чти́мый
чти́ть(ся), чту, чти́т(ся), чтя́т(ся) и чту́т(ся)
чти́ца, -ы, тв. -ей
что¹, чего́, чему́, чем, о чём
что², союз
что бишь
что́бы и чтоб, союз (говори́ гро́мче, что́бы все слы́шали; хочу́, что́бы все э́то по́няли) и частица (что́бы я тебя́ здесь бо́льше не ви́дел!); но местоим. что бы (что бы предприня́ть?)
что́ бы, частица (что бы тебе́ отдохну́ть!)
что́бы не сказа́ть, в знач. союза (он смешо́н, что́бы не сказа́ть бо́льше)
что́ бы ни (что бы ни случи́лось, да́й знать)
что́ бы (то) ни́ было
что до... (кого́, чего́) (что каса́ется...)
что́ есть ду́ху
что́ есть мо́чи
что́ есть си́лы
что́ ж(е), чего́ ж(е)
что́ за (что за пре́лесть!; что за ерунда́?)
что́-либо, чего́-либо

что ли (ль), вводн. сл.
что́мый (чита́емый, церк.)
что на́до, в знач. сказ.
что́-нибудь, чего́-нибудь
что ни говори́
что ни де́нь (ка́ждый день)
что ни (на) е́сть
что ни у́тро (ка́ждое у́тро)
что попа́ло
что почём (зна́ть, понима́ть)
что́-то¹, чего́-то
что́-то², нареч.
что уго́дно
что́-что́ (уж что́-что́, а э́то я запо́мнил; также при переспро́се)
чту́щий и чтя́щий
чу, неизм.
чуб, -а, мн. -ы́, -о́в
чуба́рый
чуба́стый
чуба́тый
чу́бик, -а
чубу́к, -а́
чубу́чный
чубучо́к, -чка́
чубу́шник, -а
чу́бчик, -а
чува́к, -а́
чува́л, -а
чува́ши, -е́й и чува́ши, -ей, ед. чува́ш, -а́ и -а
чува́шка, -и, р. мн. -шек
чува́шский (к чува́ши и Чува́шия)
чуви́ха, -и
чу́вственник, -а
чу́вственность, -и
чу́вственный; кр. ф. -вен и -венен, -венна
чу́вствие, -я (устар. и прост. к чу́вство)
чувстви́лище, -а
чувстви́тельность, -и
чувстви́тельный; кр. ф. -лен, -льна
чу́вство, -а
чу́вствование, -я

чу́вствовать(ся), -твую, -твует(ся)
чувя́ки, -ов и -я́к, ед. -я́к, -а
чувя́чный
чугу́н, -а́
чугу́нка, -и, р. мн. -нок
чугу́нный
чугуново́з, -а
чугуново́зный
чугуно́к, -нка́
чугунолите́йный
чугуноплави́льный
чугу́нчик, -а
чуда́к, -а́
чудакова́тость, -и
чудакова́тый
чуда́к-челове́к, другие формы не употр.
чуда́чащий
чуда́ческий
чуда́чество, -а
чуда́чествовать, -твую, -твует
чудачи́на, -ы, м. и ж.
чуда́чить, -чу, -чит
чуда́чка, -и, р. мн. -чек
чудачо́к, -чка́
чуде́сить, -ит
чуде́сник, -а
чуде́сница, -ы, тв. -ей
чуде́сно, нареч. и в знач. сказ.
чуде́сный; кр. ф. -сен, -сна
чу́дик, -а
чуди́ла, -ы, м. и ж.
чуди́нка, -и
чуди́ть, -и́т
чу́диться, -ится
чу́дище, -а
чу́дно, нареч. (к чу́дный)
чудно́, нареч. и в знач. сказ. (к чудно́й)
чудова́тый
чудно́й; кр. ф. чу́ден и чудён, чудна́ (стра́нный)
чу́дный; кр. ф. чу́ден, чудна́ (прекра́сный)
чу́до, -а, мн. чудеса́, чуде́с

ЧУДО-...

чу́до-... — *первая часть сложных слов, пишется через дефис, напр.*: чудо-печка, чудо-дерево
чу́до-богаты́рь, -я́
чудо́вище, -а
чудо́вищность, -и
чудо́вищный; *кр. ф.* -щен, -щна
Чу́дов монасты́рь, Чу́дова монастыря́
чу́довский (*к* Чу́дов монасты́рь *и* Чу́дово, *город*)
чудоде́й, -я
чудоде́йка, -и, *р. мн.* -е́ек
чудоде́йственность, -и
чудоде́йственный; *кр. ф.* -вен *и* -венен, -венна
чу́до-де́рево, -а
чу́до из чуде́с
чу́до-ко́нь, -я́, *мн.* -и, -е́й
чу́дом, *нареч.*
чу́до-маши́на, -ы
чу́до-пе́чка, -и, *р. мн.* -чек
Чу́до свято́го Гео́ргия о змие́ (*иконографический сюжет*)
чудотворе́ние, -я
чудотво́рец, -рца, *тв.* -рцем, *р. мн.* -рцев; *но*: Никола́й Чудотво́рец
чудотвори́ть, -рю́, -ри́т
чудотво́рный; *кр. ф.* -рен, -рна
чудотво́рство, -а
чудотворя́щий
чу́до чу́дное
чу́до-ю́до, чу́да-ю́да
чу́до-я́года, -ы
Чудско́е о́зеро
чудско́й (*от* чудь)
чудь, -и
чудя́щий
чудя́щийся
чу́ечка, -и, *р. мн.* -чек
чужа́к, -а́
чужа́нин, -а, *мн.* -а́не, -а́н
чужа́чка, -и, *р. мн.* -чек
чужби́на, -ы
чужби́нный
чужда́ться, -а́юсь, -а́ется

чу́ждость, -и
чу́ждый; *кр. ф.* чужд, чужда́, чу́ждо, чу́жды
чужеда́льний
чужезе́мец, -мца, *тв.* -мцем, *р. мн.* -мцев
чужезе́мка, -и, *р. мн.* -мок
чужезе́мный
чужезе́мщина, -ы
чужеплеме́нник, -а
чужеплеме́нный
чужеро́дность, -и
чужеро́дный; *кр. ф.* -ден, -дна
чужеспи́нник, -а
чужестра́нец, -нца, *тв.* -нцем, *р. мн.* -нцев
чужестра́нка, -и, *р. мн.* -нок
чужестра́нный
чужея́дный
чужо́й
чу́йка, -и, *р. мн.* чу́ек
Чу́йская доли́на
чу́йский (*от* Чу *и* Чу́я, *реки*)
чуко́тский (*к* чу́кчи *и* Чуко́тка)
Чуко́тский автоно́мный о́круг
чукча́нка, -и, *р. мн.* -нок
чу́кчи, -ей, *ед.* чу́кча, -и, *м.*
чула́н, -а
чула́нный
чула́нчик, -а
чулки́, чуло́к, *ед.* чуло́к, чулка́
чулки́ го́льф, чуло́к го́льф
чуло́чки, -чек, *ед.* чуло́чек, -чка
чуло́чник, -а
чуло́чница, -ы, *тв.* -ей
чуло́чно-носо́чный
чуло́чно-трикота́жный
чуло́чный
чулы́мский (*от* Чулы́м)
чум, -а (*жилище*)
чума́, -ы́
чума́зый
чума́к, -а́
чумакова́ть, -ку́ю, -ку́ет
чума́цкий
чума́чество, -а

чуме́ть, -е́ю, -е́ет
чуми́за, -ы
чуми́зный
чуми́чка, -и, *р. мн.* -чек
чу́мка, -и
чумно́й (*от* чума́)
чу́мный (*от* чум)
чумово́й
чумо́лог, -а
чу́ни, -ей, *ед.* чу́ня, -и (*лапти*)
чу́нский (*от* Чу́ня, *река*)
чупри́на, -ы
чупру́н, -а́
чур, *неизм.*
чура́ться, -а́юсь, -а́ется
чурба́к, -а́
чурба́н, -а
чурбачо́к, -чка́
чуре́к, -а
чури́нга, -и
чу́рка, -и, *р. мн.* чу́рок
чу́рочка, -и, *р. мн.* -чек
чу́рочный
чур-чура́, *неизм.*
чурчхе́ла, -ы
чусовля́не, -я́н, *ед.* -я́нин, -а (*от* Чусова́я, *река, и* Чусово́й, *город*)
чусовско́й (*от* Чусова́я *и* Чусово́й)
чу́ткий; *кр. ф.* чу́ток, чутка́, чу́тко
чу́ткость, -и
чуто́к, *нареч.*
чу́точку, *нареч.*
чу́точный
чу́тче, *сравн. ст.*
чуть, *нареч.*
чуть бы́ло не...
чутьё, -я́
чутьи́стый
чу́ть ли не...
чу́ть не...
чуть что́
чуть-чу́ть
чуфа́, -ы́
чуфы́канье, -я
чуфы́кать, -аю, -ает
чуха́, -и́ *и* чоха́, -и́

чухломичи́, -е́й, ед. -ми́ч, -а́, тв. -о́м
чухломско́й (от Чухлома́)
чухна́, -ы́ (чухонцы)
чухо́нка, -и, р. мн. -нок
чухо́нский
чухо́нцы, -ев, ед. -нец, -нца, тв. -нцем
чух-чу́х, неизм.
чу́чело, -а

чу́чельник, -а
чу́чельный
чучме́к, -а
чучхе́, неизм. и нескл., с.
чу́шка, -и, р. мн. чу́шек
чу́шки, чу́шек (игра)
чу́шковый
чушь, -и
чу́ющий(ся)
чу́янный

чу́ять(ся), чу́ю, чу́ет(ся)
чха́ть, чха́ю, чха́ет (прост. к чиха́ть)
чхну́ть, чхну, чхнёт (прост. к чихну́ть)
чшш, неизм.
чьё, чьего́
чья, чьей
ЧЭЗ, нескл., с. (сокр.: частотное электромагнитное зондирование)

Ш

ша¹, *нескл., с. (название буквы)*
ша², *межд.*
шабала́, -ы́
ша́баш, -а, *тв.* -ем (*субботний отдых; сборище ведьм*)
шаба́ш, *неизм.* (*кончено, довольно*)
шаба́шить, -шу, -шит
шаба́шка, -и, *р. мн.* -шек
шаба́шник, -а
шаба́шничать, -аю, -ает
шаба́шничество, -а
Ша́ббат, -а
ша́бер, -а (*инструмент*)
шабёр, шабра́ (*сосед*)
шабли́, *нескл., с.*
шабло́н, -а
шаблониза́ция, -и
шаблонизи́рованный; *кр. ф.* -ан, -ана
шаблонизи́ровать(ся), -рую, -рует(ся)
шабло́нность, -и
шабло́нный; *кр. ф.* -о́нен, -о́нна
ша́бре́ние, -я
ша́бренный; *кр. ф.* -ен, -ена, *прич.*
ша́бреный, *прил.*
ша́брить(ся), -рю, -рит(ся)
шабро́ванный; *кр. ф.* -ан, -ана
шаброва́ть(ся), -ру́ю, -ру́ет(ся)
шабро́вка, -и
шабро́вочный
шабро́вщик, -а
ша́вка, -и, *р. мн.* ша́вок

шаг, -а и -у и (*с колич. числит.* 2, 3, 4) -а́, *предл.* в ша́ге и в шагу́, *мн.* -и́, -о́в
шага́ловский (*от* Шага́л)
шага́ние, -я
шага́ть(ся), -а́ю, -а́ет(ся)
шага́ющий
ша́г в ша́г
ша́г за ша́гом
шаги́стика, -и
шагну́ть, -ну́, -нёт
шагово́й (*о породе лошадей*)
ша́говый (*тех.*)
ша́гом, *нареч.*
шагоме́р, -а
ша́гом ма́рш!
шагре́невый
шагрени́рование, -я
шагрени́рованный; *кр. ф.* -ан, -ана
шагрени́ровать(ся), -рую, -рует(ся)
шагре́нь, -и
ша́дринский (*от* Ша́дринск)
ша́дринцы, -ев, *ед.* -нец, -нца, *тв.* -нцем
шаду́ф, -а
ша́ечка, -и, *р. мн.* -чек
ша́ечный
шажи́ще, -а, *мн.* -а и -и, -и́щ, *м.*
шажко́м, *нареч.*
шажо́к, шажка́
шажо́чек, -чка
шаи́р, -а (*поэт у народов Востока*)

шаи́ри, *нескл., м.* (*размер грузинской поэзии*)
ша́йба, -ы
ша́йбовый
ша́йбочка, -и, *р. мн.* -чек
ша́йка, -и, *р. мн.* ша́ек
ша́йка-ле́йка, ша́йки-ле́йки
ша́йрский
ша́йры, -ов, *ед.* шайр, -а (*порода лошадей*)
шайта́н, -а
шака́л, -а
шака́лий, -ья, -ье
ша́кти, *нескл., ж.*
шакти́зм, -а
ша́кья, *нескл., мн., ед. м.* и *ж.* (*древнее племя*), *м.* (*буддийский монах*)
Ша́кья-Му́ни, *нескл., м.*
шала́ва, -ы
шала́нда, -ы
шала́ндовый
шала́ш, -а́, *тв.* -о́м
шала́шик, -а
шала́шник, -а
шала́шный
шалбе́р, -а
шалбе́рник, -а
шалбе́рничать, -аю, -ает
шале́, *нескл., с.*
шалёванный; *кр. ф.* -ан, -ана
шалева́ть(ся), шалю́ю, шалю́ет(ся)
шалёвка, -и
ша́левый
шале́ть, -е́ю, -е́ет

шали́ть, шалю́, шали́т
шалма́н, -а
шаловли́вость, -и
шаловли́вый
шалопа́й, -я
шалопа́йничать, -аю, -ает
шалопа́йство, -а
шалопу́т, -а
шалопу́тный
ша́лость, -и
шалта́й-болта́й, -я (*пустяки, вздор; бездельник*), *неизм.* (*попусту; без дела, занятия*) и Шалта́й-Болта́й, Шалта́я-Болта́я (*персонаж прибаутки*)
шалу́н, -а́
шалуни́шка, -и, *р. мн.* -шек, *м. и ж.*
шалу́нья, -и, *р. мн.* -ний
шалфе́й, -я
шалыга́н, -а
шалыга́нить, -ню, -нит
ша́лый
шаль, -и
шальва́ры, -а́р
ша́лька, -и, *р. мн.* ша́лек
шально́й
шаля́й-валя́й, *неизм.*
шаля́пинский (*от* Шаля́пин)
шама́н, -а
шамани́зм, -а
шама́нить, -ню, -нит
шама́нский
шама́нство, -а
шама́нящий
шамато́н, -а
ша́мать, -аю, -ает
шамберье́р, -а
шамилёвский (*от* Шами́ль)
ша́мканье, -я
ша́мкать, -аю, -ает
шамо́вка, -и
шамози́т, -а
шамо́т, -а
шамо́тный
шамо́товый

шампаниза́ция, -и
шампанизи́рованный; *кр. ф.* -ан, -ана
шампанизи́ровать(ся), -рую, -рует(ся)
шампа́нский (*от* Шампа́нь; шампа́нские ви́на)
шампа́нское, -ого
шампа́нцы, -ев, *ед.* -нец, -нца, *тв.* -нцем (*от* Шампа́нь)
шампа́нь, -и (*порода кроликов*)
шампиньо́н, -а
шампиньо́нница, -ы, *тв.* -ей
шампиньо́нный
шампу́невый
шампу́нь, -я
шампу́р, -а
шанда́л, -а
шандара́хнуть, -ну, -нет
ша́нежка, -и, *р. мн.* -жек
ша́нец, ша́нца, *тв.* ша́нцем, *р. мн.* ша́нцев
ша́нкерный
шанкр, -а
шанс, -а
шансо́н, -а
шансоне́тка, -и, *р. мн.* -ток
шансоне́тный
шансонье́, *нескл., м.*
шанта́ж, -а́, *тв.* -о́м
шантажи́рование, -я
шантажи́рованный; *кр. ф.* -ан, -ана
шантажи́ровать(ся), -рую(сь), -рует(ся)
шантажи́ст, -а
шантажи́стка, -и, *р. мн.* -ток
шантажи́стский
шанта́жный
шанта́н, -а
шанта́нный
шантрапа́, -ы́, *м. и ж.*
шанха́йский (*от* Шанха́й)
шанха́йцы, -ев, *ед.* -а́ец, -а́йца, *тв.* -а́йцем
ша́нцевый

ша́ньга, -и, *р. мн.* ша́нег
шапирогра́ф, -а
шапито́, *нескл., с. и неизм.*
ша́пка, -и, *р. мн.* ша́пок
ша́пка-невиди́мка, ша́пки-невиди́мки
ша́пка-уша́нка, ша́пки-уша́нки
шапкозакида́тельский
шапкозакида́тельство, -а
шапова́л, -а
шапокля́к, -а
ша́почка, -и, *р. мн.* -чек
ша́почник, -а
ша́почный
шапсу́ги, -ов, *ед.* -су́г, -а
шапсу́гский
шапчо́нка, -и, *р. мн.* -нок
шар, -а и (*в бильярдной игре*) -а́, *мн.* -ы́, -о́в
Шар, -а: Ма́точкин Ша́р, Юго́рский Ша́р (*проливы*)
шараба́н, -а
шара́га, -и
шара́да, -ы
шара́дный
шара́п: на шара́п
шара́х, *неизм.*
шара́ханье, -я, *р. мн.* -ний
шара́хать(ся), -аю(сь), -ает(ся)
шара́хнуть(ся), -ну(сь), -нет(ся)
шара́шка, -и, *р. мн.* -шек
шара́шкина конто́ра, шара́шкиной конто́ры
шара́ш-монта́ж, *другие формы не употр.*
шар-ба́ба, -ы
шарж, -а, *тв.* -ем
ша́ржевый
шаржи́рование, -я
шаржи́рованный; *кр. ф.* -ан, -ана
шаржи́ровать(ся), -рую(сь), -рует(ся)
шаржиро́вка, -и
шаржи́ст, -а
шар-зо́нд, ша́ра-зо́нда
шариа́т, -а

ШАРИАТСКИЙ

шариа́тский
шарива́ри, *нескл., с.*
ша́рик, -а (*уменьш. к* шар) и Ша́-
  рик, -а (*кличка собаки*)
Ша́риков, -а
ша́риковщина, -ы
ша́риковый
шарикоподши́пник, -а
шарикоподши́пниковый
ша́рить, ша́рю, ша́рит
шарк, *неизм.*
ша́рканье, -я
ша́ркать(ся), -аю(сь), -ает(ся)
ша́ркнуть(ся), -ну(сь), -нет(ся)
Шарко́, *нескл., м.: ду́ш* Шарко́
шарку́н, -а́
шарлата́н, -а
шарлата́нить, -ню, -нит
шарлата́нка, -и, *р. мн.* -нок
шарлата́нский
шарлата́нство, -а
шарла́х, -а
шарло́т, -а
шарло́тка, -и, *р. мн.* -ток
шарм, -а
шарма́нка, -и, *р. мн.* -нок
шарма́нщик, -а
шарни́р, -а
шарни́рно-подвижно́й
шарни́рно-ро́ликовый
шарни́рно-сочленённый
шарни́рный
шаро́ванный; *кр. ф.* -ан, -ана
шарова́ры, -а́р
шарова́ть(ся), шару́ю, шару́ет(ся)
шарови́дность, -и
шарови́дный; *кр. ф.* -ден, -дна
шаро́вка, -и
шарово́й (*к* шар)
ша́ровый (*серый*)
шароле́, *нескл., мн.* (*порода скота*)
шаромы́га, -и, *м. и ж.*
шаромы́жник, -а
шаромы́жничать, -аю, -ает
шаромы́жничество, -а
шаромы́жный

шарообра́зность, -и
шарообра́зный; *кр. ф.* -зен, -зна
шароско́п, -а
шаро́шечный
шаро́шка, -и, *р. мн.* -шек
ша́рпать, -аю, -ает
шарпе́евы воло́кна, шарпе́евых
  воло́кон
шарпе́й, -я
ша́р-пило́т, ша́ра-пило́та
шартре́з, -а
ша́ртрский (*от* Шартр)
шарф, -а
ша́рфик, -а
шарфяно́й
шарья́ж, -а, *тв.* -ем
ша́рящий
шасла́, -ы́
шассе́, *неизм.* (па́ шассе́) и *нескл., с.*
  (*движение в танце*)
шасси́[1], *нескл., с.* (*у автомобиля,
  самолета*)
шасси́[2] и (*в проф. речи*) ша́сси,
  нескл., с. (*электротех., радиотех.*)
ша́сталка, -и, *р. мн.* -лок
ша́станье, -я
ша́стать, -аю, -ает
шасть, *неизм.*
шата́ние, -я
шата́ть(ся), -а́ю(сь), -а́ет(ся)
шате́н, -а
шате́нка, -и, *р. мн.* -нок
шатёр, шатра́
шатёрный
шати́рованный; *кр. ф.* -ан, -ана
шати́ровать(ся), -рую, -рует(ся)
шатиро́вка, -и
ша́тия, -и
ша́ткий; *кр. ф.* ша́ток, шатка́, ша́т-
  ко
ша́ткость, -и
шатну́ть(ся), -ну́(сь), -нёт(ся)
шато́-ике́м, -а и -у
шатро́вый
шату́н, -а́

шату́нный
шату́нья, -и, *р. мн.* -ний
шату́рский (*от* Шату́ра)
шату́рцы, -ев, *ед.* -рец, -рца, *тв.*
  -рцем
шатуря́не, -я́н, *ед.* -я́нин, -а
шату́чий
шату́щий
ша́фер, -а, *мн.* -а́, -о́в (*в свадебной
  церемонии*)
ша́ферский
шафра́н, -а
шафра́нный
шафра́новый
шах[1], -а (*в шахматах*)
шах[2], -а (*титул*); *после собственных имен пишется через дефис,
  напр.:* Нади́р-ша́х, Реза́-ша́х
Шахереза́да, -ы и Шахраза́да, -ы
ша́хер-ма́хер, -а
ша́хер-ма́херский
ша́хер-ма́херство, -а
шахинша́х, -а
шахинша́хский
шахи́ня, -и, *р. мн.* -и́нь
шахмати́ст, -а
шахмати́стка, -и, *р. мн.* -ток
шахмати́шки, -шек
ша́хматный
ша́хматы, -ат
шахо́ванный; *кр. ф.* -ан, -ана
шахова́ть, шаху́ю, шаху́ет
Шахраза́да, -ы и Шахереза́да, -ы
шахреста́н, -а
шахсе́й-вахсе́й, -я
ша́хский
ша́хта, -ы
ша́хтенный
шахтёр, -а
шахтёрка, -и, *р. мн.* -рок
шахтёрский
ша́хтинский (*от* Ша́хты, *город*)
ша́хтинцы, -ев, *ед.* -нец, -нца, *тв.*
  -нцем (*от* Ша́хты)
шахтко́м, -а
ша́хтный

шахтовладе́лец, -льца, тв.
  -льцем, р. мн. -льцев
ша́хтовый
шахтоподъёмник, -а
шахтопрохо́дческий
шахтопрохо́дчик, -а
шахтострои́тель, -я
шахтоуправле́ние, -я
шахтофо́н, -а
Ша́хты, Шахт (город)
ша́шечка, -и, р. мн. -чек
ша́шечница, -ы
ша́шечный
шаши́ст, -а
шаши́стка, -и, р. мн. -ток
ша́шка, -и, р. мн. ша́шек
ша́шки, ша́шек (игра)
шашлы́к, -а́ и -у́
шашлы́чная, -ой
шашлы́чница, -ы, тв. -ей
шашлы́чный
шашлычо́к, -чка́ и -чку́
ша́шни, -ей
шва́бка, -и, р. мн. -бок
шва́бра, -ы
шва́бровый
шва́бский
шва́бы, -ов, ед. шваб, -а
шваль, -и
шва́льня, -и, р. мн. -лен
шванк, -а
шва́нновский (от Шванн):
  шва́нновские кле́тки
шварк, неизм.
шва́рканье, -я
шва́ркать(ся), -аю(сь) -ает(ся)
шва́ркнуть(ся), -ну(сь), -нет(ся)
шварто́в, -а
швартова́ние, -я
швартова́нный; кр. ф. -ан, -ана
  (от швартова́ть)
швартова́ть(ся), -ту́ю(сь),
  -ту́ет(ся)
швартови́ть(ся), -влю́(сь),
  -ви́т(ся)
швартовка, -и, р. мн. -вок

шварто́вленный; кр. ф. -ен, -ена
  (от швартови́ть)
шварто́вный
шва́рцевский (от Шварц)
швах, неизм.
шве́дка, -и, р. мн. -док
шве́дский (к шве́ды и Шве́ция)
шве́дско-норве́жский
шве́дско-росси́йский
шве́дско-ру́сский
шве́ды, -ов, ед. швед, -а
шве́йка, -и, р. мн. шве́ек
шве́йник, -а
шве́йница, -ы, тв. -ей
шве́йно-галантере́йный
шве́йный
швейца́р, -а (сторож)
швейца́риха, -и (к швейца́р)
Швейца́рия, -и (также перен.)
швейца́рка, -и, р. мн. -рок (к
  швейца́рцы)
Швейца́рская Конфедера́ция
  (государство, офиц.)
Швейца́рские А́льпы
швейца́рский (к Швейца́рия,
  швейца́рцы, швейца́р)
швейца́рцы, -ев, ед. -рец, -рца,
  тв. -рцем (к Швейца́рия)
шве́ллер, -а
шве́ллерный
швепс, -а (вода)
шве́рмер, -а
швертбо́т, -а
швец, -а́, тв. -о́м, р. мн. -о́в
швея́, -и́
шви́цкий
шви́цы, -ев, ед. швиц, -а, тв. -ем
  (порода скота)
шво́рень, -рня и шкво́рень, -рня
шворнево́й и шкворнево́й
швырко́вый
швырну́ть(ся), -ну́(сь), -нёт(ся)
швыро́к, -рка́
швыря́лка, -и, р. мн. -лок
швыря́ние, -я
швы́рянный; кр. ф. -ян, -яна

швыря́ть(ся), -я́ю(сь), -я́ет(ся)
шебарше́ние, -я и шебурше́ние,
  -я
шебарши́ть(ся), -шу́(сь), -ши́т(ся)
  и шебурши́ть(ся), -шу́(сь),
  -ши́т(ся)
шебути́ться, -учу́сь, -ути́тся
шебутно́й
шевалье́, нескл., м.
шевеле́ние, -я
шевелённый; кр. ф. -ён, -ена́, прич.
шевелёный, прил.
шевели́ть(ся), -елю́(сь), -е́ли́т(ся)
шевельну́ть(ся), -ну́(сь), -нёт(ся)
шевелю́ра, -ы
шевеля́щий(ся)
ше́вер, -а
шевингова́ние, -я
ше́винг-проце́сс, -а
шевио́т, -а
шевио́товый
шевре́т, -а
шевре́товый
шевро́, нескл., с.
шевро́вый
шевроле́, нескл., м. (автомобиль)
шевро́н, -а
шевро́нный
шевче́нковский (от Шевче́нко)
шед, -а (постройка; рыба)
шеде́вр, -а
шедевра́льный
ше́довый
ше́дула, -ы
ше́дший
шееlíт, -а
шезло́нг, -а
ше́ища, -и
шейк, -а (танец)
ше́йка, -и, р. мн. ше́ек
ше́йкер, -а
ше́йно-воротнико́вый
ше́йный
шейп-а́рт, -а
ше́йпинг, -а (физические упражнения)

шейпинг-моде́ль, -и
ше́йпинговый (от ше́йпинг)
шейх, -а (титул)
ше́йх-уль-исла́м, -а
ше́кель, -я (ден. ед.)
шеклто́ны, -ов, ед. -то́н, -а (обувь)
шексни́нский (от Шексна́)
шекспириа́на, -ы
шекспири́ст, -а
Шекспи́ров, -а, -о (от Шекспи́р)
шекспирове́д, -а
шекспирове́дение, -я
шекспирове́дческий
шекспи́ровский (от Шекспи́р)
шёл, шла (прош. к идти́)
шелама́йник, -а
ше́леп, -а, мн. -а́, -о́в
ше́лест, -а
шелесте́ние, -я
шелесте́ть, -ти́т
шёлк, -а и -у, предл. в (на) шёлке и в (на) шелку́, мн. шелка́, -о́в
шелкови́дный; кр. ф. -ден, -дна
шелкови́на, -ы
шелкови́нка, -и, р. мн. -нок
шелкови́стость, -и
шелкови́стый
шелкови́ца, -ы, тв. -ей
шелкови́чный
и елко́вка, -и
шелково́д, -а
шелково́дный
шелково́дство, -а
шелково́дческий
шёлковый и (нар.-поэт.) шелко́вый
шелкогра́мма, -ы
шелкогра́фия, -и
шёлкокомбина́т, -а
шёлкокрути́льный
шёлкокруче́ние, -я
шёлкомота́льный
шёлкомота́льня, -и, р. мн. -лен
шёлкомота́ние, -я
шёлкообраба́тывающий
шёлкоотде́лочный

шелкопря́д, -а
шёлкопряде́ние, -я
шёлкопряди́льный
шёлкопряди́льня, -и, р. мн. -лен
шёлктока́ный
шёлктока́цкий
шёлктока́чество, -а
шёлк-сыре́ц, шёлка-сырца́
шелла́к, -а
шелла́ковый
шеллаконо́с, -а
шелла́чный
шеллингиа́нец, -нца, тв. -нцем, р. мн. -нцев
шеллингиа́нский
шеллингиа́нство, -а
ше́ллинговский (от Ше́ллинг)
ше́лльский (от Шелль; ше́лльская культу́ра, археол.)
шело́м, -а
шелохну́ть(ся), -ну́(сь), -нёт(ся)
шелуди́вевший
шелуди́веть, -ею, -еет
шелуди́вость, -и
шелуди́вый
шелупо́нь, -и
шелуха́, -и́
шелуше́ние, -я
шелушённый; кр. ф. -ён, -ена́, прич.
шелушёный, прил.
шелуши́льный
шелуши́ть(ся), -шу́, -ши́т(ся)
шелы́га, -и
ше́льма, -ы, м. и ж.
шельме́ц, -а́, тв. -о́м, р. мн. -о́в
шельмова́ние, -я
шельмо́ванный; кр. ф. -ан, -ана
шельмова́тый
шельмова́ть(ся), -му́ю(сь), -му́ет(ся)
шельмовско́й
шельмовство́, -а́
ше́льмочка, -и, р. мн. -чек
ше́льтерде́к, -а
шельф, -а

ше́льфовый
шелю́га, -и
шелюгова́ние, -я
шелюго́ванный; кр ф. -ан, -ана
шелюгова́ть(ся), -гу́ю, -гу́ет(ся)
ше́ма, -ы
шемахи́нский (от Шемаха́)
шемая́, -и́
шемизе́тка, -и, р. мн. -ток
шемя́кин су́д, шемя́кина суда́
шенапа́н, -а
шенге́нский (шенге́нские соглаше́ния, шенге́нская ви́за), но: Шенге́нская конве́нция, стра́ны Шенге́нской гру́ппы
шенкеля́, -е́й, ед. ше́нкель, -я
ше́ннонский (от Ше́ннон)
шепелева́тость, -и
шепелева́тый
шепеля́вевший (от шепеля́веть)
шепеля́венье, -я
шепеля́веть, -ею, -еет (становиться шепелявым)
шепеля́вивший (от шепеля́вить)
шепеля́вить, -влю, -вит (говорить шепеляво)
шепеля́вость, -и
шепеля́вый
шепеля́вящий
ше́пинг, -а (тех.)
ше́пинговый (от ше́пинг)
шепну́ть, -ну́, -нёт
шёпот, -а
шепотко́м, нареч.
шёпотный
шепотня́, -и́
шепото́к, -тка́
шёпотом, нареч.
шепото́чек, -чка
шепото́чком, нареч.
шепта́ла, -ы
шепта́ние, -я
шёптанный
шепта́ть(ся), шепчу́(сь), ше́пчет(ся)
шепту́н, -а́

шепту́нья, -и, *р. мн.* -ний
ше́пчущий(ся)
шербе́т, -а
шербе́тный
шереме́тевский (*от* Шереме́тев)
шереме́тьевский (*от* Шереме́тьево)
шере́нга, -и
шере́нговый
шере́ножный
переспёр, -а
шери́ф, -а
шери́фский
шерл, -а
шерлокиа́на, -ы (*к* Ше́рлок Хо́лмс)
Ше́рлок Хо́лмс
шерлокхо́лмсовский (*от* Ше́рлок Хо́лмс)
шерохова́тость, -и
шерохова́тый
ше́рочка с маше́рочкой, *другие формы не употр.*
ше́рпа, -ы, *ж. и* ше́рпы, -ов, *ед.* шерп, -а (*народ*)
ше́рри, *нескл., м. и с.*
ше́рри-бре́нди, *нескл., м. и с.*
шерстезаготови́тельный
шерстезагото́вки, -вок
шерстеобраба́тывающий
шерсти́на, -ы
шерсти́нка, -и, *р. мн.* -нок
шерсти́стый
шерсти́ть, -и́т
шёрстка, -и
шёрстность, -и
шёрстный
шерстоби́т, -а
шерстоби́тный
шерстоби́тня, -и, *р. мн.* -тен
шерстобо́й, -я
шерстобо́йный
шерстобо́йня, -и, *р. мн.* -о́ен
шерстокры́л, -а
шерстомо́ечный
шерстомо́й, -я

шерстомо́йка, -и, *р. мн.* -о́ек
шерстомо́йный
шерстомо́йня, -и, *р. мн.* -о́ен
шерстоно́сный
шерстопряде́ние, -я
шерстопряди́льный
шерстопряди́льня, -и, *р. мн.* -лен
шерстотка́цкий
шерстотка́чество, -а
шерстотрепа́льный
шерсточеса́лка, -и, *р. мн.* -лок
шерсточеса́льный
шерсть, -и, *предл.* в шерсти́, *мн.* -и, -е́й
шерстя́ник, -а
шерстя́нка, -и
шерстяно́й
шерхе́бель, -я
шерша́вевший (*от* шерша́веть)
шерша́веть, -еет (*становиться шершавым*)
шерша́вивший(ся) (*от* шерша́вить(ся))
шерша́вить, -влю, -вит (*что*)
шерша́виться, -ится
шерша́вость, -и
шерша́вый
шерша́вящий(ся)
ше́ршень, -шня
шершнево́й
шест, -а́
ше́ствие, -я
ше́ствовать, -твую, -твует
шестерёнка, -и, *р. мн.* -нок
шестерённый
шестерёночный
шестерёнчатый
шестери́к, -а́
шестерико́вый
шестери́ть, -рю́, -ри́т
шестери́чный
шестёрка, -и, *р. мн.* -рок, *ж.* (*цифра 6; группа из шести единиц*), *м. и ж.* (*слуга в трактире; подхалим*)
шестерно́й

шестерня́, -и́, *р. мн.* -рён (*колесо*) и -не́й (*шестерка*)
ше́стеро, -ы́х
шестёрочный
шестиба́лльный (6-ба́лльный)
шестивесе́льный и шестивёсельный
шестигла́вый
шестигра́нник, -а
шестигра́нный
шестидесятиле́тие (60-ле́тие), -я
шестидесятиле́тний (60-ле́тний)
шести́десяти-семидесятиле́тний (60-70-ле́тний)
шестидеся́тник, -а
шестидеся́тница, -ы, *тв.* -ей
шестидеся́тнический
шестидеся́тничество, -а
шестидеся́тый
шестидне́вка, -и, *р. мн.* -вок
шестидне́вный (6-дне́вный)
шестидюймо́вка, -и, *р. мн.* -вок
шестидюймо́вый (6-дюймо́вый)
шестизаря́дный
шестизна́чный
ше́стик, -а
шестикилометро́вый (6-километро́вый)
шестикла́ссник, -а
шестикла́ссница, -ы, *тв.* -ей
шестикла́ссный
шестикли́нка, -и, *р. мн.* -нок
Шестикни́жие, -я (*памятник византийского права*)
шестиколо́нный
шестиконе́чный
шестикра́тный
шестикры́лый
шестиле́тие (6-ле́тие), -я
шестиле́тка, -и, *р. мн.* -ток, *ж.* (*период в 6 лет*), *м. и ж.* (*ребенок шести лет*)
шестиле́тний (6-ле́тний)

шестилине́йный
шестилучево́й
шестиме́стный
шестиме́сячный (6-ме́сячный)
шестиметро́вый (6-метро́вый)
шестимото́рный
шестинеде́льный (6-неде́льный)
шестипа́лость, -и
шестипа́лый
шестиполо́сный
шестипо́лье, -я
шестипо́льный
шестипудо́вый (6-пудо́вый)
шестисери́йный
шестисотле́тие (600-ле́тие), -я
шестисотле́тний (600-ле́тний)
шестисо́тый
шестиство́льный
шестисти́шие, -я
шестисто́пный
шестито́мник, -а
шестито́мный (6-то́мный)
шеститы́сячный
шестиуго́льник, -а
шестиуго́льный
шестичасово́й (6-часово́й)
шестиэта́жный (6-эта́жный)
шестия́русный
шестнадцатери́чный
шестнадцатикилогра́ммовый (16-килогра́ммовый)
шестнадцатиле́тие (16-ле́тие), -я
шестнадцатиле́тний (16-ле́тний)
шестнадцатиэта́жный (16-эта́жный)
шестна́дцатый
шестна́дцать, -и
шестови́к, -а́
шестово́й
шестодне́в, -а
шесто́й
шесто́к, -тка́
шестопёр, -а

Шестопса́лмие, -я
шесть, -и́, тв. -ью́
шестьдеся́т, шести́десяти, тв. шестью́десятью
шестьсо́т, шестисо́т, шестиста́м, шестьюста́ми, о шестиста́х
ше́стью (при умножении)
ше́стью шесть
шеф, -а
шеф-инжене́р, -а
шефмонта́ж, -а́, тв. -о́м
шефмонта́жный
шеф-пило́т, -а
шеф-по́вар, -а, мн. -а́, -о́в
шеф-реда́ктор, -а
ше́фский
ше́фство, -а
ше́фствовать, -твую, -твует
ше́ффен, -а
ше́я, ше́и
ши, нескл., с. (форма китайского стиха)
шиа́цу, нескл., с.
шибану́ть, -ну́, -нёт
шиба́ть, -а́ю, -а́ет
ши́бер, -а
ши́берный
ши́бздик, -а
ши́бкий; кр. ф. ши́бок, шибка́, ши́бко
ши́бко, нареч.
шибля́к, -а́
ши́бче, сравн. ст.
Ши́ва, -ы, м.
шиваи́зм, -а
шиваи́тский
шиваи́ты, -ов, ед. -и́т, -а
ши́вера, -ы
ши́ворот: за ши́ворот
ши́ворот-навы́ворот
шигалёвщина, -ы (от Шигалёв)
шизану́тый
шизану́ться, -ну́сь, -нётся
ши́зик, -а
ШИЗО́, нескл., м. (сокр.: штрафной изолятор)

шизогони́я, -и
шизо́ид, -а
шизо́идный
шизофре́ник, -а
шизофрени́ческий
шизофрени́чка, -и, р. мн. -чек
шизофрени́я, -и
шии́зм, -а
шии́тка, -и, р. мн. -ток
шии́тский
шии́ты, -ов, ед. шии́т, -а
шик, -а и -у
шикану́ть, -ну́, -нёт
ши́канье, -я
шика́рность, -и
шика́рный; кр. ф. -рен, -рна
ши́кать, -аю, -ает
шик-моде́рн, другие формы не употр., м.
ши́кнуть, -ну, -нет (к ши́кать)
шикну́ть, -ну́, -нёт (к шикова́ть)
шикова́ть, шику́ю, шику́ет
ши́лкинский (от Ши́лка)
Ши́ллеров, -а, -о и ши́ллеровский (от Ши́ллер)
ши́ллинг, -а
ши́ло, -а, мн. ши́лья, -ьев
шилови́дный; кр. ф. -ден, -дна
шилоклю́вка, -и, р. мн. -вок
ши́ло на мы́ло (меня́ть)
шилохво́стка, -и, р. мн. -ток
шилохво́стый
шилохво́сть, -и
ши́льник, -а
ши́льничать, -аю, -ает
ши́льный
ши́льце, -а, р. мн. ши́льцев и ши́лец
ши́мми, нескл., м.
шимо́за, -ы
шимпанзе́, нескл., м. и ж.
ши́на, -ы
шинга́рд, -а
шине́лишка, -и, р. мн. -шек
шине́ль, -и
шине́лька, -и, р. мн. -лек

ШИФРОВАНИЕ

шине́льный
шинка́рить, -рю, -рит
шинка́рка, -и, *р. мн.* -рок
шинка́рский
шинка́рство, -а
шинка́рь, -я
шинкова́льный
шинкова́ние, -я
шинко́ванный; *кр. ф.* -ан, -ана
шинкова́ть(ся), -ку́ю, -ку́ет(ся)
шинко́вка, -и, *р. мн.* -вок
ши́нник, -а
ши́нный
шино́к, шинка́
шинопрово́д, -а
шиноремо́нтный
шинфе́йнер, -а
киншилла́, -ы
киншилловый
шиньо́н, -а
шиньо́нный
шип[1], -а (*к* шипе́ть)
шип[2], -а́ (*выступ*; *рыба*)
шип-де́рево, -а
шипе́ние, -я
шипе́ть, шиплю́, шипи́т
ши́пкинский (*от* Ши́пка)
шипо́ванный; *кр. ф.* -ан, -ана
шипо́вка, -и, *р. мн.* -вок (*рыба*)
шипо́вки, -вок, *ед.* -вка, -и (*обувь*)
шипо́вник, -а и -у
шипо́вничек, -чка и -чку
шипово́й
шипоре́з, -а
шипоре́зный
шипохво́ст, -а
шипу́н, -а́
шипу́честь, -и
шипу́чий
шипу́чка, -и, *р. мн.* -чек
шипя́щий
ширванша́х, -а
ши́ре, *сравн. ст.*
ширина́, -ы́
щири́нка, -и, *р. мн.* -нок
щири́нковый

ши́рить(ся), ши́рю, ши́рит(ся)
ши́рма, -ы
ши́рмочка, -и, *р. мн.* -чек
широ́кий; *кр. ф.* -о́к, -ока́, -о́ко
широ́ко, *нареч.*
широкобёдрый
широкобо́ртный
широковетви́стый
широковеща́ние, -я
широковеща́тельность, -и
широковеща́тельный; *кр. ф.* -лен, -льна
широкого́рлый
широкогру́дый
широкодосту́пный
широкоза́дый
широкозахва́тный
широко́ изве́стный
ширококоле́йка, -и, *р. мн.* -е́ек
ширококоле́йный
ширококо́стный и ширококо́стый
ширококры́лый
широколанцетови́дный
широколи́ственный; *кр. ф.* -вен и -венен, -венна
широколи́стный и широколи́стый
широколи́цый
широколо́бый
широкомасшта́бность, -и
широкомасшта́бный; *кр. ф.* -бен, -бна
широко́нек, -нька
широконо́ска, -и, *р. мн.* -сок
широконо́сый
широ́конький
широкообразо́ванный*
широкоохва́тность, -и
широкоохва́тный; *кр. ф.* -тен, -тна
широкоплёночный
широкопле́чий
широкополо́сный
широкопо́лый
широко́ предста́вленный

широко́ распространённый
широкоро́т, -а
широкоро́тый
широкоря́дный
широкоску́лый
широкоспе́кторный
широ́кость, -и
широкоуго́льник, -а
широкоуго́льный
широкоупотреби́тельный; *кр. ф.* -лен, -льна
широкоформа́тный
широкофюзеля́жный
широкохво́стка, -и, *р. мн.* -ток
широкоэкра́нный
широта́, -ы́, *мн.* -о́ты, -о́т
широ́тный
широча́йший
широче́нный
ширпотре́б, -а
ширпотре́бный
ширстре́к, -а
ширь, -и
широ́ть(ся), -я́ю, -я́ет(ся)
ши́рящий(ся)
шистосомато́з, -а
шитво́, -а́
ши́то-кры́то
ши-тцу́, *нескл., м. и ж.*
ши́тый
шить, шью, шьёт
шитьё, -я́
шитьево́й
ши́ться, шьюсь, шьётся
ши́фер, -а
ши́ферный
шифо́н, -а и -у
шифо́новый
шифонье́р, -а
шифонье́рка, -и, *р. мн.* -рок
шифр, -а
шифра́тор, -а
шифрова́льный
шифрова́льщик, -а
шифрова́льщица, -ы, *тв.* -ей
шифрова́ние, -я

ШИФРОВАННЫЙ

шифро́ванный; *кр. ф.* -ан, -ана
шифрова́ть(ся), -ру́ю, -ру́ет(ся)
шифро́вка, -и, *р. мн.* -вок
шифрогра́мма, -ы
шифрозамо́к, -мка́
шифроперепи́ска, -и
шифросвя́зь, -и
шифротелегра́мма, -ы
шиха́н, -а
ши́хта, -ы
шихтова́льный
шихто́ванный; *кр. ф.* -ан, -ана
шихтова́ть(ся), -ту́ю, -ту́ет(ся)
шихто́вка, -и
шихтово́й и ши́хтовый
шиш, -а́, *тв.* -о́м
шиша́к, -а́
шишако́вый
шиша́чный
ши́шечка, -и, *р. мн.* -чек
шиши́га, -и
ши́шка, -и, *р. мн.* ши́шек
шишка́рь, -я́
ши́шкинский (*от* Ши́шкин)
шишкова́тость, -и
шишкова́тый
шишкова́ть, -ку́ю, -ку́ет
шишкови́дный; *кр. ф.* -ден, -дна
шишкови́ст, -а
шишко́вский (*от* Шишко́в)
шишконо́сный
шкала́, -ы́, *мн.* шка́лы, шкал
шка́лик, -а
шкали́рование, -я
шкали́рованный; *кр. ф.* -ан, -ана
шкали́ровать(ся), -рую, -рует(ся)
шка́льный
шкандыба́ть, -а́ю, -а́ет
шка́нечный
шкант, -а
шка́нцевый
шка́нцы, -ев
шкату́лка, -и, *р. мн.* -лок
шкату́лочка, -и, *р. мн.* -чек
шкату́лочный

шкаф, -а, *предл.* в (на) шкафу́, *мн.* -ы́, -о́в
шка́фик, -а
шкаф-купе́, шка́фа-купе́
шкафно́й и шка́фный
шкафу́т, -а
шка́фчик, -а
шквал, -а
шквали́стый
шква́льный
шква́ра, -ы (*тех.*)
шква́рки, -рок, *ед.* -рка, -и
шкварча́ть, -чи́т
шкво́рень, -рня и шво́рень, -рня
шкворнево́й и шворнево́й
шке́нтель, -я, *мн.* -и, -ей и -я́, -е́й
шкерт, -а
шкет, -а
шкив, -а и -а́, *мн.* -ы́, -о́в
шки́пер, -а, *мн.* -ы, -ов и -а́, -о́в
шки́перский
шки́рка: за шки́рку (бра́ть)
шко́да, -ы, *ж.* (*порча; проделка; автомобиль*), *м. и ж.* (*тот, кто шкодит*)
шко́дить, -ит
шкодли́вость, -и
шкодли́вый
шко́дник, -а
шко́дница, -ы, *тв.* -ей
шко́дящий
шко́ла, -ы
шко́ла – де́тский са́д, шко́лы – де́тского са́да
шко́ла-интерна́т, шко́лы-интерна́та
шко́ла-ко́лледж, шко́лы-ко́лледжа
шко́ла-лаборато́рия, шко́лы-лаборато́рии
шко́ла-лице́й, шко́лы-лице́я
шко́ла-лице́й-ко́лледж, шко́лы-лице́я-ко́лледжа
шко́ла-семина́р, шко́лы-семина́ра
шко́ла-сту́дия, шко́лы-сту́дии
шко́ленный; *кр. ф.* -ен, -ена

шко́лить, -лю, -лит
шко́лка, -и, *р. мн.* -лок
школове́дение, -я
шко́льник, -а
шко́льница, -ы, *тв.* -ей
шко́льнический
шко́льно-пи́сьменный
шко́льный
школя́р, -а́
школя́рский
школя́рство, -а
шкот, -а
шко́товый
шку́ра, -ы
шку́ренный; *кр. ф.* -ен, -ена, *прич.*
шку́реный, *прил.*
шку́рить(ся), -рю, -рит(ся)
шку́рка, -и, *р. мн.* -рок
шку́рник, -а
шку́рничать, -аю, -ает
шку́рнический
шку́рничество, -а
шку́рный
шкуродёр, -а
шлаг, -а (*мор.*)
шлагба́ум, -а
шлагба́умный
шлагто́в, -а
шлак, -а (*тех.*)
шлакобето́н, -а
шлакобето́нный
шлакобло́к, -а
шлакобло́чный
шлакова́ние, -я
шлакова́та, -ы
шлакова́ть(ся), -ку́ю, -ку́ет(ся)
шлакови́к, -а́
шла́ковый
шлакодроби́лка, -и, *р. мн.* -лок
шлакообразова́ние, -я
шлакопе́мза, -ы
шлакопортландцеме́нт, -а
шлакосита́лл, -а
шлакоудале́ние, -я
шлам, -а
шланг, -а

шла́нговый
шлангока́бель, -я
шлангока́бельный
шла́фор, -а
шлафро́к, -а
шлёвка, -и, р. мн. -вок
шле́ечный
шле́звиг-гольште́йнский (от Шле́звиг-Гольште́йн)
шле́звигский (от Шле́звиг)
шле́йка, -и, р. мн. шле́ек
шле́йный
шлейф, -а
шлейфова́ние, -я
шлейфо́ванный; кр. ф. -ан, -ана
шлейфова́ть, -фу́ю, -фу́ет
шле́йфовый
шлем, -а
шле́мник, -а
шлемообра́зный; кр. ф. -зен, -зна
шлемофо́н, -а
шлемофо́нный
шлёнда, -ы, м. и ж.
шлёндать, -аю, -ает
шлёндра, -ы, м. и ж.
шлёндрать, -аю, -ает
шлёнка, -и, р. мн. -нок (овца)
шлёнский (шлёнская поро́да ове́ц)
шлёп[1], -а (шлепанье)
шлёп[2], неизм.
шлёпанцы, -ев, ед. -нец, -нца, тв. -нцем
шлёпанье, -я
шлёпать(ся), -аю(сь), -ает(ся)
шлёпка, -и
шлёпнутый
шлёпнуть(ся), -ну(сь), -нет(ся)
шлепо́к, -пка́
шле́ппер, -а
шлея́, -и́
шли́кер, -а
шлир, -а
шли́рен-ме́тод, -а
шлиссельбу́ргский (от Шлиссельбу́рг)
шлиссельбу́ржка, -и, р. мн. -жек
шлиссельбу́ржцы, -ев, ед. -жец, -жца, тв. -жцем
шлиф, -а
шлифова́льно-полирова́льный
шлифова́льно-прити́рочный
шлифова́льный
шлифова́ние, -я
шлифо́ванный; кр. ф. -ан, -ана
шлифова́ть(ся), -фу́ю, -фу́ет(ся)
шлифо́вка, -и
шлифо́вщик, -а
шлифо́вщица, -ы, тв. -ей
шлих, -а
шлихово́й
шли́хта, -ы
шли́хтик, -а
шлихтова́льный
шлихтова́ние, -я
шлихто́ванный; кр. ф. -ан, -ана
шлихтова́ть(ся), -ту́ю, -ту́ет(ся)
шлихто́вка, -и
шлихту́бель, -я
шлиц, -а и -а́, тв. -ем и -о́м, р. мн. -ев и -о́в (тех.)
шли́ца, -ы, тв. -ей (разрез в пиджаке, юбке)
шлицева́ние, -я
шлицева́ть(ся), -цу́ю, -цу́ет(ся)
шли́цевый
шлицефре́зерный
шлицешлифова́льный
шлицо́ванный; кр. ф. -ан, -ана
шлык, -а́
шлы́чка, -и, р. мн. -чек
шлычо́к, -чка́
шлюз, -а
шлю́зный
шлюзова́ние, -я
шлюзо́ванный; кр. ф. -ан, -ана
шлюзова́ть(ся), -зу́ю, -зу́ет(ся)
шлюзови́к, -а́
шлюзово́й
шлюп, -а
шлюпба́лка, -и, р. мн. -лок
шлюпба́лочный
шлю́пка, -и, р. мн. -пок
шлю́почка, -и, р. мн. -чек
шлю́почный
шлю́ха, -и
шлю́шка, -и, р. мн. -шек
шлю́щий(ся)
шля́гер, -а
шля́герный
шля́мбур, -а
шля́па, -ы
шляпёнка, -и, р. мн. -нок
шля́пища, -и
шля́пка, -и, р. мн. -пок
шля́пный
шля́почный
шляпчо́нка, -и, р. мн. -нок
шля́ться, шля́юсь, шля́ется
шлях, -а, предл. на шляху́ и на шля́хе, мн. -и́, -о́в и -и́, -о́в
шляхе́тский
шляхе́тство, -а
шля́хта, -ы
шля́хтич, -а, тв. -ем
шляхтя́нка, -и, р. мн. -нок
шмакодя́вка, -и, р. мн. -вок
шмальти́н, -а
шма́ра, -ы
шмат, -а
шмато́к, -тка́
шмели́ный
шмель, -я́
Шмидт, -а: гипо́теза Шми́дта, телеско́п Шми́дта; число́ Шми́дта; сын лейтена́нта Шми́дта
шми́дтовский (от Шмидт)
шмон, -а
шмона́ть, -а́ю, -а́ет
шмо́тки, -ток
шмотьё, -я́
шмуры́гать, -аю, -ает
шмуры́гнуть, -ну, -нет
шмуцро́ль, -и
шмуцти́тул, -а
шмыг, неизм.
шмы́ганье, -я
шмы́гать, -аю, -ает
шмыгну́ть, -ну́, -нёт

шмяк, *неизм.*
шмя́кать(ся), -аю(сь), -ает(ся)
шмя́кнутый
шмя́кнуть(ся), -ну(сь), -нет(ся)
шнапс, -а
шна́уцер, -а
шнек, -а (*транспортер*)
шне́ка, -и (*судно*)
шне́ковый
шне́ллер, -а
шнитт, -а
шнитт-лу́к, -а
шни́цель, -я, *мн.* -и, -ей и -я́, -е́й
шно́ркель, -я
шнур, -а́
шнурова́льный
шнурова́ние, -я
шнуро́ванный; *кр. ф.* -ан, -ана
шнурова́ть(ся), -ру́ю(сь), -ру́ет(ся)
шнуро́вка, -и, *р. мн.* -вок
шнурово́й
шнуро́к, -рка́
шны́рить, -рю, -рит
шнырну́ть, -ну́, -нёт
шныря́ние, -я
шныря́ть, -я́ю, -я́ет
шо́бла, -ы
шов, шва
шовини́зм, -а
шовини́ст, -а
шовинисти́ческий
шовини́стка, -и, *р. мн.* -ток
шовини́стский
шо́вно-стыково́й
шо́вный
шо́вчик, -а
шок, -а
шоки́рованный; *кр. ф.* -ан, -ана
шоки́ровать(ся), -ру́ю(сь), -ру́ет(ся)
шо́ковый
шокола́д, -а
шокола́дка, -и, *р. мн.* -док
шокола́дница, -ы, *тв.* -ей
шокола́дный

шокотерапи́я, -и
шолохове́д, -а (*от* Шо́лохов)
шолохове́дение, -я
шо́лоховский (*от* Шо́лохов)
шо́мпол, -а, *мн.* шомпола́, -о́в
шо́мпольный
шоопи́рование, -я
шоопи́рованный; *кр. ф.* -ан, -ана
шоопи́ровать(ся), -рую, -рует(ся)
шоп, -а
шопенга́уэровский (*от* Шопенга́уэр)
шопениа́на, -ы
шопе́новский (*от* Шопе́н)
шо́пинг, -а
шо́пинговый
шоп-стю́ард, -а
шоп-ту́р, -а
шо́рка, -и, *р. мн.* шо́рок
шо́рканье, -я
шо́ркать, -аю, -ает
шо́ркнуть, -ну, -нет
шо́рник, -а
шо́рницкий
шо́рничать, -аю, -ает
шо́рничество, -а
шо́рно-седе́льный
шо́рный
шо́рня, -и, *р. мн.* шо́рен
шо́рох, -а и -у
шо́рский
шортго́рн, -а
шо́ртики, -ов
шорт-ли́ст, -а́
шорт-тре́к, -а
шо́рты, шорт и -ов
шо́рцы, -ев, *ед.* шо́рец, шо́рца, *тв.* шо́рцем
шо́ры[1], шор, *ед.* шо́ра, -ы (*часть конской упряжи*)
шо́ры[2], -ов, *ед.* шор, -а и со́ры, -ов, *ед.* сор, -а (*солончаки*)
шоссе́, *нескл., с.* (*дорога*)
шоссе́йка, -и, *р. мн.* -е́ек
шоссе́йник, -а
шоссе́йный

шосси́рованный; *кр. ф.* -ан, -ана
шосси́ровать(ся), -рую, -рует(ся)
шостако́вичский (*от* Шостако́вич)
шо́сткинский (*от* Шо́стка)
шо́сткинцы, -ев, *ед.* -нец, -нца, *тв.* -нцем
шотла́ндка, -и, *р. мн.* -док
шотла́ндский (к Шотла́ндия и шотла́ндцы)
шотла́ндцы, -ев, *ед.* -дец, -дца, *тв.* -дцем
шотт, -а
шо́у, *нескл., с.*
шо́у-бале́т, -а
шо́у-би́знес, -а
шо́у-бизнесме́н, -а
шо́у-кла́сс, -а
шо́уме́н, -а
шо́у-програ́мма, -ы
шо́у-теа́тр, -а
шофёр, -а
шофёрить, -рю, -рит
шоферня́, -и́
шофёрский
шофёрство, -а
шофёрша, -и, *тв.* -ей
шоферю́га, -и, *м.*
шпа́га, -и
шпага́т, -а
шпага́тный
шпагоглота́тель, -я
шпажи́ст, -а
шпажи́стка, -и, *р. мн.* -ток
шпа́жка, -и, *р. мн.* -жек
шпа́жник, -а
шпа́жный
шпажо́нка, -и, *р. мн.* -нок
шпак, -а
шпаклева́ние, -я и шпатлева́ние, -я
шпаклёванный; *кр. ф.* -ан, -ана и шпатлёванный; *кр. ф.* -ан, -ана
шпаклева́ть(ся), -лю́ю, -лю́ет(ся) и шпатлева́ть(ся), -лю́ю, -лю́ет(ся)

шпаклёвка, -и и шпатлёвка, -и
шпаклёвочный и шпатлёвочный
шпаклёвщик, -а и шпатлёвщик, -а
шпалерник, -а
шпалерный
шпалеры, -ер, ед. -ера, -ы
шпалозавод, -а
шпалоподбивочный
шпалоподбойка, -и
шпалопропитка, -и
шпалопропиточный
шпалорезка, -и, р. мн. -зок
шпалорезный
шпалосверлилка, -и, р. мн. -лок
шпалосверлильный
шпалы, шпал, ед. шпала, -ы
шпальный
шпана, -ы
шпангоут, -а
шпандырь, -я
шпанистый
шпанка, -и, р. мн. -нок
шпанская муха (мушка)
шпанский (устар. к испанский)
шпаргалка, -и, р. мн. -лок
шпаргалочник, -а
шпаренный; кр. ф. -ен, -ена, прич.
шпареный, прил.
шпаренье, -я
шпарить(ся), -рю(сь), -рит(ся)
шпарящий(ся)
шпат, -а
шпатель, -я
шпатлевание, -я и шпаклевание, -я
шпатлёванный; кр. ф. -ан, -ана и шпаклёванный; кр. ф. -ан, -ана
шпатлевать(ся), -люю, -люет(ся) и шпаклевать(ся), -люю, -люет(ся)
шпатлёвка, -и и шпаклёвка, -и
шпатлёвочный и шпаклёвочный

шпатлёвщик, -а и шпаклёвщик, -а
шпатовый
шпахтель, -я
шпация, -и
шпекачки, -чек, ед. -чек, -чка
шпендрик, -а
шпенёк, -нька
шпигат, -а
шпигованный; кр. ф. -ан, -ана
шпиговать(ся), -гую, -гует(ся)
шпиговка, -и
шпик¹, -а и -у (сало)
шпик², -а (сыщик)
шпилевой
шпилечка, -и, р. мн. -чек
шпилечный
шпиль, -я
шпилька, -и, р. мн. -лек
шпильман, -а
шпинат, -а
шпинатный
шпингалет, -а
шпингалетный
шпиндель, -я
шпиндельный
шпинели, -ей, ед. -ель, -и
шпион, -а
шпионаж, -а, тв. -ем
шпионить, -ню, -нит
шпионка, -и, р. мн. -нок
шпиономания, -и
шпионский
шпионско-диверсионный
шпионство, -а
шпионящий
шпиц, -а, тв. -ем, р. мн. -ев
шпицбергенский (от Шпицберген)
шпицбергенцы, -ев, ед. -нец, -нца, тв. -нцем
шпицрутены, -ов, ед. -тен, -а
шплинт, -а и -а
шплинтованный; кр. ф. -ан, -ана
шплинтовать(ся), -тую, -тует(ся)
шплинтовка, -и

шплинтовой
шпокнуть, -ну, -нет
шпон, -а и шпона, -ы
шпонка, -и, р. мн. -нок
шпоночно-долбёжный
шпоночно-фрезерный
шпоночный
шпор, -а (мор.)
шпорец, -рца, тв. -рцем и шпорца, -ы, тв. -ей
шпорить, -рю, -рит
шпорник, -а
шпорцевый
шпоры, шпор, ед. шпора, -ы
шпорящий
шпренгель, -я
шпрехшталмейстер, -а
шпринг, -а
шпринтов, -а
шприц, -а, тв. -ем, мн. -ы, -ев и (в проф. речи) -ы, -ов
шприцевание, -я
шприцевать(ся), -цую, -цует(ся)
шприцевый
шприцмашина, -ы
шприцованный; кр. ф. -ан, -ана
шприцовка, -и
шпротина, -ы
шпротный
шпроты, -от и -отов, ед. шпрота, -ы и шпрот, -а
шпулечка, -и, р. мн. -чек
шпулечный
шпулька, -и, р. мн. -лек
шпульный
шпуля, -и
шпунт, -а
шпунтик, -а: винтик-шпунтик
шпунтина, -ы
шпунтовальный
шпунтование, -я
шпунтованный; кр. ф. -ан, -ана
шпунтовать(ся), -тую, -тует(ся)
шпунтовка, -и
шпунтовой
шпунтубель, -я

шпур, -а и -а́
шпурово́й
шпыня́нье, -я
шпыня́ть, -я́ю, -я́ет
шрам, -а
шра́мик, -а
шрапне́ль, -и
шрапне́льный
шре́дер, -а
шредеро́ванный; кр. ф. -ан, -ана
шредерова́ть(ся), -ру́ю, -ру́ет(ся)
шри-ланки́йский (от Шри-Ланка́)
шриланки́йцы, -ев, ед. -и́ец, -и́йца, тв. -и́йцем
шрифт, -а́, мн. -ы́, -о́в и -ы, -ов
шрифт-ка́сса, -ы
шрифтови́к, -а́
шрифтово́й
шрифтолите́йный
шрифтоноси́тель, -я
шропши́рский (от Шро́пши́р; шропши́рская поро́да ове́ц)
шропши́ры, -ов, ед. -ши́р, -а (порода овец)
шрот, -а
шрот-эффе́кт, -а
штаб, -а, мн. -ы́, -о́в и -ы, -ов
штабелева́ние, -я
штабелёванный; кр. ф. -ан, -ана
штабелева́ть(ся), -лю́ю, -лю́ет(ся)
штабелёвка, -и
штабелёвочный
штабелёк, -лька́
штабелёр, -а
штабелеукла́дчик, -а
штабели́рование, -я
штабели́рованный; кр. ф. -ан, -ана
штабели́ровать(ся), -рую, -рует(ся)
штабелиро́вка, -и
шта́бель, -я, мн. -я́, -е́й и -и, -ей
штаби́ст, -а
штаб-кварти́ра, -ы
штаб-ле́карь, -я

штабни́к, -а́
штабно́й
штаб-офице́р, -а
штаб-офице́рский
штабс-капита́н, -а
штабс-капита́нский
штабс-ро́тмистр, -а
штабс-ро́тмистрский
штаг, -а
штади́в, -а
штаке́тина, -ы
штаке́тник, -а
штаке́тница, -ы, тв. -ей
штаке́тный
шталекери́я, -и
шталме́йстер, -а
шталме́йстерский
штамб, -а (ствол дерева)
шта́мбовый
штамм, -а
штамп, -а (печать)
шта́мпик, -а
штампова́льный
штампова́ние, -я
штампо́ванность, -и
штампо́ванный; кр. ф. -ан, -ана
штампова́ть(ся), -пу́ю, -пу́ет(ся)
штампо́вка, -и, р. мн. -вок
штампо́вочный
штампо́вщик, -а
штампо́вщица, -ы, тв. -ей
шта́мповый
шта́нга, -и
штангенглубиноме́р, -а
штангензубоме́р, -а
штангенинструме́нт, -а
штангенре́йсмас, -а
штангенци́ркуль, -я
штанги́ст, -а
штанги́стка, -и, р. мн. -ток
штанги́стский
шта́нговый
штанда́рт, -а
штандартенфю́рер, -а
штанда́ртный
шта́ники, -ов

штани́на, -ы
штани́шки, -шек
штанно́й
штанцы́, -о́в
штаны́, -о́в
штапели́рование, -я
штапели́рованный; кр. ф. -ан, -ана
штапели́ровать(ся), -рую, -рует(ся)
штапели́рующий
шта́пель, -я
шта́пельный
Штарк, -а: эффе́кт Шта́рка
штат, -а
штатга́льтер, -а
штати́в, -а
штати́вный
шта́тность, -и
шта́тно-фина́нсовый
шта́тный
шта́товский (к США)
шта́тский
Шта́ты, -ов (США)
штафи́рка, -и, р. мн. -рок, ж. (подкладка) и м. (о человеке)
штёвень, -вня
штейгер, -а
штейгерский
штейн, -а (тех.)
штейнгу́т, -а
штейнериа́нец, -нца, тв. -нцем, р. мн. -нцев
штейнериа́нский
штейнериа́нство, -а
штейнеровский (от Штейнер)
ште́кер, -а
ште́керный
штемпелева́льный
штемпелева́ние, -я
штемпелёванный; кр. ф. -ан, -ана
штемпелева́ть(ся), -лю́ю, -лю́ет(ся)
штемпелёк, -лька́
ште́мпель, -я, мн. -я́, -е́й и -и, -ей
ште́мпельно-гравёрный

штемпельный
штепсель, -я, мн. -я́, -е́й и -и, -ей
штепсельный
штиблетный
штибле́ты, -ет, ед. -е́та, -ы
штилева́ть, -лю́ю, -лю́ет
штилево́й
штиль, -я
шти́рборт, -а
штифт, -а́, предл. на штифту́, мн. -ы́, -о́в
шти́фтик, -а
штифтово́й
штих, -а
шти́хель, -я
шти́хмас, -а
шток, -а
што́кверк, -а
што́ковый
штокро́за, -ы
што́льня, -и, р. мн. -лен
Штольц, -а, тв. -ем (лит. персонаж; делец)
што́льцевский
што́пальный
што́пальщик, -а
што́пальщица, -ы, тв. -ей
што́панный; кр. ф. -ан, -ана, прич.
што́пано-перешто́пано
што́паный, прил.
што́паный-перешто́паный
што́панье, -я
што́пать(ся), -аю, -ает(ся)
што́пка, -и, р. мн. -пок
што́пор, -а
што́порить, -рю, -рит
што́порный
штопорообра́зный; кр. ф. -зен, -зна
што́ра, -ы
што́рка, -и, р. мн. -рок
шторм, -а, мн. -ы, -ов и -а́, -о́в
шторми́ть, -и́т
штормова́ть, -му́ю, -му́ет
штормо́вка, -и, р. мн. -вок (куртка)
штормово́й

штормтра́п, -а
штормя́га, -и, м.
што́рный
што́ры-жалюзи́, што́р-жалюзи́
штос, -а
штоф, -а
што́фный
штраба́, -ы́
штраусиа́на, -ы
штра́усовский (от Штра́ус)
штраф, -а
штрафану́ть, -ну́, -нёт
штрафба́т, -а
штрафба́тный
штрафни́к, -а́
штрафно́й
штрафова́ние, -я
штрафо́ванный; кр. ф. -ан, -ана
штрафова́ть(ся), -фу́ю(сь), -фу́ет(ся)
штрейкбре́хер, -а
штрейкбре́херский
штрейкбре́херство, -а
штре́йфлинг, -а
штрек, -а
штре́ковый
штри́пка, -и, р. мн. -пок
штри́фель, -я
штрих, -а́
штрихко́д, -а
штрихова́ние, -я
штрихо́ванный; кр. ф. -ан, -ана
штрихова́тый
штрихова́ть(ся), штриху́ю, штриху́ет(ся)
штрихо́вка, -и, р. мн. -вок
штрихово́й
штрихпункти́р, -а
штрихпункти́рный
штришо́к, -шка́
штру́дель, -я
шту́дии, -ий
штуди́рование, -я
штуди́рованный; кр. ф. -ан, -ана
штуди́ровать(ся), -рую, -рует(ся)
штук, -а (то же, что стукко)

шту́ка, -и
штука́рить, -рю, -рит
штука́рский
штука́рство, -а
штука́рь, -я́
штукату́р, -а
штукату́ренный; кр. ф. -ен, -ена, прич.
штукату́реный, прил.
штукату́рить(ся), -рю(сь), -рит(ся)
штукату́рка, -и
штукату́рный
штукату́рящий(ся)
штуке́нция, -и
штуко́ванный; кр. ф. -ан, -ана
штукова́ть(ся), -ку́ю, -ку́ет(ся)
штуко́вина, -ы
штуко́вка, -и
шту́нда, -ы
штунди́зм, -а
штунди́ст, -а
штунди́стка, -и, р. мн. -ток
штунди́стский
штурва́л, -а
штурва́льный
штурм, -а
шту́рман, -а
шту́рманский
шту́рманство, -а
штурмбаннфю́рер, -а
штурмо́ванный; кр. ф. -ан, -ана
штурмова́ть(ся), -му́ю, -му́ет(ся)
штурмови́к, -а́
штурмо́вка, -и, р. мн. -вок (атака; лестница)
штурмово́й
штурмовщи́на, -ы
штуртро́с, -а
шту́тгартский (от Шту́тгарт)
шту́тгартцы, -ев, ед. -тец, -тца, тв. -тцем
штуф, -а
шту́цер, -а, мн. -ы, -ов и -а́, -о́в
шту́церный
шту́чка, -и, р. мн. -чек

ШТУЧКИ-ДРЮЧКИ

шту́чки-дрю́чки, шту́чек- дрю́-
   чек
шту́чный
штыб, -а
штык, -а́
штык-бо́лт, -а́
штык-но́ж, -а́, тв. -о́м
штыкова́ние, -я
штыко́ванный; кр. ф. -ан, -ана
штыкова́ть(ся), -ку́ю, -ку́ет(ся)
штыко́вка, -и
штыково́й
штык-ю́нкер, -а, мн. -а́, -о́в
штылёк, -лька́ (палочка у иконо-
   писцев)
штырево́й
штырёк, -рька́
штырь, -я́
шуа́ны, -ов, ед. шуа́н, -а
шу́ба, -ы
шуба́т, -а
шубе́йка, -и, р. мн. -е́ек
шубёнка, -и, р. мн. -нок
шу́бертовский (от Шу́берт)
шу́бка, -и, р. мн. шу́бок
шу́бный
шуга́, -и́
шуга́й, -я
шугану́ть, -ну́, -нёт
шуга́ть, -а́ю, -а́ет
шугну́ть, -ну́, -нёт
шугосбро́с, -а
шугохо́д, -а
шу́дры, шудр, ед. шу́дра, -ы, м.
шу́йский (от Шу́я)
шу́йца, -ы, тв. -ей
шукши́нский (от Шукши́н)
шу́лер, -а, мн. -ы, -ов и -а́, -о́в
шу́лерский
шу́лерство, -а
шум, -а и -у, мн. -ы, -ов и -ы́, -о́в
шу́мановский (от Шу́ман)
шуме́ро-акка́дский
шуме́рский
шуме́ры, -ов, ед. шуме́р, -а
шуме́ть, шумлю́, шуми́т

шумиголова́, -ы́, вин. -у́, мн.
   -го́ловы, -голо́в, -ва́м, м. и ж.
шуми́ха, -и
шумли́вость, -и
шумли́вый
шумнова́тый
шу́мность, -и
шу́мный; кр. ф. шу́мен, шумна́,
   шу́мно, шумны́
шумови́к, -а́
шумо́вка, -и, р. мн. -вок
шумово́й
шумоглуше́ние, -я
шумозащи́та, -ы
шумозащи́тный
шумоизмери́тельный
шумоизоляцио́нный
шумоизоля́ция, -и
шумо́к, шумка́
шумоме́р, -а
шумометри́ческий
шумопеленга́тор, -а
шумопеленга́торный
шумопоглоща́ющий
шумопоглоще́ние, -я
шум-фа́ктор, -а
шунги́т, -а
шунт, -а́
шунти́рование, -я
шунти́рованный; кр. ф. -ан, -ана
шунти́ровать(ся), -рую, -рует(ся)
шу́нья, -и
шу́рин, -а, мн. -ы, -ов и шурья́, -ьёв
шуро́ванный; кр. ф. -ан, -ана
шурова́ть(ся), шуру́ю, шуру́ет(ся)
шуро́вка, -и, р. мн. -вок
шурпа́, -ы́
шуру́м-буру́м, -а
шуру́п, -а
шуру́пный
шуру́пчик, -а
шурф, -а́
шурфова́ние, -я
шурфо́ванный; кр. ф. -ан, -ана
шурфова́ть(ся), -фу́ю, -фу́ет(ся)
шурфо́вка, -и, р. мн. -вок

шурша́ние, -я
шурша́ть, -шу́, -ши́т
шу́ры-му́ры, другие формы не
   употр.
шуст, -а
шусто́ванный; кр. ф. -ан, -ана
шустова́ть(ся), -ту́ю, -ту́ет(ся)
шусто́вка, -и
шу́стренький
шу́стрик, -а
шустри́ть, -рю́, -ри́т
шу́строcть, -и
шу́стрый; кр. ф. шустёр и шустр,
   шустра́, шу́стро, шу́стры́
шустря́к, -а́
шут, -а́
шути́ть(ся), шучу́, шу́тит(ся)
шути́ха, -и
шу́тка, -и, р. мн. шу́ток
шу́тка шу́ткой, а...
шу́тки-прибау́тки, шу́-
   ток-прибау́ток
шу́тки шу́тками, а...
шутли́вость, -и
шутли́вый
шутни́к, -а́
шутни́ца, -ы, тв. -ей
шутовско́й
шутовство́, -а́
шу́точка, -и, р. мн. -чек
шу́точность, -и
шу́точный
шутя́
шутя́щий
шу́хер, -а
шу́цман, -а
шу́чивать, наст. вр. не употр.
шу́шваль, -и
шу́шера, -ы
шуши́нский (от Шуша́)
шуши́нцы, -ев, ед. -нец, -нца, тв.
   -нцем
шушу́канье, -я
шушу́кать(ся), -аю(сь), -ает(ся)
шушу́н, -а́
шу-шу-шу́, неизм.

шуя́не, шуя́н, *ед.* шуя́нин, -а (*от* Шу́я)
шхе́ры, шхер
шху́на, -ы
ш-ш-ш, *неизм.*
шэ, *нескл., мн., ед. м. и ж.* (*народность*)

шэн, -а (*муз. инструмент*)
шэ́ньши, *нескл., мн., ед. м.* (*сословие*)
шэнья́нский (*от* Шэнья́н)
шэнья́нцы, -ев, *ед.* -нец; -нца, *тв.* -нцем
шю́тте, *нескл., с.*

шюцко́р, -а
шюцко́ровец, -вца, *тв.* -вцем, *р. мн.* -вцев
шюцко́ровский
шяуля́йский (*от* Шяуля́й)
шяуля́йцы, -ев, *ед.* -я́ец, -я́йца, *тв.* -я́йцем

Щ

ща, *нескл., с. (название буквы)*
щавелевокислый
щаве́левый
щавелёк, -лька́ и -льку́
щаве́ль, -я́ и -ю́
щаве́льный
щади́ть(ся), щажу́(сь), щади́т(ся)
щадя́щий(ся)
щажённый; *кр. ф.* -ён, -ена́
щано́й (*от* щи)
щебени́ть(ся), -ню́, -ни́т(ся)
щебёнка, -и
щебёночный
щебёнчатый
ще́бень, ще́бня
ще́бет, -а
щебета́ние, -я
щебета́ть, щебечу́, щебе́чет
щебету́н, -а́
щебету́нья, -и, *р. мн.* -ний
щебе́чущий
щебнево́й
щебнеочисти́тельный
щеври́ца, -ы, *тв.* -ей
щеглёнок, -нка, *мн.* -ля́та, -ля́т
щегло́вка, -и, *р. мн.* -вок
щегло́вый
щегля́чий, -ья, -ье
щего́л, щегла́
щеголева́тость, -и
щеголева́тый
щеголи́ха, -и
щёголь, -я
щегольну́ть, -ну́, -нёт
щегольско́й

щегольско́й
щегольство́, -а́
щеголя́ние, -я
щеголя́ть, -я́ю, -я́ет
щедри́нский (*от* Щедри́н)
ще́дрость, -и
щедрота́, -ы́ (*щедрость*)
щедро́ты, -о́т (*милости; богатства*)
ще́дрый; *кр. ф.* щедр, щедра́, ще́дро, ще́дры
щека́, -и́, *вин.* щёку и щеку́, *мн.* щёки, щёк, щека́м
щека́стый
щёкинский (*от* Щёкино)
щёкинцы, -ев, *ед.* -нец, -нца, *тв.* -нцем
щеко́лда, -ы
щёкот, -а
щекота́ние, -я
щекота́ть(ся), -очу́(сь), -о́чет(ся)
щеко́тка, -и
щекотли́вость, -и
щекотли́вый
щеко́тно
щеко́тный
щеко́чущий(ся)
щелева́ние, -я
щелева́тый
щелево́й
щелезу́б, -а
щелеобра́зный; *кр. ф.* -зен, -зна
щелере́з, -а
щели́на, -ы
щели́нный

щели́стый
щёлк[1], -а (*щелканье, щелчок*)
щёлк[2], *неизм.*
щёлка, -и, *р. мн.* щёлок
щелкану́ть, -ну́, -нёт
щёлканье, -я
щёлкать(ся), -аю(сь), -ает(ся)
щёлкнуть(ся), -ну(сь), -нет(ся)
щёлковский (*от* Щёлково)
щёлковцы, -ев, *ед.* -вец, -вца, *тв.* -вцем
щелкопёр, -а
щелкопёрство, -а
щелкотня́, -и́
щелку́н, -а́
щелкунчик, -а и (*сказочный персонаж*) Щелку́нчик, -а
щёлок, -а и -у
щелоче́ние, -я
щелочённый; *кр. ф.* -ён, -ена́
щёлочесто́йкий; *кр. ф.* -о́ек, -о́йка
щёлочеупо́рный; *кр. ф.* -рен, -рна
щёлочеусто́йчивый
щелочи́ть(ся), -чу́, -чи́т(ся)
щёлочка, -и, *р. мн.* -чек
щёлочно-земе́льный
щелочно́й
щёлочно-кисло́тный
щёлочность, -и
щёлочь, -и, *мн.* -и, -е́й
щелчо́к, -чка́
щель, -и, *предл.* в ще́ли, *мн.* -и, -е́й
щеля́стый
щеми́ть, -и́т

щемя́щий
щени́ться, -и́тся
щённая
щено́к, щенка́, мн. щенки́, -о́в и щеня́та, -я́т
щено́чек, -чка, мн. щено́чки, -ов и щеня́тки, -ток
щеня́чий, -ья, -ье
щепа́, -ы́, мн. ще́пы, щеп, щепа́м
щепа́льный (к щепа́ть)
щепа́ние, -я (к щепа́ть)
ще́панный; кр. ф. -ан, -ана, прич.
ще́паный, прил.
щепа́ть(ся), щеплю́, ще́плет(ся) и -а́ю, -а́ет(ся) (откалывать лучину)
щепа́ющий(ся) и ще́плющий(ся) (от щепа́ть(ся))
щепети́льность, -и
щепети́льный; кр. ф. -лен, -льна
ще́пка, -и, р. мн. ще́пок
ще́пкинец, -нца, тв. -нцем, р. мн. -нцев
ще́пкинский (от Ще́пкин)
ще́плющий(ся) и щепа́ющий(ся) (от щепа́ть(ся))
щепно́й
щепово́з, -а
щепо́тка, -и, р. мн. -ток
щепо́точка, -и, р. мн. -чек
ще́поть, -и
ще́почка, -и, р. мн. -чек
щепьё, -я́
щепяно́й
щерба́тенький
щерба́тость, -и
щерба́тый
щерби́на, -ы
щерби́нка, -и, р. мн. -нок
щерби́ть(ся), -блю́, -би́т(ся)
щерблённый; кр. ф. -ён, -ена́, прич.
щерблёный, прил.
ще́рить(ся), ще́рю(сь), ще́рит(ся)
ще́рящий(ся)
щети́на, -ы
щети́нистый
щети́нить(ся), -ню(сь), -нит(ся)

щети́нки, -нок, ед. -нка, -и
щетинкочелюстны́е, -ы́х
щети́нник, -а
щети́нно-щёточный
щети́нный
щетинови́дный; кр. ф. -ден, -дна
щетинозу́бые, -ых
щетиноли́стный
щетинообра́зный; кр. ф. -зен, -зна
щетинохво́стка, -и, р. мн. -ток
щети́нщик, -а
щетиня́щий(ся)
щётка, -и, р. мн. щёток
щёткодержа́тель, -я
щёточка, -и, р. мн. -чек
щёточный
щец, р. мн., других форм нет
ще́цинский (от Ще́цин)
ще́цинцы, -ев, ед. -нец, -нца, тв. -нцем
щёчка, -и, р. мн. щёчек
щёчный
щи, щей
щигро́вский (от Щигры́)
щигро́вцы, -ев, ед. -вец, -вца, тв. -вцем
щи́колка, -и, р. мн. -лок (прост. к щи́колотка)
щи́колотка, -и, р. мн. -ток
щип¹, -а (щипок)
щип², неизм.
щипа́льный (к щипа́ть)
щипа́льщик, -а
щипа́ние, -я (к щипа́ть)
щи́панный; кр. ф. -ан, -ана, прич.
щипану́ть, -ну́, -нёт
щи́паный, прил.
щипа́ть(ся), щиплю́(сь), щи́плет(ся), щи́плют(ся) и щи́пет(ся), щи́пят(ся); также -а́ю(сь), -а́ет(ся) (защемлять; рвать)
щипа́ющий(ся) и щи́плющий(ся) (от щипа́ть(ся))
щипе́ц, щипца́, тв. щипцо́м, р. мн. щипцо́в

щи́пка, -и
щипко́вый
щи́плющий(ся) и щипа́ющий(ся) (от щипа́ть(ся))
щипну́ть, -ну́, -нёт
щипо́вка, -и, р. мн. -вок
щипо́к, щипка́
щипцево́й (от щипцы́)
щипцо́вый (от щипе́ц и щипцы́)
щипцы́, -о́в
щи́пчики, -ов
щипчо́нки, -нок
щири́ца, -ы, тв. -ей
щири́цевые, -ых
щит, -а́
щи́тень, щи́тня
щитко́вый
щи́тник, -а
щи́тник-черепа́шка, щи́тника-черепа́шки
щитови́дка, -и
щитови́дный
щито́вка, -и, р. мн. -вок
щито́вник, -а
щитово́й
щито́к, щитка́
щитомо́рдник, -а
щитонабо́рный
щитоно́ска, -и, р. мн. -сок
щитообра́зный; кр. ф. -зен, -зна
щитохво́стый
щи́шки, щи́шек (от щи)
щу́ка, -и
щукови́дные, -ых
щу́ковые, -ых
щуня́ть, -я́ю, -я́ет
щуп, -а
щу́пальца, -льцев и -лец, ед. -льце, -а
щу́пальцевый
щу́панный; кр. ф. -ан, -ана, прич.
щу́паный, прил.
щу́панье, -я
щу́пать(ся), -аю(сь), -ает(ся)
щу́пик, -а
щу́пленький

ЩУПЛОВАТЫЙ

щуплова́тый
щу́плость, -и
щу́плый; *кр. ф.* щупл, щупла́, щу́пло
щур, -а́ (*птица*)

щурёнок, -нка, *мн.* щуря́та, щуря́т
щу́рить(ся), щу́рю(сь), щу́рит(ся)
щу́рка, -и, *р. мн.* щу́рок
щу́рящий(ся)

щуча́нский (*от* Щу́чье, *город*)
щу́чий, -ья, -ье
щу́чина, -ы
щу́чить, щу́чу, щу́чит
щу́чка, -и, *р. мн.* щу́чек

Ы

ы, *нескл., с. (название буквы)*
ы́канье, -я

ы́кать, -аю, -ает *(произносить звук ы)*

ыр, -а *(песня у нек-рых тюркских народов)*
ых, *межд.*

Э

э¹, *нескл., с. (название буквы)*
э², *межд.*
эбе́новый
эберти́стский
эберти́сты, -ов, *ед.* -и́ст, -а
эбони́т, -а
эбони́товый
эбулиоско́п, -а
эбулиоскопи́я, -и
э́ва, *неизм.*
эвакогоспиталь, -я
эвакоприёмник, -а
эвакопу́нкт, -а
эвакуа́тор, -а
эвакуацио́нный
эвакуа́ция, -и
эвакуи́рованный; *кр. ф.* -ан, -ана
эвакуи́ровать(ся), -рую(сь), -рует(ся)
эвальва́ция, -и
эвапора́тор, -а
эвапора́ция, -и
эвапоро́граф, -а
эвапорогра́фия, -и
эвапоро́метр, -а
эвгено́л, -а
эвгле́на, -ы
эвдемони́зм, -а
эвдемонисти́ческий
эвдиали́т, -а
эвдио́метр, -а
эве́кция, -и
эве́нка, -и, *р. мн.* -нок (*к* эве́ны)
эве́нки, -ов, *ед.* эве́нк, -а

эвенки́йка, -и, *р. мн.* -и́ек (*к* эве́нки)
эвенки́йский (*от* эве́нки)
Эвенки́йский автоно́мный о́круг
эве́нский (*от* эве́ны)
эвентуа́льный
эве́ны, -ов, *ед.* эве́н, -а
Эвере́ст, -а
эвере́стский (*от* Эвере́ст)
эви́кция, -и
эвкали́пт, -а
эвкали́птовый
эвкарио́ты, -от, *ед.* -о́та, -ы *и* эукарио́ты, -от, *ед.* -о́та, -ы
эвкла́з, -а
эвкомми́я, -и
Эвкси́нский: По́нт Эвкси́нский
ЭВМ [эвээ́м], *нескл., ж.* (*сокр.*: электронно-вычислительная машина)
эвмени́ды, -и́д
эвольве́нта, -ы
эвольве́нтный
эволю́та, -ы
эволюциони́зм, -а
эволюциони́рование, -я
эволюциони́ровать, -рую, -рует
эволюциони́ст, -а
эволюциони́стский
эволюцио́нный
эволю́ция, -и
э́вон *и* э́вона, *неизм.*
эво́рзия, -и
э́вось *и* э́вося, *неизм.*
э́вот, *неизм.*

эво́з, *неизм.*
эвпатри́ды, -ов, *ед.* -ри́д, -а
эвриба́тный
эврибио́нтный
эврибио́нты, -ов, *ед.* -о́нт, -а
эвригали́нный
Эвриди́ка, -и
э́врика, *неизм.*
эвриптери́ды, -и́д, *ед.* -и́да, -ы
эври́стика, -и
эвристи́ческий
эвристи́чность, -и
эвристи́чный; *кр. ф.* -чен, -чна
эвритерм́ный
эвритми́ческий
эвритми́я, -и
эврито́пный
эврифа́г, -а
эврифаги́я, -и
эврихо́рный
эвриэдафи́ческий
эвстати́ческий
эвтана́зия, -и
эвте́ктика, -и
эвтекти́ческий
эвтекто́ид
Эвте́рпа, -ы
эвтро́фный
эвтро́фы, -ов, *ед.* -ро́ф, -а
эвфа́узиевые, -ых
эвфеми́зм, -а
эвфемисти́ческий
эвфемисти́чность, -и
эвфемисти́чный; *кр. ф.* -чен, -чна
эвфони́ческий

ЭКВИРИТМИЧНОСТЬ

эвфони́я, -и
эвфуи́зм, -а
эвфуисти́ческий
эвхле́на, -ы
эгалитари́зм, -а
эгалитари́ст, -а
эгалита́рный
эге́, *неизм.*
э-ге-ге́, *неизм.*
эге́й, *неизм.*
эге́йский (к Эге́йское мо́ре)
Эге́йское мо́ре
эги́да, -ы
эгило́пс, -а
эгои́зм, -а
эгои́ст, -а
эгоисти́ческий
эгоисти́чность, -и
эгоисти́чный; *кр. ф.* -чен, -чна
эго́йстка, -и, *р. мн.* -ток
эготи́зм, -а
эготи́ческий
эгофутури́зм, -а
эгофутури́ст, -а
эгоцентри́зм, -а
эгоце́нтрик, -а
эгоцентри́ст, -а
эгоцентри́ческий
эгоцентри́чность, -и
эгоцентри́чный; *кр. ф.* -чен, -чна
эгре́т, -а
эгре́тка, -и, *р. мн.* -ток
эгутёр, -а
э́дак
э́дакий
Э́дда, -ы
эддингто́новский (от Э́ддингто́н): эддингто́новский преде́л свети́мости
эдельве́йс, -а
Эде́м, -а (*библ.*) и эде́м, -а (*благода́тный уголок земли*)
эде́мский
эди́кт, -а
эди́кула, -ы
эди́л, -а

эдинбу́ргский (*от* Эдинбу́рг)
эдинбу́ргцы, -ев, *ед.* -гец, -гца, *тв.* -гцем и эдинбу́ржцы, -ев, *ед.* -жец, -жца, *тв.* -жцем
Эди́п, -а
эди́пов ко́мплекс, эди́пова ко́мплекса
эдифика́тор, -а
эдицио́нный
эди́ция, -и
ЭДС [эдээ́с], *нескл., ж.* (*сокр.:* электродви́жущая си́ла)
эже́ктор, -а
эжекцио́нный
эже́кция, -и
эзери́н, -а
эзерфо́лий, -я и эзерфо́ль, -я
Эзо́п, -а
Эзо́пов, -а, -о (Эзо́повы ба́сни); но: эзо́пов язы́к
эзо́повский (*от* Эзо́п; эзо́повский язы́к)
эзоте́рика, -и
эзотери́ческий
эзофаги́т, -а
эзофагоско́п, -а
эзофагоскопи́я, -и
эзофаготоми́я, -и
эй, *неизм.*
эйблефа́р, -а и эублефа́р, -а
эйдети́зм, -а
эйде́тика, -и
эйдети́ческий
э́йдос, -а
эйдофо́р, -а
эйзенштейно́вский (*от* Эйзенште́йн)
Э́йлер, -а: ме́тод Э́йлера, пери́од Э́йлера, постоя́нная Э́йлера, уравне́ния Э́йлера, фу́нкция Э́йлера, чи́сла Э́йлера
э́йлеров, -а, -о (*от* Э́йлер): э́йлеровы интегра́лы, э́йлеровы углы́, э́йлерова характери́стика многогра́нника
э́йлеровский (*от* Э́йлер)

Эйнште́йн, -а: зако́н Эйнште́йна, коэффицие́нты Эйнште́йна, стати́стика Бо́зе – Эйнште́йна, эффе́кт Эйнште́йна – де Ха́аза
эйнште́йн, -а, *р. мн.* -ов, *счетн. ф.* эйнште́йн (*ед. измер.*)
эйнште́йний, -я (*хим.*)
эйнште́йновский (*от* Эйнште́йн)
э́йре, *нескл., с.* (*монета*)
эйс, -а
Э́йфелева ба́шня, Э́йфелевой ба́шни
эйфори́ческий
эйфори́я, -и
эк и э́ка, *неизм.*
экарте́, *нескл., с.*
эквадо́рка, -и, *р. мн.* -рок
эквадо́рский (*от* Эквадо́р)
эквадо́рцы, -ев, *ед.* -рец, -рца, *тв.* -рцем
эквала́йзер, -а
эква́тор, -а
экваториа́л, -а
Экваториа́льная А́фрика
экваториа́льный
эквивале́нт, -а
эквивале́нтность, -и
эквивале́нтный; *кр. ф.* -тен, -тна
эквивока́ция, -и
эквидиста́нта, -ы
эквиинициа́льный
эквили́бр, -а
эквилибри́ровать, -рую, -рует
эквилибри́ст, -а
эквилибри́стика, -и
эквилибристи́ческий
эквилибри́стка, -и, *р. мн.* -ток
эквилинеа́рность, -и
эквилинеа́рный; *кр. ф.* -рен, -рна
эквимолекуля́рный; *кр. ф.* -рен, -рна
эквипле́н, -а
эквипотенциа́льный; *кр. ф.* -лен, -льна
эквиритми́ческий
эквиритми́чность, -и

ЭКВИРИТМИЧНЫЙ

эквиритми́чный; *кр. ф.* -чен, -чна
эквиритми́я, -и
эквифина́льность, -и
эквифина́льный; *кр. ф.* -лен, -льна
ЭКГ [экагэ́], *нескл., ж. и неизм. (сокр.:* электрокардиограмма, -графия, -графический*)*
ЭКГ-диагно́стика, -и
экдизо́н, -а
э́кер, -а
э́керный
экзальтацио́нный
экзальта́ция, -и
экзальти́рованность, -и
экзальти́рованный; *кр. ф.* -ан, -анна
экза́мен, -а
экзамена́тор, -а
экзамена́торский
экзаменацио́нный
экзамено́ванный; *кр. ф.* -ан, -ана
экзаменова́ть(ся), -ну́ю(сь), -ну́ет(ся)
экзанте́ма, -ы
экзара́ция, -и
экзартикуля́ция, -и
экза́рх, -а
экзарха́т, -а
экзеге́за, -ы
экзеге́т, -а
экзеге́тика, -и
экзегети́ческий
экзекватура, -ы
экзеку́тор, -а
экзеку́торский
экзеку́ция, -и
экзе́ма, -ы
экземато́зный
экземплифика́ция, -и
экземпля́р, -а
экземпля́рчик, -а
экзерси́сы, -ов, *ед.* -си́с, -а
экзерци́ргауз, -а
экзерци́ции, -ий, *ед.* -ци́ция, -и
экзи́на, -ы

экзистенциали́зм, -а
экзистенциали́ст, -а
экзистенциали́стский
экзистенциа́льный
экзобио́лог, -а
экзобиологи́ческий
экзобиоло́гия, -и
экзога́мия, -и
экзога́мный
экзогаструля́ция, -и
экзоге́нный
экзогено́та, -ы
экзоде́рма, -ы
экзока́рпий, -я
экзокри́нный
экзопептида́зы, -а́з, *ед.* -а́за, -ы
экзорци́зм, -а
экзорци́ст, -а
экзо́смос, -а
экзосомати́ческий
экзоспо́рий, -я
экзосто́з, -а
экзосфе́ра, -ы
экзотери́ческий
экзотерми́ческий
экзоти́зм, -а
экзо́тика, -и
экзоти́ческий
экзоти́чность, -и
экзоти́чный; *кр. ф.* -чен, -чна
экзотокси́ны, -ов, *ед.* -си́н, -а
экзотро́фный
экзотро́фы, -ов, *ед.* -тро́ф, -а
экзо́ты, -ов, *ед.* экзо́т, -а
экзоферме́нт, -а
экзофта́льм, -а
эки́во́ки, -ов, *ед.* эки́во́к, -а
э́кий
экипа́ж, -а́, *тв.* -е́м
экипа́жик, -а
экипа́жный
экипиро́ванный; *кр. ф.* -ан, -ана
экипирова́ть(ся), -ру́ю(сь), -ру́ет(ся)
экипиро́вка, -и, *р. мн.* -вок
экипиро́вочный

эки́стика, -и
экклесиа́рх, -а
экклесиологи́ческий
экклесиоло́гия, -и
экклеси́я, -и
эклампси́ческий
эклампси́я, -и
эклекти́зм, -а
экле́ктик, -а
экле́ктика, -и
эклектици́зм, -а
эклекти́ческий
эклекти́чность, -и
эклекти́чный; *кр. ф.* -чен, -чна
экле́ктор, -а
экле́р, -а
экли́метр, -а
экли́птика, -и
эклипти́ческий
экло́га, -и
эклоги́т, -а
эклоги́товый
экмоли́н, -а
экогене́з, -а
эко́лог, -а
экологиза́ция, -и
экологи́ст, -а
экологи́ческий
экологи́чески чи́стый
эколо́гия, -и
эко́лого-биологи́ческий
эко́лого-культу́рный
эко́лого-экономи́ческий
эко́лог-экспе́рт, эко́лога-экспе́рта
эконо́м, -а
экономайзер, -а
экономгеогра́фия, -и
экономе́трика, -и
эконометри́ческий
экономе́трия, -и
экономи́зм, -а
эконо́мика, -и
эконо́мико-географи́ческий
эконо́мико-математи́ческий
эконо́мико-правово́й
эконо́мико-статисти́ческий

ЭКСПЕРИМЕНТИРОВАТЬ

экономи́ст, -а
экономи́стка, -и, *р. мн.* -ток
эконо́мить(ся), -млю, -мит(ся)
экономи́чески акти́вный
экономи́ческий
экономи́чность, -и
экономи́чный; *кр. ф.* -чен, -чна
эконо́мия, -и
эконо́мка, -и, *р. мн.* -мок
эконо́мленный; *кр. ф.* -ен, -ена
эконо́мничать, -аю, -ает
эконо́мность, -и
эконо́мный; *кр. ф.* -мен, -мна
эконо́мящий(ся)
экопо́лис, -а
экосво́дка, -и, *р. мн.* -док
экосе́з, -а
экосисте́ма, -ы
экослу́жба, -ы
экосфе́ра, -ы
э́кось и э́кося, *неизм.*
экоти́п, -а
экоци́д, -а
экра́н, -а
экраниза́ция, -и
экранизи́рование, -я
экранизи́рованный; *кр. ф.* -ан, -ана
экранизи́ровать(ся), -рую, -рует(ся)
экрани́рование, -я
экрани́рованный; *кр. ф.* -ан, -ана
экрани́ровать(ся), -рую, -рует(ся)
экрани́ровка, -и
экра́нно-ва́куумный
экра́нный
экранопла́н, -а
экра́нчик, -а
экс-... – *приставка в знач.* "бывший", *пишется через дефис*
экзапостила́рий, -я
экс-ви́це-мэ́р, -а
экс-ви́це-президе́нт, -а
экс-ви́це-премье́р, -а
эксга́устер, -а
эксгибициони́зм, -а

эксгибициони́ст, -а
эксгибициони́стка, -и, *р. мн.* -ток
экс-губерна́тор, -а
эксгума́тор, -а
эксгумацио́нный
эксгума́ция, -и
эксгуми́рованный; *кр. ф.* -ан, -ана
эксгуми́ровать(ся), -рую, -рует(ся)
экс-депута́т, -а
экс-дире́ктор, -а
эксе́дра, -ы
эксе́ргия, -и
экси́катор, -а
эксито́н, -а
экскава́тор, -а
экскава́торный
экскаваторострое́ние, -я
экскава́торщик, -а
экскава́ция, -и
экскла́в, -а
эксклюзи́в, -а
эксклюзи́вность, -и
эксклюзи́вный; *кр. ф.* -вен, -вна
экскориа́ция, -и
экс-коро́ль, -я́
экскреме́нты, -ов
экскрето́рный
экскре́ты, -ов
экскре́ция, -и
э́кскурс, -а
экскурса́нт, -а
экскурса́нтка, -и, *р. мн.* -ток
экскурсбюро́, *нескл., с.*
экскурсио́нно-туристи́ческий
экскурсио́нный
экску́рсия, -и
экскурсово́д, -а
экскурсово́дка, -и, *р. мн.* -док
экскурсово́дческий
экскурсово́дша, -и, *тв.* -ей
экслибри́с, -а
экслибриси́ст, -а
экслибри́сный
экс-мини́стр, -а

экс-ми́сс, *нескл., ж.*
экс-мэ́р, -а
эксо́д, -а
экспа́ндер, -а (*радиотех.*)
экспанси́вность, -и
экспанси́вный; *кр. ф.* -вен, -вна
экспансиони́зм, -а
экспансиони́ст, -а
экспансиони́стский
экспа́нсия, -и
экспатриа́нт, -а
экспатриа́нтка, -и, *р. мн.* -ток
экспатриа́ция, -и
экспатрии́рованный; *кр. ф.* -ан, -ана
экспатрии́ровать(ся), -рую(сь), -рует(ся)
экспеди́рование, -я
экспеди́рованный; *кр. ф.* -ан, -ана
экспеди́ровать(ся), -рую, -рует(ся)
экспеди́тор, -а
экспеди́торский
экспедицио́нно-тра́нспортный
экспедицио́нный
экспеди́ция, -и
экспериме́нт, -а
эксперимента́льно-иссле́довательский
эксперимента́льно-констру́кторский
эксперимента́льно-психологи́ческий
эксперимента́льно-фонети́ческий
эксперимента́льно-хирурги́ческий
эксперимента́льный; *кр. ф.* -лен, -льна
эксперимента́тор, -а
эксперимента́торский
эксперимента́торство, -а
эксперименти́рование, -я
эксперименти́ровать, -рую, -рует

ЭКСПЕРТ

экспе́рт, -а
эксперти́за, -ы
экспе́ртно-аналити́ческий
экспе́ртный
экспе́рт-эко́лог, экспе́рта-эко́лога
экспирато́рный
экспира́ция, -и
экспланта́ция, -и
эксплант́ированный; кр. ф. -ан, -ана
эксплант́ировать(ся), -рую, -рует(ся)
эксплика́ция, -и
эксплици́рованность, -и
эксплици́рованный; кр. ф. -ан, -ана
эксплици́ровать(ся), -рую, -рует(ся)
эксплици́тность, -и
эксплици́тный; кр. ф. -тен, -тна
эксплози́вный
эксплози́я, -и
эксплуата́тор, -а
эксплуата́торский
эксплуата́торша, -и, тв. -ей
эксплуатацио́нник, -а
эксплуатацио́нно-тра́нспортный
эксплуатацио́нный
эксплуата́ция, -и
эксплуати́рование, -я
эксплуати́рованный; кр. ф. -ан, -ана
эксплуати́ровать(ся), -рую(сь), -рует(ся)
эксплуатну́ть, -ну́, -нёт
Экспо́, нескл., с.
экспозе́, нескл., с.
экспози́метр, -а
экспозицио́нный
экспози́ция, -и
экспона́т, -а
экспона́тный
экспоне́нт, -а (участник выставки; показатель)
экспоне́нта, -ы (матем.)

экспоненциа́льный
экспони́рование, -я
экспони́рованный; кр. ф. -ан, -ана
экспони́ровать(ся), -рую, -рует(ся)
экспоно́метр, -а
экспонометри́ческий
э́кспорт, -а
экспортёр, -а
экспорти́рование, -я
экспорти́рованный; кр. ф. -ан, -ана
экспорти́ровать(ся), -рую, -рует(ся)
э́кспортно-и́мпортный
э́кспортно-креди́тный
э́кспортно-ориенти́рованный
э́кспортный
Экспоце́нтр, -а
экс-председа́тель, -я
экс-президе́нт, -а
экс-премье́р, -а
экс-премье́р-мини́стр, -а
экспре́сс, -а
экспресс-... — первая часть сложных слов, пишется через дефис
экспре́сс-ана́лиз, -а
экспре́сс-диагно́стика, -и
экспре́сс-запра́вка, -и, р. мн. -вок
экспресси́вно-оце́ночный
экспресси́вность, -и
экспресси́вный; кр. ф. -вен, -вна
экспре́сс-изда́ние, -я
экспре́сс-интервью́, нескл., с.
экспре́сс-информа́ция, -и
экспрессиони́зм, -а
экспрессиони́ст, -а
экспрессионисти́ческий
экспрессионисти́чность, -и
экспрессионисти́чный; кр. ф. -чен, -чна
экспрессиони́стский
экспре́ссия, -и
экспре́сс-ку́рс, -а
экспре́сс-лаборато́рия, -и

экспре́сс-лотере́я, -и
экспре́сс-ме́тод, -а
экспре́ссный
экспре́сс-обзо́р, -а
экспре́сс-опро́с, -а
экспре́сс-оце́нка, -и, р. мн. -нок
экспре́сс-прове́рка, -и, р. мн. -рок
экспре́сс-рекла́ма, -ы
экспре́сс-сти́рка, -и, р. мн. -рок
экспро́мт, -а
экспро́мтный
экспро́мтом, нареч.
экспроприа́тор, -а
экспроприа́торский
экспроприа́ция, -и
экспроприи́рованный; кр. ф. -ан, -ана
экспроприи́ровать(ся), -рую, -рует(ся)
экс-рекордсме́н, -а
экс-рекордсме́нка, -и, р. мн. -нок
экс-секрета́рь, -я́
экс-сове́тский
экс Сове́тский Сою́з
экс-спи́кер, -а
экссуда́т, -а
экссудати́вный
экссуда́ция, -и
экста́з, -а
экстати́ческий
экстати́чность, -и
экстати́чный; кр. ф. -чен, -чна
экстемпора́ле, нескл., с.
экстензи́я, -и
эксте́нзор, -а
экстенси́вность, -и
экстенси́вный; кр. ф. -вен, -вна
экстёнт, -а
экстериориза́ция, -и
экстериоризо́ванный; кр. ф. -ан, -ана
экстёрн, -а
экстерна́т, -а
экстёрном, нареч.
экстёрн-посо́бие, -я
экстёрный

экстерорецепти́вный и экстероцепти́вный
экстерореце́пторы, -ов, ед. -тор, -а и экстероце́пторы, -ов, ед. -тор, -а
экстерореце́пция, -и и экстероце́пция, -и
экстерриториа́льность, -и
экстерриториа́льный
экстерье́р, -а
экстерье́рный
экстинкция, -и
экстирпацио́нный
экстирпа́ция, -и
э́кстра, неизм. (чай э́кстра) и -ы (товар высшего сорта, разг.)
экстра... — приставка, пишется слитно, но: экстра-класс
экстраваѓа́нтность, -и
экстраваѓа́нтный; кр. ф. -тен, -тна
экстраваза́т, -а
экстраве́рсия, -и
экстраве́рт, -а
экстраверти́вный
экстраге́нт, -а
экстраги́рование, -я
экстраги́рованный; кр. ф. -ан, -ана
экстраги́ровать(ся), -рую, -рует(ся)
экстради́рованный; кр. ф. -ан, -ана
экстради́ровать(ся), -рую(сь), -рует(ся)
экстради́ция, -и
экстразона́льный
экстракардиа́льный
э́кстра-кла́сс, -а
экстракорпора́льный
экстра́кт, -а
экстракти́вный
экстра́ктный
экстра́ктовый
экстра́ктор, -а
экстракцио́нный
экстра́кция, -и
экстралингвисти́ческий
экстрамо́дный
экстранорма́льный
экстраордина́рность, -и
экстраордина́рный; кр. ф. -рен, -рна
экстрапирами́дный
экстраплевра́льный
экстраполи́рование, -я
экстраполи́рованный; кр. ф. -ан, -ана
экстраполи́ровать(ся), -рую, -рует(ся)
экстраполя́тор, -а
экстраполя́ция, -и
экстрасе́нс, -а
экстрасенсо́рика, -и
экстрасенсо́рный
экстрасисто́ла, -ы
экстрасистоли́ческий
экстрасистоли́я, -и
экстре́ма, -ы
экстрема́ль, -и
экстрема́льность, -и
экстрема́льный; кр. ф. -лен, -льна
экстреми́зм, -а
экстреми́ст, -а
экстреми́стский
экстре́мум, -а
э́кстренно, нареч.
э́кстренность, -и
э́кстренный; кр. ф. -рен, -ренна
экстру́дер, -а
экструзио́нный
экстру́зия, -и
эксфолиати́вный
эксфолиа́ция, -и
эксцентриа́да, -ы
эксцентри́зм, -а
эксце́нтрик, -а
эксце́нтрика, -и
эксце́нтриковый
эксцентрисите́т, -а
эксцентри́ческий
эксцентри́чность, -и
эксцентри́чный; кр. ф. -чен, -чна
эксце́рпция, -и
эксце́сс, -а
эксци́зия, -и
эксцитати́вный
экс-чемпио́н, -а
экс-чемпио́нка, -и, р. мн. -нок
экс-ше́ф, -а
эктази́я, -и
эктерици́д, -а
э́ктима, -ы
эктипографи́ческий
эктипогра́фия, -и
эктогене́з, -а
эктогна́тный
эктоде́рма, -ы
эктодерма́льный
эктока́рповые, -ых
эктомезенхи́ма, -ы
эктопарази́ты, -ов, ед. -зи́т, -а
эктопи́ческий
эктопи́я, -и
эктопла́зма, -ы
эктотро́фный
эктотро́фы, -ов, ед. -тро́ф, -а
экуме́на, -ы и ойкуме́на, -ы
экумени́зм, -а
экумени́ст, -а
экумени́ческий
экфра́сис, -а
экю́, нескл., с. (старинная французская монета)
ЭКЮ́, нескл., с. (европейская валютная единица)
элайопла́сты, -ов, ед. -а́ст, -а
элами́ты, -ов, ед. -ми́т, -а
эла́мский
эла́н, -а
эла́новый
эласмоте́рий, -я
эласта́н, -а
эласта́новый
эла́стик, -а
эласти́н, -а
эласти́ческий

ЭЛАСТИЧНОСТЬ

эласти́чность, -и
эласти́чный; *кр. ф.* -чен, -чна
эластоме́ры, -ов, *ед.* -ме́р, -а
эластопла́сты, -ов, *ед.* -а́ст, -а
злати́в, -а и эляти́в, -а
злеа́т, -а
элева́тор, -а
элева́торно-складско́й
элева́торный
элеваторострое́ние, -я
элева́ция, -и
элево́ны, -ов, *ед.* -во́н, -а
элевси́нский (элевси́нские пра́зднества, мисте́рии)
элега́нтность, -и
элега́нтный; *кр. ф.* -тен, -тна
эле́гик, -а
элеги́ст, -а
элеги́ческий
элеги́чность, -и
элеги́чный; *кр. ф.* -чен, -чна
эле́гия, -и
электи́вный
электора́льный
электора́т, -а
эле́ктр, -а (*янтарь*)
Эле́ктра, -ы (*мифол., астр.*)
электре́ты, -ов, *ед.* -ре́т, -а
электриза́ция, -и
электризо́ванный; *кр. ф.* -ан, -ана
электризова́ть(ся), -зу́ю(сь), -зу́ет(ся)
электризу́емость, -и
эле́ктрик, -а (*электротехник*)
эле́ктрик, *неизм.* (*цвет*)
электри́но, *нескл., с.*
электрифика́ция, -и
электрифици́рованный; *кр. ф.* -ан, -ана
электрифици́ровать(ся), -рую, -рует(ся)
электри́ческий
электри́чество, -а
электри́чка, -и, *р. мн.* -чек
электро... — *первая часть сложных слов, пишется слитно*

электроагрега́т, -а
электроагрега́тный
электроаку́стика, -и
электроакусти́ческий
электроана́лиз, -а
электроаппара́т, -а
электроаппара́тный
электроаппарату́ра, -ы
электроармату́ра, -ы
электробатаре́я, -и
электробезопа́сность, -и
электробри́тва, -ы
электробу́р, -а
электро́бус, -а
электробытово́й
электровагоне́тка, -и, *р. мн.* -ток
электрова́куумный
электровале́нтный
электрова́фельница, -ы, *тв.* -ей
электровентиля́тор, -а
электровибра́тор, -а
электрово́з, -а
электровоздухораспредели́тель, -я
электрово́зный
электровозоремо́нтный
электровозострое́ние, -я
электровозостро́ительный
электровооружённость, -и
электровосстановле́ние, -я
электровы́садочный
электрогазоочи́стка, -и
электрогастрогра́фия, -и
электрогенера́тор, -а
электрогидравли́ческий
электрогирля́нда, -ы
электрогита́ра, -ы
электроглянцева́тель, -я
электро́граф, -а
электрографи́ческий
электрогра́фия, -и
электрогре́лка, -и, *р. мн.* -лок
электрогри́ль, -я
электро́д, -а
электродви́гатель, -я
электродви́жущий

электродетона́тор, -а
электродиагно́стика, -и
электродина́мика, -и
электродинами́ческий
электродинамо́метр, -а
электродиффу́зия, -и
электро́дный
электродо́ильный
электродо́йка, -и, *р. мн.* -о́ек
электродре́ль, -и
электродрена́ж, -а и -а́, *тв.* -см и -о́м
электродугово́й
электроёмкий
электроёмкость, -и
электрожаро́вня, -и, *р. мн.* -вен
электрозаво́д, -а
электрозаво́дский и электрозаводско́й
эле́ктро- и газосва́рка, -и
электроизгородь, -и
электроизмери́тельный
электроизоли́рующий
электроизоляцио́нный
электроимпу́льсный
электроинсектофумига́тор, -а
электроинструме́нт, -а
электроинтегра́тор, -а
электроискрово́й
электрока́бель, -я
электрокалори́фер, -а
электроками́н, -а
электрокапилля́рный
электрока́р, -а
электрокардиогра́мма, -ы
электрокардио́граф, -а
электрокардиографи́ческий
электрокардиогра́фия, -и
электрокардиомонито́р, -а
электрокардиоско́п, -а
электрокардиостимуля́тор, -а
электрока́устика, -и
электрокинети́ческий
электрокипяти́льник, -а
электрокоагуля́тор, -а
электрокоагуля́ция, -и

ЭЛЕКТРОРЕНТГЕНОГРАФ

электроконта́ктный
электрокору́нд, -а
электрокотёл, -тла́
электрокофева́рка, -и, р. мн. -рок
электрокофемо́лка, -и, р. мн. -лок
электрокра́н, -а
электрокраскораспыли́тель, -я
электрола́мпа, -ы
электрола́мповый
электролебёдка, -и, р. мн. -док
электролече́бный
электролече́ние, -я
электро́лиз, -а
электролизёр, -а
электроли́зник, -а
электроли́зный
электролиния, -и
электролити́ческий
электроли́тный
электроли́ты, -ов, ед. -ли́т, -а
электролюминесце́нтный
электролюминесце́нция, -и
электромагистра́ль, -и
электромагнети́зм, -а
электромагни́т, -а
электромагни́тный
электромасса́ж, -а, тв. -ем
электромаши́на, -ы
электромашинострое́ние, -я
электромашинострои́тельный
электромегафо́н, -а
электромедици́нский
электрометаллиза́ция, -и
электрометаллурги́ческий
электрометаллу́ргия, -и
электро́метр, -а
электрометри́ческий
электроме́трия, -и
электромеха́ник, -а
электромеха́ника, -и
электромехани́ческий
электроми́ксер, -а
электромиогра́мма, -ы
электромиогра́фия, -и
электромоби́ль, -я
электромолоти́лка, -и, р. мн. -лок

электромолото́к, -тка́
электромолотьба́, -ы́
электромонта́ж, -а́, тв. -о́м
электромонта́жник, -а
электромонта́жный
электромонтёр, -а
электромото́р, -а
электромузыка́льный
электромясору́бка, -и, р. мн. -бок
электро́н, -а
электронагрева́тель, -я
электронагрева́тельный
электронарко́з, -а
электронасо́с, -а
электронвольт, -а, р. мн. -ов, счетн. ф. -во́льт
электронво́льт-сантиме́тр, -а
электро́ник, -а
электро́ника, -и
электро́нно-акусти́ческий
электро́нно-волново́й
электро́нно-вычисли́тельный
электро́нно-ды́рочный
электро́нно-измери́тельный
электро́нно-ио́нный
электро́нно-лучево́й
электро́нно-микроскопи́ческий
электро́нно-опти́ческий
электро́нно-оснащённый
электро́нно-светово́й
электро́нно-счётный
электро́нный
электрогра́мма, -ы
электрографи́ческий
электрогра́фия, -и
электро́нщик, -а
электро́н-электро́нный
электрообмо́тка, -и
электрообогрева́тель, -я
электрооборудование, -я
электроопры́скиватель, -я
электроо́птика, -и
электроопти́ческий
электроорга́н, -а
электроосвети́тельный

электроосвеще́ние, -я
электроотрица́тельность, -и
электропая́льник, -а
электропереда́ча, -и, тв. -ей
электропе́чь, -и, предл. в электропечи́, мн. -и, -е́й
электропила́, -ы́, мн. -пи́лы, -пи́л
электропита́ние, -я
электроплави́льный
электропла́вка, -и
электроплита́, -ы́, мн. -пли́ты, -пли́т
электропли́тка, -и, р. мн. -ток
электропневмати́ческий
электроподогре́в, -а
электроподста́нция, -и
электропо́езд, -а, мн. -а́, -о́в
электрополиро́вщик, -а
электроположи́тельность, -и
электрополотёр, -а
электропотребле́ние, -я
электропредохрани́тель, -я
электропрессшпа́н, -а
электроприбо́р, -а
электропри́во́д, -а, мн. -ы, -ов и (в проф. речи) электропри́вод, -а, мн. -а́, -о́в
электропро́во́д, -а, мн. -а́, -о́в
электропрово́дка, -и
электропрово́дность, -и
электропрово́дный; кр. ф. -ден, -дна
электропроводя́щий
электропрои́грыватель, -я
электропромы́шленность, -и
электропункту́ра, -ы
электропылесо́с, -а
электроразве́дка, -и
электроразве́дочный
электроразря́дный
электроразъём, -а
электрораспредели́тельный
электрореакти́вный
электроре́зка, -и, р. мн. -зок
электрорентгеногра́мма, -ы
электрорентгено́граф, -а

электрорентгенографи́ческий
электрорентгеногра́фия, -и
электроретиногра́мма, -ы
электроретиногра́фия, -и
электроро́зжиг, -а
электросамова́р, -а
электросва́рка, -и
электросва́рочный
электросва́рщик, -а
электросва́рщица, -ы, тв. -ей
электросверло́, -а́, мн. -свёрла, -свёрл
электросвети́льник, -а
электросветоводолече́ние, -я
электросветово́й
электросветолече́ние, -я
электросвя́зь, -и
электросекундоме́р, -а
электросе́ть, -и, мн. -и, -е́й
электросигнализацио́нный
электросигнализа́ция, -и
электросилово́й
электроси́нтез, -а
электроско́п, -а
электроснабже́ние, -я
электросоковыжима́лка, -и, р. мн -лок
электросо́н, -сна́
электросталеплави́льный
электросталеплави́льщик, -а
электроста́ль, -и (род стали)
электроста́льский (от Электроста́ль, город)
электроста́льцы, -ев, ед. -лец, -льца, тв. -льцем
электроста́нция, -и
электроста́тика, -и
электростати́ческий
электростимуля́тор, -а
электростимуля́ция, -и
электростри́жка, -и
электростри́кция, -и
электросуши́лка, -и, р. мн. -лок
электросчётчик, -а
электротабло́, нескл., с.
электротакси́с, -а
электроте́льфер, -а
электротерапевти́ческий
электротерапи́я, -и
электротерми́ческий
электротерми́я, -и
электротермо́метр, -а
электроте́хник, -а
электроте́хника, -и
электротехни́ческий
электроти́пия, -и
электротова́ры, -ов
электрото́к, -а
электрото́н, -а
электротра́вма, -ы
электротра́нспорт, -а
электротя́га, -и
электротя́говый
электроувлажни́тель, -я
электроустано́вка, -и, р. мн. -вок
электроутю́г, -а́
электрофизио́лог, -а
электрофизиологи́ческий
электрофизиоло́гия, -и
электрофи́льтр, -а
электрофо́н, -а
электрофо́р, -а
электрофоре́з, -а
электрофотографи́ческий
электрофотогра́фия, -и
электрофото́метр, -а
электрофотополупроводнико́вый
электрофреза́, -ы́, мн. -фре́зы, -фре́з
электрохими́ческий
электрохи́мия, -и
электрохирурги́я, -и
электрохо́д, -а
электроча́йник, -а
электрочасы́, -о́в
электрошашлы́чница, -ы, тв. -ей
электрошка́ф, -а
электрошла́ковый
электрошну́р, -а́
электрошо́к, -а
электрошо́ковый
электроштабелёр, -а
электрощи́т, -а́
электрощу́п, -а
электроэнерге́тика, -и
электроэнергети́ческий
электроэне́ргия, -и
электроэнцефалогра́мма, -ы
электроэнцефало́граф, -а
электроэнцефалографи́ческий
электроэнцефалогра́фия, -и
электроэпиля́ция, -и
электроэрозио́нный
элеме́нт, -а
элемента́рность, -и
элемента́рный; кр. ф. -рен, -рна
элеме́нтный
элементорга́ника, -и
элементооргани́ческий
эле́ниум, -а
элеоли́т, -а
элеро́нный
элеро́ны, -ов, ед. -ро́н, -а
элеутероко́кк, -а
элефантиа́з, -а
эли́зий, -я и эли́зиум, -а
элизи́йский
эли́зия, -и
эликси́р, -а
элимина́ция, -и
элимини́рование, -я
элимини́рованный; кр. ф. -ан, -ана
элимини́ровать(ся), -рую, -рует(ся)
элинва́р, -а
эли́стинка, -и, р. мн. -нок
эли́стинский (от Эли́ста́)
эли́стинцы, -ев, ед. -нец, -нца, тв. -нцем
эли́та, -ы
элитари́зм, -а
элита́рность, -и
элита́рный; кр. ф. -рен, -рна
эли́тный
Элла́да, -ы

ЭМОЦИОНАЛЬНО ОКРАШЕННЫЙ

элла́дский (элла́дская культу́ра, археол.)
э́ллинг, -а
э́ллинговый
эллини́зм, -а
эллини́ст, -а
эллинисти́ческий
э́ллинка, -и, *р. мн.* -нок
э́ллинский
э́ллинство, -а
э́ллины, -ов, *ед.* э́ллин, -а
э́ллипс, -а
э́ллипсис, -а
э́ллипсный
эллипсо́граф, -а
эллипсо́ид, -а
эллипсоида́льный
эллипсо́идный
эллипти́ческий
эллипти́чность, -и
эллипти́чный; *кр. ф.* -чен, -чна
Э́ллочка-людое́дка, Э́ллочки-людое́дки
злоде́я, -и
элокве́нтный
элокве́нция, -и
элонга́ция, -и
ЭЛТ [ээлтэ́], *нескл., ж. (сокр.:* электронно-лучевая трубка)
эль¹, э́ля *(пиво; единица длины)*
эль², *нескл., с. (название буквы)*
э́льбинский *(от* Э́льба)
эльбру́сский *(от* Эльбру́с)
Эльдора́до, *нескл., с. (мифическая золотая страна)* и эльдора́до, *нескл., с. (страна богатств и чудес; место сосредоточения природных богатств)*
эльза́ска, -и, *р. мн.* -сок
эльза́сский *(от* Эльза́с)
эльза́сцы, -ев, *ед.* -сец, -сца, *тв.* -сцем
эльзеви́р, -а
эльф, -а
эльфи́ческий
элювиа́льный

элю́вий, -я
элюе́нт, -а
элюи́рование, -я
элюи́рованный; *кр. ф.* -ан, -ана
элюи́ровать(ся), -рую, -рует(ся)
эляти́в, -а и элати́в, -а
эм, *нескл., с. (название буквы)*
эмалеви́дный; *кр. ф.* -ден, -дна
эма́левый
эмалирова́ние, -я
эмалиро́ванный; *кр. ф.* -ан, -ана
эмалирова́ть(ся), -ру́ю, -ру́ет(ся)
эмалиро́вка, -и
эмалиро́вочный
эма́ль, -и
эмалье́р, -а
эмалье́рный
эма́н, -а
эманацио́нный
эмана́ция, -и
эмано́метр, -а
эмансипа́нтка, -и, *р. мн.* -ток
эмансипа́тор, -а
эмансипа́ция, -и
эмансипе́, *неизм. и нескл., ж.*
эмансипи́рованный; *кр. ф.* -ан, -ана
эмансипи́ровать(ся), -рую(сь), -рует(ся)
эмба́рго, *нескл., с.*
эмба́рговый
э́мбинский *(от* Э́мба)
эмбле́ма, -ы
эмблема́тика, -и
эмблемати́ческий
эмболи́ческий
эмболи́я, -и
эмболоте́рий, -я
эмбриоадапта́ция, -и
эмбриогене́з, -а
эмбрио́лог, -а
эмбриологи́ческий
эмбриоло́гия, -и
эмбрио́н, -а
эмбриона́льный
эмбриотоми́я, -и

эмвэдэ́шник, -а
эмвэдэ́шный *(от* МВД)
эмерге́нцы, -енц
эмердже́нтный
эмерита́льный
эмериту́ра, -ы
эмети́н, -а
эмигра́нт, -а *(к* эмигра́ция)
эмигра́нтка, -и, *р. мн.* -ток
эмигра́нтский
эмигра́нтщина, -ы
эмиграцио́нный
эмигра́ция, -и *(выезд)*
эмигри́ровать, -рую, -рует *(к* эмигра́ция)
эмине́нция, -и
эми́р, -а
эмира́т, -а
эмира́тский
Эмира́ты, -ов *(государство* ОАЭ)
эмирито́н, -а
эми́рский
эмисса́р, -а
эмисса́рский
эмиссио́нный
эми́ссия, -и
эмите́нт, -а
эмити́рованный; *кр. ф.* -ан, -ана *(от* эмити́ровать)
эмити́ровать(ся), -рую, -рует(ся) *(выпускать бумажные деньги; испускать элементарные частицы)*
эми́ттер, -а
эми́ттерный
э́мка, -и, *р. мн.* э́мок *(автомобиль марки "М")*
эммента́льский
э́ммер, -а
эмметропи́я, -и
эмотиви́зм, -а
эмотиви́ст, -а
эмотиви́стский
эмоти́вный
эмоциоге́нный
эмоциона́льно окра́шенный

ЭМОЦИОНАЛЬНО-ОЦЕНОЧНЫЙ

эмоциона́льно-оце́ночный
эмоциона́льно-психологи́ческий
эмоциона́льность, -и
эмоциона́льный; кр. ф. -лен, -льна
эмо́ция, -и
эмпати́ческий
эмпа́тия, -и
эмпие́ма, -ы
эмпире́и, -ев (вита́ть в эмпире́ях)
Эмпире́й, -я (мифол.)
эмпири́зм, -а
эмпи́рик, -а
эмпи́рика, -и
эмпириокри́тик, -а
эмпириокритици́зм, -а
эмпириомони́зм, -а
эмпириосимволи́зм, -а
эмпири́ческий
эмпири́чность, -и
эмпири́чный; кр. ф. -чен, -чна
эмпири́я, -и (опыт, наблюдение)
э́му, нескл., м.
эмульга́тор, -а
эмульги́рование, -я
эмульги́ровать(ся), -рует(ся)
эмульси́н, -а
эмульсио́нный
эмульси́рование, -я
эмульси́ровать(ся), -рует(ся)
эму́льсия, -и
эмульсо́ид, -а
эму́льсор, -а
эмуля́тор, -а
эмуля́ция, -и
эмфа́за, -ы
эмфати́ческий
эмфизе́ма, -ы
эмфиземато́зный
эмфите́взис, -а
эмчеэ́совец, -вца, тв. -вцем, р. мн. -вцев
эмчеэ́совский (от МЧС)
эн, нескл., с. (название буквы)
энали́ды, -ов
эна́нте́ма, -ы

энантиосеми́я, -и
энантиотропи́зм, -а
энантиотро́пный
энгармони́зм, -а
энгармони́ческий
э́нгельсовский (от Э́нгельс, фамилия)
э́нгельсский (от Э́нгельс, город)
эндартерии́т, -а
эндеми́зм, -а
энде́мики, -ов, ед. -мик, -а
эндеми́ческий
эндеми́чный; кр. ф. -чен, -чна
эндеми́я, -и
эндога́мия, -и
эндога́мный
эндоге́нный
эндогено́та, -ы
эндоде́рма, -ы
эндозоохо́рия, -и
эндока́рд, -а
эндокарди́т, -а
эндока́рпий, -я
эндокри́нный
эндокрино́лог, -а
эндокринологи́ческий
эндокриноло́гия, -и
эндокринопа́тия, -и
эндоме́трий, -я
эндометрио́з, -а
эндометри́т, -а
эндоми́ксис, -а
эндомито́з, -а
эндоморфи́зм, -а
эндопарази́ты, -ов, ед. -зи́т, -а
эндопептида́зы, -а́з, ед. -а́за, -ы
эндопла́зма, -ы
эндоплазмати́ческий
эндорадиозо́нд, -а
эндорадиозонди́рование, -я
эндоско́п, -а
эндоскопи́ческий
эндоскопи́я, -и
эндо́смос, -а
эндоспе́рм, -а
эндоспо́рий, -я

эндоте́лий, -я
эндотерми́ческий
эндотерми́я, -и
эндотокси́ны, -ов, ед. -си́н, -а
эндотро́фный
эндотро́фы, -ов, ед. -тро́ф, -а
эндоферме́нты, -ов, ед. -ме́нт, -а
эндохирурги́ческий
эндохирурги́я, -и
э́ндсы, -ов
э́ндшпиль, -я
эне́ева мы́шь, эне́евой мы́ши
энеоли́т, -а
энеолити́ческий
энергетиза́ция, -и
энергетизи́ровать(ся), -рую(сь), -рует(ся)
энергети́зм, -а
энерге́тик, -а
энерге́тика, -и
энергети́ческий
энерги́ческий
энерги́чность, -и
энерги́чный; кр. ф. -чен, -чна
эне́ргия, -и
энерго... – первая часть сложных слов, пишется слитно
энергоагрега́т, -а
энергобала́нс, -а
энергобло́к, -а
энерговооружённость, -и
энергоёмкий
энергоёмкость, -и
энергозави́симый
энергозатра́ты, -а́т
энергоинформацио́нный
энергоко́мплекс, -а
энергокри́зис, -а
энергомашинострое́ние, -я
энергомашинострои́тель, -я
энергонасы́щенность, -и
энергонасы́щенный
энергонезави́симый
энергоноси́тель, -я
энергооборудова́ние, -я
энергоотда́ча, -и, тв. -ей

энергопо́езд, -а, мн. -а́, -о́в
энергоресу́рсы, -ов
энергосберега́ющий
энергосбереже́ние, -я
энергосе́ть, -и, мн. -и, -е́й
энергосилово́й
энергосисте́ма, -ы
энергоснабже́ние, -я
энергострои́тель, -я
энергострои́тельный
энерготехнологи́ческий
энерготехноло́гия, -и
энерготра́сса, -ы
энерготра́та, -ы
энергоустано́вка, -и, р. мн. -вок
энергохозя́йство, -а
эне́сы, -ов, ед. эне́с, -а (сокр.: народные социалисты, партия в нач. XX в.)
э́нецкий (к э́нцы)
энзи́мный
энзимоло́гия, -и
энзи́мы, -ов, ед. энзи́м, -а
энзоо́тия, -и
эни́гма, -ы
энигмати́ческий
энигмати́чность, -и
энигмати́чный; кр. ф. -чен, -чна
энкавэдэ́шник, -а
энкавэдэ́шный (от НКВД)
энка́устика, -и
энкаусти́ческий
энкли́тика, -и
энклити́ческий
энко́миум, -а
энкомье́нда, -ы
энкрини́т, -а
э́нный
эноте́ра, -ы
энофта́льм, -а
э́нский
энстати́т, -а
энта́да, -ы
энта́зис, -а
энтальпи́я, -и
энтелехия, -и

энтелодо́н, -а
энтери́т, -а
энтеробио́з, -а
энтерогене́з, -а
энтерокина́за, -ы
энтероко́кки, -ов, ед. -ко́кк, -а
энтероколи́т, -а
энтеропто́з, -а
энтеросепто́л, -а
энтерпо́рт, -а
энтогна́тный
энтоде́рма, -ы
энтомо́з, -а
энтомо́лог, -а
энтомологи́ческий
энтомоло́гия, -и
энтомофа́г, -а
энтомофа́уна, -ы
энтомофили́я, -и
энтомофи́льный
энтропи́йный
энтро́пион, -а
энтропи́я, -и
энтузиа́зм, -а
энтузиа́ст, -а
энтузиасти́ческий
энтузиа́стка, -и, р. мн. -ток
энтэвэ́шник, -а
энтэвэ́шный (от НТВ)
энтээ́ровский (от НТР)
энуклеа́ция, -и
энуре́з, -а и энуре́зис, -а
энурети́ческий
энхазло́вец, -вца, тв. -вцем, р. мн. -вцев
энхазло́вский (от НХЛ)
энцефали́т, -а
энцефали́тка, -и, р. мн. -ток
энцефали́тный
энцефалогра́мма, -ы
энцефало́граф, -а
энцефалографи́ческий
энцефалогра́фия, -и
энцефаломиели́т, -а
энцефалопа́тия, -и
энци́клика, -и

энциклопеди́зм, -а
энциклопеди́ст, -а
энциклопеди́ческий
энциклопеди́чность, -и
энциклопеди́чный; кр. ф. -чен, -чна
энциклопе́дия, -и
э́нцы, -ев, ед. э́нец, э́нца, тв. э́нцем (народность)
энэ́с, -а (сокр.: научный сотрудник, разг.)
э́ оборо́тное, э́ оборо́тного (название буквы)
эози́н, -а
эозинофили́я, -и
эозинофи́лы, -ов, ед. -фи́л, -а
эозо́йский
эозо́он, -а
Эо́л
эоли́йский
эоли́т, -а
эоли́товый
эо́лова а́рфа, эо́ловой а́рфы
эо́ловый (связанный с деятельностью ветра)
эо́н, -а
эоноте́ма, -ы
эоплейстоце́н, -а
Эо́с, нескл., ж.
эоце́н, -а
эоце́новый
Эпанаго́га, -и (памятник права)
эпа́рх, -а
эпата́ж, -а, тв. -ем
эпата́жность, -и
эпата́жный
эпати́рование, -я
эпати́рованный; кр. ф. -ан, -ана
эпати́ровать(ся), -рую(сь), -рует(ся)
эпати́рующий(ся)
эпейрогене́з, -а
эпейрогени́ческий
эпейрофоре́з, -а
эпе́ндима, -ы
эпенте́за, -ы

эпентети́ческий
эпибла́ст, -а
эпибле́ма, -ы
эпигене́з, -а
эпигенети́ческий
эпигеосинклина́льный
эпиго́н, -а
эпиго́нский
эпиго́нство, -а
эпиго́нствовать, -твую, -твует
эпигра́мма, -ы
эпиграммати́ст, -а
эпиграммати́ческий
эпигра́ммщик, -а
эпи́граф, -а
эпигра́фика, -и
эпиграфи́ческий
эпидемио́лог, -а
эпидемиологи́ческий
эпидемиоло́гия, -и
эпидеми́ческий
эпиде́мия, -и
эпиде́рма, -ы
эпидерма́льный
эпиде́рмис, -а
эпидермофити́я, -и
эпидиапрое́ктор, -а
эпидиаско́п, -а
эпидидими́т, -а
эпидо́т, -а
эпизо́д, -а
эпизо́дик, -а
эпизоди́ческий
эпизоди́чность, -и
эпизоди́чный; кр. ф. -чен, -чна
эпизоо́тик, -а
эпизооти́ческий
эпизоо́тия, -и
эпизоото́лог, -а
эпизоотоло́гия, -и
эпизоохори́я, -и
э́пик, -а
э́пика, -и
эпика́рд, -а
эпико́тиль, -я
эпикри́з, -а

эпикрити́ческий
Эпику́р, -а
эпикуре́ец, -е́йца, тв. -е́йцем, р. мн. -е́йцев
эпикуреи́зм, -а
эпикуре́йский
эпикуре́йство, -а
эпиле́псия, -и
эпиле́птик, -а
эпилепти́ческий
эпилепти́чка, -и, р. мн. -чек
эпили́рование, -я
эпило́г, -а
эпиля́тор, -а
эпиляцио́нный
эпиля́ция, -и
эпина́стия, -и
эпио́рнис, -а
эпипалеоли́т, -а
эпиплатфо́рменный
эпи́рский (от Эпи́р)
эписиллоги́зм, -а
эписклери́т, -а
еписко́п, -а (прибор)
эписо́мы, -о́м, ед. -о́ма, -ы
эпистемологи́ческий
эпистемоло́гия, -и
эпи́стиль, -я
эпи́стола, -ы
эписто́лия, -и
эпистоля́рий, -я
эпистоля́рный
эпистро́фа, -ы
эпита́кси́я, -и
эпитала́ма, -ы
эпиталами́ческий
эпита́фия, -и
эпителиа́льный
эпите́лий, -я
эпителио́ма, -ы
эпи́тет, -а
эпито́н, -а
эпитрохо́ида, -ы
эпифа́уна, -ы
эпифено́мен, -а
эпифи́з, -а

эпифито́тия, -и
эпифи́ты, -ов, ед. -фи́т, -а
эпи́фора, -ы
эпице́нтр, -а
эпицентри́ческий
эпици́кл, -а
эпицикло́ида, -ы
эпи́ческий
эпи́чность, -и
эпи́чный; кр. ф. -чен, -чна
эпо́д, -а
эпокси́дка, -и
эпокси́дный
эполе́ты, -ле́т и -ов, ед. -ле́та, -ы и -ле́т, -а
эпо́нж, -а, тв. -ем
эпо́нжевый
эпони́м, -а
эпопе́я, -и
э́пос, -а
эпо́ха, -и
эпоха́льность, -и
эпоха́льный; кр. ф. -лен, -льна
э́псилон, -а (название буквы)
эпсоми́т, -а
эпули́с, -а
эпуни́т, -а
эпю́р, -а
эпю́рный
эр, нескл., с. (название буквы)
э́ра, э́ры
Эра́зм Роттерда́мский
эра́нтис, -а
эрате́ма, -ы
Эра́то, нескл., ж.
Эратосфе́н, -а: решето́ Эратосфе́на
э́рбиевый
э́рбий, -я
эрг[1], -а, р. мн. -ов, счетн. ф. эрг (ед. измер.)
эрг[2], -а (пустыня)
эргасте́рий, -я
эргастопла́зма, -ы
эрга́стул, -а
эргати́в, -а

эргати́вный
эргати́ческий
эрогра́мма, -ы
эрго́граф, -а
эрогра́фия, -и
эргоди́ческий
эргоди́чность, -и
эрго́метр, -а
эргоме́трия, -и
эргоно́мика, -и
эргономи́ст, -а
эргономи́ческий
эргономи́чность, -и
эргономи́чный; кр. ф. -чен, -чна
эргостери́н, -а
эрготи́зм, -а (болезнь животных)
эрготи́н, -а
эрготокси́н, -а
эргоцентри́ческий
эрдельтерье́р, -а
э́ре, нескл., с.
Эре́б, -а
эреги́ровать, -рует
эре́ктор, -а
эре́кция, -и
эремопо́а, нескл., ж.
эремоспарто́н, -а
эре́мурус, -а
эре́ти, нескл., с.
ерети́зм, -а
эрза́ц, -а, тв. -ем, р. мн. -ев
эрза́ц-валю́та, -ы
эрза́ц-проду́кт, -а
эрза́ц-това́р, -а
э́рзя, -и
эрзя́не, -я́н, ед. -я́нин, -а
эрзя́нка, -и, р. мн. -нок
эрзя́нский
эри́нии, -ий
эри́стика, -и
эрите́ма, -ы
эритре́йский (от Эритре́я)
эритреми́я, -и
эритри́т, -а
эритродерми́я, -и
эритромици́н, -а

эритроспе́рмум, -а
эритроцита́рный
эритроцито́з, -а
эритроци́ты, -ов, ед. -ци́т, -а
э́ркер, -а
эрл, -а
э́рлифт, -а
Эрмита́ж, -а, тв. -ем
эрмита́жник, -а
эрмита́жный
эрми́товский
эроге́нный
эроди́рованный
эроди́ровать(ся), -рую, -рует(ся)
эроди́рующий(ся)
эрози́йный
эрозио́нный
эро́зия, -и
Э́рос, -а (мифол.) и э́рос, -а (филос.; чувственное влечение)
Эро́т, -а
эротизи́ровать, -рую, -рует
эроти́зм, -а
эро́тика, -и
эроти́ческий
эроти́чность, -и
эроти́чный; кр. ф. -чен, -чна
эротома́н, -а
эротома́ния, -и
эротома́нка, -и, р. мн. -нок
эррати́ческий (геол.)
эр-рия́дский (от Эр-Рия́д)
эрсте́д, -а, р. мн. -ов, счетн. ф. эрсте́д
эруди́рованность, -и
эруди́рованный; кр. ф. -ан, -анна
эруди́т, -а
эруди́тка, -и, р. мн. -ток
эруди́ция, -и
эрупти́вный
эру́пция, -и
э́рфуртский (от Э́рфурт)
э́рфуртцы, -ев, ед. -тец, -тца, тв. -тцем
эрцге́рцог, -а
эрцгерцоги́ня, -и, р. мн. -инь

эрцге́рцогский
эрцге́рцогство, -а
эрзс, -а (сокр.: реактивный снаряд)
эрэсэфэсэ́ровский (от РСФСР)
эс, нескл., с. (название буквы)
эсде́к, -а
эсде́ковский
эсе́р, -а
эсе́рка, -и, р. мн. -рок
эсе́ровский
эсе́ро-меньшеви́стский
эсе́рство, -а
эска́дра, -ы
эска́дренный
эскадри́льный
эскадри́лья, -и, р. мн. -лий
эскадро́н, -а
эскадро́нный
эскала́да, -ы
эскала́тор, -а
эскала́торный
эскала́ция, -и
эскало́п, -а
эскамота́ж, -а, тв. -ем
эскамоти́рование, -я
эскамоти́рованный; кр. ф. -ан, -ана
эскамоти́ровать(ся), -рую, -рует(ся)
эскапа́да, -ы
эскапи́зм, -а
эскапи́ст, -а
эскапи́стский
эска́рп, -а
эскарпи́рование, -я
эскарпи́рованный; кр. ф. -ан, -ана
эскарпи́ровать(ся), -рую, -рует(ся)
эска́рпный
эсква́йр, -а
э́скер, -а
эски́з, -а
эски́зность, -и
эски́зный; кр. ф. -зен, -зна
эскимо́, нескл., с.

ЭСКИМОСКА

эскимо́ска, -и, *р. мн.* -сок
эскимо́сский
эскимо́сы, -ов, *ед.* -мо́с, -а
эско́рт, -а
эскорти́рование, -я
эскорти́рованный; *кр. ф.* -ан, -ана
эскорти́ровать(ся), -рую(сь), -рует(ся)
эско́ртный
эскро́у, *нескл., с.*
эску́до, *нескл., м. и с.*
Эскула́п, -а (*мифол.*) и эскула́п, -а (*врач, ирон. и шутл.*)
эсми́нец, -нца, *тв.* -нцем, *р. мн.* -нцев
эспа́да, -ы, *м.*
эспадо́н, -а
эспадро́н, -а
эспадрони́ст, -а
эспадро́нный
эспа́ндер, -а (*спорт. снаряд*)
эспаньо́лка, -и, *р. мн.* -лок
эспа́рто, *нескл., с.*
эспарце́т, -а
эсперанти́ст, -а
эсперанти́стка, -и, *р. мн.* -ток
эспера́нто, *нескл., м. и с.*
эспера́нто-ассоциа́ция, -и
эспера́нто-движе́ние, -я
эспера́нто-ру́сский
эспера́нтский
эсплана́да, -ы
эспри́, *нескл., м. и с.*
эссе́, *нескл., с.*
эссеи́ст, -а
эссеи́стика, -и
эссеи́стка, -и, *р. мн.* -ток
эссеи́стский
э́ссексский (*от* Э́ссекс)
э́ссексцы, -ев, *ед.* -сец, -сца, *тв.* -сцем
э́ссенский (*от* Э́ссен)
эссенциа́ле, *нескл., с.*
эссе́нция, -и
э́ссенцы, -ев, *ед.* -нец, -нца, *тв.* -нцем (*от* Э́ссен)

эстака́да, -ы (*мост*)
эстака́дный
эста́мп, -а (*оттиск*)
эстампа́ж, -а, *тв.* -ем
эста́мпный
эста́нсия, -и
эстафе́та, -ы
эстафе́тный
эстезиологи́ческий
эстезиоло́гия, -и
эстезио́метр, -а
эстемменозу́х, -а
эсте́т, -а
эстетиза́ция, -и
эстетизи́рованный; *кр. ф.* -ан, -ана
эстетизи́ровать(ся), -рую, -рует(ся)
эстети́зм, -а
эсте́тик, -а
эсте́тика, -и
эстети́ческий
эстети́чность, -и
эстети́чный; *кр. ф.* -чен, -чна
эсте́тка, -и, *р. мн.* -ток
эсте́тский
эсте́тство, -а
эсте́тствовать, -твую, -твует
эстока́да, -ы (*в фехтовании*)
эсто́мп, -а (*растушевка кожи*)
эсто́нка, -и, *р. мн.* -нок
эсто́нский (*к* Эсто́ния *и* эсто́нцы)
эсто́нско-росси́йский
эсто́нско-ру́сский
эсто́нцы, -ев, *ед.* -нец, -нца, *тв.* -нцем
эстраго́н, -а (*растение*)
эстраго́нный
эстра́да, -ы
эстра́дник, -а
эстра́дница, -ы, *тв.* -ей
эстра́дно-конце́ртный
эстра́дность, -и
эстра́дный; *кр. ф.* -ден, -дна
эстроге́н, -а (*гормон*)
эстро́н, -а

э́струс, -а
эстуа́рий, -я
э́сты, -ов, *ед.* эст, -а
эсхатологи́ческий
эсхатоло́гия, -и
Эсхи́лов, -а, -о и эсхи́ловский (*от* Эсхи́л)
эс-це́т, *нескл., с.* (*название буквы*)
эсэнгэ́вский (*от* СНГ)
эсэнгэ́шный (*от* СНГ)
эсэ́совец, -вца, *тв.* -вцем, *р. мн.* -вцев
эсэ́совский (*от* СС)
э́та, -ы (*название буквы*)
эта́ж, -а́, *тв.* -о́м
этаже́рка, -и, *р. мн.* -рок
этаже́рочка, -и, *р. мн.* -чек
эта́жность, -и
эта́жный
этазо́л, -а
э́так
э́такий
этакрати́зм, -а
этакрати́ческий
этало́н, -а
эталони́рование, -я
эталони́ровать(ся), -рую, -рует(ся)
этало́нный; *кр. ф.* -о́нен, -о́нна
эта́н, -а
эта́новый
этано́л, -а
этано́ловый
эта́п, -а
этапи́рование, -я
этапи́рованный; *кр. ф.* -ан, -ана
этапи́ровать(ся), -рую(сь), -рует(ся)
эта́пник, -а
эта́пность, -и
эта́пный; *кр. ф.* -пен, -пна
этатиза́ция, -и
этатизи́рованный; *кр. ф.* -ан, -ана
этатизи́ровать(ся), -рую, -рует(ся)

этати́зм, -а
этати́стский
этати́ческий
э́твеш, -а, *тв.* -ем
этерифика́ция, -и
этиза́ция, -и
этизи́рованный; *кр. ф.* -ан, -ана
этизи́ровать(ся), -рую, -рует(ся)
э́тика, -и
этике́т, -а
этикета́ж, -а, *тв.* -ем
этикетиро́вка, -и
этикетиро́вочный
этике́тка, -и, *р. мн.* -ток
этике́тный
этике́точный
этике́т-пистоле́т, -а
этике́тчик, -а
этике́тчица, -ы, *тв.* -ей
э́тико-психологи́ческий
эти́л, -а
этилацета́т, -а
этилбензо́л, -а
этиле́н, -а
этиленгликоль, -я
этиле́новый
этиленокси́д, -а
этили́рование, -я
этили́рованный; *кр. ф.* -ан, -ана
эти́ловый
этилхлори́д, -а
этилцеллюло́за, -ы
этимо́лог, -а
этимологиза́ция, -и
этимологизи́рованный; *кр. ф.* -ан, -ана
этимологизи́ровать(ся), -рую, -рует(ся)
этимологи́ческий
этимоло́гия, -и
этимо́н, -а
этиоли́рование, -я
этиоли́рованный; *кр. ф.* -ан, -ана
этиологи́ческий
этиоло́гия, -и
этиоля́ция, -и

этиотро́пный
эти́ческий
эти́чность, -и
эти́чный; *кр. ф.* -чен, -чна
этишке́т, -а
этмоиди́т, -а
этни́ческий
этно... — *первая часть сложных слов, пишется слитно*
этнобота́ника, -и
этноботани́ческий
этногене́з, -а
этногенети́ческий
этногеографи́ческий
этногеогра́фия, -и
этно́граф, -а
этнографи́зм, -а
этнографи́ческий
этнографи́чность, -и
этнографи́чный; *кр. ф.* -чен, -чна
этногра́фия, -и
этно́графо-археологи́ческий
этногру́ппа, -ы
этноистори́ческий
этноконфессиона́льный
этнокульту́рный
этнолингви́стика, -и
этнолингвисти́ческий
этно́лог, -а
этнологи́ческий
этноло́гия, -и
этно́ним, -а
этнони́мика, -и
этноними́ческий
этнони́мия, -и
этнополити́ческий
этнопсихологи́ческий
этнопсихоло́гия, -и
э́тнос, -а
этносоциа́льный
этноязыково́й
э́то, *частица и связка*
этогра́мма, -ы
э́то же
это́лог, -а
этологи́ческий

этоло́гия, -и
э́тот, э́то, э́того, *тв.* э́тим, э́та, э́той, *мн.* э́ти, э́тих
э́тот же
этру́ски, -ов, *ед.* этру́ск, -а
этру́сский
этуа́ль, -и
этю́д, -а
этю́дник, -а
этю́дность, -и
этю́дный
эублефа́р, -а и эйблефа́р, -а
эукарио́ты, -о́т, *ед.* -о́та, -ы и эвкарио́ты, -о́т, *ед.* -о́та, -ы
эуноктин, -а
эуфилли́н, -а
эф, *нескл., с.* (*название буквы*)
э́фа, -ы (*змея*)
эфе́б, -а
эфе́бия, -и
эфе́дра, -ы
эфедри́н, -а
эфе́дровый
эфеме́р, -а
эфемери́дный
эфемери́ды, -и́д, *ед.* -и́да, -ы
эфеме́рность, -и
эфеме́рный; *кр. ф.* -рен, -рна
эфемеро́идный
эфемеро́иды, -ов, *ед.* -о́ид, -а
эфе́нди, *нескл., м.*
эфе́с, -а
эфе́сный (*от* эфе́с)
эфе́сский (*от* Эфе́с, *город*); но: Артеми́да Эфе́сская
эфио́пка, -и, *р. мн.* -пок
эфио́пский (*к* эфио́пы *и* Эфио́пия)
эфио́пы, -ов, *ед.* эфио́п, -а
эфи́р, -а
эфи́рно-ма́сличный
эфи́рность, -и
эфи́рный
эфирома́сличный
эфироно́с, -а
эфироно́сный; *кр. ф.* -сен, -сна
эфироцеллюло́зный

эфирсульфона́т, -а
эфо́ры, -ов, ед. эфо́р, -а
эффе́кт, -а
эффекти́вность, -и
эффекти́вный; кр. ф. -вен, -вна
эффе́ктность, -и
эффе́ктный; кр. ф. -тен, -тна
эффенди́, нескл., м.
эффералга́н, -а
эффере́нтный
эффузи́вный
эффузио́метр, -а
эффу́зия, -и
эх, неизм.
э-хе-хе́, неизм.
эхи́н, -а
эхина́цея, -и
эхинока́ктус, -а

эхинокко́к, -а
эхинокко́ковый
эхинококко́з, -а
эхино́пс, -а
эхино́псило́н, -а
эхиури́ды, -и́д, ед. -и́да, -ы
эхма́, неизм.
Э́хо, нескл., ж. (мифол.)
э́хо, э́ха (отзвук)
эхогра́мма, -ы
э́хо-и́мпульс, -а
э́хо-ка́мера, -ы
эхокардиогра́мма, -ы
эхокардиографи́ческий
эхокардиогра́фия, -и
эхолока́тор, -а
эхолокацио́нный
эхолока́ция, -и

эхоло́т, -а
э́хо-резона́тор, -а
э́хо-сигна́л, -а
эшафо́т, -а
эшафо́тный
эшеле́тт, -а
эшело́н, -а
эшелони́рование, -я
эшелони́рованный; кр. ф. -ан,
  -ана
эшелони́ровать(ся), -рую,
  -рует(ся)
эшело́нный
эше́ль, -и
эше́льный
э-э-э, неизм.
эякуля́т, -а
эякуля́ция, -и

Ю

ю, *нескл., с.* (*название буквы*)
юа́нь, -я
юа́ровский (*от* ЮАР)
юа́ровцы, -ев, *ед.* -вец, -вца, *тв.* -вцем
юбе́я, -и
юбиле́й, -я
юбиле́йный
юбиля́р, -а
юбиля́рша, -и, *тв.* -ей
юбиля́ция, -и
ю́бка, -и, *р. мн.* ю́бок
ю́бка-брю́ки, ю́бки-брю́к
ю́бка годе́, ю́бки годе́
ю́бка дже́рси, ю́бки дже́рси
ю́бочка, -и, *р. мн.* -чек
ю́бочник, -а
ю́бочница, -ы, *тв.* -ей
ю́бочный
юбчо́нка, -и, *р. мн.* -нок
ювели́р, -а
ювели́рно-часово́й
ювели́рный; *кр. ф.* -рен, -рна
Ювена́л, -а
ювена́лии, -ий
Ювена́лов, -а, -о и ювена́ловский (*от* Ювена́л)
ювени́льный
ювенологи́ческий
ювеноло́гия, -и
юг, ю́га; но: Война́ Се́вера и Ю́га (*в США, ист.*), Вооружённые си́лы Ю́га Росси́и (*белая армия*)
ю́гер, -а
ю́го-восто́к, -а

Ю́го-Восто́чная А́зия
ю́го-восто́чнее, *нареч.*
ю́го-восто́чный
ю́го-за́пад, -а; но: Ю́го-За́пад, -а (*район Москвы*)
Ю́го-За́падная А́зия
Ю́го-За́падная Ру́сь (*ист.*)
ю́го-за́паднее, *нареч.*
югоза́падно-африка́нский
ю́го-за́падный
югоосети́нский (*к* Ю́жная Осе́тия)
юго́рский (*от* югра́)
Юго́рский Шар (*пролив*)
югосла́вка, -и, *р. мн.* -вок
югосла́вский (*к* югосла́вы *и* Югосла́вия)
югосла́вы, -ов, *ед.* -сла́в, -а
ю́го-ю́го-восто́к, -а
ю́го-ю́го-восто́чный
ю́го-ю́го-за́пад, -а
ю́го-ю́го-за́падный
югра́, -ы́ *и* -ы́ (*племена, ист.*)
юдо́ль, -и
юдо́льный
юдофи́л, -а
юдофи́льский
юдофи́льство, -а
юдофо́б, -а
юдофо́бия, -и
юдофо́бка, -и, *р. мн.* -бок
юдофо́бский
юдофо́бство, -а
южа́не, южа́н, *ед.* южа́нин, -а
южа́нка, -и, *р. мн.* -нок

Ю́жная Аме́рика
Ю́жная Дако́та
Ю́жная желе́зная доро́га
Ю́жная Кароли́на
Ю́жная Коре́я
Ю́жная Коро́на (*созвездие*)
Ю́жная котлови́на
Ю́жная Осе́тия
южне́е, *нареч.*
Ю́жно-Австрали́йская котлови́на
южноавстрали́йский
южноазиа́тский
южноамерика́нка, -и, *р. мн.* -нок
Ю́жно-Америка́нская платфо́рма
южноамерика́нский
южноамерика́нцы, -ев, *ед.* -нец, -нца, *тв.* -нцем
южноатланти́ческий
Ю́жно-Атланти́ческий антицикло́н
южноафрика́нка, -и, *р. мн.* -нок
Ю́жно-Африка́нская Респу́блика (ЮАР)
южноафрика́нский
южноафрика́нцы, -ев, *ед.* -нец, -нца, *тв.* -нцем
южнобере́жный
южновеликору́сский
южновьетна́мский
Ю́жное о́бщество (*декабристов*)
Ю́жное полуша́рие
южноинди́йский
южнойе́менский

южнокавка́зский
Ю́жно-Кавка́зское наго́рье
южнокароли́нский (*от* Ю́жная Кароли́на)
южнокароли́нцы, -ев, *ед.* -нец, -нца, *тв.* -нцем
Ю́жно-Каспи́йская ни́зменность
Ю́жно-Кита́йские го́ры
южнокита́йский
Ю́жно-Кита́йское мо́ре
южнокоре́йский
южнокоре́йцы, -ев, *ед.* -е́ец, -е́йца, *тв.* -е́йцем
южнокури́льский (*от* Ю́жные Кури́лы и Ю́жно-Кури́льск)
южнокури́льцы, -ев, *ед.* -лец, -льца, *тв.* -льцем
южнору́сский
Ю́жно-Сахали́нская желе́зная доро́га
южносахали́нский (*от* Ю́жный Сахали́н и Ю́жно-Сахали́нск)
южносахали́нцы, -ев, *ед.* -нец, -нца, *тв.* -нцем
южнославя́нский
южнотихоокеа́нский
Ю́жно-Тихоокеа́нский антицикло́н
южноура́льский (*от* Ю́жный Ура́л и Южноура́льск)
Ю́жно-Ура́льский (у́гольный) бассе́йн
Ю́жно-Францу́зские А́льпы
южнофранцу́зский
Ю́жно-Шотла́ндская возвы́шенность
Ю́жно-Яку́тский (у́гольный) бассе́йн
Ю́жные Кури́лы
ю́жный
Ю́жный бе́рег Кры́ма
Ю́жный Бу́г
Ю́жный Вьетна́м
Ю́жный Йе́мен
Ю́жный Кре́ст (*созвездие*)

Ю́жный океа́н
Ю́жный по́люс
Ю́жный поля́рный кру́г
Ю́жный Сахали́н
Ю́жный тро́пик
Ю́жный Ура́л
юз, ю́за (*аппарат; невращение колес*)
юзи́ст, -а
юзи́стка, -и, *р. мн.* -ток
ю́зом, *нареч.*
юкаги́рка, -и, *р. мн.* -рок
юкаги́рский
юкаги́ры, -ов, *ед.* -ги́р, -а
юката́нский (*от* Юката́н)
юката́нцы, -ев, *ед.* -нец, -нца, *тв.* -нцем
ю́кка, -и
ю́кола, -ы
ю́конский (*от* Ю́кон)
юла́, юлы́
Юлиа́н Отсту́пник
юлиа́нский (*календа́рь; пери́од*)
Ю́лий Це́зарь
юли́ть, юлю́, юли́т
юми́зм, -а
ю́мовский (*от* Юм)
ю́мор, -а
юморе́ска, -и, *р. мн.* -сок
юмори́на, -ы
юмори́ст, -а
юмори́стика, -и
юмористи́чески
юмористи́ческий
юмористи́чный; *кр. ф.* -чен, -чна
юмори́стка, -и, *р. мн.* -ток
юморно́й
юморо́к, -рка́
юна́к, -а́ и -а
юна́цкий
ю́нга, -и, *м.*
юнгиа́нский
юнгиа́нство, -а
ю́нговский (*от* Юнг)
юнгштурмо́вка, -и, *р. мн.* -вок
ЮНЕ́СКО, *нескл., с.*

юне́ть, юне́ю, юне́ет
юне́ц, юнца́, *тв.* юнцо́м, *р. мн.* юнцо́в
юниони́стский
юниони́сты, -ов, *ед.* -и́ст, -а
юнио́р, -а
юнио́рка, -и, *р. мн.* -рок
юнио́рский
ю́ница, -ы, *тв.* -ей
ю́нкер[1], -а, *мн.* -ы, -ов (*помещик*)
ю́нкер[2], -а, *мн.* -а́, -о́в (*воен.*)
ю́нкерс, -а (*самолет*)
ю́нкерский
ю́нкерство, -а
юнкерьё, -я́
юнко́р, -а
юнко́ровский
юнна́т, -а
юнна́товский
юнна́тский
Юно́на, -ы
ю́ность, -и
ю́ноша, -и, *тв.* -ей, *м.*
ю́ношески
ю́ношеский
ю́ношество, -а
ю́ный; *кр. ф.* юн, юна́, ю́но
юньна́ньский (*от* Юньна́нь)
юньна́ньцы, -ев, *ед.* -а́нец, -а́ньца, *тв.* -а́ньцем
Юпи́тер, -а (*мифол.; планета*)
юпи́тер, -а (*осветительный прибо́р*)
юпитериа́нский (*от* Юпи́тер, *планета*)
юр: на (са́мом) юру́
юра́, юры́ (*геол.*)
юрги́нский (*от* Юрга́)
юрги́нцы, -ев, *ед.* -нец, -нца, *тв.* -нцем
юридиза́ция, -и
юриди́чески
юриди́ческий
Ю́рий Долгору́кий
юрисдикцио́нный
юрисди́кция, -и

юрисконсульт, -а
юрисконсультский
юрисконсультство, -а
юриспруденция, -и
юрист, -а
юристка, -и, *р. мн.* -ток
юрк, *неизм.*
юркать, -аю, -ает
юркий; *кр. ф.* юрок, юрка, юрко
юркнуть, -ну, -нет и юркнуть, -ну, -нёт
юркость, -и
юрмальский (*от* Юрмала)
юрмальцы, -ев, *ед.* -лец, -льца, *тв.* -льцем
юрод, -а
юродивость, -и
юродивый, -ого
юродливый
юродский
юродство, -а
юродствование, -я
юродствовать, -твую, -твует
юрский (*геол.*)

юрт, -а и -а (*земельный надел*)
юрта, -ы (*жилище*)
юртовый
юрфак, -а
юрче, *сравн. ст. (от* юркий, юрко)
Юрьев день, Юрьева дня
юрьевецкий (*от* Юрьевец)
юрьев-польский (*прил. к* Юрьев-Польский, Юрьев-Польской)
Юрьев-Польский и Юрьев-Польской (*город*)
юрьевский (*к* Юрьев и Юрьев-Польский, Юрьев-Польской)
юрьевчане, -ан, *ед.* -анин, -а (*к* Юрьевец и Юрьев-Польский, Юрьев-Польской)
юрюзанский (*от* Юрюзань)
юс[1], юса, *мн.* юсы, юсов (*название буквы*)
юс[2], юса, *мн.* юсы, юсов (*законник, крючкотвор*)
юсовый
юстирный
юстировальный

юстирование, -я
юстированный; *кр. ф.* -ан, -ана
юстировать(ся), -рую, -рует(ся)
юстировка, -и, *р. мн.* -вок
юстировщик, -а
юстиция, -и
Юстиц-коллегия, -и (*ист.*)
ют, юта
ютиться, ючусь, ютится
ютландский (*от* Ютландия)
ютландцы, -ев, *ед.* -дец, -дца, *тв.* -дцем
ютовый
ютский (*от* Юта)
юферс, -а
юфтевый
юфть, -и
юфтяной
юхновский (*от* Юхнов; юхновская культура, *археол.*)
юшка, -и
ююба, -ы

Я

я¹, меня́, мне, мной, обо мне́, *местоим.*
я², *нескл., с.* (обращенная на себя личность, индивидуальность; название буквы)
я́беда, -ы, *м. и ж.*
я́бедник, -а
я́бедница, -ы, *тв.* -ей
я́бедничанье, -я
я́бедничать, -аю, -ает
я́беднический
я́бедничество, -а
я́блоко, -а, *мн.* -оки, -ок
яблокоре́зка, -и, *р. мн.* -зок
я́блоневый
я́блонный
я́блонь, -и (*устар. и обл. к* я́блоня)
я́блонька, -и, *р. мн.* -нек
я́блоня, -и, *р. мн.* -онь
я́блочко, -а, *мн.* -чки, -чек
я́блочник, -а
я́блочница, -ы, *тв.* -ей
я́блочный
Я́блочный Спа́с (*праздник*)
ява́нка, -и, *р. мн.* -нок
ява́нский (*от* Я́ва)
ява́нтроп, -а
ява́нцы, -ев, *ед.* -нец, -нца, *тв.* -нцем
яви́ть(ся), явлю́(сь), я́вит(ся)
я́вка, -и, *р. мн.* я́вок
явле́ние, -я
я́вленный; *кр. ф.* -ен, -ена (*от* яви́ть)
явле́нный (явле́нная ико́на)

явля́ть(ся), -я́ю(сь), -я́ет(ся)
я́вно, *нареч.*
явнобра́чный
явнозерни́стый
явнокристалли́ческий
явнопо́люсный
я́вность, -и
я́вный; *кр. ф.* я́вен, я́вна
я́вор, -а
я́воровый
я́ворчатый
я́вочный
я́вственно, *нареч.*
я́вственность, -и
я́вственный; *кр. ф.* -вен и -венен, -венна
я́вствовать, -твует
явь, я́ви
яга́, яги́
ягдта́ш, -а, *тв.* -ем
ягдтерье́р, -а
я́гелевый
Ягелло́ны, -ов (*династия*)
я́гель, -я
я́гельник, -а
я́гельный
ягне́ние, -я
ягнёнок, -нка, *мн.* ягня́та, -я́т
ягнёночек, -чка, *мн.* ягня́тки, -ток
ягни́ться, -и́тся
ягно́бский
ягно́бцы, -ев, *ед.* -бец, -бца, *тв.* -бцем
ягня́тина, -ы
ягня́тник, -а

ягня́чий, -ья, -ье
я́года, -ы
я́година, -ы
я́годицы, я́годиц, *ед.* я́годица, -ы, *тв.* -ей
я́годи́чный
я́годка, -и, *р. мн.* -док
я́годковые, -ых
я́годник, -а
я́годница, -ы, *тв.* -ей
я́годный
ягодообра́зный; *кр. ф.* -зен, -зна
ягодоубо́рочный
ягуа́р, -а
ягуарёнок, -нка, *мн.* -ря́та, -ря́т
ягуа́ровый
яд, я́да и я́ду
я́дерник, -а
я́дерно безопа́сный
я́дерно-косми́ческий
я́дерно опа́сный
я́дерно-пла́зменный
я́дерно-реакти́вный
я́дерно-энергети́ческий
я́дерный
я́дерщик, -а
ядови́тик, -а
ядови́то-зелёный
ядови́тость, -и
ядови́тый
ядозу́б, -а
ядоно́сный; *кр. ф.* -сен, -сна
ядохимика́ты, -ов, *ед.* -ка́т, -а
ядрене́ть, -е́ю, -е́ет
ядрёность, -и

ядрёный
я́дрица, -ы, *тв.* -ей
ядри́ще, -а
ядро́, -а́, *мн.* я́дра, я́дер
ядро́вый
я́дрышко, -а, *мн.* -шки, -шек
я́зва, -ы
я́звенник, -а
я́звенница, -ы, *тв.* -ей
я́звенный
я́звина, -ы
я́звинка, -и, *р. мн.* -нок
язви́тельность, -и
язви́тельный; *кр. ф.* -лен, -льна
язви́ть, язвлю́, язви́т
язвообразу́ющий
я́звочка, -и, *р. мн.* -чек
язёвый
Язо́н, -а и Ясо́н, -а
язы́к, -а́
языка́стый
языка́тый
язы́к-исто́чник, языка́-исто́чника
языкове́д, -а
языкове́дение, -я
языкове́дный
языкове́дческий
языково́й (*к* язы́к – *средство общения*)
языко́вый (*к* язы́к – *орган во рту*)
языкогло́точный
языкозна́ние, -я
язы́к-осно́ва, языка́-осно́вы
языкотво́рец, -рца, *тв.* -рцем, *р. мн.* -рцев
языкотво́рческий
языкотво́рчество, -а
язы́к-посре́дник, языка́-посре́дника
язы́цех: при́тча во язы́цех
язы́ческий
язы́чество, -а
язычи́на, -ы, *м.*
язычи́шко, -а и -и, *мн.* -шки, -шек, *м.*
язычи́ще, -а, *мн.* -а и -и, -и́щ, *м.*

язычко́вый
язы́чник, -а
язы́чница, -ы, *тв.* -ей
язы́чно-нёбный
язы́чный
язычо́к, -чка́
язь, язя́
я́ицкий (*от* Яи́к)
Яи́цкий городо́к (*ист.*)
яи́чко, -а, *мн.* -чки, -чек
яи́чники, -ов, *ед.* -ник, -а
яи́чниковый
яи́чница, -ы, *тв.* -ей
яи́чный
яи́шенка, -и, *р. мн.* -нок
яйла́, -ы́
яйцева́рка, -и, *р. мн.* -рок
яйцеви́дный; *кр. ф.* -ден, -дна
яйцево́д, -а
яйцево́й
яйцеголо́вый
яйцее́д, -а
яйцеживородя́щий
яйцеживорожде́ние, -я
яйцезаготови́тельный
яйцезагото́вки, -вок
яйцекла́д, -а
яйцекла́дка, -и, *р. мн.* -док
яйцекладу́щие, -их
яйцекле́тка, -и, *р. мн.* -ток
яйцекле́точный
яйцемясно́й
яйцено́ский
яйцено́скость, -и
яйцеобра́зный; *кр. ф.* -зен, -зна
яйцеобразова́ние, -я
яйцеро́дный
яйцерожде́ние, -я
яйцесортиро́вка, -и
яйцесортиро́вочный
яйцо́, -а́, *мн.* я́йца, яи́ц, я́йцам
як, я́ка (*бык*)
Як, Я́ка и *нескл., м.* (*самолет*)
якама́ра, -ы
якана́, -ы
я́канье, -я

якара́нда, -ы
я́кать, я́каю, я́кает
я́ко, *союз*
Яко́би, *нескл., м.*: многочле́ны Яко́би, си́мвол Яко́би
якобиа́н, -а
якоби́нец, -нца, *тв.* -нцем, *р. мн.* -нцев
якоби́нский
якоби́нство, -а
я́кобы
Я́ков, -а (*также*: зала́дила соро́ка Я́кова (одно́ про вся́кого))
я́ковлевский (*от* Я́ковлев)
яково́д, -а
яково́дство, -а
яково́дческий
якорёк, -рька́
я́корец, -рца (*растение*)
я́корный
я́корь, -я, *мн.* -я́, -е́й
яку́тка, -и, *р. мн.* -ток (*к* яку́ты)
яку́тский (*к* яку́ты, Яку́тия, Яку́тск)
яку́ты, -ов, *ед.* яку́т, -а
якутя́не, -я́н, *ед.* -я́нин, -а (*от* Яку́тск)
якутя́нка, -и, *р. мн.* -нок (*к* якутя́не)
якша́нье, -я
якша́ться, -а́юсь, -а́ется
ял, я́ла
ялбо́т, -а
я́лик, -а
я́личник, -а
я́личный
я́ловевший
я́ловеть, -еет
я́ловица, -ы, *тв.* -ей
я́ловичный
я́ловка, -и, *р. мн.* -вок
я́ловость, -и
я́ловочный
я́ловый
Я́лтинская конфере́нция (1945)
я́лтинский (*от* Я́лта)

я́лтинцы, -ев, *ед.* -нец, -нца, *тв.* -нцем
ям, я́ма (*почтовая станция*)
я́ма, я́мы
яма́йка, -и, *р. мн.* яма́ек (*к* яма́йцы)
яма́йский (*от* Яма́йка)
яма́йцы, -ев, *ед.* яма́ец, яма́йца, *тв.* яма́йцем
Яма́ло-Не́нецкий автоно́мный о́круг
яма́лский и яма́льский (*от* Яма́л)
яма́льцы, -ев, *ед.* -лец, -льца, *тв.* -льцем
ямб, -а
ямби́ческий
ямбохоре́й, -я
я́мбургский (*от* Я́мбург)
я́мина, -ы
я́мистый
я́мища, -и
я́мка, -и, *р. мн.* я́мок
ямкоголо́вые, -ых
я́мный
ямокопа́тель, -я
я́мочка, -и, *р. мн.* -чек
я́мочно-гребе́нчатый
я́мочный
ямс, -а
Ямско́е По́ле (*район в Москве*)
ямско́й
ямщи́к, -а́
ямщи́на, -ы
ямщи́цкий
ямщи́чий, -ья, -ье
ямщичо́к, -чка́
янва́рский
янва́рь, -я́
я́нки, *нескл., м.*
янсени́зм, -а
янсени́ст, -а
янсени́стский
я́нский[1] (*от* Я́на, *река*)
я́нский[2], -я (*ед. измер.*)
янта́рка, -и, *р. мн.* -рок

Янта́рная ко́мната (*в Ца́рском Селе́*)
янта́рный
янтароно́сный; *кр. ф.* -сен, -сна
янта́рь, -я́
Я́нус, -а: двули́кий Я́нус
янцзы́йский (*от* Янцзы́)
яныча́р, -а, *р. мн.* яныча́р и -ов
яныча́рский
я́о, *нескл. мн., ед. м. и ж.* (*народность*)
Япе́т, -а (*астр.*)
япони́ст, -а
япони́стика, -и
япони́стка, -и, *р. мн.* -ток
япо́нка, -и, *р. мн.* -нок
японове́д, -а
японове́дение, -я
япо́но-кита́йский
япо́но-росси́йский
япо́ночка, -и, *р. мн.* -чек
япо́нский (*к* Япо́ния *и* япо́нцы)
Япо́нское мо́ре
япо́нско-кита́йский
япо́нско-ру́сский
япо́нцы, -ев, *ед.* -нец, -нца, *тв.* -нцем
яр, я́ра, *предл.* в (на) яру́, *мн.* я́ры, я́ров; но (*в названиях населенных пунктов*) Яр, Я́ра, *предл.* в (на) ... Яру́, *напр.*: Часо́в Я́р (*город*), Бе́лый Я́р, Све́тлый Я́р (*поселки*), Капу́стин Я́р, *также в* Ба́бий Я́р
яра́нга, -и
ярд, -а
яре́м, -а
яре́мный
Яри́ло, -а (*мифол.*)
яри́ть(ся), ярю́(сь), яри́т(ся)
я́рица, -ы, *тв.* -ей
я́рка, -и, *р. мн.* я́рок
я́ркий; *кр. ф.* я́рок, ярка́, я́рко, я́рки
я́рко, *нареч.*
я́рко-бе́лый
яркова́тый
я́рко вы́раженный

я́рко-голубо́й
я́рко-жёлтый
я́рко-зелёный
я́рко-кра́сный
я́рко-лило́вый
я́рко-мали́новый
яркоме́р, -а
яркоокра́шенный*
я́рко-ора́нжевый
я́рко-ро́зовый
я́рко-си́ний
я́ркостный
я́ркость, -и
ярл, -а
ярлы́к, -а́
ярлы́чный
ярлычо́к, -чка́
я́рмарка, -и, *р. мн.* -рок
я́рмарочный
ярмо́, -а́, *мн.* я́рма, ярм, я́рма́м
яровиза́ция, -и
яровизи́рованный; *кр. ф.* -ан, -ана
яровизи́ровать(ся), -рую, -рует(ся)
яро́вище, -а
яровы́е, -ы́х
ярози́т, -а
ярола́вка, -и, *р. мн.* -вок
Яросла́в Му́дрый
Яросла́вово двори́ще, Яросла́вова двори́ща (*в Новгороде*)
Яросла́в Осмомы́сл
яросла́вский (*от* Яросла́вль)
яросла́вцы, -ев, *ед.* -вец, -вца, *тв.* -вцем
я́ростность, -и
я́ростный; *кр. ф.* -тен, -тна
я́рость, -и
я́рочка, -и, *р. мн.* -чек
яру́га, -и
яруно́к, -нка́
я́рус, -а
я́русность, -и
я́русный

ярутка, -и, *р. мн.* -ток
ярчайший
ярче, *сравн. ст.*
ярыга, -и, *м.*
ярыжка, -и, *р. мн.* -жек, *м.*
ярыжник, -а
ярыжный
ярый
ярь, яри
ярь-медянка, яри-медянки
ясак, -а
ясачный
ясельки, -лек
ясельник, -а
ясельничий, -его
ясельный
ясеневый
ясенец, -нца, *тв.* -нцом, *р. мн.* -нцов
ясень, -я
ясколка, -и, *р. мн.* -лок
ясли, -ей
ясли-сад, яслей-сада
ясменник, -а
ясмин, -а
ясминный
Ясная Поляна (музей-усадьба)
яснейший
ясненько
яснеть, -ею, -еет
яснёхонький; *кр. ф.* -нек, -нька
ясниться, -ится
ясно, *нареч. и в знач. сказ.*
ясновельможный
ясновидение, -я
ясновидец, -дца, *тв.* -дцем, *р. мн.* -дцев
ясновидица, -ы, *тв.* -ей
ясновидящий (*к* ясновидение)
ясноглазый
ясногорский (*от* Ясногорск)
яснокий
яснополянский (*от* Ясная Поляна)
яснослышание, -я

яснослышащий (*к* яснослышание)
ясность, -и
яснотка, -и, *р. мн.* -ток
ясный; *кр. ф.* ясен, ясна, ясно, ясны
Ясон, -а *и* Язон, -а
ясочка, -и, *р. мн.* -чек
яспис, -а
ясписовый
ясский (*от* Яссы)
яссцы, -ев, *ед.* яссец, яссца, *тв.* яссцем
яства, яств, *ед.* яство, -а
яствие, -я
ястреб, -а, *мн.* -а, -ов *и* -ы, -ов
ястребёнок, -нка, *мн.* -бята, -бят
ястребинка, -и, *р. мн.* -нок
ястребиный
ястребок, -бка
ястреб-перепелятник, ястреба-перепелятника
ястреб-тетеревятник, ястреба-тетеревятника
астык, -а
астычный
асырь, -я
ятаган, -а
ятвяги, -ов
ятвяжский
ятевый (*от* ять)
ятовь, -и
ятовье, -я
ятрогения, -и
ятрогенный
ятромеханика, -и
ятрофизика, -и
ятрохимия, -и
ятрышник, -а
ятрышниковые, -ых
ять, ятя (название буквы)
Яузский (*от* Яуза)
Яфет, -а (*библ.*)
яфетидолог, -а
яфетидология, -и
яфетиды, -ов

яфетический
Яхве, *нескл., м.*
яхонт, -а
яхонтовый
яхромский (*от* Яхрома)
яхромчане, -ан, *ед.* -анин, -а
яхромчанка, -и, *р. мн.* -нок
яхта, -ы
яхт-гавань, -и
яхтенный
яхтинг, -а
яхт-клуб, -а
яхтклубовец, -вца, *тв.* -вцем, *р. мн.* -вцев
яхт-клубовский
яхтный
яхтовый
яхточка, -и, *р. мн.* -чек
яхтсмен, -а
яхтсменка, -и, *р. мн.* -нок
яхтсменский
ячанье, -я
ячать, ячит
ячеечка, -и, *р. мн.* -чек
ячеечный
ячеисто-ленточный
ячеистый
ячейка, -и, *р. мн.* ячеек
ячейковый
ячество, -а
ячея, -и
ячий, ячья, ячье (*от* як)
ячменёк, -нька *и* -ньку
ячменка, -и
ячменник, -а
ячменный
ячмень, -я
ячневик, -а
ячневый
ячный
ячонок, -нка, *мн.* ячата, ячат (*от* як)
яшма, -ы
яшмовидный
яшмовый
ящерёнок, -нка, *мн.* -рята, -рят

ЯЩЕРИЦА

я́щерица, -ы, *тв.* -ей
ящерицеобра́зный; *кр. ф.* -зен, -зна
я́щеричный
я́щерка, -и, *р. мн.* -рок (*уменьш. к* я́щерица)
я́щерный (*от* я́щеры)
ящеропти́ца, -ы, *тв.* -ей
ящерота́зовые, -ых
я́щеры, -ов, *ед.* я́щер, -а (*отряд млекопитающих*)
я́щик, -а
я́щичек, -чка
я́щичный
я́щур, -а (*болезнь*)
я́щурка, -и, *р. мн.* -рок (*род ящериц*)
я́щурный (*от* я́щур)

Приложение 1

ОСНОВНЫЕ ОБЩЕПРИНЯТЫЕ ГРАФИЧЕСКИЕ СОКРАЩЕНИЯ

А ампер
а ар
абл. аблатив
абс. абсолютный
абх. абхазский
авар. аварский
а • в ампер-виток
авг. август, августовский
а-во агентство
австр. австрийский
австрал. австралийский
авт. автономный
авт. л. и а. л. авторский лист
агр. агроном, агрономический; аграрный
адж. аджарский
адм. адмирал; административный
адм.-терр. административно-территориальный
адыг. адыгейский, адыгский
а. е. астрономическая единица
а. е. д. астрономическая единица длины
а. е. м. атомная единица массы
азерб. азербайджанский
азиат. азиатский
акад. академик, академия
акк. аккузатив
акц. акционерный
а/л атомный ледокол
а. л. и авт. л. авторский лист
алб. албанский
алг. алгебра
алг. и алгебр. алгебраический
алж. алжирский
алт. алтайский
алф. алфавитный

альм. альманах
альп. альпийский
амер. американский
анат. анатомический
англ. английский
ангол. ангольский
аннот. аннотация, аннотированный
антич. античный
а/о акционерное общество; автономный округ, автономная область
ап. апостол; **апп.** апостолы
а/п аэропорт
апр. апрель, апрельский
ар. и араб. арабский
арам. арамейский
аргент. аргентинский
арифм. арифметика, арифметический
арм. армянский
арт. артиллерия, артиллерийский; артист
арх. архив, архивный
арх. и археол. археология, археологический
арх. и архип. архипелаг
арх. и архит. архитектор, архитектурный
архиеп. архиепископ
архим. архимандрит
а/с административная служба
асб апостильб
а • сек ампер-секунда
асс. ассистент
ассир. ассирийский
астр. астрономический
ат. атомный
ат атмосфера техническая
ата атмосфера абсолютная

Приложение 1

ати атмосфера избыточная
атм. атмосферный
атм атмосфера физическая
ат. м. атомная масса
афг. афганский
афр. африканский
ацет. ч. ацетильное число
а • ч ампер-час
а/я абонементный ящик
Б бел
Б. Большой
б байт
б. и бал. балка
б. и больн. больной
б. и бух. бухта
б. и быв. бывший
бал. балет
бал. и б. балка
балк. балкарский
балт. балтийский
бар. барак
басс. бассейн
бат-н и б-н батальон
башк. башкирский
б. г. без указания года
безв. безводный
безл. безличный
белорус. и блр. белорусский
бельг. бельгийский
бер. берег
бзн бензин
б. и. без указания издательства
библ. библейский; библиографический, библиография; библиотечный
б. или м. более или менее
биогр. биографический
биол. биологический
бирм. бирманский
Бк беккерель
б-ка библиотека
Бл. В. и Бл. Восток Ближний Восток
блгв. благоверный; блгвв. благоверные
блж. блаженный
блр. и белорус. белорусский
б. м. без указания места
б. м. и г. без указания места и года

б-н и бат-н батальон
бол. болото
болг. болгарский
болив. боливийский
больн. и б. больной
больн. и б-ца больница
бот. ботаника, ботанический
б/п без переплета; беспартийный
бр. братья (*при фамилии*); брутто
браз. бразильский
брет. бретонский
брит. британский
б/у бывший в употреблении
буд. будущее время
букв. буквально, буквальный
бул. бульвар
бум. бумажный
бум. л. бумажный лист
бурж. буржуазный
бурят. бурятский
бут. бутылка
бух. и б. бухта
б. ц. без указания цены
б-ца и больн. больница
б. ч. бо́льшая часть, бо́льшей частью
б-чка библиотечка
быв. и б. бывший
бюдж. бюджетный
бюлл. бюллетень
В вольт
В. и в. восток
В., в., вин. винительный падеж
в. верста; вид
в. век; вв. века
в. и веч. вечер
в. и вост. восточный
в. и вып. выпуск
В • А вольт-ампер
вал. валентность
Вб вебер
Вб • м вебер-метр
вв. века; в. век
в-во вещество
в. д. восточная долгота
вдп. водопад
вдхр. водохранилище

ГРАФИЧЕСКИЕ СОКРАЩЕНИЯ

вед. ведомственный; ведущий
вел. (Вел.) великий (Великий)
венг. венгерский
венесуэл. венесуэльский
верх. верхний
вес. ч. и **в. ч.** весовая часть
вет. ветеринарный
веч. вечерний; вечерня
веч. и **в.** вечер
визант. византийский
вин., В., в. винительный падеж
вкз. вокзал
вкл. вкладка; вклейка; включение
вкл. и **включ.** включая, включительно
вкл. л. вкладной лист
включ. и **вкл.** включая, включительно
в. к. т. верхняя критическая температура
влк. вулкан
в.-луж. верхнелужицкий
вм. вместо
вмц. великомученица; **вмцц.** великомученицы
вмч. великомученик; **вмчч.** великомученики
внеш. внешний
в. н. с. ведущий научный сотрудник
внутр. внутренний
в/о вечернее отделение
вод. ст. водяной столб
воен. военный
возв. возвышенность
возд. воздушный
вок. вокальный
вол. волость
воскр. и **вс.** воскресенье
в осн. в основном
вост. и **в.** восточный
вост.-европ. восточно-европейский
восх. восход
вп. впадина
в/п в переплете
вр. врач; время
В • с вольт-секунда
в/с высший сорт
вс. и **воскр.** воскресенье
в ср. в среднем

вступ. вступительный
Вт ватт
вт. вторник
Вт • с ватт-секунда
Вт • ч ватт-час
в т. ч. в том числе
в. ч. и **вес. ч.** весовая часть
в. ч. и **в/ч** войсковая часть
выкл. выключение
вып. и **в.** выпуск
вып. дан. выпускные данные
выс. выселки; высота
вых. дан. выходные данные
вьетн. вьетнамский
Г грамм-сила; генри
г. год; гора; **гг.** годы; горы
г грамм
г. и **г-жа** госпожа
г. и **г-н** господин; **гг.** и **г-да** господа
г. и **гор.** город; **гг.** города
га гектар
гав. гавань
газ. газета, газетный; газовый
гал. галантерейный
гар. гараж
Гб гильберт; гигабайт
ГВ гировертикаль; горизонт воды
гв. гвардия, гвардейский
гватем. гватемальский
гвин. гвинейский
гВт гектоватт
гВт • ч гектоватт-час
гг. годы; горы; **г.** год; гора
гг. города; **г.** и **гор.** город
гг. и **г-да** господа; **г.** и **г-н** господин
гг гектограмм
ГГц генри-герц
г-да и **гг.** господа; **г.** и **г-н** господин
ген. генерал; генеральный; генитив
ген. л. и **ген.-лейт.** генерал-лейтенант
ген. м. генерал-майор
ген. п. и **ген.-полк.** генерал-полковник
геогр. география, географический
геод. геодезия, геодезический
геол. геология, геологический
геом. геометрия, геометрический

Приложение 1

герм. германский
г-жа и г. госпожа
г • К грамм-кельвин
гл гектолитр
гл. глава; главный; глагол; глубина
гл. обр. главным образом
гм гектометр
г • моль грамм-моль
г-н и г. господин; гг. и г-да господа
г. н. с. главный научный сотрудник
г/о городское отделение
год. годовой, годичный
голл. голландский
гор. городской; горячий
гор. и г. город; гг. города
гос. государственный
гос-во государство
госп. и гсп. госпиталь
ГПа генри-паскаль
гпз гектопьеза
г. прох. горный проход
г • Р грамм-рентген
г-р генератор
гр. граф; графа; группа
гр. и град. градус
гр. и греч. греческий
гр. и гр-ка гражданка
гр. и гр-н гражданин; гр-не граждане
грав. гравюра
град. и гр. градус
гражд. гражданский
грамм. граммофонный; грамматика, грамматический
греч. и гр. греческий
гр-ка и гр. гражданка
гр-н и гр. гражданин; гр-не граждане
гр-не граждане; гр. и гр-н гражданин
груз. грузинский
Гс гаусс
гс грамм-сила
г • см грамм-сантиметр
гс • см грамм-сила-сантиметр
гсп. и госп. госпиталь
Гс • Э гаусс-эрстед
губ. губерния, губернский
г/х газоход

Гц герц
г-ца гостиница
ГэВ гигаэлектронвольт
г • экв грамм-эквивалент
Д., д., дат. дательный падеж
Д и дптр. диоптрия
д. действие (*при цифре*); день; долгота; доля; дом
д. и дер. деревня
д и дм дюйм
даг. дагестанский
дат. датский
дат., Д., д. дательный падеж
дБ децибел
д. б. н. доктор биологических наук
Д. В. и Д. Восток Дальний Восток
дв. ч. двойственное число
дг дециграмм
д. г.-м. н. доктор геолого-минералогических наук
д. г. н. доктор географических наук
деепр. деепричастие
деж. дежурный
действ. действительный
дек. декабрь, декабрьский; декада
ден. денежный
деп. департамент; депутат
дер. и д. деревня
дес. десант; десятина; десяток; десятичный
дес. л. десертная ложка
дет. деталь
Дж джоуль
Дж • с джоуль-секунда
д-з диагноз
диак. диакон
диал. диалектный
диам. диаметр
див. дивизия
див-н и дн дивизион
диз. дизель
дин и дн дина
д. и. н. доктор исторических наук
дин • см дин-сантиметр
дир. и д-р директор; дирижер
д. иск. доктор искусствоведения
дисс. диссертация

ГРАФИЧЕСКИЕ СОКРАЩЕНИЯ

дист. дистанция; дистиллированный
дифф. дифференциал, дифференциальный
Д/к Дворец культуры, Дом культуры
дкг декаграмм
дкл декалитр
дкм декаметр
дл децилитр
дл. длина
дм дециметр
дм и **д** дюйм
д. м. н. доктор медицинских наук
дн и **див-н** дивизион
дн и **дин** дина
д. н. доктор наук
д. о. и **д/о** дом отдыха
д/о дневное отделение
доб. добавление, добавочный
док. документальный
док. и **док-т** документ
докт. и **д-р** доктор
дол. долина
долл. доллар
доп. дополнение, дополненный, дополнительный; допустимый
доц. доцент
д. п. дачный поселок
дптр и **Д** диоптрия
д-р дебаркадер
д-р и **дир.** директор; дирижер
д-р и **докт.** доктор
др. древний; другой; дробь
драм. драматический
др.-англ. древнеанглийский
др.-в.-н. и **др.-в.-нем.** древневерхненемецкий
др.-герм. древнегерманский
др.-гр. и **др.-греч.** древнегреческий
др.-евр. древнееврейский
др.-инд. древнеиндийский
др.-н.-нем. древненижненемецкий
др.-рус. древнерусский
д/с детский сад
д. т. н. доктор технических наук
дубл. дубликат, дублированный
д. ф.-м. н. доктор физико-математических наук

д. ф. н. доктор филологических наук, доктор философских наук
д. х. н. доктор химических наук
д. ч. действительный член
д/э и **дэ/х** дизель-электроход
д/я детские ясли; для ясности
евр. еврейский
евр. и **европ.** европейский
егип. египетский
ед. единица
ед. и **ед. ч.** единственное число
ед. изм. и **ед. измер.** единица измерения
ед. хр. единица хранения
ед. ч. и **ед.** единственное число
ежедн. ежедневный
ежемес. ежемесячный
еженед. еженедельный
Е. И. В. Его (Ее) Императорское Величество (*в старых текстах*)
емк. емкость
еп. епископ; **епп.** епископы
ефр. ефрейтор
ж. жидкость, жидкий
ж. и **жен.** женский
ж. и **жит.** жители
ж. д. и **ж/д** железная дорога
ж.-д. и **ж/д** железнодорожный
жен. и **ж.** женский
жит. и **ж.** жители
журн. журнал
З. и **з.** запад
з. и **зап.** западный
з. и **зол.** золотник
з. а. и **засл. арт.** заслуженный артист
зав. заведующий
загл. заглавие
заимств. заимствованный
зак. заказ
зал. залив
зам. заместитель
зап. и **з.** западный
зап. записки
зап.-европ. западно-европейский
заруб. зарубежный
засл. заслуженный
засл. арт. и **з. а.** заслуженный артист

Приложение 1

заст. застава
зат. затон
зах. заход
зач. зачет, зачтено (оценка)
зв. и зват. звательный падеж, звательная форма
зв. звезда, звездный; звонок
з-д завод
з. д. западная долгота
з. д. и. заслуженный деятель искусств
з. д. н. заслуженный деятель науки
зем. земельный
зен. зенитный
з. к. и з/к заключенный (*первоначально*: заключенный каналоармеец)
з. м. с. заслуженный мастер спорта
зн. знак
зн. и знач. значение
з/о заочное отделение
зол. золото, золотой
зол. и з. золотник
з/п здравпункт
зпт запятая (*в телеграммах*)
и инерта
И., и., им. именительный падеж
игум. игумен
и др. и другие
и.-е. индоевропейский
иером. иеромонах
изб. избыточный
избр. избранное, избранные
Изв. Известия
изв. известен
изд. издание, издатель, изданный, издавать(ся)
изд-во издательство
изм. изменение, измененный
изр. израильский
икс-ед. икс-единица
илл. иллюстрация, иллюстратор
и. л. с. индикаторная лошадиная сила
им. имени
им., И., и. именительный падеж
имп. император, императрица, императорский; импульс, импульсный
ин. и иностр. иностранный

инв. инвентарный
ингуш. ингушский
инд. индийский
индонез. индонезийский
инж. инженер, инженерный
иностр. и ин. иностранный
инст. и ин-т институт
инстр. инструмент, инструментальный
инсц. инсценировка
инт. интеграл, интегральный; интендант, интендантский
ин-т и инст. институт
инф. инфекционный; инфинитив
ин. ч. иностранный член
и. о. исполняющий обязанности; имя и отчество
и пр., и проч. и прочие, и прочее
ирак. иракский
иран. иранский
ирл. ирландский
ирон. иронический
иск-во искусство
исл. исландский
исп. испанский; исповедник
испр. исправление, исправленный
иссл. исследование, исследовал
ист. источник
ист. и истор. исторический
исх. исходный
ит. и итал. итальянский
и т. д. и так далее
и т. п. и тому подобное
К кельвин
к. колодец; комната; кишлак
к. и канд. кандидат
к. и коп. копейка
к. и корп. корпус
к. и к-та кислота
каб. и кабард. кабардинский
каб.-балк. кабардино-балкарский
кав. кавалерия, кавалерийский
кавк. кавказский
каз. казарма; казахский; казачий
кал калория
калм. калмыцкий
кан. канал

ГРАФИЧЕСКИЕ СОКРАЩЕНИЯ

кан. и канад. канадский
канд. и к. кандидат
кап. капитан
кар карат
кар. и карел. карельский
каракалп. каракалпакский
карел. и кар. карельский
кат. катализатор, каталитический
кат. и катол. католический
кб. и куб. кубический
кб кабельтов
к. б. н. кандидат биологических наук
кВ киловольт
кв. квадрат, квадратный; квартал; квартира
кВА киловольт-ампер
кВт киловатт
кВт • ч киловатт-час
кг килограмм
кг. кегль
кг • К килограмм-кельвин
кг • м килограмм-метр
к. г.-м. н. кандидат геолого-минералогических наук
кг • моль килограмм-моль
кг • м/с килограмм-метр в секунду
к. г. н. кандидат географических наук
кгс килограмм-сила
кгс • м килограмм-сила-метр
кгс • с килограмм-сила-секунда
кГц килогерц
кд кандела
кДж килоджоуль
кд/лк кандела на люкс
кд • с кандела-секунда
к.-ж. и к/ж киножурнал
к-з и клх колхоз
Ки кюри
к. и. н. кандидат исторических наук
кирг. киргизский
к. иск. кандидат искусствоведения
кит. китайский
ккал килокалория
клк килолюкс
Кл кулон
кл килолитр
кл. класс; ключ

к.-л. какой-либо
клк • с килолюкс-секунда
Кл • м кулон-метр
клм килолюмен
клм • ч килолюмен-час
клх и к-з колхоз
км километр
к/м короткометражный
к. м. н. кандидат медицинских наук
кмоль киломоль
км/с километр в секунду
км/ч километр в час
кН килоньютон
кн. книга; князь
к. н. кандидат наук
к.-н. какой-нибудь
кн-во княжество
книжн. книжное
кол колебание
кол-во количество
колон. колониальный
ком. и к-р командир
кОм килоом
комм. коммутатор
комп. композитор, композиция
кон. конец (*при дате*)
конгр. конгресс
конф. конференция
конц. концентрированный
кооп. кооператив, кооперативный
коп. и к. копейка
кор. корейский
кор-во королевство
корп. и к. корпус
корр. корреспондент, корреспондентский
корр/сч и к/сч корреспондентский счет
котл. котловина
коэфф. коэффициент
кПа килопаскаль
к-р и ком. командир
кр. край; критический; краткий; крупный
к-ра контора
креп. крепость
крест. крестьянский
крест-во крестьянство
крист. кристаллический

Приложение 1

кр. ф. краткая форма
к-рый который
к/ст киностудия
к/сч и **корр/сч** корреспондентский счет
кт килотонна
к/т кинотеатр
к-т комбинат; комитет; концерт
к. т. комнатная температура, критическая температура
к-та и **к.** кислота; **к-ты** кислоты
к. т. н. кандидат технических наук
куб. и **кб.** кубический
культ. культура
кур. курорт
кург. курган(ы)
курс. курсив
к/ф кинофильм
к. ф.-м. н. кандидат физико-математических наук
к. ф. н. кандидат филологических наук, кандидат философских наук
к. х. н. кандидат химических наук
к-ция концентрация
кэВ килоэлектронвольт
л литр
л. лист; **лл.** листы
л. лицо
лаб. лаборатория, лабораторный
лаг. лагуна; лагерь
лат. латинский
лат., лтш. и **латыш.** латышский
лат.-амер. латиноамериканский
латв. латвийский
л • атм. литр-атмосфера
латыш., лат. и **лтш.** латышский
Лб ламберт
л.-гв. лейб-гвардия
л. д. лист(ы) дела
лев. левый
ледн. ледник(и)
лейт. и **л-т** лейтенант
лек. лекарственный
ленингр. ленинградский
леч. лечебный
либер. либерийский
либр. либретто

лингв. лингвистический
лит. литературный; литовский; литургия
лит-ведение литературоведение
лит-ра литература
лк люкс
л/к ледокол
лк • с люкс-секунда
лл. листы; **л.** лист
лм люмен
лм • с люмен-секунда
лм • ч люмен-час
лок. локатив
л. р. левая рука
л/с личный состав
л. с. лошадиная сила
л. с. ч. лошадиная сила — час
л-т и **лейт.** лейтенант
лтш., лат. и **латыш.** латышский
луж. лужицкий
М. Малый
м. местечко; метро; море; мост; мыс
м. и **м-б** масштаб
м. и **мин.** минута
м. и **муж.** мужской
м. и **м-р** майор
м метр
ма миллиампер
маг. магазин; магистр
магн. магнитный
макед. македонский
макс. и **максим.** максимальный
маньч. маньчжурский
мар. марийский
марок. марокканский
мат. и **матем.** математика, математический
мат. и **матер.** материальный
маш. машинный, машиностроительный
Мб мегабайт
мб миллибар
м-б и **м.** масштаб
м. б. может быть
м/б мясной бульон
МВ милливольт
м. в. молекулярный вес
м-во и **мин-во** министерство
МВт мегаватт

ГРАФИЧЕСКИЕ СОКРАЩЕНИЯ

мВт милливатт
МВт • ч мегаватт-час
Мг мегаграмм
мГ метр-генри; миллигенри
м. г. милостивый государь; **мм. гг.** милостивые государи (*в старых текстах*)
мгс миллиграмм-сила
МГц мегагерц
МДж мегаджоуль
Мдс магнитодвижущая сила
МЕ международная единица
МЕ и **ме** массовая единица
мед. медицинский
мед. ч. медное число; медицинская часть
межд. и **междом.** междометие
междунар. международный
мекс. мексиканский
мес. и **м-ц** месяц
мест. и **местоим.** местоимение
мет. металл, металлический
мех. механический
мин. министр
мин. и **м.** минута
мин. и **миним.** минимальный
мин-во и **мин.** министерство
минер. минеральный
миним. и **мин.** минимальный
мир. мировой
митр. митрополит
миф. и **мифол.** мифология, мифологический
м • К метр-кельвин
мк микрон
мкА микроампер
Мкал мегакалория
мкВ микровольт
мкВт микроватт
мкГ микрогенри
мкг микрограмм
мккюри микрокюри
мкл микролитр
мкм микрометр
мкмк микромикрон
мкОм микроом
мкОм • м микроом-метр
мкПа микропаскаль
м • Па метр-паскаль
мкР микрорентген
Мкс максвелл
мкс микросекунда
мкФ микрофарад
мкюри милликюри
мл миллилитр
мл. младший
млб миллиламберт
Млк мегалюкс
Млк • с мегалюкс-секунда
млн. миллион
млрд. миллиард
м-ль мадемуазель
Мм мегаметр
мм миллиметр
м-м мадам
мм вод. ст. миллиметр водяного столба
мм. гг. милостивые государи; **м. г.** милостивый государь (*в старых текстах*)
м. миля морская миля
ммк миллимикрон
м • мм метр-миллиметр
мм рт. ст. миллиметр ртутного столба
м. н. с. младший научный сотрудник
мн. много, многие
мн. и **мн. ч.** множественное число
мН миллиньютон
мн-к многоугольник
многокр. многократный глагол
моб. мобилизационный
мокт миллиоктава
мол. молекулярный
мол. в. молекулярный вес
молд. молдавский
мол. м. молекулярная масса
моль • К моль-кельвин
Мом мегом
мон. монастырь
монг. монгольский
мор. морской
морд. мордовский
моск. московский
м. п. место печати
МПа мегапаскаль
мПа миллипаскаль

Приложение 1

мпз миллипьеза
мР миллирентген
м. р. малорастворимый
м-р мистер
м-р и м. майор
м • рад метр-радиан
мрг мириаграмм
мрм мириаметр
м. с. мастер спорта
мс и мсек миллисекунда
м/с медицинская сестра, медицинская служба; метр в секунду
м-с миссис
мсб миллистильб
мсек и мс миллисекунда
м. сп. метиловый спирт
м • ср метр-стерадиан
мТВ морской тропический воздух
муж. и м. мужской
муз. музей; музыка, музыкальный
муниц. муниципальный
мусульм. мусульманский
мф миллифот; микрофильм
м/ф мультфильм
мц. мученица; мцц. мученицы
м-ц и мес. месяц
мч. мученик; мчч. мученики
МэВ мегаэлектронвольт
Н ньютон
Н. Новый
н. а. и нар. арт. народный артист
наб. набережная
наг. нагорье
наз. называемый
назв. название
наиб. наибольший, наиболее
наим. наименьший, наименее; наименование
накл. накладная; наклонение
напр. например
нар. народный
нар. арт. и н. а. народный артист
нас. население
наст. настоящий; настоящее время
науч. научный
нац. национальный

нач. начало, начато (*при дате*); начальник; начальный
нб и н/б не был (*в списках*)
н. в. э. нормальный водородный эквивалент
н/Д (Ростов) на-Дону
негр. негритянский
нед. неделя
неизв. неизвестный
неизм. неизменяемое (слово)
нек-рый некоторый
нем. немецкий
неодуш. неодушевленный
неопр. неопределенная форма
непал. непальский
неперех. непереходный (глагол)
нер-во неравенство
неск. несколько
нескл. несклоняемое (слово)
несов. несовершенный вид
не сохр. не сохранился
неуд. неудовлетворительно (*оценка*)
нидерл. нидерландский
ниж. нижний
низм. низменность
н.-и. научно-исследовательский
н. к. т. нижняя критическая температура
н. к. э. нормальный каломельный электрод
н.-луж. нижнелужицкий
Н • м ньютон-метр
нм нанометр
н/о и н/об на обороте
н. о. национальный округ
нов. новый
новогреч. новогреческий
новозел. новозеландский
норв. норвежский
норм. нормальный
нояб. ноябрь, ноябрьский
Нп непер
Н • с ньютон-секунда
н. с. научный сотрудник
н. с. и н. ст. новый стиль
н/с несоленый
н. с. г. нижняя строительная горизонталь
нт нит

ГРАФИЧЕСКИЕ СОКРАЩЕНИЯ

н.-т. научно-технический
н. э. наша (новая) эра
NB и **NB** нотабене
о. отец (*церк.*)
о. и **о-в** остров; **о-ва** острова
об. оборот
об. в. объемный вес
об-во и **о-во** общество
обл. область, областной; обложка
обл. ц. областной центр
об/мин оборот в минуту
обр. образца; обработка
обстоят. обстоятельство
о-в и **о.** остров; **о-ва** острова
о-ва острова; **о.** и **о-в** остров
о-во и **об-во** общество
овр. овраг
огл. оглавление
одновр. одновременный
одноим. одноименный
однокр. однократный глагол
одуш. одушевленный
оз. озеро
ок. около; океан
оконч. окончено (*при дате*)
окр. округ, окружной
окр. ц. окружной центр
окт октава
окт. октябрь, октябрьский
о/м и **о. м.** отделение милиции
Ом • м ом-метр
оп. опись; опера; опус
оп-та оперетта
оптим. оптимальный
опубл. опубликован
ор. орудие
орг. организационный; органический
орг-ция организация
ориг. оригинал, оригинальный
орк. оркестр
осет. осетинский
осн. основанный; основа, основной
отв. и **ответ.** ответственный
отд. отдел; отделение; отдельный
отеч. отечественный
отл. отлично (*оценка*)

отм. отметка
отр. отряд
отт. оттиск
офиц. официальный
офс. офсетный
оч. очень
П. пуаз
П., п., предл. предложный падеж
п. параграф; пункт; **пп.** параграфы; пункты
п. пешка; полк; пуд
п. и **пад.** падеж
п. и **пер.** переулок
п и **пз** пьеза
п. и **пос.** поселок
Па паскаль
п. а. почтовый адрес
пад. и **п.** падеж
пакист. пакистанский
пал. палата
пам. памятник
парагв. парагвайский
парт. партийный
партиз. партизанский
Па • с паскаль-секунда
пас. пасека
пасс. пассажирский
пат. патент
пат. и **патол.** патологический
патр. патриарх
пгт и **п. г. т.** поселок городского типа
пед. педагогический
пенджаб. пенджабский
пер. перевал; перевел, перевод, переводчик; перевоз; переплет; период
пер. и **п.** переулок
первонач. первоначальный
переим. переименован
перем. переменный
перен. переносное (значение)
перех. переходный (глагол)
пер. зв. переменная звезда
перс. персидский
пес. песок, песчаный
петерб. петербургский
петрогр. петроградский
пех. пехотный

Приложение 1

печ. л. и **п. л.** печатный лист
пещ. пещера
п/ж полужирный (шрифт)
п/з пограничная застава
пз и **п** пьеза
пищ. пищевой
пк и **пс** парсек
п. л. и **печ. л.** печатный лист
пл. платформа (*ж.-д.*); площадь
плат. платиновый
плем. племенной
плод. плодовый
плоск. плоскогорье
плотн. плотность
пн. понедельник
п/о почтовое отделение; производственное объединение
п/о и **п/отд** подотдел
пов. повелительное наклонение; повесть
п-ов полуостров
пог. м погонный метр
погов. поговорка
под. подобный; подъезд
подп. подполковник
пол. половина
полигр. полиграфия, полиграфический
полинез. полинезийский
полит. политика, политический
полк. полковник
полн. полный
пол. ст. полевой стан
польск. польский
пом. помещение; помощник
попер. поперечный
пор. порог, пороги; порошок (*лекарство*)
португ. португальский
пос. и **п.** поселок
посв. посвященный
посл. пословица
посм. посмертно
пост. постановление; постановка, постановщик; постоянный
п/отд и **п/о** подотдел
поч. чл. почетный член
пп. параграфы; пункты; **п.** параграф; пункт

п/п подлинник подписан; полевая почта; по порядку; почтовый перевод; полупроводниковый
п/р под руководством
п. р. правая рука
пр. премия; проезд; пруд
пр. и **прав.** правый
пр. и **прол.** пролив
пр. и **просп.** проспект
прав. праведный
прав. и **пр.** правый
правосл. православный
пр-во правительство
пред. и **предс.** председатель
предисл. предисловие
предл., П., п. предложный падеж
предс. и **пред.** председатель
предст. представитель
преим. и **преимущ.** преимущественно
преп. преподаватель
преп. и **прп.** преподобный; **прпп.** преподобные
пресв. пресвитер
прибл. приблизительно
прил. прилагательное
прил. и **прилож.** приложение
прим. и **примеч.** примечание
прист. приставка; пристань
прич. причастие
прмц. преподобномученица; **прмцц.** преподобномученицы
прмч. преподобномученик; **прмчч.** преподобномученики
пров. провинция
прованс. провансальский
прогр. программный
прод. продовольственный; продольный
произв. произведение
произв-во производство
происх. происхождение, происходит
прол. и **пр.** пролив
пром. промышленный
пром-сть промышленность
прор. пророк
просп. и **пр.** проспект
прост. просторечный

ГРАФИЧЕСКИЕ СОКРАЩЕНИЯ

прот. протоиерей; протока
прот. и **протопресв.** протопресвитер
противоп. противоположный
проф. профессиональный; профессор; профсоюзный
проч. и **пр.** прочий
прош. прошедшее время
прп. и **преп.** преподобный; **прпп.** преподобные
пр-тие предприятие
прям. прямой (шрифт)
пс и **пк** парсек
пс. и **псевд.** псевдоним
психол. психологический
пт. пятница
п/у под управлением
публ. публикация, публичный
п/х пароход
п/ш полушерстяной
п/я почтовый ящик
P. S. постскриптум
P рентген
р. род (грамматический); рота
р. река; **рр.** реки
р. и **руб.** рубль
Р., р., род. родительный падеж
р. и **род.** родился
равн. равнина
равноап. равноапостольный; **равноапп.** равноапостольные
рад радиан
рад/с радиан в секунду
раз. разъезд (ж.-д.)
разв. разведка; развалины
разг. разговорный
разд. раздел
разл. различный
разр. разряд
распр. и **распростр.** распространен
раст. растительный
рац. рационализаторский
р-во равенство
рд резерфорд
рев. и **револ.** революционный
рег. регистр, регистровый
рег. т регистровая тонна

ред. редактор, редакция, редакционный
реж. режиссер
рез. резюме
religий. религиозный
реликт. реликтовый
рем. ремонтный
респ. республика, республиканский
реф. реферат
рец. рецензия
рим. римский
рис. рисунок
рлк радлюкс
р/л русский и латинский (шрифт)
р-н район
р-ние растение
р/о районное отделение
род. родник
род. и **р.** родился
род., Р., р. родительный падеж
рожд. рожденная (урожденная); рождение
ром. роман; романский
росс. российский
р-р раствор; **р-ры** растворы
рр. реки; **р.** река
р/с радиостанция
р/с и **р/сч** расчетный счет
рт. ст. ртутный столб
руб. и **р.** рубль
руд. рудник
руж. ружейный
рук. рукав; руководитель, руководство
рукоп. рукопись, рукописный
рум. румынский
рус. русский
руч. ручей
рф радфот
Р. Х. Рождество Христово
р. ц. районный центр
р-ция реакция
С. и **с.** север
с. сажень; село; сорт; сын
с. и **сев.** северный
с и **сек.** секунда
с. и **ср.** средний род
с. и **стр.** страница
сад-во садоводство

Приложение 1

сальвад. сальвадорский
сан. санаторий; санитарный
санскр. санскритский
сауд. саудовский
сб стильб
сб. суббота
сб. сборник; **сб-ки** сборники
с/б с барьерами (бег)
св. свыше
св. святой; **свв.** святые
св свеча
св-во свойство
св. год световой год
С.-В. и **с.-в.** северо-восток
с.-в., с.-вост., сев.-вост. северо-восточный
своб. свободный
свт. святитель; **свтт.** святители
свх. совхоз
свящ. священник
сг сантиграмм
с. г. сего года
с/д сеанс для детей
с.-д. социал-демократ, социал-демократический
сев. и **с.** северный
сев.-вост., с.-в., с-вост. северо-восточный
сев.-зап., с.-з., с.-зап. северо-западный
сек. и **с.** секунда
секр. секретарь; секретно
сект. сектантский
сел. селение, сельский
сем. семейство
сент. сентябрь, сентябрьский
сер. серебро, серебряный; середина; серия
серб. сербский
серж. сержант, сержантский
сеч. сечение
С.-З. и **с.-з.** северо-запад
с.-з., с.-зап., сев.-зап. северо-западный
сиб. сибирский
симм. симметричный
симф. симфония, симфонический
синд. синдикат
синт. синтетический
сист. система
сир. сирийский

ск. скала, скалы; скорость
сказ. сказуемое
сканд. скандинавский
скв. скважина
скл. склад, склады; склонение
сконч. скончался
скр. скрипка, скрипичный
сл сантилитр
сл. слабо; слово, слова́
слав. славянский
след. следующий; следовательно
словац. словацкий
словен. словенский
СМ счетная машина
См сименс
см сантиметр
см. смотри
с. м. сего месяца
см · К сантиметр-кельвин
сн стен
соб. корр. собственный корреспондент
собр. собрание
собр. соч. и **с/с** собрание сочинений
собств. собственно, собственный
сов. совершенный вид; советский
совм. совместно, совместный
совр. современный
сов. секр. совершенно секретно
согл. соглашение; согласен
соед. соединение
сокр. сокращение, сокращенный
соотв. соответственно, соответствующий
соп. сопка
сопр. сопровождение
сост. составитель, составленный
сотр. сотрудник
соц. социалистический; социальный
соч. сочинение, сочинения
СП сантипауза
сп. спирт
спец. специальный
спорт. спортивный
спр. спряжение
с/пр с препятствиями (бег)
с.-р. социалист-революционер, эсер
ср стерадиан

ГРАФИЧЕСКИЕ СОКРАЩЕНИЯ

ср. сравни; среда; средний
ср. и с. средний род
ср.-азиат. среднеазиатский
Ср. В. и Ср. Восток Средний Восток
ср.-век. средневековый
ср-во средство
ср. вр. среднее время
ср.-год. среднегодовой
средиз. средиземноморский
ср.-стат. среднестатистический
с/с и собр. соч. собрание сочинений
Ст стокс
Ст. Старый
ст. стакан; станция; старший; старшина; старый; статья; степень; столетие; ступень
ст. и стб. столбец
стад. стадион
стан. становище
стат. статистика, статистический
стб. и ст. столбец
стих. стихотворение
стихотв. стихотворный
ст. л. и стол. л. столовая ложка
ст. н. с. старший научный сотрудник
стр. строка; строение; строящийся
стр. и с. страница
страд. страдательный
стр-во строительство
ст. с. и ст. ст. старый стиль
ст.-сл. и ст.-слав. старославянский
ст.-фр. старофранцузский
ст-ца станица
сут сутки
суфф. суффикс
сущ. существительное
сх. схема
с. х. сельское хозяйство
с.-х. сербско-хорватский
с.-х. и с/х сельскохозяйственный
сч. счет
с. ч. сего числа
с/ч санитарная часть, строевая часть
с. ш. северная широта
сщмч. священномученик; **сщмчч.** священномученики

Т тесла
Т., т., тв. и твор. творительный падеж
т тонна
т. том; **тт.** тома
т. и тел. телефон
т. и тир. тираж
т. и тов. товарищ; **тт.** товарищи
т. и тчк точка (в телеграммах)
т. и тыс. тысяча
таб. табачный
табл. таблица, табличный; таблетка
тадж. таджикский
тамил. тамильский
танц. танцевальный
тар. тариф
тат. татарский
тб/х турбоход
тв. твердость, твердый
тв., твор., Т., т. творительный падеж
т-во товарищество
т. г. текущего года
т. е. то есть
театр. театральный
текст. текстильный
тел. и т. телефон
телегр. телеграфный
телеф. телефонный
т. е. м. и ТЕМ техническая единица массы
теор. теоретический
терр. террикон; территория, территориальный
тетр. тетрадь
техн. технический, техник; техникум
теч. течение
тж. также; то же
т. ж. тысяч жителей
т. зр. точка зрения
тибет. тибетский
тип. типография, типографский
тир. и т. тираж
тит. л. титульный лист
т. к. так как
т/к телеканал
т. кип. температура кипения, точка кипения
ткм тонна-километр

Приложение 1

тлгр. телеграф
т. н., т. наз. и **так наз.** так называемый
т. о. и **т. обр.** таким образом
т/о телевизионное объединение; телеграфное отделение
тов. и **т.** товарищ; **тт.** товарищи
толщ. толщина
торг. торговый
т. пл. температура плавления
тр. труды
т-р театр
т-ра температура
трансп. транспортный
триг. тригонометрия, тригонометрический
трил. трилогия
тр-к треугольник
трлн. триллион
тс тонна-сила
тс · м тонна-сила-метр
т/сч и **т/счет** текущий счет
тт. товарищи; **т.** и **тов.** товарищ
тт. тома; **т.** том
тув. тувинский
тум. туманность
тунн. туннель
туп. тупик
тур. турецкий
туркм. туркменский
т/ф телефильм
т/х теплоход
т. ч. тысяча человек
тчк и **т.** точка (*в телеграммах*)
тыс. и **т.** тысяча
тыс. тысячелетие
тюрк. тюркский
у. уезд, уездный; утро
ув. увеличение, увеличенный
уг. угол
уд. и **удовл.** удовлетворительно (*оценка*)
уд. в. удельный вес
удм. удмуртский
у. е. условная единица
уз. узел
узб. узбекский
указ. указанный
укр. украинский

ул. улица
ум. умер; уменьшение, уменьшенный
ун-т университет
упак. упаковка
употр. употребляется, употребляющийся
упр. управляющий
ур. уровень; урочище
ур. и **ур-ние** уравнение
ур. м. уровень моря
урожд. урожденная
ур-ние и **ур.** уравнение
уругв. уругвайский
усл. условный
устар. устарелый, устаревший
устр-во устройство
у. т. условное топливо
утр. утренний; утреня
уч. учебный, ученый (*прил.*)
уч.-изд. л. учетно-издательский лист
уч-к участок
уч-ся учащийся
уч-ще училище
ущ. ущелье
Ф фарад
ф. фильм; фонд; форма; фунт; фут
ф фот
фак., фак-т, ф-т факультет
факс. факсимиле, факсимильный
фам. фамилия
фарм. фармакология, фармакологический, фармацевтический
фаш. фашистский
февр. февраль, февральский
фельдм. фельдмаршал
феод. феодальный
ферм. ферментативный
фиг. фигура
физ. физика, физический
физ. п. л. физический печатный лист
физ-ра физкультура
физ.-хим. физико-химический
фил. филиал
филол. филологический
филос. философский
фин. финансовый; финский
финл. финляндский

ГРАФИЧЕСКИЕ СОКРАЩЕНИЯ

Ф. И. О. и ф. и. о. фамилия, имя, отчество
ф-ка фабрика
ф-ла формула
флам. фламандский
Ф/м фарад на метр
ф-но и фп. фортепиано
фон. фонетика, фонетический
фот. и фотогр. фотография, фотографический
фот • с и ф • сек фот-секунда
фот • ч и ф • ч фот-час
фп. фортепианный
фп. и ф-но фортепиано
фр. франк; фруктовый
фр. и франц. французский
ф • сек и фот • с фот-секунда
ф. ст. фунт стерлингов
ф-т, фак., фак-т факультет
ф-ция функция
ф-ч и фот-ч фот-час
х. и хут. хутор
хар-ка характеристика
х/б и хл.-бум. хлопчатобумажный
Х. в. Христос воскресе (*как надпись на предметах*)
х-во и хоз-во хозяйство
х. е. м. химическая единица массы
хим. химия, химический
хир. хирургия, хирургический
хл.-бум. и х/б хлопчатобумажный
хлф хлороформ
хоз-во и х-во хозяйство
хоз. хозяйственный
хол. холодный
холод. холодильник
хор. хорошо (*оценка*)
хорв. хорватский
хр. хребет
христ. христианский
хрон. хронический
х. с. ход сообщения
худ. художник
худ. и худож. художественный
хут. и х. хутор
х. ч. химически чистый
х. ч. и х/ч хозяйственная часть

ц центнер
ц. цена; центр; церковь; цифра, цифровой
цв. цвет, цветной
ц/га центнер на га
целл. целлюлозный
цем. цементный
центр. центральный
церк. церковный
ц. н. с. центральная нервная система
ц.-сл., церк.-сл., церк.-слав. церковно-славянский
ч час
ч. через; число; чистый
ч. часть; чч. части
ч. и чел. человек
чайн. л. и ч. л. чайная ложка
ч/б черно-белый
чел. и ч. человек
черк. черкесский
черногор. черногорский
четв. четверть
чеч. чеченский
чеш. чешский
чил. чилийский
числ. численность
числ. и числит. числительное
ч.-к. и чл.-корр. член-корреспондент
чл. член
ч. л. и чайн. л. чайная ложка
чтв. четверг
чув. чувашский
чч. части; ч. часть
ч/ш чистая шерсть, чистошерстяной
ш. широта; шоссе
шах. шахта
шв. и швед. шведский
швейц. швейцарский
шилл. шиллинг
шир. ширина
шк. школа
шл. шлюз
шосс. шоссейный
шотл. шотландский
шт. штат; штольня; штука
щел. щелочной
Э эрстед

ЭВ экваториальный воздух
эВ электронвольт
эВ · см электронвольт-сантиметр
э. д. с. электродвижущая сила
экв. экваториальный
эквив. эквивалентный
экз. экземпляр
экон. экономический
эксп. экспедиция
элев. элеватор
элект. электроника, электронный; электротехника, электротехнический
элем. элемент
эл. подст. электрическая подстанция
э. л. с. эффективная лошадиная сила
эл. ст. электростанция
эск. эскадра, эскадренный; эскадрон
эским. эскимосский
эсп. и **эспер.** эсперанто
эст. эстонский

эф.-масл. эфирно-масличный
эш. эшелон
Ю. и **ю.** юг
ю. и **юж.** южный
Ю.-В. и **ю.-в.** юго-восток
ю.в., ю.-вост., юго-вост. юго-восточный
югосл. югославский
юж. и **ю.** южный
Ю.-З. и **ю.-з.** юго-запад
ю.-з., ю.-зап., юго-зап. юго-западный
юр. и **юридич.** юридический
ю. ш. южная широта
яз. язык
яз-ние языкознание
языч. языческий
як. якутский
янв. январь, январский
яп. и **япон.** японский
ящ. ящик

ТРАДИЦИОННЫЕ СОКРАЩЕНИЯ НАЗВАНИЙ КАНОНИЧЕСКИХ КНИГ БИБЛИИ

Авв. Книга пророка Аввакума
Авд. Книга пророка Авдия
Агг. Книга пророка Аггея
Ам. Книга пророка Амоса
Апок. Апокалипсис
Быт. Бытие
Втор. Второзаконие
Гал. Послание к галатам
Дан. Книга пророка Даниила
Деян. Деяния святых апостолов
Евр. Послание к евреям
Езд. Книга Ездры
Екк. Книга Екклесиаста
Есф. Книга Есфирь
Еф. Послание к ефесянам
Зах. Книга пророка Захарии
Иак. Послание Иакова
Иез. Книга пророка Иезекииля
Иер. Книга пророка Иеремии
Иис. Нав. Книга Иисуса Навина

Ин. Евангелие от Иоанна
1 Ин. Первое послание Иоанна
2 Ин. Второе послание Иоанна
3 Ин. Третье послание Иоанна
Иов. Книга Иова
Иоил. Книга пророка Иоиля
Ион. Книга пророка Ионы
Ис. Книга пророка Исаии
Исх. Исход
Иуд. Послание Иуды
Кол. Послание к колоссянам
1 Кор. Первое послание к коринфянам
2 Кор. Второе послание к коринфянам
Лев. Левит
Лк. Евангелие от Луки
Мал. Книга пророка Малахии
Мих. Книга пророка Михея
Мк. Евангелие от Марка
Мф. Евангелие от Матфея
Наум. Книга пророка Наума

ГРАФИЧЕСКИЕ СОКРАЩЕНИЯ

Неем. Книга Неемии
Ос. Книга пророка Осии
Откр. Откровение Иоанна Богослова
1 Пар. Первая книга Паралипоменон
2 Пар. Вторая книга Паралипоменон
Песн. Песнь песней
1 Петр. Первое послание Петра
2 Петр. Второе послание Петра
Плач Книга Плач Иеремии
Притч. Книга притчей Соломоновых
Пс. Псалтирь
Рим. Послание к римлянам
Руф. Книга Руфь
Соф. Книга пророка Софонии

Суд. Книга Судей
1 Тим. Первое послание к Тимофею
2 Тим. Второе послание к Тимофею
Тит. Послание к Титу
1 Фес. Первое послание к фессалоникийцам
2 Фес. Второе послание к фессалоникийцам
Флм. Послание к Филимону
Флп. Послание к филиппийцам
1 Цар. Первая книга Царств
2 Цар. Вторая книга Царств
3 Цар. Третья книга Царств
4 Цар. Четвертая книга Царств
Числ. Числа

Приложение 2

СПИСОК ЛИЧНЫХ ИМЕН*

МУЖСКИЕ ИМЕНА

Абаку́м (Абаку́мович, Абаку́мовна)
Абра́м (Абра́мович, Абра́мовна)
Абро́сим (Абро́симович, Абро́симовна)
Авваку́м (Авваку́мович, Авваку́мовна)
А́вгуст (А́вгустович, А́вгустовна)
Авде́й (Авде́евич, Авде́евна)
А́вдий (А́вдиевич, А́вдиевна)
А́вель (А́велевич, А́велевна)
Авени́р (Авени́рович, Авени́ровна)
Аве́рий (Аве́риевич, Аве́риевна)
Аве́ркий (Аве́ркиевич, Аве́ркиевна)
Аверья́н (Аверья́нович, Аверья́новна)
Авксе́нтий (Авксе́нтиевич, Авксе́нтиевна и Авксе́нтьевич, Авксе́нтьевна)
Авраа́м (Авраа́мович, Авраа́мовна)
Авраа́мий (Авраа́миевич, Авраа́миевна и Авраа́мьевич, Авраа́мьевна)
Авра́м (Авра́мович, Авра́мовна)
Авра́мий (Авра́миевич, Авра́миевна и Авра́мьевич, Авра́мьевна)
Аврелиа́н (Аврелиа́нович, Аврелиа́новна)
Автоно́м (Автоно́мович, Автоно́мовна)
Ага́п (Ага́пович, Ага́повна)
Ага́пий (Ага́пиевич, Ага́пиевна и Ага́пьевич, Ага́пьевна)
Агапи́т (Агапи́тович, Агапи́товна)
Агафо́н (Агафо́нович, Агафо́новна)
Агге́й (Агге́евич, Агге́евна)
Ада́м (Ада́мович, Ада́мовна)
Адриа́н (Адриа́нович, Адриа́новна)
Аза́р (Аза́рович, Аза́ровна)
Аза́рий (Аза́риевич, Аза́риевна и Аза́рьевич, Аза́рьевна)

Ака́кий (Ака́киевич, Ака́киевна)
Аки́м (Аки́мович, Аки́мовна)
Акинди́н (Акинди́нович, Акинди́новна)
Аки́нф (Аки́нфович, Аки́нфовна)
Аки́нфий (Аки́нфиевич, Аки́нфиевна и Аки́нфьевич, Аки́нфьевна)
Аксён (Аксёнович, Аксёновна)
Аксе́нтий (Аксе́нтиевич, Аксе́нтиевна и Аксе́нтьевич, Аксе́нтьевна)
Алекса́ндр (Алекса́ндрович, Алекса́ндровна)
Алексе́й (Алексе́евич, Алексе́евна)
Алекси́й (Алекси́евич, Алекси́евна)
Альбе́рт (Альбе́ртович, Альбе́ртовна)
Альфре́д (Альфре́дович, Альфре́довна)
Амвро́сий (Амвро́сиевич, Амвро́сиевна и Амвро́сьевич, Амвро́сьевна)
Амо́с (Амо́сович, Амо́совна)
Амфило́хий (Амфило́хиевич, Амфило́хиевна и Амфило́хьевич, Амфило́хьевна)
Ана́ний (Ана́ниевич, Ана́ниевна и Ана́ньевич, Ана́ньевна)
Анаста́сий (Анаста́сиевич, Анаста́сиевна и Анаста́сьевич, Анаста́сьевна)
Анато́лий (Анато́лиевич, Анато́лиевна и Анато́льевич, Анато́льевна)
Андре́й (Андре́евич, Андре́евна)
Андриа́н (Андриа́нович, Андриа́новна)
Андро́н (Андро́нович, Андро́новна)
Андро́ний (Андро́ниевич, Андро́ниевна и Андро́ньевич, Андро́ньевна)
Андрони́к (Андрони́кович, Андрони́ковна)
Аники́й (Аники́евич, Аники́евна)
Ани́кий (Ани́киевич, Ани́киевна)

---

* В список включены в основном русские имена, наиболее распространенные в быту и встречающиеся в художественной литературе или имеющие орфографические трудности. При мужских именах в скобках приводятся образуемые от них отчества.

СПИСОК ЛИЧНЫХ ИМЕН

Аники́та (Аники́тич, Аники́тична)
Ани́сий (Ани́сиевич, Ани́сиевна и Ани́сьевич, Ани́сьевна)
Ани́сим (Ани́симович, Ани́симовна)
Антио́х (Антио́хович, Антио́ховна)
Анти́п (Анти́пович, Анти́повна)
Анти́па (Анти́пич, Анти́пична)
Анти́пий (Анти́пиевич, Анти́пиевна и Анти́пьевич, Анти́пьевна)
Анто́н (Анто́нович, Анто́новна)
Антони́н (Антони́нович, Антони́новна)
Антро́п (Антро́пович, Антро́повна)
Антро́пий (Антро́пиевич, Антро́пиевна и Антро́пьевич, Антро́пьевна)
Ану́фрий (Ану́фриевич, Ану́фриевна)
Аполлина́рий (Аполлина́риевич, Аполлина́риевна и Аполлина́рьевич, Аполлина́рьевна)
Аполло́н (Аполло́нович, Аполло́новна)
Аполло́с (Аполло́сович, Аполло́совна)
Ардалио́н (Ардалио́нович, Ардалио́новна), **Ардальо́н** (Ардальо́нович, Ардальо́новна)
Аре́ф (Аре́фович, Аре́фовна)
Аре́фий (Аре́фиевич, Аре́фиевна и Аре́фьевич, Аре́фьевна)
А́рий (А́риевич, А́риевна и А́рьевич, А́рьевна)
Ариста́рх (Ариста́рхович, Ариста́рховна)
Аристи́д (Аристи́дович, Аристи́довна)
Арка́дий (Арка́диевич, Арка́диевна и Арка́дьевич, Арка́дьевна)
Арно́льд (Арно́льдович, Арно́льдовна)
Аро́н (Аро́нович, Аро́новна)
Арсе́н (Арсе́нович, Арсе́новна)
Арсе́ний (Арсе́ниевич, Арсе́ниевна и Арсе́ньевич, Арсе́ньевна)
Арсе́нтий (Арсе́нтиевич, Арсе́нтиевна и Арсе́нтьевич, Арсе́нтьевна)
Артамо́н (Артамо́нович, Артамо́новна)
Артём (Артёмович, Артёмовна)
Арте́мий (Арте́миевич, Арте́миевна и Арте́мьевич, Арте́мьевна)
Арту́р (Арту́рович, Арту́ровна)
Архи́п (Архи́пович, Архи́повна)
Аса́ф (Аса́фович, Аса́фовна)
Аса́фий (Аса́фиевич, Аса́фиевна и Аса́фьевич, Аса́фьевна)
Аско́льд (Аско́льдович, Аско́льдовна)

Афана́сий (Афана́сиевич, Афана́сиевна и Афана́сьевич, Афана́сьевна)
Афиноге́н (Афиноге́нович, Афиноге́новна)
Африка́н (Африка́нович, Африка́новна)

Бенеди́кт (Бенеди́ктович, Бенеди́ктовна)
Богда́н (Богда́нович, Богда́новна)
Болесла́в (Болесла́вович, Болесла́вовна и Болесла́вич, Болесла́вна)
Бонифа́т (Бонифа́тович, Бонифа́товна)
Бонифа́тий (Бонифа́тиевич, Бонифа́тиевна и Бонифа́тьевич, Бонифа́тьевна)
Бори́с (Бори́сович, Бори́совна)
Борисла́в (Борисла́вович, Борисла́вовна и Борисла́вич, Борисла́вна)
Бронисла́в (Бронисла́вович, Бронисла́вовна и Бронисла́вич, Бронисла́вна)

Вави́ла (Вави́лич, Вави́лична и Вави́лович, Вави́ловна)
Вади́м (Вади́мович, Вади́мовна)
Валенти́н (Валенти́нович, Валенти́новна)
Валериа́н (Валериа́нович, Валериа́новна), **Валерья́н** (Валерья́нович, Валерья́новна)
Вале́рий (Вале́риевич, Вале́риевна и Вале́рьевич, Вале́рьевна)
Варла́м (Варла́мович, Варла́мовна)
Варла́мий (Варла́миевич, Варла́миевна и Варла́мьевич, Варла́мьевна)
Варна́ва (Варна́вич, Варна́вична)
Варсоно́ф (Варсоно́фович, Варсоно́фовна)
Варсоно́фий (Варсоно́фиевич, Варсоно́фиевна и Варсоно́фьевич, Варсоно́фьевна)
Варфоломе́й (Варфоломе́евич, Варфоломе́евна)
Васи́лий (Васи́льевич, Васи́льевна)
Васиа́н (Васиа́нович, Васиа́новна)
Велиза́р (Велиза́рович, Велиза́ровна)
Велими́р (Велими́рович, Велими́ровна)
Венеди́кт (Венеди́ктович, Венеди́ктовна)
Вениами́н (Вениами́нович, Вениами́новна), **Веньями́н** (Веньями́нович, Веньями́новна)
Венцесла́в (Венцесла́вович, Венцесла́вовна и Венцесла́вич, Венцесла́вна)
Вике́нтий (Вике́нтиевич, Вике́нтиевна и Вике́нтьевич, Вике́нтьевна)
Ви́ктор (Ви́кторович, Ви́кторовна)

Приложение 2

Викто́рий (Викто́риевич, Викто́риевна)
Вику́л (Вику́лович, Вику́ловна)
Вику́ла (Вику́лич, Вику́лична)
Виле́н (Виле́нович, Виле́новна)
Вильге́льм (Вильге́льмович, Вильге́льмовна)
Виссарио́н (Виссарио́нович, Виссарио́новна)
Вита́лий (Вита́лиевич, Вита́лиевна и Вита́льевич, Вита́льевна)
Вито́льд (Вито́льдович, Вито́льдовна)
Владиле́н (Владиле́нович, Владиле́новна)
Влади́мир (Влади́мирович, Влади́мировна)
Владисла́в (Владисла́вович, Владисла́вовна и Владисла́вич, Владисла́вна)
Владле́н (Владле́нович, Владле́новна)
Влас (Вла́сович, Вла́совна)
Вла́сий (Вла́сиевич, Вла́сиевна и Вла́сьевич, Вла́сьевна)
Вонифа́т (Вонифа́тович, Вонифа́товна)
Вонифа́тий (Вонифа́тиевич, Вонифа́тиевна и Вонифа́тьевич, Вонифа́тьевна)
Все́волод (Все́володович, Все́володовна)
Все́слав (Всесла́вович, Всесла́вовна и Всесла́вич, Всесла́вна)
Вуко́л (Вуко́лович, Вуко́ловна)
Вышесла́в (Вышесла́вович, Вышесла́вовна и Вышесла́вич, Вышесла́вна)
Вячесла́в (Вячесла́вович, Вячесла́вовна и Вячесла́вич, Вячесла́вна)

Гаврии́л (Гаврии́лович, Гаврии́ловна)
Гаври́л, Гаври́ла (Гаври́лович, Гаври́ловна)
Галактио́н (Галактио́нович, Галактио́новна)
Гедео́н (Гедео́нович, Гедео́новна)
Гела́сий (Гела́сиевич, Гела́сиевна и Гела́сьевич, Гела́сьевна)
Ге́лий (Ге́лиевич, Ге́лиевна)
Генна́дий (Генна́диевич, Генна́диевна и Генна́дьевич, Генна́дьевна)
Ге́нрих (Ге́нрихович, Ге́нриховна)
Гео́ргий (Гео́ргиевич, Гео́ргиевна)
Гера́сим (Гера́симович, Гера́симовна)
Ге́рман (Ге́рманович, Ге́рмановна)
Гермоге́н (Гермоге́нович, Гермоге́новна)
Геро́нтий (Геро́нтиевич, Геро́нтиевна и Геро́нтьевич, Геро́нтьевна)
Гиаци́нт (Гиаци́нтович, Гиаци́нтовна)

Глеб (Гле́бович, Гле́бовна)
Гора́ций (Гора́циевич, Гора́циевна)
Горго́ний (Горго́ниевич, Горго́ниевна и Горго́ньевич, Горго́ньевна)
Горде́й (Горде́евич, Горде́евна)
Григо́рий (Григо́рьевич, Григо́рьевна)
Гу́рий (Гу́риевич, Гу́риевна и Гу́рьевич, Гу́рьевна)
Гурья́н (Гурья́нович, Гурья́новна)

Дави́д (Дави́дович, Дави́довна)
Давы́д (Давы́дович, Давы́довна)
Далма́т (Далма́тович, Далма́товна)
Дании́л (Дании́лович, Дании́ловна)
Дани́л, Дани́ла (Дани́лович, Дани́ловна)
Деме́нтий (Деме́нтиевич, Деме́нтиевна и Деме́нтьевич, Деме́нтьевна)
Деми́д (Деми́дович, Деми́довна)
Демья́н (Демья́нович, Демья́новна)
Дени́с (Дени́сович, Дени́совна)
Дени́сий (Дени́сиевич, Дени́сиевна и Дени́сьевич, Дени́сьевна)
Дими́трий (Дими́триевич, Дими́триевна)
Диоми́д (Диоми́дович, Диоми́довна)
Диони́сий (Диони́сиевич, Диони́сиевна и Диони́сьевич, Диони́сьевна)
Дми́трий (Дми́триевич, Дми́триевна)
Добромы́сл (Добромы́слович, Добромы́словна)
Добры́ня (Добры́нич, Добры́нична)
Домини́к (Домини́кович, Домини́ковна)
Дона́т (Дона́тович, Дона́товна)
Доримедо́нт (Доримедо́нтович, Доримедо́нтовна)
Дормедо́нт (Дормедо́нтович, Дормедо́нтовна)
Дормидо́нт (Дормидо́нтович, Дормидо́нтовна)
Дорофе́й (Дорофе́евич, Дорофе́евна)
Досифе́й (Досифе́евич, Досифе́евна)

Евге́ний (Евге́ниевич, Евге́ниевна и Евге́ньевич, Евге́ньевна)
Евгра́ф (Евгра́фович, Евгра́фовна)
Евгра́фий (Евгра́фиевич, Евгра́фиевна и Евгра́фьевич, Евгра́фьевна)
Евдоки́м (Евдоки́мович, Евдоки́мовна)
Евла́мпий (Евла́мпиевич, Евла́мпиевна и Евла́мпьевич, Евла́мпьевна)

СПИСОК ЛИЧНЫХ ИМЕН

Евло́гий (Евло́гиевич, Евло́гиевна)
Евме́н (Евме́нович, Евме́новна)
Евме́ний (Евме́ниевич, Евме́ниевна и Евме́ньевич, Евме́ньевна)
Евсе́й (Евсе́евич, Евсе́евна)
Евста́фий (Евста́фиевич, Евста́фиевна и Евста́фьевич, Евста́фьевна)
Евста́хий (Евста́хиевич, Евста́хиевна и Евста́хьевич, Евста́хьевна)
Евстигне́й (Евстигне́евич, Евстигне́евна)
Евстра́т (Евстра́тович, Евстра́товна)
Евстра́тий (Евстра́тиевич, Евстра́тиевна и Евстра́тьевич, Евстра́тьевна)
Евти́хий (Евти́хиевич, Евти́хиевна и Евти́хьевич, Евти́хьевна)
Евфи́мий (Евфи́миевич, Евфи́миевна и Евфи́мьевич, Евфи́мьевна)
Его́р (Его́рович, Его́ровна)
Его́рий (Его́риевич, Его́риевна и Его́рьевич, Его́рьевна)
Елиза́р (Елиза́рович, Елиза́ровна)
Елисе́й (Елисе́евич, Елисе́евна)
Елистра́т (Елистра́тович, Елистра́товна)
Елпидифо́р (Елпидифо́рович, Елпидифо́ровна)
Емелья́н (Емелья́нович, Емелья́новна)
Епифа́н (Епифа́нович, Епифа́новна)
Епифа́ний (Епифа́ниевич, Епифа́ниевна и Епифа́ньевич, Епифа́ньевна)
Ереме́й (Ереме́евич,Ереме́евна)
Е́рмий (Е́рмиевич, Е́рмиевна)
Ерми́л (Ерми́лович, Ерми́ловна)
Ерми́ла (Ерми́лич, Ерми́лична)
Ерми́лий (Ерми́лиевич, Ерми́лиевна и Ерми́льевич, Ерми́льевна)
Ермола́й (Ермола́евич, Ермола́евна)
Ерофе́й (Ерофе́евич, Ерофе́евна)
Ефи́м (Ефи́мович, Ефи́мовна)
Ефи́мий (Ефи́миевич, Ефи́миевна и Ефи́мьевич, Ефи́мьевна)
Ефре́м (Ефре́мович, Ефре́мовна)
Ефре́мий (Ефре́миевич, Ефре́миевна и Ефре́мьевич, Ефре́мьевна)

Заха́р (Заха́рович, Заха́ровна)
Заха́рий (Заха́риевич, Заха́риевна и Заха́рьевич, Заха́рьевна)

Зено́н (Зено́нович, Зено́новна)
Зино́вий (Зино́виевич, Зино́виевна и Зино́вьевич, Зино́вьевна)
Зо́сим (Зо́симович, Зо́симовна)
Зоси́ма (Зоси́мич, Зоси́мична)

Иаки́м (Иаки́мович, Иаки́мовна)
Иаки́нф (Иаки́нфович, Иаки́нфовна)
Ива́н (Ива́нович, Ива́новна)
Игна́т (Игна́тович, Игна́товна)
Игна́тий (Игна́тиевич, Игна́тиевна и Игна́тьевич, Игна́тьевна)
И́горь (И́горевич, И́горевна)
Иерони́м (Иерони́мович, Иерони́мовна)
Измаи́л (Измаи́лович, Измаи́ловна и Изма́йлович, Изма́йловна)
Изо́сим (Изо́симович, Изо́симовна)
Изо́т (Изо́тович, Изо́товна)
Изясла́в (Изясла́вович, Изясла́вовна и Изясла́вич, Изясла́вна)
Илиодо́р (Илиодо́рович, Илиодо́ровна)
Илларио́н (Илларио́нович, Илларио́новна), Иларио́н (Иларио́нович, Иларио́новна)
Илья́ (Ильи́ч, Ильи́нична)
Инноке́нтий (Инноке́нтиевич, Инноке́нтиевна и Инноке́нтьевич, Инноке́нтьевна)
Иоа́нн (Иоа́ннович, Иоа́нновна)
И́ов (И́ович, И́овна)
Ио́на (Ио́нич, Ио́нична)
Иосафа́т (Иосафа́тович, Иосафа́товна)
Ио́сиф (Ио́сифович, Ио́сифовна)
Ипа́т (Ипа́тович, Ипа́товна)
Ипа́тий (Ипа́тиевич, Ипа́тиевна и Ипа́тьевич, Ипа́тьевна)
Ипполи́т (Ипполи́тович, Ипполи́товна)
Ира́клий (Ира́клиевич, Ира́клиевна)
Ири́нарх (Ири́нархович, Ири́нарховна)
Ирине́й (Ирине́евич, Ирине́евна)
Исаа́к (Исаа́кович, Исаа́ковна)
Исаа́кий (Исаа́киевич, Исаа́киевна)
Иса́й (Иса́евич, Иса́евна)
Иса́к (Иса́кович, Иса́ковна)
Иса́кий (Иса́киевич, Иса́киевна)
Иси́дор (Иси́дорович, Иси́доровна)
Иусти́н (Иусти́нович, Иусти́новна)

Приложение 2

Казими́р (Казими́рович, Казими́ровна)
Калли́ник (Калли́никович, Калли́никовна)
Ка́ллист (Ка́ллистович, Ка́ллистовна)
Каллистра́т (Каллистра́тович, Каллистра́товна)
Капито́н (Капито́нович, Капито́новна)
Карио́н (Карио́нович, Карио́новна)
Карл (Ка́рлович, Ка́рловна)
Карп (Ка́рпович, Ка́рповна)
Касья́н (Касья́нович, Касья́новна)
Ким (Ки́мович, Ки́мовна)
Киприа́н (Киприа́нович, Киприа́новна)
Кир (Ки́рович, Ки́ровна)
Кириа́к (Кириа́кович, Кириа́ковна), **Кирья́к** (Кирья́кович, Кирья́ковна)
Ки́рик (Ки́рикович, Ки́риковна)
Кири́лл (Кири́ллович, Кири́лловна)
Кирса́н (Кирса́нович, Кирса́новна)
Кла́вдий (Кла́вдиевич, Кла́вдиевна)
Клим (Кли́мович, Кли́мовна)
Кли́мент (Кли́ментович, Кли́ментовна)
Климе́нтий (Климе́нтиевич, Климе́нтиевна и Климе́нтьевич, Климе́нтьевна)
Кондра́т (Кондра́тович, Кондра́товна)
Кондра́тий (Кондра́тиевич, Кондра́тиевна и Кондра́тьевич, Кондра́тьевна)
Коно́н (Коно́нович, Коно́новна)
Ко́нрад (Ко́нрадович, Ко́нрадовна)
Константи́н (Константи́нович, Константи́новна)
Корне́й (Корне́евич, Корне́евна)
Корне́лий (Корне́лиевич, Корне́лиевна и Корне́льевич, Корне́льевна)
Корни́л (Корни́лович, Корни́ловна)
Корни́лий (Корни́лиевич, Корни́лиевна и Корни́льевич, Корни́льевна)
Ксенофо́нт (Ксенофо́нтович, Ксенофо́нтовна)
Кузьма́ (Кузьми́ч, Кузьми́нична)
Куприя́н (Куприя́нович, Куприя́новна)

Лавр (Ла́врович, Ла́вровна)
Лавре́нтий (Лавре́нтиевич, Лавре́нтиевна и Лавре́нтьевич, Лавре́нтьевна)
Ла́зарь (Ла́заревич, Ла́заревна)
Ларио́н (Ларио́нович, Ларио́новна)
Лев (Льво́вич, Льво́вна)
Лео́н (Лео́нович, Лео́новна)
Леона́рд (Леона́рдович, Леона́рдовна)

Леони́д (Леони́дович, Леони́довна)
Лео́нтий (Лео́нтиевич, Лео́нтиевна и Лео́нтьевич, Лео́нтьевна)
Леопо́льд (Леопо́льдович, Леопо́льдовна)
Ло́гвин (Ло́гвинович, Ло́гвиновна)
Ло́ггин (Ло́ггинович, Ло́ггиновна)
Ло́нгин (Ло́нгинович, Ло́нгиновна)
Луарса́б (Луарса́бович, Луарса́бовна)
Лука́ (Луки́ч, Луки́нична)
Лукиа́н (Лукиа́нович, Лукиа́новна)
Лукья́н (Лукья́нович, Лукья́новна)
Люби́м (Люби́мович, Люби́мовна)
Любоми́р (Любоми́рович, Любоми́ровна)
Люциа́н (Люциа́нович, Люциа́новна)

Мавр (Ма́врович, Ма́вровна)
Маври́кий (Маври́киевич, Маври́киевна и Маври́кьевич, Маври́кьевна)
Мавро́дий (Мавро́диевич, Мавро́диевна и Мавро́дьевич, Мавро́дьевна)
Мака́р (Мака́рович, Мака́ровна)
Мака́рий (Мака́риевич, Мака́риевна и Мака́рьевич, Мака́рьевна)
Макси́м (Макси́мович, Макси́мовна)
Максимиа́н (Максимиа́нович, Максимиа́новна)
Максимилиа́н (Максимилиа́нович, Максимилиа́новна), **Максимилья́н** (Максимилья́нович, Максимилья́новна)
Мануи́л (Мануи́лович, Мануи́ловна)
Мара́т (Мара́тович, Мара́товна)
Марда́рий (Марда́риевич, Марда́риевна и Марда́рьевич, Марда́рьевна)
Мариа́н (Мариа́нович, Мариа́новна)
Мари́н (Мари́нович, Мари́новна)
Марк (Ма́ркович, Ма́рковна)
Марке́л (Марке́лович, Марке́ловна)
Маркиа́н (Маркиа́нович, Маркиа́новна)
Марле́н (Марле́нович, Марле́новна)
Мартимья́н (Мартимья́нович, Мартимья́новна)
Марти́н (Марти́нович, Марти́новна)
Мартиниа́н (Мартиниа́нович, Мартиниа́новна)
Марти́рий (Марти́риевич, Марти́риевна и Марти́рьевич, Марти́рьевна)
Марты́н (Марты́нович, Марты́новна)
Martья́н (Мартья́нович, Мартья́новна)
Матве́й (Матве́евич, Матве́евна)

СПИСОК ЛИЧНЫХ ИМЕН

Меле́нтий (Меле́нтиевич, Меле́нтиевна и Меле́нтьевич, Меле́нтьевна)
Меле́тий (Меле́тиевич, Меле́тиевна и Меле́тьевич, Меле́тьевна)
Мерку́л (Мерку́лович, Мерку́ловна)
Мерку́рий (Мерку́риевич, Мерку́риевна и Мерку́рьевич, Мерку́рьевна)
Мефо́дий (Мефо́диевич, Мефо́диевна и Мефо́дьевич, Мефо́дьевна)
Мечисла́в (Мечисла́вович, Мечисла́вовна и Мечисла́вич, Мечисла́вна)
Ми́лий (Ми́лиевич, Ми́лиевна)
Ми́на (Ми́нич, Ми́нична)
Мина́й (Мина́евич, Мина́евна)
Миро́н (Миро́нович, Миро́новна)
Миросла́в (Миросла́вович, Миросла́вовна и Миросла́вич, Миросла́вна)
Мисаи́л (Мисаи́лович, Мисаи́ловна)
Митрофа́н (Митрофа́нович, Митрофа́новна)
Митрофа́ний (Митрофа́ниевич, Митрофа́ниевна и Митрофа́ньевич, Митрофа́ньевна)
Михаи́л (Миха́йлович, Миха́йловна)
Михе́й (Михе́евич, Михе́евна)
Моде́ст (Моде́стович, Моде́стовна)
Моисе́й (Моисе́евич, Моисе́евна)
Моке́й (Моке́евич, Моке́евна)
Мо́кий (Мо́киевич, Мо́киевна)
Мстисла́в (Мстисла́вович, Мстисла́вовна и Мстисла́вич, Мстисла́вна)

Наза́р (Наза́рович, Наза́ровна)
Наза́рий (Наза́риевич, Наза́риевна и Наза́рьевич, Наза́рьевна)
Нарки́с (Нарки́сович, Нарки́совна)
Ната́н (Ната́нович, Ната́новна)
Нау́м (Нау́мович, Нау́мовна)
Не́стер (Не́стерович, Не́стеровна)
Не́стор (Не́сторович, Не́сторовна)
Нефёд (Нефёдович, Нефёдовна)
Ника́ндр (Ника́ндрович, Ника́ндровна)
Никано́р (Никано́рович, Никано́ровна)
Ники́та (Ники́тич, Ники́тична)
Ники́фор (Ники́форович, Ники́форовна)
Никоди́м (Никоди́мович, Никоди́мовна)
Никола́й (Никола́евич, Никола́евна)
Ни́кон (Ни́конович, Ни́коновна)
Нил (Ни́лович, Ни́ловна)
Ни́фонт (Ни́фонтович, Ни́фонтовна)

Оле́г (Оле́гович, Оле́говна)
Оли́мпий (Оли́мпиевич, Оли́мпиевна)
Они́сим (Они́симович, Они́симовна)
Ону́фрий (Ону́фриевич, Ону́фриевна)
Оре́ст (Оре́стович, Оре́стовна)
О́сип (О́сипович, О́сиповна)
Оска́р (Оска́рович, Оска́ровна)
Оста́п (Оста́пович, Оста́повна)

Па́вел (Па́влович, Па́вловна)
Павли́н (Павли́нович, Павли́новна)
Паи́сий (Паи́сиевич, Паи́сиевна и Паи́сьевич, Паи́сьевна)
Палла́дий (Палла́диевич, Палла́диевна и Палла́дьевич, Палла́дьевна)
Памфи́л (Памфи́лович, Памфи́ловна)
Памфи́лий (Памфи́лиевич, Памфи́лиевна и Памфи́льевич, Памфи́льевна)
Панкра́т (Панкра́тович, Панкра́товна)
Панкра́тий (Панкра́тиевич, Панкра́тиевна и Панкра́тьевич, Панкра́тьевна)
Пантеле́й (Пантеле́евич, Пантеле́евна)
Пантелеймо́н (Пантелеймо́нович, Пантелеймо́новна)
Панфи́л (Панфи́лович, Панфи́ловна)
Парамо́н (Парамо́нович, Парамо́новна)
Парме́н (Парме́нович, Парме́новна), **Пармён** (Пармёнович, Пармёновна)
Парфён (Парфёнович, Парфёновна)
Парфе́ний (Парфе́ниевич, Парфе́ниевна и Парфе́ньевич, Парфе́ньевна)
Парфе́нтий (Парфе́нтиевич, Парфе́нтиевна и Парфе́нтьевич, Парфе́нтьевна)
Патрике́й (Патрике́евич, Патрике́евна)
Патри́кий (Патри́киевич, Патри́киевна)
Пафну́тий (Пафну́тиевич, Пафну́тиевна и Пафну́тьевич, Пафну́тьевна)
Пахо́м (Пахо́мович, Пахо́мовна)
Пахо́мий (Пахо́миевич, Пахо́миевна и Пахо́мьевич, Пахо́мьевна)
Перфи́лий (Перфи́лиевич, Перфи́лиевна и Перфи́льевич, Перфи́льевна)
Пётр (Петро́вич, Петро́вна)

Приложение 2

Пи́мен (Пи́менович, Пи́меновна)
Питири́м (Питири́мович, Питири́мовна)
Плато́н (Плато́нович, Плато́новна)
Полика́рп (Полика́рпович, Полика́рповна)
Полика́рпий (Полика́рпиевич, Полика́рпиевна и Полика́рпьевич, Полика́рпьевна)
Порфи́р (Порфи́рович, Порфи́ровна)
Порфи́рий (Порфи́риевич, Порфи́риевна и Порфи́рьевич, Порфи́рьевна)
Пота́п (Пота́пович, Пота́повна)
Пота́пий (Пота́пиевич, Пота́пиевна и Пота́пьевич, Пота́пьевна)
Пров (Про́вич, Про́вна)
Прокл (Про́клович, Про́кловна)
Проко́п (Проко́пович, Проко́повна)
Проко́пий (Проко́пиевич, Проко́пиевна и Проко́пьевич, Проко́пьевна)
Проко́фий (Проко́фиевич, Проко́фиевна и Проко́фьевич, Проко́фьевна)
Прота́с (Прота́сович, Прота́совна)
Прота́сий (Прота́сиевич, Прота́сиевна и Прота́сьевич, Прота́сьевна)
Про́хор (Про́хорович, Про́хоровна)

Ра́дий (Ра́диевич, Ра́диевна)
Ратми́р (Ратми́рович, Ратми́ровна)
Рафаи́л (Рафаи́лович, Рафаи́ловна)
Рем (Ре́мович, Ре́мовна)
Ро́берт (Ро́бертович, Ро́бертовна)
Родио́н (Родио́нович, Родио́новна)
Рома́н (Рома́нович, Рома́новна)
Ростисла́в (Ростисла́вович, Ростисла́вовна и Ростисла́вич, Ростисла́вна)
Рубе́н (Рубе́нович, Рубе́новна)
Руви́м (Руви́мович, Руви́мовна)
Рудо́льф (Рудо́льфович, Рудо́льфовна)
Русла́н (Русла́нович, Русла́новна)
Рю́рик (Рю́рикович, Рю́риковна)

Са́вва (Са́ввич, Са́ввична)
Савва́тей (Савва́теевич, Савва́теевна)
Савва́тий (Савва́тиевич, Савва́тиевна и Савва́тьевич, Савва́тьевна)
Савёл (Савёлович, Савёловна)
Саве́лий (Саве́лиевич, Саве́лиевна и Саве́льевич, Саве́льевна)

Само́йла (Само́йлович, Само́йловна)
Самсо́н (Самсо́нович, Самсо́новна)
Самсо́ний (Самсо́ниевич, Самсо́ниевна и Самсо́ньевич, Самсо́ньевна)
Самуи́л (Самуи́лович, Самуи́ловна)
Свири́д (Свири́дович, Свири́довна)
Святопо́лк (Святопо́лкович, Святопо́лковна)
Святосла́в (Святосла́вович, Святосла́вовна и Святосла́вич, Святосла́вна)
Себастья́н (Себастья́нович, Себастья́новна)
Севастья́н (Севастья́нович, Севастья́новна)
Севери́н (Севери́нович, Севери́новна)
Северья́н (Северья́нович, Северья́новна)
Селива́н (Селива́нович, Селива́новна)
Селивёрст (Селивёрстович, Селивёрстовна)
Селифа́н (Селифа́нович, Селифа́новна)
Семён (Семёнович, Семёновна)
Серапио́н (Серапио́нович, Серапио́новна)
Серафи́м (Серафи́мович, Серафи́мовна)
Серге́й (Серге́евич, Серге́евна)
Сигизму́нд (Сигизму́ндович, Сигизму́ндовна)
Си́дор (Си́дорович, Си́доровна)
Си́ла (Си́лич, Си́ловна)
Сила́н (Сила́нович, Сила́новна)
Сила́нтий (Сила́нтиевич, Сила́нтиевна и Сила́нтьевич, Сила́нтьевна)
Силуя́н (Силуя́нович, Силуя́новна)
Сильва́н (Сильва́нович, Сильва́новна)
Сильве́стр (Сильве́стрович, Сильве́стровна)
Симео́н (Симео́нович, Симео́новна)
Си́мон (Си́монович, Си́моновна)
Созо́н (Созо́нович, Созо́новна)
Созо́нт (Созо́нтович, Созо́нтовна)
Созо́нтий (Созо́нтиевич, Созо́нтиевна и Созо́нтьевич, Созо́нтьевна)
Сокра́т (Сокра́тович, Сокра́товна)
Соломо́н (Соломо́нович, Соломо́новна)
Сосипа́тр (Сосипа́трович, Сосипа́тровна)
Софо́н (Софо́нович, Софо́новна)
Софо́ний (Софо́ниевич, Софо́ниевна и Софо́ньевич, Софо́ньевна)
Софро́н (Софро́нович, Софро́новна)
Софро́ний (Софро́ниевич, Софро́ниевна и Софро́ньевич, Софро́ньевна)
Спарта́к (Спарта́кович, Спарта́ковна)

СПИСОК ЛИЧНЫХ ИМЕН

Спиридо́н (Спиридо́нович, Спиридо́новна)
Спиридо́ний (Спиридо́ниевич, Спиридо́ниевна и Спиридо́ньевич, Спиридо́ньевна)
Станисла́в (Станисла́вович, Станисла́вовна и Станисла́вич, Станисла́вна)
Ста́хий (Ста́хиевич, Ста́хиевна)
Степа́н (Степа́нович, Степа́новна)
Страто́ник (Страто́никович, Страто́никовна)
Сысо́й (Сысо́евич, Сысо́евна)

Тара́с (Тара́сович, Тара́совна)
Тере́нтий (Тере́нтиевич, Тере́нтиевна и Тере́нтьевич, Тере́нтьевна)
Те́ртий (Те́ртиевич, Те́ртиевна)
Тимофе́й (Тимофе́евич, Тимофе́евна)
Тиму́р (Тиму́рович, Тиму́ровна)
Тит (Ти́тович, Ти́товна)
Ти́хон (Ти́хонович, Ти́хоновна)
Три́фон (Три́фонович, Три́фоновна)
Трофи́м (Трофи́мович, Трофи́мовна)

Ува́р (Ува́рович, Ува́ровна), Уа́р (Уа́рович, Уа́ровна)
Улья́н (Улья́нович, Улья́новна)
Усти́н (Усти́нович, Усти́новна)

Фабиа́н (Фабиа́нович, Фабиа́новна)
Фаде́й (Фаде́евич, Фаде́евна), Фадде́й (Фадде́евич, Фадде́евна)
Фалале́й (Фалале́евич, Фалале́евна)
Фатья́н (Фатья́нович, Фатья́новна)
Фёдор (Фёдорович, Фёдоровна)
Федо́с (Федо́сович, Федо́совна)
Федосе́й (Федосе́евич, Федосе́евна)
Федо́сий (Федо́сиевич, Федо́сиевна и Федо́сьевич, Федо́сьевна)
Федо́т (Федо́тович, Федо́товна)
Федо́тий (Федо́тиевич, Федо́тиевна и Федо́тьевич, Федо́тьевна)
Феду́л (Феду́лович, Феду́ловна)
Фе́ликс (Фе́ликсович, Фе́ликсовна)
Феогно́ст (Феогно́стович, Феогно́стовна)
Феокти́ст (Феокти́стович, Феокти́стовна)
Феофа́н (Феофа́нович, Феофа́новна)
Феофи́л (Феофи́лович, Феофи́ловна)
Феофила́кт (Феофила́ктович, Феофила́ктовна)

Ферапо́нт (Ферапо́нтович, Ферапо́нтовна)
Филаре́т (Филаре́тович, Филаре́товна)
Фила́т (Фила́тович, Фила́товна)
Филимо́н (Филимо́нович, Филимо́новна)
Фили́пий (Фили́пиевич, Фили́пиевна и Фили́пьевич, Фили́пьевна)
Фили́пп (Фили́ппович, Фили́пповна)
Филофе́й (Филофе́евич, Филофе́евна)
Фирс (Фи́рсович, Фи́рсовна)
Флего́нт (Флего́нтович, Флего́нтовна)
Флоре́нтий (Флоре́нтиевич, Флоре́нтиевна и Флоре́нтьевич, Флоре́нтьевна)
Флоренти́н (Флоренти́нович, Флоренти́новна)
Флориа́н (Флориа́нович, Флориа́новна)
Фо́ка (Фо́кич, Фо́кична)
Фома́ (Фоми́ч, Фоми́нична)
Фортуна́т (Фортуна́тович, Фортуна́товна)
Фо́тий (Фо́тиевич, Фо́тиевна и Фо́тьевич, Фо́тьевна)
Фри́дрих (Фри́дрихович, Фри́дриховна)
Фрол (Фро́лович, Фро́ловна)

Харито́н (Харито́нович, Харито́новна)
Харито́ний (Харито́ниевич, Харито́ниевна и Харито́ньевич, Харито́ньевна)
Харла́м (Харла́мович, Харла́мовна)
Харла́мп (Харла́мпович, Харла́мповна)
Харла́мпий (Харла́мпиевич, Харла́мпиевна и Харла́мпьевич, Харла́мпьевна)
Хриса́нф (Хриса́нфович, Хриса́нфовна)
Христофо́р (Христофо́рович, Христофо́ровна)

Эдуа́рд (Эдуа́рдович, Эдуа́рдовна)
Эми́лий (Эми́лиевич, Эми́лиевна и Эми́льевич, Эми́льевна)
Эми́ль (Эми́льевич, Эми́льевна)
Эммануи́л (Эммануи́лович, Эммануи́ловна)
Эра́зм (Эра́змович, Эра́змовна)
Эра́ст (Эра́стович, Эра́стовна)
Эрне́ст (Эрне́стович, Эрне́стовна)
Эрнст (Э́рнстович, Э́рнстовна)

Ювена́лий (Ювена́лиевич, Ювена́лиевна и Ювена́льевич, Ювена́льевна)

Приложение 2

Юлиа́н (Юлиа́нович, Юлиа́новна)
Ю́лий (Ю́лиевич, Ю́лиевна и Ю́льевич, Ю́льевна)
Ю́рий (Ю́рьевич, Ю́рьевна)
Юсти́н (Юсти́нович, Юсти́новна)

Яки́м (Яки́мович, Яки́мовна)

Я́ков (Я́ковлевич, Я́ковлевна)
Яку́б (Яку́бович, Яку́бовна)
Ян (Я́нович, Я́новна)
Януа́рий (Януа́риевич, Януа́риевна и Януа́рьевич, Януа́рьевна)
Яросла́в (Яросла́вович, Яросла́вовна и Яросла́вич, Яросла́вна)

ЖЕНСКИЕ ИМЕНА

А́вгуста	Ани́сья	Викто́рия	Дона́ра	
Августи́на	А́нна	Виле́на	До́ра	Иве́тта
Авдо́тья	Антони́да	Вильгельми́на	Дорофе́я	Иво́нна
Авро́ра	Антони́на	Ви́ола	Досифе́я	И́да
Ага́та	Анфи́са	Виоле́тта	Дроси́да	Изабе́лла
Ага́фья	Аполлина́рия	Вирги́ния		Изо́льда
Агла́я	Апра́ксия	Вирине́я	Е́ва	Ило́на
Агне́сса	Ариа́дна	Ви́та	Евангели́на	И́нга
А́гния	Ари́на	Витали́на	Евге́ния	Ине́сса
Аграфе́на		Вита́лия	Евдоки́я	И́нна
Агриппи́на	Беа́та	Вла́да	Евдо́ксия	Иоа́нна
А́да	Беатри́са	Владиле́на	Евла́лия	И́ола
Аделаи́да	Бе́лла	Владими́ра	Евла́мпия	Иола́нта
Адели́на	Бе́рта	Владисла́ва	Евпра́ксия	Ира́ида
Аде́ль	Богда́на	Владле́на	Евсто́лия	Ири́на
Адриа́на	Боже́на	Вла́ста	Евфи́мия	И́рма
А́за	Болесла́ва	Всесла́ва	Евфроси́ния	И́я
Аза́лия	Борисла́ва		Екатери́на	
Аи́да	Бронисла́ва	Гали́на	Еле́на	Кале́рия
Акси́нья		Генриэ́тта	Елизаве́та	Ками́лла
Акули́на	Валенти́на	Георги́на	Еликони́да	Капитоли́на
Алевти́на	Вале́рия	Гертру́да	Епистими́я	Кари́на
Алекса́ндра	Ва́нда	Глафи́ра	Ефи́мия	Кароли́на
Александри́на	Варва́ра	Глике́рия	Ефроси́ния,	Ки́ра
Алёна	Васили́на	Горисла́ва	Ефроси́нья	Кла́вдия
Али́на	Васили́са	Горте́нзия		Кла́ра
Али́са	Ва́сса	Гре́та	Жа́нна	Клари́са
А́лла	Велими́ра		Жозефи́на	Клементи́на
Альберти́на	Велисла́ва	Да́рья		Клеопа́тра
Альби́на	Вене́ра	Дебо́ра	За́ра	Конко́рдия
Ама́лия	Ве́ра	Дени́сия	Зари́на	Конста́нция
Анастаси́я	Верени́ка	Диа́на	Зинаи́да	Корне́лия
Ангели́на	Верони́ка	Ди́на	Зино́вия	Кристи́на
Анже́ла	Вивиа́на	Домини́ка	Зла́та	Ксе́ния
Анжели́ка	Виктори́на	До́мна	Зо́я	

СПИСОК ЛИЧНЫХ ИМЕН

Ла́да
Лари́са
Лау́ра
Лени́на
Леока́дия
Леони́да
Лиа́на
Ли́дия
Лилиа́на
Ли́лия
Ли́на
Ли́я
Ло́ра
Луи́за
Луке́рья
Лукре́ция
Люба́ва
Любо́вь
Любоми́ра
Людми́ла

Ма́вра
Ма́гда
Магдали́на
Маи́на
Ма́йя
Мала́ния, Мала́нья
Мальви́на
Маргари́та
Мариа́нна
Марие́тта
Мари́на
Мари́я, Ма́рья
Марле́на
Ма́рта
Марти́на
Ма́рфа
Марья́на
Мати́льда

Матрёна
Матро́на
Меде́я
Мела́ния
Мелити́на
Миле́на
Мили́ца
Милосла́ва
Ми́на
Миросла́ва
Ми́рра
Мо́ника
Мстисла́ва
Му́за

Наде́жда
На́на
Наста́сия, Наста́сья
Ната́лия, Ната́лья
Не́лли
Нени́ла
Неони́ла
Ни́ка
Ни́на
Нине́ль
Нове́лла
Но́нна
Ноябри́на

Окса́на
Октябри́на
Оли́вия
Олимпиа́да
Оли́мпия
О́льга

Па́вла
Павли́на

Параске́ва
Пелаге́я
Платони́да
Поликсе́на
Поликсе́ния
Поли́на
Праско́вья
Пульхе́рия

Ра́да
Радми́ла
Раи́са
Рахи́ль
Реве́кка
Реги́на
Рена́та
Ри́мма
Ро́за
Розали́на
Роза́лия
Рокса́на
Ростисла́ва
Русла́на
Руфи́на
Руфь

Саби́на
Саломе́я
Са́рра
Светла́на
Секлете́я
Серафи́ма
Си́львия
Симо́на
Снежа́на
Соломони́да
Соломо́ния
Со́фья, Софи́я
Станисла́ва
Сте́лла

Степани́да
Стефани́да
Стефа́ния
Суса́нна
Сюза́нна

Таи́сия, Таи́сья
Тама́ра
Татья́на
Тере́за

Ули́та
Улья́на
Усти́на
Усти́ния, Усти́нья

Фаи́на
Февро́ния, Февро́нья
Федо́ра
Федо́сия, Федо́сья
Федо́тия, Федо́тья
Фёкла
Фели́ца
Фелица́та
Фели́ция
Феодо́ра
Феодо́сия
Феодо́тия
Феокти́ста
Феобна
Феофа́ния
Феофи́ла
Фети́ния, Фети́нья
Флёна

Фло́ра
Фри́да
Фридери́ка

Хавро́ния
Хари́та
Христи́на

Цеци́лия

Шарло́тта

Эвели́на
Эди́т
Эди́та
Элеоно́ра
Э́лла
Эльви́ра
Э́льза
Эльми́ра
Эми́лия
Э́мма
Э́ра
Э́рна
Эрнести́на
Эсфи́рь

Юди́фь
Юлиа́на
Юлиа́ния
Ю́лия
Юсти́на

Ядви́га
Я́на
Яни́на
Яросла́ва

СОДЕРЖАНИЕ

Предисловие..III
    Объем словаря и общая характеристика словника III
    Структура словаря и оформление словарных единиц V
Список слов с измененным написанием XII
Правописание *не*
(извлечение из «Правил русской орфографии и пунктуации» § 88—89) XV
Список сокращений, используемых в словаре..............................XVI
Словарь ....1—1232
Приложение I. Основные общепринятые графические сокращения...1233
Приложение II. Список личных имен..1252

Справочное издание

**РУССКИЙ
ОРФОГРАФИЧЕСКИЙ
СЛОВАРЬ**

Координатор
Ю. А. Сафонова

Ведущий редактор
И. В. Нечаева

Редакторы-лексикографы
Е. Г. Вагина,
М. В. Рогова

Компьютерный ввод
Е. В. Бешенкова, О. Е. Иванова,
Л. И. Колодяжная, И. В. Нечаева,
Н. В. Князева, О. Г. Целых

*Разработчик системы
подготовки словарей UNILEX-D*
Л. И. Колодяжная

Издательство «Азбуковник»
(202-65-43)
Лицензия 0645113 от 22.03.1996
Формат 70х100/16. Гарнитура «Таймс».
Усл. п.л.— 80. Заказ 221. Тираж 5000.
Московская типография № 2 Комитета РФ по печати.
129085, Москва, пр. Мира, 105.

ISBN 5-89285-005-6